現代物故者事典 2015〜2017

日外アソシエーツ

WHO was WHO

in

JAPAN

2015 ～ 2017

Compiled by

Nichigai Associates, Inc.

©2018 by Nichigai Associates, Inc.

Printed in Japan

本書はディジタルデータでご利用いただくことが
できます。詳細はお問い合わせください。

●編集スタッフ● 河原 努／松村 愛／熊木 ゆかり

刊行にあたって

　人物に関する調査には様々な困難がつきまとう。その中でも予想外に苦労させられるのが生死に関する情報の確認である。

　著名人の訃報はテレビや新聞によって報道されるが、時間と共に記憶も薄れて正確な把握が困難となる。インターネット上の訃報記事も時間の経過により閲覧できなくなることが多く、確実な情報源とは言いがたい。没後に新聞の年間回顧記事、年鑑、人名事典類に掲載される人物はごく一部に限られる。また、各界の要職にあった人物でも、専門紙誌などにしか訃報が掲載されない場合もある。このように生没に関わる情報は、重大でありながら確認が難しい。

　小社では1983年に戦前戦後50余年の訃報情報の累積版とも言うべき『昭和物故人名録』を刊行して以来、3年おきに「現代物故者事典」を継続刊行しており（但し1983〜1987年の書名は『ジャパンWHO was WHO』）、それらの日本人物故者約11万8,000人対象とした『「現代物故者事典」総索引（昭和元年〜平成23年）I 政治・経済・社会篇』『同II 学術・文芸・芸術篇』もある。

　12回目の刊行となる本書では、2015年から2017年までの3年間に死亡した内外の著名な人々7,590人（日本人6,349人、外国人1,241人）のほか、前版の補遺として2012年から2014年に没した585人（日本人404人、外国人181人）を収録している。

　訃報記事の減少傾向は続いているが、情報の収集に努めた結果、前版の8,286人に近い8,175人を収録することができた。今後も一層の内容の充実に図るため、読者の方々にも、遺漏等お気づきの点をご教示頂ければ幸いである。

2018年1月

　　　　　　　　　　　　　　　　　　　　日外アソシエーツ

凡　例

1. 構　成

　本書は、日本人（6,349 人）と外国人（1,241 人）、2012 ～ 2014 年版の補遺（585 人：日本人 404 人、外国人 181 人）からなる。

2. 収録期間・典拠

(1) 2015 年（平成 27 年）1 月 1 日から 2017 年（平成 29 年）12 月 31 日までの 3 年間に死亡した内外の著名人を収録した。

(2) 訃報の確認には国内の主要な新聞・雑誌・年鑑等を使用した。

3. 見出し

　見出しは本名、別名（筆名、俳号、雅号等）を問わず一般に最も多く使用されているものを採用した。

　見出しに採用しなかった人名のうち、有名な別名や訃報の見出しとなっていた人名などは適宜、参照見出しとした。

　＜例＞

　　　　　松谷 天光光　　まつたに・てんこうこう
　　　　　　⇒園田 天光光（そのだ・てんこうこう）を見よ

(1) 日本人

　(a) 漢字の姓名には、現代かなづかいによる読みがな（ひらがな）を付記した。ただし、ぢ→じ、づ→ずにそれぞれ統一した。

(2) 外国人

　(a) 韓国・朝鮮人名は、韓国・朝鮮語音（民族読み）のカタカナ表記を見出しとし、漢字表記・英字表記が判明している場合は、それも付した。

　(b) 中国人名は、原則漢字表記を見出しとし、日本で一般に広く知

られている読みをカタカナで付した。英字表記が判明している場合は、それも付した。

(c) 漢字圏以外の外国人名は、姓名のカタカナ表記（倒置形）とし、日本で一般に広く知られている表記を採用した。英字表記が判明している場合は、それも付した。

4. 見出しの排列

(1) 見出し人名は、姓・名をそれぞれ一単位とし、姓・名の順に読みの五十音順に排列した。敬称や、姓と名に分かち難い人名は、全体を姓とみなして排列した。

(2) 外国人名に多い長音符（音引き）は排列上無視した。

5. 記載事項

原則、以下の順に記載した。

職業・肩書／㊕ 専攻分野／㊖ 国籍／㊗ 没年月日、没年齢*〔死因〕／㊓ 生年月日／㊔ 出生・出身地／㊔ 本名、旧姓・名、別名／㊖ 屋号／㊫ 学歴・学位／㊖ 経歴／㊖ 受賞名／㊖ 資格／㊖ 所属団体／㊖ 家族／㊖ 師匠

＊没年齢は、原則として満年齢を採用した。

6. 補　遺（2012～2014）

前版刊行後に死亡が判明した人物のうち、2012 年 1 月 1 日から 2014 年 12 月 31 日までの 3 年間に死亡した内外の著名人を収録した。

日本人

【あ】

愛川 欽也　あいかわ・きんや　俳優　タレント　司会者　㊀平成27年(2015)4月15日　80歳〔肺がん〕　㊁昭和9年(1934)6月25日　㊂東京市巣鴨(東京都豊島区)　㊔本名＝井川敏明(いがわ・としあき)　㊕浦和高中退, 俳優座養成所(第3期生)〔昭和31年〕卒　㊖昭和31年俳優座スタジオ劇団三期会に入るが、5年ほどで退団。舞台出演を重ねながら、声優として俳優ジャック・レモンなどの吹き替えや、テレビアニメ「悟空の大冒険」の沙悟浄役、「いなかっぺ大将」のニャンコ先生役を演じて頭角を現す。40年放送開始の日本テレビ系子供番組「おはよう！ こどもショー」では初代マスコットキャラクターのロバくんを務めた。42年から始まったTBSラジオの深夜放送「パック・イン・ミュージック」のパーソナリティーとして人気者となり1970年代の深夜放送全盛期を支え、“キンキン”の愛称が定着。俳優としては、映画〈トラック野郎〉シリーズで菅原文太演じる主人公の相方“やもめのジョナサン”役を好演、代表作となる。テレビの2時間ドラマでは〈西村京太郎トラベルミステリー〉シリーズの亀井刑事、〈考古学者〉シリーズの相田博士などを演じ、人気を博す。46年自費で映画「さよならモロッコ」を製作・監督・主演。テレビでは日本テレビ系の深夜番組「11PM」の水曜日担当を11年間務めるなど、軽妙な司会者しても手腕を発揮。フジテレビ系のクイズ番組「なるほど！ ザ・ワールド」(15年間)やテレビ東京系の情報番組「出没！ アド街ック天国」(20年間)、朝日ニュースターの討論番組「愛川欽也パックインジャーナル」(13年間)などの司会を長く務め、番組開始時の「おまっとさんでした」という挨拶は広く知られた。私生活では最初の結婚で長男(俳優の井川晃一)、長女(女優の佳村萠)が誕生。53年“ケロンパ”の愛称で知られるタレント・うつみ宮土理と再婚、芸能界きってのおしどり夫婦として有名だった。平成17年「キンキンのサタデーラジオ」(文化放送)で9年半ぶりにラジオのレギュラー番組に復帰。19年製作・脚本・監督・主演の4役を務めた映画「黄昏れて初恋」を公開して以来、毎年のように自身脚本・監督・主演の自主映画を製作。後進の育成にも力を注ぎ、12年劇団キンキン塾を結成、22年には東京・中目黒に私財を投じて拠点となる小劇場キンケロ・シアターを設立。26年9月「出没！ アド街ック天国」の司会が“世界最高齢の情報番組司会者”としてギネス世界記録に認定されたが、27年3月放送1000回目を最後に降板。4月病死した。　㊎妻＝うつみ宮土理(タレント), 長男＝井川晃一(俳優), 長女＝佳村萠(女優)

相川 レイ子　あいかわ・れいこ　演出家　脚本家　音楽座ミュージカル代表　㊀平成28年(2016)3月25日　82歳〔がん性腹膜炎〕　㊁昭和9年(1934)1月25日　㊂秋田県　㊔本名＝相川令子(あいかわ・れいこ)　㊕昭和女子大学卒　㊖昭和63年音楽座ミュージカルを旗揚げ、脚本家、演出家として「シャボン玉とんだ宇宙(ソラ)までとんだ」「とってもゴースト」「アイ・ラブ・坊っちゃん」「リトルプリンス(星の王子さま)」など全12作を発表した。

相倉 久人　あいくら・ひさと　音楽・映像評論家　㊗ロック, ジャズ, 映像コミュニケーション論　㊀平成27年(2015)7月8日　83歳〔胃がん〕　㊁昭和6年(1931)12月8日　㊂東京都大田区　㊕東京大学文学部美学美術史学科〔昭和28年〕中退　㊖東大在学中から雑誌「ミュージック・ライフ」にジャズ評論を執筆。昭和45年頃までジャズ評論の傍ら新宿ピットインで司会を務め、渡辺貞夫、山下洋輔、富樫雅彦、日野晧正など数多くのジャズ・ミュージシャンと親交を結ぶ。その後、ロック評論に転じたが、晩年にはジャズ評論を再開した。著書に「機械じかけの玉手箱」「相倉久人のジャズは死んだか―ジャズ100年史」「都市の彩 都市の音」「ロック時代;ゆれる標的」「背中あわせの同時代―相倉久人対談＆エッセイ」「ジャズからの出発」「新書で入門 ジャズの歴史」「相倉久人のジャズ史夜話」、訳書にチャールズ・カイル「都市の黒人ブルース」などがある。

東里 勝夫　あいざと・かつお　オキナワグラフ社長　㊀平成28年(2016)4月23日　70歳〔心筋梗塞〕　㊂沖縄県八重山郡竹富町　㊖琉球新報東京支社次長兼広告部長、大阪支社長を経て、平成17〜18年オキナワグラフ社長。琉球新報開発取締役も務めた。

相沢 隆也　あいざわ・たかや　全日本ボウリング協会専務理事　日本オリンピック委員会監事　㊀平成27年(2015)3月15日　69歳〔骨肉腫〕　㊖平成15年から日本オリンピック委員会(JOC)理事を2期4年務めた。18年ドーハ・アジア大会ではボウリングの選手団監督を務めた。

相沢 直人　あいざわ・なおと　作家　相沢美術館館長　㊀平成27年(2015)11月10日　91歳〔老衰〕　㊁大正13年(1924)2月14日　㊂新潟県燕市　㊔本名＝相沢狩野(あいざわ・かのう)　㊕三条商工〔昭和14年〕卒　㊖会社経営の傍ら、昭和38〜48年季刊誌「ツバメジャーナル」を編集・発行。40年企画展による画廊を運営。平成元年寺泊に相沢美術館を開館したが、16年11月末に健康を理由に閉館。1088点のコレクションは全て新潟県立近代美術館に寄贈された。著書に市政批判の紙礫10年の記録をまとめた「花なき薔薇」の他、「お父ッつあまの微笑」「理想的兵卒」や、小説集「そうれィば」「死ニイソギ」などがある。　㊛紺綬褒章, 新潟出版文化賞大賞(第3回)〔平成15年〕「越後の空」　㊐日本文芸家協会

逢沢 英雄　あいさわ・ひでお　衆院議員(自民党)　㊀平成28年(2016)3月22日　90歳〔間質性肺炎〕　㊁大正15年(1926)1月28日　㊂岡山県　㊕早稲田大学商学部〔昭和25年〕卒　㊖衆院議員を務めた逢沢寛の二男。岡山青年会議所理事長、岡山商工会議所副会頭などを経て、昭和51年衆院選旧岡山1区に自民党から当選。以来3選。56年鈴木改造内閣で労働政務次官を務めた。58年落選。　㊎父＝逢沢寛(衆院議員), 長男＝逢沢一郎(衆院議員), 弟＝逢沢潔(アイサワ工業社長)

会田 長栄　あいた・ちょうえい　参院議員(社会党)　福島県労働組合協議会議長　㊀平成28年(2016)2月2

あいた　　　　　　　　　　　日　本　人

日　87歳〔肺炎〕　働昭和3年（1928）8月5日　働福島県石川郡浅川町　働石川中〔昭和24年〕卒　働小平中学、母畑中学各教諭を経て、昭和37年福島県教職員組合石川支部書記長。県教組書記長などを歴任し、52年から県教組委員長を12年間務めた。58年福島県労働組合協議会議長。平成元年参院選福島選挙区に社会党から当選。7年落選、1期。社会党福島県本部委員長、社民党福島県連初代代表も務めた。　働勲三等旭日中綬章〔平成15年〕

会田 貞治郎　あいだ・ていじろう　城北麺工社長　働平成29年（2017）1月12日　98歳　働大正7年（1918）12月17日　働山形県山形市。山形青年学校〔昭和13年〕卒。ソ連抑留生活の後、昭和24年復員、見習工として山形食糧加工出資組合（現・城北麺工）に入社。37年常務、47年専務を経て、54年社長。「カビない包装お供えもち」の包装加工技術を自ら開発。特許を得、新技術は全国包装鏡餅協議会発足につながり、もち生産量を飛躍的に伸ばした。山形県製麺協同組合専務理事を務めた。　働山形県産業賞〔昭和60年〕

会田 雄亮　あいだ・ゆうすけ　陶芸家　東北芸術工科大学学長・名誉教授　働平成27年（2015）10月28日　83歳〔敗血症〕　働昭和6年（1931）11月12日　働東京都　働千葉大学都市計画科〔昭和31年〕卒。太平洋戦争中、両親の郷里である山形市に疎開して山形二中に通う。千葉大学を卒業後、昭和31年宮之原謙に師事して陶芸の道に入る。36〜39年渡米、ボストン美術館附属美術学校の講師を務める一方、バーモント州の陶器メーカーでチーフデザイナーとして活躍。47〜49年日本デザイナークラフトマン協会理事長、51〜54年日本クラフトデザイン協会理事長。平成元年東京・南麻布にギャラリー、アイダユウスケ・スペースアートを開設。4年開学した東北芸術工科大学教授となり、10〜14年2代目学長を務めた。異なる色の粘土を重ねて文様を構成する“練り込み”技法を用い、全国各地にモニュメントや陶壁を制作する“環境造形”の作風で知られる。主な建築関連作品に、京王プラザホテルの外壁・ホワイエ陶壁、新宿三井ビルのモニュメント・滝・広場の造形、神戸ポートアイランドの陶と水のモニュメント、山梨県小瀬スポーツ公園のモニュメント・プラザ、山形市役所などがある。　働日本インテリアデザイナー協会JID賞〔昭和48年〕「一連の陶磁を素材としたインテリアデザイン」、吉田五十八賞（第2回）〔昭和52年〕「新宿・三井ビル広場の造形」、ファエンツァ国際陶芸コンペ金賞〔昭和43年〕　働日本クラフトデザイン協会、日本建築美術工芸協会　働師＝宮之原謙

相田 雪雄　あいだ・ゆきお　野村証券会長　野村投資顧問社長　働平成27年（2015）10月8日　91歳〔呼吸不全〕　働大正13年（1924）2月1日　働東京都新宿区大久保　働早稲田大学政経学部経済学科〔昭和22年〕卒　働昭和22年野村証券（現・野村ホールディングス）に入社。外国営業部長、外国本部長、38年取締役、42年常務、51年副社長を経て、58年野村投資顧問（現・野村アセットマネジメント）社長に就任。我が国有数の国際派金融マンといわれた。61年会長、その後相談役に。平成3年大口顧客への損失補塡などの不祥事で田淵節也野村証券会長が辞任すると、4年同社会長に就任して信頼回復と再建を指揮した。9年退任。著書に「投資顧問事業始め」、随筆集「ジュネの花咲くカンヌ」などがある。

饗庭 孝男　あえば・たかお　文芸評論家　青山学院大学名誉教授　働フランス文学・思想　働平成29年（2017）2月21日　87歳〔肺炎〕　働昭和5年（1930）1月27日　働滋賀県大津市　働南山大学文学部フランス文学科〔昭和28年〕卒　働昭和28年南山大学文学部助手となり、青山学院大学文学部助教授を経て、59年甲南女子大学文学部教授。この間、42年より1年間パリ大学文学部、国立高等研究院に留学。41年戦後文学の存在論的な面に照明をあてる「戦後文学論」を発表、文芸評論家としての活動を始めた。著書に「近代の解体」「石と光の思想」「批評と表現」「中世の光―ロマネスクの建築と精神」「小林秀雄とその時代」「幻想の伝統」「島尾敏雄研究」「知の歴史学」「花―四季の詩想」などがある。　働日本フランス語フランス文学会、日仏哲学会、地中海学会、日本文芸家協会

青井 孝一　あおい・こういち　丸紅副社長　働平成27年（2015）3月14日　92歳〔心不全〕　働大正11年（1922）7月28日　働富山県　働神戸経済大学経済学科〔昭和21年〕卒　働丸紅に入社。昭和46年取締役、50年常務、54年専務を経て、56年副社長。60年監査役、61年常任監査役、平成元年顧問、3年理事。

青井 立夫　あおい・たつお　医師　兵庫県予防医学協会名誉会長　働平成29年（2017）5月16日　94歳〔病気〕　働愛知県　働平成3〜19年兵庫県予防医学協会会長を務めた。　働保健文化賞（第58回）〔平成18年〕「全国初の予防接種の個別接種方式の確立、健診・検査機関の創設、予防医学事業（知識の普及・啓発）の充実に貢献」

青井 倫一　あおい・みちかず　慶応義塾大学名誉教授　働経営学　働平成28年（2016）9月20日　69歳〔胃がん〕　働昭和22年（1947）2月16日　働大阪府　働東京大学工学部計数工学科〔昭和44年〕卒、東京大学大学院〔昭和50年〕博士課程修了、ハーバード大学（米国）ビジネススクール博士課程修了　経営学博士（ハーバード大学）　働昭和51年慶応義塾大学大学院経営管理研究科助手となり、同年〜54年ハーバード大学ビジネス・スクール博士課程に留学して経営学博士号を受ける。55年慶大助教授、平成2年教授。13〜17年同大学院経営管理研究科委員長兼慶応ビジネススクール校長。23年名誉教授。明治大学専門職大学院教授、同院長も務めた。

青井 陽治　あおい・ようじ　翻訳家　演出家　働平成29年（2017）9月1日　69歳〔膵臓がん〕　働昭和23年（1948）3月3日　働神奈川県　働国際基督教大学中退　働昭和44年劇団四季の演劇研究所に入る。演技部に在籍し、アヌイ、シェイクスピアなどの劇団レパートリーに出演。特に「アプローズ」「ウエストサイド物語」では初演メンバーとして活躍した。のち翻訳を手がけるようになり、同劇団在籍中に「ヴェローナの恋人たち」「アプローズ」などを訳す。51年よりフリーとなり、ミュージカル演出家としても活躍。訳書にバリー・コリンズ「審判」、マーク・メドフ「ちいさき神の、作りし子ら」、アーネスト・トンプソン「黄昏」、

ハーヴィ・ファイアスティーン「トーチソング・トリロジー」、A.R.ガーニー「ラヴ・レターズ」、演出作品に「ピロクシー・ブルース」「真夜中のパーティ」「陽気な幽霊」ほか多数。　㊞読売演劇大賞演出家賞（第3回，平成7年度）〔平成8年〕，湯浅芳子賞（翻訳脚色部門，第3回，平成7年度）〔平成8年〕「セイムタイム・ネクストイヤー」，読売演劇大賞優秀演出家賞（第6回，平成10年度）〔平成11年〕

青木 克志　あおき・かつし　ソフトバンク・テクノロジー執行役員・CIO　㊵平成29年（2017）7月26日　53歳〔急性心不全〕　㊷昭和38年（1963）9月23日　㊻中日本航空専〔昭和59年〕卒　㊺平成10年ソフトバンク・テクノロジーに入社，19年取締役。同社CIO（最高情報責任者）を務めた。

青木 清高　あおき・きよたか　陶芸家　日展評議員　九州現代工芸会会長　㊻有田焼　㊵平成27年（2015）4月14日　57歳〔脳幹出血〕　㊷昭和32年（1957）8月12日　㊻佐賀県西松浦郡有田町　㊺長崎大学教育学部美術科卒　㊺文化勲章を受賞した陶芸家・青木龍山の長男。大学卒業と同時に中村清六に師事。その後，実家で父を手伝いながら作陶活動を開始。父が得意とした天目ではなく青磁を追求。平成6年「潮満ちる時」，9年「夏の日の残像」で日展特選。その後，天目釉にも取り組み，21年天目釉の作品も加えた初めての個展を東京で開いた。同年日本現代工芸美術展で内閣総理大臣賞を受賞。27年脳幹出血のため57歳で急逝した。　㊞日本現代工芸美術展現代工芸賞（第25回，昭和61年度），日本現代工芸美術展現代工芸会員賞（第29回，平成2年度），日展特選〔平成6年・9年〕「潮満ちる時」「夏の日の残像」，日本現代工芸美術展現代工芸会員賞（第36回，平成9年度），日本現代工芸美術展内閣総理大臣賞（第48回，平成21年度）　㊙父＝青木龍山（陶芸家）　㊙師＝中村清六

青木 邦彦　あおき・くにひこ　GSユアサ専務　㊵平成27年（2015）12月20日　78歳〔心不全〕　㊷昭和12年（1937）11月2日　㊻兵庫県　㊺関西学院大学経済学部〔昭和35年〕卒　㊺昭和35年湯浅電池（のちユアサコーポレーション，現・GSユアサ）に入社。平成5年取締役，9年常務を経て，11年専務。

青木 研甫　あおき・けんほ　牧師　大牟田正山町教会牧師　㊵平成27年（2015）3月12日　86歳　㊷昭和3年（1928）5月29日　㊻兵庫県神戸市　㊺関西学院大学理工専門部〔昭和24年〕卒，関西学院大学大学院神学研究科〔昭和30年〕修了　㊺福岡県大牟田市にある大牟田正山町教会牧師を務めた。

青木 定雄　あおき・さだお　エムケイ創業者　㊾韓国　㊵平成29年（2017）6月8日　88歳〔誤嚥性肺炎〕　㊷昭和3年（1928）6月23日　㊻旧朝鮮慶尚南道南海島　㊺本名＝兪奉植（ゆ・ほんしく）　㊺立命館大学法学部〔昭和26年〕中退　㊺在日韓国人。昭和18年旧朝鮮から京都へ。大学中退後，職を転々とし，倒産した勤務先・永井石油を28歳の時に引き継いだが展望は開けず，35年京都でミナミタクシーを創業。38年桂タクシーを買収，両社の頭文字を取ったエムケイ（MK）タクシー

と改称。以来，"運転手があいさつしない時は運賃をもらわない制度""身体障害者優先制度"などを次々と導入。新鮮な経営戦略や社員教育によりMKグループを成長させた。52年会長。58年にはタクシーの運転免許を取得し，自ら運転手も務めた。また，京都乗用自動車協会を脱退して独自の道を歩み，タクシー業界で続いていた"同一地域同一運賃"に対し値下げを申請。58年タクシー運賃値下げ訴訟を起こして話題に（最終的には大阪陸運局と和解），法廷闘争を通じて官民一体の規制を崩した。平成5年7月再びタクシー運賃値下げを申請，同年11月認可された。7年グループすべての役職を退任しオーナーとなる。15年オーナー職も辞し，同社の経営から退いた。㊺明知大学名誉経済学博士（韓国）〔平成4年〕，経済界大賞異色企業賞（第23回，平成9年度）〔平成10年〕　㊙長男＝青木信明（エムケイ社長），弟＝青木秀雄（エムケイ副会長）

青木 茂　あおき・しげる　経済学者　参院議員（サラリーマン新党）　サラリーマン新党代表　㊻生活経済学　㊵平成28年（2016）1月27日　93歳〔大動脈瘤破裂〕　㊷大正11年（1922）10月29日　㊻愛知県豊橋市　㊺東京帝国大学商業学科〔昭和21年〕卒　㊺愛知県立時習館高校教諭から，昭和26年愛知教育大学に転じ，48年から大妻女子大学短期大学部教授を務めた。44年サラリーマン同盟，45年サラリーマン新党，56年日本納税者連合を結成。サラリーマンの給与から税金を天引きする源泉徴収制度を批判した。58年参院選比例代表でサラリーマン新党から当選。平成元年derma代表，党代表を辞任，最高顧問となる。その後サラリーマン新党が解散し，4年の参院選では社民連の比例区1位で出馬したが，再び落選。著書に「これで税金が必ずとり戻せる」「サラリーマン『民富論』」「中流の上の生活法」などがある。㊞勲三等旭日中綬章〔平成4年〕　㊙妻＝青木淑子（評論家），娘＝青樹明子（ノンフィクション作家）

青木 竣策　あおき・しゅんさく　伊藤忠商事副社長　㊵平成29年（2017）5月9日　92歳〔心不全〕　㊷大正13年（1924）9月26日　㊻富山県　㊺東京大学経済学部〔昭和23年〕卒　㊺昭和50年取締役，52年常務，58年専務を経て，61年副社長。平成元年顧問，6年理事。　㊞藍綬褒章〔平成2年〕

青木 薪次　あおき・しんじ　参院議員（社民党）　労相　静岡県労働組合評議会議長　㊵平成27年（2015）11月6日　89歳〔肺がん〕　㊷大正15年（1926）4月8日　㊻静岡県清水市（静岡市）　㊺東海科学専〔昭和22年〕中退　㊺昭和17年国鉄入り。戦後は国鉄労働組合の結成に参加，42年静岡県労働組合評議会議長を経て，49年参院選静岡選挙区に社会党から当選。連続4期務め，52年社会党静岡県本部委員長。平成7年村山改造内閣の労相として入閣した。10年引退。　㊞勲一等瑞宝章〔平成11年〕

青木 進　あおき・すすむ　ニチアス専務　㊵平成28年（2016）7月17日　85歳　㊷昭和6年（1931）5月14日　㊻神奈川県　㊺東京工業大学化学工学科〔昭和30年〕卒　㊺昭和30年日本アスベスト（現・ニチアス）に入社。54年研究所長，56年取締役，61年常務を経て，専務。

青木 武久　あおき・たけひさ　徳島県教育長　㊵平成28年（2016）6月4日　74歳〔肺がん〕　㊷昭和16年（1941）7月11日　㊻徳島県那賀郡桑野町（阿南市）　㊸

徳島大学学芸学部〔昭和39年〕卒 ㊻阿波高校、脇町高校各校長などを経て、平成10〜13年徳島県教育長。㊞瑞宝小綬章〔平成23年〕

青木 哲也 あおき・てつや ゆめ企画名立社長 ㉓平成27年（2015）12月23日 56歳〔滑落死〕 ㊺新潟県新潟市秋葉区 ㊻新潟ロシア村、柏崎トルコ村を経て、平成11年に設立された、ゆめ企画名立に勤務し、平成19年社長に就任。新潟県上越市名立区で道の駅・うみてらす名立を運営した。25年上越市の第三セクターで設立した持ち株会社・J－ホールディングス執行役員専務も務めた。27年12月富士山の9合目付近から滑落死した。

青木 伸樹 あおき・のぶむら 芸映社長 ワイズプランニング社長 ㉓平成28年（2016）6月12日 89歳〔心不全〕 ㊻昭和43年芸能プロダクション・芸映の社長に就任。平成3年会長。また、昭和54年ワイズプランニングを設立して社長に就任。西城秀樹、浅田美代子、河合奈保子ら多くのアイドルを育てた。

青木 正樹 あおき・まさき 登山家 松山大学名誉教授 愛媛県山岳連盟会長 日本山岳協会参与 ㉓フランス版 ㉓平成28年（2016）2月17日 81歳〔肺水腫〕 ㊸昭和9年（1934）11月5日 ㊺埼玉県 ㊻東京外国語大学外国語学部フランス語学科卒、東京都立大学大学院人文科学研究科仏文学専攻修士課程修了 ㊻東京外国語大学山岳部OBで、昭和43年より松山商科大学（現・松山大学）に勤務し、経営学部経営学科教授のほか、同大山岳部長を務めた。昭和30年代初め、穂高滝谷をめぐる一連の登攀に参加。39年東京外大アンデス登山隊に参加。52年愛媛合同隊を率いてカラコルム・ビアーレに登頂。54年ニルギリ中央峰に隊長として登頂した。愛媛県山岳連盟会長、平成5年から日本山岳協会参与を務めた。訳書にヘルマン・ガイガー「氷河の救助隊」、ポール・ベッシェール「アルピニズム」。㊞文部科学省生涯スポーツ功労者表彰〔平成25年〕

青木 昌彦 あおき・まさひこ 経済学者 スタンフォード大学名誉教授 京都大学名誉教授 ㉓理論経済学 ㉓平成27年（2015）7月15日 77歳〔肺炎〕 ㊸昭和13年（1938）4月1日 ㊺愛知県名古屋市 ㉓別名＝姫岡玲治（ひめおか・れいじ） ㊻東京大学経済学部〔昭和35年〕卒、ミネソタ大学大学院〔昭和42年〕博士課程修了 Ph.D.（ミネソタ大学）〔昭和42年〕 ㊻昭和34年共産主義者同盟（ブント）を結成、35年の安保闘争時のブントを代表するイデオローグの一人で、学生運動家・姫岡玲治として活躍した。39年渡米。スタンフォード大学助教授、43年ハーバード大学教授を経て、44年京都大学経済研究所助教授、52年教授。59年スタンフォード大学教授。62年スウェーデン高等研究所フェロー。「ジャーナル・オブ・ザ・ジャパニーズ・アンド・インターナショナル・エコノミーズ」編集長。平成9年通商産業省通商産業研究所（現・経済産業研究所）所長。16年特別上席研究員。20〜23年国際経済学連合（IEA）会長を務めた。ゲーム理論や情報理論などを駆使して、異なる経済制度や慣習が経済システムに与える影響を多元的に究明する〝比較制度分析〟という経済学の新分野開拓に中心的に関わり、日本初の

ノーベル経済学賞の有力候補と目された。著書に「組織と計画の経済理論」「ラディカル・エコノミックス」「企業と市場の模型分析」「現代の企業」「日本経済の制度分析」「IMFORMATION, INCENTIVES, AND BARGAINING IN JAPANESE ECONOMY」「比較制度分析にむけて」「モジュール化」「移りゆくこの十年動かぬ視点」「人生越境ゲーム」などがある。 ㊞日本学士院賞（第80回）〔平成2年〕「現代の企業について内容豊富な理論体系を構築」、日経・経済図書文化賞（第14回）〔昭和46年〕「組織と計画の経済理論」、サントリー学芸賞（第7回）〔昭和59年〕「現代の企業」、米国大学出版会連合有沢広巳記念賞〔平成2年〕、国際シュンペーター賞〔平成10年〕「比較制度分析に向けて」 ㊞国際計量経済学会、米国経済学会

青木 義昭 あおき・よしあき 牧師 日本ナザレン教団南岡山教会牧師 日本基督教短期大学理事長 日本ナザレン・カレッジ理事長 ㉓平成27年（2015）3月9日 83歳 ㊸昭和7年（1932）1月19日 ㊺島根県簸川郡斐川町（出雲市） ㉓出雲産業高〔昭和27年〕卒、日本ナザレン神学校〔昭和31年〕卒 ㊻19歳の時に心臓肥大症に罹り、20歳で東京の日本ナザレン神学校に入る。昭和31年日本ナザレン教団牧師となり、48年から岡山県の南岡山ナザレン教会牧師。妻と附設の若葉保育園を営みながら布教に取り組んだ。のち日本基督教短期大学理事長に就任。著書に「微笑みをください」「マイ・イメージ」がある。

青木 玲子 あおき・れいこ 女優 ㉓平成29年（2017）2月13日 83歳〔心不全〕 ㊸昭和8年（1933）7月12日 ㊺東京都 ㉓本名＝児玉玲子（こだま・れいこ） ㊻劇作家の菊田一夫が設立した劇団東宝現代劇の第1期生。昭和32年「モデルの部屋」で初舞台。以来、芸術座を本拠に女優人生を歩む。森光子の主演舞台「放浪記」には、36年の初演以来、共演者として唯一人、全2017回に出演した。46年の再演からは林芙美子の先輩作家・村野やす子を演じ、63年同作品で菊田一夫演劇賞を受賞。他の出演作に「恍惚の人」「がしんたれ」「おもろい女」「浅草瓢箪池」などがある。 ㊞菊田一夫演劇賞（第13回）〔昭和63年〕、菊田一夫演劇賞特別賞（第16回）〔平成3年〕、スポニチ文化芸術大賞優秀賞（第18回、平成21年度）〔平成22年〕 ㉓夫＝児玉利和（俳優）

青木 礼次郎 あおき・れいじろう 三菱重工業常務 ㉓平成28年（2016）6月2日 90歳〔老衰〕 ㊸大正15年（1926）1月30日 ㊺兵庫県 ㊻九州大学工学部機械工学科〔昭和24年〕卒 ㊻昭和24年三菱重工業に入社。57年原動機事業本部軽水炉技術部長、58年原動機事業部長代理、59年取締役、62年常務。平成2年退任。

青木チャンス あおきちゃんす
⇒チャンス青木（ちゃんすあおき）を見よ

青戸 かいち あおと・かいち 詩人 「宇宙船」主宰 ㉓平成27年（2015）4月23日 87歳〔誤嚥性肺炎〕 ㊸昭和3年（1928）3月30日 ㊺北海道石狩郡当別村（当別町） ㉓本名＝青戸可一（あおと・かいち） ㉓福島県教員養成所 ㊻中学3年生の時に福島県双葉郡へ疎開。福島県教員養成所で学んで小学校教諭となり、川内第二小学校、富岡第二小学校の校長を務めた。傍ら、昭和24年より小林純一に師事して詩作を続け、詩人として活動。36年同誌「風」を創刊、18号から「宇宙船」

に誌名変更した。平成23年東日本大震災に伴う東京電力福島第一原子力発電所の事故でいわき市に避難し、同地で亡くなった。詩集に「小さなさようなら」、童謡集「ぞうの子だって」などがある。 ㊱福島県文学賞詩部門奨励賞（第29回）〔昭和51年〕「少年詩集 双葉と風」、日本の子どもふるさと大賞（第2回）〔平成8年〕「サナエとんぼ」、三越左千夫少年詩賞特別賞（第4回）〔平成12年〕「小さなさようなら」、福島県文化功労賞〔平成19年〕、地域文化功労者文部科学大臣表彰〔平成20年〕、ふるさと音楽賞日本創作童謡コンクール優秀賞（第9回、平成9年度）「嬉しいパーティー」 ㊵日本童謡協会、音楽著作権協会 ㊹師＝小林純一

青沼 富秋 あおぬま・とみあき 山梨県議 山梨県商工会連合会会長 ㊳平成27年（2015）6月17日 95歳〔老衰〕 ㊲大正8年（1919）9月5日 ㊶山梨県 ㊵市川農商補修校卒 ㊺山梨県市川大門町議会議長を経て、昭和46年から山梨県議に5選。55年議長。平成3年引退。丸富社長で、山梨県商工会連合会会長、山梨県信用農業協同組合連合会専務理事などを務めた。 ㊵勲三等瑞宝章〔平成4年〕

青野 恭典 あおの・きょうすけ 写真家 日本山岳写真協会副会長 ㊺山岳写真、自然風景写真、顕微鏡写真 ㊳平成28年（2016）1月26日 78歳〔骨髄異形成症候群〕 ㊲昭和12年（1937）12月13日 ㊶東京都渋谷区 ㊷本名＝青野恭典（あおの・きょうすけ） ㊵日本獣医畜産大学獣医学科〔昭和36年〕卒 ㊺昭和36年上野松学社研究室勤務、41年R・C・C・IIカフカズ遠征隊に参加。42年フリーの写真家に。主に山岳や海岸風景、自然写真の撮影を続け、カメラ雑誌や山岳雑誌に発表する傍らカレンダー、写真技術書、図鑑なども手がける。鳥海山の自然の追求をライフワークとし、平成3年「四季 鳥海山」と題した写真展を開催。ネイチャーフォト「青」の会を設立、顧問となり、アマチュア写真愛好家の育成に取り組んだ。2年個展「自然讃歌 鳥海山」、3年個展「四季鳥海山」を開催。20年間の作品をまとめて写真集「四季鳥海山」を発表。同年「みちのく光彩」を各地で開催。8年写真集「上高地・槍・穂高」を刊行。同年、9年に酒田市美術館で1ヶ月間開催。12年個展「四季彩」、14年個展「伊那路はるか」を開催。同年長野県伊那市の伊那信用工業本社敷地内かんてんぱぱホールに「青野恭典フォトアートギャラリー」が開館。同年写真集「信州 伊那路はるか」、15年写真集「みちのく彩時季」、技術書「四季の山を撮る！」を刊行。アマチュアの指導に定評があり、カメラ誌に作品を発表する傍ら、各種写真コンテストや機関誌の審査も多く務めた。細胞組織を見つめた著書「ミクロの世界」「海景を撮る」「山と高原の魅力を撮る」「山野草の花に魅せられて」などの写真技術書も多い。 ㊵獣医師免許〔昭和36年〕 ㊵日本山岳写真協会、野生動物救護獣医師協会

青柳 哲郎 あおやぎ・てつお ドラマプロデューサー C・A・L創業者 ㊳平成27年（2015）6月4日 80歳〔肺炎〕 ㊶東京都 ㊺昭和41年テレビ時代劇「水戸黄門」

「大岡越前」などを制作したプロダクション、C・A・L（シー・エー・エル）を創業した。

青柳 洋治 あおやぎ・ようじ 上智大学名誉教授 ㊺東南アジア考古学 ㊳平成29年（2017）9月29日 76歳 ㊲昭和16年（1941）5月5日 ㊶神奈川県横浜市 ㊵上智大学文学部史学科〔昭和42年〕卒、上智大学大学院文学研究科史学専攻〔昭和44年〕修士課程修了 ㊺昭和44年フィリピン国立博物館研究員、47年上智大学講師、助教授を経て、教授。この間、アジア各地で陶磁器出土調査に従事。平成9年インドネシアの研究者と共同で、ジャワ島西部レバッ・シベドゥッ遺跡を調査した。 ㊵東南アジア史学会、東洋陶磁学会、史学会、日本考古学会、日本民族学会、日本考古学協会

青山 英康 あおやま・ひでやす 岡山大学名誉教授 高知県立大学名誉教授 高知女子大学学長 ㊺衛生、公衆衛生学、予防医学 ㊳平成29年（2017）8月6日 82歳〔肺炎〕 ㊲昭和10年（1935）2月12日 ㊶旧満州大連 ㊵岡山大学医学部〔昭和34年〕卒、岡山大学大学院医学研究科〔昭和39年〕博士課程修了、ジョンズ・ホプキンス大学（米国）大学院〔昭和44年〕修士課程修了 医学博士〔昭和35年〕、Ph.D., Master of Public Health〔昭和44年〕 ㊺昭和37～38年国立公衆衛生院、39年岡山大学医学部助手、41年講師、45年助教授を経て、55年教授。平成12年定年退官。15～19年高知女子大学（現・高知県立大学）学長。公害研究、労働災害、職業病、僻地医療など地域保健に関する諸問題の社会医学的調査、運動に取り組み、"わかい公衆衛生従事者の集い"の代表メンバーとして活躍。衛生学・公衆衛生学教育協議会代表世話人、日本衛生学会・日本産業衛生学会・日本学校保健学会などの会長を歴任した。第16期日本学術会議会員。著書に「歪められた日本の公衆衛生」「日本の公衆衛生」「今日の疫学」「地域医療」「PPKのすすめ」などがある。 ㊵Outstanding International Graduate Awards in PublicHealth Leadership、全国労働衛生週間労働大臣表彰功労賞、岡山市有功賞、日本産業衛生学会功労賞 ㊵医師、日本産業衛生学会指導医、日本プライマリ・ケア学会認定医 ㊵日本衛生学会（名誉会員）、日本プライマリ・ケア学会、日本産業衛生学会（名誉会員）、日本公衆衛生学会（名誉会員）、日本学校保健学会（名誉会員）、日本疫学会、日本体力医学会、WONCA（国際家庭医学会）、ICOH（国際労働衛生学会）

青山 操男 あおやま・みさお 英田エンジニアリング創業者 ㊳平成27年（2015）11月5日 80歳 ㊲昭和10年（1935）4月27日 ㊶岡山県美作市 ㊵英田中卒 ㊺昭和26年森鉄工所に入社。49年産業機械メーカーのアイダエンジニアリング（現・英田エンジニアリング）を創業。平成19年会長。細長い鋼板を建材や自動車部品向けに加工する冷間ロール成形機を中心に事業を拡大した。 ㊵日本塑性加工学会賞技術開発賞（第40回、平成17年度）「IT技術を活用した冷間ロール成形システムの開発」、山陽新聞賞（産業功労）〔平成27年〕

青山 ミチ あおやま・みち 歌手 ㊳平成29年（2017）1月 67歳〔急性肺炎〕 ㊲昭和24年（1949）2月7日

神奈川県横浜市　[名]本名＝八木フサ子（やぎ・ふさこ）　[歴]父は米軍人。四谷第二中在学中の昭和37年、ジャズ喫茶のコンテストで3位に入賞して認められ、「ひとりぼっちで想うこと/ヴァケイション」で歌手デビュー。13歳ながら日本人離れしたリズム感とパンチのある歌声で注目を集め、「涙の太陽」などもヒット。「ミッチー音頭」は遠藤賢司や大西ユカリと新世界にカバーされた。失踪蒸発や薬物中毒などスキャンダルが絶えず、45年日本テレビ系の歌謡オーディション番組「全日本歌謡選手権」で10週間勝ち抜いてグランドチャンピオンとなりカムバック、「叱らないで」がヒットしたが、やがて再びスキャンダルで表舞台から姿を消した。平成29年自宅で病死しているのが発見された。

青山 礼三　あおやま・れいぞう　陶芸家　[専]美濃焼　[没]平成29年（2017）1月9日　97歳〔老衰〕　[生]大正8年（1919）3月23日　[出]岐阜県恵那郡陶村（瑞浪市）　[歴]昭和41年美濃焼の本場・多治見に草の頭窯を開き、染付磁器を専門に制作、古雅で味わいのある美濃古染付を再興した。90歳を過ぎても現役で制作を続けた。　[賞]瑞宝単光章〔平成16年〕，伝統工芸品産業功労者〔昭和62年〕　[資]多治見市無形文化財技術保持者〔平成10年〕　[団]美濃陶芸協会

赤井 達郎　あかい・たつろう　奈良教育大学学長・名誉教授　[専]日本美術史，文化史　[没]平成29年（2017）1月7日　89歳　[生]昭和2年（1927）12月24日　[出]岐阜県中津川市　[学]立命館大学文学部史学科卒，立命館大学大学院文学部文学研究科〔昭和33年〕修士課程修了　[歴]大阪工業高等専門学校教授、奈良教育大学教授を経て、平成5年同大学長に就任。11年退任。著書に「近世の画家―その師友と作品」「浮世絵と町人」「絵解きの系譜」「京都の美術史」「菓子の文化誌」などがある。　[賞]瑞宝重光章〔平成16年〕，毎日出版文化賞（第44回）〔平成2年〕「京都の美術史」　[団]美術史学会，芸能史研究会

赤井 光夫　あかい・みつお　京浜光膜工業創業者　[没]平成29年（2017）1月16日　88歳〔老衰〕　[出]和歌山県　[歴]昭和32年京浜光膜工業を創業した。

赤尾 昭彦　あかお・あきひこ　セイコーマート社長　[没]平成28年（2016）8月19日　76歳〔病気〕　[生]昭和15年（1940）6月11日　[出]北海道留萌市　[学]留萌高〔昭和34年〕卒，札幌短期大学夜間部〔昭和54年〕卒　[歴]昭和34年札幌市の北の誉酒造に入社。35年丸ヨ西尾商店（現・セイコーフレッシュフーズ）に移籍。49年セイコーマート（現・セコマ）に転じ、取締役本部長、54年常務、62年専務、平成8年副社長を経て、16年社長。18年会長。

赤尾 信幸　あかお・のぶゆき　ホテルニューアカオ社長　[没]平成27年（2015）9月6日　63歳〔膵尾部がん〕　[生]昭和26年（1951）11月29日　[出]静岡県熱海市　[学]日大三島高〔昭和45年〕卒，青山学院大学経済学部〔昭和49年〕卒　[歴]昭和51年ホテルニューアカオに入社して取締役、56年副社長を経て、63年社長。熱海観光協会会長を務めた。

赤木 新介　あかぎ・しんすけ　大阪大学名誉教授　[専]機械工学，設計工学　[没]平成29年（2017）8月14日　81歳〔下顎部腫瘍〕　[生]昭和10年（1935）12月28日　[出]岡山県岡山市　[学]大阪大学工学部造船学科〔昭和33年〕卒　工学博士（大阪大学）〔昭和42年〕　[歴]昭和33年三菱重工業に入社。53年大阪大学教授。のち大阪産業大学教授。著書に「交通機関論」「エンジニアリングシステム設計工学」「AI技術によるシステム設計論」「設計工学〈上下〉」「システム工学」などがある。　[賞]日本機械学会賞（昭和39年度）「高粘度油中における自然対流熱伝達」，関西造船協会賞（昭和43年度・50年度・63年度）「油タンク加熱における伝熱の研究」「設計管理における電算システム活用について」「LPG船推進プラントの最適計画法」，日本マリンエンジニアリング学会賞マンソン賞（昭和60年度）「Historical Trend and Future Scope of Ship Propulsion with Reference to Diesel Plant（船舶推進技術の歴史と展望－とくにディーゼル機関の将来について）」，日本マリンエンジニアリング学会賞奨励賞（平成5年度）「AI手法によるエネルギープラントの設計法－舶用プラントおよび陸用コージェネレーションプラントの設計への応用」，交通図書賞（平成7年度）〔平成8年〕「新交通機関論―社会的要請とテクノロジー」　[団]日本機械学会，日本造船学会，The American Society of Mechanical Engineers

赤木 博　あかぎ・ひろし　栃木県農業試験所栃木分場長　[専]果実育種　[没]平成29年（2017）11月27日　76歳〔病気〕　[生]昭和16年（1941）　[出]台湾　[学]宇都宮大学農学部〔昭和38年〕卒　[歴]昭和39年から通算33年間、栃木県農業試験場に勤務。同試験場栃木分場長を務めた。主にイチゴの育種を担当、1980年代に「女峰」を生みだし、「女峰」の孫にあたる「とちおとめ」の育成指導にも携わるなど、栃木県がイチゴ生産量日本一となる礎を築いた。平成14年定年退職後はタイへ渡り、同国の麻薬撲滅事業「ロイヤルプロジェクト」に参加。イチゴの栽培技術を無償で指導した他、自身が日本で開発した「ロイヤルクイーン」をタイの風土に合わせ改良し、不法栽培のケシに代わるイチゴ栽培を広めた。

赤瀬川 隼　あかせがわ・しゅん　作家　[没]平成27年（2015）1月26日　83歳〔肺炎〕　[生]昭和6年（1931）11月5日　[出]三重県四日市市　[名]本名＝赤瀬川隼彦（あかせがわ・はやひこ）　[学]大分一高（現・大分上野丘高）〔昭和25年〕卒　[歴]画家で芥川賞作家でもあった赤瀬川原平の実兄。昭和25年より住友銀行勤務などを経て、57年から文筆業に入る。58年奇想天外な近未来野球小説「球は転々宇宙間」で吉川英治文学新人賞を受賞して小説家デビュー。以後「捕手はまだか」「一九四六年のプレイボール」と野球小説を発表し、実力ある新人として中間小説界に登場。その後「ホモ・アビアランス」「潮もかなひぬ」「青磁のひと」など歴史小説、恋愛小説も発表。平成7年「白球残映」で第113回直木賞を受賞、史上初めて芥川賞・直木賞を受賞した兄弟となった。他の著書に「映画館を出ると焼跡だった」「ダイヤモンドの四季」「獅子たちの曳光―西鉄ライオンズ銘々伝」「それ行けミステリーズ」などがある。　[賞]直木賞（第113回）〔平成7年〕「白球残映」，吉川英治文学新人賞（第4回）〔昭和58年〕「球は転々宇宙間」　[団]日本文芸家協会，日本ペンクラブ　[家]弟＝赤瀬川原平（画家・小説家）

赤染 晶子　あかぞめ・あきこ　小説家　[没]平成29年（2017）9月18日　42歳〔急性肺炎〕　[生]昭和49年

日　本　人　　　　　　　　　　　　　　　　あかほし

（1974）10月31日　㋑京都府舞鶴市　㋒京都外国語大学外国語学部ドイツ語学科〔平成9年〕卒、北海道大学大学院文学研究科ドイツ文学専攻〔平成16年〕博士課程中退　㋠平成16年初めて書いた小説「初子さん」で文学界新人賞を受賞。20年1月から3年間、京都新聞朝刊の「京都文芸」欄で「季節のエッセー」を連載。母校の京都外国語大学をモデルに女子学生が「アンネの日記」の暗唱に取り組む姿を描いた「乙女の密告」で、22年第143回芥川賞を受賞した。他の著書に「うつつ・うつら」「WANTED!!かい人21面相」（織田作之助賞候補）などがある。29年42歳で急逝。　㋛芥川賞（第143回）〔平成22年〕「乙女の密告」、文学界新人賞（第99回）〔平成16年〕「初子さん」　㋜日本文芸家協会

赤塚 保　あかつか・たもつ　柿安本店社長　㋖平成29年（2017）12月27日　83歳〔老衰〕　㋓昭和9年（1934）9月20日　㋕三重県桑名市　㋔桑名高〔昭和28年〕卒　㋠明治4年創業の家業の牛鍋店・柿安本店に昭和28年入社。東京・銀座店の責任者を務める。43年株式会社設立と同時に専務、62年副社長を経て、平成13年5代目社長に就任。18年会長、20年名誉会長。百貨店の食品売り場に店内で調理する総菜店を積極展開し、"デパ地下の風景を変えた男"といわれた。牛海綿状脳症（BSE）に感染した疑いがある牛が国内で見つかった影響で売り上げが減少した際は、惣菜店を拡充させるなどして経営を立て直した。　㋛藍綬褒章〔平成22年〕　㋐長男＝赤塚保正（柿安本店6代目社長）、兄＝赤塚安則（柿安本店4代目社長）

暁 照雄　あかつき・てるお　浪曲漫才師　㋖平成27年（2015）5月29日　78歳〔下咽頭がん〕　㋓昭和12年（1937）5月17日　㋕徳島県那賀郡羽ノ浦町（阿南市）　㋔本名＝浜田登志夫（はまだ・としお）、旧名＝暁照夫、東洋軒雷坊、グループ名＝宮川左近ショー（みやがわさこんしょー）、コンビ名＝暁照雄・光雄（あかつきてるおみつお）　㋠12歳で浪曲の2代目東洋軒雷右衛門の弟子となり、東洋軒雷坊の名で初舞台。14歳で座長を務め、"天才浪曲少年"“浪曲界の若きプリンス"と呼ばれ全国行脚。三味線弾きとしても非凡な才能を開花。17歳で暁照夫に改名。浪曲の大夫、曲師として興業に参加。ギター・ハーモニカを浪曲に持ちこんだり、歌謡漫談的に仕上げるなど新しい試みに挑戦。昭和34年4代目宮川左近、松島一夫らと4人組の浪曲漫才・宮川左近ショーを結成、三味線を担当。やがて宮川、松島の3人となり、「毎度皆様おなじみの…」のテーマソングで始まる浪曲のストーリーに軽妙なやりとりをまじえた独特の芸風で人気を集め、自身は三味線の早引きを披露して「なんでこんなにうまいんやろ」とうぬぼれるセリフで知られた。グループとして、47年上方漫才大賞を受賞。平成17年には上方演芸の殿堂入りした。昭和61年宮川の死去に伴い解散すると、62年弟子の暁光夫と三味線漫才の暁照夫・光夫（のち暁照雄・光雄）を結成。平成20年記念公演「駆けぬけた芸道六十年そして歩みだす明日へ」を開催、芸術祭大賞を受賞した。著書に「泣いて笑ってちりとてちん」がある。　㋛上方漫才大賞（第7回）〔昭和47年〕、上方お笑い大賞審査員特別賞（第27回）〔平成10年〕、芸術祭大賞（大衆芸

能部門）〔平成20年〕「駆けぬけた芸道六十年」（記念公演）　㋐長男＝浜田剛史（高槻市長）

紅音 ほたる　あかね・ほたる　女優　つけなアカンプロジェクト代理事　㋖平成28年（2016）8月15日　33歳　㋓昭和58年（1983）　㋕大阪府　㋠大阪市に通いながら美容師見習い、高校卒業後は看護学校に進むも経済的理由により1年で中退。その後、さまざまな仕事を経て、平成16年アダルトビデオ（AV）女優としてデビュー。同年「週刊プレイボーイ」AVアカデミー賞新人賞を受賞し、業界のトップ女優の一人として活躍。公式ブログ「ホタル☆せいかつ」も大胆な写真と赤裸々な内容で話題を呼び、20年2月には芸能人ブログランキングで著名芸能人のブログを抑えて1位に輝いた。同年株式会社法人つけなアカンプロジェクトを設立して代理事に就任するなど、HIV予防啓発活動にも力を注いだ。

上野 才助　あがの・さいすけ　陶芸家　高田焼宗家11代　㋘高田焼　㋖平成27年（2015）1月14日　92歳〔心不全〕　㋓大正11年（1922）9月17日　㋕熊本県八代市　㋠日奈久尋常高小高等科〔昭和12年〕卒　㋠昭和21年から製陶を修業。46年肥後細川家御用窯である高田焼上野窯の第11代当主となり、400年の伝統と青磁象眼の技法を継承した。　㋛熊本県ふるさと顕彰〔昭和51年〕、熊本県芸術功労者〔平成15年〕　㋐長男＝上野浩之（高田焼宗家12代）

赤羽 賢司　あかばね・けんじ　東京大学名誉教授　松商学園短期大学名誉教授　㋘電波天文学　㋖平成27年（2015）4月22日　88歳〔老衰〕　㋓大正15年（1926）11月20日　㋕長野県松本市　㋔東京大学第二工学部物理工学科〔昭和26年〕卒　理学博士〔昭和35年〕　㋠昭和26年東京大学東京天文台助手、36年助教授を経て、44年教授。57年野辺山宇宙電波観測所所長となり、62年名誉教授。同年から5年間富山大学教授を務めた後、平成4年松商学園短期大学教授に転じ、短期大学長に就任した。　㋛紫綬褒章〔平成1年〕、勲二等瑞宝章〔平成9年〕、Australian Cultural Award〔昭和46年〕、電子通信学会業績賞（第22回）〔昭和59年〕「45m高精度ミリ波電波望遠鏡の実用化」　㋜日本天文学会、電子情報通信学会、American Astronomical Society

赤羽 新太郎　あかばね・しんたろう　専修大学商学部教授　㋘経営学、国際経営論　㋖平成27年（2015）9月24日　65歳〔パーキンソン病〕　㋓昭和24年（1949）11月23日　㋕埼玉県　㋔日本大学経済学部産業経営学科卒、明治大学大学院商学研究科商学専攻〔昭和60年〕博士後期課程単位取得退学　博士（経営学、明治大学）〔平成17年〕　㋠専修大学商学部専任講師、助教授を経て、教授。埼玉大学、明治大学、中央大学、日本大学などで講師を歴任。著書に「国際経営管理論序説」、共著に「企業経営の国際化と日本企業」「現代経営学の基本課題」、共訳にJ.スコット「株式会社と現代社会」、ニコラス・ヘンリー「現代行政管理総論」などがある。　㋜日本経営学会、組織学会、比較経営学会、工業経営研究会、アジア経営学会

赤星 信子　あかほし・のぶこ　洋画家　㋖平成27年（2015）1月23日　100歳〔老衰〕　㋓大正3年（1914）2月2日　㋕中国大連　㋔本名＝赤星のぶ子（あかほし・のぶこ）、旧姓・名＝直村　㋔福岡女学院〔昭和6年〕卒、東京女子美術専門学校〔昭和16年〕卒　㋠女性洋

画家の先駆けで、昭和11年独立展に初入選。夫で洋画家の孝とともに絵筆をふるい、80年近く同展で活躍した。後は赤色を基調とした生命力あふれる抽象作品で“赤の赤星”として知られた。　[団]独立美術協会　[家]夫＝赤星孝（洋画家）

赤堀 義次　あかほり・よしつぐ　滋賀県議（自民党）　[没]平成29年（2017）7月4日　80歳〔心不全〕　[生]昭和12年（1937）6月6日　[出]滋賀県米原市　[学]立命館大学卒　[歴]滋賀県米原町議5期、同町議会議長を経て、平成7年坂田郡（現・米原市）から滋賀県議に初当選。3期。17年県議会副議長、18年議長。19年落選。23年返り咲き。26年再び県議会議長を務めた。27年落選。通算4期。

赤間 剛勝　あかま・たけかつ　音楽評論家　キングレコード常務　[没]平成29年（2017）10月7日　77歳〔肺がん〕　[出]宮城県　[歴]昭和38年キングレコードに入社。プロデューサー、ディレクターとして、江利チエミや、中村晃子「虹色の湖」などのヒット曲を担当。ディレクター時代、仙台で話題を呼んでいたシンガー・ソングライター、さとう宗幸の「青葉城恋唄」を発掘し、ミリオンセラーに導いた。その後は音楽評論家となり、日本レコード大賞の審査委員も務めた。

赤松 忠典　あかまつ・ただふみ　タキロン代表取締役　[没]平成29年（2017）1月4日　99歳〔老衰〕　[生]大正6年（1917）7月21日　[出]香川県仲多度郡まんのう町　[学]国士舘中退　[歴]昭和24年衆院議員秘書、28年参院議員秘書、同年富士工業秘書役を経て、32年タキロンに入り、36年取締役、同年常務、41年専務。45年西日本レジャー開発社長、57年阪急産業専務、60年副社長を務め、のち会長。平成10年退任。18～23年大阪香川県人会会長。

赤松 保雄　あかまつ・やすお　住友林業常務　[没]平成27年（2015）5月12日　89歳　[生]大正14年（1925）5月26日　[出]茨城県　[学]東京大学経済学部〔昭和24年〕卒　[歴]住友林業取締役を経て、常務を務めた。

東江 康治　あがりえ・やすはる　琉球大学学長　名桜大学学長　[専]教育心理学　[没]平成27年（2015）4月5日　86歳〔肝臓がん〕　[生]昭和3年（1928）9月10日　[出]沖縄県名護市　[学]ワシントン州立大学大学院〔昭和47年〕博士課程修了　[歴]琉球大学教育学部教授となり、学部長を経て、昭和59年学長に就任。退官後、名護総合学園理事長、名桜大学学長を務める。平成12年学長、13年理事長を退任。一方、沖縄県立三中時代、鉄血勤皇隊として動員され沖縄戦に従軍。米国生まれの兄は米軍の日本語情報兵として沖縄戦に参加し、兄弟で敵味方に分かれたが、山中に隠れていたところを兄の説得で投降し、戦争を生き延びた。平成8年平和の情報発信や平和教育運動を目指す国際平和研究所の設置検討委員会会長に就任。方言や幼児教育に関する執筆も多く、共編著に「乳幼児の生活指導」がある。　[賞]瑞宝重光章〔平成17年〕

阿川 弘之　あがわ・ひろゆき　小説家　[没]平成27年（2015）8月3日　94歳〔老衰〕　[生]大正9年（1920）12月24日　[出]広島県広島市白島九軒町　[学]広島高卒，東京帝国大学文学部国文学科〔昭和17年〕卒　[歴]広島高校在学中から小説を書きはじめ、昭和14年矢山哲治、真鍋呉夫らと同人誌「こおろ」（のち「こをろ」と改称）を創刊。17年21歳で東京帝国大学を繰り上げ卒業し、兵科予備学生として海軍に入隊。19年海軍中尉として中国・漢口に赴き通信諜報の仕事に従事、20年海軍大尉として敗戦を迎え、21年復員。同年生涯の師となった志賀直哉を知り、処女作「年年歳歳」を発表して小説家デビュー。自らの海軍体験を文学の土壌とし、27年「春の城」で読売文学賞を受賞、次いで学徒出陣した特攻兵の苦悩を描いた「雲の墓標」（31年）で作家としての地位を確立。太平洋戦争開戦時の連合艦隊司令長官を等身大に描いた伝記小説「山本五十六」（40年）は評判を呼び、「米内光政」（53年）、「井上成美」（61年）と海軍提督3部作を形成。師匠譲りの明晰で品格のある文章が持ち味で、平成6年には1700枚に及ぶ大作評伝「志賀直哉」を書き上げた。食や乗り物を愛し、「南蛮阿房列車」「食味風々録」といった旅行記・随筆にも定評があり、古びた機関車を主人公とした児童文学「きかんしゃやえもん」（画・岡部冬彦）はロングセラーとなった。平成7年高松宮宣仁殿下が残した「高松宮日記」が発見されると、その編纂校訂に参画。9年から雑誌「文芸春秋」の巻頭随筆「葭の随から」を担当、22年13年間の連載を終え、擱筆を宣言した。昭和54年日本芸術院会員、平成5年文化功労者に選ばれ、11年文化勲章を受章。他の代表作に小説「魔の遺産」「軍艦長門の生涯」「暗い波濤」「舷燈」「水の上の会話」「亡き母や」、随筆「乗りもの紳士録」「鮎の宿」「故園黄葉」「大人の見識」などがある。長男は弁護士・著述家で慶応義塾大学教授の阿川尚之、長女は作家・エッセイストの阿川佐和子。　[賞]日本芸術院賞恩賜賞（第35回）〔昭和53年〕，文化功労者〔平成5年〕，文化勲章〔平成11年〕，読売文学賞小説賞（第4回）〔昭和27年〕「春の城」，サンケイ児童出版文化賞（第7回）〔昭和35年〕「なかよし特急」，新潮社文学賞（第13回）〔昭和41年〕「山本五十六」，交通文化賞〔昭和58年〕，日本文学大賞（第19回）〔昭和62年〕「井上成美」，毎日文化賞（第48回）〔平成6年〕「志賀直哉〈上下〉」，野間文芸賞（第47回）〔平成6年〕「志賀直哉〈上下〉」，海洋文学大賞特別賞（第3回）〔平成11年〕，広島県名誉県民〔平成11年〕，読売文学賞随筆・紀行賞（第53回）〔平成14年〕「食味風々録」，菊池寛賞（第55回）〔平成19年〕　[資]日本芸術院会員〔昭和54年〕　[団]日本文芸家協会　[家]長男＝阿川尚之（弁護士・著述家），長女＝阿川佐和子（作家・エッセイスト）

秋草 直之　あきくさ・なおゆき　富士通社長　[没]平成28年（2016）6月18日　77歳〔急性心不全〕　[生]昭和13年（1938）12月12日　[出]栃木県　[学]早稲田大学第一政治経済学部経済学科〔昭和36年〕卒　[歴]昭和36年富士通信機製造（現・富士通）に入社。同社は電話交換機を主力としていたが、いち早くシステムエンジニアとなり、一貫してソフトサービス部門を歩く。52年公共システム部長、57年第二システム統轄部長、61年システム本部長代理兼西支社システム統轄部長、63年取締役を経て、平成3年常務、4年専務。7年関西営業本部長、8年システム事業推進本部長、ITS事業推進本部長、大型プロジェクト推進本部長。10年社長に就任すると半導体の汎用DRAMの大幅な縮小を決断した他、電子部品や大型コンピューターなどハード部門の縮小・撤退

を進め、ソフト重視路線へと転換。企業や官庁向けのシステム事業に舵を切った。また、日本初のネット銀行設立などを実現した他、日本のIT（情報技術）戦略について様々な提言を行い、コンピューターの誤作動が心配された"2000年問題"への対応では業界の中心となった。14年執行役員制を導入し、CEO（最高経営責任者）、COO（最高執行責任者）を兼務。15年会長、20年取締役相談役。22年取締役を退いた。この間、11〜12年日本電子工業振興協会会長、のちインターネット協会理事長。　[賞]経営者賞（第42回）〔平成11年〕　[家]父＝秋草篤二（日本電信電話公社総裁）

秋沢 志篤　あきざわ・ゆきあつ　ジャパンエナジー取締役常務執行役員　[没]平成29年（2017）9月11日　74歳　[生]昭和18年（1943）7月1日　[出]東京都　[学]成蹊大学経済学部経営学科〔昭和41年〕卒　[歴]昭和41年アジア石油に入社。同年7月日本鉱業、アジア石油、東亜石油が合併してできた共同石油（のちのジャパンエナジー, 現・JXTGエネルギー）に移籍。営業を経て、59年本社販売部に移りセールスプロモーションを担当。平成13〜14年取締役常務執行役員。この間、米国アルコ社と業務提携でガソリンスタンド併設のコンビニエンスストア"am/pm"を企画。3年販売本部am/pm推進室長、同年エーエム・ピーエム・ジャパン（am/pmジャパン）社長に就任。16年会長を経て、18年特別顧問。傍ら、東京、神奈川、千葉、埼玉の一都三県の複合型お祭りイベント"グレーター・トウキョウ・フェスティバル（GTF）"を仕掛ける。18年次代の日本を担うリーダー育成を目指し教育関連会社ヒーローズエデュテイメントを設立、会長。著書に「魂のトレーニング」「『オキテ破り』が人を動かす！」がある。

秋月 睦男　あきずき・むつお　山陽特殊製鋼専務　[没]平成27年（2015）1月4日　88歳　[生]大正15年（1926）2月8日　[出]大分県大分市滝尾　[学]五高〔昭和22年〕卒, 東京大学経済学部〔昭和26年〕卒　[歴]昭和26年富士製鉄（のち新日鉄, 現・新日鉄住金）に入社。52年大分製鉄所副所長を経て、57年山陽特殊製鋼常務、58年専務。61年大分スチール社長、平成6年相談役に退く。昭和63年大分県工業団体連合会会長に就任、20年にわたって進出企業と地場企業の共生や産学官などの連携に力を注いだ。大分ウォーターフロント開発社長なども務めた。また、平成元年より大分県教育委員を務め、4年同委員長。　[賞]大分合同新聞文化賞〔平成20年〕

秋田 晃　あきた・あきら　福井工業大学工学部教授　[専]機械工学　[没]平成29年（2017）2月11日　95歳　[生]大正10年（1921）4月16日　[学]福井高工機械科卒　[歴]福井工業大学助教授を経て、教授。

秋田 厚　あきた・あつし　丸紅常務　[没]平成27年（2015）12月11日　80歳〔心不全〕　[生]昭和9年（1934）12月29日　[出]東京都　[学]神戸大学経済学部〔昭和32年〕卒　[歴]丸紅常務名古屋支社長を務めた。

秋田 Aスケ　あきた・えーすけ　漫才師　[没]平成27年（2015）8月24日　93歳〔糖尿病性腎症〕　[生]大正11年（1922）3月15日　[出]徳島県　[名]本名＝山口敬一（やまぐち・けいいち）, 旧芸名＝徳山英介, コンビ名＝秋田Aスケ・Bスケ（あきたえーすけびーすけ）　[歴]漫才台本作家・秋田実の門下生で、双子の弟と漫才コンビの秋田Aスケ・Bスケを組む。戦時下では洋風名禁止のため英助・美助を名のった。戦後、弟が早世したため、昭和21年2代目Bスケとなる北端和夫とコンビを結成、26年宝塚新芸座入り。しゃべくり漫才で戦後復興期の漫才ブームを牽引、Bスケはサルの形態模写で売り出して"エテコのBちゃん"と呼ばれ人気を博した。漫才師で大阪府知事も務めた横山ノックの師匠としても知られる。　[師]師＝秋田実

秋田 喜美男　あきた・きみお　連合北海道副会長　[没]平成28年（2016）3月27日　72歳〔肝細胞がん〕　[出]北海道上磯郡知内町　[歴]平成8〜16年全郵政北海道地方本部執行委員長、13〜16年連合北海道副会長を務めた。

秋田 Bスケ　あきた・びーすけ　漫才師　[没]平成28年（2016）2月22日　89歳〔急性循環不全〕　[生]昭和2年（1927）1月4日　[出]兵庫県神戸市　[名]本名＝北端和夫（きたばた・かずお）, コンビ名＝秋田Aスケ・Bスケ（あきたえーすけびーすけ）　[歴]歌手を志望していたが、昭和21年漫才コンビの秋田Aスケ・BスケのAスケと知り合い、2代目Bスケとしてコンビを結成。26年宝塚新芸座入り。しゃべくり漫才で戦後復興期の漫才ブームを牽引、自身はサルの形態模写で売り出して"エテコのBちゃん"と呼ばれ人気を博した。漫才師で大阪府知事も務めた横山ノックの師匠としても知られる。47年からお好み焼きの店・舞を経営していたが、平成7年阪神・淡路大震災で全壊。8年営業を再開した。

秋田 稔　あきた・みのる　国際基督教大学教授　北星学園大学学長　恵泉女学園学園長　山梨英和学院院長　[専]倫理学, 古代倫理思想, キリスト教人間学, キリスト教教育哲学　[没]平成29年（2017）4月28日　96歳〔肺炎〕　[生]大正9年（1920）10月5日　[出]旧満州　[学]東京帝国大学文学部倫理学科〔昭和22年〕卒, 東京大学大学院倫理学〔昭和27年〕修了　[歴]国際基督教大学教授、キリスト教と文化研究所所長、北星学園大学学長、恵泉女学園園長、山梨英和学院院長を歴任。著書に「聖書の思想」「『出会い』が人を変える」「イエスの生と死〈上下〉」「パウロは私たちにとって誰なのか〈上下〉」「ヨハネの黙示録に学ぶ」「ヨハネ福音書のイエス・キリスト〈上下〉」などがある。　[団]基督教学会, 倫理学会

秋富 公正　あきとみ・きみまさ　総理府総務副長官　[没]平成28年（2016）4月21日　95歳〔膵臓がん〕　[生]大正10年（1921）2月27日　[出]山口県宇部市　[学]五高文科〔昭和15年〕卒, 東京帝国大学経済学部〔昭和19年〕卒　[歴]昭和21年運輸省に入省。47年鉄道監督局長、49年総理府人事局長を経て、53年総理府総務副長官。54年日本鉄道建設公団副総裁、58年新東京国際空港公団総裁。63年退任し、全日本空輸常任顧問、のち成田全日空エンタープライズ会長。平成6年近畿日本ツーリスト取締役。　[賞]勲一等瑞宝章〔平成5年〕　[家]父＝秋田三一（貴院議員）, 兄＝秋田博正（正興産業社長）

秋永 一枝　あきなが・かずえ　早稲田大学名誉教授　[専]国語学（音韻史, アクセント）　[没]平成29年（2017）9月29日　89歳〔老衰〕　[生]昭和3年（1928）6月23日　[出]東京市本所区東両国（東京都墨田区両国）　[名]本名＝鳥越一枝（とりごえ・かずえ）, 筆名＝秋永一枝（あきなが・かずえ）　[学]早稲田大学第一文学部〔昭和26年〕卒, 早稲田大学大学院文学研究科日本文学博士課程修

あ

了　博士（文学, 早稲田大学）　[歴]東京・両国に商家の娘として生まれる。早稲田大学卒業後、金田一京助の「辞海」編集を手伝い、その時にアクセントの違いを指摘したのが縁で息子の金田一春彦に師事。以後アクセントの研究に従事し、「新明解日本語アクセント辞典」の作成などに携わった。著書に「古今和歌集声点本の研究 資料篇・索引篇・研究篇〈上下〉」「東京弁アクセントの変容」「東京弁は生きていた」「東京弁辞典」「日本語音韻史・アクセント史論」などがある。　[賞]新村出賞（第10回）〔平成3年〕「古今和歌集声点本の研究」（4冊）に対して　[団]日本語学会, 日本音声学会, 方言研究会　[家]夫＝鳥越文蔵（早稲田大学名誉教授）　[師]師＝金田一春彦, 岡一男

秋永 正広　あきなが・まさひろ　福岡教育大学名誉教授　[専]物理学　[没]平成27年（2015）8月20日　65歳〔下咽頭がん〕　[生]昭和25年（1950）7月30日　[出]宮崎県　[学]九州大学理学部理学科卒, 九州大学大学院理学研究科物理学専攻博士課程修了　理学博士　[歴]福岡教育大学助教授、教授を務めた。

秋葉 実　あきば・みのる　郷土史家　松浦武四郎研究会会長　丸瀬布町史資料室長　[専]松浦武四郎研究　[没]平成27年（2015）4月11日　88歳〔肺気腫〕　[生]大正15年（1926）6月29日　[出]北海道紋別郡丸瀬布町（遠軽町）　[学]陸軍少年通信兵学校〔昭和20年〕修了, 日本大学法学部中退　[歴]大学を中退して帰郷、昭和23年から30年以上にわたって町広報誌を兼ねる週刊新聞「山脈（やまなみ）」の編集に携わる一方、地方史研究に打ち込む。28年～平成元年「山脈」編集長を務めた。昭和38年探検家・松浦武四郎の著書に出合い、研究仲間と松浦武四郎研究会を発足、解読難度が高いことで知られる武四郎の自筆原文「戊午東西蝦夷山川地理取調日誌」（安政4年）を4年かがりで読み解き、初めてアイヌ語地名研究の好資料として利用への道を開いた。昭和59年～平成21年同会の2代目会長。松浦武四郎研究の第一人者で、「松浦武四郎選集」（全6巻, 別巻1）の執筆・編纂に携わった。平成元年～12年丸瀬布町史資料室長。[賞]地名研究賞（第7回）〔昭和63年〕, 北海道文化賞〔昭和63年〕, 文部大臣地域文化功労賞〔平成6年〕, 北海道新聞文化賞（社会部門, 第63回）〔平成21年〕「松浦武四郎の研究」　[団]山脈文化協会, 日本歴史学協会

秋原 勝二　あきはら・かつじ　作家　[没]平成27年（2015）4月17日　101歳〔急性心不全〕　[生]大正2年（1913）6月30日　[出]福島県福島市　[名]本名＝渡辺淳（わたなべ・あつし）　[学]大連満鉄育成学校〔昭和5年〕卒　[歴]昭和5年南満州鉄道（満鉄）に入社。経理部に務める傍ら、大連の文芸同人誌「作文」の同人となり、小説を発表。引き揚げ後、39年「作文」を復刊した。著書に「岩手チベットの夕空」「楡の大樹」「故郷喪失」（全5巻）「満州日本人の彷徨」「安達太郎山麓」「夜の話」などがある。

秋丸 卓也　あきまる・たくや　明月堂社長　[没]平成29年（2017）5月7日　82歳〔多臓器不全〕　[生]昭和9年（1934）5月30日　[出]福岡県福岡市博多区　[歴]明月堂創業者・秋丸祐一郎の長男。昭和27年同社に入社。48年専務を経て、59年～平成25年同社社長。5年“西洋和菓子”のコンセプトで「博多通りもん」を発売、博多の代表的な手土産に育てた。　[家]父＝秋丸祐一郎（明月堂創業者）

秋元 東男　あきもと・はるお　安田火災海上保険専務　[没]平成29年（2017）8月24日　77歳〔胸壁軟部肉腫〕　[生]昭和14年（1939）9月11日　[出]千葉県　[学]東京経済大学経済学部〔昭和38年〕卒　[歴]昭和38年安田火災海上保険（現・損保ジャパン日本興亜）に入社。平成6年取締役、9年常務を経て、12年専務。

秋元 貢　あきもと・みつぐ
⇒千代の富士 貢（ちよのふじ・みつぐ）を見よ

秋本 祐作　あきもと・ゆうさく　プロ野球選手　プロゴルファー　[没]平成28年（2016）5月9日　80歳〔慢性心不全〕　[生]昭和10年（1935）6月30日　[出]神奈川県　[学]横須賀工卒　[歴]横須賀工から社会人野球の京都大丸を経て、昭和31年阪急（現・オリックス）に入団。33年13連勝を記録し、同年14勝4敗の成績で最優秀勝率投手のタイトルを獲得。43年シーズン途中に広島へ移籍、47年巨人に転じる。48年引退。実働18年、487試合登板、51勝56敗、19完投、5完封、763奪三振、防御率3.34。55年45歳でゴルフのプロテストに合格してプロゴルファーに転向、同年日本プロゴルフ協会公認ドライビング・プロ大会で10位、56年も10位、平成2年8位。インストラクターとしてテレビ解説、レッスン、コメンテーターとして活躍した。著書に「マキ割り新打法」「失敗しないゴルフ入門」がある。　[資]日本プロゴルフB級教師, プロゴルフA級インストラクター

秋山 栄司　あきやま・えいじ　ジャスコ副会長　[没]平成29年（2017）6月6日　84歳〔病気〕　[生]昭和7年（1932）6月26日　[出]東京都　[学]一橋大学商学部〔昭和30年〕卒　[歴]昭和30年第一銀行（のち第一勧業銀行, 現・みずほ銀行）に入行。60年取締役、63年常務。平成元年ジャスコ（現・イオン）副社長、7年副会長を歴任。

秋山 虔　あきやま・けん　国文学者　東京大学名誉教授　[専]中古文学　[没]平成27年（2015）11月18日　91歳〔肺炎〕　[生]大正13年（1924）1月13日　[出]岡山県津山市　[学]東京帝国大学文学部国文科〔昭和22年〕卒, 東京大学大学院国文科修了　[歴]昭和28年国士舘短期大学助教授、29年東洋大学助教授、32年東京大学助教授、45年教授を歴任。59年退官、東京女子大学教授を経て、平成5年駒沢女子大学教授。源氏物語・枕草子・日記文学などについて作家論や作品論を展開、王朝文学の歴史研究を進めた。12年日本学士院会員、13年文化功労者に選ばれた。日本学術会議会員。同年12月に敬宮愛子さまがお生まれになった際、称号と名前の候補を協議した3人の学者の一人。著書に「源氏物語の世界」「王朝女流文学の形成」などがある。　[賞]文化功労者〔平成13年〕, 紫綬褒章〔平成1年〕, 勲二等瑞宝章〔平成13年〕　[資]日本学士院会員〔平成12年〕　[団]中古文学会, 和歌文学会, 日本文学協会

秋山 ちえ子　あきやま・ちえこ　社会評論家　[没]平成28年（2016）4月6日　99歳〔呼吸器感染症〕　[生]大正6年（1917）1月12日　[出]宮城県仙台市　[名]本名＝橘川ちゑ（きっかわ・ちえ）　[学]東京女高師保育科〔昭和10年〕卒　[歴]国立東京聾唖学校教諭を経て、結婚後中国に渡る。戦後、昭和23年NHKラジオ「婦人の時間」で戦後女性の視野を広めるためのリポーターを担当。

日　本　人　　　　　　　　　　　　　　　あさい

24〜30年NHKラジオ「私の見たこと聞いたこと」のリポーターを担当、鋭い視点と庶民的発想で戦後世相を論評し、第2回日本エッセイスト・クラブ賞を受賞。32年TBSラジオ「昼の話題」がスタート。政治経済から社会、暮らしの問題を幅広く取り上げた週5日放送10分間の番組で、45年「秋山ちえ子の談話室」に変更後も人気を集め、平成3年放送界で"ラジオコラム"という新しい分野を開拓したとして菊池寛賞を受賞。14年、45年間1万2512回の放送をもって同番組は終了した。その後も週1回「日曜談話室」を続けたが、17年半世紀にわたったラジオのレギュラー出演を終了。喋るエッセイストとして放送ジャーナリストの草分けとして知られた。障害者や高齢者を巡る問題、平和問題にも関心が高く、毎年8月に戦時中の実話に基いた物語「かわいそうなぞう」の朗読をラジオ番組で放送。27年まで48回続け、これが本の復刊や英仏語訳の出版につながった。一方、東京都教育委員を12年務め、他に税政調査会、保険審議会委員などを歴任した。著書に「大晦日のローストビーフ」「10年目の訪問」「蜃気楼」「いぶし銀のように」「野菜の花」「雨の日の手紙」「まわり道」「冬の薔薇」「九十九歳の恋うた」「二人静」「八十二歳のひとりごと」「種を蒔く日々」など。　⊕日本エッセイスト・クラブ賞（第2回）〔昭和29年〕「私の見たこと聞いた」、菊池寛賞（第39回）〔平成3年〕、放送ウーマン賞特別賞（平成6年度）、東京都文化賞（第13回, 平成8年度）〔平成9年〕、エイボン女性年度賞大賞〔平成11年〕　⊕日本文芸家協会

秋山 勝　あきやま・まさる　反戦運動家　㉗平成28年（2016）11月6日　74歳〔直腸がん〕　⊕北海道　㉘平成4年勤めていた東京の教育出版を休職、琉球大学大学院法学研究科で沖縄近代史を研究。その後、沖縄に移住して沖縄大学や琉球大学の講師を務める。5年沖縄発の季刊誌「けーし風」創刊に中心的な役割を果たした。沖縄平和市民連絡会会員として沖縄県内の基地撤去などの運動に携わった。

秋山 豊　あきやま・ゆたか　編集者　㉗平成27年（2015）1月21日　70歳〔膵臓がん〕　⊕昭和19年（1944）10月　㉓東京工業大学理学部応用化学科〔昭和43年〕卒　㉘東京工業大学附属工業材料研究所助手を経て、昭和47年岩波書店に入社。主に理系の単行本・講座・辞典の編集に従事。のち全集編集部に移り、平成5年に刊行が開始された「漱石全集」の編集に携わる。夏目漱石の自筆原稿やノート類を丹念に探し、元々の表記に即した全集を作り上げ、新たな作品読解にも取り組んだ。16年定年退職。著書に「漱石という生き方」「漱石の森を歩く」「石や叫ばん——一九二〇年代の精神史」などがある。

秋吉 節　あきよし・たかし　塩野義製薬副社長　㉗平成29年（2017）8月24日　88歳　⊕昭和4年（1929）3月6日　⊕東京都　㉓東京大学医学部薬学科〔昭和28年〕卒　薬学博士　㉘昭和28年塩野義製薬に入社。51年第五学術部長、53年製品部長を経て、同年取締役、60年常務、平成2年専務、5年副社長に歴任。営業を通じて

知り合った研究者たちの助言を得ながら、バイオ技術の指揮官として活躍した。

安久津 政人　あくつ・まさと　十字式健康普及会名誉会長　北京中医学院名誉教授　㉓十字式健康法　㉗平成27年（2015）3月20日　87歳　⊕昭和2年（1927）5月15日　⊕北海道足寄郡足寄町　㉓北海道大学獣医学部卒　医学博士、理学博士　㉘獣医として馬の治療中に念力による背骨矯正法を発見。その後筑波大学東洋医学研究室に4年間通い背骨と健康の関係、東洋医学の考え方などを研究する。こうした研究をもとに背骨のゆがみを念力エネルギーで正すことにより病気を治す"十字式背骨健康法"を考案、宗教法人十字式健康普及会の名で北海道をはじめ全国各地に施術所を開いた。著書に「四次元病とその癒し」「十字式健康法の秘密」などがある。　㉞中国医師免許　㉝全日本気功協会

明坂 尚子　あけさか・ひさこ　染織家　長崎原爆被災者協議会設立呼びかけ人の一人　㉗平成27年（2015）1月8日　79歳〔肺炎〕　⊕昭和10年（1935）　⊕長崎県長崎市　㉘昭和20年9歳の時に爆心地から700メートルの長崎市竹の久保町の自宅で被爆、母と祖母、妹を失う。29年高校卒業後に被爆した若者が集う長崎原爆乙女の会に入会、31年山口仙二らと長崎原爆被災者協議会（長崎被災協）の設立呼びかけ人の一人となった。被爆の影響で発声が困難となりソ連で治療を受けたが、同地滞在中にモスクワ繊維大学美術工芸科で繊維工芸を学び、帰国後に本格的に染織を始める。63年長崎に帰郷した。長崎被災協設立呼びかけ人12人の中で最後まで存命だった。

明田 功　あけた・いさお　八幡市長　㉗平成27年（2015）7月28日　71歳　⊕昭和18年（1943）12月29日　⊕京都府京都市　㉓京都大学農学部卒〔昭和41年〕、京都大学大学院農学研究科〔昭和46年〕博士課程単位取得　農学博士（京都大学）〔昭和48年〕　㉘高校教師などを経て、平成6年京都府議に当選。5期目途中の20年、八幡市長に当選。市財政健全化などに取り組んだ。24年引退、1期。

明田 弘司　あけだ・こうし　写真家　㉗平成27年（2015）8月12日　92歳〔肺炎〕　⊕大正11年（1922）12月　⊕広島県県市　㉘太平洋戦争中は軍属として航空写真の現像・焼き付けに従事。昭和23年広島市で写真店を開業。仲間とヒロシマ・フォト・クラブを結成。写真家の名取洋之助から広島の復興を写真で記録するよう助言され、市民生活や街の活気を撮り続けた。平成26年初の本格的な個展を開催した。　㉞勲五等瑞宝章

赤穂 博之　あこう・ひろゆき　徳島県ラグビー協会会長　㉗平成27年（2015）2月9日　79歳〔心室細動〕　⊕昭和10年（1935）7月26日　㉓徳島大学学芸学部卒　㉘鳴門工（現・鳴門渦潮高）、城北高でラグビー部を指導。昭和44年徳島県ラグビー協会理事となり、62年～20年会長を務めた。　㉞旭日双光章〔平成24年〕

浅井 一平　あさい・いっぺい　東京田辺製薬社長　三菱化成工業常務　㉗平成28年（2016）10月1日　87歳〔食道がん〕　⊕昭和4年（1929）1月4日　⊕大阪府　㉓東京大学法学部〔昭和28年〕卒　㉘昭和28年三菱化成工業（現・三菱化学）に入社。59年常務を経て、62年日本錬水副社長に転じ、平成元年社長に就任。6年退任し、6月東京田辺製薬社長。11年三菱化学の製薬部

門と合併・設立した三菱東京製薬（現・田辺三菱製薬）社長に就任。12年取締役相談役。

浅井 慶三郎　あさい・けいざぶろう　慶応義塾大学名誉教授　[専]商業経営論　[没]平成28年（2016）9月25日　85歳〔病気〕　[生]昭和5年（1930）10月5日　[出]東京都　[学]慶応義塾大学経済学部〔昭和28年〕卒，慶応義塾大学大学院〔昭和38年〕博士課程修了　[歴]昭和41年慶応義塾大学商学部専任講師、42年助教授を経て、49年教授。のち常葉学園浜松大学（現・浜松大学）国際経済学部教授・学部長。著書に「マクロ・リテイリング」「サービスの演出戦略」「サービスのマーケティング管理」「サービス業のマーケティング」などがある。　[賞]慶応義塾賞〔昭和53年〕　[団]日本商業学会，日本広告学会

浅井 敬由　あさい・けいゆ　高校野球監督　[没]平成28年（2016）10月30日　56歳〔大動脈解離〕　[生]昭和34年（1959）　[出]三重県伊勢市　[学]東邦高卒，早稲田大学卒　[歴]愛知県の東邦高在学中の昭和52年、主力の左翼手として夏の甲子園準優勝に貢献。早大卒業後、福井工業大監督、仙台育英高コーチ、名古屋産業大監督などを歴任。平成27年12月京都翔英高監督に就任、28年同校を夏の甲子園初出場に導いた。秋の京都府大会で準優勝して近畿大会に出場したが、10月22日の1回戦で敗れる。一週間後、大動脈解離のため急逝した。

浅井 健太郎　あざい・けんたろう　関ケ原町（岐阜県）町長　[没]平成27年（2015）8月9日　72歳〔くも膜下出血〕　[生]昭和18年（1943）4月8日　[学]大垣工　[歴]岐阜県関ケ原町議6期を経て、平成16年町長に当選。2期務め、24年12月体調不良により退任した。一方、24年10月小学校統廃合を巡って、反対署名者を町職員が個別訪問して意思確認したのは人権侵害だとして町民らに損害賠償訴訟を起こされ、町に計38万5000円の支払いが命じられた。また、自身が発行する情報誌に、提訴した町民の氏名を掲載したことはプライバシーの侵害にあたるとして町民から損害賠償訴訟が起こされ、同年3月最高裁が上告を棄却したことにより、町民4人に計55万円を支払うよう命じた二審判決が確定した。　[賞]関ケ原町特別功労者表彰〔平成25年〕

浅井 省己　あさい・せいき　明治薬品会長　世界一かわいい美術館理事長　[没]平成29年（2017）1月23日　86歳　[生]昭和5年（1930）10月14日　[出]富山県富山市水橋辻ケ堂　[学]富山薬学専薬学科〔昭和26年〕卒　[歴]昭和26年から2年間、富山大学薬学部助手。富山製薬、前田薬品工業専務を経て、39年明治薬品に入社。48年取締役、50年専務、62年社長、平成17年会長を歴任。25年退職。27年富山市に世界一かわいい美術館を開館、理事長を務めた。　[賞]富山県薬事功労賞〔昭和63年〕

浅井 俊裕　あさい・としひろ　水戸芸術館現代美術センター芸術監督　[専]現代美術　[没]平成28年（2016）4月15日　54歳　[出]群馬県　[学]関西学院大学大学院文学研究科美学専攻博士課程前期課程修了　[歴]開館準備室時代より水戸芸術館の企画運営に学芸員として関わり、平成21年同館現代美術センター芸術監督に就任。岩手大学、関西学院大学などの非常勤講師も務めた。著書に「拡散する美術」などがある。

浅井 信雄　あさい・のぶお　国際政治学者　読売新聞ワシントン支局長　神戸市外国語大学教授　[専]国際関係論，国際政治学，メディア論　[没]平成27年（2015）3月6日　79歳〔前立腺がん〕　[生]昭和10年（1935）6月23日　[出]新潟県長岡市　[学]東京外国語大学〔昭和38年〕卒　[歴]読売新聞社に入社。ジャカルタ、ニューデリー、カイロ特派員、ワシントン支局長などを務めた後、米国ジョージタウン大学客員研究員（戦略問題を担当）、野村総合研究所在米コンサルタント、東京大学、東京外国語大学講師を経て、昭和59年中東調査会理事。三菱総合研究所客員研究員を兼務の後、62年〜平成10年神戸市外国語大学教授。15年沖縄大学客員教授。テレビ各局のコメンテーターも務め、TBS系の報道番組「サンデーモーニング」には3年から23年間にわたって出演した。著書に「ミステリーと虚構の国際政治」「中東を動かすものは何か」「アメリカ50州を読む地図」「民族世界地図」「アジア情勢を読む地図」、共訳に「キッシンジャー・その信念の軌跡」「イスラム報道」などがあり、国際問題に関する評論文も多数。　[団]日本平和学会，日本国際政治学会

浅井 宏祐　あさい・ひろすけ　文光堂社長　[没]平成27年（2015）1月6日　76歳　[生]昭和13年（1938）1月16日　[学]中央大学卒　[歴]主に医学や看護関連の書籍・雑誌を出版する文光堂創業者の孫で、同社社長、会長を務めた。　[家]祖父＝浅井光之助（文光堂創業者）

浅川 博忠　あさかわ・ひろただ　政治評論家　[専]政治・政局・政策全般　[没]平成29年（2017）2月24日　74歳〔肺がん〕　[生]昭和17年（1942）9月18日　[出]東京都杉並区　[名]本名＝浅川博忠（あさかわ・ひろただ）　[学]九段高〔昭和36年〕卒，慶応義塾大学商学部〔昭和41年〕卒　[歴]産業計画会議研究員を経て、評論家として独立し、政治・経済・ビジネス方面を中心に幅広く執筆講演活動を行う。時事問題研究所常務理事を経て、東北福祉大学客員教授を兼務。小泉純一郎首相の私的諮問機関・首相公選制を考える懇談会委員。著書に「小説角栄学校」「人間・小泉純一郎」「自民党ナンバー2の研究」「平成永田町劇場」「橋本龍太郎」「政治家を見抜く」「自民党幹事長というお仕事」「小泉純一郎とは何者だったのか」「自民党幹事長」「小沢一郎独走す」などがある。　[賞]感謝状（防衛省統幕学校）「永年の校外講師活動に対して」　[団]日本政治学会，永田町三田会，日本評論家協会，国民政治研究会，日本自由主義会議，民放解説者研究会，千代田プレスクラブ，中央政策研究所，交詢社，日本記者クラブ，放送人政治懇話会

朝倉 悦子　あさくら・えつこ　富山県企画県民部次長　[没]平成28年（2016）6月25日　81歳　[生]昭和9年（1934）9月20日　[出]富山県砺波市　[学]砺波高卒　[歴]昭和28年富山県庁に入庁。社会福祉事務所を経て、新設された婦人青少年課主幹に抜擢され、同課長も務める。昭和58年海外視察を通じて女性の視野を広げる"県婦人の翼"をスタートさせた。61年社会福祉課長、63年企画県民部次長にいずれも女性として初めて就任。平

成5年退職。"鉄の女"とも呼ばれ、女性の地位向上に尽くした。 [賞]瑞宝小綬章〔平成16年〕

朝倉 響子 あさくら・きょうこ 彫刻家 [没]平成28年(2016)5月30日 90歳〔腸閉塞〕 [生]大正14年(1925)12月9日 [出]東京都 [歴]彫刻家・朝倉文夫の二女。11歳頃から独学で彫刻を志向し、昭和17年文展に初入選。戦後、21年から日展の特選を4回重ね、審査員に挙げられたが、31年退会。集団現代彫刻を結成して創作に専念。35年文春ギャラリーで初個展を開く。現代日本美術展、日本国際美術展などに招待出品。52年姉・朝倉摂(舞台美術家)と二人展。57年「NIKE」で中原悌二郎賞優秀賞を受賞。代表作である新宿駅西口の「約束」の他、都立広尾病院、神戸松蔭女子学院キャンパスなどにモニュメントを制作。彫塑写真集「光と波と」「kyoko」がある。 [賞]長野市野外彫刻賞(第7回)〔昭和54年〕, 中原悌二郎賞優秀賞(第13回)〔昭和57年〕「NIKE」, 日展特選〔昭和21年・22年・25年・26年〕「晨」「萠」「作品S」「Mlle S」 [家]父=朝倉文夫(彫刻家), 姉=朝倉摂(舞台美術家)

朝倉 邦造 あさくら・くにぞう 朝倉書店社長 日本書籍出版協会理事長 [没]平成28年(2016)1月30日 79歳〔肺炎〕 [生]昭和11年(1936)10月21日 [出]東京都 [学]慶応義塾大学法学部卒 [歴]父は朝倉書店創業者の朝倉鉱造。三菱製紙に10年間勤めた後、父が創業した朝倉書店に入る。昭和55年2代目社長に就任。61年フォトコピー被害出版社団体を結成し、コピーによる海賊版商法を糾弾するため訴訟を起す。平成8年日本書籍出版協会常任理事、14～18年理事長。トーハン取締役も務めた。 [賞]旭日中綬章〔平成22年〕 [家]父=朝倉鉱造(朝倉書店創業者), 長男=朝倉誠造(朝倉書店社長)

朝倉 昌 あさくら・しょう 分子生物学者 名古屋大学名誉教授 [専]分子遺伝学, 分子生理学 [没]平成28年(2016)3月16日 88歳〔大腸がん〕 [生]昭和2年(1927)4月16日 [出]愛知県 [学]名古屋大学理学部物理学科卒 理学博士 [歴]名古屋大学理学部教授、同学部附属分子生物学研究施設長を務めた。 [賞]松永賞(自然科学部門, 第7回, 昭和45年度)「生体構造再編成に関する研究」, 朝日文化賞(第43回, 昭和47年度)「細胞べん毛の形成に関する研究」 [団]日本生物物理学会, 日本物理学会, 日本分子生物物理学会

朝倉 泰子 あさくら・やすこ 音楽プロデューサー なら音楽アカデミー代表 アサクラコンサート企画代表 [没]平成28年(2016)12月8日 85歳 [生]昭和6年(1931) [出]兵庫県神戸市 [歴]昭和52年夫と個人経営のコンサート企画会社・アサクラコンサート企画を設立。53年から大文字国際交流音楽祭、61年から奈良県吉野郡で下北山ヴァイオリン・サマー・セミナーを開催。発表の場のない音楽家の支援に取り組んだ。 [家]夫=朝倉圀臣(ラテン音楽研究家)

朝田 修平 あさだ・しゅうへい オリエント・リース専務 [没]平成29年(2017)10月16日 91歳〔急性心不全〕 [生]大正15年(1926)7月20日 [出]兵庫県芦屋市 [学]甲陽工専〔昭和22年〕卒 [歴]3年間中学校で教員生活を送ったあと、昭和26年海運会社の岡田組に入社。新日本パイプを経て、42年オリエント・リース(現・オリックス)に入社。45年東京営業部長、49年取締役、55年常務、61年専務。63年オリックス・オート・リース社長、平成4年会長、8年取締役。

浅田 貢 あさだ・みつぐ 大阪府議(自民党) [没]平成29年(2017)11月18日 92歳〔喉頭がん〕 [生]大正14年(1925)2月21日 [出]大阪府 [学]高小卒 [歴]昭和34年大阪府議に初当選。通算9期36年務めた。47～48年府議会副議長。平成11年引退。 [賞]藍綬褒章, 勲三等瑞宝章〔平成11年〕 [家]二男=浅田均(参院議員)

浅田 泰次 あさだ・やすじ 愛媛大学学長・名誉教授 [専]植物保護 [没]平成29年(2017)1月24日 88歳〔肺がん〕 [生]昭和3年(1928)6月19日 [出]滋賀県大津市 [名]俳号=浅田分生子(あさだ・ぶんせいし) [学]京都大学農学部農林生物学科〔昭和26年〕卒 農学博士〔昭和37年〕 [歴]昭和26年京都大学助手、30年松山農科大学助教授、31年愛媛大学助教授、40年教授、50年学生部長、60年農学部長、63年学長に就任。平成3年退任、のち松山大学教授、放送大学客員教授。5年中国・西南農業大学名誉教授。7年の放送大学愛媛学習センターの開設に努め、初代センター長に就任。同年度松山ロータリークラブ会長。日本植物病理学会会長も務めた。 [賞]瑞宝重光章〔平成17年〕, 日本植物病理学会賞〔昭和50年〕「病態植物組織におけるリグニンの生合成に関する研究」, メチョー大学名誉博士(タイ)〔平成2年〕 [団]日本植物病理学会(名誉会員)

安里 盛繁 あさと・せいはん 沖縄県原爆被爆者協議会理事長 [没]平成27年(2015)2月5日 86歳〔誤嚥性肺炎〕 [出]沖縄県中頭郡中城村 [歴]昭和20年8月16歳の時に長崎県の三菱長崎工業学校で被爆。39年の沖縄原子爆弾被害者連盟(現・沖縄県原爆被爆者協議会)結成時から被爆者運動に関わり、のち同理事長。米国統治下のため原爆医療法の適用外であった沖縄県内の被爆者に援護を求める運動などに力を注ぎ、核兵器廃絶運動にも尽力した。

麻鳥 千穂 あさどり・ちほ 宝塚スター [没]平成29年(2017)6月2日 80歳〔大動脈瘤解離〕 [出]兵庫県神戸市 [名]本名=島崎澪子(しまさき・みおこ) [歴]昭和28年宝塚歌劇団に入団。歌唱力の高い端正な男役で、花組の男役トップとして"カンさま"の愛称で人気を集めた。40年のパリ公演では主力の一人として活躍。45年退団。平成26年宝塚歌劇100周年を記念して設けられた宝塚歌劇の殿堂の一人に選ばれた。

浅野 一雄 あさの・かずお 日本水産常務 [没]平成27年(2015)7月18日 91歳〔腎不全〕 [生]大正12年(1923)11月17日 [出]千葉県 [学]水産講習所遠洋漁業科〔昭和20年〕卒 [歴]昭和20年日本水産に入社。53年取締役を経て、58年常務。59年日本船舶副社長、62年社長を務め、同年ニッスイシッピングに改称した。

浅野 玄誠 あさの・げんせい 僧侶 同朋大学学長 慶正寺(真宗大谷派)住職 [専]インド哲学, 仏教学 [没]平成28年(2016)11月17日 61歳〔多臓器不全〕 [生]昭和30年(1955)6月5日 [出]岐阜県安八郡輪之内町 [学]大谷大学大学院博士課程満期退学 [歴]平成12年同朋大

あ

学文学部教授、24年学長。28年退任、同年病死した。著書に「非常識のススメ」がある。

浅野 伍朗 あさの・ごろう　日本医科大学学長　⑳人体病理学　㊟平成28年（2016）10月9日　80歳〔呼吸不全〕　㊇昭和11年（1936）2月1日　㊙日本医科大学〔昭和38年〕卒　医学博士〔昭和45年〕　㊟昭和53年米国シンシナティ大学へ留学、客員教授。58年日本医科大学教授となり、平成2年学生部長、7年医学部長を経て、12〜15年学長。編著に「看護と検査のための症候と病態」などがある。　㊟瑞宝中綬章〔平成24年〕　㊟日本病理学会、日本神経病理学会、日本癌学会、日本肺癌学会

浅野 重雄 あさの・しげお　東海サーモ会長　㊟平成27年（2015）9月27日　85歳〔肺炎〕　㊇昭和5年（1930）6月3日　㊙岐阜県大垣市　㊛名古屋経済専門学校〔昭和26年〕卒　㊟昭和26年牧村に入社。35年東海紡織に転じ、44年代表取締役。47年東海サーモに社名変更。平成13〜15年大垣商工会議所副会頭を務めた。　㊟大垣市功労章〔平成15年〕　㊟長男＝浅野圭一（東海サーモ社長）

浅野 直道 あさの・なおみち　キリンビール副社長　㊟平成29年（2017）6月6日　76歳〔昭和16年（1941）2月19日〕　㊙東京都　㊛一橋大学商学部〔昭和40年〕卒　㊟昭和40年キリンビール（現・キリンホールディングス）に入社。平成8年取締役を経て、16年副社長。

浅野 久弥 あさの・ひさや　日本セメント取締役　東京コンクリート社長　浅野学園理事長　㊟平成28年（2016）1月3日　82歳〔舌がん〕　㊇昭和8年（1933）2月23日　㊙東京都　㊛慶応義塾大学経済学部〔昭和30年〕卒　㊟昭和30年日本セメント（現・太平洋セメント）に入社。建材事業部長を経て、61年取締役、63年常勤顧問、同年関西アサノ鉱業社長、平成元年浅野保険代理部社長、3年東京コンクリート社長、のち取締役相談役、18年相談役。祖父の浅野総一郎が創立した浅野学園理事長を務めた。　㊟父＝浅野八郎（関東電化工業創業者）、祖父＝浅野総一郎（1代目）

浅羽 愛子 あさば・あいこ　あさば代表取締役　㊟平成29年（2017）6月12日　83歳〔呼吸不全〕　㊇昭和9年（1934）2月18日　㊙秋田県　㊛大曲高女卒　㊟東京の洋裁学校を中退し、ファッション関係の仕事を始める。モデルを経て、24歳の時に300年以上も続く伊豆・修善寺のあさば旅館の9代目と結婚、女将となる。敷地内には明治42年に東京・深川の富岡八幡宮から移築された能舞台があり、日本の五指に入る名舞台としても知られる。新たに池に石舞台をしつらえて、能のほか、地唄舞、新内、フラメンコなど10種以上の舞台を企画、「修善寺芸術紀行」を創設。修善寺温泉旅館協同組合婦人部長、全国主要温泉旅館女将サミット運営委員長などを歴任した。　㊟メセナ奨励賞〔平成6年〕　㊟夫＝浅羽肇（あさば旅館9代目）

朝日 晃 あさひ・あきら　美術評論家　広島市現代美術館副館長　⑳近代日本洋画史　㊟平成28年（2016）8月31日　88歳〔肺炎〕　㊇昭和3年（1928）2月11日　㊙広島県広島市　㊛早稲田大学文学部美術史科卒　㊟神

奈川県立近代美術館勤務、東京都美術館事業課長を経て、昭和60年広島市現代美術館開設準備事務局長、平成元年開館後は副館長に就任。2年退職。美術評論、研究活動も手がけ、佐伯祐三の研究者としてその画集出版にも関わった。著書に「永遠の画家佐伯祐三」「絵を読む」「佐伯祐三のパリ」「そして、佐伯祐三のパリ」などがある。　㊟ジャポネズリー研究学会、日本美術評論家連盟、国際美術評論家連盟

朝日 正芳 あさひ・まさよし　僧侶　正行寺（真宗大谷派）住職　㊟平成27年（2015）6月13日　97歳〔肺炎〕　㊙北海道厚岸郡厚岸町　㊟北海道厚岸町にある真宗大谷派寺院・正行寺の住職を務めた。太平洋戦争末期の昭和19年3月、厚岸沖で米潜水艦に撃沈され、約2800人が亡くなった陸軍輸送船「日蓮丸」の生き残り負傷兵45人を同寺で受け入れたが、軍事機密として沈没の事実が伏せられ、負傷兵とも話せなかった。63年遺族と慰霊碑を建立。晩年は沈没の事実が伏せられた史実を語り継ぎ、慰霊を続けた。

浅見 錦龍 あさみ・きんりゅう　書家　和洋女子大学教授　書星会理事長　日展参与　㊟平成27年（2015）1月28日　92歳〔心不全〕　㊇大正11年（1922）2月16日　㊙群馬県前橋市　㊛本名＝浅見政美（あさみ・まさみ）　㊛豊島師範卒　㊟書家・浅見喜舟の長男で、中学3年の時に書家を志す。昭和18年海軍予備学生として入隊、20年復員。21年全日本書道再建展二科入選、27年日展に初入選。35年「九十九里」で日展特選苞竹賞、43年「良寛詩」で日展菊華賞、63年同じく「良寛詩」で日展会員賞。また、28年から2年連続で毎日書道展毎日賞、37年には同展毎日準大賞を受けた。千葉県を代表する書家で、千葉市立椿森中、県立佐原女子高（現・佐原白楊高）、県立船橋高の各教諭、和洋女子大教授として後進の指導にもあたった。　㊟勲四等瑞宝章、千葉県文化功労者、毎日書道展毎日賞（第5回・6回）〔昭和28年・29年〕、日展特選苞竹賞〔昭和35年〕「九十九里」、毎日書道展毎日準大賞（第14回）〔昭和37年〕、日展菊華賞〔昭和43年〕「良寛詩」、日展会員賞〔昭和63年〕「良寛詩」　㊟日展、読売書法会　㊟父＝浅見喜舟（書家）

朝本 浩文 あさもと・ひろふみ　ミュージシャン　音楽プロデューサー　㊟平成28年（2016）11月30日　53歳　㊇昭和38年（1963）　㊙福岡県　㊛グループ名＝MUTE BEAT（みゅーとびーと）、ユニット名＝ram jam world（らむじゃむわーるど）　㊟昭和61年〜平成元年伝説的なダブ・レゲエ・バンドとして知られるミュート・ビートにキーボード奏者として在籍する傍ら、セッションミュージシャンとしてTHE MODSなどのレコーディングやツアーにも参加。3年エンジニアの渡辺省二郎とのユニット・ram jam worldを結成、7年活動を休止。8年より音楽プロデューサーとして活動、UAの「情熱」「甘い運命」「悲しみジョニー」などのヒットにより、プロデューサーとしての地位を確立。また、Misia、SILVAら人気アーティストの曲を手がけ、脚光を浴びる。9年ram jam worldを再結成し、アルバム「Rough and Ready」を発表。13年吉本興業出資のレコード会社R&C JAPANへ移籍し、ボーカルに浜田杏子を迎えたram jam worldのシングル「響命〜イノチノオト」をリリース。他のプロデュース作品にUA「ミルクティー」、THE BOOM「月さえも眠

る夜」「手紙」などがある。26年9月自転車事故により意識不明となり、療養生活に入る。2年2ケ月後の28年11月、53歳で亡くなった。

浅山 健　あさやま・けん　医師　豊島麻酔科診療所所長　[専]麻酔学　[没]平成28年(2016)5月28日　85歳〔進行性核上性まひ〕　[生]昭和5年(1930)　[出]熊本県熊本市　[学]熊本大学医学部〔昭和31年〕卒　医学博士〔昭和41年〕　[歴]昭和32年東京医科歯科大学医学部第二外科に入局。42年癌研究会附属病院麻酔科医長、44年麻酔医療機関・豊島麻酔科診療所を設立、所長。著書に「患者はこうして殺される」がある。　[資]麻酔指導医〔昭和40年〕　[団]日本麻酔科学会(名誉会員)

浅利 光博　あさり・みつひろ　プロ野球選手　DeNA統括部マネジャー統括・GM補佐　[没]平成28年(2016)9月10日　61歳〔胃がん〕　[生]昭和30年(1955)2月8日　[出]秋田県仙北郡西木村下桧木内(仙北市)　[学]角館高卒　[歴]角館高校、釜仙を経て、昭和51年プロ野球の大洋(現・DeNA)に捕手としてテスト入団。55年に現役引退後は球団職員としてサポートに回り、平成24年11月から統括部マネジャー統括・GM補佐を務めた。

芦刈 恒　あしかり・ひさし　日本通運専務　[没]平成27年(2015)5月2日　84歳〔病気〕　[生]昭和6年(1931)5月1日　[出]大分県　[学]明治大学商学部〔昭和30年〕卒　[歴]昭和26年日本通運に入社。平成元年取締役、3年常務を経て、5年専務。9年日通商事社長。

芦川 照江　あしかわ・てるえ　詩人　市民運動家　[没]平成27年(2015)7月24日　95歳〔心筋梗塞〕　[生]大正8年(1919)10月4日　[出]静岡県庵原郡富士川町(富士市)　[名]筆名＝小川アンナ(おがわ・あんな)　[学]静岡高女〔昭和12年〕卒　[歴]昭和12年静岡県の興津小学校教諭となり、15年退職。結婚し主婦業に専念するが、"日常的な住民の行動こそ民主主義の保証"として農村青年らの運動を指導、住民の世話役を務める。44年富士川町いのちと生活を守る会副会長として東京電力富士川火力発電所の建設計画に反対、町ぐるみの住民運動を展開、近隣市町にも呼びかけ、同年3月28日から翌未明にかけて富士市議会を包囲、火電建設承認を阻止した"富士公害闘争"の立役者。一方、30年頃より詩作を始め、小川アンナの筆名で詩集「民話の涙」「にょしんらいはい」「富士川右岸河川敷地図」「沙中の金」「小川アンナ詩集」「晩夏光幻視」、随筆集「きんかんの花」「源流の村」などがある。「鹿」同人。　[賞]静岡県芸術祭賞〔昭和43年〕, 静岡県詩人賞〔昭和54年〕, 中日詩賞(第35回)〔平成7年〕「晩夏光幻視」　[団]日本詩人クラブ, 日本現代詩人会, 静岡県詩人会, 静岡県文学連盟

あした・ひろし　漫才師　[没]平成27年(2015)11月3日　93歳〔老衰〕　[生]大正11年(1922)6月10日　[出]東京都台東区　[名]本名＝大野寛(おおの・ひろし), 旧芸名＝北ひろし, コンビ名＝あした順子・ひろし(あしたじゅんこひろし)　[歴]軽演劇の出身で、ショーの司会をしていた頃に、同じ台東区生まれのマジシャン・南順子と知り合い、昭和35年南順子・北ひろしというコンビを組む。本格的な漫才師を目指して関西へ赴き、演芸作家の秋田実に師事。のち、あした順子・ひろしに改名。東京・浅草を中心に、夫婦ではないが、息のあったしゃべりと絶妙の間でどつき漫才を披露。体格の良い順子が痩身のひろしを投げ飛ばす大技"首投げ"や、順子が「男はあなた、ひろし〜」、ひろしが「女は、君さ順子〜」とデュエットの定番曲「男と女のはしご酒」の替え歌を歌いながら踊り、最後に順子がひろしを突き飛ばすネタなどで知られた。　[賞]NHK漫才コンクール敢闘賞〔昭和47年〕, 浅草芸能大賞(第13回)〔平成8年〕　[家]兄＝大野源一(棋士)　[師]師＝秋田実

芦田 礼一　あしだ・れいいち　弁護士　京都弁護士会会長　[没]平成27年(2015)11月20日　87歳　[生]昭和3年(1928)10月10日　[出]京都府福知山市　[学]立命館大学法学部〔昭和29年〕卒　[歴]昭和35年司法試験に合格、38年弁護士登録。61年京都弁護士会会長、62年日本弁護士連合会監事を務めた。　[賞]勲四等瑞宝章〔平成10年〕　[団]京都弁護士会

足羽 俊夫　あしば・としお　画家　日南町美術館名誉館長　[没]平成29年(2017)8月4日　86歳〔心臓発作〕　[出]鳥取県日野郡日南町　[歴]昭和36年フランスへ渡り、パリで絵画や写真、彫刻など多様な芸術活動を続ける。郷里の鳥取県日南町にある日南町美術館名誉館長も務めた。　[賞]フランス芸術文化勲章〔平成27年〕, 鳥取県県民功績賞〔平成28年〕

阿修羅原　あしゅらはら　プロレスラー　ラグビー選手　[没]平成27年(2015)4月28日　68歳〔肺炎と心筋梗塞〕　[生]昭和22年(1947)1月8日　[出]長崎県北高来郡　[名]本名＝原進(はら・すすむ)　[学]諫早農卒, 東洋大学卒　[歴]本名・原進。諫早農、東洋大を経て、昭和44年近畿日本鉄道(近鉄)に入社。高校時代からラグビーの名選手で、45年日本代表に初選出以来、中心選手として6年連続ベスト15入りし、17試合に出場。ポジションはフォワードのプロップ。51年には日本人として初めて世界選抜メンバーに選出された。その後、国際プロレス入りしてプロレスラーに転向。リングネームの阿修羅原は作家・野坂昭如の命名による。WWU世界Jr.ヘビー級選手権を獲得。56年国際プロレス崩壊後は全日本プロレス(全日)入りした。

飛鳥 寛栗　あすか・かんりつ　僧侶　善興寺(浄土真宗本願寺派)住職　[専]仏教音楽研究　[没]平成28年(2016)9月30日　101歳〔鬱血性心不全〕　[生]大正4年(1915)7月5日　[出]富山県　[学]龍谷大学文学部仏教学科仏教学専攻〔昭和14年〕卒　[歴]浄土真宗本願寺派の古刹・善興寺の18代目住職で、中田保育園理事長などを歴任。昭和10年前後の学生時代から京都仏教聖歌合唱団で歌い、日曜学校の児童合唱団を主宰するなど、仏教讃歌の普及に力を入れる。仏教讃歌への興味は絶えず、楽譜やレコード関係の音楽文献を集め、仏教音楽コレクション・Aを主宰した。また、37年浄土真宗本願寺派高岡教区で高校を創設することが決まると行政との手続きや土地手配などで活躍、38年清光女子高校(現・高岡龍谷高校)が誕生すると初代常務理事を務めた。著書に「それは仏教唱歌から始まった―戦前仏教洋楽事情」「仏教音楽への招待」、編著に「日本仏教洋楽資料年表」などがある。　[賞]仏教伝道文化賞(第44回)〔平成22年〕　[団]東洋音楽学会, 富山仏教学会

東 克彦　あずま・かつひこ　北海道大学名誉教授　北海道漕艇協会会長　[専]化学　[没]平成28年(2016)8月16日　96歳〔心不全〕　[生]大正9年(1920)3月25日　[出]

あ

東京都　㊫北海道帝国大学化学科〔昭和18年〕卒　理学博士　㊯昭和18年北海道帝国大学触媒研究所助手、47年教授。53年体育指導センター所長、55年触媒研究所長を歴任して、58年退官。57年から12年間、北海道漕艇協会会長を務め、競技の普及に尽くした。　㊫勲三等旭日中綬章〔平成5年〕, 札幌市民スポーツ賞（第17回）〔平成2年〕, 北海道スポーツ賞〔平成3年〕

吾妻 兼治郎　あずま・けんじろう　彫刻家　㊣平成28年（2016）10月14日　90歳〔老衰〕　㊤大正15年（1926）3月12日　㊥山形県山形市　㊫東京芸術大学彫刻科〔昭和28年〕卒, イタリア国立ブレラ美術学院彫刻科〔昭和35年〕卒　㊯山形市で釣り鐘などを作る青銅鋳造職人の家に生まれる。昭和17年16歳で三重県の海軍航空隊飛行予科練習生に。特攻隊員となるが出撃前に敗戦を迎えた。戦後、新制東京芸術大学彫刻科に第1期生として学び、在学中に新制作展に初入選。31年イタリア政府給費留学生として留学、国立のブレラ美術学院でマリノ・マリーニに師事。奨学金が切れてもミラノに残り、36年ミラノで初個展を開催。禅の概念を取り入れたブロンズの抽象彫刻で知られ、連作〈MU（無）〉シリーズと続く連作〈YU（有）〉シリーズにより欧米で高い評価を得た。山形市役所の前に〈MU（無）〉シリーズ最大の大型モニュメント「MU-1000」が設置されており、山形美術館が開館した際には〈YU（有）〉シリーズ最初の作品である「YU-1」を寄贈した。山形国際ドキュメンタリー映画祭のトロフィーデザインも手がけている。　㊫紫綬褒章〔平成7年〕, 勲四等旭日小綬章〔平成13年〕, 高村光太郎賞〔昭和39年〕, 毎日芸術賞（第16回）〔昭和50年〕, 中原悌二郎賞（第30回）〔平成11年〕「YU-847」, 長野市野外彫刻賞（第36回, 平成21年度）, 日本国際美術展国立近代美術館賞（第7回, 昭和38年度）, スイス国際彫刻コンクール・エミールゴダール賞〔昭和38年〕　㊫サンルカ国立アカデミー外国人会員（彫刻部門）〔平成6年〕　㊫師＝マリーニ, マリノ

東 潤　あずま・じゅん　門真市長　㊣平成29年（2017）6月3日　84歳〔肺炎〕　㊤昭和7年（1932）11月13日　㊥大阪府　㊫関西大学中退　㊯門真市議5期、市議会議長を経て、昭和60年から市長に5選。平成17年落選。　㊫旭日中綬章〔平成18年〕

東 孝光　あずま・たかみつ　建築家　東環境建築研究所主宰　大阪大学名誉教授　㊫環境計画学（建築・都市デザイン）　㊣平成27年（2015）6月18日　81歳〔肺炎〕　㊤昭和8年（1933）9月20日　㊥大阪府大阪市　㊫大阪大学工学部構築工学科〔昭和32年〕卒　工学博士（大阪大学）〔昭和60年〕　㊯郵政省建築部、坂倉準三建築研究所を経て、昭和42年独立、東環境建築研究所を主宰。41年東京・渋谷区の約20平方メートルの三角形の敷地に、地上5階地下1階の塔状の自宅を建設。ほとんど間仕切りのない先駆的な都市型住宅で、戦後日本の住宅のあり方を象徴的に示す作品と評された。60年大阪大学教授、平成9年千葉工業大学教授を歴任。大阪万博では三井グループ館の設計を手がけた。他の作品に「さつき保育園」「ワットハウス」「大森の家」「大宮の家」など、著書に「住宅を考えなおす」「日本人の建築空間」「居間は公園だ」「都市住宅の空間構成」「住まいと子どもの居場所100章」「都市・住宅論」などがある。　㊫日本建築学会賞〔平成7年〕「塔の家から阿佐谷の家に至る一連の都市型住宅」　㊫1級建築士　㊫日本建築学会, 民族芸術学会, 新日本建築家協会

東 健　あずま・たけし　神戸大学大学院医学研究科教授　㊫消化器内科学　㊣平成29年（2017）4月5日　61歳　㊤昭和30年（1955）10月30日　㊥福井県　㊫京都府立医科大学〔昭和56年〕卒, 京都府立医科大学大学院医学研究科〔昭和62年〕博士課程修了　医学博士　㊯昭和56年京都府立医科大学を卒業後、米国カリフォルニア州立大学ロサンゼルス校、ミシガン州ウエイン州立大学へ留学。平成元年京都府立医科大学助手、5年福井医科大学助手、7年講師、13年助教授を経て、17年神戸大学医学部教授。19年大学院医学研究科教授、21年より附属病院副院長。　㊫日本消化器病学会奨励賞（第7回）〔平成6年〕「Pepsinogen C gene polymorphisms associated with gastric body ulcer」　㊫日本内科学会認定医・指導医, 日本消化器内視鏡学会認定専門医・指導医, 日本消化器病学会認定医・指導医　㊫日本消化器病学会

東 洋　あずま・ひろし　教育学者　東京大学名誉教授　清泉女学院大学学長　㊫教育心理学, 教育方法学　㊣平成28年（2016）12月13日　90歳〔肺炎〕　㊤大正15年（1926）2月3日　㊥東京都　㊫東京大学文学部心理学科〔昭和24年〕卒, イリノイ大学（米国）大学院〔昭和35年〕博士課程修了　Ph.D.（イリノイ大学）　㊯日本女子大学助教授、東京大学教育学部助教授を経て、昭和46年教授。同大教育学部長。附属中学・高校長を歴任。同大入試制度検討委員長時代には、くじ引きの導入を提案して話題となった。61年退官。同年白百合女子大学教授、平成10年文教女子大学教授。14～19年清泉女学院大学学長。第13期日本学術会議会員。著書に「学習指導論」「子どもの能力と教育評価」などがある。　㊫瑞宝中綬章〔平成22年〕　㊫日本教育心理学会, 日本心理学会　㊫妻＝東安子（清泉女子大学教授）, 父＝東俊郎（順天堂大学名誉教授）

東 史子　あずま・ふみこ　弓道家（範士8段）　沖縄県弓道連盟名誉会長　㊣平成27年（2015）6月16日　87歳〔多臓器不全〕　㊤昭和3年（1928）1月3日　㊥沖縄県島尻郡伊是名村伊是名　㊫佐世保高女卒　㊯昭和38年秋田国体の弓道競技で総合優勝を果たし、39年の東京五輪ではデモンストレーションで弓道を披露した。57年8段教士に昇る。沖縄県弓道連盟常任理事を経て、平成10～14年会長を務めた。

安積 泰治　あずみ・やすはる　アサヒビール常務　㊣平成27年（2015）2月9日　77歳〔肺がん〕　㊤昭和12年（1937）9月13日　㊥兵庫県　㊫大阪大学法学部〔昭和35年〕卒　㊯昭和35年朝日麦酒（現・アサヒビール）に入社。平成5年取締役を経て、8年常務。同年退任。

安蘇 龍生　あそ・たつお　田川市石炭・歴史博物館館長　㊣平成29年（2017）12月2日　77歳〔膵臓がん〕　㊥福岡県田川市　㊫九州大学文学部〔昭和37年〕卒　㊯昭和37年田川東高校教諭となり、平成12年田川商業高校校長を最後に定年退職。18年より田川市石炭・歴史博物館館長を務める。筑豊の炭鉱絵師・山本作兵衛の記録画や記録文書を世界の記憶（世界記憶遺産）として

国連教育科学文化機関（ユネスコ）に申請、23年の国内初登録に尽力した。福岡県人権研究所副理事長も務め、人権研修会での講演も多かった。

麻生 太一 あそう・たいち 八鹿酒造社長 [没]平成29年（2017）10月30日 91歳〔老衰〕 [生]大正15年（1926）2月20日 [出]大分県玖珠郡九重町 [学]久留米医科大学〔昭和22年〕中退 [歴]昭和24年麻生醸造場社長に就任。42年八鹿酒造に名称変更し、平成10年会長。この間、昭和50年大分放送監査役。63年～平成9年大分県公安委員、計3回同委員長を務めた。 [賞]勲四等瑞宝章〔平成11年〕, 大分合同新聞文化賞〔昭和62年〕 [家]長男＝麻生益直（八鹿酒造社長）

麻生 松江 あそう・まつえ 歌人 [没]平成28年（2016）4月11日 86歳 [生]昭和4年（1929）7月22日 [出]栃木県 [学]東洋大学〔昭和27年〕卒 [歴]昭和21年栃木師範時代より27年大学卒業まで作歌。中断後、44年平野宣紀に師事して「花実」入会。編集委員、選者を務める。52年より柴舟会幹事。歌集に「杪春」「凛秋」「綣恋」「雪華」、著書に「短歌の実作と文法」などがある。 [賞]柴舟会賞〔昭和54年〕「杪春」 [師]師＝平野宣紀

安曽田 豊 あそだ・ゆたか 橿原市長 [没]平成29年（2017）1月1日 82歳〔心筋梗塞〕 [生]昭和9年（1934）8月16日 [出]奈良県奈良市 [学]奈良高〔昭和29年〕卒 [歴]奈良県立医科大学事務局長、奈良県民生部長などを経て、平成5年橿原市助役。7年より市長に3選。19年落選。奈良ユネスコ協会会長も務めた。

安宅 昭弥 あたか・てるや 安宅産業専務 [没]平成27年（2015）11月7日 81歳〔膵臓がん〕 [生]昭和8年（1933）12月24日 [学]甲南大学〔昭和32年〕卒 [歴]安宅産業会長を務めた安宅英一の長男。経営危機で同社が伊藤忠商事に吸収合併された昭和52年当時は専務だった。共栄インターナショナル専務も務めた。 [家]父＝安宅英一（安宅産業会長）, 祖父＝安宅弥吉（安宅産業創業者）

安達 嶽南 あだち・がくなん 書家 京都教育大学名誉教授 [専]近代詩文 [没]平成27年（2015）4月25日 106歳〔心不全〕 [生]明治41年（1908）6月12日 [出]京都府福知山市 [名]本名＝安達茂（あだち・しげる） [学]京都府師範学校本科〔昭和6年〕卒 [歴]小学校教師を務め、昭和13年検定書道科に合格。14年福知山高女教諭、21年京都師範講師、京都学芸大学助教授を経て、京都教育大学教授。47年名誉教授。のち橘女子大学教授を務めた。 [賞]京都市文化功労者〔昭和62年〕 [団]毎日書道展（名誉会員）, 創玄書道会, 関西現代書作家協会

足立 寛作 あだち・かんさく 茨城県議（公明党） [没]平成28年（2016）3月25日 72歳 [生]昭和19年（1944）3月9日 [出]茨城県 [学]茨城大学文理学部卒 [歴]衆院議員秘書を経て、昭和49年から茨城県議に9選。平成22年引退。7年土浦市長選に立候補した。公明党茨城県本部代表の他、つくば秀英高校理事長、常総学院高校理事長、茨城県民オペラ協会会長、茨城県アーチェリー協会会長を歴任した。

安達 尚二 あだち・しょうじ 青森銀行専務 [没]平成28年（2016）6月14日 62歳〔病気〕 [生]昭和29年（1954）3月25日 [出]青森県青森市 [学]明治大学経営学部〔昭和51年〕卒 [歴]昭和51年青森銀行に入行。平成19年取締役、23年常務を経て、26年専務。27年退任後は、あおぎんカードサービス社長を務めた。

安達 征一郎 あだち・せいいちろう 小説家 児童文学作家 [没]平成27年（2015）6月1日 88歳〔心不全〕 [生]大正15年（1926）7月20日 [出]東京都 [名]本名＝森永勝己（もりなが・かつみ） [歴]両親は鹿児島県奄美大島の出身で、両親の出稼ぎ先の東京で生まれる。昭和初期の不況で両親と帰郷し、奄美大島や喜界島で少年時代を送る。15歳で上京し、敗戦を機に小説家を志した。戦後、米軍政下の奄美大島から密航して宮崎県へ上陸。別名で宮崎日日新聞社に勤める傍ら、同人誌に参加。小説「憎しみの海」が東京で評価され、再び上京。「怨の儀式」で第70回、「日出づる海日沈む海」で第80回直木賞候補。また、〈てまひま船長〉〈少年探偵ハヤトとケン〉シリーズなどの児童文学も執筆。平成21年一連の南島小説を集めた短編集「憎しみの海・怨の儀式—安達征一郎南島小説集」を出版。他の著書に「島を愛した男」「祭りの海」「私本 西郷隆盛と千代香」「小さな島の小さな物語」などがある。 [団]日本児童文学者協会, 日本文芸家協会

安達 忠勝 あだち・ただかつ 静岡県高校体育連盟会長 静岡県バレーボール協会会長 [没]平成28年（2016）8月10日 78歳〔病気〕 [生]昭和13年（1938）5月5日 [出]静岡県浜松市中区 [学]浜松北高〔昭和32年〕卒, 日本体育大学体育学部〔昭和36年〕卒 [歴]昭和36年静岡県の県立高校教師となる。浜松日体中・高校校長や静岡県高校体育連盟会長、静岡県バレーボール協会会長を歴任した。

安達 徹 あだち・とおる 作家 詩人 山形県詩人会会長 [没]平成29年（2017）3月10日 87歳〔細菌性肺炎〕 [生]昭和5年（1930）2月21日 [出]山形県東根市 [学]山形師範卒 [歴]昭和58年～平成2年朝日新聞やまがた文芸時評担当、昭和47～49年やましん詩壇選者、平成5年創設より丸山薫少年少女文学賞・青い黒板賞選考委員を務める。作品に歴史エッセイ「東北人の原像—私の蝦夷について」、エッセイ「流氷を盗る」、安達和子遺稿詩文集「竹の雫」編、紀行エッセイ「辺境の人びと」、伝記小説「雪に燃える花—詩人日塔貞子の生涯」「はなかみ先生」、詩集「炎」「虚空の点鐘」。「山形文学」「蒼玄」「白津」同人。 [賞]山形県芸術文化会議賞（第24回）〔平成13年〕, 斎藤茂吉文化賞（第50回）〔平成16年〕 [団]日本文芸家協会

安達 智次郎 あだち・ともじろう プロ野球選手 [没]平成28年（2016）1月7日 41歳〔内臓疾患〕 [生]昭和49年（1974）8月21日 [出]兵庫県神戸市 [学]村野工〔平成4年〕卒 [歴]丸山小3年から野球を始める。一塁手だったが、雲雀丘中3年の時に投手に転向。村野工では2年生の夏、3年生の春と2季連続で甲子園に出場、エースの左腕として注目を集めたが、ともに初戦敗退。平成4年松井秀喜を抽選で外した阪神からドラフト1位で指名され、入団。8年米国へ野球留学。一軍出場がないまま、11年シーズン終了後、引退。ウエスタンでの成績は通算7年、74試合登板、7勝14敗1セーブ、防御率

5.02。12〜14年阪神打撃投手。15年より神戸の三宮で
バーを経営した。

安達 昌幸 あだち・まさゆき トーモク専務 ㉓平成
27年（2015）8月30日 73歳［急性膝炎］㊊昭和17年
（1942）5月28日 ㊐北海道 ㊱中央大学商学部〔昭和
40年〕卒 ㊵昭和40年トーモクに入社。平成2年取締
役、6年常務を経て、18年専務。

安達 八重子 あだち・やえこ 京くみひも職人 ㉓
平成27年（2015）2月17日 89歳 ㊐京都府京都市 ㊵
昭和22年より京くみひもの仕事に従事。昭和58年伝統
工芸士に認定された。 ㊞京都市伝統産業技術功労者
表彰

安達原 玄 あだちはら・げん 仏画家 安達原玄仏
画美術館館長 ㉓平成27年（2015）3月9日 86歳［肺
炎］㊊昭和4年（1929）㊐山梨県山梨市 ㉔本名＝
安達原秀子（あだちはら・ひでこ）㊵独学で仏画を学
ぶ。昭和54年以来全国各地で仏画展、仏教・密教美術
曼荼羅展などを開く。55年川崎市文化使節として米国
メリーランド州ボルティモア市で仏画指導、「大日如来
像」を寄贈し、ボルティモア名誉市民になる。56年広
島市平和記念館に「大日如来像」を寄贈。平成2年以
降英国、米国、フランスなどでも仏画展を開催。神護
寺の曼陀羅を10年かけて復元したのをきっかけに読売
市民大学、京王友の会、東急カルチャー、川崎小杉教
室、通信教育などで写仏、仏画指導を行う。"写仏"と
いう言葉をはじめて使い広めた創始者。7年アトリエ
を兼ね、山梨県に安達原玄仏画美術館を開館、館長を
務める。16年NPO法人・曼荼羅祈り写仏の会を設立
した。著書に「写仏のすすめ」「写仏教室」「写仏入門
一日一仏─今日出会う仏さまと今日出会うおことば」
「写仏独習書」「写仏下絵図集」「写仏三十三観音」「仏
画で味わう『法句経』のことば」などがある。 ㊞息
子＝安達原文彦（安達原玄仏画美術館副館長）

安谷屋 良子 あだにや・よしこ 琉球大学名誉教授
沖縄県教育委員長 ひめゆり平和祈念資料館館長 ㉓
教育学、女性史 ㉓平成29年（2017）11月21日 93歳
㊊大正13年（1924）3月12日 ㊐沖縄県那覇市 ㊱東京
教育大学教育学部教育学科〔昭和29年〕卒、東京教育
大学大学院教育学研究科教育哲学専攻〔昭和39年〕博
士課程修了 ㊵昭和31琉球大学講師、35年助教授、47
年教授。平成元年に退官する。戦後の大学教育に
貢献した。この間、昭和53年沖縄県地方労働委員会委
員、平成4年沖縄県教育委員会委員を務め、5年女性2
人目の沖縄県教育委員長として県の教育行政にも携わ
る。14〜21年、戦前の沖縄師範学校女子部と第一高等
女学校のひめゆり同窓会理事長としてひめゆり平和祈
念財団を運営。同校があった那覇市立大道小学校の敷
地内に建てられた女学生の作品群「跡地の碑」
の建立にも携わった。共著に「現代教育理論のエッセ
ンス」「人間像の探求」など。 ㊞勲三等瑞宝章〔平成
14年〕

阿藤 快 あとう・かい 俳優 ㉓平成27年（2015）11
月14日 69歳［病気］㊊昭和121年（1946）11月14日
㊐神奈川県小田原市 ㉔本名＝阿藤公一（あとう・こう

いち）、旧芸名＝阿藤海（あとう・かい）㊱西湘高卒、
東京都立大学（現・首都大学東京）法学部〔昭和44年〕
卒 ㊵姉1人、妹2人の長男として生まれる。八海事件
などを手がけた同姓の阿藤周平弁護士に憧れて法学部
に進み、司法試験を受けるが失敗。司法の道を諦めた
頃に蜷川幸雄演出の舞台「真情あふるる軽薄さ」出演
者募集の記事を読み、それがきっかけで、昭和45年舞
台スタッフとして俳優座に入る。内部造反などのため1年半で
退団し、同じ俳優座出身の原田芳雄と街頭芝居などを
したあと、47年時代劇「木枯らし紋次郎」でテレビデ
ビュー。海の近くで育ったことから名づけた阿藤海の
芸名で活動、面長の顔を生かした個性派俳優として悪
役からコミカルな脇役までを幅広く演じ、55年刑事ド
ラマ「裸の街」での"ブルさん"役で人気を得、同年の
黒沢映画「影武者」でも存在感を発揮。63年ヒットド
ラマ「教師びんびん物語」で演じた同僚教師役でも人
気を集めた。平成13年芸名を阿藤"海"から"快"に変
更。14年英国のコメディ映画「Das Cowboy」に出演。
19年「一万年、後…。」で映画初主演。また、日本テ
レビ系の旅番組「ぶらり途中下車の旅」などでリポー
ターを務めるなど、気さくな人柄で旅・グルメリポー
ターとしてお茶の間に親しまれた。20年には年間200
日、全国計5000ヶ所を巡る中でのエピソードを綴った
「ぶらり"快"的うまい旅」を出版。27年人気ドラマ
「下町ロケット」に弁護士役で出演したが、その直後の
69歳の誕生日に大動脈破裂のため自宅のベッドで亡く
なった。他の出演作に、映画「祭りの準備」「殺人遊
戯」「ヒポクラテスたち」「ゴルフ夜明け前」「新宿純
愛物語」「魁!!クロマティ高校 THE☆MOVIE」「築城
せよ!」、ドラマ「太陽にほえろ!」「西部警察」「Gメ
ン'75」「私の青空」「君のままで」「サマヨイザクラ」、
舞台「仇討でござる」「吉原炎上」「お気に召すまま」
など。小田原ふるさと大使と小田原映画祭実行委員長
も務めた。

阿奈井 文彦 あない・ふみひこ ノンフィクション
作家 エッセイスト ㉓ルポルタージュ ㉓平成27
年（2015）3月7日 76歳［誤嚥性肺炎］㊊昭和13年
（1938）10月19日 ㊐旧朝鮮全羅南道 ㉔本名＝穴井文
彦（あない・ふみひこ）㊱同志社大学文学部哲学科中
退 ㊵ベトナムに平和を! 市民連合（ベ平連）に参加。
昭和41年戦時下のベトナムに渡り、メコンデルタのバ
ナナ園で6ヶ月間暮らす。51年韓国の定着村（ハンセ
ン病回復者の共同体）での日韓ワークキャンプに参加、
以後毎年韓国を訪れた。著書に「アホウドリにあいに
いった」「喫茶店で歩いて3分20秒」「からだとの対
話」「アホウドリの韓国ノート─1987年夏」「アホウド
リの朝鮮料理入門」「ベ平連と脱走米兵」などがある。

阿野 露団 あの・ろだん 洋画家 俳人 長崎新聞論
説委員 ㉓平成28年（2016）1月19日 87歳［心不全］
㊊昭和3年（1928）㊐長崎県福江市（五島市）㉔本
名＝阿野亀俊（あの・かめとし）㊵昭和29年長崎民
友新聞社（現・長崎新聞社）に入社。学芸部（文化部）
記者として美術や文芸を担当、編集委員、論説委員を
歴任し、61年退職。長崎県の芸術家らの足跡を辿る長
期連載などを数多く手がけ、著書に「長崎を描いた画
家たち」「長崎の肖像」「読本長崎学芸事典」などがあ
る。一方、洋画家としても活動し、45年二紀展に初入
選、平成10年二紀会委員に推挙。長崎県現代作家美術
展（現・長崎県選抜作家美術展）の創立や長崎市野口弥

太郎記念美術館の設立などに尽力した。また、10代から俳句を始め、長く長崎原爆忌平和祈念俳句大会実行委員を務めた。㊥地域文化功労者文部科学大臣表彰〔平成13年〕

鐙 喜裕 あぶみ・よしひろ 剣道家 秋田県剣道連盟会長 ㊟平成28年（2016）11月23日 77歳〔脳幹出血〕 ㊥平成13年から秋田県剣道連盟副会長兼理事長を務め、21年会長。28年最高顧問に退いた。教士7段。

阿部 悦郎 あべ・えつろう 西木村（秋田県）村長 ㊟平成29年（2017）10月9日 94歳 ㊤大正12年（1923）1月25日 ㊦秋田県仙北郡西木村（仙北市） ㊙角館中〔昭和15年〕卒 ㊥昭和44年秋田県西木村議、45年同村教育長を経て、55年から54年に4選。平成5～7年秋田県町村会会長。 ㉚旭日双光章〔平成16年〕

阿部 乙之 あべ・おとゆき 阿部商事社長 ㊟平成28年（2016）1月12日 88歳〔心不全〕 ㊤昭和2年（1927）9月22日 ㊦福島県 ㊙日本医科大学〔昭和24年〕卒 ㊥昭和24年阿部石炭商店、同年常磐炭砿福島県販売（現・阿部商事）に転じ、40年代表。平成元年より福島県教育委員を3期務め、2度にわたって委員長を務めた。 ㉚勲五等瑞宝章〔平成13年〕 ㊨二男＝阿部弘行（阿部商事社長）

安部 和寿 あべ・かずとし 近畿日本ツーリスト社長 ㊟平成28年（2016）11月7日 89歳〔老衰〕 ㊤昭和2年（1927）2月1日 ㊦兵庫県明石市 ㊙東京大学法学部〔昭和25年〕卒 ㊥昭和25年近畿日本鉄道に入社。56年取締役、58年常務、60年専務、平成元年副社長を経て、3年3月近畿日本ツーリスト（現・KNT-CTホールディングス）取締役に転じ、同年6月副社長、5年社長に就任。9年取締役相談役。

阿部 勝征 あべ・かつゆき 地震学者 東京大学名誉教授 地震予知総合研究振興会会長 ㊟平成28年（2016）9月9日 72歳〔肺がん〕 ㊤昭和19年（1944）8月23日 ㊦東京都 ㊙東京大学理学部地球物理学科〔昭和43年〕卒、東京大学大学院理学系研究科地球物理学専攻〔昭和48年〕博士課程修了 ㊥昭和48年北海道大学理学部地球物理学科講師、49年同助教授。在職のまま49～50年マサチューセッツ工科大学研究員、52～53年カリフォルニア工科大学上級研究員。58年東京大学地震研究所助教授を経て、平成元年教授に就任。7年より政府の地震調査委員会委員を務め、18年委員長。20～28年東海地震を考える気象庁地震防災対策強化地域判定会会長。地震予知総合研究振興会会長を務める。地震波と津波の研究を通じて、大地震と津波の発生メカニズムを明らかにした。発案した津波マグニチュードMt、阿部カタログと呼ばれる「世界の大地震カタログ」は有名。著書に「地震は必ずくる」などがある。 ㉚原子力安全功労者経済産業大臣表彰〔平成16年〕、防災功労者防災担当大臣表彰〔平成17年〕、NHK放送文化賞（第68回、平成28年度）〔平成29年〕 ㊔地震学会、火山学会、災害情報学会、American Geophysical Union

阿部 貞雄 あべ・さだお 三623副社長　和光堂社長 ㊟平成28年（2016）1月7日 92歳〔老衰〕 ㊤大正12

年（1923）1月13日 ㊦東京都 ㊙東京帝国大学経済学部〔昭和19年〕卒 ㊥昭和27年三共（現・第一三共）に入社。47年大阪支店長、49年取締役、同年医薬営業部長、53年常務、61年専務を経て、平成3年副社長。4年和光堂社長に就任。10年取締役相談役に退いた。 ㉚日本宣伝大賞松下賞〔平成4年〕

阿部 純二 あべ・じゅんじ 弁護士　東北大学名誉教授 ㊨刑事法、刑事学 ㊟平成29年（2017）1月26日 83歳〔硬膜下血腫〕 ㊤昭和8年（1933）3月12日 ㊦山形県鶴岡市 ㊙東北大学法学部法律学科〔昭和30年〕卒 ㊥昭和35年札幌地裁判事補、36年千葉大学講師、39年助教授、同年明治大学助教授、45年教授を経て、48年東北大学法学部教授。退官後、東北学院大学法学部教授。のち弁護士となる。著書に「刑法総論」などがある。 ㉚藍綬褒章〔平成9年〕、瑞宝中綬章〔平成24年〕 ㊔日本刑法学会、仙台弁護士会

阿部 昭吾 あべ・しょうご 衆院議員（新進党）　社民連書記長 ㊟平成27年（2015）1月4日 86歳〔肺炎〕 ㊤昭和3年（1928）8月10日 ㊦山形県飽海郡八幡町（酒田市） ㊙法政大学法学部〔昭和26年〕卒 ㊥昭和22年小学校教員となると同時に社会党に入る。上林与市郎の秘書を経て、34年から山形県議に2選。42年衆院選旧山形2区から当選、以来連続10選。52年離党して社民連の結成に参加、書記長などを務めた。平成5年日本新党に合流。6年新進党結成に参加。8年落選。庄内空港の開港に尽くした。 ㉚勲一等瑞宝章〔平成11年〕

阿部 四郎 あべ・しろう プロレスレフェリー ㊟平成29年（2017）4月25日 76歳〔肺炎〕 ㊥全日本女子プロレスのレフェリーを務め、人気コンビのクラッシュギャルズ（ライオネス飛鳥・長与千種）と抗争を繰り広げたダンプ松本率いる極悪同盟に極度に肩入れするレフェリングを展開。クラッシュギャルズがフォールされると高速でカウントを取る一方、反則を黙認するなど徹底的に極悪同盟を贔屓して"極悪レフェリー"と呼ばれ、1980年代の女子プロレスを盛り上げた。

阿部 進 あべ・すすむ 教育評論家　創造教育センター代表 ㊟平成29年（2017）8月10日 87歳〔胃がん〕 ㊤昭和5年（1930）6月11日 ㊦横浜国立大学学芸学部〔昭和28年〕卒 ㊥川崎市の住吉小学校で4年間、特殊学級の担任をした経験をもとに、昭和36年「現代子ども気質」を著し、"現代っ子"なる新語を使って一躍注目を浴びる。39年教職を退き、現代子どもセンターを設立。児童文化研究を続ける傍ら、"カバゴン"の愛称でマスコミにも多く登場。TBSラジオ「全国こども電話相談室」の回答者などを務めた。その後、富士の裾野にキャンプ施設・野生学園を造り、また性格教育法の通信教育、ポルソナーレ・2も主宰するなど、大人の教育も手がける。また闘病体験をきっかけに設立した樹の会世話人を務めた。他の著書に「現代っ子採点法」「現代っ子教育法」「3歳までに決まる」「糖尿病からの生還」「カバゴンの放課後家校」などがある。

阿部 宗一郎 あべ・そういちろう 詩人　俳人 ㊟平成28年（2016）12月7日 93歳〔慢性心不全〕 ㊤大正12年（1923）6月28日 ㊦山形県西村山郡朝日町 ㊙西五百川小 ㊥生家は最上川中流の農工兼業家で、少年期に宮沢賢治作品の影響を受ける。青年期に詩人・海野秋芳らと交わる。太平洋戦争中は中国戦線に従軍、

興安北省で捕虜となり、シベリアに4年6ケ月抑留された。復員後、地域活動に入り、木工家具会社を設立する傍ら、山形詩人同人、俳句結社小熊座同人となる。また地元小学校に5000冊以上の図書を寄贈する読書推進運動を展開。著書に句集「魔性」「魔性以後」「君酔いまたも徨くなかれ」「出羽に青山あり」「出羽句信抄」、詩集に「雪女郎」「神ニモマケズ」「埋葬魔囚一六三号からの手紙」、エッセイ集に「村住まい」「これから山村が面白い」等がある。 ㊤真壁仁・野の文化賞〔平成17年〕、斎藤茂吉文化賞〔平成17年〕、地域文化功労者文部科学大臣表彰〔平成22年〕、朝日町名誉町民〔平成25年〕

安倍 宗琴 あべ・そうきん 茶道家 ㉑平成28年(2016)9月12日 94歳〔老衰〕 ㊦本名＝安倍琴(あべ・こと) ㊤昭和24年茶道裏千家に入門。正教授を経て、平成9年から名誉師範。自宅や秋田県女性会館などで教室を開き、茶道の普及に貢献した。 ㊤秋田県芸術文化章〔平成5年〕、秋田県文化功労者〔平成9年〕

阿部 健 あべ・たけし 東北学院大学名誉教授 ◎磁性材料学 ㉑平成27年(2015)10月20日 91歳〔肺炎〕 ⊕大正13年(1924)8月20日 ⊕宮城県仙台市 ㊦仙台工専冶金卒 工学博士 ㊤東北学院大学工学部教授を務めた。

阿部 珠樹 あべ・たまき ノンフィクション作家 ◎スポーツ、ビジネス ㉑平成27年(2015)4月22日 57歳 ⊕昭和32年(1957)11月26日 ⊕北海道 ㊦明治大学文学部日本文学科〔昭和56年〕卒 ㊤出版社勤務を経て、昭和62年スポーツノンフィクション作家として独立。「Number」「優駿」「別冊宝島」などの雑誌に、競馬、プロ野球、大リーグ、相撲、ボクシング、ラグビー、格闘技など、スポーツを中心としたドキュメント記事を執筆。著書に「空きっ腹と乗馬靴」「頂上の記憶」「スタジアムの戦後史」「Hiroshima都市と球場の物語」「野球賭博と八百長はなぜ、なくならないのか」「野馬追を生きる南相馬を生きる」などがある。

阿部 貞市 あべ・ていいち 大気社社長 ㉑平成28年(2016)10月21日 92歳〔肝細胞がん〕 ⊕大正12年(1923)12月7日 ⊕香川県 ㊦東京帝国大学工学部応用数学科〔昭和21年〕卒 ㊤昭和21年建材社に入社。24年株式に改組し、39年取締役を経て、46年常務。48年大気社と改称し、39年専務、59年営業本部長を委嘱、60年社長、平成13年会長。

安部 憲幸 あべ・のりゆき アナウンサー ㉑平成29年(2017)4月6日 71歳〔胃がん〕 ⊕昭和20年(1945)5月8日 ⊕島根県 ㊦国学院大学卒 ㊤昭和45年朝日放送に入社、プロ野球などのスポーツを担当。63年10月19日にパ・リーグで近鉄が逆転優勝を逃した"伝説の一戦"として知られる対ロッテ戦のダブルヘッダー第2試合などを実況。テレビゲーム〈実況パワフルプロ野球〉シリーズのアナウンスも担当した。

阿部 正和 あべ・まさかず 内科学者 東京慈恵会医科大学学長・名誉教授 慈恵大学理事長 ◎糖尿病 ㉑平成28年(2016)2月26日 97歳〔肺炎〕 ⊕大正7年(1918)12月5日 ⊕東京都渋谷区 ㊦東京慈恵会医科大学医学部医学科〔昭和17年〕卒 医学博士〔昭和25年〕 ㊤昭和17年海軍軍医を経て、21年国立東京第二病院内科医員、30年東京慈恵会医科大学助教授、35年教授。57年学長に就任、59年名誉教授。のち慈恵大学理事長。糖尿病の研究で知られ、日本糖尿病学会会長などを歴任した。 ㊤勲二等瑞宝章〔平成6年〕、坂口賞〔平成2年〕 ㊦日本内科学会、日本糖尿病学会、日本医学会 ㊦父＝阿部義宗(牧師・青山学院学院長)、弟＝阿部志朗(横須賀基督教社会館長)

阿部 政吉 あべ・まさきち 映画看板絵師 ㉑平成29年(2017)4月9日 98歳〔肺炎〕 ⊕北海道室蘭市 ㊤10代で一時期、看板職人に弟子入りしたが、家族を養うため、50歳で退職するまで国鉄に勤務。この間、30代から看板を描くアルバイトを始め、退職後は室蘭の映画館で映画看板の専属絵師となる。市内全館の看板制作を一手に引き受けベニヤ板に1000枚以上を描いた。平成18年86歳の時に描いた映画「男たちの大和/YAMATO」の看板を最後に引退した。

阿部 昌洋 あべ・まさひろ 医師 新潟県立吉田病院院長 地域医療 ㉑平成28年(2016)2月22日 74歳〔肺がん〕 ⊕昭和17年(1942)2月18日 ⊕秋田県 ㊦新潟大学医学部卒 ㊤新潟県立病院の勤務医となり、平成元年県立津川病院長を経て、12年吉田病院長に就任。地域医療の充実に取り組み、患者宅への訪問診療や集落での僻地巡回診療など新潟県の東蒲原地域で"出向く医療"を確立した。退職後の19年5月、県立病院OBが再び勤務する"エルダー医"の第1号として阿賀町に戻り、町の診療所長に就任した。 ㊤ノバルティス地域医療賞〔平成25年〕、新潟日報文化賞〔平成25年〕、阿賀町名誉町民〔平成27年〕

阿部 道男 あべ・みちお 富山第一銀行常務 ㉑平成29年(2017)12月3日 86歳〔肺炎〕 ⊕昭和16年(1931)5月27日 ⊕富山県富山市 ㊦富山大学経済学部〔昭和29年〕卒 ㊤昭和29年富山相互銀行(現・富山第一銀行)に入行。新湊、魚津、東京各支店長を経て、58年取締役、平成3年常務、5年取締役、6年退任。

阿部 実 あべ・みのる 上山市長 ㉑平成29年(2017)3月3日 80歳〔致死性不整脈〕 ⊕昭和11年(1936)11月29日 ⊕山形県上山市 ㊦日本大学工学部卒 ㊤山形県土木部長、土地開発公社専務理事などを経て、平成7年上山市助役。11年より市長に2選。19年引退。 ㊤旭日小綬章〔平成22年〕

阿部 泰久 あべ・やすひさ 日本経済団体連合会常務理事 ◎租税制度、経済法制(会社法、金商法、消費者法) ㉑平成29年(2017)11月25日 62歳〔心不全〕 ⊕昭和30年(1955)6月29日 ⊕愛知県名古屋市 ㊦東京大学法学部第二類(公法コース)〔昭和55年〕卒 ㊤昭和55年経済団体連合会(現・日本経済団体連合会)事務局に入る。平成18年経済基盤本部長を経て、26年常務理事。金融審議会専門委員、企業会計審議会専門委員、法制審議会臨時委員などを歴任。企業税制の専門家として活躍し、法人税の実効税率の引き下げなどを政府に求めた。

安部川 澄夫 あべかわ・すみお 大和銀行頭取 関西国際空港社長 ㉑平成29年(2017)8月30日 94歳〔肺炎〕 ⊕大正11年(1922)11月4日 ⊕神奈川県 ㊦東京帝国大学法学部〔昭和22年〕卒 ㊤昭和22年野村銀

行（のち大和銀行, 現・りそな銀行）に入行。早くから“大和のプリンス”と呼ばれ、43年取締役、46年常務、50年専務、52年副頭取を経て、59年頭取。平成3年会長。昭和60年主力銀行として取引があった三光汽船が倒産すると銀行団をまとめ、商社の協力取り付けに手腕を発揮。また、カナダのトロントやスペインのマドリードに駐在員事務所を開設、平成元年には英国4大銀行の一つであるロイズ銀行の米国支店網を買収して当時の邦銀の中では最大である20拠点を米国に持ったが、7年ニューヨーク支店で米国債の不正取引による巨額損失事件が発覚。米国からの全面撤退に追い込まれ、会長を引責辞任して相談役に退いた。10年顧問。12年大和銀行ニューヨーク支店巨額損失事件をめぐる株主代表訴訟で、大阪地裁より総額7億7500万ドル（約830億円）の賠償を命じられる。この間、3年タイダヌ銀行社外重役、7年関西国際空港会長を兼務。また、昭和62年から大阪商工会議所副会頭を務め、国際花と緑の博覧会のPRにも携わった。　[賞]藍綬褒章〔昭和63年〕, 韓国修交勲章興仁章〔平成2年〕

安保 徹　あぼ・とおる　新潟大学名誉教授　[専]免疫学　[没]平成28年（2016）12月6日　69歳〔病気〕　[生]昭和22年（1947）10月9日　[出]青森県東津軽郡三厩村（外ケ浜町）　[学]東北大学医学部医学科〔昭和47年〕卒　医学博士（東北大学）〔昭和33年〕　[歴]米国アラバマ大学に留学。東北大学講師を経て、平成2年新潟大学教授。25年退官し、名誉教授。この間、8年白血球が自律神経に支配されるメカニズムを解明。12年白血球の一種である顆粒球が胃潰瘍を起こすという説を発表した。著書に「未来免疫学」「絵でわかる免疫」などがある。　[賞]新潟日報文化賞〔平成10年〕　[団]日本免疫学会

甘粕 忠男　あまかす・ただお　三菱電機副社長　[没]平成29年（2017）8月2日　85歳〔大腸がん〕　[生]昭和6年（1931）8月9日　[出]福島県　[学]東京大学工学部機械工学科〔昭和30年〕卒　[歴]昭和30年三菱電機に入社。58年神戸製作所長、61年制御製作所長、62年取締役、平成元年常務を経て、3年副社長。

天川 晃　あまかわ・あきら　横浜国立大学名誉教授　[専]近代日本政治史　[没]平成29年（2017）4月27日　76歳〔直腸がん〕　[生]昭和15年（1940）8月17日　[出]大阪府大阪市　[学]東京大学法学部政治学科〔昭和39年〕卒　[歴]昭和58年横浜国立大学教授を経て、放送大学教授を務めた。占領期の政治過程を研究した。著書に「占領下の神奈川県政」「占領下の議会と官僚」、共著に「日本占領秘史〈上〉」などがある。　[賞]東京市政調査会藤田賞（論文, 第1回, 昭和49年度）「地方自治制度の改革」　[団]日本政治学会, 日本国際政治学会

天木 武彦　あまき・たけひこ　日本発条社長　[没]平成28年（2016）2月4日　72歳〔間質性肺炎〕　[生]昭和18年（1943）3月31日　[出]千葉県　[学]中央大学商学部〔昭和40年〕卒　[歴]昭和40年日本発条（ニッパツ）に入社。平成6年取締役、11年常務、15年専務、17年専務執行役員を経て、18年社長。22年取締役相談役に退いた。　[賞]旭日中綬章〔平成27年〕

天野 悟　あまの・さとる　近鉄百貨店副社長　[没]平成29年（2017）10月9日　82歳〔骨髄異形成症候群〕　[生]昭和10年（1935）3月27日　[出]奈良県　[学]畝傍高〔昭和28年〕卒　[歴]昭和29年近畿日本鉄道に入社。47年近鉄百貨店に移籍、平成7年取締役、9年常務、12年専務。13年合併により常務、同年専務、16年副社長に就任。

天野 正治　あまの・しょうじ　静岡新聞取締役　[没]平成29年（2017）2月22日　85歳〔肺炎〕　[生]昭和6年（1931）10月7日　[出]静岡県静岡市　[学]日本大学法学部〔昭和31年〕卒　[歴]昭和31年静岡新聞社に入社。53年浜松支社長、57年編集局地方部長、59年販売局長を経て、60年取締役販売局長。

天野 四郎　あまの・しろう　静岡信用金庫理事長　[没]平成28年（2016）11月5日　100歳〔肺炎〕　[生]大正5年（1916）10月2日　[出]愛知県　[学]八高〔昭和12年〕卒, 東京帝国大学法学部政治学科〔昭和15年〕卒　[歴]昭和17年大政翼賛会の石渡氏の秘書で南京へ。19年大蔵省横須賀税務署長、27年駐インド日本大使館二等書記官、34年門司税関長などを務め、35年退官。36年アラビア石油クウェート駐在代表、39年同社サウジアラビア駐在代表。43年静岡信用金庫理事長に就任、平成3年まで務めた。

天野 信三郎　あまの・しんざぶろう　三菱電機専務　[没]平成28年（2016）10月7日　86歳〔心筋梗塞〕　[生]昭和5年（1930）5月1日　[出]東京都　[学]成蹊大学経済学部〔昭和28年〕卒　[歴]昭和28年三菱電機に入社。平成元年取締役、3年常務を経て、5年専務。

天野 尚　あまの・たかし　写真家　[専]環境写真　[没]平成27年（2015）8月4日　61歳〔肺炎〕　[生]昭和29年（1954）　[出]新潟県西蒲原郡巻町（新潟市）　[歴]高校時代は自転車部で全国大会にも出場。卒業後は競輪選手となりレースに出場する傍ら、動植物の生態写真を撮影し、熱帯魚店を経営。30代半ばで競輪選手を引退すると、退職金で大判カメラなどの機材を揃え、プロのカメラマンとして再出発。昭和50年よりアマゾン、ボルネオ、西アフリカの世界三大雨林や日本の原生林を訪れ、“手つかずの自然”をテーマに大判カメラを用いた撮影に従事。最大8×20インチもの超大判フィルムを駆使し、自然のありのままの姿を細密に記録した作品は、数多くの写真展や写真集によって国内外に紹介され、高い評価を得る。平成20年洞爺湖サミットの首脳食事会場に佐渡の原生林を写した超特大写真パネル「金剛杉屹立」が展示された。21年世界環境写真家協会を設立。一方、アクアデザインアマノを設立して水槽販売にも着手。従来消耗品として扱われていた水草が二酸化炭素の供給によって繁茂することを発見、自ら撮影した水槽写真がきっかけで世界から注目を集め、1年間に二酸化炭素添加装置を10万セットも販売した。また、水草の光合成に青い光が適していることも発見し、「NA（ネイチャーアクアリウム）ランプ」として販売、大ヒット商品となった。水草や流木などを使い、水槽の中に縮小された大自然を作り出す“ネイチャーアクアリウム”の創始者としても知られる。　[賞]新潟日報文化賞（芸術部門）〔平成22年〕, 新潟県知事表彰（芸術・文化）〔平成23年〕, 安吾賞新潟市特別賞（第7回）〔平成25年〕, 富士フイルムネイチャーフォトコンテストグランプリ〔平成4年〕「鬼踊り」　[団]日本写真

あまの　　　　　　　　　　　　　日　本　人

あ

家協会，日本広告写真家協会，日本自然科学写真協会，世界環境写真家協会

天野 正子 あまの・まさこ　社会学者　お茶の水女子大学名誉教授　㊸文化社会学，ジェンダー研究　㊱平成27年（2015）5月1日　77歳〔乳がん〕　㊲昭和13年（1938）3月10日　㊳広島県広島市　㊺旧姓・名＝的場　㊶お茶の水女子大学〔昭和36年〕卒，東京教育大学大学院社会学専攻〔昭和48年〕博士課程中退　㊹南山短期大学専任講師，金城学院大学教授，千葉大学教授を経て，お茶の水女子大学教授。定年後，東京女学館大学国際教養学部教授，副学長を経て，平成19年学長。21年東京家政学院大学学長。日本学術会議連携会員，日本社会学会理事，日本教育社会学会評議員，社会調査協会副理事長，日本ユネスコ国内委員会委員，人権教育啓発推進センター評議員，森永エンゼル財団理事などを歴任。主として，生活世界における自他の交渉過程を歴史的に検証する歴史社会学，ネットワーク型コミュニティの可能性を追う新しいコミュニティ研究，近代化と社会的性差の関連を考察するジェンダー研究を進めた。㊷福武直賞（第1回）〔平成3年〕「女性たちの生活ネットワーク」（共著）　㊵日本社会学会，日本教育社会学会，社会調査協会，思想の科学研究会　㊴夫＝天野郁夫（東京大学名誉教授）

天野 正彦 あまの・まさひこ　ダイキン工業専務　㊱平成27年（2015）11月22日　75歳〔病気〕　㊲昭和15年（1940）9月12日　㊳島根県　㊶千葉工業大学工学部機械工学科〔昭和39年〕卒　㊹昭和39年ダイキン工業に入社。平成8年取締役，12年常務を経て，16年専務執行役員に就任。

天野 道之助 あまの・みちのすけ　慶応義塾大学名誉教授　㊸麻酔学　㊱平成29年（2017）4月9日　100歳〔老衰〕　㊲大正5年（1916）10月29日　㊳フィリピン　㊷フィリピン国立大学医学部〔昭和17年〕卒　医学博士　㊹昭和22年慶応義塾大学医学部助教授。25年米国シカゴ大学へ留学，麻酔科で研究。慶大教授退任後，東海大学医学部教授。日本麻酔学会（現・日本麻酔科学会）の設立に関わり，会長も務めた。

天野 実 あまの・みのる　広島大学名誉教授　㊸細胞発生生物学　㊱平成27年（2015）2月7日　85歳〔脳梗塞〕　㊲昭和5年（1930）2月7日　㊳広島県広島市中区幟町　㊶広島文理科大学理学部生物学科〔昭和28年〕卒，マッギル大学大学院（カナダ）解剖学研究科博士課程　Ph.D.（マッギル大学）　㊹カナダ・マッギル大学医学部助手，岡山大学医学部講師，国立がんセンター研究所細胞生物学研究室長などを経て，昭和51年から広島大学総合科学部教授，62年～平成4年同学部長。5年退官。　㊵日本発生生物学会，日本細胞生物学会，日本動物学会

天野 嘉一 あまの・よしかず　日新電機社長　㊱平成28年（2016）4月9日　70歳〔膵臓がん〕　㊲昭和20年（1945）7月22日　㊳大阪府大阪市　㊶大阪大学基礎工学部〔昭和43年〕卒　㊹昭和43年住友電気工業に入社。平成16年常務，17年日新電機専務，18年社長，23年会長。

天野 貴元 あまの・よしもと　アマ棋士　㊱平成27年（2015）10月21日　30歳　㊲昭和60年（1985）10月5日

㊳東京都　㊹6歳で将棋を覚え，羽生善治名人らを輩出した八王子将棋クラブで腕を磨く。平成8年10歳で奨励会に入会。16歳で3段に昇るがプロ入りは果たせず，24年3月26歳の年齢制限を迎えて退会。25年ステージ4の舌がんに罹っていることが判明，〝頭がクリアにならない〟と抗がん剤治療を拒否してアマチュア棋戦出場を続け，体重は30キロ台まで落ちた。26年3月自伝「オール・イン」を出版。11月には第51回赤旗名人戦で優勝，特例で3段リーグ編入試験の受験資格を獲得したが，試験は不合格だった。27年10月，30歳で亡くなった。他の著書に「奇襲研究所　嬉野流編」がある。　㊵将棋ペンクラブ大賞文芸部門大賞（第26回）

雨宮 まみ あまみや・まみ　フリーライター　㊱平成28年（2016）11月15日　40歳　㊲昭和51年（1976）　㊳福岡県太宰府市　㊹平成12年ワイレア出版に入社，投稿系エロ雑誌の編集に携わる。14年フリーライターとして独立。25年自伝的エッセイ「女子をこじらせて」を出版。自分に自信が持てず，恋愛が空回りする女性を指した〝こじらせ女子〟という言葉を生み出し，ユーキャン新語・流行語大賞にノミネートされた。女性の自意識，音楽，カルチャーなど幅広い分野で執筆活動を行い，若い女性を中心に人気を得た。著書に「ずっと独身でいるつもり？」「女の子よ銃を取れ」「まじめに生きるって損ですか？」などがある。

天谷 知昭 あまや・ともあき　轟建設会長　福井県建設業協会副会長　㊱平成27年（2015）11月3日　76歳　㊲昭和14年（1939）4月1日　㊳福井県　㊶日本大学理工学部建築学科〔昭和38年〕卒　㊹昭和38年家業の天谷組に入り，39年轟建設設立に際し取締役，57年代表取締役に就任。平成26年会長。　㊸1級建築士　㊴長男＝天谷豪志（轟建設社長）

甘利 敬正 あまり・よしまさ　王子製紙専務　㊱平成27年（2015）9月13日　82歳〔肺炎〕　㊲昭和8年（1933）2月26日　㊳長野県小諸市　㊶東京大学農学部林学科〔昭和32年〕卒　㊹昭和32年王子製紙（現・王子ホールディングス）に入社。平成元年取締役，5年常務を経て，7年専務。同社が保有する森林約14万ヘクタールを王子文化の森として一般に開放することを発案。同年北海道栗山町の5.3ヘクタールに続き，9年猿払村の1400ヘクタールを公開した。同年本州産業（のち王子通商）社長となった。

阿見 宏介 あみ・こうすけ　作家　ラジオ演出家　㊱平成27年（2015）2月15日　83歳　㊲昭和6年（1931）4月5日　㊺本名＝鈴木久尋（すずき・ひさひろ）　㊷磐田南高〔昭和26年〕卒，学習院大学法経学部〔昭和30年〕卒　㊹昭和30年文化放送に入局。ドラマプロデューサーとして芸術祭各賞を14年にわたって連続受賞し，50年には芸術選奨文部大臣賞を受賞。61年退社後は，作家として歴史物を中心に雑誌に寄稿した。著書に「信玄魔縁塚」「春日局の陰謀」「智将真田幸村」などがある。　㊵芸術選奨文部大臣賞〔昭和50年〕，日本放送作家協会演出者賞〔昭和46年〕　㊵日本文芸家協会，アジア放送文化交流会，日本ペンクラブ

網野 久昭 あみの・ひさあき　高校野球監督　日本野球連盟愛媛県連盟専務理事　㊱平成29年（2017）7月23

24　現代物故者事典 2015～2017

日　77歳〔肝細胞がん〕　[出]愛媛県坂出市　[歴]坂出商の野球部監督を務め、昭和46年センバツで同校を4強に導いた。また、大倉工野球部監督や日本野球連盟愛媛県連盟専務理事、坂出商野球部OBらで作る坂出商業野球倶楽部会長などを歴任した。平成25年同倶楽部名誉会長。

綾 元文　あや・もとふみ　高島屋専務　[没]平成28年(2016) 4月1日　87歳〔心不全〕　[生]昭和4年(1929) 2月10日　[出]香川県　[学]早稲田大学理工学部〔昭和26年〕卒　[歴]昭和26年高島屋に入社。人事部長、東京支店次長、理事、本社業務部長などを経て、54年取締役、56年常務、61年専務。日本通信販売協会会長も務めた。平成3年横浜高島屋に移り副社長。

綾小路 有昭　あやのこうじ・ありてる　富国生命保険常務　[没]平成27年(2015) 6月28日　86歳〔呼吸不全〕　[生]昭和4年(1929) 2月19日　[出]東京都　[学]中央大学法学部〔昭和26年〕卒　[歴]綾小路子爵家の二男。昭和27年富国生命保険に入社。54年取締役を経て、59年常務。平成元年富国生命ビル社長。　[家]長男＝綾小路有則(画家), 父＝綾小路護(貴院議員), 弟＝綾小路有恒(ウエラジャパン社長)

綾部 仁喜　あやべ・じんき　俳人　「泉」主宰　[没]平成27年(2015) 1月10日　85歳〔急性呼吸不全〕　[生]昭和4年(1929) 3月26日　[出]東京都八王子市　[学]国学院大学文学部卒　[歴]昭和28年「鶴」に入会して石田波郷、石塚友二に師事。31年詩誌「新市街」を発刊、詩作と句作を併行する。41年「鶴」同人。49年小林康治の「泉」創刊に伴い同人参加し、52年編集長。平成2〜26年同誌を主宰した。6年「樸簡」で俳人協会賞を受賞。他の句集に「山王」「寒木」「沈黙」がある。　[賞]俳人協会賞(第34回)〔平成6年〕「樸簡」, 俳人協会評論賞(第23回)〔平成21年〕「山王林だより」, 俳句四季大賞(第9回)〔平成21年〕「沈黙」　[団]俳人協会(名誉会員), 日本文芸家協会　[師]師＝石田波郷, 石塚友二

荒 晶子　あら・あきこ　合唱指導者　福島市少年少女合唱団団長　[没]平成29年(2017) 7月28日　79歳〔虚血性心疾患〕　[歴]清明小、青木小校長を歴任。平成12年福島少年少女合唱団を設立、23年に解散するまで団長を務めた。20年4〜5月福島民報に「私の半生」を連載した。

新井 永吉　あらい・えいきち　東海銀行副会長　日本銀行外国局長　[没]平成28年(2016) 7月3日　91歳〔老衰〕　[生]大正14年(1925) 3月20日　[出]愛知県名古屋市　[学]東京帝国大学経済学科〔昭和23年〕卒　[歴]昭和23年日本銀行に入行。新潟支店長、外国局次長を経て、49年神戸支店長、51年外国局長。54年東海銀行(現・三菱東京UFJ銀行)特別顧問に転じ、57年専務、国際本部長委嘱を経て、62年副会長、平成3〜7年特別顧問。4年海外現地法人カリフォルニア州東海銀行、オランダ東海銀行各会長。熱田中、八高時代から柔道が強く、社会人になってからも続けた。講道館5段。

荒井 修　あらい・おさむ　扇子職人　荒井文扇堂4代目店主　[没]平成28年(2016) 2月22日　67歳〔肺がん〕　[生]昭和23年(1948)　[出]東京都台東区浅草　[学]日本大学芸術学部卒　[歴]東京・浅草仲見世で100年以上続く舞扇の老舗・荒井文扇堂の4代目店主。浅草のれん会会長、浅草観光連盟副会長や桑沢デザイン研究所講師を務めた。絵柄付けから仕立てまでこなす扇子職人で、歌舞伎俳優の18代目中村勘三郎らと親しく、勘三郎が浅草で始めた芝居小屋・平成中村座にも深く関わった。著書に「江戸・東京、下町の歳時記」「浅草の勘三郎—夢は叶う、平成中村座の軌跡」、共著に「江戸のセンス—職人の遊びと洒落心」「暦ちゃん—江戸暦から学ぶいい暮らし」などがある。　[家]長男＝荒井良太(荒井文扇堂5代目店主)

新井 馨　あらい・かおる　北本市長　[没]平成28年(2016) 7月26日　89歳〔横行結腸がん〕　[生]昭和2年(1927) 7月2日　[出]埼玉県北本市　[学]石戸国民学校卒　[歴]北本市収入役、助役を務め、昭和62年より市長に3選。平成11年引退。　[賞]勲五等双光旭日章〔平成12年〕

新井 淳一　あらい・じゅんいち　テキスタイルプランナー　多摩美術大学客員教授　香港理工大学名誉教授　[専]織物・編物の研究・制作・指導　[没]平成29年(2017) 9月25日　85歳〔心筋梗塞〕　[生]昭和7年(1932) 3月13日　[出]群馬県桐生市　[学]桐生高卒　[歴]家業の織物製造業を継いで、"一介の織物職人"と自称するが、布の詩人ともいわれるシャープな感覚を持つ。金属やプラスチックフィルムなど新素材、新技術と伝統技法を融合し、斬新な構造の布を創造。昭和58年のパリ・コレクションでの三宅一生の作品に使われた素材は、布が歌っていると絶賛を浴びた。以後、川久保玲らのコレクションのための布も作り国際的に注目が高まった。59年AXISに店をオープン。平成12年ブランド"Junichi Arai"を創設。桐生市の他、東京・渋谷にも店をオープン。新井クリエーションシステム会長を務め、多摩美術大学客員教授、中国・人民大学客員教授、香港理工大学名誉教授も兼任。晩年は金属繊維の巨大なモニュメントなど造形作品にも力を入れた。　[賞]毎日ファッション大賞特別賞〔昭和58年〕, 英国王室芸術協会名誉会員〔昭和62年〕, ロンドンインスティテュート名誉博士号, 英国王立芸術大学名誉博士号〔平成23年〕　[団]日本流行色協会

荒井 信一　あらい・しんいち　茨城大学名誉教授　駿河台大学名誉教授　[専]西洋史, 国際関係論　[没]平成29年(2017) 10月11日　91歳〔胆管がん〕　[生]大正15年(1926) 2月4日　[出]東京都　[学]東京大学文学部西洋史学科〔昭和24年〕卒　[歴]中央公論社に1年余勤務。高校教師を経て、茨城大学助教授、教授。のち駿河台大学教授。日本の戦争責任資料センター共同代表も務めた。日本の戦争責任や戦後和解の問題などに取り組んだ。著書に「第二次世界大戦」「現代史におけるアジア」「原爆投下への道」「ゲルニカ物語・ピカソと現代史」などがある。　[団]歴史学研究会, 日本の戦争責任資料センター

荒井 冨　あらい・すすむ　医師　清和会荒井医院理事長・院長　[専]温泉療法　[没]平成27年(2015) 1月22日　81歳　[生]昭和8年(1933) 5月28日　[学]昭和医科大学〔昭和34年〕卒　医学博士　[歴]昭和43年東北大学医学部副手を経て、清和会荒井医院理事長、院長を兼任。山形

あ

県医師国民健康保険組合会理事長、社会福祉法人友愛会理事長も務めた。 [団]山形県温泉療法研究会

荒井 隆人 あらい・たかひと 日本野球機構記録部長 [没]平成27年(2015)1月15日 59歳〔虚血性心疾患〕

荒井 久也 あらい・ひさや 日本ボブスレー・リュージュ・スケルトン連盟専務理事 スペシャルオリンピックス日本・長野会長 [没]平成29年(2017)4月7日 59歳〔病気〕 [出]長野県長野市 [歴]平成10年スポーツを通じて知的障害者の活動を支援する団体、スペシャルオリンピックス日本・長野の設立に携わった。17年長野県で開催されたスペシャルオリンピックス冬季世界大会の運営組織では副理事長を務めた。

荒井 基裕 あらい・もとひろ 声楽家 荒井基裕カンツォーネ研究所主宰 [専]カンツォーネ, 音楽評論 [没]平成27年(2015)7月18日 95歳〔肺炎による多臓器不全〕 [生]大正8年(1919)8月27日 [出]東京都 [名]本名＝荒井秀男(あらい・ひでお) [学]陸軍戸山学校〔昭和15年〕卒, イタリア国立音楽学校〔昭和35年〕卒 [歴]陸軍軍楽隊在籍中に敗戦を迎える。「ボリス・ゴドゥノフ」「カルメン」「マイーダ」などオペラ、オペレッタに出演。タリアビーニに認められて、昭和29〜33年イタリア国立コレッジョ・ディ・ムジカ他に留学。これを機にカンツォーネに転じ、帰国後は荒井基裕カンツォーネ研究所を設立、カンツォーネ普及と後進の育成に力を注いだ。訳詩も多数ある。59年には83人の歌手によるカンツォーネ大会を企画。著書に「カンツォーネとともに歩いた道」がある。 [賞]トレノ・デラ・ムジカ賞(イタリア・カンツォーネ博物館財団)〔平成3年〕 [師]師＝原信子, アンドウィーニ, ロメオ

新井 靖志 あらい・やすし サクソフォン奏者 シエナ・ウインドオーケストラ・コンサートマスター [没]平成28年(2016)9月9日 51歳〔脳出血〕 [生]昭和40年(1965)2月26日 [出]群馬県 [名]グループ名＝Trouvere Quartet(とるヴぇーるくゎるてっと) [学]東京コンセルヴァトアール尚美〔平成1年〕卒 [歴]小学校時代はトランペット、中学時代はバスクラリネットを演奏。高校時代からサクソフォンを吹き始める。その後、東京コンセルヴァトアール尚美(現・尚美ミュージックカレッジ専門学校)に学ぶ。のちサックス4重奏団“トルヴェール・クヮルテット”のテナーサクソフォン奏者として活躍する傍ら、シエナ・ウインドオーケストラ・コンサートマスター、小諸高音楽科講師などを務める。平成13年“トルヴェール・クヮルテット”のアルバム「マルセル・ミュールに捧ぐ」で芸術祭賞レコード部門大賞を受賞した。21年公然わいせつの現行犯で埼玉県警に逮捕され、シエナ・ウインド・オーケストラを除名された。 [賞]芸術祭賞大賞(レコード部門)〔平成13年〕「マルセル・ミュールに捧ぐ」, 日本管打楽器コンクールサクソフォーン部門第2位(第4回)〔平成62年〕 [師]師＝武藤賢一郎, 下地啓二, 大室勇一

荒井 良雄 あらい・よしお 駒沢大学名誉教授 [専]英米文化, 演劇, 映画 [没]平成27年(2015)4月8日 79歳〔口腔がん〕 [生]昭和10年(1935)6月27日 [出]京都府京都市 [学]学習院大学文学部英米文学科卒, 学習院大学大学院文学研究科英米文学専攻〔昭和36年〕修士課程修了 [歴]学習院大学文学部助手、講師、助教授、教授を経て、駒沢大学文学部教授。この間、テレビ・ラジオ英語講座の講師を14年、山路ふみ子文化財団理事長を10年間務めた。また、国際シェイクスピア・グローブ・センター日本支部代表も務め、ロンドン・グローブ座再建支援のため、昭和62年から5年がかりでシェイクスピア全集を公開朗読、収益金を寄付した。著書に「シェイクスピア劇上演論」「イギリス演劇と映画」「朗読シェイクスピア全集の世界」「英米文学映画化作品論」「シェイクスピア大事典」「イギリス文学案内」「ブライス禅の世界」「R.H.ブライスの人間像」などがある。 [賞]グローブ名誉賞〔平成3年〕「ロンドンのグローブ座再建に日本代表として協力した功績」, 日英協会賞〔平成21年〕「『Zen in English Culture』(英文著, 北星堂, 平成17年)ほか日英文化交流の業績に対して」 [団]財団法人逍遥協会, 国際融合文化学会

荒井 由二 あらい・よしじ ケイテー社長 福井県中小企業団体中央会会長 勝山商工会議所会頭 [没]平成29年(2017)7月31日 91歳 [生]大正15年(1926)6月2日 [出]福井県勝山市 [学]福井工専機械二科〔昭和22年〕卒 [歴]昭和22年ケイテーに入社。33年総務部長、39年常務、41年専務を経て、49年社長、60年会長。福井県中小企業団体中央会会長を7期13年、福井県繊維協会会長を3期9年務めた他、福井県経営者協会会長、勝山商工会議所会頭などを歴任した。 [賞]旭日小綬章〔平成15年〕 [家]長男＝荒井由泰(ケイテー社長)

新井 彬之 あらい・よしゆき 衆院議員(公明党) [没]平成29年(2017)3月7日 82歳〔肺がん〕 [生]昭和9年(1934)9月15日 [出]静岡県榛原郡川崎町(牧之原市) [学]関西大学法学部〔昭和32年〕卒 [歴]神戸市議を経て、昭和44年旧兵庫4区から衆院議員に初当選し、6期務めた。平成2年引退。

新井 隆一 あらい・りゅういち 早稲田大学名誉教授 [専]行政法, 租税 [没]平成29年(2017)6月17日 89歳〔肝臓がん〕 [生]昭和3年(1928)3月2日 [出]群馬県高崎市 [学]早稲田大学法学部〔昭和31年〕卒, 早稲田大学大学院法学研究科公法専攻〔昭和36年〕博士課程修了 法学博士 [歴]早稲田大学教授を務めた。著書に「税務行政の法律知識」「新・税法入門」「租税法の基礎理論」「納税の立場課税の立場」「新型消費税・改修所得税」などがある。 [賞]瑞宝中綬章〔平成26年〕 [団]日本公法学会, 租税法学会

新垣 恵正 あらかき・しげまさ やんばるガラス工芸館社長 [没]平成29年(2017)2月14日 68歳〔大腸がん〕 [出]沖縄県国頭郡本部町 [歴]やんばるガラス工芸館社長を務めた。

新垣 徳助 あらかき・とくすけ 琉球警察本部長 [没]平成27年(2015)11月17日 101歳〔老衰〕 [生]大正2年(1913)12月1日 [出]沖縄県中頭郡中城村 [学]沖縄一中卒 [歴]昭和8年沖縄県巡査、13年巡査部長となる。20年の沖縄戦では県警職員の一人として糸満市の轟の壕で解散命令が出るまで島田叡沖縄県知事と行動をともにした。43年6代目の琉球警察本部長に就任。44年の琉球政府による警察法の制定・公布にも立ち会った。平成元年沖縄県防犯協会連合会会長、沖縄県青少年育

成審議会会長などを歴任した。 [賞]旭日小綬章〔昭和60年〕

荒川 博　あらかわ・ひろし　野球人　[没]平成28年(2016)12月4日　86歳〔心不全〕　[生]昭和5年(1930)8月6日　[出]東京都台東区　[学]早稲田実卒，早稲田大学商学部卒　[歴]早実時代にエースとして昭和23年春の甲子園に出場。早大を経て、28～36年毎日(33年大毎と改称，現・ロッテ)で外野手としてプレー。現役時は左の巧打者として鳴らした。通算成績は実働9年、802試合出場、2005打数503安打、16本塁打、172打点、20盗塁、打率.251。引退後の37年巨人の打撃コーチとなり、40～48年の巨人9連覇(V9)の土台を築く。伸び悩んでいた王貞治と二人三脚で一本足打法を完成させ、868本塁打の"世界の王"に導いた。部屋の畳がすり切れるほど素振りをする、集中力を研ぎ澄ませるために日本刀で素振りをするといった猛練習は"荒川道場"とも呼ばれた。48年ヤクルト打撃コーチを経て、49年監督に就任。この年3位と健闘、シーズン終了後、大杉勝男、福富邦夫を獲得するなど大型トレードを敢行した。51年5月辞任。監督としては通算3年、289試合、127勝142敗20分、勝率.472。その後、フジテレビの野球解説者などを務め、野球教室荒川道場を主宰した。著書に「道は遠く大きく」「君は王貞治になれるか」「王選手コーチ日誌 1962-1969」、共著に「勝つための野球術」などがある。 [家]養子＝荒川尭(野球選手)

荒川 房男　あらかわ・ふさお　連合栃木会長　[没]平成28年(2016)11月16日　80歳〔病気〕　[生]昭和11年(1936)8月10日　[学]栃木商卒　[歴]私鉄総連出身。栃木県労働組合会議長を経て、平成2年連合栃木の初代会長に就任。5年退任。 [家]長男＝荒川忠士(コジマ取締役)

荒川 義清　あらかわ・よしきよ　小説家　北陸文学会主宰　[没]平成28年(2016)3月15日　91歳〔内臓疾患〕　[生]大正13年(1924)6月29日　[出]石川県小松市　[学]鉄道教習所卒　[歴]昭和14年から機関士として旧国鉄に勤務。20年3月徴兵されて旧満州に送られ、戦後約3年にわたってシベリアに抑留された。復員後は旧国鉄に復帰、55年定年退職。一方、勤務の傍らで文筆活動を始め、51年「暗くて長い穴の中」で泉鏡花記念金沢市民文学賞を受賞。従軍体験や国鉄機関士体験を元にした作品を執筆、文芸同人誌「北陸文学」を主宰した。石川県文芸協会常任理事を務めた。著書に「暗くて長い穴の中」「SL有情」がある。 [賞]泉鏡花記念金沢市民文学賞(第4回)〔昭和51年〕「暗くて長い穴の中」，北国文化賞〔平成16年〕 [団]日本文芸家協会

荒川 良信　あらかわ・よしのぶ　高吉建設社長　[没]平成27年(2015)3月20日　77歳〔嚥下性肺炎〕　[生]昭和12年(1937)9月22日　[出]秋田県秋田市　[学]横手工〔昭和31年〕卒　[歴]昭和31年高吉建設に入社。39年取締役、41年専務を経て、49年社長に就任。29年間にわたって同職を務め、会長、相談役も歴任。平成8～14年秋田県仙北建設業協会会長、秋田県建設業協会常務理事を務めた。

荒木 見悟　あらき・けんご　九州大学名誉教授　[専]中国哲学史，中国思想　[没]平成29年(2017)3月22日　99歳〔心筋梗塞〕　[生]大正6年(1917)5月21日　[出]広島県佐伯郡廿日市町(廿日市市)　[学]広島一中〔昭和10年〕卒，龍谷大学専門部〔昭和14年〕卒，九州帝国大学法文学部中国哲学史科〔昭和17年〕卒　文学博士　[歴]昭和19年長崎師範学校助教授、24年福岡学芸大学助教授、37年九州大学文学部助教授を経て、43年教授、46年学部長。56年定年退官後、皇学館大学教授、北九州大学教授、62年久留米大学教授を歴任。中国における儒教と仏教の思想的関係や日本近世儒学史などを研究。著書に「仏教と儒教」「明代思想研究」「陽明学の開展と仏教」「明清思想論考」「陽明学と仏教心学」「亀井南冥・亀井昭陽」などがある。 [賞]勲二等瑞宝章〔平成2年〕，西日本文化賞〔平成21年〕 [団]日本中国学会

荒木 忍　あらき・しのぶ　九州工業大学教授　[専]鉱山学　[没]平成27年(2015)1月8日　102歳〔老衰〕　[生]明治45年(1912)4月28日　[出]熊本県菊池郡泗水町(菊池市)　[学]九州帝国大学工学部採鉱科卒　工学博士　[歴]九州工業大学教授、西日本工業大学教授を務めた。死者458人を出し、戦後最悪の炭鉱事故といわれる昭和38年の三池炭鉱三川鉱爆発事故で、政府技術調査団の一員として調査に従事。坑内にたまった炭塵に火花が引火して爆発したという鑑定書をまとめた。一酸化炭素中毒患者らが損害賠償を求めた民事訴訟では原告側の証人となり、三井鉱山の過失責任を認めた福岡地裁判決の決め手となった。

荒木 湘三　あらき・しょうぞう　伊藤忠商事常務　伊藤忠製糖会長　[没]平成28年(2016)6月12日　79歳〔急性呼吸促迫症候群〕　[生]昭和12年(1937)2月13日　[出]神奈川県　[学]慶応義塾大学経済学部〔昭和35年〕卒　[歴]昭和35年伊藤忠商事に入社。食料第三本部長を経て、平成3年取締役、7年常務、同年理事。

荒木 伸介　あらき・しんすけ　平泉郷土館館長　跡見学園女子大学文学部教授　[専]日本建築史　[没]平成28年(2016)2月3日　79歳〔肺炎〕　[生]昭和11年(1936)7月19日　[出]東京都　[学]東京教育大学(現・筑波大学)教育学部卒　[歴]東京大学で研究生として日本建築史を学んだ後、奈良の国立文化財研究所研究員、明治大学工学部助手、東京芸術大学、立教大学、筑波大学などの非常勤講師を務める。昭和49年から北海道江差港の海底に沈む幕末の軍艦開陽丸の発掘調査を手がけ、58年には北海道の上ノ国漁港海底遺跡の発掘調査を開始。62年～平成10年平泉郷土館(現・平泉文化遺産センター)初代館長を務め、中尊寺境内、毛越寺庭園、観自在王院跡、柳之御所遺跡の調査・整備事業に尽力した。7年より跡見学園女子大学教授。 [賞]三笠宮寛仁親王賞(第1回)〔平成2年〕

荒木 誠之　あらき・せいし　九州大学名誉教授　[専]社会保障法，労働法　[没]平成27年(2015)11月12日　91歳〔肺炎〕　[生]大正13年(1924)10月12日　[出]熊本県熊本市　[学]五高〔昭和19年〕卒，九州大学法文学部法律学科〔昭和23年〕卒　法学博士　[歴]昭和26年熊本大学講師、37年教授、44年九州大学教授、55年法学部長を歴任。63年退官。のち姫路独協大学教授、熊本学園大学教授を経て、宇部フロンティア大学客員教授。第16～17期日本学術会議会員。著書に「現代の社会保障」「労災補償法の研究」「労働条件法理の形成」「社会保障の法的構造」「社会保障法読本」などがある。 [賞]藍綬

褒章〔昭和54年〕、勲二等瑞宝章〔平成14年〕、大内賞〔昭和42年〕　㊙日本労働法学会、日本社会保障法学会、国際労働法社会保障学会

荒木　時弥　あらき・ときや　大津町(熊本県)町長　熊本県サッカー協会会長　㊷平成28年(2016)10月14日　85歳〔肺炎〕　㊗昭和6年(1931)2月11日　㊙熊本県菊池郡大津町　㊙熊本大学教育学部〔昭和28年〕卒　熊本県で教職に就き、昭和61年大津高校長。平成3〜15年大津町長を務めた。また、熊本県サッカー協会会長としてロッソ熊本(現・ロアッソ熊本)の設立などサッカー界の発展に貢献した。　㊙熊日賞〔平成17年〕

荒木　敏彦　あらき・としひこ　秩父小野田常務　㊷平成27年(2015)1月23日　78歳〔心筋梗塞〕　㊗昭和11年(1936)9月20日　㊙大分県　㊙九州大学法学部〔昭和34年〕卒　秩父小野田(現・太平洋セメント)で人事、不動産事業、総務、情報システム部担当の常務を務めた。

荒木　直秀　あらき・なおひで　作新学院大学教授　物理学　㊷平成29年(2017)1月8日　55歳〔病気〕　㊗昭和36年(1961)1月12日　㊙立教大学理学部物理学科卒、立教大学大学院理学研究科原子物理学専攻修士課程修了　㊙作新学院大学講師を経て、教授。

荒木　正宏　あらき・まさひろ　東武鉄道専務　㊷平成28年(2016)2月25日　90歳〔急性肺炎〕　㊗大正15年(1926)2月24日　㊙埼玉県　㊙多賀工専〔昭和20年〕卒　㊙昭和21年東武鉄道に入社。58年取締役、62年常務を経て、平成2年専務。関越交通社長も務めた。　㊙勲四等旭日小綬章〔平成10年〕

荒木　良治　あらき・よしはる　作詞家　㊷平成29年(2017)5月23日　91歳〔老衰〕　㊗大正15年(1926)4月22日　㊙山形県西村山郡西川町　㊙本寺尋常小高等科卒　㊙生家で農業に従事した後、昭和23年日本発送電(現・東北電力)に入社。ダム管理の仕事に携わり、61年に定年退職後も特別社員として勤務する。傍ら作詞を続け、3000曲を制作。平成元年松尾芭蕉の奥の細道紀行300年を記念した歌のコンテスト作詞部門で最優秀賞を受賞。以来、同コンテストの作曲部門で最優秀賞を獲得した大泉逸郎とともに曲作りを続ける。12年作詞を手がけ、大泉が作曲し歌った「孫」が100万枚を超す大ヒットとなる。同年エッセイ集「孫―男ふたりの人生のうた」(大泉逸郎との共著)を出版した。　㊙日本作詞家協会

嵐　嘉明　あらし・よしあき　新潟県議(自民党)　㊷平成27年(2015)9月13日　80歳〔脳挫傷〕　㊗昭和10年(1935)4月17日　㊙新潟県三条市　㊙三条実科、自民党政治大学院〔昭和36年〕修了　㊙四郎衆院議員・新潟県知事(当時)の秘書を経て、昭和46年以来新潟県議に8選。平成4年副議長、7年議長。19年引退。自民党新潟県連の幹事長や総務会長を歴任。21年から4年間、新潟県選挙管理委員長を務めた。27年誤って線路に入り、列車事故死した。　㊙藍綬褒章〔平成7年〕、旭日中綬章〔平成19年〕

嵐野　英彦　あらしの・ひでお　作曲家　㊙作品研究・楽曲分析の方法論とその指導　㊷平成28年(2016)10月14日　81歳　㊗昭和10年(1935)6月6日　㊙京都府　㊙東京芸術大学音楽学部作曲科〔昭和36年〕卒　㊙高校時代にジャズに魅かれ、レコード喫茶に親しむ。東京芸術大学に進学、作曲を清水脩、松本民之助に師事。この頃、三木鶏郎が大阪朝日放送で行っていた「クレハホームソングコンテスト」に応募したところ、作品が三木の目に留まり、その勧めでCM音楽の道に入って、商品の実用性をそのまま歌詞にした"インフォマティブ・ソング"というスタイルを生み出した。また、森永CM「ピポピポ」といった簡潔な作品も制作している。1960年代から1970年代前半には劇伴音楽でも活躍。「鉄人28号」「遊星少年パピイ」「遊星仮面」「のらくろ」などのテレビアニメや、「泣かせるぞ」「二人の世界」「日本最大の顔役」などの日活映画を手がけた。その後、尚美音楽短期大学(現・尚美学園大学)、滋賀大学教授を歴任。音楽教育者の育成に務める一方、声楽曲、ピアノ曲を中心に創作。日本の伝統音楽にみられる旋法を自由に変容させる作風を示す。また、全日本ピアノ指導者協会で、日本人作品をピアノ教育のカリキュラムに取り入れる運動に、大きな役割を果たした。作品に「オペラ・ブッファ〈たらちね〉I〜IV」「1人の歌手によるモノ・オペラ〈じごくのそうべえ〉」「大阪ことばあそびうた」「ソプラノとピアノのためのソナチネ」、幾つかのピアノ独奏やソナチネやソナチネッタ(小ソナチネ)、「幻想・近江八景」、ピアノのための「NYOHZE-GAHMON I〜IV」、「ピアノによる5つの随想」、「京の雪・月・花」などがある。　㊙ACC作曲賞(第5回)、文部科学省社会教育功労者表彰〔平成19年〕、京都市音楽大賞第2席(第1回)、日本音楽コンクール作曲内楽曲部門第3位(第29回)〔昭和35年〕　㊙日本作曲家協議会、詩と音楽の会、全日本ピアノ指導者協会　㊙師＝清水脩、松本民之助、三木鶏郎

荒戸　源次郎　あらと・げんじろう　映画プロデューサー・監督　㊷平成28年(2016)11月7日　70歳〔虚血性心疾患〕　㊗昭和21年(1946)10月10日　㊙長崎県長崎市　㊙本名＝吉村敏夫(よしむら・としお)　㊙長崎生まれの博多育ち。昭和45〜46年劇団状況劇場に所属。47年歌劇団天象儀舘を旗揚げ。上杉清文の「紅はこべの伝説」「食卓の騎士」「笑い猫」などを発表。57年に解散。この間、48年大和屋竺監督の「朝日のようにさわやかに」を皮切りに、映画製作を開始。55年移動可能なエアドーム型の映画館"シネマ・プラセット"で鈴木清順監督の「ツィゴイネルワイゼン」を上映。映画と映画館を同時に立ち上げ、製作から上映までを一貫して手がけるという"産直方式"が話題を呼び、自主興行としては異例の大ヒットを記録した。平成元年東京・原宿にドーム映画館を建て、阪本順治監督のデビュー作「どついたるねん」を上映、ヒットさせた。7年内田春菊原作「ファザーファッカー」を監督。14年赤目製作所を立ち上げ、車谷長吉原作「赤目四十八瀧心中未遂」を監督、15年公開。「赤目」は30冠超の映画賞を受賞し、14ケ月のロングランという快挙を成し遂げた。17年東京国立博物館の敷地内に映画館"一角座"を建設し、大森立嗣監督「ゲルマニウムの夜」を上映。21年太宰治原作「人間失格」を監督(公開は22年)。製作した映画は他に、内藤誠監督「時の娘」、鈴木清順監督「陽炎座」「夢二」、長嶺高文監督「ヘリウッド」、阪本順治監督「鉄拳」「王手」「トカレフ」、坂東玉三郎

監督「外科室」など。 [賞]ベルリン国際映画祭審査員特別表彰(第31回)「ツィゴイネルワイゼン」, キネマ旬報ベストテン第1位(昭和55年度)「ツィゴイネルワイゼン」, キネマ旬報1980年代ベストテン第1位「ツィゴイネルワイゼン」, ブルーリボン賞特別賞(第23回)〔昭和55年〕「ツィゴイネルワイゼン」, 毎日映画コンクール日本映画優秀賞(第35回)〔昭和55年〕「ツィゴイネルワイゼン」, 報知映画賞審査員特別賞(第5回)〔昭和55年〕「ツィゴイネルワイゼン」, 日本アカデミー賞最優秀作品賞(第4回)〔昭和56年〕「ツィゴイネルワイゼン」, キネマ旬報ベストテン第3位(昭和56年度)「陽炎座」〔昭和56年〕, 藤本賞奨励賞(第11回)「外科室」, 毎日映画コンクール日本映画優秀賞(第44回)〔平成1年〕「どついたるねん」, ブルーリボン賞作品賞(第32回)〔平成1年〕「どついたるねん」, キネマ旬報ベストテン第2位(平成1年度)「どついたるねん」, ヨコハマ映画祭日本映画ベストテン第1位・作品賞(第11回, 平成1年度)「どついたるねん」, キネマ旬報ベストテン第8位(平成3年度)「王手」, ブルーリボン賞作品賞(第46回)〔平成15年〕「赤目四十八瀧心中未遂」, 毎日映画コンクール日本映画大賞(第58回)〔平成15年〕「赤目四十八瀧心中未遂」, キネマ旬報ベストテン第2位「赤目四十八瀧心中未遂」, キネマ旬報ベストテン第10位(平成17年度)「ゲルマニウムの夜」

荒浪 淳 あらなみ・じゅん 旭化成専務 PSジャパン社長 日本スチレン工業会会長 [没]平成28年(2016)5月17日 79歳〔肺がん〕 [生]昭和12年(1937)5月15日 [出]静岡県島田市 [学]東京大学経済学部〔昭和36年〕卒 [歴]昭和36年旭化成工業(現・旭化成)に入社。平成5年取締役、7年常務、10年専務。13年エー・アンド・エム スチレン社長、15年出光石油化学のポリスチレン部門と統合したPSジャパン社長を歴任。日本スチレン工業会会長も務めた。

荒谷 アイ あらや・あい 津波の語り部 [没]平成29年(2017)1月20日 95歳〔急性心臓死〕 [出]岩手県宮古市田老 [歴]昭和8年の昭和三陸地震の津波で家族を失って孤児となり、吉村昭の小説「三陸海岸大津波」に体験を綴った作文が収録された。平成23年の東日本大震災では内陸の高齢者施設にいて助かったが、自宅は津波で被災した。2つの大災害を経験した人生は岩手県教育委員会の復興教育副読本で紹介され、小学校の出前授業などでも子供たちに経験を伝えた。

新谷 昌明 あらや・まさあき 小樽市長 北海道副知事 [没]平成29年(2017)7月17日 88歳〔陳旧性肺結核〕 [生]昭和4年(1929)2月3日 [出]北海道小樽市 [学]慶応義塾大学経済学部〔昭和25年〕卒 [歴]大学卒業後、結核で5年間の浪人生活を送った。昭和30年北海道庁に入る。上川支庁税務課から出納局を経て、37年商工観光部、54年同部長、56年知事室長、58年公営企業管理者、60年副知事。62年から小樽市長に3選。平成4年市景観条例を制定。11年引退。12年北海道商工指導センター会長、13年北海道中小企業総合支援センター理事長。15年北海道国際航空(エアドゥ)会長を兼務した。 [賞]旭日中綬章〔平成17年〕 [家]父＝新谷由太郎(小樽典礼社会長)

有磯 一郎 ありいそ・いちろう 東北電力常務 [没]平成28年(2016)11月12日 93歳〔肺炎〕 [生]大正12年(1923)8月2日 [出]新潟県村上市 [学]新潟高卒, 東北帝国大学工学部〔昭和21年〕卒 [歴]昭和23年東北配電(現・東北電力)に入社。49年理事、50年取締役を経て、54年常務。60年日本海エルエヌジー社長、平成5年東北コンピューターサービス会長。 [家]弟＝有磯邦男(新潟県教育長)

有我 祥吉 ありが・しょうきち 詩人 [没]平成29年(2017)7月28日 83歳〔肺炎〕 [生]昭和9年(1934)6月 [出]福島県須賀川市 [歴]昭和46年詩集「木の中をぶどうの房が」で福島県文学賞、57年詩集「クレヨンの屑」で土井晩翠賞を受賞。平成元年～6年福島県文学賞詩部門の審査委員を務めた。 [賞]福島県文学賞〔昭和46年〕「木の中をぶどうの房が」, 土井晩翠賞〔昭和57年〕「クレヨンの屑」

有賀 のゆり ありが・のゆり チェンバロ奏者 同志社女子大学名誉教授 [専]鍵盤音楽史, 宗教音楽 [没]平成27年(2015)4月26日 86歳〔心不全〕 [生]昭和3年(1928)8月29日 [出]京都府 [学]ノースウェスタン大学(米国)大学院音楽研究科〔昭和28年〕修了 M.M. [歴]同志社女子大学講師、助教授を経て、教授。昭和24～27年米国オッタバイン・カレッジ音楽学部でF.ハリス、27年ノースウェスタン大学大学院音楽研究所でJ.F.オール、28年ユニオン神学校教会音楽学部でH.ポーター、35年及び38年フライブルク音楽大学でE.ピヒト・アクセンフェルト、F.ノイマイヤー、フライブルク・アルベルト・ルードヴィッヒ大学でH.H.エッゲブレヒトに師事。我が国チェンバロ界の草分けで、80歳を超えても演奏活動を続けた。 [賞]瑞宝中綬章〔平成22年〕, 大阪府民劇場奨励賞〔昭和39年〕, 藤堂顕一郎音楽褒賞(第2回)〔昭和57年〕, オッタバイン大学名誉音楽博士号〔平成12年〕 [団]日本音楽学会, 京都音楽家クラブ [師]師＝オール, J.F., ピヒト・アクセンフェルト, エディット, ノイマイヤー, F.

有賀 寿 ありが・ひさし キリスト者学生会初代総主事 日本福音長老教会西船橋キリスト教会牧師 すぐ書房社主 [没]平成27年(2015)8月24日 89歳 [生]大正15年(1926)2月7日 [出]大阪府 [学]東京高師〔昭和23年〕卒, 東京高師研究科〔昭和24年〕中退 [歴]昭和23年キリスト者学生会に参加。その後、東京神学塾とアムステルダム自由大学に学ぶ。31年キリスト者学生会主事総主事、46年同会を退職。50～61年日本福音長老教会(現・日本長老教会)西船橋キリスト教会牧師。のち中会議長。また、すぐ書房を設立して文書伝道に取り組んだ他、クリスチャンの研究者を励まし育てるための団体・志学会を創設した。著書に「ラザロの復活」「衣更えするキリスト教」「信徒用 日本式『伝道』のすすめ」「ヨーロッパとは」、訳書にジョン・ストット「信仰入門」「地の塩 世の光―キリスト教社会倫理叙説」などがある。

有可 洋典 ありか・ひろふみ 岡山県議(自民党) [没]平成28年(2016)11月28日 83歳〔急性呼吸不全〕 [生]

昭和8年(1933)2月17日 [出]岡山県総社市 [学]明治大学法学部〔昭和32年〕卒 [歴]小・中学校教諭ののち、昭和33年中鉄バスに入社。39年橋本龍太郎衆院議員秘書を経て、50年以来岡山県議に6選。平成元年副議長、3年議長。9年辞職。自民党岡山県連総務会長、政調会長などを歴任した。 [賞]藍綬褒章〔平成7年〕, 勲四等旭日小綬章〔平成15年〕

あ

有川 清次 ありかわ・せいじ 衆院議員(社会党) [没]平成28年(2016)5月13日 86歳〔老衰〕 [生]昭和4年(1929)12月17日 [出]鹿児島県鹿屋市 [学]鹿屋高〔昭和25年〕卒 [歴]昭和56年鹿屋市議、58年鹿児島県議2期を経て、平成2年衆院選旧鹿児島3区から当選。5年落選、1期。6年鹿屋市長選に立候補した。

有里 紅良 ありさと・あから 小説家 [没]平成27年(2015)7月2日 53歳〔乳がん〕 [生]昭和36年(1961)8月31日 [出]北海道 [歴]虫プロダクションで20年にわたってフィルム編集を務めた後、デジタル化に伴い引退。漫画家の夢来鳥ねむの原作協力を行う中で本格的に作品の設定作りに関わるようになり、自らも小説の執筆を行う。創作グループ・LA・MOON代表取締役を務めた。著書に〈ラルフィリア・サーガ〉〈小説HAUNTEDじゃんくしょん〉シリーズや「アンダー・ヘブンズふぁみりぃ」「桃と鬼の轍」などがある。

有沢 比呂子 ありさわ・ひろこ 女優 [没]平成27年(2015)12月11日 43歳〔心不全〕 [生]昭和47年(1972)9月10日 [出]千葉県 [名]本名＝渡辺敦子(わたなべ・あつこ), 前名＝有沢妃呂子(ありさわ・ひろこ) [学]日本橋女学館 [歴]祖母が日本舞踊・八千世流の創始者で、母は家元。平成2年サンミュージックオーディションで優勝して芸能界入り、3年有沢妃呂子の芸名でビデオ映画「キャント・バイ・ミー・ラブ」に出演して女優デビュー。同年映画「代打教師 秋葉、真剣です！」のヒロイン役に抜擢され、人気を集める。サスペンスドラマや時代劇などに数多く出演し、20年有沢比呂子に改名。28年心不全のため43歳で急逝した。他の出演作に、テレビ「銭形平次」「はぐれ刑事純情派」「暴れん坊将軍」「水戸黄門」「相棒」、映画「イルカに逢える日」「ダンガン教師」などがある。

在田 一雄 ありた・かずお 第一染工社長 西脇商工会議所会頭 兵庫県中小企業団体中央会会長 [没]平成28年(2016)1月31日 96歳〔急性心不全〕 [生]大正8年(1919)10月11日 [出]兵庫県西脇市 [学]九州帝国大学法学部〔昭和17年〕卒 [歴]昭和17年三井物産に入るが、同年海軍に入隊。戦後に帰郷し、29年播州織の染色加工会社に入社し、のち社長を務めた。49年～平成10年西脇商工会議所会頭。10～20年兵庫県中小企業団体中央会会長を務め、播州織をはじめ兵庫県内の地場産業や中小企業の発展に尽くした。 [賞]藍綬褒章〔昭和55年〕

蟻田 善造 ありた・ぜんぞう コピーライター [没]平成28年(2016)3月27日 87歳〔肺小細胞がん〕 [生]昭和4年(1929) [出]大阪府大阪市 [歴]高島屋宣伝部を経て、日本デザインセンター設立に参加。

有田 哲哉 ありた・てつや 日本鉄塔工業社長 [没]平成27年(2015)6月1日 92歳〔肺炎〕 [生]大正12年(1923)5月5日 [出]福岡県北九州市 [学]九州大学法学部〔昭和23年〕卒 [歴]昭和25年若松服部製作所(のち日本鉄塔工業, 現・JST)に入社。33年取締役、39年常務、45年専務、54年副社長を経て、56年社長。平成3年会長。 [家]兄＝有田了(日本鉄塔工業会長)

在田 利男 ありた・としお 高岡信用金庫理事長 [没]平成27年(2015)3月1日 90歳 [生]大正14年(1925)1月9日 [出]富山県高岡市 [学]高岡中〔昭和17年〕卒, 中央大学予科〔昭和19年〕卒, 陸軍予備士官学校〔昭和20年〕, 中央大学法学部〔昭和23年〕卒 [歴]高岡市の衣料品店に2人兄妹の長男として生まれる。昭和27年高岡信用金庫に入庫。37年常務理事、52年専務理事を経て、62年理事長。平成18年退任。また、平成元年から高岡商工会議所副会頭を12年間務めた。 [賞]黄綬褒章〔平成4年〕, 勲四等瑞宝章〔平成9年〕, 高岡市民功労者表彰〔平成2年〕 [家]長男＝在田長生(高岡信用金庫理事長)

有田 日佐子 ありた・ひさこ
⇒小野 日佐子(おの・ひさこ) を見よ

有延 悟 ありのべ・さとる 大和紡績社長 [没]平成27年(2015)12月27日 88歳〔肺不全〕 [生]昭和2年(1927)2月21日 [出]広島県広島市東区戸坂町 [学]慶応義塾大学経済学部〔昭和25年〕卒 [歴]昭和25年大和紡績(現・ダイワボウホールディングス)に入社。40年ハンブルク事務所長、46年東京支店長、47年産業資材営業部長、50年取締役営業総務部長、53年常務、55年専務、59年社長。平成4年会長、7年相談役に退く。 [賞]藍綬褒章〔平成2年〕

有馬 式夫 ありま・のりお 牧師 成増キリスト教会牧師 [没]平成28年(2016)2月21日 74歳 [生]昭和16年(1941)4月12日 [出]旧満州・ハルビン [学]東京神学大学旧約神学専攻〔昭和42年〕卒 [歴]東京都板橋区にある成増キリスト教会牧師。昭和37年以来、精神病院や老人施設でレクリエーション療法、カウンセリング奉仕を続け、55年以来終末期配慮の奉仕を継続した。日本牧会カウンセリング協会関東部会委員。著書に「牧会カウンセリング入門」「現代教会こころ事情」がある。

有馬 幸雄 ありま・ゆきお ハザマ常務 [没]平成27年(2015)10月11日 84歳〔肝細胞がん〕 [生]昭和6年(1931)4月2日 [出]東京都 [学]東京大学法学部〔昭和29年〕卒 [歴]ハザマ(現・安藤ハザマ)常務労務安全本部長を務めた。

有賀 正 あるが・ただし 松本市長 [没]平成29年(2017)4月22日 85歳〔老衰〕 [生]昭和6年(1931)4月29日 [出]長野県松本市 [学]松本県ケ丘高〔昭和25年〕卒 [歴]高校卒業後は家業の農業を継ぎ、セロリの特産化などに努める。昭和46年民社党から松本市区選出の長野県議に当選、連続4期務める。のち中間会派である信政クラブ幹事長に就任。62年の県議選には立候補せず、63年の松本市長選に出馬したが、約2000票差で現職に惜敗。平成4年市長選で前回敗れた現職を92票の僅差で破って当選。任期中は松本市内で毎年夏に開かれる音楽祭、サイトウ・キネン・フェスティバル松本(現・セイジ・オザワ松本フェスティバル)の発展に力を注いだ他、“福祉日本一”を掲げて全国的にも珍しい福祉拠点「福祉ひろば」を市内全域に整備。また、13

〜15年長野県市長会会長を務め、"脱ダム宣言"を巡って当時の田中康夫長野県知事と対立した。3期務め、16年落選。引退後も松本市発祥の花いっぱい運動を推進する日本花いっぱい連盟の会長を務め、東日本大震災の被災地に復興を願う花の種を贈る活動に携わった。 [賞]藍綬褒章〔平成8年〕, 旭日中綬章〔平成19年〕

有賀 美和子　あるか・みわこ　東京女子大学女性学研究所教授　[専]女性学, ジェンダー研究　[没]平成29年(2017)4月15日　64歳〔呼吸器・循環器不全〕　[生]昭和28年(1953)4月12日　[出]岩手県花巻市城内　[学]東京女子大学文理学部社会学科卒, 一橋大学大学院法学研究科修士課程修了　[歴]東京女子大学女性学研究所助手、准教授を経て、教授。著書に「現代フェミニズム理論の地平」「フェミニズム正義論」などがある。　[家]夫＝有賀裕二(中央大学教授)

粟津 正蔵　あわず・しょうぞう　柔道家　フランス柔道の父　[没]平成28年(2016)3月17日　92歳〔老衰〕　[生]大正12年(1923)4月18日　[出]京都府京都市山科区　[学]京都市立第一商卒, 立命館大学卒　[歴]昭和10年京都市立第一商で柔道を始める。14年、15年全国都道府県大会中学校の部に京都代表として出場し、2連覇。24年全日本選手権に出場。立命館大を卒業後、25年柔道指導のため渡仏。以来パリで柔道の指導を続け、"フランス柔道の父"と呼ばれる。「背負い投げ」などの技名を「腰技1号」と記号化するなど、初心者にも理解しやすいユニークな指導が受け入れられ、フランスの強化コーチにも就任。31年に東京で開催された第1回世界選手権(男子無差別級のみ)にはフランス代表チームを率いて凱旋、39年東京五輪でもフランス代表コーチを務めた。パリ市内にあるフランス柔道連盟の道場には"Dojo Shozo AWAZU"の名が冠せられている。平成2年、出身地・京都の京都府職域柔道連盟の招待でフランス選手団に同行し一時帰国。フランス柔道連盟昇段委員、同審判委員、技術相談役を歴任。教え子にはフランス初の世界王者(男子軽重量級)になったジャンリュック・ルージェらがいる。講道館9段、世界柔道連盟9段。　[賞]勲五等双光旭日章〔平成5年〕, レジオン・ド・ヌール勲章シュバリエ章〔平成11年〕, 京都市スポーツ栄誉賞〔平成19年〕, パリ名誉市民

粟津 清蔵　あわず・せいぞう　日本大学名誉教授　[専]水工学　[没]平成28年(2016)12月22日　94歳〔老衰〕　[生]大正11年(1922)1月30日　[出]秋田県大曲市(大仙市)　[学]豊山中〔昭和14年〕卒, 日本大学工学部土木工学科〔昭和19年〕卒　工学博士(東京大学)〔昭和33年〕　[歴]昭和20年日本大学専門部工科専任講師、23年教授を経て、27年日大工学部専任講師、28年助教授、34年教授。著書に「水理学序説」などがある。　[賞]勲三等瑞宝章〔平成9年〕　[団]土木学会(名誉会員), 土質工学会

粟野 金五郎　あわの・きんごろう　日本火災海上保険常務　[没]平成27年(2015)8月26日　95歳〔喉頭がん〕　[生]大正9年(1920)7月1日　[出]宮城県　[学]天津華語専門部〔昭和17年〕卒　[歴]昭和10年日本火災海上保険(現・損保ジャパン日本興亜)に入社。49年取締役を経て、53年常務。55年日火ローン事務サービス社長。

粟屋 敏信　あわや・としのぶ　衆院議員　建設事務次官　[没]平成28年(2016)9月4日　90歳〔老衰〕　[生]大正15年(1926)7月25日　[出]広島県広島市　[学]東京大学法学部政治学科〔昭和23年〕卒　[歴]昭和23年建設省(現・国土交通省)に入省。36年内閣法制局参事官、39年建設省河川局水政課長。47年内閣審議官兼官房国土総合開発対策室長、49年国土庁官房長、51年建設省官房長を経て、54年建設事務次官。61年衆院選旧広島1区に自民党から当選。竹下派、羽田派を経て、平成5年新生党、6年新進党、8年太陽党結成に参加。同年の小選挙区制導入後は広島2区から当選。連続5期務め、15年無所属で引退した。9年から超党派の国会議員で作る憲法調査推進議員連盟の副会長を務め、12年の国民投票法の原案取りまとめで大きな役割を担った。同法は19年に成立した。　[賞]旭日重光章〔平成16年〕

安西 愛子　あんざい・あいこ　声楽家(ソプラノ)　参院議員(自民党)　[没]平成29年(2017)7月6日　100歳〔老衰〕　[生]大正6年(1917)4月13日　[出]東京都　[名]本名＝志村愛子(しむら・あいこ)　[学]東京音楽学校(現・東京芸術大学)本科声楽科〔昭和15年〕卒, 東京音楽学校研究科〔昭和17年〕修了　[歴]大学院に籍を置きながら共立女子学園、明治大学女子部などで教鞭を執る。傍らコロムビア専属となり、昭和19年童謡「お山の杉の子」が大ヒット。24〜39年NHKの"歌のおばさん"として活躍。46年参院選全国区に自民党から当選。連続3期務め、北海道開発政務次官、党政審副会長などを歴任。平成元年参院選に際して離党、太陽の会を結成して立候補したが落選した。憲法改正運動を展開する日本会議副会長を務めた。　[賞]勲二等宝冠章〔平成1年〕, 日本童謡賞特別賞(第1回)〔昭和46年〕　[師]師＝長坂好子, ウーハーペーニヒ

安生 徹　あんじょう・とおる　経済同友会常務理事　[没]平成28年(2016)3月12日　66歳〔くも膜下出血〕

庵跡 芳昭　あんせき・よしあき　洋画家　[没]平成28年(2016)1月27日　86歳〔肺炎〕　[生]昭和4年(1929)11月11日　[出]鹿児島県鹿児島市　[学]川内高卒　[歴]昭和38年の第18回南日本美術展で3人目の海外派遣美術留学生に選ばれ、パリへ留学。同展の創設に尽力した海老原喜之助の薫陶を受けた。巧みな女性画で知られた。 [賞]南日本美術展知事賞〔昭和27年〕

安藤 節子　あんどう・せつこ　聖園学園短期大学教授　[専]保育学　[没]平成28年(2016)8月14日　69歳〔乳がん〕　[生]昭和22年(1947)7月6日　[学]聖園学園短期大学保育科保育卒　[歴]聖園学園短期大学助教授を経て、平成14年教授。

安藤 力　あんどう・つとむ　住友金属工業副社長　[没]平成28年(2016)5月23日　71歳〔腎盂がん〕　[生]昭和20年(1945)3月31日　[出]香川県　[学]東京大学経済学部〔昭和43年〕卒　[歴]昭和43年住友金属工業(現・新日鉄住金)に入社。平成11年常務執行役員、同年住友鋼管取締役、15年住友金属工業専務執行役員、17年副社長に就任。18年取締役。

安藤 仁介　あんどう・にすけ　世界人権問題研究センター所長　常設仲裁裁判所裁判官　京都大学名誉教授　[専]国際法, 国際組織法　[没]平成28年(2016)12月6日　81歳〔胃がん〕　[生]昭和10年(1935)8月6日　[出]京都府八幡市　[名]本名＝安藤仁介(あんどう・にすけ)

あ

[学]京都大学法学部〔昭和34年〕卒, 京都大学大学院法学研究科〔昭和40年〕博士課程中退　法学博士（フレッチャー・スクール）〔昭和46年〕　[歴]昭和40年京都大学講師、43年助教授、56年神戸大学教授を経て、平成2年京都大学教授。10年退官。のち同志社大学教授、同大ヒューマン・セキュリティー研究センター所長。18年退職。この間、昭和61年日本人として初めて国連の規約人権委員会委員に選ばれ、平成5～6年同委員長を務め、18年辞任。13年にはオランダのハーグに設置されている常設仲裁裁判所の裁判官に任命された。同年から世界人権問題研究センター所長。国内外でマイノリティーの権利保護に尽くした。共著に「国際法講義」、訳書にリチャード・H.マイニア「東京裁判―勝者の裁き」などがある。　[賞]瑞宝重光章〔平成20年〕, 英国文化振興会フェロー〔昭和51～53年〕, フルブライト50周年特別フェロー〔平成8年〕, 京都新聞大賞文化学術賞〔平成24年〕　[資]通訳ガイド業（英語）　[団]国際法学会（名誉理事）, 世界法学会, International Law Association (Japan Branch, Councillor), Institut de Droit International (membre titulaire)

安藤 昇　あんどう・のぼる　俳優　映画プロデューサー　作家　[没]平成27年(2015)12月16日　89歳〔肺炎〕　[生]大正15年(1926)5月24日　[出]東京府豊多摩郡大久保町東大久保（東京都新宿区）　[学]法政大学予科〔昭和23年〕中退　[歴]戦時中は予科練を志願、戦後法大へ籍を置くが中退し、銀座で洋品店を開業。昭和27年安藤組を組織して組長となり、渋谷を根城に芸能興業などを手がけ、全盛期には組員も1000人を超えた。しかし33年デパートの白木屋乗っ取りにからんで、東洋郵船の横井英樹社長をピストルで襲撃し（横井英樹事件）、懲役8年の刑で入獄。38年仮出所、39年組を解散し、40年映画俳優として再出発。加藤泰監督とのコンビ3部作「男の顔は履歴書」「阿片台地・地獄部隊突入せよ」「懲役十八年」で高い評価を受ける。他に自伝映画「血と掟」など、約60本の映画に出演。63年には東映映画「疵」（本田靖春原作）、「恋子の毎日」のプロデューサーを務めた。平成17年自身をモデルとした伝記的映画「渋谷物語」が公開される。家相鑑定所・九門社を主宰。著書に「激動」「野望―ケンカ空手『寛水流』宗家、水谷征夫の自伝的小説」「九門家相学」「自伝 安藤昇」「不埒三昧」「戯言」マンガ「餓狼の系譜」「餓狼一代」「ブヤ」などがある。

安藤 治夫　あんどう・はるお　日本通運専務　[没]平成28年(2016)3月20日　92歳〔老衰〕　[生]大正12年(1923)5月4日　[出]宮城県　[学]東京物理学校〔昭和22年〕卒　[歴]昭和23年日本通運に入社。54年取締役、のち常務を経て、60年専務。

安藤 久恵　あんどう・ひさえ　草平庵庵主　[没]平成28年(2016)4月1日　98歳〔老衰〕　[出]岐阜県岐阜市　[歴]小説家・森田草平の生家の隣にある自宅に森田草平記念館を開館、遺品を展示する草平庵の庵主を務めた。また、経済的に困難な高校生の男子寮・岐阜県力行館でも、館長の夫と寮生を世話した。　[家]夫＝安藤芳流（岐阜県力行館館長）

安藤 実　あんどう・みのる　陶芸家　土岐市陶磁器試験場次長　[没]平成27年(2015)12月30日　88歳〔心不全〕　[生]昭和2年(1927)7月24日　[出]愛知県　[歴]昭和32年国画会出品受賞。のち土岐市陶磁器試験場次長を務め、「美濃古陶紋様類集」ほかを出版。48年定林寺に開窯。知人らと陶芸道場創陶園を作った。

安藤 優子　あんどう・ゆうこ　理容師　カットインセゾン社長　[没]平成28年(2016)10月10日　69歳〔急性心不全〕　[生]昭和22年(1947)　[出]秋田県　[歴]昭和51年ヘアサロンのカットインセゾンを創業。平成14年現代の名工に選ばれる。28年より秋田県理容生活衛生同業組合副理事長兼教育部長を務めた。　[賞]黄綬褒章〔平成17年〕, 秋田県知事優秀技能者表彰〔平成6年〕, 現代の名工〔平成14年〕　[家]長男＝安藤寛昭（カットインセゾン専務）

安保 由夫　あんぽ・よしお　作曲家　俳優　[没]平成27年(2015)9月20日　67歳〔心不全〕　[歴]昭和45年劇作家の唐十郎が率いた劇団状況劇場に在籍して舞台音楽を担当、「唐版 風の又三郎」などの劇中歌を作曲。俳優としても活躍した。

【い】

飯島 厚　いいじま・あつし　信越ポリマー社長　[没]平成28年(2016)12月18日　94歳〔慢性心不全〕　[生]大正11年(1922)10月17日　[出]長野県　[学]東京帝国大学工学部〔昭和20年〕卒　[歴]昭和22年信越化学工業に入社。49年信越ポリマーに転じて専務となり、51年副社長を経て、55年社長に就任。平成3年会長。　[賞]藍綬褒章〔昭和61年〕

飯島 篤　いいじま・あつし　写真家　（株）エー・アイ飯島篤写真事務所代表取締役　[専]舞台写真, 出版（我国最初のダンス誌（月刊）・書籍発行）　[没]平成28年(2016)9月11日　81歳〔老衰〕　[生]昭和9年(1934)　[出]中国長春　[名]本名＝飯島篤（いいじま・あつし）　[学]東京写真短期大学（現・東京工芸大学）技術科〔昭和36年〕卒　[歴]昭和27年奈良県天理時報社写真部に入社。31年演劇集団・劇同人やまいもの会を設立。大学在学中の35年に光文社「女性自身」の契約カメラマンとなる。40年ISP飯島舞台写真を設立。44年フランスナンシー演劇祭及びイプセン（写真展・ノルウェイオスロ市）を取材。46年（日中国交回復調印の前年）松山バレエ団訪中公演（8都市80日）に随行。49年世界民族舞踊フェスティバル（ギリシヤ）及バルナ世界バレエコンクール（ブルガリア）を取材。53年社名を（株）スタッフ・テスと改称、テスカルチャーセンター、テストラベルコンサルタントを併設。54年ケニア国立劇団取材。56年野生のエルザの著者ジョイ・アダムソンを招き公演。55年スタッフ・テスを辞し、株式会社A・I飯島篤写真事務所を立ち上げる。写真展に「歌声は噴火する」（東京, 34年）、「橋のない川」（東京・京都, 39年）、「イプセン展」（銀座・三越, 45年）、「現代中国」（池袋・西武, 47年）、「世界のプリマ森下洋子」（小西六, 53年）、「京劇孫悟空」（キヤノン, 平成2年）などがある。日本写真作家協会の創立会員で、副会長、理事、

日 本 人　　　　いいた

飯島 哲夫　いいじま・てつお　映画評論家　㊵平成29年(2017)5月5日　77歳〔急性肺炎〕　㊷昭和14年(1939)10月16日　㊸中国北京　㊹早稲田大学商学部卒　㊺日本テレビに勤務する傍ら、「キネマ旬報」「映画芸術」「映画評論」などに映画評、テレビ論を執筆。昭和45〜62年度の18年間、「キネマ旬報」日本映画ベストテン選考委員を務めた。平成11年日本テレビを定年退職。著書に「上海帰りのリル―ビロードの唄声・津村謙伝」「ひばりデビュー伝説もうひとつの真実」「星かげの小径―クルーナー小畑実伝」がある。

飯島 俊明　いいじま・としあき　信州大学名誉教授　㊹スポーツ社会学　㊵平成27年(2015)4月27日　79歳〔腎不全〕　㊷昭和11年(1936)1月2日　㊸長野県上田市　㊹東京教育大学体育学部体育学科卒　㊺昭和63年信州大学教養部教授を経て、平成13年名誉教授。

飯島 春美　いいじま・はるみ　書家　日本書道美術院長　㊹かな　㊵平成28年(2016)11月11日　80歳〔胆嚢がん〕　㊷昭和11年(1936)10月9日　㊸東京都　㊹国学院大学文学部卒　㊺日本書道美術院を創設した飯島春敬と母・敬芳の長女で、兄・太久磨も書家。昭和37年日本書道美術院教育部審査員、48年毎日書道展審査会員。平成元年「女は深く見る男は遠くを見る」と題して、オリベッティ国際賞に輝く。平成14年日本書道美術院の第3代理事長に就任、28年会長。書芸文化理事長、毎日書道会常任顧問、全日本書道連盟常務理事、日本詩文書作家協会副理事長も務めた。　㊻日本書道美術院展大賞〔昭和42年〕、毎日書道展準大賞〔昭和47年〕、日本書道美術院展日本書道美術院梅華賞〔昭和48年〕、日本書道美術院展オリベッティ国際賞〔平成元年〕　㊼日本書道美術院、近代詩文書作家協会　㊽父＝飯島春敬(書家)、母＝飯島敬芳(書家)、兄＝飯島太久磨(書家)　㊾師＝飯島春敬

飯塚 繁太郎　いいずか・しげたろう　政治評論家　読売新聞編集委員　日本大学法学部教授　㊹政治一般　㊵平成27年(2015)5月24日　86歳〔肺がん〕　㊷昭和4年(1929)4月18日　㊸埼玉県児玉郡上里町　㊹日本大学法学部新聞学科卒　㊺昭和27年読売新聞社に入社。政治部主任、解説部次長、解説部長、編集委員などを歴任。この間、28年に特派員としてソ連、東欧、43年に朝鮮民主主義人民共和国を訪問した。61年読売新聞社を退社し日本大学教授。著書に「日本を動かす組織―日本共産党」「宮本顕治の日本共産党」「宮本顕治―評伝」、編著に「連合政権―綱領と論争」、共著に「現代危機と変革の理論」「宮本顕治と池田大作」「自由の理論と科学的社会主義」「結党40年・日本社会党」などがある。　㊼日本選挙学会

飯塚 二郎　いいずか・じろう　映画監督　㊵平成28年(2016)11月17日　84歳〔多臓器不全〕　㊷昭和6年(1931)11月19日　㊸静岡県静岡市安東町　㊹学習院大学文学部哲学科〔昭和29年〕卒、東京都立大学大学院人文科学研究科〔昭和33年〕修士課程修了　㊺父は静岡大学教授で、母は徳室学園創立者。大学ではギリシャ哲学を専攻。昭和33年日活助監督試験に合格。鈴木清順、舛田利雄、中平康、今村昌平らの下で13年間助監督を務める。45年東京12チャンネル(現・テレビ東京)のテレビドラマ「ハレンチ学園」を初演出。46年同局の連続ドラマ「わんぱく番外地」を演出、同年日活児童映画部に移り、49年短編映画「蒸気機関車の詩(うた)」を監督。同年映像事業部に転属し、ベーチェット病の大学サッカー部選手を主人公にした日本福祉映画協会の企画・製作「太陽は泣かない」を監督。ほかに「ぬいぐるみミュージカル・ポロッチーノのすてきな一座」などがある。50年日活テレビ映画芸術学院講師、57年にっかつを退社し、にっかつ芸能取締役、にっかつ芸術学院教務部長。60年退職。

飯塚 正意　いいずか・まさい　読売旅行専務・関西代表　㊵平成29年(2017)10月27日　86歳〔進行性核上性まひ〕　㊷昭和6年(1931)7月12日　㊸新潟県　㊹同志社短期大学商経科卒　㊺昭和28年読売新聞大阪本社入社。販売第1部次長(部長待遇)、販売第3部長、販売第4部長を経て、61年発送部長。のち読売旅行専務関西代表となり、平成8年まで務めた。

飯塚 雅男　いいずか・まさお　下野新聞編集局長　㊵平成27年(2015)9月9日　87歳　㊷昭和3年(1928)8月15日　㊸栃木県　㊹武蔵野音楽学校中退　㊺昭和25年下野新聞社に入社。運動・地方・活版各部長、事業局長、編集局長、東京支社長、広告局長を経て、59年両毛支社長。のち紙面審査室長を務め、62年退職。同年下野新聞専務に就任。

飯塚 道正　いいずか・みちまさ　ジュンテンドー創業者　㊵平成27年(2015)8月13日　85歳〔呼吸器感染症〕　㊷昭和5年(1930)1月24日　㊸島根県益田市　㊹東京薬学専〔昭和24年〕卒　㊺昭和24年慶応病院に勤務。25年父となる会社として益田市で経営していた飯塚順天堂駅前薬局に入社。37年商号変更した順天堂社長に就任。43年米国の小売業を視察後、業態転換し、44年ホームセンター第1号店を開店。52年株式会社順天堂(現・ジュンテンドー)に組織変更。平成12年東証第2部に上場。17年長男に社長を譲り会長に退いた。27年相談役。　㊽長男＝飯塚正(ジュンテンドー社長)

飯田 穆　いいだ・あつし　名古屋大学名誉教授　㊹会計理論　㊵平成28年(2016)9月22日　79歳〔急性心不全〕　㊷昭和12年(1937)3月8日　㊸北海道　㊹名古屋大学経済学部経済学科卒、名古屋大学大学院経済学研究科会計学専攻博士課程修了　経済学博士　㊺名古屋大学経済学部教授、南山大学経営学部教授を務めた。著書に「企業会計の理論」がある。

飯田 進　いいだ・すすむ　社会福祉法人青い鳥理事長　元・BC級戦犯　㊵平成28年(2016)10月13日　93歳〔慢性心不全〕　㊷大正12年(1923)2月4日　㊸京都府　㊺昭和18年19歳の時に海軍民政府職員としてニューギニアへ渡り、同地で敗戦を迎え、オランダ軍に連行される。現地ゲリラ殺害の罪で重労働20年の刑を受け、BC級戦犯として25年から6年間 "スガモプリズン" で服役。戦後社会科学の勉強会を作り、平和運動を始める。31年神奈川保健協会を設立、常務理事、事務局長。35年生まれた長男に親指がないと朝日新聞に投書したことが反響を呼び、その後サリドマイドによる薬害が表面化、父母の会の活動、福祉財団づく

い

りに取り組み、国と製薬会社を相手取る薬害訴訟へと繋がった。以後、障害児福祉の底上げに繋がる活動に取り組む。39年子どもたちの未来をひらく父母の会を設立、理事長。41年神奈川県児童医療福祉財団を設立、理事長。42年社会福祉法人青い鳥理事長。43年小児療育相談センターを開設。45年全国心身障害児福祉財団設立発起人理事。55年国際障害者年日本推進協議会調査研究委員会委員長、56年中央児童福祉審議会臨時委員。70歳を過ぎてから自らの戦争責任を明かし、「魂鎮への道—無意味な死から問う戦争責任」などを出版、全国で講演した。平成21年自身を取り上げたドキュメンタリー映画「昭和八十四年 1億3千万分の1の覚え書き」が完成。他の著書に「現代をひらく福祉」「コミュニティーづくり・ひとつの試み」「終りなき戦後」「地域育児機能回復への試み」「昭和の闇を生きて—BC級戦犯最後の生き証人」「たとえ明日世界が滅びるとしても—元BC級戦犯から若者たちへの遺言」などがある。

飯田 忠徳　いいだ・ただのり　NHK広報局業務主幹　[没]平成28年(2016)3月26日　71歳　[歴]NHKに入局。「紅白歌合戦」などで名物広報マンとして活躍した。

飯田 喜俊　いいだ・のぶとし　医師　大阪府立病院腎臓内科部長　藍野学院短期大学教授　[専]内科(腎臓病学, 電解質学, 透析医学)　[没]平成27年(2015)12月28日　87歳　[生]昭和3年(1928)11月14日　[出]北海道札幌市　[学]北海道大学医学部〔昭和27年〕卒　医学博士(北海道大学)〔昭和32年〕　[歴]北海道大学第三内科研究生を経て、昭和35年淀川キリスト教病院内科部長、38年米国エモリー大学留学、47年大阪府立病院腎臓内科部長。のち藍野学院短期大学教授の他、仁真会白鷺病院、大阪透析医会、日本透析医会、大阪透析研究会の各顧問を歴任。著書に「図解 水と電解質」「ベッドサイドの輸液療法」などがある。　[賞]厚生省感謝状〔平成9年〕　[資]日本内科学会認定内科医, 日本腎臓学会専門医・指導医, 日本透析医学会専門医・指導医, 日本循環器学会専門医　[団]日本腎臓学会, 国際腎臓学会, 日本内科学会, 日本透析医学会, 日本循環器学会, 日本透析医会, 大阪透析医会, 大阪透析研究会, 大阪腎臓バンク

飯田 博　いいだ・ひろし　全国車いす駅伝京都チーム監督　[没]平成28年(2016)12月　68歳〔大動脈瘤解離〕　[歴]京都府職員として障害福祉を担当し、ボランティアで障害者スポーツの普及や指導にあたる。全国車いす駅伝の創設に尽力し、育成主体の京都Bで第1回大会、第2回大会とコーチ、第3回から監督を務めた。

飯田 栄彦　いいだ・よしひこ　児童文学作家　[没]平成27年(2015)9月30日　71歳〔食道がん〕　[生]昭和19年(1944)7月13日　[出]福岡県甘木市(朝倉市)　[名]別表記＝飯田よしひこ　[学]早稲田大学教育学部国語国文学科卒　[歴]昭和47年第1作「燃えながら飛んだよ！」、50年第2作「飛べよ、トミー！」を発表し注目される。61年「昔、そこに森があった」で日本児童文学者協会賞を受賞。平成元年〜12年西日本新聞生活面に「おやじの子育て」「続おやじの子育て」「ラストプレゼント」を連載した。他の著書に「おじいちゃんはとんちんかん」「ゴンちゃんなんばしよるとや？」「真夏のランナー」などがある。　[賞]講談社児童文学新人賞(第13回)〔昭和47年〕「燃えながら飛んだよ！」, 野間児童文芸賞推奨作品賞(第13回)〔昭和50年〕「飛べよ、トミー！」, 日本児童文学者協会賞(第26回)〔昭和61年〕「昔、そこに森があった」

飯高 英之助　いいたか・ひでのすけ　東海汽船社長　[没]平成28年(2016)3月5日　91歳〔老衰〕　[生]大正14年(1925)1月21日　[出]山梨県東八代郡芦川村(笛吹市)　[学]東京帝国大学工学部船舶工学科〔昭和22年〕卒　[歴]昭和23年東海汽船に入社。46年取締役、47年常務、55年副社長、59年社長、平成元年取締役相談役を歴任。のち東京ヴァンテアンクルーズ社長。　[賞]藍綬褒章〔平成3年〕　[家]弟＝飯高雄之助(近畿大学水産学部教授)

飯塚 普彬　いいつか・ひろよし　島根県議(自民党)　[没]平成29年(2017)8月21日　82歳〔病気〕　[生]昭和10年(1935)7月18日　[出]島根県簸川郡大社町(出雲市)　[学]早稲田大学政経学部〔昭和36年〕卒　[歴]米穀業を営む。昭和58年島根県議選平田選挙区に自民党公認で立候補して初当選。副議長、平成11年議長。15年引退、5期。平田市国際地域交流センター理事長、平田青年会議所理事長なども務めた。　[賞]旭日小綬章〔平成17年〕

飯沼 喜章　いいぬま・よしあき　三井不動産副社長　[没]平成29年(2017)3月3日　64歳〔急性冠症候群〕　[生]昭和27年(1952)8月12日　[出]千葉県　[学]慶応義塾大学法学部〔昭和50年〕卒　[歴]昭和50年三井不動産に入社。平成21年常務を経て、25年副社長。

井内 秀治　いうち・しゅうじ　アニメーション作家　[没]平成28年(2016)12月15日　66歳　[生]昭和25年(1950)9月15日　[出]神奈川県　[名]本名＝井内秀治(いうち・ひでじ)　[学]東京デザイナー学院アニメ科卒　[歴]22歳でアニメーションの世界に入り、東映動画のテレビアニメ「デビルマン」「ミクロイドS」「マジンガーZ」の演出助手、制作進行を担当。テレビ版「銀河鉄道999」で初めて演出を担当、以後はフリーの演出家として各社で活躍。代表作に「魔神英雄伝ワタル」「魔動王グランゾート」「ママは小学4年生」「ヤマトタケル」(以上総監督)などがあり、ノベライズ〈魔神英雄伝ワタル 虎王伝説〉〈魔界皇子 虎王伝〉シリーズも手がけた。　[賞]日本アニメ大賞演出賞(第7回, 平成1年度)〔平成2年〕「魔神英雄伝ワタル」

家田 美智雄　いえだ・みちお　ユニー社長　[没]平成29年(2017)8月9日　83歳　[生]昭和9年(1934)1月7日　[出]愛知県稲沢市　[学]明治大学政経学部経済学科〔昭和31年〕卒　[歴]昭和36年西川屋(現・ユニー)に入社。食品部長を経て、45年東海ユニー取締役、46年ユニー取締役。52年子会社のスーパー、ユーストアの初代社長に就任。平成5年ユニー社長となり、低コスト経営を徹底して経営再建に尽力した。9年会長、14年相談役。

家近 正直　いえちか・まさなお　弁護士　[没]平成28年(2016)3月2日　82歳　[生]昭和8年(1933)7月18日　[出]岡山県　[学]関西大学法学部卒, 大阪市立大学大学院法学研究科〔昭和35年〕修士課程修了　[歴]昭和34年司法試験に合格、37年弁護士登録。56年大阪弁護士会副会長。平成16年甲南大学法科大学院教授。日本弁護士連合会理事、近畿弁護士連合会常務理事、法務省法制審議会商法部会委員、司法試験考査委員の他、田辺三菱製薬、京阪電気鉄道、カプコン、日本エスコンなどの

監査役を歴任した。 [賞]旭日小綬章〔平成15年〕 [団]大阪弁護士会

井形 昭弘 いがた・あきひろ 内科学者 神経病学者 鹿児島大学学長・名誉教授 名古屋学芸大学学長 国立療養所中部病院名誉院長 [専]内科, 神経学, 老年医学, 健康科学 [没]平成28年(2016)8月12日 87歳〔急性心不全〕 [生]昭和3年(1928)9月16日 [出]静岡県浜松市 [学]海兵(第77期), 八高理科〔昭和24年〕卒, 東京大学医学部〔昭和29年〕卒 医学博士〔昭和35年〕 [歴]静岡大学工学部長を務めた井形厚臣の二男。昭和20年海軍兵学校に第77期として入学、8月6日には広島に投下された原爆を目撃。21年八高理科に入り、25年旧制最後の東京大学医学部に進学。大学時代は全国医大連合(全医連)の初代書記長を務めた。東大医学部第三内科に入局し、33年から3年間、西ドイツへ留学。40年東京大学医学部神経内科助手となり、46年講師、助教授を経ずに3階級特進の形で鹿児島大学医学部に新設された第三内科の教授に就任。59年附属病院長、62年学長。平成5年退任して国立療養所中部病院(現・国立長寿医療研究センター)病院長に転じ、9年まで務めた。あいち健康の森健康科学総合センター長、14年新設の名古屋学芸大学学長。この間、東大医学部第三内科に籍を置きながら戸田市の中島病院に派遣されていた昭和36年、"戸田病"と呼ばれる謎の奇病に遭遇。経過や症状を示す亜急性脊髄視神経末梢神経症の英語の頭文字から"SMON(スモン)"と呼ばれるようになり、その原因が整腸薬キノホルムによることを突き止め、日本最大の薬害事件へと発展した。鹿児島大学時代には、成人T細胞白血病ウイルスが免疫細胞と神経系を侵す難病の"HAM(ハム)"を発見、63年納光弘とともに野口英世記念医学賞を受けた。また、附属病院長として全国に先駆けてコンピュータの導入を推進。傍ら、中央公害対策審議会委員、臨時脳死及び臓器移植調査会(脳死臨調)委員、医療保険福祉審議会老人保健福祉部会長、国際内科学会理事長、日本ケアマネジメント学会理事長を歴任し、介護保険制度導入やケアマネジャー養成などにも尽力。屋久島世界遺産登録のため尽力し、屋久島環境文化財団理事長を務めた。14～24年日本尊厳死協会理事長を務め、尊厳死(自然死)法制化に向けて活動。また、岐阜県恵那市にある日本大正村で認知症対策に有効とされる回想法を提唱し、名誉助役として活動をサポートした。 [賞]紫綬褒章〔平成4年〕, 勲二等旭日重光章〔平成12年〕, 日本医師会研究助成賞〔昭和55年〕「血液凝固よりみた脳血栓症の解明」, 朝日学術奨励会〔昭和62年〕「新しい脊髄疾患HAMの解明と治療法の開発」, 野口英世記念医学賞(第33回)〔平成1年〕「HTLV-1関連ミエロパチー・HAMの発見」, 武田医学賞(第37回)〔平成5年〕「HAMを中心とした各種神経疾患の研究」, 日本医師会医学賞〔平成6年〕「難治性神経疾患の解明―SMONからHAMへ」, 中日文化賞(第60回)〔平成19年〕「高齢社会の仕組みづくりへの貢献」 [資]医師免許 [団]日本内科学会, 日本神経学会, 日本自律神経学会, 日本神経免疫学会, 日本老年医学会, 日本尊厳死協会 [家]父＝井形厚臣(静岡大学工学部教授), 兄＝井形直弘(東京大学名誉教授)

井門 富二夫 いかど・ふじお 筑波大学名誉教授 桜美林大学名誉教授 [専]宗教学, 比較文化論, 大学論 [没]平成28年(2016)3月29日 91歳 [生]大正13年(1924)10月2日 [出]滋賀県 [学]東京大学文学部宗教学科〔昭和24年〕卒, 東京大学大学院〔昭和29年〕博士課程修了, シカゴ大学大学院連合神学院〔昭和34年〕博士課程中退 人文科学博士(ミッドヴイル神学大学院)〔平成13年〕 [歴]津田塾大学教授、筑波大学教授を歴任し、昭和63年名誉教授。のち桜美林大学教授、愛知学院大学教授。50～59年日米教育委員会理事、平成8～11年日本宗教学会会長も務めた。著書に「市民の大学」「日本文化の宗教的背景」「学問の自由の歴史」「世俗社会の宗教」「秩序と挑戦」「告白と抵抗」「日本人の宗教」「東洋の宗教」「近代社会の体系」「神殺しの時代」「大学のカリキュラム」「比較文化序説」「カルトの諸相」などがある。 [賞]勲三等瑞宝章〔平成15年〕, 姉崎賞〔昭和38年〕, 宗教文化賞〔昭和41年〕, 東洋哲学学術賞(第2回)〔昭和63年〕 [団]日本宗教学会(元会長), アメリカ学会, 哲学思想学会, 民主教育協会

五十嵐 勝郎 いがらし・かつお 東都水産常務 [没]平成27年(2015)12月14日 77歳〔心不全〕 [生]昭和13年(1938)1月27日 [出]新潟県 [学]慶応義塾大学経済学部〔昭和35年〕卒 [歴]昭和35年東都水産に入社。経理部長を経て、平成4年取締役、10年常務。17年退任。

五十嵐 清 いがらし・きよし 北海道大学名誉教授 [専]民法, 比較法学 [没]平成27年(2015)9月12日 90歳〔前立腺がん〕 [生]大正14年(1925)5月12日 [出]新潟県新潟市 [学]東京大学法学部法律学科〔昭和23年〕卒 法学博士 [歴]昭和25年北海道大学助教授を経て、34年教授。41～43年法学部長。平成元年札幌大学教授。17年北海学園大学法科大学院教授。第13期日本学術会議会員。著書に「比較法入門」「契約と事情変更」「比較法学の歴史と理論」「人格権論」「人格権法概説」などがある。 [賞]瑞宝重光章〔平成15年〕 [団]私法学会, 比較法学会

五十嵐 敬一 いがらし・けいいち 白洋舎社長 [没]平成27年(2015)1月12日 86歳〔病気〕 [生]昭和3年(1928)7月15日 [出]東京都 [学]慶応義塾大学経済学部〔昭和27年〕卒 [歴]昭和27年祖父の創業した白洋舎に入社。36年取締役名古屋支店長、40年常務、46年専務、48年副社長を経て、50年社長。平成3年会長となる。同年社名表示をHakuyoshaに変更。 [家]長男＝五十嵐素一(白洋舎社長), 父＝五十嵐丈夫(白洋舎社長), 弟＝五十嵐信保(白洋舎社長), 祖父＝五十嵐健治(白洋舎創業者)

五十嵐 卓 いがらし・たかし 医師 仙北組合総合病院院長 [没]平成28年(2016)1月23日 92歳〔病気〕 [生]大正12年(1923)12月9日 [出]秋田県 [学]東北大学医学部〔昭和25年〕卒 医学博士 [歴]昭和32年仙北組合総合病院第二内科医長、38年副院長を経て、43年院長。平成元年名誉院長。8～27年老人保健施設・八乙女荘の管理者。秋田県臓器移植推進協会(現・あきた移植

医療協会）理事長も務めた。 [賞]秋田県農村医学会学会賞〔昭和42年〕，秋田県医師会学術奨励賞〔昭和49年〕，秋田県文化功労者〔平成18年〕

五十嵐 哲也 いがらし・てつや　俳人　「九年母」主宰　[没]平成28年（2016）5月6日　87歳〔低酸素脳症〕 [生]昭和4年（1929）2月12日　[出]京都府京都市　[学]京都大学医学部卒　[歴]「九年母」を主宰した五十嵐播水の長男。昭和23年波多野爽波の「春菜会」に参加、高浜虚子、高浜年尾に師事。51年「ホトトギス」同人。54年より「九年母」の新樹集選者。のち同誌主宰。兵庫県俳句協会会長を務めた。句集に「花石榴」「花ミモザ」「復興」などがある。 [賞]兵庫県功労者表彰（文化功労）〔平成22年〕 [団]俳人協会 [家]父＝五十嵐播水（俳人） [師]師＝高浜虚子，高浜年尾

い

伊狩 章 いかり・あきら　新潟大学名誉教授　[専]近代日本文学　[没]平成27年（2015）3月19日　92歳　[生]大正11年（1922）3月31日　[出]新潟県村上市　[学]東京帝国大学文学部国文学科〔昭和22年〕卒，東京大学大学院〔昭和27年〕修了　[歴]昭和27年弘前大学文理学部助教授、34年新潟大学法文学部助教授を経て、44年教授。55年人文学部長。著書に「後期硯友社文学の研究」「硯友社の文学」「柳亭種彦」「硯友社と自然主義研究」「幸田露伴と樋口一葉」などがある。 [賞]勲二等瑞宝章〔平成8年〕，東京大学文学部国語国文学会賞〔昭和32年〕 [団]日本近代文学会，森鷗外記念会

猪狩 信浩 いがり・のぶひろ　宮崎県防災士ネットワーク理事長　[没]平成28年（2016）3月28日　54歳〔肺がん〕 [出]宮崎県延岡市　[歴]平成17年防災士の資格を取得。19年任意団体として宮崎県防災士ネットワークを設立、26年NPO法人化。防災士の育成、防災士同士の連携強化に取り組んだ他、宮崎県や市町村の防災事業への協力など県民の防災意識向上に努めた。 [賞]防災功労者・防災担当大臣表彰（平成26年度）

碇屋 隆雄 いかりや・たかお　東京工業大学名誉教授　[専]有機金属化学　[没]平成29年（2017）4月21日　68歳〔病気〕 [生]昭和23年（1948）8月27日　[出]長野県松本市　[学]信州大学繊維学部工業化学科卒，東京工業大学大学院理工学研究科高分子工学専攻〔昭和51年〕博士課程修了　工学博士　[歴]昭和51年東京大学工学部助手、54年米国カリフォルニア工科大学博士研究員、60年NKK中央研究所研究員、平成3年科学技術振興事業団野依分子触媒プロジェクト技術参事を経て、9年東京工業大学教授。26年退職して名誉教授。触媒研究を専門とし、ノーベル化学賞を受賞した野依良治のプロジェクトに参加した。 [賞]フンボルト賞〔平成24年〕

碇山 俊光 いかりやま・としみつ　西陣織工業組合専務理事　[没]平成27年（2015）6月1日　78歳〔敗血症〕 [出]鹿児島県　[歴]昭和36年西陣織工業組合に入る。平成6年事務局長を経て、専務理事。

猪城 博之 いき・ひろゆき　九州大学名誉教授　[専]倫理学　[没]平成28年（2016）3月18日　94歳〔老衰〕 [生]大正10年（1921）9月21日　[出]福岡県福岡市　[学]福岡高〔昭和17年〕卒，九州帝国大学法学部哲学科〔昭和19年〕卒，九州大学大学院特別研究生〔昭和26年〕修了　[歴]昭和26年西南学院大学助教授、36年教授、43年九州大学助教授を経て、45年教授。60年退官後は南九州大学教授、61年第一経済大学経済学部教授。著書に「道の学び」「ヨーロッパ・秋の旅」などがある。 [賞]勲三等瑞宝章〔平成9年〕 [団]日本哲学会，日本倫理学会，九州中国学会，日本基督教会学

井草 隆雄 いぐさ・たかお　毎日新聞編集局次長　[没]平成28年（2016）6月6日　84歳〔胆管がん〕 [生]昭和6年（1931）11月23日　[出]群馬県　[学]東京外国語大学卒　[歴]昭和42年毎日新聞社に入社。社会部警視庁キャップ、社会部副部長、千葉、横浜各支局長、写真部長、59年編集局次長などを務めた。のち、千葉テレビ放送参与。

生田 千鶴子 いくた・ちずこ　長野県教育委員　[没]平成29年（2017）5月25日　56歳〔胃がん〕 [出]新潟県新潟市　[歴]平成5年から夫の郷里である長野県の鹿教湯温泉でカレー店を営み、地域づくりにも積極的に取り組む。18年から上田市教育委員1期、23～27年長野県教育委員を務めた。

井口 克己 いぐち・かつみ　作家　詩人　日本農民文学会事務局長　[没]平成29年（2017）2月19日　79歳　[生]昭和13年（1938）2月5日　[出]岡山県英田郡作東町白水（美作市） [学]日本大学卒，早稲田大学文学部卒，法政大学大学院〔昭和52年〕博士課程修了　[歴]昭和50年日本農民文学会議長に就任、57年雑誌「農民文学」編集長。平成7年同会事務局長となった。著書に「ミミズと菊のファンタジー」「動物たちのカーニバル」、詩集「幻郷心臓百景」「幻郷鳥獣虫魚譜」「夢鏡神話物語」「夢鏡秋日本挽歌」「夢鏡春天地人譜」などがある。 [賞]農民文学賞（第36回）〔平成5年〕「幻郷鳥獣虫魚譜」，農民文学特別賞（第1回）〔平成13年〕 [団]日本社会学会，日本農民文学会，日本現代詩人会，日本文芸家協会

池内 俊彦 いけうち・としひこ　関西大学名誉教授　[専]神経生命工学　[没]平成28年（2016）4月27日　68歳〔急性心筋梗塞〕 [生]昭和22年（1947）6月9日　[出]兵庫県神戸市　[学]京都大学理学部化学科〔昭和45年〕卒，京都大学大学院理学研究科博士課程修了　理学博士〔昭和50年〕 [歴]大阪大学蛋白質研究所助手、助教授を経て、関西大学工学部教授。著書に「生命を学ぶ タンパク質の科学」「タンパク質の生命科学」、共著に「絵とき タンパク質と遺伝子」などがある。

池内 啓 いけうち・ひろむ　福井大学名誉教授　[専]政治学　[没]平成27年（2015）9月10日　94歳〔老衰〕 [生]大正9年（1920）11月8日　[出]兵庫県神戸市　[名]雅号＝池内ひろむ　[学]東京帝国大学法学部政治学科〔昭和17年〕卒，東京帝国大学大学院法学政治学研究科政治学専攻〔昭和21年〕修了　[歴]昭和17年横浜正金銀行に入行、戦後は同神戸支店に勤務。21年東京帝国大学大学院で政治史を研究。27年福井大学講師、助教授を経て、44年教授。学生部長などを務め、61年名誉教授。同年北陸大学教養部教授に就任。福井県平和環境人権センター会長、福井県明るい選挙推進協議会会長、福井県民生協理事長などを歴任。また、高速増殖炉「もんじゅ」設置許可の無効確認を求めた“もんじゅ訴訟”では、もんじゅ訴訟を支援する会会長を務めた他、足羽川ダム建設の反対運動でも市民グループ・足羽川の清流を愛する会代表を務めた。著書に「福井置県その

前後」がある。㊱勲三等旭日中綬章〔平成7年〕 ㊲日本政治学会

池上 英雄 いけがみ・ひでお 名古屋大学名誉教授 核融合科学研究所名誉教授 ㉙プラズマ理工学 ㉘平成28年(2016)12月9日 84歳〔多臓器不全〕 ㉚昭和7年(1932)11月21日 ㉛長野県 ㉜東京大学教養学部教養学科卒、東京大学大学院数物系研究科物性物理学専攻修士課程修了 理学博士 ㉝昭和34年日本電信電話公社(電電公社、現・NTT)電気通信研究所研究員、37年名古屋大学プラズマ研究所助手、38年助教授を経て、50年教授。この間、38〜41年スタンフォード大学客員研究員、48〜49年オークリッジ国立研究所主任研究員。平成元年文部省核融合科学研究所教授となり、4年より総合研究大学院大学教授を併任した。 ㊱瑞宝中綬章〔平成27年〕、郵政大臣賞 ㊲日本物理学会、米国物理学会 ㊳長男＝池上高志(東京大学教授)

池田 邦幸 いけだ・くにゆき 竹島のアシカ猟権利者 ㉘平成27年(2015)4月30日 87歳〔病気〕 ㉜島根県の竹島を軍事訓練に使っていた連合国軍総司令部(GHQ)が島での漁猟禁止を撤回したのに伴い、昭和28年6月にアシカ猟の権利を取得。のち許可申請の様子を島根県竹島問題研究会の調査に詳しく証言した他、最後のアシカ猟の権利者として竹島返還運動にも携わった。平成25年2月には県から感謝状を贈られた。 ㊱島根県感謝状〔平成25年〕

池田 弦 いけだ・げん 声楽家(カウンターテナー) 合唱指導者 ㉘平成28年(2016)7月6日 48歳〔虚血性心疾患〕 ㉚昭和43年(1968) ㉜国立音楽大学卒 ㉝国立音楽大学を卒業後、オランダのアムステルダム音楽院に学ぶ。カウンターテナー歌手、合唱指導者・指揮者として活動した。

池田 晃太郎 いけだ・こうたろう 弁護士 佐賀県弁護士会会長 ㉘平成27年(2015)11月17日 49歳〔悪性黒色腫〕 ㉚昭和41年(1966)5月27日 ㉛佐賀県 ㉜早稲田大学政治経済学部〔平成3年〕卒 ㉝平成9年弁護士登録。12年17歳の凶行が注目を集めた西鉄バス乗っ取り事件では加害少年の付添人を務めた他、14年時効直前の逮捕・起訴で注目された佐賀県北方町連続3女性殺害事件では弁護団中の最も若手の弁護士として無罪判決に貢献。15年粉飾決算により56億円もの負債を隠し続けた佐賀県最大の破綻事件となった佐賀商工共済協同組合の破綻に際しては、破産管財人を務めた。22年43歳の若さで佐賀県弁護士会会長に就任した。24年佐賀銀行監査役。 ㊲佐賀県弁護士会

池田 貞俊 いけだ・さだとし 熊本県議(自民党) ㉘平成28年(2016)11月3日 90歳〔尿管がん〕 ㉚大正15年(1926)1月27日 ㉛熊本県八代市 ㉜八代農〔昭和16年〕卒 ㉝昭和61年から熊本県議に4選。平成11年落選。八代市果樹組合連合会会長などを歴任。 ㊱勲五等瑞宝章〔平成12年〕

池田 重子 いけだ・しげこ 着物デザイナー ㉘平成27年(2015)10月13日 89歳〔肺炎〕 ㉚大正14年(1925)12月21日 ㉛神奈川県横浜市 ㉜本名＝鈴木重子(すずき・しげこ) 神奈川県立第一高女〔昭和

17年〕卒、文化服装学院〔昭和22年〕卒 ㉛横浜の資産家の家に生まれる。昭和17年神奈川県立第一高等女学校を卒業、20年疎開先の静岡県で王子製紙に勤め、敗戦を迎える。22年文化服飾学院を卒業。51年東京・目黒に時代布と時代衣裳・池田を開店。59年からは若い女性向け着物ブランド「夢工房」の商品企画・デザインを手がけ、若者の間での"ニューきもの"ブームの中心となった。明治以降のきものや帯、帯留などの和装衣裳全般を集めた「池田重子コレクション」で知られる日本一のきものコレクターで、コレクションをコーディネイトして展示した「日本のおしゃれ展」を全国で開催。テレビや雑誌などでも活躍した。著書に「美の世界」「冬のおしゃれ一池田重子流きもののコーディネート」「池田重子 美の遍歴」「遅く咲くのは枯れぬ花」などがある。 ㊳祖父＝鈴木弁蔵(実業家)

池田 章子 いけだ・しょうこ ブルドックソース会長 日本ソース工業会会長 ㉘平成29年(2017)8月12日 73歳〔病気〕 ㉚昭和19年(1944)3月5日 ㉛山形県飽海郡遊佐町 ㉜実践女子短期大学〔昭和39年〕卒 ㉝昭和39年ブルドックソースに入社。平成6年取締役、10年常務を経て、12年女性の生え抜きとして社長に就任。イカリソースの買収を手がけたほか、米系投資ファンドの敵対的買収で防衛策を発動し法廷闘争で勝利。29年4月会長となり、同年8月死去した。

池田 二郎 いけだ・じろう 明和産業常務 ㉘平成29年(2017)2月22日 86歳〔心不全〕 ㉚昭和5年(1930)9月5日 ㉛東京都 ㉜早稲田実〔昭和25年〕卒 ㉝昭和25年明和産業に入社。のち取締役、平成2年常務。

池田 忠雄 いけだ・ただお 和泉市長 ㉘平成28年(2016)2月21日 83歳〔脳梗塞〕 ㉚昭和7年(1932)8月4日 ㉛大阪府 ㉜関西大学法学部法律学科〔昭和35年〕卒 ㉝昭和35年以来和泉市議3期、42年市議会議長を経て、50年から市長に5選。平成7年引退。泉北高速鉄道・和泉中央駅を含むニュータウン開発に力を注いだ。 ㊱藍綬褒章〔平成2年〕、勲三等瑞宝章〔平成14年〕

池田 博 いけだ・ひろし 大山町(富山県)町長 ㉘平成27年(2015)2月28日 93歳 ㉚大正10年(1921)8月10日 ㉛富山県上新川郡福沢村(現・富山市) ㉜東京高工(現・芝浦工業大学)卒 ㉝昭和17年エンジニアとして不二越に入社。機械設計を担当し技術課長などを務め、50年退社。この間、34年から4期16年、サラリーマンと富山大山町議の二足のわらじを履き、54年より町長に4選。平成7年引退。 ㊱勲四等旭日小綬章〔平成9年〕

池田 正雄 いけだ・まさお 三井物産副社長 ジェイアール東日本商事会長 ㉘平成29年(2017)6月20日 91歳〔病気〕 ㉛新潟県佐渡郡金井町(佐渡市) ㉜慶応義塾大学経済学部〔昭和25年〕卒 ㉝昭和25年第一物産(現・三井物産)入社。51年鉄鋼貿易第一部長、57年取締役、61年常務、63年代表専務、平成2年副社長。4年ジェイアール東日本商事会長。

池田 政雄 いけだ・まさお 高校野球監督 松商学園高校野球部監督 ㉘平成27年(2015)12月15日 81歳〔病気〕 ㉚昭和9年(1934) ㉛長野県松本市 ㉜松商学園高卒、明治大学〔昭和32年〕卒 ㉝昭和25年松商学園高に入学。3年連続で夏の甲子園に出場し、3

年時には主将を務め、センバツにも出場した。明大卒業後、松本市のタクシー会社勤務を経て、50〜58年母校の野球部監督を務め、50〜55年には6年連続で夏の甲子園に出場し、当時の連続出場記録を作った。

池田 稔 いけだ・みのる 上越市教育次長 上越美術協会会長 [没]平成28年(2016)7月19日 88歳〔心不全〕 [生]昭和3年(1928)5月23日 [出]新潟県新潟市 [学]法政大学政治経済三年制卒 [歴]上越市の総務部長や教育次長、市立総合博物館長などを歴任。平成14〜27年上越美術協会会長を務め、小林古径をはじめ上越市の芸術家の功績を広く発信した。上越市出身で"酒の博士"と呼ばれた坂口謹一郎とも親交があった。

池田 温 いけだ・ゆたか 武蔵野音楽大学名誉教授 [専]音楽教育 [没]平成27年(2015)10月1日 79歳〔前立腺がん〕 [生]昭和11年(1936) [出]福井県越前市 [学]国立音楽大学声楽科〔昭和36年〕卒 [歴]昭和36年より東京都の中学校教師などを経て、57年文化庁文化部の音楽専門官である芸術調査官に就任。のち新国立劇場事業部長や武蔵野音楽大学演奏部長を務めた。

池谷 徳雄 いけたに・とくお 東京製鉄専務 [没]平成27年(2015)11月16日 86歳〔病気〕 [生]昭和4年(1929)2月19日 [出]東京都 [学]法政大学専門部〔昭和24年〕卒 [歴]昭和24年東京製鉄取締役、45年土佐電気製鋼所取締役を経て、49年東京製鉄専務。

池永 次郎 いけなが・じろう 日魯漁業社長 [没]平成28年(2016)1月16日 96歳〔肺炎〕 [生]大正9年(1920)1月9日 [出]東京都 [学]水産講習所卒 [歴]日魯漁業(現・マルハニチロ)に入社。昭和43年取締役、48年常務、49年専務となるが、50年常務に降格。子会社の日魯工業社長を経て、のち日魯漁業社長に就任。61年会長、63年相談役となった。 [賞]勲三等瑞宝章〔平成9年〕

池永 達雄 いけなが・たつお 医師 宮内庁皇室医務主管・侍医長 [没]平成28年(2016)2月19日 85歳〔肺がん〕 [生]昭和5年(1930)8月22日 [出]東京都 [学]東京大学医学部〔昭和29年〕卒, 東京大学大学院〔昭和36年〕博士課程修了 [歴]虎の門病院消化器外科部長を経て、昭和63年宮内庁に入り、東宮侍医。平成元年1月侍医、6月侍医長に就任。3年4月からは"皇室の主治医"ともいわれる皇室医務主管を兼務。皇后美智子さまが体調を崩して言葉が話せなくなった際に治療を指揮した。11年4月退任。 [賞]勲二等瑞宝章〔平成12年〕, 医学書院綜合医学賞(第19回)〔昭和45年〕「椎骨動脈循環不全の病態生理に関する研究—とくに一側椎骨動脈血流遮断ならびに椎骨動脈周囲神経組織の電気刺激について」

池原 勝子 いけはら・かつこ 琉球舞踊家 琉舞緑扇会会主 [没]平成28年(2016)10月26日 75歳〔肺気腫〕 [生]昭和16年(1941)7月20日 [出]沖縄県石垣市 [学]石垣中卒 [歴]琉舞緑扇会会主で、平成13年沖縄県指定無形文化財「沖縄伝統舞踊」の保持者に認定された。 [賞]沖縄タイムス芸術選賞奨励賞〔昭和55年〕, 沖縄タイムス芸術選賞大賞〔昭和60年〕, 沖縄県文化功労者表彰〔平成27年〕 [資]沖縄県指定無形文化財沖縄伝統舞踊保持者〔平成13年〕

池原 シズ いけはら・しず 琉球舞踊家 玉城流冠千会家元 [没]平成29年(2017)8月30日 101歳〔老衰〕 [生]大正5年(1916) [出]沖縄県国頭郡伊江村川平 [歴]7歳から玉城盛義に琉球舞踊を師事。戦後は小那覇舞天と芸能活動を行い、乙姫劇団でも女優として活躍。昭和33年石川市(現・うるま市)に琉舞道場を開設。平成7年玉城流冠千会を発足させた。 [賞]沖縄県文化功労者表彰〔平成9年〕, 沖縄芸能連盟功労者表彰〔平成17年〕 [師]師＝玉城盛義

池原 森男 いけはら・もりお 薬学者 大阪大学名誉教授 [専]薬化学, 蛋白質工学 [没]平成28年(2016)12月10日 93歳〔肺炎〕 [生]大正12年(1923)1月1日 [出]東京都 [学]東京帝国大学医学部薬学科〔昭和22年〕卒 薬学博士 [歴]昭和25年東京大学助手、30年北海道大学助教授、42年教授を経て、43年大阪大学教授に就任。61年名誉教授。同年蛋白工学研究所所長。RNAの化学合成に取り組み、世界で最初に活性をもった転移RNAを合成することに成功した。62年日本蛋白工学会初代会長。63年第14期日本学術会議会員。平成2年設計図通りの人工たんぱく質合成に成功。8年日本学士院賞を受賞した。著書に「核酸」「核酸有機化学」「蛋白工学実験マニュアル」などがある。 [賞]日本学士院賞〔平成8年〕「核酸の合成とその構造・性質相関の研究」, 紫綬褒章〔昭和61年〕, 勲二等瑞宝章〔平成5年〕, 日本薬学会賞奨励賞(昭和31年度)「イソヒノリン及びその誘導体の化学的研究」, 日本薬学会学術賞(昭和46年度)「プリン8—サイクロヌクレオサイドの研究」 [資]薬剤師 [団]日本薬学会(名誉会員), 日本生化学会(名誉会員), 日本分子生物学会, 日本化学会(名誉会員), 日本蛋白科学会

池原 義郎 いけはら・よしろう 建築家 早稲田大学名誉教授 [専]建築計画, 都市計画 [没]平成29年(2017)5月20日 89歳〔肺炎球菌肺炎〕 [生]昭和3年(1928)3月25日 [出]東京都渋谷区 [学]早稲田大学理工学部建築科〔昭和26年〕卒, 早稲田大学大学院理工学研究科建設工学専攻〔昭和28年〕修士課程修了 [歴]昭和28年山下寿郎建築設計事務所、31年早稲田大学理工学部今井兼次研究室を経て、40年専任講師、41年助教授、46年理工学部教授。退任後、栄誉教授・フェロー・名誉教授。平成4年重慶建築大学名誉教授。主な作品に「白浜中学校」「所沢聖地霊園」「西武ライオンズ球場(現・メットライフドーム)」「成城の家」「勝浦の家」「浜松の家」「早稲田大学所沢キャンパス」などがある。 [賞]日本芸術院賞(第44回)〔昭和63年〕「早稲田大学所沢キャンパスの設計」, 勲三等瑞宝章〔平成14年〕, 日本建築学会賞(昭和48年度)〔昭和49年〕「所沢聖地霊園」 [資]日本芸術院会員〔平成1年〕 [団]日本建築学会, 日本都市計画学会 [師]師＝今井兼次

池間 誠 いけま・まこと 一橋大学名誉教授 [専]貿易政策, 国際経済学 [没]平成29年(2017)7月22日 75歳〔肺炎〕 [生]昭和16年(1941)11月26日 [出]沖縄県平良市(宮古島市) [学]小樽商科大学商学部経済学科〔昭和39年〕卒, 一橋大学大学院修了, オーストラリア国立大

学大学院経済学研究科〔昭和46年〕博士課程修了　経済学博士（オーストラリア国立大学）〔昭和46年〕　㋩昭和45年小樽商科大学講師、46年助教授、49年一橋大学経済学部助教授を経て、56年教授。この間、英国レディング大学客員研究員、オーストラリア国立大学客員研究員。著書に「国際貿易の理論」「国際複占競争への理論」、編著に「国際貿易・生産論の新展開」などがある。　㋡国際経済学会、日本経済学会

池宮城 秀精　いけみやぎ・しゅうせい　池宮商事創業者　㋪平成28年（2016）5月12日　86歳〔病気〕　㋖沖縄県国頭郡本部町　㋩平成7年池宮商事を創業。ミスターコーラ社長や沖縄県出店業事業協同組合副理事長なども歴任。沖縄県鶏卵組合の設立にも尽力した。

池谷 仙克　いけや・のりよし　映画美術監督　（株）コダイ社長　㋪平成28年（2016）10月25日　76歳〔がん〕　㋕昭和15年（1940）8月31日　㋖東京都八王子市　㋩武蔵野美術大学〔昭和41年〕卒　㋧桑沢デザイン研究所、武蔵野美術大学で学ぶ。テレビ映画でアルバイト中に美術監督の成田亨の知遇を得、昭和41年卒業後成田の助手として円谷プロに入る。「ウルトラマン」で特殊美術助手、「ウルトラセブン」で特殊美術・怪獣デザイン、「怪奇大作戦」で美術全般を担当。44年実相寺昭雄監督らとコダイグループを設立し、「無常」で映画美術を初担当。以降、実相寺監督「曼陀羅」「あさき夢みし」「歌麿・夢と知りせば」「帝都物語」「悪徳の栄え」「D坂の殺人事件」「姑獲鳥の夏」「乱歩地獄」、寺山修司監督「さらば箱舟」、相米慎二監督「台風クラブ」、鈴木清順監督「陽炎座」「夢二」「結婚」、篠田正浩監督「写楽」「瀬戸内ムーンライト・セレナーデ」、五十嵐匠監督「みすゞ」「HAZAN」「長州ファイブ」、大友克洋監督「蟲師」、河瀬実監督「日本以外全部沈没」、長尾直樹監督「アルゼンチンババア」、原田眞人監督「魍魎の匣」などの映画に参加。「陽炎座」では大正時代を舞台に"フィルム歌舞伎"と呼ばれた映像美をみせた。「シルバー仮面」「アイアンキング」「波の盆」などのテレビの他、舞台、コマーシャル美術なども幅広く担当した。　㋧ヨコハマ映画祭美術賞（平成3年度）「夢二」、日本アカデミー賞最優秀美術賞〔平成8年・10年〕「写楽」「瀬戸内ムーンライト・セレナーデ」　㋡日本映画・テレビ美術監督協会

井坂 興　いさか・さかん　プロ野球選手　㋪平成28年（2016）2月9日　74歳〔胃がん〕　㋕昭和16年（1941）6月22日　㋖神奈川県横浜市　㋧鶴見工専　㋩昭和37年巨人に外野手として在籍した。

伊坂 重孝　いさか・しげたか　札幌テレビ放送会長　㋪平成28年（2016）7月22日　93歳〔急性呼吸不全〕　㋕大正12年（1923）4月14日　㋖北海道札幌市　㋧慶応義塾大学経済学部〔昭和22年〕卒　㋩昭和22年北海道炭礦汽船に入社。34年札幌テレビ放送（STV）に転じ、41年総務局長、51年常務報道制作局長、53年専務、56年副社長を経て、63年社長に就任。平成11年会長、13年取締役相談役。4〜6年日本民間放送連盟副会長、8〜20年札幌学院大学理事長を務めた。

伊差川 洋子　いさがわ・ようこ　染色家　伊差川洋子染色工房主宰　㋧紅型　㋪平成27年（2015）12月23日　69歳〔乳がん〕　㋕昭和21年（1946）3月15日　㋖宮崎県　㋩女子美術短期大学造形専攻衣服デザイン卒　㋧沖縄県の商業デザイナーの先駆者である伊差川新の長女。昭和41年浦野理一に師事。48年自身の染色工房を開き、紅型作家として活動。51年第1回個展を開催。鎌倉芳太郎が遺した「鎌倉ノート」と布地の一部を手がかりとして、平成16年紅型の祖型とされるコンニャクを接着剤に使う幻の技能・浦添型を再現した。　㋜父＝伊差川新（商業デザイナー）　㋞師＝浦野理一

伊沢 正　いざわ・ただし　三菱製紙常務　㋪平成29年（2017）5月4日　84歳〔内臓疾患〕　㋕昭和8年（1933）1月2日　㋖栃木県　㋩群馬大学工学部〔昭和30年〕卒　㋧昭和31年三菱製紙に入社。平成元年取締役を経て、5年常務。

石井 厚　いしい・あつし　宮城教育大学教授　㋧精神医学　㋪平成28年（2016）7月16日　87歳〔多臓器不全〕　㋕昭和3年（1928）11月11日　㋖岩手県和賀郡西和賀町　㋩東北大学医学部医学科卒　医学博士　㋧東北大学医学部助教授、宮城教育大学教授を務めた。著書に「精神医学疾病史」「精神医学史ノート」、共著に「精神保健」がある。

石井 和紘　いしい・かずひろ　建築家　建築評論家　石井和紘建築研究所代表　㋪平成27年（2015）1月14日　70歳〔急性呼吸促迫症候群〕　㋕昭和19年（1944）2月1日　㋖東京都板橋区　㋩東京大学工学部建築学科〔昭和42年〕卒、エール大学建築学部〔昭和49年〕修士課程修了、東京大学大学院工学系研究科建築学専攻〔昭和50年〕博士課程修了　㋧東京大学大学院在学中の24歳の時、「直島町立小学校」を設計。以来、島の幼稚園・体育館・中学校・町役場などを次々と手がけた。丹下健三、磯崎新に次ぐ若手世代のホープと目され、昭和51年石井和紘建築研究所を設立。早稲田大学、カリフォルニア大学ロサンゼルス校、エール大学、大阪大学などで教鞭を執った。他の代表作に「数寄屋邑」「清和文楽館」や「54の窓」「54の屋根」「ゲイブルビル」「JAZZYなバロック」「田辺エージェンシー本社ビル」「GAハウス」「同世代の橋」「ジャイロ・ルーフ」など。著書に「イェール　建築　通勤留学」「建築家の発想」「日本建築の再生」「数寄屋の思考」「私の建築辞書」「建築の地球学」などがある。　㋧JIA環境建築賞優秀作品（一般建築部門）「CO2：常陸太田市総合福祉会館」、甍賞特別賞（第5回）〔平成1年〕、日本建築学会賞（作品）〔平成2年〕「数寄屋邑」、甍賞銀賞（第7回）〔平成5年〕「清和文楽館」

石井 和浩　いしい・かずひろ　建築家　石井建築設計事務所所長　㋪平成27年（2015）12月27日　54歳　㋖滋賀県近江八幡市　㋧NPO法人ヴォーリズ建築保存再生運動一粒の会副会長で、ウィリアム・メレル・ヴォーリズが各地に建築した建物の保存や修復に携わった他、日本建築家協会保存再生会議議長として歴史的建築物や文化財の保存修復、活用の推進にも努めた。　㋧1級建築士

石井 錦一　いしい・きんいち　牧師　日本基督教団松戸教会牧師　㋪平成28年（2016）7月4日　85歳　㋕昭和6年（1931）2月25日　㋖神奈川県横浜市　㋩東京聖書神学院〔昭和25年〕卒　㋩昭和21年横浜菊名教会でエルンスト・ラング宣教師より受洗。26年日本基督

教団柏教会牧師を経て、上総大原教会牧師。32年横須賀上町教会牧師、36年松戸教会牧師となり、社会福祉法人平和保育園（現・社会福祉法人ピスティスの会）園長に就任。のち同理事長。また、47年から22年にわたって月刊「信徒の友」「こころの友」編集長を務めた。著書に「祈れない日のために」「教会生活を始める」「信じられない日の祈り」「癒されない心の祈り」などがある。

い

石井 孝一　いしい・こういち　北海道議（自民党）　遠軽町（北海道）町長　[没]平成28年（2016）7月30日　86歳〔肝細胞がん〕　[生]昭和4年（1929）8月19日　[出]北海道紋別郡遠軽町　[学]遠軽中卒　[歴]北海道遠軽町役場に入り、昭和42年総務課長、48年土地開発公社理事、助役を経て、50年より町長に4選。落選後、平成3年北海道議に転じ、5期務めた。21年議長。23年引退。　[賞]旭日中綬章〔平成24年〕

石井 重衛　いしい・じゅうえ　小説家　劇作家　福島女子短期大学教授　[専]国語学　[没]平成27年（2015）3月15日　89歳　[生]大正14年（1925）8月26日　[出]福島県白河市　[名]筆名＝関河惇（せきかわ・じゅん）　[学]法政大学文学部日本文学科卒　[歴]福島県教員を定年退職後、福島女子短期大学事務局就職課長、学生部長講師などを経て、同大助教授、教授。「福島自由人」「高校演劇」同人。関河惇の筆名で、著書に「幻視の画家 関根正二の肖像」「遺されし風景」「みちのく挽歌」「義経とみちのく」などがある。　[団]日本演劇学会，劇作家協会

石井 潤　いしい・じゅん　舞踊家　振付師　バレエ演出家　石井アカデミー・ド・バレエ代表　新国立劇場バレエマスター　[没]平成27年（2015）3月18日　67歳〔膵臓がん〕　[生]昭和23年（1948）3月4日　[出]京都府京都市　[歴]5歳からバレエを始め、両親（石井一久・春枝）から手ほどきを受ける。昭和41～47年チャイコフスキー記念東京バレエ団に在籍、44年第1回モスクワ国際バレエコンクールで第3位。47～58年チューリヒ、ボン、フランクフルトのバレエ団でソリストとして活躍。58年帰国後は各バレエ団に客演しながら、古典から創作バレエまで幅広くこなし、国内外で活躍。平成9～16年新国立劇場のバレエマスターを務め、10年開場記念公演「梵鐘の声―平家物語より」では全幕バレエ創作の才能を発揮し舞踊芸術賞を受けた。　[賞]芸術選奨文部大臣賞（第39回）〔平成1年〕「泥棒詩人ヴィヨン」，舞踊批評家協会賞（第20回・25回）〔平成1年・6年〕，橘秋子賞特別賞（第19回）〔平成5年〕，グローバル森下洋子・清水哲太郎賞（第8回）〔平成7年〕，舞踊芸術賞（第46回）〔平成10年〕「梵鐘の声」，京都市芸能振興賞（平成24年度）〔平成25年〕，モスクワ国際バレエコンクール第3位（第1回）〔昭和44年〕　[家]父＝石井一久（石井アカデミー・ド・バレエ代表）

石井 高　いしい・たかし　バイオリン製作者　[没]平成27年（2015）9月17日　72歳〔病気〕　[生]昭和18年（1943）9月5日　[出]兵庫県尼崎市　[学]東京理科大学中退，イタリア国立国際バイオリン製作学校（クレモナ）〔昭和48年〕卒　[歴]高校3年で父を亡くし、ゴム手袋工場を継ぐため理系に進むが、東京理科大学を中退後、バイオリン作りを目指して東京で修業。昭和45年からイタリア・クレモナの国立国際バイオリン製作学校に3年間留学。卒業後も現地で製作を続け、50年マエストロ・リウタイオ（弦楽器作りの名匠）となる。名器ストラディバリウスの修復も手がけた。また、60年頃から天正遣欧少年使節団が日本に持ち帰った古典楽器の復元に取り組み、平成2年9台を完成させた。　[賞]クレモナ市民賞〔昭和55年〕

石井 保　いしい・たから　俳人　「保」主宰　[没]平成27年（2015）8月31日　79歳〔胃がん〕　[生]昭和10年（1935）12月17日　[出]東京都　[名]本名＝石井保（いしい・たもつ）　[学]国学院大学文学科卒，明治大学大学院文学修士課程修了　[歴]明治大学大学院在学中は山本健吉に師事、芭蕉の連句その他の指導を受ける。作句は15歳より始めた。のち石原八束に師事。作句、文章などの指導を受ける。「秋」同人、昭和62年「保」を創刊・主宰。句集に「淡海から大海へ」「波高き」「枯野抄」「湖底の雲」「観世音菩薩」、俳論集に「俳句へのパスポート」などがある。　[団]俳文学会，俳人協会，日本文芸家協会　[師]師＝石原八束

石井 武士　いしい・たけし　福岡教育大学名誉教授　[専]障害児教育　[没]平成27年（2015）5月1日　80歳〔多発性骨髄腫〕　[生]昭和9年（1934）5月9日　[出]群馬県高崎市　[学]東北大学教育学部教育心理学科〔昭和33年〕卒，東北大学大学院教育学研究科教育心理学専攻〔昭和40年〕修士課程修了　[歴]昭和40年福岡学芸大学（現・福岡教育大学）助手を経て、51年教授。編著書に「障害児教育の基礎と展開」がある。　[賞]福祉活動奨励賞（第7回，昭和61年度）

石井 忠　いしい・ただし　古賀市立歴史資料館館長　[専]漂着物学，民俗考古学，民族学　[没]平成28年（2016）5月30日　78歳〔心不全〕　[生]昭和12年（1937）10月28日　[出]福岡県中間市　[名]本名＝石井忠（いしい・ただし）　[学]国学院大学文学部史学科〔昭和35年〕卒　[歴]中学時代から考古学的な関心を持ち始める。高校教師の傍ら、漂着物学（ビーチコーミング）を創始、民俗学に新分野を開く。玄海沿岸を中心に研究を続け、九州産業大学で海浜漂着物文化論を講じる。平成13年漂着物学会創設に参画、会長に就任。福岡県文化財保護指導員、福岡市文化財保護審議委員、宗像市文化財専門委員、福間町文化財専門委員、みやこ町歴史民俗博物館専門委員などを歴任。「古賀町誌」（昭和60年）、「糟屋町誌」（平成4年）、「宗像市史」（8年）、「新宮町誌」（9年）、「福間町史」（10年）、「津屋崎町史」（11年）、「古賀市うるわし」（20年）、「新修志摩町史」（21年）などの編集・執筆に関わり、新宮、福間、津屋崎、志摩は漂着物が町史に入った。　[賞]樋口清之賞（第1回）〔昭和55年〕「漂着物の博物誌」，日本文化デザイン会議地域文化デザイン賞（第4回）〔昭和58年〕，福岡県文化賞（第6回）〔平成10年〕，福岡市教育委員会表彰〔平成20年〕「文化財審議委員として」，福岡県教育委員会表彰〔平成20年〕「教育文化振興として」　[団]漂着物学会，熱帯動植物友の会，アジア水中考古学協会

石井 暉二　いしい・てるじ　東京タイムズ千葉支局長　[没]平成27年（2015）1月11日　87歳〔急性心不全〕　[生]昭和2年（1927）　[出]東京都台東区浅草　[名]本名＝石井暉雄（いしい・てるお）　[学]横浜専中退　[歴]敗戦直前から東金小学校に代用教員（準訓導）として8年間勤務。

千葉新聞編集局社会部記者を経て、東京タイムズ千葉支局記者となり、同支局編集部長、本社社会部次長、本社企画部長、千葉支局長を歴任。千葉市文化振興財団紙誌編集担当嘱託も務めた。著書に「光芒の人—千葉県人物事典〈1・2〉」がある。 [団]房総文化懇話会, 房総芸術文化協会, 千葉県文化財保護協会

石井 仁兵衛 いしい・にへい 能楽囃子方（石井流大鼓方） 石井流大鼓12世宗家 [没]平成28年（2016）2月1日 80歳〔肝細胞がん〕 [出]京都府京都市 [名]本名＝増井喜彦（ますい・よしひこ） [歴]石井流大鼓12世宗家を務めた。 [家]二男＝石井保彦（石井流大鼓方）

石井 久 いしい・ひさし 立花証券社長 [没]平成28年（2016）4月22日 92歳〔肺炎〕 [生]大正12年（1923）5月13日 [出]福岡県筑紫郡大野村（大野城市） [名]旧姓・名＝藤井久, 筆名＝石井独眼竜（いしい・どくがんりゅう） [学]大野尋常高小〔昭和13年〕卒 [歴]昭和21年に上京。警察官やヤミ屋を経て、23年東京自由証券の見習いとなる。その後“独眼龍”のペンネームで証券新聞の記者として鳴らし、独自の株式評論は人気を集め、“相場の神様”といわれた。28年に江戸橋証券を設立。32年には立花証券を吸収合併して社長に就任。48年会長に退いたが、57年中田忠雄社長を解任、再び社長となった。63年会長、平成12年取締役相談役。この間、元年石井記念証券研究振興財団を設立。著書に「かぶと町わが闘争」などがある。 [賞]黄綬褒章〔昭和61年〕, 勲四等旭日小綬章〔平成5年〕

石井 久 いしい・ひさし 北海道教育大学学長・名誉教授 [専]体育社会学 [没]平成29年（2017）1月3日 92歳〔老衰〕 [生]大正13年（1924）9月10日 [出]北海道厚岸郡厚岸町 [学]東京体育専（現・筑波大学）武道科〔昭和24年〕卒 [歴]小学校2年の時、チャンバラの剣が目にあたり右目を失うが、好きな剣道を志して東京体育専門学校（現・筑波大学）に入学。昭和20年6月学徒出陣し、樺太での4年間の捕虜生活後復学。卒業後、家業を手伝っていたが、27年北海道学芸大学（現・北海道教育大学）釧路分校の助手となり、助教授を経て、43年教授。同校主事を務め、58年学長に就任。平成元年退官。剣道8段の腕前。 [賞]勲二等瑞宝章〔平成11年〕 [団]日本体育学会

石井 光三 いしい・みつぞう 芸能マネジャー 石井光三オフィス社長 [没]平成27年（2015）1月6日 83歳〔胆管がん〕 [生]昭和6年（1931）10月13日 [出]東京都台東区浅草 [学]大阪鉄道第一学校卒 [歴]6歳の時に京都の太秦に移り、子役となる。昭和21年東横映画（現・東映）京都撮影所の第1期ニューフェイスに選ばれる。26年宝塚新芸術座に入り、テレビ番組「てなもんや三度笠」「河内風土記」などに出演。38年松竹芸能に入社し、役者からマネジャーへ転身、ミヤコ蝶々、かしまし娘などを担当。58年芸能プロダクション・石井光三オフィスを設立して社長となり、平成18年会長。コント赤信号やピンクの電話、磯野貴理子らを育てた。個性の強い名物マネジャーで、自身も「オレたちひょうきん族」「ルックルックこんにちは」などのバラエティ番組に出演、お茶の間にその名を知られた。著書に「タレントさん えろうすんまへなぁ」「師匠！ 芸能界って面白おまんな」「石井光三の人生、教えたる！」などがある。

石井 泰行 いしい・やすゆき 賀茂鶴酒造社長 東広島商工会議所会頭 [没]平成27年（2015）11月23日 81歳〔多臓器不全〕 [生]昭和9年（1934）5月12日 [出]広島県東広島市 [学]早稲田大学商学部〔昭和32年〕卒 [歴]昭和32年賀茂鶴酒造に入社。38年東京支社長を経て、54年社長。平成9〜23年会長。5〜10年東広島商工会議所会頭の他、東広島ケーブルメディア社長、東広島市観光協会会長なども務めた。

石井 蓬菜 いしい・よもこ 広島市母子寡婦福祉連合会会長 [没]平成27年（2015）1月27日 102歳〔老衰〕 [出]山口県周南市 [歴]広島市母子寡婦福祉連合会会長を務め、夫を亡くした女性たちの福祉向上に努めた。 [賞]中国社会事業功労賞〔平成3年〕

石井 連蔵 いしい・れんぞう 大学野球監督 早稲田大学野球部監督 [没]平成27年（2015）9月27日 83歳 [生]昭和7年（1932）6月24日 [出]茨城県久慈郡大子町 [学]水戸一中卒, 早稲田大学卒 [歴]水戸一高で野球を始め、早大では“一球入魂”を掲げる監督・飛田穂洲に師事。投手兼一塁手で4番を打ち主将を務めた。昭和27年秋の東京六大学リーグ戦では早慶戦に3連投して2勝。4年生の秋には打率.375で首位打者を獲得した。30年日本鋼管に入社、33年から6年間、母校・早大野球部の監督を務め、2回優勝。35年秋には早慶6連戦で神宮球場を湧かせ、早大を逆転優勝に導いた。監督退任後は朝日新聞社に勤め、日米大学野球選手権の創設などに尽力。63年低迷していた早大の立て直しを依頼され、社に籍を置いたまま監督に復帰、平成2年春のリーグ戦で慶大を制して優勝。5年秋、7季ぶりに31度目の優勝を果たす。6年退任。その後、全日本大学野球連盟理事などを歴任した。監督通算でリーグ優勝4回、大学選手権優勝1回を経験し、教え子に小宮山悟や仁志敏久らがいる。著書に「おとぎの村の球投げ」がある。

石岡 好憲 いしおか・よしのり 医師 石岡医院院長 [専]小児科学 [没]平成29年（2017）1月19日 89歳〔間質性肺炎〕 [生]昭和2年（1927）4月7日 [出]青森県 [学]弘前高〔昭和23年〕卒, 東北大学医学部〔昭和27年〕卒 [歴]昭和32年弘前大学医学部講師、33年花岡鉱山病院小児科医長、36年八戸市民病院小児科部長を経て、38年石岡医院を開業。湯沢市に秋田県内初の休日急患診療所を開設することに尽力した。秋田県医師会理事、同代議員会副議長など歴任した。

石垣 信亨 いしがき・しんこう ビーチホテルサンシャイン社長 [没]平成27年（2015）10月29日 90歳〔老衰〕 [出]沖縄県石垣市登野城 [歴]ビーチホテルサンシャイン社長で、八重山観光協会会長、石垣市商工会会長を歴任した。 [賞]沖縄県功労者表彰〔平成23年〕

石垣 正夫 いしがき・まさお 新見市長 [没]平成28年（2016）11月9日 75歳〔重症頭部外傷〕 [生]昭和16年（1941）1月15日 [出]岡山県新見市 [学]新見農（現・新見高）卒 [歴]新見市建設課長を経て、平成6年から市長に3選。17年合併に伴う新新見市長選で当選、以来3選。14年の市長・市議選で全国初の電子投票を導入し

い

た。24年から1年間、全国市長会副会長。通算6期目途中の28年、林業作業中の事故で急死した。

石上 芳子　いしがみ・よしこ　富山女子短期大学助教授　㊫家庭教育　㊎平成27年(2015)9月10日　97歳〔肺炎〕　㊐大正7年(1918)　㊓東京市麹町区(東京都千代田区)　㊫東京女高師卒　㊙東京女子高等師範学校を卒業後、都立の高等女学校教諭となるが、昭和20年3月の東京大空襲で家を失い、両親の郷里である氷見市に転居。21年から氷見高等女学校で教鞭を執り、51年定年退職して富山女子短期大学助教授に就任。地元放送局の幼児教育番組にも出演した。

石河 清　いしかわ・きよし　合唱指導者　いわき短期大学教授　福島県合唱連盟名誉理事長　㊎平成28年(2016)6月22日　88歳〔内臓疾患〕　㊐昭和3年(1928)4月17日　㊓福島県いわき市常磐湯本町　㊫磐城中卒, 国立音楽大学教育音楽科〔昭和30年〕卒　㊙福島県立の高校教師を経て、郡山女子大学教授、いわき短期大学教授。この間、平FG合唱団、平おかあさんコーラスなどを指導。昭和47～62年の間に福島県合唱連盟理事長を10年間務めた他、全日本合唱連盟東北支部長などを歴任し、“合唱王国ふくしま”を支えた。88歳の平成28年5月、いわき市で“わが人生に悔なし”をテーマに掲げた最後の演奏会「88才のファイナル・コンサート」を開催、6月に亡くなった。　㊕福島県文化功労賞〔平成6年〕　㊞福島県合唱連盟　㊂二男＝石河明(合唱指揮者)　㊗師＝岡本敏明, 田中信昭

石川 幸志　いしかわ・こうじ　横浜市立大学名誉教授　㊫物理学　㊎平成27年(2015)6月18日　75歳〔心筋梗塞〕　㊐昭和14年(1939)12月14日　㊓東京都八王子市　㊫東京大学理学部物理学科卒, 東京大学大学院理学系研究科物理学専攻博士課程修了　理学博士　㊙横浜市立大学理学部教授を務めた。　㊕横浜市功労者

石川 重明　いしかわ・しげあき　警視総監　㊎平成29年(2017)10月13日　73歳〔肺血栓塞栓症〕　㊐昭和19年(1944)7月21日　㊓静岡県　㊫東京大学法学部〔昭和43年〕卒　㊙昭和43年警察庁に入庁。60年官房会計課理事官、62年刑事局鑑識課長、63年防衛庁防衛局調査第一課長、のち警察庁捜査一課長、平成3年会計課長、5年8月茨城県警本部長、7年2月警視庁刑事部長、9年1月神奈川県警本部長、10年8月警察庁関東管区警察局長、11年8月官房長、14年8月警視庁警視総監。16年1月退官。警視庁刑事部長時代、地下鉄サリン事件などオウム真理教による一連の事件の捜査を指揮した。　㊕瑞宝重光章〔平成26年〕

石川 滋　いしかわ・しげる　神奈川県議(社民党)　㊎平成29年(2017)11月17日　92歳〔腎臓がん〕　㊐大正14年(1925)9月14日　㊓神奈川県　㊫法政大学経済学部卒　㊙昭和46年社会党(当時)から神奈川県議(川崎市高津区)に初当選、4期務める。平成3年落選。7年返り咲き。10年副議長。社民党会派などに所属して通算5期務め、11年引退。　㊕勲四等瑞宝章〔平成11年〕

石川 清夫　いしかわ・すみお　いすゞ自動車常務　自動車鋳物社長　㊎平成28年(2016)6月25日　87歳〔肝臓がん〕　㊐昭和3年(1928)8月23日　㊓茨城県水戸市　㊫日本大学理工学部機械工学科〔昭和27年〕卒　㊙昭和27年いすゞ自動車に入社。54年取締役、57年常務。61年自動車部品工業副社長を経て、63年三和金属工業社長。同年12月合併で自動車鋳物社長となった。平成6年相談役に退く。

石川 清仁　いしかわ・せいじん　ウッドベース奏者　沖縄ジャズ協会副会長　㊎平成29年(2017)5月21日　82歳〔病気〕　㊓沖縄県うるま市石川　㊙ウッドベース奏者で、1950年代から様々な沖縄のジャズグループで活躍。ピアノやベースなどジャズの後進育成に力を注ぎ、平成24年から沖縄ジャズ協会副会長を務めた。

石川 清流　いしかわ・せいりゅう　書家　静岡県書道連盟会長　㊫かな　㊎平成29年(2017)7月17日　92歳〔肺炎〕　㊐大正14年(1925)1月24日　㊓静岡県静岡市　㊔本名＝石川卓(いしかわ・たかし)　㊫立正大学専門部〔昭和22年〕卒, 明治大学商学部〔昭和24年〕中退　㊙昭和29年静岡市立商業高校教諭、56年退職。54年から長く静岡大学教育学部講師を務めた。書家として浮乗水郷、浮乗清郷に師事。当初は漢字作家だったが、45年かな作家に転向。書道教育院清流会を主宰した。56年静岡県書道連盟理事長、平成元年副会長を経て、会長。同年静岡市書道会会長。　㊕旭日双光章, 文部科学大臣表彰, 読売書法展読売新聞社賞(かな部, 第6回・10回)〔平成1年・5年〕　㊗師＝浮乗水郷, 浮乗清郷

石川 堯　いしかわ・たかし　アイジー工業創業者　㊎平成28年(2016)10月9日　87歳〔肺がん〕　㊐昭和4年(1929)4月1日　㊓山形県東根市　㊫村山農卒　㊙山形県庁に3年間勤めた後、家業の魚屋を継ぐが商売にあき足らず仕事を転々。建材メーカーへ転身し、昭和25年石川建材工業所を創業。43年石川技建工業に改組改称、45年アイジー工業を設立。断熱難燃性外壁材・金属サイジングの開発に成功し、さらにセラミックスを使用した世界初の外壁材とその量産設備の開発にも成功、同分野のトップメーカーに育て上げた。　㊕黄綬褒章〔昭和62年〕, 勲五等双光旭日章〔平成11年〕, 全国発明表彰発明賞(昭和42年度・60年度), 山形県産業賞〔昭和59年〕, 科学技術庁長官賞科学技術振興功績者表彰(第5回, 昭和60年度)「断熱金属サイディング材高速生産設備の開発育成」, 全国発明表彰発明実施功績賞(昭和62年度), 中堅中小企業優秀経営者顕彰研究開発者賞(第8回)〔平成2年〕, 東北アントレプレナー賞特別賞(第2回)〔平成7年〕, 山形県教育功労賞〔平成10年〕, 東根市名誉市民〔平成25年〕

石川 常雄　いしかわ・つねお　京都大学名誉教授　㊫金融論, 金融政策　㊎平成27年(2015)9月22日　85歳　㊐昭和4年(1929)12月12日　㊓京都府京都市　㊫京都大学理学部動物学科〔昭和28年〕卒, 京都大学大学院経済学研究科理論経済学・経済史学専攻〔昭和30年〕博士課程修了　経済学博士　㊙京都大学経済学部助教授を経て、教授。平成5年退官。著書に「通貨変動理論の研究」「現代の金融政策」などがある。　㊞金融学会, 日本経済学会

石川 俊満　いしかわ・としみつ　帝人専務　㊎平成29年(2017)3月14日　78歳　㊐昭和13年(1938)5月14日　㊓福岡県　㊫九州大学経済学部〔昭和36年〕卒　㊙昭

和36年帝人に入社。平成3年取締役、7年常務、11年専務執行役員を経て、12年専務。13年顧問。

石川 信男 いしかわ・のぶお 青山学院大学名誉教授 [専]経営学 [没]平成27年（2015）2月9日 84歳〔急性心筋梗塞〕 [生]昭和5年（1930）6月25日 [出]埼玉県狭山市 [学]青山学院大学商学部商学科卒，早稲田大学大学院商学研究科修士課程修了 [歴]青山学院大学経営学部教授、同学部長を務めた。

石川 晴樹 いしかわ・はるき 王子製紙専務 [没]平成27年（2015）4月20日 85歳〔尿管がん〕 [生]昭和5年（1930）2月23日 [出]北海道 [学]東京大学経済学部〔昭和27年〕卒 [歴]昭和27年王子製紙（現・王子ホールディングス）に入社。58年取締役、62年常務を経て、平成3年専務。

石川 弘道 いしかわ・ひろみち 山一証券専務 太平洋証券社長 [没]平成29年（2017）7月20日 79歳〔胆管がん〕 [生]昭和12年（1937）9月23日 [出]茨城県日立市 [学]茨城大学文理学部〔昭和36年〕卒 [歴]昭和36年山一証券に入社。平成元年取締役、3年常務市場商品本部長を経て、6年専務債券・資金本部長。7年太平洋証券に転じ顧問、副社長を経て、9年6月社長。同年10月山一証券が昭和リースに約3億2000万円の損失補塡をしていた問題に絡み退任。同月証券取引法違反（損失補塡）容疑で東京地検特捜部に逮捕、11月起訴される。11年1月東京地裁より懲役10月、執行猶予3年の判決が下された。

石川 博之 いしかわ・ひろゆき 弁護士 福島県弁護士会会長 [没]平成27年（2015）8月8日 83歳〔老衰〕 [生]昭和7年（1932）1月31日 [出]福島県郡山市 [学]日本大学法学部〔昭和32年〕卒 [歴]昭和43年司法試験に合格、46年弁護士登録。55年福島県弁護士会副会長、63年会長。平成9年東北弁護士会連合会会長、日本弁護士会連合会常務理事を務めた。 [賞]勲四等瑞宝章〔平成14年〕 [団]福島県弁護士会

石川 冨士夫 いしかわ・ふじお 梅花女子大学短期大学部教授 [専]思想史，キリスト教思想 [没]平成28年（2016）2月4日 71歳 [生]昭和19年（1944）7月1日 [出]岩手県 [学]同志社大学神学部卒，同志社大学大学院神学研究科組織神学専攻〔昭和47年〕修士課程修了 [歴]梅花短期大学（現・梅花女子大学短期大学部）助教授を経て、平成9年教授。著書に「永遠の肯定―聖書講義二十六講」「イナゾー・ニトベ伝―新渡戸稲造」「内村鑑三に学ぶ」「永遠の肯定―聖書講義二十九講」「その響きは天地にあまねく―松前重義に学んだこと」などがある。 [団]キリスト教史学会，日本キリスト教文学会，基督教哲学会

石川 昌 いしかわ・まさし 木更津市長 [没]平成28年（2016）9月12日 94歳 [生]大正11年（1922）5月15日 [出]千葉県木更津市 [学]東京大学法学部政治学科〔昭和24年〕卒 [歴]昭和30年海上自衛隊に入隊、木更津航空補給所長を経て、54年以来木更津市長に4選。平成7年引退。 [賞]勲四等旭日小綬章〔平成9年〕，木更津市名誉市民〔平成9年〕 [家]兄＝石川吉右衛門（労働法学者）

石川 雅也 いしかわ・まさや 脚本家 [没]平成28年（2016）9月25日 55歳 [生]昭和36年（1961） [出]岩手県 [学]慶応義塾大学卒 [歴]慶応義塾大学在学中、松竹シナリオ研究所で学ぶ。卒業後は編集者生活の傍ら、YMCAシナリオ講座で下飯坂菊馬、鈴木尚之、勝目貴之、加藤正人に学び、平成5年脚本家としてデビュー。Vシネマ〈難波金融伝 ミナミの帝王〉シリーズなどを手がけた。21年母親に包丁を突きつけたとして殺人未遂の疑いで警視庁に現行犯逮捕された。

石川 ヨシ子 いしかわ・よしこ 日本画家 [没]平成28年（2016）9月25日 87歳〔心不全〕 [生]昭和4年（1929）4月5日 [出]イタリア・ローマ [名]旧姓・名＝鹿島 [学]日本女子大学卒 [歴]鹿島守之助の二女で、外交官だった父の任地ローマで生まれる。イタリア美術に詳しい母のもとで絵画に親しみ、“華”をモチーフとした作品を描く。平成5年ワシントン国立女性芸術美術館で“桜花”をテーマにした個展を開催したほか、12年イタリアのフィレンツェでも個展を開催。作品に「亀山本徳寺大広間格天井画」などがある。 [家]父＝鹿島守之助（鹿島建設社長），母＝鹿島卯女（鹿島建設社長），夫＝石川六郎（鹿島建設社長），長男＝石川洋（鹿島建設副社長），弟＝鹿島昭一（鹿島建設社長），妹＝平泉三枝子（鹿島平和研究所常務理事），祖父＝鹿島精一（鹿島組社長）

石川 義矩 いしかわ・よしのり 京三製作所社長 [没]平成28年（2016）7月21日 85歳 [生]昭和6年（1931）6月26日 [出]神奈川県 [学]中央大学法学部〔昭和29年〕卒 [歴]昭和34年京三製作所に入社。46年総務部長、59年取締役、62年常務、平成4年専務を経て、7年副社長、8年社長に就任。14年会長。 [家]父＝石川勲蔵（弁護士）

石川 利一 いしかわ・りいち 宮城県議（自民党） [没]平成29年（2017）6月7日 69歳〔膵臓がん〕 [生]昭和23年（1948）4月3日 [出]宮城県名取市 [学]東京教育大学卒 [歴]平成23年11月東日本大震災により延期された宮城県議選に名取選挙区から当選。2期目途中の29年6月に病死。議会では自民党・県民会議に所属した。

石川 ワタル いしかわ・わたる 競馬評論家 週刊「競馬タイムズ」共同主宰者 [没]平成28年（2016）8月20日 69歳 [生]昭和22年（1947）4月10日 [出]愛知県知多郡武豊町 [学]名古屋市立大学〔昭和46年〕卒 [歴]大学卒業後、ヨーロッパとアジアを3年3ケ月にわたって巡り、競馬体験を深める。競馬評論家として活動し、1980年代末に「石川式時計理論」を発表、スピード指数系必勝理論が日本で注目される端緒を開いた。著書に「競馬 驚くべき秘密の法則」「石川ワタルの競馬理論」「世界名馬ファイル」「石川ワタルの世界ワンダーホース列伝」「ゲートバイアス」「石川ワタル、世界をワタル」などがある。

石栗 恒也 いしくり・つねや 荘内銀行常務 [没]平成28年（2016）8月28日 89歳〔前立腺がん〕 [生]昭和2年（1927）7月20日 [出]山形県 [学]小樽経専〔昭和23年〕卒 [歴]昭和25年荘内銀行に入行。53年取締役を経て、63年常務。

石黒 修 いしぐろ・おさむ テニス選手 日本プロテニス協会理事長 [没]平成28年（2016）11月9日 80歳〔腎盂がん〕 [生]昭和11年（1936）8月12日 [出]長崎県長崎市 [学]慶応義塾大学法学部卒 [歴]中学1年でテニスを始め、慶大で大学日本一に。昭和36年、38年、40年

い

い

に全日本選手権シングルス優勝。同選手権ダブルス、混合ダブルスでもそれぞれ3度優勝。33〜41年国別対抗戦のデビスカップ（デ杯）代表。世界にも通用した日本のトッププレイヤーで、4大大会のすべてでシングルスの本選出場を果たし、全英オープン（ウィンブルドン）には、36年から6年連続で出場。38年にはウィンブルドンのシングルスで3回戦に進出。40年デ杯監督も務めた。46年戦後初めてプロに転向し、47年日本プロテニス協会を創設して初代理事長に就任。のち副会長。全日本ベテラン選手権ではシングルス3回、ダブルス2回優勝。この間、42年石黒商会を設立。後進の指導とスポーツ用具店を経営した。著書に「ザ・硬式テニス」など。俳優の石黒賢は二男。　[家]二男＝石黒賢（俳優），兄＝石黒富治雄（日商岩井理事）

石黒 俊郎　いしくろ・としろう　サッカー指導者　秋田市教育長　[没]平成28年（2016）1月27日　81歳〔肺炎〕　[生]昭和9年（1934）5月25日　[出]秋田県南秋田郡天王町（潟上市）　[学]秋田商〔昭和28年〕卒，中央大学経済学部〔昭和32年〕卒　[歴]昭和33年秋田市役所に入る。新都市・工業振興局長、企画調整部長を経て、平成5〜13年教育長。母校である秋田商業高校のサッカー部監督を務め、昭和42年全国高校選手権を制した。秋田県サッカー協会会長を務めた。　[賞]秋田県体育協会長表彰〔昭和42年〕

石黒 範久　いしぐろ・のりひさ　コロムビア電設工業創業者　[没]平成28年（2016）6月26日　83歳〔肺炎〕　[生]昭和7年（1932）8月24日　[出]富山県　[学]新湊高卒　[歴]昭和33年電機工事業を創業。38年コロムビア商会を設立して社長に就任。40年コロムビア電設工業に社名変更した。　[家]長男＝石黒大（コロムビア電設工業社長）

石坂 敬一　いしざか・けいいち　ユニバーサルミュージック社長　日本レコード協会会長　[没]平成28年（2016）12月31日　71歳　[生]昭和20年（1945）8月25日　[出]埼玉県　[学]慶応義塾大学経済学部〔昭和43年〕卒　[歴]昭和43年東芝音楽工業（現・EMIミュージックジャパン）に入社。邦楽・洋楽制作、宣伝、邦楽統轄本部長、洋楽制作本部長を経て、63年取締役、平成5年常務。洋楽ディレクターとしてはビートルズやピンク・フロイドなどを担当した。6年ポリグラム社長に就任。11年より日本ポリグラムから社名変更したユニバーサルミュージック（現・ユニバーサルミュージック合同会社）の社長、CEO（最高経営責任者）、会長を歴任。21年ユニバーサルミュージック合同会社CEO兼会長。23年ワーナーミュージックジャパン会長兼CEO、26年名誉会長。19〜23年日本レコード協会会長を務めた。著書に「BEATLESの事典」「出世の流儀」などがある。　[賞]藍綬褒章〔平成21年〕，旭日中綬章〔平成27年〕　[家]父＝石坂範一郎（東芝EMI専務）

石沢 隆夫　いしざわ・たかお　陸上選手（短距離）　朝日新聞メセナ・スポーツ部長　陸上男子100メートルの元日本記録保持者　[没]平成29年（2017）7月16日　65歳〔盲腸がん〕　[生]昭和27年（1952）　[出]千葉県松戸市　[学]早稲田大学　[歴]幼稚園の時に小児結核を患い、小学校高学年までは運動が禁止されていた。中学3年から陸上短距離を走り始め、3年の時に放送陸上で千葉県3位に。高校1年の時に100メートル10秒9をマーク。早大時代の昭和46年に日本選手権200メートル、47年には同100メートルで優勝。48年マニラで行われたアジア選手権100メートルで当時の日本記録に並ぶ10秒1（手動計時）をマークした。50年朝日新聞社に入社し、東京運動部などで陸上競技を中心に取材。メセナ・スポーツ部などでは同社が主催する福岡国際、東京国際女子、横浜国際女子マラソンのレースディレクターとして選手招聘などの大会運営に携わった。退社後、平成25〜27年日本陸上競技連盟理事を務めた。

石津 薫　いしず・かおる　遠州鉄道社長　浜松商工会議所会頭　[没]平成29年（2017）3月17日　91歳　[生]大正14年（1925）4月1日　[出]静岡県浜名郡伊佐見村（浜松市）　[学]高岡経専〔昭和19年〕卒　[歴]昭和22年遠州鉄道に入社。45年取締役、50年常務、60年専務を経て、61年社長。平成6年会長、10年相談役、25年顧問。2〜8年浜松商工会議所会頭を務めた。浜松市観光協会会長、静岡県バス協会会長なども歴任。　[賞]藍綬褒章〔昭和63年〕，勲四等旭日小綬章〔平成7年〕，運輸大臣表彰〔昭和61年〕

石塚 和義　いしずか・かずよし　やきとりの一平本店会長　[没]平成29年（2017）4月25日　69歳〔膵臓がん〕　[出]北海道室蘭市　[歴]室蘭市のやきとりの一平本店2代目で、昭和60年からフランチャイズ経営を展開。平成16年札幌へ進出。19年、20年と全国各地の名物やきとりが集う“やきとりンピック”で2連覇を果たし「室蘭やきとり」を全国に広めた。一方、高校時代にジャズにのめり込み、昭和47年室蘭市輪西町にジャズ喫茶ビーフラを開店。平成13年から10年間、国内外のプロを集めた「室蘭ジャズクルーズ」を開催して実行委員会の会長を務めた。

石塚 克彦　いしずか・かつひこ　演出家　ミュージカル作家　劇団ふるさときゃらばん代表　[没]平成27年（2015）10月27日　78歳〔心不全〕　[生]昭和12年（1937）8月4日　[出]栃木県那須郡烏山町（那須烏山市）　[名]雅号＝石塚烏山　[学]武蔵野美術学校油絵科卒　[歴]武蔵野美術学校で棟方志功に師事。卒業後、奈良へ遊学、画家活動の傍ら舞台美術を手がけ演劇界に入る。26歳の頃からシナリオライターの山形雄策に師事し、新劇の脚本を書き始めるが、のちミュージカル作家に転身。昭和58年劇団ふるさときゃらばんを結成。日本の風土に根ざした大衆ミュージカルを創造し全国各地で上演。最初の作品「親父と嫁さん」は60年度芸術祭に初参加し、芸術祭賞を受賞。コミカルでエネルギッシュな舞台で人気を博した。平成4年バルセロナ五輪芸術祭に参加。14年映画「走れ！ ケッタマシン」を監督（脚本も）。22年劇団が自己破産し、石塚事務所・新生ふるきゃらとして復活。「トランクロードのかぐや姫」で再スタートを切る。他の作品に「ユーAh！ マイSUN社員」「ザ・結婚」「兄んちゃん」「ムラは3・3・7拍子」「サラリーマンの金メダル」など。「地震カミナリ火事オヤジ」は400回のロングランとなった。地方巡業の傍ら、棚田の保存運動を展開し、11年棚田学会設立に尽力、同副会長を務めた。　[賞]芸術祭賞（第3回）〔昭和60年〕「親父と嫁さん」，日本舞台芸術家組合賞〔昭和62年〕，日本イベント大賞最優秀企画賞〔平成2年〕「1日でつくる300人ミュージカル」，スポニチ文化芸術大賞グランプリ〔平成8年〕「ミュージカル『裸になった

サラリーマン』」, 水産ジャーナリストの会賞〔平成8年〕「ミュージカル『パパは家族の用心棒』」, 東京芸術劇場ミュージカル月間優秀賞〔平成12年〕「ミュージカル『噂のファミリー』」, 日本消防協会纒〔平成20年〕「ミュージカル『地震カミナリ火事オヤジ』」 [団]棚田学会

石塚 悟　いしずか・さとる　広島大学大学院工学研究院教授　[専]燃焼学　[没]平成29年（2017）1月22日　65歳〔胃がん〕　[生]昭和26年（1951）7月30日　[出]東京都　[学]東京大学工学部航空学科〔昭和49年〕卒, 東京大学大学院工学研究科航空学専攻博士課程修了　工学博士　[歴]埼玉工業大学工学部助教授、東京大学工学部助教授を経て、広島大学大学院工学研究院教授。　[賞]日本燃焼学会賞論文賞（第8回）〔平成13年〕「Enhancement of Flame Speed in Vortex Rings of Rich Hydrogen/Air Mixtures in Air」, 粉生熱技術振興賞（第16回, 平成13年度）「燃焼工学の進歩発展に尽力し, とくに回転流中の火炎特性に関し理論ならびに実測による解明研究に成果をあげ, 熱技術の推進に貢献した」　[団]日本機械学会, 日本燃焼研究会

石附 敦　いしずき・あつ　京都光華女子大学教授　[専]非行と親子問題　[没]平成29年（2017）1月27日　79歳〔虚血性心疾患〕　[生]昭和12年（1937）　[出]京都府京都市　[学]京都府立大学文家政学部福祉児童学科卒　[歴]家庭裁判所調査官、四天王寺国際仏教大学教授を経て、平成16年京都光華女子大学教授。京都府臨床心理士会会長も務めた。共著に「『非行』が語る親子関係」「〈こころ〉の定点観測」などがある。　[賞]瑞宝小綬章〔平成19年〕

石田 長生　いしだ・おさむ　ギタリスト　[没]平成27年（2015）7月8日　62歳〔食道がん〕　[生]昭和27年（1952）7月25日　[出]大阪府八尾市　[名]グループ名＝ソー・バッド・レビュー, BAHO（ばほ）　[歴]18歳の頃からキャバレーなどのハコバンを務め、昭和50年単身渡米してメンフィスで武者修行。帰国後、山岸潤史らとソー・バッド・レビューを結成。解散後はGAS、ザ・ボイス&リズムなどを結成する一方、ランディ・クロフォード、オーティス・クレイらと共演。平成元年CharとアコースティックデュオのBAHOを結成。4年初のソロアルバム「Solo…、Solo…」を発表した。15年にはプロ野球・阪神の球団公認応援歌「嵐は西から」の作詞・作曲・プロデュースを手がけた。他のアルバムに「Mouth&Fingers」「JUKE BOX」「BROTHERS AND SISTERS」「D.N.A」などがある。

石田 一雄　いしだ・かずお　石田屋ホテルズ会長　[没]平成29年（2017）7月7日　87歳〔病気〕　[生]昭和5年（1930）2月22日　[出]山口県吉敷郡小郡町（山口市）　[学]山口経済専〔昭和26年〕卒　[歴]石田旅館（現・石田屋ホテルズ）の社長を務め、平成19年会長。昭和63年～平成14年小郡商工会議所副会頭を務めた。　[家]長男＝石田光一郎（石田屋ホテルズ社長）

石田 甚三　いしだ・じんぞう　富山県花卉球根農業協同組合長　砺波市議　[没]平成27年（2015）6月26日　102歳〔誤嚥性肺炎〕　[生]大正2年（1913）　[出]富山県砺波市　[歴]父の後を継ぎチューリップの球根栽培を始める。戦時中は軍務に就くが、戦後保管していた種球を使い栽培を再開。黄色い花弁に赤い筋が入った新品種「レインボー」を発見し、数十年かけて育成し市場に出荷。また花の丈が長い「隆貴」、真っ赤なおくての「紅姿」なども育成した。富山県花卉球根農業協同組合長を15年務め、全国を代表するチューリップの産地に育てた。また、砺波市議を3期12年務めた。　[賞]黄綬褒章

石田 武至　いしだ・たけし　彫刻家　名古屋芸術大学名誉教授　[没]平成28年（2016）9月7日　83歳〔肺炎〕　[生]昭和7年（1932）10月23日　[出]愛知県名古屋市　[学]瀬戸窯業高〔昭和26年〕卒　[歴]彫刻家・石田清の二男で、昭和25年より父に師事。32年日展初入選。35年初の個展を開催。37年「腰かけている女」、38年「十七才」で日展特選、39年「椅子と女」で日展菊華賞を受賞。平成13年「舞台II」で日展内閣総理大臣賞。名古屋芸術大学助教授、教授も務めた。　[賞]愛知県芸術文化選奨文化賞〔昭和63年〕, 日展特選〔昭和37年・38年〕「腰かけている女」「十七才」, 日展菊華賞〔昭和39年〕「椅子と女」, 日展内閣総理大臣賞〔平成13年〕「舞台II」　[団]日展　[家]父＝石田清（彫刻家）

石田 照佳　いしだ・てるよし　医師　広島赤十字原爆病院院長　九州大学医学部助教授　[専]胸部外科学　[没]平成28年（2016）8月15日　66歳〔肺がん〕　[生]昭和24年（1949）　[出]福岡県大牟田市　[学]鹿児島ラサール高〔昭和43年〕卒, 九州大学医学部医学科〔昭和51年〕卒　医学博士　[歴]昭和51年九州大学医学部第二外科に入局。60年国立病院九州がんセンター、61年九大第二外科助手、平成元年講師、3年助教授。4年福岡市・八板病院の八板英道医師らと共同で、体を切開せずに胸腔鏡（内視鏡）、自動縫合器などを用い、自然気胸の病巣や胸内部の良性腫瘍を切除する手術法を開発した。6年米国テキサス大学シモンズ癌研究所文部省在外研究員。同年広島赤十字原爆病院外科部長に転じ、15年副院長、24年院長。28年1月特別顧問に退いたが、8月に亡くなった。　[団]日本外科学会, 日本胸部外科学会, 日本病理学会

石田 友夫　いしだ・ともお　新潟大学名誉教授　[専]フランス文学　[没]平成27年（2015）3月14日　87歳　[生]昭和2年（1927）5月4日　[出]新潟県加茂市　[学]東京大学文学部フランス文学科〔昭和25年〕卒, 東京大学大学院フランス仏学専攻〔昭和27年〕修士課程修了　[歴]昭和26年学習院大学文学部助手、27年専任講師、35年助教授を経て、36年新潟大学法文学部助教授、54年教授。[団]日本フランス語フランス文学会

石田 ヒサ子　いしだ・ひさこ　人権相談アドバイザー　[没]平成29年（2017）4月19日　87歳〔間質性肺炎〕　[出]愛媛県新居浜市　[歴]新居浜市の保育園を退職後、平成8年から新居浜市の家庭相談などに携わり、ドメスティックバイオレンス（DV）や不登校、虐待に悩む女性や子供たちの相談や支援に取り組んだ。　[賞]愛媛新聞賞〔平成23年〕

石田 等　いしだ・ひとし　福井県労働金庫理事長　[没]平成28年（2016）10月14日　85歳　[生]昭和5年（1930）11月4日　[出]福井県　[学]高小卒　[歴]福井県労働組合評議会

い

議長を経て、昭和62年～平成9年福井県労働金庫（現・北陸労働金庫）理事長を務めた。

石田 博　いしだ・ひろし　オンワードホールディングス専務　[没]平成29年（2017）4月13日　68歳〔間質性肺炎〕　[歴]オンワードホールディングス専務を務めた。

石田 雅朗　いしだ・まさお　科研製薬取締役　[没]平成27年（2015）7月22日　65歳〔虚血性心疾患〕　[生]昭和24年（1949）11月9日　[出]島根県　[学]名古屋工業大学工業化学科〔昭和48年〕卒　[歴]昭和49年科研化学（現・科研製薬）に入社。放射性医薬品部を経て、国際部で海外の企業や研究機関が開発する医薬品の調査やライセンシングの仕事に従事。平成17年取締役。　[資]原子炉主任技術者　[団]日本原子力学会

石田 光男　いしだ・みつお　彫刻家　[専]ブロンズ　[没]平成28年（2016）6月14日　86歳〔心筋梗塞〕　[生]昭和4年（1929）8月18日　[出]東京都　[学]多摩美術大学卒　[歴]昭和33年日展に初入選。48年「夏の午後」、53年「通りすぎた女」で日展特選。平成7年福島県原町市（現・南相馬市）に転居し、14年と17年に福島県総合美術展（県展）の審査員を務めた。作品に若葉台中学校の「ふれあい」の像などがある。　[賞]日展特選〔昭和48年・53年〕「夏の午後」「通りすぎた女」　[団]日本彫刻会，日展　[師]師＝佐藤助雄

石田 よし宏　いしだ・よしひろ　俳人　「地禱圏」代表　栃木県現代俳句協会会長　[没]平成27年（2015）5月14日　90歳　[生]大正13年（1924）11月20日　[出]栃木県宇都宮市　[名]本名＝石田栄宏（いしだ・よしひろ）　[歴]昭和33年「鬼怒」創刊同人。48年栃木県芸術祭俳句部門審査員。同年現代俳句協会に入会、62年栃木市俳句協会会長。平成元年栃木県現代俳句協会を設立して同会長。同年より朝日新聞栃木俳壇選者。12年同人誌「地禱圏」創刊、代表。21年現代俳句協会名誉会員。句集に「炎天の幹」「宙間」「選者吟」「微光」、評論集に「月々のことば」などがある。　[賞]栃木県俳句作家協会賞・S賞〔昭和51年〕，俳句研究社主催全国俳句大会特選〔昭和52年〕　[団]現代俳句協会（名誉会員）

石田 順朗　いしだ・よしろう　牧師　九州ルーテル学院大学名誉学長　[専]キリスト教神学　[没]平成27年（2015）11月5日　87歳　[生]昭和3年（1928）10月6日　[出]山口県　[学]シカゴ・ルーテル神学大学（米国）大学院修了，ハーバード大学（米国）大学院修了　神学博士　[歴]世界ルーテル連盟神学研究局長、シカゴ・ルーテル神学大学世界宣教研究所長、九州女学院短期大学学長を経て、平成9～13年九州ルーテル学院大学学長。　[賞]ウィッテンベルグ国際賞〔平成9年〕

伊地知 司　いじち・つかさ　南国交通社長　[没]平成29年（2017）10月3日　70歳〔病気〕　[出]鹿児島県南さつま市金峰　[学]福岡大学経済学部卒　[歴]昭和44年南国交通に入社、平成25～28年社長。また、29年6月まで鹿児島県バス協会副会長を務めた。

石坪 一三　いしつぼ・いちぞう　クラリオン社長　[没]平成29年（2017）3月30日　83歳〔心不全〕　[生]昭和8年（1933）5月14日　[出]京都府福知山市　[学]早稲田大学商学部〔昭和32年〕卒　[歴]昭和32年帝国電波（現・クラリオン）に入社。のち取締役、62年常務、平成3年専務を経て、5年社長。12年会長兼CEO（最高経営責任者）。同年8月社長職を兼務。13年相談役に退く。この間、2年米国クラリオン社長を務めた。

石永 甲峰　いしなが・こうほう　書家　日本書芸院常務理事　読売書法会常任理事　[没]平成29年（2017）6月28日　63歳　[生]昭和29年（1954）2月3日　[出]広島県　[名]本名＝石永益三（いしなが・えきぞう）　[学]奈良教育大学卒　[歴]平成9年「飛鳥」、11年「嘗胆」で日展特選。13年より日本書芸院常務理事を務めた。　[賞]日展特選（平成9年度・11年度）「飛鳥」「嘗胆」　[団]読売書法会，日本書芸院，長興会　[師]師＝栗原蘆水

石鍋 寿寛　いしなべ・としひろ　観音崎自然博物館館長　[専]水産学　[没]平成28年（2016）10月24日　61歳　[出]東京都　[歴]東京の下町で生まれ育つ。昭和59年当時の館長に誘われて横須賀市の観音崎自然博物館の研究員となり、副館長を11年間務める。平成21年同館長に就任。国指定天然記念物の淡水魚ミヤコタナゴの研究で知られ、人工増殖や生息地の保全などに努めた。

石橋 達　いしばし・いたる　西日本相互銀行常務　[没]平成27年（2015）5月25日　89歳〔肺がん〕　[出]福岡県福岡市　[歴]西日本相互銀行（現・西日本シティ銀行）常務を務めた。

石橋 栄一　いしばし・えいいち　間組副社長　[没]平成29年（2017）9月9日　92歳〔老衰〕　[生]大正14年（1925）1月21日　[出]新潟県三条市　[学]早稲田大学政経学部政治学科〔昭和26年〕卒　[歴]昭和26年間組（ハザマ，現・安藤ハザマ）に入社。54年取締役、のち常務、58年専務を経て、63年副社長。　[賞]藍綬褒章〔平成2年〕

石橋 貞彦　いしばし・さだひこ　広島大学名誉教授　[専]生理化学，薬効解析科学　[没]平成27年（2015）11月18日　81歳〔肺炎〕　[生]昭和9年（1934）5月23日　[出]千葉県千葉市　[学]東京大学医学部薬学科〔昭和32年〕卒，東京大学大学院化学系研究科薬学生理化学専攻博士課程修了　薬学博士　[歴]広島大学教授、広島国際大学副学長などを務めた。著書に「ATPと代謝制御」などがある。　[賞]日本薬学会賞学術貢献賞（平成10年度）「代謝制御における膜蛋白質と細胞質蛋白質の協調－グルコース代謝制御へのヘキソナーゼのミトコンドリア結合の関与と活性酸素産生制御における細胞質因子と細胞膜因子会合・複合体形成」　[団]日本生化学会，日本薬学会

石橋 茂夫　いしばし・しげお　大和ハウス工業副社長　大和団地社長　[没]平成27年（2015）9月12日　91歳〔敗血症〕　[生]大正12年（1923）9月17日　[出]奈良県吉野郡川上村　[学]吉野林〔昭和15年〕卒　[歴]大和ハウス工業創業者である石橋信夫の弟。昭和25年吉野中央木材取締役を経て、30年大和ハウス工業創業に参画して取締役。創業時から中枢を担い、34年常務、38年専務、43年副社長を歴任。また、48年大和団地社長、58年会長を務め、平成5年退任。大和ハウス工業と大和団地の基盤を作った。　[賞]藍綬褒章〔昭和61年〕　[家]兄＝石橋信夫（大和ハウス工業創業者）

石橋 俊一郎　いしばし・しゅんいちろう　昭和化学工業社長　[没]平成27年（2015）12月28日　76歳〔肺炎〕　[生]昭和14年（1939）8月27日　[出]福岡県飯塚市　[学]中央

日　本　人　　　　　　　　　　　　　　　　いしはら

大学経済学部経済学科〔昭和37年〕卒　㉖昭和40年昭和化学工業に入社。取締役、常務、48年専務を経て、同年社長に就任。平成15年会長。

石橋　誠晃　いしばし・せいこう　常滑市長　㉕平成28年（2016）12月13日　80歳〔肺がん〕　㉔昭和11年（1936）5月13日　㉕愛知県　㉖法政大学法学部卒　常滑市議会事務局長、市消防長、助役を経て、平成3年より市長に4選。19年引退。

石橋　尚子　いしばし・たかこ　コーラスグループ指導者　㉕平成28年（2016）3月16日　76歳〔誤嚥性肺炎〕　㉖広島県広島市西区　㉖昭和51年母の田村照子と女性コーラスグループのトワ・エ・モアを結成。グループの指導者として高齢者たちの老後の生きがいを支え、福祉施設や矯正施設でのコンサート、海外での親善公演を続けた。体調を崩し、グループは平成24年に活動を終えた。

石橋　武夫　いしばし・たけお　京都西川社長　㉕平成28年（2016）10月2日　83歳〔焼死〕　㉔昭和7年（1932）12月26日　㉕滋賀県　㉖同志社大学経済学部卒　㉖昭和30年京都西川に入社。取締役、専務を経て、59年社長、平成14年会長。12〜15年京都織物卸商業組合理事長。28年自宅の火災により亡くなった。　㊂旭日双光章〔平成16年〕

石橋　昇　いしばし・のぼる　広島大学名誉教授・植物学　㉕平成28年（2016）10月30日　69歳〔肺がん〕　㉔昭和21年（1946）11月28日　㉕島根県大田市　㉖広島大学理学部卒、広島大学大学院理学研究科植物学専攻修士課程修了　理学博士　㉖広島大学助教授を経て、教授。

石橋　富士保　いしばし・ふじお　八戸商工会議所専務理事　青森県スケート連盟会長　青森県アイスホッケー連盟会長　㉕平成27年（2015）12月18日　93歳〔肺炎〕　㉔大正11年（1922）6月28日　㉕青森県八戸市　㉖明治大学政経学部卒　㉖昭和21年㈱石橋食料品販売、31年石油販売に従事。62年石万代表取締役。この間、52年八戸商工会議所専務理事となり、平成6年まで務めた。また、昭和58〜60年と62年〜平成5年の2回、青森県スケート連盟会長を、他に青森県アイスホッケー連盟会長を務めた。　㊂藍綬褒章〔昭和60年〕、勲五等瑞宝章〔平成4年〕、青森県褒章〔昭和62年〕

石橋　義夫　いしばし・よしお　共立女子学園学園長・理事長　横綱審議委員会会長　㉕平成27年（2015）9月18日　89歳〔肺炎〕　㉔大正14年（1925）10月19日　㉕茨城県那珂郡東海村　㉖日本大学法文学部法律学科〔昭和29年〕卒　㉖昭和26年鳩山一郎衆院議員秘書を経て、34年共立女子学園に転じる。47年学園監事、52年常務理事となり、鳩山薫学園長兼理事長を支えた。平成2年学園長兼理事長。15〜19年第10代横綱審議委員会委員長。

石林　清　いしばやし・きよし　北海道議　札幌市収入役　㉕平成29年（2017）3月17日　103歳〔老衰〕　㉔大正2年（1913）5月6日　㉕北海道岩内郡岩内町　㉖札幌師範（現・北海道教育大学）〔昭和8年〕卒、中央大学法学部法律科〔昭和21年〕卒　㉖札幌師範を卒業して

小学校で教鞭を執った後、中央大学に進む。昭和21年地崎組（現・地崎工業）に入社、地崎宇三郎の秘書を務める。24年札幌市役所に入り、経済部長、収入役を歴任。43年北海道議に当選、1期。48〜63年札幌商工会議所専務理事を務めた。

石原　英助　いしはら・えいすけ　クミアイ化学工業社長　㉕平成27年（2015）5月8日　77歳〔昭和13年（1938）5月7日　㉕熊本県　㉖山口大学農学部〔昭和37年〕卒　㉖昭和44年クミアイ化学工業に入社。平成7年取締役、13年常務、15年専務を経て、23年社長。27年顧問に退き、間もなく亡くなった。

石原　悦郎　いしはら・えつろう　ツァイト・フォト・サロン主宰　㉕平成28年（2016）2月27日　74歳〔肝不全〕　㉔昭和16年（1941）　㉕東京都　㉖立教大学卒　㉖昭和47〜52年パリとミュンヘンで絵画と写真を学ぶ。帰国後の53年、日本で最初の商業的写真専門ギャラリー、ツァイト・フォト・サロンを創設。写真を美術品として扱う画廊の先駆けで、アッジェ、M.ナギ、ブレッソン、マン・レイ、ビル・ブラント、植田正治、ブラッサイなどの展覧会を開催して話題を集める。60年のつくば科学博には写真美術館を出展、「パリ・ニューヨーク・東京」展を開いた。　㊂日本写真協会賞文化振興賞〔平成15年〕

石原　金三　いしはら・かねみつ　弁護士　名古屋弁護士会会長　日弁連副会長　㉕平成27年（2015）5月28日　89歳〔肺炎〕　㉔大正14年（1925）9月27日　㉕愛知県常滑市　㉖陸士卒、京都大学法学部法律学科〔昭和24年〕卒　㉖昭和23年大学在学中に司法試験に合格、26年検事任官。岐阜地検、名古屋地検各庁を経て、34年退官で弁護士登録、41年名古屋弁護士会副会長、54年同会長、中部弁護士連理事長、同年日本弁護士連合会副会長、57年日本法律家協会理事。60年愛知県公安委員となり、平成2年委員長を務めた。　㊂勲三等瑞宝章〔平成7年〕　㊄名古屋弁護士会

石原　喜久子　いしはら・きくこ　声楽家（ソプラノ）　石原音楽院院長　㉕平成27年（2015）8月29日　85歳〔敗血症〕　㉔昭和4年（1929）9月15日　㉕奈良県　㉖大阪音楽学校〔昭和24年〕卒　㉖石原音楽院院長、京都文教短期大学兼任教授、奈良県音楽芸術協会副会長などを務めた。　㊄奈良県音楽芸術協会、幸楽会　㊇弟＝石原昌和（能楽師）　㊈師＝中川牧三、四家文子

石原　荘一　いしはら・そういち　名城大学名誉教授・熱工学、応用熱力学　㉕平成28年（2016）6月10日　79歳　㉔昭和12年（1937）4月21日　㉕三重県桑名市　㉖四日市工機械科卒、名城大学理工学部機械工学科〔昭和36年〕卒、明治大学大学院工学研究科機械工学専攻〔昭和45年〕博士課程修了　工学博士（明治大学）　㉖昭和45年名城大学理工学部講師を経て、62年教授。平成23年退職。2ストロークエンジンの世界の権威だった富塚清に学び、排気ガスが少ないエンジンの研究開発に従事。

石原　利昭　いしはら・としあき　連合大阪会長　㉕平成28年（2016）1月19日　88歳〔心房細動〕　㉔昭和2年（1927）2月27日　㉕大阪府堺市　㉖堺工〔昭和20年〕卒　㉖平成元年連合大阪の初代会長に就任。5

現代物故者事典　2015〜2017　47

退任。関西生産性本部評議委員会副会長、関西労働金庫理事長なども務めた。

石原 萠記 いしはら・ほうき　評論家　自由社社長　[専]韓国問題, 政界再編　[没]平成29年(2017)2月24日　92歳　[生]大正13年(1924)11月5日　[出]山梨県　[学]早稲田大学政経学部〔昭和24年〕卒, 東洋大学文学部史学科〔昭和26年〕卒　[歴]昭和30年国際文化自由会議(在パリ)の日本駐在員となり、内外知識人の人的交流、国際会議の主催などのため西欧、アジアを中心に歩く。31年日本文化フォーラムを結成し、34年自由社を設立して社長に就任。評論家・竹山道雄の後を継ぎ、月刊総合誌「自由」「韓国文化」や単行本を発行する。日本出版協会理事長、日本対外文化協会副会長、こども教育財団理事、情報化社会を考える会代表などを歴任。著書・編著に「江田三郎」「韓国・北朝鮮統一問題資料集」「三宅正一の生涯」「裏方政治家 松井政吉」「追悼 西村勇夫」「激動の時代を生きる―安枝守太の青春」「戦後日本知識人の発言軌跡」「歌謡の変遷にみる天皇制度の変化」などがある。

井島 政治 いじま・まさはる　水俣病平和会会長　[没]平成28年(2016)9月29日　91歳〔胆管がん〕　[出]鹿児島県　[歴]水俣病認定患者で、平成20年の犠牲者慰霊式で患者・遺族を代表して祈りの言葉を述べた。

石丸 邦夫 いしまる・くにお　嶋屋経営　日田市観光協会会長　[没]平成29年(2017)11月24日　73歳〔肺炎〕　[歴]大分県日田市豆田町で喫茶店の嶋屋を経営。平成7年日田観光協会会長に就任、18年日田市観光協会に名称変更。同会長を約20年間務め、「日田天領まつり」「天領日田おひなまつり」など市を代表するイベントを確立。豆田町の町並み保存や活性化に力を注いだ。　[賞]大分合同新聞文化賞(地方文化)〔平成27年〕, 日田市政功労者表彰

石丸 徹 いしまる・とおる　全日本実業団野球連盟名誉会長　[没]平成27年(2015)2月22日　80歳〔肺がん〕　[歴]全日本実業団野球連盟会長を務めた。

石丸 義雄 いしまる・よしお　多良見町(長崎県)町長　[没]平成29年(2017)1月7日　92歳〔急性心不全〕　[生]大正13年(1924)8月27日　[出]長崎県西彼杵郡喜々津村(諫早市)　[学]長崎経専〔昭和22年〕卒　[歴]昭和25年長崎民友新聞社に入社。33年海上自衛隊に入隊、49年防衛庁事務官を経て、55年税理事務所を開業。57年長崎県多良見町長に当選、平成10年まで4期務めた。　[賞]勲五等双光旭日章〔平成12年〕

伊志嶺 剛 いしみね・たかし　リウボウホールディングス社長　[没]平成27年(2015)5月14日　69歳　[生]昭和20年(1945)6月18日　[出]沖縄県沖縄市　[学]滋賀大学経済学部卒　[歴]昭和63年沖縄振興開発金融公庫産業開発プロジェクト推進室長。平成元年退職してリウボウ経理部長に転じ、2年取締役、6年専務。17～20年リウボウストア社長。同年リウボウインダストリー社長兼リウボウストア副会長、23年リウボウホールディングス社長に就任。25年リウボウ相談役に退いた。

石嶺 信子 いしみね・のぶこ　琉球音楽家　[没]平成29年(2017)5月2日　79歳〔呼吸不全〕　[出]沖縄県中頭郡読谷村喜名　[歴]玉城流煌扇潤信の会石嶺信子琉舞太鼓道場の会主で、琉球古典芸能コンクールでは太鼓部門の審査員を務めた。

石嶺 弘実 いしみね・ひろみ　ジャズ・クラリネット奏者　沖縄ジャズ協会会長　[没]平成28年(2016)4月30日　79歳〔パーキンソン病〕　[出]沖縄県那覇市　[歴]高校時代にクラリネットとアルトサックスを吹き始め、卒業後は米軍基地内のクラブなどで演奏。調律師として働きながらバンド活動を続け、平成9年沖縄音楽家協会から名称変更した沖縄ジャズ協会の初代会長に就任。13年まで2期務めた。「白い渚のブルース」や「波路はるかに」などの演奏で知られる。

石村 友助 いしむら・ゆうすけ　日本石油常務　日本舗道副社長　[没]平成28年(2016)2月20日　80歳〔誤嚥性肺炎〕　[生]昭和10年(1935)10月14日　[出]埼玉県蕨市　[学]東京大学法学部〔昭和34年〕卒　[歴]昭和34年日本石油(現・JXTGエネルギー)に入社。監査室長を経て、平成3年常勤監査役、4年常務。10年日本鋪道(現・NIPPO)専務、13年副社長に就任。

石村 義光 いしむら・よしみつ　福島県農協中央会会長　[没]平成27年(2015)11月22日　86歳　[生]昭和4年(1929)3月28日　[出]福島県会津若松市　[学]会津農林卒　[歴]会津若松市議4期を務め、昭和58年から同市農協組合長。福島県農協中央会専務理事などを経て、平成5年副会長、6年会長。福島信連、福島経済連、福島共済連、福島厚生連各会長。全国厚生連理事を兼ねた。　[賞]旭日小綬章〔平成21年〕

石牟礼 弘 いしむれ・ひろし　水俣病センター相思社理事　[没]平成27年(2015)8月20日　89歳〔老衰〕　[歴]昭和22年石牟礼道子と結婚。中学校教師の立場から水俣病患者や家族を支え、水俣病センター相思社理事を務めた。妻の代表作「苦海浄土」のタイトルを決めた際、ノンフィクション作家の上野英信が“苦海”、自身が“浄土”を提案して、題名が決まった。　[家]妻＝石牟礼道子(作家)

石本 浩市 いしもと・こういち　医師　あけぼのこどもクリニック院長　[専]小児科学, 地域医療　[没]平成29年(2017)2月21日　65歳　[生]昭和26年(1951)　[出]高知県南国市　[学]順天堂大学医学部卒　[歴]日野市立総合病院小児科医長の傍ら、母校・順天堂大学で小児がん治療に携わる。がん告知に議論があった1990年代から小児がん患者への告知を始め、国内では初めて長期経過観察外来を開始。平成13年故郷の高知県南国市で小児科医院を開業。その後、妻がレビー小体型認知症を発症、介護を続けながら診療にあたる。その様子はドキュメンタリー映画「妻の病―レビー小体型認知症―」(伊勢真一監督)となった。共編に「難病の子どもを知る本〈1〉白血病の子どもたち」がある。

石本 正 いしもと・しょう　日本画家　京都市立芸術大学名誉教授　[没]平成27年(2015)9月26日　95歳〔不整脈による心停止〕　[生]大正9年(1920)7月3日　[出]島根県那賀郡岡見村(浜田市)　[名]本名＝石本正(いしもと・ただし)　[学]京都市立絵画専(現・京都市立芸術大学)日本画科〔昭和19年〕卒　[歴]京都市立絵画専(現・京都市立芸術大学)日本画科在学中に応召。復員後に活動を本格化させ、昭和22年から3回連続で日展に入選。23年創造美術結成に参加、26年同会が新制作派

協会と合併、新制作協会となった後も、日本画部に出品、26年から新作家賞を毎年のように受賞。31年新制作協会会員。34年横山操、加山又造と轟会を結成。46年日本芸術大賞、芸術選奨文部大臣賞を受賞後は全ての賞を辞退。47年加山らと創画会を結成すると同会を中心に活動。京都市立芸術大学教授、京都造形芸術大学教授を務めた。郷里の島根県三隅町（現・浜田市）に作品約2000点を寄贈し、平成13年同町に石正美術館が開館した。花鳥画、人物画、風景画などに取り組み、中世イタリアをテーマとした作品を手がけた他、舞妓の裸婦像の連作で知られた。㊥芸術選奨文部大臣賞（第21回、昭和45年度）〔昭和46年〕「横臥裸婦」、日本芸術大賞（第3回）〔昭和46年〕、新制作展新作家賞（第15回・17回・18回・19回）〔昭和26年・28年・29年・30年〕㊥創画会

石元 広見 いしもと・ひろみ 高知女子大学教授 ㊥英語学 ㊷平成28年（2016）6月2日 88歳〔肺がん〕 ㊥昭和2年（1927）11月6日 ㊥高知県土佐市 ㊥早稲田大学教育学部英語・英文学科卒 ㊥高知学芸短期大学英語科長を務めた。共著に「最新英語教育法」など。

石本 泰雄 いしもと・やすお 大阪市立大学名誉教授 ㊥国際法、国際組織論 ㊷平成27年（2015）12月8日 91歳〔大動脈瘤破裂〕 ㊥大正13年（1924）12月5日 ㊥和歌山県田辺市 ㊥東京大学法学部政治学科〔昭和23年〕卒 法学博士〔昭和37年〕 ㊥昭和27年大阪市立大学講師、28年助教授を経て、35年教授。56年退職して上智大学教授、平成10年神奈川大学教授。14年日本学士院会員に選ばれる。国際法学会理事長、日本学術会議会員も務めた。著書に「中立制度の史的研究」「条約と国民」「国際法研究余滴」などがある。㊥日本学士院会員〔平成14年〕 ㊥国際法学会、日本国際政治学会

石山 洋 いしやま・ひろし 国立国会図書館図書館研究所 ㊥図書館学、科学史、地理学、情報管理、博物館学 ㊷平成28年（2016）1月16日 88歳 ㊥昭和2年（1927）7月21日 ㊥東京都中野区 ㊥東京大学理学部地理学科〔昭和26年〕卒 ㊥昭和26年最高裁判所図書館、27年国立国会図書館支部上野図書館、34年国立国会図書館。平成元年4月図書館研究所長。同年9月退職し、東海大学教授となる。のち図書館流通センター会長も務めた。著書に「源流から辿る近代図書館」などがある。㊥勲三等瑞宝章〔平成9年〕、日本科学技術情報センター丹羽賞学術賞（第16回）〔昭和56年〕「簡易漢字端末の標準仕様」 ㊥司書 ㊥日本図書館学会、日本出版学会、日本科学史学会、日本地理学会、洋学史学会、日本図書館研究会、日本図書館協会、図書館問題研究会、東京地学協会

井尻 千男 いじり・かずお 評論家 コラムニスト 日本経済新聞編集局文化部編集委員 拓殖大学名誉教授 ㊥文壇、論壇、出版文化 ㊷平成27年（2015）6月3日 76歳〔膵臓がん〕 ㊥昭和13年（1938）8月2日 ㊥山梨県山梨市 ㊥立教大学文学部日本文学科〔昭和37年〕卒 ㊥昭和37年日本経済新聞社に入社。61年よ

文化部編集委員。この間、45年から19年間読書面のコラム「とじ糸」を執筆、練達のコラムニストとして知られる。編集委員としては、文壇、論壇、学芸、出版界などを担当。文化論を中心に広く社会評論を手がけた。平成9年2月退社し、4月拓殖大学教授。22年退職。20年根津記念館館長。著書に「消費文化の幻想」「産業知識人の時代」「出版文化―夢と現実」「玩物喪志」「流行の言説・木易の思想」「劇的なる精神 福田恆存」「文章表現の研究」「言葉を玩んで国を喪う」などがある。㊥中村正雄文学賞（第8回）〔平成6年〕「劇的なる精神 福田恆存」 ㊥昭和文学研究会、日本文化会議

井尻 昇壮 いじり・しょうそう フジタ常務 ㊷平成28年（2016）1月28日 88歳〔肺気腫〕 ㊥昭和2年（1927）8月26日 ㊥広島県 ㊥早稲田大学商学部〔昭和26年〕卒 ㊥昭和37年藤田組（のちフジタ工業、現・フジタ）に入社。60年取締役を経て、63年常務。

泉谷 芳弘 いずたに・よしひろ 神戸製鋼所副社長 ㊷平成27年（2015）10月12日 85歳〔肺がん〕 ㊥昭和4年（1929）11月15日 ㊥兵庫県西宮市須磨区 ㊥東京大学法学部〔昭和28年〕卒 ㊥昭和28年神戸製鋼所に入社。58年取締役、62年常務、平成元年専務を経て、3年副社長。

井筒 濬 いずつ・しん 島津製作所専務 ㊷平成29年（2017）5月26日 86歳〔膵臓がん〕 ㊥昭和5年（1930）8月1日 ㊥大阪府 ㊥大阪大学工学部〔昭和28年〕卒 ㊥昭和28年島津製作所に入社。56年取締役、のち常務、平成3年専務を歴任。

井筒 豊子 いずつ・とよこ 作家 イスラム学者・井筒俊彦の妻 ㊷平成29年（2017）4月25日 91歳〔脳梗塞〕 ㊥大正14年（1925）9月8日 ㊥大阪府中河内郡布施町（東大阪市） ㊥旧姓・名＝佐々木 ㊥東京大学文学部文科仏文学専攻〔昭和27年〕卒 ㊥昭和27年東京大学文学部を卒業し、同年イスラム学の研究者・井筒俊彦と結婚。34年夫がロックフェラー財団の奨学金を受け、2年間の留学に同行。同年小説「白磁盒子」を刊行したが、以降は夫に同行した異国の風景をエッセイに記した。平成5年夫が脳出血で倒れ、13年「井筒ライブラリー・東洋哲学」叢書を開始。14年慶応義塾大学図書館内の井筒豊彦文庫開設、「井筒俊彦全集」の刊行を推進。日本文学にも造詣が深く、29年インタビュー、エッセイ、論文（和歌論）を収録した「井筒豊彦の学問遍路―同行二人半」が刊行された。他の著訳書に、「The Theory of Beauty in the Classical Aesthetics of Japan」（共著）、ハミルトン・A.R.ギブ「アラビア文学史」「アラビア人文学」、マーク・テイラー「さまよう―ポストモダンの非／神学」。㊥夫＝井筒俊彦（慶応義塾大学名誉教授・イラン王立哲学研究所教授）

井筒 雄三 いずつ・ゆうぞう 日本電気硝子社長 ㊷平成29年（2017）12月1日 72歳〔がん〕 ㊥昭和19年（1944）12月12日 ㊥京都府相楽郡木津町（木津川市） ㊥同志社大学経済学部〔昭和42年〕卒 ㊥昭和42年日本電気硝子に入社。高月工場品質管理部門で加工生産管理などに従事した後、CRT事業部取締役事業部長、平成8年常務、15年専務を経て、同年社長に就任。需要が低迷していたブラウン管用ディスプレーガラスの生産を縮小して液晶など薄型パネル向けガラスの設

投資を積極的に行い、事業構造を転換した。21年代表取締役副会長、のち会長、相談役。

和泉 清　いずみ・きよし　土佐清水市長　[没]平成27年(2015)1月17日　88歳〔肝臓がん〕　[生]大正15年(1926)10月8日　[出]高知県土佐清水市　[学]陸軍航空学校卒　[歴]昭和49年から土佐清水市議3期を経て、61年市長に当選。3期目途中の平成8年に辞職した。

い

泉 潔　いずみ・きよし　ナイガイ会長　[没]平成28年(2016)2月9日　63歳〔病気〕　[生]昭和28年(1953)1月26日　[出]大阪府池田市　[学]京都外国語大学外国語学部〔昭和53年〕卒　[歴]昭和54年内外編物(現・ナイガイ)に入社。平成6年ナイガイアパレル香港リミテッド社長、18年ナイガイ執行役員海外事業部長、20年ナイガイ取締役海外事業統括を経て、同年10月社長に就任。27年会長。

泉 賢司　いずみ・けんし　国士舘大学准教授　[専]武道　[没]平成29年(2017)1月1日　65歳〔膵臓がん〕　[生]昭和26年(1951)3月9日　[出]長崎県五島市　[学]国士舘大学教育学部体育学科卒　[歴]国士舘大学武道道徳研究所講師、助教授(准教授)を務めた。

和泉 信一　いずみ・しんいち　上野証券社長　日本馬主協会連合会名誉会長　[没]平成28年(2016)8月26日　90歳〔病気〕　[生]大正15年(1926)7月25日　[出]千葉県　[学]東京商科大学(現・一橋大学)卒　[歴]上野証券社長を務めた。昭和26年馬主資格を取得し、凱旋門賞2着のナカヤマフェスタなどを所有。競馬界の発展にも寄与した。

泉 澄一　いずみ・ちょういち　関西大学名誉教授　[専]日本中世史　[没]平成27年(2015)3月19日　82歳〔悪性リンパ腫〕　[生]昭和7年(1932)10月12日　[出]大阪府大阪市　[学]関西大学大学院文学研究科日本史専攻修士課程修了　文学博士　[歴]大阪府立東豊中高校教諭を経て、関西大学文学部教授。著書に「堺と博多—戦国の豪商」「堺—中世自由都市」「釜山窯の史的研究」「近世対馬陶窯史の研究」「対馬藩藩儒雨森芳洲の基礎的研究」「対馬藩の研究」などがある。　[賞]小山冨士夫記念賞(第14回)〔平成5年〕　[団]日本歴史学会, 大阪歴史学会, 朝鮮学会

泉 政行　いずみ・まさゆき　俳優　[没]平成27年(2015)7月28日　35歳〔病気〕　[生]昭和55年(1980)5月12日　[出]東京都　[歴]平成14年テレビドラマ「ごくせん」の生徒役で俳優デビュー。15年特撮番組「仮面ライダー555」に出演。16〜23年ドラマ「科捜研の女」に主人公の同僚役で出演した。他の出演作に、ドラマ「コスモ★エンジェル」「笑顔セラピー」「天国のダイスケへ」「サラリーマン金太郎」など。写真集に「泉政行 彼のいる風景」がある。

泉 美治　いずみ・よしはる　大阪大学名誉教授　[専]有機合成化学, 触媒化学　[没]平成27年(2015)12月13日　94歳〔狭心症〕　[生]大正10年(1921)12月12日　[出]兵庫県神戸市北区道場町　[学]大阪薬科専〔昭和16年12月〕卒　理学博士〔昭和37年〕　[歴]和光純薬工業(現・武田化学薬品)、日之出製薬を経て、昭和31年大阪大学理学部助手、33年大阪大学蛋白質研究所助手、34年助教授、40年教授、57年所長。60年退官、名誉教授。同年大阪学院大学商学部教授、平成6年退職。この間、日本化学会副会長、触媒学会会長、国際化学研究会理事などを務めた。著書に「有機立体化学」「科学者が問う 来世はあるか—科学と仏教の価値」などがある。　[賞]勲三等旭日中綬章〔平成8年〕, 近畿化学協会化学技術賞(第14回, 昭和36年度)「絹—金属触媒に関する研究」, 日本化学会賞(第32回)〔昭和55年〕「不均一系不斉水素化触媒反応の研究」　[資]薬剤師　[団]日本化学会, 触媒学会, 日本薬学会, 現代における宗教の役割研究会(コルモス)

泉 理青　いずみ・りせい　華道家　古流松栄会会長　[没]平成29年(2017)6月3日　88歳〔心不全〕　[名]本名=泉靖夫(いずみ・やすお)　[歴]19歳で古流10世家元高柳理来に師事、7年で師範となる。昭和62年古流12世家元の後を継ぎ、古流松栄会を創設して会長に就いた。石川県いけ花文化協会常務理事も務めた。　[賞]北国芸能賞〔平成13年〕, 地域文化功労者文部科学大臣表彰　[師]師=高柳理来

泉沢 彰　いずみさわ・あきら　プロ野球選手　[没]平成29年(2017)10月21日　72歳　[生]昭和20年(1945)8月23日　[出]岩手県　[学]花巻商(現・花巻東高)卒　[歴]小学5年から野球を始め、投手となる。小佐野中から花巻商に進み、卒業後は盛岡鉄道管理局に就職。第40回都市対抗で準決勝に進出。昭和45年ドラフト1位で西鉄(現・西武)に入団。右下手投げの投手で、同年ウエスタンリーグでノーヒットノーランを達成、防御率1位も獲得するが、48年以降公式戦には登板できず、51年引退。実働3年、34試合登板、1勝5敗、41奪三振、防御率3.45。引退後は一軍マネージャー、ファームマネージャー、球団管理部、スカウトなどを経て、平成10〜13年同球団の若獅子寮寮長。社会人野球フェズント岩手の総監督も務めた。

泉田 純　いずみだ・じゅん　プロレスラー　力士　[没]平成29年(2017)　51歳　[生]昭和40年(1965)10月28日　[出]宮城県　[名]四股名=高見将, 青雲龍, 武蔵海　[学]東京農業大学中退　[歴]東京農業大学を中退し、大相撲の東関部屋に入門。昭和61年春場所で初土俵、高見将、青雲龍、武蔵海の四股名で最高位は西幕下37枚目。平成3年秋場所を最後に引退。同年全日本プロレスに入団してプロレスに転向。10年本田多聞と組んでアジアタッグ王座を獲得。頭突きを得意とし、本田とのタッグは"ヘッドバッターズ"といわれた。12年プロレスリング・ノア旗揚げに参加したが、21年12月で退団して以後はフリーで活動。29年神奈川県内の自宅で亡くなっているのが発見された。

出雲路 敬直　いずもじ・よしなお　神官　下御霊神社宮司　[没]平成29年(2017)4月16日　82歳〔虚血性心疾患〕　[生]昭和10年(1935)　[出]京都府　[学]国学院大学文学部史学科〔昭和33年〕卒　[歴]京都精華女子高校教諭の他、京都市にある下御霊神社宮司を務めた。著書に「京都の道標」「京のしるべ石」などがある。　[家]長男=出雲路敬栄(下御霊神社宮司)

伊勢 順治　いせ・じゅんじ　阿波証券社長　[没]平成27年(2015)3月26日　79歳〔敗血症〕　[生]昭和11年(1936)1月19日　[出]徳島県徳島市　[学]明治大学商学部

卒 [歴]昭和55年から阿波証券社長、平成13〜21年会長を務めた。

井関 清 いせき・きよし ハウスメイトパートナーズ創業者 [没]平成27年(2015)11月6日 77歳〔胆管がん〕 [生]昭和13年(1938)2月11日 [出]愛媛県喜多郡肱川町(大洲市) [学]中央大学法学部〔昭和36年〕卒 [歴]2歳で父を亡くし、以来助産婦をしていた母の手一つで育てられる。昭和49年不動産管理業の井関商事を創業。52年ハウスメイト、平成14年ハウスメイトパートナーズに社名変更。

伊関 哲夫 いせき・てつお 北檜山町体育協会会長 [没]平成28年(2016)7月17日 78歳 [歴]建設会社を経営。北海道北檜山町(現・せたな町)体育協会会長を16年間にわたって務め、夏のスポーツ合宿誘致に尽力。町外から学生を呼び込んで町に大きな経済効果をもたらした他、強豪チームの来町により地元の運動技能レベルも高まった。平成元年には合宿の受け入れ組織であるキャンプタウンきたひやま推進の会を設立、初代会長を務めた。

井関 正昭 いせき・まさあき 美術評論家 東京都庭園美術館名誉館長 [専]イタリア美術史, 近代日本美術 [没]平成29年(2017)10月6日 89歳〔病気〕 [生]昭和3年(1928)1月25日 [出]神奈川県横浜市 [学]東北大学法文学部美学美術史科〔昭和27年〕卒 [歴]神奈川県立鎌倉近代美術館学芸員、多摩美術大学講師、国際交流基金勤務などを経て、昭和59年から在ローマ日本文化会館館長兼駐イタリア公使を務め、63年定年退職。同年〜平成6年北海道立近代美術館館長。また、平成元年〜9年明星大学日本文化学部教授、8〜28年東京都庭園美術館館長を歴任。著書に「画家フォンタネージ」「イタリアの近代美術」「日本の近代美術・入門」「未来派 イタリア・ロシア・日本」などがある。 [賞]イタリア共和国功労勲章グランデ・オフィシアル章〔平成1年〕, 旭日小綬章〔平成21年〕 [資]学芸員 [団]美術史学会, 地中海学会, 美術評論家連盟, 全国美術館会議, 北海道日伊協会, 美術館連絡協議会, 東京都歴史文化財団

伊勢田 史郎 いせだ・しろう 詩人 郷土史家 兵庫県現代詩協会会長 [専]兵庫県 [没]平成27年(2015)7月20日 86歳〔肝臓がん〕 [生]昭和4年(1929)3月19日 [出]兵庫県神戸市 [学]興亜専中退 [歴]昭和22年神戸新聞社に入社。23年神戸春秋社、25年重要産業新聞社に移る。27年大阪ガスに入社、平成11年大阪ガスエネルギー文化研究所顧問を退任した。詩人としては小林武雄を師と仰ぎ、昭和22年詩誌「クラルテ」に参加。27年第一詩集「エリヤ抄」を刊行。30年仲間と「輪」を創刊。平成7年阪神・淡路大震災で自宅が全壊したが、芸術を通じた被災地再生を目指す"アート・エイド・神戸"の運動で実行委員長を務めた。15〜17年兵庫県現代詩協会会長。郷土史家としても活動した。詩集「幻影とともに」「錯綜とした道」「山の遠近」「よく肖たひと」「熊野詩集」「低山あるき」や評伝集「神戸の詩人たち」、「船場物語」「日本人の原郷・熊野を歩く」などがある。 [賞]神戸市文化賞〔平成4年〕, 兵庫県文化賞〔平成13年〕 [団]日本現代詩人会

磯貝 勝太郎 いそがい・かつたろう 文芸評論家 [専]大衆文学, 歴史文学, 史伝文学 [没]平成28年(2016)6月16日 81歳 [生]昭和10年(1935)1月26日 [出]東京市牛込区(東京都新宿区) [名]本名＝磯貝勝太郎(いそがい・かつたろう) [学]慶応義塾大学文学部図書館学科〔昭和36年〕卒 [歴]少年時代、歌舞伎に熱中する父親のもとで、講談全集を読みあさる。昭和20年空襲で埼玉県川口市に移り、家計の事情で高校を断念、通商産業省の研究所給仕に。その後、夜学へ通ったのち、昼間の大学にも進む。作家志望だったが、のち大衆文学研究を志し第一人者となる。国際基督教大学図書館に勤務し、主幹。のちに「国際基督教大学史」の編纂主幹。司馬遼太郎記念財団役員、新田次郎文学会監事、海音寺潮五郎記念館評議員、大衆文学研究会副会長、さいたま市スポーツ文学賞選考委員も務めた。著書に「歴史小説の種本」「親と先生にないしょの話」「司馬遼太郎の風音」などがある。 [賞]長谷川伸賞(第18回)〔昭和58年〕「大衆文学、歴史文学の評論活動にたいして」, 大衆文学研究賞(評論・伝記部門, 第14回)〔平成13年〕「司馬遼太郎の風音」, さいたま市文化賞〔平成20年〕「長年にわたるスポーツ文学賞最終選考委員としての功績にたいして」 [団]日本文芸家協会, 日本ペンクラブ, 大衆文学研究会, 新田次郎記念会, 司馬遼太郎記念財団, 海音寺潮五郎記念館

磯貝 捷彦 いそがい・としひこ 神奈川県議(自民党) [没]平成29年(2017)4月21日 73歳 [生]昭和19年(1944)2月10日 [出]神奈川県小田原市 [学]東京農業大学農学部卒 [歴]倉庫管理業を営み、磯貝産業社長。小田原市議2期目途中の平成7年、神奈川県議に当選。以来連続4選。23年引退した。

磯谷 千代子 いそがえ・ちよこ 茶道家 肥後古流的々社常任理事 [没]平成28年(2016)2月16日 95歳〔心不全〕 [賞]熊本県芸術功労者〔平成13年〕

磯野 恭子 いその・やすこ テレビプロデューサー 山口放送常務テレビ制作局長 岩国市教育長 [専]ドキュメンタリー [没]平成29年(2017)8月2日 83歳〔心筋梗塞〕 [生]昭和9年(1934)1月6日 [出]広島県佐伯郡能美町(江田島市) [学]皆実高〔昭和28年〕卒, 広島大学政経学部〔昭和34年〕卒 [歴]昭和34年ラジオ山口(現・山口放送)にアナウンサーとして入社。45年からテレビドキュメンタリーの制作を始める。自らの原点と女性の目でヒロシマや"戦争と平和"にこだわる作品を撮り続け、岩国市の原爆小頭症の女性と両親に迫った「聞こえるよ、母さんの声が…原爆の子・百合子」(54年)で芸術祭賞大賞を、人間魚雷「回天」搭乗員の生涯を伝えた「死者たちの遺言—回天に散った学徒兵の軌跡」(59年)で芸術祭賞優秀賞とギャラクシー賞を受賞。他にも「爆音」「山口のヒロシマ」「チチの国・ハハの国—ある韓国人女性の帰国」などを制作、女性テレビドキュメンタリストの第一人者となった。「祖国へのはるかな旅—ある中国残留婦人の帰国」(62年)、「大地は知っている—中国へ残された婦人たち」(平成4年)は芸術祭賞芸術作品賞を受け、中国残留婦人の永住帰国希望者全員を受け入れる、5年の旧厚生省方針に繋がった。昭和60年山口放送報道制作本部テレビ制作局長となり、63年民放初の女性取締役に就任。平成11年常務、13年より顧問。また、2年岩国市教育委員となり、同委員長、16年から6年間は同市教育長を務め

た。　㊙紫綬褒章〔平成12年〕、日本民間放送連盟賞優秀賞〔昭和38年〕「爆音」、芸術祭賞大賞（テレビドキュメンタリー部門、第34回、昭和54年度）「聞こえるよ、母さんの声が─原爆の子・百合子」、日本女性放送者懇談会賞（SJ賞）〔昭和54年〕、日本民間放送連盟賞優秀賞〔昭和54年〕、日本赤十字映画祭優秀賞〔昭和54年〕、ベルリン未来賞〔昭和54年〕、芸術祭賞優秀賞（テレビドキュメンタリー部門、第35回・第39回、昭和55年度・59年度）「山口のヒロシマ」「死者たちの遺言─回天に散った学徒兵の軌跡」、国際婦人援助賞〔昭和57年〕、ギャラクシー賞（第22回）〔昭和59年〕「死者たちの遺言─回天に散った学徒兵の軌跡」、地方の時代特別賞〔昭和59年〕「限りある命のために」、放送文化基金賞（第12回）〔昭和61年〕、エイボン女性教育賞〔昭和61年〕、芸術祭賞芸術作品賞〔昭和63年・平成5年〕「祖国へのはるかな旅─ある中国残留婦人の帰国」「大地は知っている─中国へ残された婦人たち」

磯部 幸太郎　いそべ・こうたろう　捜査嘱託犬指導手　㊟平成28年（2016）2月16日　100歳〔老衰〕　㊙昭和57年から30年以上にわたって福島県警察捜査嘱託犬指導手を務めた。

磯辺 サタ　いそべ・さた　バレーボール選手　㊟平成28年（2016）12月18日　72歳〔昭和18年（1943）12月19日　㊨千葉県　㊞本名＝丸山サタ（まるやま・さた）　㊥四天王寺高卒　㊙幼少の頃に両親を亡くし、千葉のおばの家で育つ。バレーボールを始めた神崎中学時代から全国的に名を知られる。中学を卒業して一時ニチボー貝塚（後のユニチカフェニックス）に籍を置いたが、1年後四天王寺高校に入学。卒業後はニチボーに再入社、19歳の最年少でレギュラーとなる。昭和39年の東京五輪では“東洋の魔女”と呼ばれたニチボーチーム主体の日本女子代表にアタッカーとして参加、20歳の最年少レギュラーとして金メダル獲得に貢献した。22歳で引退、結婚後は地域でバレーボールの指導にあたった。長男の丸山繁守はソウル五輪競泳背泳ぎの代表選手。　㊟長男＝丸山繁守（水泳選手）

磯見 辰典　いそみ・たつのり　上智大学名誉教授　㊙西洋史（フランス史、ベルギー史）　㊟平成29年（2017）12月26日　89歳〔間質性肺炎〕　㊐昭和3年（1928）11月16日　㊨神奈川県鎌倉市　㊥上智大学文学部史学科卒、上智大学大学院西洋文化研究科〔昭和32年〕修士課程修了　㊙昭和40～42年ベルギー・ルーヴァン大学留学。上智大学文学部史学科教授を務めた。著書に「ヨーロッパ・キリスト教史」「鎌倉小町百六番地」、共著に「フランス人」「日本・ベルギー関係史」、訳書にストフェール「宗教改革」、ブロワ「フィアンセへの手紙」、「中世末期の図像学」（共訳）など。　㊙日本ペンクラブ, 日本劇作家協会

井田 信夫　いだ・のぶお　サンヨー食品副社長　㊟平成27年（2015）8月27日　80歳〔胆管がん〕　㊐昭和9年（1934）8月28日　㊨群馬県前橋市　㊥武蔵大学経済学部〔昭和33年〕卒　㊙サンヨー食品創業者・井田文夫の二男。兄である井田毅社長を補佐して販売を担当、営業の第一線に立って即席ラーメン「サッポロ一番」を看板商品に育て上げた。昭和50年副社長に就任。平

成10年相談役に退いた。著書に「サッポロ一番 汗とカネ」がある。　㊟父＝井田文夫（サンヨー食品創業者）、兄＝井田毅（サンヨー食品社長）

板井 栄雄　いたい・ひでお　洋画家　㊟平成29年（2017）2月7日　87歳〔脳出血〕　㊐昭和4年（1929）3月18日　㊨熊本県熊本市　㊥九州学院中〔昭和22年〕卒、多摩造形芸術専（現・多摩美術大学）〔昭和25年〕中退　㊙九州学院中学から多摩造形芸術専門学校（現・多摩美術大学）に進むが、結核のため中退。帰郷後、海老原喜之助主宰の海老原美術研究所で研鑽を積む。ともに薫陶を受けた芹川光行、宮崎静夫らと世代を結成。モダンアート協会会員で、ポップな表現と強烈な風刺で知られた。平成12年4月から1年間にわたり熊本日日新聞夕刊で「シネマ通りの小さな本屋」を連載した他、多くのカットを手がけた。　㊙熊日総合美術展熊日賞〔昭和34年・39年〕、熊日総合美術展20周年記念賞〔昭和41年〕

板垣 宏　いたがき・ひろし　帝人社長　㊟平成27年（2015）12月2日　85歳〔心不全〕　㊐昭和5年（1930）8月16日　㊨愛媛県喜多郡長浜町（大洲市）　㊥松山中〔昭和22年〕4年修了、松山高〔昭和25年〕卒、京都大学工学部工業化学科〔昭和28年〕卒　㊙昭和28年帝人に入社。以来、化学繊維の製造部門一筋に歩み、48年徳山工場長、52年取締役、57年常務を経て、61年専務。平成元年不合理主義を貫く手腕を買われて、副社長・専務4人を飛び越え社長に就任。9年会長、11年相談役に退いた。8年日本化学繊維協会会長。　㊙勲二等瑞宝章〔平成14年〕

板倉 哲郎　いたくら・てつろう　日本原子力発電常務　㊙原子力安全問題, 放射線問題　㊟平成29年（2017）12月6日　91歳〔老衰〕　㊐大正15年（1926）10月25日　㊨長野県　㊥大阪大学理学部物理学科〔昭和27年〕卒、大阪大学大学院〔昭和31年〕修了　理学博士　㊙昭和27年旧制第18回生として大阪大学理学部物理学科（浅田常三郎研究室・光学）を卒業し、同年浅田研究室・放射線照射研究へ。31年関西電力入社、その後1年間大学院生として浅田研究室に在籍。32年日本原子力発電に移籍。51年敦賀発電所所長、55年技術部長、57年理事、58年取締役・技術開発本部副本部長、平成元年常務・技術開発本部長。5～12年同社最高顧問・技術顧問。共著に「原子力と人間の環境」「町人学者─産学連携の祖・浅田常三郎評伝」

板倉 徹　いたくら・とおる　和歌山県立医科大学理事長・学長・名誉教授　㊙脳神経外科, 認知症　㊟平成28年（2016）2月25日　70歳〔胃がん〕　㊐昭和21年（1946）1月20日　㊨和歌山県　㊥和歌山県立医科大学〔昭和45年〕卒　医学博士（和歌山県立医科大学）〔昭和58年〕　㊙和歌山県立医科大学講師、助教授を経て、平成6年教授。18年附属病院長、20年医学部長を務め、22～26年理事長兼学長。　㊙日本脳神経外科学会, 日本脳卒中学会, 日本高次脳機能障害学会

板倉 宏　いたくら・ひろし　刑法学者　弁護士　日本大学名誉教授　㊟平成29年（2017）4月28日　83歳〔肺炎〕　㊐昭和9年（1934）1月15日　㊨大阪府大阪市　㊥東京大学法学部〔昭和31年〕卒、東京大学大学院社会科学研究科民刑事法専門課程〔昭和36年〕博士課程修了　法学博士（東京大学）〔昭和36年〕　㊙昭和45年日

本大学法学部教授に就任。58年法学研究所長、59年比較法研究所長を歴任した。平成9年弁護士登録。司法試験考査委員、藤沢市情報公開制度運営審議会会長も務めた。企業組織体責任論、生活関係別新過失論、非当罰的不問行為論などを提唱、また新聞やテレビにコメンテーターとして出演し、犯罪事件の解説なども手がけた。著書に「企業犯罪の理論と現実」「現代社会と新しい刑法理論」「賄賂の話」「刑法総論」などがある。 ㊤瑞宝中綬章〔平成25年〕、国際文化賞〔平成6年〕「組織体犯罪研究に対する貢献」、国際伝記センター20世紀賞〔平成6年〕「刑法学に対する傑出した寄与」 ㊥日本刑法学会、租税法学会、法とコンピュータ学会、横浜弁護士会 ㊨長男＝板倉宏昭（産業技術大学院大学教授）

板倉 義和 いたくら・よしかず 千葉県野球連盟名誉会長 JR東日本千葉駅長 ㊤平成29年（2017）11月28日 82歳〔前立腺がん〕 ㊥千葉県印旛郡印西町（印西市） ㊨印旛高〔昭和29年〕卒 ㊧昭和29年国鉄入社。成田運輸長室副長、JR東日本千葉営業支店企画課長を経て、63年千葉駅長。同年8月千葉駅の発車予告ベルを全廃した。一方、社会人野球の千葉鉄道管理局では主戦投手を務め、現役引退後は野球の普及に貢献。日本野球連盟評議委員、全日本アマチュア野球連盟総務財務委員長、千葉県野球連盟会長などを歴任した。 ㊥千葉県野球連盟

板津 忠正 いたつ・ただまさ 知覧特攻平和会館初代事務局長 ㊤平成27年（2015）4月6日 90歳〔慢性心不全急性憎悪〕 ㊥大正14年（1925） ㊥愛知県名古屋市昭和区 ㊨通信省米子航空機乗員養成所卒 ㊧昭和20年5月陸軍の特攻隊員として鹿児島県の知覧基地から出撃したが、エンジンの不調のため徳之島に不時着して生き残った。戦後は名古屋市職員として土木関係を中心に復興計画に携わる。1970年代に全国各地に特攻仲間の遺族を訪ねる〝慰霊の旅〟を始め、遺影や遺書・遺品類を収集。50年知覧町（現・南九州市）が特攻遺品館を開設するとそれらを提供し、62年遺品館が知覧特攻平和会館として開館すると初代事務局長を務め、語り部として自らの体験を語った。

板橋 知義 いたはし・ともよし バレーボール選手 日本バレーボール協会理事 奈良県体育協会副会長 ㊤平成27年（2015）4月6日 83歳〔脳血管障害〕 ㊥昭和6年（1931）12月8日 ㊨明治大学 ㊧サウスポーのアタッカーとして高校、大学で活躍。松下電器産業（現・パナソニック）に入社後、松下電器チームのメンバーとして第1回全日本6人制バレーボール選手権大会で優勝。昭和33年アジア大会で日本チーム主将として金メダルを獲得。36年現役引退後は、日本バレーボール協会の9人制企画担当理事としてバレーボールの底辺を広げるため普及活動に取り組み、平成2年9人制の都市対抗大会を復活させた。 ㊤旭日双光章〔平成19年〕

伊波 吉彦 いたみ・よしひこ 日本通信衛星会長 ㊤平成27年（2015）5月15日 89歳〔急性呼吸不全〕 ㊥大正14年（1925）11月26日 ㊥東京都 ㊨慶応義塾大学経済学部〔昭和25年〕卒 ㊧昭和51年三井物産食品部長、取締役を経て、60年顧問。同年日本通信衛星（現・スカパーJSAT）副社長、平成3年会長。5年日本ビジネステレビジョン社長。

一井 建二 いちい・けんじ 生活の友社創業者 ㊤平成29年（2017）3月7日 66歳〔食道がん〕 ㊥昭和25年（1950）8月4日 ㊥富山県 ㊨武蔵野美術大学卒 ㊧昭和55年生活の友社を創業。57年「美術の窓」、平成5年「現代日本の美術」、18年「アートコレクター（現・ARTcollectors'）」などの美術雑誌を創刊した。

市川 明 いちかわ・あきら 神鋼商事社長 ㊤平成27年（2015）9月14日 87歳〔老衰〕 ㊥昭和2年（1927）11月3日 ㊥兵庫県芦屋市 ㊨明治学院大学商学部〔昭和24年〕卒 ㊧昭和25年神鋼商事に入社。45年大阪溶材部長、52年総務本部副本部長、54年取締役、56年常務、58年専務を経て、平成元年社長。8年退任。

市川 厚 いちかわ・あつし 横浜市立大学名誉教授 ㊨解剖学 ㊤平成29年（2017）4月30日 94歳〔多臓器不全〕 ㊥大正12年（1923）1月25日 ㊥東京都大田区 ㊨京都府立大学医学部医学科〔昭和25年〕卒 医学博士 ㊧昭和26年横浜医科大学助手、29年講師、31年東京慈恵会医科大学助教授、33年東京大学医学部講師を経て、35年東北大学医学部助教授。37～39年米国ハーバード大学へ留学。42年横浜市立大学教授。のち školy横浜市立大学客員教授、51年ハーバード大学客員教授。 ㊤勲三等旭日中綬章〔平成11年〕、日本電子顕微鏡学会瀬藤賞（第23回、昭和53年度）「唾液腺の分泌機能に関する電子顕微鏡的研究」 ㊥日本解剖学会、日本電子顕微鏡学会、日本組織細胞化学会 ㊨妻＝市川操（横浜市立大学助教授）

市川 純一 いちかわ・じゅんいち 日本信託銀行常務 ㊤平成29年（2017）11月4日 71歳〔心不全〕 ㊥昭和21年（1946）2月3日 ㊥東京都 ㊨東京都立大学法学部〔昭和43年〕卒 ㊧昭和43年日本信託銀行（現・三菱UFJ信託銀行）に入行。平成9年取締役を経て、12年常務。

市川 晋松 いちかわ・しんまつ
 ⇒佐田の山 晋松（さだのやま・しんまつ）を見よ

市川 善吉 いちかわ・ぜんきち 秋田白神ガイド協会会長 ㊤平成29年（2017）10月22日 86歳 ㊥昭和6年（1931） ㊥秋田県山本郡藤琴村（藤里町） ㊧昭和20年～平成4年秋田県の営林署に勤務。傍ら、幼少の頃から白神の山々を歩き続けた経験を生かし、白神山地の山の案内人、白神山地連絡協議会巡視員に。秋田白神ガイド協会の2代目会長を務めた。また、営林署署員でありながら白神山地を分断する青秋林道建設に反対してブナ林の保護に訴え、世界遺産登録に貢献。秋田県自然保護指導員、自然観察指導員を務めた。

市川 健夫 いちかわ・たけお 東京学芸大学名誉教授 信州短期大学名誉学長 長野県立歴史館館長 ㊨日本地誌、人文地理学 ㊤平成28年（2016）12月7日 89歳〔肺炎〕 ㊥昭和2年（1927）9月5日 ㊥長野県上高井郡小布施町 ㊨東京高師文科〔昭和23年〕卒 理学博士（東京教育大学）〔昭和40年〕 ㊧長野県下の高等学校や長野県政資料室を経て、東京学芸大学教授。高冷地の土地利用など実証的な人文地理学で知られる。平成3年信州短期大学教授、のち学長を歴任。17年まで長野県立歴史館館長を務めた。ブナ帯文化論や青潮文化

論などで知られ、信州の自然や風土、文化、産業などを題材とした“信州学”を確立。長野県政史編纂委員や長野県文化財保護審議会会長なども歴任した。著書に「日本の馬と牛」「日本のサケ」「日本のブナ帯文化」「雪国文化誌」「青潮文化」などがある。 [賞]瑞宝小綬章〔平成22年〕，風土研究賞（第9回）〔平成2年〕「ブナ帯文化論を中心とする積年の業績に対して」，地域放送文化賞（第4回）〔平成11年〕，信毎賞（第13回）〔平成18年〕，小布施町名誉町民〔平成22年〕 [団]日本地理学会 [家]長男＝市川正夫（長野大学教授），弟＝川上実（愛知県立芸術大学学長）

い

市川 忠男 いちかわ・ただお 高校野球監督 [没]平成29年（2017）7月12日 84歳〔転移性肝がん〕 [出]東京都 [歴]母校の国立高校野球部監督を務め、昭和55年西東京大会で優勝、春夏を通じて都立高校として初めての甲子園出場に導いた。大会では1回戦で敗退したが“都立の星”と讃えられた。

市川 千晃 いちかわ・ちこう 信学会創立者 佐久学園理事長 [没]平成28年（2016）1月28日 87歳 [生]昭和4年（1929）1月15日 [出]長野県更級郡大岡村（長野市） [学]信州大学繊維学部卒 [歴]昭和30年財団法人信学会を設立して大学予備校などを開設。40年学校法人信州学園（現・信学会）を設立。39年佐久高校（現・佐久長聖高校）の開設に携わり、運営する学校法人佐久学園の理事長も務める。平成7年には佐久長聖中学を開設、長野県内初の中高一貫教育を進めたが、8年佐久学園が経営する信州短期大学（現・佐久大学信州短期大学部）の私学補助金不正受給問題が発覚し辞任した。長野県社会文化協会理事長、長野県私学団体連合協議会理事長、長野県私学振興協会理事長、長野県私立学校審議会会長、長野朝日放送取締役などを歴任した。 [賞]旭日小綬章〔平成25年〕

市川 英彦 いちかわ・ひでひこ 医師 長野県厚生農業協同組合連合会リハビリテーションセンター鹿教湯病院院長 [専]循環器，腎臓病 [没]平成28年（2016）12月14日 81歳〔膵臓がん〕 [生]昭和10年（1935） [出]岐阜県 [学]名古屋市立大学医学部卒 [歴]名古屋市立大学医学部第二内科教室を経て、昭和37年厚生連佐久総合病院勤務。平成4～15年長野県厚生農業協同組合連合会リハビリテーションセンター鹿教湯病院院長。8年長野県高齢者生活協同組合の設立に参画、21年より理事長。22～28年日本高齢者生活協同組合連合会会長理事を務めた。また、憲法9条を守るうすだの会会長として平和運動にも取り組んだ。 [団]日本農村医学会

市川 博邦 いちかわ・ひろくに 象印マホービン社長 [没]平成28年（2016）3月2日 84歳〔呼吸不全〕 [生]昭和6年（1931）7月11日 [出]大阪府大阪市 [学]大阪市立大学文学部〔昭和31年〕卒 [歴]象印マホービン創業者である市川銀三郎の四男。昭和31年同社に入社。43年取締役、52年常務、53年専務、57年副社長を経て、62年社長。平成13年会長。 [賞]藍綬褒章〔平成4年〕，勲四等旭日小綬章〔平成13年〕 [家]父＝市川銀三郎（象印マホービン創業者），兄＝市川重幸（象印マホービン社長），市川隆義（象印マホービン副社長）

市川 雄一 いちかわ・ゆういち 公明党書記長 衆院議員 [没]平成29年（2017）12月8日 82歳 [生]昭和10年（1935）1月25日 [出]神奈川県横浜市 [学]早稲田大学第二商学部〔昭和32年〕卒 [歴]聖教新聞記者などを経て、公明新聞に入り、政治部長、編集局長を務める。編集局長時代には共産党との憲法論争を指揮。昭和51年公明党から衆院選旧神奈川2区に立候補し初当選。59年党副書記長、61年12月党国会対策委員長を経て、平成元年5月石田幸四郎委員長の下で書記長に就任。与党自民党、野党公明党と民社党の3党で国会運営を主導する“自公民路線”を推進し、4年6月国連平和維持活動（PKO）協力法成立に尽力。自民党幹事長だった小沢一郎との盟友関係は“一・一ライン”と呼ばれ、その後の政界再編の流れを主導。5年新生党代表幹事となった小沢、民社党の米沢隆書記長とともに非自民の細川連立政権樹立に導く。6年6月自民党・社会党・新党さきがけの自社さ連立政権誕生で野党に転落すると、同年12月小沢らと新進党を結成し、党政務会長などを務める。9年新進党解党後は、10年1月新党平和常任顧問、同年11月新公明党常任顧問を務めた。15年10月の総選挙を前に政界を引退。衆院選に連続9回当選（8年の総選挙のみ新進党で当選）。22年公明党常任顧問として党務に復帰した。

一木 平蔵 いちき・へいぞう 洋画家 [没]平成27年（2015）11月14日 91歳〔肺がん〕 [生]大正12年（1923）12月26日 [出]福岡県八幡市（北九州市） [名]本名＝古米平蔵（こまい・へいぞう） [学]花尾高小〔昭和13年〕卒 [歴]昭和13年頃よりデッサンを始める。20年より絵画制作に専念し、21年以降西部美術協会展に出品、23年西部美術協会賞を受賞した。27年上京。以後各地での個展、東京展などへ出品。自由美術協会会員で、抽象画を中心とした洋画を手がけた。画集に「一木平蔵の素描」がある。 [賞]西部美術協会展西部美術協会賞（第4回）〔昭和23年〕「大門風景」，福岡県美術協会展県議会議長賞（第5回）〔昭和24年〕 [団]自由美術家協会

一条 久枝 いちじょう・ひさえ 女優 [没]平成27年（2015）5月4日 94歳〔老衰〕 [生]大正9年（1920）9月18日 [出]東京市京橋区木挽町（東京都中央区） [名]本名＝金沢久代（かなざわ・ひさよ） [歴]東京・木挽町生まれで、幼い頃から歌に三味線、踊りを習う。昭和11年新派に入団、12年新派の名女形として知られる初代英太郎に弟子入り。戦時中は関西に移り、32年に新派に復帰するまで小芝居や女剣劇に出演。脇役の専門職として自らを任じ、「婦系図」のおます、「遊女夕霧」の円玉女房、「京舞」の松本佐多などを演じた。 [賞]松尾芸能賞優秀賞（第6回）〔昭和60年〕，菊田一夫演劇賞（第11回，昭和60年度），日本俳優協会賞（第2回）〔平成8年〕，演劇功労者（第10回）〔平成17年〕 [師]師＝英太郎（1代目）

一谷 宣宏 いちたに・のぶひろ 園田学園理事長 [没]平成29年（2017）7月13日 73歳〔肺線維症〕 [生]昭和19年（1944）7月4日 [出]兵庫県神戸市垂水区 [学]関西学院大学商学部〔昭和42年〕卒 [歴]昭和62年園田学園事務局長、平成元年理事を経て、同年理事長。園田学園女子大学学長、尼崎商工会議所副会頭、日本オセアニア交流協会会長などを歴任した。

市坪 弘 いちつぼ・ひろし 南日本新聞東京支社長 [没]平成28年（2016）5月17日 86歳〔急性心不全〕 [生]

昭和5年（1930）4月25日　㊞鹿児島県鹿児島市　㊫日本大学芸術学部中退　㊧昭和27年南日本新聞社入社。論説委員、川内支社長、社会部長、政経部長を経て、57年編集局次長、61年東京支社次長、63年同支社長。社会部長時代の昭和51年8月～52年6月に主導した企画「火山灰に生きる」で日本新聞協会賞を受賞した。　㊮新聞協会賞（編集部門, 昭和52年度）「桜島重点企画『火山灰に生きる』」

市野 弘之　いちの・ひろゆき　陶芸家　兵庫県工芸美術作家協会代表　㊥丹波焼　㊨平成28年（2016）2月9日　92歳〔老衰〕　㊤大正13年（1924）1月21日　㊞兵庫県篠山市　㊧1000年の歴史を有する丹波立杭焼の里で、代々の窯元の家に生まれる。復員後、21歳で家業を継いで陶芸の道へ入る。以後、柳宗悦や河井寛次郎らの薫陶を受け、民芸品一筋に打ち込む。昭和33年ブリュッセル万博でグランプリに輝き、丹波焼の名を世界的にした。48年延年窯を築窯。兵庫県工芸美術作家協会の代表を務めるなど兵庫県陶芸界の重鎮として活躍、丹波焼の美的評価を高めたが、自らを“陶工”“職人”として位置づけ、現代風の丹波焼を目ざして精力的な作陶を続けた。　㊮兵庫県文化賞, 神戸市文化賞, 神戸新聞平和賞, ブリュッセル万博グランプリ〔昭和33年〕, 日本陶磁展会長賞　㊐民芸協会, 兵庫県工芸美術家協会, 彩炎会　㊇長男＝市野年成（陶芸家）, 兄＝市野利雄（陶芸家）

市原 稔　いちはら・みのる　リブロ社長　ファミリーマート専務　㊨平成27年（2015）7月21日　80歳〔心不全〕　㊤昭和9年（1934）10月14日　㊞神奈川県　㊫慶応義塾大学経済学部〔昭和32年〕卒　㊧昭和52年西友に入社。53年ファミリーマート開発部長、61年取締役、63年常務を経て、平成2年専務。6年リブロ社長、リブロポート社長に就任。12年リブロ会長。

市村 純一　いちむら・じゅんいち　西日本新聞常務　テレビ長崎副社長　㊨平成27年（2015）9月5日　76歳〔多発性骨髄腫〕　㊤昭和14年（1939）2月13日　㊞福岡県柳川市　㊫早稲田大学卒　㊧昭和37年西日本新聞社に入社。ワシントン特派員、社会部長、長崎総局長、販売局次長、同局長を経て、平成9年取締役、13年専務。14年テレビ長崎専務、のち副社長。

市村 鶴蔵（1代目）　いちむら・つるぞう　歌舞伎俳優　㊨平成27年（2015）12月26日　91歳〔老衰〕　㊤大正13年（1924）1月21日　㊞東京都千代田区永田町　㊔本名＝秋田幸夫（あきた・ゆきお）, 前名＝坂東亀之助, 号＝茶湯（ちゃぶ）　㊖橘屋　㊫法政中卒　㊧祖父は4代目尾上菊三郎。昭和5年6代目尾上菊五郎の実母の養子となり、坂東亀之助を名のって「お祭佐七」で初舞台。6代目の没後、26年一時俳優を休業し会社員となったが、30年6代目追善公演より舞台に復帰。46年初代市村鶴蔵を名のった。端敵、老け役に定評があった。　㊇祖父＝尾上菊三郎（4代目）

市山 松翁（3代目）　いちやま・しょうおう　日本舞踊家　東京市山流家元　㊨平成29年（2017）7月10日　76歳〔肺がん〕　㊤昭和16年（1941）6月24日　㊞東京都　㊔本名＝加藤清（かとう・きよし）, 前名＝市山松之助, 市山松扇（いちやま・しょうせん）, 別名＝松本松之助　㊫日大三高卒　㊧東京市山流（松派市山流）5代目家元である市山松扇（松翁）の長男。4歳より母につき、また宗家の藤間勘十郎にも師事。16歳で8代目松本幸四郎の部屋子として入門、松本松之助を名のり歌舞伎を修行。同時に連続テレビドラマ「ヒマラヤ天平」で主役の天平を演じた。昭和34年明治座で6代目家元を襲名、市山松扇を名のる。平成2年家元襲名30周年記念公演を東京国立大劇場で開催した。16年長男に家元を譲り、3代目松翁を名のる。代表作に義太夫「里見八犬伝結城戦争の段」、長唄舞踊「山」「扇」などがある。　㊐日本舞踊協会　㊇母＝市山松翁（2代目）, 長男＝市山松扇（東京市山流家元）（7代目）　㊕師＝市山松翁（2代目）, 藤間勘十郎

一海 知義　いっかい・ともよし　神戸大学名誉教授　㊥中国古典文学　㊨平成27年（2015）11月15日　86歳〔急性心不全〕　㊤昭和4年（1929）5月15日　㊞奈良県奈良市　㊫京都大学文学部文学科〔昭和28年〕卒, 京都大学大学院中国語学中国文学専攻〔昭和33年〕博士課程修了　㊧昭和33年京都大学助手、36年神戸大学講師、37年助教授を経て、47年教授に就任。のち神戸学院大学教授。中国の詩人・陶淵明や陸游、マルクス経済学者で漢詩人でもあった河上肇の研究で知られる。著書に「陶淵明」「陸游」「漢詩一日一首」「河上肇詩注」「河上肇と中国の詩人たち」「河上肇そして中国」「典故の思想」「風―一語の辞典」「漱石と河上肇」「陶淵明―虚構の詩人」「漢詩入門」「詩魔」「閑人侃語」などがある。「〈決定版〉正伝 後藤新平」（全8巻, 別巻1）の校訂作業も手がけ、平成19年毎日出版文化賞を受けた。　㊮毎日出版文化賞（企画部門, 第61回）〔平成19年〕「〈決定版〉正伝 後藤新平」　㊐日本中国学会

一色 順心　いっしき・じゅんしん　大谷大学名誉教授　㊥中国仏教学　㊨平成28年（2016）6月6日　66歳〔感染性心内膜炎〕　㊤昭和25年（1950）5月22日　㊞岐阜県　㊫大谷大学文学部仏教学科〔昭和48年〕卒, 大谷大学大学院文学研究科〔昭和55年〕博士課程満期退学　㊧昭和55年大谷大学助手、60年講師、平成4年大谷大学短期大学部助教授を経て、11年教授。28年名誉教授。

井出 剛　いで・たけし　冨士ダイス常務　㊨平成29年（2017）8月6日　61歳　㊤昭和30年（1955）9月27日　㊫慶応義塾大学卒　㊧平成3年冨士ダイスに入社。23年取締役を経て、常務。

井出 洋一郎　いで・よういちろう　美術評論家　府中市美術館館長　群馬県立近代美術館館長　㊥西洋近代美術史, 南蛮美術　㊨平成28年（2016）10月19日　67歳〔胆管がん〕　㊤昭和24年（1949）5月8日　㊞群馬県高崎市　㊫上智大学外国語学部フランス語学科〔昭和47年〕卒, 早稲田大学大学院文学研究科西洋近代美術史専攻〔昭和53年〕博士課程修了　㊧昭和53年より山梨県立美術館に学芸員として勤務。57年南蛮美術展ヨーロッパ巡回展に随行。のち上智大学講師、明星大学助教授を経て、東京純心女子大学現代文化学部教授。平成2年「現代日本の屏風絵展」（デュッセルドルフ）を企画、また日本で今世紀最大のミレー展を東京・渋谷他で企画、好評を得た。21年府中市美術館館長、27年群馬県立近代美術館館長も務めた。著書に「西洋名画の謎」「ミレー」「美術館学入門」「美術の森の散歩道」「フランス美術鑑賞紀行〈1〉パリ編」「フランス美術鑑

い

賞紀行〈2〉パリ近郊と南仏編」「『農民画家』ミレーの真実」ほか。 [団]美術評論家連盟

出光 元 いでみつ・げん 俳優 [没]平成29年(2017)8月8日 82歳〔肺腺がん〕 [生]昭和10年(1935)7月14日 [出]佐賀県 [名]本名＝東島光男(ひがしじま・みつお) [学]日本大学卒 [歴]昭和35年「のらくろ先生」でデビュー。以後「てっぺん野郎」「銭形平次」などで存在感のある脇役として活躍。他の出演作に映画「山田ババアに花束を」「天河伝説殺人事件」「嗚呼!!花の応援団」「ポチの告白」「ゼウスの法廷」「陽光桜」、NHK朝の連続テレビ小説「まんてん」、ドラマ「水戸黄門」「大岡越前」などがある。

い

伊藤 彰彦 いとう・あきひこ 読売新聞東京本社事業本部次長 [没]平成29年(2017)1月22日 86歳〔心臓突然死〕 [生]昭和5年(1930)7月24日 [出]神奈川県 [学]早稲田大学文学部卒 [歴]昭和28年読売新聞社に入社。57年事業本部事業開発部長、60年同部庶務部長、61年文化事業部長(局次長待遇)を経て、63年同部次長兼務。

伊藤 功 いとう・いさお 大曲市長 [没]平成27年(2015)9月28日 96歳〔肺炎〕 [生]大正8年(1919)6月16日 [出]秋田県大曲市(大仙市) [名]旧姓・名＝杉山 [学]大曲農〔昭和12年〕卒 [歴]昭和12年樺太庁殖産部に勤務。24年秋田県角間川町役場に入り、30年合併で大曲市職員となる。49年収入役、51年助役を経て、54年より市長に2選。62年引退。 [賞]勲五等双光旭日章〔平成5年〕

伊藤 勲 いとう・いさお 千葉県議(自民党) [没]平成28年(2016)2月8日 74歳〔筋萎縮性側索硬化症〕 [生]昭和16年(1941)3月2日 [出]千葉県 [学]成田高卒 [歴]千葉県印旛郡市農業共済組合代表監事、富里町議、議長を経て、平成11年千葉県議に当選。25年副議長。26年6月健康上の理由で副議長職を辞職したが、議員は続けた。27年引退。4期。

伊藤 右橘 いとう・うきつ 東邦亜鉛社長 [没]平成27年(2015)5月8日 82歳〔心不全〕 [生]昭和7年(1932)6月17日 [出]東京都 [学]早稲田大学理工学部〔昭和31年〕卒 [歴]昭和31年東邦亜鉛に入社。57年取締役、60年常務、63年専務を経て、平成元年社長。7年会長、11年相談役に退いた。

伊藤 一雄 いとう・かずお エフエム秋田社長 [没]平成28年(2016)11月26日 90歳〔老衰〕 [生]大正15年(1926)10月10日 [出]秋田県南秋田郡八郎潟町 [学]早稲田大学法学部〔昭和25年〕中退 [歴]昭和28年秋田魁新報社に入社。40年販売管理部長、42年広告局広告第二部長、48年同局総務、54年同局次長待遇を経て、58年仙台支社長(局長待遇)。61年エフエム秋田取締役に転じ、同年常務、平成元年社長に就任。9年退任。

伊藤 勝彦 いとう・かつひこ 埼玉大学名誉教授 [専]西洋哲学, 現代文明論 [没]平成27年(2015)1月14日 85歳 [生]昭和4年(1929)7月13日 [出]岐阜県大垣市 [学]東京大学文学部哲学科〔昭和28年〕卒, 大学院特別研究生修了 文学博士(東京大学)〔昭和46年〕 [歴]昭和35年東京大学助手、38年北海道大学助教授、47年埼玉大学教授を歴任し、63年名誉教授。のち東京女子大学教授。この間、15年間東京大学講師、10年間お茶の水女子大学講師を務めた。 [賞]瑞宝中綬章〔平成21年〕 [団]日本哲学会, 日仏哲学会, 哲学会, 倫理学会

伊藤 克哉 いとう・かつや 伊藤鉄工所社長 [没]平成28年(2016)12月5日 88歳〔肺がん〕 [生]昭和3年(1928)5月22日 [出]静岡県清水市(静岡市) [学]浜松工専〔昭和23年〕卒, 慶応義塾大学工学部〔昭和26年〕・経済学部〔昭和28年〕卒 [歴]昭和28年日本鋼管に入社。29年船舶用ディーゼルエンジンの老舗・伊藤鉄工所に転じ、32年常務、のち専務を経て、47年社長。静岡県雇用開発協会会長、静岡県経営者協会副会長などを歴任した。 [賞]黄綬褒章〔平成2年〕, 勲五等双光旭日章〔平成13年〕

伊藤 菊雄 いとう・きくお プロ野球スカウト 読売巨人軍球団本部編成本部スカウト部長 [没]平成27年(2015)8月15日 79歳〔心不全〕 [生]昭和10年(1935)10月24日 [出]愛媛県西条市 [学]西条南高卒, 近畿大学〔昭和33年〕卒 [歴]西条南高時代は外野手で一番を打つ。近大に進学するが、2年生の時に肩を痛めてマネージャーに転向し、スカウト活動に携わる。昭和33年近大体育学部副手となり、野球部コーチ。傍ら、学生時代から引き続いて選手勧誘の仕事を受け持った。35年野球部助監督。36年巨人関西地区担当スカウトに。同年8月関西大のエース投手・村瀬広基を中退させて獲得し、注目を集める。以後、河埜和正、小林繁、西本聖、桑田真澄ら多くの選手の発掘・契約にあたった。62年～平成7年スカウト部長。11年退職。15年星野仙一監督の要請を受けて阪神入りし、16年途中までスカウト部門に携わった。

伊東 久次郎 いとう・きゅうじろう キッコーマン常務 [没]平成28年(2016)10月30日 92歳〔心不全〕 [生]大正13年(1924)9月15日 [出]千葉県野田市 [学]福島経専〔昭和19年〕卒 [歴]昭和19年野田醤油(現・キッコーマン)に入社。52年取締役を経て、59年常務。

伊藤 清 いとう・きよし 関西学院大学名誉教授 [専]英語学 [没]平成27年(2015)1月13日 92歳〔老衰〕 [生]大正12年(1923)1月5日 [出]高知県 [学]関西学院大学文学部英文科卒, 関西学院大学大学院文学研究科英文学専攻博士課程修了 [歴]関西学院大学教授、神戸女子大学教授を務めた。

伊藤 清 いとう・きよし 西日本新聞工程調査委員会委員長 [没]平成27年(2015)2月3日 86歳〔心不全〕 [生]昭和3年(1928)2月16日 [出]福岡県福岡市 [名]号＝伊藤清雪(いとう・せいせつ) [学]福岡男子中央高小〔昭和17年〕卒 [歴]昭和17年福岡日日新聞社(現・西日本新聞社)に入社。活版部長を経て、55年工程調査委員会委員長。60年西日本新聞印刷製版社長。

伊藤 邦衛 いとう・くにえ 造園家 伊藤造園設計事務所代表取締役 [没]平成28年(2016)9月29日 92歳 [生]大正13年(1924)6月16日 [出]広島県廿日市市 [学]東京農業大学造園学科〔昭和22年〕卒 [歴]清水建設設計部を経て、昭和38年伊藤造園設計事務所を設立、代表取締役。東京農業大学非常勤講師も務めた。著書に「趣味の庭つくり」「住宅庭園・環境と設計」「公園の用と

美」などがある。 [団]日本造園学会, 日本造園コンサルタント協会, 日本造園修景協会, 道路緑化保全協会

伊藤 桂一 いとう・けいいち 小説家 詩人 [没]平成28年(2016)10月29日 99歳〔老衰〕 [生]大正6年(1917)8月23日 [出]三重県三重郡神前村(四日市市) [学]世田谷中卒 [歴]三重県神前村の天台宗寺院・大日寺に生まれる。4歳の時に住職だった父を交通事故で亡くし、住職が世襲制ではなかったため、6歳で母と妹と故郷を出、大阪、東京を転々とした。大正15年東京に移り、昭和2年中学に入って文芸誌に投稿を始める。13年現役入隊。中国大陸を転戦し、一兵卒として7年間過ごしたことはのちの人生観、文学観に大きな影響を及ぼした。21年復員。戦後は出版社勤務の傍ら、36年戦場での小隊長と一兵士の友情を淡々とした筆致で描いた短編「蛍の河」で第46回直木賞を受賞。以後、「黄土の記憶」「悲しき戦記」などの戦場小説を次々と発表。戦後派作家の多くが反戦色を強く出したのに比べ、現場で苦労した兵隊に優しい眼差しを向けた作風。58年には代表作「静かなノモンハン」で芸術選奨文部大臣賞と吉川英治文学賞をそれぞれ受賞した。時代小説や随筆も手がけた。戦後も詩作を続け、26〜36年詩誌「山河」を主宰。60年日本現代詩人会会長。平成13年日本芸術院賞・恩賜賞を受け、日本芸術院会員にも選ばれた。28年99歳で亡くなった。他の著書に「かかる軍人ありき」「イラワジは渦巻くとも」「軍人たちの伝統」など、詩集「竹の思想」「連翹の帯」「ある年の年頭の所感」などがある。 [賞]直木賞(第46回)〔昭和36年〕「蛍の河」, 芸術選奨文部大臣賞(第34回, 昭和58年度)「静かなノモンハン」, 日本芸術院賞・恩賜賞(第57回, 平成12年度)〔平成13年〕, 紫綬褒章〔昭和60年〕, 勲三等瑞宝章〔平成14年〕, 千葉亀雄賞(第4回, 昭和27年度)「夏の鶯」, 吉川英治文学賞(第18回)〔昭和59年〕「静かなノモンハン」, 地球賞(第22回)〔平成9年〕「連翹の帯」, 三好達治賞(第2回)〔平成19年〕「ある年の年頭の所感」 [資]日本芸術院会員〔平成13年〕 [団]日本文芸家協会, 日本ペンクラブ, 日本現代詩人会 [家]妻＝住吉千代美(詩人)

伊藤 敬一 いとう・けいいち 東京大学名誉教授 日中友好協会理事長 [没]平成29年(2017)9月18日 90歳〔肺炎〕 [生]昭和2年(1927)2月8日 [出]愛知県名古屋市 [学]東京大学文学部中国文学科〔昭和25年〕卒, 東京大学大学院人文科学研究科中国語中国文学専攻〔昭和27年〕修了 [歴]東京都立大学を経て、昭和45年東京大学に勤務。教養学部教授を務め、昭和62年定年退官。のち中京大学教授。日中友好協会理事長も務めた。著書に「中国語発音の基礎」「『老牛破車』のうた」などがある。 [団]日本中国学会, 現代中国学会, 中国語学研究会

伊藤 浩一 いとう・こういち 山形新聞常務 「文芸酒田」主宰 [没]平成27年(2015)12月6日 82歳〔胆管がん〕 [生]昭和8年(1933)1月14日 [出]山形県酒田市 [学]明治大学文学部日本文学科卒 [歴]昭和32年山形新聞社に入社。村山支局長、販売部副部長、販売第二部長、57年庄内支社次長、取締役を経て、平成3年常務。社会福祉法人光風会理事長も務めた。一方、「文芸酒田」を主宰し、文筆活動を行う。著書に「夕映え酒田湊」がある。 [賞]泉鏡花記念金沢戯曲大賞選考委員奨励賞〔平成14年〕

伊藤 宏太郎 いとう・こうたろう 西条市長 [没]平成27年(2015)2月12日 72歳〔急性心筋梗塞〕 [生]昭和17年(1942)12月14日 [出]愛媛県西条市 [学]松山商科大学(現・松山大学)経済学部〔昭和40年〕卒 [歴]昭和40年伊予銀行に入行。平成元年四国農研グループ代表、3年西条市議1期を経て、7年より市長に3選。16年東予市、丹原・小松両町との合併に伴う新西条市長選で当選。24年3期目を目指した市長選で122票差で敗れ、落選した。通算5期務めた。

伊藤 茂拡 いとう・しげひろ 洋画家 [没]平成28年(2016)8月9日 81歳〔肺炎〕 [生]昭和9年(1934)8月21日 [出]広島県豊田郡大崎上島町 [学]大崎高卒 [歴]昭和43年関西新制作展、44年新制作展に初出品。61年同展新作家賞を受賞、平成8年会員に推挙される。廃船の側面をモチーフに、具象と抽象の間のような油絵を数多く制作した。 [賞]ユネスコ国際郷土スケッチコンクール広島県代表第1位〔昭和27年〕, 新制作展新作家賞〔昭和61年〕 [団]新制作協会, 日本美術家連盟 [師]師＝名柄正之

伊藤 茂 いとう・しげる 衆院議員(社民党) 社民党副党首 運輸相 [没]平成28年(2016)9月11日 88歳 [生]昭和3年(1928)3月2日 [出]山形県最上郡舟形町 [学]陸士卒, 山形高〔昭和24年〕卒, 東京大学経済学部経済学科〔昭和27年〕卒 [歴]陸軍士官学校を卒業後に敗戦を迎える。昭和29年社会党本部書記局に入り、長く成田知巳のブレーンを務める。51年衆院選の旧神奈川1区に立候補して初当選。61年党政策審議会長、平成3年副委員長。5〜6年細川内閣の運輸相を務める。8年1月社民党副党首兼政策審議会会長。同年9月党幹事長兼政策審議会会長。10年党副党首。衆院議員を8期務め、12年政界を引退した。 [賞]舟形町名誉町民〔平成14年〕

伊藤 潤 いとう・じゅん 朝日ラバー社長 [没]平成27年(2015)3月13日 51歳〔心筋梗塞〕 [生]昭和38年(1963)6月14日 [出]埼玉県 [学]栄高〔昭和57年〕卒 [歴]朝日ラバー創業者・伊藤巌の長男。平成8年同社に入社。14年取締役、15年常務、19年専務、21年副社長を経て、25年社長。 [家]父＝伊藤巌(朝日ラバー創業者)

伊藤 俊朗 いとう・しゅんろう ニチメン副会長 [没]平成29年(2017)4月6日 83歳〔心不全〕 [生]昭和8年(1933)7月4日 [出]鳥取県 [学]山口大学経済学部〔昭和32年〕卒 [歴]昭和32年ニチメン(現・双日)に入社。61年取締役、平成2年常務、4年専務、7年副社長を経て、11年副会長。

伊藤 正一 いとう・しょういち 写真家 三俣山荘経営者 [専]山岳写真 [没]平成28年(2016)6月17日 93歳〔多臓器不全〕 [生]大正12年(1923) [出]長野県松本市 [歴]戦時中、陸軍で飛行機のターボプロップエンジンの開発を手がけた。戦後間もない混乱期、北アルプスの最奥部に立つ三俣蓮華小屋(現・三俣山荘)、水晶小屋を譲り受け、湯俣山荘、雲ノ平山荘を次々と建設。昭和31年北アルプス・雲ノ平への最短ルート、伊藤新道を独力で完成させた。39年山に暮らす猟師たちとの交友を綴った「黒部の山賊」を出版。写真家としても活躍し、平成27年北アルプスをテーマにした初の写真

い

い

集「源流の記憶『黒部の山賊』と開拓時代」を出版した。他の著書に「勤労者登山教室」、写真集に「白夜のフィヨルド―ノルウェーの風土と人間」「白き峰々(ヨーロッパアルプス)」などがある。日本勤労者山岳連盟の創設者として大衆登山発展に尽力した。

伊藤 章一　いとう・しょういち　岩手大学名誉教授　[専]体育教育　[没]平成29年(2017)4月6日　87歳〔多発性脳梗塞〕　[生]昭和5年(1930)3月10日　[出]岩手県北上市　[学]東京体育専卒　[歴]昭和27年岩手大学助手、37年講師、41年助教授を経て、53年教授。平成7年名誉教授。

伊藤 隆夫　いとう・たかお　牧師　西南学院理事長　西南女学院理事長　[専]キリスト教学　[没]平成28年(2016)5月2日　86歳　[生]昭和4年(1929)8月13日　[出]中国青島　[学]西南学院経済専神学部〔昭和26年〕卒　[歴]昭和47年西南学院理事を経て、平成6年理事長に就任。15年退任。著書に「教会管理ハンドブック」がある。

伊藤 健雄　いとう・たけお　山形大学名誉教授　[専]動物生態学　[没]平成27年(2015)3月8日　80歳〔腎不全〕　[生]昭和9年(1934)10月18日　[出]山形県山形市　[学]東北大学理学部生物学科卒　理学博士　[歴]私立十和田自然科学博物館、青森県内の東北大学理学部附属臨海実験所を経て、昭和51年山形大学に転じ、長く教育学部教授を務めた。文化庁カモシカ問題を考えるワーキンググループのメンバーでもあった。　[団]日本生態学会, 日本哺乳動物学会

伊藤 武　いとう・たけし　ラグビー指導者　同志社大学ラグビー部監督　[没]平成29年(2017)9月20日　71歳〔心疾患〕　[出]京都府京都市東山区祇園町　[学]同志社大学〔昭和43年〕卒　[歴]中学から大学まで同志社でラグビーに熱中し、ポジションはスクラムハーフ。東京での会社勤務を経て、京都で飲食店を経営しながら同志社高校で指導する。昭和54同志社大学ラグビー部監督に就任。55年度に全国大学選手権初優勝に導き、大学日本一に。3年間監督を務め、57年度に退任した後はコーチとして、57～59年度の大学選手権3連覇に貢献した。大学を離れてからは再び同志社高校で監督を務めた。

伊藤 忠彦　いとう・ただひこ　JSR副社長　[没]平成28年(2016)6月30日　73歳〔前立腺がん〕　[生]昭和17年(1942)9月23日　[出]三重県津市　[学]名古屋工業大学工業化学科〔昭和40年〕卒　[歴]昭和40年日本合成ゴム(現・JSR)に入社。四日市工場、製造部長を経て、平成7年取締役、10年常務、14年専務、17年上席執行役員、同年副社長。

伊藤 達次　いとう・たつじ　間組副社長　[没]平成27年(2015)7月23日　83歳〔心不全〕　[生]昭和6年(1931)11月27日　[出]鹿児島県　[学]熊本大学工学部〔昭和29年〕卒　[歴]昭和29年間組(現・安藤ハザマ)に入社。60年取締役、62年常務、平成元年専務を経て、5年副社長。

伊藤 竹外　いとう・ちくがい　漢詩人　愛媛県漢詩連盟会長　[没]平成27年(2015)3月27日　93歳〔急性呼吸不全〕　[生]大正10年(1921)11月5日　[出]愛媛県松山市　[名]本名＝伊藤泰博(いとう・やすひろ)　[学]松山高小〔昭和10年〕卒　[歴]早くから歌に親しみ「にぎたつ」編集同人、「潮音」同人。岳父の小原六六庵に指導を受け、昭和22年六六庵吟詠会総本部会長、50年六六庵吟社主宰、58年六六庵書道塾主宰。愛媛漢詩連盟会長、愛媛県吟詠剣詩舞総連盟理事長、四国漢詩連盟会長、全日本漢詩連盟副会長などを歴任した。

伊藤 孜　いとう・つとむ　山形県議(社民党)　[没]平成27年(2015)11月10日　80歳〔膵臓がん〕　[生]昭和10年(1935)9月20日　[出]山形県山形市　[学]山形南高卒　[歴]山形市職労委員長、山形市議を経て、昭和62年より山形県議に5選。社民党に所属した。平成19年引退。　[賞]旭日中綬章〔平成21年〕

伊藤 艶子　いとう・つやこ　芸妓　[没]平成28年(2016)1月6日　89歳〔心臓疾患〕　[生]大正15年(1926)　[出]岩手県釜石市　[名]舞踊名＝藤間千雅乃(ふじま・ちかの)　[歴]岩手県釜石で生まれ、13歳で市内の老舗料亭・幸楼でお座敷に出る。東京でも修業し、“鉄の街”として栄えた釜石が衰退した後も同市の花柳界を支えた。平成23年東日本大震災による津波で自宅を失うが、仮設住宅からお座敷に通った他、津波避難の大切さを歌にした「スタコラ音頭」に踊りをつけた。

伊藤 強　いとう・つよし　音楽評論家　[没]平成28年(2016)12月15日　81歳〔誤嚥性肺炎〕　[生]昭和10年(1935)1月2日　[出]旧朝鮮京城(韓国・ソウル)　[名]本名＝伊藤強(いとう・つとむ)　[学]東北大学文学部〔昭和33年〕卒　[歴]昭和33年「週刊読書人」に入社。34年報知新聞社に移り、文化部で映画、音楽を担当。45年退社してフリー。新聞、雑誌などで音楽評論を展開した他、コンサートのプロデュース、演出も手がけた。NHKラジオ「音楽アラカルト」のパーソナリティーや、平成12～16年日本レコード大賞審査委員長も務めた。著書に「それはリンゴの唄から始まった」「歌謡界とっておきの話」「マヒナ主義和田弘」などがある。　[師]師＝八巻明彦

伊東 輝子　いとう・てるこ　伊東正義元外相の妻　[没]平成27年(2015)10月2日　100歳〔肺炎〕　[生]大正4年(1915)3月28日　[歴]首相臨時代理や外相などを歴任した自民党の大物政治家・伊東正義の妻。東日本大震災後、福島県内の被災者や会津若松市に寄付金を贈った。　[家]夫＝伊東正義(政治家)

伊藤 光威　いとう・てるたけ　宮城教育大学学長　[専]教育制度　[没]平成27年(2015)8月22日　88歳〔肺炎〕　[生]大正15年(1926)12月10日　[出]宮城県仙台市　[学]広島高師文科〔昭和24年〕卒, 東北大学教育学部〔昭和27年〕卒　[歴]宮城教育大学教育学部教授、同大図書館長を務め、平成2年学長に就任。5年退官。　[賞]勲二等瑞宝章〔平成14年〕　[団]日本教育学会, 日本教育行政学会, 日本比較教育学会

伊東 利勝　いとう・としかつ　長崎新聞常務　[没]平成27年(2015)2月23日　91歳　[生]大正13年(1924)　[出]台湾　[歴]17歳の時、進学のために日本に戻り、戦後、親類のいた長崎に引き揚げる。昭和21年長崎日日新聞社(現・長崎新聞社)に入社。報道部一筋に30年、常務を最後に退職。のち長崎市観光協会専務理事などを歴

任。53年に設立された長崎ちゃんぽん・皿うどん愛好会2代目会長。

伊藤 巴子 いとう・ともこ 女優 ㉘平成28年(2016)12月17日 85歳〔心不全〕 ㊗昭和6年(1931)8月14日 ㊗東京都 ㊗本名＝舟木巴子(ふなもと・ともこ) 駒場高卒 ㊗劇団仲間に入団し、昭和29年旗揚げ公演「夕空晴れて」の舞台を踏む。32年、25歳の時に「乞食と王子」の乞食少年トムを演じて以来、長年同じ役を演じ続け、その回数は1500回を突破した。劇団仲間でロシア文学者・湯浅芳子が訳した児童劇「森は生きている」を上演したことがきっかけで、湯浅と親しくなり、湯浅が平成2年に亡くなってからは日本で唯一の翻訳演劇賞・湯浅芳子賞(10年まで)の運営に携わる。その後、20年までNPO法人湯浅芳子の会理事長も務めた。3年日本児童・青少年演劇劇団協議会(現・日本児童・青少年演劇劇団共同組合)代表幹事となり、児童演劇の普及活動にも取り組んだ。 ㊗日本児童演劇協会賞〔昭和49年〕、O夫人児童演劇賞(第3回)〔昭和62年〕、山本安英の会記念基金(第2回)〔平成6年〕

伊東 椰子 いとう・なぎこ 伊東文化学園学園長 ㉘平成27年(2015)5月23日 90歳〔老衰〕 ㊗大正14年(1925)3月10日 ㊗福岡県福岡市 ㊗福岡高女〔昭和16年〕卒、福岡女子専(現・福岡女子大学家政科)〔昭和19年〕卒 ㊗昭和42年東京家庭裁判所調停委員を経て、55年福岡市で調理師専門学校と福岡介護福祉専門学校を運営する福岡家政学園(現・伊東文化学園)理事長に就任。のち学園長。 ㊗二男＝伊東隆昭(伊東文化学園理事長)

伊藤 成彦 いとう・なりひこ 文芸評論家 中央大学名誉教授 ㊗社会思想史、ドイツ語 ㉘平成29年(2017)11月29日 86歳〔老衰〕 ㊗昭和6年(1931)10月24日 ㊗石川県金沢市 ㊗東京大学文学部ドイツ文学科〔昭和29年〕卒、東京大学大学院博士課程修了 ㊗昭和40年「文学の立場」同人。48年中央大学商学部教授に就任。52年「ヨギヘスへの手紙」(全4巻、共訳)で日本翻訳文化賞受賞。戦後文学の継承を唱え、54年文芸評論「共苦する想像力」を発表。ドイツの革命家ローザ・ルクセンブルクの研究や朝鮮半島問題の発言で知られ、社会思想史学会代表幹事などを歴任。48年、後に韓国大統領となる金大中が拉致された事件では、金大中拉致事件真相調査委員会事務局長を務めるなど、真相究明活動に尽力。他に反核1000人委員会世話人、アソシエ21共同代表、ローザ・ルクセンブルク国際協会代表や、平和憲法21世紀の会、憲法を生かす会、9条運、かながわ平和憲法を守る会、神奈川憲法アカデミアの共同代表を務めた。他の著書に「近代文学派論」「反核メッセージ」「戦後文学を読む」「闇に育つ光」「ローザ・ルクセンブルクの世界」「軍隊のない世界へ」「時標としての文学」など。 ㊗日本翻訳文化賞(第14回)〔昭和52年〕「ヨギヘスへの手紙 全4巻」(共訳) ㊗日本文芸家協会、日本ペンクラブ、ローザ・ルクセンブルク国際協会

伊藤 能 いとう・のう 棋士 将棋6段 ㉘平成28年(2016)12月25日 54歳 ㊗昭和37年(1962)1月16日 ㊗東京都杉並区 ㊗小学3年の頃に将棋を知り、昭和50年中学2年で奨励会に入会。18歳で初段、22歳で3段と順調に昇段したが、3段で足踏みが続き、平成4年30歳にして4段でプロ入り。11年5段、24年6段。米長邦雄永世棋聖門下。観戦記の執筆でも知られた。 ㊗師＝米長邦雄

伊藤 延男 いとう・のぶお 建築史家 東京国立文化財研究所所長 神戸芸術工科大学名誉教授 ㊗日本建築史、文化財保護 ㉘平成27年(2015)10月31日 90歳〔心不全〕 ㊗大正14年(1925)3月8日 ㊗愛知県名古屋市 ㊗東京帝国大学建築学科〔昭和22年〕卒、東京大学大学院修了 工学博士 ㊗昭和22年国立文化財研究所に入り、奈良国立文化財研究所建造物研究室長、46年文化庁文化財保護部建造物課長、52年文化庁鑑査官を経て、53年東京国立文化財研究所所長。62年退官。63年文化財保護振興財団設立とともに理事に就任。平成元年～7年神戸芸術工科大学教授、11～13年文化財建造物保存技術協会理事長。3年より国際記念物遺跡会議(イコモス)副会長。16年文化功労者に選ばれる。23年には木造建築の文化財的価値を世界に伝えた功績が認められ、文化遺産保存の最高峰である賞ガッゾーラ賞を受けた。著書に「中世和様建築の研究」「日本の建築」「古建築のみかた」などがある。 ㊗文化功労者〔平成16年〕、勲三等旭日中綬章〔平成7年〕、日本建築学会賞(論文、昭和40年度)「中世和様建築の研究」、文部大臣表彰〔平成10年〕、ガッゾーラ賞〔平成23年〕

伊藤 百雲 いとう・はくうん 俳人 奥の細道俳句協会顧問 ㉘平成29年(2017)7月21日 89歳〔膵臓がん〕 ㊗昭和3年(1928)2月28日 ㊗岐阜県大垣市 ㊗本名＝伊藤政治(いとう・まさはる) ㊗昭和47年「獅子吼」に入会、国島十雨に師事。平成3年「獅子吼」幹部同人。14～18年獅子吼第40世統統を務めた。 ㊗大垣市功労者 ㊗師＝国島十雨

伊東 寛文 いとう・ひろふみ 福岡銀行専務 ㉘平成27年(2015)6月19日 90歳〔老衰〕 ㊗大正14年(1925)5月1日 ㊗大分県大分市 ㊗陸士(第59期)、九州大学法学部〔昭和24年〕卒 ㊗昭和24年福岡銀行に入行。50年取締役、52年常務を経て、58年専務。60年退任。

伊藤 博文 いとう・ひろふみ 青森県総合社会教育センター所長 ㉘平成27年(2015)8月17日 66歳〔肝疾患〕 ㊗青森県南津軽郡藤崎町 ㊗東青教育事務所長、青森県埋蔵文化財調査センター所長などを経て、平成21年青森県総合社会教育センター所長。

伊藤 裕康 いとう・ひろやす 岩崎電気会長 ㉘平成29年(2017)2月18日 90歳〔肺炎〕 ㊗昭和2年(1927)1月23日 ㊗秋田県大館市 ㊗久我山工専電気科〔昭和23年〕卒 ㊗昭和36年岩崎電気取締役、42年常務、52年専務、62年副社長、平成3年会長、5年取締役相談役。

伊藤 文大 いとう・ふみお クラレ社長 ㉘平成29年(2017)3月1日 69歳〔心不全〕 ㊗昭和22年(1947)8月2日 ㊗福島県会津若松市 ㊗東京大学経済学部〔昭和46年〕卒 ㊗昭和46年クラレに入社。平成15年執行役員、16年上席執行役員、18年常務を経て、20年社長。29年会長。

伊藤 文吉(8代目) いとう・ぶんきち 北方文化博物館館長・理事長 ㉘平成28年(2016)10月25日 89

歳〔肝臓がん〕　㉓昭和2年（1927）9月24日　㉕新潟県中蒲原郡横越村沢海（新潟市江南区）　㉗慶応義塾大学法学部法律学科〔昭和27年〕卒　㉘江戸時代から続く大地主の8代目当主。明治10〜20年建てられた4000平方メートルの本邸や、中に造られた茶室・三角亭を含む2万9200平方メートルに及ぶ広大な敷地は、戦後、北方文化博物館となる。昭和28年音楽之友社に入社。33年退社後、同博物館館長。新潟県博物館協議会会長、新潟県文化財保護連盟会長、公益財団法人にいがた文化の記憶館理事長、新潟日米協会会長などを歴任した。　㉙旭日双光章〔平成20年〕、第四銀行賞〔昭和47年〕、文化庁長官賞〔昭和53年〕　㉚新潟県博物館協議会、日本博物館協会　㉛父＝伊藤文吉（7代目）

伊藤 平三　いとう・へいぞう　浜松凧の会会長　㉓平成28年（2016）4月5日　89歳〔肺炎〕　㉕静岡県浜松市中区　㉘昭和10年浜松凧の会発足に際して初代会長に就任、20年を務めた。その後は顧問として浜松まつりの発展に尽力。10代から70年以上にわたって凧を制作、"凧作りの名人"として知られた。

伊東 牧州　いとう・ぼくしゅう　書家　若越書道会副会長　福井県作家協会顧問　㉓平成27年（2015）6月22日　80歳　㉔昭和9年（1934）　㉕福井県　㉖本名＝伊東啓祐（いとう・けいすけ）　㉗東京学芸大学卒　㉘殿村藍田に師事。若越書道会副会長で福井県作家協会顧問を務めた。　㉚師＝殿村藍田

伊藤 信　いとう・まこと　伊藤学園理事長　㉓平成27年（2015）11月11日　91歳〔病気〕　㉘平成4年から伊藤学園理事長を務める。山梨県私学協会会長、山梨県私立学校審議会会長などを歴任した。　㉛長男＝伊藤祐寛（伊藤学園理事）

井堂 雅夫　いとう・まさお　染色家　版画家　㉓木版　平成28年（2016）4月23日　70歳〔胃がん〕　㉔昭和20年（1945）11月11日　㉕旧満州　㉗朱雀高中退　㉘昭和20年旧満州で生まれ、21年盛岡市へ引き揚げる。34年京都へ移り住む。36年染色家の吉田光甫に弟子入り。46年大坪重周に師事。47年から木版画制作を始め、同年第1回個展を開催。48年三軌会会員。染色、木版画のほか各種工業デザインも手がける一方、雅堂の経営者として異業種交流グループにも参加、装飾版画やAOA（アオ・アート）の創始として伝統工芸産業に新風を吹き込んだ。平成6年岩手県花巻市にアトリエを構え、同年から8年まで岩手日報に木版画「心象の賢治」（全30回）を連載。11年花巻文化村を設立、理事長を務める。9年には京都、花巻に加えて広島県福山市鞆町に3つ目のアトリエ"青雲庵"を開設、14年鞆を題材に描いた新作を展示する"ギャラリー鞆の浦青雲庵"をオープンさせた。画集に「日本の四季彩」「木版の詩」「京都百景」、「美に魅せられて―井堂雅夫・画業三〇年の全仕事」などがある。　㉙三軌会新人賞〔昭和48年〕、三軌会賞〔昭和50年〕　㉚三軌会　㉚師＝吉田光甫、大坪重周

伊藤 正輝　いとう・まさてる　彫刻家　㉓平成29年（2017）6月6日　96歳〔老衰〕　㉘彫刻家で、山形県美展の名誉会員だった。

伊藤 幹治　いとう・みきはる　国立民族学博物館名誉教授　㉖宗教人類学、文化人類学　㉓平成28年（2016）3月29日　86歳〔心不全〕　㉔昭和5年（1930）1月4日　㉕東京都足立区　㉗国学院大学大学院文学研究科〔昭和30年〕修了　文学博士（国学院大学）〔昭和50年〕　㉘国学院大学日本文化研究所研究員を経て、昭和41年米国ハーバード大学エンチン研究所に留学。44年国学院大学助教授、49年国立民族学博物館教授、52年第三研究部部長併任、63年成城大学教授、のち柳田文庫を保管する同大民俗学研究所長を歴任。柳田国男研究の第一人者で、贈与交換論などで業績を残した。著書に「稲作儀礼の類型的研究」「稲作儀礼の研究」「柳田国男―学問と視点」「沖縄の宗教人類学」「家族国家観の人類学」「贈与交換の人類学」「柳田国男と文化ナショナリズム」「日本人の人類学的自画像―柳田国男と日本文化論再考」「柳田国男と梅棹忠夫」「贈答の日本文化」などがある。　㉙渋沢敬三賞（第1回）〔昭和39年〕「稲作儀礼の類型的研究」、南方熊楠賞（第18回）〔平成20年〕　㉚日本民族学会、日本宗教学会、日本民俗学会、米国人類学協会

伊東 理昭　いとう・みちあき　俳優　㉓平成28年（2016）12月15日　63歳〔脳腫瘍〕　㉔昭和28年（1953）3月8日　㉕神奈川県　㉗日本社会事業大学社会福祉学部卒　㉘昭和53年劇団民芸に入り、60年団員に昇格。主な出演作に舞台「アンネの日記」「炎の人」「海霧」などがある。

伊藤 通明　いとう・みちあき　俳人　「白桃」主宰　㉓平成27年（2015）9月26日　79歳〔肺炎〕　㉔昭和10年（1935）11月16日　㉕福岡県宗像郡福間町（福津市）　㉗西南学院大学文学部英文学科卒　㉘昭和31年から作句を始める。37年同人誌「裸足」を創刊、61年結社誌「白桃」に改め、主宰。42年より安住敦の「春燈」に参加。51年「白桃」で角川俳句賞、平成21年「荒神」で俳人協会賞、山本健吉文学賞を受賞した。27年「白桃」終刊。他の句集に「西国」「蓬菜」などがある。　㉙角川俳句賞（第22回）〔昭和51年〕「白桃」、福岡市文学賞〔昭和52年〕、俳人協会新人賞（第4回）〔昭和55年〕、俳人協会賞（第48回）〔平成21年〕「荒神」、山本健吉文学賞（俳句部門、第9回）〔平成21年〕「荒神」　㉚俳人協会（名誉会員）、日本文芸家協会　㉚師＝安住敦

伊藤 光保　いとう・みつやす　医師　全国在宅療養支援診療所連絡会世話人　㉖内科　㉓平成27年（2015）2月1日　63歳〔膵臓がん〕　㉕愛知県豊橋市　㉘愛知県東海市の内科伊藤医院での診療の傍ら、全国在宅療養支援診療所連絡会世話人を務める。高齢社会の地域医療・福祉の充実に尽くし、名古屋市のホームレス支援にも情熱を注いだ。

伊藤 基隆　いとう・もとたか　参院議員（民主党）　連合副会長　㉓平成29年（2017）7月11日　78歳〔肺炎〕　㉔昭和13年（1938）10月25日　㉕群馬県富岡市　㉗富岡高卒　㉘一ノ宮郵便局入局。全逓信労働組合（全逓）教宣部長、企画部長などを経て、昭和63年書記長、平成3年中央執行委員長に就任。連合副会長も務める。7年社会党から参院選比例区に初当選。8年社民党を経て、民主党に参加。参院財政金融委員長も務める。当選2回。19年引退した。一方、平成元年食をテーマにした詩集「浅間山は巨大なカツ丼なのだ」を自費出版。

他の著書に「こちら郵便局」「勤倹貯蓄を奨励する歌」などがある。 [賞]旭日中綬章〔平成20年〕

伊藤 安男 いとう・やすお 花園大学名誉教授 [専]歴史地理学 [没]平成27年(2015)10月8日 85歳〔肺炎〕 [生]昭和4年(1929)11月21日 [出]愛知県名古屋市熱田区 [学]立命館大学文学部地理学科〔昭和27年〕卒 [歴]昭和29年岐阜県立海津高校、44年大垣北高校教諭を経て、51年岐阜大学講師となり、57年花園大学教授に就任。岐阜県地理学会、岐阜県郷土資料研究協議会の会長を務め、輪中研究の第一人者として知られる。著書に「岐阜県地理あるき」「治水思想の風土」「台風と高潮災害—伊勢湾台風」「洪水と人間」、共著に「ふるさとの宝物 輪中」、編著書に「長良川をあるく」「変容する輪中」「地図で読む岐阜」などがある。 [賞]岐阜県学術文化賞〔昭和52年〕, 岐阜県教育長章〔平成22年〕, 岐阜県知事賞〔平成23年〕, 日本地理学会賞〔平成24年〕, 地方文化功労者文部科学大臣表彰〔平成25年〕 [団]日本地理学会, 歴史地理学会, 岐阜県地理学会, 岐阜県郷土資料研究協議会

伊藤 ユミ いとう・ゆみ 歌手 [没]平成28年(2016)5月18日 75歳 [生]昭和16年(1941)4月1日 [出]愛知県名古屋市 [名]本名＝伊藤月子(いとう・つきこ), デュオ名＝ザ・ピーナッツ [学]西陵商〔昭和33年〕中退 [歴]一卵性双生児の妹。小学6年からNHK児童唱歌隊に入り、やがて姉エミ(本名・日出代)とのデュオで、名古屋市東区のレストラン兼ナイトクラブ・ザンビで歌うようになる。17歳の昭和33年、作曲家の宮川泰と渡辺プロ社長の渡辺晋に見いだされ、高校を中退して上京。同プロ第1号タレントとして渡辺晋・美佐夫妻の自宅に住み込み、日本テレビのディレクターであった井原高忠より“ザ・ピーナッツ”と命名された。34年日劇の第2回コーラス・パレードで初舞台を踏み、シングル「可愛い花」でデビュー。たぐいまれな歌唱力と美しいハーモニーで一躍人気者となり、「恋のバカンス」「ウナ・セラ・ディ東京」「恋のフーガ」などヒット曲を連発。数々の和製ポップスを歌い、シングル・アルバム合わせて1750万枚以上を売り上げた。36年日本テレビ系の音楽バラエティ番組「シャボン玉ホリデー」の司会に抜擢され、2人揃ってコントも披露。中でも父役のハナ肇との「お父っつあん、おかゆができたわよ」「いつもすまないね、オレがこんな体でなければ…」「それは言わない約束でしょ」というやり取りの名物コントはよく知られている。38年オーストリアで収録されたテレビ番組「カテリーナ・バレンテ・ショー」に招かれ、39年と40年西ドイツのテレビ番組や国際音楽祭に出演。41年には米国の大人気音楽番組「エド・サリバン・ショー」とバラエティ番組「ダニー・ケイ・ショー」に出演するという快挙を成し遂げ、以後も毎年のように米国やヨーロッパに渡って和製ポップスを広め、日本人ポップス歌手の海外進出の先駆けとなった。36年怪獣映画「モスラ」の妖精の小美人役でも知られ、“モスラや、モスラ〜”と歌う劇中歌「モスラの歌」も一世を風靡した。50年4月「ザ・ピーナッツさよなら公演」を最後に芸能界を引退。以後、育ての親である渡辺晋の葬儀などを除き、ほとんど公の場に姿を現さなかった。NHK「紅白歌合戦」にはデビューの34年から、引退直前の49年まで、16年連続で出場した。他のヒット曲に「情熱の花」「悲しき16才」「月影のナポリ」「ふりむかないで」などがある。 [家]姉＝伊藤エミ(歌手)

伊東 義晃 いとう・よしあき 三愛石油社長 [没]平成27年(2015)3月1日 81歳〔病気〕 [生]昭和8年(1933)4月23日 [出]佐賀県 [学]西南学院大学商学部〔昭和31年〕卒 [歴]昭和31年三愛石油に入社。57年取締役、60年常務、62年専務を経て、平成2年社長。11年会長。

伊藤 嘉昭 いとう・よしあき 昆虫生態学者 名古屋大学名誉教授 [没]平成27年(2015)5月15日 85歳〔肝不全〕 [生]昭和5年(1930)3月30日 [出]東京都 [学]東京農林専(現・東京農工大学)〔昭和25年〕卒 理学博士 [歴]東京農林専門学校で石井悌に師事、生態学を学ぶ。農林省農業技術研究所に入り作物害虫の動態を研究、アメリカシロヒトリの総合研究の指導的役割を果たした。昭和47年から6年間、沖縄県農業試験場に出向し、サトウキビ害虫の防除および侵入害虫ウリミバエの根絶法を研究。のち名古屋大学農学部助教授を経て、63年教授。平成5年退官、10年まで沖縄大学教授を務めた。著書に「比較生態学」「一生態学徒の農学遍歴」「虫を放して虫を滅ぼす—沖縄・ウリミバエ根絶作戦私記」「動物の社会—社会生物学・行動生態学入門」「楽しき挑戦 型破り生態学50年」などがある。 [賞]日本応用動物昆虫学会賞〔昭和44年〕, 日本農学賞〔昭和47年〕「生命表による害虫の個体群動態に関する研究」, 読売農学賞(第9回)〔昭和47年〕「生命表による害虫の個体群動態に関する研究」, 日本生態学会功労賞〔平成15年〕, 南方熊楠賞(第17回)〔平成19年〕 [団]日本応用動物昆虫学会, 個体群生態学会, 日本生態学会, British Ecological Society

伊藤 喜美 いとう・よしみ バロー創業者 岐阜経済同友会筆頭代表幹事 恵那商工会議所会頭 [没]平成27年(2015)7月7日 93歳〔肺炎〕 [生]大正11年(1922)2月9日 [出]岐阜県恵那市 [学]中津商〔昭和13年〕卒, 法政大学法学部〔昭和18年〕卒 [歴]法大2年の昭和18年、学徒動員で岐阜の連隊に入隊。予備士官学校や陸軍中野学校で学び、陸軍少尉で復員。20年家業の食料品店を父から引き継ぎ、32年協同組合恵那専門店会理事長。33年恵那にスーパーマーケットの主婦の店恵那店(現・バロー)を創業。以後、ホームセンターやドラッグストア、スポーツクラブなど事業の多角化を図り、中部地方を中心に店舗を展開。恵那市という地方都市から中部地方を代表する企業グループに育て上げた。平成6年会長、17年名誉会長、27年相談役名誉会長。岐阜経済同友会筆頭代表幹事、恵那商工会議所会頭も務めた。11年私財を投じて伊藤青少年育成奨学会を設立。19年には出身地の恵那市に私財約10億円を投じた市立図書館・恵那市中央図書館伊藤文庫を設立・寄付した。 [賞]紺綬褒章〔昭和54年〕, 藍綬褒章〔昭和61年〕, 旭日中綬章〔平成26年〕, 岐阜新聞大賞産業賞〔平成8年〕, 恵那市名誉市民〔平成19年〕

糸賀 勲 いとが・いさお 日本信託銀行社長 [没]平成27年(2015)2月9日 74歳〔膠芽腫〕 [生]昭和15年(1940)8月11日 [出]茨城県 [学]東京大学法学部〔昭和39年〕卒 [歴]昭和39年三菱銀行(現・三菱東京UFJ銀

い

行）に入行。平成3年取締役、6年日本信託銀行（現・三菱UFJ信託銀行）に転じ、9年専務を経て、12年社長。

井戸田 侃 いどた・あきら　弁護士　立命館大学名誉教授　大阪国際大学名誉教授　㊪刑事法　㊦平成29年（2017）5月29日　88歳〔老衰〕　㊤昭和3年（1928）8月22日　㊥愛知県小牧市　㊫京都大学法学部〔昭和28年〕卒　法学博士　㊧昭和30年弁護士登録。立命館大学助手、講師、助教授を経て、43年教授に就任。のち大阪国際大学法政経学部教授、学部長も務めた。日本刑法学会の理事を務め、検察の公訴権について積極的に発言した。著書に「刑事手続の構造序説」「公訴権濫用論」「刑事訴訟法要説」「刑事訴訟理論と実務の交錯」などがある。　㊐日本刑法学会, 大阪弁護士会

糸永 真一 いとなが・しんいち　カトリック司教　カトリック鹿児島教区長　㊦平成28年（2016）12月10日　88歳〔急性心不全〕　㊤昭和3年（1928）7月23日　㊥長崎県平戸市　㊧昭和27年長崎教区で司祭となり、44年鹿児島教区司教に就任。平成11年のザビエル渡来450年を機にザビエル教会聖堂の建て替えや“聖腕”の来鹿、記念式典などに尽力。18年教区長を引退した。洗礼名はパウロ。

糸満 盛京 いとみつ・もりきよ　カリタ社長　㊦平成27年（2015）12月30日　88歳〔敗血症〕　㊤昭和2年（1927）2月25日　㊥東京都豊島区　㊫米沢工卒　㊧昭和33年珈琲用濾紙製造販売業を開業。35年カリタを設立、社長に就任。のち会長を務めた。　㊎妻＝糸満しげ子（カリタ社長）

伊奈 和夫 いな・かずお　静岡大学名誉教授　㊪製造化学・食品　㊦平成29年（2017）6月21日　85歳〔肺炎〕　㊤昭和7年（1932）1月5日　㊥愛知県岡崎市　㊫静岡大学農学部農芸化学科〔昭和32年〕卒　農学博士　㊧昭和36年静岡大学農学部助手、45年助教授を経て、米国ラトガース大学へ留学。56年静岡大教授、平成5年農学部長を務めた。茶の効能研究の先駆者。　㊝静岡県鈴木賞, 斉藤奨励賞　㊐日本農芸化学会, 日本食品工業学会, 日本水産学会　㊎弟＝伊奈郊二（東京薬科大学客員教授）

伊奈 久喜 いな・ひさよし　日本経済新聞特別編集委員　㊪外交・安全保障政策　㊦平成28年（2016）4月22日　62歳〔胃がん〕　㊤昭和28年（1953）6月14日　㊥東京都　㊫早稲田大学政治経済学部政治学科〔昭和51年〕卒　㊧昭和51年日本経済新聞社に入社。政治部、ワシントン支局記者、平成4年ジョンズ・ホプキンズ大学高等国際問題大学院（SAIS）外交政策研究所フェローを経て、日本経済新聞編集委員、6年論説委員を兼務。その後、論説副委員長、特別編集委員（外交・安全保障担当）。5年より同紙コラム「風見鶏」を執筆。10年度のボーン・上田記念国際記者賞を受賞した。また、青山学院大学、聖心女子大学、同志社大学大学院で現代国際政治論を論じた。著書に「戦後日米交渉を担った男—外交官・東郷文彦の生涯」「外交プロに学ぶ修羅場の交渉術」、共著に「新時代の日米関係」、訳書にケビン・フィリップス「アメリカで『革命』が起きる」などがある。　㊝ボーン上田記念国際記者賞（平成10年度）〔平成11年〕　㊐国際安全保障学会

稲井 範行 いない・のりゆき　いない創業者　㊦平成29年（2017）1月29日　74歳　㊤昭和17年（1942）4月11日　㊥鳥取県　㊫鋸目立専卒　㊧昭和25年創業の家業の刃物店を受け継ぎ、49年鳥取県東郷町（現・湯梨浜町）にホームセンター「ハウジングランドいない」1号店を開店。54年法人化して店舗網を拡大し、山陰両県をはじめ京都府、兵庫県など6府県でホームセンター、ドラッグストア、ペットショップなど30店舗以上を展開する企業に育て上げた。　㊎長男＝稲井陽一郎（いない専務）

稲垣 喜代志 いながき・きよし　風媒社社長　㊦平成29年（2017）10月28日　84歳〔大動脈解離〕　㊤昭和8年（1933）4月12日　㊥愛知県刈谷市　㊫法政大学卒　㊧日本読書新聞社に入社。記者生活を経て、昭和38年名古屋市で風媒社を設立。作家・小関智弘のデビュー作「粋な旋盤工」などをはじめ約1000点の本を世に送り出し、社会問題の追及や地域文化の振興に努めた。ノンフィクション、エッセイなどを執筆する他、行動派出版人として知られ、在日朝鮮人問題などでも活躍した。著書に「山崎延吉伝」などがある。

稲垣 昭三 いながき・しょうぞう　俳優　㊦平成28年（2016）5月13日　88歳〔がん〕　㊤昭和3年（1928）2月14日　㊥神奈川県　㊫早稲田大学卒　㊧昭和51年から劇団昴に所属。主な出演作に、ドラマ「リング」、映画「あ・うん」、舞台「エデンの東」「雰囲気のある死体」「明暗」など。

稲垣 精一 いながき・せいいち　肥後銀行頭取　富士銀行常務　熊本経済同友会代表幹事　㊦平成29年（2017）10月29日　88歳　㊤昭和3年（1928）11月25日　㊥東京都　㊫東京商科大学（現・一橋大学）〔昭和27年〕卒　㊧昭和27年富士銀行（現・みずほ銀行）に入行。長く証券・経理部門に携わり、戦後初の国債発行の40年、国債引き受けシンジケート団の基礎づくりに参画して代表を務めた。銀座支店長、経理資金、証券各部長を経て、55年取締役、58年常務を歴任。62年肥後銀行副頭取に転身、平成5年頭取。13年顧問に退く。頭取時代はバブル崩壊や金融自由化の本格化など、銀行を取り巻く環境が大きく変わる中で健全経営を続けた。2～14年熊本商工会議所副会頭、9～13年熊本経済同友会代表幹事。熊本EC協会会長も務めた。

稲垣 冬彦 いながき・ふゆひこ　北海道大学名誉教授　㊪核磁気共鳴, 構造生物学　㊦平成28年（2016）6月15日　69歳〔前立腺がん〕　㊤昭和22年（1947）　㊥東京都　㊫東京大学理学部化学科〔昭和45年〕卒, 東京大学大学院理学系研究科生物化学専攻〔昭和49年〕博士課程中退　理学博士（東京大学）〔昭和51年〕　㊧昭和49年東京大学生物化学教室文部教官。54年オックスフォード大学無機化学教室を経て、56年東レリサーチセンター研究員、60年主任研究員。61年東京都臨床医学総合研究所生理活性物質研究部門室長、平成4年部長。11年北海道大学大学院薬学研究科教授。核磁気共鳴装置（NMR）を使ってタンパク質の立体構造を解析する研究の第一人者で、がん細胞内でがんの進行や転移をもたらすタンパク質の分子レベルの構造を世界で初めて解明した。　㊝日本分光学会賞論文賞（昭和58年度）「核磁気共鳴分光法によるタンパク質の構造研

究」, 井上学術賞(第11回, 平成6年度)「核磁気共鳴法による生体高分子の構造研究」

稲垣 正夫　いながき・まさお　プロ野球選手　コバチュウ社長　[没]平成27年(2015)4月6日　79歳　[生]昭和10年(1935)8月19日　[出]神奈川県横浜市鶴見区　[学]鶴見高卒, 千葉大学工学部〔昭和32年〕卒　[歴]鶴見高では右翼手で3番を打ち、昭和27年神奈川県大会の決勝、28年は準決勝まで進出したが、あと一歩で甲子園出場を逃した。千葉大卒業後、32年東映(現・日本ハム)に入団して内野手として活躍。39年退団。通算成績は実働8年、535試合出場、1209打数279安打、13本塁打、102打点、25盗塁、打率.231。同年家業の小林鋳造(現・コバチュウ)に転じ、55年社長に就任。少年野球の指導や草野球チームとの親善試合も行った。

稲垣 正夫　いながき・まさお　アサツーディ・ケイ創業者　[没]平成27年(2015)4月16日　92歳〔心不全〕　[生]大正11年(1922)10月27日　[出]愛知県豊橋市　[学]外務省研修所〔昭和23年〕卒　[歴]昭和23年外務省に入省。25年世界社に転じ宣伝部長、28年第一通信社の設立に参加。31年旭通信社を創業、社長に就任。62年広告会社として初めて株式公開を果たす。平成4年会長となるが、5年社長を兼務、8年会長専任。11年第一企画と合併しアサツーディ・ケイに社名変更し、会長に就任。約55年にわたって代表取締役を務め、同社を電通、博報堂DYホールディングスに次ぐ国内第3位の広告会社に育て上げた。中国の新華社通信社と業務提携した他、米英の広告業界大手と資本提携するなど、海外事業も広げた。　[賞]藍綬褒章〔平成2年〕, 勲三等瑞宝章〔平成9年〕, フランス芸術文化勲章オフィシエ章〔平成20年〕, 吉田秀雄記念賞(第19回, 昭和59年度)「多年にわたって, 協会理事および海外広告研修委員長として広告業界に尽力した功績」, 日本宣伝賞吉田賞(第31回)〔昭和61年〕, 鈴木CM賞(第35回)〔平成10年〕, 白川忍賞(第19回)〔平成12年〕, 日本宣伝大賞〔平成20年〕

稲垣 正浩　いながき・まさひろ　日本体育大学名誉教授　[専]スポーツ史, スポーツ文化論　[没]平成28年(2016)2月6日　77歳　[生]昭和13年(1938)3月26日　[出]愛知県豊橋市　[学]東京教育大学大学院教育学研究科博士課程修了　[歴]昭和49年愛知教育大学助教授、51年大阪大学助教授、53年奈良教育大学助教授、59年教授を経て、平成9年日本体育大学教授。のち21世紀スポーツ文化研究所(ISC・21)を設立。スポーツ史学会会長も務めた。著書に「スポーツ文化の脱構築」「身体論—スポーツ学的アプローチ」「ウィーンの生涯スポーツ」「児童文学の中にスポーツ文化を読む」「宗教文学の中にスポーツ文化を読む」「伝承文学の中にスポーツ文化を読む」、共著に「スポーツ科学からスポーツ学へ」「近代スポーツのミッションは終わったか」などがある。　[団]スポーツ史学会, 日本体育学会, 日本スポーツ教育学会

稲川 誠一　いながわ・せいいち　自動車技術者　スズキ会長　[没]平成28年(2016)6月28日　90歳　[生]大正14年(1925)10月1日　[出]静岡県浜松市　[学]浜松工専〔昭和20年〕卒　[歴]昭和20年鈴木式織機(のち鈴木自動車)に入社。技術畑を歩き、48年取締役、53年常務、55年専務を経て。62年会長。平成2年スズキに社名変更。5年会長職を退き、相談役。昭和30年に発売された国内初の量産軽自動車「スズライト」の設計を担当。長く二輪車や四輪車の設計責任者を務め、54年に発売され同社の成長を支えた主力車種、初代「アルト」の開発でも陣頭指揮を執った。平成20年同社で2人目の日本自動車殿堂入りを果たした。　[賞]藍綬褒章〔昭和62年〕, 勲三等瑞宝章〔平成9年〕, 科学技術庁長官賞科学技術功労者表彰(第28回, 昭和61年度)「二輪車用アルミフレーム量産化技術の開発育成」

稲田 圭佑　いなだ・けいすけ　静岡県議(公明党)　[没]平成29年(2017)3月2日　77歳〔病気〕　[生]昭和14年(1939)3月13日　[出]静岡県富士宮市　[学]富士宮北高〔昭和31年〕卒　[歴]昭和31年大興製紙勤務、37年上条物産勤務。46年以来富士宮市議3期を経て、58年静岡県議に当選。62年落選。1期。

稲冨 洋明　いなとみ・ひろあき　医師　沖縄県医師会会長　[没]平成29年(2017)9月10日　81歳〔急性大動脈解離〕　[出]サイパン　[学]山口県立医科大学(現・山口大学)〔昭和37年〕卒　[歴]山口県立医科大学助手を経て、昭和45年本土復帰前の沖縄に渡り、精神病院に就職。一旦沖縄を離れるが、49年糸満市に糸満晴明病院を開設。沖縄県医師会の副会長を7期14年務め、平成14年会長に就任。18年退任。　[賞]旭日小綬章〔平成21年〕, 沖縄県功労賞〔平成27年〕

稲庭 達　いなにわ・とおる　バイオリニスト　大阪フィルハーモニー交響楽団コンサートマスター　大阪センチュリー交響楽団コンサートマスター　[没]平成27年(2015)4月27日　59歳〔急性呼吸不全〕　[生]昭和30年(1955)6月18日　[出]新潟県新潟市　[学]東京芸大附属音楽高卒, 東京芸術大学器楽科〔昭和53年〕　[歴]東京芸大附属音楽高校、東京芸術大学器楽科で学ぶ。在学中より東京シティフィルハーモニック管弦楽団の発足と同時にコンサートマスターに就任。新星日本交響楽団のゲストコンサートマスターを経て、昭和53年大学卒業と同時に名古屋フィルハーモニー交響楽団コンサートマスターに就任。55〜63年大阪フィルハーモニー交響楽団コンサートマスター、平成4〜15年大阪センチュリー交響楽団コンサートマスターを歴任。くらしき作陽大学音楽学部教授、神戸女学院大学音楽学部講師として後進の指導にもあたった。東京ヴィヴァルディ合奏団のソロコンサートマスター、芦屋交響楽団弦トレーナーも務めた。　[師]師＝井上武雄, 海野義雄, 外山滋

稲葉 一郎　いなば・いちろう　関西学院大学名誉教授　[専]東洋史　[没]平成29年(2017)9月23日　81歳〔急性硬膜下血腫〕　[生]昭和11年(1936)5月3日　[出]大阪府大阪市　[学]京都大学文学部史学科東洋史専攻〔昭和36年〕卒, 京都大学大学院文学研究科東洋史学専攻〔昭和41年〕博士課程単位取得満期退学　文学博士(京都大学)　[歴]昭和42年立命館大学文学部助手、54年助教授を経て、教授。55年関西学院大学教授。平成17年名誉教授。著書に「中国の歴史思想」「中国史学史の研究」などがある。　[団]東方学会, 東洋史研究会, 史学研究会

稲葉 侃爾　いなば・かんじ　中国銀行頭取　[没]平成29年(2017)1月14日　96歳〔老衰〕　[生]大正9年(1920)10月31日　[出]岡山県総社市　[学]京都帝国大学法学部〔昭和21年〕卒　[歴]昭和23年中国銀行に入行。奉還町、姫

いなは　　　　　　　　日　本　人

路、田ノ口各支店長を経て、45年取締役、50年常務、53年専務、60年副頭取、62年頭取に就任。平成9年会長兼務、11年会長、13～17年相談役。18年チボリ・ジャパン社長。昭和53～59年岡山経済同友会代表幹事、平成5～20年岡山県経済団体連絡協議会座長を務め、全国地方銀行協会副会長、岡山県公安委員長、岡山県産業振興財団理事長、岡山県国際経済交流協会会長、岡山県郷土文化財団理事長、岡山県立美術館運営協議会会長などを歴任した。　●藍綬褒章〔平成2年〕、勲三等旭日中綬章〔平成15年〕、山陽新聞賞（第51回）〔平成5年〕、三木記念賞〔平成14年〕

稲葉 京子 いなば・きょうこ　歌人　●平成28年（2016）11月19日　83歳〔老衰〕　●昭和8年（1933）6月1日　●愛知県江南市　●本名＝大竹京子（おおたけ・きょうこ）　●尾北高卒　●与田凖一の紹介で同人誌「童話」で童話を書く。昭和32年「婦人朝日」に短歌を投稿、選者の大野誠夫に認められ「砂廊」（のち「作風」）に入会、同年「中部短歌会」にも入会。26歳の35年、「小さき宴」で角川短歌賞を受賞。38年第一歌集「ガラスの檻」を出版。46年「あしかび」創刊に参加。54年「作風」退会。平成18年「椿の館」で詩歌文学館賞、前川佐美雄賞を受けた。また、22年まで9年間、中日新聞「中日歌壇」選者を務めた。他の歌集に「柊の門」「槐の傘」「桜花の領」「しろがねの笙」、鑑賞書に「鑑賞葛原妙子」などがある。　●角川短歌賞（第6回）〔昭和35年〕「小さき宴」、現代短歌女流賞（第6回）〔昭和57年〕「槐の傘」、短歌研究賞（第26回）〔平成2年〕「白萤」、詩歌文学館賞（第21回）〔平成18年〕「椿の館」、前川佐美雄賞（第4回）〔平成18年〕「椿の館」　●現代歌人協会、中部短歌会、日本文芸家協会　●夫＝大竹隆茂（大末建設専務）

稲葉 玉紫 いなば・ぎょくし　書家　毎日書道展審査会員　●かな　●平成29年（2017）4月1日　89歳〔心不全〕　●本名＝稲葉勝（いなば・かつ）　●日本書道美術院展準大賞（第33回、昭和54年度）、毎日書道展会員賞（かな部、昭和61年度）

稲葉 道次 いなば・みちじ　アイシン精機専務　●平成29年（2017）3月26日　92歳〔老衰〕　●大正13年（1924）4月22日　●静岡県　●浜松工専航空機科〔昭和19年〕卒　●昭和21年中島飛行機新川工業を経て、40年アイシン精機生産総括部長、45年取締役、47年常務、50年専務を歴任。

稲見 宗孝 いなみ・むねたか　サントリー常務　全日本シーエム放送連盟（ACC）理事長　●平成27年（2015）3月4日　78歳〔膵臓がん〕　●昭和11年（1936）3月19日　●兵庫県西宮市　●神戸大学文学部〔昭和33年〕卒　●昭和33年サントリー（現・サントリーホールディングス）に入社。以来、宣伝部門を歩み、50年宣伝部長を経て、58年取締役、平成元年常務。全日本シーエム放送連盟（ACC）理事長も務めた。　●ACC会長賞（第22回）〔昭和59年〕、日本広告賞松下賞（第32回）〔昭和62年〕、藤本賞奨励賞（平成6年度）〔平成7年〕「『居酒屋ゆうれい』の製作」

稲村 雲洞 いなむら・うんどう　書家　毎日書道会最高顧問　奎星会最高顧問　●墨象　●平成28年（2016）9月23日　91歳〔老衰〕　●大正13年（1924）10月13日　●福井県福井市小稲津町　●本名＝稲村行雄（いなむら・ゆきお）　●福井師範〔昭和19年〕卒　父親が小学校で習字を教えていたこともあり、自然と書に親しむ。昭和23年文部省と東京芸大が共催した東京の書道講習会で上田桑鳩、鈴木翠軒らの講師陣の書に刺激を受け、24年桑鳩門下の宇野雪村に入門。日展に出品を続けた後、31年桑鳩の日展脱退に従った。この頃から前衛書を手がけ、非文字の墨象作品に取り組む。44年福井の高校を退職して上京、宇野家の居候を経て書家として独立。文字の造形性を重視した前衛書を追求した。平成16年傘寿記念「極の宇宙展」を開催。18年福井・永平寺に「喜悦心」額を奉納。23年には米寿記念「喜悦の時空展」を開いた。昭和63年毎日書道会理事、平成8年前衛書集団・奎星会会長。19年からは杭州市の中国美術学院の現代書法研究部門顧問に就任し、以来、書の日中交流に奔走した。　●旭日小綬章、毎日芸術賞（第35回、平成5年度）〔平成6年〕「今を啓く 稲村雲洞新作書展」、福井新聞文化賞功労賞〔平成9年〕、毎日書道展毎日賞（第4回・5回）〔昭和27年・28年〕　●奎星会、毎日書道会、全日本書道連盟　●長男＝稲村龍谷（書家）　●師＝宇野雪村

犬井 圭介 いぬい・けいすけ　運輸省海運局長　全日本空輸副社長　●平成27年（2015）7月15日　85歳〔肺炎〕　●昭和5年（1930）7月11日　●東京都　●東大法学部〔昭和28年〕卒　●昭和28年運輸省（現・国土交通省）に入省。41年名古屋陸運局自動車部長、43年国際経済協力機構一等書記官、47年運輸省海運局外航課長、48年総務課長、51年神戸海運局長、53年官房参事官、54年官房審議官、同年鉄道監督局民営鉄道部長、57年官房長を経て、58年海運局長。退官後、自動車事故対策センター理事長、61年日本貨物航空専務、62年全日本空輸副社長、平成5年全日空エンタプライズ社長、8年会長。　●勲三等旭日中綬章〔平成12年〕

乾 源哉 いぬい・げんや　講談社監査役　日本雑誌協会専務理事　●平成27年（2015）5月10日　80歳〔多臓器不全〕　●昭和9年（1934）11月14日　●東京都　●天理高〔昭和29年〕卒　●昭和30年講談社に入社。47年札幌支社長、50年名古屋支社長を経て、書籍販売局次長。服部敏幸会長の秘書として社長室秘書長を務めた後、平成5～10年監査役。10～13年日本雑誌協会の初代専務理事を務めた。

乾 康之助 いぬい・やすのすけ　集建産業社長　京都野球協会会長　●平成28年（2016）6月3日　75歳〔病気〕　●昭和16年（1941）3月1日　●京都府　●嵯峨野高卒、同志社大学経済学部〔昭和39年〕卒　●昭和39年サイデン化学に勤務。48年集建産業設立に際し専務、53年社長に就任。また、嵯峨野高、同志社大で野球部に所属。平成26年京都野球協会会長に就任した。

乾 由明 いぬい・よしあき　美術史家　美術評論家　兵庫陶芸美術館名誉館長　京都大学名誉教授　金沢美術工芸大学名誉教授・学長　●西洋美術史、近代陶芸史　●平成29年（2017）7月17日　89歳〔肺炎〕　●昭和2年（1927）8月26日　●大阪市大阪市　●京都大学文学部美学美術史〔昭和26年〕卒、京都大学大学院修了　●谷崎潤一郎の小説「細雪」にも登場する高級料亭 "播半" の生まれで、美術、骨董品に囲まれて育つ。

京都大学助手、関西学院大学講師を経て、昭和38年京都国立近代美術館事業課長、45年京都大学助教授、50年教授に就任。平成3年退官。大手前女子大学教授を経て、9年金沢美術工芸大学学長。のち兵庫陶芸美術館開設準備委員長を務め、17年開館により初代館長に就任。兵庫県参与。著書に「抽象絵画」「モネと印象派」「マチス」「眼の論理」「現代陶芸の系譜」などがある。　[賞]瑞宝中綬章〔平成15年〕, 西宮市民文化賞〔昭和63年〕, 小山冨士夫記念賞(第10回)〔平成1年〕, 神戸市文化賞〔平成5年〕, 兵庫県文化賞〔平成6年〕, 中日文化賞(第54回)〔平成13年〕, 京都市文化功労者〔平成14年〕　[団]美学会, 美術史学会, 地中海学会, 美術評論家連盟, 国際陶芸アカデミー(名誉副会長)

犬養 智子　いぬかい・ともこ　評論家　作家　[専]女性問題, 高齢者問題　[没]平成28年(2016)4月9日　84歳〔心筋梗塞〕　[生]昭和6年(1931)4月18日　[出]東京市麻布区(東京都港区)　[名]旧姓・名＝波多野智子　[学]学習院大学政経学部政治学科〔昭和29年〕卒, イリノイ大学大学院ジャーナリズム＆マスコミュニケーションズ学科　[歴]米国イリノイ大学大学院ジャーナリズム＆マスコミュニケーションズ学科留学を経て、シカゴデイリーニュース東京支局勤務、その後は評論活動に入る。昭和43年に出版した「家事秘訣集」は“ジャガイモは洗濯機で洗え”など家事サボタージュ論を説いてベストセラーとなった。評論の他に、イラスト・童話・小説・推理小説・翻訳も手がける。“人は幸福になるために生れた”“道具は人を幸福にするためのものである”の考えに基づいて道具デザインを考案、シニアのエンパワーメントのために「ホールシニア・カタログ」を研究仲間と執筆・編集した。他の著書に「男と女のおいしい関係」「トモコの日本ステキ宣言」「女25歳からの生き方」「女30代からのステキな人生」「いまが素敵で生きる」「楽しんで生きる」「パパは96歳—うちの父娘のつきあい」「私の見つけたいい品・好きな品」などがある。　[団]道具学会, 日本文芸家協会, 日本ペンクラブ, 民間放送教育協会, 日本農業土木総合研究所, 全国地名保存連盟, 日本デザイン機構　[家]娘＝犬養亜美(フリーライター)

犬養 道子　いぬかい・みちこ　作家　評論家　[没]平成29年(2017)7月24日　96歳　[生]大正10年(1921)4月20日　[出]東京市四谷区(東京都新宿区)　[学]女子学習院卒, 津田英学塾(現・津田塾大学)中退　[歴]昭和7年の五・一五事件で暗殺された犬養毅元首相の孫で、その長男である犬養健元法相の長女。太平洋戦争中に洗礼を受け、津田英学塾(現・津田塾大学)を中退して米国ボストンのレジス・カレッジ、フランスのパリ大学などで学んだ後、23年より10年間単身で欧米各国を歴訪、32年帰国。33年欧米での体験を書いた「お嬢さん放浪記」がベストセラーとなる。NHKのニュース解説を担当するが、34年「婦人公論」特派員として再渡欧。39年ハーバード大学に研究員として招かれ渡米。その後フランスやイタリアに長く滞在。滞在中のパリでバングラデシュの飢餓を知ったことをきっかけに1970年代末以降カンボジアやアフリカの難民、飢餓問題に取り組み、“スプーン一杯運動”“緑の木一本運動”を提唱、ボランティア活動を続けた。61年難民の青少年に奨学金を支給する犬養基金を設立。平成元年「国境線上で考える」で毎日出版文化賞を受賞。3年“欧州のヒューマニズムと人権活動に寄与した100人”に選ばれる。9年帰国し、聖カタリナ女子大学客員教授。11年犬養基金の活動に専念するためクロアチアに渡る。その後も、イラン・イラク戦争や旧ユーゴ内戦など世界で頻発する紛争によって生まれる難民の実情を視察して報道した。15年、約20年かけて執筆した「聖書を旅する」(全10巻)が完結した。他の著書に「私のアメリカ」「旧約聖書物語」「人間の大地」「聖書の天地」「一億の地雷 ひとりの私」などがあり、自伝的小説「花々と星々と」はドラマ化もされた。　[賞]毎日出版文化賞(第43回)〔平成1年〕「国境線上で考える」　[団]日本文芸家協会　[家]祖父＝犬養毅(首相・政友会総裁), 父＝犬養健(法相), 弟＝犬養康彦(共同通信社長)

犬養 康彦　いぬかい・やすひこ　共同通信社長　[没]平成27年(2015)7月12日　87歳〔虚血性心疾患〕　[生]昭和3年(1928)4月1日　[出]東京都　[学]学習院大学文政学部〔昭和27年〕卒　[歴]五・一五事件で暗殺された犬養毅首相の孫。昭和28年共同通信社に入社。社会・整理・人事各部長、総務局・編集局各次長、編集局長、57年総務局長兼研修室長、59年常務理事を経て、61年専務理事編集主幹。平成3年朝日新聞の記事を盗用して配信していた問題で引責辞任した前社長の後を受け、社長に就任。10年相談役、12年顧問に退いた。社会部長時代に、米中関係改善に繋がる“ピンポン外交”のきっかけとなった中国による米国卓球チーム招待をスクープし、昭和46年度の新聞協会賞を受賞した。　[賞]新聞協会賞(昭和46年度)「『中国, 米卓球チームを招待』のスクープ」　[家]祖父＝犬養毅(首相), 父＝犬養健(政治家・小説家), 姉＝犬養道子(評論家)

犬伏 武彦　いぬぶせ・たけひこ　建築史家　松山東雲短期大学教授　[没]平成28年(2016)12月10日　75歳〔呼吸不全〕　[生]昭和16年(1941)12月7日　[出]大阪府高石市　[学]大阪工業大学工学部建築学科〔昭和40年〕卒　[歴]松山工業高校、東予工業高校教諭の傍ら、愛媛県内各地の民家や古建築を訪ねて調査研究に従事。平成14年高校退職後は松山東雲短期大学で教鞭を執った。えひめの民家調査研究会・茅舎代表を務め、江戸後期の庄屋屋敷で四国最大級のかやぶき木造民家である「土居家」(西予市野村町惣川)や愛媛県史跡の「庚申庵」(松山市味酒町)などの修復に携わった他、松山市の道後温泉本館保存修復計画検討委員会会長として報告書を取りまとめ、市に答申した。著書に「屋根の下に築く—私論 住まいと暮らし」「民家ロマンチック街道—伊予路」「南海僻隅の痴蛙なれど—浦和盛三郎伝」などがある。　[賞]愛媛出版文化賞〔平成6年〕「南海僻隅の痴蛙なれど—浦和盛三郎伝」

猪野 愈　いの・まさる　弁護士　京都弁護士会副会長　[没]平成27年(2015)10月1日　87歳　[出]京都府　[学]大阪大学法学部〔昭和28年〕卒, 大阪大学大学院〔昭和29年〕中退　[歴]昭和31年司法試験合格。34年司法修習終了、同年弁護士登録。36年猪野法律事務所開業。41年京都弁護士会副会長。53年近畿弁護士連合会理事を務めた。

稲生 晴　いのう・きよし　松山商科大学学長　[専]金融学　[没]平成27年(2015)7月4日　90歳〔肺炎〕　[生]大

い

正14年（1925）3月25日 [出]愛媛県八幡浜市 [学]八幡浜商〔昭和17年〕卒，松山経専〔昭和20年〕卒，九州大学経済学部〔昭和24年〕卒，九州大学大学院特別奨学生〔昭和27年〕修了 [歴]昭和27年九州大学経済学部助手、28年松山商科大学講師、35年助教授を経て、40年教授。55年学長。 [賞]勲三等旭日中綬章〔平成12年〕

井上 あき子　いのうえ・あきこ　博多人形師 [没]平成29年（2017）2月6日 95歳〔肺炎〕 [生]大正10年（1921） [出]佐賀県東松浦郡相知町（唐津市） [名]本名＝井上アキ子 [学]唐津高女卒 [歴]18歳で博多人形師の夫と結婚し、福岡市六本松の井上人形店で博多人形を作り始める。昭和39年41歳の時に亡くなった夫の遺志を継ぎ、人形師としての自立。美人物、能物を手がけ、43年能人形「百萬」で福岡県知事賞を受賞。その後、内閣総理大臣賞を3回、通産大臣賞を2回受けた。平成9年福岡県指定無形文化財保持者に認定され、10年には現代の名工に選ばれた。 [賞]勲六等瑞宝章〔平成6年〕，福岡県知事賞〔昭和43年〕「百萬」，内閣総理大臣賞〔昭和49年・平成3年・9年〕「卒都婆小町」「薪能」「草子洗小町」，通産大臣賞〔昭和57年・平成4年〕「六浦」「春韻」，日本伝統工芸士功労通産大臣賞〔平成8年〕，現代の名工〔平成10年〕 [資]福岡県指定無形文化財保持者〔平成9年〕，伝統工芸士 [家]長男＝井上栄和（博多人形師），孫＝井上和彦（博多人形師）

井上 昭　いのうえ・あきら　東和薬品専務 [没]平成28年（2016）6月26日 74歳〔病気〕 [生]昭和17年（1942）3月10日 [出]大阪府 [学]初芝商〔昭和35年〕卒 [歴]昭和58年東和薬品取締役を経て、専務。

井上 章　いのうえ・あきら　秋田大学名誉教授　伊藤学園学校長 [専]国語学 [没]平成28年（2016）4月23日 84歳〔急性心筋梗塞〕 [生]昭和6年（1931）8月10日 [出]秋田県秋田市 [学]秋田南高〔昭和25年〕卒，秋田大学学芸学部〔昭和29年〕卒，東北大学大学院文学研究科国文・国語専攻〔昭和31年〕修士課程修了 [歴]昭和32年秋田大学助手、助教授を経て、53年教授。60〜63年教育学部附属幼稚園長を兼務。平成9年退官。サンパウロ大学教授、秋田福祉専門学校校長、伊藤学園学校長も務めた。14年昔の生活や戦争体験をお年寄から聞き、記録として後世に残すために“秋田聞き書き学会”を設立、会長を務めた。 [賞]瑞宝中綬章〔平成23年〕 [団]国語学会，日本言語学会，秋田聞き書き学会

井上 厚　いのうえ・あつし　新和設備社長 [没]平成29年（2017）12月12日 87歳〔脳梗塞〕 [生]昭和5年（1930）6月8日 [出]山形県 [学]山形工卒 [歴]昭和45年新和設備を開業、46年株式会社に改組して社長。平成7年現代の名工に選ばれる。山形県浄化槽工業協会理事長を務めた。 [賞]現代の名工〔平成7年〕 [家]長男＝井上義裕（新和設備社長）

井上 勲　いのうえ・いさお　学習院大学名誉教授 [専]日本近代史，明治維新史 [没]平成28年（2016）11月14日 75歳〔肝細胞がん〕 [生]昭和15年（1940）12月5日 [出]山口県下関市 [学]東京大学文学部史学科国史学専攻〔昭和39年〕卒，東京大学大学院人文科学研究科国史学専攻博士課程中退 [歴]信州大学人文学部講師、昭和48年学習院大学文学部助教授を経て、平成元年教授。著書に「文明開化」「王政復古—慶応3年12月9日の政変」「坂本龍馬」などがある。 [団]史学会

井上 和水　いのうえ・かずみ　香長建設社長 [没]平成29年（2017）9月25日 87歳〔内因性で不詳〕 [生]昭和5年（1930）2月18日 [出]高知県南国市 [学]城東商卒 [歴]香長建設社長で、平成6〜19年高知県建設業協会会長を務めた。おじは社会党衆院議員の井上泉で、高知県内政界に広い人脈を持った。

いのうえ・かつこ　俳人　「甘藍」主宰 [没]平成27年（2015）10月18日 71歳 [生]昭和18年（1943）11月28日 [出]新潟県中蒲原郡横越村（新潟市） [名]本名＝井上勝子（いのうえ・かつこ） [学]新津高〔昭和37年〕卒，北里衛生科学専門学院〔昭和40年〕卒 [歴]昭和60年「畦」に入門、上田五千石に師事。平成4年第一句集「貝の砂」で俳人協会新人賞を受賞。9年師が亡くなり「畦」が終刊、「かなえ」同人となる。10年「かなえ」を辞して「甘藍」を創刊・主宰。俳人協会静岡県支部長も務めた。他の句集に「奉納」「馬下」「彩雲」、著書に「俳句と遊ぶ」「四温光」などがある。 [賞]俳人協会新人賞（第16回）〔平成4年〕「貝の砂」，畦賞〔平成7年〕，静岡県文化奨励賞（第41回）〔平成14年〕 [団]俳人協会，日本文芸家協会 [師]師＝上田五千石

井上 銀一　いのうえ・ぎんいち　イギン創業者 [没]平成27年（2015）1月10日 91歳〔肺炎〕 [生]大正12年（1923）12月23日 [出]岐阜県岐阜市 [学]早稲田大学経済学部通信科卒 [歴]戦後岐阜市で古着商を始め、昭和24年井上商店、31年井銀（現・イギン）を設立。41年婦人礼服専門の製造販売に特化し、高級婦人フォーマルのトップ企業に育て上げた。 [家]長男＝井上隆治（イギン社長）

井上 元二　いのうえ・げんじ　尚絅短期大学教授・副学長 [専]社会体育 [没]平成28年（2016）2月28日 91歳〔老衰〕 [生]大正14年（1925）1月4日 [出]熊本県熊本市 [学]九州学院〔昭和19年〕卒，東京高等師範学校体育科〔昭和23年〕卒 [歴]昭和23年九州学院高校教諭、27年済々黌高校教諭、37年第二高校教諭、39年熊本県教育庁体育保健課指導主事・体育係長、41年熊本市教育委員会体育保健課長、49年熊本市立商業高校校長、50年尚絅短期大学教授。教職の傍らレクリエーション活動の普及に貢献。熊本未来国体の県実行委総務専門委員長として、平成11年の国体開催に奔走した。 [賞]熊日賞〔平成11年〕

井上 賢二　いのうえ・けんじ　岩手日報制作局写植整版部長 [没]平成27年（2015）10月16日 83歳〔病気〕 [生]昭和6年（1931）10月20日 [出]岩手県盛岡市 [学]杜陵高中退 [歴]昭和27年岩手日報社に入社。工務局第一活版部次長、56年制作局付部長を経て、平成2年同局写植整版部長。

井上 重夫　いのうえ・しげお　明治生命保険副社長 [没]平成27年（2015）7月31日 77歳〔肝血管肉腫〕 [生]昭和13年（1938）7月9日 [出]東京都 [学]慶応義塾大学商学部〔昭和36年〕卒 [歴]昭和36年明治生命保険（現・明治安田生命保険）に入社。平成3年取締役を経て、副社長。

井上 繁弘　いのうえ・しげひろ　荏原製作所副社長 [没]平成28年（2016）1月2日 94歳〔肺炎〕 [生]大正10

年(1921)4月7日 [出]熊本県 [学]山梨高工〔昭和17年〕卒 [歴]昭和39年荏原製作所に入社。50年取締役、55年常務、59年専務を経て、61年副社長。63年荏原金属会長。

井上 誠一 いのうえ・せいいち 石川島播磨重工業副社長 [没]平成27年(2015)1月30日 85歳〔肺炎〕 [生]昭和4年(1929)12月7日 [出]神奈川県 [学]早稲田大学第一法学部〔昭和27年〕卒 [歴]昭和27年芝浦共同工業(のち石川島播磨重工業, 現・IHI)に入社。58年取締役、62年常務、平成元年専務を経て、3年副社長。9年退任。

井上 隆雄 いのうえ・たかお 写真家 [専]仏教芸術, 民俗芸術, 自然 [没]平成28年(2016)7月21日 76歳〔肺炎〕 [生]昭和15年(1940)7月21日 [出]滋賀県大津市本堅田町 [学]京都市立美術大学工芸科〔昭和40年〕卒 [歴]昭和48年写真家となる。アジアの民族芸術を追った作品が多い。平成3年ニューヨーク・ソーホーで個展。主に「自然」をモチーフに思想や感性など主体性に立脚した写真作品を撮り続け、個展や出版物などを通して写真と文をコラボレートさせた発表活動を行う。モノクロの技法で京都の静的な風情を的確に捕えた作風で知られる。共著に「日本の深層—縄文・蝦夷文化を探る」「西国三十三か所巡礼」、写真集に知恵おくれの子らの造形作品集「土に咲く」や「チベット密教壁画」「パガンの仏教壁画」「ビルマの仏塔」「京逍遙—井上隆雄光画帖」ほか多数。 [賞]京都市芸術新人賞〔昭和59年〕, 日本写真学会賞東陽賞(平成12年度), 京都美術文化賞(第13回)〔平成12年〕, 京都府文化功労賞(第20回)〔平成14年〕, 京都市文化功労者〔平成16年〕, 茶道文化振興賞〔平成18年〕 [団]日本写真芸術学会, 民族芸術学会, 日本写真家協会, 日本ペンクラブ

井之上 隆志 いのうえ・たかし 俳優 [没]平成29年(2017)3月4日 56歳〔下咽頭がん〕 [生]昭和35年(1960)12月27日 [出]宮崎県都城市 [学]延岡高等工科学院 [歴]小劇団のGAYA、C - noteを経て、昭和62年男性6人による劇団カクスコを結成、脚本も担当。一貫して社会から落ちこぼれ気味の男たちの日常を描いた舞台を続け、平成10年には紀伊国屋演劇賞の団体賞を受賞。13年いっぱいでカクスコは解散。20年より人気テレビシリーズ「渡る世間は鬼ばかり」や「ドクターX〜外科医・大門未知子〜」にレギュラー出演。また「赤坂大歌舞伎」に出演するなど、テレビや舞台、映画でも活躍した。他の出演作に、舞台「廊下は静かに！」「年中無休！」「借りたら返す！」「わらしべ夫婦双六旅」、映画「幻の光」「金融腐蝕列島 呪縛」「プラトニックセックス」「いらっしゃいませ、患者さま。」「バックダンサーズ」、ドラマ「夏子の酒」「ラブジェネレーション」「鬼の棲家」「二千年の恋」「愛と友情のブギウギ」「純情きらり」など。ケイファクトリーに所属した。

井上 辰雄 いのうえ・たつお 筑波大学名誉教授 [専]日本古代史 [没]平成27年(2015)11月23日 87歳〔心不全〕 [生]昭和3年(1928)10月13日 [出]東京都 [学]東京大学文学部国史学科〔昭和27年〕卒, 東京大学大学院人文科学研究科国史学専攻修了 文学博士 [歴]昭和35年熊本大学法文学部助教授、46年教授を経て、50年筑波大学教授。のち城西国際大学教授。平成14年から1年間、熊本日日新聞にコラム「古今の夢」を毎日連載した。著書に「正税帳の研究」「隼人と大和王権」「常陸風土記より見る古代」「火の国」「熊襲と隼人」「古代王権と宗教的部民」などがある。 [賞]瑞宝中綬章〔平成20年〕 [団]史学会, 社会文化史学会

井上 竜夫 いのうえ・たつお 俳優 [没]平成28年(2016)10月5日 74歳〔高度肺気腫〕 [生]昭和16年(1941)11月8日 [出]兵庫県尼崎市 [名]本名＝井上龍男(いのうえ・たつお) [学]尼崎産業高卒 [歴]尼崎産業高の演劇部で初めて老け役を演じて以来、老け役の魅力に取り付かれ、役作りに没頭。昭和34年松竹新喜劇に入団し、曽我廼家五郎八に師事。38年吉本新喜劇に移り、以後多数の公演に出演。46年には新喜劇のメンバー・谷しげると漫才コンビを結成。「おじゃましまんにゃわ」などのギャグで愛嬌のある老け役として活躍、"竜じい"の愛称で親しまれた。 [師]師＝曽我廼家五郎八

井上 太郎 いのうえ・たろう 霊友会代表役員 [没]平成27年(2015)3月28日 82歳〔敗血症〕

井上 輝夫 いのうえ・てるお 詩人 フランス文学者 慶応義塾大学名誉教授 [専]フランス近代詩(ボードレール) [没]平成27年(2015)8月25日 75歳〔特発性肺線維症〕 [生]昭和15年(1940)1月1日 [出]兵庫県西宮市 [学]慶応義塾大学文学部〔昭和38年〕卒, ニース大学大学院博士課程修了, 慶応義塾大学大学院〔昭和48年〕博士課程修了 文学博士(ニース大学) [歴]慶応義塾大学在学中から吉増剛造らと詩誌「ドラムカン」を発行。昭和44年フランス政府給費留学生、49年慶大経済学部助教授、57年より2年間、慶応義塾派遣留学生としてパリ滞在。63年慶大教授。のち中部大学人文学部教授。詩集に「旅の薔薇窓」「夢と抒情と」「聖シメオンの木菟」「冬ふみわけて」などがある。 [賞]日本詩人クラブ詩界賞〔平成24年〕「詩想の泉をもとめて」 [団]日本フランス語フランス文学会, 地中海学会, 日本文芸家協会, 日本ペンクラブ, 日本現代詩人会

井上 俊郎 いのうえ・としろう 洋画家 鶴見大学名誉教授 [没]平成28年(2016)12月18日 92歳 [生]大正13年(1924)5月24日 [出]旧朝鮮咸鏡南道釈王寺 [学]東京美術学校(現・東京芸術大学)工芸科彫金専攻卒 [歴]昭和22年頃より油絵を描きはじめ、のち森芳雄に師事。30年より自由美術展に出品。40年主体美術展の創立に参加。銀座資生堂ギャラリーなどで個展を重ね、風景や人物を通して東洋の象徴美を追求した。鶴見大学女子短期大学部教授も務めた。著書に「素描・シルクロードの旅」「東洋の象徴美」がある。 [団]主体美術協会 [師]師＝森芳雄

井上 直子 いのうえ・なおし 埼玉県議(自民党) [没]平成29年(2017)7月3日 77歳〔肝不全〕 [生]昭和14年(1939)9月2日 [出]埼玉県北葛飾郡杉戸町 [学]杉戸農卒 [歴]埼玉県杉戸町議を経て、平成3年より埼玉県議に6選。16年議長。27年引退。 [賞]藍綬褒章〔平成16年〕, 旭日中綬章〔平成27年〕

井上 博 いのうえ・ひろし 川柳作家 徳島県川柳作家連盟会長 [没]平成27年(2015)4月5日 85歳〔胃がん〕 [生]昭和4年(1929)10月4日 [出]徳島県小松島市 [歴]徳島県内の紡績会社を定年退社後に川柳を始め、川

柳結社の番傘と徳島県川柳作家連盟発行の月刊誌「川柳阿波」に入会。平成13年徳島県川柳作家連盟会長、徳島新聞「徳島柳壇」選者。16年小中学生を対象とした「ジュニア川柳」を創設した他、とくしま文学賞川柳部門の選者を務めるなど、川柳の普及と後進の育成に力を注いだ。

井上 普方　いのうえ・ひろのり　衆院議員（社会党）　㊀平成27年（2015）4月10日　90歳〔肺炎〕　㊐大正14年（1925）1月14日　㊥徳島県阿南市辰巳町　㊫徳島大学医学部〔昭和27年〕卒　医学博士　㊯昭和26年から徳島県議3期を経て、42年徳島全県区から社会党公認で衆院議員に当選、以来連続9選。平成5年落選。党では“国対の実力者”として知られ、主に自民党との交渉に尽力。党国対副委員長、代議士会会長、衆院商工委員長などを歴任した。　㊮勲一等瑞宝章〔平成10年〕

井上 雅博　いのうえ・まさひろ　ヤフー社長　ソフトバンク取締役　㊀平成29年（2017）4月25日　60歳〔交通事故死〕　㊐昭和32年（1957）2月12日　㊫東京理科大学理学部〔昭和54年〕卒　㊯昭和54年パソコンメーカーのソード電算機システムに入社。62年ソフトバンク総合研究所を経て、平成4年ソフトバンクに入社。秘書室長などを経て、8年1月ヤフー設立時に取締役、同年7月社長に就任。11年いち早くネットオークション事業に進出して国内最大手の地位を確保。19年には米国ネットオークション最大手のイーベイとの提携を発表した。24年ヤフー社長、ソフトバンク取締役を退任。29年交通事故のため米国で亡くなった。

井上 泰哉　いのうえ・やすや　日本経済新聞大阪本社製作局次長・管理部長　㊀平成27年（2015）7月30日　79歳〔前立腺がん〕　㊐昭和10年（1935）11月25日　㊥鹿児島県　㊫同志社大学工学部卒　㊯昭和36年日本経済新聞社に入社。大阪本社技術部長、制作部次長、制作第二部長、61年制作第一部長を経て、63年製作局次長兼管理部長。平成6年日経大阪ビル管理取締役。

井上 有美　いのうえ・ゆうび　陸上指導者　立教大学陸上競技部監督　㊀平成27年（2015）4月30日　84歳〔食道がん〕　㊥埼玉県秩父市　㊫立教大学経済学部〔昭和30年〕卒

井上 洋介　いのうえ・ようすけ　絵本作家　画家　㊀平成28年（2016）2月3日　84歳〔胃がん〕　㊐昭和6年（1931）3月7日　㊥東京市四谷区（東京都新宿区）　㊔本名＝井上洋之助（いのうえ・ようのすけ）　㊫武蔵野美術学校（現・武蔵野美術大学）西洋画科〔昭和29年〕卒　㊯昭和30年新制作派展に出品。31年より日本アンデパンダン展や前衛美術会展等に油彩の作品を発表。38年ペン画集「サドの卵」で、独特なナンセンス作家として注目を集める。絵本の世界では神沢利子のロングセラー童話〈くまの子ウーフ〉シリーズの絵で知られ、「月夜のじどうしゃ」（渡辺茂男・文）で講談社出版文化賞絵本賞、自作の「でんしゃえほん」で日本絵本賞大賞を受けた。他の作品に「箱類図鑑―井上洋介漫画集」「ふりむけばねこ」「ヘンなさんぽ」などがある。　㊮文芸春秋漫画賞（第11回）〔昭和40年〕「一連のナンセンス漫画」，東京イラストレーターズ・クラブ賞（第4回）〔昭和44年〕，産経児童出版文化賞（第21回・23回）〔昭和49年・51年〕「三人泣きばやし」「ちゃぷちゃっぷんの話」，小学館絵画賞（第37回）〔昭和63年〕「『ぶんぶくちゃがま』ほか」，講談社出版文化賞絵本賞（第25回）〔平成6年〕「月夜のじどうしゃ」，日本絵本賞大賞（第6回）〔平成12年〕「でんしゃえほん」

井上 良彦　いのうえ・よしひこ　北陸学院理事長　㊀平成27年（2015）5月25日　86歳　㊐昭和3年（1928）11月1日　㊥石川県　㊫日本基督教神学専〔昭和28年〕卒　㊯昭和28年日本基督教団に入り、31年正教師。41年北陸学院理事を経て、62年活水学院院長。のち、北陸学院理事長。著書に「キリスト教概論12講」がある。　㊮旭日小綬章〔平成22年〕

井浦 順爾　いのうら・じゅんじ　筑紫女学園理事長　㊀平成29年（2017）1月25日　78歳〔胃がん〕　㊐昭和13年（1938）2月17日　㊥佐賀県佐賀市　㊫龍谷大学文学部〔昭和35年〕卒　㊯筑紫女学園高等学校・中学校校長を経て、平成7～19年同学園理事長。佐賀龍谷学園理事長や龍谷大学評議員、福岡県私学協会会長などを歴任した。

猪木 令三　いのき・れいぞう　大阪大学名誉教授　㊞薬理学一般，歯科薬理学　㊀平成28年（2016）9月18日　86歳〔多臓器不全〕　㊐昭和4年（1929）11月13日　㊥三重県上野市（伊賀市）　㊫京都大学医学部医学科〔昭和29年〕卒，京都大学大学院医学研究科薬理学専攻〔昭和34年〕博士課程修了　医学博士（京都大学）〔昭和34年〕　㊯昭和34年京都大学医学部助手、同年大阪大学歯学部助教授となり、38～46年米国ミシガン大学へ留学。53年大阪大教授。のち岡波総合病院長を務めた。著書に「小歯科薬理学」などがある。　㊑日本薬理学会，歯科基礎医学会，International Narcotic Research Conference（歯科薬理学）

井ノ口 節生　いのくち・せつお　福井新聞編集局メディアセンター長・紙面審査委員長　㊀平成28年（2016）11月29日　57歳〔腹部大動脈瘤破裂〕　㊐昭和34年（1959）2月3日　㊫専修大学卒　㊯昭和57年福井新聞社に入社。編成局整理部編集委員、大野支社長兼勝山支局長、読者局次長などを経て、平成27年編集局メディアセンター長兼紙面審査委員長。

猪熊 得郎　いのくま・とくろう　シベリア抑留者支援・記録センター世話人　㊀平成28年（2016）9月21日　88歳〔敗血症〕　㊐昭和3年（1928）9月　㊥東京市日本橋区（東京都中央区）　㊯父の反対を押し切り、15歳で少年兵に志願。昭和19年4月水戸の陸軍航空通信学校長岡教育隊に入隊。20年4月基地通信隊員として関東軍の第二航空軍に配属され、8月同地で敗戦を迎える。戦後、ソ連によりシベリアに抑留され、22年復員。70歳を過ぎてから悲惨な抑留の実情を多くの集会やメディアで証言し、戦争反対を訴えた。シベリア抑留者支援・記録センター世話人、不戦兵士・市民の会代表理事。

井下 理　いのした・おさむ　慶応義塾大学名誉教授　㊞社会心理学，高等教育学，マーケティング・コミュニケーション　㊀平成28年（2016）1月4日　66歳〔病気〕　㊐昭和24年（1949）1月6日　㊥東京都　㊫慶応義塾大学文学部卒，シカゴ大学大学院修了，慶応義塾大学大学院社会学研究科博士課程修了　M.A.（社会学，シカゴ大学）　㊯東京国際大学教養学部助教授、慶応義塾大

学総合政策学部助教授を経て、教授。 [団]日本社会心理学会, 日本社会学会, 日本心理学会, 文化と人間の会

猪俣 宇吉 いのまた・うきち 北越製紙社長 [没]平成28年(2016)5月10日 88歳〔呼吸不全〕 [生]昭和2年(1927)8月3日 [出]新潟県栃尾市(長岡市) [学]東京工業大学〔昭和27年〕卒 [歴]昭和27年北越製紙(現・北越紀州製紙)に入社。56年取締役、62年常務、平成3年専務、5年副社長を経て、7年社長に就任。11年会長、13年相談役、14年社賓となった。 [賞]勲三等瑞宝章〔平成11年〕

猪股 和夫 いのまた・かずお 翻訳家 [没]平成28年(2016)9月23日 62歳〔脳腫瘍〕 [生]昭和29年(1954) [出]新潟県村上市 [学]静岡大学ドイツ文学専攻卒 [歴]大学卒業後、「小学館独和大辞典」の校正業務に従事し、校正スタッフのチーフを務める。新潮社校閲部を経て、ドイツ文学の翻訳家となる。訳書にグナル・ハインゾーン「自爆する若者たち」、ハーペイ・カーケリング「巡礼コメディ旅日記」、オリバー・ペチュ「首斬り人の娘」、ハンス・ユルゲン・クリスマンスキ「マルクス最後の旅」などがある。

猪股 実 いのまた・みのる 丸正運輸社長 [没]平成27年(2015)11月29日 79歳〔肺炎〕 [出]神奈川県横浜市西区 [歴]丸正運輸社長、横浜市ゴルフ協会理事長を務めた。

庵原 俊昭 いはら・としあき 医師 三重病院院長 [専]ワクチン研究 [没]平成28年(2016)2月19日 66歳〔直腸がん〕 [生]昭和24年(1949) [出]兵庫県高砂市 [学]三重大学医学部卒 [歴]三重大学医学部でワクチン研究の道に進む。昭和63年から三重病院に勤務し、平成17年院長に就任。感染症やワクチン研究の第一人者で、新型インフルエンザの国産ワクチンの臨床試験を主導。2回必要とされた予防接種について、1回でも十分な免疫が得られるとする科学的根拠を示した。共編に「ロタウイルス胃腸炎の予防と治療の新しい展開」。

井原 正孝 いはら・まさたか 井原工業社長 [没]平成28年(2016)4月18日 86歳〔急性腹膜炎〕 [生]昭和4年(1929)11月1日 [出]愛媛県伊予三島市(四国中央市) [学]明治大学政経学部〔昭和27年〕卒 [歴]昭和27年宇摩土建に入社。28年取締役、31年社長。33年井原建設工業、58年井原工業に社名変更。63年から2年間、愛媛県建設業協会会長を務めた。 [賞]勲五等瑞宝章〔平成14年〕 [家]父＝井原岸高(衆院議員)

伊原 義徳 いはら・よしのり 科学技術事務次官 日本原子力研究所理事長 [専]科学技術行政 [没]平成29年(2017)7月11日 93歳〔老衰〕 [生]大正13年(1924)4月24日 [出]兵庫県神戸市 [学]東京工業大学電気工学科〔昭和22年〕卒 [歴]昭和22年商工省(のち通商産業省, 現・経済産業省)に入省。29年中曽根康弘衆院議員らが原子炉建設予算案を提出して可決された際、通産省工業技術院で日本初の原子力予算担当を務める。その後も原子力政策の方向性を決める初の「原子力開発利用長期計画(長計)」作成に携わった。31年科学技術庁(現・文部科学省)に移り、51年原子力安全局長、52年科学技術事務次官を歴任。54年退官、55年国際科学技術博覧会協会事務総長となり、筑波の科学万博を取り仕切った。61年日本原子力研究所理事長、平成3年原子力委員会委員、のち委員長代理(9年退任)。6～16年高輝度光科学研究センター理事長を務めた。 [賞]勲一等瑞宝章〔平成14年〕 [団]日本原子力学会(フェロー), 日本工学アカデミー

井深 観譲 いぶか・かんじょう 僧侶 滋賀院門跡門主 [没]平成27年(2015)2月13日 88歳〔肺炎〕 [出]兵庫県 [歴]昭和16年得度。平成6年延暦寺長臈、12年戸津説法師を経て、14年滋賀院門跡門主となった。天台宗大僧正。

井深 信男 いぶか・のぶお 滋賀大学名誉教授 聖泉大学学長 [専]実験心理学, 時間生物学 [没]平成29年(2017)11月19日 76歳 [生]昭和16年(1941)9月21日 [出]神奈川県横浜市 [学]東京教育大学教育学部心理学専攻〔昭和40年〕卒, 東京教育大学大学院教育学研究科比較心理学専攻〔昭和47年〕博士課程単位取得退学 医学博士 [歴]昭和47年三菱化成生命科学研究所脳神経生理学研究室研究員を経て、51年滋賀大学教育学部助教授、56年教授。学部長、平成16年副学長。20～24年聖泉大学学長を務めた。著書に「行動の時間生物学」などがある。 [団]日本心理学会, 日本生理学会, 国際脳研究機構, 日本神経科学協会

伊吹 和子 いぶき・かずこ エッセイスト 編集者 中央公論社書籍編集部次長 [専]日本文学 [没]平成27年(2015)12月16日 86歳〔急性心不全〕 [生]昭和4年(1929)3月19日 [出]京都府京都市 [学]京都大学 [歴]呉服商の旧家に生まれ、京都大学に通う傍ら、沢瀉久孝門下で万葉集を研究する。京都大学文学部国語学国文学研究室勤務を経て、昭和28年谷崎潤一郎「新訳源氏物語」(全12巻)の原稿口述筆記をきっかけに、中央公論社に入社。以来、書籍編集部において各種の全集や文芸書の単行本を編集、「中央公論」編集部において文芸欄を担当。59年定年退職。退職後より東京で、平成10年より京都でも源氏物語を楽しむ紫花の会を主宰した。著書に「編集者作法」「われよりほかに─谷崎潤一郎最後の十二年」「川端康成─瞳の伝説」「めぐり逢った作家たち」などがある。 [賞]日本エッセイスト・クラブ賞(第42回)〔平成6年〕「われよりほかに─谷崎潤一郎最後の十二年」 [団]京都大学国文学会, 万葉学会, 国語学会, 日本ペンクラブ, 日本エッセイスト・クラブ, 日本文芸家協会

伊夫貴 直彰 いぶき・なおあき 滋賀県議(県民クラブ) [没]平成28年(2016)3月18日 92歳〔心筋梗塞〕 [生]大正12年(1923)9月10日 [出]滋賀県米原市 [学]日本大学専門部〔昭和19年〕卒 [歴]滋賀県庁に28年間勤務。昭和50年から滋賀県議に5選。平成元年副議長、3年議長。7年引退。自民党滋賀県連幹事長や新党さきがけ滋賀県本部代表代行を務めた。 [賞]勲四等瑞宝章〔平成7年〕

今 いくよ いま・いくよ 漫才師 [没]平成27年(2015)5月28日 67歳〔胃がん〕 [生]昭和22年(1947)12月3日 [出]京都府京都市 [名]本名＝里谷正子(さとや・まさこ), コンビ名＝今いくよ・くるよ(いまいくよくるよ) [学]明徳商卒 [歴]本名・里谷正子。明徳商業高校の同窓生・酒井スエ子(今くるよ)と漫才好きという趣味で意気投合、高校ではいくよがソフトボール部のピッチャーで

キャプテン、くるよがマネジャーという間柄だった。卒業後それぞれOLとなったが、昭和45年夢を叶えるため漫才の島田洋之介・今喜多代に入門。46年1月女性漫才コンビの今いくよ・くるよとして、48年3月うめだ花月で初舞台を踏む。肥満体型のくるよと、超痩せ型のいくよという、対照的な2人の体形や、派手なくるよのファッションに突っ込む漫才が受け、57年花王名人大賞最優秀新人賞を受賞。1980年代の漫才ブームを牽引する一員となり、59年上方漫才大賞、61年上方お笑い大賞、63年花王名人大賞を受賞するなど、男性が中心の漫才界の中で女性漫才コンビの代表格としての地位を確立した。平成11年結成25周年を迎え、初の座長公演「DOYASAA！ 京物語」を開催。25年9月胃がんの診断を受け入院したが、12月舞台に復帰。以後闘病しながら舞台を務め、亡くなる約2週間前まで舞台に立った。漫才コンビにはめずらしく、私生活の仲の良さでも有名だった。　[賞]上方お笑い大賞金賞（第10回）〔昭和56年〕，上方漫才大賞奨励賞（第17回）〔昭和57年〕，花王名人大賞最優秀新人賞（第2回）〔昭和57年〕，上方漫才大賞（第19回）〔昭和59年〕，上方お笑い大賞（第15回）〔昭和61年〕，花王名人大賞名人賞（第7回）〔昭和62年〕，花王名人大賞（第8回）〔昭和63年〕

今井 絵美子　いまい・えみこ　小説家　[没]平成29年（2017）10月8日　72歳〔乳がん〕　[生]昭和20年（1945）7月2日　[出]広島県福山市三之丸町　[名]本名＝今井恵美子（いまい・えみこ）　[学]成城大学文芸学部卒　[歴]実家は福山市で画廊を営む。結婚して帰郷後、実家の画廊を手伝い、その後6年間、福山市で自分の画廊を持つ。夫と死別し、昭和59年長男と上京。テレビプロダクションで働きながら開業の準備を進め、62年東京・麴町に画廊・ギャラリーiをオープン。ジャンルを限定せず、若い作家に個展の場を提供する。傍ら小説家を志し、文芸誌や公募文学賞への投稿を続ける。平成9年藤沢周平の時代小説を手にしたことがきっかけで時代小説を書き始め、15年「小日向源伍の終わらない夏」で九州さが大衆文学賞大賞・笹沢佐保賞を受賞。受賞作が文芸評論家・結城信孝の目に留まり、時代小説アンソロジー「花ふぶき」に作品が掲載され、58歳で作家デビュー。17年商業出版では初めての著書となる「鷺の墓」を刊行。時代小説や歴史小説を執筆し、茶屋を舞台にした代表作〈立場茶屋おりき〉シリーズや、〈照降町自身番書役日誌〉シリーズ、〈出入師夢之丞覚書〉シリーズ、〈すこくろ幽斎診療記〉シリーズ、〈便り屋お葉日月抄〉シリーズ、〈髪ゆい猫字屋繁盛記〉シリーズなどで知られる。他の著書に「蘇鉄のひと玉蘊」「雀のお宿」「美作の風」「綺良のさくら」など。28年に著書で乳がんを公表したあとも、闘病しながら執筆を続けた。　[賞]大阪女性文芸賞佳作（第16回）〔平成10年〕「もぐら」，北日本文学賞選奨（第34回）〔平成12年〕「母の背中」，九州さが大衆文学賞笹沢佐保賞（第10回）〔平成15年〕「小日向源伍の終わらない夏」，歴史時代作家クラブ賞シリーズ賞（第4回）〔平成27年〕「〈立場茶屋おりき〉シリーズ」

今井 勲　いまい・かおる　少年画報社会長　[没]平成28年（2016）5月18日　82歳〔多臓器不全〕

今井 晶三　いまい・しょうぞう　豊岡市長　[没]平成28年（2016）10月23日　85歳〔悪性リンパ腫〕　[生]昭和6年（1931）3月1日　[出]兵庫県豊岡市　[学]早稲田大学卒　[歴]日本経済新聞社に入社。記者を経て、電波室長。昭和56年東通に転じ、社長室付。57年テークワン社長に就任。平成元年より豊岡市長に3選。13年落選。　[賞]旭日小綬章〔平成19年〕

今井 長八郎　いまい・ちょうはちろう　読売新聞メディア戦略局ネット推進部長　[没]平成29年（2017）1月31日　69歳〔肺がん〕　[生]昭和22年（1947）2月2日　[出]長野県　[学]早稲田大学政経学部〔昭和46年〕卒　[歴]昭和46年読売新聞社に入社。福島、千葉支局を経て、経済部に移り、大蔵省（現・財務省）、通商産業省（現・経済産業省）、兜町、貿易、エネルギー、重工クラブ、商工会議所クラブを担当。その後、世論調査部に転じ、平成元年より解説部記者。9年制作局管理部長、11年メディア戦略局ネット推進部長。のち日本新聞インキ出向、専任局次長。著書に「NKKの業革」などがある。

今井 久夫　いまい・ひさお　政治評論家　今井事務所主宰　日本評論家協会理事長　[没]平成28年（2016）10月23日　96歳　[生]大正9年（1920）9月2日　[出]東京都　[学]慶応義塾大学工学部応用化学科〔昭和20年〕卒　[歴]昭和21年時事新報社に入社。30年政治部長、34年サンケイ新聞論説委員、47年情報開発室長（兼務）を歴任して、51年退社。著書に「反骨の宰相候補中川一郎」「十三人の宰相候補たち」「角栄上等兵とヒトラー伍長」「永田町治乱興亡の十二年〈上下〉」などがある。　[団]日本新聞学会，日本軍事史学会

今井 武一　いまい・ぶいち　小津産業社長　[没]平成29年（2017）1月8日　97歳〔老衰〕　[生]大正8年（1919）9月5日　[出]三重県　[名]通称＝今井美好　[歴]昭和21年小津産業に入社。43年専務を経て、46年社長、63年会長。小津洋紙店専務、大成洋紙店社長、千代田加工紙社長も歴任。　[賞]勲八等瑞宝章〔昭和20年〕

今井 雅之　いまい・まさゆき　俳優　脚本家　演出家　映画監督　エル・カンパニー主宰　[没]平成27年（2015）5月28日　54歳　[生]昭和36年（1961）4月21日　[出]兵庫県城崎郡日高町（豊岡市）　[学]豊岡高，法政大学文学部英文学科〔昭和61年〕卒　[歴]豊岡高校を卒業後、自衛官だった父の勧めで陸上自衛隊に入隊したが、俳優を志して除隊。昭和56年法政大学に進み、奈良橋陽子のもとでニューヨークのアクターズ・スタジオの演技訓練に出会う。「MONKEY」「スター・シャイン」などの舞台を経て、62年テレビドラマ「婚約」でドラマ初出演。一方、63年27歳の時、自ら原作を書き脚本・演出・主演を手がけ、特攻隊の真実の姿を描いた「リーインカーネーション」を上演。平成3年には同作品を「THE WINDS OF GOD」のタイトルでロサンゼルスで英語上演し一躍注目を浴びる。東京での凱旋公演は芸術祭賞を史上初の原作・脚本・演技の3役で受賞。4年ニューヨーク、5年にはアクターズ・スタジオで公演。同年国際連合作家協会芸術賞を受賞。7年には映画版を公開、原作・脚本・主演を務めた。10年ブロードウェイ公演を成功させ、11年にはブロードウェイで日本人初の長期公演を実現させた。15年映画「SUPPINぶるぅす」で監督デビューし、原作・脚本・主演も務める。18年全編英語版の映画「THE WINDS OF GOD―KAMIKAZE―」では監督・原作・脚本・

主演を務め、19年11月にはニューヨーク近代美術館（MoMA）で試写上映が行われた。27年4月主演舞台「THE WINDS OF GOD」の降板と末期がんであることを公表、復帰への強い意志を見せたが、5月54歳で亡くなった。他の出演に映画「226」「撃てばかげろう」「遊びの時間は終わらない」「静かな生活」「八つ墓村」「T.R.Y」、テレビ「東京湾ブルース」「ええにょぼ」「味いちもんめ」「この街が好きやねん」「愛は正義」など。著書に「若いぼくらにできること・体験的青春論」「SUPPINぶるうす」がある。 ㊧芸術祭賞（演劇部門）〔平成3年〕「THE WINDS OF GOD」、国際連合作家協会芸術賞〔平成5年〕、キネマ旬報賞日本映画新人男優賞（第41回, 平成7年度）〔平成8年〕「THE WINDS OF GOD」「静かな生活」

今井 泰男 いまい・やすお 能楽師（宝生流シテ方） ㊤平成27年（2015）10月28日 94歳〔肺血栓塞栓症〕 ㊦大正10年（1921）3月31日 ㊥東京都 ㊧3歳で能楽師・今井竹二の養嗣子となり、17代目宝生九郎、近藤乾三に師事。昭和40年日本能楽会に入会。51年から宝生流最初の個人演能会である玉華会を主宰、平成15年まで55回の公演を行う。16年から緑の会を主宰。宝生流の重鎮で、19年老女の会を発足させ、老女物の難曲である「関寺小町」を同流としては104年ぶりに上演。また、「姨捨」「卒塔婆小町」を演じる。21年12月宝生能楽堂で米寿の会を開催、大曲「鉢木」を上演。22年に卒寿の会を催すなど、90歳まで現役で活躍した。18年からは東京文化財研究所で謡を百番録音して後世に残す事業して携わった。 ㊧文化庁長官表彰（平成22年度） ㊤養父＝今井竹二（能楽師）、長男＝今井泰行（能楽師） ㊤師＝宝生九郎（17代目）、近藤乾三

今井 穣 いまい・ゆたか 日本開発銀行理事 日本原子力発電常務 ㊤平成28年（2016）12月18日 76歳〔肺炎〕 ㊦昭和15年（1940）6月18日 ㊥兵庫県 ㊧京都大学法学部〔昭和38年〕卒 ㊤昭和38年日本開発銀行（現・日本政策投資銀行）に入行、平成6年理事。日本原子力発電常務も務めた。

今井 洋介 いまい・ようすけ 写真家 ミュージシャン ㊤平成27年（2015）11月23日 31歳〔心筋梗塞〕 ㊦昭和59年（1984）10月29日 ㊥神奈川県鎌倉市 ㊤フジテレビ系のリアリティバラエティ番組「テラスハウス」に出演、"ようさん"の愛称で親しまれた。平成27年31歳で急逝した。

今江 祥智 いまえ・よしとも 児童文学作家 ㊤平成27年（2015）3月20日 83歳〔肝臓がん〕 ㊦昭和7年（1932）1月15日 ㊥大阪府大阪市 ㊧同志社大学英文学科〔昭和29年〕卒 ㊤名古屋で中学校の英語教師を務め、昭和35年上京。福音館書店や理論社などで児童書の編集者生活を送る一方、創作活動に入り、同年「山のむこうは青い海だった」を刊行。42年「海の日曜日」でサンケイ児童出版文化賞および日本児童福祉文化賞受賞。43年関西に戻って京都の聖母女学院短期大学教授となり児童文学を講じる。49年「ぼんぼん」で日本児童文学者協会賞を、52年「兄貴」で野間児童文芸賞を受賞。55年離婚を描いた児童文学のはしりといわれる「優し

さごっこ」がNHKでテレビドラマ化される。56年には児童文学誌「飛ぶ教室」の創刊に関わり、後進の育成にも力を入れた。従来の日本児童文学に欠けていた空想の楽しさを開拓し、幅広く活躍した。 ㊧紫綬褒章〔平成11年〕、旭日小綬章〔平成17年〕、サンケイ児童出版文化賞（第14回）〔昭和42年〕「海の日曜日」、児童福祉文化賞（第9回）〔昭和42年〕「海の日曜日」、日本児童文学者協会賞（第14回）〔昭和49年〕「ぼんぼん」、野間児童文芸賞（第15回）〔昭和52年〕「兄貴」、路傍の石文学賞（第10回）〔昭和63年〕「『ぼんぼん』『兄貴』『おれたちのおふくろ』」『牧歌』の自分史4部作と多年の児童文学への貢献」、小学館児童出版文化賞（第45回）〔平成8年〕「でんでんだいこいのち」、京都府文化功労賞（第20回）〔平成6年〕、日本絵本賞（第10回）〔平成17年〕「いろはにほへと」、エクソンモービル児童文化賞（第43回）〔平成20年〕 ㊨日本児童文学者協会、日本文芸家協会

今田 斐男 いまだ・あやお 平和運動家 僧侶 長崎平和推進協会継承部会長 長崎原爆の語り部 ㊤平成27年（2015）11月8日 86歳〔狭心症〕 ㊦昭和4年（1929）3月18日 ㊥広島県廿日市市 ㊤長崎中卒 ㊧広島県の農家に生まれ、幼い頃に僧侶であった叔父の養子となり長崎県に移る。昭和20年陸軍の航空兵として群馬県の旧新田飛行場で敗戦を迎え、長崎に帰郷すると養父は原爆投下の日を境に行方不明になっており、自身も入市被爆した。30年小学校の教職に就き、45年に父母の両親の原爆、戦争体験を綴った文集を発行するなど、平和教育に力を注いだ。退職後は養父の後を継いで浄土真宗の僧侶となり、原爆死没者の冥福を祈った。この間、49年"核実験に抗議する長崎市民の会"の発足に尽力。核兵器保有国の核実験に抗議して長崎の原爆落下中心地塔の前に座り込みをして、40年以上にわたって座り込みによる抗議運動を続けた。原爆の語り部として修学旅行生などへの平和教育にも取り組み、59年～平成11年長崎平和推進協会の継承部会長を務めた。被爆証言を収集する"長崎の証言の会"でも活動した。

今戸 栄一 いまど・えいいち 映画プロデューサー ㊤平成27年（2015）6月24日 83歳〔平成7年（1932）3月20日 ㊥大分県宇佐市 ㊤筆名＝滝田順（たきた・じゅん） ㊧明治大学文学部演劇科〔昭和30年〕卒 ㊤昭和30年日活に入社。制作部、企画部を経て、43年プロデューサーとなり「代紋」「風の天狗」などを製作。46年退社し、以後フリー。この間、滝田順の筆名で作詞も手がけた。時代考証に関心を持ち、「捕物の世界」「江戸町人の生活」「宿場と街道」などの著書がある。また、独学で中国語をマスターし、年に3回旅行に出かけるほどの中国好きで、この分野の著書に「中国の銘酒100選」や編訳で「〈超・三国志〉〈新・水滸伝〉シリーズなどがある。 ㊧日本映画テレビプロデューサー協会賞〔昭和63年〕 ㊤日本映画テレビプロデューサー協会 ㊤兄＝今戸公徳（脚本家）

今中 せつ子 いまなか・せつこ 奈良県議（共産党） ㊤平成29年（2017）1月9日 76歳〔慢性腎不全との合併症〕 ㊦昭和15年（1940）12月23日 ㊥奈良県 ㊧日本福祉大学社会福祉学部卒 ㊤奈良市議3期を経て、

い

昭和62年から奈良県議に3選。平成11年引退。共産党奈良県副委員長なども務めた。

今仲 正雄 いまなか・まさお 岡三証券副社長 [没]平成27年(2015)7月16日 87歳〔心不全〕 [生]昭和2年(1927)9月10日 [出]大阪府 [学]大阪工専〔昭和23年〕卒 [歴]昭和37年岡三証券(現・岡三証券グループ)に入社。38年取締役、43年常務、48年専務を経て、56年副社長。 [家]長男=今仲章(岡三証券取締役)

今西 茂 いまにし・しげる 関西大学名誉教授 [専]計算機システム工学 [没]平成28年(2016)11月4日 82歳 [生]昭和9年(1934)4月22日 [出]京都府綴喜郡宇治田原町 [学]大阪市立大学理工学部電気工学科〔昭和33年〕卒, 大阪市立大学大学院工学研究科電気工学専攻〔昭和35年〕修士課程修了 工学博士(大阪大学)〔昭和61年〕 [歴]昭和35年関西大学助手、39年専任講師、52年助教授を経て、教授。神戸情報大学院大学教授も務めた。 [団]情報処理学会, 電子通信学会, IEEE

今福 将雄 いまふく・まさお 俳優 [没]平成27年(2015)5月27日 94歳〔心筋梗塞〕 [生]大正10年(1921)4月8日 [出]福岡県飯塚市 [名]本名=今福正雄(いまふく・まさお) [学]嘉穂中〔昭和15年〕卒 [歴]九州飛行機の技師を経て、昭和21年NHK福岡放送劇団に入団。ラジオ・テレビで老け役として注目される。41年上京し文学座に参加、以後テレビ・映画の名脇役として活躍した。主な出演作に、舞台「飢餓海峡」「好色一代女」、映画「日本のいちばん長い日」「橋のない川」「激動の昭和史 沖縄決戦」「戒厳令」「この子を残して」「河童」「双生児」「GTO」、テレビドラマはNHK大河ドラマ「国盗り物語」「峠の群像」「風と雲と虹と」「独眼竜政宗」「秀吉」、NHK朝の連続テレビ小説「藍より青く」「おしん」「すずらん」などの他、「水色の時」「オレゴンから愛」「夏の嵐」「Dr.コトー診療所」などがある。 [賞]日本放送作家協会男性演技賞(第5回)〔昭和40年〕

今堀 和友 いまほり・かずとも 生化学者 東京大学名誉教授 東京都老人総合研究所所長 [没]平成28年(2016)5月8日 95歳〔敗血症〕 [生]大正9年(1920)6月1日 [出]大阪府 [学]東京帝国大学理学部化学科〔昭和19年〕卒 理学博士〔昭和28年〕 [歴]昭和19年東京帝国大学理学部助手、25年教養学部助教授、36年教授、43年農学部教授、50年医学部教授を歴任。56年退官して東京都老人総合研究所所長となる。60年科学技術庁資源調査会の老化防止・社会適応小委員会の委員長を務め、老化総合研究機構のアイデアを提供した。61年三菱化成生命科学研究所(現・三菱化学生命科学研究所)所長に就任。平成7年名誉所長。13年バイオテクノロジー関連のコンサルティング会社アイ・バイオ・コンサルティングを設立、社長に就任。この間、3年には痴呆症をもたらす酵素・TPKIを発見した。著書に「旋光性」「生命と分子」「生命の物理学—生物物理学入門」「老化とは何か」などがある。 [賞]紫綬褒章〔昭和59年〕, 勲三等旭日中綬章〔平成2年〕, 毎日出版文化賞(第22回)〔昭和43年〕「生命と分子」, 山路自然科学奨学賞(第5回)〔昭和45年〕「生体高分子の構造と機能に関する研究」, 東レ科学技術賞(第16回)〔昭和50年〕「生体高分子の構造・物性と機能に関する研究」, 高分子科学功績賞〔昭和53年〕「生体高分子の構造と機能に関する研究」 [家]兄=今堀誠二(東洋史学者), 今堀宏三(生物学者)

今村 毅 いまむら・こわし 九州電力副社長 [没]平成29年(2017)9月30日 77歳 [生]昭和15年(1940)1月3日 [出]熊本県熊本市 [学]慶応義塾大学法学部〔昭和39年〕卒 [歴]昭和39年九州電力に入社。平成10年取締役、13年常務を経て、17年副社長。

今村 充夫 いまむら・みちお 民俗学研究家 加能民俗の会会長 [専]石川県 [没]平成27年(2015)8月27日 94歳 [生]大正10年(1921)6月25日 [出]石川県金沢市 [学]国学院大学文学部国文科卒 [歴]昭和18年福井小浜中、のち若狭高、石川津幡高、桜丘高に勤務。平和町養護学校教頭、石川県立郷土資料館副館長を経て、60年石川工業高等専門学校講師。国立民族学博物館国内資料調査委員や北国新聞「文芸喫茶」短歌選者なども務めた。著書に「加賀能登の年中行事」「生きている民俗探訪石川」「日本の民間医療」、歌集「北の黒潮」などがある。 [団]日本民俗学会

伊牟田 茂夫 いむた・しげお 鹿児島県教育長 [没]平成29年(2017)4月22日 82歳〔再生不良性貧血〕 [生]昭和10年(1935)3月19日 [出]鹿児島県出水市麓町 [学]鹿児島大学水産学部卒 [歴]鹿児島県教育委員会総務課長、人事委員会事務局長などを経て、平成4年から2年間、鹿児島県教育長。鹿児島県社会福祉事業団理事長も務めた。 [賞]瑞宝小綬章〔平成17年〕

井本 隆 いもと・たかし プロ野球選手 [没]平成27年(2015)1月21日 64歳 [生]昭和25年(1950)11月21日 [出]高知県高岡郡宇佐町(土佐市) [学]伊野商卒 [歴]伊野商、鐘淵化学を経て、昭和47年ドラフト3位で近鉄(現・オリックス)に入団。54年、55年チーム最多の15勝を挙げてパ・リーグ連覇に貢献、54年には日本シリーズで2勝するなどエースとして活躍。58年ヤクルトに移籍。59年引退した。実働12年、320試合登板、81勝75敗8セーブ、67完投、10完封、625奪三振、防御率4.08。

芋縄 純市 いもなわ・じゅんいち コノミヤ創業者 [没]平成28年(2016)9月11日 84歳〔肺炎〕 [生]昭和7年(1932)3月13日 [出]大阪府大阪市 [学]近畿大学商学部卒 [歴]衣料品店を経営しながら大学を卒業。その後衣料品のセルフサービスの店を開店、共同仕入れ機構の経営も行う。昭和46年スーパーグループ(現・コノミヤ)を設立、社長。 [家]長男=芋縄隆史(コノミヤ社長)

居森 清子 いもり・きよこ 広島原爆の語り部 [没]平成28年(2016)4月2日 82歳〔肺疾患〕 [出]広島県広島市中区 [名]旧姓・名=筒井 [歴]本川国民学校在学中の昭和20年8月6日朝、校舎1階の靴脱ぎ場に着いた時に被爆。産業奨励館(原爆ドーム)の対岸で爆心地から約400メートルという近距離ながらコンクリート壁に守られて火傷一つしなかった。同校で生き残ったのは教員1人と生徒は自身だけで、のちに“奇跡の生還者”とも呼ばれたが、両親と弟は亡くなり、遺骨さえ見つからなかった。孤児となり、戦後は仕事を求めて横浜市に移住。半致死量を超える放射線を浴びており、体がだるくて月の半分は仕事が出来ず、膵臓に腫瘍が見つかった40歳からは5つのがんを発症、生涯で12回の手

術を受けた。還暦を過ぎてから"生き残った私の使命"と首都圏の学校や平和集会などで被爆体験を語った。

入江 薫　いりえ・かおる　作曲家　宝塚歌劇団名誉理事　[没]平成27年(2015)11月15日　95歳〔老衰〕　[生]大正9年(1920)1月1日　[出]鳥取県　[学]武蔵野音楽学校〔昭和15年〕卒　[歴]昭和25年宝塚歌劇団に入団。49年理事、平成9年名誉理事。菊田一夫作品「ジャワの踊り子」「君の名は」「花のオランダ坂」「シャングリラ」をはじめ、「ノバ・ボサ・ノバ」「風と共に去りぬ」など約270作品の音楽を担当した。26年宝塚歌劇の殿堂入り。　[団]波の会, 日本作曲家協議会　[師]師＝ショルツ, パウル, ディグナス, ヘルムート

入江 雄三　いりえ・ゆうぞう　電通専務　[没]平成27年(2015)1月31日　84歳〔心不全〕　[生]昭和5年(1930)3月4日　[出]兵庫県　[学]関西学院大学経済学部〔昭和27年〕卒　[歴]昭和27年電通に入社。46年総合開発室次長兼地域情報開発懇談会事務局長、50年開発事業局長、57年スポーツ文化事業局長、60年取締役、62年常務を経て、平成5年専務。7年常勤顧問。　[家]二男＝入江敏彦(フジテレビカイロ支局長)

入船亭 扇橋(9代目)　いりふねてい・せんきょう　落語家　俳人　落語協会相談役　[没]平成27年(2015)7月10日　84歳〔呼吸不全〕　[生]昭和6年(1931)5月29日　[出]東京府西多摩郡成木村字下成木上分字中里(東京都青梅市)　[名]本名＝橋本光永(はしもと・みつなが), 前名＝桂木久八, 柳家さん八, 号＝橋本光石(はしもと・こうせき)　[学]飯能高中退　[歴]昭和32年3代目桂三木助に弟子入り、木久八。師の没後は5代目柳家小さん門下に移り、二ツ目でさん八。45年真打ちに昇進し、9代目入船亭扇橋を襲名。間に色物がわりに弦楽四重奏をはさんだのが好評で、56年芸術祭賞優秀賞を受賞。古典落語を磨き、「文七元結」「鰍沢」などを得意とした。また、少年時代から俳句に親しみ、24年から「馬酔木」に投句。44年小沢昭一らと東京やなぎ句会を設立し、宗匠を務めた。著書に自伝「噺家渡世」や、「扇橋歳時記」「五・七・五 句宴四十年」などがある。　[賞]芸術祭賞優秀賞〔昭和56年〕, 芸術選奨文部大臣新人賞〔昭和58年〕　[団]落語協会, 俳人協会　[師]師＝桂三木助(3代目), 柳家小さん(5代目)

伊礼 真栄　いれい・しんえい　沖縄サイパン会会長　南洋群島帰還者会副会長　[没]平成28年(2016)4月2日　91歳〔動脈瘤解離〕　[出]沖縄県沖縄市　[歴]1920年代に開拓移民だった父を追いサイパンへ移住。昭和21年沖縄県に帰ると小学校で教鞭を執り、沖縄市立中の町小学校の校長などを歴任した。1980年代には沖縄サイパン会会長としてサイパンでの戦争体験を後世に継承する運動などに携わり、南洋群島帰還者会副会長も務めた。

岩井 貫郎　いわい・かんろう　千葉銀行常務　[没]平成27年(2015)8月15日　80歳〔腸閉塞〕　[生]昭和9年(1934)12月11日　[出]千葉県　[学]明治大学商学部〔昭和32年〕卒　[歴]昭和32年千葉銀行に入行。63年取締役を経て、平成元年常務。3年ちばぎん保証社長。

岩井 寿芳　いわい・じゅほう　日本舞踊家　沖縄日本舞踊協会会長　[没]平成27年(2015)12月5日　84歳〔肺炎〕　[生]昭和6年(1931)1月30日　[出]ブラジル・パラナ州ロンドリーナ　[名]本名＝比嘉芳子(ひが・よしこ)　[学]宜野座高卒, 沖縄高等美容学校卒　[歴]琉球舞踊を玉城盛義、日本舞踊を花柳寿精風(岩井牡丹)に師事し、昭和35年10代目岩井半四郎から岩井流名取免許を得、日本舞踊岩井寿芳教習所を開設。55年沖縄日本舞踊協会会長、57年より同協会理事を務めた。　[師]師＝玉城盛義, 岩井牡丹

岩井 壮介　いわい・そうすけ　京都大学名誉教授　[専]制御工学, システム工学, 知識情報処理　[没]平成27年(2015)5月28日　85歳〔肺炎〕　[生]昭和5年(1930)5月14日　[出]京都府京都市　[学]京都大学工学部電気工学科〔昭和29年〕卒, 京都大学大学院工学研究科電気工学専攻〔昭和31年〕修士課程修了　工学博士(京都大学)　[歴]昭和31年三菱造船長崎造船所に入社。32年京都大学工学部助手、講師、40年助教授を経て、49年教授。退官後、名城大学理工学部教授。著書に「制御工学基礎論」などがある。　[賞]瑞宝中綬章〔平成25年〕, 計測自動制御学会学会賞論文賞(平成1年度・3年度)「社会現象の深層構造把握のための因果連鎖知識の多重構造化」「説明に基づく学習手法を用いた事例からの操作的設計知識獲得」, 計測自動制御学会学会賞著述賞(平成4年度)「知識システム工学」　[団]日本機械学会, 計測自動制御学会, 日本ファジィ学会, 日本自動制御協会

岩井 宏実　いわい・ひろみ　国立歴史民俗博物館名誉教授　帝塚山大学学長・名誉教授　大分県立歴史博物館長　[専]民俗学, 民具学　[没]平成28年(2016)2月29日　83歳〔肺がん〕　[生]昭和7年(1932)3月5日　[出]奈良県奈良市　[学]立命館大学大学院文学研究科日本史学専攻〔昭和33年〕修士課程修了　文学博士(筑波大学)〔昭和63年〕　[歴]大阪市立博物館主任学芸員、国立歴史民俗博物館民俗研究部教授、民俗研究部長を経て、帝塚山大学教授、平成11～14年学長。大分県立歴史博物館館長、奈良県・愛知県文化財保護審議会委員なども務めた。著書に「小絵馬」「絵馬―ものと人間の文化史」「奈良祭事記」「神饌―神と人との饗宴」「地域社会の民俗学的研究」「民具の博物誌」「民具の歳時記」などがある。　[資]博物館学芸員　[団]日本民具学会, 日本民俗学会, 日本民族学会, 日本風俗史学会, 日本展示学会, 日本生活学会, 民族芸術学会, 民俗芸能学会, 芸能史研究会

岩井 宏之　いわい・ひろゆき　音楽評論家　武蔵野音楽大学教授　[専]音楽学　[没]平成29年(2017)11月28日　85歳　[生]昭和7年(1932)7月12日　[出]広島県福山市　[学]東京芸術大学音楽学部楽理科〔昭和33年〕卒, 東京芸術大学専攻科修了　[歴]昭和49年武蔵野音楽大学教授となる。傍ら音楽評論家として活動、演奏家の発掘・育成、演奏評、音楽文化を取り巻く状況の分析・執筆などでクラシックファンや音楽家らの信頼を集めた。神奈川芸術文化財団、神奈川フィルハーモニー管弦楽団の役員を歴任。かながわ音楽コンクールは創設時から運営に携わり、審査員兼諮問委員を30年以上務め、神奈川の音楽文化発展に貢献。著書に「音楽史の点と線」「クラシックのあゆみ」など。　[賞]神奈川文化賞〔平成14年〕　[団]サントリー音楽財団, 神奈川芸術文化財団, 神奈川フィルハーモニー管弦楽団

岩尾 憲雄　いわお・のりお　大分県議(自民党)　[没]平成29年(2017)10月6日　79歳　[生]昭和13年(1938)2

い

月27日 ㊞大分県大分郡挾間町（由布市） ㊎大分上野丘高卒 ㊡大分県挾間町議を3期務め、町議会議長も務めた。昭和62年大分県選挙区から大分県議に初当選、以来連続4選。県議会副議長も務めたが、平成13年1月公職選挙法違反で有罪が確定、失職した。

岩上 真珠 いわかみ・まみ 聖心女子大学文学部教授 ㊙家族社会学，ライフコース論 ㊡平成29年（2017）8月9日 67歳〔病気〕 ㊍昭和24年（1949）10月19日 ㊞広島県 ㊤本名＝丸山真珠（まるやま・まみ） ㊎早稲田大学第一文学部社会学専攻〔昭和48年〕卒、早稲田大学大学院文学研究科社会学専攻〔昭和51年〕修士課程修了、駒沢大学大学院人文科学研究科社会学専攻〔昭和56年〕博士後期課程単位取得退学 ㊡明星大学助教授、教授を経て、平成14年聖心女子大学教授。同大副学長を務めた。著書に「ライフコースとジェンダーで読む家族」などがある。 ㊟日本社会学会、日本家族社会学会、比較家族史学会

岩城 利幸 いわき・としゆき 名糖運輸社長 ㊡平成29年（2017）11月21日 83歳〔胃がん〕 ㊍昭和9年（1934）6月1日 ㊎法政大学経済学部〔昭和32年〕卒 ㊡昭和32年協同乳業に入社。60年名糖不動産監査役、63年名糖運輸専務、平成6年同副社長を経て、7年社長。同年名糖不動産会長。

岩倉 具忠 いわくら・ともただ 京都大学名誉教授 岩倉公旧跡保存会会長 ㊙イタリア文学 ㊡平成28年（2016）2月13日 82歳 ㊍昭和8年（1933）9月10日 ㊞東京都 ㊎京都大学文学部文学科〔昭和32年〕卒、京都大学大学院文学研究科〔昭和39年〕博士課程修了文学博士（京都大学） ㊡京都大学助教授を経て、昭和63年教授に就任。平成5年4月駐イタリア公使となり、ローマ日本文化会館館長を兼務。6年9月帰国、10月京都大学教授に復帰。9年退官。10年京都外国語大学教授。岩倉具視から数えて5代目の子孫で、岩倉公旧跡保存会会長を務めた。ダンテやイタリア語史の研究で知られ、著書に「ダンテ研究」「岩倉具視―『国家』と『家族』」、共編に「マキァヴェッリ全集」（全6巻、筑摩書房）などがある。 ㊟日本翻訳出版文化賞（第16回、昭和55年度）「東京大学出版会『古代ローマ喜劇全集全5巻』（プラウトス、テレンティウス作 鈴木一郎、岩倉具忠、安富良之訳）」、ピーコ・デッラ・ミランドラ賞（第10回）〔平成13年〕「マキァヴェッリ全集」、イタリア国定翻訳賞 ㊟イタリア学会、日本言語学会 ㊟妻＝岩倉翔子（就実女子大学教授）、父＝岩倉具栄（政治学者・英文学者）

岩佐 重雄 いわさ・しげお 三菱レイヨン副社長 ㊡平成29年（2017）10月22日 89歳〔肺炎〕 ㊍昭和2年（1927）11月15日 ㊞東京都 ㊎東京大学法学部〔昭和27年〕卒 ㊡昭和27年三菱レイヨン（現・三菱ケミカル）に入社。49年勤労部長、53年樹脂化成品部長、56年取締役樹脂機能商品事業部長を経て、61年エムアールシー・デュポン社長。同社は米デュポン社開発の新建材「コーリアン」を製造、販売する目的で設立された、三菱レイヨン、デュポン両社の合弁会社。62年三菱レイヨン常務、平成元年専務、3年副社長に就任。5年関連会社に転出。大学時代はテニス部の選手としてならしたスポーツマン。

岩佐 誉 いわさ・たとう ニチコン常務 ㊡平成27年（2015）6月22日 70歳〔肝臓がん〕 ㊍昭和19年（1944）10月10日 ㊞三重県 ㊎同志社大学経済学部〔昭和42年〕卒 ㊡昭和42年ニチコンに入社。平成9年取締役を経て、10年常務。

岩佐 孜 いわさ・つとむ コスモ石油常務 ㊡平成29年（2017）3月3日 85歳〔心不全〕 ㊍昭和6年（1931）12月1日 ㊞大阪府大阪市 ㊎北海道大学理学部化学科〔昭和29年〕卒 ㊡コスモ石油（現・コスモエネルギーホールディングス）常務を務めた。

岩佐 豊 いわさ・ゆたか ダイヤモンド社社長 ワイ・エス・マネジメント代表 ハートアンドブレインコンサルティング会長 ㊙マネジメント，企業動向，産業動向 ㊡平成28年（2016）10月23日 ㊍昭和22年（1947）4月11日 ㊞東京都 ㊎早稲田大学政治経済学部〔昭和45年〕卒 ㊡昭和45年ダイヤモンド社に入社。63年システム開発編集部編集長、平成3年より「週刊ダイヤモンド」編集長。7年取締役となり、同年常務。8年社長に就任。13年ダイヤモンド社を退社、ワイ・エス・マネジメント代表、ハートアンドブレインコンサルティング会長を務めた。

岩崎 功 いわさき・いさお 九州六大学野球連盟名誉顧問 ㊡平成27年（2015）8月21日 82歳〔脳内出血〕 ㊞大阪府大阪市 ㊎西日本新聞社に勤め、九州六大学野球リーグ、福岡六大学野球リーグの創立に尽力した。

岩崎 英二郎 いわさき・えいじろう 慶応義塾大学名誉教授 ㊙ドイツ語学 ㊡平成29年（2017）7月11日 95歳〔鬱血性心不全〕 ㊍大正11年（1922）4月29日 ㊞東京都 ㊎東京帝国大学文学部独逸文学科〔昭和19年〕卒 ㊡成蹊大学、埼玉大学、東京教育大学、東京大学、慶応義塾大学、独協大学などでドイツ語を講じる。慶大言語文化研究所長も務めた。第14期日本学術会議会員。小学館「独和大辞典」編集者の一人。平成2年ドイツ語学・文学国際学会を主宰した。著書に「ドイツ語不変化詞の用例」「ドイツ語不変化詞辞典」など。 ㊟日本学士院賞〔平成12年〕 ㊟日本独文学会、ドイツ語学・文学国際学会（IVG）、日本ゲーテ協会

岩崎 健一 いわさき・けんいち 熊本大学名誉教授 ㊙スポーツ心理学 ㊡平成29年（2017）5月15日 80歳〔脳ヘルニア〕 ㊍昭和11年（1936）10月4日 ㊎熊本大学教育学部保健体育科卒 ㊡熊本大学教養部教授を務めた。

岩崎 修三 いわさき・しゅうぞう いわさきコーポレーション代表取締役副会長 ㊡平成28年（2016）6月24日 78歳〔肺炎〕 ㊍昭和13年（1938）3月5日 ㊞鹿児島県鹿児島市 ㊎立教大学商学部〔昭和36年〕卒、ミシガン大学（米国）〔昭和38年〕卒 ㊡岩崎産業創業者である岩崎与八郎の三男。昭和38年岩崎産業に入社。60年鹿児島南船副社長を経て、63年社長。平成13年いわさきコーポレーション代表取締役副会長も務めた。 ㊟父＝岩崎与八郎（岩崎産業創業者）、兄＝岩崎福三（岩崎産業社長）

岩崎 孝 いわさき・たかし 北拓石材工業会長 ㊡平成27年（2015）7月10日 78歳〔呼吸不全〕 ㊞北海道網走郡女満別村（大空町） ㊎昭和55年北海道静内村

（現・新ひだか町）で北拓石材工業を設立、供物台を前面に組み込んだ墓石を考案した。北海道石材工業会会長を務めた。 [賞]黄綬褒章〔平成24年〕，現代の名工〔平成21年〕

岩崎 照子 いわさき・てるこ 俳人 [没]平成27年（2015）3月17日 88歳 [生]大正15年（1926）7月23日 [出]大阪府大阪市 [学]京華高女卒 [歴]昭和33年「かつらぎ」に投句、阿波野青畝、森田峠に師事。39年同人となり、同誌編集に長く関わった。同誌特別同人。句集に「二つのドイツ」「一卓一花」「未来都市」などがある。 [団]俳人協会 [師]師＝阿波野青畝，森田峠

岩崎 富士男 いわさき・ふじお クリエイティブディレクター 博報堂関西支社社長代理 大阪芸術大学教授 [没]平成28年（2016）4月9日 78歳〔心不全〕 [出]福岡県 [名]筆名＝クロード・Q [歴]博報堂に入社してCM制作に携わり、昭和46年オードリー・ヘプバーンをウィッグ（かつら）のCMに登場させ、話題を呼ぶ。57年には果物の皮を剝くと中から電球が現れる松下電器産業（現・パナソニック）のCMを手がけ、カンヌ国際広告祭グランプリを受賞。また、クロード・Qの筆名でアニメ「キューティーハニー」の主題歌の作詞を手がけた。博報堂関西支社社長代理を務めていた平成7年、阪神・淡路大震災が発生すると、被災地の避難所に「私はここに居ます」と印刷した赤枠の伝言メモを大量に配布。当時誰が用意したのか謎とされ、自身も沈黙を貫いたが、13年後に関係者が事実を明かした。12年より大阪芸術大学教授を務めた。 [賞]ADC賞（昭和54年度）「松下電器のTVFC（ドミノ篇）」

岩崎 正夫 いわさき・まさお 徳島大学名誉教授 [専]地質・岩石学 [没]平成28年（2016）3月31日 93歳〔心不全〕 [生]大正11年（1922）9月26日 [出]旧満州大連 [学]旅順工科大学〔昭和20年〕卒，東京大学大学院〔昭和25年〕修了 理学博士 [歴]旅順工科大学、東京大学大学院に学び、昭和28年徳島大学に赴任、46年教授。63年退官。平成8～18年ラピス大歩危石の博物館館長を務めた。青石研究の第一人者で、眉山、高越山などの青石や、オフィオライトなどの研究に取り組んだ。 [賞]勲三等旭日中綬章〔平成11年〕，日本岩石鉱物鉱床学会渡辺萬次郎賞（第21回）〔平成18年〕

岩崎 悦久 いわさき・よしひさ マミーマート会長 [没]平成28年（2016）3月1日 76歳〔肺炎〕 [生]昭和15年（1940）1月10日 [出]埼玉県東松山市 [学]熊谷商〔昭和33年〕卒 [歴]ヤオセー入社、のち取締役。昭和55年岩崎商事社長、63年マミーマートと改称。岩崎不動産取締役、シージーシージャパン取締役も務めた。平成20年マミーマート会長。 [家]父＝岩崎邦一（マミーマート会長），妻＝岩崎千代子（岩崎不動産代表），長男＝岩崎裕文（マミーマート社長）

岩下 銕太郎 いわした・てつたろう 宮崎県とブラジルとの交流に尽くした [没]平成28年（2016）11月10日 92歳〔老衰〕 [出]宮崎県串間市 [歴]宮崎県北浦町立三川内小学校長を退職後、昭和60年から1年間、ブラジルのイビウーナ日本語学校にボランティア教師として勤務。丁寧な指導と思いやりのある人柄で日本語を話せない日系3世らの信頼を得た。帰国後は郷里の串間市とイビウーナ市の姉妹都市締結に奔走、62年実現にこぎ着け、イビウーナ市から名誉市民賞を贈られた。また、ブラきち会（現・南米を語る会）を設立して宮崎県出身移住者の子弟が留学や農業研修などで来県する際の受け入れにも貢献した。著書に「あゝなつかしいブラジル追憶の旅路」がある。 [賞]イビウーナ市名誉市民賞，宮崎日日新聞賞国際交流賞〔平成3年〕

岩下 真好 いわした・まさよし 音楽評論家 慶応義塾大学名誉教授 [専]ドイツ文学 [没]平成28年（2016）12月15日 66歳〔脳出血〕 [生]昭和25年（1950）7月1日 [出]東京都 [学]慶応義塾大学大学院文学研究科ドイツ文学専攻博士課程修了 [歴]慶応義塾大学助教授を経て、教授。専門のドイツ文学の他、音楽評論家としても活躍した。著書に「ウィーン国立歌劇場」「マーラー その交響的宇宙」、訳書にF.ツォーベライ「ベートーヴェン」、トーマス・ベルンハルト「ヴィトゲンシュタインの甥」「破滅者—グレン・グールドを見つめて」などがある。 [賞]ドイツ語学・文学振興会奨励賞〔昭和54年〕「ビューヒナーにおける神の問題」 [団]日本独文学会，ドイツ・シラー協会

岩下 守道 いわした・もりみち プロ野球選手 [没]平成27年（2015）1月18日 83歳〔肺炎〕 [生]昭和6年（1931）12月9日 [出]長野県北佐久郡北御牧村（東御市） [学]小県農（現・東御清翔高） [歴]小県農ではエースで4番を打つ。昭和29年テスト生の投手として巨人に入団後、一塁手に転向。同年一軍にデビューしたが、川上哲治の控え一塁手だったため出場機会に恵まれず、34年国鉄（現・ヤクルト）に移籍、この年リーグ7位の打率.280をマーク。主に外野のレギュラーを務め、36年近鉄に移り、37年引退。実働9年、549試合出場、1124打数277安打、9本塁打、94打点、打率.246。

岩田 勝彦 いわた・かつひこ 柔道家 宮崎県柔道連盟理事長 [没]平成27年（2015）9月17日 63歳〔悪性リンパ腫〕 [出]宮崎県都城市 [歴]昭和49年宮崎県警に入り、全日本選抜体重別選手権や全国警察柔道選手権などで優勝。平成9年から宮崎県柔道連盟理事長を務めた。

岩田 州夫 いわた・くにお 公立はこだて未来大学名誉教授 [専]インダストリアルデザイン [没]平成29年（2017）4月20日 72歳〔心筋梗塞〕 [生]昭和19年（1944） [出]島根県松江市 [学]千葉大学大学院工学研究科〔昭和44年〕修了 [歴]東洋工業（現・マツダ）を経て、平成12年公立はこだて未来大学教授、20～24年同大副理事長。都市景観に合わせた建物や工業製品のデザインを研究した。

岩田 健 いわた・けん 彫刻家 日本陶彫会会長 [没]平成28年（2016）9月28日 92歳〔老衰〕 [生]大正13年（1924）1月4日 [出]埼玉県川口市 [名]本名＝岩田健（いわた・つよし） [学]東京美術学校（現・東京芸術大学）卒 [歴]貴院議員や初代川口市長を務めた岩田三史の二男。戦後、埼玉県川口市本町にアトリエを構え、女性や子供のブロンズ像を制作。傍ら、昭和38～62年慶応義塾幼稚舎で工作担当の教諭を務めた。平成23年大三島美術館への作品展示などが縁で愛媛県今治市に「岩田健 母と子のミュージアム」が開設され、展示作品とともに市に寄贈。その後も現地を訪れ、地元小学生らと交流した。 [賞]川口文化賞（第1回）〔平成18年〕，さ

いたま文化賞（第50回）〔平成19年〕 [家]父＝岩田三史（貴院議員・川口市長）

岩田 聡 いわた・さとる ゲームプログラマー 任天堂社長 [没]平成27年（2015）7月11日 55歳〔胆管がん〕 [生]昭和34年（1959）12月6日 [出]北海道札幌市 [学]札幌南高卒，東京工業大学情報工学科〔昭和57年〕卒 [歴]父は室蘭市長を務めた岩田弘志。高校時代から電卓でプログラム作りに興じ、昭和57年東工大在学中のアルバイト先である、任天堂向けゲームソフト開発のハル研究所に入社。ゲームプログラマーとして「ピンボール」「ゴルフ」「バルーンファイト」などファミコン黎明期の名作ソフト開発に携わる。33歳の時に同社が倒産、経営再建にあたり、平成5年社長に就任。〈星のカービィ〉シリーズなどのヒット作を生み出し、倒産企業を売上高22億円、営業利益8億円の優良企業に成長させた。12年山内溥・任天堂社長に請われ、取締役経営企画室長として任天堂に入社。14年山内社長の後継として42歳の若さで社長に抜擢される。携帯ゲーム機「ニンテンドーDS（ディーエス）」（16年）や据え置き型ゲーム機「Wii（ウィー）」（18年）などの大ヒットゲーム機を相次いで送り出し、ゲームファンの裾野を広げた。19年には米国の金融専門誌「バロンズ」の世界の最優秀経営者30人に選ばれる。晩年はスマートフォンなどの普及でゲーム機の販売が低迷し、27年3月にはソーシャルゲーム大手のディー・エヌ・エー（DeNA）との資本・業務提携を発表するなど自社改革に取り組んだが、その矢先の7月、55歳で病没した。 [賞]財界賞経営者賞（平成19年度） [家]父＝岩田弘志（室蘭市長）

岩田 信市 いわた・しんいち 演出家 美術家 スーパー一座主宰 [没]平成29年（2017）8月6日 81歳〔大腸がん〕 [生]昭和10年（1935）8月8日 [出]愛知県名古屋市大須 [学]旭丘高 [歴]1960年代に加藤好弘らとハプニング前衛芸術集団のゼロ次元を結成し、街頭裸体パフォーマンスで話題となる。昭和53年原智彦とロック歌舞伎のスーパー一座を結成、企画、演出家として活動。ヨーロッパなどでの海外公演も成功させる。63年より大須演芸場を拠点に、毎年夏に「大須オペラ」、冬に「大須師走歌舞伎」を定期公演して人気を集める。平成7年回顧展「岩田信市的世界」展が開催される。20年「パロマの前夜祭」を最後に17年続けた「大須オペラ」の歴史に幕を閉じ、一座の活動も停止した。著書に「現代美術終焉の予兆」がある。昭和48年名古屋市長選に立候補した。 [賞]松原英治・若尾正也記念演劇賞（第6回）〔平成14年〕「ブン大将」

岩田 正 いわた・ただし 歌人 評論家 [没]平成29年（2017）11月3日 93歳〔心不全〕 [生]大正13年（1924）4月30日 [出]東京都世田谷区上馬 [学]早稲田大学第一文学部国文科〔昭和22年〕卒 [歴]早大在学中の昭和20年、名古屋の東海第三五部隊に徴兵される。復学後は、はじめ夏堀正元らと小説を志向したが、21年窪田空穂主宰の歌誌「まひる野」創刊に参加。卒業論文は「窪田空穂論」。27年馬場あき子と結婚。31年第一歌集「靴音」を出版後、作歌を中断。以後はもっぱら現代短歌の評論家として活躍し、「土俗の思想」「現代短歌の世界」などを通じて現代短歌の魅力を紹介した。52年「まひる野」を退会し、53年馬場主宰の「かりん」創刊に参加。62年作歌を再開、独特のおかしみや風刺を含んだ歌で評価を受け、平成13年歌集「和韻」で日本歌人クラブ賞、16年「泡も一途」で迢空賞を受賞。23年には「岩田正全歌集」とその全業績に対し現代短歌大賞を受けた。他の歌集に「郷心譜」「レクエルド（想ひ出）」「いつも坂」、評論集に「抵抗的無抵抗の系譜」「現代の歌人」「釈迢空」「熟年からの短歌入門」などがある。 [賞]「短歌」愛読者賞（評論部門，第1回）〔昭和50年〕「歌の蘇生」，日本歌人クラブ賞（第28回）〔平成13年〕「和韻」，迢空賞（第40回）〔平成18年〕「泡も一途」，現代短歌大賞（第34回）〔平成23年〕「岩田正全歌集」 [団]現代歌人協会，日本文芸家協会 [家]妻＝馬場あき子（歌人） [師]師＝窪田空穂，窪田章一郎

岩田 規 いわた・ただす 静岡県サッカー協会副会長 [没]平成27年（2015）6月20日 89歳〔心不全〕 [出]静岡県藤枝市 [歴]藤枝市サッカー協会会長、静岡県サッカー協会副会長、藤枝市体育協会会長を歴任。静岡県サッカー界の発展に努めた。

岩田 槇太郎 いわた・まきたろう 四国乳業社長 愛媛県酪農業協同組合連合会会長 [没]平成27年（2015）11月25日 90歳〔病気〕 [生]大正14年（1925）6月25日 [出]愛媛県喜多郡肱川町（大洲市） [学]肱川青年学校〔昭和19年〕卒 [歴]昭和30年愛媛県肱川町議、56年町議会議長。61年愛媛県酪農業協同組合連合会会長、四国乳業社長、62年全国酪農業協同組合連合会理事。 [賞]黄綬褒章〔平成3年〕，愛媛県知事表彰〔平成2年〕，愛媛県功労賞〔平成19年〕

岩田 靖夫 いわた・やすお 東北大学名誉教授 仙台白百合女子大学名誉教授 [専]古代ギリシア哲学 [没]平成27年（2015）1月28日 82歳〔肺炎〕 [生]昭和7年（1932）4月25日 [出]東京市神田区（東京都千代田区神田錦町） [学]東京大学文学部哲学科〔昭和31年〕卒，東京大学大学院人文科学研究科哲学専攻博士課程修了 文学博士（東京大学）〔昭和61年〕 [歴]東京大学助手、昭和39年成城大学講師、42年北海道大学助教授、48年東北大学助教授を経て、52年教授。のち聖心女子大学教授、仙台白百合女子大学教授。この間、54〜56年ルーヴァン大学（ベルギー）、ケルン大学（ドイツ）で研究（日本学術振興会による派遣教授）、60〜61年ハーバード大学で研究（フルブルイト基金による派遣教授）。プラトン、ソクラテスなどを文献学的に高い水準で研究、それを明敏に表現し、ギリシャ倫理思想の現代的意義を明らかにした。平成15年文化功労者に選ばれた。著書に「アリストテレスの倫理思想」「神の痕跡―ハイデガーとレヴィナス」「倫理の復権―ロールズ・ソクラテス・レヴィナス」「ソクラテス」「いま哲学とはなにか」「ギリシア思想入門」などがある。 [賞]文化功労者〔平成15年〕，瑞宝重光章〔平成18年〕 [団]日本哲学会，中世哲学会，日本西洋古典学会，哲学会，東北哲学会

岩塚 英三 いわつか・えいぞう 日本紙パルプ商事副社長 [没]平成29年（2017）7月22日 93歳〔肺炎〕 [生]大正12年（1923）8月8日 [出]兵庫県 [学]関西学院大学法文学部〔昭和18年〕中退 [歴]昭和22年中井商店（38年中井に改称）に入社。45年同社は富士洋紙店と合併して日本紙パルプ商事となり、48年取締役、52年常務、

56年専務、63年副社長となった(大阪駐在)。 [家]長男＝岩塚英文(カイゲン社長)

岩月 和彦 いわつき・かずひこ 長野県看護大学名誉教授 [専]臨床薬理学 [没]平成27年(2015)5月13日 72歳〔病気〕 [生]昭和17年(1942)12月25日 [出]宮城県仙台市 [学]東北大学薬学部卒, 東北大学大学院薬学研究科薬理学専攻博士課程修了 薬学博士, 医学博士 [歴]信州大学医学部助教授を経て、平成7年長野県看護大学開学と同時に同大教授に就任。20年退官。

岩名 秀樹 いわな・ひでき 三重県議 [没]平成27年(2015)4月30日 75歳 [生]昭和15年(1940)2月8日 [出]三重県伊賀市 [学]明治大学農学部農業経済学科〔昭和38年〕卒 [歴]昭和50年より自民党から三重県議に9選。58年副議長を経て、平成7年、16年、19年議長。三重県政史上初めて3度議長を務めた。この間、2年衆院選、20年四日市市長選に立候補。15～27年三重県体育協会会長を務めた他、三重県レスリング協会会長、三重県ラグビーフットボール協会会長も歴任した。 [賞]藍綬褒章〔平成8年〕, 旭日中綬章〔平成22年〕

岩永 勝義 いわなが・かつよし 医師 熊本中央病院名誉院長 [没]平成28年(2016)2月27日 77歳〔肺炎〕 [賞]瑞宝小綬章〔平成23年〕

岩永 祥紀 いわなが・しょうき
⇒春日富士 晃大(かすがふじ・あきひろ) を見よ

岩永 正勝 いわなが・まさかつ 翻訳家 [没]平成29年(2017)3月1日 76歳 [生]昭和15年(1940)9月30日 [出]長崎県 [学]東京大学教養学部教養学科卒 [歴]英国の作家P.G.ウッドハウスの翻訳で知られた。訳書にブリッド・ヒューム「ボス」、共編訳にウッドハウス「ジーヴズの事件簿」「ドローンズ・クラブの英傑伝」「エムズワース卿の受難録」などがある。 [団]日本文芸家協会, 日本外国特派員協会, 英国P.G.ウッドハウス協会

岩永 恵 いわなが・めぐむ テレビプロデューサー シンエイ動画社長 [没]平成27年(2015)8月20日 70歳 [出]熊本県 [歴]昭和43年日本教育テレビ(現・テレビ朝日)に入社。ドラマプロデューサーとして「ポーラ名作劇場」「シリーズ街」などを手がけた。平成21～24年シンエイ動画社長を務めた。

岩野 正彦 いわの・まさひこ 住友商事副社長 [没]平成27年(2015)11月1日 90歳〔肺炎〕 [生]大正14年(1925)10月23日 [出]石川県 [学]京都大学経済学部〔昭和27年〕卒 [歴]昭和27年住友商事に入社。45年ジャカルタ事務所長、48年エネルギー開発部長、52年ロンドン事務所長を経て、53年取締役、57年常務、60年専務、62年副社長。平成2年住商コンピューターサービス会長となり、4年住商情報システム(現・SCSK)に社名変更。6年相談役に退いた。7～13年大阪貿易会会長を務めた。 [賞]藍綬褒章〔平成2年〕, 勲三等瑞宝章〔平成11年〕

岩橋 慶一 いわはし・けいいち 鹿島建設副社長 [没]平成28年(2016)2月23日 90歳 [生]大正15年(1926)2月21日 [出]島根県松江市 [学]京都大学工学部建築学科〔昭和23年〕卒 [歴]昭和23年鹿島建設に入社。58年取締役、62年常務、平成元年専務を経て、4年副社長。松江高校時代には水泳で全国大会で入賞したこともある。歌人としては「かりん」に拠り、歌集「湖上の笛」がある。

岩渕 正之 いわぶち・まさゆき 関東図書副会長 [没]平成29年(2017)2月11日 74歳〔病気〕 [出]福島県 [歴]関東図書副会長を務めた。

岩淵 龍太郎 いわぶち・りゅうたろう バイオリニスト 指揮者 NHK交響楽団コンサートマスター 京都市立芸術大学名誉教授 京都コンサートホール名誉館長 [専]バイオリン, 室内楽, 指揮 [没]平成28年(2016)1月5日 87歳〔呼吸不全〕 [生]昭和3年(1928)1月21日 [出]中国大連 [学]東京帝国大学法学部〔昭和25年〕卒 [歴]ウィリー・フライ、渡辺暁雄にバイオリンを師事。昭和14年11歳の時に音楽コンクールで第2位となり、15年新交響楽団(現・NHK交響楽団)の定期演奏会にデビュー。20年敗戦の時に東大に入学。25年日本交響楽団(26年8月にNHK交響楽団に改称)に採用され、31年までコンサートマスターを務める。一方、独奏者としても活躍し、室内楽にも力を入れた。28年にはN響在籍のままプロムジカ弦楽四重奏団を結成、ベートーヴェンの弦楽四重奏曲全16曲演奏会やバルトーク弦楽四重奏曲の日本初演に取り組む。30年桐朋学園大学助教授となり、37年から京都市立音楽短期大学(44年京都市立芸術大学に統合)教授を務め、後進の指導にもあたる。39～40年フライブルク音楽大学に留学、ウルリッヒ・グレーリングに師事。56年設立の神戸室内合奏団では指揮者として活動。平成4年退任。7～17年京都コンサートホール初代館長。9年音楽之友社会長。 [賞]芸術選奨文部大臣賞〔昭和37年〕, 勲三等旭日中綬章〔平成10年〕, 毎日芸術賞〔昭和37年〕, 藤堂顕一郎音楽褒賞(第2回, 昭和57年度), 神戸市文化賞〔昭和58年〕, 亀岡市文化功労者〔昭和61年〕, 京都新聞文化賞〔昭和61年〕, 瀋陽音楽学院名誉教授〔昭和62年〕, 京都市文化功労者〔平成3年〕, 京都府文化賞特別功労賞(第18回)〔平成12年〕, 音楽コンクールバイオリン部門第2位(第8回)〔昭和14年〕 [団]京都市音楽芸術文化振興財団 [家]妻＝岩淵洋子(ピアニスト) [師]師＝グレーリング, ウルリッヒ, 渡辺暁雄

岩堀 和彦 いわほり・かずひこ 三菱信託銀行代表取締役常務 [没]平成27年(2015)12月15日 78歳〔特発性肺線維症〕 [生]昭和12年(1937)3月28日 [出]東京都 [学]成蹊大学政経学部〔昭和34年〕卒 [歴]昭和34年三菱信託銀行(現・三菱UFJ信託銀行)に入行。62年取締役を経て、平成元年代表取締役常務。3年常任監査役。

岩間 弘一 いわま・こういち 米沢信用金庫理事長 [没]平成27年(2015)2月25日 79歳〔胃がん〕 [生]昭和10年(1935)3月12日 [学]米沢商卒 [歴]米沢信用金庫常務理事、専務理事を経て、理事長、会長を務めた。米沢商工会議所会頭、山形県信用金庫協会会長、東北地区信用金庫協会会長、全国信用金庫協会副会長も歴任した。 [賞]旭日双光章〔平成17年〕

岩間 辰志 いわま・たつし サッポロホールディングス社長 [没]平成27年(2015)11月16日 76歳〔慢性骨髄性白血病〕 [生]昭和14年(1939)8月21日 [出]長野県 [学]早稲田大学政経学部〔昭和38年〕卒 [歴]昭和38年日本麦酒(現・サッポロビール)に入社。平成4年埼玉支社長、7年ロジスティクス部長、10年取締役、同年常

務を経て、11年社長。15年持ち株会社・サッポロホールディングスが設立され、社長に就任。17年取締役相談役。

岩見 至 いわみ・いたる　大谷大学名誉教授　[専]フランス文学, フランス思想　[没]平成28年(2016)5月19日　89歳〔前立腺がん〕　[生]昭和1年(1926)12月29日　[出]京都府京都市　[学]京都大学文学部哲学科〔昭和25年〕卒, 京都大学大学院〔昭和27年〕中退　[歴]昭和26年花園高等学校、30年大谷大学講師、31年助教授を経て、43年教授。訳書にマルク・ヴィニャル「ハイドン」がある。　[団]関西哲学会, 日本フランス語フランス文学会

岩見 茂 いわみ・しげる　日本野球連盟東北地区連盟会長　[没]平成27年(2015)5月22日　79歳〔肝臓がん〕　[歴]平成8年から秋田県野球協会会長を16年間務めた。24年名誉会長。日本野球連盟秋田県野球連盟会長、同連盟東北地区連盟会長も歴任。

岩見 昭三 いわみ・しょうぞう　愛知県議(自由連合)　[没]平成27年(2015)10月6日　86歳〔肺がん〕　[生]昭和3年(1928)11月3日　[出]岐阜県美濃市　[学]岐阜県第一工〔昭和20年〕卒　[歴]民社党県連労働対策委員長、愛知県同盟副書記長を経て、昭和46年以来愛知県議に7選。平成7年副議長。11年引退。　[賞]藍綬褒章〔平成4年〕, 勲四等旭日小綬章〔平成13年〕

岩見 ヒサ いわみ・ひさ　開拓保健婦　[没]平成27年(2015)9月19日　97歳〔老衰〕　[生]大正6年(1917)　[出]大阪府北河内郡氷室村穂谷(枚方市)　[歴]昭和25年大阪の教員を辞め、岩手県田野畑村の住職と再婚して同地に転居。養護教諭として勤務し、開拓保健婦、岩手県岩泉保健所保健婦長などを務め、51年定年退職。52～58年田野畑村婦人団体連絡協議会会長を務めた。1980年代に岩手県が同村に原発立地を計画すると反対運動に取り組み、計画を中止に追い込んだ。また、11年歌と観照社に入会、歌人としても活動。56年より、こだま短歌会を主宰した。自伝「吾が住み処ここより外になし―田野畑村元開拓保健婦のあゆみ」がある。

岩村 菖堂 いわむら・しょうどう　岩村組社長　新潟県商工会連合会会長　紫雲寺町(新潟県)町議　[没]平成29年(2017)10月7日　87歳〔病気〕　[生]昭和5年(1930)5月8日　[出]新潟県北蒲原郡紫雲寺町(新発田市)　[学]新発田農学校〔昭和23年〕卒　[歴]昭和26年岩村建材を創立、37年岩村組に改組し、社長。42年紫雲寺商工会長。49年新潟県商工会連合副会長、51年会長。平成27年岩村組会長。この間、昭和31～47年新潟県紫雲寺町議を4期務めた。　[賞]紺綬褒章〔昭和49年〕, 勲四等旭日小綬章〔平成12年〕　[家]父＝岩村時次郎(新潟県議), 兄＝岩村卯一郎(衆院議員)

岩本 謙三 いわもと・けんぞう　片倉工業社長　[没]平成28年(2016)8月17日　74歳〔呼吸不全〕　[生]昭和16年(1941)9月22日　[出]神奈川県　[学]慶応義塾大学法学部〔昭和39年〕卒　[歴]昭和39年片倉工業に入社。平成3年取締役、9年常務を経て、13年社長。21年会長。社長在任中の17年、同社が所有・管理していた富岡製糸場を富岡市に寄贈。26年同製糸場は世界遺産に登録された。

岩本 多賀史 いわもと・たかし　俳人　[没]平成29年(2017)6月19日　94歳〔急性硬膜下血腫〕　[出]香川県仲多度郡多度津町　[名]本名＝岩本隆(いわもと・たかし)　[学]多度津工卒　[歴]多度津工業学校(現・多度津高)を卒業後、パプアニューギニアのラバウルなどに出征。昭和26～58年海上保安庁に勤務。一方、学生の頃から独学で俳句を始め、「砂丘」「草樹」などに拠る。平成7年四国新聞「読者文芸俳壇」常任選者を務めた。句集「羅針盤」などがある。

岩本 太郎 いわもと・たろう　大塚製薬社長　大塚ホールディングス社長　[没]平成27年(2015)2月9日　54歳〔心不全〕　[生]昭和35年(1960)8月14日　[出]静岡県　[学]静岡大学農学部〔昭和58年〕卒　博士号(岐阜薬科大学)　[歴]平成6年大塚製薬に入社。主力の抗精神病薬「アリピプラゾール」の開発・商業化などを担当。19年専務執行役員を経て、20年社長。同年大塚ホールディングス社長を兼務。27年54歳で急逝した。

印東 満男 いんどう・みつお　日本バルカー工業常務　[没]平成27年(2015)10月18日　82歳〔鬱血性心不全〕　[生]昭和7年(1932)10月24日　[学]法政大学経済学部〔昭和30年〕卒　[歴]日本バルカー工業で海外事業担当、工事事業部長、常務を務めた。

【う】

宇井 稔 うい・みのる　千葉地検検事正　[没]平成27年(2015)7月9日　62歳〔筋萎縮性側索硬化症〕　[出]東京都　[歴]昭和54年検事に任官。平成10年福島地検次席検事、12年東京地検刑事部副部長、14年仙台地検次席検事、16年東京高検検事、同年東京地検八王子支部長、18年最高検検事を経て、19年10月青森地検検事正、21年4月岡山地検検事正、22年4月札幌地検検事正、23年8月千葉地検検事正。24年8月退任。

植木 宏明 うえき・ひろあき　川崎医科大学学長・名誉教授　[専]皮膚科学, 免疫アレルギー学　[没]平成28年(2016)5月11日　79歳〔病気〕　[生]昭和11年(1936)10月30日　[出]岡山県倉敷市上粒浦　[学]岡山大学医学部医学科〔昭和36年〕卒　医学博士　[歴]昭和41年岡山大学医学部講師、46年西ドイツのミュンヘン大学へ留学。48年川崎医科大学助教授を経て、51年教授。平成元年附属病院副院長、学長補佐、7～14年副学長を歴任し、15年学長に就任。21年退任して同大現代医学教育博物館長。　[賞]瑞宝中綬章〔平成24年〕, 日本リディアオリリー協会安田・阪本記念賞(第3回, 平成1年度)「皮膚科領域の膠原病の研究」, 山陽新聞賞(学術功労)〔平成14年〕　[団]日本皮膚科学会, 国際皮膚科学会, 日本アレルギー学会

植木 善大 うえき・よしお　棋士　囲碁9段　[没]平成28年(2016)8月10日　47歳〔肝硬変〕　[生]昭和44年(1969)2月25日　[出]大阪府　[歴]昭和60年入段、同年2段、62年3段、63年4段、平成2年5段、3年6段、6年7段を経て、13年8段。28年47歳で亡くなり、9段を追贈さ

れる。山下順源7段門下で、弟子に武井孝志、阪本寧生、種村小百合らがいる。　㊙師＝山下順源

宇江佐 真理　うえざ・まり　小説家　㊌平成27年（2015）11月7日　66歳〔乳がん〕　㊐昭和24年（1949）10月20日　㊍北海道函館市　㊋本名＝伊藤香（いとう・かおる）　㊍函館大谷女子短期大学家政学科卒　㊏高校時代から創作を始め、「高一コース」の小説応募を皮切りに、時代小説大賞などで最終選考まで残る。平成7年「幻の声」でオール読物新人賞を受賞、同作が人気シリーズ〈髪結い伊三次捕物余話〉シリーズの始まりとなり、9年度最初の作品群が直木賞候補にも挙げられ、注目を集める。11年には「髪結い伊三次」としてテレビドラマ化された。12年「深川恋物語」で吉川英治文学新人賞、13年「余寒の雪」で中山義秀文学賞を受賞。江戸庶民の暮らしを情感豊かに描いて読者の心を摑み、直木賞候補には6回挙げられた。27年初めに乳がんの闘病記を「文芸春秋」に発表したが、同年末に66歳で病死した。他の著書に「紫紺のつばめ」「春風ぞ吹く」「軋られ権佐」「聞き屋与平 江戸夜咄草」「ウエザ・リポート」「寂しい写楽」などがある。筆名の"宇江佐"は天気を意味する英語"ウエザー"にちなむ。　㊕オール読物新人賞（第75回）〔平成7年〕「幻の声」、吉川英治文学新人賞（第21回）〔平成12年〕「深川恋物語」、中山義秀文学賞（第7回）〔平成13年〕「余寒の雪」　㊙日本文芸家協会

上島 紳一　うえしま・しんいち　関西大学総合情報学部教授　㊎情報システム論　㊌平成27年（2015）3月21日　59歳〔急性硬膜下血腫〕　㊍大阪府　㊍京都大学大学院工学研究科〔昭和58年〕博士課程単位取得　工学博士　㊏関西大学総合情報学部教授を務めた。　㊕システム制御情報学会椹木記念賞（第5回、昭和60年度）「むだ時間を含む系の正準実現」

上江洲 均　うえず・ひとし　名桜大学名誉教授　久米島博物館名誉館長　㊎沖縄の民俗学・民具研究　㊌平成29年（2017）12月17日　80歳〔病気〕　㊐昭和12年（1937）10月16日　㊍沖縄県島尻郡具志川村（久米島町）　㊍琉球大学文理学部国文科〔昭和36年〕卒　㊏昭和36年嘉手納中学校教諭、40年石川高校教諭、42年琉球政府立博物館学芸員、沖縄県立博物館副館長、平成3年文化庁文化財保護部主任文化財調査官などを経て名桜大学教授、久米島自然文化センター（現・久米島博物館）館長を務めた。ほかに、沖縄民俗学会会長、「新沖縄県史」編集委員会会長、沖縄県文化財保護審議委員など。24年東恩納寛惇賞を受賞。徹底したフィールドワークにより沖縄・奄美地域の民具研究を手がけた。著書に「沖縄の民具」「沖縄の暮らしと民具」「南島の民俗文化」「沖縄の民具と生活」「沖縄の祭りと年中行事」などがある。　㊕東恩納寛惇賞（第29回）〔平成24年〕「民具を中心とした琉球列島の民俗研究に業績」

上杉 武夫　うえすぎ・たけお　造園家　カリフォルニア州立ポリテクニック大学ポモナ校名誉教授　㊌平成28年（2016）1月26日　75歳〔がん〕　㊐昭和15年（1940）3月　㊍大阪府立大学農学部園芸科卒　㊏京都

大学農学部助手を経て米国へ渡り、数々の日本庭園を設計、その魅力を発信した。　㊕瑞宝中綬章〔平成22年〕

上杉 雅彦　うえすぎ・まさひこ　神姫バス社長　日本バス協会会長　㊌平成28年（2016）12月10日　72歳〔急性肝不全〕　㊐昭和19年（1944）1月26日　㊍兵庫県姫路市　㊍神戸商科大学商学部〔昭和41年〕卒　㊏昭和41年神姫自動車（現・神姫バス）に入社。平成3年取締役、4年常務、9年専務を経て、12年社長、25年会長。27年日本バス協会会長に就任。地域交通維持のため、自治体からのバス事業の譲り受けや、経営難に陥った養父市の全但バスの支援などに尽力した。また、16〜28年姫路商工会議所副会頭を務め、姫路駅前の再開発事業などにも携わった。

上勢頭 芳徳　うえせど・よしのり　竹富島喜宝院蒐集館館長　㊌平成29年（2017）3月22日　73歳〔脳腫瘍〕　㊐昭和18年（1943）　㊍長崎県　㊏昭和49年沖縄県の竹富島へ移住。まちなみ保存委員会事務局長を務め、竹富島憲章制定に携わるなど長く竹富島の町並み保存運動に尽力した。民芸品などを集めた竹富島喜宝院蒐集館の館長も務めた。

上田 昭夫　うえだ・あきお　ラグビー指導者　ニュースキャスター　慶応義塾大学ラグビー部総監督　㊌平成27年（2015）7月23日　62歳〔アミロイドーシス〕　㊐昭和27年（1952）10月21日　㊍東京都豊島区　㊍慶応義塾大学商学部〔昭和50年〕卒　㊏幼稚舎5年からラグビーを始める。慶大では主将を務めスクラムハーフとして活躍、大学4年の時には日本代表に選ばれた。日本代表キャップ6。昭和50年東京海上火災保険（現・東京海上日動火災保険）に就職したが、ラグビー同年10月社会人の強豪トヨタ自動車工業（現・トヨタ自動車）に移り、53年日本選手権で日本一を経験。57年現役引退。59年トヨタに籍を置いたまま、母校・慶大ラグビー部の再建を託されて監督に就任。同年、昭和30年以来の関東ラグビー対抗戦全勝優勝を果たし、61年には勤務先のトヨタを破って日本一に導く。62年1月トヨタを退社、4月フジテレビに入社して政治部記者に転身。63年「FNNデイト・ライン」のキャスターを務めたあと、2年間記者に専念。平成5年「おはよう！サンライズ」のキャスター、6年「スーパータイム」のスポーツキャスターを務める。同年慶大ラグビー部総監督に就任。11年同部を15年ぶりの対抗戦優勝、12年には14年ぶりの大学選手権優勝に導いた。同年関東ラグビーフットボール協会では法務と常務。のちフジテレビスポーツ局専任部長。著書に「魂を鍛える」「ラグビーを始める人のために」「王者の復活」「慶応ラグビー部『起業』報告」「父親のなりかた―実戦ラグビー子育て論」などがある。　㊕都民文化栄誉賞〔昭和61年〕　㊐父＝上田喜一（公衆衛生学者）

上田 昭　うえだ・あきら　ショーボンド建設創業者　ショーボンドホールディングス会長　㊌平成29年（2017）3月1日　89歳〔心不全〕　㊐昭和2年（1927）4月28日　㊍奈良県　㊍元山中〔昭和20年〕卒　㊏昭和33年ショーボンド建設を設立、社長。平成3年会長兼社長、4年会長。20年ショーボンドホールディングス会長に就任。

上田 完二　うえだ・かんじ　空将　航空自衛隊幹部学校長　㊌平成28年（2016）4月23日　63歳〔昭和27年（1952）5月　㊍東京都　㊍防衛大学校卒　㊏昭和50

防衛庁（現・防衛省）に入る。航空自衛隊航空教育集団司令部幕僚長を経て、平成21年3月幹部学校長。

上田 完次　うえだ・かんじ　東京大学名誉教授　兵庫県立工業技術センター所長　[専]精密加工学, 生産システム, 知能情報学　[没]平成27年（2015）11月10日　69歳〔悪性リンパ腫〕　[生]昭和21年（1946）10月13日　[出]奈良県　[学]大阪大学工学部精密工学科〔昭和45年〕卒, 大阪大学大学院工学研究科精密工学専攻〔昭和47年〕修士課程修了　工学博士（大阪大学）〔昭和53年〕　[歴]昭和47年神戸大学工学部助手、53～54年ニュージーランド・オークランド大学及びオーストラリア・ニューサウスウエルズ大学の客員研究員、55年金沢大学工学部助教授、63年教授、平成2年神戸大学教授を経て、14年東京大学人工物工学研究センター教授。21年産業技術総合研究所理事、25年兵庫県立工業技術センター所長。　[賞]工作機械技術振興賞論文賞（昭和57年度）〔昭和58年〕「切削工具のぜい性損傷に関する破壊力学的研究（第1報）」, 精機学会賞論文賞（昭和58年度）〔昭和59年〕「切削工具のぜい性損傷に関する破壊力学的研究（第2報）」, 計測自動制御学会賞論文賞（平成10年度）「中立突然変異型GAによる騙し問題の最適化―探索戦略の創発」, システム制御情報学会砂原賞（第10回, 平成15年度）「均質な自律ロボット群による協調行動獲得問題―機能分化に基づくアプローチ」　[団]精密工学会, 日本機械学会, SME（米国）, 窯業協会

上田 恵三　うえだ・けいぞう　長崎自動車社長　長崎商工会議所会頭　[没]平成29年（2017）5月30日　75歳　[生]昭和16年（1941）8月28日　[出]長崎県西彼杵郡時津町　[学]長崎西高卒, 国士舘大学政経学部経済学科〔昭和41年〕卒　[歴]昭和41年長崎自動車に入社。平成6年取締役、10年常務を経て、12年社長。23年会長。バス事業ではミニバスや低床バスの導入など、“お客さま目線”のサービスを追求。また、長崎市茂里町の自社所有地の再開発にも着手し、20年複合商業施設「みらい長崎ココウォーク」を開業させるなど経営の多角化も進めた。23～28年長崎商工会議所会頭。

上田 健一　うえだ・けんいち　毎日新聞取締役主筆　桐朋学園大学教授　[没]平成28年（2016）10月18日　89歳〔老衰〕　[生]昭和2年（1927）2月2日　[出]秋田県秋田市　[学]早稲田大学政経学部政治学科〔昭和26年〕卒　[歴]昭和26年毎日新聞社入社。45年ワシントン支局長、46年政治部長、52年論説委員長、54年大阪本社編集局長、55年取締役主筆を歴任。58年退社後はTBSニュースキャスター、TBS「これが世界だ」のコメンテーター、桐朋学園大学教授などを務めた。

上田 幸加　うえだ・こうか　書家　毎日書道展審査会員　光筆会主宰　[専]墨象　[没]平成29年（2017）8月13日　69歳　[生]昭和23年（1948）2月20日　[出]広島県福山市　[名]本名＝上田光子（うえだ・みつこ）　[学]福山市立女子短期大学卒　[歴]前衛書を見て感動し、勤め先が同じだった大楽華雪に師事。昭和45年福山市美術展に初入選、以来57年まで連続入選。平成6年毎日書道展会員賞を受賞した。　[賞]毎日書道展会員賞（第46回, 平成6年度）「MEI」　[師]師＝大楽華雪

上田 賢　うえだ・さとし　神奈川新聞専務　[没]平成27年（2015）8月25日　90歳〔肺炎〕　[生]大正14年（1925）2月1日　[出]広島県　[学]京都大学理学部卒　[歴]朝日新聞社に入社、北海道支社編集総務、東京本社整理部長を務める。昭和56年神奈川新聞社に転じ総合企画室長、監査役を経て、57年取締役経理関連事業担当、58年常務、60年専務。平成4年退任した。　[家]息子＝上田周（朝日広告社長）

上田 茂　うえだ・しげる　北海道議（無所属）　[没]平成29年（2017）9月16日　80歳〔原発不明がん〕　[生]昭和11年（1936）11月11日　[出]北海道室蘭市　[学]学習院大学政経学部〔昭和36年〕卒　[歴]昭和36年東京日野自動車、39年北海道中央食糧を経て、40年室蘭米穀に転じ、48年営業部次長、50年専務、54年社長。平成8～14年北海道中央食糧会長。一方、昭和54年以来室蘭市議2期。平成3年室蘭市選出の北海道議に初当選。6年鳩山由紀夫の自民党離党に伴い離党、無所属となる。3期務め、15年引退した。　[賞]藍綬褒章, 旭日小綬章〔平成19年〕

植田 惇慈　うえだ・じゅんじ　登山家　りんゆう観光専務　[没]平成27年（2015）4月7日　68歳〔滑落死〕　[出]北海道札幌市　[学]成城大学卒　[歴]大学卒業後、東京でホテルマンを経験。北海道で黒岳スキー場や札幌藻岩山スキー場などを運営するりんゆう観光に入社し、同社専務を務めた。日本山岳会北海道支部副支部長を務めるなどベテラン登山家で、アルプスやカナダなどの山岳ツアーでガイドを手がけた。平成19年11月十勝連峰・上ホロカメットク山で雪崩に襲われ仲間4人を失ったが、自力で雪から脱出して生還。この経験からNPO法人・北海道雪崩研究会の講師資格を取得して、雪崩に関する講習会で岳人の指導にあたった。27年4月黒岳7合目付近で転倒、滑落死した。

植田 昭二　うえだ・しょうじ　三菱重工業常務　[没]平成29年（2017）7月7日　90歳〔誤嚥性肺炎〕　[生]昭和2年（1927）2月2日　[出]香川県　[学]東京大学工学部〔昭和26年〕卒　[歴]昭和31年三菱重工業に入社。長崎造船所を経て、61年取締役、63年常務技術本部長を歴任。大学時代は囲碁部に在籍した。　[賞]藍綬褒章〔平成2年〕, 日本造船学会賞造船協会賞・日本海事協会賞〔昭和35年〕「推進器用Ni‐Al青銅の研究（第1～4報）」, 日本鋳造工学会功労賞（昭和57年度）, 科学技術庁長官賞科学技術功労者表彰（第29回, 昭和62年度）「高強度ステンレス鋼プロペラ材料の開発」　[師]師＝小川芳樹

上田 忠彦　うえだ・ただひこ　サッカー選手　京都J－マルカFC代表　[没]平成27年（2015）4月15日　67歳〔肺がん〕　[出]京都府京都市右京区　[学]京都商（現・京都学園高）卒, 法政大学　[歴]サッカー選手として、蜂ケ岡中、京都商、法政大を経て、日本リーグの新日鉄と京都紫光クラブでプレー。大学時代の昭和45年、日本代表に選ばれ、国際Aマッチに13試合出場、7得点を挙げた。京都J－マルカFC代表も務めた。

植田 恒雄　うえだ・つねお　日新製糖常務　[没]平成28年（2016）11月29日　90歳〔肺炎〕　[生]大正15年（1926）1月2日　[出]東京都　[学]早稲田大学政治学科〔昭和25年〕卒　[歴]日本経済新聞社に入社。昭和32年日新製糖に転じ、48年取締役、54年常務。

上田 哲彦　うえだ・てつひこ　名古屋大学名誉教授　[専]航空宇宙工学　[没]平成29年（2017）6月14日　69歳　[出]

北海道札幌市　[学]工学博士（東京大学）　[歴]科学技術庁航空宇宙技術研究所を経て、名古屋大学教授。　[賞]日本航空宇宙学会賞論文賞（第5回, 平成7年度）「非平面ダブレットポイント法を用いたチップフィン・マイルドフラッタ解析」, 市村学術賞功績賞（第28回）〔平成8年〕「非定常空気力計算法（ダブレットポイント法）」, 日本航空宇宙学会賞技術賞（第8回, 平成10年度）「宇宙往還機の自動着陸技術の開発」

上田 利治　うえだ・としはる　プロ野球監督　[没]平成29年（2017）7月1日　80歳〔肺炎〕　[生]昭和12年（1937）1月18日　[出]徳島県海部郡宍喰町（海陽町）　[学]徳島海南高卒, 関西大学法学部卒　[歴]徳島海南高から関西大に一般入試で入り、法学部で法律家を目指す。傍ら、捕手として村山実（のち阪神）とバッテリーを組んだ。昭和34年広島に入団したが大成せず、3年で引退し、優れた野球理論を買われ指導者へ転身。実働3年、121試合出場、257打数56安打、2本塁打、17打点、5盗塁、打率.218。37～44年広島コーチ。46年打撃コーチとして阪急（現・オリックス）入り、49～53年監督。NHK解説者を経て、56年から再び阪急監督に復帰。この間、5回リーグ優勝し、50年からは日本シリーズ3連覇を達成。日本シリーズ4連覇を目指した53年のヤクルトとの第7戦、大杉勝男の左翼ポール際への打球が本塁打と判定されると1時間19分にわたる猛抗議を行い、話題を呼んだ。63年限りで身売りした阪急の最後の監督となり、球団譲渡後のオリックス初代監督も務めた。平成2年史上8人目の1000勝監督となりフロント入りするが、3年シーズン後辞任。7～11年日本ハム監督。監督としては通算20年、2574試合、1322勝1136敗116分、勝率.538で、勝利数は西本幸雄の1384勝に次ぐ歴代7位。"知将""理論派"と謳われたが、なにより熱血指導が持ち味で、常勝軍団を作り上げた。15年野球殿堂入り。16～20年徳島県教育委員。　[賞]徳島県民栄誉賞〔平成15年〕

上田 直方（5代目）　うえだ・なおかた　陶芸家　[専]信楽焼　[没]平成28年（2016）9月16日　88歳　[生]昭和2年（1927）12月27日　[出]滋賀県甲賀郡信楽町（甲賀市）　[名]本名＝上田和夫　[歴]4代目上田直方の長男で、昭和51年5代目を襲名。父から継承した陶技に現代感覚による独自の工夫を試みた。平成3年父と2代で信楽焼の滋賀県指定無形文化財保持者に認定された。　[賞]滋賀県指定無形文化財保持者（信楽焼）〔平成3年〕　[団]日本工芸会　[家]父＝上田直方（4代目）, 祖父＝上田直方（3代目）

上田 奈美男　うえだ・なみお　上組常務　[没]平成27年（2015）3月25日　79歳〔呼吸不全〕　[生]昭和10年（1935）9月29日　[出]京都府　[学]同志社大学経済学部〔昭和34年〕卒　[歴]昭和35年上組に入社。平成2年取締役を経て、9年常務。

上田 延秀　うえだ・のぶひで

⇒木村 玉光（きむら・たまみつ）を見よ

上田 秀徽　うえだ・ひでき　福井県子ども会育成連合会会長　[没]平成27年（2015）1月26日　72歳　[歴]平成16年から福井県子ども会育成連合会会長。19年から4年間、全国子ども会連合会副会長を務めた。

上田 正昭　うえだ・まさあき　日本史学者　京都大学名誉教授　大阪女子大学学長　島根県立古代出雲博物館名誉館長　高麗美術館館長　[専]日本古代史, 東アジア古代史　[没]平成28年（2016）3月13日　88歳　[生]昭和2年（1927）4月29日　[出]兵庫県城崎郡城崎町（豊岡市）　[学]京都大学文学部国史学科〔昭和25年〕卒　文学博士（京都大学）　[歴]京都・西陣の織屋の二男。兵庫県城崎で生まれ、旧制豊岡中学2年の時に親同士が親しかった亀岡の延喜式内社小幡神社の神主が亡くなり、後継ぎがいなかったことから33代目を継ぐ。京都二中、京都国学院を経て、昭和19年国学院大学に進み、折口信夫の薫陶を受けた。高校教師を経て、38年京都大学助手、46年教授。53年同大教養部長、58年埋蔵文化財研究センター長、京都府文化財保護審議会部会長などを歴任。平成3年3月定年退官、4月京都大学名誉教授、6月大阪女子大学学長に就任。9年5月退任、6月名誉教授。大阪府立中央図書館名誉館長、姫路文学館館長、高麗美術館館長、世界人権問題研究センター理事長などを務める。国文学、考古学、民俗学などを修め、古代社会を多面的に研究。とくに律令体制成立期の権力構造の分析や宗教と信仰などを主とした。邪馬台国については前期の邪馬台国は北九州、後期の邪馬台国は畿内説。14年"鎮守の森"の役割の再発見を目指す社叢学会創設に参画、理事長を務める。著書に「日本古代国家論究」「日本古代国家成立史の研究」「帰化人」「日本神話」「古代文化の探究」「古代からの視点」「日本の神話を考える」「古代伝承史の研究」「司馬遼太郎 回想」、「上田正昭著作集」（全8巻, 角川書店）など多数。[賞]勲二等瑞宝章〔平成15年〕, 韓国修交勲章崇礼章〔平成21年〕, 毎日出版文化賞〔昭和45年〕「日本神話」, 江馬賞（第18回）〔平成4年〕「古代伝承史の研究」, 京都市文化功労者〔平成8年〕, 大阪文化賞〔平成9年〕, 福岡アジア文化賞国内部門学術研究賞（第9回）〔平成10年〕, 南方熊楠賞（人文の部, 第10回）〔平成12年〕, 京都府文化賞特別功労賞（第19回）〔平成13年〕, オムロンヒューマン大賞〔平成14年〕, 京都市特別功労者〔平成17年〕, 亀岡市名誉市民〔平成18年〕, 松本治一郎賞〔平成24年〕　[団]日本風俗史学会, アジア史学会, 社叢学会, 芸能史研究会

上田 真而子　うえだ・まにこ　翻訳家　[専]ドイツ語圏児童文学　[没]平成29年（2017）12月17日　87歳　[生]昭和5年（1930）5月25日　[出]広島県　[名]旧姓・名＝藤本真而子（ふじもと・まにこ）　[学]京都府立女子専門学校〔昭和25年〕卒, マールブルク大学（西ドイツ）中退　[歴]夫で哲学者の上田閑照のドイツ留学に同行して、昭和34年渡独。3年間滞在し、夫とともにマールブルク大学で学んだ。帰国後、京都ドイツ文化センター（現・ゲーテ・インスティトゥート・ヴィラ鴨川）勤務を経て、児童文学の翻訳を始める。ミヒャエル・エンデの「はてしない物語」などドイツ語圏の児童文学の翻訳を多く手がけた。著書に「幼い日への旅」、他の訳書にハンス・ペーター・リヒター「あのころはフリードリヒがいた」、ペーター・ヘルトリング「ヒルベルという子がいた」、ヨハンナ・シュピリ「ハイジ」など。[賞]日本翻訳文化賞（第19回）〔昭和57年〕「『はてしない物語』の翻訳」, 国際アンデルセン賞国内賞〔昭和63年〕「『あの年の春は早くきた』の翻訳」　[団]国際児童

図書評議会日本支部, 日本翻訳家協会, 日本児童文学者協会　[家]夫＝上田閑照（哲学者）

植田 竜二　うえだ・りゅうじ　島津製作所常務　[没]平成29年（2017）12月10日　78歳〔食道がん〕　[生]昭和14年（1939）11月18日　[出]大阪府　[学]京都大学法学部〔昭和38年〕卒　[歴]昭和38年島津製作所に入社。平成4年取締役を経て、常務。

う

上地 完道　うえち・かんどう　映画監督　映画プロデューサー　シネマ沖縄社長　[没]平成29年（2017）2月22日　90歳〔急性心筋梗塞〕　[生]大正15年（1926）10月5日　[出]沖縄県名護市　[学]千葉大学中退　[歴]昭和30年代から岩波映画や全国農村映画協会などの仕事を手がける。東京でフリーのカメラマンをしながら、沖縄の記録映画を制作。47年沖縄へ戻る。生活費を稼ぐため48年、仲間とPR映画などを請け負うシネマ沖縄を設立。以後、沖縄戦、沖縄国際海洋博、海邦国体、ウリミバエ根絶など様々なドキュメンタリー映画を制作した。代表作に「基地と少年」「戦場ぬ童（いくさば・ぬ・わらび）」「カメジロー」「えんどうの花」などがある。　[賞]教育映画祭優秀賞（教養部門）〔昭和60年〕「戦場ぬ童（いくさば・ぬ・わらび）」

上地 完明　うえち・かんめい　空手家　上地流空手道協会会長　[没]平成27年（2015）9月13日　74歳　[生]昭和16年（1941）5月10日　[出]沖縄県国頭郡本部町伊豆味　[学]専修大学経済学部卒　[歴]昭和42年沖縄タイムス社、44年沖縄放送協会、47年日本放送協会の記者を経て、58年宜野湾市秘書広報課長に転じ、61年同市国体部市民運動課長、平成2年同市教育委員会文化課主幹などを歴任。空手家としては上地流空手道宗家修武館館長で、3年から上地流空手道協会会長を務めた。

上地 健次　うえち・けんじ　沖縄うえちグループ取締役　琉球村創設者　[没]平成28年（2016）7月5日　65歳〔病気〕　[生]昭和25年（1950）　[出]沖縄県那覇市　[歴]昭和47年国際サンゴ加工所取締役工場長を経て、平成15年代表取締役。昭和57年兄の長栄、弟の敏夫とともに立て替えられようとしていた沖縄の伝統的民家を恩納村に移築してテーマパーク「琉球村」を開業、全国の旅行社を訪ねて「琉球村」の売り込みに尽力した。平成16年伝統琉球民家を観光施設として蘇生させたカリスマ3兄弟として兄弟揃って政府が選ぶ“観光カリスマ百選”に選ばれた。　[家]兄＝上地長栄（沖縄県観光事業協同組合代表理事）, 弟＝上地敏夫（多幸山代表取締役）

上野 哲弘　うえの・あきひろ　新宮市長　[没]平成28年（2016）2月23日　71歳　[生]昭和19年（1944）10月1日　[出]和歌山県　[学]中央大学法学部〔昭和43年〕卒　[歴]昭和50年より新宮市議4期、62〜63年市議会副議長を経て、平成3年より和歌山県議に2選。15年新宮市長に当選、1期。17年、21年落選。

上野 茂　うえの・しげる　大分タキ会長　アジア各国で車椅子の製造を指導　[没]平成28年（2016）10月30日　83歳　[歴]20代前半に脊髄の病気から足が痺れるようになり、車椅子生活となる。太陽の家創設者である中村裕との出会いから車椅子バスケットボール選手として活躍。その後、車椅子メーカーに勤め、平成2年太陽の家内に車椅子製造・販売業の大分タキを設立。4年からアジア各国で障害者の支援に取り組み、タイ、ラオスなどに車椅子の製造技術を伝えた。また、大分国際車いすマラソンで、長く車椅子の修理を担当した。　[賞]ありのまま自立大賞自立支援大賞（第6回）〔平成16年〕

上野 尚一　うえの・しょういち　朝日新聞社主　[没]平成28年（2016）2月29日　79歳〔肺がん〕　[生]昭和11年（1936）3月19日　[出]大阪府　[学]慶応義塾大学法学部卒　[歴]朝日新聞社主の上野淳一の長男で、同社創業者の一人である曽祖父・上野理一から数えて4代目にあたる。昭和37年同社に入社。東京本社編集局・人事部次長、厚生部長、広告局次長、58年販売局次長、62年国際本部副本部長、平成2年国際補佐役、5年社主付国際補佐役、6年役員待遇、のち東京本社社主付、7年社主代理（役員待遇）を経て、9年父の死により社主に就任した。17年より岐阜新聞相談役も務めた。　[家]父＝上野淳一（朝日新聞社主）, 祖父＝上野精一（朝日新聞社長・社主）

上野 他一　うえの・たいち　クラレ社長　日本興業銀行常務　[没]平成27年（2015）5月4日　90歳〔前立腺がん〕　[生]大正13年（1924）6月10日　[出]大分県北海部郡佐賀関町（大分市）　[学]釜山中卒, 五高卒, 九州帝国大学法文学部経済学科〔昭和21年〕卒　[歴]昭和21年日本興業銀行に入行。新潟、福岡、大阪の各支店長、証券部長を経て、47年取締役、50年常務。53年クラレ顧問に転じ、同年専務、56年副社長、57年社長、60年会長、平成2年相談役を歴任した。

上野 利雄　うえの・としお　小野薬品工業社長　[没]平成28年（2016）9月30日　82歳〔肺炎〕　[生]昭和9年（1934）3月21日　[出]兵庫県　[学]大阪市立大学経済学部〔昭和32年〕卒　[歴]昭和32年小野薬品工業に入社。56年取締役、58年常務、60年専務、平成元年副社長を経て、5年社長。13年会長、17年取締役相談役に退いた。

上野 裕也　うえの・ひろや　評論家　成蹊大学学長・名誉教授　[専]計量経済学, 経済政策　[没]平成28年（2016）2月26日　89歳〔肺炎〕　[生]大正15年（1926）11月25日　[出]東京都　[学]東京商科大学（現・一橋大学）〔昭和23年〕卒, 東京商科大学大学院研究科〔昭和24年〕中退　経済学博士（大阪大学）〔昭和36年〕　[歴]昭和27年名古屋大学経済学部助教授、39年教授、40年米国ペンシルベニア大学客員教授、41年国際連合本部経済担当国際上級公務員、42年成蹊大学政治経済学部教授、54年経済学部長を歴任し、平成元年〜7年学長。著書に「日本経済の計量経済学的分析」「自動車産業のモデルと予測」「日本の経済制度」「競争と規制」「戦間期の蚕糸業と紡績業」などがある。　[賞]勲三等旭日中綬章〔平成14年〕, 日経・経済図書文化賞（第30回）〔昭和62年〕「競争と規制—現代の産業組織」　[団]日本経済学会, American Economic Association, Econometric Society

上野 孫吉　うえの・まごきち　国士舘大学名誉教授　[専]武道論　[没]平成27年（2015）2月7日　89歳〔肺炎〕　[生]大正14年（1925）12月10日　[出]青森県八戸市　[学]至徳専　[歴]国士舘大学体育学部教授を務めた。　[賞]瑞宝中綬章〔平成18年〕

植野 保　うえの・やすし　塩山市長　山梨県議　[没]平成28年（2016）11月15日　85歳〔病気〕　[生]昭和6年（1931）10月6日　[出]山梨県　[学]日本経営大学卒　[歴]昭

和50年から山梨県議2期を経て、56年塩山市長に当選。落選を挟んで平成元年再選。通算2期。山梨県市長会会長や山梨県ハンドボール協会会長なども務めた。 [賞]旭日小綬章〔平成19年〕

上野 征夫 うえの・ゆきお 三菱商事副社長 [没]平成29年(2017)10月4日 72歳〔胃がん〕 [生]昭和20年(1945)6月20日 [出]東京都 [学]早稲田大学政治経済学部〔昭和43年〕卒 [歴]昭和43年三菱商事に入社。平成10年取締役に就任。副社長も務めた。

上野 豊 うえの・ゆたか 上野トランステック会長 横浜商工会議所会頭 [没]平成28年(2016)3月6日 100歳 [生]大正4年(1915)11月9日 [出]神奈川県横浜市 [学]横浜高商〔昭和12年〕卒 [歴]昭和12年合名会社上野運輸商会に入社。22年副社長を経て、41年代表社員社長に就任。50年株式会社に改組。62年会長。平成10年上野ケミカル運輸と統合し、上野トランステックに改称。20年名誉会長。石油需要が増大していた昭和32年、当時国内最大の内航タンカーを、34年には国内初のステンレス製ケミカル専用船を建造した。46年船舶事故防止や海洋環境保全を目的に伊勢湾防災を設立、海上防災業務にも力を注いだ。58年～平成9年全国内航タンカー海運組合会長。また、昭和54年～平成6年横浜商工会議所会頭、平成元年神奈川県公安委員長をはじめ、神奈川フィルハーモニー管弦楽団理事長、横浜市美術振興財団理事長、神奈川県日中友好協会会長なども歴任した。 [賞]紺綬褒章〔昭和49年〕, 大英勲章〔昭和54年〕, 藍綬褒章〔昭和54年〕, 勲二等旭日重光章〔昭和61年〕, カリフォルニア・ルーテル大学名誉博士号〔平成5年〕, 横浜文化賞〔平成6年〕, 神奈川文化賞〔平成7年〕 [家]長男＝上野孝(上野トランステック社長)

上畑 鉄之丞 うえはた・てつのじょう 医師 国立公衆衛生院名誉教授 過労死・自死相談センター代表 [専]衛生学, 公衆衛生学 [没]平成29年(2017)11月9日 77歳〔肺がん〕 [生]昭和15年(1940)10月2日 [出]滋賀県神崎郡永源寺町(東近江市) [学]岡山大学医学部医学科〔昭和40年〕卒, 岡山大学大学院医学研究科社会医学系専攻〔昭和45年〕博士課程修了 医学博士 [歴]昭和48年杏林大学医学部助教授、62年国立公衆衛生院(現・国立保健医療科学院)疫学部成人病室長、平成9年同栄養生化学部長、のち次長。14年退職後は、19年まで聖徳大学生活文化学科教授。過労死研究の第一人者で、昭和53年日本産業衛生学会の総会で過重労働と脳・心臓疾患との関連性を示す「過労死に関する研究」を発表、"過労死"と名付けた医師の一人で、60年弁護士や労働組合関係者らとストレス疾患労災研究会や過労死・自死相談センターを設立し、遺族からの相談や労災認定を求める活動に取り組んだ。著書に「働きざかりの突然死」「過労人間に捧げる健康学」「過労死の研究」「過労死サバイバル」、共著に「過労死」「オフィス・ストレス」「過労死とのたたかい」「公衆衛生学」など。 [賞]日本心臓財団予防賞(第15回)〔平成12年〕「過労・ストレスと循環器疾患の関連に関する研究」, 東京弁護士会人権賞〔平成25年〕

上原 和 うえはら・かず 美術史家 成城大学名誉教授 [専]古代美術史, 美学 [没]平成29年(2017)2月9日 92歳〔心不全〕 [生]大正13年(1924)12月30日 [出]台湾台中 [学]九州大学法文学部哲学科美学・美術史専攻〔昭和23年〕卒, 九州大学大学院文学研究科〔昭和25年〕特別研究生前期修了 文学博士 [歴]海軍航空隊に志願入隊したが敗戦、法科から文科に転じ、美学及び西洋美術の道を目指す。20代の終わりに玉虫厨子の絵画に邂逅、「玉虫厨子の研究」を発表、定説を大胆にくつがえしたため、論争を引き起こしたことで知られる。平成7年成城大学教授を退職。著書に「斑鳩の白い道のうえに—聖徳太子論」「トロイア幻想」「増補玉虫厨子の研究」や長年の研究の集大成「玉虫厨子—飛鳥・白鳳美術様式史論」「世界史上の聖徳太子」などがある。 [賞]亀井勝一郎賞〔昭和50年〕「斑鳩の白い道のうえに」 [団]美術史学会, 日本文芸家協会

上原 康助 うえはら・こうすけ 衆院議員 沖縄開発庁長官 全沖縄軍労働組合連合会委員長 [没]平成29年(2017)8月6日 84歳〔呼吸不全〕 [生]昭和7年(1932)9月19日 [出]沖縄県国頭郡本部町字伊豆味 [学]北山高〔昭和26年〕卒 [歴]沖縄戦を体験し、戦後は米軍基地の従業員となる。昭和36年28歳で基地従業員による沖縄最大の労働組合である全沖縄軍労働組合連合会(のち全軍労, 現・全駐労沖縄地区本部)を結成して初代委員長に就任、米国相手に労働基本権の確立、反基地闘争、本土復帰運動に尽力。45年に実施された戦後沖縄初の国政選挙である衆院選に社会党から立候補し、38歳で初当選。以来当選10回。平成3年社会党影の内閣の外相に選ばれる。5年発足の細川内閣では沖縄県選出の国会議員として初の国務大臣となり、国土庁、沖縄開発庁、北海道開発庁の長官に就いた。6年党副委員長、7年衆院予算委員長。社会党が社民党に移行すると同副党首。10年社民党を離党し民主党へ移ったが、12年落選。13年政界を引退した。10年沖縄から基地の半分の撤去を目指す"ハーフオプション"を提唱、全基地の撤去を構想する大田昌秀沖縄県知事らと対立した。 [賞]勲一等旭日大綬章〔平成14年〕

上原 信康 うえはら・しんこう 医介輔 [没]平成27年(2015)1月9日 92歳〔病気〕 [出]沖縄県島尻郡粟国村西 [歴]米国統治下にあった沖縄や奄美地方などの医師不足を補うため創設された医介輔(代用医師)に認定され、"免許を持たない医師"として沖縄県粟国村やうるま市の津堅島、今帰仁村の古宇利島の診療所に勤めた。

上原 成信 うえはら・せいしん 東京沖縄県人会事務局長 沖縄・一坪反戦地主会関東ブロック代表世話人 [没]平成29年(2017)10月25日 90歳〔膵臓がん〕 [生]昭和2年(1927)1月31日 [出]沖縄県那覇市住吉町 [学]沖縄県立二中(現・那覇高)〔昭和19年〕卒, 東海高等通信工学校 [歴]昭和19年上京して東海高等通信工学校に入学。その後夜間部に移り、逓信省電気試験所(現・NTT)へ就職、武蔵野電気通信研究所で交換技術を研究。一方、働きながら労働組合運動、沖縄返還運動、反戦運動に取り組む。31年東京沖縄県人会の創設に参加、51年事務局長に就任。関東地方における沖縄闘争の中心的役割を担った。53年「週刊新潮」の記事をめぐって新潮社を相手取り損賠訴訟を起こし、勝訴。55年東京で初開催された沖縄フェスティバル'80沖縄で一びるの実行委員を務める。58年には沖縄・一坪反戦地主会関東ブロックの結成に参加し、代表世話人となる。平成18年代表世話人を退いたあとも辺野古の新基地建

設に反対し続けた。21年編著書「那覇軍港に沈んだふるさと」を出版。26年から70年ぶりに沖縄で暮らし、辺野古で座り込みを続けた。

上原 政徳　うえはら・せいとく　琉球民謡音楽協会顧問　[没]平成27年(2015)6月18日　86歳〔肺炎〕　[出]沖縄県うるま市赤野

上原 武市　うえはら・たけいち　ホクガン創業者　[没]平成29年(2017)6月19日　82歳　[生]昭和9年(1934)11月12日　[出]沖縄県糸満市　[学]糸満中卒　[歴]昭和30年糸満市に米穀卸業の新幸地商店、42年那覇市泊に北岸冷凍を設立。平成7年新幸地の吸収合併に伴いホクガンに社名変更。"沖縄のアンマー料理"は世界に誇れる財産との信念からアンマーブランドを設立、食品加工事業を幅広く展開した。県産モズクの県外販路の拡大や、栃木県日光市で島豆腐製造を開始するなど、首都圏にも積極的に売り出した。　[賞]琉球新報賞(第50回)〔平成26年〕

植原 延夫　うえはら・のぶお　相撲指導者　長野県相撲連盟会長代行　[没]平成28年(2016)11月2日　76歳〔肺がん〕　[出]長野県木曽郡上松町　[学]木曽西高卒　[歴]木曽西高(現・木曽青峰高)で相撲部に入り、旧国鉄時代に国体に出場。昭和53年のやまびこ国体では木曽福島町(現・木曽町)への相撲会場誘致に奔走した。木曽相撲連盟会長、長野県相撲連盟会長代行として木曽地方のみならず長野県全体の相撲の普及強化に尽くし、大相撲の幕内力士となった御嶽海を小学生時代から指導した。木曽福島町町議を6期目の途中まで務めた。

上原 春男　うえはら・はるお　佐賀大学学長　[専]エネルギー変換工学, 伝熱工学　[没]平成29年(2017)8月11日　77歳〔心不全〕　[生]昭和15年(1940)3月28日　[出]長崎県下県郡厳原町(対馬市)　[学]山口大学文理学部理学科〔昭和38年〕卒　工学博士(九州大学)〔昭和46年〕　[歴]昭和38年九州大学助手、47年講師を経て、48年佐賀大学助教授、60年教授。平成8～10年理工学部長、14～15年学長。17年定年退官。海面近くと深海の2つの海水の温度差を利用する"海洋温度差発電"の世界的権威として知られ、アンモニアと水の混合液を表層の海水温で温め蒸気化して発電し、深層部の冷たい海水で冷やして液体に戻す「ウエハラサイクル」を考案した。退官後はNPO・海洋温度差発電推進機構を設立、効率化・実用化に努めた。著書に「海洋温度差発電読本」「夢をかなえる心の法則」「成長するものだけが生き残る」「『抜く』技術」「未来をひらく海洋温度差発電」「創造こそあなたと会社を成長させる」などがある。　[賞]瑞宝中綬章〔平成27年〕, 日本機械学会賞〔昭和47年〕「自然対流の研究」, 神戸生田ライオンズ賞〔昭和53年〕「海洋温度差発電の研究」, 米国機械学会最優秀賞(海洋温度差発電＆ソーラー・ポンド部門)〔平成7年〕　[団]日本機械学会, 日本物理学会, 日本舶用機関学会, 日本火力原子力協会, 日本冷凍協会

上原 優四郎　うえはら・ゆうしろう　東京特殊電線常務　[没]平成29年(2017)3月21日　87歳　[生]昭和4年(1929)12月15日　[出]長野県上田市　[学]長野高専卒, 信州大学通信工学科〔昭和28年〕卒　[歴]東京特殊電線常務、監査役を務めた。

上原 裕見子　うえはら・ゆみこ　京都府議(共産党)　[没]平成29年(2017)3月19日　63歳〔病気〕　[生]昭和28年(1953)12月11日　[出]京都府京都市　[学]藤川デザイン学院卒　[歴]着物のろうけつ染め職人、エレクトーン講師。日本共産党の京都市伏見地区の生活相談所長を経て、平成19年京都市伏見区選出の京都府議に当選。23年落選。27年返り咲き。2期目途中の29年、病死した。

上間 初枝　うえま・はつえ　女優　乙姫劇団副団長　[没]平成27年(2015)3月15日　84歳〔慢性閉塞性肺障害急性増悪〕　[出]沖縄県国頭郡今帰仁村　[歴]戦後の沖縄芸能界で、女性だけで構成する沖縄芝居劇団・乙姫劇団の2代目副団長を務める。男役として活躍し、間好子らと"4大スター"の一人に数えられた。昭和33年映画「山原街道」に主演。また、45年に設立した玉城流菖の会会主として後進の育成にも取り組んだ。

植松 一真　うえまつ・かずまさ　広島大学大学院生物圏科学研究科教授　[専]魚類生理学　[没]平成28年(2016)5月22日　63歳　[生]昭和27年(1952)8月24日　[学]東京大学農学部水産学科卒, 東京大学大学院農学研究科水産学専攻修士課程修了　農学博士　[歴]広島大学大学院生物圏科学研究科教授のほか、平成28年3月までの2年間、生物圏科学研究科長を務めた。共編に「魚類のニューロサイエンス—魚類神経科学研究の最前線」。

上村 圭一　うえむら・けいいち　大和ハウス工業社長　[没]平成27年(2015)5月1日　80歳〔慢性腎不全〕　[生]昭和9年(1934)8月26日　[出]奈良県吉野郡　[学]今宮高定時制〔昭和32年〕卒　[歴]大和ハウス工業創業者・石橋信夫の親戚で、昭和28年吉野中央木材、31年大和ハウス工業に入社。以来、営業畑を歩き、41年横浜営業所長、44年東京支社住宅事業部長、45年取締役、50年常務、51年東京支社長、52年専務、55年副社長を経て、平成4年創業家以外で初めて社長に就任。7年に阪神・淡路大震災が発生すると、グループ合わせて約1万5000戸の仮設住宅建設を陣頭指揮した。8年会長。

上村 聡　うえむら・さとし　日産車体社長　日産自動車専務　[没]平成28年(2016)1月7日　90歳〔肺炎〕　[生]大正15年(1926)1月3日　[出]東京都　[学]桐生工専〔昭和20年〕卒　[歴]昭和21年日産自動車に入社。54年取締役、60年常務、62年専務を経て、平成元年日産車体社長、7年会長。9年日本自動車車体工業会会長。　[賞]勲三等旭日中綬章〔平成11年〕

上村 幸雄　うえむら・ゆきお　琉球大学名誉教授　[専]言語学, 音声学, 国語学, 琉球方言　[没]平成29年(2017)6月28日　87歳　[生]昭和4年(1929)7月2日　[出]東京都世田谷区　[学]東京大学文学部言語学科卒　[歴]東京大学文学部言語学科では服部四郎の薫陶を受ける。昭和27年国立国語研究所に入所、24年間勤務して地方言語研究室長を務める。38年に刊行された「沖縄語辞典」の編著に携わった。51年琉球大学法文学部教授に就任、平成7年退官後は名桜大学教授、沖縄大学教授を歴任。また、仲宗根政善と沖縄言語研究センターを設立、同代表も務めた。15年沖縄を離れて島根県に移り住み、出雲弁と古代史の研究に取り組んだが、間もなく体調を崩して東京に戻った。晩年はアイヌ語も研究した。音声・音韻論に重点を置き、日本語の音韻構造の研究で第一人者として知られた。　[賞]沖縄研究奨励賞(第1

回, 昭和54年度)「琉球諸方言の研究」, 東恩納寛惇賞(第15回)〔平成10年〕「琉球方言の記録や研究の業績」[団]日本言語学会, 国語学会, 科学教育学会

植村 由規夫　うえむら・ゆきお　テレビ北海道専務　[没]平成29年(2017)6月10日　68歳〔食道がん〕　[出]新潟県　[歴]昭和47年日本経済新聞社に入社。平成4年テレビ北海道に移り、23〜26年専務を務めた。

上山 英介　うえやま・ひでずけ　大日本除虫菊社長　[没]平成27年(2015)10月31日　78歳〔肝臓がん〕　[生]昭和12年(1937)6月24日　[出]和歌山県有田市　[学]甲南大学経済学部〔昭和35年〕卒　[歴]昭和35年大日本除虫菊に入社。40年副社長を経て、56年社長に就任。　[家]祖父＝上山英一郎(大日本除虫菊創業者)

植山 平治　うえやま・へいじ　東奥日報取締役広告局長　[没]平成28年(2016)5月28日　73歳〔病気〕　[生]昭和17年(1942)7月24日　[出]大阪府箕面市　[学]商高卒　[歴]昭和36年東奥日報社に入社。東京支社広告部長、大阪支社長などを経て、平成13〜15年取締役広告局長。

上山 勝　うえやま・まさる　武庫川女子大学教授　[専]人権問題　[没]平成29年(2017)12月28日　85歳〔胃がん〕　[生]昭和7年(1932)9月5日　[出]兵庫県神戸市　[学]中央大学法学部〔昭和32年〕卒　[歴]兵庫県下で教鞭を執ると同時に、兵庫県部落史研究委員会委員として県下一円の部落史史料を研究。昭和48年兵庫県教育委員会同和教育指導室指導主事、59年地域改善対策室副室長、61年千種高校校長、平成元年盲学校校長を経て、5年武庫川女子大学教授。甲南女子大学講師も務めた。

魚住 純子　うおずみ・じゅんこ　女優　占い師　[没]平成27年(2015)1月13日　81歳〔肺炎〕　[生]昭和8年(1933)6月17日　[出]東京都　[名]本名＝魚住玲子, 前名＝皆川澄子, 別名＝真田笙慈(さなだ・しょうじ)　[学]東京府立第二高女卒　[歴]昭和25年松竹音楽舞踊学校に入り、皆川澄子を名のる。同時に劇団・俳優座の演技委託生となる。27年東映東京撮影所に入社すると魚住純子に名前を変え、映画「水色のワルツ」でデビュー。31年新東宝を経て、36年フリー。以後は、テレビや舞台でも活躍。他の出演作に、映画「ボート8人娘」「ひめゆりの塔」「天保六歌撰・やくざ狼」「修羅八荒」「黒線地帯」「トップ屋を殺せ」「女巌窟王」「女王蜂の逆襲」などがある。一方、40年頃から真田笙慈の名で占い師としても活動した。

鵜飼 克己　うかい・かつみ　トーエネック専務　[没]平成27年(2015)9月14日　73歳〔肝細胞がん〕　[生]昭和16年(1941)11月30日　[出]愛知県　[学]愛知大学法経学部経済学科〔昭和39年〕卒　[歴]昭和37年東海電気工事(現・トーエネック)に入社。平成3年取締役、6年常務を経て、7年専務。18年顧問。

浮田 完　うきた・かん　むさし創業者　[没]平成28年(2016)8月18日　93歳〔急性肺炎〕　[生]大正11年(1922)12月4日　[出]広島県尾道市　[歴]学校卒業後、家業の青果業に従事。昭和33年広島市で飲食店のむさしを創業、35年より社長を務めた。63年会長。「俵むすび」などを売りに、広島県内でチェーン展開する企業に育てた。

牛久保 智昭　うしくぼ・ともあき　サンデン社長　伊勢崎商工会議所会頭　[没]平成27年(2015)1月19日　84歳〔肺炎〕　[生]昭和5年(1930)1月27日　[出]群馬県伊勢崎市　[学]専修大学経済学部商業学科〔昭和34年〕　[歴]サンデン創業者・牛久保海平の長男。昭和34年三共電器(現・サンデン)に入社。43年取締役、51年常務、専務を経て、61年社長。平成元年会長。群馬県公安委員長、伊勢崎商工会議所会頭も務めた。　[賞]旭日小綬章〔平成19年〕　[家]父＝牛久保海平(サンデン創業者), 弟＝牛久保雅美(サンデン社長), 牛久保哲男(三共興産社長)

牛込 惟浩　うしごめ・ただひろ　プロ野球スカウト　横浜ベイスターズ渉外担当常務理事　[没]平成28年(2016)4月9日　79歳〔敗血症〕　[生]昭和11年(1936)5月26日　[出]東京都　[学]早稲田大学法学部〔昭和38年〕卒　[歴]昭和39年大洋球団(のち横浜, 現・DeNA)に入社。通訳、二軍マネージャー、一軍マネージャー、広報担当、渉外担当理事、平成4年球団渉外担当常務理事。のち国際業務担当、顧問。外国人選手の獲得に手腕を発揮し、カルロス・ポンセ外野手やロバート・ローズ内野手らの入団に携わった。12年退団。13〜14年大リーグのレッドソックススカウト。その後、野球評論家として大リーグ中継の解説や新聞のコラム連載などを行った。著書に「サムライ野球と助っ人たち」「サムライ野球と助っ人たち〈旅日記編〉」「プロ野球 成功するスカウト術」がある。

牛込 力夫　うしごめ・りきお　TYK専務　[没]平成28年(2016)9月20日　79歳〔急性心不全〕　[生]昭和12年(1937)1月27日　[出]東京都　[学]明治大学経営学部〔昭和36年〕卒　[歴]東京窯業(TYK)創業者である牛込幸一の二男。昭和36年同社に入社。63年取締役、平成9年常務を経て、13年専務。17年取締役顧問。また、昭和52年より東京モーレックス坩堝社長を務めた。　[家]父＝牛込幸一(TYK創業者), 兄＝牛込進(TYK社長)

薄井 憲二　うすい・けんじ　舞踊家　舞踊史研究家　日本バレエ協会会長　モスクワ国立舞踊アカデミー名誉教授　[専]バレエ, バレエ史研究　[没]平成29年(2017)12月24日　93歳〔悪性リンパ腫〕　[生]大正13年(1924)3月30日　[出]東京都大田区大森　[学]東京大学経済学部〔昭和26年〕卒　[歴]中学時代、ロシアの作曲家ストラビンスキーの「火の鳥」に衝撃を受け、バレエのレッスンを開始。16歳で日本バレエ界の礎を築いた東勇作に師事し、昭和17年「セレナード」で初舞台を踏む。東京大学経済学部在学中に召集されハルビンへ出征。終戦後4年間のシベリア抑留生活を経て帰国すると、ただちに東勇作バレエ団に復帰。その後、ヴィタリー・オシンズ、アレクセイ・ヴァルラーモフにも師事し、本格的にバレエに取り組む。32年由井カナコらとバレエ1957を結成するなど、バレエダンサー、振付師として古典・創作バレエやテレビ出演などで活躍。京都バレエ専門学校教授、ロシア・バレエ・インスティテュート所長、ロシア国立モスクワ・ボリショイ・バレエ・アカデミー名誉教授を務め、自身のバレエ団でも後進

う

育成に努めた。舞踊評論の第一人者でもあり、モスクワ、ヴァルナ、ジャクソンという世界バレエの3大コンクール審査員を歴任。平成18〜27年日本バレエ協会会長。28年ロシアのバレエ専門誌が主催する“踊りの魂賞”を受賞。ロシア出身者以外の受賞は初めてだった。舞踊史研究家として著書・訳書を数多く執筆。著書に「バレエ千一夜」「バレエ」、訳書にハスケル「バレエ」、トゥィスデン「ダニロワ伝」、オーサト「踊る大紐育」など。1930年代から収集を続けたバレエ関連の文献資料は、個人としては世界有数のコレクションとされ、「薄井憲二バレエ・コレクション」として兵庫県立芸術文化センターに収蔵されている。　[賞]紺綬褒章, 橘秋子賞功労賞（第13回）〔昭和62年〕, 蘆原英了賞（第14回）〔平成7年〕, 兵庫県文化賞〔平成15年〕, 平和の炎賞（オーストリア平和推進協会）〔平成21年〕, 踊りの魂賞（ロシア）〔平成28年〕　[団]日本バレエ協会　[師]師＝東勇作, 蘆原英了

碓井 貞弘　うすい・さだひろ　神奈川県議（県民クラブ）　[没]平成27年（2015）9月19日　82歳〔前立腺がん〕　[生]昭和8年（1933）5月21日　[出]富山県中新川郡上市町　[学]日本大学法学部〔昭和31年〕卒, 日本大学医学部薬学科〔昭和35年〕卒　[歴]神奈川県医療福祉協会理事を経て、昭和39年以来神奈川県議に7選。平成3年引退。一般財団法人育生会会長を務めた。　[賞]藍綬褒章〔昭和63年〕, 旭日小綬章〔平成17年〕　[資]薬剤師

臼井 正明　うすい・まさあき　俳優　[没]平成28年（2016）11月23日　88歳　[生]昭和3年（1928）5月8日　[出]東京市大森（東京都）　[学]都立第五中〔昭和20年〕卒　[歴]昭和21年NHK東京放送劇団養成所に第2期生として入所。ラジオドラマ「君の名は」に出演するなど同劇団で活躍したが、33年退団。その後、金子信雄の主宰する劇団新演劇人クラブマールイのメンバーとして主に舞台で活躍した。主な出演作に、NHK大河ドラマ「勝海舟」「黄金の日日」、映画「野生の証明」などがある。　[家]妻＝七尾伶子（女優）

鵜高 重三　うだか・しげぞう　応用微生物学者　名古屋大学名誉教授　[没]平成27年（2015）4月11日　84歳〔肺炎〕　[生]昭和5年（1930）8月17日　[出]東京都大田区　[学]東京大学農学部農芸化学科〔昭和28年〕卒, シカゴ大学大学院生化学専攻〔昭和30年〕修士課程修了　農学博士（東京大学）〔昭和34年〕, M.S.　[歴]昭和28年協和発酵研究員、34年米国シカゴ大学、ハーバード大学各研究員、38年理化学研究所を経て、46年名古屋大学教授。平成6年退官、東京農業大学応用生物科学部教授、13年退官。同年より3年間、客員教授を務めた。アミノ酸やタンパク質の微生物による生産法の研究で知られ、昭和41年木下祝郎、中山清、田中勝宣と日本学士院賞を共同受賞した。　[賞]日本学士院賞（第56回）〔昭和41年〕「醱酵によるアミノ酸類の生成に関する研究」, 瑞宝中綬章〔平成20年〕, 大河内賞大河内記念賞（第4回, 昭和32年度）「醱酵法によるグルタミン酸の工業的製法の発見とその確立」, 科学技術庁長官賞科学技術功労者表彰（第1回, 昭和34年度）「醱酵法によるL－グルタミン酸製造法の開発」, 全国発明表彰内閣総理大臣発明賞（昭和35年度）「醱酵法によるL－グルタミン酸の製造法」, 日本農芸化学会賞〔昭和62年〕「蛋白質高生産菌の発見と応用に関する研究」, 中日文化賞（第42回）〔平成1年〕, 日経BP技術賞（第1回）〔平成3年〕「遺伝子組み換えによるたんぱくの高分泌生産技術」　[団]日本農芸化学会, 日本生化学会, 日本分子生物学会, 米国微生物学会（フェロー）, 日本生物工学会

宇田川 喜八郎　うだがわ・きはちろう　静岡放送取締役編成局長　静岡新聞取締役販売局長　[没]平成27年（2015）10月4日　83歳　[生]昭和7年（1932）5月16日　[出]東京都　[学]早稲田大学第一商学部〔昭和30年〕卒　[歴]昭和30年静岡放送に入社。39年取締役、41年営業局次長、44年放送業務局長、52年編成局長。この間、42年静岡新聞取締役、55年販売局長、57年西部総局長。静岡県テニス協会会長も務めた。　[賞]旭日双光章〔平成21年〕

歌代 泰造　うたしろ・たいぞう　日本通運常務　[没]平成29年（2017）1月27日　71歳〔大動脈解離〕　[生]昭和21年（1946）1月2日　[出]東京都　[学]学習院大学経済学部〔昭和43年〕卒　[歴]昭和43年日本通運に入社。平成13年執行役員、15年取締役常務執行役員。

内尾 材　うちお・はかる　熊本大学教育学部教授　[専]被服学　[没]平成29年（2017）7月13日　90歳〔老衰〕　[生]大正15年（1926）7月14日　[出]熊本県熊本市　[学]九州大学理学部化学科〔昭和27年〕卒　理学博士　[歴]昭和27年九州大学助手、36年旭化成工業技術研究所主任研究員、48年同特許部副部長、55年熊本大学教育学部教授を務めた。

内ケ島 喜造　うちがしま・きぞう　白鳥踊り保存会・白鳥拝殿踊り保存会初代会長　[没]平成29年（2017）6月4日　87歳〔膵臓がん〕　[出]岐阜県郡上市　[歴]岐阜県郡上市白鳥の地域伝統芸能である白鳥踊り、白鳥拝殿踊りの保存会初代会長を務めた。

内川 永一朗　うちかわ・えいいちろう　岩手日報常務・論説委員長　新渡戸基金理事長　[没]平成29年（2017）10月1日　88歳〔心不全〕　[生]昭和4年（1929）4月8日　[出]岩手県紫波郡紫波町日詰　[名]本名＝内川潁一郎（うちかわ・えいいちろう）　[学]慶応義塾大学経済学部〔昭和32年〕卒　[歴]昭和24年岩手日報社入社。記事審査部長、論説副委員長、55年取締役論説委員長、平成2年常務を経て、6年退任、8年論説委員会顧問。一方、昭和59年岩手日報論説委員長時代に、新渡戸稲造会創設に参画して副会長、平成6年に設立された財団法人新渡戸基金設立の推進役となり事務局長、新渡戸稲造の名著「武士道」100年祭を目指して8年に創設された北東北・日本アメリカ協会の事務局長を歴任。13年岩手台湾懇話会が発足、事務局長。内川永一朗名義で「晩年の稲造」「新渡戸稲造―余聞録」「新渡戸稲造年譜」「新渡戸稲造小伝」「永遠の青年 新渡戸稲造」などを執筆した。

内川 澄雄　うちかわ・すみお　熊本大学名誉教授　[専]分析化学　[没]平成29年（2017）4月27日　95歳〔心不全〕　[生]大正11年（1922）2月13日　[出]熊本県熊本市　[学]済々黌〔昭和14年〕卒, 広島高師〔昭和17年〕卒, 広島文理科大学化学科〔昭和20年〕卒　理学博士　[歴]昭和20年熊本師範学校女子部講師、26年熊本大学教育学部助手、28年講師、38年助教授を経て、46年教授。47年同

大附属幼稚園長、58年同大評議員を務めた。 [賞]勲三等旭日中綬章〔平成9年〕

内須川 洸 うちすがわ・ひろし 筑波大学名誉教授 [専]言語障害学(吃音診断学・治療学), 臨床心理学(障害カウンセリング) [没]平成28年(2016)11月10日 88歳〔心不全〕 [生]昭和3年(1928)1月1日 [出]東京都 [学]東京大学文学部心理学科〔昭和30年〕卒, 東京大学大学院教育心理学専攻〔昭和35年〕博士課程修了 教育学博士(東京大学)〔昭和37年〕 [歴]昭和35年東京慈恵会医科大学助教授、36年米国アイオワ州立大学フルブライト交換教授、38年東京学芸大学附属言語指導研究施設助教授、49年大阪教育大学教授、53年筑波大学心身障害学系教授、60年放送大学客員教授兼任を経て、平成3年筑波大名誉教授。昭和女子大学大学院教授、のち生活心理研究所所長。 [団]日本音声言語医学会, 日本特殊教育学会, 日本心理学会, 国際音声言語医学会

内田 一郎 うちだ・いちろう 九州大学名誉教授 [専]交通工学, 国土計画, 都市計画 [没]平成27年(2015)4月15日 96歳〔老衰〕 [生]大正7年(1918)11月22日 [出]山口県 [学]九州帝国大学工学部土木工学科〔昭和15年〕卒 工学博士〔昭和34年〕 [歴]昭和15年内務省土木局に入省。16〜20年陸軍に応召して兵役に就く。21年九州帝国大学工学部講師、22年助教授を経て、34年教授。57年定年退官し、西日本工業大学客員教授、平成元年退職。福岡県自治体問題研究所理事長も務めた。著書に「野菊の咲く途 読書と私」などがある。 [団]土木学会, 土質工学会, 日本都市計画学会

内田 修 うちだ・おさむ 音楽評論家 医師 ナゴヤ・ヤマハ・ジャズ・クラブ名誉会長 内田病院院長 [専]外科学 [没]平成28年(2016)12月11日 87歳〔肺炎〕 [生]昭和4年(1929)10月5日 [出]愛知県岡崎市 [学]名古屋大学医学部卒 [歴]昭和36年愛知県岡崎市で外科病院を開業。一方、名古屋大学の医学生時代からモダンジャズのとりこになり、1950年代から多くのジャズメンと交友を深める。富樫雅彦、渡辺貞夫らの治療にあたったほか、演奏の場づくりに尽力。39年名古屋市の音楽ホールを拠点にナゴヤ・ヤマハ・ジャズ・クラブを創立して会長に就任。以来、例会を開き、その歩みはすべて録音され、日本のモダンジャズの貴重な資料になっている。1960年代にはソニーの大型テープレコーダーを担いで東京に通い、ミュージシャンの即興演奏を録音。ジャズ・レコードの名盤「銀巴里セッション」を生みだした。59年戦後のモダンジャズ史を語った「ジャズが若かった頃」を刊行。"ドクター・ジャズ""ジャズ界のパトロン"と呼ばれた。平成5年病院を閉院し本格的にコンサートのプロデュースを手がけ、9年までに名古屋で開いたコンサートには、渡辺貞夫、山下洋輔らが出演した。所蔵するレコードや雑誌などのコレクションを愛知県岡崎市に寄贈。同市図書館交流プラザに「内田修ジャズコレクション展示室」が設けられている。

内田 克己 うちだ・かつみ 住友軽金属工業社長 [没]平成28年(2016)6月27日 90歳〔老衰〕 [生]大正14年(1925)8月11日 [出]三重県四日市市富田 [学]東京大学法学部〔昭和24年〕卒 [歴]昭和24年住友金属工業に入社。49年住友軽金属工業(現・UACJ)に転じ、50年名古屋製造所副所長、52年取締役、54年常務、58年専務を経て、63年社長。平成6年会長、11年相談役に退く。4年日本アルミニウム連盟会長も務めた。 [賞]藍綬褒章〔平成3年〕, 勲三等旭日中綬章〔平成8年〕

内田 研造 うちだ・けんぞう 福井大学医学部教授 [専]整形外科学 [没]平成27年(2015)10月17日 50歳 [歴]福井大学医学部准教授を経て、教授。

内田 繁 うちだ・しげる インテリアデザイナー 内田デザイン研究所代表 桑沢デザイン研究所所長 [没]平成28年(2016)11月21日 73歳〔膵臓がん〕 [生]昭和18年(1943)2月27日 [出]神奈川県横浜市 [学]桑沢デザイン研究所インテリア住宅デザイン科〔昭和41年〕卒 [歴]昭和45年内田デザイン事務所を設立。49〜53年東京造形大学講師、48年桑沢デザイン研究所講師を経て、56年スタジオ80を設立。平成20年より桑沢デザイン研究所所長。家具デザインから始め、レストラン設計、舞台装置や住宅のデザインまで多彩な活動を展開。米国・ニューヨーク57丁目の「CHARIVARI」、「六本木WAVE」、つくば科学技術博の「政府館」、「ユニー・ショッピングセンター計画」「ホテルイル・パラッツォ」、北九州市の「門司港ホテル」などを手がけた。代表作の椅子「セプテンバー」は、昭和63年ニューヨークのメトロポリタン美術館の永久コレクションに収められた。茶の湯にも造詣が深く、組み立て式茶室を設計・制作して話題を呼んだ。著書に「住まいのインテリア」「椅子の時代」「インテリアと日本人」、共著に「住まいの収納を工夫する」「インテリアワークス内田繁・三橋いく代とスタジオ80」など。平成12年芸術選奨文部大臣賞、19年紫綬褒章を受けた。国内外で高い評価を得た日本を代表するインテリアデザイナーの一人。 [賞]芸術選奨文部大臣賞(第50回, 平成11年度)〔平成12年〕, 紫綬褒章〔平成19年〕, 日本インテリアデザイナー協会賞〔昭和56年〕, 毎日デザイン賞〔昭和62年〕, 茶道文化振興賞〔平成24年〕 [家]妻＝三橋いく代(インテリアデザイナー)

内田 岱二郎 うちだ・たいじろう 東京大学名誉教授 名古屋大学名誉教授 日本真空技術副社長 [専]物理工学, プラズマ・核融合 [没]平成28年(2016)3月24日 87歳〔病気〕 [生]昭和3年(1928)7月22日 [出]東京都 [学]東京大学工学部計測工学科〔昭和28年〕卒 工学博士(東北大学)〔昭和37年〕 [歴]昭和28年ブリヂストンタイヤに入社。その後、国際航業、日本大学原子力研究所を経て、38年名古屋大学プラズマ研究所に移り、46年教授に昇任。48年東京大学工学部教授、59年〜平成元年名古屋大学プラズマ研究所長。退官後、日本真空技術(現・アルバック)取締役となり、2年常務、4年副社長、10年技術顧問。 [賞]井上春成賞(第24回)〔平成11年〕「磁気中性線放電プラズマによる表面処理装置」 [資]計量士 [団]日本物理学会, 日本原子力学会, プラズマ・核融合学会, 米国物理学会

内田 隆滋 うちだ・たかしげ 東武鉄道社長 国鉄常務理事 日本鉄道建設公団総裁 [没]平成28年(2016)7月29日 96歳〔肺炎と敗血症〕 [生]大正9年(1920)3月2日 [出]福岡県北九州市 [学]東京帝国大学工学部土木学科〔昭和18年〕卒 工学博士 [歴]昭和18年鉄道省に入省。国鉄千葉鉄道管理局長、建設局長、常務理事

う

うちた　　　　　日 本 人

を歴任。50年東武鉄道技術顧問となり、54年専務。58～62年日本鉄道建設公団総裁を務めた。63年東武鉄道副社長を経て、平成6年社長に就任。11年取締役相談役に退いた。　㊟勲二等旭日重光章〔平成9年〕，土木学会会賞功績賞〔平成2年〕　㊨土木学会

内田 立身　うちだ・たつみ　香川県赤十字血液センター所長　㊛血液学、輸血医学　㊞平成29年（2017）2月10日　78歳　㊷昭和13年（1938）12月14日　㊸香川県坂出市　㊥京都大学医学部〔昭和39年〕卒、京都大学大学院医学研究科内科学専攻〔昭和44年〕博士課程修了　医学博士　㊥昭和45～46年米国ワシントン大学血液学、49～50年オーストラリア・シドニー病院へ留学。51年福島県立医科大学講師、54年助教授を経て、平成2年高松赤十字病院内科部長、6年副院長兼内科部長、8年副院長兼香川県赤十字血液センター所長、16年香川県赤十字血液センター所長。　㊟日本核医学会賞（第15回）〔昭和53年〕　㊨日本内科学会、日本血液学会、日本輸血学会

内田 利貞　うちだ・としさだ　SMK副会長　㊞平成27年（2015）9月6日　83歳〔心不全〕　㊷昭和7年（1932）8月18日　㊸岡山県　㊥東京大学経済学部〔昭和32年〕卒　㊥昭和32年大蔵省（現・財務省）に入省。55年昭和無線工業に転じ、56年取締役。60年社名をSMKと改称し、61年監査役、平成4年副社長、8年副会長。

内田 則一　うちだ・のりかず　三菱化工機常務　㊞平成27年（2015）4月4日　67歳〔肺炎〕　㊷昭和23年（1948）2月20日　㊸三重県　㊥昭和48年三菱化工機に入社。平成17年取締役を経て、22年常務。

内田 正員　うちだ・まさかず　産経新聞取締役　㊞平成29年（2017）5月14日　87歳〔急性心不全〕　㊷昭和4年（1929）12月21日　㊸兵庫県　㊥京都工専機械科〔昭和24年〕卒　㊥昭和25年産経新聞社に入社。技術部長を経て、62年東京本社製作局長、平成元年～2年取締役を歴任した。

内田 吉治　うちだ・よしはる　朱常分店会長　㊞平成27年（2015）5月5日　79歳　㊷昭和11年（1936）5月2日　㊸京都府　㊥同志社大学経済学部〔昭和33年〕卒　㊥青果仲卸会社・朱常の創業者である内田松一の三男で、朱常分店会長を務める。平成11年、昭和34年から夏と冬の年2回、段ボール一杯のバナナを京都市内の児童福祉施設に贈って "バナナのおじさん" と慕われた父が亡くなると、"バナナの定期便" 活動を継承し、"2代目バナナのおじさん" となった。　㊔父＝内田松一（朱常創業者）

内間 辰雄　うちま・たつお　琉球音楽家　㊞平成28年（2016）9月14日　81歳〔病気〕　㊸沖縄県国頭郡今帰仁村　㊥平成11年沖縄県指定無形文化財の沖縄伝統音楽安冨祖流保持者に認定される。琉球古典芸能コンクールの審査員などを務めた。　㊟沖縄芸能連盟功労者表彰〔平成23年〕　㊨沖縄県指定無形文化財沖縄伝統音楽安冨祖流保持者〔平成11年〕

内村 泰　うちむら・たい　東京農業大学名誉教授　㊛応用微生物学、醸酵　㊞平成28年（2016）7月30日　71歳〔がん〕　㊷昭和20年（1945）6月5日　㊸岩手県盛岡

市　㊥東京農業大学農学部農芸化学科卒、東京農業大学大学院農学研究科農芸化学専攻〔昭和48年〕博士課程修了　農学博士　㊥東京農業大学農学部助教授を経て、平成3年教授。岩手県人連合会副会長、在京白亜会会長なども務めた。　㊟日本醸造協会技術賞（第19回、平成4年度）「アジア産穀類麹の微生物に関する研究」　㊨日本農芸化学会、日本醸酵工学会、日本食品低温保蔵学会

内山 孝次郎　うちやま・こうじろう　北海道新聞函館支社長　㊞平成27年（2015）1月9日　88歳〔がん〕　㊷大正15年（1926）7月10日　㊸北海道函館市　㊥函館商〔昭和18年〕卒　㊥昭和20年北海道新聞社に入社。42年旭川支社報道部長兼論説委員、44年本学芸部長、46年同広告局企画開発部長、47年広告局次長、53年室蘭支社長、56年函館支社長。58～62年監査役を務めた。

内山 鶉　うちやま・じゅん　演出家　演劇評論家　㊛現代演劇演出、中国現代演劇翻訳・研究　㊞平成27年（2015）1月23日　80歳〔肺炎〕　㊷昭和9年（1934）2月3日　㊸東京都　㊥早稲田大学文学部演劇科〔昭和33年〕卒　㊥内山書店、三一書房を経て、昭和38年劇団民芸に入団。54年共同演出した木下順二作の「子午線の祀り」で毎日演劇賞を受賞。平成3年木下作で滝沢修が主演した「巨匠」の演出が話題を呼び、22年大滝秀治主演で再演した同作が最後の演出作品となった。他の主な演出作品に三好十郎「胎内」「その人を知らず」「炎の人」、ゾラ「居酒屋」、久保栄「林檎園日記」、ミラー「るつぼ」「壊れたガラス」などがある。　㊟毎日演劇賞〔昭和54年〕「子午線の祀り」、名古屋演劇ペンクラブ年間賞〔昭和55年〕「居酒屋」の演出　㊨日本演出者協会

内山 徳秋　うちやま・とくあき　京都府議（共産党）　㊞平成28年（2016）2月11日　87歳〔急性腎不全〕　㊷昭和3年（1928）10月24日　㊸大阪府　㊥同志社短期大学〔昭和28年〕卒　㊥大丸労組役員を経て、平成3年京都府議に当選、2期務めた。11年引退。

内山 道明　うちやま・みちあき　名古屋大学名誉教授　㊛心理学　㊞平成28年（2016）6月14日　91歳〔心筋梗塞〕　㊷大正13年（1924）10月19日　㊸愛知県名古屋市　㊥名古屋大学文学部哲学科〔昭和26年〕卒、名古屋大学大学院〔昭和31年〕修了　文学博士　㊥昭和36年名古屋大学助教授、51年教授、文学部長を歴任。63年退官して名古屋女子大学教授、のち名古屋学院大学理事長を務めた。著書に「安全運転の心理学」「心理学の窓から」などがある。　㊟勲二等瑞宝章〔平成13年〕

内山 光治　うちやま・みつじ　浜名湖養魚漁業協同組合代表理事組合長　静岡県養鰻協会会長　㊞平成27年（2015）12月10日　71歳〔病気〕　㊸静岡県浜名郡雄踏町（浜松市）　㊥平成23年浜名湖養魚漁業協同組合代表理事組合長に就任。同年から静岡県内水面漁業協同組合連合会や日本養鰻漁業協同組合連合会の理事も務めた。浜名湖ウナギのブランド化や販売促進に努める一方、ウナギの資源保護活動にも力を注いだ。

内輪 進一　うちわ・のぶいち　徳島大学名誉教授　㊛細菌学　㊞平成29年（2017）9月5日　91歳〔老衰〕　㊷大正15年（1926）6月3日　㊸徳島県小松島市　㊥徳島工専化学工業科卒　博士（医学）　㊥徳島逓信病院臨床検査技師を経て、徳島大学教育学部教授。平成4年

名誉教授。徳島文理大学教授も務めた。 [賞]康楽会賞〔昭和58年〕

宇都宮 象一 うつのみや・しょういち 宇和町（愛媛県）町長 [没]平成29年（2017）6月12日 87歳〔急性心不全〕 [生]昭和5年（1930）1月22日 [出]愛媛県東宇和郡宇和町（西予市） [学]宇和農〔昭和22年〕卒，千葉農専農業実科〔昭和24年〕卒 [歴]昭和33年より愛媛県宇和町議に3選。52年宇和町農協専務理事を経て、57年町長に当選。平成16年の市町村合併による西予市発足まで6期務め、歴史的町並み保存や遺跡調査など文化行政を推進した。11年から2年間、全国町村会副会長。 [賞]西予市名誉市民〔平成19年〕

宇都宮 英彦 うつのみや・ひでひこ 徳島大学名誉教授 [専]風工学，振動学 [没]平成29年（2017）10月10日 77歳〔肺炎〕 [生]昭和15年（1940）5月24日 [出]大分県 [学]京都大学工学部土木工学科卒，京都大学大学院工学研究科土木工学専攻博士課程単位取得退学 工学博士 [歴]徳島大学工学部教授を務めた。平成17年名誉教授。

宇都宮 昌弘 うつのみや・まさひろ 上組専務 [没]平成27年（2015）4月28日 67歳〔急性心不全〕 [生]昭和22年（1947）7月2日 [歴]昭和45年上組に入社。平成16年取締役を経て、22年専務執行役員。

内海 淳 うつみ・じゅん 秋田大学教育文化学部教授・附属特別支援学校校長 [専]特別支援教育学 [没]平成28年（2016）1月7日 64歳〔肺がん〕 [生]昭和27年（1952）1月3日 [学]東京学芸大学大学院教育学研究科障害児教育学専攻修士課程修了 [歴]平成24年から秋田大学教育文化学部教授。26年から同大附属特別支援学校長を兼務した。

内海 隆一郎 うつみ・りゅういちろう 小説家 [没]平成27年（2015）11月19日 78歳〔白血病〕 [生]昭和12年（1937）6月29日 [出]愛知県名古屋市 [学]立教大学社会学部卒 [歴]愛知県名古屋で生まれ、3歳の時に岩手県一関へ移る。主婦と生活社勤務、フリーの編集者を経て、作家活動に入る。昭和44年「雪洞にて」で文学界新人賞を受賞、翌年「蟹の町」が第62回芥川賞候補となる。統一地方選挙があった62年、選挙違反にスポットを当てたノンフィクション「千二百五十日の逃亡」が話題になった。平成4年第107回直木賞候補となった「人びとの光景」など、現代を生きる人々の何気ない日常の出来事を取り上げた〈人びと〉シリーズで人気を博す。直木賞候補には4度挙げられた。他の著書に「欅通りの人びと」「金色の棺」「人びとの忘れもの」「人びとの旅路」「家族の肖像」「静かに雪の降るは好き」「風の渡る町」「鮭を見に」「百面相」などがある。 [賞]文学界新人賞〔昭和44年〕「雪洞にて」 [団]日本文芸家協会，日本ペンクラブ，日本文芸著作権保護同盟

海原 小浜 うなばら・こはま 漫才師 タレント [没]平成27年（2015）12月24日 92歳 [生]大正12年（1923）4月15日 [出]岡山県 [名]本名＝田中桃江（たなか・ももえ），旧芸名＝月の家桃子，コンビ名＝海原お浜・小浜（うなばらおはまこはま） [歴]両親が芸人であったことから4歳の時に月の家桃子の名で初舞台を踏む。戦時中の昭和18年、叔母の海原お浜と漫才コンビを結成。ハッピーお浜・小浜を名のったが、戦局のため愛国お浜・小浜に改名させられた。戦後にさざ波お浜・小浜に再改名したが、漫談家の西条凡児の助言により“さざ波よりもスケールが大きい”海原お浜・小浜に落ち着いた。ボケ役のお浜に対し、小浜が自分の帯を叩きながらツッコミを入れるスタイルで女性しゃべくり漫才の先駆者として一時代を築き、42年上方漫才大賞、50年上方お笑い大賞を受賞。また、40年から7年間、毎日放送のワイドショー「千客万来」にレギュラー出演した。53年お浜の白内障のためコンビを解消した後は、漫談やディスクジョッキー、司会などを中心にタレントとして活動を続けた。平成18年上方演芸の殿堂入り。弟子に海原千里（上沼恵美子）・万里、海原はるか・かなた、海原さおり・しおりらがおり、長男は海原かける・めぐるの海原かける。姉妹漫才コンビの海原やすよ・ともこの2人は実の孫にあたる。 [賞]上方漫才大賞〔昭和42年〕，上方お笑い大賞〔昭和50年〕 [家]長男＝海原かける（漫才師），孫＝海原ともこ（漫才師），海原やすよ（漫才師）

卯野 健次郎 うの・けんじろう ウノフク社長 [没]平成29年（2017）9月12日 90歳 [生]大正15年（1926）12月3日 [出]兵庫県豊岡市 [学]逓信省電機通信専〔昭和22年〕卒 [歴]昭和30年宇野福産業（現・ウノフク）を設立して専務、のち社長。平成7年会長。兵庫県鞄卸商業組合理事長を務めた。 [賞]藍綬褒章〔平成1年〕，勲五等瑞宝章〔平成10年〕

宇野 功芳 うの・こうほう 音楽評論家 指揮者 [専]合唱指揮 [没]平成28年（2016）6月10日 86歳〔老衰〕 [生]昭和5年（1930）5月9日 [出]東京都目黒区 [名]本名＝宇野功（うの・いさお） [学]国立音楽大学声楽科〔昭和35年〕卒 [歴]昭和28年音楽評論活動を開始。以後、「レコード芸術」「音楽の友」「音楽現代」などを中心に執筆。また、41年よりKTU女声合唱団を主宰し、合唱指揮者としても活躍。53年からはオーケストラの指揮にも進出した。日本女声合唱団客演指揮者、日大管弦楽団客演指揮者などを歴任。アンサンブル・フィオレッティとの往年の歌謡曲復活シリーズも手がけた。著書に「たてしな日記」「音楽には神も悪魔もいる」「オーケストラのたのしみ」「宇野功芳のクラシック名曲名盤総集版」「宇野功芳の『クラシックの聴き方』」などがある。 [家]父＝牧野周一（漫談家），弟＝宇野道義（帝京大学助教授） [師]師＝鷲崎良三，村尾護郎

宇野 小四郎 うの・こしろう 人形劇作家・演出家 デフ・パペットシアター・ひとみ創立者 現代人形劇センター創立者 [没]平成27年（2015）4月19日 86歳〔肺疾患〕 [生]昭和4年（1929） [出]神奈川県鎌倉市 [学]明治大学中退 [歴]昭和23年人形劇団ひとみ座の創立に参加。多数の作品に演技者として出演し、また脚本、演出も担当。平成8年退団。この間、昭和44年現代人形劇センターの設立に伴い理事に就任。52年理事長、平成8年退任。また、米国の聾者による劇団の来日公演に感銘を受け、昭和55年聾者と協同の人形劇団デフ・パペット・シアターひとみを創立。以後、国内はもとより米国や韓国でも公演を行った。日本の伝統人形劇の研究にも取り組み、主な研究は「からくり師大野弁吉」「中国と日本の古式人形舞台」「近松と現代人形劇」など。著書に「現代に生きる伝統人形芝居」「日本のからくり人形」などがある。 [賞]日本児童演劇協会賞

（昭和53年度）「現代的な視点に立った人形劇の創作・演出にユニークな才能を発揮.『日本のからくり人形』の研究・紹介等日本の伝統人形劇とその技術面での再評価に大きく寄与」，日本芸能実演家団体協議会芸能功労者表彰（第29回，平成15年度），ニッセイ・バックステージ賞（第15回）〔平成21年〕

う

宇野 重昭　うの・しげあき　国際政治学者　島根県立大学学長　成蹊大学学長・名誉教授　[専]北東アジア政治史，現代中国政治　[没]平成29年（2017）4月1日　86歳〔肺炎〕　[生]昭和5年（1930）10月28日　[出]石川県金沢市　[学]東京大学教養学部教養学科〔昭和28年〕卒，東京大学大学院国際関係論専攻〔昭和34年〕博士課程修了　社会学博士（東京大学）〔昭和37年〕　[歴]昭和36年外務省アジア局中国課に勤務。39〜42年成蹊大学政治経済学部助教授、のち法学部教授。平成7〜10年学長。12年4月開校の島根県立大学初代学長に就任。同大の特色である地域貢献と北東アジア研究の二本柱の礎を築いた他、島根県立女子短期大学、島根県立看護短期大学との統合や法人化など大学改革も進めた。21年退任。第16〜17期日本学術会議会員、第二副部長を務める。著書に「毛沢東」「中国共産党史序説」（2巻）「中国と国際関係」などがある。　[賞]瑞宝中綬章〔平成21年〕　[団]日本国際政治学会，アジア政経学会　[家]妻＝宇野美恵子（フェリス女学院大学名誉教授），長男＝宇野重規（東京大学教授）

宇野 善造　うの・ぜんぞう　青森県りんご対策協議会会長　[没]平成28年（2016）7月27日　80歳〔病気〕　[生]昭和11年（1936）6月4日　[出]青森県黒石市　[歴]平成11〜16年青森県りんご対策協議会会長。また、青森県りんご商業協同組合連合会会長、黒石観光協会会長、黒石商工会議所副会頭などを歴任した。　[賞]青森りんご勲章〔平成16年〕

宇野 千代　うの・ちよ　宇野本家代表取締役　宇野宗佑元首相夫人　[没]平成27年（2015）8月10日　90歳　[生]大正13年（1924）11月1日　[名]通称＝宇野弘子（うの・ひろこ）　[歴]茶道裏千家の13代家元・円能斎千宗室の姪で、昭和24年宇野宗佑と結婚。35年夫が衆院議員となり、以来家業の造り酒屋・宇野本家の社長として留守を守った。平成元年6月夫が首相に就任、フランスでのアルシュ・サミットに同行するなど、政治活動を支えた。　[家]夫＝宇野宗佑（首相），父＝広瀬拙斎（茶道家）

宇野 輝雄　うの・てるお　翻訳家　[没]平成29年（2017）2月13日　85歳〔肺炎〕　[生]昭和6年（1931）3月24日　[出]千葉県夷隅郡大多喜町　[学]明治学院大学文学部英文学科〔昭和28年〕卒　[歴]英米文学の翻訳家で、ミステリー小説や児童文学の翻訳を手がけた。訳書にジェイムズ・レオ・ハーリヒイ「真夜中のカウボーイ」、エド・マクベイン「人形とキャレラ」、アガサ・クリスティー「教会で死んだ男」、ミッキー・スピレイン「燃える接吻」、レックス・スタウト「黒い山」などがある。

宇野 允恭　うの・まさやす　日本油脂社長　[没]平成28年（2016）2月10日　81歳〔肺炎〕　[生]昭和9年（1934）10月1日　[出]岡山県倉敷市　[学]京都大学法学部〔昭和34年〕卒　[歴]昭和34年日本油脂（現・日油）に入社。62年取締役、平成2年常務、4年専務を経て、6年社長。14年会長。　[賞]旭日中綬章〔平成20年〕

宇野 善康　うの・よしやす　慶応義塾大学名誉教授　[専]普及学，コミュニケーション学，社会心理学　[没]平成27年（2015）3月11日　86歳　[生]昭和3年（1928）6月8日　[出]愛知県豊田市　[学]慶応義塾大学大学院博士課程修了　社会学博士　[歴]昭和33年慶応義塾大学文学部助手、37年講師、39年助教授を経て、46年教授。のち愛知淑徳大学文学部教授。この間、44〜46年ハーバード大学社会関係学部リサーチ・フェロー。著書に「『普及学』講義」「イノベーションの開発・普及過程〈上下〉」、監訳にE.M.ロジャーズ「イノベーション普及学入門」などがある。　[団]日本社会心理学会

宇部 貞宏　うべ・ていこう　宇部建設創業者　一関商工会議所会頭　[没]平成27年（2015）7月22日　78歳〔がん〕　[生]昭和12年（1937）6月9日　[出]岩手県九戸郡野田村野田　[学]久慈農林卒　[歴]昭和31年岩倉組に入社。32年佐々木組に転じ、45年取締役土木部長。52年宇部建設を設立して代表取締役に就任。平成11年岩手県建設業協会一関支部長、18年副会長、22年会長に就任。20年の岩手・宮城内陸地震や23年の東日本大震災では、道路の確保やがれき撤去に尽力した。18年岩手県建設産業政治連盟会長、19年一関商工会議所会頭、22年東北経済連合会理事、24年全国建設業協会幹事などを歴任。　[賞]旭日双光章〔平成21年〕，一宮市市政功労者〔平成25年〕

梅沢 岳臣　うめざわ・たけおみ　洋画家　[没]平成29年（2017）2月11日　81歳　[生]昭和10年（1935）8月24日　[出]神奈川県横須賀市　[学]東京芸術大学油画科卒　[歴]東京芸術大学を卒業後、国画会に出品する傍ら、神奈川県の平沼高校で美術教師を11年間務める。昭和48年スペインへ留学、王立美術研究所に学んだあと、プラド美術館でルーベンス、ティツィアーノ、ティントレット、ファン・フィなどの摸写を開始。54年日本で摸写絵個展を開催。55年再びスペインに渡り、スケッチ旅行や自己作品制作を手がける。58年帰国。60年東京で初個展、以降毎年個展を開催。スペイン絵画彫刻美術協会、王立シルクロベジャスアルテの会員で、石の文化や壁を探求、スペインの街角などをモチーフとした風景画を得意とした。

梅沢 秀次　うめざわ・ひでじ　新潟県議（社会党）　[没]平成27年（2015）4月9日　85歳　[生]昭和4年（1929）4月18日　[出]新潟県南魚沼郡六日町　[学]国民学校卒　[歴]新潟県六日町議4期を経て、昭和54年から新潟県議を3期務めた。平成3年引退。　[賞]藍綬褒章〔平成5年〕，勲四等瑞宝章〔平成13年〕

梅津 栄　うめず・さかえ　俳優　[没]平成28年（2016）8月6日　88歳〔肝硬変〕　[生]昭和3年（1928）7月5日　[出]富山県下新川郡朝日町泊　[名]本名＝梅津栄（うめず・しげる）　[学]富山工卒，舞台芸術学院〔昭和28年〕卒　[歴]富山のげた屋に4人兄弟の長男として生まれる。富山工業高校を卒業後、紡績工場勤務を経て上京し、舞台芸術学院に入る。昭和29年現代俳優協会を経て、30年劇団青俳の研究生となり、木村功の付き人の傍ら役者修行。37年フジテレビの五社英雄演出「トップ屋」に脇役として出演。以後、テレビや映画で渋みのある名脇役として活躍。他の出演作品に映画「三匹の侍」「与太

郎戦記（四部作）」「男はつらいよ」「思い出は死なず」「寝ずの番」、テレビ「チョッちゃん」「はね駒」「塀の中の懲りない面々」「義経」、舞台「Love me tonight」「マクベス」「ペリクリーズ」など。平成16年左卜全のヒット曲「老人と子供のポルカ」をカバーしCDデビューした。

梅園 貞夫　うめぞの・さだお　大阪商船三井船舶専務　[没]平成29年（2017）10月14日　90歳〔誤嚥性肺炎〕[生]大正15年（1926）12月20日　[出]大阪府　[学]大阪商科大学〔昭和27年〕卒　[歴]昭和27年大阪商船（39年大阪商船三井船舶に改称，現・商船三井）に入社。55年取締役、57年常務、60年代表専務。この間、第一中央汽船取締役を経て、副社長。　[賞]藍綬褒章〔平成3年〕，勲四等旭日小綬章〔平成9年〕

梅田 政吉　うめだ・まさきち　医師　済生会今治病院院長　[専]内科　[没]平成28年（2016）6月2日　84歳〔急性肺炎〕　[生]昭和6年（1931）11月2日　[出]東京都　[学]岡山大学医学部〔昭和37年〕卒　[歴]昭和38年岡山大学医学部第一内科副手、同年徳山病院内科で診療に携わり、46年住友別子病院内科に転じ、48年済生会今治病院院長に就任。

梅田 勝　うめだ・まさる　衆院議員（共産党）　[没]平成29年（2017）8月2日　89歳〔病気〕　[生]昭和2年（1927）8月14日　[出]京都府京都市　[学]高小卒　[歴]戦後、島津製作所で労働運動に取り組み、同労組青年部副部長。昭和34年同製作所の不当解雇反対闘争の後、共産党の常任活動家となり、京都府委員会副委員長や党准中央委員などを歴任。47年衆院選旧京都1区で初当選。51年落選、54年返り咲き。55年落選、58年当選。61年落選。通算3期。その後、国領五一郎を顕彰する京都の会会長を務めた。

梅渓 昇　うめたに・のぼる　大阪大学名誉教授　[専]日本近代史　[没]平成28年（2016）2月18日　95歳〔肺炎〕[生]大正10年（1921）1月21日　[出]兵庫県　[学]京都帝国大学文学部史学科〔昭和18年〕卒　文学博士　[歴]昭和41年大阪大学法学部教授を経て、59年仏教大学教授。平成7年退職。緒方洪庵が大坂に開いた適塾の研究などに取り組んだ。著書に「明治前期政治史の研究」「お雇い外国人」「緒方洪庵と適塾生」「日本近代化の諸相」「大坂学問史の周辺」「洪庵・適塾の研究」「高杉晋作」「緒方洪庵」などがある。　[賞]勲二等瑞宝章〔平成7年〕，大阪文化賞〔平成8年〕

梅津 雅春　うめつ・まさはる　日本経済新聞取締役　日経PR社長　[没]平成27年（2015）5月15日　80歳〔多発性骨髄腫〕　[生]昭和10年（1935）4月13日　[出]北海道　[学]中央大学法学部卒　[歴]昭和34年日本経済新聞社に入社。59年販売第二部長、60年販売局次長、63年同局総務、平成元年大阪本社販売局長を経て、2年取締役、4年販売局長。6年日経PR社長。

梅野 直文　うめの・なおふみ　梅野学園理事長　[没]平成29年（2017）7月14日　82歳〔肺がん〕　[歴]八代実業専門学校を運営する梅野学園理事長を務めた。

梅林 一男　うめばやし・かずお　日本ピストンリング専務　[没]平成28年（2016）1月13日　89歳〔肺炎〕　[生]大正15年（1926）5月23日　[出]埼玉県　[学]早稲田大学理工学部〔昭和26年〕卒　[歴]日本ピストンリング専務を務めた。

梅原 忠雄　うめばら・ただお　独協医科大学名誉教授　[専]整形外科学　[没]平成29年（2017）8月2日　90歳〔老衰〕　[生]昭和2年（1927）7月　[学]日本大学医学部医学科卒　医学博士　[歴]日本大学医学部講師を経て、独協医科大学教授。

梅村 雄彦　うめむら・たけひこ　名古屋鉄道常務　金沢名鉄丸越百貨店社長　[没]平成28年（2016）10月15日　72歳〔病気〕　[生]昭和19年（1944）9月7日　[出]愛知県小牧市　[学]名古屋大学法学部〔昭和42年〕卒　[歴]昭和42年名古屋鉄道に入社。平成11年取締役を経て、14年常務。16年名鉄百貨店専務となり、19年金沢市にある百貨店めいてつ・エムザを運営する金沢名鉄丸越百貨店社長に就任。22年相談役、23年退任。

梅本 茂夫　うめもと・しげお　富士紡ホールディングス社長　[没]平成27年（2015）11月8日　73歳〔肺がん〕[生]昭和17年（1942）1月31日　[出]福岡県　[学]九州大学経済学部〔昭和40年〕卒　[歴]昭和40年富士紡績に入社。平成8年取締役、12年常務を経て、13年社長。17年持ち株会社制に移行し、富士紡ホールディングスに社名変更。18年取締役。

梅本 照夫　うめもと・てるお　住友商事常務　サミット社長　[没]平成27年（2015）5月27日　87歳〔肺炎〕　[生]昭和3年（1928）3月16日　[出]兵庫県淡路島　[学]大阪商科大学〔昭和28年〕卒　[歴]昭和28年住友商事に入社。非鉄金属一筋に歩き、34年カナダ・バンクーバー駐在員。57年取締役を経て、61年常務。平成2年サミット社長に就任。6年会長となった。

梅本 純正　うめもと・よしまさ　厚生事務次官　環境事務次官　内閣官房副長官　武田薬品工業社長　[没]平成27年（2015）12月28日　96歳〔老衰〕　[生]大正8年（1919）5月27日　[出]大阪府大阪市　[学]東京帝国大学法学部政治学科〔昭和17年〕卒　[歴]昭和17年内務省に入省。戦後内務省解体により厚生省に移り、38年援護局長、39年官房長、42年保険局長、45年社会保険庁長官、46年事務次官を歴任後、同年7月環境庁の初代事務次官に就任。48年老人福祉開発センター理事長、50年武田薬品工業顧問を経て、51年三木内閣の内閣官房副長官。52年武田薬品工業に戻り専務、54年副社長、61年社長、平成3年会長。関西経済同友会代表幹事も務めた。　[賞]勲一等瑞宝章〔平成4年〕

宇山 栖霞　うやま・せいか　書家　全日本書道院会長　書学研究所主宰　[専]近代詩文，中国書道史・日本書道史（特に仮名書道史）の古代探求，文房四宝（筆・墨・硯・紙）の歴史・系統分類　[没]平成27年（2015）7月27日　91歳　[生]大正12年（1923）8月1日　[出]山口県徳山市（周南市）　[名]本名＝宇山正己（うやま・まさみ），号＝栖霞，誠心閣主人，旧号＝鴻城　[学]不二越工機械科〔昭和16年〕卒　[歴]昭和22～37年山口県立徳山高女、聖光高、櫨蔭学園高、熊毛北高、都濃高、鹿野高で教員を務める。一方、29年日本書道美術院教育部審査員、31年毎日展依嘱作家、33年日本書道美術院一般部審査員。36年日展入選（以後7回入選）。同年山口県美術展審査員、38年第18回国体（山口国体）スポーツ芸術展運営委員並審査員、39年山口県美術展運営委員・審査員

う

（以後16年間）、同年創玄書道展審査員。41年毎日展審査員（以後8回）、同年創玄書道会理事（以後12年間）、46年徳山美術連盟会長（以後5年間）、51年関西創玄書道会委員長（以後3年間）、57年山口県書道連盟結成・副会長（以後5年間）、57年社団法人創玄会設立・参与、61年書学研究所完成・主査、62年社団法人山口県書道連盟認可・会長（以後12年間）、平成12年社団法人創玄書道会名誉会長、13年毎日展参与会員、15年社団法人全日本書道連盟参与、同年日本詩文書作家協会参与。爾徳山市文化功労賞〔昭和39年〕、山口県美術文化振興奨励賞〔昭和42年〕、徳山市文化賞〔昭和50年〕、国際アカデミー賞〔昭和57年〕、徳山市教育文化功労者表彰〔昭和60年〕、山口県選奨（芸術文化）〔昭和63年〕、毎日賞〔昭和29年・30年〕爾創玄書道会（名誉会員）、毎日書道会、全日本書道連盟、日本詩文書作家協会 働師＝松田鴻亭、林嘉城、金子鷗亭、尾上柴舟、田中塊堂

宇山 裕美子 うやま・ゆみこ　書家　毎日書道展審査会員 働近代詩文 働平成28年（2016）8月17日　64歳〔多発性骨髄腫〕 働昭和26年（1951）10月23日 爾毎日展毎日賞 働師＝東地滄厓

浦 和男 うら・かずお　デサント専務　近畿デサント社長 働平成28年（2016）2月27日　80歳〔心不全〕働昭和10年（1935）9月8日 働石川県 働鶴来中〔昭和26年〕卒 働昭和26年デサントに入社。38年取締役、49年常務を経て、57年専務を務めた。

浦井 洋 うらい・よう　医師　衆院議員（共産党）　東神戸病院名誉院長 働平成27年（2015）4月30日　87歳〔呼吸不全〕 働昭和2年（1927）11月8日 働兵庫県神戸市 働神戸医科大学（現・神戸大学医学部）〔昭和27年〕卒 働昭和29年東神戸診療所長、39年東神戸病院院長を経て、44年衆院選旧兵庫1区から当選。以来7選。平成2年落選し、医業に専念。港湾労働者の診療などに尽力し、"神戸の赤ひげ先生"と呼ばれた。

浦田 進 うらた・すすむ　読売新聞北海道支社長 働平成27年（2015）5月26日　82歳〔肝細胞がん〕働昭和7年（1932）12月23日 働富山県 働早稲田大学文学部哲学科〔昭和32年〕卒 働昭和33年読売新聞社に入社。政治部次長、58年世論調査室長、59年編集局機報部長、62年6月編集局次長、10月北陸支社長、平成4年北海道支社長。6年東京メディア制作専務。

浦西 和彦 うらにし・かずひこ　関西大学名誉教授 働近代日本文学、プロレタリア文学、書誌、昭和文学 働平成29年（2017）11月16日　76歳〔膵臓がん〕働昭和16年（1941）9月8日 働大阪府大阪市 働関西大学文学部国文科〔昭和39年〕卒　文学博士（関西大学）〔昭和61年〕 爾岐阜県立坂下女子高校、大垣南高校各教諭、関西大学講師、助教授を経て、昭和56年教授。平成3年関西大学図書館長。書誌学の大家だった谷沢永一の薫陶を受け、文学年表や文学事典を数多く手がけた。著書に「日本プロレタリア文学の研究」「現代文学研究の核折」「河野多恵子文芸書典・書誌」「浦西和彦 著述と書誌」（全4巻）「文化運動年表 明治・大正編」「文化運動年表 昭和戦前編」、編著に「葉山嘉樹」「徳永直」「日本プロレタリア文学書目」「谷沢永一」「開高

健書誌」「織田作之助文芸書誌」「田辺聖子書誌」「紀伊半島近代文学事典」「日本文学報国会・大日本言論報国会 設立関係書類」（全2巻）など。 爾大阪市民表彰文化功労賞〔平成27年〕 爾日本近代文学会、日本文芸家協会

浦野 勁堂 うらの・けいどう　書家　島根書道協会会長 働平成27年（2015）1月26日　99歳〔病気〕 働大正4年（1915）10月18日 働島根県松江市 爾本名＝浦野正（うらの・ただし） 働島根師範本科二部〔昭和12年〕卒 働昭和12年から島根県内の小学校で教鞭を執る。48年退職。独立書人団参与、島根書道協会会長、理事長などを歴任した。 爾独立書人団会員賞、読売新聞書道指導者賞

浦和 幹男 うらわ・みきお　拓殖大学名誉教授 働スペイン語 働平成27年（2015）12月18日　78歳〔病気〕 働昭和12年（1937）10月17日 働東京都 働拓殖大学商学部貿易学科卒 爾拓殖大学外国学部スペイン語学科教授を務めた。編著書に「経済スペイン語辞典」、著書に「現代コロンビアの口語スペイン語に関する実証的研究―ボゴタにおける野外調査結果を中心に」がある。

瓜生 保彦 うりゅう・やすひこ　三井物産常務 働平成27年（2015）11月2日　83歳 働昭和7年（1932）6月3日 働東京都 働一橋大学経済学部〔昭和31年〕卒 爾昭和31年三井物産に入社。63年取締役を経て、平成3年常務。6年三井リース事業（現・JA三井リース）顧問に転じ、同年取締役、社長を務めた。9年相談役。

瓜生津 隆真 うりゅうず・りゅうしん　僧侶　京都女子大学学長　法城寺（浄土真宗本願寺派）住職 働インド哲学、仏教学 働平成27年（2015）2月12日　82歳〔肺炎〕 働昭和7年（1932）9月22日 働滋賀県犬上郡豊郷町 働龍谷大学文学部仏教学専攻卒、同大学大学院人文科学研究科印度哲学専攻博士課程修了　文学博士 爾東京大学助手、近畿大学助教授などを経て、昭和52年京都女子大学文学部教授。平成8年学部長を務め、9年学長に就任。13年退任。龍樹（ナーガールジュナ）を中心とするインド中観派研究において、特に空と菩薩道との関係に注目する新しい視点を開き、また、浄土真宗の学僧としても活躍した。著書に「ナーガールジュナ研究」「信心と念仏」「慈悲の光―浄土三部経」「龍樹（ナーガールジュナ）」などがある。 爾日本印度学仏教学会賞（第6回、昭和38年度）、中村元東方学術賞（第4回）〔昭和60年〕「仏教学」 爾日本仏教学会、日本印度学仏教学会、日本宗教学会 爾父＝瓜生津隆雄（龍谷大学名誉教授）

宇留賀 一夫 うるが・かずお　医師　いわき市立総合磐城共立病院名誉院長 働平成27年（2015）5月16日　86歳〔肺がん〕 働昭和4年（1929）3月16日 働長野県 働東北大学医学部〔昭和27年〕卒　医学博士 爾昭和52年いわき市立総合磐城共立病院副院長を経て、63年院長に就任。作家の北杜夫とは旧制松本高校、東北大学医学部の同級生で、親交が深かった。

漆崎 健治 うるしざき・けんじ　福島大学名誉教授 働金融論 働平成28年（2016）10月13日　80歳〔老衰〕働昭和11年（1936）2月8日 働北海道 働北海道大学経済学部卒、北海道大学大学院経済学研究科博士課程修了　経済学博士 爾福島大学教授を務めた。著書に

「金融機関の資産行動」、共訳にB.J.ムーア「現代金融論入門」などがある。 [団]金融学会, 日本経済学会, 東北経済学会

漆崎 博之 うるしざき・ひろゆき フルキャストホールディングス社長 [没]平成28年(2016)12月12日 57歳〔くも膜下出血〕 [生]昭和34年(1959)10月4日 [出]北海道 [学]小樽商科大学商学部〔昭和59年〕卒 [歴]昭和59年リクルートセンター(現・リクルート)に入社。平成16年執行役員、17年リクルートフェロー、18年フルキャスト執行役員を経て、12月社長に就任、フルキャストホールディングスに名称変更。21年11月取締役に退く。

運天 直子 うんてん・なおこ 箏曲家 琉球箏曲興陽会相談役 [専]琉球箏曲 [没]平成28年(2016)12月2日 102歳〔老衰〕 [賞]沖縄県文化功労者(平成13年度), 沖縄県文化協会賞(平成15年度)

【え】

永 六輔 えい・ろくすけ 放送作家 作詞家 随筆家 タレント [没]平成28年(2016)7月7日 83歳〔肺炎〕 [生]昭和8年(1933)4月10日 [出]東京都台東区浅草 [名]本名＝永孝雄(えい・たかお) [学]早稲田大学文学部史学科中退 [歴]東京・浅草の浄土真宗の末寺の二男。三木鶏郎の冗談工房に入ってラジオや、草創期のテレビ番組の構成者・出演者として活動を始め、昭和33年草笛光子出演の日本初の音楽バラエティ番組「光子の窓」(日本テレビ系)に構成作家として参加。この頃からジャズ・ピアニストの中村八大と作詞・作曲のコンビを組み、34年水原弘が歌った「黒い花びら」で第1回日本レコード大賞を受賞。36年にスタートしたNHKのバラエティ番組「夢であいましょう」では毎月1曲の新曲を書き下ろす「今月の歌」のコーナーから、坂本九が歌った「上を向いて歩こう」が誕生。同曲は「SUKIYAKI」のタイトルで世界各国でリリースされ米国でチャート1位に輝くなど、世界で最も知られた日本のポピュラーソングとなった。このコーナーからはジェリー藤尾「遠くへ行きたい」、デューク・エイセス「おさななじみ」、梓みちよ「こんにちは赤ちゃん」なども誕生。作詞家としての代表作は他に、水原「黄昏のビギン」、坂本「見上げてごらん夜の星を」、ザ・ピーナッツ「若い季節」、デューク・エイセス「いい湯だな」「女ひとり」など。テレビタレントとしては、45年読売テレビ系で紀行番組「六輔さすらいの旅・遠くへ行きたい」を開始(46年「遠くへ行きたい」にタイトル変更)。自身作詞の「遠くへ行きたい」がテーマ曲として使われ、名前が外れた後もたびたびリポーターとして出演、長寿番組となった。昭和30年代後半からラジオに軸足を移し、42年1月よりTBSラジオで「永六輔のどこか遠くへ」(のち"誰かとどこかで"にタイトル変更)を担当。旅先で得た知見から時事問題までを縦横無尽に語って人気番組として定着、平成25年9月、46年続けてきた番組が終了、放送回数は1万2629回を数えた。他の冠番組に、3年4月〜27年9月TBSラジオ「土曜ワイドラジオTOKYO 永六輔その新世界」、28年6月まで放送されたTBSラジオ「六輔七転八倒九十分」がある。社会風刺する随筆家としても著名で著書も数多く、6年に刊行した岩波新書「大往生」は200万部を超えるベストセラーになった。また、尺貫法の復活に取り組んだのを始め、数々の市民運動に参加。58年無党派市民連合の比例代表候補として参院選に立候補した。 [賞]日本レコード大賞(第1回・5回)〔昭和34年・38年〕「黒い花びら」「こんにちは赤ちゃん」, ゴールデン・アロー賞(第12回, 昭和49年度)「それぞれの個性で, 歌の世界に挑戦し, プロ歌手をして顔色なからしめ, 中年御三家として話題を提供した」, NHK放送文化賞(第43回)〔平成4年〕, 新風賞(第29回)〔平成6年〕「大往生」, 都民文化栄誉章(平成6年度)〔平成7年〕, 菊池寛賞(第48回)〔平成12年〕, 浅草芸能大賞(第19回)〔平成15年〕, 徳川夢声市民賞(第4回)〔平成16年〕, スポニチ文化芸術大賞優秀賞(第15回, 平成18年度)「敗戦後の東京に出現した"梁山泊"赤坂檜町テキサスハウス.そこに集う人々の生態を写真と軽妙洒脱な文章で活写し, 貴重な昭和文化史『赤坂檜町テキサスハウス』を編纂した努力に対して」, ギャラクシー賞45周年記念賞(第45回)〔平成20年〕, 毎日芸術賞特別賞(第55回, 平成25年度)「長年にわたるテレビ・ラジオへの貢献」 [団]ノンフィクションクラブ [家]長女＝永千絵(映画エッセイスト), 二女＝永麻理(フリーアナウンサー)

永源 遙 えいげん・はるか プロレスラー [没]平成28年(2016)11月28日 70歳〔急性心筋梗塞〕 [生]昭和21年(1946)1月11日 [出]石川県鹿島郡鹿西町(中能登町) [学]鹿西中卒 [歴]中学卒業後、15歳で大相撲の立浪部屋に入門するが、木村政雄(ラッシャー木村)に誘われて、昭和41年東京プロレスに入団。10月対木村戦でデビュー。42年団体崩壊のため日本プロレスに移籍。48年修行のため渡米、グレート・トーゴーを名のり、3月セントラルステーツタッグ王座を獲得。同年秋に帰国し、新日本プロレス、59年ジャパンプロレス、61年全日本プロレス、平成12年プロレスリング・ノアに所属、主要6団体を渡り歩いた。平成元年に結成した悪役商会ではリーダーとして活躍。入場テーマ曲「必殺仕事人」が流れる中、イメージカラーのピンクのパンツ姿で登場し、得意技のつば飛ばしとジャイアントスイングで観客を沸かせた。18年還暦を迎え、地元の石川県中能登大会を最後に現役を引退。勝率1割ながら、ほのぼのとした容姿と人柄で前座試合を盛り上げる名脇役として愛された。現役時代は、178センチ、110キロ。引退後はプロレスリング・ノアの取締役営業部長に専念。幅広い人脈を生かし、団体の運営にも貢献した。

永曽 信夫 えいそ・のぶお 俳優育成者 演出家 富山市芸術文化ホール(オーバード・ホール)芸術監督 [没]平成29年(2017)9月2日 87歳 [生]昭和5年(1930)3月15日 [出]滋賀県 [名]別名＝仙宇吉(せん・うきち) [学]彦根中卒 [歴]昭和24年東京に出、28〜42年六本木の俳優座演劇研究所で主として俳優の育成に携わる。41年桐朋学園に演劇科が設立されると同時に桐朋に移り、平成2年退職。この間、昭和45年文化庁芸術家在外研

修員として欧米に1年間遊学。その後、日本女子体育大学を経て、7年富山市民文化事業団芸術監督となり、8年開館した富山市芸術文化ホール（オーバード・ホール）の企画運営に従事。意欲的な自主製作公演のほか、新国立劇場製作のオペラやモスクワ・マールイ劇場などの招聘を実現させて全国的な注目を集めた。16年退任。東京芸術大学大学院オペラ科、桐朋学園大学音楽科の講師も務めた。仙宇吉の名で演出家としても活動。[団]日本演出者協会, 国際演劇協会, 日本演劇協会

え

江上 忍　えがみ・しのぶ　長崎県議（自民党）[没]平成29年（2017）2月6日　85歳〔肺炎〕[生]昭和6年（1931）9月26日　[出]長崎県長崎市脇岬町　[学]長崎西高卒　[歴]長崎県野母崎町立病院事務長、同町議などを経て、平成15年長崎県議に当選。1期務め、19年引退。

江川 三郎　えがわ・さぶろう　オーディオ評論家　[没]平成27年（2015）1月18日　82歳〔悪性リンパ腫〕[生]昭和7年（1932）7月10日　[出]東京都　[学]上智大学経済学部商学科〔昭和31年〕卒　[歴]昭和31年ミリオンコンサートに入社。音楽関係の仕事に従事する傍ら、学生時代よりオーディオ評論を手がける。50年退社して本格的に評論活動に入った。著書に「江川三郎のオーディオ研究ノート」などがある。

江河 利幸　えがわ・としゆき　王子製紙副社長　[没]平成28年（2016）5月20日　76歳〔虫垂がん〕[生]昭和14年（1939）11月27日　[出]東京都　[学]慶応義塾大学法学部〔昭和37年〕卒　[歴]昭和37年王子製紙（現・王子ホールディングス）に入社。シアトル事務所長、バンクーバー事務所長兼王子ペーパーカナダ社長、平成11年執行役員、12年常務執行役員、13年常務、15年副社長。17年新聞用紙事業本部顧問となった。

栄久庵 憲司　えくあん・けんじ　インダストリアルデザイナー　GKデザイングループ代表　世界デザイン機構会長　[専]インダストリアルデザイン　[没]平成27年（2015）2月8日　85歳〔洞不全症候群〕[生]昭和4年（1929）9月11日　[出]東京都　[名]本名＝栄久庵憲司（えくあん・けんじ）[学]東京芸術大学美術学部図案科〔昭和30年〕卒　[歴]代々広島県郷分村にある浄土真宗永久寺の住職を務める家の長男。昭和5年父がハワイ開教区開教使に任命され、一家でハワイに渡り幼児期を過ごす。12年帰国し、海軍兵学校在学中に敗戦を迎える。戒善寺住職を務める父が亡くなり、22年後を継ぐため仏教専門学校（現・仏教大学）に入学。僧侶となるが、修業中より絵を描くことがあきらめられず、25年東京芸術大学図案科に入学。工業製品の量産品にも美が与えられるインダストリアルデザインに開眼、在学中より各種デザインコンクールに入選するなど活躍。家計を助けるため東京で学生、広島で僧侶という二重生活を続けていたが、29年デザイナーとなることを決意、31年日本貿易振興会（ジェトロ）デザイン留学生として米国に留学。帰国後、32年GKインダストリアルデザイン研究所を設立し、所長となる。42年大阪万国博のデザインに参画、48年世界インダストリアルデザイン会議京都会議の実行委員長、51年国際インダストリアルデザイン団体協議会長、同年日本インダストリアルデザイナー協会理事長を務めた。平成6年日本のデザインを考える会（現・日本デザイン機構）設立、会長。8年道具学会を設立。10年世界デザイン機構初代会長に就任。12年静岡文化芸術大学教授。15年世界的なインダストリアル・デザイナー、レイモンド・ローウィの業績を記念するラッキー・ストライク・デザイナー・アワードに日本人として初めて選ばれた。世界的なロングセラーとなり卓上に定着したキッコーマン「卓上醤油瓶」から、秋田新幹線「こまち」や成田エクスプレスといった鉄道車両、ヤマハのオートバイまで、数多くのデザインを手がけ、我が国の工業デザインの第一人者として活躍した。著書に「仏壇と自動車」「道具考」「幕の内弁当の美学」「デザインに人生を賭ける」などがある。　[賞]藍綬褒章〔平成4年〕, 勲四等旭日小綬章〔平成12年〕, コーリン・キング賞〔昭和54年〕, アートセンター・カレッジ・オブ・デザイン名誉博士, 国際デザイン・アオード（第3回）〔昭和62年〕, 世界デザイン大賞（米国工業デザイン協会）〔昭和63年〕, 通商産業省デザイン功労者〔平成4年〕, ミッシャブラック賞（英国）〔平成8年〕, ヘルシンキ芸術大学名誉博士号〔平成13年〕, ラッキーストライク・デザイナー・アワード〔平成15年〕, コンパッソ・ドーロ賞国際功労賞（第23回）〔平成26年〕　[団]道具学会（名誉会長）, 日本インダストリアルデザイナー協会, 国際インダストリアルデザイン団体協議会（名誉顧問）[家]弟＝栄久庵祥二（日本大学教授）[師]師＝小池岩太郎

江草 安彦　えぐさ・やすひこ　医師　旭川荘名誉理事長　川崎医療福祉大学名誉学長　[専]小児科, 重症心身障害児, 障害児教育　[没]平成27年（2015）3月13日　88歳〔心不全〕[生]大正15年（1926）9月10日　[出]岡山県笠岡市　[学]岡山医科大学附属医学専門部〔昭和25年〕卒　医学博士〔昭和34年〕[歴]昭和26年岡山大学医学部小児科学教室に勤務し、小児精神衛生相談室を開設。32年社会福祉法人旭川荘の創設に参加し、知的障害児施設旭川学園長、重症心身障害児施設旭川児童院長を歴任。心身障害児者の医療福祉に従事。60年から社会福祉法人旭川荘理事長、平成19年名誉理事長。また、3年医療福祉の名前を冠した全国初の4年制大学・川崎医療福祉大学を開学して初代学長に就任。15年同大名誉学長。著書に「ノーマリゼーションへの道」などがある。　[賞]藍綬褒章〔昭和63年〕, 瑞宝重光章〔平成18年〕, 岡山県学術文化賞〔昭和57年〕, 山陽新聞賞〔昭和55年〕, 朝日社会福祉賞（昭和57年度）〔昭和58年〕「重症心身障害児・者の療育と福祉に尽くした功績」, 三木記念賞〔平成9年〕, 武見記念賞（平成9年度）「旭川荘及び川崎医療福祉大学での実践を通じて障害者高齢者の医療福祉の向上を理念の実現に貢献した」, 上海市栄誉市民〔平成9年〕, 日本経営工学会論文賞（平成12年度）「高齢者の作業能力評価に関する研究」, 保健文化賞（第53回）〔平成13年〕

江口 冽　えぐち・きよし　千葉商科大学商経学部教授　[専]国文学（万葉集, 日本書紀）[没]平成29年（2017）9月23日　79歳　[生]昭和13年（1938）1月21日　[出]佐賀県鹿島市　[学]国学院大学文学部卒, 国学院大学大学院文学研究科日本文学専攻〔昭和38年〕修士課程修了　[歴]バックネール大学、スタンフォード大学、シカゴ大学講師などを経て、千葉商科大学教授。著書に「大伴家持研究」「香川進論」「小野茂樹の歌と生涯」「古代天皇と

陰陽寮の思想」「日本書記 紀年の研究」などがある。[団]上代文学会, 古代文学会, 国学院国語国文学会

江口 健 えぐち・けん 長崎県議(公明党) [没]平成29年(2017)1月3日 66歳〔肺出血〕 [生]昭和25年(1950)10月2日 [出]長崎県北松浦郡江迎町(佐世保市) [学]工学院大学卒 [歴]昭和62年から長崎市議に4選。平成15年長崎県議に当選。3期務め、27年引退した。

江口 信清 えぐち・のぶきよ 立命館大学名誉教授 [専]文化人類学 [没]平成27年(2015)4月16日 65歳〔悪性神経膠腫〕 [生]昭和25年(1950)3月3日 [出]京都府京都市 [学]京都大学農学部林産工学科〔昭和49年〕卒, 京都大学大学院農学研究科農林経済学専攻〔昭和52年〕修了, ノースカロライナ大学大学院人類学専攻博士課程修了, 京都大学大学院農学研究科博士課程満期退学 Ph.D.(人類学) [歴]立命館大学助教授を経て、平成6年教授。著書に「カリブ海地域農民社会の研究」「観光と権力」「スラムの生活環境改善運動の可能性」などがある。

江口 宏 えぐち・ひろし 下野新聞社長 [没]平成29年(2017)12月14日 91歳〔心不全〕 [生]大正15年(1926)1月17日 [出]佐賀県 [学]京都大学法学部〔昭和23年〕卒 [歴]昭和28年毎日新聞東京本社入社。49年政治部長、編集局次長、総合推進本部長などを経て、55年富民協会へ出向、専務理事、57年理事長。63年下野新聞常任顧問となり、同年12月社長に就任。平成6年会長、8年相談役、12～15年顧問。

江口 洋二郎 えぐち・ようじろう 西日本鉄道取締役専務執行役員 [没]平成29年(2017)11月18日 74歳〔直腸がん〕 [生]昭和18年(1943)6月26日 [出]福岡県北九州市 [学]九州大学法学部〔昭和43年〕卒 [歴]昭和43年西日本鉄道に入社。平成11年取締役、15年常務、17年専務を経て、18年取締役専務執行役員。

江坂 輝弥 えさか・てるや 考古学者 慶応義塾大学名誉教授 [没]平成27年(2015)2月8日 95歳〔老衰〕 [生]大正8年(1919)12月23日 [出]東京都 [学]慶応義塾大学文学部史学科〔昭和23年〕卒, 慶応義塾大学大学院修了 文学博士 [歴]慶応義塾大学副手、助手、助教授を経て、昭和46年教授。60年名誉教授、松阪大学教授。縄文土器文化、石器時代の日本と朝鮮半島・中国との交流について研究。著書に「土偶」「日本文化の起源—縄文時代に農耕は発生した」「縄文土器文化研究序説」「考古学の知識」「日本の土偶」などがある。 [団]日本人類学会, 日本考古学会, 日本考古学協会

江崎 善三郎 えざき・ぜんざぶろう 江崎新聞店代表取締役 静岡県文化協会会長 [没]平成28年(2016)3月13日 82歳〔肺炎〕 [生]昭和8年(1933)11月23日 [出]静岡県静岡市 [学]慶應義塾大学文学部英文学科〔昭和31年〕卒 [歴]江崎新聞店の代表取締役を務め、平成10～16年、21～23年毎日新聞の主要販売所長で作る毎日新聞東京懇話会会長を務めた。8～24年静岡県文化協会会長。19年には静岡県と中国・浙江省の友好提携25周年を記念して同省で日中の書道家が交流する派遣団の団長を務めた。

江崎 照雄 えさき・てるお プロ野球選手 [没]平成28年(2016)2月19日 81歳〔誤嚥性肺炎〕 [生]昭和9年(1934)7月21日 [出]愛知県 [学]中京商(現・中京大中京高)卒, 日本大学 [歴]中京商時代の昭和26年、センバツに出場。日大を経て、32年毎日に入団。35年近鉄(現・オリックス)、38年中日に移籍。肩を痛めて引退した後はスコアラーを務めた。実働7年、140試合登板、10勝21敗、6完投、3完封、253奪三振、防御率4.26。

江尻 宏一郎 えじり・こういちろう 三井物産社長 [没]平成27年(2015)4月21日 94歳〔多臓器不全〕 [生]大正9年(1920)9月1日 [出]神奈川県横浜市 [学]六高卒, 東京帝国大学法学部〔昭和18年〕卒 [歴]旧制六高時代には柔道部の主将を務める。昭和18年三井物産に入社。47年豪州三井物産社長、50年本社取締役、52年常務、57年専務、58年業務本部長兼副社長を経て、60年社長、平成2年会長。8年相談役に退く。また、昭和63年日本貿易会副会長、平成4～8年会長。経団連日本EC委員長も兼任した。 [賞]オーストラリア政府オナラリー・コンパニオン勲章〔平成4年〕, 勲一等瑞宝章〔平成10年〕

江副 茂次 えぞえ・しげじ 長崎県議(社会党) [没]平成29年(2017)1月29日 94歳 [生]大正11年(1922)5月10日 [出]長崎県 [学]高小卒 [歴]昭和23年長崎県営バスに入り、労働組合執行委員長を経て、42年以来、長崎県議を5期務めた。62年引退。 [賞]勲四等瑞宝章〔平成5年〕

江副 茂 えぞえ・しげる 東陶機器社長 [没]平成29年(2017)5月20日 87歳〔肺炎〕 [生]昭和5年(1930)2月22日 [出]旧満州大連 [学]名古屋大学工学部機械工学科〔昭和30年〕卒 [歴]昭和30年東洋陶器(のち東陶機器, 現・TOTO)に入社。44年取締役、54年常務、58年専務、62年副社長を経て、平成4年社長。10年会長、18年特別顧問。温水洗浄便座「ウォシュレット」の開発に携わった他、新築住宅着工件数が減少した社長時代にはリフォーム事業の強化を打ち出した。北九州活性化協議会理事長を務めた。 [賞]藍綬褒章〔平成6年〕, 勲二等瑞宝章〔平成13年〕

江副 隆愛 えぞえ・たかよし 新宿日本語学校創立者 [没]平成28年(2016)11月25日 93歳〔脳梗塞〕 [生]大正12年(1923)9月 [出]東京都 [学]上智大学 [歴]19歳で学徒出陣して第14期海軍飛行予備学生となり、特攻隊に配属される。復員後は上智大学へ復学。昭和26年より日本語教育に取り組み、50年外国人向けの日本語学校・学校法人江副学園新宿日本語学校を開校した。 [家]妻＝江副勢津子(日本語教師), 長男＝江副隆秀(新宿日本語学校校長)

江戸 純子 えど・すみこ ビオラ奏者 桐朋学園大学名誉教授 [没]平成27年(2015)4月25日 75歳〔肺腺がん〕 [生]昭和14年(1939)4月29日 [出]東京都 [名]本名＝瀬川純子(せがわ・すみこ) [学]桐朋学園短期大学音楽科〔昭和34年〕卒 [歴]三井不動産社長を務めた江戸英雄の二女で、母と姉はピアニスト、妹はビオラ奏者という音楽一家に育つ。長女はバイオリニストの瀬川祥子。鷲見三郎、ブローダス・アール、斎藤秀雄に師事。桐朋学園短期大学在学中、プロ・ムジカ弦楽四重奏団に参加し、昭和37年同四重奏団メンバーとして毎日芸術賞、芸術選奨を受賞。同四重奏団解散後、ニューディレクション弦楽四重奏団を結成。50年ニューアーツ弦楽四重奏を結成。63年には国際交流基金より派遣

え

され、オーストラリア各地で演奏。平成6年同四重奏団結成20周年記念演奏会で芸術祭賞、中島健蔵音楽賞を受賞。水戸室内管弦楽団メンバーも務めた。昭和26年以来桐朋学園大学で指導にあたり、助教授を経て、教授。　[賞]毎日芸術賞〔昭和37年〕, 芸術選奨〔昭和37年〕, 飛騨石川音楽大賞奨励賞, 芸術祭賞〔平成6年〕, 中島健蔵音楽賞（第13回）〔平成7年〕　[家]父＝江戸英雄（三井不動産社長）, 母＝江戸弘子（ピアニスト）, 姉＝江戸京子（ピアニスト）, 妹＝江戸涼子（ビオラ奏者）, 長女＝瀬川祥子（バイオリニスト）　[師]師＝鷲見三郎, アール, ブローダス, 斎藤秀雄

衛藤 彰　えとう・あきら　弁護士　弁理士　衛藤法律特許事務所所長　[没]平成29年（2017）6月2日　69歳　[生]昭和23年（1948）2月9日　[出]宮崎県延岡市　[学]東京電機大学工学部〔昭和46年〕卒　[歴]昭和46年弁理士試験に合格。53年司法試験に合格し、56年弁護士登録。衛藤法律特許事務所所長を務め、宮崎県弁護士会副会長、宮崎ひむかライオンズクラブ会長などを歴任した。　[団]宮崎県弁護士会

江藤 勲　えとう・いさお　ベース奏者　[没]平成27年（2015）4月25日　71歳〔虚血性心不全〕　[生]昭和18年（1943）10月16日　[出]東京都　[歴]17歳でハワイアンバンドのメンバーとしてプロデビュー。ジャッキー吉川とブルー・コメッツ、津々美洋とオールスターズ・ワゴンなどでキャリアを積み、独立。昭和44年ディジー・ガレスビー・バンドと共演。日本で初めてエレキベースをマスターして“エレキベースの父”と呼ばれ、昭和を代表する名ベース奏者として活躍。スタジオミュージシャンとして歌謡曲、ジャズ、ロック、フォーク、ニューミュージック、アニメ、CMなど膨大なレコーディングに参加、最晩年まで現役で活動した。45年歌手の黛ジュンと結婚するが、48年離婚した。　[家]弟＝江藤潤（俳優）

江藤 守国　えとう・もりくに　久留米市長　[没]平成27年（2015）11月28日　74歳〔多臓器不全〕　[生]昭和16年（1941）9月7日　[出]福岡県浮羽郡吉井町（うきは市）　[学]九州大学経済学部〔昭和39年〕卒　[歴]昭和40年久留米市役所に入る。商工部長、福岡県南広域水道企業団企業長を経て、平成15年市長に当選。2期目途中の21年8月にくも膜下出血で倒れ、22年1月辞職した。

江藤 安純　えとう・やすずみ　九州女学院院長　[専]心理学　[没]平成27年（2015）9月10日　102歳〔老衰〕　[生]大正2年（1913）1月11日　[出]福岡県　[学]中学明善校〔昭和5年〕卒, 五高文科〔昭和9年〕卒, 東京帝国大学文学部心理学科〔昭和12年〕卒, コロンビア大学ティチャーズ・カレッジ〔昭和32年〕卒　M.A.　[歴]昭和12年九州女学院高等女学校教諭、15年同教頭を経て、43年九州女学院院長。56年九州女学院短期大学教授。62年より長崎ウエスレヤン短期大学学長を務めた。　[家]長男＝江藤直純（日立国際電気放送・映像研究所所長）, 三男＝江藤直純（ルーテル学院大学学長）

江戸家 猫八（4代目）　えどや・ねこはち　ものまね芸人　[没]平成28年（2016）3月21日　66歳〔進行性胃がん〕　[生]昭和24年（1949）11月30日　[出]東京都中央区　[名]本名＝岡田八郎, 前名＝江戸家小猫（1代目）（えどや・こねこ）　[学]玉川学園高〔昭和43年〕卒　[歴]父は動物の声帯模写の第一人者だった3代目江戸家猫八。祖父は初代猫八。昭和43年高校卒業と同時に父に入門。47年落語協会に入り、江戸家小猫の芸名で寄席定席に出演。端正な芸風と語り、ウグイス、コオロギなどの動物の鳴きまね芸を踏襲。テレビ「おもしろ漢字ミニ字典」「TXゲーム王国」「素人民謡名人戦」などの司会でも人気を集めた他、54年テレビドラマ「マー姉ちゃん」に俳優として出演。平成13年父が死去。16年文化庁芸術祭優秀賞を受賞。21年4代目猫八を襲名。野鳥の生態観察や保護運動にも携わり、15年絶滅危惧種の海鳥エトピリカの生息状況を調査するため、北海道根室沖の無人島・ユルリ島への調査団に同行。文化、健康、環境などをテーマに全国で講演活動にも取り組んだ。妹の江戸家まねき猫、江戸家家猫ハッピーもものまね芸人で、23年長男が2代目小猫を襲名した。　[賞]花王演芸会金銀賞銀賞〔昭和55年〕, 放送演芸大賞〔昭和56年〕, 芸術祭賞演芸部門優秀賞〔平成16年〕　[家]長男＝江戸家小猫（2代目）, 父＝江戸家猫八（3代目）, 祖父＝江戸家猫八（1代目）, 妹＝江戸家まねき猫, 江戸家家猫ハッピー

江西 甚昇　えにし・じんしょう　富山県議（無所属）　富山県農協中央会長　[没]平成29年（2017）1月11日　83歳〔慢性腎不全〕　[生]昭和8年（1933）4月30日　[出]富山県富山市　[学]富山中部高卒, 法政大学経済学部中退　[歴]昭和46年富山市議1期を経て、50年から富山県議に5選。平成7年落選。11年返り咲き。通算8期。23年引退。在職中は一貫して無所属を通し、市民目線で当局と対峙。議会でも一目置かれた。昭和52年富山市中央農協組合長となり、平成14年富山県農協中央会長に就任。3期9年務め、単協独自のコメ流通を目指すとともに、コシヒカリの育種にも積極的に取り組んだ。　[賞]旭日中綬章〔平成23年〕

榎本 秀一郎　えのもと・しゅういちろう　コスモ石油専務　[没]平成27年（2015）3月27日　78歳　[生]昭和11年（1936）6月26日　[出]大阪府　[学]関西学院大学法学部〔昭和34年〕卒　[歴]コスモ石油専務を務めた。

榎本 敏夫　えのもと・としお　田中角栄元首相秘書　[没]平成29年（2017）7月2日　91歳〔老衰〕　[生]大正15年（1926）3月　[出]東京都　[学]大正大学哲学科〔昭和23年〕卒　[歴]民主自由党本部に勤務。田中角栄に私淑し、昭和30年より東京都北区議に連続2選、36〜39年日本電建宣伝部長。40年田中角栄衆院議員の秘書団の一員に加わる。41年田中の仲人で22歳下の三恵子夫人と結婚、3児を授かったが、51年のロッキード事件発覚後に協議離婚。56年高血圧で倒れ、半身不随となった。同年ロッキード事件の裁判に離婚した三恵子夫人が検察側の証人として出廷、榎本が丸紅からの5億円の受領を認めたことや証拠隠滅を図ったことなどを証言して田中側に致命的な打撃を与えた。出廷後の記者会見で「ハチは一度刺すと死ぬといいますが私もその覚悟はしています」と述べ、証言は“ハチの一刺し”と呼ばれて大きな話題となった。58年外為法違反の罪で懲役1年、執行猶予3年の判決を受け、62年7月の二審でも

支持された。平成7年2月最高裁は上告を棄却し有罪が確定した。　[家]長男＝榎本一（北区議）

榎本 俟雄　えのもと・まちお　山九専務　[没]平成27年（2015）1月25日　73歳〔肺腺がん〕　[生]昭和16年（1941）8月21日　[学]北九州大学商学部〔昭和42年〕卒　[歴]昭和42年山九に入社。60年スリーエスサンキュウ取締役、61年常務、同年社長を経て、平成7年山九取締役、9年常務、13年専務。

海老一 染之助　えびいち・そめのすけ　曲芸師　[専]太神楽曲芸　[没]平成29年（2017）12月6日　83歳〔急性肺炎〕　[生]昭和9年（1934）10月1日　[出]東京市牛込区（東京都新宿区）　[名]本名＝村井正親（むらい・まさちか），初名＝海老一小福，舞踊名＝花柳錦蔵，コンビ名＝海老一染之助・染太郎（えびいちそめのすけそめたろう）　[学]宮前中〔昭和25年〕卒　[歴]父は落語家の三遊亭円駒、母は三味線を弾く芸能一家に生まれる。戦時中に病気で母を亡くす。昭和20年2歳上の兄・正秀（染太郎）とともに、和傘の上で鞠を回す芸で知られる伝統演芸・太神楽の2代目海老一海老蔵に入門。兄弟でコンビを組み、21年海老一勝太郎・小福で新宿末広亭で初舞台。24年海老一染之助・染太郎（愛称・お染ブラザーズ）に改名。痩せてギョロ目の染太郎が“おめでとうございま〜す！”“いつもより余計にまわしておりま〜す！”と満面の笑顔ではやし立てると、ふくよかな染之助が和傘の上で鞠や升を回す芸が十八番で、“弟は肉体労働、兄は頭脳労働、これでギャラは同じ”と沸かせるなど軽妙な掛け合いと明るい芸風は子供からお年寄りまで幅広い人気を得、寄席だけではなく正月の演芸番組の常連に。一目見てわかる曲芸は海外でも人気を呼び、旧ソ連（35年）、米国（40年）、ブラジル、東南アジアなどで公演、オーストラリアのシドニーオペラハウス、スウェーデン国立人形劇場などにも招かれた。63年〜平成元年昼の人気バラエティ番組「笑っていいとも！」にレギュラー出演、レコード「染之助・染太郎のおめでとうございます」も発売した。14年胃がんのため染太郎が死去した後は、一人で仕事を続けた。　[賞]放送演芸大賞曲芸部門賞〔昭和48年〕，浅草芸能大賞奨励賞（第1回）〔昭和60年〕　[団]落語協会　[家]父＝三遊亭円駒（落語家），兄＝海老一染太郎（曲芸師），三男＝村井正信（テレビ東京報道局次長・ニュースセンター長）　[師]師＝海老一海老蔵（2代目）

海老名 和明　えびな・かずあき　日本通運関西美術品支店技術顧問　[没]平成28年（2016）4月20日　69歳　[歴]日本通運に入社して以来、長年にわたって美術品輸送業務に従事。平成21年の「国宝 阿修羅展」で興福寺の「阿修羅像」を東京や福岡へ運ぶ計画を指揮するなど、難度の高い社寺美術品の運送を数多く手がけ、NHKのドキュメンタリー番組「プロフェッショナル 仕事の流儀」などにも取り上げられた。17年には制度創設以来初めて美術品梱包輸送分野で現代の名工に選ばれた。　[賞]現代の名工〔平成17年〕

海老原 武士　えびはら・たけし　エビハラ社長　春日部商工会議所会頭　[没]平成27年（2015）12月2日　74歳〔病気〕　[生]昭和16年（1941）1月3日　[出]埼玉県春日部市　[歴]昭和37年家具塗装業を創業。45年エビハラ家具塗装を設立し、社長に就任。50年エビハラに社名変更した。　[家]長男＝海老原光男（春日部市議）

海老原 直美　えびはら・なおみ　東京音楽大学教授　[専]ピアノ　[没]平成27年（2015）7月30日　66歳〔急性骨髄性白血病〕　[生]昭和24年（1949）4月25日　[出]東京都　[名]旧姓・名＝苅谷　[学]桐朋学園大学音楽学部演奏学科ピアノ科〔昭和47年〕卒　[歴]東京音楽大学教授、全日本学生音楽コンクールの審査員を務めた。　[師]師＝井口愛子

蛯原 由起夫　えびはら・ゆきお　詩人　「詩脈」主宰　福島県現代詩人会会長　[没]平成28年（2016）7月30日　86歳〔心筋梗塞〕　[生]昭和5年（1930）5月8日　[出]福島県会津高田　[名]本名＝村野井幸雄（むらのい・ゆきお）　[歴]中学校教師の傍ら、蛯原由起夫の筆名で詩作に取り組み、詩誌「詩脈」を主宰。赴任する先々で生徒に詩作の魅力を伝え、教え子らと詩集「ポエム」を作った。福島県立農業短期大学や福島県内の小・中学校数十校の校歌も作詞した。本郷中学校長を最後に退職後は、ネパールでの学校建設にも取り組んだ。詩集に「会津の鬼婆」「天空への切符」などがある。　[賞]福島県文学賞詩部門正賞（第18回）〔昭和40年〕「蝶と羊歯」，文部大臣奨励賞〔昭和42年〕「裸のどんぐりたち」，福島県文化振興基金顕賞〔平成8年〕，文化・スポーツ福島県知事感謝状〔平成20年〕，福島県文化功労賞〔平成22年〕　[団]日本現代詩人会，日本ペンクラブ，福島県現代詩人会　[家]長男＝村野井仁（東北学院大学教授）

海老原 諒　えびはら・りょう　福島中央テレビ副社長　[没]平成29年（2017）5月3日　93歳〔肺炎〕　[生]大正12年（1923）7月28日　[出]千葉県　[学]東京大学経済学部卒　[歴]昭和25年読売新聞社に入社。40年名古屋駐在広告課長、51年広告局次長兼第一部長、52年ラジオ・テレビ推進本部を経て、56年福島中央テレビ常務に転じ、57年専務、63年副社長を歴任。平成4〜6年監査役を務めた。

江見 絹子　えみ・きぬこ　洋画家　神奈川県女流美術家協会会長　[没]平成27年（2015）1月13日　91歳〔心不全〕　[生]大正12年（1923）6月7日　[出]兵庫県明石市　[名]本名＝荻野絹子（おぎの・きぬこ）　[学]加古川高女〔昭和15年〕卒　[歴]加古川高等女学校を卒業後、伊川寛に油絵を習う。昭和20〜24年神戸市立洋画研究所で学ぶ。24年行動展に初入選、28年女性として初めて行動美術協会会員に推された。同年渡仏。以後、2年間にわたってフランスと米国に滞在した経験から抽象画へと転向。37年ベネチア・ビエンナーレに出品。四大元素をモチーフとした宇宙的空間を、色彩鮮やかに描いた。また、36年神奈川県女流美術家協会を設立、長く会長を務めた。小説家の荻野アンナは長女。　[賞]シェル美術賞〔昭和31年・33年〕，全国地域文化功労者文部大臣賞〔昭和59年〕，横浜文化賞〔平成3年〕，神奈川文化賞〔平成9年〕，行動展奨励賞〔昭和25年〕，行動展行動美術賞〔昭和27年〕「むれ」，女流画家協会展毎日新聞社賞（第12回）〔昭和33年〕，現代日本美術展神奈川県立近代美術館賞（第5回，昭和37年度）「作品1」　[団]行動美術協会　[家]夫＝ガイヤール，アンリ，長女＝荻野アンナ（小説家）

江村 稔　えむら・みのる　東京大学名誉教授　[専]会計学　[没]平成29年（2017）11月6日　94歳〔老衰〕　[生]大

正12年(1923)5月5日 [出]東京都港区麻布 [学]東京大学経済学部商業学科卒 経済学博士 [歴]東京大学教授を経て、昭和59年放送大学教授、亜細亜大学教授、日本学術会議会員を歴任。著書に「複式簿記生成発達史論」「企業会計入門」「会計学」「会計総論」、共編に「監査役小六法」など。 [賞]勲二等瑞宝章〔平成11年〕 [団]日本会計研究学会, 日本監査研究学会, 国際会計研究学会

江村 美代子 えむら・みよこ ラピーヌ会長 [没]平成29年(2017)8月31日 84歳〔心筋梗塞〕 [生]昭和8年(1933)4月21日 [出]広島県府中市 [学]関西ドレスメーカー女学院〔昭和28年〕卒 [歴]大阪で洋装店勤めの後、昭和31年ラピーヌの前身ダイトウにデザイナーとして入社。社長の奥本正晴に才能を認められて27歳で天神橋前支店長に抜擢され、イージーオーダーやプレタポルテ(高級既製服)をいち早く導入。48年取締役、52年常務、57年専務、平成元年副社長を経て、10年会長に就任。上場会社のアパレルメーカーでは初の代表権を持つ女性経営者となった。11年退任。一方、昭和60年関西経済同友会の常設委員会で女性初の役職に就き、財界でも活躍した。

江本 寛治 えもと・かんじ 川崎製鉄社長 JFEホールディングス会長・CEO [没]平成27年(2015)9月1日 79歳〔肺炎〕 [生]昭和11年(1936)1月28日 [出]福岡県田川郡香春町 [名]雅号＝鉄心 [学]九州大学工学部冶金学科〔昭和33年〕卒 [歴]昭和33年川崎製鉄(現・JFEスチール)に入社。63年取締役、平成3年常務、6年専務を経て、7年社長に就任。13年会長。14年9月日本鋼管との共同持ち株会社JFEホールディングス初代会長兼共同CEO(最高経営責任者)に就任。17年取締役、同年相談役に退いた。

江守 五夫 えもり・いつお 社会学者 千葉大学名誉教授 [専]法社会学, 社会人類学, 日本文化論 [没]平成28年(2016)10月18日 87歳〔多臓器不全〕 [生]昭和4年(1929)1月15日 [出]石川県金沢市 [学]東京大学法学部法律学科〔昭和26年〕卒 法学博士〔昭和37年〕, 文学博士〔昭和52年〕 [歴]昭和26年東京大学社会科学研究所助手、32年明治大学法学部講師、35年助教授、40年教授、52年千葉大学教授。58～62年東大社会科学研究所併任教授。のち帝京大学教授、東京家政大学教授。村落や家族の社会・文化人類学的研究に取り組み、特に婚姻史・婚姻思想の研究に業績がある。57年の比較家族史学会設立の中心となり、同会長も務めた。著書に「法社会学方法論序説」「韓国両班同族制の研究」「日本の婚姻」「家族の歴史民族学」、訳書にE.ウェスターマーク「人類婚姻史」などがある。 [賞]瑞宝中綬章〔平成20年〕 [団]日本法社会学会, 日本民族学会, 比較家族史学会

江森 陽弘 えもり・ようこう ジャーナリスト テレビコメンテーター 朝日新聞編集委員 「SOLA」編集長 [専]高齢化社会, 教育問題, ニュース解説, 社会一般, 人権問題(同和, 男女共同参画など) [没]平成27年(2015)11月12日 83歳〔肺炎〕 [生]昭和7年(1932)6月2日 [出]東京都 [名]本名＝江森陽弘(えもり・はるみつ) [学]早稲田大学教育学部国文科〔昭和30年〕卒 [歴]市役所、地方新聞勤務を経て、昭和35年朝日新聞社に入社。40年名古屋本社社会部次長、49年東京本社出版局編集委員、58年企画報道室編集委員、62年朝日新聞編集委員を歴任。この間、58年から61年までテレビ朝日系の朝の情報番組「江森陽弘モーニングショー」のメインキャスターを担当した。63年5月フリーとなり、「コケコッコー」(名古屋テレビ)などのテレビ出演の他、講演や原稿執筆に活躍。著書に「子どもの暴力の芽」「五十代、負けない男の生き方」などがある。

衿野 未矢 えりの・みや ノンフィクション作家 [没]平成28年(2016)9月17日 53歳〔膠原病の全身性強皮症〕 [生]昭和38年(1963)2月16日 [出]静岡県富士市 [名]本名＝桜井規枝(さくらい・のりえ), 旧姓・名＝吉井規枝(よしい・のりえ) [学]立命館大学産業社会学部〔昭和61年〕卒 [歴]昭和60年漫画専門の出版社に入社し、レディース・コミックを担当する編集部で雑誌の制作に携わる。平成2年退社後執筆活動を始める。同年レディース・コミックの繁栄の背景をわかりやすく分析した「レディース・コミックの女性学」を出版。依存症、暴力、不倫など現代人が避けて通れない問題の取材を続け、趣味のマラソンを軸に睡眠や運動、食事など「心と身体」にもテーマを広げた。24年結婚を機に新潟県に移住。26年自身の体験をもとに「“48歳、彼氏ナシ”私でも嫁に行けた！」を出版。28年膠原病のため53歳で早世した。他の著書に「28歳の幸せ術」「ひとりになれない女たち」「依存症の女たち」「『男運の悪い』女たち」「十年不倫」「暴れる系の女たち」などがある。 [団]日本ペンクラブ, 日本「性とこころ」関連問題学会 [家]夫＝桜井俊幸(小出郷文化会館館長)

円地 信二 えんち・しんじ 洋画家 金沢美術工芸大学名誉教授 [没]平成27年(2015)2月18日 89歳 [生]大正14年(1925)6月8日 [出]石川県小松市 [学]金沢美工専卒 [歴]昭和25年日展、26年光風会展に初入選。38年「座像」、47年「ロッジの散歩」で日展特選。39年金沢美術工芸大学助教授を経て、49年教授。平成3年名誉教授。5年光風会展文部大臣賞を受けた。女性像を主なモチーフとし、内面の美に迫る独自の色彩表現を開拓した。 [賞]瑞宝中綬章〔平成17年〕, 北国文化賞〔昭和58年〕, 日展特選(昭和38年度・47年度)「座像」「ロッジの散歩」, 光風会展文部大臣賞(第79回)〔平成5年〕 [団]光風会(名誉会員), 日展 [師]師＝中村研一, 高光一也

遠藤 市弥 えんどう・いちや 東北電力副社長 [没]平成29年(2017)11月16日 94歳〔老衰〕 [生]大正12年(1923)8月6日 [出]福島県 [学]北海道大学工学部電気学科〔昭和23年〕卒 [歴]昭和23年東北配電(現・東北電力)に入社。47年配電部長、50年理事、52年常務を経て、56年副社長。60年東北発電工業社長、平成5年会長。 [賞]電気科学技術奨励賞(第19回, 昭和46年度)「難着雪電線の実用化」, 日本雪氷学会学会賞功績賞〔昭和59年〕「電力流通設備の雪害対策技術に関する研究開発に対しての功績」

遠藤 一義 えんどう・かずよし 歌人 篆刻家 [没]平成28年(2016)4月3日 87歳 [生]昭和3年(1928)11月23日 [出]愛知県半田市 [歴]昭和45年から文芸同人誌「麦」代表。知多短歌会代表、小栗風葉をひろめる会代表などを務める。篆刻作家として日展入選。歌人と

しては「草木」に拠り、歌集に「いのちなりけり」「傷痍」などがある。

遠藤 和吉　えんどう・かずよし　大光銀行常務　[没]平成28年(2016)3月23日　85歳〔病気〕　[生]昭和5年(1930)9月11日　[出]新潟県東蒲原郡阿賀町　[学]明治大学　[歴]大光銀行常務、新潟日産モーター社長を歴任した。

遠藤 賢司　えんどう・けんじ　シンガー・ソングライター　[没]平成29年(2017)10月25日　70歳〔胃がん〕　[生]昭和22年(1947)1月13日　[出]茨城県勝田市(ひたちなか市)　[学]明治学院大学　[歴]大学在学中の昭和42年、それまでギターを手にしたこともなかったが、FENでボブ・ディランの「ライク・ア・ローリング・ストーン」を聴いて特別な感動を受け、知人からギターを借りて歌い始める。"ギター一本で総ての音を表現する"を信条とし、独特のギターテクニックに定評があり、生ギターの弾き語り以外にも、生ギターのサウンドホールにピックアップ・マイクをつけ、アンプと対峙することにより、轟音をフィードバックさせるなどのロック的アプローチを早くから試みた。44年シングル「ほんとだよ/猫が眠ってる」でデビュー、45年デビューアルバム「niyago」をリリース。セカンドアルバム「満足できるかな」に収められた「カレーライス」は最もヒットした作品で、代表曲の一つとなった。53年英国でのパンク・ムーヴメント(特にセックス・ピストルズ)に触発されたアルバム「東京ワッショイ」を発表。フォーク、ロック、パンク、テクノ、ニューミュージックなど、あらゆる音楽を呑み込んで、それを独自色に染め上げた、まさに"遠藤賢司の音楽"のひとつの完成型となる。そのノンジャンル性は、さらに演歌やムード歌謡の世界をも巻き込んで、大宇宙にある宇宙防衛軍放送局を舞台にした「宇宙防衛軍」(55年)において極北に達した。57年には「東京ワッショイ」「宇宙防衛軍」に影響を受けたという長嶺高文監督の映画「ヘリウッド」に主演。58年のミニアルバム「オムライス」発表後は活動の場をライブ中心へと移し、63年スリーピースのロックバンド、遠藤賢司バンド(エンケンバンド)を結成。平成3年表題曲1曲25分25秒という大作シングル「史上最長寿のロックンローラー」を制作、60センチ四方の特大ジャケットも話題を呼んだ。8年、16年振りのスタジオ録音フルアルバム「夢よ叫べ」を発表。17年には日本武道館での無観客ソロライブを敢行、その模様を収めた映画「不滅の男 エンケン対日本武道館」(監督・主演)として公開した。俳優としての出演作に、映画「20世紀少年 最終章 ぼくらの旗」「中学生円山」など。27年より胃がんを患い、28年公表して闘病を続けたが、29年死去。フォークやロックを超えた"純音楽"を掲げ、独自の世界観を展開した。　[団]日本音楽著作権協会(JASRAC)

遠藤 栄　えんどう・さかえ　静岡県議(自民党)　[没]平成29年(2017)1月9日　75歳〔病気〕　[生]昭和16年(1941)11月16日　[出]静岡県富士市　[学]吉原工〔昭和35年〕卒　[歴]大昭和製紙陸上部に所属し、昭和36年、37年東京大阪駅伝大会の静岡県代表に選出される。43年富士市青年団連絡協議会長、45年静岡県青年団連絡協議会会長、48年日本青年団連絡協議副会長。50年富士市議、58年静岡県議に当選。平成8年副議長、12年議長。9期目途中の29年、病死した。自民党静岡県連幹事長や静岡東部陸上競技協会会長なども務めた。

遠藤 順三　えんどう・じゅんぞう　北海道教育大学名誉教授　[専]社会法学, 農業法　[没]平成27年(2015)3月30日　90歳　[生]大正14年(1925)2月10日　[出]北海道札幌市　[学]日本大学予科文科〔昭和20年〕卒, 北海道大学農学部農業経済科〔昭和24年〕卒　[歴]昭和20年特別甲種幹部候補生として入隊、敗戦で除隊。21年北海道大学に進む。24年美唄中学教諭、25年札幌東高校教諭を経て、27年北海道学芸大学講師となり、36年助教授、50年北海道教育大学教授。63年定年退官して名誉教授。平成元年〜6年東京農業大学教授、15〜25年八紘学園理事長を務めた。　[賞]瑞宝小綬章〔平成27年〕　[団]農業法律学会, 日本農業経済学会, 北海道労働協会

遠藤 正三　えんどう・しょうぞう　大光銀行常務　[没]平成27年(2015)4月4日　79歳〔胃がん〕　[生]昭和10年(1935)11月21日　[出]新潟県阿賀野市　[学]水原高〔昭和30年〕卒　[歴]昭和30年大光相互銀行(現・大光銀行)に入行。平成元年取締役を経て、常務。

遠藤 慎介　えんどう・しんすけ　テレビプロデューサー・ディレクター　テレビ東京取締役演出局長　[没]平成29年(2017)11月9日　83歳〔肺気腫〕　[生]昭和9年(1934)8月10日　[出]新潟県　[学]立教大学社会学部〔昭和33年〕卒　[歴]昭和34年新東宝を経て、38年東京12チャンネル(現・テレビ東京)に入社。演出部チーフプロデューサー、演出局次長、60年演出局長、平成元年取締役。3年退任。主な作品に「未知への挑戦」「人に歴史あり」「地球最後の恐竜」(以上演出)、「娘ありて」「ドキュメンタリー・太平洋戦史」「残りの雪」(以上制作)などがある。　[賞]テレビ記者会賞〔昭和46年〕「未知への挑戦」, テレビ大賞優秀番組賞(第3回, 昭和45年度)〔昭和46年〕「人に歴史あり」, 科学映画放送賞〔昭和47年〕「地球最後の恐竜」

遠藤 セツ　えんどう・せつ　看護師　福島県看護協会会長　[没]平成28年(2016)6月6日　87歳〔心不全〕　[歴]昭和62年福島県看護協会の初代会長に就任、12年間務めた。　[賞]勲五等宝冠章〔平成14年〕

遠藤 兆映　えんどう・ちょうえい　彫金家　日展評議員　[没]平成29年(2017)6月24日　90歳　[生]昭和2年(1927)5月5日　[出]福島県伊達郡国見町　[名]本名＝遠藤安蔵　[学]高小卒　[歴]福島県国見町で生まれ、生後間もなく宮城県仙台市に移る。昭和18年上京して板金の基礎技術を習得。31年帖佐美行に師事し、32年日展に初入選。43年「濤」、46年「悠」で日展特選、55年「香器『池畔』」で日展会員賞、58年「風のうた」で日展内閣総理大臣賞。　[賞]旭日小綬章〔平成16年〕, 日本現代工芸美術展現代工芸賞(第7回, 昭和43年度), 日展特選(昭和43年度・46年度)「濤」「悠」, 日展会員賞(昭和55年度)「香器『池畔』」, 日展内閣総理大臣賞(昭和58年度)「風のうた」, 光風会展辻永記念賞(第70回)〔昭和59年〕, 日本新工芸展文部大臣賞(第9回)〔昭和62年〕　[団]日展, 日本新工芸家連盟(名誉会員)　[師]師＝帖佐美行

遠藤 力　えんどう・つとむ　合同製鉄常務　[没]平成28年(2016)9月10日　65歳〔心不全〕　[生]昭和25年

(1950) 10月29日　[出]石川県　[学]関西大学商学部〔昭和50年〕卒　[歴]昭和50年合同製鉄に入社。平成19年取締役を経て、22年常務。

遠藤 徳貞　えんどう・とくてい　報知新聞常務　[没]平成28年 (2016) 10月3日　91歳〔間質性肺炎〕　[生]大正14年 (1925) 1月11日　[出]新潟県　[学]京都大学法学部卒　[歴]昭和23年読売新聞社に入社。機報部長、地方部長、社会部長、編集局参与を経て、50年新聞製作工程委員会副委員長 (局次長待遇)。58年報知新聞社に転じて取締役編集局長となり、63年常務。平成3年退任。

遠藤 萬里　えんどう・ばんり　東京大学名誉教授　日本人類学会会長　[専]人類学　[没]平成29年 (2017) 10月24日　83歳〔小細胞肺がん〕　[生]昭和9年 (1934) 9月16日　[出]東京都　[学]東京大学理学部生物学科〔昭和32年〕卒, 東京大学大学院生物系研究科人類学専攻〔昭和37年〕博士課程修了　理学博士　[歴]昭和37年東京大学助手、40年東京医科歯科大学助手、41年東京大学総合研究資料館助手、43年講師、48年助教授を経て、53年教授。平成7年退官。日本人類学会会長を務めた。著書に「人類学百話一話」など。

遠藤 博隆　えんどう・ひろたか　登山家　[没]平成29年 (2017) 12月13日　66歳〔間質性肺炎〕　[歴]平成18年世界最高峰のエベレスト (8848メートル) に登頂するなど、山形県を代表する登山家の一人として活躍した。

遠藤 裕良　えんどう・ひろよし　大伸化学専務　[没]平成27年 (2015) 8月16日　57歳〔病気〕　[生]昭和32年 (1957) 11月10日　[出]東京都　[学]立教大学経済学部〔昭和55年〕卒　[歴]昭和57年大伸化学に入社。平成17年取締役、21年常務を経て、25年専務。

遠藤 光男　えんどう・みつお　弁護士　最高裁判事　法律扶助協会会長　[没]平成28年 (2016) 5月16日　85歳〔くも膜下出血〕　[生]昭和5年 (1930) 9月13日　[出]東京都港区　[学]法政大学法学部〔昭和27年〕卒, 法政大学大学院中退　[歴]昭和27年司法試験に合格し、30年弁護士登録、東京弁護士会所属。56年司法研修所教官、62年法務省法制審議会委員、63年日弁連司法修習委員長。傍ら、30年から法政大学法学部講師を務める。平成7年最高裁判事に就任。9年政教分離をめぐり愛媛県が玉ぐし料を公費から支出した"愛媛玉ぐし料訴訟"の大法廷判決では、違憲とする多数意見に加わった。24年に再審無罪が確定した東京電力女性社員殺害事件のネパール人被告について、被告の勾留を認めた12年の決定では、反対意見を述べた。12年9月定年退官し、弁護士として活動。　[賞]勲一等瑞宝章〔平成14年〕　[団]東京弁護士会

遠藤 泰之　えんどう・やすゆき　安田火災海上保険副社長　[没]平成29年 (2017) 8月31日　81歳〔甲状腺がん〕　[生]昭和10年 (1935) 9月3日　[出]静岡県　[学]学習院大学政経学部〔昭和33年〕卒　[歴]昭和33年安田火災海上保険 (現・損保ジャパン日本興亜) に入社。平成4年取締役、6年常務を経て、8年専務。10年常任顧問。11年アイ・エス・エイひまわり生命保険副会長を務めた。

遠藤 義裕　えんどう・よしひろ　郡山市議　福島県労会議議長　[没]平成29年 (2017) 1月27日　71歳〔致死性不整脈〕　[歴]福島県労会議議長や福島県平和フォーラム代表などを歴任。平成19年郡山市議に当選。3期目途中の29年、病死した。

【お】

呉 徳洙　お・どくす　映画監督　[国]韓国　[没]平成27年 (2015) 12月13日　74歳〔肺がん〕　[生]昭和16年 (1941) 11月10日　[出]秋田県鹿角郡尾去沢 (鹿角市)　[学]早稲田大学文学部〔昭和40年〕卒　[歴]在日韓国人2世。大島渚監督「白昼の通り魔」「日本春歌考」の助監督を経て、昭和44年東映に入社、数々の作品に助監督として参加。54年退社後、映画製作会社のOH企画を設立。59年在日韓国・朝鮮人を中心とした指紋押捺拒否闘争を追ったドキュメンタリー「指紋押捺拒否」を製作。平成6年韓国、朝鮮籍、日本人の約20人が、戦後50年の日本と在日韓国、朝鮮人の歩みを綴った映画を作ろうと戦後在日50年史製作委員会を発足。3年がかりで日本、韓国、米国・ワシントンで在日韓国、朝鮮人を取材し、記録映画「戦後在日五〇年史『在日』」を完成させた。他の監督作品に「熱と光をこの子らに」「車イスの道」「いま、学校給食があぶない」「ナウ！ ウーマン」「指紋押捺拒否パート2」「まさあきの詩」などがある。

老川 敏彦　おいかわ・としひこ　俳人　「昴」主宰　[没]平成28年 (2016) 5月14日　79歳　[生]昭和12年 (1937) 3月20日　[出]埼玉県北葛飾郡栗橋町 (久喜市)　[学]東京理科大学理学部卒　[歴]昭和20年頃から詩歌に親しみ、作歌活動を続けたが、次第に俳句に魅かれ、44年俳誌「秋」に参加。石原八束に師事し、46年「秋」同人。50年歌誌「原型」同人、「塔の会」入会。56年合同句集「塔」編集委員、58年「塔の会」幹事、のち「昴」を創刊・主宰。句集に「霧の日」「寒昴」などがある。　[団]俳人協会, 日本ペンクラブ, 日本文芸家協会　[師]師＝石原八束

及川 幸人　おいかわ・ゆきひと　岩手日報取締役販売局長　[没]平成28年 (2016) 7月21日　72歳〔肺気腫〕　[生]昭和18年 (1943) 8月10日　[出]岩手県北上市　[学]早稲田大学第一政経学部卒　[歴]昭和42年岩手日報社に入社。陸前高田支局長、編集局報道第二部長を経て、平成14年取締役販売局長。

追林 昌弘　おいばやし・まさひろ　神官　備後一宮吉備津神社宮司　広島県神社庁長　[没]平成27年 (2015) 8月10日　77歳〔多臓器不全〕　[出]広島県福山市　[歴]昭和63年から吉備津神社宮司。平成16年4月から9年間、広島県神社庁長を務めた。27年6月広島県立歴史博物館友の会会長に就任したが、8月に亡くなった。

扇 道徳　おうぎ・みちのり　扇精光ホールディングス創業者　長崎経済同友会代表幹事　[没]平成27年 (2015) 12月25日　85歳〔肝細胞がん〕　[生]昭和5年 (1930) 1月12日　[出]長崎県下県郡厳原町 (対馬市)　[学]産業能率短期大学経営管理専攻卒　[歴]昭和26年長崎県対馬支庁土木課勤務。33年扇測量器店を創業。38年扇精光へ改組し、47年代表取締役社長に就任。平成26年から扇精

日　本　人　　　　　　　　　　　　　　　　　　おおうち

光ホールディングス会長。17年から22年まで長崎経済同友会代表幹事を務めるなど県内経済の発展に尽力した。　㊣黄綬褒章〔平成3年〕　㊣長女＝池田久美子（扇精光ホールディングス代表取締役社長）

淡河　義正　おうご・よしまさ　大成建設会長　㊣平成29年（2017）12月21日　93歳〔老衰〕　㊣大正13年（1924）3月20日　㊣東京　㊣東京帝国大学工学部〔昭和21年〕卒　㊣昭和21年大成建設入社。50年福岡支店長、52年取締役、53年常務、のち顧問、56年代表専務、59年代副社長、60年副会長、平成3年会長に就任。7年相談役。この間、昭和53年大成プレハブ社長。　㊣藍綬褒章〔昭和62年〕

近江　源太郎　おうみ・げんたろう　女子美術大学名誉教授　㊣心理学、色彩学　㊣平成27年（2015）1月9日　74歳〔小細胞肺がん〕　㊣昭和15年（1940）6月29日　㊣広島県　㊣早稲田大学第一文学部卒、早稲田大学大学院文学研究科心理学専攻〔昭和43年〕修士課程修了　㊣女子美術大学教授を経て、平成7〜11年学長を務めた。著書に「色彩世相史」「造形心理学」「色の名前に心を読む」などがある。　㊣日本心理学会、日本色彩学会、日本デザイン学会

近江　宗一　おうみ・むねかず　大阪大学名誉教授　㊣流体工学　㊣平成28年（2016）1月12日　92歳　㊣大正12年（1923）1月21日　㊣静岡県静岡市葵区　㊣大阪帝国大学工学部機械工学科卒、大阪大学大学院修了　工学博士　㊣大阪大学教授を務めた。　㊣勲三等旭日中綬章〔平成11年〕、日本機械学会賞〔昭和51年〕「圧縮性をわずかに考慮した円管内の脈動流れ」　㊣日本機械学会、日本金属学会、日本鉄鋼協会

生頼　範義　おうらい・のりよし　イラストレーター　㊣平成27年（2015）10月27日　79歳〔肺炎〕　㊣昭和10年（1935）　㊣兵庫県明石市　㊣東京芸術大学油絵科〔昭和32年〕中退　㊣東京芸術大学油絵科を中退後、27歳からイラストレーターとして活動を開始。昭和48年絵に集中できる環境を求めて宮崎市に移住。55年ジョージ・ルーカス監督「スター・ウォーズⅡ・帝国の逆襲」の国際版ポスター・イラストレーションで脚光を浴びる。雑誌や書籍の装画の他、映画〈ゴジラ〉シリーズ（平成版）の映画ポスターや、〈信長の野望〉シリーズに代表される光栄（現・コーエーテクモホールディングス）のシミュレーションゲームのパッケージイラストなどを手がけた。平成26年宮崎市で画業を振り返る初の本格的な個展を開催した。　㊣宮崎県文化賞〔平成25年〕、文化庁映画賞（映画功労部門）〔平成26年〕、日本SF大賞功績賞（第36回）〔平成28年〕　㊣息子＝生頼太郎（洋画家）

大池　裕　おおいけ・ゆたか　全国農協連代表理事・会長　㊣平成28年（2016）11月13日　88歳〔肺炎〕　㊣昭和3年（1928）6月27日　㊣岐阜県吉城郡国府町〔高山市〕　㊣斐太実（現・飛騨高山高）〔昭和21年〕卒　㊣岐阜県信用農協連合会勤務などを経て、吉城農協組合長。平成4年岐阜農協中央会会長、5年全国農業協同組合連合会（全国農協連）副会長、11年代表理事・会長に就任。14年退任。岐阜経済連会長も務めた。昭和63年

に設立された飛騨牛銘柄推進協議会の会長として"飛騨牛"のブランド化に尽力。肉牛の処理や加工を手がける飛騨ミート農業協同組合連合会の会長も約18年間務め、飛騨牛の輸出促進にも貢献した。また地域振興にも力を注ぎ、平成20年地元の高山市国府町で農業を中心とした地域社会づくりを目指す「荒城郷まほろば文化村」を設立、小学生が1年を通して農業体験を取り組む事業を始めた。　㊣旭日重光章〔平成25年〕、岐阜新聞大賞特別功労賞〔平成22年〕

大石　十一　おおいし・そいち　静岡新聞編集局校閲部長　㊣平成27年（2015）10月7日　81歳〔病気〕　㊣昭和8年（1933）11月11日　㊣静岡県静岡市葵区　㊣城内中卒　㊣昭和24年静岡新聞社に入社。57年編集局校閲部長。

大石　哲司　おおいし・てつじ　静岡県議（自民党）　榛原町（静岡県）町長　㊣平成28年（2016）11月26日　77歳〔がん〕　㊣昭和14年（1939）5月13日　㊣静岡県榛原郡榛原町（牧之原市）　㊣中央大学法学部法律学科〔昭和37年〕卒　㊣昭和50年静岡県榛原町議、56年助役を経て、60年町長に当選。平成11年より静岡県議に4選。24年副議長。27年落選。自民党静岡県連政調会長、同幹事長を歴任した。著書に「ものぐさ町長の泣き笑い山歩る記」「捨て犬ふらりの大冒険」などがある。　㊣旭日中綬章〔平成28年〕

大石　直行　おおいし・なおゆき　月島機械専務執行役員　㊣平成28年（2016）7月3日　74歳〔病気〕　㊣昭和16年（1941）10月10日　㊣静岡県　㊣早稲田大学法学部〔昭和40年〕卒　㊣昭和40年月島機械に入社。理事を経て、平成8年取締役、11年常務、のち専務執行役員。

大石　昌史　おおいし・まさし　慶応義塾大学文学部教授　㊣美学　㊣平成27年（2015）12月22日　57歳　㊣静岡県浜松市　㊣東京大学文学部助手を経て、慶応義塾大学文学部助教授、教授。

大内　啓伍　おおうち・けいご　民社党委員長　衆院議員　厚相　㊣平成28年（2016）3月9日　86歳〔肺炎〕　㊣昭和5年（1930）1月23日　㊣東京都台東区　㊣早稲田大学法学部〔昭和26年〕卒　㊣昭和28年右派社会党政策審議会事務局入り、35年民社党結党に参加に。民社党政策審議会事務局長、副会長を経て、51年旧東京2区から衆院議員に当選。59年衆院沖縄・北方問題特別委員長、60年〜平成元年党書記長。民社党のニューリーダーとして期待され、昭和61年に落選したが、平成2年返り咲き、同年党委員長に就任。5年8月非自民連立政権に参加し、細川内閣の厚相として初入閣。羽田内閣でも留任した。6年6月社会党を除いた衆院の新会派・改新の結成を提唱したことが社会党の政権離脱など政局の混乱を招いたとして、党委員長を辞任。12月民社党が解党して新進党が発足した際には参加せず、自由連合を結成して総裁に就任。7年自民党入りしたが、8年、12年の総選挙で落選して政界を引退した。通算6期。　㊣勲一等旭日大綬章〔平成12年〕

大内　五介　おおうち・ごすけ　弘前大学名誉教授　弘前市民オンブズパーソン代表幹事　㊣心理学　㊣平成27年（2015）6月3日　86歳〔肺炎〕　㊣昭和3年（1928）7月18日　㊣山形県天童市　㊣山形高卒、東北大学文学部〔昭和28年〕卒　㊣昭和28年宮城県中央児童相談所

技師、33年弘前大学教育学部助手、同年講師、37年助教授を経て、52年教授。60年学生部長、63年～平成2年教育学部長。6年名誉教授。また、弘前市民オンブズパーソン創設メンバーの一人で、22年まで代表幹事を務めた。 [団]日本心理学会, 日本教育心理学会, 日本応用心理学会

お

大内 延介 おおうち・のぶゆき 棋士 将棋9段 日本将棋連盟専務理事 [没]平成29年(2017)6月23日 75歳 [生]昭和16年(1941)10月2日 [出]東京都港区 [学]中央大学経済学部卒 [歴]昭和28年中学1年で土居市太郎門下に。38年4段に昇進。39年5段、40年6段。42年6王位戦の挑戦者となり、大山康晴に1勝4敗で敗退したが、6段のタイトル挑戦は史上初めてだった。45年7段、47年8段。50年第1期棋王戦を制し、初代棋王になる。同年名人戦では中原誠と対局、3勝3敗で迎えた第7局は序盤から中原を追い詰めたが持将棋(引き分け)に持ち込まれ、指し直し局で敗れた。59年9段。61年全日本プロトーナメントで優勝。平成22年引退。タイトル獲得は棋王1期。穴熊戦法を得意とし、“怒濤流”と称される攻めの棋風で知られ、江戸っ子らしい気っぷの良さで多くのファンを持った。弟子に塚田泰明9段、鈴木大介9段らがいる。平成元年日本将棋連盟常務理事、5年専務理事。著書に「将棋の来た道」「決断するとき」などがある。 [賞]旭日双光章〔平成27年〕, 将棋大賞連勝賞(第2回・5回, 昭和49年度・52年度)〔昭和50年・53年〕, 将棋大賞殊勲賞(第2回, 昭和49年度)〔昭和50年〕, 将棋大賞敢闘賞(第3回, 昭和50年度)〔昭和51年〕, サンケイ児童出版文化賞(第29回)〔昭和57年〕「決断するとき」, 将棋大賞特別賞(第14回, 昭和61年度)〔昭和62年〕, 将棋栄誉賞〔昭和62年〕, 将棋栄誉敢闘賞〔平成12年〕, 将棋大賞東京将棋記者会賞(第36回, 平成20年度)〔平成21年〕 [師]師＝土居市太郎

大内 文一 おおうち・ぶんいち ジャーナリスト 新聞教育研究所所長 「新聞と教育」発行人 [専]学校新聞, PTA広報 [没]平成29年(2017)10月15日 85歳 [生]昭和7年(1932)8月19日 [出]福島県安達郡本宮町(本宮市) [学]中央大学法学部〔昭和30年〕卒 [歴]昭和42年総合ジャーナリズム研究所に入社。43年月刊「新聞と教育」を創刊し、23年間編集を担当。同誌は日本で唯一の学校新聞専門誌で、全国から送られてくる学校新聞やPTA広報紙の内容分析や実態調査を行い、スクール・ジャーナリズムのあり方を探った。平成元年8月定年退職し、同年9月独自に新聞教育研究所(さいたま市西区)を設立。「新聞と教育」の編集は引き続き行う。埼玉県高等学校新聞指導研究会顧問、全国高文連新聞専門部主催の学校新聞コンクール、全国学校新聞年間紙面審査員賞の審査員なども務める。著書に「学校新聞の作り方」「父母と教師の手づくり新聞」、共編に「教育に新聞を―NIEの授業展開」など。

大内 義昭 おおうち・よしあき ミュージシャン 音楽プロデューサー 九州アーティスト学院学院長 [没]平成27年(2015)5月22日 55歳〔食道がん〕 [生]昭和35年(1960) [出]福岡県北九州市 [歴]友人とDU・PLEXというデュオグループを結成し、昭和59年デビューするが、60年12月に解散。その後、ソロアーティストに転向し、平成元年アルバム「BACK SEAT」を発表。作曲家としては、小比類巻かほる「Hold On Me」「City Hunter～愛よ消えないで」、結城梨沙「ピュアストーン」などを手がける。6年藤谷美和子とデュエットした「愛が生まれた日」がミリオンセラーを記録する大ヒットとなり、全日本有線放送大賞新人賞、日本レコード大賞優秀賞、ALL JAPANリクエストアワードグランプリなどを受賞。同年のNHK「紅白歌合戦」にも出場した。11年音楽活動の拠点を郷里の北九州市に移し、九州アーティスト学院開校と同時に学院長に就任した。 [賞]全日本有線放送大賞新人賞(第27回)〔平成6年〕「愛が生まれた日」, 日本レコード大賞優秀賞(第36回)〔平成6年〕「愛が生まれた日」, ALL JAPANリクエストアワードグランプリ(第27回, 平成6年度)「愛が生まれた日」

大浦 佑次 おおうら・ゆうじ ユアサ商事副社長 [没]平成29年(2017)1月5日 85歳〔肺炎〕 [生]昭和6年(1931)1月26日 [出]兵庫県 [学]中外商〔昭和24年〕卒 [歴]湯浅金物(現・ユアサ商事)に入社。昭和54年取締役、58年常務、60年専務を経て、平成2年副社長。

大江 神一 おおえ・じんいち 荒川化学工業常務 [没]平成27年(2015)8月5日 94歳〔心不全〕 [出]広島県呉市

大岡 信 おおおか・まこと 詩人 批評家 東京芸術大学名誉教授 [専]詩歌論(古典および近・現代) [没]平成29年(2017)4月5日 86歳〔誤嚥性肺炎〕 [生]昭和6年(1931)2月16日 [出]静岡県田方郡三島町(三島市) [学]東京大学文学部国文学科〔昭和28年〕卒 [歴]国語教師の父は窪田空穂の門下の歌人でもあり、歌誌「菩提樹」を主宰した。父の影響もあり、早くから文章を書き、小学5年から短歌も詠む。旧制沼津中学の同級生らと同人誌「鬼の詞(ことば)」を創刊。中学から詩も書き始める。旧制一高で文芸機関誌「向陵時報」の編集長をしていた1年先輩の日野啓三と知り合い、日野の退任後は同編集長となった。東京大学卒業後の昭和28年、日野のいた読売新聞社に入社。外報部でフランス語を担当。38年退社。40年明治大学助教授、45年教授、63年東京芸術大学教授を歴任。この間、大学在学中に日野らと雑誌「現代文学」を出す。29年谷川俊太郎らの「櫂」や「今日」の同人となり、東野芳明らとシュールレアリスム研究会を結成。30年「現代詩試論」で批評家として頭角を現し、31年第一詩集「記憶と現在」の作風が注目される。34年吉岡実・清岡卓行・飯島耕一・岩田宏らと「鰐」を結成、日本的抒情と西欧的方法との深く柔軟な詩的合体を示す。36年「抒情の批判」、44年「蕩児の家系」を刊行。46年「紀貫之」で読売文学賞を受賞。54年より朝日新聞で詩歌コラム「折々のうた」を開始。翌55年「折々のうた」で菊池寛賞を受賞。45年頃から石川淳・安東次男・丸谷才一らと歌仙を巻き、フランス語など外国語でも度々連詩を試みた。平成16年歌会始の儀に召人として参列。19年3月末「折々のうた」が約29年6762回を以て終了。文学をはじめ音楽、演劇、美術など多彩な分野で批評、翻訳活動を行った。他の詩集に「春 少女に」「水府」「故郷の水へのメッセージ」「地上楽園の午後」「大岡信詩集」「捧げる詩 五十篇」など、評論集に「超現実と抒情」「窪田空穂論」「うたげと孤心」「岡倉天心」「詩人・菅原道真」「詩をよむ鍵」「美をひらく扉」「若山

牧水―流浪する魂の歌」「精選 折々のうた〈上中下〉」「古典をよむ 万葉集」「日本の古典詩歌」(全5巻・別巻1, 岩波書店)など。「大岡信著作集」(全15巻, 青土社)がある。元年〜5年第11代日本ペンクラブ会長、他に日本文芸家協会理事なども務めた。15年文化勲章を受章。21年三島市に大岡信ことば館が開館した。 [賞]芸術選奨文部大臣賞(平成1年度)〔平成2年〕「詩人・菅原道真」, 日本芸術院賞・恩賜賞(平成6年度)〔平成7年〕「詩人および評論家としての業績」, 文化功労者〔平成9年〕, フランス文学芸術勲章シュヴァリエ章〔平成1年〕, フランス芸術文化勲章オフィシエ章〔平成5年〕, 文化勲章〔平成15年〕, レジオン・ド・ヌール勲章オフィシエ章〔平成16年〕, 歴程賞(第7回)〔昭和44年〕「蕩児の家系」, 読売文学賞(第23回・評論伝記賞)〔昭和46年〕「紀貫之」, 無限賞(第7回)〔昭和54年〕「春 少女に」, 菊池寛賞(第28回)〔昭和55年〕「折々のうた」, 現代詩花椿賞(第7回)〔平成1年〕「故郷の水へのメッセージ」, 東京都文化賞(第9回)〔平成5年〕, 詩歌文学館賞(現代詩部門, 第8回)〔平成5年〕「地上楽園の午後」, ストルガ祭り金冠賞(マケドニア)〔平成8年〕, 朝日賞(平成8年度)〔平成9年〕, 国際交流基金賞〔平成14年〕 [資]日本芸術院会員〔平成7年〕 [団]日本文芸家協会(理事), 日本現代詩人会, 日本ペンクラブ [家]妻＝深瀬サキ(劇作家), 長男＝大岡玲(小説家), 長女＝大岡亜紀(画家), 父＝大岡博(歌人)

大賀 寛 おおが・ひろし 声楽家(バリトン) 日本オペラ制作・監督 昭和音楽大学名誉教授 日本オペラ協会総監督 [専]声楽, オペラ制作 [没]平成29年(2017)7月31日 88歳 [生]昭和4年(1929)3月3日 [出]京都府京都市 [名]本名＝大賀寛(おおが・ひろし) [学]東京芸術大学音楽学部声楽科〔昭和30年〕卒 [歴]上野学園大学助教授、名古屋音楽大学教授を経て、昭和音楽大学教授。日本オペラ振興会常任理事、日本オペラ協会総監督として日本オペラの創造・普及公演にあたる。日本オペラ振興会主催制作のオペラ「春琴抄」「あだ」「祝い歌の流れる夜に」「天守物語」「モモ」他30演目の総監督を務めた。 [賞]芸術選奨文部大臣賞「祝い歌が流れる夜に」(制作), 紫綬褒章〔平成2年〕, 勲四等旭日小綬章〔平成12年〕, ジローオペラ特別賞 [団]日本オペラ振興会, 日本オペラ協会, 日本演奏連盟 [師]師＝長坂好子, リッチ, ロドルフォ

大金 知武 おおがね・ともたけ 丸大大金畜産社長 [没]平成28年(2016)4月13日 88歳〔多臓器不全〕 [生]昭和2年(1927)8月5日 [出]北海道札幌市 [学]札幌二中卒 [歴]昭和23年より家業の精肉店に従事。25年丸大大金畜産設立に際して専務。52年から社長、平成12年から会長を務めた。

大神 研裕 おおがみ・けんゆう 福岡市議(自民党) [没]平成27年(2015)10月14日 78歳〔心不全〕 [生]昭和11年(1936)10月17日 [出]福岡県福岡市 [学]立命館大学法学部中退 [歴]福岡県警に7年間勤め、東部タクシー社長。昭和53年以来福岡市議に連続8選。平成3年議長。19年引退。 [賞]旭日中綬章〔平成20年〕

大川 一彦 おおかわ・かずひこ 昭和産業専務 [没]平成27年(2015)1月8日 90歳〔虚血性心不全〕 [生]大正13年(1924)2月10日 [出]千葉県 [学]東京大学法学部政治学科〔昭和25年〕卒 [歴]昭和25年昭和産業に入社。50年総務部長、54年取締役、57年常務を経て、61年専務。63年昭産商事副社長、平成3年社長に就任。

大河 直躬 おおかわ・なおみ 千葉大学名誉教授 [専]日本建築史 [没]平成27年(2015)9月13日 86歳〔肺炎〕 [生]昭和4年(1929)4月24日 [出]石川県金沢市 [名]本名＝大河直躬(おおかわ・なおみ) [学]東京大学工学部建築学科〔昭和27年〕卒, 東京大学大学院数物系研究科〔昭和33年〕博士課程修了 工学博士〔昭和36年〕 [歴]日本中世における大工の生産、組織、生活を解明し、建築技術史の研究に画期的成果を上げる一方、長く民家の形式美や地域比較の研究にも取り組む。のち千葉大学工学部教授。昭和51年〜平成13年長野県文化財保護審議委員。主著に「日本の民家」「桂と日光」「東照宮」「番匠」「住まいの人類学―日本庶民住居再考」など。晩年は文化財建造物や歴史的町並みの保存に取り組み、それに関連した編著に「都市の歴史とまちづくり」「歴史的遺産の保存・活用とまちづくり」がある。 [賞]日本建築学会賞(論文, 昭和49年度)「日本中世建築工匠史の研究」 [団]日本建築学会, 建築史学会

大川 久男 おおかわ・ひさお 脚本家 [没]平成28年(2016)4月19日 88歳〔呼吸不全〕 [生]昭和3年(1928)2月24日 [出]神奈川県横浜市 [歴]昭和32年NHKでテレビ脚本を執筆。34年日活、36年東映を経て、39年よりフリー。小林旭主演の映画「赤い夕陽の渡り鳥」(共同脚本)やテレビアニメ「アルプスの少女ハイジ」「ふしぎの海のナディア」などの脚本を手がけた。

大川 ミサヲ おおかわ・みさお 世界最高齢者(117歳) [没]平成27年(2015)4月1日 117歳〔老衰〕 [生]明治31年(1898)3月5日 [出]大阪府大阪市 [歴]大阪・天満の呉服屋の四女。大正8年に結婚、一男二女に恵まれたが、昭和6年に夫を失い、実家で家業を手伝う。平成25年2月114歳でギネスブックに女性長寿世界一と認定された。115歳の同年6月、史上最も長生きした男性に認定されていた木村次郎右衛門さんが116歳で亡くなったため、世界最高齢者と認定された。27年4月117歳で亡くなった。4人の孫、6人のひ孫がいた。

大川 光央 おおかわ・みつお 医師 金沢市立病院院長 金沢大学医学部助教授 [専]泌尿器科学 [没]平成29年(2017)3月1日 76歳 [生]昭和15年(1940)11月15日 [出]石川県金沢市 [学]金沢大学医学部医学科〔昭和40年〕卒, 金沢大学大学院医学研究科外科学系専攻〔昭和45年〕博士課程修了 医学博士 [歴]昭和47年金沢大学医学部助手、49年講師、57年助教授を経て、金沢市立病院院長。 [団]日本泌尿器科学会, 国際泌尿器科学会, 日本化学療法学会

大川 守夫 おおかわ・もりお 陸上指導者 埼玉陸上競技協会顧問 [没]平成27年(2015)6月10日 79歳〔胆嚢炎〕 [出]埼玉県行田市 [歴]陸上の投擲競技の指導者で室伏重信らを育てる。行田高(現・進修館高)監督時代の昭和49年、教え子の杉田和巳が全国高校総体の円盤投げ、ハンマー投げ、砲丸投げで3冠を達成し、埼玉県初の男子総合優勝を果たした。平成20年その功績

お

を称えて名前を冠したハンマー投げの全国大会・大川杯が創設された。

大河原 太一郎　おおかわら・たいちろう　参院議員（自民党）　農水相　農林水産事務次官　[没]平成29年（2017）3月5日　94歳〔老衰〕　[生]大正11年（1922）5月26日　[出]群馬県碓氷郡松井田町（安中市）　[学]東京帝国大学法学部政治学科〔昭和19年〕卒　[歴]農林省（現・農林水産省）に入省。昭和47年畜産局長、49年官房長、50年食糧庁長官、53年農林水産事務次官を歴任して、54年退官。55年参院選全国区で初当選。平成6年村山内閣の農水相となり、8年衆院予算委員長。旧渡辺派。参院議員を3期務め、10年引退。

大木 民夫　おおき・たみお　声優　[没]平成29年（2017）12月14日　89歳　[生]昭和3年（1928）8月26日　[出]東京都　[名]本名＝大木多美男（おおき・たみお）　[歴]テレビ草創期の頃から、吹き替え・ナレーションを担当するベテラン声優で、落ち着いた風格のある声質を生かした老人役やナレーションには定評があった。主な出演作に、アニメ「鉄腕アトム」「鉄人28号」「フランダースの犬」「トップをねらえ！」、劇場アニメ「GHOST IN THE SHELL/攻殻機動隊」「イノセンス」、洋画吹き替えに〈X-MEN〉シリーズのプロフェッサーX役の他に「グレムリン2」「シャーロックホームズ」、ナレーションに「ニュース23」「報道特集」「今日の出来事」などがある。

大木 浩　おおき・ひろし　衆院議員（自民党）　参院議員　環境相　環境庁長官　[没]平成27年（2015）11月13日　88歳〔脳梗塞〕　[生]昭和2年（1927）6月30日　[出]愛知県名古屋市　[学]海兵，東京大学法学部卒　[歴]海軍兵学校で敗戦を迎える。昭和26年外務省に入省、54年在ホノルル総領事で退官。55年参院選愛知選挙区に自民党から立候補して当選。平成9年第二次橋本改造内閣の環境庁長官として初入閣。同年12月国連気候変動枠組み条約第3回締約国会議（温暖化防止京都会議）で本会議議長を務め、法的拘束力のある温室効果ガスの削減目標を先進国に課した初の国際協定である「京都議定書」の採択に尽力した。10年落選。12年愛知8区から衆院議員に当選。14年2月外相に転じた川口順子元環境相の後任として、小泉内閣の環境相に就任。15年落選。衆院議員1期、参院議員3期。16年全国地球温暖化防止活動推進センター代表。　[賞]勲一等瑞宝章〔平成11年〕

大木 道則　おおき・みちのり　東京大学名誉教授　岡山理科大学名誉教授　[専]有機化学，科学教育　[没]平成28年（2016）11月23日　88歳〔心不全〕　[生]昭和3年（1928）3月30日　[出]兵庫県　[学]東京大学理学部化学科〔昭和25年〕卒　理学博士　[歴]昭和37年34歳という異例の若さで東京大学教授に就任。63年退官して岡山理科大学教授、平成11年同大客員教授。第13期日本学術会議会員。科学教育の振興に力を注ぎ、昭和53年～平成19年中学生と高校生の科学研究コンクールである日本学生科学賞の審査委員長を務める。17年にはNPO法人の科学技術振興のための教育改革支援計画を設立、小学校での科学実験の指導や小学校理科教師の研修などに取り組んだ。著書に「立体化学」「有機化学」「赤外線スペクトル」「入門 有機化学」などがある。　[賞]紫綬褒章〔平成2年〕，勲三等旭日中綬章〔平成12年〕，日本化学会進歩賞（第2回）〔昭和27年〕「発情化合物の合成研究」，日本化学会賞（第32回）〔昭和54年〕「有機化合物の配座固定と変換に関する研究」，日本化学会化学教育賞（第6回）〔昭和56年〕「わが国化学教育研究の組織化と国際化への貢献」，日本科学教育学会学会賞〔平成9年〕　[団]日本化学会，米国化学会，有機合成化学協会

大喜多 治　おおきた・おさむ　香川県議（けんみんネット）　[没]平成29年（2017）3月3日　85歳〔慢性腎不全〕　[生]昭和7年（1932）1月19日　[出]香川県仲多度郡多度津町　[学]香川大学経済学部〔昭和29年〕卒　[歴]昭和32年多度津製氷に入社、のち社長。39年以来香川県多度津町議5期を経て、57年より香川県議に7選。平成8年副議長、11年議長。19年引退。　[賞]藍綬褒章〔平成6年〕，旭日中綬章〔平成19年〕

大城戸 康夫　おおきど・やすお　愛媛トヨタ自動車社長　[没]平成27年（2015）11月3日　87歳〔心不全〕　[生]昭和3年（1928）5月17日　[出]高知県高知市　[学]高知商〔昭和20年〕卒　[歴]昭和22年高知トヨタ自動車入社。37年取締役部品部長、42年専務、46年代表取締役。42年愛媛トヨペット専務、52年副社長。60年社長。61年愛媛トヨタ自動車社長に就任。

大櫛 以手紙　おおくし・いてし　医師　循環器科大櫛内科院長　[専]循環器内科　[没]平成29年（2017）4月12日　97歳〔老衰〕　[生]大正8年（1919）10月3日　[出]徳島県板野郡吉野町（阿波市）　[名]雅号＝亜童，一峰，一以，望月太意声　[学]満州医科大学〔昭和21年〕卒　医学博士　[歴]昭和21年京都帝国大学医学部第三内科副手、26年徳島大学医学部助手、31年講師を経て、33年循環器科大櫛内科を開業。62年徳島日仏協会の発足に際して会長を務め、両国の文化交流を進めた。徳島県三曲協会会長も務めた。　[賞]フランス教育功労勲章〔平成5年〕，徳島県芸術祭優秀賞（写真部門）〔平成3年〕

大久保 温　おおくぼ・あつし　オカモト常務　[没]平成27年（2015）1月24日　69歳〔食道がん〕　[生]昭和20年（1945）4月23日　[学]慶応義塾大学経済学部〔昭和43年〕卒　[歴]昭和43年岡本理研ゴム（現・オカモト）に入社。平成11年取締役を経て、15年常務。

大窪 一玄　おおくぼ・いちげん　棋士　囲碁9段　[没]平成27年（2015）3月2日　85歳〔肺炎〕　[生]昭和4年（1929）3月15日　[出]石川県　[名]旧姓・名＝大窪幸雄（おおくぼ・ゆきお）　[歴]昭和14年増淵辰子8段に入門。15年院生、19年入段、21年2段、23年3段、同年4段、24年5段、31年6段、33年7段、39年8段を経て、43年9段。25年大手合全勝、28年青年選手権優勝。40年王座戦決勝に進出。平成11年引退。門下に白江治彦、橋本雄二郎らがいる。　[賞]棋道賞勝率第1位・連勝記録賞〔昭和42年〕　[師]師＝増淵辰子

大久保 慎七　おおくぼ・しんしち　小金井市長　[没]平成27年（2015）2月1日　94歳〔老衰〕　[生]大正9年（1920）5月22日　[出]東京都　[学]東京府立二商卒　[歴]土地開発公社理事長、小金井市総務部長、助役などを務

日　本　人　　おおこうち

め、昭和62年から市長に3選。平成11年引退。 ㊾勲四等瑞宝章〔平成12年〕 ㊾税理士

大久保 進 おおくぼ・すすむ ロチェスター大学名誉教授 ㊾素粒子理論 ㊚平成27年(2015)7月17日 85歳 ㊛東京大学〔昭和27年〕卒 Ph.D.(ロチェスター大学)〔昭和33年〕 ㊸イタリアのナポリ大学や欧州合同原子核研究所などを経て、昭和31年〜平成10年米国ロチェスター大学教授。素粒子の理論研究で成果を上げ、物理学の基本となる「標準理論」の構築に貢献した。 ㊾仁科記念賞(第22回)〔昭和51年〕「強い相互作用による素粒子反応に対する選択規則の発見」, J.J.サクライ賞(米国物理学会)〔平成17年〕

大久保 太郎 おおくぼ・たろう フンドーダイ社長 熊本経済同友会代表幹事 ㊚平成29年(2017)1月24日 68歳〔胆管がん〕 ㊙昭和24年(1949)1月9日 熊本県熊本市 ㊛東京大学経済学部経営学科〔昭和47年〕卒 ㊸生家は明治2年(1869年)創業の醤油・味噌製造のフンドーダイで、昭和47年に入社、53年から36年間にわたって社長を務めた。平成26年食品加工会社の五葉と経営統合し、相談役に退く。20〜25年熊本経済同友会代表幹事を務めるなど熊本県経済界で中心的な役割を担った。熊本県大豆醤油工業協同組合理事長、全国醤油工業協同組合連合会会長も歴任した。

大久保 誠 おおくぼ・まこと 金峰町(鹿児島県)町長 ㊚平成29年(2017)7月21日 80歳〔敗血症〕 ㊙昭和12年(1937)5月19日 鹿児島県日置郡金峰町(南さつま市) ㊛法政大学法学部卒 ㊸鹿児島県庁に入庁。秘書課長、中小企業課長、商工政策課長などを経て、平成3年より金峰町長に4選。高齢化の歯止めになればと40歳以下の妻帯者が転入して10年間住んだら100万円贈るというユニークなアイデアを打ち出して話題となった。鹿児島県土地改良事業団体連合会会長も務めた。 ㊾旭日双光章〔平成19年〕

大久保 政一 おおくぼ・まさいち 吉見商事会長 熊谷商工会議所名誉会頭 ㊚平成29年(2017)12月10日 92歳〔肺炎〕 ㊙大正14年(1925)3月28日 埼玉県熊谷市 ㊛熊谷商〔昭和16年〕卒 ㊸昭和16年足利銀行に入行。20年兵役復員後、家業の吉見屋商事に従事。22年合資に改組し吉見屋商店と改称、34年代表社員に就任。その間、39年吉見商事、43年熊谷食品卸売を設立し各社長に就任。ほかに、31年熊谷青年会議所理事長、47年埼玉県北総合流通センター設立理事長。60年から7期19年にわたって熊谷商工会議所会頭を務めた。ほかに、熊谷流通センター協同組合理事長、埼玉県中小企業団体中央会会長などを歴任。著書に「一粒の麦—大久保一自伝」「一粒の麦(回想編)」「創業小史—一粒の麦(商業編)」がある。 ㊾藍綬褒章〔昭和60年〕, 勲四等瑞宝章〔平成10年〕 ㊂長男=大久保利政(吉見商事社長)

大倉 敬一 おおくら・けいいち 月桂冠社長 ㊚平成28年(2016)8月15日 89歳〔胃がん〕 ㊙昭和2年(1927)3月25日 京都府京都市 ㊛同志社大学経済学部〔昭和25年〕卒, 同志社大学大学院経済学研究科〔昭和27年〕修了 ㊸第一銀行を経て、昭和31年大倉酒造(現・月桂冠)に入社、53年社長に就任。平成9年会長、のち相談役。この間、京都府酒造組合連合会会長を兼務。4年日本酒造組合中央会会長。20年京都伝統伎芸振興財団(おおきに財団)理事長。 ㊾藍綬褒章〔平成2年〕, 勲三等瑞宝章〔平成13年〕 ㊁祖父=大倉恒吉(大倉酒造11代目当主), 父=大倉治一(月桂冠社長), 息子=大倉治彦(月桂冠社長)

大倉 修吾 おおくら・しゅうご ラジオパーソナリティー ㊚平成28年(2016)7月22日 74歳〔昭和16年(1941)9月8日 ㊙国学院大学文学部史学科卒 ㊛昭和39年新潟放送(BSN)に入社。新潟弁の巧みな話術が買われ、番組ディレクターからラジオパーソナリティーに転身。46年から朝の番組「ミュージックポスト」を担当。強い新潟弁でリスナーとの人情味あふれる放送が話題となり最高聴取率29.1%を記録するなど、平成19年まで36年間続くBSNの看板番組となった。17年退社後はフリーとなり、司会や講演活動に従事。他の担当番組に「サツと修吾のハッピートーク」「大倉修吾の縁歌劇場」などがある。28年滞在先の東京のホテルで亡くなっているのが発見された。著書に「人の縁にて川渡る」「言魂歩」がある。 ㊾日本民間放送連盟賞放送活動部門ラジオ放送活動最優秀賞〔平成7年度〕

大倉 舜二 おおくら・しゅんじ 写真家 ㊚平成27年(2015)2月6日 77歳〔悪性リンパ腫〕 ㊙昭和12年(1937)5月2日 ㊸東京市牛込区(東京都新宿区) ㊛独協高〔昭和31年〕卒 ㊸高校時代から蝶の生態写真を撮り始め、昭和32年「蝶」として出版。写真家を志し、33年佐藤明に弟子入りするが、34年独立。同年雑誌「それいゆ」に「都会の博物誌」を連載。48年以降は蝶の研究も行う。ファッション、ヌード、ドキュメント、料理など様々なジャンルを手がけ、写真集に「EMMA」「日本の料理」「玉三郎写真集」「植田いつ子の世界」「松坂慶子写真集」「ゼフィルス24」「武蔵野」「TokyoX」などがある。 ㊾講談社出版文化賞(写真部門, 第3回)〔昭和47年〕, 日本写真協会賞年度賞(第37回)〔昭和62年〕「写真万葉録・筑豊」 ㊁祖父=川合玉堂(日本画家), 兄=大倉顯雄(高島屋常務) ㊂師=冨坂忠夫, 三木淳, 佐藤明

大倉 道昌 おおくら・みちまさ 洋画家 ㊚平成28年(2016)11月9日 90歳〔老衰〕 ㊙大正14年(1925)㊸岡山県岡山市 ㊛岡山一中卒, 東京美術学校(現・東京芸術大学) ㊸東京美術学校で安井曽太郎らに学ぶ。昭和39年渡仏。パリや田園の風景を描き続けた。

大倉 洋甫 おおくら・ようすけ 九州大学名誉教授 ㊾分析化学 ㊚平成27年(2015)2月12日 84歳〔くも膜下出血〕 ㊙昭和5年(1930)8月15日 ㊸山口県防府市 ㊛九州大学薬学部薬学科〔昭和28年〕卒, 九州大学大学院薬学研究科薬学専攻〔昭和33年〕博士課程修了 薬学博士〔昭和33年〕 ㊸昭和41年九州大学助教授を経て、47年教授。薬学部長も務めた。平成6年退官。日本分析化学会副会長を務めた。 ㊾日本分析化学会学会賞〔昭和60年〕「生理活性物質及びその関連酵素の分析化学的研究」 ㊂日本薬学会, 日本分析化学会, 日本臨床化学会

大河内 仙嶽 おおこうち・せんがく 書家 読売書法会参事 日展評議員 ㊾漢字 ㊚平成29年(2017)12月5日 84歳 ㊙昭和8年(1933)6月4日 ㊸佐賀県 本名=大河内敏(おおこうち・びん) ㊂師=村上三島に師

おおこうち　日本人

事。平成3年「朱慶余詩」、7年「井上靖の詩」で日展特選。　㊞毎日書道展毎日日本書展賞（第33回、昭和56年度），日展特選（平成3年度・7年度）「朱慶余詩」「井上靖の詩」　㊞妻＝関田咏波（書家）　㊞師＝村上三島

大河内 光行　おおこうち・みつゆき　一色町（愛知県）町長　㊞平成27年（2015）10月24日　72歳〔急性肺炎〕　㊞昭和18年（1943）1月1日　㊞愛知県幡豆郡一色町（西尾市）　㊞海産物加工会社社長。昭和58年愛知県一色町議となり連続3選。平成5年辞職、6年より町長に3選。18年落選。

大越 孝雄　おおこし・たかお　北海道開発局長　地崎工業社長　㊞平成27年（2015）1月19日　88歳〔急性呼吸不全〕　㊞大正15年（1926）5月2日　㊞北海道上川郡永山村（旭川市）　㊞北海道大学工学部土木工学科〔昭和24年〕卒　㊞昭和24年北海道土木試験所に入所。44年北海道開発局道路計画課長、51年建設部長、52年北海道開発局長。56年地崎工業（現・岩田地崎建設）副社長、63年副会長を経て、平成10年社長。　㊞勲三等瑞宝章〔平成8年〕

大坂 之雄　おおさか・ゆきお　広島大学名誉教授　㊞応用物性、電気工学　㊞平成28年（2016）2月26日　85歳　㊞昭和5年（1930）6月23日　㊞東北大学理学部物理学科卒　理学博士　㊞東北大学理学部助手を経て、昭和36年同大電気通信研究所助教授、47年広島大学工学部教授。著書に「電子物性」「電子物性演習」がある。　㊞応用物理学会、日本物理学会、電子情報通信学会

大崎 剛彦　おおさき・よしひこ　水泳選手　日本マスターズ水泳協会会長　ローマ五輪競泳男子200メートル平泳ぎ銀メダリスト　㊞平成27年（2015）4月28日　76歳〔間質性肺炎〕　㊞昭和14年（1939）2月27日　㊞石川県輪島市　㊞泉丘高卒、早稲田大学商学部〔昭和37年〕卒　㊞輪島高では山中毅と同級生だったが、父の転勤により金沢に移り泉丘高に転校。3年時に頭角を現し、早大水泳部で活躍。3年生の昭和35年、ローマ五輪に出場。200メートル平泳ぎで銀メダルを獲得し、4×100メートルメドレーリレーでも銅メダル獲得に貢献した。卒業後は37年倉敷レイヨンに入社。48年社会体育開発研究所を設立して取締役、59年社長に就任。平成4～26年日本マスターズ水泳協会会長を務め、18年国際マスターズ水泳殿堂入りを果たした。父は平泳ぎのアジア大会日本代表選手で石川県水泳協会副会長を務めた大崎卯藤久、妹は飛び込み選手で東京・メキシコ・ミュンヘン五輪に3大会連続出場を果たした大崎恵子、妻はメルボルン五輪、ローマ五輪に参加した佐藤喜子という水泳一家。　㊞妻＝大崎喜子（水泳選手），父＝大崎卯藤久（水泳選手），妹＝大崎恵子（飛び込み選手）

大沢 三郎　おおさわ・さぶろう　弁護士　岩手弁護士会会長　㊞平成28年（2016）3月21日　89歳〔老衰〕　㊞大正15年（1926）7月18日　㊞岩手県盛岡市　㊞九州大学農学部畜産学科〔昭和25年〕卒　㊞昭和25年増山貿易勤務、29年陸上自衛隊幕僚監部総務課勤務、30年防衛庁官房勤務を経て、34年司法試験に合格、37年弁護士登録。42～43年岩手弁護士会副会長、49～50年会長を務めた。51年岩手県人事委員、58年～平成10年委員長。平成元年東北弁護士連合会会長。　㊞勲三等瑞宝章〔平成10年〕　㊞岩手弁護士会

大沢 輝秀　おおさわ・てるひで　オーエスジー社長　豊川商工会議所会頭　㊞平成28年（2016）9月20日　78歳〔胃がん〕　㊞昭和13年（1938）2月3日　㊞愛知県豊川市　㊞早稲田大学商学部〔昭和36年〕卒　㊞昭和36年父が創業したオーエスジー（OSG）に入社。37年から英国の工作機械メーカーに遊学。38年オーエスジー販売に転じ、43年外国次長兼米国の現地法人社長として滞米。44年専務を経て、52年社長。49年オーエスジー取締役兼任。平成4年オーエスジーとオーエスジー販売の合併により、新オーエスジーの社長となる。19年会長兼CEO（最高経営責任者）に就任。この間、13年日本工具工業会理事長。　㊞父＝大沢秀雄（オーエスジー創業者），長男＝大沢伸朗（オーエスジー常務）

大沢 知宏　おおさわ・ともひろ　陸上選手（短距離）　㊞平成28年（2016）4月6日　47歳〔膵臓がん〕　㊞昭和44年（1969）4月2日　㊞埼玉県東松山市　㊞松山高卒、早稲田大学人間科学部卒　㊞中学時代は野球部捕手。埼玉・松山高校で陸上に転向。昭和62年10月沖縄国体の男子100メートル決勝で、2.7メートルの追い風参考ながら、日本記録10秒34を上回る10秒19の好記録で優勝。8月のインターハイに続いて2冠王となった。早稲田大学1年時の63年、ソウル五輪代表に選ばれ、100メートルに出場した。卒業後は早大でコーチを務めた。　㊞埼玉文化賞（第30回）〔昭和62年〕

大沢 宏　おおさわ・ひろし　ダイヤモンドリース社長　㊞平成27年（2015）9月13日　88歳〔病気〕　㊞昭和2年（1927）1月1日　㊞群馬県　㊞東京大学法学部〔昭和25年〕卒　㊞昭和25年三菱銀行（現・三菱東京UFJ銀行）に入行。55年取締役総務部長を経て、56年同営業本部営業第一部長。58年ダイヤモンドリース（現・三菱UFJリース）副社長、59年社長に就任。平成4年会長。

大重 筠石　おおしげ・きんせき　書家　読売書法会参事　㊞漢字　㊞平成28年（2016）11月6日　86歳〔敗血症〕　㊞昭和5年（1930）　㊞鹿児島県　㊞本名＝大重彰（おおしげ・あきら）　㊞広津雲仙に師事。昭和55年「陸游詩」、62年「望海何振俗詩」で日展特選を受けた。　㊞日展特選（昭和55年度・62年度）「陸游詩」「望海何振俗詩」　㊞師＝広津雲仙

大重 潤一郎　おおしげ・じゅんいちろう　映画監督　沖縄映像文化研究所理事長　㊞平成27年（2015）7月22日　69歳〔肝臓がん〕　㊞昭和21年（1946）3月9日　㊞鹿児島県鹿児島市天保山町　㊞国分高〔昭和39年〕卒　㊞職を転々とし知人の紹介で山本薩夫の助監督見習いとなる。のち東映劇映画助監督。昭和41年岩波映画に入り、主に神馬亥佐雄に師事。さらに山崎祐次ら助監督仲間とサイクル8の会を作り、新映画を目指して昭和45年35ミリで郷里・桜島黒神部落を題材に劇映画「黒神」を自主製作。以後関西に移り「かたつむりはどこへいった」（48年）、「峠のむこうに春がある」（49年）など反公害映画やよみうりテレビのドキュメンタリーなどを監督。51年東京に転居。のちUMI映画代表。平成14年活動拠点を沖縄へ移し、NPO法人・沖縄映像文化研究所を設立して同理事長。久高島の祭事や生活を記録した長編ドキュメンタリー映画「久高オデッセイ」を

撮影、同作の第3部「久高オデッセイ第3部 風章」(27年)が遺作となった。

大志田 多　おおしだ・まさる　岩手日報販売局次長・企画出版部長　[没]平成28年(2016)3月11日　59歳　[生]昭和31年(1956)8月16日　[出]岩手県盛岡市　[学]盛岡商卒　[歴]昭和50年岩手日報社に入社。平成18年企画出版部長、25年販売局次長兼務。

大下 陸郎　おおした・みちお　医師　金沢聖霊総合病院院長　[専]産婦人科学　[没]平成27年(2015)7月31日　81歳〔肺炎〕　[生]昭和9年(1934)3月12日　[出]石川県輪島市　[学]金沢大学医学部〔昭和33年〕卒　[歴]昭和40年金沢聖霊総合病院の産婦人科医長となり、2万人を超える赤ちゃんを取り上げた。平成9年同院長。また、4年から北国新聞朝刊で「サル学人生講座」、16年から「ラブラブクリニック」「男と女のないしょ話」を連載、明るくユーモアに溢れた語り口で夫婦やカップルの性に関する正しい知識の普及に努めた。石川県水泳協会副会長なども務めた。著書に「大下陸郎のサル学人生講座」「ラブラブクリニック」がある。

大島 晃　おおしま・あきら　上智大学名誉教授　[専]漢文学　[没]平成27年(2015)12月1日　69歳　[生]昭和21年(1946)9月12日　[出]栃木県宇都宮市　[学]東京教育大学文学部漢文学卒, 東京大学大学院人文科学研究科中国哲学専攻〔昭和51年〕博士課程修了　[歴]上智大学文学部教授を務めた。編著に「中国名言名句辞典」「中国名言便覧」などがある。　[団]日本中国学会, 東方学会, 日本道教学会

大島 国雄　おおしま・くにお　青山学院大学名誉教授　[専]経営学(公企業, 社会主義企業)　[没]平成28年(2016)1月24日　92歳〔腎不全〕　[生]大正12年(1923)10月15日　[出]愛知県名古屋市　[学]陸士〔昭和19年〕卒, 愛知大学法経学部〔昭和25年〕卒　経営学博士(神戸大学)　[歴]昭和25年運輸調査局研究員、30年東京都立商科短期大学講師、助教授、教授を経て、41年青山学院大学経営学部教授。45〜47年学部長、平成4年名誉教授、駿河台大学経済学部教授。著書に「ソヴェト経営学」「公企業の経営学」「企業形態論」「公企業改革の時代」「国際比較経営の新展開」「現代日露中国経営論」などがある。　[賞]会計検査院長賞〔昭和25年〕　[団]日本経営学会, 公益事業学会, 日本交通学会, 社会主義経営学会, 日本経営教育学会, 経営哲学会

大島 勉　おおしま・つとむ　中日新聞参与　[没]平成28年(2016)4月23日　98歳〔老衰〕　[生]大正7年(1918)3月9日　[出]愛知県名古屋市　[学]明治大学予科〔昭和13年〕中退　[歴]昭和16年新愛知新聞社(現・中日新聞社)に入社。44年管理局長、46年監査役、52年参与を歴任。60年から中部日本ビルディング専務を務めた。　[家]長男＝大島正(中日新聞監査役)

大島 俊之　おおしま・としゆき　神戸学院大学教授　[専]民法, スポーツ法　[没]平成28年(2016)2月19日　68歳〔肝硬変〕　[生]昭和22年(1947)7月8日　[出]徳島県鳴門市　[学]大阪大学法学部〔昭和50年〕卒, 神戸大学大学院法学研究科〔昭和55年〕博士課程退学　博士(法学, 神戸学院大学)〔平成15年〕　[歴]昭和55年大阪府立大学専任講師、58〜59年ラバル(Laval)大学留学、61年大阪府立大学助教授を経て、平成3年神戸学院大学教授。8〜10年ストラスブール大学に留学。19年九州国際大学法学部教授。性同一性障害者の戸籍における性別変更の必要性を指摘し、性同一性障害特例法の制定に尽力した。GID(性同一性障害)学会理事長も務めた。著書に「債権者取消権の研究」「民法II(債権・親族・相続)」「性同一性障害と法」、共著に「債権総論」「ドイツ債権法」「民法教室」「民法3」などがある。　[賞]カナダ首相出版賞〔平成9年〕, 尾中郁夫・家族法学術賞〔平成15年〕「性同一性障害と法」　[資]弁護士　[団]日本私法学会, 信託法学会, 性同一性障害研究会

大城 真順　おおしろ・しんじゅん　衆院議員(自民党)　参院議員　[没]平成28年(2016)2月18日　88歳〔老衰〕　[生]昭和2年(1927)10月5日　[出]沖縄県島尻郡玉城村百名(南城市)　[学]ミズーリ州立大学(米国)政治学部〔昭和30年〕卒　[歴]沖縄戦では沖縄県立一中の学生として鉄血勤皇隊に動員され、迫撃砲弾の破片を受けて生死の境をさまよった。戦後、昭和27年米国ミズーリ州立大学へ留学。30年卒業後は琉球米国民政府などに勤める。40年琉球政府の立法府議員に当選、2期。沖縄の本土復帰後は、47年から沖縄県議2期を経て、54年衆院選旧沖縄全県区で当選。55年落選したが、57年参院沖縄選挙区補選で当選、2期務めた。竹下派。平成4年落選。昭和58年沖縄開発政務次官、59年自民党沖縄県連会長、63年参院内閣委員長、平成3年党沖縄振興委員長などを歴任した。17年の衆院選では自民党を離党した下地幹郎を応援したとして党顧問職を解任され、無期限の役職停止処分を受けた。　[賞]勲二等旭日重光章〔平成9年〕, 沖縄県功労者〔平成13年〕

大城 助吉　おおしろ・すけよし　琉球音楽家　安冨祖流絃声会会長　沖縄伝統音楽安冨祖流保存会会長　[没]平成28年(2016)4月5日　85歳〔肺がん〕　[出]沖縄県中頭郡西原町　[歴]昭和47年沖縄県指定無形文化財沖縄伝統音楽安冨祖流、61年国指定重要無形文化財組踊、平成21年国指定重要無形文化財琉球舞踊の各保持者に認定される(全て三線)。沖縄古典音楽安冨祖流絃声会会長、沖縄伝統音楽安冨祖流保存会会長や琉球古典芸能コンクールの審査員などを歴任した。　[賞]旭日双光章〔平成26年〕　[資]沖縄県指定無形文化財沖縄伝統音楽安冨祖流(三線)保持者〔昭和47年〕, 国指定重要無形文化財組踊(三線)保持者〔昭和61年〕, 国指定重要無形文化財琉球舞踊(三線)保持者〔平成21年〕

大城 律道　おおしろ・りつどう　日本広告社長　麦飯石の水社長　[没]平成27年(2015)2月19日　61歳〔急性間質性肺炎〕　[出]沖縄県糸満市糸満

大須賀 明　おおすが・あきら　早稲田大学名誉教授　西北大学(中国)名誉教授　[専]憲法　[没]平成27年(2015)12月23日　81歳〔肺炎〕　[生]昭和9年(1934)1月21日　[出]神奈川県横浜市　[学]早稲田大学第一法学部〔昭和33年〕卒, 早稲田大学大学院法学研究科〔昭和41年〕博士課程修了　法学博士(早稲田大学)〔昭和59年〕　[歴]昭和39年早稲田大学法学部助手、42年専任講師、44年助教授を経て、49年教授。著書に「生存権論」「社会国家と憲法」などがある。　[団]国際憲法学会, 日本公法学会, 全国憲法研究会

大角 真治　おおすみ・しんじ　静岡新聞浜松総局次長・業務部長　[没]平成29年(2017)4月15日　77歳〔肺炎〕

お

[生]昭和15年(1940)3月29日　[出]静岡県伊豆市　[学]慶応義塾大学文学部卒　[歴]昭和38年静岡新聞社に入社。55年営業局営業促進部長を経て、平成4年浜松総局次長兼業務部長。

大薗 明照　おおぞの・あきてる　ハンズマン社長　[没]平成29年(2017)4月3日　75歳〔肝臓がん〕　[出]宮崎県都城市　[歴]昭和46年大薗硝子建材商会社長に就き、平成7年ハンズマンに社名変更。18年会長。

太田 嵯　おおた・ああ　俳人　「恵那」主宰　[没]平成28年(2016)2月15日　94歳　[生]大正10年(1921)8月6日　[出]岐阜県中津川市　[名]本名＝太田浩二(おおた・こうじ)　[学]恵那中〔昭和14年〕卒, 国学院大学文学部国文科〔昭和24年〕卒　[歴]高校や中京短期大学などで教鞭を執る。俳句は、昭和17年「ホトトギス」に初入選。20年「笛」に入会して松本たかしに師事。32年「年輪」に入会、橋本鶏二に師事。同年「ひこばえ」の指導にあたり、47年「恵那」と改題して主宰。37年より岐阜日日新聞俳壇選者を務めた。平成27年「恵那」終刊。句集に「厚朴」「夜庭」がある。　[賞]年輪賞(第6回)〔昭和37年〕, 岐阜県芸術文化特別奨励賞(第1回)〔昭和53年〕, 汝鷹賞〔昭和61年〕　[団]俳人協会　[師]師＝松本たかし, 橋本鶏二

太田 朗　おおた・あきら　英語学者　東京教育大学名誉教授　[専]言語学　[没]平成27年(2015)12月31日　98歳　[生]大正6年(1917)7月21日　[出]神奈川県　[学]東京文理科大学英文学科〔昭和22年〕卒　Ph.D.(ミシガン大学)　[歴]東京教育大学教授、上智大学教授、京都外国語大学英米語学科教授を歴任。日本英語学会機関誌「English Linguistics」初代編集長。著書に「米語音素論」「構造言語学」「否定の意味」「私の遍歴」などがある。　[賞]日本学士院賞〔昭和57年〕, 勲三等旭日中綬章〔昭和63年〕, 東京文理科大学賞(第7回, 昭和34年度)　[団]米国言語学会, 大学英語教育学会, 日本英語学会

太田 和夫　おおた・かずお　秋田県立近代美術館副館長　[没]平成29年(2017)9月27日　66歳〔肺炎〕　[歴]秋田県立博物館副館長を経て、平成22年4月～23年3月秋田県立美術館副館長。平福穂庵・百穂、勝平得之ら多くの秋田県内画家の研究に携わった。

太田 和郎　おおた・かずお　ホテル日航福岡社長　九州勧業社長　[没]平成27年(2015)4月23日　84歳　[生]昭和5年(1930)7月21日　[出]東京都　[学]慶応義塾大学経済学部〔昭和28年〕卒　[歴]昭和28年富士銀行(現・みずほ銀行)を経て、平成4年九州勧業に入社、同年社長に就任。昭和62年ホテル日航福岡社長、63年～平成元年東邦生命保険副会長、同年5月博多大丸会長も務めた。　[賞]旭日双光章〔平成19年〕

太田 勝義　おおた・かつよし　大阪市議(自民党)　[没]平成29年(2017)4月24日　74歳〔多臓器不全〕　[生]昭和17年(1942)8月17日　[学]関西大学法学部卒　[歴]葬祭会社勤務を経て、大阪市議に8選。平成10年議長。23年引退。　[家]長男＝太田晶也(大阪市議)

太田 国男　おおた・くにお　牧師補　日本聖公会菊池黎明教会牧師補　[没]平成28年(2016)5月13日　84歳　[生]昭和6年(1931)5月24日　[出]愛知県　[歴]10歳でハンセン病で発病、15歳で群馬県草津の国立療養所栗生楽泉園に入る。昭和39年から岡山の国立療養所長島愛生園で聖書を学び、45年聖公会伝道師。49年聖公会執事(牧師補)、59年熊本の国立療養所菊池恵楓園に移り、園内の日本聖公会菊池黎明教会牧師補となった。著書に「自分の十字架を背負って」がある。

太田 健一　おおた・けんいち　山陽学園大学名誉教授　[専]日本近現代史, 岡山県　[没]平成28年(2016)1月23日　79歳〔胃がん〕　[生]昭和11年(1936)2月15日　[出]岡山県邑久郡邑久町(瀬戸内市)　[学]岡山大学教育学部〔昭和33年〕卒　[歴]関西高校、児島第一高校、岡山市立工業高校、岡山東商業高校を経て、広島女子大学助教授、山陽学園大学教授。岡山県の近現代史を研究し、県内各地の自治体史編纂に携わった。　[賞]岡山市文化奨励賞〔昭和57年〕, 岡山県文化奨励賞〔昭和62年〕, 山陽新聞賞〔平成11年〕

太田 周造　おおた・しゅうぞう　新町西再開発の白紙撤回を求める市民の会代表世話人　[没]平成28年(2016)5月26日　73歳〔肺炎〕　[歴]平成23年徳島市の新町西地区再開発事業に反対する“新町西再開発の白紙撤回を求める市民の会”を結成、代表世話人を務める。25年3～4月事業の是非を問う住民投票の実施を目指して署名活動を展開した。その後もシンポジウムを開くなど反対運動を続けた。

太田 純一郎　おおた・じゅんいちろう　ジャズ・ドラマー　[没]平成29年(2017)11月19日　84歳〔老衰〕　[出]大阪府　[歴]昭和28年大阪の米軍キャンプのオーディションに合格してジャズの世界に足を踏み入れる。52年徳島市へ移住、精力的にライブを行って徳島にジャズ文化を根付かせた。63年からピアニストの佃洋子らと「徳島ジャズストリート」を開催、秋田町周辺のライブハウスやバーを会場に生演奏が繰り広げられるイベントとして定着した。エフエム徳島のラジオ番組「酒とジャズの日々」では放送開始当初の平成8年からパーソナリティーを務め、飾らないトークで親しまれた。

太田 信一郎　おおた・しんいちろう　三菱商事副社長　[没]平成28年(2016)8月11日　87歳〔急性白血病〕　[生]昭和4年(1929)7月21日　[出]東京都　[学]東京大学法学部〔昭和27年〕卒　[歴]昭和29年三菱商事に入社。58年財務第一部長、60年取締役、62年常務、平成2年専務、4年副社長、5年顧問。同年9月英国の証券会社エス・ジー・ウォーバーグ・グループ顧問。

太田 祖電　おおた・そでん　僧侶　沢内村(岩手県)村長　碧祥寺(真宗大谷派)住職　[没]平成27年(2015)8月23日　93歳〔急性呼吸器不全〕　[生]大正10年(1921)12月19日　[出]岩手県和賀郡沢内村(西和賀町)　[学]大谷大学文学部卒　[歴]7歳で得度。昭和22年東本願寺紫草苑主事として街路婦厚生事業に取り組む。23年岩手県立黒沢尻高教諭を経て、28年東本願寺開教師としてブラジルへ。31年沢内村教育長となり、全国に先駆けて老人と乳児の無料医療を実施した深沢晟雄村長とともに“生命尊重の行政”を推進、37年には全国一高かった乳児死亡率をゼロにした。48年から5期連続で村長に無投票当選。“生命尊重の行政”を継承し、58年の老人保健法施行時には老人医療費無料制度を維持して注目を集める。平成5年退任後は沢内村社会福祉協議会会長などを務める。19年NPO法人・深沢晟雄の会初

代理事長となり、深沢晟雄資料館の運営や福祉行政の理念継承活動などに取り組んだ。著書に「いのちの輝き」、共著に「マタギ狩猟用具」「沢内村奮戦記」などがある。　勲勲五等双光旭日章〔平成5年〕、河北文化賞（第33回、昭和58年度）

大田 大穣　おおた・だいじょう　僧侶（曹洞宗）　晧台寺住職　没平成29年（2017）6月24日　87歳〔肺炎〕　生昭和4年（1929）12月1日　出鳥取県　学京都大学文学部哲学科卒、京都大学大学院修了　歴昭和17年諫早市にあった長崎地方航空機乗員養成所に最年少の12歳で入所。20年8月の長崎への原爆投下時は諫早の飛行場にいた。戦後は僧侶の道に進み、各地の曹洞宗の寺の住職や永平寺監院などを歴任。平成7～28年長崎市の晧台寺住職を務めた。平和運動にも積極的に関わり、17年8月には世界核兵器解体基金「原爆の火」行脚に参加。行脚を追ったドキュメンタリー映画「GATE」に出演した。

太田 大八　おおた・だいはち　絵本画家　日本児童出版美術家連盟理事長　分児童文学、絵本　没平成28年（2016）8月2日　97歳〔肺炎〕　生大正7年（1918）12月28日　出大阪府大阪市　学多摩帝国美術学校（現・多摩美術大学）図案科卒　歴3歳までロシアのウラジオストクで育ち、以後郷里の長崎県大村へ、10歳の時に東京・神田に移る。美術学校卒業後、世界文化復興会の活動中に広島で原爆を体験。昭和24年から児童図書や絵本などのイラストレーターとして活躍。39年日本児童出版美術家連盟に参加、長年にわたって理事長を務め、絵の著作権確立に尽力した。代表作に「馬ぬすびと」「かさ」「ながさきくんち」「近世のこども歳時記」「だいちゃんとうみ」「絵本西遊記」「やまなしもぎ」「ブータン」、SF小説「スパンキー」など。　賞日本童画会賞〔昭和30年〕、小学館絵画賞〔昭和33年〕「いたずらうさぎ」他〕、サンケイ児童出版文化賞（第17回）〔昭和45年〕「寺町3丁目11番地」、国際アンデルセン賞国内賞（第5回）〔昭和44年〕、ドイツ民主共和国ライプチヒ国際図書芸術展奨励賞〔昭和50年〕、児童福祉文化賞（第18回、昭和50年度）「かさ」、IBA国際図書芸術展金賞〔昭和52年〕「森のいる島」、サンケイ児童出版文化賞大賞（第24回）〔昭和52年〕「森のいる島」、講談社出版文化賞絵本賞（第12回）〔昭和56年〕「ながさきくんち」、日本児童文芸家協会児童文化功労者賞（第29回）〔平成2年〕、赤い鳥さし絵賞（第4回）〔平成2年〕「見えない絵本」、日本の絵本賞絵本にっぽん賞（第15回）〔平成4年〕「だいちゃんとうみ」、サンケイ児童出版文化賞美術賞（第45回）〔平成10年〕「絵本西遊記」、モービル児童文化賞（第34回）〔平成11年〕、産経児童出版文化賞（第49回）〔平成14年〕「えんの松原」　団絵本学会、日本児童出版美術家連盟、日本児童図書評議会　家孫＝ディオス、ニコール・ヴェルヘル・デ（ジャズ歌手）

太田 孝　おおた・たかし　近畿日本ツーリスト社長　没平成27年（2015）1月19日　70歳〔原発不明がん〕　生昭和19年（1944）3月14日　出三重県会部玉城町　学横浜市立大学文理学部〔昭和41年〕卒　歴昭和41年近畿日本ツーリスト（現・KNT-CTホールディングス）

に入社。平成10年人事部長、11年取締役、15年常務を経て、16年社長。20年取締役相談役。

太田 富雄　おおた・とみお　大阪医科大学名誉教授　分脳神経外科学　没平成28年（2016）11月27日　85歳〔膵臓がん〕　生昭和6年（1931）4月17日　学京都大学医学部医学科卒、京都大学大学院医学研究科脳神経外科学専攻博士課程修了　医学博士　歴大阪医科大学医学部教授を経て、富永脳神経外科病院院長。編著に「脳神経科学」「脳神経外科患者の診かた」「メディカ・メンテ」など。　受瑞宝中綬章〔平成22年〕　団日本脳神経外科学会、日本神経学会、日本脳卒中学会

太田 直樹　おおた・なおき　声楽家（バリトン）　没平成29年（2017）8月24日　57歳　出長野県安曇野市　学東京芸術大学卒、東京芸術大学大学院修了、シュトゥットガルト音楽大学　歴幼い頃はピアノを習うが、中学3年から本格的に歌のレッスンを受け、松本深志高時代は信州大学教授の個人指導を受ける。東京芸術大学大学院修了後、昭和61年～平成元年ドイツのシュトゥットガルト音楽大学に留学し、プロの道へ入る。帰国後、文化庁オペラ研修所第8期を修了。声楽を伊藤亘行、ギュンター・ライヒ、ドイツ歌曲をコンラート・リヒターに師事。2年からエルンスト・ヘフリガーのマスタークラスに参加。二期会公演「学生王子」「ホフマン物語」などに出演。10年には長野五輪記念公演オペラ「善光寺物語」に出演した。ドイツ歌曲を中心としたリサイタル、バッハ、ヘンデルなどの宗教曲の独唱など幅広く活躍。国立音楽大学講師、桐朋学園芸術短期大学講師、東京都立芸術高校講師、東京オペラ・プロデュース・メンバーも務める。二期会、東京室内歌劇場各会員。　師師＝伊藤亘行、ライヒ、ギュンター、リヒター、コンラート、ヘフリガー、エルンスト

太田 正明　おおた・まさあき　滋賀県議（無所属）　没平成28年（2016）12月21日　72歳〔肺炎〕　生昭和19年（1944）2月1日　出滋賀県草津市　学立命館大学法学部〔昭和42年〕卒　歴昭和54年から草津市議4期、市議会副議長、議長を務める。平成5年草津市助役に就任。15年自民党から滋賀県議に当選。17年草津市助役時代の入札に関する加重収賄容疑で滋賀県警に逮捕され、無罪判決となる。19年引退、1期。

大田 昌秀　おおた・まさひで　沖縄県知事　参院議員（社民党）　琉球大学名誉教授　分広報学、沖縄戦史　没平成29年（2017）6月12日　92歳〔呼吸不全と肺炎〕　生大正14年（1925）6月12日　出沖縄県島尻郡具志川村（久米島町）　学早稲田大学教育学部〔昭和29年〕卒、シラキュース大学（米国）大学院〔昭和31年〕修士課程修了　歴昭和16年沖縄師範に入隊。在学中の20年、鉄血勤皇隊員として沖縄戦を体験。29年早稲田大学教育学部を卒業後、米国へ留学。33年琉球大学講師、43年教授、58年法文学部長。東京大学新聞研究所、ハワイ大学、アリゾナ大学でも教授・研究を行う。著書に「拒絶する沖縄」「沖縄のこころ」「これが沖縄戦だ」「近代沖縄の政治構造」「沖縄の民衆意識」「鉄血勤皇隊」「沖縄の挑戦」「沖縄戦下の米日心理作戦」「こんな沖縄に誰がした」など多数。沖縄と本土人との差別是正を訴えた。平成2年琉球大学教授を辞職して沖

縄県知事選に立候補し当選、12年ぶりの革新県政誕生となった。7年米海兵隊員による少女暴行事件が起こると、地主が契約に応じない米軍用地の強制使用手続き（知事の代理署名）を拒否。12月村山首相は職務執行命令を求める行政訴訟（沖縄代理署名訴訟）を起こした。8年8月最高裁で敗訴。同年9月基地整理・縮小と日米地位協定見直しを問う県民投票を実施。過半数が見直しについて賛成し、その結果を持って橋本首相と会談。首相が沖縄経済振興への政府の新たな取り組みを示し、沖縄県民の主張に一定の理解を示したことを評価し、代理署名に応じた。9年4月改正駐留軍用地特別措置法が成立。10年2月米国軍普天間飛行場の返還に伴う海上航空基地（ヘリポート）建設について、建設候補地の名護市での市民投票で建設反対が過半数を占めたことにより反対を表明。同年3選を目指すが、落選。13年7月社民党から参院選比例区に当選。19年1期で引退。この間、3年1月基地問題や高齢化社会などについて研究し、政策を提言していく大田平和総合研究所（現・沖縄国際平和研究所）を開設した。　[賞]沖縄タイムス文化賞〔昭和47年〕, 東恩納寛惇賞（第4回）〔昭和62年〕「沖縄戦・戦後史を実証的に追究」　[団]日本新聞学会, 日本社会学会

太田 道信　おおた・みちのぶ　歯科医　長野県議（自民党）　[没]平成29年（2017）9月3日　83歳〔がん〕　[生]昭和8年（1933）11月18日　[出]長野県東筑摩郡波田町（松本市）　[学]日本大学歯学部卒　歯学博士　[歴]歯科医院院長、不動産会社会長を務める。平成3年自民党公認で岡谷選挙区から長野県議に初当選。3期務め、15年引退。長野県歯科医師会常務理事なども歴任した。　[賞]旭日双光章〔平成17年〕

太田 光雄　おおた・みつお　水泳指導者　ミュンヘン五輪水泳日本代表監督　[没]平成27年（2015）2月16日　92歳〔肺炎〕　[学]立教大学　[歴]昭和35年ローマ五輪に水泳日本代表コーチとして参加。47年のミュンヘン五輪では日本代表監督を務め、金メダルを獲得した男子100メートル平泳ぎの田口信教、女子100メートルバタフライの青木まゆみらを率いた。

大田 緑　おおた・みどり　陶芸家　[没]平成27年（2015）1月7日　93歳〔老衰〕　[生]大正10年（1921）11月28日　[出]福岡県直方市永満寺宅間　[歴]旧満州で蒸気機関車に乗務していたが病気で帰国。母の実家の上野焼窯元で焼き物を始める。昭和25年福岡県工業試験場の窯業専門職となり、55年定年退職後、陶芸に専念。この間、50年日展に初入選、62年「奉騶－87」、平成元年「流痕－G」で日展特選。5年日展会員。　[賞]日本現代工芸美術展東京都教育委員会賞（第25回, 昭和61年度）, 日展特選〔昭和62年・平成1年〕「奉騶－87」「流痕－G」　[資]熱エネルギー管理士　[団]現代工芸美術家協会, 日展

大高 一夫　おおたか・かずお　オータカ社長　全日本トラック協会副会長　[没]平成28年（2016）1月20日　76歳〔病気〕　[生]昭和14年（1939）12月1日　[出]東京都　[学]拓殖大学商学部〔昭和39年〕卒　[歴]昭和40年オータカを設立、社長に就任。東京都トラック協会会長、全日本トラック協会副会長を歴任した。

大高 宏元　おおたか・ひろもと　朝日新聞東京本社運動部長　[没]平成27年（2015）10月20日　76歳〔胃がん〕　[生]昭和14年（1939）6月5日　[出]秋田県山本郡二ツ井町（能代市）　[学]早稲田大学第一政治経済学部卒　[歴]報知新聞社を経て、昭和45年朝日新聞社に入社。前橋支局、大阪運動部、東京運動部に配属され、編集委員、運動部次長を経て、平成4年同部長。主にボクシングを取材した。

太田垣 立郎　おおたがき・たつお　岩田屋三越社長　三越伊勢丹ホールディングス専務　[没]平成28年（2016）2月29日　65歳　[生]昭和25年（1950）7月30日　[出]東京都　[学]慶応義塾大学商学部〔昭和48年〕卒　[歴]岩田屋三越社長、三越伊勢丹ホールディングス専務を経て、平成27年九州電力監査役を務めた。

大田垣 喜夫　おおたがき・よしお
⇒備前 喜夫（びぜん・よしお）を見よ

大滝 重美　おおたき・しげみ　大勢漁業社長　[没]平成29年（2017）2月7日　91歳〔肺炎〕　[生]大正14年（1925）8月11日　[出]北海道増毛郡増毛町　[学]北海道大学農学部林学科卒　[歴]昭和27年大勢漁業常務、38年社長。53年～平成8年の9期18年間にわたって釧路水産協会会長。釧路市教育委員も務めた。2年にはソ連カムチャツカ州との合併企業、釧路カムチャツカ水産振興の社長に就任した。

大滝 達彦　おおたき・たつひこ　富士通専務　[没]平成28年（2016）3月26日　75歳　[生]昭和15年（1940）10月19日　[出]東京都　[学]慶応義塾大学商学部〔昭和39年〕卒　[歴]昭和39年富士通信機製造（現・富士通）に入社。58年情報処理事業本部第一事業管理部第一工務部長、62年情報処理事業推進本部生産管理部長、平成3年情報処理事業推進本部長代理を経て、6年取締役。8年より情報処理事業推進本部本部長を兼ねる。常務を経て、12年専務。のち取締役に退き、13年富士通サポート＆サービス（Fsas, エフサス）社長に就任。同年9月東証第1部に上場。16年常任顧問。

大滝 貞一　おおたき・ていいち　歌人　「雲珠」主宰　[没]平成28年（2016）7月23日　80歳〔心不全〕　[生]昭和10年（1935）9月3日　[出]新潟県東頸城郡　[学]東洋大学文学部国文学科〔昭和33年〕卒　[歴]昭和33年日本放送教育協会編集局を経て、35年博報堂に入社。PR本部ディレクター、PR部長営業担当部長、中国室長、中国地区総代表兼北京事務所長など歴任。平成2年新聞局シニアディレクター、7年定年退職。また、大学在学中に「大学歌人会」で活躍。「花実」を経て「古今」に入り、福田栄一に師事。騎の会、十月会、日本歌人クラブなどでも活動。昭和60年「雲珠」を創刊・主宰。平成4年より山陽新聞「山陽歌壇」選者。四万十市で開催される四万十川短歌全国大会の選者も務めた。歌集に「同時の時間」「花火咲き」「彩月」「雪蛍」「白花幽」「枯野舟」「北京悲愁抄」「頭城野」「風祭」「大滝貞一定年十歌集」「渾元」、著書に「恋の歌愛の歌」「越のうた散歩」「現代短歌の魅力」「福田栄一秀歌」などがある。　[団]現代歌人協会, 日本ペンクラブ, 日本文芸家協会, 日中文化交流協会　[師]師＝福田栄一

大竹 義文　おおたけ・ぎぶん　石鳥谷町（岩手県）町長　[没]平成28年（2016）6月7日　91歳〔急性心臓死〕　[生]大正13年（1924）6月26日　[出]岩手県稗貫郡石鳥谷町（花

巻市）　㋙花巻中卒　㋱昭和21年岩手県の八重畑村役場に入る。35年石鳥谷町住民課長、38年総務課長、46年石鳥谷町助役。62年より町長に4選。平成15年引退。

大竹 省二　おおたけ・しょうじ　写真家　㋤平成27年（2015）7月2日　95歳〔心原性脳塞栓症〕　㋅大正9年（1920）5月15日　㋪静岡県小笠郡大須賀町（掛川市）　㋙東亜同文書院中退　㋱造り酒屋の長男で、中学時代から写真雑誌で入選。昭和17年応召、19年北京の日本大使館報道部のカメラマンとなり、米軍専属だったアーニーパイル劇場で来日女優らを撮影。23年INP通信社に移り、25年からフリー。「アサヒカメラ」編集長の津村秀夫に才能を買われ、同誌に来日する外国人音楽家の写真記事を連載。30年写真集「世界の音楽家」として出版されると、30代の写真家が出した写真集として評判となった。その後、女性のポートレートやヌード写真などを意欲的に撮影して「女性専科」「婦人科」と呼ばれた。また、28年林忠彦、秋山庄太郎、早田雄二と二科会写真部を創立、同静岡支部の運営にも尽くした。平成15～21年大須賀町ふるさと大使、掛川市ふるさと親善大使を務めた。写真集「ジャネット」「照る日曇る日」「「女」101人の肖像」「遥かなる詩」や、回想録「遥かなる鏡」がある。　㊞日本写真協会賞功労賞（第42回）〔平成4年〕、スポニチ文化芸術大賞優秀賞（第15回、同平成18年度）「敗戦後の東京に出現した"梁山泊"赤坂檜町テキサスハウス.そこに集う人々の生態を写真と軽妙洒脱な文章で活写し、貴重な昭和文化史「赤坂檜町テキサスハウス」を編纂した努力に対して」　㊙二科会、日本写真家協会（名誉会員）、キネ・グルッペ

大竹 雅司　おおたけ・まさし　東海銀行常務　㋤平成28年（2016）4月28日　73歳〔心筋梗塞〕　㋅昭和17年（1942）8月25日　㋪愛知県　㋙滋賀大学経済学部〔昭和40年〕卒　㋱昭和40年東海銀行（現・三菱東京UFJ銀行）に入行。平成5年取締役、7年常務。

大竹 祐一郎　おおたけ・ゆういちろう　日鉄ライフ社長　㋤平成27年（2015）9月7日　82歳〔病気〕　㋅昭和7年（1932）9月9日　㋪福島県東白川郡棚倉町　㋙一橋大学商学部〔昭和32年〕卒　㋱昭和32年富士製鉄に入社。45年八幡製作所と合併し新日本製鉄（現・新日鉄住金）となる。58年経理部長、62年取締役、平成5年常勤監査役。4年太平工業に転じ副社長、7年日鉄ライフ（現・新日鉄興和不動産）社長。

大谷 巖　おおたに・いわお　映画録音技師　㋤平成29年（2017）8月3日　97歳〔脳梗塞〕　㋅大正8年（1919）8月4日　㋪大阪府大阪市北区　㋙旧制中学中退　㋱昭和10年日活京都撮影所に入社。合併により大映に転じ、19年「かくて神風は吹く」で一本立ち。大映倒産後、46年映像京都に所属。黒沢明監督「羅生門」、溝口健二監督「お遊さま」「雨月物語」「山椒大夫」、吉村公三郎監督「西陣の姉妹」、〈眠狂四郎〉シリーズ、〈座頭市〉シリーズ、五社英雄監督「226」、市川崑監督「どら平太」など、幅広く手がけた。　㊞毎日映画コンクール録音賞（第8回、昭和28年度）「雨月物語」

大谷 邦夫　おおたに・くにお　徳陽シティ銀行社長　大蔵省官房審議官　㋤平成27年（2015）8月23日　91歳

〔呼吸不全〕　㋅大正13年（1924）1月5日　㋪宮城県仙台市　㋙東北帝国大学法文学部〔昭和21年〕卒　㋱昭和22年大蔵省（現・財務省）に入省。証券局総務課長、44年神戸税関長、45年銀行局検査部長、46年官房審議官などを歴任。48年日本銀行政策委員、49年中小企業金融公庫（現・日本政策金融公庫）理事。52年協和銀行（現・りそな銀行）常務に転じ、55年専務、57年副頭取。平成2年6月徳陽相互銀行社長に就任し、8月徳陽シティ銀行に社名変更。6年盛岡市の北日本銀行、山形市の殖産銀行（現・きらやか銀行）との合併で基本合意、戦後初の広域合併として注目を集めたが破談となった。8年相談役に退く。9年徳陽シティ銀行は多額の不良債権を抱え、経営破綻した。　㋙勲三等旭日中綬章〔平成6年〕

大谷 恵教　おおたに・しげのり　早稲田大学名誉教授　㋙政治学、政治学史　㋤平成28年（2016）3月5日　90歳〔肺がん〕　㋅大正14年（1925）9月9日　㋪福島県相馬郡鹿島村（南相馬市）　㋙早稲田大学政治経済学部政治学科卒、早稲田大学大学院政治学研究科政治思想専攻〔昭和30年〕修士課程修了　㋱昭和30年拓殖大学講師、のち助教授、39年教授を経て、41年早稲田大学教授。平成8年名誉教授。シベリア抑留の経験を持ち、核兵器禁止平和建設国民会議（現・核廃棄絶・平和建設国民会議）の議長を務めた。著書に「国家と民主主義」「公共の哲学と民主主義」「近代政治思想史」などの他、句集「凍雪」がある。　㋙瑞宝中綬章〔平成17年〕　㊙日本政治学会、日本公法学会、日本国際政治学会

大谷 茂久　おおたに・しげひさ　高周波熱錬社長　㋤平成29年（2017）5月4日　86歳〔病気〕　㋅昭和6年（1931）1月5日　㋪東京都　㋙早稲田大学商学部〔昭和28年〕卒　㋱昭和31年高周波熱錬に入社。52年取締役、56年専務、平成5年社長に就任。8年ネツレンに呼称変更。15年相談役。

大谷 武二　おおたに・たけじ　足利銀行常務　足利小山信用金庫会長　㋤平成28年（2016）8月6日　89歳　㋅大正15年（1926）9月13日　㋪栃木県　㋙海兵、明治大学商学部〔昭和25年〕卒　㋱昭和25年足利銀行に入行。51年取締役を経て、54年常務。60年常勤監査役。61年足利信用金庫（現・足利小山信用金庫）に移り専務理事、平成元年理事長、12年会長を務めた。　㋙勲五等瑞宝章〔平成12年〕

大谷 照三　おおたに・てるそう　にしき堂創業者　㋤平成27年（2015）6月22日　89歳〔老衰〕　㋅大正15年（1926）2月6日　㋪広島県江田島市　㋙広島県立工卒　㋱昭和26年菓子製造販売のにしき堂を創業。28年もみじまんじゅうの製造を始め、ガスコンロの導入などで機械化の先駆けとなった。1980年代前半には漫才コンビ・B&Bのパフォーマンスで"もみじまんじゅう"が全国的に知られるようになる。平成6～15年広島県菓子工業組合理事長。16年から2年間、日本食品衛生協会副理事長を務めた。　㋙旭日小綬章〔平成20年〕　㊙長男＝大谷博国（にしき堂社長）

大谷 とみ子　おおたに・とみこ　北朝鮮に拉致されたとみられる山下春夫さんの姉　㋤平成29年（2017）3月25日　79歳〔がん〕　㋱昭和49年8月、弟・春夫さん（当時28歳）が小浜市一番町の小浜漁港岸壁に作業

靴を残したまま失踪。平成20年北朝鮮による拉致が疑われる失踪者を調査する団体・特定失踪者問題調査会は、春夫さんを拉致の疑いが濃厚な"1000番台リスト"に加えた。29年弟との再会を待ちわびながら、79歳で病死した。 [家]兄＝山下寛久, 弟＝山下春夫

お

大谷 裕文 おおたに・ひろふみ 西南学院大学国際文化学部教授 [専]文化人類学, 歴史人類学 [没]平成29年(2017)11月8日 69歳〔肺炎〕 [生]昭和23年(1948)9月23日 [出]山口県山口市 [学]九州大学大学院修士課程修了, 九州大学大学院教育学研究科〔昭和52年〕博士後期課程退学 [歴]九州大学教育学部比較教育文化研究施設助手、ロンドン大学SOAS客員研究員、西南学院大学文学部国際文化学科助教授、教授、平成18年より国際文化学部教授。19年学部長を務めた。専門は文化人類学で、トンガ王国、ニュージーランドをフィールドとした。編著に「文化のグローカリゼーションを読み解く」、共編に「海のキリスト教」など。 [団]日本民族学会, 九州人類学研究会

太田原 高昭 おおたはら・たかあき 北海道大学名誉教授 [専]農業経済学, 農業協同組合論 [没]平成29年(2017)8月11日 77歳〔前立腺がん〕 [生]昭和14年(1939)9月18日 [出]福島県会津若松市 [学]北海道大学農学部農業経済学科卒, 北海道大学大学院農学研究科農業経済学専攻〔昭和43年〕博士課程単位取得 農学博士 [歴]昭和43年北星学園大学経済学部講師、46年北海道大学農学部助手、52年助教授を経て、平成2年教授。11年学部長。15年定年退官、北海学園大学教授。同年6月北海道地域農業研究所所長、北海道農業担当顧問を併任。日本協同組合学会会長、日本農業経済学会会長、北海道食の安全・安心委員会会長や、第19期日本学術会議会員も務めた。著書に「地域農業と農協」「系統再編と農協改革」「北海道農業の思想像」「新 明日の農協」、共編著に「国際農業調整と農業保護」などがある。 [賞]JA研究賞 [団]国際農業経済学会, 日本農業経済学会, 日本協同組合学会

大田原 誠 おおたわら・まこと 十和田信用金庫理事長 [没]平成27年(2015)7月4日 77歳〔病気〕 [出]青森県八戸市 [歴]青森銀行取締役青森地区本部長などを経て、平成11年十和田信用金庫専務理事、17年理事長に就任。20年5月の八戸信用金庫との合併まで務めた。

大津 賢一郎 おおつ・けんいちろう 安田生命保険常務 [没]平成27年(2015)10月10日 82歳〔多臓器不全〕 [生]昭和8年(1933)3月14日 [出]熊本県 [学]慶応義塾大学法学部〔昭和30年〕卒 [歴]昭和30年安田生命保険(現・明治安田生命保険)に入社。58年取締役を経て、60年常務。

大津 皓平 おおつ・こうへい 東京海洋大学名誉教授 [専]商船学, 船体運動の解析と制御 [没]平成28年(2016)1月18日 72歳〔胸部大動脈破裂〕 [生]昭和18年(1943)7月3日 [出]大阪府 [学]東京商船大学商船学部航海学科〔昭和42年〕卒 工学博士 [歴]東京商船大学(現・東京海洋大学)助手、昭和52年練習船汐路丸船長などを経て、平成元年商船学部教授、12年副学長。19年退官。この間、昭和62年スウェーデン・ルンド大学客員研究員。著書に「モデルベースモニタリングと統計的制御」などがある。 [賞]日本航海学会賞〔昭和51年〕「航路設計のための海上交通容量－VI」, 日本造船学会賞・日本造船工業会賞・日本船舶振興会長賞〔昭和59年〕「船体運動の統計的最適制御に関する研究」, 日本航海学会賞論文賞(平成12年度)「可変ゲインによる最適操舵」, 計測自動制御学会学会賞技術賞・蓮沼賞(平成14年度)「BATCH NOISE ADAPTIVE ROLL REDUCIBLE AUTOPILOT」 [団]日本造船学会, 日本航海学会, 日本統計学会

大塚 明 おおつか・あきら 日本画家 京都教育大学教授 [没]平成29年(2017)9月26日 91歳〔敗血症〕 [生]大正15年(1926)1月9日 [出]京都府京都市 [学]京都大学中退, 京都美術専門学校日本画科〔昭和23年〕卒 [歴]西山英雄に師事。昭和35年「埠頭」、40年「妙義」で日展特選。京都教育大学教授、日展評議員を務めた。山景を得意とした。 [賞]日展特選〔昭和35年・40年〕「埠頭」「妙義」 [団]日展 [師]師＝西山英雄, 弟子＝谷貴美子

大塚 中 おおつか・あたる 大塚山荘管理人 [没]平成29年(2017)5月13日 76歳〔上行結腸がん〕 [生]昭和16年(1941) [出]新潟県南蒲原郡田上町 [学]新潟大学教育学部高田分校〔昭和38年〕卒 [歴]中学教師を3年で退職して、青年運動、平和運動に参加。その後、日本共産党新潟県役員として活動。昭和62年パーキンソン病を発症。魚沼市須原の大塚山荘で子ども自然教室を開いた他、絵本の家「ゆきぼうし」の開設に尽力。全国パーキンソン病友の会新潟県支部副会長を務め、平成12年10月～13年3月新潟日報で「希望を胸に パーキンソン病を生きる」を連載した。随筆集「フーのきの森から」がある。

大塚 公 おおつか・いさお 大塚化学社長 [没]平成28年(2016)9月27日 89歳〔老衰〕 [生]昭和2年(1927)5月8日 [出]徳島県鳴門市 [学]法政大学〔昭和24年〕卒 [歴]大塚グループを創業した大塚武三郎の四男。昭和25年大塚化学薬品(現・大塚化学)に入社。30年取締役を経て、48年社長に就任。61年会長。自動車のブレーキパッドの材料や抗生物質の中間体など、同社の主力製品の研究開発や事業化を進めた。 [家]父＝大塚武三郎(大塚製薬創業者), 兄＝大塚正士(大塚グループ総帥), 大塚芳満(大塚製薬会長), 弟＝大塚正富(アース製薬社長)

大塚 吉蔵 おおつか・きちぞう 千葉日報編集局長待遇 [没]平成29年(2017)3月3日 85歳〔病気〕 [生]昭和6年(1931)8月14日 [出]千葉県 [学]中央大学法学部卒 [歴]千葉日報編集局長待遇、千葉中央企画社長や、昭和49年千葉テレビ放送常務を務めた。

大塚 謙一 おおつか・けんいち 国税庁醸造試験所長 三楽常務 [専]醸造学 [没]平成28年(2016)9月8日 92歳〔老衰〕 [生]大正13年(1924)3月15日 [出]東京市深川区(東京都江東区) [学]東京帝国大学農学部農芸化学科〔昭和20年〕卒, 東京大学大学院〔昭和25年〕修了 農学博士(東京大学)〔昭和34年〕 [歴]昭和25年山梨大学助教授を経て、35年国税庁醸造試験所へ入所。50年東京国税局鑑定官室長、53～55年国税庁醸造試験所長。55年三楽オーシャン(のち三楽, 現・メルシャン)に転じ、58年常務、63年顧問。平成17年退社。著書に「ワイン博士の本」「きき酒のはなし」「酒の履歴」

などがある。 [賞]勲三等瑞宝章〔平成6年〕, 日本醸造協会技術賞(第3回・15回, 昭和51年度・63年度)「ブドウ酒醸造における酸化防止に関する研究」「ワインのタイプと化学成分の関連に関する研究」, 日本農芸化学会農芸化学技術賞〔昭和58年〕「有用キラーワイン酵母によるワイン純粋醸造法の開発と産膜病の防止」, 日本醸造学会功績賞(平成17年度)「ワインをはじめとする洋酒に関する広範な研究と多くの有能な技術者の育成に対する貢献」 [団]日本農芸化学会, 日本醗酵工学会, アメリカ・ブドウ・ブドウ酒学会

大塚 光一 おおつか・こういち ニチバン社長 [没]平成28年(2016)2月14日 94歳〔老衰〕 [生]大正10年(1921)9月14日 [出]大阪府 [学]東京薬専〔昭和18年〕卒 [歴]光栄商会に入り、昭和34年専務となるが、39年ニチバンに移る。42年大阪支店長、45年取締役、52年専務を経て、53年社長。62年取締役相談役、平成元年名誉相談役に退いた。

大塚 祐之 おおつか・すけゆき 読売新聞西部本社常務販売局長 [没]平成27年(2015)10月8日 87歳〔心不全〕 [生]昭和3年(1928)5月18日 [出]岐阜県 [学]大阪大学文学部卒 [歴]昭和29年読売新聞社に入社。45年大阪本社販売第一部長、47年西部本社販売部長、販売局次長を経て、59年販売局長。読売旅行取締役最高顧問も務めた。

大塚 卓朗 おおつか・たくろう 宇徳運輸社長 三井物産常務 [没]平成27年(2015)1月31日 89歳〔心不全〕 [生]大正14年(1925)3月10日 [出]大阪府 [学]京都大学法学部〔昭和23年〕卒 [歴]三井物産常務を経て、昭和63年宇徳運輸(現・宇徳)に転じ、平成元年社長。

大塚 周夫 おおつか・ちかお 声優 俳優 [没]平成27年(2015)1月15日 85歳〔虚血性心不全〕 [生]昭和4年(1929)7月5日 [出]東京都 [学]上野美術演劇学校卒 [歴]劇団東芸、劇団俳優小劇場、小沢昭一の芸能座などで活動。声優として活躍し、チャールズ・ブロンソンやリチャード・ウィドマークなどの吹き替えを担当した他、アニメでは「ゲゲゲの鬼太郎」のねずみ男(初代)、「チキチキマシン猛レース」のブラック魔王、「ルパン三世」の石川五ェ門(初代)、「名探偵ホームズ」のモリアーティ教授、「美味しんぼ」の海原雄山、「忍たま乱太郎」の山田伝蔵など、数多くの作品で印象的な役を演じた。他の出演作にアニメ「ガンバの冒険」「ピーターパンの冒険」「機動戦士ガンダム0083」「ジョジョの奇妙な冒険」「釣りバカ日誌」「ぬらりひょんの孫」などがある。本名"周夫"の名付け親は叔父の彫刻家・朝倉文夫。 [家]長男＝大塚明夫(声優)

大塚 凡夫 おおつか・つねお 読売新聞東京本社編集委員 [没]平成28年(2016)8月23日 82歳〔老衰〕 [生]昭和9年(1934)3月30日 [出]福岡県 [学]中央大学法学部〔昭和31年〕卒 [歴]昭和34年読売新聞社に入社。社会部、北海道支社、地方部次長、日曜版編集部次長などを経て、編集委員。

大塚 寿郎 おおつか・としろう 朝日工業社長 [没]平成28年(2016)8月17日 78歳〔脳梗塞〕 [生]昭和13年(1938)3月20日 [出]栃木県 [学]慶応義塾大学経済学部〔昭和37年〕卒 [歴]昭和37年日本興業銀行に入行。62年渋谷支店長、平成元年日本橋支店長、3年取締役日本橋支店長。4年朝日工業専務を経て、8年社長、18年会長。

大塚 真智子 おおつか・まちこ 高知女子専門学校校長 [没]平成29年(2017)6月3日 89歳〔胆嚢がん〕 [生]昭和3年(1928)4月16日 [出]高知県南国市 [学]文化服飾学院デザイン科卒 [歴]昭和52年～平成3年高知女子専門学校(現・太平洋学園高校)の校長を務めた。

大塚 雄司 おおつか・ゆうじ オンワード樫山専務 [没]平成27年(2015)11月11日 78歳〔胸膜炎〕 [生]昭和12年(1937)7月18日 [出]福島県 [学]東京農業大学〔昭和36年〕卒 [歴]昭和36年樫山(のちオンワード樫山, 現・オンワードホールディングス)に入社。56年取締役、62年常務を経て、平成7年専務。

大槻 真一郎 おおつき・しんいちろう 明治薬科大学名誉教授 [専]古代ギリシア哲学, 科学史文献研究 [没]平成28年(2016)1月1日 89歳 [生]大正15年(1926)6月21日 [出]京都府福知山市 [学]早稲田大学文学部西洋哲学科〔昭和27年〕卒, 京都大学大学院古代ギリシア哲学専攻〔昭和33年〕博士課程修了 [歴]昭和33年明治薬科大学助教授、48年教授。主に古代ギリシア・ローマから中世・近世ルネサンスの研究・翻訳・解説を手がける。ホメオパシー医療、シュタイナー農業中心の宇宙医療、化学元素の生態的特徴表示などについても研究した。 [賞]日本翻訳出版文化賞(昭和59年度)「ディオスコリデス薬物誌」 [団]日本医史学会, 日本医学哲学・倫理学会, 日本科学史研究会

大坪 徹 おおつぼ・とおる KAGOSHIMA熱闘会議会長 大坪茶舗代表 [没]平成28年(2016)2月10日 61歳〔脳梗塞〕 [出]鹿児島県霧島市溝辺 [歴]鹿児島県の地域おこしの草創期から草の根の活動を始め、地域リーダーらが集う"KAGOSHIMA熱闘会議"会長や、バイオマス活用策を探る"霧島サンバイオ"理事長、ストリートピアノを寄贈する"鹿児島まち自慢快発考舎"会長や、霧島市芸術文化フォーラム相談役を歴任した。

大出 勝久 おおで・かつひさ 栃木県議(社民党) [没]平成28年(2016)10月6日 89歳〔病気〕 [生]昭和2年(1927)7月10日 [出]栃木県 [学]東京逓信講習所卒 [歴]昭和34年から小山市議6期を経て、58年以来栃木県議に4選。平成11年落選。社会党栃木県本部書記長、民進党栃木県連相談役などを務めた。 [賞]藍綬褒章, 勲三等瑞宝章〔平成11年〕

大中 逸雄 おおなか・いつお 大阪大学名誉教授 [専]金属加工 [没]平成28年(2016)1月6日 75歳 [生]昭和15年(1940)10月13日 [出]兵庫県西宮市 [学]東京大学工学部機械工学科〔昭和38年〕卒, 東京大学大学院工学研究科機械工学専攻〔昭和43年〕博士課程修了 工学博士(東京大学)〔昭和43年〕 [歴]昭和43年大阪大学助教授を経て、62年教授。のち大阪産業大学大学院工学研究科教授。この間、50年西ドイツのベルリン工科大学へ留学。著書に「コンピュータ伝熱・凝固解析入門」などがある。 [賞]日本鋳物協会小林賞〔昭和56年・平成13年〕, 日本金属学会論文賞(第30回)〔昭和57年〕「回転水中紡糸法による金属細線の製造」, 日本鋳物協会論文賞〔昭和57年〕「最適化手法による砂型の熱伝導率の測定」, 日本鋳物協会日下賞〔昭和59年〕, 日本金

属学会功績賞（金属工業技術部門）〔昭和59年〕，日本鋳造工学会功労賞（平成10年度），日本鋳造工学会クボタ賞（平成13年度），日本金属学会谷川・ハリス賞（第41回）〔平成14年〕「鋳造・凝固工学に関する研究」 [団]日本金属学会，日本鋳物協会，日本鉄鋼協会

大成 節夫　おおなり・せつお　一橋大学名誉教授 [専]数学 [没]平成27年（2015）3月15日 80歳〔胃がん〕 [生]昭和9年（1934）8月23日 [学]東京大学理学部数学科卒，東京大学大学院博士課程修了 [歴]一橋大学商学部教授を務めた。著書に「行列と行列式」などがある。

大西 勝也　おおにし・かつや　最高裁判事 [没]平成29年（2017）12月21日 89歳〔誤嚥性肺炎〕 [生]昭和3年（1928）9月10日 [出]大阪府大阪市 [学]東京大学法学部〔昭和26年〕卒 [歴]昭和26年司法修習生。52年最高裁総務局長、56年人事局長、59年事務次長、60年甲府地家裁所長、61年12月東京高裁部総括判事、63年2月最高裁事務総長、平成元年11月東京高裁長官を経て、3年5月最高裁判事に就任。最高裁判事在任中、ロッキード事件丸紅ルートの大法廷判決（7年）に関わり、憲法の政教分離をめぐる愛媛玉串料訴訟の大法廷判決（9年）では違憲とする多数意見に加わった。10年9月退官後、弁護士登録。12〜18年宮内庁参与、15年10月東京都公安委員長も務めた。 [賞]勲一等瑞宝章〔平成12年〕

大西 昭一郎　おおにし・しょういちろう　弁護士 大西昭一郎法律事務所代表 [没]平成27年（2015）5月2日 75歳 [生]昭和14年（1939）9月13日 [出]香川県高松市 [学]中央大学法学部〔昭和38年〕卒 [歴]昭和38年司法試験に合格、41年弁護士登録。大塚喜一郎法律事務所を経て、47年自身の法律事務所を開設。61年第一東京弁護士会副会長、平成2年司法研修所教官、5年日本弁護士連合会常務理事を歴任。東宝やスバル興業の監査役も務めた。 [賞]旭日小綬章〔平成21年〕 [団]第一東京弁護士会 [家]妻＝大西千枝子（弁護士）

大西 章資　おおにし・しょうじ　資さん創業者 [没]平成27年（2015）7月7日 73歳〔病気〕 [出]福岡県北九州市戸畑区 [歴]昭和51年北九州市にうどん店を創業。以来、同市を中心に福岡・山口両県で約40店舗を展開するチェーン店・資（すけ）さんうどんへと発展させた。

大西 力　おおにし・ちから　陸上指導者 尽誠高陸上部監督 [没]平成29年（2017）4月15日 56歳 [歴]昭和58年から尽誠高校教諭を務め、陸上部監督として同校男子を11年連続で全国高校駅伝大会に導くなど、香川県内屈指の駅伝強豪校に育てた。また、全国都道府県対抗駅伝の香川県選抜男子監督や香川県陸上競技協会強化普及副委員長なども務めた。

大西 信行　おおにし・のぶゆき　脚本家 劇作家 演出家 [没]平成28年（2016）1月10日 86歳〔膵臓がん〕 [生]昭和4年（1929）5月8日 [出]東京都新宿区神楽坂 [学]早稲田大学文学部中退 [歴]小説家・演芸評論家の正岡容に師事。昭和29〜40年NHK芸能局に勤務。以後、脚本家、劇作家、演出家として独立。日本脚本家連盟理事、日本演劇協会理事などを務めた。小沢昭一、加藤武、桂米朝、永六輔、江国滋、柳家小三治、神吉拓郎、永井啓夫、三田純市らと集う、東京やなぎ句会のメンバーとしても知られる。主な脚本担当作品に、テレビ時代劇「御宿かわせみ」「水戸黄門」「大岡越前」、戯曲「かわいい女」「怪談牡丹燈籠」「おその」「みだれ髪・与謝野晶子と鉄幹」など。著書に「落語無頼語録」「正岡容」「浪花節繁昌記」などがある。 [団]日本脚本家連盟，日本演劇協会

大西 正人　おおにし・まさと　創価学会副会長・総兵庫総主事 [没]平成27年（2015）10月31日 70歳〔腎臓がん〕 [出]大阪府大阪市 [歴]創価学会副会長を務めた。平成7年の阪神・淡路大震災当時は兵庫総県長を務め、救援活動に尽力した。

大西 道雄　おおにし・みちお　日本バルカー工業常務 [没]平成27年（2015）6月1日 80歳〔虚血性心疾患〕 [生]昭和10年（1935）2月21日 [出]福岡県 [学]西南学院大学商学部〔昭和32年〕卒 [歴]昭和32年日本バルカー工業に入社。62年取締役を経て、常務。

大西 道雄　おおにし・みちお　福岡教育大学教授 [専]国語教育 [没]平成29年（2017）1月4日 85歳〔肝臓がん〕 [生]昭和6年（1931）7月8日 [出]広島県安芸郡海田町 [学]広島大学教育学部〔昭和29年〕卒 博士（教育学） [歴]広島県立三原高等学校教諭、広島県立広島国泰寺高等学校教諭、広島県立教育センター指導主事を経て、昭和56年福岡教育大学に移る。58年教授、平成7年定年退官、同年〜15年安田女子大学教授。この間、福岡教育大学附属福岡小学校長を務めた。著書に「短作文指導の方法—作文の基礎力の完成」「学習の手引きによる国語科授業の改善」「国語科授業論叙説」「作文教育における創構指導の研究」「国語科授業づくりの理論と実際」「作文教育における文章化過程指導の研究」、編著に「コミュニケーション作文の技術と指導」、共著に「国語教材研究シリーズ13 表現教材編」「小学校国語科授業研究」「表現教育の理論と実践の課題」などがある。 [賞]全国大学国語教育学会石井賞（平成3年度）「意見文指導の研究」 [団]全国大学国語教育学会，中国四国教育学会，日本読書学会，日本国語教育学会

大西 良三　おおにし・りょうぞう　中部大学理事長 [没]平成28年（2016）4月20日 86歳〔肺炎〕 [生]昭和4年（1929）8月20日 [出]愛知県名古屋市千種区 [学]名古屋工専紡織科〔昭和24年〕卒 [歴]昭和32年三浦学園（現・学校法人中部大学）に入る。総務部長、事務局長、常務理事などを経て、平成13〜23年理事長。日本私立大学協会常務理事などを歴任した。

大根田 昭　おおねだ・あきら　東北大学教授 [専]内分泌・代謝学 [没]平成27年（2015）11月27日 85歳〔呼吸不全〕 [生]昭和5年（1930）7月29日 [出]栃木県芳賀郡芳賀町 [学]東北大学医学部医学科〔昭和30年〕卒，東北大学大学院医学科内科専攻〔昭和35年〕博士課程修了 医学博士（東北大学）〔昭和35年〕 [歴]昭和38年東北大学医学部附属病院助手、41〜43年米国テキサス大学留学、50年東北大医学部講師を経て、61年教授。宮城県立瀬峰病院院長も務めた。 [賞]東北医学会銀賞〔昭和36年〕「実験的糖尿病における下垂体副腎系に関する研究」，Harrison Award〔昭和42年〕，東北医学会金賞〔昭和55年〕「グルカゴン免疫反応物質の分泌調節とその病態生理的意義に関する研究」 [団]日本内

日　本　人　　　　おおの

科学会、日本糖尿病学会、日本内分泌学会、American Diabetes Association

大野　淳子　おおの・あつこ　愛媛県母子寡婦福祉連合会会長　㉔平成28年（2016）9月29日　93歳〔老衰〕　㊙愛媛県八幡浜市　㊞藍綬褒章〔昭和57年〕、愛媛県功労賞〔平成11年〕

大野　勝寛　おおの・かつひろ　横浜国立大学名誉教授　㊞代数学、数学教育　㉔平成28年（2016）2月12日　93歳〔肺炎〕　㊙大正12年（1923）1月29日　群馬県前橋市　㊞東京文理科大学数学科卒　横浜国立大学教授を務めた。　㊞勲三等旭日中綬章〔平成11年〕

大野　杏子　おおの・きょうこ　詩人　㉔平成27年（2015）3月21日　㊙千葉県千葉市若松町　㊞別名＝大野京子（おおの・きょうこ）　葉山修平を知り、「朱流」「冬扇」「花粉期」に発表。その後、荒川法勝の「玄」「千葉県詩集」に発表。平成6年大野京子の名で第一詩集「木漏れ陽」を出版。他の詩集に「時は走る」「泡沫」「弦月」「蓮」などがある。　㊞房総文化懇話会

大野　茂　おおの・しげる　宮崎日日新聞校閲部長　㉔平成29年（2017）1月7日　83歳〔肺がん〕　㊙東京都　㊞昭和36年宮崎日日新聞社に入社。編集委員、校閲部長を務めた。

大野　春一　おおの・しゅんいち　大野春堂代表取締役　㉔平成29年（2017）4月10日　87歳　㊙昭和5年（1930）2月2日　岐阜県岐阜市　㊞岐阜商〔昭和21年〕卒　㊞昭和21年和傘露天商、22年和傘卸業、30年映画館経営、35年遊技場経営、45年ボウリング場経営を経て、50年大野春堂代表取締役。岐阜県遊技協同組合理事長、岐阜地みかじめ料排除推進協議会会長、岐阜市娯楽遊技業振興協同組合理事長などを務めた。

大野　順一　おおの・じゅんいち　詩人　明治大学文学部教授　㊞日本文芸思想史　㉔平成27年（2015）4月27日　84歳　㊙昭和5年（1930）9月3日　東京府西多摩郡増戸村（東京都あきる野市）　㊞筆名＝大野純（おおの・じゅん）　㊞東京高師理科三部卒、明治大学文学部卒、明治大学大学院文学研究科〔昭和32年〕修了　明治大学文学部助手、講師、助教授を経て、昭和46年教授。平成13年定年退職。著書に「平家物語における死と運命」「萩原朔太郎」「詩と死と実存」「色好みの系譜」「わが内なる唐木順三」「芭蕉と生きる十二の章」「歴史のなかの平家物語」「俳諧つれづれの記」などがある。また、大野純の筆名で詩人としても活動。昭和22年から詩作を始め、「詩学」に投稿。28年嶋岡晨らと「貘」を主宰。元「地球」同人。詩集に「あの歌はどこからきこえてくる」「幻化逍遙」など。　㊞茗水クラブ学術奨励賞（第5回）「詩と死と実存」　㊞全国大学国語国文学会、上代文学会、中世文学会、日本文芸家協会、貘の会

大野　隆之　おおの・たかゆき　沖縄国際大学教授　㊞沖縄近代文学　㉔平成27年（2015）3月30日　52歳〔食道がん〕　㊞昭和37年（1962）11月20日　千葉県　㊞千葉大学文学部国語国文学科卒、東京都立大学大学院人文科学研究科国文学専攻博士課程修了　㊞平成6年沖縄国際大学講師を経て、教授。大城立裕論を中心に

沖縄文学を研究。12〜15年琉球新報に「新報文芸」を連載した。　㊞沖縄文化協会賞仲原善忠賞（第32回）〔平成22年〕

大野　忠右エ門　おおの・ちゅうえもん　秋田県議（自民党）　全国都道府県議会議長会会長　㉔平成29年（2017）8月18日　79歳〔腎不全〕　㊙昭和13年（1938）3月24日　秋田県仙北郡中仙町（大仙市）　㊞旧姓・名＝大野忠弘（おおの・ただひろ）　㊞横手工卒　秋田県議を務めた先代大野忠右エ門の長男。平成7年から秋田県議に連続6選。大仙市・仙北郡選出で、19〜21年議長。20年から1年間、全国都道府県議会議長会会長。29年在任中に病死した。自民党秋田県連会長、平野政吉美術財団理事長なども歴任。　㊞父＝大野忠右エ門（秋田県議）

大野　典也　おおの・つねや　東京慈恵会医科大学名誉教授　㊞分子生物学、ウイルス学　㉔平成29年（2017）12月23日　80歳〔呼吸不全〕　㊙昭和12年（1937）10月9日　東京都　㊞東京慈恵会医科大学〔昭和40年〕卒医学博士　㊞昭和42年慶応義塾大学医学部助手、52年コロンビア大学医学部助教授、54年教授を経て、56年東京慈恵会医科大学教授。58年ハーバード大学客員教授。平成6年慈恵医大DNA医学研究所初代所長。11年同大の大学ベンチャー第1号となるステムセル研究所を設立。乃統計役を務め、臍帯血医療開発に取り組む。15年名誉教授。他に厚生労働省特定疾患調査研究評価委員、文部科学省バイオベンチャー研究開発拠点整備事業研究代表者、医薬品副作用被害救済・研究振興調査機構治験相談顧問、高知大学医学部特任教授を務めた。著書に「医師のための実例英文手紙の書き方」「DNA医学の最先端」、共訳・監訳に「遺伝子プログラミング入門」「再生医学」など。　㊞三四会賞

大野　紀明　おおの・としあき　稲沢市長　㉔平成28年（2016）10月20日　71歳〔転移性脳腫瘍〕　㊙昭和20年（1945）4月18日　愛知県稲沢市　㊞愛知大学法経学部卒　稲沢市助役を経て、平成18年市長に当選。3期目途中の28年、病死した。

大野　利男　おおの・としお　千葉県議　㉔平成27年（2015）1月3日　88歳〔肺がん〕　㊙大正15年（1926）1月14日　千葉県千葉市　㊞千葉青年師範卒　㊞昭和30年から千葉市議に3選。のち千葉県議を務めた。

大野　一　おおの・はじめ　神戸市議　㉔平成27年（2015）8月6日　62歳〔膵臓がん〕　㊙昭和27年（1952）12月7日　兵庫県神戸市東灘区　㊞神戸商科大学商経学部〔昭和51年〕卒　㊞昭和62年から東灘区選出の神戸市議に連続8選。平成27年6月市議会会派・自民党神戸による政務活動費の不透明な支出が発覚すると、弁護士を通じて会派の窓口となり、業者に架空の調査を委託したことを認めた。7月から体調不良で入院し、8月膵臓がんで病死した。

大野　康孝　おおの・やすたか　神官　写真家　本渡諏訪神社宮司　㉔平成28年（2016）5月2日　65歳〔肝細胞がん〕　㊙昭和26年（1951）1月8日　熊本県天草　㊞皇學館大学卒　本渡諏訪神社宮司、靖國神社第7代宮司も務めた大野俊康の長男。父の後を継ぎ本渡諏訪神社宮司を務めた。また、郷土の熊本県天草を中心に美しい日本の原風景を継続的に取材、平成5年写真集「天草―光と風」を出版した。　㊞神社新報社公

現代物故者事典 2015〜2017　115

募展金賞（平成3年度）　[団]熊本県写真協会，コンタックスクラブ　[家]父＝大野俊康（神官）

大野木 克信　おおのぎ・かつのぶ　日本長期信用銀行頭取　[没]平成29年（2017）5月10日　80歳　[生]昭和11年（1936）5月15日　[出]東京都　[学]東京大学農学部〔昭和34年〕卒　[歴]昭和34年日本長期信用銀行に入行。61年取締役、平成元年常務、のち専務、副頭取を経て、7年4月東京協和信用組合をめぐる問題で辞任した堀江鉄弥頭取の後を受け、頭取となる。8年7月預金保険機構監事。10年8月海外業務からの全面撤退と現経営陣の総退陣を発表。同年10月特別公的管理（一時国有化）を求める申請をし、民間銀行が戦後初めて国有化された。金融監督庁は同行を債務超過と認定、金融再生法36条の破綻認定の規定に基づく特別公的管理となった。11年6月、10年3月期の決算で関連会社約10社に対する不良債権を独自の査定で甘く見積るなどして損失約1500億円を計上せず、虚偽の有価証券報告書を提出したとして東京地検特捜部に証券取引法違反容疑で逮捕された。のち商法違反（違法配当）容疑でも起訴される。14年9月東京地裁は懲役3年、執行猶予4年を言い渡す。17年6月東京高裁は一審判決を支持して控訴を棄却。20年7月最高裁は一・二審判決を破棄して逆転無罪の判決を下した。23〜26年霊園開発を手がけるニチリョク社外取締役を務めた。

大之木 伸一郎　おおのき・しんいちろう　大之木ダイモ社長　呉貿倉庫運輸社長　[没]平成27年（2015）10月5日　73歳〔心不全〕　[生]昭和16年（1941）10月10日　[出]広島県呉市　[学]ウッドベリー大学〔昭和38年〕卒　[歴]昭和38年大之木木材に入社。44年営業部長、45年常務。46年同社はダイモ工芸と合併して大之木ダイモとなり、常務、58年専務、平成20年社長に就任。24年会長。また、昭和46年呉貿倉庫運輸に入社、平成2年社長。呉法人会会長も務めた。　[家]父＝大之木隆男（大之木建設会長），長男＝大之木隆一郎（呉貿倉庫運輸会長）

大之木 英雄　おおのき・ひでお　大之木グループ代表　大之木ダイモ社長　[没]平成28年（2016）5月13日　94歳〔呼吸不全〕　[生]大正11年（1922）2月13日　[出]広島県呉市　[学]東京商科大学（現・一橋大学）〔昭和19年〕卒　[歴]材木商を営む大之木小太郎の五男。昭和20年大之木組に入社。24年大之木建設取締役、34年常務、47年専務、50年副社長、57年相談役。この間、37年ダイモ工芸を設立、社長。58年から大之木木材とダイモ工芸が合併した大之木ダイモ社長を務め、平成11年会長、16年相談役。18年より大之木グループ代表を務めた。昭和18年学徒出陣で海軍に入隊、零戦の搭乗員となり沖縄への特攻作戦で33人の同期を見送ったことから戦後は慰霊活動に力を注ぎ、63年呉水交会会長、平成23年同名誉会長。　[資]公認会計士　[家]兄＝大之木小太郎（大之木建設社長），大之木隆男（大之木建設会長），大之木一雄（大之木建設社長），大之木幸男（大之木建設代表取締役副会長）

大場 勝男　おおば・かつお　静岡県議（自民党）　[没]平成28年（2016）12月9日　71歳〔病気〕　[生]昭和20年（1945）3月14日　[出]静岡県小笠郡大東町（掛川市）　[学]東海大学短期大学部卒　[歴]平成7年静岡県議に当選。4期。23年引退。自民党静岡県連幹事長などを歴任した。[賞]旭日双光章〔平成27年〕

大場 隆広　おおば・たかひろ　プロ野球選手　[没]平成28年（2016）7月16日　68歳〔急性骨髄性白血病〕　[生]昭和23年（1948）6月23日　[出]大分県　[学]別府鶴見丘高　[歴]昭和41年第1次ドラフト1位で中日に入団。46年近鉄（現・オリックス）に移籍。その後、南海（現・西武）で投手としてプレーし、引退後は南海でトレーニングコーチを務めた。通算成績は、実働5年、37試合登板、0勝0敗0セーブ、防御率6.00。長男の大場豊千は元巨人の選手。　[家]長男＝大場豊千（プロ野球選手）

大庭 輝夫　おおば・てるお　ヨークベニマル常務　[没]平成28年（2016）5月10日　82歳〔急性肺炎〕　[生]昭和8年（1933）10月23日　[出]福島県　[学]明治大学法学部〔昭和31年〕卒　[歴]昭和43年マルトミに入社。54年合併によりヨークベニマルに転じ、59年取締役を経て、常務。

大場 典彦　おおば・のりひこ　ヴィア・ホールディングス社長　[没]平成29年（2017）6月3日　58歳〔呼吸器系疾患〕　[生]昭和33年（1958）9月30日　[出]東京都　[学]早稲田大学教育学部〔昭和58年〕卒　[歴]平成14年ヴィア・ホールディングスに入社。18年取締役、21年社長を務めた。

大橋 巨泉　おおはし・きょせん　テレビ司会者　参院議員（民主党）　[没]平成28年（2016）7月12日　82歳〔急性呼吸不全〕　[生]昭和9年（1934）3月22日　[出]東京市本所区東両国（東京都墨田区両国）　[名]本名＝大橋克巳（おおはし・かつみ）　[学]早稲田大学政経学部新聞学科〔昭和31年〕中退　[歴]早稲田大学在学中よりジャズ評論家となり、のち放送作家に転じる。“巨泉”は高校時代の俳号。昭和41年日本テレビ系の深夜番組「11PM」の司会者としてテレビタレントデビュー。“野球は巨人、司会は巨泉”をキャッチフレーズに売り出し、CM出演を通じて“ハッパフミフミ”“ウッシッシ”“なんちゅうか、本中華”などの流行語を生み出した。44年日テレ系のバラエティ番組「巨泉×前武ゲバゲバ90分」では人気を二分していた前田武彦と組み、高い視聴率を記録。また、趣味の競馬、ゴルフ、釣りなどを生かし、「世界まるごとHowマッチ」「クイズダービー」「ギミア・ぶれいく」（TBS系）、「巨泉のこんなモノいらない」（NTV系）などのホストを長く務めたほか、「巨泉まとめて百万円」「巨泉のワールドスターゴルフ」「巨泉のジャズスタジオ」「巨泉のチャレンジゴルフ」などに出演。テレビが生んだマルチタレントとして活躍した。平成2年56歳で“セミ・リタイア”を宣言して全てのレギュラー番組を降板、テレビやラジオの仕事はゲスト出演程度に抑え、夏はカナダ、冬はニューランドやオーストラリア、春と秋は日本で過ごし、ゴルフや釣り、ジャズ鑑賞を楽しむ生活を送る。また世界各地で土産物屋・OKギフトショップを展開したほか、タレント事務所を経営。13年の参院選では民主党の菅直人幹事長（当時）からの要請を受け同党比例区で立候補し、41万票余を獲得して1位で初当選したが、安保政策の対応などで党執行部への批判を繰り返し、わずか7ケ月で辞職した。16年初の自叙伝「ゲバゲバ70年！　大橋巨泉自伝」を出版。他の著書に「生意気」「『国会議員』失格」「こうすりゃよくなる日本のスポーツ」「巨泉一人生の選択」「巨泉2―実践・日本脱出」「巨泉流

メジャーリーグを楽しむ法」「誰も知らなかった絵画の見かた」「頑固のすすめ」などがある。17年胃がん、25年咽頭がんがみつかり、27年11月には腸閉塞で入院したが、闘病生活の傍らテレビやラジオにゲスト出演し、「週刊現代」の連載コラムは、亡くなる直前の28年7月9日号まで続けた。昭和31年にジャズ歌手・マーサ三宅と結婚、39年に離婚。二人の間にできた長女の大橋美加、二女の豊田チカはともにジャズ歌手として活躍。44年再婚。　[賞]ギャラクシー賞〔昭和54年〕　[家]長女＝大橋美加（ジャズ歌手），二女＝豊田チカ（ジャズ歌手），弟＝大橋哲也（大橋巨泉事務所社長）

大橋 栄　おおはし・さかえ　共同ピーアール社長　[没]平成29年（2017）7月25日　80歳〔多臓器不全〕　[生]昭和12年（1937）6月18日　[出]新潟県新津市（新潟市）　[学]法政大学法学部〔昭和35年〕卒　[歴]昭和35年南北社（現・デルフィス）、36年国際ピーアール（現・ウェーバー・シャンドウィック・ワールドワイド）に入社。39年共同ピーアールを設立、取締役を経て、42年社長に就任。平成17年ジャスダック上場を果たす。23年退任。この間、10年北京東方三盟公共関係策画有限公司董事長、11年共和ピーアール取締役を兼任した。

大橋 敏雄　おおはし・としお　衆院議員（公明党）　[没]平成29年（2017）1月31日　91歳〔肺炎〕　[生]大正14年（1925）11月3日　[出]福岡県福岡市　[学]旧制中卒　[歴]中学を卒業後、海軍飛行予科練習生となる。昭和27年日蓮正宗に入信、28年創価学会に入会。30年西日本相互銀行（現・西日本シティ銀行）を経て、33年聖教新聞社に入社。38年公明党より福岡県議に当選、1期。42年以来旧福岡2区で公明党より衆院議員に8選。63年創価学会池田大作名誉会長を公然と批判する論文を月刊誌「文芸春秋」に発表し、別件で党を除名された。平成2年引退。著書に「“吹けば飛ぶ男”の奮戦記」がある。

大橋 信夫　おおはし・のぶお　三井物産会長　[没]平成28年（2016）4月25日　77歳〔間質性肺炎〕　[生]昭和13年（1938）9月13日　[出]茨城県　[学]東京大学農学部〔昭和37年〕卒　[歴]昭和37年三井物産に入社。63年穀物部長、平成3年米国三井物産シカゴ支店長、6年三井物産取締役、9年常務、11年専務、12年副社長。14年9月前会長の引責辞任により後任会長に就任。21年取締役。

大橋 宗夫　おおはし・むねお　大蔵省関税局長　日本電信電話常務　[没]平成27年（2015）12月23日　81歳〔急性心不全〕　[生]昭和9年（1934）2月12日　[出]島根県仁多郡仁多町（奥出雲町）　[学]東京大学法学部〔昭和31年〕卒　[歴]父は内務官僚から労相・運輸相を務めた大橋武夫で、祖父は浜口雄幸元首相。昭和31年大蔵省（現・財務省）に入省。国税庁大阪国税局査察部長、関税部長を経て、49年内閣官房審議官、51年大蔵省証券局流通市場課長、52年国際金融局外資課長、54年調査課長、55年総務課長、56年中国財務局長、57年官房審議官、同年近畿財務局長、60年日本銀行政策委員、61年6月大蔵省関税局長を歴任。62年6月退官し、日本輸出入銀行理事、平成元年6月日本電信電話（NTT）常務となった。　[賞]瑞宝中綬章〔平成16年〕　[家]父＝大橋武夫（労相・運輸相），祖父＝浜口雄幸（首相），弟＝大橋光夫（昭和電工社長）

大橋 雄二　おおはし・ゆうじ　銀嶺食品工業社長　[没]平成28年（2016）11月2日　60歳　[生]昭和31年（1956）7月25日　[出]福島県福島市　[名]筆名＝大橋雄守（おおはし・ゆうじ）　[学]福島市立第四中卒　[歴]銀嶺食品工業社長を務めた大橋進雄の二男。6歳の時に血友病と診断され、高校への進学は断念して独学を続ける。昭和56年左足切断の難手術を受け、寝たきり生活を送った。57年その闘病記をまとめ「いのち讃歌—義足の青春」として出版。義足をつけて家業を手伝う傍ら、予備校教師として社会復帰。61年～平成3年ラジオ福島「それ行けAMAMこちら下荒子八番地」のパーソナリティーを務めるなど、難病を超えた持ち前の明るさと闘志で多くの人に支持され、講演など多方面で活躍した。また、父が経営する銀嶺食品工業に25歳で入社。常務を経て、15年社長に就任。健康志向の新製品企画・開発に携わり、国産小麦や玄米、雑穀、大豆など日本の伝統的な食材にこだわる日本独特のパン“地パン”は静かな人気を呼ぶ。同年ルポライター握美京子によりパン作りに取り組む姿を描いた「パンを耕した男」が出版される。著書に「雲の上は明日も青空」「たった一度の人生徹楽（てつがく）」などがある。　[家]父＝大橋進雄（銀嶺食品工業社長），兄＝大橋靖雄（東京大学名誉教授）

大畑 等　おおはた・ひとし　俳人　千葉県現代俳句協会会長　[没]平成28年（2016）1月10日　65歳　[生]昭和25年（1950）6月20日　[出]和歌山県新宮市　[歴]「麦」に所属して田沼文雄に師事。「遊牧」同人となり、「西北の森」にも参加。句集に「むぎ懲役」「ねじ式」がある。[賞]麦新人賞，麦作家賞，現代俳句評論賞（第21回）「八木三日女小論」　[師]師＝田沼文雄

大畑 佳司　おおはた・よしじ　埼玉県教育研究サークル連絡協議会事務局長　全国生活指導研究協議会常任委員　[没]平成28年（2016）1月21日　85歳〔肺炎〕　[生]昭和5年（1930）3月10日　[出]埼玉県秩父市　[学]秩父青年学校卒　[歴]秩父第一小学校教諭、浦和南小学校教諭、文蔵小学校教諭や埼玉教育研究サークル連絡協議会事務局長、全国生活指導研究協議会常任委員などを務めた。著書に「集団づくりと子どもの発達」「つまずく子どもを救う法」などがある。

大浜 博　おおはま・ひろし　旭化成工業常務　[没]平成29年（2017）11月5日　85歳　[生]昭和7年（1932）7月2日　[出]高知県　[学]東京工業大学工学部〔昭和32年〕卒　[歴]昭和32年旭化成工業（現・旭化成）に入社。平成元年取締役を経て、5年常務。

大原 照子　おおはら・しょうこ　料理研究家　大原照子料理スタジオ主宰　[没]平成27年（2015）1月23日　87歳〔脳出血〕　[出]栃木県　[学]東京女子経済専門学校（現・東京文化短期大学）家政科卒　[歴]昭和49年から4年間の英国留学を経て、各国の料理を研究。テレビ、新聞などでユニークな家庭料理を紹介して活躍。大原照子料理スタジオでは、欧風料理からテーブルセッティングまでを教えた。平成3年青山に英国骨董おおはらを

お

オープン。著書に「ぶきっちょさんの卵料理」「私の英国料理」「手づくりジャムと保存食」「これなら作れる男のごはん」「少ないモノでゆたかに暮らす」「暮らしは、ちいさく」などがある。

大原 長和　おおはら・ながかず　九州大学名誉教授　[専]民法　[没]平成28年(2016)7月20日　93歳〔老衰〕　[生]大正12年(1923)2月5日　[出]福岡県うきは市　[学]九州大学法学部卒　[歴]九州大学教養部教授を経て、福岡大学教授。著書に「法学序説」「法学概論」などがある。[賞]勲三等旭日中綬章〔平成11年〕　[団]日本私法学会, 日本法哲学会, 国際法哲学社会哲学会

大平 英輔　おおひら・えいすけ　高知大学農学部教授　[専]森林経営学　[没]平成29年(2017)2月28日　86歳〔心タンポナーデ〕　[生]昭和5年(1930)9月24日　[出]高知県土佐市　[学]高知大学農学部卒, 九州大学大学院修士課程修了　農学博士　[歴]高知大学農学部助手、助教授を経て、昭和49年教授。平成3〜5年学部長。6年に開所した放送大学高知学習センターの初代所長を務めた。

大平 透　おおひら・とおる　声優　大平プロダクション代表　[没]平成28年(2016)4月12日　86歳〔肺炎〕　[生]昭和4年(1929)9月24日　[出]東京都大田区　[学]明治大学政経学部〔昭和30年〕卒　[歴]昭和27年ラジオ東京アナウンサーを経て、29年フリーとなり、30年TBS劇団に入る。30年アニメ、31年実写版の「スーパーマン」で主人公クラーク・ケントの声をあてて声優としての人気を獲得。以後、実写作品では「おはようフェルプス君…」で始まるアクションドラマ「スパイ大作戦」の指令テープの声や映画〈スター・ウォーズ〉シリーズのダース・ベイダー、アニメでは「ハクション大魔王」の魔王や「科学忍者隊ガッチャマン」の南部博士、「ザ・シンプソンズ」のホーマー役などで活躍。中でも平成元年に始まった藤子不二雄(A)原作のアニメ「笑ゥせぇるすまん」では物語の狂言回しである喪黒福造役を演じ、ブラックユーモアを交えたストーリーに加え、「ホオーッホッホッホ」という喪黒の不気味な高笑いでも強い印象を残した。一方、FM愛知の長寿番組「大平透の歌謡大作戦」にも出演した。昭和38年大平プロダクションを設立。57年大平透声優ゼミナールを開校し後進の育成にも注力した。他の出演作に、テレビアニメ「おらぁグズラだど」「カバトット」「かいけつタマゴン」「未来警察ウラシマン」などがある。[賞]芸能功労者表彰(第6回, 昭和55年度), 声優アワード功労賞(第1回, 平成18年度)〔平成19年〕, 声優アワード・シナジー賞(第7回, 平成24年度)〔平成25年〕

大平 文士　おおひら・ふみお　大分県議(社会党)　[没]平成27年(2015)6月9日　91歳〔肺炎〕　[生]大正12年(1923)6月23日　[出]大分県大分市　[学]大分工〔昭和16年〕卒　[歴]日本電信電話公社(電電公社, 現・NTT)に勤務、別府地区労委員長を務める。別府市議3期を経て、昭和50年より大分県議に3選。62年引退。社会党大分県本部書記長、副委員長を歴任した。　[賞]勲四等瑞宝章〔平成9年〕

大堀 哲　おおほり・さとし　常磐大学学長　長崎歴史文化博物館館長　[専]社会教育, 博物館学, 生涯教育　[没]平成29年(2017)8月4日　80歳〔悪性リンパ腫〕　[生]昭和12年(1937)2月6日　[出]福島県　[学]東北大学教育学部卒　[歴]福島県立会津二高教諭などを経て、文部省社会教育局で青少年教育、家庭教育に携わる。昭和54年東京学芸大学海外女子教育センター共同研究員としてミラノ日本人学校に派遣される。57年帰国後、鳥取大学を経て、59年国立科学博物館教育普及課長、63年教育部長。東京大学助教授を兼任。平成9年静岡大学教授。12年定年退職し、常磐大学教授。コミュニティ振興学部長、同年11月副学長を経て、15年学長、常盤短期大学学長に就任。17年より長崎歴史文化博物館館長。また、日本ミュージアム・マネージメント学会会長も務めた。著書に「ミラノ日本人学校」、共著に「地域振興と生涯学習」「開かれた博物館をめざして」「博物館学教程」「ミュージアム・マネジメント」「教師のための博物館の効果的利用法」、監修に「郷土の研究理科・社会がおもしろくなる博物館」、〈博物館学〉シリーズ(1〜7巻, 別巻)など。　[賞]瑞宝小綬章〔平成28年〕　[資]高校教員免許(社会科), 中学校教員免許(社会科), 社会教育主事　[団]日本ミュージアム・マネージメント学会, 日本国際理解教育学会, 日本生涯教育学会

大堀 太千男　おおほり・たちお　警視総監　阪神高速道路公団理事長　[没]平成28年(2016)7月7日　83歳〔肝内胆管がん〕　[生]昭和8年(1933)3月3日　[出]東京都品川区　[学]東京大学法学部〔昭和30年〕卒　[歴]昭和30年警察庁に入り、警察庁刑事局審議官、保安部長、神奈川県警本部長などを経て、59年9月警視庁副総監、60年8月警察庁警務局長、63年1月警視総監。平成2年12月退官。4年9月阪神高速道路公団(現・阪神高速道路)理事長に就任、7年まで務めた。13年交通事故総合分析センター理事長。　[賞]勲二等旭日重光章〔平成15年〕　[家]父＝大堀多市(警視庁刑事指導官)

大見 忠弘　おおみ・ただひろ　東北大学名誉教授　[専]電子材料工学　[没]平成28年(2016)2月21日　77歳〔心筋梗塞〕　[生]昭和14年(1939)1月10日　[出]東京都　[学]東京工業大学理工学部電気工学科〔昭和36年〕卒, 東京工業大学大学院理工学研究科電気工学専攻〔昭和41年〕博士課程修了　工学博士　[歴]昭和41年東京工業大学助手、47年東北大学電気通信研究所助手、51年助教授を経て、60年教授。平成14年定年退官後、同大客員教授、未来科学技術共同研究センターシニアリサーチフェローを務めた。高密度プラズマを活用した半導体加工技術「RLSA」の第一人者。4年フッ素回収システム、6年配管用フェライト系ステンレス鋼のクロム酸化膜技術、7年フッ酸、過酸化水素、界面活性剤による半導体洗浄技術を発表。11年ベルトル量子化技術を用いて動画像の圧縮率を従来より4倍高める技術開発に成功した。　[賞]紫綬褒章〔平成15年〕, 市村賞学術の部貢献賞(第11回)〔昭和54年〕「表面配線構造静電誘導トランジスタの研究開発」, 井上春成賞(第14回)〔平成1年〕, 市村賞産業の部功績賞(第22回)〔平成2年〕, 大河内記念技術賞(第37回)〔平成3年〕, 電子情報通信学会業績賞(第34回)〔平成8年〕「ウルトラクリーン化技術と次世代半導体生産技術の開発」, 全国発明表彰発明賞〔平成8年〕「増幅型新固体撮像素子の発明」, 大河内賞技術賞(第45回)〔平成11年〕「超高純度ガス供給用ステンレス鋼管の開発」, 日本金属学会技術開発賞(第22回)〔平成11年〕「超高純度ガス供給用100%Cr2O3被覆ステンレス配管『スミクリーンF』

の開発」, 科学技術庁長官賞〔平成12年〕, パワー半導体デバイス国際シンポジウム貢献賞〔平成13年〕 [団]電子情報通信学会, 応用物理学会, IEEE

大嶺 俊順 おおみね・としのぶ 映画監督 [没]平成27年(2015)8月19日 81歳〔腸炎〕 [生]昭和9年(1934)7月30日 [出]栃木県栃木市 [学]日比谷高卒, 早稲田大学教育学部国語国文学科〔昭和35年〕卒 [歴]早大在学中に演劇サークル・劇団自由舞台に所属して演出に興味を持つ。昭和35年松竹大船撮影所演出助手室に入社。山田洋次に師事し,〈男はつらいよ〉シリーズでは第1～6作で助監督を務めた。46年山田監修・宮崎晃脚本により森進一のヒット曲を映画化した「望郷」で映画監督デビュー。47年ハナ肇・倍賞千恵子主演、山田・高橋正圀脚本で第2作「喜劇・社長さん」を撮る。野村芳太郎監督の「砂の器」(49年)、「八つ墓村」(52年)ではチーフ助監督。53年第3作「俺は上野のプレスリー」を監督した。 [団]日本映画監督協会

大村 英昭 おおむら・えいしょう 僧侶 大阪大学名誉教授 [専]社会学, 宗教学 [没]平成27年(2015)9月21日 72歳〔転移性肺がん〕 [生]昭和17年(1942)10月2日 [出]大阪府大阪市中央区内本町 [学]京都大学文学部哲学科〔昭和40年〕卒, 京都大学大学院文学研究科社会学専攻〔昭和45年〕博士課程修了 [歴]昭和45年京都大学助手、48年神戸商科大学助教授、52年大阪大学教養部助教授を経て、61年教授。のち関西学院大学教授を務め、平成27年4月筑紫女学園大学学長に就任したが、9月病没した。真宗本願寺派円龍寺16代住職。1980年代に起こったグリコ・森永事件を題材とした論文「劇場犯罪の出現」などで知られ、社会問題や宗教、生と死の問題について積極的に発言した。著書に「非行の社会学」「死ねない時代」「宗教のこれから」「現代社会と宗教」「臨床仏教学のすすめ」などがある。 [団]日本社会学会, 日本宗教学会

大村 文男 おおむら・ふみお 勧角証券副社長 [没]平成28年(2016)6月16日 81歳〔肝臓がん〕 [生]昭和10年(1935)3月27日 [出]福岡県北九州市 [学]早稲田大学政経学部〔昭和32年〕卒 [歴]昭和32年日本勧業証券(のち勧角証券, 現・みずほ証券)に入社。56年取締役、59年常務、63年専務、平成2年副社長を歴任した。

大村 政男 おおむら・まさお 心理学者 コメンテーター 日本大学名誉教授 [専]性格(人格・パーソナリティ)心理学 [没]平成27年(2015)10月31日 90歳 [生]大正14年(1925)10月4日 [出]東京都 [名]筆名＝西古良二(にしこ・りょうじ) [学]日本大学法文学部文学科(心理学専攻)〔昭和23年〕卒, 日本大学大学院文学研究科〔昭和24年〕退籍 博士(心理学)〔昭和57年〕 [歴]大学院退籍後、法務技官となり、東京少年鑑別所で非行少年の心理診断と心理療法に従事。昭和30年日本大学文学部専任講師、43年教授。平成7年名誉教授。9年文京女子大学(現・文京学院大学)人間学部客員教授。著書に「異常性の世界」「新訂 血液型と性格」、共著に「心理検査の理論と実際 IV」などがある。 [賞]瑞宝中綬章〔平成18年〕, 日本経営協会創立40周年感謝状〔平成1年〕「心理検査の作成・研究」, 日本性格心理学会第10回大会優秀大会発表賞〔平成13年〕「シラノ・ド・ベルジュラックはどんな性格だったか：第2報 実在のシラノVS戯曲のシラノ」 [資]日本心理学会認定心理士, 日本応用心理学会応用心理士 [団]日本心理学会(名誉会員), 日本応用心理学会(名誉会員), 日本性格心理学会(名誉会員)

大村 靖夫 おおむら・やすお 海上保安庁海上技術安全局首席船舶検査官 函館どつく社長 [没]平成27年(2015)2月13日 73歳〔肺炎〕 [生]昭和16年(1941)4月26日 [出]北海道河西郡芽室町 [学]北海道大学工学部〔昭和40年〕卒 [歴]昭和40年運輸省(現・国土交通省)に入省。60年海上保安庁海上技術安全局次席船舶検査官、62年装備技術部船舶課長、平成3年第八管区海上保安本部長を経て、6年2月海上技術安全局首席船舶検査官。のち日本小型船舶検査機構顧問、13年函館どつく副社長、23年社長、24年常勤監査役。 [賞]瑞宝中綬章〔平成24年〕

大村 幸生 おおむら・ゆきお 九州産業大学学長 [専]商業政策 [没]平成28年(2016)7月31日 85歳〔膵臓がん〕 [生]昭和5年(1930)9月2日 [出]福岡県福岡市 [学]西南学院大学商学科〔昭和30年〕卒, 関西学院大学大学院〔昭和32年〕修士課程修了 [歴]昭和39年九州産業大学専任講師、50年教授。57年商学部長となり、58年学長に就任。補助不正受給事件発覚以来、学内改革の先頭に立って活動。九産大では珍しい生え抜きで、歴代最年少の学長だった。61年退任。 [家]妻＝神田綾子(精華女子短期大学教授)

大村 之彦 おおむら・ゆきひこ 高知県議(社会党) [没]平成29年(2017)3月10日 92歳〔心不全〕 [生]大正14年(1925)1月28日 [出]高知県高知市 [学]高知工卒 [歴]昭和34年社会党公認で高知市議に当選、1期。42年より高知県議に2選。58年返り咲き。通算4期務めた。平成3年、7年落選。 [賞]藍綬褒章, 勲五等双光旭日章

大森 厚 おおもり・あつし 中央工学校理事長 全国専修学校各種学校総連合会会長 [没]平成27年(2015)8月8日 83歳〔間質性肺炎〕 [生]昭和7年(1932)3月8日 [出]東京都豊島区北大塚 [学]東京教育大附属高卒 [歴]中央工学校総務を務めた大森国臣の五男。昭和29年同校に入り、35年父の死を受けて2代目総務に就任。以来、同校の出身で28年から同校校長を務めていた田中角栄の下で校務に携わる。39年学校法人化により校長代理、47年理事長。59年全国専修学校各種学校総連合会副会長、平成元年会長に就任。12年名誉会長。著書に「中央工学校とともに わが80年の軌跡」がある。 [賞]藍綬褒章, 瑞宝双光章〔平成19年〕 [家]父＝大森国臣(中央工学校総務)

大森 運夫 おおもり・かずお 日本画家 [没]平成28年(2016)9月29日 99歳〔老衰〕 [生]大正6年(1917)9月23日 [出]愛知県八名郡三上村(豊川市) [学]岡崎師範〔昭和12年〕卒, 広島高師〔昭和16年〕中退 [歴]岡崎師範学校を卒業して広島高等師範学校に進むが、昭和16年肺結核のため中退。戦後、郷里で国語教師として勤務する傍ら画家を志し、26年新制作展、日展に初入選。37年19年間の教師生活を辞めて上京、本格的に日本画家の道を歩み始める。同年、41年、42年、45年新制作展新作家賞を受け、46年新制作協会会員に推挙される。45年初個展を開催。46年より愛知県立芸術大学非常勤講師。49年新制作協会日本画部が独立して創

画会が結成されると同会会員として同展に出品を続けた。ロマネスク美術や日本の民俗芸能などを主題とした作品で知られる。　[賞]山種美術館賞大賞（第3回）〔昭和50年〕「山の夜神楽」，中部日本画総合展最高賞〔昭和33年〕，新制作展新作家賞（第26回・30回・31回・34回）〔昭和37年・41年・42年・45年〕，神奈川県展大賞（第1回）〔昭和42年〕　[団]創画会

大森 千明　おおもり・ちあき　メディアプロデューサー　ジェイ・キャスト社長　「週刊朝日」編集長　「AERA」編集長　[没]平成29年（2017）7月22日　70歳　[生]昭和22年（1947）2月25日　[学]東京大学法学部卒　[歴]昭和46年朝日新聞社に入社。「AERA」創刊に関わった後、編集局経済部デスクを経て、平成7年「AERA」編集長、11年「週刊朝日」編集長兼雑誌編集センター室長、12年出版局次長、13年出版局長を兼務。15年出版担当付。18年1月退社し、ジェイ・キャストに入社。同年6月「J-CASTニュース」の創刊から28年6月まで10年間にわたり編集長を務めた。22～28年ジェイ・キャスト社長を兼務。

大森 浩明　おおもり・ひろあき　東北大学名誉教授　[専]病態運動学　[没]平成27年（2015）8月12日　76歳〔脳出血〕　[生]昭和13年（1938）8月26日　[出]青森県北上郡野辺地町　[学]順天堂大学体育学部健康教育学科卒　医学博士　[歴]東北大学医学部教授を務めた。

大森 義夫　おおもり・よしお　内閣情報調査室長　[没]平成28年（2016）9月11日　76歳〔腎盂がん〕　[生]昭和14年（1939）12月22日　[出]東京都　[学]東京大学法学部〔昭和38年〕卒　[歴]父は陸上自衛隊陸上幕僚長、防衛大学校校長を務めた大森寛。昭和38年警察庁に入り、59年刑事局保安部外勤課長、60年鳥取県警本部長、61年8月警備局公安第三課長、62年公安第一課長、平成元年警視庁公安部長、3年1月警察庁官房審議官、同年4月官房総務審議官、4年9月警察大学校校長を経て、5年3月内閣情報調査室長。在任中、ペルー日本大使公邸人質事件などの対応にあたる。9年3月退官。同年6月日本電気（NEC）常務、14年専務、16年顧問。18年ライブドア監査役となる。24年から日本文化大学学長。インテリジェンス（情報収集・分析活動）の重要性を指摘し、17年には外務省の対外情報機能強化に関する懇談会座長を務めた。著書に「『危機管理途上国』日本」「『インテリジェンス』を一匙」「日本のインテリジェンス機関」「国家と情報」がある。　[家]父＝大森寛（陸将），弟＝大森敬治（内閣官房副長官補）

大森 義雄　おおもり・よしお　住友セメント専務　[没]平成27年（2015）10月29日　89歳〔肺炎〕　[生]大正15年（1926）10月8日　[出]岡山県　[学]東京大学法学部〔昭和28年〕卒　[歴]昭和28年明治鉱業、37年住友金属工業（現・新日鉄住金）に入社。鹿島製鉄所労務部長、同副所長を経て、58年住友セメント（現・住友大阪セメント）取締役、59年常務、63年専務を歴任し、平成3年常任監査役。労務畑が長く講演、寄稿も多い。著書に「管理者の見識が会社を変える」などがある。

大森 義弘　おおもり・よしひろ　JR北海道社長　[没]平成28年（2016）11月10日　87歳　[生]昭和4年（1929）10月17日　[出]北海道札幌市　[学]網走中卒，弘前高，東京大学法学部〔昭和30年〕卒　[歴]父は夕張や網走、北見駅などの駅長を務めた。4人きょうだい（3男1女）の二男（2番目）。網走中学時代は勤労動員に駆り出され、昭和20年動員先の航空廠で敗戦を迎えた。弘前高校から学制改革に伴い東京大学法学部へ進み、30年国鉄に入社。52年千葉鉄道管理局長、54年経営計画室審議役、56年本社貨物局長を経て、58年北海道総局長となり、常務理事に就任。61年異例の再任を果たした。62年4月国鉄民営化に伴い初代の北海道旅客鉄道会社社長に就任。平成8年会長、相談役、19年特別顧問。北海道経済同友会代表幹事も務めた。

大屋 憲一　おおや・としかず　大谷大学名誉教授　[専]宗教学　[没]平成27年（2015）1月23日　89歳〔肺炎〕　[生]大正14年（1925）11月7日　[出]福岡県久留米市　[学]大谷大学文学部宗教学科卒，大谷大学大学院文学研究科仏教専攻博士課程修了　[歴]大谷大学文学部教授を務めた。[団]日本宗教学会，比較思想学会

大柳 昌一　おおやぎ・しょういち　昭和電工専務　[没]平成29年（2017）1月18日　91歳〔腎不全〕　[生]大正14年（1925）10月19日　[出]神奈川県横浜市　[学]慶応義塾大学経済学部〔昭和23年〕卒　[歴]昭和23年昭和電工に入社。取締役、常務、専務を歴任し、63年常勤監査役。

大藪 雅孝　おおやぶ・まさたか　画家　グラフィックデザイナー　東京芸術大学名誉教授　[没]平成28年（2016）9月28日　79歳〔中咽頭がん〕　[生]昭和12年（1937）3月15日　[出]旧朝鮮京城　[学]東京芸術大学美術学部工芸科図案計画〔昭和35年〕卒　[歴]昭和17年帰国。35年精工舎に入社。デザイン課に勤務。39年退社し、東京芸術大学美術学部工芸科基礎デザイン研究室助手となる。55年同大デザイン科専任講師、57年助教授を経て、平成2年教授に就任。16年退官。この間、昭和36年安井賞展に出品、37年シェル美術賞展で佳作賞に。以後個展・グループ展を中心に活躍。当初グラフィックデザインを手がけたが、のちアクリルと岩絵の具を併用した“現代の日本画”を多く制作。詩情や優雅さ、素朴さにあふれた画風で知られる。平成24年香川県立ミュージアムで画業50周年展が開かれた。作品に「猫」「香色山」など、画集に「愛しき仲間たち」「愛しき世界」「山水鳥話」などがある。　[賞]香川県文化功労者〔平成19年〕，地域文化功労者文部科学大臣表彰〔平成23年〕，シェル美術展佳作賞（第6回）〔昭和37年〕

大山 勝太郎　おおやま・かつたろう　天童木工社長　[没]平成29年（2017）1月1日　85歳〔急性呼吸不全〕　[生]昭和6年（1931）11月9日　[出]山形県村山市　[学]早稲田大学第一理工学部工業経営科〔昭和30年〕卒　[歴]昭和30年初代社長で父の大山不二太郎の経営する天童木工の東京支社に入社。41年取締役、43年先代死去に伴い副社長、48年社長に就任。平成13年退任。山形県工業会会長、山形県職業能力開発協会会長などを歴任した。[賞]山形県産業賞〔平成2年〕　[家]父＝大山不二太郎（天童木工社長）

大山 茂　おおやま・しげる　空手家　国際大山空手道連盟委員長　極真会館ニューヨーク支部長　[没]平成28年（2016）2月15日　79歳　[生]昭和11年（1936）7月7日　[学]日本大学工学部建築科中退　[歴]大山倍達の高弟で極真会館首席師範を務め、100人組手達成者。昭和41年極真会館ニューヨーク支部長を任され、“熊殺し”の異

名で知られるウィリー・ウイリアムスらを育てる。59年独立して国際大山空手道連盟を設立、弟の大山泰彦とともに米国を中心に空手の普及に力を注いだ。また、漫画「空手バカ一代」や映画「地上最強の空手」にも登場。著書に「USカラテアドベンチャー」「ザ・ストロング空手―大山茂写真集」「ザ・ストロングマン―アメリカで戦い抜いた"最強の拳"を持つ男」などがある。　弟=大山泰彦（空手家）　師=大山倍達

大山 千恵子　おおやま・ちえこ　沖縄県老人クラブ連合会会長　沖縄県退職女性校長会会長　㉗平成29年（2017）6月4日　89歳〔老衰〕　㊀沖縄県名護市宇茂佐　沖縄県老人クラブ連合会会長、沖縄県退職女性校長会会長を務めた。

大山 勝　おおやま・まさる　鹿児島大学名誉教授　耳鼻咽喉科学　㉗平成27年（2015）7月11日　83歳〔肺がん〕　㊀昭和6年（1931）9月17日　㊁鹿児島県鹿児島市　㊂三重県立大学医学部医学科卒　医学博士　鹿児島大学医学部教授で、蓄膿症の内視鏡レーザー手術装置の開発者として世界的に知られる。同大附属病院長も務めた。平成9年退官後は大島郡医師会病院長を務めた。　瑞宝中綬章〔平成23年〕

大倭 東洋　おおやまと・とうよう　力士（十両）　㉗平成27年（2015）6月24日　44歳〔昭和46年（1971）1月21日　㊁石川県輪島市　㊃本名=白崎東洋（しろさき・とうよう）、旧四股名=白崎　㊄金沢高専、日本大学　㊅上野台中から相撲を始め、昭和63年金沢高3年の時に国体相撲競技少年の部で石川県選抜チームを優勝に導き、個人戦でも優勝。同年インターハイ団体準優勝の原動力となり、十和田大会では個人優勝も果たした。日大に進み、平成4年全日本選手権8強入り。日大同級生の大内信英（のち幕内皇司）と入間川部屋に入門し、平成5年春場所に幕下付け出しで白崎の名で初土俵。6年初場所で新十両となり大倭に改名、入間川部屋初の関取となった。突き、押しを得意としたが、1場所で陥落。間もなく腰を痛めて復調できないまま序二段まで陥落、8年11月限りで引退した。現役時代は178センチ、136キロ。

大和田 泰夫　おおわだ・やすお　東北電力副社長　ユアテック社長　㉗平成28年（2016）2月6日　83歳　㊀昭和7年（1932）10月1日　㊁茨城県那珂郡那珂町（那珂市）　㊂茨城大学文理学部政経学科〔昭和30年〕卒　㊅昭和30年東北電力に入社。52年燃料部次長、55年燃料部長、56年理事、60年取締役を経て、平成5年副社長。11年ユアテック社長に就任。15年会長。　藍綬褒章〔平成10年〕、旭日中綬章〔平成15年〕

岡 久留実　おか・くるみ　新体操指導者　日本新体操連盟理事　㉗平成29年（2017）2月12日　55歳〔がん〕　㊀昭和37年（1962）2月5日　㊁山梨県　㊂日本女子体育大学卒　㊅高校1年で新体操を始め、日本女子体育大1年で団体メンバーとして活躍。卒業後は大学の研究室に残り、助手として団体を教える。昭和60年ジャスコ新体操クラブ（現・イオン新体操スクール）の渡辺守成代表に会い、クラブのスタッフとして参加。以後、長く同クラブで指導にあたり、新体操のトップ選手を数多く輩出した。平成8年のアトランタ五輪などで日本代表コーチ、26年仁川アジア大会では監督を務めた。

岡 謙吉　おか・けんきち　米子工業高等専門学校名誉教授　㊅材料力学　㉗平成27年（2015）1月29日　90歳　㊀大正13年（1924）5月19日　㊂広島工専機械工学科卒　㊅米子工業高等専門学校助教授を経て、教授。

岡 正太郎　おか・しょうたろう　島津製作所専務　電気化学分析　㉗平成29年（2017）5月9日　88歳〔肺炎〕　㊀昭和3年（1928）11月25日　㊁京都府京都市中京区　㊂同志社大学工学部〔昭和27年〕卒　理学博士（京都大学）〔昭和37年〕　㊅昭和27年島津製作所に入社、中央研究所長、57年取締役、61年常務技術研究本部長を経て、平成2年専務。4年京都新聞「現代のことば」執筆陣に加わったほか、全国紙の科学面などにエッセイを執筆。11年その中から約60編をまとめた「酒の肴にサイエンス」を出版した。　紫綬褒章〔平成2年〕、化学技術賞（第15回）〔昭和37年〕「化学工業プロセスへの電気化学分析法の応用に関する研究」、全国発明表彰発明賞〔昭和54年〕「化学発光式測定装置の発明」、科学技術庁長官賞研究功績者表彰（第8回）〔昭和57年〕「常圧化学発光法の創案による公害物質自動分析に関する研究」、日本分析化学会技術功績賞（平成1年度）「常圧化学発光分析計などの開発と普及」　㊇技術士（応用理学）　㊈全国分析化学会、日本化学会、米国化学会

岡 秀明　おか・ひであき　弁護士　広島弁護士会会長　日本弁護士連合会副会長　㉗平成29年（2017）1月22日　88歳〔特発性肺線維症〕　㊀昭和3年（1928）1月30日　㊁広島県呉市　㊂広島工専〔昭和23年〕卒　㊅昭和33年司法試験に合格。36年広島地検検事などを経て、41年弁護士登録、44年広島弁護士会副会長、57年会長、59年日本弁護士連合会副会長を務めた。13～18年呉市教育委員長を務めた。　勲三等瑞宝章〔平成10年〕　㊈広島弁護士会

岡 富美子　おか・ふみこ　青山学院大学名誉教授　㊅英語史　㉗平成29年（2017）4月10日　87歳〔肺炎〕　㊀昭和5年（1930）4月1日　㊁東京都　㊂東京大学大学院人文科学研究科英語英文学専門修士課程修了　㊅青山学院大学文学部教授を務めた。

岡 道明　おか・みちあき　東急エージェンシー専務　㉗平成27年（2015）2月17日　83歳〔悪性リンパ腫〕

岡 道雄　おか・みちお　俳人　八郎潟町（秋田県）副町長　㉗平成28年（2016）4月20日　75歳〔慢性心不全〕　㊅秋田県八郎潟町福祉保健課長などを経て、平成17年助役、19年から2年間、副町長。俳人としても活躍した。

岡 源郎　おか・もとお　徳島大学名誉教授　㊅薬理学　㉗平成27年（2015）7月3日　83歳〔多臓器不全〕　㊀昭和6年（1931）12月19日　㊁兵庫県　㊂大阪薬科大学薬学部薬学科〔昭和29年〕卒、大阪大学大学院薬学研究科薬理学専攻〔昭和34年〕修了　薬学博士　㊅昭和42年大阪大学医学部助教授を経て、50年徳島大学医学部教授。平成7～11年大阪薬科大学客員教授。専門は神経伝達物質として、またホルモンとして重要なカテコールアミンについての薬理学的研究。著書に「薬はなぜ効くのか?」「続・薬はなぜ効くのか?」があ

おか　　　　　　　　　　日　本　人

る。　㊸瑞宝中綬章〔平成21年〕　㊾日本薬理学会（名誉会員）、日本臨床代謝学会

岡 ヨシエ　おか・よしえ　原爆投下の第一報を伝えた　㊤平成29年（2017）5月19日　86歳〔悪性リンパ腫〕　㊦昭和6年（1931）1月　㊥旧姓・名＝大倉　㊞比治山高女　㊸比治山高等女学校3年だった14歳の時に学徒動員され、広島城本丸の地下壕にあった中国軍管区司令部で軍施設や報道機関などへの警報伝達業務に従事。昭和20年8月6日爆心地から約800メートルの半地下の防空作戦室で被爆。屋外で瓦礫の街と化した広島を目の当たりにして福山市の部隊に「広島が新型爆弾にやられました。全滅に近い状態です」と電話連絡を行い、これが原爆被害の第一報となった。平成3年語り部として子供たちに被爆体験を語って以来、被爆証言活動を続けた。

岡井 崇　おかい・たかし　医師　小説家　愛育病院院長　㊥周産期医学、超音波医学、胎児生理学　㊤平成29年（2017）12月21日　70歳〔肺がん〕　㊦昭和22年（1947）8月6日　㊥和歌山県西牟婁郡すさみ町　㊞東京大学医学部〔昭和48年〕卒　医学博士（東京大学）〔昭和58年〕　㊸父は開業の産科医。昭和61年東京大学医学部助教師、62年米国ロマリンダ大学生理学教室周産期生物学部門留学。63年東京大学医学部産婦人科文部教官講師、平成4年助教授・産婦人科副科長、8年母子愛育会総合母子保健センター愛育病院副院長・産婦人科部長、12年昭和大学医学部教授、同大病院総合周産期母子医療センター長。25年愛育病院院長。周産期医療、超音波診断の専門家で、出産事故で脳性まひになった子供に補償金を支払い、原因分析や再発防止策を検討する"産科医療補償制度"の創設に尽力。日本医療機能評価機構が運営する同制度の原因分析委員会委員長や、日本産婦人科医会副会長などを務め、皇族の診療にも携わった。周産期医療の過酷な現実や課題を世に訴えるため、19年から計3冊の小説を執筆。医療サスペンス小説「ノーフォールト」、生殖医療の問題点を問う「デザイナーベイビー」はともにテレビドラマ化された。他の小説に「トライアングル」、専門書に「New epoch産科外来診療」「臨床医のための周産期検査マニュアル」「標準産科婦人科学」（共編）など。　㊸昭和大学特別功労賞〔平成25年〕　㊾日本医学会連合、日本産婦人科医会、日本産婦人科学会、日本超音波医学会、日本周産期・新生児医学会

小粥 義朗　おかい・よしろう　労働事務次官　JOC副会長　㊤平成27年（2015）4月23日　81歳　㊦昭和8年（1933）12月12日　㊥愛知県　㊞東京大学法学部〔昭和31年〕卒　㊸東京大学時代は柔道部に所属。昭和31年労働省（現・厚生労働省）に入省。49年職業安定局雇用政策課長、52年労働基準局監督課長、54年官房総務課長、55年官房審議官、58年官房長を経て、60年労働基準局長となり、労働基準法の改正案づくりに参画。61年労政局長、62年事務次官。平成元年退官。同年7月中小企業退職金共済事業団理事長、5年より全日本柔道連盟専務理事、のち副会長を兼任。6年日本オリンピック委員会（JOC）理事、法務専門委員長を経て、

11年専務理事、12年監事。のち副会長を務めた。　㊸瑞宝重光章〔平成16年〕

岡崎 純　おかざき・じゅん　詩人　福井県詩人懇話会代表　㊤平成29年（2017）6月10日　87歳〔老衰〕　㊦昭和5年（1930）2月7日　㊥福井県南条郡王子保村白嶺（越前市）　㊥本名＝安井勇（やすい・いさむ）　㊞福井師範卒　㊸福井師範学校を卒業後、41年間にわたって福井県内の小・中学校に勤務。敦賀市立栗野中学校校長を経て、平成2年退職。傍ら、則武三雄に師事して詩作に励み、昭和37年第一詩集「重箱」を出版。43年詩誌「木立ち」創刊に参加。戦後の福井詩壇の中核を担い、中央詩壇から"福井叙情派"として高い評価を受けた。60年詩誌の枠を超えた統括団体・福井県詩人懇話会を設立、25年間にわたって初代代表を務めた。平成15年から4年間、中日詩人会会長。他の詩集に「藁」「岡崎純詩集」「極楽石」「寂光」、歌曲集「つち」など。　㊸福井県文化協議会新人賞〔昭和38年〕「重箱」、中日詩賞（第17回）〔昭和52年〕「極楽石」、福井県文化芸術賞〔昭和54年〕、日本詩人クラブ賞（第30回）〔平成9年〕「寂光」、福井県文化賞〔平成15年〕、地域文化功労者表彰〔平成19年〕、福井新聞文化賞〔平成26年〕、日本現代詩人会先達詩人顕彰〔平成27年〕　㊾日本現代詩人会、福井県詩人懇話会、中日詩人会、日本文芸家協会、日本詩人クラブ　㊙師＝則武三雄

岡崎 星秀　おかざき・せいしゅう　華道家　造形作家　草月星秀会会長　㊤平成27年（2015）11月8日　92歳〔出血性ショック〕　㊦大正12年（1923）5月2日　㊥富山県富山市　㊥本名＝河浦義雄（かうわら・よしお）　㊞東京文化学院美術科中退　㊸草月流の初代家元である勅使河原蒼風の直弟子として東京で修行。昭和25年帰郷して草月星秀会を創設。31年草月流富山県支部を結成して初代支部長となり、富山県における第一人者として草月流を県内に根付かせた。また、造形作家として活動した。　㊸勲五等瑞宝章〔昭和60年〕、草月大賞、草月功労賞、草月栄誉賞、北日本美術賞、富山県文化功労賞　㊗長男＝岡崎忍（造形作家）　㊙師＝勅使河原蒼風

岡崎 トミ子　おかざき・とみこ　民主党副代表　衆院議員　参院議員　国家公安委員長　㊤平成29年（2017）3月19日　73歳〔肝機能障害〕　㊦昭和19年（1944）2月16日　㊥福島県福島市　㊞福島女子高（現・橘高）〔昭和37年〕卒　㊸ラジオ福島アナウンサーを経て、昭和42年東北放送アナウンサーに転じ、8月15日前後の反戦・平和特別番組などを担当。同労組副委員長を務めた。平成2年衆院選旧宮城1区に社会党から当選。8年社民党を経て、菅直人らと民主党結党に参加。党副代表となるが、直後の総選挙で落選。9年11月参院宮城選挙区補選で当選。22年9月菅直人改造内閣の国家公安委員長兼消費者及び食品安全担当相兼少子化・男女共同参画担当相として初入閣。25年落選。衆院議員を2期、参院議員を3期務めた。

岡崎 永年　おかざき・ながとし　弁護士　高知弁護士会会長　㊤平成27年（2015）1月26日　94歳〔肺炎〕　㊦大正9年（1920）3月17日　㊥高知県中村市（四万十市）　㊞東京大学法学部〔昭和20年〕卒　㊸東京府庁、東京地裁勤務を経て、応召。昭和30年司法試験に合格、33年福岡地裁判事補に任官。46年高松高裁判事を経て、47年弁護士登録して岡崎法律事務所を開設。54年、55年

高知弁護士会副会長、61年会長を務めた。 [団]高知弁護士会

岡崎 ひでたか おかざき・ひでたか 児童文学作家 [没]平成28年(2016)4月28日 87歳〔悪性リンパ腫〕 [生]昭和4年(1929) [出]東京都 [名]本名＝岡崎英尊(おかざき・ひでたか) [歴]東京で小学校教師を務め、在職中に歴史の物語教材化に取り組んだ作品が「日本歴史物語」「歴史教材紙芝居シリーズ」に収録される。退職後、児童文学を学ぶ。全国児童文学同人誌連絡会(季節風)事務局長。「じゅうしまつ」「あっぷ」同人。平成28年「トンヤンクイがやってきた」で日本児童文学者協会賞を受賞したが、直後に病死した。他の著書に「ひなげしの里」「天と地を測った男 伊能忠敬」「鬼が瀬物語」「荷抜け」などがある。 [賞]日本児童文学者協会賞(第56回)〔平成28年〕「トンヤンクイがやってきた」 [団]日本児童文学者協会, 日本民話の会 [家]妻＝山口節子(児童文学作家)

岡崎 幸雄 おかざき・ゆきお 千葉県議(公明党) [没]平成27年(2015)12月19日 85歳〔心不全〕 [生]昭和5年(1930)2月20日 [出]東京都 [学]府中青年学校〔昭和22年〕卒 [歴]昭和46年以来千葉県議に5選。平成3年引退。 [賞]藍綬褒章〔平成4年〕, 勲四等瑞宝章〔平成12年〕

岡崎 由夫 おかざき・よしお 北海道教育大学名誉教授 [専]地質学 [没]平成27年(2015)8月21日 91歳〔肺気腫による呼吸不全〕 [生]大正13年(1924)4月20日 [出]北海道釧路郡釧路村(釧路市) [学]東北大学理学部岩石鉱物鉱床学科卒 理学博士 [歴]北海道教育大学教授を経て、昭和63年定年退官により釧路公立大学教授。29年頃より釧路湿原を通して湿原の成り立ちを研究し、海が湿原に変容したのは3000年前であることを突き止めた。46年から釧路湿原総合調査で団長を務めるなど、釧路湿原の国立公園指定に貢献した。 [賞]勲三等瑞宝章〔平成14年〕, 釧路市文化賞〔昭和50年〕 [団]日本地質学会, 日本古生物学会, 日本第四紀学会

小笠原 和男 おがさわら・かずお 俳人 「初蝶」主宰 [没]平成28年(2016)12月17日 92歳〔心臓突然死〕 [生]大正13年(1924)5月16日 [出]愛知県碧南市 [学]碧南高卒 [歴]昭和14年岩田潔に作句指導を受ける。21年「白桃」入会、杉浦冷石に師事。44年「鶴」に入会、石田波郷と石塚友二に師事。46年「鶴」同人。59年「初蝶」発刊に参画、平成元年細川加賀の没後、「初蝶」2代目主宰を継承。句集に「遊神」「華蔵界」「放下」「方寸」「年月」「手持ち顔」、評論集に「即刻の文芸」「境涯の文学」などがある。 [団]俳人協会(名誉会員) [師]師＝杉浦冷石, 石田波郷, 石塚友二

小笠原 敬二 おがさわら・けいじ 高校野球選手 岩手銀行野球部監督 [没]平成28年(2016)8月29日 66歳〔急性骨髄性白血病〕 [出]岩手県盛岡市 [学]盛岡一高卒, 慶応義塾大学卒 [歴]盛岡一高野球部ではエースで4番打者を打ち、3年生の昭和43年夏、同校を18年ぶりに夏の甲子園出場に導く。初戦、2戦目と連続完投勝ちで、チームは47年ぶりのベスト8に進出した。慶大に進み、東京六大学でも活躍。49年首都圏の社会人チームの誘いを断って岩手銀行に入行。1年目で都市対抗の初出場初勝利に貢献。56年同行の投手コーチとして、59年には監督として都市対抗に出場した。

小笠原 俊明 おがさわら・としあき 高知新聞代表取締役専務 高知学園理事長 [没]平成28年(2016)3月19日 75歳〔肺がん〕 [生]昭和15年(1940)10月10日 [出]高知県長岡郡大豊町 [学]慶応義塾大学文学部卒 [歴]昭和39年高知新聞社に入社。60年幡多支社長、編集局整理部長、制作局長、東京支社長などを経て、平成13年常務販売局長、15年専務、16～18年代表取締役専務。20～26年母校の高知中学・高校を運営する高知学園理事長を務めた。

小笠原 敏晶 おがさわら・としあき ニフコ創業者 ジャパンタイムズ名誉会長 [没]平成28年(2016)11月30日 85歳〔心不全〕 [生]昭和6年(1931)3月30日 [出]東京都 [学]慶応義塾大学〔昭和27年〕卒, プリンストン大学大学院〔昭和41年〕修了 [歴]昭和27年渡英、貿易会社のスチール・ブラザー社に勤務。28年帰国してスチール・ブラザー社の日本総代理店・日英物産を設立。40年から1年間、米国プリンストン大学大学院へ留学。この時、工業ファスナーに着目し、42年日本工業ファスナー(現・ニフコ)を設立。52年日英物産とニフコ合併により、ニフコ社長に就任。平成13年ニフコ会長。また、昭和58年英字新聞のジャパンタイムズ社長、60年会長。平成7年関東地方で初の外国人向けFM放送局エフエムインターウェーブ(平成8年4月開局)会長。 [賞]経済界中堅企業賞(第10回)〔昭和59年〕, フロリダ州立大学名誉博士

小笠原 宏 おがさわら・ひろし 妻籠を愛する会理事長 [没]平成27年(2015)10月31日 73歳 [出]長野県木曽郡南木曽町 [歴]平成12～18年“売らない、貸さない、壊さない”を原則に、江戸時代の町並み保存に取り組む妻籠を愛する会の理事長を務めた。15～21年全国町並み保存連盟副理事長。

小笠原 泰裕 おがさわら・やすひろ 青森県森林組合連合会会長 [没]平成28年(2016)1月19日 79歳〔病気〕 [出]青森県上北郡十和田湖町(十和田市) [歴]青森県十和田湖町議7期の他、平成8年から5年間、青森県森林組合連合会会長を務めた。

岡島 勇 おかじま・いさむ 弁護士 山梨県弁護士会会長 [没]平成28年(2016)5月11日 73歳〔急性白血病〕 [生]昭和18年(1943)2月23日 [出]山梨県 [学]東京大学法学部〔昭和43年〕卒 [歴]昭和44年司法試験に合格、47年弁護士登録。55年、58年山梨県弁護士会副会長を経て、59年会長。山梨県収用委員会会長や初代の包括外部監査人などを歴任した。 [賞]旭日小綬章〔平成25年〕 [団]山梨県弁護士会

岡島 哲之助 おかじま・てつのすけ 岡島社長 山梨経済同友会代表幹事 [没]平成27年(2015)6月17日 83歳〔心筋梗塞〕 [生]昭和7年(1932)3月10日 [出]山梨県 [学]慶応義塾大学理工学部〔昭和31年〕卒 [歴]大学在学中の昭和27年、20歳で岡島社長に就任。平成8～14年会長。日本百貨店協会常任理事、甲府商工会議所副会頭、山梨県産業教育審議会会長、山梨経済同友会代表

おかしま　　　　　　　　　日　本　人

幹事などを歴任した。　働藍綬褒章〔平成7年〕，山梨県政功績者表彰　働長男＝岡島弘之（岡島社長）

岡島 秀雄　おかじま・ひでお　沖館薬局代表取締役協同組合サンロード青森理事長　囮平成27年（2015）3月11日　61歳〔病気〕　囲青森県青森市　霾平成7年から沖館薬局代表取締役。9年協同組合サンロード青森理事，19年同理事長に就任。青森県薬剤師会常務理事なども歴任した。

岡島 吉昭　おかじま・よしてる　信州大学経済学部教授　霾商法学　囮平成29年（2017）7月5日　85歳　囲昭和7年（1932）4月1日　囲長野県松本市　霾関西学院大学法学部法律学科卒，関西学院大学大学院法学研究科商法学専攻〔昭和32年〕修士課程修了　霾昭和35年関西学院大学講師，42年助教授，43年信州大学人文学部助教授を経て，53年経済学部教授。　働瑞宝中綬章〔平成23年〕　霾日本私法学会，比較法学会，経済法学会

岡積 常治　おかずみ・つねはる　鹿児島県副知事　囮平成28年（2016）3月10日　68歳〔十二指腸乳頭部がん〕　囲昭和22年（1947）4月7日　囲鹿児島県鹿児島市　霾鹿児島大学法文学部卒　霾昭和45年鹿児島県庁に入る。秘書課長，保健福祉部次長，総務部次長，商工観光労働部長を経て，平成16年企画部長，18年教育長，20年副知事。23年退任後は鹿児島空港ビルディング社長を務めた。

岡副 美代子　おかぞえ・みよこ　金田中女将　囮平成27年（2015）9月29日　85歳〔肺炎〕　囲東京・新橋の老舗料亭，金田中（かねたなか）の名物女将として店を切り盛りした。新橋演舞場名物の「東をどり」など文化の振興にも尽くした。　働夫＝岡副昭吾（金田中社長），長男＝岡副真吾（金田中社長）

岡田 明　おかだ・あきら　関西大学名誉教授　霾金属加工（含鋳造）　囮平成27年（2015）4月21日　89歳　囲大正14年（1925）7月30日　囲旧朝鮮京城　霾京都帝国大学工学部冶金学科〔昭和23年〕卒　工学博士　霾京都大学助手，宮崎県・滋賀県の高等学校を経て，昭和36年関西大学工学部助手，56年教授を歴任。　働勲四等旭日小綬章〔平成14年〕　霾日本金属学会，日本鋳物協会，日本鉄鋼協会

尾方 勇　おがた・いさむ　徳島新聞制作局長　囮平成28年（2016）4月4日　81歳〔肺炎〕　囲昭和9年（1934）8月31日　囲徳島県阿波郡阿波町（阿波市）　霾香川大学経済学部〔昭和33年〕卒　霾昭和33年徳島新聞社に入社。60年広告局連絡部長，63年販売部長，平成2年販売局次長兼務，4年印刷製版局長を経て，6年制作局長。

岡田 一郎　おかだ・いちろう　郷土史家　海南町立博物館長　働徳島県　囮平成29年（2017）6月8日　89歳〔肺炎〕　囲昭和3年（1928）5月20日　囲徳島県海部郡海南町（海陽町）　霾徳島師範本科〔昭和24年〕卒　霾昭和24年小学校の教職に就き，60年牟岐小学校長，平成元年海南町教育長。昭和南海地震の悲劇を描いた飯原一夫の絵本「シロのないた海」の出版や，海南町立博物館（現・海陽町立博物館）の設立に尽力。10年町立博物館が開館すると初代館長に就任，20年まで務め

た。郷土史家としては，戦国時代に海部川流域で制作された海部刀の調査・収集に取り組み，海部刀研究の第一人者として知られた。著書に「海部刀」「伊島風土記」などがある。　働長男＝岡田啓（海陽町教育長）

岡田 国久　おかだ・くにひさ　クイーポ創業者　囮平成27年（2015）1月27日　77歳〔肺炎〕　囲昭和12年（1937）10月28日　囲長野県千曲市森　霾松代高卒　霾高校卒業後，東京都内のかばん卸会社に就職。21歳で商品企画部を設立して陣頭指揮を執ったが，昭和40年退社してクイーポを創業。ハンドバッグのカジュアル化を提唱して売り上げを伸ばす傍ら，「アナロー」「ベネトン」「モスキーノ」「ゲス」などの海外ブランドの契約販売を結ぶ。平成11年エコロジーをテーマとし，天然素材にこだわったブランド「genten」を発表した。

岡田 健悟　おかだ・けんご　部落解放同盟中央本部執行委員　丸亀市議　囮平成29年（2017）4月4日　64歳〔肝不全〕　囲昭和27年（1952）11月28日　霾部落解放同盟中央本部執行委員，丸亀市議を務めた。

岡田 健治　おかだ・けんじ　山陽新聞東京支社長（役員待遇）　囮平成28年（2016）2月27日　78歳〔誤嚥性肺炎〕　囲昭和12年（1937）6月6日　囲岡山県　霾明治大学経営学部卒　霾昭和36年山陽新聞社に入社。58年大阪支社広告部長を経て，東京支社長（役員待遇）。

緒方 健司　おがた・けんし　熊本県サッカー協会理事長　囮平成29年（2017）10月11日　97歳〔老衰〕　囲大正9年（1920）7月19日　囲熊本県熊本市　霾済々黌〔昭和14年〕卒　霾昭和30年から熊本県サッカー協会理事長を務め，サッカーの普及・拡大に尽くした。　働西日本スポーツ賞〔昭和40年〕，熊日賞〔昭和53年〕，信玄社功労表彰〔昭和53年〕

緒方 惟之　おがた・これゆき　医師　霾整形外科学　囮平成27年（2015）6月2日　90歳　囲大正14年（1925）4月1日　囲東京都　霾天王寺中，東京慈恵会医科大学〔昭和27治〕卒　医学博士　霾幕末の蘭学者，緒方洪庵から数えて5代目の子孫で，4代目の緒方準一の長男。東京で生まれ，神戸市で幼少年期を過ごす。奈良県立医科大学，国立奈良病院，大阪警察病院勤務を経て，昭和58年緒方整形外科医院を開業。大阪大学適塾記念会理事を務めた。平成19年「医の系譜―緒方家五代 洪庵・惟準・銈次郎・準一・惟之」を著した。　働父＝緒方準一（内科学者）

緒方 俊治　おがた・しゅんじ　住友大阪セメント常務　囮平成27年（2015）3月20日　77歳　囲昭和12年（1937）9月29日　囲熊本県　霾熊本大学工学部〔昭和36年〕卒　霾昭和36年住友金属工業（現・新日鉄住金）に入社。平成3年住友セメント（現・住友大阪セメント）取締役を経て，常務。

緒方 純雄　おがた・すみお　同志社大学名誉教授　新島学園女子短期大学学長　霾組織神学　囮平成28年（2016）1月24日　95歳〔肺炎〕　囲大正9年（1920）7月31日　囲熊本県　霾ユニオン神学院〔昭和28年〕卒　S.T.M.　霾同志社大学神学部教授，新島学園女子短期大学学長などを務めた。訳書にネルス・フェレー「キリストとキリスト者」がある。

緒方 徹　おがた・とおる　宮崎日日新聞事業局長　囮平成28年（2016）7月23日　82歳〔非閉塞性膜管虚血と慢性腎不全〕　囲昭和9年（1934）3月7日　囲宮崎県西

都市　[学]高卒　[歴]昭和28年日向日日新聞社(現・宮崎日日新聞社)に入社。総務部長、総務局長、56年工務局長を経て、63年事業局長。

岡田 節人　おかだ・ときんど　発生生物学者　京都大学名誉教授　JT生命誌研究館館長　[没]平成29年(2017)1月17日　89歳〔肺炎〕　[生]昭和2年(1927)2月4日　[出]兵庫県伊丹市　[名]英文表記＝Tokindo S.Okada　[学]甲南高卒, 京都大学理学部〔昭和25年〕卒, 京都大学大学院〔昭和29年〕修了　理学博士　[歴]国文学者で伊丹市長も務めた岡田利兵衛の二男。京都大学理学部教授を務め、細胞分化や細胞同士の結合の仕組みを分子レベルで追究。理学部の生物物理学教室(学科)創設に参画し、昭和60年退官。この間、59年10月岡崎国立共同研究機構基礎生物科学研究所長を兼務し、平成元年同機構長。同年発生生物学の分野で最も権威のある国際賞であるハリソン賞を日本人として初めて受賞した。2年退官。同年日本人初のスペイン王立科学アカデミー会員に選ばれた。昭和52〜58年日本発生生物学会会長、56〜60年国際発生生物学会会長を務めた発生生物学の世界的な権威で、生物科学全般におけるオピニオン・リーダーとしても活躍。平成3年国際生物科学連合副総裁に就任。5〜14年JT生命誌研究館館長。19年京都市音楽芸術文化振興財団理事長。7年文化功労者に選ばれ、19年文化勲章を受章。著書に「試験管のなかの生命」「動物の体はどのようにしてできるか」「細胞の社会」など。芸術にも造詣が深く、雑誌や新聞でクラシック音楽の評論も手がけた。　[賞]文化功労者〔平成7年〕, 紫綬褒章〔平成2年〕, 勲二等旭日重光章〔平成10年〕, 文化勲章〔平成19年〕, 日本動物学会賞〔昭和36年〕「消化管の区域性」, 内藤記念科学賞(第5回)〔昭和49年〕「細胞分化と細胞分化転換の研究, 高等動物における細胞分化の転換」, 京都新聞文化賞〔昭和59年〕, 中日文化賞(第39回)〔昭和61年〕, アルコン科学賞〔昭和63年〕, ハリソン賞〔平成1年〕, 千嘉代子賞特別賞(第17回, 平成10年度), 京都府文化賞特別功労賞(第23回)〔平成17年〕, 京都市名誉市民〔平成20年〕, 伊丹市名誉市民〔平成20年〕　[資]スペイン王立科学アカデミー外国人会員〔平成2年〕, インド科学アカデミー会員　[団]日本発生生物学会, 国際発生生物学会, 国際生物科学連合　[家]長男＝岡田暁生(音楽学者・京都大学教授), 父＝岡田利兵衛(国文学者・伊丹市長)

緒方 直哉　おがた・なおや　上智大学名誉教授　千歳科学技術大学学長・名誉教授　[専]高分子化学　[没]平成27年(2015)12月22日　83歳〔急性心臓死〕　[生]昭和7年(1932)3月30日　[出]東京都杉並区　[学]東京大学理学部化学科〔昭和29年〕卒　理学博士(東京大学)〔昭和36年〕　[歴]昭和29年東洋レーヨン(現・東レ)研究部に入社。36年ブルックリン工科大学、38年ニューヨーク州立大学各高分子研究所に博士研究員として渡米。41年上智大学理工学部助教授、43年より教授。50〜53年同大副学長。平成10〜14年千歳科学技術大学学長。また、昭和56〜62年新技術開発事業団創造科学技術推進事業「緒方ファインポリマープロジェクト」の総責任者を務め、のち、先端技術展開試験事業「非線形光学材料」プロジェクト責任者。著書に「ファインポリマー」「機能性高分子」「ペーパー電池」「生体高分子の機能を超えて」などがある。　[賞]高分子学会賞(昭和50年度)「活性化重縮合反応についての研究」, 報公賞(第45回)〔昭和50年〕「縮合系機能性高分子の合成」, 科学技術庁長官賞科学技術功労者表彰(第29回)〔昭和62年〕「高機能性高分子材料の開発」, 高分子科学功績賞(平成4年度)「縮合系高機能性高分子材料の合成と応用に関する研究」, 日本バイオマテリアル学会賞科学功績賞〔平成7年〕　[団]高分子学会, 日本化学会, 有機合成化学協会

尾形 秀重　おがた・ひでしげ　日本教育音楽協会福島県支部長　耶麻農業高校校長　[専]音楽教育　[没]平成29年(2017)8月19日　72歳〔前立腺がん〕　[生]昭和20年(1945)2月24日　[出]福島県　[学]国立音楽大学〔昭和43年〕卒　[歴]耶麻農業高校校長の他、日本教育音楽協会福島県支部長、福島県高校音楽連盟会長などを歴任。「福島民報」紙に福島県内で行われた様々な音楽公演についての評論を寄稿した。　[師]師＝岡本敏明, 菅野浩和

岡田 英弘　おかだ・ひでひろ　歴史学者　東京外国語大学名誉教授　[専]東洋史, モンゴル史, 満洲史, 中国史, 韓国史　[没]平成29年(2017)5月25日　86歳〔鬱血性心不全〕　[生]昭和6年(1931)1月24日　[出]東京都文京区　[学]東京大学文学部東洋史学科〔昭和28年〕卒, 東京大学大学院〔昭和33年〕満期退学　[歴]薬理学者・岡田正弘の長男。東洋文庫研究生、ケルン大学客員研究員、ワシントン大学客員教授などを経て、東京外国語大学アジア・アフリカ言語文化研究所教授。平成5年名誉教授。東洋文庫研究員。のち常磐大学教授。昭和32年26歳の若さで日本学士院賞を受賞。満洲史やモンゴル史を研究し、西欧や中国中心の世界史叙述に疑義を呈して内陸アジアの遊牧民の役割を重視するなど、スケールの大きな考察で知られた。著書に「紫禁城の栄光」「漢民族と中国社会」「中央ユーラシアの世界」「歴史のある文明 歴史のない文明」(以上共著)、「倭国の時代」「倭国」「康熙帝の手紙」「チンギス・ハーン」「世界史の誕生」などがある。　[賞]日本学士院賞(第47回)〔昭和32年〕「『満文老档』の研究」, インディアナ大学国際アルタイ学賞〔平成11年〕「世界のアルタイ学に対する長年の貢献」, 国際モンゴル学会名誉会員〔平成14年〕「モンゴル学に対する長年の貢献」　[団]内陸アジア史学会, 常設国際アルタイ学会, 満州史研究会　[家]妻＝宮脇淳子(国際関係基礎研究所主任研究員), 父＝岡田正弘(薬理学者), 弟＝岡田茂弘(国立歴史民俗博物館教授)

岡田 紘　おかだ・ひろし　五洋建設常務　[没]平成28年(2016)1月27日　73歳〔肺炎〕　[生]昭和17年(1942)7月10日　[出]広島県　[学]松山大学商経学部〔昭和40年〕卒　[歴]昭和40年水野組(現・五洋建設)に入社。国際事業本部副本部長を経て、平成5年取締役、8年常務。

緒方 学　おがた・まなぶ　神戸市助役　[没]平成27年(2015)11月13日　84歳〔肺がん〕　[生]昭和6年(1931)7月9日　[出]熊本県下益城郡城南町(熊本市)　[学]熊本大学法文学部〔昭和29年〕卒　[歴]昭和29年神戸市役所に入所。46年民生局婦人児童課長、49年土木局庶務課長、52年開発局次長、58年経済局長、63年教育長を経て、平成元年助役。7年の阪神・淡路大震災に際して

おかの　　　　　　　　　日　本　人

は、避難所や仮設住宅の整備などの被災者支援に尽力した。　勲三等瑞宝章〔平成13年〕

岡野 喜久麿　おかの・きくまろ　駿河銀行頭取　平成27年（2015）7月29日　89歳〔心不全〕　大正14年（1925）10月17日　静岡県沼津市　東京大学農学部〔昭和26年〕卒　昭和28年駿州製紙専務を経て、35年駿河銀行（現・スルガ銀行）に入行。39年取締役、41年常務、49年専務、53年副頭取、56年頭取。60年取締役相談役に退いた。　兄＝岡野喜一郎（駿河銀行頭取）

岡野 喜之助　おかの・きのすけ　スルガ銀行副社長・COO　平成28年（2016）7月13日　69歳〔脳出血〕　昭和22年（1947）7月8日　静岡県沼津市　慶応義塾大学法学部〔昭和46年〕卒　2年間三井不動産に勤め、昭和48年駿河銀行（現・スルガ銀行）に入行。58年取締役、60年常務、61年代表取締役副頭取を経て、平成10年副社長。12年からCOO（最高執行責任者）を兼務した。イタリアの彫刻家ジュリアーノ・ヴァンジの収集家で、静岡県長泉町のヴァンジ彫刻庭園美術館の館長も務めた。　父＝岡野喜一郎（スルガ銀行頭取）、兄＝岡野光喜（スルガ銀行社長）

岡野 俊一郎　おかの・しゅんいちろう　サッカー選手・指導者　サッカー日本代表監督　日本サッカー協会会長　国際オリンピック委員会（IOC）委員　スポーツ（サッカー指導）　平成29年（2017）2月2日　85歳〔肺がん〕　昭和6年（1931）8月28日　東京都台東区上野　小石川高校、東京大学文学部心理学科〔昭和32年〕卒　都立五中時代からサッカーを始め、小石川高を経て東大サッカー部に入り、昭和30年日本代表入り。36年西ドイツにコーチ留学し、デットマル・クラマーに師事。盟友・長沼健監督のもと、39年東京五輪、43年メキシコ五輪で日本代表のコーチを務め、メキシコ五輪では銅メダル獲得に導いた。長沼の後を受け、45〜47年日本代表監督。49年日本サッカー協会理事、62年副会長を経て、平成10年長沼の推薦を受けて第9代会長に就任。同年サッカー2002年W杯実行委員長、国際サッカー連盟（FIFA）W杯2002年組織委員会委員、12年サッカー2002年W杯強化推進本部長を兼任。14年W杯日韓共催大会を成功させ、同年日本協会会長を退任。また、Jリーグ成立以前の日本サッカーの低迷期（1960年末〜1980年代後半）にはテレビ東京系のスポーツ番組「三菱ダイヤモンド・サッカー」に解説者として出演。金子勝彦アナウンサーとの名コンビで欧州を中心とした海外サッカーを紹介、軽妙でわかりやすい語り口でサッカーの面白さを伝え、当時のサッカー少年のバイブルの番組となった。一方、昭和50年より日本体育協会理事、52年日本オリンピック委員会（JOC）総務主事、平成元年〜3年同専務理事を歴任。昭和55年にモスクワ五輪ボイコットを余儀なくされた経験から、政治介入を受けないために日本体育協会からJOCを独立させることに尽力した。2〜23年国際オリンピック委員会（IOC）委員。他に全国ラジオ体操連盟会長、日本アンチ・ドーピング機構（JADA）副会長や、昭和56年からは文部省臨時教育審議会委員も務めた。著書に「サッカー」「サッカー教室」など。平

成17年第1回日本サッカー殿堂入り。24年文化功労者に選ばれる。東京・上野の老舗和菓子店・岡埜栄泉の5代目社長でもあった。　文化功労者〔平成24年〕、藍綬褒章〔平成2年〕、旭日中綬章〔平成16年〕、日本サッカーリーグ創立功労者賞〔平成2年〕、NHK放送文化賞（第41回）〔平成2年〕、東京都文化賞〔平成3年〕、東京都名誉都民〔平成25年〕

岡野 正弥　おかの・まさや　京都大学名誉教授　有機反応　平成27年（2015）6月8日　94歳〔老衰〕　大正9年（1920）11月7日　滋賀県大津市　京都帝国大学工学部工業化学科〔昭和22年〕卒、京都大学大学院〔昭和28年〕中退　工学博士〔昭和29年〕　昭和28年京都大学工学部講師、30年助教授、41年米国エール大学留学を経て、42年京大化学研究所教授。59年名誉教授。京都職業訓練短期大学校長も務めた。　勲三等旭日中綬章〔平成7年〕、有機合成化学協会賞（昭和57年度）〔昭和58年〕「元素の特性に着目した新しい反応の開発ならびに合成的利用」　日本化学会、有機合成化学協会

岡野 麻里安　おかの・まりあ　小説家　平成28年（2016）5月12日　49歳〔腹膜がん〕　昭和41年（1966）10月13日　北海道　本名＝木島麻里安（きじま・まりあ）　早稲田大学第一文学部卒　平成4年〈竜皇の魂〉シリーズの第1作「暁の竜公子」でデビュー。ライトノベル系作家として活躍し、〈銀の共鳴〉〈鬼の風水〉〈少年花嫁〉シリーズなどで人気を得た。

岡部 憲一　おかべ・けんいち　五洋建設専務　平成27年（2015）3月28日　66歳〔脳腫瘍〕

岡部 三郎　おかべ・さぶろう　医師　国立金沢病院産婦人科医長　一九会代表世話人　産婦人科　平成29年（2017）9月22日　84歳〔大腸がん〕　昭和7年（1932）12月1日　石川県金沢市　桜丘高卒、日本大学医学部〔昭和32年〕卒　医学博士〔昭和34年〜平成7年国立金沢病院（現・国立病院機構金沢医療センター）で産婦人科医長を務める。他に日本大学医学部兼任講師、日本産婦人科学会評議員など。一方、昭和47年に金沢古典落語研究会一九会を発足させ、東京や大阪から一流どころの落語家を呼んで落語会を企画するなど、落語文化の向上に尽力した。

岡部 哲也　おかべ・てつや　大東銀行常務　平成29年（2017）5月4日　79歳　昭和12年（1937）5月15日　福島県　福島磐城高〔昭和31年〕卒　昭和31年大東銀行に入行。平成5年取締役を経て、常務。

岡部 達　おかべ・とおる　徳島大学名誉教授　経済学　平成27年（2015）3月21日　94歳〔膀胱がん〕　大正9年（1920）11月22日　京都帝国大学経済学部卒　徳島青年師範学校教授、徳島大学学芸学部教授などを経て、昭和40年同大教養部教授。50〜54年学部長を務め、61年退官。　徳島新聞産業賞〔昭和47年〕

岡部 義裕　おかべ・よしひろ　東京商工会議所常務理事　平成27年（2015）8月28日　65歳　昭和25年（1950）　東京都　中央大学〔昭和48年〕卒　昭和48年東京商工会議所に入所。中小企業部労働担当課長などを経て、平成18年理事事務局長、21年常務理事。

おかべ・りか　挿絵画家　漫画家　平成29年（2017）7月8日　66歳〔虚血性心疾患〕　昭和25年（1950）11

月10日　[出]埼玉県浦和市（さいたま市）　[名]本名＝岡部りか（おかべ・りか）　[学]独協大学仏語科〔昭和48年〕卒　[歴]大学在学中から挿絵画家を志し、卒業後、児童書や絵本の挿絵画家として活躍。代表作に「よい子への道」や〈おばけやさん〉シリーズなど。平成元年ギャグ漫画集「コドモの定番」を刊行。絵を手がけた「空を飛んだポチ」（作・杉山亮）は、21年の産経児童出版文化賞ニッポン放送賞を受賞した。他の作品に「素敵な部屋からこんにちわ」「パパの育児学」「みて！ みて！ママ」「ネ、きいて！ きいて！」など。愛らしくユーモアあふれる画風で知られた。　[賞]産経児童出版文化賞ニッポン放送賞〔平成21年〕「空を飛んだポチ」（作・杉山亮）　[家]父＝岡部冬彦（漫画家），兄＝岡部いさく（軍事評論家），妹＝水玉螢之丞（イラストレーター）

岡見 裕輔　おかみ・ゆうすけ　詩人　[没]平成27年（2015）1月21日　85歳〔脳出血による後遺症〕　[生]昭和4年（1929）4月30日　[出]兵庫県神戸市　[学]神戸市外国語大学中退　[歴]神戸市外国語大学在学中から詩を作り始め、昭和32年より同人「輪の会」のメンバー。28年海運会社勤務、36年エールフランス航空に入社。在職中にサラリーマン生活をテーマにした詩集「サラリィマン」「続サラリィマン」を出版。62年エールフランスを定年退職し、神戸学院女子短期大学で現代詩を講義。月刊「オール関西」編集委員。　[団]日本現代詩人会，輪の会

岡村 毅郎　おかむら・ぎろう　土佐くろしお鉄道社長　国鉄四国総局長　[没]平成28年（2016）6月22日　81歳〔胃がん〕　[生]昭和10年（1935）1月1日　[出]高知県高知市　[学]東京大学法学部卒　[歴]昭和23年国鉄入り。旭川鉄道管理局長などを経て、58〜62年四国総局長。平成11〜15年土佐くろしお鉄道社長。

岡村 圭造　おかむら・けいぞう　京都大学名誉教授　[専]木材化工学，森林生化学　[没]平成28年（2016）6月26日　84歳〔急性白血病〕　[生]昭和6年（1931）7月10日　[出]大阪府大阪市　[学]京都大学工学部繊維学科〔昭和30年〕卒，京都大学大学院工学研究科繊維化学専攻〔昭和32年〕修士課程修了，ニューヨーク州立大学（米国）大学院〔昭和42年〕博士課程修了　Ph.D.，工学博士　[歴]昭和43年京都大学助手となり、助教授を経て、教授。平成7年退官、京都学園大学教授。　[団]日本木材学会，高分子学会，米国化学会

岡本 歌子　おかもと・うたこ　神戸学院大学名誉教授　[専]生理学，血液学　[没]平成28年（2016）4月21日　98歳　[生]大正7年（1918）4月1日　[出]東京都　[学]東京女子医学専門学校医学部卒　医学博士　[歴]夫で生理学者の岡本彰祐神戸大学名誉教授とともに止血剤などに使われる「トラネキサム酸」などの開発に携わった。著書に「血液—あなたの生命を左右するもの」「ある女性科学者の一世紀」、夫との共著に「人体のすべて」などがある。　[家]夫＝岡本彰祐（神戸大学名誉教授）

岡本 おさみ　おかもと・おさみ　作詞家　[没]平成27年（2015）11月30日　73歳〔心不全〕　[生]昭和17年（1942）1月15日　[出]鳥取県米子市　[名]本名＝岡本修己（おかもと・おさみ）　[学]日本大学卒　[歴]歌手・泉谷しげる、吉田拓郎らと出会ったことがきっかけで放送作家から作詞家に転身、昭和43年「ふりかえらない」でデビュー。拓郎には代表曲「旅の宿」「落陽」「祭りのあと」をはじめ数多くの詞を提供、同コンビで森進一に提供した「襟裳岬」は大ヒットし、49年の日本レコード大賞を受賞した。他の代表曲に、岸田智史「きみの朝」、猫「地下鉄にのって」、時任三郎「川の流れを抱いて眠りたい」、ネーネーズ「黄金の花」などがある。芝居の作詞と訳詞にも参加し、ミュージカル「ラブ」「セツアンの善人」「ロッキー・ホラー・ショウ」などを手がけた。また、62年市単位の図書館設置を訴えるために、米子・倉吉・鳥取の3市に模擬図書館を設けて開催された“本の国体”では総合プロデューサーとして指揮を執った。著書に「ビートルズが教えてくれた」「旅に唄あり」などがある。

岡本 要　おかもと・かなめ　長州産業創業者　[没]平成29年（2017）6月7日　80歳〔間質性肺炎〕　[生]昭和12年（1937）3月31日　[出]山口県阿武郡むつみ村（萩市）　[学]徳佐高〔昭和31年〕卒　[歴]山口県農協講習所を経て、地元の農協に就職。昭和36年長府製作所に転じる。45年取締役総務部長。55年長州産業を設立し、社長に就任。平成28年長男に社長の座を譲り、会長に退いた。太陽光発電パネルの製造・設計から組み立てまでの一貫生産など高度な技術力を強みに、一代で売上高500億円を突破する企業に育て上げた。　[賞]中堅中小企業優秀経営者顕彰（地域社会貢献者賞，第14回）〔平成8年〕　[家]長男＝岡本晋（長州産業社長）

岡本 定勝　おかもと・さだかつ　詩人　[没]平成29年（2017）2月8日　79歳　[生]昭和12年（1937）11月18日　[出]沖縄県平良市（宮古島市）　[学]琉球大学卒　[歴]昭和40年琉球大学に入学、同人誌「琉大文学」を発行していた文芸クラブに参加。大学卒業後は高校教諭の傍ら、詩作を続けた。44年第一詩集「彩られる声」を出版。平成18年第二詩集「記憶の種子」で山之口貘賞を受けた。他の詩集に「夢幻漂流」がある。詩誌「EKE」同人。　[賞]山之口貘賞（第29回）〔平成18年〕「記憶の種子」　[家]兄＝岡本恵徳（琉球大学名誉教授）

岡本 茂樹　おかもと・しげき　立命館大学産業社会学部教授　[専]臨床心理学　[没]平成27年（2015）6月26日　56歳〔脳腫瘍〕　[生]昭和33年（1958）　[出]兵庫県尼崎市　[学]神戸市外国語大学外国語学部英米学科〔昭和57年〕卒，関西学院大学大学院文学研究科〔昭和59年〕博士課程前期課程修了，武庫川女子大学大学院臨床教育学研究科〔平成13年〕博士課程後期課程修了　[歴]中学・高校で英語教員を務めた後、武庫川女子大学大学院臨床教育学研究科博士課程を修了。立命館大学産業社会学部教授、日本ロールレタリング学会理事長を務めた。平成18年から熊本刑務所の篤志面接委員として、手紙に本心を書き出す心理療法を通じ長期受刑者の更正支援に取り組んだ。著書に「ロールレタリングに関する臨床教育学的研究」「無期懲役囚の更生は可能か」「反省させると犯罪者になります」「凶悪犯罪者こそ更生します」などがある。　[資]臨床心理士

岡本 恵年　おかもと・しげとし　増進堂・受験研究社社長　[没]平成27年（2015）4月7日　97歳　[生]大正6年（1917）6月20日　[出]大阪府　[名]旧姓・名＝岡本政一　[学]和歌山高商〔昭和13年〕卒　[歴]昭和13年増進堂（現・増進堂・受験研究社）に入社。19年応召。戦後は空襲

で全焼した会社の復興に尽力。31年社長。51～56年、61年～平成3年日本書籍出版協会理事を務めた。 [賞]紺綬褒章〔昭和54年〕 [家]父＝岡本政治（増進堂社長・受験研究社社長），祖父＝岡本増次郎（増進堂創業者・受験研究社創業者）

岡本 正蔵 おかもと・しょうぞう 福島交通社長 [没]平成29年（2017）3月31日 83歳〔慢性心不全〕 [生]昭和9年（1934）3月29日 [出]広島県広島市 [学]日本大学第二工学部卒 [歴]昭和33年福島交通に入社。54年取締役、60年常務、62年専務を経て、平成9年代表取締役専務、同年社長。 [家]長男＝岡本邦裕（福島交通保険営業部長）

岡本 次郎 おかもと・じろう 北海道教育大学名誉教授 [専]人文地理学 [没]平成28年（2016）11月7日 91歳〔肝臓がん〕 [生]大正14年（1925）8月30日 [出]東京市京橋区南小田原町（東京都中央区） [学]東北大学理学部地理学科〔昭和23年〕卒 理学博士（東北大学）〔昭和38年〕 [歴]平成元年北海道教育大学教育学部旭川分校教授を退官。2～8年北星学園大学経済学部経済学科教授。著書に「地理学と環境」、共著に「土地利用変化とその問題」など編著書・論文多数。 [賞]勲三等瑞宝章〔平成15年〕 [団]日本地理学会，東北地理学会

岡本 隆子 おかもと・たかこ タレント 落語家・笑福亭仁鶴の妻 [没]平成29年（2017）6月2日 72歳 [出]長崎県壱岐 [学]華頂短期大学卒 [歴]昭和39年吉本新喜劇の研究生となり、42年落語家の笑福亭仁鶴と結婚。その後、夫はテレビ番組などで妻のことを“たか子姫”の愛称で紹介、1970年代には夫とMBS系「仁鶴・たか子の夫婦往来」などの番組を持った。平成25年「そこのけそこのけ仁鶴の女房が通る」を刊行した。 [家]夫＝笑福亭仁鶴（落語家）

岡本 勉 おかもと・つとむ アナウンサー ラジオ福島常務編成局長 [没]平成29年（2017）5月27日 85歳〔心不全〕 [歴]ラジオ福島常務編成局長で、アナウンサーとしても活躍した。

岡本 吉司 おかもと・よしじ 国税庁次長 [没]平成28年（2016）9月12日 79歳〔膀胱がん〕 [生]昭和12年（1937）6月7日 [出]東京都台東区浅草 [学]東京大学法学部〔昭和36年〕卒 [歴]昭和36年大蔵省（現・財務省）に入省。52年官房企画官、53年国税庁東京国税局査察部長、55年調査査察部査察課長、57年大蔵省理財局資金第二課長、60年国税庁総務課長、61年6月福岡国税局長、62年6月関東信越国税局長、63年6月直税部長を経て、平成元年6月次長。2年6月退官し、7月農用地整備公団副理事長に就任。6年6月退任。福岡銀行常務も務めた。 [賞]瑞宝中綬章〔平成22年〕

岡山 廣幸 おかやま・ひろゆき 声楽家（バス） 藤原歌劇団総監督 昭和音楽大学教授 [没]平成27年（2015）2月28日 67歳〔食道がん〕 [生]昭和23年（1948）2月21日 [出]東京都 [学]明治大学政経学部〔昭和45年〕卒，ボローニャ音楽院卒，ミラノ・スカラ座オペラ研修所修了 [歴]昭和46年イタリアに留学、ボローニャ音楽院でアルフォンソ・スィリオッティ、エットーレ・カンポガッリアーニに師事。53年ミラノ・スカラ座研究生オーディションに合格し、イタリア各地で多くのオペラに出演。57年帰国後はバッソ・カンタンテとして藤原歌劇団を中心に活躍。藤原歌劇団総監督、昭和音楽大学教授も務めた。 [賞]ジロー・オペラ賞（第14回）〔昭和61年〕，バスティアニーニ国際コンクール特別賞〔昭和53年〕，ジュネーブ国際音楽コンクールオペラ部門銀賞〔昭和54年〕 [師]師＝スィリオッティ，アルフォンソ，カンポガッリアーニ，エットレ

小川 亜矢子 おがわ・あやこ バレリーナ 振付師 青山ダンシングスクエア主宰 小川亜矢子バレエスタジオ主宰 [没]平成27年（2015）1月7日 81歳〔心不全〕 [生]昭和8年（1933）4月28日 [出]京都府京都市 [学]鷗友学園女子高〔昭和27年〕卒 [歴]東勇作バレエ団、小牧バレエ団を経て、昭和28年日本人として初めて英国ロイヤル・バレエ学校へ留学。35年ニューヨークのメトロポリタン・オペラ・バレエ団に入団、正団員として舞台に立つ。41年帰国、プロダンサーのトレーナーを務めたのち、46年新宿コマ劇場内にコマ・小川亜矢子バレエスタジオを開く。57年からスタジオ一番街を開設し、定期スタジオ公演「Sundayパフォーマンス」で創作の発表を開始。平成2年ローザンヌ国際バレエ・コンクール審査員を務めた。9年青山ダンシング・スクエアを開設した。作品に「イレギュラー・トライアングル」「パ・ド・シス」「四谷怪談」「好色五人女」「鬼婆」などがある。 [賞]紫綬褒章〔平成12年〕，旭日小綬章〔平成19年〕，日本バレエ協会夏季定期公演賞奨励賞〔昭和54年・56年〕「『イレギュラー・トライアングル』の振付」「『パ・ド・シス』の振付」，舞踊批評家協会賞（第17回）〔昭和60年〕，橘秋子賞特別賞（第13回）〔昭和62年〕，ニムラ舞踊賞（第14回）〔平成4年〕「『アマディウス』『昼顔』『イノセント』『好色五人女』などの演劇性の高いバレエ作品の振り付け，演出に対して」，グローバル松山樹子賞（第4回）〔平成7年〕 [団]日本バレエ協会 [師]師＝チューダー，アントニー，クラスク，マーガレット

小川 アンナ おがわ・あんな
⇒芦川 照江（あしかわ・てるえ）を見よ

小川 幾雄 おがわ・いくお 舞台照明家 [没]平成28年（2016）3月7日 66歳 [学]武蔵野美術大学卒 [歴]平成12年小川照明デザイン事務所を設立。野田秀樹の作・演出作品を始め、数多くの演劇公演で舞台照明を手がけた。 [賞]日本照明家協会優秀賞〔平成6年・11年〕，読売演劇大賞優秀スタッフ賞〔平成18年〕

小川 一洋 おがわ・いちよう 木工芸家 [没]平成27年（2015）2月1日 82歳〔感染性心内膜炎〕 [出]岡山県岡山市 [名]本名＝小川一敏（おがわ・かずとし） [歴]家具職人から伝統工芸の道に入り、指物に取り組む。異なる木を埋め込んで加飾する象嵌技法を駆使した、温かみのある端正な作品で知られた。昭和62年日本工芸会正会員。平成18年岡山県重要無形文化財保持者に指定され、岡山県美術展覧会審査員なども務めた。 [賞]岡山県重要無形文化財保持者〔平成18年〕

小川 栄二 おがわ・えいじ 美術評論家 [没]平成27年（2015）3月31日 80歳 [生]昭和10年（1935）3月28日 [出]東京都 [学]早稲田大学文学部仏文科〔昭和32年〕卒 [歴]著書に「色彩の饗宴—二〇世紀フランスの画家たち」、共訳にエレン・マルクス「色彩の対比」などがあ

る。　[団]日本文芸家協会, 国際美術評論家連盟, 日本ペンクラブ

小川 喜八郎　おがわ・きはちろう　宮崎大学名誉教授　[専]発酵, 醸造　[没]平成27年(2015)10月31日　79歳〔急性大動脈解離〕　[生]昭和11年(1936)6月4日　[出]熊本県　[学]宮崎大学農学部農芸化学科〔昭和34年〕卒　工学博士(大阪大学)　[歴]昭和37年ヤクルト研究所、38年宮崎大学農学部助手を経て、平成6年教授。14年退官して南九州大学教授。焼酎の麹菌や酵母研究の第一人者で、従来の酵母より高い温度で発酵し、アルコールを作る能力も高い焼酎の新酵母を開発。また、微生物を使った焼酎かす処理法の基礎を築いた。15年には雲海酒造と共同で海水から焼酎醸造に用いる海洋性酵母を取り出すことに成功した。著書に「セルロースのバイオコンバージョン」、共著に「宮崎の焼酎」「みやざき食物誌」などがある。　[賞]宮崎日日新聞科学賞(第13回, 昭和52年度), 宮崎県文化賞(学術部門, 第33回, 昭和58年度), 日本醸造協会技術賞(第18回, 平成3年度)「糸状菌の細胞融合法による育種に関する研究」　[団]日本農芸化学会, 日本醗酵工学会

小川 国彦　おがわ・くにひこ　衆院議員(社会党)　成田市長　[没]平成29年(2017)5月20日　84歳〔大腸がん〕　[生]昭和8年(1933)1月8日　[出]千葉県成田市　[学]中央大学法学部〔昭和30年〕卒　[歴]昭和29〜37年小川豊明衆院議員秘書。38年から千葉県議3期。47年シンガポールで開かれたアジア社会主義インターに日本社会党代表として出席。51年衆院選旧千葉2区から初当選。以来連続6選。平成5年落選。成田空港反対運動を支援し、開港後は話し合いによる反対農家との和解に力を注いだ。7年より成田市長に2選。15年空港周辺の11市町村との合併構想が市議会で否決されたのを受け、引責辞任した。著書に「利権の海―東京湾埋め立ての虚構」「新利権の海―青べか物語の浜から」「総理大臣の『私生活』はなぜ徹底追及できないのか」「心は野にありて―回想録」などがある。　[家]父＝小川明雄(千葉県自動車販売店協会専務理事)

小川 光三　おがわ・こうぞう　写真家　飛鳥園社長　[専]仏像, 文化史　[没]平成28年(2016)5月30日　88歳〔特発性血小板減少症〕　[生]昭和3年(1928)3月6日　[出]奈良県奈良市登大路町　[学]郡山中卒　[歴]古美術写真の第一人者だった小川晴暘の三男。昭和22年大阪市立美術研究所に入所、以降日本画・洋画を志す。25年父の後を受けて文化財写真・美術出版の専門店・飛鳥園を継ぐ。同年より文化財保護委員会(文化庁の前身)の委嘱を受け、仏像調査写真を5年にわたり担当。以後、写真に専念する傍ら古代文化史を研究。奈良の三輪山のふもとの桧原神社を基点に、東西一直線に太陽信仰の山や神社が点在することに着目し、48年の著書「大和の原像」で“太陽の道”を提唱した。43年株式会社飛鳥園を設立、代表取締役社長に就任。32年大阪阪急百貨店で初の個展を開催以来、東京・大阪等で個展10回開催。平成16年にはフランス、コルマール市のアルザス日本学研究所及びストラスブール市の日仏大学会館で奈良仏像写真展と講演会を開催した。代表作に「魅惑の仏像」(全28巻)「興福寺」「やまとしうるはし」「あをによし」など。愛知県立芸術大学非常勤講師、毎日文化センター講師、白鳳女子短期大学講師、近鉄文化サロン講師、奈良市公民館運営審議会委員、同会会長、奈良市生涯学習財団理事などを歴任。環太平洋学会理事、奈良市立美術館理事、奈良市美術家協会副会長も務めた。　[団]環太平洋学会　[家]父＝小川晴暘(写真家)

小川 後楽(6代目)　おがわ・こうらく　茶道家　小川流煎茶家元　京都造形芸術大学芸術学部教授　[専]近世日本思想史, 茶道文化史　[没]平成28年(2016)9月19日　76歳〔肺がん〕　[生]昭和15年(1940)4月22日　[出]京都府京都市　[名]本名＝小川忠男(おがわ・ただお), 筆名＝楢林忠男(ならばやし・ただお)　[学]立命館大学文学部〔昭和38年〕卒, 立命館大学大学院文学研究科日本近世史専攻　[歴]昭和48年小川流煎茶家元6世後楽を継ぐ。平成4年より京都造形芸術大学で教鞭を執り、13年同大教授。14年NHK教育テレビ「人間講座」に出演。学究肌で煎茶道に繋がる近世思想史などを研究、楢林忠男の筆名で著述に努めた。著書に「煎茶の世界」「文人への照射」「茶の文化史」「碧山への夢」などがある。　[団]民俗芸術学会, 儀礼文化学会, 芸能史研究会, 日中文化交流協会　[家]長男＝小川可楽(茶道家)

小川 新一郎　おがわ・しんいちろう　衆院議員(公明党)　[没]平成27年(2015)9月5日　89歳〔急性呼吸不全〕　[生]大正15年(1926)8月1日　[出]東京都　[学]芝商〔昭和19年〕中退　[歴]牛乳販売店経営、日動火災海上勤務を経て、昭和38年埼玉県議に当選。42年以来、衆院議員を通算7期務める。59年衆院交通安全対策特別委員長に就任。平成2年引退。　[賞]勲二等旭日重光章〔平成8年〕

小川 真司　おがわ・しんじ　声優　俳優　[没]平成27年(2015)3月7日　74歳〔器質化肺炎〕　[生]昭和16年(1941)2月19日　[出]東京都世田谷区田園調布　[名]本名＝小川治彦(おがわ・はるひこ)　[学]東京教育大附属高〔昭和34年〕卒, 俳優座演劇研究所附属俳優養成所(第11期)卒　[歴]俳優座演劇研究所附属俳優養成所の第11期生。昭和35年NET(現・テレビ朝日)「寒い朝」で俳優デビュー。NHKラジオ「一丁目一番地」にレギュラー出演。劇団俳優小劇場に入団し、解散までの10年間在籍。51年仲代達矢の無名塾結成に参加、61年「どん底」の舞台を最後に退団。声優としては、数多くの洋画や海外ドラマでマイケル・ダグラス、ロバート・デ・ニーロ、ダスティン・ホフマンなどの吹き替えを担当。ナレーターとしても活躍した。主な出演作に、映画「ブルークリスマス」「ひめゆりの塔」「ジャズ大名」、アニメでは「北斗の拳2」「機動警察パトレイバー」「名探偵コナン」「ジャイアントロボ THE ANIMATION―地球が静止する日」「アルドノア・ゼロ」、ラジオドラマ「宇宙英雄物語」などがある。　[家]妻＝原陽子(女優)

小川 武　おがわ・たけし　尚財団理事長　[没]平成29年(2017)9月7日　85歳　[出]東京都　[歴]旧琉球王家である尚家の文化財や財産を管理する尚財団が設立された平成4年から同財団理事長を務め、7年那覇市に尚家文化遺産を寄贈した。27年琉球王府が寛政8年(1796年)に編集した地図「琉球国之図」の複製を琉球新報社主

催の展示会で一般初公開し、その後、琉球新報新聞博物館に寄贈した。

小川 是 おがわ・ただし 大蔵事務次官 日本たばこ産業会長 横浜銀行頭取 [没]平成29年(2017)8月21日 77歳〔食道がん〕 [生]昭和15年(1940)2月26日 [出]三重県 [学]東京大学法学部〔昭和37年〕卒 [歴]昭和37年大蔵省(現・財務省)に入省。44年から4年間、在英国日本大使館に赴任。55年主計局主計官、58年税制第二課長、60年税制第一課長、61年主税局総務課長、62年官房文書課長、同年11月首相秘書官事務取扱、平成元年6月大阪国税局長、2年6月官房審議官、3年6月総務審議官、同年10月会計センター長兼任、4年6月証券局長、5年6月主税局長。細川護煕政権下の6年には、"主税局のエース"として斎藤次郎事務次官とともに国民福祉税の創設を目指し、村山富市内閣での消費税5%引き上げに道筋をつけた。7年5月国税庁長官。8年1月住宅金融専門会社(住専)への公的資金投入で引責辞任した篠沢恭助事務次官の後を受け、大蔵事務次官に就任。9年7月退官し、東京大学先端科学技術研究センター客員教授に転身。12〜16年日本たばこ産業会長、17年横浜銀行頭取、23年会長を歴任。全国地方銀経協会会長も務めた。 [家]父＝小川善吉(横浜地裁所長), 兄＝小川明良(東京ガス常務)

小川 千恵 おがわ・ちえ 尼僧 高山寺(真言系単立寺院)山主 [没]平成27年(2015)8月10日 86歳〔老衰〕 [生]昭和4年(1929) [出]東京市本郷区(東京都文京区) [名]本名＝小川千恵子(おがわ・ちえこ) [学]東京女高師附属高女〔昭和20年〕卒 [歴]父は高山寺山主(住職)を務めた小川義章。平成元年父の死後に寺を引き継いでいた葉上照澄が亡くなり、以後代務者を務める。3年得度式を上げ、正式に山主に就任。8世紀の開創以来初めての女性山主となった。同寺は世界遺産に登録されている真言系単立寺院で、国宝絵巻「鳥獣人物戯画」を所蔵していることでも知られ、26年と27年に開催された特別展に尽力した。 [家]父＝小川義章(僧侶・哲学者)

小川 哲也 おがわ・てつや 太平洋工業社長 大垣商工会議所会頭 [没]平成28年(2016)10月7日 97歳〔老衰〕 [生]大正8年(1919)9月26日 [出]愛知県 [学]山口高商東亜経済研究科〔昭和16年〕卒 [歴]太平洋工業創業者である小川宗一の甥で、その長女と結婚して養子となる。昭和16年同社に入社、18年取締役、28年副社長を経て、42年3代目社長に就任。平成2年会長、8年取締役名誉会長、11年相談役名誉会長。タイヤバルブのトップメーカーの地位を築き、プレス・樹脂事業の開発生産体制を確立した。また、岐阜県経営者協会会長、大垣商工会議所会頭、大垣青年会議所初代理事長、小川科学技術財団理事長などを歴任。大垣日大高校を運営する大垣日大学園の理事長も務め、同校野球部の強化にも力を注いだ。 [賞]紺綬褒章〔昭和40年〕, 藍綬褒章〔昭和60年〕, 勲三等瑞宝章〔平成5年〕, 大垣市功労章〔昭和53年〕, 岐阜県知事表彰〔昭和57年〕, 岐阜日日賞産業賞〔昭和59年〕, 文部大臣表彰〔昭和59年〕, 渋沢栄一賞〔平成24年〕 [家]養父＝小川宗一(太平洋工業創業者), 長男＝小川信也(太平洋工業社長), 弟＝小川雅久(太平洋工業社長)

小川 昭之 おがわ・てるゆき 大分医科大学名誉教授 [専]小児科学 [没]平成29年(2017)10月14日 87歳 [生]昭和5年(1930)4月14日 [学]新潟大学医学部医学科卒, 新潟大学大学院医学研究科小児科専攻博士課程修了 医学博士 [歴]昭和56年大分医科大学(現・大分大学医学部)の開学と同時に小児科学の教授に就任。また、58年に始まった大分合同赤ちゃん教室の初代講師を17年間務めた。 [賞]大分合同新聞福祉賞〔平成15年〕 [団]国際小児神経学会, 日本小児科学会, 日本脳波・筋電図学会

小川 濤美子 おがわ・なみこ 俳人 「風花」主宰 [没]平成29年(2017)4月22日 93歳〔肺炎〕 [生]大正13年(1924)3月6日 [出]東京府豊多摩郡(東京都) [学]三輪田高女卒 [歴]俳人・中村汀女の長女で、長く母の身辺に付き添い、その文芸活動を補佐した。昭和63年母の死により俳誌「風花」2代目主宰を継承。平成元年熊本の生家へ母の分骨を納めた際、少女時代の母の日誌、10代後半の3000句が収録された句帳などを発見した。句集に「富士薊」「和紙明り」、エッセイ集に「中村汀女との日々」などがある。 [賞]俳人協会功労賞〔平成28年〕 [団]日本文芸家協会, 俳人協会 [家]母＝中村汀女(俳人)

小川 寛興 おがわ・ひろおき 作曲家 [没]平成29年(2017)7月19日 92歳〔多発性脳梗塞〕 [生]大正14年(1925)3月5日 [出]東京市芝区新橋(東京都港区) [名]筆名＝上田真人 [学]大倉高商中等科〔昭和18年〕卒 [歴]食料品製造業の長男として生まれる。父の後を継ぐことを嫌い、銀行員になろうと大倉高商中等科に進む。昭和18年卒業して沖電気に勤めるが、勤労動員に来ていた生徒たちに戦意高揚の為の歌を教えるように指示され、それが縁となって、20年知人の声楽家を介し藤原歌劇団に入団。戦時下でドイツやイタリアのオペラを勉強した。21年服部良一のもとへ歌のレッスンに行った際、自作の童謡をみてもらうと"歌手より作曲の方が向いている"と言われて作曲家に転身することを決め、内弟子として修業を積む。帝国劇場のミュージカルの作曲や専任指揮者として活躍し、25年独立。35〜36年コロムビア・レコード専属、37〜48年キングレコード専属を経て、フリー。師の"仕事を選ぶな"との教えを守り、歌謡曲、童謡、テレビ主題歌、合唱曲や交響曲、ミュージカルまで幅広く手がけた。33年に放映が開始された川内康範原作の特撮テレビドラマ「月光仮面」の主題歌「月光仮面は誰でしょう」は一世を風靡し、続いて「七色仮面」「豹(ジャガー)の眼」「快傑ハリマオ」「隠密剣士」「忍者ハットリ君」(実写版)「仮面の忍者赤影」などの主題歌・音楽を次々と担当し、子供たちの心を捉えた。歌謡曲では倍賞千恵子が歌った「さよならはダンスのあとに」(40年)で日本レコード大賞作曲賞を受賞。41年NHK朝の連続テレビ小説「おはなはん」の音楽を担当、テーマ曲に歌詞を付けて倍賞が歌った「おはなはん」もヒットした。42年"明治100年"に際してキングレコードの委嘱を受け、クラシック作品「日本の城」を作曲。他のヒット曲に中村晃子「虹色の湖」、テレビの劇伴には「アフタヌーンショー」「遠山の金さん捕物帳」「細うで繁盛記」「ママはライバル」などがあり、ミュージカル「しながわ物語」なども作曲した。 [賞]紫綬褒章〔昭和63年〕,

勲四等旭日小綬章〔平成9年〕, 日本レコード大賞作曲賞(第7回)〔昭和40年〕「さよならはダンスのあとに」, 芸術祭賞優秀賞(第25回)〔昭和45年〕「ミュージカル・プレイ〈鹿吠えは谷にこだまする〉」, 日本童謡賞(第2回)〔昭和47年〕「童謡〈西部劇〉」, 日本レコード大賞功労賞(第39回)〔平成9年〕 [団]日本作曲家協会, 日本歌謡芸術協会 [師]師＝服部良一

小川 弘 おがわ・ひろし 市川工務店社長 岐阜県建設業協会会長 [没]平成28年(2016)1月5日 75歳 [生]昭和15年(1940)8月20日 [出]岐阜県羽島郡笠松町 [学]岐阜高〔昭和34年〕卒, 立命館大学経済学部〔昭和38年〕卒 [歴]昭和38年市川工務店に入社。49年取締役、55年常務、56年専務、平成8年副社長を経て、16年会長兼社長、19年社長。同年より岐阜県建設業協会会長を務め、全国建設業協会理事、全国建設産業団体連合会副会長などを歴任した。 [賞]旭日小綬章〔平成27年〕, 国土交通大臣表彰〔平成24年〕

小川 宏 おがわ・ひろし フリーアナウンサー 司会者 [没]平成28年(2016)11月29日 90歳〔多臓器不全〕 [生]大正15年(1926)4月17日 [出]東京向島 [学]早稲田大学専門部建築科〔昭和22年〕卒 [歴]昭和22年早稲田大学専門部建築科を卒業し、間組(現・安藤ハザマ)に入社するが、1年で退社。24年NHKに入局。30年から10年間、クイズ番組「ジェスチャー」の4代目司会を担当。視聴者が応募した問題を出演者が身ぶり手ぶりで表現し制限時間内に答えを出すもので、NHKの視聴率2位を占め続ける人気番組だった。40年フリーとなり、同年からフジテレビ系朝のワイドナショー「小川宏ショー」の司会を務める。穏やかで温かみのある語り口が人気を集め、特に“ご対面”のおもしろさを引き出す「初恋談義」で人気を得る。「小川宏ショー」は57年まで17年間続き、4451回の放送記録を作った。その後、フジテレビ系の「オールスター家族対抗歌合戦」や「黄金時代」を担当。1990年代にうつ病を患ったものの克服。その闘病体験や自殺をテーマに執筆活動や講演活動を行った。著書に「病気は人生の挫折ではない」「『定年うつ』私はこうして乗り越えた」「夫はうつ、妻はがん」などがある。

小川 文雄 おがわ・ふみお 銚子電鉄社長 [没]平成27年(2015)7月3日 75歳 [生]昭和14年(1939) [出]新潟県 [学]三条実〔昭和33年〕卒 [歴]昭和33年弥彦観光索道に入社。45年退社してホテル大橋支配人に転じ、55年新潟県弥彦村の名代家旅館の設立に参加して専務に就任。62年銚子電気鉄道(銚子電鉄)買収のため千葉県の内野屋工務店に招かれ、平成元年銚子電鉄の持ち株会社である銚電恒産専務、2年銚子電鉄専務に就任。9年事業本部長を兼務して“ぬれ煎餅”事業に進出し、銚子電鉄の名を一躍全国に知らしめた。16年社長。

小川 信 おがわ・まこと 衆院議員(社会党) [没]平成28年(2016)1月8日 83歳〔呼吸不全〕 [生]昭和7年(1932)9月6日 [出]山口県山口市 [学]山口大学農学部〔昭和30年〕卒 [歴]昭和37年山口県農協中央会に入会。55年総合対策部長、59年参事、農政会議事務局長などを歴任。平成2年衆院選旧山口1区で当選、1期。5年落選。

小川 峡一 おがわ・よういち 日本サハリン同胞交流協会会長 新聞労連書記長 [没]平成29年(2017)7月31日 85歳〔肺がん〕 [生]昭和6年(1931)10月 [出]旧樺太大泊町谷町(ロシア・サハリン州コルサコフ) [学]小樽高卒, 中央大学法学部〔昭和32年〕卒 [歴]薬剤師の両親が移り住んだ旧樺太(サハリン)で生まれ、昭和15年北海道小樽市に転居。25年衆議院速記者養成所に入所、26年1級速記士となり日本経済新聞社に入社。34年日経新聞労組書記長として専従。36年から7期、新聞労連書記長。43年日経新聞社に復職。平成3年退職。一方、平成元年樺太(サハリン)同胞一時帰国促進の会発足と同時に事務局長に就任、残留邦人の身元を引き受けたり、帯在費のカンパを呼びかけるなどサハリン残留日本人の帰国に尽力。4年同会を発展的に解消して日本サハリン同胞交流協会(現・日本サハリン協会)を設立、同事務局長となり、のち会長。300人以上を永住、延べ3500人を集団一時帰国に導いた。編著に「樺太(サハリン)・シベリアに生きる―戦後60年の証言」がある。 [賞]外務大臣表彰〔平成3年〕

小川 龍 おがわ・りょう 作家 日本医科大学名誉教授 阿賀町立鹿瀬診療所所長 [専]麻酔科学 [没]平成27年(2015)3月21日 75歳 [生]昭和15年(1940)2月11日 [出]群馬県 [学]群馬大学医学部〔昭和40年〕卒 医学博士 [歴]昭和41年群馬大学医学部麻酔学教室に入局。45年講師、49年助教授を経て、62年日本医科大学教授。医学部長を務め、平成17年定年退職。同年新潟県の阿賀町立鹿瀬診療所所長として赴任。専門分野の「臨床医のためのやさしい医学統計学」「麻酔科医からみたショック治療の実際」「チチンプイプイ痛みで泣かないために」などの他、「高僧・道海と消された経典」「賀茂の半月」「闇の彼方」などの著書もある。 [賞]三越若手医学賞 [資]麻酔科標榜医, 麻酔科指導医 [団]日本麻酔学会, 日本臨床麻酔学会, 日本蘇生学会, 日本外科学会, 日本救急医学会, 日本集中治療学会, 米国ショック学会

小川原 良征 おがわはら・よしまさ 杜氏 神亀酒造社長 [没]平成29年(2017)4月23日 70歳〔膵臓がん〕 [生]昭和21年(1946) [出]埼玉県蓮田市 [名]本名＝小川原祥匡(おがわはら・よしまさ) [学]東京農業大学醸造科 [歴]埼玉県蓮田市に嘉永元年(1848年)から続く酒蔵・神亀酒造の7代目。戦中戦後の米不足を理由に、醸造用アルコールを添加した日本酒に危機感を持ち、東京農業大学醸造科在学中の昭和42年から米と水と米麹だけで造る純米酒造りに着手。62年からは蔵で仕込む全ての酒を純米酒に切り替える決断をし、戦後日本で初の全量純米蔵となった。酒造業界からは異端児扱いを受けるが、「ひこ孫」「神亀」などの銘柄が評判を呼ぶ。「シンカメ」として輸出もされた。平成19年には全量純米蔵を目指す会を結成し代表幹事に就任、純米酒の啓発や酒造りの魅力を後世に伝えるため活動した。

沖 正一郎 おき・しょういちろう ファミリーマート社長 [没]平成28年(2016)2月20日 89歳〔肺がん〕 [生]大正15年(1926)10月22日 [出]東京都 [学]東京商科

大学（現・一橋大学）本科〔昭和26年〕卒　[歴]昭和26年伊藤忠商事に入社。38年西武グループへ出向。46年レクリエーション産業開発室長・不動産企画室長。49年西友ストアー（現・西友）に転じ、常務。55年ファミリーマート事業部長、56年初代社長に就任。平成4年退任。5年良品計画会長。　[賞]勲三等瑞宝章〔平成11年〕

お

小木 紀之　おぎ・のりゆき　名古屋経済大学名誉教授　[専]消費者経済学, 消費者教育論　[没]平成28年（2016）5月3日　74歳〔鬱血性心不全〕　[生]昭和16年（1941）11月3日　[出]静岡県　[学]東京経済大学経済学部卒　[歴]ノートルダム清心女子大学、長崎大学助教授を経て、昭和54年名古屋経済大学教授。同大消費者問題研究所所長を兼務。消費者問題、消費者教育研究の第一人者で、平成7年日本消費者教育学会会長に就任。著書に「消費者問題を考える」「物価のカラクリと消費者教育」「消費者は守られているか」「消費者教育の時代」、編著に「消費者問題論」、共編著に「消費者教育のすすめ」などがある。　[団]日本消費者教育学会, 日本消費経済学会　[家]妻＝小木美代子（日本福祉大学教授）, 長男＝小木紀親（東京経済大学教授）

沖浦 和光　おきうら・かずてる　桃山学院大学名誉教授　[専]芸術論, 社会思想史, 比較文明論　[没]平成27年（2015）7月8日　88歳〔腎不全〕　[生]昭和2年（1927）1月1日　[出]大阪府大阪市　[学]東京大学文学部英文科〔昭和28年〕卒　[歴]昭和36年桃山学院大学講師、助教授を経て、44年教授。57～61年学長。近代思想史、近代文化論を専攻するが、やがてアジア文明体系と被差別民衆史の研究に力を入れ、部落問題を基点に日本の文化論の大胆な組みかえを構想。また、広島県豊町より瀬戸内海・島嶼地域での被差別部落の解明を依頼され、5年がかりで取り組み、平成10年「島に生きる―瀬戸内海民と被差別部落の歴史」を刊行した。他の著書に「近代の崩壊と人類史の未来」「近代日本の思想と社会運動」「日本民衆文化の原郷」「天皇の国・賤民の国」「インドネシアの寅さん」「幻の漂泊民・サンカ」「部落史の先駆者・高橋貞樹―青春の光芒」、共著に「アジアの聖と賤」「日本の聖と賤 中世篇・近世論」などがある。　[賞]松本治一郎賞〔平成24年〕

沖島 勲　おきしま・いさお　映画監督　脚本家　[没]平成27年（2015）7月2日　74歳〔肺がん〕　[生]昭和15年（1940）10月26日　[出]大阪府大阪市東住吉区北田辺　[学]日本大学芸術学部〔昭和39年〕卒　[歴]福島大学経済学部に入るが、昭和35年日本大学芸術学部映画学科に転じ、映研に所属。先輩の足立正生らと「椀」「鎖淫」などを製作した。卒業後はPR映画、東映教育映画を経て、フリー。吉田喜重監督「水で書かれた物語」などの助監督を務めた後、若松プロで「性の放浪」「性の犯罪」などを製作。44年「ニュー・ジャック＆ベティ」（のち「モダン夫婦生活読本」のタイトルで一般公開）で監督デビュー。やがて肺結核に罹ったため脚本に専念し、アニメ「まんが日本昔ばなし」「ムーミン」などに参加。長寿番組となった「まんが日本昔ばなし」では約1400本を手がけている。平成元年、20年ぶりにメガホンをとり、旧日大映研のメンバーと「出張」を撮影。崇城大学教授も務めた。21年自宅近くの玉川上水の風景を撮ったドキュメンタリー映画「怒る西行 これで、いーのかしら。（井の頭）」を制作（22年公開）した。　[団]日本放送作家協会

沖田 速男　おきた・はやお　鹿児島県黒豚生産者協議会会長　[没]平成28年（2016）5月6日　84歳〔膵臓がん〕　[出]鹿児島県伊佐市大口　[歴]昭和35年から黒豚生産を始める。1970年代前半から経済効率がよい白豚が増え、黒豚が一時絶滅寸前まで減少した際も、肉質に優れた黒豚の生産を続け、そのブランド化に尽くした。平成2年の鹿児島県黒豚生産者協議会発足から生産者を牽引、5年から10期20年間にわたって会長を務めた。[賞]黄綬褒章〔平成17年〕

沖田 嘉典　おきた・よしのり　八代市長　[没]平成28年（2016）7月28日　88歳〔心不全〕　[生]昭和3年（1928）2月29日　[出]熊本県八代市　[学]早稲田大学政経学部〔昭和23年〕中退　[歴]八代市役所に入所。建設省（現・国土交通省）関東地方建設局勤務を経て、昭和30年灘屋物産、灘屋ゴルフを設立。42年大和田ビルを設立、社長。平成2年現職を破り八代市長に当選。熊本県内の市町村で初めて男女共同参画都市を宣言した他、市議会を含めた情報公開条例の制定などを進めた。3期目任期満了直前の14年2月、市職員採用に絡み現金を受け取ったとして収賄の疑いで熊本県警に逮捕され、辞職。7月熊本地裁は懲役2年6ケ月、執行猶予5年の有罪判決を下し、控訴せず有罪判決が確定した。

沖中 浩一郎　おきなか・こういちろう　駒井鉄工副社長　[没]平成28年（2016）10月9日　86歳〔肺炎〕　[生]昭和5年（1930）3月31日　[出]兵庫県　[学]大阪大学工学部〔昭和27年〕卒　[歴]建設省（現・国土交通省）を経て、昭和57年駒井鉄工所顧問、同年常務、60年専務。平成元年駒井鉄工（現・駒井ハルテック）に社名変更。2年副社長。

荻野 和巳　おぎの・かずみ　大阪大学名誉教授　[専]高温物性工学　[没]平成29年（2017）3月17日　88歳〔急性呼吸不全〕　[生]昭和4年（1929）1月6日　[出]大阪府大阪市　[学]大阪大学工学部冶金学科〔昭和28年〕卒, 大阪大学大学院特別研究生〔昭和30年〕退学　工学博士　[歴]昭和30年大阪大学工学部に入り、35年冶金学科講師、36年助教授、41年教授。63年学科名改称で材料開発工学科教授、平成元年工学部長。のち香川職業能力開発短期大学校校長を務めた。　[賞]瑞宝中綬章〔平成20年〕, 日本鉄鋼協会西山記念賞（第13回）〔昭和55年〕「鉄鋼製練スラグの物性と反応性に関する研究」, 日本金属学会論文賞（工業材料部門, 第37回, 平成1年度）「溶融純金属による固体酸化物の濡れ性」, 日本鉄鋼協会沢村論文賞（第2回）〔平成3年〕「Effect of applied DC voltage on the wettability of zirconia by liquid iron and strengthening of sprayed zirconia to iron」, 日本金属学会谷川・ハリス賞（第31回）〔平成4年〕「金属製錬・素材製造の分野における高温界面現象に関する研究」　[団]日本金属学会, 高温学会, 日本鉄鋼協会

荻野 絹子　おぎの・きぬこ
⇒江見 絹子（えみ・きぬこ）を見よ

沖野 清　おきの・きよし　洋画家　[没]平成28年（2016）11月12日　87歳〔急性肺炎〕　[生]昭和3年（1928）12月19日　[出]岐阜県飛驒市　[学]岐阜師範本科卒　[歴]坂井範一

に師事。小・中学校の校長を務め、平成元年退職。教員として版画教育に力を注いだ。 [師]師＝坂井範一

沖野 光雄 おきの・みつお 連合福島会長代行 [没]平成28年(2016)1月26日 74歳〔内臓疾患〕 [歴]私鉄福島交通労働組合委員長、連合福島会長代行を務めた。

興村 哲郎 おきむら・てつろう 金沢医科大学名誉教授 千木病院名誉院長 [専]放射線医学 [没]平成28年(2016)10月13日 84歳 [生]昭和7年(1932)1月29日 [出]石川県金沢市 [学]金沢大学医学部医学科卒 医学博士 [歴]農協高岡病院放射線科医長、金沢大学医学部講師を経て、昭和50年金沢医科大学教授。千木病院院長も務めた。

荻原 達郎 おぎわら・たつろう 日興証券専務 [没]平成29年(2017)12月18日 86歳〔肺炎〕 [生]昭和6年(1931)3月19日 [出]旧朝鮮釜山 [学]立教大学経済学部〔昭和28年〕卒 [歴]敗戦と同時に引き揚げ。昭和28年日興証券(現・SMBC日興証券)に入社。50年取締役、53年常務を経て、56年専務。60年日興国際投資顧問社長、63年日興証券投資信託委託社長、平成6年会長、8年相談役。12年退任。 [家]父＝荻原三郎(日本運搬社会長), 兄＝荻原悦郎(美術商), 荻原研郎(東邦チタニウム常務)

奥窪 央雄 おくくぼ・ひさお 広島電鉄社長 広島経済同友会筆頭代表幹事 [没]平成28年(2016)4月15日 93歳〔肺炎〕 [生]大正11年(1922)10月9日 [出]広島県安芸郡倉橋町(呉市) [学]慶応義塾大学工学部〔昭和21年〕卒 [歴]昭和21年広島電鉄に入社。45年電車部長、48年取締役、52年常務、60年専務を経て、平成元年社長、8〜13年会長。3年広島経済同友会代表幹事となり、4年から1年間、同筆頭代表幹事を務めた。 [賞]勲三等瑞宝章〔平成9年〕 [家]長男＝奥窪宏章(JMS社長)

奥島 家寿 おくしま・いえとし 大成火災海上保険常務 [没]平成27年(2015)12月12日 94歳〔急性肺炎〕 [生]大正10年(1921)8月9日 [出]愛媛県北宇和郡鬼北町 [学]日本大学専門部〔昭和16年〕卒 [歴]大成火災海上保険(現・損保ジャパン日本興亜)企画課長、火災部大阪支店各副長、名古屋支店長などを経て、常務を務めた。

奥島 貞雄 おくしま・さだお 自民党幹事長室長 [没]平成29年(2017)9月2日 80歳 [生]昭和11年(1936) [出]福井県大野郡西谷村下秋生(大野市) [学]中央大学法学部(夜間部)〔昭和36年〕卒 [歴]福井県で生まれ、中学生の途中で兵庫県に転校。昭和29年自由党本部に就職、30年保守合同で自民党本部総務局勤務。平成4年事務局次長兼総裁・幹事長室部長。8年衆院選北陸信越ブロックに比例単独で立候補。10年の参院選にも比例代表で立候補した。11年定年退職。田中角栄から加藤紘一までの歴代自民党幹事長22人を担当した。著書に「自民党幹事長室の30年」「自民党総裁選」がある。

奥島 団四郎 おくじま・だんしろう 医師 奥島病院院長 [専]外科 [没]平成27年(2015)2月27日 92歳〔心不全〕 [生]大正11年(1922)11月17日 [出]愛媛県松山市 [学]松山中〔昭和15年〕卒, 松山高〔昭和17年〕卒, 岡山医科大学〔昭和21年〕卒 医学博士 [歴]昭和22年岡山医科大学副手、26年岡山大学医学部助手、27年厚生技官、国立療養所山陽荘外科医長を経て、29年奥島病院を開設。平成13年名誉院長。また、愛媛県スキー連盟会長、愛媛県漕艇協会(現・愛媛県ボート協会)会長を歴任し、3〜11年愛媛県体育協会会長を務めた。著書に「セコチャン物語」がある。 [賞]旭日小綬章〔平成16年〕, 愛媛県体育功労賞〔昭和43年〕, 文部大臣体育功労賞〔昭和48年〕, 愛媛県知事表彰〔昭和58年〕

奥住 恒二 おくずみ・つねじ アイスホッケー指導者 日本アイスホッケー連盟会長 [没]平成27年(2015)5月16日 73歳 [学]法政大学経営学部卒 [歴]奥住運輸会長、東京都アイスホッケー連盟会長を経て、平成23〜25年日本アイスホッケー連盟会長を務めた。

奥田 吉郎 おくだ・きちろう 三島市長 [没]平成28年(2016)9月20日 85歳〔脳内出血〕 [生]昭和6年(1931)1月9日 [出]岐阜県高山市 [学]日本大学法学部法律学科〔昭和28年〕卒 [歴]昭和28年鳩山一郎秘書となり、同年友愛青年同志会幹事長。52年三島市長に当選、4期務めた。 [賞]紺綬褒章〔昭和55年〕, 旭日小綬章〔平成19年〕, 三島市市政功労賞〔平成5年〕

奥田 進 おくだ・すすむ 京都工芸繊維大学名誉教授 宝塚造形芸術大学名誉教授 [専]無機工業化学 [没]平成27年(2015)3月29日 94歳〔前立腺がん〕 [生]大正9年(1920)9月15日 [出]兵庫県 [名]号＝燿山 [学]東京工業大学工学部窯業学科〔昭和18年〕卒 工学博士 [歴]京都工芸繊維大学助教授を経て、昭和40年教授、55年工芸学部長。62年宝塚造形芸術大学副学長。著書に「やきものの話」「粉体成形ハンドブック」などがある。 [賞]勲二等瑞宝章〔平成8年〕, 日本セラミックス協会賞学術賞(第15回)〔昭和36年〕「粘土－水系に関する諸研究」 [団]日本化学会, 日本粘土学会, 日本セラミック協会

奥田 拓男 おくだ・たくお 岡山大学名誉教授 [専]生薬学, 天然物化学, 植物化学 [没]平成28年(2016)12月31日 89歳〔食道がん〕 [生]昭和2年(1927)8月2日 [出]奈良県生駒郡三郷町 [学]京都大学医学部薬学科〔昭和26年〕卒, 京都大学大学院修了 薬学博士(京都大学)〔昭和30年〕 [歴]米国ペンシルベニア大学留学を経て、昭和37年京都大学助教授、45年岡山大学教授。日本生薬学会会長も務めた。58年頃からゲンノショウコに含まれるタンニンをはじめ、緑茶ポリフェノールなど種々のタンニンによる脂質過酸化抑制、発癌物質の変異原活性抑制、発癌プロモーターの抑制、実験肝障害の抑制、共存物質の酸化抑制、有害重金属イオンの還元による減毒、ヒスタミン遊離の抑制その他の諸効果についても明らかにした。 [賞]瑞宝中綬章〔平成28年〕 [団]日本薬学会, 日本生薬学会(名誉会員), Japanese Society Food Factors(名誉会員), The Tannin Conference, Groupe Polyphenols

奥田 利一 おくだ・としいち 奥田工業社長 [没]平成29年(2017)4月23日 96歳〔老衰〕 [生]大正9年(1920)9月15日 [出]愛知県名古屋市 [学]名古屋工卒 [歴]昭和29年自動車用部品製造業を創業。34年奥田工業を設立、社長や会長を歴任。豊田商工会議所副会頭も務めた。 [賞]豊田市市政功労者

奥田 博也 おくだ・ひろや 日本写真印刷常務 [没]平成29年(2017)11月21日 86歳〔肺炎〕 [生]昭和6年(1931)9月23日 [出]京都府京都市 [学]同志社大学経済

学部〔昭和29年〕卒　[歴]昭和29年日本写真印刷（現・NISSHA）に入社。60年取締役を経て、常務。

奥平 康弘　おくだいら・やすひろ　憲法学者　東京大学名誉教授　[専]行政法学　[没]平成27年（2015）1月26日　85歳〔急性心筋梗塞〕　[生]昭和4年（1929）5月19日　[出]北海道函館市　[学]東京大学法学部法律学科〔昭和28年〕卒，ペンシルベニア大学大学院修士課程修了　[歴]昭和34年より2年間、フルブライト留学生として米国ペンシルベニア大学のロースクールに留学。専修大学講師、東京大学助教授を経て、社会科学研究所教授となり、61年所長。平成2年退官し、国際基督教大学教授。10年退職。1970年代はじめに情報公開法のモデルとなった米国の情報自由法を紹介。国民の“知る権利”を主張し、情報公開をめぐる法体系の確立に尽力。表現の自由を巡る問題の権威として知られた。傍ら、憲法擁護の立場から論陣を張り、市民運動にも積極的に参加。平成16年には井上ひさしらと九条の会を結成、改憲の動きに警鐘を鳴らし続けた。著書に「知る権利」「同時代への発言」「治安維持法小史」「憲法」、「憲法対論」（共著）、エッセイ「ヒラヒラ文化批評」などがある。　[団]日本公法学会，日米法学会　[家]弟＝奥平忠志（北海道教育大学名誉教授）

小口 昭三　おぐち・しょうぞう　花火師　三遠煙火創業者　日本煙火芸術協会会長　[没]平成29年（2017）5月8日　88歳〔胃がん〕　[生]昭和3年（1928）　[出]長野県諏訪市　[歴]父は花火の製造会社を営む。工業高校を卒業して日本無線に入社するが勤めていた工場が閉鎖されたことから、昭和27年三遠煙火製造所を設立。29年三遠煙火に社名変更して代表取締役。43年の全国花火競技大会で独創的な打ち上げ花火「マジック牡丹」で最高賞を受けた。平成12年同社会長。「ふくろい遠州の花火」の創設にも尽力した。　[賞]黄綬褒章〔平成19年〕，現代の名工〔平成18年〕

小口 文一　おぐち・ぶんいち　通信技術者　富士通副社長　日本電信電話公社総務理事　[没]平成29年（2017）2月22日　95歳　[生]大正10年（1921）11月21日　[出]長野県岡谷市　[学]東京帝国大学工学部電気工学科〔昭和18年〕卒，東京帝国大学大学院〔昭和23年〕修了　工学博士　[歴]昭和23年通信省電気通信研究所に入所。超高周波研究室長、情報特許部長を経て、39年電気通信研究所次長、41年同研究所基礎研究部長、44年同研究所企画調査室長。45年日本電信電話公社（電電公社，現・NTT）技術局長兼データ通信本部副本部長、49年理事・研究開発本部長、52年総務理事。54年富士通に転じ専務、60年副社長、63年顧問。同年富士通研究所会長、平成3年相談役、5年常任顧問。著書に「マイクロ波およびミリ波回路」、共著に「マイクロ波・ミリ波測定」がある。　[賞]紫綬褒章〔昭和60年〕，勲三等旭日中綬章〔平成4年〕，毎日工業技術賞特別賞（第27回・29回）〔昭和50年・52年〕「超多重同軸ケーブル伝送方式の実用化」「準ミリ派ディジタル無線中継方式の工業化」，日本ITU協会賞褒賞〔昭和51年〕，電子通信学会功績賞（第40回）〔昭和53年〕，科学技術庁長官賞科学技術功労者表彰（第25回）〔昭和58年〕「極超短波無線伝送機器の開発」

奥成 達　おくなり・たつ　詩人　エッセイスト　評論家　[専]詩，ジャズ，ロック，アメリカ文学　[没]平成27年（2015）8月16日　73歳〔腎盂がん〕　[生]昭和17年（1942）6月30日　[出]東京都品川区　[名]本名＝奥成達（おくなり・さとる）　[学]都立城南高卒，日本デザインスクール卒　[歴]エスエス製薬宣伝課、主婦と生活社勤務を経て、昭和43年フリー。63年以来アーティスト・イン・レジデンスとして米国ミネソタ大学、アムハースト・カレッジなどに学ぶ。青山学院大学講師も務め、詩人の傍ら、ジャズ評論家としても知られた。詩集「サボテン男」「帽子の海」「Small Change」「夢の空気」、音楽評論集「定本・ジャズ三度笠」「深夜酒場でフリーセッション」「みんながジャズに明け暮れた」、他の著書に「ドラッグに関する正しい読み方」「怪談のいたずら」「通勤電車は英語でひまつぶし」「遊び図鑑」「昭和こども図鑑」「宮沢賢治、ジャズに出会う」などがある。　[家]妻＝ながたはるみ（イラストレーター）

小国 勝男　おぐに・かつお　歌人　「餐」編集発行人　[没]平成28年（2016）8月16日　87歳　[生]昭和3年（1928）10月15日　[出]茨城県　[歴]昭和30年から作歌を始める。「砂廊」に入会、31年「茨城歌人」創刊に参加。39年同人誌「棘」を創刊、45年「新果実」、50年「餐」を創刊、編集発行人。「作風」同人、「茨城歌人」運営委員。歌集に「森の諧調」「青幻記」「飛鏡」「日の畢りまで」「鳥瞰図」「白雨の庭」などがある。　[団]日本文芸家協会

奥西 勝　おくにし・まさる　名張毒ブドウ酒事件の死刑囚　[没]平成27年（2015）10月4日　89歳〔肺炎〕　[歴]昭和36年3月三重県名張市の山村で農薬入りブドウ酒を飲んだ女性5人が死亡、12人が中毒をおこし、“妻と愛人の三角関係を清算しようとした”と自白したため逮捕される（名張毒ブドウ酒事件）。一審の津地裁では証拠不十分で無罪となったが、44年名古屋高裁は一審判決を破棄し死刑を宣告。47年最高裁は上告を棄却し死刑判決が確定。判決確定後も獄中から無罪を叫び続け、4度にわたって再審を請求するが棄却される。52年の第五次再審請求からは日本弁護士連合会も支援。平成17年4月第七次再審請求で名古屋高裁は再審開始を決定する判決を下したが、12月異議審で同高裁は再審開始決定を取り消した。27年5月第九次再審請求を行うが、請求中の同年10月、89歳で病死した。確定死刑囚としての収容期間は43年に及び、国内で2番目に長かった。

奥野 誠亮　おくの・せいすけ　衆院議員（自民党）　法相　文相　自治事務次官　[没]平成28年（2016）11月16日　103歳〔老衰〕　[生]大正2年（1913）7月12日　[出]奈良県南葛城郡御所町（御所市）　[学]畝傍中〔昭和6年〕卒，一高〔昭和10年〕卒，東京帝国大学法学部政治学科〔昭和13年〕卒　[歴]御所町長や奈良県議を務めた奥野貞治の四男で、7人きょうだいの5番目として生まれる。一高では庭球（テニス）部の部長を務めた。昭和13年内務省に入省。太平洋戦争中は、鹿児島県の特高課長などを務め、内務省地方局監理課の事務官として敗

戦を迎えた。敗戦に際して、公文書の焼却処分を命じる指令書を書き、玉音放送の直後から指令書を持って各地を回った。戦後は、22年高知県警本部長、23年地方財政委員会事務局企画課長、24年地方自治庁財政課長兼調査課長、27年自治庁財務部財政課長、28年税務部長、32年税務局長、33年財政局長を歴任、主に地方税財政改革を担った。38年7月自治事務次官に就任したが、すぐに衆院選への立候補を求められ、11月自民党から旧奈良全県区に出馬し当選。以来13選。47年第二次田中内閣の文相として初入閣。55年鈴木内閣の法相、62年竹下内閣の国土庁長官となったが、63年5月日中戦争をめぐる発言で引責辞任した。平成4年衆院政治倫理審査会初代会長。15年引退。アジア福祉教育財団名誉会長を務めた。一貫して無派閥を貫き、自民党で選挙を担当して公認候補者を決める総務局長を6回も務め、“選挙の神様”ともいわれた。回顧録に「派に頼らず、義を忘れず」がある。 [賞]勲一等旭日大綬章〔昭和61年〕, 御所市名誉市民〔平成1年〕 [家]長男＝奥野信亮（衆院議員）, 二男＝奥野正寛（東京大学名誉教授）, 父＝奥野貞治（奈良県議）, 兄＝奥野治雄（工学院大学名誉教授）

奥野 達夫　おくの・たつお　デザイナー　南砺市立福光美術館館長　[没]平成27年（2015）7月11日　75歳〔食道悪性黒色腫〕　[生]昭和15年（1940）5月6日　[出]富山県西礪波郡東太美村土生新（南砺市）　[学]雄峰高通信制〔昭和34年〕卒　[歴]農家に生まれ、中学卒業と同時に住み込みでデザインを修業。電通に入社して観光キャンペーン「いきいき富山」のシンボルマークなどを制作。昭和60年富山支社次長となり、平成12年定年退職。同年郷里の南砺市立福光美術館館長となり、郷土ゆかりの版画家・棟方志功の富山時代の画業に関連する様々な企画展を開催した。 [賞]北日本新聞文化奨励賞〔昭和57年〕

奥原 敏雄　おくはら・としお　国士舘大学名誉教授　[専]国際法　[没]平成27年（2015）12月30日　83歳〔前立腺がん〕　[生]昭和7年（1932）12月16日　[学]早稲田大学大学院修了　[歴]国士舘大学政経学部教授を務めた。尖閣諸島に関して、日本の領有権の正当性などを研究した。

奥村 修　おくむら・おさむ　ダイキン工業専務　[没]平成29年（2017）1月25日　70歳　[生]昭和21年（1946）12月7日　[出]大阪府　[学]関西学院大学法学部〔昭和45年〕卒　[歴]昭和45年ダイキン工業に入社。平成8年取締役、10年常務を経て、13年専務、16年専務執行役員。エクセディ取締役も務めた。

奥村 盛弘　おくむら・しげひろ　大和屋本店旅館社長　[没]平成29年（2017）10月18日　86歳　[生]昭和6年（1931）10月16日　[出]愛媛県松山市　[学]早稲田大学文学部〔昭和30年〕卒　[歴]昭和30年大和屋本店旅館に入社、42年社長、平成元年会長。7年国際観光旅館連盟副会長。道後温泉旅館協同組合理事長も務めた。 [賞]藍綬褒章〔平成9年〕, 旭日小綬章〔平成16年〕, 文部大臣表彰〔昭和58年〕, 運輸大臣表彰〔平成2年〕

奥村 慎太郎　おくむら・しんたろう　雲仙市長　[没]平成27年（2015）1月14日　60歳〔大動脈解離〕　[生]昭和29年（1954）10月13日　[出]長崎県雲仙市　[学]明治大学法学部卒　[歴]久間章生衆院議員秘書を経て、平成3年から長崎県議に4選。17年合併により誕生した雲仙市の初代市長に当選。2期目途中の24年、衆院選長崎2区に無所属で立候補。25年参院選比例区に日本維新の会から立候補した。

奥村 孝　おくむら・たかし　弁護士　神戸弁護士会会長　[没]平成27年（2015）4月1日　88歳〔肺水腫〕　[生]大正15年（1926）6月30日　[出]兵庫県神戸市　[学]関西大学専門部法科〔昭和25年〕卒　[歴]昭和26年司法試験に合格、30年弁護士登録。40年神戸弁護士会副会長、51年会長。54年兵庫県公安委員、59年同委員長を務めた。[団]兵庫県弁護士会

奥村 孝　おくむら・たかし　三井造船副社長　[没]平成29年（2017）2月4日　90歳〔心不全〕　[生]大正15年（1926）11月10日　[出]島根県隠岐郡西郷町（隠岐の島町）　[学]松江中〔昭和19年〕卒, 大阪大学工学部溶接工学科〔昭和26年〕卒　[歴]昭和26年三井造船に入社。56年取締役、61年常務、63年専務を経て、平成元年副社長。

奥村 洋子　おくむら・ようこ　ピアニスト　桐朋学園大学名誉教授　[没]平成27年（2015）4月19日　86歳〔心不全〕　[生]昭和3年（1928）12月13日　[出]東京都　[名]旧姓・名＝奈良洋子　[学]東京音楽学校研究科〔昭和25年〕修了　[歴]井口基成、安川加寿子に師事。昭和24年音楽コンクールピアノ部門で第3位入賞。33年頃までリサイタル開催の傍ら、東京交響楽団などと共演。24年から桐朋学園大学で後進の指導にあたった。 [賞]音楽コンクールピアノ部門第3位（第18回）〔昭和24年〕 [団]日本演奏連盟, 新演奏家協会　[家]夫＝奥村一（作曲家）　[師]師＝安川加寿子, 井口基成

奥山 晃弘　おくやま・あきひろ　神戸大学名誉教授　[専]数学　[没]平成27年（2015）3月25日　81歳〔肺炎〕　[生]昭和8年（1933）10月8日　[出]山形県　[学]東京教育大学理学部数学科卒, 東京教育大学大学院理学研究科数学専攻〔昭和33年〕修士課程修了　理学博士（東京教育大学）〔昭和47年〕　[歴]神戸大学発達科学部教授、仏教大学教育学部教授を務めた。著書に「論証・集合・位相入門」などがある。

奥山 和男　おくやま・かずお　昭和大学名誉教授　[専]小児科学　[没]平成27年（2015）7月2日　85歳〔肺炎〕　[生]昭和5年（1930）3月10日　[出]山形県　[学]東京大学医学部医学科〔昭和28年〕卒　医学博士　[歴]昭和大学教授、実践女子大学教授を務めた。編著書に「新版 新生児・未熟児の取り扱い」などがある。 [団]日本小児科学会, 日本新生児学会, 日本小児保健協会

奥山 茂彦　おくやま・しげひこ　衆院議員（自民党）　[没]平成29年（2017）12月18日　75歳〔虚血性心疾患〕　[生]昭和17年（1942）9月4日　[出]京都府京都市伏見区　[学]桃山高〔昭和37年〕卒　[歴]昭和49年以来京都市議に当選7回。61年市議会議長。平成8年衆院選京都3区に立候補し、比例区近畿ブロックで復活初当選。12年の衆院選は選挙区で当選。厚生労働政務官、内閣府政務官を務めた。橋本派。15年落選。2期。 [賞]旭日中綬章〔平成24年〕

奥山 則男　おくやま・のりお　東京都議（自民党）　全国都道府県議会議長会会長　[没]平成28年（2016）4月29

日　89歳〔肺炎〕　[生]大正15年(1926)8月29日　[出]山形県新庄市　[学]東京学芸大学卒, 中央大学経済学部〔昭和25年〕卒　[歴]昭和25年日本経済新聞社に入社。営業部長を経て、39年広放社を設立し、代表。38年練馬区議に当選、2期。46年東京都議に当選。連続8期務め、都議会自民党幹事長なども歴任した。平成5〜7年議長。6年から全国都道府県議会議長会会長を務めた。13年引退。　[賞]藍綬褒章〔昭和61年〕, 勲二等瑞宝章〔平成13年〕

小椋 昭夫　おぐら・あきお　バンドー化学社長　[没]平成27年(2015)8月1日　69歳〔急性硬膜下血腫〕　[生]昭和20年(1945)10月1日　[出]愛知県　[学]同志社大学商学部〔昭和43年〕卒　[歴]昭和43年阪東調帯護膜(現・バンドー化学)に入社。平成6年取締役、8年常務を経て、10年初の生え抜き社長に就任。19年会長、26年相談役に退いた。25年兵庫県経営者協会副会長から、27年5月会長に就任したが、8月に急逝した。関西経済同友会常任幹事も務めた。

小倉 明　おぐら・あきら　秋田人形会館創業者　[没]平成28年(2016)12月8日　95歳〔老衰〕　[歴]昭和33年頃に埼玉県春日部市で秋田人形会館を創業。秋田市に工房を設けた後、50年頃に製造拠点を秋田県に集約した。平成13年まで社長。同社は東北唯一のひな人形製造メーカーとして知られる。　[家]長男＝小倉進一(秋田人形会館代表取締役)

小倉 基　おぐら・もとい　渋谷区長　東京都議(自民党)　[没]平成27年(2015)11月19日　84歳〔前立腺がん〕　[生]昭和6年(1931)9月28日　[出]鹿児島県鹿児島市　[学]国学院大学政経学部〔昭和29年〕卒　[歴]昭和34年以来渋谷区議2期を経て、48年東京都議に当選。当選5回。都議会自民党幹事長などを歴任。平成元年都議会議長を務めた。4年参院選に立候補。7年渋谷区長に当選、2期務め、15年引退。　[賞]藍綬褒章〔昭和63年〕, 旭日中綬章〔平成20年〕　[家]長女＝村上英子(東京都議)

小倉 義郎　おぐら・よしろう　岡山大学名誉教授　[専]耳鼻咽喉科学　[没]平成27年(2015)10月16日　93歳〔肺炎〕　[生]大正11年(1922)5月13日　[出]岡山県岡山市　[学]東京帝国大学工学部〔昭和19年〕卒, 岡山医科大学医学部〔昭和25年〕卒　医学博士, 工学博士〔昭和57年〕　[歴]昭和38年岡山大学医学部助教授を経て、48年教授。61〜63年附属病院長を務めた。　[賞]勲三等瑞宝章〔平成10年〕, 医学書院綜合医学賞(第23回)〔昭和49年〕「喉頭乳頭腫に対する5‐FU局所療法」　[団]精密工学会, 日本耳鼻咽喉科学会, 日本気管食道科学会

小栗 孝一　おぐり・こういち　日本地方競馬馬主振興協会理事　オグリキャップの馬主　[没]平成27年(2015)10月8日　83歳〔低心拍出量症候群〕　[出]岐阜県郡上郡八幡町(郡上市)　[歴]昭和20年疎開先の岐阜県八幡町で馬車馬の姿に魅せられ、のち競馬に興味を持つようになる。40年頃共同出資で馬主になって以来、笠松競馬を中心に数百頭の馬を所有。62年有馬記念を2度制するなどG1で4勝を挙げた名馬オグリキャップをデビューさせ、63年に中央競馬に移籍するまでの初代馬主として知られる。中央競馬では、オグリキャップの妹で、平成6年の桜花賞を制したオグリローマンを所有。20年5〜7月岐阜県馬主会会長、22〜26年日本地方競馬馬主振興協会理事を務めた。

小栗 祐治　おぐり・ゆうじ　常呂カーリング協会初代会長　[没]平成29年(2017)5月26日　88歳〔肺がん〕　[生]昭和3年(1928)　[出]富山県　[歴]富山県の農家に生まれ、地元の農業高校を卒業後、20歳で北海道に移住。一時、富山県に戻るが、昭和35年北海道常呂町(現・北見市)へ再移住。商店経営と農業の傍ら、55年にカーリングと出合って以来、その普及に尽力。同年道内2団体目となる常呂カーリング協会を設立し、初代会長に就任。本橋麻里ら多くの五輪選手を競技に導き、NHK杯カーリング選手権の創設にも力を尽くした。

桶谷 敦　おけや・あつし　離島に児童養護施設の子供たちを招待した　[没]平成27年(2015)10月16日　75歳〔病気〕　[出]宮城県石巻市　[歴]宮城県石巻市の網地島で生まれ育ち、25歳までを過ごす。貨物船の船員や工場勤めを経て、島に戻る。平成16年島おこしグループ“あじ朗志組”を結成。19年からは児童養護施設の子供たちを島に招待して野外を体験させる“網地島ふるさと楽好”を開催、島の魅力を子供たちに伝えた。　[賞]ニューエルダーシチズン大賞読売新聞社賞(第15回)〔平成27年〕

小河 旭　おご・あきら　香川県議(社会党)　[没]平成29年(2017)7月18日　95歳〔老衰〕　[生]大正10年(1921)9月21日　[出]香川県　[学]高松中〔昭和13年〕卒　[歴]酒類販売業に従事。傍ら社会党香川県本部書記長、高松市議を務め、昭和34年香川県議に初当選。54年まで通算4期務めた。　[家]長男＝小河雄磨(香川県議)

小此木 とく子　おこのぎ・とくこ　歌人　「蒲公英」主宰　[没]平成28年(2016)11月12日　99歳　[生]大正6年(1917)1月9日　[出]栃木県　[名]本名＝小此木トク　[学]足利女子高卒　[歴]昭和14年「遠つびと」に入会。のち「女人短歌」を経て、52年「蒲公英」を創刊・主宰。歌集に「走路」「材香」「花の脚杖」「花呼ばふとき」などがある。

小坂部 元秀　おさかべ・もとひで　小説家　評論家　学習院名誉教授　[専]近代日本文学　[没]平成28年(2016)3月9日　84歳　[生]昭和7年(1932)2月13日　[出]東京都大田区大森　[学]学習院大学文学部国文科〔昭和31年〕卒　[歴]蚕糸絹業関連及び自動車関連の業界紙記者を経て、昭和38年秋から約10年間ソニー学園高校に国語科教員として勤務。49年学習院高等科に移り、平成9年まで勤務。この間、昭和51年、52年皇太子殿下のクラスの主管(担任)を務めた。著書に「浩宮の感情教育」、共著に「新文学の探究」などがある。　[団]日本近代文学会, 日本文芸家協会

尾崎 叡司　おざき・えいじ　神戸大学名誉教授　[専]農業土木学　[没]平成28年(2016)11月4日　86歳〔虚血性心疾患〕　[生]昭和5年(1930)7月12日　[出]京都府京都市　[学]京都大学農学部卒, 京都大学大学院農学研究科農業工学専攻修士課程修了　農学博士　[歴]神戸大学農学部教授を務めた。

尾崎 修　おざき・おさむ　昭和システムエンジニアリング社長　[没]平成28年(2016)9月4日　90歳　[生]大正15年(1926)3月30日　[出]徳島県　[学]日大三中(現・日大三高)〔昭和27年〕卒　[歴]昭和28年日興証券(現・

SMBC日興証券）に入社。技術課長テレタイプ課長を経て、41年昭和計算センターを設立、社長に就任。61年昭和システムエンジニアリングに社名変更。平成12年株式を店頭公開、同年会長。18年名誉会長。

尾崎 定輝　おざき・さだてる　神官　伏木神社宮司　富山県神社庁庁長　[没]平成27年（2015）7月20日　71歳〔内臓疾患〕　[学]国学院大学〔昭和42年〕卒　[歴]昭和42年富山市の日枝神社で神職としての道を歩み始める。平成5年父の後を継いで伏木神社宮司に就任。22年富山県神社庁庁長。　[家]長男＝尾崎定秀（伏木神社禰宜）

尾崎 彪夫　おざき・たけお　三重県副知事　[没]平成29年（2017）1月12日　87歳〔老衰〕　[生]昭和4年（1929）10月20日　[出]三重県亀山市　[学]三重水産専漁業科〔昭和25年〕卒　[歴]三重県庁に入庁。昭和57年企業庁長、61年出納長を経て、平成2年副知事に就任。田川亮三知事を女房役として支え、県庁の内部調整を一手に引き受けた。7年1月退任。同年4月自民党などの支援を受けて知事選に立候補、大激戦の末に北川正恭に約1万3000票差で敗れた。同年11月から約3年間、三重県信用保証協会会長を務めた。　[賞]勲三等旭日中綬章〔平成12年〕

尾崎 良克　おざき・よしかつ　滋賀医科大学名誉教授　[専]ウイルス学　[没]平成29年（2017）1月22日　94歳〔慢性心不全急性憎悪〕　[生]大正11年（1922）9月22日　[出]京都府京都市　[学]京都大学医学部〔昭和23年〕卒，京都大学大学院医学研究科微生物学専攻博士課程修了　医学博士　[歴]滋賀医科大学教授を務めた。　[賞]勲三等瑞宝章〔平成10年〕　[団]日本ウイルス学会，日本細菌学会，日本感染症学会

尾崎 芳治　おざき・よしはる　京都大学名誉教授　[専]西洋経済史　[没]平成29年（2017）9月17日　84歳〔老衰〕　[生]昭和8年（1933）2月25日　[出]京都府相楽郡山城町（木津川市）　[学]京都大学経済学部〔昭和30年〕卒，京都大学大学院経済学研究科〔昭和35年〕博士課程修了　経済学博士〔昭和38年〕　[歴]昭和36年京都大学助手、39年助教授を経て、57年教授、63年経済学部長。平成8年退官して名誉教授。のち名城大学教授。著書に「経済学と歴史変革」がある。

小笹 サキ　おざさ・さき　皓台寺幼稚園園長　[没]平成28年（2016）11月10日　108歳〔肺炎〕　[生]明治40年（1907）11月18日　[出]長崎県長崎市　[学]東洋音楽学校本科〔大正14年〕1年修了　[歴]長崎市の皓台寺幼稚園に創立された昭和25年から勤め、38年園長に就任。100歳を超えても園の行事に参加し続けた。　[賞]勲六等宝冠章〔平成3年〕

長田 庄司　おさだ・しょうじ　山梨日日新聞編集局長　[没]平成29年（2017）9月22日　93歳〔老衰〕　[生]大正13年（1924）4月28日　[出]山梨県　[学]山梨工専卒　[歴]昭和20年山梨日日新聞社に入社。調査部長兼出版部長、報道部長、編集局次長、論説委員長、編集局長などを歴任。退職後は山日YBSグループ社友会世話人を務めた。

長田 弘　おさだ・ひろし　詩人　[没]平成27年（2015）5月3日　75歳〔胆管がん〕　[生]昭和14年（1939）11月10日　[出]福島県福島市　[学]早稲田大学第一文学部独文専修〔昭和38年〕卒　[歴]在学中、詩誌「鳥」を創刊。「現代詩」「現代詩手帖」に拠り、昭和40年詩集「われら新鮮な旅人」でデビュー。瑞瑞しい感性と颯爽とした語法で若い読者に人気を得る。46～47年米国アイオワ州立大学国際創作プログラムの客員詩人。評論や随筆の分野でも活躍、57年エッセイ「私の二十世紀書店」で毎日出版文化賞を受賞した。代表的詩集に「深呼吸の必要」「食卓一期一会」「世界は一冊の本」「黙されたことば」「記憶のつくり方」「一日の終わりの詩集」「奇跡―ミラクル―」など。他の著書に「詩と時代1960-1972」「詩人であること」「失われた時代」「散歩する精神」「詩は友人を数える方法」「記憶のつくり方」「幸いなるかな本を読む人」、絵本に「森の絵本」などがある。　[賞]毎日出版文化賞〔昭和57年〕「私の二十世紀書店」，富田砕花賞（第1回）〔平成2年〕「心の中にもっている問題」，路傍の石文学賞（第13回）〔平成3年〕，桑原武夫学芸賞（第1回）〔平成10年〕「記憶のつくり方」，講談社出版文化賞絵本賞（第31回）〔平成12年〕「森の絵本」，詩歌文学館賞（第24回）〔平成21年〕「幸いなるかな本を読む人」，三好達治賞〔平成22年〕「世界はうつくしいと」，毎日芸術賞（文学II部門，第55回，平成25年度）〔平成26年〕「奇跡―ミラクル―」　[団]日本文芸家協会

長田 嘉郎　おさだ・よしろう　日本将棋連盟福島県支部連合会会長　[没]平成27年（2015）9月29日　86歳〔肺炎〕　[歴]日本将棋連盟棋道師範、同連盟福島県支部連合会会長を務めた。　[賞]大山康晴賞（第22回）〔平成27年〕

小里 貞利　おざと・さだとし　衆院議員（自民党）　総務庁長官　労相　[没]平成28年（2016）12月14日　86歳〔肝不全〕　[生]昭和5年（1930）8月17日　[出]鹿児島県姶良郡霧島町　[学]加治木高〔昭和24年〕卒　[歴]昭和34年より鹿児島県議に6選、副議長、議長を務める。54年衆院選旧鹿児島2区で初当選。以来連続9選。平成2年第二次海部改造内閣の労相として初入閣。5年自民党が野党に転落した後は、党国対委員長として自社さ連立政権の実現に奔走。6年村山内閣では北海道・沖縄開発庁長官に就任。7年に阪神・淡路大震災が発生すると地震対策担当相に任命され、復興支援にあたった。9年9月佐藤孝行総務庁長官の辞任を受けて第二次橋本改造内閣の同長官となり、1府12省庁への中央省庁再編に手腕を振るった。党総務会長も務めた。党内では宮沢派、加藤派と続いた宏池会に属し、12年派閥領袖の加藤紘一が森内閣不信任決議案に同調する動きをみせた“加藤の乱”では加藤を説き伏せ、党分裂回避に動いた。14年加藤が離党・政界を引退した後は派閥を継承、小里派会長となった。17年長男の小里泰弘に地盤を引き継いで政界を引退。また、2年党の整備新幹線早期着工推進議員連盟幹事長に就くなど、九州新幹線などの整備新幹線計画に関わり、“ミスター新幹線”とも呼ばれた。　[賞]勲一等旭日大綬章〔平成13年〕　[家]長男＝小里泰弘（衆院議員）

小沢 昭巳　おざわ・あきみ　童話作家　[専]教育史学，教育学　[没]平成27年（2015）5月12日　85歳〔大動脈解離〕　[生]昭和4年（1929）6月24日　[出]富山県下新川郡朝日町　[名]本名＝小沢昭巳（こざわ・あきみ），筆名＝小沢昭巳（おざわ・あきみ）　[学]高岡工専工業化学科〔昭和24年〕卒　[歴]富山県朝日町で生まれ、高岡市で育つ。昭和24年化学メーカーに就職したが、同年教員に

転じ、富山県伏木小学校勤務。以後、県内の小学校、県教育研究所に勤務。平成2年伏木小学校を退職。2～7年高岡市万葉歴史館研究員、7～17年高岡短期大学非常勤講師。昭和63年教師時代にいじめられていた子を救おうと書いた壁新聞をもとにした童話「とべないホタル」を出版、多くの人の共感を呼んでシリーズ累計180万部のベストセラーとなった。　[賞]高岡市民文化賞（第1回）〔平成2年〕「とべないホタル」，北日本新聞文化功労賞〔平成3年〕，富山県功労賞〔平成4年〕

お

小沢 馨　おざわ・かおる　高校野球監督・選手　倉敷工野球部監督　[没]平成28年（2016）9月28日　85歳　[生]昭和6年（1931）　[出]岡山県　[学]倉敷工卒　[歴]昭和22年倉敷工に入学、休部状態だった野球部の戦後再興第1期生となり、上級生がいないため1年生からエースとして活躍。24年夏には甲子園に出場、準々決勝では福岡県の小倉北高を破って3連覇を阻止し、4強入りを果たした。身長160センチで“小さな大投手”と評された。卒業後はプロ野球の阪神に入団したが、体を壊して1年で退団。帰郷後は母校・倉敷工野球部の監督に就任。26～50年の25年間に春夏合わせて14回甲子園に出場（春9回夏5回）、通算17勝を挙げ、同校を中国地方を代表する強豪校に育て上げた。平成元年～5年岡山理科大附属高監督を務めた。

尾沢 清量　おざわ・きよかず　歌人　神官　「新歌人」主宰　石川県歌人協会会長　藤津比古神社宮司　[没]平成29年（2017）5月23日　81歳〔脳梗塞〕　[生]昭和10年（1935）12月20日　[学]七尾高卒，国学院大学文学部国文学科〔昭和33年〕卒　[歴]七尾城北高、七尾商業高、穴水高、中島高、七尾高に勤務。昭和43年から自宅の藤津比古神社の宮司他、17社の宮司も務めた。58年歌誌「新歌人」主宰となり、同年北国新聞「北夕歌壇」選者、平成13年からは同紙「文芸喫茶」欄の短歌選者。石川県歌人協会会長も務めた。

小沢 高将　おざわ・たかゆき　名古屋大学名誉教授　[専]生化学　[没]平成29年（2017）1月29日　84歳〔老衰〕　[生]昭和7年（1932）12月21日　[出]静岡県島田市　[学]名古屋大学医学部医学科〔昭和32年〕卒，名古屋大学大学院医学研究科生化学専攻〔昭和37年〕博士課程修了　医学博士〔昭和37年〕　[歴]昭和37年名古屋大学医学部助手、40～42年米国ウィスコンシン大学留学、42年名古屋大学助教授、51年教授。退官後、バイオ医学研究所所長。　[賞]山田科学振興財団研究助成（昭和60年度）「膜固有蛋白質の結晶化と構造解析」，三島海雲記念財団研究助成（昭和59年度）　[団]日本生化学会

小沢 博　おざわ・ひろし　日本バイリーン専務　[没]平成29年（2017）5月3日　91歳〔病気〕　[生]大正15年（1926）3月31日　[出]東京都　[学]昭和一商〔昭和17年〕卒，早稲田大学商学部〔昭和23年〕卒　[歴]昭和23年大日本インキ化学工業に入社。43年財務部長。48年日本バイリーンに転じ経理部長、51年取締役、60年常務、63年専務。

小沢 正光　おざわ・まさみつ　博報堂常務執行役員・チーフプランニングオフィサー　[没]平成28年（2016）1月24日　65歳〔肺炎〕　[生]昭和26年（1951）　[出]埼玉県　[学]東京教育大学文学部哲学科卒　[歴]博報堂に入社。第二制作局グループヘッド、MDU（マーケットデザインユニット）第一制作局グループヘッド、博報堂シーアンドディ代表取締役兼クリエイティブディレクター、執行役員エグゼクティブクリエイティブディレクターを経て、常務執行役員チーフプランニングオフィサー。アサヒビール「アサヒスーパードライ」の他、日産自動車、全日空、ブリヂストン、イオン、日立製作所、アップル・コンピュータをはじめとする多数の企業のテレビCM、新聞広告、雑誌広告などの企画制作やブランディングを手がけた。著書に「プロフェッショナルアイディア。」「プロフェッショナルプレゼン。」がある。

小沢 美良　おざわ・みよし　オリエンタルアブリッジ社長　[没]平成29年（2017）5月12日　60歳　[生]昭和31年（1956）9月6日　[出]山梨県　[学]中央大学法学部〔昭和54年〕卒　[歴]昭和54年全日本空輸（全日空，ANA）に入社、平成21年執行役員。26年ANA総合研究所副社長を経て、28年オリエンタルアブリッジ（ORC）社長を務めた。

小塩 信彦　おじお・のぶひこ　十六銀行常務　[没]平成28年（2016）11月11日　84歳〔病気〕　[生]昭和7年（1932）1月5日　[出]岐阜県大垣市　[学]滋賀大学経済学部〔昭和29年〕卒　[歴]昭和29年十六銀行に入行。56年取締役を経て、59年常務。平成元年より岐阜共栄社長を務めた。

押岡 四郎　おしおか・しろう　写真家　[没]平成28年（2016）2月28日　85歳〔肺炎〕　[生]昭和5年（1930）11月19日　[出]高知県　[学]西条高〔昭和30年〕卒　[歴]昭和26年クラレ西条工場に入社、平成2年退社。アマチュア写真家として活動、写真集「愛媛民俗伝承の旅」で愛媛県出版文化賞を受賞した。　[賞]西条市教育文化功労賞〔平成3年〕，愛媛県出版文化賞〔平成12年〕「愛媛民俗伝承の旅」，西条文化協会芸術文化奨励賞〔平成16年〕

押谷 盛利　おしたに・もりとし　滋賀夕刊新聞社社主　滋賀県議　[没]平成27年（2015）12月21日　92歳〔老衰〕　[生]大正12年（1923）5月10日　[出]滋賀県東浅井郡浅井町（長浜市）　[学]中央大学法学部〔昭和19年〕中退　[歴]昭和30年滋賀日日新聞記者となり、34年から長浜市議を2期務める。34年滋賀夕刊新聞を創刊。50年滋賀県議に当選、1期。61年滋賀彦根新聞、平成2年わかさ新報を創刊。短歌誌「好日」準同人、俳句誌「天佰」会員。著書「本音で語る365日」「日々これ学び」、歌集「息吹」「乾坤」、句集「サルビア」「石蕗」などがある。　[賞]勲五等瑞宝章〔平成15年〕

尾島 利雄　おじま・としお　民俗学研究家　栃木県立郷土資料館長　[専]栃木県　[没]平成27年（2015）2月15日　81歳　[生]昭和8年（1933）2月28日　[出]栃木県小山市　[学]宇都宮大学学芸学部卒　[歴]栃木県立郷土資料館長、県立博物館学芸部長の他、栃木県文化財保護審議会会長、国の文化財保護審議会専門調査委員などを歴任。栃木県で民俗学がほとんど認知されていない頃より、県内の郷土芸能や食文化を丹念に調査・発掘した。また、下野民俗研究会や下野手仕事会、栃木県郷土芸能保存協議会を設立するなど、普及啓発にも力を注い

だ。著書に「栃木県民俗芸能誌」「生きている民俗探訪栃木」などがある。 [賞]勲五等双光旭日章〔平成15年〕

押目 頼昌 おしめ・よりまさ 同志社大学理工学部教授 [専]数学, 微分方程式論 [没]平成28年(2016)3月21日 59歳〔病気〕 [生]昭和31年(1956)3月31日 [出]大阪府 [学]京都大学理学部数学科卒, 京都大学大学院理学研究科数学専攻博士課程修了 理学博士 [歴]和歌山大学経済短期大学部講師を経て、同志社大学助教授、教授。 [団]日本応用数理学会, 日本数学会

尾関 秀太郎 おぜき・ひでたろう オゼキ社長 [没]平成29年(2017)10月27日 95歳〔心不全〕 [生]大正10年(1921)11月9日 [出]岐阜県岐阜市 [学]名古屋高商〔昭和16年〕卒 [歴]昭和21年家業である尾関次七商店(現・オゼキ)に入社。22年副社長を経て、52年社長、平成10年から会長。岐阜提灯協同組合理事長なども務めた。 [賞]紺綬褒章〔昭和53年・54年〕, 勲五等瑞宝章〔平成12年〕 [家]長男＝尾関守弘(オゼキ社長)

尾関 通允 おぜき・みちのぶ 経済評論家 日本経済新聞副主幹・名古屋支社長 [専]国民経済, 新聞報道 [没]平成29年(2017)9月29日 92歳〔肺炎〕 [生]大正14年(1925)8月7日 [出]愛知県葉栗郡木曽川町(一宮市) [名]筆名＝金城鉄馬 [学]東京帝国大学法学部政治学科〔昭和23年〕卒 [歴]昭和23年日本経済新聞社入社。証券部、経済部勤務を経て、31年ドイツ特派員、34年帰国後、論説委員、論説副委員長、50年副主幹、52年名古屋支社長、53年記事委員会委員を歴任。56年依願退社し、経済評論家として活動。39～52年自由学園講師を務めた。著書に「日米通商の将来」「経済大国日本」「民意」がある。

小曽根 有 おぞね・たもつ オゾネ社長 阪神内燃機工業取締役 [没]平成29年(2017)1月21日 86歳〔心肺停止による低酸素脳症〕 [生]昭和6年(1931)1月10日 [出]兵庫県神戸市須磨区 [学]関西学院大学法学部〔昭和30年〕卒 [歴]阪神内燃機工業社長を務めた小曽根真造の長男。昭和26年小曽根に入社。39年阪神内燃機工業監査役、49年取締役を経て、57年オゾネ社長。 [家]父＝小曽根真造(阪神内燃機工業社長), 弟＝小曽根実(ジャズ・ピアニスト)

小田 英二 おだ・えいじ コタ創業者 [没]平成28年(2016)4月26日 89歳〔急性呼吸不全〕 [生]昭和2年(1927)3月30日 [出]京都府京都市 [学]京都薬科大学〔昭和24年〕卒 [歴]昭和40年中野製薬取締役、44年専務。54年美容室向け頭髪用化粧品メーカーの小田製薬(現・コタ)を創業した。 [家]二男＝小田博英(コタ社長)

織田 英二 おだ・えいじ 白峰村(石川県)村長 [没]平成28年(2016)2月5日 92歳 [生]大正12年(1923)8月21日 [出]石川県石川郡白峰村(白山市) [学]金沢工専〔昭和20年〕卒 [歴]家業の真綿製造業に従事、運送会社などを経営。白山麓連合青年団長、石川県白峰村消防団長の他、白峰村議を3期務め、昭和50年より村長に5選した。 [賞]勲四等旭日小綬章〔平成7年〕

小田 紘一郎 おだ・こういちろう 北海道新聞取締役販売局長 [没]平成28年(2016)10月25日 76歳〔胃がん〕 [生]昭和15年(1940)1月12日 [出]京都府京都市 [学]早稲田大学文学部卒 [歴]昭和38年北海道新聞社に入社。苫小牧支社長、旭川支社長などを経て、平成11～15年取締役販売局長。

尾田 悟 おだ・さとる ジャズ・サックス奏者 日本ジャズ音楽文化振興協議会会長 [専]テナーサックス [没]平成28年(2016)9月5日 88歳〔心不全〕 [生]昭和2年(1927)9月27日 [出]福岡県 [学]中津中卒 [歴]昭和18年神奈川県・横須賀の海軍軍楽隊に入隊。同期にシャープス＆フラッツの原信夫、1年後輩に日本のチャーリー・パーカーと呼ばれた海老原啓一郎がいた。戦後、福岡の米軍クラブで演奏、プロのジャズ奏者となる。22年上京、東京ジャイブやゲイ・セプテットなどに参加して腕を磨き、折からのジャズブーム時代にスタープレーヤーの仲間入りを果たす。30年自己のバンド、プレスナインを結成。レスター・ヤング系の演奏で人気を得る。57年テディ・ウィルソンと「オール・オヴ・ミー」を録音。60年モンタレー・ジャズ・フェスティバルに出演。平成3年日本ジャズ音楽文化振興協議会を結成、会長に就任。リーダー・アルバムに「尾田悟ウィズ・ハンク・ジョーンズ」「サトリズム」など。著書に「酒とバラの日々 俺のJAZZ人生50年」がある。18年、1960年代に「女と男のいる舗道」「いぬ」「春のめざめ」「太陽は傷だらけ」など数多くの欧州名作映画の主題曲を作曲していたことを公表した。 [賞]南里文雄賞(第22回)〔平成8年〕

小田 茂 おだ・しげる 神戸製鋼所副社長 ナブコ社長 [没]平成29年(2017)6月15日 81歳〔病気〕 [生]昭和11年(1936)3月2日 [出]兵庫県 [学]滋賀大学経済学部〔昭和33年〕卒 [歴]昭和33年神戸製鋼所に入社。62年取締役、平成元年常務、3年専務を経て、5年副社長。この間、神鋼アルコアアルミ社長を務めた。8年ナブコ(現・ナブテスコ)社長に就任。12年取締役相談役。13年には神戸製鋼所出身者として初めて兵庫工業会会長となり、19年まで務めた。

小田 善一郎 おだ・ぜんいちろう 園芸家 むろやの園館長 小田ナーセリー代表 [没]平成27年(2015)1月17日 86歳〔肺炎〕 [生]昭和3年(1928)2月4日 [出]山口県柳井市 [学]東京都立九中〔昭和20年〕卒, 千葉農専(現・千葉大学園芸学部)〔昭和23年〕卒 [歴]昭和23年山口県農業試験場に入り、果樹、花卉を研究。26年花栽培の自営のため上京、小田ナーセリーを設立。33年全日本蘭協会の発足とともに幹事役を務め、会の運営・発展に寄与。小田家の9代目当主で、山口県指定有形民俗文化財に指定されている屋敷を商家博物館むろやの園として公開し、同館長を務めた。柳井市郷談会会長なども歴任。著書に「趣味実益洋ランつくりのすすめ」「カトレア―毎月のやさしい手入れ」「洋らん―花の咲かせ方入門」「洋らん―種類別のやさしい育て方」「洋ラン―品種・育種・栽培・繁殖」「シンビとデンドロの作り方小百科」などがある。

尾田 孝 おだ・たかし 日本精線社長 [没]平成28年(2016)10月1日 90歳〔心不全〕 [生]大正15年(1926)7月20日 [出]兵庫県 [学]千葉工業大学冶金科〔昭和28年〕卒 [歴]昭和28年日本冶金工業に入社。31年日本精線に転じ、60年専務を経て、63年社長。平成5年会長。

小田 千代子 おだ・ちよこ 小田億会長 [没]平成29年(2017)2月22日 90歳 [学]東京文化服飾学院卒 [歴]

お

小田億会長を務めた。　㊎夫＝小田勇（小田億社長），長男＝小田基治（小田億社長）

織田 貞四郎　おだ・ていしろう　三菱重工業代表取締役常務　㊍平成29年（2017）2月15日　96歳〔誤嚥性肺炎〕　㊐大正9年（1920）10月21日　㊑大分県　㊫福岡高理科〔昭和16年〕卒，九州帝国大学工学部冶金学科〔昭和18年〕卒　工学博士　㊞昭和18年神戸製鋼所に入る。22年九州大学弾性工学研究所応用力学研究所を経て、29年三菱造船に入社。52年三菱重工業に転じ、55年取締役、58年代表取締役常務。　㊜科学技術庁長官賞科学技術功労者表彰（第26回，昭和59年度）「超高温高圧ボイラ用材料の開発育成」

小田 富士夫　おだ・ふじお　読売新聞総務局文書課長・局次長待遇　㊍平成27年（2015）8月2日　84歳〔慢性硬膜下血腫〕　㊐昭和6年（1931）6月12日　㊑兵庫県　㊫早稲田大学政経学部〔昭和32年〕卒　㊞昭和45年読売新聞社に入社。整理部主任、59年総務局文書課長、61年同局次長待遇。のち横浜オール印刷へ出向。

小田 美慧子　おだ・みえこ　歌人　㊍平成27年（2015）4月20日　84歳　㊐昭和6年（1931）2月4日　㊑岡山県　㊞幼い妹との死別や父の応召、岡山大空襲などを経験し、10代後半京都に移住。心の内を日記や短歌に綴り続け、昭和39年古川房枝が創設した短歌結社「炎樹」の同人となる。50年歌集「雪篝（ゆきかがり）」を出版。56年古川亡き後、古沢昌子と同結社の選者・編集者を務めた。「稜線」同人。他の歌集に「西野東野」「残照のとき」がある。　㊛日本歌人クラブ，現代歌人集会，京都歌人協会　㊗師＝古川房枝

小田 迪夫　おだ・みちお　大阪教育大学名誉教授　㊓国語科教育学　㊍平成29年（2017）6月21日　81歳　㊐昭和11年（1936）5月28日　㊑愛媛県　㊫広島大学教育学部国語学科卒，広島大学大学院教育学研究科教育学専攻修士課程修了，広島大学大学院教育学研究科博士課程中退　㊞大阪教育大学教授で、平成8～28年新聞を教材として活用するNIE（教育に新聞を）活動に取り組む大阪NIE推進協議会の初代会長を務めた。著書に「説明文教材の授業改革論」「国語・読みの力を育てる指導」、共編著に「国語教育とNIE―教育に新聞を」などがある。　㊜瑞宝中綬章〔平成28年〕，全国大学国語教育学会石井賞〔昭和62年〕　㊛全国大学国語教育学会，日本国語教育学会，表現学会

小田 実　おだ・みのる　東レ専務　㊍平成28年（2016）7月26日　82歳〔腎不全〕　㊐昭和8年（1933）8月1日　㊑香川県　㊫関西大学経済学部〔昭和31年〕卒

織田 元泰　おだ・もとやす　静岡市教育長　㊍平成27年（2015）7月4日　77歳〔間質性肺炎〕　㊐昭和12年（1937）12月29日　㊑静岡県静岡市　㊫静岡高〔昭和31年〕卒，東京教育大学文学部〔昭和36年〕卒　㊞昭和36年静岡市立城内中、37年掛川西高、40年静岡高などで日本史を教え、平成元年静岡県教育委員会県史編纂室長、3年同総務課長。静岡城北高、沼津東高の校長を務め、9～16年静岡市教育長。

小高 照男　おだか・てるお　日本経済新聞東京本社編集局校閲部長・記事審査委員　㊍平成29年（2017）10月19日　79歳〔鬱血性心不全〕　㊐昭和12年（1937）11月25日　㊑埼玉県　㊫東京大学文学部卒　㊞昭和36年日本経済新聞社入社、岡山支局長、59年東京本社編集局校閲部長・記事審査委員。

尾高 暉重　おだか・てるしげ　神奈川県副知事　㊍平成28年（2016）8月23日　72歳〔病気〕　㊐昭和19年（1944）2月28日　㊑東京都　㊫中央大学法学部〔昭和42年〕卒　㊞昭和44年神奈川県庁に入庁。財政課長、京浜臨海部担当部長、同理事、特定行政課題担当理事などを歴任し、平成15～19年副知事。神奈川県内広域水道企業団企業長も務めた。　㊜瑞宝中綬章〔平成26年〕

小高 芳男　おだか・よしお　ホテル三日月グループ社長　千葉県議（自民党）　㊍平成29年（2017）7月10日　87歳〔心不全〕　㊐昭和5年（1930）2月28日　㊑千葉県勝浦市　㊫明治大学政経学部〔昭和25年〕卒　㊞昭和25年勝浦ホテル三日月に入社。36年取締役、41年社長。経営者として優れた手腕を発揮し、勝浦市の他に鴨川市、木更津市、また栃木県内でも大型観光ホテルを経営するなど事業を拡大した。54年外房商工振興協組理事長。また、58年から千葉県議を2期務めた。　㊜鴨川市名誉市民〔平成21年〕，勝浦市名誉市民〔平成26年〕　㊎二男＝小高伸太（千葉県議），孫＝小高芳宗（勝浦ホテル三日月社長）

小田島 鉄男　おだじま・てつお　マブチモーター会長宅放火事件の死刑囚　㊍平成29年（2017）9月17日　74歳〔食道がん〕　㊐昭和18年（1943）4月17日　㊑北海道紋別郡滝上町　㊔本名＝畠山鉄男　㊞平成14年千葉県の馬渕隆一マブチモーター会長宅放火事件などで4人を殺害し、19年死刑が確定。ノンフィクション作家・斎藤充功と文通し、その内容を斎藤が「死刑囚獄中ブログ」としてブログに掲載した。29年9月食道がんのため、東京拘置所で亡くなった。

小田村 四郎　おだむら・しろう　行政管理事務次官　拓殖大学総長　㊍平成29年（2017）12月9日　94歳〔老衰〕　㊐大正12年（1923）10月17日　㊑東京都　㊫東京帝国大学法学部政治学科〔昭和22年〕卒　㊞昭和22年大蔵省（現・財務省）入省。名古屋国税局直税部長、大蔵省主計局主計官、法規課長、官房調査企画課長、46年内閣審議室長、47年防衛庁（現・防衛省）経理局長、49年行政管理庁（現・総務省）行政管理局長を経て、51年事務次官。53年農林漁業金融公庫（現・日本政策金融公庫）副総裁ののち、60年日本銀行監事に就任。平成5年7月退任。7～15年拓殖大学総長。保守派の論客として知られ、憲法改正運動を展開する日本会議副会長を務める。著書に「占領後後遺症の克服」など。幕末の思想家・吉田松陰の妹の曽孫にあたる。　㊜勲二等旭日重光章〔平成5年〕　㊎兄＝小田村寅二郎（亜細亜大学教授），弟＝小田村五郎（小田村研究所社長）

オチ・オサム　前衛画家　㊍平成27年（2015）4月26日　79歳〔急性心筋梗塞〕　㊑佐賀県佐賀市　㊔本名＝越智靖　㊞1950年代末から1960年代にかけて福岡を拠点に“反芸術”を掲げて活動した九州派など、前衛美術集団の中心メンバーとして活躍した。

越智 脩　おち・おさむ　愛媛大学名誉教授　㊓動物形態・分類学　㊍平成28年（2016）5月19日　87歳〔誤嚥性肺炎〕　㊐昭和4年（1929）1月17日　㊑愛媛県松山市　㊫愛媛大学文理学部生物学科〔昭和28年〕卒　理

学博士　[歴]昭和28年愛媛大学文理学部助手、44年理学部助教授、52年教授。子供を対象とした愛媛自然科学教室の運営に携わり、教室の月刊誌「愛媛の自然」の編集を担当した。

越智 勝幸　おち・かつゆき　日本経済新聞取締役名古屋支社代表　[没]平成27年(2015)2月2日　83歳〔心不全〕　[生]昭和6年(1931)10月20日　[出]愛媛県越智郡宮窪町(今治市)　[学]早稲田大学政経学部新聞学科〔昭和29年〕卒　[歴]昭和29年日本経済新聞社に入社。45年政治部長、56年整理本部長、57年電波本部長を経て、58年取締役。59年からは名古屋支社代表も務めた。62年日経統合システム社長、平成6年会長。

越智 晴子　おち・はるこ　北海道被爆者協会会長　広島原爆の語り部　[没]平成27年(2015)12月29日　92歳〔肺炎〕　[生]大正12年(1923)2月15日　[出]インド・ボンベイ(ムンバイ)　[学]神戸女学院高女部卒　[歴]医師の父が赴任していたインドのボンベイ(現・ムンバイ)で生まれ、神戸市で育つ。22歳の昭和20年8月、広島の陸軍船舶部隊に配属されていた兄に薬箱を届けるために広島に滞在中、爆心地から1.7キロの兄の家で被爆。21年夫の故郷である北海道浜益村(現・石狩市)に移った後、札幌市へ。35年北海道被爆者団体協議会の結成に関わり、同年に札幌で開かれた母親大会で初めて被爆体験を語ったのを機に、原爆の語り部としての活動を行う。57年国連軍縮特別総会に合わせて開催されたニューヨークの平和行進に参加。60年北海道被爆者団体協議会会長に就任、平成2年北海道被爆者協会となった後も引き続き会長を務めた。3年札幌市に原爆資料館北海道ノーモア・ヒバクシャ会館を建設。26年11月恵庭市の小学校で演台に立ったのを最後に、高齢のため語り部活動から身を退いた。

越智 実　おち・みのる　バレエ演出家　越智インターナショナルバレエ代表　日本バレエ協会中部支部長　ウクライナ・バレエ・アカデミー名誉教授　[没]平成28年(2016)4月14日　89歳〔心不全〕　[生]大正15年(1926)5月26日　[出]台湾台北　[学]関西学院大学専門部〔昭和22年〕卒　[歴]台湾の台北で生まれ、幼い頃に神戸市に移り住む。ロシア人ニコライ・ヨシコフにバレエの手ほどきを受け、昭和24年名古屋市で中京バレエ研究会(現・越智インターナショナルバレエ)を設立。深川秀夫や越智久美子を育て、名古屋市にクラシックバレエを根付かせた草分けとして知られる。フィギュアスケート選手の浅田真央が幼い頃にバレエを指導したこともある。日本世界バレエ・コンクール副審査委員長、第4回・第7回・第8回モスクワ国際バレエコンクール、第11～13回ヴァルナ国際バレエコンクール各日本代表審査員、平成3年第1回中部バレエコンクール大会運営委員長など、国内外のバレエコンクールの審査にも数多く関わった。13年中日新聞夕刊の連載「この道」で生涯を振り返り、17年連載をまとめた「恋に生きバレエに生き」を出版した。　[賞]旭日双光章〔平成25年〕，愛知県教育文化功労賞〔平成1年〕，松山バレエ団賞芸術賞(第5回，平成6年度)「永年に亘り舞踊家として活躍し，また指導者として優秀な舞踊手を育て世界のバレエ界と交流を深める等わが国文化の発展に貢献」，名古屋市芸術特賞〔平成7年〕，文化庁地域文化功労者表彰〔平成13年〕，橘秋子賞功労賞(第30回)〔平成16年〕　[団]日本バレエ協会　[家]妻＝越智久美子(バレリーナ)　[師]師＝ヨシコフ，ニコライ，ボーフト，ヴィオレッタ，レペシンスカヤ，オリガ

落合 克俊　おちあい・かつとし　静岡新聞ニューメディア局次長　[没]平成29年(2017)3月5日　80歳〔肺炎〕　[生]昭和12年(1937)1月21日　[出]静岡県静岡市　[学]早稲田大学教育学部卒　[歴]昭和35年静岡新聞社に入社。58年編集局編集部長、60年内務部長、63年地方部長などを経て、ニューメディア局次長。

落合 俊雄　おちあい・としお　科学技術庁研究開発局長　新日本製鉄常務　[没]平成27年(2015)3月6日　71歳〔急性心不全〕　[生]昭和18年(1943)9月28日　[出]東京都　[学]東京大学法学部〔昭和42年〕卒　[歴]昭和42年通商産業省(現・経済産業省)に入省。鹿児島県商工労働部長、通産省立地公害局立地政策課長、科学技術庁研究開発局企画課長、平成3年同庁官房総務課長、4年6月通産省官房審議官、5年6月特許庁総務部長、6年7月科学技術庁原子力安全局次長、同年12月科学技術政策局長を経て、9年1月研究開発局長に就任。同年6月通産省に出向。11年新日本製鉄(現・新日鉄住金)に転じ、12年取締役、14年常務、17年常任顧問。18年石油天然ガス金属鉱物資源機構副理事長、21年東亜石油会長を務めた。

落合 浩英　おちあい・ひろひで　西之表市長　鹿児島県農業試験場長　[専]サツマイモ　[没]平成29年(2017)7月1日　82歳　[生]昭和9年(1934)10月21日　[学]鹿児島大学農学部卒　[歴]鹿児島県農業試験場長、西之表市助役を経て、平成9年市長に当選。13年の豪雨災害の復旧や行財政改革に尽くした。17年引退。2期。引退後は鹿児島大学でサツマイモの研究に取り組んだ。　[賞]旭日双光章〔平成18年〕

落合 靖男　おちあい・やすお　医師　沖縄小児発達センター院長　[専]小児科学　[没]平成28年(2016)8月28日　72歳〔急性心不全〕　[出]東京都　[歴]沖縄小児発達センター(現・沖縄中部療育医療センター)院長の他、平成26年までおきなわこどもクリニック院長を務めた。[賞]厚生労働大臣表彰〔平成19年〕

尾辻 義人　おつじ・よしひと　鹿児島大学医学部助教授　[専]腎臓病学，熱帯医学，寄生虫病学　[没]平成27年(2015)3月19日　88歳〔肺炎〕　[生]大正15年(1926)5月3日　[出]鹿児島県鹿児島市　[学]鹿児島医専卒　医学博士(鹿児島医科大学)〔昭和34年〕　[歴]昭和25年鹿児島県立医科大学第二内科副手、34年鹿児島大学医学部助手、37年講師を経て、55年助教授。のち鹿児島県民総合保健センター所長、鹿児島日英協会会長。南九州や南西諸島で流行し、鹿児島では風土病と呼ばれていた、蚊が媒介する寄生虫感染症・フィラリアの対策に尽力。1970年代末頃までには“制圧宣言”が出された。また、腎臓病研究では、鹿児島県に血液透析療法をいち早く取り入れた他、透析施設の組織作りや腎移植の普及にも力を注いだ。　[賞]日本寄生虫学会小泉賞(第20回)〔昭和48年〕「蠕虫類生殖細胞の微細構造に関する研究」，保健文化賞(第42回)〔平成2年〕「フィラリア症の予防対策および撲滅に貢献した.また，その成果が韓国での対策にも生かされた」，南日本文化賞〔平成

3年〕 [団]国際腎臓学会, 日本内科学会, 日本腎臓学会, 日本透析療法学会, 日本寄生虫学会, 日本熱帯医学会

小手森 重勝　おてもり・しげかつ　板金工　福島県名工会会長　[没]平成28年(2016)2月6日　78歳〔内臓疾患〕　[歴]小手森建築板金工事店会長で、福島共同高等職業訓練校校長も務めた。平成20年には建築板金工として現代の名工に選ばれた。　[賞]黄綬褒章〔平成21年〕, 現代の名工〔平成20年〕　[家]長男＝小手森重孝(小手森建築板金工事店社長)

小渡 信一　おど・しんいち　沖縄県知事秘書官　島守の会会長　[没]平成27年(2015)3月15日　99歳〔老衰〕　[出]沖縄県那覇市久米　[歴]昭和15年沖縄県職員となり、19年2月から内政部地方課兼知事官房秘書課に勤務。20年1月に着任した島田叡知事の秘書官となり、沖縄戦が始まると知事と行動をともにした。戦後は沖縄諮詢会総務部などを経て、28年琉球政府を退職。その後は沖縄配電、沖配ビルの役員、沖縄県剣道連盟監事などを歴任した。63年〜平成6年戦時中の沖縄県庁職員やその遺族らで組織する島守の会5代目会長を務めた。

小友 正人　おとも・まさと　ハンドボール指導者　富士大学教授　岩手県ハンドボール協会会長　[没]平成28年(2016)2月6日　71歳〔敗血症〕　[生]昭和19年(1944)5月3日　[出]岩手県花巻市　[学]花巻北高卒, 国士舘大学卒　[歴]花巻北高時代は野球部の投手。国士舘大でハンドボールを始め、強肩を生かしたステップシュートを武器に、昭和45年岩手国体では教員男子の部で3位に入った。42年母校・花巻北高でハンドボールの指導者となり、47年釜石南高(現・釜石高)、52年大迫高に着任すると両校にハンドボール部を創設し、60年に赴任した盛岡二高では同年から岩手県高校総体15連覇を達成。平成4年には全国高校選抜3位、11年岩手インターハイ8強と、同校を全国の強豪校に育て上げ、日本代表となった上町史織や酒井めぐみらを指導した。久慈高校長を経て、17年富士大学女子ハンドボール部監督に就任。インカレ出場を果たし、広島メイプルレッズの石田紗貴らを輩出。卓越した手腕で岩手県女子を全国レベルに引き上げた。25年岩手県ハンドボール協会会長、26年東北ハンドボール協会会長。基本を重視して走り勝つためにフィジカル面を徹底的に鍛える半面、練習を離れれば穏やかな人柄で人望が厚かった。

翁長 優子　おなが・ゆうこ　ボディボード選手　[没]平成27年(2015)10月2日　40歳　[生]昭和50年(1975)　[出]沖縄県中頭郡北谷町　[名]旧姓・名＝入波平優子(いりなみひら・ゆうこ)　[歴]沖縄県初のボディボード専門店を経営し、県勢唯一のプロ選手としてボディボードスクールや大会運営などを通じて選手育成に努めた。平成27年6月30日から琉球新報紙上で、家族と一緒に末期の子宮頸部腺がんに向き合う姿を描いた「荒波の向こうに」(全5回)が連載された。同年10月40歳で病死した。

翁長 良宏　おなが・りょうこう　旭琉会会長　[没]平成29年(2017)6月29日　82歳〔肺炎〕　[出]沖縄県那覇市古島　[歴]昭和57年射殺された2代目会長の後を受け、58年暴力団・旭琉会の3代目会長に就任。平成2年9月会内の反主流派(のち沖縄旭琉会)が、主流派の幹部を襲撃したことから抗争事件に発展。発砲事件が相次ぎ、幹部宅で金網取り付けのアルバイトをしていた男子高校生や警戒中の警察官2人が巻き添えとなって亡くなるなど一般市民も巻き込まれ、社会問題化した。22年会長職を退く。23年4代目会長が率いる旭琉会と沖縄旭琉会の両指定暴力団が一本化し、指定暴力団旭琉会となった。

小野 淳信　おの・あつのぶ　医師　作家　[没]平成28年(2016)6月28日　103歳〔直腸がん〕　[生]明治45年(1912)12月18日　[出]福島県東白川郡棚倉町　[学]北海道帝国大学医学部〔昭和15年〕卒　[歴]大学卒業後、すぐに中国大陸に軍医として出征。昭和21年復員後は郷里の棚倉保健所に勤めたが公職追放に遭う。青森県田名部町で開業。のち弘前保健所長を務め、36年開業。以来、平成9年まで診療にあたる。その後も弘前市梅村病院に18年まで勤めた。4歳の患者との交流を綴った「あっこちゃんの先生」や、95歳で初めて書いた小説「碧落の賦」を出版するなど、作家としても活躍した。

小野 金夫　おの・かねお　大宝観光社長　全日本遊技事業協同組合連合会理事長　[没]平成27年(2015)8月2日　80歳　[生]昭和10年(1935)1月1日　[出]宮城県塩釜市　[学]東北学院大学経済学部中退　[歴]昭和28年山口食品入社、29年金山ゴールイン支配人を経て、34年京楽観光に入社。39年京楽観光グループ専務。42年大宝観光(現・タイホウコーポレーション)を設立し、社長に就任。45年名古屋市中村区に日本初の郊外型パチンコ店をオープンさせた。平成8年全日本遊技事業協同組合連合会理事長に就任。16年タイホウホールディングスを設立した。　[賞]藍綬褒章〔平成18年〕　[家]長男＝小野直彦(タイホウコーポレーション社長)

小野 茂　おの・しげる　福島県出納長　[没]平成27年(2015)10月19日　88歳〔脳梗塞〕　[生]昭和2年(1927)2月16日　[出]福島県　[学]中央大学法学部〔昭和28年〕卒　[歴]福島県生活福祉部長を経て、出納長。福島県保健衛生協会副会長などを歴任した。　[賞]勲四等旭日小綬章〔平成9年〕　[家]長男＝小野富士(ビオラ奏者), 二男＝小野聡(ビオラ奏者)

小野 信一　おの・しんいち　衆院議員(社会党)　釜石市長　[没]平成29年(2017)1月6日　84歳〔誤嚥性肺炎〕　[生]昭和7年(1932)4月26日　[出]岩手県気仙郡唐丹町(釜石市)　[学]成城大学経済学部〔昭和31年〕卒　[歴]昭和34年から釜石市議を4期務める。37年岩手県青年団体協議会長、50年釜石米雑穀協組理事長。54年衆院選旧岩手1区から社会党公認で初当選。2期務めた後、58年の総選挙で落選したが61年の衆参同時選挙で返り咲き。通算4期務め、平成5年落選。7年社会党推薦の無所属で岩手県知事選に立候補、増田寛也に敗れた。11年釜石市長に当選。1期務め、15年引退した。　[賞]旭日中綬章〔平成15年〕　[家]二男＝小野共(岩手県議), 弟＝小野文克(小野総合企業社長)

小野 真一　おの・しんいち　郷土史家　常葉学園短期大学教授　[専]静岡県, 中世日本史　[没]平成28年(2016)11月7日　87歳　[生]昭和4年(1929)10月16日　[出]北海道　[学]日本大学三島予科〔昭和24年〕卒, 国学院大学文学部〔昭和27年〕中退　[歴]加藤学園高校教諭となり、昭和44年同学園考古学研究所長。沼津市文化財保護審議委員、静岡県博物館協会理事、静岡県史編纂調査委員、

日本考古学協会委員等を歴任後、62年常葉学園短期大学講師を経て、平成2年教授。4年富士フェニックス短期大学教授。静岡県内の郷土史研究の第一人者として知られた。著書に「目でみる沼津市の歴史」「伊豆武将物語」「裏方将軍 北条時政」「富士山信仰の歴史と文化」などがある。 [賞]沼津朝日文化賞〔昭和41年〕, 静岡県文化奨励賞〔昭和43年〕

小野 成治 おの・せいじ 青森県企画政策部広報広聴課副参事・広報グループマネージャー [没]平成28年(2016)7月18日 50歳〔事故死〕 [出]青森県北津軽郡金木町(五所川原市) [歴]昭和63年青森県庁に入る。税務課、企画調整課などを経て、交通政策課で新幹線を担当。平成26年4月今別町に派遣され同町新幹線対策室長を務め、北海道新幹線の奥津軽いまべつ駅の開業に尽力した。28年4月県企画政策部広報広聴課副参事・広報グループマネージャー。同年奥津軽いまべつ駅の開業を記念して開催されたサイクリングイベント「奥津軽周遊ライド」にスタッフの一員として参加したが、自転車で走行中に倒れ、急逝した。

小野 光子 おの・てるこ 声楽家(ソプラノ) [没]平成29年(2017)9月27日 90歳〔老衰〕 [生]昭和2年(1927) [出]神奈川県鎌倉市 [学]東京音楽学校(現・東京芸術大学)〔昭和24年〕卒, モスクワ音楽院〔昭和35年〕専攻課程修了 [歴]父は演出家・劇作家の小野宮吉、母は声楽家で“うたごえ運動”の指導者である関鑑子。母が国際スターリン平和賞を受賞したこともあり、ロシアの正統的な声楽教育を受けるためソビエトに渡った最初の日本人で、昭和31〜35年ソ連の国立モスクワ音楽院でニーナ・ドルリアクに師事。ロシア歌曲を主とする演奏活動を行い、3年間に180回のソビエト・コンサート・ツアーを経験。国際チャイコフスキー・コンクール審査員も4度務めた。平成23年「回想 音楽の街 私のモスクワ」を出版した。録音された代表作に「プーシキンの詩による歌曲集」など。 [団]ロシア歌曲研究会, 現代声楽教育研究会 [家]父＝小野宮吉(演出家・劇作家), 母＝関鑑子(声楽家・合唱指導者), 祖父＝関如来(美術評論家) [師]師＝ドルリアク, ニーナ, 関鑑子

小野 紀男 おの・のりお 尾花沢市長 [没]平成29年(2017)1月10日 75歳〔肺膿瘍〕 [生]昭和16年(1941)2月7日 [出]山形県 [学]尾花沢高卒 [歴]昭和50年から尾花沢市議5期を経て、平成10年より市長に3選。22年引退。東北市長会副会長、山形県市長会副会長などを歴任した。

小野 晴久 おの・はるひさ 指揮者 中村交響楽団団長 [没]平成27年(2015)6月20日 75歳〔ぜんそく発作〕 [生]昭和14年(1939)12月13日 [出]高知県中村市(四万十市) [学]武蔵野音楽大学卒 [歴]昭和43年から市民オーケストラである中村交響楽団の指揮者を務める。平成6年から国内外の演奏家を招いて開かれる四万十川国際音楽祭創設にも関わった。

小野 日佐子 おの・ひさこ 肖像画家 京都造形芸術大学教授 パステル社長 [没]平成27年(2015)12月20日 64歳〔膵臓がん〕 [生]昭和26年(1951) [出]福岡県福岡市 [名]旧姓・名＝有田日佐子 [学]東京デザイナー学院 [歴]子供の頃から絵の世界に入る。昭和47年の沖縄海洋博のイメージイラストで入賞、作品はチケットに採用された。その後、フリーの活動を経て、56〜57年日本デザインセンターのイラスト室チーフとして勤務。63年には年間日本のイラストレーションに入選。平成元年に依頼された英俳優ショーン・コネリーの肖像画が話題となり、以後内外の政界、財界人、文化人などの肖像画を描く。9年ニューヨーク国連本部ギャラリーで25人の環境に貢献した女性達の肖像画展を開催。この間、元年ハーツを設立、代表取締役に就任し、海外アーティストを日本のCMなどに起用するための仕事を手がける。のちイラスト・デザイン会社のパステル社長。23年より京都造形芸術大学教授を務めた。日本テレビ系のバラエティ番組「世界一受けたい授業」などにも出演した。

尾上 寿鴻(1代目) おのえ・じゅこう 歌舞伎俳優 [没]平成29年(2017)3月9日 77歳〔心不全〕 [生]昭和14年(1939)10月19日 [出]東京都 [名]本名＝木田靖男(きだ・やすお), 前名＝尾上松四郎 [屋]音羽屋 [学]新宿工学院大附属高建築科中退 [歴]昭和31年2代目尾上松緑に入門、松四郎を名のり初舞台。49年初代寿鴻に改名。ベテラン脇役として活躍し、「盟三五大切」「鈴ケ森」などで好演。平成27年11月の歌舞伎座が最後の舞台となった。 [師]師＝尾上松緑(2代目)

尾上 タミ子 おのえ・たみこ 尾上和裁学園校長 [没]平成29年(2017)9月6日 74歳〔心不全〕 [出]徳島県板野郡板野町 [歴]昭和43年夫の尾上隆司と尾上和裁士養成所を設立。平成7年尾上和裁学園に名称変更し、14年まで校長を務めた。徳島県技能士連合会会長、全国和裁団体連合会常任理事などを歴任した。

小野木 文男 おのき・ふみお HOYA常務 [没]平成27年(2015)2月15日 89歳〔心不全〕 [生]大正15年(1926)1月3日 [出]茨城県 [学]東京理科大学物理学科〔昭和27年〕卒 [歴]昭和33年保谷光学に入社。54年保谷レンズ取締役、58年保谷硝子取締役眼鏡副事業部長、59年保谷硝子、保谷レンズ、保谷クリスタル3社合併によるHOYA取締役眼鏡副事業部長を経て、同事業部長。のち常務。61年光学文野で貢献した人を対象にした会田記念賞の第1回受賞者となった。 [賞]会田記念賞(第1回)〔昭和61年〕

小野田 元 おのだ・はじめ 金門製作所社長 東京理化工業所社長 [没]平成28年(2016)5月7日 92歳 [生]大正13年(1924)2月22日 [出]東京都 [学]東北大学大学院〔昭和26年〕修了, 中央大学大学院修了 商学博士 [歴]金門製作所(現・アズビル金門)社長で東京理化工業所創業者でもある小野田忠の長男。昭和33年金門製作所に入社。43年東京理化工業所取締役。51年金門製作所社長、平成11年会長。この間、昭和60年東京理化工業所会長となったが、経営の建て直しを図るため、61年同社社長に就任。平成15年名誉会長。 [賞]藍綬褒章〔昭和62年〕 [家]父＝小野田忠(金門製作所社長・東京理化工業所創業者), 弟＝小野田博(東京理化工業所社長)

小野寺 勇 おのでら・いさむ 北海道議(自民党) [没]平成27年(2015)1月16日 80歳〔間質性肺炎〕 [生]昭和9年(1934)12月22日 [出]東京都豊島区 [学]防衛大学校機械学部〔昭和32年〕卒 [歴]帯広市議を経て、昭和

58年から北海道議を5期務めた。平成15年引退。自民党北海道連総務会長などを歴任した。 [賞]旭日中綬章〔平成17年〕

小野寺 啓治 おのでら・けいじ 書道評論家 書道ジャーナル研究所主幹 [没]平成27年(2015)11月2日 79歳 [生]昭和11年(1936)3月5日 [出]東京都八王子市 [名]号＝小野寺流芳 [学]学習院大学大学院人文科学研究科美学美術史コース〔昭和38年〕修了 [歴]書道ジャーナル研究所主幹を務め、昭和54年より「書道ジャーナル」、平成5年より「書作品年鑑」を発刊。現代書道評論を手がけた。著書に「文字の意匠」「現代書の実情と展開」「現代の書と文字」「手仕事のデザイン」「図説日本書道史」「書味求心」などがある。

小野寺 忍 おのでら・しのぶ 専修大学法学部教授 [専]民事法学 [没]平成28年(2016)11月24日 67歳〔病気〕 [生]昭和24年(1949)7月11日 [学]東洋大学法学部法律学科卒, 東洋大学大学院法学研究科私法学専攻博士課程修了 [歴]専修大学法学部教授、山梨学院大学教授を歴任。甲府地裁民事調停委員なども務めた。

小野寺 祐夫 おのでら・すけお 東京理科大学教授 [専]環境科学 [没]平成27年(2015)2月11日 70歳〔虚血性心不全〕 [生]昭和19年(1944)5月29日 [出]宮城県本吉郡南三陸町 [学]東京理科大学理学部化学科〔昭和42年〕卒, 東京理科大学大学院理学研究科化学専攻〔昭和47年〕博士課程修了 理学博士 [歴]昭和48年東京理科大学薬学部助手、60年講師、平成12年助教授を経て、16年教授。 [賞]環境化学会賞環境化学学術賞〔平成7年〕「水環境中の有害化学物質の動態化学的ならびに毒性的研究」, 環境化学会賞環境化学功績賞〔平成16年〕「塩素処理・燃焼過程における化学的研究」

小野寺 龍巳 おのでら・たつみ 錦袋堂薬局社長 岩手県商工会連合会会長 [没]平成28年(2016)9月22日 87歳〔膵臓がん〕 [生]昭和4年(1929)2月1日 [出]宮城県栗原市 [学]明治大学専門部卒 [歴]東京の出版社勤務を経て、昭和47年より岩手県花泉町議を務め、59年副議長。平成10年から8年間、岩手県商工会連合会会長。14〜27年岳父が創業した岩手県一関市花泉町の錦袋堂薬局社長。社会福祉法人二桜会理事長、岩手県商工観光審議会会長なども歴任した。 [賞]勲五等双光旭日章〔平成14年〕, 岩手県勢功労者〔平成19年〕

小畠 郁生 おばた・いくお 国立科学博物館名誉館員 [専]地質学, 古生物学 [没]平成27年(2015)9月19日 85歳 [生]昭和4年(1929)11月15日 [出]福岡県 [学]九州大学理学部地質学科〔昭和29年〕卒, 九州大学大学院理学研究科地質学専攻〔昭和31年〕博士課程中退 理学博士(九州大学)〔昭和37年〕 [歴]昭和31年九州大学理学部地質学教室助手、37年国立科学博物館研究員、57年地学研究部長。平成6年退官し、名誉館員となる。8年大阪学院大学国際学部教授、12年定年退職。著書に「恐竜事典」「恐竜はなぜ滅んだか」「恐竜の足跡」「ひきさかれた大陸」「白亜紀アンモナイトにみる進化パターン」、訳書にB.クルテン「恐竜の時代」、W.E.スウィントン「恐竜—その発生から絶滅まで」、E.H.コルバート「さまよえる大陸と動物たち—恐竜たちの叙事詩」、フェドゥシア「鳥の時代」、監訳書に「古生物百科事典」「恐竜の謎」「子育て恐竜マイア発掘記」「恐竜 地球環境からみた恐竜の進化と絶滅の物語」「原色版恐竜・絶滅動物図鑑—魚類から人類まで」「恐竜野外博物館」、編著に「ヨーロッパ自然史博物館(世界の博物館9)」「化石鑑定のガイド」「恐竜時代の生物と自然」「自然史と生物分類(SOPHIA21現代総合科学教育大系別巻1)」などがある。 [賞]勲四等旭日小綬章〔平成12年〕, 日本古生物学会最優秀論文賞〔昭和41年〕「リーサイディテス・ミニマスのアロメトリー」, 日本古生物学会学術奨励賞〔昭和51年〕「白亜紀アンモナイトの研究」, サンケイ児童出版文化賞〔昭和51年〕「科学アルバム」, 毎日出版文化賞特別賞〔昭和58年〕「日本化石集」, 学校図書館出版賞特別賞(第8回)〔平成18年〕「ヘンリー・ジー/ルイス・V.レイ著『恐竜野外博物館』の監訳」 [資]文部省認定学芸員〔昭和49年〕, 高校・中学教諭1級(理科, 英語), 高校・中学教諭2級(数学)〔昭和29年〕 [団]日本古生物学会, 日本地質学会, 日本地学教育学会, 科学博物館後援会, 自然史科学研究所, 野外自然博物館後援会, 深田地質研究所

小幡 兼興 おばた・かねおき 鹿児島県議(自民党) [没]平成28年(2016)8月21日 74歳〔心不全〕 [生]昭和17年(1942)7月17日 [出]鹿児島県出水市 [学]日本大学商学部卒 [歴]父は出水市議。中馬辰猪衆院議員秘書、出水市議5期、副議長を経て、平成3年自民党公認で鹿児島県議選出水市選挙区から当選。7年落選したが、11年返り咲き。通算5期。自民党鹿児島県連幹事長を務めた。

小畑 昭八郎 おばた・しょうはちろう 詩人 小浜市立図書館長 [没]平成28年(2016)5月23日 83歳 [生]昭和8年(1933) [歴]昭和32年より小浜市教育委員会に勤務。58年〜平成5年同市立図書館長を務めた。詩人としては山本和夫に師事。詩集に「木のめじるし」「語り部」「えにし」など。郷土史関連の共著も多い。 [師]師＝山本和夫

小畑 幸雄 おばた・ゆきお 野村証券副社長 野村不動産社長 [没]平成27年(2015)11月24日 93歳〔狭心症〕 [生]大正11年(1922)5月28日 [出]東京都 [学]大阪商大高商部〔昭和17年〕卒 [歴]昭和17年野村証券(現・野村ホールディングス)に入社。第二豊橋陸軍予備士官第17期、陸軍少尉。20年野村証券へ復帰。一貫して営業畑を歩き、37年取締役、41年常務、46年専務を経て、48年副社長。58年退社して野村不動産会長に転じ、60年社長を兼務。62年相談役に退いた。

尾花 成春 おばな・しげはる 画家 [没]平成28年(2016)7月4日 90歳〔肺気腫〕 [生]大正15年(1926) [出]福岡県浮羽郡吉井町(うきは市) [学]浮羽中〔昭和18年〕卒 [歴]浮羽中学在学中から油彩を始める。昭和25年自由美術展に出品、27年から福岡県展で受賞を重ねる。32〜40年前衛美術家集団・九州派に参加。黒一色の抽象画や自然を見つめた「筑後川」の連作などを制作した。

尾原 悟 おばら・さとる 上智大学名誉教授 [専]日本近世史 [没]平成28年(2016)10月29日 87歳 [生]昭和4年(1929)6月20日 [出]広島県広島市 [学]上智大学文学部史学科卒, 上智大学大学院西洋文化研究科〔昭和40年〕修士課程修了, 上智大学大学院文学研究科史学専攻〔昭和44年〕博士課程修了 [歴]上智大学文学部講

師、助教授を経て、教授。同大キリシタン文庫所長も務めた。著書に「ザビエル」、編著書に「イエズス会日本コレジヨの講義要綱〈1・2〉」などがある。㋷上智史学会、日蘭学会、キリシタン文化研究会

小原 章嗣 おばら・しょうじ　室蘭市民美術館館長　㋜平成29年（2017）4月4日　81歳　㋓昭和10年（1935）　㋑北海道室蘭市　㋔北海道室蘭市の商店街で子供服専門店を営む。1980年代に地元画家を中心に道立美術館の誘致活動が活発化すると、店の2階にギャラリーを開設して誘致の機運情勢に一役買ったが、誘致は実現しなかった。これをきっかけに、平成12年室蘭に美術館をつくる市民の会が結成されると会長に就任。地元画家の作品を絵葉書にして販売するなど資金調達に奔走、市も既存施設の一部を整備して、20年市民ボランティアが運営する室蘭市民美術館が誕生すると、その初代館長を務めた。

小原 宣良 おばら・せんりょう　岩手県議　㋜平成29年（2017）6月10日　73歳［胸部食道がん］　㋓昭和18年（1943）10月16日　㋑岩手県北上市更木町　㋔花巻北高卒　㋔北上市役所、岩手県和賀郡労連議長、沢藤紀次郎衆院議員秘書を経て、昭和62年岩手県議に当選。5期務め、平成19年引退。17～22年社民党岩手連合代表。21年衆院選には社民党から岩手4区で立候補した。

小原 満夫 おばら・みつお　東稜学園創立者　㋜平成29年（2017）3月15日　91歳［慢性心不全］　㋑中国遼寧省　㋔撫順砿工技術員養成所卒　㋔太平洋戦争中に中国で従軍、戦後は約2年間ソ連に抑留された。昭和22年実家のあった福島市に復員。40年学校法人尚志学園非常勤理事となり、福島高等予備校校長、学校法人福島学院理事などを歴任。平成9年福島東稜高校を運営する東稜学園を創立した。㋡旭日小綬章［平成20年］㋫長男＝小原敏（東稜学園理事長）

大日方 英雄 おびなた・ひでお　長野県議（自民党）　長野県森林組合連合会会長　㋜平成28年（2016）10月23日　90歳［急性呼吸不全］　㋓大正14年（1925）11月13日　㋑長野県上水内郡小川村　㋔東京高農卒　㋔長野県林務部長、長野県林業公社副理事長を経て、長野県森林組合連合会会長を平成21年まで18年間務めた。また、昭和62年上水内郡・更級郡大岡村区から長野県議に当選。2期務め、平成7年引退。

小柳津 健 おやいづ・けん　中日新聞取締役北陸本社代表　石川テレビ社長　㋜平成27年（2015）8月5日　83歳［肺炎］　㋓昭和7年（1932）7月20日　㋑愛知県豊橋市　㋔早稲田大学政経学部卒　㋔昭和30年中日新聞社に入社。東京本社、名古屋本社各社会部次長、東京本社放送芸能部長、名古屋本社芸能部長、57年名古屋本社論説委員、61年北陸本社編集局長、名古屋本社論説主幹、平成3年取締役、北陸本社代表、7年論説・開発担当兼名古屋本社開発局長、9年参与。同年石川テレビ副社長、11年社長に就任。15年取締役相談役。

小山 英史 おやま・えいし　画廊喫茶南風堂店主　㋜平成27年（2015）12月6日　76歳［多臓器不全］　㋔熊本市の画廊喫茶南風堂の店主で、美術展情報紙「熊本のギャラリー」を主宰した。

尾山 真之助 おやま・しんのすけ　大阪大谷大学学長　文化庁文化部長　㋜平成29年（2017）11月1日　62歳　㋓昭和30年（1955）1月11日　㋑石川県　㋔東京大学法学部［昭和53年］卒　㋔昭和53年4月文部省（現・文部科学省）入省。平成8年7月生涯学習局青少年教育課長、10年7月教育助成務職員課長、12年6月文化庁文化芸術文化課長、14年4月文部科学省科学技術・学術政策局政策課長、15年7月文化庁長官官房政策課長、16年7月文部科学省スポーツ青年局スポーツ・青少年統括官、17年4月国立教育政策研究所次長、18年7月文部科学省大臣官房審議官、19年1月文化庁文化部長。20年7月独立行政法人日本学生支援機構理事、22年4月～26年1月国立大学法人大阪大学理事。26年4月大阪大谷大学学長に就任。28年6月日本私立薬科大学協会理事。

小山 鳳来 おやま・ほうらい　書家　東刻今主宰　福島県刻字協会会長　福島県書道協会事務局長　㋐刻字　㋜平成29年（2017）8月18日　91歳　㋓大正15年（1926）　㋑福島県　㋐本名＝小山邦夫（おやま・くにお）　㋔福島県刻字協会会長、福島県書道協会事務局長、毎日書道展参与会員などを歴任。㋖香川峰雲

小山 剛令 おやま・よしのり　陸前高田地域振興社長　キャピタルホテル1000会長　㋜平成27年（2015）5月2日　70歳［急性心筋梗塞］　㋑岩手県陸前高田市米崎町　㋔平成13年に経営破綻したキャピタルホテル1000の再建に取り組む。23年同ホテルは東日本大震災による津波で大きな被害を受け、その後の再建事業にも尽力した。

小山田 いく おやまだ・いく　漫画家　㋜平成28年（2016）3月　59歳［病気］　㋓昭和31年（1956）6月10日　㋑長野県小諸市　㋐本名＝田上勝久（たがみ・かつひさ）　㋔長野高専機械工学専攻卒　㋔昭和54年「別冊少年ビッグコミック」2月1日号に本名の田上勝久名義で「五百羅漢」が掲載される。55年「週刊少年チャンピオン」に小山田いく名義で発表した「12月の唯」で漫画家デビュー。「春雨みら～じゅ」「三角定規プラス1」を発表後、55年春より短編3作と同じ郷里の長野県小諸市立芦原中学校を舞台にした青春漫画「すくらっぷ・ブック」の連載を開始、代表作となった。その後「星のローカス」「ぶるうピーター」「ウッド・ノート」など、数々の学園ものまで人気を高め、「週刊少年チャンピオン」に連載した「マリオネット師」で人気を不動のものとした。平成25年から毎年春に小諸駅前の「小諸宿本陣主屋」で個展を開催。28年自宅で亡くなっているのが発見された。他の作品に「むじな注意！」「魃魅」「Queen Bee」などがある。漫画家のたがみよしひさは実弟。㋫弟＝たがみよしひさ（漫画家）

小山田 義身 おやまだ・よしみ　小山田工業所創業者　㋜平成27年（2015）8月16日　89歳［脳梗塞］　㋓大正14年（1925）8月29日　㋑岩手県二戸郡安代町（八幡平市）　㋔荒屋高小［昭和15年］卒　㋔昭和29年盛岡市で小山田溶接工業所（現・小山田工業所）を創業。50年岩手県鉄構工業協組理事長、同年東北鉄構工業連合会会長、全国鉄構工業連合会（現・全国鉄構工業協会）常任理事を歴任、57～61年同会長。岩手県中小

企業団体中央会副会長、岩手県機械金属工業協同組合連合会会長なども務めた。🎖黄綬褒章〔昭和59年〕，勲五等双光旭日章〔平成8年〕

尾渡 達雄 おわたり・たつお 大分大学名誉教授 📚倫理学 ⚰平成29年（2017）4月3日 95歳 🎂大正10年（1921）12月6日 🏠大分県大分市 🎓臼杵中〔昭和14年〕卒、広島高師〔昭和17年〕中退、広島文理科大学哲学科倫理学専攻〔昭和19年〕卒 文学博士 💼昭和19年青森師範学校助教授、21年別府女学院教授、22年大分師範学校助教授、24年大分大学学芸学部講師、38年教授を経て、41年同大教育学部教授。48年附属養護学校長、52年学部長。60年日本文理大学教授。同年から20年以上にわたって大分県明るい選挙推進協議会会長を務めた。著書に「倫理学叙説」「道徳教育の基本問題」「倫理学と道徳教育」などがある。🎖勲三等旭日中綬章〔平成10年〕，自治大臣表彰〔昭和57年〕，内閣総理大臣表彰〔平成1年〕，大分県知事表彰〔平成2年〕，大分合同新聞文化賞（地方自治）〔平成17年〕 🏛日本倫理学会、日本道徳教育学会、日本哲学会

恩地 春洋 おんち・しゅんよう 書家 俳人 春洋会会主宰 玄遠社会長 書道芸術院会長 📚漢字 ⚰平成28年（2016）6月14日 87歳〔肺がん〕 🎂昭和4年（1929）4月30日 🏠高知県 🎓高知師範（現・高知大学）卒 💼高知師範時代に川崎白雲と出会い、師事する。昭和26年大展に初出品、以後同展で特賞3回、院賞2回、特別賞2回と受賞を重ね、61年理事長、平成12年会長に就任。16年財団法人として認可され初代理事長、22年初代会長を務めた。俳句もよくし、俳誌「勺玉」「うまや」同人。🎖毎日書道顕彰（芸術部門）〔平成12年〕「恩地春洋書展 天地有情」🏛書道芸術院、毎日書道会（名誉会員） 👤師＝川崎白雲、川田十雨

【か】

甲斐 邦朗 かい・くにお 東洋電機製造社長 ⚰平成28年（2016）1月26日 84歳〔骨髄異形成症候群〕 🎂昭和6年（1931）9月20日 🏠熊本県熊本市 🎓済々黌高〔昭和25年〕卒、東京大学法学部公法学科〔昭和30年〕卒 💼昭和30年国鉄入社。広島、東京、仙台と歩き、37年から新幹線総局で開業前の新幹線づくりに励む。53年札幌鉄道管理局長、56年東京南鉄道管理局長を経て、59年神奈川臨海鉄道専務、62年東洋電機製造専務、平成3年川崎ステーションビル社長。11年東洋電機製造に戻り、社長に就任。18年会長。

甲斐 諭 かい・さとし 九州電気工事代表取締役副社長 ⚰平成27年（2015）12月18日 95歳〔肺炎〕 🎂大正9年（1920）8月26日 🏠宮崎県延岡市 🎓東海小高等科中退 💼昭和19年九州電気工事（現・九電工）に入社。40年取締役、47年常務、53年専務を経て、57年代表取締役副社長。63年顧問。

貝塚 啓明 かいづか・けいめい 東京大学名誉教授 📚財政学，金融論 ⚰平成28年（2016）10月25日 82歳〔膀胱がん〕 🎂昭和9年（1934）2月16日 🏠京都府京都市 🎓東京大学経済学部〔昭和31年〕卒、東京大学大学院経済学研究科〔昭和37年〕博士課程修了 経済学博士〔昭和38年〕 💼中国史家・貝塚茂樹の長男。大阪大学助教授を経て、昭和51年東京大学経済学部教授に就任。平成4年経済学部長。6年退官し、中央大学法学部教授。10〜19年内閣府に新設された金融審議会の初代会長。11〜17年日本政策投資銀行理事。18年日本学士院会員。社会保障審議会会長、財政制度等審議会会長、日本銀行参与、財務省財務総合政策研究所顧問なども歴任した。著書に「財政支出の経済分析」「経済政策の課題」「日本の財政金融」などがある。🎖瑞宝重光章〔平成21年〕 🏛日本学士院会員〔平成18年〕 🏛日本経済学会、日本財政学会 👤父＝貝塚茂樹（中国史家），祖父＝小川琢治（地質学者），貝塚栄之助（高岳製作所創業者・桑名市長）

海妻 矩彦 かいづま・のりひこ 岩手大学学長・名誉教授 📚植物育種学 ⚰平成29年（2017）1月10日 81歳〔肺炎〕 🎂昭和10年（1935）6月13日 🏠東京都中野区 🎓東京大学農学部農学科育種学専攻〔昭和34年〕卒 農学博士（東京大学）〔昭和50年〕 💼農林省中国農業試験場植林技官を経て、昭和43年岩手大学農学部助手、50年米国イリノイ大学留学、51年岩手大助教授、58年教授。平成2年大学院連合農学研究科長、6年農学部長。8〜14年学長。岩手県立博物館館長も務めた。🎖瑞宝中綬章〔平成23年〕，日本育種学会賞〔昭和53年〕「ダイズのタンパク質育種に関する基礎研究」，岩手日報文化賞（第35回）🏛日本育種学会、日本作物学会、アジア大洋州育種研究連合

甲斐田 謹弥 かいだ・きんや 学習研究社常務 ⚰平成28年（2016）4月22日 82歳〔急性肺炎〕 🎂昭和8年（1933）12月13日 🏠福岡県八女市 🎓福岡学芸大学〔昭和32年〕卒 💼学習研究社（現・学研ホールディングス）取締役第四教育事業本部長、常務を務めた。

海渡 二美子 かいと・ふみこ エトワール海渡会長 ⚰平成29年（2017）6月13日 93歳〔老衰〕 🎂大正12年（1923）9月4日 🏠本名＝早川二美子（はやかわ・ふみこ） 🎓東京府立第一高女卒 💼エトワール海渡社長を務めた海渡義一の長女で、同社会長を務めた。👤父＝海渡義一（エトワール海渡社長），母＝海渡乃婦（エトワール海渡副社長），弟＝海渡五郎（エトワール海渡社長），孫＝早川謹之助（エトワール海渡社長）

海野 孝 かいの・たかし テニス指導者 宇都宮大学名誉教授 📚体育・スポーツ心理学 ⚰平成28年（2016）8月2日 68歳〔胃がん〕 🎂昭和23年（1948）2月19日 🏠新潟県長岡市 🎓長岡高卒、東京教育大学体育学部体育学科卒、東京教育大学大学院体育学研究科体育学専攻〔昭和47年〕修士課程修了 💼長岡高、東京教育大学（現・筑波大学）在学中にテニス選手としてインターハイ、インカレ、国体などに出場。東京女子体育大学講師、筑波大学体育学系専任講師、助教授の傍ら、テニス部の監督として植田実らを指導。その後、宇都宮大学教育学部助教授を経て、平成4年教授。放送大学栃木学習センター長も務めた。著書に「試合で勝てる！ テニス最強のメンタルトレーニング」、訳書にニック・ボロテリ、チャールズ・A.マーハー「テ

ニス・プレーヤーのメンタル開発プログラム」、共訳にロバート・S.ワインバーク「テニスのメンタルトレーニング」、ノエル・ブランデル「テニス―トップ・プレーヤーへの道」などがある。 ㊸日本体育学会、日本スポーツ心理学会

海保 宣生 かいほ・のぶお バスケットボール選手・指導者 住友金属バスケットボール部監督 山形県スポーツ振興21世紀協会理事長 ㊸平成27年(2015)4月19日 73歳〔胆管がん〕 ㊺昭和16年(1941)12月21日 ㊻東京都 ㊼立教大学経済学部経済学科〔昭和39年〕卒 ㊽昭和38年立教大3年の時バスケットボールの全日本総合選手権で天皇杯を獲得。39年住友金属工業に入社後、日本代表チームのメンバーに選ばれ東京五輪に出場。168センチの小兵ながらプレスディフェンスの要として活躍。住金籠球部に復帰後、40年の国体出場目前に病気のため現役を引退。41年からマネージャーを務め、50年監督に就任、52年日本リーグ優勝。62年同社建設エンジニアリング事業本部東京プロジェクト開発部長。平成8年サッカーJリーグ・鹿島アントラーズ常務を経て、18年モンテディオ山形を運営する山形県スポーツ振興21世紀協会（スポーツ山形21）理事長に就任。20年同クラブは悲願のJ1昇格を決めた。22年退任。バスケットボール女子日本リーグ機構専務理事も務めた。

開発 展之 かいほつ・のぶゆき 医師 高知赤十字病院院長 ㊸平成27年(2015)9月25日 75歳〔肺がん〕 ㊻兵庫県揖保郡太子町 ㊽平成10～22年高知赤十字病院院長を務め、在任中に国内1例目を含む2度の脳死臓器提供に関わった。

海堀 寅一 かいぼり・とらかず 朝日ウッドテック社長 海堀奨学会理事長 ㊸平成28年(2016)5月17日 88歳 ㊺昭和2年(1927)6月1日 ㊻大阪府 ㊼大阪大学法学部〔昭和27年〕卒 ㊽昭和27年朝日特殊合板（現・朝日ウッドテック）を設立し専務、48年社長に就任。平成2年会長、14年取締役相談役。 ㊿長男＝海堀芳樹（朝日ウッドテック社長）

海見 勝 かいみ・まさる 広島文化学園創立者 ㊸平成27年(2015)9月3日 97歳〔肺炎〕 ㊺大正7年(1918)3月24日 ㊻広島県広島市中区 ㊼東京高等商船機械科〔昭和16年〕卒 ㊽大阪郵船勤務を経て、昭和21年広島高等洋裁女学院、26年筒井学園を創立。46年広島文化学園と改称。39年広島文化女子短期大学、61年県女子短期大学を創立した。平成14年から名誉学園長。 ㊾勲三等瑞宝章〔平成1年〕

鏡 昭二 かがみ・しょうじ 熊本県議（自民党） ㊸平成29年(2017)3月11日 88歳〔肝細胞がん〕 ㊺昭和3年(1928)4月28日 ㊻熊本県宇土市 ㊼宇土中〔昭和20年〕卒 ㊽昭和45年から宇土市議2期を経て、54年から熊本県議に3選。平成3年落選。 ㊾勲四等瑞宝章〔平成10年〕

鏡川 伊一郎 かがみがわ・いいちろう 小説家 ㊸平成28年(2016)9月 75歳 ㊺昭和16年(1941) ㊻高知県高知市 ㊽新聞記者、商社、調査会社勤務などを経て、作家、文芸評論家となる。著書に「月琴を弾

く女」「司馬さん、そこは違います！―"龍馬"が勝たせた日露戦争」がある。

加賀谷 誠一 かがや・せいいち 藤倉電線社長 ㊸平成27年(2015)8月11日 90歳〔心不全〕 ㊺大正14年(1925)1月22日 ㊻秋田県南秋田郡天王町（潟上市） ㊼秋田中〔昭和17年〕卒、山形高〔昭和19年〕卒、東京帝国大学工学部電気工学科〔昭和22年〕卒 工学博士 ㊽昭和22年藤倉電線に入社。技術畑出身ながら営業本部長となり海外プラント商談受注の"指揮官"として活躍。48年取締役、51年常務、56年専務を経て、57年社長に就任。平成4年フジクラに社名変更、会長となる。また、11年から7期14年にわたって全日本剣道連盟副会長を務め、剣道の普及振興に尽くした。著書に「超高圧送電」がある。 ㊾勲二等瑞宝章〔平成7年〕、電気学会進歩賞〔第28回〕〔昭和47年〕「本邦初の275kVPOFケーブル長距離線路の完成」、井上春成賞〔第11回、昭和61年度〕「コア直視法による光ファイバ融着接続技術」、日本ファインセラミックス協会賞産業振興賞〔昭和63年度〕

香川 一水 かがわ・かずみ 獣医 栗林公園動物園園長 ㊸平成29年(2017)7月12日 84歳〔老衰〕 ㊺昭和7年(1932)11月29日 ㊻香川県高松市 ㊼山口大学農学部獣医学科卒、関西学院大学経済学部〔昭和30年〕卒 ㊽祖父は昭和5年に栗林公園動物園を開設した香川松太郎。獣医として同園に勤務。37年デンマークからやってきたリッキーと雌リンコが初めて会ったときに飼育を担当。個人園ながら、ゴリラの繁殖では世界初の自然飼育に成功。動物飼育の知識が豊富で、ヨウスコウウニの長寿飼育やナマケモノの出産に成功し高く評価された。61年父の跡を継いで3代目園長に就任。平成2年年会費3000円で特定の動物の里親になれる動物里親制度を開始。14年10月入園者数の減少や施設の老朽化などに伴い休園。動物の移転を進め、16年3月閉園した。閉園後も自前の飼育施設でナマケモノなどを飼育した。 ㊿祖父＝香川松太郎（栗林公園動物園創設者）

香川 俊介 かがわ・しゅんすけ 財務事務次官 ㊸平成27年(2015)8月9日 58歳 ㊺昭和31年(1956)8月29日 ㊻東京都 ㊼東京大学法学部〔昭和54年〕卒 ㊽昭和54年大蔵省（現・財務省）に入省。財務事務次官を務めた木下康司、田中一穂らと"花の54年入省組"と呼ばれ、早くから省内のエースの一人とされた。竹下登内閣では小沢一郎内閣官房副長官の秘書官を務めた。平成21年7月総括審議官、22年7月官房長、25年6月主計局長を経て、26年7月財務事務次官。民主党政権下で消費増税を柱とした社会保障・税一体改革を推進し、26年4月の消費税率の8パーセントへの引き上げ実現に尽力した。病と闘いながら職務に取り組み、27年7月事務次官を退任したが、間もなく病没した。

香川 正人 かがわ・まさと プロ野球選手 ㊸平成28年(2016)11月3日 62歳〔肺がん〕 ㊺昭和29年(1954)3月27日 ㊻大阪府大阪市住吉区 ㊼坂出商卒、早稲田大中退 ㊽坂出商中時代は三塁手。早稲田大2年の時にエースとなり、早大、三菱重工神戸を経て、昭和52年近鉄（現・オリックス）にドラフト5位で指名され、53年シーズン終了後に1年遅れで入団。1年目に5勝2Sを挙げたが肘を痛め、以後は1試合も登板できなかっ

た。58年大洋（現・DeNA）に移籍、同年引退。実働1年、19試合登板、5勝0敗2S、26奪三振、防御率4.71。

加川 良 かがわ・りょう　シンガー・ソングライター　[没]平成29年（2017）4月5日　69歳　[生]昭和22年（1947）11月21日　[出]滋賀県彦根市　[名]本名＝小斎喜弘（こさい・よしひろ）　[学]京都産業大学卒　[歴]昭和44年アート音楽出版に入社し、フォーク雑誌「フォークリポート」の編集・販売などに携わる。高田渡の勧めで歌を作り始め、45年岐阜県中津川での第2回全日本フォークジャンボリーに飛び入り参加し、「その朝」「死んだ男のバラッド」「教訓I」の3曲を歌って一躍注目を集めた。46年アルバム「教訓」でレコードデビュー。47年セカンドアルバム「親愛なるQに捧ぐ」も多くの若者の支持を得、フォーク歌手としての地位を確立。第3回全日本フォークジャンボリーでは商業主義に対する反感から観客より“帰れ！”コールが起こる中で、岡林信康、三上寛と並んで“出て来い！”コールを浴びた一人となり、またキング、ビクター、フィリップス、アングラレコードクラブ（URC）の4社から発売されたこのコンサートのライブ盤では、4社のアルバム全てに収録されている唯一人の歌手となった。48年同居していた中川イサトの全面的なバックアップを得て、サードアルバム「やぁ。」を発表。フォークブームの中で吉田拓郎と人気を二分するほどで、拓郎の49年のアルバム「元気です。」には「加川良の手紙」いう曲が収録されている。その後、「アウト・オブ・マインド」「南行きハイウェイ」「駒沢あたりで」「プロポーズ」などのアルバムを発表。近年はスティール・ギター奏者のすぎの暢との活動が多かった。芸名は、加山雄三の“加”、長谷川一夫の“川”、池部良の“良”を組み合わせたもの。

柿田 三郎 かきた・さぶろう　宝酒造専務　[没]平成29年（2017）3月12日　95歳〔老衰〕　[生]大正10年（1921）10月29日　[出]愛知県　[学]早稲田大学商学部〔昭和21年〕卒　[歴]昭和21年日本酒精に入社。22年合併により宝酒造（現・宝ホールディングス）に移り、38年経理部長、40年取締役、45年常務を経て、55年専務。

垣野 義昭 かきの・よしあき　京都大学名誉教授　[専]精密工学　[没]平成27年（2015）2月3日　74歳〔急性心不全〕　[生]昭和15年（1940）6月22日　[出]三重県　[学]京都大学工学部機械工学科〔昭和39年〕卒，京都大学大学院工学研究科精密工学博士課程修了　工学博士（京都大学）　[歴]京都大学助教授を経て、昭和63年教授。平成16年退官。　[賞]精機学会青木記念論文賞（第5回，昭和47年度）「工作機械の熱変形に関する研究（第1，2報）」，工作機械技術振興賞（第2回・7回）〔昭和56年・61年〕「生産自動化のための形状記述に関する研究」「誤差ベクトルによる3次元測定機の補正とDBB検定法の評価」　[団]精密工学会，日本機械学会

垣花 秀武 かきはな・ひでたけ　国際原子力機関（IAEA）事務次長　東京工業大学名誉教授　[専]原子核理工学，核化学，キリスト教思想　[没]平成29年（2017）1月27日　96歳〔肺炎〕　[生]大正9年（1920）6月8日　[出]東京都　[学]東京帝国大学理学部化学科〔昭和19年〕卒　理学博士（東京大学）〔昭和26年〕　[歴]名古屋大学助教授を経て、昭和31年ウィーン大学客員教授、32年東京工業大学教授、京都大学併任教授、国際原子力機関（IAEA）事務次長、55年名古屋大学プラズマ研究所長、59年上智大学教授を歴任。第13期日本学術会議会員。平成6年若狭湾エネルギー研究センターの初代理事長に就任。仁科芳雄門下の最後の一人で、原子核化学の権威。イオン交換法を利用した海水から食塩並びにウラン採取法、平和利用以外に使用不可能なウラン濃縮法などを開発した。校融合に関する日米欧（旧）ソ国際協力プログラムの開始、中国のIAEAへの加盟、東南アジア技術協力プログラムの開発など国際的貢献も多い。著書に「イグナティウス・デ・ロヨラ」などがある。　[賞]瑞宝中綬章〔平成16年〕，山路自然科学奨学賞（第3回）〔昭和43年〕「同位体効果と同位体分離に関する研究」，日本海水学会賞功労賞〔昭和52年〕，日本原子力学会賞論文賞（第10回）〔昭和52年〕「クロマトグラフィーによる同位体分離に関する研究」，外務大臣賞〔平成3年〕「国際原子力機関次長としての国際的貢献」　[団]日本化学会，日本原子力学会，日本海水学会，米国原子力学会

柿本 政男 かきもと・まさお　調教師　騎手　[没]平成29年（2017）1月27日　59歳　[生]昭和32年（1957）1月28日　[出]千葉県船橋市　[歴]昭和48年地方競馬の騎手としてデビュー、平成13年に引退するまで通算6088戦883勝を挙げる。調教師としては船橋競馬場に所属、地方競馬で2277戦246勝を挙げた。

鍵谷 勤 かぎや・つとむ　京都大学名誉教授　[専]工業物理化学，触媒物理学　[没]平成27年（2015）3月4日　88歳〔老衰〕　[生]昭和2年（1927）1月22日　[出]北海道　[学]北海道大学理学部化学科〔昭和27年〕卒　工学博士　[歴]京都大学工学部教授を務めた。著書に「化学反応の速度論的研究法—機構論との関連において〈上下〉」「化学反応のメディア」などがある。　[賞]瑞宝中綬章〔平成19年〕，スガウェザリング技術振興財団財団賞（第6回，昭和62年度）「高分子材料耐久化の分子設計学的研究」　[団]日本化学会，石油化学会，触媒学会

角田 譲 かくだ・ゆずる　神戸大学名誉教授　[専]数学　[没]平成27年（2015）8月27日　69歳〔病気〕　[生]昭和21年（1946）2月6日　[出]滋賀県　[学]名古屋大学大学院理学研究科〔昭和45年〕修士課程修了　理学博士　[歴]神戸大学大学院自然科学研究科教授を務めた。著書に「数理論理学入門」がある。

角谷 栄次 かくたに・えいじ　俳優　[没]平成28年（2016）2月28日　68歳〔大腸がん〕　[生]昭和22年（1947）6月1日　[出]大阪府　[学]大阪市立大学法学部　[歴]昭和48年劇団民芸に入団。舞台「グレイクリスマス」「星の牧場」「らくだ」「火山灰地」などに出演し、最後の舞台は平成25年「どろんどろん」の旅公演だった。テレビドラマ「はぐれ刑事純情派」「水戸黄門」「相棒」や、CMはエステー「消臭プラグ」、ガンホー・オンライン・エンターテイメント「パズル＆ドラゴンズ」などに出演した。

角谷 政保 かくたに・まさやす　ササクラ社長　[没]平成27年（2015）10月26日　81歳〔病気〕　[生]昭和9年（1934）6月7日　[出]兵庫県神戸市　[学]慶応義塾大学法学部〔昭和32年〕卒　[歴]昭和32年笹倉機械製作所に入

社。56年取締役、60年常務を経て、62年社長。平成4年ササクラに社名変更。9年会長に退いた。

角藤 毅 かくとう・つよむ　愛媛県酪農業協同組合連合会会長　(没)平成27年(2015)11月5日　85歳〔病気〕　(出)愛媛県西予市　(賞)旭日双光章〔平成18年〕, 愛媛県功労賞〔平成23年〕

角間 俊夫 かくま・としお　カナカン社長　(没)平成27年(2015)2月24日　75歳　(生)昭和15年(1940)2月11日　(出)石川県　(学)慶応義塾大学〔昭和38年〕卒　(歴)昭和38年金沢乾物(現・カナカン)に入社。51年取締役、53年常務、55年専務を経て、59年社長。石川県法人会連合会会長を務めた。

加久間 勝 かくま・まさる　金沢工業大学名誉教授　(専)交換工学, プログラム構造論, 分散制御方式　(没)平成28年(2016)1月12日　90歳〔脳梗塞〕　(生)大正14年(1925)9月3日　(出)大阪府大阪市　(学)浜松工専電気通信学科〔昭和22年〕卒　工学博士〔昭和53年〕　(歴)昭和22年逓信省に入省。電気通信省、日本電信電話公社(電電公社, 現・NTT)武蔵野電気通信研究所基礎交換研究部処理プログラム研究室長などを経て、53年金沢工業大学教授。のち金沢学院大学経営情報学部長。　(賞)勲四等瑞宝章〔平成13年〕　(団)電子情報通信学会, 情報処理学会

各見 政峯 かくみ・せいほう　陶芸家　(専)備前焼　(没)平成29年(2017)8月31日　96歳〔誤嚥性肺炎〕　(生)大正10年(1921)4月1日　(出)岡山県備前市伊部　(名)本名＝各見政美(かくみ・まさみ), 別名＝各見寿峯(かくみ・じゅほう)　(学)岡山工芸学校卒　(歴)漆芸家の難波仁斎に師事して蒔絵を習得。昭和24年陶芸の道に入り、人間国宝の金重陶陽、山本陶秀に師事。37年穴窯、40年窯変窯、48年地上式穴窯を築く。備前焼の伝統を受け継ぐ第一人者として桃山期の茶陶を踏まえた仕事で豪放な作風もみせるが、反面、焼物の原点を見つめるところから、50年に「縄文備前」、56年に須恵器(新須恵器と命名)、ほかに蒔絵の技法を生かした「絵備前」など、新しい備前焼を追求した。53年金重陶陽賞受賞、55年岡山県指定重要無形文化財保持者に認定される。書画や短歌をよくし、歌人陶工としても知られ、歌集に「炎」「縄文備前」がある。平成22年90歳の卒寿を記念して寿峯を名のった。　(賞)金重陶陽賞(第10回)〔昭和53年〕, 山陽新聞文化功労賞, 岡山県文化賞　(賞)岡山県指定重要無形文化財備前焼製作技術保持者〔昭和55年〕　(団)日本工芸会, 備前焼陶友会　(家)長男＝各見飛出記(陶芸家)　(師)師＝金重陶陽, 山本陶秀

角本 良治 かくもと・りょうじ　三和シヤッター工業専務　(没)平成29年(2017)6月23日　89歳〔心不全〕　(生)昭和3年(1928)6月21日　(出)北海道　(学)高小〔昭和19年〕卒　(歴)昭和34年三和シヤッター工業(現・三和ホールディングス)に入社。39年取締役、41年常務を経て、46年専務。63年再び取締役。

角本 良平 かくもと・りょうへい　交通評論家　国鉄監査委員　運輸経済研究センター理事長　(専)交通政策論　(没)平成28年(2016)2月7日　95歳〔肺炎〕　(生)大正9年(1920)3月2日　(出)石川県金沢市　(学)四高卒, 東京帝国大学法学部政治学科〔昭和16年〕卒　経済学博士〔昭和37年〕　(歴)昭和16年鉄道省に入る。名古屋、東京などの鉄道局に勤務し、33年東海道新幹線の建設計画に参加。都市交通課長、国鉄新幹線総局営業部長、41年国鉄監査委員、45〜46年運輸経済研究センター(現・運輸政策研究機構)理事長を歴任。27年〜平成2年早稲田大学客員教授なども務めた。早くから国鉄の地域分割、法人化を提唱した。著書に「この国鉄をどうするか」「現代の交通政策」「都市交通政策論」「交通における合理性の展開」「モビリティと日本」などがある。　(賞)日本交通学会学会賞〔昭和46年・平成3年〕, 交通文化賞(運輸大臣)〔昭和51年〕, 国際交通安全学会賞〔昭和55年〕, 交通図書賞〔昭和63年〕　(団)日本交通学会

梯 郁太郎 かけはし・いくたろう　ローランド創業者　ローランド芸術文化振興財団理事長　(専)電子楽器　(没)平成29年(2017)4月1日　87歳　(生)昭和5年(1930)2月7日　(出)大阪府大阪市福島区　(学)西野田工〔昭和21年〕卒　(歴)子供の頃に両親を亡くす。学校卒業後の数年間、九州で時計やラジオの修理を手がけたのち、昭和29年大阪・阿倍野でカケハシ無線を開業。その時聴いた米国製電子オルガンの妙音が電子楽器に打ち込むきっかけとなり、35年エース電子工業を設立したが、47年自ら退社しローランドを設立、社長に就任。同社は大阪で設立したが、生産規模拡大に伴い新拠点として静岡市細江町(現・浜松市)を選んだ。平成元年大証第2部、9年東証第2部に上場。13年特別顧問。この間、シンセサイザーを手始めに、世界初のギターシンセサイザーなどの電子楽器を次々と開発、業界を代表する企業に成長させる。また異なるメーカーの楽器でもデータをやりとりできる世界共通規格「MIDI(ミディ)」を作り、昭和58年に発表した。平成6年ローランド芸術文化振興財団を設立。7年会長となり、のち理事長。12年音楽や楽器づくりを通じて米国のロック界に影響を与えた人物を讃える米国の展示“ハリウッド・ロックウォーク”に日本人として初めて手形とサインを納める。同年米国の音楽の殿堂入り。25年「MIDI」制定に尽力した功績からグラミー賞の技術賞を日本人の個人として初めて受賞した。同年ローランド経営陣と方針の違いで対立し退社、音楽と映像の融合を目指したATV社(浜松市)を設立し、会長を務めた。日本のシンセサイザーを世界に広めた立役者で、YMOのほか、オスカー・ピーターソン、エルトン・ジョンら海外のミュージシャンからも愛用された。訳書にH.A.ドイチェ「シンセサイザー・その歴史と理論と実際」がある。　(賞)バークレー音楽院名誉音楽博士号(米国)〔平成3年〕, グラミー賞技術賞〔平成25年〕, 文化庁メディア芸術祭賞功労賞(第20回)〔平成29年〕　(家)二男＝梯郁夫(打楽器奏者)

筧 無関 かけひ・むかん　僧侶　小樽短期大学学長　駒沢大学名誉教授　龍泉寺(曹洞宗)住職　(専)仏教学　(没)平成29年(2017)5月23日　84歳〔肺炎〕　(生)昭和8年(1933)3月31日　(出)北海道小樽市　(学)京都大学大学院文学研究科〔昭和42年〕修了　(歴)駒沢大学教授、岩見沢駒沢短期大学学長を経て、平成11〜14年小樽短期大学学長。

影山 勝己 かげやま・かつみ　山陽国策パルプ常務　(没)平成27年(2015)9月28日　84歳〔急性心筋梗塞〕　(生)昭和5年(1930)11月6日　(出)岡山県津山市　(学)岡山大学

法文学部〔昭和29年〕卒　[歴]昭和29年山陽パルプ（のち山陽国策パルプ，現・日本製紙）に入社。60年取締役を経て、63年常務。ニュー北海ホテル社長も務めた。

影山 健　かげやま・けん　市民運動家　愛知教育大学名誉教授　[専]体育社会学　[没]平成28年（2016）6月16日　85歳〔肝硬変〕　[生]昭和5年（1930）8月1日　[出]静岡県静岡市　[学]岡崎高師〔昭和26年〕卒，東京教育大学体育学部〔昭和28年〕卒，東京大学大学院教育学研究科体育学専攻〔昭和35年〕修士課程修了　[歴]昭和35年文部省体育局事務官、38年名古屋大学教養部講師、41年東京都立大学理学部助教授を経て、52年愛知教育大学教授。平成6年定年退官。この間、3年「さよなら管理教育」全国集会実行委員長。反オリンピック研究会会議代表、岡崎市の教育を考える市民の会代表、海上の森の万博やめよう県民会議代表なども務める。11年愛知県知事選に立候補した。編著に「体育授業のための社会学」、共編著に「反オリンピック宣言」「草の根教育運動のために」「スポーツからトロプスへ」などがある。　[団]日本体育学会，日本社会学会

影山 忠広　かげやま・ただひろ　イチネン専務　[没]平成28年（2016）7月13日　66歳〔肺がん〕　[生]昭和25年（1950）5月15日　[出]島根県　[学]出雲商〔昭和44年〕卒　[歴]昭和47年イチネン（現・イチネンホールディングス）に入社。49年イチネンリースに転じ、東京支店長、平成元年合併によりイチネン業務統括部長兼購買部長を経て、4年取締役、9年常務、15年専務。

景山 允男　かげやま・のぶお　神鋼電機専務　[没]平成28年（2016）1月16日　86歳　[生]昭和4年（1929）4月20日　[出]東京都　[学]東京大学工学部〔昭和27年〕卒　[歴]昭和27年国鉄に入る。56年神鋼電機参与に転じ、58年取締役、60年常務を経て、平成3年専務。東京YMCA午餐会世話人も務めた。

影山 陽一　かげやま・よういち　セントラル硝子常務　[没]平成28年（2016）2月18日　68歳〔胃がん〕　[生]昭和23年（1948）2月17日　[出]鳥取県　[学]東京理科大学工業化学科〔昭和47年〕卒　[歴]昭和47年セントラル硝子に入社。平成18年取締役を経て、常務。

籠宮 圭之助　かごみや・けいのすけ　名古屋銀行常務　[没]平成29年（2017）1月28日　86歳〔肺線維症〕　[生]昭和5年（1930）11月20日　[出]神奈川県　[学]横浜経専〔昭和26年〕卒　[歴]昭和26年東京銀行（現・三菱東京UFJ銀行）に入行。59年名古屋相互銀行（現・名古屋銀行）外国部長に転じ、同年取締役、62年常務。

笠井 剛　かさい・つよし　詩人　[没]平成27年（2015）5月29日　83歳　[生]昭和6年（1931）7月17日　[出]山梨県　[学]立教大学文学部英米文学科〔昭和29年〕卒　[歴]昭和29年立教大学職員、のち就職部長などを務め、平成7年退職。詩集に「森の奥で」「同じ場所から」などがある。　[賞]埼玉文芸賞（第15回）〔昭和59年〕「同じ場所から」，埼玉県文化団体連合会文化選賞（文学部門・詩，第37回）〔平成16年〕　[団]日本現代詩人会，日本詩人クラブ，日本文芸家協会，埼玉詩人会，日本キリスト教詩人会

河西 富夫　かさい・とみお　山梨県議（無所属）　[没]平成27年（2015）6月19日　83歳〔老衰〕　[生]昭和6年（1931）6月22日　[出]山梨県　[学]甲府工卒　[歴]甲府市議1期を経て、昭和54年から山梨県議に3選。62年副議長。平成3年落選。　[賞]勲五等双光旭日章〔平成13年〕

葛西 弘　かさい・ひろし　十六銀行常務　[没]平成29年（2017）3月23日　74歳〔病気〕　[生]昭和18年（1943）1月2日　[出]岐阜県岐阜市　[学]早稲田大学商学部〔昭和41年〕卒　[歴]昭和41年第十六銀行に入行。平成7年取締役を経て、常務。

葛西 道生　かさい・みちき　大阪大学名誉教授　[専]分子生理学，生物物理学　[没]平成27年（2015）4月3日　78歳〔腎臓がん〕　[生]昭和12年（1937）3月5日　[出]岐阜県岐阜市　[学]名古屋大学理学部物理学科〔昭和34年〕卒，名古屋大学大学院理学研究科物理学専攻〔昭和36年〕修士課程修了　理学博士（名古屋大学）〔昭和39年〕　[歴]昭和41年名古屋大学助手を経て、45年大阪大学助教授、52年教授、平成12年定年退官。13～17年龍谷大学教授。この間、昭和43～45年フランス・パスツール研究所研究員。　[団]日本生物物理学会，日本生化学会，日本生理学会

風早 健次郎　かざはや・けんじろう　伊藤忠商事専務　[没]平成27年（2015）10月23日　90歳〔老衰〕　[生]大正14年（1925）9月25日　[出]兵庫県神戸市　[学]関西大学経済学部〔昭和23年〕卒　[歴]昭和23年大建産業に入社。24年分離により伊藤忠商事に移籍。50年取締役、52年常務を経て、58年専務。60年伊藤忠不動産社長、平成2年会長に就任。4年伊藤忠商事に合併顧問、8年理事となった。

笠原 淳　かさはら・じゅん　小説家　法政大学文学部教授　[没]平成27年（2015）3月25日　79歳〔舌がん〕　[生]昭和11年（1936）1月21日　[出]神奈川県川崎市　[名]本名＝長野義弘（ながの・よしひろ）　[学]法政大学経済学部〔昭和35年〕中退　[歴]高校時代は映画館に通いつめる。のち、放送作家を養成するNHK脚本研究会に所属してラジオドラマを書いたが、小説に転向。昭和44年「漂泊の門出」で第12回小説現代新人賞、51年「ウォークライ」で第8回新潮新人賞を受賞。59年「杢二の世界」で第90回芥川賞を受賞。人情の機微と日常生活の不条理を新感覚で描いて定評がある。法政大学教授も務めた。著書に「夕日に赤い帆」「昆虫図譜」「眩暈」「サイモンの塔」「祀りのあと」などがある。　[賞]芥川賞（第90回）〔昭和59年〕「杢二の世界」，小説現代新人賞（第12回）〔昭和44年〕「漂泊の門出」，新潮新人賞（第8回）〔昭和51年〕「ウォークライ」　[団]日本文芸家協会

笠原 伸夫　かさはら・のぶお　文芸評論家　日本大学名誉教授　[専]近代日本文学，中世精神史　[没]平成29年（2017）11月8日　85歳　[生]昭和7年（1932）1月13日　[出]北海道小樽市　[学]日本大学文学部国文科〔昭和29年〕卒　[歴]昭和30年中学教師となり、47年日本大学講師、48年助教授を経て、54年教授。著書に「谷崎潤一郎―宿命のエロス」「中世の発見」「泉鏡花―美とエロスの構造」「幻想の水脈から―物語の古層を露出するとき」などがある。　[団]日本近代文学会，日本文芸家協会

風間 健介　かざま・けんすけ　写真家　[専]炭鉱遺産，自然をモチーフにした表現　[没]平成29年（2017）6月　56歳　[生]昭和35年（1960）9月18日　[出]三重県安芸郡芸濃町（津市）　[学]亀山高〔昭和53年〕卒　[歴]高校2年頃か

らプロの写真家として活動。上京後フリーでポスターやジャケットの撮影などを手がける。昭和55年写真集「LIVE」を自費制作し、写真展「LIVE」を渋谷、早稲田、三重で開催。57年写真展「俺のアクエリアス革命」(渋谷公園通り画廊)開催。22歳の時から6年間放浪の旅を続けた。炭鉱最盛期をしのばせる北海道・夕張の景色に魅せられ、平成元年から同地に定住。以来アルバイト生活の傍ら、各地に残る炭鉱の施設跡を撮り続け、旧北炭清水沢火力発電所を被写体にした〈風を映した街〉シリーズなどを制作。炭鉱遺産をアピールする写真展や東川フォトフェスタでの野外展を多数企画開催。16年「風を映した街」(ペンタックスフォーラム)開催。主な雑誌掲載に「新しい喜びのために」(日本カメラ, 5年11月号)、「清水沢発電所」(日本カメラ, 6年7月号)、「夜想曲」(日本カメラ, 8年8月号)、「風の記憶」(アサヒカメラ, 8年9月号)、「星啼の街」(日本カメラ3月号, 10年)、「風を映した街」(写真王国創刊号, 11年)、「星啼の街」(TIDE3, 12年)、「風を映した街」(日本カメラ, 16年1月号)、「夕張冬物語」(日本カメラ, 17年2月号)。また、炭鉱遺産群保存を訴える市民グループ・コールマイナー(炭坑夫)を結成。18年東京に戻り、路上で1枚1000円で写真を売る生活を送る。生活は困窮し、29年6月自宅で亡くなっているのが発見された。　[賞]東川賞特別賞(第18回)〔平成14年〕「夕張炭鉱遺跡にかかわる一連の作品に対して」, 平間至賞ハミングバード賞(第3回)〔平成15年〕, TPCCチャレンジ入選アメリカ本選出品〔平成15年〕, 日本写真協会賞新人賞〔平成18年〕, 地方出版文化功労賞奨励賞(平成18年度, 第19回)〔平成19年〕「夕張 風間健介写真集」

笠松 泰夫　かさまつ・やすお　福井県議(自民党)　[没]平成27年(2015)2月17日　70歳〔心筋梗塞〕　[生]昭和19年(1944)8月21日　[学]高志高〔昭和38年〕卒, 日本大学理工学部土木工学科〔昭和42年〕卒　[歴]福井市副市長、福井県土木部長、福井県建設技術公社理事長を経て、平成19年福井県議選福井市選挙区に当選。2期。27年4月の県議選で3選を目指していたが2月に急逝した。

風祭 康彦　かざまつり・やすひこ　越後交通社長　[没]平成29年(2017)8月2日　92歳〔肺炎〕　[生]大正14年(1925)1月23日　[出]東京都　[学]早稲田大学理工学部土木科〔昭和22年〕卒　[歴]田中角栄元首相の妹の夫。長岡鉄道勤務、昭和37年長鉄砂利常務、42年専務、59年越後交通副社長を経て、同社社長。越後交通、長鉄工業、室町産業などファミリー企業の社長を務めた。

風見 章子　かざみ・あきこ　女優　[没]平成28年(2016)9月28日　95歳　[生]大正10年(1921)7月23日　[出]群馬県北甘楽郡富岡町(富岡市)　[名]本名＝中村ふさ(なかむら・ふさ), 旧姓・名＝北川, 前名＝白鳥桂子　[学]富岡高女〔昭和10年〕中退　[歴]昭和10年エノケン一座に入り、白鳥桂子の芸名を名のる。12年日活多摩川に入り、清瀬英次郎監督「時代の霧」で女優デビュー。13年内田吐夢監督「土」で主人公の娘役に抜擢され、一躍名を知られた。以後、片山明彦と組んだ「姉さんの嫁入り」に主演、「妖土万里」「春ひらく」の農村ものに好演。16年松竹太秦に移り田坂具隆監督「母子草」に主演。一時東宝に招かれたが、戦後は松竹に復帰。21年結婚退社後、22年フリーとなり今井正監督「また逢う日まで」などに出演。31年東映専属となったが、39年再びフリー。平成12年篠崎誠監督「忘れられぬ人々」でナント三大陸映画祭主演女優賞を受賞した。素朴でひたむきな女性役に定評があり、テレビドラマ〈ケンちゃん〉シリーズのおばあちゃん役など母役や祖母役で知られた。90歳を過ぎても現役で活躍した。他の出演作に、映画「めし」「大いなる旅路」「はだかっ子」「飢餓海峡」「赤ひげ」「夢千代日記」「木村家の人びと」「ハーメルン」などがある。　[賞]日本映画批評家賞ゴールデングローリー賞(第5回, 平成7年度)〔平成8年〕, ナント三大陸映画祭主演女優賞〔平成12年〕「忘れられぬ人々」, 山路ふみ子映画功労賞(第25回)〔平成13年〕, 毎日映画コンクール特別賞(第61回, 平成18年度)

加地 隆雄　かじ・たかお　プロデューサー　横浜ベイスターズ社長　[没]平成27年(2015)1月13日　74歳〔心室細動〕　[生]昭和15年(1940)　[出]千葉県　[学]駒沢大学経済学部〔昭和39年〕卒　[歴]昭和35年電通に入社し、横浜支局次長、営業統括局主幹を歴任。テレビの時代劇「水戸黄門」の制作に関わるとともに、各種イベント企画、映像制作、CM制作プロデューサーを務めた。平成8年C.A.L.代表取締役となり、小説家・京極夏彦の〈怪〉シリーズを初の映画作品として製作した。9年テレビ業界のデジタル化にあたって時代劇コンテンツ協議会を設立、事務局長を務める。20年加地コンサルティング社長。21年プロ野球・横浜ベイスターズ(現・横浜DeNAベイスターズ)の球団社長に就任。23年TBSが球団をDeNAに売却したのを機に退任した。24年シーズンは横浜DeNAベイスターズの初代会長として新規参入した球団の運営を支えた。

加地 武生　かじ・たけお　リンテック専務　[没]平成27年(2015)1月14日　89歳〔呼吸不全〕　[生]大正14年(1925)8月28日　[出]愛媛県　[学]海兵卒　[歴]昭和21年四国製紙(現・リンテック)に入社。53年取締役、57年常務を経て、専務。

加地 正郎　かじ・まさろう　久留米大学名誉教授　[専]臨床ウイルス学, 内科学　[没]平成29年(2017)12月10日　93歳〔老衰〕　[生]大正13年(1924)9月11日　[出]熊本県熊本市　[学]九州帝国大学医学部医学科〔昭和22年〕卒, 九州大学大学院医学研究科修士課程修了　医学博士　[歴]昭和32年米国オハイオ州クリーブランドのウエスタン・リザーブ大学に留学し、インフルエンザウイルスを発見。九州大学第一内科助教授、温泉治療学研究所気候内科教授を経て、52年久留米大学第一内科教授。60〜63年同大学病院長を兼ねる。平成2年退職後は、県共済病院院長を務めた。長年風邪やインフルエンザなど感染症の研究を続け、"風邪博士"として知られた。著書に「インフルエンザとその周辺疾患」「かぜ・ウイルス・人」「インフルエンザの世紀」、編著に「インフルエンザとかぜ症候群」など。　[賞]勲三等瑞宝章〔平成13年〕, 西日本文化賞(第46回)〔昭和62年〕

梶井 恵子　かじい・けいこ　太陽工業会長　ガールスカウト日本連盟宮崎県支部長　[没]平成29年(2017)12月9日　79歳〔病気〕　[出]東京都　[歴]太陽工業会長の他、ガールスカウト日本連盟宮崎県支部長、延岡市女性団

体連絡協議会会長、道づくりを考える延岡女性の会会長など歴任し、女性活動のリーダーとして活躍した。

香椎 羊雪 かしい・ようせつ 小説家 近畿大学九州工学部教授 [専]英語学, 聖書社会学 [没]平成27年(2015)7月16日 80歳 [生]昭和9年(1934)10月22日 [出]広島県福山市 [名]本名＝木原範恭(きはら・のりやす) [学]北九州大学外国語学部米英科〔昭和33年〕卒, 九州大学大学院文学研究科宗教社会学専攻〔昭和35年〕修士課程修了, イオンド大学大学院社会科学〔平成13年〕博士課程修了 文学博士〔平成13年〕 [歴]近畿大学教授を経て、シャローム聖書文化研究所所長。著書に「無音の世界のうた」「夜光虫のうた」「黒パンのうた」「落第日記」「親不孝通りの青春」「白梅の花の咲く頃」「サフランの花の咲く頃」「一杯のコーヒーから」「原爆ドーム論文編I」「原爆ドーム論文編II」「原爆ドーム論文編III」「英作文法の要点」「人・コトバ・文化」、訳書に「助け主」「バイブルの翻訳とそののぞましい文体」「聖書の社会学〈1～3〉」、編集写真詩集に「芝生の花花のうた」、編集雑誌に日本人類言語学会編「人と言語と文化〈I～III〉」「筑豊の灯」、小説集に「原爆ドーム」などがある。「但馬文学」「文芸長良」同人。 [賞]Presidential Seal of Honor (American Biographical Institute), The Da Vinci Diamond (International Biographical Center, Cambridge, England), The Hall of FAME (I.B.C.), 日本精神文化学会文学賞「『原爆ドームシリーズ』に対して, 含『韓国人被爆者』」 [資]社会学・英語学教授適格(文部省) [団]日本宗教学会, 日本人類言語学会, サイコアナリティカル英文学会, 日本精神文化学会, 東方学会, 日本ロレンス協会, 日本ペンクラブ, Asian Research Service, 日本文芸家協会

梶岡 和男 かじおか・かずお プロ野球選手 [没]平成29年(2017)4月22日 85歳〔老衰〕 [生]昭和6年(1931) [出]香川県 [学]坂出工 [歴]昭和24年坂出工から南海(現・ソフトバンク)に入団。外野手としてプレーした。

梶田 和男 かじた・かずお 能美防災専務 [没]平成27年(2015)8月19日 67歳〔肺がん〕 [生]昭和22年(1947)9月26日 [出]北海道 [学]工学院大学工学部〔昭和45年〕卒 [歴]昭和45年能美防災に入社。平成12年取締役、20年常務を経て、24年専務。

梶田 金志 かじた・きんし 読売新聞社長室次長・資材部長 [没]平成27年(2015)9月23日 81歳〔膀胱がん〕 [生]昭和9年(1934)5月9日 [出]愛知県 [学]東北大学文学部卒 [歴]昭和34年読売新聞社に入社。61年編集局地方部長、63年管財局次長を経て、平成5年社長室次長兼資材部長。

梶田 正巳 かじた・まさみ 名古屋大学名誉教授 [専]教育心理学, 異文化間教育学 [没]平成28年(2016)1月29日 74歳〔病気〕 [生]昭和16年(1941)2月26日 [出]愛知県春日井市 [学]名古屋大学教育学部卒, 名古屋大学大学院教育研究科教育学・教育心理専攻博士課程修了 教育学博士 [歴]大阪市立大学助手、名古屋大学助教授を経て、昭和63年教授。平成10年学部長。のち中部大学教授、椙山女学園大学教授兼理事、愛知教育大学理事などを歴任。この間、同年日本教師学学会を設立、会長に就任。文部省海外子女教育専門官も務めた。著書に「ボストンの小学校」「授業を支える学習指導論」「異文化に育つ日本の子ども」「勉強力をつける」「勉強力をみがく」「学びの教育文化誌」などがある。 [賞]日本教育心理学会城戸奨励賞(第8回)〔昭和47年〕「弁別移行学習における媒介過程の実験的研究」 [団]日本心理学会, 日本教育心理学会

梶谷 昭伸 かじたに・あきのぶ 愛媛県農業協同組合中央会会長 [没]平成27年(2015)9月27日 73歳〔病気〕 [出]愛媛県大洲市 [歴]平成18年JA愛媛たいき組合長となり、22年愛媛県農業協同組合中央会副会長、25年会長に就任。27年8月病気療養のため辞任、9月に亡くなった。

樫林 巌 かしばやし・いわお 北海道議(社会党) [没]平成27年(2015)9月16日 89歳〔肺がん〕 [生]大正15年(1926)4月28日 [出]北海道室蘭市 [学]本輪西高小卒 [歴]国鉄職員、国労室蘭支部委員長を経て、昭和54年より室蘭市選出の北海道議に4選。平成7年引退。民主党発足後の9年、再建された社民党北海道連代表となり、16年まで務めた。 [賞]勲五等双光旭日章〔平成11年〕

加島 祥造 かじま・しょうぞう 詩人 作家 画家 翻訳家 横浜国立大学教育学部教授 [専]アメリカ文学, 老, 黒彩画 [没]平成27年(2015)12月25日 92歳〔老衰〕 [生]大正12年(1923)1月12日 [出]東京市神田区(東京都千代田区) [名]本名＝加嶋祥造, 筆名＝一ノ瀬直二(いちのせ・なおじ), 久良岐基一(くらき・きいち) [学]早稲田大学文学部英文学科〔昭和21年〕卒, カリフォルニア大学(米国)クレアモント大学院〔昭和29年〕修了 [歴]生家は東京・神田松枝町の絹物問屋で、13人きょうだいの10番目として生まれる。府立第三商業の同級生には詩人の田村隆一や北村太郎らがいた。早稲田大学に進むも学徒動員で陸軍に入隊。戦後は田村、北村らの詩誌「荒地」に参加。昭和30年信州大学、42年横浜国立大学教授を経て、61年青山学院女子短期大学教授となり、英米文学を講じる傍ら、ウィリアム・フォークナーやマーク・トウェインらの作品を翻訳した。平成3年長野県の伊那谷に移住。老子に傾倒し、老子の思想を現代自由詩で表した「タオ・ヒア・ナウ」などを出版。19年に出版した詩集「求めない」は平易な言葉で現代の競争社会に警鐘を鳴らし、40万部を超えるベストセラーとなった。他の著書に「タオ―老子」「タオにつながる」「伊那谷の老子」「タオと谷の思索」「いまを生きる」「フォークナーの町にて」「アメリカン・ユーモアの話」「英語辞書の話」「老子までの道」「最後のロマン主義者」、訳書にマーク・トウェイン「ハックルベリー・フィンの冒険」、詩集に「晩晴」「放曠」、「潮の庭から」(新川和江との共著)などがある。 [賞]丸山豊記念現代詩賞(第3回)〔平成6年〕「潮の庭から」, 日本翻訳出版文化賞特別賞(第30回)〔平成6年〕「ブルーワー英語故事成語大辞典」 [団]日本文芸家協会

鹿島 愛彦 かしま・なるひこ 愛媛大学名誉教授 [専]層位・古生物学, 防災地質学, 洞穴学 [没]平成27年(2015)8月3日 80歳 [生]昭和10年(1935)2月19日 [出]愛媛県松山市 [学]愛媛大学教育学部中等教育学科〔昭和32年〕卒 理学博士(九州大学)〔昭和44年〕 [歴]昭和39年愛媛大学助手、46年助教授を経て、54年教授。平成12年定年退官。共著に「洞窟学入門」「愛媛の自然をたずねて」「石鎚山系自然観察入門」などがある。

か

㊥愛媛出版文化賞〔平成2年〕 ㊗日本地質学会, 日本古生物学会, 日本洞窟学会, 日本洞穴学研究所

香島 春男 かしま・はるお
⇒琴若 央雄(ことわか・ちかお)を見よ

樫村 重貞 かしむら・しげさだ ラジオ福島専務 ㊣平成28年(2016)3月4日 77歳〔肺臓癌〕 ㊗ラジオ福島の総務局長, 常務, 専務, 監査役を歴任した。

樫村 千秋 かしむら・ちあき 日立市長 ㊣平成28年(2016)11月8日 72歳 ㊍昭和19年(1944)1月17日 ㊧茨城県 ㊨関東学院大学経済学部卒 ㊗昭和41年茨城県庁に入る。秘書課長, 知事公室長を経て, 平成11年より日立市長に3選。23年引退。 ㊞日立市名誉市民〔平成28年〕

梶本 正 かじもと・ただし 兵庫県議(自民党) ㊣平成27年(2015)4月12日 91歳〔老衰〕 ㊍大正13年(1924)2月25日 ㊧兵庫県尼崎市 ㊨浪商〔昭和16年〕卒 ㊗昭和30年から尼崎市議に2選。46年から兵庫県議に8選。平成2年議長。15年落選。 ㊞藍綬褒章〔昭和60年〕, 旭日中綬章〔平成16年〕

梶本 尚靖 かじもと・なおやす KAJIMOTO会長 ㊣平成28年(2016)5月1日 95歳〔老衰〕 ㊍大正10年(1921)3月30日 ㊧大阪府泉南市 ㊗復員後, 野口音楽事務所を経て, 昭和26年大阪に梶本音楽事務所(現・KAJIMOTO)を設立。37年東京に進出。クラシック音楽家のマネジメントや公演の企画にあたり, ホロヴィッツやカラヤンなど多くの一流音楽家を日本に招聘。当時, 日本ではまだ未開拓に近い状態だった音楽マネジメントを本格的に手がける草分け的存在の1人だった。平成3年日本音楽マネージャー協会理事長に就任。 ㊞フランス国家功労勲章シュバリエ章〔昭和55年〕, 飛騨古川音楽大賞特別賞(第4回)〔平成4年〕, 日本音楽マネージャー協会賞 ㊊長男=梶本真秀(KAJIMOTO社長)

梶山 俊夫 かじやま・としお 絵本画家 ㊣平成27年(2015)6月16日 79歳〔肺炎〕 ㊍昭和10年(1935)7月24日 ㊧東京都 ㊨本名=梶山俊男(かじやま・としお) ㊤武蔵野美術大学中退, 日本大学芸術学部卒 ㊗在学中から博報堂に勤務。洋画家として読売アンデパンダン展などで活躍, パリにも1年滞在した。昭和39年帰国後, 絵本を描き始め, 独特の画風で多くの作品を発表。48年「かぜのおまつり」, 平成9年「みんなであそぶ わらべうた」でブラチスラバ国際絵本原画展金のりんご賞を受けた他,「いちにちにへんとおるバス」で講談社出版文化賞,「あほろくの川だいこ」で小学館児童出版文化賞,「こんこんさまにさしあげそうろう」で絵本にっぽん大賞などを受賞。 ㊞日宣美展(第9回)〔昭和34年〕「ムギと王さま」, シェル美術賞〔昭和37年〕, 日宣美展(第11回)〔昭和36年〕「詩とジャズのためのレコードアルバム試作No.1, No.2, No.3」, 児童福祉文化賞奨励賞(第14回, 昭和46年度)「いちにちにへんとおるバス」, 講談社出版文化賞(第4回)〔昭和48年〕「いちにちにへんとおるバス」, ブラチスラバ国際絵本原画展金のりんご賞〔昭和48年・平成9年〕「かぜのおまつり」「みんなであそぶ わらべうた」, 小学館

児童出版文化賞(第23回, 昭和49年度)「あほろくの川だいこ」, 絵本にっぽん大賞(第5回)〔昭和57年〕「こんこんさまにさしあげそうろう」, 市川市民文化賞奨励賞(第2回)〔平成10年〕, 日本児童文芸家協会児童文化功労賞(第46回)〔平成19年〕 ㊗国際児童図書評議会, 日本児童出版美術家連盟

柏崎 驍二 かしわざき・きょうじ 歌人 岩手県歌人クラブ会長 ㊣平成28年(2016)4月15日 74歳〔白血病〕 ㊍昭和16年(1941)5月24日 ㊧岩手県気仙郡三陸町(大船渡市) ㊨岩手大学芸学部卒 ㊗大学在学中の昭和36年, コスモス短歌会に入会。39年短歌誌「コスモス」より第1回桐の花賞(新人賞)を受賞。国語教師として盛岡一高などに勤めながら作歌し, 54年コスモス賞を受賞。58年第一歌集「読書少年」を出版。風土に根ざした歌を詠み続け,「コスモス」や朝日新聞岩手版の歌壇選者も務めた。平成22～25年岩手県歌人クラブ会長。他の歌集に「青北」「四月の鷲」「四十雀日記」「百たびの雪」「北窓集」などがある。 ㊞桐の花賞(第1回)〔昭和39年〕, コスモス賞〔昭和54年〕, 詩歌文学館賞(短歌部門, 第26回)〔平成23年〕「百たびの雪」, 短歌研究賞(第47回)〔平成23年〕「息」, 斎藤茂吉短歌文学賞(第27回)〔平成28年〕「北窓集」

梶原 しげよ かじわら・しげよ 詩人 ㊣平成27年(2015)11月8日 95歳 ㊍大正9年(1920)4月23日 ㊧宮城県本吉郡唐桑村宿(気仙沼市) ㊨気仙沼実科高女 ㊗宮城県気仙沼市の早馬神社に9人きょうだい(2男7女)の末っ子として生まれる。気仙沼実科高等女学校在学中から短歌や詩を書き始める。卒業後は小学校や中学校で教え, 昭和28年フランス文学者の高村智と結婚して首都圏に移る。34年書肆ユリイカから第一詩集「生と死のうた」を出版。以来, 半世紀以上にわたって一貫して生と死をテーマに詩作を続けた。他の詩集に「連禱船」「鎮魂歌」「樹木」「消えてゆく森について」「流れのなかで」「残照」「ある場所から」「海」「再会」「いのち 何かとともに」などがある。 ㊊夫=高村智(東京都立大学人文学部教授)

梶原 拓 かじわら・たく 岐阜県知事 ㊣平成29年(2017)8月29日 83歳〔肺炎〕 ㊍昭和8年(1933)11月14日 ㊧岐阜県岐阜市 ㊨本名=梶原拓(かじわら・ひろむ), 筆名=かじのたく ㊤岐阜高〔昭和27年〕卒, 京都大学法学部〔昭和31年〕卒 ㊗昭和31年建設省(現・国土交通省)に入省。52年岐阜県企画部長に出向, 54年建設省道路局道路総務課長, 56年官房会計課長, 57年道路局次長, 59年都市局長を経て, 60年岐阜県副知事に就任。平成元年から知事に4選。17年引退。18年市民主役の社会作りに向け, 市民社会創造財団を設立。デジタル・ミュージアム推進協議会会長, 全国情報通信基盤等整備促進協議会会長, 社会資本整備推進地方連合座長, 全国知事会情報化推進対策特別委員会委員長なども歴任した。知事在任中は"夢おこし県政"を標榜して気配りと先取りを意識した施策を展開。東海北陸自動車道, 東海環状自動車道などの高速道路網の整備を進める一方, 情報技術(IT)関連産業の集積を図って大垣市に「ソフトピアジャパン」を, ロボット産業の発展を目指して各務原市に「テクノプラザ」を設けた。また, 健康づくりや施策や花いっぱい運動など独自の施策も打ち出した。岐阜市の「サラマンカホール」, 高山市の「飛騨・世界生活文化センター」,

か

多治見市の「セラミックパークMINO」など各地に拠点施設を設置し、建築について賛否が分かれた「長良川河口堰」や揖斐川町の「徳山ダム」なども推進したが、大規模な公共施設の相次ぐ建設には“ハコモノ行政”との批判もあった。15年全国知事会会長に就任すると“闘う知事会”を標榜して地方分権を声高に訴え、権限や税源を地方に移すよう求めて国と対峙。“元祖改革派知事”とも呼ばれた。引退後、4年度から12年間にわたる県の裏金問題が発覚、外部調査で約17億円の裏金が認定されたが、在職中の関与を否定した。著書に「道路情報学」「都市情報学」「THE地域活性化大学」「国土情報学」「自治体職員のための地域情報学」などがある。　[賞]旭日大綬章〔平成18年〕，ベストドレッサー賞（第23回）〔平成6年〕，日経BPW連合会ベストメン賞〔平成9年〕，ハイビジョンアウォード特別功績者への郵政大臣賞（第10回）〔平成10年〕，マルチメディアグランプリ2000特別賞〔平成12年〕，岐阜新聞大賞〔平成17年〕

か

梶原 忠郎　かじわら・ちゅうろう　秋田南高校長　秋田県吹奏楽連盟会長　[没]平成28年（2016）3月18日　89歳〔出血性脳梗塞〕　[生]大正15年（1926）7月9日　[出]秋田県秋田市　[学]秋田師範〔昭和24年〕卒，東北大学文学部英語英文学科〔昭和27年〕卒，東京大学大学院文学部英語英文学科〔昭和28年〕修了　[歴]昭和38年秋田高教諭、51年同教頭、55年秋田県教育庁文化課長などを経て、58年から4年間、秋田南高校長。秋田県吹奏楽連盟会長などを歴任した。註解にポー「アッシャー家の崩壊」がある。　[賞]秋田県高野連理事表彰〔昭和55年〕

梶原 常可　かじわら・つねよし　三菱銀行取締役　[没]平成29年（2017）1月15日　82歳〔病気〕　[生]昭和9年（1934）11月28日　[出]福岡県　[学]東京大学法学部〔昭和33年〕卒　[歴]昭和33年三菱銀行（現・三菱東京UFJ銀行）に入行。小松川支店長、国際本部国際部副部長、同本部国際金融部副部長兼同本部国際金融法人部長、ロサンゼルス支店長を経て、61年ロンドン支店長。62年取締役に就任。

春日 三郎　かすが・さぶろう　三菱金属副社長　日本シリコン会長　[没]平成28年（2016）1月16日　92歳〔心不全〕　[生]大正12年（1923）1月22日　[出]福井県　[学]京都帝国大学理学部〔昭和19年〕卒　[歴]昭和19年三菱金属（現・三菱マテリアル）に入社。47年取締役、53年常務、54年専務、56年副社長、59年顧問。60年日本シリコン社長、平成2年会長。

春日 千春　かすが・ちはる　テレビプロデューサー　大映テレビ取締役　[没]平成28年（2016）10月16日　82歳〔肺炎〕　[生]昭和9年（1934）　[出]長野県上伊那郡高遠町（伊那市）　[学]早稲田大学卒　[歴]在学中に文化映画研究所を設立、教育映画を手がける。昭和36年日本ビデオを設立、教育映画やドキュメンタリーを製作。38年大映テレビ室とプロデューサー契約、「捜査検事」「狼のうた」（TBS）などを製作。46年大映テレビの設立に参加。山口百恵主演の〈赤い〉シリーズや、人気ドラマ「おくさまは18歳」「スクール☆ウォーズ」（TBS）などを手がけた。他のプロデュース作品に「白い牙」（日本テレビ）、「二人の事件簿」（ABC）、「まごころ」「噂の刑事トミーとマツ」「乳姉妹」（TBS）、「ヤヌスの鏡」（フジテレビ）など。　[賞]ATP賞個人賞（第2回）〔昭和60年〕

春日 とよ恵　かすが・とよえ　小唄演奏家　小唄春日会理事　名古屋邦楽協会常任理事　[没]平成28年（2016）6月22日　85歳　[名]本名＝石上美恵子（いしがみ・みえこ）　[歴]名古屋放送合唱団でソプラノ歌手として活躍後、小唄演奏家に転身。和洋の音楽に通じ、精密な小唄のオリジナル三味線譜を考案。流派を超えた名古屋小唄界のテーマ曲である「宮の熱田」制作に際して音頭を取った。平成4年には小唄功労者として小唄顕彰会から表彰された。

春日井 茂　かすがい・しげる　釧路新聞社長　[没]平成27年（2015）9月18日　63歳〔事故死〕　[生]昭和26年（1951）9月19日　[出]北海道帯広市　[学]北海道大学経済学部卒　[歴]昭和50年東京国税局に入局。札幌国税局を退職後、平成12年釧路新聞社顧問に転じ、副社長を経て、15年社長に就任。在任中の27年、出張先の沖縄県でシュノーケリング中の事故により急逝した。

春日井 達造　かすがい・たつぞう　医師　愛知県がんセンター病院長　[専]消化器病，消化器癌，消化器内視鏡学，消化器集団検診　[没]平成27年（2015）10月25日　95歳〔肺炎〕　[生]大正9年（1920）8月24日　[出]岐阜県恵那郡山岡町（恵那市）　[学]金沢医科大学〔昭和20年〕卒　医学博士（名古屋大学）〔昭和34年〕　[歴]名古屋大学医学部第二内科助手、講師を経て、昭和39年愛知県がんセンター内科第一部長、50年副院長兼内科第一部長、60年病院長。61年名誉病院長。　[賞]日本対がん協会賞〔昭和63年〕「胃・大腸同時検診方式を推進」　[資]消化器内視鏡認定医・指導医，消化器集検認定医・指導医，臨床細胞診指導医　[団]消化器内視鏡学会，消化器集団検診学会，消化器病学会，癌学会，癌治療学会，米国消化器内視鏡学会（ASGE），国際細胞学会

春日富士 晃大　かすがふじ・あきひろ　力士（幕内）　日本相撲協会理事　[没]平成29年（2017）3月9日　51歳　[生]昭和41年（1966）2月20日　[出]宮城県牡鹿郡牡鹿町（石巻市）　[名]本名＝岩永祥紀（いわなが・しょうき），年寄名＝春日山由晃（かすがやま・あきひろ），雷（いかずち）　[歴]昭和56年春初土俵、63年初場所で新十両、平成元年春場所新入幕。幕内を通算42場所務めたが、8年秋場所中に引退。最高位は前頭筆頭。生涯成績は518勝542敗5休（幕内通算273勝312敗）。敢闘賞1回。年寄春日山を襲名し、9年安治川部屋から独立して春日山部屋を再興。24年日本相撲協会理事に初当選。部屋の経営から退き、名跡を雷に変更して協会の職務に専念。9月退職。退職後、部屋を譲った元幕内浜錦の高浜竜郎から年寄名跡証書引き渡しを求めて訴訟を起こされたが、28年8月一審判決で高浜が証書を所有するためには約1億7000万円を支払うよう命じられ、高浜側が控訴。29年1月の高浜の協会退職を受け、2月年寄名跡証書を所持したまま和解した。3月51歳で亡くなった。

粕谷 佳允　かすや・よしまさ　JCU会長・CEO　[没]平成28年（2016）2月13日　75歳〔敗血症〕　[生]昭和15年（1940）4月1日　[出]東京都　[学]慶応義塾大学経済学部〔昭和38年〕卒　[歴]昭和38年荏原製作所（現・荏原）に

入社。平成4年取締役、10年荏原ユージライト社長。17年東証第2部に上場、19年東証第1部に指定替え。22年JCUに社名変更。同年会長兼CEO（最高経営責任者）。

加瀬 邦彦 かせ・くにひこ　ミュージシャン　作曲家　音楽プロデューサー　加瀬邦彦音楽事務所主宰　エイティスリー代表取締役　[没]平成27年（2015）4月21日　74歳〔自殺〕　[生]昭和16年（1941）3月6日　[出]東京都大田区北千束　[名]グループ名＝ザ・ワイルドワンズ，スパイダース，寺内タケシとブルージーンズ　[学]慶応高卒，慶応義塾大学法学部〔昭和43年〕卒　[歴]昭和32年慶応高校1年の時に、慶応義塾大学2年に在学していた加山雄三と出会う。以来、加山を兄のように慕い、サーフィン、ヨット、ウクレレ、ギターなどを教わった。36年慶大法学部に進み、初めてのバンド、ザ・トップビーツを結成。その後、従兄の知人であった堀威夫が創業したホリプロに入り、清野太郎、かまやつひろしらとキャノンボールを結成するも、間もなく清野が渡米したためにバンドは解散。38年社長命令によりかまやつとスパイダースに加入するが、3ケ月後には寺内タケシとブルージーンズに転身した。41年雑誌「平凡パンチ」での募集やバンド仲間からの紹介により鳥塚繁樹（ギター）、島英二（ベース）、植田芳暁（ドラムス）とザ・ワイルドワンズを結成（命名は兄貴分の加山による）、リーダーとリードボーカルに加え、サウンドの要となる12弦ギターを担当。41年デビュー曲「想い出の渚」が大ヒット、続けて「夕陽と共に」「青空のある限り」「愛するアニタ」と立て続けにヒットを放つ。43年5番目のメンバーとして渡辺茂樹（キーボード）が加入。グループ・サウンズ（GS）ブームが下火となった46年に解散したが、56年最後のウエスタンカーニバルのために渡辺を除く4人で再結成。以後は全国各地で毎年100本以上のコンサートを続けた。平成18年ワイルドワンズ結成40周年記念コンサートを、初の日本武道館で開催。20年加山と初の合同ツアー「湘南 海物語 オヤジ達の伝説」を開催。22年GSブーム時代にワイルドワンズと人気を分けたザ・タイガースのジュリーこと沢田研二と“ジュリー with ザ・ワイルドワンズ”を結成し、シングル「渚でシャララ」をリリース。一方、作曲家としては、沢田のプロデューサーとして「許されない愛」「あなたへの愛」「危険なふたり」「胸いっぱいの悲しみ」「恋は邪魔もの」など初期のヒット曲を書き、中でも糸井重里が作詞を手がけた昭和55年の「TOKIO」は折からのテクノポップブームもあり、話題を呼んだ。他の作品に小柳ルミ子「冬の駅」「黄昏の街」、アン・ルイス「女はそれを我慢できない」、竹内まりや「アップルパップルプリンセス」などがある。東京・銀座でライブハウス（ケネディハウス）のオーナーを務め、加山雄三＆ハイパーランチャーズのプロデューサーとしても活躍した。　[賞]日本歌謡大賞〔昭和49年〕「危険なふたり」　[師]師＝加山雄三

加田 純一 かだ・じゅんいち　経済評論家　読売新聞東京本社論説委員長・役員待遇　[没]平成28年（2016）11月15日　94歳〔甲状腺機能低下症〕　[生]大正11年（1922）1月3日　[出]神奈川県　[学]慶應義塾大学経済学部経済学科〔昭和22年〕卒　[歴]社会学者・加田哲二の長男。読売新聞論説委員長を経て、昭和53年国民生活センター監事、54年理事。60年退任。平成4〜12年日本中央競馬会審査委員。　[家]父＝加田哲二（社会学者）

片岡 篤信 かたおか・あつのぶ　彫刻家　[没]平成29年（2017）5月6日　64歳〔転移性肺がん〕　[出]高知県吾川郡仁淀川町　[歴]彫刻家で、平成22年高知県展無鑑査となる。高知ろう学校教諭を務めた。

片岡 勲 かたおか・いさお　北海道アイスホッケー連盟会長　[没]平成27年（2015）12月9日　79歳〔肺がん〕　[出]北海道札幌市　[学]北海高卒，中央大学　[歴]北海高、中央大でアイスホッケー選手としてプレーしたが、大学途中から関東の大学リーグの運営に携わる。その経験を買われ、昭和47年札幌五輪で大会役員を務めた他、61年札幌で開催された第1回冬季アジア大会のアイスホッケー競技部長、平成10年長野五輪のアイスホッケー競技委員長を務めるなど、数々の国際大会に裏方として関わる。13年には国際アイスホッケー連盟が競技の普及・振興などに尽力した功績者に贈るポールロイック賞を日本人で初めて受賞した。日本アイスホッケー連盟副会長、22年北海道アイスホッケー連盟会長を歴任。　[賞]ポールロイック賞〔平成13年〕

片岡 了 かたおか・おさむ　大谷大学名誉教授　[専]国文学，中世仏教文学　[没]平成27年（2015）1月12日　79歳〔虚血性心疾患〕　[生]昭和10年（1935）6月19日　[出]北海道　[学]大谷大学文学部卒，大谷大学大学院〔昭和39年〕博士課程中退　[歴]大谷大学教授、高野山大学教授を務めた。著書に「大谷大学本節用集研究並びに総合索引」「沙石集の構造」がある。

片岡 真太郎 かたおか・しんたろう　洋画家　多摩美術大学美術学部教授　[没]平成28年（2016）11月1日　90歳〔鬱血性心不全〕　[生]大正15年（1926）3月23日　[出]大阪府大阪市船場　[名]本名＝片岡秀雄（かたおか・ひでお）　[学]関西学院大学経済学部〔昭和27年〕卒　[歴]昭和23年第2回行動展に初入選。35年からフランス・クリチック賞展、丸善芸術賞展、現代絵画の動向展などに招待・選抜・出品後、45年欧米に外遊し、サロン・ドートンヌに以後3回出品。46年多摩美術大学助教授、52〜63年教授。また、51年立軌会会員となり、以後毎年出品。52年にはパリ、アテネ、ジュネーブなどの海外展にも出品。また、週刊誌「朝日ジャーナル」に連載された高橋和巳の小説「邪宗門」の挿絵なども手がけた。　[賞]紺綬褒章〔平成19年〕，講談社出版文化賞（第5回）〔昭和49年〕，ル・サロン優秀賞〔昭和51年〕，兵庫県文化賞〔平成15年〕，シェル美術賞展佳作賞（第3回）〔昭和34年〕，オンフルール市「海」展グランプリ〔昭和54年〕　[団]サロン・ドートンヌ，立軌会，日本美術家連盟　[師]師＝鈴木信太郎，牛島憲之

片岡 忠 かたおか・ただし　高知県視力障害者の生活と権利を守る会会長　[没]平成29年（2017）4月16日　72歳〔心不全〕　[出]高知県高岡郡佐川町　[歴]昭和56年〜平成3年、7〜25年高知県視力障害者の生活と権利を守る会会長。当事者の立場から視覚障害者の就労促進や点字ブロックの設置拡大などに努めた。

片岡 俊夫 かたおか・としお　NHK理事　放送衛星システム社長　[没]平成29年（2017）12月19日　89歳　[生]昭和3年（1928）4月29日　[出]東京　[学]中央大学法科卒　[歴]昭和26年NHK入局。経営企画室主管、経営総務室

長を経て、58年総合企画室局長、59年非常勤理事。62年退職。のち放送文化基金監事となり、平成元年専務理事。NHK交響楽団理事も務めた。5年衛星放送（BS-4）を調達するための新会社、放送衛星システムが設立され、社長に就任。著書に「放送概論」など。

片岡 了　かたおか・りょう　三菱重工業取締役　[没]平成27年（2015）11月4日　78歳〔肺がん〕　[出]長崎県島原市　[歴]平成2〜5年三菱重工業長崎造船所副所長、13〜19年長崎商工会議所副会頭を務めた。

堅田 剛　かただ・たけし　独協大学法学部教授　[専]法思想史, 法哲学　[没]平成27年（2015）2月27日　65歳〔病気〕　[生]昭和25年（1950）1月27日　[出]栃木県宇都宮市　[学]上智大学法学部〔昭和50年〕卒, 明治大学大学院法学研究科〔昭和55年〕博士課程修了　法学博士（明治大学）〔平成4年〕　[歴]著書に「法の詩学―グリムの世界」「歴史法学研究―歴史と法と言語のトリアーデ」「独逸学協会と明治法制」「明治憲法の起草過程―グナイストからロェスラーへ」、訳書にニスベット「歴史とメタファー」、グリム「法の内なるポエジー」などがある。[賞]ヨゼフ・ロゲンドルフ賞（第2回）〔昭和61年〕「法の詩学―グリムの世界」, 吉野作造生誕130年没後75年記念最優秀論文賞〔平成20年〕　[団]社会思想史学会, 日本法哲学会, 比較法史学会, 法制史学会, 法文化学会

片野 茂　かたの・しげる　ミツウロコ常務　神奈川ミツウロコ社長　[没]平成28年（2016）1月23日　76歳〔肺炎〕　[生]昭和14年（1939）5月8日　[出]茨城県　[学]茨城高〔昭和33年〕卒　[歴]昭和33年栃木三鱗（のちミツウロコ, 現・ミツウロコグループホールディングス）に入社。多摩支店長、埼玉支店長を経て、61年取締役、平成3年常務。11年神奈川ミツウロコ社長。

片野 達郎　かたの・たつろう　東北大学名誉教授　[専]日本文芸学　[没]平成27年（2015）5月11日　87歳〔肺炎〕　[生]昭和2年（1927）6月23日　[出]神奈川県鎌倉市小町　[学]東北大学文学部国文学科〔昭和29年〕卒, 東北大学大学院文学研究科日本文・日本美術学専攻〔昭和34年〕博士課程修了　文学博士〔昭和50年〕　[歴]東北大学助手、講師、助教授を経て、昭和38年教授。いわき明星大学教授、仙台市史刊行委員会委員長、山形県上山市の斎藤茂吉記念館館長なども務めた。著書に「日本文芸と絵画の相関性の研究」「斎藤茂吉のヴァン・ゴッホ」「日本文芸論藪」などがある。　[団]和歌文学会, 中世文学会, 日本文芸研究会

片平 巧　かたひら・たくみ　オートレーサー　[没]平成27年（2015）5月20日　49歳　[生]昭和40年（1965）6月14日　[出]埼玉県川口市　[歴]日動振19期生。昭和60年船橋所属でデビュー。平成2年、5年、6年日本選手権に優勝。6年史上初の年間獲得賞金1億円を突破。8年、13年全日本選抜に優勝。同年オールスター2連覇。9年7月東西チャンピオンカップ優勝、初代王者となる。10年6月特別制覇のグランドスラムを達成。12年キューポラ杯優勝。この他、スーパースター王座決定戦5勝、グランプリ2勝とSG通算15勝。G1優勝は16回、優勝通算は80回。通算成績は3709戦1137勝で、MVP3回、賞金王2回。27年49歳で急逝した。

形見 重男　かたみ・しげお　医師　香川県医師会会長　[没]平成27年（2015）4月9日　88歳〔慢性腎不全〕　[生]大正15年（1926）6月28日　[出]香川県高松市丸亀町　[学]岡山医科大学医学部〔昭和27年〕卒　[歴]昭和36年形見医院を開業。43年香川県医師会理事、平成6年副会長を経て、8〜16年会長を務めた。　[賞]勲四等瑞宝章〔平成14年〕, 厚生大臣表彰, 香川県知事表彰, 文部大臣表彰

片山 恂　かたやま・じゅん　朝日新聞取締役西部本社代表　大広社長　[没]平成28年（2016）5月30日　86歳〔肺塞栓症〕　[生]昭和5年（1930）3月12日　[出]東京都杉並区西荻窪　[学]松江中〔昭和19年〕卒, 松江高〔昭和24年〕卒, 東京大学法学部〔昭和28年〕卒　[歴]昭和28年朝日新聞社に入社。大阪本社広告局次長、56年5月広告局長、60年社長室長、62年取締役名古屋本社代表、平成元年取締役西部本社代表。3年大広専務に転じ、4年社長に就任。8年取締役相談役に退いた。　[家]父＝片山義雄（弁護士・島根県議）, 母＝片山花子（島根県議）

片山 松造　かたやま・しょうぞう　東洋ゴム工業社長　[没]平成27年（2015）3月26日　82歳〔肝臓がん〕　[生]昭和8年（1933）1月13日　[出]京都府　[学]神戸大学経営学部〔昭和30年〕卒　[歴]昭和30年東洋ゴム工業に入社。54年ドイツトーヨータイヤ社長、60年海外営業本部長、62年取締役、63年常務、平成2年専務、4年副社長を経て、5年社長。14年会長。7〜13年関西経営者協会副会長を務めた。　[賞]藍綬褒章〔平成9年〕, 旭日中綬章〔平成16年〕

片山 俊　かたやま・たかし　大阪大学名誉教授　[専]化学工学　[没]平成27年（2015）2月4日　88歳〔心不全〕　[生]昭和2年（1927）1月5日　[出]岡山県岡山市　[学]京都大学工学部化学機械学科〔昭和25年〕卒, 京都大学大学院特別研究生前期〔昭和28年〕修了　工学博士〔昭和37年〕　[歴]昭和28年金沢大学工学部講師、34年助教授、35年京都大学工学部助教授。38〜39年フルブライト研究員として米国ウィスコンシン大学化学工学科に留学、40年大阪大学基礎工学部教授、61年から同基礎工学部長。　[賞]瑞宝中綬章〔平成17年〕, 化学工学会賞学会賞（平成1年度）「相平衡および物質移動に関する研究」　[団]日本化学会, 化学工学協会

片山 享　かたやま・とおる　甲南女子大学名誉教授　[専]国文学（中世和歌文学）　[没]平成27年（2015）7月14日　85歳〔胃がん〕　[生]昭和4年（1929）10月12日　[出]岡山県井原市　[学]広島大学文学部国語国文学科卒　[歴]甲南女子大学文学部教授、甲南女子中学校高校の校長を務めた。著書に「秋篠月清集とその研究」などがある。　[団]和歌文学会, 中世文学会, 全国大学国語国文学会

片山 裕子　かたやま・ひろこ　釧路新聞社長　[没]平成29年（2017）6月18日　65歳〔子宮がん〕　[生]昭和26年（1951）11月4日　[出]北海道釧路市　[歴]釧路新聞創業者である片山睦三の長女。平成19年釧路新聞取締役入力校正センター長に就任。27年社長、28年会長を務めた。　[家]父＝片山睦三（釧路新聞創業者）

片山 文彦　かたやま・ふみひこ　神官　医師　花園神社名誉宮司　[専]公衆衛生学, 神道学　[没]平成28年（2016）7

月16日　79歳〔脳出血〕　[生]昭和11年(1936)9月18日　[出]東京都新宿区　[学]国学院大学神道研修別科〔昭和31年〕卒, 昭和大学医学部〔昭和41年〕卒, 東京女子医科大学大学院〔昭和46年〕修了　医学博士　[歴]花園神社宮司の他、神社本庁参与、東京女子医科大学、国学院大学各講師も務めた。昭和43年より同神社で市民向け勉強会・神道時事問題研究会を開き、平成20年には40周年を迎え、通算500回を数える。著書に「神社神道と日本人のこころ」「医者にかかる前に読むガン・成人病・エイズの本」などがある。　[団]神道時事問題研究会

片山 正樹　かたやま・まさき　関西学院大学名誉教授　[専]フランス文学, フランス19世紀小説史　[没]平成29年(2017)3月6日　87歳〔心不全〕　[生]昭和4年(1929)3月28日　[出]大阪府枚方市　[学]京都大学文学部フランス文学科〔昭和27年〕卒, 京都大学大学院フランス文学専攻〔昭和30年〕退学　[歴]昭和30年関西学院大学非常勤講師、32年文学部専任講師を経て、44年教授。著書に「AB制でフランス語」、訳書にスーポー「流れのままに」、リットン・ストレイチー「フランス文学道しるべ」などがある。　[団]日本フランス語フランス文学会

片山 幽雪　かたやま・ゆうせつ　能楽師(観世流シテ方)　能楽協会理事長　[没]平成27年(2015)1月13日　84歳〔敗血症〕　[生]昭和5年(1930)8月26日　[出]京都府京都市　[名]本名＝片山博太郎(かたやま・ひろたろう), 前名＝片山九郎右衛門(9代目)(かたやま・くろうえもん)　[学]平安中卒　[歴]能楽師・片山博通(8代目片山九郎右衛門)と京舞の4代目井上八千代(愛子)の長男。父に師事し、昭和11年仕舞「猩々」で初舞台。14年「岩船」で初シテ。23年観世華雪・雅雪父子に師事。38年父の死去に伴い第9代当主となり、京都観世会長、京都能楽養成会教務理事に。40年京都能楽会理事長に就任。同年より日本能楽会会員。60年9代目九郎右衛門を襲名。63年観世流関西探題格片山家当主となる。平成3年能楽協会理事長。14年「関寺小町」を披き、「姨捨」「檜垣」の三老女を完演する。他の代表作に「花筐」「井筒」「翁」「実盛」、仕舞「梅」、新作能「夕鶴」など。“京都薪能”興隆の推進者。質実で細やかな芸風で知られ、現代能楽の実験的演出にも参加、能楽の領域拡大に尽くした。7年日本芸術院会員に選ばれ、母とともに親子会員に。同時期に親子が会員になるのは2組目。13年人間国宝、21年文化功労者に選ばれた。同年観世流26代家元の観世清和から、功績の大きかった者だけが名のれる特別な雅号“雪号”を許され(史上19人目)、芸事総監督ともいえる“老分”という観世流で初めての称号も贈られた。22年1月から片山幽雪を名のり、同時に片山家当主も長男・清司に譲った。　[賞]日本芸術院賞(平成1年度)〔平成2年〕, 文化功労者〔平成21年〕, 紫綬褒章〔平成6年〕, 芸術祭賞優秀賞〔昭和58年・59年〕, 京都府文化賞(功労賞)〔平成3年〕, 京都市文化功労者〔平成8年〕　[資]日本芸術院会員〔平成7年〕, 重要無形文化財保持者(能シテ方)〔平成13年〕　[団]京都観世会, 能楽協会, 日本能楽会　[家]父＝片山博通(8代目九郎右衛門), 母＝井上愛子(4代目八千代), 長女＝井上八千代(5代目), 長男＝片山九郎右衛門(10代目)(能楽師), 弟＝片山慶次郎(能楽師), 杉浦元三郎(能楽師)　[師]師＝片山博通, 観世華雪, 観世雅雪, 観世寿夫

片山 豊　かたやま・ゆたか　米国日産自動車社長　[没]平成27年(2015)2月19日　105歳〔心不全〕　[生]明治42年(1909)9月15日　[出]静岡県周智郡気田村(浜松市)　[名]旧姓・名＝麻生　[学]湘南中卒, 慶応義塾大学経済学部〔昭和10年〕卒　[歴]父は実業家・麻生誠之で、4人きょうだいの2番目(二男)。母は梅渓子爵家の出身。静岡で生まれ、父の仕事の都合で北海道、台湾、埼玉、神奈川を転々とした。新設された湘南中学の第2期生で、友人に洋画家の永島吉太郎がいた。慶応義塾大学経済学部に入ると、昭和4年商船会社の船上アルバイトとして渡米、約1ケ月半の海外生活を体験。少年時代からエンジニアに憧れ、10年日産自動車が車を造るという話を聞いて同社に入社。日産創業者の鮎川義介とは縁戚関係にあった。11年兵役に就き近衛輜重部隊に配属されたが、2週間で現役免除となった。12年結婚して片山姓となる。14～16年満州自動車に転勤。20年東京・自由が丘の自宅で敗戦を迎えた。入社当初は販売課に配属されたが、早くから宣伝・広報の重要性を認識し、29年東京・日比谷で第1回全日本自動車ショウ(現・東京モーターショー)を開催に尽力。33年には豪州ラリーへの参加を企画し、DATSUNで日本初優勝。35年米国赴任を命じられ渡米、すぐに現地法人設立を進言して米国日産副社長、40年社長に就任。米国西部を基盤にセールスの陣頭指揮を執り、ディーラーを大切にした販売網の構築やきめ細やかなサービス、様々なキャンペーンなどで知名度を上げ、日本車輸出のパイオニアとして活躍。特に米国市場向けのスポーツカーとして自らの理想を集約した「フェアレディZ」開発を主導、45年に発売されると米国市場を席巻し“Zの父”と呼ばれる。52年定年を通告され、子会社の日放に入社、会長を務めた。平成10年日本人として4人目の米国自動車殿堂入り。13年日産自動車の子会社でレース用車の設計などを手がけるNISMO(ニスモ)に嘱託として復帰、アドバイザーを務め、8年北米向け、12年国内向けが生産中止となっていた5代目「フェアレディZ」の復帰に携わった。　[家]長男＝片山洋(サッカー選手), 父＝麻生誠之(実業家)

片山 義美　かたやま・よしみ　レーシングドライバー　[没]平成28年(2016)3月26日　75歳　[生]昭和15年(1940)5月15日　[出]兵庫県　[歴]スズキの2輪ロードレース・ライダーとして活躍中に4輪の第2回日本GP(昭和39年)にマツダキャロルでデビュー。数年間両方のレースで活躍した後、43年からは4輪一本となり、東洋工業(現・マツダ)のエースライダーとなる。ロータリークーペで海外レースを経験した後、常勝を誇っていた日産のスカイラインGTRに挑戦するため国内参戦。ロータリーのカペラ、サバンナRX3などでGTRを破り、一躍“ロータリー・エンジンの片山”として知られるようになった。平成3年第一戦を退いた後は、趣味と開発を兼ねてN1耐久レースに出場した。　[家]息子＝片山勝美(整備士)

片寄 和三郎　かたよせ・わさぶろう　関西吹奏楽連盟事務局長　[没]平成28年(2016)12月21日　87歳

勝井 義雄　かつい・よしお　北海道大学名誉教授　[専]岩石学, 火山学　[没]平成27年(2015)10月20日　89歳〔病気〕　[生]大正15年(1926)9月30日　[出]北海道岩見

沢市　[学]北海道大学理学部地質学鉱物学科〔昭和25年〕卒　理学博士（北海道大学）〔昭和35年〕　[歴]北海道大学助手、講師、助教授を経て、昭和47年教授。39年から2年間、チリに滞在して中・南部アンデスの火山を研究。60年コロンビア・ネバドデルルイス火山噴火研究調査団長を務めた。平成2年退官し、札幌学院大学教授。長く北海道の駒ケ岳を観測し、自治体が作成した国内初の火山ハザードマップである駒ケ岳の「火山噴火防災計画書」（昭和58年）の作成に尽力した。平成11年爺爺岳専門家交流訪問団長として、北方四島、国後島の活火山・爺爺岳の日ロ共同調査にあたった。昭和55〜57年日本火山学会会長などを歴任。　[賞]瑞宝中綬章〔平成19年〕，日本地質学会研究奨励賞〔昭和31年〕「摩周火山の研究」，北海道科学技術賞〔平成2年〕，国土庁長官表彰〔平成3年〕，北海道功労賞〔平成10年〕　[団]日本火山学会，日本地質学会，日本岩石鉱物鉱床学会

勝木 郁郎　かつき・いくお　勝木石油社長　[没]平成27年（2015）2月2日　91歳〔老衰〕　[生]大正12年（1923）9月22日　[出]北海道空知郡奈井江町　[学]巣鴨高商（現・千葉商科大学）〔昭和17年〕卒　[歴]昭和20年家業に従事。27年勝木石油（現・北海道エネルギー）を設立、専務。44年〜平成7年社長。札幌商工会議所副会頭、在札幌タイ名誉領事なども務めた。　[賞]藍綬褒章〔昭和59年〕，勲五等双光旭日章〔平成5年〕

香月 恭夫　かつき・ゆきお　宮崎銀行常務　[没]平成27年（2015）3月18日　78歳〔パーキンソン病〕　[生]昭和11年（1936）12月21日　[出]宮崎県宮崎郡佐土原町（宮崎市）　[学]宮崎大宮高〔昭和30年〕卒　[歴]昭和30年日向興業銀行（現・宮崎銀行）に入行。東京支店次長、福岡支店長などを経て、平成2年取締役、8年常務。10年宮銀ビジネスサービス社長。11年退任。同年民間から初めて県監査委員に就任した。

勝喜代　かつきよ　芸妓　[没]平成28年（2016）1月21日　88歳〔心不全〕　[出]京都府京都市　[名]本名＝竹端満枝（たけばた・みつえ）　[歴]母は京都五花街の一つ・上七軒の芸妓で、幼い頃から三味線を習い、16歳で自身も芸妓となる。昭和27年第1回北野をどりで舞踊劇で牛車を曳く童役を務めて以来、長年にわたって出演。平成元年に一旦引退したが、のちに復帰。25年北野をどりの「雲のかけ橋」で天狗役を務めたのが最後の舞台となったが、最晩年まで座敷に上がって現役を貫いた。

月光 善弘　がっこう・よしひろ　僧侶（真言宗智山派）　山形女子短期大学名誉教授　[専]山岳宗教史　[没]平成27年（2015）1月27日　94歳〔老衰〕　[生]大正9年（1920）5月19日　[出]山形県寒河江市　[学]東北大学大学院実践哲学科博士課程修了　文学博士　[歴]山形県寒河江市の洞光寺第25世住職。東北大学東北文化研究室員などを経て、山形女子短期大学教授。大学在学中から山岳修験と霊山の研究に取り組んだ。著書に「東北の一山組織の研究」、編著書に「東北霊山と修験道」がある。　[賞]勲四等瑞宝章〔平成12年〕，斎藤茂吉文化賞〔平成15年〕

葛西 和久　かっさい・かずひさ　ヨット指導者　香川県ヨット連盟理事長　シニアライフアシスト社長　[没]平成27年（2015）1月13日　54歳　[歴]昭和61年から香川県のヨットの国体監督を務め、平成5年の東四国国体で香川県勢初の総合優勝を果たす。10〜11年には成年女子を2年連続の総合優勝に導いた。　[賞]四国新聞スポーツ功労賞〔平成12年〕

葛西 健蔵　かっさい・けんぞう　アップリカ葛西創業者　手塚プロダクション取締役相談役　[没]平成29年（2017）10月21日　91歳〔腎不全〕　[生]大正15年（1926）1月18日　[出]大阪府大阪市生野区　[学]摂南高工（現・大阪工業大学）機械学科〔昭和21年〕中退　[歴]昭和20年父親の葛西製作所に入社。22年育児・介護機器の卸問屋・葛西（後のアップリカ葛西，現・アップリカ・チルドレンズプロダクツ）を設立、社長に就任。のち会長。この間、イタリアの育児機器メーカー・ジョルダーニ社と業務提携を結び、メーカーへの脱皮を図る。24年第1号ベビーカーを発表。父親の社長復帰を機に、45年メーカーに転身。赤ちゃんの頭部を保護し、衝撃を吸収するベビーカーの開発に力を注ぎ、日本のベビーカー市場の60%のシェアを持つまでに成長させた。一方、育児研究にも力を注ぎ、45年自ら設立したアップリカ育児研究会では7年がかりで「育児の原理」を編集。中国語版や英語版も発売される。また平成4年には寝たきりの老人や障害者を六畳一間で介護できる新システムを発売。9年イタリア・ミラノの高級ブランドが建ち並ぶモンテ・ナポレオーネ通りに日本人として初の店舗を開いた。13年東京女子医科大学に赤ちゃん研究所を開設。手塚プロダクション取締役相談役、日本・中国育児研究会理事長などを兼務した。　[賞]黄綬褒章〔平成6年〕，勲五等瑞宝章〔平成11年〕，世界青少年環境フォーラム賞〔平成5年〕，生命に対する畏敬賞〔平成7年〕

勝田 秀男　かつた・ひでお　名古屋鉄道副社長　[没]平成29年（2017）2月21日　93歳〔心不全〕　[生]大正12年（1923）8月7日　[出]三重県　[学]陸士〔昭和19年〕卒　[歴]昭和21年名古屋鉄道に入社。46年取締役、48年常任監査役、52年常務、53年専務を経て、56年副社長。平成6年取締役相談役。名鉄関連272社を統括するとともに、名鉄ストアー（現・名鉄パレ）社長、名鉄メディア会長などを兼務。8年ホテル・グランコート・ナゴヤ社長。南京グランドホテル副社長も務めた。　[賞]南京市栄誉市民〔平成7年〕

勝谷 寿子　かつたに・としこ　ピアニスト　[没]平成27年（2015）4月28日　78歳〔肝不全と腎不全〕　[歴]東京芸術大学や千葉大学非常勤講師、ちば音楽コンクール本選審査員を務めた。

勝野 重美　かつの・しげみ　ホタル研究家　[没]平成27年（2015）7月21日　85歳〔肺炎と慢性腎不全〕　[生]昭和5年（1930）　[出]長野県下伊那郡富草村（阿南町）　[学]東京農業教育専（現・筑波大学）〔昭和25年〕卒　[歴]昭和25年高校教師となり、30年辰野高校に赴任すると天竜川の水質悪化などで減少したゲンジボタルの増殖活動を開始。水路の整備などで蛍が戻り始め、35年蛍の名所として知られる松尾峡が長野県天然記念物に指定された。　[賞]長野県知事表彰〔平成7年〕，地域づくり総務大臣表彰〔平成19年〕，信毎賞〔平成22年〕

勝又 幸作　かつまた・こうさく　東富士演習場地域農民再建連盟委員長　[没]平成28年（2016）4月2日　91歳〔病気〕　[出]静岡県御殿場市　[歴]平成21年から東富士

演習場の権利者で作る東富士演習場地域農民再建連盟の委員長を務め、演習場の運用や安全対策などを巡る国との協議に尽くした。

勝俣 陽次 かつまた・ようじ　マウントビュー箱根会長　㊣平成27年(2015)2月15日　76歳〔脳内出血〕　㊣神奈川県足柄下郡箱根町　㊣神奈川県箱根町の温泉旅館・マウントビュー箱根の会長を務めた。

勝村 達喜 かつむら・たつき　川崎医科大学学長　胸部外科学、心臓血管外科学　㊣平成28年(2016)4月25日　86歳〔病気〕　㊣昭和4年(1929)7月22日　㊣広島県三原市　㊣岡山大学医学部〔昭和31年〕卒、岡山大学大学院医学研究科外科専攻〔昭和36年〕博士課程修了　医学博士　㊣昭和36年岡山大学医学部助手となり、同年～38年米国バーモント州立大学へ留学。45年岡山大講師を経て、49年川崎医科大学教授、59年附属病院長、平成7年学長を務め、15年退任。15～24年川崎医学・医療福祉学振興会理事長。　㊣瑞宝中綬章〔平成18年〕、山陽新聞賞(学術功労)〔平成10年〕　㊣日本外科学会、日本胸部外科学会、日本脈管学会、International Society for Cardiovascular Surgery

勝目 行政 かつめ・ゆきまさ　東京都民銀行専務　㊣平成28年(2016)6月24日　84歳〔肺炎〕　㊣昭和7年(1932)2月13日　㊣神奈川県　㊣早稲田大学法学部〔昭和30年〕卒　㊣昭和30年東京都民銀行に入行。51年業務企画課長、54年企画室長、55年日本橋支店長、58年秘書室長、参与頭取室長を経て、59年取締役経理部長、62年常務、平成元年専務。4年6月退任、7月とみんファクター社長、9年都民ビルメンテナンス会長を歴任。

勝山 勉 かつやま・つとむ　弁護士　京都弁護士会副会長　㊣平成27年(2015)4月13日　82歳〔胆管がん〕　㊣昭和7年(1932)6月5日　㊣同志社大学法学部〔昭和33年〕卒　㊣昭和42年司法試験に合格、45年弁護士登録。51年京都弁護士会副会長。日本電産監査役を務めた。　㊣京都弁護士会

葛山 善基 かつやま・よしき　滋賀大学名誉教授　情報通信工学　㊣平成28年(2016)7月20日　67歳〔滑落死〕　㊣昭和24年(1949)　㊣兵庫県　㊣大阪大学大学院　工学博士　㊣滋賀大学教授を務めた。平成28年北穂高岳を登山中、滑落死した。

桂 茂 かつら・しげる　徳島大学名誉教授　㊣口腔解剖学　㊣平成29年(2017)1月25日　88歳〔肝内胆管がん〕　㊣昭和3年(1928)2月13日　㊣徳島県小松島市　㊣徳島大学徳島医専〔昭和26年〕卒　医学博士　㊣昭和27年徳島大学医学部助手、31年講師、33年助教授を経て、53年同大歯学部教授。平成5年名誉教授。　㊣瑞宝中綬章〔平成21年〕

桂 春団治(3代目) かつら・はるだんじ　落語家　上方落語協会会長　㊣平成28年(2016)1月9日　85歳〔心不全〕　㊣昭和5年(1930)3月25日　㊣大阪府大阪市　㊣本名＝河合一(かわい・はじめ)、前名＝桂小春　㊣浪華商(現・大体大浪商)卒　㊣2代目桂春団治の長男。浪華商業を卒業後はサラリーマンをしていたが、昭和22年父に入門して桂小春を名のり、父の荷物持ちで付いていった巡業先で前座が倒れたため、代役とし

て「寄合酒」を演じて初高座。25年2代目福団治を名のる。28年父が亡くなり、34年若くして上方落語界きっての大名跡である3代目春団治を襲名。6代目笑福亭松鶴、3代目桂米朝、5代目桂文枝と並んで"上方落語界の四天王"と称され、戦後衰退していた上方落語の復興に尽くした。52～59年上方落語協会会長。豪快な松鶴、はんなりした文枝、知性の米朝に対して、端正でつややかな芸風。完璧さを追究するのが信条で「野崎詣り」「皿屋敷」「いかけ屋」「お玉牛」などを高い完成度に磨き上げ、絶妙な間を生かして爆笑を巻き起こした。出囃子で登場するとマクラをふらずに噺に入る独特の高座ぶりで知られ、羽織を脱ぐ洗練された仕事など、品格のある芸風で観客を魅了した。平成18年に開場した上方落語の定席・天満天神繁昌亭では、"四天王"の中で唯一落語を披露している。17年「そうかもしれない」で映画初出演。昭和56年胃潰瘍、平成4年C型肝炎と診断されるなど何度も病気に見舞われながら高座に上がったが、25年足の怪我で正座が出来なくなり、高座から遠ざかった。若手の育成にも力を入れ、門下に4代目桂福団治、2代目桂春蝶、3代目桂小春団治らがいる。　㊣紫綬褒章〔平成10年〕、旭日小綬章〔平成16年〕、大阪市民表彰、上方芸能人顕彰〔昭和42年〕、芸術祭優秀賞〔昭和50年〕、「皿屋敷」で上方お笑い大賞〔昭和53年〕、芸能功労者表彰〔昭和55年〕、上方お笑い大賞功労賞〔昭和56年〕、大阪芸術賞〔平成8年〕、上方お笑い大賞特別功労賞〔平成14年〕　㊣父＝桂春団治(2代目)

桂 米朝(3代目) かつら・べいちょう　落語家　㊣平成27年(2015)3月19日　89歳〔肺炎〕　㊣大正14年(1925)11月6日　㊣中国大連　㊣本名＝中川清(なかがわ・きよし)　㊣大東文化学院中退　㊣大東文化学院在学中から寄席、演芸の研究を手がけ、演芸評論家の正岡容に弟子入り。昭和22年4代目桂米団治に入門、3代目桂米朝を名のる。6代目笑福亭松鶴、5代目桂文枝、3代目桂春団治と並んで"上方落語界の四天王"と称され、戦後衰退していた上方落語の復興に尽くした。41年桂米朝落語研究会を始める。44年「愛宕山」で芸術祭優秀賞、53年大阪芸術賞、55年第30回芸術選奨文部大臣賞を受賞。46年より正月と夏にサンケイホール(大阪市)で独演会を開催。平成14年宝塚・歌舞伎座の公演を最後に大ホールの独演会から退いた。昭和54年には帝塚山学院大学の非常勤講師として、上方芸能史を講義。平成8年には落語界2人目の人間国宝となる。14年落語家初の文化功労者に認定され、21年には文化勲章を受章。上方落語中興の祖とされる。代表的な演目に「本能寺」「天狗裁き」「はてなの茶碗」「地獄八景亡者戯」「立ち切れ線香」「百年目」など。レコードに「桂米朝上方落語大全集」、著書に「落語と私」「上方落語ノート」「米朝ばなし」「上方落語地図」などがある。また、6年「特選!!米朝落語全集」(ビデオ全30集、CD・テープ全40集)が完成した。東京やなぎ句会のメンバーであり、23年初の句集「桂米朝句集」を刊行。長男の5代目桂米団治も落語家。　㊣芸術選奨文部大臣賞〔昭和55年〕、文化功労者〔平成14年〕、紫綬褒章〔昭和62年〕、文化勲章〔平成21年〕、芸術祭奨励賞〔昭和38年〕、芸術祭優秀賞〔昭和44年〕「愛宕山」、大阪芸術賞〔昭和53年〕、姫路市民文化賞(第11回)〔平成1年〕、キワニス大阪賞(第3回)〔平成4

年〕, 朝日賞（平成7年度）〔平成8年〕, NHK放送文化賞（第48回）〔平成9年〕, 松尾芸能賞特別賞（第18回）〔平成9年〕「はてなの茶碗」, 上方お笑い大賞30周年記念特別賞（第30回）〔平成13年〕, 上方演芸の殿堂入り（第14回）〔平成22年〕　[資]重要無形文化財保持者（古典落語）〔平成8年〕　[家]妻＝中川絹子, 長男＝桂米団治（5代目）　[師]師＝桂米団治（4代目）, 正岡容

か

勝占 正輝　かつら・まさてる　徳島酒造社長　[没]平成27年（2015）5月8日　85歳〔肺炎〕　[生]昭和4年（1929）11月28日　[出]徳島県　[学]徳島工卒　[歴]昭和48年徳島酒造を設立。56〜58年、60〜63年徳島県選挙管理委員長、平成7〜9年県人事委員長を務めた。

桂 米八　かつら・よねはち　落語家　曲独楽師　[没]平成27年（2015）1月20日　58歳〔食道がん〕　[生]昭和31年（1956）2月4日　[出]兵庫県姫路市　[名]本名＝山本悦次（やまもと・えつじ）　[学]姫路工〔昭和49年〕卒　[歴]昭和49年3代目桂米朝に入門。59年には曲独楽師・伏見紫水にも弟子入りし、曲独楽師としても活躍した。[師]師＝桂米朝（3代目）, 伏見紫水

角 喜代則　かど・きよのり　造形作家　[没]平成27年（2015）8月3日　56歳　[生]昭和33年（1958）　[出]福井県　[歴]昭和60年頃から、何万枚もの新聞紙を糊で固め、グラインダーで滑らかに削るという独自の手法で様々な質感を持つ立体作品を発表。地域に根差した活動にも取り組み、平成4年から地元の今立で休耕田を舞台にした野外アート展を主宰。また、自宅敷地にミニギャラリーを設置して、自作を展示した。　[賞]福井県文化奨励賞〔平成22年〕, 今立現代美術紙展佳作（第5回・7回）〔昭和60年・62年〕, 今立現代美術紙展大賞（第9回）〔平成1年〕「1+1=0の世界から」, 丹南アートフェスティバル「武生」鉄土木布かみと現代美術地域産業賞（第1回）〔平成5年〕, 北陸中日美術展福井テレビ賞（第38回・39回）〔平成11年・12年〕「生まれかわるものから」「生命体」, 北陸中日美術展中日大賞（第40回）〔平成14年〕「こころ」

角 昭吾　かど・しょうご　スキー選手（距離）　秋田県スキー連盟理事　[没]平成27年（2015）7月20日　84歳〔肺炎〕　[歴]ノルディックスキーの選手で、秋田営林局スキー部時代の昭和27〜31年、全日本選手権のリレーで5連覇を達成。29年には世界選手権に出場した。51〜58年秋田県スキー連盟理事を務めた。

加藤 昭男　かとう・あきお　彫刻家　武蔵野美術大学名誉教授　[没]平成27年（2015）4月30日　87歳〔前立腺がん〕　[生]昭和2年（1927）6月16日　[出]愛知県瀬戸市　[学]京都工専〔昭和23年〕卒, 東京芸術大学彫刻科〔昭和28年〕卒　[歴]東京芸術大学在学中の昭和27年、新制作展に初入選。以後同展を主に現代日本美術展、昭和会展、彫刻の森美術館大賞展などに出品。30年から2年連続で新制作展で新作家賞を受け、33年会員に推挙される。58年より武蔵野美術大学造形学部教授を務め、平成9年定年退職。代表作は松下政経塾正門のレリーフ「明日の太陽」。　[賞]旭日小綬章〔平成16年〕, 長野市野外彫刻賞（第2回）〔昭和49年〕「母と子」, 中原悌二郎賞優秀賞（第5回）〔昭和49年〕「月に飛ぶ」, 中原悌二郎賞（第25回）〔平成6年〕「何処へ」, 倉吉・緑の彫刻賞（第5回）〔平成12年〕「月から舞い降りた兎」, 円空大賞（第2回）〔平成13年〕, 新制作展新作家賞（第19回・20回）〔昭和30年・31年〕「トルソ」「女」, 昭和会展優秀賞（第5回）〔昭和45年〕, 高村光太郎大賞展優秀賞（第2回）〔昭和57年〕「鳩を放つ」　[団]新制作協会

加藤 暠　かとう・あきら　誠備グループ総帥　誠備事件　[没]平成28年（2016）12月26日　75歳〔病気〕　[出]広島県　[学]早稲田大学商学部〔昭和43年〕卒　[歴]"シマ（兜町）の必殺仕掛人"の異名を取り、1970年代後半から1980年代にかけて仕手戦で一世を風靡し誠備、日誠総業の2つのコンサルタント会社に関係した。"兜町の風雲児"と呼ばれ、昭和55年1月以降の宮地鉄工所の仕手戦の中心人物だったが、失敗し倒産。56年2月23億円の脱税容疑で逮捕され、58年8月2年半ぶりに保釈された。その後も東急電鉄、本州製紙などの仕手戦に加わる。平成2年東京高裁で本人の脱税に関しては無罪、誠備グループによる脱税に関しては懲役1年2ケ月の有罪とする一審判決が支持された。15年株勉強会・泰山を主宰。一時は表舞台から姿を消したが、23年に株式サイトを立ち上げて株式情報を発信。27年同サイトへの書き込みが相場操縦にあたるとして、金融商品取引法違反で東京地検特捜部に逮捕される。東京地裁で公判中だった28年12月、病気のため死亡した。

加藤 章　かとう・あきら　上越教育大学学長・名誉教授　盛岡大学学長・名誉教授　[専]社会科教育（歴史教育）, 日本近世史　[没]平成28年（2016）2月6日　84歳〔急性心不全〕　[生]昭和6年（1931）12月14日　[出]岩手県盛岡市　[学]東京教育大学文学部卒, 東京教育大学大学院文学研究科日本史専攻修士課程修了　[歴]お茶の水女子大学附属中・高教諭を20年近く務めた後、昭和51年長崎大学助教授となり、56年教授を経て、58年上越教育大学教授。平成5年同大学長、12〜18年盛岡大学学長を歴任。盛岡市教育委員長、岩手県市町村教育委員会協議会会長、日本教材学会副会長なども務めた。編著書に「講座・歴史教育」（全3巻）、「朝鮮・韓国は日本の教科書にどう書かれているか」、共著に「佐賀藩の総合研究」などがある。　[賞]瑞宝中綬章〔平成20年〕　[団]歴史学会, 日本社会科教育学会, 地方史研究協議会　[家]長男＝加藤昌史（演劇プロデューサー）, 二男＝加藤忠史（理化学研究所主任研究員）

加藤 馨　かとう・かおる　ケーズホールディングス創業者　[没]平成28年（2016）3月19日　98歳〔老衰〕　[生]大正6年（1917）5月5日　[出]神奈川県　[学]陸航士〔昭和19年〕卒　[歴]昭和22年ラジオ受信機などの販売修理業を創業。30年加藤電機商会を設立。55年カトーデンキ販売（現・ケーズホールディングス）社長に就任し、家電小売業界に本格的に参入した。57年〜平成7年会長を務めた。　[家]長男＝加藤修一（ケーズホールディングス社長）

加藤 九祚　かとう・きゅうぞう　民族学者　考古学者　国立民族学博物館名誉教授　[専]比較文化論, アジア民族文化史　[没]平成28年（2016）9月12日　94歳　[生]大正11年（1922）5月18日　[出]旧朝鮮慶尚北道　[学]上智大学短期大学文学部ドイツ文学科〔昭和28年〕卒　学術博士（大阪大学）　[歴]上智大学在学中に軍隊に志願、昭和20年関東軍の工兵として満州の吉林省で敗戦を迎えた。戦後はシベリアに抑留され、4年8ケ月後に復員。28年

平凡社に入社。編集や営業の仕事の傍ら、ハバロフスクやコーカサスへ出かけ、シベリア・中央アジアの文化史を研究。48年上智短期大学助教授、50年国立民族学博物館教授を経て、61年相愛大学教授、のち創価大学教授。65歳で民族学から考古学へ転進し、平成12年よりウズベキスタン共和国の砂漠にある約1700年前の仏教遺跡の発掘に従事。13年から中央アジアの歴史と文化についての雑誌「アイハヌム」を編集・発行。94歳の28年、調査のために訪れていたウズベキスタンで客死した。著書に旧ソ連の東洋学者ニコライ・ネフスキーの伝記「天の蛇」や、「北東アジア民族学史の研究」「ユーラシア文明の旅」「シベリアの歴史」などがある。 [賞]ウズベキスタン友好勲章〔平成14年〕, 大仏次郎賞〔昭和51年〕「天の蛇」, ロシア科学アカデミー名誉歴史学博士〔平成4年〕, 大同生命地域研究賞(第9回)〔平成6年〕「北方ユーラシア民族研究における貢献」, 南方熊楠賞(第9回)〔平成11年〕「シベリアや中央アジアなどのユーラシア内陸部全域にわたるフィールドワークをおこない, 歴史民族学の新しい分野を開拓した」, パピルス賞(第7回)〔平成21年〕「一人雑誌『アイハヌム』」 [団]日本民族学会, 日本文芸家協会

加藤 邦男 かとう・くにお 福島民報企画事業局次長 [没]平成27年(2015)11月4日 84歳〔多臓器不全〕 [生]昭和6年(1931)1月10日 [出]福島県 [学]早稲田速記卒 [歴]昭和34年福島民報社に入社。総務部副部長、労務部長、秘書兼務、伊達支社長を経て、56年企画事業局次長。

加藤 桂一郎 かとう・けいいちろう 福島県立医科大学名誉教授 [専]眼科学 [没]平成27年(2015)12月22日 79歳〔下咽頭がん〕 [生]昭和11年(1936)9月22日 [出]山形県米沢市 [学]福島県立医科大学〔昭和36年〕卒 医学博士〔昭和43年〕 [歴]福島県立医科大学助手、講師、助教授を経て、昭和54年教授。平成8年附属病院院長。14年定年退官。この間、昭和45年米国留学(ニューヨーク眼・耳鼻病院)。 [賞]瑞宝中綬章〔平成27年〕 [団]日本眼科学会, 日本眼光学学会

加藤 憲曠 かとう・けんこう 俳人 「薫風」主宰 [没]平成28年(2016)3月25日 95歳 [生]大正9年(1920)4月30日 [出]秋田県北秋田郡阿仁合町(北秋田市) [名]本名＝加藤一夫(かとう・かずお) [学]専修大学専門部商科〔昭和16年〕卒 [歴]秋田県の生まれで、3歳の時に八戸へ移住。昭和14年庄司瓦全に俳句の手ほどきを受け、15年「ちまき」に入会して川村柳月に師事。復員後の21年に俳句を再開、すすき野句会を創立。33年「北鈴」創刊に関わり、34年「風」に入会して沢木欣一に師事、36年「風」同人。平成9年退会。一方、八戸市に勤めて商工観光課長などを歴任。昭和41年八戸俳句協会会長。53年「鮫角燈台」で角川俳句賞を受賞。54年市を定年退職したのを機に「薫風」を創刊・主宰。55～58年八戸市サービス公社理事長を務めた。平成元年～27年青森県俳句懇話会会長、9年八戸市文化協会会長。他の句集に「海猫」「羽根砦」「島ノ越」「杁宿」「静寂」「米寿独歩」「母の国」などがある。 [賞]勲五等瑞宝章〔平成3年〕, 八戸文化賞〔昭和47年〕, 角川俳句賞(第24回)〔昭和53年〕「鮫角燈台」, 青森県芸術文化報奨〔昭和54年〕, 青森県文化賞(第32回)〔平成2年〕, 青森県褒賞〔平成5年〕, 東奥賞(第58回)〔平成17年〕 [団]俳人協会

加藤 賢三 かとう・けんぞう 大成建設副社長 [没]平成28年(2016)4月17日 88歳〔老衰〕 [生]昭和2年(1927)11月11日 [出]東京都 [学]日本大学〔昭和25年〕卒 [歴]昭和25年大成建設に入社。58年取締役、60年常務、62年専務を経て、平成元年副社長。3年再び専務。

加藤 紘一 かとう・こういち 衆院議員(自民党) 自民党幹事長 内閣官房長官 防衛庁長官 [没]平成28年(2016)9月9日 77歳〔肺炎〕 [生]昭和14年(1939)6月17日 [出]山形県鶴岡市 [学]東京大学法学部〔昭和39年〕卒, ハーバード大学大学院〔昭和42年〕修士課程修了 [歴]加藤精三衆院議員の五男。昭和47年外交官から政界入り。外務官僚時代、ハーバード大学、台湾の大学に留学、英語、中国語を話す国際派で大平内閣では内閣官房副長官に登用され、首相の外遊にはいつも同行、名スポークスマンと呼ばれた。また“年金の官民格差”を地道に追究して脚光を浴びる。59年11月中曽根内閣改造で防衛庁長官として初入閣、60年末の第二次改造内閣でも留任。平成3年宮沢内閣の内閣官房長官。6年党政調会長、7年党幹事長。10年参院選で大敗を喫し、幹事長を辞任。同年12月宮沢派を継承し、加藤派領袖となる。“党のプリンス”と目され、当選同期の小泉純一郎、山崎拓とは“反経世会支配”で共闘する盟友関係にあり“YKK”と称された。11年党総裁選に立候補。12年11月森内閣不信任決議案を採決する衆院本会議では決議案に同調する構えを見せたが執行部からの切り崩しにより失敗、自身は本会議を欠席した(加藤の乱)。13年衆院テロ対策特別委員長。14年元事務所代表の脱税事件に絡んで自民党を離党、4月衆院議員を辞職。15年の衆院選は無所属で返り咲き、自民党に復党。24年落選。通算13期。20年日中友好協会会長、27年名誉会長。著書に「いま政治は何をすべきか」がある。 [家]父＝加藤精三(衆院議員), 長女＝加藤亜里子(キャスター), 三女＝加藤鮎子(衆院議員)

加藤 煌雪 かとう・こうせつ 書家 博光書道会副会長 [専]漢字 [没]平成27年(2015)8月19日 66歳〔肺炎〕 [生]昭和24年(1949)3月27日 [出]東京都 [名]本名＝加藤富男(かとう・とみお) [歴]石飛博光に師事。博光書道会副会長、毎日書道会評議員、創玄書道会監事を歴任した。 [賞]毎日書道展会員賞(漢字部, 第40回, 昭和63年度) [師]師＝石飛博光

加藤 五兵衛 かとう・ごへえ 漆芸家 秋田県工業技術センター川連指導所長 [専]川連漆器 [没]平成27年(2015)2月21日 89歳〔肺炎〕 [生]大正15年(1926)2月6日 [出]秋田県雄勝郡稲川町(湯沢市) [学]川連青年学校〔昭和19年〕卒 [歴]昭和27年秋田県工業試験場川連指導所勤務を経て、47年県工業技術センター川連指導所長。川連漆器の“現代の名工”であった父から技を学び、平成9年自身も“現代の名工”に選ばれた。金銀のはめ込みなどの加飾法に独自の境地を作り出すとともに、後継者の指導にあたり、川連漆器の名を全国に高めた。 [賞]秋田県芸術選奨〔昭和52年〕, 中小企業長官表彰〔昭和53年〕, 秋田県文化功労彰〔平成2年〕,

か

現代の名工〔平成9年〕 [団]秋田県工芸家協会, 日本新工芸家連盟, 日展 [家]父＝加藤茂（漆芸家）

加藤 十郎 かとう・じゅうろう 医師 岩手県医師会会長 [没]平成29年（2017）7月22日 98歳〔急性心不全〕 [生]大正7年（1918）8月1日 [出]岩手県紫波郡紫波町高水寺 [学]岩手医専卒 [歴]岩手県医師会会長、岩手県予防医学協会会長を歴任した。 [賞]岩手県勢功労者〔平成5年〕

加藤 春鼎（3代目） かとう・しゅんてい 陶芸家 [没]平成27年（2015）4月8日 54歳〔脳出血〕 [生]昭和35年（1960）10月22日 [出]愛知県瀬戸市 [名]本名＝加藤孝（かとう・たかし） [歴]2代目加藤春鼎の長男で、平成9年3代目を襲名。引き出し黒などの焼き物を手がけ、国内外で作品を発表した。 [家]父＝加藤春鼎（2代目），祖父＝加藤春鼎（1代目）

加藤 湘堂 かとう・しょうどう 書家 書道研究湘帆会主宰 [専]写経, かな書 [没]平成27年（2015）6月21日 92歳〔老衰〕 [生]大正11年（1922）10月23日 [出]神奈川県 [名]本名＝加藤健治（かとう・けんじ） [歴]20代後半から田中親美の薫陶を受け、写経に明け暮れる。昭和50年第1回個展、55年第2回個展を開催。書道研究湘帆会を主宰し、月刊誌「湘帆」を発行。平成6年毎日書道展文部大臣賞を受けた。 [賞]毎日書道展毎日賞（第4回）〔昭和27年〕，日本書道美術院展日本書道美術院賞（第6回）〔昭和27年〕，毎日書道展準大賞（第14回）〔昭和37年〕，日本書道美術院展オリベッティ国際賞（第33回）〔昭和54年〕，毎日書道展文部大臣賞（第46回）〔平成6年〕 [団]毎日書道会, 全日本書道連盟, 写経会 [師]師＝三橋瓊川, 植村和堂, 小野鵞堂

加藤 信吉 かとう・しんきち 北海道中央バス社長 [没]平成28年（2016）4月21日 95歳〔循環器不全〕 [生]大正9年（1920）7月17日 [出]北海道札幌市 [学]小樽高商（現・小樽商科大学）〔昭和17年〕卒 [歴]昭和20年北海道中央乗合自動車（現・北海道中央バス）に入社。28年取締役、52年専務を経て、61年社長。平成7年最高顧問。平成元年〜8年北海道バス協会会長を務めた。 [賞]藍綬褒章〔昭和56年〕，勲三等瑞宝章〔平成8年〕，運輸大臣賞〔昭和52年〕 [家]父＝加藤幸吉（北海道中央バス創業者）

加藤 精一 かとう・せいいち 岡三証券グループ会長 日本証券業協会会長 [没]平成28年（2016）1月19日 87歳〔心不全〕 [生]昭和4年（1929）1月9日 [出]三重県津市中河原 [学]慶応義塾大学経済学部〔昭和26年〕中退 [歴]岡三証券創業者・加藤清治の長男。昭和29年同社に入社、取締役、31年常務、33年専務を経て、36年父の死去を受けて2代目社長に就任。証券不況下の40年、本店を大阪から東京・兜町へ移転。48年東証・大証に上場。平成9年会長。15年持株会社制への移行に伴い岡三ホールディングスに社名変更。20年岡三証券グループに社名変更した。強い指導力を発揮し、三重県発祥の地方証券会社を準大手証券の一角に育て上げた。9年総会屋への利益供与事件により当時の4大証券のトップが軒並み引責辞任すると、同年日本証券業協会会長代行を務め、10年には4大証券出身者以外で初めて同協会会長に就任。12年退任。13〜17年東京証券取引所監査役。日本証券アナリスト協会会長、日本銀行参与なども歴任した。 [賞]藍綬褒章〔平成2年〕，勲二等瑞宝章〔平成13年〕 [家]父＝加藤清治（岡三証券創業者），弟＝加藤英治（岡藤商事社長）

加藤 精重 かとう・せいじゅう 愛知県議（自民党） [没]平成29年（2017）6月5日 67歳 [生]昭和24年（1949）8月2日 [出]愛知県半田市 [学]名城大学商学部卒 [歴]平成7年より愛知県議に4選。19年副議長。21年半田市長選に、23年愛知県議選に立候補した。

加藤 隆之 かとう・たかゆき 公認会計士 日本公認会計士協会副会長 [没]平成27年（2015）7月4日 95歳〔老衰〕 [生]大正9年（1920）4月27日 [出]愛知県 [学]立教大学経済学部〔昭和31年〕卒, 立教大学大学院修士課程修了 [歴]昭和42年公認会計士協会理事、46年常務理事、48年理事、50年東京会副会長、52年東京会長などを歴任。 [賞]紺綬褒章〔昭和38年〕，黄綬褒章〔昭和61年〕 [資]税理士, 司法書士, 中小企業診断士, 社会保険労務士

加藤 武 かとう・たけし 俳優 文学座代表 [没]平成27年（2015）7月31日 86歳 [生]昭和4年（1929）5月24日 [出]東京市京橋区小田原町（東京都中央区） [学]早稲田大学文学部英文科〔昭和26年〕卒 [歴]築地・魚河岸仲卸の三男で、幼い頃から家族で歌舞伎座に通う。昭和17年麻布中学に入学。同級生に小沢昭一、フランキー堺、大西信行、内藤法美、なだいなだらがいた。戦後、小沢、大西らと学生劇場に参加。やがて今村昌平から脱退を進められ、小沢、大西、北村和夫、岩村久雄、沼田幸二らとオスカーというグループを結成した。早大卒業後は新宿区立大久保中学教諭となるが、俳優の道を諦めきれず、27年文学座に入座、34年座員となる。49年退座して小沢らと芸能座を結成したが、55年復座。のち同座代表。「五人のモヨノ」「富島松五郎伝」「美しきものの伝説」「十二夜」「ふるあめりかに袖はぬらさじ」「大寺学校」「怪談牡丹燈籠」「女の一生」「唐人お吉ものがたり」などの舞台に出演し、平成26年「夏の盛りの蟬のように」の葛飾北斎役で紀伊国屋演劇賞を受賞した。映画は、昭和31年小林正樹監督「壁あつき部屋」でデビュー。以後、黒沢明、今村、浦山桐郎監督など巨匠たちの作品に次々と起用され、重要な脇役を演じた。また、市川崑監督の「犬神家の一族」（51年）以降の〈金田一耕介〉シリーズに「よーし、わかった！」と犯人を早合点する三枚目的警部役で連続出演、当たり役となった。〈仁義なき戦い〉シリーズの打本昇役、〈釣りバカ日誌〉シリーズの秋山専務役でも知られ、存在感のある脇役として活躍した。平成27年スポーツジムのサウナで倒れ、86歳で亡くなった。他の出演作に、舞台「ラ・マンチャの男」「表裏源内蛙合戦」「清水次郎長伝」「家路」、映画「蜘蛛巣城」「果しなき欲望」「悪い奴ほどよく眠る」「私が棄てた女」「八つ墓村」「金髪の草原」「どら平太」「走れ！ イチロー」「蟬しぐれ」、テレビ「真田太平記」「夢暦・長崎奉行」「農家のヨメになりたい」「風林火山」など。著書に「昭和悪友伝」「悪ガキ少年の俳優志望」がある。 [賞]報知映画賞助演男優賞（昭和52年度）「悪魔の手毬唄」，紀伊国屋演劇賞（第49回）〔平成26年〕「夏の

盛りの蝉のように」, 読売演劇大賞芸術栄誉賞（第22回, 平成26年度）〔平成27年〕

加藤 丈能 かとう・たけよし 静岡県議（自民党） [没]平成28年（2016）10月28日 67歳 [生]昭和24年（1949）6月20日 [出]静岡県御殿場市 [学]駒沢大学経済学部〔昭和47年〕卒, 早稲田大学教育学部〔昭和49年〕卒 [歴]父の事業を継ぎ、昭和47年五光建設社長、51年五幸商事社長、55年新日本住宅社長、57年日刊静岡社主。59年ワールド・エースカントリークラブ取締役、61年代表取締役。平成3年から静岡県議に3選。15年落選。自民党静岡県連政調会長や陸上自衛隊東部方面総監部援護協力会副会長なども務めた。 [賞]防衛大臣感謝状〔平成24年〕

加藤 忠夫 かとう・ただお 作家 編集者 平和運動家 ゆきのした文化協会代表 [専]文学, 民衆史, 地域史 [没]平成29年（2017）1月15日 90歳 [生]大正15年（1926）9月 [出]福井県福井市 [学]県立福井中（現・藤島高）〔昭和18年〕卒, 大阪外事専（現・大阪外国語大学）〔昭和22年〕卒 [歴]大正15年福井市本町の蕎麦店（市内最大）の四男として生まれる。昭和20年大阪外専在学中に召集され、学徒兵に。23年中学校教員となり、福井、神戸で3年間教師を務める。29年より作家・中野重治の妹である中野鈴子らが創刊した文学誌「ゆきのした」の発行に携わり、33年ゆきのした文化協会代表に就任。平成21年に退任するまで半世紀にわたって反戦・平和運動に取り組む同協会を率いた。「ゆきのした」の発行や反戦映画の上映会などに取り組む一方、昭和46年「日本空襲戦災を記録する会第一回全国連絡会議」に日本海側戦災都市の唯一の代表として参加。その後、空襲戦災語りつたえ運動を続け、60年「福井空襲大絵図」（50m×2m・全国最大）を有志と完成。平成13年には2万点を超える戦争史料を展示する平和文化史料館ゆきのしたを福井県丸岡町（現・坂井市）の工場跡に開館した。「開化の末裔」「顔のない肖像」「紅梅の歌」ほか脚本・評論などを多数執筆、昭和46年には小説「エリーゼのために」が劇化され、宇野重吉演出で上演された。 [賞]日本映画復興奨励賞（ゆきのした文化協会）〔平成2年〕, NTTタウン誌大賞奨励賞（ゆきのした文化協会）〔平成2年〕 [団]日本科学者会議

加藤 正 かとう・ただし 画家 詩人 [没]平成28年（2016）5月1日 90歳〔心不全〕 [生]大正15年（1926） [出]宮崎県串間市 [名]筆名＝加藤礁 [学]東京芸術大学油絵科〔昭和25年〕卒 [歴]昭和26～31年読売アンデパンダン展に出品。27年瑛九とデモクラート美術家協会を結成。28年第1回個展を開催。30年今日の新人展、選抜秀作美術、東京国際版画ビエンナーレ展に出品。岡本太郎主宰のアートクラブにも参加し、前衛的な油彩、版画、コラージュなどを制作した。アートクラブ解散後、39年日本版画協会会員を辞退。平成13年画家や詩人、音楽家など郷里の宮崎県出身のアーティストに呼び掛けて新芸術集団フラクタスを設立、代表を務めた。また、加藤礁の筆名で詩人としても活動、詩集に「逆光線」「薔薇海峡」がある。 [賞]宮崎県文化賞〔平成28年〕

加藤 保広 かとう・たもひろ JA秋田みなみ組合長 秋田県農協五連副会長 [没]平成27年（2015）6月5日 84歳 [生]昭和5年（1930）10月20日 [出]秋田県南秋田郡 [学]拓殖専卒 [歴]わかみ農協組合長を経て、平成8～11年秋田県農協五連副会長。JA秋田みなみ組合長も務めた。

加藤 鶴男 かとう・つるお 水と緑と詩のまち前橋文学館館長 [没]平成27年（2015）11月27日 82歳 [生]昭和8年（1933） [出]群馬県前橋市 [歴]前橋市職員として、主に社会教育・文化振興に関する業務に従事。前橋市中央公民館長・前橋市立図書館長を経て、平成5年前橋文学館開館と同時に初代館長に就任。著書に「新・まえばし風土記」「群馬のことば」がある。 [賞]NHK地域放送文化賞〔平成8年〕

加藤 得二 かとう・とくじ さいたま市議（自民党） [没]平成29年（2017）11月18日 71歳〔骨髄異形成症候群〕 [生]昭和21年（1946）11月13日 [出]埼玉県与野市（さいたま市） [学]日本大学法学部卒 [歴]さいたま市中央区選出のさいたま市議で、平成24～25年市議会議長を務めた。27年引退。

加藤 利徳 かとう・としのり 岐阜県議（自民党） [没]平成27年（2015）12月10日 89歳〔腎不全〕 [生]大正15年（1926）12月6日 [出]岐阜県恵那郡山岡町（恵那市） [学]浜松工専〔昭和23年〕卒 [歴]岐阜県山岡町議を経て、昭和57年から岐阜県議に7選。平成10年議長。19年引退。山二砿業社長を務めた。 [賞]旭日小綬章〔平成20年〕

加藤 伸代 かとう・のぶよ 脚本家 [没]平成28年（2016）4月2日 57歳 [生]昭和34年（1959） [出]神奈川県 [歴]寺山修司主宰の演劇実験室天井桟敷を経て、神山征二郎監督のこぶしプロダクション、次いで神山プロダクションに勤務して経理や映画製作事務を担当。傍ら、シナリオ講座に通い第16期を修了。平成6年「さくら」で脚本家デビュー。7年神山監督の東宝映画「ひめゆりの塔」で監督と共同脚本。他に劇場用アニメ「どすこい！ わんぱく土俵」（松竹）、テレビドキュメンタリー「五粒の真珠」などがある。

加藤 登 かとう・のぼる 東海大学海洋学部教授 [専]水産利用学 [没]平成27年（2015）7月16日 67歳〔急性心不全〕 [生]昭和22年（1947） [出]長野県飯田市 [学]日本大学農獣医学部水産学科〔昭和45年〕卒 水産学博士 [歴]紀文勤務を経て、平成14年から東海大学海洋学部教授。21～25年学部長を務めた。 [賞]日本水産学会賞技術賞（第41回, 平成4年度）「魚肉の塩ずり原理と攪拌機の開発に関する研究」

加藤 典子 かとう・のりこ 声楽家 合唱指導者 [専]ソプラノ [没]平成29年（2017）2月26日 77歳 [生]昭和14年（1939）9月22日 [出]愛知県名古屋市 [学]菊里高音楽科〔昭和33年〕卒 [歴]昭和33年19歳でCBC放送合唱団に入団し、5年間在籍。その後、名古屋二期会に入り、ソプラノ歌手としてオペラの第一線やオーケストラ、合唱曲のソリスト、桜ケ丘高校教諭、安城学園高校講師、NHKラジオの幼児番組「うたのおねえさん」出演など多彩に活躍。合唱指導にも定評があり、コーロ・アマビーレ、かのこ会などの指揮者として合唱団の育成にも取り組む。全日本学生音楽コンクール、NHK全国学校音楽コンクールなどの審査員も務めた。平成21年音楽生活50年記念コンサートを開催。

25年11月病気で倒れ、現役を引退。名古屋のオペラ発展に功績を残した。 [賞]名古屋市芸術奨励賞〔昭和53年〕, 安城文化協会功労賞〔平成3年〕, 愛知県芸術文化選奨文化賞(平成5年度) [団]名古屋二期会, コーロ・アマービレ(指揮) [師]師＝伊藤京子, 木下武久

加藤 初 かとう・はじめ プロ野球選手 [没]平成28年(2016)12月11日 66歳〔直腸がん〕 [生]昭和24年(1949)12月20日 [出]静岡県富士市 [学]吉原商卒, 亜細亜大学中退 [歴]吉原商を経て、亜細亜大に進学するも、膝を痛めて1年で中退し、社会人の大昭和製紙に入社。昭和47年ドラフト外で西鉄(現・西武)に入団。"黒い霧事件"と呼ばれる八百長事件のため主力選手が抜けたため、1年目から先発の柱として活躍。1歳下の東尾修とエースの座を争う活躍で、いきなり17勝(16敗)を挙げて新人王を獲得。51年巨人へ移籍、同年4月18日対広島戦でノーヒットノーランを達成。この年、勝率1位の15勝4敗8セーブで、就任2年目の長嶋茂雄監督のリーグ初優勝に貢献した。プレー中に表情を変えないポーカーフェイスぶりから"鉄仮面"の異名を取った。63年投手コーチを兼任。平成2年現役を引退。実働19年、490試合登板、141勝113敗22セーブ、58完投、10完封、1500奪三振、防御率3.50。オールスター出場6回。引退後は、3年からフジテレビの解説者を務め、7年西武二軍投手コーチ、10年6月～11年一軍コーチ。13年西武投手コーチに復帰。14年韓国プロ野球のLGでインストラクター、16年台湾プロ野球・高熊の投手コーチ、17年韓国プロ野球のSKコーチ、18年LGコーチ、19年再びSKコーチを歴任した。 [賞]新人王(パ・リーグ)〔昭和47年〕

加藤 治子 かとう・はるこ 女優 [没]平成27年(2015)11月2日 92歳〔心不全〕 [生]大正11年(1922)11月24日 [出]東京市赤坂区(東京都港区) [名]旧姓・名＝滝浪治子, 旧芸名＝御舟京子(みふね・きょうこ) [学]松竹少女歌劇学校〔昭和12年〕卒 [歴]昭和12年御舟京子の芸名で松竹少女歌劇団(SKD)に入団、同期に並木路子や矢口陽子らがいた。14年東宝映画に移り、「花つみ日記」で映画デビュー。その後、榎本健一、清水金一らと共演。16年加藤道夫、芥川比呂志らの新演劇研究会に参加、「十一月の夜」で新劇の初舞台を踏む。戦後同会は麦の会として再建され、24年文学座に合流。この間、21年加藤道夫と結婚、以来本名の加藤治子の名前で活動し、夫の作品「なよたけ」のヒロインなどを演じる。27年サルトル作「恭々しき娼婦」で好演し、岸田国士賞を受賞、以後文学座の知的演技派女優として活躍。28年夫と死別後、33年俳優の高橋昌也と再婚。38年高橋や芥川らと劇団雲を結成、「ヘンリー四世」「トロイアの女たち」などに出演。48年高橋と離婚、50年雲を退団、フリーとなる。39年TBS系のテレビドラマ「七人の孫」の母親役以来テレビ出演が多く、親交が深かった向田邦子脚本による「寺内貫太郎一家」「だいこんの花」「阿修羅のごとく」などがテレビでの代表作となり、特に母親役に定評があった。平成11年「三婆」の武市タキ役で菊田一夫演劇賞、13年の「こんにちは、母さん」の母親役で紀伊国屋演劇賞、読売演劇大賞最優秀女優賞を受賞。他の出演作に、舞台「アグネス」「コリオレイナス」「朱雀家の滅亡」「夜叉が池」「エレクトラ」「ゴロヴリョフ家の人々」、映画「野菊の墓」「花いちもんめ」「マルサの女2」「舞姫」「蔵」「風音」「魂萌え！」「おとうと」、テレビドラマ「家族熱」「みちしるべ」「女の人差し指」「おやじのヒゲ」、〈浅見光彦〉シリーズなど。宮崎駿監督の劇場アニメ「魔女の宅急便」「ハウルの動く城」では声優を務めた。 [賞]勲四等宝冠章〔平成14年〕, 岸田国士賞〔昭和28年〕「恭々しき娼婦」, 大阪府民劇場賞〔昭和28年〕「あかんぼ頌」, 新劇新人演技賞(昭和30年度)「作者を探す六人の登場人物」, アジア映画祭助演女優賞〔昭和56年〕「野菊の墓」, 菊田一夫演劇賞(第24回)〔平成11年〕「三婆」, 紀伊国屋演劇賞(第36回)〔平成13年〕「こんにちは、母さん」, 読売演劇大賞最優秀女優賞(第9回)〔平成14年〕「こんにちは、母さん」 [家]夫＝加藤道夫(劇作家)

加藤 久郎 かとう・ひさお 戸田建設社長 [没]平成27年(2015)1月1日 84歳〔肺炎〕 [生]昭和5年(1930)12月4日 [出]東京都 [学]早稲田大学理工学部建築学科〔昭和28年〕卒 [歴]昭和29年戸田組(現・戸田建設)に入社。大阪支店長などを経て、60年取締役、61年常務、平成8年専務、12年副社長。15年創業家以外で初めて社長に就任した。19年会長。

加藤 寿子 かとう・ひさこ 旧伊予大洲藩主17代当主 [没]平成27年(2015)12月12日 71歳〔肺がん〕 [生]昭和19年(1944)8月 [出]東京都 [歴]旧伊予大洲藩主17代当主で、肱水舍名誉会長を務めた。

加藤 正雄 かとう・まさお 加藤製作所社長 [没]平成28年(2016)2月22日 88歳〔心不全〕 [生]昭和3年(1928)1月4日 [出]東京都 [学]玉川大学文学部英文科〔昭和25年〕卒 [歴]昭和25年加藤製作所に入社。26年取締役、29年常務を経て、30年社長。平成16年会長。[家]長男＝加藤公康(加藤製作所社長)

加藤 仁 かとう・まさし 古河電気工業専務 古河スカイ社長 [没]平成28年(2016)8月4日 75歳〔胃がん〕 [生]昭和15年(1940)12月16日 [出]愛知県 [学]慶応義塾大学法学部〔昭和38年〕卒 [歴]昭和38年古河電気工業に入社。平成5年取締役、9年常務を経て、11年専務。15年古河スカイ(現・UACJ)社長、18年相談役を務めた。

加藤 正人 かとう・まさと 宮城県副知事 [没]平成27年(2015)5月6日 74歳 [生]昭和16年(1941)3月15日 [出]山梨県南巨摩郡増穂町(富士川町) [学]東北学院大学文経学部〔昭和39年〕卒 [歴]昭和34年宮城県庁に入庁。総務部次長兼秘書課長、環境生活部長、平成13年出納長を経て、15年副知事。17年退任、18年宮城県民会館館長。 [賞]瑞宝中綬章〔平成23年〕

加藤 泰也 かとう・やすや 岐阜地検検事正 [没]平成28年(2016)3月19日 86歳〔肺炎〕 [生]昭和4年(1929)10月25日 [出]東京都 [学]東京大学法学部〔昭和29年〕卒 [歴]昭和31年検事となり、60年12月徳島地検検事正、63年4月岐阜地検検事正を歴任。平成2年1月退官。 [賞]勲二等瑞宝章〔平成11年〕

加藤 之敏 かとう・ゆきとし グラフィックデザイナー 常葉大学造形学部教授 [没]平成29年(2017)7月25日 59歳〔病気〕 [生]昭和33年(1958) [出]静岡県磐田市 [学]多摩美術大学グラフィックデザイン専攻〔昭

和33年〕卒　[歴]常葉大学造形学部准教授を経て、教授。[団]二科会, 日本グラフィックデザイナー協会

加藤 義朗　かとう・よしあき　ナイガイ社長　[没]平成29年(2017)7月26日　98歳　[生]大正8年(1919)4月26日　[出]東京都　[学]慶応義塾大学経済学部〔昭和18年〕卒　[歴]昭和22年内外編物(現・ナイガイ)に入社。37年取締役、42年常務、51年専務を経て、51年社長、61年会長。平成4年相談役名誉会長。　[賞]勲四等旭日小綬章〔平成5年〕

加藤 林也　かとう・りんや　医師　名古屋掖済会病院院長　[没]平成29年(2017)3月4日　67歳〔胃がん〕　[生]昭和24年(1949)　[出]愛知県名古屋市　[学]名古屋大学医学部〔昭和49年〕卒　[歴]名古屋掖済会病院、名古屋大学医学部第一内科、米国カリフォルニア州立大学ロサンゼルス校医学部留学、国立名古屋病院などを経て、平成14年名古屋掖済会病院副院長、21年同院長。

加藤 礼一　かとう・れいいち　弁護士　福井弁護士会会長　[没]平成28年(2016)4月17日　81歳　[生]昭和10年(1935)2月16日　[学]中央大学法学部〔昭和33年〕卒　[歴]昭和41年司法試験に合格、44年弁護士登録。47年、52年福井弁護士会副会長、57年会長。日本弁護士連合会理事、中部弁連常務理事や福井県人事委員会委員長も務めた。　[団]福井弁護士会

門多 正志　かどた・まさし　郷土史家　[専]愛媛県　[没]平成29年(2017)5月28日　104歳〔肺炎〕　[生]大正1年(1912)8月8日　[出]愛媛県東宇和郡宇和町(西予市)　[学]中央大学法学科〔昭和16年〕卒, 中央大学経済学部〔昭和18年〕卒　[歴]昭和22年宇和島中学教諭。中学教諭を定年退職後、郷土史家として活躍。宇和文化の里管理指導員や宇和郷土文化保存会会長などを務め、開明学校をはじめとする町内外の文化財の紹介、保護に取り組んだ。　[賞]愛媛県教育功労賞〔昭和56年〕, 愛媛新聞賞〔昭和57年〕

角屋 堅次郎　かどや・けんじろう　衆院議員(社会党)　[没]平成29年(2017)4月7日　100歳〔老衰〕　[生]大正6年(1917)3月15日　[出]三重県伊勢市　[学]三重高農土木科〔昭和13年〕卒　[歴]満州国官吏を務め、太平洋戦争中はフィリピンや中国大陸を転戦。戦後、三重県職員、奈良県立郡山高校教諭を経て、農林省(現・農林水産省)に入省。昭和33年旧三重2区から衆院議員に初当選。連続11期務め、平成2年引退。社会党の選挙対策委員長や衆院公害対策特別委員長、同決算委員長などを務めた。　[賞]勲一等旭日大綬章〔平成1年〕

香取 環　かとり・たまき　女優　[没]平成27年(2015)10月12日　75歳　[生]昭和14年(1939)10月21日　[出]熊本県熊本市　[名]本名＝久木登紀子, 前名＝佐久間しのぶ　[学]九州女学院高〔昭和33年〕卒　[歴]九州女学院高在学中にミス・ユニバース熊本代表に選ばれ、昭和33年日活に赤木圭一郎らとともにニューフェイス第4期生としてに入社。37年大蔵映画に誘われ、ピンク映画第1号とされる小林悟監督「肉体の市場」に主演。以後、47年に引退するまで600本以上の作品に出演、ピンク映画界のトップ女優として活躍した。

門脇 佳吉　かどわき・かきち　カトリック司祭　上智大学名誉教授　[専]西洋中世哲学, 禅とキリスト教の対話, 対話の人間学的研究　[没]平成29年(2017)7月27日　91歳〔膵頭部がん〕　[生]大正15年(1926)1月6日　[出]北海道旭川市　[名]筆名＝門脇大基(かどわき・たいき)　[学]東京帝国大学工学部応用化学科〔昭和23年〕卒, 上智大学大学院哲学科・神学科〔昭和30年〕修士課程修了, グレゴリアン大学大学院哲学〔昭和39年〕博士課程修了　哲学博士〔昭和37年〕　[歴]昭和35年カトリック司祭叙階。49年上智大学文学部教授、60年同大東洋宗教研究所所長。傍ら、40年から禅の修行に励み、57年大森曹玄老師より嗣法。仏教とキリスト教の比較研究で知られた。平成3年人体科学会発足に際して会長に就任。"道の共同体"師家。著書に「対話に関する十二章」「公案と聖書の身読」「道の形而上学」「禅仏教とキリスト教神秘主義」「身の形而上学」「日本の宗教とキリストの道」などがある。　[賞]瑞宝小綬章〔平成18年〕　[団]人体科学会

門脇 礼三　かどわき・れいぞう　山陰中央新報総務局次長　[没]平成27年(2015)8月9日　74歳〔肺炎〕　[生]昭和15年(1940)12月31日　[出]島根県　[学]工業高校卒　[歴]昭和36年山陰中央新報社に入社。60年販売局庶務部長、平成元年販売局次長兼庶務部長を経て、2年総務局次長。

金井 俊一　かない・しゅんいち　金井漁業社長　釧路機船漁協組合長　[没]平成27年(2015)9月27日　94歳〔前立腺がん〕　[生]大正10年(1921)2月26日　[出]富山県下新川郡五ケ庄村(朝日町)　[学]千葉高等園芸専(現・千葉大学園芸学部)〔昭和18年〕卒　[歴]昭和22年金井漁業に入社。41年社長に就任。同年～平成14年釧路機船漁協組合長。北海道機船漁協連合会会長、釧路魚市場社長なども歴任。沖合底引き網漁業の北洋転換、冷凍魚肉(すり身)製造の企業化、釧路港の遠洋漁業拠点化などで、多大の功績を上げた。また、北海道を代表する現代絵画コレクターとしても知られた。　[賞]勲四等旭日小綬章〔平成4年〕

金井 紀年　かない・のりとし　実業家　南加日系商工会議所会頭　[没]平成29年(2017)4月22日　94歳〔脳梗塞〕　[生]大正12年(1923)2月　[出]東京都　[学]東京商科大学(現・一橋大学)卒　[歴]東京商科大学在学中に学徒出陣で出征、ビルマ戦線で主計将校として食料品を担当。戦後、復員して大学を卒業し、瓦製造や自動車部品製造業に従事。昭和24年ロサンゼルスにあった共同貿易の日本代理店、東京共同貿易を設立。39年共同貿易を買収、一家4人で渡米して米国内での事業に着手。南加日系商工会議所会頭、南加日系レストラン協会相談役を歴任。すし店の育成、食品スーパーでの冷凍食品流通に力を注ぎ、米国のすしブームの仕掛け人といわれた。また、在外邦人の選挙権が認められていなかった平成8年、海外在住者投票制度の実現をめざす会会長として違憲確認などを求めて東京地裁に提訴した。　[賞]勲五等双光旭日章〔平成6年〕, 旭日小綬章〔平成21年〕

金井 博文　かない・ひろぶみ　福島県議　[没]平成27年(2015)10月19日　90歳〔老衰〕　[生]大正14年(1925)7月18日　[出]福島県　[学]通信訓練所卒　[歴]日本電信電話公社(電電公社, 現・NTT)勤務を経て、昭和34年から会津若松市議に4選、46～49年市議会副議長。50年福

島県議に当選、2期。社会党会津若松総支部長を務めた。 [賞]藍綬褒章〔昭和58年〕, 勲四等瑞宝章〔平成7年〕

金井 浩正 かない・ひろまさ 長野県議(社民党) [没]平成27年(2015)11月23日 80歳〔肺炎〕 [生]昭和9年(1934)12月10日 [出]長野県小県郡丸子町(上田市) [学]中央大学商学部〔昭和30年〕中退 [歴]昭和31年長野県丸子町職員。労働運動高揚期の37年、町職労の結成に中心的役割を果たし、50年から10年間同職労委員長。48年自治労本部中央執行委員、51年上小地区評議長。58年より丸子町議を1期務め、62年より長野県議に3選。平成11年落選。 [賞]旭日双光章〔平成18年〕 [賞]社会保険労務士

金澤 一郎 かなざわ・いちろう 神経内科学者 東京大学名誉教授 国立精神神経センター名誉総長 宮内庁皇室医務主管 日本学術会議会長 [専]内科学, 神経科学, 分子遺伝学 [没]平成28年(2016)1月20日 74歳〔膵臓がん〕 [生]昭和16年(1941)6月20日 [出]東京都大田区 [学]東京大学医学部医学科〔昭和42年〕卒 医学博士(東京大学)〔昭和49年〕 [歴]筑波大学助教授、教授を経て、平成3年東京大学教授、同大附属病院長。14年国立精神神経センター神経研究所長となり、15～19年総長。第19～21期日本学術会議会員を務め、18～23年同会長。23年国際医療福祉大学大学院長、27年同名誉大学院長。5年10月に皇后美智子さまが体調を崩して言葉が話せなくなった際に治療にあたったことから皇室との関わりが生まれ、14～24年“皇室の主治医”ともいわれる皇室医務主管を兼務。天皇・皇后両陛下の信頼は厚く、15年1月と24年2月には天皇陛下の前立腺摘出手術と冠動脈バイパス手術を統括、陛下には告知を行い、了解を得て内容を公表した。また、26年に成立した難病患者を支援する法律には、対策委員長として関わった。 [賞]瑞宝重光章〔平成25年〕 [団]日本内科学会, 日本神経学会, 日本神経科学会, 日本人類遺伝学会

金沢 勘兵衛 かなざわ・かんべえ 岩手県議(自民党) 岩手県漁連会長 [没]平成27年(2015)8月12日 94歳〔急性心臓死〕 [生]大正9年(1920)11月29日 [出]岩手県下閉伊郡岩泉町 [学]岩手商〔昭和14年〕卒 [歴]岩手商業学校を卒業後、家業の漁船漁業に従事。昭和31年～平成25年の19期57年にわたって小本浜漁協組合長を務めた他、11年から岩手県漁連会長を2期6年務めた。一方、昭和26年から岩手県小本村議、岩泉町議を通算9期務め、55年町議会議長。58年より岩手県議に2選。平成8年新進党から衆院選に立候補した。 [賞]勲四等旭日小綬章〔平成4年〕, 岩手県勢功労者〔平成14年〕

金沢 孝一 かなざわ・こういち 岩崎通信機常務 [没]平成29年(2017)12月13日 85歳〔大動脈解離〕 [生]昭和7年(1932)1月12日 [出]東京都 [学]東華国民学校〔昭和19年〕卒, 甲府工〔昭和25年〕卒, 早稲田大学理工学部電気通信学科〔昭和30年〕卒 [歴]昭和30年岩崎通信機入社。54年生産技術部長、57年開発企画室長、59年取締役、平成元年常務。

金関 毅 かなせき・たけし 佐賀医科大学名誉教授 [専]神経解剖学 [没]平成27年(2015)11月13日 89歳〔心不全〕 [生]大正15年(1926)3月1日 [出]京都府京都市 [学]京都大学医学部医学科〔昭和26年〕卒 医学博士 [歴]京都大学医学部助手、徳島大学医学部助教授、京都大学医学部助教授を経て、昭和38年三重県立大学(現・三重大学)医学部教授、40年岐阜大学医学部教授、48年九州大学医学部教授を歴任。63年～平成8年佐賀医科大学(現・佐賀大学)副学長。 [賞]瑞宝中綬章〔平成16年〕 [団]日本解剖学会, 日本神経科学協会 [家]父＝金関丈夫(人類学者・解剖学者・考古学者), 弟＝金関恕(天理大学名誉教授), 長男＝金関猛(岡山大学文学部教授)

金丸 邦三 かなまる・くにぞう 東京外国語大学名誉教授 [専]中国文学, 近世中国語 [没]平成27年(2015)4月23日 81歳〔筋萎縮性側索硬化症〕 [生]昭和8年(1933)10月8日 [出]東京都 [学]東京外国語大学中国語学科卒, 東京都立大学大学院中国文学専攻博士課程修了 [歴]シンガポール南洋大学講師、東京外国語大学教授を経て、大東文化大学教授。著書に「初歩の中国語」「中国語四週間」、監修に「中国語新語辞典」などがある。 [賞]瑞宝中綬章〔平成25年〕 [団]日本中国学会, 現代中国学会, 中国語学研究会

金村 九二夫 かなむら・くにお 舞鶴信用金庫理事長 [没]平成29年(2017)8月3日 84歳〔多臓器不全〕 [生]昭和7年(1932)9月30日 [出]京都府 [学]和歌山大学経済学部〔昭和32年〕卒 [歴]昭和32年舞鶴信用金庫に入庫。43年理事、54年常務理事、58年専務理事を経て、理事長。また、京都府北部5信金による平成14年の合併に関わり、合併後の京都北都信用金庫で副理事長を務めた。15年退任。

金森 修 かなもり・おさむ 東京大学大学院教育学研究科教授 [専]哲学, 科学史, 現代科学論, 生命倫理学 [没]平成28年(2016)5月26日 61歳〔大腸がん〕 [生]昭和29年(1954)8月4日 [出]北海道札幌市 [学]東京大学教養学部比較文学比較文化学科〔昭和33年〕卒, 東京大学大学院人文科学研究科比較文学比較文化専攻〔昭和61年〕博士課程満期退学 哲学博士(パリ第1大学)〔昭和60年〕 [歴]昭和62年筑波大学現代語・現代文化学系講師、平成3年助教授、9年東京水産大学助教授、12年教授を経て、13年東京大学大学院教育学研究科助教授、14年教授。著書に「フランス科学認識論の系譜―カンギレム、ダゴニエ、フーコー」「バシュラール」「サイエンス・ウォーズ」「負の生命論」「動物に魂はあるのか」「科学の危機」「科学思想史の哲学」、共著に「現代科学論」、訳書にフランソワ・ダゴニェ「具象空間の認識論」、G.カンギレム「反射概念の形成」、G.バシュラール「適応合理主義」、共訳にガリー・ガッティング「理性の考古学―フーコーと科学思想史」などがある。 [賞]渋沢・クローデル賞(第12回)〔平成7年〕「フランス科学認識論の系譜―カンギレム、ダゴニエ、フーコー」, サントリー学芸賞(思想歴史部門, 第22回)〔平成12年〕「サイエンス・ウォーズ」, 山崎賞(第26回)〔平成12年〕「サイエンス・ウォーズ」 [団]科学基礎論学会, 日本哲学会, 日本生命倫理学会, 日本科学史学会, 科学技術社会論学会

金守 世士夫 かなもり・よしお 版画家 版画芸術院院主 [専]木版画 [没]平成28年(2016)12月7日 94歳〔老衰〕 [生]大正11年(1922)1月24日 [出]富山県 [学]

帝国美術学校図案科卒 ㊥帝国美術学校で学び、復員後は富山に疎開していた棟方志功に師事。昭和23〜27年志功と版画誌「越中版画」（のち「日本版画」）を刊行。また、22年国展に初入選、27年と28年国画賞を受賞して国画会会員となり、国展を中心に活動。米国やスイスなどで個展を開催した。 ㊥勲五等瑞宝章、富山市文化功労章彰〔昭和58年〕、富山県文化功労表彰〔昭和59年〕、志茂太郎賞（第4回）、国展国画賞〔昭和27年・28年〕、セントジェームス展3等賞〔昭和33年〕 ㊥国画会、日本版画協会（名誉会員） ㊥妻＝金守嘉子（版画家） ㊥師＝棟方志功

金谷 重亮　かなや・しげあき　奥村組常務　㊥平成28年（2016）6月21日　81歳〔ほお粘膜がん〕　㊥昭和10年（1935）1月15日　㊥東京大学工学部土木工学科〔昭和33年〕卒　㊥昭和33年日本道路公団に入り、平成2年常任参与、4年奥村組取締役、5年常務を歴任。

加奈山 径　かなやま・けい　小説家　㊥平成29年（2017）3月30日　83歳〔昭和8年（1933）4月2日　㊥青森県　㊥本名＝金山虔　㊥早稲田大学文学部卒「兎の復讐」で日本文芸家現代小説賞を受賞。また、長く運輸会社で人事を担当し、常務を務めた。著書に「煉瓦造りの家」「陰渓ノ青枝」「上顎下顎観血手術」「人事異事」「管理職が知らない『管理職』」「人兌換紙幣」「蝶が舞う」「老舗の崩壊」「流木」などがある。 ㊥日本文芸大賞現代小説賞（第13回、平成5年度）「兎の復讐」、全作家賞（第10回）「上顎下顎観血手術」 ㊥日本ペンクラブ、日本文芸家協会、全国同人雑誌作家協会

金子 一士　かねこ・かずし　広島県原爆被害者団体協議会理事長　㊥平成27年（2015）1月4日　89歳〔肺炎と急性心不全〕　㊥大正14年（1925）11月7日　㊥広島県広島市安芸区　㊥法政大学中退　㊥船舶会社に勤めていた19歳の時、広島市海田町から原爆投下の閃光を目撃。3日後の昭和20年8月9日に救援に来た医師を市内に案内して入市被爆した。21年教職に就き、61年市立中学校長を退職。63年共産党系の被爆者団体・広島県原爆被害者団体協議会の事務局次長、副理事長を経て、平成5年から理事長。修学旅行生らに被爆体験を伝える一方、15年から全国で続いた原爆症認定訴訟を支え、国が認定基準を見直した20年以降に申請を退けられた被爆者が起こした"ノーモア・ヒバクシャ訴訟"でも尽力。核兵器廃絶運動にも力を注いだ。

金子 国義　かねこ・くによし　画家　舞台美術家　㊥平成27年（2015）3月16日　78歳〔虚血性心不全〕　㊥昭和11年（1936）7月23日　㊥埼玉県蕨市　㊥日本大学芸術学部デザイン科〔昭和34年〕卒　㊥デザイン会社でコマーシャル、エディトリアルデザイン、ファッション画を担当。昭和39年退社して、独学で油絵に取り組み始める。詩人・高橋睦郎や渋沢龍彦と交わるうちに本格的に制作を画壇にデビュー。幻想小説の装丁や挿絵に魅力的な少女像を描いて注目される。42年渋沢の勧めで開いた個展で画壇にデビュー。また、劇団状況劇場の舞台美術やバレエ公演「アリスの夏」「オルペウス」の構成・演出・美術、HANAE・MORIビルのディスプレイ、加藤和彦やHYDEなどのアルバムジャケット原画を手がけるなど幅広く活動。46〜49年「婦人公論」、

63年から「ユリイカ」の表紙絵も担当した。主な画集にイタリア・オリベッティ社の絵本「不思議の国のアリス」をはじめ、版画集「アリスの夢」「オルペウス」や「金子国義エロスの劇場」「青空」など多数。平成20年集大成となる「金子国義の世界」を出版した。 ㊥師＝長坂元弘

金子 才十郎（3代目）　かねこ・さいじゅうろう　カネコ種苗社長　前橋商工会議所会頭　㊥平成29年（2017）2月8日　90歳〔心筋梗塞〕　㊥大正15年（1926）8月19日　㊥群馬県前橋市　㊥旧姓・名＝金子博　㊥前橋医専（現・群馬大学医学部）〔昭和24年〕卒、東北大学農学部〔昭和28年〕卒　㊥群馬大学医学部を経て、東北大学農学部で細菌学を学んだ研究者肌の経営者。昭和28年群馬種苗（現・カネコ種苗）に入社。29年常務、同年監査役を経て、38年社長に就任し、才十郎を襲名。平成16年会長。この間、昭和63年日本種苗協会会長、平成3年前橋商工会議所会頭、7年群馬県商工会議所連合会会長。5年前橋乾繭取引所理事長となり、10年同取引所と、横浜生糸取引所が合併した横浜商品取引所初代理事長に就任。バイオテクノロジー利用の育種技術に取り組んだ。 ㊥紺綬褒章〔昭和40年〕、藍綬褒章〔昭和57年〕、勲三等瑞宝章〔平成11年〕、外務大臣表彰〔昭和63年〕、群馬県功労者表彰〔昭和63年〕 ㊥父＝金子才十郎（2代目）

金子 繁治　かねこ・しげじ　プロボクサー　東洋フェザー級チャンピオン　金子ボクシングジム会長　戦後初の日本人東洋チャンピオン　㊥平成28年（2016）1月2日　84歳〔肺炎〕　㊥昭和6年（1931）8月13日　㊥新潟県西蒲原郡小池村（燕市）　㊥本名＝金子繁二　㊥燕条高卒　㊥昭和25年4月プロデビュー。第8回新人王を獲得し、28年12月にはラソー・バターン（フィリピン）にKO勝ちして東洋（現・東洋太平洋）フェザー級王座を獲得、戦後初の日本人東洋チャンピオンとなった。以後、6度の防衛に成功。34年網膜剥離のため引退。戦績は69戦54勝（KO33）10敗5分け。フィリピンの名ボクサー、フラッシュ・エロルデと全盛するッシュ・エロルデと全盛するッシュ実力者だったが、世界戦挑戦の機会に恵まれなかった。引退後は東京都内のジムでトレーナーとして修行し、経営も勉強。40年東京・下北沢に金子ボクシングジムを開設、会長として後進の指導にあたった。また、49年弟と台一環境という害虫駆除の会社を興し、実業の世界でも活躍した。

金子 重治　かねこ・しげはる　歌人　㊥平成28年（2016）4月18日　84歳　㊥秋田工〔昭和27年〕卒　㊥昭和27年より秋田県土地改良事業団体連に勤務、八郎潟干拓事業の調査、測量作業に従事する。59年から同連事業部次長。この間、地元の歌人に師事して短歌を作り続け、39年歌会始に初入選。64年再入選を果たした。

金子 スミ子　かねこ・すみこ　水俣市立水俣病資料館語り部　水俣病の語り部　㊥平成28年（2016）4月9日　84歳〔心不全〕　㊥昭和6年（1931）　㊥熊本県水俣市　㊥昭和47年水俣病に認定される。夫を水俣病で亡くし、長男と三男も認定患者に。二男は生後間もなく亡くなった。魚を食べていない三男も水俣病であると直感し、原田正純医師の胎児性水俣病発見につながった。平成14年から水俣市立水俣病資料館の語り部を務

め、家族ぐるみで水俣病に苦しんだ体験を語った。同年と25年の水俣病犠牲者慰霊式で患者・遺族を代表して“祈りの言葉”を述べた。

金子 松樹　かねこ・まつき　長野県議（県政会）　[没]平成29年（2017）7月19日　91歳　[生]大正14年（1925）9月7日　[出]長野県諏訪市　[学]名古屋逓信講習所〔昭和16年〕卒　[歴]諏訪市役所に入り、水道温泉部長、昭和56年収入役、58年助役などを歴任。62年自民党より諏訪市選出の長野県議に初当選。平成11年前副議長の死去に伴い、副議長を約2ケ月務めた。同年引退。3期。[家]二女＝金子ゆかり（諏訪市長・長野県議）

か

金子 満広　かねこ・みつひろ　衆院議員（共産党）　日本共産党副委員長　[没]平成28年（2016）4月18日　91歳〔脳内出血〕　[生]大正13年（1924）11月17日　[出]群馬県利根郡利根村（沼田市）　[学]東京鉄道教習所〔昭和19年〕卒　[歴]昭和19年東京鉄道教習所を卒業、電気機関士として働く。21年共産党に入党。国鉄労働組合高崎支部書記長を務めたが、24年レッドパージで解雇され、党の常任活動家となった。45年党書記局次長。47年旧東京8区から衆院議員に当選。58年落選、61年再選。平成5年落選。8年の総選挙では比例区北関東ブロックで1位当選を果たし返り咲く。通算6期務めた。この間、昭和57年書記局長、平成2年副委員長を歴任。12年引退。著書に「70年問題と統一戦線」「70年代の大衆運動」「反帝統一国際戦線」「原水爆禁止運動の原点」「売上税葬送記」などがある。

金子 勇三　かねこ・ゆうぞう　北越製紙専務　[没]平成27年（2015）6月15日　76歳〔肺炎〕　[生]昭和13年（1938）8月3日　[出]新潟県　[学]中央大学経済学部〔昭和36年〕卒　[歴]昭和36年北越製紙（現・北越紀州製紙）に入社。平成3年取締役、9年常務を経て、12年専務。15年顧問。

金子 芳雄　かねこ・よしお　慶応義塾大学名誉教授　[専]行政法　[没]平成29年（2017）8月13日　92歳〔老衰〕　[生]大正14年（1925）5月23日　[出]東京都　[学]慶応義塾大学法学部〔昭和25年〕卒　[歴]慶応義塾大学法学部助手、助教授、教授を経て、平成2年名誉教授。同年関東学園大学法学部教授、2～6年法学部長、6～8年大学院法学研究科長。著書に「行政法総論」「住民訴訟の諸問題」「地方自治法」などがある。　[団]日本公法学会，日本租税法学会

兼坂 光則　かねさか・みつのり　新光証券会長　[没]平成28年（2016）4月16日　73歳　[生]昭和18年（1943）1月9日　[出]東京都　[学]東京大学法学部〔昭和41年〕卒　[歴]昭和41年日本興業銀行に入行。総合企画部長を経て、平成6年取締役、9年常務、12年みずほホールディングス常務執行役員、14年新光証券（現・みずほ証券）顧問、同年副会長、15年会長に就任。

金田 和枝　かねだ・かずえ　児童文学作家　[没]平成28年（2016）12月28日　86歳〔老衰〕　[生]昭和5年（1930）　[出]東京都品川区　[学]安達高〔昭和24年〕卒　[歴]戦時中、福島県二本松市に疎開。昭和24年より小学校教諭を務め、57年退職。福島県岩代町教育委員長も務めた。児童文学作家としても活動し、著書に「智恵子と光太郎」、共著に「消えたカナリヤ・ふしあな物語・小さな駅のむくれっ子」などがある。　[団]日本児童文学者協会

金田 幸三　かねだ・こうぞう　ニチレイ社長　和洋学園理事長　[没]平成29年（2017）6月15日　89歳〔脳梗塞〕　[生]昭和3年（1928）6月10日　[出]福島県白河市横町　[学]東京大学農学部農業経済学科〔昭和27年〕卒　[歴]昭和27年日本冷蔵に入社。47年高松支社長、50年取締役、52年常務、56年専務を経て、58年社長に就任。60年ニチレイと改称。平成5年会長、11年相談役。昭和61年日本冷凍食品協会会長。平成18～27年和洋学園理事長。　[賞]藍綬褒章〔平成1年〕，勲二等瑞宝章〔平成13年〕，福島県外在住功労者知事表彰〔平成12年〕

金田 弘人　かねた・ひろと　一関一高校長　[没]平成27年（2015）12月27日　81歳〔心不全〕　[生]昭和9年（1934）1月7日　[出]宮城県登米市　[学]東北大学大学院　[歴]宮古北高、花巻北高、一関一高の各校長を歴任。岩手県国民健康保険団体連合会の広報誌「岩手の保健」の編集者も務めた。

金久 武晴　かねひさ・たけはる　神戸大学名誉教授　[専]微生物生化学　[没]平成27年（2015）3月13日　89歳〔老衰〕　[生]大正14年（1925）10月8日　[出]京都府京都市　[学]北海道大学理学部〔昭和27年〕卒　[歴]昭和27年神戸大学助手、37年講師、40年助教授を経て、47年教授。

兼光 秀郎　かねみつ・ひでお　上智大学名誉教授　[専]国際経済学　[没]平成27年（2015）4月1日　82歳〔進行性核上性まひ〕　[生]昭和7年（1932）10月28日　[出]兵庫県神戸市　[学]東京大学経済学部〔昭和31年〕卒，ミネソタ大学大学院〔昭和40年〕博士課程修了　Ph.D.　[歴]昭和40年上智大学講師、41年助教授を経て、47年教授。平成5年から2年間、経済学部長。10年退職後、東京国際大学教授。著書に「国際経済政策 サミット・保護主義・ガットの世界」「経済学の射程と可能性―教育・価値観・国際経済システム・軍備」などがある。　[賞]日経・経済図書文化賞（第35回）〔平成4年〕「国際経済政策 サミット・保護主義・ガットの世界」　[団]日本経済学会

兼本 邦興　かねもと・くにおき　富士電機製造常務　[没]平成29年（2017）4月8日　98歳　[生]大正7年（1918）8月13日　[出]京都府　[学]京都帝国大学経済学部〔昭和17年〕卒　[歴]昭和17年富士電機製造（現・富士電機）に入社。45年取締役を経て、49年常務。51年富士電機冷機社長社長に就任。57年会長、59年相談役。

狩野 禎男　かの・さだお　建具職人　高知県建具協同組合理事長　[没]平成29年（2017）8月12日　91歳〔多臓器不全〕　[生]大正15年（1926）7月19日　[出]高知県高知市　[学]高知工芸青年学校卒　[歴]昭和23年より狩野建具店に勤務、33年から狩野建具工芸を経営。47年高知市建具協会理事長、53年～平成14年高知県建具協同組合理事長を務めた。　[賞]勲五等瑞宝章，産業功労賞，労働大臣賞，通商産業大臣賞

狩野 琇鵬　かの・しゅうほう　能楽師（喜多流シテ方）　喜多流職分　喜多流喜秀会理事長　[没]平成28年（2016）7月24日　79歳〔肝不全〕　[生]昭和12年（1937）1月2日　[出]熊本県熊本市　[名]本名＝狩野丹秀（かの・たんしゅう）　[学]第一高〔昭和30年〕卒　[歴]肥後熊本藩のお抱え絵師の家柄で、喜多流シテ方である狩野勇雄の三男。友枝為城、喜多実に師事し、昭和27年「経政」

のシテで初舞台を踏む。33年喜多流宗家に内弟子として入門。37年喜多流職分。43年熊本で能楽団体の三ツ木の会を創設。毎年春に熊本市の健軍神社で「花の薪能」を開催するなど熊本での能楽の発展に尽くした。58年喜多流喜秀会理事長、61年日本能楽会会員。海外公演にも取り組み、平成4年には福岡県久留米市にあった能舞台をフランス・エクサンプロバンス市に寄贈した。 [賞]くまもと県民文化賞〔平成7年〕, 熊本県文化懇話会賞〔平成13年〕, 熊日賞〔平成24年〕 [家]父＝狩野勇雄（能楽師）, 妻＝狩野師華（画家） [師]師＝友枝為城, 喜多実

狩野 直禎 かの・なおさだ 京都女子大学学長・名誉教授 [専]中国古代史 [没]平成29年（2017）2月7日 87歳〔急性大動脈解離〕 [生]昭和4年（1929）11月8日 [出]東京都 [学]京都大学文学部史学科東洋史専攻〔昭和28年〕卒 [歴]昭和36年聖心女子大学助教授を経て、46年より京都女子大学文学部教授。平成5～9年同大学長を務めた。著書に「諸葛孔明」「史記『人間学』を読む」「三国志の知恵」「韓非子の知恵」などがある。 [団]東方学会, 道教学会, 東洋史研究会, 史学研究会

嘉納 愛子 かのう・あいこ 声楽家（メゾソプラノ） 相愛大学名誉教授 [没]平成28年（2016）3月29日 109歳〔老衰〕 [生]明治40年（1907）1月1日 [出]大阪府大阪市 [名]旧姓・名＝金森 [学]東京音楽学校（現・東京芸術大学）〔昭和3年〕卒 [歴]3姉妹の末っ子として大阪に生まれる。歌が好きで東京音楽学校（現・東京芸術大学）に進学。卒業後は、知人の紹介で作曲家・山田耕筰に師事。日本歌曲を学びながら、山田とともに演奏会や大阪BK（NHK大阪放送局）のラジオ放送に出演し、歌手として活躍。昭和9年山田の仲人で酒造家の嘉納鉄夫と結婚して引退。24年相愛女子専門学校（現・相愛大学）からの熱心な誘いを受けて教壇に立ち、音楽界に復帰。大阪教育大学、大阪樟蔭女子大学、大阪芸術大学の教授を歴任。100歳を過ぎてからも声楽家として活躍し、大阪市阿倍野区の自宅で後進の指導に力を注いだ。著書に「107歳―生きるならきれいに生きよう！」「五十、六十、花なら蕾 七十、八十、花盛り」がある。 [賞]勲四等宝冠章〔昭和58年〕 [家]夫＝嘉納鉄夫（酒造家） [師]師＝ネトケ・レーヴェ, 山田耕筰

加納 時男 かのう・ときお 参院議員（自民党） 東京電力副社長 [専]エネルギー政策 [没]平成29年（2017）1月17日 82歳〔心不全〕 [生]昭和10年（1935）1月5日 [出]東京都千代田区 [名]本名＝加納時男（かのう・ときお） [学]東京大学法学部〔昭和32年〕卒, 慶応義塾大学経済学部〔昭和39年〕卒 [歴]昭和32年東京電力に入社。国際科学博覧会の電力館館長などを歴任し、61年関連事業部長、63年原子力本部副本部長、平成元年取締役、7年常務を経て、9年副社長。同年退任。昭和54年より東京大学非常勤講師も務めた。国際エネルギー問題の第一人者で、平成7年ウラン協会副会長となり、8年日本人としては初めて会長に就任。10年参院選比例区で当選、2期。20年福田康夫改造内閣で国土交通副大臣。22年引退。著書は「なぜ『原発』か」「エネルギー最前線」「日本エネルギー戦略」など多数。 [賞]旭日重光章〔平成22年〕, エネルギーフォーラム普及啓発賞（第10回）〔平成2年〕「なぜ原発か」 [団]太平洋経済協力会議（PECC）日本委員会, 鉱産物/エネルギーフォーラム（名誉委員長）, 世界原子力協会

加納 俊治 かのう・としはる 和紙工芸家 日展参与 [専]小原和紙工芸 [没]平成27年（2015）9月19日 86歳〔肺炎〕 [生]昭和4年（1929） [出]愛知県西加茂郡小原村（豊田市） [学]東京外国語大学中退 [歴]東京外国語大学在学中の昭和23年、郷里の愛知県小原村（現・豊田市）に疎開していた工芸家の藤井達吉と出会い、大学を中退して師事。その勧めで小原に伝わる手漉き和紙の伝統を受け継いだ創作活動に取り組み、33年日展に初入選。45年「開扉」、47年「開曠」で日展特選。54年日展会員、61年評議員、平成21年参与。2年日本現代工芸美術展内閣総理大臣賞を受賞。紙工芸の中でも白くすけて見えるソフトな感覚に、ぬくもりを感じさせる独創的な作品で人気を集めた。 [賞]豊田芸術選奨〔平成1年〕, 愛知県芸術文化選奨（平成7年度）〔平成8年〕, 豊田文化賞〔平成12年〕, 中日文化賞（第67回）〔平成26年〕, 日展特選（昭和45年度・47年度）「開扉」「開曠」, 日本現代工芸美術展内閣総理大臣賞（第29回）〔平成2年〕「雪の朝」 [団]日展, 現代工芸美術協会 [師]師＝藤井達吉

狩野 久宣 かのう・ひさのり JFEエンジニアリング社長 [没]平成29年（2017）3月12日 66歳〔胃がん〕 [出]福岡県 [歴]JFEスチール専務執行役員、JFEエンジニアリング社長を務めた。

鹿目 尚志 かのめ・たかし グラフィックデザイナー 鹿目デザイン事務所主宰 [専]パッケージデザイン [没]平成29年（2017）9月2日 90歳〔急性呼吸器不全〕 [生]昭和2年（1927） [出]北海道根室郡根室町（根室市） [名]本名＝鹿目尚之（かのめ・たかし） [学]東京美術学校（現・東京芸術大学）油絵科〔昭和25年〕卒 [歴]昭和25年鹿目デザイン事務所を設立。シャンプー容器など、日用品のパッケージデザインを数多く手がけた。著書に「4人の箱」がある。 [賞]日本パッケージデザイン協会会員賞〔昭和51年〕, ニューヨークADC日本のグラフィックデザイン展銀賞〔昭和52年〕, 日本パッケージング展通産省産業局長賞, 遊びの木箱展優秀賞〔昭和62年〕, JPDA1989PACKAGE DESIGN AWARD IN JAPAN特賞〔平成1年〕, ADC賞〔平成4年〕, パッケージデザイン大賞・金賞・銀賞〔平成4年〕, 日本パッケージデザイン大賞・金賞〔平成21年〕「福寿園京都本店ブランディング計画」 [団]日本パッケージデザイン協会, 日本グラフィックデザイナー協会, 東京デザイナーズスペース [家]妻＝鹿目かよこ（絵本作家）

佳梯 かこ かはし・かこ 女優 [没]平成28年（2016）4月20日 58歳〔急性心不全〕 [出]愛知県名古屋市 [名]本名＝高橋卓子（たかはし・たかこ） [歴]劇作家の北村想が主宰した名古屋の劇団プロジェクト・ナビの看板女優として活躍。客演も多く、平成13年二人芝居「杏仁豆腐のココロ」で名古屋芸術創造賞を受けた。テレビドラマ「エスパー魔美」「七色のおばんざい」などにも出演した。 [賞]名古屋芸術創造賞〔平成13年〕「杏仁豆腐のココロ」

加畑 達夫 かばた・たつお 山形県立米沢女子短期大学名誉教授 [専]英文学 [没]平成29年（2017）6月4日 74歳〔心不全〕 [生]昭和18年（1943）3月16日 [学]東北

大学文学部英文学科〔昭和45年〕卒, 東北大学大学院文学研究科〔昭和47年〕修了　[歴]昭和47年東北大学文学部助手、50年山形県立米沢女子短期大学講師、55年助教授を経て、平成2年教授。

鏑木 岑男　かぶらき・みねお
⇒松岡 岑男（まつおか・みねお）を見よ

釜井 健介　かまい・けんすけ　豊前市長　[没]平成29年（2017）11月23日　74歳〔低酸素脳症〕　[生]昭和18年（1943）11月8日　[学]青山学院大学経済学部卒　[歴]昭和48年豊前市沖に火力発電所建設が計画されると、作家の松下竜一らと建設差し止めを求めて当時まだ珍しかった"環境権"を主張して提訴。"7人の侍"と呼ばれた原告の一人で、弁護士を立てない本人訴訟で最高裁まで争った。豊前市議を経て、平成9年市長に初当選。4期16年務め、25年引退。　[賞]旭日中綬章〔平成28年〕

か

鎌倉 秀雄　かまくら・ひでお　日本画家　日本美術院業務執行理事　[没]平成29年（2017）3月14日　86歳〔呼吸不全〕　[生]昭和5年（1930）10月27日　[出]東京都　[歴]父は染色家の鎌倉芳太郎。昭和21年16歳で安田靫彦に師事。26年院展に「黒い犬と静物」が初入選、30年以後連続入選。56年日本美術院同人に推挙される。平成元年「鳳凰堂」で院展総理大臣賞を受賞。細やかで柔らかい筆致で、人物、動物、歴史的建造物などを幅広く描いた。　[賞]院展大観賞（第63回・66回）〔昭和53年・56年〕「乳糜供養」「追想王妃の谷」, 院展文部大臣賞（第72回）〔昭和62年〕「阿修羅」, 院展総理大臣賞（第74回）〔平成1年〕「鳳凰堂」　[家]父＝鎌倉芳太郎（染色家）　[師]師＝安田靫彦

鎌田 清衛　かまた・きよえい　写真家　青森県写真連盟会長　[没]平成28年（2016）5月21日　90歳〔脳内出血〕　[生]大正15年（1926）5月18日　[出]青森県南津軽郡浪岡町（青森市）　[学]弘前中卒, 中央無線電信講習所卒　[歴]津軽の風土を撮り続け、写真家の小島一郎にも同行。日本の祭典金賞、世界写真コンテスト入選など受賞も数多い。昭和61年より青森県写真連盟会長を務め、平成16年同顧問に退いた。　[賞]勲五等瑞宝章〔平成12年〕, 青森県文化賞〔平成8年〕, 青森県褒章〔平成11年〕

鎌田 健治　かまた・けんじ　日鉄住金物産専務　[没]平成29年（2017）6月11日　66歳〔多臓器不全〕　[生]昭和26年（1951）3月4日　[出]島根県　[学]京都大学経済学部〔昭和48年〕卒　[歴]昭和48年住友金属工業に入社。鋼管企画室長、関連事業部長、監査役室長を経て、平成15年住金物産（現・日鉄住金物産）執行役員、16年常務執行役員、のち専務。

鎌田 弘子　かまた・ひろこ　歌人　鎌倉彫作家　「むべ」代表　[専]古典文学と工芸意匠　[没]平成29年（2017）1月22日　85歳　[生]昭和6年（1931）7月24日　[出]東京府荏原郡新井宿町（東京都大田区）　[名]旧姓・名＝柳田　[学]綾部高女〔昭和24年〕卒, 慶応義塾大学文学部国文専攻〔昭和58年〕卒　[歴]疎開先の京都で短歌を始める。「アララギ」を経て、昭和26年「塔」創刊に参加。31年「未来」に入会。むべ短歌会講師を務める。また、36年鎌倉彫に入門し、のち師範。平成13年ぎゃらり大倉で個展。歌集に「海」「母」「郁子と梟」「夏の日」「石の門」「坂の道」「時の意味」、他の著書に「和歌の風景・美の空間」「刀と漆の歳月―郁子と柘榴」などがある。　[賞]アートジャーナル社工芸部門大賞（平成16年度）　[団]三田文学会, 和学文学会, 現代歌人協会, 日本文芸家協会

鎌田 勇平　かまた・ゆうへい　秋田杉工芸職人　樽富かまた当主　[没]平成29年（2017）4月11日　84歳　[生]昭和8年（1933）　[歴]140年以上続く秋田杉の桶・樽製造業の樽富かまたの第11代当主。昭和46年頃プラスチックの普及などで桶などの需要が激減したことから樽造り技術を応用した秋田杉の手作り工芸品作りに取り組み、フルーツボウル、ジョッキ、はし置きなどの日用品も製作。60年伝統工芸士に認定。平成7年現代の名工に選ばれた。　[賞]黄綬褒章〔平成15年〕, 能代市商工祭秋田県知事賞（4回）, 現代の名工〔平成7年〕

かまやつ・ひろし　ミュージシャン　[没]平成29年（2017）3月1日　78歳〔膵臓がん〕　[生]昭和14年（1939）1月12日　[出]東京都　[名]本名＝釜萢弘（かまやつ・ひろし）, 別称＝ムッシュかまやつ, グループ名＝スパイダース　[学]青山学院高卒　[歴]父は日本ジャズ界の草分け・ティーブ釜萢で、フォーク歌手の森山良子は従妹。叔父や長男もミュージシャンという音楽一家。青山学院在学中にカントリー＆ウエスタンのバンドを組み、米軍キャンプなどで演奏を始める。昭和33年小坂一也とワゴン・マスターズに歌手として加わり、日劇ウエスタンカーニバルなどに出演。35年「殺し屋のテーマ」でソロデビューを果たし、ロカビリー界において井上ひろし、水原弘と並んで"三人ひろし"と呼ばれた。米国に音楽留学した後、田辺昭知率いるグループサウンズ（GS）のザ・スパイダースに加入、ギターとソングライティングを担当。いち早くビートルズやキンクスといった英国のロック音楽を取り入れるなどバンドの音楽面を主導し、当時では珍しく自作自演による楽曲作りを進め、40年自身の作詞・作曲による「フリフリ」でデビュー。以後、「ノー・ノー・ボーイ」「バン・バン・バン」「あの時君は若かった」「いつまでもどこまでも」といったバンドの代表曲を手がけ、日本におけるロック黎明期に確かな足跡を残した。45年初のソロアルバム「ムッシュー～かまやつひろしの世界」をリリース。47年和製グラム・ロックのウォッカ・コリンズに参加する傍ら、ガロやジ・アルフィーなど新進のグループとの共演や楽曲提供も盛んに行い、荒井由実（松任谷由実）のデビューシングル「返事はいらない」のプロデュースも手がけた。50年吉田拓郎の作詞・作曲による「我が良き友よ」を唄い大ヒット。温厚で飄々とした佇まいで、ドラマ「時間ですよ」「学問のススメ」などに出演し俳優としても活動。平成11年ザ・スパイダースの仲間である堺正章、井上堯之とソン・フィルトルを結成してNHK「紅白歌合戦」に出場。70歳を過ぎた25年には20代のKenKen（ベース）、10代の山岸竜之介（ギター）とファンクトリオ・LIFE IS GROOVEを結成、最晩年までロックフェスティバルなどのステージに立った。数々のアーティストにカバーされているアニメ「はじめ人間ギャートルズ」のエンディングテーマ「やつらの足音のバラード」の作曲者でもあり、「我が良き友よ」のB面である「ゴロワーズを吸ったことがあるかい」も斬新な楽曲で評価が高い。"ムッシュ"の愛称で知られ、長髪にニット

帽姿がトレードマークだった。自伝「ムッシュ！」がある。 [賞]FNS歌謡祭グランプリ最優秀ヒット賞（第2回）〔昭和50年〕，日本レコード大賞功労賞（第54回）〔平成24年〕 [家]父＝ティーブ釜范（ジャズ歌手），長男＝TAROかまやつ（ミュージシャン）

上 笙一郎 かみ・しょういちろう 児童文化評論家 [専]児童文学，児童文化，児童史 [没]平成27年（2015）1月29日 81歳〔脳内出血〕 [生]昭和8年（1933）2月16日 [出]埼玉県飯能市 [名]本名＝山崎健寿（やまざき・けんじゅ） [学]文化学院文科〔昭和29年〕卒 [歴]小学生雑誌に雑文を寄稿。児童文学の世界に魅せられて創作から批評・研究へ進み、さらに児童文化研究を経て、児童史研究家となる。昭和62年～平成4年梅花女子大学児童文学科に勤務。9年名作童謡詩集を原本に忠実に復刻した「叢書・日本の童謡」を出版した。他の著書に「児童文学概論」「日本児童文学の思想」「日本の児童文化」「満蒙開拓青少年義勇軍」「児童出版美術の散歩道」「与謝野晶子の児童文学」「日本児童史の開拓」「日本子育て物語」「日本児童文学研究史」「日本児童文学学会四十年史」「日本童謡事典」「日本の童画家たち」「失われたこころ」、夫人との共著に「日本の幼稚園」「光ほのかなれども―二葉保育園と徳永恕」などがある。 [賞]毎日出版文化賞〔昭和41年〕「日本の幼稚園」，日本保育学会日私幼賞〔昭和56年〕「光ほのかなれども」，日本児童文学学会賞特別賞（第13回）〔平成1年〕「日本児童史の開拓」，日本童謡賞〔平成19年〕「日本童謡事典」，三越左千夫少年詩賞特別賞〔平成19年〕「日本童謡事典」 [団]日本児童文学学会，日本子ども社会学会，日本児童文学者協会，日本文芸家協会 [家]妻＝山崎朋子（女性史研究家）

神内 久綱 かみうち・ひさつな 社会党愛媛県本部書記長 [没]平成29年（2017）6月6日 89歳〔誤嚥性肺炎〕 [生]昭和3年（1928）6月3日 [出]愛媛県東宇和郡城川町（西予市） [学]宇和農〔昭和21年〕卒 [歴]昭和52年社会党愛媛県本部書記長。58年、61年社会党公認で参院選愛媛選挙区に立候補した。

神浦 元彰 かみうら・もとあき 軍事ジャーナリスト 日本軍事情報センター所長 [没]平成28年（2016）5月4日 66歳 [生]昭和24年（1949）7月7日 [出]広島県世羅郡世羅西町（世羅町） [学]国泰寺高定時制〔昭和46年〕卒，東京写真専門学院中退 [歴]中学卒業後、陸上自衛隊少年工科学校入学。3年後中退し、国泰寺高校定時制を卒業。その後、東京写真専門学院に入るが反戦運動で中退。報道カメラマンを経て、昭和52年から軍事ジャーナリストとして活動。テレビやラジオにも軍事コメンテーターとして出演した。著書に「日本の最も危険な日―軍事学の秘密 誰も言わなかった事実のすべて」「北朝鮮消滅」、小説「北朝鮮 最後の謀略（シナリオ）」などがある。

上尾 龍介 かみお・りゅうすけ 九州大学名誉教授 [専]中国文学 [没]平成29年（2017）5月4日 91歳〔老衰〕 [生]大正15年（1926）4月7日 [出]熊本県 [学]九州大学文学部中国文学科〔昭和28年〕卒 [歴]昭和19年宮崎中学を卒業、東亜同文会北京興亜学院に入学。20年3月学徒召集され陸軍二等兵として支那派遣軍に配属される。戦後はシベリア、北朝鮮での抑留を経て、22年3月復員した。23年愛知大学予科入学。25年九州大学文学部に入学し、中国文学を専攻。28年福岡大学附属大濠高校教諭、33年純真女子短期大学講師。44年九州大学教官となり、同大教養部助教授を経て、59年教授。同大留学生教育センター（現・留学生センター）の設立に尽力して初代センター長を務めた他、留学生と日本人学生、教職員との交流親睦団体・九親会（九大国際親善会）の担当教官を長く務め、59年「留学生たちの日本」を出版。平成2年退官後は、9年まで福岡女学院大学教授。28年シベリア抑留体験をまとめた手記「一塊のパン〈上下〉―ある学徒兵の回想」で第2回シベリア抑留記録・文化賞を受賞した。他の著書に「一片の冰心―ある学徒兵の戦後」などがある。 [賞]シベリア抑留記録・文化賞（第2回）〔平成28年〕「一塊のパン〈上下〉―ある学徒兵の回想」 [団]日本中国学会 [家]妻＝野田春子（詩人）

神垣 守 かみがき・まもる 弁護士 神戸弁護士会会長 [没]平成27年（2015）1月18日 86歳〔肺がん〕 [生]昭和3年（1928）11月26日 [出]兵庫県神戸市 [学]関西大学法学部〔昭和25年〕卒 [歴]昭和25年兵庫県庁に入る。27年司法試験に合格、32年弁護士登録。47年神戸弁護士会副会長、59年会長を務め、同年～60年日弁連理事、62年近畿弁護士会連合会理事長を歴任した。 [賞]勲四等旭日小綬章〔平成11年〕 [団]兵庫県弁護士会

上川 庄二郎 かみかわ・しょうじろう 神戸市消防局長 [没]平成27年（2015）11月26日 80歳 [生]昭和10年（1935）3月30日 [出]兵庫県 [学]神戸大学法学部卒 [歴]昭和35年神戸市役所に入る。神戸市理財局予算係長、交通局高速鉄道部管理課長、神戸新交通総務部長、サンテレビジョン取締役、神戸市市長総局調査部長などを経て、消防局長。平成7年1月阪神・淡路大震災が発生、消化・救助活動を指揮した。同年3月退任。著書に「汽車の詩」、写真集「汽車の詩」などがある。

神川 忠雄 かみかわ・ただお 近畿大学名誉教授 [専]有機化学，天然物有機化学 [没]平成29年（2017）11月14日 83歳〔膵臓がん〕 [生]昭和9年（1934）3月7日 [出]大阪府大阪市 [学]大阪市立大学大学院理学研究科化学専攻〔昭和37年〕博士課程修了 理学博士 [歴]近畿大学理工学部化学科教授を務めた。共著に「有機化学演習」「基礎有機化学演習」がある。 [団]日本化学会，American Chemical Society, The Royal Society of Chemistry

神蔵 器 かみくら・うつわ 俳人 「風土」主宰 [没]平成29年（2017）7月26日 90歳〔慢性呼吸不全〕 [生]昭和2年（1927）2月22日 [出]東京都南多摩郡鶴川村能ケ谷（町田市） [名]本名＝神蔵政彰（かみくら・まさあき） [学]明治大学文芸科中退 [歴]昭和22年郷里の東京都鶴川村に移り住んでいた石川桂郎を訪問、師事。同年「壺」に投句。24年「麦」に移り、37年再び桂郎に師事、「風土」に拠る。39年「風土」同人。51年「風土」集選者。53年俳人協会賞予選委員。54年「風土」4代目主宰。句集に「二代の甕」「有今」「能ケ谷」「貴椿（あてつばき）」「幻」「月の道」「氷輪」「月虹」などがある。 [賞]俳人協会賞（第41回）〔平成14年〕「貴椿」 [団]俳人協会，日本文芸家協会，日本ペンクラブ [師]師＝石川桂郎

上島 建吉 かみじま・けんきち 東京大学名誉教授 [専]英文学 [没]平成27年（2015）7月2日 83歳〔肺炎〕

[生]昭和6年(1931)9月11日　[出]東京都　[学]東京大学大学院人文科学研究科英語英文学専攻〔昭和32年〕修士課程修了　[歴]東京大学教養部助教授、教授を経て、岐阜女子大学教授。著書に「虚空の開拓―イギリス・ロマン主義の軌跡」、訳書にL.R.ファースト「ロマン主義」、マーティン・ガードナー「SFパズル」などがある。　[団]日本英文学会, イギリス・ロマン派学会

神野 三男　かみの・みつお　名古屋鉄道副社長　[没]平成28年(2016)3月23日　100歳〔老衰〕　[生]大正4年(1915)10月27日　[出]愛知県名古屋市　[学]東京帝国大学経済学部〔昭和14年〕卒　[歴]昭和24年名鉄に入社。34年取締役、39年常務、42年副社長、46年相談役を経て、同年名鉄グランドホテル社長、平成4年会長。愛知県公安委員長も務めた。　[賞]藍綬褒章〔昭和54年〕, 勲三等瑞宝章〔昭和61年〕　[家]父＝神野三郎(中部ガス創業者), 兄＝神野太郎(中部ガス社長), 祖父＝神野金之助(1代目)(名古屋電気鉄道社長)

上東 保　かみひがし・たもつ　日本金銭機械創業者　[没]平成27年(2015)5月4日　87歳〔腎不全〕　[生]昭和2年(1927)10月28日　[出]大阪府　[学]関西大学経済学部卒　[歴]昭和30年日本金銭機械を創業。社長、特別顧問を歴任。平成5年大証第2部に上場。6年取締役名誉会長。12年東証第2部、16年同第1部に上場した。

上村 一　かみむら・はじめ　環境事務次官　[没]平成27年(2015)1月10日　89歳〔肺炎〕　[生]大正14年(1925)7月16日　[出]山口県防府市　[学]今宮中〔昭和17年〕4年修了, 大阪高〔昭和19年〕卒, 東京大学法学部政治学科〔昭和23年〕卒　[歴]昭和23年厚生省(現・厚生労働省)に入省。49年児童家庭局長、50年薬務局長、52年社会局長、53年環境庁(現・環境省)企画調整局長を経て、54年環境事務次官。退官後は、55年社会福祉事業振興会会長、59年離婚制度研究会座長、60年社会福祉・医療事業団理事長、63年医薬品副作用被害救済・研究振興基金理事長を経て、東京厚生年金会館館長、平成12年恩賜財団母子愛育会理事長を歴任した。　[賞]勲二等旭日重光章〔平成7年〕

神谷 英山　かみや・えいざん　書家　毎日書道展審査会員　[没]平成27年(2015)11月5日　55歳〔直腸がん〕　[名]本名＝神谷英昭(かみや・ひであき)

神谷 滋厚　かみや・しげひろ　明和産業常務　[没]平成27年(2015)12月24日　90歳〔胃がん〕　[生]大正14年(1925)11月20日　[出]東京都　[学]東京商科大学附属商学専門部〔昭和20年〕卒　[歴]昭和22年明和産業に入社。取締役を経て、60年常務。

神谷 堪正　かみや・じんせい　写真家　沖縄県写真文化協会会長　[没]平成29年(2017)2月28日　79歳〔肺炎〕　[生]昭和12年(1937)　[出]沖縄県那覇市首里　[歴]九州写真師会連盟支部長、日本写真文化協会支部長などを歴任した。写真集に「残しておきたい琉球文化財遺産」がある。　[賞]沖縄県営業写真家協会展県知事賞〔昭和49年〕, 日本肖像写真家協会年間最優秀作品展金賞〔昭和53年〕

神谷 忠　かみや・ただし　名古屋大学教授　愛知県赤十字血液センター所長　[専]内科学　[没]平成28年(2016)9月6日　77歳　[生]昭和13年(1938)11月14日　[出]愛知県西尾市　[学]日本医科大学医学部卒　医学博士　[歴]名古屋大学附属病院助手を経て、教授、愛知県赤十字血液センター所長を務めた。

神宮 典夫　かみや・のりお　西南学院大学法学部法律学科教授　[専]ローマ史, ローマ法　[没]平成28年(2016)3月15日　68歳〔膵臓がん〕　[生]昭和22年(1947)9月20日　[出]秋田県秋田市　[学]慶応義塾大学法学部法律学科卒, 東京大学大学院法学政治学研究科基礎法学専攻博士課程修了　[歴]西南学院大学法学部法律学科教授を務めた。

神谷 尚男　かみや・ひさお　最高検検事総長　法務事務次官　[専]刑事訴訟法　[没]平成27年(2015)2月6日　100歳〔老衰〕　[生]大正3年(1914)4月17日　[出]大阪府　[学]静岡高卒, 東京帝国大学法学部〔昭和12年〕卒　[歴]昭和13年検事に任官。29年の保全経済会事件では主任検事として捜査を指揮。35年法務省刑事局総務課長、36年官房人事部長、39年札幌地検検事正、40年最高検検事、43年東京高検次席検事、45年東京地検検事正、47年法務事務次官、50年東京高検検事長を経て、52年最高検検事総長に就任。54年退官後は弁護士となり、58年からは帝京大学教授を務めた。　[賞]勲一等瑞宝章〔昭和61年〕　[資]弁護士

上山 滋太郎　かみやま・しげたろう　独協医科大学名誉教授　春祺荘施設長　[専]法医学　[没]平成28年(2016)2月15日　83歳〔病気〕　[生]昭和8年(1933)1月13日　[学]千葉大学医学部医学科卒, 千葉大学大学院医学研究科法医学専攻博士課程修了　医学博士　[歴]独協医科大学医学部教授、栃木県の介護老人保健施設・春祺荘施設長を務めた。共編に「標準法医学・医事法制」がある。

上山 そと枝　かみやま・そとえ　箏曲家　石川県箏曲連盟副会長　[没]平成27年(2015)11月4日　90歳　[歴]石川県箏曲連盟副会長、石川県邦楽舞踊協会常任理事、宮城社大師範を務めた。　[賞]石川県文化功労賞〔平成25年〕

亀井 明徳　かめい・あきのり　専修大学文学部教授　[専]貿易陶磁研究　[没]平成27年(2015)3月23日　75歳　[生]昭和14年(1939)4月30日　[学]静岡大学文理学部文学科卒, 九州大学大学院文学研究科考古学専攻修士課程修了　文学博士　[歴]専修大学文学部助教授を経て、教授。中国陶磁について貿易陶磁的視点から研究ののち、生産地中国本土の実態調査を進め、多くの業績を上げた。著書に「日本貿易陶磁史の研究」「中国陶瓷史の研究」「博多唐房の研究」などがある。　[賞]小山冨士夫記念賞(第16回)〔平成7年〕　[団]東洋陶磁学会, 日本考古学協会, 日本貿易陶磁研究会

亀井 励　かめい・つとむ　京都新聞編集局編集委員室長　京都シベリア抑留死亡者遺族の会会長　[専]シベリア抑留問題　[没]平成28年(2016)2月9日　80歳〔急性呼吸不全〕　[生]昭和10年(1935)5月4日　[出]京都府加佐郡大江町(福知山市)　[学]早稲田大学第一政治経済学部卒　[歴]昭和34年京都新聞社に入社。政経部長、両丹総局長、学芸部長、58年編集委員、62年文化センター長、平成2年編集委員長、3年編集委員室長(局長同等)。4年社長室付き。5～8年京都新聞事業社長。この間、5年に京都シベリア抑留死亡者遺族の会を設立

し、会長。著書に「シベリア抑留者と遺族はいま」「シベリア抑留って？」がある。

亀井 利明　かめい・としあき　経営評論家　関西大学名誉教授　[専]リスクマネジメント論, 企業危機管理論, 保険論　[没]平成28年(2016)1月14日　85歳〔胃がん〕　[生]昭和5年(1930)10月15日　[出]兵庫県西宮市甲子園町　[学]関西大学経済学部経済学科卒, 神戸大学大学院経営学研究科商学専攻〔昭和33年〕博士課程修了　商学博士(神戸大学)〔昭和40年〕　[歴]関西大学商学部商学科講師を経て、昭和43年教授、のち商学部長。この間、神戸市外国語大学、神戸商科大学、大阪外国語大学、長崎大学、北海道大学、神戸商船大学、大分大学、同志社大学、関西学院大学、甲南大学の非常勤講師を歴任。44年欧州に留学。のち米国ペンシルベニア大学客員研究員として研究に従事。53年日本リスクマネジメント学会を設立して理事長や会長を務める。平成14年日本リスク・プロフェショナル学会会長。吹田市監査委員、大阪市国民健康保険運営協議会会長なども歴任。著書に「海上公害論」「海上保険論」「英国の保険事業」「危険管理論」「マリン・リスクマネジメントと保険制度」「リスクマネジメントの理論と実務」「リスクマネジメント理論」「危機管理とリスクマネジメント」「企業危機管理と家庭危機管理の展開」、編著に「現代リスクマネジメント事典」などがある。　[賞]各務記念賞〔昭和38年〕, 日本リスクマネジメント学会賞〔昭和59年〕, RM文学賞〔平成4年〕　[団]日本保険学会, 日本リスクマネジメント学会, 日本リスク・プロフェショナル学会

亀井 秀雄　かめい・ひでお　評論家　北海道大学名誉教授　小樽文学館館長　[専]日本近代文学史(表現論, 表現史の立場で)　[没]平成28年(2016)6月17日　79歳〔間質性肺炎〕　[生]昭和12年(1937)2月18日　[出]群馬県勢多郡粕川村(前橋市)　[学]北海道大学文学部国文科〔昭和34年〕卒　文学博士　[歴]同人雑誌「序説」や「位置」で評論活動をし、昭和40年「ある文学史論のゆくすえ」が群像新人賞評論部門の候補作品となる。44年「伊藤整の世界」を、45年「中野重治論」を刊行。北海道大学で近代文学を講じながら、近代文学全般にわたる評論活動を行った。平成12年定年退官。12～26年小樽文学館館長も務めた。著書に「小林秀雄論」「身体・表現のはじまり」「個我の集合性―大岡昇平論」「感性の変革」「『小説』論」「明治文学史」「Transformation of Sensibility;phenomenology of Meiji Literature」、松本博との共編著に「朝天虹ヲ吐ク―志賀重昂『在札幌農学校第貮年期中日記』」などがある。　[賞]やまなし文学賞(研究評論部門, 第7回)〔平成11年〕「朝天虹ヲ吐ク―志賀重昂『在札幌農学校第貮年期中日記』」　[団]日本文芸家協会

亀井 文夫　かめい・ふみお　亀井工業ホールディングス社長　茅ケ崎商工会議所会頭　[没]平成29年(2017)3月2日　84歳　[生]昭和7年(1932)10月17日　[出]神奈川県茅ケ崎市　[学]早稲田大学〔昭和30年〕卒　[歴]昭和30年亀井土建に入社して副社長、31年代表取締役。59年亀井工業に社名変更。平成18年亀井工業ホールディングスを設立。茅ケ崎商工会議所会頭、神奈川県建設業協会副会長、神奈川県ゴルフ協会会長などを歴任。27年6～8月神奈川新聞で「わが人生」を連載した。　[賞]黄綬褒章〔平成8年〕, 文部科学省生涯スポーツ功労者表彰〔平成19年〕　[家]息子＝亀井信幸(亀井工業ホールディングス社長)

亀高 京子　かめたか・きょうこ　東京家政学院大学名誉教授　[専]家政学　[没]平成27年(2015)4月3日　89歳〔肺がん〕　[生]大正15年(1926)3月5日　[学]東京女高師卒　[歴]東京家政学院大学教授を務めた。平成18年家政学に関する優れた学術出版物に贈る亀高学術出版賞を設けた。　[賞]常見研究賞

亀渕 友香　かめぶち・ゆか　ゴスペル歌手　[没]平成29年(2017)10月22日　72歳〔肝細胞がん〕　[生]昭和19年(1944)11月3日　[出]北海道札幌市　[名]本名＝亀渕捷子(かめぶち・かつこ), グループ名＝リッキー＆960ポンド, 亀渕友香＆VOJA, JOY　[学]東京声専音楽学校(現・昭和音楽大学)オペラ科中退　[歴]音楽学校在学中ミュージカルに出演しプロの世界へ。昭和43年R&Bグループ・リッキー＆960ポンドのボーカリストとしてデビュー、ヒット曲「ワッハハ」を歌った。その後、好きだったゴスペルの道に進むためバンドを辞めて米国で学び、29歳でソロデビュー。30歳からジャズも歌い始め、ライブハウスで活動。56年にはヨネヤマママコ、作曲家・吉岡しげ美らと、コンサート「もういちどのびやかに」を開催。ミュージカル「アニー」などにも出演。日本のゴスペルシンガーの第一人者として活躍し、ゴスペルグループ・VOICE OF JAPANのリーダーを務めた。平成5年にはコーラスグループ・亀渕友香＆VOJAを結成し、全国を回る。12年シドニー・パラリンピック日本選手団の応援歌「セイ・グッデイ」を歌う。14年にはコーラスユニット・JOYを結成し、アルバム「JOY」をリリース。ボーカル指導者としても多くの歌手を指導。19年ゴスペルを中心としたコーラス学校を開くなど後進の育成に努めた。アルバムに「タッチミーユカ」など。兄は元ニッポン放送社長でラジオパーソナリティーの亀渕昭信。　[家]兄＝亀渕昭信(ニッポン放送社長・ラジオパーソナリティー)

亀山 哲三　かめやま・てつぞう　福島県生活協同組合連合会理事長　ベトナム商工会議所日本代表事務所理事　[没]平成28年(2016)4月8日　91歳〔老衰〕　[生]大正14年(1925)　[出]福島県福島市舟場町　[学]福島高商東亜経済実務講習科, 南洋学院(第1期)〔昭和19年〕卒　[歴]昭和19年戦時下のベトナムに作られた外地校である南洋学院を第1期生として卒業、大建産業に採用されたが、現地徴兵でサイゴン駐屯第二十一師団に入隊。20年8月敗戦で捕虜収容所へ。21年復員。同年6月福島県生活協同組合連合会職員専従となり、常務理事、専務理事、理事長を歴任した。日本生協連福島県代表幹事なども務めた。めばえ幼稚園理事長兼務後、いわき市民生協理事、日越文化協会理事、ベトナム商工会議所日本代表事務所理事。平成8年「南洋学院―戦時下ベトナムに作られた外地校」を出版した。　[賞]福島民報出版文化賞(第20回, 平成9年度)「南洋学院―戦時下ベトナムに作られた外地校」

加茂 公成　かも・こうせい　テニス選手・指導者　[没]平成29年(2017)1月6日　84歳〔心筋梗塞〕　[生]昭和7年(1932)5月10日　[出]東京都　[学]早稲田大学卒　[歴]父国夫の指導の下、自宅のテニスコートで育った4姉弟の

か

末っ子。早大、第一物産（現・三井物産）時代の20代前半に選手として活躍。昭和28年全日本選手権シングルスで兄の礼仁を破って初優勝し、31年はシングルスに加え、礼仁と組んだダブルス、姉の幸子と組んだ混合ダブルスでも優勝して3冠を達成。全日本選手権ではシングルス2回、ダブルス3回、混合ダブルスで4回優勝。28～34年デビス杯（デ杯）日本代表で、30年日本初開催となったデ杯ではフィリピン戦で両足にけいれんを起こしながらも驚異的な粘りで逆転勝ちし、デ杯東洋ゾーン（当時）優勝の立役者となった。同年同じ早大出身の宮城淳と組んで、全米選手権（現在の全米オープン）男子ダブルスで優勝、戦後の日本男子で唯一の4大大会覇者となる。39年デ杯監督。55年末、三井アルミ海外開発室長を最後に三井物産を退職。その後、テニス関係の総合事業会社コシェを設立。テニスコート、施設の造成・運営管理に関するコンサルティングを手がける一方、東京、九州、関西のテニススクールでジュニアの育成にあたった。湯河原ラケットクラブスーパーバイザーも務めた。

鴨田 昌三　かもだ・しょうぞう　宝酒造常務　[没]平成29年（2017）12月31日　87歳〔老衰〕　[生]昭和5年（1930）4月8日　[出]京都府京都市　[学]京都市立一中〔昭和23年〕卒，三高〔昭和24年〕卒，京都大学法学部〔昭和28年〕卒，京都大学大学院法学研究科公法学専攻〔昭和31年〕修了　[歴]昭和31年宝酒造（現・宝ホールディングス）入社。52年取締役、63年常務。

茅 幸二　かや・こうじ　物理化学者　慶応義塾大学名誉教授　岡崎国立共同研究機構分子科学研究所所長　[専]クラスター科学　[没]平成29年（2017）10月30日　81歳〔病気〕　[生]昭和11年（1936）10月20日　[出]北海道　[学]東京大学理学部化学科〔昭和36年〕卒，東京大学大学院理学研究科化学専攻〔昭和41年〕博士課程修了　理学博士　[歴]昭和41年理化学研究所研究員、45年東北大学理学部助教授、48～49年米国ベル研究所研究員、56年慶応義塾大学理工学部教授。のち岡崎国立共同研究機構（現・自然科学研究機構）分子科学研究所所長、理化学研究所和光研究所中央研究所所長、同次世代スーパーコンピュータ開発実施本部副本部長を務めた。分子クラスターの性質を解明し、ナノテクノロジー研究の端緒を開いた。平成17年文化功労者に選ばれた。共著に「クラスター―新物質・ナノ工学のキーテクノロジー」「新しいクラスターの科学」など。　[賞]文化功労者〔平成17年〕，瑞宝重光章〔平成25年〕，日本化学会学術賞（第7回，平成1年度）「準安定分子小集団の物性と反応」，日本化学会賞（第53回，平成12年度）「クラスター化学の創製―二成分複合効果の解明」　[団]日本化学会

榧野 明　かやの・あきら　演劇道具の輸送運転手　[没]平成27年（2015）7月7日　71歳〔多発性骨髄腫〕　[出]島根県八束郡島根町（松江市）　[歴]20代頃に大阪の運送会社のトラック運転手となる。劇団民芸の俳優で演出家の宇野重吉にかわいがられ、宇野の勧めで昭和40年東京で演劇道具専門ドライバーとして独立。劇団民芸の他、俳優座や文学座、劇団四季などの劇団の芝居道具も運ぶ。一方、役者として「裸の大将放浪記」などに出演した他、大道具の仕込み、リハーサルの照明操作、チラシ配りなども経験した。愛称は“三平”。　[賞]ニッセイバックステージ賞（第6回）〔平成12年〕

加屋野 洋　かやの・ひろし　山口学芸大学学長　山口大学名誉教授　[専]応用工学　[没]平成29年（2017）11月9日　80歳〔膵臓がん〕　[生]昭和12年（1937）5月15日　[出]山口県防府市　[学]山口大学文理学部理学科卒　工学博士　[歴]山口大学理学部教授、同学部長を経て、平成17年山口学芸大学学長。19年には山口芸術短期大学学長を兼任した。

茅野 良男　かやの・よしお　大阪大学名誉教授　[専]哲学　[没]平成28年（2016）7月3日　91歳〔急性呼吸器不全〕　[生]大正14年（1925）1月19日　[出]大分県佐伯市　[学]一高文科甲類〔昭和18年〕卒，東京大学文学部哲学科〔昭和24年〕卒　文学博士（京都大学）　[歴]昭和24年東京大学文学部助手、26年熊本大学文学部講師、30年北海道大学文学部助教授、41年教授、43年お茶の水女子大学文教育学部教授を経て、49年大阪大学人間科学部教授。59年～61年同学部長。退官後、大阪国際大学教授を務めた。著書に「ディルタイ」「歴史のみかた」「実存主義入門」「弁証法入門」「ドイツ観念論の研究」「中期ハイデガーの思索と転回」などがある。　[賞]勲二等瑞宝章〔平成14年〕　[団]哲学会，日本哲学会，比較思想学会

嘉陽 正幸　かよう・まさゆき　沖縄県教育長　[没]平成28年（2016）2月11日　81歳　[生]昭和9年（1934）4月12日　[出]沖縄県国頭郡今帰仁村湧川　[学]神戸大学文学部卒　[歴]北部農林高校教諭、西原高校教諭を経て、平成5～7年沖縄県教育長を務める。沖縄県の社会科教育の向上に大きく貢献した。　[賞]瑞宝小綬章〔平成16年〕

嘉陽 宗義　かよう・むねよし　命を守る会代表　[没]平成28年（2016）11月3日　94歳〔肺炎〕　[出]沖縄県名護市辺野古　[歴]沖縄県名護市辺野古の住民で、太平洋戦争で徴兵された際、理不尽に怒られる後輩をかばって自ら体罰を受け、戦場で足を負傷した経験を持つ。米軍普天間飛行場（宜野湾市）の辺野古移設案が浮上した平成8年から基地建設反対の意志を示し、辺野古で座り込みを続ける“命を守る会”に参加。10年同会の中に高齢者で作るグループ・ジュゴンの会を設立し、その代表を務めた。高齢で身体が不自由ながらも、車いすで辺野古の浜のテントを何度も訪れ“嘉陽のオジイ”と親しまれた。

唐神 忠夫　からかみ・ただお　カラカミ観光会長　[没]平成28年（2016）4月10日　77歳〔誤嚥性の窒息〕　[出]北海道虻田郡洞爺村（洞爺湖町）　[歴]カラカミ観光副社長を経て、平成7～10年会長を務めた。　[家]兄＝唐神保夫（カラカミ観光社長），唐神茂夫（カラカミ観光社長），弟＝唐神邦夫（トーホウリゾート社長）

柄沢 好児　からさわ・こうじ　玉虎堂製作所社長　[没]平成29年（2017）1月7日　80歳〔肺炎〕　[出]新潟県燕市　[歴]燕市の玉虎堂製作所社長で、平成15年から日本金属ハウスウェア工業組合理事長を務めた。

唐沢 恪　からさわ・つとむ　名古屋大学名誉教授　[専]アメリカ文学　[没]平成28年（2016）1月21日　82歳　[生]昭和8年（1933）11月15日　[学]東京教育大学大学院文学

研究科英語英文専攻修士課程修了　㋭名古屋大学教養学部助教授、教授を務めた。

辛島 恕 からしま・つかさ　辛島学園理事長　熊本外語専門学校創立者　㋬平成29年（2017）6月4日　91歳〔心不全〕　㋑大正14年（1925）7月20日　㋐熊本県玉名郡横島町　㋕熊本語学専英語科〔昭和26年〕卒　㋭昭和20年佐世保海軍工廠造船設計係の軍属を解かれる。27年白川英学塾を開設、32年同塾を母体として熊本予備校を設置。46年辛島学園理事長。62年熊本外語専門学校を開校して校長に就任、平成22年退任。

辛島 昇 からしま・のぼる　東洋史学者　東京大学名誉教授　大正大学名誉教授　㋬インド史、南アジア史　㋬平成27年（2015）11月26日　82歳〔急性骨髄性白血病〕　㋑昭和8年（1933）4月24日　㋐東京都　㋕東京大学文学部東洋史学科〔昭和33年〕卒、東京大学大学院人文科学研究科印度史専攻〔昭和39年〕博士課程修了　㋭昭和39年東京大学文学部助手、42年東京外国語大学講師、46年助教授、50年東京大学文学部助教授を経て、55年教授。平成6年大正大学文学部教授。15年日本学士院賞を受賞、19年には文化功労者に選ばれた。第18期日本学術会議会員。南アジア史の専門家で、9〜17世紀の南インド地域の社会発展を研究。カレー博士としても知られ、妻との共著でインド料理本も出版した。編者に「インドの顔」「インド世界の歴史像」「インド入門」「インドの歴史と社会」などがある。　㋞日本学士院賞〔平成15年〕「南インドの歴史と社会」、文化功労者〔平成19年〕、ドラヴィダ言語学会最優秀著作賞〔昭和55年〕、福岡アジア文化賞（学術研究賞、第6回）〔平成7年〕、大同生命地域研究賞（第18回、平成15年度）「南インド史研究の開発と発展に対する寄与」に対して」　㋛史学会　㋜妻＝辛島貴子（エッセイスト）

辛島 文雄 からしま・ふみお　ジャズ・ピアニスト　編曲家　㋬平成29年（2017）2月24日　68歳〔膵臓がん〕　㋑昭和23年（1948）3月9日　㋐大分県大分市　㋕九州大学卒　㋭父は作曲家、合唱指揮者で、兄もクラシック・ピアニスト、チェロ奏者という音楽一家に生まれる。3歳よりピアノを習い、高校時代にジャズの虜に。九州大学時代から九州内のジャズ喫茶で演奏活動を始める。昭和48年渡米、49年加入し、水橋孝カルテットを経て、50年ジョージ大塚グループに抜擢される。51年初のリーダーアルバム「ピラニア」を発表。53年アルバム「ムーン・フラワー」でジャズ・ドラマーの巨匠エルヴィン・ジョーンズと共演し、その才能を認められる。55〜60年エルヴィン・ジョーンズ＝ジャズマシーンにレギュラーピアニストとして在籍し、ワールドツアーにも参加、国際的に評価を得た。傍ら、57年日野元春（ドラムス）、桜井邦雄（ベース）とトリオを結成。60年初のソロアルバム「オータム・イン・ニューヨーク」を発表。63年辛島クインテットを結成。平成18年長年のジャズへの貢献を顕彰する南里文雄賞を受賞。他のアルバムに「エリージャン・エアー」「イッツ・ジャスト・ビギニング」などがある。27年がんが判明。闘病中も演奏活動を続けた。　㋞南里文雄賞（第31回）

〔平成18年〕　㋜父＝辛島武雄（作曲家・合唱指揮者）、兄＝辛島輝治（ピアニスト）、辛島光義（チェロ奏者）

烏山 英也 からすやま・ひでや　向陽学園理事長　㋬平成29年（2017）2月23日　77歳〔肺がん〕　㋐長崎県大村市　㋭昭和43年から向陽高校に勤務。同校副校長、向陽幼稚園副園長などを経て、57年から向陽学園理事長を務めた。

唐津 一 からつ・はじめ　システム工学者　経済評論家　東海大学名誉教授　松下通信工業常務　㋬QC、OR、コンピュータ　㋬平成28年（2016）8月15日　97歳〔老衰〕　㋑大正8年（1919）1月9日　㋐旧満州安東　㋕東京帝国大学工学部電気工学科〔昭和17年〕卒　㋭通信省電気試験所勤務を経て、昭和23年日本電信電話公社（電電公社、現・NTT）に入社。36年松下通信工業（現・パナソニックモバイルコミュニケーションズ）に移り、企画部長、情報システム部長などを経て、46年取締役、53年常務。59年松下電器産業（現・パナソニック）技術顧問。61年東海大学開発技術研究所（現・総合科学技術研究所）教授。平成2〜5年東海大学福岡短期大学初代学長を兼任。6年電通顧問、14年東京都参与。著書に「儲かるようにすれば儲かる」「デフレ繁営論」「コンセプト・エンジニアリング革命」「産業空洞化幻想論」「QCからの発想」「TQC日本の知恵」「説得の法則」などがある。　㋞勲三等瑞宝章〔平成13年〕、デミング賞本賞〔昭和56年〕、通商産業省情報化促進貢献個人賞〔昭和57年〕、文部省産業教育功労賞〔昭和59年〕、鹿内信隆正論大賞（第4回）〔昭和63年度〕〔平成1年〕、日本オペレーションズ・リサーチ学会賞OR学会普及賞（第18回）〔平成2年〕、山本七平賞（第4回）〔平成7年〕「デフレ繁栄論——日本を強くする逆転の発想」　㋛日本OR学会、電子情報通信学会

狩野 寿一 かりの・としかず　古川美社会長　古川商工会議所会頭　㋬平成28年（2016）11月6日　82歳〔肺炎〕　㋑昭和9年（1934）10月31日　㋐宮城県古川市（大崎市）　㋕武蔵野美術専　㋭平成10〜19年古川商工会議所会頭を務めた。

苅谷 勝 かりや・まさる　マサル創業者　㋬平成27年（2015）7月8日　87歳〔胃がん〕　㋑昭和2年（1927）11月30日　㋐岐阜県　㋕日本大学経済学部〔昭和29年〕中退　㋭昭和32年マサルを設立して社長。62年会長、平成13年退任した。　㋞黄綬褒章〔平成9年〕

川井 喜久博 かわい・きくひろ　高知県議（自民党）　㋬平成27年（2015）12月17日　67歳　㋑昭和23年（1948）　㋐高知県長岡郡本山町　㋕近畿大学法学部卒　㋭30代半ばで大阪から帰郷し、家業の木材会社・川井木材を継ぐ。平成7年から高知県本山町議を3期務めた後、23年高知県議選長岡郡・土佐郡選挙区に自民党公認で当選。27年4月再選を果たすが、12月2期目途中で亡くなった。高知県交通安全協会会長も務めた。

河合 紗己 かわい・さき
⇒河合 幸男（かわい・ゆきお）を見よ

河合 清仙 かわい・せいせん　書家　書玄会会長　若越書道会会長　㋬漢字、近代詩文　㋬平成28年（2016）8

月11日　80歳　[生]昭和11年(1936)3月4日　[出]福井県　[名]本名＝河合清士(かわい・きよし)　[学]福井大学卒　[歴]近藤摂南に師事、漢字仮名交じりの書「調和体」を開拓・確立した福井県内の第一人者。平成19年から4年間、第12代若越書道会会長。福井県書作家協会会長、書玄会会長も務めた。　[賞]読売書法展読売新聞社賞(第17回・18回)〔平成12年・13年〕　[師]師＝近藤摂南

河合 常則　かわい・つねのり　参院議員(自民党)　[没]平成29年(2017)9月7日　80歳〔慢性骨髄単球性白血病〕　[生]昭和12年(1937)1月10日　[出]富山県東蠣波郡城端町(南砺市)　[学]福野高卒, 慶応義塾大学経済学部(通信)〔昭和36年〕卒　[歴]昭和39年から富山県城端町議を3期務め、50年から富山県議に連続8選。平成3年県議会議長。16年参院選富山選挙区で初当選、1期。17年の郵政民営化法案の採決では、同じ富山出身の綿貫民輔衆院議員と同様自民党執行部の方針に賛同せず反対票を投じた。その後も自民党に籍を置きながら、国民新党代表となった綿貫を支援した。22年引退。　[賞]藍綬褒章〔平成4年〕, 旭日重光章〔平成22年〕　[家]長男＝河合常晴(となみ衛星通信テレビ社長)

河合 均　かわい・ひとし　永平寺サイジング社長　福井県織物構造改善工業組合理事長　[没]平成29年(2017)6月17日　87歳　[生]昭和5年(1930)3月28日　[出]福井県　[学]明治大学政経学部〔昭和27年〕卒　[歴]永平寺サイジング取締役を経て、昭和51年から社長。福井県織物構造改善工業組合理事長、日本絹人繊織物工業組合連合会理事長も務めた。　[賞]藍綬褒章, 勲三等瑞宝章〔平成13年〕

河井 弘　かわい・ひろし　関宿町(千葉県)町長　[没]平成29年(2017)5月31日　81歳〔肺炎〕　[生]昭和11年(1936)3月9日　[学]独協学園高卒　[歴]昭和56年から千葉県関宿町議3期、町議会議長を経て、平成3年から町長に3選。15年同町は野田市へ編入され、最後の町長となった。　[賞]旭日双光章〔平成22年〕

河井 正安　かわい・まさやす　共和電業社長　[没]平成27年(2015)8月31日　92歳〔老衰〕　[生]大正12年(1923)6月4日　[出]東京都　[学]都立工専〔昭和20年〕卒　[歴]昭和27年共和無線研究所(現・共和電業)に入社。29年監査役、34年取締役、48年常務を経て、56年社長。平成元年相談役に退いた。

川井 昌吉　かわい・まさよし　日本信号常務　警察庁四国管区警察局長　[没]平成29年(2017)9月10日　99歳　[生]大正7年(1918)4月14日　[出]東京都　[学]東京帝国大学法学部〔昭和20年〕卒　[歴]大阪府警察本部警務部長を経て、警察庁四国管区警察局長。昭和48年日本信号取締役となり、56年常務、58年監査役、平成4年顧問。

河合 康美　かわい・やすみ　日本紙パルプ商事専務　[没]平成27年(2015)12月23日　87歳〔肺炎〕　[生]昭和3年(1928)4月7日　[出]愛知県　[学]神戸大学経済学部〔昭和26年〕卒　[歴]中井商店(現・日本紙パルプ商事)に入社。昭和52年取締役、60年常務を経て、平成2年専務。

川井 祐一　かわい・ゆういち　静岡鉄道社長　静岡商工会議所会頭　静岡経済同友会代表幹事　[没]平成28年(2016)8月3日　88歳〔老衰〕　[生]昭和2年(1927)9月11日　[出]石川県金沢市　[学]成蹊高理科乙類〔昭和23年〕卒, 成蹊大学政治経済学部〔昭和27年〕卒　[歴]昭和27年本州製紙、36年東京急行電鉄を経て、37年静岡鉄道に入社。39年取締役、41年常務、45年専務となり、47年社長に就任。平成14年会長、20年名誉会長。この間、昭和59年静岡ケーブルネットワーク(SCN)設立と同時に取締役を兼任し、平成2年社長。3〜12年静岡商工会議所会頭。静岡県商工会議所連合会会長、静岡経済同友会代表幹事も務め、旧静岡市、清水市の合併と政令指定都市実現に尽力した。　[賞]藍綬褒章〔昭和63年〕, 旭日小綬章〔平成20年〕, 運輸大臣表彰〔昭和58年〕

河合 幸男　かわい・ゆきお　詩人　「詩苑」主宰　[没]平成28年(2016)9月21日　93歳〔肺炎〕　[生]大正11年(1922)12月2日　[出]神奈川県横浜市　[名]筆名＝河合紗己(かわい・さき), 河合紗良(かわい・さら)　[学]早稲田大学高等師範部国語漢文科中退　[歴]ビクター文芸部部長秘書やレコーディングディレクターを務める。詩人としては詩誌「詩苑」を主宰した。詩集に「愛と別れ」「薄花色の歌」「空幻の花」などがある。　[賞]室生犀星詩人賞(第7回)〔昭和42年〕「愛と別れ」　[団]日本文芸家協会

河合 礼介　かわい・れいすけ　日本精鉱社長　[没]平成27年(2015)3月3日　87歳〔心不全〕　[生]昭和3年(1928)2月25日　[出]兵庫県　[学]神戸経済大学〔昭和28年〕卒　[歴]昭和28年日商(のち日商岩井, 現・双日)に入社。55年ロンドン支店長、59年取締役を経て、62年日本精鉱副社長に転じ、平成元年社長。6年退任。

河内 一郎　かわうち・いちろう　京都総評議長　[没]平成28年(2016)1月　75歳　[生]昭和15年(1940)5月10日　[出]京都府天田郡三和町(福知山市)　[学]立命館大学中退　[歴]昭和58年〜平成13年京都市職員労働組合委員長。また、京都地方労働組合総評議会(京都総評)副議長を経て、3〜14年議長。鴨川歩道橋建設反対運動などにも携わり、京都の労働運動や市民運動で指導的な役割を果たした。退任後は郷里の京都府三和町(現・福知山市)に戻り、交流拠点施設・三和荘を運営するNPO法人・丹波・みわの専務理事(総支配人)を務めた。

川内 澄江　かわうち・すみえ　声楽家(ソプラノ)　楡の会主宰　[専]イタリアオペラ, 歌曲, 日本歌曲　[没]平成27年(2015)12月25日　93歳〔心不全〕　[生]大正11年(1922)10月14日　[出]青森県青森市　[名]本名＝重松澄江(しげまつ・すみえ)　[学]東京音楽学校(現・東京芸術大学)師範科〔昭和18年〕卒　[歴]女学校教師を経て、昭和24年藤原歌劇団に入り、プリマドンナとして活躍。30〜31年イタリアに留学して、R.リッチィ、G.ファヴァレットに師事。31年米国公演「蝶々夫人」をはじめ、「トスカ」「椿姫」「マノン」「ラ・ボエーム」などでプリマを務めた。33年より武蔵野音楽大学講師も務めた。平成15年脚の骨を折るなどして一時舞台から遠ざかったが、20年再びステージに立った。21年長女の夫の転勤に伴い台湾に移り住み、26年京都へ移った。　[賞]青森県褒賞〔昭和54年〕, 音楽コンクール声楽部門第3位(1位なし, 第13回)〔昭和19年〕　[団]日本演奏家協会, 藤原歌劇団, 日本声楽発声学会　[家]長女＝重松えり子(著述業)　[師]師＝ファヴァレット, ジョル

ジョ、ノタルジャコモ、ディーナ、リッチ、ロドルフォ、田中伸枝

河上 和雄 かわかみ・かずお 弁護士 東京地検特捜部長 駿河台大学名誉教授 ㉢刑事訴訟法、刑法 ㉜平成27年（2015）2月7日 81歳〔敗血症〕 ㉤昭和8年（1933）4月26日 ㉥東京都品川区 ㉦東京大学法学部〔昭和31年〕卒、ハーバード大学ロースクール修士課程修了 LLM（ハーバード大学）〔昭和42年〕 ㉧昭和31年司法修習生。33年検事に任官。東京地検検事、法務省公安、会計各課長を経て、58年東京地検特捜部長、59年佐賀地検検事正、61年最高検事、62年12月法務省矯正局長、平成元年9月最高検公判部長に就任。昭和51年のロッキード事件発覚の際、東京地検特捜部検事として捜査に加わった。平成3年退官、北海学園大学教授、弁護士となる。8〜19年駿河台大学教授。また、日本テレビ客員解説委員も務め、テレビのコメンテーターとしても知られた。著書に「最新刑事判例の論理と実務」「犯罪捜査と裁判―オウム事件を追って」「好き嫌いで決めろ」「知らないと危ない『犯罪捜査と裁判』基礎知識」「汚職・贈収賄―その捜査の実態」などがある。 ㉨勲二等瑞宝章〔平成15年〕 ㉭税理士 ㉮日本刑法学会、米国法学会、日本法律家協会、第一東京弁護士会 ㉯妻＝千葉紘子（歌手）、兄＝河上敏雄（第一実業本社長）、三好徹（作家）

川上 順一 かわかみ・じゅんいち 釧路市動物園飼育主任 ㉜平成29年（2017）6月10日 65歳〔胃がん〕 ㉥北海道旭川市 ㉧旭川市の農家の長男。職業訓練学校を卒業後、同市の旭山動物園、苫小牧市の旧樽前ハイランドを経て、昭和50年10月に開園した釧路市動物園に就職。当初はタンチョウやアフリカゾウの担当だったが、樽前ハイランドでキジ類を人工孵化させた経験を買われ、平成元年〜24年国の天然記念物オジロワシの人工孵化にチーフとして取り組み、全国で初めて成功させた。他にもエゾフクロウ、シマフクロウ、クマタカなどの猛禽類計6種の人工孵化に、それぞれ国内で初めて成功。専門的に学んだことはなかったが、飼育員としての経験により猛禽類人工孵化の先駆けとなった。

川上 親昌 かわかみ・ちかまさ 神官 鹿児島神宮宮司 鹿児島県神社庁長 ㉜平成27年（2015）10月3日 72歳〔昭和18年（1943） ㉥鹿児島県鹿児島市 ㉦山口国学院本科卒 ㉧鹿児島神宮宮司、荒田八幡宮司を務め、平成8年から鹿児島県神社庁長を務めた。

川上 徹 かわかみ・とおる 日本共産党活動家 同時代社代表取締役 ㉜平成27年（2015）1月2日 74歳 ㉤昭和15年（1940） ㉥東京都江東区亀戸 ㉦東京大学教養学部 ㉧昭和35年東京大学教養学部入学とともに日本共産党に入党。大学で共産党系の学生運動を指導、39〜41年日共系全学連初代委員長。のち、47年まで日本民主青年同盟中央常任委員などを務めたが、同年査問を受ける。平成2年党を離党。9年、25年の沈黙を破り「新日和見主義」の真相を暴露した「査問」を出版。また、昭和55年から同時代社代表取締役として出版活動に従事した。他の著書に「トロツキスト」「もう一度、船を出せ」「アカ」などがある。

川上 正志 かわかみ・まさし 医師 俳人 川上医院院長 福井県文化協議会会長 ㉜平成27年（2015）5月14日 94歳 ㉤大正9年（1920）10月29日 ㉥福井県丹生郡越前町 ㉪俳号＝川上季石（かわかみ・きせき） ㉦金沢医科大学医学部専門部〔昭和18年〕卒 ㉧昭和28年敦賀市で内外科医を開業。50年以上にわたって警察嘱託医を務め、福井県公安委員長も務めた。また、季石の号で俳人としても活動、30年「鶴」に入会して石田波郷に師事。33年「鶴」同人。31年より青砂俳句会を主宰。63年から14年間、福井県文化協議会会長を務めた。句集に「流灯」「季石百句集」などがある。 ㉨勲五等双光旭日章〔平成4年〕、中日社会功労賞〔昭和58年〕、福井新聞文化賞〔平成18年〕 ㉮俳人協会 ㉰師＝石田波郷、石塚友二、星野麦丘人

川上 保雄 かわかみ・やすお 昭和大学名誉教授 開成病院名誉院長 ㉢内科学 ㉜平成27年（2015）7月28日 101歳〔慢性腎不全〕 ㉤大正3年（1914）1月4日 ㉥長野県南佐久郡川上村 ㉦東京帝国大学医学部医学科〔昭和14年〕卒 医学博士 ㉧昭和14年海軍軍医中尉、16年大尉、19年少佐、22年東京大学医学部助手、30年講師、34年昭和医科大学教授、44年昭和医科大学附属高等看護学校長、47年医学部長、53年理事長、58年学長を歴任。61年名誉教授。のち川上記念アレルギーセンター所長。著書に「喘息―気管支喘息とアレルギー」「ゼンソクはなおる」「川上保雄教授の新編ゼンソクとアレルギー」などがある。 ㉨勲五等瑞宝章〔昭和19年〕、勲二等瑞宝章〔昭和62年〕 ㉮日本アレルギー協会 ㉯娘＝東郷紀子（アートコンサルタント）

川上 吉昭 かわかみ・よしはる 宮城教育大学名誉教授 東北福祉大学名誉教授 ㉢運動生理学、産業医学 ㉜平成28年（2016）5月24日 89歳〔急性心臓病〕 ㉤昭和2年（1927）5月2日 ㉥長野県大町市 ㉦日本体育専門学校〔昭和23年〕卒、東北大学医学部専攻科〔昭和28年〕修了 医学博士（東北大学）〔昭和34年〕 ㉧宮城教育大学教授を経て、東北福祉大学教授。共著に「女性の健康科学」、共編著に「わかりあう心とからだ―共感の覚醒」「健康科学概論」などがある。 ㉮日本衛生学会、日本産業衛生学会、日本体力医学会

川岸 舜朗 かわぎし・しゅんろう 名古屋大学名誉教授 ㉢食品製造化学 ㉜平成28年（2016）5月15日 84歳〔病気〕 ㉤昭和6年（1931）12月7日 ㉥名古屋大学農学部農芸化学科〔昭和30年〕卒、名古屋大学大学院農学研究科〔昭和32年〕修士課程修了 農学博士 ㉧昭和52年名古屋大学農学部助教授を経て、61年教授。平成7年定年退官後、14年まで椙山女学院大学教授を務めた。著書に「現代の食品化学」、編著書に「食品中の生体機能調節物質研究法」、共編に「新しい食品化学」などがある。 ㉮日本農芸化学会、日本食品工業学会、日本澱粉学会

川口 喜代子 かわぐち・きよこ 琉球舞踊家 喜扇本流宗家家元 東京琉球舞踊協会会長 ㉜平成29年（2017）10月20日 87歳〔脳梗塞〕 ㉥台湾 ㉰柳清本流柳清会初代家元である比嘉清子に師事。平成13年東京琉球舞踊協会を設立、会長に就任。東京で琉球舞踊

や組踊などの琉球古典芸能の普及・継承に貢献した。[師]師＝比嘉清子

川口 小枝　かわぐち・さえだ　日本舞踊家　女優　川口流家元　[没]平成28年(2016)1月12日　68歳〔狭心症〕　[生]昭和22年(1947)2月7日　[出]東京都芝区神谷町(港区)　[学]共立女子大学文芸学部〔昭和44年〕卒　[歴]父は演出家、映画監督の武智鉄二、母は川口流創始者の初代川口秀子。母の影響で日本舞踊を習い、川口流の後継者として古典や新作を披露して好評を得る。一方、父が監督した映画「源氏物語」で明石の上を演じて女優デビューし、大島渚監督の「白昼の通り魔」でも主人公シノを演じた。「女は復讐する」「白昼の惨殺」「怪談残酷物語」などに出演した後は映画を離れ、川口流2代目家元として日本舞踊家として活動、のち長女の2代目川口秀子が3代目家元を継承した。また、父が名づけた劇団出雲座の代表も務めた。　[団]日本オペラ協会, 日本舞踊協会　[家]父＝武智鉄二(演出家・映画監督), 母＝川口秀子(1代目), 長女＝川口秀子(2代目)　[師]師＝川口秀子(1代目)

川口 常人　かわぐち・つねと　北海道議(自民党)　[没]平成28年(2016)5月22日　81歳〔肺炎〕　[生]昭和9年(1934)5月27日　[出]北海道砂川市　[学]北海道大学理学部卒　[歴]祖父・父とも北海道議。砂川市議を経て、昭和50年空知管内選出の北海道議に当選。7期28年務め、平成15年引退。自民党北海道連幹事長や副会長を歴任した。　[賞]藍綬褒章〔平成4年〕, 旭日中綬章〔平成27年〕　[家]祖父＝川口常作(北海道議), 父＝川口常一(北海道議)

河口 俊彦　かわぐち・としひこ　棋士　作家　将棋8段　将棋ペン倶楽部会長　[没]平成27年(2015)1月30日　78歳〔腹部大動脈瘤破裂〕　[生]昭和11年(1936)11月23日　[出]神奈川県横須賀市　[歴]昭和26年6級で小堀清一9段に入門。41年4段となりプロ入り。48年5段、59年6段を経て、12年7段。14年引退。27年8段を追贈された。筆が立ち、現役時代から将棋観戦記やエッセイなどを執筆。専門誌「将棋世界」に連載した「対局日誌」「新・対局日誌」は好評を博し、長期連載となった。著書に「一局の将棋 一回の人生」「将棋界奇々快々」「覇者の一手」「人生の棋譜 この一局」「大山康晴の晩節」「升田幸三の孤独」などがある。　[賞]将棋大賞東京記者会賞(第32回, 平成16年度)　[師]師＝小堀清一

川口 信行　かわぐち・のぶゆき　朝日新聞取締役　東京情報大学教授　[専]マスコミ論, 編集論　[没]平成27年(2015)8月29日　83歳〔心不全〕　[生]昭和7年(1932)8月19日　[出]広島県　[学]東京大学文学部〔昭和33年〕卒　[歴]昭和33年朝日新聞社に入社。46年「週刊朝日」副編集長、53年出版局編集委員、56年「週刊朝日」編集長、60年図書編集室長、61年出版局次長、62年出版局長を経て、平成3年取締役。同年退任して朝日ソノラマ副社長、8年東京情報大学教授。著書に「メディアの試練」、共著に「伊藤律の証言」がある。

河口 広司　かわぐち・ひろし　名古屋大学名誉教授　[専]工業分析化学　[没]平成27年(2015)4月7日　81歳〔胆管がん〕　[生]昭和8年(1933)7月22日　[学]名古屋大学工学部応用化学科〔昭和31年〕卒　工学博士(名古屋大学)〔昭和42年〕　[歴]工業技術院電気試験所主任研究員を経て、昭和33年日本原子力研究所へ入所。44年名古屋大学助教授。48年米国ハーバード大学医学部客員研究員として約1年半留学。平成9年退官。　[賞]東海化学工業会賞〔昭和48年〕「低電力マイクロウェーブ放電の分析化学への応用」, 日本分析化学会賞〔平成2年〕「高周波プラズマによる発光分光分析及び質量分析の研究」　[資]放射線取扱主任者(第1種)　[団]日本分析化学会

川口 美根子　かわぐち・みねこ　歌人　[没]平成27年(2015)1月20日　85歳〔老衰〕　[生]昭和4年(1929)1月23日　[出]旧朝鮮京城(韓国・ソウル)　[名]本名＝平田美根子(ひらた・みねこ)　[学]京都府立女専国語科〔昭和24年〕卒　[歴]京都府立女子専門学校在学中の昭和22年、「アララギ」に入会。26年「未来」創刊に加わり、58年同選者。平成6年より朝日新聞埼玉版歌壇選者。この間、青の会、青年歌人会議、東京歌人集会に参加した。一方、24年江商(現・兼松)に入社。27年浦和第一女子高教諭、28年埼玉県教育局学務課に転勤、30年浦和高校教諭、31年上尾中学教諭、37年与野西中学教諭、43年退職。その後、目白学院女子短期大学国文科講師、青山学院大学女子短期大学国文科講師などを務めた。歌集に「空に拡がる」「紅塵の賦」「双翔」「ゆめの浮橋」「風の歳華」「光る川」「天馬流雲」などがある。　[賞]埼玉文芸賞(第13回)〔昭和57年〕「紅塵の賦」, 埼玉県歌人会賞〔昭和61年〕, ミューズ女流文学賞(第8回)〔昭和62年〕　[団]現代歌人協会, 日本文芸家協会, 埼玉歌人会

川口 実　かわぐち・みのる　慶応義塾大学名誉教授　[専]労働法, 社会法　[没]平成29年(2017)11月6日　89歳〔急性心筋梗塞〕　[生]昭和3年(1928)1月13日　[出]東京都　[学]慶応義塾大学卒, 慶応義塾大学大学院法学研究科修了　法学博士　[歴]慶応義塾大学教授を務めた。著書に「服装闘争の法的評価」など。　[団]日本労働法学会, 日本私法学会

川久保 欽子　かわくぼ・きんこ　緑が丘料理学園創立者　[没]平成29年(2017)11月4日　86歳〔老衰〕　[学]日本女子大学家政学部卒　[歴]昭和36年甲府市に緑が丘料理学園を創立。山梨県料理学校協会会長、東日本料理学校協会副会長、全国料理学校協会理事などを歴任し、料理教育の普及に尽くした。YBS山梨放送の料理・情報バラエティ番組「ただいま」にも出演した。

川越 隆　かわごえ・たかし　テレビ東京専務　[没]平成28年(2016)8月14日　86歳〔病気〕　[生]昭和5年(1930)3月3日　[出]滋賀県　[学]関西大学法学部卒　[歴]昭和28年日本経済新聞に入社。49年東京12チャンネル(現・テレビ東京)に転じ、経理局長付参与(局次長待遇)、編成局次長兼編成管理部長、経理局長兼経理部長、58年取締役、62年常務を経て、平成3年専務に就任。5年監査役、9年退任。

川越 守　かわごえ・まもる　指揮者　作曲家　北海道交響楽団音楽監督　北大交響楽団常任指揮者　[没]平成29年(2017)12月9日　85歳〔肺がん〕　[生]昭和7年(1932)8月5日　[出]北海道札幌市　[学]札幌東高卒, 北海道大学教育学部教育学科〔昭和31年〕卒　[歴]昭和27年北海道大学に入学後、戦後の混乱期にあった北大交響楽団の再建に尽力。卒業後も指揮を続ける。55年北海道交響楽団を設立し音楽監督を務める。長年にわたり

道内アマチュア楽団の指導に力を注いだ。また、作曲家としても活動。主な作品に「交響三章」「北海の幻想」など。北海道文教短期大学幼児教育科教授も務め、平成13年から2年間、副学長。　[賞]北海道芸術新賞〔昭和46年〕, 札幌市民文化奨励賞〔昭和59年〕, 北海道文化奨励賞〔昭和61年〕, 札幌芸術賞〔平成20年〕　[団]NHK札幌放送管弦楽団

川崎 敦将　かわさき・あつまさ　太陽家具百貨店創業者　川崎美術館館長　[没]平成29年(2017)4月11日　91歳〔心不全〕　[生]大正15年(1926)2月2日　[出]山口県宇部市　[学]宝城公立青年学校〔昭和17年〕卒　[歴]昭和17年小野田市の中本工作所に職工として入所。22年川崎兄弟工作所を開業、38年太陽家具百貨店として法人化、社長に就任。平成27年宇部市に長年にわたって収集した美術品を展示する私設美術館・川崎美術館を開設した。　[家]長男＝川崎敦祥(太陽家具百貨店社長)

川崎 敬三　かわさき・けいぞう　俳優　司会者　[没]平成27年(2015)7月21日　82歳　[生]昭和8年(1933)7月1日　[出]神奈川県川崎市　[名]本名＝陶山恵司(すやま・やすじ)　[学]芝浦高工附属中卒　[歴]5人兄弟の二男で、父を亡くして高校を1年で中退、様々な職業に就く。昭和29年大映のニューフェイスに合格、映画「こんな奥様見たことない」に主演して二枚目俳優としてデビュー。若尾文子とコンビを組んだ「新婚七つの楽しみ」など〈新婚〉シリーズの気の弱い夫役が当たり役となり、江利チエミ主演のテレビドラマの「サザエさん」でもマスオさん役を演じた。やがて陰影のある半悪役的人物を演じる脇役として活躍、主な出演作に、映画「夜の河」「夜の蝶」「おーい中村君」「痴人の愛」「初夜なき結婚」などがある。49年テレビ朝日の昼のワイドショー「アフタヌーンショー」の司会者に就任。1980年代前半の漫才ブームの頃には、漫才コンビのザ・ぼんちが番組リポーターの山本耕一とのやり取りを真似たギャグ「そうなんですよ、川崎さん」を流行らせたが、60年番組ディレクターが未成年に暴行を指示した“やらせリンチ事件”が発覚したため、番組は打ち切りとなる。62年3月「新アフタヌーンショー」として復活、再び司会を務めたが、半年で番組は終了した。

川崎 健　かわさき・つよし　東北大学名誉教授　[専]水産資源学, レジームシフト論　[没]平成28年(2016)9月12日　88歳〔肝臓がん〕　[生]昭和3年(1928)1月10日　[出]中国福建省福州　[学]東北大学農学部水産学科〔昭和25年〕卒　農学博士(東北大学)〔昭和36年〕　[歴]昭和25年水産庁東北区水産研究所に勤務。38年八戸支所長、40年東海区水産研究所資源部資源第一研究室長を経て、49年東北大学助教授、50年教授、60年農学部長。平成3年退官、名誉教授。4年国立台湾海洋大学客座研究正教授に就任。第8～12期日本学術会議会員。イワシやアジ、サンマなどの漁獲量の変化が、地球規模の海洋と気候の変動に関連していることに世界で初めて着目、レジームシフト理論の提唱者として知られる。著書に「魚と環境」「浮魚資源」「魚・社会・地球」「イワシと気候変動」などがある。　[賞]畑井メダル〔平成19年〕　[団]日本科学者会議, 水産海洋学会, 日本水産学会, 個体群生態学会, 漁業経済学会

河崎 正昭　かわさき・まさあき　神官　尾山神社宮司　石川県神社庁長　[没]平成29年(2017)6月28日　90歳　[生]昭和2年(1927)3月2日　[出]石川県　[学]大社国学館〔昭和21年〕卒　[歴]昭和27年石川県の白山比咩神社権禰宜、35年同禰宜、39年金沢市の大野湊神社宮司を経て、尾山神社宮司。石川県神社庁長も務めた。

川崎 正　かわさき・まさし　三和シヤッター工業専務　[没]平成27年(2015)10月11日　77歳〔心筋梗塞〕　[生]昭和13年(1938)9月20日　[出]山梨県　[学]日本大学法学部〔昭和37年〕卒　[歴]昭和37年三和シヤッター工業(現・三和ホールディングス)に入社。63年取締役、平成4年常務を経て、8年専務、12年常勤監査役。18年退任。

川崎 康正　かわさき・やすまさ　不二電気工芸社長　[没]平成28年(2016)2月23日　66歳〔悪性リンパ腫〕　[生]昭和24年(1949)3月31日　[出]高知県高知市　[学]慶応義塾大学商学部〔昭和47年〕卒　[歴]昭和47年三和銀行(現・三菱東京UFJ銀行)に入行。54年不二電気工芸に転じ、同年常務、のち社長に就任。土佐高校理事も務めた。

川島 卯太郎　かわしま・うたろう　青森県教育委員長　[没]平成29年(2017)12月1日　90歳〔病気〕　[生]昭和2年(1927)8月15日　[出]青森県青森市　[学]日本医科大学医学部卒　[歴]青森市で整形外科医院を開業。平成3～15年青森県教育委員を3期12年務める。このうち8～15年は歴代最長となる7期7年にわたり県教育委員長を務めた。　[賞]旭日双光章〔平成16年〕

川島 なお美　かわしま・なおみ　女優　[没]平成27年(2015)9月24日　54歳〔胆管がん〕　[生]昭和35年(1960)11月10日　[出]愛知県名古屋市　[名]本名＝鎧塚なお美(よろいずか・なおみ)　[学]中村高卒, 青山学院大学英文科卒　[歴]中村高校時代はスクールメイツに所属し、昭和54年シングル「シャンペンNo.5」で歌手デビュー。フジテレビのクイズ番組「アイアイゲーム」やニッポン放送「笑福亭鶴光のオールナイトニッポン」などのアシスタントを務め、青山学院大学進学後は文化放送「ミスDJリクエスト・パレード」で若者の人気を得、“女子大生タレント”の元祖といわれる。55年フジテレビ系のドラマ「ただいま放課後」で女優デビュー。59年「旅芝居行進曲」で映画初出演。57年中京テレビ制作のバラエティ番組「お笑いマンガ道場」で3代目女性レギュラーに起用され、お茶の間の人気者に。平成9年日本テレビ系のドラマ「失楽園」で不倫の末に心中するヒロインを熱演、代表作となった。10年「くれなゐ」、同年映画「メトレス 愛人」でもヒロインを演じる。他の出演作に、ドラマ「名古屋嫁入り物語」「ひまわり」「イグアナの娘」「ザ・シェフ」「花村大介」「傷だらけのラブソング」「曲り角の彼女」「7人の女弁護士」「鬼嫁日記いい湯だな」「女優麗子～炎のように」、映画「極道の妻たち」「蔵」「鍵」「目下の恋人」「サヨナライツカ」、舞台「新・演歌の花道」「雪之丞七変化」「とんでもない女」「フットルース」「クリスマス・キャロル」「ロイヤルホストクラブ」など。

か

かわしま　　　　　　　　　日　本　人

ワイン通、愛犬家としても知られ、11年日本人女優として初めてフランス・ボルドー地方とブルゴーニュ地方のワインの騎士号が贈られた。20年広島国際学院大学現代社会学部客員教授に就任。高知県観光特使、愛知県のあいち広報大使も務める。21年日本人初の三つ星レストランのシェフパティシエ鎧塚俊彦と結婚、おしどり夫婦として知られた。26年1月胆管がんの手術を受けて芸能活動に復帰したが、27年9月再発して亡くなった。著書にエッセイ集「シャワーのあとで」「フルボディ一恋して、ワインして」「おとなタヒチ」、小説「彼女のスペア・キー」、写真集「Woman」などがある。　圏ゴールデン・アロー賞放送賞（第35回）〔平成10年〕，メドック・グラーブ・ポンタン騎士号〔平成11年〕，シュヴァリエ・ド・タストヴァン〔平成11年〕　愛夫＝鎧塚俊彦（パティシエ）

川島 秀雄 かわしま・ひでお　カワボウ社長　カワボウ繊維社長　歿平成29年（2017）3月14日　85歳　生昭和6年（1931）7月29日　出岐阜県岐阜市　学慶応義塾大学法学部〔昭和29年〕卒　歴川島紡績の第2代社長を務めた川島精市の長男。昭和29年同社に入社。30年豪シドニー工専羊毛学科に1年8ヶ月学ぶ。37年、38年度岐阜青年会議所理事長。47年川紡取締役、同年専務を経て、58年父の死去を受けて社長に就任。63年カワボウに社名変更。同社をメーカー志向から脱皮して企画提案型企業に発展させる一方、繊維不況を受けて本社紡績工場を移転し、63年跡地に専門店街を持つ大型ショッピングセンターの先駆けとなる「マーサ21」を開業した。平成15年カワボウ繊維を分割設立、同社会長。18年カワボウ会長。昭和52年〜平成18年岐阜放送取締役、5年から19年間にわたって岐阜県繊維協会会長を務めた他、日本繊維産業連盟岐阜県支部長、岐阜県産業教育振興会理事長なども歴任した。　圏岐阜新聞大賞〔平成12年〕　愛父＝川島精市（川島紡績社長）、長男＝川島政樹（カワボウ社長）

川島 宏 かわしま・ひろし　東急ストア社長　歿平成27年（2015）5月12日　79歳〔肺炎〕　生昭和10年（1935）8月25日　出東京都　学日本大学法学部〔昭和33年〕卒　歴昭和33年東光ストア（現・東急ストア）に入社。54年取締役、58年常務、平成9年副社長を経て、12年社長。17年会長、21年相談役。この間、15年日本チェーンストア協会会長。

川島 道行 かわしま・みちゆき　ミュージシャン　歿平成28年（2016）10月9日　47歳〔脳腫瘍〕　出岩手県盛岡市　歴グループ名＝Boom Boom Satellites（ぶんぶんさてらいつ）　歴盛岡市出身で、秋田市の高校を卒業。中野雅之とロックユニット・Boom Boom Satellitesを結成、ボーカルとギターを担当。平成9年ベルギーのR&Sレコードから、シングル「4A Moment Of Silence/The Wonderful Wizard Of Dub」でデビュー。英国・ロンドンを拠点に活動を展開。10年日本での初シングル「Push Eject」、アルバム「Out Loud」をリリース。同年グラストンベリーなど6つのヨーロッパ大型ロック・フェスティバルに出演、米国映画「ダークナイト」の音楽を手がけるなど話題となる。12年ライ

ブ番組「BLACK LIST」や、フジ・ロック・フェスティバルに出演、ワールドツアーも行う。16年映画「APPLESEED」の音楽を担当。17年アルバム「FULL OF ELEVATING PLEASURES」を発表、18年同アルバムが全米で発売され、全米ツアーを行う。私生活では、18年に女優の須藤理彩と結婚、2人の子供に恵まれた。その後、脳腫瘍に冒され、まひなどによる後遺症を理由に、28年6月発売のCD「LAY YOUR HANDS ON ME」の発売を持ってグループ活動を終了。同年10月47歳で死去した。　愛妻＝須藤理彩（女優）

川代 国雄 かわしろ・くにお　岩手日報制作局次長　歿平成27年（2015）5月2日　82歳〔急性肺炎〕　生昭和7年（1932）12月13日　出岩手県盛岡市　学中卒　歴昭和24年岩手日報社に入社。56年制作局写植整版部長を経て、平成2年同局次長。

河角 龍典 かわすみ・たつのり　立命館大学文学部教授　専環境考古学、地理情報システム　歿平成27年（2015）4月13日　43歳〔胃がん〕　生昭和46年（1971）生三重県津市　学立命館大学大学院地理学専攻博士後期課程修了　博士（文学）　歴立命館大学文学部准教授を経て、教授。

川澄 祐勝 かわすみ・ゆうしょう　僧侶　高幡不動尊金剛寺貫主・大僧正　歿平成29年（2017）10月10日　86歳〔病気〕　生昭和6年（1931）1月1日　出埼玉県　名茶名＝宗勝　学法政大学経済学部卒　歴昭和31年関東三大不動の一つ、東京・日野市の真言宗智山派別格本山高幡不動尊金剛寺に入寺。総務部長、執事長を経て、平成元年33世貫主に就任。東京都仏教連合会会長、日野市観光協会理事長も務めた。著書に「叱られる幸せ」がある。

川添 登 かわぞえ・のぼる　建築評論家　「新建築」編集長　専建築論、生活学、デザイン論　日本文明論　歿平成27年（2015）7月9日　89歳〔肺炎〕　生大正15年（1926）2月23日　出東京市芝区（東京都港区）　学早稲田大学文学部哲学科〔昭和26年〕卒、早稲田大学理工学部建築学科〔昭和28年〕卒　歴昭和28年新建築社に入社。雑誌「新建築」編集長を経て、32年評論家として独立。35年黒川紀章らとメタボリズム・グループを結成、45年シンクタンクのシー・ディー・アイ（CDI）を設立、47年日本生活学会を設立し、理事長を経て、会長。郡山女子大学教授、早稲田大学客員教授も兼務。のち愛知県の田原福祉専門学校校長に就任。自然と建築、生活との調和を重視した多彩な評論活動を続け、戦後の日本建築の方向に多大な影響を与えた。また、新しい学問として"生活学"を体系化させた。著書に「民と神の住まい」「デザイン論」「未来学の提唱」「移動空間論」「東京の原風景」「象徴としての建築」「裏側からみた都市」「生活学の提唱」「『木の文明』の成立」などがある。　圏毎日出版文化賞（第14回）〔昭和35年〕「民と神の住まい」、今和次郎賞（第8回）〔昭和57年〕「生活学の提唱」、南方熊楠賞（第7回）〔平成9年〕　役日本生活学会、日本展示学会、日本建築学会　愛弟＝川添智利（東海大学名誉教授）

川田 哲三 かわだ・てつぞう　城端町（富山県）町長　川田ニット社長　歿平成27年（2015）9月29日　88歳〔肺炎〕　生昭和2年（1927）3月9日　出富山県東礪波郡城端町（南砺市）　学砺波中〔昭和20年〕卒　歴7人

きょうだいの末っ子。海軍電測学校に入学したが、3ケ月後に敗戦を迎える。郷里に戻り、平村下梨小学校の教員となったが、わずか5ケ月で公職追放にあった。昭和23年生家の川田機業場専務。やがてニットの分野に進出、45年川田ニット社長、56年川田ニッティンググループ会長。一方、34年から郷里の富山県城端町議2期を経て、56年から町長を4期務めた。　㊥藍綬褒章〔平成6年〕、勲四等瑞宝章〔平成11年〕　㊨二男＝川田征利(ケーシーアイ・ワープニット社長)

川手 千興　かわて・ちおき　山梨県教育長　㊤平成29年(2017)1月3日　86歳〔病気〕㊦昭和5年(1930)4月5日　㊙山梨県中府市　㊥東京高師〔昭和27年〕卒　㊤山梨県立図書館長、甲府西高校長を経て、平成元年教育長に就任。のち山梨学院法人本部事務局長。また、平成11年度に創設された酒折連歌賞の運営に携わり、第17回大会まで実行委員長を務めた。　㊥瑞宝小綬章〔平成19年〕

川出 由己　かわで・よしみ　京都大学名誉教授　㊙分子生物学、生物記号論　㊤平成27年(2015)5月14日　91歳〔病気〕　㊦大正13年(1924)5月9日　㊙中国青島　㊤東京帝国大学理学部化学科〔昭和22年〕卒　理学博士　㊤東京大学助手を経て、昭和31年京都大学ウイルス研究所助教授、49年教授、のち所長。63年名誉教授。著書に「生物記号論」、訳書にB.バーンズ「社会現象としての科学」などがある。　㊥勲三等瑞宝章〔平成13年〕、医学書院綜合医学賞〔第23回〕〔昭和49年〕　㊨日本ウイルス学会(名誉会員)、国際インターフェロン・サイトカイン学会(名誉会員)

川中 なほ子　かわなか・なおこ　藤女子大学教授　㊙哲学　㊤平成29年(2017)10月17日　88歳〔昭和4年(1929)1月24日　㊦東京女子大学文学部哲学科〔昭和27年〕卒、オックスフォード大学大学院宗教哲学専攻修士課程修了　㊤聖心女子大、津田塾大学、上智大学を経て、平成4年藤女子大学教授。12年まで副学長。のち東京純心女子大学講師、上野学園大学講師。著書に「女子学生相談室から」「神を仰いで」「老いて病み、想う」、訳書にD.チャドウィック「ニューマン」などがある。　㊨中世哲学会、日本応用心理学会、日本ニューマン協会

川鍋 孝文　かわなべ・たかぶみ　日刊現代社長　㊤平成27年(2015)9月17日　79歳〔食道がん〕　㊦昭和11年(1936)6月1日　㊙千葉県市川市　㊤早稲田大学文学部仏文科卒　㊤昭和35年講談社に入社し、「週刊現代」編集部に勤務。数々のスクープを手がけ、同誌の編集長時代は大森実を起用して「直撃インタビュー」を連載するなど活気ある誌面づくりに励み、部数を100万の大台に乗せた。50年10月夕刊紙「日刊ゲンダイ」創刊と同時に同紙編集局長となり、55年日刊現代社長。平成19年退社。

河波 利夫　かわなみ・としお　ニッカトー社長　㊙窯業技術　㊤平成28年(2016)2月1日　82歳　㊦昭和8年(1933)11月3日　㊙京都府　㊤京都工芸繊維大学窯業科〔昭和32年〕卒　㊤昭和32年日本化学陶業(現・ニッカトー)に入社。56年技術開発部長、58年取締役、

平成3年常務を経て、7年社長。13年会長。　㊥黄綬褒章〔平成13年〕、日本セラミックス協会賞技術賞(第43回,昭和63年度)「ランタンクロマイト発熱体との電気炉の技術開発と実用化」、粉体粉末冶金協会賞技術進歩賞(第30回、平成3年度)「高靱性ジルコニア製粉砕用部材の開発」、日本ファインセラミックス協会賞地域賞(平成15年度)「関西地域におけるファインセラミックス産業の発展と啓蒙活動」

川西 甫　かわにし・はじめ　新明和工業専務　㊤平成29年(2017)5月16日　95歳〔老衰〕　㊦大正10年(1921)7月31日　㊙兵庫県神戸市須磨区　㊤神戸経済大学〔昭和21年〕卒　㊤新明和工業創業者である川西龍三の長男。昭和30年川西倉庫取締役を経て、31年新明和工業取締役、48年常務、54年専務。川西記念新明和教育財団理事長も務めた。　㊨父＝川西龍三(実業家)、祖父＝川西清兵衛(日本毛織社長)

川西 政明　かわにし・まさあき　文芸評論家　㊤平成28年(2016)8月26日　75歳〔急性心筋梗塞〕　㊦昭和16年(1941)8月5日　㊙大阪府大阪市　㊤中央大学商学部〔昭和40年〕卒　㊤河出書房新社で編集者として活躍した後、昭和47年から文芸評論に専念。平成13年全3巻の大著「昭和文学史」を刊行。22年には伊藤整、瀬沼茂樹の仕事を継ぎ、「新・日本文壇史」(全10巻)の刊行を開始、25年完結した。他の著書に「一つの運命―原民喜論」「大江健三郎論」「評伝高橋和巳」「遙かなる美の国・泰淳論」「私の変幻」「我が幻の国」「武田泰淳伝」「定本 謎解き「死霊」論」「吉村昭」などがある。　㊥平林たい子文学賞(評論部門、第25回)「我が幻の国」、伊藤整文学賞(評論部門、第17回)〔平成18年〕「武田泰淳伝」　㊨日本文芸家協会、日本ペンクラブ

河野 邦子　かわの・くにこ　俳人　㊤平成28年(2016)3月6日　81歳　㊦昭和10年(1935)1月4日　㊙埼玉県羽生市　㊤不動岡高卒　㊤昭和45年「水明」に入会、長谷川秋子に師事。52年「浮野」創刊に同人参加、落合水尾に師事。平成5年教職を退く。10年俳人協会幹事。句集に「石垣」「白梅」「急須」がある。　㊥谷川賞(浮野同人賞、第3回)〔昭和56年〕　㊨俳人協会　㊨師＝長谷川秋子、落合水尾

川野 紘一　かわの・こういち　二幸代表取締役　㊤平成28年(2016)2月4日　74歳〔糖尿病との合併症による内臓不全〕　㊦昭和16年(1941)7月9日　㊙宮崎県宮崎市　㊤宮崎大宮高卒、慶応義塾大学商学部〔昭和42年〕卒　㊤大学を卒業後、父が経営するとんかつ店二幸に入り、昭和46年株式会社二幸を設立。郷土料理の二幸グループとして「魚山亭」「くれたけ」など宮崎県内や東京都に約40店舗を出店した。

河野 昭一　かわの・しょういち　京都大学名誉教授　㊙植物形態・分類学　㊤平成28年(2016)10月14日　80歳〔誤嚥性肺炎〕　㊦昭和11年(1936)1月4日　㊙北海道室蘭市　㊤北海道大学農学部農業生物学科〔昭和34年〕卒、モントリオール大学(カナダ)大学院生物研究科植物形態・分類専攻〔昭和37年〕博士課程修了Ph.D.(モントリオール大学)　㊤ニューヨーク植物園研究員、富山大学教授を経て、京都大学教授。京都大学総合博物館の設立にも奔走し、平成9～11年初代館長を務めた。11年定年退官、名誉教授。林の中で育つ植物の観察を通じて生態を調べ上げ、その生活史の詳

細を解明。また自然林の保全と保護にも力を入れた。著書に「環境変動と生物集団」などがある。[賞]南方熊楠賞（第21回）〔平成23年〕 [団]日本霊長類学会, 英国生態学会, 日本植物学会

河野 隆 かわの・たかし 篆刻家 書家 大東文化大学教授 [専]金石学 [没]平成29年（2017）11月3日 69歳〔肺がん〕 [生]昭和23年（1948）3月23日 [出]大分県臼杵市 [名]号＝鷹之 [学]横浜国立大学教育学部卒 [歴]大東文化大学講師、准教授を経て、教授。同大書道研究所所長も務めた。篆刻家として現代書道二十人展などで活躍した。日展では、昭和51年初入選。平成2年、15年日展特選、28年「四海兄弟」で日展会員賞。豊の国かぼす特命大使も務めた。 [賞]読売書法展読売新聞社賞（第1回・3回）〔昭和59年・61年〕, 日展特選〔平成2年・15年〕, 日展会員賞〔平成28年〕「四海兄弟」 [団]謙慎書道会, 読売書法会, 日展

河野 忠博 かわの・ただひろ カワノ社長 [没]平成29年（2017）2月4日 84歳〔老衰〕 [生]昭和8年（1933）1月28日 [出]兵庫県神戸市須磨区 [学]同志社大学商学部〔昭和31年〕卒 [歴]昭和31年婦人靴メーカーのカワノに入社。49年3代目社長に就任、地場産業のケミカルシューズ業界で最大手に成長させた。平成7年の阪神・淡路大震災では本社が全壊するなど大きな被害を受けたが、17年本社を再建した。10〜24年7期14年にわたって日本ケミカルシューズ工業組合理事長。20年から2年間、兵庫県中小企業団体中央会会長も務めた。

河野 秀忠 かわの・ひでただ 「そよ風のように街に出よう」編集長 [没]平成29年（2017）9月8日 74歳〔脳梗塞〕 [生]昭和17年（1942） [出]大阪府 [歴]昭和46年障害のある友人を得て障害者問題に取り組むようになり、障害者の映画の製作、上映運動を進める。その後、障害者問題資料センター・りぼん社を設立。54年季刊の障害者問題総合誌「そよ風のように街に出よう」を発行し、創刊時から編集長を務める。障害者を取り巻く問題を提起し、障害者の社会進出に尽した。編著書に「ラブ―語る。障害者と性」「匂うがごとく―梅谷明子の場合」「障害者市民ものがたり」など多数ある。

河野 昌人 かわの・まさと プロ野球選手 [没]平成29年（2017）6月16日 39歳〔虚血性心疾患〕 [生]昭和53年（1978）5月7日 [出]佐賀県佐賀市 [学]龍谷高〔平成9年〕卒 [歴]小学3年から野球を始める。6年生で主将になり、中学でも投手を務めた。龍谷高では控えの投手として出場した平成7年夏の甲子園で、長身から投げ下ろす140キロ台の速球が注目を集める。9年ドラフト3位で広島に入団。11年8月対横浜（現・DeNA）戦でプロ初勝利、12年4月対横浜戦で初セーブを記録。同年7月プロ野球選手として初めてシドニー五輪代表となり4位。15年シーズン終了後退団し、ダイエー（現・ソフトバンク）にテスト入団。16年シーズン終了後、退団。実働7年、110試合登板、7勝16敗10セーブ、151奪三振、防御率5.82。現役時代は185センチ、87キロ。右投右打。引退後はソフトバンク・ホークスジュニアアカデミー講師を務め、地元佐賀で子供たちに野球を教えていたが、29年39歳の若さで急逝。

河野 通賢 かわの・みちかた 宮崎県議（自民党） [没]平成29年（2017）2月1日 83歳〔心不全〕 [生]昭和8年（1933）4月4日 [出]宮崎県東諸県郡国富町 [学]本庄高卒 [歴]昭和48年宮崎県国富町議2期を経て、58年宮崎県議に当選。62年落選、1期。

河野 満男 かわの・みつお 柔道家 柳川高校柔道部監督 [没]平成29年（2017）12月30日 64歳〔がん性腹膜炎〕 [出]福岡県八女郡 [名]本名＝北村満男（きたむら・みつお） [歴]柳川高校の柔道部で金鷲旗高校大会に3回出場、昭和45年の第44回大会では大将としてベスト8まで勝ち進んだ。のち同高の事務職員として務める傍ら、平成2年柔道部監督に就任。同年から始まった金鷲旗高校大会の女子の部で第1回から6連覇を含む8度の優勝に導く。また、8年アトランタ五輪、10年バンコク・アジア大会で日本女子代表コーチを務めた。教え子には5年世界選手権男子60キロ級優勝の園田隆二、16年アテネ五輪女子78キロ級金メダルの阿武（現姓・園田）教子らがいる。4段。

川野 悠一 かわの・ゆういち ビーバーハウス創業者 関西大分県人会名誉会長 関西住宅産業協会理事長 [没]平成27年（2015）8月5日 75歳 [生]昭和15年（1940）3月17日 [出]大分県臼杵市 [学]臼杵高夜間部〔昭和34年〕卒, 北九州大学第二部米英学科〔昭和41年〕卒 [歴]昭和35年航空自衛隊入隊。44年大阪でミヤウチ住宅を設立、代表取締役となり、45年カワノ住宅、62年ビーバーハウス販売、平成13年ビーバーハウスに社名変更。ほかに大分市内のホテルキャッスルOITAも経営。また、14〜26年関西大分県人会長を務めた。 [家]二男＝川野秀樹（ビーバーハウス社長）

川端 甚次 かわばた・じんじ 石川県柔道連盟理事長 [没]平成28年（2016）2月22日 58歳 [生]昭和32年（1957）10月10日 [歴]石川県柔道連盟理事長、全日本柔道連盟理事を歴任した。

川端 世輝 かわばた・せいき 電気化学工業社長 [没]平成28年（2016）5月3日 74歳〔心不全〕 [生]昭和17年（1942）1月2日 [出]岩手県 [学]早稲田大学商学部〔昭和40年〕卒 [歴]昭和40年電気化学工業（現・デンカ）に入社。経理担当として財務改善を推進。平成9年取締役、16年専務を経て、18年社長。

川端 芙美 かわばた・ふみ 染織家 [没]平成28年（2016）1月21日 88歳〔肺炎〕 [生]昭和2年（1927）8月11日 [出]徳島県阿南市 [名]本名＝川端フミ（かわばた・ふみ） [学]東京文化服装学院実習科〔昭和29年〕卒 [歴]徳島県那賀町木頭地区に残る古代布・太布（たふ）の藍染作品などの創作に取り組み、伝統的染織技法の普及・伝承に尽力した。昭和55年日本工芸会正会員。米国やイタリアなど国内外で数々の展示会を開催した。 [賞]徳島新聞賞文化賞〔昭和54年〕 [団]日本工芸会

川端 正也 かわばた・まさや 神東塗料常務 [没]平成28年（2016）2月18日 73歳〔肺がん〕 [生]昭和17年（1942）4月17日 [出]大阪府 [学]京都大学工学部〔昭和41年〕卒 [歴]昭和41年神東塗料に入社。電着塗料事業部長を経て、平成12年取締役、16年常務、17年顧問。

河原 一三 かわはら・いちぞう オリンパス光学工業専務 [没]平成29年（2017）5月11日 86歳〔病気〕 [生]昭和5年（1930）8月28日 [出]東京都 [学]大阪大学工学部〔昭和29年〕卒 [歴]昭和29年オリンパス光学工業（現・

か

オリンパス)に入社。59年取締役、61年常務を経て、平成元年専務。㊥名誉医学博士(ミュンヘン工科大学)〔平成4年〕

川原 淳一 かわはら・じゅんいち JR九州宮崎総合鉄道事業部長 ㊵平成29年(2017)5月8日 60歳〔病気〕 ㊷宮崎県北諸県郡三股町 ㊸昭和52年旧国鉄入り。JR九州旅行事業本部企画課長、北部九州地域本社次長などを経て、平成21~28年宮崎総合鉄道事業部長。のち開発本部開発部担当部長。宮崎県出身者として初めて宮崎エリアの責任者となり、観光特急「海幸山幸」を人気列車に育て上げるなど、宮崎県の観光振興に尽力。本社とのパイプ役となり、九州新幹線鹿児島ルートの全線開通に合わせて宮崎交通などと高速バス「B&Sみやざき」の運行を実現させるなど、多くの事業を手がけた。㊥日南市観光協会観光功労者表彰(第1回)〔平成28年〕

河原 四郎 かわはら・しろう 大同生命保険社長 ㊵平成29年(2017)5月6日 87歳〔肺炎〕 ㊷昭和5年(1930)1月31日 ㊸大阪府 ㊹立命館大学経済学部(夜間部)〔昭和31年〕卒 ㊺昭和21年大同生命入社。49年取締役、57年常務、60年専務、63年副社長を経て、平成2年社長に就任。6年会長。㊥藍綬褒章〔平成7年〕、勲三等瑞宝章〔平成13年〕

川原 啓美 かわはら・ひろみ 医師 愛知国際病院院長 愛泉会理事長 ㊹胸部外科学 ㊵平成27年(2015)5月22日 86歳〔前立腺がん〕 ㊷昭和3年(1928)7月21日 ㊸長野県長野市 ㊹名古屋大学医学部〔昭和27年〕卒 ㊺名古屋大学医学部第一外科副手、名古屋アルバニー医科大学講師を経て、昭和43年名古屋市の原病院院長に就任。51年ネパールで短期医療協力に携わり、55年その経験を生かしてアジア保健研修財団を設立。専務理事、理事長を務め、アジアの草の根の保健活動に貢献した。56年愛知県日進市に愛知国際病院を設立、院長の他、同病院の設立母体である愛泉会理事長を務めた。平成8~10年中日新聞健康面で「診察室からアジアから」を連載。著書に「アジアと共に」「分かち合いの人生」などがある。㊥朝日社会福祉賞〔昭和62年度〕〔昭和63年〕「アジアの人々のため草の根医療の指導者を育成した功績」

河原 正彦 かわはら・まさひこ 滋賀県立陶芸の森館長 京都橘大学文学部教授 京都国立博物館名誉館員 ㊹文化史学、美術工芸史、東洋陶磁史 ㊵平成29年(2017)5月9日 81歳〔細菌性肺炎〕 ㊷昭和10年(1935)9月25日 ㊸長野県長野市 ㊹同志社大学文学部文化学科文化史学専攻卒、同志社大学大学院文学研究科文化史学専攻〔昭和43年〕博士課程単位取得満期退学 ㊺京都府立総合資料館資料部主事、京都国立博物館学芸課工芸室長、同課長を経て、平成9年滋賀県立陶芸の森館長。京都橘女子大学教授(現・京都橘大学)も務めた。著書に「染付伊万里大皿」「古染付」「やきもの鑑賞」などがある。㊻東洋陶磁学会

河原 由明 かわはら・よしあき 下川端地区市街地再開発組合理事長 博多子供山笠の創設者 ㊵平成27年(2015)6月23日 82歳〔呼吸不全〕 ㊸福岡県福岡市 ㊺昭和46年博多子供山笠の前身にあたる寿童子供山笠を創設。平成7年下川端地区市街地再開発組合理事長となり、博多リバレインなどの再開発に尽くした。

川人 浩二 かわひと・こうじ 徳島新聞電算編集局次長 ㊵平成29年(2017)3月7日 86歳〔肺炎〕 ㊷昭和6年(1931)2月1日 ㊸徳島県 ㊹早稲田大学政経学部卒 ㊺昭和30年徳島新聞に入社。社会、文化各副部長、整理部長を経て、60年電算編集局次長。平成元年~3年四国放送監査役。

川人 英夫 かわひと・ひでお 徳島新聞論説委員 ㊵平成28年(2016)2月22日 81歳〔左下肢筋肉炎〕 ㊷昭和10年(1935)2月1日 ㊸徳島県 ㊹京都大学卒 ㊺昭和33年徳島新聞社に入社。文化部副部長待遇を経て、60年~平成7年論説委員を務めた。

川淵 桂 かわぶち・けい 四国航空社長 ㊵平成28年(2016)5月4日 84歳〔中咽頭がん〕 ㊷昭和6年(1931)12月22日 ㊸高知県高知市 ㊹京都大学工学部土木工学科〔昭和28年〕卒、京都大学大学院〔昭和30年〕修了 ㊺昭和30年四国電力に入社。56年水力部長、62年能力開発部長、平成3年取締役を経て、6年四国航空社長。10年退任。大旺建設副会長、香川県高知県人会会長も務めた。

河辺 進 かわべ・すすむ 三共副社長 ㊵平成28年(2016)3月15日 92歳〔膵臓がん〕 ㊷大正12年(1923)10月23日 ㊸京都府 ㊹慶應義塾大学経済学部〔昭和22年〕卒 ㊺三共(現・第一三共)に入社。昭和51年取締役、57年常務、平成2年専務を経て、3年副社長。

川俣 健二郎 かわまた・けんじろう 衆院議員(社会党) ㊵平成28年(2016)1月24日 89歳〔心不全〕 ㊷大正15年(1926)7月5日 ㊸秋田県雄勝郡稲川町(湯沢市) ㊼旧姓・名=井上健二郎 ㊹横手中〔昭和19年〕卒、早稲田大学政経学部政治学科〔昭和26年〕卒 ㊺昭和26年同和鉱業に入社。44年同和鉱山事業所業務課長を最後に退職。同年病に倒れた衆院議員の養父・川俣清音に代わり、衆院選旧秋田2区に社会党から立候補して当選。以来連続8選。61年社会党の右派政策研究グループ・政権構想研究会代表に就任。社会党秋田県本部委員長も務めた。平成3年国会議員を中心とした日本モンゴル友好協会を設立、事務総長に就任。5年落選。18年には民間交流に貢献したとしてモンゴル政府よりチンギスハン勲章を受けた。㊥勲二等旭日重光章〔平成10年〕、チンギスハン勲章〔平成18年〕 ㊼養父=川俣清音(社会運動家)

川村 亜子 かわむら・あこ 翻訳家 作家 東亜大学(韓国)日語日文学科講師 ㊹韓国事情 ㊵平成29年(2017)8月30日 66歳〔乳がん〕 ㊷昭和26年(1951)6月22日 ㊸長崎県 ㊹法政大学文学部日本文学科卒 ㊺昭和57年から4年間、夫の文芸評論家・川村湊が韓国釜山の東亜大学で日本文学を講じた折、韓国にわたる。主婦業のかたわら、自らも東亜大の日本語講師を務めた。この間の体験から、61年韓国の女性像を描きだした著書「隣の国の女たち」を出版。63年2冊目の著書「韓国ダウンタウン物語」を刊行。翻訳も手がけ、共訳書に趙廷来「太白山脈」、韓水山「軍艦島」、張真晟

「金王朝『御用詩人』の告白」などがある。 [家]夫＝川村湊（文芸評論家）

川村 邦彦 かわむら・くにひこ 森永製菓副社長 [没]平成28年（2016）12月26日 88歳〔心不全〕 [生]昭和3年（1928）2月20日 [出]神奈川県 [学]仙台工専化学工業科〔昭和22年〕卒 [歴]森永製菓に入社。昭和56年取締役、のち常務、専務を経て、62年副社長。

川村 健爾 かわむら・けんじ 牧師 桜美林学園学園長 桜美林短期大学名誉教授 [没]平成27年（2015）1月28日 102歳〔脳卒中と老衰〕 [生]大正1年（1912）12月2日 [出]東京都 [学]日本神学校 [歴]桜美林短期大学英語英文科長、桜美林学園名誉理事などを務めた。

川村 俊朝 かわむら・しゅんちょう 僧侶 真言宗泉涌寺派第153代管長 泉涌寺長老 [没]平成29年（2017）9月24日 89歳 [生]昭和2年（1927） [出]京都府京都市 [学]京都専門学校（現・種智院大学）〔昭和22年〕卒 [歴]昭和26年泉涌寺塔頭・法音院の住職に就く。皇宮護衛官、45年真言宗泉涌寺派財務部長、平成元年同派寺務長と宗務総長を経て、8年12月同派第153代管長と泉涌寺長老に就任。約10年務め、ほかに京都仏教会監事、京都新聞大賞選考委員などを歴任。 [家]長男＝川村俊弘（法音院住職）

河村 信司 かわむら・しんじ シチズン時計常務 [没]平成27年（2015）4月5日 87歳〔肺炎〕 [生]昭和3年（1928）2月14日 [出]東京都 [学]一橋大学商学部〔昭和29年〕卒 [歴]昭和29年シチズン時計（現・シチズンホールディングス）に入社。54年取締役を経て、62年常務。

河村 伝兵衛 かわむら・でんべえ 静岡県沼津工業技術センター研究技監 [専]発酵技術 [没]平成28年（2016）12月6日 73歳 [生]昭和18年（1943） [出]静岡県袋井市 [学]静岡大学農学部農芸化学科〔昭和40年〕卒 [歴]昭和40年静岡県庁に入る。県工業技術試験場を経て、静岡県工業技術センター主任研究員。同センター食品バイオ技術チームを率い、日本酒醸造に用いる新型酵母「静岡酵母」を開発、また“突き破精（はぜ）”と呼ばれる麹発酵法のからくりも突きとめてうまい酒づくりのノウハウを県内約30の醸造元に伝授。61年に開かれた全国新酒鑑評会で県内から出品された21銘柄のうち10銘柄が金賞、7銘柄が銀賞を獲得、静岡県を日本酒の名産県とした。のち静岡県沼津工業技術センター研究技監を務め、平成15年退職。16年リバーソン（RIVERSON）を設立、社長。培った発酵技術を生かして新製品の開発に取り組んだ。 [賞]科学技術庁長官賞科学技術振興功績者表彰〔平成5年〕

河村 直治 かわむら・なおじ 大和証券副社長 日本相互証券社長 [没]平成28年（2016）2月24日 84歳〔悪性リンパ腫〕 [生]昭和7年（1932）2月9日 [出]京都府 [学]京都大学法学部〔昭和29年〕卒 [歴]昭和29年大和証券（現・大和証券グループ）に入社。51年取締役、56年常務、58年専務を経て、61年副社長。平成元年日本相互証券社長、5年会長となる。9年相談役に退く。10年松竹社外監査役を兼任した。

河村 秀穂 かわむら・ひでほ 三共副社長 [没]平成27年（2015）1月1日 73歳〔肺腺がん〕 [生]昭和16年（1941）1月9日 [学]東京大学法学部〔昭和38年〕卒 [歴]昭和38年三共（現・第一三共）に入社。平成7年取締役、12年常務、13年専務を経て、14年副社長。

河村 文生 かわむら・ぶんせい 東京都議（公明党） [没]平成27年（2015）8月19日 84歳〔肺炎〕 [生]昭和5年（1930）9月13日 [出]山口県 [学]明治大学中退 [歴]文京区議4期を経て、昭和56年から東京都議に3選。平成5年引退。 [賞]藍綬褒章〔平成2年〕，勲四等瑞宝章〔平成12年〕

川村 正敏 かわむら・まさとし 弁護士 新潟県弁護士会会長 [没]平成27年（2015）7月17日 81歳〔心不全〕 [生]昭和8年（1933）10月22日 [出]新潟県中蒲原郡村松町（五泉市） [学]早稲田大学法学部〔昭和33年〕卒 [歴]昭和38年司法試験に合格、41年弁護士登録。57年新潟県弁護士会会長。憲法9条の改正反対を呼び掛ける全県的ネットワーク・県九条の会代表世話人を務めた他、長く陪審制度による司法への市民参加を目指す団体・新潟陪審友の会代表としても活動した。 [団]新潟県弁護士会

河村 征治 かわむら・まさはる コープさっぽろ理事長 [没]平成28年（2016）1月10日 75歳〔左急性硬膜下血腫〕 [生]昭和15年（1940）9月27日 [出]旧満州大連 [学]北海道大学農学部林産学科〔昭和36年〕卒 [歴]昭和36年大学を卒業して北大生協に入り、40年専務理事、46年常務理事を経て、専務理事。また、40年札幌市民生協（現・コープさっぽろ）設立に携わり、46年常務理事、50年専務理事となり、平成2年理事長に就任。長く経営を主導し、道内各地の生協の合併などを通して売上高を大きく伸ばしたが、8年経営手法に対する批判から事実上解任される形で常勤副会長に退いた。9年兼務していた生活文化研究所社長職に専念。

川村 仁弘 かわむら・まさひろ 自治省自治大学校校長 新潟県副知事 立教大学経営学部教授 [専]地方自治，危機管理 [没]平成28年（2016）2月8日 68歳〔食道がん〕 [生]昭和22年（1947）6月1日 [出]神奈川県横須賀市 [学]東京大学法学部〔昭和45年〕卒 [歴]昭和45年自治省（現・総務省）に入省。国土庁（現・国土交通省）、自治省行政局行政課を経て、61年滋賀県厚生部長、63年総務部長、平成3年自治省福利課長、のち公務員課長、行政課長を経て、7年新潟県副知事、10年7月自治大学校校長。11年8月退官、同年9月水資源開発公団理事。13年3月退任。14年立教大学社会学部教授、18年経営学部教授。 [家]妻＝田村さと子（詩人）

河村 元雄 かわむら・もとお 住友倉庫社長 [没]平成29年（2017）3月31日 88歳〔老衰〕 [生]昭和3年（1928）8月20日 [出]愛媛県宇摩郡土居町（四国中央市） [学]東京大学法学部〔昭和29年〕卒 [歴]昭和29年住友倉庫に入社。54年東京営業部長、55年営業部長、56年神戸支店長、57年取締役、58年常務を経て、62年社長。平成6年会長。日本倉庫協会会長も務めた。 [賞]藍綬褒章〔平成4年〕，勲三等旭日中綬章〔平成10年〕

河村 豊 かわむら・ゆたか 中国新聞製作局付局長 [没]平成27年（2015）7月17日 80歳〔肺がん〕 [生]昭和10年（1935）4月24日 [出]広島県広島市東区 [学]国泰寺高卒 [歴]昭和32年中国新聞社に入社。社長室委員、59

年労務部長、平成元年製作局次長、のち同局総務、7年同局付局長。のち中国新聞ビル管理取締役を務めた。

河本 一郎　かわもと・いちろう　弁護士　神戸大学名誉教授　神戸学院大学名誉教授　[専]有価証券法, 証券取引法, 会社法　[没]平成29年(2017)4月18日　94歳〔右腎がん〕　[生]大正12年(1923)2月27日　[出]大阪府箕面市　[学]大阪商科大学〔昭和22年〕卒, 京都大学法学部〔昭和26年〕卒　法学博士　[歴]昭和26年京都大学大学院特別研究生。同年神戸大学法学部助手、28年助教授、38年教授。60年退官し、61年名誉教授。のち神戸学院大学教授。商法、証券取引法を専門とし、法制審議会委員や証券取引審議会委員も務め、商法などの改正に関わった。平成7年日本学士院会員。著書に「現代会社法」「証券取引法」などがある。　[賞]勲二等瑞宝章〔平成8年〕　[資]日本学士院会員〔平成7年〕　[団]日本私法学会, 日米法学会, 大阪弁護士会

川本 邦衛　かわもと・くにえ　評論家　慶応義塾大学名誉教授　[専]言語学, ベトナム史, ベトナム文学　[没]平成29年(2017)4月25日　87歳〔肺炎〕　[生]昭和4年(1929)11月22日　[出]東京都　[学]東京外国語大学中国語科卒, 慶応義塾大学大学院文学研究科国文学専攻〔昭和33年〕修了　[歴]昭和33年慶応義塾大学文学部副手、36年助手となり、同年在ベトナム共和国日本大使館付コロンボ計画専門家としてサイゴンに赴任、39年帰国。慶大言語文化研究所助手、専任講師を経て、44年助教授、46年教授。平成2〜6年同研究所長。ベトナム文学研究の第一人者として知られ、昭和45年7〜10月には最初の日本人研究者としてハノイに入った。また、ベトナム問題についての評論活動も行った。著書に「ベトナムの詩と歴史」「ホー・チ・ミンの詩と日記」、編著に「南ベトナム政治犯の証言」「詳解ベトナム語辞典」、訳書にエン・ドック・トアン「不屈」などがある。

川本 貢　かわもと・みつぎ　積水化成品工業社長　[没]平成28年(2016)5月15日　97歳〔胃がん〕　[生]大正8年(1919)2月1日　[出]熊本県　[学]神戸高商〔昭和14年〕卒　[歴]昭和14年満州中央銀行に入行。29年積水化学工業に転じ、43年積水化成品工業取締役、44年常務、47年専務。のち積水リース副社長を経て、55年積水化成品工業顧問、56年社長に就任。63年会長。　[賞]勲三等瑞宝章〔平成5年〕

河盛 純造　かわもり・じゅんぞう　テニス選手　[没]平成29年(2017)8月12日　75歳〔肝不全〕　[出]兵庫県芦屋市　[学]甲南大学卒　[歴]テニス選手として活躍し、昭和43年と45年全日本選手権男子ダブルスで優勝。43〜46年国別対抗戦のデビス杯代表を務めた。

瓦谷 仁　かわらたに・ひとし　大五通商代表取締役　静岡県ラグビー協会会長　[没]平成28年(2016)5月24日　80歳〔肺炎〕　[生]昭和10年(1935)12月12日　[出]大阪府八尾市　[学]明治大学商学部〔昭和33年〕卒　[歴]昭和33年常盤商事、36年東海澱粉を経て、48年大五通商を設立して代表取締役。平成14年まで20年近く静岡県ラグビー協会理事長を務め、同副会長、会長を歴任。長年にわたり静岡県ラグビー界の発展に尽力した。　[賞]静岡市体育協会優秀指導者章〔昭和54年〕, 静岡新聞社・静岡放送スポーツ賞体育功労者賞〔平成17年〕　[家]長男＝瓦谷健(大五通商社長)

河原林 謙三　かわらばやし・けんぞう　京都市議(公明党)　[没]平成27年(2015)4月4日　91歳〔老衰〕　[生]大正13年(1924)1月27日　[出]京都府京都市　[学]商工専修学校中退　[歴]京都市議に4選。昭和61年副議長。62年引退。　[賞]勲五等双光旭日章〔平成6年〕

姜 在彦　かん・じぇおん　Kang Jace-um　花園大学教授　[専]朝鮮近代史, 朝鮮思想史　[国]韓国　[没]平成29年(2017)11月19日　91歳〔心不全〕　[生]大正15年(1926)10月25日　[出]韓国済州道済州　[学]大阪商科大学(現・大阪市立大学)研究科〔昭和28年〕修了　文学博士(京都大学)〔昭和56年〕　[歴]朝鮮戦争の戦火を逃れ、昭和25年来日。在日朝鮮人運動に携わった後、43年から学究の道へ。46〜56年京都大学人文科学研究所研究員。京都大学、北海道大学、大阪大学、大阪市立大学、関西大学各講師を経て、60年花園大学教授。50〜62年朝鮮民主化・統一問題や在日朝鮮人の人権問題を扱う「季刊三千里」編集委員、平成元年から「季刊青丘」編集委員を務めた。歴史学者の立場から、日本と韓国、北朝鮮を巡る問題について積極的に発言した。著書に「朝鮮の開化思想」「朝鮮近代史研究」「ソウル」(世界の都市の物語7)「朝鮮の歴史と文化」「近代朝鮮の思想」「朝鮮儒教の二千年」「朝鮮通信使がみた日本」他、編書に「近代朝鮮の社会と思想」「植民地期朝鮮の社会と抵抗」などがある。　[賞]海外同胞賞(韓国放送公社, KBS)(第1回)〔平成5年〕　[団]朝鮮学会, 朝鮮史研究会　[家]妻＝竹中恵美子(大阪市立大学名誉教授・労働経済学)

神崎 繁　かんざき・しげる　首都大学東京都市教養学部教授　専修大学文学部教授　[専]西洋古代哲学, 西洋古典学　[没]平成28年(2016)10月20日　63歳〔肺がん〕　[生]昭和27年(1952)11月29日　[出]兵庫県姫路市　[学]東北大学文学部哲学科〔昭和51年〕卒, 東北大学大学院文学研究科哲学専攻修士課程修了, 東京大学大学院人文科学研究科哲学専攻博士課程単位取得満期退学　[歴]茨城大学人文学部人文学科専任講師、東北大学教育学部講師、東京都立大学人文学部哲学科助教授を経て、教授。平成17年首都大学東京都市教養学部教授。のち、専修大学文学部教授。西洋古代哲学を専門としながら、ニーチェやフーコーに関する論考も展開した。著書に「プラトンと反遠近法」「ニーチェ―どうして同情してはいけないのか」「フーコー―他のように考え、そして生きるために」「魂(アニマ)への態度」、共著に「西洋哲学史」、分担執筆に「哲学思想の歴史」、共訳に「中世思想原典集成〈2〉/盛期ギリシア教父」「ソフィスト列伝」などがある。　[団]日本哲学会, 日本倫理学会, 日本西洋古典学会, ギリシャ哲学セミナー

観世 豊純　かんぜ・とよすみ　能楽囃子方(観世流小鼓方)　観世流小鼓18世宗家　[専]小鼓　[没]平成28年(2016)2月18日　81歳〔膵臓がん〕　[生]昭和9年(1934)3月6日　[出]東京都　[名]本名＝宮増純三(みやます・じゅんぞう)　[歴]観世流小鼓宗家である宮増豊好の三男で、父に師事。昭和23年「経政」で初舞台。34年観世流小鼓方18世宗家を継承。47年より日本能楽会会員。　[団]日本能楽会　[家]父＝宮増豊好(観世流小鼓方), 兄＝敷

か

村鉄雄（観世流小鼓方），長男＝観世新九郎（観世流小鼓方）　師＝宮増豊好

観世 元伯　かんぜ・もとのり　能楽囃子方（観世流太鼓方）　太鼓　平成29年（2017）12月1日　51歳〔頸部食道がん〕　昭和41年（1966）8月10日　東京都　本名＝観世元則（かんぜ・もとのり）　観世流太鼓方16世宗家観世元信の長男。昭和47年5歳の時に独鼓「老松」で初舞台。平成9年若手能楽師5人でグループ・神遊（かみあそび）を結成。東京芸術大学非常勤講師、国立能楽堂研修生講師、能楽協会理事を務めた。29年がんのため51歳で死去。　日本能楽会　父＝観世元信（観世流太鼓宗家16代目）

上田 格　かんだ・かく　鹿児島銀行頭取　鹿児島経済同友会代表幹事　平成27年（2015）2月8日　93歳〔肺炎〕　大正10年（1921）4月29日　鹿児島県鹿児島市　鹿児島高商〔昭和16年〕卒　昭和21年鹿児島銀行に入行。都城・高見馬場の各支店長、本店営業部次長、審査部長を経て、47年取締役、53年常務、55年専務、61年副頭取となり、63年戦後初の生え抜きの頭取に就任。平成4年会長、9年相談役に退く。鹿児島経済同友会代表幹事、鹿児島県教育委員も務めた。また、薩摩狂句同好会「渋柿」同人として句作の指導にあたり、昭和63年から14年間にわたって南日本新聞「南日狂壇」の3代目選者を務めた。　勲四等旭小綬章〔平成5年〕

神田 憲二　かんだ・けんじ　王子製紙取締役常務執行役員　平成28年（2016）7月18日　67歳〔肺がん〕　昭和24年（1949）3月10日　岐阜県大垣市　北海道大学農学部林学科〔昭和46年〕卒　昭和46年王子製紙（現・王子ホールディングス）に入社。林材本部海外原料部副部長、原材料本部海外植林部長、同副本部長を経て、平成15年執行役員、のち取締役常務執行役員。

神田 山裕　かんだ・さんゆう　講談師　平成27年（2015）6月3日　60歳〔肺炎〕　昭和29年（1954）9月13日　東京都杉並区　本名＝石橋賢一（いしばし・けんいち）　国府台高卒　国府台高時代は落語研究会に所属。卒業後、昭和50年2代目神田山陽に入門。55年二ツ目、60年真打ちに昇進。平成6年文化庁芸術祭賞を受賞。古典ものに加えて、"リクルート問題""中東問題"など"時代もの"を語り注目を浴びた。10年に脳出血で倒れ、療養を続けった。　花形演芸会金賞（第5回）〔昭和55年〕「大高源五」，花形演芸大賞（第2回）〔昭和57年〕「赤垣源蔵徳利の別れ」，芸術祭賞（第49回，平成6年度）「神田山裕ひとり会」　師＝神田山陽（2代目）

神田 武光　かんだ・たけみつ
⇒琉王 優貴（りゅうおう・ゆうき）を見よ

神田 三亀男　かんだ・みきお　民俗学者　歌人　民俗学　平成29年（2017）10月26日　95歳〔肺炎〕　大正11年（1922）9月10日　広島県比婆郡東城町（庄原市）　西条農学校〔昭和15年〕卒　広島県立西条農学校在学中に短歌を詠む。卒業後、昭和20年広島県職員となる。農業技術課在籍時に民俗学者宮本常一と出会い、農業指導で地域を回りながら民俗調査に

取り組む。県農政部を経て、県農協中央会考査役。退職後は山陽女子短期大学非常勤講師として食文化を教えた。広島県府中町文化財保護審議会委員も務めた。著書に「原爆に夫を奪われて」「広島の食文化」「女人天耕」「咲け！山ユリの心」「聞き書 広島の食事」、歌集に「棚田」「棚田残照」「棚田荒涼」「棚田と人間」など。　広島民俗学会賞（第1回）〔昭和63年〕，長塚節文学賞短歌部門大賞　広島民俗学会

神田 紅葉　かんだ・もみじ　講談師　平成29年（2017）7月25日　66歳〔胆嚢がん〕　昭和25年（1950）12月19日　長野県松本市　本名＝矢光純子（やこう・じゅんこ）　松本美須々ケ丘高卒　銀行勤務ののち、23歳で結婚して上京。3人の子供の子育てが一段落した頃に神田紅の講談に出合い、平成13年50歳で神田紅に入門。前座、18年二ツ目を経て、28年戦後では最年長となる65歳で真打ちに昇進。昇進直後に末期の胆嚢がんが判明するも、抗がん剤治療を続けながら披露興行を行った。29年7月死去。　師＝神田紅

神田 陽司　かんだ・ようじ　講談師　日本講談協会理事　平成28年（2016）2月18日　53歳〔肝硬変〕　昭和37年（1962）8月25日　兵庫県尼崎市　本名＝吉田祐二（よしだ・ゆうじ）　早稲田大学第一文学部哲学科卒　劇団青年座研究所専科を修了。大学卒業後、情報誌「シティロード」の演劇担当を経て、副編集長を務める。この間、2代目神田山陽の講談に感銘を受け、平成2年退社して弟子入り。はとバスのガイドを務める傍ら、講談師として活躍し、古典のほかノンフィクションの新作講談にも挑戦。7年前座から二ツ目に昇進。一方、阪神・淡路大震災後、ボランティア活動に従事。その体験をまとめたオリジナルの講談「阪神大震災」を東京・新宿の永谷ホール高座で披露し、入場料を義援金として寄贈。15年真打ちに昇進。主な自作講談に「講談ビル・ゲイツ」「講談インターネット」「講談！炭焼三太郎物語」などがある。　師＝神田山陽（2代目）

菅野 辰男　かんの・たつお　五洋建設常務　東京都技監　平成28年（2016）6月23日　91歳〔胆管がん〕　大正14年（1925）2月14日　福島県　東京大学工学部土木工学科〔昭和26年〕卒　工学博士　昭和26年東京都に入り、53年港湾局建設部長、54年技監。56年五洋建設に転じ、57年常務。

菅野 仁　かんの・ひとし　宮城教育大学教育学部教授　社会学　平成28年（2016）9月29日　56歳〔大腸がん〕　昭和35年（1960）5月24日　宮城県仙台市　東北大学文学部卒，東北大学大学院文学研究科社会学専攻〔平成1年〕博士課程単位取得退学　東北大学文学部助手、青森公立大学経営経済学部助教授を経て、平成7年宮城教育大学教育学部助教授、18年教授。28年副学長。著書に「ジンメル・つながりの哲学」「友だち幻想」などがある。

菅野 宗和　かんの・むねかず　日本大学工学部教授　機械工学　平成29年（2017）8月3日　85歳　昭和7年（1932）2月9日　福島県　日本大学第二工学部機械工学科〔昭和28年〕卒　工学博士　日本大学工学部教授、日大東北高校校長を務めた。著書に「入

門 固体の力学」がある。 [団]日本機械学会, 日本材料学会, 日本材料強度学会

神原 武 かんばら・たけし　熊本大学名誉教授 [専]病理学 [没]平成28年(2016)11月7日　88歳〔老衰〕 [生]昭和3年(1928)6月9日 [出]徳島県名西郡神山町 [学]佐賀高〔昭和24年〕卒, 熊本医科大学(現・熊本大学医学部)〔昭和28年〕卒　医学博士 [歴]昭和29年熊本大学研究員、30年助手、33年講師、34年助教授を経て、46年教授。この間、41年米国ジョンズ・ホプキンズ大学へ留学。平成6年熊本大学名誉教授。同年西日本リハビリテーション学院長を務めた。 [賞]瑞宝中綬章〔平成19年〕 [団]日本病理学会

神戸 祐三 かんべ・ゆうぞう　大明堂社長 [没]平成27年(2015)8月30日　87歳 [生]昭和2年(1927)11月3日 [出]東京都 [学]宇都宮農専卒 [歴]昭和22年神田図書に入社。同年7月父が創業した大明堂に転じ、38年社長に就任。43年～平成15年日本書籍出版協会の理事、常任理事、監事を歴任。昭和51年には近刊図書情報小委員会委員長として「これから出る本」の創刊に携わった。 [賞]勲四等瑞宝章〔平成10年〕 [家]父＝神戸文三郎(大明堂創業者)

【き】

木内 和博 きうち・かずひろ　染織家　優佳良織工芸館館長　北海道伝統美術工芸村社長 [専]優佳良織 [没]平成28年(2016)11月13日　70歳〔食道がん〕 [生]昭和21年(1946)4月7日 [出]北海道旭川市 [学]旭川西高卒, 中央大学法学部中退 [歴]優佳良織の織元である木内綾の長男。旭川西高校時代は山岳部なとで鳴らす。中央大学に進学して上京するが学園紛争などに嫌気がさして中退、東京都内で母の個展の手伝いをする傍ら、染織の創作に取り組む。昭和55年優佳良織工芸館を設立して館長に就任。同じ旭川市にある雪の美術館などの運営会社・北海道伝統美術工芸村の社長も務めた。平成2年地元経済人らで作る旭川経済人会議に推されて旭川市長選に立候補。三浦綾子記念文化財団理事、旭川美術振興会顧問なども歴任した。 [賞]日本商工会議所会頭賞〔昭和55年〕, 通商産業省ふるさと産業再発見事業通産大臣賞〔平成1年〕, 日本民芸公募展NHK会長賞〔昭和54年〕, 日本民芸公募展特別賞〔昭和55年〕 [家]母＝木内綾(染織家)

紀内 隆宏 きうち・たかひろ　消防庁長官　滋賀県副知事 [没]平成29年(2017)7月29日　81歳〔肺がん〕 [生]昭和11年(1936)1月20日 [出]長崎県 [学]東京大学法学部〔昭和36年〕卒 [歴]昭和36年自治省(現・総務省)に入省。51年埼玉県労働部長、53年農林部長、57年自治省財務局交付税課長、61年滋賀県副知事、63年7月自治省官房審議官、平成2年7月官房総務審議官、3年10月行政局長を経て、5年7月消防庁長官。7年1月退官。のち全国知事会事務総長、8年8月総理府水資源開発審議会委員を歴任した。 [賞]瑞宝重光章〔平成20年〕

木内 千鶴子 きうち・ちずこ　漫画家　イラストレーター [没]平成27年(2015)7月20日　77歳 [出]香川県高松市 [歴]昭和32年「愛の流れ」で漫画家デビュー。東光堂、若木書房などを経て、集英社専属となり「週刊マーガレット」「別冊マーガレット」「セブンティーン」などに執筆。代表作に「友情のひみつ」「天国がみつからない」「ノラを捜して」などがある。その後、イラストレーターとしてイラスト教室などを開いた。 [家]妹＝木内佳寿子(漫画家)

木内 啓義 きうち・ひろよし　カシオ計算機取締役 [没]平成28年(2016)12月25日　77歳〔病気〕 [生]昭和14年(1939)12月11日 [出]東京都 [学]明治大学工学部〔昭和40年〕卒 [歴]昭和40年カシオ計算機に入社。システム企画部長、61年研究開発本部第一研究部長、平成元年情報機器事業本部開発統括部長兼アドプス研究所第一研究部長、同年取締役。

木内 良明 きうち・よしあき　衆院議員(公明党) [没]平成29年(2017)1月26日　72歳〔多発性脳出血〕 [生]昭和19年(1944)9月23日 [出]東京都墨田区 [学]慶応義塾大学法学部政治学科〔昭和41年〕中退 [歴]昭和54年旧東京1区から衆院議員に初当選。3期務め、平成2年落選。9年江東区選出の東京都議に当選。17年副議長。5期目途中の29年1月死去。

木川田 一郎 きかわだ・いちろう　日本聖公会首座主教　桃山学院院長　プール学院理事長 [没]平成27年(2015)3月18日　89歳 [生]大正14年(1925)3月28日 [出]宮城県仙台市 [学]東京大学農学部〔昭和24年〕卒, 聖公会神学院〔昭和35年〕修了 [歴]昭和24年日本飼糧畜産に入社。35年日本聖公会大阪聖愛教会副牧師、日本聖公会庄内キリスト教会牧師、50年日本聖公会大阪教区主教、61年首座主教。桃山学院院長、聖路加国際病院理事長、プール学院理事長なども務めた。

規工川 宏輔 きくかわ・こうすけ　熊本大学教授 [専]人文地理学 [没]平成29年(2017)8月29日　83歳〔心不全〕 [生]昭和9年(1934)1月10日 [出]熊本県玉名郡岱明町 [学]熊本大学教育学部四年課程社会科〔昭和31年〕卒 [歴]高校教師を務めた後、昭和47年熊本県立教育センター研究員となる。51年熊本大学教育学部講師を経て、54年助教授、のち教授。平成11年退任。 [団]日本地理学会, 人文地理学会, 歴史地理学会

菊田 茂男 きくた・しげお　東北大学名誉教授 [専]平安文学, 近代文学(比較文学), 文芸学理論 [没]平成28年(2016)9月14日　87歳〔多臓器不全〕 [生]昭和4年(1929)6月1日 [出]秋田県仙北郡田沢湖町(仙北市) [学]東北大学文学部国文学科〔昭和27年〕卒 [歴]昭和27年東北大学文学部助手、29年秋田大学学芸学部講師、32年東北大学文学部助教授を経て、51年教授に就任。平成元年から2年間、文学部長、大学院文学研究科長、日本文化研究施設長を歴任。5年宮城学院女子大学教授。著書に「新講篁物語」「源氏物語・鈴虫」「図説漱石大観」「芥川龍之介〈比較文学研究〉」などがある。 [賞]瑞宝中綬章〔平成20年〕 [団]中古文学会, 日本比較

き

文学会, 日本文芸学会, 東北大学国文学会, 日本文芸研究会

菊田 将 きくた・すすむ　日野自動車工業常務　㉚平成29年（2017）7月30日　87歳〔老衰〕　㊐昭和5年（1930）4月24日　㊐宮城県　㊐東北大学工学部機械工学科〔昭和28年卒〕　㊞昭和28年日野ヂーゼル工業（のち日野自動車工業, 現・日野自動車）に入社。58年取締役を経て, 平成元年常務。

菊池 啓治郎 きくち・けいじろう　郷土史家　北上市助役　㊐岩手県　㉚平成27年（2015）4月22日　91歳〔慢性呼吸不全〕　㊐大正13年（1924）3月20日　㊐岩手県北上市　㊐黒沢尻中卒　㊞昭和32年北上市教育委員会総務課長, 39年市民会館長心得, 44年秘書課長, 50年企画課長を経て, 53〜61年助役。岩手県文化財保護審議会委員も務めた。著書に「黄河とナイルのほとりにて」「韓・中遺跡瞥見」などがある。

菊地 純一郎 きくち・じゅんいちろう　八森町（秋田県）町長　㉚平成27年（2015）5月27日　80歳〔肺炎〕　㊐昭和9年（1934）12月31日　㊐秋田県山本郡八森町（八峰町）　㊐能代工建築科〔昭和28年〕卒　㊞昭和30年秋田県八森町役場に入る。52年産業課長, 55年開発課長を経て, 58年より町長に4選。平成7〜9年秋田町村会副会長を務めた。　㊞旭日双光章〔平成17年〕　㊞2級建築士

菊池 武正 きくち・たけまさ　弘南バス社長　青森県経営者協会会長　㉚平成27年（2015）2月20日　96歳〔肺炎〕　㊐大正7年（1918）10月3日　㊐青森県南津軽郡平賀町（平川市）　㊐弘前中卒, 明治学院高商部卒, 中央大学法学部〔昭和17年〕卒　㊞昭和20年東北化学食品工業に入社。26年弘南バスに転じ, 社長秘書, 取締役を経て, 29年常務, 35年専務, 44年社長, 平成3年会長。東日本フェリー会長も務めた。昭和31年〜平成5年青森県自動車団体連合会会長, 昭和46年〜平成5年日本バス協会副会長, 昭和61年〜平成11年青森県経営者協会会長兼日本経営者団体連盟常任理事, 昭和62年〜平成11年青森県観光連盟理事長を歴任した。㊞藍綬褒章〔昭和54年〕, 勲三等瑞宝章〔昭和63年〕, ニュービジネス大賞優秀賞〔平成2年〕, 青森県褒賞〔平成6年〕

菊池 辰夫 きくち・たつお　医師　菊池医院院長　郡山医師会会長　福島県医師会副会長　㉚平成27年（2015）12月7日　90歳〔内臓疾患〕　㊐大正15年（1940）3月11日　㊐慶応義塾大学医学部　㊞平成8年から郡山医師会会長を18年間, 16年から福島県医師会副会長を10年間務めた。　㊞藍綬褒章〔平成17年〕, 旭日双光章〔平成26年〕

菊池 哲郎 きくち・てつろう　新聞記者　毎日新聞常務・主筆　㊙経済と文明・社会のかかわり方　㉚平成28年（2016）8月11日　68歳〔肺がん〕　㊐昭和23年（1948）4月23日　㊐福島県福島市　㊐東京大学法学部（私法）〔昭和46年〕卒　㊞昭和46年毎日新聞社に入社。経済部から外信部に移り, 平成2年ロンドン特派員。主として欧州全体の経済を担当。9年経済部長, 11年論説副委員長, 14年論説委員長。18年常務。20年常務・

主筆。この間, 12年政府税調特別委員も務めた。父は福島民報副社長を務めた菊池四郎で, 自身も19年から同社監査役を務めた他, 22〜28年同紙に「菊池哲郎の世相診断」を129回執筆した。著書に「ラプソディー・イン・ロンドン」「日本には日本の経済がある」「楽しく暮らすための経済学」などがある。　㊞父＝菊池四郎（福島民報副社長）

菊池 智 きくち・とも　現代陶芸寛土里オーナー　京葉ガス会長　㉚平成28年（2016）8月20日　93歳〔肺炎〕　㊐大正12年（1923）1月18日　㊐東京都　㊐聖心女子学院専〔昭和19年〕卒　㊞若い頃から陶器に惹かれ, 父の遺産をもとに, 昭和40年頃から現代陶器作品の収集を始める。ホテルニューオータニに出店, ニューヨークにも店を持った。ワシントンやロンドンで陶芸展を開くなど, 日本の陶芸を世界へ広める橋渡しをした。平成8年京葉ガス会長。　㊞父＝菊池寛実（高萩炭鉱社長）

危口 統之 きぐち・のりゆき　演出家　劇団悪魔のしるし主宰　㉚平成29年（2017）3月17日　42歳〔肺がん〕　㊐昭和50年（1975）　㊐岡山県倉敷市　㊞本名＝木口統之（きぐち・のりゆき）　㊐横浜国立大学工学部建設学科〔平成11年〕卒　㊞父は画家の木口敬三。大学時代は演劇サークルに所属。平成20年劇団悪魔のしるしを旗揚げ, 主宰。巨大物体を建物内に搬入するパフォーマンス作品「搬入プロジェクト」をはじめ, 演劇やパフォーマンスアートなどジャンルにとらわれない幅広い活動で注目された。　㊞父＝木口敬三（画家）

菊地 弘 きくち・ひろし　共同通信情報企画局長　アジア・アフリカ文化財団会長　㉚平成29年（2017）9月9日　89歳　㊐昭和3年（1928）5月12日　㊐山形県　㊐成蹊大学政経学部〔昭和31年〕卒　㊞昭和31年共同通信社に入社。ソウル支局長, ベイルート支局長, 外信部次長, 海外部長, 株式会社共同通信社, 経済通信部次長, 同情報企画局長, 60年総合企画室長就任。62年財団法人アジア・アフリカ文化財団専務理事となり, 平成7年専門学校アジア・アフリカ語学院院長, 13年同財団理事長に就任。三鷹市教育委員, 三鷹国際交流協会理事長, 中日文化研究所理事長なども務めた。

菊地 博 きくち・ひろし　平和建設社長　大館北秋商工会議所会頭　㉚平成28年（2016）7月16日　75歳〔肺がん〕　㊐昭和15年（1940）10月8日　㊐秋田県　㊐中央大学工学部〔昭和39年〕卒　㊞昭和40年平和建設に入社。53年取締役, 60年専務を経て, 同年社長。秋田県比内町, 田代町, 花矢の3商工会が合併して, 平成17年に発足した大館北秋商工会の初代会長を務めた。25年退任。

菊地 雅章 きくち・まさぶみ　ジャズ・ピアニスト　㊙即興演奏に於ける質の向上への洞察　㉚平成27年（2015）7月7日　75歳〔脳内出血〕　㊐昭和14年（1939）10月19日　㊐東京市葛飾区下小松川町（東京都）　㊐東京芸術大附属高卒　㊞4歳の時に会津若松に疎開。6歳から牧師の山本秀治に師事, ピアノ, ソルフェージュを学ぶ。中学卒業後, 東京芸術大学音楽学部附属音楽高校作曲科へ進学のため上京（第2期生）。同級には渋谷毅がいた。昭和33年卒業後, 自己のトリオを結成してジャズの演奏を始め, 〈コンポジション〉シリーズの作曲で注目を集める。一方で高柳昌行, 富樫雅彦, 金井英人とのジャズ・アカデミー・クァルテット（のち新世紀音楽研究所）に参加。39年原信夫とシャー

プス＆フラッツに入団、美空ひばりらのバックで演奏。40年初リサイタル。41年富樫と渡辺貞夫クァルテットに参加、初レコーディングとなった同バンドのアルバム「ジャズ＆ボッサ」は爆発的なヒットとなり、日本にボサノヴァ・ブームを巻き起こした。42年日野皓正と日野＝菊地クインテットを結成、日本で初のモダン・ジャズのみを演奏するグループとして人気を集めるが、自身のバークレー留学に伴い短期間活動の後、解散。留学直前の43年にはソニー・ロリンズの日本ツアーに同行。バークレー音楽院ではハーブ・ポメロイに音楽学・編曲を師事し、44年帰国。間を置かずしてフィリップス・レコードと専属契約を結び、新たにダブル・ピアノ、ダブル・ドラムという編成による菊地雅章セックステットを結成、オリジナルの「ダンシング・ミスト」がヒットするなど高い評価を受けた。48年ニューヨークへ活動の拠点を移し、マイルス・デービス、ギル・エバンス、ソニー・ロリンズらのグループに参加。50年日野と東風を結成、一時帰国して全国ツアーを行った。傍ら創作に没頭し、56年の「ススト」「ワン・ウェイ・トラベラー」は、1980年代のジャズの動向を先取りした傑作アルバムとして世界的に名高い。その後、指の故障で演奏活動の一時中断を余儀なくされるが、62年オールナイト・オールライト・オフホワイト・ブギバンド（AAOBB）を率いて復帰し、11年ぶりに来日公演も行う。同年自身初のソロアルバム「アタッチド」を発表。平成元年ゲイリー・ピーコック、ポール・モチアンとテザード・ムーンを結成。7年モントリオール・ジャズ・フェスティバルにソロピアノで出演して以降、ベルリン・ジャズ・フェスティバルをはじめ世界各地のジャズ・フェスティバルにソロアーティストとして出演。世界的なジャズ・ピアニストとして活躍した。愛称は“ぷーさん”。　[賞]ジャズ・ディスク大賞日本ジャズ賞（第28回）〔平成6年〕「Duo」，南里文雄賞（第20回）〔平成6年〕，ジャズ・ディスク大賞金賞（第29回）〔平成7年〕「アコースティック・ブギ」，ミュージック・ペンクラブ音楽賞ポピュラー部門最優秀賞（平成7年度）〔平成8年〕「アコースティック・ブギ」，ジャズ・ディスク大賞銀賞（第41回）〔平成19年〕「エッジズ～日野＝菊地デュオ」　[家]兄＝菊地雅春（作曲家），弟＝菊地雅洋（ジャズ・ピアニスト）　[師]師＝エバンス，ギル

菊地 衛　きくち・まもる　ナカノコーポレーション専務　[没]平成28年（2016）5月18日　90歳〔急性心不全〕　[生]大正14年（1925）9月28日　[出]宮城県　[学]東京開成中〔昭和18年〕卒，山形高理科〔昭和20年〕卒，東京工業大学〔昭和23年〕卒　[歴]中野組に入り、昭和40年設計部長、43年取締役、55年常務、63年専務。平成3年同社はナカノコーポレーション（現・ナカノフドー建設）に改称した。

菊池 三男　きくち・みつお　建設省技監　首都高速道路公団理事長　[没]平成29年（2017）11月4日　97歳〔老衰〕　[生]大正9年（1920）3月26日　[出]大分県竹田市　[学]東京帝国大学第二工学部土木工学科〔昭和20年〕卒　[歴]昭和22年内務省に入省。その後、建設省（現・国土交通省）に移り、47年関東地方建設局長、同年道路局長、49年技監を歴任して退官。52年首都高速道路公団（現・首都高速道路会社）副理事長、56年理事長を経て、59年日本高速通信社長に就任。平成2年立体道路推進機構理事長、のち道路空間高度化機構理事長、13年顧問。　[賞]勲二等旭日重光章〔平成2年〕，土木学会賞功績賞（平成7年度）〔平成8年〕

菊池 光興　きくち・みつおき　総務事務次官　国立公文書館館長　[没]平成29年（2017）10月7日　74歳〔尿管がん〕　[生]昭和18年（1943）8月21日　[出]東京都　[学]東京大学法学部〔昭和42年〕卒　[歴]昭和42年総理府入り。総務長官秘書官、内閣広報室参事官、57年内閣外政審議室内閣審議官、63年7月総務庁行政監察局監察官、平成2年7月人事局企画調整課長、のち老人対策室長、北方対策本部審議官、6年7月長官官房審議官、8年7月人事局長、9年7月長官官房長を経て、11年7月総務事務次官。13年から独立行政法人・国立公文書館館長を務めた。　[賞]瑞宝重光章〔平成27年〕

菊池 和儀　きくち・やすよし　南牧村（長野県）村長　[没]平成28年（2016）7月9日　92歳〔病気〕　[生]大正13年（1924）3月28日　[出]長野県南佐久郡南牧村　[学]青年学校卒　[歴]長野県南牧村に生まれ、JR野辺山駅前で旅館業を営む。昭和54年村長に当選、4期務めた。国が当時計画していた千曲川上流ダム建設に反対した。　[賞]旭日小綬章〔平成15年〕

菊池 幸雄　きくち・ゆきお　気象庁長官　[没]平成29年（2017）4月29日　87歳〔多臓器不全〕　[生]昭和4年（1929）8月10日　[出]北海道小樽市　[学]北海道大学理学部物理学科〔昭和27年〕卒　理学博士　[歴]昭和27年中央気象台に入る。札幌管区気象台、米国コロラド州立大研究員などを経て、47年気象大学校教授。57年名古屋地方気象台長、59年観測部長、60年4月予報部長を歴任し、62年4月気象庁長官に就任。平成2年退官、宇宙開発事業団非常勤理事を務めた。　[賞]勲二等瑞宝章〔平成11年〕，日本気象学会賞〔昭和52年〕「ブロッキングに関する研究」，経済産業大臣表彰原子力安全功労者表彰（第12回，平成4年度），岡田賞〔平成10年〕

菊池 良郎　きくち・よしお　竹田綜合病院院長　[没]平成28年（2016）7月8日　89歳〔老衰〕　[歴]昭和57年～平成8年竹田綜合病院院長。日本棋院全会津支部長も務めた。　[賞]勲三等瑞宝章〔平成13年〕

菊谷 勝利　きくや・かつとし　砂川市長　[没]平成27年（2015）7月5日　76歳〔右腎盂がん〕　[生]昭和14年（1939）6月26日　[出]北海道増毛郡増毛町　[学]留萌高〔昭和33年〕卒　[歴]昭和36年砂川市役所に入る。46年より市議に7選、市議会議長も務めた。平成11年より市長に3選した。　[賞]藍綬褒章〔平成10年〕，旭日中綬章〔平成24年〕

菊谷 節子　きくや・せつこ　秋田犬“わさお”の飼い主　[没]平成29年（2017）11月30日　73歳〔間質性肺炎〕　[出]青森県　[歴]青森県鰺ケ沢町で捨て犬だった秋田犬を拾い“わさお”と命名。わさおは、旅行者のブログで紹介されたのをきっかけに“ぶさかわ（不細工だけどかわいい）”と人気を博し、写真集などが出版され、映画「わさお」も製作された。

亀卦川 富夫　きけがわ・とみお　岩手県議（いわて）　[没]平成28年（2016）12月25日　76歳〔急性骨髄性白血病〕　[生]昭和15年（1940）4月15日　[出]岩手県水沢市（奥

州市）[学]立教大学卒　[歴]昭和50年椎名悦三郎衆院議員秘書、55年椎名素夫衆院議員秘書などを経て、58年から水沢市議に5選。平成15年岩手県議に当選。23年落選、2期。地域政党いわてに所属。水沢日本外交協会会長、いわてILC加速器科学推進会議代表幹事なども務めた。

木坂 博幸　きさか・ひろゆき　クボタ専務　[没]平成28年(2016)12月22日　80歳〔肺炎〕　[生]昭和11年(1936)1月2日　[出]広島県　[学]広島大学工学部〔昭和33年〕卒　[歴]昭和33年久保田鉄工(現・クボタ)に入社。63年取締役、平成4年常務を経て、10年専務。

き

木坂 基　きさか・もとい　広島大学名誉教授　[専]国語学　[没]平成27年(2015)9月5日　79歳〔肺炎〕　[生]昭和10年(1935)11月19日　[出]香川県三豊郡高瀬町(三豊市)　[学]広島大学文学部文学科〔昭和33年〕卒, 広島大学大学院文学研究科〔昭和35年〕修士課程修了　[歴]昭和35年神辺高校教師、38年福山誠之館高校教師、41年新居浜工業高等専門学校講師、46年助教授、51年山口女子大学助教授、55年佐賀大学教授を経て、62年広島大学教授。平成11年定年退官。13年尾道大学芸術文化学部教授。著書に「近代文章の成立に関する基礎的研究」「近代文章成立の諸相」などがある。　[団]国語学会, 表現学会, 日本文体論協会

木沢 聡　きざわ・とおる　陶芸家　[没]平成27年(2015)2月7日　91歳〔心筋梗塞〕　[生]大正13年(1924)　[出]東京都　[歴]父は東京美術学校卒業時に高村光雲と石川光明から一字ずつもらって石雲と名のった彫刻家・漆芸家・陶芸家で、その影響を受けて育つ。港区立御成門中学校長などを務めた。平成2～7年東京都勤労者美術展に6回入選。11年芸術倶楽部大賞展工芸部門最優秀賞、12年芸術倶楽部大賞展工芸部門優秀賞を受けた。[賞]芸術倶楽部大賞展工芸部門最優秀賞〔平成11年〕, 芸術倶楽部大賞展工芸部門優秀賞〔平成12年〕　[家]父＝木沢石雲(彫刻家・漆芸家・陶芸家)

岸 朝子　きし・あさこ　食生活ジャーナリスト　「栄養と料理」編集長　[没]平成27年(2015)9月22日　91歳〔心不全〕　[生]大正12年(1923)11月22日　[出]東京都新宿区　[学]女子栄養学園(現・女子栄養大学)〔昭和17年〕卒　[歴]カキ養殖に取り組んだ水産家・宮城新昌の二女。昭和22年夫とともに千葉県五井でカキ養殖業を始める。28年事業を手放して上京、30年主婦の友社に入社。43年女子栄養大学出版部に入り、雑誌「栄養と料理」の編集長を10年にわたって務める。料理記者の先駆けとして、繁華街の食べ歩きや日本各地の家庭料理の紹介などの企画を次々に打ち出した。一方、東京国税局の東京地方酒類審議会常任委員として、女性で第1号のきき酒を始める。お茶の水池坊学園では非常勤講師として料理ゼミナールを担当。54年より編集プロダクション・エディターズを主宰。平成5年よりフジテレビ系の料理バラエティ番組「料理の鉄人」で審査員を担当, 的確な批評と「おいしゅうございます」の口上が話題になった。また、オーストリアのワインと文化を愛する会発起人も務め、11年日本人で初めて同国のバッカス賞を受賞。22年東京・文京区のおいしい店100店を選んだ“食の文京ブランド100選”を発表。同年エディターズを解散、23年から個人事務所・akオフィスを設立し、講演活動などを続けた。著書に「たべあるき東京」「だから人生って面白い―私の料理記者四十年」「岸朝子のおいしいお取寄せ」「東京五つ星の手みやげ」「人生おいしゅうございます」などがある。[賞]フランス農事功労章シュバリエ章〔平成18年〕, 食生活文化金賞〔平成9年〕, 沖縄県大宜味村文化功労賞〔平成10年〕, バッカス賞(オーストリア)〔平成11年〕, 文京区区民栄誉賞〔平成25年〕　[家]父＝宮城新昌(水産家), 姉＝尚道子(料理研究家)

来住 宏一　きし・こういち　音楽ジャーナリスト　[没]平成28年(2016)11月3日　78歳〔心不全〕　[生]昭和13年(1938)　[出]東京都　[名]筆名＝岸浩(きし・こう)　[歴]昭和44年～平成12年ドイツの国際放送ドイチェ・ヴェレの記者として活動。退職後もフリーの音楽ジャーナリストとして現地の音楽事情を日本に伝え、「音楽の友」などに執筆した。

岸 宏一　きし・こういち　参院議員(自民党)　厚生労働副大臣　金山町(山形県)町長　[没]平成29年(2017)10月16日　77歳〔肺扁平上皮がん〕　[生]昭和15年(1940)6月3日　[出]山形県最上郡金山町　[学]早稲田大学政経学部〔昭和39年〕卒　[歴]“だんな”“親方”と呼ばれる山形県金山町の大山林地主、岸家の一門。山林経営、最上川酒造専務などを経て、昭和42年26歳で町議、46年町長に当選(保守系無所属)。7期務め、57年行政情報の原則公開を制度化する全国初の情報公開条例を制定するなど、独自の施策を展開した。平成10年参院選山形選挙区に自民党から初当選。以来連続3選。19年安倍改造内閣の厚生労働副大臣となり、福田康夫内閣でも留任。参院予算委員長も務めた。28年引退。

岸 なみ　きし・なみ　児童文学作家　翻訳家　[没]平成27年(2015)7月23日　103歳〔老衰〕　[生]明治45年(1912)3月8日　[出]静岡県　[名]本名＝土子登代子(つちこ・とよこ)　[学]静岡英和女学院卒　[歴]小学校の国語教科書に掲載された「たぬきの糸車」が代表作。他の著書に「伊豆の民話」「おにのよめさん」「マリアン・アンダースン」、訳書にスターリング「王女ナスカ」、バーネット「小公子」、スピリ「アルプスの少女」などがある。　[団]日本児童文芸家協会

岸 信和　きし・のぶかず　西部石油社長　[没]平成29年(2017)10月7日　95歳〔老衰〕　[生]大正10年(1921)11月26日　[出]山口県　[学]京都帝国大学経済学部〔昭和21年〕卒　[歴]岸信介首相の一人息子。昭和21年宇部興産入社。33年総理大臣秘書官を務めていた妹洋子の夫・安倍晋太郎が衆院選に出馬することになり、代役として総理大臣秘書官に就任。34年晋太郎夫妻の三男信夫を養子に迎える。父が首相を退任すると、36年日本輸出入石油に転じ、37年総務部長、同年取締役。38年成和土木取締役を経て、42年西部石油顧問、同年常務、44年専務、54年副社長、60年会長。62年社長に就任。[家]父＝岸信介(首相), 養子＝岸信夫(衆院議員), 妹＝安倍洋子

岸 秀隆　きし・ひでたか　公認会計士　[没]平成28年(2016)8月22日　67歳　[生]昭和24年(1949)2月17日　[出]奈良県　[学]大阪大学大学院経済学研究科〔昭和50年〕修士課程修了　[歴]有限責任監査法人トーマツ代表社員を経て、平成23年独立開業。ニッセンホールディング

ス監査役、関西ペイント監査役を務めた。著書に「経営者のための収益性管理」「店舗査定」がある。

岸 正倫　きし・まさのり　名古屋大学名誉教授　愛知江南学園理事長　愛知江南短期大学学長　[専]数学, ポテンシャル　[没]平成29年(2017)10月21日　85歳〔病気〕　[生]昭和7年(1932)1月31日　[出]広島県　[学]名古屋大学理学部数学科〔昭和29年〕卒, 名古屋大学大学院理学研究科数学専攻修士課程修了　理学博士　[歴]名古屋大学教養部教授を経て、情報文化学部教授。平成8年江南女子短期大学(現・愛知江南短期大学)学長に就任。愛知江南学園理事長も務め、16年理事長専任。著書に「集合と点集合」「ポテンシャル論」「ルベーグ積分」「微分積分学」「曲面のCG入門」「関数論演習」(共著)など。　[賞]瑞宝中綬章〔平成22年〕　[団]日本数学会, American Mathematical Society, Société Mathématique de France

喜治 稔　きじ・みのる　日本経済新聞取締役大阪本社広告局長　[没]平成27年(2015)2月10日　79歳〔肺がん〕　[生]昭和10年(1935)3月14日　[出]大阪府　[学]同志社大学経済学部卒　[歴]昭和32年日本経済新聞社に入社。米国駐在、第三部次長、産業広告第二部長、59年広告局次長を経て、62年大阪本社広告局長、平成元年取締役。のち日本経済広告社大阪社長。5年日経広告と改称した。　[家]父＝喜治繁次(奥村組専務)

岸井 大太郎　きしい・だいたろう　法政大学法学部教授　[専]経済法, 公益事業法　[没]平成29年(2017)8月6日　63歳〔急性大動脈解離〕　[生]昭和28年(1953)　[出]東京都　[学]東京大学法学部〔昭和53年〕卒　[歴]昭和53年東京大学法学部助手、57年法政大学法学部助教授、平成元年〜3年英国ロンドン大学(LSE)客員研究員を経て、4年法大教授。同大法学部長も務めた。著書に「公的規制と独占禁止法」などがある。

岸田 昌久　きしだ・まさひさ　フェザー安全剃刀社長　[没]平成28年(2016)11月17日　88歳〔肺炎〕　[生]昭和3年(1928)2月10日　[出]岐阜県益田郡萩原町(下呂市)　[学]益田高〔昭和20年〕卒　[歴]昭和21年日本安全剃刀(現・フェザー安全剃刀)に入社。42年取締役、53年常務、58年専務、平成元年副社長を経て、4年社長。8年会長、25年相談役。12年岐阜県関市に世界初の刃物総合博物館であるフェザーミュージアムを開設、同館長に就任。関商工会議所副会頭、関市観光協会会長、関市体育協会会長などを歴任した。　[賞]岐阜新聞大賞(産業部門)〔平成18年〕, 関市名誉市民〔平成22年〕　[家]長男＝岸田英三(フェザー安全剃刀社長)

岸野 晋一　きしの・しんいち　大分県教育委員長　[没]平成27年(2015)5月10日　93歳〔食道がん〕　[生]大正10年(1921)10月10日　[出]岡山県岡山市　[学]岡山二中〔昭和14年〕卒, 広島高師〔昭和17年〕卒　[歴]昭和17年竹田中学教諭となり、18年海軍予備学生に志願。24年大分県教育委員会に入り、30年指導主事、35年別府鶴見丘高校定時制主事、39年青山高校教頭、44年大分県教育研究所長、47年県学校教育課長、48年青山高校長、51年大分県教育センター所長、54年大分雄城台高校長、57年別府大附属高校長。59年大分県教育委員となり、61年委員長に就任。60年別府大学短期大学部教授、平成4年大分県ユネスコ協会連盟会長を務めた。また、大分合同新聞の夕刊コラム「灯」を40年以上にわたって執筆した。

来嶋 博　きじま・ひろし　みなと山口合同新聞常務　[没]平成28年(2016)9月17日　90歳〔がん〕　[生]大正14年(1925)12月6日　[出]山口県豊浦郡豊北町(下関市)　[学]下関商工〔昭和17年〕卒　[歴]昭和36年みなと山口合同新聞社に入社。60年常務。平成5年常勤監査役、7年監査役。

岸本 英治　きしもと・えいじ　詩人　[没]平成29年(2017)2月21日　77歳　[生]昭和14年(1939)11月29日　[出]福井県鯖江市　[学]日本大学芸術短期大学放送卒, 近畿大学法学部卒, 文部省図書館職員養成所卒　[歴]同人誌「北の感情」同人。詩集に「母の国」「わが心のふるさと—越前若狭詩の旅」「夜の屋根の上」「世上に揺れながら」などがある。福井放送に勤務した。　[団]日本現代詩人会, 中日詩人会, 日本詩人クラブ, 日本文芸家協会

岸本 忠雄　きしもと・ただお　木彫刻師　[専]江戸木彫刻　[没]平成29年(2017)10月6日　92歳　[生]大正14年(1925)　[出]東京深川(東京都江東区深川)　[名]号＝後藤祐浩　[歴]祖父の代から江戸木彫刻後藤派を受け継ぐ東京・深川の岸本家に生まれる。昭和13年より父について修業し、21年後藤祐浩を名のって跡を継いだ。建築彫刻のほか、国会議事堂内装飾、サントリー大樽面彫刻(赤坂本社白州博物館)、成田山新勝寺の扁額、靖国神社の欄間など作品多数。東京美術木彫彫友会会長、日本木彫連盟理事長、江東区伝統工芸保存会会長を歴任。58年現代の名工に認定され、平成17年には東京都名誉都民に選ばれた。　[賞]黄綬褒章〔昭和59年〕, 勲六等瑞宝章〔平成6年〕, 東京都名誉都民〔平成17年〕　[資]東京都江東区指定無形文化財保持者

岸本 吉雄　きしもと・よしお　琉球音楽家　琉球古典音楽安冨祖流絃声会会長　沖縄県立芸術大学教授　[没]平成29年(2017)6月6日　92歳〔老衰〕　[生]大正13年(1924)11月18日　[出]沖縄県名護市安里　[学]南洋庁サイパン実　[歴]昭和26年宮里春行に師事。47年から5期10年にわたって琉球古典音楽安冨祖流絃声会会長を務め、平成6年名誉会長。昭和47年沖縄県指定無形文化財沖縄伝統音楽安冨祖流保持者、61年国指定重要無形文化財組踊保持者に認定される。沖縄伝統音楽安冨祖流保存会会長、沖縄県立芸術大学教授、琉球三線楽器保存育成会会長などを歴任した。　[賞]旭日双光章〔平成22年〕, 琉楽大賞グランプリ〔昭和38年〕, 沖縄県功労者表彰〔平成16年〕, 島袋光裕芸術文化賞〔平成20年〕　[資]沖縄県指定無形文化財沖縄伝統音楽安冨祖流保持者〔昭和47年〕, 国指定重要無形文化財組踊(地謡)保持者〔昭和61年〕　[師]師＝宮里春行

木曽 義之　きそ・よしゆき　広島大学名誉教授　[専]分析化学　[没]平成27年(2015)2月5日　86歳〔肺炎〕　[生]昭和3年(1928)5月19日　[出]広島県尾道市　[学]広島大学理学部化学科卒　理学博士　[歴]広島大学工学部教授を務めた。著書に「ゾーン電気泳動」がある。　[賞]日本原子力学会賞論文賞(第6回, 昭和48年度)「迅速濾紙

き

電気泳動法による短寿命核分裂生成核種の分離とその半減期及びガンマー線エネルギーの決定」

喜早 哲 きそう・てつ 歌手 ❷平成28年（2016）3月26日 85歳［急性肺炎］ ❸昭和5年（1930）11月8日 ❹東京都 グループ名＝ダークダックス ❺慶応義塾大学経済学部［昭和28年］卒 慶応義塾大学在学中の昭和26年、同じワグネル・ソサイエティー男声合唱団に在籍していたリードテナーの佐々木行（マンガさん）、バスの遠山一（ゾウさん）と3人でワグネル恒例のクリスマスパーティーにおいて「ホワイトクリスマス」を合唱。翌年トップテナーの高見沢宏（パクさん）が加わり、男性四重合唱団"ダークダックス"を結成。ゲタさんの愛称で呼ばれた。30年「トロイカ」でデビュー。はじめはアメリカンポップスやジャズが中心だったが、32年ロシア民謡「ともしび」のヒットにより人気を確立。33年にはテレビで「ダークダックス・ショー」がスタートし、同年ソロ歌手ではないグループとしてNHK「紅白歌合戦」に初出場。以来、46年まで14回連続で出場し、51年には15回目の出演を果たした。さわやかなハーモニーと品の良さから息の長い人気を得、62年にはメンバーが替わらない最長コーラスグループとしてギネスブックに認定された。レパートリーは1万5000曲といわれ、他のヒット曲に「雪山讃歌」「北上夜曲」「山男の歌」「銀色の道」などがある。56年芸術選奨文部大臣賞、平成5年紫綬褒章を4人揃って受けた。13年には結成50周年リサイタルを開催。18年リサイタル50回目のメモリアル公演を行った。20年群馬県館林市にダークダックス館林音楽館がオープンした。 ❻芸術選奨文部大臣賞［昭和56年］『「ダーク・ダックス結成30周年リサイタル」、レコード『絆』の演奏』、紫綬褒章［平成5年］、芸術祭賞奨励賞（第22回、昭和42年度）、エクソンモービル児童文化賞（第3回、昭和43年度）『「こどものうた」の新作歌唱活動と児童のためのチャリティ活動』、日本レコード大賞企画賞（第14回）［昭和47年］『ダークダックスによる日本唱歌大百科』、芸術祭賞優秀賞（第28回、昭和48年度）、日本レコード大賞特別賞（第18回）［昭和51年］「男性4名のアンサンブル結成以来25年、意欲的なレコード制作と海外に及ぶ演奏活動とで今なお大衆に支持される」、横浜音楽祭地域・特別賞（第8回）［昭和56年］、日本レコード大賞功労賞（第47回）［平成17年］

北 篤 きた・あつし 作家 評論家 ❻東北文化、心霊科学 ❷平成28年（2016）2月28日 89歳［肺炎］ ❸大正15年（1926）3月29日 ❹福島県会津若松市城東町 ❺本名＝長嶋恒義（ながしま・つねよし） ❼早稲田大学文学部国文科［昭和27年］卒 著書に「花愁」「松平容保」「会津の心」「謎の高寺文化―古代東北を推理する」などがある。 ❻福島県文学賞 日本文芸家協会、日本ペンクラブ（名誉会員）

喜田 勲 きだ・いさお カトリック司祭 藤女子大学学長 ❻哲学 ❷平成27年（2015）11月22日 73歳［心筋梗塞］ ❸昭和16年（1941）12月15日 ❹兵庫県 ❼上智大学文学部卒、上智大学大学院哲学研究科哲学専攻博士課程修了 上智大学文学部助教授を経て、教授。平成14年より上智社会福祉専門学校校長を併任。23年藤女子大学学長。27年在任中に病死した。 ❻上智大学人間学会、上智大学哲学会

喜田 賦 きた・おさむ クラリネット奏者 大阪教育大学名誉教授 ❷平成28年（2016）5月11日 94歳［多臓器不全］ ❸大正11年（1922）2月23日 ❹香川県 ❺東京音楽学校（現・東京芸術大学）本科［昭和16年］卒 昭和20～23年東京フィルハーモニー交響楽団（東フィル）、35～36年愛媛大学講師、36年大阪学芸大学講師を経て、47年大阪教育大学教授。のち奈良文化女子短期大学教授。 ❻勲三等旭日中綬章［平成9年］ ❻日本クラリネット協会 師＝川上淳、萩原英一

喜多 敏彦 きた・としひこ 双日副社長 ❷平成27年（2015）5月16日 62歳［交通事故死］ ❹奈良県 ❼大阪大学工学部造船学科卒 日商岩井（現・双日）に入社。副社長時代の平成27年、交通事故死した。

木田 安彦 きだ・やすひこ 版画家 画家 ❻木版、ガラス絵、その他美術制作全般 ❷平成27年（2015）8月13日 71歳［悪性リンパ腫］ ❸昭和19年（1944）2月14日 ❹京都府京都市 ❺本名＝木田泰彦（きだ・やすひこ） ❼京都教育大学特修美術科構成専攻［昭和42年］卒、京都市立芸術大学美術専攻科デザイン専攻［昭和45年］卒 東行、博報堂制作部勤務を経て、昭和50年京都に戻り、版画家として制作に専念。58年版木170×60センチ8枚を使用して、世界最大の手漉き和紙（5.5メートル4方）に祇園祭の山鉾を刷り上げて話題を呼ぶ。平成9年より約2年間「小説新潮」表紙も担当。各地の祭り、行事を題材にした木版、陶器、ガラス絵や、木版書体"キダかな"（印刷用写植文字）の制作など、活動領域は広い。「日本のポスター展」「現代日本版画展」などの海外巡回展に招待出品。16年NHK大河ドラマ「新選組！」のタイトルの木版画を制作。 ❻毎日商業デザイン賞［昭和45年］、日経広告賞［昭和48年］、京都広告協会金賞［昭和48年］、クリオ賞［昭和53年］、SDA優秀賞［昭和56年］、日本雑誌広告賞金賞［昭和56年］、ニューヨーク・アートディレクターズクラブ賞（イラスト部門銀賞）［平成12年］、京都美術文化賞（第17回）［平成16年］、京都府文化賞功労賞（第24回）［平成18年］、京都市文化功労者（平成23年）、全国カレンダー展通商産業大臣賞［平成4年］、全国カレンダー展文部科学大臣奨励賞［平成15年］、国際カレンダー展銀賞［平成8年］ ❻ニューヨークADC（国際会員）

喜多 六平太（16代目） きた・ろっぺいた 能楽師 （喜多流シテ方） 喜多流宗家 能楽協会理事長 ❷平成28年（2016）2月21日 91歳［脳梗塞］ ❸大正13年（1924）12月6日 ❹東京都大田区大森 ❺前名＝喜多長世（きた・ながよ） 江戸幕府の式楽を担当していた能楽喜多流宗家に喜多実の長男として生まれる。父の方針で学校に通わず、家庭教師について学ぶ。能は父及び祖父の14代目喜多六平太に師事。昭和3年3歳で仕舞「靱々」で初舞台、8年初シテ。29年父を補佐して最初の渡欧能楽団に参加。40年より日本能楽会会員。48年喜多六平太記念能楽堂建設に尽力。53年東京・代々木の国立競技場五輪プールに作った仮設舞台で、2万人の観客に能を見せるなど、従来の枠を超えた柔軟な発想を持つ。父の死去に伴い、61年16代宗家を継承し、62年16代目六平太を襲名。同年能楽協会理

事長。 [賞]紫綬褒章〔平成3年〕, 芸術祭賞優秀賞〔昭和52年〕「猩々乱」 [団]日本能楽会, 能楽協会 [家]父＝喜多実（喜多流15代目宗家）, 弟＝喜多節世（能楽師）, 祖父＝喜多六平太（14代目）（喜多流14代目宗家）

北浦 系三 **きたうら・けいぞう** 吉原製油社長 J－オイルミルズ副会長 [没]平成28年（2016）1月5日 71歳〔多臓器不全〕 [生]昭和19年（1944）3月1日 [出]和歌山県 [学]山梨大学工学部〔昭和41年〕卒 [歴]昭和41年吉原製油に入社。平成5年取締役、10年専務を経て、14年社長に就任。15年ホーネンコーポレーション、味の素製油と経営統合、持ち株会社・J－オイルミルズを設立し、副社長。のち副会長。

北川 一也 **きたがわ・かずや** 北川鉄工所社長 府中商工会議所会頭 [没]平成29年（2017）6月10日 89歳〔病気〕 [生]昭和2年（1927）11月30日 [出]広島県府中市 [学]早稲田大学商学部〔昭和27年〕卒 [歴]北川鉄工所創業者で広島県府中市長も務めた北川実夫の長男。昭和27年父の設立した北川鉄工所に入り、30年専務、33年社長、40年再び専務、44年副社長を経て、50年社長に再任。平成13年会長、21年名誉会長。4～16年府中商工会議所会頭。日本工作機器工業会会長も務めた。 [賞]藍綬褒章〔平成3年〕, 勲四等旭日小綬章〔平成11年〕 [家]長男＝北川祐治（北川鉄工所社長）, 父＝北川実夫（北川鉄工所創業者）

北川 泰三 **きたがわ・たいぞう** 日本精工専務 [没]平成29年（2017）9月25日 84歳 [生]昭和8年（1933）5月22日 [出]東京都 [学]慶応義塾大学法学部〔昭和31年〕卒 [歴]昭和31年日本精工に入社。58年取締役、63年常務を経て、平成4年専務。7年顧問。

北川 弘 **きたがわ・ひろむ** 京都府茶業会議所会頭 [没]平成28年（2016）2月5日 86歳〔老衰〕 [生]昭和4年（1929）12月18日 [出]京都府宇治市 [学]同志社大学中退 [歴]京都府茶業会議所会頭を務め、平成15年退任。

北川 隆一 **きたがわ・りゅういち** 北日本新聞取締役編集局長 [没]平成28年（2016）8月26日 77歳〔進行性核上性まひ〕 [生]昭和14年（1939）1月19日 [出]富山県 [学]同志社大学文学部卒 [歴]昭和36年北日本新聞社に入社。編集局次長兼報道本部長、東京支社次長兼広告部長、東京支社長を経て、平成7年取締役編集局長。

北郷 繁 **きたごう・しげる** 北海道大学名誉教授 [専]土質工学 [没]平成29年（2017）8月17日 97歳〔老衰〕 [生]大正9年（1920）4月3日 [出]福島県 [学]北海道帝国大学工学部土木科卒 工学博士 [歴]北海道大学工学部教授で、北海道公害対策審議会会長、北海道開発コンサルタント顧問、岩田建設顧問なども務めた。 [賞]勲二等瑞宝章〔平成6年〕, 北海道科学技術賞（第22回）〔昭和56年〕「地盤調査の動的貫入試験に関する基礎的研究」 [団]土木学会, 土質工学会

北沢 千和 **きたざわ・ちかず** 信州大学医療技術短期大学部教授 [専]物理化学 [没]平成28年（2016）10月27日 84歳〔肺炎〕 [生]昭和7年（1932）9月25日 [出]長野県上伊那郡辰野町 [学]信州大学文理学部化学専攻卒 [歴]信州大学医療技術短期大学部教授を務めた。平成15年から2年間、長野県山形村教育委員長。 [賞]静電気学会学会賞論文賞（第15回, 平成3年度）

北沢 洋子 **きたざわ・ようこ** 国際問題評論家 [専]国際問題（南北問題） [没]平成27年（2015）7月3日 82歳〔間質性肺炎〕 [生]昭和8年（1933）1月1日 [出]東京都 [名]本名＝佐藤洋子（さとう・ようこ） [学]横浜国立大学経済学部〔昭和30年〕卒 [歴]昭和34年から約8年間、アジア・アフリカ人民連帯機構書記局に勤務してカイロ（エジプト）滞在。第三世界への問題意識を深める。その後、北京に2年滞在し、帰国後の48年、アジア太平洋資料センター（PARC）の設立に参画して理事を務めた。以後、大学講師を務めながら多数のNGOに関わり、南アフリカ共和国のアパルトヘイトの実態をつぶさに調査し、国連で告発した実績を持つ。北京女性会議にも出席。政府への提言も積極的に行い、平成2年民間版ODA・草の根援助運動、10年国際的な債務帳消し運動・ジュビリー2000日本実行委員会を創設、13年には途上国の債務と貧困ネットワークを設立して共同代表。同年～15年日本平和学会会長を務めた。著書に「東南アジアの叛乱」「私のなかのアフリカ」「私の会った革命家たち」「黒いアフリカ」「日本企業の海外進出」「暮らしのなかの第三世界」などがある。 [団]日本平和学会

北島 勝也 **きたじま・かつや** 徳島県議（自民党） [没]平成28年（2016）3月19日 73歳〔膵臓がん〕 [生]昭和18年（1943）2月10日 [出]徳島県麻植郡鴨島町（吉野川市） [学]近畿大学理工学部〔昭和42年〕卒 [歴]父・兄・弟とも徳島県議を務めた政治家一家に生まれる。北島組社長、北島町建設業協会長を経て、平成3年岳父・北島一の引退に伴い、板野選挙区から徳島県議に当選。18年副議長、19年議長。25年自民党徳島県連副会長。7期目途中の28年、病死した。徳島県ラグビー協会会長も務めた。 [家]父＝川真田郁夫（徳島県議）, 兄＝川真田稔（徳島県議）, 弟＝川真田哲哉（吉野川市長）

北島 角子 **きたじま・すみこ** 女優 [没]平成29年（2017）4月9日 85歳〔腎臓がん〕 [生]昭和6年（1931）5月20日 [出]沖縄県石垣市 [名]本名＝町田角子（まちだ・すみこ） [学]名護高卒 [歴]父は俳優の上間昌成で、石垣市で生まれ、生後間もなく本部町に移り住む。9歳で南洋のパラオへ渡り、昭和19年パラオ高等女学校に入学したが、20年見習看護婦としてジャングルで敗戦を迎えた。高校卒業後、父の影響で芝居の道へ入り、那覇市で“命（ヌチ）どう宝”をテーマにした演劇活動を始める。演劇集団創造の舞台「人類館」への出演で従来の沖縄芝居から表現の幅を広げ、54年の舞台「島口説（シマクドゥチ）」からは一人芝居に挑み、自らも作品を次々に生みだすなど、沖縄演劇界の第一人者として活躍。平成11年には沖縄県指定無形文化財琉球歌劇保持者に認定された。また、昭和36年～平成28年琉球放送の長寿番組「民謡で今日拝なびら」のパーソナリティーを務めた。 [賞]旭日双光章〔平成28年〕, 沖縄タイムス芸術選賞演劇の部奨励賞〔昭和54年〕, 芸術祭賞優秀賞（演劇部門, 昭和56年度）「島口説」, 沖縄タイムス芸術選賞演劇の部大賞〔昭和57年〕, 沖縄タイムス芸術選賞大賞〔平成1年〕, 山本安英賞〔平成8年〕, 沖縄県文化功労者〔平成8年〕, 琉球新報賞〔平成18年〕, 沖縄県功労者表彰（平成24年度） [資]沖縄県

き

指定無形文化財琉球歌劇保持者〔平成11年〕 [家]父＝上間昌成（俳優）

北島 孝久 きたじま・たかひさ 弁護士 東京地検特捜部副部長 [没]平成27年（2015）7月29日 58歳 [生]昭和31年（1956）10月30日 [歴]東京地検特捜部で検事を務め、金丸信自民党副総裁の脱税事件、ゼネコン汚職、KSD事件、鈴木宗男議員事件、西武鉄道株事件、ライブドア粉飾決算事件などの捜査に携わる。平成18年同地検副部長を最後に退官。同年弁護士登録。23年ゲオホールディングス社外取締役。 [団]第一東京弁護士会

北島 智子 きたじま・ともこ 厚生労働省関東信越厚生局長 新潟県副知事 [没]平成29年（2017）8月12日 56歳〔刺殺〕 [生]昭和35年（1960）9月1日 [出]東京都 [学]日本大学医学部卒 [歴]埼玉県大宮保健所、山梨県健康増進課長、青森県健康福祉部次長、青森県健康福祉部長を経て、平成23年4月～25年新潟県副知事。28年6月厚生労働省生活衛生・食品安全部長、29年7月関東信越厚生局長。同年8月自宅マンションで実弟に刺され急死した。

北白川 祥子 きたしらかわ・さちこ 宮内庁女官長 [没]平成27年（2015）1月21日 98歳〔急性肺炎〕 [生]大正5年（1916）8月26日 [出]東京都新宿区 [名]旧姓・名＝徳川 [学]東京女高師附属高女〔昭和9年〕卒 [歴]尾張徳川家分家の徳川義恕の二女で、侍従長を務めた徳川義寛の妹。昭和10年皇族の北白川宮永久と結婚、1男1女をもうけたが、15年夫は飛行機事故のため戦死。22年皇籍を離脱。44年から女官長、平成元年から皇太后宮女官長として香淳皇后に仕えた。三島由紀夫の小説「春の雪」の伯爵令嬢のモデルともいわれる。 [賞]勲一等宝冠章 [家]夫＝北白川宮永久，長男＝北白川道久（伊勢神宮大宮司），父＝徳川義恕（大正天皇侍従），兄＝徳川義寛（宮内庁侍従長）

北爪 照夫 きたずめ・てるお 赤穂市長 [没]平成28年（2016）10月24日 84歳 [生]昭和7年（1932）1月10日 [出]兵庫県赤穂市 [学]大阪市立大学法学部〔昭和30年〕卒 [歴]昭和30年兵庫県庁に入庁。59年総務部職員長、62年西播磨県民局長、平成元年民生部長を経て、2年赤穂市長に当選。3期務め、15年引退。 [賞]旭日中綬章〔平成16年〕

北園 惇 きたぞの・あつし 西日本新聞資料部長 [没]平成28年（2016）3月11日 80歳〔低酸素脳症〕 [出]熊本県熊本市

北代 耿士 きただい・こうし パナソニック副社長 [没]平成28年（2016）10月4日 71歳〔胆管がん〕 [生]昭和20年（1945）10月1日 [出]高知県 [学]早稲田大学商学部〔昭和44年〕卒 [歴]昭和44年松下電器産業（現・パナソニック）に入社。平成8年アメリカ松下電器北米パナソニックインダストリー社長、10年アメリカ松下電器副社長を経て、12年松下電子部品社長。18年社名をパナソニックエレクトロニックデバイスに変更、19年パナソニックオートモーティブシステムズ社長。20年パナソニック副社長。

北野 和人 きたの・かずと 全国強制抑留者協会長野県支部長 [没]平成28年（2016）9月17日 92歳〔老衰〕 [出]長野県伊那市 [歴]戦後、シベリアに約3年間抑留された。平成23年まで長野県内の抑留経験者らで作る全国強制抑留者協会の長野県支部長を務めた。

北野 次登 きたの・つぐと 北野建設社長 長野放送社長 国際リュージュ連盟副会長 [没]平成27年（2015）12月19日 92歳〔老衰〕 [生]大正12年（1923）10月6日 [出]長野県長野市 [学]青山学院大学専門部〔昭和22年〕卒 [歴]昭和21年北野建設常務、29年副社長を経て、38年社長に就任。平成8年会長兼務。10年会長職に専任。14年社長に復帰。20年非常勤最高顧問。この間、建設だけでなく、ホテル・放送・教育などに進出、実質的な創業者として同社を東証第1部上場の長野県内総合建設業最大手へと発展させた。昭和46年京浜女子学院理事長、47年米国ホテルキタノ社長、55年長野放送社長、平成10～24年同会長を兼任。10年信州経済同友会代表幹事。日本建設業経営協会会長、日本民間放送連盟副会長も務めた。一方、冬季スポーツの振興にも力を注ぎ、北野建設スキー部からは荻原健司ら五輪メダリストを輩出。全日本スキー連盟副会長、日本ボブスレー・リュージュ連盟会長、国際リュージュ連盟副会長などを歴任。長野五輪組織委員として、10年の長野五輪成功にも尽力した。 [賞]藍綬褒章〔平成3年〕，勲二等瑞宝章〔平成10年〕 [家]長男＝北野貴裕（北野建設社長）

北野 利信 きたの・としのぶ 大阪大学名誉教授 [専]経営組織論，経営思想史 [没]平成27年（2015）7月31日 87歳〔前立腺がん〕 [生]昭和3年（1928）1月14日 [出]滋賀県 [学]神戸経済大学〔昭和26年〕卒，セントルイス大学大学院経営学研究科修了 [歴]南山大学講師、助教授を経て、昭和44年学習院大学教授、55年大阪大学教授に就任。のち愛知学院大学教授。著書に「経営組織の設計」「現代経営のビジョン」「経営学原論」、訳書にP.セルズニック「組織とリーダーシップ」、F.ハーズバーグ「仕事と人間性」「能率と人間性」、A.ハッカー「アメリカ時代の終り」、H.ミンツバーグ「人間感覚のマネジメント」などがある。

北野 祐秀 きたの・ゆうしゅう レスリング選手 ヘルシンキ五輪銀メダリスト [没]平成28年（2016）2月27日 85歳〔心筋梗塞〕 [生]昭和5年（1930）4月14日 [出]大阪府 [学]慶応義塾大学 [歴]慶大在学中の昭和27年、戦後に日本が初参加したヘルシンキ五輪のレスリングフリースタイル・フライ級に出場、銀メダルを獲得。その後、不参加のモスクワ五輪を除いた五輪でのレスリングの連続メダル獲得の皮切りとなった。35年ローマ五輪では日本代表監督を務めた。

北野 与志朗 きたの・よしろう 公認会計士 税理士 日本公認会計士協会常務理事 [没]平成27年（2015）6月29日 79歳 [生]昭和10年（1935）9月30日 [出]京都府 [学]京都工芸繊維大学工芸学部〔昭和34年〕中退 [歴]昭和48年公認会計士第三次試験に合格。公認会計士、税理士となり、55年監査法人中央会計事務所（現・中央青山監査法人）に入所。56年社員、60年代表社員。任天堂、日本電産、岩井証券各監査役、日本公認会計士協会常務理事などを務めた。監修に「問答式 会計処理の変更と税務」、共著に「退職金の会計と税務」などがある。

北野 利市 きたの・りいち 奈良新聞専務 [没]平成29年（2017）2月20日 86歳〔病気〕 [生]昭和5年（1930）8

月10日 [出]大阪府 [学]天理大学外国語学部〔昭和26年〕卒 [歴]昭和30年大和タイムス社（現・奈良新聞社）に入社。45年取締役、常務を経て、50年から約6年間、専務。奈良テレビ放送専務も務めた。

北の湖 敏満 きたのうみ・としみつ 力士（第55代横綱） 日本相撲協会理事長 北の湖部屋親方 [没]平成27年（2015）11月20日 62歳〔直腸がんによる多臓器不全〕 [生]昭和28年（1953）5月16日 [出]北海道有珠郡壮瞥町滝之町 [名]本名＝小畑敏満（おばた・としみつ） [学]両国中卒 [歴]中学1年の昭和41年冬に上京、三保ケ関部屋に入門。当時は認められていた中学生力士として、昭和42年初場所で初土俵を踏む。46年夏場所新十両となり、47年初場所で新入幕を果たすなど、次々と当時の最年少記録を塗り替えた。49年秋場所、21歳2ケ月で最年少の横綱に昇進。攻撃型の横綱として大関・貴ノ花、横綱の2代目若乃花ら人気力士をねじ伏せて勝ち星を重ね、“憎らしいほどの強さ”と評された。栃若・柏鵬に次いで、輪湖時代をライバル輪島（元花籠親方）とともに築き、昭和50年代の大相撲を最先端で支え続けた。在位63場所目の60年初場所3日目に引退。生涯成績は951勝350敗107休、幕内通算804勝247敗107休。優勝24回（全勝7回）、年間最多82勝（53年）、連続勝ち越し50場所などの記録を持ち、横綱在位63場所、横綱での白星670勝。殊勲賞2回、敢闘賞1回。引退後は、大鵬に次いで2人目となる一代年寄を認められ、北の湖部屋を創設して後進の指導にあたり、幕内の巌雄や北太樹らを育てた。日本相撲協会監事、平成8年理事、10年事業部長を経て、14年理事長に就任。4期目途中の20年9月、北の湖部屋所属でロシア出身の白露山と、兄の露鵬（大嶽部屋）の大麻疑惑のため、相撲協会理事長を引責辞任した。理事職は留任し、2力士は解雇された。24年日本相撲協会理事長に再任されると公益法人化を実現させたが、28年九州場所の最中に理事長在任のまま病死した。亡くなる前日まで車椅子で会場に通い、報道陣を相手に相撲解説を行った。 [賞]壮瞥町名誉町民〔平成4年〕

北畠 宏泰 きたばたけ・ひろやす 朝日放送専務 日本高校野球連盟副会長 [没]平成28年（2016）11月14日 72歳〔食道がん〕 [生]昭和19年（1944）10月13日 [歴]昭和43年朝日新聞社に入社。京都支局長、大阪本社編集局次長などを経て、平成13年朝日放送取締役、15年常務、18年専務。日本高校野球連盟副会長も務めた。

北林 照助 きたばやし・しょうすけ 秋田県議（自民党） 秋田県柔道連盟会長 [没]平成28年（2016）11月6日 88歳〔老衰〕 [生]昭和3年（1928）4月27日 [出]秋田県北秋田郡森吉町（北秋田市） [学]海兵〔昭和20年〕中退，弘前高〔昭和23年〕卒，東京工業大学工学部建築学科〔昭和26年〕卒 [歴]昭和30年秋田土建に入社、50年副社長。また、秋田県森吉町議3期、町議会議長を経て、46年より北秋田郡選挙区選出の秋田県議に通算8選。平成3年議長。19年引退。自民党秋田県連総務会長、同幹事長も歴任。また、父の北林庄作が設立した北林道場を継承、柔道振興にも力を注いだ。秋田県柔道連盟会長、東北柔道連盟副会長。 [賞]藍綬褒章〔平成2年〕，旭日中綬章〔平成19年〕，秋田県スポーツ功労賞〔平成18年〕 [家]長男＝北林一成（秋田土建社長）

北林 由孝 きたばやし・よしたか BSフジ社長 [没]平成28年（2016）10月8日 72歳〔心不全〕 [出]秋田県 [学]慶応義塾大学卒 [歴]昭和42年フジテレビに入社。報道局記者を経て、報道企画室ワイド制作部長などを歴任。平成11年BSフジ常務となり、15年専務、19年社長に就任。

北原 明彦 きたはら・あきひこ 熊本学園大学商学部教授 [専]マーケティングマネジメント論 [没]平成29年（2017）7月17日 60歳〔心不全〕 [生]昭和31年（1956）9月20日 [出]東京都 [学]明治大学経営学部〔昭和55年〕卒，明治大学大学院経営学研究科〔昭和62年〕博士後期課程単位取得退学 [歴]昭和62年熊本商科大学（現・熊本学園大学）商学部専任講師、平成2年助教授を経て、10年教授。著書に「人間主義のマーケティング」「消費者行動論」「ソサエタル・マーケティング」などがある。

北原 篁山（2代目） きたはら・こうざん 尺八奏者（都山流） [没]平成27年（2015）8月22日 90歳〔肺炎〕 [生]大正14年（1925）2月25日 [出]大阪府 [名]本名＝北原正邦（きたはら・まさくに） [学]同志社大学文学部〔昭和23年〕卒 [歴]父の初代北原篁山や初代星田一山に師事。昭和23年准師範となり、独立。27年2代目篁山を襲名。32年4人の邦楽奏者で“邦楽4人の会”を結成。同会で32年モスクワ開催の世界民族楽器コンクールにおいて第1位金賞を獲得。以来30ケ国以上を演奏旅行して、邦楽を世界に広める。現代音楽も多数手がけ、伝統音楽の可能性を探究した。作曲に「尺八・箏二重奏曲『竹と桐』」などがある。 [賞]芸術選奨（第16回，昭和40年度）〔昭和41年〕，紫綬褒章〔平成4年〕，勲四等旭日小綬章〔平成10年〕，芸術祭賞奨励賞〔昭和34年〕，世界青年平和友好祭民族楽器コンクール第1位金賞（第6回）〔昭和32年〕 [団]都山流尺八楽会 [家]父＝北原篁山（1代目），長男＝北原幸男（指揮者） [師]師＝北原篁山（1代目），星田一山（1代目）

北原 鉱治 きたはら・こうじ 三里塚・芝山連合空港反対同盟北原派事務局長 成田市議 [没]平成29年（2017）8月9日 95歳〔老衰〕 [生]大正11年（1922）3月5日 [出]千葉県佐倉市 [歴]千葉県佐倉市の呉服商の二男。昭和17年海軍に入隊し、20年復員。21年成田市三里塚に移住し、開拓に参加した後、洋品店を経営。41年約1000戸の農民により三里塚・芝山連合空港反対同盟（成田空港反対同盟）が結成されると同時に事務局長を引き受ける。反対同盟は土地を数百人の支援者名義に分割して買収を難しくする一坪共有化運動や数々の反対闘争を行い、戸村一作委員長らとともに反対運動の先頭に立った。新東京国際空港公団（現・成田国際空港会社）による土地買収が進んだ58年、“一坪共有化運動”“話し合い問題”“成田用水問題”を巡って同盟内が対立すると、同盟は北原派と熱田派（熱田一代表）に分裂。さらに62年には北原派から小川派（小川嘉吉代表）が分裂した。その後も過激派の中核派などの支援を受け、条件闘争を拒否して成田空港廃港を主張する最強硬派の北原派を率いた。50年から成田市議を4期16年務めた。

北原 じゅん きたはら・じゅん 作曲家 [没]平成29年（2017）5月6日 87歳〔転移性肝がん〕 [生]昭和4年

(1929)　[出]旧樺太　[名]本名＝菊地正巳(きくち・まさみ), 別名＝文れいじ(ふみ・れいじ), 菊地正美　[歴]昭和20年敗戦により樺太に抑留され、23年引き揚げ。以後、ジャズ界に入り、35年テイチクレコード専属となり菊地正夫「スタコイ東京」で作曲家デビュー。38年フリーを経て、39年クラウンレコード専属。代表曲に西郷輝彦「君だけを」、克美しげる「さすらい」、城卓矢「骨まで愛して」、北島三郎「兄弟仁義」、八代亜紀「愛ひとすじ」などがある。また、おじの川内康範が原作や監修を手がけたテレビ番組「レインボーマン」、「月光仮面」(アニメ版)、「まんが日本昔ばなし」などの音楽を手がけた。絵画もよくし、55年油絵研鑽のためフランスに渡り、パリのアカデミー・ド・グランド・ショミエールでクロッキーを学んだ。半年後に帰国し、56年東京・銀座で初の個展を開催。著書に「ダスビダーニャ樺太―さよならサハリン」がある。

北原 文雄　きたはら・ふみお　小説家　「淡路島文学」代表　[没]平成28年(2016)9月14日　71歳〔くも膜下出血〕　[生]昭和20年(1945)　[出]兵庫県洲本市　[学]法政大学文学部卒　[歴]淡路島で生まれ、淡路農高、洲本高校の教諭を務める一方、小説を執筆。昭和48年文芸淡路同人会を設立、代表。著書に「島の構図」「田植え舞」「島の春」「葬送」「島で生きる」などがある。[賞]農民文学賞(第38回, 平成6年度)「田植え舞」　[団]日本文芸家協会, 日本社会文学会, 日本農民文学会

北見 マキ　きたみ・まき　奇術師　日本奇術協会会長　[没]平成27年(2015)8月23日　74歳〔肝臓がん〕　[生]昭和15年(1940)12月10日　[出]北海道虻田郡豊浦町　[名]本名＝吉田省丘(よしだ・しょうく), 前名＝北海マキ(きたみ・まき)　[学]室蘭商卒　[歴]昭和39年上京してマジックショップに入る。デパートで奇術用具を実演販売する傍らで技を磨き、40年北海マキの芸名で東宝名人会でデビュー。42年南米ツアー、51年第40回国際奇術大会日本代表、以後米国を中心に度々海外での舞台に出演。58年北見マキに改名。61年第1回最優秀ベスト・インターナショナル・マジシャンを受賞。平成4年文化庁芸術祭賞を受賞。6年日本奇術協会副会長、12年会長。13～15年日本奇術協会のベストマジシャン最優秀賞を3年連続で受賞。18年日本奇術協会の永世ベストマジシャン最優秀賞に選ばれる。和と洋の要素を取り入れた多彩なショーで評価を受け、レパートリーは5000以上にのぼった。著書に「クロースアップマジック」「ステージ奇術入門」「マジック・手品アイデア集」「マジックをつくる」などがある。　[賞]放送演芸大賞奇術部門第1位(第5回)〔昭和52年〕, 最優秀ベスト・インターナショナル・マジシャン(第1回)〔昭和61年〕, 松旭斎天洋賞〔平成3年〕, 芸術祭賞〔平成4年〕「北見マキ ミステリー空間」, 日本奇術協会ベストマジシャン最優秀賞〔平成13年・14年・15年〕, 日本奇術協会永世ベストマジシャン最優秀賞〔平成18年〕　[団]日本奇術協会, 日本奇術師連盟, 落語芸術協会, 日本演芸家連合

北村 重富　きたむら・しげとみ　日商岩井副社長　[没]平成27年(2015)10月1日　90歳〔慢性腎不全〕　[生]大正14年(1925)8月4日　[出]東京都　[学]東京商科大学(現・一橋大学)〔昭和23年〕卒　[歴]昭和23年日商(のち日商岩井, 現・双日)に入社。51年取締役、57年常務、のち専務を経て、63年副社長。

北村 多造　きたむら・たぞう　いもぼう平野家本家第13第当主　京都料理組合長　[没]平成27年(2015)11月28日　91歳〔肺炎〕　[生]大正13年(1924)2月9日　[出]京都府　[学]京都高等工芸〔昭和20年〕卒　[歴]300年にわたり受け継がれてきた京料理「芋棒」の味を守るいもぼう平野家の第13代当主。京都府料理環衛組合副連合会長、京都料理組合長などを務めた。　[賞]藍綬褒章, 京都府環境衛生功労者表彰, 食品衛生功労者市長表彰, 料飲業功労知事・市長表彰, 全国料理環衛組合連合会長表彰, 厚生省環衛局長表彰, 厚生大臣表彰

喜多村 望　きたむら・のぞむ　島根大学名誉教授　[専]体育科教育, 学校保健　[没]平成28年(2016)4月15日　79歳〔病気〕　[生]昭和11年(1936)5月27日　[出]山口県豊浦郡豊田町(下関市)　[学]東京教育大学体育学部健康学科〔昭和34年〕卒　[歴]島根大学教育学部専任講師、助教授を経て、教授。平成4年同大学保健管理センター所長を兼任。12年定年退官。　[団]日本学校保健学会, 日本体育学会, 中国四国学校保健学会

北村 紀雄　きたむら・のりお　山種証券専務　[没]平成27年(2015)2月14日　89歳〔心不全〕　[生]大正15年(1926)2月11日　[出]東京都　[学]東京商科大学(現・一橋大学)〔昭和25年〕卒　[歴]昭和25年日本銀行に入行。50年福島支店長、52年検査役。54年山種証券(現・SMBCフレンド証券)常務に転じ、61年専務。

北村 文雄　きたむら・ふみお　東京大学農学部教授　[専]造園学　[没]平成29年(2017)3月1日　93歳〔前立腺がん〕　[生]大正12年(1923)4月18日　[出]北海道旭川市　[学]東京大学農学部卒　農学博士　[歴]東京大学農学部教授、信州大学農学部教授、大阪芸術大学芸術学部教授の他、日本造園学会、芝草学会、日本緑化工学会の各会長を歴任。芝とハスの研究で知られた。著書に「芝生と芝生用植物」「芝草物語」などがある。　[賞]日本造園学会賞(論文調査部門, 昭和46年度)「日本芝の園芸的分類および成立に関する研究」, 日本緑化工学会賞功績賞(平成6年度)　[団]日本造園学会(名誉会員), 日本芝草学会(名誉会員), 日本緑化工学会(名誉会員), 日本植物園協会(名誉会員)

北村 康男　きたむら・やすお　明治生命保険副社長　[没]平成29年(2017)9月24日　94歳〔老衰〕　[生]大正12年(1923)4月26日　[出]兵庫県　[学]慶応義塾大学経済学部〔昭和23年〕卒　[歴]昭和23年明治生命保険(現・明治安田生命保険)に入社。50年取締役、53年常務、58年専務を経て、61年副社長。

北村 由雄　きたむら・よしお　美術評論家　共同通信編集局整理部長　茅ケ崎市美術館館長　[没]平成29年(2017)1月7日　81歳〔心不全〕　[生]昭和10年(1935)5月27日　[出]東京都　[学]東京芸術大学芸術学科卒　[歴]昭和34年共同通信社に入社。文化部次長、大阪支社文化部次長を経て、57年編集局文化部長、62年同整理部長。茅ケ崎市美術館の初代館長、多摩美術大学客員教授も務めた。著書に「美術家になるには」「現代画壇・美術記者の眼」などがある。

北村 柳之助　きたむら・りゅうのすけ　ヤマトタカハシ社長　敦賀商工会議所会頭　[没]平成27年(2015)7月

23日　91歳〔老衰〕　[生]大正13年(1924)1月19日　[出]東京都　[学]専修大学経営学科〔昭和19年〕卒　[歴]昭和24年ヤマトタカハシの前身である高橋商店に入社。49年社長、平成3年会長。この間、昭和55年福井昆布商工協同組合理事長、62年～平成16年敦賀商工会議所会頭、3年福井県公安委員を歴任。日本昆布協会理事会長も務めた。　[賞]勲四等瑞宝章〔平成10年〕

北山 要　きたやま・かなめ　電業社機械製作所社長　[没]平成29年(2017)2月3日　85歳〔肺炎〕　[生]昭和6年(1931)11月29日　[出]静岡県三島市　[学]山梨大学工学部〔昭和29年〕卒　[歴]昭和29年電業社原動機製造所に入社。30年分離に伴い電業社機械製作所に転じ、48年三島工場生産管理部長、56年同工場長、同年取締役、58年常務、59年三島事業所長を委嘱、60年専務を経て、62年社長。平成9年会長。

北山 昇　きたやま・のぼる　福万自動車会長　[没]平成28年(2016)4月25日　95歳　[生]大正9年(1920)12月21日　[出]石川県　[学]白峰尋常高小卒　[歴]福万自動車会長、福井県自動車整備振興会副会長などを歴任。　[賞]勲五等瑞宝章〔平成10年〕，運輸大臣表彰〔平成6年〕

吉川 武彦　きっかわ・たけひこ　医師　国立精神神経センター精神保健研究所名誉所長　中部学院大学名誉教授　[専]精神医学，精神科リハビリテーション，精神保健福祉，障害児教育・保育　[没]平成27年(2015)3月21日　79歳〔心不全〕　[生]昭和10年(1935)10月30日　[出]石川県金沢市　[名]号＝游子(ゆうし)　[学]千葉大学医学部〔昭和36年〕卒，千葉大学大学院医学研究科神経精神医学専攻〔昭和41年〕修了　医学博士(千葉大学)〔昭和41年〕　[歴]群馬県榛名病院副院長、長野県立駒ケ根病院医長、国立精神衛生研究所主任研究官、琉球大学教授を経て、昭和62年東京都立中部総合精神衛生センター地域保健部長。63年同センター精神保健研究所精神保健計画部長、のち同研究所長。平成13年退任、中部学院大学大学院人間福祉学研究科教授。東京国際音楽療法専門学院学院長、社会福祉法人江古田明和会理事長。23年清泉女学院大学・同短期大学学長。精神病患者の社会復帰、老人や障害児・者の社会参加、こころの育てる育児を追求。また、自殺の研究者としても知られた。著書に「日本人のこころの病い」「老いとボケ」「『引きこもり』を考える」などがある。　[賞]瑞宝中綬章〔平成24年〕　[資]医師，精神保健指定医　[団]日本精神神経学会，日本精神衛生学会，日本特殊教育学会，日本社会精神医学会，日本保健医療行動科学会，人間福祉学会

吉川 晴夫　きっかわ・はるお　静岡県教育長　常葉学園大学学長　[専]漢文学，教育学　[没]平成28年(2016)8月9日　93歳〔老衰〕　[生]大正11年(1922)12月28日　[出]静岡県静岡市　[学]東京高師文科〔昭和22年〕卒　[歴]昭和22年静岡一師附中教諭となる。以後、静岡城北高、静岡高などの教諭を経て、52年静岡高校長、56年静岡県教育長を歴任。60年常葉学園大学(現・常葉大学)副学長、平成2～6年学長。静岡市文化振興財団理事長なども務めた。　[賞]勲三等瑞宝章〔平成5年〕

橘高 義彰　きったか・よしあき　日新電機常務執行役員　[没]平成27年(2015)7月30日　61歳〔病気〕　[生]昭和28年(1953)12月20日　[学]神戸大学工学部〔昭和51年〕卒　[歴]昭和51年日新電機に入社。平成25年常務となる。

城戸 博　きど・ひろし　高校野球選手　[没]平成27年(2015)1月17日　75歳〔直腸がん〕　[生]昭和14年(1939)　[出]熊本県　[学]済々黌高卒，早稲田大学卒　[歴]済々黌高野球部のエースで、左腕から繰り出すドロップを武器に、昭和31年夏、33年春夏の甲子園出場に貢献。熊本県勢唯一の甲子園優勝となった33年のセンバツでは5試合を一人で投げ抜き、53奪三振を記録。準々決勝の対早実戦では王貞治からも三振を奪った。早大に進学するが、怪我で野球を断念。卒業後は商社勤務を経て、20代後半に妻の実家である足立区の瓦屋根工事業を継いだ。平成20年母校・済々黌高に記念碑が完成した。

鬼頭 鎮三　きとう・しげみ　朝日新聞東京本社運動部長　日本高校野球連盟副会長　[没]平成28年(2016)9月27日　83歳〔肝不全〕　[生]昭和8年(1933)3月15日　[出]東京都　[学]早稲田大学法学部卒　[歴]昭和38年朝日新聞社に入社。東京本社運動部次長、編集委員、大阪本社運動部長、59年高校野球事務局長、60年東京本社運動部長、平成元年航空部長、4年大阪本社社長付。日本高校野球連盟副会長も務めた。

城所 湖舟　きどころ・こしゅう　書家　横浜国立大学名誉教授　賀墨会主宰　[専]漢字　[没]平成29年(2017)4月10日　86歳　[生]昭和5年(1930)11月14日　[出]神奈川県　[名]本名＝城所正(きどころ・ただし)　[学]横浜国立大学〔昭和28年〕卒　[歴]内田鶴雲、南不乗に師事。高校教師を経て、昭和49年横浜国立大学助教授、56年教授。賀墨会主宰、凌雲書芸研究会会長。書写書道の普及に尽くした。著書に「書道入門―よい手本を習う」がある。　[団]全国大学書道学会，日本教科教育学会

喜納 幸子　きな・さちこ　琉球舞踊家　真踊流代表　真踊流佳喜の会会主　琉球舞踊保存会副会長　[没]平成28年(2016)8月17日　74歳〔膵臓がん〕　[生]昭和16年(1941)12月2日　[出]沖縄県那覇市　[学]安謝中卒　[歴]父は芸能人の新垣盛松で、幼い頃から琉球舞踊を身につける。昭和26年より真境名佳子に師事し、古典女踊、二才踊、雑踊と何でもこなした。平成21年琉球舞踊の国指定重要無形文化財保持者に認定され、真踊流代表、真踊流佳喜の会会主、琉球舞踊保存会副会長などを務めた。　[賞]沖縄タイムス琉舞グランプリ〔昭和33年〕，沖縄タイムス芸術選賞琉舞大賞〔昭和53年〕，沖縄県文化功労者(平成19年度)　[資]国指定重要無形文化財保持者(琉球舞踊)〔平成21年〕　[家]父＝新垣盛松(芸能人)　[師]師＝真境名佳子

喜納 信昌　きな・しんしょう　三線奏者　琉球古典音楽湛水流保存会会長　[没]平成27年(2015)4月27日　87歳〔肺がん〕　[生]昭和2年(1927)7月20日　[出]沖縄県中頭郡西原町字上原　[学]西原尋常高小卒　[歴]昭和45年琉球古典音楽湛水流保存会副会長を経て、平成5年より会長。11年沖縄県指定無形文化財沖縄伝統音楽湛水流保持者に認定された。　[賞]旭日双光章〔平成25年〕，沖縄タイムス芸術祭新人賞〔昭和37年〕　[資]沖縄県指定無形文化財沖縄伝統音楽湛水流保持者〔平成11年〕

衣川 和宏　きぬがわ・かずひろ　サッカー指導者　立命館大学サッカー部総監督　[没]平成27年(2015)1月26

き

日 88歳〔大動脈解離〕 ㊣京都府京都市 ㊥立命館大学卒 ㊟昭和28年母校・立命館大学にサッカー部を創立し、監督に就任。創部5年目にして一部昇格を果たし、一時は低迷するが、平成12年関西リーグ初制覇。16年勇退し、総監督に就任。社会福祉法人西陣和楽園理事長、京都府サッカー協会常任理事や同副会長も務めた。 ㊣瑞宝双光章〔平成16年〕

杵屋 勝哉 きねや・かつや 長唄三味線方 ㊙平成28年（2016）8月17日 78歳〔虚血性心疾患〕 ㊣岐阜県岐阜市 ㊐本名＝浅野武二（あさの・たけじ） ㊥東京芸術大学音楽部邦楽科卒 ㊟中学1年から三味線を始め、東京芸術大学音楽部邦楽科を卒業。6代目杵屋勝五郎に師事して23歳で名取となる。岐阜で若竹会、東京で龍虎会を主宰して三味線を指導。数多くの演奏会を開催する傍ら、作曲にも取り組んだ。 ㊣岐阜新聞大賞〔平成13年〕、岐阜県芸術文化顕彰〔平成14年〕、文化庁地域文化功労者表彰〔平成24年〕 ㊙師＝杵屋勝五郎（6代目）

稀音家 六四郎（5代目） きねや・ろくしろう 長唄三味線方 稀音家家元 ㊙平成27年（2015）7月28日 58歳〔食道がん〕 ㊣昭和32年（1957）1月3日 ㊐本名＝杉本和隆（すぎもと・かずたか）、前名＝稀音家和隆 ㊟長唄稀音家流家元の家に生まれ、小学1年頃から三味線を習う。16歳から本格的に取り組み、昭和63年父の4代目元四郎亡きあと5代目を襲名。祖父の3代目六四郎（2代目浄観）と4代目吉住小三郎（慈恭）が明治35年に設立した長唄研精会に昭和48年から出演。父亡きあと、慈恭の孫にあたる6代目小三郎とともに研精会を続け、年3回の演奏会のほか学校の巡回公演も行い、若手の育成に努める。のち同会主宰。平成10年には姉の稀音家光と稀浄会を発会した。 ㊙父＝稀音家六四郎（4代目）、祖父＝稀音家浄観（2代目）、長男＝稀音家一郎

木内 むめ子 きのうち・むめこ 詩人 「海図」編集人 ㊙平成29年（2017）10月2日 93歳〔肺炎〕 ㊣大正13年（1924） ㊣山形県東置賜郡川西町 ㊐本名＝木内むめ（きのうち・むめ） ㊟岩城芸術文化協会会長で、機関誌「芸文岩城」の編集委員長や詩誌「海図」編集人を務めた。詩集に「雪花火」「混沌のそら黄昏のうみ」「残映抄」などがある。 ㊣秋田県現代詩人賞「雪花火」、秋田県芸術文化章（平成28年度）

木下 明則 きのした・あきのり 高知県漁業協同組合連合会会長 ㊙平成28年（2016）3月21日 87歳〔肺炎〕 ㊣昭和3年（1928）6月10日 ㊣高知県室戸市 ㊥海南中卒 ㊟室戸市三津漁業協同組合長、高知県漁業協同組合連合会専務を経て、昭和62年～平成14年同会長を務めた。

木之下 晃 きのした・あきら 写真家 ㊔音楽写真 ㊙平成27年（2015）1月12日 78歳〔虚血性心不全〕 ㊣昭和11年（1936）7月16日 ㊣長野県諏訪市 ㊥日本福祉大学社会福祉学部卒 ㊟中日新聞、博報堂を経て、フリー。生来の音楽好きから、世界のクラシック音楽家たちの演奏する姿を撮り続ける。クラシック音楽家のライブ・ポートレートの第一人者といわれ、昭和59年世界で初めてのクラシック・ライブ写真集「世界の音楽家」（全3巻）を刊行。写真展に「追想・芥川也寸志」「音楽家―世界のマエストロたち」「日本の劇場写真展I〜III」「ON STAGE～音のある風景」「動く彫刻～世界のモダンダンス」「The Opera」「The BALLET」「世界の指揮者」「フィンランドの芸術家」「音を写す」「音の極致」「人間・武満徹」「素顔の音楽家たち」「Opera House」「想い出の名演奏家」「世界の音楽家〜100人の巨匠」「シェイクスピア展」「ポートレイト・プッチーニ」「イタリアのマエストロ」「20世紀の音楽家」「巨匠・朝比奈隆」「レナード・バーンスタイン展」「20世紀の音楽家」「世界の巨匠101人」「世界の音楽家104人」「Dear MAESTROS」「日本の演奏家」「音楽を観る」他。写真集に「対談と写真―小澤征爾」「小澤征爾とその仲間たち1・2」「アメリカ音楽地図」「モーツァルトへの道」「HERBERTVONKARAJAN」「音楽家off Stage」「渡辺暁雄」「ベートーヴェンの旅」「ザルツブルク」「朝比奈隆」「FOLK SONG」「音楽家―音と人との対話」「小澤征爾の世界」「アメリカ音楽地図」「ワーグナーへの旅」「MY MOZART」「巨匠カラヤン」「モスクワの夏」「プラハの春」「これだけの見ておきたいオペラ」「朝比奈隆〜長生きこそ最高の芸術」「カルロス・クライバー」「武満徹を撮る」「オペラ極楽ツアー」などがある。 ㊣芸術選奨文部大臣賞（第36回）〔昭和61年〕「世界の音楽家」、紺綬褒章〔平成19年〕、日本写真協会新人賞〔昭和46年〕「音楽家―人と音との対話」、日本写真協会賞作家賞〔平成17年〕、新日鉄音楽賞・特別賞（第18回）〔平成20年〕 ㊥日本写真家協会、日本写真協会、日本フィンランド協会

木下 栄治 きのした・えいじ 国労中央本部青年部長 連合北海道十勝地域協議会事務局長 ㊙平成28年（2016）2月17日 58歳〔がん〕 ㊣北海道厚岸郡厚岸町 ㊟昭和51年国鉄に入る。60〜62年国鉄労働組合（国労）中央本部青年部長を務め、全国6万3000人の青年部員の先頭に立って国鉄の分割民営化反対を訴えた。平成2年国鉄清算事業団を解雇されると、失職した同僚約20人と国労闘争団を結成してJR不採用訴訟の原告団に加わった。21年連合北海道十勝地域協議会事務局長。

木下 一彦 きのした・かずひこ 早稲田大学理工学術院教授 ㊔生物物理学 ㊙平成27年（2015） 69歳〔頭部外傷〕 ㊣昭和21年（1946）10月22日 ㊣東京大学理学部物理学科卒、東京大学大学院理学系研究科物理学専攻博士課程修了 理学博士 ㊟慶應義塾大学理工学部教授、岡崎国立共同研究機構統合バイオサイエンスセンター教授を経て、早稲田大学教授。分子ひとつひとつの機能を知る"一分子生理学"の発展に貢献。1990年代の半ばにはアデノシン三リン酸（ATP）を作る酵素の分子が回転する様子を光学顕微鏡で観察することに成功した。平成27年南アルプスの小仙丈ケ岳で滑落死した。 ㊣山崎貞一賞（第1回）〔平成13年〕「一分子動態解析法の開発」、内藤記念科学振興賞（第38回）〔平成18年〕「光学顕微鏡を用いた1分子生理学の創成」 ㊥日本生物物理学会、日本物理学会、日本生化学会 ㊙父＝木下是雄（学習院大学名誉教授）

木下 恭輔 きのした・きょうすけ アコム社長 ㊙平成28年（2016）3月7日 75歳〔肺炎〕 ㊣昭和15年（1940）5月2日 ㊣兵庫県神戸市 ㊥立命館大学法学

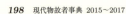

部〔昭和38年〕卒　[歴]父が経営する丸糸商店に入社。昭和46年金融業マルイトの専務となり、52年社長に就任。53年金融部門を分離して東京にアコムを設立、初代社長に就任。平成8年東証第1部に上場。12年会長、22年相談役。この間、昭和59年消費者金融協会会長。[家]弟＝木下盛好（アコム会長・社長）

木下 藤吉郎　きのした・とうきちろう　養老乃滝創業者　[没]平成27年（2015）10月3日　95歳〔肺炎〕　[生]大正9年（1920）3月25日　[出]長野県東筑摩郡四賀村（松本市）　[名]本名＝矢満田富勝（やまんた・とみかつ）　[歴]昭和13年18歳で独立、松本市に食堂を開く。26年株式会社富士養老乃滝を設立、31年横浜市に養老乃滝1号店をオープン。以来、全国にチェーン網を広げ、居酒屋チェーン店の草分けとして知られるようになった。45年社長を退き、養老乃滝企業経営学院の会長を務めた。54年には故郷の長野・四賀村金山に総額100億円ともいわれる養老之滝金山記念館を建設した。　[家]弟＝矢満田忠弘（養老乃滝社長），孫＝矢満田敏之（養老乃滝社長）

木下 藤次郎　きのした・とうじろう　東北電力副社長　ユアテック社長　[没]平成28年（2016）1月6日　92歳〔老衰〕　[生]大正12年（1923）12月3日　[出]鹿児島県揖宿郡山川町（指宿市）　[学]東北帝国大学法文学部〔昭和22年〕卒　[歴]昭和23年東北配電（現・東北電力）に入社。52年取締役、54年常務を経て、56年副社長。平成3年ユアテック社長に就任。5年会長、9年相談役、11年顧問。　[賞]藍綬褒章〔昭和63年〕，勲三等瑞宝章〔平成8年〕

木下 真喜雄　きのした・まきお　上智大学名誉教授　[専]無機工業化学，セラミック化学，触媒化学　[没]平成29年（2017）3月24日　87歳　[生]昭和4年（1929）8月9日　[出]東京都江東区　[学]日本大学工学部工業化学科〔昭和27年〕卒　工学博士〔昭和58年〕　[歴]昭和27年昭和薬品化工へ入社、抗生物質や蛋白性ホルモンなどの製造及び研究に従事。37年上智大学助手、44年講師、47年助教授を経て、60年教授。同年9月より1年間、フランスのナント大学客員教授。　[団]日本化学会，石膏石灰学会，触媒学会，窯業協会

木下 正利　きのした・まさとし　三菱化工機社長　[没]平成27年（2015）9月2日　84歳〔慢性心不全〕　[生]昭和6年（1931）8月14日　[出]広島県　[学]慶応義塾大学法学部〔昭和29年〕卒　[歴]昭和29年三菱日本重工業（現・三菱重工業）に入り、60年横浜製作所副所長、63年同所長、平成元年取締役を経て、3年三菱化工機社長。9年取締役相談役に退いた。

木下 通博　きのした・みちひろ　俳優　[没]平成27年（2015）12月13日　61歳〔胸部大動脈解離〕　[生]昭和29年（1954）8月23日　[出]京都府京都市　[歴]時代劇俳優として東映剣会に所属して活躍。主な出演作に映画「吉原炎上」「壬生義士伝」「ぼくんち」「忍また乱太郎」「太秦ライムライト」などがある。

木下 泰忠　きのした・やすただ　東邦亜鉛常務　[没]平成27年（2015）8月23日　92歳〔老衰〕

木之本 興三　きのもと・こうぞう　サッカー選手　日本プロサッカーリーグ専務理事　[没]平成29年（2017）1月15日　68歳〔鬱血性心不全〕　[生]昭和24年（1949）1月8日　[出]千葉県千葉市　[学]千葉高卒，東京教育大学（現・筑波大学）体育学部卒　[歴]中学からサッカーを始める。千葉高を経て、東京教育大（現・筑波大）に進学。大学2年の時、関東リーグ戦で強敵早大を破り優勝。さらに大学4年でキャプテンを務め、大学選手権で優勝。昭和47年古河電工（現・ジェフ千葉）に入社し、MFとして日本リーグに参加。50年致死性の病気であるグッドパスチャー症候群という難病を患い、両腎摘出。選手生命を絶たれ、週3回人工透析を受ける体になった。58年古河電工を退職、日本サッカーリーグ初代の専従事務局長に就任し、サッカーの振興に尽力。平成3年日本プロサッカーリーグ（Jリーグ）常務理事に就任。アマチュア至上主義だった日本サッカーのプロ化や地域密着の理念づくりに取り組み、5年のJリーグ開幕を実現させ、その立役者と評される。10年専務理事に就任。14年W杯日韓共催大会に向けた日本協会の強化推進本部副本部長を務め、W杯では日本代表の団長としてリーダーシップを発揮したが、大会期間中に両手足の末梢血管が閉塞する難病を発症、15年健康上の理由で専務理事を辞職後、両足を切断した。20年よりクラブチーム“アブレイズ千葉”の代表を務めながら、企画会社を経営。25年「日本サッカーに捧げた両足」を出版した。

木羽 敏泰　きば・としやす　金沢工業大学学長　金沢大学名誉教授　[専]分析化学　[没]平成29年（2017）2月20日　103歳　[生]大正2年（1913）11月1日　[出]大阪府大阪市　[学]東北帝国大学化学科〔昭和12年〕卒　理学博士　[歴]昭和12年東北帝国大学助手、14年金沢高等工業学校教授、16年名古屋帝国大学助教授、24年金沢大学教授、42年理学部長、50年附属図書館長、54年退官し、名誉教授。同年金沢工業大学教授、59年学長、63年名誉学長。29年ビキニ環礁付近で被曝した第五福竜丸が運んできたマグロに付着した放射性物質を分析した。著書に「純粋な物質」「定性分析」「木羽敏泰博士分析化学・環境化学学術業績集」などがある。　[賞]勲二等瑞宝章〔昭和61年〕，中日文化賞（第12回）〔昭和34年〕「強リン酸を用いる新分析法」，日本分析化学会学会賞（昭和38年度）「強りん酸を用いる分析法の研究」，北国文化賞〔昭和49年〕，日本化学会賞（第28回，昭和50年度）「分離分析法に関する基礎的研究」，金沢市文化賞（第33回）〔昭和54年〕　[団]日本化学会，日本分析化学会　[家]長男＝木羽信敏（山梨大学教授）

紀平 悌子　きひら・ていこ　参院議員（無所属）　[専]選挙制度，婦人問題，平和運動　[没]平成27年（2015）7月19日　87歳〔心不全〕　[生]昭和3年（1928）2月2日　[出]福岡県福岡市地行西町　[名]旧姓・名＝佐々　[学]東京都立第三高女〔昭和19年〕卒，聖心女子学院専門部歴史科〔昭和23年〕卒，聖心女子大学〔昭和24年〕中退　[歴]法学者の佐々弘雄の長女で、初代内閣安全保障室長を務めた佐々淳行の姉。大学在学中の昭和23年、新聞記者だった夫と結婚。3ケ月後、夫が結核で倒れたため、当時公職追放中だった市川房枝の門を叩く。25年追放を解かれて日本婦人有権者同盟会長に復帰した市川とともに婦人運動の道へ。28年参院議員に当選した市川の初代秘書となる。38年日本婦人有権者同盟事務局長、45年第三副会長、47年会長、61年副会長を歴任

き

し、女性の政治参加や政治浄化運動などに尽力した。49年参院選東京地方区、61年熊本地方区から立候補して落選したが、平成元年社会党などの推薦を受けて熊本選挙区から無所属で立候補、"マドンナ旋風"もあって当選。7年落選、1期。10年4月勲三等の叙勲を辞退した。著書に「父と娘の昭和悲史」がある。 [賞]旭日中綬章〔平成24年〕 [家]父＝佐々弘雄(参院議員・法学者), 兄＝佐々克明(作家), 弟＝佐々淳行(評論家・防衛施設庁長官), 祖父＝佐々友房(衆院議員), 和田万吉(国文学者)

き

岐部 良則 きべ・よしのり 伊藤銀証券社長 野村証券常務 [没]平成29年(2017)10月8日 91歳 [生]大正15年(1926)7月28日 [出]福岡県北九州市 [学]常磐中〔昭和19年〕卒, 福岡経済専〔昭和24年〕卒 [歴]昭和24年野村証券に入社。札幌、福岡各支店長を経て、48年取締役、52年常務。同年伊藤銀証券(現・エース証券)社長に転じ、62年会長、平成3年相談役、8年名誉顧問。10年退任。

儀保 正輝 ぎぼ・せいき 沖縄芝居役者 国映興業常務 [没]平成27年(2015)8月13日 98歳〔老衰〕 [出]沖縄県那覇市泊 [名]芸名＝儀保松男(2代目) [歴]15歳で芸能界に入り、30歳で名女形として知られた兄の名を継ぎ、2代目儀保松男を名のる。戦前から沖縄芝居の世界で活躍し、初代玉城盛義が座長を務めた劇団真楽座で女形として人気を博した。戦後は芝居をやめて国映興業に入り、長く同社常務を務めて映画界の発展にも貢献した。民謡「恋し鏡地」「ゆすぬ花」などの作者としても知られる。 [家]兄＝儀保松男(1代目)

木間 章 きま・あきら 衆院議員(社会党) [没]平成27年(2015)11月20日 85歳〔肺炎〕 [生]昭和5年(1930)7月27日 [出]富山県高岡市五十里 [名]旧姓・名＝三松章 [学]高岡中〔昭和23年〕卒 [歴]父は陸軍軍人で、三松家の二男として生まれる。昭和23年高岡市役所に入る。28年結婚して木間家に婿入り。42年高岡市議2期を経て、54年衆院選旧富山2区に社会党から立候補して当選。平成5年に落選するまで連続5期。党富山県本部書記長を務めた。

儀間 昇 ぎま・のぼる 米陸軍対敵諜報隊(CIC)渉外官 [没]平成29年(2017)1月7日 89歳 [出]米国・ハワイ州 [歴]ハワイに移民した沖縄県出身の日系2世。6歳で沖縄に引き揚げ、二中鉄血勤皇隊の学徒として沖縄戦を経験。ハワイの収容所に送られた後に米兵となり、昭和33〜39年沖縄に駐留した際、反米的な活動を防ぐために政治活動や大衆運動に関わる住民を監視対象にして諜報活動を行った米陸軍対敵諜報隊(CIC)のリエゾン(渉外官)として活動。平成27年琉球新報の取材に対し、報道機関として初めて当時の体験を語った。

儀間 比呂志 ぎま・ひろし 版画家 絵本作家 [没]平成29年(2017)4月11日 94歳〔肺炎〕 [生]大正12年(1923)3月5日 [出]沖縄県那覇市 [学]大阪市立美術館附属美術研究所〔昭和26年〕卒 [歴]16歳でサイパンなど南の島を放浪。海軍に応召し、横須賀で終戦を迎える。戦後大阪に移り、夜街頭での似顔絵画きをしながら生計をたてる。昭和34年行動美術展(油絵)新人賞を受け、41年行動美術協会会員となるが、47年無所属。大阪造型美術学校教授、大阪梅花女子大児童文学部講師、朝日カルチャーセンター講師を務める。この間45年から木版画に専念し、46年には創作絵本「ふなひき太良」を出版。52年夏以来、沖縄戦の木版画をライフワークに彫り続け、「版画・儀間比呂志の沖縄」「日本が見える」(共著)、絵本「鉄の子カナヒル」「沖縄の鳥人 飛びアンリー」「りゅう子の白い旗」(共著)、「儀間比呂志絵本の世界」などの著書がある。 [賞]毎日出版文化賞〔昭和46年〕「ふなひき太良」, サンケイ児童出版文化賞(第23回)〔昭和50年〕「鉄の子カナヒル」, 沖縄タイムス芸術選賞大賞, 行動美術展新人賞〔昭和34年〕, 行動美術展会友賞〔昭和41年〕 [団]日本美術家連盟

木全 信 きまた・まこと ジャズ・プロデューサー [没]平成28年(2016)7月27日 78歳〔心筋梗塞〕 [生]昭和13年(1938)5月13日 [出]愛知県名古屋市 [学]慶応義塾大学法学部〔昭和37年〕卒 [歴]昭和37年ラジオ短波に入社。46年1月退社し、日本ビクターに入社。RCA宣伝を担当。50年RCA部門が独立し、RVCが設立される。53年洋楽部次長としてジャズ制作担当となる。鈴木章治「新・鈴懸の径」をヒットさせ、以後スーパー・ジャズ・トリオ、ベニー・ゴルソン、アート・ブレイキー、フレディ・ハバード、ケニー・ドリューなど300枚以上の作品を世に送り出し、ゴールドディスクは50枚以上、グラミー賞ジャズ部門にも2度ノミネートされる。59年より邦洋合わせた制作担当となり、日本の有望なアーティストの制作も手がけた。63年アルファレコードに移籍。平成3年にオープンした女性向けナイトスポット、原宿「キーストン・コーナー」などを担当。8年には長年にわたりジャズの普及に努めたことを評価され、クリントン米国大統領から感謝状を受けた。著書に「ジャズは気楽な旋律」がある。

君嶋 信 きみしま・あきら 陸将 陸上自衛隊東北方面総監 [没]平成28年(2016)1月1日 80歳〔骨髄異形成症候群〕 [生]昭和10年(1935)11月11日 [出]栃木県 [学]防衛大学校応用科学科〔昭和34年〕卒 [歴]昭和34年陸上自衛隊に入る。師団司令部第三師団長を経て、平成3年3月陸上自衛隊幹部学校長、4年6月東北方面総監を歴任。5年7月退官。 [賞]瑞宝中綬章〔平成19年〕

君塚 栄治 きみずか・えいじ 陸将 陸上自衛隊陸上幕僚長 [没]平成27年(2015)12月28日 63歳 [生]昭和27年(1952)7月16日 [出]神奈川県 [学]防衛大学校土木工学専攻〔昭和51年〕卒 [歴]昭和51年防衛庁(現・防衛省)に入る。2度の米国留学を経て、陸上幕僚部の防衛課長、人事部長を歴任。平成21年7月陸上自衛隊東北方面総監。23年の東日本大震災に際して、災害支援で初めての陸海空統合の10万人規模の部隊の指揮を執った。24年8月第33代陸上幕僚長。25年8月退官。

君塚 明 きみつか・あきら ダイニック常務 [没]平成28年(2016)1月10日 64歳〔がん〕 [生]昭和26年(1951)9月5日 [出]東京都 [学]専修大学法学部〔昭和50年〕卒 [歴]昭和50年ダイニックに入社。平成22年取締役、26年常務兼出版・文具事業統括、東京本社営業所長。

木村 明生 きむら・あきお 評論家 青山学院大学名誉教授 朝日新聞モスクワ支局長 [専]現代ロシア政治・外交論, 比較文化論 [没]平成29年(2017)3月1日 91歳〔心不全〕 [生]大正14年(1925)4月27日 [出]岡山県倉

敷市　[学]京都大学文学部哲学科〔昭和25年〕卒　[歴]朝日新聞社に入社。記者、モスクワ支局長、調査研究室主任研究員、明治大学講師、青山学院大学教授を経て、同大学名誉教授、秀明大学大学院講師。著書に「クレムリン権力のドラマ」「ソビエト外交論」「ロシア・ソ連人の日本観」「ソ連共産党書記長」「現代ソ連の国家と政治」「新ロシア革命」「新生ロシア―混迷から再生へ」「ロシア同時代史権力のドラマ―ゴルバチョフからプーチンへ」「ロシア・ソ連・ロシア―断絶と継承の軌跡」。　[賞]青山学院学術褒賞（平成12年度）　[団]日本国際政治学会, ロシア・東欧学会, 比較文明学会　[家]長男＝木村透（マロニエゲート社長・読売新聞東京本社地方部次長）

木村 栄一郎　きむら・えいいちろう　宮崎相互銀行社長　[没]平成28年（2016）12月1日　98歳〔老衰〕　[生]大正7年（1918）10月3日　[出]宮崎県日向市東郷町　[学]昭和高商〔昭和16年〕卒　[歴]昭和24年宮崎無尽（のち宮崎相互銀行, 現・宮崎太陽銀行）に入行。46年取締役、53年専務を経て、58年社長。63年相談役。

木村 英造　きむら・えいぞう　淡水魚保護協会理事長　青泉社社長　[没]平成28年（2016）3月14日　94歳〔老衰〕　[生]大正11年（1922）2月26日　[出]大阪府大阪市　[名]筆名＝紀村落釣　[学]慶応義塾大学経済学部卒　[歴]大学卒業後、昭和23年から大阪・堂島で青泉社を経営。46年淡水魚保護協会を設立、理事長に就任。淡水魚の保護、絶滅寸前といわれるキリクチ（イワナの一種）の人工ふ化、宍道湖・中海淡水化反対運動、長良川河口堰建設反対運動などに積極的に関わった。“落釣”と号し、渓流釣り一本やり。また、ポルトガル研究でも知られ、著書「大航海時代の創始者―航海者エンリケ伝」がある。

木村 一信　きむら・かずあき　立命館大学名誉教授　[専]日本近現代文学　[没]平成27年（2015）9月26日　69歳〔膵臓がん〕　[生]昭和21年（1946）4月24日　[出]福岡県福岡市　[学]関西学院大学文学部日本文学科卒, 関西学院大学大学院文学研究科日本文学専攻博士課程修了　博士（文学, 立命館大学）〔平成16年〕　[歴]熊本県立女子大学文学部助教授、インドネシア大学客員教授を経て、平成3年立命館大学文学部教授。12年立命館アジア太平洋大学教授。16年立命館大学に復帰。17～22年同大文学部長、理事。22年プール学院大学学長、27年大阪成蹊短期大学学長。太平洋戦争下に南洋へ赴任したり、徴用された作家の研究で知られる。著書に「中島敦論」「もうひとつの文学史」などがある。　[団]日本近代文学会, 昭和文学会, 日本文芸学会, 韓国・日本近代文学会, 日本文学協会, 日本文芸家協会

木村 和久　きむら・かずひさ　鳥取県議　[没]平成29年（2017）11月20日　67歳〔多臓器不全〕　[生]昭和25年（1950）10月18日　[出]鳥取県鳥取市　[学]鳥取東高卒　[歴]鳥取市職員、鹿野町議3期、鳥取市議1期を経て、平成27年民主党（現・民進党）から鳥取県議に初当選。1期目途中の29年死去。

木村 幸平　きむら・こうへい　東北大学名誉教授　[専]冠橋義歯学　[没]平成27年（2015）5月6日　67歳〔慢性腎不全〕　[生]昭和22年（1947）5月27日　[出]静岡県清水市（静岡市清水区）　[学]東北大学歯学部歯学科卒, 東北大学大学院歯学研究科歯学臨床系歯科補綴学博士課程修了　歯学博士　[歴]東北大学歯学部教授を務めた。

木村 重信　きむら・しげのぶ　美術評論家　大阪大学名誉教授　京都市立芸術大学名誉教授　兵庫県立美術館名誉館長　[専]近代美術史, 民族芸術学　[没]平成29年（2017）1月30日　91歳〔肺炎〕　[生]大正14年（1925）8月10日　[出]京都府城陽市　[学]京都大学文学部〔昭和24年〕卒　文学博士　[歴]昭和28年京都市立芸術大学講師、33年助教授、44年教授。31～32年ソルボンヌ大学留学。49年大阪大学教授、51年国立民族学博物館併任教授、平成元年退官。4年国立国際美術館長、10年兵庫県立近代美術館長を務め、14年には新築移転した兵庫県立美術館の初代館長に就任。学術審議会委員などを歴任。アフリカ、アジア、オセアニア、中南米で多くの野外美術調査を行い、民族芸術学会会長を務めた。著書に「美術の始源」「はじめにイメージありき」「美の源流」「カラハリ砂漠」「現代絵画の解剖」「ヴィーナス以前」「人間にとって芸術とは何か」などの他、「木村重信著作集」（全8巻, 思文閣出版）がある。　[賞]勲三等旭日中綬章〔平成10年〕, 毎日出版文化賞（第20回）〔昭和41年〕「カラハリ砂漠」, 大阪文化賞〔平成3年〕, 京都市文化功労者〔平成11年〕, 兵庫県文化賞〔平成13年〕, 兵庫県勢高揚功労賞〔平成19年〕　[団]美術史学会, 民族芸術学会, 美学会, 美術評論家連盟

木村 茂　きむら・しげる　千代田区長　[没]平成29年（2017）11月23日　92歳〔虚血性心筋症〕　[生]大正14年（1925）10月23日　[出]東京都　[学]早稲田大学政経学部〔昭和25年〕卒　[歴]昭和48年から自民党の東京都議4期を経て、平成元年千代田区長に当選。3期務め、13年引退。　[賞]勲三等瑞宝章〔平成13年〕

木村 昭四郎　きむら・しょうしろう　共産党青森県委員長　[没]平成27年（2015）9月9日　88歳〔肺炎〕　[生]昭和2年（1927）4月10日　[出]青森県弘前市　[名]本名＝須藤昭四郎（すとう・しょうしろう）　[学]弘前高卒　[歴]昭和52～62年共産党青森県委員長を経て、党中央幹部会委員。平成2年、8年衆院選に立候補した。

木村 正太郎　きむら・しょうたろう　山形しあわせ銀行専務　[没]平成27年（2015）4月10日　77歳〔肝硬変〕　[生]昭和13年（1938）1月13日　[学]鶴岡南高〔昭和31年〕卒　[歴]山形相互銀行（のち山形しあわせ銀行, 現・きらやか銀行）に入行。平成元年取締役、5年常務を経て、11年専務。13年顧問に退いた。

木村 進一　きむら・しんいち　サノヤス・ヒシノ明昌社長　[没]平成29年（2017）6月17日　72歳〔多臓器不全〕　[生]昭和19年（1944）6月30日　[出]群馬県　[学]京都大学法学部〔昭和42年〕卒　[歴]昭和42住友銀行（現・三井住友銀行）に入行。平成8年住銀保証社長、11年クオーク副社長、14年サノヤス・ヒシノ明昌（現・サノヤスホールディングス）副社長を経て、15年社長に就任。21年取締役特別顧問に退いた。

木村 大三郎　きむら・だいざぶろう　ネッツトヨタ高松創業者　香川経済同友会代表幹事　[没]平成27年（2015）3月29日　74歳〔膵臓がん〕　[生]昭和16年（1941）1月16日　[出]香川県高松市　[学]慶応義塾大学〔昭和39年〕卒　[歴]昭和39年日本不動産銀行（現・あおぞ

き

ら銀行）に入行。54年トヨタカローラ香川社長、55年トヨタビスタ香川（現・ネッツトヨタ高松）を創業して社長。香川経済同友会代表幹事、香川県障害者スポーツ協会会長を務めた。 ⑱旭日小綬章〔平成24年〕

木村 孝 きむら・たか 染織研究家 服飾評論家 随筆家 ㉓平成28年（2016）11月2日 96歳 ㉕大正9年（1920）10月8日 ㉖京都府京都市中京区姉小路小川東入ル ㉘本名＝小笠原孝（おがさわら・たか）、旧姓・名＝木村 ㉖堀川高女〔昭和13年〕卒 ㉙家業の後継者として染色を習うが、昭和19年より京都新聞文化部に籍を置く。28年より毎年染色の個展を開く。ニューヨークで染織デザインを研究したほか、夫の赴任に伴い5年間ロンドンに滞在、服飾などを学んだ。帰国後は海外のテキスタイル研究や幅広い視点を生かし、染織研究家、随筆家として活躍。女性誌に染・織・服飾に関する記事を連載した。著書に「木村孝のきもの・しきたり事典」「いろとあや」「きもの文様図鑑」「九十歳 和の躾（しつけ）」「きものが語る 日本の雅」などがある。 ⑲日本エッセイストクラブ、日本家庭福祉会 ⑯長男＝世良武史（写真家）

木村 隆夫 きむら・たかお 桐生タイムス社社長 ㉓平成27年（2015）2月23日 86歳〔病気〕 ㉕昭和4年（1929）1月16日 ㉖群馬県桐生市 ㉙父が群馬県の地方紙として創刊した「新日本タイムス」に参加。21年「桐生タイムス」に紙名変更。営業・販売面から父を支え、32年桐生タイムス社常務、46年専務を経て、平成2年社長。のち会長を務めた。 ⑯父＝木村貞一（桐生タイムス社創業者）、兄＝木村敏夫（桐生タイムス社社長）、長男＝木村洋一（桐生タイムス社社長）

木村 卓司 きむら・たくじ 木村木材工業社長 埼玉県木材協会会長 ㉓平成27年（2015）11月26日 83歳〔敗血症〕 ㉕昭和7年（1932）2月19日 ㉖埼玉県鴻巣市 ㉖鴻巣高定時制卒 ㉙昭和28年木村木材工業に入社。36年取締役、42年常務、50年社長に就任。のち会長。 ⑱埼玉文化賞（農林部門）〔平成19年〕 ⑯長男＝木村司（木村木材工業社長）

木村 武彦 きむら・たけひこ 電通専務 ビデオリサーチ社長 ㉓平成29年（2017）7月2日 76歳〔慢性呼吸不全〕 ㉕昭和16年（1941）1月3日 ㉖高崎経済大学経済学部卒 ㉙昭和39年電通に入社。平成5年築地第四営業局長、9年取締役を経て、16年専務。18年ビデオリサーチ社長。21年特別顧問に退いた。

木村 玉光 きむら・たまみつ 大相撲行司（三役格）㉓平成29年（2017）5月12日 67歳〔胃体部がん〕 ㉕昭和25年（1950）2月27日 ㉖京都府宇治市 ㉘本名＝上田延秀（うえだ・のぶひで） ㉙花籠部屋に入り、昭和40年夏場所で初土俵。平成19年秋場所で三役格行司に昇進。同年九州場所4日目の関脇・朝赤龍と前頭3枚目時天空の一番で、朝赤龍のしこ名を横綱の"朝青龍"と呼び違え、話題となった。25年2月放駒親方（元大関・魁傑）が定年退職となり、芝田山部屋に転籍。27年2月日本相撲協会を定年退職した。

木村 太郎 きむら・たろう 衆議院議員（自民党） 首相補佐官 防衛庁副長官 ㉓平成29年（2017）7月25日

52歳〔膵臓がん〕 ㉕昭和40年（1965）7月20日 ㉖青森県南津軽郡藤崎町 ㉖弘前南高卒、東洋大学法学部〔昭和63年〕卒 ㉙衆院議員、青森県知事を務めた木村守男の長男で、祖父の木村文男も衆院議員。平成元年三塚博自民党衆院議員秘書を経て、3年青森県議に同県最年少の25歳で初当選し、連続2期務める。8年新進党から衆院選青森4区に出馬し、同県最年少の31歳で初当選。以来連続7選。10年改革クラブに参加、11年自民党に復党。17年第三次小泉改造内閣の防衛庁副長官、18年衆院安全保障委員長、20年党組織局長、23年党筆頭副幹事長、24年第二次安倍晋三内閣で首相補佐官（ふるさと担当）、27年党広報本部長、28年衆院地方創生特別委員長。7期目途中の29年7月に52歳で死去した。 ⑯父＝木村守男（青森県知事・衆院議員）、祖父＝木村文男（衆院議員）

木村 毅 きむら・つよし 新潟モンゴル友好親善協会会長 新潟県高等学校教職員組合執行委員長 ㉓平成28年（2016）1月10日 79歳〔病気〕 ㉕昭和11年（1936）10月2日 ㉖新潟県新潟市 ㉖高校教師を経て、昭和47〜55年新潟県高等学校教職員組合書記長、56年〜平成2年同執行委員長。一方、昭和63年モンゴルを初訪問し、同年新潟モンゴル親善協会（現・新潟モンゴル友好親善協会）を設立して理事長に就任。平成2年民間交流団体・新潟国際文化交流センターを設立して同理事長。日モ間初の直行チャーター便を実現させ、交流の拡大に努めた。4年日本モンゴル市民文化交流委員会を設立、同代表に就任。25年モンゴル政府から外国人に贈られる最高位の勲章・北極星勲章を受けた。著書に「魅せられてモンゴル」「モンゴルの歴史」「モンゴルの真実」「青空の国・モンゴル」「誰が日本を売り飛ばしたのか？─冷酷・小泉政権『自爆の儀式』へ」「蒼きあまたの狼たち─物語・モンゴル帝国史」などがある。 ⑱モンゴル北極星勲章〔平成25年〕

木村 敏男 きむら・としお 俳人 「にれ」主宰 北海道俳句協会会長 ㉓平成28年（2016）3月9日 93歳〔老衰〕 ㉕大正12年（1923）2月22日 ㉖北海道旭川市 ㉖永山農卒 ㉙地方公務員として長年勤続。昭和25年高橋貞夜の「水輪」に拠り、句作を開始。34年「涯」、44年「広軌」（季刊）などの同人誌を創刊し、53年には札幌市で「にれ」を創刊・主宰。平成9〜20年北海道俳句協会会長。北海道新聞俳句賞選考委員、同紙「日曜文芸」選者、読売新聞北海道版俳句選者、北海道文学館常任理事なども歴任。句集に「日高」「遠望」「雄心」などの他、「北海道俳句史」などの著書がある。 ⑱北海道俳句協会賞（第1回）〔昭和42年〕、北海道新聞文学賞（第2回）〔昭和43年〕「日高」、北海道俳句協会鮫島賞（第5回）〔昭和60年〕、北海道文化賞〔平成4年〕、札幌市民芸術賞〔平成11年〕 ⑲北海道俳句協会、現代俳句協会、日本文芸家協会

木村 伸男 きむら・のぶお 税理士 北海道税理士会副会長 ㉓平成28年（2016）3月17日 85歳〔老衰〕 ㉖北海道留萌郡留萌町（留萌市） ⑳昭和58〜62年北海道税理士会副会長、平成3〜9年岩見沢商工会議所副会頭を務めた。

木村 貢 きむら・みつぎ 宏池会事務局長 ㉓平成29年（2017）6月16日 90歳 ㉕大正15年（1926）7月 ㉖広島県安芸郡蒲刈町（呉市） ㉖北海道大学水産学部

卒 ㉕昭和27年池田勇人元首相秘書となり、32年宏池会（現・岸田派）事務局入り、39年より同事務局長。前尾繁三郎、大平正芳、鈴木善幸、宮沢喜一、加藤紘一と領袖が移り変わっていく同派で40年近く同職にあった。この間、大平正芳首相秘書官を務めた。平成3年11月宮沢喜一内閣発足で政務担当の首相首席秘書官に就任。12年宏池会事務局長を退任した。著書に「総理の品格─官邸秘書官が見た歴代宰相の素顔」がある。

木村 盛和 きむら・もりかず　陶芸家　㉕平成27年（2015）8月12日　94歳〔肺炎〕　㉓大正10年（1921）6月15日　㉔京都府京都市　㉖旧制中卒　㉗京焼付けの名手として知られる木村聖山の長男。昭和12年国立陶磁器試験所に入所、鉄釉（天目釉）と素地の研究に従事。復員後の21年、京都五条坂に陶房を築く。31～51年日本伝統工芸展に出品、39年に同展NHK会長賞を受賞した「天目釉変皿」は、我が国における天目釉研究の金字塔とも評された。37年プラハ国際陶芸展に入賞。51年福井県朝日町（現・越前町）に移住、小倉見窯を開いた。平成12～19年福井県陶芸館名誉館長。天目釉研究の第一人者として知られ、14年には鉱物と岩石を融合させた独自の釉薬を使用し、陶磁器が玉虫色に変化する"窯変結晶"を浮かび上がらせることに成功した。㉘勲四等瑞宝章〔平成5年〕、福井県文化賞〔昭和61年〕、福井新聞文化賞〔平成17年〕、日本陶磁協会賞〔第9回〕、日本伝統工芸展NHK会長賞〔第11回〕〔昭和39年〕。㉙父＝木村聖山（陶芸家）、弟＝木村盛康（陶芸家）、木村盛伸（陶芸家）

木村 唯 きむら・ゆい　タレント　㉕平成27年（2015）10月14日　18歳　㉓平成9年（1997）8月13日　㉚グループ名＝花やしき少女歌劇団　㉗小学3年の時に東京・浅草の老舗遊園地を活動拠点とするレビューチーム・花やしき少女劇団に入団。中学3年の時に横紋筋肉腫というがんに罹り、高校1年の夏に右足の切断手術を受ける。手術後も片足でステージに立ったが、がんが肺などに転移し、27年18歳で亡くなった。

木村 由花 きむら・ゆか　編集者　「yom yom」編集長　㉕平成27年（2015）2月28日　53歳　㉓昭和37年（1962）　㉔東京都　㉖学習院女子短期大学人文学科〔昭和58年〕卒　㉗昭和58年新潮社に入社。出版部に所属し、鈴木光司、横山秀夫、さくらももこなどを担当。平成12年さくらももこ編集長の「富士山」編集チーフを務める。出版企画部、15年「旅」編集長を経て、18年「yom yom」創刊編集長を務めた。

木村 幸男 きむら・ゆきお　東京工科大学名誉教授　㉝機械制御工学、ディジタル制御　㉕平成27年（2015）6月3日　76歳　㉓昭和13年（1938）12月8日　㉔群馬県太田市　㉖東京大学工学部応用物理学科〔昭和38年〕卒　博士（工学）　㉗昭和38年国鉄に入る。39年鉄道技術研究所の自動制御研究室に配属され、情報工学畑を歩く。43年主任研究員。人間のように目と耳を持つ鉄道"知能列車"の開発に取り組んだ。のち東京工科大学教授。共著に「図解コンピュータ概論」がある。

木村 力雄 きむら・りきお　東北大学名誉教授　㉝教育行政学　㉕平成27年（2015）11月2日　80歳〔心不全〕　㉓昭和10年（1935）1月28日　㉔秋田県　㉗東北大学教育学部教育学科卒、東北大学大学院教育学研究科教育行政学専攻〔昭和43年〕博士課程修了　教育学博士　㉗昭和38～40年ハワイ大学、ウィスコンシン大学に留学。平成10年東北大学教育学部教授を退官。著書に「「学制」に関する一考察」「異文化接触と日本の教育〈2〉異文化遍歴者森有礼」、共著に「教育指導行政の研究」「要説教育行政・制度」などがある。㉝日本教育行政学会、教育史学会、日本教育学会

木村 良一 きむら・りょういち　青森中央学院大学名誉教授　㉝政治学　㉕平成28年（2016）8月7日　81歳〔肺がん〕　㉓昭和10年（1935）1月6日　㉔青森県五所川原市　㉗明治大学政治経済学部卒、明治大学大学院政治経済学研究科政治学専攻〔昭和45年〕博士課程修了　㉗五所川原市役所に勤めた後、明治大学に進学。青森短期大学講師、青森大学講師、助教授、教授、弘前大学客員教授を経て、平成10年青森中央学院大学教授、26年名誉教授。22年より青森県明るい選挙推進協議会会長。青森県の政治に詳しく、大学の研究紀要に連載した青森県の戦後の衆院選挙の歴史をまとめ、元年「検証・戦後青森県衆議院議員選挙」を出版。他の著書に「青森県の政治風土」「民主主義と政治」「青森県参議院議員選挙」「青森県知事選挙」などがある。㉘藍綬褒章〔平成18年〕　㉝日本政治学会、日本選挙学会

肝付 兼太 きもつき・かねた　声優　演出家　劇団21世紀FOX主宰　㉕平成28年（2016）10月20日　80歳〔肺炎〕　㉓昭和10年（1935）11月15日　㉔東京都　㉚本名＝肝付兼正（きもつき・かねまさ）　㉗昭和40年テレビアニメ「オバケのQ太郎」にゴジラ役で出演。48年「ジャングル黒べえ」で初の主役を担当。藤子・F・不二雄アニメの声優として活躍し、54年テレビ朝日系アニメ「ドラえもん」の第1回放送よりスネ夫の声を担当、55年から劇場版映画25作にも出演。テレビ放送開始から25周年の平成17年春をもってスネ夫役を降板した。NHK「おかあさんといっしょ」で、昭和57年～平成4年に放送された人形劇「にこにこぷん！」では山猫の男の子じゃじゃ丸役で親しまれた。一方、昭和59年から劇団21世紀FOXを主宰。平成18年戌井市郎、瓜生正美、中村雅夫、本多一夫、高橋悠治らとパラダイス一座を結成、東京・下北沢で「オールド・バンチ～男たちの挽歌」を旗揚げ公演。他の声の出演に、テレビアニメ「ドカベン」の殿馬役、「銀河鉄道999」の車掌役、「おそ松くん」のイヤミ役、「キテレツ大百科」の勉三役、「それいけ！アンパンマン」のホラーマン役など。独特の枯れた声で知られた。

木本 三次 きもと・さんじ　プロゴルファー　日本プロゴルフ協会副会長　㉕平成28年（2016）11月18日　88歳〔肺炎〕　㉓昭和3年（1928）7月12日　㉔大阪府　㉗宮本留吉、山田弥助、杉原輝雄、宮本省三らと並んで大阪・茨木カンツリー倶楽部に所属する"茨木一門"の一人で、昭和29年の関西オープンや33年、34年の関西プロ選手権で優勝。49年日本プロゴルフ協会理事、平成元年副会長、9年相談役を歴任した。㉘日本プロスポーツ協会功労賞〔昭和62年〕、文部科学大臣顕彰〔平成14年〕

木森 晨郎 きもり・しんろう　プルデンシャル・ホールディング・オブ・ジャパン代表取締役　㉕平成27年（2015）9月27日　60歳〔左顎下腺がん〕　㉓昭和30

年（1955）7月14日　[出]神奈川県　[歴]ソニー・プルデンシャル生命保険を経て、昭和62年プルデンシャル生命保険創業に参加。執行役員常務、取締役執行役員副社長を経て、プルデンシャル・ジブラルタ・ファイナンシャル生命保険代表取締役副社長を務める。平成21年プルデンシャル・ホールディング・オブ・ジャパン代表取締役兼シニアオフィサー。

喜友名 朝宏　きゆな・ちょうこう　琉球音楽家　野村流音楽協会会長　沖縄芸能連盟会長　[没]平成29年（2017）4月7日　81歳〔細菌性肺炎〕　[出]沖縄県中頭郡北谷町上勢頭　[歴]平成11年沖縄県指定無形文化財沖縄伝統音楽野村流保持者、13年国指定重要無形文化財組踊保持者に認定される。14～20年野村流音楽協会会長、19～23年沖縄芸能連盟会長を歴任した。　[賞]沖縄県指定無形文化財沖縄伝統音楽野村流保持者〔平成11年〕, 国指定重要無形文化財組踊保持者〔平成13年〕

き

京 唄子　きょう・うたこ　漫才師　女優　[没]平成29年（2017）4月6日　89歳〔肺炎〕　[生]昭和2年（1927）7月12日　[出]京都府京都市西陣　[名]本名＝鵜島ウタ子（うじま・うたこ）　[歴]京都の簡易保険局に勤めていた頃に職場演劇を始め、戦後すぐに宮城千賀子主宰の劇団なでしこに入り、京町歌子を名のる。昭和23年浪花五郎と結婚して一女をもうけたが3年後に離婚。その後、大衆演劇・瀬川伸子劇団で座付作家、殺陣師、役者、マネジャーを兼ねていた鳳啓助と出会い、30年結婚。31年啓助と漫才コンビを組みデビュー。地方巡業中、沢田隆治に認められて朝日放送の「てなもんや三度笠」に出演、唄子・啓助として売り出した。ネタは全て啓助が書き、時事ネタのほかに、唄子のトレードマークである“大口”をいじったネタや二人の私生活を採り入れた夫婦漫才で人気を博す。40年に離婚後も62年までコンビは続け、司会を務めたフジテレビ系「唄子・啓助のおもろい夫婦」は44年以来の長寿番組となった。45年には唄啓劇団を旗揚げして関西や名古屋の劇場で公演。コンビ解消後は漫才は辞め、62年からは京唄子劇団の座長として活躍。映画「おばちゃんチップス」、テレビドラマ「野々山家の人々」「ウェディングベル」「渡る世間は鬼ばかり」「結婚はいかが」、舞台「花も嵐も踏みこえて」「人生は周り舞台」などに出演した。平成5年12月、16年ぶりに啓助とのコンビを復活させたが、6年リンパ腺がんで啓助は死去。20年啓助とともに上方漫才の殿堂入りした。　[賞]上方漫才大賞奨励賞（第2回）〔昭和42年〕, 大阪市民表彰〔平成4年〕

京極 純一　きょうごく・じゅんいち　政治学者　東京大学名誉教授　東京女子大学学長　[専]日本政治論, 政治意識論, 政治過程論　[没]平成28年（2016）2月1日　92歳〔老衰〕　[生]大正13年（1924）1月26日　[出]京都府京都市　[学]東京帝国大学法学部政治学科〔昭和22年〕卒, 東京大学大学院特別研究生〔昭和27年〕修了　[歴]太平洋戦争中、学徒出陣を経験。東京大学教養学部講師、助教授、教授を経て、昭和46年法学部教授。59年定年退官、千葉大学教授。63年～平成4年東京女子大学学長。平成元年国際交流基金日本語国際センター所長を兼任。年金審議会会長、21世紀危機警告委員会座長、6～16年毎日新聞特別顧問なども歴任。3年NHK「週刊・ヤング情報」にレギュラー出演。9年日本学士院会員、13年文化功労者に選ばれた。統計学や数量分析の手法をいち早く政治学に取り入れ、選挙や世論、政治意識などを分析し、政治過程論として確立。「政治意識の分析」（昭和43年）は同分野の先駆的業績として知られる。現代日本政治を本格的な学問対象として位置づけ、戦後の政治学の発展に貢献した。58年に出版した「日本の政治」は学術書ながら発売3ケ月で2万部を売るベストセラーとなり、評判を呼んだ。他の著書に「植村正久―その人と思想」「現代民主政と政治学」「文明の作法」「日本人と政治」「和風と洋式」「The Political Dynamics of Japan」「世のため、ひとのため」などがある。　[賞]文化功労者〔平成13年〕, 紫綬褒章〔平成1年〕, 勲二等瑞宝章〔平成10年〕, 東京海上各務記念財団優秀著書賞（第5回, 昭和59年度）「日本の政治」　[資]日本学士院会員〔平成9年〕　[団]日本政治学会, 日本行動計量学会

行田 紀也　ぎょうだ・のりや　東京大学地震研究所浅間火山観測所助手　[専]火山学　[没]平成27年（2015）5月8日　77歳〔急性左心不全〕　[生]昭和12年（1937）8月29日　[出]長野県北佐久郡軽井沢町　[学]軽井沢高　[歴]昭和31年東京大学地震研究所浅間火山観測所に業務補助員として入所。以来、平成10年まで42年間にわたって技官や助手として浅間山の観測業務に従事した。　[賞]財団法人震災予防協会賞〔平成11年〕

清岡 美知子　きよおか・みちこ　東京都戦災殉難者遺族会事務局長　東京大空襲訴訟原告団副団長　[没]平成29年（2017）1月　93歳〔老衰〕　[生]大正12年（1923）　[出]長野県松本市　[学]上野忍ケ丘女子商〔昭和15年〕卒　[歴]大正12年の関東大震災後、避難先の長野県松本市で生まれ、東京・浅草馬道で育つ。父は寄席芸人、姉は長唄の師匠で、両親と姉の4人で暮らす。東京都経済局食糧課にタイピストとして勤務していた昭和20年3月、東京大空襲に遭い、家族4人で隅田川にかかる言問橋の下に避難。船着き場の突端で水を被りながら一命を取り留めたが、父と姉を失った。同年6月母の郷里である長野県へ疎開、同地で農商省食糧管理局統計検査課に勤務。21年東京都に復帰。結婚退職後、27年経済安定本部（のち経済企画庁）に就職、50年退職。38年朝日新聞の投書欄に戦災者遺族の会を作りたいと投稿、東京都戦災殉難者遺族会を発足させ事務局長に就任。空襲で被災した人々の補償を国に求める請願・陳情を重ねた。その後、東京大空襲訴訟に参加、原告団の副団長を務めた。

玉州（1代目）　ぎょくしゅう　占い師　[没]平成28年（2016）11月9日　96歳〔脳梗塞〕　[生]大正9年（1920）6月10日　[名]本名＝丹羽文男（にわ・ふみお）, 別名＝高島玉州　[学]工専卒　[歴]四柱推命と九星占術を組み合わせ、統計に基づいて吉凶を10点法で表現する方法を考案。北国新聞の運勢欄を40年以上にわたって執筆した。2代目玉州は孫にあたる。　[家]長男＝丹羽俊夫（画家）, 孫＝玉州（2代目）

喜代志 松治　きよし・まつじ　彫刻家　[没]平成28年（2016）5月20日　87歳　[生]昭和4年（1929）3月8日　[出]岐阜県高山市　[学]和井田青年学校卒　[歴]独学で彫刻を始める。昭和31年より二科展に連続入選、41年二科展特選。45年二科展会友に推挙される。公共施設の壁彫などを多く手がけた。　[賞]岐阜県芸術文化顕彰〔平成

20年〕、高山市芸術文化顕彰〔平成23年〕、二科展特選（第51回）〔昭和41年〕、二科展会友賞（第67回）〔昭和57年〕

清田　秀博　きよた・ひでひろ　歌人　紫苑短歌会主宰　富山工業高等専門学校教授　㊣平成27年（2015）3月23日　101歳　⊕大正3年（1914）2月2日　⊕富山県中新川郡高野村米沢（立山町）　⊕富山中卒、早稲田大学高等師範部卒　㊣早大時代に窪田空穂・章一郎のもとで歌誌「早蕨」を発行。卒業後は旺文社に勤めたが、結核を患って帰郷。国語教師となり富山中部高校や富山工業高等専門学校などで教鞭を執った。昭和27年紫苑短歌会を創立・主宰し、「紫苑短歌」を発行。50年「まひる野」富山支部を創設して指導にあたった。歌集「時」、夫婦歌集「百八十歳の歌集」、歌文集「時の花　幸琇」などがある。　㊣妻＝津山幸（歌人）、息子＝清田秀左右（歌人）

清都　勇之　きよと・ゆうじ　富山県議（自民党）　㊣平成28年（2016）9月20日　81歳〔病気〕　⊕昭和10年（1935）3月1日　⊕富山県高岡市　⊕砺波高卒、法政大学経済学部卒　㊣富山県戸出町長を務めた清都兵太郎の長男。昭和33年戸出酒造に入り、58年より高岡市議に4選、平成7年市議会議長。11年富山県議に当選、1期務めた。15年引退。砺波高、法大ではラグビー部で活躍、大学時代は主将も務めた。11～15年富山県ラグビーフットボール協会会長。　㊣旭日双光章〔平成17年〕　㊣父＝清都兵太郎（富山県戸出町長）

清永　敬次　きよなが・けいじ　京都大学名誉教授　㊣税法　㊣平成27年（2015）12月16日　84歳〔誤嚥性肺炎〕　⊕昭和6年（1931）9月1日　⊕山口県下関市　⊕京都大学法学部〔昭和28年〕卒、京都大学大学院法学研究科〔昭和33年〕博士課程中退　法学博士　㊣昭和33年京都大学法学部助教授を経て、45年教授に就任。平成7年退官、名誉教授。同年～14年近畿大学法学部教授。日本税法学会理事長も務めた。著書に「税法」「租税回避の研究」、共著に「税法入門」などがある。㊣瑞宝中綬章〔平成23年〕　㊣日本税法学会

清原　忠　きよはら・ただし　愛媛陸上競技協会副会長　㊣平成27年（2015）8月30日　87歳〔心不全〕　⊕愛媛県北宇和郡鬼北町　㊣平成2年から12年間、愛媛陸上競技協会副会長を務めた。　㊣秩父宮章〔平成10年〕

清宮　龍　きよみや・りゅう　政治評論家　内外ニュース社長　㊣国内政治、国際政治　㊣平成28年（2016）2月6日　87歳〔膵臓がん〕　⊕昭和3年（1928）7月28日　⊕東京都　⊕東京教育大学文科〔昭和25年〕卒　㊣昭和25年時事通信社に入社。39年モスクワ特派員、41年海外部長、43年整理部長、46年福岡支社長を歴任。48年退社して、政治評論家となる。竹下登ら財界の有力者がメンバーとなった自由社会研究会の事務局長も務めた。60年内外ニュース社長を経て、平成17～20年会長。著書に「宮沢喜一全人像」「福田政権七一日見聞」「自由民主党を斬る」「三木おろしの600日」「沖縄戦史」「ブレジネフのアパート」「指導者達の素顔—盛田昭夫、竹下登、フルシチョフ」などがある。　㊣自由社会研究会、日本記者クラブ　㊣父＝清宮四郎（東北大学名誉教授）

清元　栄三　きよもと・えいぞう　清元節三味線方　㊣平成28年（2016）12月31日　80歳〔膵臓がん〕　⊕昭和11年（1936）2月23日　⊕東京市深川区（東京都江東区）　⊕本名＝小柳泰一（こやなぎ・やすかず）、日舞名＝宮薗千帥　⊕月島第二中〔昭和26年〕卒　㊣父は清元節浄瑠璃の清元若寿太夫。昭和23年から2代目清元国太郎（2代目清元一寿郎）に入門、三味線の手ほどきを受ける。26年3代目清元家次郎（清元栄寿郎）に入門、7年間内弟子として修業する。27年清元栄三を名のり、28年歌舞伎座「舞劇・木蘭物語」で初舞台。47年歌舞伎座「夕立」で初めて志寿太夫の浄瑠璃で歌舞伎のタテ三味線を務める。平成元年清元協会理事、のち副会長。4年度の文化庁芸術祭賞を受賞。13年清元栄三の会を公演、以後毎年開催。15年重要無形文化財（人間国宝）に認定される。また、宮薗節を宮薗千恊に師事し、宮薗千帥の名を許された。　㊣芸術祭賞（第47回、平成4年度）〔平成5年〕　㊣重要無形文化財保持者（清元節三味線）〔平成15年〕　㊣父＝清元若寿太夫、母＝清元延若福、弟＝清元美寿太夫　㊣師＝清元若寿太夫、清元一寿郎（2代目）、清元栄寿郎、宮薗千恊

清元　登子　きよもと・たかこ　プロゴルファー　ゴルフ指導者　日本女子プロゴルフ協会会長　㊣平成29年（2017）9月16日　78歳〔誤嚥性肺炎〕　⊕昭和14年（1939）6月15日　⊕熊本県熊本市　⊕九州女学院高卒　㊣九州女学院高時代はソフトボール選手。24歳で初めてゴルフクラブを握る。ゴルフ歴2年で日本女子アマ選手権に挑戦、3位に。昭和41年も日本女子アマ3位となり、メキシコの世界アマ選手権にも派遣された。44年日本女子アマ初優勝を飾り、2年間のブランクを経て、47年、48年も優勝。"女武蔵"の異名を取り、48年11月には国際女子オープンのトヨタミレディースで、世界の強豪プロの他、日本のトップクロ・樋口久子も破り優勝。49年34歳でプロ入り。デビュー戦で2位、国内で4勝した後、渡米して米国プロテストに合格。52年ボルティモアクラシック2位が最高成績だった。53年ライバル樋口をプレーオフで振り切り、日本女子オープン優勝。54年、55年は樋口に次ぎ2位。58年44歳で引退。通算アマ8勝、プロ7勝。引退後は日本女子プロゴルフ協会に入り、59～61年理事長、平成6年副会長を経て、7年会長、9年より再び副会長、15年から顧問を務め、日本女子プロゴルフ界の発展に尽力。指導者としても優秀で、硬軟を織り交ぜた指導で教え子の不動裕理、大山志保、古閑美保を賞金女王に育て上げ、熊本県内でも女子プロゴルファーの指導・育成に努めた。29年第5回日本プロゴルフ殿堂入り。　㊣熊日賞（第60回）〔平成22年〕

喜代吉　鐵牛　きよよし・てつぎゅう　書家　毎日書道展審査会員　㊣前衛　㊣平成29年（2017）1月28日　65歳　⊕昭和26年（1951）4月25日　⊕島根県　⊕本名＝喜代吉達治（きよよし・たつじ）　㊣毎日書道展審査会員、奎星会同人で、「五風」編集長を務めた。　㊣毎日書道展会員賞（第45回、平成5年度）

吉良　知彦　きら・ともひこ　ミュージシャン　㊣平成28年（2016）7月3日　56歳　⊕昭和34年（1959）12月6

日　[出]山梨県長坂　[名]グループ名＝ZABADAK（ざばだっく）　[学]中央大学　[歴]山梨県で生まれ、愛知県で育つ。上京後の昭和60年、音楽学校アン・ミュージック・スクールで知り合った上野洋子（ボーカル, キーボード, 作曲）、松田克志（ドラムス）と3人組ロックバンドのZABADAKを結成、ボーカルとギター、作曲を担当。61年ミニアルバム「ZABADAK-1」でレコードデビュー。間もなく松田が脱退し、上野との2人組となる。マンドリンやブズーキといった民族楽器も操るマルチプレイヤーで、2人組となった後は上野もアコーディオンを手にし、またフィドルやマリンバなどを取り入れ、アイリッシュなどヨーロッパの民族音楽やプログレッシブ・ロックの要素を持ったユニークな音楽性と、吉良の生み出す美しいメロディ、上野の透明感あふれるボーカルを生かした楽曲で人気を集めた。平成5年“のれん分け”と称して上野が脱退してからも、ZABADAKをソロプロジェクトとして継続。23年のアルバム「ひと」以後は、妻でミュージシャン、作詞家の小峰公子が正式に加入した。個人でも、劇団キャラメルボックスの公演音楽や、映画「くれないものがたり」「ちぎれた愛の殺人」「ピーピー兄弟」などの音楽を手がけた。ZABADAKのアルバムに「ウェルカム・トゥ・ザバダック」「飛行夢」「遠い音楽」「私は羊」「桜」「音」「光降る朝」「平行世界」「ここが奈落なら、きみは天使」などがある。　[家]妻＝小峰公子（ミュージシャン・作詞家）

帰来 冨士子　きらい・ふじこ　作家　[没]平成27年（2015）1月12日　84歳〔急性心不全〕　[生]昭和5年（1930）2月23日　[出]香川県高松市中央町　[学]高松高女〔昭和21年〕卒　[歴]昭和21年日本銀行高松支店に勤務。45年四国電力広報課社外編集委員。62年「寒の紅」で香川菊池寛賞を受賞。俳誌「かつらぎ」同人、随筆「遍路宿」同人。他の著書に「エッセイ すてきな人へ」がある。　[賞]香川菊池寛賞（小説部門, 第22回）〔昭和62年〕「寒の紅」, 北野財団懸賞論文（第12回）〔平成2年〕, 吉備の国文学賞〔平成8年〕　[団]香川創作歌謡研究会, 日本伝統俳句協会, 日本音楽著作権協会

桐竹 紋寿　きりたけ・もんじゅ　文楽人形遣い　文楽松羽目会会主　[専]人形浄瑠璃　[没]平成29年（2017）2月16日　82歳　[生]昭和9年（1934）6月30日　[出]兵庫県洲本市（淡路島）　[名]本名＝寺田嘉彦（てらだ・よしひこ）, 旧姓・名＝山口嘉彦, 前名＝小林道之助, 桐竹紋若　[学]青雲中卒　[歴]父は興行師。小唄や端唄の三味線をしていた母の影響で、4歳頃から踊りを習う。昭和21年引田左鬼次に人形遣いの手ほどきを受ける。22年淡路人形・小林六大夫一座を経て、乙女座を結成、小林道之助を名のる。25年2代目桐竹紋十郎に入門。当初は紋若を名のったが、同年紋寿と改名。娘、老女形、二枚目など幅広く役をこなし、特に女形では人間国宝の3代目吉田簑助に次ぐ演じ手として重きをなした。代表作は、「本朝廿四孝」の腰元・濡衣、「梅川忠兵衛」の梅川、「壺坂観音霊験記」のお里などで、「ロック曽根崎心中」ではお初役を演じミュージシャンの宇崎竜童と共演した。平成28年1月の国立文楽劇場初春公演が最後の舞台となった。著書に「文楽・女方ひとすじ」がある。　[賞]芸術選奨文部科学大臣賞（平成14年度）〔平成15年〕「奥州安達原」, 紫綬褒章〔平成16年〕, 文楽協会賞, 国立劇場最優秀賞, 大阪府民劇場賞　[師]師＝桐竹紋十郎（2代目）

切通 猛　きりどうし・たけし　プロ野球選手　[没]平成27年（2015）6月15日　71歳　[生]昭和19年（1944）4月21日　[出]兵庫県　[学]姫路南高卒, 芝浦工業大学卒　[歴]姫路南高から芝浦工業大に進み、東芝でプレー。昭和43年ドラフト9位で阪急（現・オリックス）に入団。51年阪神に転じ、同年ウェスタンリーグの本塁打王となった。53年引退。外野手で、実働10年、188試合出場、247打数59安打、5本塁打、12打点、1盗塁、打率.239。引退後は阪神で二軍トレーニングコーチ、スコアラーを経て、平成3年コーチに復帰した。スカウトとして関本賢太郎や浜中治らを発掘した。

桐野 三郎　きりの・さぶろう　エッセイスト　[没]平成29年（2017）2月26日　85歳〔間質性肺炎〕　[出]鹿児島県鹿児島市　[名]本名＝久保四郎（くぼ・しろう）　[学]慶応義塾大学経済学部卒　[歴]山形屋勤務、パブ経営などを経て、文筆活動に入る。平成6～10年南日本新聞にエッセイ「はーふたいむ」（全100回）を連載、11年には新春文芸の短編小説で入選（1席）した。14～17年同紙「読者と報道」委員会委員。岩崎育英文化財団理事、炉ばたセイ談会代表なども務めた。著書に「さらば無頼なる日々」がある。

桐山 靖雄　きりやま・せいゆう　宗教家　阿含宗開祖・管長　[没]平成28年（2016）8月29日　95歳〔老衰〕　[生]大正10年（1921）1月5日　[出]神奈川県横浜市　[名]本名＝堤真寿雄（つつみ・ますお）　[学]日本大学芸術科学園中退　[歴]昭和29年30代で観音慈恵会を設立し、53年阿含宗を立宗。釈迦が実際に説いたお経は阿含（あごん）経だけ、と説き、日本の仏教界から離れた位置にある。阿含宗管長、中国・国立北京大学名誉教授、中国・国立中山大学名誉教授、中国・国立仏学院（仏教大学）名誉教授、サンフランシスコ大学理事、モンゴル国立大学学術名誉教授・名誉哲学博士、モンゴル科学アカデミー名誉哲学博士、タイ王国・国立タマサート大学ジャーナリズム・マスコミュニケーション学名誉博士、ロンドン大学SOAS名誉フェローシップ、チベット仏教ニンマ派仏教大学名誉学長・客員教授、スリランカ仏教シャム派名誉大僧正、ミャンマー仏教界最高の僧位・法号を授受、中国国際気功研究中心会長（北京）、ダッチ・トゥリートクラブ名誉会員（ニューヨーク）。また、平河出版の会長となって「密教講座」「ザ・メディテーション」などを出版したジャーナリストでもある。囲碁愛好家としても知られ、阿含宗が特別協賛する全日本早碁オープン戦は“阿含・桐山杯”として知られる。日本棋院名誉九段、中国棋院名誉副主席。著書に「変身の原理」「密教・超能力の秘密」「守護霊を持て」「間脳思考」、「さあ、やるぞかならず勝つ」シリーズなど多数。　[賞]モンゴル国立大学名誉哲学博士号, モンゴル科学アカデミー名誉哲学博士号, タイ王国国立タマサート大学ジャーナリズム・マスコミュニケーション学名誉博士号, ロンドン大学SOAS名誉フェローシップ, 大倉喜七郎賞（第39回）〔平成22年〕　[団]中国国際気功研究中心会（会長）, ダッチ・トゥリー

日本人　　　　きんはら

トクラブ（名誉会員），日本棋院（名誉九段），中国棋院（名誉副主席）

桐山 輝彦　きりやま・てるひこ　神戸屋社長　㊇平成29年（2017）5月7日　89歳〔肺炎〕　㊐昭和2年（1927）7月17日　㊊大阪府　㊎関西学院大学経済学部〔昭和25年〕卒　㊍神戸屋社主を務めた桐山利三郎の長男。三井銀行（現・三井住友銀行）を経て，昭和29年父の経営する神戸屋に入社して取締役。常務，専務を務め，46年社長，平成3年会長，13年相談役。神戸屋レストラン会長も兼務した。　㊏藍綬褒章〔平成5年〕，勲四等旭日小綬章〔平成12年〕　㊐父＝桐山利三郎（神戸屋社主），長男＝桐山健一（神戸屋社長）

桐山 秀樹　きりやま・ひでき　ノンフィクション作家　㊟国際問題，日本の国際化　㊇平成28年（2016）2月6日　62歳〔心不全〕　㊐昭和29年（1954）2月4日　㊊愛知県名古屋市　㊎学習院大学法学部政治学科卒　㊍海外旅行誌の記者を経て，昭和60年フリーのジャーナリストとして独立。日本の国際化を基本テーマに，海外移住，ホテル文化，日本人の海外旅行，在日外国人の意識調査などの記事を月刊誌，週刊誌に執筆。また，糖尿病と糖質制限ダイエットの体験を記した「おやじダイエット部の奇跡」などを通じて糖質制限ダイエットを広めたことでも知られる。著書に「シティホテルの居住学」「文明退化の音がする」「第二の人生いい処見つけた」「現代ジパング見聞録」「オーストラリア大自然の旅」「海外旅行の達人」「プリンスの墓標」「ホテル戦争」「マンガ道，波瀾万丈」，共著に「海外旅行スタイルブック」などがある。　㊐パートナー＝吉村祐美（文芸評論家）

金城 一雄　きんじょう・かずお　沖縄大学人文学部教授　㊟社会学，家族社会学，地域社会学　㊇平成27年（2015）10月19日　67歳〔小細胞肺がん〕　㊐昭和23年（1948）　㊊沖縄県国頭郡大宜味村饒波　㊎明治学院大学大学院社会学研究科修士課程修了　㊍沖縄大学人文学部教授で，同学部長，理事などを歴任。平成26年4月から同大特任教授。17年1～6月琉球新報の「南風」欄を主宰した。

金城 真吉　きんじょう・しんきち　ボクシングトレーナー　東洋大学ボクシング監督　㊇平成29年（2017）11月16日　73歳〔肺がん〕　㊐昭和19年（1944）10月16日　㊊沖縄県那覇市　㊎南部農林卒，日本大学卒　㊍首里中時代にボクシングと出会い，南部農林に進学。昭和38年東京五輪強化選手との試合が評価され，日大に進む。沖縄に帰った後は消防署に勤めながらボクシングの指導を始め，興南高校や沖縄尚学高校のボクシング部監督を歴任。60年那覇市の自宅を改築してジムや合宿所を併設，"WINNER（勝利者）"を意味するウィンナージムと命名し，平成26年まで運営した。日本ボクシング史上最多の13回防衛に成功した具志堅用高を始め，全国高校選抜やインターハイ，国体で延べ30人以上の優勝者や多くの入賞者を育て，沖縄ボクシング界の名伯楽として知られた。23年からは東洋大で監督を務め，24年のロンドン五輪男子ミドル級で金メダルを獲得し，のちプロとなった村田諒太を指導した。　㊏琉球新報活動賞社会活動賞〔平成13年〕，那覇市市政功労者表彰〔平成26年〕，琉球新報賞〔平成27年〕，沖縄県功労者表彰〔平成27年〕

金城 妙子　きんじょう・たえこ　看護師　那覇保健所看護課長　㊇平成28年（2016）5月15日　100歳〔老衰〕　㊐大正5年（1916）　㊊沖縄県名護市　㊎名護第三高女卒　㊍旧満州・奉天の看護婦養成所を経て，戦後，沖縄本島の看護婦となり，昭和26年琉球政府公衆衛生看護学校の教務主任。公衆衛生看護婦の養成に力を注ぎ，医師の居ない離島僻地を含む沖縄県全域に公衆衛生看護婦を配置。公衆衛生看護活動に尽くして沖縄県の"公衆衛生看護婦の母"といわれ，51年那覇保健所看護課長で退職するまで常に保健婦駐在制度の推進役を務めた。52～57年特別養護老人ホーム"ありあけの里"初代所長。平成11年看護関係者に贈られる世界最高の栄誉であるフローレンス・ナイチンゲール記章を受けた。　㊏朝日社会福祉賞〔昭和57年〕，沖縄県功労章〔平成7年〕，フローレンス・ナイチンゲール記章（第37回）〔平成11年〕

金城 艶子　きんじょう・つやこ　沖縄キューバ友好協会会長　㊇平成29年（2017）9月24日　70歳〔中枢性悪性リンパ腫〕　㊊沖縄県国頭郡今帰仁村　㊍20代で米国を経てアルゼンチンに渡り，アルゼンチン国営放送で日本語アナウンサー，翻訳を担当。昭和54年郷里の沖縄へ帰り，那覇市の栄町で南米料理店を営みながらスペイン語通訳として活動。中南米との交流に尽くし，特に帰国した移民2世・3世や各国から訪れる空手家らの世話に情熱を傾けた。栄町市場おばぁラッパーズの初期メンバーでもある。

金城 幸彦　きんじょう・ゆきひこ　写真家　沖縄県写真協会会長　㊇平成27年（2015）4月8日　69歳〔病気〕　㊊沖縄県南城市佐敷字伊原　㊍沖展をはじめ県内外の展示会で多数の賞を受賞。平成18年より沖縄県写真協会会長を務めた。　㊏沖縄県文化功労者表彰〔平成25年〕

金城 善雄　きんじょう・よしお　琉球音楽家　野村流伝統音楽協会理事　㊇平成28年（2016）6月28日　70歳〔腎不全〕　㊊沖縄県島尻郡八重瀬町　㊍野村流伝統音楽協会理事や琉球古典芸能コンクールの三線野村流の審査員を務めた。

金田 明彦　きんだ・あきひこ　仁愛大学人間学部教授　㊟グラフィックデザイン　㊇平成29年（2017）2月15日　64歳〔食道がん〕　㊐昭和27年（1952）6月2日　㊊石川県金沢市　㊎金沢美術工芸大学美術工芸学部卒，金沢美術工芸大学大学院博士課程修了　㊍仁愛短期大学教授を経て，平成13年から仁愛大学教授。25年同大地域共創センター長。福井市や越前市などの景観審議会で委員や副会長を務めるなど，各地のまちづくりに参画。福井新聞社の「報道と紙面を考える委員会」委員も務めた。

金原 まさ子　きんばら・まさこ　俳人　㊇平成29年（2017）6月27日　106歳〔胃がん〕　㊐明治44年（1911）2月5日　㊊東京都　㊋本名＝金原マサ（きんばら・まさ）　㊍近所の俳句会に誘われたのがきっかけで，49歳で俳句を始める。昭和45年「草苑」創刊に参加。48年草苑しろがね賞，54年草苑賞を受賞。平成13年「街」，19年「らん」各同人。100歳からブログ「金原まさ子百歳からのブログ」を始め，1日1句を発表して話題と

なる。25年に刊行した「カルナヴァル」は句集としては異例の4000部を発刊し、現代俳句協会賞特別賞を受賞。続くエッセイ「あら、もう102歳」は1万部を突破した。自由奔放な句風で知られ、俳句界では“不良少女”と呼ばれて親しまれた。他の句集に「冬の花」「弾語り」「遊戯の家」がある。　[賞]草苑しろがね賞〔昭和48年〕, 草苑賞〔昭和54年〕, 現代俳句協会賞特別賞(第69回)〔平成26年〕

金原 善徳　きんばら・よしのり　ヤマハ取締役　[没]平成27年(2015)9月3日　92歳〔膵臓がん〕　[生]大正11年(1922)　[出]静岡県　[学]慶応義塾大学法学部〔昭和22年〕卒　[歴]日本楽器製造(現・ヤマハ)取締役業務部長を務め、川上源一社長の片腕として、ヤマハ音楽教室の発足に尽力した。

く

【く】

日下 武史　くさか・たけし　俳優　[没]平成29年(2017)5月15日　86歳〔誤嚥性肺炎〕　[生]昭和6年(1931)2月24日　[出]東京市豊島区(東京都)　[名]本名＝日下孟(くさか・たけし)　[学]慶応義塾大学文学部仏文科〔昭和28年〕中退　[歴]昭和28年慶応義塾大学仏文科を中退して浅利慶太らと劇団四季の結成に参加。29年ジャン・アヌイ「アルデールまたは聖女」で旗上げし、以後四季の看板俳優として、シェイクスピアから創作劇、翻訳劇と数多くのストレート・プレイに出演。平成3年「ひかりごけ」で芸術選奨文部大臣賞を受賞。8年紫綬褒章、14年勲四等旭日小綬章を受章。代表作に「ユリディス」「オンディーヌ」「悪魔と神」「エクウス」「ヴェニスの商人」「ハムレット」「この生命は誰のもの？」「赤毛のアン」「美女と野獣」「鹿鳴館」など。映画「南極物語」「まあだだよ」、テレビドラマ「鬼平犯科帳」「剣客商売」に出演するなど、テレビや映画でも個性的なバイプレイヤーとして評価を得た。声優としても活躍し、昭和36年スタートのNET「アンタッチャブル」のネス隊長の吹き替えは好評を博した。ドキュメンタリーやCMのナレーションも多い。平成22年劇団四季の女優・木村不時子と結婚。　[賞]芸術選奨文部大臣賞(第41回)〔平成3年〕「ひかりごけ」, 紫綬褒章〔平成8年〕, 勲四等旭日小綬章〔平成14年〕, 芸術祭賞奨励賞〔昭和40年〕「悪魔と神」, 紀伊国屋演劇賞〔昭和52年〕「ヴェニスの商人」, テアトロ演劇賞〔昭和56年〕　[家]妻＝木村不時子(女優)

日下部 吉彦　くさかべ・よしひこ　音楽評論家　合唱指揮者　全日本合唱連盟副理事長　朝日放送解説委員長　[没]平成29年(2017)12月30日　90歳〔老衰〕　[生]昭和2年(1927)11月16日　[出]京都府京都市　[学]同志社大学文学部英文科〔昭和27年〕卒　[歴]昭和27年朝日新聞社入社、大阪本社社会部員。33年朝日放送に転じ、ラジオの音楽番組プロデューサー、テレビ報道部デスク、解説委員、解説委員室長を歴任。一方、音楽評論の第一人者として朝日新聞、産経新聞、月刊「音楽の友」などに執筆。合唱指揮者としては、63年ジュゼッペ・シノーポリ指揮「千人の交響曲」の合唱指揮を担当。平成3年大阪音楽大学ザ・カレッジ・オペラハウス初代館長に就任。全日本合唱連盟副理事長、関西合唱連盟理事長なども務めた。音楽会の構成や企画にも力を注ぎ、4年にいずみホール(大阪市)で始めた午前中に演奏会を開く「ランチタイム・コンサート」が成功。自ら司会も務め、批評とユーモアを交えた話しぶりも人気だった。著書に「音楽を嫌いにする方法」などがある。　[団]全国音楽ホール・ネットワーク協議会　[師]師＝森本芳雄, 竹内禎子

草間 昌三　くさま・しょうぞう　信州大学名誉教授　[専]呼吸器内科学　[没]平成28年(2016)9月14日　94歳〔老衰〕　[生]大正11年(1922)5月24日　[出]長野県松本市　[学]京都帝国大学医学部医学科卒　医学博士　[歴]信州大学医学部教授、附属病院長の他、岡谷市立岡谷病院院長を務めた。　[賞]勲三等瑞宝章〔平成9年〕

草柳 繁一　くさやなぎ・しげいち　歌人　[没]平成29年(2017)4月17日　95歳　[生]大正11年(1922)1月21日　[出]東京市日本橋区(東京都中央区)　[歴]昭和21年宮柊二の短歌勉強会・一叢会に出入りし、「一叢会々報」を発行。その後、33年創刊の「泥」同人となり作品を発表した。歌集に「胡麻よ、ひらけ」がある。

具志堅 宗佑　ぐしけん・そうゆう　黒丸宗社長　沖縄国際文化交流協会会長　[没]平成29年(2017)8月5日　89歳〔肺炎〕　[生]昭和3年(1928)2月20日　[出]沖縄県那覇市　[学]神奈川大学経済学科〔昭和30年〕卒　[歴]黒丸宗を創業した具志堅宗演の長男で、2代目社長として同社の発展に尽くした。また、沖縄国際文化交流協会会長も務め、平成8年米国ワシントン州で開かれた「シアトル桜まつり・日本文化フェスティバル」への沖縄県内の琉球舞踊や伝統工芸、空手などの関係者ら約1000人の参加を実現させた。　[家]父＝具志堅宗演(黒丸宗創業者)

九条 道弘　くじょう・みちひろ　神官　平安神宮名誉宮司　[没]平成29年(2017)9月16日　83歳　[生]昭和8年(1933)12月13日　[出]東京都　[学]関西学院大学文学部〔昭和32年〕卒　[歴]摂政・関白の家柄だった五摂家の一つ、九条家の第35代当主で、天皇陛下のまたいとこにあたる。戦後、京都に移る。大学は合唱をやりたくて関西学院大学へ進み、同大グリークラブで活動。卒業後、大阪の広告代理店・万年社を経て、文化放送営業社員となる。のち神職を志し、昭和48年小石川大神宮神官、59年伊勢神宮禰宜を経て、平成3～29年京都市にある平安神宮の第14代宮司を務めた。

葛上 周次　くずかみ・しゅうじ　CMディレクター　[没]平成29年(2017)2月1日　81歳〔肝硬変〕　[生]昭和10年(1935)7月7日　[出]京都府京都市　[学]東京芸術大学美術学部卒　[歴]昭和34年日本天然色映画に入社。企画・演出を担当。49年退社して二番工房を設立する。61年退社後はフリー。事務所・単細胞を主宰した。主な作品は、明治製菓(現・明治)「マーブルチョコレート」、ナショナル「テクニクスピアノ」「冷蔵庫シェイプル400」、デュポン「シルバーストーン」、ライオン「W&W」、トヨタ「カローラ」、金久「東京べったら漬け」など。　[賞]カンヌ国際広告映画祭金賞〔昭和63年〕「ナショナル・テクニクスピアノ」, IBA賞〔昭和63年〕

「ナショナル・テクニクスピアノ」, ニューヨークADC賞〔昭和63年〕「ナショナル・テクニクスピアノ」, クリオ賞〔昭和63年〕「デュポン・シルバーストーン」

楠 浩一郎 くすのき・こういちろう 九州大学名誉教授 [専]化学工学 [没]平成27年(2015)2月11日 90歳〔心不全〕 [生]大正13年(1924)5月16日 [出]福岡県福岡市 [学]福岡中〔昭和17年〕卒, 福岡高〔昭和19年〕卒, 九州帝国大学工学部応用化学科〔昭和22年〕卒 工学博士 [歴]昭和33年九州大学工学部助手、35年助教授を経て、41年教授。退官後、九州産業大学教授を務めた。 [賞]勲三等瑞宝章〔平成14年〕, 化学工学会賞学術賞(昭和63年度)「異相系接触反応操作に関する研究」 [団]日本化学会, 化学工学協会

楠 達也 くすのき・たつや 僧侶 光源寺(浄土真宗本願寺派)住職 [没]平成28年(2016)3月16日 77歳〔急性硬膜下血腫〕 [生]昭和13年(1938)10月13日 [出]長崎県長崎市 [学]龍谷大学 [歴]昭和20年8月9日爆心地から約3.2キロにあった長崎市伊良林の浄土真宗本願寺派光源寺で被爆。34年同寺の第16世住職となり、平成22年長男に住職を譲った後は玄成寺第4世住職に就任。長崎県宗教者懇話会専務理事などを務め、同県の宗教者による平和活動を牽引。長崎市仏教連合会会長であった26年、長崎市原子爆弾無縁死没者追悼祈念堂で毎月9日の慰霊法要を復活させた。晩年は平和憲法を守る長崎ネットワークの呼び掛け人となった。また、昭和30年の高校時代から父・越中聞信が始めた日曜学校(現・光源寺ひかり子供会)の指導を続け、大学では青少年教化育成の第一人者といわれた山崎昭見教授の薫陶を受ける。以後、遊びこそ人間形成の根本であることを信条に活動を続けた。 [賞]正力松太郎賞〔平成7年〕 [家]父＝越中聞信(光源寺住職), 兄＝越中哲也(郷土史家), 長男＝楠直也(光源寺住職)

楠 智一 くすのき・ともいち 京都府立医科大学名誉教授 福井医科大学名誉教授 [専]小児科学 [没]平成27年(2015)4月15日 92歳〔肺炎〕 [生]大正12年(1923)2月3日 [出]大阪府大阪市 [学]京都府立医科大学医学部医学科卒 医学博士 [歴]京都府立医科大学教授、福井医科大学副学長、武庫川女子大学教授を歴任。 [賞]勲三等旭日中綬章〔平成10年〕, 日本栄養・食糧学会賞学会賞(昭和60年度)「小児の肥満に関する研究」, 日本栄養・食糧学会賞功労賞(平成3年度)「小児栄養に関する研究」 [団]日本小児科学会, 日本栄養・食糧学会, 日本小児神経学研究会

楠 比呂志 くすのき・ひろし 神戸大学大学院農学研究科准教授 [専]保全繁殖学 [没]平成28年(2016)8月7日 54歳〔脳内出血〕 [生]昭和36年(1961)10月7日 [出]大阪府吹田市 [学]神戸大学農学部畜産学科卒, 神戸大学大学院自然科学研究科資源生物科学専攻博士課程修了 農学博士 [歴]神戸大学農学部附属農場助手、同大学院農学研究科准教授を務めた。絶滅の危機にある野生動物の人工繁殖技術を研究し、神戸市立王子動物園でジャイアントパンダの人工授精を支援。平成24年姫路セントラルパークと共同で絶滅危惧種のヤギの一種・マーコルの人工授精に国内で初めて成功した他、28年にも海遊館と共同で絶滅危惧種のミナミイワトビペンギンの人工繁殖に世界で初めて成功した。 [賞]日本畜産学会奨励賞〔平成4年〕「家畜精子における先体反応の判定法および誘起法の開発に関する研究」

久住 邦晴 くすみ・くにはる 久住書房社長 北海道書店商業組合理事長 [没]平成29年(2017)8月28日 66歳〔肺がん〕 [生]昭和26年(1951) [出]北海道札幌市 [学]立教大学経済学部卒 [歴]大学卒業後、父が創業した札幌市のくすみ書房に入店。昭和57年店長、平成11年同社を経営する久住書房社長。店舗は商店街の一等地にあったが、地下鉄の延長による繁華街の移動で集客力が大きく低下。さらに活字離れやインターネットの発展による実売店舗の売り上げ減少などもあり、次第に経営が悪化していったが、売れ筋ではない文庫本を陳列したフェア“なぜだ!?売れない文庫フェア”や、いじめに苦しむ中高生に読んで欲しい本を集めたフェア“本屋のオヤジのおせっかい 君たちを守りたい”などユニークな企画を打ち出して売り上げが回復、全国的に注目を集めた。その後、クラウドファンディングなどを通じて経営再建を図ったが、27年自己破産した。19～25年北海道書店商業組合理事長。バングラデシュの識字教育を支援する国際ボランティア団体の札幌支部連絡委員なども務めた。

葛見 久則 くずみ・ひさのり ウオロクホールディングス社長 [没]平成28年(2016)5月20日 53歳〔病気〕 [生]昭和37年(1962)6月27日 [出]新潟県新発田市 [学]専修大学法学部卒 [歴]ウオロク第2代社長・葛見久衛の長男で、創業者の孫。平成2年同社に入社。取締役開発部長、常務開発部長、同販売部長などを経て、20年社長。26年ウオロクホールディングスを設立、社長。 [家]父＝葛見久衛(ウオロク社長), 祖母＝葛見藤江(ウオロク創業者)

久地岡 良紀 くちおか・よしき 日本経済新聞東京本社制作局次長・管理部長 [没]平成29年(2017)5月24日 76歳〔多系統萎縮症〕 [生]昭和15年(1940)8月20日 [出]神奈川県 [学]東京写真短期大学卒 [歴]昭和37年日本経済新聞社に入社。写植部次長、画像部次長を経て、平成3年制作局次長兼管理部長。

沓掛 義男 くつかけ・よしお 女子聖学院短期大学助教授 [専]教育学 [没]平成27年(2015)12月18日 95歳 [生]大正9年(1920)8月21日 [学]埼玉師範卒 [歴]さいたま市立高砂小学校長、女子聖学院短期大学助教授などを務めた。

久手堅 憲夫 くでけん・のりお 南島地名研究センター代表 [専]沖縄地名研究 [没]平成29年(2017)2月25日 84歳 [生]昭和8年(1933) [出]沖縄県那覇市首里池端町 [学]首里高中退 [歴]平成12年「首里の地名―その由来と縁起」を出版。20～26年南島地名研究センター代表を務めた。

工藤 勇 くどう・いさむ 明治生命保険常務 [没]平成28年(2016)6月6日 89歳〔腸間膜動脈塞栓症〕 [生]昭和2年(1927)5月30日 [出]山形県 [学]慶応義塾大学法学部〔昭和27年〕卒 [歴]明治生命保険(現・明治安田生命保険)に入社。東京中央地方部長、東京北支社副長を経て、常務を務めた。

工藤 一男 くどう・かずお 太子食品工業社長 [没]平成28年(2016)7月29日 99歳〔老衰〕 [生]大正5年

く

くとう　　　　　　　　　　　日　本　人

(1916) 12月1日　⑮青森県三戸郡南部町　⑰青森師範〔昭和12年〕卒　⑯昭和12年青森師範を卒業後、三戸で小学校の教員となるが弟たちが次々と戦死したため、22年父の頼みにより家業の納豆製造業・工藤商店を継ぐ。こんにゃく、ところてん、もやし、豆腐の製造・販売にも手を広げ、39年太子食品工業を設立して初代社長に就任。46年太子食品と合併。平成2年会長、6年から相談役。ひとり暮らし世帯の増加に合わせて食べきりサイズの豆腐や納豆を商品化した他、しょうゆに鰹節やシイタケのエキスを加えたタレを納豆につけるなど、業界初のアイデアを次々と実行し、同社を国内有数の大豆製品メーカーへと発展させた。昭和63年～平成7年青森県納豆協同組合代表理事、全国納豆協同組合連合会理事などを歴任した。　⑯勲五等瑞宝章〔平成12年〕

工藤 和彦　くどう・かずひこ　華道家　小原流研美会会長　小原流研究院名誉院長　日本いけばな芸術協会理事長　㉕平成28年 (2016) 5月25日　90歳〔胸部大動脈瘤による循環不全〕　⑮大正15年 (1926) 3月30日　⑮東京都　⑯本名＝角地和彦（かくち・かずひこ）　北京工業専採鉱冶金科〔昭和20年〕卒　⑯もとはエンジニアだったが、昭和27年第3回日本花道展で文部大臣賞を受賞して生け花の道に。小原流に入門し、37年財団法人小原流の理事、39年研美会会長に就任。45年生け花指導でインド旅行、50年には松山バレエ団「森の華」の舞台美術を担当するなどインテリア、映画、舞台などの方面でも多彩に活動。また日本は"木の文化"だとして木で日本の原風景を生けることに取り組んだ。狭い意味の床の間にこだわらず、"町へ出て花を生けよう"と現代の生活空間における新"床の間創り"も提唱した。55年日本いけばな芸術協会常任理事、平成7年副理事長、12年理事長。14年伝統文化活性化国民協議会評議員。著書に「野草をいける」「日本のいけばな一工藤和彦集」「いけばな365日」などがある。　⑯勲五等双光旭日章〔平成8年〕、日本花道展文部大臣賞（第3回）〔昭和27年〕　⑯父＝工藤光洲（華道家）、母＝工藤光園（華道家）、二女＝工藤亜美（華道家）

工藤 進　くどう・すすむ　東奥日報取締役広告局長　㉕平成27年 (2015) 12月24日　83歳〔病気〕　⑮昭和7年 (1932) 9月22日　⑮青森県西津軽郡鰺ケ沢町　⑰高卒　⑯昭和29年東奥日報社に入社。整理部次長、盛岡支局長、出版部長、56年整理部長、60年事業局次長、62年経理局長を経て、平成元年取締役、2年広告局長。5～7年東奥アドセンター社長。

工藤 節朗　くどう・せつろう　俳人　岩手県俳人協会会長　㉕平成28年 (2016) 10月6日　82歳〔多臓器不全〕　⑮昭和9年 (1934) 2月11日　⑮岩手県岩手郡堀村（盛岡市）　⑰盛岡一高定時制卒　⑯昭和29年より作句。30年「草笛」会員、42年「草笛」同人。47年「沖」に入会、49年「沖」同人。53年「樹氷」創刊同人。平成20年岩手俳人協会会長、24年同顧問。句集に「渋民野」「山国」「勾玉」「登高」がある。　⑯樹氷功労賞〔平成10年〕　⑯俳人協会　⑯師＝能村登四郎、小原啄葉

工藤 俊雄　くどう・としお　青森県副知事　㉕平成29年 (2017) 1月26日　85歳〔病気〕　⑮昭和6年 (1931) 3

月16日　⑮青森県西津軽郡車力村（つがる市）　⑰北海道大学農学部卒　⑯昭和36年青森県庁に入庁。農林部一筋に歩み、農政課長、農林部次長を経て、61年同部長。平成元年退職後、むつ小川原地域・産業振興財団専務理事を務める。7年青森県副知事に就任。11年退任。　⑯瑞宝中綬章〔平成22年〕

工藤 典雄　くどう・のりお　茨城県立医療大学学長　筑波大学名誉教授　⑯生理学　㉕平成28年 (2016) 4月16日　75歳　⑮昭和15年 (1940) 12月23日　⑮京都府　⑰千葉大学医学部〔昭和41年〕卒　医学博士　⑯東京医科歯科大歯学部助手、筑波大学基礎医学系助教授を経て、昭和62年教授。平成6～8年副学長を兼務。23年茨城県立医療大学学長に就任した。　⑯日本生理学会、日本神経科学協会

工藤 昌敏　くどう・まさとし　国立療養所菊池恵楓園自治会長　㉕平成27年 (2015) 11月22日　85歳〔老衰〕　⑯ハンセン病を患い国立療養所菊池恵楓園へ入所。平成17～25年自治会長を務め、社会交流会館開設（18年）や菊池恵楓園創立100周年（21年）行事などに関わった。

工藤 幹夫　くどう・みきお　プロ野球選手　㉕平成28年 (2016) 5月13日　55歳〔肝不全〕　⑮昭和35年 (1960) 9月30日　⑮秋田県本荘市（由利本荘市）　⑰本荘高〔昭和54年〕卒　⑯本荘南中学校の昭和50年、全県少年野球大会を制して東北大会に出場、3試合連続完封で優勝。本荘高に進み、3年生の53年夏は秋田県大会決勝で能代高に敗れ、甲子園には出場できなかった。54年日本ハムにドラフト2位で入団。米国留学でマスターした横手からの落ちるカーブを武器に、55年イースタン・リーグで13勝4敗1Sの成績を挙げ、最多勝、殊勲賞、ベストナインとなる。56年一軍に昇格、同年アンダースローからサイドスローにフォームを変え、巨人との日本シリーズでは6試合中5試合にリリーフ登板して2勝を挙げた。57年は先発の柱として20勝4敗で最多勝、勝率1位を獲得する好成績を挙げ、ベストナインにも選ばれる。シーズン終盤の9月に右手小指を骨折したが、西武とのプレーオフ初戦に先発して周囲を驚かせた。58年は開幕投手を務め8勝を挙げたものの、9月4日の対南海戦で右肩を痛め、以後2年半に3分の1イニングしか登板できなかった。61年10月渡米して手術を受けるが、11月任意引退選手。以後、球団職員として再起を目指し、63年には野手転向を試みたが失敗し、退団。通算成績は実働5年、78試合登板、30勝22敗、セーブなし、160奪三振、防御率3.74。引退後は秋田県に帰郷し、スポーツ用品店を経営する傍ら、少年野球の指導にあたった。平成17年社会人野球チームの由利本荘ベースボールクラブを創設して初代監督に就任、就任2年目には全日本クラブ選手権秋田県大会を制し、全国大会に出場した。　⑯パ・リーグ後期MVP〔昭和57年〕

工藤 綏夫　くどう・やすお　秋田大学名誉教授　⑯西洋近代倫理思想、道徳教育　㉕平成27年 (2015) 1月9日　93歳〔老衰〕　⑮大正10年 (1921) 6月3日　⑮秋田県北秋田郡合川町（北秋田市）　⑯旧姓・名＝三浦綏夫　⑰秋田師範〔昭和16年〕卒、東京高師文科第一部〔昭和18年〕修了、東京文理科大学哲学科倫理学専攻〔昭和21年〕卒　⑯昭和23年秋田師範学校男子部助教授、

26年秋田大学学芸学部助教授を経て、39年教授。42年教育学部教授、56年学部長。日本赤十字看護大学教授も務めた。著書に「道徳教育の全体構造」「キルケゴール」「ニーチェ」「人間の倫理」などがある。 [賞]勲二等瑞宝章〔平成7年〕

工藤 義虎 くどう・よしとら スキー指導者 リクルートスキーチーム監督 [没]平成28年(2016)7月28日 77歳〔腎不全〕 [生]昭和13年(1938)12月5日 [出]岩手県岩手郡松尾村(八幡平市) [学]明治大学経済学部卒 [歴]昭和36年東北ホモボード工業、39年ミタケスキー製作所、53年日本リクルートセンター、55年安比総合開発を経て、57年リクルートスキーチーム発足とともに監督に就任。複合や女子距離の国内トップチームに育て上げ、アルベールビル五輪複合団体金メダリストの三ケ田礼一をはじめ、古川純一、丸山寿明、清水目美保子、外崎留美子ら多くの選手を輩出。平成10年に廃部となるまで全日本選手権は個人、リレー合わせて11度の優勝に導き、国体でも所属選手が10度栄冠に輝いた。昭和63年岩手あしろ国体では岩手県選手団の総監督を務めた。

国井 一彦 くにい・かずひこ 医師 国井医院理事長 山形県医師会会長 [没]平成27年(2015)6月17日 87歳〔老衰〕 [生]昭和2年(1927)11月5日 [出]山形県寒河江市 [学]慶応義塾大学医学部卒 [歴]国井医院理事長で、山形県医師会会長を務めた。 [賞]旭日小綬章〔平成16年〕

国枝 忠雄 くにえだ・ただお 中部日本放送社長 [没]平成27年(2015)1月10日 97歳〔胃がん〕 [生]大正6年(1917)3月25日 [出]富山県富山市 [学]九州帝国大学法文学部社会学科〔昭和19年〕卒 [歴]昭和19年NHKに入局。NHK放送文化研究所、放送文化協会を経て、27年中部日本放送に入社。東京支社長、43年取締役、常務テレビ局長、専務、50年社長を歴任。62年副会長、平成元年相談役に退く。 [賞]オランダ・オラニエナッソー勲章〔昭和52年〕, 藍綬褒章〔昭和55年〕, 勲二等瑞宝章〔昭和62年〕, イタリア・コメンダトーレ有功賞〔昭和54年〕, オーストリア大栄誉金賞〔昭和57年〕

国武 正彦 くにたけ・まさひこ 新潟県農業試験場長 「コシヒカリ」の名付け親 [専]育種学 [没]平成29年(2017)3月10日 90歳〔肺炎〕 [生]大正15年(1926)11月1日 [出]福岡県八女市 [学]陸軍航空士官学校, 鹿児島農林専門学校〔昭和22年〕卒 [歴]陸軍航空士官学校在学中に敗戦を迎え、鹿児島農林専門学校に編入。昭和22年農林省農事試験場北陸試場に赴任。27年新潟県農業試験場に移り、稲作研究係長、作物科長を経て、55年試験場長。58年退任。この間、31年新潟県農業試験場が開発した「越南17号」の県奨励品種登録に関わり、"越の国に光り輝くコメ"の願いを込めて「コシヒカリ」と命名した。また、酒米の開発にも携わり、新潟県の誇る淡麗辛口の日本酒を生みだした「五百万石」の品種登録(57年)を実現した。歌集に「稲つくりの歌」がある。 [賞]瑞宝双光章〔平成26年〕, 農業技術協会農業技術功労者賞〔昭和59年〕

国広 道彦 くにひろ・みちひこ 駐中国大使 [没]平成29年(2017)8月22日 85歳 [生]昭和7年(1932)6月16日 [出]大分県東国東郡国東町(国東市) [学]国東高〔昭和26年〕卒, 東京大学法学部〔昭和30年〕卒 [歴]昭和30年外務省に入省し、米国で在外研修。48年アジア局中国課長、55年官房総務課長、59年10月経済局長、61年7月内閣官房外政審議室長、63年7月外務審議官、平成元年12月駐インドネシア大使を経て、4年10月駐中国大使。在米時代、上下両議員と精力的に会い、日本の立場を説明して回った行動派。昭和62年「体験的経済摩擦論」を出版。平成7年5月退官。のち経済同友会代表幹事特別顧問などを務めた。 [賞]瑞宝大綬章〔平成19年〕

国本 武春 くにもと・たけはる 浪曲師 シンガー・ソングライター ブルーグラス三味線奏者 日本浪曲協会副会長 [没]平成27年(2015)12月24日 55歳〔脳出血による呼吸不全〕 [生]昭和35年(1960)11月1日 [出]千葉県香取郡下総町(成田市) [名]本名＝加藤武(かとう・たけし) [学]成田高卒, 日本工学院専門学校演劇科 [歴]父は浪曲師の天中軒龍月、母は女流の国本晴美。演劇やカントリー音楽に熱中していたが、昭和55年三味線を曲師・東家みさ子に師事。次いで56年浪曲の東家幸楽に入門、国本武春を名のる。57年上野本牧亭でデビュー。曲師が弾く三味線を伴奏に演目を語るという従来の浪曲に留まらず、三味線にギターのフレーズを取り入れた独自の奏法を開発し、古典演目の三味線弾き語りという新境地を開拓。62年から東京などでロック三味線独演会を開き、63年テレビ朝日系の深夜番組「トゥナイト」に出演して注目を集める。ロックやR&Bに"語り"と三味線が合体したスタイルで作詞・作曲を行うシンガー・ソングライターでもあり、平成2年デビューアルバム「福助」をリリース。7年「たいたいづくし」がアニメ「クマのプー太郎」のオープニングテーマになる。10年CD「ザ・忠臣蔵」を発表。12年芸術選奨文部科学大臣新人賞を受賞。同年新国立劇場でミュージカル「太平洋序曲」(宮本亜門演出)に主演。14年山村浩二監督の短編アニメ「頭山」の語りと音楽を担当。15年文化庁の第1回文化交流使として1年間米国で三味線の演奏・指導などを行った他、イーストテネシー州立大学でカントリー音楽のブルーグラスを専攻。現地では学生らとバンド"ラスト・フロンティア"を結成し、アルバムを作成、ライブも行った。17年"ラスト・フロンティア"が来日し、共演が実現。現代浪曲界を牽引する存在として知られたが、22年ウイルス性脳炎で倒れ、約5ケ月後に復帰。28年12月公演の本番前に脳出血で救急搬送され、55歳で亡くなった。「紺屋高尾」「赤垣源蔵徳利の別れ」「赤穂義士伝」などを得意とした。NHK教育テレビの教養番組「にほんごであそぼ」のうなりやベベン役で子供たちにも親しまれた。 [賞]花形演芸会金銀賞銀賞〔平成1年・5年〕, 芸術祭賞新人賞〔平成7年〕, 浅草芸能大賞新人賞(第12回)〔平成7年〕, 花形演芸大賞銀賞(平成8年度)〔平成9年〕, 花形演芸大賞(平成10年度・13年度)〔平成11年・14年〕, 芸術選奨文部大臣新人賞(第50回, 平成11年度)〔平成12年〕「雷の道行III」, 松尾芸能賞優秀賞(第33回)〔平成24年〕 [団]日本浪曲協会 [家]父＝天中軒龍月(浪曲師), 母＝国本晴美(浪曲師) [師]師＝東家幸楽, 東家みさ子

国本 吉隆 くにもと・よしたか 高岡漆器社長 伝統工芸高岡漆器協同組合理事長 [没]平成28年(2016)12月14日 78歳〔心不全〕 [生]昭和13年(1938)4月1日

[出]富山県高岡市　[学]高岡高卒, 明治大学商学部卒　[歴]富士貿易勤務を経て、昭和40年帰郷して家業の漆器製造卸小売業に転じ、商品企画や卸売などに携わる。44年高岡漆器を設立、3代目社長となる。伝統工芸高岡漆器協同組合専務理事、理事長を歴任し、高岡漆器の伝統技術の継承や後継者の育成などに力を注いだ。　[家]長男＝国本耕太郎（高岡漆器4代目）

国安 寛　くにやす・ひろし　郷土史家　秋田県立図書館館長　[専]秋田県　[没]平成28年（2016）4月5日　87歳〔老衰〕　[生]昭和4年（1929）　[学]秋田大学学芸学部〔昭和28年〕卒　[歴]秋田県立博物館次長を経て、昭和62年～平成元年秋田県立図書館館長。秋田県内の郷土史編纂に数多く携わった。　[賞]文化庁地域文化功労者（平成7年度）

く

国吉 幸舟　くによし・こうしゅう　書家　現日会会長　玄黄会主宰　産経国際書会常務理事　[専]漢字　[没]平成28年（2016）12月19日　91歳〔肺炎〕　[生]大正14年（1925）5月8日　[出]千葉県　[名]本名＝国吉正幸（くによし・まさゆき）　[学]東洋大学卒　[歴]浅見喜舟、手島右卿に師事。現日会の中心的存在として活躍した。　[賞]毎日書道展毎日賞（第7回, 昭和30年度）, 読売書展読売賞（第3回・5回, 昭和53年度・55年度）　[師]師＝浅見喜舟, 手島右卿

椚 国男　くぬぎ・くにお　考古学研究家　多摩考古学研究会世話人代表　[没]平成27年（2015）6月15日　89歳　[生]大正15年（1926）　[出]東京都八王子市大横町　[学]明治大学文学部地歴科地理（二部）〔昭和25年〕卒　[歴]昭和19年商工省東京工業試験所に入所。24年八王子市立第五中学の図工科教諭になり、27年から都立八王子工業高校定時制社会科教諭。36年全日制勤務に移る。53年定年退職。一方、40年藤森栄一の著書「銅鐸」をきっかけに考古学の世界に入り、アマチュア考古学者の立場から八王子城の築城などの解明に取り組み、八王子城保存運動、圏央道計画反対運動にも乗り出す。51年「古墳の設計」で第1回藤森栄一賞を受賞。60年「稲城市史」編集委員、平成2年多摩考古学研究会世話人代表。4年八王子市長選に立候補した。国史跡八王子城とオオタカを守る会代表なども務めた。他の著書に「多摩に来た考古学者—甲野勇先生小伝」「古代の土木設計」「戦国の終わりを告げた城—八王子城を探る」「土の巨人—考古学を拓いた人たち」「方格法の渡来と複合形古墳の出現」などがある。　[賞]藤森栄一賞（第1回）〔昭和51年〕「古墳の設計」　[団]日本考古学協会　[師]師＝甲野勇

久野 恵一　くの・けいいち　もやい工芸店主　手仕事フォーラム代表　地域手仕事文化研究所主宰　[没]平成27年（2015）4月25日　67歳　[生]昭和24年（1947）　[学]武蔵野美術大学卒　[歴]武蔵野美術大学在学中に民俗学者・宮本常一に師事。松本民芸家具の創始者・池田三四郎との出会いをきっかけに民芸の世界に進む。大学卒業後、仲間5人ともやい工芸を始め、その後独立。鎌倉市に店舗を構えた。40年にわたって1年の3分の2は手仕事の産地を巡り、買いつけや調査、職人をプロデュースする活動を続けた。平成23年まで日本民芸協会常任理事を務めた。著書に〈民芸の教科書〉シリーズがある。　[師]師＝宮本常一

九里 幾久雄　くのり・いくお　九里学園理事長　浦和短期大学名誉教授　[専]歴史学, 歴史教育　[没]平成29年（2017）8月15日　86歳　[生]昭和6年（1931）3月21日　[出]埼玉県さいたま市　[学]東京大学文学部西洋史学科卒　[歴]昭和49～53年埼玉県教育委員会指導主事、59年上尾高、戸田高校長を務める。平成2年浦和短期大学教授兼浦和実業学園校長。のち九里学園副理事長を経て、18年理事長。

九里 茂三　くのり・しげぞう　九里学園学園長　[没]平成29年（2017）12月2日　96歳〔老衰〕　[生]大正10年（1921）2月6日　[学]東京高師〔昭和19年〕卒　[歴]昭和19年海軍兵学校教官、秋田青年師範助教授、米沢興譲館高校教諭を経て、九里学園に転じ、32年理事長。36年米沢女子高校校長を務めた。　[賞]勲三等瑞宝章〔平成11年〕, ペスタロッチー教育賞〔平成15年〕　[家]長男＝九里広志（九里学園理事長）

久場 とよ　くば・とよ　洋画家　沖縄女流美術家協会会長　[没]平成29年（2017）2月26日　95歳〔老衰〕　[生]大正10年（1921）9月22日　[出]沖縄県那覇市　[名]本名＝久場トヨ　[学]東京女子薬学専　[歴]戦前に那覇尋常小学校で島田寛平、沖縄県立第二高等女学校で名渡山愛順に師事した。戦後は薬剤師の傍ら、沖縄における女流画家の草分けとして活躍。女性初の沖縄県展会員で、同展や沖縄県芸術祭の審査員も歴任。昭和52年沖縄女流美術家協会を結成、約20年間にわたって会長を務めた。平成17年国際通りにギャラリー星座を開店、晩年まで創作活動を続けた。　[賞]沖縄県文化功労者賞（平成3年・12年）, 沖縄タイムス芸術選賞絵画大賞〔昭和56年〕　[資]薬剤師　[家]夫＝久場政彦（琉球大学法文学部教授）

久保 昌太郎　くぼ・しょうたろう　手漉和紙製作者　細川紙技術者協会初代会長　[専]細川紙　[没]平成27年（2015）12月31日　97歳〔心不全〕　[生]大正7年（1918）　[出]埼玉県比企郡小川町　[歴]戦前から家業の和紙業に取り組み、埼玉県小川町と東秩父村で伝承されている手漉き和紙・細川紙の技術保存に努める。昭和44年細川紙技術者協会が発足すると初代会長に就任、50年まで務めた。53年同会は国の重要無形文化財に指定され、平成26年には細川紙などの「和紙 日本の手漉和紙技術」がユネスコの無形文化遺産へ登録された。

久保 立明　くぼ・たつあき　熊本県議（自民党）　[没]平成28年（2016）5月8日　88歳〔腎不全〕　[生]昭和3年（1928）4月26日　[学]八代中卒　[歴]小学校教師を経て、昭和62年より熊本県議に2選。平成7年引退。

久保 敏治　くぼ・としはる　読売新聞東京本社事業本部総務　[没]平成28年（2016）11月16日　92歳〔肺炎〕　[生]大正12年（1923）12月13日　[出]中国　[学]東京大学〔昭和23年〕卒　[歴]読売新聞東京本社事業本部総務、読売日本交響楽団団長を務めた。

久保 知章　くぼ・ともあき　獣医　三原村（高知県）村長　[没]平成29年（2017）6月16日　78歳〔食道がん〕　[出]高知県幡多郡三原村宮ノ川　[学]大阪府立大学卒　[歴]大学卒業後、明治乳業に入社。退社後は高知県三原村に帰郷し、動物病院を開業。無医地区だった高知県幡多郡大月町の要請もあって嘱託医として8年間務めた

後、中村市（現・四万十市）で開業。平成17年三原村長に当選、1期務めた。

久保 嘉治　くぼ・よしはる　帯広畜産大学学長　[専]農業経済学　[没]平成29年（2017）7月11日　82歳〔老衰〕　[生]昭和10年（1935）1月31日　[出]北海道空知郡栗沢村（岩見沢市）　[学]北海道大学農学部農業経済学科〔昭和33年〕卒, 北海道大学大学院農学研究科農業経済専攻〔昭和38年〕博士課程修了　農学博士　[歴]昭和37年帯広畜産大学助手、40年助教授を経て、52年教授。平成6年より附属図書館長を兼任。8～12年学長。12年酪農総合研究所勤務、13年所長。著書に「営農計画の経済学」、編著に「農業基盤整備と地域農業」「地域農業の活性化と展開戦略」などがある。　[賞]瑞宝重光章〔平成22年〕, 日本農業経済学会賞〔昭和41年〕　[団]日本農業経済学会, 日本経済学会, 日本農業経営学会

久保 好政　くぼ・よしまさ　アスザックグループ創業者　[没]平成28年（2016）4月18日　86歳〔肺炎〕　[生]昭和4年（1929）8月21日　[出]埼玉県大宮市（さいたま市）　[学]ハルビン中〔昭和20年〕卒　[歴]昭和21年叔父が前橋市で経営する旭高圧スレートに入社。24年長野県の須坂工場長となり、31年独立して建設資材会社の旭高圧を設立。38年旭プレコンに社名変更。45年食品事業に進出し、旭食品工業を設立。また、同年業績不振の鋳物メーカー・秋田工場の再建を引き受けてアキタを設立し、長野県工業試験場と共同研究で真空鋳型成形技術“Vプロセス”を開発。平成元年まで旭グループを形成する各社の社長を務めた。9年アキタ・旭プレコン・アキタ軽金属・アキタ理研の4社が合併してアスザックとなり、旭食品工業もアスザックフーズに社名変更。グループの名称もアスザックグループとなった。　[賞]紫綬褒章〔昭和56年〕, 科学技術庁長官賞科学技術功労者表彰（第15回, 昭和48年度）「真空鋳型成形技術（Vプロセス）の開発」, 大河内記念技術賞（第23回, 昭和51年度）「新鋳造法『Vプロセス』の研究開発」, 日本鉄鋼協会三島賞（第2回）〔昭和57年〕「新鋳造技術プロセスの発明と企業化」　[家]長男＝久保正直（アスザック社長）

窪川 健造　くぼかわ・けんぞう　映画監督　[没]平成27年（2015）8月6日　85歳〔骨髄異形成症候群〕　[生]昭和5年（1930）2月10日　[出]東京市（東京都）　[学]東京外国語学校フランス語科〔昭和25年〕卒, 東京大学文学部仏文科〔昭和28年〕　[歴]作家・佐多稲子の長男。東大在学中に東大自由映画研究会に属して戦後初の学生自主映画「若き智恵の戦士」の製作・上映運動に参加。昭和27年近代映画協会発足とともに、吉村公三郎、新藤兼人の助監督として脚本、演出を学ぶ。35年「手をつないで」で一本立ちし、38年以降フリーの立場で専ら民放テレビ映画の監督としてテレビドラマ「浮雲」「チャコちゃんシリーズ」「木枯紋次郎」「女たちの岸辺」「放浪記」「花ちりめん」などを手がける。一方、EEC（エンジョイ・エコノミークラブ）編集部顧問を務め、「EEC旅行情報」に旅の記事などを執筆。共著に「旅のお金の使い方」がある。　[賞]赤十字映画祭テレビ映画部門最優秀賞（第1回）「立てた！ 滑れた！」　[家]父＝窪川鶴次郎（文芸評論家）, 母＝佐多稲子（作家）, 妹＝佐多達枝（舞踊家）

久保田 暁一　くぼた・ぎょういち　作家　文芸評論家　[専]キリスト教文学, 近代日本文学　[没]平成28年（2016）6月15日　87歳　[生]昭和4年（1929）5月22日　[出]滋賀県　[学]滋賀大学経済学部卒　[歴]昭和23年洗礼を受け、一時は牧師になろうとするが高校教師となり、傍ら文学・文化活動に情熱を傾ける。43年から文化誌「だるま通信」（だるま書房）を主宰した。「作家」「関西文学」「滋賀作家」などの同人誌に作品を発表。62年高校を退職し、中部女子短期大学教授、梅花女子大学講師を歴任。著書に「キリスト教と作家たち」「キリスト教文学の可能性」「近藤重蔵とその息子」「愛と証しの文学」「日本の作家とキリスト教」「三浦綾子の世界」「小野組物語」などがある。　[賞]読売教育賞賞外優秀賞（第24回）〔昭和50年〕, 関西文学賞（第19回・評論部門）〔昭和59年〕「アルベエル・カミュにおける神の問題」　[団]日本キリスト教文学会, 日本文芸家協会, 日本ペンクラブ

窪田 啓次郎　くぼた・けいじろう　成蹊大学名誉教授　[専]電子通信系統工学, 画像工学　[没]平成28年（2016）2月5日　90歳〔心不全〕　[生]大正14年（1925）7月29日　[出]東京都　[学]東京大学工学部電気工学科〔昭和23年〕卒　工学博士（東京大学）〔昭和37年〕　[歴]昭和23年4月通信省電気試験所に入所。38年2月日本電信電話公社（電電公社, 現・NTT）電気通信研究所電信課長、41年4月成蹊大学教授。50年工学部長。　[賞]郵政大臣賞（実用化・標準化等で3回）, 電子通信学会論文賞（昭和41年度）「静電記録による高速度プリンタの一方式」, 日本画像学会賞功労賞（平成6年度）「第8代電子写真学会会長および学会誌編集委員長として学会運営に寄与し, また静電記録技術の研究を通じて学会の発展に貢献した」　[団]電子情報通信学会, 画像電子学会, IEEE

久保田 成子　くぼた・しげこ　ビデオアーティスト　[没]平成27年（2015）7月23日　77歳〔がん〕　[生]昭和12年（1937）8月2日　[出]新潟県西蒲原郡巻町（新潟市西蒲区）　[学]東京教育大学彫塑科〔昭和35年〕卒　[歴]東京都の品川区立荏原第二中学で美術を指導する傍ら、舞踊家である叔母・邦千谷を通してオノ・ヨーコらと交流を持つ。昭和39年ビデオアートの第一人者である韓国系米国人ナム・ジュン・パイクの東京公演に衝撃を受け、同年渡米。やがてナム・ジュン・パイクと結婚。自身も、1960年代の前衛芸術運動史に名を残す集団フルクサスの一員として活動し、ビデオアーティストとして夫と並び称せられた。平成3年アメリカン・ミュージアム・オブ・ザ・ムービングイメージ（映像美術館）で大回顧展を開いた他、4年東京・原美術館での個展や、5年ベネチア・ビエンナーレに出品。独自性と公共性に高い評価を得、同年日本人で初めてマヤ・デレン賞を獲得。8年外国人芸術家が個展を開催することは異例といわれるニューヨークのホイットニー美術館で個展を開催した。著書に「私の愛、ナムジュン・パイク」がある。　[賞]マヤ・デレン賞〔平成5年〕　[家]夫＝パイク, ナム・ジュン（ビデオアーティスト）

久保田 紀子　くぼた・のりこ　バレリーナ　ナンシー・バレエ団バレエミストレス　[没]平成28年（2016）1月12

日　70歳〔心不全〕　[歴]国内のバレエコンクールで優勝後、1960年代に20歳で渡仏。昭和58年ナンシー・バレエ団の管理役・バレエミストレスに就任。新作でもすぐに覚えられる才能を発揮し、性格や方針の異なる歴代の芸術監督の下で団員をまとめた。平成15年その功績によりフランス政府から芸術文化勲章オフィシエ章が授与された。　[賞]フランス芸術文化勲章オフィシエ章〔平成15年〕

久保田 梅里　くぼた・ばいり　書家　全日本篆刻連盟常任理事　[専]篆刻　[没]平成28年(2016)9月15日　78歳　[生]昭和13年(1938)5月7日　[出]東京都　[名]本名＝久保田勝巳(くぼた・かつみ)　[歴]生井子華に師事。日展会友、読売書法会理事、謙慎書道会常任理事、全日本篆刻連盟常任理事を歴任した。　[賞]毎日書道展準大賞(第32回, 昭和55年度)　[団]日展, 読売書法会, 謙慎書道会　[師]師＝生井子華

久保田 仁之　くぼた・ひとし　肱川町(愛媛県)町長　愛媛県商工会連合会会長　[没]平成28年(2016)6月24日　78歳〔肺がん〕　[生]昭和13年(1938)3月23日　[出]愛媛県大洲市　[学]大洲高卒　[歴]父が経営する肱川建設工業に勤務。昭和43年専務、54年社長に就任。平成13年山鳥坂ダム推進などを訴えて愛媛県肱川町長に当選したが、15年住民グループのリコール運動を受け辞職した。

窪田 正克　くぼた・まさかつ　写真家　[没]平成27年(2015)1月3日　84歳〔肺炎〕　[生]昭和5年(1930)5月18日　[出]北海道帯広市　[学]釧路工卒　[歴]6年間、太平洋炭砿釧路鉱業所に勤務したのち退職し、昭和34年司法書士事務所を開業。傍ら、釧路湿原周辺で写真撮影を始める。53年「アニマ」に作品を発表して以来、エゾシカを中心に北海道の野生動物の生態写真を撮影。写真集に「北海に生きるゼニガタアザラシ」「エゾシカ 雪原に群れる」「エゾシカの原野」「知床」「ヒグマ」などがある。　[賞]東川賞特別賞(第16回)〔平成12年〕「写真集『知床』『ヒグマ』にいたる一連の作家活動に対して」　[資]司法書士　[団]日本写真家協会

久保田 昌彦　くぼた・まさひこ　名古屋銀行常務　[没]平成28年(2016)1月25日　87歳〔虚血性心疾患〕　[生]昭和3年(1928)7月12日　[出]広島県東広島市　[学]同志社大学大学院経済学研究科〔昭和29年〕修了　[歴]名古屋相互銀行(現・名古屋銀行)に入行。刈谷支店長、浜松港支店長、昭和50年社長室長、同年取締役を経て、常務を務めた。

久保田 雅彦　くぼた・まさひこ　豊島屋社長　鎌倉商工会議所会頭　[没]平成27年(2015)2月6日　86歳〔老衰〕　[生]昭和3年(1928)11月11日　[出]神奈川県鎌倉市　[歴]鎌倉名物「鳩サブレー」で知られる明治27年創業の豊島屋菓子舗(現・豊島屋)の3代目で、昭和23年株式会社に改組。28年社長。平成20年退任。また、昭和34年鎌倉商工会議所副会頭を経て、57年〜平成18年会頭を務め、23年間にわたって鎌倉経済界を牽引した。　[家]息子＝久保田陽彦(豊島屋社長)

久保地 理介　くぼち・りすけ　トヨタ車体社長　[没]平成27年(2015)1月6日　74歳〔パーキンソン病〕　[生]昭和15年(1940)1月21日　[出]高知県高岡郡蓮池村(土佐市)　[学]東京大学工学部機械工学科〔昭和39年〕卒　[歴]昭和39年トヨタ自動車工業(現・トヨタ自動車)に入社。第一技術部シャシー設計課でシャーシー、サスペンションの設計を担当した後、製品企画室へ入り、61年から同室主査。同年発売の「スープラ」、63年の新型「カリーナ」などの開発に携わった。平成4年技術統括部長、6年取締役。10年トヨタ車体副社長に転じ、12年社長、17年会長を務めた。　[賞]藍綬褒章〔平成19年〕

熊谷 賢一　くまがい・けんいち　作曲家　ミュージック・コミュニケーション・ナゴヤ代表　[没]平成29年(2017)10月9日　83歳　[生]昭和9年(1934)2月16日　[出]神奈川県横浜市　[名]筆名＝谷川健　[学]菊里高卒, 愛知学芸大学(現・愛知教育大学)〔昭和29年〕卒　[歴]長く名古屋を拠点に作曲活動を続け、ロシア民謡などを手本に、“分かりやすく、芸術性の高い音楽”を目指す。平成2年合唱曲「イタリアの女が教えてくれたこと」で第1回朝日作曲賞を受賞した他、NHK名古屋放送局制作のテレビドラマ「中学生日記」の音楽なども手がけた。また、「平和のための音楽会」や核兵器禁止署名の呼びかけ人になるなど、平和活動にも積極的に取り組んだ。暁学園短期大学教授も務めた。他の代表作に「マンドリンオーケストラのためのバラード第4番・河の詩」「ヒロシマによせる交響三章」「三人の女のバラード」などがある。　[賞]朝日作曲賞(第1回)〔平成2年〕「イタリアの女が教えてくれたこと」, 矢沢宰の詩による合唱曲作曲コンクール入賞〔平成8年〕　[団]日本音楽舞踊会議, 日本作曲家協議会　[師]師＝間宮芳生, 助川敏弥

熊谷 昭三　くまがい・しょうぞう　東流社社長　岩手県公安委員長　[没]平成27年(2015)5月12日　87歳〔肺炎〕　[生]昭和3年(1928)2月12日　[出]岩手県盛岡市　[学]盛岡農業専卒　[歴]昭和29年熊長本店社長。平成7年東流社社長を経て、11年会長。7〜16年岩手県公安委員を務め、9〜10年、12〜13年、15〜16年の3度にわたり同委員長を務めた。　[賞]黄綬褒章, 旭日小綬章〔平成17年〕

熊谷 忠祐　くまがい・ただすけ　住友商事常務　[没]平成29年(2017)9月2日　89歳〔呼吸不全〕　[生]昭和3年(1928)2月4日　[出]山口県防府市　[学]海兵〔昭和20年〕中退, 山口高〔昭和22年〕卒, 京都大学経済学部〔昭和26年〕卒　[歴]昭和26年日本建設産業(現・住友商事)に入社。54年取締役を経て、59年常務。63年住商石油社長に転じた。平成7年退任。

熊谷 俊哉　くまがい・としや　俳優　[没]平成27年(2015)1月2日　53歳　[生]昭和36年(1961)8月9日　[出]東京都　[学]桐朋学園高　[歴]主な出演作に、テレビドラマ「ユタと不思議な仲間たち」「未来からの挑戦」「その町を消せ！」「十時半睡事件帖」などがある。

熊谷 尚之　くまがい・ひさゆき　弁護士　大阪弁護士会会長　[没]平成28年(2016)6月1日　86歳　[生]昭和4年(1929)9月23日　[出]福岡県　[学]京都大学法学部〔昭和28年〕卒　[歴]昭和29年司法試験に合格、33年弁護士登録。61年日本弁護士連合会常務理事を経て、62年大阪弁護士会会長、日弁連副会長、近畿弁護士会連合会理事長。63年日弁連理事、平成2年法律扶助協会会長。　[団]大阪弁護士会

熊谷 英雄　くまがい・ひでお　洋画家　[没]平成28年(2016)3月2日　72歳〔肺がん〕　[生]昭和18年(1943)6

月27日 ㊦広島県世羅郡世羅町 ㊥武蔵野美術大学〔昭和39年〕卒 ㊥昭和44年新制作展に初入選。61年、平成10年同展新作家賞を受賞、11年会員に推挙される。㊥関西新制作展記念大賞（第40回）〔昭和62年〕、新制作展新作家賞〔昭和61年・平成10年〕 ㊥新制作協会

熊谷 文彦 くまがい・ふみひこ 岩手県相撲連盟理事 ㊞平成27年(2015)11月8日 53歳〔急病〕 ㊥岩手県盛岡市玉山区 ㊥明治大学 ㊥アマチュア相撲の選手で、明大4年時に全国学生選手権個人3位。全日本選手権には10度出場し、昭和60年鳥取県国体では成年団体で岩手県の準優勝に貢献した。岩手県相撲連盟副理事長を経て、平成23年理事長に就任。在任中の27年、病気で急逝した。

熊倉 一雄 くまくら・かずお 俳優 声優 演出家 テアトル・エコー代表 ㊞平成27年(2015)10月12日 88歳〔直腸がん〕 ㊥昭和2年(1927)1月30日 ㊥東京市麻布区（東京都港区） ㊥東京都立高理科中退 学生演劇から芝居を志し、昭和24年感覚座に参加。劇団東芸を経て、31年劇団テアトル・エコーに参加。劇団代表を務めた。井上ひさしを芝居の世界に誘い、44年その出世作となった戯曲「日本人のへそ」を自身の演出・主演で上演。以来、井上とコンビを組み、「十一ぴきのネコ」など6本の作品を演出。主な出演作に、舞台「表裏源内蛙合戦」「ら抜きの殺意」「サンシャイン・ボーイズ」「23階の笑い」「芝居は最高」「ルームサービス」「オズの魔法使い」「能いあがり」など。声優の草分けでもあり、「ヒッチコック劇場」のヒッチコック監督、「ひょっこりひょうたん島」の海賊トラヒゲ、「名探偵ポワロ」のポワロ役としてもお茶の間に親しまれた。アニメ「ゲゲゲの鬼太郎」（第1作）の主題歌を歌ったことでも有名。 ㊥紫綬褒章〔平成3年〕、勲四等旭日小綬章〔平成10年〕、キングレコード・ヒット賞〔昭和44年〕「ゲゲゲの鬼太郎の歌唱」、紀伊国屋演劇賞（第33回）〔平成10年〕「サンシャイン・ボーイズ」、読売演劇大賞選考委員特別賞（第18回、平成22年度）〔平成23年〕「日本人のへそ」（演出）、NHK放送文化賞（第66回）〔平成27年〕

熊崎 平蔵 くまざき・へいぞう 望川館社長 ㊞平成28年(2016)7月19日 93歳 ㊥大正11年(1922)7月26日 ㊥岐阜県益田郡下呂町（下呂市） ㊥京城歯科医専〔昭和20年〕卒 医学博士 ㊥昭和28年歯科診療所を開設。42年望川館に入社。岐阜県食品衛生協会会長を務めた。 ㊥藍綬褒章〔平成6年〕、勲五等双光旭日章〔平成14年〕

熊沢 喜太郎 くまざわ・きたろう 熊沢商事社長 ㊞平成28年(2016)7月8日 90歳 ㊥大正14年(1925)11月9日 ㊥福井県 ㊥京都大学理学部〔昭和23年〕卒 ㊥昭和23年父が経営する福井塚島商店に勤務。25年株式会社改組に際して専務、40年熊沢商事に社名変更、43年社長に就任。福井県経済調査協会理事長を務めた。 ㊥長男＝熊沢喜八郎（熊沢商事社長）

熊田 淳一郎 くまだ・じゅんいちろう 名古屋証券取引所理事長 ㊞平成28年(2016)4月24日 96歳〔老衰〕 ㊥大正9年(1920)1月5日 ㊥鳥取県 ㊥一高〔昭

和18年〕卒、東京帝国大学法学部政治学科〔昭和22年〕卒 ㊥大蔵省（現・財務省）に入省。10年後外務省に出向、モスクワ大使館に勤務。その後、大蔵省に戻り国際金融局の投資第一、第二課長を歴任。昭和45年東海財務局長。46年公正取引委員会取引部長、49年事務局長、51年同委員会委員。56年より名古屋証券取引所理事長を務め、62年日本店頭証券会長に就任。平成元年取締役相談役、3年相談役に退いた。 ㊥勲二等瑞宝章〔平成2年〕

熊野 祥三 くまの・しょうぞう SBI証券取締役 証券取引等監視委員会委員 ㊞平成27年(2015)1月5日 67歳〔脳梗塞〕 ㊥昭和22年(1947)7月28日 ㊥岡山県 ㊥東京大学法学部〔昭和45年〕卒 ㊥昭和45年野村證券に入社、平成6〜9年取締役。15〜17年野村ホールディングス取締役を経て、元SBI証券取締役。証券取引等監視委員会委員も務めた。

熊野 伸二 くまの・しんじ 愛媛新聞編集総本部主幹 ㊞平成29年(2017)8月23日 78歳〔肺がん〕 ㊥昭和13年(1938)9月8日 ㊥愛媛県大洲市 ㊥専修大学中退 ㊥昭和36年愛媛新聞社に入社。平成4年編集局写真部長、8年高松支社長を経て、9年編集総本部主幹。

久米 利男 くめ・としお 甲子園学院学院長 ㊞平成27年(2015)12月17日 98歳〔老衰〕 ㊥大正6年(1917)7月3日 ㊥香川県 ㊥同志社大学法学部〔昭和17年〕卒 ㊥昭和17年甲陽学院理事、22年甲子園高女教諭、23年甲子園高教諭を経て、26年甲子園学院理事、36年理事長。平成17年退任。 ㊥長女＝久米知子（甲子園学院理事長）

雲井 昭善 くもい・しょうぜん 僧侶 大谷大学名誉教授 ㊥インド学、仏教学 ㊞平成29年(2017)12月5日 101歳 ㊥大正4年(1915)12月24日 ㊥大阪府和泉市 ㊥大谷大学文学部原始仏教学科〔昭和16年〕卒 文学博士〔昭和36年〕 ㊥昭和31年大谷大学助教授、36年教授。文学部長、大学院部長を歴任。のち、仏教大学文学部教授。この間、ウィーン大学客員講師、京都大学講師、大阪大学講師、北海道大学講師、50〜56年日本学術会議会員。平成11年天台宗の死刑制度に関する特別委員会委員長として死刑廃止を提言。「パーリ語仏教辞典」を編纂した。 ㊥紺綬褒章、天台特別功労賞〔平成9年〕、日本印度学仏教学会鈴木学術財団特別賞（第9回）〔平成9年〕、仏教伝道文化賞A項（第34回）〔平成12年〕「原始仏教辞典とパーリ語仏教辞典完成」

倉井 整 くらい・ただし 新潟臨港海陸運送常務 ㊞平成27年(2015)4月29日 92歳〔肺炎〕 ㊥新潟臨港海陸運送（現・リンコーコーポレーション）常務を務めた。 ㊥長男＝倉井敏磨（三菱ガス化学社長）

倉掛 正志 くらかけ・まさし 宮崎県商工会議所連合会専務理事 ㊞平成29年(2017)9月13日 69歳〔MRSA敗血症〕 ㊥昭和23年(1948) ㊥宮崎県児湯郡高鍋町 ㊥大阪経済大学経済学部〔昭和45年〕卒 ㊥民間企業や宮崎県中小企業団体中央会を経て、昭和48年宮崎商工会議所に入る。同事務局長、常務理事を経て、17〜28年専務理事。17〜28年宮崎県商工会議所連合会専務理事を兼務。また、26年からWASHハウスの社外監査役を務めた。

倉沢 栄吉 くらさわ・えいきち 国語教育学者 東京教育大学教授 ㊞平成27年(2015)1月24日 103歳

くらしま 日　本　人

㊻明治44年(1911)1月25日　㊵栃木県今市市(日光市)　㊾東京文理科大学国語国文科〔昭和13年〕卒　教育学博士㊿昭和24年東京都教育庁指導主事、33年文部省視学官を経て、40年東京教育大学教授。49年退官後、文教大学教授兼図書館長を務めた。51年より日本国語教育学会会長。国語審議会委員なども歴任。著書に「国語単元学習と評価法」「読解指導」「作文指導の理論と展開」「学ぶこと・教えること」「国語教育わたしの主張」などがある。　㊽勲三等瑞宝章〔昭和59年〕、日本童話会賞(第2回)〔昭和29年〕、日本読書学会読書科学賞(第7回)〔昭和48年〕、博報児童教育振興会博報賞(国語教育部門、第4回)〔昭和48年〕、日本児童文芸家協会児童文化功労者賞(第24回)〔昭和57年〕　㊼日本国語教育学会、全国大学国語教育学会、日本読書学会、日本児童文芸家協会

倉嶋　厚　くらしま・あつし　気象キャスター　エッセイスト　気象庁主任予報官　㊴気象学、災害気候学　㊼平成29年(2017)8月3日　93歳　㊶大正13年(1924)1月15日　㊵長野県長野市　㊾中央気象台附属気象技術官養成所(現・気象大学校)研究科〔昭和24年〕卒　理学博士(東京教育大学)〔昭和43年〕　㊿10人きょうだいの9番目として生まれる。中央気象台附属気象技術官養成所卒業後、海軍技術少尉。戦後同養成所研究科に戻り、昭和24年から気象庁で予報畑一筋。予報部予報官、防災気象官、52年札幌管区気象台予報課長、56年気象庁主任予報官などを経て、57年鹿児島地方気象台長。59年3月気象庁を定年退職。同年4月からNHK解説委員となり、63年までニュース番組「NC9」などの気象キャスターとして活躍。平成4年4月からフリーの気象キャスターに。わかりやすく、楽しい解説で茶の間に人気があった。昭和39年〜平成10年朝日新聞にコラム「週末の天気」(のち「お天気衛星」)を連載した。9年妻をがんで失ったことがきっかけで、鬱病となるも、克服。14年回復の経緯を綴った「やまない雨はない」は15万部を超えるベストセラーになった。他の著書に「日本の気候」「暮らしの気象学」「季節の旅人」「光と風の季節誌」などがある。　㊽勲三等瑞宝章〔平成8年〕、日本気象協会岡田賞(昭和61年度)「防災気象業務及び気象知識の普及に尽した功績」、交通文化賞〔昭和63年〕、国際気象フェスティバル・ベストデザイン賞〔平成3年〕、NHK放送文化賞(平成7年度)〔平成8年〕　㊼日本気象学会、日本ウェザーキャスター協会　㊏父＝倉嶋元弥「仏都新報」編集長

蔵下　勝行　くらしも・かつゆき　専修大学名誉教授　㊴マーケティング、道路経済学　㊼平成28年(2016)4月5日　81歳〔間質性肺炎〕　㊶昭和9年(1934)10月21日　㊵三重県南牟婁郡紀宝町　㊾上智大学経済学部経済学科卒、上智大学大学院経済学研究科修了　㊿専修大学教授を務めた。共著に「道路の経済効果と投資基準」、共編著に「道路経済学論集」などがある。　㊽日本地域学会学会賞功績賞(第9回)〔平成12年〕　㊼日本経済学会、日本交通学会、日本地域学会、日本統計学会、日本経営学会

倉田　雅年　くらた・まさとし　衆議院議員(自民党)　㊼平成28年(2016)11月21日　77歳〔がん〕　㊶昭和14年(1939)7月10日　㊵静岡県清水市(静岡市清水区)　㊾清水東高〔昭和33年〕卒、東京大学法学部〔昭和38年〕卒　㊿昭和43年弁護士登録。57年静岡県弁護士会副会長、平成2年から清水庵原地区調停協会副会長。8年衆院選静岡4区に自民党から立候補。12年衆院選比例東海ブロックで初当選。20年福田康夫改造内閣の総務副大臣。21年落選。3期。著書に「日本経済の羅針盤」がある。　㊽旭日重光章〔平成22年〕　㊾弁護士　㊼静岡県弁護士会　㊏長男＝倉田哲郎(箕面市長)

倉田　正義　くらた・まさよし　秋田大学名誉教授　㊴障害児教育　㊼平成27年(2015)12月13日　79歳　㊶昭和11年(1936)12月2日　㊵秋田県仙北郡太田町(大仙市)　㊾東北大学大学院教育学研究科修了　㊿昭和47年秋田大学講師、助教授を経て、60年教授。平成3〜6年教育学部附属中学校長。14年定年退官。同年秋田県県民行政相談員に就任。長年にわたり障害児教育に尽力し、相談活動なども行う。秋田県心身障害児就学審議会会長、秋田県子ども研究会会長も務めた。

倉見　晴夫　くらみ・はるお　電電commun常務執行役員　㊼平成29年(2017)1月14日　68歳〔骨髄異形成症候群〕　㊶昭和24年(1949)1月2日　㊵東京都　㊾東京工業大学経営工学科〔昭和47年〕卒　㊿電通常務執行役員を経て、平成22年テー・オー・ダブリュー常勤監査役。

蔵本　淳　くらもと・あつし　広島大学名誉教授　㊴血液内科学　㊼平成28年(2016)10月25日　84歳〔肺炎〕　㊶昭和7年(1932)1月18日　㊵広島県東広島市　㊾京都大学医学部卒、京都大学大学院医学研究科内科系専攻博士課程修了　医学博士　㊿広島大学教授を務め、平成元年〜7年同大原爆放射能医学研究所長。のち広島総合病院院長。昭和61年のチェルノブイリ原発事故の後、現地の医療支援などに関わった。　㊼日本内科学会、日本血液学会

栗田　裕夫　くりた・ひろお　陸将　セブン・イレブン・ジャパン社長　㊼平成28年(2016)7月19日　90歳〔多臓器不全〕　㊶大正15年(1926)1月7日　㊵長野県　㊾陸軍航空士官学校〔昭和20年〕卒、法政大学　㊿昭和24年日本香粧化学を経て、26年陸上自衛隊に入隊、54年第十一師団長。56年退官しセブン・イレブン・ジャパンに転じ、57年取締役、平成4年常務、同年副社長。9年相談役に退いた。

くりた　陸　くりた・りく　漫画家　㊼平成29年(2017)7月4日　54歳〔乳がん〕　㊶昭和37年(1962)10月18日　㊵青森県東津軽郡三厩村(外ケ浜町)　㊺本名＝岸本摩由美(きしもと・まゆみ)、旧姓・名＝吉田摩由美　㊿高校卒業後に上京、19歳の時に「週刊少女フレンド」掲載の「おれとあのことあいつ」でデビュー。料理好きの少女が活躍する「ゆめ色クッキング」は累計150万部の大ヒット作となり、続編も執筆。平成15年に乳がんが発覚した後も闘病の傍らで活動を続け、闘病の様子を描いた自伝漫画も執筆した。他の作品に「寝顔は見ちゃイヤッ」「北極星に投げキッス」「くじらの親子」「オレの子ですか？」などがある。

栗林　輝夫　くりばやし・てるお　牧師　関西学院大学法学部教授　㊴キリスト教神学　㊼平成27年(2015)5月14日　67歳　㊶昭和23年(1948)2月2日　㊵東京都　㊾国際基督教大学卒、東京神学大学大学院修士課程修了、ユニオン神学大学大学院修了　Ph.D.(哲学博士)

[歴]昭和51～60年ニューヨークのユニオン神学大学、スイスのジュネーブ大学、西ドイツのハンブルク大学、メキシコのクエルネヴァカ国際資料研究所に留学。四国学院大学助教授を経て、関西学院大学教授。平成13～15年米国カリフォルニア州のバークレー神学大学院連合客員研究員。著書に「荊冠の神学―被差別部落解放とキリスト教」「日本民話の神学」「ブッシュの『神』と『神の国』アメリカ」「シネマで読む旧約聖書」「現代神学の最前線」「シネマで読む新約聖書」「アメリカ大統領の信仰と政治」などがある。

栗原 郁子　くりはら・いくこ　指揮者　グリーンエコー藤原指揮者　いわき市文化協会副会長　[没]平成27年（2015）7月12日　84歳〔肺炎〕

栗原 孝　くりはら・たかし　大牟田市長　[没]平成27年（2015）11月15日　77歳〔多発性骨髄腫〕　[生]昭和13年（1938）10月15日　[出]神奈川県　[学]中央大学法学部法律学科〔昭和36年〕卒　[歴]大牟田市助役を経て、平成7年から市長に2選。15年落選。　[賞]旭日小綬章〔平成21年〕

栗原 恒男　くりはら・つねお　上田ハーロー社長　[没]平成28年（2016）10月21日　56歳〔悪性脳リンパ腫〕

栗原 貞次郎　くりはら・ていじろう　ガ島ビルマ方面戦没者慰霊碑保存会会長　[没]平成29年（2017）7月13日　99歳　[出]新潟県古志郡北谷村（見附市）　[歴]昭和17年陸軍第二師団の先遣隊として太平洋ソロモン諸島のガダルカナル島に上陸。食料補給などが途絶して日本軍2万1000人以上が亡くなり、“餓島”とも呼ばれた戦場を生き延びた。戦後、48年元軍人や遺族が長岡市西片貝町に建立した慰霊碑の保存会長を、平成28年7月まで10年余り務め、毎年慰霊祭を開いた。

栗原 弘　くりはら・ひろし　三重大学名誉教授　[専]教育心理学　[没]平成27年（2015）5月19日　94歳〔慢性閉塞性肺疾患と肺気腫〕　[生]大正10年（1921）4月30日　[出]三重県四日市市　[学]京都帝国大学文学部哲学科卒　[歴]高田専門学校教授などを経て、昭和44年三重大学学芸学部（現・教育学部）教授。60年名誉教授。

栗原 福也　くりはら・ふくや　東京女子大学名誉教授　[専]西洋経済史，日蘭交流史　[没]平成28年（2016）3月20日　90歳〔心不全〕　[生]大正15年（1926）2月3日　[出]埼玉県　[学]東京商科大学（現・一橋大学）卒，東京商科大学大学院経済学研究科西洋経済史専攻博士課程修了　[歴]東京女子大学文理学部教授を務めた。著書に「ホイジンガ―その生涯と思想」「ベネルクス現代史」、訳書にヨハン・ホイジンガ「レンブラントの世紀」、レオナルド・ブリュッセイ「おてんばコルネリアの闘い」などがある。　[賞]瑞宝中綬章〔平成18年〕

栗原 雅智　くりはら・まさとも　富士吉田市長　山梨県剣道連盟会長　[没]平成27年（2015）1月12日　73歳〔病気〕　[生]昭和16年（1941）7月3日　[出]山梨県　[学]法政大学経営学部卒　[歴]富士吉田市議を経て、平成3年山梨県議に当選、1期。7年富士吉田市長に当選、1期。11年落選。19～23年富士吉田市外二ケ村恩賜県有財産保護組合長。6年から山梨県剣道連盟会長を務め、全日本剣道連盟監事などを歴任した。

栗原 登　くりはら・みのる　医師　広島大学名誉教授　[専]公衆衛生学，疫学　[没]平成28年（2016）9月7日　90歳〔老衰〕　[生]大正14年（1925）11月30日　[出]山形県山形市　[学]東北大学医学部〔昭和26年〕卒，東北大学大学院医学研究科公衆衛生学専攻〔昭和30年〕前期修了　医学博士（東北大学）〔昭和31年〕　[歴]昭和30年東北大学医学部助手、35年助教授、48年宮城県高等看護学校長を経て、50年広島大学教授。60～62年原爆放射能医学研究所長。平成元年退官。同年10月宮城県総合衛生学院長。5年退職。原爆被爆者の死亡統計を作成、がんなどの後障害の研究に貢献した。　[賞]瑞宝中綬章〔平成15年〕，中国文化賞（第45回）〔昭和63年〕　[資]産業医

栗本 百合子　くりもと・ゆりこ　現代美術家　[没]平成29年（2017）12月23日　67歳〔食道がん〕　[生]昭和25年（1950）　[出]愛知県名古屋市　[学]名古屋造形芸術短期大学洋画専攻科卒，名古屋造形芸術大学卒　[歴]はじめ油絵を描いていたが、場所や空間を作品とするインスタレーション（空間展示）に転向。昭和63年特定の既存空間の物理的状態をそのまま作品のベースとするシリーズを開始。平成4年イタリアのヴェローナで「Big Arch/Smoll Arch」を発表。古い建物の歴史的意味を読み解き、手を加えて建物ごとを作品とし、愛知県瀬戸市の磁気メーカー・愛知製陶所の建物や、愛知県阿久比町の解体予定の公民館などで展示を行った。

栗山 尚一　くりやま・たかかず　外務事務次官　駐米大使　[専]国際関係学　[没]平成27年（2015）4月1日　83歳〔肺炎〕　[生]昭和6年（1931）8月2日　[出]フランス・パリ　[学]東京大学法学部〔昭和29年〕中退　[歴]外交官・栗山茂の長男。昭和28年外交官試験に合格、29年大学を中退して外務省に入省。佐藤栄作首相とニクソン米国大統領の沖縄返還交渉に参画し、返還で正式合意した両首脳の共同声明作成に関与。47年1月条約課長となると日中国交正常化交渉に加わり、同年9月の日中共同声明の原案作成に携わった。49年参事官、52年人事課長、54年外務参事官、55年官房審議官、56年条約局長、59年1月官房審議官、7月北米局長を経て、60年11月駐マレーシア大使、62年8月外務審議官、平成元年8月外務事務次官。次官在任中は湾岸戦争の対応にあたる。3年7月退官、4年1月～5年11月駐米大使を務めた。8年3月外務省顧問、9年早稲田大学客員教授、18年アジア調査会会長、同年宮内庁参与。著書に「日米同盟 漂流からの脱却」などがある。　[賞]瑞宝大綬章〔平成19年〕　[家]父＝栗山茂（外交官），妻＝栗山昌子（福岡女学院大学教授）

栗山 豊実　くりやま・とよみ　歯科医　栗山歯科医院院長　富山県歯科医師会会長　[没]平成28年（2016）3月10日　78歳　[生]昭和12年（1937）7月24日　[出]富山県富山市　[学]富山中部高卒，東京歯科大学〔昭和37年〕卒　医学博士　[歴]父は東京・銀座で歯科医を開いていたが、戦災により父の郷里である富山に移り住む。昭和37年栗山歯科医院に勤務、50年院長に就任。63年から6年間、富山市歯科医師会会長。平成13～21年富山県歯科

く

医師会会長を務め、同会と富山県学校歯科医会との合併を実現させた。 [賞]藍綬褒章〔平成13年〕

栗山 裕吉 くりやま・ゆうきち 弁護士 札幌弁護士会会長 [没]平成28年(2016)10月29日 77歳〔肺がん〕 [生]昭和14年(1939)4月5日 [出]北海道札幌市 [学]中央大学法学部〔昭和38年〕卒 [歴]昭和39年司法試験に合格、42年弁護士登録。55年札幌弁護士会副会長、平成4年会長を務め、会長在任中に当番弁護士が24時間待機して逮捕された人の相談に乗る"刑事弁護センター"を設立した。7年から1年間、日本弁護士連合会副会長。 [賞]旭日中綬章〔平成21年〕 [団]札幌弁護士会

栗山 好幸 くりやま・よしゆき 岡山県議(自民党) [没]平成28年(2016)7月3日 90歳〔肺炎〕 [生]大正15年(1926)1月22日 [出]岡山県 [学]大阪専卒 [歴]昭和24年栗山精麦社長に就任。41年六条院農協組合長を兼任。54年以来岡山県議に2選。62年落選、平成3年返り咲き。7年副議長、12年議長。15年引退。通算5期。 [賞]旭日小綬章〔平成15年〕 [家]二男＝栗山康彦(浅口市長)

来間 紘 くるま・ひろし 日本経済新聞専務 テレビ愛知社長 [没]平成29年(2017)9月3日 72歳〔大動脈解離〕 [生]昭和20年(1945)1月15日 [出]石川県 [学]慶応義塾大学経済学部〔昭和43年〕卒 [歴]昭和43年日本経済新聞社に入社。平成6年社長室次長、8年東京本社編集局次長、9年営業推進本部長を経て、11年取締役、13年常務、16年専務。17年日経BP副社長、19年日本経済新聞社顧問となり、同年テレビ愛知社長に就任。23年相談役。

車谷 長吉 くるまたに・ちょうきつ 小説家 [没]平成27年(2015)5月17日 69歳〔誤嚥性の窒息〕 [生]昭和20年(1945)7月1日 [出]兵庫県飾磨市(姫路市) [名]本名＝車谷嘉彦(くるまたに・よしひこ) [学]慶応義塾大学文学部〔昭和43年〕卒 [歴]広告代理店、出版社勤務を経て、調理場の下働きとして関西各地を転々とする。のちセゾングループ嘱託。昭和47年短編小説「なんまんだぁ絵」を発表。平成4年20年かけて書かれた6作品を収めた第一作品集「塩壺の匙」を刊行、三島由紀夫賞、芸術選奨文部大臣新人賞を受けるなど注目を集める。10年には「赤目四十八滝心中未遂」で第119回直木賞を受賞し、同作は映画化もされた。露悪的なまで身辺をさらけ出し、人間の本性をえぐり出す作風の私小説で知られたが、16年雑誌「新潮」に発表した「刑務所の裏」に実名で登場させた人物から名誉毀損で訴えられ(のち和解)、17年"私小説廃業"を宣言。以降、"新聞ダネ小説""聞き書き小説""史伝もの"と3つの分野の小説を書き始めた。歯に衣着せぬ発言が持ち味で、21～24年朝日新聞の人生相談コーナー「悩みのるつぼ」の回答を担当した。他の著書に「漂流物」「業柱抱き」「金輪際」「贋世捨人」「忌中」「反時代的毒虫」「灘の男」「阿呆者」などがある。 [賞]直木賞(第119回)〔平成10年〕「赤目四十八滝心中未遂」, 芸術選奨文部大臣新人賞(第43回, 平成4年度)〔平成5年〕「塩壺の匙」, 三島由紀夫賞(第6回)〔平成5年〕「塩壺の匙」, 平林たい子文学賞(小説部門, 第25回)〔平成9年〕「漂流物」, 川端康成文学賞(第27回)〔平成13年〕「武蔵丸」 [団]日本文芸家協会 [家]妻＝高橋順子(詩人)

呉 美代 くれ・みよ 詩人 エッセイスト 「花」主宰 [没]平成29年(2017)11月21日 90歳 [生]昭和2年(1927)8月1日 [出]東京都 [名]本名＝土橋美代 [学]鎌倉高女卒 [歴]「風」同人を経て、「花」主宰。詩集に「蝶」「忙」「紅」「危ない朝」「はじめてのように」「海は揺れないではいられない」「大樹よ」、エッセイ集に「花幻想」などがある。 [団]日本現代詩人会, 日本ペンクラブ, 日本文芸家協会

黒石 守郎 くろいし・もりお トキメック専務 [没]平成29年(2017)6月3日 83歳〔胃がん〕 [生]昭和9年(1934)3月5日 [出]三重県 [学]名城大学機械工学科〔昭和31年〕卒 [歴]東京物産を経て、昭和31年東京計器販売(現・トキメック)に入社。62年取締役、平成7年常務、9年専務を歴任した。

黒板 伸夫 くろいた・のぶお 清泉女子大学文学部教授 [専]日本古代史 [没]平成27年(2015)5月11日 92歳〔肺炎〕 [生]大正12年(1923)4月5日 [出]東京都 [学]東京大学文学部国史学科〔昭和23年〕卒 [歴]家業の黒板工業所経営の後、平安博物館研究嘱託を経て、吉川弘文館編集部長。この間、聖心女子大学などの講師を務め、清泉女子大学文学部教授。平成12年より醍醐寺霊宝館館長。著書に「摂関時代史論集」「藤原行成」「平安王朝の宮廷社会」などがある。 [団]日本歴史学会, 国史学会, 古代学協会 [家]妻＝永井路子(小説家)

黒川 江偉子 くろかわ・えいこ 書家 毎日書道展参与会員 [没]平成28年(2016)5月12日 86歳〔多臓器不全〕 [賞]毎日書道展会員賞(第46回, 平成6年度)

黒川 誠一 くろかわ・せいいち セーレン社長 福井経済同友会代表幹事 [没]平成27年(2015)5月3日 100歳〔心不全〕 [生]大正4年(1915)3月30日 [出]福井県福井市 [名]俳号＝黒川青逸 [学]大阪大学工学部機械工学科〔昭和13年〕卒 [歴]昭和20年福井精練加工に入社。SK(染色に科学性を)運動を提唱し、コンピューターによる色合わせシステム導入など、自動化のきっかけを作る。27年取締役、31年常務、35年専務、38年副社長を経て、41年社長に就任。48年2月セーレンと改称し、4月東証と大証の第一部に上場を果たす。染色の委託加工事業から、自動車内装材やエレクトロニクスへと事業の多角化を図り、海外へも積極的に進出。同社を国内有数の総合繊維企業へと発展させた。62年会長。47年から8年間、福井経済同友会代表幹事を務めた他、福井商工会議所副会頭、福井県経営者協会会長、福井県体育協会会長、日本染色協会会長などを歴任。日本画、書、俳句などもたしなみ、俳誌「花鳥」の主要同人で、句集に「あたたかき雪」がある。 [賞]藍綬褒章〔昭和55年〕, 勲三等瑞宝章〔昭和60年〕, 福井新聞文化賞〔昭和61年〕 [家]長男＝黒川誠之(セーレン顧問)

黒木 奈々 くろき・なな フリーアナウンサー [没]平成27年(2015)9月19日 32歳〔胃がん〕 [生]昭和57年(1982)11月12日 [出]鹿児島県鹿児島市 [学]鶴丸高〔平成13年〕卒, 上智大学外国語学部フランス語学科〔平成18年〕卒 [歴]上智大学では外国語学部でフランス語

を専攻し、フランスのグルノーブル政治学院へ留学。平成18年MBS毎日放送に報道局記者として入社。19年退職してフリーアナウンサーとなり、CS放送「TBSニュースバード」のキャスターに抜擢される。26年4月NHK-BS1「国際報道」キャスターとなったが、8月胃がんと診断され、手術を受ける。27年3月闘病生活を綴った著書「未来のことは未来の私にまかせよう―31歳で胃がんになったニュースキャスター」を刊行。同月から週1回限定で番組に復帰したが体調が悪化、7月13日の放送を最後に再び休養に入る。同月から南日本新聞のコラム「南日」を執筆、9月4日付のコラムが最後の仕事となった。

黒木 安信　くろき・やすのぶ　牧師　ウェスレアン・ホーリネス神学院院長　[没]平成27年(2015)2月23日　79歳　[生]昭和10年(1935)6月29日　[出]宮崎県　[学]東京聖書学校卒, 青山学院大学大学院旧約聖書神学専攻〔昭和40年〕修士課程修了　[歴]日本基督教団更正教会、東調布教会、鵜方教会を経て、昭和48年からウェスレアン・ホーリネス浅草橋教会牧師、ウェスレアン・ホーリネス神学院教授・院長。東京拘置所の教誨師も務めた。著書に「創世記に聞く」「起きよ、光を放て」「教会生活の手引き」「十字架の吸引力」「うるわしの御国」などがある。

黒崎 泰士　くろさき・たいし　福島県議(民社党)　[没]平成28年(2016)7月26日　73歳〔慢性腎不全〕　[生]昭和18年(1943)4月25日　[出]長野県　[学]日本大学法学部〔昭和41年〕卒　[歴]ヨークベニマルに入社、総括マネジャーなどを務める。この間、郡山地区同盟議長を経て、昭和58年郡山市議に当選、1期。62年福島県議に当選、1期。平成3年引退。

黒沢 邦夫　くろさわ・くにお　横浜銀行専務　[没]平成28年(2016)11月17日　78歳〔膵臓がん〕　[生]昭和13年(1938)2月21日　[学]慶応義塾大学経済学部〔昭和36年〕卒　[歴]横浜銀行専務、平成12年日鍛バルブ監査役を務めた。

黒沢 健一　くろさわ・けんいち　ミュージシャン　[没]平成28年(2016)12月5日　48歳〔脳腫瘍〕　[生]昭和43年(1968)8月11日　[出]茨城県　[名]グループ名=L-R(えるあーる), MOTORWORKS(もーたーわーくす)　[歴]19歳で南野陽子らに楽曲を提供。昭和63年弟の秀樹(ギター, ボーカル)とバンド・ラギーズを結成。平成2年木下裕晴(ベース)も加わり3人でL-Rを結成し、ボーカルとギター、ソングライティングを担当。3年ミニアルバム「L」でデビュー。4年アルバム「Lefty in the Right―左利きの真実」をリリース。同年キーボードの嶺川貴子が参加するが、6年脱退。7年ドラマ「僕らに愛を！」のテーマ曲「Knockin'on your door」がヒット。他のシングルに「Lazy Girl」「君の夏と僕のブルージーンズ」「BE WITH YOU」、アルバムに「LAND OF RICHES」など。9年L-Rの活動を休止し、ソロとして活動。ソロシングルに「WONDERING」「Rock'n Roll」「This Song」、アルバムに「first」「B」などがある。16年石田ショーキチらとともにMOTORWORKSを結成、シングル「スピーダー」でデビュー。初アルバム「ブランニュー・モーターワークス」をリリース。28年脳腫瘍のため、48歳で死去。　[家]弟＝黒沢秀樹(ミュージシャン)

黒沢 美香　くろさわ・みか　舞踊家　[専]コンテンポラリーダンス　[没]平成28年(2016)12月1日　59歳　[生]昭和32年(1957)4月28日　[出]神奈川県横浜市　[名]本名＝黒沢美香子(くろさわ・みかこ), 別名＝風間るり子(かざま・るりこ)　[歴]舞踊家の黒沢輝夫、下田栄子を両親に持ち、踊りの環境の中に育つ。世界的ダンサー・ルイス・ファルコの舞台を見てから真剣に取り組むようになり、昭和56年全国舞踊コンクール現代舞踊1部に優勝。57年文化庁在外研修員に選ばれ、2年間ニューヨークでルイス・ファルコに師事。ニナ・ウィンナーに認められ、そのダンスメンバーに加わって、ニューヨークの現代芸術フェスティバルの中で最高の「ネクスト・ウェーブ」に出演。その後、欧州、米国公演ツアーをこなした。60年帰国し、黒沢美香&ダンサーズを設立、平成11年長編ソロダンス〈薔薇の人〉シリーズを開始。13年からはソロダンスユニット"薔薇ノ人クラブ"でも活動。"第2のバリエーション""ジャポン"などユーモア、皮肉、笑いに富んだダンスで評価を得た。芸風を固定しないため、愛敬たっぷりに踊りまくる"風間るり子"の名でも活動。日本のコンテンポラリーダンスを牽引し、後進の育成にも積極的に携わった。　[賞]現代舞踊新人賞〔昭和57年秋〕, 舞踊批評家協会賞〔昭和62年〕, 全国舞踊コンクール第1位〔昭和42年・43年・46年・57年〕, 埼玉県全国舞踊コンクール・モダンの部第1部第1位〔昭和56年〕, 埼玉国際創作舞踊コンクール最優秀賞〔昭和57年〕, ヨコハマ・コンペティション最優秀賞〔平成12年〕　[家]父＝黒沢輝夫(舞踊家), 母＝下田栄子(舞踊家)

黒沢 幸　くろさわ・みゆき　読売新聞東京本社専務　[没]平成29年(2017)3月13日　62歳〔前立腺がん〕　[学]早稲田大学商学部卒　[歴]昭和53年読売新聞社に入社。平成23年5月販売局総務、同年6月取締役販売局長、24年常務販売局長、28年専務販売担当を歴任した。

黒田 一秀　くろだ・かずひで　旭川医科大学学長・名誉教授　[専]泌尿器科学　[没]平成27年(2015)9月5日　95歳〔急性硬膜下血腫〕　[生]大正9年(1920)8月2日　[出]北海道札幌市　[学]北海道帝国大学医学部〔昭和19年〕卒　医学博士〔昭和26年〕　[歴]昭和20年北海道帝国大学助手、26年札幌医科大学助教授、30年北海道大学助教授、43年福島県立医科大学教授を経て、48年開校したばかりの旭川医科大学副学長となり、56年第2代学長に就任。62年退官。　[賞]勲二等旭日重光章〔平成5年〕, 北海道医師会賞(第26回)〔昭和50年〕「神経因性膀胱の臨床的研究」　[団]日本泌尿器科学会, 日本不妊学会, 日本パラプレジア医学会

黒田 清恒　くろだ・きよつね　鹿児島県興業信用組合理事長　神統流19代宗家　[没]平成27年(2015)4月29日　86歳〔急性呼吸不全〕　[生]昭和3年(1928)　[出]鹿児島県鹿児島市　[学]日本大学中退　[歴]大学中退後、柿本寺信用組合(のち鹿児島信用金庫と合併)を経て、昭和33年鹿児島興業信用組合に入る。常勤理事、常務理事、専務理事を経て、平成5年理事長。17～22年会長を務めた。貸付金の見積もり計算に使う「日数計算尺」や硬貨の包装を透明にすることなどを考案し、金融業界の業務効率化に貢献。全国信用組合中央協会副会長、

くろた　　　　　　　　　　日　本　人

九州信用組合協会会長なども歴任した。一方、古式泳法の神統流第19代宗家として、保存・普及にも務めた。

黒田 康子　くろだ・しずこ　郷土史家　⊛神奈川県　⊗平成27年（2015）10月1日　100歳　⊕大正4年（1915）⊕群馬県⊛郷里の群馬県で女学校教師をしていた昭和15年、建築史家の黒田昴義と出会い、結婚。19年夫が応召、20年2月フィリピンのマニラで戦死。23年夫の戦死公報が届く。26年逗子中学の国語と社会の教師として赴任して以来、逗子・葉山地域の郷土史研究に従事。夫の遺志を継ぐように郷土史研究に邁進し、発表した論文は350本を超える。　⊛夫＝黒田昴義（建築史家）

黒田 正玄（13代目）　くろだ・しょうげん　竹細工・茶杓師　千家十職・黒田家13代目　⊗平成29年（2017）7月24日　81歳　⊕昭和11年（1936）4月13日　⊕京都府京都市　⊛本名＝黒田正春、別名＝弄竹斎玄智　⊛早稲田大学第一文学部卒⊛初代正玄が徳川家光の柄杓師となって以来、将軍家御用を務めた家の13代目。千家十職の一つ。大学卒業後、本格手に家業に就き、昭和41年13代目を継承。平成13年京都高島屋で襲名35周年記念展を開催した。26年1月長女が14代目を継承、隠居して弄竹斎玄智を名のった。京都竹工芸品協同組合理事長、京都府竹産業振興連合会会長。　⊛茶道文化貢献賞（第12回）〔平成26年〕　⊛長女＝黒田正玄（14代目）、父＝黒田正玄（12代目）、祖父＝黒田正玄（11代目）

黒田 倬司　くろだ・たくじ　イチネン社長　⊗平成27年（2015）5月7日　82歳〔前立腺がん〕　⊕昭和7年（1932）11月3日　⊕兵庫県　⊛関西大学経済学部〔昭和31年〕卒⊛昭和31年第一燃料（のちイチネン、現・イチネンホールディングス）に入社。41年常務、47年専務、56年副社長を経て、平成5年社長。11年副会長、14年会長、16年相談役に退いた。　⊛長男＝黒田勝彦（イチネンホールディングス副社長）、弟＝黒田恭年（イチネン社長）

黒田 八郎　くろだ・はちろう　朝日新聞常務　⊗平成27年（2015）10月9日　85歳〔肺炎〕　⊕昭和5年（1930）2月1日　⊕兵庫県　⊛神戸市外国語大学卒⊛昭和31年朝日新聞に入社。大阪本社発送部長、57年名古屋本社営業局長、63年東京本社販売局長、平成元年取締役東京本社販売局長を経て、3年常務。5年監査役、7年社史編修顧問。

黒田 汎　くろだ・ひろし　レスリング選手　⊗平成28年（2016）8月7日　82歳　⊕昭和8年（1933）　⊕富山県　⊛滑川高卒、明治大学政経学部卒　⊛滑川市長や富山県議を務めた黒田松次の長男。滑川高校2年の時にレスリング部を創設、昭和25年の名古屋国体では高校ウエルター級2位。26年広島国体は5位。明大に進むと2年生でレギュラーになり、関東大学リーグ戦3連覇。2年生の秋に全日本学生選手権ウエルター級2位、4年に国体で優勝。32年世界選手権トルコ大会ウエルター級に出場して5位入賞。33年富山国体はライトヘビー級で優勝。全日本社会人選手権優勝を経て、引退。そ

の後、黒田電子工業常務などを務めた。　⊛父＝黒田松次（滑川市長・富山県議）

黒田 義之　くろだ・よしゆき　映画監督　⊗平成27年（2015）1月22日　86歳⊕昭和3年（1928）3月4日　⊕愛媛県松山市　⊛立命館大学理工学部数学科〔昭和25年〕卒　⊛高校数学教師を経て、昭和25年大映京都に助監督として入社。伊藤大輔、衣笠貞之助らに師事。数学科出身のため特撮班メンバーとして「日蓮と蒙古大襲来」「釈迦」「あしやからの飛行」の特撮部門を担当。さらに「大魔神」「大魔神怒る」「大魔神逆襲」3部作の特撮監督を担当した。36年「旅はお色気」で監督デビュー。その後「妖怪大戦争」「透明剣士」など9本を撮った。46年大映倒産後、映像京都に移り「ミラーマン」「座頭市物語」「必殺仕事人」などテレビドラマを手がける。また、京都科学技術専門学校映像音響学科講師も務めた。　⊛日本映画監督協会

黒野 清宇　くろの・せいう　書家　愛知教育大学名誉教授　日本かな書道会理事長　玄之会主宰　⊛かな　⊗平成29年（2017）7月5日　86歳〔老衰〕　⊕昭和5年（1930）8月20日　⊕愛知県豊田市　⊛本名＝黒野貞夫（くろの・さだお）　⊛愛知学芸大学（現・愛知教育大学）学芸学部〔昭和28年〕卒　⊛昭和27年宮本竹逕に師事。30年「後撰和歌集抄」で日展に初入選。以来22回連続入選。51年日展特選、平成元年日展賞、14年日展文部科学大臣賞を受賞。また、昭和56年日展審査員を務め、57年会員、平成6年評議員、15年監事。17年「梅の花」で日本芸術院賞を受け、同年日展理事。長く愛知教育大学教授も務め、6年名誉教授。壁面に飾る大作を書く「大字かな運動」の一翼を担った。著書に「条幅の研究」「色紙入門」「実用書式の研究」などがある。　⊛日本芸術院賞〔平成17年〕「梅の花」、中日文化賞（第61回）〔平成20年〕、日本書芸院展特別賞〔昭和33年〕、毎日書道展準大賞（第18回、昭和41年度）、日展特選〔昭和51年〕、日展会員賞〔平成1年〕、日展文部科学大臣賞〔平成14年〕「雲と霞」　⊛全国大学書学会、全国大学書写書道教育学会、日展、日本書芸院、日本かな書道会、玄之会、読売書法会　⊛師＝宮本竹逕

黒丸 幹夫　くろまる・みきお　秋田放送社長　⊗平成28年（2016）3月31日　82歳〔病気〕　⊕昭和9年（1934）1月2日　⊕秋田県秋田市　⊛秋田高卒、福島大学中退、明治学院大学文学部〔昭和35年〕卒　⊛昭和35年秋田放送に入社。47年人事部長、48年報道部長、53年業務部長、59年報道局次長兼報道部長、63年取締役、常務を経て、平成6年社長、14年会長、16～18年相談役。秋田県骨髄提供者を募る会会長、秋田県被害者支援連絡協議会会長、秋田県高齢者福祉支援協会会長なども歴任した。

黒見 哲夫　くろみ・てつお　境港市長　⊗平成29年（2017）5月19日　85歳〔病気〕　⊕昭和7年（1932）3月22日　⊕鳥取県　⊛境中中退　⊛昭和21年鳥取県境町役場（現・境港市役所）に入る。総務部長、助役を経て、平成元年市長に当選。4期目途中の16年、病気のため辞職。衰退した市内の商店街に同市出身の漫画家・水木しげるが描いた妖怪のブロンズ像を配した「水木

日　本　人　　　　　　　　　　けいら

「しげるロード」を整備、山陰有数の観光スポットに育て上げた。　旭日小綬章〔平成17年〕

黒武者 キミ子　くろむしゃ・きみこ　鹿児島県母子寡婦福祉連合会理事長　没平成28年（2016）7月6日　99歳〔心不全〕　生大正6年（1917）1月1日　出鹿児島県薩摩郡入来村（薩摩川内市）　学鹿児島県女子師範〔昭和11年〕卒　歴戦後間もなく夫を亡くし、教職の傍らで婦人会活動に参加。闘病生活、退職を経て、母子会活動に携わり、昭和49年鹿児島白百合福祉会（現・鹿児島県母子寡婦福祉連合会）の第6代理事長に就任。平成18年まで32年間務めた。13〜15年全国母子寡婦福祉団体協議会会長。昭和52年には編集責任者を務めた入来町婦人連絡協議会の「昭和に生きた入来の母たち」が第3回南日本出版文化賞を受賞した。著書に「無限の藍」がある。　賞勲五等瑞宝章〔平成8年〕、鹿児島県民表彰（社会福祉部門）〔平成9年〕、入来町町民栄誉賞〔平成10年〕

桑島 恵一　くわじま・けいいち　医師　松山赤十字病院院長　専内科学　没平成29年（2017）5月30日　91歳〔心筋梗塞〕　生大正14年（1925）7月23日　出香川県　学高松中〔昭和18年〕卒、松山高〔昭和20年〕卒、九州大学医学部〔昭和24年〕卒　医学博士　歴昭和25年九州大学医学部研究生、28年助手を経て、33年松山赤十字病院内科部長、53年副院長、平成2年院長、8年名誉院長。愛媛県国保連合会理事長表彰〔昭和53年〕　家兄＝桑島茂夫（医師）

桑田 昭三　くわた・しょうぞう　教育評論家　没平成28年（2016）3月31日　87歳〔非閉塞性腸管虚血〕　生昭和3年（1928）12月19日　出長野県下伊那郡鼎村（飯田市）　学上田繊維専（現・信州大学繊維学部）〔昭和25年〕卒　歴旧制中学在学中に海軍予科練に甲種志願し、特攻隊員として敗戦を迎える。長野県で1年、東京都の中学校で教師生活を15年送る。この間、独学で統計学を学び、学力偏差値を編み出し、1950年代から進路指導に導入。昭和30年一般に公開。"ミスター偏差値"として受験指導の現場で頼られ、38年には大手テスト会社・進学研究会の企画部長にスカウトされた。子供のためになる使われ方をして欲しいと願って転職したが、切り捨てのための武器になってしまった偏差値を見るに耐えぬと、56年受験業界から引退。教育科学研究所を主宰。以後、"臨床教育"を研究し、教育評論家として活躍した。著書に「偏差値の秘密」「よみがえれ、偏差値」などがある。

桑原 直樹　くわはら・なおき　アメリカンフットボール指導者　西南学院大学アメリカンフットボール部監督　没平成29年（2017）1月15日　57歳〔肺がん〕　出福岡県筑紫野市　学西南学院高卒、日本大学卒　歴平成4年西南学院大学アメリカンフットボール部の副監督となり、17年監督に就任。以来、九州学生リーグを8度制する九州屈指の強豪チームに育て上げた。27年には大学日本一を決める甲子園ボウル出場を懸けた全日本大学選手権西日本代表決定戦に九州勢として初出場を果たしたが、29年初めに病に倒れた。

桑原 楽之　くわばら・やすゆき　サッカー選手　メキシコ五輪銅メダリスト　没平成29年（2017）3月1日

74歳〔肺炎〕　出広島県広島市中区　学広島大附属高卒、中央大学卒　歴広島大附属高、中央大を経て、昭和40年東洋工業（現・マツダ）に入社。日本サッカーリーグに所属した同社サッカー部（現・サンフレッチェ広島）でプレー、得点感覚に優れたFWで、チームのリーグ4連覇に貢献した。41〜45年日本代表として国際Aマッチ12試合に出場して5得点。43年のメキシコ五輪は2試合に出場、銅メダルを獲得した。28歳の時に代表を辞退、29歳でサッカー部を退部し、以後は仕事に専念。リーグ通算94試合出場、53得点21アシスト。その後、オートラマ東京本部を経て、平成5年静岡マツダ常務。傍ら静岡マツダサッカー部の監督兼選手としてサッカーを楽しんだ。

郡司 篤晃　ぐんじ・あつあき　厚生省薬務局生物製剤課長　東京大学医学部教授　専保健管理学　没平成27年（2015）9月17日　78歳〔直腸がん〕　生昭和12年（1937）7月16日　出茨城県水戸市　学東京大学医学部医学科〔昭和40年〕卒、東京大学大学院社会医学系研究科〔昭和45年〕博士課程修了　医学博士　歴昭和45年東京女子医大大学助手となり、講師、助教授を務める。50年厚生省（現・厚生労働省）医務局総務課長補佐に転じ、環境庁（現・環境省）企画調整環境保健部保健業務課、鹿児島県衛生部長、厚生省薬務局生物製剤課長、保健医療局健康増進栄養課長を歴任。60年東京大学医学部教授、平成10年聖学院大学教授。医療の質の第三者評価システムの開発、医療におけるクリティカル・パスの研究開発など医療管理・政策の研究に従事した。生物製剤課長時代の昭和58年6月、日本が血液製剤原料を依存していた米国でのエイズ流行を知り、輸入非加熱血液製剤の安全性などを検討する厚生省エイズ研究班を発足させた。しかし、研究班が最終的に血液製剤の継続使用を認めたために対策が遅れ、血友病患者のエイズ感染が拡大した。東京HIV訴訟の法廷で偽証の疑いで告発されたが、容疑不十分で不起訴処分となった。また、平成6年にNHKの番組で、供血者がエイズを発症した血液製剤を製薬会社が自主回収した事実を研究班に伝えなかったと報じられた問題により、衆議院で証人喚問を受けたが、東京地検が事件捜査のため厚生省から押収した研究班の第1回会議の録音テープから回収の事実を伝えていたことが判明した。著書に「医療システム研究ノート」「安全という幻想―エイズ騒動から学ぶ」、訳書にジュリアン・ルグラン「公共政策と人間―社会保障制度の準市場改革」などがある。

【け】

計良 智子　けいら・ともこ　ヤイユーカラの森代表　没平成28年（2016）3月17日　68歳〔胆管がん〕　生昭和22年（1947）　出北海道白老郡白老町　歴アイヌに生まれ、20歳の時に強く自身の出自を意識し始める。昭和48年夫となる計良光範らと、アイヌの伝統文化を実生活に取り戻す運動を展開する市民団体・ヤイユーカラ・アイヌ民族学会を、平斥4年ヤイユーカラの森を設立、運営委員や事務局長を務めた。ヤイユーカラ

とはアイヌ語で“自ら行動する”の意味。札幌市のウタリ職業相談員や同生活相談員、北海道ウタリ協会(現・北海道アイヌ協会)理事なども歴任。平成3年春からアイヌ文化伝承者の織田ステノのもとで1年間暮らし、伝統料理の作り方や手仕事の材料集め、口承伝承などを学び、北海道新聞に連載。7年「アイヌの四季―フチの伝えるこころ」として出版。また、20年余りにわたってアイヌ刺繍の教室を主宰するなど、アイヌ文化の保存・伝承に努めた。　[家]夫＝計良光範(ヤイユーカラの森運営委員長)

計良 光範　けいら・みつのり　ヤイユーカラの森運営委員長　[没]平成27年(2015)3月3日　70歳〔直腸がん〕　[生]昭和19年(1944)　[出]北海道磯谷郡蘭越町　[学]札幌南高卒　[歴]小学校の頃から演劇が好きで、札幌南高校を卒業すると地元の劇団に入り、脚本などを担当。アイヌ民族をテーマとした作品を通じてアイヌの世界に傾倒し、昭和50年アイヌの女性と結婚。妻とアイヌの文化や歴史を伝える市民団体ヤイユーカラの森を創立、23年間にわたって運営委員長を務めた。また、平成元年ピープルズ・プラン・21世紀北海道の事務局長として、世界先住民族会議を国内で初めて開催した。著書に「アイヌの世界」「北の彩時記」「アイヌ社会と外来宗教」などがある。　[家]妻＝計良智子(ヤイユーカラの森代表)

玄地 昭八　げんち・しょうはち　宝酒造常務　[没]平成29年(2017)4月7日　80歳〔呼吸不全〕　[生]昭和11年(1936)7月8日　[出]山形県山形市　[学]東北学院大学文経学部〔昭和34年〕卒　[歴]昭和34年宝酒造(現・宝ホールディングス)に入社。平成5年取締役を経て、9年常務。13年常勤監査役。

玄葉 平五朗　げんば・へいごろう　あぶくま醸造元玄葉本店社長　[没]平成27年(2015)10月8日　83歳〔肺炎〕　[家]長男＝玄葉光一郎(衆院議員)，息子＝玄葉祐次郎(あぶくま醸造元玄葉本店社長)

剱持 松二　けんもち・しょうじ　棋士　将棋9段　[没]平成28年(2016)1月7日　81歳〔心不全〕　[生]昭和9年(1934)7月21日　[出]東京都　[歴]昭和23年6級で荒巻三之門下となる。29年初段、31年4段、37年5段、38年6段、48年7段を経て、平成5年8段。12年引退。25年9段に昇段。棋戦優勝1回。日本将棋連盟の手合係を長く務め、加藤一二三9段の師匠としても知られた。　[師]師＝荒巻三之

【こ】

小池 恭平　こいけ・きょうへい
⇒床泉(とこいずみ)を見よ

小池 唯夫　こいけ・ただお　毎日新聞社長　パ・リーグ会長　[没]平成29年(2017)11月30日　85歳〔肥大性心筋症〕　[生]昭和7年(1932)11月12日　[出]栃木県足利市　[学]早稲田大学第一政経学部〔昭和31年〕卒　[歴]昭和31年毎日新聞社入社。政治部編集委員、論説委員、53年政治部長、57年編集局次長、61年論説委員長、63年1月主筆・東京本社編集局長、同年6月取締役、平成元年東京本社代表、2年常務を経て、4年社長に就任。10年会長、12年相談役、24年名誉顧問。この間、7〜11年日本新聞協会会長。NIE(教育に新聞を)活動の拡大に努めたことが評価され、23年度の新聞文化賞を受賞。ほかに毎日放送取締役、毎日書道会理事長、4〜11年福島民報取締役などを歴任。また、13年プロ野球パ・リーグ会長に就任。16年セ・リーグに先駆けてプレーオフ制度を導入したほか、同年近鉄とオリックスに端を発した球界再編問題に直面。20年プロ野球コミッショナー事務局とセ・パ両連盟の3事務局統合により任期満了で退任、最後のパ・リーグ会長となった。　[賞]日本宣伝大賞(第42回)〔平成9年〕，新聞文化賞(平成23年度)

小池 哲夫　こいけ・てつお　小池酸素工業社長　[没]平成29年(2017)4月4日　71歳　[生]昭和20年(1945)4月8日　[出]埼玉県　[学]慶応義塾大学法学部〔昭和45年〕卒　[歴]昭和45年小池酸素工業に入社。60年取締役、平成5年常務、8年専務を経て、14年社長。25年会長。

小池 保夫　こいけ・やすお　日本モーターボート競走会会長　[没]平成28年(2016)8月31日　66歳〔胸膜中皮腫〕

小池 吉郎　こいけ・よしお　山形大学名誉教授　[専]耳鼻咽喉科学　[没]平成27年(2015)5月3日　86歳〔心臓突然死〕　[生]昭和3年(1928)9月5日　[出]新潟県　[学]新潟医科大学〔昭和28年〕卒　医学博士　[歴]昭和33年新潟大学助手となり、41〜43年西ドイツのゲッティンゲン大学、スイスのバーゼル大学へ留学。46年新潟大助教授を経て、51年山形大学教授。のち学部長や山形県立保健医療短期大学学長を務め、平成12年新設の山形県立保健医療大学学長にも就任。14年退任。　[賞]瑞宝中綬章〔平成22年〕，医学書院綜合医学賞(第21回)〔昭和47年〕「外傷による顔面神経障害―頭部外傷後の顔面神経麻痺の外科的治療と遠隔成績について」　[団]日本耳鼻咽喉科学会

小石原 淳一　こいしはら・じゅんいち　福岡市議(自民党)　[没]平成28年(2016)10月30日　72歳〔急性呼吸不全〕　[生]昭和19年(1944)4月13日　[出]福岡県福岡市東区　[学]福岡大学経済学部〔昭和42年〕卒　[歴]昭和54年から福岡市議を8期務めた。平成10年から3年間、市議会議長。　[賞]旭日中綬章〔平成26年〕

小泉 栄一　こいずみ・えいいち　日商岩井副社長　[没]平成28年(2016)4月26日　91歳〔心不全〕　[生]大正13年(1924)11月26日　[学]慶応義塾大学高等部〔昭和19年〕卒　[歴]昭和31年日商に入社。43年同社は岩井産業と合併、日商岩井(現・双日)に改称。51年取締役、55年常務、57年専務を経て、59年副社長。

小泉 千秋　こいずみ・ちあき　東京水産大学学長・名誉教授　[専]水産化学　[没]平成28年(2016)12月31日　82歳〔肺炎〕　[生]昭和9年(1934)7月9日　[出]神奈川県　[学]東京水産大学水産学部製造学科卒　農学博士　[歴]東京水産大学(現・東京海洋大学)教授を経て、学長に就任。平成11年退任。第17期日本学術会議会員。　[賞]瑞宝中綬章〔平成22年〕，日本水産学会奨励賞〔昭和42年〕「マグロ青肉に関する研究」，日本水産学会賞功績

賞(第43回)〔平成6年〕「水産物の加工・貯蔵に関する化学的研究」 [団]日本水産学会, 日本食品工学会

小泉 敏夫 こいずみ・としお 北方領土返還運動家 千島歯舞諸島居住者連盟理事長 [没]平成28年(2016)11月24日 93歳 [生]大正12年(1923)8月7日 [出]北海道色丹島斜古丹村 [学]根室商卒, 東京高等獣医学校(現・日本大学生物資源科学部)〔昭和19年〕卒 [歴]生家は北方領土の色丹島で商店を営んだ。昭和19年東京高等獣医学校を卒業して帰島後、陸軍に召集される。20年鹿児島で敗戦を迎えるが、ソ連軍の侵攻のため島に戻れず、島を脱出した家族と北海道根室で暮らす。21年根室市の畜産組合を経て、北海道庁根室支庁に獣医として勤務。根室家畜保健衛生所長などを務め、牛の流産の原因となるブルセラ病撲滅に力を注いだ。56年定年退職。北海道家畜畜産物衛生指導協会技術主幹の後、60年から北方領土の元島民組織・千島歯舞諸島居住者連盟(千島連盟)理事、63年副理事長、平成4年第5代理事長に就任。元年に戦後初めて墓参で里帰りを果たす。4年5月ビザなし渡航第1陣の一員として国後、色丹、択捉各島を訪問。墓参や自由訪問など計12回訪問し、返還運動の先頭に立った。27年5月退任。 [賞]旭日小綬章〔平成17年〕

小泉 博 こいずみ・ひろし 俳優 [没]平成27年(2015)5月31日 88歳〔間質性肺炎〕 [生]大正15年(1926)8月12日 [出]神奈川県鎌倉市 [名]本名＝小泉汪(こいずみ・ひろし) [学]慶応義塾大学経済学部〔昭和23年〕卒 [歴]父は政治家の小泉策太郎で、12人きょうだい(8男4女)の八男。昭和23年アナウンサーとしてNHKに入局。25年退社して東宝に入り、俳優となる。27年映画「青春会議」で主役デビュー。その後、27〜29年マキノ雅弘監督の〈次郎長三国志〉シリーズなどに出演。出演映画は120本以上に及び、江利チエミがサザエさん役を演じた〈サザエさん〉シリーズでマスオ役を演じた。36年からはテレビに軸足を置き、TBS系の朝のワイドショー「おはよう・にっぽん」、フジテレビ系のクイズ番組「クイズ・グランプリ」の司会でも活躍。60年日本芸能実演家団体協議会(芸団協)専務理事、のち副会長を務めた。他の出演作に、映画「ゴジラの逆襲」「モスラ」「マタンゴ」「海底軍艦」「日本のいちばん長い日」「ゴジラ対メカゴジラ」、テレビドラマ「咲子さんちょっと」「女の絶唱」「はまぐり大将」「鬼平犯科帳」などがある。 [団]日本芸能実演家団体協議会 [家]父＝小泉策太郎(政治家), 兄＝小泉淳作(日本画家)

小泉 光政 こいずみ・みつまさ 前田道路専務 [没]平成28年(2016)5月13日 70歳〔アミロイドーシス〕 [生]昭和20年(1945)7月20日 [出]埼玉県 [学]日本大学理工学部〔昭和43年〕卒 [歴]日本道路公団勤務を経て、平成12年前田道路に入社。13年常務、15年専務。

小板 三生 こいた・みつお 中国新聞常任監査役 [没]平成29年(2017)4月7日 83歳〔不整脈〕 [生]昭和8年(1933)5月31日 [出]広島県呉市 [学]愛媛大学文理学部〔昭和32年〕卒 [歴]昭和32年中国新聞社に入社。販売部長、57年販売局次長、61年大阪支社長、平成2年開発局長を経て、5〜7年常任監査役。中国新聞トラベルサービス社長も務めた。

小出 久 こいで・ひさし 八十二銀行副頭取 [没]平成28年(2016)8月25日 89歳〔心不全〕 [生]大正15年(1926)8月27日 [出]長野県長野市 [学]上田繊維専〔昭和24年〕卒 [歴]昭和27年八十二銀行に入行。54年取締役、59年常務を経て、平成元年副頭取。

小出 博己 こいで・ひろみ 弁護士 徳島弁護士会会長 [没]平成28年(2016)1月25日 87歳〔肺炎〕 [生]昭和4年(1929)1月13日 [出]徳島県徳島市 [学]東京大学法学部〔昭和29年〕卒 [歴]昭和38年司法試験に合格、41年弁護士登録。46〜49年、51年徳島弁護士会副会長を経て、52年、56年会長。62年四国弁護士会連合会理事長、日本弁護士会連合会副会長を務めた。 [賞]藍綬褒章〔平成4年〕, 勲三等瑞宝章〔平成11年〕 [団]徳島弁護士会

小出 保太郎 こいで・やすたろう 世界最高齢の男性(112歳) [没]平成28年(2016)1月19日 112歳〔慢性心不全〕 [生]明治36年(1903)3月13日 [出]福井県敦賀市 [歴]平成27年7月百井盛さんが112歳で亡くなったのを受けて男性の長寿日本一となり、8月ギネスブックに男性長寿世界一と認定された。28年1月112歳で亡くなった。

高 政巳 こう・せいし 篆刻家 毎日書道展審査会員 [没]平成27年(2015)11月11日 68歳〔直腸がん〕 [生]昭和22年(1947) [出]福島県 [名]本名＝高橋政巳(たかはし・まさみ) [歴]刻字の草分け的存在である国際刻連盟初代会長の長揚石に師事。篆書をはじめとする書を通じ、文字の持つ歴史的意味や美しさの伝承に努める。また、木や石などの漢字を彫る刻字家としても活躍。平成12年より福島県喜多方市でギャラリー楽篆工房を主宰した。本名で著書「感じの漢字」「感じる漢字」、共著「漢字の気持ち」を刊行。 [賞]毎日書道展刻字部門会員賞〔平成22年〕 [師]師＝長揚石

神江 里見 こうえ・さとみ 漫画家 [没]平成28年(2016)2月14日 65歳〔胆嚢がん〕 [生]昭和25年(1950)7月6日 [出]山口県下関市 [歴]高校卒業後18歳で上京して、さいとうプロに入社。石川フミヤス班で「デビルキング」「ゴルゴ13」「無用ノ介」などのアシスタントを務める。のち、小池一夫のスタジオシップ設立に参画し、昭和48年「ヤングコミック」に読み切り「ヒモ」でデビュー。小池一夫原作の「下苅り半次郎」「忘れ苦兵衛」などで人気を得る。53年から「週刊ポスト」で「弐十手物語」(小池原作)の連載を開始、20年以上続く長期連載となった。

郷倉 和子 ごうくら・かずこ 日本画家 日本美術院理事 [没]平成28年(2016)4月12日 101歳〔心不全〕 [生]大正3年(1914)11月16日 [出]東京都台東区谷中 [学]女子美術専門学校(現・女子美術大学)〔昭和10年〕卒 [歴]日本美術院の重鎮だった郷倉千靭の長女。旧高女時代に描いた絵が皇太后陛下への献上作品に選ばれ、画家の道に入る。女子美術専門学校(現・女子美術大学)を卒業後、日本美術院の安田靫彦に師事。昭和11年「八仙花」が院展初入選、32年と35年の大観賞をはさみ、

こ

こうさか　　　　日本人

連続6年院展で受賞を重ね、35年同人となる。44年片岡球子、三岸節子らと潮会を結成、毎回力作を発表。59年の院展でも「閑庭」で内閣総理大臣賞を、平成2年には「静日」で日本芸術院賞・恩賜賞を受賞。父が富山県小杉町（現・射水市）出身であることから富山県と縁が深く、25年富山県立近代美術館で白寿記念の個展を開いた。梅の木を主題にして写生に基づいた独自の装飾性と気品のある画面構成を追求、花鳥を得意とした。　㊸日本芸術院賞・恩賜賞〔平成1年度〕「平成2年〕「静日〕，文化功労者〔平成14年〕，勲四等宝冠章〔平成4年〕，小杉町名誉市民〔平成14年〕，北日本新聞文化賞〔平成15年〕，院展大観賞〔昭和32年・35年〕，院展文部大臣賞〔昭和45年〕「溶樹〕，院展内閣総理大臣賞〔昭和59年〕「閑庭〕　㊸日本芸術院会員〔平成9年〕　㊸日本美術院（理事・同人）　㊸父＝郷倉千靱（日本画家）　㊸孫＝安田靫彦

幸坂 孝　こうさか・たかし　佐伯町〔岡山県〕町長　㊷平成27年（2015）8月6日　97歳〔老衰〕　㊻大正7年（1918）3月22日　㊼岡山県和気郡佐伯町（和気町）　㊸閑谷中卒　㊺昭和38年から岡山県佐伯町長に7選。岡山県町村会会長も務めた。　㊺勲四等旭日小綬章〔平成4年〕

神前 五郎　こうさき・ごろう　大阪大学医学部教授　㊸外科学（とくに癌の外科），血栓止血学　㊷平成27年（2015）3月22日　95歳〔肺炎〕　㊻大正8年（1919）4月5日　㊼千葉県　㊸大阪帝国大学医学部医学科〔昭和18年〕卒　医学博士〔昭和24年〕　㊺大阪大学助手を経て、昭和28〜29年和歌山県立医科大学助教授。続いて阪大講師、助教授となり、36年大阪府立成人病センター外科部長、50年阪大教授。58年定年退官、59年都立駒込病院院長に就任。日本外科学会会長も務めた。　㊺勲三等旭日中綬章〔平成10年〕　㊸日本外科学会、日本消化器外科学会、日本癌学会、日本癌治療学会、日本血栓止血学会、大腸癌研究会

上崎 武男　こうざき・たけお　宮城学院女子大学教授　㊸食品学　㊷平成28年（2016）11月11日　86歳〔心不全〕　㊻昭和5年（1930）9月11日　㊼福島県二本松市　㊸東北大学農学部卒、東北大学大学院水産学研究科水産化学専攻修士課程修了　㊺宮城学院女子大学学芸学部教授を務めた。

神崎 勇二　こうざき・ゆうじ　信州大学名誉教授　㊸電気工学　㊷平成28年（2016）2月16日　90歳〔老衰〕　㊻大正14年（1925）11月7日　㊼福岡県　㊸九州大学工学部電気工学科卒　㊺信州大学工学部教授を務めた。著書に「回転電機工学」「電気機器」などがある。　㊺瑞宝中綬章〔平成18年〕

神崎 礼一　こうざき・れいいち　豊前市長　㊷平成27年（2015）7月2日　83歳〔老衰〕　㊻昭和6年（1931）9月16日　㊼福岡県豊前市　㊸慶応義塾大学法学部〔昭和28年〕卒　㊺昭和35年豊前市議、39年副議長、46年助役を経て、50年以来市長に6選。平成7年の市長選前に私費でご仏前を渡していたことが公職選挙法違反に問われ、6期目途中の9年に辞職。その後、最高裁で有

罪判決が確定した。　㊺藍綬褒章〔平成5年〕，豊前市功労者表彰〔平成27年〕

駒城 鎮一　こうじょう・しんいち　富山大学名誉教授　㊸法哲学，刑法　㊷平成29年（2017）7月6日　81歳〔昭和10年（1935）7月15日　㊼富山県高岡市　㊸同志社大学卒、大阪大学大学院法学研究科公法専攻〔昭和43年〕博士課程修了　㊺富山大学経済学部教授を務め、教養教育に力を注いだ。平成13年定年退官。法の専門家として、社会的な問題について新聞などにたびたびコメントを寄せた。著書に「理論法学の方法」「法的現象論序説」「ポスト・モダンと法文化」「普遍記号学と法哲学」「社会システムと法の理論」「探偵・推理小説と法文化」などがある。　㊸日本法哲学会，日本刑法学会，日本公法学会

神津 博子　こうづ・ひろこ　長野県栄養士会会長　㊷平成28年（2016）3月16日　85歳〔急性心筋梗塞〕　㊼長野県佐久市　㊺長野県栄養士会が昭和52年に社団法人化してから、平成13年まで会長を務めた。

上妻 教男　こうづま・みちお　スポーツニッポン新聞大阪本社社長　㊷平成28年（2016）8月31日　81歳〔肝細胞がん〕　㊻昭和9年（1934）11月19日　㊼福岡県　㊸大阪大学法学部卒　㊺昭和32年毎日新聞大阪本社に入社。社会部副部長、岡山支局長、社会部長、論説室委員を経て、62年中部本社編集局長、63年大阪本社編集局長、平成2年スポーツニッポン大阪本社常務、3年社長。12年取締役相談役、14年相談役に退いた。

合田 佐和子　ごうだ・さわこ　画家　美術家　㊷平成28年（2016）2月19日　75歳〔心不全〕　㊻昭和15年（1940）10月11日　㊼高知県高知市　㊸土佐高卒、武蔵野美術大学デザイン科〔昭和37年〕卒　㊺土佐中学、土佐高校を経て、武蔵野美術大学を卒業。20代にはオブジェ、30代では油彩の制作に専念。40代ではその両方を手がける。耽美的で前衛的な作風で、1960年代に寺山修司主宰の演劇実験室天井桟敷や唐十郎主宰の劇団状況劇場の舞台美術やポスターを手がけて注目を集めた。昭和60年エジプトに移住、以後エジプトと日本の間を行き来した。平成3年朝日新聞に連載された中上健次の小説「軽蔑」では毎回"目"だけの挿絵を描いて話題を呼んだ。著書に「ナイルのほとりで」「目玉のハーレム」などがある。

幸田 重教　こうだ・しげのり　三井化学会長　㊷平成29年（2017）10月26日　89歳〔急性大動脈解離〕　㊻昭和3年（1928）3月3日　㊼東京都　㊸東京大学工学部〔昭和25年〕卒　㊺昭和25年日産化学に入社。37年三井石油化学工業に転じ、48年岩国大竹工場技術部長、52年同工場技術開発部長、54年取締役、58年常務、62年専務、平成3年副社長を経て、5年社長。9年三井東圧化学と合併、三井化学会長に就任。この間、昭和60年三井デュポンポリケミカル副社長も務めた。平成10〜12年石油化学工業協会会長、プラスチック処理促進協会会長を兼務した。　㊺藍綬褒章〔平成4年〕　㊸父＝幸田録郎（西原衛生工業所常務）、弟＝幸田正孝（厚生事務次官）

合田 弘視　ごうだ・ひろみ　合田工務店創業者　㊷平成28年（2016）12月11日　92歳〔老衰〕　㊻大正13

日　本　人　　　　　　　　　こうの

年（1924）8月13日　⊕香川県三豊郡大野原町（観音寺市）　⊖大野原高小卒　同社の鉄筋工事第1号として多度津工を手がけるなど、官公庁や教育施設、住宅などを施工。35年高松市天神前に本社を移転、同時に東京支店も開設して四国でもトップクラスの受注高を誇る総合建設会社の礎を築いた。61年女婿の森田紘一に社長の座を譲り、会長に退いた。　⊗長男＝合田耕三（合田工務店代表取締役専務）

古内 一成　こうち・かずなり　脚本家　②平成28年（2016）7月18日　60歳〔膵臓がん〕　①昭和31年（1956）1月18日　⊕東京都　⊗本名＝増田敦　⊖上智大学法学部卒　⊜大手損保会社に勤務後、「シナリオ」誌の「太陽にほえろ！」プロット募集に入選して小川英に師事。主な脚本担当作品にテレビドラマ「太陽にほえろ！」「文吾捕物帳」「刑事貴族」「柳生あばれ旅」「遠山の金さん」「騎馬奉行」などがあり、アニメ「名探偵コナン」では劇場版の脚本を14作も手がけた。

高塚 猛　こうつか・たけし　福岡ダイエーホークス社長　岩手観光ホテル社長　②平成29年（2017）8月27日　70歳〔慢性腎不全〕　①昭和22年（1947）1月28日　⊕東京都台東区　⊖一橋大卒　⊜昭和43年日本リクルートセンター（現・リクルート）に入社、週刊就職情報誌を創刊、月刊「住宅情報」事業責任者を務め、売上げに貢献。52年岩手観光ホテル（現・盛岡グランドホテル）総支配人となり、名門ホテルの地位を取り戻すなど抜群の経営手腕を発揮。平成3年社長、のち岩手ホテルアンドリゾート代表取締役。11年中内功・元ダイエー会長に請われて福岡ドーム（現・ホークスタウン）社長、12年福岡ダイエーホークス（現・福岡ソフトバンクホークス）社長。球団、ドーム球場、ホテルの"福岡3点セット"の経営再建に取り組み、営業赤字を2年、経営赤字を5年で黒字に転換。九州出身選手を前面に出すなど地元密着の戦略で人気球団に育て上げ、福岡ドームの観客動員数を300万人台に伸ばしてパ・リーグ新記録を達成、日本シリーズ優勝にも大きく貢献した。14年よりオーナー代行。しかしワンマン経営を巡ってダイエー本社との確執が表面化、16年運営会社社長を解任され、オーナー代行も辞任。直後、女性社員らにセクハラ行為があったとして強制わいせつ容疑で福岡県警に逮捕され、17年10月福岡地裁の下した懲役3年、執行猶予5年の判決が確定した。その後は盛岡市で観光業の経営コンサルタントを務めた。著書に「会社再建3つの戦略」「ならば私が黒字にしよう」「『人材』と『お客』はいくらでもつくれる」「人生は努力した人に運という翼をかけてくれる」がある。　⊛観光関係功労者国土交通大臣表彰〔平成16年〕

河野 明綱　こうの・あけつな　宮崎大学名誉教授　⊕植物病理学　②平成28年（2016）1月16日　91歳〔腹部大動脈瘤破裂〕　①大正13年（1924）12月20日　⊕愛媛県喜多郡内子町　⊖宮崎農林専門学校農学部農学科卒　農学博士　⊜宮崎大学農学部助教授、教授を務めた。

河野 一英　こうの・いちえい　公認会計士　大東文化大学名誉教授　⊕会計学、監査論　②平成27年（2015）7月24日　94歳　①大正9年（1920）8月16日　⊕広島県

⊖明治大学商学部〔昭和18年〕卒　商学博士〔昭和59年〕　⊜大東文化大学経済学部教授、学部長、セントラリー監査法人会長などを歴任した。著書に「実務・会計学」「会計学の基礎理論」「監査実務」「会計方法論の基礎構造」などがある。　⊛勲四等旭小綬章〔平成6年〕、紺綬褒章〔平成6年〕、日本公認会計士協会学術賞（第20回）〔平成4年〕「会計学を索ねて」　⊕日本会計研究学会　⊗弟＝河野典男（世紀東急工業社長）

高野 和男　こうの・かずお　大泉町（群馬県）町長　②平成28年（2016）11月21日　86歳　①昭和5年（1930）1月28日　⊖小泉農卒　⊜昭和26年群馬県大泉町役場に入る。48年町長公室長、56年助役を経て、平成4年町長に初当選。2期務めた。

河野 憲壮　こうの・けんそう　弁護士　日本弁護士連合会民事介入暴力対策委員会委員長　②平成28年（2016）12月16日　57歳　①昭和34年（1959）7月31日　⊕広島県　⊖中央大学卒　⊜昭和62年司法試験に合格、平成2年弁護士登録。市民や企業を暴力団から守る"民暴弁護士"として活動。東京弁護士会や日本弁護士連合会の民事介入暴力対策委員会委員長を務め、組員が起こした犯罪で組織トップの使用者責任を問い損害賠償を求める"組長責任"の拡大に尽力した。　⊕東京弁護士会

巷野 悟郎　こうの・ごろう　医師　都立府中病院院長　東京家政大学教授　全国ベビーシッター協会会長　⊕小児科学、小児保健学　②平成29年（2017）2月2日　95歳〔老衰〕　①大正10年（1921）2月12日　⊕栃木県足利市　⊖東京帝国大学医学部〔昭和19年〕卒　医学博士　⊜東京都立八王子乳児院長、都立駒込病院小児科医長、副院長、都立府中病院長、東京家政大学児童学科教授、こどもの城小児保健部長を経て、同院長。聖徳大学児童学科教授も務めた。また、NHKラジオ「ヤングママ子育て相談」で育児相談を担当した。一方、筋拘縮症は治療する筈の医療行為（乱注射）によって作られた医原病であると、医師の倫理に厳しく自己批判をした報告書を発表、大きな反響を呼んだ。著書に「危ない育児常識」「育児常識のウソ」「小児の急患をどう診るか」「いかがですかあなたの赤ちゃん」「ちゃんが書かせてくれた」などがある。　⊛勲三等瑞宝章〔平成3年〕　⊕日本小児保健学会、日本小児科学会

河野 正三　こうの・しょうぞう　国土事務次官　住宅金融公庫総裁　②平成27年（2015）6月22日　91歳〔膵臓がん〕　①大正13年（1924）1月3日　⊕千葉県　⊖東京大学法学部政治学科〔昭和23年〕卒　⊜建設省（現・国土交通省）に入る。昭和45年官房文書課長、46年計画局宅地部長、48年官房審議官を経て、49年土庁土地局長、51年官房長、54年国土事務次官。56年6月退官後、58年住宅金融公庫総裁、都市計画協会会長、平成2年公庫住宅融資保証協会理事長を歴任。土地政策審議会企画部会長も務めた。著書に「国土利用計画法」「実践的土地政策」などがある。　⊛勲一等瑞宝章〔平成8年〕

河野 誠一　こうの・せいいち　東急不動産取締役　平成29年（2017）3月19日　82歳〔腎細胞がん〕　①昭和9年（1934）8月24日　⊕東京都　⊖青山学院大学経済学部〔昭和32年〕卒　⊜昭和32年東急不動産に入社、

こうの　　　　　　　日　本　人

61年取締役。平成4年伊豆観光開発顧問に転じ、同年社長に就任した。

河野 多惠子 こうの・たえこ 小説家 ㉞平成27年（2015）1月29日 88歳〔呼吸不全〕 ㉓大正15年（1926）4月30日 ㉑大阪府大阪市西区西通頓堀 本名＝市川多惠子（いちかわ・たえこ） ㉕大阪府女子専門学校（現・大阪女子大学）経済科〔昭和22年〕卒 大阪市の乾物問屋に生まれる。谷崎文学に傾倒し、丹羽文雄の主宰する同人誌「文学者」の同人となる。作家を志し、昭和27年上京。37年新潮社同人雑誌賞受賞の「幼児狩り」で注目され、38年「蟹」で第49回芥川賞を受賞。漸次意識内の世界を描く観念的な作風を発展させ、41年「最後の時」で女流文学賞、43年「不意の声」で読売文学賞、55年「一年の牧歌」で谷崎潤一郎賞を受けた。59年には日本芸術院賞を受賞。62年大庭みな子とともに女性として初めて芥川賞選考委員に選ばれ、金原ひとみ、綿矢りさ、青山七恵ら新しい才能を積極的に推した。平成19年退任。2年谷崎賞選考委員。14年文化功労者、26年文化勲章を受章。4年から14年間、ニューヨークで暮らし、6年米国の永住権を取得した。23年帰国後初の短編集「逆事」を刊行。他の著書に「回転扉」「雙葉」「みいら採り猟奇譚」「後日の話」「秘事」「半所有者」「最後の時」「炎々の記」や、長編評論「谷崎文学と肯定の欲望」などがある。㉟芥川賞（第49回）〔昭和38年〕「蟹」、日本芸術院賞〔昭和59年〕、文化功労者〔平成14年〕、勲三等瑞宝章〔平成11年〕、文化勲章〔平成26年〕、新潮社同人雑誌賞（第8回）〔昭和37年〕「幼児狩り」、女流文学賞（第6回）〔昭和41年〕「最後の時」、読売文学賞（第20回）〔昭和43年〕「不意の声」、読売文学賞（第28回）〔昭和51年〕「谷崎文学と肯定の欲望」、谷崎潤一郎賞（第16回）〔昭和55年〕「一年の牧歌」、野間文芸賞（第44回）〔平成3年〕「みいら採り猟奇譚」、伊藤整文学賞（第10回）〔平成11年〕「後日の話」、毎日芸術賞（第41回）〔平成11年〕「後日の話」、川端康成文学賞（第28回）〔平成14年〕「半所有者」 ㉓日本芸術院会員〔平成1年〕 ㉔日本文芸家協会、日本著作権保護同盟、日本ペンクラブ、女流文学者会 ㉗夫＝市川泰（洋画家）

河野 拓夫 こうの・たくお 黒崎窯業社長 ㉞平成27年（2015）3月29日 83歳〔間質性肺炎〕 ㉓昭和6年（1931）9月19日 ㉑大分県杵築市 ㉕東京大学工学部冶金学科〔昭和29年〕卒 工学博士 ㉖昭和29年八幡製鉄（のち新日本製鉄、現・新日鉄住金）に入り、50年研究開発本部管理部長、60年取締役、平成元年黒崎窯業（現・黒崎播磨）副社長、2年社長。8年取締役相談役に退く。同年東南アジア鉄鋼協会（SEAISI）からフレンドオブSEAISI名誉会友の称号を贈られた。㉟渡辺義介記念賞（第27回）〔昭和60年〕「製鋼技術ならびに鋼管製造技術の進歩発展」

河野 健比古 こうの・たけひこ 電算創業者 ㉞平成29年（2017）9月20日 80歳〔膵臓がん〕 ㉓昭和12年（1937）8月8日 ㉑東京都 ㉕早稲田大学商学部〔昭和35年〕卒 ㉖近鉄モータースを経て、昭和42年電算

を創業。日本データエントリ協会会長を務めた。㉗長男＝河野純（電算社長）

向野 敏昭 こうの・としあき 直方市長 ㉞平成27年（2015）2月10日 75歳〔腎臓がん〕 ㉓昭和14年（1939）11月11日 ㉕九州大学農学部〔昭和38年〕卒 ㉖直方市助役などを経て、平成15年市長に当選。3期目の任期満了を前に病死した。

河野 幹人 こうの・みきと 日本経済新聞電算機本部次長 ㉞平成28年（2016）11月12日 91歳〔老衰〕 ㉓大正14年（1925）4月19日 ㉑東京都 ㉕東京大学法学部〔昭和25年〕卒 ㉖労働事務官、国策パルプを経て、昭和41年サンケイ新聞社取締役、46年日本経済新聞電算機本部次長。

河野 光彦 こうの・みつひこ 東邦チタニウム専務 日鉱金属常務 ㉞平成28年（2016）11月11日 78歳〔肺炎〕 ㉓昭和13年（1938）3月26日 ㉑大分県 ㉕九州大学工学部〔昭和35年〕卒 ㉖昭和35年日本鉱業（現・ジャパンエナジー）に入社。平成元年取締役、4年日鉱金属（現・JX金属）取締役、7年常務を経て、9年東邦チタニウム専務。

河野 本道 こうの・もとみち アイヌ研究家 ㉞アイヌ史 平成27年（2015）3月2日 76歳 ㉓昭和14年（1939）㉑北海道札幌市 ㉕北海道大学文学部〔昭和39年〕卒、東京大学大学院社会学研究科文化人類学専攻〔昭和45年〕博士課程修了 ㉖諸大学で人類学などを講じ、駒沢大学北海道教養部考古学研究会顧問、北海道文化財研究所客員研究員、北海道ウタリ協会アイヌ史編集委員、国立民族学博物館共同研究員などを歴任。平成7年北海道教育大学岩見沢校でアイヌ史（通史）講義担当。著書に「「アイヌ」―その再認識」、編著に「アイヌ史新聞年表」や「装いのアイヌ文化誌」「ペカムペ日誌」などがある。祖父・常吉、父・広道と3代続くアイヌ研究の一家で、「河野コレクション」と呼ばれる膨大な資料を所蔵しており、うち考古資料1万数千点、民族資料2千点が旭川市博物館に収められている。㉗祖父＝河野常吉（歴史家）、父＝河野広道（考古学者）

鴻池 雅夫 こうのいけ・まさお 牧師 日本基督教団鶴岡教会牧師 ㉞平成27年（2015）1月21日 83歳 ㉓昭和6年（1931）2月16日 ㉑大阪府 ㉕日本聖書神学校卒 ㉖昭和32年受按。日本基督教団の八丈島教会、南住吉教会、鶴岡教会牧師を33年間歴任して、引退。鶴岡教会では敬老センターを設立。62年に辞任するまで、若葉幼稚園園長を22年間務めた。また、山形県生涯教育講師として教育・福祉・医療関係の講演を行うほか、医療生協鶴岡協立病院嘱託カウンセラーも務めた。著書に「老人讃歌」「病人讃歌」「弱者讃歌」などがある。㉔日本笑い学会、北日本看護学会、日本死の臨床研究会

神山 繁 こうやま・しげる 俳優 ㉞平成29年（2017）1月3日 87歳〔肺炎〕 ㉓昭和4年（1929）1月16日 ㉑広島県呉市 ㉕海軍経理学校〔昭和20年〕卒 ㉖進駐軍の通訳、航空会社勤務を経て、昭和27年文学座に演出部研究生として入座。演出助手を務めたのち俳優に転じる。38年退団し、現代演劇協会の劇団雲の創立に

参加。「黄金の国」「リア王」「アントニーとクレオパトラ」「コリオレイナス」「マクベス」など主にシェイクスピア劇に出演。50年雲解散後、演劇集団円の創立に参加、「スカパン」「ペリクリーズ」などに出演。映画は28年「にごりえ」でデビュー。以後、日活アクション映画の悪役やクールで権力志向型の現代人といった役どころで活躍。40年に始まったテレビ映画「ザ・ガードマン」で人気を集めた。その後、米国映画「ブラック・レイン」(平成元年)や、市川崑監督「四十七人の刺客」(6年)、北野武監督「アウトレイジ・ビヨンド」(24年)などに出演した。また、サントリーCMなどで茶の間にも親しまれた。他の出演作に、テレビ「おんな太閤記」「父母の誤算」「結婚の四季」「独眼竜政宗」「官僚たちの夏」「憲法はまだか」「お仕事です」「葵 徳川三代」、映画「遙かなる走路」「連合艦隊」「集団左遷」「踊る大捜査線 The Movie 2レインボーブリッジを封鎖せよ!」「沈まぬ太陽」などがある。　[家]妻=文野朋子(女優)

古浦 敏生　こうら・としお　広島大学名誉教授　[専]言語学, イタリア語学　[没]平成29年(2017)5月2日　78歳〔悪性リンパ腫〕　[生]昭和14年(1939)1月4日　[出]島根県　[学]広島大学文学部卒, 広島大学大学院文学研究科言語学専攻修士課程修了　博士(文学)　[歴]広島大学文学部教授を務めた。著書に「イタリア文法・言語学用語辞典」「日本語・イタリア語対照研究」「イタリア語文法研究」などがある。

小枝 秀穂女　こえだ・しゅうほじょ　俳人　「秀」主宰　[没]平成29年(2017)5月22日　93歳　[生]大正12年(1923)9月12日　[出]宮城県仙台市　[名]本名=小枝ヒデ子　[学]常盤木学園専攻部家政科卒　[歴]昭和17年永野孫柳に師事。ただちに「石楠」に入会。27年「俳句饗宴」創刊に同人参加。29年「女性俳句」創刊に参加、のち編集同人に。46年「蘭」創刊に参加。63年「秀」を創刊、平成18年に終刊するまで主宰した。句集に「華麗な枯れ」「蘭契」「鯛曼陀羅」「糸游」「蒼月夜」などがある。消費生活コンサルタントとしても活動した。　[賞]蘭同人賞〔昭和53年〕　[団]俳人協会, 日本文芸家協会

郡 順史　こおり・じゅんし　小説家　[没]平成27年(2015)2月22日　92歳　[生]大正11年(1922)9月13日　[出]東京都　[名]本名=高山恂史　[学]明治大学専門部卒　[歴]昭和21年2月から約7年間娯楽雑誌編集者を務め、27年山手樹一郎主宰の「新樹」同人となり、作家活動に入る。江戸時代の武士道論書「葉隠」の研究に傾倒し、時代小説を多く創作。著書に「抜刀流旅日記」「葉穏士魂」「介錯人」「風流天狗剣」「北の士魂」などがある。　[賞]日本文芸家クラブ特別賞〔平成13年〕　[団]日本文芸家協会, 日本文芸家クラブ

古賀 フミ　こが・ふみ　染織家　[専]佐賀錦　[没]平成27年(2015)6月7日　88歳〔大腸がん〕　[生]昭和2年(1927)2月3日　[出]佐賀県佐賀市　[名]本名=西山フミ(にしやま・ふみ)　[学]佐賀高女〔昭和19年〕卒　[歴]幕末、御殿によっていた大祖母から、4歳の時に佐賀錦の手ほどきを受ける。昭和41年に佐賀市から東京に移り、染織作家として独立。同年日本伝統工芸展に初出品して入選。44年同展で日本工芸会総裁賞を受賞。58年より同展鑑査委員。竹べらを用いる佐賀錦の伝統的な染織技法を駆使し、優れた色彩感覚を発揮。平成6年人間国宝に認定される。代表作に「佐賀錦紗綾形地花菱文帯『瑞花』」などがある。　[賞]紫綬褒章〔昭和63年〕, 勲四等宝冠章〔平成10年〕, 日本伝統工芸染織展東京都教育委員会賞(第4回)〔昭和42年〕, 日本伝統工芸展日本工芸会総裁賞(第16回)〔昭和44年〕, 日本伝統工芸染織展日本工芸会賞(第6回・19回)〔昭和44年・57年〕, 日本伝統工芸展日本工芸会会長賞(第29回)〔昭和57年〕　[資]重要無形文化財保持者(佐賀錦)〔平成6年〕　[団]日本工芸会　[家]夫=西山松之助(東京教育大学名誉教授)　[師]師=古賀ミス, 古賀八千代

古賀 通生　こが・みちたか　テニス指導者　柳商学園理事長　柳川高校校長・テニス部総監督　[没]平成28年(2016)7月23日　81歳〔誤嚥性肺炎〕　[生]昭和10年(1935)7月14日　[出]福岡県柳川市　[学]中央大学文学部卒, 東京教育大学大学院国文学専攻〔昭和36年〕修了　[歴]父が校長を務める柳川高校で野球部長を務め甲子園にも出場させたが、高校野球の管理性になじめず、進学校でも盛んなテニス部を創設。監督、総監督として自ら寮に寝泊りし生徒を指導、昭和42〜55年高校総体男子団体戦で14連覇を成し遂げ、福井烈、白戸仁、武鎗正芳、松岡修造ら日本のトッププレイヤーを数多く育てた。57年〜平成8年同高校長、平成元年〜14年柳商学園理事長。全国高体連テニス部長、全国選抜高校テニス大会会長、日本テニス協会理事なども歴任した。著書に「勝つテニス―柳川テニスの強さの秘密」がある。　[賞]西日本スポーツ賞〔昭和55年〕, NHK映像ニュース賞金賞(平成3年度)〔平成4年〕「台風19号ビデオ」　[家]長男=古賀賢(柳商学園理事長), 父=古賀肇(全国私学振興会連合会会長)

古賀 光謹　こが・みつのり　河太郎会長　[没]平成27年(2015)2月10日　89歳〔膀胱がん〕　[出]佐賀県唐津市　[歴]昭和35年福岡市博多区中洲に料亭の河太郎を創業。48年にはイカの活き作りが売りの店を佐賀県唐津市呼子町に開いた。

小海 永二　こかい・えいじ　詩人　評論家　日本現代詩人会会長　横浜国立大学名誉教授　[専]日本近・現代詩, フランス現代詩, 国語教育(文学教育)　[没]平成27年(2015)7月21日　83歳　[生]昭和6年(1931)11月28日　[出]東京市麻布区(東京都港区)　[名]本名=小海永二(こかい・えいじ)　[学]東京大学文学部仏文科〔昭和30年〕卒　[歴]昭和30年東京都千代田区立九段中学校教諭、34年東京都立雪谷高等学校教諭、40年多摩美術大学美術学部助教授、41年横浜国立大学教育学部講師、42年助教授、53年教授。また、日本現代詩人会会長、日本現代詩研究者国際ネットワーク(平成4年設立)代表などを歴任。ミショー、ロルカを中心にフランス現代詩の翻訳紹介を行う他、日本近代詩、現代詩の鑑賞やアンソロジーの編著なども多い。19年「小海永二著作撰集」(全8巻)、20年「小海泳二翻訳撰集」(全6巻)を刊行。他の著書に「詩集・定本 峠」「日本戦後詩の展望」「ロルカ評伝」「現代詩の指導」、編著に「世界の名詩」「日本の名詩」「詩集 軽い時代の暗い歌」「詩集・幸福論」、訳書に「ロルカ詩集」「アンリ・ミショー全集」(全4巻)「現代フランス詩集」などがある。　[団]日本

こかねさわ　　　　　日　本　人

文芸家協会, 日本現代詩研究者国際ネットワーク　Ⓢ
妹＝小海智子（シャンソン歌手）

小金沢 岩男　こがねざわ・いわお　群馬県議（自民
党）　小金沢建設社長　西毛自動車教習所社長　Ⓓ平
成27年（2015）7月21日　95歳　Ⓑ昭和14年4月
10日　Ⓟ群馬県　Ⓔ高小卒　Ⓗ昭和36年小金沢建設,
38年西毛自動車教習所を設立。41年富岡市議2期を経
て、50年群馬県議に初当選。以来連続5選。62年副議
長、平成4年議長。7年引退。群馬県ハンドボール協会
会長、富岡市体育協会会長なども務めた。　Ⓗ紺綬褒
章、勲三等瑞宝章〔平成8年〕

小河 三郎　こがわ・さぶろう　石見交通社長　Ⓓ平成29
年（2017）2月9日　85歳〔病気〕　Ⓑ昭和7年（1932）1
月11日　Ⓟ島根県益田市　Ⓔ早稲田大学教育学部〔昭
和29年〕卒　Ⓗ昭和46年石見交通に入社。専務などを
経て、平成6年社長、14年会長。貸し切りバス事業を
分離して新会社を設立するなど、経営手腕を発揮した。
7年から12年間、益田商工会議所副会頭。また、12年
から島根県教育委員を1期4年間務めた。　Ⓗ旭日双光
章〔平成16年〕

国場 幸忠　こくば・こうちゅう　沖縄陸上競技協会副
会長　Ⓓ平成27年（2015）4月29日　82歳〔病気〕　Ⓟ
沖縄県那覇市　Ⓗ平成10～15年沖縄陸上競技協会副
会長を務めた。　Ⓗ日本陸上競技連盟秩父宮章〔平成
11年〕

国場 幸房　こくば・ゆきふさ　建築家　国建名誉会
長　Ⓓ平成28年（2016）12月24日　77歳　Ⓑ昭和14年
（1939）9月1日　Ⓟ沖縄県那覇市　Ⓔ早稲田大学第一理
工学部建築学科〔昭和38年〕卒　Ⓗ昭和38年大高建築
設計事務所を経て、42年国建に入社。50年取締役、61
年常務、平成3年副社長を歴任。建築家として沖縄での
高層建築の先駆けとなった「国場ビル」（昭和45年）を
はじめ、大胆で緑豊かな吹き抜けが特徴的な「ムーン
ビーチホテル」（50年）、「那覇市民体育館」（61年）、「パ
レットくもじ」（平成3年）、「沖縄県公文書館」（7年）、
「宮古空港新ターミナル」（9年）、「海洋博記念公園沖
縄美ら海水族館」（14年）、「那覇市役所新庁舎」（24年）
などの設計を手がけた。　Ⓗ日本建築学会霞が関ビル
記念賞〔平成4年〕「パレットくもじ」、日本建築士事
務所協会連合会建設大臣賞〔平成7年〕「沖縄県公文書
館」、日本建設業協会BCS賞〔平成8年〕「沖縄県公文
書館」、日本建築家協会JIA25年賞〔平成14年〕「ムー
ンビーチホテル」、公共建築賞特別賞〔平成18年〕「海
洋博記念公園沖縄美ら海水族館」

国分 富士保　こくぶん・ふじお　弁護士　青森県弁
護士会会長　Ⓓ平成28年（2016）4月2日　91歳〔老衰〕
Ⓑ大正14年（1925）2月21日　Ⓟ岩手県二戸市　Ⓔ二高
卒、東京大学法学部〔昭和24年〕卒　Ⓗ昭和37年司法
試験に合格、40年弁護士登録。45年青森県弁護士会副
会長、53年会長。55～63年青森県教育委員。　Ⓗ勲四
等瑞宝章〔平成7年〕　Ⓗ青森県弁護士会

小熊 孝次　こぐま・こうじ　会計検査院事務総局次
長　Ⓓ平成27年（2015）7月6日　95歳〔病気〕　Ⓑ大正
8年（1919）12月18日　Ⓟ北海道　Ⓔ東京帝国大学法学

部政治学科〔昭和16年〕卒　Ⓗ大蔵省（現・財務省）に
入省。主計局法規課長、理財局経済課長、東京税関長
を経て、昭和39年会計検査院第五局参事官、40年第四
局長、第五局長、45年事務総局次長。46年住宅金融公
庫（現・住宅金融支援機構）理事に転じ、47年副総裁。
52年神奈川相互銀行（現・神奈川銀行）社長を務めた。
Ⓗ勲二等瑞宝章〔平成2年〕

小坂 憲次　こさか・けんじ　衆院議員（自民党）　参院
議員　文部科学相　Ⓓ平成28年（2016）10月21日　70
歳〔悪性リンパ腫〕　Ⓑ昭和21年（1946）3月12日　Ⓟ
長野県長野市　Ⓔ慶応義塾大学法学部〔昭和43年〕卒
Ⓗ外相を務めた小坂善太郎の二男で、運輸相を務めた
小坂徳三郎の甥。昭和43年日本航空に入社。海外勤務
を経て、61年父の秘書となり、平成2年父の引退を受
け衆院選旧長野1区に自民党から立候補して当選。6年
離党して新生党入りし、同年新進党、8年太陽党結成
に参加。10年1月民政党結成には参加せず、同年6月自
民党に復党。13年第二次森喜朗内閣の総務副大臣とな
り、同年5月小泉内閣でも再任。17年第三次小泉改造
内閣の文部科学相として初入閣。21年落選、6期。22
年参院議員に比例区より当選。同年8月党の参院幹事
長。28年病気療養のため沖縄参院選の党公認を辞退し、
引退した。17～21年自民党長野県連会長。長野県バス
ケットボール協会会長、長野県剣道連盟会長、長野陸
上競技協会会長なども歴任、10年の長野五輪開催にも
尽力した。　Ⓢ父＝小坂善太郎（政治家）、祖父＝小坂
順造（政治家・実業家）

小崎 健一　こざき・けんいち　岡山大学大学院医歯薬学
総合研究科教授　Ⓓ平成28年（2016）5
月29日　52歳〔肺炎〕　Ⓑ愛知県名古屋市　Ⓔ広島大
学歯学部卒、名古屋大学大学院医学研究科外科系・口
腔外科　Ⓗ平成元年名古屋大学医学部附属病院口腔外
科に入る。愛知県がんセンター研究所、愛知医科大学、
大阪歯科大学、東京医科歯科大学を経て、26年岡山大
学大学院医歯薬学総合研究科教授。口腔がんの専門家
だったが、自らも舌がんを患い舌の4分の3及び顎の骨
を摘出。舌を摘出して声を出すことが困難になった人
の口の中に取り付け、明瞭な発声を可能にする「人工
舌」の開発に尽力した。舌を失った患者が再び会話で
きるよう支援する岡山大の研究グループ "夢の会話プ
ロジェクト" 代表も務めた。

小沢 七兵衛　こざわ・しちべえ　島津製作所専務
応用物理学　Ⓓ平成28年（2016）12月30日　92歳〔肺
炎〕　Ⓑ大正13年（1924）1月2日　Ⓟ滋賀県野洲市　Ⓔ
三高理科〔昭和17年〕卒、東京帝国大学工学部機械工
学科〔昭和20年〕卒　工学博士　Ⓗ昭和20年島津製作
所に入社、47年取締役、52年常務を経て、56年専務。
61年島津メディカル社長、平成3年島津エスディー顧
問。この間、昭和55年日本応用物理学会関西支部長を
務めた。　Ⓗ紫綬褒章〔昭和55年〕

越賀 義隆　こしか・よしたか　能楽師（観世流シテ方）
Ⓓ平成28年（2016）12月4日　94歳〔多臓器不全〕　Ⓑ
大正11年（1922）8月18日　Ⓟ兵庫県神戸市　Ⓔ浦田保
嗣、浦田保利に師事、「鞍馬天狗」の稚児で初舞台を
踏む。「乱」「石橋」「道成寺」などを披いた。昭和32

年より日本能楽会会員。 [家]長男＝越賀隆之（能楽師） [師]師＝浦田保嗣, 浦田保利

越島 哲夫 こしじま・てつお 京都大学名誉教授 [専]木材化学 [没]平成28年（2016）10月10日 90歳〔病気〕 [生]大正15年（1926）9月24日 [出]石川県金沢市 [学]京都大学農学部農林化学科〔昭和27年〕卒 農学博士 [歴]京都大学木材研究所助手、昭和40年工業技術院大阪工業技術試験所主任研究官を経て、50年京都大学教授。平成2年名誉教授、近畿大学教授に就任。著書に「木を科学する」などがある。 [団]日本木材学会, 日本農芸化学会, 日本化学会, 日本糖質学会, 繊維学会, 国際雨水資源化学会, 木材科学国際アカデミー（IAWS）

腰塚 治男 こしずか・はるお 群馬県議（自民党） [没]平成28年（2016）12月2日 90歳 [生]大正15年（1926）6月3日 [出]群馬県桐生市 [学]桐生中卒 [歴]昭和36年以来群馬県議を7期務め、48年副議長。62年桐生市長選に立候補。三山工業会長、整染ワコー会長も務めた。 [賞]藍綬褒章, 勲三等瑞宝章〔平成10年〕

腰野 富久 こしの・とみひさ 横浜市立大学名誉教授 [専]整形外科学, リウマチ学, リハビリテーション医学 [没]平成28年（2016）5月18日 80歳〔肺がん〕 [生]昭和11年（1936）4月3日 [出]東京都豊島区池袋 [学]横浜市立大学医学部〔昭和36年〕卒, 横浜市立大学大学院医学研究科〔昭和41年〕博士課程修了 医学博士（横浜市立大学）〔昭和41年〕 [歴]昭和41年横浜市立大学医学部整形外科副手、同年米国オハイオ州クリーブランド市聖路加病院でレジデント、42年米国ニューヨーク市コーネル大学医学部講師（整形外科学）、45年同大助教授、同時にブルックリン工科大学客員準教授、46年横浜市立大学助手（医学部整形外科）、50年講師、51年助教授、56年教授。のち医学部附属病院長。平成11年同病院において患者2人を取り違えて手術した問題の責任を取り院長を辞任した。 [賞]日本リウマチ学会学会賞（第27回）〔昭和58年〕「膝骨壊死に対する脛骨骨切り術（英文）」, アメリカ整形外科学会学会賞〔昭和61年〕「脛骨骨切り術（英文）」 [資]日本整形外科学会認定医, 日本リハビリテーション学会認定医, リウマチ登録医, 整形外科スポーツ医 [団]日本整形外科学会, 国際整形外科学会（SICOT）, 日本リウマチ学会, 日本リハビリテーション医学会

児島 章郎 こじま・あきろう ダイセル化学工業社長 [没]平成27年（2015）3月17日 82歳〔腸閉塞〕 [生]昭和8年（1933）1月18日 [出]東京都 [学]一橋大学経済学部〔昭和30年〕卒 [歴]昭和30年大日本セルロイド（のちダイセル化学工業, 現・ダイセル）に入社。56年人事部長、58年取締役、60年常務、62年副社長を経て、63年社長。平成11年会長。関西経営者協会副会長を務めた。 [賞]藍綬褒章〔平成7年〕

小嶋 一浩 こじま・かずひろ 建築家 横浜国立大学教授 シーラカンスアンドアソシエイツ（CAt）代表取締役・パートナー [専]建築学 [没]平成28年（2016）10月13日 57歳〔食道がん〕 [生]昭和33年（1958）12月1日 [出]大阪府 [学]京都大学工学部建築学科〔昭和57年〕卒, 東京大学大学院工学系研究科建築学専攻〔昭和63年〕博士課程単位取得退学 [歴]昭和60年シーラカンスアーキテクツとして活動開始。東京大学大学院博士課程在籍中の61年シーラカンス一級建築士事務所を共同設立。63年～平成3年東京大学工学部助手、4年早稲田大学非常勤講師、6年東京理科大学助教授。10年株式会社シーラカンスアンドアソシエイツ（C+A）に改組。17年C+Aグループ（CAt, CAn）に再編。17～23年東京理科大学教授、23年横浜国立大学教授。京都工芸繊維大学特任教授も務めた。学校建築の設計に定評があり、「千葉市立打瀬小学校」「吉備高原小学校」などを手がけた。他に「大阪国際平和センター」など。著書に「シーラカンスJAM」（分担執筆）「アクティビティを設計せよ！ 学校空間を軸にしたスタディ」「PLOT2 小嶋一浩：建築のプロセス」など。 [賞]東京建築士会住宅建築賞特別賞〔平成2年〕, 建築業協会賞〔平成5年〕, 日本建築学会賞（作品）〔平成9年〕「千葉市立打瀬小学校」, 日本建築学会作品選奨〔平成12年・15年・21年〕「吉備高原小学校」「宮城県迫桜高等学校」「千葉市立美浜打瀬小学校」, 建築業協会賞BCS賞〔平成11年・14年〕, ARCASIA建築賞金賞〔平成14年〕「スペースブロック上新庄」, 日本建築士会連合会優秀建築賞〔平成15年〕「ヒムロハウス」, 公共建築賞優秀賞〔平成16年〕, 村野藤吾賞（第26回）〔平成25年〕「宇土市立宇土小学校」, 国際公開設計競技最優秀「大阪国際平和センター」, 指名プロポーザルコンペティション最優秀「宮城県迫桜高等学校」, 指名コンペ最優秀「ビッグハート出雲」, 指名プロポーザルコンペ最優秀「千葉市立打瀬小学校」, 指名プロポーザルコンペ最優秀「東京大学先端科学技術研究センター3号館－1」, 指名プロポーザルコンペ最優秀「千葉市立打瀬第三小学校（仮称）」 [資]1級建築士, 設計専攻建築士, まちづくり専攻建築士 [団]日本建築学会, 東京建築士会, 日本建築家協会 [家]妻＝城戸崎和佐（建築家）

小島 金平 こじま・きんぺい コジマ社長 [没]平成28年（2016）3月27日 89歳〔肺炎〕 [生]大正15年（1926）6月2日 [出]栃木県 [学]早稲田大学〔昭和22年〕卒 [歴]栄商事勤務を経て、弟の勝平が創業した小島電気商会に昭和36年入社。38年小島電機（現・コジマ）に改組改称し取締役、49年社長、60年会長、平成14年相談役。 [家]弟＝小島勝平（コジマ創業者）, 小島由三（コジマ副社長）

小島 功 こじま・こお 漫画家 日本漫画家協会理事長 [没]平成27年（2015）4月14日 87歳〔脳出血〕 [生]昭和3年（1928）3月3日 [出]東京都台東区根岸 [名]本名＝小島功（こじま・いさお） [学]川端画学校中退, 太平洋美術学校中退 [歴]高等小学校時代から漫画の投稿を始め、川端画学校などで絵を学ぶ。昭和22年長新太らと独立漫画派を結成。34年同派を解散し、加藤芳郎、岡部冬彦らの協力を得て、39年日本漫画家協会を設立。平成4年理事長、12年会長、22年名誉会長。庶民性を下地にモダンなしゃれっ気を織りまぜた作品で知られ、あでやかでエロチシズムと包容力を兼ねそなえた美人画を得意とした。昭和31年から「週刊アサヒ芸能」に連載した代表作「仙人部落」は、平成26年まで約60年の長期連載となり連載2861回を数えた。昭和49年に亡くなった清水崑の後を継いで手がけた、清酒「黄桜」のCMに登場する河童のキャラクターでも親しまれた。また、40年より日本テレビ系の深夜番組「11PM」に18年間にわたってレギュラー出演した。朝日新聞や毎

日新聞の政治漫画・時事漫画も担当し、他の作品に「ヒゲとボイン」「うちのヨメはん」「黒猫ドン」「俺たちゃライバルだ！」「日本のかあちゃん」「7-8=1」「あひるケ丘77」などがある。 [賞]紫綬褒章〔平成2年〕, 勲四等旭日小綬章〔平成11年〕, 文春漫画賞（第14回）〔昭和43年〕「日本のかあちゃん」「7-8=1」, 日本漫画家協会賞文部大臣賞（第29回）〔平成12年〕「一連の作品」 [団]日本漫画家協会

小嶋 怜　こじま・さとし　中日新聞常務　[没]平成27年（2015）10月11日　82歳〔誤嚥性肺炎〕　[生]昭和8年（1933）4月28日　[出]岐阜県多治見市　[学]名古屋大学経済学部卒　[歴]昭和32年中日新聞社に入社。名古屋本社経理部次長、55年経理部長、60年社長室次長、62年社長室長心得、63年社長室長、平成5年取締役社長室長、11年常務。16年から相談役を務めた。

小島 静馬　こじま・しずま　衆院議員（自民党）　参院議員　[没]平成27年（2015）8月15日　86歳〔病気〕　[生]昭和3年（1928）12月15日　[出]静岡県田方郡伊豆長岡町（伊豆の国市）　[学]韮山中〔昭和23年〕卒, 早稲田大学第一法学部〔昭和28年〕卒　[歴]早大在学中、雄弁会幹事長を務める。昭和28年山田弥一衆院議員秘書となり、38年静岡県議に当選。3期目途中の47年まで務める。51年衆院選旧静岡2区から自民党公認で当選。54年落選、1期。58年参院選静岡選挙区に同党から当選。61年第三次中曽根内閣で通商産業政務次官。平成元年落選して政界を引退した。 [賞]勲三等旭日中綬章〔平成11年〕

小島 晋治　こじま・しんじ　東京大学名誉教授　中国研究所理事長　[専]中国近代史　[没]平成29年（2017）3月6日　89歳〔肺炎〕　[生]昭和3年（1928）2月16日　[出]茨城県古河市　[学]東京大学文学部東洋史学科〔昭和27年〕卒　[歴]昭和42年横浜市立大学助教授、48年東京大学助教授、52年教授を経て、63年神奈川大学教授。平成10年退任。中国研究所理事長なども務めた。1960年代から20年以上にわたって高校世界史教科書を執筆。また、元年から始まった沖縄県の歴代宝案編纂事業に当初から関わり、26年度刊行分までの校訂本・訳註本を担当した。著書に「アジアから見た近代日本」「太平天国革命の歴史と思想」「洪秀全―ユートピアを求めて」「太平天国運動と現代中国」、共著に「中国近現代史」「原典中国近代思想史1」などがある。 [団]現代中国学会, 中国研究所

小嶋 誠一　こじま・せいいち　八戸商工会議所専務理事　[没]平成27年（2015）2月6日　74歳〔食道がん〕　[出]青森県八戸市　[歴]昭和41年八戸商工会議所に入所。理事事務局長や八戸港貿易センタービル出向などを経て、平成12年常務理事、16～22年専務理事を務めた。

小島 孝雄　こじま・たかお　コスモ石油常務　[没]平成29年（2017）9月30日　79歳〔肺がん〕　[生]昭和13年（1938）9月28日　[出]群馬県　[学]慶応義塾大学法学部〔昭和36年〕卒　[歴]昭和36年大協石油に入社。58年液化ガス部長、61年合併によりコスモ石油と改称。63年財務部長を経て、平成2年取締役、5年常務。

五島 辰夫　ごしま・たつお　大分県高校文化連盟理事長　[没]平成29年（2017）5月31日　88歳〔肺がん〕　[出]大分県佐伯市　[歴]昭和54年に大分・別府両市で開かれた第3回全国高校総合文化祭を成功させ、"高文連"発祥の地・大分の名を全国に広めた。 [賞]大分合同新聞文化賞特別功労賞（文化活動）〔昭和54年〕

小島 宣夫　こじま・のぶお　産経新聞副社長　[没]平成28年（2016）2月4日　87歳〔肺炎〕　[生]昭和3年（1928）11月8日　[出]東京都　[学]東京大学文学部独文科〔昭和28年〕卒　[歴]昭和28年産経新聞社に入社。外信部記者、販売企画部長、仙台放送常務業務局長、55年サンケイ新聞取締役、58年専務、62年フジテレビ常勤監査役、平成元年産経新聞副社長などを歴任。4年日本工業新聞会長を兼務。5年サンケイアイ会長、のち東北文化学園常務理事。

小島 政昭　こじま・まさあき　西日本新聞事業局長　[没]平成28年（2016）12月18日　82歳〔肺炎〕　[生]昭和8年（1933）12月23日　[出]福岡県福岡市　[学]同志社大学文学部卒　[歴]昭和32年西日本新聞社に入社。事業部次長（東京駐在）、普及事業部長、60年開発局次長、平成2年事業局次長、3年同局長。西日本新聞旅行社長も務めた。

小島 又雄　こじま・またお　住友金属工業社長　[没]平成27年（2015）6月4日　79歳〔急性肺炎〕　[生]昭和10年（1935）6月28日　[出]東京都　[学]慶応義塾大学経済学部〔昭和33年〕卒　[歴]昭和33年住友金属工業（現・新日鉄住金）に入社。63年取締役、平成2年常務、4年副社長を経て、8年社長。10年同社グループの住友シチックスを吸収合併。12年会長。13年相談役に退いた。この間、フソウファイナンス社長。関西経済連合会副会長も務めた。

小嶋 悠司　こじま・ゆうじ　日本画家　京都市立芸術大学名誉教授　創画会副理事長　[没]平成28年（2016）6月7日　72歳〔脳幹出血〕　[生]昭和19年（1944）3月12日　[出]京都府京都市　[学]京都市立美術大学美術学部日本画専攻科〔昭和44年〕卒　[歴]京都市立美術大学在学中の昭和43年、新制作展に初入選して新作家賞を受賞。45年からは3年連続で新作家賞を受け、48年会員。49年創画会の結成に参加。50年文化庁在外研修員としてイタリア・フィレンツェに留学。京都市立芸術大学講師、助教授を経て、教授。密教美術・イタリア中世美術などに影響を受けたシュルレアリスム様の画風が特徴。麻キャンバスに下描きなしで制作する〈穢土（えど）〉シリーズなどがある。平成13年芸術選奨文部科学大臣賞を受賞した。 [賞]芸術選奨文部科学大臣賞（第51回, 平成12年度）〔平成13年〕「小嶋悠司―凝視される大地―展」, 京都新聞日本画賞（第1回）〔平成1年〕「穢土」, 京都美術文化賞（第12回）〔平成11年〕「骨太できびしく先駆的な作品は独自の作風を持つ.テーマへの一貫した深い思索とその表現力を評価」, 京都市文化功労者〔平成21年〕, 新制作展新作家賞〔昭和43年・45年・46年・47年〕, 山種美術館展優秀賞（第2回）〔昭和48年〕「群像」 [団]創画会

小尻 みよ子　こじり・みよこ　朝日新聞阪神支局襲撃事件で襲撃され亡くなった小尻知博記者の母　[没]平成27年（2015）7月15日　84歳〔肺炎〕　[歴]昭和62年の5月3日（憲法記念日）に朝日新聞の阪神支局が襲撃され2人が死傷した事件（朝日新聞阪神支局襲撃事件）で亡

日　本　人　　　　こたか

くなった、小尻知博記者の母。事件後に俳句を始め、「萬緑」に所属。無念の死を遂げた息子への思いを俳句に詠み、句集に「絆」がある。平成15年に一連の朝日新聞襲撃事件がすべて未解決のまま公訴時効を迎えた後も事件の真相解明を熱望した。　⊗息子＝小尻知博（新聞記者）、夫＝小尻信克

小菅 和夫　こすが・かずお　伊藤忠テクノソリューションズ副社長　㊣平成27年（2015）1月30日　68歳　㊞昭和21年（1946）9月8日　㊞八日市高〔昭和40年〕卒　㊞昭和40年CRC総合研究所（現・伊藤忠テクノソリューションズ）に入社。平成10年取締役、12年常務、13年取締役専務執行役員、14年代表取締役専務執行役員、18年取締役兼専務執行役員を経て、副社長。

小塚 博　こづか・ひろし　第五福竜丸の乗組員　㊣平成28年（2016）1月26日　84歳〔肺炎〕　㊞兵庫県西宮市　㊞昭和29年遠洋マグロ漁船・第五福竜丸に乗務中、米国がマーシャル諸島ビキニ環礁で行った水爆実験により被曝。急性放射能症による白血球減少のほか肝臓障害も併発し輸血などの治療を受ける。症状安定後は漁業を再開。その後再び体調不良を訴え、平成5年C型肝炎と診断される。10年肝炎罹患は被曝治療の際に受けた輸血が原因であるとして船員保険からの治療費再給付を静岡県に申請。県が保険適用を認めなかったため、11年国に不服申請。12年社会保険審査会により船員保険の再適用が初めて認められた。

小塚 行雄　こづか・ゆきお　日本経済新聞製作統括本部次長　㊣平成28年（2016）4月29日　78歳〔食道がん〕　㊞昭和12年（1937）9月3日　㊞愛知県　㊞大阪市立大学文学部卒　㊞昭和36年日本経済新聞社に入社。広告開発部次長、59年大阪本社広告整理部長などを経て、平成元年製作統括本部次長。2年社屋改造本部次長。のち日経事業出版社取締役も務めた。

古関 敬三　こせき・けいぞう　大日本印刷専務　㊣平成27年（2015）10月27日　93歳〔老衰〕　㊞大正11年（1922）2月25日　㊞東京都　㊞早稲田大学応用化学科〔昭和20年〕卒　㊞昭和20年大日本印刷に入社。38年取締役、45年常務を経て、51年専務。

小関 充　こせき・みつる　ジョイ創業者　基督教独立学園理事長　日本ホームセンター協会会長　㊣平成28年（2016）1月28日　88歳〔尿毒症〕　㊞昭和2年（1927）10月8日　㊞山形県　㊞山形工卒　㊞昭和33年ジョイ東京店を設立し専務、41年社長。ホームセンターを運営。55年株式に改組し、ジョイと改称。同年日本ホームセンター協会会長。また、平成12～18年基督教独立学園理事長。

小斉平 敏文　こせひら・としふみ　参院議員（自民党）　㊣平成27年（2015）7月9日　65歳〔病気〕　㊞昭和24年（1949）9月30日　㊞宮崎県小林市　㊞甲南高〔昭和43年〕卒　㊞昭和49年小山長規衆院議員秘書、54年小林市議員、平成3年から宮崎県議に3選。13年参院選宮崎選挙区に自民党から立候補して当選、1期。橋本派を経て、津島派。19年民主党などが推薦する新人候補に敗れ落選。22年小林市長選も落選した。

五代 夏夫　ごだい・なつお　作家　㊣平成28年（2016）9月30日　103歳〔肺炎〕　㊞大正2年（1913）3月25日

㊞宮崎県日向市　㊣本名＝松尾強（まつお・つよし）　㊞延岡中卒、建国大学研究院修了　㊞延岡中学を卒業後、満州へわたり建国大学研究院を修了。同院助手となり、抑留生活を経て、昭和23年帰国。26年鹿児島県議会事務局入り。34年郷土同人誌「文学匪賊」で文学活動を始め、39年「那覇の木馬」で文学界新人賞を受賞。同作は第51回芥川賞候補にもなった。南日本文学賞や南日本出版文化賞の選考委員を務めた他、島尾敏雄の後任として63年から20年間にわたり南日本新聞の新春文芸欄の選考を担当するなど、鹿児島文壇で重きをなした。著書に「薩摩間わず語り」「桜島の顔」「薩摩的こぼれ話」「薩摩秘話」、編著に「西郷隆盛のすべて」、大石兵六夢物語を現代語訳した「薩摩のドン・キホーテ」などがある。　㊞文学界新人賞（第18回）〔昭和39年〕「那覇の木馬」、南日本文化賞〔昭和57年〕、文部大臣表彰〔昭和63年〕

小平 祐　こだいら・たすく　日本農薬社長　㊣平成29年（2017）11月26日　93歳〔敗血症〕　㊞大正12年（1923）12月19日　㊞長野県　㊞東京大学経済学部〔昭和23年〕卒　㊞昭和23年旭電化工業に入社。44年取締役、54年常務を経て、58年日本農薬社長に就任。平成4年会長、7年取締役相談役に退いた。昭和62年～平成7年農薬工業会会長を務めた。　㊞勲四等瑞宝章〔平成7年〕

小高 重光　こだか・しげみつ　組子細工職人　小高建具製作所社長　㊣平成27年（2015）10月13日　78歳〔肺炎〕　㊞昭和12年（1937）4月10日　㊞千葉県　㊞本荘中〔昭和28年〕卒　㊞昭和28年渡辺建具製作所に入所。工藤建具製作所を経て、33年本荘市（現・由利本荘市）で小高建具製作所を創業。木のレースともよばれる精緻な木工芸「組子細工」を手がけ、全国建具展示会で内閣総理大臣賞を5回受賞した。57年現代の名工、平成25年秋田県文化功労者に選ばれた。　㊞黄綬褒章〔平成5年〕、現代の名工〔昭和57年〕、秋田県文化功労者〔平成25年〕

小鷹 信光　こだか・のぶみつ　翻訳家　作家　ミステリー評論家　㊣平成27年（2015）12月8日　79歳〔膵臓がん〕　㊞昭和11年（1936）8月26日　㊞岐阜県高山市　㊣本名＝中島信也（なかじま・しんや）　㊞早稲田大学文学部英文科〔昭和36年〕卒　㊞「ワセダ・ミステリ・クラブ」に所属し在学中からミステリー評論、アメリカンリポートを雑誌に執筆。医学書院勤務後、昭和41年から作家活動。ハードボイルドを中心とする、米国ミステリー小説研究の第一人者で、翻訳、評論、創作など、多彩な活動を見せる。特にダシール・ハメット「マルタの鷹」「赤い収穫」「影なき男」、ジェイムズ・クラムリー「酔いどれの誇り」、リチャード・マシスン「激突！」などの翻訳で名高く、ロス・マクドナルド、リチャード・スタークなどの訳書の他、「翻訳という仕事」「ブラック・マスクの世界」「ハードボイルド・アメリカ」「アメリカ語を愛した男たち」「サム・スペードに乾杯」「ペイパーバックの本棚から」「私のハードボイルド」など著書・編書多数。松田優作が主演したテレビドラマ「探偵物語」の原案者としても知られる。　㊞日本推理作家協会賞（第60回）〔平成19年〕「私のハードボイ

ルド」 [団]日本推理作家協会, 日本冒険作家クラブ, アメリカ探偵作家協会 [家]長女＝ほしおさなえ(作家)

小田切 行雄 こたぎり・ゆきお 長野県議 [没]平成29年(2017)9月13日 103歳〔老衰〕 [生]大正3年(1914)1月13日 [出]長野県上伊那郡飯島町 [学]明治大学商学部〔昭和14年〕卒 [歴]高校教師を経て、長野県宮田村収入役、助役ののち、昭和37年から村長を2期務める。42年長野県議に転じ、以来連続9選。初当選時から中間会派の民主クラブに所属し、西沢権一郎知事の県政を支えた“トロイカ体制”の一翼を担う。その後も県政クラブ、新風クラブ、県民クラブ、県政会に所属し、県民クラブ会長や最高顧問などを歴任。63年～平成元年県会副議長。14年、当時の田中康夫知事に対する不信任決議で県会会派間を調整。同決議に端を発した同年の出直し知事選で田中が再選されると、「不信任決議が県民に受け入れられなかった責任を取る」として県議を辞職した。ほかに長野県地方薬事審議会会長を務めた。 [賞]藍綬褒章〔昭和53年〕, 勲三等旭日中綬章〔平成15年〕

小谷 拓也 こたに・たくや 日産火災海上保険専務 [没]平成29年(2017)7月31日 86歳〔急性骨髄性白血病〕 [生]昭和5年(1930)10月1日 [出]滋賀県 [学]同志社大学経済学部〔昭和28年〕卒 [歴]昭和28年日産火災海上保険(現・損保ジャパン日本興亜)に入社。59年取締役、63年常務を経て、平成3年専務。

小谷 望 こたに・のぞむ 浅沼組常務 [没]平成28年(2016)12月6日 88歳〔病気〕 [生]昭和3年(1928)3月12日 [出]東京都 [学]早稲田大学理工学部建築学科〔昭和26年〕卒 [歴]昭和26年浅沼組に入社。東京本店開発営業部長、61年取締役を経て、平成2年常務。一方、昭和48年モスクワユニバーシアード日本選手団総務主事、60年ジュニア日中交流選手団団長、全日本大学バレーボール連盟副会長などを歴任した。 [賞]藍綬褒章〔昭和59年〕

児玉 公男 こだま・きみお 弁護士 日本弁護士連合会副会長 [没]平成27年(2015)2月6日 78歳〔肺がん〕 [生]昭和12年(1937)1月24日 [学]東京大学法学部〔昭和36年〕卒 [歴]昭和35年司法試験に合格、38年弁護士登録。日本弁護士連合会で副会長をはじめ、編集委員長、財務委員長、憲法委員長、弁護士推薦委員長、犯罪被害者支援委員長などを歴任。平成20年から東京都公安委員を務めた。 [団]第一東京弁護士会

児玉 武敏 こだま・たけとし ソニー専務 [没]平成29年(2017)4月2日 95歳〔急性膵炎〕 [生]大正10年(1921)6月23日 [出]大阪府 [学]大阪帝国大学理学部〔昭和19年〕卒 [歴]昭和26年東京通信工業(現・ソニー)に入社。34年取締役、38年常務を経て、43年専務。51年取締役相談役。

児玉 晴彦 こだま・はるひこ 住友倉庫常務 [没]平成28年(2016)11月8日 69歳〔肺がん〕 [生]昭和22年(1947)1月17日 [出]兵庫県尼崎市 [学]早稲田大学第一商学部〔昭和44年〕卒 [歴]昭和44年住友倉庫に入社。平成14年取締役を経て、17年常務。

児玉 広志 こだま・ひろし 競輪選手 [没]平成27年(2015)8月5日 46歳 [生]昭和44年(1969)5月31日 [出]香川県小豆島 [学]高松一高卒 [歴]平成2年第66期生として西武園でデビュー。4年第34回競輪祭新人王、8年第39回オールスター競輪優勝。9年全日本選抜競輪優勝。11年寛仁親王牌優勝。12年第43回オールスター競輪優勝。同年12月KEIRINグランプリ2000でグランプリ初制覇、初の賞金王にも輝いた。27年7月元交際相手に対するストーカー規制法違反の疑いで群馬県警に逮捕される。8月自宅で急死した。通算成績は、1625戦319勝、優勝54回。

小玉 正任 こだま・まさとう 沖縄開発事務次官 国立公文書館館長 [専]石敢当研究 [没]平成28年(2016)9月12日 91歳 [生]大正14年(1925)6月27日 [出]秋田県山本郡二ツ井町 [学]東京文理科大学教育学部心理学科〔昭和26年〕卒 文学博士(筑波大学)〔平成15年〕 [歴]昭和26年総理府(現・内閣府)に入る。49年迎賓館次長、51年沖縄開発庁沖縄総合事務局長、53年内閣広報室長、54年賞勲局長を経て、57年沖縄開発事務次官。59年退官後は公害等調整委員会委員、平成元年～5年国立公文書館長、7～18年沖縄協会会長を務めた。一方、沖縄に多い魔よけ“石敢当”に興味を持ち、退官後に本格的に研究。沖縄県内外を探訪してその起源を明らかにし、11年研究書「石敢当」を刊行、15年には文学博士号を授与された。他の著書に「公文書が語る歴史秘話」「史料が語る琉球と沖縄」「民俗信仰日本の石敢當」「琉球と沖縄の名称の変遷」などがある。 [賞]勲二等旭日重光章〔平成7年〕, 沖縄文化協会賞特別賞(第24回)〔平成14年〕

児玉 昌道 こだま・まさみち MCLボランティア理事長 [没]平成29年(2017)4月11日 87歳 [歴]37年間中学校の国語教師を務め、平成2年小学校校長を最後に退職。その後、宮崎女子短期大学非常勤講師を務める。11年宮崎市から市立図書館運営の受け皿作りを依頼され、MCLボランティアを結成。12年3月NPO法人の認定を受け、理事長に就任。全国で初めて公立図書館の運営を委託された。 [賞]瑞宝双光章〔平成17年〕

児玉 康弘 こだま・やすひろ 兵庫教育大学教授 [専]社会科教育学 [没]平成28年(2016)3月21日 57歳〔肺がん〕 [生]昭和33年(1958)6月 [出]大分県大分市 [学]広島大学教育学部高等学校教員養成課程〔昭和56年〕卒, 広島大学大学院教育学研究科〔昭和58年〕博士課程前期修了 博士(教育学)〔平成15年〕 [歴]昭和58年大分上野丘高校講師、59年竹田高校教諭、平成元年日田三隈高校教諭、6年別府青山高校教諭、7年広島大附属中学・高校教諭を経て、15年新潟大学教育人間科学部教授。のち兵庫教育大学教授。著書に「中等歴史教育内容開発研究」などがある。

児玉 洋二 こだま・ようじ 山九副社長 新日本製鉄常務 [没]平成27年(2015)8月22日 78歳〔肺炎〕 [生]昭和11年(1936)9月3日 [出]広島県広島市 [学]東京大学法学部法律学科〔昭和36年〕卒 [歴]昭和36年八幡製鉄(のち新日本製鉄, 現・新日鉄住金)に入社。平成5年取締役を経て、7年常務。9年山久副社長、15年常任顧問を務めた。

小玉 好行 こだま・よしゆき 作曲家 県立広島大学名誉教授 [没]平成28年(2016)5月3日 68歳〔上顎洞がん〕 [生]昭和23年(1948)4月22日 [出]広島県広島

市中区　㋐東京芸術大学音楽学部〔昭和46年〕卒　㋨広島女子大学（現・県立広島大学）助教授、教授を務めた。

古地 昭夫　こち・あきお　市原市議　市原商工会議所会頭　㋘平成28年（2016）12月25日　89歳〔肺炎〕㋨市原市議、市議会議長や市原商工会議所会頭を歴任した。

巨智部 直久　こちべ・なおひさ　群馬大学名誉教授　㋒物質生物化学　㋘平成27年（2015）10月5日　76歳　㋕昭和14年（1939）1月4日　㋑東京都　㋐東京教育大学理学部生物学科〔昭和37年〕卒、東京教育大学大学院理学研究科植物学専攻〔昭和39年〕修士課程修了　医学博士　㋨群馬大学医学部助手、教育学部助教授を経て、教授。この間、昭和49年米国ワシントン大学（セントルイス）へ留学した。共著に「看護学生のための生物学」がある。　㋧日本生化学会、日本植物学会、日本植物生理学会

小長 久子　こちょう・ひさこ　合唱指導者　大分大学名誉教授　大分県県民オペラ協会会長　㋒オペラ、ピアノ　㋘平成27年（2015）12月31日　93歳　㋕大正11年（1922）9月7日　㋑旧姓・名＝中国　㋐朝鮮藤山高女〔昭和13年〕卒、東京音楽学校（現・東京芸術大学）甲師科〔昭和17年〕卒　㋨昭和26年大分大学講師となり、助教授、教授を経て、60年名誉教授。この間、地方ではほとんど見られなかったオペラを県民の手で、と上演に奔走。43年から「フィガロの結婚」「椿姫」などを上演し、郷土の民話をオペラ化した「吉四六（きっちょむ）昇天」では総監督を務め、海外公演を行うほどの成功を収めた。大分ジュニアコーラス、ジュニアオーケストラを主宰し、大分県音楽協会会長、大分音楽研究会会長、大分第九を歌う会会長を歴任した。大分県出身の作曲家・滝廉太郎の研究家でもあり、人物叢書「滝廉太郎」、「滝廉太郎全曲集―作品と解説」の著書もある。他に「大分県民オペラ―20年の歩み」など。　㋖勲三等瑞宝章〔平成10年〕、大分合同新聞文化賞〔昭和48年〕、志呈音楽賞（第14回）〔平成19年〕　㋧大分県県民オペラ協会、大分県音楽協会、大分音楽研究会　㋯師＝遠山つや

小寺 一矢　こてら・かずや　弁護士　大阪弁護士会会長　㋘平成29年（2017）3月10日　75歳〔多臓器不全〕㋕昭和16年（1941）12月29日　㋑大阪府大阪市北区　㋐関西大学大学院〔昭和42年〕修了　㋨昭和43年司法試験合格、46年弁護士登録。平成元年大阪弁護士会副会長を経て、18年会長。同年日本弁護士連合会副会長、19年同常務理事。　㋧大阪弁護士会

古寺 五一　こでら・ごいち　埼玉県議（自民党）㋘平成28年（2016）8月11日　82歳〔肺気腫〕㋕昭和9年（1934）7月15日　㋑埼玉県入間郡三芳町　㋨川越農卒　㋨埼玉県三芳町議会議員を経て、平成3年埼玉県議に当選。14年副議長。4期務め、19年引退した。旭日小綬章〔平成21年〕

小寺 平治　こでら・へいじ　愛知教育大学名誉教授　㋒数学基礎論、数理哲学　㋘平成28年（2016）11月20日　76歳〔肺炎〕㋕昭和15年（1940）2月4日　㋑東京都

㋐東京教育大学理学部数学科〔昭和39年〕卒、東京教育大学大学院数学専攻〔昭和44年〕博士課程単位取得　㋨愛知教育大学教育学部助教授を経て、教授。著書に「教養数学ポプリー」「クイックマスター線形代数」「なっとくする微分方程式」「ゼロから学ぶ統計解析」「リメディアル大学の基礎数学」「ゼロからスタート 明快複素解析」などがある。　㋧日本数学会

後藤 昭夫　ごとう・あきお　画家　関市長　㋘平成28年（2016）9月20日　88歳〔脳挫傷〕㋕昭和3年（1928）6月10日　㋑岐阜県関市　㋐岐阜農林専〔昭和25年〕卒　㋨昭和26年関市役所に入り、32年水道課長、42年水道部長、55年総務部長、61年助役を歴任。平成3年より市長に4選。下水道などのインフラ整備や企業誘致など市政に大きな足跡を残し、17年には旧武儀郡5町村との編入合併も実現させた。19年引退。一方、画家としても知られ、坪内節太郎に師事。昭和34年前衛美術家集団VAVA（ババ）を結成、メンバーと斬新な作品を意欲的に発表した。市長在任中も暇を見つけては描き続け、退任後も精力的に活動した。平成28年散歩の途中にバイクにはねられり命などを強く打ち上げた。　㋖旭日小綬章〔平成20年〕、日本水道協会功労賞、日本下水道協会功労賞　㋧技術士（水道部門）　㋯師＝坪内節太郎

後藤 勲　ごとう・いさお　後藤組社長　㋘平成27年（2015）3月2日　94歳〔肺炎〕㋕大正9年（1920）3月25日　㋑大分大分市　㋐大分一高文科甲類〔昭和15年〕卒、東京帝国大学法学部政治学科〔昭和17年〕卒　㋨昭和22年後藤組に入社、常務。34年社長、平成3〜13年会長を務めた。大分県建設業協会会長、大分経済同友会副代表幹事を歴任。　㋖勲四等旭日小綬章〔平成3年〕、大分合同新聞文化賞（産業経済）〔昭和63年〕　㋯長男＝後藤誠（後藤組社長）

後藤 勇　ごとう・いさむ　日進工具社長　㋘平成29年（2017）6月20日　69歳〔病気〕㋕昭和22年（1947）9月18日　㋑東京都品川区　㋐東京工〔昭和40年〕卒　㋨昭和42年日進工具製作所に入社。生産、営業各担当を経て、54年株式会社に組織替えと同時に専務、平成2年副社長。3年社名を日進工具と改称し、社長に就任。25年会長。

後藤 一成　ごとう・かずしげ　三菱鉱業セメント専務　㋘平成28年（2016）2月2日　91歳〔心不全〕㋕大正13年（1924）12月5日　㋑愛知県　㋐東京帝国大学専門部〔昭和21年〕卒　㋨三菱鉱業セメント（現・三菱マテリアル）建材部副部長、九州事業所副所長、昭和51年名古屋支店長、52年取締役を経て、専務を務めた。

後藤 和彦　ごとう・かずひこ　メディア学者　常磐大学名誉教授　NHK総合放送文化研究所研究部長　㋒マスコミ理論、コミュニケーション論　㋘平成28年（2016）1月3日　86歳〔誤嚥性肺炎〕㋕昭和4年（1929）7月12日　㋑東京都　㋐東京大学文学部英文科〔昭和28年〕卒　㋨昭和28年NHKに入局。制作現場を経て、総合放送文化研究所研究部長など歴任。58年退職して、新設の常磐大学に移る。NHK時代から放送を柱とする文明論を執筆、社会学者マーシャル・マクルーハンの紹介などで知られた。著書に「放送編成・制作論」「イメージをイメージする」「現代生活と文明の認識」「ファッショナブルな風景」、訳書にR.S.グリーン「テレビ台

ことう　　　　　　　日本人

本作法」、ハリー・W.マクマハン「広告の力学」、D.J.ブーアスティン「過剰化社会」、共訳にブーアスティン「幻影の時代」、マーシャル・マクルーハン、エドマンド・カーペンター「マクルーハン入門」などがある。　㊞日本翻訳出版文化賞（第6回、昭和45年度）「広告の力学」　㊸妻＝後藤美代子（アナウンサー）

後藤 賢三郎　ごとう・けんざぶろう　高校教師　宮崎県教育長　㉘平成27年（2015）4月6日　92歳〔誤嚥性肺炎〕　㊞大正11年（1922）10月30日　㊞宮崎県宮崎市　㊞東京高師〔昭和20年〕卒　㊞昭和20年下関商業高校教諭を経て、22年母校の旧制宮崎中学（現・宮崎大宮高校）に数学教師として赴任。43年から2年間の宮崎県立妻高校校長を挟み、45年宮崎大宮高校校長に就任。以来、11年間にわたって校長を務め、同校在籍は通算32年にのぼり"ミスター大宮"の愛称で親しまれた。56年宮崎県教育長。51～56年九州地区高校野球連盟会長も務めた。　㊞勲四等旭日小綬章〔平成4年〕

後藤 健二　ごとう・けんじ　ジャーナリスト　ノンフィクション作家　㉘平成27年（2015）1月30日　47歳〔"イスラム国"に殺害された〕　㊞昭和42年（1967）9月22日　㊞宮城県仙台市　㊞別名＝後藤・ジョゴウ健二　㊞法政大学社会学部卒　㊞番組制作会社を経て、平成8年映像通信社インデペンデント・プレスを設立。戦争や難民に関わる問題や苦しみの中で暮らす子供たちにカメラを向け、世界各地を取材。NHK「週刊こどもニュース」「クローズアップ現代」「ETV特集」などの番組でその姿を伝えた。26年10月下旬にシリアに入国後、行方不明となる。27年1月日本人の湯川遥菜さんとともにイスラム過激派組織"イスラム国"に拘束され、72時間以内に2億ドル（約236億円）の身代金を支払わなければ殺害するという映像がインターネット上に公開される。3日後湯川さんが殺害され、後藤さんの解放条件が身代金からヨルダンに収監されている自爆テロ未遂犯の女性死刑囚釈放に変更される。2月1日殺害された映像が"イスラム国"により公開された。著書に「ダイヤモンドより平和がほしい─子ども兵士・ムリアの告白」「エイズの村に生まれて─命をつなぐ16歳の母・ナターシャ」「ルワンダの祈り─内戦を生きのびた家族の物語」「もしも学校に行けたら─アフガニスタンの少女・マリアムの物語」などがある。　㊞産経児童出版文化賞「ダイヤモンドより平和がほしい─子ども兵士・ムリアの告白」　㊞日本文芸家協会

後藤 茂　ごとう・しげる　随筆家　衆院議員（社会党）　㉘平成27年（2015）6月5日　89歳〔誤嚥性肺炎〕　㊞大正14年（1925）7月3日　㊞兵庫県相生市　㊞拓殖大学商学部〔昭和22年〕卒　㊞社会党本部に入り、日刊「社会タイムス」記者、党機関紙編集局長を経て、昭和46年埼玉県の所沢市長選に立候補。51年衆院選旧兵庫4区から当選。61年落選。平成2年再選。通算6期。7年離党して、民主の会を結成。のち市民リーグを経て、8年民主党に参加。同年衆院選に兵庫11区から立候補し、落選。10年政界を引退した。文筆もよくし、著書に「わが心の有本芳水」「随筆 百日紅」「険しきことも承知して」「憂国の原子力誕生秘話」「随筆 美の詩」などがある。　㊞勲二等旭日重光章〔平成10年〕、兵庫

県半どんの会文学賞、姫路市芸術文化賞文化年度賞（文学部門）〔平成5年〕

後藤 秀園　ごとう・しゅうえん　書家　囲樹会主宰　読売書法会参事　㊞かな　㉘平成28年（2016）7月11日　87歳〔心不全〕　㊞昭和4年（1929）5月10日　㊞岐阜県岐阜市　㊞本名＝後藤恵美子（ごとう・えみこ）　㊞岐阜高女専攻科〔昭和23年〕卒　㊞昭和32年頃に寒玉書道会に入会、宮本竹逕に師事。かな書家として活動し、35年日展に初入選。59年、平成元年日展特選。14年日展審査員を経て、15年日展会員。　㊞岐阜新聞大賞文化賞（平成14年度）、毎日書道展準大賞（第30回、昭和53年度）、日展特選〔昭和59年・平成1年〕「後撰和歌集の歌」「千載和歌集賀歌」　㊞寒玉書道会、日展、読売書法会　㊞師＝宮本竹逕

後藤 勝三　ごとう・しょうぞう　後藤回漕店社長　㉘平成28年（2016）11月12日　71歳〔脳内出血〕　㊞昭和20年（1945）7月18日　㊞兵庫県神戸市中央区　㊞東京商船大学航海科〔昭和44年〕卒　㊞昭和45年日本郵船に入社。48年、明治10年創業の港湾運送業者である後藤回漕店に転じ、昭和57年取締役、61年常務。平成4年4代目社長に就任。東南アジアなどへの海外展開を積極的に進めた。

後藤 純男　ごとう・すみお　日本画家　東京芸術大学名誉教授　㉘平成28年（2016）10月18日　86歳〔敗血症〕　㊞昭和5年（1930）1月21日　㊞千葉県東葛飾郡関宿町　㊞粕壁中（現・春日部高）卒　㊞千葉県東葛飾郡関宿町の真言宗住職の家に生まれる。埼玉の寺に育ち、仏画や仏像に囲まれて絵を学んだ。昭和21年山本丘人に、24年田中青坪に師事。25年院展初入選、28年教職を辞し画業に専念。49年日本美術院同人。制作の合間に経を読み写経をするなど、行ともいえる精進を続け、山岳風景や古寺古塔をモチーフとした東洋画を描き、院展の中堅として活躍。63年～平成9年東京芸術大学教授を務めた。昭和61年中国西安美術学院名誉教授。作品に「雷鳴」「大和の雪」「高野山の四季」（高野山東京別院襖絵）など。北海道上富良野町と銚子電鉄犬吠駅に後藤純男美術館がある。　㊞日本芸術院賞・恩賜賞〔平成28年〕「大和の雪」、旭日小綬章〔平成18年〕、松伏町（埼玉県）名誉町民〔平成14年〕、日本美術院小品展奨励賞〔昭和29年〕、日本美術院賞〔昭和40年・44年〕、大観賞〔昭和40年・44年〕、院展内閣総理大臣賞〔昭和61年〕「江南水路の朝」　㊞日本美術院〔同人理事〕　㊞師＝山本丘人、田中青坪

五島 壮　ごとう・たけし　兵庫県議（自民党）　㉘平成29年（2017）12月24日　74歳〔横行結腸がん〕　㊞昭和18年（1943）5月16日　㊞兵庫県姫路市　㊞早稲田大学法学部卒　㊞昭和58年から兵庫県議3期を務めたを経、自民党を離党して、平成5年新生党から、8年新進党から衆院選に立候補。姫路市長選にも出馬した。11年兵庫県議に復帰し、自民党に復党。27年引退。通算7期の県議を務めた。27年兵庫県選挙管理委員会委員長代理。　㊞長男＝五島壮一郎（兵庫県議）

後藤 立夫　ごとう・たつお　俳人　「諷詠」主宰　新菱エコビジネス社長　㉘平成28年（2016）6月26日　72歳〔肺がん〕　㊞昭和18年（1943）7月14日　㊞東京都国立市　㊞東京大学大学院工学研究科建築学専攻〔昭和45年〕修士課程修了　工学博士（東京大学）〔平成8年〕

[歴]祖父は俳誌「諷詠」を創刊した後藤夜半で、同誌を継承した後藤比奈夫の長男。昭和45年新菱冷熱工業に入社。平成13年新菱エコビジネス社長。一方、祖父や父に俳句の手ほどきを受け、昭和50年「諷詠」に入会。51年「ホトトギス」に投句を始め、平成12年同人。14年「諷詠」副主宰、24年主宰を継承した。鋭い洞察に支えられた理知的な作風。句集に「見えない風」「祭の色」がある。　[団]俳人協会　[家]父＝後藤比奈夫（俳人），祖父＝後藤夜半（俳人），長女＝和田華凜（俳人）

後藤 達太　ごとう・たつた　西日本銀行頭取　日本航空専務　大蔵省銀行局長　福岡商工会議所会頭　[没]平成28年（2016）3月30日　92歳〔肺炎〕　[生]大正12年（1923）10月7日　[出]東京都　[学]東京府立一中〔昭和15年〕4年修了，一高〔昭和17年〕卒，東京帝国大学法学部〔昭和22年〕卒　[歴]昭和22年大蔵省（現・財務省）に入省。45年北九州財務局長、47年理財局次長、49年官房審議官、50年関税局長を経て、51年銀行局長。退官後は航空貨物通関情報処理センター理事長、54年日本航空常務、59年専務を歴任し、同年西日本銀行会長、63年頭取に就任。平成7年再び会長。12年相談役に退いた後、旧知の四島司福岡シティ銀行頭取と両行の経営統合交渉を主導、16年合併を実現させ、西日本シティ銀行を誕生させた。また、元年より福岡商工会議所副会頭を務め、8〜14年会頭。

後藤 次男　ごとう・つぐお　プロ野球選手・監督　[没]平成28年（2016）5月30日　92歳〔老衰〕　[生]大正13年（1924）1月15日　[出]熊本県熊本市　[学]熊本工〔昭和17年〕卒，法政大学〔昭和23年〕卒　[歴]春日尋常小4年から野球を始め、二塁手と捕手。熊本工時代の昭和14年、春夏連続で甲子園に二塁手として出場。16年選抜では3番捕手として出場し、主将も務めた。法大に進むと4番を打ち、主将も務める。19年学徒動員で入隊後に復学。23年阪神の前身である大阪タイガースに入団。主に3番を打ち、24年から4年連続で打率3割を記録。25年3月29日から4月2日にかけての連続打席塁打25はプロ野球記録。26年には155安打で最多安打のタイトルを獲得した。28年鎖骨を骨折、30年復帰すると、31年からは一塁手に転じた。守備では投手と遊撃以外の7ポジションを守った。32年引退。通算成績は実働9年、949試合出場、3260打数923安打、51本塁打、355打点、113盗塁、打率.283。2年間のコーチを経て、35年退団。42年コーチで阪神に復帰し、44年監督に就任してリーグ2位となるが1年で退任。53年再び監督となるが41勝80敗9分けで球団史上初の最下位に終わり、1年で退いた。その後、サンテレビで解説を担当した。監督成績は260試合、109勝139敗12分。出身地の熊本と親しみやすい風貌から、現役時代より“クマさん”の愛称で親しまれた。

後藤 浩輝　ごとう・ひろき　騎手　[没]平成27年（2015）2月27日　40歳〔縊死〕　[生]昭和49年（1974）3月19日　[出]神奈川県　[歴]中学時代は体操部員。平成4年騎手免許を取得し、伊藤正厩舎所属でデビュー。6年福島記念（シルクグレイッシュ）で重賞初優勝。7年フリー。8年単身米国に渡り、フロリダを中心に約6ケ月間実戦経験を積んだ。14年アドマイヤコジーンで安田記念を制し、G1初制覇。16年朝日杯フューチュリティS（マイネルレコルト）、18年ジャパンCダート（アロンダイト）制覇。19年11月現役9人目のJRA通算1000勝を達成。22年8番人気のショウワモダンで2度目の安田記念を制した。同年タレントの湯原麻利絵と結婚。23年エリンコートに騎乗してオークスを制覇、G1通算5勝目を挙げた。落馬事故で何度も負傷したがその度に復帰し、25年12月JRA通算1400勝を達成したが、27年自宅で縊死した。JRA通算1447勝、地方競馬でも57勝した。　[家]妻＝湯原麻利絵（タレント）

後藤 允　ごとう・まこと　毎日新聞整理本部長　[没]平成27年（2015）8月5日　79歳　[生]昭和11年（1936）2月10日　[出]群馬県　[学]慶応義塾大学経済学部〔昭和37年〕卒　[歴]昭和37年毎日新聞社に入社。大阪・東京本社各整理本部副部長、整理本部編集委員、60年中部本社整理部長、63年東京本社工程センター室長を経て、平成元年整理本部長。4年日本新聞協会審査室審査委員。

五島 正規　ごとう・まさのり　医師　衆院議員（民主党）　[没]平成28年（2016）11月14日　77歳〔肝不全〕　[生]昭和14年（1939）3月5日　[出]兵庫県神戸市須磨区　[学]岡山大学医学部〔昭和41年〕卒　[歴]昭和45年高知県立宿毛病院内科医長、同年幡西地域保険医療センター所長、53年高知上町クリニック所長、54年四国勤労病院理事長兼院長などを務めた。平成2年社会党から衆院議員に当選。社会党副書記長、社会政策局長を務め、社民党を経て、民主党（現・民進党）に参加。衆院選に小選挙区が導入された8年から、旧高知1区に民主党から4回連続で出馬し、いずれも比例代表で復活当選。介護保険制度の制定に尽力した。6期目途中の17年、政策秘書の公職選挙法違反（買収）の責任を取って議員辞職。

後藤 又兵衛　ごとう・またべえ　旅館後藤又兵衛館主　[没]平成29年（2017）1月22日　91歳〔肺炎〕　[歴]江戸時代初期から350年余り続いた山形市旅篭町の老舗旅館・後藤又兵衛の館主を務めた。

後藤 美代子　ごとう・みよこ　アナウンサー　尚絅学院大学総合人間科学部教授　[専]コミュニケーション学　[没]平成29年（2017）7月5日　86歳〔全身塞栓症〕　[生]昭和6年（1931）3月30日　[出]東京都　[学]お茶の水女子大学文教育学部〔昭和28年〕卒　[歴]昭和28年NHKにテレビ第1期生のアナウンサーとして入局、東京アナウンス室に勤務。「N響アワー」など音楽や古典芸能番組で司会を担当。46年NHK初の女性管理職アナウンサー（チーフアナウンサー）となり、女性アナウンサーの地位向上に努め、日本婦人放送者懇談会会長なども務めた。63年退社してフリーアナウンサーに転じ、NHKテレビ「今日の健康」などを担当。平成元年大正大学講師、徳島文理大学教授を経て、尚絅学院大学教授。著書に「話し方のエチケット」などがある。　[家]夫＝後藤和彦（メディア学者）

後藤 和三郎　ごとう・わさぶろう　ソーワダイレクト会長　[没]平成27年（2015）12月26日　87歳〔呼吸不全〕　[出]宮城県気仙沼市　[歴]昭和47年仙台市でマルマン婚礼衣裳総本店を創業。また、石巻サンプラザホテル、石巻グランドホテルを開業した。平成10〜18年石巻観光協会会長を務めた。

琴若 央雄　ことわか・ちかお　力士（幕内）　[没]平成28年（2016）3月10日　61歳〔胆嚢がん〕　[生]昭和29年

こ

(1954) 4月7日　[出]北海道増毛郡増毛町　[名]本名＝香島春男（かしま・はるお）　[歴]佐渡ケ嶽部屋に入門して、昭和46年名古屋場所で初土俵。52年九州場所で新十両となると、十両を2場所で通過して、53年春場所で新入幕。196センチ、137キロの身体から大山内以来の"2メートル力士"と騒がれ、同期入幕の巨漢力士・天ノ山の"ジャンボ"に対して"コンコルド"と呼ばれた。将来の大器と期待されたが、右膝や肘の関節を負傷して幕内を維持できず、東前頭二枚目を最高位に、60年秋場所限りで引退した。幕内在位12場所で、幕内通算76勝104敗。得意は右四つ、寄り。引退後は東京・高田馬場にある初代琴若が経営する相撲茶屋で1年間修業したあと、故郷の増毛町に近い留萌市でちゃんこ料理屋・琴若を営んだ。

小中 信幸　こなか・のぶゆき　弁護士　[没]平成28年(2016) 1月21日　85歳〔肺炎〕　[生]昭和6年(1931) 1月19日　[出]千葉県　[学]東京大学法学部〔昭和28年〕卒　[歴]昭和27年司法試験に合格、30年福岡地家裁判事補に任官。東京地裁判事時代の35年、結核患者の朝日茂さんが憲法25条の「健康で文化的な最低限度の生活を営む権利」（生存権）をもとに生活保護のあり方を問いかけた"朝日訴訟"で、生活保護の支給額を定めた基準が憲法の理念に反するとした判決文を起案。同訴訟は東京高裁で請求が棄却され、最高裁では原告死亡により訴訟終了となったが、生活保護水準改善などにつながった。38年国連特別研究員として米国ジョージワシントン大学ロースクールへ留学。42年退官して弁護士を開業。国際商事仲裁協会名簿仲裁人として国際技術提携、国際合弁、M&Aなど国際取引、国際紛争解決を扱った。　[団]第一東京弁護士会

小長谷 清実　こながや・きよみ　詩人　[没]平成29年(2017) 11月26日　81歳〔喉頭がん〕　[生]昭和11年(1936) 2月16日　[出]静岡県静岡市大岩宮下町（葵区）　[学]静岡高〔昭和29年〕卒, 上智大学文学部英文科〔昭和37年〕卒　[歴]静岡高校文芸部では作家の三木卓、詩人の伊藤聚と同級で、上智大学在学中の昭和32年詩誌「氾」同人となる。大学卒業後、電通に勤務。52年「小航海26」でH氏賞受賞。ほかの詩集に「くたくたクッキー」「脱けがら狩り」（高見順賞）「わが友、泥ん人」（現代詩人賞）、絵本に「みんなきた」「びっくりぎょうてん」など。　[賞]H氏賞（第27回）〔昭和52年〕「小航海26」, 高見順賞（第21回）〔平成3年〕「脱けがら狩り」, 現代詩人賞（第25回）〔平成19年〕「わが友、泥ん人」　[団]日本現代詩人会, 日本文芸家協会　[家]兄＝小長谷静夫（詩人）

小納谷 幸一郎　こなや・こういちろう　全道労協議長　[没]平成28年(2016) 12月13日　90歳〔急性硬膜下血腫〕　[生]大正15年(1926) 5月13日　[出]北海道紋別郡遠軽町　[学]札幌逓信講習所卒　[歴]少年期は極貧の生活を送り、小学校高等科では生徒で給仕であった。師範学校を諦めて特定郵便局の電信係となり、"特定局の普通局員の差別待遇のひどさ"から組合運動に入る。昭和47年全逓北海道本部委員長、54〜60年全道労協議長を務め、58年の北海道知事選では横路孝弘を推し、横路道政誕生に手腕を発揮した。62年北海道労金理事長に就任、平成3年退任。

小西 和彦　こにし・かずひこ　東北大学名誉教授　[専]生化学　[没]平成27年(2015) 2月25日　87歳〔肺炎〕　[生]昭和2年(1927) 3月24日　[出]北海道網走市　[学]北海道大学理学部〔昭和27年〕卒　医学博士〔昭和34年〕　[歴]昭和30年米国ノースウエスタン大学研究員。38年東北大学理学部助教授を経て、46年教授。60年学部長。平成2年退官し、東北学院大学教授。　[賞]瑞宝中綬章〔平成18年〕　[団]日本動物学会, 日本生化学会, 日本生物物理学会

小西 信一郎　こにし・しんいちろう　コニシ社長　[没]平成27年(2015) 1月15日　92歳〔胆管がん〕　[生]大正11年(1922) 11月28日　[出]大阪府　[学]大阪薬専〔昭和17年〕卒　[歴]昭和22年小西儀助商店（現・コニシ）に入社。28年取締役、副社長を経て、社長。平成6年会長。合成接着剤「ボンド」を主力ブランドに育てた。　[賞]藍綬褒章〔昭和59年〕　[家]長男＝小西哲夫（コニシ取締役）

小西 輝幸　こにし・てるゆき　小西砕石工業所社長　[没]平成28年(2016) 2月10日　64歳〔胃がん〕　[出]岐阜県加茂郡坂祝町　[歴]平成7年小西砕石工業所社長に就任。11年から岐阜県砕石工業組合理事長を務め、21〜23年と27年から日本砕石協会副会長。　[賞]藍綬褒章〔平成26年〕

小西 俊雄　こにし・としお　長尾町（香川県）町長　[没]平成27年(2015) 4月9日　92歳　[生]大正11年(1922) 10月22日　[出]香川県　[学]慶応義塾大学高等部〔昭和19年〕卒　[歴]香川県長尾町議5期を経て、昭和63年より町長に4選。平成14年さぬき市への合併後は市長職務執行者も務めた。　[賞]勲三等瑞宝章〔平成14年〕

小西 紀郎　こにし・としろう　料理人　[没]平成28年(2016) 4月16日　62歳　[出]宮崎県西都市　[歴]1970年代にペルーへ渡り、リマなどで日本料理店を経営。一方で世界各地で和食の普及活動を行い、"空飛ぶ料理人"とも呼ばれた。平成8年に発生したペルー日本大使公邸襲撃事件では一時人質になり、解放後は残った人質のために和食の弁当を作って支援した。

小西 博　こにし・ひろむ　京都銀行副頭取　[没]平成28年(2016) 2月18日　89歳〔肝不全〕　[生]大正15年(1926) 5月2日　[出]和歌山県　[学]大阪第二師範〔昭和22年〕卒　[歴]昭和27年京都銀行に入行。高槻、西陣各支店長、公務部長、業務部長を経て、49年取締役、54年常務、57年専務、60年代表取締役専務、平成3年副頭取。4年退任。　[家]父＝小西善光（関西相互銀行社長）

小西 百々代　こにし・ももよ　画商　宮武画廊オーナー　[没]平成29年(2017) 5月6日　85歳〔急性心不全〕　[出]香川県高松市丸亀町　[歴]昭和38年高松市丸亀町の宮武書店地下に宮武画廊を開設。平成19年に閉廊するまで、約40年にわたり画廊を経営して多くの芸術家を育てた。　[賞]四国新聞文化賞〔平成18年〕

小西 康雄　こにし・やすお　野球審判員　香川県野球連盟専務理事　日本野球連盟参与　[没]平成27年(2015) 11

月3日　72歳〔肝炎〕　[出]徳島県美馬郡脇町（美馬市）[学]池田高〔昭和37年〕卒　[歴]池田高校時代は甲子園を目指し、卒業後は大倉工業に入社して同社野球部でプレー。昭和42年外野手として都市対抗に初出場。引退後は30年にわたって野球審判員を務め、香川県の高校野球や四国の社会人野球発展に尽力。平成10〜21年香川県高校野球連盟審判委員長、13〜27年四国地区野球連盟審判委員長。21年日本野球連盟理事に就任。

小沼 杏坪　こぬま・きょうへい　医師　医療法人せのがわKONUMA記念広島薬物依存研究所所長　[専]精神医学　[没]平成27年（2015）3月15日　73歳〔前立腺がん〕[生]昭和16年（1941）　[出]大阪府　[学]群馬大学医学部〔昭和42年〕卒　[歴]国立下総療養所精神科医長、厚生省薬物局麻薬課を経て、医療法人せのがわKONUMA記念広島薬物依存研究所所長。薬物乱用の臨床にあたる傍ら、啓発教育のための講演・執筆などに活躍。厚生省中央薬事審議会臨時委員、依存薬物調査会委員、依存性薬物情報研究班員及び事務局も歴任。著書に「シンナー乱用の治療と回復」、共編著に「薬物乱用と健康」などがある。　[団]日本精神科救急学会, 日本アルコール・薬物学会

木場 岩利　こば・いわとし　東郷文弥節人形浄瑠璃保存会会長　[没]平成27年（2015）11月5日　87歳〔病気〕[生]昭和3年（1928）1月25日　[出]鹿児島県薩摩郡下東郷村（薩摩川内市）　[歴]江戸時代から続く鹿児島県東郷町斧渕（現・薩摩川内市）に伝わる郷土芸能・東郷文弥節人形浄瑠璃を継承するため、平成4年東郷文弥節人形浄瑠璃保存会が発足すると会長に就任。若手伝承者の育成とともに、演じられなくなった演目の譜面起こしにも取り組み、東郷文弥節人形浄瑠璃が20年に国の重要無形民俗文化財に指定されるのに貢献した。

巨橋 秀造　こばし・しゅうぞう　福井県ラグビーフットボール協会会長　[没]平成28年（2016）2月23日　79歳[歴]福井県ラグビーフットボール協会理事長、会長を歴任した。

小橋 洋　こばし・ひろし　高校野球監督　[没]平成27年（2015）2月18日　74歳〔原発不明がん〕　[出]岡山県倉敷市　[歴]市立尼崎高の野球部監督を務め、昭和58年夏に池山隆寛らを擁して同校を初の甲子園出場に導いた。平成13年同校を定年退職。21年夏からは大阪府立島本高野球部監督を務めた。

子幡 健二　こばた・けんじ　エース証券専務　[没]平成27年（2015）7月11日　70歳〔病気〕　[生]昭和20年（1945）1月26日　[歴]平成8年エース証券に入社。12年専務に就任。

古波津 清昇　こはつ・せいしょう　拓南製鉄創業者　[没]平成29年（2017）3月14日　94歳〔老衰〕　[生]大正12年（1923）2月1日　[出]沖縄県島尻郡東風平町（八重瀬町）[学]八重山農〔昭和15年〕卒　[歴]昭和16年沖縄県農会技手、21年沖縄民政府与儀農事試験所技官補を経て、23年食品加工業を創業。28年鉄くず取扱業の拓南商事を設立。31年那覇市壺川に拓南伸鉄（現・拓南製鉄）を創業、36年沖縄県内初の電気炉鉄鋼生産を始め沖縄の産業復興と工業近代化に大きく貢献。49年拓南製鉄を母体とした拓南グループで構成する拓伸会を発足、同会長。戦後沖縄の経済界を代表する一人となった。57年〜平成元年沖縄県工業連合会第7代会長。4年には古波津製造業育成基金を創設、ものづくりの担い手に助成を行い、人材育成にも取り組んだ。　[賞]オグレスビー氏工業功労賞（第1回）〔昭和46年〕, 九州産業技術振興協会会長賞〔昭和50年〕, ロータリー米山功労賞〔昭和56年〕, 沖縄県JIS協会功労賞〔昭和58年〕, 日刊工業新聞社優秀経営者顕彰地域社会貢献者賞〔昭和61年〕, 琉球新報賞〔平成2年〕, 沖縄タイムス賞〔平成4年〕, 沖縄県功労賞　[家]長男＝古波津昇（拓南製鉄社長）

小花 恒雄　こはな・つねお　帝国繊維社長　[没]平成29年（2017）3月1日　85歳〔肝臓がん〕　[生]昭和6年（1931）11月27日　[出]北海道　[学]北海道大学農学部〔昭和30年〕卒　[歴]昭和30年帝国繊維に入社。56年取締役、58年常務、平成元年専務を経て、3年社長。7年会長。

小浜 光次郎　こはま・こうじろう　野村流伝統音楽協会副会長　[没]平成27年（2015）6月26日　80歳〔病気〕[出]沖縄県八重山郡竹富町鳩間　[歴]平成17〜21年野村流伝統音楽協会副会長。琉球古典芸能コンクールの審査員も務めた。

小浜 俊哉　こはま・としや　川崎重工業専務　[没]平成29年（2017）1月21日　87歳〔急性心不全〕　[生]昭和4年（1929）10月17日　[出]鹿児島県　[学]東京大学経済学部〔昭和29年〕卒　[歴]昭和29年横山工業に入社。41年合併により川崎重工業となり、58年理事、60年取締役、63年常務、平成3年専務。7年川重商事社長。

小浜 元孝　こはま・もとたか　バスケットボール選手・指導者　バスケットボール男子日本代表監督　[没]平成29年（2017）1月12日　84歳〔肺炎〕　[生]昭和7年（1932）10月17日　[出]東京都江戸川区　[学]墨田工卒　[歴]墨田工業高校2年の時にバスケットボールの全国最優秀選手に選ばれる。日本鉱業（現・JXホールディングス）で8年間ガードとして活躍。その後、昭和学院、安田生命、日立戸塚、法政大学などのコーチを務め、昭和53年日本体育協会研修コーチとして米国ケンタッキー大学に留学。57年秋田いすゞ、62年いすゞ自動車のコーチ、のち監督。日本リーグ優勝6回、オールジャパン優勝6回を数える。平成14年チームの休部に伴い退任。また、昭和54年〜平成11年の間に3度日本代表監督を務める。9年アジア選手権で準優勝し、31年ぶりに翌年の世界選手権出場に導いた。著書に「勇気」がある。

小林 明子　こばやし・あきこ　福井県立大学看護福祉学部教授　[専]社会福祉学, 国際社会福祉学　[没]平成27年（2015）2月16日　61歳　[生]昭和28年（1953）　[出]群馬県高崎市　[学]日本社会事業大学社会福祉学部〔昭和52年〕卒, 日本福祉大学大学院社会福祉学研究科〔平成4年〕修士課程修了　[歴]虎ノ門病院に勤め、昭和58〜61年青年海外協力隊隊員としてマレーシアサバ州社会福祉局に勤務。30歳を過ぎて大学院に学び、福井県立大学看護福祉学部助教授を経て、平成20年教授。NPO法人リハビリテーション分野の国際協力の会理事長、日本ALS協会福井支部事務局長も務めた。著書に「アジアに学ぶ福祉」「グローバルな地域福祉実践への視座」などがある。

小林 昭仁　こばやし・あきひと　大学野球監督　[没]平成27年（2015）8月28日　86歳〔病気〕　[出]長野県松本

市 ㉞松本商卒，専修大学卒 ㉟松本商（現・松商学園高）1年の昭和17年，後に"幻の甲子園"と呼ばれる全国学徒教員体育大会に出場。松本商、専修大で捕手として活躍し、31年駒沢大野球部監督に就任。37年春の1部リーグを制覇し、専修大の監督を務めた53年春にも1部リーグで優勝した。その後、拓殖大でも監督を務めた。

小林 東 こばやし・あずま ジス・イズ店主 ㉔平成29年（2017）1月19日　73歳 ㉟新潟県 ㉟新潟県で生まれ、7歳の時に北海道釧路に移り住む。昭和44年から釧路市でジャズ喫茶のジス・イズを経営。平成24年9月に脳梗塞で倒れ、25年1月店を閉めた。ジャズ・サックス奏者の渡辺貞夫や舞踏家の大野一雄ら多くの芸術家に慕われ、地元劇団や音楽家の支援にも努めた。

小林 功 こばやし・いさお 紀州製紙社長 ㉔平成27年（2015）4月28日　75歳〔肺炎〕 ㉟昭和15年（1940）3月4日 ㉟大阪府 ㉟同志社大学経済学部〔昭和37年〕卒 ㉟昭和37年紀州製紙（現・北越紀州製紙）に入社。平成5年取締役、13年専務を経て、18年社長に就任。20年相談役。

小林 一平 こばやし・いっぺい 映画プロデューサー ㉔平成27年（2015）2月12日　68歳〔急性心筋梗塞〕 ㉟昭和22年（1947） ㉟東京都渋谷区 ㉟日本大学芸術部映画学科中退 ㉟映画監督の父・小林大平の下で劇映画のプロデュースなどを担当。映画プロデューサーとして児童映画「翔べオオムラサキ」や「黒潮物語・海からの贈りもの」などを製作。平成28年に父が助監督を担当した被爆後の広島を描いた映画「ひろしま」（監督・関川秀雄）の上映活動を全国各地で行った。 ㉟父＝小林大平（映画監督）

小林 英一 こばやし・えいいち ミネベア専務執行役員 ㉔平成28年（2016）3月25日　67歳 ㉟昭和23年（1948）5月25日 ㉟長野県 ㉟御代田中〔昭和39年〕卒 ㉟昭和39年ミネベアに入社。平成17年取締役を経て、専務執行役員HDDモーター事業本部長。

小林 栄治 こばやし・えいじ 狂言師（鷺流） ㉔平成29年（2017）3月1日　92歳〔老衰〕 ㉟大正13年（1924）11月6日 ㉟大阪府 ㉟山口商〔昭和16年〕卒 ㉟農林省山口食糧事務所に勤務する傍ら、江戸時代の狂言の3大流派の一つで、明治期に途絶えた鷺流狂言を習い始める。昭和26年「清水」の太郎冠者で初舞台。29年山口県鷺流狂言保存会を設立、42年山口県指定無形文化財鷺流狂言技術保持者に第1号として認定される。伝承、発表会開催など、保存活動に励み、平成9年文化庁から"記録作成等の措置を講ずべき無形文化財"に選定された。12年佐渡と佐賀県高志に残る鷺流狂言とともに国立能楽堂での舞台に出演した。 ㉟勲五等双光旭日章〔平成15年〕，山口県選奨（芸術文化功労）〔平成10年〕 ㉟山口県指定無形文化財鷺流狂言技術保持者〔昭和42年〕

小林 和生 こばやし・かずお 作家 ㉔平成27年（2015）2月21日　90歳 ㉟大正13年（1924）9月28日 ㉟山梨県 ㉟本名＝小林一雄 ㉟旧制中学卒 ㉟直木賞候補にもなった小説家・小林実の弟で、学生時代か

ら兄の感化を受けて文芸に興味を持つ。戦後、青年文学集団を設立。探偵雑誌「宝石」の懸賞に応募して準入選となった。その後、歌詞作詞も手がける。著書に「おいらん淵」「命の母」「鉄道王雨宮敬次郎と根性一代」などがある。 ㉟日本文芸家協会、大衆文学研究会、全国歴史研究会 ㉟兄＝小林実（小説家）

小林 一也 こばやし・かずや 拓殖大学名誉教授 ㉟工業教育 ㉔平成27年（2015）3月9日　86歳 ㉟昭和3年（1928）9月21日 ㉟新潟県柏崎市 ㉟長岡高専（現・新潟大学工学部）卒、立正大学文学部地理学科卒 ㉟昭和23年から中学・高校教師を務める。43年東京都教育庁指導部で指導主事、主任指導主事。58年高等学校校長。平成元年拓殖大学工学部教授。11年退職、名誉教授。日本工業技術教育学会会長を務めた。14年日本における工業教育の歩みをまとめた「資料日本工業教育史」を刊行。他の著書に「教職 教育の方法」「現代学校教育の源流」「学習目標分析の方法」「教師ハンドブック」「『課題研究』の理論と実践」「学校の興亡」などがある。 ㉟日本教育社会学会、日本教育心理学会、日本教育工学会、日本工業技術教育学会

小林 幹司 こばやし・かんじ 日本生命保険副会長 関西経済同友会代表幹事 大阪商工会議所副会頭 ㉔平成28年（2016）1月29日　81歳 ㉟昭和9年（1934）4月3日 ㉟京都府乙訓郡大山崎町 ㉟日本大学法学部〔昭和33年〕卒 ㉟昭和33年日本生命保険に入社。財務業務部長、東京融資部長、61年取締役、63年常務、平成3年専務を経て、5年副社長、9年副会長、14年顧問。7～9年関西経営者協会副会長、9～11年関西経済同友会代表幹事、13～17年大阪商工会議所副会頭を歴任した。

小林 邦博 こばやし・くにひろ 日本経済新聞電算制作局庶務部長 ㉔平成27年（2015）8月20日　84歳〔心不全〕 ㉟昭和6年（1931）3月21日 ㉟東京都 ㉟高崎工学 ㉟昭和24年日本経済新聞社に入社。活版部次長、入力部長を経て、57年電算制作局庶務部長。

小林 恵 こばやし・けい ジャーナリスト ㉔平成28年（2016）9月30日　83歳〔脳内出血〕 ㉟昭和8年（1933） ㉟北海道旭川市 ㉟本名＝小林恵子（こばやし・けいこ） ㉟旭川北高卒、杉野学園デザイナー科・製帽科〔昭和19年〕卒 ㉟ドレスメーカー学院（ドレメ）に学び、上京して帽子のデザインを始める。ドレモード、アンディンケンを経て、ケイシャポーアトリエを主宰。昭和39年渡米し、ニューヨークでデザイン・企画から販売促進まで幅広く手がける事務所を経営していたが、58年に会社を撤収しフリーライターに。アメリカ人形のコレクションと研究を重ね、著書「アメリカ人形」を日米両国で出版。キルトやフット・ラグから米国文化と歴史に迫る探訪に専心するなど、米国のライフスタイルを伝えるジャーナリストとして活動。平成13年から日米フット・ラグ展の企画・プロデュースも手がけ、自ら創作も行う。23年東京・谷中に拠点を移す。他の著書に「アメリカン・パッチワーク事典」「折紙でつくるパチワーク・パターン」「シェルバーン美術館コレクション」「手にハートを 愛の遺産 アメリカの手作り」「キルトへの招待」「アメリカンキルト」などがある。

小林 健二 こばやし・けんじ 拓殖大学名誉教授 ㉟医用電子・生体工学 ㉔平成28年（2016）2月11日　75

歳〔腎臓がん〕 ㊓昭和15年(1940)11月30日 ㊐長野県 ㊫信州大学工学部電気学科卒 工学博士 ㊍東京工業大学精密工学研究所助手を経て、昭和62年拓殖大学工学部助教授、のち教授。 ㊞電子情報通信学会, 日本エム・イー学会, 日本音響学会

小林 源重 こばやし・げんじゅう 民俗学研究家 ㊚平成27年(2015)5月6日 88歳〔老衰〕 ㊓大正15年(1926) ㊐福島県岩瀬郡長沼町(須賀川市) ㊫岩瀬農〔昭和18年〕卒, 福島青年師範〔昭和22年〕卒 ㊍昭和53年会津中央高校、57年岩瀬農業高校の各校長を務めた。62年定年退職。民俗資料を収集し、約1600点を須賀川市に寄贈。平成23年市の長沼支所に展示室が開設された。著書に「図鑑ふるさとの民具」「ふくしまの磨崖仏」などがある。 ㊮勲四等瑞宝章〔平成8年〕, 福島民報出版文化賞正賞(第21回)「ふくしまの磨崖仏」

小林 貞雄 こばやし・さだお 長野県カーリング協会初代理事長 ㊚平成27年(2015)11月8日 77歳〔がん〕 ㊐兵庫県尼崎市 ㊫野沢北高卒, 早稲田大学 ㊍兵庫県尼崎市で生まれ、幼い頃に長野県の移り住む。野沢北高時代はスピードスケート選手として活躍し、早大に進学。昭和62年長野県カーリング協会設立とともに理事長に就任し、カーリング競技の普及に尽力した。平成10年退任。また、野沢北高スケート班OBを集め、佐久メイプルカーリングクラブを結成した。

小林 覚 こばやし・さとる 竹中土木副社長 ㊚平成28年(2016)8月30日 75歳〔肺がん〕 ㊓昭和16年(1941)2月16日 ㊫日本大学理工学部〔昭和38年〕卒 ㊍昭和38年竹中土木に入社。平成12年取締役、14年常務、16年専務を経て、17年副社長。

小林 茂実 こばやし・しげみ 山形県出納長 ㊚平成28年(2016)12月19日 93歳 ㊓大正12年(1923)1月5日 ㊐山形県酒田市 ㊫明治大学専門部〔昭和17年〕卒 ㊍昭和37年山形県商工労働部長、40年総務部長を経て、47年出納長。山形県信用保証協会理事長も務めた。 ㊮勲三等瑞宝章〔平成5年〕

小林 繁 こばやし・しげる 秋神温泉主人 ㊚平成29年(2017)7月5日 79歳〔膵臓がん〕 ㊓昭和12年(1937)10月29日 ㊐岐阜県大野郡朝日村(高山市) ㊫斐太高〔昭和30年〕中退 ㊍昭和36年から岐阜県朝日村(現・高山市)で旅館・秋神温泉を経営。観光客が減る冬季の呼び物として、46年から森の木々に水を掛け氷の森を作ってライトアップする“氷点下の森”をスタートさせ、町おこしに貢献した。 ㊮T氏賞〔昭和44年〕, 日本野鳥の会会長賞

小林 志伸 こばやし・しのぶ ホクコン社長 ㊚平成28年(2016)2月13日 62歳〔胸部大動脈瘤破裂〕 ㊍平成16年ホクコン社長、26年会長を務めた。

小林 淳二 こばやし・じゅんじ 三重銀行頭取 ㊚平成27年(2015)5月1日 90歳〔老衰〕 ㊓大正14年(1925)1月6日 ㊐大阪府大阪市 ㊫東京大学経済学部〔昭和24年〕卒 ㊍昭和24年住友銀行(現・三井住友銀行)に入行。広島支店長を経て、49年取締役、54年三重銀行副頭取、同年頭取、平成元年会長、9年取締役相談役、15年顧問。四日市銀行協会会長などを歴任した。 ㊮藍綬褒章〔平成1年〕, 勲四等旭日小綬章〔平成7年〕

小林 俊三 こばやし・しゅんぞう 医師 名古屋市立城西病院院長 ㊕乳がん ㊚平成27年(2015)11月25日 75歳〔胃がん〕 ㊓昭和15年(1940)7月16日 ㊐旧満州 ㊫名古屋市立大学医学部医学科卒, 名古屋市立大学大学院医学研究科〔昭和46年〕修了 ㊍名古屋市立大学講師、助教授、名古屋市立東市民病院副院長を経て、平成15年名古屋市立城西病院院長に就任。専門分野は乳腺内分泌外科で、乳がんなどの診療に携わる。第10回日本乳癌学会総会会長、日本乳癌学会名誉会長、名古屋市病院局スーパーバイザーを務めた。最晩年は胃がんを患いながら最後の著書「乳がんの処方箋」を執筆、同書が店頭に並んだ日に亡くなった。

小林 尚一 こばやし・しょういち 陸上指導者 ヱスビー食品陸上競技部長 東日本実業団陸上競技連盟理事長 ㊚平成27年(2015)11月17日 76歳〔肺炎〕 ㊓昭和14年(1939) ㊐東京都 ㊫早稲田大学法学部〔昭和37年〕卒 ㊍早大時代は競争部で円盤投げの選手。昭和37年ヱスビー食品へ入社。同社陸上競技部長の他、東日本実業団陸上競技連盟理事長を務めた。

小林 清次郎 こばやし・せいじろう こけし工人 山形県こけし会会長 ㊚平成27年(2015)3月11日 96歳〔老衰〕 ㊓大正7年(1918)7月14日 ㊍昭和8年より父の小林吉三郎に師事。11年芝浦製作所に勤めた後、20年帰郷してこけし制作に従事。山形系。

小林 節雄 こばやし・せつお 群馬大学名誉教授 ㊕呼吸器内科学 ㊚平成27年(2015)12月19日 89歳 ㊓大正15年(1926)2月3日 ㊐神奈川県 ㊫前橋医学専門学校医学科〔昭和23年〕卒 医学博士 ㊍昭和24年国立東京第一病院で医学実地修練、同年前橋医科大学助手、群馬大学講師、助教授を経て、ニューヨーク州立大学講師。47年群馬大教授に就任。平成3年定年退官。著書に「ぜんそくとアレルギー」、編著に「ぜんそく」などがある。 ㊮瑞宝中綬章〔平成16年〕 ㊞日本アレルギー学会, 日本胸部疾患学会

小林 卓 こばやし・たく 実践女子大学准教授 ㊕図書館学 ㊚平成27年(2015)4月8日 49歳 ㊓昭和40年(1965)11月18日 ㊫京都大学教育学部教育社会学科卒, 東京大学大学院教育学研究科教育行政学専攻修士課程修了 ㊍大阪教育大学専任講師を経て、平成19年実践女子大学准教授。共編著に「図書館サービスの可能性」などがある。

小林 力 こばやし・つとむ 小説家 ㊚平成28年(2016)10月26日 90歳 ㊓大正15年(1926)8月3日 ㊐栃木県足利市 ㊫松本高卒, 東京大学経済学部経済学科〔昭和26年〕卒 ㊍新聞社を定年退職後、大学講師、番組制作編集会社に勤務する傍ら、エッセイなどを執筆。平成19年「旋風喜平次捕物捌き」で小説家デビュー。

小林 常浩 こばやし・つねひろ 競馬ライター 調教助手 ㊚平成29年(2017)2月8日 58歳〔肝不全〕 ㊓昭和33年(1958)2月22日 ㊐東京都 ㊍馬事公苑長期騎手講習(現・日本中央競馬会競馬学校騎手課程)に入るも、騎手免許を取得できず、東京競馬場の古山良司厩舎で下乗り時代を過ごした後、栗東の浜田光正厩舎、安田伊佐夫厩舎などで調教助手として競争馬に携

わる。ダイナカンパリー、ビワハヤヒデ、アイドルマリーなど、数々の重賞馬を手がけた。平成11年4月日本中央競馬会（JRA）を退職し、競馬ライターに転身。同年11月騎手デビューした長男・小林慎一郎をモチーフにした「騎手の卵を作る法」で優駿エッセイ賞を受賞。13年3月から日刊スポーツ西日本版でコラム「自信馬ナリ家事親父」を連載した。AM神戸「JRA週刊！競馬名人」にも出演。24年慎一郎が現役を引退。著書に「騎手という稼業」「厩舎稼業」「競馬少年記」がある。　[賞]優駿エッセイ賞〔平成11年〕「騎手の卵を作る法」　[家]長男＝小林慎一郎（騎手）

こ

小林 輝冶　こばやし・てるや　北陸大学名誉教授　[専]近代日本文学　[没]平成27年（2015）6月16日　82歳〔肺炎〕　[生]昭和7年（1932）9月17日　[出]福井県福井市　[学]福井大学学芸学部（現・教育学部）〔昭和32年〕卒　[歴]北陸学院で国語教師を務めた後、昭和61年から北陸大学教授。退職後の平成12年から12年間、金沢市文化専門員。金沢湯涌夢二館館長、徳田秋声記念館館長を歴任。11～19年石川県文芸協会理事長。泉鏡花、室生犀星、徳田秋声をはじめとする石川県ゆかりの文学者の研究に従事、特に鏡花の研究に情熱を注ぎ、上京時期の特定や初恋の女性の足跡解明など数多くの業績を上げた。古書や古美術市場から私費で資料を収集し、後年収集資料を金沢市に寄贈。市立玉川図書館の「小林輝冶文庫」に10万点を超える図書や雑誌が、玉川こども図書館には約4700点の郷土玩具が所蔵されている。著書に「石川のわらべ歌」「水辺彷徨」などがある。[賞]金沢市文化活動賞〔昭和60年〕，北国文化賞〔平成11年〕，金沢市文化賞〔平成12年〕，石川県文化功労賞〔平成22年〕　[団]日本近代文学会，日本民俗学会，日本文学風土学会

小林 富保　こばやし・とみやす　秋田県議（社民党）　[没]平成28年（2016）10月14日　82歳　[生]昭和9年（1934）10月1日　[出]秋田県本荘市（由利本荘市）　[学]本荘高卒　[歴]本荘郵便局勤務、全逓秋田地本委員長を経て、昭和62年秋田県議に当選。通算2期務め、平成11年引退。社民党秋田県議団幹事長などを歴任した。

小林 豊明　こばやし・とよあき　北海道開発庁北海道開発局長　伊藤組土建副社長　[没]平成27年（2015）2月6日　74歳〔膵臓がん〕　[生]昭和15年（1940）3月17日　[出]北海道札幌市　[学]北海道大学工学部〔昭和37年〕卒　[歴]昭和37年北海道開発庁に入庁。平成3年札幌開発建設部長、4年北海道開発局建設部長などを経て、6年北海道開発局長。11年伊藤組土建副社長に就任。14年伊藤組取締役、北海道ゼロックス取締役、15年北海道国際航空（エアドゥ）取締役を兼務。　[賞]瑞宝中綬章〔平成25年〕

小林 伸明　こばやし・のぶあき　金沢工業大学教授　[専]制御工学，制御理論　[没]平成28年（2016）2月1日　67歳〔胸部大動脈瘤解離〕　[生]昭和23年（1948）7月5日　[出]愛知県蒲郡市　[学]防衛大学校機械工学科〔昭和45年〕卒，熊本大学大学院機械科〔昭和51年〕修士課程修了　工学博士（東京工業大学）〔昭和58年〕　[歴]昭和46年陸上自衛隊に入隊。東京工業大学研究生などを経て、58年防衛庁技術研究本部勤務、59年防衛大学校研究生、61年金沢工業大学助教授。のち教授。　[団]計測自動制御学会

小林 功芳　こばやし・のりよし　関東学院大学名誉教授　[専]英学史　[没]平成28年（2016）2月19日　80歳　[生]昭和10年（1935）5月7日　[出]神奈川県横浜市中区　[学]早稲田大学文学部英文学科〔昭和35年〕卒，早稲田大学大学院文学研究科英文学（イギリス演劇）専攻〔昭和37年〕修士課程修了　[歴]昭和40年麗沢大学専任講師、41年関東学院大学工学部一般教養専任講師、54年助教授を経て、教授。早稲田大学文学部、専修大学文学部の各非常勤講師も務めた。著書に「英学と宣教の諸相」、共著に「関東学院百年史」、分担執筆に「図説 横浜キリスト教文化史」などがある。　[賞]日本英学史学会豊田実賞〔平成12年〕　[団]日本英学史学会，横浜プロテスタント史研究会

小林 秀雄　こばやし・ひでお　作曲家　新・波の会会長　愛知県立芸術大学教授　[没]平成29年（2017）7月25日　86歳〔誤嚥性肺炎〕　[生]昭和6年（1931）2月12日　[出]東京都世田谷区北沢　[学]東京芸術大学音楽学部作曲科〔昭和30年〕卒　[歴]作曲を長谷川良夫、ピアノを宅孝二に学ぶ。東京芸術大学音楽学部作曲科在学中からピアノ伴奏やオーケストラの打楽器奏者などを務め、演奏活動とともに作曲の書法の基礎を修得。卒業後、NHKの委嘱でラジオ音楽劇を手がけ、昭和34年の「人形が呼ンデイル」及び36年の「マコ坊と特急」でそれぞれ芸術祭賞奨励賞を受賞。35年頃からNHKの教育番組の音楽を担当、同年ミュージカル「ジル・マーチン物語」を発表した。36年同局で「みんなのうた」の放送が始まると多くの曲で作曲・編曲を手がけ、中には薩摩忠の作詞による「まっかな秋」などのように小・中学校の音楽の教材にもなり、今日まで歌い継がれている名曲も多い。45年には峯陽とのコンビで児童合唱組曲「富士山」や、女声合唱組曲「三つの九州民謡によるコンポジション」を作曲し、作曲家としての地位を確立。傍ら、41年より詩と音楽の会、43年より波の会に参加するなど歌曲の分野でも活躍、のちに合唱用にもアレンジされる野上彰作詞の「落葉松」をはじめ、「シベリアン・アラベスク」「はだか木のうた」「風に寄せて」「風の少女」などを次々と発表した。また、41年「合奏編曲法」を著して以来、音楽教材の編集にも携わった。47～60年愛知県立芸術大学教授を経て、聖徳学園短期大学教授、活水女子大学教授を歴任。他の作品にオペラ「紫のドレス」「女神と二人の神の物語」、器楽曲「オーケストラのための変奏曲」「ピアノのための三つの断章」、合唱曲「壷」「こころの風土記」「日本海讃歌」「光と風と波」「のちのおもひに」などがある。平成20年代表的な合唱組曲「五つの心象」「四季の山頭火」、また自らがピアノ伴奏を受け持つ「落葉松」などが収録されたDVDが刊行された。　[賞]ポーランド特別平和賞〔昭和31年〕，芸術祭賞奨励賞〔昭和34年・昭和36年〕「人形が呼ンデイル」「マコ坊と特急」　[団]日本作曲家協議会，日本歌曲振興会（名誉会員），日本音楽著作権協会（JASRAC）　[師]師＝長谷川良夫，水谷達夫，宅孝二（以上東京芸大），稲垣寿子，奥川坦（以上幼・少年時）

小林 大哲　こばやし・ひろあき　トライアスロン選手　[没]平成29年（2017）1月21日　24歳〔転落死〕　[出]千葉県千葉市　[学]順天堂大学スポーツ健康科学部　[歴]平成

27年23歳以下のトライアスロン日本選手権で優勝、28年世界学生トライアスロン選手権8位。卒業後は日本食研実業団トライアスロン部に所属、国内ランキング10位で、国際大会の強化指定選手にも選出される。29年1月ナショナルチームの合宿に参加し、自転車走行中に転落死した。

小林 宏　こばやし・ひろし　カーリング指導者　カーリング日本代表監督　スポーティングカナダ社長　チームフジヤマGM　㊀平成28年(2016)2月18日　68歳　㊁昭和22年(1947)5月9日　㊂長野県佐久市　㊫野沢北高卒,中央大学商学部〔昭和45年〕卒　㊄祖父は下駄スケートを長野で初めて作った人物で、父はその意匠登録をとって普及に取り組んだ。野沢北高時代はスピードスケートでインターハイ、国体2位。社会人となってからは、スケートリンクの設計や管理運営の仕事に就く。その頃、カーリングに初めて出合い、ストーンを購入して各地で講習会を行い、自らもプレー。昭和61年第3回日本カーリング選手権優勝。その後、日本カーリング協会の中心になり、平成3年世界選手権日本代表チーム監督に就任。10年長野五輪競技委員長も務めた。17年日本初の会員制カーリングクラブ・山中湖メイプルカーリングクラブを設立。18年トリノ五輪のテレビ中継での名解説ぶりは評判に。22年富士急行が発足させたカーリングチーム、チームフジヤマのGM兼ヘッドコーチに就任。長年カーリングの普及にあたり、オリンピック強化委員、日本カーリング協会理事などを歴任したカーリング界の草分けとして知られる。

小林 宏　こばやし・ひろし　九州大学名誉教授　㊕有機合成化学　㊀平成29年(2017)5月21日　85歳〔心不全〕　㊁昭和6年(1931)12月8日　㊂大阪府豊中市　㊫九州大学工学部〔昭和32年〕卒,九州大学大学院工学研究科応用化学専攻〔昭和37年〕博士課程修了　工学博士　㊄昭和50年九州大学生産科学研究所教授、平成2年中央分析センター長、5年機能物質科学研究所所長。7年退官。　㊓日本化学会,日本分析化学会

小林 裕孝　こばやし・ひろたか　札幌テレビ放送社長　㊀平成27年(2015)10月23日　61歳〔前立腺がん〕　㊂新潟県　㊫一橋大学社会学部卒　㊄昭和52年日本テレビ放送網に入社。平成24年札幌テレビ放送常務総務局長、26年社長に就任。27年6月病気療養のため取締役に退き、10月に亡くなった。

小林 武次郎　こばやし・ぶじろう　三菱電機専務　㊀平成27年(2015)1月17日　90歳〔老衰〕　㊁大正13年(1924)9月7日　㊂兵庫県芦屋市　㊫宇部工業専門学校機械工学科〔昭和19年〕卒　㊄昭和19年三菱電機に入社。重電、発電の生産に20年間携わった後、テレビを経て、50年北伊丹製作所に移り半導体を担当。58年取締役、60年常務を経て、専務。

小林 麻央　こばやし・まお　フリーキャスター　タレント　㊀平成29年(2017)6月22日　34歳〔乳がん〕　㊁昭和57年(1982)7月21日　㊂新潟県小千谷市　㊔本名＝堀越麻央(ほりこし・まお)　㊫上智大学文学部心理学科〔平成17年〕卒　㊄上智大学に在学中、姉でTBSアナウンサーの小林麻耶(のちフリー)も出演していた日本テレビ系の恋愛トークバラエティ番組「恋のから騒ぎ」に出演して注目を集める。平成15年10月よりフジテレビ系朝の情報番組「めざましどようび」のお天気キャスターに起用される。その後、タレント活動をスタート。17年フジテレビ月曜夜9時枠(通称月9)の「スローダンス」で連続テレビドラマ初出演。18年10月日本テレビ系夜のニュース番組「NEWS ZERO」のサブキャスターに抜擢される。19年初の著書「小林麻央のゼロからわかるニュースのキホン」を出版。他の出演に、ドラマ「アンフェア」「Happy！」「タイヨウのうた」、映画「東京フレンズ」「キャプテン」「マリと子犬の物語」、テレビ「奇跡体験！ アンビリバボー」「ジャンクSPORTS」、DVD付き写真集に「まおのきおく」「to you」がある。21年6月「NEWS ZERO」での対談をきっかけに歌舞伎俳優・11代目市川海老蔵と交際を始め、22年3月入籍して同番組を卒業。23年7月長女・麗禾を出産。25年2月義父・市川団十郎が死去、1ケ月後に長男・勧玄を出産。梨園の妻として夫を支えていたが、26年10月乳がんが判明。27年10月闘病を隠しながら長男の初舞台を迎える。28年6月夫が会見を開き乳がんを公表。同年9月ブログを開設して闘病記を公開、病魔と闘いながらも前向きに生きる姿が多くの人々の共感を呼び、同年英国BBCの"今年の100人の女性"の一人に選出された。29年6月34歳で病没、亡くなった時点でブログの登録読者数は、大手ブログサイト「アメーバブログ」発足(16年)以来歴代1位の約260万人を数えた。　㊎夫＝市川海老蔵(11代目),長女＝堀越麗禾,長男＝堀越勧玄,姉＝小林麻耶(フリーアナウンサー)

小林 実　こばやし・まこと　自治事務次官　㊀平成29年(2017)6月18日　82歳〔間質性肺炎〕　㊁昭和10年(1935)6月1日　㊂長野県長野市　㊫東京大学法学部〔昭和33年〕卒　㊄昭和33年自治省(現・総務省)に入省。北海道庁に入り、39年栃木県総務部地方課長、42年京都府教育管理課長、51年自治省官房参事官、55年北九州市助役、58年自治省財政局財政課長、61年7月官房審議官、62年10月総務審議官、平成元年6月官房長、2年7月財政局長を経て、3年10月自治事務次官に就任。5年1月退官。同年4月長野五輪組織委員会(NAOC)事務総長に就任、開催市町村や県、企業などの混成組織をまとめて大会運営を指揮。男子滑降スタート地点問題では、引き上げを求める国際スキー連盟(FIS)側との調整にあたった。地方自治情報センター(現・地方公共団体情報システム機構)理事長、サッカーW杯日韓共催大会日本組織委員会副会長なども歴任。　㊮瑞宝重光章〔平成19年〕

小林 正夫　こばやし・まさお　声楽家(テノール)　関西二期会オペラ研修所長　㊀平成28年(2016)1月22日　61歳〔敗血症〕　㊁昭和29年(1954)5月30日　㊂奈良県　㊫京都市立芸術大学音楽学部声楽専修〔昭和52年〕卒　㊄関西二期会を代表するリリックテノールとして活躍し、「カルメン」「椿姫」「蝶々夫人」「ラ・ボエーム」「ナクソス島のアリアドネ」「メリーウィドウ」「こうもり」などで主役を演じた。生駒高校教諭や関西二期会オペラ研修所長、赤穂市文化会館ハーモニーホールチーフプロデューサーを務めた。　㊎妻＝小林かずみ(ピアニスト)　㊛師＝蔵田裕行,田原祥一郎

小林 将男　こばやし・まさお　コバード会長　福井県発明協会会長　㊀平成28年(2016)9月1日　77歳〔呼

こばやし　　　　　　　　　日　本　人

吸不全〕㊷昭和14年（1939）1月28日　㊸福井県　㊲福井商〔昭和31年〕卒　㊻祖父が創業した菓子木型彫刻家・小林京鳳堂を継ぎ、昭和54年社長に就任。平成元年コバードを設立し、26年会長。あんパンや中華まん、きんつばなどの具材を生地で包む「自動包あん成形機」など独創的な食品機械を数多く開発し、業界の"発明王"として知られた。　㊺黄綬褒章〔平成8年〕、旭日双光章〔平成21年〕　㊹長男＝小林博紀（コバード社長）

小林 正彦　こばやし・まさひこ　石原プロモーション専務　㊷平成28年（2016）10月30日　80歳〔虚血性心不全〕　㊸昭和11年（1936）1月1日　㊸三重県四日市市　㊲四日市高卒　㊻YMCAホテル学校を出て、日活ホテルに入社。昭和31年日活撮影所に配転、制作主任、俳優課長を歴任。石原裕次郎に見込まれ、43年石原プロモーション専務に転じる。以後、片腕"小正（こまさ）"として、映画「黒部の太陽」、テレビドラマ「大都会」などの製作を手がける。映画製作失敗でできた8億円の赤字を返済する手腕を発揮する一方、裕次郎の入院の際は詰めかけた報道陣をテキパキとさばき、その名を高めた。石原軍団の大番頭として、また映画、テレビの辣腕プロデューサーとして知られた。石原プロ名物の炊き出しも発案した。平成23年持病の糖尿病の合併症で軽い心筋梗塞を発症し、石原プロを退社した。

小林 まさひろ　こばやし・まさひろ　タレント　㊷平成28年（2016）6月22日　62歳〔大腸がん〕　㊸昭和28年（1953）9月15日　㊸神奈川県横浜市鶴見区　㊸本名＝小林正弘（こばやし・まさひろ）、グループ名＝ハンダース　㊻清水アキラ、桜金造、アゴ勇、アパッチ賢（中本賢）、鈴木寿吉と6人組お笑いグループのザ・ハンダースを結成、"ありがとうの小林君"として知られ、ワイルドワンズのヒット曲「想い出の渚」のパロディで人気を得た。その後、居酒屋の参席店主となった。

小林 政弘　こばやし・まさひろ　NTN副社長　㊷平成27年（2015）8月12日　86歳〔肝細胞がん〕　㊸昭和3年（1928）11月5日　㊸新潟県　㊲新潟市立中〔昭和20年〕卒、新潟高理科〔昭和24年〕卒、東京大学工学部精密工学科〔昭和27年〕卒　㊻昭和27年東洋ベアリング製造（のちエヌ・テー・エヌ東洋ベアリング、現・NTN）に入社。57年取締役、60年常務、平成元年専務を経て、3年副社長。

小林 勝　こばやし・まさる　中越パルプ工業社長　㊷平成29年（2017）1月18日　94歳〔肺炎〕　㊸大正11年（1922）5月10日　㊸兵庫県西宮市　㊲海兵（第72期）卒、東京大学経済学部〔昭和24年〕卒　㊻昭和24年王子製紙に入社。財務関係を中心に歩き、46年取締役財務部長、51年常務、56年専務企画本部長、60年副社長を歴任。王子木材社長も務めた。平成元年中越パルプ工業社長に就任。6年会長。10年相談役に退く。　㊺勲三等瑞宝章〔平成4年〕　㊹妻＝小林祐子（東京女子大学教授）

小林 道夫　こばやし・みちお　京都大学名誉教授　㊻西洋近世哲学、科学哲学　㊷平成27年（2015）6月2日　69歳〔肝不全〕　㊸昭和20年（1945）10月19日　㊸京

都府　㊲京都大学文学部哲学科〔昭和44年〕卒、京都大学大学院文学研究科哲学専攻〔昭和49年〕博士課程修了、ソルボンヌ大学大学院哲学研究科近世哲学専攻博士課程修了　Doctorat de 3e Cycle, 文学博士　㊻昭和49～55年リヨン大学、ソルボンヌ大学留学。大阪市立大学文学部助教授、教授を経て、京都大学教授。のち龍谷大学文学部特任教授。平成25年日本学士院会員。科学思想史、科学哲学の分野で、フランスで十分に顧みられなかったデカルトの自然科学の研究を進めて国際的に高い評価を受けた。著書に「デカルト哲学の大系」「デカルト哲学とその射程」、共編著に「自然観の展開と形而上学」「科学と哲学」「哲学の歴史」などがある。　㊺日本学士院賞（第91回）〔平成13年〕「デカルトの自然哲学」、和辻哲郎文化賞（第13回）〔平成13年〕「デカルト哲学とその射程」、毎日出版文化賞特別賞（第62回）〔平成20年〕「哲学の歴史」　㊺日本学士院会員〔平成25年〕　㊹日本哲学会、関西哲学会、科学基礎論学会、日仏哲学会

小林 元　こばやし・もと　参院議員（民主党）　㊷平成27年（2015）7月3日　82歳〔心不全〕　㊸昭和7年（1932）9月14日　㊸茨城県水戸市　㊲京都大学法学部〔昭和30年〕卒　㊻茨城県庁に入り、昭和61年総務部長、63年教育長を歴任。平成7年参院選茨城選挙区に新進党から当選。10年1月国民の声に参加、4月民主党に合流。2期務め、19年引退。　㊺旭日中綬章〔平成19年〕

小林 八代枝　こばやし・やよえ　順天堂大学大学院医療看護学研究科教授　㊻小児看護学　㊷平成27年（2015）4月1日　71歳　㊸昭和18年（1943）11月16日　㊲前橋赤十字高等看護学院卒、日本女子大学家政学部児童学科卒、文教大学大学院人間科学研究科生涯学習学専攻修了　㊻前橋赤十字病院に勤務。前橋赤十字看護専門学校、日赤幹部看護婦研修所、日本看護協会看護研修学校の各専任教師を経て、平成7年埼玉医科大学短期大学教授。のち順天堂大学大学院医療看護学研究科教授。

小林 陽太郎　こばやし・ようたろう　富士ゼロックス社長　経済同友会代表幹事　㊷平成27年（2015）9月5日　82歳〔左慢性膿胸〕　㊸昭和8年（1933）4月25日　㊸東京都　㊲慶応義塾大学経済学部〔昭和31年〕卒、ペンシルベニア大学大学院ウォートン校〔昭和33年〕修了　M.B.A.（ペンシルベニア大学ウォートン校）〔昭和33年〕　㊻富士写真フィルム社長を務めた小林節太郎の長男。昭和33年富士写真フィルムに入社。38年設立されたばかりの子会社・富士ゼロックスに転じ、43年取締役、47年常務、51年副社長を経て、53年44歳の若さで社長に就任。平成4年会長、18～21年相談役最高顧問。企業の社会的責任や、企業の意思決定に内外の監視機能が働くようとする"企業統治（コーポレートガバナンス）"の必要性を早くから主張。その一環として、販売本部長時代には「モーレツからビューティフルへ」のキャンペーンを展開、評判を呼んだ。財界活動にも積極的に取り組み、6年日米経済協議会会長。8年世界的な重電機器製造・総合エンジニアグループABBの社外役員に選任される。10年日本アスペン研究所初代会長、11年総合研究開発機構会長。同年外資系企業出身者として初めて経済4団体の一つである経済同友会代表幹事に就任（15年まで）。14年にはニュー

ヨークで開催された世界経済フォーラム年次総会（ダボス会議）共同議長を務めた。新日中友好21世紀委員会の日本側座長も務め、東アジア情勢の関係改善にも心を砕いた。ソニー取締役会議長、国際大学理事長なども兼務した。　[賞]藍綬褒章〔平成3年〕，企業広報賞企業広報特別賞（第5回）〔平成1年〕，経営者賞（第33回）〔平成2年〕，ベスト・ドレッサー（政治・経済部門，第21回）〔平成4年〕，ベスト・メン賞（第9回）〔平成5年〕，伴記念賞名誉賞（第16回）〔平成7年〕「電子写真技術を核とした事務機器の製品化と普及」，経済界大賞（第24回）〔平成10年〕「日本と海外の相互理解を深めた手腕」，デミング賞〔平成11年〕，日本宣伝賞大賞（第45回）〔平成12年〕　[家]父＝小林節太郎（富士写真フイルム社長），弟＝小林奎二郎（アトラス通商社長）

小林 美夫　こばやし・よしお　建築家　日本大学名誉教授　[没]平成29年（2017）10月5日　89歳〔心不全〕　[生]昭和3年（1928）3月25日　[出]埼玉県久喜市　[学]日本大学工学部建築学科卒　工学博士　[歴]日本大学理工学部教授を務めた。主な作品に「岩手県営体育館」「秋田県立体育館」「東京薬科大学八王子キャンパス」などがある。　[賞]瑞宝中綬章〔平成20年〕，東北建築賞（第1回）〔昭和55年〕，照明学会支部長賞〔昭和56年〕，建築業協会賞〔平成3年〕「静岡県立大学」

小林 吉一　こばやし・よしかず　国学院大学栃木短期大学名誉教授　[専]国文学　[没]平成28年（2016）7月2日　78歳〔病気〕　[生]昭和13年（1938）2月11日　[出]新潟県　[学]国学院大学文学部日本文学科卒，国学院大学大学院文学研究科日本文学専攻博士課程単位取得　[歴]国学院大学栃木短期大学国文学科教授を務めた。共著に「日本文学における生と死」「源氏物語の魅力」など。

小林 善英　こばやし・よしひで　歌舞伎文化資料館長　[没]平成28年（2016）9月22日　94歳

小林 芳之　こばやし・よしゆき　テイカ社長　[没]平成28年（2016）2月10日　82歳〔心筋梗塞〕　[生]昭和8年（1933）9月16日　[出]徳島県三好郡山城町（三好市）　[学]京都大学法学部〔昭和32年〕卒　[歴]昭和32年帝国化工（現・テイカ）に入社。61年取締役、平成元年常務、6年専務を経て、8年社長。14年会長、17年取締役相談役に退いた。

小林 芳郎　こばやし・よしろう　大阪教育大学名誉教授　[専]児童心理学　[没]平成29年（2017）3月9日　82歳　[生]昭和10年（1935）1月4日　[出]岐阜県　[学]東京教育大学教育学部心理学科〔昭和34年〕卒，東京教育大学大学院教育心理学専攻児童心理学専修〔昭和42年〕博士課程修了　[歴]大阪教育大学教授、関西福祉科学大学教授、大阪総合保育大学教授を歴任した。編著に「精神保健の理論と実際」「心の発達と教育の心理学」「家族のための心理学」「子どもを育む心理学」などがある。　[賞]瑞宝中綬章〔平成27年〕　[団]日本心理学会，日本教育心理学会，日本応用心理学会

小林 隆太郎　こばやし・りゅうたろう　日本工業新聞フジサンケイビジネスアイ編集局長　[没]平成29年（2017）4月5日　67歳〔心不全〕　[生]昭和25年（1950）1月3日　[出]新潟県長岡市　[学]電気通信大学電気通信学部卒　[歴]昭和49年日本工業新聞社入社。経済部（当時の通商産業省担当）などを務めた後、編集局産業第二部次長、産経新聞編集局経済部次長、社会部次長、夕刊フジ編集局報道部次長、報道部経済担当部長、日本工業新聞フジサンケイビジネスアイ編集局次長を経て、平成18年編集局長。著書に「知られざる企業集団セイコーグループ」。

小林 隆平　こばやし・りゅうへい　ギター奏者　エクアドル国立音楽院ギター科教授　[没]平成28年（2016）2月13日　62歳〔病気〕　[生]昭和28年（1953）10月25日　[出]東京都　[歴]ギターを芳志戸幹雄に師事。昭和49年スペイン・アリカンテのオスカル・エスプラ音楽院に入学、ホセ・トマスに師事した。52年スペイン・ラミレス国際コンクールで優勝。イタリア・アレキサンドリア国際コンクール第3位。53年エクアドルのソプラノ歌手の招きにより同国国立音楽院ギター科教授に就任。編曲家としても活躍し、編著「中南米ギター名曲の旅〈1・2〉」がある。　[賞]エクアドル文化勲章〔平成16年〕，ラミレス国際コンクール優勝〔昭和52年〕，アレキサンドリア国際コンクール第3位　[師]師＝芳志戸幹雄，トマス，ホセ

小堀 進　こぼり・すすむ　小堀社長　[没]平成29年（2017）5月18日　67歳〔病気〕　[生]昭和24年（1949）7月8日　[出]京都府京都市　[歴]平成24年から仏壇仏具製造販売の小堀社長を務めた。

小堀 卓巌　こぼり・たくがん　僧侶　孤篷庵住職　臨済宗大徳寺派宗務総長　[没]平成29年（2017）3月20日　85歳　[生]昭和6年（1931）　[出]愛知県　[学]花園大学卒　[歴]昭和26年大徳寺塔頭孤篷庵、31年福岡県梅林寺専門道場を経て、41年孤篷庵第18代住職。55年臨済宗大徳寺派教学・財務部長、平成元年〜7年宗務総長を務めた。

駒ケ嶺 大三　こまがみね・たいぞう　声楽家（バリトン）　北海道教育大学名誉教授　[専]音楽教育　[没]平成27年（2015）　92歳　[生]大正12年（1923）2月2日　[出]北海道札幌市　[学]東京音楽学校（現・東京芸術大学）甲師科〔昭和23年〕卒　[歴]学徒動員で召集、樺太（現・サハリン）へ。復員後復学。卒業後は札幌第一高等女学校、北星学園女子高校、北星学園女子短期大学を経て、北海道教育大学札幌分校教授兼同附属小・中学校長などを歴任。その後、平成7年まで北海道女子短期大学教授。バリトン歌手で、たびたびリサイタルを開く。また、昭和50年頃よりスケッチを始め、個展も開いた。　[賞]勲三等瑞宝章〔平成11年〕　[団]二期会　[家]娘＝駒ケ嶺ゆかり（声楽家）　[師]師＝中山悌一，下総皖一

小牧 龍夫　こまき・たつお　エーザイ専務　[没]平成28年（2016）2月7日　77歳　[生]昭和13年（1938）8月13日　[学]京都大学薬学部〔昭和36年〕卒　[歴]昭和36年エーザイに入社。渉外部長、欧米部長兼渉外部長を経て、平成7年取締役、9年常務、のち専務、13年顧問。

駒谷 明　こまたに・あきら　衆院議員（公明党）　[没]平成28年（2016）12月24日　86歳〔肺炎〕　[生]昭和5年（1930）3月30日　[出]兵庫県神戸市　[学]姫路中〔昭和23年〕卒　[歴]昭和46年神戸市兵庫区から兵庫県議に当選。3期務め、58年衆院選旧兵庫3区に公明党から立候補し

て当選。61年落選、1期。平成元年参院選比例区に立候補した。

小松 重男 こまつ・しげお 小説家 [没]平成29年(2017)3月18日 86歳 [生]昭和6年(1931)2月24日 [出]新潟県新潟市 [学]新潟中卒, 鎌倉アカデミア演劇科卒 [歴]鎌倉アカデミア演劇科を卒業後、松竹大船撮影所で中村登監督に師事。前進座文芸演出部、新協劇団演出部を経て、昭和52年「年季奉公」でオール讀物新人賞を受賞して作家活動に入る。61年「蝶の縁側」で第96回、63年「シベリヤ」で第99回直木賞候補。主に時代小説を執筆した。著書に「ずっこけ侍」「蚤とり侍」「でんぐり侍」「幕末遠国奉行の日記」「御庭番秘聞」「喧嘩侍 勝小吉」などがある。 [賞]オール讀物新人賞(第51回)〔昭和52年〕「年季奉公」 [団]日本文芸家協会 [家]妻＝相生千恵子(女優)

こ

小松 隆 こまつ・たかし 協和醱酵工業専務 [没]平成29年(2017)11月30日 86歳〔肺炎〕 [生]昭和6年(1931)8月16日 [出]千葉県 [学]東京大学法学部〔昭和30年〕卒 [歴]昭和30年協和醱酵工業(現・協和発酵キリン)に入社。60年取締役、63年常務を経て、平成4年専務。

小松 裕 こまつ・ひろし 熊本大学文学部教授 [専]日本近代思想史 [没]平成27年(2015)3月25日 60歳〔肺がん〕 [生]昭和29年(1954)10月21日 [出]山形県 [学]早稲田大学文学部日本史学科〔昭和54年〕卒, 早稲田大学大学院文学研究科日本史専攻〔昭和60年〕博士課程単位取得退学 博士(文学, 早稲田大学)〔平成14年〕 [歴]熊本大学文学部助教授を経て、教授。学部長も務めた。足尾鉱毒事件と田中正造研究に取り組んだ。また、ハンセン病患者の強制隔離収容や差別・偏見実態を調査した熊本県の無らい県運動検証委員会委員も務めた。著書に「田中正造—二一世紀への思想人」、編著に「田中正造選集〈4〜5〉」、共著に「『韓国併合』前の在日朝鮮人」などがある。 [団]歴史学研究会, 日本史研究会, 歴史科学協議会

小松 幹生 こまつ・みきお 劇作家 [没]平成28年(2016)8月12日 75歳〔胃がん〕 [生]昭和16年(1941)3月9日 [出]高知県安芸市 [名]本名＝小松幹生(こまつ・みきお) [学]早稲田大学文学部演劇科卒 [歴]昭和43年〜平成4年演劇雑誌「テアトロ」編集部に勤務、のちフリー。日常的な状況の中に奇想天外な事件を起こし、笑いの中に現代社会の本質を浮かび上がらせるという手法をみせる喜劇作家。作品に「雨のワンマンカー」「心猿のごとく騒ぎ」「タランチュラ」「ブンナよ木からおりてこい」「八人の腕時計」「刺殺遊戯」などがある。 [賞]芸術祭賞, 児童福祉文化賞, 新人シナリオコンクール佳作(第22回)〔昭和47年〕 [団]劇作家協会

小松 安弘 こまつ・やすひろ エフピコ創業者 [没]平成29年(2017)5月23日 79歳〔肺炎〕 [生]昭和12年(1937)7月17日 [出]岡山県井原市 [学]日本大学経済学部〔昭和35年〕卒 [歴]昭和35年東京トヨタヂーゼルに入社。37年退社、福山パール紙工を創業、社長。平成元年エフピコに社名変更。17年東証第1部に上場。21年会長兼CEO(最高経営責任者)。耐熱性に優れたトレーなどを次々と市場に投入し、同社を簡易食品容器製造の国内トップメーカーに育て上げた。また、障害のある従業員の雇用を積極的に進め、障害者雇用率も全国トップレベルに高めて他社にもノウハウを広げた。 [賞]藍綬褒章〔平成9年〕, 旭日重光章〔平成25年〕, 毎日経済人賞(第19回)〔平成10年〕, 福山市名誉市民〔平成28年〕 [家]妻＝小松啓子(エフピコ常務)

小松 雄一郎 こまつ・ゆういちろう 西日本新聞北九州支社長 [没]平成27年(2015)3月17日 91歳 [生]大正12年(1923)3月24日 [出]福岡県福岡市 [学]筑紫中〔昭和15年〕卒, 関西大学経商学部〔昭和19年〕卒 [歴]昭和21年西日本新聞社に入社。43年編集局次長、47年総務局長、北九州支社長を歴任。51年西日本ファミリーランド専務、52年同社代表取締役専務を務めた。

駒宮 史朗 こまみや・しろう 埼玉県立さきたま史跡の博物館副館長 [専]考古学 [没]平成27年(2015)6月12日 [歴]大学4年の昭和43年から埼玉古墳群の発掘調査に参加。卒業後、埼玉県に入り、埋蔵文化財担当として県内各地の遺跡を発掘。平成19年県立さきたま史跡の博物館副館長を最後に退職。

ゴーマン 美智子 ごーまん・みちこ **Gorman, Michiko** マラソン選手 [国]米国 [没]平成27年(2015)9月19日 80歳〔がん〕 [生]昭和10年(1935) [出]中国山東省青島 [名]旧姓・名＝諏訪美智子 [歴]日系米国人。中国・青島で生まれ、9歳で日本に引き揚げた後は福島県南会津で過ごす。戦後に外科医だった父を失い、貿易会社や進駐軍に勤めて家計を支えたが、昭和39年渡米。メイドをしながら実業学校を卒えて日系商社に勤務、41年株仲買人のマイケル・ゴーマンと結婚。夫の勧めで体育クラブに入会、クラブのマラソン大会で優勝してから自信をつけ、33歳から本格的にマラソンに取り組む。48年カルバーシティ・マラソンに初出場、非公認ながら2時間46分36秒の世界記録を出して優勝。38歳の49年、ボストン・マラソンに出場して女子の部で初めて3時間を切る2時間47分11秒で優勝。50年長女を出産したのちも練習に励み、51年ニューヨークシティ・マラソンでは自己ベストの2時間39分11秒で優勝。52年にはボストンを制し、ニューヨークシティも2連覇、世界にその名を轟かせた。平成24年ニューヨークシティの主催者から殿堂入り表彰された。昭和59年ロス五輪で女子マラソンが正式種目になる前に活躍した、日本出身の女子マラソン選手の草分け的存在で、自伝「走れ！ ミキ」は「リトル・チャンピオン」のタイトルで映画化された。

五味 輝一 ごみ・てるいち 高山昭和館館長 [没]平成27年(2015)6月18日 77歳〔胃がん〕 [出]長野県茅野市 [歴]画家の山下清の原画や、昭和期の史料などを長年にわたって収集。平成19年岐阜県高山市に自身の所蔵品を展示した高山昭和館を開館、館長に就任した。

五味 久枝 ごみ・ひさえ フリーアナウンサー トヨタカローラ愛媛社長 [没]平成27年(2015)12月21日 65歳〔病気〕 [生]昭和25年(1950)2月12日 [出]愛媛県松山市 [学]自由学園女子学部〔昭和45年〕卒 [歴]昭和45年南海放送に入社。50年フリーアナウンサーとなり上京、FM東京「ザ・スペシャル」などを担当した。平

成12年トヨタカローラ愛媛に入社。13年取締役、14年社長に就任。

小南 俊一　こみなみ・しゅんいち　NTTデータ副社長　[没]平成29年(2017)11月10日　69歳〔心不全〕　[生]昭和23年(1948)3月16日　[出]福岡県　[学]九州大学経済学部〔昭和46年〕卒　[歴]昭和46年日本電信電話公社(電電公社, 現・NTT)に入社。平成11年NTTデータ通信(現・NTTデータ)取締役、15年常務を経て、17年副社長。

小峰 リリー　こみね・りりー　衣裳デザイナー　グループ色代表取締役　[専]舞台, テレビ, 映画の衣装デザイン　[没]平成29年(2017)9月20日　70歳〔多系統萎縮症〕　[生]昭和22年(1947)5月16日　[出]東京都　[名]本名＝福井リリー(ふくい・りりー)　[学]東京家政学院高校〔昭和40年〕卒　[歴]英国ロイヤルシェイクスピア劇団の衣装部を経て、昭和48年からフリーの衣装デザイナーとして活動。舞台での代表作に、蜷川幸雄演出の一連のシェイクスピア劇、野田秀樹演出の「十二夜」などがある。また、歌手の松田聖子の衣装デザインをデビュー以来担当するなど、ステージ衣裳のデザインを広く手がけた。ほかに水着のプリントデザインなどが知られる。　[賞]読売演劇大賞優秀スタッフ賞(第14回)〔平成9年〕「シーエイティプロデュース「フロッグとトード」, ホリプロ「オレステス」, Bunkamura「タンゴ・冬の終わりに」の衣装」　[家]夫＝福井峻(作・編曲家)

小宮 徹　こみや・とおる　柳川市長　[没]平成28年(2016)6月4日　89歳〔心不全〕　[生]昭和2年(1927)5月10日　[出]福岡県柳川市　[学]拓殖大学〔昭和21年〕中退　[歴]昭和34年以来柳川市議に7選。50年副議長、52年議長を経て、60年市長に当選。4期務め、平成13年引退。　[賞]藍綬褒章〔平成1年〕, 勲三等瑞宝章〔平成14年〕

小宮 康孝　こみや・やすたか　染色家　[専]江戸小紋　[没]平成29年(2017)10月24日　91歳〔肺炎〕　[生]大正14年(1925)11月12日　[出]東京市浅草区(東京都台東区浅草)　[学]葛飾区立上平井尋常小〔昭和13年〕卒, 関東工科学校電機科　[歴]小学6年の時に父・康助(昭和30年に人間国宝)の板場(染織作業場)に入れられ、小学校卒業とともに家業の江戸小紋染めに従事。父から技術を伝承、25年頃小紋のための化学染料の見直しに成功。35年日本伝統工芸展に初入選、以後毎年出品。36年父の死去に伴い工房を継承。小紋型中形の古型紙の収集保存を心がけ、42年頃から古典的な小紋柄や中形の古典の復元を行う。52年初の集大成的な個展「小紋百柄展」を開催。53年親子2代で人間国宝に認定される。平成9年葛飾区で反物、着物、小綿紗など、父、長男と親子三代の作品展を開催。代表作に「江戸小紋着物 十絣」「江戸小紋着物 極鮫」「江戸小紋 菊格子」「江戸小紋 源氏香」などがある。　[賞]紫綬褒章〔昭和63年〕, 勲四等旭日小綬章〔平成10年〕, 東京都文化賞〔昭和60年〕, 東京都名誉都民〔平成13年〕, 葛飾区名誉区民〔平成24年〕, 日本伝統工芸展日本工芸会奨励賞(第11回)〔昭和39年〕「江戸小紋着物 十絣」, 日本伝統工芸染織展日本工芸会賞(第6回)〔昭和44年〕「単衣無双羽折 アイヌ」　[資]重要無形文化財保持者(江戸小紋)〔昭和53年〕, 葛飾区伝統工芸士〔平成5年〕　[団]日本工芸会　[家]父＝小宮康助(染織家・人間国宝), 長男＝小宮康正(染織家)

小宮山 文男　こみやま・ふみお　銀座ルノアール社長　[没]平成29年(2017)5月4日　67歳〔大腸がん〕　[生]昭和24年(1949)5月10日　[出]東京都　[学]東海大学経済学部〔昭和47年〕卒　[歴]銀座ルノアール創業者である小宮山正九郎の二男。昭和54年同社に入社。63年取締役、平成14年常務を経て、15年社長。27年会長。　[家]父＝小宮山正九郎(銀座ルノアール創業者)

小無田 泉　こむた・いずみ　洋画家　[没]平成27年(2015)11月15日　79歳　[生]昭和11年(1936)　[出]長崎県長崎市　[学]パリ国立美術学校修了　[歴]昭和28年独立展で入選。40年から約10年間フランスに留学。パリ国立美術学校で学び、印象派の影響を受けた作風を確立。55年から長崎を本拠地に色彩豊かな風景画などを描き、長崎県の美術界をリードした。

古村 義彰　こむら・よしあき　福井大学名誉教授　[専]熱工学, 機械力学, 制御工学　[没]平成27年(2015)4月11日　74歳　[生]昭和16年(1941)1月1日　[学]福井大学工学部機械工学科卒, 福井大学大学院工学研究科機械工学専攻修士課程修了　工学博士　[歴]福井大学工学部教授を務めた。

米須 興文　こめす・おきふみ　琉球大学名誉教授　[専]英文学　[没]平成27年(2015)12月17日　83歳〔呼吸不全〕　[生]昭和6年(1931)12月31日　[出]沖縄県中頭郡中城村　[学]マスキンガム大学〔昭和30年〕卒, ミシガン州立大学大学院博士課程修了　Ph.D.(ミシガン州立大学)　[歴]昭和23年新設の野嵩高校第1期生となる。27年渡米してオハイオ州マスキンガム大学に入学。30年英文学の全米名誉協会シグマ・トウ・デルタの会員に推される。同年大学を卒業して帰国。31年琉球大学夜間英語講座講師となり、平成9年定年退官。6年琉球アイルランド友好協会の初代会長に就任。アイルランドの詩人イェーツの研究で国際的に知られた。著書に「ミメシスとエクスタシス―文学と批評の原点」「レダの末裔」「ピロメラのうた―情報化時代における沖縄のアイデンティティ」「アイルランド断章」「マルスの原からパルナッソスへ―英文学の高峰に挑んだ沖縄少年」「ベン・ブルベンの丘をめざして―沖縄英文学者の半生と文学・文化批評」などがある。　[賞]沖縄タイムス賞文化賞〔平成14年〕

米田 隆志　こめだ・たかし　芝浦工業大学教授　[専]医用・福祉工学　[没]平成29年(2017)6月2日　61歳〔心不全〕　[生]昭和30年(1955)10月13日　[出]静岡県　[学]静岡大学工学部精密工学科〔昭和54年〕卒　工学博士(東京大学)　[歴]昭和62年芝浦工業大学講師、平成2年助教授を経て、9年教授。17年システム工学部長、21年副学長を歴任。機械と電気の融合したメカトロニクス技術を医療・福祉分野に応用する研究に取り組んだ。[賞]日本鋳造工学会日下賞(平成12年度)　[団]日本ロボット学会, 日本機械学会, 日本褥瘡学会, ライフサポート学会, 日本生活支援学会

小本 章　こもと・あきら　美術家　写真家　版画家　[没]平成29年(2017)6月18日　81歳〔心不全〕　[生]昭和10年(1935)8月14日　[出]東京都大田区　[名]本名＝小本

昌彰（こもと・まさあき）　㊫岐阜大学教育学部美術工芸科〔昭和33年〕卒, 東京教育大学教育学部芸術学（研究生修了）　㊞東京で生まれ、岐阜県関市で育つ。岐阜大学を卒業後、岐阜の前衛美術グループVAVAに参加。昭和43～47年岐阜教育大学助教授、のち女子美術大学大学院講師も務める。46年講談社フェーマススクールズのインストラクターとなる。52年リュブリアナ国際版画ビエンナーレ招待、同年ポーランドのポズナンなどで個展開催、55年日本グラフィック展特選賞、以後多数の受賞を重ね声価を高める。57年米国政府給費留学生として渡米。平成2年ドイツに美術留学。昭和47年以来、風景と一体化した絵が生み出す幻影を写真に収めた連作〈Seeing（見ること 眺め）〉シリーズを手がけ、日本では浅間山や琵琶湖、海外ではデュッセルドルフのライン川畔やカナダのジョージア湾、南仏のサント・ヴィクトワール山などで創作、1000点以上を発表した。著書に「シルクスクリーンの用具と技法」「シルクスクリーンの発想と展開」などがある。　㊫新制作協会展新作家賞〔昭和36年〕, シェル美術賞展佳作賞〔昭和40年・41年〕, 日本グラフィック展特選賞（フォトグラフィ部門, 第1回）〔昭和55年〕, ビクタービデオフェスティバル佳作賞〔昭和55年〕, 日本グラフィック展奨励賞〔昭和56年〕, ジャパンアートフェスティバル栃木県立美術館賞〔昭和56年〕, 現代日本美術展神奈川県立近代美術館賞〔昭和58年〕, 西武美術館版画大賞〔昭和59年〕, 現代日本美術展佳作賞・東京国立近代美術館賞〔昭和60年〕, 日本国際美術展東京都美術館賞・兵庫県立近代美術館賞〔昭和61年〕, 現代日本美術展京都国立近代美術館賞〔平成1年〕, 大阪絵画トリエンナーレ大阪ドイツ文化センター・デュッセルドルフ特別賞〔平成2年〕, 現代日本美術展神奈川県立近代美術館賞（第21回）〔平成4年〕「ライン河畔 SEEING91-11」, エンバ美術コンクール国立国際美術館賞（第15回）〔平成4年〕　㊐大学版画学会

小森 昭宏　こもり・あきひろ　作曲家　尚美学園短期大学教授　㊀平成28年（2016）6月5日　85歳〔腎不全〕　㊓昭和6年（1931）4月26日　㊔東京市神田区駿河台（東京都千代田区）　㊫慶応義塾大学医学部〔昭和32年〕卒　㊞父は日本打楽器界の重鎮、小森宗太郎。高校時代に作曲で賞を受けた。昭和32年慶応義塾大学医学部を卒業し、同大病院外科医局に勤務したが、作曲への夢を捨てきれずに池内友次郎に師事。昭和35年本格的に作曲家に転向して飯沢匡台本のNHK人形劇「ブーフーウー」の音楽を担当し、毎回多くの挿入歌を作曲。以来、NHKの児童向け番組などの仕事をし、多数の童謡を作曲。代表作には「げんこつ山のたぬきさん」「おべんとうばこのうた」「いとまきのうた」「かぜよふけふけ」「おにぎりころりん」などがある。劇伴分野では、民放のアニメ「宇宙エース」「アストロガンガー」「勇者ライディーン」「名犬ジョリィ」や、NHK朝の連続テレビ小説「いちばん星」などを手がけた。57年には黒柳徹子の大ベストセラー「窓ぎわのトットちゃん」を語りとオーケストラのための音楽物語とし、著者の語りと小林研一郎指揮新星日本交響楽団により初演された。また、演劇集団円が毎年暮れに子供向けに行う舞台公演、「円・こどもステージ」の音楽担当の常連でもあり、谷川俊太郎や別役実などの新作のために作曲した。皆川おさむが歌った「黒猫のタンゴ」の編曲者としても知られる。尚美学園短期大学音楽学科教授も務めた。　㊫日本レコードセールス大賞編曲賞（第3回）〔昭和45年〕, 日本童謡賞〔昭和59年〕, 彩の国下総皖一音楽賞（第7回）〔平成9年〕, 日本児童演劇協会賞個人賞〔平成10年〕, サトウハチロー賞〔平成10年〕　㊐日本音楽著作権協会（JASRAC）, 日本童謡協会, 音楽三田会, 日本歌曲振興会, 楽譜コピー問題協議会　㊎妻＝小森美巳（演出家）, 父＝小森宗太郎（打楽器奏者）　㊗師＝池内友次郎, 中村ハマ

小森 和夫　こもり・かずお　旭エージェンシー創業者　㊀平成29年（2017）3月29日　89歳〔急性腎不全〕　㊓昭和2年（1927）9月13日　㊔岐阜県揖斐郡大野町　㊫岐阜師範〔昭和22年〕卒　㊞昭和22年岐阜タイムス社（のち岐阜日日新聞社, 現・岐阜新聞社）に入社。48年退職して岐阜日日西濃広告（現・旭エージェンシー）を創業、50年社長。平成13年退任。

小森 栄　こもり・さかえ　弁護士　小森栄法律事務所所長　㊀平成29年（2017）1月26日　67歳〔肺炎〕　㊓昭和24年（1949）11月8日　㊔栃木県　㊫中央大学経済学部〔昭和48年〕卒　㊞昭和63年司法試験に合格、平成3年弁護士登録。日本弁護士連合会刑事法制委員会事務局次長、拘禁二法対策本部事務局委員、東京簡易裁判所民事調停委員など歴任。6年から覚醒剤などの薬物事件を中心に弁護活動を続ける中、薬物汚染の拡大と低年齢化の実態を知り、特に若者の罪悪感の無さと、被害者家族や学校の無力さを痛感。米国のホームページに載っていた薬物被害者の家族向け対応マニュアルを参考に日本版マニュアル作りを計画し、教員やソーシャルワーカー、心理学者ら専門家に呼びかけ、考える会を発足。11年薬物被害をテーマにした「ドラッグ社会への挑戦」を出版し、その印税をもとに、薬物乱用の対応をテーマに懸賞論文を募集した。また、薬物問題に詳しい弁護士としてテレビ番組などにも出演。他の著書に「もう一歩踏み込んだ薬物事件の弁護術」などがある。　㊐東京弁護士会

小森 成一　こもり・せいいち　岐阜大学名誉教授　㊕獣医薬理学　㊀平成29年（2017）2月1日　68歳〔膵臓がん〕　㊓昭和23年（1948）3月14日　㊔岐阜県関市　㊫岐阜大学農学部獣医学科卒, 岐阜大学大学院農学研究科獣医学専攻修士課程修了　獣医学博士　㊞岐阜大学農学部助教授を経て、平成9年教授。20～22年同大理事副学長を務めた。

小森谷 昭　こもりや・あきら　埼玉県議（無所属）　㊀平成29年（2017）2月23日　62歳〔腸閉塞〕　㊓昭和29年（1954）　㊔埼玉県幸手市　㊫工学院大学専門学校卒　㊞幸手市議を経て、平成19年埼玉県議に当選。23年引退、1期。

小屋 修一　こや・しゅういち　西日本新聞論説委員長　㊀平成28年（2016）12月30日　97歳　㊓大正8年（1919）8月20日　㊔大分県杵築市　㊫大分高商〔昭和15年〕卒　㊞昭和22年西日本新聞社に入社。42～45年パリ特派員、論説委員、46年企画室長を経て、48年論説委員長。49～60年ピー・アンド・シー代表取締役。

平成2年福岡市教育委員となり、同委員長も務めた。10年退任。著書に「欧州連合論」がある。

小谷 春夫 こや・はるお 司祭 神戸国際大学経済学部教授 日本聖公会京都聖マリア教会司祭 [専]経済原論 [没]平成28年(2016)10月25日 91歳 [生]大正13年(1924)11月12日 [出]東京都 [学]海兵卒, 京都大学経済学部経済学科〔昭和24年〕卒, 日本聖公会神学院卒, 京都大学大学院〔昭和33年〕中退 [歴]昭和27年日本聖公会司祭となり、同会京都教区京都聖マリア教会を司牧。桃山学院大学講師を経て、61年八代学院大学(現・神戸国際大学)経済学部教授。同年〜62年学生部長、63年〜平成3年教務部長を兼任した。 [団]日本経済学会, 日本基督教学会

呉屋 秀信 ごや・ひでのぶ 金秀グループ創業者 [没]平成29年(2017)7月4日 89歳〔心不全〕 [生]昭和3年(1928)4月10日 [出]沖縄県中頭郡西原村(西原町) [学]西原尋常高小〔昭和17年〕卒, 沖縄精糖工員養成所〔昭和19年〕卒 [歴]沖縄製糖の工員となり、戦後は農機具を作り農業の復興に尽力。昭和22年19歳で郷里に金秀鉄工所を開き、那覇市に進出。以後、金秀本社、金秀建設、金秀アルミ工業、金秀商事などを設立して金秀グループを形成、沖縄県内でも有数の企業グループに発展させた。また、県内の大手企業で初めて連結決算を導入するなど経営革新に取り組んだ。48〜52年沖縄県工業連合会会長、62年〜平成3年沖縄県経営者協会会長などを歴任。一方、金秀児童育成財団(現・金秀青少年育成財団)も開設、高校生や大学生に奨学金を提供した。小学校時代に始めた空手は9段の腕前。 [賞]旭日小綬章〔平成27年〕, 中堅中小企業優秀経営者顕彰地域社会貢献者賞(第14回)〔平成8年〕, 琉球新報賞〔平成8年〕

子安 美知子 こやす・みちこ ドイツ文学者 早稲田大学名誉教授 [没]平成29年(2017)7月2日 83歳〔肺炎〕 [生]昭和8年(1933)9月5日 [出]旧朝鮮京城(韓国・ソウル) [学]東京大学教養学部教養学科卒, 東京大学大学院比較文学専攻〔昭和38年〕博士課程単位取得退学 [歴]ドイツ・ミュンヘン大学留学などを経て、早稲田大学教授。平成13年名誉教授。シュタイナー教育の研究家として知られる。一人娘をシュタイナー学校に入れた経験から「ミュンヘンの小学生」「ミュンヘンの中学生」を著した。他の著書に「シュタイナー教育を考える」「エンデと語る」「魂の発見」「『モモ』を読む」「シュタイナー再発見の旅」、訳書にミヒャエル・エンデ「モモ」「はてしない物語」などがある。 [賞]瑞宝中綬章〔平成24年〕, 毎日出版文化賞〔昭和51年〕「ミュンヘンの小学生」 [団]日本独文学会, 日本アントロポゾフィー協会, あしたの国まちづくりの会 [家]夫＝子安宣邦(大阪大学名誉教授), 長女＝子安フミ(エッセイスト)

小柳 泰久 こやなぎ・やすひさ 医師 東京医科大学教授 熱海所記念病院名誉院長 [専]消化器外科学, 小児外科学 [没]平成28年(2016)4月25日 78歳〔脳出血〕 [生]昭和13年(1938)2月15日 [出]東京都 [学]東京医科大学〔昭和38年〕卒, 東京医科大学大学院医学研究科博士課程修了 医学博士 [歴]昭和45〜46年小児外科研究のためドイツのブレーメン大学(当時市立)病院へ留学。東京医科大学教授、副学長、附属病院長を歴任。平成26年に開園した戸田市新曽南の特別養護老人ホーム「とだ優和の杜」の準備に尽力、初代施設長を務めた。

古谷野 悟 こやの・さとし 東日本銀行常務 [没]平成27年(2015)5月6日 75歳〔肺炎〕 [生]昭和14年(1939)11月13日 [出]群馬県 [学]中央大学経済学部〔昭和37年〕卒 [歴]昭和37年常磐相互銀行(現・東日本銀行)に入行。平成4年取締役を経て、9年常務。

古家野 泰也 こやの・やすなり 弁護士 京都放送社長・更生管財人 [没]平成29年(2017)9月5日 74歳〔肺がん〕 [生]昭和17年(1942)12月6日 [出]岡山県 [学]岡山大学法文学部〔昭和40年〕卒 [歴]昭和43年司法試験に合格、46年弁護士登録。会社の再建・経営問題など会社法関係を専門に手がけるようになり、50年会社更生法の適用で再建された寺内製作所では労組側代理人の立場で管財人の仕事を補佐。のち同社取締役。また、京都の仏具製造販売会社と運送会社の更生管財人も務めた。平成2年京都弁護士会副会長。6年イトマン事件に絡み経営危機に陥った近畿放送(KBS京都)の保全管理人として約2ケ月という異例の早さで更生開始決定を取り、同年11月更生管財人に選任される。7年11月社名を京都放送(KBS京都)に変更して、社長に就任。経営再建に尽力し、14年会長に退いた。 [団]京都弁護士会

小山 昭雄 こやま・あきお 学習院大学名誉教授 [専]経営科学, 数理経済学 [没]平成29年(2017)4月15日 90歳〔肺炎〕 [生]昭和2年(1927)3月13日 [出]長野県下伊那郡上郷町(飯田市) [学]東京帝国大学理学部〔昭和23年〕卒 [歴]上智大学経済学部教授、学習院大学経済学部教授を歴任。著書に「経営数学入門」「マルコフ過程とその周辺」「ゲームの理論入門」「経済数学教室〈1〜9〉」などがある。 [賞]瑞宝中綬章〔平成18年〕

小山 晃 こやま・あきら 音楽評論家 [没]平成29年(2017)6月26日 82歳〔肺がん〕 [生]昭和10年(1935)2月1日 [出]神奈川県 [学]中央大学文学部〔昭和33年〕中退 [歴]レコード会社勤務を経て、音楽評論家となり、「音楽の友」などに執筆した。

小山 観翁 こやま・かんおう 古典芸能評論家 [没]平成27年(2015)3月30日 85歳〔肺炎〕 [生]昭和4年(1929)8月 [出]東京都 [名]本名＝小山昭元(こやま・てるもと) [学]学習院大学卒 [歴]大学在学中に学生歌舞伎を創始。電通プロデューサー、料亭経営を経て、古典芸能を中心に評論家として活動。特に、歌舞伎、人形浄瑠璃に造詣が深く、昭和50年東京・歌舞伎座で上演中に同時解説を行うイヤホンガイドの創設に関わり、以後約40年にわたって解説者を務めた。著書に「古典芸能の基礎知識」「歌舞伎の雑学」「落語の雑学」「古典芸能うけうり指南」、共著に「日本古典音楽体系」「原色歌舞伎詳細」などがある。 [団]伝統歌舞伎懇話会(会長) [家]父＝小山栄三(立教大学名誉教授), 息子＝小山泰生(子ども環境文化研究所理事長)

小山 健一 こやま・けんいち 北見市長 [没]平成29年(2017)2月24日 80歳〔肺がん〕 [生]昭和11年(1936)7月4日 [出]北海道北見市 [学]北海道大学農学部〔昭和34年〕卒 [歴]昭和34年北見市役所に入る。衛生部長、

農務部長、平成3年都市住宅部長を経て、7年市長に当選。11年落選、1期。

小山 賢太郎　こやま・けんたろう　漫画家　[没]平成28年(2016)7月6日　76歳　[生]昭和14年(1939)7月23日　[出]神奈川県鎌倉市　[学]明治学院大学英文科卒, 東京デザインカレッジ漫画科卒　[歴]大学在学中から東京証券取引所で働き、広報部を経て、調査部調査企画室資料室長。のち考査部主任考査役。一方、勤めながら漫画家として日刊誌、スポーツ誌などで活躍。ひとコマの政治漫画を得意とし、平成元年東証のパンフレット「奥様はいま、トピックスなのです」でストーリー漫画を手がけた。12年東証を定年退職。　[団]漫画集団, 日本漫画家協会

小山 剛史　こやま・たけし　みらかホールディングス常務　[没]平成28年(2016)4月19日　53歳　[生]昭和37年(1962)6月16日　[出]千葉県　[学]早稲田大学政経学部〔昭和61年〕卒　[歴]GE横河メディカルシステムを経て、平成22年みらかホールディングスに入社。23年取締役、のち常務を務めた。

小山 剛　こやま・つよし　長岡福祉協会高齢者総合ケアセンターこぶし園総合施設長　[没]平成27年(2015)3月13日　60歳　[生]昭和30年(1955)　[出]新潟県長岡市　[学]東北福祉大学〔昭和52年〕卒　[歴]大学では障害者福祉を学び、昭和57年特別養護老人ホームに配属されて以来、高齢者福祉に携わる。小規模・多機能の介護拠点を設置して在宅の高齢者向けの介護サービスを進める。高齢者総合ケアセンターこぶし園総合施設長の他、東北福祉大学特任助教授も務めた。

小山 浩正　こやま・ひろまさ　山形大学農学部教授　[専]森林生態学　[没]平成28年(2016)3月10日　50歳〔胆嚢がん〕　[生]昭和40年(1965)3月16日　[出]千葉県松戸市　[学]北海道大学農学部林学科〔昭和63年〕卒, 北海道大学大学院農学研究科〔平成3年〕博士後期課程退学　博士(農学, 北海道大学)〔平成12年〕　[歴]平成3年北海道立林業試験場森林資源部育林科研究職員、12年同試験場林業経営部育林科研究主任、13年同部育林科長を経て、14年山形大学農学部助教授、22年教授。19年山形新聞「日曜随想」欄の執筆者を務めた。

小山 芳寛　こやま・よしひろ　雪国あられ社長　[没]平成28年(2016)6月22日　67歳〔膵臓がん〕　[生]昭和24年(1949)1月20日　[出]新潟県新潟市中央区　[学]ウッドベリー大学(米国)卒　[歴]公認会計士事務所勤務を経て、昭和48年雪国あられ社長に就任。郷土の文化に親しむ会会長、ビュー福島潟館長なども務めた。

今 誠康　こん・せいこう　青森県議(自民党)　今与建設社長　青森県商工会連合会会長　[没]平成27年(2015)11月23日　73歳〔直腸がん〕　[生]昭和17年(1942)5月14日　[出]青森県北津軽郡喜良市村(五所川原市)　[学]弘前工卒　[歴]今与建設社長で、金木町商工会会長、青森県商工会連合会会長、青森県建設業協会会長を歴任。平成3年より青森県議に2選。11年落選。NPO法人かなぎ元気倶楽部代表理事も務めた。　[賞]旭日双光章〔平成24年〕, 青森県褒賞〔平成18年〕

近藤 和義　こんどう・かずよし　東京高裁部総括判事　[没]平成27年(2015)8月5日　83歳　[生]昭和7年(1932)5月28日　[出]岐阜県大垣市　[学]名古屋大学法学部〔昭和30年〕卒　[歴]昭和30年司法修習生。35年東京地家裁判事、43年最高裁調査官、49年大阪地裁、50年大阪高裁各判事、57年東京地裁部総括判事、58年司法研修所教官、62年東京高裁判事、63年2月金沢地裁所長、平成2年2月東京高裁部総括判事を歴任。6年3月退官。　[賞]勲二等瑞宝章〔平成14年〕

近藤 克郎　こんどう・かつお　上福岡市長　[没]平成29年(2017)3月16日　87歳〔肺炎〕　[生]昭和4年(1929)9月30日　[出]埼玉県入間郡福岡村(ふじみ野市)　[学]与野農〔昭和22年〕卒　[歴]昭和38年から埼玉県福岡町議2期を経て、44年町長に当選。45年市制施行により初代の上福岡市市長となり、52年まで2期務めた。平成17年同市は市町村合併により、ふじみ野市となった。

近藤 公夫　こんどう・きみお　奈良女子大学名誉教授　[専]緑地計画, 環境修景, 造園学　[没]平成28年(2016)9月25日　87歳〔咽頭がん〕　[生]昭和4年(1929)2月5日　[出]京都府京都市　[学]京都大学農学部林学科〔昭和28年〕卒, 京都大学大学院農学研究科造園学専攻〔昭和33年〕博士課程単位取得　農学博士　[歴]昭和33年京都大学助手を経て、40年奈良女子大学助教授、49年教授を歴任。同大陸上競技部監督も務めた。この間、37年パキスタン国首都開発庁、49年カリフォルニア大学、53年ハンブルク大学などに出向。大阪大学工学部、神戸大学工学部などで開講。大阪府・兵庫県・奈良県などの都市計画・地方計画・文化財保護・国到保全審議会委員なども務める。平成2年退官後、名誉教授。神戸芸術工科大学教授、11年定年退職。著書に「造園技術大成」「住居管理学」「環境修景論」「造園ハンドブック」などがある。　[賞]瑞宝中綬章〔平成21年〕, 日本造園学会賞〔昭和47年〕, 日本都市学会賞〔昭和50年〕, パキスタン共和国首都開発庁総裁表彰, 大阪府知事賞〔平成8年〕, 日本公園緑地協会国際賞〔平成9年〕, 兵庫県文化賞〔平成11年〕, 地域文化功労者文部大臣表彰〔平成11年〕, 日本造園学会上原賞〔平成14年〕, 地域環境保全功労者環境大臣表彰〔平成14年〕, 名古屋市白川公園競技設計全国大会第1位〔昭和34年〕, 日本観光協会観光論文コンクール全国大会優秀賞〔昭和40年〕　[団]日本造園学会(元国際代表・理事), 日本都市学会(元近畿支部長・理事), 日本遺跡学会

近藤 啓史　こんどう・けいし　医師　国立病院機構北海道がんセンター院長　[専]呼吸器外科　[没]平成29年(2017)6月24日　63歳〔急性心不全〕　[生]昭和28年(1953)10月29日　[出]北海道札幌市　[学]旭川医科大学医学部〔昭和55年〕卒　医学博士　[歴]旭川医科大学助手を経て、平成4年国立札幌病院(現・北海道がんセンター)に移り、10年呼吸器外科医長、25年院長。肺がんの胸腔鏡手術の第一人者で、道がん診療連携協議会会長、道がん対策推進委員会副会長、道がん対策「六位一体」協議会副会長、道がん患者連絡会代表世話人などを歴任。北海道のがん医療の向上、がん対策の推進、がん患者活動の支援などに尽くした。

近藤 健次　こんどう・けんじ　ビー・エム・エル創業者　[没]平成29年(2017)2月17日　91歳　[生]大正15年(1926)1月13日　[出]静岡県磐田郡浅羽町(袋井市)　[学]専修大学経済学科〔昭和29年〕卒　[歴]昭和30年相互ブ

ラッドバンク（のち相互生物医学研究所, 現・ビー・エム・エル）を設立、社長、63年会長、平成19年最高顧問。この間、昭和44年子会社の相互商事、54年秦野臨床検索研究所、62年ピーシーエルジャパンを設立。

近藤 乾之助　こんどう・けんのすけ　能楽師（宝生流シテ方）　[没]平成27年（2015）5月1日　87歳〔膵臓がん〕　[生]昭和3年（1928）4月18日　[出]東京都豊島区　[学]仰高小卒　[歴]宝生流能楽師・近藤乾三の長男で、昭和8年5歳の時に「鞍馬天狗」で初舞台。父の指導で野口兼資に師事。47年日本能楽会に入会。端正で格調高い芸風で、平成5年芸術選奨文部大臣賞、13年日本芸術院賞を受けるなど、宝生流を代表する名手として知られた。　[賞]芸術選奨文部大臣賞（古典芸術部門, 第43回）〔平成5年〕「是界」「柏崎」, 日本芸術院賞（第57回, 平成12年度）〔平成13年〕「是界」「柏崎」, 紫綬褒章〔平成7年〕, 旭日小綬章〔平成16年〕, 観世寿夫記念法政大学能楽賞（第23回）〔平成13年〕, エクソンモービル音楽賞（第40回, 邦楽部門, 平成22年度）　[団]日本能楽会　[家]父＝近藤乾三（能楽師）　[師]師＝野口兼資

近藤 原理　こんどう・げんり　障害者教育実践家　長崎純心大学教授　[専]障害児教育, 障害者福祉　[没]平成29年（2017）12月9日　85歳　[生]昭和6年（1931）12月22日　[出]長崎県北松浦郡小値賀町　[学]猶興館高〔昭和25年〕卒　[歴]昭和25～57年山口県と長崎県の施設や小学校で障害児教育に携わり、44年から東京学芸大学をはじめ国立5大学の非常勤講師を兼任。57年純心女子短期大学（現・長崎純心大学）教授、平成10年同大学院教授。12年退職し、客員教授。一方、養護教諭で自宅に知的障害児を集め“のぎく寮”を開いた父近藤益雄と同様、昭和37年長崎県佐々町の自宅を“なずな寮”（後に“なずな園”）として開放し、農牧をしながら成人の知的障害者10数人と共同生活を続ける。共同生活を公開し、共生の道を探るため毎夏に開催した“なずな障害者教育福祉合宿研究会”は39回を数え、全国から約3400名が参加した。父の遺志を継ぎ、グループホームの草分け的存在として妻とともに38年間活動したが、平成12年高齢を理由に閉園。13年妻とともにシチズン・オブ・ザ・イヤーを受賞。長崎県福祉保健審議会委員。九州の知的障害者教育・福祉の先駆け的存在だった。著書に「なずなの日日」「あるがままにあたり前に」「障害児学級の仕事」「共育共生実践ノート」「障害者と泣き笑い三十年」など多数。　[賞]小砂丘忠義賞（第12回）〔昭和39年〕「『精薄児教育と生活綴方』ほかの諸研究, 論文, 記録に対して」, 精神薄弱者福祉賞〔昭和44年〕, 毎日社会福祉顕彰（第19回）〔平成1年〕, シチズン・オブ・ザ・イヤー（平成12年度）〔平成13年〕, 西日本文化賞（社会文化部門, 第60回）〔平成13年〕　[家]父＝近藤益雄（のぎく学園・なずな園創設者）, 妻＝近藤美佐子（障害者教育実践家）

近藤 晃治　こんどう・こうじ　文化通信社社長　[没]平成27年（2015）3月6日　74歳〔転移性肝がん〕　[出]大阪府大阪市　[学]川島高卒, 早稲田大学政経学部卒　[歴]4歳の時に母の実家があった徳島県に疎開し、高校卒業までを徳島で過ごす。新聞記者を志望していた昭和42年、マスコミ業界の専門紙「文化通信」を発行する文化通信社に入社。以来、一貫して出版畑を歩み、平成元年社長に就任した。

近藤 弘明　こんどう・こうめい　日本画家　[没]平成27年（2015）9月13日　90歳〔肺炎〕　[生]大正13年（1924）9月14日　[出]東京市下谷区（東京都台東区）　[名]本名＝近藤弘明（こんどう・ひろあき）　[学]東京美術学校（現・東京芸術大学）日本画科〔昭和24年〕卒　[歴]東京・下谷にある天台宗三井寺派の飛不動正宝院の三男で、6歳で得度して僧籍に入る。仏画師でもあった父に幼い頃より絵の手ほどきを受けた。昭和17年東京美術学校（現・東京芸術大学）日本画科に入るが、18年学徒動員で入隊。23年美校に復学し、24年卒業。25年創造美術第3回展に初入選。29年新制作協会展で新作家賞を初受賞、38年会員に推挙される。49年創画会結成に参加したが、62年退会。以後、無所属。51年神奈川県小田原市板橋にアトリエを移し、60年から11年間、神奈川県美術展審査員を務めた。画集に「華と祈り」がある。　[賞]福島繁太郎賞（第5回）〔昭和41年〕「無限」, 日本芸術大賞（第7回）〔昭和50年〕「ひとつの神秘的空間を示す画業に対して」, 新制作展新作家賞（第18回・19回・21回・23回）〔昭和29年・30年・32年・34年〕, 日本国際美術展ブリヂストン美術館賞〔昭和40年〕「寂光」, 山種美術館賞展優秀賞（第1回）〔昭和46年〕「清夜」　[師]師＝山本丘人

近藤 鎮雄　こんどう・しずお　大阪商船三井船舶社長　[没]平成27年（2015）7月24日　93歳〔急性肺炎〕　[生]大正10年（1921）11月24日　[出]兵庫県　[学]東京帝国大学経済学部〔昭和18年〕卒　[歴]昭和18年大阪商船（のち大阪商船三井船舶, 現・商船三井）に入社。36年不定期船課長、44年調査部長、47年取締役、51年常務、54年専務を経て、55年社長。59年会長、平成元年相談役。不定期船部門の育ての親。関西マリネット社長も務めた。　[賞]勲二等旭日重光章〔平成4年〕

近藤 俊一郎　こんどう・しゅんいちろう　産経新聞副会長　[没]平成27年（2015）6月11日　85歳〔肺炎〕　[生]昭和5年（1930）5月21日　[出]東京都　[学]上智大学文学部〔昭和28年〕卒　[歴]昭和28年産経新聞社に入社。サンケイスポーツ新聞編集局次長、58年取締役、平成元年常務、4年専務、5年副社長を経て、9年副会長。10年顧問に退く。同年フジテレビ常勤監査役。

近藤 次郎　こんどう・じろう　航空工学者　システム工学者　東京大学名誉教授　国立公害研究所所長　日本学術会議会長　[専]航空力学, 応用解析学, 経営工学　[没]平成27年（2015）3月29日　98歳〔肺炎〕　[生]大正6年（1917）1月23日　[出]滋賀県大津市　[学]三高卒, 京都帝国大学理学部数学科〔昭和15年〕卒, 東京帝国大学工学部航空学科〔昭和20年〕卒　工学博士（東京大学）〔昭和33年〕　[歴]昭和17年陸軍航空技術中尉に任官、特殊兵器の開発に従事。戦後は東京大学、統計局に勤め、26年聖心女子大学教授、29年東大工学部助教授、33年同教授。50年学部長となり、52年退官して国立公害研究所副所長、55～60年同所長。空気力学、システム工学、管理工学、オペレーションズ・リサーチなど幅広い領域に乗り出し、一貫して自然・社会現象を数学モデルで表す研究を進める。戦後初の国産旅客機「YS-11」基本計画における最適定員の決定や自動車排気ガスの汚染大気の拡散の研究などに貢献、公害対策や環境政策の推進にも尽力。60年新制度に変わっ

た日本学術会議の第11代会長に就任。62年から中央公害対策審議会会長、平成2年地球環境産業技術研究機構（RITE）研究所初代所長、6年国際科学技術財団理事長。同年日本学術会議会長を退任。リサイクル協議会会長、中央環境審議会会長、日本複写権センター会長、環境テクノロジーセンター会長なども歴任。7年文化功労者に選ばれ、14年文化勲章を受章した。著書に「中・小学校における統計教育の理論と実際」「統計学のための数学入門」「技術者・研究者のための応用数学〈上下〉」「オペレーションズ・リサーチ入門」「システム工学」「巨大システムの安全性」などがある。 [賞]文化功労者〔平成7年〕，紫綬褒章〔昭和57年〕，勲一等瑞宝章〔平成2年〕，文化勲章〔平成14年〕，大内賞〔昭和33年〕「統計教育の開拓と振興に努力，『小中学校における統計教育の理論と実際』『教育における統計利用』を著述」，デミング賞〔昭和42年〕，日本経営協会経営科学文献賞（昭和61年度）「経営科学読本」，日本オペレーションズ・リサーチ学会賞OR学会普及賞（第15回）〔昭和62年〕，生態工学会賞特別功績賞（平成13年度） [団]日本オペレーションズ・リサーチ学会，日本航空宇宙学会，日本応用数理学会，環境科学会

近藤 晋 こんどう・すすむ　テレビプロデューサー　映画プロデューサー　[没]平成29年（2017）2月2日　87歳〔誤嚥性肺炎〕　[生]昭和4年（1929）5月3日　[出]兵庫県神戸市　[学]学習院大学政経学部中退　[歴]劇団民芸の裏方を手伝った縁で演出部に入り、「アンネの日記」などの音楽・効果を担当する。昭和34年NHKに入局。同局初のフィルム・ドラマ枠「テレビ指定席」を新設。城山三郎原作「社長室」、松山善三脚本「生活の河」、山内久脚本でプラハ国際テレビ特別参加賞を受賞した「長い悪路」、新藤兼人脚本「ひとりぼっちじゃない」等多数のオリジナルを企画し、39年連続ドラマ班に移って2年連続の産業界舞台の「虹の設計」や青春もの「太郎」を企画・演出するが、45年五木寛之原作「朱鷺の墓」ドラマ化を機にプロデューサー業務に専念。48年銀河テレビ小説でギャラクシー賞を得た「ドラマでつづる昭和」、50年にNHKドラマに活路を拓こうと土曜ドラマ枠を創設、一話完結で同テーマ4回シリーズの新方式で芸術祭賞大賞受賞の「男たちの旅路」「松本清張」「劇画」「懐かしの名作」各シリーズを企画・製作。大河ドラマの新生も志し、53年商人を主人公に経済の視点で戦国をみる「黄金の日日」、55年明治維新の明暗を描いてテレビ大賞を得た「獅子の時代」、59年初めて昭和を題材にした「山河燃ゆ」を生んだ。61年「シャツの店」でNHKを退職。IVSテレビ常務、総合プロデュースや東北新社クリエイツ社長を歴任。民放各局の門を叩いて「魯山人」で文化基金賞、「殺人捜査」でギャラクシー賞、「てやんでぇ」「黄落」で民放連賞、「大丈夫です友よ」で芸術祭賞などを製作・受賞した。平成4年から映画プロデューサーとしても活動を始め、ハリウッド映画「ミスター・ベースボール」の日本側製作総指揮を担当。その後も東宝で「陰陽師」「陰陽師II」、東映で「義務と演技」「長崎ぶらぶら節」「半落ち」、日活で「精霊流し」「レディ・ジョーカー」などを企画した。舞台公演として3年「あ・うん」、10年「父の詫び状」。昭和60年朝日新聞社より「プロデューサーの旅路」を発刊した。 [賞]芸術選奨文部大臣賞（第50回，平成11年度）〔平成12年〕「旅立つ人と」，松尾芸能賞・企画制作賞（第1回）〔昭和55年〕，映画テレビプロデューサー協会賞〔昭和58年〕，放送文化基金賞（個人・グループ部門，第24回，平成9年度）〔平成10年〕，芸術祭賞大賞・優秀賞〔昭和50年・51年・平成6年・10年〕，ギャラクシー賞〔昭和50年・57年・平成3年・9年〕，国際エミー賞（第5回・11回）〔昭和51年・57年〕「紅い花」「ビゴーを知っていますか」，文化基金賞〔昭和62年・平成5年〕，民放連盟優秀作品賞〔平成5年・6年・9年〕，ATP賞グランプリ〔平成5年〕「踊子」 [団]日本映画テレビプロデューサー協会，全日本テレビ番組制作会社連盟

近藤 誠司 こんどう・せいじ　あさくま創業者　[没]平成27年（2015）1月17日　82歳〔腹部大動脈瘤破裂〕　[生]昭和7年（1932）7月21日　[出]愛知県愛知郡日進町赤池（日進市）　[学]東海高〔昭和26年〕卒　[歴]料理旅館・朝熊の長男。昭和26年高校を卒業後、料亭・井善中店に入社し板前の見習い修業。28年家に帰り、37年から家業を継ぎ、38年あさくま社長。料理旅館をステーキレストランに衣がえし、42年栄店を皮切りにチェーン化に乗り出す。43年あさくまディナーを設立、取締役。平成元年あさくま会長、同年会長兼社長に就任。5年会長専任。11年相談役に退く。あさくまを全国チェーンに育てた。 [家]長男＝近藤裕貴（日進市議）

近藤 泰教 こんどう・たいきょう　僧侶　地蔵院（真言宗大覚寺派）住職　[没]平成29年（2017）5月2日　71歳〔急性心筋梗塞〕　[生]昭和20年（1945）10月15日　[出]徳島県徳島市　[学]高野山大学文学部中国哲学科〔昭和42年〕卒　[歴]平成2年から徳島市にある真言宗大覚寺派別格本山の地蔵院住職を務めた。 [家]長男＝近藤善教（地蔵院副住職）

近藤 亨 こんどう・とおる　農業指導員　ネパールムスタン地域開発協力会理事長　新潟大学農学部助教授　[専]果樹園芸学　[没]平成28年（2016）6月9日　94歳〔肺炎〕　[生]大正10年（1921）6月18日　[出]新潟県南蒲原郡加茂町（加茂市）　[学]新潟農専卒　[歴]新潟大学農学部助教授を経て、昭和31年新潟県園芸試験場の研究員。51年国際協力事業団（JICA）から果樹栽培専門家としてネパール・カトマンズに派遣される。ブドウ、ミカン、栗など多様な果樹の栽培に成功。平成2年園芸開発プロジェクトリーダーの任期を終え、帰国。70歳で定年を迎えるが、ボランティアとして3年再びネパールの秘境ムスタンに渡り、農地を借用、リンゴやチューリップ栽培に取り組む。4年ネパールムスタン地域開発協力会（MDSA）を設立、ムスタンのジョムソンとガミ地区に事務所を常設。さらに非識字者を減らして貧困から脱却するため学校の設置にも尽力。10年、4年がかりで水稲栽培に成功。11年理事長を務めるMDSAが第11回毎日国際交流賞を受賞した。著書に「ムスタンの夜明け」「夢に生きる」「ムスタンへの旅立ち」「ネパール・ムスタン物語」「ムスタン爺さまの戯言」などがある。 [賞]ネパール国王勲二等勲章〔平成9年〕，外務省国際協力賞〔平成8年〕，園芸学会特別功労賞〔平成10年〕，吉川英治文化賞（第33回）〔平成11年〕，毎日国際協力賞〔平成11年〕，読売国際協力賞（第8回）〔平

成13年〕，新潟日報文化賞〔平成13年〕，米百俵特別賞〔平成15年〕，地球倫理推進賞〔平成18年〕

近藤 俊彦 こんどう・としひこ　陸将　⊕平成28年（2016）10月18日　89歳〔急性硬膜下血腫〕　⊕長崎県　⊛陸上自衛隊に入隊。第十二師団長を務めた。

近藤 富枝 こんどう・とみえ　ノンフィクション作家　小説家　⊕文壇史，有職（王朝装束）⊕平成28年（2016）7月24日　93歳〔老衰〕　⊕大正11年（1922）8月19日　⊕東京市日本橋区矢ノ倉町（東京都中央区）　⊛旧姓・名＝永島富枝，千草書屋　⊛東京女子大学国語専攻部〔昭和18年〕卒　⊛文部省で教科書編纂に従事したのち，昭和19年日本放送協会（NHK）の第16期アナウンサーとなる。翌年，終戦を機に退局。42歳で投稿を始め，主婦の友や週刊朝日に入選。主婦の友社の専属ルポライターとなる。43年「永井荷風がたみ」を発表。49年以降，文壇資料シリーズ「本郷菊富士ホテル」「田端文士村」「馬込文学地図」「信濃追分文学譜」を次々と出版。小説に「鹿鳴館殺人事件」「待てど暮らせど来ぬひとを―小説竹久夢二」など。また，平安朝末に行われた宮廷人たちのアブストラクト風の気品あふれる芸術である何枚もの紙を継ぎ合わせて作った継ぎ紙にも造詣が深く，54年王朝継ぎ紙研究会を設立。和紙装飾の最高技術がほろびるのを惜してその復活と普及に30年にわたり力を注いだ。著書に「王朝継ぎ紙」「服装から見た源氏物語」など。61年より7年間，武蔵野女子大学教授を務めた。56～57年に放映されたNHK朝の連続テレビ小説「本日も晴天なり」のヒロインのモデルになった。　⊛日本文芸大賞女流文学賞（第3回）〔昭和58年〕「本郷菊富士ホテル」，北区区民文化賞〔平成11年〕　⊛日本文芸家協会，日本ペンクラブ，民族衣裳文化普及協会，王朝継ぎ紙研究会

近藤 友一 こんどう・ともかず　三共生興副社長　⊕平成27年（2015）11月15日　91歳〔老衰〕　⊕大正13年（1924）9月3日　⊕福井県福井市　⊛神戸経済大学経済学部〔昭和23年〕卒　⊛三共生興取締役編織部長，のち副社長を務めた。

近藤 直行 こんどう・なおゆき　洋画家　⊕平成27年（2015）10月5日　90歳〔胃がん〕　⊕大正14年（1925）3月17日　⊕愛媛県新居浜市　⊛金沢美術工芸大学〔昭和28年〕卒　⊛昭和36年より新潟県展無鑑査。同展参与を務めた。45年行動美術協会会員に推挙された。　⊛行動美術協会

近藤 勲公 こんどう・のりひろ　小説家　⊕平成28年（2016）3月16日　57歳〔昭和33年（1958）　⊕大分県津久見市　⊛JAで福祉や葬祭の事業に携わりながら小説を執筆し，34歳で感性を研ぎ澄ました少年を描いた「光物語」で九州芸術祭文学賞大分県代表となり，平成21年「黒い顔」が同賞最優秀作に選ばれる。26年からは毎日新聞大分版「はがき随筆」の選者を務めた。チベット仏教愛好家。著書に「輪廻の国―光と闇のバルド」がある。　⊛九州芸術祭文学賞大分県代表〔平成9年度・12年度〕，九州芸術祭文学賞最優秀作〔平成21年〕「黒い顔」

近藤 等 こんどう・ひとし　登山家　早稲田大学名誉教授　⊕フランス文学，フランス語　⊕平成27年

（2015）11月29日　94歳〔老衰〕　⊕大正10年（1921）9月2日　⊕京都府　⊛早稲田大学文学部仏文科〔昭和19年〕卒　⊛昭和30年早稲田大学商学部教授。平成4年退任。早大在学中は山岳部に所属し，朝鮮冠帽峰に遠征。フランス文学者としてフランスの山岳文献を多数紹介した他，アルプスに魅せられて毎夏通いつめ80峰以上を登山，ピッツバリュー北壁などを日本人として初登頂した。著書に「アルプス―山と人と文学」「アルプスの空の下で」「アルプスを描いた画家たち」「アルプスの蒼い空に」「わが回想のアルプス」，訳書にモーリス・エルゾーグ「処女峰アンナプルナ」，エミール・ジャヴェル「一登山家の思い出」などがある。　⊛レジオン・ド・ヌール勲章〔昭和47年〕，勲三等瑞宝章〔平成9年〕，シャモニー市名誉市民〔昭和46年〕　⊛フランス語フランス文学会，日本山岳会

近藤 誠 こんどう・まこと　反原発運動家　南海日日新聞編集発行人　⊕平成27年（2015）10月15日　68歳〔肝不全〕　⊕広島県竹原市　⊛原発建設前の愛媛県伊方町を訪れて反原発運動に加わり，伊方県上八幡浜市の住民らで作る伊方原発反対八西連絡協議会（八西協）の中心メンバーとして活動を支えた。伊方原発1～3号炉運転差し止め訴訟の原告共同代表や八幡浜市の地域紙「南海日日新聞」の編集発行人なども務めた。

近藤 安敞 こんどう・やすひろ　近藤鋼材社長　⊕平成28年（2016）8月23日　78歳　⊕昭和13年（1938）2月23日　⊕静岡県沼津市　⊛沼津商〔昭和31年〕卒　⊛昭和31年高校卒業と同時に母が経営する近藤泰敞商店社長に就任。殿様商法的な鋼材問屋からの脱皮を図って新製品の積極的取り扱いや付加価値化を狙った鋼材の加工販売などを進め，鉄筋構造床材「ファブデッキ」を開発。62年からは伊藤忠商事グループと組み，「アトリア」の店名で住宅用リフォームにも参入した。静岡県鉄鋼販売連合会会長などを歴任。　⊛息子＝近藤千秋（近藤鋼材社長）

近藤 洋子 こんどう・ようこ　ピアニスト　武蔵野音楽大学ピアノ科講師　⊕平成27年（2015）3月6日　89歳〔心不全〕　⊕大正14年（1925）9月29日　⊕京都府京都市　⊛本名＝近藤洋子（こんどう・ようこ），旧姓・名＝木村　⊛武蔵野音楽学校（現・武蔵野音大学）専攻科〔昭和24年〕修了　⊛昭和24年武蔵野音楽学校（現・武蔵野音楽大学）ピアノ科，専攻科を卒業した後，母校のピアノ科講師として定年まで後進の指導にあたる。この間，ウィーンに留学してション・ハント，ヨゼフ・ディヒラー，ベルト・ミューテル，クラウス・シルデに師事した。傍ら，ピアニストとしてリサイタル，室内楽，オーケストラとの共演，放送，CDなど活発な演奏活動を行う。ハープ奏者のヨセフ・モルナール，夫でファゴット奏者の近藤寿行とソリステンコンサートを結成，20回を超える演奏会を行った。また，東京コレギウム・ムジクムのメンバー，軽井沢ミュージック・サマースクールの講師でもあり，80歳を超えても現役で活動。平成18年に「ベートーヴェン：ソナタ第30，31，32番」，21年「近藤洋子プレイズ『情熱』＆『謝肉祭』」のCDをリリースした。著者に「よい子のピアノ曲集」がある。　⊛夫＝近藤寿行（ファ

ゴット奏者） [師]師＝ハント, ジョン, ディヒラー, ヨゼフ, ミューテル, ペルル, シルデ, クラウス

近藤 剛弘　こんどう・よしひろ　ファイン総合研究所専務　日本薬剤師会常務理事　[没]平成27年（2015）9月26日　49歳〔尿膜管がん〕　[出]岐阜県岐阜市　[歴]ファイン総合研究所専務で、平成25～26年日本薬剤師会常務理事。岐阜薬科大学、東京理科大学薬学部客員教授、岐阜県薬剤師会常務理事などを歴任した。

今野 栄喜　こんの・えいき　蝶理社長　旭化成工業副社長　[没]平成27年（2015）11月11日　91歳〔肺炎〕　[生]大正13年（1924）3月15日　[出]宮城県　[学]東京帝国大学法学部〔昭和23年〕卒　[歴]昭和23年旭化成工業（現・旭化成）に入社。43年繊維販売促進部長、48年取締役、49年常務、53年専務を経て、60年副社長。同年蝶理社長に転じ、平成4年退任。

今野 隆吉　こんの・たかよし　宮城県議（自民党）　[没]平成29年（2017）7月31日　77歳〔中咽頭がん〕　[生]昭和15年（1940）2月5日　[出]宮城県仙台市　[学]東北学院大学経済学部〔昭和37年〕卒　[歴]三塚博衆院議員秘書を経て、昭和58年宮城県議に初当選。平成7年副議長。27年引退。通算7期。　[賞]旭日中綬章〔平成28年〕

権守 博　ごんもり・ひろし　日立工機社長　[没]平成29年（2017）1月12日　92歳〔老衰〕　[生]大正13年（1924）8月7日　[出]山梨県　[学]東京大学工学部機械工学科〔昭和24年〕卒　[歴]昭和24年日立製作所に入社。56年取締役、60年常務を経て、62年日立工機社長、平成7年会長、11年相談役に退いた。

紺屋 勝成　こんや・かつなり　USEN取締役　[没]平成28年（2016）12月5日　53歳　[生]昭和38年（1963）5月30日　[歴]平成13年USENに入社。18年取締役に就任。妻はディー・エヌ・エー創業者の南場智子で、病気を発症した後、妻は社長職を退任して闘病生活を支えた。　[家]妻＝南場智子（ディー・エヌ・エー創業者）

【さ】

槐 柳二　さいかち・りゅうじ　声優　俳優　[没]平成29年（2017）9月29日　89歳〔鬱血性心不全〕　[生]昭和3年（1928）3月17日　[歴]声優としてアニメ「昆虫物語みなしごハッチ」のオサムシ爺さん、「天才バカボン」のレレレのおじさん、「赤毛のアン」のマシュウ、「天空の城ラピュタ」の老技師、特撮「仮面ライダーアマゾン」のモグラ獣人などの声を演じた。俳優としても、井上ひさし作の舞台などに出演した他、劇団テアトル・エコーの公演や朗読劇などでも活躍した。他の出演作に、アニメ「ゲゲゲの鬼太郎」「タイガーマスク」「あらいぐまラスカル」「めぞん一刻」などがある。

斎川 慶一郎　さいかわ・けいいちろう　サイカワ社長　仙台商工会議所会頭　[没]平成28年（2016）5月12日　88歳〔老衰による多臓器不全〕　[生]昭和2年（1927）11月10日　[出]宮城県仙台市　[学]東北大学経済学部〔昭和27年〕卒　[歴]昭和27年福井スポーツに入社。28年スポーツ用品小売業のサイカワに入社、34年専務、36年社長、平成8年会長。7年より仙台商工会議所会頭を務める。11年販売不振で負債総額約31億6000万円を負い、仙台地裁に和議を申請。責任を取る形で商工会議所会頭を退任した。

佐伯 敏子　さいき・としこ　原爆供養塔の清掃を続けた被爆者　[没]平成29年（2017）10月3日　97歳〔心不全〕　[生]大正8年（1919）12月24日　[出]広島県広島市　[歴]夫の出征後、爆心地近くの実家で暮らしていたが、昭和20年8月6日の原爆投下当日は、当時4歳の息子の疎開先だった広島市郊外の伴村（現・広島市安佐南区）の親戚宅にいて直接の被爆は免れた。しかし、投下直後に家族を捜すため広島市内に戻って入市被爆し、左足の大腿部から切断。また、母や兄妹、夫の両親を含む13人の親類を失った。夫の仕事の都合で一度は広島を離れたが、33年広島に戻ると、平和記念公園の一角にある、身元不明者や引き取り手のいない約7万人分の遺骨を集めた原爆供養塔の存在を知り、バスで1時間半かけて毎日のように通って供養塔の掃除をするように。夫の両親の遺骨が見つかった後も供養塔の掃除を続け、遺骨の遺族捜しにも携わる。被爆者団体とは一線を画し、“原爆供養塔の守り人”として独自に反核運動を続け、原爆体験を語った。　[賞]広島市民賞〔平成17年〕

佐伯 浩　さいき・ひろし　京都大学名誉教授　[専]木材構造学（木材解剖学）　[没]平成29年（2017）2月20日　85歳〔病気〕　[生]昭和7年（1932）1月26日　[出]島根県鹿足郡津和野町　[学]鳥取大学農学部〔昭和29年〕卒　農学博士（京都大学）〔昭和44年〕　[歴]昭和30年鳥取大学助手、42年京都大学農学部助教授、62年教授。平成7年退官。　[賞]日本木材学会賞（第11回）〔昭和46年〕「針葉樹材の年輪構造の研究」　[団]日本木材学会, 日本電子顕微鏡学会

西郷 竹彦　さいごう・たけひこ　文芸教育研究協議会会長　鹿児島短期大学教授　[専]文芸学, 文芸教育　[没]平成29年（2017）6月12日　97歳〔急性肺炎〕　[生]大正9年（1920）3月15日　[出]鹿児島県鹿児島市　[名]本名＝西郷隆俊（さいごう・たかとし）　[学]東京帝国大学工学部応用物理学科卒　[歴]戦後、ソビエトに入国し、モスクワ東洋大学日本学部で6年間日本文化論を講義。帰国後は文学研究活動に従事し、鹿児島短期大学教授などを歴任。文芸教育研究協議会会長を務め、研究機関誌「文芸教育」を主宰した。著書に「子どもの本」「文学教育入門」「法則化批判」、訳書にクドリャーシェフ編「文学の教授」などがある。　[賞]日本児童演劇協会賞（昭和36年度）「外国児童劇の翻訳と紹介」

西条 勉　さいじょう・つとむ　専修大学文学部教授　[専]日本文学　[没]平成27年（2015）3月31日　64歳〔多系統萎縮症〕　[生]昭和25年（1950）8月13日　[出]北海道　[名]本名＝小金勉（こがね・つとむ）　[学]早稲田大学大学院〔昭和60年〕修了　[歴]国士舘大学文学部教授を経て、専修大学文学部教授。著書に「古事記の文字法」「古代の読み方」、編著に「書くことの文学」がある。　[賞]上代文学会賞（第12回）〔平成7年〕「〈皇祖神＝天照大神〉の誕生と伊勢神宮—古事記の石屋戸・降臨神話の

編成」　[団]上代文学会, 古事記学会, 万葉学会, 韓国東アジア古代学会

斉田 香住　さいだ・かすみ　書家　毎日書道展審査会員　[没]平成27年(2015)1月29日　61歳〔胆嚢がん〕　[賞]日本書道美術院展日本書道美術院賞(第3部, 第38回, 昭和59年度), 日本書道美術院展春敬賞(第51回, 平成9年度), 毎日書道展会員賞(近代詩文書部, 第57回, 平成17年度), 日本書道美術院展サンスター国際賞(第64回, 平成22年度)

斎田 祐造　さいだ・ゆうぞう　テレビ朝日専務　[没]平成28年(2016)10月14日　76歳　[生]昭和14年(1939)11月5日　[学]早稲田大学第一文学部〔昭和37年〕卒　[歴]昭和37年日本教育テレビ(現・テレビ朝日)に入社。編成部長、営業局長などを務め、平成9年取締役、13年常務、15年専務。17年顧問。

才津 金人　さいつ・かねと　マルイ社長　福江商工会議所会頭　[没]平成27年(2015)3月27日　85歳〔大動脈瘤破裂〕　[生]昭和4年(1929)12月10日　[出]長崎県五島市三井楽町　[学]五島中〔昭和23年〕卒　[歴]家業のマルイ商店を経て、昭和29年大阪阪急百貨店に入社。32年独立し、37年マルイを設立。平成5年から約3年間、福江商工会議所会頭を務めた。

斎藤 薫　さいとう・かおる　毎日新聞代表取締役専務　[没]平成28年(2016)1月23日　86歳〔誤嚥性肺炎〕　[生]昭和4年(1929)2月12日　[出]福島県　[学]早稲田大学政経学部〔昭和27年〕卒　[歴]昭和27年毎日新聞東京本社に入社。41年経理部副部長、45年経理部長、51年出版局経理室長、52年11月取締役、同年12月取締役経理局長、56年株式会社毎日(旧社)取締役、58年常勤監査役、59年毎日新聞役員待遇・経理管理室長、60年取締役経理管理室長、61年常務、63年専務、平成4年退任。

斎藤 寿臣　さいとう・かずみ　横浜信用金庫理事長　国土庁審議官　[没]平成29年(2017)10月7日　79歳〔病気〕　[生]昭和13年(1938)4月29日　[出]秋田県　[学]京都大学経済学部〔昭和36年〕卒　[歴]昭和36年大蔵省(現・財務省)に入省。61年神戸税関長、62年国土庁(現・国土交通省)審議官、63年国際観光振興会理事を経て、平成3年横浜信用金庫専務理事、6年理事長。　[賞]瑞宝中綬章〔平成21年〕

斉藤 克二　さいとう・かつじ　大建工業副社長　[没]平成28年(2016)10月20日　80歳〔慢性心不全〕　[生]昭和10年(1935)11月11日　[出]東京都　[学]三重大学農学部林学科〔昭和35年〕卒　[歴]昭和35年大建木材工業(現・大建工業)に入社。63年取締役、平成8年常務、10年専務を経て、12年副社長。

斎藤 夏風　さいとう・かふう　俳人　「尾根」主宰　[没]平成29年(2017)8月21日　86歳〔病気〕　[生]昭和6年(1931)2月1日　[出]東京都杉並区　[名]本名＝斎藤安弘(さいとう・やすひろ)　[学]早稲田大学第二法学部中退　[歴]昭和27年東京電力俳句会で「夏草」同人窪田鱒多路に手ほどきを受ける。28年「夏草」入会、39年「夏草」同人となり長く編集長を務めた。61年「尾根」を創刊・主宰。「NHK俳壇」選者、平成6～29年岩手日報「日報文芸」選者。句集に「埋立地」「禾」「桜榾」「次郎柿」「燠の海」「辻俳諧」などがある。　[賞]夏草新人賞〔昭和37年〕, 夏草功労賞〔昭和51年〕, 夏草賞〔昭和61年〕, 俳人協会賞(第50回)〔平成23年〕「辻俳諧」　[団]俳人協会(名誉会員), 日本文芸家協会　[師]師＝山口青邨

斉藤 堅固　さいとう・けんご　九州学院学院長　[没]平成29年(2017)7月1日　96歳〔肺炎〕　[生]大正9年(1920)10月9日　[出]熊本県熊本市　[学]九州学院〔昭和13年〕卒, 熊本高工〔昭和17年〕卒　[歴]昭和52年九州学院学院長、60年熊本電子ビジネス専門学校長を歴任。

斎藤 洪人　さいとう・こうじん　洋画家　全道展事務局長　[没]平成28年(2016)2月15日　85歳〔老衰〕　[生]昭和6年(1931)2月7日　[出]北海道札幌市　[学]北海道学芸大学札幌美術科卒　[歴]昭和43年全道美術協会(全道展)会員となり、平成4～6年事務局長を務めた。　[賞]全道展奨励賞〔昭和29年〕, 全道展北海道新聞賞〔昭和33年〕

斉藤 重二　さいとう・しげじ　足尾町(栃木県)町長　[没]平成28年(2016)1月17日　89歳〔病気〕　[生]大正15年(1926)8月11日　[歴]栃木県足尾町議に5選、議長も務めた。昭和61年町長に当選、平成14年まで4期務めた。　[賞]旭日小綬章〔平成16年〕

斉藤 準一　さいとう・じゅんいち　神奈川新聞社長　[没]平成28年(2016)10月29日　67歳〔病気〕　[生]昭和24年(1949)6月9日　[出]新潟県上越市　[学]法政大学社会学部卒　[歴]昭和47年神奈川新聞社に入社。出版部門が長く、出版局長や営業局長などを経て、平成21年代表取締役専務。23年かなしんオフセット社長に転じ、24年神奈川新聞社長に就任。26年取締役相談役、相談役となり、28年退任。

斉藤 昌助　さいとう・しょうすけ　連合山形会長　[没]平成29年(2017)4月25日　78歳〔急性心不全〕　[生]昭和13年(1938)11月10日　[出]山形県尾花沢市　[学]山形南高卒　[歴]25歳で尾花沢市の職員となる。その後組合活動に入り、自治労山形県本部執行委員長、連合山形会長などを歴任。平成8年無所属で衆院選に立候補。10年社民党より参院選比例区に、12年、15年衆院選に立候補した。

斎藤 史郎　さいとう・しろう　徳島大学学長・名誉教授　[専]内科学, 糖尿病　[没]平成28年(2016)2月19日　85歳〔病気〕　[生]昭和5年(1930)9月16日　[出]新潟県三条市　[学]東京大学医学部医学科〔昭和29年〕卒, 東京大学大学院生物系研究科医学専攻〔昭和34年〕博士課程修了　医学博士　[歴]東京大学医学部助手を経て、昭和47年徳島大学医学部附属病院検査部教授。検査部長、56年医学部長、平成元年附属病院長などを務め、8年退官。9～15年同大学長。この間、米国マサチューセッツ工科大学に2年間留学。　[賞]瑞宝重光章〔平成19年〕　[団]日本内科学会(名誉会員), 日本内分泌学会(名誉会員)

斎藤 槙三　さいとう・しんぞう　東京ドーム常務　[没]平成28年(2016)2月19日　73歳〔胃がん〕　[生]昭和17年(1942)8月1日　[出]東京都　[学]慶応義塾大学商学部〔昭和40年〕卒　[歴]昭和40年後楽園スタヂアム(現・東京ドーム)に入社。販売部長を経て、平成9年取締役、

さいとう　　　　　　　　　　　　日　本　人

14年常務執行役員、16年取締役常務執行役員、のち常務。

斎藤 隆景　さいとう・たかかげ　医師　新潟県議（自民党）　斎藤記念病院院長・理事長　⊗平成29年（2017）3月31日　73歳　［急性呼吸不全］　⊕昭和19年（1944）3月22日　⊕東京都台東区浅草　⊗東京医科大学医学部〔昭和43年〕卒　東京大学病院医局勤務の頃、東大闘争に参加、「宮本修正主義批判序説」「市民運動序論」などを発表。昭和49年田中角栄の選挙区（新潟3区）の六日町に移り、のち脳卒中患者を中心に扱う病院を経営。一転して熱心な田中擁護論となり、選挙区における後援母体・越山会の理論的支柱となった。新潟県立小出病院脳外科医長を経て、斎藤記念病院院長兼理事長。雪国青年会議所の初代理事長も務めた。62年新潟県議選に立候補、平成11年当選。28年副議長。5期目途中の29年、病死した。

斎藤 太久栄　さいとう・たくえい　日本ヒューム管専務　⊗平成27年（2015）1月21日　83歳　［肺炎］　⊕昭和6年（1931）7月3日　⊕東京都　⊗明治大学商学部〔昭和28年〕卒　⊕昭和28年日本ヒューム管（現・日本ヒューム）に入社。58年取締役、60年常務を経て、専務。

斎藤 忠夫　さいとう・ただお　福島交通常務　⊗平成28年（2016）6月19日　85歳　⊕昭和5年（1930）11月14日　⊕福島県福島市　⊗保原小〔昭和20年〕卒　⊕昭和22年福島交通に入社。53年福島支社長、54年取締役を経て、60年常務。

斎藤 智恵子　さいとう・ちえこ　ストリッパー　浅草ロック座会長　⊗平成29年（2017）4月28日　90歳　［胃がん］　⊕大正15年（1926）11月11日　⊕宮城県白石市　⊗青山女子専（現・青山学院大学）中退　⊕20歳で結婚し2児をもうけるが、のち離婚。生活のためストリッパーとなり、昭和38年にはストリップ劇場の営業権を買い取り自ら経営。その後、浅草ロック座や大勝館の他、各地の劇場の営業権を所有し、東日本最大の興業主として活躍。芸能人の金庫番ともいわれる程の資産家としても知られ、勝新太郎主演のテレビドラマシリーズ「座頭市」などに資金援助。勝の没後、ビートたけしに「座頭市」の企画を持ち込み、平成15年同氏監督・主演の映画「座頭市」を実現させた。

斎藤 伝吉　さいとう・でんきち　岩槻市長　⊗平成28年（2016）1月22日　83歳　［急性肺炎］　⊕昭和7年（1932）12月4日　⊕埼玉県岩槻市（さいたま市）　⊗春日部高卒　⊕岩槻市役所に入る。助役を経て、昭和60年市長に当選。4期目途中の平成7年1月、市発注の東武野田線岩槻駅東口の再開発ビル建設の空調設備納入を巡り、機械設備業者から現金数百万円を受け取ったとして埼玉県警に収賄容疑で逮捕された。

斉藤 南北　さいとう・なんぼく　画家　南北墨画会代表　全国水墨画普及協会理事長　⊗平成27年（2015）1月16日　89歳　［肺炎］　⊕大正14年（1925）⊕福岡県　⊗カルチャースクールで墨絵を指導する傍ら、個展を中心に活躍。全国水墨画普及協会理事長、日中書画振興協会理事なども歴任。著書に「初心者の

ための水墨画」「楽しい毛筆の手紙」などがある。　⊗書のアート展特別賞（書簡文部門産経新聞社、第13回）〔平成9年〕　⊕師＝河合敏雄

斎藤 肇　さいとう・はじめ　島根医科大学名誉教授　国立予防衛生研究所ハンセン病研究センター長　⊕細菌学、免疫学　⊗平成27年（2015）5月18日　86歳　⊕昭和4年（1929）2月3日　⊕広島県広島市　⊗広島県立医科大学医学部〔昭和28年〕卒　医学博士（広島県立医科大学）　⊕昭和29年広島医科大学副手（細菌学教室）、31年広島大学医学部助手、35年講師。37〜39年米国国立伝染病センター、43〜44年西ドイツのボルステル医学生物学研究所へ留学。45年広島大助教授、51年島根医科大学医学部教授。平成6年名誉教授。5年より国立多摩研究所所長を務め、国立予防衛生研究所ハンセン病研究センター長、広島県環境保健協会技術顧問を歴任。非結核性抗酸菌の分類、実験的治療および免疫学に関し多数の原著論文、著書がある。　⊗勲二等瑞宝章〔平成12年〕、日本結核病学会今村賞（昭和51年度）「非定型抗酸菌の分類とその鑑別、同定」、日本らい学会桜根賞（平成6年度）「In vitro and in vivo Acfioities of Ofloxacin Against Mycobacterium leprae Infection Induced in mice」、Gardner Middlbrook Award sponsored by Beckton Dickinson Microbiology System〔平成10年〕「Significant Contribuhon in Mycobacteriology」　⊕日本細菌学会（名誉会員）、日本結核病学会（名誉会員）、日本感染症学会（功労会員）、American Thoracic Society, American Society for Microbiology

斉藤 発司　さいとう・はつじ　リイド社社長　⊗平成28年（2016）6月8日　84歳　［視床梗塞］　⊕昭和6年（1931）12月14日　⊕大阪府大阪市　⊗神戸大学〔昭和31年〕卒　⊕弟は「ゴルゴ13」で知られる漫画家のさいとう・たかを。昭和31年サンスター歯磨（現・サンスター）に入社。35年さいとうプロダクションを設立、39年社長。47年株式会社に改組。49年さいとうプロダクション出版事業部より分離してリイド社を創業、社長を務めた。　⊕弟＝さいとう・たかを（漫画家）

斉藤 仁　さいとう・ひとし　柔道家　柔道男子日本代表監督　国士舘大学体育学部教授　ロス五輪・ソウル五輪柔道男子95キロ超級金メダリスト　⊗平成27年（2015）1月20日　54歳　［肝内胆管がん］　⊕昭和36年（1961）1月2日　⊕青森県青森市筒井八ツ橋　⊗国士舘高卒、国士舘大学体育学部〔昭和58年〕卒　⊕テレビドラマの影響で筒井中学1年から柔道を始める。青森県の怪童と騒がれ、上京して国士舘中学へ編入。国士舘高校から国士舘大学へ進学後実力を伸ばし、昭和55年から全日本学生選手権3連覇、55年、57年世界学生選手権2連覇など無敵の強さを誇った。58年モスクワの世界柔道選手権無差別級で初優勝し、世界の頂点に立ったが、全日本選手権では常に山下泰裕の後塵を拝して1度も優勝できなかった。59年ロス五輪95キロ超級で金メダルを獲得。60年の世界選手権では試合中に左肘脱臼して敗れ、62年には右膝の靱帯も痛めるなど低迷していたが、63年全日本選手権で初優勝し復活。180センチ、140キロの恵まれた体格の持ち主で、背負い投げ、大外刈り、体落とし、内またと得意技も多彩。"世界の山下"の自他ともに認める後継者として、63年のソウル五輪では日本柔道陣で唯一の金メダルを獲得、日本の柔道選手として当時初の五輪連覇を成し遂

げた。平成元年選手を引退。国士舘大学講師、助教授を経て、教授。2年同大柔道部監督に就任。11年7月同部を全日本学生柔道団体戦初優勝、11月全日本学生柔道体重別団体戦初代王者に導く。12〜20年全日本柔道連盟男子監督（男子日本代表監督）を務め、16年アテネ五輪、20年北京五輪を指揮し、2大会で5個の金メダルを獲得。北京では100キロ超級の石井慧をマンツーマンで指導し、金メダルに導いた。のち全日本柔道連盟強化副委員長を経て、24年委員長に昇格。27年54歳で病死した。　㊞東奥賞〔昭和58年〕、東奥賞特別栄誉賞〔昭和63年〕、朝日体育賞（第14回）〔昭和64年〕、日本スポーツ賞オリンピック特別賞（第38回）〔昭和63年〕、柔道記者会賞（昭和63年度）〔平成1年〕、世田谷区民栄誉賞〔平成4年〕、青森市民栄誉賞、ミズノスポーツメントール賞（ゴールド賞、平成11年度）〔平成12年〕

斎藤 熙　さいとう・ひろし　富士スバル社長　富士オート社長　㊣平成28年（2016）4月9日　83歳　㊞群馬県　㊛前橋高〔昭和27年〕卒　㊞昭和27年富士スクーターに入社。37年富士オートに商号変更、38年取締役営業部長、50年常務、63年専務を経て、平成5年社長。12年組織変更に伴い、富士オートから富士スバルを独立分社して社長。27年まで会長兼社長を務めた。群馬県軽自動車協会会長、全国軽自動車協会連合会副会長、全国スバル自動車販売協会会長を歴任した。

斎藤 文一　さいとう・ぶんいち　宮沢賢治研究家　新潟大学名誉教授　㊙超高層物理学　㊣平成29年（2017）10月20日　92歳〔肺炎〕　㊐大正14年（1925）8月13日　㊞岩手県北上市　㊛東北大学理学部〔昭和26年〕卒　理学博士　㊞昭和26年新潟大学理学部助手、28年講師、37年助教授を経て、43年教授。平成3年名誉教授。オーロラ研究で知られ、昭和35年第五次南極地域観測隊員も務めた。一方、宮沢賢治に関心を持ち、平成2年賢治学会イーハトーブセンター設立発起人の一人となる。4〜6年花巻市の宮沢賢治イーハトーブ館初代館長。4年より岩手日報文学賞賢治賞の審査員長を務めた。著書に「宮沢賢治とその展開」「宮沢賢治と銀河体験」「銀河系と宮沢賢治」「アインシュタインと銀河鉄道の夜」「科学者としての宮沢賢治」などがある。詩誌「歴程」同人。　㊞歴程賞（第15回）〔昭和52年〕「宮沢賢治とその展開」、岩手日報文学賞賢治賞（第6回）〔平成3年〕「宮沢賢治—四次元論の展開」、宮沢賢治賞（第6回）〔平成8年〕　㊞日本地球電気磁気学会　㊞長女＝斎藤美奈子（文芸評論家）

斎藤 正寧　さいとう・まさやす　井川町（秋田県）町長　㊣平成27年（2015）1月5日　72歳〔肺がん〕　㊐昭和17年（1942）3月21日　㊞秋田県南秋田郡井川町　㊛早稲田大学第一政経学部新聞学科〔昭和39年〕卒　㊞昭和39年秋田魁新報社に入社。46年より秋田県議を2期務め、54年井川町長に当選。以来9期。25年から全国町村会副会長を1期2年務めた。26年12月10選を目指して翌年2月の町長選への立候補を表明したが、がん療養を理由に撤回、間もなく亡くなった。

斉藤 守彦　さいとう・もりひこ　映画ジャーナリスト　「東京通信」編集長　㊣平成29年（2017）9月　56歳〔虚血性心不全〕　㊐昭和36年（1961）　㊞静岡県浜松市　㊞映画館、ビデオ会社でのアルバイトを経て、映画業界紙「東京通信」記者となる。のち同紙編集長。平成8年からフリーの映画映画ジャーナリストとして活動、多数の劇場用パンフレット、雑誌・ウェブメディアに寄稿した。映画の配給、興行に詳しかった。著書に「日本映画、崩壊」「宮崎アニメは、なぜ当たる」「映画館の入場料金は、なぜ1800円なのか？」「アニメ映画ヒットの法則」「映画宣伝ミラクルワールド」「80年代映画館物語」「映画を知るための教科書 1912〜1979」などがある。

斎藤 雄一　さいとう・ゆういち　日本鋼管常務　東京シヤリング社長　㊣平成27年（2015）4月12日　79歳〔肺炎〕　㊐昭和11年（1936）1月3日　㊞東京都　㊛慶応義塾大学法学部法律学科〔昭和34年〕卒　㊞昭和34年日本鋼管（現・JFEスチール）に入社。59年加工鋼材部長、61年鋼材輸出部長を経て、63年取締役、平成3年常務。4年日本鋼管継手社長、8年東京シヤリング社長となる。11年退任。　㊞父＝斎藤辰雄（昭和電工専務）

斎藤 豊　さいとう・ゆたか　トーセ会長　東亜セイコー会長　㊣平成27年（2015）12月1日　87歳〔病気〕　㊐昭和3年（1928）8月3日　㊞京都府乙訓郡大山崎町　㊛立命館大学理工学部卒　㊞昭和27年京都府大山崎町で電子機器製造事業を始め、34年東亜セイコーを設立。54年ゲームソフト開発部門を分離、家庭用ゲームソフトの受託開発メーカーのトーセを設立した。　㊞長男＝斎藤茂（トーセ社長）

斎藤 美信　さいとう・よしのぶ　千葉県議（自民党）　㊣平成27年（2015）11月17日　81歳〔老衰〕　㊐昭和8年（1933）12月27日　㊞千葉県　㊛明治大学工学部〔昭和31年〕卒　㊞鴨川青年会議所理事長を経て、昭和51年以来千葉県議に8選。63年副議長、のち議長も務めた。平成19年引退。　㊞藍綬褒章〔平成8年〕、旭日中綬章〔平成19年〕

斉藤 義則　さいとう・よしのり　大建工業社長　㊣平成28年（2016）8月28日　95歳〔肺炎〕　㊐大正9年（1920）11月19日　㊞富山県富山市　㊛京都帝国大学農学部林学科〔昭和19年〕卒　㊞昭和19年大建産業に入社。20年10月大建工業の前身の大建木材工業に入社。井波工場長、岡山工場長を経て、42年取締役、同年常務、49年専務、53年副社長、59年社長、平成4年会長を歴任した。　㊞勲三等瑞宝章〔平成4年〕

斎藤 寮　さいとう・りょう　ラグビー指導者　ラグビー日本代表監督　㊣平成27年（2015）10月30日　89歳〔肺炎〕　㊐北海道札幌市　㊛明治大学　㊞明大から大映に入る。ラグビー日本代表としてテストマッチ4試合に出場した。引退後は明大ラグビー部のヘッドコーチとして北島忠治監督を支え、昭和49〜56年の間に16試合で日本代表監督を務めた。

佐伯 快勝　さえき・かいしょう　僧侶　浄瑠璃寺住職　真言律宗務所長　西大寺執事長　㊣平成28年（2016）3月31日　83歳　㊐昭和7年（1932）4月18日　㊞奈良県奈良市　㊛奈良学芸大学（現・奈良教育大学）〔昭和30年〕卒　㊞浄瑠璃寺住職を務めた佐伯快龍の長男。中学の国語教師を6年間務めた後、浄瑠璃寺に入り、昭和43年父の跡を受けて浄瑠璃寺住職となる。のち真言律宗務長、西大寺執事長を歴任。55年までの8年間、京都府教育委員を務めた。著書に「菩薩道」「入門・仏

教の常識」「入門仏事・法要の常識」「仏像を読む」「巡礼大和路の仏像」「智恵のことば」などがある。 [家]父＝佐伯快龍（浄瑠璃寺住職），長男＝佐伯功勝（浄瑠璃寺副住職）

佐伯 彰一　さえき・しょういち　文芸評論家　英文学者　東京大学名誉教授　[専]アメリカ文学，日本文学　[没]平成28年（2016）1月1日　93歳〔肺炎〕　[生]大正11年（1922）4月26日　[出]東京都文京区小石川八千代町　[学]東京帝国大学英文科〔昭和18年〕卒　[歴]大学卒業後、一時海軍経理学校教官を務める。昭和24年富山大学助教授。25年ガリオア資金による第1回奨学生として、米国ウィスコンシン大学大学院に学ぶ。その後、ミシガン大学、カナダのトロント大学などに招かれ日本文学を講ずる。帰国後、28年東京都立大学助教授、41年教授を経て、43年東京大学教授となり比較文学の講座を持つ。58年定年退官、平成5年まで中央大学教授。スタンフォード大学などの客員教授を務めた。7〜19年世田谷文学館の初代館長、11年山梨県・三島由紀夫文学館の初代館長。この間、昭和33年に同人誌「批評」を創刊。ヘミングウェイ、フォークナーなど現代アメリカ文学の研究・翻訳の傍ら、文芸評論など幅広く手がけた。著書に「外から見た近代日本」「現代英米小説の問題点」「文学的アメリカ」「アメリカ文学史—エゴのゆくえ」「伝記と分析の間」「日本人を考える」「日本人の自伝」「自伝の世紀」「物語芸術論」「評伝三島由紀夫」「近代日本人の自伝」「神道のこころ」などがある。 [賞]日本芸術院賞（第38回）〔昭和57年〕，芸術選奨文部大臣賞〔昭和61年〕，勲三等旭日中綬章〔平成6年〕，読売文学賞評論伝記賞（第31回）〔昭和55年〕「物語芸術論」，日本翻訳文化賞〔昭和56年〕，立山町名誉町民〔昭和62年〕，正論大賞特別賞（第15回）〔平成11年〕　[資]日本芸術院会員〔昭和63年〕　[団]日本文芸家協会（名誉会員）　[家]長男＝佐伯泰樹（東京工業大学教授）

佐伯 信正　さえき・のぶまさ　富士重工業常務　[没]平成28年（2016）2月8日　81歳〔心不全〕　[生]昭和9年（1934）7月2日　[出]東京都　[学]慶応義塾大学工学部〔昭和32年〕卒　[歴]富士重工業取締役技術部門担当部長、常務を務めた。

佐伯 秀穂　さえき・ひでほ　クラボウ専務　[没]平成27年（2015）1月18日　88歳〔下咽頭がん〕　[生]大正15年（1926）11月22日　[出]大阪府大阪市　[学]東京大学法学部政治学科〔昭和23年〕卒　[歴]昭和23年倉敷紡績（クラボウ）に入社。47年取締役、56年常務を経て、専務。平成4年退任。一貫して繊維輸出業務に携わり、各種業界団体の代表も務めて国際羊毛繊維機構（IWTO）の初の日本総会を招致。また、帝塚山学院大学、大阪産業大学などで非常勤講師を務めた。著書に「海外営業マンドサ回り奮闘記」がある。

佐伯 宗弘　さえき・むねひろ　山岳ガイド　立山ガイド協会会長　[没]平成28年（2016）4月9日　90歳〔脳梗塞〕　[生]大正14年（1925）9月14日　[出]富山県　[学]不二越工　[歴]近代登山の発展に貢献した芦峅（あしくら）ガイドの一人・佐伯宗作の長男で、9歳の時に父を亡くす。夜間の不二越工業高校を経て、17歳で海軍航空隊入り。昭和20年9月復員して山岳ガイドを始める。31年第一次南極観測隊に立山ガイド4人と参加。“芦峅寺五人衆”と呼ばれ、昭和基地建設のため大量の物資輸送に必要なルート作りに取り組み、犬ぞりや雪上車を先導。船に戻らずにテントを張り、基地に必要な4棟を無事に完成させた。帰国後は剱岳稜線にある剱御前小屋を経営する傍ら芦峅ガイドを務める。平成3年富山県内の山小屋経営者、登山家らにより芦峅ガイド復活を目指し立山ガイド協会が結成され会長に就任。20年退任。 [家]父＝佐伯宗作（山岳ガイド）

佐伯 安一　さえき・やすかず　民俗学研究家　富山民俗の会代表　砺波市立砺波郷土資料館館長　[没]平成28年（2016）8月3日　86歳〔肺炎〕　[生]昭和5年（1930）1月2日　[出]富山県砺波市　[学]高岡商〔昭和21年〕卒　[歴]昭和21年民間伝承の会に入会。23〜29年北日本新聞社、30〜34年砺波商工会議所、34〜62年市堰建工に勤務する傍ら、富山県内の民俗研究に従事。五箇山の合掌造り集落や散居村の民家の歴史的な変化などを研究。62年〜平成8年砺波市立砺波郷土資料館館長。富山県文化財保護審議会委員、砺波市文化財保護審議会委員、高岡市文化財審議会委員、南砺市文化財保護審議会委員なども歴任した。著書に「砺波民俗語彙」「富山民俗の位相」「近世礪波平野の開発と散村の展開」「合掌造り民家成立史考」などがある。 [賞]勲五等瑞宝章〔平成12年〕，富山県教育委員会教育研究優良者表彰〔昭和47年〕，砺波市教育文化功労者表彰〔昭和54年〕，日本建築学会北陸支部北陸建築文化賞〔平成5年〕，富山県功労者表彰〔平成6年〕，北日本新聞文化功労賞〔平成14年〕，日本民俗建築学会竹内芳太郎賞（平成15年度），日本建築学会文化賞〔平成25年〕　[団]日本民俗学会

佐伯 隆幸　さえき・りゅうこう　演劇評論家　学習院大学名誉教授　[専]現代演劇，フランス文学，フランス演劇史　[没]平成29年（2017）1月21日　75歳〔急性虚血性心疾患〕　[生]昭和16年（1941）2月15日　[出]広島県　[名]本名＝佐伯隆幸（さえき・たかゆき）　[学]学習院大学大学院人文科学研究科フランス文学専攻博士課程中退　[歴]学生時代から演劇の現場に携わり、68/71（現・劇団黒テント）の創立メンバーの一人としてアングラ演劇の隆盛に関わる。昭和54〜56年フランス・パリで暮らした。のち、学習院大学文学部フランス文学科教授を務め、平成22年度で定年退官。著書に「異化する時間」「『20世紀演劇』の精神史」「最終演劇への誘惑」「現代演劇の起源」「記憶の劇場 劇場の記憶」、訳書にガンスプール「ポール・ニザンの生涯」、ムヌーシュキンほか「道化と革命」、ベルナール＝マリ・コルテス「コルテス戯曲選」（共訳書）などがある。 [賞]AICT演劇評論賞（第9回）〔平成16年〕「記憶の劇場 劇場の記憶」　[団]日本フランス語フランス文学会，日仏演劇協会

五月女 正治　さおとめ・しょうじ　山一証券会長　[没]平成29年（2017）10月5日　80歳〔骨髄異形成症候群〕　[生]昭和12年（1937）9月24日　[出]東京都　[学]東京大学法学部〔昭和36年〕卒　[歴]昭和36年山一証券に入社。引受本部副部長などを経て、平成6年専務。9年総会屋への利益供与事件に伴う前会長以下の引責辞任により会長となる。同年11月同社は負債総額が3兆円を超し経営が破綻、10年3月全ての営業を停止、全社員を解雇した。4月当時の大蔵省に自主廃業を申請。6月の株主総会では、解散の承認を求める特別決議に必要な株式

数を持つ株主の出席がなかったため、不成立となった。11年6月債務超過が1602億円にのぼり、東京地裁より破産宣告を受けた。

嵯峨 和宣 さが・かずのぶ　アマ棋士　日本棋院青森支部長　㋭平成28年(2016)7月20日　77歳〔急性心筋梗塞〕　㋭秋田県男鹿市　㋭アマチュア囲碁の強豪で、昭和62年からたびたび東北六県囲碁大会の青森県代表監督を務める。日本棋院青森県本部常任理事、同青森支部長を歴任した。

酒井 巌 さかい・いわお　千葉県議(自民党)　㋭平成27年(2015)10月12日　87歳〔肺炎〕　㋭昭和2年(1927)12月1日　㋭千葉県　㋭盛岡工専機械科〔昭和21年〕卒　㋭昭和50年から千葉県議に7選。平成5年議長。15年引退。　㋭旭日中綬章〔平成15年〕

酒井 謙太郎 さかい・けんたろう　丸万証券社長　東海銀行頭取　㋭平成27年(2015)11月8日　92歳〔呼吸不全〕　㋭大正12年(1923)10月3日　㋭岐阜県美濃市　㋭岐阜中〔昭和15年〕4年修了、八高〔昭和17年〕卒、京都帝国大学法学部〔昭和22年〕卒　㋭昭和22年東海銀行(現・三菱東京UFJ銀行)に入行。43年取締役、46年常務、49年専務を経て、52年東京駐在の副頭取となり、大蔵省や日本銀行との折衝役を担当。57年系列の丸万証券顧問に転じ、同年社長に就任。積極果敢な攻めの経営で、中部地区初の総合証券会社に育て上げた。63年会長。平成4年社長兼任。6年会長復任。8年の東海証券との合併では自ら推進役となって交渉を進め、交渉が成立すると社名を東海丸万証券(現・東海東京証券)とし、自らは取締役相談役に退いた。昭和62年から4年間、名古屋証券取引所理事会長を、平成3年から5年間、日本証券業協会副会長を務めた。

酒井 小次 さかい・こうじ　内田洋行会長　㋭平成27年(2015)9月7日　93歳〔胃がん〕　㋭大正11年(1922)7月3日　㋭石川県　㋭高松高小〔昭和12年〕卒　㋭昭和13年内田洋行に入社。40年人事部長、42年取締役、46年常務、53年専務を経て、61年会長。62年取締役相談役に退いた。

酒井 治七郎 さかい・じしちろう　富山県議(自民党)　㋭平成28年(2016)12月18日　92歳〔肺炎〕　㋭大正13年(1924)11月6日　㋭富山県　㋭立命館大学専門部法政科〔昭和20年〕卒　㋭氷見市議、市議会議長を経て、昭和50年から富山県議に4選。59年副議長、62年議長。平成3年引退。氷見伏木信用金庫理事長も務めた。　㋭勲三等瑞宝章〔平成7年〕

左海 祥二郎 さかい・しょうじろう　茶道家　表千家同門会理事長　㋭平成28年(2016)8月10日　71歳〔食道がん〕　㋭昭和20年(1945)3月1日　㋭京都府京都市　㋭京都外国語大学〔昭和42年〕卒　㋭表千家13代即中斎の二男。兄の14代而妙斎を支え、表千家北山会館の設立に尽力、館長として茶道普及に取り組んだ。表千家不審菴常任理事、京都外国語大学評議員なども務めた。　㋭父＝千宗左(即中斎、13代家元)、兄＝千宗左(而妙斎、14代家元)

酒井 伸一 さかい・しんいち　日本橋梁社長　㋭平成27年(2015)1月4日　68歳〔急性心筋梗塞〕　㋭昭和21年(1946)6月23日　㋭大阪府　㋭淀川工〔昭和40年〕卒　㋭昭和40年日本橋梁(現・OSJBホールディングス)に入社。平成13年取締役、14年常務を経て、15年社長。18年退任。

酒井 信一 さかい・しんいち　信州大学名誉教授　㋐農業土木、空間利用整備学、資源とリサイクル　㋭平成29年(2017)8月22日　85歳　㋭昭和7年(1932)8月2日　㋭新潟県新潟市　㋭京都大学農学部〔昭和30年〕卒、京都大学大学院農学研究科農業工学専攻〔昭和35年〕博士課程修了　農学博士(京都大学)〔昭和45年〕　㋭京都大学講師、香川大学助教授を経て、信州大学助教授、昭和45年より教授、平成10年定年退官。長野県内各地で生ゴミの堆肥化やリサイクル農業の普及に努めた。著書に『資源よ、よみがえれ—ゴミを活かすリサイクル農業実践記』『水利施設工学〈2〉』『自然との共存〈正・続〉』『森林科学への道』『バイオテクノロジー入門』(共著)などがある。　㋭山崎農業賞〔平成3年〕、農業土木学会賞著作賞〔平成16年〕「資源よ、よみがえれ」　㋭農業土木学会

酒井 新二 さかい・しんじ　共同通信社長　㋭平成28年(2016)12月18日　96歳〔肺炎〕　㋭大正9年(1920)1月4日　㋭東京都　㋭東京帝国大学法学部〔昭和17年〕卒　㋭昭和22年共同通信社に入社。37年編集局政治部長、43年パリ支局長、47年編集局長を経て、49年常務理事、53年専務理事、60年社長に就任。平成3年退任、6年顧問。日本記者クラブ理事長、日本カトリック新聞理事長などを歴任。カトリック社会問題研究所代表幹事も務めた。著書に『カトリシズムと現代』『カトリックが拓く日本の道』『日本の進路』などがある。　㋭フランス国家功労勲章オフィシエ章〔昭和61年〕、勲一等瑞宝章〔平成5年〕

坂井 隆憲 さかい・たかのり　衆議院議員(自民党)　内閣副大臣　㋭平成29年(2017)5月17日　69歳〔大腸がん〕　㋭昭和22年(1947)11月25日　㋭佐賀県神埼郡　㋭早稲田大学政治経済学部政治学科〔昭和46年〕卒　㋭昭和46年大蔵省(現・財務省)に入省。官房企画官などを経て、平成2年衆院選旧佐賀全県区に無所属で初当選。自民党入りし、小選挙区制が導入された8年衆院選は比例区で復活当選。12年衆院選は佐賀1区で当選。連続4期務めた。三塚派を経て、森派。労働政務次官、建設委員会理事、大蔵委員会理事などを歴任し、13年第二次森改造内閣の内閣副大臣に就任。15年3月多額の献金を政策秘書らとともに裏金として処理したとして、政治資金規正法違反(虚偽記載)の疑いで東京地検特捜部に逮捕され、自民党を除名。4月には秘書給与を詐取したとして詐欺罪で追起訴された。16年12月東京地裁は懲役2年8ヶ月の実刑を下し、17年2月判決が確定した。

酒井 忠好 さかい・ただよし　羽島市長　㋭平成27年(2015)1月25日　84歳〔胃がん〕　㋭昭和5年(1930)6月11日　㋭岐阜県羽島市　㋭岐阜農林〔昭和23年〕卒　㋭昭和25年羽島市江吉良村役場書記。のち羽島市役所に勤め、48年都市計画課長、51年岐阜インター建設対策室次長、53年市長公室長を経て、55年から市長に2選、63年落選。　㋭勲五等瑞宝章〔平成15年〕

酒井 登志生 さかい・としお　随筆家　㋭平成27年(2015)2月22日　79歳〔筋萎縮性側索硬化症〕　㋭昭和10年(1935)　㋭千葉県市原市　㋐本名＝酒井稔雄

（さかい・としお）[学]法政大学卒 [歴]雑誌編集者、テレビライターを経て、歌謡曲の作詞・作曲を手がける。また、千葉日報の文化欄に平成25年4月まで「わたしの徒然草」を連載した。

酒井 利治 さかい・としはる オアシス楽器店会長 相馬商工会議所会頭 [没]平成29年（2017）1月9日 84歳〔肺炎〕 [生]昭和7年（1932）7月1日 [出]福島県 [学]福島大学教育学部〔昭和29年〕卒 [歴]昭和37年オアシス楽器店を設立。相馬商工会議所会頭を務めた。 [家]長男＝酒井潤（オアシス音楽センター室長）

坂井 利之 さかい・としゆき 情報工学者 京都大学名誉教授 龍谷大学名誉教授 [専]情報通信工学 [没]平成29年（2017）8月16日 92歳 [生]大正13年（1924）10月19日 [出]大阪府高槻市 [学]京都帝国大学工学部電気工学科〔昭和22年〕卒 工学博士〔昭和29年〕 [歴]昭和28年京都大学講師、のち助教授を経て、35年工学部教授。また国立国語研究所評議員を9年間務めた。数字、アルファベットの読み取り装置の開発、英語・日本語間の計算機による翻訳など、情報処理におけるパターン認識の分野で先駆的な業績を残す。63年退官し、龍谷大学教授、理工学部長を務める。第13～14期日本学術会議会員。著書に「電子計算機」「情報処理とその装置」「情報基礎学」など。 [賞]文化功労者〔平成8年〕, 紫綬褒章〔平成2年〕, 勲二等瑞宝章〔平成7年〕, 電気通信学会稲田記念学術奨励金〔昭和31年〕「新しい音声の分析・合成法」, 電気学会電気学術振興賞・進歩賞〔昭和41年〕「非同期式文字読取装置の開発」, 電子通信学会論文賞〔昭和52年〕, 情報処理学会論文賞〔昭和45年〕「電子計算機による和文英訳」, 京都新聞文化賞, 高柳記念賞（高柳記念電子科学技術振興財団）〔昭和60年〕「オフィス・オートメーションにおける画像処理の研究」, C&C賞（第7回）〔平成4年〕, 大川賞（第4回）〔平成7年〕 [団]情報処理学会, 情報通信学会, 電子情報通信学会, 日本音響学会, 情報科学技術協会

境 豊作 さかい・とよさく ウエスト創業者 [没]平成27年（2015）3月1日 89歳 [生]大正14年（1925）9月23日 [出]福岡県福岡市 [学]西南学院経済専（現・西南学院大学経済学部）〔昭和21年〕卒 [歴]戦後、海産物商、古着商、文具の行商、街頭のたたき売りなどを経て、昭和31年服地の製造卸会社・西文を設立、専務。41年外食産業のウエストを創業し、福岡県福間町（現・福津市）に第1号店を開業。51年会長。福岡県内を中心に、焼き肉、うどん、中華、和食などの飲食店の集合体・味の街の出店を展開。米国・韓国・ジャマイカにも進出し、国内外で約200店の店舗網を築き上げた。

坂井 弘臣 さかい・ひろおみ 駐ラオス大使 [没]平成29年（2017）1月23日 80歳〔腎不全〕 [生]昭和11年（1936）2月19日 [出]旧朝鮮全羅南道 [学]熊本大学法文学部〔昭和35年〕卒 [歴]昭和35年外務省に入省。官房調査官などを経て、平成5年在カラチ総領事、7年駐ラオス大使。11年10月退職、非政府機関（NGO）の熊本ラオス友好協会会長に就任した。 [賞]瑞宝中綬章〔平成22年〕

酒井 広 さかい・ひろし アナウンサー [没]平成29年（2017）4月20日 91歳〔心不全〕 [生]大正15年（1926）4月3日 [出]東京市京橋区（東京都中央区） [学]法政大学法学部卒 [歴]法大予科在学中の昭和20年、召集を受け入隊。戦後、法大法学部に復学。25年NHKに入局、ラジオ「歌の花ごよみ」、テレビ「黄金の椅子」「生活の知恵」「こんにちは奥さん」「お達者くらぶ」の司会などを担当。56年に定年を迎える。57年フリーに転身し、同年スタートした日本テレビ系のワイドショー「うわさのスタジオ」の司会を担当。柔らかな物腰と親しみのある人柄で人気を集めた。ドラマ「新・熱中時代宣言」にも出演。63年よりテレビ朝日「人生セミナー」の司会を担当した。酒井広の話し方教室も主宰。平成元年夏の参院選比例区にミニ政党・年金党から立候補した。著書に「話し方の知恵」「素敵な女性の話し方」「話し上手になる本」「人前で『ラクラク』話せる！」などがある。

酒井 正晴 さかい・まさはる 昭和飛行機工業社長 [没]平成27年（2015）6月15日 84歳〔肺炎〕 [生]昭和6年（1931）3月20日 [出]北海道 [学]小樽商科大学〔昭和29年〕卒 [歴]昭和29年三井造船に入社。59年昭和飛行機工業に転じ、62年常務、平成元年専務、3年副社長を経て、7年社長。12年相談役。

酒井 昌也 さかい・まさや エスケーアイ社長 [没]平成28年（2016）11月24日 61歳 [生]昭和30年（1955）11月17日 [出]愛知県知多市 [学]愛知学院大学商学部〔昭和53年〕卒 [歴]昭和53年トヨタカローラ愛知に入社、新入社員として最高の販売台数を記録する。56年愛知樹脂監査役となり、兼松と提携して立体駐車場を販売。平成3年3月エスケーアイを設立、同年12月社長に就任。東海地方を中心に携帯電話販売店を展開。27年にはロボットを専門に販売する店舗を愛知県東海市に開店した。著書に「ケータイ雑学読本」がある。

坂井 光夫 さかい・みつお 東京大学名誉教授 [専]核物理学 [没]平成27年（2015）12月28日 94歳〔直腸がん〕 [生]大正10年（1921）9月7日 [出]新潟県新潟市 [学]東京帝国大学理学部物理学科〔昭和18年〕卒 理学博士 [歴]昭和26年戦後第2回のフランス政府給費留学生として、原子核研究所で学ぶ。43年から東京大学原子核研究所長を務め、57年退官。日仏会館の専任の事務局長として日仏文化交流の橋渡しを受け持った。 [賞]フランス政府オードル・ド・メリット勲章〔昭和53年〕, レジオン・ド・ヌール勲章シュバリエ章〔昭和60年〕, 勲二等瑞宝章〔平成7年〕 [団]物理学会, 米国物理学会 [家]娘＝坂井セシル（パリ・ディドロ大学教授）

酒井 稔 さかい・みのる 演劇指導者 平和運動家 劇団こじか座運営委員長 愛媛演劇集団協議会会長 愛媛県文化協会会長 [没]平成28年（2016）7月16日 86歳〔胆管がん〕 [生]昭和4年（1929）12月25日 [出]愛媛県喜多郡内子町 [名]別名＝畑野稔（はたの・みのる） [学]愛媛師範予科〔昭和25年〕卒, 愛媛大学教育学部〔昭和28年〕卒 [歴]太平洋戦争中、海軍飛行予科練習生に志願、周南市の基地で訓練中に敗戦を迎える。戦後はえひめ学園教諭、松山東雲中学・高校などで教鞭を執り、平成8年退職。傍ら、昭和32年劇団こじか座の前身となる児童劇団を設立、以来60年余にわたって愛媛の演劇文化を牽引。愛媛演劇集団協議会会長、愛媛県文化協会会長なども務めた。また、平成15年松山市民の戦争の記憶や遺品などを展示する資料館の開設を目

指して“松山市平和資料館をつくる市民の会”を設立して会長に就任。同年から毎年松山空襲の惨状を語り継ぐ資料展を開催し、反戦平和運動にも取り組んだ。広島で被爆して亡くなった松山市出身の俳優・丸山定夫の顕彰活動にも力を注いだ。著書に「愛媛子どものための伝記」「不死鳥のうた—戦後愛媛の演劇史」がある。　[賞]旭日双光章〔平成28年〕,全国児童青少年演劇特別賞〔平成6年〕,愛媛新聞賞〔平成27年〕

榊 武夫　さかき・たけお　徳島県議（民主党）　[没]平成27年(2015)4月30日　83歳〔肝臓がん〕　[生]昭和7年(1932)2月26日　[出]徳島県鳴門市撫養町　[学]徳島工〔昭和24年〕卒　[歴]昭和26年鳴門市役所に入る。56年市衛生センター所長となり、61年退職。鳴門市職員労組委員長、自治労鳴門市職特別執行委員長を務め、62年から徳島県議に5選。社会党、社民党を経て、民主党に所属。平成19年引退。　[賞]旭日小綬章〔平成19年〕

榊田 喜三郎　さかきだ・きさぶろう　京都府立医科大学名誉教授　[専]整形外科学　[没]平成27年(2015)12月6日　90歳〔病気〕　[生]大正14年(1925)9月22日　[出]京都府京都市　[学]京都府立医科大学医学部医学科卒　医学博士　[歴]京都府立医科大学教授を務めた。平成4年学会の帰りに立ち寄った米国ニューヨーク・マンハッタンの風景に心を奪われ、整形外科医の腕を生かして、木の廃材やわりばし、菓子箱などを利用してマンハッタン島を作成。20年京都市美術館で公開した。　[団]日本整形外科学会

阪口 昭　さかぐち・あきら　日本経済新聞取締役論説主幹　朝日大学経営学部教授　[専]経済史　[没]平成29年(2017)10月28日　89歳〔肺炎〕　[生]昭和2年(1927)11月8日　[出]東京都　[学]東北大学法学部卒　[歴]昭和27年日本経済新聞社に入社。経団連担当記者、論説委員、論説副主幹、編集総務を経て、57年取締役論説主幹。朝日大学経営学部教授も務めた。著書に「犬丸徹三」「三菱」「現代企業戦争」「石坂泰三」「石川一郎」「寡黙の巨星—小林中の財政史」などがある。

坂口 和之　さかぐち・かずゆき　鹿児島放送社長　[没]平成29年(2017)1月20日　70歳〔肺炎〕　[生]昭和21年(1946)6月11日　[出]福岡県福岡市　[歴]朝日新聞社に入社。平成16年鹿児島放送専務を経て、18年社長。23年相談役に退き、25年退任。

阪口 和世　さかぐち・かずよ　歌手　[没]平成29年(2017)4月18日　54歳〔肺炎〕　[生]昭和37年(1962)9月　[名]デュオ名＝真ちゃん・和ちゃん　[歴]生まれつき、身体の筋力が衰える脊髄性筋萎縮症(SMA)という難病を患い、27歳までを病院で過ごす。奈良県大和郡山市で暮らし、夫の阪口真治と夫婦デュオ“真ちゃん・和ちゃん”を組んでボーカルを担当、電動車いすに乗りながら音楽活動を続けた。

坂口 玉鳳　さかぐち・ぎょくほう　書家　玉鳳会主宰　石川県書道協会理事長　日展会友　[専]漢字　[没]平成28年(2016)10月21日　93歳〔心不全〕　[生]大正12年(1923)3月10日　[出]福井県　[名]本名＝坂口敏（さかぐち・さとし）　[学]泉丘高卒　[歴]石川県書道界の重鎮で石川県書道協会理事長などを務めた。　[賞]石川県文化功労賞〔平成7年〕　[団]日展　[師]師＝青山杉雨

坂口 幸雄　さかぐち・ゆきお　医師　エフエム山陰社長　[専]耳鼻咽喉科　[没]平成27年(2015)2月20日　87歳　[生]昭和2年(1927)8月1日　[出]鳥取県米子市　[学]広島大学〔昭和24年〕卒,鳥取大学米子医科大学〔昭和28年〕卒,日本医科大学大学院〔昭和34年〕修了　医学博士　[歴]昭和32年鳥取大学米子医科大学附属耳鼻咽喉科教室医局長、日本医科大学鼻喉咽喉科教室、聖路加国際病院勤務を経て、38年サンマリタン耳鼻咽喉気管食道科を開業。61年エフエム山陰社長に就任。

坂口 玲子　さかぐち・れいこ　翻訳家　[専]英米文学　[没]平成27年(2015)11月17日　75歳〔子宮体がん〕　[生]昭和15年(1940)11月4日　[出]旧満州奉天　[学]北海道大学文学部露文科卒　[歴]昭和61年本格的に翻訳家として活動を始める。チェーホフ「三人姉妹」などの戯曲や、ミステリなど海外文学の翻訳で活躍。訳書にオレーニア・パパゾグロー「ロマンス作家は危険」、ジョン・W.コリントン、ジョイス・H.コリントン「ささやかな謝肉祭」、ジャネット・ニール「天使の一撃」「天国を落ちた男」「あるロビイストの死」、バーバラ・ニーリイ「怯える屋敷」「ゆがんだ浜辺」、ロビン・ハサウェイ「フェニモア先生、墓を掘る」「フェニモア先生、人形を診る」「フェニモア先生、宝に出くわす」などがある。　[家]夫＝坂口芳貞（俳優）

坂下 璣　さかした・たまき　郷土史家　穴水町（石川県）収入役　日本ローエル協会副会長　[専]石川県　[没]平成28年(2016)8月30日　93歳〔肺炎〕　[生]大正12年(1923)　[出]石川県鳳珠郡穴水町　[学]華北交通北京中央鉄路学院卒　[歴]戦後、石川県穴水町役場に入り、総務課長、収入役を務める。傍ら、郷土史家として活躍。能登の魅力を世界に発信した米国の天文学者パーシバル・ローウェルを研究し、日本ローエル協会副会長を務めた。また、昭和25年から52年間にわたって保護司を務め、通学路であいさつ運動を続けて子供たちから“おはようおじさん”と呼ばれ、親しまれた。著書に「青山杉雨書簡集」がある。　[賞]勲五等双光旭日章〔平成5年〕,北国風雪賞〔平成12年〕

坂下 俊男　さかした・としお　三菱重工業副社長　[没]平成28年(2016)4月12日　95歳〔老衰〕　[生]大正9年(1920)10月23日　[出]鹿児島県鹿屋市　[学]東京帝国大学経済学部経済学科〔昭和18年〕卒　[歴]昭和18年三菱重工業に入社。47年広島造船所勤労部長、49年長崎造船所副所長、52年本社人事部長、54年取締役、58年代表常務、60年副社長を歴任した。

阪田 誠造　さかた・せいぞう　建築家　坂倉建築研究所代表取締役　明治大学教授　[没]平成28年(2016)7月21日　87歳〔心不全〕　[生]昭和3年(1928)12月27日　[出]大阪府大阪市　[学]早稲田大学理工学部建築学科〔昭和26年〕卒　[歴]昭和26年坂倉準三建築研究所に入所。44年坂倉建築研究所を設立、取締役東京事務所長を経て、62年代表取締役、平成11年最高顧問。「東京都立夢の島総合体育館」で日本建築学会賞、「東京サレジオ学園」で吉田五十八賞や村野藤吾賞、日本芸術院賞などを受賞。代表作に「日立シビックセンター」「小田急サザンタワー・新宿サザンテラス」「聖イグナチオ教会」「名古屋JRセントラルタワーズ」など。高松宮殿下記念世界文化賞の推薦委員も務めた。また、3

さ

～11年明治大学教授として後進を育成した。 ㊞日本芸術院賞（平成1年度）〔平成2年〕「東京サレジオ学園」「ドンボスコ記念聖堂及び小聖堂」，日本建築学会賞（第29回）〔昭和52年〕「東京都立夢の島総合体育館」，村野藤吾賞（第2回）〔平成1年〕「東京サレジオ学園」，吉田五十八賞（第14回）〔平成1年〕「東京サレジオ学園」 ㊞日本建築学会，日本建築家協会 ㊞師＝坂倉準三

坂田 睦 さかた・むつみ 久保田鉄工専務 ㉜平成28年（2016）9月30日 94歳〔誤嚥性肺炎〕 ㊐大正10年（1921）11月3日 ㊐東京都 ㊣二高〔昭和17年〕卒，京都帝国大学〔昭和21年〕卒 ㊞昭和29年久保田鉄工（現・クボタ）に入社。50年取締役，55年常務を経て，58年専務。

坂根 潔 さかね・きよし 山内学園理事長 香蘭女子短期大学教授 ㊞経済学 ㉜平成29年（2017）1月11日 95歳〔肺炎〕 ㊐大正10年（1921）2月20日 ㊐島根県江津市 ㊣旅順高〔昭和17年〕卒，九州帝国大学経済学部経済学科〔昭和21年〕卒 ㊞昭和18年学徒出陣して陸軍航空隊に入り，20年特攻隊である第四二八振武特別攻撃隊第二編隊長として出撃2日前に敗戦を迎える。敗戦直後は満州からの引き揚げ者を援助するため救国学生同盟を組織。21年福岡文化学園高等女学校教諭，33年香蘭女子短期大学助教授を経て，48年教授。53年山内学園理事長。香蘭女子短期大学名誉理事長，香蘭ファッションデザイン専門学校名誉理事長も務めた。 ㊞勲三等瑞宝章〔平成8年〕 ㊞日本私立短大協会 ㊞妻＝坂根嘉子（香蘭女学院院長），二男＝坂根康秀（香蘭女子短期大学学長）

坂野上 明 さかのうえ・あきら 北海道新聞社長 ㉜平成27年（2015）7月20日 85歳〔老衰〕 ㊐昭和5年（1930）6月3日 ㊐新潟県村上市 ㊣東北大学経済学部卒 ㊞昭和28年北海道新聞社に入社。東京支社，本社各政経部次長，論説委員，論説副主幹，60年論説主幹，62年函館支社長，平成元年取締役，3年編集局長，4年常務を経て，5年社長。11年会長，13年相談役に退いた。10年Jリーグ・コンサドーレ札幌の運営会社，北海道フットボールクラブ会長に就任した他，札幌交響楽団理事長，北海道書道連盟会長なども務めた。

阪上 信次 さかのうえ・しんじ 東京農工大学学長・名誉教授 ㊞物理化学 ㉜平成27年（2015）9月22日 90歳〔肺炎〕 ㊐大正14年（1925）5月1日 ㊐兵庫県 ㊣東京大学理学部化学科卒 理学博士 ㊞建設省土木研究所を経て，昭和39年東京農工大学助教授，47年教授。平成元年～7年学長を務めた。 ㊞日本化学会，高分子学会，日本レオロジー学会

坂本 栄吉 さかもと・えいきち 芦北町（熊本県）町長 熊本県農協中央会会長 ㉜平成28年（2016）11月30日 94歳 ㊐大正9年（1920）5月15日 ㊐熊本県葦北郡芦北町 ㊣日本大学専門部経済科〔昭和17年〕中退 ㊞昭和47年熊本県芦北農業協同組合長となり，53年芦北町長に当選。熊本県農協中央会会長も務めた。

坂本 慶一 さかもと・けいいち 京都大学名誉教授 福井県立大学学長・名誉教授 ㊞近代フランス社会思想史，農業問題，農業経済学（農学原論） ㉜平成29年（2017）3月24日 91歳〔インフルエンザによる肺炎〕 ㊐大正14年（1925）5月20日 ㊐青森県東津軽郡今別町 ㊣青森中卒，盛岡農林専卒，京都大学農学部農林経済学科〔昭和26年〕卒 農学博士（京都大学）〔昭和40年〕 ㊞昭和28年ベルギーへ留学。33年京都大学助教授，40年龍谷大学教授，42年フランス留学，44年龍谷大学長代行，46年京大農学部教授，52年同学部長を経て，平成元年大阪産業大学経済学部教授。この間，日本学術会議会員を務めた。また，福井県立大学の開学前から設立準備委員長として関わり，4～10年初代学長を務めた。著書に「フランス産業革命思想の形成」「マルクス主義とユートピア─初期マルクスとフランス社会主義」「日本農業の転換」「日本農業の再生」「近代フランスの農業思想」，編著に「人間にとって農業とは」などがある。 ㊞勲二等瑞宝章〔平成12年〕，青森県褒賞，今別町名誉町民〔平成7年〕 ㊞日本農業経済学会，地域農林経済学会，経済学史学会，日仏経済学会，農村計画学会，日本アフリカ学会

坂本 健一 さかもと・けんいち 青空書房主人 ㉜平成28年（2016）7月2日 93歳〔心筋梗塞〕 ㊐大正12年（1923）4月30日 ㊐大阪府大阪市北区 ㊔筆名＝さかもとけんいち ㊞昭和18年近畿大学専門学校法学部に入学するが，同年学徒動員で大阪二十二部隊歩兵通信中隊に入営。20年茨城県鉾田より復員。21年大阪ミナミの闇市で古本屋の青空書房を創業。22年北区黒崎町に開店。以来，93歳で亡くなるまで店を開け，大阪古書店業界の古老として知られた。小説家の筒井康隆，田辺聖子，山本一力らとも交流があり，休業日に店のシャッターに貼るメッセージ入り手書きポスターも話題を呼んだ。さかもとけんいち名義で著書「浪華の古本屋ぎっこんばったん」「夫婦の青空」「だれにも一つの青空がある」「ほんじつ休ませて戴きます」などがある。

阪本 謙二 さかもと・けんじ 俳人 「欅」主宰 ㉜平成27年（2015）12月14日 85歳〔腹部大動脈瘤破裂〕 ㊐昭和5年（1930）12月7日 ㊐愛媛県上浮穴郡美川村（久万高原町） ㊔本名＝阪本謙一（さかもと・けんいち） ㊞広島大学教育学部卒 ㊞昭和22年「若菜」に入会，富安風生に師事。36年「若葉」同人。51年～平成4年「糸瓜」編集長。5年「欅」を創刊・主宰。昭和47～55年愛媛新聞夕刊俳壇選者。松山俳句協会会長を務めた。句集に「花欅」「詰襟」「石の錆」「和釘」「良弁杉」などがある。 ㊞俳人協会（名誉会員） ㊞師＝富安風生

坂本 五郎 さかもと・ごろう 古美術商 不言堂主人 ㉜平成28年（2016）8月15日 92歳〔脳梗塞〕 ㊐大正12年（1923）8月31日 ㊐神奈川県横浜市磯子区 ㊣八王子市立第二尋常小 ㊞小学校卒業後，乾物屋に奉公。昭和19年徴用，20年横須賀海兵団に入団。戦後，古着屋，闇商いを経て，美術商となり，東京・日本橋に不言堂を開店。水野清一京都大学教授に師事し，中国青銅器を収集。海外でも買い入れを行う。47年ロンドン・クリスティーズのオークションで中国・元時代の大壺を1億8000万円で落札して話題を呼んだ。平成14年青銅器コレクション382点を奈良国立博物館に寄贈。図

録に「不言堂 坂本五郎 中国青銅器清賞」がある。 [賞]故宮博物院栄誉章

阪本 重善 さかもと・しげよし ヤクルト本社常務 [没]平成27年(2015)12月6日 64歳〔肺がん〕 [生]昭和26年(1951)2月8日 [出]兵庫県川西市 [歴]昭和52年ヤクルト本社に入社、平成19年取締役、23年常務。ヤクルト薬品工業社長も務めた。

坂本 重太郎 さかもと・じゅうたろう 駐スペイン大使 [没]平成27年(2015)3月2日 81歳〔肺炎〕 [生]昭和8年(1933)7月15日 [出]北海道余市郡余市町 [学]一橋大学法学部〔昭和32年〕卒 [歴]昭和32年外務省に入省。同年から2年間ロス・アンデス大学に語学留学した際には、33年コロンビアの大学卓球選手権で優勝し、同国代表選手として活躍。帰国後、情報文化局報道課長、経済協力局政策課長、55年経済協力局参事官、57年総務課長、58年8月経済協力開発機構(OECD)代表部公使、60年8月駐パラグアイ大使、63年1月中南米局長、平成2年1月駐ベネズエラ大使を経て、7年1月駐スペイン大使。10年7月退官。のち日本外交協会理事長、海外日系人協会理事長を務めた。 [賞]クルゼイロ・ド・スル勲章(ブラジル)〔平成1年〕,瑞宝重光章〔平成20年〕 [家]父＝坂本角太郎(北海道余市町長)

坂本 直 さかもと・ただし 画家 流山市美術協会会長 [没]平成29年(2017)10月5日 82歳〔病気〕 [歴]流山市美術協会会長を務めた。

坂本 俊夫 さかもと・としお 歯科医 坂本歯科医院院長 福井県歯科医師会会長 [没]平成28年(2016)8月17日 91歳 [生]大正13年(1924)8月27日 [出]福井県敦賀市 [学]日本大学専門部歯科〔昭和23年〕卒 歯学博士 [歴]昭和58年～平成3年福井県歯科医師会会長を務めた。 [賞]藍綬褒章〔平成2年〕

阪本 道隆 さかもと・みちたか 南都銀行頭取 奈良商工会議所会頭 [没]平成29年(2017)4月19日 89歳〔老衰〕 [生]昭和2年(1927)7月31日 [出]奈良県 [学]名古屋大学経済学部〔昭和28年〕卒 [歴]昭和28年南都銀行に入行。52年取締役、56年常務、平成元年専務を経て、2年頭取。9年会長、17年取締役相談役に退く。19年退任。9年から7年間、奈良商工会議所会頭を務めた他、奈良県経営者協会会長、奈良納税者協会会長、関西ホッケー協会会長なども歴任した。 [賞]旭日中綬章〔平成15年〕

坂本 雄次郎 さかもと・ゆうじろう 藤村製糸会長 [没]平成27年(2015)5月2日 90歳〔悪性胸膜中皮腫〕 [生]大正13年(1924)9月29日 [出]高知県安芸郡奈半利町 [学]九州工業大学卒 [歴]藤村製糸会長で、平成2年から日本製糸協会会長を2期4年務めた。日本林業経営者協会会長なども歴任。 [賞]勲四等瑞宝章

坂本 行雄 さかもと・ゆきお 日本水産専務 [没]平成29年(2017)2月21日 90歳 [生]大正15年(1926)11月26日 [出]高知県 [学]東京大学農学部〔昭和24年〕卒 [歴]昭和24年日本水産に入社。58年常務、63年専務、平成元年再び取締役。日本缶詰協会副会長も務めた。

坂本 豊 さかもと・ゆたか クラヤ薬品副社長 [没]平成27年(2015)3月22日 80歳〔膵臓がん〕 [生]昭和10年(1935)2月11日 [出]栃木県 [学]真岡高〔昭和28年〕卒 [歴]昭和28年クラヤ薬品(現・メディパルホールディングス)に入社。47年取締役、53年常務、56年専務を経て、61年副社長。

相楽 俊一 さがら・しゅんいち テレビ新潟常務 [没]平成29年(2017)9月16日 79歳〔肺がん〕 [生]昭和12年(1937)12月7日 [出]福島県 [学]東北大学卒 [歴]昭和35年読売新聞社に入社。電波本部次長を経て、平成5年テレビ新潟常務。

佐川 章 さがわ・あきら きらやか銀行代表取締役常務 [没]平成29年(2017)1月7日 62歳〔心臓疾患〕 [生]昭和29年(1954)1月13日 [出]山形県山形市 [学]早稲田大学教育学部卒 [歴]殖産銀行執行役員経営リスク管理部長を経て、きらやか銀行代表取締役常務を務めた。

砂川 啓介 さがわ・けいすけ 俳優 タレント [没]平成29年(2017)7月11日 80歳〔尿管がん〕 [生]昭和12年(1937)2月12日 [出]東京市深川(東京都江東区) [名]本名＝山下啓一(やました・けいいち) [学]成城高卒 [歴]高校在学中から映画に出演。演技の基礎を学ぶため舞踊研究所に入所。昭和36年NHKの幼児番組「うたのえほん」で体操を指導し、初代“たいそうのおにいさん”として親しまれる。以後、俳優としてテレビドラマ「あしたの花嫁」「意地悪ばあさん」などに出演、テレビの情報番組「お昼のワイドショー」「砂川啓介いま！ 朝です」の司会者としても活躍。また60年には劇団フジを結成、「三銃士」「オズの魔法使い」「トム・ソーヤの冒険」などの演出を手がけた。妻はテレビアニメ「ドラえもん」の声を担当した大山のぶ代で、著書に「カミさんはドラえもん」、妻との共著で「啓介・のぶ代のおもしろ惣菜170」「啓介・のぶ代のおもしろ酒肴」がある。平成27年には大山の認知症と介護を綴った著書「娘になった妻、のぶ代へ」を出版した。 [家]妻＝大山のぶ代(女優・声優)

佐川 忠金 さがわ・ただかね 洋画家 [没]平成28年(2016)4月1日 88歳〔悪性リンパ腫〕 [生]昭和2年(1927)4月13日 [出]愛媛県伊予市 [学]愛媛師範〔昭和23年〕卒 [歴]昭和25年光風会展、29年日展に初入選。42年、48年「あひる」で日展特選。45年光風会展光風会員賞、60年光風会展辻永記念賞、平成11年光風会展文部大臣賞を受賞した。白を基調とした爽やかな半具象作品を描いた。 [賞]日展特選(昭和42年度・48年度),光風会展光風会員賞(第56回)〔昭和45年〕,光風会展辻永記念賞(第71回)〔昭和60年〕,光風会展文部大臣賞(第85回)〔平成11年〕 [団]光風会(名誉会員),日展

鷺 佳弘 さぎ・よしひろ 東日本計算センター社長 [没]平成27年(2015)9月14日 79歳 [生]昭和10年(1935)10月5日 [出]福島県いわき市 [学]立教大学 [歴]東日本計算センター社長、いわき経営者協会会長を務めた。

佐木 隆三 さき・りゅうぞう 小説家 北九州市立文学館名誉館長 [没]平成27年(2015)10月31日 78歳〔下咽頭がん〕 [生]昭和12年(1937)4月15日 [出]旧朝鮮咸鏡北道吉州面 [名]本名＝小先良三(こさき・りょうぞう) [学]八幡中央高〔昭和31年〕卒 [歴]昭和16年帰国、高校卒業後の31年八幡製鉄(現・新日鉄住金)に入社。労組中央委員などを歴任する傍ら小説を書き始め、38年に「ジャンケンポン協定」で新日本文学賞を

さ

受賞。39年より文筆生活に入り、大鉄鋼資本の実態を衝く作品を発表する。その後、沖縄復帰闘争のシンパとして沖縄本島コザ市（現・沖縄市）に住み込み、47年に機動隊員殺害の被疑者として誤認逮捕されたことから、犯罪小説への関心を深めた。48年千葉県市川市に移住し、38年に起きた連続殺人事件について取材・執筆した「復讐するは我にあり」を発表。同作品が50年下期の直木賞を受賞して、一躍その名を知られる。“裁判傍聴業”と自称するほど裁判に通い、法廷でのやり取りや裁判資料を綿密に読み込んで被告の人物像に迫る創作手法を確立、現代社会の暗部を描き続けた。63年には国を相手に刑事裁判法廷でのメモ禁止は憲法違反との訴えを起こした。また、事件が起こる度に、新聞やテレビに登場し、事件の背景や容疑者の内面を分析・解説した。平成11年福岡県北九州市に移住、18年開館の北九州市立文学館館長に就任（24年退任）。21年北九州市立大学地域創生学群特任教授に迎えられた。他の代表作に「鉄鋼帝国の神話」「ドキュメント狭山事件」「沖縄住民虐殺」「曠野へ—死刑囚の手記から」「越山田中角栄」「殺人百科」「海燕ジョーの奇跡」「勝ちを制するに至れり」「もう一つの青春—日曜作家のころ」「法廷に吹く風」などがある。　[賞]直木賞（第74回）〔昭和50年〕「復讐するは我にあり」，新日本文学賞（第3回）〔昭和38年〕「ジャンケンポン協定」，伊藤整文学賞（第2回）〔平成3年〕「身分帳」，西日本文化賞（社会文化部門，第66回）〔平成19年〕　[団]日本文芸家協会，日本文芸著作権保護同盟　[家]兄＝深田俊祐（作家）

鷺坂 修二　さぎさか・しゅうじ　信州大学名誉教授　[専]電子物理学　[没]平成27年（2015）10月14日　90歳　[生]大正14年（1925）3月28日　[出]東京都　[学]名古屋大学理学部物理学科卒，名古屋大学大学院理学研究科博士課程修了　理学博士　[歴]信州大学繊維学部助教授、同大理学部教授を歴任。平和憲法を守る安曇野の会会長も務めた。

崎浜 秀三　さきはま・しゅうぞう　沖縄県議（自民党）　[没]平成29年（2017）4月24日　80歳〔肺炎〕　[生]昭和11年（1936）11月25日　[出]沖縄県国頭郡本部町　[学]琉球大学文理学部卒　[歴]昭和55年沖縄県議に当選。63年県議に返り咲く。通算3期。県議会副議長や自民党沖縄県連幹事長などを歴任した。　[賞]旭日双光章〔平成20年〕

崎間 晃　さきま・あきら　琉球銀行頭取　沖縄県商工会議所連合会会長　[没]平成29年（2017）12月19日　85歳〔肺炎〕　[生]昭和7年（1932）10月13日　[出]沖縄県那覇市三原　[学]京都大学法学部〔昭和29年〕卒，インディアナ大学大学院　[歴]昭和29年琉球銀行に入行。49年取締役、54年常務、のち専務、60年頭取に就任。平成5年会長。この間、昭和58年に発足した沖縄経済同友会設立に尽力して初代代表幹事を務め、平成7年那覇商工会議所会頭、沖縄県商工会議所連合会会長、8年県経済団体会議議長、他に沖縄県公安委員長、県社会福祉協議会会長を歴任。沖縄経済の発展に貢献した。　[賞]沖縄県功労者表彰〔平成18年〕

崎谷 幸生　さきや・さちお　東京海上火災保険常務　[没]平成27年（2015）10月19日　72歳〔膵臓がん〕　[生]昭和18年（1943）1月9日　[出]東京都　[学]東京大学法学部〔昭和42年〕卒　[歴]昭和43年東京海上火災保険（現・東京海上日動火災保険）に入社。平成9年取締役を経て、12年常務。

先山 昭夫　さきやま・あきお　香芝市長　[没]平成27年（2015）8月25日　76歳〔悪性リンパ腫〕　[生]昭和14年（1939）8月16日　[学]奈良県立短期大学卒　[歴]平成6年香芝市助役を退職。8年より市長に3選。20年引退。就任当時、市政は混乱を極めていたが、豊富な行政経験を生かして三役不在を解消するとともに、議会との関係も改善して懸案であった北中学校建設を軌道に乗せた。町制時代から“政争の町”といわれた同市の市制安定に大きく貢献した。　[賞]旭日小綬章〔平成22年〕

崎山 興起　さきやま・こうき　コロナ代表取締役副社長　[没]平成29年（2017）1月6日　76歳〔膵臓がん〕　[生]昭和15年（1940）6月16日　[出]旧満州吉林　[学]慶応義塾大学経済学部〔昭和39年〕卒　[歴]三井金属工業を経て、昭和47年コロナに入社。同年取締役、49年常務、53年専務、平成5年代表取締役副社長を歴任した。24年退任。

崎山 昌広　さきやま・まさひろ　神戸新聞論説委員長　兵庫県教育委員長　[没]平成29年（2017）12月8日　84歳〔誤嚥性肺炎〕　[生]昭和8年（1933）1月29日　[出]東京都　[学]京都大学文学部卒　[歴]昭和30年神戸新聞社に入社。整理部長、論説委員、論説副委員長、57年論説委員長、平成元年取締役。6年より兵庫県教育委員長、のち神戸市立博物館副館長、神戸学院大学客員教授、ひょうご震災記念21世紀研究機構副理事長兼学術交流本部長を歴任。著書に「地域学のすすめ」、監修に「神戸学」など。　[賞]旭日双光章〔平成18年〕

作田 啓一　さくた・けいいち　社会学者　京都大学名誉教授　[専]理論社会学　[没]平成28年（2016）3月15日　94歳〔肺炎〕　[生]大正11年（1922）1月31日　[出]山口県山口市金古曽　[学]関西学院大学経済学科〔昭和18年〕卒，京都帝国大学文学部哲学科〔昭和23年〕卒　[歴]経済学者・作田荘一の長男。昭和28年京都府立大学助教授、34年京都大学教養部助教授、41年教授を経て、59年～平成6年甲南女子大学教授。戦中派の視点から戦後社会に深い関心を持ち、なかでも戦争責任の論理を追究した「恥の文化再考」で知られる。他の著書に「価値の社会学」「ジャン・ジャック・ルソー」「デュルケーム」「個人主義の運命」「ドストエフスキーの世界」「仮構の感動—人間学の探究」などがある。平成10年より同人誌「Becoming」（年2回刊行）を主宰。哲学、精神分析、文学、社会学などの知見を用い、生成（becoming）の立場から人間に関する事象および理論を探求した。また、自らのホームページで“激高老人”と称して時事コラムを執筆した。　[賞]フランス教育功労勲章シュバリエ章〔昭和59年〕，勲三等旭日中綬章〔平成8年〕，京都府文化賞特別功労賞（第31回，平成24年度）　[団]日本社会学会　[家]父＝作田荘一（経済学者），妻＝折目博子（作家）

佐久間 昭　さくま・あきら　東京医科歯科大学名誉教授　[専]情報医学，臨床薬理学，医学生物統計　[没]平成28年（2016）2月7日　85歳〔咽頭がん〕　[生]昭和5年（1930）5月5日　[出]埼玉県浦和市（さいたま市）　[学]東京大学医学部薬学科〔昭和28年〕卒，東京大学大学院化学系研究科薬理学専攻〔昭和33年〕博士課程修了

薬学博士　㊻米国ミシガン大学医学部に留学。昭和44年バーゼル大学内科・ガイギー科学計算部客員、49年東京医科歯科大学難治疾患研究所臨床薬理学教授、のち同研究所情報医学教授。我が国の薬学が専ら製造に主眼が置かれていることに疑問を持ち、臨床薬理学の道へ進み、「薬の効用」「くすりとからだ」「薬の効果・逆効果」などの著書を通じて薬の正しい使用を訴えた。日本臨床薬理学会会長、日本計量生物学会会長などを歴任。他の著書に「癌化学療法入門」などがある。　㊞瑞宝中綬章〔平成22年〕　㊟日本臨床薬理学会, 日本薬理学会, 日本薬学会

佐倉 朔　さくら・はじめ　札幌学院大学人文学部教授　㊞人類学　㊷平成27年（2015）1月27日　85歳〔肝不全〕　㊸昭和5年（1930）1月13日　㊹東京都　㊺東京大学理学部人類学科〔昭和28年〕卒、東京帝国大学大学院理学研究科骨格人類学専攻博士課程修了　医学博士　㊻千葉大学助手、東京医科歯科大学助教授、国立科学博物館人類第一研究室長を経て、札幌学院大学教授。著書に「日本人はどこからきたか」「縄文時代」「縄文から弥生へ」などがある。　㊟日本人類学会, 日本解剖学会, 日本法医学会

桜井 新　さくらい・しん　衆院議員（自民党）　参院議員　環境庁長官　㊷平成29年（2017）11月9日　84歳〔肝臓がん〕　㊸昭和8年（1933）4月8日　㊹新潟県北魚沼郡小出町（魚沼市）　㊺早稲田大学第一理工学部土木学科卒　㊻父の経営する伊米ヶ崎建設に入社。昭和43年専務、44年社長に就任。46年より新潟県議に2選。田中角栄の後援会・越山会の青年部長を務めていた54年、田中と同じ衆院選旧新潟3区に無所属で立候補して落選、"昭和の明智光秀"と批判を受けた。55年衆院選で再び同選挙区に無所属で立候補し、初当選。選挙後、自民党入り。以来、連続6選。平成6年6月村山内閣の環境庁長官として初入閣したが、8月先の戦争に関しての侵略否定発言で更送。12年落選。13年参院選比例区に当選。19年1期で引退。三塚派、亀井グループ、村上・亀井派、江藤・亀井派、亀井派、伊吹派に属した。引退後は全国内水面漁業協同組合連合会会長などを務めた。　㊞旭日大綬章〔平成19年〕

桜井 外治　さくらい・そとじ　北海道議（自民党）　㊷平成28年（2016）4月5日　90歳〔間質性肺炎〕　㊸大正14年（1925）8月21日　㊹北海道函館市　㊺東京大学工学部卒　㊻北海道職員を経て、昭和54年北海道議に当選、以来連続6選。平成5年議長。15年落選。　㊞旭日小綬章〔平成16年〕

桜井 孝昌　さくらい・たかまさ　コンテンツメディアプロデューサー　作家　デジタルハリウッド大学特任教授　㊷平成27年（2015）12月4日　49歳〔鉄道事故死〕　㊸昭和40年（1965）12月19日　㊹東京都　㊺早稲田大学政治経済学部卒　㊻光文社でノンフィクション書籍の編集者兼ライターとして数多くの本を手がけた後、ウェブやモバイルサイトの企画、プロデュース、ディレクションを行う。平成16年からは映像分野のプロデュースにも進出。外務省「カワイイ大使」のプロデューサーをはじめ、企業や官公庁の事業企画、イベントプロデュースなどに携わる一方、世界における日本アニメやファッションの立ち位置や外交上の意義について研究。それらを活用した文化外交のパイオニアの存在として知られたが、27年西日暮里駅のホームから転落、死亡した。著書に「アニメ文化外交」「世界カワイイ革命」「日本はアニメで再興する」「『捨てる』で仕事はうまくいく」「ガラパゴス化のススメ」「日本が好きすぎる中国人女子」などがある。

桜井 孝身　さくらい・たかみ　美術家　㊷平成28年（2016）2月15日　88歳〔肺炎〕　㊸昭和3年（1928）1月7日　㊹福岡県久留米市　㊻昭和23年西日本新聞社に入社、校閲課に勤務。32年福岡市で前衛芸術運動の九州派を結成。同派を率いて東京の読売アンデパンダン展集団参加、西日本美術展落選者を集めて出品大会、福岡で街頭展、八幡での全九州アンデパンダン展などを組織。37年地元で全国的規模の「英雄たちの大集合」を開催。40年渡米。43年九州派解散後、45年再び米国サンフランシスコへ渡る。48年からパリ在住。平成元年福岡の文化関係者の投稿を集め、世界へ向けた文化通信誌「パラダイスへの道」を出版。以来、年1回の豪華本の発行を続けた。16年狭心症を患い帰国した後はアトリエ兼住居を福岡県宗像市に構えた。

桜井 健博　さくらい・たけひろ　日本ビューホテル常務　㊷平成27年（2015）6月4日　58歳〔肝硬変〕　㊸昭和31年（1956）10月17日　㊻みずほ銀行を経て、平成22年日本ビューホテル取締役、26年常務。

桜井 冬樹　さくらい・ふゆき　郷土史家　鯵ケ沢町文化財審議委員会会長　㊷平成29年（2017）10月21日　90歳〔老衰〕　㊸昭和2年（1927）1月11日　㊹青森県西津軽郡鯵ケ沢町　㊺青森師範本科卒　㊻昭和23年鯵ケ沢中学教諭、48年深浦町立広戸小学校長、51年西北教育事務所教育課長、54年鯵ケ沢第一中学校長を経て、62年退職。郷土史家として活動し、津軽西浜俳諧史について多くの著書や論文を発表した。著書に「津軽西浜初期俳諧史の研究」などがある。　㊞青森県文化賞〔平成16年〕, 青森県文化振興会議文化功労賞（地方史）, 鯵ケ沢町・深浦町文化賞, 鯵ケ沢町功労賞

桜井 政太郎　さくらい・まさたろう　岩手県視覚障害者福祉協会理事長　手で触れる博物館を開設　㊷平成28年（2016）2月1日　79歳〔胃がん〕　㊹栃木県足利市　㊺東京教育大学特設教員養成部卒　㊻小学4年の時に緑内障で失明。盲学校を経て、東京教育大学特設教員養成部に進む。卒業後は岩手県立盲学校教諭となる。昭和56年頃、自宅に視覚障害者のための"手で触れる博物館"を開設。鉱石から城の模型まで数千点を展示し、休日は見学者を案内。盲学校の修学旅行コースにもなった。平成2～12年岩手県視覚障害者福祉協会理事長を務めた。　㊞岩手日報文化賞〔平成9年〕, 点字毎日文化賞（第38回）〔平成13年〕「視覚障害者のために、直接触れる私設博物館を開設」, 吉川英治文化賞（第41回）〔平成19年〕「視覚障害者のために『手でみる博物館』を設立し、3000点の資料を収集製作するほか、障害者の知識向上に貢献」, 鳥居賞〔平成20年〕

桜井 雅人　さくらい・まさと　一橋大学名誉教授　㊞英語学, 英米民俗学（特に民謡論）　㊷平成29年（2017）4月14日　73歳〔脳梗塞〕　㊸昭和19年（1944）1月7日　㊹栃木県宇都宮市　㊺東京外国語大学英米語学科〔昭和43年〕卒、東京外国語大学大学院外国語学研究科〔昭

和45年〕修士課程修了　[歴]昭和46年東京商船大学助手、48年講師、50年助教授を経て、51年一橋大学助教授、62年教授。英米歌謡民謡論を研究。作者不詳とされていた小学唱歌「あおげば尊し」の原曲が、19世紀に米国で作られた「卒業の歌」であることを、平成23年に突き止めた。著書に「効果的な英単語の覚え方」、監修に「TOEICテスト イディオム基本論」、共著に「英語の演習〈1〉音韻・形態」「新英和中辞典」などがある。

桜井 実　さくらい・みのる　東北大学名誉教授　公立学校共済組合東北中央病院名誉院長　[専]整形外科学　[没]平成29年(2017)5月1日　84歳〔間質性肺炎〕　[生]昭和7年(1932)12月14日　[出]宮城県仙台市　[学]東北大学医学部卒,東北大学大学院医学研究科外科学専攻博士課程修了　医学博士　[歴]米国ブラウン大学生物学教室研究員、ニューヨーク大学整形外科講師、東北大学医学部講師、助教授を経て、教授。平成7年定年退官、公立学校共済組合東北中央病院院長に就任。著書に「艮陵の教授たち」「腰痛と肩こりの予防と治し方」「人間修繕学のはざま」などがある。　[団]日本整形外科学会,日本脳波・筋電図学会,日本組織化学学会

桜井 康裕　さくらい・やすひろ　脚本家　[没]平成28年(2016)5月11日　87歳〔心不全〕　[生]昭和3年(1928)11月20日　[出]茨城県　[名]本名＝桜井益男(さくらい・ますお)　[学]大映脚本作家養成所〔昭和32年〕修了　[歴]昭和32年大映脚本作家養成所を修了して同社東京撮影所と契約、39年よりフリー。テレビ時代劇「水戸黄門」「銭形平次」「大岡越前」「鬼平犯科帳」などの脚本を手がけた。

桜田 真人　さくらだ・まこと　北見市長　[没]平成27年(2015)8月6日　52歳〔縊死〕　[生]昭和38年(1963)3月24日　[出]北海道北見市　[学]札幌一高卒,山梨学院大学法学部卒　[歴]北見市議会議長を務めた桜田正弘の長男。北見さくら幼稚園園長、平成18年から北見市議2期を経て、24年現職を破り市長に当選。1期目途中の27年、自宅で縊死した。　[家]父＝桜田正弘(北見市議)

佐古 美智子　さこ・みちこ　被爆女性の心情を歌った「ほほゑみよ還れ(原爆乙女の唄)」の作詞者　[没]平成29年(2017)3月23日　85歳〔大動脈解離〕　[生]昭和7年(1932)　[出]広島県佐伯郡大野町(廿日市市)　[学]広島女子商(現・広島翔洋高)　[歴]広島女子商業学校2年の昭和20年8月6日、学徒動員された建物疎開作業先の広島市鶴見町で被爆。20歳の28年、ケロイドに苦しむ被爆女性のつらさや平和の願いを綴った「ほほゑみよ還れ(原爆乙女の唄)」を作詞、平和祈念式典で高校生たちにより披露された(小林美千雄作曲)。同年四家文子の歌でレコードも作られ、当時東京で治療中の被爆女性7人も合唱で参加している。また、同年に広島を訪れたエレノア・ルーズベルト元大統領夫人とも対面。30年日米の市民が協力した、独身被爆女性“原爆乙女”25人の渡米治療に参加。この渡米治療は32年の原爆医療法(現・被爆者援護法)制定を促した。53年、のち駐日米国大使となるキャロライン・ケネディたちが広島を訪問した際、面談に応じた。その後は表立った被爆証言から遠ざかったが、“ヒロシマの願い”を趣味のキルトに託して縫い、展示した。

酒生 文彦　さこう・ぶんげん　僧侶　浄土真宗本願寺派総務　北陸学園理事長　[没]平成27年(2015)2月2日　83歳〔交通事故による敗血症性ショックと尿路感染症〕　[出]福井県福井市　[歴]浄土真宗本願寺派の宗会議員、同派筆頭総務を務めた。平成2〜7年北陸学園理事長。佐賀県伊万里市の伊万里学園理事長も務めた。[賞]藍綬褒章〔平成11年〕

迫田 義次　さこだ・よしつぐ　テニス指導者　[没]平成29年(2017)1月24日　60歳〔肺腺がん〕　[出]鹿児島県加世田市(南さつま市)　[歴]昭和54年宮崎県の保健体育教諭として採用され、宮崎南高、佐土原高、宮崎商で硬式テニス部監督を歴任。人間力の育成を重視した指導で全国トップレベルの選手を数多く育て、平成18年、23年の全国高校総体女子団体戦で宮崎商を準優勝に導いた。24年から3年間、全国高校体育連盟テニス専門部長を務めた。

笹 るみ子　ささ・るみこ　女優　[没]平成28年(2016)10月17日　76歳〔間質性肺炎〕　[生]昭和15年(1940)7月10日　[出]群馬県前橋市曲輪町　[名]本名＝渡辺瑠美子(わたなべ・るみこ),旧姓・名＝羽生田　[学]松蔭高〔昭和34年〕卒　[歴]松蔭高校在学中の昭和32年、写真家・渋谷高弘のモデルとなり写真展「瑠美子のセブンティーン」が開催され話題を呼ぶ。同年スカウトされ東宝に入社、映画「青い山脈」で女学生役を演じて女優デビュー。37年日米合作の「The Big Wave」で早川雪洲、伊丹十三と共演。同年東宝テレビ部に移籍、41年引退。42年タレントのなべおさみと結婚。長男のなべやかんもタレントとして活躍。他の出演作に映画「大学の人気者」「続社長太平記」「大学のお姐ちゃん」「山のかなたに」などがある。　[家]夫＝なべおさみ(タレント),長男＝なべやかん(タレント)

佐々木 秋由　ささき・あきよし　愛媛県議(社会党)　[没]平成28年(2016)8月18日　95歳〔肺炎〕　[生]大正9年(1920)11月25日　[出]愛媛県新居浜市　[学]陸軍工科学校卒　[歴]昭和42年新居浜市選挙区から愛媛県議に当選、連続4選した。

佐々木 功　ささき・いさお　神戸国際大学学長　京都大学名誉教授　[専]林業工学,観光学　[没]平成29年(2017)2月24日　93歳〔肺炎〕　[生]大正13年(1924)1月5日　[出]京都府京都市　[学]京都帝国大学農学部林工学科〔昭和22年〕卒,京都大学大学院修了　農学博士　[歴]昭和25年京都大学農学部助手、28年講師、33年助教授を経て、41年教授。62年名誉教授。同年平安短期大学理事。平成元年八代学院大学(現・神戸国際大学)経済学部教授、4〜12年学長。　[賞]勲三等旭日中綬章〔平成12年〕　[団]日本林学会,日本機械学会,森林利用研究会

佐々木 一弥　ささき・かずや　アスタルテ書房店主　[没]平成27年(2015)6月15日　61歳〔急性骨髄性白血病〕　[出]京都府京都市中京区三条河原町　[学]同志社大学中退　[歴]京都市三条河原町の老舗旅館に生まれる。本が大好きで、大学では文学、映画に傾倒、授業料未納で除籍される。昭和59年幻想文学を主に扱う古書店・アスタ

ルテ書房を開業。生田耕作や渋沢龍彦らも訪れた個性的な古書店として知られた。

佐々木 勝則　ささき・かつのり　オタフクホールディングス専務　[没]平成29年(2017)3月6日　56歳　[出]広島県広島市西区　[歴]オタフクホールディングス専務、お多福醸造社長を務めた。

佐々木 勝也　ささき・かつや　佐々木酒造社長　[没]平成28年(2016)10月10日　83歳〔胃がん〕　[出]京都府京都市　[歴]清酒「聚楽第」の銘柄で知られる佐々木酒造の社長を務める。二男は俳優の佐々木蔵之介で、大学の演劇部時代に"酒蔵"と"大石内蔵助"から"蔵之介"の芸名を名づけた。日野自動車のCMやバラエティ番組で共演するなど仲の良い親子として知られた。　[家]二男＝佐々木蔵之介(俳優)，三男＝佐々木晃(佐々木酒造社長)

佐々木 叶　ささき・かのう　毎日新聞東京本社取締役　毎日映画社社長　[没]平成29年(2017)5月1日　92歳〔肺炎〕　[生]大正13年(1924)8月11日　[出]愛媛県南宇和郡愛南町　[学]甲陽商卒　[歴]昭和26年毎日新聞社に入社。編集委員、調査部長、57年取締役、61年顧問。退職後、毎日映画社社長を務めた。

佐々木 菊見　ささき・きくみ　三島学園理事長　東北生活文化大学学長　[没]平成27年(2015)1月15日　89歳〔急性呼吸器不全〕　[生]大正14年(1925)10月27日　[出]宮城県栗原郡一迫町(栗原市)　[学]京城工専卒　[歴]三島学園理事長、東北生活文化大学学長、三島学園女子短期大学学長、三島学園女子高校長を歴任した。

佐々木 義樓　ささき・ぎろう　医師　青森県総合健診センター理事長　青森県医師会会長　[専]消化器内科学　[没]平成29年(2017)1月24日　77歳〔病気〕　[出]青森県青森市　[学]弘前大学医学部卒　[歴]秋田社会保険病院、青森県立中央病院などの勤務を経て、昭和54年青森市に胃腸科内科医院を開業。平成14～22年青森県医師会会長。23年青森県総合健診センター理事長。また、2～27年市内の造道地区で"造道健康教室"を約300回開催、地域の健康づくりに貢献した。　[賞]旭日小綬章〔平成23年〕

佐々木 金治郎　ささき・きんじろう　丸駒温泉旅館社長　[没]平成27年(2015)6月4日　73歳〔低酸素脳症〕　[出]福島県双葉郡富岡町　[歴]福島県で生まれるが、3歳の時に北海道支笏湖畔の温泉宿・丸駒の2代目であった伯母の養子となる。昭和56年株式会社に改組して丸駒温泉旅館の3代目社長に就任、年間約4万人の宿泊客が訪れる旅館へと成長させた。支笏湖漁業協同組合初代組合長、支笏湖温泉旅館組合組合長、千歳観光連盟副会長などを歴任した。　[賞]北海道産業貢献賞(平成22年度)，千歳市功労賞(産業功労，平成26年度)

佐佐木 邦子　ささき・くにこ　小説家　[没]平成28年(2016)9月20日　67歳〔脳梗塞〕　[生]昭和24年(1949)4月6日　[出]宮城県仙台市　[名]本名＝佐々木邦子　[学]宮城教育大学中学校教員養成課程卒　[歴]宮城一女高時代から小説を書き始め、宮城教育大1年から同人誌「飢餓群」や個人誌に投稿。昭和56年NHKラジオドラマコンクールに「三ツ名沢」が当選。のち「仙台文学」同人。主婦業の外に数学塾も開く。小説・シナリオなどを執筆しながらタウン誌編集に携わる一方、60年みやぎ民話の会に入会して宮城県各地の民話収集にも取り組んだ。また、宮城学院女子大学で教鞭を執った。60年「中央公論」に掲載された「卵」で中央公論新人賞を受け、同作は第94回芥川賞候補にも挙げられた。平成9年「オシラ祭文」で松本清張賞候補。他の著書に「宮城集治監」「黒い水」などがある。　[賞]宮城県芸術選奨新人賞〔昭和60年〕「泥鬼」，中央公論新人賞(第11回)〔昭和60年〕「卵」　[団]みやぎ民話の会

佐々木 健朗　ささき・けんろう　中国新聞取締役　[没]平成28年(2016)7月15日　84歳〔結腸がん〕　[生]昭和7年(1932)2月20日　[出]広島県高田郡(安芸高田市)　[学]広島大学教育学部〔昭和30年〕卒　[歴]昭和34年中国新聞社に入社。労務部長、60年製作局長、平成2年取締役社長室長、3年労務担当兼務。6年退任後、中国印刷常務。

佐々木 浩史　ささき・こうし　弁護士　岡山弁護士会会長　[没]平成29年(2017)7月9日　55歳〔多臓器不全〕　[生]昭和37年(1962)5月10日　[出]岡山県　[学]岡山大学法学部〔昭和60年〕卒　[歴]昭和60年司法試験に合格、63年弁護士登録。平成26年岡山弁護士会会長。また、20年から1年間、岡山市教育委員長を務めた。　[団]岡山弁護士会

佐々木 成子　ささき・さだこ　声楽家(メゾソプラノ)　名古屋音楽大学教授　[没]平成29年(2017)5月15日　97歳〔老衰〕　[生]大正8年(1919)5月27日　[出]東京都　[名]本名＝内田成(うちだ・さだ)　[学]東京音楽学校(現・東京芸術大学)〔昭和16年〕卒，ウィーン音楽大学〔昭和32年〕修了　[歴]昭和30～32年ウィーン音楽大学でF.グロスマン、E.ヴェルバに師事。35年以降、旧西ドイツ各地でリサイタルを開き国際的な評価を得る。帰国後は国立音楽大学、武蔵野音楽大学、東京芸術大学講師、名古屋音楽大学教授を務めた。声楽家団体・二期会の創立メンバーの一人で、80歳を過ぎてもソロリサイタルを開き、晩年まで活躍した。45年には日本人として初めてオーストリア共和国芸術科学名誉十字勲章を受けた。　[賞]オーストリア共和国芸術科学名誉十字勲章〔昭和45年〕，勲四等宝冠章〔平成2年〕　[団]二期会　[師]師＝グロスマン，フェルディナント，ヴェルバ，E.

佐々木 成和　ささき・しげかず　静岡新聞編集局制作部専任部長　[没]平成29年(2017)10月31日　61歳〔病気〕　[出]青森県　[歴]昭和49年静岡新聞社に入社。制作技術局制作部副部長を経て、平成19年同部専任部長、22年編集局制作部専任部長。

佐々木 茂　ささき・しげる　同和興業社長　東北ハンドレッド社長　[没]平成29年(2017)1月6日　84歳〔心筋梗塞〕　[生]昭和7年(1932)3月31日　[出]北海道蛇田郡倶知安町　[学]東北学院大学経済学部〔昭和30年〕卒　[歴]東北学院大附属中教諭を経て、昭和36年同和興業設立に際して役員に。37年同社社長、58年仙台CATVを設立。63年CATV設置許可が下りる。サッカーのブランメル仙台(現・ベガルタ仙台)を運営する東北ハンドレッドの初代社長も務めた。

佐々木 襄　ささき・じょう　歌手　[没]平成27年(2015)7月22日　77歳〔誤嚥性肺炎〕　[名]本名＝常田哲司(つ

さ

ねだ・てつじ), グループ名＝ロイヤルナイツ [歴]コーラスグループのロイヤルナイツでバスを担当。1980年代にNHK教育テレビの教育番組「おーい！ はに丸」に出演、ヒゲの星一おじさん役で人気を得た。

佐々木 享 ささき・すすむ 名古屋大学名誉教授 [専]技術教育, 職業教育 [没]平成27年(2015)5月14日 82歳〔胃がん〕 [生]昭和7年(1932)5月31日 [出]東京都 [学]東京都立大学工学部工業化学科〔昭和31年〕卒, 東京都立大学人文学部歴史学専攻〔昭和37年〕卒 [歴]昭和31年目黒区立第六中学教諭、35年都立化学工業高校教諭、40年専修大学講師、45年助教授、50年名古屋大学助教授を経て、56年教授。のち愛知大学短期大学部教授。著書に「職場の化学」「高校教育の展開」「大学入試制度」、共著に「技術科教育法」などがある。 [団]日本教育学会, 産業教育学会, 教育科学研究会

さ

佐々木 孝道 ささき・たかみち 新光商事常務 [没]平成28年(2016)11月28日 61歳〔肺がん〕 [生]昭和30年(1955)2月8日 [出]秋田県 [学]東京電機大学工学部〔昭和52年〕卒 [歴]昭和52年新光商事に入社。平成14年取締役を経て、18年常務。

佐々木 田鶴子 ささき・たずこ 翻訳家 [専]ドイツ児童文学 [没]平成28年(2016)3月20日 73歳 [生]昭和17年(1942)5月25日 [出]香川県 [名]筆名＝ささきたづこ [学]早稲田大学文学部卒, ミュンヘン大学(ドイツ)卒 [歴]大学卒業後にドイツに6年間滞在し、ミュンヘン大学で歴史学を学ぶ。また、ミュンヘン国際児童図書館日本語部門の発足に関わった。帰国後、ドイツ児童文学や絵本の翻訳家として活躍した。訳書にイワン・ガンチェフ「あしたはわたしのたんじょうび」「こうのとりぼうやはじめてのたび」、ミヒャエル・エンデ「サンタ・クルスへの長い旅」「テディベアとどうぶつたち」「はだかのサイ」、ステファン・ボルフ〈こちらB組探偵団〉シリーズなどがある。 [団]日本文芸家協会

佐々木 忠郎 ささき・ただお 歌人 [没]平成29年(2017)4月15日 96歳〔老衰〕 [出]北海道

佐々木 忠次 ささき・ただつぐ プロデューサー チャイコフスキー記念東京バレエ団代表 日本舞台芸術振興会(NBS)代表 [専]オペラ・バレエ制作 [没]平成28年(2016)4月30日 83歳〔心不全〕 [生]昭和8年(1933)2月13日 [出]東京都 [学]日本大学芸術学部演劇科〔昭和30年〕卒 [歴]昭和39年チャイコフスキー記念東京バレエ団を設立して代表に就任、国内はもとより、750回近い海外公演を行い、世界でも実力が認められる国際的なバレエ団に育て上げた。1980年代後半以降にはベジャール、ノイマイヤー、キリアンといった気鋭の振付家に作品を委嘱し、「ザ・カブキ」などのオリジナル作品をレパートリーに加えた。また、バレエ、オペラのプロデューサーとしても世界的に知られ、56年日本舞台芸術振興会(NBS)を設立。ミラノ・スカラ座、ウィーン国立歌劇場、パリ・オペラ座バレエ、ロイヤル・バレエなど、世界の一流オペラやバレエを次々と招聘し、"引っ越し公演"を成功させた。51年より「世界バレエフェスティバル」を3年に1度開催。ロシア人の芸術プロデューサーになぞらえて"日本のディアギレフ"とも称される。著書に「オペラ・チケットの値段」「だからオペラは面白い」「闘うバレエ」「起承転々 怒っている人、集まれ！」などがある。 [賞]イタリア共和国有功勲章〔昭和58年〕, フランス芸術文化勲章シュバリエ章〔昭和60年〕, フランス芸術文化勲章オフィシエ章〔平成3年〕, ドイツ功労勲章一等功労十字章〔平成13年〕, フランス国家功労勲章グラントフィシエ章〔平成26年〕, 芸能功労者表彰〔昭和54年〕, ディアギレフ賞〔昭和61年〕, 年間最優秀プロデューサー賞(昭和62年度)

佐々木 哲雄 ささき・てつお 清水銀行頭取 清水商工会議所会頭 [没]平成27年(2015)8月8日 88歳〔病気〕 [生]大正15年(1926)9月13日 [出]静岡県清水市(静岡市) [学]静岡商〔昭和19年〕卒, 早稲田大学専門部商科〔昭和22年〕卒 [歴]昭和22年清水銀行に入行。47年取締役、49年常務、52年専務を経て、54年頭取。60年会長、平成5年取締役相談役に退いた。清水商工会議所会頭も務めた。 [賞]藍綬褒章〔平成3年〕, 勲四等瑞宝章〔平成15年〕

佐々木 涇 ささき・とおる 長野大学名誉教授 [専]フランス文学 [没]平成27年(2015)12月26日 71歳〔肺炎〕 [生]昭和19年(1944)11月20日 [出]長野県南佐久郡佐久穂町 [学]立教大学文学部フランス文学科卒, 立教大学大学院文学研究科フランス文学専攻修士課程修了 [歴]長野大学産業社会学部助教授を経て、平成2年教授。佐久穂町の八千穂夏季大学の運営に携わった。

佐々木 行 ささき・とおる 歌手 [没]平成28年(2016)6月20日 84歳〔心不全〕 [生]昭和7年(1932)2月18日 [出]福島県いわき市 [名]本名＝佐々木通正(ささき・みちまさ), グループ名＝ダークダックス [学]慶応義塾大学経済学部卒 [歴]慶応義塾大学在学中の昭和26年、同じワグネル・ソサィエティー男声合唱団に在籍していたバリトンの喜早哲(ゲタさん)、バスの遠山一(ゾウさん)と3人でワグネル恒例のクリスマスパーティーにおいて「ホワイトクリスマス」を合唱。翌年トップテナーの高見沢宏(パクさん)が加わり、男性四重合唱団"ダークダックス"を結成。軽妙な語り口から、マンガさんの愛称で呼ばれた。30年「トロイカ」でデビュー。はじめはアメリカンポップスやジャズが中心だったが、32年ロシア民謡「ともしび」のヒットにより人気を確立。33年にはテレビで「ダークダックス・ショー」がスタートし、同年ソロ歌手ではないグループとしてNHK「紅白歌合戦」に初出場。以来、46年まで14回連続で出場し、51年には15回目の出演を果たした。さわやかなハーモニーと品の良さから息の長い人気を得、62年にはメンバーが替わらない最長コーラスグループとしてギネスブックに認定された。レパートリーは1万5000曲といわれ、他のヒット曲に「雪山讃歌」「北上夜曲」「山男の歌」「銀色の道」などがある。56年芸術選奨文部大臣賞、平成5年紫綬褒章を4人揃って受けた。9年一過性脳虚血発作で倒れて以来、闘病生活を続けた。13年には結成50周年リサイタルを開催。18年リサイタル50回目のメモリアル公演を行った。20年群馬県館林市にダークダックス館林音楽館がオープンした。 [賞]芸術選奨文部大臣賞(第32回)〔昭和56年〕「『ダーク・ダックス結成30周年リサイタル』, レコード『絆』の演奏」, 紫綬褒章〔平成5年〕, 芸術祭賞奨励賞(第22回, 昭和42年度), エクソンモービル児童文化

賞(第3回、昭和43年度)「『こどものうた』の新作歌唱活動と児童のためのチャリティ活動」、日本レコード大賞企画賞(第14回)〔昭和47年〕「ダークダックスによる日本唱歌大百科」、芸術祭賞優秀賞(第28回、昭和48年度)、日本レコード大賞特別賞(第18回)〔昭和51年〕「男性4名のアンサンブル結成以来25年、意欲的なレコード制作と海外に及ぶ演奏活動とで今なお大衆に支持される」、横浜音楽祭地域・特別賞(第8回)〔昭和56年〕、日本レコード大賞功労賞(第47回)〔平成17年〕

佐々木 寅義 ささき・とらよし 済美学園名誉理事長 ⓼平成27年(2015)5月18日 91歳〔急性肺炎〕 ⓺愛媛県伊予郡砥部町 ⓴松山北高校校長、愛媛県高校体育連盟会長、済美学園名誉理事長などを歴任した。 ⓷愛媛県教育文化賞〔平成18年〕

佐々木 光 ささき・ひかる 京都大学名誉教授 秋田県立大学名誉教授 南京林業大学名誉教授 ⓷林産学 ⓼平成29年(2017)6月5日 85歳〔間質性肺炎〕 ⓺昭和7年(1932)1月8日 ⓴大阪府東大阪市 ⓷京都大学農学部林学科〔昭和30年〕卒 農学博士(京都大学)〔昭和41年〕 ⓴京都大学助手、助教授を経て、昭和52年教授、平成3年同大木質科学研究所所長。7年退官。同年開設されたばかりの秋田県立大学木材高度加工研究所の初代所長に転じる。14年に退官すると、大学在職中に開発した円筒LVL(単板積層材)を地元企業に技術移転する拠点会社・ヘリクスを設立した。日本木材学会会長などを歴任。 ⓷瑞宝中綬章〔平成22年〕、日本木材学会賞(第6回、昭和40年度)〔昭和41年〕「塗膜による木材のひずみおよび応力の解析」、能代市特別長寿(平成14年度)、秋田県文化功労者〔平成22年〕 ⓷測量士、日本木材学会、国際木材科学アカデミー、日本木材加工技術協会

佐々木 文雄 ささき・ふみお ダイニチ工業創業者 ⓼平成27年(2015)12月24日 94歳〔老衰〕 ⓺大正10年(1921)6月21日 ⓴新潟県燕市 ⓷長岡高工(現・新潟大学工学部)機械科〔昭和16年〕卒 ⓴昭和16年津上製作所、27年内田製作所(現・コロナ)勤務を経て、32年東陽技研工業を設立し、専務。39年燃焼部門を独立させ、石油バーナーや石油風呂釜のメーカーとしてダイニチ工業を創業、社長に就任。平成11年会長。27年退任。灯油を気化して燃焼させる方法を開発し、昭和46年青い炎が特徴の石油暖房機器(業務用石油ストーブ)「ブルーヒーター」を製品化。すすや臭いがほとんど無いことから大ヒットし、石油ファンヒーター国内最大手に育て上げた。平成10年東証第2部に上場、15年東証第1部に指定替え。8年佐々木環境技術振興財団を設立、環境に関する科学技術研究や知識普及活動を支援した。 ⓷全国発明表彰発明賞〔昭和38年度〕「液体燃料用厨炉における未燃油排出装置ほか」

佐々木 誠 ささき・まこと 読売新聞東京本社編集局部長待遇 ⓼平成27年(2015)4月21日 79歳〔心不全〕 ⓺昭和10年(1935)9月7日 ⓴長野県 ⓷大阪市立大学文学部卒 ⓴昭和34年読売新聞社に入社。編集局整理部次長、編集委員、平成元年日曜版編集局長。

佐々木 正巳 ささき・まさみ 仁愛女子短期大学名誉教授 ⓷繊維機械 ⓼平成27年(2015)4月28日 90歳 ⓺大正13年(1924)6月6日 ⓴福井工専卒 ⓴仁愛女子短期大学教授を務めた。 ⓷機械振興協会中小企業向け自動化機械開発賞(第5回、昭和49年度)「経編機の電算機システムによる自動柄出し装置」

佐々木 正美 ささき・まさみ ノースカロライナ大学教授 川崎医療福祉大学教授 ⓷児童精神医学、青年精神医学、医療福祉学、ライフサイクル精神保健 ⓼平成29年(2017)6月28日 81歳〔骨髄線維症〕 ⓺昭和10年(1935)8月25日 ⓴群馬県前橋市 ⓷新潟大学医学部医学科〔昭和41年〕卒 ⓴昭和44年カナダのブリティッシュ・コロンビア大学児童精神科へ留学。46年国立秩父学園、49年より東京大学医学部精神科に勤務。のち神奈川県小児療育相談センター、横浜市南部地域療育センター各所長、ノースカロライナ大学教授、横浜市総合リハビリテーション参与を経て、平成9年川崎医療福祉大学教授、16年特任教授。教育書「子どもへのまなざし(正・続)」などの著者として知られ、自閉症の子供に対する療育プログラムの普及に努めた。他の著書に「自閉症療育ハンドブック」「児童精神医学の臨床」「エリクソンとの散歩」、共著に「精神遅滞の心理学」「家族心理学」などがある。 ⓷糸賀一雄記念賞(第5回)〔平成13年〕「自閉症TEACCHプログラムの研究、紹介、普及」、ノースカロライナ大学業績賞〔平成10年〕「自閉症TEACCHプログラムの共同研究」、Award of Achievement, University of North Carolina of Chapel Hill、横浜YMCA「奉仕の書」賞〔平成10年〕、保健文化賞(第56回)〔平成16年〕、朝日社会福祉賞〔平成16年度〕〔平成17年〕「自閉症の人と家族を支援する療育方法の実践と普及に関する功績」 ⓷日本児童青年精神医学会、日本LD学会、日本自閉症スペクトル学会、日本子ども家庭福祉学会、日本精神神経学会

佐々木 政義 ささき・まさよし ササヤス代表取締役 ⓼平成29年(2017)11月1日 66歳〔急性喉頭浮腫による呼吸不全〕 ⓴ササヤス代表取締役で、平成22年から日本造園組合連合会秋田県支部長、23年から秋田県造園協会副会長を務める。26年のあきた国民文化祭では作庭事業の陣頭指揮を執った。

佐々木 稔 ささき・みのる 松井建設専務 ⓼平成27年(2015)12月1日 91歳〔肺がん〕 ⓺大正13年(1924)7月15日 ⓴山口県山口市 ⓷東京大学工学部〔昭和23年〕卒 ⓴昭和23年松井建設に入社。45年取締役、58年常務を経て、61年専務。

佐々木 安永 ささき・やすなが キングタクシー社長 ⓼平成27年(2015)8月23日 81歳〔病気〕 ⓴昭和58年キングタクシー社長、平成21年会長。また、昭和60年~平成12年秋田県ハイヤー協会会長、全国乗用旅客自動車連合会副会長も務めた。

佐佐木 行美 ささき・ゆきよし 東京大学名誉教授 ⓷無機合成化学 ⓼平成28年(2016)6月25日 87歳 ⓺昭和3年(1928)6月26日 ⓴東京都 ⓷東京大学理学部化学科〔昭和27年〕卒 農学博士 ⓴昭和30年東京大学理学部助手。31年からスウェーデン王立工科大学に留学。36年帰国して東大助手に再任官。その後、東京理科大学理学部講師、助教授を経て、38年東

大理学部助教授、42年教授。平成元年定年退官。 [団]日本化学会, 日本分析化学会

佐々木 喜朗 ささき・よしろう 新日本製鉄副社長 合同製鉄会長 [没]平成28年(2016)5月6日 86歳 [生]昭和5年(1930)1月1日 [出]東京都 [学]東京大学法学部〔昭和28年〕卒 [歴]昭和28年富士製鉄(現・新日鉄住金)に入社。52年本社条綱販売部長、54年人事部長、58年取締役、60年常務を経て、平成3年副社長。7年合同製鉄会長。12年相談役に退く。この間、11年大阪製鉄相談役最高顧問を兼務。普通鋼電炉工業会会長も務めた。

佐々木 隆一 ささき・りゅういち 賀茂鶴酒造社長 東広島商工会議所会頭 [没]平成27年(2015)7月7日 65歳〔病気〕 [出]広島県呉市 [歴]平成21年賀茂鶴酒造社長に就任、25年取締役相談役。同年より東広島商工会議所会頭を務めた。

笹島 信義 ささじま・のぶよし 笹島建設創業者 映画「黒部の太陽」のモデル [没]平成29年(2017)7月1日 99歳 [生]大正6年(1917) [出]富山県下新川郡入善町 [歴]昭和20年熊谷組のトンネル工事を下請けし、笹島班結成。昭和30年代の黒部ダム建設では最難関となった破砕帯を克服。映画「黒部の太陽」で石原裕次郎が演じた黒部ダムの破砕帯克服の現場責任者のモデル。笹島建設を設立し、平成4年会長。 [家]孫＝笹島義久(笹島建設社長)

笹田 徳三郎 ささだ・とくさぶろう 愛媛県議 [没]平成29年(2017)11月20日 88歳〔間質性肺炎〕 [生]昭和4年(1929)1月28日 [出]愛媛県西宇和郡三瓶町(西予市) [学]立命館大学法学部〔昭和33年〕卒 [歴]昭和46年地評副議長、47年愛媛県教職員組合委員長、のち愛媛民生教育研究所理事長、58年県労働者信用基金協会専務を経て、62年愛媛県議に初当選。以来、連続5期務めた。平成9～16年社民党愛媛県連代表。19年引退。 [賞]旭日双光章〔平成20年〕

雀部 晶 ささべ・あきら 立命館大学名誉教授 [専]科学技術史 [没]平成28年(2016)10月7日 66歳〔病気〕 [生]昭和25年(1950)1月12日 [出]東京都 [学]東海大学工学部卒 [歴]東京工業大学科学概論研究室、技術史研究室研究生、国立科学博物館工学研究部勤務を経て、立命館大学助教授、教授。著書に「鉄のはなし」「ロボットのはなし」、共著に「技術のあゆみ」などがある。 [団]日本科学史学会

笹森 建美 ささもり・たけみ 牧師 剣術家 東奥義塾理事長 小野派一刀流17代目宗家 [没]平成29年(2017)8月15日 84歳〔多臓器不全〕 [生]昭和8年(1933)5月10日 [出]青森県弘前市馬屋町 [学]早稲田大学文学部哲学科卒, 青山学院大学文学部基督教学科卒, デューク大学大学院神学部修了, ハートフォード神学校ポストグラジュエートコース修了 名誉神学博士(カリフォルニア神学大学院) [歴]東奥義塾塾長、青山学院院長、衆院議員などを務めた笹森順造の三男。昭和54～58年東奥義塾理事長。東京都世田谷区の日本基督教団駒場エデン教会牧師を務めた。傍ら、徳川将軍家の剣術指南役ともなった小野派一刀流の17代宗家でもあり、大長刀直元流、居合神無想林崎流宗家も受け継ぐ。日本古武道協会常任理事で、武道の普及にも尽力した。著書に「神のオーケストラ」「旧約聖書に聞く」「祈りと讃美の詩」「武士道とキリスト教」などがある。 [家]父＝笹森順造(政治家・教育家), 兄＝笹森建英(作曲家)

佐治 孝一 さじ・こういち 東京高検検事 [没]平成27年(2015)3月2日 85歳 [出]福島県 [賞]勲三等瑞宝章〔平成12年〕

佐田 榮三 さだ・えいぞう 京都大学名誉教授 [専]化学工学, 生物工学, 環境工学 [没]平成29年(2017)11月7日 86歳〔病気〕 [生]昭和5年(1930)11月28日 [出]愛知県名古屋市 [学]名古屋大学工学部応用化学科〔昭和28年〕卒, 名古屋大学大学院工学研究科応用化学専攻〔昭和33年〕博士課程修了 工学博士(名古屋大学) [歴]昭和34年名古屋大学講師、35年助教授、39～40年米国テキサス大学出張、40～41年ウエストヴァージニア大学出張研究、44年名古屋大学教授、52年京都大学工学部教授、のち同大環境保全センター長。退官後、名誉教授、愛知工業大学教授。平成13年特任教授、15年客員教授。 [賞]瑞宝中綬章〔平成23年〕, 大気保全功労者環境庁長官表彰〔平成1年〕, 化学工学会賞学会賞(平成2年度)〔平成3年〕「物質の高度分離に関する研究」 [団]日本化学会, 化学工学会

佐田 喜代子 さだ・きよこ さだまさしの母 [没]平成28年(2016)4月7日 90歳〔多臓器不全〕 [生]大正15年(1926)2月28日 [出]長崎県長崎市 [学]鶴鳴高女卒 [歴]シンガー・ソングライターとして活躍するさだまさしの母で、ヒット曲「無縁坂」のモデル。女声合唱団MSコーラスを主宰、昭和60年には自伝的子育て記「永き旋律」を発表して話題を集めた。 [家]長男＝さだまさし(シンガー・ソングライター), 二男＝佐田繁理(さだ企画社長), 長女＝佐田玲子(歌手)

佐竹 研一 さたけ・けんいち 立正大学地球環境科学部教授 [専]生物地球化学, 生態学 [没]平成28年(2016) 71歳 [生]昭和20年(1945) [出]韓国・ソウル [学]名古屋大学大学院理学研究科〔昭和47年〕博士課程修了 理学博士 [歴]昭和50年より環境庁国立公害研究所(現・国立研究開発法人国立環境研究所)に勤め、同研究所地球環境研究グループ酸性雨研究チーム総合研究官などを務める。のち立正大学地球環境科学部教授に転じ、平成27年退職。編著に「酸性環境の生態学」「酸性雨研究と環境試料分析」などがある。

佐竹 文彰 さたけ・ふみあき マルヨシセンター創業者 [没]平成27年(2015)12月4日 75歳〔腎不全〕 [生]昭和15年(1940)8月29日 [出]徳島県徳島市 [学]同志社大学経済学部〔昭和39年〕卒 [歴]同志社大学在学中の昭和36年、トキワフードセンター(現・マルヨシセンター)を設立し、社長。平成15年会長を経て、19年再び社長を兼務。“健康とおいしさ”をテーマに品質にこだわった独自の品揃えで顧客の心を掴み、香川・徳島・愛媛などに店舗網を拡大。地元を代表するスーパーマーケットに育て上げ、8年株式上場も果たした。全国を訪ね歩いて見つけた商品を「チェアマンズセレクト」として展開、業界に先駆けてプライベートブラン

さ

ド(PB)開発にも取り組んだ。 [家]長男＝佐竹克彦(マルヨシセンター社長)

佐田の山 晋松 さだのやま・しんまつ 力士(第50代横綱) 日本相撲協会理事長 [没]平成29年(2017)4月27日 79歳〔肺炎〕 [生]昭和13年(1938)2月18日 [出]長崎県南松浦郡有川村有川郷(新上五島町) [名]本名＝市川晋松(いちかわ・しんまつ), 旧姓・名＝佐々田, 年寄名＝出羽海智敬(でわのうみ・ともたか), 境川尚(さかいがわ・しょう) [学]上五島高中退 [歴]長崎県五島列島の出身で、上五島高を中退して出羽海部屋に入門。のち師匠である出羽海親方(日本相撲協会4代目理事長の武蔵川喜偉)の婿養子となる。昭和31年初場所で初土俵を踏み、36年初場所で新入幕。強力な突っ張りを得意とし、入幕3場所目に初優勝を果たす。"平幕優勝者は大成しない"というジンクスをものともせず、37年夏場所で大関となり、40年初場所で第50代横綱に昇進。"柏鵬時代"と呼ばれる一時代を築いた柏戸・大鵬の両横綱の間に割って入り、182センチ、130キロと2人よりも体格的に劣りながらも闘魂に溢れた果敢な相撲を持ち味とし、柏戸の5回を上回る6回の優勝を果たした。42年九州場所、43年初場所と連続優勝を果たすが、高見山に敗れたのをきっかけに同年3月引退を表明、多くのファンを驚かせた。幕内在位44場所(横綱在位19場所)、入幕後の勝率は7割2分6厘で幕内通算成績は435勝164敗61休。殊勲賞1回、敢闘賞1回、技能賞1回。引退後は出羽海部屋を継承、横綱三重ノ海をはじめ、出羽の花や舞ノ海ら多くの関取を育てた。49年相撲協会理事、平成4年7代目理事長に就任。8年2月理事長職に専念するため元関脇鷲羽山の境川親方と名跡を交換し、出羽海部屋を譲る。理事長として外国人力士の入門規制や巡業の勧進元興行から協会の自主興行への変更などに取り組み、さらに年寄名跡を協会に帰属させて名跡売買を禁じる改革案を発表したが、反発が多く、改革案は撤回を余儀なくされた。10年理事長を退任。12年理事長経験者としては異例の人事で同協会審判部長に就任。14年相談役。15年中立親方として定年退職した。 [賞]レジオン・ド・ヌール勲章オフィシエ章〔平成9年〕, 紫綬褒章〔平成16年〕, パリ特別功労大章〔平成7年〕, 長崎県民栄誉賞〔平成9年〕, NHK放送文化賞(第49回)〔平成10年〕

貞政 少登 さだまさ・しょうとう 書家 独立書人団理事長 鶴見大学名誉教授 [専]少字数 [没]平成29年(2017)1月22日 84歳〔急性腎不全〕 [生]昭和7年(1932)8月8日 [出]福岡県北九州市門司 [名]本名＝貞政研司(さだまさ・けんじ) [学]門司南高卒 [歴]昭和26年手島右卿に入門、内弟子生活を送った。研墨会主宰。60年に手島右卿北京展を手伝い、平成元年右卿遺作展を指導。14〜22年独立書人団理事長。墨色に凝った作品で知られ、「上野恩賜公園」石碑を揮毫した。鶴見大学教授も務めた。 [賞]毎日書道展準大賞(第21回)〔昭和44年〕, 日展特選〔昭和46年・60年〕, 独立書展功労賞(第25回)〔昭和52年〕, 独立書展30回記念会頭賞(第30回)〔昭和57年〕, 毎日書道顕彰〔平成5年〕 [団]独立書人団, 日展, 毎日書道会 [師]師＝手島右卿

貞松 瑩子 さだまつ・えいこ 詩人 [没]平成28年(2016)7月14日 86歳〔がん〕 [生]昭和5年(1930)4月18日 [出]東京都 [名]本名＝進瑩子(すすむ・えいこ) [学]小田原高女卒 [歴]著書に詩集「風紋」「鳥を放つ」「優しい椅子」、歌曲のための詩集「花笛と少女」「風の情景」、随筆集「夢のはざまで」「風のなかを風がふく」などがある。 [団]日本文芸家協会, 日本歌曲振興会, 日本音楽著作権協会 [家]夫＝遠丸立(文芸評論家)

佐藤 昭 さとう・あきら 岩手県議(自民党) 岩手めんこいテレビ会長 [没]平成28年(2016)11月17日 88歳〔肺がん〕 [生]昭和3年(1928)1月25日 [出]岩手県水沢市(奥州市) [学]京都大学経済学部〔昭和29年〕卒 [歴]昭和48年協和学院理事長、49年水沢一高校長、51年ときわ木病院(現・奥州病院)事務長などを経て、58年以来岩手県議2期。平成元年自民党岩手県連総務会長。3年落選。2年岩手めんこいテレビ顧問、7〜15年同会長を務めた。

佐藤 智 さとう・あきら 医師 ライフケアシステム代表理事 [没]平成28年(2016)11月14日 92歳〔老衰〕 [生]大正13年(1924)2月5日 [出]東京都 [学]東京大学医学部〔昭和23年〕卒 医学博士 [歴]大学卒業後、長野県の国保診療所で医師としての第一歩を踏み出す。東京白十字病院院長、南インドクリスチャン・フェローシップ病院、北里大学医学部客員教授を経て、昭和56年ライフケアシステム代表。実践を通じて、厚生省の在宅ケア政策をリードした。同年東村山市訪問看護事業、ライフケアシステムなどの地域医療に対して第33回保健文化賞を受賞。平成8年在宅医療を中心とするクリニックを開設。在宅医療の先駆者で、日本在宅医学会会長も務めた。 [賞]保健文化賞(第33回, 昭和56年度)「老人医療の推進, 特に地域ケアについての新展開への貢献」 [団]日本在宅医学会

佐藤 勇 さとう・いさむ 福島陸上競技協会理事長 [没]平成27年(2015)9月2日 73歳〔内臓疾患〕 [歴]高校教師を務め、平成15年福島明成高を最後に定年退職。また、8年より福島陸上競技協会総務部長、17〜27年同理事長を歴任し、市町村対抗県縦断駅伝競走大会(ふくしま駅伝)の運営や選手強化など福島県陸上界の発展に努めた。

佐藤 いづみ さとう・いずみ 歌人 「短歌芸術」代表 [没]平成27年(2015)3月14日 98歳〔多臓器不全〕 [生]大正5年(1916)3月15日 [出]高知県高知市 [歴]高知の県立高校で国語教師を務め、教え子である作家の宮尾登美子とは晩年まで親交が深かった。高知県歌壇の第一人者で、歌誌「短歌芸術」代表を務めた。著書に「うた 人 こころ」などがある。

佐藤 英明 さとう・えいめい 映画監督 [没]平成28年(2016)8月12日 54歳〔急性心筋梗塞〕 [生]昭和36年(1961) [出]広島県 [歴]学生時代にコメディアン・内藤陳と出会い、新宿ゴールデン街にある内藤が経営するバー「深夜+1」で修業。黒沢明監督「乱」の美術アルバイトで映画界入りし、阪本順治監督、森田芳光監督、君塚良一監督らに助監督として師事する。平成23年「これでいいのだ!! 映画赤塚不二夫」で映画監督デビューした。28年54歳で急逝した。

佐藤 一夫 さとう・かずお 国立市長 [没]平成28年(2016)11月16日 69歳〔病気〕 [生]昭和22年(1947)7月21日 [出]東京都国立市谷保 [学]実践商業高卒 [歴]昭

さ

和41年東京都国立町役場に入る。市制施行後、平成11年福祉部長、12年総務部参事を歴任。小説家・山口瞳の作品に“市役所のガマさん”として登場した。23年現職を破り国立市長に当選。24年市が約9年にわたって離脱していた住民基本台帳ネットワークに再接続して違法状態を解消。旧国立駅舎の再築事業を進めたほか、市長退職金の廃止や公用車廃止など財政健全化に努め、子育て支援の充実にも取り組んだ。2期目途中の28年11月、病気のため亡くなった。

佐藤 和夫　さとう・かずお　関西電力副社長　関電プラント社長　[没]平成27年(2015)12月30日　76歳　[生]昭和14年(1939)11月6日　[出]東京都　[学]芝浦工業大学工学部〔昭和37年〕卒　[歴]昭和37年関西電力に入社。支配人火力担当を経て、平成9年取締役、11年常務、13年副社長。15年関電興業(現・関電プラント)社長。

佐藤 和子　さとう・かずこ　静岡県男女共同参画センター交流会議代表理事　ソナティ・エイト社長　[没]平成27年(2015)4月7日　80歳〔脳腫瘍〕　[生]昭和10年(1935)3月8日　[出]北海道旭川市　[学]旭川東高〔昭和28年〕卒, 北海道大学文学部〔昭和32年〕卒　[歴]札幌南高校教諭を経て、昭和56年まで静岡県の浜松市立高校で非常勤講師として英語を教える。60年浜松市に主婦8人でソナティ・エイトを設立して社長に就任。子育てを終えて“妻”や“母”から脱皮し、経済的自立を目指すもので、編集請け負いやシンポジウムなどの企画、消費リサーチと情報提供などを手がける。社名は8人の頭文字の組み合わせに由来する。また、世界女性会議NGOフォーラムに長年参加、平成7年世界女性会議ネットワーク静岡を設立。NPO法人・静岡県男女共同参画センター交流会議代表理事を務めるなど、静岡県内の男女共同参画社会づくりに力を尽くした。[賞]内閣官房長官表彰〔平成19年〕　[家]夫＝佐藤彰(静岡女子短期大学教授)

佐藤 公夫　さとう・きみお　三菱電機専務　[没]平成27年(2015)4月2日　92歳〔敗血症〕　[生]大正11年(1922)5月13日　[出]宮城県　[学]福島高商〔昭和17年〕卒　[歴]昭和17年三菱電機に入社。52年半導体事業部副事業部長に就任し、入社以来手がけてきた標準電機品から未経験の半導体部門へ移り、54年同事業部長。58年常務、60年専務電子デバイス事業本部長を務めた。

佐藤 公彦　さとう・きみひこ　シンガー・ソングライター　[没]平成29年(2017)6月24日　65歳〔心筋梗塞〕　[出]東京都　[名]グループ名＝ピピ＆コット　[歴]1970年代初めにフォークグループのピピ＆コットでデビュー。その後、シンガー・ソングライターとしてソロ活動を開始。中性的な魅力と高音の歌声で女性を中心に人気を集め、“ケメ”の愛称で親しまれた。「通りゃんせ」などのヒット曲がある。

佐藤 国臣　さとう・くにおみ　佐藤国汽船社長　[没]平成29年(2017)10月10日　65歳〔敗血症〕　[生]昭和27年(1952)9月1日　[出]兵庫県神戸市中央区　[歴]佐藤国汽船社長を務めた。

佐藤 敬助　さとう・けいすけ　彫刻家　長崎大学名誉教授　日展評議員　[専]ブロンズ, 木彫　[没]平成29年(2017)12月5日　66歳〔肺がん〕　[生]昭和26年(1951)10月24日　[出]東京都　[学]東京教育大学大学院修了, 筑波大学大学院芸術学研究科博士課程単位取得退学　[歴]彫刻家・佐藤助雄の二男で、兄は日本画家の佐藤良助。昭和55年長崎大学教育学部講師となり、平成8年から同教授。29年名誉教授。日展、日彫展に出品を続け、昭和59年「朝の大気」、60年「移りゆく大地」で2年連続日展特選を受ける。平成6年日展会員、20年評議員。審査員を4回務めた。11年「大地の調」で日展会員賞。23年から長崎県美術協会副会長に就任するなど、長崎県美術界の振興に貢献した。　[賞]日彫展奨励賞〔昭和49年〕, 日展特選(昭和59年度・60年度)「朝の大気」「移りゆく大地」, 日展会員賞(平成11年度)「大地の調」　[家]父＝佐藤助雄(彫刻家), 兄＝佐藤良助(日本画家)

佐藤 健次郎　さとう・けんじろう　彫刻家　[没]平成27年(2015)5月14日　84歳〔肝臓がんによる衰弱〕　[生]昭和6年(1931)1月10日　[出]栃木県　[学]中央大学法学部法律学科〔昭和30年〕卒, 東京教育大学教育学部芸術学科彫塑専攻〔昭和34年〕卒　[歴]新海竹蔵のアトリエで学び、昭和43年以後制作活動に専念。作品に新宿中央公園の「母子像」、川崎駅前の「童女像」、「河野一郎の胸像」など多数。　[賞]国展国画賞(第39回)〔昭和40年〕, 昭和会展優秀賞(第8回)〔昭和48年〕　[団]国画会, 日本美術連盟　[師]師＝新海竹蔵

佐藤 光市　さとう・こういち　ホビージャパン創業者　[没]平成28年(2016)2月28日　83歳　[生]昭和8年(1933)1月1日　[出]茨城県　[学]早稲田大学卒　[歴]昭和44年ホビージャパンを創業し、「月刊ホビージャパン」を創刊。我が国を代表する模型誌に育てた。

佐藤 浩一　さとう・こういち　甲南女子大学名誉教授　[専]教育学　[没]平成27年(2015)4月7日　87歳〔急性白血病〕　[生]昭和2年(1927)5月21日　[出]愛知県　[学]京都大学教育学部教育社会学科卒　[歴]甲南女子大学文学部教授を務めた。

佐藤 晃一　さとう・こういち　グラフィックデザイナー　佐藤晃一デザイン室主宰　多摩美術大学名誉教授　[没]平成28年(2016)5月24日　71歳〔肺炎〕　[生]昭和19年(1944)8月9日　[出]群馬県高崎市　[学]東京芸術大学美術学部工芸科〔昭和44年〕卒　[歴]小学校から油絵を始め、グラフィックデザインの洋書を見ては模写したりしていたという。昭和44年資生堂に入社、宣伝部に配属。46年フリーとなり、佐藤晃一デザイン室を開設、青年座のポスター制作などを手がける。49年個展「アブラアゲからアツアゲまで」で注目され、52年の個展「箱について」が高い評価を受けた。日本画的な題材を現代的に表現する特異な作風で知られる。63年ニューヨーク近代美術館ポスター国際指名コンペで第1席を獲得。勅使河原宏監督の映画「利休」のポスターを手がけた。　[賞]毎日デザイン賞特選〔昭和39年〕, 日本グラフィック展金賞〔昭和52年〕, 全国カタログポスター展通産大臣賞〔昭和57年〕, ADC最高賞〔昭和60年〕「SHOGUNのレコードジャケット」, ADC賞〔昭和60年・61年〕「小原流創流90周年のポスター」「ナショナル(アルファチューブ)のポスター」, 毎日デザイン賞(第36回)〔平成2年〕「グラフィックデザインにおける日本的精神性」, 世界ポスタートリエンナーレ・トヤマA部門銅賞(第3回)〔平成3年〕「シャ

ボン玉とんだ宇宙まで飛んだ」, 芸術選奨文部大臣新人賞（第48回, 平成9年度）〔平成10年〕「『武満徹―響きの海へ』告知ポスターなど」 [団]日本グラフィックデザイナー協会, 東京デザイナーズスペース

佐藤 孝二 さとう・こうじ ライフブリッヂ社長 東京学参社長 [没]平成29年（2017）8月20日 70歳 [生]昭和22年（1947）1月4日 [出]山梨県 [学]商業高校卒 [歴]昭和47年家庭教師の派遣業務などを手がけるライフブリッヂを設立。55年より学習図書専門の出版社・東京学参の社長を兼務した。

佐藤 貞雄 さとう・さだお 福島県将棋連盟会長 [没]平成29年（2017）7月6日 87歳〔老衰〕 [歴]福島県将棋連盟会長を務めた。

佐藤 貞哲 さとう・さだのり 片倉工業常務 [没]平成28年（2016）3月29日 88歳〔急性心筋梗塞〕 [生]昭和2年（1927）4月27日 [出]東京都 [学]中央大学〔昭和26年〕卒 [歴]昭和26年農林中央金庫に入る。49年西武百貨店に出向。52年農林中金人事部考査役。同年片倉工業取締役に転じ、60年常務。

佐藤 祥男 さとう・さちお 医師 佐藤産婦人科医院院長 北鹿新聞社長 [専]産婦人科学 [没]平成27年（2015）6月28日 78歳〔胃がん〕 [生]昭和12年（1937）1月26日 [出]秋田県大館市 [学]慶応義塾大学医学部卒, 東北大学大学院医学研究科修了 [歴]佐藤産婦人科医院院長、大館北秋田医師会会長、北鹿新聞社長などを務めた。 [賞]大館市功労者〔平成26年〕

佐藤 さとる さとう・さとる 児童文学作家 [没]平成29年（2017）2月9日 88歳〔心不全〕 [生]昭和3年（1928）2月13日 [出]神奈川県横須賀市逸見町西谷戸字柿ノ谷戸 [名]本名＝佐藤暁（さとう・さとる） [学]関東学院工専建築科〔昭和24年〕卒 [歴]両親は北海道の出身で、父は海軍軍人。2歳上の双子の姉から字を教わり、5歳の頃に初めて「イソップ物語」を読み、アンデルセンやグリムの童話にも夢中になった。昭和17年ミッドウェー海戦で航空母艦「蒼龍」に乗り組んでいた父を失う。戦後、日本童話会に入会、童話創作を志す。24年童話雑誌「ぎんのすず」編集に携わる。25年いぬいとみこらと同人誌「豆の木」を創刊。29年実業之日本社に入社。34年身長3センチ、体重1グラムほどの小人が自然や人間と共生する〈コロボックル物語〉シリーズの最初の作品「だれも知らない小さな国」を発表。日本のファンタジーの先駆けといわれ、毎日出版文化賞、児童文学者協会新人賞などを受賞した。42年「おばあさんのひこうき」で野間児童文芸賞などを、平成19年「本朝奇談 天狗童子」で赤い鳥文学賞を受賞。他の著書に「そこなし森の話」「名なしの童子」「赤んぼ大将」「てのひら島はどこにある」「ジュンとひみつの友だち」「ファンタジーの世界」などがある。 [賞]旭日小綬章〔平成22年〕, 毎日出版文化賞（第13回）〔昭和34年〕「だれも知らない小さな国」, 児童文学者協会新人賞（第9回）〔昭和35年〕「だれも知らない小さな国」, 国際アンデルセン賞国内賞（第1回・4回）〔昭和36年・42年〕「だれも知らない小さな国」「おばあさんのひこうき」, 野間児童文芸賞（第5回）〔昭和42年〕「おばあさんのひこうき」, 児童福祉文化賞〔昭和42年〕「おばあさんのひこうき」, 巖谷小波文芸賞（第11回）〔昭和63年〕, 神奈川文化賞〔平成17年〕, 赤い鳥文学賞〔平成19年〕, エクソンモービル児童文化賞（第42回）〔平成19年〕 [団]日本文芸家協会 [家]父＝佐藤完一（海軍機関少佐） [師]師＝平塚武二

佐藤 怜 さとう・さとる 秋田大学名誉教授 秋田いのちの電話理事長 [専]教育心理学, 発達心理学, 社会心理学 [没]平成29年（2017）11月17日 88歳〔心筋梗塞〕 [生]昭和4年（1929）7月14日 [出]宮城県仙台市 [学]仙台工専電気科〔昭和25年〕卒, 東北大学文学部心理学科〔昭和28年〕卒, 東北大学大学院文学研究科心理学専攻〔昭和31年〕修士課程修了 [歴]昭和28年秋田県中央児童相談所技師（心理判定員）を経て、37年秋田大学学芸学部講師、38年助教授、44年教育学部教授。53～56年同学部附属養護学校長を兼任。平成7年退官。9年人間関係や仕事上の悩みなど様々な悩み事に応じる“秋田いのちの電話”を設立、理事長に。秋田被害者支援センター理事長、秋田県児童福祉審議会委員、秋田県青少年健全育成会議委員なども務めた。著書に「附属校園児の追跡研究」、共著に「八郎潟―干拓と社会変動」「都市化と幼児教育」「発達心理学概説」「秋田のへき地」「長寿社会―高齢者と地域社会」、共訳書に「心理的確率」などがある。 [賞]瑞宝中綬章〔平成23年〕, 河北文化賞 [団]日本心理学会, 日本社会心理学会, 日本応用心理学会, 秋田県性教育研究会, 秋田県情緒障害児研究会 [家]妻＝佐藤嘉子（秋田市立中央図書館明徳館長）

佐藤 三郎 さとう・さぶろう けるぷ農場会長 ワンステップ・フェスティバルを主催 [没]平成28年（2016）6月12日 77歳〔胃がん〕 [学]安積高卒 [歴]郡山の老舗小間物屋の三男。安積高校を卒業後、東京で1年半修業。郡山に帰郷するとヤングファッションの店に衣替えし、昭和42年店舗を3階建てに改築してファッションサロン・ボンサンスを開店。45年米国研修旅行から帰国後、長髪にして、ボンサンスを会場に月2回のファッションショーを開催。また、月刊のミニコミ紙「ワンステップ」を創刊、ラジオ福島で番組を提供して自らディスクジョッキーを務め、若者文化のメッセンジャーとなった。49年郡山市の開成山公園でオノ・ヨーコ、内田裕也らを迎え“和製ウッドストック”とも呼ばれるロックイベント「ワンステップ・フェスティバル」を発案・主催。加藤和彦＆サディスティック・ミカ・バンド、キャロル、久保田麻琴と夕焼け楽団、クリエイション、外道、沢田研二＆井上堯之バンド、サンハウス、シュガー・ベイブ、センチメンタル・シティ・ロマンス、ダウン・タウン・ブギウギ・バンド、つのだひろ＆スペース・バンド、トランザム、はちみつぱい、四人囃子など数々のアーティストが出演して伝説的なロックイベントとなったが、終了後大きな借金を背負った。のち、健康飲料の販売会社を始めるが、東京の本社が倒産。植物性天然酵素飲料として再スタート。それを飼料とした100%無農薬無抗生物質の実験農場を経営した。 [家]長男＝佐藤喜一（けるぷ農場社長）

佐藤 茂樹 さとう・しげき バレエ指導者 竹内ひとみバレエスクール主宰 [没]平成29年（2017）5月8日 53歳〔直腸がん〕 [出]福島県福島市 [学]学法福島高卒 [歴]バレエ指導者・竹内ひとみの長男で、中学3年からバ

さ

レエを始める。学法福島高を卒業後、牧阿左美バレエ団でダンサーとして活躍。20代半ばで帰郷して母が開いた竹内ひとみバレエスクールの指導者となり、平成19年から主宰。福島県バレエ界を牽引し、「うつくしま、ふくしま。全国洋舞コンクール」の実行委員長や日本バレエ協会東北支部副支部長などを務めた。　[家]母＝竹内ひとみ（バレエ指導者），妻＝佐藤美和（バレエ指導者）

佐藤 重喜　さとう・しげき　文化放送社長　[没]平成27年（2015）4月11日　77歳〔肺炎〕　[生]昭和12年（1937）5月30日　[出]新潟県長岡市　[学]早稲田大学大学院文学研究科社会学専攻〔昭和37年〕修士課程修了　[歴]昭和37年文化放送に入社。製作第一部次長、人事部長、総務局次長、平成2年取締役、のち常務を経て、11年社長に就任。19年会長。日本民間放送連盟ラジオ委員会委員長。　[賞]旭日中綬章〔平成26年〕

佐藤 茂雄　さとう・しげたか　京阪電気鉄道社長　大阪商工会議所会頭　[没]平成27年（2015）11月20日　74歳〔肺炎〕　[生]昭和16年（1941）5月7日　[出]神奈川県横須賀市　[名]筆名＝相楽利満（さがら・としみつ）　[学]京都大学法学部〔昭和40年〕卒　[歴]神奈川県横須賀市で生まれ、大分県で育つ。昭和40年京阪電気鉄道に入社。総務部次長、事業開発室長などを経て、平成7年取締役、11年常務、13年社長に就任。19年代表取締役CEO（最高経営責任者）、23年取締役相談役、25年最高顧問。関西経済同友会常任幹事も務める。22年より大阪商工会議所会頭として観光客や企業の誘致に力を注ぎ、関西のにぎわいづくりに熱心に取り組んだ。大学時代は「琵琶湖周航の歌」に憧れ、京都大学の端艇部に入部。昭和61年以来途絶えていた部の伝統行事の琵琶湖周航を復活させようと、OBらに呼びかけ、平成2年“琵琶湖周航を復活、継承する会”を設立し、5年遠漕用のフィックス艇を復元。歌の作者・吉田千秋の名にちなみ「千秋・太郎号」と名付けた。同年琵琶湖周航百周年にあたり、復元艇で堅田と今津間を往復する。4年には相楽利満の名で大学時代の思い出をまとめた「琵琶湖周航の歌の世界」を出版。京阪電鉄ボート部部長兼監督も務めた。

佐藤 昌平　さとう・しょうへい　JA大分信連理事長　大分県軟式野球連盟会長　[没]平成28年（2016）7月3日　78歳　[出]大分県臼杵市　[歴]平成14～17年JA大分信連理事長。また、21～27年大分県軟式野球連盟会長。大分野球審判協会会長なども歴任し、県の軟式野球発展に寄与した。

佐藤 信二　さとう・しんじ　衆院議員（自民党）　参院議員　通産相　運輸相　[没]平成28年（2016）5月4日　84歳　[生]昭和7年（1932）2月8日　[出]佐賀県鳥栖市　[学]慶応義塾大学法学部〔昭和32年〕卒　[歴]佐藤栄作元首相の二男で、伯父は岸信介元首相。昭和32年日本鋼管に入社。49年参院選全国区で初当選。54年旧山口2区から立候補して衆院議員に転じ、7選。52年沖縄開発政務次官、55年総理府総務副長官、58年通産政務次官、61年衆院商工委員長を経て、63年竹下改造内閣で運輸相として初入閣。平成8年第二次橋本内閣で通産相を務めた。12年落選するが、15年比例区中国ブロックで返り咲き。小泉内閣が進めた郵政民営化に反対し、17年7月の衆院本会議の法案採決を欠席。“郵政解散”後の衆院選には立候補せず、政界を引退した。通算8期。父がニクソン米国大統領と交わした有事の際の沖縄への核兵器持ち込みに関する密約文書を自宅に保管しており、21年に公表した。　[賞]勲一等旭日大綬章〔平成15年〕　[家]父＝佐藤栄作（首相），母＝佐藤寛子，兄＝佐藤龍太郎（アジア掘削社長）

佐藤 信次　さとう・しんじ　愛媛大学教育学部教授　[専]地質学，鉱物学　[没]平成28年（2016）5月15日　93歳〔肺炎〕　[生]大正11年（1922）9月17日　[出]旧朝鮮京城（韓国・ソウル）　[学]東京文理科大学地学科〔昭和22年〕卒　理学博士　[歴]昭和22年東京文理科大学助手、26年東京教育大学助手、52年助教授を経て、53～63年愛媛大学教育学部教授。共著に「青海チベット高原―地質とその成立」がある。　[団]日本地質学会，日本質量分析学会，日本地球化学会

佐藤 真治　さとう・しんじ　岡山県議（自民党）　[没]平成28年（2016）11月12日　52歳〔上行結腸がん〕　[生]昭和39年（1964）7月25日　[出]岡山県岡山市平和町　[学]岡山一宮高〔昭和58年〕卒，早稲田大学政治経済学部政治学科〔平成1年〕卒　[歴]平成4年岡山リビング新聞社営業職、5年逢沢一郎衆院議員秘書を経て、11年岡山県議に当選。岡山市南区選出で、27年副議長。5期目途中の28年、52歳で病死した。

佐藤 寿々江　さとう・すずえ　彩色家　大相撲の優勝額を60年以上彩色した　[没]平成28年（2016）11月13日　88歳　[生]昭和3年（1928）6月1日　[出]東京都渋谷区　[歴]父・荒木六郎は白黒写真に着色する着色師。日活の経理課勤務を経て、戦後、父の死を契機に仕事を引き継ぐ。以来日本初のカラー映画「カルメン故郷に帰る」のPR用看板や安川加寿子のピアノコンサートの写真などの彩色を手がけた。また、昭和26年春場所から大相撲の幕内優勝力士に贈られる優勝額の彩色を担当、平成26年高齢により引退するまで横綱照国に始まり、大鵬、北の富士、千代の富士、貴乃花など350点以上を制作した。　[賞]文化庁長官表彰〔平成25年〕　[家]父＝荒木六郎（写真着色家）

佐藤 進　さとう・すすむ　東急レクリエーション社長　[没]平成29年（2017）2月10日　84歳〔病気〕　[生]昭和7年（1932）10月14日　[出]宮城県　[学]中央大学法学部〔昭和30年〕卒　[歴]昭和30年東急レクリエーションに入社。52年総務部長、56年取締役、58年常務、平成元年専務を経て、6年社長。15年会長。

佐藤 直　さとう・すなお　土呂久鉱山公害被害者の会副会長　[没]平成27年（2015）6月11日　95歳〔腎不全〕　[出]宮崎県西臼杵郡高千穂町岩戸　[歴]昭和46年宮崎県高千穂町の旧土呂久鉱山の鉱毒被害が告発され、2年後に土呂久鉱山公害被害者の会が結成されると、慢性ヒ素中毒患者と遺族は原告団を組織して50年から順次、最終鉱業権者の住友金属鉱山を相手取った損害賠償請求訴訟を起こした。59年土呂久公害第二陣訴訟の原告団長を務め、平成2年最高裁の勧告に基づいて和解が成立。土呂久鉱山公害被害者の会副会長で、公害の語り部としても活動した。

佐藤 大輔　さとう・だいすけ　小説家　[没]平成29年（2017）3月22日　52歳〔虚血性心疾患〕　[生]昭和39

年(1964)4月 [出]石川県 [歴]20歳の頃からウォー・シミュレーションゲームのデザインを手がけ、資料分析と歴史考証を元に「北海道侵攻」「SDFシリーズ」など多く作品を生み出す。平成3年「逆転・太平洋戦史」で小説家デビュー、仮想戦記作家として人気を集めた。漫画「学園黙示録 HIGHSCHOOL OF THE DEAD」の原作も手がけた。著書に「征途」「レッドサン ブラッククロス」「遥かなる星」「地球連邦の興亡」「皇国の守護者」「信長征海伝」などがある。

佐藤 孝 さとう・たかし 神戸大学名誉教授 [専]熱帯有用植物学 [没]平成27年(2015)12月1日 101歳〔肺炎〕 [生]大正3年(1914)4月11日 [出]京都府京都市 [学]京都帝国大学農学部卒 農学博士 [歴]神戸大学農学部教授などを務めた。 [賞]日本熱帯農業学会賞磯賞〔昭和62年〕「熱帯における畑作物に関する調査研究と知識の普及」

佐藤 武夫 さとう・たけお スポーツライター [没]平成29年(2017)1月13日 83歳〔肺炎と慢性肺気腫〕 [生]昭和8年(1933)9月15日 [出]秋田県横手市 [歴]昭和39年の東京五輪を前にした新聞記者の追加募集に応募し、スポーツ記者となる。当初はボクシング、のち大相撲を担当。平成4～17年東京新聞で元横綱千代の富士の大相撲コラム「ウルフの目」の聞き書きを務めた。

佐藤 淳 さとう・ただし 岩手大学名誉教授 [専]電気工学 [没]平成28年(2016)1月6日 89歳〔肺炎〕 [生]大正15年(1926)11月6日 [出]山形県 [学]東北帝国大学工学部電気工学科〔昭和20年〕卒 工学博士〔昭和37年〕 [歴]昭和26年岩手大学講師、34年助教授を経て、39年教授。平成2年工学部長、4年名誉教授。7年青森大学教授。岩手県高度技術振興協会運営委員長を務めた。 [賞]瑞宝中綬章〔平成17年〕 [団]電気学会, 日本物理学会, 応用物理学会

佐藤 伊次 さとう・ただつぐ オフィスジュニア代表 [没]平成27年(2015)12月2日 73歳〔虚血性心不全〕 [歴]芸能プロダクション・オフィスジュニアの代表を務めた。

佐藤 昭男 さとう・てるお 東北大学名誉教授 石巻専修大学名誉教授 [専]体育学 [没]平成29年(2017)5月8日 89歳〔老衰〕 [生]昭和2年(1927)11月25日 [出]宮城県白石市 [学]東京高師体育科卒 [歴]東北大学教授を退官後、石巻専修大学理工学部教授となり、平成9年退職した。 [団]日本体育学会, 日本スポーツ方法学会, 日本ゴルフ学会

佐藤 亨 さとう・とおる 日本歯科大学学長 [専]解剖学 [没]平成27年(2015)1月10日 84歳〔敗血症性ショック〕 [生]昭和5年(1930)1月13日 [出]旧樺太 [学]日本歯科大学歯学部歯学科〔昭和30年〕卒 医学博士 [歴]昭和32年東京慈恵会医科大学助手、61年日本歯科大学歯学部教授。平成7～12年学長を務めた。 [賞]瑞宝中綬章〔平成20年〕 [団]日本解剖学会, 日本人類学会, 歯科基礎医学会

佐藤 富斎門 さとう・とさいもん 山形県漁業協同組合代表理事組合長 [没]平成28年(2016)4月16日 81歳〔下部消化管出血〕 [生]昭和9年(1934)11月22日 [出]山形県西田川郡温海町(鶴岡市) [学]温海中卒 [歴]山形県漁業協同組合代表理事組合長、山形県温海町議、同町教育長を歴任した。

佐藤 登左衛門 さとう・とざえもん 大蔵精機社長 [没]平成27年(2015)10月11日 79歳〔心不全〕 [生]昭和11年(1936)1月20日 [学]山形大学文理学部卒 [歴]大蔵精機社長の他、テクノプラザやまがた'84代表幹事、山形電鋼取締役などを務めた。 [賞]山形県商工観光功労者表彰〔平成11年〕, 山形県産業賞〔平成18年〕, 三浦記念賞〔平成24年〕

佐藤 寿郎 さとう・としろう 東北学院大学名誉教授 [専]教育心理学 [没]平成27年(2015)1月17日 89歳〔多臓器不全〕 [生]大正14年(1925)8月28日 [出]北海道函館市 [学]東北大学文学部心理学科卒 [歴]東北学院大学教養部教授を務めた。

佐藤 伸彦 さとう・のぶひこ 十条製紙常務 [没]平成28年(2016)7月17日 96歳〔肺炎〕 [生]大正9年(1920)5月25日 [出]東京都 [学]慶応義塾大学経済学部〔昭和19年〕卒 [歴]昭和20年王子製紙に入社。24年王子製紙が3分割されて十条製紙(現・日本製紙)に移籍。八代工場、釧路工場、十条工場勤務を経て、43年セントラル紙加工に出向。45年十条製紙に復帰、48年人事部長、49年取締役、52年常務。56年日本加工製紙顧問となり、58年社長、63年相談役。

佐藤 紀生 さとう・のりお 岩手日報総務局次長 [没]平成29年(2017)10月14日 77歳〔心不全〕 [生]昭和15年(1940)6月27日 [出]東京都 [学]中央大学法学部卒 [歴]昭和39年岩手日報社に入社。遠野支局長、電算写植部次長、整理部次長を経て、平成元年編集局付部長、2年編集局学芸部長、8年総務局次長。

佐藤 初女 さとう・はつめ 森のイスキア主宰 [没]平成28年(2016)2月1日 94歳〔乳がん〕 [生]大正10年(1921)10月3日 [出]青森県青森市 [学]青森技芸学院卒 [歴]3年間の小学校教員後に結婚。40年以上ろうけつ染めの指導、普及に努め、昭和39年から15年間弘前学院短期大学家庭科非常勤講師。54年から弘前染色工房を主宰。58年自宅を憩いと安らぎの場として開放した弘前イスキアを開設。平成4年宿泊できる施設として、岩木山麓に森のイスキアを開設・主宰。悩みや迷いを抱えて訪れる人を心づくしの手料理やおむすびでもてなし、話に耳を傾けて心の再生を支えた。ガールスカウト日本連盟理事、社会福祉法人藤聖母園弘前大清水ホーム後援会会長。著書に「おむすびの祈り」「朝一番のおいしいにおい」「いまを生きる言葉『森のイスキア』より」「初女さんのお料理」「いのちの森の台所」などがある。 [賞]ミキ女性大賞(第3回)〔平成5年〕, 東奥賞(第48回, 平成7年度), 国際ソロプチミスト女性ボランティア賞, 弘前市シルバーマンジ賞

佐藤 寿 さとう・ひさし 佐藤水産社長 [没]平成29年(2017)5月24日 73歳〔交通事故死〕 [生]昭和18年(1943)6月17日 [出]北海道石狩郡石狩町 [学]東洋大学経済学部〔昭和41年〕卒 [歴]昭和41年父が創業した佐藤商店(現・佐藤水産)に入社。48年取締役、50年副社長を経て、60年2代目社長に就任。平成25年会長。天然の北海道産サケにこだわり、サケだけで200種類以上の加工品を製造。また、加工場に直売店やレストランを併設したサーモンファクトリーの建設や、新千歳

さ

空港などに直売店を開設するなど経営を拡大した。29年帰宅途中に車にはねられ、事故死した。 [家]父＝佐藤三男（佐藤水産創業者）

佐藤 英明　さとう・ひであき　淀川製鋼所専務　[没]平成27年（2015）1月20日　87歳〔悪性リンパ腫〕　[生]昭和2年（1927）8月4日　[出]東京都　[学]東京大学法学部〔昭和26年〕卒　[歴]淀川製鋼所常務を経て、専務。

佐藤 弘行　さとう・ひろゆき　相馬双葉漁業協同組合組合長　福島県漁業協同組合連合会副会長　[没]平成29年（2017）5月20日　61歳〔肺炎〕　[歴]宝精丸船主で、相馬双葉漁業協同組合組合長、福島県漁業協同組合連合会副会長、相馬市磯部地区水産物流通加工業協同組合副理事長などを歴任した。

さ

佐藤 文一　さとう・ぶんいち　歌人　[没]平成27年（2015）7月8日　87歳〔腎不全〕　[歴]高田小、川南小の校長を歴任。福島県歌人会顧問で福島県文学賞短歌部門審査委員も務めた。　[賞]福島県短歌賞（第22回）〔平成9年〕「峡のふる里」

佐藤 牧子　さとう・まきこ　新潟日報読者ふれあいセンター長　[没]平成27年（2015）9月28日　54歳〔病気〕　[生]昭和36年（1961）7月25日　[学]新潟女子短期大学英文科卒　[歴]昭和57年新潟日報社に入社。販売局販売部長代理、販売事業本部読者ふれあい部長などを経て、平成26年読者ふれあいセンター長。こども新聞「ふむふむ」、中学生以上の10代向け新聞「fumufumu J」の創刊や、同社の主催事業を中心メンバーとして牽引した。

佐藤 孫一　さとう・まごいち　秋田県漁業協同組合会長　[没]平成29年（2017）4月21日　88歳〔心臓関連死〕　[生]昭和3年（1928）5月25日　[出]秋田県由利郡金浦町（にかほ市）　[学]金浦尋常高小卒　[歴]昭和32年から沖合底引き網船長。秋田県南部漁協組合長を経て、平成3～5年、6～14年秋田県漁業協同組合連合会会長。14年県内の海面漁協が合併して秋田県漁業協同組合が発足すると初代組合長に就任、18年まで務めた。4年から3年間の、乱獲や海洋汚染で漁獲量が激減したハタハタの全面禁漁の自主規制をまとめ上げ、解禁後の資源管理でも指導的な役割を担った。　[賞]旭日小綬章〔平成19年〕，秋田県文化功労者〔平成17年〕

佐藤 正明　さとう・まさあき　弁護士　仙台弁護士会会長　日本弁護士連合会副会長　[没]平成29年（2017）7月25日　69歳〔膵臓がん〕　[生]昭和23年（1948）1月1日　[出]福島県福島市　[学]東北大学法学部〔昭和47年〕卒　[歴]昭和46年司法試験に合格、49年弁護士登録して仙台中央法律事務所を共同開業。24年に福島県で起きた列車転覆事故を巡り、冤罪事件に発展した“松川事件”について、小田島森良らと裁判闘争に関わった宮城県内の支援者たちの手記をまとめ、平成元年「私たちの松川事件」と題し出版した。昭和62年仙台弁護士会副会長、平成10年会長、11年日本弁護士連合会副会長を歴任。　[団]仙台弁護士会

佐藤 正子　さとう・まさこ　詩人　[没]平成27年（2015）6月10日　70歳　[生]昭和20年（1945）5月3日　[出]東京都　[学]目黒高卒　[歴]詩集に「白い夏」「別れの絵本」「家族」「人間関係」「同い年」「あの頃」などがある。　[団]日本文芸家協会

佐藤 正敏　さとう・まさとし　NKSJホールディングス社長　[没]平成27年（2015）11月5日　66歳〔膵臓がん〕　[生]昭和24年（1949）3月2日　[出]東京都　[学]慶応義塾大学経済学部〔昭和47年〕卒　[歴]昭和47年安田火災海上保険（現・損保ジャパン日本興亜）に入社。社長室長、平成12年取締役、14年常務執行役員を経て、18年社長。保険金の支払い漏れなどで金融庁から業務停止命令を受けた同社の信頼回復に努めた。また、日本興亜損害保険との経営統合を主導、22年に発足した持ち株会社NKSJホールディングス（現・損保ジャパン日本興亜ホールディングス）の社長に就任。24年退任。日本経団連の社会貢献推進委員会共同委員長も務めた。

佐藤 正治　さとう・まさはる　写真家　[没]平成27年（2015）2月7日　84歳　[生]昭和5年（1930）2月25日　[出]三重県　[学]日本大学芸術学部写真学科卒　[歴]大学卒業後、「日本カメラ」編集次長を経て、フリーの写真家となる。また、母校・日本大学で教鞭を執った。著書に「カメラあなたは知らなすぎる」「写真を楽しむミニ講座」、共著に「写真用語事典」などがある。　[団]日本写真芸術学会，日本写真家協会，新写真派協会

佐藤 昌之　さとう・まさゆき　ホルン奏者　北海道教育大学名誉教授　[没]平成28年（2016）6月19日　84歳〔多臓器不全〕　[生]昭和6年（1931）10月28日　[出]北海道釧路市　[学]北海道大学教育学部〔昭和29年〕卒　[歴]父は国鉄の機関士。小学校時代はブラスバンドで大太鼓を担当。東京フィルハーモニー交響楽団のホルン奏者を経て、昭和38年より北海道学芸大学釧路分校（現・北海道教育大学釧路校）で教鞭を執る。平成7年退官。一方、レコードコンサートの音楽解説、小学校校歌の作曲、市民吹奏楽団の育成など幅広い音楽活動を行う。釧路吹奏楽団団長、釧路九条の会代表世話人なども務めた。釧路空襲の経験を子供たちに語り続け、昭和51年には「釧路空襲受難詩曲」を作曲した。　[賞]瑞宝中綬章〔平成26年〕，釧路文化奨励賞〔昭和51年〕　[師]師＝マンスフェルト，クラウス，遠藤宏

佐藤 益美　さとう・ますみ　大分市長　[没]平成27年（2015）3月2日　93歳〔心筋梗塞〕　[生]大正10年（1921）11月20日　[出]大分県大分市　[名]号＝研堂　[学]大分師範〔昭和16年〕卒，熊本陸軍予備士官学校〔昭和17年〕卒　[歴]昭和25年明治酪農組合理事、27年県酪監事、30年同理事。33年鶴崎市役所秘書室に入る。38年から大分県議を3期務め、社会党大分県本部書記長を経て、50年大分市長に当選。4期務めた。58年から1年間、全国市長会副会長。平成3年市長を引退した。　[賞]藍綬褒章〔昭和59年〕，勲三等旭日中綬章〔平成4年〕，大分合同新聞文化賞（地方自治）〔昭和58年〕

佐藤 美知子　さとう・みちこ　歌人　大谷女子大学名誉教授　[没]平成27年（2015）5月5日　90歳　[生]大正13年（1924）10月20日　[出]静岡県富士市　[学]京都大学文学部国語学国文学科〔昭和28年〕卒　[歴]昭和41年大谷女子大学文学部助教授となり、教授を経て、平成10年名誉教授。また、13歳頃から作歌を始める。大学在学中に「白珠」に入社、以来、安田青風・章生に師事し、昭和32年同人のち選者となる。著書に「万葉集と中国文学受容の世界」、歌集「朝の火」などがある。　[団]日

本歌人クラブ、現代歌人協会、京都歌人協会、現代歌人集会 ㊙師＝安田青風、安田章生

佐藤 満 さとう・みつる 書家 桑林会主宰 北海道書道連盟理事長 北海道書道展理事長 ㊙漢字 ㊙平成28年（2016）8月11日 89歳 ㊙昭和2年（1927）4月10日 ㊙北海道小樽市 ㊙小樽商科大学 鈴木翠軒に師事し、北心会、桑林会を設立。平成5～10年北海道書道連盟の2代目理事長を務めた。7年北海道書道展初の海外展を発表し、北京での作品展と中国書法家協会との交流のための訪中団を率いた。11年中国の遼寧省美術館で個展を開催。13～15年北海道書道展理事長を務めた。 ㊙北海道文化賞〔平成10年〕 ㊙妹＝山本玉沙（書家） ㊙師＝鈴木翠軒

佐藤 棟良 さとう・むねよし 実業家 旭洋創業者 フェニックスリゾート創業者 ㊙平成27年（2015）6月5日 96歳 ㊙大正8年（1919）1月1日 ㊙宮崎県南那珂郡北郷町（日南市） ㊙慶応義塾大学経済学部〔昭和16年〕中退 ㊙昭和16年慶応大学を中退して三井物産に入社。21年退社、日南市で洋紙問屋の旭洋商事社（現・旭洋）を創業。のち大阪市に本社を移転、国内有数の紙専門商社となった旭洋を中核とする旭洋グループを築く。41年宮崎市にホテルフェニックスを開業、44年フェニックス国際観光を設立して宮崎県内の観光事業を手がける。46年ゴルフ場のフェニックスカントリークラブを開場、49年には第1回ダンロップフェニックストーナメントを開催し、国際的なゴルフトーナメントに成長させた。1980年代後半には、盟友である松形祐堯宮崎県知事と二人三脚で2000億円もの巨費を投じた一大リゾート計画を推進。63年第三セクターのフェニックスリゾート社長に就任し、平成3年宮崎市一ツ葉海岸の134ヘクタールに及ぶ国有林を切り開いて大型リゾート施設「シーガイア」の整備に着手。6年全面開業にこぎ着けた「シーガイア」は世界最大級の室内ウォーターパーク「オーシャンドーム」や高層ホテル、ゴルフ場を備え、12年には国際会議場で九州・沖縄サミットの外相会合が開催された。しかし、バブル崩壊の影響で客足は伸び悩み、13年2月フェニックスリゾート、フェニックス国際観光などグループ3社が3261億円の負債を抱えて会社更生法の適用を申請した。 ㊙北郷町名誉町民〔平成14年〕

佐藤 泰和 さとう・やすかず 五洋建設専務 ㊙平成28年（2016）2月13日 78歳〔膝蓋部がん〕 ㊙昭和12年（1937）11月10日 ㊙広島県 ㊙早稲田大学第一法学部〔昭和37年〕卒 ㊙昭和37年水野組（現・五洋建設）に入社。土木営業副本部長を経て、平成2年取締役、9年専務、14年顧問。

佐藤 泰彦 さとう・やすひこ 宇都宮大学名誉教授 ㊙技術教育 ㊙平成29年（2017）10月9日 82歳〔病気〕 ㊙昭和10年（1935）1月3日 ㊙東北大学工学部精密工学科卒 ㊙宇都宮大学教育学部教授を務めた。著書に「工業計測」などがある。

佐藤 泰正 さとう・やすまさ 梅光学院大学学長 ㊙近代日本文学 ㊙平成27年（2015）11月30日 98歳〔心臓疾患〕 ㊙大正6年（1917）11月26日 ㊙山口県厚狭郡山陽町（山陽小野田市） ㊙早稲田大学文学部国文学科〔昭和15年〕卒 文学博士（早稲田大学）〔昭和47年〕 ㊙昭和20年梅光女学院教諭。25年同中学校長、39年同短大副学長を経て、46年梅光女学院大学学長に就任、開かれた大学運営を掲げ、公開講座や公開セミナーを開いた。平成12年退任後も客員教授として教壇に立ち続け、98歳の誕生日である28年11月26日が最後の授業となった。著書に「夏目漱石論」「文学その内なる神」「これが漱石だ。」などがある。 ㊙宮沢賢治賞（第7回）〔平成9年〕、日本キリスト教文学会賞（第2回）〔平成15年〕 ㊙日本キリスト教文学会、日本近代文学研究会、日本文芸家協会北村透谷研究会、中原中也の会

佐藤 泰通 さとう・やすみち 三和銀行専務 ㊙平成27年（2015）4月27日 80歳〔呼吸不全〕 ㊙昭和9年（1934）10月18日 ㊙大分県臼杵市 ㊙徳山高〔昭和28年〕卒、慶応義塾大学経済学部〔昭和32年〕卒 ㊙昭和32年三和銀行（現・三菱東京UFJ銀行）に入行。59年取締役、61年同常務を経て、平成元年専務。3年より東洋興業社長。

佐藤 祐一 さとう・ゆういち 秋田県中学校体育連盟会長 ㊙平成27年（2015）6月16日 90歳〔敗血症〕 ㊙大正14年（1925）5月20日 ㊙秋田県北秋田郡阿仁合町（北秋田市） ㊙秋田師範本科〔昭和20年〕卒 ㊙昭和20年秋田県国民学校訓導となったのを皮切りに、県内で教鞭を執る。54年城東中学、59年秋田東中の各校長を経て、秋田市立美術工芸専門学校校長。56年から秋田県中学校体育連盟会長を5年間務めた。 ㊙秋田県文化功労者〔平成10年〕

佐藤 幸夫 さとう・ゆきお 同志社大学名誉教授 ㊙商法 ㊙平成27年（2015）2月26日 82歳〔心不全〕 ㊙昭和8年（1933）2月23日 ㊙長野県 ㊙同志社大学法学部卒、神戸大学大学院私法専攻博士課程修了 ㊙同志社大学法学部教授、京都文教大学人間学部教授を務めた。 ㊙瑞宝中綬章〔平成24年〕 ㊙日本私法学会、日本海法学会、日米法学会 ㊙父＝佐藤晴三（海技大学校教授）

佐藤 幸彦 さとう・ゆきひこ 技術評論家 東京特殊電線常務 ㊙平成27年（2015）7月25日 83歳〔心不全〕 ㊙昭和7年（1932）7月12日 ㊙大分県 ㊙東京大学工学部〔昭和32年〕卒 ㊙昭和32年古河電工に入社。52年東京特殊電線に転じ、技術部長を経て、58年取締役、63年常務、平成4年顧問、8年退任。著書に「技術屋の書斎」などがある。 ㊙計測自動制御学会学会賞技術論文賞（昭和39年度）「電線の温度測定」 ㊙日本応用物理学会

佐藤 陽一 さとう・よういち 日田市長 ㊙平成27年（2015）4月11日 66歳〔肺がん〕 ㊙昭和24年（1949）2月9日 ㊙九州大学法学部卒 ㊙大分県企画振興部長を経て、平成19年3選を目指した現職を破り日田市長に当選。23年落選、1期。

佐藤 由須計 さとう・よしすけ 中央大学名誉教授 ㊙国際法 ㊙平成27年（2015）12月28日 93歳〔老衰〕 ㊙大正11年（1922）5月3日 ㊙新潟県 ㊙中央大学法学部法律学科卒 ㊙中央大学法学部教授を務めた。共著に「法学演習講座・国際法」がある。

佐藤 良行 さとう・よしゆき 昭和シェル石油常務 ㊙平成29年（2017）9月26日 82歳 ㊙昭和9年（1934）9

月29日 [出]福井県 [学]東京教育大学（現・筑波大学）心理学科〔昭和33年〕卒 [歴]昭和33年シェル石油に入社。52年人事部長を経て、55年取締役、59年常務。60年同社は昭和石油と合併して昭和シェル石油と改称した。

佐藤 利右衛門 さとう・りえもん 丸十大屋社長 [没]平成27年（2015）6月16日 82歳〔心不全〕 [生]昭和8年（1933）3月1日 [学]慶応義塾大学経済学部卒 [歴]丸十大屋社長、会長の他、山形県法人会連合会会長、山形県醤油味噌工業協同組合理事長、山形三田会会長などを歴任した。 [賞]旭日小綬章〔平成15年〕 [家]長男＝佐藤知彰（丸十大屋社長）

佐藤 竜弥 さとう・りゅうや バスケットボール選手 [没]平成28年（2016）5月25日 38歳〔悪性リンパ腫〕 [生]昭和52年（1977）6月9日 [出]北海道江別市 [学]東海大四高卒, 日本体育大学卒 [歴]大麻小5年からバスケットボールを始める。大麻中から東海大四高に進み、全国高校総体、選抜で8強入り。U-18日本代表にも選ばれ、日体大では全日本大学選手権4連覇に貢献した。卒業後は札幌市立高校の講師などをしながら実業団の札幌市役所でプレー。平成17年中学教師となる。27年悪性リンパ腫を発症、28年闘病の励みにと北海道のプロバスケットチーム・レバンガ北海道に異例の1日限定入団が認められる。体調を考慮して試合出場は叶わなかったが、試合前の練習でシュートを決めた。その約3週間後に亡くなった。

里舘 良一 さとだて・りょういち 岩手医科大学名誉教授 [専]人体病理学 [没]平成27年（2015）3月31日 83歳〔急性呼吸不全〕 [生]昭和6年（1931）12月20日 [出]岩手県盛岡市 [学]岩手医科大学医学部卒 医学博士 [歴]岩手医科大学医学部教授、附属図書館長などを務めた。 [賞]圭陵会学術賞〔昭和42年〕, 園田賞〔昭和46年・52年〕 [団]日本病理学会, 日本網内系学会, ドイツ病理学会

里見 菊雄 さとみ・きくお 日本パーカライジング社長 パーカーコーポレーション会長 [没]平成29年（2017）9月2日 84歳〔病気〕 [生]昭和8年（1933）2月25日 [出]大分県竹田市 [学]慶応義塾大学経済学部〔昭和31年〕卒 [歴]昭和32年日本パーカライジングに入社。47年取締役、54年副社長を経て、平成11年社長に就任。17年会長、23年名誉会長。この間、パーカーコーポレーション会長、豊の国かぼす特命大使なども務めた。 [家]兄＝里見豊（日本パーカライジング社長）

里見 恵子 さとみ・けいこ 大阪府立大学准教授 [専]社会福祉学, 障害児教育 [没]平成29年（2017）5月23日 64歳〔がん〕 [生]昭和28年（1953） [出]北海道 [学]北海道教育大学教育学部函館分校〔昭和50年〕卒, 北海道教育大学札幌分校言語障害児教育教員養成課程〔昭和52年〕修了, 大阪教育大学研究生〔昭和58年〕修了 [歴]昭和50年北海道白老小学校ことばの教室に勤務。59年大阪市更生療育センター言語療法士、療育部主任を経て、平成8年大阪府立大学講師、14年助教授（准教授）。日本INREAL研究会事務局長、特別支援教育士資格認定協会副会長なども務めた。 [資]言語療法士

真田 英彦 さなだ・ひでひこ 大阪大学名誉教授 [専]経営システム [没]平成28年（2016）1月3日 76歳〔上咽頭がん〕 [生]昭和14年（1939）1月11日 [出]大阪府大阪市 [学]大阪大学工学部通信工学科〔昭和37年〕卒, 大阪大学大学院工学研究科通信工学専攻〔昭和42年〕博士課程単位取得退学 工学博士（大阪大学）〔昭和43年〕 [歴]昭和42年大阪大学工学部助手、48年講師、52年助教授を経て、62年教授。平成14年退官して追手門学院大学教授となった。 [団]電子情報通信学会, システム監査学会, 日本社会情報学会, 情報処理学会, 日本オペレーションズ・リサーチ学会, 日本システム制御情報学会, IEEE

讃岐 照夫 さぬき・てるお 東広島市長 広島県出納長 [没]平成28年（2016）7月7日 95歳〔肺炎〕 [生]大正9年（1920）10月29日 [出]広島県東広島市 [学]西条農〔昭和13年〕卒 [歴]昭和14年広島県庁に入る。44年商工労働部長、47年民生部長、49年出納長を経て、53年以来東広島市長に5選。平成10年引退。広島大学の統合移転を核にした加茂学園都市・広島中央テクノポリス建設で都市基盤整備に尽力。就任時約7万2000人だった人口を退任時には約11万6000人にまで伸ばした。 [賞]勲三等瑞宝章〔平成11年〕

さねとう・あきら 児童文学作家 劇作家 [没]平成28年（2016）3月7日 81歳 [生]昭和10年（1935）1月16日 [出]東京都 [名]本名＝実藤述（さねとう・あきら） [学]早稲田大学第一文学部演劇科中退 [歴]中国研究者実藤恵秀の三男。大学在学中より児童劇の戯曲を書く。昭和33年劇団仲間に参加。36年児童劇戯曲「ふりむくなペドロ」で劇作家デビュー。47年、37歳の時に創作民話集「地べたっこさま」を上梓し、日本児童文学者協会新人賞、サンケイ児童出版文化賞推せん賞、野間児童文芸賞推奨作品賞などを受賞。以後「なまけんぼの神さま」「ジャンボコッコの伝記」「東京石器人戦争」など児童文学の話題作を発表。児童劇と児童文学の両分野で執筆活動を展開した。評論集に「逆風に向かってはばたく」がある。 [賞]厚生大臣賞「ふりむくなペドロ」, 日本児童文学者協会新人賞（第5回）〔昭和47年〕「地べたっこさま」, サンケイ児童出版文化賞推せん賞〔昭和47年〕, 野間児童文芸賞推奨作品賞（第10回）〔昭和47年〕「地べたっこさま」, 小学館文学賞（第28回）〔昭和54年〕「ジャンボコッコの伝説」, 産経児童出版文化賞（第33回）〔昭和61年〕「東京石器人戦争」 [団]日本児童劇作家会議, 日本児童文学者協会, 日本劇作家協会 [家]父＝実藤恵秀（早稲田大学教授）

佐野 泉 さの・いずみ ガンバ大阪社長 [没]平成28年（2016）7月10日 71歳〔がん〕 [出]東京都 [歴]昭和44年松下電器産業（現・パナソニック）に入社。本社秘書室長などを経て、平成14～20年Jリーグのガンバ大阪社長。17年にはJ1初優勝を果たした。

佐野 清一 さの・せいいち 佐野水産社長 米沢商工会議所会頭 [没]平成28年（2016）10月19日 89歳〔肺炎〕 [生]昭和2年（1927）4月28日 [出]山形県米沢市 [学]米沢工専卒 [歴]佐野水産社長、米沢商工会議所会頭を務めた。 [賞]藍綬褒章

佐野 晴洋 さの・せいよう 滋賀医科大学学長・名誉教授 京都大学名誉教授 [専]公衆衛生学 [没]平成29年（2017）6月10日 91歳〔老衰〕 [生]大正15年（1926）2月10日 [出]和歌山県 [学]京都大学医学部〔昭和24年〕

卒　医学博士　[歴]昭和25年京都大学助手、36年助教授、48年医学部教授、60年同学部長に就任。62年～平成5年滋賀医科大学学長を務めた。　[賞]勲二等瑞宝章〔平成13年〕　[団]日本衛生学会, 日本生化学会

佐野 種茂　さの・たねしげ　馬術指導者　京都府馬術連盟副会長　[没]平成28年(2016)3月15日　88歳〔大腸がん〕　[学]立命館大学　[歴]京都府馬術連盟の設立に尽力、母校の立命館大学馬術部監督の他、モントリオール五輪馬術監督や日本馬術連盟理事を務めた。

佐野 登志子　さの・としこ　七宝作家　横浜美術大学名誉教授　[没]平成28年(2016)10月29日　88歳〔左腎盂がん〕　[生]昭和3年(1928)6月14日　[出]東京都　[学]女子美術専門学校美術学部卒　[歴]平成2年日展特選。トキワ松学園横浜美術短期大学(現・横浜美術大学)教授を務めた。著書に「シルクスクリーンで作る七宝焼」などがある。　[賞]日本現代工芸美術展現代工芸会員賞(第19回, 昭和55年度), 日展特選(平成2年度)「或る空間」, 日本現代工芸美術展蓮田修吾郎賞(第37回, 平成10年度)　[団]日本現代工芸美術家協会, 日展, 日本七宝作家協会

佐野 ハツノ　さの・はつの　いいたてカーネーションの会代表　[没]平成29年(2017)8月28日　68歳〔内臓疾患〕　[歴]平成23年の東日本大震災による福島第一原子力発電所事故に伴い避難する主婦らで作る、いいたてカーネーションの会代表を務めた。飯舘村農業委員会長や福島県たばこ耕作組合婦人部長なども歴任した。

佐野 正幸　さの・まさゆき　ノンフィクション作家　[没]平成28年(2016)3月21日　63歳〔心室細動〕　[生]昭和27年(1952)5月22日　[出]北海道札幌市　[学]札幌光星高卒, 神奈川大学卒　[歴]札幌の中学生だった昭和42年、当時の阪急ブレーブス監督・西本幸雄に出したファンレターがきっかけで文通が始まり、東京での大学生活が始まった46年、当時の東京球場に応援にかけつけ西本監督に初めて挨拶、間もなく在京の阪急応援団に入会する。49年監督が近鉄に移るとともに自身も近鉄ファンに転向し、就職も監督の紹介で東京・吉祥寺に進出した近鉄百貨店に。以来職場の仲間を誘って応援団を結成、団長として東京地区の近鉄の試合には欠かさず足をはこび応援の陣頭に立った。近鉄東京店のレジャー・ホビー用品課長などを経て、平成10年退社。Buプランニング代表としてプロ野球専門のスポーツ作家に転身。10年以上にわたって北海道新聞に隔週連載コラム「がんばれファイターズ」を執筆、亡くなる直前まで書き綴った。著書に「1998年『10・19』の真実—平成のパリーグを変えた日」「もうひとつの江夏の21球」「近鉄消滅・新生パ・リーグ誕生」「昭和プロ野球秘史『あの頃こんな球場があった』」「栄光の敗者たち—遙かなる猛牛戦士の伝説」「パ・リーグどん底時代—激動の昭和48年」などがある。

佐野 基人　さの・もとひと　浜松医科大学名誉教授　[専]寄生虫学, 風土病　[没]平成29年(2017)5月22日　86歳　[生]昭和5年(1930)8月1日　[出]山梨県　[学]日本大学獣医学部獣医学科卒　博士(医学)　[歴]浜松医科大学医学部教授の他、日越経済文化交流協会会長、国際風土病調査会会長などを歴任した。

佐野 隆治　さの・りゅうじ　神田外語グループ会長　佐野学園理事長　[没]平成29年(2017)3月18日　82歳〔病気〕　[生]昭和9年(1934)　[出]東京都　[学]慶応義塾大学〔昭和33年〕卒　[歴]昭和38年神田外語学院の前身であるセントラル米英語学院の経営に参画。62年千葉市に神田外語大学を創立。63年学校法人佐野学園の第3代理事長に就任、平成22年からは会長を務めた。　[家]長男＝佐野元泰(佐野学園理事長)

座波 政福　ざは・せいふく　座波建設創業者　[没]平成27年(2015)1月19日　91歳〔老衰〕　[生]大正12年(1923)3月30日　[出]沖縄県国頭郡本部町渡久地　[学]本部尋常小卒　[歴]昭和12年南洋興発に入社。26年座波商会を創業、スクラップなどを集めて本土に輸出し、沖縄の復興に貢献した。39年同商会から座波建設を分離・設立。座波建設グループの会長や相談役を務めた。

佐橋 薫　さはし・かおる　小牧市長　愛知県議　[没]平成27年(2015)4月28日　89歳〔心室細動虚血性心不全〕　[生]大正14年(1925)6月28日　[出]愛知県小牧市　[学]中京大学専科〔昭和38年〕中退　[歴]昭和38年より愛知県議を5期務め、議長などを歴任。小牧市商工会議所会頭を経て、54年小牧市長に当選。4期目途中の平成7年、小牧市が発注する公共工事を巡り収賄容疑で逮捕される。15年最高裁により懲役2年、執行猶予4年の有罪判決が確定した。

佐村 克己　さむら・かつみ　佐村薬局会長　日本薬剤師会副会長　[没]平成28年(2016)12月17日　75歳〔肺炎〕　[生]昭和16年(1941)6月15日　[出]山口県宇部市　[学]明治薬科大学薬剤学科〔昭和39年〕卒　[歴]昭和40年薬剤師の国家試験に合格、佐村薬局に入社。59年新川薬局社長、平成5年小松原薬局社長。山口県薬剤師会会長、日本薬剤師会副会長を歴任。　[賞]宇部市制70年市長賞, 山口県知事賞(薬事功労)〔平成8年〕, 厚生大臣表彰(薬事功労)〔平成10年〕　[資]薬剤師, 臨床検査技師

更家 章太　さらや・しょうた　サラヤ創業者　[没]平成27年(2015)1月31日　90歳〔老衰〕　[生]大正13年(1924)4月29日　[出]三重県熊野市　[学]大阪専門学校応用化学科卒　[歴]復員後、伝染病や食中毒予防のために必要な手洗いに着目し、液体石けんづくりに奔走。昭和27年三恵薬糧を設立、34年株式会社に改組してサラヤ化学工業、49年サラヤに改称。大阪市立工業研究所長・庄野唯衛が発明した殺菌剤ビオゾールを添加した殺菌・消毒用液体せっけん「パールパーム石鹸液」を発売。以後、36年携帯用うがい薬「コロロ」、41年「コロロ自動うがい器」、46年ヤシ油を主原料にした香料・色素無添加の食器用洗剤「ヤシノミ」、平成2年速乾性の手指消毒液「ヒビスコール液」などを開発。洗剤や消毒液の分野で市場開拓を進めた。　[賞]黄綬褒章〔平成5年〕, 勲五等瑞宝章〔平成10年〕　[家]長男＝更家悠介(サラヤ社長)

沢 昭裕　さわ・あきひろ　21世紀政策研究所研究主幹　資源エネルギー庁資源燃料部政策課長　東京大学先端科学技術研究センター教授　[専]エネルギー政策　[没]

さ

平成28年(2016)1月16日　58歳〔膵臓がん〕　[生]昭和32年(1957)10月2日　[出]大阪府　[学]一橋大学経済学部〔昭和56年〕卒, プリンストン大学ウッドローウィルソン行政大学院修了　M.P.A.(プリンストン大学)　[歴]昭和56年通商産業省(現・経済産業省)に入省。平成9年工業技術院人事課長として産業技術総合研究所の設立に従事。13年経済産業研究所の設立に携わり、研究部長、コンサルティングフェローを務める。経済産業省産業技術環境局環境政策課長としては京都議定書批准問題を手がける。15年資源エネルギー庁資源燃料部政策課長。16年東京大学先端科学技術研究センター教授、19年21世紀政策研究所研究主幹。国際環境経済研究所所長、キヤノングローバル戦略研究所リサーチ・オーガナイザーも務めた。エネルギー政策の論客で、原発再稼働の必要性を指摘した。著書に「エコ亡国論」「精神論ぬきの電力入門」などがある。

さ

沢 ちひろ　さわ・ちひろ　作詞家　[没]平成28年(2016)2月〔心不全〕　[生]3月17日　[歴]昭和60年レベッカに提供した「ラブ・イズ・Cash」で作詞家デビュー。以後、うしろゆびさされ組、西城秀樹、高井麻巳子、渡辺満里奈、近藤真彦などのアイドル系や、アン・ルイス、沢田知可子、BEGINなどのロック・ニューミュージック系を中心に作品を提供。のち小説、エッセイ、脚本執筆などの分野でも幅広く活動。沢田知可子の大ヒット曲「会いたい」が新しいアルバムに収録された際、無断で歌詞を改変されたとして、平成26年販売元や沢田の所属事務所代表を提訴したが、27年訴訟を取り下げた。

沢 英彦　さわ・ひでひこ　詩人　文芸評論家　歌人　高知学芸高校教頭　[没]平成27年(2015)9月22日　89歳〔誤嚥性肺炎〕　[生]大正15年(1926)4月7日　[出]高知県香南市　[学]日本大学経済学部(通信)卒　[歴]国語教師の傍ら、執筆活動を行う。評論集「漱石文学の愛の構造」で寺田寅彦記念賞を受賞した。他の著書に「文学の草の根―漱石から有正へ」「漱石と寅彦」「夏目漱石の百年」、詩集に「振子」「海辺の墓地」「土地舟」「北斗の鳥」「時の雫」、歌集に「麦の穂」がある。　[賞]寺田寅彦記念賞「漱石文学の愛の構造」

沢 恩　さわ・めぐみ　岩手大学農学部教授　[専]育種学　[没]平成28年(2016)8月1日　92歳〔肺炎〕　[生]大正13年(1924)1月1日　[出]長野県長野市　[学]盛岡高農卒　農学博士　[歴]岩手大学農学部助教授を経て、教授。

沢井 鈴一　さわい・すずいち　郷土史家　[専]愛知県　[没]平成27年(2015)7月21日　76歳〔肝臓がん〕　[生]昭和14年(1939)　[出]愛知県春日井市　[学]明治大学文学部卒　[歴]名古屋市の市邨学園高校(現・名古屋経済大市邨高校)で国語教師を務めながら、郷土史を研究。退職後は堀川の再生運動にも力を尽くした。平成21～22年中日新聞夕刊で「名古屋開府300年の博覧会」を連載した。著書に「名古屋広小路ものがたり」「名古屋大須ものがたり」「名古屋の街道をゆく」などがある。

沢井 余志郎　さわい・よしろう　市民運動家　四日市再生・公害市民塾代表　四日市公害を記録する会代表　四日市ぜんそくの語り部　[没]平成27年(2015)12月16日　87歳〔心不全〕　[生]昭和3年(1928)8月3日　[出]静岡県浜名郡雄踏町(浜松市)　[学]浜松工紡織科〔昭和20年〕卒　[歴]四日市市の東亜紡織泊工場に勤務の時、女子工員の生活記録を「母の歴史」としてまとめ、戯曲「明日を紡ぐ娘たち」として上演される。その運動で解雇され、昭和30年から四日市の地区労働組合協議会事務局員となる。平成2年定年退職。昭和30年代から四日市市コンビナート周辺でぜんそく患者が急増すると(四日市ぜんそく)、38年から反公害運動に参加。43年には一人で“四日市公害を記録する会”を作り、ガリ版刷りの「記録・公害」を発行。59年その一部を「くさい魚とぜんそくの証文」と題して出版。平成11年まで公害被害者の声を拾い続けた。また、四日市公害訴訟では原告患者を陰から支え、昭和47年同訴訟は原告の全面勝訴。勝訴判決25周年の平成9年に四日市再生・公害市民塾を設立、公害の歴史と教訓を次世代に伝えるために尽力した。ボランティア「公害語りべ」、龍谷大学非常勤講師も務めた。他の編・著書に「四日市公害記録写真集」、「四日市公害市民運動記録集」(全4巻)、「紡績女子工員生活記録集」(全7巻)などがある。[賞]小砂丘忠義賞(第3回)〔昭和30年〕「働く娘たちのつづり方運動」「母の歴史」, 田尻賞(第5回)〔平成8年〕「四日市公害に取り組み綿密な記録, 資料収集は市民運動のよりどころとなった」, 中日新聞社会功労賞(第54回)〔平成18年〕

沢口 昭一　さわぐち・しょういち　琉球大学医学部教授　[専]眼科学　[没]平成28年(2016)9月22日　61歳〔膵臓がん〕　[出]新潟県　[歴]平成10年琉球大学医学部教授に就任、26～27年同大附属病院副院長。沖縄県民に多い閉塞隅角緑内障の予防や治療方法の確立に尽くし、17年には久米島で緑内障の大規模疫学調査などを実施した。

沢田 昭夫　さわだ・あきお　筑波大学名誉教授　[専]近代ヨーロッパ史, イギリス史, 教会史, 歴史理論, 史学史, 国際関係史　[没]平成27年(2015)3月24日　86歳〔出血性ショック〕　[生]昭和3年(1928)10月5日　[出]米国・ワシントン　[学]東京大学文学部西洋史学科〔昭和26年〕卒, 東京大学大学院修了, ボン大学大学院〔昭和32年〕博士課程修了　M.A.(コーネル大学), Ph.D.(ボン大学)　[歴]コーネル・フォーダム、ロンドン、ボンの各大学に留学。昭和33年南山大学講師、36年助教授、42年教授を経て、51年筑波大学教授。のち日本大学教授。平成8年東京純心女子大学現代文化学部教授、図書館長も務めた。英国の思想家トーマス・モアの研究者で、「論文の書き方」はベストセラーになった。他の著書に「アクトン」「トーマス・モア」「外国語の習い方」、共編著に「原典による歴史学の歩み」、訳書にトーマス・モア「ユートピア」などがある。　[団]西洋史学会, 社会思想史学会, 国際政治学会, 日本EU学会, ルター学会, 基督教学会, 日本トマス・モア協会, 日本文化会議, 日英協会, Historical Association, Amici Mori(国際モア協会)　[家]妻＝沢田マルガレーテ(高千穂商科大学教授)

沢田 一精　さわだ・いっせい　参院議員(自民党)　熊本県知事　[没]平成28年(2016)3月4日　94歳〔膵臓がん〕　[生]大正10年(1921)10月6日　[出]熊本県下益城郡小川町(宇城市)　[学]熊本中〔昭和14年〕卒, 七高造士館〔昭和17年〕卒, 京都帝国大学法学部政治学科〔昭和19年〕卒　[歴]昭和22年内務省に入省。建設省、経済

日　本　人　　　　　　　　　　　　　さわた

企画庁を経て、熊本県総務部長、35年副知事を務める。37年11月参院熊本選挙区補選で自民党から当選。40年再選。46年熊本県知事に転じると、水俣病問題の解決に尽力。48年に水俣病第一次訴訟で勝訴した患者らと原因企業のチッソが補償協定を結んだ際には三木武夫環境庁長官ら3人と立会人を務めた。また、チッソ支援策として県債を発行したりもした。4選を目指した58年の県知事選では、細川護熙との党公認候補調整に敗れ、3期で引退。同年参院熊本選挙区から参院議員に復帰。平成元年の参院選では党の公認を外れたが、無所属で立候補して当選。3年復党。通算4期務め、7年引退。9年自民党熊本県連会長。三塚派。　🎖勲一等旭日大綬章〔平成7年〕

沢田 英史　さわだ・えいじ　歌人　⊗平成27年（2015）9月13日　64歳　⊕昭和25年（1950）10月11日　東京都　🏫神戸大学大学院中退。兵庫県立高校教師の傍ら、短歌に取り組み、歌誌「ポトナム」に参加。平成10年「異客」で角川短歌賞を受賞。他の歌集に「さんさしおん」がある。　🏆角川短歌賞（第43回）〔平成10年〕「異客」

沢田 孝子　さわだ・たかこ　胡弓奏者　国風音楽会大師範　⊗平成29年（2017）4月28日　89歳〔肺炎〕　⊕愛知県名古屋市　🏅技巧的な奏法、繊細な音色を特徴とする名古屋系胡弓の第一人者で、後進の育成にも努めた。

沢田 勉　さわだ・つとむ　相撲指導者　愛工大名電高相撲部監督　⊗平成28年（2016）10月1日　63歳　🏅相撲経験がないながらも愛工大名電高の相撲部監督に就任、30年以上にわたって指導。大相撲の幕内力士となった朝乃若や武雄山らを育てた。

澤田 照夫　さわだ・てるお　大阪府立大学名誉教授　航空宇宙工学　⊗平成27年（2015）10月7日　93歳　⊕大正11年（1922）5月8日　🏠大阪府河内長野市　🎓大阪帝国大学工学部航空学科〔昭和20年〕卒　工学博士　🏫昭和26年大阪府立浪速大学（現・大阪府立大学）助手、33年講師、34年助教授を経て、39年教授。61年名誉教授となり、岡山理科大学教授。平成元年没。🎖勲三等旭日中綬章〔平成10年〕　🏛日本航空宇宙学会、日本機械学会、日本ガスタービン学会

沢田 寿夫　さわだ・としお　弁護士　ICC国際仲裁裁判所副所長　上智大学名誉教授　🎓国際取引法、国際取引　⊗平成28年（2016）4月1日　82歳　⊕昭和8年（1933）6月29日　🏠東京都渋谷区広尾　🎓中央大学法学部〔昭和33年〕卒、コロンビア大学大学院〔昭和39年〕修了、ミシガン大学大学院〔昭和41年〕修了　法学博士（ミシガン大学）〔昭和42年〕　🏫米国エコノメトリック研究所研究員、昭和37年コロンビア大学パーカー比較法研究員、39年ハーバード大学客員を経て、41年上智大学助教授、48年教授。56〜62年国連国際商取引委員会日本政府代表。平成元年よりICC国際仲裁裁判所副所長を務めた。共著に「国際取引法講義」、編著に「新国際取引ハンドブック」がある。　🏛国際法学会、日本仲裁人協会

沢田 敏男　さわだ・としお　京都大学総長・名誉教授　ベルー工科大学名誉教授　🎓農業土木、ダム工学　⊗平成29年（2017）10月18日　98歳〔急性心不全〕　⊕大正8年（1919）5月4日　🏠三重県名賀郡青山町（伊賀市）　🎓京都帝国大学農学部農林工学科〔昭和17年〕卒　農学博士　🏫昭和21年京都大学大学院特別研究生、24年農学部助教授、34年教授。農学部長、学生部長を経て、54〜60年学長。農業用ダム、中でもフィルダムを専門とし、戦後の愛知用水など大規模な水利開発計画にダムを中心として参加。フィルダムとコンクリートダムを合わせた複合ダムにおいては継ぎ目の部分に3次元的な曲面構造を採用することで、2つのダムをピッタリ組み合わせる方法を確立。この理論は滋賀県永源寺ダムで初めて適用され、以後国の内外に普及した。61年日本学術振興会会長、平成8年関西文化学術研究都市の中核施設、国際高等研究所所長を歴任。昭和62年日本学士院賞受賞、平成6年文化功労者、17年文化勲章受章。🏆日本学士院賞（第77回）〔昭和62年〕、文化功労者〔平成6年〕、ドイツ連邦共和国功労勲章大功労十字章〔昭和61年〕、勲一等瑞宝章〔平成3年〕、文化勲章〔平成17年〕、青山町名誉町民、韓国慶北大学名誉哲学博士、農業土木学会賞〔昭和58年〕、読売農学賞〔昭和59年〕「貯水ダムの設計に関する研究」、日本農学賞〔昭和59年〕「貯水ダムの設計に関する研究」、京都府文化賞特別功労賞（第11回）〔平成5年〕　🏛日本学士院会員〔平成1年〕　🏛農業土木学会、土質工学会、土木学会

沢田 博行　さわだ・ひろゆき　タイガースポリマー社長　⊗平成27年（2015）3月25日　73歳〔胃がん〕　⊕昭和16年（1941）7月19日　🏠大阪府大阪市　🎓甲南大学経済学部〔昭和39年〕卒　🏫昭和36年タイガースゴム取締役、42年社長に就任。48年タイガースポリマーと改称、平成12年東証第2部、17年東証第1部に上場。21年会長。　👪長男＝沢田宏治（タイガースポリマー専務）

沢田 真史　さわだ・まさふみ　公認会計士　税理士　日本公認会計士協会副会長　⊗平成28年（2016）12月29日　67歳〔膵臓がん〕　⊕昭和24年（1949）11月5日　🎓関西学院大学商学部〔昭和47年〕卒　🏫昭和52年税理士登録、54年公認会計士登録。57年沢田公認会計士事務所（現・仰星監査法人）を設立、代表社員に就任。11〜13年日本公認会計士協会近畿会会長、13〜22年日本公認会計士協会副会長。26〜28年関西学院大学専門職大学院経営戦略研究科教授、26年ダイワボウホールディングス監査役。27年仰星監査法人を退職。著書に「会計プロフェッショナルの矜持」などがある。

沢田 靖司　さわだ・やすし　ジャズ歌手　⊗平成29年（2017）4月18日　77歳〔腎不全〕　⊕昭和14年（1939）12月5日　🏠東京市四谷区（東京都新宿区）　🎓日大二高卒　🏅ジャズ歌手で、昭和39年稲垣次郎4でプロデビュー。ミッキー・カーチス＆バンガーズでヒルトン・ホテルの世界チェーンを廻る。その後、杉原淳とサラブレッズにて日本テレビ系の深夜番組「11PM」などで演奏。自己のカルテット、カンサスシティ・シャッフルのリーダーとして活動。ピアノ、フルート、サックスなどの演奏もこなすマルチプレイヤーとして活躍した。　🏆ツムラ・ジャズヴォーカル

賞奨励賞（第9回）〔平成5年〕，日本ジャズボーカル大賞（平成17年度）

沢村 源乃丞（5代目） さわむら・げんのじょう　舞踊家　紀美本流宗家　[没]平成28年（2016）4月13日　67歳〔内臓疾患〕　[名]本名＝木下吉幸（きのした・よしゆき）　[歴]新舞踊の紀美本流の宗家を務めた。

沢村 重一 さわむら・しげかず　北海道リハビリー理事長　西村食品工業社長　[没]平成29年（2017）6月20日　99歳〔肺炎など〕　[生]大正6年（1917）9月28日　[出]北海道札幌市　[学]小樽高商〔昭和14年〕卒　[歴]幼い頃に両親を失い、西村久蔵の援助を受けて小樽高等商業学校に進む。昭和14年首席で卒業して満州化学工業に入社。15年兵役で陸軍経理学校を経て関東軍へ。シベリア抑留後、23年復員、西村食品専務。北海道簿記専門学校校長代理、北海道放送映画会社総務部長を経て、42年西村食品工業社長。平成4年会長、8年相談役。一方、昭和46年より障害者授産施設を運営する北海道リハビリー理事を兼任。昭和51年には札幌市に障害者のみで靴の修理や合い鍵作りを請け負うシュリーの店を開いた他、聴覚障害者が接客する100円ケーキの店・Kioskリリーも札幌市に開業。障害者の雇用創出に尽くした。平成5年北海道リハビリー理事長。15年自己破産した。　[賞]札幌市社会福祉功労賞，北海道産業貢献賞

沢村 龍馬 さわむら・りゅうま　脚本家　中部経済新聞福井支局長　青少年育成福井県民会議会長　[没]平成29年（2017）4月18日　90歳　[生]昭和2年（1927）2月10日　[歴]福井新聞社に入社。政経、社会各副部長、新福井新聞社社会部長を経て、脚本家として日活映画やテレビ脚本を数多く手がける。その後、中部経済新聞福井支局長。青少年育成福井県民会議会長、岡倉天心福井県顕彰会常任顧問も務めた。著書に「岡倉天心の生涯」がある。

沢本 正樹 さわもと・まさき　東北大学名誉教授　[専]水工学　[没]平成28年（2016）9月17日　71歳〔大腸がん〕　[生]昭和20年（1945）2月20日　[学]東京工業大学理工学部土木工学科〔昭和43年〕卒　工学博士　[歴]東北大学工学部教授を務めた。著書に「流れの力学—水理学から流体力学へ」などがある。　[賞]土木学会賞論文奨励賞〔昭和52年〕「振動流の乱流遷移と抵抗係数に関する研究」　[団]土木学会，日本流体力学会，水文・水資源学会，日本リモートセンシング学会，日本写真測量学会，国際水資源学会

三五 十五 さんご・じゅうご　芸人　[没]平成27年（2015）3月3日　52歳〔肺腺がん〕　[生]昭和37年（1962）3月16日　[出]茨城県　[名]本名＝小林裕司（こばやし・ゆうじ），グループ名＝電撃ネットワーク（でんげきねっとわーく），TOKYO SHOCK BOYS（とうきょうしょっくぼーいず）　[歴]平成2年電撃ネットワークを結成し、オールナイトフジでデビュー、過激な肉体芸を見せるグループとして一躍有名になる。メンバーは他に、リーダーの南部虎弾、ダンナ小柳、ギュウゾウ。自身は司会の他、チェンソーの白刃取りなどの芸を得意とした。3年からTOKYO SHOCK BOYSの名で海外公演を積極的に展開。4年モントリオールで笑いの国際大会「ジャスト・フォー・ラーフス」に参加、世界一の評価を受けた。ゲームソフト「ストリートファイター2」のテーマCD「ブランカが街にやってきた」も発売。バー・BAD・TASTE（東京・三軒茶屋）も経営した。

三条 正人 さんじょう・まさと　歌手　[没]平成29年（2017）10月5日　74歳〔マントル細胞リンパ腫〕　[生]昭和18年（1943）1月30日　[出]滋賀県大津市　[名]本名＝渡辺正好（わたなべ・まさよし），グループ名＝鶴岡雅義と東京ロマンチカ（つるおかまさよしととうきょうろまんちか）　[学]法政大学　[歴]法政大学在学中の昭和38年、コーラスグループを結成。42年ムード歌謡コーラスグループの鶴岡雅義と東京ロマンチカに初代リードボーカルとして参加、同年「粉雪のラブレター」と、歌詞に手を入れてご当地色を強めた「小樽のひとよ」をほぼ同時に発売してレコードデビューを果たし、後者が150万枚を超える大ヒットとなった。以後、「旅路のひとよ」「君は心の妻だから」「北国の町」とヒットを放って、43年からNHK「紅白歌合戦」に6回連続で出場、フジテレビ「夜のヒットスタジオ」にも毎週レギュラー出演した。甘い歌声と七三分けの二枚目で、“女心を歌わせたら日本一”といわれ、人気を博した。57年独立後はソロで歌手活動を続け、平成5年「愛のぬけがら」を発売。同年歌手生活30周年の記念リサイタルを開催。14年東京ロマンチカを再結成し、15年グループに復帰した。この間、昭和48年女優の香山美子と結婚。　[賞]日本演歌大賞演歌友情賞（第1回）〔昭和50年〕　[家]妻＝香山美子（女優）

三条 美紀 さんじょう・みき　女優　[没]平成27年（2015）4月9日　86歳〔鬱血性心不全〕　[生]昭和3年（1928）8月25日　[出]京都府京都市右京区嵯峨天竜寺北造路町　[名]本名＝佐藤幹子（さとう・みきこ）　[学]桜水女子商〔昭和21年〕卒　[歴]昭和21年大映東京撮影所の経理課に勤めるが、22年演技課に転じ、佐藤美紀の名で「君かと思いて」に映画初出演。次いで三条美紀と改名し、同年「踊子物語」に主演した。その後、三益愛子と「母」「母燈台」「母椿」などで母子役を演じ、人気を博す。24年には黒沢明監督「静かなる決闘」に出演した。34年よりフリー。47年引退したが、50年市川崑監督「犬神家の一族」でカムバック。他の出演作に、映画「流れる星は生きている」「舞台は廻る」「嵐の中の姉妹」「火の鳥」「わが一高時代の犯罪」「大地の侍」「病院坂の首縊りの家」「細雪」など。舞台やテレビドラマでも活躍した。女優の紀比呂子は長女。　[家]長女＝紀比呂子（女優）

三笑亭 夢丸 さんしょうてい・ゆめまる　落語家　[没]平成27年（2015）3月7日　69歳〔中咽頭がん〕　[生]昭和20年（1945）10月4日　[出]神奈川県横浜市　[名]本名＝坂田宏（さかた・ひろし），前名＝三笑亭夢八　[学]金沢高〔昭和39年〕卒　[歴]昭和39年2代目三笑亭夢楽に入門、夢八。42年二ツ目となり、53年真打ちに昇進して夢丸を名のる。日本テレビの朝のワイドショー番組「ルックルックこんにちは」で長く番組リポーターを務め、全国約3000ケ所を訪問。テレビ「3時のあなた」「11PM」などにも出演するが、40歳でタレント活動を引退した。古典落語の保護・創生のため、平成13年から「夢丸新江戸噺」として江戸を舞台にした新作落語の一般公募を行う。16年より落語芸術協会理事を務めた。著書に「新しいかくし芸アイデア集」「夢丸の日本

列島釣りある記」「えんぜる—夢丸新江戸噺」などがある。 [団]落語芸術協会 [師]師＝三笑亭夢楽(2代目)

三条西 古都 さんじょうにし・こと 香道家 [没]平成27年(2015)10月21日 86歳 [生]昭和4年(1929)2月23日 [家]夫＝三条西実謙(＝尭雲, 22代目宗家), 長男＝三条西公彦(＝尭水, 23代目宗家)

三杯 恒夫 さんばい・つねお 日本興業銀行常務 [没]平成28年(2016)7月23日 87歳〔肺炎〕 [生]昭和3年(1928)8月14日 [出]石川県珠洲市 [学]東京大学経済学部〔昭和26年〕卒 [歴]昭和26年日本興業銀行(現・みずほ銀行)に入行。業務部参事、証券部次長、企画室参事、調査部副部長、50年調査部長、52年取締役、56年常務。57年昭和軽金属に移り副社長。61年昭和アルミニウム缶顧問、62年西部石油社長に就任。9年会長。

三瓶 芳徳 さんぺい・よしのり 福島第二中学校長 福島県篆刻会会長 [専]音楽教育 [没]平成28年(2016)3月15日 97歳〔老衰〕 [生]大正7年(1918)6月7日 [出]福島県 [学]福島師範本科〔昭和14年〕卒 [歴]茂庭中、信陵中、福島二中の校長を歴任。福島県篆刻会会長も務めた。 [賞]勲五等瑞宝章〔平成1年〕, 文部大臣教育功労賞〔昭和53年〕 [師]師＝佐藤広市

座馬 井邨 ざんま・せいそん 書家 木筆会主宰 読売書法会参事 [専]かな [没]平成27年(2015)8月21日 99歳〔老衰〕 [生]大正5年(1916)1月31日 [出]岐阜県美濃加茂市 [名]本名＝座馬乙丙(ざんま・おつへい) [学]岐阜県師範学校〔昭和11年〕卒 [歴]教員の傍ら、かな書家の宮本竹逕に師事し、主に日展で活動。木筆会を主宰。「書は自分の作品で勝負」と自詠歌を作り、仮名書にしたためた。平成26年まで日展へ出品。岐阜県書作家協会常任顧問、寒玉書道顧問会を務めた。著書に「歌集・清韻」「自詠書作集 清韻」がある。 [賞]紺綬褒章, 岐阜新聞大賞教育文化賞〔昭和63年〕, 美濃加茂市特別文化功労者顕彰, 岐阜市民栄誉賞 [団]日展, 読売書法会 [師]師＝宮本竹逕

産本 真作 さんもと・しんさく 住友建設社長 [没]平成27年(2015)3月2日 80歳〔胆嚢がん〕 [生]昭和9年(1934)7月22日 [出]広島県尾道市 [学]京都大学工学部建築科〔昭和32年〕卒 [歴]昭和32年住友建設(現・三井住友建設)に入社。59年取締役、62年常務、平成2年専務を経て、同年社長。11年会長。 [賞]藍綬褒章〔平成9年〕

三遊亭 円歌(3代目) さんゆうてい・えんか 落語家 落語協会会長 [没]平成29年(2017)4月23日 88歳 [生]昭和4年(1929)1月10日 [出]東京市向島区寺島町(東京都墨田区) [名]本名＝中沢円法(なかざわ・えんぽう), 旧姓・名＝古川, 前名＝三遊亭歌治, 三遊亭歌奴(2代目) [学]岩倉鉄道学校中退 [歴]学徒動員で山手線新大久保駅に配属され駅員を務めていたが、吃音を直すために落語家に転身。敗戦直後の昭和20年9月、2代目三遊亭円歌に入門して三遊亭歌治を名のる。23年2代目三遊亭歌奴で二ツ目。吃音体験を表現として生かし、“山のアナ、アナ…”とドイツの詩人カール・ブッセの詩を引用した新作落語「授業中」が評判になって爆発的な人気を呼び、同じく二ツ目の初代林家三平と人気を二分し、ともに二ツ目ながらトリを取った経験を持つ。初めて眼鏡をかけた落語家でもある。33年戦後入門組として初めて真打ちに昇進。45年3代目三遊亭円歌を襲名。「浪曲社長」「中沢家の人々」「月給日」などテンポの良い新作落語を送り出した。平成8年5代目柳家小さんの後を引き継いで落語協会会長に就任、18年まで務めた。この間、昭和60年56歳で日蓮宗の僧門に入り、円法を名のった。のち改名して円法を本名とした。 [賞]勲四等旭日小綬章〔平成14年〕, 芸術祭賞優秀賞〔昭和46年〕, 浅草芸能大賞(第9回)〔平成4年〕 [師]師＝三遊亭円歌(2代目)

三遊亭 円雀(5代目) さんゆうてい・えんじゃく 落語家 [没]平成28年(2016)1月4日 66歳〔脳梗塞〕 [生]昭和24年(1949)3月22日 [出]東京都世田谷区 [名]本名＝柳本修(やなぎもと・おさむ), 前名＝三遊亭はる馬 [学]烏山高卒 [歴]昭和43年4代目三遊亭円馬に入門し、はる馬。46年二ツ目、58年真打ちに昇進して5代目円雀を襲名。「唐茄子屋政談」「紙入れ」「妾馬」「錦の袈裟」などを得意とした。また、落語仲間のデキシーバンド・にゅうおいらんずでクラリネットとボーカルを務めた。 [師]師＝三遊亭円馬(4代目)

【し】

椎木 正和 しいき・まさかず 三洋信販創業者 [没]平成28年(2016)7月16日 88歳〔肺炎〕 [生]昭和3年(1928)2月20日 [出]福岡県行橋市 [学]九州工業学校〔昭和18年〕中退 [歴]警察官や質屋勤務を経て、昭和34年北九州市で三洋商事を設立。消費者金融事業を成長させ、46年福岡市に本社を移す。47年三洋信販と改称。のち社長兼会長を務め、平成9年会長職に専念。13年マイカルカード(現・ポケットカード)会長、同年同社社長を兼務。15年会長職に専念。19年消費者金融大手のプロミス(現・SMBCコンシューマーファイナンス)による三洋信販への株式公開買付けが行われ、同社はプロミスに買収された。また、大分県別府市の別府アルゲリッチ音楽祭を運営するアルゲリッチ芸術振興財団名誉理事も務め、音楽祭の第1回から資金提供を続けた他、音楽祭総監督であるピアニストのマルタ・アルゲリッチの功績を顕彰する別府市のしいきアルゲリッチハウスの建設費全額と専用ピアノ「マルティータ」も寄付した。 [家]長男＝椎木昭生(三洋信販社長)

椎名 もた しいな・もた ミュージシャン [没]平成27年(2015)7月23日 20歳 [生]平成7年(1995)3月9日 [出]石川県小松市 [名]本名＝溝口遼, 別名＝ぽわぽわP [歴]幼い頃からギター、ドラム、エレクトーンなどを嗜み、中学2年の時よりパソコンなどを使った音楽制作に取り組む。インターネットの動画投稿サイト「ニコニコ動画」に“ボーカロイド”と呼ばれる音声合成・DTMソフトを用いた作品を投稿、“ぽわぽわP”の名前で活動し、「ストロボラスト」などの〈ストロボ〉シリーズで注目を集める。平成23年初頭に活動を休止するが、半年後に活動を再開。24年椎名もたの名前でアルバム「夢のまにまに」を発表。25年セカンドアルバム「アルターワー・セツナポップ」を発表。27年3月サード

アルバム「生きる」をリリースするが、7月20歳で急死した。

塩井 末幸　しおい・すえゆき　プレナス創業者　[没]平成28年(2016)12月7日　85歳〔心不全〕　[生]昭和6年(1931)10月14日　[出]長崎県佐世保市　[学]西海高〔昭和23年〕卒　[歴]昭和35年佐世保市でレジスターなど事務機器を扱う太陽事務機を設立。55年「ほっかほっか亭」チェーンの九州地域本部を設立して弁当業界に参入。平成2年福岡市に本社を移転し、プレナスに社名変更。10年会長。11年ほっかほっか亭(東京)を買収、業界最大手チェーンとなったが、20年離脱して新ブランド「HottMotto(ほっともっと)」を創設。定食店「やよい軒」なども含め、全国3000店舗にのぼるチェーン店の基礎を築く。27年名誉会長。16年佐世保出身の福岡県在住者で作る在福佐世保人会を設立、20年まで初代会長を務めた。　[家]二男＝塩井辰男(プレナス社長)

塩入 明　しおいり・あきら　王子製紙副社長　[没]平成27年(2015)7月1日　83歳〔肺炎〕　[生]昭和7年(1932)2月29日　[出]東京都　[学]東京工業大学機械工学科〔昭和29年〕卒　[歴]昭和29年王子製紙(現・王子ホールディングス)に入社。62年取締役、平成3年常務、5年専務を経て、7年副社長。

塩川 忠巳　しおかわ・ただみ　小諸市長　[没]平成29年(2017)4月6日　100歳〔老衰〕　[生]大正6年(1917)2月1日　[出]長野県北佐久郡南大井村(小諸市)　[学]北佐久農卒　[歴]長野県南大井村役場に入り、合併後は小諸市で水道部長や消防長、助役を歴任。昭和51年以来市長に5選。平成8年引退。長野県市長会会長や長野県市町村振興協会理事長も務めた。　[賞]勲四等旭日小綬章〔平成8年〕

塩川 正十郎　しおかわ・まさじゅうろう　衆院議員(自民党)　財務相　内閣官房長官　文相　運輸相　自治相　国家公安委員長　東洋大学総長　[没]平成27年(2015)9月19日　93歳〔肺炎〕　[生]大正10年(1921)10月13日　[出]大阪府布施市(東大阪市)　[学]慶応義塾大学経済学部〔昭和19年〕卒　[歴]父・塩川正三は初代布施市長で、7人きょうだいの2番目の長男。慶応義塾大学に進み、昭和18年明治神宮外苑競技場で開催された学徒出陣壮行会に慶応の代表団の一員として参加。中国戦線に送られ、敗戦を迎えた。21年復員。戦後はマラリアの療養生活を経て、32年布施市青年会議所理事長となり、布施市助役や東大阪3市合併協議会事務局長も経験。42年衆院選旧大阪4区から初当選、通算11期。福田派に属し、47年通産政務次官、51年内閣官房副長官、54年衆院商工常任委員長。55年鈴木善幸内閣の運輸相として初入閣。58年衆院安全保障特別委員長。61年9月日韓併合を正当化する発言が原因で更迭された藤尾正行の後任として文相に就任。平成元年宇野内閣では内閣官房長官。2年3月自民党税制調査会長となったが、間もなく胃がんが発覚。それまで政治家は病気を隠すことが当たり前だった中での手術・入院の公表は話題となった。税調会長としては地価高騰を抑えるために地価税の導入を行った。3年宮沢内閣の自治相兼国家公安委員長に就任、また、政治改革の断行のために設置された党政治改革推進本部の本部長代理として、同本部の実質的な責任者となった。7年党総務会長。8年落選して引退を考えたが、橋本龍太郎総裁・加藤紘一幹事長より立候補を要請され、12年の衆院選で返り咲き。福田派の系譜を引く安倍派では加藤六月、三塚博、森喜朗と並んで“四天王”と目され、引き続き三塚派、森派に属して重きをなした。13年の総裁選に森派の小泉純一郎が立候補すると同陣営の選挙対策委員長を担い、小泉内閣では79歳の高齢ながら財務相に就任。14年9月の小泉改造内閣でも留任。すぐカッとなる性格から“瞬間湯沸かし器”のあだ名があったが、財務相就任後は高齢と飄々として愛敬のある関西弁の語り口から“塩爺”の愛称で人気を博し、“塩爺”は13年のユーキャン新語・流行語大賞でトップテン入りした。15年9月財務相を退任、11月の衆院選には立候補せず政界を引退。この間、平成元年〜12年東洋大学理事長、16年総長。同年〜22年関西棋院理事長。著書に「佳き凡人をめざせ」などがある。　[賞]勲一等旭日大綬章〔平成12年〕　[家]父＝塩川正三(布施市長), 弟＝塩川二朗(大阪大学名誉教授)

塩川 祐一　しおかわ・ゆういち　九州大学大学院医学研究院准教授　[専]循環器外科学　[没]平成29年(2017)3月24日　64歳　[出]福岡県宮若市　[学]九州大学大学院医学研究科病理学専攻〔平成1年〕修了　医学博士(九州大学)〔平成2年〕　[歴]平成元年福岡市立こども病院感染症センター心臓血管外科医長、8〜9年オランダのアムステルダム大学血管病理学教室に留学。16年熊本市立熊本市民病院小児心臓外科部長、19年九州大学大学院医学研究院助教、同年九大病院講師を経て、22年診療准教授、25年九大大学院医学研究院准教授。　[団]日本外科学会, 日本胸部外科学会, 日本心臓血管外科学会, 日本小児循環器学会

塩川 喜信　しおかわ・よしのぶ　全学連委員長　東京大学農学部農業経済学科助手　トロツキー研究所所長　[没]平成28年(2016)7月30日　81歳〔肺炎〕　[生]昭和10年(1935)6月27日　[学]東京大学文学部東洋史学科卒, 東京大学大学院農学研究科農業経済学専攻〔昭和35年〕博士課程修了　[歴]東京大学の学生時代に60年安保闘争や砂川闘争に参加し、全日本学生自治会総連合(全学連)委員長となる。東大大学院を経て、東大農学部助手(農業経済学専攻)に採用されると、1960年代後半の東大闘争の中で“助手共闘”を結成し、全共闘運動に参加。1970年代には臨時職員問題にかかわった。平成8年3月助手のまま退官。その後、神奈川大学非常勤講師やトロツキー研究所所長を務めた。著書に「高度産業社会の臨海点—新しい社会システムを遠望する」などがある。

塩沢 昭　しおざわ・あきら　長野県議(県政会)　[没]平成28年(2016)3月22日　86歳〔老衰〕　[生]昭和5年(1930)2月25日　[出]長野県飯田市　[学]上伊那農卒　[歴]飯田市農業委員、同社会教育委員を経て、飯田市議、市会議長。平成3年長野県議選飯田市区に自民党から当選。14年副議長。3期務めた。自民党を経て、県政会。飯田ケーブルテレビ社長も務めた。　[賞]旭日小綬章〔平成16年〕

塩水流 忠夫　しおずる・ただお　郷土史家　山之口町(宮崎県)教育長　[専]宮崎県　[没]平成27年(2015)2月16日　95歳〔老衰〕　[出]宮崎県都城市　[歴]都城市立妻

ケ丘中学、五十市中学、都農町立都農中学の各校長、宮崎教育事務所長、山之口町教育長を歴任。退職後は高城町史編集委員、都城史談会顧問、高城の昔を語る会顧問などを務めた。平成25年3～6月宮崎日日新聞に自分史「遥かなる遍歴の後に」を105回連載した。 [賞]勲五等双光旭日章〔平成3年〕, 文部大臣表彰(2回)

塩田 透 しおた・とおる 警察庁東北管区警察局長 [没]平成27年(2015)7月23日 61歳〔胆管がん〕 [生]昭和28年(1953)7月28日 [出]福島県福島市 [学]東京大学法学部〔昭和52年〕卒 [歴]昭和52年警察庁に入庁。平成14年8月群馬県警本部長、16年8月警察庁関東管区警察局監察部長、18年7月岡山県警本部長、20年8月東北管区警察局長。21年10月退任。退官後、全日本交通安全協会専務理事を務めた。

塩谷 忠男 しおたに・ただお 太陽神戸銀行頭取 [没]平成29年(2017)9月23日 100歳〔老衰〕 [生]大正6年(1917)9月17日 [出]石川県松任市(白山市) [学]東京商科大学(現・一橋大学)〔昭和16年〕卒 [歴]昭和16年大蔵省(現・財務省)に入省。37年東海財務局長、39年財務調査官、40年日本銀行政策委員。41年日本相互銀行(のち太陽神戸三井銀行, さくら銀行, 現・三井住友銀行)常務に転じ、46年専務、52年副頭取を経て、53年頭取に就任。58年会長、62年取締役相談役、平成3年相談役。 [賞]勲二等旭日重光章〔昭和62年〕

塩月 弥栄子 しおつき・やえこ 茶道家 裏千家淡交会理事 国際茶道文化協会専務理事 日本青少年研究所理事 [専]茶道を通じての人間美の探究, 衣食住, 生き方, 身だしなみ, 話し方 [没]平成27年(2015)3月8日 96歳〔老衰〕 [生]大正7年(1918)4月4日 [出]京都府京都市 [名]旧姓・名＝千 [学]二条高女卒 [歴]裏千家14代千宗室の長女。昭和23年茶道教室・養和会を主宰して茶道の普及に努める。33年日本政府文化使節としてインド・ビルマ・欧米に派遣される。37年NHKテレビのクイズ番組「私の秘密」にレギュラー解答者として出演、人気を得た。41年万博準備委員会委員、42年内閣婦人問題懇談会委員などを歴任。45年現代に即したマナーと常識を綴った「冠婚葬祭入門」を光文社のカッパ・ブックスから出版、続編と合わせた4冊で計600万部を超える大ベストセラーとなった。他の著書に「気ばたらきのすすめ」「古風のすすめ」「女四十代からの生き方にはコツがある」「塩月弥栄子95歳 思いのままに生きなさい」などがある。 [賞]勲四等宝冠章〔平成3年〕, 新風賞(第5回)〔昭和45年〕「冠婚葬祭入門」, ルイーズ・ポメリー賞(第8回)〔平成8年〕 [家]父＝千宗室(淡々斎, 14代家元), 二女＝五藤礼子(茶道家), 妹＝桜井良子(茶道家), 弟＝千宗玄(鵬雲斎, 15代家元), 納屋嘉治(淡交社会長)

塩野崎 宏 しおのざき・ひろし 歌人 明星大学人文学部教授 NHK国際局渉外部長 神奈川県歌人会会長 [専]近現代短歌研究, 短歌創作 [没]平成27年(2015)8月7日 86歳〔心不全〕 [生]昭和4年(1929)4月13日 [出]北海道函館市末広町 [学]東京外国語大学〔昭和26年〕卒 [歴]NHK国際局渉外部長などを経て、ABU(アジア太平洋放送連合)東京事務所長に就任。退職後、明星大学教授。一方、昭和21年「一路」に入会、27年同人。50～52年日本短歌雑誌連盟事務局長。53～56年日本歌人クラブ中央幹事。平成10～14年2度目の中央幹事。10年以後、短歌雑誌「純林」編集発行。神奈川県歌人会会長、横浜歌人会会長も歴任。6～25年神奈川新聞「かながわの歌壇時評」を担当。英語が堪能で、短歌の国際化にも努めた。著書に歌集「書き込みのある地図」「空白の多い地球儀」「流木海図」「海馬輯冊」「時間の距離」、「塩野崎宏集 自解150歌選」「歌人山下陸奥伝」「中米の素顔」「パナマ地峡秘史」などがある。 [賞]通訳案内業免許〔昭和26年〕 [団]日本歌人クラブ, 現代歌人協会, 日本アジア協会, 横浜歌人会, 神奈川県歌人会, 横浜文芸懇話会

塩野谷 祐一 しおのや・ゆういち 経済学者 一橋大学学長・名誉教授 国立社会保障・人口問題研究所所長 [専]経済理論, 経済哲学 [没]平成27年(2015)8月25日 83歳〔肺がん〕 [生]昭和7年(1932)1月2日 [出]愛知県豊橋市 [学]名古屋大学経済学部〔昭和28年〕卒, 一橋大学大学院経済学研究科〔昭和33年〕博士課程修了 経済学博士(一橋大学)〔昭和59年〕 [歴]昭和33年一橋大学助手、34年講師、39年助教授を経て、47年教授。平成元年～4年学長を務めた。7年厚生省(現・厚生労働省)社会保障研究所長、のち国立社会保障・人口問題研究所所長、国際医療福祉総合研究所副所長。国民生活審議会会長、医療保険審議会会長などを歴任。22年名古屋大学特別教授。経済学の倫理的側面に関する研究に尽力。経済学と倫理学の整合性を模索した研究成果は、日本の社会科学のひとつの到達点とされる。3年日本学士院賞を受け、14年には文化功労者に選ばれた。第18期日本学術会議会員。著書に「経済成長論」「福祉経済の理論」「現代の物価」「価値理念の構造」「シュンペーターの経済観」「経済哲学原理」「ロマン主義の経済思想」などがある。 [賞]日本学士院賞〔平成3年〕「価値理念の構造」, 文化功労者〔平成14年〕「経済哲学の研究」, 瑞宝重光章〔平成17年〕, 日経・経済図書文化賞(第28回・32回)〔昭和60年・平成1年〕「価値理念の構造」「長期経済統計 推計と分析(全14巻)」 [団]経済学史学会, 日本イギリス哲学会, 日本経済学会, 日本経済政策学会

塩見 孝也 しおみ・たかや 新左翼活動家 共産同赤軍派議長 [没]平成29年(2017)11月14日 76歳〔心不全〕 [生]昭和16年(1941)5月22日 [出]大阪府 [名]筆名＝一向健 [学]京都大学文学部 [歴]父親は医師で、広島県尾道で育つ。昭和37年京都大学文学部に入学。大学生協でアルバイトを始めたことから学生運動に関わるようになり、共産主義者同盟(ブント)関西派として活動。京都府学連書記長、社学同書記長を経て、ブント内の対立から、44年共産同赤軍派を結成して議長に就任、“武装蜂起”を掲げる。45年3月日航機よど号ハイジャック事件の直前に事件を計画したとして爆発物取締法、ハイジャック防止法などで逮捕され、以後、13年半小菅の東京拘置所で過ごす。49年には獄中で赤軍派(プロ革)を結成したが、53年組織から除名される。55年1月東京地裁で懲役18年の実刑判決が出され、57年刑が確定。東京・府中刑務所で獄中生活を送った。逮捕以来20年余を経て、平成元年12月満期出所。2年ハイジャック事件のリーダーで、事件後朝鮮民主主義人民共和国(北朝鮮)に渡った田宮高麿と同国で再会。8年3月新党自主日本の会を結成、発起人となる。出所

し

後、赤軍派時代の自らの武装闘争路線は誤りだったと総括。東京都清瀬市の市営駐車場に勤める傍ら、トークショーなどに出演したり評論活動を行う。22年生前葬を営んで話題に。27年には清瀬市議選に無所属で立候補。反原発運動にも参加した。著書に「塩見孝也論叢」「一向過渡期世界論の防衛と発展のために」「封建社会主義と現代—塩見孝也獄中論文集」「赤軍派始末記—元議長が語る40年」など。

塩谷 順耳　しおや・じゅんじ　郷土史家　秋田県立博物館次長　秋田県歴史研究者・研究団体協議会会長　[専]秋田県　[没]平成29年(2017)3月7日　87歳〔病気〕　[生]昭和5年(1930)　[出]秋田県秋田市　[学]東北大学大学院文学研究科〔昭和31年〕修士課程修了　[歴]秋田県教育庁文化課、県立秋田高校などを経て、昭和62年～平成2年秋田県立博物館次長。23～28年秋田県歴史研究者・研究団体協議会会長。秋田県の中世史研究で知られた。著書に「秋田地方史の諸問題」などがある。　[賞]文部科学省地域文化功労者(平成13年度)

塩谷 勝　しおや・まさる　宮城県農業短期大学教授　[専]農業土木学　[没]平成28年(2016)3月18日　78歳〔病気〕　[生]昭和13年(1938)1月3日　[学]宇都宮大学農学部総合農学科卒　[歴]宮城県農業短期大学助教授、教授を務めた。

塩谷 喜雄　しおや・よしお　日本経済新聞論説委員　[専]科学, 技術, 環境　[没]平成29年(2017)9月30日　71歳〔下咽頭がん〕　[生]昭和21年(1946)9月24日　[出]福島県　[学]東北大学理学部〔昭和46年〕卒　[歴]昭和46年日本経済新聞社に入社。東京本社編集局科学技術部次長兼編集委員を経て、平成11年論説委員。コラム「春秋」「中外時評」などを担当した。22年退社。著書に「『原発事故報告書』の真実とウソ」がある。

塩山 紀生　しおやま・のりお　アニメーター　[没]平成29年(2017)4月13日　77歳〔焼死〕　[生]昭和15年(1940)3月28日　[出]熊本県　[歴]昭和36年上京。41年アニメ界入り。はてなプロ、OHプロを経て、日本サンライズに入る。デビュー作は「ハリスの旋風」で、初キャラクターデザインは「無敵鋼人ダイターン3」。監督の高橋良輔と組むことが多く、「太陽の牙ダグラム」でチーフ作画監督を務めた他、「装甲騎兵ボトムズ」「機甲界ガリアン」「鎧伝サムライトルーパー」などでも作画監督・キャラクターデザインを担当。サンライズ・ロボットアニメの一つの型を作り上げた。平成29年埼玉県三郷市の団地の自宅が全焼し、亡くなった。

志賀 一夫　しが・かずお　衆院議員(社会党)　[没]平成27年(2015)4月10日　89歳〔心筋梗塞〕　[生]大正14年(1925)7月28日　[出]福島県田村郡滝根町(田村市)　[学]東京商科大学(現・一橋大学)中退　[歴]福島県滝根町議2期を経て、昭和42年以来福島県議に5選。社会党福島県本部委員長などを歴任。61年衆院選旧福島2区に立候補。平成2年同区から当選、1期務めた。5年落選。　[賞]藍綬褒章, 旭日小綬章〔平成19年〕

志賀 史光　しが・しこう　大分大学学長・名誉教授　[専]分析化学, 地球化学・陸水化学, 公害問題　[没]平成27年(2015)1月25日　90歳　[生]大正13年(1924)11月30日　[出]福岡県福岡市　[学]福岡高〔昭和19年〕卒, 九州帝国大学理学部化学科〔昭和22年〕卒　[歴]福岡高校教諭を経て、昭和26年大分大学学芸学部助手、28年講師、35年助教授、44年教育学部教授。48年学生部長、51年教育学部附属小学校校長、56年教育学部長を務め、61年学長に就任。平成元年退任。2年退官。環境問題の専門家で、大分新産業都市の公害問題に積極的に関わった。　[賞]勲二等瑞宝章〔平成12年〕, 地域環境保全功労者〔昭和58年〕, 大分合同新聞文化賞〔平成4年〕　[団]日本化学会, 日本分析化学会, 日本陸水学会

志賀 文岳　しが・ふみたか　志賀学園理事長　[没]平成29年(2017)11月26日　67歳〔肺がん〕　[歴]学校法人志賀学園理事長、社会福祉法人松涛会理事長、磐城高同窓会会長などを務めた。　[家]長男＝志賀達生(志賀学園副理事長)

志賀 芳彦　しが・よしひこ　写真家　[専]北海道の自然風景, 航空写真撮影　[没]平成29年(2017)12月3日　88歳〔多臓器不全〕　[生]昭和4年(1929)10月8日　[出]北海道紋別郡西興部村　[名]本名＝志賀芳彦(しが・よしひこ)　[学]国民学校高等科2年〔昭和19年〕卒　[歴]青年期までオホーツク沿岸の湧別町に住む。昭和30年大雪山の魅力に惹かれ、上川郡上川町に移住。大雪山とオホーツクを中心に写真撮影を行う。36年プロとして独立。48年写真集「大雪」を発表。同年個展「大雪讃歌」を東京西武百貨店他で開催。49～51年USAタイムライフ社の特写「未踏の大自然シリーズ」を担当。62年より北の大地をテーマにした航空写真による作品創りを開始。個展「大地との対話」をフジフォトサロン札幌で開催。他の写真集に「大雪山」「白い太陽」などがあり、平成29年集大成となる写真集「大地の鼓動」の完成直後に病死した。　[賞]日本写真文化協会賞〔昭和48年〕, 上川町文化賞〔昭和48年〕, 日本写真協会賞年度賞〔昭和49年〕「大雪」, 上川町教育文化功労賞〔昭和57年〕, 東川賞特別賞〔昭和60年〕, 国立公園写真コンテスト厚生大臣賞〔昭和43・44年〕　[団]日本写真協会, 日本写真家協会, 北海道写真協会

四方 洋　しかた・ひろし　ジャーナリスト　「サンデー毎日」編集長　[没]平成28年(2016)4月29日　80歳〔特発性間質性肺炎〕　[生]昭和10年(1935)5月26日　[出]兵庫県西宮市　[学]京都大学文学部卒　[歴]昭和35年毎日新聞社に入社。東京本社社会部副部長、人事第二部長、53年1月～59年9月「サンデー毎日」編集長、「夕刊毎日」編集長を経て、編集委員、特別報道部編集委員、編集室委員室委員、62年学生新聞本部長。58年文化放送・月～金曜朝7時の「おはようキャスター四方洋です」を担当。平成元年退職後は文化放送「号外サタデー」、テレビ東京「東京探検」に出演し、IBC専務、東邦大学教授を歴任。著書に「離婚の構図」「土着権力」「マイウェイ・ハイウェイ—道のロマンにかけた男たち」「いのちの開拓者—福祉施設の人間の記録」などがある。　[賞]文化放送賞〔平成1年〕　[団]日本記者クラブ, 高速道路調査会

四方 正義　しかた・まさよし　京都工芸繊維大学名誉教授　京都短期大学学長　[専]蚕糸学　[没]平成28年(2016)3月11日　93歳〔肺炎〕　[生]大正11年(1922)10月9日　[学]台北帝国大学農学部〔昭和20年〕卒　農学博士(九州大学)　[歴]昭和21年京都繊維専門学校講師、26年京都工芸繊維大学助手、34年助教授を経て、53年教

授。61年退官。京都短期大学学長、学校法人成美学苑理事長も務めた。 [団]日本蚕糸学会, 日本熱帯農業学会

敷田 稔 しきた・みのる 名古屋高検検事長 [専]刑法, 国際司法 [没]平成29年(2017)9月12日 85歳〔慢性心不全〕 [生]昭和7年(1932)2月13日 [出]福岡県北九州市 [学]九州大学法学部〔昭和29年〕卒, ハーバード大学ロースクール卒 [歴]昭和29年司法修習生。31年検事に任官、神戸地検検事。間もなくハーバード大学に留学し、以後法務総合研究所教官、国連社会防衛課勤務、アジア極東犯罪防止研修所長など異色の国際派検事となる。61年4月最高検検事、7月法務省矯正局長、62年12月京都地検検事正、平成元年6月法務総合研究所長、3年12月広島高検検事長を経て、5年7月名古屋高検検事長。7年2月定年退官。5年ごとに行われる国連犯罪防止世界会議に、昭和40年以来9回連続して参加、平成2年ハバナ会議では議長を務めた。同年より国際刑法刑務財団副会長を務め、退官後、国連NGOのアジア刑政財団理事長、国際検察官協会(IAP)副会長。11年中国・上海の華東政法学院名誉教授。18年IAPより初の国際検察官協会名誉賞を受けた。 [賞]勲二等旭日重光章〔平成14年〕, 国際検察官協会名誉賞〔平成18年〕

式場 壮吉 しきば・そうきち レーシングドライバー シキバエンタープライズ代表 [没]平成28年(2016)5月16日 77歳〔肝不全〕 [生]昭和14年(1939)2月9日 [出]千葉県 [学]成城大学〔昭和35年〕卒 [歴]早稲田書房を経て、トヨタ自動車に勤務。昭和38年第1回日本グランプリ(GP)のC5クラスにトヨタ・コロナで優勝。39年の第2回日本GPではポルシェ904を駆り、生沢徹が操るプリンス・スカイライン2000GTとのデッドヒートを制して連覇を達成。同年レーシングドライバーを引退してシキバエンタープライズを個人創業。40年株式に改組し代表となる。「レーシングメイト」ブランドで自動車のドレスアップ市場を開拓した他、自動車雑誌「カーマガジン」の編集にも携わるなど、草創期の日本レーシング界を牽引。53年台湾出身の歌手・欧陽菲菲と再婚して話題を呼んだ。 [家]妻＝欧陽菲菲(歌手)

茂田 欣一 しげた・きんいち 福岡銀行専務 [没]平成27年(2015)5月10日 94歳〔老衰〕 [生]大正9年(1920)5月14日 [出]福岡県福岡市 [学]中学修猷館〔昭和13年〕卒, 福岡高〔昭和17年〕卒, 九州帝国大学法文学部〔昭和19年〕卒 [歴]昭和18年海軍に入隊、21年海軍中尉で復員。23年福岡銀行に入行、52年専務。55年退任。

重田 照雄 しげた・てるお 彫刻家 金沢大学名誉教授 [没]平成28年(2016)10月6日 82歳〔盲腸がん〕 [生]昭和9年(1934)5月10日 [出]鳥取県鳥取市 [学]東京芸術大学美術学部彫刻科卒 [歴]昭和54年から金沢大学教育学部教授を務めた。 [団]モダンアート協会

重田 英明 しげた・ひであき 伊予テレビ専務 愛媛新聞取締役 [没]平成28年(2016)8月26日 86歳〔脳出血〕 [生]昭和5年(1930)2月10日 [出]山口県岩国市 [学]松山語専〔昭和25年〕卒 [歴]昭和25年愛媛新聞社に入社。運動部長代理、社会部長、報道一部長、今治支社長、編集局次長、事業局次長、58年事業局長、平成元年取締役。3年伊予テレビ取締役に転じ、4年常務、6年専務。

重渕 雅敏 しげふち・まさとし 東陶機器社長 北九州商工会議所会頭 [没]平成29年(2017)5月3日 81歳〔肺炎〕 [生]昭和10年(1935)7月4日 [出]福岡県田川郡添田町 [学]九州大学工学部〔昭和33年〕卒 [歴]昭和33年東洋陶器(のち東陶機器, 現・TOTO)に入社。58年取締役、62年常務、平成4年専務、6年副社長を経て、10年社長。15年会長、21年相談役、24年最高顧問、26年特別顧問。昭和52年に同社が海外に本格進出したインドネシアで陣頭指揮を執り、その後も海外での生産や販売の強化に取り組む。社長時代には住宅新築着工件数の減少により、平成11年3月期の決算で上場以来初の最終赤字に陥ったが、リフォーム事業を推進して業績を回復させた。また、15年北九州商工会議所副会頭、16〜22年会頭を務めた。 [賞]旭日重光章〔平成24年〕, 日本セラミックス協会創立百周年記念技術功労賞〔平成3年〕, 井上春成賞〔平成10年〕, 大倉喜七郎賞(第38回)〔平成21年〕

重松 敏則 しげまつ・としのり 九州大学名誉教授 [専]造園学 [没]平成28年(2016)8月22日 71歳〔慢性呼吸不全急性憎悪〕 [生]昭和20年(1945)6月15日 [出]愛媛県 [学]大阪府立大学農学部園芸農学科〔昭和45年〕卒, 大阪府立大学大学院農学研究科造園学専攻〔昭和47年〕修士課程修了 農学博士 [歴]昭和50年大阪府立大学農学部助手、平成2年講師を経て、九州芸術工科大学(現・九州大学)教授。21年定年退官。NPO法人日本環境保全ボランティアネットワーク理事長。この間、ロンドン大学ワイ・カレッジで客員研究。昭和50年より里山林の保全・管理について実験調査に基づく生態学的研究を継続、63年よりその成果を活用して市民参加による里山管理の潜在力と展開について実践的な研究に取り組んだ。著書に「市民による里山の保全・管理」「新しい里山再生法」などがある。 [賞]日本造園学会賞(研究論文部門, 昭和63年度)「二次林のレクリエーション的活用に関する生態学的研究」 [団]日本造園学会, 農村計画学会, 日本林学会

重松 秀一 しげまつ・ひでかず 信州大学名誉教授 [専]腎臓病理学 [没]平成29年(2017)5月4日 77歳〔脳出血〕 [生]昭和14年(1939)8月7日 [出]長野県松本市 [学]千葉大学医学部医学科卒, 千葉大学大学院医学研究科病理学専攻博士課程修了 医学博士 [歴]千葉大学医学部勤務を経て、昭和54年〜平成17年信州大学医学部教授。腎臓病理の第一人者として知られた。 [賞]日本腎臓財団学術賞(第14回)〔平成2年〕「腎炎の発症, 進展, 修復に関する病理学的研究」, 日本小児腎臓病学会奨励賞(平成5年度)「血清病腎炎におけるマクロファージの役割－第2報－」, 国際腎病理学会永年功労賞〔平成27年〕

重松 宗男 しげまつ・むねお 住友商事専務 西友副社長 [没]平成27年(2015)9月18日 74歳〔病気〕 [生]昭和16年(1941)2月9日 [出]愛知県 [学]東京大学法学部〔昭和39年〕卒 [歴]昭和39年住友商事に入社。法務部長を経て、平成5年取締役、9年常務、13年専務。15

し

年西友取締役執行役EVP、16年取締役、のち副社長を務めた。

重村 栄 しげむら・さかえ　熊本県議（自民党）　㉘平成28年（2016）3月19日　66歳〔膵臓がん〕　㊗昭和24年（1949）7月7日　㊦熊本県荒尾市　㊎有明高専卒　㊍国会議員秘書などを経て、昭和62年荒尾市議に当選。平成15年から熊本県議に4選。26年副議長。4期目途中の28年、病死した。

茂山 忠茂 しげやま・ただしげ　詩人　㉘平成29年（2017）10月4日　89歳〔前立腺がん〕　㊗昭和2年（1927）　㊦鹿児島県大島郡伊仙町（徳之島）　㊎教員養成所卒　㊍戦時中16歳で地元奄美の教員となり、以後、鹿児島県内の小・中学校に勤務。教師の傍ら、昭和20年頃から詩作を始め、詩や短歌などを同人誌に発表。鹿児島県作文の会会長、日本作文の会県委員を務める。62年鹿児島市宇宿小学校を最後に退職。平成9年詩集「不安定な車輪」で壺井繁治賞と南日本文学賞を受賞。奄美の歴史を踏まえた作品が多い。民主文学同盟員、詩人会議運営委員、鹿児島県詩人協会会長。歌誌「にしき江」同人。著書に「低学年児に対する話し方技術」「友だち・遊び・やさしさ」、詩集に「さたぐんま」「蒼い牢獄」「茂山忠茂詩撰集」など。　㊞壺井繁治賞（第25回）〔平成9年〕「不安定な車輪」、南日本文学賞（第25回）〔平成9年〕「不安定な車輪」

肉倉 正男 ししくら・まさお　俳優　㉘平成29年（2017）3月29日　83歳〔肺炎〕　㊗昭和8年（1933）4月16日　㊦東京都　㊎本名＝肉倉宝正（ししくら・ほうしょう）　㊎立正大学仏教学部卒、立正大学大学院仏教学研究科哲学専攻中退　㊍昭和36年劇団民芸俳優教室に入り、「アンネの日記」「炎の人」など多くの舞台に出演。59年旅公演中の「セールスマンの死」で主演の滝沢修が負傷した際には代役を務めた。25年9月に東京で上演された「集金旅行」が最後の舞台となった。　㊞桜野彦九郎劇団演技賞「大桜剣劇団」

宍戸 恭一 ししど・きょういち　三月書房店主　㊏現代史、社会運動史　㉘平成29年（2017）1月22日　95歳　㊗大正10年（1921）　㊦京都府京都市　㊎慶応義塾大学〔昭和22年〕卒　㊍昭和15年慶大入学、復員後共産党に入党するが、路線対立の中で除名。大学を出て京都に戻る。25年京都市寺町二条上ルに岳父が開店した新刊書店の三月書房を、1970年代後半に継承。ベストセラーは扱わず、思想書や歌集などを取りそろえた独自の品揃えで全国的に知られ、高橋和巳ら多くの文化人が通った。現代史、社会運動史の在野の研究者としても優れた実績を持ち、現代史研究を主宰した。著書に「現代史の視点──進歩的知識人論」「三好十郎との対話」などがある。　㊗長男＝宍戸立夫（三月書房店主）

宍戸 昌夫 ししど・まさお　横浜市立大学名誉教授　㊏公衆衛生学　㉘平成27年（2015）11月26日　99歳〔急性呼吸不全〕　㊗大正5年（1916）11月26日　㊦愛知県刈谷市　㊎北海道帝国大学医学部医学科卒　医学博士　㊍横浜市立大学医学部教授を務めた。

宍野 勝文 ししの・かつふみ　画家　㉘平成28年（2016）11月21日　74歳〔肺炎〕　㊦鹿児島県肝属郡肝付町岸良　㊎武蔵野美術大学卒　㊍働きながら武蔵野美術大学通信課程を卒業し、鹿児島県内の中学校で美術教師を務めた。昭和53年南日本美術展で第2回パリ賞を受け、パリへ留学。国内外の風景画や抽象表現を取り入れた作品を描いた。　㊞南日本美術展パリ賞〔昭和53年〕、安田火災美術財団奨励賞展準大賞秀作賞（第19回、平成11年度）「森の祭り」　㊍創元会

四島 司 ししま・つかさ　福岡シティ銀行頭取　㉘平成27年（2015）2月23日　90歳　㊗大正14年（1925）1月1日　㊦福岡県福岡市　㊎筑紫中〔昭和20年〕卒、慶応義塾大学経済学部〔昭和24年〕卒　㊍福岡相互銀行の前身である福岡無尽の創立者・四島一二三の二男。昭和26年福岡相互銀行に入行。31年取締役業務部長、32年常務、42年専務を経て、44年44歳で頭取に就任。平成元年普通銀行に転換して福岡シティ銀行と改称。取引先である九州の地場企業の育成に努め、外食大手のロイヤルホールディングス、家電量販店のベスト電器、半導体の三井ハイテック、住宅地図のゼンリンなどが国内有数の企業へと育った。その後、競争の激化や不良債権問題などで経営危機に陥り、14年ライバルである西日本銀行との統合を決断。15年西日本シティ銀行発足と同時に、責任を取って頭取を退いた。この間、昭和39年福岡青年会議所理事長、56年全国相互銀行協会（現・第二地方銀行協会）会長などの他、次世代のビジネスリーダーを育てるため、平成16年NPO法人の九州・アジア経営塾（KAIL）を設立して初代塾長を務めた。文化芸術の振興にも力を注ぎ、8年福岡に全国で初めて劇団四季の専用劇場として福岡シティ劇場（現・キャナルシティ劇場）を開場させた。　㊞コマンダトーレ勲章（イタリア）、勲二等瑞宝章〔平成7年〕、毎日経済人賞（第6回）〔昭和60年〕　㊗父＝四島一二三（福岡無尽創立者）

鎮目 和夫 しずめ・かずお　内分泌学者　東京女子医科大学名誉教授　鎮目記念クリニック名誉院長　㉘平成27年（2015）8月16日　91歳〔肺炎〕　㊗大正13年（1924）1月28日　㊦東京都新宿区　㊎東京帝国大学医学部医学科〔昭和21年〕卒　医学博士〔昭和27年〕　㊍昭和22年東京帝国大学医学部冲中内科教室に入局、26～29年米国オレゴン大学へ留学。31年東京大学助手、39年講師、43年虎の門病院内分泌科部長を経て、47年東京女子医科大学内科学主任教授、59年同大内分泌疾患総合医療センター所長。この間、日本内分泌学会会長、成長科学協会理事長などを歴任。平成元年東京女子医科大学名誉教授。のち鎮目記念クリニック院長。第15期日本学術会議会員。著書に「下垂体疾患を見逃さないために」「鎮目和夫教授の甲状腺の病気」「治療の長びく症状はホルモン病を疑え」「成長ホルモン物語」「ホルモン博士・Dr.シズメが答える　オトコの悩み・オンナの悩み53」などがある。　㊞紫綬褒章〔昭和19年〕「内分泌学研究」、スウェーデン北極星勲章〔昭和63年〕、勲三等瑞宝章〔平成6年〕、米国医師会ヘクトン・ブロンズ・メダル〔昭和29年〕、日本医師会医学賞〔昭和56年〕「成長ホルモンに関する基礎的臨床的研究」、日本内分泌学会甲状腺分科会三宅賞〔昭和59年〕「バセドウ病治療の研究」、日本内分泌学会賞特別功労賞〔平成14年〕㊍日本内分泌学会、日本内科学会　㊗弟＝鎮目恭夫（科学評論家）

信太 金昌 しだ・きんしょう　日本画家　㉘平成27年（2015）1月6日　94歳〔肺炎〕　㊗大正9年（1920）1

月19日　[出]秋田県山本郡金岡村（三種町）　[名]号＝金昌（きんしょう）　[学]東京美術学校日本画科〔昭和19年〕卒　[歴]昭和19年文部省（現・文部科学省）文化財美術研究所に勤務。戦前は新文展、戦後は当初日展に出品するが、23年第1回展より創造美術展に出品。28年新制作協会日本画部会員となる。以後、新制作展、創画展に出品を続けた。風景を中心に花鳥も描く。著書に「風景十二ケ月」。　[賞]紺綬褒章〔平成16年〕，創造美術展佳作賞（第2回）〔昭和25年〕，新作家賞〔昭和26年・27年〕「森の夢」「伝説のある森」，日本美術振興会日本画賞〔昭和28年〕「伝説のある森」　[団]創画会（創立会員）

市東 富夫　しとう・とみお　住友商事常務　[没]平成27年（2015）5月19日　87歳〔肺がん〕　[生]昭和2年（1927）9月26日　[出]千葉県　[学]東京商科大学（現・一橋大学）〔昭和28年〕卒　[歴]昭和28年住友商事に入社。56年取締役を経て、60年常務。

シーナ　ロック歌手　[没]平成27年（2015）2月14日　61歳〔子宮頸がん〕　[生]昭和28年（1953）11月23日　[出]福岡県北九州市若松　[名]本名＝鮎川悦子（あゆかわ・えつこ），グループ名＝シーナ＆ロケッツ（しーなあんどろけっつ）　[歴]福岡・博多のライブハウスでロックバンド“SONHOUSE”の演奏を聴いてファンになり、リーダーでギタリストの鮎川誠と結婚。昭和53年鮎川らと4人組ロックバンド“シーナ＆ロケッツ”を結成、ボーカルを担当。同年シングル「涙のハイウェイ」でデビュー。54年アルファレコードに移籍、細野晴臣のプロデュースとイエロー・マジック・オーケストラ（YMO）のバックアップを得て、アルバム「真空パック」を発表、「ユー・メイ・ドリーム」がヒットした。57～59年出産のため休業。グループ結成10周年の63年には、ニューヨークで初レコーディングを行う。ロックンロールを追求し続け、日本のロック界では異例の長寿を誇るバンドとして知られた。21年自伝「YOU MAY DREAM ユー・メイ・ドリーム―ロックで輝きつづけるシーナの流儀」を刊行。他のアルバムに「メインソングス」「#9」「ハハハ HARD DRUG」「ROCK IS ALRIGHT」「@HEART」「ロック・ザ・ロック」「爆音ミックス」「JAPANIK」などがある。長女の鮎川陽子はモデルとして活躍。27年がんのため亡くなった。　[家]夫＝鮎川誠（ミュージシャン），長女＝鮎川陽子（モデル）

品川 鈴子　しながわ・すずこ　俳人　「ぐろっけ」主宰　[没]平成28年（2016）10月29日　84歳　[生]昭和7年（1932）2月19日　[出]愛媛県新居浜市　[学]神戸女子薬専〔昭和26年〕卒　[歴]昭和26年「白燕」に入会、橋閒石に師事。33年山口誓子主宰の「天狼」に所属、53年より同人。平成6年「ぐろっけ」を創刊、神戸市を拠点に26年に終刊するまで主宰を務めた。句集に「水中花」「漠」「鈴蘭」「真澄」「船出」「六香」「鰭」、著書に「誓子の宇宙」「誓子の素粒子」などがある。　[賞]七曜賞〔昭和41年〕，現代芸術賞〔平成1年〕，神戸文化活動功労賞〔平成9年〕　[団]日本文芸家協会，俳人協会，連句協会，国際俳句交流協会，大阪俳句史研究会　[師]師＝橋閒石，山口誓子

品川 孝子　しながわ・たかこ　家庭教育評論家　[専]児童心理学，家庭教育　[没]平成28年（2016）1月27日　94歳〔虚血性心不全〕　[生]大正11年（1922）1月3日　[出]新潟県妙高市　[学]日本女子大学家政学部卒　[歴]田中教育研究所、主婦の友社で教育相談に携わる。また、NHK教育相談、新聞の教育相談なども担当。フリーの評論家として講演、放送、執筆などで活躍した。児童心理、家庭教育の研究が専門で、夫の品川不二郎との共著も多い。著書に「三歳までにこれだけは」「九歳までにこれだけは」「親がしつけで迷うとき」「親でなければできない教育〈正・続〉」「反抗期―その時親は」などがある。　[団]日本心理学会　[家]夫＝品川不二郎（東京学芸大学名誉教授）

品川 達夫　しながわ・たつお
⇒馬見塚 達雄（まみずか・たつお）を見よ

篠崎 青童　しのざき・せいどう　俳人　「つくも」主宰　[没]平成29年（2017）2月17日　84歳〔心不全〕　[生]昭和7年（1932）3月23日　[出]千葉県　[名]本名＝篠崎純一（しのざき・じゅんいち）　[歴]昭和22年頃より作句。「春蘭」「東虹」を経て、35年「好日」に入会。61年「つくも」を創刊・主宰。平成15～25年千葉日報読者文芸「日報俳壇」選者を務めた。句集に「鍬だこ人生」「青いわらべ唄」などがある。　[賞]好日賞〔昭和40年〕，白雲賞〔昭和62年〕

篠崎 年子　しのざき・としこ　参院議員（社会党）　[没]平成29年（2017）10月6日　99歳〔胃がん〕　[生]大正7年（1918）6月12日　[出]長崎県佐世保市　[学]長崎県女子師範〔昭和12年〕卒　[歴]昭和12年に教員となり、佐世保市の国民学校で敗戦を迎える。戦後は二度と教え子を戦場に送るまいと日教組で反戦運動に参加。退職後の46年、佐世保市議に初当選、3期務める。58年長崎県議に当選、1期。平成元年参院選長崎選挙区に社会党（現・社民党）から立候補し、革新系として長崎県内初の女性参院議員に当選。7年まで1期務めた。

篠沢 秀夫　しのざわ・ひでお　フランス文学者　学習院大学名誉教授　[専]フランス文学（現代文学），文体学　[没]平成29年（2017）10月26日　84歳　[生]昭和8年（1933）6月6日　[出]東京都大田区　[学]学習院大学文学部〔昭和32年〕卒，東京大学大学院人文科学研究科仏語仏文学専攻〔昭和34年〕修士課程修了，パリ大学文学部現代フランス文学免状取得〔昭和35年〕　[歴]昭和34年フランス政府給費留学生として渡仏。37年学習院大学文学部非常勤講師、38年明治大学法学部専任講師、41年助教授、46年教授を経て、48年学習院大学文学部教授。平成16年定年退職。言語学の一部であった文体論を「文体学」として独立させ独自の方法を展開。保守派の論客としても知られた。著書に「篠沢フランス文学（I～V）」「文体学原理」「日本国家論」「教授のオペラグラス―ニッポンと西洋」「軽井沢、日比谷、パリ」「だから皇室は大切なのです」、訳書にロラン・バルト「神話作用」、ピエール・キエ「バシュラールの思想」など。また、教え子の付き添いとして出演したこ

し

とがきっかけで、昭和52年よりテレビの人気クイズ番組「クイズダービー」(TBS系)に解答者として出演。識者が座ることになっていた"1枠"を担当、「愉快、愉快」が口癖の"教授"として珍答・迷名ぶりと司会の大橋巨泉とのやりとりで人気を博した。平成21年難病の筋萎縮性側索硬化症(ALS)を発症。自宅療養しつつ、精力的に執筆、講演活動を続けた。 [賞]シュバリエデュタートヴン〔平成8年〕, 瑞宝中綬章〔平成25年〕 [団]日本フランス語フランス文学会, 日本文体論学会, 記号学会, 日本文芸家協会

篠塚 昭次 しのずか・しょうじ 民法学者 早稲田大学名誉教授 [専]土地法, 都市問題 [没]平成28年(2016)12月29日 88歳〔肺炎〕 [生]昭和3年(1928)11月24日 [出]神奈川県横浜市 [学]早稲田大学法学部〔昭和26年〕卒 法学博士〔昭和37年〕 [歴]昭和27年早稲田大学助手、42年教授。日本土地法学会が災害後の復興策を考えようと「東京地震―復興と法律問題」をメインテーマに大会を開いた際、事務局長を務めた。日本土地法学会理事長などを歴任。主著に「借地借家法の基本問題」「論争民法学」(全5巻)「不動産法の常識」「判例コンメンタール民法」(全3巻)「土地所有権と現代」「都市の再生」「都市の風景」「民法よみかたとしくみ」「改正借地借家法(逐条討議)」「土地法口話」(全2巻)「民法口話」(全5巻)などがある。 [団]日本土地法学会, 日本私法学会, フランス土地学会

篠田 晃 しのだ・あきら 名糖産業社長 [没]平成28年(2016)10月16日 96歳〔肺炎〕 [生]大正9年(1920)1月1日 [出]東京都 [学]東京帝国大学農学部農芸化学科〔昭和20年〕卒 農学博士〔昭和36年〕 [歴]恩師の推薦で入社した会社を2度変わり、昭和25年富士製薬(現・名糖産業)に入社。46年常務、54年社長、平成5年会長。 [賞]藍綬褒章〔昭和62年〕, 勲四等旭日小綬章〔平成4年〕, 日本農芸化学技術賞〔昭和45年〕「デキストランの工業的製造法の確立」, 大河内記念技術賞〔昭和57年〕「アルカリ性醗酵法による有用酵素の開発とこれを用いるシクロデキストリン製造技術の確立」

篠田 和久 しのだ・かずひさ 王子製紙社長 日本経済団体連合会副会長 [没]平成27年(2015)7月26日 68歳〔原発不明がん〕 [生]昭和21年(1946)11月15日 [出]愛知県小牧市 [学]一橋大学法学部〔昭和44年〕卒 [歴]昭和44年王子製紙に入社、財務などの管理部門を歩む。平成13年執行役員、17年常務を経て、18年社長。同年北越製紙(現・北越紀州製紙)に敵対的な株式公開買い付け(TOB)を仕掛け、話題を呼んだ。24年会長。同年純粋持株会社制へ移行し、商号を王子ホールディングスとする。この間、22年日本経済団体連合会(経団連)評議員会副議長、24～27年副会長。22～24年日本製紙連合会会長も務めた。

篠田 公隆 しのだ・きみたか 日本軽金属専務 [没]平成29年(2017)7月9日 95歳〔循環器不全〕 [生]大正11年(1922)1月29日 [出]岐阜県 [学]東京帝国大学工学部応用化学科〔昭和19年〕卒 [歴]日本軽金属に入社。昭和51年取締役、54年常務を経て、57年専務。

篠田 喜与志 しのだ・きよし 洋画家 埼玉大学名誉教授 [没]平成29年(2017)1月28日 97歳〔老衰〕 [生]大正8年(1919)8月29日 [出]埼玉県越谷市 [学]東京美術学校 [歴]昭和44～60年埼玉大学教育学部教授、平成5年より名誉教授。埼玉県美術教育連盟副連盟長も務めた。 [賞]旭日中綬章〔平成5年〕, 日展特選(第9回, 昭和28年度)

篠田 悠一 しのだ・ゆういち 医師 富良野協会病院名誉院長 ふらの演劇工房理事長 [専]消化器外科 [没]平成29年(2017)10月5日 73歳 [生]昭和18年(1943)11月23日 [出]愛知県 [学]夕張南高卒, 北海道大学医学部第一外科卒 [歴]愛知県に生まれ。高校まで北海道夕張市で過ごす。医学部を卒業し、昭和54年～平成11年北海道社会事業協会富良野病院(略称・富良野協会病院)に勤務、20年までの14年間院長を務めた。一方、元年頃に脚本家・倉本聡が主宰する富良野塾の公演に感動して以来同氏と親交を深め、消化器外科医として同塾のホームドクター的役割を担う。9年同塾の活動の支援母体として、ふらの演劇工房を旗揚げ、理事長となる。公演「今日、悲別で」を主宰した他、チケットやポスター作りなどを通じて高齢者を対象にした情緒療法・演劇リハビリテーションに取り組む。11年それらの活動が評価され、特定非営利活動促進法(NPO法)認証全国第1号となった。

篠遠 喜彦 しのとお・よしひこ 考古学者 ビショップ博物館人類学部名誉上席特別研究員 [専]ポリネシア考古学 [没]平成29年(2017)10月4日 93歳〔老衰〕 [生]大正13年(1924) [出]東京都 [学]ハワイ大学人類学科卒 [歴]遺伝学者篠遠喜人の長男。ハワイのビショップ博物館でポリネシア各地の調査研究に従事。同博物館人類学部長を経て、同部ケネス・パイク・エモリー人類学上席特別研究員。遺跡から発掘された釣り針を手掛かりにポリネシア諸島の文化編年と相互交流関係を解明。また各地の遺跡復原にも尽力した。荒俣宏との共著に「楽園考古学」がある。日米の考古学文献についての著書多数。平成12年フランス領ポリネシア政府からナイトの爵位を授与された。 [賞]勲五等双光旭日章〔平成7年〕, 吉川英治文化賞(第30回)〔平成8年〕, ハワイ出版協会文学賞(ノンフィクション部門)〔平成28年〕「楽園考古学」(英訳版) [家]父＝篠遠喜人(遺伝学者)

篠原 あや しのはら・あや 詩人 「象」主宰 [没]平成28年(2016)7月30日 99歳〔老衰〕 [生]大正6年(1917)1月15日 [出]神奈川県横浜市中区翁町 [名]本名＝吉田静子(よしだ・しずこ) [学]高木高女専攻科卒 [歴]少女時代から詩作に熱中し、高木高等女学校専攻科(現・高木学園女子高)卒業後から結婚するまで文芸誌「若草」「令女界」に投稿、仲間と令女純情連盟も結成した。海港文学の会に所属。結婚後の昭和16年、同人誌の主宰者が共産党員だったことから特高に逮捕され、詩の作品をまとめたノートも没収され、39日後に釈放される。戦後は、30年詩誌「象(かたち)」を創刊・主宰。33年近藤東らと横浜詩人会を創設、運営を担う。懐が深く面倒見がよい明るい性格で"肝っ玉かあさん"とも呼ばれ、地元文壇で中心的な役割を果たした。53年横浜詩誌交流会を結成。同年から横浜を題材に詩作に励み、自宅近くの大岡川の連作に取り組んだ。詩集に「紫陽花」「日日の証し」「歩みの中で」が

ある。ヨコハマ遊大賞〔平成7年〕、横浜市教育委員会賞、横浜詩人会

篠原 邦夫 しのはら・くにお 北海道大学名誉教授 微粒子工学 平成28年(2016)12月25日 74歳 昭和17年(1942)10月13日 北海道旭川市 北海道大学工学部合成化学科〔昭和40年〕卒、ロンドン大学大学院工学研究科粉体工学コース〔昭和45年〕修士課程修了 工学博士(北海道大学)〔昭和48年〕 昭和40年北海道大学工学部助手、63年助教授を経て、平成4年教授。18年退官。

篠原 大作 しのはら・だいさく 俳優 声優 平成28年(2016)2月1日 82歳 昭和8年(1933)7月4日 北海道 テレビドラマ「太陽にほえろ!」「特捜最前線」「3年B組金八先生」などに出演した他、声優としてアニメ「ペリーヌ物語」「へうげもの」や洋画〈ハリー・ポッター〉シリーズの吹き替えなどでも活躍。テレビ朝日系の報道番組「ニュースステーション」のナレーションも務めた。

篠原 忠彦 しのはら・ただひこ 日立製作所副社長 日本コロムビア社長 平成27年(2015)1月11日 80歳〔間質性肺炎〕 昭和9年(1934)4月10日 山梨県 東京大学経済学部〔昭和33年〕卒 昭和33年日立製作所に入社。平成元年取締役、3年常務、5年専務、9年副社長を経て、11年日本コロムビア社長に就任。13年米国の投資会社リップルウッド・ホールディングス傘下での再建を決め、社長を退任した。

篠原 一 しのはら・はじめ 政治学者 東京大学名誉教授 丸山ワクチンの製造アの促進を請願する患者・家族の会代表 歴史政治学、政治史 平成27年(2015)10月31日 90歳〔老衰〕 大正14年(1925)8月21日 東京都豊島区 本名=篠原一(しのはら・はじめ) 東京大学法学部政治学科〔昭和25年〕卒 昭和38年東京大学法学部教授。61年定年退官後は成蹊大学教授を務めた。専門はヨーロッパ政治史で、常に現実問題の分析・証明に力を入れ、自ら市民運動に関わる。革新系の論客として知られ、55年体制下において社会党に近い立場から野党連合による政権交代を訴え、52年「連合時代の政治理論」を著す。また、東京・練馬区のコミュニティ新聞「すずしろ」を発行、練馬市民大学の開講や「区長準公選実施運動」などに取り組み、平成2年神奈川県川崎市に全国初のオンブズマン制度が導入された際には制度研究委員会委員長として提言をまとめ、主導的な役割を果たした。一方、昭和48年がん宣告を受けたが、丸山ワクチン療法で治癒。55年より同ワクチンの認可運動の先頭に立ち、丸山ワクチンの製造認可の促進を請願する患者・家族の会代表も務め、「ガン患者は待っている」を著した。他の著書に「ドイツ革命史序説」「現代の政治力学」「市民参加」「ヨーロッパの政治」「市民の政治学」「歴史政治学とデモクラシー」などがある。 毎日出版文化賞〔昭和52年〕「市民参加」 日本政治学会

柴 順三郎 しば・じゅんざぶろう 静岡県副知事 平成29年(2017)6月5日 79歳〔肺炎〕 昭和13年(1938)3月1日 静岡県田方郡韮山町(伊豆の国市)

日本大学短期大学部商経学部〔昭和34年〕卒 昭和35年静岡県庁に入る。平成7年静岡県企画部長、8年出納長を経て、9〜13年副知事。同年〜16年静岡県信用保証協会会長。社会福祉法人あしたか太陽の丘理事長、静岡県日中友好協議会理事長を歴任した。 瑞宝中綬章〔平成20年〕

柴垣 光郎 しばがき・みつろう 歌人 「短歌時代」主宰 平成28年(2016)7月1日 89歳〔C型肝硬変〕 昭和2年(1927)3月22日 富山県下新川郡若栗村(黒部市) 富山青年師範卒、富山大学研究室(国文学科)研究員修了、法政大学文学部日本文学科〔昭和43年〕中退 長く教職にあり、飯野小学校長などを務めた。平成4年黒部市教育委員長。歌人としては、昭和21年「短歌時代」創刊とともに入会、26年第一歌集「若鮎」を出版。57年第二歌集「激流三十年」を刊行。のち「短歌時代」、黒部短歌会を主宰。また、北日本新聞1面の短歌紹介欄「とやまうた散歩」や文化面の「とやま文芸散歩」を執筆した。 短歌時代賞〔昭和44年〕、読売教育賞優秀賞(第20回)〔昭和46年〕、学制百年教育研究優良者表彰〔昭和47年〕

柴田 朗 しばた・あきら 毎日新聞東京本社航空部長 平成28年(2016)2月6日 57歳〔食道がん〕 昭和57年毎日新聞東京本社に入社、浦和(現・さいたま)支局に配属される。社会部とうきょう、八王子の各支局長、大阪本社社会部副部長、新潟支局長を経て、平成19年社会部編集委員、20年東京本社情報調査部長、22年航空部長。

芝田 清邦 しばた・きよくに 叶匠壽庵社長 平成27年(2015)3月18日 68歳〔急性大動脈解離〕 昭和21年(1946)12月20日 滋賀県大津市 同志社大学工学部〔昭和44年〕卒 昭和44年父が創業した和菓子屋・叶匠壽庵に専務として入社。57年2代目社長に就任。60年大津の里山を買い入れて21ヘクタールの寿長生の郷を開設、柚子や梅など数千本の木を植えて農業と一体化した和菓子作りに取り組む。平成19年には東京の新丸ビルに唯一の和菓子店として入居するなど、創業から半世紀で全国に60店舗以上を構えるまでに育てた。24年まで社長を務めた後、会長となった。 父=芝田清次(叶匠壽庵創業者)

柴田 享三 しばた・こうぞう ホッケー指導者 立命館ホッケークラブ最高顧問 京都ホッケー協会名誉顧問 平成27年(2015)10月2日 87歳〔心不全〕 昭和3年(1928)3月22日 京都府京都市左京区 立命館専門学校法律科〔昭和23年〕卒、立命館大学法学部〔昭和26年〕卒 昭和23年立命館専門学校法律科を卒業し、大谷高校教諭となる。26年立命館大学法学部を卒業、同年母校・立命館高校に赴任すると、同校に男子ホッケー部を創設、同校を強豪校に育てた。37年立命館大学講師。63年立命館高校を定年退職。平成元年京都工芸繊維大学講師を務めた。 京都新聞五大賞体育賞〔昭和63年〕

柴田 五郎 しばた・ごろう 弁護士 布川事件弁護団団長 平成29年(2017)8月17日 81歳 昭和10年(1935)12月13日 山形県 中央大学法学部〔昭和34年〕卒 昭和36年司法試験に合格、39年弁護士登録。東京弁護士会所属。42年茨城県利根町布川で男性が殺害された布川事件の弁護に二審から携わり、弁護団長を務めたが、一審・二審とも有罪判決を受け、53

年最高裁で無期懲役が確定。その後、再審請求し、無期懲役が確定した2人の再審無罪判決を平成23年に勝ち取った。同年無罪判決を機会に弁護士を引退した。

柴田 卓也　しばた・たくや　イトーキ常務　[没]平成27年（2015）2月4日　79歳〔胃がん〕　[生]昭和11年（1936）1月19日　[出]台湾　[学]長崎大学経済学部〔昭和35年〕卒　[歴]昭和35年伊藤喜商店（現・イトーキ）に入社。平成元年取締役を経て、3年常務。11年顧問。

柴田 藤祐　しばた・とうすけ　淀川製鋼所社長　[没]平成27年（2015）6月28日　88歳〔脳梗塞〕　[生]昭和2年（1927）1月6日　[出]京都府京都市　[学]京都大学工学部〔昭和26年〕卒　[歴]昭和26年淀川製鋼所に入社。56年取締役、62年常務、平成5年専務を経て、7年社長。13年取締役相談役。

柴田 俊治　しばた・としはる　朝日放送社長　朝日新聞大阪本社編集局長　[専]国際関係　[没]平成27年（2015）10月4日　84歳〔肺炎〕　[生]昭和6年（1931）1月19日　[出]大阪府大阪市　[学]京都大学文学部〔昭和28年〕卒　[歴]昭和28年朝日新聞社に入社。ヨーロッパ総局長、51年外報部長を経て、58年大阪本社編集局長。62年朝日放送取締役に転じ、平成元年常務、2年専務、7年社長に就任。14年会長、17年相談役に退いた。著書に「アジアそこにいる僕ら」「遙かなヨーロッパ」「午後のふらんすパン」「日本人と国際人」「ブランデンブルク門まで」などがある。　[賞]フランス国家功労勲章〔平成1年〕，旭日重光章〔平成17年〕

柴田 信弘　しばた・のぶひろ　日本経済新聞販売局総務・国際販売部長　[没]平成29年（2017）4月17日　80歳〔脳出血〕　[生]昭和11年（1936）10月16日　[出]静岡県　[学]上智大学経済学部卒　[歴]昭和35年日本経済新聞社に入社。58年販売局第五部長、61年販売局英文業務部長、62年販売局次長兼国際販売部長、平成元年同局総務兼国際販売部長。日経販売開発（現・日経メディアプロモーション）社長を務めた。

柴田 一　しばた・はじめ　就実大学学長　就実大学名誉教授　[専]日本近世政治史　[没]平成29年（2017）9月22日　87歳〔肺炎〕　[生]昭和5年（1930）7月11日　[出]岡山県岡山市　[学]岡山大学教育学部社会科卒　博士（文学）（広島大学）〔平成5年〕　[歴]岡山県内の高校で歴史教諭、岡山県立博物館主任学芸員、兵庫教育大学教授を経て、就実女子大学教授。文学部長を務め、平成13～17年学長。この間、15年就実大学への校名変更を実施した。専門の近世地方史研究では、閑谷学校教授の農民学者武元君立や児島の塩田王野崎家、備前岡山藩郡代津田永忠ら郷土の先人を研究。岡山県史のほか、岡山市、井原市、旧牛窓町など多数の自治体史編纂に携わった。宇喜多家史談会会長、閑谷学校研究委員会委員長なども務めた。著書に「近世豪農の学問と思想」「岡山藩郡代 津田永忠」「渋染一揆論」などがある。　[賞]山陽新聞賞（学術功労）〔平成9年〕，岡山県三木記念賞〔平成15年〕　[団]地方史研究会

柴田 英樹　しばた・ひでき　公認会計士　弘前大学人文学部教授　[専]環境会計論，会計監査論　[没]平成27年（2015）3月19日　61歳〔肝臓がん〕　[生]昭和28年（1953）9月　[出]滋賀県　[学]横浜市立大学商学部経済学科〔昭和53年〕卒，横浜市立大学大学院経営学研究科〔昭和56年〕修士課程修了，多摩大学大学院経営情報学研究科〔平成10年〕博士課程単位取得　[歴]昭和55年公認会計士第二次試験に合格、同年監査法人朝日会計社（のち朝日監査法人，現・あずさ監査法人）に入社。59年公認会計士登録。平成6年米国公認会計士試験（カリフォルニア州）に合格。8年米国公認会計士登録。のち、アーサーアンダーセン・ブリュッセル事務所、朝日監査法人環境マネジメント部に勤務を経て、ビーエー東京監査法人パートナー。のち弘前大学人文学部教授。著書に「アメリカの管理会計―米国公認会計士試験『基本テキスト』」「監査風土の革新―会計ビッグバンで監査が変わる」、共著に「現代会計の視界」「コンピュータ会計の設計と運用」などがある。　[団]日本公認会計士協会

柴田 勝　しばた・まさる　歯科医　栃木県歯科医師会会長　日本歯科医師会副会長　[没]平成28年（2016）5月31日　72歳〔病気〕　[生]昭和18年（1943）8月26日　[学]日本歯科大学歯学部卒　[歴]平成21年栃木県歯科医師会会長、27～28年日本歯科医師会副会長を務めた。

柴田 洋子　しばた・ようこ　医師　東邦大学名誉理事長　[専]精神神経科学　[没]平成27年（2015）1月6日　89歳〔肺炎〕　[生]大正14年（1925）5月11日　[出]東京都　[学]東邦女子医学薬学専門学校医学部〔昭和23年〕卒　医学博士　[歴]昭和52年東邦大学医学部教授、54年学部長を経て、61年精神神経科主任教授。東邦大学理事長に就任、平成9年まで務めた。　[賞]勲三等宝冠章〔平成14年〕，日本犯罪学会賞（第8回，平成2年度）　[団]日本精神神経学会，日本犯罪学会，日本アルコール医学会

芝谷 幸子　しばたに・さちこ　歌人　「ポトナム」名誉代表　[没]平成28年（2016）9月5日　97歳　[生]大正8年（1919）3月25日　[出]米国　[名]本名＝芝谷サチ子　[歴]戦前「ポトナム」の創始者・小泉苳三に知遇を得、戦後阿部静枝・君島夜詩を知り「ポトナム」に入会。女人短歌会に入会、編集委員を務める。平成10年「山の祝灯」で日本歌人クラブ賞を受賞。他の歌集に「陶」「声明」「冬の苺」「北回帰線」などがある。　[賞]日本歌人クラブ賞（第25回）〔平成10年〕「山の祝灯」　[団]日本歌人クラブ，現代歌人協会

柴内 啓子　しばない・けいこ　舞踊家　岩手県洋舞協会会長　[没]平成27年（2015）10月13日　78歳〔急性大動脈解離〕　[生]昭和12年（1937）5月16日　[出]岩手県盛岡市　[名]本名＝小野寺啓子（おのでら・けいこ）　[学]盛岡市立高卒　[歴]昭和37年盛岡市に柴内啓子現代舞踊研究所を開き、国内外の第一線で活躍する舞踊家を数多く育てた。岩手県洋舞協会会長、現代舞踊協会東北支部副支部長、盛岡芸術協会理事などを歴任した。　[賞]あきた全国洋舞祭モダンダンスコンクール優秀指導者賞（第6回）〔昭和62年〕，あきた全国洋舞祭モダンダンスコンクール内閣総理大臣賞（第9回）〔平成2年〕，河上鈴子記念現代舞踊フェスティバル優秀賞（第11回，平成11年度），岩手県芸術選奨，岩手県教育表彰，現代舞踏フェスティバル優秀賞，松山バレエ団顕彰芸術賞，東京新聞主催全国舞踊コンクール指導者賞，盛岡市市勢振興功労者表彰，文部科学大臣地域文化功労者表彰

柴山 信夫　しばやま・のぶお　丁子屋代表取締役　[没]平成28年（2016）8月15日　91歳〔肺炎〕　[生]大正14年

(1925) 5月29日　[出]静岡県志太郡岡部町(藤枝市)　[学]藤枝農〔昭和17年〕卒　[歴]昭和18年満州興農合作社に入社。20年応召、敗戦によりシベリアに抑留される。24年復員。26年入籍して、慶長元年(1596年)創業の旧東海道筋丸子宿にある老舗とろろ料理店・丁子屋の12代目主人となる。地区住民有志による丸子路会会長を務めるなど、地域資源を生かしたまちづくりに尽くした。　[家]長男＝柴山馨(丁子屋代表取締役)

渋谷 喜久栄　しぶや・きくえ　女優　[没]平成27年(2015) 4月5日　93歳〔老衰〕　[出]大阪府大阪市　[名]前名＝九重京子　[歴]戦前、九重京子の芸名で大阪松竹少女歌劇団(現・OSK)で活躍。松竹新喜劇の創立者である2代目渋谷天外と結婚、同新喜劇創立にも参加した。[家]夫＝渋谷天外(2代目), 二男＝渋谷天外(3代目)

渋谷 健　しぶや・けん　川越高校長　埼玉県高校野球連盟会長　[没]平成28年(2016) 6月28日　85歳〔肺炎〕[生]昭和5年(1930) 6月29日　[出]埼玉県川越市　[学]東京高師分科一部卒　[歴]埼玉県立川越高社会科教諭を振り出しに、熊谷女子高、浦和高各教頭、狭山高、所沢高各校長を経て、昭和61年川越高校長。同年県高校野球連盟会長、平成元年日本高野連副会長。

渋谷 耕治　しぶや・こうじ　舞鶴荘グループ創業者　山形県議(自民党)　[没]平成27年(2015) 5月6日　80歳[生]昭和9年(1934) 9月17日　[出]山形県村山市　[学]大久保中卒　[歴]昭和40年渋谷牛肉店を設立し社長、50年渋谷物産に変更。44年神町タクシーを設立し社長。結婚式場・ホテル経営などの舞鶴荘グループの社長も兼務。平成2年山形県議に当選。1期務め、7年落選。山形県バイアスロン連合会長も務めた。

渋谷 慎一郎　しぶや・しんいちろう　相模鉄道代表取締役副社長　[没]平成29年(2017) 3月6日　77歳　[生]昭和14年(1939) 9月25日　[出]神奈川県　[学]早稲田大学教育学部〔昭和38年〕卒　[歴]昭和39年相模鉄道(現・相鉄ホールディングス)に入社。平成5年取締役、9年常務、11年専務、13年副社長を経て、17年代表取締役副社長執行役員。　[賞]関東運輸局長表彰〔平成17年〕

渋谷 武　しぶや・たけし　新潟大学名誉教授　新潟薬科大学名誉教授　[専]政治学　[没]平成28年(2016) 11月26日　91歳〔誤嚥性肺炎〕　[生]大正14年(1925) 5月27日　[出]新潟県上越市　[学]新潟高卒, 東京大学法学部政治学科〔昭和23年〕卒　[歴]新潟第一師範学校講師を経て、昭和26年新潟大学人文学部助手。のち同大教養部長、法学部長などを歴任。平成3年退官して新潟薬科大学教授。環日本海の平和構想を唱え、6年に設立された環日本海学会(現・北東アジア学会)の初代会長を務めた。著書に「ラスキの政治理論」「アメリカの心・中国の心・私の心」などがある。　[団]日本政治学会, 日本平和学会

渋谷 伝　しぶや・つとう　宮城教育大学名誉教授　[専]音楽教育　[没]平成29年(2017) 8月2日　99歳〔老衰〕　[生]大正6年(1917) 12月1日　[出]宮城県仙台市　[学]東京音楽学校(現・東京芸術大学)甲師科〔昭和22年〕卒　[歴]宮城教育大学教授を務めた。著書に「新しい音楽教育の実践」「現代音楽教育批判と創造」「幼児期の音楽と表現」などがある。　[賞]勲三等旭日中綬章〔平成3年〕[師]師＝藤井典明, 平原寿恵子

渋谷 貞次郎　しぶや・ていじろう　山形短期大学学長　[専]仏語・仏文学　[没]平成27年(2015) 4月6日　83歳〔脳梗塞〕　[生]昭和6年(1931) 11月14日　[学]東北大学文学部仏語・仏文学科卒, 東北大学大学院文学研究科仏語仏文学博士課程修了　[歴]山形短期大学(現・東北文教大学短期大学部)副学長、学長を歴任した。

渋谷 文久　しぶや・ふみひさ　神奈川県議(公明党)[没]平成29年(2017) 3月28日　79歳〔肺炎〕　[生]昭和13年(1938) 3月5日　[出]神奈川県横須賀市　[学]横須賀工〔昭和31年〕卒　[歴]日本電信電話公社(電電公社, 現・NTT)職員、創価学会職員、公明党神奈川県都市対策委員長などを経て、昭和62年より神奈川県議に4選。平成6年公明中央幹事会幹事長。15年引退。

島 脩　しま・おさむ　ジャーナリスト　読売新聞常務編集局長　[専]現代政治, 外交史　[没]平成28年(2016) 7月21日　83歳〔肺炎〕　[生]昭和7年(1932) 12月27日　[出]富山県　[学]慶応義塾大学法学部〔昭和32年〕卒　[歴]昭和32年読売新聞社に入社。政治部主任、52年論説委員、62年論説副委員長、平成元年論説委員長、4年取締役論説委員長、5年取締役編集局長、6年常務。7年編集局顧問、8年「THIS IS 読売」編集主幹、のち読売新聞論説顧問。12年帝京大学法学部教授。共著に「政党」「有事にっぽん」などがある。

島 邦彦　しま・くにひこ　日経大阪総合印刷社長　[没]平成29年(2017) 11月16日　81歳〔肺炎〕　[生]昭和11年(1936) 3月21日　[出]三重県　[学]同志社大学文学部卒[歴]昭和35年日経新聞社入社。整理部次長、57年整理部長、60年大阪編集局次長、63年編集局総務、平成元年3月PLES推進本部長。のち、日経大阪総合印刷(現・日経西日本製作センター)社長。

志摩 健介　しま・けんすけ　宮崎大学名誉教授　[専]有機化学　[没]平成27年(2015) 8月31日　80歳〔肺炎〕[生]昭和10年(1935) 3月30日　[学]大阪大学工学部応用化学科卒, 大阪大学大学院工学研究科応用化学専攻博士課程修了　工学博士　[歴]大阪大学産業科学研究所を経て、昭和46年宮崎大学工学部教授。平成2年学生部長、5年工学部長を務めた。　[賞]光化学協会賞(第15回)〔平成13年〕「40年以上に亘る日本の有機光化学の発展に対する顕著なる功績」　[団]日本化学会, The American Chemical Society, 有機合成化学協会

島 多代　しま・たよ　絵本研究家　国際児童図書評議会会長　[没]平成29年(2017) 11月27日　80歳〔病気〕[生]昭和12年(1937) 7月6日　[出]東京都　[学]聖心女子大学卒　[歴]12歳の時に小児まひを患い、闘病生活を送る中で読書に目覚める。大学卒業後は出版社に入り、絵本の編集を担当。大学の先輩である皇后陛下に詩の英訳を依頼し、「どうぶつたち」と題した本を作った。夫の米国赴任を機に退社。昭和56年ワシントンの米国議会図書館が所蔵していた日本の児童書の目録を作り、シンポジウムを開催。その後、途上国の子供たちに本を届ける活動や、識字、出版活動などに取り組む民間組織・国際児童図書評議会(IBBY)の活動に関わるようになり、国際絵本原画展審査員などを経て、平成2年理事。10年インドで開かれたIBBYの大会でアジア初の会長に就任。同大会での皇后陛下のビデオによる講

演「子供時代の読書の思い出」の橋渡し役を務めた。14年退任。のち、国際子ども図書館の絵本ギャラリーで、自ら集めた欧米の古い絵本の電子化などに取り組んだ。

島井 千里　しまい・ちさと　医師　小国公立病院院長　[没]平成29年(2017)9月15日　96歳〔心不全〕　[生]大正10年(1921)1月22日　[出]大阪府　[学]大阪女子高等医専〔昭和17年〕卒　[歴]昭和17年大阪女子高等医学専門学校小児科に入局。同年西宮市回生病院医局員、21年熊本県南小国村で開業。28年小国町立病院、32年小国公立病院に勤め、39年同院長に就任した。

し

島木 譲二　しまき・じょうじ　俳優　[没]平成28年(2016)12月16日　72歳〔脳溢血〕　[生]昭和19年(1944)9月13日　[出]兵庫県尼崎市　[名]本名＝浜伸二(はま・しんじ)　[学]興国商卒　[歴]9人きょうだいの四男。野球の名門校に進学したが、肩を壊してボクシングを始める。高校卒業後、プロデビュー。18歳でミドル級西日本新人王となるも、数年で目を故障し引退。その後、毎日放送(MBS)保安課に所属しガードマンの傍ら殺陣師・的場達雄の門下生となり、もっぱら斬られ役で活躍。身長174センチ、体重95キロの巨体から鳳啓助にコメディアンを勧められ、昭和55年吉本興業入りし、同年11月吉本新喜劇で初舞台を踏んだ。「吉本の渡哲也です」のせりふで売り出し、「しまった、しまった、島倉千代子」のダジャレで人気を獲得。上半身裸になって繰り返し胸をたたく“大阪名物パチパチパンチ”や灰皿を使った“ポコポコヘッド”などの体を張ったギャグで知られた。一方、平成元年にはリドリー・スコット監督、高倉健主演の映画「ブラック・レイン」に若山富三郎の子分役で出演するなど、映画やテレビでも活躍した。22年12月なんばグランド花月で吉本新喜劇に出演したのを最後に表舞台から姿を消し、病気療養に専念した。他の出演作に、映画「陽炎」「ファンキーモンキーティーチャー〈1～3〉」「極道の妻たち」「MINDGAME」、ドラマ「京都迷宮案内」など。　[師]師＝的場達雄

島崎 龍昭　しまざき・たつあき　太陽社長　[没]平成29年(2017)4月30日　90歳　[生]昭和2年(1927)3月11日　[出]高知県高知市　[学]高知工〔昭和18年〕卒　[歴]戦後、大東建設常務から、昭和26年機械・農機部品販売業の太陽に入社。51年副社長を経て、61年社長。土佐倉庫社長も務めた。

島津 彬郎　しまず・あきら　明治大学名誉教授　[専]英文学　[没]平成29年(2017)10月4日　94歳〔肝細胞がん〕　[生]大正11年(1922)10月31日　[出]広島県東広島市　[名]本名＝島津昭(しまず・あきら)　[学]広島文理科大英語英文学科〔昭和25年〕卒, 京都大学大学院文学研究科英文学専攻〔昭和29年〕博士課程修了　[歴]昭和28年広島女学院大学講師、32年国立音楽大学助教授、33年神奈川大学講師、37年中央大学講師を経て、39年明治大学助教授、42年教授。神秘的な作風で知られるアイルランドのノーベル賞詩人・イェイツの研究で知られる。著書に「W.B.イェイツとオカルティズム」「イェイツを読む」、訳書にウィリアム・バレット「実在主義とは何か」、イェイツ「幻想録」「自伝小説 まだらの鳥」などがある。　[団]日本英文学会, 日本イェイツ協会

島津 忠夫　しまず・ただお　歌人　大阪大学名誉教授　[専]国文学　[没]平成27年(2015)4月16日　88歳〔転移性肝がん〕　[生]大正15年(1926)9月18日　[出]大阪府大阪市　[学]京都大学文学部国語国文学科〔昭和25年〕卒　文学博士(大阪大学)〔昭和53年〕　[歴]大阪府立市岡高校教諭、住吉高校教諭、佐賀大学助教授、愛知県立大学教授、大阪大学教授を経て、武庫川女子大学教授。著書に「連歌史の研究」「中世文学史論」「能と連歌」「連歌師宗祇」「日本文学史を読む」「和歌文学史の研究」、歌集に「心鋭かりき」などがある。　[賞]瑞宝中綬章〔平成19年〕, 芭蕉祭文部大臣奨励賞(平成4年度), 角川源義賞(国文学部門, 第20回)〔平成10年〕「和歌文学史の研究」, 現代短歌大賞(第31回)「島津忠夫著作集」　[団]俳文学会, 日本近世文学会, 日本文芸家協会

嶋津 文雄　しまず・ふみお　大分県教育長　[没]平成28年(2016)9月15日　87歳　[生]昭和4年(1929)8月9日　[出]大分県大野郡犬飼町(豊後大野市)　[学]大分大学学芸学部〔昭和28年〕卒　[歴]大分県立高校教諭を務め、昭和60年大分雄城台高校長を経て、62年大分県教育長。平成2年大分県立芸術会館館長、3年公立学校共済組合理事。

島津 三一郎　しまず・みいちろう　キューバ日本人移民1世の最後の生存者　[没]平成28年(2016)7月10日　108歳　[生]明治40年(1907)12月24日　[出]新潟県新発田市　[歴]昭和3年農業移民としてキューバへ移住。16年の真珠湾攻撃後、米国が日系人を強制収容したのを受け、キューバの親米政権もこれに追随したためフベントゥ島にある刑務所の一角に他の日系人たちと収容された。戦後解放され、34年のキューバ革命後も島に留まった。生涯独身を通し、晩年は島の老人ホームで暮らした。キューバへの日本人移民1世の最後の生存者で、平成28年108歳で亡くなった。

島津 佳夫　しまず・よしお　東電通社長　[没]平成27年(2015)5月6日　88歳〔大動脈解離〕　[生]大正15年(1926)11月3日　[出]東京都　[学]陸軍航空通信校〔昭和20年〕卒　[歴]昭和21年東洋電機通信工業に入社。30年取締役、37年常務、43年専務を経て、49年社長。平成4年東電通(現・ミライト)に社名変更。15年会長。また、昭和43年から日本産業社長を兼任した。　[賞]電気通信協会賞(第33回, 平成4年度)

島田 耕作　しまだ・こうさく　神島化学工業社長　[没]平成28年(2016)4月9日　72歳〔病気〕　[生]昭和18年(1943)5月5日　[出]香川県　[学]笠田高〔昭和37年〕卒　[歴]昭和37年神島化学工業に入社。59年取締役、平成8年専務を経て、16年社長に就任。22年相談役。

島田 正一　しまだ・しょういち　埼玉県議(自民党)　[没]平成28年(2016)9月19日　67歳〔肺がん〕　[生]昭和24年(1949)1月11日　[出]埼玉県上尾市　[学]早稲田大学卒　[歴]社会福祉法人理事を務める。上尾市議、議長を経て、平成11年から埼玉県議に4選。20年副議長。27年引退。

島田 章三　しまだ・しょうぞう　洋画家　愛知県立芸術大学学長　横須賀美術館館長　[没]平成28年(2016)11月26日　83歳〔膵臓がん〕　[生]昭和8年(1933)7月24日　[出]神奈川県横須賀市　[学]横須賀高卒, 東京芸術大

学油画科〔昭和33年〕卒 [歴]東京芸術大学在学中の昭和32年、国画会に初出品した「ノイローゼ」で国画賞を受賞し、36年同会員。41年愛知県立芸術大学講師、44年助教授を経て、49年教授。平成4年制作活動に専念するため退官するが、12年同大学長として復帰。19年退任し、横須賀美術館の初代館長に就任。この間、昭和32年東京・銀座のフォルム画廊で初個展。43年には愛知県在外研修員として、パリに滞在。キュビズムの造形思考を根底にした"かたちびと"という言葉で独自の世界を構築。42年安井賞、51年中日文化賞、55年東郷青児美術館大賞など受賞多数。平成11年「駅の人たち」で日本芸術院賞を受け、同年日本芸術院会員。16年文化功労者に選ばれた。 [賞]日本芸術院賞(平成10年度)〔平成11年〕「駅の人たち」, 文化功労者〔平成16年〕, 旭日重光章〔平成21年〕, 大橋賞〔昭和33年〕「箱船」, 安井賞(第11回)〔昭和42年〕「母と子のスペース」, 中日文化賞(第29回)〔昭和51年〕, 愛知県芸術文化選奨(第3回)〔昭和55年〕, 東郷青児美術館大賞(第3回)〔昭和55年〕「炎」, 宮本三郎賞(第8回)〔平成2年〕「鳥からの啓示」, 東海テレビ文化賞(第26回)〔平成5年〕, 名古屋市芸術賞芸術特賞〔平成11年〕, 国展国画賞〔昭和32年〕「ノイローゼ」 [資]日本芸術院会員〔平成11年〕 [団]国画会 [家]妻＝島田鮎子(洋画家), 母＝島田敏子(歌人), 兄＝島田修二(歌人)

島田 真祐 しまだ・しんすけ 作家 島田美術館館長 [没]平成29年(2017)11月30日 77歳〔食道がん〕 [生]昭和15年(1940) [出]熊本県熊本市 [学]早稲田大学大学院日本文学研究科修了 [歴]高校教師などを経て、昭和52年古美術研究家の祖父島田真富が収集した古美術品や古武具などを展示する島田美術館を熊本市西区に設立。加藤清正や細川忠興・ガラシャ、宮本武蔵らゆかりの古美術品などを保存展示。併設のギャラリーでは美術や陶芸など熊本県内外の現代作家に発表の場を提供し、美術ファンに親しまれる私立美術館に育てた。県文化財保護審議会委員、県博物館協議会副会長などを歴任し、文化財保護にも尽力。作家としても活動し、時代小説「身は修羅の野に」で平成10年熊日文学賞を受賞。熊日文学賞など公募文芸賞の選考委員も務めた。他の著書に「二天の影」「幻炎」「モンタルバン」など。 [賞]旭日双光章〔平成29年〕, 熊日文学賞(第39回)〔平成10年〕「身は修羅の野に」, 熊本県文化懇話会賞〔平成26年〕「モンタルバン」, 熊日賞(第67回)〔平成29年〕 [家]祖父＝島田真富(古美術研究家)

島田 新太郎 しまだ・しんたろう リズム時計工業社長 [没]平成27年(2015)4月13日 89歳〔肺炎〕 [生]大正15年(1926)2月15日 [出]埼玉県北葛飾郡庄和町(春日部市) [学]協同組合学校〔昭和22年〕卒, 産業能率短期大学〔昭和32年〕卒 [歴]昭和25年リズム時計工業に入社。38年取締役、44年常務、60年専務、62年副社長を経て、平成3年社長。7年退任。この間、昭和63年シチズン時計監査役を兼務した。 [賞]藍綬褒章〔平成7年〕

島田 徹也 しまだ・てつや 越前町(福井県)町長 [没]平成29年(2017)8月27日 91歳 [生]大正15年(1926)8月 [学]敦賀商 [歴]福井県議、越前町助役を経て、昭和48年より町長に3選。漁業、観光の基盤整備や道路網整備に取り組んだ。 [家]長男＝島田欽一(福井県議)

島田 輝記 しまだ・てるき 舞踊家 島田輝記バレエ研究所主宰 [没]平成27年(2015)1月20日 86歳〔胆嚢がん〕 [生]昭和3年(1928)5月16日 [出]旧朝鮮釜山(韓国) [名]本名＝宮脇国雄(みやわき・くにお) [学]釜山一商〔昭和20年〕卒 [歴]戦後、抑留されていた中国で歌舞団に入りクラシックバレエを学び、帰国後の昭和35年徳島市に島田国雄舞踊研究所を設立。38年島田輝記バレエ研究所に改称。徳島県内を中心に独自の演出を凝らしたクラシックやオリジナル作品を精力的に発表し、多くの舞踊家を輩出するなど、徳島県バレエ界の発展に貢献した。平成26年のバレエ研究所55周年記念公演では、歌舞伎の「連獅子」に着想を得た創作舞踊「獅子の舞」で14年ぶりに舞台に立った。また、昭和40年に現代舞踊協会徳島グループの結成に参加、59年にはグループを徳島洋舞家協会に発展させ、理事を務めた。 [賞]日本バレエ協会舞踊文化功労賞〔平成5年〕, 徳島県表彰〔平成11年〕, 地域文化功労者文部科学大臣表彰〔平成19年〕, 徳島県文化賞〔平成22年〕 [団]徳島洋舞家協会, 日本バレエ協会四国支部 [師]師＝島田豊, 島田雅行

島田 信男 しまだ・のぶお 京都府立医科大学名誉教授 [専]病理学 [没]平成27年(2015)11月4日 91歳〔胸部大動脈瘤破裂〕 [出]京都府京都市 [歴]京都府立医科大学教授を務めた。

島田 昌彦 しまだ・まさひこ 金沢大学名誉教授 [専]日本語文法学 [没]平成29年(2017)3月13日 84歳〔心房細動〕 [生]昭和7年(1932)11月24日 [出]東京都台東区 [学]東京教育大学文学部卒, 東京教育大学大学院文学研究科〔昭和35年〕修士課程修了 文学博士(九州大学)〔平成1年〕 [歴]都立高校教師を経て、昭和44年文部事務官文化庁国語課専門職員。48年金沢大学講師、49年助教授、55年教授。平成4年同大附属図書館長を務める。2年北京日本学研究センター客員教授。のち桜花学園大学教授。著書に「国語における自動詞と他動詞」「日本語の再生」「国語における文の構造」「日本学への道」などがある。 [団]国語学会, 日本教育国語学会, 計量国語学会

島田 満 しまだ・みちる 脚本家 [没]平成29年(2017)12月15日 58歳〔病気〕 [生]昭和34年(1959)5月19日 [出]東京都 [学]早稲田大学教育学部卒 [歴]早大3年の時、アニメ制作会社・東映動画のスタッフ募集に応募。アニメの演出家を目指すが、脚本家になることを勧められ、昭和55年大学4年の時に「Dr.スランプ アラレちゃん」でデビュー。主な脚本参加作品にアニメ「うる星やつら」「魔法の天使クリィミーマミ」「みゆき」「ダーティペア」「それいけ！ アンパンマン」「若草物語 ナンとジョー先生」「ロミオの青い空」「名探偵コナン」「ONE PIECE(ワンピース)」などがある。著書に「ぼくらのペレランディア！」「子どもがスヤスヤねむる夢みるお話」など。

島田 無響 しまだ・むきょう 書家 高風書道会理事長 [専]漢字 [没]平成27年(2015)4月3日 87歳〔大腸がん〕 [生]昭和3年(1928)3月30日 [出]千葉県 [名]本名＝島田彰一(しまだ・しょういち) [学]早稲田大学政経学部〔昭和26年〕卒 [歴]昭和36年日展に初入選。37年第1回個展を開催。41年北海道書道展審査会員。45年よ

し

り日展に連続入選、創玄書道展参与会員。49年毎日書道展参与会員。高風書道会理事長で、書道研究「点の会」と書道研究誌「書響」を主宰した。 [賞]札幌市民芸術賞〔平成2年〕, 北海道警察本部長功労者表彰〔平成4年〕, 北海道書道展準大賞〔昭和40年〕 [団]創玄書道会 [師]師＝津田翠岱, 渡辺緑邦

島田 雄二 しまだ・ゆうじ ちふれ化粧品社長 [没]平成29年(2017)6月1日 77歳〔老衰〕 [生]昭和14年(1939)9月18日 [出]埼玉県熊谷市 [学]慶応義塾大学商学部〔昭和38年〕卒, カリフォルニア大学ロサンゼルス校大学院経済学研究科修士課程修了 [歴]ちふれ化粧品に入社、昭和41専務。55年ちふれ化粧品販売社長となり、平成元年よりちふれ化粧品社長。 [家]妻＝島田恵都子(ちふれ化粧品会長)

し

島田 雄二郎 しまだ・ゆうじろう 愛媛銀行常務 [没]平成27年(2015)4月20日 62歳〔肺がん〕 [生]昭和27年(1952)12月27日 [出]神奈川県横浜市 [学]慶応義塾大学経済学部〔昭和50年〕卒 [歴]損保ジャパン(現・損保ジャパン日本興亜)取締役常務執行役員を経て、平成18年愛媛銀行取締役、常務を務めた。

島田 幸弘 しまだ・ゆきひろ 熊本県議(自民党) [没]平成27年(2015)2月13日 74歳〔悪性リンパ腫〕 [生]昭和16年(1941)1月27日 [出]熊本県玉名郡長洲町 [学]腹栄中〔昭和31年〕卒 [歴]昭和42年雄飛建設社長、52年から熊本県長洲町議2期、58年より熊本県議に6選。平成17年議長。19年落選。

島立 登志和 しまだて・としかず バスケットボール指導者 [没]平成29年(2017)6月28日 85歳〔脳梗塞〕 [出]長野県 [学]山梨大学卒 [歴]バスケットボール女子Wリーグの山梨クィンビーズの前身である日立甲府創立に携わり、チーム創設の昭和43年から平成8年まで監督を務めた。9年以降は総監督や部長、GMを歴任。21年チームが実業団チームから地域密着型のクラブチームとなると代表理事に就任、25年まで務めた。

島津 昭 しまつ・あきら 共産党山形県委員長 [没]平成29年(2017)2月5日 89歳〔下咽頭がん〕 [歴]日本共産党山形県委員長を務めた。

島仲 花枝 しまなか・はなえ 看護師 沖縄県立精和病院総看護婦長 日本看護協会沖縄県支部協議会会長 [没]平成28年(2016)10月7日 95歳〔老衰〕 [出]沖縄県南城市東風平屋宜原 [歴]昭和40年日本精神科看護技術協会沖縄支部の結成に参加、初代支部長に就任。長く沖縄県の精神科看護の向上に努める。また、日本看護協会沖縄支部協議会会長として沖縄県の看護界(保健婦・看護婦・助産婦)の統合に尽くした。 [賞]黄綬褒章〔昭和52年〕, 勲五等瑞宝章〔昭和60年〕, 沖縄県功労者表彰〔平成11年〕

島野 達也 しまの・たつや 奥羽大学歯学部教授 [専]歯科放射線学 [没]平成27年(2015)4月10日 87歳 [生]昭和3年(1928)3月27日 [出]埼玉県 [学]東京歯科大学〔昭和28年〕卒 歯学博士(東京歯科大学)〔昭和38年〕 [歴]昭和34年東京歯科大学講師を経て、47年東北歯科大学(現・奥羽大学)教授。平成3年退職。また、歌人として「沃野」に拠り、同誌選者を務めた。著書に「要説 歯科放射線学」、歌集「散乱線」「岐れ道」などがある。 [団]日本歯科放射線学会, 日本医学放射線学会

島林 樹 しまばやし・たつる 弁護士 [没]平成28年(2016)4月29日 82歳 [生]昭和8年(1933)7月23日 [出]富山県婦負郡婦中町(富山市) [学]富山中部高卒, 中央大学法学部〔昭和34年〕卒 [歴]昭和38年司法試験に合格、41年富山県弁護士会に弁護士登録。43年にイタイイタイ病の患者らが原因企業に起こした損害賠償請求訴訟で原告弁護団の事務局長を務め、住民や弁護士の意見集約や提出証拠のとりまとめを担当。住民側の勝訴に尽力した。44年東京弁護士会に登録換え。横田基地の航空機騒音訴訟でも一審の弁護団事務局長を務めた。弁護士としては主に交通事故、公害、医療過誤、学校事故、製造物責任、国家賠償など各種の不法行為訴訟及び自動車、火災、傷害など各種損害保険関係訴訟を手がけた。著書に「公害裁判―イタイイタイ病訴訟を回想して」「裁判を闘って」などがある。 [賞]藍綬褒章〔平成16年〕 [団]東京弁護士会

島村 馨 しまむら・かおる 金城学院大学学長 [専]英文学 [没]平成28年(2016)2月14日 86歳 [生]昭和5年(1930)1月20日 [出]宮城県仙台市 [学]京都大学英文科〔昭和28年〕卒, カリフォルニア大学(米国)大学院修了 [歴]金城学院大学教授を経て、昭和63年学長に就任。平成4年退任した。

嶋村 尚美 しまむら・なおみ 神奈川県議(自民党) [没]平成28年(2016)3月31日 88歳〔肺炎〕 [生]昭和2年(1927)8月16日 [出]神奈川県横浜市 [学]日本大学法学部〔昭和25年〕卒 [歴]昭和38年より横浜市港北区選出の神奈川県議に10選。議長も務めた。平成15年引退。新横浜ホテル会長なども歴任。 [賞]藍綬褒章〔昭和58年〕, 旭日中綬章〔平成16年〕 [家]長男＝嶋村公(神奈川県議)

清水 靖 しみず・おさむ 第一製薬副社長 [没]平成29年(2017)6月23日 87歳〔膀胱がん〕 [生]昭和5年(1930)6月7日 [出]香川県高松市 [学]京都大学法学部〔昭和29年〕卒 [歴]第一製薬(現・第一三共)専務、副社長を歴任。

清水 研石 しみず・けんせき 書家 [専]漢字 [没]平成29年(2017)10月16日 70歳 [生]昭和22年(1947)4月26日 [出]兵庫県神戸市 [学]立正大学大学院国文学研究科〔昭和48年〕修了 [歴]昭和60年謙慎書道会常任理事、平成元年読売書法会理事審査員。書道研究・書学会会長、公募書学会展理事長、大田区書道協会会長、日展会友なども歴任した。15年浄土真宗最勝寺の梵鐘銘を揮毫した。 [賞]読売書法展読売新聞社賞(漢字部, 第5回)〔昭和63年〕 [団]文化財保存修復学会, 日展, 謙慎書道会, 読売書法会 [師]師＝青山杉雨

清水 耕一 しみず・こういち 岡山大学名誉教授 [専]経済理論, 統計学 [没]平成29年(2017)7月11日 67歳 [生]昭和25年(1950)5月30日 [出]愛知県 [学]同志社大学大学院経済学研究科博士後期課程単位取得, パリ第9大

学第3期博士課程修了　経済学博士　[歴]岡山大学経済学部助教授を経て、平成6年教授。20年学部長。

清水 光一郎　しみず・こういちろう　OKI常務執行役員　[没]平成29年（2017）7月1日　67歳　[歴]OKI常務執行役員を務めた。

清水 繁夫　しみず・しげお　相鉄ローゼン社長　[没]平成28年（2016）10月18日　92歳〔間質性肺炎〕　[生]大正13年（1924）3月30日　[出]東京都　[学]高輪商〔昭和17年〕卒　[歴]昭和20年相模鉄道に入社。37年秘書課長、42年不動産管理部長、45年勤労部長を経て、46年取締役、55年常務。この間、営業6部門のうち、鉄道を除く、バス、住宅、賃貸、砂利、石油の5部門をそれぞれ担当。60年相鉄ローゼン社長、平成6年会長。5年八社会社長を務めた。

清水 紫皓　しみず・しこう　吟詠家　福井県詩吟連盟理事長　[没]平成27年（2015）12月13日　86歳　[名]本名＝清水敬一郎（しみず・けいいちろう）　[歴]紫洲流日本明吟会福井本部の会長などを務めた。　[賞]福井県文化功労賞〔平成17年〕，地域文化功労者文部科学大臣表彰〔平成25年〕

清水 信　しみず・しん　文芸評論家　同人雑誌センター主幹　[専]現代日本文学　[没]平成29年（2017）2月7日　96歳〔心筋梗塞〕　[生]大正9年（1920）11月20日　[出]長野県　[名]本名＝清水信（しみず・まこと）　[学]明治大学文芸科〔昭和16年〕卒　[歴]明治大学では評論家・小林秀雄の薫陶を受けた。戦時中、北京の日本大使館に勤務。昭和22年母の郷里である鈴鹿に戻って新制中学で教鞭を執る傍ら、評論活動に入る。「関西文学」「北斗」同人。36年「近代文学」に連載していた「当世文人気質」で近代文学賞を受賞。37年より同人雑誌センター主幹。56年より中日新聞朝刊文化面の連載「中部の文芸」で小説・評論部門を担当。著書に評論集「日曜手帖」「作家と女性の間」のほか、「清水信詩集」、小説集「昨日の風」などがある。平成15年より自作選集「清水信文学選」を刊行。　[賞]近代文学賞（第3回）〔昭和36年〕「当世文人気質」，中日文化賞（第60回）〔平成19年〕「中部圏を中心とした文学活動への貢献」　[団]日本文芸家協会，三重県文学協会，中部ペンクラブ

清水 辛未　しみず・しんみ　テレビ愛知取締役技術局長　[没]平成29年（2017）7月27日　85歳〔呼吸不全〕　[生]昭和6年（1931）8月9日　[出]岐阜県　[学]早稲田大学政経学部卒　[歴]日本経済新聞社に入社。地方・電波・報道各部次長、名古屋支社総務部長、名古屋支社代表付きを経て、昭和57年テレビ愛知総務局長、60年制作局長、平成元年取締役制作局長、3年取締役技術局長。テレビ愛知番組制作（現・アイプロ）社長も務めた。

清水 成駿　しみず・せいしゅん　競馬評論家　[没]平成28年（2016）8月4日　67歳　[生]昭和23年（1948）　[出]東京都　[学]明治学院大学経済学部〔昭和47年〕卒　[歴]大学卒業と同時に競馬専門紙「1馬（現・優馬）」に入社。旧東京系のトラックマンを担当した後、才能を高く評価され、35歳で取締役編集局長に就任。予想欄にひとりポツンと打った“孤独の◎”で次々と大穴を的中させ、“穴の清水”として競馬予想家の地位を確立。担当コラム「今日のスーパーショット」は競馬ファンの間で評判を呼んだ。「1馬」退社後は、東京スポーツ紙で「馬単三国志」を連載。インターネットでは予想専門サイト「競馬JAPAN」を主宰した。著書に「財産のためにマジで競馬と戦う本」「清水成駿の穴馬券に乾杯！」「競馬・男の一本勝負」「清水成駿の『馬は何でも知っている』」「清水成駿の競馬新聞で逢おう」「万馬券の9割を狙える方程式」「競馬 無敵の『孫子流21攻略』」「馬券の現場力」などがある。

清水 碩　しみず・せき　お茶の水女子大学名誉教授　[専]植物生理学　[没]平成27年（2015）7月19日　83歳〔肺炎〕　[生]昭和7年（1932）7月15日　[出]兵庫県神戸市灘区　[学]東京大学理学部植物学科〔昭和31年〕卒，東京大学大学院理学系研究科植物学専攻〔昭和36年〕博士課程修了　理学博士〔昭和38年〕　[歴]日本専売公社を経て、お茶の水女子大学理学部教授。昭和63年～平成2年学部長を務めた。著書に「植物生理学」、訳書にジュール・カルル「進化論」「生命の起原」などがある。　[賞]瑞宝中綬章〔平成23年〕　[団]日本植物学会，日本植物生理学会

清水 剛夫　しみず・たけお　京都大学名誉教授　[専]分子エネルギー工学　[没]平成27年（2015）7月8日　82歳〔肺炎〕　[生]昭和8年（1933）3月17日　[出]京都府京都市　[学]京都大学工学部燃料化学科〔昭和30年〕卒，京都大学大学院工学研究科燃料化学専攻〔昭和32年〕修士課程修了　工学博士（京都大学）　[歴]京都大学助教授を経て、昭和63年教授。平成8年退官。　[賞]紫綬褒章〔平成8年〕，瑞宝中綬章〔平成20年〕，日本化学会進歩賞（第15回，昭和40年度）「オレフィンの重合反応に関する研究」，高分子学会賞（昭和52年度）「生体高分子機能に関連する高分子の合成と性質」，日本化学会学術賞（有機工業化学部門，第5回，昭和62年度）「導電性高分子などを用いた機能分子の材料化による分子素子への展開」　[団]日本化学会，高分子学会

清水 立生　しみず・たつお　金沢大学名誉教授　[専]電子物性工学，アモルファス半導体　[没]平成28年（2016）9月19日　80歳〔肺炎〕　[生]昭和11年（1936）7月12日　[出]大阪府大阪市　[学]金沢大学理学部〔昭和34年〕卒，東京大学大学院〔昭和36年〕修士課程修了　理学博士〔昭和42年〕　[歴]昭和36年日立製作所中央研究所研究員を経て、37年金沢大学工学部講師、39年助教授、46年教授。平成14年退官し、名誉教授。同年よりNTT R&Dシニアアドバイザー（非常勤）。この間、応用物理学会理事、金沢大学大学院自然科学研究科研究科長を務めた。編著に「アモルファス半導体」などがある。[賞]瑞宝中綬章〔平成27年〕，石川テレビ賞〔平成9年〕[団]日本物理学会，応用物理学会

清水 司　しみず・つかさ　早稲田大学総長　東京家政大学学長　渡辺学園名誉理事長　[専]電波物性工学，光マイクロ波　[没]平成29年（2017）10月21日　92歳〔肺炎〕[生]大正14年（1925）1月22日　[出]新潟県新潟市　[学]早稲田大学理工学部電気通信学科〔昭和23年〕卒　工学博士〔昭和35年〕　[歴]昭和40年早稲田大学理工学部教授を経て、53年11月第11代総長に就任。早大不祥事件の処理を終え、57年11月総長の座を退く。平成5～14年東京家政大学学長、同大短期大学部学長、11～28年渡辺学園理事長。埼玉県内の大学や短大などで構成される埼玉県私立大学連絡協議会の第13代、14代代表幹事、

し

および10〜27年初代会長を務め、埼玉県内の私立大学の発展に寄与。この間、平成元年〜3年中央教育審議会会長、8年東京都教育委員長、9〜11年大学設置・学校法人審議会会長。国語審議会会長も務めた。マイクロ波の研究に取り組み、9年文化功労者。 [賞]文化功労者〔平成9年〕，勲一等瑞宝章〔平成12年〕，稲田記念学術奨励金（昭和30年度）「フェライト板を挿入せる矩形導波管の特性」，アカデミア賞（文化部門，平成13年度）〔平成14年〕 [団]電子情報通信学会，電気学会，物理学会

清水 直人 しみず・なおと 三菱マテリアル常務 [没]平成29年（2017）11月19日 92歳〔膵臓がん〕 [生]大正14年（1925）5月31日 [出]山形県 [学]東京商科大学〔昭和29年〕卒 [歴]昭和29年三菱金属（現・三菱マテリアル）に入社。61年取締役、平成元年常務。この間、昭和53年新菱製缶取締役、59年常務。

清水 信義 しみず・のぶよし 慶応義塾大学名誉教授 [専]細胞遺伝学，分子生物学，遺伝子医学 [没]平成27年（2015）6月5日 73歳〔胆管がん〕 [生]昭和16年（1941）8月10日 [出]大阪府 [学]名古屋大学理学部化学科卒，名古屋大学大学院理学研究科分子生物学専攻〔昭和45年〕博士課程修了 理学博士 [歴]昭和45年名古屋大学理学部助手、46年渡米、カリフォルニア大学、エール大学研究員を経て、54年アリゾナ大学細胞生物学科教授（癌生物学科・遺伝学科教授併任）。58年より慶応義塾大学医学部分子生物学教室教授。平成6年アリゾナ大学客員教授、8年中国医科大学名誉教授も兼任。10年順天堂大学の研究グループとの共同研究で、若年性パーキンソン症候群の原因遺伝子の一つを発見。また、日英米の共同研究「ヒトゲノム計画」に参加、11年二十二番染色体の全ての構造の解読に成功。12年慶応義塾大学K2タウンキャンパス・ライフサイエンスセンター長。のち長浜バイオ大学特別客員・招聘教授。著書に「日本のトップランナー清水信義が説く」、共著に「ヒトの遺伝子マッピング」、訳書に「最新遺伝子医学」などがある。 [賞]米国対がん協会研究奨励賞，日本人類遺伝学会賞（平成12年度）「ヒトゲノム解析による新規疾患遺伝子の発見と機能解析」，中日文化賞（第56回）〔平成15年〕「ヒトゲノム解読への貢献」 [団]日本生化学会，日本細胞生物学会，米国細胞生物学会，日本癌学会，日本分子生物学会

清水 教之 しみず・のりゆき 名城大学理工学部教授 [専]エネルギー環境材料工学 [没]平成28年（2016）2月17日 64歳〔特発性肺線維症急性増悪〕 [生]昭和26年（1951）7月19日 [出]愛知県名古屋市 [学]名古屋大学工学部電気学科卒，名古屋大学大学院工学研究科電気工学専攻〔昭和54年〕博士後期課程修了 工学博士 [歴]名古屋大学工学部電気工学科助教授などを経て、平成11年名城大学理工学部教授。共著に「基礎からの電気回路論」がある。 [賞]電気学術振興賞論文賞（第35回）〔昭和54年〕「極低温領域におけるポリエチレン中への電荷注入と電界発光」

清水 初 しみず・はじめ エーザイ副社長 EAファーマ社長 [没]平成29年（2017）2月16日 59歳〔心不全〕 [生]昭和32年（1957）4月20日 [出]神奈川県小田原市 [学]慶応義塾大学経済学部〔昭和56年〕卒 [歴]昭和56年エーザイに入社、平成18年執行役、19年常務執行役、22年専務執行役を経て、24年代表執行役副社長兼CFO。28年EAファーマ社長。

清水 晃 しみず・ひかる 西日本新聞社長 [没]平成28年（2016）7月20日 85歳〔心不全〕 [生]昭和5年（1930）11月5日 [出]福岡県田川市 [学]田川中〔昭和23年〕卒，五高〔昭和24年〕1年修了，九州大学法学部〔昭和29年〕卒 [歴]昭和29年西日本新聞社に入社。43年編集局整理部次長、49年総務局人事部長、58年同局長、60年取締役、62年常務、平成元年専務を経て、7年社長に就任。13年会長、19年相談役。20年退任。テレビ西日本会長、共同通信社理事、日本新聞協会理事、福岡広告協会会長なども歴任した。

清水 房雄 しみず・ふさお 歌人 埼玉県歌人会会長 [専]中国古代哲学 [没]平成29年（2017）3月3日 101歳〔老衰〕 [生]大正4年（1915）8月7日 [出]千葉県東葛飾郡野田町（野田市） [名]本名＝渡辺弘一郎（わたなべ・こういちろう） [学]東京文理科大学文学科漢文学専攻〔昭和15年〕卒 [歴]東京高師在学中、五味保義に作歌指導を受け、昭和13年「アララギ」に入会、土屋文明選歌欄に出詠。予科練の教官となり、20年倉敷海軍航空隊で敗戦を迎える。戦後は東京都立高校教諭、都立北園高校長、昭和女子大学助教授、同大教授、文教大学教授、東京成徳短期大学講師などを歴任する傍ら、「アララギ」を牽引し、同誌を代表する歌人の一人として活躍。39年第一歌集「一去集」で現代歌人協会賞、平成10年「旻天何人吟（びんてんかじんぎん）」で迢空賞を受賞。「アララギ」編集委員で、9年の終刊まで選者を務めた。のち「青南」編集委員。17年歌会始召人、昭和62年〜平成20年西日本新聞読者文芸面歌壇選者、2〜20年読売新聞「読売歌壇」選者。生活者の哀歓をとらえた作品で知られ、晩年は自由さを増した。代表歌に「昂然と或いは腕組み答ふるなき生徒らに対すすでに三時間」など。他の歌集に「又日々」「風谷」「停雲」「天南」「絑閒抄」「散散小吟集」「老耄章句（ろうもうしょうく）」「桴遊去来（ふゆうきょらい）」「独孤意尚吟（どっこいしょうぎん）」「已哉微吟（いさいびぎん）」、自選歌集「海の蜩」、評論「子規漢詩の周辺」「斎藤茂吉と土屋文明」などがある。 [賞]勲四等旭日小綬章，現代歌人協会賞（第8回）〔昭和39年〕「一去集」，埼玉文芸賞（第3回）〔昭和47年〕「又日々」，短歌研究賞（第13回）〔昭和52年〕「春の土」，日本歌人クラブ賞（第17回）〔平成2年〕「絑閒抄」，迢空賞（第32回）〔平成10年〕「旻天何人吟（びんてんかじんぎん）」，現代短歌大賞（第22回）〔平成11年〕「老耄章句（ろうもうしょうく）」「斎藤茂吉と土屋文明」，斎藤茂吉短歌文学賞（第15回）〔平成16年〕「独孤意尚吟」，詩歌文学館賞（短歌部門，第23回）〔平成20年〕「已哉微吟」 [団]日本文芸家協会，現代歌人協会

清水 真 しみず・まこと 昭和女子大学人間社会学部准教授 [専]マスコミ論，東欧地域研究 [没]平成28年（2016）1月22日 47歳〔くも膜下出血〕 [学]立教大学大学院応用社会学研究科博士課程単位取得退学 [歴]明治学院大学社会学部附属研究所研究調査員、立教大学社会学部助手（助教）を経て、昭和女子大学人間社会学部准教授。東欧地域研究やマスコミュニケーション論などが専門で、地方ジャーナリズムに精通した。共編

に「日本の現場―地方紙で読む」、共著に「民意の形成と反映」などがある。

清水 正之 しみず・まさゆき 大阪芸術大学芸術学部教授 [専]造園学, 環境計画 [没]平成28年(2016)5月12日 84歳〔心室性不整脈〕 [生]昭和6年(1931)7月2日 [学]東京大学農学部〔昭和29年〕卒 [歴]平成元年から大阪芸術大学教授。日本造園学会関西支部長を務め、7年阪神大震災特別調査委員長として報告と提言をまとめた。 [賞]日本公園緑地協会北村賞〔昭和61年〕 [団]日本造園学会

清水 勝 しみず・まさる 河出書房新社社長 [没]平成28年(2016)8月12日 91歳〔肺炎〕 [生]大正13年(1924)11月15日 [出]香川県 [学]明治大学商学部〔昭和27年〕卒 [歴]昭和14年河出書房(現・河出書房新社)に入社。副社長を経て、53年社長に就任。在任中、田中康夫の小説「なんとなく、クリスタル」、俵万智の歌集「サラダ記念日」などがベストセラーとなった。平成12年会長。

清水 嘉健 しみず・よしたけ 読売新聞社長室次長・資材部長 [専]土地・住宅問題, 財政・税制, 中国経済 [没]平成29年(2017)6月20日 78歳〔急性肺炎〕 [生]昭和13年(1938)11月16日 [出]東京都 [学]早稲田大学文学部史学科〔昭和38年〕卒 [歴]読売新聞社に入社。青森支局、東京本社経済部、経済部次長、解説部次長を経て、平成5年同部長、7年社長室次長兼資材部長。10年江東オール印刷社長。著書に「中国経済の旅」「大蔵省、光と陰」、分担執筆に「二宮尊徳のすべて」などがある。

清水 良治 しみず・りょうじ 彫刻家 金沢美術工芸大学名誉教授 [没]平成28年(2016)2月24日 80歳〔急性骨髄性白血病〕 [生]昭和10年(1935)12月16日 [出]愛知県豊川市 [学]金沢美術工芸大学彫刻科〔昭和35年〕卒 [歴]昭和36年、37年新制作展新作家賞を受け、47年新制作協会会員に推挙される。金沢美術工芸大学教授を務め、主に人体彫刻を手がけた。 [賞]中原悌二郎賞優秀賞(第12回)〔昭和56年〕「孤影」, 新制作展新作家賞〔昭和36年・37年〕, 昭和会展昭和会賞(第10回, 昭和50年度), 神戸須磨離宮公園現代彫刻展東京国立近代美術館賞(第10回)〔昭和61年〕「牛骨と子供」 [団]新制作協会

志村 愛子 しむら・あいこ
⇒安西 愛子(あんざい・あいこ)を見よ

志村 恵 しむら・けい 沖縄県議(自民党) [没]平成27年(2015)12月11日 95歳〔心不全〕 [生]大正9年(1920)1月3日 [出]沖縄県国頭郡本部町 [学]新京工業大学土木学科〔昭和17年〕卒 [歴]敗戦直後の混乱期に沖縄民政府工務部に採用され、琉球政府で、昭和38年建設運輸局長、41年総務局長や、43年沖縄下水道公社総裁を歴任。47年以来沖縄県議に6選、59年議長。60年全国都道府県議会議長会会長。自民党沖縄県連会長も務めた。 [賞]勲二等瑞宝章〔平成8年〕, 沖縄県功労者表彰〔平成12年〕

志村 正道 しむら・まさみち 東京工業大学名誉教授 武蔵工業大学名誉教授 [専]人工知能, 計算機科学 [没]平成29年(2017)7月23日 81歳〔肺炎〕 [生]昭和11年(1936)4月5日 [出]東京都 [学]東京大学工学部応用物理学科〔昭和35年〕卒, 東京大学大学院数物系研究科応用物理学専攻〔昭和40年〕博士課程修了 工学博士 [歴]昭和40年大阪大学工学部講師、42年助教授、51年東京工業大学工学部助教授を経て、56年教授。退官後、平成9年東京理科大学教授、13年武蔵工業大学(現・東京都市大学)教授。20年同大名誉教授。著書に「非線形回路理論」「電子回路〈1・2〉」「人工知能」「コンピュータシステム」などがある。 [賞]瑞宝中綬章〔平成26年〕 [団]情報処理学会, IEEE, ACM

七五三 勝巳 しめ・かつみ 六日市町(島根県)町長 島根県教育委員長 [没]平成28年(2016)11月28日 83歳〔肺炎〕 [生]昭和8年(1933)4月12日 [出]島根県鹿足郡吉賀町 [学]岩国商〔昭和27年〕中退 [歴]昭和27年島根県朝倉村役場に入る。29年同村が六日市町と合併、52年同町教育長、57年助役を歴任。平成2年より同町長に3選。18年から1年間、島根県教育委員長を務めた。

下 哲也 しも・てつや 劇団俳優座制作部長 [没]平成28年(2016)3月13日 64歳〔心不全〕 [生]昭和27年(1952)2月7日 [出]北海道 [学]日本大学芸術学部演劇学科

下小野田 照隆 しもおのだ・てるたか 鹿児島県議(自民党) [没]平成29年(2017)12月26日 89歳〔慢性心不全〕 [生]昭和3年(1928)11月30日 [出]鹿児島県肝属郡串良町(鹿屋市) [学]青年学校教員養成所〔昭和32年〕卒 [歴]中学教師、建設会社社長を経て、昭和46年肝属郡選挙区から鹿児島県議に初当選。以来連続5期。平成3年引退。自民党鹿児島県議団会長、自民党鹿児島県連幹事長などを歴任した。 [賞]藍綬褒章〔平成3年〕, 勲四等瑞宝章〔平成12年〕

下垣内 洋一 しもがいち・よういち JFEホールディングス社長・CEO 日本鋼管社長 [没]平成29年(2017)10月25日 83歳〔前立腺がん〕 [生]昭和9年(1934)8月26日 [出]東京都 [学]東京大学法学部〔昭和33年〕卒 [歴]昭和33年日本鋼管(現・JFEスチール)に入社。56年営業総括部長、60年鋼材輸出部長、61年総合企画部長、62年取締役、平成元年常務、3年専務、6年副社長を経て、9年社長、14年会長。同年9月川崎製鉄との共同持ち株会社・JFEホールディングス初代社長兼CEO(共同最高経営責任者)に就任。17年取締役、同年相談役。

下川 敬之 しもかわ・けいし 宮崎大学名誉教授 [専]園芸利用学 [没]平成28年(2016)1月19日 78歳〔腎不全〕 [生]昭和12年(1937)12月8日 [出]福岡県筑後市 [学]宮崎大学農学部〔昭和35年〕卒 農学博士 [歴]昭和43年京都大学食糧科学研究所助手、49年宮崎大学農学部助教授を経て、60年宮崎大学農学部教授。植物ホルモン・エチレンの生成過程に関する研究に取り組み、温州ミカンの着色促進法を実用化した。著書に「エチレン」がある。 [賞]宮崎県文化賞〔昭和50年〕, 松島財団研究奨励賞 [団]日本農芸化学会, 園芸学会, 日本植物生理学会

下河辺 淳 しもこうべ・あつし 国土事務次官 [専]工業立地, 国土総合開発, 都市問題, 国際関係 [没]平成28年(2016)8月13日 92歳〔老衰〕 [生]大正12年(1923)9月30日 [出]東京都 [学]水戸中卒, 水戸高理科卒, 東京

帝国大学第一工学部建築科〔昭和22年〕卒　工学博士　[歴]昭和22年総理庁（現・内閣府）に採用され戦災復興院技術研究所に勤務、戦災地の市街地計画などを担当。23年建設省（現・国土交通省）、27年経済審議庁（現・内閣府）を経て、37年経済企画庁（現・内閣府）に転じて総合開発局調査官、39年水資源局水資保全課長、41年総合開発局総合開発課長、45年同局参事官、46年同総合研究開発調査室長、47年同局長。経企庁では一貫して国土総合開発計画に携わり、37年“国土の均衡ある発展”“地域間格差の是正”を掲げた第一次全国総合開発計画（全総）の策定に参画。44年の第二次全総（新全総）では高速交通網や通信網の整備を図り、田中角栄の“日本列島改造論”にも大きな影響を与えたといわれる。49年田中内閣の下で国土庁（現・国土交通省）が発足すると計画調整局長に就任、52年国土事務次官。54年～平成3年総合研究開発機構理事長。4年東京海上研究所が設立され理事長。6～10年国土審議会会長。その後も地方定住を打ち出した52年の第三次（三全総）、62年の第四次（四全総）、平成10年の第五次（21世紀の国土のグランドデザイン，五全総）まで全ての全総に関与し“ミスター全総”と呼ばれた他、国土開発の権威として“開発天皇”とも称された。7年には阪神・淡路大震災の復興基本施策を策定するために設置された首相の諮問機関、阪神・淡路復興委員会の委員長に就任、がれき処理や復興住宅の整備、新たなまちづくりや神戸港の復興など多岐にわたる提言をまとめ上げた。8年退任。また、米軍の普天間飛行場返還問題で橋本龍太郎首相と大田昌秀沖縄県知事が対立した際は“密使”として両者の仲介役を担い、和解に貢献した。著書に「日本の明日」「戦後国土計画への証言」などがある。　[賞]勲一等瑞宝章〔平成8年〕　[団]長寿社会文化協会

下地 亜記子　しもじ・あきこ　作詞家　[没]平成28年（2016）11月17日　72歳〔肺がん〕　[出]三重県伊勢市　[歴]学習研究社勤務を経て、コピーライターとなり、デザイン編集事務所を経営。昭和58年東京ロマンチカ「また逢えるような顔をして」で作詞家デビュー。北島三郎「月夜酒」「ふたり咲き」、藤あや子「雪荒野」、水森かおり「ひとり薩摩路」、香田晋「手酌酒」など、演歌の作詞を数多く手がける。平成15年プロ野球・松井秀喜選手の父である松井昌雄と演歌歌手・香西かおりのデュエット曲「ゆきずり物語」の作詞を担当した。

下条 千一　しもじょう・せんいち　愛眼社長　[没]平成28年（2016）7月10日　92歳〔脳梗塞〕　[生]大正12年（1923）9月1日　[出]徳島県美馬郡半田町日浦（つるぎ町）　[学]浪速工〔昭和17年〕卒　[歴]半田尋常高等小学校を卒業後、15歳で大阪に出る。紡績工場で木管運搬の仕事を経験し、工作機械の製造工場に勤める傍ら、夜間に浪速工業学校で学んだ。復員後の昭和21年、佐々栄商会に入社。36年瑞宝眼鏡光学に改組・改称の際、専務に就任。62年愛眼と改称し、平成元年社長、15年会長。この間、13年東証第1部、大証第1部に上場。　[賞]薬事功労賞〔平成3年〕　[家]長男＝下条三千夫（愛眼社長）

下妻 博　しもずま・ひろし　住友金属工業社長　関西経済連合会会長　[没]平成27年（2015）11月15日　78歳　[生]昭和12年（1937）1月13日　[出]北海道旭川市　[学]東京大学文学部〔昭和35年〕卒　[歴]昭和35年住友金属工業に入社。主に営業畑を歩き、平成元年取締役、4年常務、6年専務、8年副社長を経て、12年社長に就任。17年会長。社員を3分の1以下に減らす大胆なリストラを断行し、業績を回復させた。また、23年には新日本製鉄との経営統合を決断して業界の大型再編を主導、24年新日鉄住金を誕生させた。この間、13年日本鉄鋼連盟副会長。19～23年関西経済連合会の第13代会長を務め、関西経営者協会との統合や、関西財界のシンクタンクであるアジア太平洋研究所設立などを手がけた。日本銀行参与も務めた。

下田 栄子　しもだ・えいこ　舞踊家　黒沢輝夫・下田栄子モダンダンススタジオ主宰　[専]現代舞踊　[没]平成29年（2017）9月4日　84歳　[生]昭和7年（1932）12月30日　[出]青森県八戸市　[名]本名＝黒沢栄子　[学]八戸東高中退　[歴]新舞踊をしていた姉の影響で自己流の踊りを始め、水野利雄の下で洋舞踊を学んだ後、昭和22年に上京、大野弘史、和井内恭子に師事。28年舞踊家の黒沢輝夫と結婚。29年横浜市中区長者町で黒沢輝夫・下田栄子舞踊研究所を設立。39年には横浜市港北区綱島東で自宅兼スタジオを開設。平成21年夫妻で松山バレエ団の教育賞を受賞し、22年同賞受賞記念舞踊公演「まだ踊る」を開催。長女の美香もコンテンポラリーダンサーとして活動。　[賞]芸術祭賞優秀賞〔昭和54年・56年〕，舞踊批評家協会賞〔昭和55年〕，青森県褒賞〔昭和55年〕，橘秋子賞指導者賞〔昭和57年・58年・60年・62年・平成3年〕，松山バレエ団教育賞〔平成21年〕，全国舞踊コンクール石井漠賞〔昭和56年・62年〕，全国舞踊コンクール高田せい子賞〔昭和56年・59年・平成4年・5年〕，全国舞踊コンクール平多正於賞〔昭和62年・平成3年・4年・6年〕　[団]現代舞踊協会，芸術舞踊協会，神奈川県芸術舞踊協会　[家]夫＝黒沢輝夫（舞踊家），長女＝黒沢美香（舞踊家）　[師]師＝水野利雄，大野弘史，和井内恭子

下田 穰一郎　しもだ・じょういちろう　吾妻自動車交通社長　[没]平成29年（2017）6月27日　83歳〔肺炎〕　[生]昭和9年（1934）4月5日　[出]福島県福島市　[学]立教大学経済学部〔昭和33年〕卒　[歴]昭和35年福島交通を経て、36年吾妻自動車交通常務、57年社長。福島馬主協会名誉会長、茶道裏千家淡交会顧問、福島成蹊学園理事長などを歴任した。

下田 新一　しもだ・しんいち　独協医科大学名誉教授　[専]内分泌代謝学　[没]平成29年（2017）3月2日　85歳　[生]昭和6年（1931）7月22日　[学]群馬大学医学部医学科〔昭和31年〕卒，群馬大学大学院医学研究科内科専攻〔昭和36年〕博士課程修了　医学博士〔昭和36年〕　[歴]独協医科大学医学部教授、附属病院長を務めた。著書に「日常診療に必要な甲状腺疾患の臨床」「プリンシパル内分泌検査法」「やさしい甲状腺学」などがある。　[団]日本内分泌学会，日本糖尿病学会

下谷 昌久　しもたに・まさひさ　大阪ガス副社長　[没]平成27年（2015）8月8日　80歳〔肺炎〕　[生]昭和10年（1935）3月18日　[出]愛知県　[学]大阪大学経済学部〔昭和32年〕卒　[歴]昭和32年大阪瓦斯に入社。59年営業

開発部長、62年取締役、平成3年専務を経て、副社長。[賞]旭日中綬章〔平成17年〕

下村 滋 しもむら・しげる 徳島大学名誉教授 [専]分析化学, 物理系薬学 [没]平成29年(2017)11月25日 91歳〔肺炎〕 [生]大正15年(1926)3月29日 [出]兵庫県 [学]京都大学医学部薬学科卒 薬学博士 [歴]昭和47年から徳島大学薬学部教授を務め、平成3年名誉教授。5～11年徳島文理大学教授。有機水銀の分析法の研究で知られる。共著に「薬品分析化学」「機器分析」など。 [賞]瑞宝中綬章〔平成18年〕, 日本分析化学会学会賞(昭和63年度)「原子スペクトルを用いる水銀等の分析法の研究」, 徳島新聞社賞化学賞 [団]日本分析化学会, 日本薬学会, 日本化学会

下村 宏彰 しもむら・ひろあき 福井大学名誉教授 [専]関数解析学 [没]平成29年(2017)12月11日 73歳 [生]昭和19年(1944)10月25日 [出]東京都 [学]東京教育大学理学部卒, 京都大学大学院理学研究科数学専攻博士課程修了 理学博士 [歴]昭和50年福井大学教育学部講師、52年助教授を経て、62年教授。平成11年から同大工学部教授。 [団]日本数学会

下村 嘉平衛 しもむら・よしひら ハザマ常務 [没]平成28年(2016)4月21日 78歳〔虚血性心疾患〕 [生]昭和12年(1937)10月21日 [出]京都府 [学]京都大学大学院工学研究科土木工学専攻〔昭和38年〕修了 [歴]昭和38年間組(のちハザマ, 現・安藤ハザマ)に入社。土木本部海洋土木部長として海洋開発に注力。のち土木統括本部副本部長、阪神復興対策本部副本部長を経て、平成7年取締役、9年常務を務めた。11年顧問。

下山 瑛二 しもやま・えいじ 行政法学者 東京都立大学総長・名誉教授 [専]公法学, 国家補償法 [没]平成29年(2017)8月24日 95歳〔心筋梗塞〕 [生]大正11年(1922)5月22日 [出]埼玉県大宮市(さいたま市) [学]東京帝国大学法学部政治学科〔昭和22年〕卒 法学博士(京都大学)〔昭和37年〕 [歴]昭和22年東京帝国大学社会科学研究所助手、26年大阪市立大学助教授、34年教授を経て、40年東京都立大学教授。52～56年法学部長を務め、60年総長に就任。平成元年大東文化大学教授。第13～15期日本学術会議会員。我が国の英国行政法研究の第一人者。著書に「国の不法行為責任の研究」「健康権と国の法的責任」「人権と行政救済法」「現代行政法学の基礎」などがある。 [賞]勲二等瑞宝章〔平成8年〕 [団]日本公法学会, 日米法学会, 比較法学会

謝 種子 しゃ・たねこ 謝甜記会長 [没]平成27年(2015)5月31日 101歳〔誤嚥性肺炎〕 [出]埼玉県川口市 [歴]横浜中華街の中華粥専門店・謝甜記の会長を務めた。 [家]長男＝謝成発(謝甜記社長)

城 市郎 じょう・いちろう 発禁本蒐集家 [没]平成28年(2016)2月 94歳 [生]大正11年(1922) [出]宮城県仙台市 [歴]高等小学校卒業後、読売新聞社に入社。のち退社し、商業高校卒業後、鉱山会社に勤務。21歳で召集、2年後復員し、運送会社に入社。昭和52年退社。一方、戦前から発禁本の蒐集を始め、戦後、斎藤昌三の勧めで探索・蒐集に本格的に打ち込む。発禁本蒐集・研究の第一人者として執筆活動にも取り組み、集められた発禁本及び関係資料は1万数千点にも及ぶ。平成23年そのコレクションを明治大学図書館に寄贈、29年「明治大学図書館所蔵 城市郎文庫目録」が完成した。著書に「発禁本」「続発禁本」「発禁本百年」「初版本」「発禁本の世界」「性の発禁本」「性の発禁本2」、共編に「別冊太陽・発禁本」などがある。 [賞]日本出版学会賞(第21回)〔平成12年〕「別冊太陽・発禁本」

城 幹夫 じょう・みきお 島津製作所常務 [没]平成28年(2016)1月5日 77歳〔胃がん〕 [生]昭和14年(1939)1月2日 [出]京都府木津川市 [学]木津高〔昭和32年〕卒 [歴]昭和32年島津製作所に入社。産業機械事業部長、産業機械製造部長を経て、平成8年取締役、12年常務。

生源寺 美子 しょうげんじ・はるこ 児童文学作家 [没]平成27年(2015)5月18日 101歳〔老衰〕 [生]大正3年(1914)1月29日 [出]奈良県奈良市 [学]自由学園専門部〔昭和9年〕卒 [歴]昭和30年同人誌「童話」を創刊。40年処女作「草の芽は青い」が講談社児童文学作品募集に入選、41年にはサンケイ児童出版文化賞も受賞。以後、絵本・童話・ノンフィクションと幅広く活躍。「もうひとりのぼく」「マキオのひとり旅」「雪ぼっこ物語」「きらめいて川は流れる」は全国感想文コンクールの課題図書に選定された。他の作品に「春をよぶ夢」「犬のいる家」「少女たち」「ななことみんな」「与謝野晶子」「フルートふいたのだあれ」「ルミのひみつのいぬ」「おかしなかくれんぼ」などがある。 [賞]毎日新聞児童小説入選(第8回)〔昭和33年〕「ふたつの顔」(のち「もうひとりのぼく」と改題出版), 講談社児童文学新人賞(第6回)〔昭和40年〕「草の芽は青い」, 日本童話会賞(第2回)〔昭和40年〕「犬のいる家」, サンケイ児童出版文化賞(第13回)〔昭和41年〕「草の芽は青い」, 野間児童文芸賞(第15回)〔昭和52年〕「雪ぼっこ物語」, 児童文化功労者賞(第38回)〔平成11年〕 [団]日本児童文学者協会, 日本文芸家協会, 日本子どもの本研究会

城崎 進 じょうざき・すすむ 関西学院大学学長・名誉教授 神戸女学院院長 [専]旧約聖書学 [没]平成29年(2017)8月1日 93歳 [生]大正13年(1924)3月26日 [出]中国 [学]関西学院大学商経学部〔昭和21年〕卒, 関西学院大学文学部神学科〔昭和25年〕卒, ユニオン神学校大学院〔昭和29年〕卒 [歴]昭和29年関西学院大学講師、31年助教授を経て、38年教授。52年神学部長、56年学長を歴任。平成2年から神戸女学院院長を務めた。 [賞]瑞宝重光章〔平成16年〕, ネブラスカ・ウェスレアン大学(米国)名誉神学博士〔昭和58年〕

庄司 栄吉 しょうじ・えいきち 洋画家 光風会会長 [没]平成27年(2015)2月7日 97歳〔肺炎〕 [生]大正6年(1917)3月20日 [出]大阪府大阪市 [学]大阪外国語学校フランス語科〔昭和13年〕卒, 東京美術学校(現・東京芸術大学)油画科〔昭和17年〕卒 [歴]赤松洋画研究所で赤松麟作に師事し、昭和17年東京美術学校(現・東京芸術大学)を卒業して寺内萬治郎に師事。在学中の16年、「庭にて」で文展初入選。37～39年フランスへ私費留学。戦後は日展と光風会展に出品し、27年「K牧師の像」で日展特選・朝倉賞、42年「音楽家」で日展特選・菊華賞、62年「音楽家たち」で日展文部大臣賞。46年日展会員、61年評議員、平成9年参与、13年顧問。光風会展では、昭和31年「青衣」で展南賞、56年「舞踊家とギタリスト」で辻永記念賞を受賞。57年光風会理事、平成12年名誉会員、20年会長。早くから

音楽家や舞踊家をモチーフにし、人物及び人物群像を得意とした。12年「聴音」で日本芸術院賞・恩賜賞を受け、同年日本芸術院会員に選ばれた。 ㊫日本芸術院賞・恩賜賞（平成11年度）〔平成12年〕「聴音」，勲四等瑞宝章〔平成10年〕，日展特選・朝倉賞〔昭和27年〕「K牧師の像」，光風会展展南賞〔昭和31年〕「青衣」，日展特選・菊華賞〔昭和42年〕「音楽家」，光風会展辻永記念賞〔昭和56年〕「舞踊家とギタリスト」，日展文部大臣賞〔昭和62年〕「音楽家たち」 ㊫日本芸術院会員〔平成12年〕 ㊐光風会，日展 ㊑師＝赤松麟作，寺内萬治郎

し

庄司 永建 しょうじ・えいけん 俳優 ㊀平成27年（2015）9月15日 92歳〔膵臓がん〕 ㊥大正12年（1923）7月6日 ㊞山形県新庄市 ㊔本名＝庄司永建（しょうじ・ながたけ） ㊫上智大学文学部新聞学科〔昭和22年〕卒 ㊭昭和23年民衆芸術劇場附属養成所に入り、以後劇団民芸に所属。舞台「炎の人」「セールスマンの死」「オットーと呼ばれる日本人」などに出演する一方、27年新藤兼人監督の映画「原爆の子」に出演して以来、「夜明け前」「ここに泉あり」などの独立プロ作品に出演。45年民芸を退団。脇役として活躍し、テレビ朝日系の刑事ドラマ「西部警察」の二宮係長役などで知られる。他の出演作に、映画「あいつと私」「アカシアの雨がやむとき」「ミンボーの女」、ドラマ「大江戸捜査網」「水戸黄門」「大岡越前」など。晩年は俳優業以外にも、民話の語り部として郷里の山形県新庄の方言を駆使して地元で多数の公演を重ね、首都圏で新庄をPRする"新庄藩筆頭江戸家老"も務めた。著書に「明治戊辰かく戦えり」がある。 ㊫新庄市表彰（平成26年度） ㊎長女＝庄司麻由理（フリーアナウンサー）

小路 紫峡 しょうじ・しきょう 俳人 「ひいらぎ」主宰 岩井商事専務 ㊀平成28年（2016）4月9日 89歳〔前立腺がん〕 ㊥大正15年（1926）12月24日 ㊞広島県呉市 ㊔本名＝小路正和（しょうじ・まさかず） ㊫宇部工専〔昭和22年〕卒 ㊭昭和16年「ホトトギス」に初投句、高浜虚子に師事。25年からは「かつらぎ」にも投句し、阿波野青畝に学んだ。35年「ホトトギス」同人。54年「ひいらぎ」主宰。句集に「風の翼」「遠慶宿縁」「夏至祭」「召命」などがある。 ㊐俳人協会，兵庫県俳句協会，大阪俳人クラブ，日本文芸家協会 ㊑師＝高浜虚子，阿波野青畝

東海林 周太郎 しょうじ・しゅうたろう バスケットボール選手 バスケットボール日本リーグ機構専務理事 ㊀平成29年（2017）7月15日 83歳〔心筋梗塞〕 ㊥昭和8年（1933） ㊞山形県山形市 ㊫立教大学経済学部〔昭和32年〕卒 ㊭立教大時代の昭和31年、バスケットボール選手としてメルボルン五輪に出場。32年日本鉱業に入り、35年のローマ五輪にも出場した。引退後はバスケットボール日本リーグ機構（JBL）専務理事などを務めた。

小路 啓之 しょうじ・ひろゆき 漫画家 ㊀平成28年（2016）10月20日 46歳〔自転車事故死〕 ㊥昭和45年（1970）7月9日 ㊞大阪府守口市 ㊔筆名＝犬塚康生 ㊭平成9年「殺しのライセンス」でちばてつや賞準大賞を受賞して漫画家デビュー。代表作に「イハーブの生活」「かげふみさん」「来世であいましょう」「ごっこ」「犯罪王ポポネポ」などがある。28年奈良県内をリカンベント型の自転車で走行中に急逝した。

東海林 路得子 しょうじ・るつこ 女性運動家 HELPディレクター 女性国際戦犯法廷事務局長 女たちの戦争と平和人権基金理事長 ㊀平成27年（2015）3月16日 81歳 ㊥昭和8年（1933） ㊭平成7年日本と外国人の女性たちの緊急避難の場として発足した女性の家HELPが主催したタイ研修旅行で世話役を務めた。8年責任者であるディレクターに就任。他に女性国際戦犯法廷事務局長、矯風会ステップハウス所長、女たちの戦争と平和人権基金理事長などを務めた。

定塚 武敏 じょうずか・たけとし 美術評論家 高岡市立美術館館長 ㊀平成28年（2016）5月13日 95歳〔肺炎〕 ㊥大正10年（1921）1月12日 ㊞富山県新湊市 ㊫富山中卒，陸士卒 ㊭陸軍士官学校を卒業して満州に渡るが、本土決戦に備えて帰国し、千葉県で敗戦を迎える。敗戦時は陸軍大尉。戦後は昭和26年開館の高岡市立美術館に勤め、富山県内で博物館法に定める学芸員の資格を取った第1号となる。38年館長、45年博物館館長を兼任。59年退任。45～56年富山県博物館協会会長。高岡市文化財審議会会長も務めた。著書に「画商林忠正」「越中の焼きもの」「海を渡る浮世絵」「富山の美と心」などがある。 ㊫ジャポニスム学会賞（第2回，昭和56年度）「海を渡る浮世絵」，日本博物館協会棚橋賞〔昭和58年〕「公立博物館の機能分担及び相互連繋について」

正田 壤 しょうだ・じょう 洋画家 群馬県美術会会長 ㊀平成28年（2016）12月4日 88歳 ㊥昭和3年（1928）3月7日 ㊞群馬県太田市 ㊫太田中卒 ㊭太田中学を卒業後、福田貂太郎、松本忠義、山口薫に師事。昭和27年第2回モダンアート協会展に初入選。28年奨励賞を受け、37年会員。42年国際青年美術家展で準グランプリのストラレム優秀賞を受賞。51年新美南吉記念館の壁画を制作。モダンアート協会群馬支部長、群馬県美術会会長を務めた。 ㊫モダンアート協会展奨励賞〔昭和28年〕，国際青年美術家展ストラレム優秀賞〔昭和42年〕 ㊐モダンアート協会，群馬県美術会 ㊑師＝福田貂太郎，松本忠義，山口薫

正田 陽一 しょうだ・よういち 東京大学名誉教授 ㊒家畜育種学 ㊀平成28年（2016）12月30日 89歳〔脳出血〕 ㊥昭和2年（1927）3月31日 ㊞東京都 ㊫東京大学農学部畜産学科〔昭和25年〕卒，東京大学大学院農学研究科畜産学専攻博士課程修了 農学博士 ㊭東京大学助手、助教授を経て、昭和54年教授。62年～平成4年茨城大学農学部教授。定年退官後は、東京動物園ボランティアーズの解説員として上野動物園に通い続けた。奥州市牛の博物館名誉館長、東京動物園協会顧問、全日本家畜協会理事なども務めた。著書に「家畜という名の動物たち」「家畜のはなし」「品種改良の世界史・家畜篇」、編著に「人間がつくった動物たち」「ものをつくる動物たち」などがある。 ㊐日本畜産学会，日本哺乳動物学会，日本家禽学会，日本養豚学会

庄野 至 しょうの・いたる 随筆家 小説家 毎日放送プロデューサー・制作局長 ㊀平成29年（2017）10月21日 88歳〔慢性心不全〕 ㊥昭和3年（1928）12月

19日　[出]大阪府大阪市　[学]関西学院大学文学専門部卒　[歴]昭和27年新日本放送（現・毎日放送）に入社。企画部長、制作局長などを歴任して、61年に退社。平成19年「足立さんの古い革鞄」で織田作之助賞大賞を受賞した。「蒼海」同人。他の著書に「大阪感傷散歩」「屋上の小さな放送局」「三角屋根の古い家」「私の思い出ホテル」などがある。　[賞]織田作之助賞大賞（第23回, 平成18年度）〔平成19年〕「足立さんの古い革鞄」　[家]父＝庄野貞一（帝塚山学院初代院長）, 兄＝庄野英二（児童文学作家）, 庄野潤三（小説家）

庄野 義之　しょうの・よしゆき　福井大学名誉教授　[専]原子核理論　[没]平成28年（2016）6月8日　85歳　[生]昭和6年（1931）5月18日　[学]北海道大学理学部物理学科卒, 北海道大学大学院理学研究科物理学専攻博士課程修了　理学博士　[歴]昭和46年福井大学工学部教授となり、平成5～9年工学部長を務めた。

松風 定二　しょうふう・じょうじ　松風社長　[没]平成28年（2016）5月12日　81歳〔急性心不全〕　[生]昭和9年（1934）9月29日　[出]京都府　[学]同志社大学経済学部〔昭和32年〕卒　[歴]昭和34年参院議員秘書を経て、同年松風陶歯製造（現・松風）に入社。37年取締役、42年営業部長兼任、45年常務、52年専務、63年社長に就任。平成7年副会長。

上松 明　じょうまつ・あきら　アメリカンフットボール指導者　清水国際高アメリカンフットボール部監督　[没]平成28年（2016）1月2日　44歳〔病気〕　[出]静岡県富士市　[歴]平成7年清水国際高にアメリカンフットボール部を創設、26年秋は全国8強に導いた。28年44歳で病没。

勝谷 保　しょうや・たもつ　中小企業庁長官　インドネシア石油社長　[没]平成27年（2015）2月26日　88歳〔肺炎〕　[生]大正15年（1926）5月17日　[出]山口県下松市　[学]陸士, 山口高文科甲類〔昭和22年〕卒, 東京大学法学部〔昭和27年〕卒　[歴]昭和27年通商産業省（現・経済産業省）に入省。48年通商政策局経済協力部経済協力課長、49年科学技術庁官房総務課長、50年大阪府商工部長、52年特許庁商工部長、54年同総務部長、同年科学技術庁研究調整局長、56年中小企業庁長官を歴任。57年石油公団理事、60年インドネシア石油（現・国際石油開発帝石）専務、62年副社長を経て、平成元年社長、8年会長。石油鉱業連盟会長なども務めた。　[賞]レジオン・ド・ヌール勲章〔平成8年〕, 勲二等瑞宝章〔平成10年〕

昭和 精吾　しょうわ・せいご　俳優　[没]平成27年（2015）8月29日　73歳〔がん〕　[生]昭和16年（1941）12月14日　[出]旧満州新京　[名]本名＝鎌田賢　[学]大館鳳鳴高卒　[歴]旧満州で生まれ、太平洋戦争末期に秋田県下川沿村（現・大館市）に引き揚げる。高校卒業後に上京、劇団青俳演劇研究所、東映演劇研究所を経て、昭和44年寺山修司主宰の演劇実験室天井桟敷に入団、その全公演に参加。昭和精吾の芸名は萩原朔美の命名による。45年寺山が企画した漫画「あしたのジョー」の主人公のライバル・力石徹の葬儀で弔辞を読み上げた。58年の寺山の死後も、その作品の朗読や公演を通じて寺山の存在を後世に伝えることに尽くした。平成2年には中国人強制連行者が秋田県の花岡鉱山で鹿島組による過酷な労役と虐待に抗議して決起し多くの犠牲者が出た花岡事件を取り上げた一人芝居「花岡物語」を公演した。

松鶴家 祐二　しょかくや・ゆうじ　漫談家　[没]平成27年（2015）7月12日　64歳〔肝硬変〕　[出]宮崎県　[名]本名＝宮脇裕司（みやわき・ゆうじ）　[歴]松鶴家千代若・千代菊の一門で、漫才師を経て、漫談家となる。関西を中心にラジオ番組などで活躍。平成20年頃から肝機能障害のため芸能活動を休業した。

白井 智之　しらい・ともゆき　名古屋市立大学名誉教授　[専]病理学, 化学発がん　[没]平成27年（2015）11月19日　69歳〔急性大動脈解離〕　[生]昭和21年（1946）1月10日　[出]長野県岡谷市　[学]名古屋市立大学医学部〔昭和45年〕卒, 名古屋市立大学大学院医学研究科病理学専攻〔昭和49年〕博士課程修了　医学博士　[歴]昭和49年名古屋市立大学医学部助手、62年講師、平成元年助教授を経て、6年教授。この間、4年カドミウムが他の発がん物質とともにラットの前立腺がんを促進させることを発見。また、9年名古屋市大医学部の共同研究グループで、携帯電話の電磁波にはがんの促進作用は認められないとの実験結果をまとめた。退官後、名古屋市総合リハビリテーションセンター長。　[賞]高松宮妃癌研究基金学術賞（平成22年度）〔平成23年〕「遺伝子改変ラットモデルを用いた膵臓がんと前立腺がんの予防、早期診断と治療法の開発」

白井 正司　しらい・まさし　白井ビル社長　岩国商工会議所会頭　[没]平成28年（2016）11月15日　91歳〔肺がん〕　[生]大正14年（1925）5月26日　[出]山口県　[学]柳井商　[歴]岩国市役所を退職後、白井ビル社長、山口印刷社長を務める。昭和57年から4期12年にわたって岩国商工会議所会頭。民間の岩国基地沖合移設期成同盟会会長なども歴任した。

白井 正光　しらい・まさみつ　中野組常務　[没]平成27年（2015）7月7日　84歳〔肺炎〕　[歴]中野組（現・ナカノフドー建設）常務を務めた。

白石 清三　しらいし・せいぞう　読売新聞編集委員　[没]平成28年（2016）5月6日　80歳〔急性硬膜下血腫〕　[生]昭和10年（1935）10月13日　[出]群馬県　[学]横浜市立大学文理学部〔昭和34年〕卒　[歴]昭和34年読売新聞社に入社。41年政治部、56年資料部次長、60年部長待遇、61年編集委員などを経て、62年キャリアバンクに出向し、専務、のち社長。

白石 隆生　しらいし・たかお　指揮者　ピアニスト　ウィーン・フォルクスオーパー専属副指揮者　東邦音楽大学教授　[没]平成27年（2015）10月6日　70歳〔頸部脂肪肉腫〕　[生]昭和20年（1945）6月7日　[出]東京都港区　[名]本名＝白石隆生（しらいし・たかお）　[学]桐朋学園大学音楽学部ピアノ科〔昭和43年〕卒, ウィーン音楽大学ピアノ科〔昭和48年〕卒　[歴]昭和45～52年ウィーン音楽大学でイェンナ、ホレチェック、ヴェルバ、ショルム、スウィトナーらに師事。49～59年ウィーン・フォルクスオパー副指揮者、メルビッシュ湖上音楽祭音楽監督、ハイドン生誕250年記念国際会議オペラ公演音楽監督を経て、59年から東邦音楽大学、尚美学園大学などで教鞭を執る。また世界一流歌手のピアノ伴奏者と

し

しても活躍。著書に「ウィンナ・オペレッタの世界」、訳書に「ウィーン音楽地図」などがある。 [賞]ウィーン市名誉金章〔平成6年〕 [団]日本演奏連盟, 日墺文化協会, 湘南室内合奏団, 藍の会, 藤沢市みらい創造財団, 全日本ピアノ指導者協会 [家]妻＝白石敬子（声楽家） [師]師＝大島正泰, 寺西昭子, イェンナー, A., ショルム, R., ヴェルバ, E., スイトナー, O.

白石 徹 しらいし・とおる 衆院議員（自民党） [没]平成29年（2017）3月17日 60歳〔悪性リンパ腫〕 [生]昭和31年（1956）4月1日 [出]愛媛県新居浜市 [学]新居浜西高卒, 早稲田大学理工学部工業経営学科〔昭和53年〕卒, 早稲田大学理工学部土木工学科〔昭和55年〕卒 [歴]日本青年会議所（JC）副会頭などを務めたのち、平成11年より愛媛県議に3選。21年衆院選に自民党から愛媛3区で立候補し、24年当選。27年環境政務官兼内閣府政務官。JC時代から麻生太郎と親しく、麻生派に所属した。2期目途中の29年3月、病死した。 [家]長男＝白石尚寛（白石建設工業社長）

白石 勝 しらいし・まさる 文芸春秋社長 [没]平成27年（2015）5月2日 75歳〔白血病〕 [生]昭和14年（1939）12月22日 [出]東京都 [学]早稲田大学第一文学部〔昭和37年〕卒 [歴]東京で生まれ、栃木県鹿沼市で育つ。昭和37年文芸春秋に入社。広告部、編集部に在籍、「週刊文春」の「疑惑の銃弾」（59年）、「文芸春秋」の「昭和天皇独白録」（平成2年）の掲載時に編集長を務める。総務局長兼社長室長、平成4年取締役、10年常務を経て、11年社長に就任。16年会長。20年退社。この間、16年から2年間、日本雑誌協会理事長を務めた。一方、19年より俳句を須原和男に師事。27年句集「多摩川」を刊行した。

白石 幸雄 しらいし・ゆきお ニチメンインフィニティ社長 [没]平成29年（2017）8月24日 83歳〔心臓発作〕 [生]昭和9年（1934）1月22日 [出]愛媛県 [名]後名＝村上幸雄（むらかみ・ゆきお） [学]神戸市外国語大学〔昭和31年〕卒 [歴]日綿実業（のちニチメン, 現・双日）に入社。昭和60年ニチメン衣料取締役、63年常務、平成2年専務を経て、3年社長。4年ニチメンインフィニティに社名変更、12年東証第1部、大証第1部に上場。同年会長。21年同社は双日インフィニティに社名変更した。

白石 裕 しらいし・ゆたか 棋士 囲碁9段 [没]平成29年（2017）12月10日 76歳〔右上葉扁平上皮がん〕 [生]昭和16年（1941）2月14日 [出]愛媛県 [歴]昭和28年関山利一9段に入門。31年入段し、関西棋院のプロ棋士となる。43年8段、48年9段。51年第1期、56年第6期各棋聖戦9段戦優勝。第2期、3期、12期名人戦リーグ入り。第35期、36期、40期本因坊戦リーグ入り。平成5年院内のタイトル・関西棋院第1位決定戦で優勝、1期。24年引退。 [団]関西棋院 [家]娘＝白石京子（棋士）

白岡 順 しらおか・じゅん 写真家 東京造形大学教授 [没]平成28年（2016）3月17日 71歳〔肝細胞がん〕 [生]昭和19年（1944） [出]愛媛県新居浜市 [学]信州大学文理学部〔昭和42年〕卒, 東京綜合写真専門学校〔昭和47年〕卒 [歴]昭和48年渡米、リゼット・モデルらに学ぶ。54年からパリ在住。55年東京での個展「野分のあと」のほか、パリ、オランダ、ベルギーなどで個展を開催。東京造形大学教授を務めた。

白川 澄子 しらかわ・すみこ 声優 [没]平成27年（2015）11月25日 80歳〔くも膜下出血〕 [生]昭和10年（1935）6月26日 [出]東京都 [名]本名＝白土澄子（しらと・すみこ） [学]慶応義塾大学 [歴]声優として活躍し、昭和44年放送開始のテレビアニメ「サザエさん」でカツオの同級生・中島くん役を初登場以来担当。「ドラえもん」でも、昭和55年から平成17年まで26年間にわたって出来杉くん役を務めた。「宇宙エース」のエース役、「ひみつのアッコちゃん」のモコちゃん役、「ポールのミラクル大作戦」のポール役などでも知られる。

白川 道 しらかわ・とおる 小説家 [没]平成27年（2015）4月16日 69歳 [生]昭和20年（1945）10月19日 [出]中国北京 [名]本名＝西川徹（にしかわ・とおる） [学]一橋大学社会学部卒 [歴]家電メーカー、広告代理店などを経て、株式投資顧問会社を経営。平成3年一般投資家から現金などをだまし取ったとして実刑判決を受けた。6年長編ハードボイルド小説「流星たちの宴」で小説家デビュー。2作目「海は涸いていた」は、10年「絆―きずな」として根岸吉太郎監督によって映画化。13年刊行の復讐劇ミステリー「天国への階段〈上下〉」もテレビドラマ化された。また、波瀾万丈の人生経験を生かし、朝日新聞「人生相談」欄の回答者も担当した。他の著書に「病葉流れて」「終着駅」「最も遠い銀河」「神様が降りてくる」などがある。妻は新潮社編集者の中瀬ゆかり（事実婚）。 [団]日本推理作家協会 [家]妻（事実婚）＝中瀬ゆかり（編集者）

白川 由美 しらかわ・ゆみ 女優 [没]平成28年（2016）6月14日 79歳〔心不全〕 [生]昭和11年（1936）10月21日 [出]東京都品川区 [名]本名＝二谷安基子（にたに・あきこ）, 旧姓・名＝山崎 [学]頌栄女子学院高〔昭和30年〕卒 [歴]昭和31年東宝に入社、同年青柳信雄監督「ならず者」で映画デビュー。清楚な雰囲気とすらりとしたプロポーションが注目され、本多猪四郎監督「空の大怪獣・ラドン」に助演して以来、一連の東宝のSF特撮ものや小林桂樹主演の「サラリーマン出世太閤記」3部作、江利チエミ主演の〈サザエさん〉シリーズなどに準主演格で出演。初主演作は33年の丸林久信監督「女探偵物語・女性SOS」。映画の主な出演作に「地球防衛軍」「美女と液体人間」「世界大戦争」「妖星ゴラス」「二人の息子」「地方記者」「林檎の花咲く町」「おれについてこい！」など。その後、テレビドラマに活動の場を移し、「家族ゲーム」「ママハハ・ブギ」「パパとなっちゃん」などで母親役を多く演じ、母親にしたい有名人上位ランクインの常連となった。他にもNHK朝の連続テレビ小説「純ちゃんの応援歌」や「GTO」「ハケンの品格」「家政婦のミタ」「ドクターX」などの話題作に出演。この間、39年俳優の二谷英明と結婚。おしどり夫婦として知られ、2人でJRの「フルムーンパス」のイメージカップルを務め、ドラマ〈フルムーン旅情ミステリー〉シリーズでも共演した。長女は元女優で家庭教師派遣大手のトライグループ社長の二谷友里恵。 [家]夫＝二谷英明（俳優）, 長女＝二谷友里恵（女優・トライグループ社長）

白坂 長栄 しらさか・ちょうえい プロ野球選手 [没]平成27年（2015）7月8日 92歳〔病気〕 [生]大正11年

し

(1922) 7月23日　[出]岩手県二戸郡一戸町　[学]福岡中(現・福岡高)　[歴]一戸小で野球を始め、福岡中ではショートを守る。昭和15年仙台鉄道局に入り、全国鉄道大会に出場。17年中国に渡り、華中交通で活躍後に応召。戦後、21年盛岡鉄道局に復帰して投手となるが、22年沢藤光郎が入ったためショートに転じ、沢藤とともに全国鉄道大会で優勝。23年大阪(現・阪神)入り、吉田義男と二遊間を組んだ。34年に引退後は二軍監督を務め、39年と47年にリーグ優勝に導いた。実働11年、1020試合出場、3313打数789安打、59本塁打、360打点、102盗塁、打率.238。

白坂 依志夫　しらさか・よしお　脚本家　[没]平成27年(2015) 1月2日　82歳〔肺炎〕　[生]昭和7年(1932) 9月1日　[出]東京都　[名]本名＝八住利義(やすみ・としよし)　[学]早稲田大学文学部〔昭和29年〕中退　[歴]父は脚本家の八住利雄。中学時代から父の脚本を手伝い、早稲田大学時代には島耕二監督「虹いくたび」などを代作した。昭和30年大映多摩川撮影所に脚本家として入り、村山三男監督「女中さん日記」でデビュー。32年田中重雄監督「永すぎた春」で認められ、増村保造監督「巨人と玩具」「偽大学生」でキネマ旬報、ブルーリボンなどの脚本賞を受賞。若い世代の作家の目を通して、多くの現代小説のシナリオを書き、特に増村監督とのコンビで好評を博した。主な脚本作品に増村監督「青空娘」「氾濫」「盲獣」「大地の子守歌」「曽根崎心中」、須川栄三監督「野獣死すべし」、杉江敏男監督「銀座のお姐ちゃん」、蔵原惟繕監督「われらの時代」「けものみち」など多数。筆名は当時阪神タイガースで二遊間を組んでいた白坂長栄・吉田義男両選手にちなむ。　[賞]芸術祭賞テレビ部門奨励賞(第13回)〔昭和33年〕「マンモスタワー」, 年間代表シナリオ(昭和33年度・51年度・53年度), おおさか映画祭脚本賞(第2回)〔昭和51年〕「大地の子守歌」　[団]日本シナリオ作家協会　[家]父＝八住利雄(脚本家)

白鷹 幸伯　しらたか・ゆきのり　鍛冶師　[専]古代道具復元, 刃物鍛造, 古建築修復用和釘・金物　[没]平成29年(2017) 6月6日　81歳〔くも膜下出血〕　[生]昭和10年(1935) 8月6日　[出]愛媛県松山市　[名]号＝興光(おきみつ) (2代目)　[学]中央大学法学第二部卒　[歴]土佐系鍛冶師の兄の家を飛び出し上京、日本橋の刃物の老舗・木屋に勤めながら夜学に通い大学を卒業。兄の病死で昭和47年11年ぶりに帰郷し跡を継ぐ。古代の大工道具を研究、その実績が、最後の宮大工といわれる西岡常一に見込まれ、56年薬師寺の西塔再建にあたり約7000本の古代の釘を鍛造した。以来、和釘鍛冶の第一人者として知られた。59年には神戸にオープンした竹中大工道具館に30数点の古代の大工道具を復元して展示。日常は主に包丁を打ち、ライフワークは和風建築に使われた古代の大工道具の復元。薬師寺の他、室生寺や錦帯橋、松山城、大洲城など数多くの木造建築にその手による和釘が使用され、"千年のくぎ"づくりと称された仕事ぶりは小学校の国語教科書にも掲載された。著書に「鉄、千年のいのち」がある。　[賞]愛媛新聞賞〔平成8年〕, 吉川英治文化賞(第35回)〔平成13年〕, 読売あをによし賞本賞(第3回)〔平成21年〕「千年の釘の復元」, 日本建築学会文化賞〔平成17年〕　[資]えひめ伝統工芸士〔平成14年〕　[家]長男＝白鷹興光(鍛冶師)

白西 紳一郎　しらにし・しんいちろう　日中協会理事長　[没]平成29年(2017) 10月7日　77歳　[出]広島県広島市　[学]京都大学卒　[歴]5歳のときに原爆で被爆。日本国際貿易促進協会を経て、日中協会の事務局長や常務理事を務めた後、平成12年から理事長。訪日団や留学生の受け入れなど日中友好に尽力。日中国交正常化以前の1960年代から日中友好活動に携わり、600回以上の訪中を重ねて中国に幅広い人脈を築く。習近平国家主席、胡錦濤国家主席ら多くの指導者と面会し、李克強首相とは若手幹部時代から交流があった。

白根 邦男　しらね・くにお　スポーツニッポン新聞社長　毎日新聞代表取締役専務東京本社代表　[没]平成29年(2017) 8月27日　80歳〔肺高血圧症〕　[生]昭和12年(1937) 2月6日　[出]福岡県　[学]明治大学法学部〔昭和35年〕卒　[歴]昭和35年毎日新聞社に入社。東京本社社会部副部長、中部本社報道部長を経て、57年東京本社社会部長、60年編集局次長、63年西部本社編集局長、平成3年取締役西部本社代表、6年常務西部本社代表、7年労務・総務担当、8年東京本社代表、11年代表取締役専務。12年退任してスポーツニッポン新聞社東京本社社長に就任。東京・大阪・西部3本社が合併した後は、16年よりスポーツニッポン新聞社社長。18年会長。

白崎 東洋　しろさき・とうよう

⇒大倭 東洋(おおやまと・とうよう) を見よ

城田 隆　しろた・たかし　東海テレビ放送常務　三重テレビ放送社長　[没]平成29年(2017) 10月14日　80歳〔肝内胆管がん〕　[生]昭和11年(1936) 11月3日　[出]三重県桑名市　[学]名古屋大学教育学部〔昭和34年〕卒　[歴]東海テレビ放送東京支社長を経て、平成7年取締役、のち常務。三重テレビ放送社長も務めた。

仁賀 克雄　じんか・かつお　評論家　翻訳家　ワセダミステリクラブ創立者　[専]ミステリ, SF, 恐怖小説, 犯罪ノンフィクション　[没]平成29年(2017) 12月22日　80歳〔肝臓がん〕　[生]昭和11年(1936) 12月23日　[出]神奈川県横浜市　[名]本名＝大塚勘治(おおつか・かんじ)　[学]横須賀高卒, 早稲田大学第一商学部〔昭和36年〕卒　[歴]早稲田大学在学中の昭和32年、江戸川乱歩を顧問に迎えワセダミステリクラブを創立、幹事長を務める。これが縁で「ヒッチコック・マガジン」の海外ミステリ紹介欄を担当するうちに、ロバート・ブロックやレイ・ブラッドベリの短編を翻訳。卒業後は石油会社に入社。海外勤務となり、国際派ビジネスマンとして働いた。エジプト石油開発常任監査役などを歴任。傍らミステリ、SFなどの評論、翻訳を行う。56年には徳間文庫懸賞小説に「スフィンクス作戦」を応募し佳作に入選した。主著に「ロンドンの恐怖―切り裂きジャックとその時代」「海外ミステリ・ガイド」、訳書にバリンジャー「消された時間」、カーター・ディクソン「プレイグ・コートの殺人」、P.K.ディック「地図にない町」、コリン・ウィルスン「切り裂きジャック」など多数。　[賞]徳間文庫総額2000万円懸賞小説募集佳作〔昭和56年〕「スフィンクス作戦」

新谷 周幸　しんがい・ちかゆき　宮崎大学名誉教授　[専]保健体育　[没]平成27年(2015) 1月12日　95歳〔老衰〕　[生]大正8年(1919) 3月27日　[出]熊本県下益城郡美里町

[学]東京体専卒　[歴]昭和48年宮崎大学教育学部教授となり、同大教育学部附属中学校長などを歴任した。　[賞]勲三等瑞宝章〔平成4年〕

新垣 守　しんがき・まもる　沖縄森永乳業創業者　新洋創業者　[没]平成27年(2015)10月16日　93歳〔老衰〕　[生]大正11年(1922)2月10日　[出]沖縄県島尻郡渡嘉敷村　[学]沖縄青年師範卒　[歴]昭和19年渡嘉敷村立青年学校教諭、21年北部農林高校教官補、25年琉球農業組合連合会主事を経て、26年建築資材卸業の新洋商会(現・新洋)を創業。また、九州での木材買い付け中に乳酸菌飲料と出合い、30年アミノ酸ヤクトール本舗を設立、38年ゲンキ乳業に社名変更。殺菌後に冷蔵保存した"冷たい牛乳"を沖縄で初めて売り出し、"ゲンキ坊や"のキャラクターでも親しまれた。45年森永乳業と技術・資本提携を結んで沖縄森永乳業が誕生すると社長、会長を歴任した。沖縄県牛乳協会初代会長などを務めた。

し

新垣 安二　しんがき・やすじ　琉球通運創業者　浦添商工会議所会頭　[没]平成27年(2015)5月20日　83歳〔肺がん〕　[出]サイパン島　[学]前原高卒　[歴]日本の委任統治領であったサイパン島で生まれる。昭和39年米軍人軍属の海外移住、島内移動の運輸業務として琉球通運を創業。琉球通運航空会長や浦添市国際交流協会会長、浦添商工会議所会頭なども務めた。

新川 健三郎　しんかわ・けんざぶろう　東京大学名誉教授　[専]アメリカ史　[没]平成28年(2016)　79歳　[生]昭和12年(1937)5月3日　[出]東京都　[学]東京大学教養学部教養学科〔昭和35年〕卒, メリーランド大学(米国)大学院歴史学研究科歴史学専攻博士課程修了, 東京大学大学院修了　学術博士　[歴]東京女子大学助教授、東京大学教授を経て、東京大学名誉教授。のちフェリス女学院大学教授。平成12〜14年アメリカ学会会長を務めた。　[団]アメリカ学会, 日本国際政治学歴史学研究会

新宮 松比古　しんぐう・まつひこ　福岡県議(自民党)　[没]平成28年(2016)3月13日　77歳　[生]昭和13年(1938)4月22日　[出]福岡県福岡市博多区　[学]福岡高〔昭和32年〕卒, 慶応義塾大学文学部〔昭和37年〕卒　[歴]昭和37年トヨタ自動車販売のセールスマンを経て、38年家業の博多織の店に入り、55年協和通商社長、59年会長。58年博多区選挙区から福岡県議に当選、7期。平成6年議長。23年引退。

新里 修一　しんざと・しゅういち　新里酒造代表　[没]平成28年(2016)6月23日　63歳　[出]沖縄県那覇市　[学]東京農業大学醸造学科〔昭和50年〕卒　[歴]沖縄県内最古の蔵元である新里酒造の6代目。東京農業大学醸造学科を卒業後は東京国税局、熊本国税局、沖縄国税事務所などで鑑定官として酒造りに関わる。昭和62年従来の「泡盛一号酵母」の中から60億分の1の割合で存在する「泡なし酵母」を分離、実用化に成功した。平成元年新里酒造に入り専務、13年代表に就任。

SHINJI　しんじ　ミュージシャン　[没]平成27年(2015)8月31日　34歳〔交通事故死〕　[名]本名＝坂井信治, グループ名＝SECRET 7 LINE(しーくれっとせぶんらいん)　[歴]ギター、ボーカルのRYO、ドラムスのTAKESHIと3人組メロディックパンクバンド・SECRET 7 LINEを組み、ベースを担当。平成20年アルバム「How many lines does she hide？」でデビュー。他のアルバムに「SECRET 7 LINE」「APATHY」「NOW HERE TO NOWHERE」「LIVE HARDER」がある。27年9月イベント出演のための移動中に交通事故に遭い、亡くなった。

新城 明久　しんじょう・あきひさ　琉球大学名誉教授　[専]家畜育種学・繁殖学　[没]平成28年(2016)9月23日　72歳〔前立腺がん〕　[生]昭和18年(1943)10月27日　[出]沖縄県平良市下里(宮古島市)　[学]東北大学大学院農学研究科〔昭和47年〕博士課程修了　農学博士　[歴]琉球大学農学部教授を務め、琉球在来馬やヤギなどを研究。サトウキビの搾りかす(バガス)を原料とした食物繊維食品の研究開発にも携わった。著書に「生物統計学入門」「動物遺伝育種学入門」「農業・産業活性化へのヒント」「沖縄の在来家畜」などがある。　[団]日本畜産学会, 日本家禽学会, 日本実験動物学会

新章 文子　しんしょう・ふみこ　小説家　[没]平成27年(2015)10月14日　93歳〔老衰〕　[生]大正11年(1922)1月6日　[出]京都府京都市　[名]本名＝中島光子, 芸名＝京千鈴　[学]京都府立第一高女〔昭和14年〕卒　[歴]宝塚少女歌劇に入り、昭和16年京千鈴の名で初舞台を踏む。18年退団。退団後は京都市役所などに勤める。戦後は童話などを書いていたが、34年「危険な関係」で江戸川乱歩賞を受賞。同作は第42回直木賞候補にもなった。他の著書に「バック・ミラー」「朝はもう来ない」「青子の周囲」「女の顔」などがある。　[賞]江戸川乱歩賞(第5回)〔昭和34年〕「危険な関係」　[団]日本文芸家協会

深水 三章　しんすい・さんしょう　俳優　[没]平成29年(2017)12月30日　70歳〔虚血性心不全〕　[生]昭和22年(1947)5月5日　[出]熊本県　[名]本名＝深水三章(ふかみ・みつあき)　[学]お茶の水美術学園卒　[歴]お茶の水美術学園でデザインを勉強したのち、芝居の道へ。東京キッドブラザーズ所属後、劇団ミスター・スリムカンパニーを創立し、昭和50年自作の「ミスター・スリム」で俳優デビュー。「早筆右三郎」のゲスト主役でテレビドラマ初出演。映画やドラマで脇役として活躍。出演作に、ドラマ「阿修羅のごとく」「太陽にほえろ!!」「長男の嫁」「ピュア」「玩具の神様」「剣客商売」「坂の上の雲」、映画「楢山節考」「ええじゃないか」「パラサイト・イヴ」「うなぎ」「カンゾー先生」「コキーユ」「突入せよ！ あさま山荘事件」、舞台「なぜか青春時代」など。平成29年年末の忘年会から東京都内の自宅に帰宅したが、翌日自宅前で倒れているのが発見された。映画「羊の木」が遺作となった。元妻は女優の萩尾みどり。　[家]兄＝深水龍作(演出家)

新土 光夫　しんど・みつお　飯山町(香川県)町長　[没]平成28年(2016)3月12日　88歳〔多臓器不全〕　[生]昭和3年(1928)3月5日　[学]香川師範中退　[歴]香川県飯山町職員を経て、昭和39年町長に当選。平成17年同町が丸亀市と合併するまで11期、40年6ケ月務めた。全国防犯協会連合会副会長などを歴任した。　[賞]旭日中綬章〔平成17年〕

進藤 昭男　しんどう・あきお　産業技術総合研究所関西センター名誉リサーチャー　[専]炭素繊維　[没]平成28年(2016)10月31日　90歳　[生]大正15年(1926)　[出]兵庫県　[学]広島文理科大学化学科研究科1年〔昭和27年〕修了　理学博士　[歴]昭和27年工業技術院大阪工業試験

しんや

進藤 咲子 しんどう・さきこ　東京女子大学名誉教授　㊗国語学　㊙平成29年（2017）1月13日　92歳〔慢性腎不全〕　㊚大正13年（1924）11月17日　㊥東京市麹町区九段（東京都千代田区）　㊥東京女子大学国語専攻部〔昭和20年〕卒　㊥国立国語研究所を経て、東京女子大学教授。「三省堂国語辞典」「三省堂現代新国語辞典」の編纂に携わった。他の著書に「明治時代語の研究」などがある。　㊙瑞宝小綬章〔平成15年〕　㊙国語学会、近代語学会

新藤 恒男 しんどう・つねお　西日本シティ銀行頭取　大蔵省造幣局長　㊙平成29年（2017）6月15日　82歳〔肺炎〕　㊚昭和9年（1934）6月16日　㊥埼玉県所沢市　㊥東京大学法学部〔昭和33年〕卒　㊥昭和33年大蔵省（現・財務省）に入省。57年主計局調査課長、58年主計官、55年関税局企画課長、56年主税局税制第二課長、57年同局総務課長、60年国税庁大阪国税局長、61年官房審議官、62年6月造幣局長を歴任して、63年5月退官後、農林中央金庫専務理事。平成4年退任し、西日本銀行専務、7年副頭取、12年頭取に就任。16年福岡シティ銀行との合併で西日本シティ銀行が誕生し初代頭取となる。18年退任。

神内 良一 じんない・りょういち　プロミス創業者　㊙平成29年（2017）6月27日　90歳〔鬱血性心不全〕　㊚大正15年（1926）8月15日　㊥香川県　㊥木田農〔昭和20年〕卒　㊥農林省、高槻市の養護施設に教諭として勤務。昭和37年消費者金融の関西商工を設立。46年プロミスと改称し、55年会長となる。平成元年退任し、名誉会長。その後、福祉事業へ進出。南米、中国、東南アジアへの援助も始め、4年にはブラジルより南十字星勲章が贈られる。9年日本国際協力財団を設立。10年プロミス会長に復帰。また同年農業生産法人、神内ファーム21を設立、社長に就任。企業経営者の本格的農業経営進出として話題となった。　㊙ブラジル南十字星勲章〔平成4年〕　㊙長男＝神内英樹（プロミス副社長）

神野 美昭 じんの・よしあき　徳島市議　徳島県平和委員会代表理事　㊙平成29年（2017）1月17日　80歳〔急性心不全〕　㊚昭和11年（1936）1月24日　㊥愛媛県新居浜市　㊥新居浜工学、中野高等無線電信電話学校〔昭和30年〕中退　㊥昭和33年日本電信電話公社（電電公社、現・NTT）に入り、58年まで勤務。一方、39年日本共産党に入党。50年から徳島市議に2選。58年から平成2年にかけて衆院選に3回、県知事選に1回立候補。長く平和問題に取り組み、昭和54年～平成24年原水爆禁止徳島県協議会、7～26年徳島県平和委員会の各代表理事を務めた。昭和56年に鹿児島沖で徳島県人船

長らが犠牲となった米原子力潜水艦による貨物船当て逃げ事件の真相解明に尽力した。平成26年8月難病の筋萎縮性側索硬化症（ALS）と診断され、同年11月から計7回にわたり徳島新聞朝刊で闘病の様子を紹介した。

新畑 ひろし しんばた・ひろし　川柳作家　富山県川柳協会会長　㊙平成27年（2015）6月15日　99歳〔呼吸不全〕　㊚大正4年（1915）12月26日　㊥富山県氷見郡宮田村（氷見市）　㊥氷見中　㊥満州で軍需用品を扱う会社を経営したが、昭和20年5月同地で召集令状を受け、身一つで引き揚げた。戦後は農協関係の仕事に就く。50年番傘川越能川柳会に入会。富山番傘川柳の会代表を務め、平成13年富山県川柳協会会長に就任。句集「壊れた虹」がある。　㊙NHK学園全国川柳大会文部大臣奨励賞〔平成6年〕

神保 弥生 じんぽ・やよい　俳人　寒潮俳句会代表　㊙平成27年（2015）8月26日　83歳〔事故死〕　㊚昭和7年（1932）3月19日　㊥富山県婦負郡婦中町（富山市）　㊥本名＝神保千鶴子（じんぽ・ちずこ）　㊥富山高女　㊥30歳を過ぎてから本格的に俳句を始める。平成15年俳誌「寒潮」を主宰する寒潮俳句会代表に就任、富山県俳句連盟副会長も務めた。また、北日本新聞の文化面に「とやま文芸散歩」を担当。句集に「花喰鳥」「青山河」がある。

新屋 英子 しんや・えいこ　女優　㊙平成28年（2016）5月2日　87歳〔肺炎による心不全〕　㊚昭和3年（1928）9月9日　㊥大阪府大阪市　㊥本名＝鵜飼英子（うずの・えいこ）　㊥扇町高女〔昭和20年〕卒　㊥愛国少女だったが、敗戦後マルクス主義の洗礼を受け、新劇の道へ。制作座を経て、昭和32年関西芸術座の創立に参加。以来、虐げられた民衆の女を演じ続ける。むくげの会編集の「在日朝鮮人女性の記録」に感動し、これをもとに植民地支配下の済州島から日本に渡ってきた在日コリアンのおばあさんの身の上話を一人芝居「身世打鈴（しんせたりょん）」として自ら脚色・演じ、口コミで広がり、48年より全国の小・中学校などで上演を重ね、平成17年には上演2000回を達成した。昭和61年障害児差別の解消を訴えた「章ちゃんの青空」を上演。平成元年新空港建設計画で揺れる沖縄・石垣島の白保を舞台にした一人芝居「海どう命 命どう宝」に取り組んだ。6年劇団野火の会を創立、大阪府富田林市を拠点に活動した。他の舞台出演に一人芝居「チョゴリと被爆者」「部落のばあちゃん卑弥呼伝説」、「三人姉妹」オリガ役、「第弥の証言」子子役など。映画「旅の重さ」「学校」「ぼくんち」「お父さんのバックドロップ」「ジョゼと虎と魚たち」、テレビ「よーいドン」「大阪暮色」「やんちゃくれ」などにも出演。　㊙大阪市文化祭賞〔昭和42年〕、大阪府文化祭賞　㊙夫＝鵜野昭彦（放送作家）、娘＝鵜野樹里（女優）

陣矢 博文 じんや・ひろふみ　福岡県議（県民ク）　㊙平成27年（2015）9月4日　84歳〔心不全〕　㊚昭和15年（1930）11月21日　㊥福岡県田川郡添田町　㊥宗像塾〔昭和20年〕卒　㊥昭和44年より北九州市議に当選2回。54年から福岡県議に4選。平成7年引退。　㊙藍綬褒章〔平成3年〕、勲四等瑞宝章〔平成13年〕

新屋 徳治 しんや・みちはる　日本聖書神学校校長　㊙平成28年（2016）5月31日　96歳　㊚大正9年（1920）2

月12日　㊱東京都　㊙海兵卒，日本聖書神学校卒，マコーミック神学校卒　日本聖書神学校校長を務めた。著書に「申命記」「死の海より聖壇へ」「たましいの錨」「死の海より説教壇へ」「旧約預言者像」「人生は航海」，訳書にG.E.ライト「歴史に働く神」「旧約聖書神学入門」などがある。

【す】

須江 久　すえ・ひさし　中部日本放送常務　㊙平成29年（2017）5月17日　88歳〔胃がん〕　㊱昭和4年（1929）4月10日　㊸愛知県名古屋市千種区　㊙中央大学商学部〔昭和28年〕卒　昭和28年中部日本放送に入社。62年取締役を経て，常務。

据石 和　すえいし・かず　米国広島・長崎原爆被爆者協会会長　㊙平成29年（2017）6月12日　90歳〔心臓発作〕　㊱昭和2年（1927）1月　㊸米国・カリフォルニア州パサディナ　㊙本名＝据石和江（すえいし・かずえ）　㊙米国カリフォルニア州パサディナで生まれ，幼少時に両親と帰国して父の故郷である広島へ。18歳の時に爆心地から約2.2キロの自宅で被爆した。戦後，服装デザインを学ぶために渡米し，日系人男性と結婚。母国に帰国したり，海外へ移住したりした在外被爆者に対する援護を日米両政府に求める運動を起こし，昭和52年に始まった日本人医師団による「在北米被爆者健康診断事業」の実現に尽力した。主に米国で被爆体験を語り続けた。　㊽旭日双光章〔平成24年〕

末木 利文　すえき・としふみ　演出家　翻訳家　大阪芸術大学教授　㊙フランス不条理劇，現代劇の演出　㊙平成29年（2017）12月17日　78歳〔食道がん〕　㊱昭和14年（1939）10月17日　㊸中国北京　㊙学習院大学文学部仏文学科〔昭和38年〕卒　㊙大学卒業後，演出家となり，俳優小劇場などでの活動を経て，昭和47年別役実，山崎正和らと手の会を結成。55年木山事務所創立に参加。桐朋短期大学非常勤講師，文化学院非常勤講師，平成16～22年大阪芸術大学舞台芸術学科教授を務める。代表作に，山崎「世阿弥」（松本幸四郎主演）「ハムレット」（市川染五郎主演），別役「はるなつあきふゆ」（三木のり平主演）「この道はいつか来た道」，堤春恵「仮名手本ハムレット」「あ・うん」（向田邦子原作，金子成人脚本），イヨネスコ「瀕死の王さま」，シェイクスピア「ハムレット」，カワード「出番を待ちながら」，他に「木像礫刑」「会議」など。訳書に「イヨネスコ全集」「デュラス戯曲集」など。　㊽読売演劇大賞優秀演出家賞（第3回，平成7年度）〔平成8年〕「木山事務所『命を弄ぶ男ふたり』『紙風船』」　㊾日本演出者協会，日本演劇協会

末藤 守　すえとう・まもる　岡山県議（自民党）　㊙平成29年（2017）6月20日　72歳〔脳腫瘍〕　㊱昭和19年（1944）8月20日　㊸岡山県　㊙和気高閑谷校舎卒

楽器販売会社社長。平成11年より岡山県議に2選。19年引退。

末長 一志　すえなが・いっし　三井造船社長　㊙平成27年（2015）1月16日　90歳〔急性心不全〕　㊱大正13年（1924）10月24日　㊸兵庫県神戸市　㊙明石中〔昭和16年〕卒，姫路高理科乙類〔昭和18年〕卒，東京帝国大学第一工学部船舶工学科〔昭和21年〕卒　㊙昭和21年三井造船に入社。造船設計畑を歩み，49年理事，51年取締役玉野造船所副所長，52年取締役同所長，54年常務，55年代表取締役常務，57年代表取締役専務，60年代表取締役副社長を経て，61年社長。63年取締役相談役，平成元年相談役に退いた。

末永 政治　すえなが・まさはる　鹿児島大学名誉教授　㊙体育解剖学　㊙平成29年（2017）4月16日　80歳〔肺炎〕　㊱昭和11年（1936）10月25日　㊸鹿児島県肝属郡大根占町（錦江町）　㊙東京教育大学（現・筑波大学）体育学部体育学科卒　医学博士　㊙鹿児島大学教養部助教授を経て，教授。平成元年から20年間，鹿児島陸上競技協会副会長を務めた。　㊽瑞宝中綬章〔平成28年〕　㊾日本体育学会，日本骨代謝学会，日本体力医学会

末政 圭三　すえまさ・けいぞう　大協石油専務　㊙平成28年（2016）4月11日　94歳〔肺炎〕　㊱大正10年（1921）4月28日　㊸愛媛県　㊙明治大学専門部〔昭和18年〕卒　㊙大協石油（現・コスモエネルギーホールディングス）本社業務課長，東京営業所販売課長，福岡営業所長，名古屋営業所長を経て，専務を務めた。

末舛 恵一　すえます・けいいち　医師　国立がんセンター名誉総長　東京都済生会中央病院院長　㊙胸部外科学，肺がん　㊙平成27年（2015）1月19日　88歳〔肺炎〕　㊱大正15年（1926）8月21日　㊸神奈川県横須賀市　㊙慶応義塾大学医学部〔昭和24年〕卒　医学博士　㊙慶応義塾大学医学部外科学教室助手，足利赤十字病院外科部長，国立がんセンター外科部長，昭和53年同病院副院長を経て，平成元年院長，4年総長，6年名誉総長。7年医療研修推進財団理事長，9年済生会中央病院院長に就任。肺がんの外科治療の権威で，日本呼吸器外科学会会長，日本肺癌学会会長，日本胸部外科学会会長を歴任した。第15～17期日本学術会議会員。　㊽勲二等旭日重光章〔平成11年〕，田宮賞〔昭和45年〕，高松宮妃癌研究基金学術賞（第17回，昭和62年度）〔昭和63年〕「癌の外科治療による遠隔成績向上に関する研究」　㊾日本癌学会，日本肺がん学会，日本呼吸器外科学会，日本胸部外科学会

末吉 暁子　すえよし・あきこ　児童文学作家　㊙創作童話，翻訳絵本（英語）　㊙平成28年（2016）5月28日　73歳〔肺腺がん〕　㊱昭和17年（1942）8月27日　㊸神奈川県横浜市　㊙旧姓・名＝高島暁子（たかしま・あきこ），別表記＝すえよしあきこ　㊙青山学院女子短期大学英文科〔昭和38年〕卒　講談社に入社し，児童図書の編集に携わる。退社後，創作活動に専念し，昭和50年「かいじゅうになった女の子」でデビュー。52年「星に帰った少女」で児童文学者協会と児童文芸家協会の新人賞を受ける。恐竜や怪獣を題材にした作品が多

く、平成8年よりNHK教育テレビの人形劇「ざわざわ森のがんこちゃん」の原作と脚本を担当。11年「雨ふり花さいた」で小学館児童出版文化賞を、23年「赤い髪のミウ」で産経児童出版文化賞を受賞した。他の作品に「アミアミ人形の冒険」「けしゴムおばけ」「霧のふる部屋」「にげだした魔女のほうき」「おばけのおはるさんはかわいこちゃん?」「ママの黄色い子象」「にんぎょのいちごゼリー」「ぞくぞく村のかばちゃ怪人」などがある。 ㊥児童文芸新人賞(第6回)[昭和52年]「星に帰った少女」、日本児童文学者協会新人賞(第11回)[昭和53年]「星に帰った少女」、サンケイ児童出版文化賞(第32回)[昭和60年]「だっくんあそぼうよシリーズ」、野間児童文芸賞(第24回)[昭和61年]「ママの黄色い子象」、小学館児童出版文化賞(第48回、平成11年度)「雨ふり花さいた」、産経児童出版文化賞フジテレビ賞(第58回)[平成23年]「赤い髪のミウ」 ㊥鬼ヶ島通信、日本文芸家協会、日本国際児童図書評議会(JBBY)

末吉 俊信 すえよし・としのぶ プロ野球選手 伊勢丹スポーツクラブ社長 ㊥平成28年(2016)2月24日 89歳[急性心不全] ㊥昭和2年(1927)2月11日 ㊥福岡県 ㊥小倉中卒、早稲田大学[昭和27年]卒 ㊥小倉中(現・小倉高)から社会人野球の八幡製鉄を経て、昭和22年早大に入学。右のサイドスローで同大のエースとして活躍、27年に卒業するまで投手として5回のリーグ優勝を経験し、早大の黄金時代を築く。通算44勝は山中正竹(48勝)、江川卓(47勝)に次ぐ東京六大学リーグ歴代3位の記録。卒業後は毎日(現・ロッテ)に入団、1年目でオールスターに出場したが3季で退団した。実働3年、47試合登板、8勝12敗、3完投、0完封、52奪三振、防御率4.03。30年毎日新聞社に入社、41年まで主にアマチュア野球を担当。その後は伊勢丹に移り、62年まで伊勢丹スポーツクラブ社長を務めた。

末吉 業信 すえよし・なりのぶ 沖縄商工会議所会頭 ㊥平成28年(2016)11月22日 92歳[老衰] ㊥米国・ハワイ州ヒロ ㊥昭和60〜63年沖縄商工会議所会頭。沖縄県フリーゾーン推進協議会副会長としてフリーゾーンの設置にも尽くした。

末吉 紀雄 すえよし・のりお コカ・コーラウエスト社長 福岡商工会議所会頭 ㊥平成28年(2016)3月5日 71歳[肺がん] ㊥昭和20年(1945)2月18日 ㊥福岡県中間市 ㊥西南学院大学商学部[昭和42年]卒 ㊥昭和42年日米コカ・コーラボトリング(現・コカ・コーラウエスト)に入社。平成3年取締役、7年常務、11年副社長を経て、14年社長兼CEO(最高経営責任者)。18年持ち株会社制に移行、コカ・コーラウエストホールディングス代表取締役兼CEOとなる。関西以西を営業エリアとするコカ・コーラボトラー各社との資本業務提携や合併を進め、21年に誕生したコカ・コーラウエストが国内最大級の飲料会社となる礎とした。同社初代社長、22年会長、27年相談役。23年福岡商工会議所会頭兼日本商工会議所副会頭兼九州商工会議所連合会会長。27年福商会頭を退任。福岡県ラグビーフットボール協会会長も務めた。

末吉 光子 すえよし・みつこ 箏曲家 琉球箏曲興陽会相談役 沖縄伝統音楽箏曲保存会理事 ㊥琉球箏曲 ㊥平成27年(2015)2月21日 95歳[尿路感染症] ㊥沖縄県島尻郡伊平屋村 ㊥昭和47年沖縄県指定無形文化財沖縄伝統音楽箏曲保持者に認定された。琉球箏曲興陽会石川支部の初代支部長や沖縄伝統音楽箏曲保存会理事、琉球古典芸能コンクールの審査員なども務めた。 ㊥沖縄県文化功労者[平成10年] ㊥沖縄県指定無形文化財沖縄伝統音楽箏曲保持者[昭和47年]

須賀 龍郎 すが・たつろう 鹿児島県知事 ㊥平成27年(2015)1月16日 90歳[脳梗塞] ㊥大正13年(1924)9月29日 ㊥鹿児島県指宿市 ㊥天理語学専[昭和19年]卒 ㊥満州国農産公社などに勤めた後、昭和23年鹿児島県に入る。36年東京事務所行政第一課長、43年次長、49年所長、50年企画部長、55年総務部長、58年鹿児島県開発公社副理事長、59年出納長を経て、平成4年副知事。8年土屋佳照知事の病気辞任に伴う知事選に無所属で立候補して当選、長く中央官僚出身者が知事を務めて来た同県で初めて職員生え抜きの知事となった。2期務め、16年引退後は鹿児島空港ビルディング社長。 ㊥旭日重光章[平成17年]

菅 訓章 すが・のりあき 神田日勝記念美術館館長 ㊥平成28年(2016)1月12日 65歳[肝臓がん] ㊥北海道河東郡鹿追町 ㊥東京の大学を卒業後、郷里の北海道鹿追町役場に入る。同町を拠点に活動した洋画家・神田日勝の作品を展示する神田日勝記念美術館の設立に際して、平成3年記念館準備係長となり開館に尽力。5年開館後も学芸員として運営を支え、11年から同館長。神田日勝の顕彰に努め、個人名を冠した地方美術館の名物館長として知られた。

菅 博 すが・ひろし 大分合同新聞大阪支社長 ㊥平成28年(2016)12月21日 82歳[昭和9年(1934)6月10日 ㊥大分県大分市 ㊥大分大学経済学部[昭和32年]卒 ㊥昭和32年大分合同新聞社に入社。広告管理部次長、事業部長、広告管理部長、58年広告渉外部長を経て、60年大阪支社長。

菅 礼子 すが・れいこ 「原点」編集長 ㊥平成29年(2017)3月6日 88歳[病気] ㊥昭和4年(1929) ㊥東京都 ㊥敗戦まで朝鮮半島で暮らし、戦後に父の出身地である秋田県五城目町に転居。教職への道を目指して活動、退職後は県内有志でつくる市民団体ヒューマンクラブの機関誌「原点」の編集に参加。昭和55年〜平成16年同誌編集長を務めた。

須貝 信義 すがい・のぶよし 中新田町(宮城県)町長 ㊥平成28年(2016)1月6日 82歳 ㊥昭和8年(1933)8月29日 ㊥宮城県加美郡加美町 ㊥古川中卒 ㊥宮城県中新田町役場に入り、企画、建設、商工振興、総務各課長を経て、平成元年町長に当選。9年まで2期務めた。

菅江 謹一 すがえ・きんいち 奈良女子大学名誉教授 ㊥生物化学 ㊥平成28年(2016)9月14日 87歳[致死性不整脈] ㊥昭和4年(1929)5月11日 ㊥大阪大学理学部化学科卒、大阪大学大学院修了 理学博士 ㊥昭和45年奈良女子大学理学部教授。平成5年退官。 ㊥瑞宝中綬章[平成20年]

菅沼 晃 すがぬま・あきら 東洋大学学長・名誉教授 ㊥インド哲学 ㊥平成28年(2016)4月7日 82歳[前立腺がん] ㊥昭和9年(1934)4月5日 ㊥群馬県富岡市 ㊥東洋大学大学院文学研究科仏教学専攻[昭和37

年〕博士課程修了　文学博士　[歴]東洋大学文学部教授、学部長を経て、平成3〜6年学長。17年定年退職し、名誉教授。著書に「釈迦のことば」「ヒンドゥー教―その現象と思想」「道元辞典」「サンスクリットの基礎と実践」「第14世ダライ・ラマ・智慧の眼」「栄西・白隠のことば」「インド神話伝説辞典」などがある。

菅沼 義見　すがぬま・よしみ　愛知県議（自民党）　[没]平成29年（2017）4月6日　89歳〔肺炎〕　[生]昭和2年（1927）11月9日　[出]愛知県豊橋市　[学]陸士予科中退　[歴]昭和38年から豊橋市議5期、51年市議会議長。58年より愛知県議に3選。平成7年落選。　[賞]藍綬褒章，勲三等瑞宝章〔平成12年〕

す

菅野 二郎　すがの・じろう　中越パルプ工業社長　[没]平成28年（2016）8月27日　81歳〔病気〕　[生]昭和10年（1935）6月17日　[出]東京都　[学]東京農工大学農学部〔昭和35年〕卒　[歴]昭和35年中越パルプ工業に入社。平成4年取締役、12年専務を経て、14年社長。17年相談役。　[賞]旭日中綬章〔平成23年〕

菅野 晴夫　すがの・はるお　癌研究会癌研究所所長　[専]腫瘍学，病理学　[没]平成28年（2016）10月30日　91歳〔胃がん〕　[生]大正14年（1925）9月13日　[出]山形県寒河江市　[学]東京大学医学部医学科〔昭和26年〕卒，東京大学大学院〔昭和30年〕修了　医学博士〔昭和35年〕　[歴]昭和30年東京大学助手、40年癌研究会癌研究所第一研究室主任研究員、41年同病理部長を経て、48年所長、平成5年名誉所長兼癌化学療法センター所長、23年癌研究会特別顧問。癌関連遺伝子の発見などがん研究の他、人材育成や国際交流にも尽力。15年文化功労者に選ばれた。第15〜17期日本学術会議会員。　[賞]文化功労者〔平成15年〕，紫綬褒章〔平成1年〕，高松宮妃癌研究基金学術賞（第4回，昭和49年度）「白血病細胞の再分化の研究」，村上記念「胃と腸」賞（第6回，昭和55年度）〔昭和56年〕「Linitis plastica型癌の発育過程に関する研究」，吉田富三賞（第2回）〔平成5年〕「ヒト癌の特性とその自然史の解明について優れた業績を挙げ，また広く癌研究の発展に寄与した」　[団]日本癌学会，日本病理学会，International Union Against Cancer

菅野 義章　すがの・よしあき　弁護士　群馬県議（自民党）　[没]平成28年（2016）8月24日　84歳　[生]昭和7年（1932）6月6日　[出]群馬県　[学]京都大学法学部〔昭和29年〕卒　[歴]昭和40年司法試験に合格、43年弁護士登録して菅野義章法律事務所を開設。44年前橋市議1期を経て、50年群馬県議に初当選。県議会議長を務め、平成15年引退。通算5期。群馬交響楽団常任理事なども務めた。　[賞]旭日小綬章〔平成16年〕　[団]群馬弁護士会

菅原 日桑　すがはら・にっそう　僧侶　法華宗大本山本能寺貫首　[没]平成28年（2016）2月8日　74歳　[出]香川県　[歴]平成22年法華宗大本山本能寺の第139世貫首に就任した。

菅原 やすのり　すがはら・やすのり　歌手　建築家　菅原都市環境研究所所長　[没]平成27年（2015）8月4日　70歳〔急性骨髄性白血病〕　[生]昭和20年（1945）7月19日　[出]旧満州奉天　[名]本名＝菅原保徳（すがはら・やすのり）　[学]早稲田大学理工学部建築学科〔昭和43年〕卒，早稲田大学大学院工学研究科建築学専攻〔昭和48年〕修士課程修了　[歴]東海大学建築学科講師など務め、菅原都市環境研究所所長。この間、早稲田大学を卒業した昭和43年、建築家として米国に渡った際に野外ライブに飛び入り参加したことがきっかけで音楽活動を始める。帰国後は日比谷野外音楽堂などでコンサートを開き、51年シングル「四季の歌」を発表、代表曲となった。56年ニューヨークの国連本部で日本人として初めてコンサートを開催。63年歌手生活20周年を記念してアルバム「FURUSATO（故郷）」をリリース。平成2年ソ連・カザフ共和国の国際音楽祭「ボイス・オブ・アジア」に招かれた。その他、アジア、アフリカの難民キャンプや南極など世界各地でコンサートを開いた。他のシングルに「ボーダレス・センチュリー」「D51（でごいち）」「アマン〜愛人」などがある。　[賞]芸術祭賞優秀賞〔昭和56年〕，早稲田大学稲門建築会特別功労賞（平成17年度）　[資]1級建築士　[家]妻＝菅原明子（フードエコロジスト），二男＝菅原そうた（漫画家）

須川 保　すがわ・たもつ　三菱倉庫専務　[没]平成27年（2015）11月6日　92歳〔咽頭がん〕　[生]大正12年（1923）8月20日　[出]群馬県　[学]慶応義塾大学経済学部〔昭和23年〕卒　[歴]三菱倉庫専務を務めた。

菅原 温士　すがわら・おんし　岩手県議（自民党）　菅良商店社長　[没]平成28年（2016）3月22日　87歳〔白血病〕　[生]昭和3年（1928）10月13日　[出]岩手県東磐井郡千厩町（一関市）　[学]千厩農蚕卒　[歴]昭和27年菅良商店専務となり、47年代表取締役に就任。48年以来千厩町議を務め、60年議長。62年から岩手県議に4選。平成15年引退。　[賞]旭日小綬章〔平成15年〕

菅原 頑　すがわら・がん　劇作家　演出家　[没]平成28年（2016）3月28日　93歳〔前立腺がん〕　[生]大正12年（1923）2月7日　[出]宮城県仙台市　[学]仙台高工卒，アテネ・フランセ卒　[歴]劇作家として創作オペラ、舞台台本執筆、舞台構成・演出を手がける。仙台オペラ協会の10周年を記念した歌劇「鳴砂（なりすな）」の原作者。　[賞]文部科学大臣表彰

菅原 龍典　すがわら・たつのり　秋田県議　[没]平成27年（2015）9月26日　72歳〔胆管がん〕　[生]昭和18年（1943）5月23日　[出]秋田県北秋田郡比内町（大館市）　[学]大館鳳鳴高卒　[歴]NTT社員、秋田県比内町議を経て、平成11年より秋田県議に2選。19年落選。秋田県身体障害者福祉協会副会長、NPO法人・共生センターとっと工房理事長も務めた。　[賞]藍綬褒章〔平成16年〕

菅原 チネ子　すがわら・ちねこ　女優　[没]平成28年（2016）6月26日　77歳　[生]昭和13年（1938）9月3日　[出]岩手県一関市東山町　[名]本名＝若狭チネ子（わかさ・ちねこ）　[歴]文化座、新人会（現・朋友）などで主に舞台女優として活躍、NHK大河ドラマ「おんな大閤記」などにも出演した。

菅原 徹明　すがわら・てつあき　ブラザー工業副会長　[没]平成29年（2017）5月28日　75歳〔肺炎〕　[生]昭和17年（1942）3月4日　[出]岡山県津山市　[学]神奈川大学工学部〔昭和39年〕卒　[歴]昭和39年ブラザー工業に入社。平成元年取締役、7年常務、10年専務、12年副社長を経て、17年副会長。

菅原 関也　すがわら・ときや　俳人　「滝」主宰　[没]平成28年（2016）2月4日　75歳〔誤嚥性肺炎〕　[生]昭

和15年(1940)10月8日 [出]宮城県仙台市 [歴]昭和49年「鷹」に入会、51年同人。58年角川俳句賞を受賞。平成3年「槐」創刊同人。4年「滝」を創刊・主宰。5年「鷹」同人辞退。句集に「祭前」「遠泳」「飛沫」「琥珀」「曲炎」、著書に「宮沢賢治―その人と俳句」などがある。 [賞]宮城県芸術選奨(新人賞)〔昭和56年〕, 角川俳句賞〔昭和58年〕 [団]現代俳句協会

菅原 俊雄 すがわら・としお 福島民報常勤監査役 [没]平成29年(2017)6月15日 91歳〔急性心不全〕 [生]大正15年(1926)6月1日 [出]福島県 [学]福島商〔昭和18年〕卒 [歴]昭和21年福島民報社に入社。経理部長、経理局長、52年取締役を歴任し、62年常勤監査役。平成3年退任。 [家]長男=菅原敏之(ラジオ福島営業局次長)

菅原 瞳 すがわら・ひとみ 弁護士 岩手弁護士会会長 [没]平成28年(2016)3月4日 77歳〔大腸がん〕 [生]昭和13年(1938)11月8日 [出]秋田県仙北市角館町 [学]明治大学法学部〔昭和36年〕卒 [歴]昭和37年司法試験に合格、40年弁護士登録。41年岩手弁護士会へ登録。岩手県の女性弁護士の草分けとして女性の労働問題などに取り組み、県男女共同参画調整委員、法律扶助協会岩手支部長を歴任。52〜53年岩手弁護士会副会長を経て、60年女性として初めて会長に就任。日本弁護士連合会理事も務めた。

菅原 寛和 すがわら・ひろかず 三菱商事取締役 [没]平成27年(2015)2月15日 88歳〔肺炎〕 [生]昭和2年(1927)1月15日 [出]大阪府 [学]慶応義塾大学法学部〔昭和25年〕卒 [歴]昭和29年三菱商事に入り、48年リオデジャネイロ支店長、米国三菱商事サンフランシスコ支店長、鉄鉱石部長、ジャカルタ駐在事務所長を経て、59年取締役、63年顧問。同年日本レジャーカードシステム副社長、平成3年社長。7年相談役に退いた。

杉 純夫 すぎ・すみお 東洋物産社長 住友電気工業常務 [没]平成27年(2015)12月12日 82歳〔敗血症〕 [生]昭和8年(1933)10月2日 [出]東京都 [学]東京大学法学部〔昭和31年〕卒 [歴]昭和31年住友電気工業に入社。59年取締役、62年常務を経て、平成3年東洋物産(現・テクノアソシエ)副社長に転じ、4年社長、11年会長。同年東証第2部に上場。16年退任。

杉 洋子 すぎ・ようこ 小説家 [没]平成28年(2016)3月26日 77歳 [生]昭和13年(1938)11月14日 [出]京都府伏見市(京都市伏見区) [名]本名=神原弘子 [学]松山文化学院卒 [歴]詩を手がけた後、同人誌「九州作家」を経て、昭和62年から時代小説を書き始める。平成3年初の著作「粧刀(チャンドウ)」を刊行。九州、朝鮮半島など東シナ海沿岸と海をテーマに、歴史の中に生きた女性を力強く描いた。他の著書に「おふだ流れ」「海潮音」、分担執筆に「物語 妻たちの忠臣蔵」などがある。 [団]日本文芸家協会

杉内 雅男 すぎうち・まさお 棋士 囲碁9段 [没]平成29年(2017)11月21日 97歳〔肺炎〕 [生]大正9年(1920)10月20日 [出]宮崎県都城市 [歴]昭和8年上京して井上一郎5段に入門。12年入段、13年2段、17年3段、21年4段、23年5段、24年6段、26年7段、29年8段を経て、34年9段。53年日本棋院副理事長を務めた。この間、23年大手合優勝、34年早碁名人位、38年囲碁選手権戦で優勝。名人戦リーグ通算5期、本因坊戦リーグ7期在籍。囲碁一筋の厳格な姿勢から“囲碁の神様”と称された。平成16年通算800勝を達成。生涯現役で通し、29年11月歴代最高齢97歳0ケ月で臨んだ対局が最後となった。通算成績は883勝677敗12持碁(引き分け)2無勝負。妻の杉内寿子も囲碁棋士で、ともに男女最高齢の夫婦棋士として知られた。 [賞]勲四等旭日小綬章〔平成4年〕, 棋道賞技能賞〔昭和46年〕, 大倉喜七郎賞〔平成16年〕 [家]妻=杉内寿子(囲碁棋士) [師]師=井上一郎

杉浦 貞男 すぎうら・さだお 日本ゼネラルフード創業者 [没]平成29年(2017)1月5日 81歳〔肺炎〕 [生]昭和10年(1935)4月12日 [出]愛知県半田市 [学]同志社大学法学部〔昭和33年〕卒 [歴]昭和33年愛知県庁勤務、35年衆院議員秘書を経て、42年日本ゼネラルフードを創業、社長に就任。平成21年会長。この間、ゼネラル興産、ゼネラル物産各社長も務める。日本給食サービス協会会長も務めた。 [賞]藍綬褒章, 旭日小綬章〔平成17年〕 [家]長男=杉浦卓(日本ゼネラルフード専務)

杉浦 重太郎 すぎうら・じゅうたろう 名古屋市議(自民党) [没]平成28年(2016)5月26日 92歳〔肺炎〕 [生]大正12年(1923)10月27日 [出]愛知県 [学]中京商卒 [歴]昭和46年港区選出の名古屋市議に当選。以来8期務め、61年議長。 [賞]旭日中綬章〔平成15年〕

杉浦 文夫 すぎうら・ふみお 東愛知新聞編集局次長 [没]平成28年(2016)10月25日 58歳〔大腸がん〕 [出]愛知県 [歴]東愛知新聞編集局次長を務めた。平成25年民間出身としては2人目となる浜松市立高校長に就任、28年退任した。

杉浦 義孝 すぎうら・よしたか 僧侶 真宗大谷派参務 [没]平成27年(2015)11月13日 71歳 [出]愛知県 [歴]平成13〜27年真宗大谷派の閣僚にあたる参務を計10年余り務め、宗祖親鸞750回忌法要や御影堂修復などを指揮した。

杉岡 哲也 すぎおか・てつや 中国新聞編集局編集委員 [没]平成28年(2016)4月9日 91歳 [生]大正14年(1925)3月13日 [出]広島県広島市東区 [学]京都大学農学部卒 [歴]昭和27年中国新聞社に入社。ラジオ部・資料部各次長、49年大阪支社編集部長を経て、編集局編集委員。56年退社。

杉沢 達史 すぎさわ・たつし 中和石油社長 全国石油協会副会長 [没]平成27年(2015)9月3日 67歳〔心不全〕 [生]昭和23年(1948)1月12日 [出]北海道札幌市 [学]北海道大学法学部〔昭和46年〕卒, ミシガン大学(米国)大学院〔昭和51年〕修了 [歴]昭和46年山一証券に入社。ロンドン駐在などを経て、中和石油社長であった父の死去に伴い、54年同社に入社、直後に社長に就任。積極的な店舗展開で北海道内の石油販売業界で存在感を示した。平成14〜19年全国石油協会副会長と北海道石油業協同組合連合会会長を務めた。 [家]父=杉沢敏正(中和石油社長)

杉島 貞次郎 すぎしま・ていじろう 弁護士 福岡高検検事長 [没]平成28年(2016)11月5日 99歳〔敗血症〕 [生]大正6年(1917)5月12日 [出]滋賀県 [学]中央大学法学部〔昭和15年〕卒 [歴]昭和15年司法官試補高松

す

高検検事となり、京都地検次席検事、近畿公安調査局長を経て、45年大阪地検次席検事、46年福井地検検事正、47年新潟地検検事正、49年最高検検事、50年大阪高検次席検事、52年大阪地検検事正、53年広島高検検事長、54年福岡高検検事長。退官し、55年弁護士を開業。　㊾勲二等旭日重光章〔昭和62年〕　㊾大阪弁護士会

杉田 哲　すぎた・さとし　兵庫県議（社民党）　㊾平成28年（2016）11月29日　83歳〔老衰〕　㊾昭和8年（1933）3月19日　㊾兵庫県　㊾神戸大学教育学部〔昭和28年〕卒　㊾神戸市教職員組合委員長を経て、昭和46年社会党から兵庫県議に当選。神戸市長田区選出で、8期務めた。平成15年落選。兵庫県選挙管理委員、兵庫陸上競技協会副会長なども歴任した。　㊾藍綬褒章〔平成3年〕、旭日中綬章〔平成16年〕

杉田 忠彰　すぎた・ただあき　金沢大学名誉教授　㊾機械工作　㊾平成29年（2017）8月15日　85歳〔硬膜外膿瘍〕　㊾昭和7年（1932）6月9日　㊾兵庫県　㊾姫路工業大学工学部機械工学科卒、大阪大学大学院工学研究科精密機械専攻修士課程修了　工学博士　㊾日立造船技術研究部を経て、昭和37年姫路工業大学講師、41年助教授、43年米国カリフォルニア大学在外研究、47年金沢大学教授。　㊾瑞宝中綬章〔平成23年〕、粉体粉末冶金協会賞研究功績賞（第12回、昭和48年度）「焼結アルミナの材料強度学的研究」、粉体粉末冶金協会賞研究進歩賞（第31回、平成4年度）「セラミックスの強度信頼性評価と寿命予測に関する研究」、工作機械技術振興賞論文賞（第17回）〔平成8年〕「工具－加工物接触面温度の測定」　㊾精密工学会、窯業協会、粉体粉末冶金協会

杉田 忠義　すぎた・ただよし　三越専務　㊾平成28年（2016）8月9日　91歳〔老衰〕　㊾大正14年（1925）3月5日　㊾神奈川県小田原市　㊾慶應義塾大学経済学部〔昭和25年〕卒　㊾昭和25年三越（現・三越伊勢丹）に入社。岡田茂社長の側近として45年取締役、47年常務、55年専務とかなり早い出世を遂げる。しかし、57年9月の役員会議で自ら岡田社長の解任動議を提出、結果は16対0で可決され同社長は解任、"三越のユダ""反逆者"といわれた。その後、57年ニューナラヤ社長を経て、59年三越製作所社長に就任。

杉田 博明　すぎた・ひろあき　ノンフィクション作家　京都新聞編集委員　㊾平成29年（2017）12月13日　82歳〔肺腺がん〕　㊾昭和10年（1935）1月9日　㊾京都府京都市　㊾同志社大学法学部卒　㊾昭和35年京都新聞社に入社。園部支局長、57年編集局編集委員を経て、60年文化部編集委員など歴任。著書に小説「祇園の女――花柳芸妓磯田多佳」「京の口うら」「京焼の名工・青木木米の生涯」などがある。　㊾日本文芸家協会、日本ペンクラブ　㊾長男＝杉田洋（京都ホテル取締役）

杉田 豊　すぎた・ゆたか　絵本作家　グラフィックデザイナー　筑波大学名誉教授　㊾平成29年（2017）5月19日　86歳〔心不全〕　㊾昭和5年（1930）7月13日　㊾埼玉県大宮市（さいたま市）　㊾東京教育大学教育学部芸術学科構成専攻〔昭和28年〕卒　㊾モダンアート

を経て、グラフィックデザイナーとなり、昭和40年から絵本作家としても活躍。絵本は世界中に翻訳出版され、国際的な評価も高い。53年筑波大芸術学系教授。54年にボローニャ国際児童年記念ポスター展最優秀賞受賞のほか国内外で受賞多数。　㊾サンケイ児童出版文化賞美術賞（第26回）〔昭和54年〕「ねずみのごちそう」、講談社出版文化賞（絵本部門、第11回）〔昭和54年〕「うれしいひ」、産経児童出版文化賞（第37回）〔平成2年〕「みんなうたってる」、日本児童文芸家協会児童文化功労者賞（第42回）〔平成15年〕、日宣美展奨励賞（第7回）〔昭和32年〕「帽子のパッケージ」、フランスOCL13グランプリ〔昭和49年〕「おはよう」、ボローニャ国際児童年記念ポスター最優秀賞〔昭和54年〕、ボローニャ国際児童図書展グラフィック賞〔昭和54年〕「ねずみのごちそう」、造本装丁コンクール日本印刷工業会会長賞〔昭和56年〕「ほくはとびたい」、ブルーノ・グラフィック・ビエンナーレ特別賞〔昭和59年〕、アジアゴ国際切手芸術賞最優秀賞（第27回）〔平成9年〕　㊾モダンアート協会、東京デザイナーズ・スペース、日本グラフィックデザイナー協会、日本児童出版美術家連盟、日本国際児童図書評議会

杉谷 昭　すぎたに・あきら　佐賀大学名誉教授　㊾幕末維新政治史　㊾平成28年（2016）5月24日　88歳〔心不全〕　㊾昭和3年（1928）5月15日　㊾島根県簸川郡斐川町（出雲市）　㊾佐賀高〔昭和25年〕卒、九州大学文学部史学科国史学専攻〔昭和28年〕卒　文学博士　㊾佐賀大学教育学部教授、久留米大学大学院比較文化研究科教授を経て、佐賀城本丸歴史館初代館長。佐賀の幕末維新史研究の第一人者として知られた。著書に「江藤新平」「鍋島閑叟」などがある。　㊾法制史学会、日蘭学会、明治維新史学会

杉永 金生　すぎなが・きんせい　杉永蒲鉾創業者　平成29年（2017）2月15日　78歳〔肝臓がん〕　㊾長崎県島原市　㊾昭和37年杉永蒲鉾を創業。平成16年から会長を務めた。　㊾長男＝杉永生悟（杉永蒲鉾社長）

杉野 直道　すぎの・なおみち　テレビ東京社長　日本経済新聞専務　㊾平成27年（2015）11月5日　85歳〔肝不全〕　㊾昭和5年（1930）9月5日　㊾福岡県　㊾東京大学法学部〔昭和28年〕卒　㊾昭和28年日本経済新聞社に入社。38年ニューヨーク特派員、47年産業第一部長、50年日経産業新聞編集長、55年日経新聞取締役、58年常務を経て、62年専務。平成元年テレビ東京社長に就任。8年社長、11年相談役に退いた。

杉目 幹雄　すぎのめ・みきお　札幌観光社長　㊾平成27年（2015）2月14日　64歳〔胆嚢管がん〕　㊾北海道小樽市　㊾慶應義塾大学卒　㊾父は札幌観光創業者である杉目繁雄。昭和48年慶大4年の時に父を亡くす。卒業後、東京のホテル勤務を経て、52年札幌観光社長に就任。平成26年相談役に退く。札幌市ススキノの老舗料理店きょうど料理亭・杉ノ目や、小樽市でニシン漁の網元の別邸を改装したキャバレー現代などを経営した。　㊾父＝杉目繁雄（札幌観光創業者）、長男＝杉目稔雄（札幌観光社長）

杉町 誠二郎　すぎまち・せいじろう　佐電工社長　佐賀県経済同友会代表幹事　㊾平成29年（2017）10月30日　87歳〔老衰〕　㊾昭和5年（1930）8月19日　㊾佐賀県佐賀市　㊾慶応義塾大学法学部政治学科〔昭和29年〕中退　㊾昭和30年洋装店を経営。35年佐賀電気工事工業（現・

佐電工）に入社。39年取締役営業部長、47年常務、49年専務、60年副社長、62年相談役を経て、63年社長に就任。平成10年会長となる。同年より佐賀県経済同友会代表幹事を3期6年、12年10月～18年12月県教育委員会委員長を務めた。 [賞]旭日双光章〔平成19年〕 [団]佐賀三田会 [家]弟＝永倉遵五郎（佐電工社長）

杉光 克己 すぎみつ・かつみ 佐賀県議 塩田町（佐賀県）町長 [没]平成28年（2016）8月4日 92歳〔急性肺炎〕 [生]大正13年（1924）3月20日 [学]逓信講習所卒 [歴]佐賀県総評議長、全逓県委長を歴任。平成3年佐賀県議に当選、1期。7年落選。のち塩田町長に当選、17年同町と嬉野町の合併により誕生した嬉野市長職務執行者も務めた。 [賞]旭日双光章〔平成19年〕

杉本 章子 すぎもと・あきこ 小説家 [没]平成27年（2015）12月4日 62歳〔乳がん〕 [生]昭和28年（1953）5月28日 [出]福岡県八女市 [名]筆名＝風切辰巳 [学]福岡海星女子学院高卒，ノートルダム清心女子大学卒，金城学院大学大学院修士課程修了 [歴]幼児のときポリオに罹り、両足が不自由となる。ノートルダム清心女子大学、金城学院大学大学院で近世文学を学び、たまたま卒論の延長で書いた儒者・寺門静軒を扱った小説「男の軌跡」が昭和54年度歴史文学賞の佳作に入選し、作家デビュー。以来、綿密な時代考証に基づく情緒豊かな歴史時代小説を執筆、平成元年明治期に活躍した浮世絵師・小林清親に光を当てた「東京新大橋雨中図」で第100回直木賞を受賞、九州在住の女性作家では初の受賞となった。10年「オール読物」に発表した「おすず」を第1話とする連作〈信太郎人情始末帖〉シリーズは人気を博し、最初の単行本「おすず」で中山義秀文学賞を受賞。「水雷屯」「狐釣り」「きずな」「火喰鳥」「その日」と続いたシリーズは、20年に第7弾「銀河祭りのふたり」で完結した。晩年は乳がんを患い、一時執筆を中断したが、25年に再開。27年「オール読物」3月号で余命宣告を受けたことを公表、ホスピスに入院後も執筆を続けた。同年末に62歳で亡くなった。他の著書に「写楽まぼろし」「名主の裔」「残映」「間諜」「起き姫 口入れ屋のおんな」などがある。 [賞]直木賞（第100回）〔平成1年〕「東京新大橋雨中図」，福岡市文学賞（第14回）〔昭和58年〕，福岡市文化賞（第14回）〔平成1年〕，福岡県文化賞（第2回）〔平成7年〕，中山義秀文学賞（第8回）〔平成14年〕「おすず」 [団]日本文芸家協会

杉元 清美 すぎもと・きよみ 西兵庫信用金庫理事長 [没]平成28年（2016）9月29日 100歳〔肺炎〕 [生]大正5年（1916）9月11日 [出]兵庫県宍粟市 [学]東京高〔昭和11年〕卒 [歴]昭和24年山崎信用組合（現・西兵庫信用金庫）に入る。33年常務理事、40年専務理事を経て、46年理事長。 [賞]黄綬褒章〔昭和55年〕，勲五等双光旭日章〔昭和61年〕

杉本 修一 すぎもと・しゅういち 京都精華大学理事長 [没]平成28年（2016）3月3日 76歳 [生]昭和14年（1939）8月24日 [出]熊本県 [学]同志社大学法学部法律学科〔昭和38年〕卒，同志社大学大学院法学研究科〔昭和42年〕修士課程修了 [歴]平成7年木野学園（現・京都精華大学）専務理事を経て、11年理事長。

杉本 周造 すぎもと・しゅうぞう 掛川信用金庫理事長 掛川商工会議所会頭 [没]平成27年（2015）4月24日 94歳〔老衰〕 [生]大正10年（1921）3月30日 [出]静岡県掛川市 [学]東京帝国大学法学部政治学科〔昭和17年〕卒 [歴]昭和34年掛川信用金庫監事となり、41年理事、44年常務理事、55年専務理事を経て、56年理事長。平成7年会長、18年相談役に退いた。7～14年掛川商工会議所会頭も務めた。 [賞]勲五等双光旭日章〔平成3年〕

杉本 晴子 すぎもと・せいこ 小説家 [没]平成28年（2016）6月21日 78歳 [生]昭和12年（1937）8月11日 [出]中国上海 [名]本名＝岩沢晴子 [学]立教大学英米文学科〔昭和35年〕卒 [歴]昭和57年から横浜市内の朝日カルチャーセンターで作家、駒田信二の教えを受け、駒田教室の同人誌である「蜂の会」所属。58年「ぐみの木」で神奈川新聞文芸コンクール佳作、平成元年「ビスクドール」で女流新人賞を受賞。亡くなるまで長く鎌倉で暮らした。著書に「穴」「鎌倉婦人」「幻花」「鎌倉夢幻」などがある。 [賞]女流新人賞（第32回）〔平成1年〕「ビスクドール」 [家]姉＝安西篤子（作家） [師]師＝駒田信二

杉本 苑子 すぎもと・そのこ 小説家 [専]歴史小説 [没]平成29年（2017）5月31日 91歳〔老衰〕 [生]大正14年（1925）6月26日 [出]東京市牛込区（東京都新宿区） [学]文化学院〔昭和24年〕卒 [歴]昭和26年「申楽新記」が「サンデー毎日」懸賞小説3席に入選、選考委員だった吉川英治に師事。蓄積の時期を経て、36年に処女創作集「船と将軍」を刊行。37年には「孤愁の岸」で第48回直木賞を受賞。53年「滝沢馬琴」で吉川英治文学賞、61年「穢土荘厳」で女流文学賞受賞。「マダム貞奴」「冥府回廊」は60年のNHK大河ドラマ「春の波濤」の原作となった。古典に対する造詣の深さと、確かな構成力を持った歴史作家として知られ、平成7年文化功労者、14年菊池寛賞と文化勲章を受けた。ほかの代表作に「玉川兄弟」「鳥影の関」「新とはずがたり」「汚名」など。生涯独身を通し、生前から著作権を含む全財産を、名誉市民となった静岡県熱海市に寄贈する契約をしていた。 [賞]直木賞（第48回）〔昭和37年〕「孤愁の岸」，文化功労者〔平成7年〕，紫綬褒章〔昭和62年〕，文化勲章〔平成14年〕，サンデー毎日大衆文芸賞（第42回）〔昭和27年〕「燐の譜」，吉川英治文学賞（第12回）〔昭和53年〕「滝沢馬琴」，女流文学賞（第25回）〔昭和61年〕「穢土荘厳」，熱海市名誉市民〔平成9年〕，NHK放送文化賞（第50回）〔平成11年〕，菊池寛賞（第50回）〔平成14年〕 [団]日本ペンクラブ，日本文芸家協会，日本文芸著作権保護同盟

杉本 雄 すぎもと・たけし 水俣市立水俣病資料館語り部 水俣病の語り部 [没]平成27年（2015）6月21日 75歳〔肺炎〕 [出]熊本県水俣市 [歴]水俣病の劇症患者が多発した水俣市茂道地区で育つ。水俣病の認定患者第1号を出した網元の網子として、網元の娘・栄子さんと惹かれあい、周囲の反対を押し切って20歳で婿入り。やがて夫婦で水俣病を発症、昭和56年患者認定を受ける。平成15年から先に語り部になっていた妻に続き、市立水俣病資料館で語り部として活動。20年亡くなった妻の遺志を継いで胎児性水俣病患者らが通う小規模授産施設・ほっとはうすを運営する社会福祉法人さか

す

えの杜代表理事に就任した。　[家]妻＝杉本栄子（水俣病の語り部）

杉本 勇寿　すぎもと・たけとし　石川県副知事　[没]平成29年（2017）8月4日　84歳〔胆管がん〕　[生]昭和8年（1933）3月4日　[出]石川県七尾市　[学]七尾高〔昭和26年〕卒　[歴]昭和26年石川県庁に入る。51年企画開発部課長補佐、55年商工労働部商工課参事、57年観光物産課長、58年九谷焼技術研修所長、60年商工労働部次長、62年参事などを経て、中西陽一知事8選後の平成3年に出納長に就任。谷本正憲知事2期目の10年に副知事に昇格、22年まで3期12年間にわたって谷本県政を支えた。石川県信用保証協会会長、石川県民謡協会会長、石川県防衛協会会長なども歴任した。　[賞]瑞宝中綬章〔平成23年〕　[家]妻＝杉本美喜子（金沢女子短期大学教授）

杉本 秀太郎　すぎもと・ひでたろう　評論家　翻訳家　国際日本文化研究センター名誉教授　[専]フランス文学, 日本文学, 美学, 絵画, 音楽, 民俗学　[没]平成27年（2015）5月27日　84歳〔白血病〕　[生]昭和6年（1931）1月21日　[出]京都府京都市　[学]京都大学文学部仏文学科〔昭和28年〕卒, 京都大学大学院フランス語フランス文学専攻〔昭和34年〕修士課程修了, 京都大学大学院フランス語フランス文学専攻〔昭和37年〕博士課程単位修得　[歴]国際日本文化研究センター教授を経て、名誉教授。平成8年日本芸術院会員。専攻はフランス文学。日本の古典にも通暁する。受賞作に「洛中生息」「文学演技」「徒然草」「平家物語」。ほかに「大田垣蓮月」「伊東静雄」「絵 隠された意味」など著書多数。8年自選集を「杉本秀太郎文粋」（全5巻）にまとめる。その後の著書に「音沙汰」「まだら文」「火用心」「ひっつき虫」など。また「世紀末の夢」「ペリアスとメリザンド」「昔の巨匠たち」「音楽のために ドビュッシー評論集」「悪の花」など訳書も多い。寛保3年（1743年）創業の元呉服商である生家・杉本家（京都市下京区）は典型的な京町家で、平成2年市の有形文化財に指定され、財団法人奈良屋記念・杉本家保存会が維持管理している。22年杉本家が京町家として初めて国の重要文化財に指定された。　[賞]旭日中綬章〔平成15年〕, 日本エッセイストクラブ賞（第25回）〔昭和52年〕「洛中生息」, 芸術選奨文部大臣新人賞（第28回, 昭和52年度）〔昭和53年〕「文学演技」, 読売文学賞随筆紀行賞（第39回）〔昭和63年〕「徒然草」, 大仏次郎賞（第23回）〔平成8年〕「平家物語」, 京都府文化賞功労賞（第16回）〔平成10年〕, 京都市文化功労者〔平成17年〕, 京都府文化賞特別功労賞〔平成27年〕　[資]日本芸術院会員〔平成8年〕　[団]日本文芸家協会　[家]二女＝杉本節子（料理研究家）, 三女＝杉本歌子（日本画家）

杉本 文男　すぎもと・ふみお　旭化成工業専務　[没]平成29年（2017）1月13日　91歳〔がん性胸膜炎〕　[生]大正14年（1925）2月6日　[出]京都府　[学]東京帝国大学法学部〔昭和22年〕卒　[歴]昭和22年旭化成工業（現・旭化成）に入社。レーヨンなど再生繊維畑を歩き、42年レーヨンアセテート販売部長、49年富士支社長、50年繊維事業本部副本部長、51年取締役、54年常務、56年専務を歴任。62年富士チタン工業会長。

杉本 理照　すぎもと・りしょう　華道家　古流松照会家元　[没]平成28年（2016）4月11日　85歳〔病気〕　[生]昭和5年（1930）4月19日　[出]石川県河北郡津幡町　[名]本名＝杉本照子（すぎもと・てるこ）　[学]津幡高女〔昭和22年〕卒　[歴]昭和23年古流生花華友会に入門。27年師範免許。54年古流生花華友会会頭となる。平成5年津幡町華道連盟初代会長に就任。6年古流松照会を創立して家元となる。石川県いけ花文化協会専務理事も務めた。著書に「加賀古流」「加賀古流入門」「一輪を生ける」「一茎を捻じて」などがある。　[賞]北国芸能賞（第26回）〔平成5年〕, 石川県文化功労賞〔平成13年〕

杉森 富美吉　すぎもり・とみきち　松村外次郎記念庄川美術館初代館長　[没]平成29年（2017）4月6日　90歳〔肺炎〕　[生]大正15年（1926）6月13日　[出]富山県東礪波郡高瀬村（南砺市）　[学]富山師範卒　[歴]昭和22～61年小・中学校教員、50年富山県教育委員会社会教育主事、56～61年小学校校長、62年退職。62年～平成7年庄川町教育委員長。平成元年～8年松村外次郎記念庄川美術館の初代館長を務めた。

杉森 甫　すぎもり・はじめ　佐賀医科大学学長・名誉教授　[専]産婦人科学　[没]平成28年（2016）7月19日　82歳　[生]昭和9年（1934）6月1日　[出]福岡県福岡市　[学]九州大学医学部医学科〔昭和34年〕卒, 九州大学大学院医学研究科産婦人科専攻〔昭和39年〕博士課程修了　医学博士〔昭和39年〕　[歴]昭和39年九州大学助手、46年講師を経て、54年佐賀医科大学教授。副学長、平成12年学長。この間、昭和41年米国マウント・サイナイ病院に留学。のち高木学園副理事長、国際医療福祉大学大学院教授。　[賞]瑞宝中綬章〔平成22年〕, 日本臨床細胞学会賞〔昭和56年〕　[資]細胞診指導医　[団]日本産科婦人科学会, 日本臨床細胞学会, 日本癌治療学会, 日本婦人科病理・コルポスコピー学会, International Academy of Cytology

杉森 三津男　すぎもり・みつお　三菱地所常務　サンシャインシティ社長　[没]平成29年（2017）6月6日　81歳　[生]昭和11年（1936）3月25日　[出]東京都　[学]早稲田大学政経学部〔昭和34年〕卒　[歴]昭和34年三菱地所に入社、61年取締役、62年常務。平成6年ロイヤルパークホテル社長兼務を経て、12年サンシャインシティ副社長、13年社長。16年取締役。

杉山 健二　すぎやま・けんじ　共栄火災海上保険社長　[没]平成29年（2017）6月17日　69歳〔膵臓がん〕　[出]山形県西村山郡河北町　[歴]共栄火災海上保険社長を務めた。

杉山 公一　すぎやま・こういち　清水銀行頭取　清水商工会議所会頭　[没]平成27年（2015）10月12日　83歳〔肺炎〕　[生]昭和7年（1932）7月27日　[出]静岡県清水市（静岡市）　[学]清水東高〔昭和27年〕卒, 早稲田大学商学部〔昭和32年〕卒　[歴]昭和32年清水銀行に入行。51年取締役、53年常務、54年専務を経て、平成元年頭取、

5年会長に就任。7年頭取に復帰。13年会長。清水商工会議所会頭も務めた。　㊸旭日小綬章〔平成20年〕

杉山 幸三　すぎやま・こうぞう　名古屋大学名誉教授　㊿無機材料化学　㊱平成28年（2016）1月3日　86歳　〔直腸がん〕　㊵昭和4年（1929）2月10日　㊷名古屋大学工学部応用化学科卒、名古屋大学大学院工学研究科応用化学専攻博士課程〔昭和33年〕修了　工学博士　㊸平成4年名古屋大学工学部教授を退官後、愛知工業大学工学部教授を務めた。　表面技術協会賞協会賞（第32回）〔平成5年〕「化学蒸着法による機能膜および素材作製・加工法の研究」、電気化学会賞功績賞（平成17年度）　㊹日本化学会、応用物理学会

杉山 貞夫　すぎやま・さだお　関西学院大学名誉教授　㊿心理学　㊱平成27年（2015）6月21日　85歳　〔大腸がん〕　㊵昭和4年（1929）12月8日　㊶中国上海　㊷関西学院大学文学部心理学科卒、ミシガン大学（米国）大学院心理学研究科　医学博士　㊸関西学院大学社会学部教授を務めた。著書に「フリッカーの生理心理学的研究」などがある。　㊹生態工学会賞功績賞（平成14年度）

杉山 卓男　すぎやま・たかお　布川事件の元被告　㊱平成27年（2015）10月27日　69歳　㊵昭和21年（1946）8月23日　㊶千葉県北相馬郡利根町　㊷高校中退後、昭和42年暴行で逮捕され、のち同年8月茨城県利根町布川で起きた強盗殺人事件（布川事件）の犯人として桜井昌司さんとともに再逮捕される。45年水戸地裁で無期懲役の有罪判決を受け、53年刑が確定。冤罪を訴え続け、平成8年11月逮捕から29年ぶりに仮釈放となる。13年第二次再審請求を行い、水戸地裁土浦支部、20年7月東京高裁は再審を認める決定を下し、21年最高裁も再審開始を認めた。23年5月水戸地裁土浦支部は無罪判決を下し、6月水戸地検が控訴を断念したため、無罪が確定した。

杉山 千佐子　すぎやま・ちさこ　全国戦災障害者連絡会会長　㊱平成28年（2016）9月18日　101歳　〔老衰〕　㊵大正4年（1915）9月18日　㊶岐阜県岐阜市　㊷6人きょうだいの3番目として、比較的裕福な家庭に生まれる。東京の女学校を中退後、17歳から名古屋大学医学部に研究補助員として勤める。29歳だった昭和20年3月の名古屋空襲で、爆弾片に左目をえぐられ顔の一部を失い、手などにも負傷した。戦後、寮母や編み物を教えて生活しながら、47年名古屋空襲を記録する会に初めて参加。48年「民間の戦災傷者にも国家補償を」と全国戦災障害者連絡会（全傷連）を組織、国による救済を訴え続けた。旧社会党を中心に「戦時災害援護法案」は国会に14回提出されたが、いずれも廃案に。平成11年著書「おみすてになるのですか―傷痕の半生」を出版。12年後半は「ちさこ わが心の傷み」として舞台化される。18年ドキュメンタリー映画「人間の碑～90歳、いまも歩く～」（監督・林雅行）が製作される。22年東京大空襲、大阪空襲訴訟の両原告団が中心になって結成した全国空襲被害者連絡協議会（全国空襲連）顧問に就任。100歳を超えても運動のシ

ンボル的存在だった。　㊸名古屋弁護士会人権賞〔平成5年〕、友の会平和賞（第7回）〔平成6年〕

杉山 晴康　すぎやま・はるやす　早稲田大学名誉教授　㊿日本法史　㊱平成27年（2015）10月12日　94歳　〔老衰〕　㊵大正10年（1921）2月7日　㊶東京都　㊷早稲田大学法学部〔昭和18年〕卒　法学博士　㊸早稲田大学法学部教授、日本司法博物館館長を務めた。著書に「日本法史概論」「概説日本法史」、編著に「裁判と法の歴史的展開」などがある。　㊸勲三等瑞宝章〔平成7年〕　㊹法制史学会

助川 敏弥　すけがわ・としや　作曲家　音楽評論家　環境音楽研究制作バイオシック音楽研究所代表　日本音楽舞踊会議代表理事　㊿ピアノ曲、小編成楽曲（オーケストラは含まず）、電子音楽、シンセサイザー、環境音楽　㊱平成27年（2015）9月26日　85歳　〔肺がん〕　㊵昭和5年（1930）7月15日　㊶北海道札幌市　㊷筆名＝日野旬（ひの・じゅん）　㊷東京芸術大学音楽学部作曲科〔昭和32年〕卒　㊸昭和27年東京芸術大学音楽学部作曲科に入学、作曲を池内友次郎に学ぶ（同期には山本直純がいた）。在学中の29年、「オーケストラのためのパッサカリア」で日本音楽コンクール作曲部門第1位。32年同大卒業後は林光、間宮芳生、外山雄三らによって結成された山羊の会に参加。35年「オーケストラのためのパルティータ」で、40年「オーケストラのためのレゲンデ」初演を含む山羊の会公演で芸術祭賞奨励賞を受賞。46年混声合唱組曲「白い世界」で芸術祭賞優秀賞を受賞。さらにNHKの委嘱で作曲した放送用音楽作品「こどもとことば」がイタリア放送協会主催のイタリア賞放送作品国際コンクールに出品され、大賞のイタリア賞を獲得した。50年以降は札幌の新音楽集団・群の音楽監督としてたびたびヨーロッパを訪問。58年NHK広島放送局の委嘱で、20年8月に広島で被爆したピアノのための作品「おわりのない朝」を作曲した。また、電子音響にも深い関心を示し、61年音楽心理学者の貫行子と協力して開発のアルファ波誘発のための音楽作品「星へのいざない」「空想の岸辺」を制作。62年にはバイオシック環境音楽研究所を設立し、以後はビル内、オフィス内など公共空間内の環境音楽やリラクゼーション音楽の研究・開発も手がけた。傍ら、「音楽芸術」など音楽雑誌への寄稿も旺盛に行い、平成元年「音楽の世界」編集長。4年には全日空国際線の機内音楽クラシックチャンネルのテーマ曲を作曲。17年日本音楽舞踊会議代表理事に就任した。　㊸芸術祭賞奨励賞（第15回）〔昭和35年〕「オーケストラのためのパルティータ」、芸術祭賞優秀賞（第26回）〔昭和46年〕「白い世界」、日本音楽コンクール作曲部門管弦楽曲第1位特賞（第23回）〔昭和29年〕「オーケストラのためのパッサカリア」、放送イタリア賞コンクール大賞〔昭和48年〕「こどもとことば」　㊹日本音楽舞踊会議　㊽妻＝末広陽子（エッセイスト）　㊾師＝荒谷正雄、池内友次郎

須佐 昭三　すさ・しょうぞう　入広瀬村（新潟県）村長　㊱平成28年（2016）1月17日　87歳　㊵昭和3年（1928）2月1日　㊶新潟県北魚沼郡入広瀬村（魚沼市）　㊷新潟県立上組農学校〔昭和19年〕卒　㊸昭和20年新潟県農業会、23年入広瀬村食糧調整委員会を経て、26年入広瀬村役場に入る。産業、建設各課長を経て、37年助役。50年より村長に6選。アイデアマン村長とし

すさき　　　　　　　　日　本　人

て地域おこしに奮闘した。著書に「豪雪の村を拓く」などがある。

須崎 勝弥 すさき・かつや　脚本家　㉘平成27年（2015）1月9日　93歳〔慢性腎不全〕　㉓大正11年（1922）1月1日　㉔鹿児島県　㉕東北帝国大学法文学部〔昭和19年〕卒　㉟昭和18年在学中の学徒動員により海軍に入隊。22年新東宝演出助手、28年大映と契約、30年東宝と契約、44年以降フリー。作品は松林宗恵監督「連合艦隊」（東宝）、「人間魚雷回天」（新東宝）などの戦場ドラマと、島耕二監督「十代の性典」（大映）、「青春とは何だ」（NTV）、「太陽の恋人」（NTV）などの青春物語が多い。著書に「蔦文也の池田高校監督の『男の鍛え方』」などがある。　㊸シナリオ功労賞〔平成4年〕　㊿日本シナリオ作家協会

洲崎 忠雄 すさき・ただお　徳島新聞調査事業局次長・事業部長　㉘平成27年（2015）12月15日　82歳〔心不全〕　㉓昭和8年（1933）7月1日　㉔徳島県徳島市　号＝忠峰　㉕松山商科大学商経学部〔昭和31年〕卒　㉟昭和31年徳島新聞社に入社。57年総務部庶務部長、63年調査事業局次長兼事業部長。平成3～5年徳島トラフィックサービス社長となった。

須崎 秀一 すさき・ひできかず　伊藤忠商事常務　㉘平成29年（2017）7月22日　77歳〔胃がん〕　㉓昭和14年（1939）11月9日　㉔東京都　㉕東京外国語大学スペイン語科〔昭和37年〕卒　㉟昭和37年伊藤忠商事に入社。平成9年取締役を経て、11年常務。同年センチュリー・リーシング・システム（現・東京センチュリー）副社長となった。15年退任。

図子 浩二 ずし・こうじ　陸上指導者　筑波大学教授・陸上競技部監督　㊿スポーツ科学　㉘平成28年（2016）6月2日　52歳　㉓昭和39年（1964）　㉔香川県　㉕筑波大学体育専門学群卒、筑波大学大学院体育科学研究科体育科学専攻博士課程　博士（体育科学）　㉟平成8年鹿屋体育大学助手、12年助教授を経て、教授。のち筑波大学教授。同大陸上競技部監督も務めた。

図子 英雄 ずし・ひでお　小説家　詩人　愛媛新聞論説副委員長　「原点」主宰　㉘平成28年（2016）6月26日　83歳〔老衰〕　㉓昭和8年（1933）3月21日　㉔愛媛県西条市　㉕西条高〔昭和26年〕卒、大分大学経済学部〔昭和30年〕卒　㉟昭和30年愛媛新聞社に入社。文化部副部長、55年論説委員を経て、63年論説副委員長。また、31歳の時に初めて小説を書き、40年同人誌「原点」を創刊・主宰。62年「カワセミ」で第19回新潮新人賞を受賞、63年同作は第98回芥川賞候補にもなった。平成27年「原点」終刊。著書に「カワセミ」「母の碑」「フクロウ日記」「愛媛の文学」「海をわたる月」、詩集に「地中の滝」「阿蘇夢幻」「二つのピエタ」「静臥の枕」などがある。　㊸総評文学賞（詩、第20回）〔昭和58年〕「沈黙」、新潮新人賞（第19回）〔昭和62年〕「カワセミ」　㊿日本文芸家協会、日本現代詩人会

鈴木 聡顕 すずき・あきら　立花商会常務　㉘平成27年（2015）3月4日　80歳〔心筋梗塞〕　㉓昭和9年（1934）7月15日　㉔京都府　㉕関西学院大学法学部〔昭

和32年〕卒　㉟昭和36年立花商会（現・立花エレテック）に入社。62年取締役を経て、平成4年常務。

鈴木 朝男 すずき・あさお　東京製綱常務　㉘平成27年（2015）1月20日　88歳〔敗血症〕　㉓大正15年（1926）3月21日　㉔愛媛県新居浜市　㉕九州大学経済学部〔昭和26年〕卒　㉟東京製綱常務を務めた。

鈴木 一成 すずき・かずしげ　ノエビア副社長　㉘平成29年（2017）10月16日　88歳〔白血病〕　㉓昭和4年（1929）4月8日　㉔大阪府　㉕日本大学工学部〔昭和28年〕卒、大阪府立大学大学院農学研究科〔昭和42年〕修了　農学博士〔昭和51年〕　㉟昭和53年ノエビアに入社。取締役生産本部長・研究所長、専務を経て、平成元年副社長に就任。

鈴木 喜代春 すずき・きよはる　教育評論家　児童文学作家　㊿読書教育、社会科教育　㉘平成28年（2016）5月13日　90歳　㉓大正14年（1925）7月9日　㉔青森県南津軽郡田舎館村　㉕青森師範〔昭和20年〕卒　㉟敗戦直後の昭和20年9月に青森師範学校を卒業、教職に就く。青森県の前田屋敷国民学校を振り出しに、葛川中、黒石小を経て、29年千葉県に転居。同県の小・中学校に勤め、59年松戸市の小金小校長を最後に退職。教職の傍らで児童文学作品を発表し、37年「北風の子」でデビュー。米作りの過酷さを描いた「十三湖のばば」は青少年読書感想文全国コンクール課題図書に指定され、多くの子供たちに読まれた。他の著書に「白い河」（3部作）「空を泳ぐコイ」「ヒメマスよかえれ」「ほらと河童と雪女」「お母さんの不安にこたえて」「動く砂山」「津軽ボサマの旅三味線」「津軽の山歌物語」「きよはる先生の一年生文庫」「空をとぶ一輪車」などがあり、生涯に200冊に上る著書を遺した。　㊸日本児童文芸家協会賞（第12回）〔昭和63年〕「津軽の山歌物語」、青森県文芸協会賞〔平成4年〕、東奥賞（第63回）〔平成22年〕、田舎館村名誉村民　㊿日本児童文学者協会、日本子どもの本研究会

鈴木 邦意 すずき・くにい　郷土史家　会津史談会会長　㉔福島県　㉘平成27年（2015）5月10日　86歳〔心筋梗塞〕　㉟上三宮小学校校長の他、会津史談会会長、会津文化団体連絡協議会会長を歴任した。

鈴木 啓 すずき・けい　考古学研究家　福島県考古学会会長　㉘平成29年（2017）5月13日　85歳〔内臓疾患〕　㉓昭和7年（1932）　㉔福島県相馬郡小高町（南相馬市）　㉕福島大学学芸学部卒　㉟福島県立西会津高校教諭、福島工業高校教諭、福島女子高校教諭を経て、福島県教育庁文化課主幹・福島県立博物館初代学芸課長、新地高校校長、二本松工業高校校長を務める。傍ら、考古学研究に打ち込み、福島県考古学会創設に参加、副会長、会長、顧問を歴任した。北日本近世城郭検討会会長なども務めた。著書に「福島の歴史と考古」「ふくしまの城」などがある。　㊸勲四等瑞宝章〔平成14年〕、福島民報出版文化賞（第19回）〔平成8年〕、福島県文化功労賞〔平成26年〕

鈴木 健士 すずき・けんじ　音楽プロデューサー　ミュージックソムリエ協会理事長　㉘平成27年（2015）8月2日　54歳〔急性心不全〕　㉟「オロナミンC」「三井

314　現代物故者事典 2015～2017

のリハウス」などのCM音楽を手がけた。CDショップの店員らがお薦めの音楽を選ぶ「CDショップ大賞」を運営するミュージックソムリエ協会の理事長を務めた。

鈴木 作次郎　すずき・さくじろう　アイチコーポレーション創業者　[没]平成29年(2017)2月11日　100歳〔老衰〕　[生]大正5年(1916)4月15日　[出]栃木県　[学]成立工〔昭和9年〕卒　[歴]昭和19年愛知車輛を設立、37年吸収合併により社長。平成4年アイチコーポレーションに社名変更し、会長となる。8年名誉会長。　[家]長男＝鈴木尚郎(アイチコーポレーション社長)

鈴木 さち　すずき・さち　鈴木善幸首相夫人　[没]平成27年(2015)3月22日　95歳〔老衰〕　[生]大正8年(1919)　[出]北海道函館市　[学]函館高女卒　[歴]水産学校長の家に生まれ、昭和14年父の学友の紹介で全国漁業協同組合連合会に勤務していた鈴木善幸とお見合い結婚。55年夫が首相に就任。56年夫婦でASEAN諸国を訪問、シンガポールの「ストレートタイムス」紙は"稀にみる理想的な妻"として婦人を称賛した。その後、訪米・訪中をともに果たし、57年10月夫は退陣した。一男三女を授かり、平成2年長男・俊一が父の引退の後を承け、旧岩手1区から衆院議員に当選。20年には三女の夫である麻生太郎衆院議員が首相に就任した。　[家]夫＝鈴木善幸(首相), 長男＝鈴木俊一(衆院議員), 三女＝麻生千賀子(麻生太郎首相夫人)

鈴木 繁　すずき・しげる　光村印刷社長　[没]平成29年(2017)9月15日　80歳　[生]昭和12年(1937)1月8日　[出]静岡県　[学]日本大学理工学部工業経営学科〔昭和34年〕卒　[歴]昭和34年光村原色版印刷所(現・光村印刷)に入社。61年取締役、平成2年専務、9年副社長を経て、10年社長。

鈴木 昭寿　すずき・しょうじゅ　日本甜菜製糖専務　[没]平成29年(2017)9月27日　89歳〔誤嚥性肺炎〕　[生]昭和3年(1928)3月30日　[出]宮城県　[学]東京商科大学(現・一橋大学)〔昭和26年〕卒　[歴]日本甜菜製糖に入社。昭和55年取締役、59年常務を経て、63年専務。

鈴木 信一　すずき・しんいち　福島民報専務　[没]平成28年(2016)1月24日　81歳〔肺がん〕　[生]昭和9年(1934)3月31日　[出]宮城県　[学]東北大学文学部〔昭和33年〕卒　[歴]昭和33年福島民報社に入社。いわき支社報道部長、編集局報道部長、編集局次長、いわき支社長、編集局総務兼編集庶務部長、58年総務局長、62年取締役、平成3年常務を経て、5年専務。民報アド社長も務めた。

鈴木 端之　すずき・ずいし　書家　書道研究瑞清会主幹　読売書法会常任理事　[専]漢字　[没]平成28年(2016)7月30日　78歳〔内臓疾患〕　[生]昭和13年(1938)　[出]福島県　[名]本名＝鈴木健之(すずき・けんし)　[歴]昭和58年「蕭綱詩」、平成元年「陳子龍詞」で日展特選。読売書法会理事や謙慎書道会常任理事を歴任。月刊競書誌「瑞清」主幹。　[賞]毎日書道展準大賞(第31回, 昭和54年度), 日展特選(昭和58年度・平成1年度)「蕭綱詩」「陳子龍詞」　[団]読売書法会, 日展

鈴木 傑　すずき・すぐる　名古屋工業大学名誉教授　[専]セラミック成型工学　[没]平成27年(2015)5月13日　75歳〔肺がん〕　[生]昭和15年(1940)4月18日　[出]宮城県仙台市　[学]東京大学工学部鉱山学科卒　工学博士　[歴]名古屋工業大学教授を務めた。

鈴木 誠二　すずき・せいじ　北海道議(社会党)　[没]平成28年(2016)2月15日　96歳〔喉頭がん〕　[生]大正8年(1919)10月22日　[出]新潟県　[学]札幌青年学校卒　[歴]砂川市議、市議会議長を経て、昭和46年砂川市選出の北海道議に当選。54年返り咲き。平成3年引退。通算4期。社会・道民連合の議員会長を務めた。　[賞]勲四等旭日小綬章〔平成1年〕

鈴木 清順　すずき・せいじゅん　映画監督　[没]平成29年(2017)2月13日　93歳〔慢性閉塞性肺疾患〕　[生]大正12年(1923)5月24日　[出]東京市日本橋区久松町(東京都中央区)　[名]本名＝鈴木清太郎(すずき・せいたろう)　[学]弘前高〔昭和23年〕卒　[歴]弘前高校在学中の昭和18年、学徒出陣。フィリピン、台湾を転戦して陸軍大尉で終戦を迎え、21年復員。23年松竹大船撮影所の助監督となり、26年から岩間鶴夫監督の専属助監督を務める。29年日活に移籍すると主に野口博志監督に師事し、31年浦山桐郎脚本による「港の乾杯 勝利をわが手に」を本名の鈴木清太郎名義で初監督。33年の「暗黒街の美女」で清順に改名し、以後、34年赤木圭一郎のデビュー作「素っ裸の年齢」、38年小林旭主演の「関東無宿」、39年野川由美子主演の「肉体の門」、41年渡哲也の「東京流れ者」、高橋英樹主演の「けんかえれじい」などを発表。モダンで新鮮な色彩感覚と映像リズムによる独自の映像は"清順美学"といわれ、一部に熱狂的なファンを獲得。この間、映画製作仲間の曽根中生、大和屋竺、木村威夫らと脚本家グループ"具流八郎"を結成。43年宍戸錠主演の傑作「殺しの烙印」を発表するが日活社長・堀久作の理解を得られず、同社を追われる。これに抗議したファンや映画関係者は"鈴木清順問題共闘会議"を結成、デモを行うなど一時は社会問題に発展、裁判にもなった。以後10年間映画製作はなく、52年松竹で「悲愁物語」を監督しカムバックを果たす。55年新方式のテント興行で内田百閒の「サラサーテの盤」を原作とした「ツィゴイネルワイゼン」を発表、キネマ旬報ベストテン第1位、芸術選奨文部大臣賞、日本アカデミー賞最優秀作品賞及び監督賞、ベルリン国際映画祭審査員特別賞を受賞するなど国内外で高い評価を受けた。56年の「陽炎座」も評判を呼んだ。59年「カポネ大いに泣く」で一般向け劇場映画に復帰、アニメ「ルパン三世」の劇場版「ルパン三世・バビロンの黄金伝説」も監督。平成2年「夢二」で「ツィゴイネルワイゼン」「陽炎座」と続く大正三部作が完成。その後、しばらく監督業から遠ざかるが、13年、10年ぶりにメガホンをとった「ピストルオペラ」はベネチア国際映画祭で「偉大なる巨匠に捧げるオマージュの盾」を受賞、特別上映されるなど話題を呼んだ。17年には構想20年の大作「オペレッタ狸御殿」を監督、カンヌ国際映画祭で栄誉上映特別招待作品として遇された。また"山羊ひげ"の洒脱な風貌で、俳優としてテレビドラマ「ムー一族」「美少女仮面ポワトリン」「みちしるべ」「ひまわり」や、映画「ヒポクラテスたち」「不夜城」などに出演した。　[賞]芸術選奨文部大臣賞, 紫綬褒章〔平成2年〕, 勲四等旭日小綬章〔平成8年〕, ブルーリボン賞監督賞(昭和55年度)「ツィゴイネルワイゼン」, キネマ旬報賞監督賞(昭和

す

55年度)「ツィゴイネルワイゼン」, 日本アカデミー賞最優秀監督賞(第4回, 昭和55年度)「ツィゴイネルワイゼン」, ベルリン国際映画祭審査員特別賞, CMフェスティバル銀賞「レナウンピッコロ/椅子と赤ちゃん」, ベネチア国際映画祭「偉大なる巨匠に捧げるオマージュの盾」〔平成13年〕「ピストルオペラ」, 山路ふみ子賞文化財団特別賞(第29回)〔平成17年〕, 川喜多賞(第24回)〔平成18年〕 [団]日本映画監督協会 [家]弟＝鈴木健二(NHKアナウンサー)

鈴木 静村 すずき・せいそん 書家 書道同文会名誉会長 [没]平成27年(2015)11月12日 92歳 [生]大正12年(1923)3月31日 [出]静岡県 [名]本名＝鈴木学(すずき・まなぶ) [歴]文部省検定教科書「小学校・中学校書き方」執筆、同省検定教科書調査員を歴任。昭和63年～平成5年、短歌ふぉーらむ社「短歌展」東京、浦安、長野、松本の各展に参加。4年銀座鳩居堂で個展。書道同文会副会長・審査員、月刊「書莚」主幹、早稲田大学エクステンションセンター講師。共著に「四体千字文の書き方―隷書・楷書・行書・草書で書く千字文の魅力」がある。 [団]書道同文会 [師]師＝田辺古邨

鈴木 潜 すずき・せん 日本経済新聞東京本社販売局開発部長 [没]平成29年(2017)8月9日 84歳〔肺炎〕 [生]昭和7年(1932)9月28日 [出]福島県 [学]早稲田大学政経学部卒 [歴]昭和31年日本経済新聞社に入社。販売第一部次長を経て、59年販売局開発部長。

鈴木 千太郎 すずき・せんたろう 本州化学工業社長 三井物産代表取締役常務 [没]平成29年(2017)9月2日 94歳〔老衰〕 [生]大正11年(1922)12月5日 [出]東京都 [学]東京商科大学(現・一橋大学)〔昭和22年〕卒 [歴]昭和23年国際物産交易(現・三井物産)に入社。50年ドイツ三井物産社長、54年三井物産取締役ロンドン支店長、56年化学品担当の代表取締役常務。60年顧問として本州化学工業に入社し、61年社長に就任。63年会長。

鈴木 泰治 すずき・たいじ 八潮市長 [没]平成27年(2015)4月15日 95歳〔老衰〕 [生]大正8年(1919)7月14日 [出]埼玉県八潮市 [学]粕壁中〔昭和12年〕卒 [歴]昭和22年埼玉県八条村収入役。31年合併で八潮村収入役となり、39年町制、47年市制施行後も連続7期務める。47年助役を経て、48年より市長に4選。平成元年引退。 [賞]藍綬褒章〔昭和52年〕, 勲四等瑞宝章〔平成2年〕, 八潮市名誉市民

鈴木 孝雄 すずき・たかお 秋田県議(無所属) [没]平成28年(2016)3月13日 71歳〔胃がん〕 [生]昭和19年(1944)5月15日 [出]秋田県秋田市 [学]早稲田大学法学部〔昭和44年〕卒 [歴]昭和58年から秋田市議に5選、平成7～9年市議会議長。19年秋田県議に当選、1期。23年引退。 [家]妻＝丸の内くるみ(秋田県議)

鈴木 隆 すずき・たかし 日本経済新聞東京本社広告局総務 [没]平成27年(2015)1月14日 76歳〔小腸間質腫瘍〕 [生]昭和13年(1938)11月1日 [出]山梨県 [学]早稲田大学法学部〔昭和36年〕卒 [歴]昭和36年日本経済新聞社に入社。米国駐在・国際・広告第二各部次長、58年広告局管理部長、62年広告局次長、平成元年広告局総務。のち日経インターナショナル社長。

鈴木 武四郎 すずき・たけしろう 三和シヤッター専務 [没]平成28年(2016)2月2日 92歳〔急性心不全〕 [生]大正12年(1923)11月20日 [出]北海道小樽市入舟町 [学]札幌工建築科〔昭和16年〕卒 [歴]昭和17年函館市役所建築課に技術吏員として就職。19年召集、関東軍野戦重砲兵第二十連隊に入隊。21年復員。同年11月父の経営する北日本木材興業に入社。26年大森土建、34年三和シヤッター工業(現・三和ホールディングス)に転じ、39年取締役、44年常務、54年専務を歴任。62年三和エクステリア創立により社長を兼任。平成元年会長、三和シヤッター工業取締役。2年三和シヤッター工業顧問。

鈴木 継男 すずき・つぐお 八戸ガス社長 [没]平成28年(2016)7月 92歳 [生]大正12年(1923)8月30日 [出]青森県八戸市 [名]旧姓・名＝三浦次男 [学]拓殖大学商学部〔昭和20年〕卒 [歴]八戸商工会議所専務理事を経て、昭和41年八戸ガスに入社。総務部長、常務、専務、56年副社長、同年社長に就任。八戸液化ガス専務、56年社長を兼任。八戸市と中国・蘭州市との国際交流に尽力し、平成5年蘭州市から栄誉賞を贈られた。また、収集した多くの美術品を八戸市に寄贈し、21年には八戸市美術館の名誉館長に就任した。 [賞]藍綬褒章〔平成2年〕, 勲五等双光旭日章〔平成7年〕, 紺綬褒章(3回), 通産大臣表彰〔昭和57年〕, 蘭州市栄誉賞〔平成5年〕, 八戸市名誉市民〔平成27年〕, 青森県褒賞(3回)

鈴木 恒年 すずき・つねとし 足立区長 [没]平成28年(2016)10月4日 83歳〔肺がん〕 [生]昭和8年(1933)2月11日 [出]東京都足立区千住橋戸町 [学]中央大学商学部卒 [歴]16歳で父親を亡くし、進学を断念。働きながら学業を修めた。昭和24年足立区役所に入所、出張所に勤務。のち区議会事務局長、総務部長を経て、平成元年より助役。区社会教育部長、区教務部長なども兼務。8年辞任。11年6月共産党系の区長失職に伴う区長選に自民、公明、民主、自由各党の推薦を受け出馬。中央政界を巻き込んだ前区長との激しい選挙戦の末、当選を果たした。2期務め、19年引退。 [賞]旭日双光章〔平成22年〕

鈴木 哲夫 すずき・てつお HOYA社長 [没]平成27年(2015)6月15日 90歳〔肺炎〕 [生]大正13年(1924)12月5日 [出]愛知県瀬戸市 [学]東京工業大学教員養成所〔昭和18年〕卒 [歴]昭和19年東洋光学硝子製造所に入社。22年保谷クリスタル硝子製造所に社名変更、クリスタルガラス製造を本格化させ、27年からは戦前からの光学ガラス生産を再開。24年同社取締役。32年創業者である岳父の後を継いで社長に就任、35年系列4社を合併して保谷硝子が発足。42年に一度社長を辞任するが、45年復帰し、59年HOYAに社名変更、通算33年間トップを務めた。平成5年会長。12年退任。高品質クリスタルガラスの世界初の量産化技術を確立した他、メガネ用レンズ製造、情報通信分野への参入、事業部制の導入など、HOYAを優良ハイテク企業に成長させた立役者。この間、11年三和銀行の社外取締役、日本オプトメカトロニクス協会会長も務めた。 [賞]勲

三等旭日中綬章〔平成7年〕, 日本セラミックス協会賞(第31回)〔昭和52年〕「光学ガラスの連続熔解技術の確立」, 伴記念賞(第10回)〔平成1年〕「ハイテク産業におけるニューガラスの育成」, 経営者賞〔平成7年〕, 毎日経済人賞(第20回, 平成11年度)〔平成12年〕　[家]長男＝鈴木洋(HOYA取締役CEO)

鈴木 輝夫　すずき・てるお　日本広告社会長　[没]平成27年(2015)7月29日　76歳〔肺炎〕

鈴木 信行　すずき・のぶゆき　ソラシドエア副社長　[没]平成28年(2016)8月21日　60歳〔飛び降り自殺〕　[歴]全日空上席執行役員などを経て、平成28年6月ソラシドエア専務から副社長に昇格。同年8月自宅マンションから飛び降り自殺した。

鈴木 玄雄　すずき・はるお　三木証券社長　[没]平成27年(2015)7月9日　74歳〔大腸がん〕

鈴木 治雄　すずき・はるお　太陽鉱工社長　[没]平成28年(2016)12月19日　98歳〔肺炎〕　[生]大正7年(1918)2月2日　[出]兵庫県神戸市須磨区　[学]関西学院大学法学部〔昭和16年〕卒　[歴]戦前の総合商社・鈴木商店の女店主であった鈴木よねの孫で、同商店が焼き討ちに遭った大正7年に生まれる。日輪ゴム工業に入り、日商上海支店に転じ、昭和19年日輪ゴム工業に復帰。24年取締役、25年太陽鉱工取締役を兼任。29年日商監査役となり、43年岩井産業と合併、日商岩井(現・双実)監査を務めた。鈴木商店の後継企業である太陽鉱工社長、会長を歴任した。　[家]長男＝鈴木一誠(太陽鉱工社長), 祖母＝鈴木よね(実業家)

鈴木 彦治　すずき・ひこじ　バイタルネット創業者　[没]平成27年(2015)1月11日　90歳〔慢性心不全〕　[生]大正14年(1925)1月2日　[出]宮城県登米郡登米町(登米市)　[名]旧姓・名＝鈴木将一(すずき・しょういち)　[学]佐沼中卒, 東北薬専〔昭和19年〕卒　[歴]宮城県登米で味噌・醤油醸造業の鈴彦を営む2代目鈴木彦治の三男で、兄2人が相次いで夭折したため実質的な長男として育つ。佐沼中学を卒業すると、味噌・醤油の分析に役立つと考えて東北薬学専門学校に進学。昭和19年繰り上げ卒業し、20年仙台の歩兵第二十二部隊に入隊。兵役中に父をワイル病で亡くしたことから、薬学関係の仕事を志すようになった。戦後、医薬品卸業をはじめ、11月亡父の後を継いで3代目彦治を襲名。23年合資会社、25年株式会社に改組。31年登米の自宅や醸造工場を火災で失ったのを機に仙台への移転を決意、家業であった醸造業をヤマカノ醸造に分離して36年医薬品卸業の本社を仙台に移した。医薬品卸業において宮城県一のシェアを占めるに至ったことから全国展開を開始し、45年鈴彦に社名変更。58年岩手の村研薬品、山形の朝日薬品と合併して東北最大級の医薬品総合商社となるサンエスを設立して社長に就任。平成5年東証第2部、7年東証第1部に上場。13年には新潟のニチエー、三栄薬品と合併してバイタルネットに社名変更。宮城県公安委員長、ヤマカノ醸造会長、表蔵王国際ゴルフクラブ社長なども歴任。著書に「中国見聞記」「人生はイメージの造形だ」「くすり箱」「やる気の経営」などがある。　[賞]紺綬褒章〔昭和34年・58年〕, 藍綬褒章〔昭和59年〕, 勲四等旭日小綬章〔平成9年〕, 金色有功章〔昭和31年〕　[家]父＝鈴木彦治(2代目), 長男＝鈴木賢(バイタルネット社長)

鈴木 英夫　すずき・ひでお　通商産業省立地公害局長　三菱マテリアル副社長　[没]平成27年(2015)3月9日　77歳〔がん〕　[生]昭和13年(1938)2月24日　[出]福岡県福岡市　[学]早稲田大学理工学部〔昭和36年〕卒　[歴]昭和36年通商産業省(現・経済産業省)に入省。資源エネルギー庁石炭部産炭地域振興課長、通産省通商政策局経済協力部技術協力課長、59年立地公害局石炭課長、60年資源エネルギー庁石炭部炭業課長、62年6月石炭部長、63年6月通産省官房審議官、平成元年6月技術総括審議官を経て、3年6月立地公害局長に就任。4年6月退官し、7月石油公団理事。7年三菱マテリアル常務、12年副社長を務めた。　[賞]瑞宝中綬章〔平成20年〕

鈴木 英夫　すずき・ひでお　歌人　日本経済新聞編集局文化部用語委員　「うたびと」主宰　[没]平成29年(2017)6月30日　74歳〔拡張型心筋症〕　[生]昭和18年(1943)3月4日　[出]東京都　[学]早稲田大学第一文学部〔昭和40年〕卒　[歴]昭和40年日本経済新聞社に入社。編集委員、北九州支局長を経て、平成3年用語委員、11年読者応答センター専任部長。傍ら、歌誌「青い季」運営委員、「武羅佐岐」第一同人主宰選歌代行を経て、昭和52年「うたびと」を創刊・主宰。

鈴木 寛和　すずき・ひろかず　北方領土返還運動家　千島歯舞諸島居住者連盟副理事長　[没]平成27年(2015)10月22日　84歳〔肺気腫〕　[生]昭和6年(1931)　[出]北海道歯舞群島勇留島　[学]根室高〔昭和23年〕卒　[歴]北方領土・歯舞群島の勇留島出身。太平洋戦争敗戦直後の昭和20年9月4日、勇留島にソ連軍が侵攻し、21年4月船で根室市へ脱出。のちに中型船の業界団体・全国鮭鱒流網漁業組合連合会(全鮭連)経営対策委員長として、ソ連の漁業公団などとサケ・マスふ化合弁事業の実現に尽力した。また、北方領土の元島民団体・千島歯舞諸島居住者連盟(千島連盟)根室支部長を経て、平成7～25年副理事長を務め、北方領土返還運動に携わった。退任後は名誉顧問に就任。3年には元島民の財産や権利の保全などを求める北方四島権益確保島民協議会を設立した。

鈴木 宏延　すずき・ひろのぶ　酔仙酒造社長　岩手県中小企業団体中央会会長　[没]平成27年(2015)2月24日　79歳〔肺炎〕　[生]昭和10年(1935)10月18日　[出]岩手県大船渡市盛町　[学]慶応義塾大学経済学部〔昭和33年〕卒　[歴]昭和38年気仙地区の酒造業者が合併して陸前高田市に酔仙酒造を設立、41年営業部長、47年常務、49年専務、53年副社長を経て、55年社長。63年陸前高田市の第三セクター陸前高田地域振興の社長に就任、特産品の商品開発やリゾート開発などに取り組む。平成13年りっけん観光社長を兼務。5年岩手県酒造組合会長、15～23年岩手県中小企業団体中央会会長。全国中小企業団体中央会副会長も務めた。　[賞]旭日小綬章〔平成19年〕, 岩手県勢功労者〔平成20年〕

鈴木 理生　すずき・まさお　都市史研究家　[専]都市史, 東京史　[没]平成27年(2015)3月4日　88歳〔肺がん〕　[生]大正15年(1926)5月9日　[出]東京都　[名]本名＝鈴木昌雄(すずき・まさお)　[学]法政大学高等師範部地理歴史科〔昭和25年〕卒　[歴]千代田区立千代田図書館勤務を経て、都市史研究家。「東京百年史」「神田市場

す

史」「千代田区史」(いずれも共著) などを執筆した。他の著書に「江戸と江戸城」「江戸と城下町」「江戸の川東京の川」「千代田区の歴史」「明治生れの町神田三崎町」「神田の祭」「江戸型山車のゆくえ」「中央区沿革図集」「神田まちなみ沿革図集」「東京の地理がわかる事典」「えどちりQuestion 江戸のかたち編・江戸のしくみ編」「江戸っ子歳事記」など多数。 [賞]地名研究賞〔平成9年〕「中央区沿革図集」「神田まちなみ沿革図集」

す

鈴木 雅洲 すずき・まさくに 産婦人科学者 医師 東北大学名誉教授 スズキ記念病院理事長・同附属助産学校校長 [没]平成27年 (2015) 11月23日 94歳〔膵臓がん〕 [生]大正10年 (1921) 5月21日 [出]宮城県仙台市青葉区錦町 [学]東京帝国大学医学部医学科〔昭和21年〕卒 医学博士〔昭和30年〕 [歴]昭和29年東北大学医学部講師、33年助教授、38年新潟大学医学部教授を経て、45年東北大学医学部教授。54年から体外受精の基礎研究を始め、58年東北大医学部附属病院で日本初の体外受精による妊娠・出産を成功させた。60年退官、小山市民病院院長。61年宮城県岩沼市に不妊治療専門のスズキ病院を設立。平成23年院長を退任。日本産婦人科学会会長、周離治産期異常対策普及協会初代理事長を歴任した。4年国内初の顕微授精、13年には凍結卵子を用いた出産を成功させるなど、国内における不妊治療の第一人者として知られた。27年日本学士院賞を受賞したが、間もなく亡くなった。著書に「妊娠と内科疾患」「産科学入門」「婦人科学入門」「不妊症と体外受精」などがある。 [賞]日本学士院賞 (第105回)〔平成27年〕「ヒト体外受精・胚移植の確立と普及に関する研究」, 東北大学医学部奨学賞金賞 (昭和37年度)「性ホルモン療法の基礎的研究」 [団]日本産科婦人科学会 (名誉会員), アジア大洋州産科婦人科学会, 国際産科婦人科学会, 日本生殖医学会 (名誉会員), 国際不妊学会

鈴木 昌友 すずき・まさとも 茨城大学名誉教授 [専]植物形態・分類学 [没]平成28年 (2016) 9月1日 85歳 [生]昭和6年 (1931) 5月23日 [出]茨城県那珂郡山方町 (常陸大宮市) [学]茨城大学文理学部理学科卒 理学博士 [歴]茨城大学教授を務めた。長く茨城県内の植物調査・研究に取り組んだ。著書に「茨城の植物」「東日本の高山植物と山草」などがある。 [賞]瑞宝中綬章〔平成26年〕 [団]日本植物学会, 日本植物分類学会, 種生物学会

鈴木 雅史 すずき・まさふみ 秋田大学工学資源学部教授 [専]電気工学, シミュレーション工学 [没]平成28年 (2016) 8月15日 54歳〔腺がん〕 [生]昭和37年 (1962) 6月5日 [出]秋田県秋田市 [学]秋田大学鉱山学部電機工学科卒, 北海道大学大学院工学研究科電気工学専攻博士課程単位取得退学 工学博士 [歴]秋田大学助手、講師、助教授 (准教授) を経て、教授。

鈴木 未央子 すずき・みおこ 童画家 [没]平成27年 (2015) 11月11日 84歳〔老衰〕 [生]昭和5年 (1930) 12月2日 [出]東京都 [学]高女 [歴]童画家・鈴木寿雄の長女。松谷みよ子〈ちいさいモモちゃん〉の紙芝居シリーズの絵の他、絵本や教科書の挿絵を手がけた。 [団]日本児童出版美術家連盟 [家]父＝鈴木寿雄 (童画家) [師]師＝黒崎義介

鈴木 芳 すずき・よし 山形大学名誉教授 [専]体育学 [没]平成27年 (2015) 1月15日 93歳〔老衰〕 [生]大正10年 (1921) 3月4日 [学]東京女高師体育卒 [歴]山形大学教育学部教授、同学部附属養護学校長を務めた。 [賞]勲三等瑞宝章〔平成6年〕

鈴木 美二 すずき・よしじ 徳島県ゴルフ協会理事長 阿波総合開発会長 [没]平成27年 (2015) 12月8日 93歳〔大腸がん〕 [生]大正11年 (1922) 8月5日 [出]神奈川県横浜市 [歴]昭和42年徳島カントリー倶楽部月の宮コースの建設・運営に関わるため、徳島県へ移住。51年徳島県ゴルフ協会を設立、平成27年まで理事長を務める。同倶楽部でジュニア教室を開き、選手の育成に尽くした。

鈴木 克治 すずき・よしはる 日本長期信用銀行副頭取 [没]平成27年 (2015) 2月11日 77歳〔病気〕 [生]昭和12年 (1937) 4月3日 [出]東京都 [学]東京大学経済学部〔昭和37年〕卒 [歴]昭和37年日本長期信用銀行 (現・新生銀行) に入行、60年営業企画部副部長。61年ライフに転じ、常務。平成元年退任し、同年日本長期信用銀行取締役、常務、のち副頭取。10年10月経営破綻に伴い、特別公的管理 (一時国有化) を求める申請をし、民間銀行が戦後初めて国有化された。11年6月、10年3月期の決算で関連会社約10社に対する不良債権を独自の査定で甘く見積るなどして損失約1500億円を計上せず、虚偽の有価証券報告書を提出したとして東京地検特捜部に証券取引法違反容疑で逮捕された。のち商法違反 (違法配当) 容疑でも起訴される。14年9月東京地裁は懲役2年、執行猶予3年を言い渡す。17年6月東京高裁は一審判決を支持して、控訴を棄却。20年7月最高裁は一・二審判決を破棄して逆転無罪の判決を下した。一方、16年3月旧長銀経営陣が関連ノンバンク3社に過剰融資を行ったとして整理回収機構 (RCC) が損害賠償を求めた裁判で、東京地裁は3億円の支払いを命じた。

鈴木 義元 すずき・よしもと 尚絅学院大学女子短期大学部学長 日本陸上競技連盟副会長 [没]平成29年 (2017) 5月26日 80歳〔前立腺がん〕 [出]宮城県仙台市 [学]仙台育英高卒, 日本体育大学卒 [歴]仙台育英高から日体大に進み、大学4年の時には十種競技の全日本学生ランキング10位。昭和46年尚絅学院女子高教諭となり、のち尚絅学院大学女子短期大学部学長。一方、平成7年日本陸上競技連盟理事、17年副会長。東北陸上競技協会理事長、宮城陸上競技協会理事長なども務める。

鈴木 隆太 すずき・りゅうた オルガニスト [没]平成27年 (2015) 12月17日 56歳〔低酸素脳症〕 [生]昭和34年 (1959) [出]神奈川県横浜市 [学]慶応義塾大学法学部法律学科〔昭和56年〕卒 [歴]3歳半からピアノを習い、ピアノ・作曲をたなかすみこ、加宮葵、山本和子、鷲見五郎、打楽器を山口恭範、指揮を井上道義に師事。昭和57年米国タングルウッドのバークシャー・ミュージック・センターで指揮を学ぶ。56〜60年新日

本フィルハーモニー交響楽団の副指揮者を務めた後、フランスで研鑽を積み、帰国後はクラシック、ジャズ、ポピュラーの領域を超えて鍵盤楽器の演奏、作・編曲を中心に活動。長野五輪では諸国歌の編曲に携わった。平成16年CD「風神・雷神」で芸術祭大賞を受賞した。横浜山手聖公会オルガニストも務めた。㊥出光音楽奨励賞〔第2回〕〔平成4年〕、文化庁芸術祭賞大賞〔平成16年〕「風神・雷神」 ㊙師=たなかすみこ、加宮葵、山本和子、鷲見五郎、山口恭範、井上道義

鈴木 良 すずき・りょう 立命館大学産業社会学部教授 ㊙日本近代史 ㊗平成27年（2015）2月16日 80歳〔肺炎〕 ㊙昭和9年（1934）9月25日 ㊙神奈川県 ㊙京都大学文学部史学科卒、京都大学大学院文学研究科史学専攻〔昭和43年〕博士課程修了 ㊙奈良女子大学附属高校教師を経て、立命館大学産業社会学部教授。部落問題研究所理事なども務めた。著書に「近代日本部落問題研究序説」「教科書のなかの部落問題」「水平社創立の研究」などがある。 ㊙歴史学研究会、日本史研究会、歴史科学協議会

鈴木 瞭五郎 すずき・りょうごろう 空将 航空自衛隊航空総隊司令官 ㊗平成27年（2015）8月23日 95歳〔動脈瘤破裂〕 ㊙大正9年（1920） ㊙愛知県愛西市 ㊙海兵〔第68期〕〔昭和15年〕卒 ㊙昭和16年海軍少尉に任官。艦上爆撃機のパイロットとなり、敗戦時は海軍大尉で攻撃第五〇一飛行隊長。26年警察予備隊に入隊。その後、47年航空自衛隊北部航空隊司令官、48年航空幕僚副長、49年航空総隊司令官を歴任した。51年退官。

進 一男 すすむ・かずお 詩人 「地点」主宰 ㊗平成27年（2015）1月22日 88歳〔心不全〕 ㊙大正15年（1926）3月27日 ㊙鹿児島県 ㊙明治大学卒 ㊙昭和29年第一詩集「危機の時代」を刊行。41年奄美で唯一の詩誌「地点」を創刊、40年近くに渡って奄美に根ざした多くの詩人を輩出。50号で同人誌形式を終了し、個人誌として発行を続けた。平成元年「童女記」で山之口獏賞を受賞。17年「地点」を70号で終刊した。他の詩集には「日常の眼」「私の内なる島へ」「ジーザス彷徨」などがある。 ㊙南日本文学賞〔第10回〕〔昭和57年〕「日常の眼」、山之口獏賞〔第12回〕〔平成1年〕「童女記」

裾分 一弘 すそわけ・かずひろ 学習院大学名誉教授 ㊙美学、美術史学、レオナルド、ミケランジェロ及びイタリア・ルネサンスの美術史 ㊗平成28年（2016）2月17日 91歳〔老衰〕 ㊙大正13年（1924）11月21日 ㊙岡山県倉敷市 ㊙九州大学文学部〔昭和26年〕卒、九州大学大学院 ㊙昭和27年九州大学副手、33年助手、36年武蔵野美術大学講師、37年助教授、39年学習院大学助教授を経て、42年教授。平成7年退職。卒論で取り組んで以来、レオナルド・ダ・ヴィンチを研究。57年「解剖手稿」出版にも携わる。58年手稿を中心にした実像解明に挑んだ「レオナルド・ダ・ヴィンチ」を出す。我が国のレオナルド・ダ・ヴィンチの第一人者。著作および論文に、「レオナルドとラファエルロ」「レオナルドの無学」など。また、翻訳に「レオナルド・ダ・ヴィンチ伝」（ヴァザーリ）などがある。 ㊙瑞宝

中綬章〔平成15年〕、ナンド・ド・トニー賞（イタリア）〔昭和52年〕、安倍能成学術賞（学習院大学）〔平成7年〕 ㊙イタリア学会、美術史学会

須田 健次郎 すだ・けんじろう 高校野球監督 ㊗平成27年（2015）12月3日 67歳〔間質性肺炎〕 ㊙大沼高 ㊙須田写真館を営む傍ら、母校の大沼高校野球部監督を34年間務め、平成26年には全国高校野球連盟育成功労賞を受けた。また、会津美里町選挙管理委員長も務めた。 ㊙全国高校野球連盟育成功労賞〔平成26年〕、総務大臣表彰〔平成27年〕

周田 幹雄 すだ・みきお 詩人 ㊗平成28年（2016）8月22日 83歳〔肺がん〕 ㊙昭和7年（1932）9月27日 ㊙愛知県名古屋市 ㊙早稲田大学第一法学部卒 ㊙同人詩誌「駆動」（飯島幸子発行）編集同人。詩集に「照準」「猫舌の猫」「老人施設日録」「愛する素振り」「視力表」「老境」「真逆のときに」などがあった。 ㊙日本詩人クラブ、日本現代詩人会、日本ペンクラブ、日本脚本家連盟、日本文芸家協会

須田 幸男 すだ・ゆきお 須田製版社長 ㊗平成29年（2017）10月10日 79歳〔特発性間質性肺炎〕 ㊙昭和13年（1938）4月14日 ㊙北海道札幌市 ㊙日本大学芸術学部卒 ㊙昭和36年須田製版に入社。平成4～16年社長を務めた。

須藤 永一郎 すどう・えいいちろう 吉野石膏社長 ㊗平成27年（2015）7月16日 81歳〔心不全〕 ㊙昭和9年（1934）2月17日 ㊙山形県 ㊙慶應義塾大学経済学部〔昭和31年〕卒 ㊙吉野石膏社長を務めた吉野恒雄の長男で、同社創業者である須藤永次の孫。昭和35年同社取締役、46年常務、56年専務、61年副社長を経て、63年社長。平成26年会長。2年石膏ボード工業会会長。 ㊙紺綬褒章〔昭和37年〕、旭日中綬章〔平成17年〕 ㊙長男=須藤永作（吉野石膏社長）、父=須藤恒雄（吉野石膏社長）、祖父=須藤永次（吉野石膏創業者）

須藤 孝 すとう・たかし 東邦銀行常務 ㊗平成29年（2017）6月22日 87歳〔急性腎不全〕 ㊙昭和4年（1929）11月4日 ㊙福島県 ㊙福島経済専〔昭和24年〕卒 ㊙昭和24年東邦銀行に入行。58年取締役を経て、62年常務。

須藤 博志 すとう・ひろし 彫刻家 ㊗平成27年（2015）7月28日 67歳〔肝臓がん〕 ㊙昭和22年（1947） ㊙高知県 ㊙昭和48年、54年新制作展新作家賞を受賞。57年新制作協会会員に推挙された。 ㊙新制作展新作家賞（第37回・43回）〔昭和48年・54年〕、調布市野外彫刻コンクール優秀賞〔平成4年〕、ダンテ国際彫刻ビエンナーレ特別賞〔平成15年〕 ㊙新制作協会

須藤 正彦 すどう・まさひこ 弁護士 最高裁判事 ㊗平成28年（2016）11月5日 73歳〔肺炎〕 ㊙昭和17年（1942）12月27日 ㊙栃木県足利市 ㊙中央大学法学部法律学科〔昭和41年〕卒 法学博士〔平成3年〕 ㊙昭和45年弁護士登録、須藤法律事務所を開設。のち、あすか協和法律事務所パートナー。東京弁護士会副会長、日本弁護士連合会綱紀委員会委員長、最高裁司法研修所教官、国際医療福祉大学評議員会議長などを歴任。1970年代にゴルフ会員権の譲渡や差し押さえの法的意味についての理論を構築。著書に「ゴルフ会員権・預託証書の法理論」がある。平成21年12月〜24

12月最高裁判事。在任中、消費者金融・武富士の経営者親族に対する課税の是非が問われた訴訟で裁判長を務め、約1330億円の追加課税を認めた二審判決を取り消した。22年参院選の“一票の格差”をめぐる訴訟では、“違憲状態”とした多数意見に対し、「何らの改革も実現していない」として“違憲”とする反対意見を述べた。23年5月の都立高校卒業式での教員に対する国歌の起立斉唱命令を巡る訴訟でも裁判長を務め、命令について初の合憲判断を示したが「命令前に、寛容な精神の下に可能な限りの工夫と慎重な配慮をすべき」との補足意見を付けた。 [賞]旭日大綬章〔平成26年〕 [団]東京弁護士会

す

須藤 若江 すどう・わかえ 歌人 「礁」編集発行人 [没]平成27年(2015)12月31日 90歳 [生]大正14年(1925)1月14日 [出]長野県松本市 [名]旧姓・名＝下条 [学]松本高女〔昭和16年〕卒 [歴]松本高等女学校時代より作歌し、昭和39年「コスモス」に入会。のち前田透に師事し、45年「詩歌」入会、編集同人となる。59年「かばん」所属。62年同人誌「礁」編集発行人。歌集に「青銅期」「水の塔」「歴遊」「忍冬文」などがある。 [賞]日本歌人クラブ賞(第15回)〔昭和63年〕「忍冬文」 [団]日本歌人クラブ, 現代歌人協会 [師]師＝前田透

砂川 逸郎 すながわ・はやお 日本毛織社長 [没]平成28年(2016)5月6日 93歳〔胆管炎〕 [生]大正11年(1922)12月23日 [出]兵庫県加古川市 [学]山口高商〔昭和18年〕卒 [歴]昭和22年日本毛織に入社。52年取締役東京支店長、54年常務、58年専務を経て、60年社長。平成3年会長、5年相談役に退いた。 [賞]勲三等瑞宝章〔平成6年〕

砂田 圭佑 すなだ・けいすけ 衆院議員(自民党) [没]平成27年(2015)9月6日 81歳〔心室細動〕 [生]昭和8年(1933)11月21日 [出]兵庫県神戸市中央区 [学]中央大学経済学部〔昭和32年〕卒 [歴]防衛庁長官などを務めた伯父・砂田重政自民党代議士の長男・砂田重民衆院議員の事務所兼政務秘書として、約30年間にわたって政治活動を支える。平成5年後継者として衆院選に立候補。8年の衆院選で兵庫1区から立候補し、比例代表で初当選。以来連続3選。郵政民営化が争点となった17年の衆院選で党の公認調整に従わず無所属で立候補して落選。高村派。財務・環境の両政務官を務めた。10年から2年間、自民党兵庫県連会長。 [賞]旭日重光章〔平成26年〕

簾内 敬司 すのうち・けいじ 作家 秋田書房創業者 [没]平成28年(2016)7月9日 65歳 [生]昭和26年(1951) [出]秋田県山本郡藤里村(藤里町) [学]能代高卒 [歴]高校卒業後、進学のため上京するが、2年後の昭和50年、秋田県二ツ井町で出版社・秋田書房を創業。「小作農民の証言」などを出版、63年まで続けた。また、1980年代後半から創作活動も行う。平成13年「菅江真澄 みちのく漂流」で日本エッセイスト・クラブ賞を受賞した。他の著書に「白鳥が飛んでいるのは我々の時代の空ではない」「千年の夜」「日本北緯40度」「涙ぐむ目で踊る」「獅子ケ森に降る雨」「千三忌」などがある。 [賞]日本エッセイスト・クラブ賞(第49回)〔平成13年〕「菅江真澄 みちのく漂流」

須磨 吉仲 すま・よしつぎ NTN社長 [没]平成28年(2016)6月10日 88歳〔脳梗塞〕 [生]昭和2年(1927)7月4日 [出]旧朝鮮 [学]山口経専〔昭和24年〕卒 [歴]昭和24年三和銀行(現・三菱東京UFJ銀行)に入り、42年久留米支店長、45年本店営業部次長、47年信濃橋支店長。48年同行調査役から東洋ベアリングに入社して取締役。51年常務、53年専務、57年副社長を経て、62年社長に就任。平成元年NTNと改称。7年会長。同社の国際化の推進役として海外プロジェクトの大半を手がけた。 [賞]勲三等旭日中綬章〔平成11年〕

角 勝人 すみ・かつひと 三重大学名誉教授 [専]体育学 [没]平成27年(2015)5月16日 92歳〔肺炎〕 [生]大正12年(1923)2月11日 [出]東京都 [学]東京高師体育科〔昭和19年〕卒 [歴]宇治山田高校、三重師範学校の教諭を経て、昭和46年三重大学教育学部教授。61年名誉教授。 [賞]勲三等旭日中綬章〔平成11年〕

住 正代 すみ・まさよ 歌人 海老名市短歌会会長 [没]平成27年(2015)10月19日 80歳〔くも膜下出血〕 [生]昭和10年(1935)1月2日 [出]岐阜県 [学]飛騨教員養成学校卒 [歴]「心の花」編集委員、神奈川県歌人会理事、海老名市短歌会会長などを務めた。歌集に「赤い蠟燭」「夢に殉う」がある。 [団]日本文芸家協会, 現代歌人協会

角 貢 すみ・みつぎ 大和紡績専務 [没]平成29年(2017)11月9日 91歳〔老衰〕 [生]大正15年(1926)7月18日 [出]島根県平田市(出雲市) [学]松江高〔昭和23年〕卒, 大阪大学工学部〔昭和25年〕卒 [歴]昭和25年大和紡績(現・ダイワボウホールディングス)に入社。55年取締役、57年常務を経て、59年専務。平成2年オーエム製作所専務に転じ、3年社長、8年会長を務めた。

鷲見 康夫 すみ・やすお 抽象画家 [没]平成27年(2015)10月12日 90歳〔肺炎〕 [生]大正14年(1925) [出]大阪府 [学]関西大学専門部経済科卒, 立命館大学経済学部卒 [歴]7歳で彦根に移住。大阪の市立高校・中校(社会科, 英語, 美術)教師の他、建設省建設大学校(建設美学)、大同工業大学(造形, 意匠)、宝塚造形芸術大学、名古屋芸術大学(現代美術)、関西大学(絵画)など、各大学の講師を務めた。昭和30年結成間もない前衛美術家集団・具体美術協会に参加、具体美術第1回展より第21回展まで全展連続出品。そろばんや番傘、くし、電気マッサージ機などを絵筆として使った大胆な抽象画で知られる。63年には米国ニューヨークで個展を開催するなど、国内外で活動した。著書に「やけくそ・ふまじめ・ちゃらんぽらん」がある。 [賞]伊丹市市民文化賞〔平成12年〕

住 祐治 すみ・ゆうじ 小坂町(岐阜県)町長 [没]平成29年(2017)6月19日 88歳〔肺炎〕 [生]昭和4年(1929)3月25日 [出]岐阜県岐阜市 [学]岐阜薬専(現・岐阜薬科大学)〔昭和23年〕卒 [歴]昭和23年住友化学工学工業に入社。28年益田高校理科教諭。34年小坂町社会教育委員、48年益田高教頭。50年家業の薬局を継ぐ。同年小

坂町議となり、51年町長に当選。平成8年まで5期務めた。　[賞]勲四等瑞宝章〔平成11年〕

住田 正二　すみた・しょうじ　JR東日本社長　運輸事務次官　[没]平成29年(2017)12月20日　95歳〔老衰〕　[生]大正11年(1922)5月26日　[出]兵庫県神戸市　[学]東京帝国大学法学部政治学科〔昭和21年〕卒, 東京帝国大学大学院〔昭和22年〕修了　法学博士〔昭和35年〕　[歴]昭和22年運輸省(現・国土交通省)入省。「船員法の研究」などを著し、「船積み荷物の受渡に関する研究」で学位を受ける。45年航空局管理部長、47年鉄道監督局国有鉄道部長、49年官房長、50年鉄道監督局長。53年事務次官となるが、森山欽司運輸相と対立して54年退官し、運輸経済研究センター理事長。56年第2次臨時行政調査会(臨調)専門委員。社長候補として全日空に入社するが、若狭得治会長と意見が合わず退社。58年国鉄再建管理委員会に加わり、経営が行き詰っていた国鉄の改革に尽力、分割民営化の中心的役割を果たす。61年運輸経済研究センター会長を経て、62年に発足したJR東日本の初代社長に就任。民間企業としての経営基盤を固めて株式上場に道筋をつけ、平成5年会長となり、同年10月同社は東証一部上場を果たす。8年取締役最高顧問、12年相談役。著書に「お役人の無駄使い」など。　[賞]交通文化賞(第29回)〔昭和57年〕, 経営者賞(第36回)〔平成5年〕　[家]父＝住田正一(呉造船所社長), 兄＝住田俊一(運輸省船員局長)

住田 勝　すみだ・まさる　住吉屋社長　[没]平成27年(2015)2月12日　94歳〔老衰〕　[生]大正9年(1920)7月7日　[出]広島県広島市南区　[学]大手町商〔昭和11年〕卒　[歴]昭和28年住吉屋を設立して社長に就任。平成元年会長。新天地地区市街地再開発組合理事長も務めた。[家]長男＝住田悦範(住吉屋会長)

角竹 弘　すみたけ・ひろし　郷土史家　岐阜県歴史資料館館長　[専]岐阜県　[没]平成29年(2017)3月23日　87歳〔肺炎〕　[生]昭和4年(1929)4月16日　[出]岐阜県高山市　[学]岐阜大学学芸学部〔昭和26年〕卒　[歴]昭和55年山田小学校、60年藍川中学校の各校長を務めた。また、岐阜県内の郷土史研究に力を注ぎ、58年から2年間、岐阜県歴史資料館館長を務めた。　[賞]読売教育賞

住友 俊一　すみとも・としかず　阿波銀行頭取　[没]平成29年(2017)5月16日　86歳〔肺炎〕　[生]昭和5年(1930)8月21日　[出]徳島県美馬郡穴吹町(美馬市)　[学]香川大学経済学部〔昭和28年〕卒　[歴]昭和28年阿波商業銀行(現・阿波銀行)に入行。大阪支店長などを経て、49年取締役、52年常務、56年専務、61年頭取、平成8年会長、14〜24年相談役。東京・蒲田など徳島県外4ケ所に店舗を開設し、大企業主体であった県外取引で中小企業を積極的に開拓。また、情報化に対応した事務処理拠点として鴨島センターを開設、事務の効率化を図り、貸出金残高を1兆円に乗せた。7年より徳島経済研究所理事長も務めた。　[賞]藍綬褒章〔平成7年〕, 勲四等旭日小綬章〔平成13年〕

住野 和子　すみの・かずこ　神戸クロスカルチュラルセンタープログラムディレクター　[没]平成29年(2017)12月19日　86歳〔不整脈〕　[生]昭和6年(1931)　[出]大阪府大阪市　[学]京都大学文学部〔昭和29年〕卒　[歴]昭和29年NHKに初の女性プロデューサーとして入社。結婚を機に退社し、商社勤務の夫とともに、35年オーストラリア・メルボルンに赴く。45年帰国。55年神戸YMCAクロスカルチュラルセンター(現・神戸クロスカルチュラルセンター)設立に参加。58年留学生ホストファミリープログラム委員会を旗揚げ、事務局長に。神戸YMCAを事務局に、異文化理解を目指し、ホストファミリーの家庭を訪ねて交流するホームビジットや、イベントなど留学生との交流事業を展開。長年アジアや途上国からの留学生支援にも尽力。同種の交流事業では全国最大規模の組織となった。　[賞]兵庫県功労者賞〔平成11年〕

諏訪 正人　すわ・まさと　毎日新聞東京本社特別顧問　[没]平成27年(2015)2月8日　84歳〔病気〕　[生]昭和5年(1930)6月18日　[出]東京都　[学]東京大学文学部〔昭和28年〕卒　[歴]昭和28年毎日新聞社に入社。学芸部、政治部、外信部などを経て、ジュネーブ・パリ各支局長、学芸部長、53年論説委員、60年役員待遇、62年論説室顧問、平成5年役員待遇論説室顧問、12年特別顧問。この間、昭和54年4月〜平成14年6月朝刊のコラム「余録」を担当、2年日本記者クラブ賞を受けた。また、諏訪正の筆名でジャン・ジロドゥやジャン・コクトーの戯曲を翻訳、28年に設立された劇団四季草創期から上演にも関わった。著書に「諏訪正人の『余録』」、諏訪正名義の「ジュヴェの肖像」などがある。　[賞]日本記者クラブ賞〔平成2年〕

【せ】

清 俊彦　せい・としひこ　プロ野球選手　[没]平成29年(2017)11月15日　72歳〔肺炎〕　[生]昭和20年(1945)9月3日　[出]宮崎県児湯郡新富町　[学]高鍋高卒　[歴]7歳上の兄の指導で野球を始める。高鍋高に進学した昭和36年、夏の甲子園に控え投手として出場。37年エースとしてセンバツに出場するが、1回戦で敗れた。39年西鉄(現・西武)に入団、6月の対東映(現・日本ハム)戦で無四球完封の初勝利を飾る。41年6月対近鉄(現・オリックス)戦でプロ野球44度目となるノーヒットノーラン(完全試合含む)を達成。43年近鉄に移籍、44年18勝を挙げて勝率1位、48年は19勝を挙げ最多勝を逃したものの最優秀防御率(2.36)のタイトルを獲得した。51年阪神に移るが同年引退。実働13年、475試合出場、100勝106敗2S、59完投、17完封、1064奪三振、防御率3.14。オールスター出場2回で、初出場の44年には司会の佐々木信也から「日本で一番フォームがきれいな投手」と紹介された。

清野 三郎　せいの・さぶろう　コスモ石油取締役　[没]平成28年(2016)7月31日　85歳〔心不全〕　[生]昭和6年(1931)4月22日　[出]旧満州大連　[学]明治大学政経学部〔昭和31年〕卒　[歴]昭和33年丸善石油に入社。58年直売部長、60年中部支店長を経て、61年コスモ石油(現・

コスモエネルギーホールディングス）関東支店長、62年取締役。

清宮 剛　せいみや・つよし　山形県立米沢女子短期大学名誉教授　[専]中国文学　[没]平成28年（2016）1月13日　69歳〔心不全〕　[生]昭和21年（1946）12月31日　[出]茨城県水戸市　[学]東北大学大学院中国哲学専攻修士課程修了　[歴]山形女子短期大学助教授を経て、山形県立米沢女子短期大学教授。平成18年から山形新聞連載「ことばの杜へ」の筆者を務めた。　[団]日本中国学会，東北中国学会，東方学会，道教学会

瀬川 昌治　せがわ・まさはる　映画監督　ISMいずみプロダクション代表　[没]平成28年（2016）6月20日　90歳〔老衰〕　[生]大正14年（1925）10月26日　[出]東京市神田区神保町（東京都千代田区）　[名]芸名＝川瀬治　[学]東京大学文学部英文科〔昭和24年〕卒　[歴]東京大学では野球部のレギュラー外野手として活躍。昭和24年新東宝の製作部に入社。25年助監督部に移り、阿部豊監督「細雪」、松林宗恵監督「人間魚雷回天」などにつく。32年退社し、一時フリーの脚本家となる。34年契約助監督として東映入り。35年監督として契約し、「ぽんこつ」でデビュー。42年渥美清が人情味あふれる車掌を演じた「喜劇・急行列車」がヒット。43年松竹に移籍。以後、〈列車〉シリーズ、フランキー堺主演の〈旅行〉シリーズなど喜劇映画を多数手がけ、安定した興行成績を上げた。テレビ映画では「ザ・ガードマン」、山口百恵の〈赤い〉シリーズ、「夜明けの刑事」「スチュワーデス物語」などを演出。55年からフリー。他に映画「Mr.レディー・夜明けのシンデレラ」、ドラマ「HOTEL」など。平成5年舞台「花村豊子座シリーズ・紅弁天舞台上海へ行く」を演出。17年子どもシネマスクールで作られた映画「講談少年パパンパン」に監督として参加。18年自伝エッセイ「乾杯！　ごきげん映画人生」を清流出版社より出版。22年「紅弁天舞台上海へ行く」再演で脚本・演出を手がける。若手俳優を育成する瀬川塾を主宰した。　[賞]シナリオ功労賞（第19回）〔平成7年〕　[家]兄＝瀬川昌久（ジャズ評論家）

関 章　せき・あきら　日本紙パルプ商事社長　[没]平成27年（2015）2月15日　92歳〔膀胱がん〕　[生]大正12年（1923）1月3日　[出]栃木県　[学]中央大学専門部〔昭和18年〕卒　[歴]昭和24年中井商店（38年中井と改称）に入社。経理部長を経て、43年取締役、45年富士洋紙店と合併して日本紙パルプと改称、取締役に就任し財務、業務各部長を兼務。48年常務、52年専務、56年副社長から、58年社長に就任。平成4年会長。太平洋戦争中は陸軍中尉として戦闘機「隼」を操縦、九死に一生を得た。　[賞]藍綬褒章〔平成1年〕，勲三等旭日中綬章〔平成7年〕

関 綾二郎　せき・あやじろう　小金井市長　[没]平成28年（2016）5月29日　105歳〔老衰〕　[生]明治44年（1911）2月4日　[学]日本大学商経学部卒　[歴]昭和36〜42年小金井市助役を経て、42〜46年市長を務めた。

関 新一　せき・しんいち　大和町（新潟県）町長　[没]平成28年（2016）4月20日　89歳　[生]大正15年（1926）5月8日　[出]新潟県南魚沼郡大和町（南魚沼市）　[学]六日町中卒　[歴]昭和21年合併前の新潟県浦佐村役場に勤務。総務課長の後、47年から助役を3期務める。59年大和町長に当選した。　[賞]勲五等双光旭日章〔平成9年〕

関 寅雄　せき・とらお　東北工業大学名誉教授　[専]固体電子工学，電子通信工学　[没]平成28年（2016）2月21日　89歳〔肺炎〕　[生]大正15年（1926）3月27日　[出]宮城県仙台市　[学]東北大学工学部通信工学科〔昭和27年〕卒，東北大学大学院工学系研究科通信工学専攻特別研究生〔昭和30年〕修了　工学博士（東北大学）〔昭和37年〕　[歴]昭和30年東北大学電気通信研究所助手、36年助教授を経て、42年東北工業大学工学部教授。　[賞]瑞宝中綬章〔平成16年〕　[団]電子情報通信学会，テレビジョン学会，応用物理学会

関 英夫　せき・ひでお　労働事務次官　[没]平成28年（2016）11月14日　89歳〔虚血性心不全〕　[生]昭和2年（1927）8月22日　[出]群馬県前橋市　[学]松本高卒，東京大学法学部〔昭和26年〕卒，東京大学大学院法学研究科修了　[歴]昭和28年労働省（現・厚生労働省）に入省。50年官房総務課長、51年官房審議官、53年官房長、54年職業安定局長、57年労政局長を経て、58年労働事務次官。60年雇用促進事業団理事長。　[賞]勲二等旭日重光章〔平成12年〕

関 平和　せき・ひらかず　金沢大学理工研究域環境デザイン学系教授　[専]環境解析学　[没]平成28年（2016）9月21日　64歳〔膵臓がん〕　[生]昭和27年（1952）3月17日　[出]長野県　[学]金沢大学工学部化学工学科卒，金沢大学大学院工学研究科化学工学専攻修士課程修了　農学博士　[歴]金沢大学助教授を経て、教授。著書に「環境解析ノート」がある。

関 広一　せき・ひろかず　小千谷市長　[没]平成27年（2015）1月18日　79歳　[生]昭和10年（1935）8月9日　[出]新潟県小千谷市　[学]六日町高〔昭和29年〕卒　[歴]小千谷市職員労働組合書記長を経て、昭和47年新潟県労働金庫監事。のち小千谷市会議長を務める。平成10年市長に当選、2期。18年引退。　[賞]旭日中綬章〔平成20年〕

関 宗長　せき・むねなが　茨城県議（自民党）　[没]平成27年（2015）10月1日　88歳　[生]大正15年（1926）12月7日　[出]茨城県那珂市　[学]太田中卒，高等商船〔昭和22年〕中退　[歴]茨城県林業協会会長を経て、昭和34年より茨城県議に13選。47年議長。平成22年引退。茨城県弓道連盟会長などを歴任。　[賞]旭日中綬章〔平成26年〕

関岡 康雄　せきおか・やすお　陸上指導者　日本学生陸上競技連合会会長　筑波大学名誉教授　[専]スポーツ方法学，陸上競技コーチ論　[没]平成28年（2016）9月12日　81歳〔急性白血病〕　[生]昭和10年（1935）6月25日　[出]福岡県　[学]東京教育大学（現・筑波大学）体育学部体育学科〔昭和33年〕卒　[歴]東京教育大学（現・筑波大学）在学中は三段跳びの選手として活躍したほか、各大会の運営にも携わる。卒業後は体育教諭となり、慶応志木高校、東京教育大学附属中学・高校で指導。昭和39年東京教育大学陸上競技部監督となり、のち部長を務める。同大教授も務め、平成11年名誉教授。のち仙台大学教授、九州共立大学特任教授を歴任。傍ら、日本学生陸上競技連合（日本学連）では、強化委員長、専務理事、代表理事副会長を経て、26年会長に就任。全日本大学駅伝や出雲全日本大学選抜駅伝など多くの大会を立ち上げ、学生陸上の指導と発展に尽力した。

せ

日本陸上競技連盟強化本部技術・研究部長も務めた。著書に「三段跳」「陸上運動の方法」「陸上競技入門」「コーチと教師のためのスポーツ論」「混成競技」(共著)などがある。㊥瑞宝中綬章〔平成27年〕 ㊦日本体育学会、日本体力医学会

関口 功 せきぐち・いさお 明治大学文学部文学科教授 ㊗アメリカ黒人文学、20世紀アメリカ小説 ㊣平成28年(2016)4月8日 89歳〔肺がん〕 ㊤昭和2年(1927)3月21日 ㊥東京都 ㊦明治大学専門部文科文芸科卒、早稲田大学第二文学部英文科卒 ㊥明治大学文学部助教授を経て、昭和43年教授。この間、文学科長、英米文学専攻主任、大学院教務主任、大学院文学研究科委員長を歴任。42年明治大学在外研究員として約1年間、米国テネシー州のフィクス大学においてアメリカ黒人文学のリサーチを行った。著書に「アメリカ黒人文学とその周辺-関口功教授退任記念論文集」「アメリカ黒人の文学」などがある。

関口 久作 せきぐち・きゅうさく クビド・フェア理事長 ㊣平成28年(2016)1月9日 99歳〔老衰〕 ㊤大正5年(1916) ㊥北海道苫前郡初山別村 ㊦法政大学高等師範部〔昭和18年〕卒、北海道大学法文学部法律学科〔昭和25年〕卒 ㊥旭川高女教諭などを経て、大学に再入学。昭和25年北海道庁に入庁。39年胆振支庁長、42年民生部長などを歴任し、46年退職。同年北海道青少年会館館長。56年身体障害者入所施設の岩見沢緑成園理事長に就任。平成8年施設名をクビド・フェアに改称。巨額の負債を抱えていた同園を再建し、道内最大の身障者・高齢者の複合施設を作り上げた。㊥北海道新聞文化賞(社会部門、第52回)〔平成10年〕

関口 慎太郎 せきぐち・しんたろう 石原産業副社長 ㊣平成28年(2016)6月7日 87歳〔肺がん〕 ㊤昭和3年(1928)9月2日 ㊥東京都大田区 ㊦慶応義塾大学経済学部〔昭和25年〕卒 ㊥昭和26年石原産業に入社。営業畑を歩き、54年取締役、61年常務、平成元年専務を経て、10年副社長。

関口 末夫 せきぐち・すえお 成蹊大学名誉教授 ㊗国際経済学、経済発展論 ㊣平成29年(2017)7月25日 81歳〔敗血症〕 ㊤昭和11年(1936)1月5日 ㊥長野県諏訪市 ㊦横浜国立大学経済学部〔昭和34年〕卒 ㊥北海道拓殖銀行を経て、昭和39年日本経済研究センターに出向、43年研究員を経て、47年大阪大学社会経済研究所助教授。49年日本経済研究センター主任研究員ののち、56年大阪大学社会経済研究所教授、61年成蹊大学経済学部教授。平成3~8年同大学アジア太平洋研究センター所長を兼務。のち東京経済大学教授。著書に「海外投資の新展開」「直接投資と技術移転の経済学」「入門 国際経済政策の理論と実際」、共著に「経済発展のメカニズム」「日本の直接投資」などがある。㊥日経・経済図書文化賞(第15回)〔昭和47年〕「経済発展のメカニズム」、大平正芳記念賞(第2回)〔昭和61年〕「環太平洋圏と日本の直接投資」 ㊦日本経済学会

関口 鉄夫 せきぐち・てつお 長野県廃棄物問題研究会会長 ㊗環境科学 ㊣平成28年(2016)8月31日 66歳〔多発性骨髄腫〕 ㊤昭和25年(1950) ㊥長野県飯山市 ㊦信州大学教育学部地学科卒 ㊥平成7年長野県廃棄物問題研究会の発足に際して事務局長を務め、調査研究委員長、会長を歴任。廃棄物処理施設を巡る環境汚染や健康被害の調査を続けながら、全国各地の住民運動や裁判を支援。18年の研究会解散後も各地の住民学習会などに招かれて講演を行い、住民らと問題解決の糸口を探った。23年の東日本大震災後は福島県南相馬市などで福島第一原発事故の影響を調査した。長野県、沖縄県平良市、東京都町田市、徳島県美馬市などで公的な委員会の委員も歴任した。著書に「ゴミは田舎へ?」などがある。㊥若月賞(第8回)〔平成11年〕「長野県下の産業廃棄物問題で行政の対応のあり方に厳しい提言を行い、住民と一緒になって問題解決に努力しながら全国ネットワークを組織し、地域住民の健康を守る運動を展開している」 ㊦環境社会学会、環境経済・政策学会

関口 松太郎 せきぐち・まつたろう 中日新聞取締役テレビ愛知副会長 ㊣平成29年(2017)3月16日 94歳〔老衰〕 ㊤大正11年(1922)12月5日 ㊥北海道旭川市 ㊦名古屋経専〔昭和22年〕卒 ㊥昭和23年中日新聞社に入社。48年社長室長、51年広告局長、52年取締役を経て、57年参与。また、同系テレビ愛知専務、平成3年副会長、5年顧問を歴任。クラブ東海事務局長も務めた。

関根 永吉 せきね・えいきち 埼玉県議(公明党) ㊣平成27年(2015)4月18日 82歳〔肺炎〕 ㊤昭和8年(1933)3月30日 ㊥埼玉県川越市 ㊦高小卒 ㊥川越市議2期を経て、昭和50年以来埼玉県議に5選。平成7年引退。㊥藍綬褒章、勲四等旭日小綬章〔平成15年〕

関根 和男 せきね・かずお 福島県議(公明党) ㊣平成28年(2016)6月19日 87歳〔肺炎〕 ㊤昭和4年(1929)1月30日 ㊥福島県岩瀬郡岩瀬村(須賀川市) ㊦中央大学法学部〔昭和25年〕卒 ㊥高校教師を経て、昭和50年以来郡山市議に3選。62年福島県議に当選。2期務め、平成7年引退。公明党福島県本部長、みちのく商事社長なども務めた。

関根 茂 せきね・しげる 棋士 将棋9段 日本将棋連盟理事 ㊣平成29年(2017)2月22日 87歳〔老衰〕 ㊤昭和4年(1929)11月5日 ㊥東京都葛飾区 ㊦東洋商〔昭和18年〕卒 ㊥農林技官から転身して、昭和26年1級で棋界入りし、山川次彦8段に入門。27年初段、28年4段、31年5段、32年6段、39年7段、43年8段を経て、59年9段。この間、名人挑戦権を争うA級順位戦に3期在籍。39年には第4期将棋聖戦で大山康晴名人に挑戦。平成14年引退。日本将棋連盟理事も務めた。著書に「よくわかる矢倉戦法」などがある。㊥高松宮賞(第1回)〔昭和33年〕、現役勤続25年表彰〔昭和53年〕、将棋栄誉賞〔平成1年〕「通算600勝達成」、現役勤続40年表彰〔平成5年〕、将棋大賞東京将棋記者会賞(第27回、平成11年度) ㊦妻=関根紀代子(将棋士) ㊦師=山川次彦

関根 祥雪 せきね・しょうせつ 能楽師(観世流シテ方) ㊣平成29年(2017)2月22日 86歳〔脳出血〕 ㊤昭和5年(1930)10月28日 ㊥埼玉県 ㊧本名=関根祥六(せきね・しょうろく) ㊥埼玉県越谷市の地主で観世流の家系に11人兄妹の末っ子(六男)として生まれ、最初は兄の直孝に師事。昭和26年観世流宗家観世左近に内弟子として入門。31年独立。

型が美しく格調高い芸風で、「卒都婆小町」「隅田川」などを得意とした。47年日本能楽会入会、重要無形文化財保持者に総合認定される。50年より能楽協会理事を3期、国立能楽堂能楽研修主任講師も務めた。平成21年長男・祥人、孫・祥丸とともに3代で名作「石橋」で共演した。この間、13年度に日本芸術院賞、22年に旭日小綬章を受けている。28年、観世流から功績の顕著な能楽師のみ許させれる「雪号」を授与され、祥雪を名のった。　[賞]日本芸術院賞（第58回, 平成13年度）〔平成14年〕, 紫綬褒章〔平成8年〕, 旭日小綬章〔平成22年〕, 芸術祭賞奨励賞〔昭和42年〕, 芸術祭賞優秀賞〔昭和52年・56年〕　[団]能楽協会, 日本能楽会　[家]父＝関根隆助（観世流謡方）, 兄＝関根直孝（観世流シテ方）, 長男＝関根祥人（観世流シテ方）, 孫＝関根祥丸（観世流シテ方）　[師]師＝観世左近

関根 日出男　せきね・ひでお　チェコ文化研究家　翻訳家　医師　関根耳鼻科医院長　[専]チェコ文化　[没]平成29年（2017）1月18日　88歳　[生]昭和4年（1929）　[出]長野県大町市　[学]松本中卒, 松本医専（現・信州大学医学部）卒　[歴]松本医学専門学校を卒業後、北海道大学病院へ。一方、昭和34年からチェコ文化、特に音楽を研究。37年からはチェコ語を習い始め、45年にチェコの小説家ミラン・クンデラの「冗談」を翻訳・出版。平成21年チェコ文化大臣より“チェコ芸術の友”を贈られた。大の音楽好きで東欧系作曲家のレコード解説なども手がけた。訳書にカレル・V.ブリアン「ドヴォルジャークの生涯」、ヤン・ヴェーニグ「プラハ音楽散歩」、ルドルフ・チェスノフリーデク「利口な女狐の物語」などがある。　[賞]チェコ芸術の友〔平成21年〕

関場 香　せきば・かおる　岡山大学名誉教授　[専]産婦人科学　[没]平成29年（2017）1月10日　90歳　[生]大正15年（1926）8月15日　[出]徳島県阿南市　[名]旧姓・名＝天羽生香（あもう・かおる）　[学]岡山医科大学医学部〔昭和25年〕卒　医学博士　[歴]昭和28年岡山大学医学部附属病院助手、33年米国テキサス大学に留学、35年岡山大医学部附属病院講師、48年同大教授。平成4～16年鳥取市立病院長。子宮がんの早期発見などに尽くした。　[賞]瑞宝中綬章〔平成19年〕, 三木記念賞〔平成3年〕, 松岡良明賞〔平成8年〕　[団]日本産科婦人科学会, 日本癌治療学会, 日本超音波医学会

関水 和武　せきみず・かずたけ　ラサ工業社長　[没]平成27年（2015）9月12日　93歳〔動脈瘤破裂〕　[生]大正10年（1921）12月21日　[出]神奈川県　[学]東北帝国大学法文学部〔昭和22年〕卒　[歴]昭和22年日本興業銀行に入行。46年営業第一部長を経て、48年常和興産顧問、同年常務。53年ラサ工業副社長、54年社長に就任。4期8年務め、合理化を断行、体質改善にメドが立ったことから、62年会長に退いた。平成5年相談役。　[家]長男＝関水和久（東京大学大学院薬学系研究科教授）

関本 善則　せきもと・よしのり　岩手大学名誉教授　[専]安全工学, 資源工学　[没]平成29年（2017）10月18日　85歳〔肝細胞がん〕　[生]昭和7年（1932）10月6日　[出]岩手県盛岡市　[学]岩手大学工学部鉱山工学科卒, 北海道大学大学院工学研究科鉱山学専攻博士課程修了　工学博士　[歴]昭和37年岩手大学工学部助手、38年講師、40年助教授、57年教授、平成8年工学部長。10年退官し、名誉教授。安全工学の権威として知られる。放送大学岩手学習センター所長、岩手県の公害対策審議会委員も務めた。　[賞]瑞宝中綬章〔平成23年〕, 安全工学論文賞（第12回）〔平成1年〕

関屋 喜代作　せきや・きよさく　棋士　将棋8段　日本将棋連盟常務理事　[没]平成27年（2015）12月5日　81歳〔心不全〕　[生]昭和8年（1933）12月15日　[出]千葉県茂原市　[歴]昭和25年5級で土居市太郎名誉名人に入門。28年初段、30年4段、40年5段を経て、48年6段。33年古豪新鋭戦で優勝。日本将棋連盟常務理事を務めた。平成6年引退して7段、23年8段に昇った。　[師]師＝土居市太郎

関谷 定夫　せきや・さだお　牧師　西南学院大学名誉教授　[専]旧約聖書学, 聖書考古学　[没]平成29年（2017）6月11日　91歳〔嚥下性肺炎〕　[生]大正14年（1925）12月26日　[出]東京都　[学]福岡高〔昭和20年〕卒, 熊本医科大学〔昭和24年〕卒, 西南学院大学神学専攻〔昭和27年〕卒　[歴]昭和43～44年イスラエルのヘブライ大学へ留学。44年西南学院大学教授、45年神学部長（53年再任）。45年～平成7年日本基督教学会理事、昭和58年～平成7年西日本宗教学会理事。著書に「図説旧約聖書の考古学」「図説新約聖書の考古学」「考古学でたどる旧約聖書の世界」「竹久夢二―精神の遍歴」「聖都エルサレム」などがある。　[団]日本基督教学会, 西日本宗教学会, 日本イスラエル文化研究会

関谷 透　せきや・とおる　医師　初台関谷クリニック院長　初台メンタルケア研究所所長　東京精神神経科診療所協会会長　[専]精神医学　[没]平成28年（2016）8月8日　85歳〔心不全〕　[生]昭和6年（1931）7月19日　[出]旧満州奉天　[学]北海道大学医学部〔昭和32年〕卒, 北海道大学大学院博士課程修了　医学博士〔昭和36年〕　[歴]昭和22年日本へ引き揚げ、秋田を経て北海道岩見沢へ。大学院修了後、37年東京大学医学部精神医学教室に入局。のち東京・初台に関谷内科神経科クリニックを開業。東京精神神経科診療所協会会長、東京都医師会精神保健検討委員会委員長などを歴任。うつ病・心身症などサラリーマンのストレス病に関する草分け的な存在で、テレビや新聞、雑誌などで活躍した。著書に「帰宅拒否」「『中年の危機』に克つ人負ける人」「うつ病」「父親受難」「『うつ』かなと思ったら読む本」「『うつ』の考え方、治し方が新しくなった！」「自律神経失調症の治し方」「月曜日の頭痛を治す本」「積極的休養のすすめ」などがある。　[賞]東京都学校保健功労者賞〔平成11年〕, 社会文化功労賞〔平成12年〕, 東京都医師会会長賞〔平成13年〕, 日本医師会会長賞〔平成13年〕　[資]精神保健指定医　[団]日本精神神経学会, 日本精神神経科診療所協会

瀬古 茂男　せこ・しげお　明電舎社長　[没]平成27年（2015）6月13日　80歳〔心不全〕　[生]昭和10年（1935）4月10日　[出]東京都　[学]早稲田大学理工学部〔昭和34年〕卒　[歴]昭和34年明電舎に入社。63年取締役、平成3年常務、7年専務を経て、10年社長。14年会長、18年取締役相談役、同年相談役に退いた。

世古 昭次　せこ・てるつぐ　尾鷲わっぱ職人　ぬし熊3代目　[没]平成28年（2016）1月21日　89歳　[歴]昭和30年祖父が創業した、江戸時代から伝わる尾鷲地方の伝

統工芸品・尾鷲わっぱの製作・販売を手がける"ぬし熊"の3代目となり、父に師事。46年に脳出血の患うが後遺症を克服。52年尾鷲市から無形文化財保持者の指定を受ける。平成5年長男が4代目を継承した。 [賞]伝統的工芸品産業功労者褒賞〔平成3年〕 [資]尾鷲市無形文化財保持者〔昭和52年〕 [家]長男＝世古効史(尾鷲わっぱ職人)

瀬戸 孝太郎 せと・こうたろう 毎日広告社社長 [没]平成28年(2016)3月19日 72歳〔肺炎〕

勢戸 利春 せと・としはる 長崎県議 [没]平成27年(2015)11月24日 84歳〔老衰〕 [生]昭和6年(1931)4月13日 [出]長崎県大村市 [学]大村高卒 [歴]大村市議4期、市議会議長を経て、昭和62年から長崎県議に2選。平成6年大村市長選に立候補。大村市北部に伝わる"大村の郡三踊(寿古踊・沖田踊・黒丸踊)"の振興などに貢献した。竹松タクシー会長も務めた。 [賞]勲四等旭日小綬章〔平成13年〕

瀬戸口 勉 せとぐち・つとむ 調教師 騎手 [没]平成29年(2017)11月9日 81歳〔急性白血病〕 [生]昭和11年(1936)11月3日 [出]鹿児島県鹿屋市 [学]鹿屋農畜産科卒 [歴]両親が繁殖用の馬を飼っていたため、競走馬も身近な存在で、鹿屋農業高校を卒業後、騎手を目指す。昭和30年騎手見習いとなり、34年中央競馬会(JRA)で騎手デビュー。38年ミスマサコで桜花賞優勝。14年間で通算2534戦329勝(重賞7勝)を挙げた。48年4回目の挑戦で調教師免許を取得し、50年厩舎を開業。63年岐阜・笠松の地方競馬から中央競馬へ転じてきたオグリキャップを引き受けると次々に勝利を重ね、その年の有馬記念でG1初制覇。平成元年マイルチャンピオンシップ、2年安田記念を制し、同年末の有馬記念優勝を最後にオグリキャップは引退。年度代表馬など数々の栄光へと導き、オグリキャップは"国民的名馬"となった。その後も、15年ネオユニヴァースで日本ダービー初制覇。18年メイショウサムソンで皐月賞と日本ダービーのクラシック2冠を制した。19年2月定年のため調教師を引退。調教師として重賞51賞、うちG1は13賞で、864勝を挙げた。 [賞]調教師技術賞〔昭和53年〕，優秀調教師賞〔平成14年・15年・16年・17年〕，最多勝利調教師賞〔平成17年〕，JRA賞(最多勝利調教師)〔平成17年〕

瀬戸口 久子 せとぐち・ひさこ 随筆家 [没]平成28年(2016)3月10日 92歳 [名]本名＝瀬戸口寿子(せとぐち・ひさこ) [歴]1960年代後半、医師の夫とともに綾羅木郷遺跡の発掘作業に携わる人たちへの支援に取り組んだのがきっかけで、文化関係者と幅広く交流するようになる。「午後」同人となり、昭和45年随想集「紙人形」を出版。その後も郷土の文化財を守る会、詩を朗読する会・峡など多くの文化団体に参加した。また、旧満州国皇帝である愛新覚羅溥儀の弟、溥傑夫妻とも深い交流があり、自宅近くの中山神社境内には愛新覚羅社が祭られている。平成7年兵庫県西宮市に住む溥傑夫妻の二女の福永嫮生が阪神・淡路大震災で被災すると、溥傑夫妻にまつわる大量の資料を寄託され、自宅2階を"久庵"として資料保存に努めた。

瀬戸口 良一 せとぐち・りょういち 陸上指導者 鹿児島陸上競技協会副理事長 [没]平成29年(2017)6月17日 65歳〔肺がん〕 [出]鹿児島県日置市 [学]出水工卒，順天堂大学卒 [歴]出水工、順天堂大卒業後、高校教諭となる。陸上短距離選手・監督として国体に30回出場。長く鹿児島陸上競技協会強化部長を務め、後進の育成や鹿児島県下一周駅伝の振興に尽力した。 [賞]南日本スポーツ賞特別賞〔平成17年〕

瀬能 礼子 せのう・れいこ 女優 声優 [没]平成29年(2017)8月8日 84歳 [生]昭和8年(1933)7月1日 [出]東京都 [名]本名＝玉置礼子(たまき・れいこ) [学]頌栄女学園 [歴]学生時代から劇団に所属し、舞台の他、ラジオの声優、テレビドラマの娘役、天気予報などで活躍。昭和31年TBS系の「東芝日曜劇場」のナマCMに起用され、女性CMタレント第一号に。劇団テアトル・エコーの舞台で活躍した他、アニメ「スプーンおばさん」では主人公の声を演じた。

妹尾 俊之 せのお・としゆき
⇒西 秋生(にし・あきお)を見よ

妹尾 淑郎 せのお・よしお 医師 愛知県医師会会長 全国医師国民健康保険組合連合会会長 [専]耳鼻咽喉科 [没]平成29年(2017)6月18日 80歳〔肺炎〕 [出]愛知県名古屋市 [学]名古屋市立大学 [歴]昭和42年名古屋市千種区に耳鼻咽喉科医院を開業。名古屋市医師会会長、愛知県医師会副会長などを経て、平成18年から愛知県医師会会長。全国医師国民健康保険組合連合会会長などを歴任。

妹尾 隆一郎 せのお・りゅういちろう ハーモニカ奏者 [没]平成29年(2017)12月17日 68歳〔胃がん〕 [生]昭和24年(1949)6月17日 [出]大阪府大阪市 [名]グループ名＝ウィーピング・ハープ・セノオ&ヒズ・ローラーコースター [歴]ブルースハーモニカの名手として知られ、昭和47年B.B.キングの来日公演に前座で出演。49年ブルースバンド、ウィーピング・ハープ・セノオ&ヒズ・ローラーコースターを結成。51年ファーストアルバム「メッシン・アラウンド」をリリース。1970年代からライブを中心に活動し、サザンオールスターズ、憂歌団、上田正樹、近藤房之助、PUFFYらのレコーディングやステージに参加した。

瀬原 義生 せはら・よしお 立命館大学名誉教授 [専]西洋中世史 [没]平成28年(2016)9月25日 88歳〔病気〕 [生]昭和2年(1927)12月1日 [出]鳥取県米子市 [学]京都大学文学部〔昭和26年〕卒，京都大学大学院西洋史学専攻修了 文学博士(京都大学)〔平成2年〕 [歴]昭和52年立命館大学文学部長、58年学生部長。平成5年退職。のち京都橘女子大学教授。著書に「現代史入門」「ドイツ中世農民史の研究」「ヨーロッパ中世都市の起源」「スイス独立史研究」「ドイツ中世前期の歴史像」「中・近世ドイツ鉱山業と新大陸銀」「大黒死病とヨーロッパ社会」、訳書にM.モラ、Ph.ヴォルフ「ヨーロッパ中世末期の民衆運動—青い爪，ジャック，そしてチオンピ」などがある。 [賞]瑞宝中綬章〔平成19年〕 [家]長女＝瀬原淳子(京都大学教授)

瀬谷 義彦 せや・よしひこ 茨城大学名誉教授 [専]日本史 [没]平成27年(2015)11月20日 101歳 [生]大正3年(1914)1月2日 [出]茨城県日立市 [学]東京帝国大学文学部国史科〔昭和12年〕卒 [歴]茨城県立日立中学校

せ

教諭、昭和18年茨城師範教授、多賀工業専門学校教授を経て、30年茨城大学教授。54年定年退官。定年までの6年間、五浦美術文化研究所長も務めた。水戸藩の郷校と尊王攘夷運動を研究。水戸学の権威で、茨城県文化財保護審議会会長、同県史編集会会長などを歴任した。著書に「水戸学の史的考察」「水戸藩郷校の史的研究」「大正期の茨城県会」「茨城の史話」「水戸藩郷士の研究」などがある。 [賞]いはらき賞〔昭和52年〕,茨城県功績者〔昭和53年〕,茨城文学賞茨城新聞社賞(平成12年度)「茨城の史話」 [団]史学会,地方史研究協議会,茨城地方史研究会

瀬良垣 守正 せらがき・しゅしょう 沖縄県議 [没]平成29年(2017)4月22日 90歳〔老衰〕 [生]昭和2年(1927)1月20日 [出]沖縄県うるま市石川 [学]沖縄県立農林〔昭和18年〕卒 [歴]石川市議を4期目途中まで務めた後、昭和51年沖縄県議に当選。2期。

芹沢 邦雄 せりざわ・くにお 競馬ジャーナリスト 「週刊ギャロップ」初代編集長 トレンドシェア社長 サンケイスポーツ編集局次長 [没]平成27年(2015)11月9日 70歳〔くも膜下出血〕 [生]昭和20年(1945)6月24日 [出]神奈川県横浜市 [歴]昭和44年ホースニュース社に入社。3年後退社、月刊誌「オール競馬」を経て、52年産経新聞社に入社。「サンケイスポーツ」の競馬担当者を長く務め、平成5年に創刊された競馬誌「週刊ギャロップ」の初代編集長に就任。7年サンケイスポーツ編集局レース本部長を兼任した。

芹沢 文子 せりざわ・ふみこ 声楽家(ソプラノ) 東京音楽大学教授 [専]フランス歌曲 [没]平成27年(2015)7月17日 81歳〔肺がん〕 [生]昭和8年(1933)7月23日 [出]東京都 [学]白百合学園高等部〔昭和30年〕卒,ソルボンヌ大学〔昭和33年〕卒 [歴]小説家・芹沢光治良の三女。フランスのコンセルヴァトワールでジャン・ジロドーに、のちモンシー・フランツに師事。昭和37年東京音楽大学講師、45年助教授を経て、教授。 [賞]ネリニー声楽国際コンクール入賞 [団]日仏音楽協会,日本演奏連盟 [家]父＝芹沢光治良(小説家),妹＝芹沢玲子(ピアニスト) [師]師＝ジロドー,ジャン,フランツ,モンシー

仙 宇吉 せん・うきち
⇒永曽 信夫(えいそ・のぶお)を見よ

全 良雄 ぜん・よしお オーボエ奏者 奈良フィルハーモニー管弦楽団創設者 [没]平成27年(2015)11月4日 65歳〔胃がん〕 [出]奈良県大和郡山市 [名]本名＝松山良雄 [学]大阪音楽大学卒,大阪音楽大学専攻科修了 [歴]オーボエ奏者で、昭和60年奈良フィルハーモニー管弦楽団を創設。創設13年目の平成9年から定期演奏会を開催し、24年にはNPO法人化して理事長に就任。また、大和郡山市音楽芸術協会の設立に関わり、27年3月まで22年間会長を務めた。 [賞]奈良新聞文化賞(第4回)〔平成11年〕 [家]妻＝大原末子(声楽家)

千川 貴鳳 せんかわ・きほう 日本舞踊家 日本舞踊千川流初代家元 [没]平成27年(2015)1月22日 82歳〔肺炎〕 [歴]日本舞踊千川流初代家元で、太田きもの学院長も務めた。 [家]長男＝千川貴楽(日本舞踊千川流2代目家元)

千家 達彦 せんげ・みちひこ 神官 出雲大社教統 出雲大社教管長 [没]平成27年(2015)9月24日 92歳〔老衰〕 [生]大正11年(1922)11月23日 [出]島根県簸川郡大社町(出雲市) [学]大社中〔昭和15年〕卒,国学院大学文学部史学科〔昭和21年〕卒 [歴]国学院大在学中に学徒出陣し、沖縄戦の特攻要員(海軍中尉)となったが敗戦を迎えた。昭和21年出雲大社教東京出張所を経て、38年出雲大社教5代管長兼出雲大社教統となった。40年島根県公安委員長を務めた。 [賞]勲五等双光旭日章〔平成10年〕 [家]父＝千家尊統(出雲大社宮司・出雲大社第82代国造),兄＝千家尊祀(出雲大社宮司・出雲大社第83代国造),千家遂彦(出雲大社権宮司)

千石 保 せんごく・たもつ 東京地検検事 (財)日本青少年研究所所長・理事長 [専]青少年問題,実態研究 [没]平成28年(2016)10月21日 88歳〔心不全〕 [生]昭和3年(1928)6月13日 [出]富山県富山市 [学]早稲田大学法学部〔昭和26年〕卒 [歴]早稲田大学在学中の昭和25年、司法試験に合格。神戸地検検事、東京地検検事、法務総合研究所教官、総理府参事官を歴任。44年総理府出向時代に手がけた「世界青少年意識調査」で脚光を浴び、海外の調査研究も行う。50年検察庁への復帰が決まると同時に辞職し、51年退職金約2000万円を全て投じて日本青少年研究所を設立、所長兼専務理事に就任。同研究所は日本初となる青少年問題の民間研究機関で、60年には日米中学生意識調査を実施、"いじめ"に関するデータで再び反響を呼んだ。平成4年理事長。15年研究所は解散、日本児童教育振興財団が主な事業を引き継いだ。臨教審委員、早稲田大学客員教授も務めた。著書に「日本人の人間観」「現代若者論」「比較サラリーマン論」「やる気の研究」など。 [賞]瑞宝中綬章〔平成18年〕 [資]弁護士

千秋 謙治 せんしゅう・けんじ 郷土史家 南砺市文化財保護審議委員会会長 [専]富山県史,井波町史 [没]平成29年(2017)5月29日 87歳 [生]昭和5年(1930)3月23日 [出]富山県東礪波郡井波町(南砺市) [学]富山師範学校卒 [歴]社会科教師として中学校に勤務し、平成2年小矢部市の石動中学校校長を最後に退職。教員時代の昭和45年から「井波町史」など多数の歴史書の編纂事業に携わる。50年から4年間、富山県編纂室に勤務して「富山県史」編纂に従事。61年から2年間県埋蔵文化財センター所長も経験。平成3年井口村史編纂室主任。砺波市立砺波散村地域研究所の創設に関わり、同所員、井波町文化財保護委員長、南砺市文化財保護審議委員会会長を務めた。 [賞]瑞宝双光章〔平成15年〕

扇田 昭彦 せんだ・あきひこ 演劇評論家 朝日新聞編集委員 [専]現代演劇,ミュージカル [没]平成27年(2015)5月22日 74歳〔悪性リンパ腫〕 [生]昭和15年(1940)6月26日 [出]東京都 [学]東京大学文学部西洋史学科卒 [歴]昭和39年朝日新聞社に入社。学芸部次長を経て、63年学芸部編集委員、平成11年編集局編集委員。9年より同社書評委員。12年静岡文化芸術大学教授。15〜18年国際演劇評論家協会日本センター会長を務めた。約半世紀にわたって現代演劇の最前線を紹介、平

成元年「現代演劇の航海」で芸術選奨文部大臣新人賞を受けた。他の著書に「開かれた劇場」「劇的ルネッサンス」「世界は喜劇に傾斜する」「ビバ！ミュージカル」「日本の現代演劇」「ミュージカルの時代」「劇談」「舞台は語る」「才能の森」「唐十郎の劇世界」などがある。　㊼芸術選奨文部大臣新人賞〔昭和63年度〕〔平成1年〕「現代演劇の航海」、AICT演劇評論賞（第13回、平成19年度）〔平成20年〕「唐十郎の劇世界」　㊽日本演劇学会、国際演劇協会日本センター、日韓演劇交流センター、国際演劇評論家協会、日本文芸家協会

千代 芳子　せんだい・よしこ　随筆家　㊷平成28年(2016)4月9日　90歳　㊿大正15年(1926)　㊻石川県金沢市　㊽金沢第二高女卒　㊶金沢の旧家に生まれる。36歳で夫と死別したが、金沢市で300年以上も続く旧家を守り続けた。地域に残る民俗行事や慣習を丹念に取材し、新聞などに金沢の伝統文化や暮らしに関する随筆を多数発表。昭和58年随筆集「女の心仕事」で泉鏡花記念金沢市民文学賞を受賞。金沢市文化財保護審議会委員、泉鏡花文学賞推薦委員会委員なども務めた。他の著書に「ふるさとお菓子 花いちもんめ」「こころ暦」「女の心菓子」「女の句読点」などがある。　㊼泉鏡花記念金沢市民文学賞（第11回）〔昭和58年〕「女の心仕事」

千場 茂勝　せんば・しげかつ　弁護士　水俣病訴訟弁護団団長　熊本県弁護士会会長　㊷平成28年(2016)9月18日　90歳〔誤嚥性肺炎〕　㊿大正15年(1926)1月18日　㊻熊本県熊本市　㊽中央大学法学部〔昭和28年〕卒　㊶昭和19年学徒動員でチッソ水俣工場で働く。戦後、大学の夜間部に在籍中、国家公務員試験に合格。28年建設省（現・国土交通省）に入省。33年司法試験に合格、36年弁護士登録。43年水俣病訴訟で初めて出され、44年水俣病患者らが原因企業チッソの責任を追及するために提訴した第一次訴訟で弁護団事務局長を務める。第二次訴訟から弁護団長を務め、水俣病裁判で初めて国と熊本県の責任を追及した55年提訴の第三次訴訟では、62年に熊本地裁で第一陣の勝訴を勝ち取った。平成8年には一時金や医療費などの支給を条件に政府の解決策を受け入れるなど、患者の救済に尽力。水俣病裁判の弁護団に呼びかけ資金を拠出し、基金も設立した。10年公害根絶や環境保全のために活動する団体や個人に資金援助するノーモアミナマタ賞を創設。この間、昭和59年熊本県弁護士会会長。日本弁護士連合会理事も務めた。　㊼勲四等瑞宝章〔平成14年〕　㊽熊本県弁護士会

【そ】

宗 彦九郎　そう・ひこくろう　静岡県議（自民党）　㊷平成28年(2016)11月7日　92歳　㊿大正13年(1924)5月23日　㊻静岡県榛原郡榛原町（牧之原市）　㊽静岡第一師範〔昭和19年〕卒　㊶昭和53年より静岡県議に6選。平成7年議長に就任。11年引退。自民党静岡県連幹事長や榛原町観光協会会長を務めた。　㊼勲四等瑞宝章〔平成12年〕

三木 善則　そうぎ・よしのり　神官　御香宮神社宮司　㊷平成29年(2017)3月14日　72歳〔慢性腎不全〕　㊿昭和19年(1944)　㊻京都府京都市　㊶昭和57年父の跡を継ぎ33代目御香宮神社宮司となる。同年明治以来涸れたままとなっていた、神社名のゆかりでもある井戸・御香水の復元に成功、60年環境庁（現・環境省）の「名水百選」に選ばれた。平成2年より10年がかりで本殿・拝殿・末社東照宮の復元を行った。京都府神社庁副庁長を務めた。　㊺長男＝三木善藤（神官）

五月女 隆　そうとめ・たかし　ニッチツ社長　㊷平成29年(2017)12月17日　81歳〔食道がん〕　㊿昭和11年(1936)7月21日　㊻栃木県　㊽東京大学工学部〔昭和37年〕卒　㊶昭和37年三菱造船（現・三菱重工業）に入社。平成6年ニッチツに転じ取締役、8年常務、10年専務、11年社長に就任。15年会長。

相馬 政次　そうま・まさつぐ　竹中土木専務　㊷平成27年(2015)10月6日　88歳〔老衰〕　㊿昭和2年(1927)6月10日　㊻東京都　㊽早稲田大学理工学部土木工学科〔昭和26年〕卒　㊶竹中土木常務を経て、専務。

十河 美博　そごう・よしひろ　香川県ろうあ協会会長　㊷平成27年(2015)3月3日　93歳〔心不全〕　㊿大正10年(1921)10月22日　㊻香川県木田郡十河村（高松市）　㊽東京市立聾学校中等部〔昭和14年〕卒　㊶昭和21年香川県ろうあ協会理事、26年副会長を経て、37年会長。平成8年からも会長を10年間務める。聴覚障害者の社会福祉向上に尽くした。　㊼勲五等瑞宝章〔平成13年〕、香川県知事表彰〔平成10年〕、厚生大臣表彰〔平成10年〕

曽田 研二　そだ・けんじ　横浜市立大学名誉教授　㊲公衆衛生学　㊷平成28年(2016)1月14日　83歳〔呼吸不全〕　㊿昭和7年(1932)10月28日　㊻台湾台北　㊽横浜市立大学医学部　医学博士　㊶横浜市立大学医学部教授を務めた。共著に「衛生・公衆衛生学」「HIV・エイズ診療のてびき」など。

曽根 幸明　そね・こうめい　作曲家　日本歌謡芸術協会会長　㊲作曲・編曲　㊷平成29年(2017)4月20日　83歳〔肺炎〕　㊿昭和8年(1933)12月28日　㊻東京市世田谷区駒沢（東京都）　㊸旧姓・名＝宇野、別名＝川上貞次、Sunny Conwell、曽根康明、芸名＝藤田功、藤原伸　㊽船橋高卒　㊶父はバイオリニスト・宇野喜義、母はピアニストという音楽一家で、6人兄弟の四男。東京で生まれたが、間もなく父の実家がある福井市に移り住み、昭和20年11歳で福井大空襲に遭う。戦後、離婚した母を慕って単身上京、千葉県で暮らしていた母の元に引き取られた。幼い頃から音楽教育を受け、船橋高校時代からギターの演奏を始める一方、愚連隊に身を投じ、練馬の少年鑑別所に収容されたこともあった。やがてハワイアンバンドに加わり、米軍キャンプやジャズ喫茶を中心に歌手兼ギタリストとして活動し、31年ミッキー・カーチスをリーダーに、鈴木邦彦、リッキー中山、荒木圭男、大久保建利、久保田幸男と、ミッキー・カーチスとアイビー・シックスとなる（のちミッキーが抜け、アイビー・ファイブとして再編）。33年ウイリー沖山と東京ロカビリーボーイズに参加。また、ビクターレコードにスカウトされ、作曲家・吉

田正に入門。34年吉田よりプロ野球選手の藤田元司と柴田勲にちなんだ"藤田功"の芸名を贈られ、「今夜の恋に生きるんだ」で歌手デビューし、映画にも出演。41年テイチクに移籍し藤原伸の名で「ひとりぼっちの唄」をリリース。同じ頃、作家の川内康範の勧めで作曲家に転じ、43年川内作詞の青江三奈「札幌ブルース」で本格的に作曲家デビュー。少年鑑別所に入っていた頃に作った歌をベースにした「ひとりぼっちの唄」は、41年歌詞を大幅に変え（作詞・中村泰士、富田清吾）、タイトルも「夢は夜ひらく」となり、園まりが歌ってヒット。45年には再び歌詞を変え（作詞・石坂まさを）、藤圭子「圭子の夢は夜ひらく」としてシングルチャートで10週連続1位の大ヒットを記録。同曲はさまざまに歌詞を変え、40人もの歌手に歌われる代表曲となった。他のヒット曲に勝新太郎が歌った映画「座頭市」の主題歌や、山川豊「流氷子守唄」、石原裕次郎「銀の指環」「さよならは昼下り」、森進一「銀座の女」、天童よしみ「人生しみじみ」などがある。NHK「あなたのメロディー」、テレビ朝日「象印スターものまね歌合戦」、TBS「街かどテレビ」、群馬テレビ「カラオケ大賞」、千葉テレビ「カラオケ大賞」といった視聴者参加型歌番組の審査員も長く務めた。平成14年脳梗塞で倒れ左半身麻痺となったが、闘病中も作曲活動を続けた。同年日本歌謡芸術協会の会長に就任。㊞日本歌謡大賞（第1回）〔昭和45年〕「圭子の夢は夜ひらく」、日本レコード大賞（功労賞、第51回）〔平成21年〕㊞日本作曲家協会、日本歌謡芸術協会　㊞娘＝曽根麻矢（漫画家）、曽根由希江（シンガー・ソングライター）㊞師＝ウイリー沖山、吉田正、川内康範

曽根 寿明　そね・としあき　化学同人創業者　㊞平成27年（2015）4月25日　96歳　㊞大正7年（1918）11月15日　㊞徳島県　㊞北海道帝国大学工学部〔昭和18年〕卒　㊞昭和29年小竹無二雄、槌田龍太郎、桜田一郎らと月刊誌「化学」を刊行するための同志の集まりとして化学同人を設立、代表取締役に就任した。

曽根 晴美　そね・はるみ　俳優　㊞平成28年（2016）6月16日　78歳〔胆管細胞がん〕　㊞昭和12年（1937）9月5日　㊞大阪府大阪市福島区下福島　㊞別名＝曽根将之　㊞大阪商〔昭和31年〕卒　幼い頃に家族と上海に渡り、昭和20年帰国。32年上京、東映第4期ニューフェイスに合格、同期に山城新伍、佐久間良子らがいた。33年東映専属となり、以後石井輝男監督「花と嵐とギャング」など東映アクションや「ギャング対Gメン」「顔役」など和製ギャング映画にチンピラ役で出演。42年「網走番外地・悪への挑戦」などやくざ映画の敵役として成長、深作欣二作品にはデビュー作から出演し、48年〈仁義なき戦い〉シリーズなどで迫力ある悪役や敵役を演じ、貴重なバイプレイヤーとなった。50年曽根将之に改名したが、間もなく元の晴美に戻した。テレビでは日本テレビ「大都会」、TBS「キイハンター」「Gメン75」、テレビ朝日「浮浪雲」、東京12チャンネル「プレイガール」などに出演。平成8年東映Vシネマ「仁義なき野望」をプロデュースし、長男が主演した。15年に自ら製作・出演した三池崇史監督のビデオ作品「極道恐怖大劇場　牛頭GOZU」はカンヌ国際映画祭の監督週間で上映された。　㊞長男＝曽根悠多（俳優）、長女＝曽根美樹（フィギュアスケート選手）

曽根 博義　そね・ひろよし　日本大学名誉教授　㊞近代日本文学　㊞平成28年（2016）6月19日　76歳〔間質性肺炎〕　㊞昭和15年（1940）2月3日　㊞静岡県榛原郡榛原町（牧之原市）　㊞東京大学経済学部〔昭和38年〕卒　㊞昭和38年第一生命保険相互会社に入社。40年退社し、44年日本大学芸術学部講師、53年文理学部助教授を経て、61年教授。平成16～17年度日本近代文学会代表理事を務めた。著書に「伝記 伊藤整」、編著に「『新文学研究』解説・総目次・索引」、共編に「『変態心理』と中村古峡」などがある。　㊞埼玉文芸賞（第9回）〔昭和53年〕「伝記 伊藤整」　㊞日本近代文学会、昭和文学会、日本文芸家協会

園木 宏志　そのき・ひろし　毎日新聞東京本社制作局長　㊞平成29年（2017）12月20日　76歳〔膵臓がん〕　㊞昭和16年（1941）1月8日　㊞熊本県　㊞中央大学法学部卒　㊞昭和40年毎日新聞社に入社。東京本社社会部副部長、福島支局長、横浜支局長、東京本社地方部長、編集局次長を経て、平成6年制作局長。

薗田 香融　そのだ・こうゆう　僧侶　関西大学名誉教授　妙慶寺住職　㊞日本古代史、古代仏教史　㊞平成28年（2016）8月4日　87歳〔肺炎〕　㊞大正4年（1929）1月18日　㊞和歌山県和歌山市　㊞京都大学文学部国史学科〔昭和26年〕卒、京都大学大学院国史学専攻博士課程修了　文学博士（関西大学）〔昭和55年〕　㊞昭和28年関西大学助手、32年講師、34年助教授を経て、40年教授。妙慶寺の住職でもある。平成元年～6年景勝の地・和歌の浦に県と県が市営の橋を架けようとした計画に反対して起こした和歌の浦景観保全訴訟で原告団長を務めた。著書に「日本古代財政史の研究」「日本古代の貴族と地方豪族」「平安仏教の研究」「最澄」などがある。　㊞瑞宝中綬章〔平成20年〕、和歌山市文化賞〔平成15年〕

園田 立信　そのだ・たつのぶ　宮崎大学名誉教授　㊞草地畜産学　㊞平成28年（2016）9月6日　74歳〔胆管がん〕　㊞昭和16年（1941）10月18日　㊞長崎県島原市　㊞九州大学農学部畜産学科卒、九州大学大学院農学研究科畜産学専攻修士課程修了　農学博士　㊞宮崎大学農学部助手、助教授を経て、教授。

薗田 坦　そのだ・たん　京都大学名誉教授　仁愛大学学長　㊞西洋近世哲学史、宗教哲学　㊞平成28年（2016）4月22日　79歳〔肺がん〕　㊞昭和11年（1936）10月18日　㊞和歌山県和歌山市　㊞京都大学文学部哲学科〔昭和34年〕卒、京都大学大学院文学研究科宗教学専攻〔昭和39年〕博士課程単位取得退学　文学博士（京都大学）　㊞昭和41～44年西ドイツ・テュービンゲン大学に留学。大阪市立大学文学部教授を経て、京都大学文学部助教授、平成元年教授。12年定年退官し、名誉教授。17～23年仁愛大学学長を務めた。ドイツのルネサンスを代表する哲学者ニコラウス・クザーヌスの"無常"観を分析し、日本における西洋近世哲学の研究に寄与した。23年日本学士院会員。著書に「〈無限〉の思惟──ニコラウス・クザーヌス研究」「クザーヌスと近世哲学」「無底と意志─形而上学─ヤーコプ・ベーメ研究」、訳書にエルンスト・カッシーラー「個と宇宙─ルネサ

ンス精神史」などがある。 [資]日本学士院会員〔平成23年〕 [団]日本宗教学会, 関西哲学会, 日本基督教学会

園田 天光光 そのだ・てんこうこう 衆院議員 [没]平成27年(2015)1月29日 96歳〔多臓器不全〕 [生]大正8年(1919)1月23日 [出]東京都 [名]旧姓・名＝松谷天光光(まつたに・てんこうこう) [学]東京女子大学英語専攻部〔昭和15年〕卒, 早稲田大学法学部〔昭和17年〕卒 [歴]戦後、実業家の父とともに市民団体・餓死防御同盟を結成。昭和21年戦後初の衆院選で旧東京2区から当選、初めて誕生した女性代議士39人の一人となった。以後、社会党、労農党で連続3選。24年妻子のあった民主党の園田直衆院議員と党派を超えた恋に落ち結婚、国会議事堂の大理石にちなんで“白亜の恋”と呼ばれ、世間を騒がせた。また、現職国会議員として初の出産も経験。27年以降4度衆院選に落選。その後、45年アジア福祉教育財団理事、56年自民党各種婦人団体連会長、竹光会会長を歴任。53年の日中平和友好条約締結時には、当時外相だった夫を精神的に支えた。61年夫の死を受けて熊本2区から立候補、夫の子である園田博之と“骨肉の争い”といわれた激しい選挙戦を戦ったが、落選した。平成3年ロンドン郊外ベリー・セント・エドマンズ市にマナースクール、セント・エドマンズ・レディース・カレッジを開校。日本・ラテンアメリカ婦人協会会長、日中平和友好連絡会会長、日本ブルガリア協会副会長など多くの団体の役員を務めた。著書に「女は胆力」「へこたれない心」などがある。 [賞]ブルガリア・スタラ・プラニナ勲一等勲章〔平成21年〕, 後藤新平賞(第7回)〔平成25年〕 [家]夫＝園田直(政治家)

園田 久人 そのだ・ひさと テレビ大分専務 [没]平成27年(2015)10月31日 88歳〔心不全〕 [生]昭和2年(1927)7月14日 [出]大分県大分郡挾間町(由布市) [学]神戸高等商船航海科, 大分経専専修科〔昭和22年〕卒 [歴]終戦により復員し、昭和22年大分経専専修科を卒業して清水建設に入社。28年豊和相互銀行入行。44年テレビ大分出向し、常務を経て、専務を務めた。

園田 匡克 そのだ・まさかつ 原弘産社長 [没]平成28年(2016)7月20日 73歳〔病気〕 [生]昭和18年(1943)2月25日 [出]山口県下関市 [学]同志社大学経済学部〔昭和42年〕卒 [歴]下関信用金庫(現・西中国信用金庫)を経て、平成13年原弘産に顧問として入社。15年社長に就任。

園部 一成 そのべ・いっせい 門真市長 [没]平成28年(2016)6月7日 78歳〔肺がん〕 [生]昭和13年(1938)4月1日 [出]大阪府門真市 [学]関西学院大学法学部法律学科〔昭和34年〕卒 [歴]昭和35年光亜証券(現・国際証券)勤務を経て、38年医療機器メーカーの高園産業を設立、41年社長。47年ニチヤクを設立、社長に就任。会長に退いた後で政治家に転身し、62年より門真市議1期、平成3年より大阪府議4期を経て、17年門真市長に当選。3期目途中の28年、任期途中で病死した。

園山 裕三 そのやま・ゆうぞう 三井物産常務 [没]平成29年(2017)1月26日 92歳〔多臓器不全〕 [生]大正14年(1925)1月23日 [出]島根県簸川郡大社町(出雲市) [学]高岡高商〔昭和19年〕卒 [歴]昭和25年互洋貿易(現・三井物産)に入社。52年タイ三井物産社長、57年三井物産取締役繊維総括部長、59年常務を経て、62年三井情報開発社長、平成5年会長に就任。

祖父江 東一郎 そぶえ・とういちろう 電通常務 [没]平成27年(2015)7月3日 92歳〔心不全〕 [生]大正11年(1922)11月20日 [出]愛知県一宮市 [学]明治大学専門部法科〔昭和19年〕卒 [歴]毎日球団を経て、昭和26年電通に入社。48年名古屋支社次長、54年取締役を経て、56年常務。62年顧問となった。

染谷 臣道 そめや・よしみち 静岡大学名誉教授 [専]文化人類学, 比較文明学 [没]平成28年(2016)8月5日 74歳〔慢性腎不全〕 [生]昭和17年(1942)1月7日 [出]東京都文京区根津 [学]上智大学外国語学部〔昭和41年〕卒, 東京大学教養学部〔昭和43年〕卒, 東京大学大学院社会学研究科〔昭和50年〕博士課程修了 文学博士(東京都立大学)〔昭和62年〕 [歴]昭和50年帯広畜産大学畜産学部講師。52～54年インドネシア国立ガジャーマダ大学文化文学部客員教授。55年帯広畜産大助教授、62年教授、63年九州工業大学情報工学部教授を経て、平成5年静岡大学人文学部教授。国際基督教大学教授も務めた。昭和47年以来、インドネシアやマレーシアで文化人類学的フィールドワークに従事。その成果の上に立って、“西”の“東”に対する、“北”の“南”に対する収奪構造を明らかにし、世界史的な収奪構造をふまえて人類のあるべき姿を考察した。共訳に「貧困の文化—五つの家族」、ヘディ・シュリ・アヒムサ・プトラ「ベチャ引き家族の物語」などがある。 [賞]サチャランチャナ文化褒章(インドネシア共和国メガワティ・スカルノプトリ大統領令第53号)〔平成15年〕, 大同生命地域研究奨励賞(平成12年度) [団]比較文明学会, 日本文化人類学会, 国際比較文明学会 [家]妻＝染谷絹代(島田市長)

征矢 高行 そや・たかゆき プロ野球選手 [没]平成28年(2016)9月12日 84歳〔心不全〕 [出]長野県 [学]辰野高卒 [歴]辰野高から巨人に入団、昭和27～28年投手として在籍したが一軍出場はなかった。

反町 秀司 そりまち・ひでじ ソリマチグループ会長 [没]平成27年(2015)11月21日 85歳 [生]昭和5年(1930)5月9日 [出]新潟県長岡市 [学]長岡高〔昭和24年〕卒, 国税庁税務講習所〔昭和25年〕卒 [歴]昭和25年関東信越国税局大蔵事務官となり、同年小千谷税務署、27年長税務署に勤務。30年退職し、反町税務会計事務所を開設。46年からソリマチ経営を中心とした総合情報サービス提案企業、ソリマチグループを率い、各社代表取締役を兼務。 [資]税理士, 不動産鑑定士 [団]関東信越税理士会, 日本不動産鑑定協会, 日本補償コンサルタント協会

曽和 博朗 そわ・ひろし 能楽囃子方(幸流小鼓方) 曽和家3代目 [専]小鼓 [没]平成27年(2015)12月2日 90歳〔心不全〕 [生]大正14年(1925)4月27日 [出]京都府京都市 [名]本名＝曽和博(そわ・ひろし) [歴]幸流小鼓方・曽和脩吉の長男。幼い頃から祖父・曽和鼓堂や父に師事し、昭和10年独調「小鍛冶」で初舞台。17年3月鼓堂、5月父が相次いで亡くなり家督を継承、幸流小鼓職分となる。上京し、幸祥光家元の書生となる。19年「道成寺」を披き、同年出征、中国へ。20年中国での捕虜生活を経て復員し、舞台復帰。40年「卒塔婆

小町」、51年「姨捨」を披く。59年ローマ法王御前能に出演するなど能楽小鼓方として活躍するとともに、京都能楽界の囃子方の発展に尽くす。京都能楽囃子方同朋会理事長。40年より日本能楽会会員。33年より京都能楽養成会実技講師も務める。平成10年人間国宝に認定される。17年曽和博朗傘寿祝能を開催。最晩年まで舞台に立ち、亡くなる半月前の27年11月14日、京都市の金剛能楽堂の舞台で独調「絵馬」を打ったのが最後の舞台となった。 [賞]勲四等旭日小綬章〔平成12年〕, 京都市芸術功労賞〔平成4年〕, 催花賞(第7回)〔平成7年〕, 京都府文化賞特別功労賞(第26回)〔平成20年〕 [資]重要無形文化財保持者(能囃子方小鼓)〔平成10年〕 [団]日本能楽会, 京都能楽囃子方同朋会 [家]祖父＝曽和鼓堂(幸流小鼓方), 父＝曽和脩吉(幸流小鼓方), 長男＝曽和正博(幸流小鼓方), 孫＝曽和尚靖(幸流小鼓方) [師]師＝曽和鼓堂, 曽和脩吉, 幸祥光

【た】

大剛 鉄之助 だいごう・てつのすけ プロレスラー 新日本プロレス北米部長 [没]平成29年(2017)11月4日 75歳 [歴]大相撲の二所ノ関部屋に入門、幕下2枚目まで進むがプロレスに転向し、昭和41年10月東京プロレスの旗揚げ戦でデビュー。その後、国際プロレス入り。48年カナダに遠征して悪役レスラーとして活動するが交通事故に遭い現役生活を終える。引退後、国際プロレス、59年からは新日本プロレスの北米部長としてジプシー・ジョー、クラッシャー・バンバン・ビガロ、ジ・アンダーテイカーら多くの外国人レスラーを日本の団体に送り込む一方、天山広吉、小島聡らを同地で育てた。

大黒 信吉 だいこく・しんきち 富山県漁業協同組合連合会会長 魚津漁業協同組合組合長 [没]平成27年(2015)10月20日 86歳 [生]昭和3年(1928)11月21日 [出]富山県魚津市 [歴]富山県魚津の網元に生まれる。海軍飛行予科練習生から戦後、16歳で漁師となる。実家が創業に関わった魚津水産の船頭、大船頭を経て、社長に就任。進取の精神に富み、魚群探知機や揚網機など当時の最新機器を導入し、漁師にはポケットベルを持たせて網起こしのチャンスを逃さないようにした。また、魚津市内3漁協の合併に関わり、魚津漁業協同組合組合長に就任。平成11～16年富山県漁業協同組合連合会会長を務めた。

大道寺 将司 だいどうじ・まさし 連続企業爆破事件の死刑囚 [没]平成29年(2017)5月24日 68歳〔多発性骨髄腫〕 [生]昭和23年(1948)6月5日 [出]北海道釧路市 [学]法政大学文学部史学科〔昭和45年〕中退 [歴]昭和44年法政大学に入学、全共闘運動に参加。45年、70年安保闘争の敗北を経て、大学を中退。以後、武装闘争を射程に入れた実践的研究活動を開始。熱海・興亜観音爆破を経て、東アジア反日武装戦線「狼」部隊を結成。49年荒川鉄橋での天皇特別列車爆破未遂、三菱重工ビル爆破事件をはじめ計9件の爆破事件に関与したとして50年5月19日爆発物取締法違反、殺人罪などの罪で逮捕される。一審、二審とも死刑判決を受け、62年3月最高裁は上告を棄却、死刑が確定。49年の三菱重工ビル爆破事件は死者8人、負傷者385人を出す惨事となった。平成10年連続企業爆破事件の被告の一人、浴田由紀子に対する公判の証人として採用され、11年2月日本の裁判史上例をみない拘置所内での証人尋問が行われた。22年がん(多発性骨髄腫)と判明、獄中で闘病生活を送り、29年に病死した。獄中で俳句を詠み、句集に「友へ」「鴉の目」「棺一基」「残(のこん)の月」がある他、「明けの星を見上げて―大道寺将司獄中書簡集」「死刑確定中」などの著書もある。 [家]妻＝大道寺あや子(日本赤軍活動家)

大豊 泰昭 たいほう・やすあき プロ野球選手 [国]台湾 [没]2015年1月18日 51歳〔急性骨髄性白血病〕 [生]1963年11月15日 [出]台湾南投県埔里 [名]本名＝陳大豊(つん・だーふぉん) [学]華興高卒, 名古屋商科大学〔1988年〕卒 [歴]台湾の華興高校を卒業後、母校の野球部のコーチをしながら日本語を学ぶ。王貞治に憧れ、1983年日本の歴史や文化と野球技術を学ぶため来日。当初は社会人球界入りの予定だったが、予定を変更し84年4月名古屋商科大学に入学。通算24本塁打のリーグ記録を作り、全日本にも2回選ばれた。卒業後、プロ野球・中日の球団職員となり、88年ドラフト2位で中日に入団。独特の一本足打法で本塁打を量産、94年9月対広島戦でシーズン同一カード最多本塁打の日本記録を達成。同年38本塁打、107打点で本塁打王、打点王を獲得。98年トレードで阪神に移籍。2001年中日に復帰し、02年シーズン終了後、引退。通算1324試合出場、277本塁打、722打点、打率.266。04年中華料理専門店・大豊飯店を開店。弟の大順将弘も台湾でプロ野球選手となった。 [家]長女＝ひろ香祐(宝塚歌劇団員), 弟＝大順将弘(プロ野球選手)

平良 一男 たいら・かずお 沖縄県議(自民党) [没]平成29年(2017)9月6日 91歳〔肺炎〕 [生]大正15年(1926)3月10日 [出]沖縄県中頭郡与那城村(うるま市) [学]沖縄県立農林〔昭和18年〕卒 [歴]戦前は勝連青年学校、戦後は与那城初等学校で教師を務める。昭和43年琉球政府の立法院議員となり、47年初の沖縄県議選で当選。以来連続6選。57年副議長、63年議長。平成6年自民党沖縄県連会長に就任するなど、本島中部の保守政治家として沖縄政界で重きをなした。 [賞]勲三等瑞宝章〔平成9年〕, 沖縄県功労者表彰〔平成11年〕

平良 昌一 たいら・しょういち 琉球音楽家 野村流伝統音楽協会会長 [没]平成28年(2016)12月3日 88歳〔呼吸不全〕 [出]沖縄県島尻郡久米島町 [歴]平成4年野村流伝統音楽協会会長に就任、7年から相談役。11年沖縄県指定無形文化財の沖縄伝統音楽野村流保持者に認定される。沖縄芸能連盟相談役、野村流合同協議会委員、琉球古典芸能コンクール審査員などを歴任、琉球古典音楽の継承と発展に努めた。 [資]沖縄県指定無形文化財沖縄伝統音楽野村流保持者〔平成11年〕

平 昭七 たいら・しょうしち 平鍛造創業者 [没]平成29年(2017)6月13日 84歳〔老衰〕 [生]昭和7年(1932)6月30日 [出]石川県羽咋市 [歴]昭和43年平鍛造(現・羽咋丸善)を創業して社長や会長を歴任。ベアリングや

建機用鍛造リングの製造で国内トップシェアを誇った。羽咋市農協組合長や羽咋市議なども務めた。 [家]長女＝平美都江（羽咋丸善社長）

平良 とみ たいら・とみ 女優 [没]平成27年（2015）12月6日 87歳〔敗血症による呼吸器不全〕 [生]昭和3年（1928）11月5日 [出]沖縄県那覇市松山町 [名]本名＝平良トミ子 [学]石垣国民高等学校卒 [歴]那覇市に生まれ、小学4年から石垣島で育つ。13歳の時から地元の劇団・翁長小次郎一座に入り、沖縄芝居の世界へ。昭和27年一座の後輩と結婚。57年夫と劇団綾舟（あやふね）を結成。30代からおばぁ役を演じ老け役では右に出るものは無いと評され、沖縄芝居の第一人者といわれた。平成11年には琉球歌劇の沖縄県指定無形文化財保持者に認定される。同年2つの世代の恋を描いた中江裕司監督の映画「ナビィの恋」に主演して一躍注目を集め、13年NHK朝の連続テレビ小説「ちゅらさん」で主人公のおばぁ役を演じ、全国的な人気を獲得した。同年自身の半生を綴った著書「美ら島 清ら心」を刊行。他の出演作に、舞台「めんそーれ沖縄」「洞窟（がま）」「南海のムリカ星」、映画「パラダイスビュー」「マリリンに逢いたい」「ウンタマギルー」「真夏の夜の夢」などがある。 [賞]旭日双光章〔平成26年〕，琉球新報演劇コンクール個人演技賞（第2回），沖縄タイムス芸術選賞演劇部門奨励賞（第16回）〔昭和56年〕，沖縄タイムス芸術選賞演劇部門大賞（第25回）〔平成2年〕，沖縄県文化功労者〔平成10年〕，放送ウーマン賞特別賞〔平成14年〕，沖縄県功労者〔平成15年〕，琉球新報賞〔平成27年〕 [資]沖縄県指定無形文化財保持者（琉球歌劇）〔平成11年〕 [家]夫＝平良進（俳優） [師]師＝翁長小次郎

泰羅 雅登 たいら・まさと 東京医科歯科大学大学院医歯学総合研究科教授 [専]認知神経科学，神経生理学 [没]平成29年（2017）7月8日 63歳 [生]昭和29年（1954）5月11日 [出]三重県 [学]東京医科歯科大学〔昭和56年〕卒，東京医科歯科大学歯学部大学院〔昭和60年〕修了 歯学博士（東京医科歯科大学） [歴]昭和60年東京都神経科学総合研究所研究員、62年日本大学助手、平成元年講師、6年助教授、16年教授。のち東京医科歯科大学教授。人間と動物で高次脳機能に関する脳の機能を研究した。また、毎日新聞の人気コーナー「脳を鍛えたい 川島隆太・東北大学教授が指南！ 皆伝！ 新あたま道場」で、19年4月7日の第1回から問題作成に携わった。

田尾 桃二 たお・とうじ 仙台高裁長官 帝京大学名誉教授 [没]平成29年（2017）10月31日 90歳〔心不全〕 [生]大正15年（1926）11月11日 [出]香川県三豊郡詫間町（三豊市） [学]東京大学法学部〔昭和24年〕卒 [歴]昭和26年神戸地裁判事補に任官。36年甲府地裁判事、44年東京地裁判事、46年東京高裁判事、47年最高裁調査官、54年新潟家裁所長、55年宇都宮家裁所長、57年東京高裁判事、60年千葉地裁所長、61年東京高裁部総括判事、平成2年11月仙台高裁長官を歴任。3年11月退官後は帝京大学法学部教授、11年同学部長を務めた。 [賞]勲二等旭日重光章〔平成9年〕 [団]日本法律家協会

多賀 信之 たが・のぶゆき 日本甜菜製糖社長 [没]平成27年（2015）8月12日 83歳〔多発性骨髄腫〕 [生]昭和7年（1932）5月30日 [出]群馬県 [学]一橋大学商学部〔昭和30年〕卒 [歴]昭和30年日本甜菜製糖に入社。61年取締役、平成5年常務、7年専務を経て、10年社長。13年会長。

高井 研一郎 たかい・けんいちろう 漫画家 [没]平成28年（2016）11月14日 79歳〔肺炎〕 [生]昭和12年（1937）7月18日 [出]長崎県佐世保市 [学]佐世保市立商卒 [歴]中学3年の時に漫画を描き始め、通信教育で漫画を勉強した。この頃、地方新聞に投稿したところ掲載され、新聞社の嘱託の人に実践的な漫画の描き方を教わる。その後、「漫画少年」に投稿、昭和28年頃初めて入選。「漫画少年」で石ノ森章太郎、赤塚不二夫と知り合い東日本漫画研究会に入る。のちに九州漫画研究会を作り松本零士などと知り合った。20歳の時に上京。しばらく仕事がなく、収入のない生活を送るが、31年雑誌「少女」に「リコちゃん」を発表しデビュー。以後、少女もののストーリーギャグ漫画を発表。傍ら、手塚治虫、赤塚不二夫のアシスタントをしながらギャグ漫画を研究。37年に赤塚が「おそ松くん」の連載を始める際、キャラクター作りにも携わった。61年より「ビッグコミック」に「総務部総務課山口六平太」（原作・林律雄）を連載。自動車会社を舞台にした同作は、人情味あふれるストーリーが人気を呼び、"サラリーマンの応援歌"と呼ばれた。63年にはテレビドラマ化もされ代表作となった。また、俳優・歌手の武田鉄矢原作の「プロゴルファー織部金次郎」の作画も手がけ、同作は武田主演で映画化されている。平成3年「男はつらいよ」を漫画化。28年11月に79歳で亡くなる直前まで「総務部総務課山口六平太」の連載を続け、第731話で終了した。 [賞]文化庁メディア芸術祭賞マンガ部門優秀賞（第20回）〔平成29年〕「総務部総務課山口六平太」，小学館漫画賞審査員特別賞（第62回，平成28年度）〔平成29年〕 [団]日本漫画家研究会

田貝 正人 たがい・まさと 三菱商事副社長 [没]平成28年（2016）10月8日 92歳〔気管支肺炎〕 [生]大正13年（1924）9月30日 [出]鳥取県 [学]東京大学法学部政治学科〔昭和25年〕卒 [歴]昭和25年都商事（現・三菱商事）に入社。50年鉄鋼輸出第三部長、57年取締役、60年常務を経て、62年副社長。平成3年金商又一社長となり、7年相談役に退いた。

高井 有一 たかい・ゆういち 小説家 日本文芸家協会理事長 日本近代文学館理事長 [没]平成28年（2016）10月26日 84歳〔心不全〕 [生]昭和7年（1932）4月27日 [出]東京府北豊島郡長崎町（東京都豊島区） [名]本名＝田口哲郎（たぐち・てつお） [学]早稲田大学文学部英文学科〔昭和30年〕卒 [歴]父は画家の田口省吾。少年期に両親に死別。共同通信社に入社、文化部記者となる。勤務の傍ら、昭和39年同人誌「犀」創刊に参加、立原正秋らと知り合う。40年敗戦と母の入水自殺を描いた「北の河」で芥川賞を受賞。50年共同通信社を退社。59年に谷崎潤一郎賞を受けた。抒情性の濃い緻密な文体が特徴。"内向の世代"の一人で、死と鎮魂、孤独と友情といったモチーフの作品が多く、自らの青少年期の体験に根ざした小説世界を展開した。代表作に「少年たちの戦場」「雪の涯の風葬」「夜明けの土地」「遠い日の海」「虫たちの棲家」「俄瀧（にわかだき）」「この国の空」「塵の都に」「野球と日本人」「作家の生き死」「高らかな挽歌」「時の潮」などの他、祖父・田口掬汀の生涯を書いた「夢の碑（いしぶみ）」、戦前の生活綴

方運動を描いた「真実の学校」、評伝「立原正秋」がある。平成11年日本文芸家協会副理事長を経て、12年から2年間理事長、20年日本近代文学館理事長を務めた。[賞]芥川賞（第54回）〔昭和40年〕「北の河」，芸術選奨文部大臣賞（第27回）〔昭和51年〕「夢の碑」，谷崎潤一郎賞（第20回）〔昭和59年〕「この国の空」，読売文学賞小説賞（第41回）〔平成2年〕「夜の蟻」，毎日芸術賞（第33回）〔平成4年〕「立原正秋」，大仏次郎賞（第26回）〔平成11年〕「高らかな挽歌」，野間文芸賞（第55回）〔平成14年〕「時の潮」　[資]日本芸術院会員〔平成8年〕　[団]日本文芸家協会　[家]父＝田口省吾（洋画家），祖父＝田口掬汀（小説家），妻＝中村輝子（ジャーナリスト）

高石 幸平　たかいし・こうへい　俳人　「柿」主宰　愛媛県俳句協会会長　[没]平成29年（2017）6月12日　83歳〔肺炎〕　[生]昭和8年（1933）8月15日　[出]愛媛県宇摩郡土居町蕪崎（四国中央市）　[学]小富士高〔昭和27年〕卒　[歴]昭和27年伊予銀行に入行、平成5年定年退職。俳人としては「柿」の5代目主宰で、平成22年から2期4年にわたって愛媛県俳句協会会長を務めた。

高石 誠二　たかいし・せいじ　合同製鉄副社長　[没]平成28年（2016）2月8日　96歳　[生]大正8年（1919）11月10日　[出]東京都　[学]東京帝国大学工学部機械工学科〔昭和16年〕卒　[歴]ヂーゼル自動車工業勤務の後、昭和17年陸軍技術将校。21年大阪製鋼に入社、25年取締役、38年常務を経て、41年専務。52年大谷重工業と合併して合同製鉄と改称、専務を経て、副社長、60年副会長、62年取締役相談役、平成元年相談役。

高石 哲夫　たかいし・てつお　連合長崎会長　[没]平成29年（2017）6月15日　67歳〔口腔がん〕　[出]長崎県長崎市　[歴]三菱重工労組長船支部出身で、連合長崎で副事務局長、事務局長を歴任。平成16～20年会長を務めた。

タカウ, タリフォラウ　**Takau, Talifolau**　ラグビー選手　[国]トンガ　[没]2015年11月28日　27歳　[生]1988年5月7日　[出]トンガ　[学]トゥポ高卒, 日本大学　[歴]トンガのトゥポ高校から来日して日大に学ぶ。2012年ラグビートップリーグのホンダヒートに入団。14年チームのトップリーグ昇格に貢献。15年10月4日にプレシーズンリーグの対クボタ戦に途中出場したが、リーグ戦の出場はなかった。ロックからプロップに転向し3番として活躍が期待されていたが、同年11月27歳の若さで急死した。

高尾 吉郎　たかお・きちろう　日興証券社長　[没]平成29年（2017）10月6日　82歳〔肺炎〕　[生]昭和9年（1934）12月23日　[出]大阪府大阪市　[学]和歌山大学経済学部〔昭和33年〕卒　[歴]昭和33年日興証券（現・SMBC日興証券）に入社。57年取締役、60年常務、のち専務、平成2年副社長を経て、3年社長。8年東京証券取引所正会員協会会長を兼務。9年総会屋グループへの利益供与問題に絡み、社長を辞任した。

高尾 堅一　たかお・けんいち　山梨県議（自民党）　[没]平成28年（2016）1月15日　77歳〔肺炎〕　[生]昭和13年（1938）6月1日　[出]山梨県西八代郡市川大門町（市川三郷町）　[学]甲府工〔昭和31年〕卒　[歴]昭和58年から山梨県市川大門町議に2選。平成3年山梨県議に当選。4期。11年議長。19年引退。　[賞]旭日小綬章〔平成22年〕

高尾 進　たかお・すすむ　日本ゼオン常務　[専]工業化学　[没]平成27年（2015）10月25日　90歳〔心不全〕　[生]大正14年（1925）9月18日　[出]広島県東広島市　[学]旅順高卒, 東京帝国大学工学部〔昭和22年〕卒　[歴]日軽金属を経て、昭和26年日本ゼオンに入社。52年取締役、59年常務に就任した。　[賞]科学技術庁長官賞科学技術功労者表彰（第10回, 昭和43年度）「ジメチルフォルムアミドによるブタジエン抽出技術の開発」，毎日工業技術賞（第23回, 昭和46年度）「DMFを抽出溶剤に用いたC4留分よりのブタジエン製造技術（GPB法）の開発および工業化」，日本化学会化学技術賞（第20回, 昭和46年度）「DMFを抽出溶剤に用いたC4留分よりのブタジエン製造技術の開発および工業化」，化学工学会賞技術賞（昭和47年度）「C5留分よりのイソプレンおよびジシクロペンタジエンの製造法の開発および工業化」

高尾 弘明　たかお・ひろあき　赤平市長　[没]平成27年（2015）7月21日　70歳　[生]昭和20年（1945）2月9日　[学]赤平高卒　[歴]昭和39年赤平市役所に入る。平成7年企業立地推進課長、13年市民部長などを務めた。15年より市長に3選。27年引退。　[賞]赤平市名誉市民〔平成27年〕

高木 喜一　たかぎ・きいち　十勝信用組合理事長　[没]平成28年（2016）10月21日　81歳〔脳出血〕　[生]昭和9年（1934）11月8日　[出]北海道足寄郡陸別町　[学]北海道大学経済学部卒　[歴]北海道銀行に入行。道銀投資顧問社長を経て、平成8～17年十勝信用組合理事長。　[賞]社会保険庁長官表彰

高木 皖水　たかぎ・きよみ　高木酒造社長　[没]平成29年（2017）11月3日　81歳〔肺炎〕　[生]昭和10年（1935）11月17日　[出]高知県南国市　[学]高知大学農学部農芸化学科〔昭和33年〕卒　[歴]昭和33年国税庁醸造試験所に入る。35年高木酒造に入社、42年社長。高知県酒造組合連合会会長を務めた他、平成29年60回目を迎えた「土佐赤岡どろめ祭り」の運営に開始当初から携わった。

高木 丈太郎　たかぎ・じょうたろう　三菱地所社長　[没]平成28年（2016）3月5日　88歳〔心不全〕　[生]昭和2年（1927）4月10日　[出]東京都　[学]中央大学経済学部〔昭和25年〕卒　[歴]昭和25年三菱地所に入社。50年総務部長、52年取締役、56年常務、58年専務、61年筆頭副社長を経て、62年社長に就任。平成元年米国ニューヨークの複合商業施設、ロックフェラーセンターを約1200億円で買収して話題となった。6年会長、9年相談役。日本不動産協会副理事長も務めた。　[賞]藍綬褒章〔平成5年〕，旭日重光章〔平成15年〕

高木 誠一　たかき・せいいち　アンデルセン・パン生活文化研究所社長　タカキベーカリー社長　[没]平成29年（2017）12月2日　69歳〔心不全〕　[生]昭和23年（1948）9月16日　[出]広島県広島市　[学]コーネル大学（米国）大学院ホテル経営学専攻〔昭和53年〕修了　[歴]ホテルマンを志し、米国コーネル大学大学院でホテル経営を専攻。修了後、三井物産系の大手給食業エームサービスに入社。昭和53年父が社主を務めるタカキベーカリーに入社。同社はヨーロッパ型の食事用パンを中心とした約180種類のパンを提供し、セルフ販売方式の草分け的存在として知られる。アンデルセンとリトル

マーメイドの2系列のチェーン展開で業績を伸ばす。青山アンデルセン店長、60年アンデルセン取締役となり、平成3年アンデルセン社長、7年タカキベーカリー社長に就任。米国のダイヤモンドフード社との提携やオーストリアのミス・モード社の買収などを進める。15年アンデルセングループ分社再編に伴い、アンデルセン・パン生活文化研究所代表取締役社長に就任。25年会長、27年取締役社主。この間、4年広島デンマーク王国名誉領事。 [賞]デンマーク・ダネブロー騎士勲章〔平成3年〕, デンマーク・ダネブロー騎士勲章R1昇格〔平成21年〕 [家]父＝高木俊介（タカキベーカリー創業者）, 母＝高木彬子（アンデルセングループ相談役）

高木 聖鶴　たかぎ・せいかく　書家　聖雲書道会主宰　日展理事　[専]かな　[没]平成29年（2017）2月24日　93歳〔肺炎〕　[生]大正12年（1923）7月12日　[出]岡山県総社市　[名]本名＝高木郁太（たかぎ・いくた）　[学]高梁中中退　[歴]特技を持ちたいとの思いから、証券会社に勤める傍ら地元・岡山に住む書家内田鶴雲に師事。古典を重視し、古今和歌集をすべて暗記するまで書き込んだという。昭和25年日展初入選。古来の優雅な「細字かな」に加え、壁面陳列に合う「大字かな」の制作に精進。48年日展で特選となり、平成3年内閣総理大臣賞受賞。日本を代表する“かな”書家の一人として、日中の古典研究を踏まえ、流麗で変化に富み、気品のある独自の書風を確立させた。平成7年「春」で日本芸術院賞受賞。18年文化功労者、25年文化勲章受章。この間、昭和57年日展会員、のち評議員、理事、参事、顧問を歴任。聖雲書道会を主宰したほか、鶴雲が創設した朝陽書道会を継ぎ会長、日本かな書道会常務理事、中京大学講師などを務め、後進の指導にも力を注いだ。著書に「作品に学ぶ墨場必携 かな小字篇」「本阿弥切古今集」、作品に「春」など。 [賞]日本芸術院賞（平成6年度）〔平成7年〕「春」, 文化功労者〔平成18年〕, 勲四等旭日小綬章〔平成10年〕, 文化勲章〔平成25年〕, 岡山県文化賞（芸術部門）〔平成5年〕, 岡山県文化特別顕賞〔平成17年〕, 日展特選〔昭和48年〕, 日展会員賞（第18回）〔昭和61年〕「春と秋」, 日展内閣総理大臣賞（第22回）〔平成3年〕 [団]日展, 読売書法会, 日本書芸院, 日本かな書道会, 朝陽会 [家]長男＝高木聖雨（書家） [師]師＝内田鶴雲

高木 武彦　たかぎ・たけひこ　菊武学園創立者　[没]平成27年（2015）2月15日　91歳　[歴]昭和23年菊武タイピスト養成所（現・菊武ビジネス専門学校）を設立。28年学校法人高木学園（現・菊武学園）が認可される。37年守山女子商業高校、40年名古屋女子商科短期大学、平成12年名古屋産業大学を開学した。 [賞]藍綬褒章, 勲四等旭日小綬章 [家]息子＝高木清秀（菊武学園理事長）, 孫＝高木弘恵（菊武学園理事長）

高木 長之助　たかぎ・ちょうのすけ　柔道指導者　全日本学生柔道連盟副会長　全日本柔道連盟理事　[没]平成28年（2016）12月6日　68歳〔急性心筋梗塞〕　[出]千葉県　[歴]昭和48年世界選手権重量級で金メダルを獲得。日大柔道部の監督時代には金野潤や滝本誠らを指導した。全日本学生柔道連盟副会長、全日本柔道連盟理事を歴任。講道館9段。 [賞]朝日体育賞（昭和48年度）

高木 津吉　たかぎ・つよし　白糠アイヌ協会会長　[没]平成29年（2017）2月28日　72歳〔心筋梗塞〕　[出]北海道足寄郡足寄町　[歴]平成17年北海道ウタリ協会白糠支部（現・白糠アイヌ協会）の支部長に就任。23年から台湾北部の先住民族であるタイヤル民族との相互訪問交流を始め、28年にはタイヤル民族の団体と友好交流協定を結んだ。

高木 教典　たかぎ・のりつね　東京大学名誉教授　[専]社会学（マスコミ）, 情報メディア論, 情報メディア産業論　[没]平成27年（2015）5月7日　83歳〔慢性腎不全〕　[生]昭和6年（1931）5月8日　[出]米国・カリフォルニア州ロサンゼルス　[学]東京大学経済学部〔昭和31年〕卒, 東京大学大学院新聞学専攻修了　[歴]昭和56年東京大学教授に就任。同大新聞研究所所長として同研究所の社会情報研究所への組織変更に尽力。平成4年退官して関西大学社会学部教授に転じ、同大総合情報学部の創設にも関わり初代学部長を務めた。3〜7年日本マス・コミュニケーション学会会長。

高木 博司　たかぎ・ひろし　京都大学名誉教授　[専]薬理学, 神経科学　[没]平成27年（2015）11月17日　91歳〔肺炎〕　[生]大正13年（1924）3月30日　[出]東京都　[学]京都大学医学部医学科薬理学専攻〔昭和23年〕卒　医学博士　[歴]昭和29年京都大学医学部助教授、32〜33年米国コーネル大学留学、37年薬学部教授。55〜57年学部長。のち近畿大学教授を務めた。著書に「常用処方の薬理」などがある。 [賞]勲二等瑞宝章〔平成12年〕, 日本薬学会賞学術賞（昭和48年度）「鎮痛薬の作用機序に関する研究」 [団]日本薬理学会, 日本薬学会, 日本神経科学協会 [家]弟＝高木正英（成蹊大学教授）

高木 不二男　たかぎ・ふじお　ダリア社長　[没]平成29年（2017）5月11日　73歳〔多臓器不全〕　[生]昭和18年（1943）11月3日　[出]福岡県福岡市博多区　[歴]昭和41年ダリヤ商会を設立。42年ダリアに社名変更。美容室向けの資材卸売を手がけ、55年〜平成18年社長を務めた。 [家]長男＝高木進一（ダリア社長）

高木 鎮　たかき・まもる　日本経済新聞名古屋支社次長　[没]平成27年（2015）8月26日　79歳〔肝細胞がん〕　[生]昭和11年（1936）1月20日　[出]岐阜県　[学]南山大学社会学科卒　[歴]昭和33年日本経済新聞社に入社。名古屋支社販売部次長、58年同部長を経て、63年名古屋支社次長。のち日経名古屋販売開発社長を務め、平成9年相談役に退いた。

高木 幹雄　たかぎ・みきお　日本触媒化学工業専務　[没]平成28年（2016）12月27日　95歳　[生]大正10年（1921）3月27日　[出]兵庫県　[学]京都帝国大学工学部〔昭和17年〕卒　[歴]昭和50年新日本製鉄（現・新日鉄住金）エネルギー管理部長を経て、51年日本触媒化学工業（現・日本触媒）に転じ常務、のち専務。

高木 みどり　たかぎ・みどり　宮内庁東宮女官長　[没]平成27年（2015）12月18日　83歳〔心不全〕　[生]昭和7年（1932）5月12日　[出]福井県　[学]学習院大学女子短期大学部〔昭和28年〕卒　[歴]平成5年皇太子妃雅子さまに

た

仕える初代の東宮女官長に就任。15年退任。 [賞]瑞宝小綬章〔平成16年〕 [家]夫＝高木進（学習院大学教授）

高木 義郎 たかぎ・よしろう 熊本工業大学工学部教授 [専]鉱山学 [没]平成27年（2015）9月30日 98歳〔誤嚥性肺炎〕 [生]大正6年（1917）7月18日 [出]東京都 [学]第二東京市立中〔昭和10年〕卒，山形高〔昭和15年〕卒，九州帝国大学工学部採鉱学科〔昭和17年〕卒 [歴]昭和17年九州帝国大学助手、18年熊本高等工業学校講師、19年教授を経て、26年熊本大学工学部助教授、58年熊本工業大学工学部教授。 [家]四男＝高木修（熊日広告社企画制作部次長）

高木 隆太郎 たかぎ・りゅうたろう 映画プロデューサー [没]平成29年（2017）6月21日 84歳〔胃がん〕 [生]昭和7年（1932）11月15日 [出]熊本県宇土郡三角町（宇城市） [学]宇土高〔昭和26年〕卒，法政大学第二社会学部応用経済学科〔昭和33年〕卒 [歴]昭和34年岩波映画製作所に入所、39年同プロデューサー。43年東プロダクションを設立、48年青林舎に改称、49年株式会社に改組して代表取締役。土本典昭監督と「水俣―患者さんとその世界」など水俣病患者の運動や医学研究の実情を紹介する映画を多く製作。平成28年その足跡を追った映画「表現に力ありや―『水俣』プロデューサー、語る」（井上実監督）が製作された。

高木 良多 たかぎ・りょうた 俳人 [没]平成29年（2017）2月11日 93歳 [生]大正12年（1923）6月10日 [出]千葉県佐原市津宮（香取市） [名]本名＝高木三郎 [学]明治大学法科〔昭和19年〕卒 [歴]大学卒業後、東京・飯田橋で税理士を開業。昭和42年「春耕」に入会、皆川盤水に師事。直後に「風」にも入会、沢木欣一の指導を受ける。48年「風」同人。句集に「雪解雫」「八千草原」「佐原」などがある。 [賞]風記念賞（文章の部） [団]俳人協会 [師]師＝皆川盤水，沢木欣一

高倉 一紀 たかくら・かずのり 皇学館大学文学部教授 [専]書誌学 [没]平成29年（2017）1月26日 64歳〔心不全〕 [生]昭和27年（1952）2月18日 [学]国学院大学法学部政治学科卒，皇学館大学大学院文学研究科国文学専攻修士課程修了 [歴]天理大学附属図書館に勤務。のち皇学館大学講師、助教授を経て、教授。平成9年4冊組みとされていた江戸時代の国学者本居宣長の和歌研究ノート「和歌の浦」の5冊目の自筆ノートを発見した。

高倉 勝子 たかくら・かつこ 日本画家 河北美術展参与 [没]平成27年（2015）7月3日 91歳 [生]大正12年（1923）12月15日 [出]宮城県登米郡登米町（登米市） [学]女子美術大学日本画部卒 [歴]女子美術大学で日本画を学ぶ。昭和20年夫の任地であった広島で被爆、全身を負傷したが奇跡的に助かった。23年登米中学校教諭となり、以来宮城県内で美術教師を務める。河北美術展で8回の受賞歴があり、平成21年出身地の登米市に日本画、水墨画計93点と展示施設・高倉勝子美術館桜小路を寄贈した。 [賞]紺綬褒章〔平成22年〕，宮城県文化功労者〔平成1年〕，仙台市市政功労者表彰〔平成5年〕，地域文化功労者文部科学大臣表彰〔平成20年〕，河北美術展文部大臣賞〔昭和33年〕「黄衣」

高桑 栄松 たかくわ・えいまつ 北海道大学名誉教授 参院議員 [専]衛生学 [没]平成28年（2016）5月4日 97歳〔心疾患〕 [生]大正8年（1919）2月8日 [出]新潟県西蒲原郡分水町（燕市） [学]北海道帝国大学医学部〔昭和16年〕卒，北海道大学大学院〔昭和23年〕修士課程修了，ピッツバーグ大学〔昭和30年〕卒 医学博士 [歴]昭和26年北海道大学助教授を経て、32年教授。39年二酸化硫黄による大気汚染を警告して天然ガスの導入を説き、また疲労度判定の新方式を開発するなど一貫して環境医学に取り組んだ。45年から6年間、医学部長を務める。55年国立公害研究所副所長、56年北海道大学名誉教授。日本学術会議会員。58年公明党から参院選に当選、2期務めた。平成6年新進党結成に参加。回想録「新レーゾン・デートル」がある。 [賞]勲一等瑞宝章〔平成7年〕，北海道医師会賞（第20回，昭和44年度）「新疲労判定法に関する研究」，北海道科学技術賞（第17回，昭和51年度）「疲労判定の集中維持測定装置の開発」 [家]母＝高桑直子（北海道マリッジ・カウンセリング・センター所長）

高桑 美子 たかくわ・よしこ 津田塾大学名誉教授 [専]英文学 [没]平成28年（2016）11月7日 75歳〔誤嚥性肺炎〕 [生]昭和16年（1941）3月21日 [学]津田塾大学英文学科〔昭和38年〕卒，東京大学大学院人文科学研究科英文学専攻修士課程修了 [歴]皇太子さまの英語教師を務め、日本英文学会理事などを歴任した。著書に「ジョン・ファウルズを読む」、共著に「津田梅子の娘たち」などがある。

高棹 琢馬 たかさお・たくま 京都大学名誉教授 [専]水文学 [没]平成27年（2015）8月30日 81歳〔病気〕 [生]昭和8年（1933）12月20日 [出]福井県敦賀市 [学]京都大学工学部土木工学科〔昭和31年〕卒，京都大学大学院工学研究科土木工学専攻〔昭和35年〕博士課程中退 工学博士（京都大学） [歴]昭和35年京都大学助手、36年助教授を経て、46年教授。平成9年退官。 [賞]瑞宝中綬章〔平成25年〕 [団]日本土木学会

高碕 農夫也 たかさき・のぶや 東罐興業社長 [没]平成29年（2017）6月28日 92歳〔老衰〕 [生]大正14年（1925）2月20日 [出]大阪府 [学]関西学院大学法学部〔昭和23年〕卒 [歴]昭和23年東罐化学工業に入社。35年東罐興業取締役を経て、56年社長。 [家]長男＝高碕精康（東罐興業社長）

高崎 裕士 たかさき・ひろし 牧師 市民運動家 日本基督教団曽根教会牧師 入浜権運動推進全国連絡会議代表 [専]自然保護，市民運動（入浜権運動） [没]平成27年（2015）11月8日 84歳〔間質性肺炎〕 [生]昭和6年（1931）2月4日 [出]旧朝鮮京城（韓国・ソウル） [学]関西学院大学神学部卒，関西学院大学大学院中退 [歴]京都大学医学部に入学するが、関西学院大学神学部に転じる。昭和42年日本基督教団正教師に按手。1960年代に謡曲「高砂」で知られる兵庫県高砂市の沿岸部で工場進出が進み、有害物質のポリ塩化ビフェニール（PCB）汚染が問題になると、48年から海辺に自由に立ち入り、釣りや散策を楽しむ権利を求める“入浜権”運動を開始。50年コンビナート反対の東京集会で「古来、海は万民のもの」で始まる「入浜権宣言」を採択、海岸の埋め立てなどに反対する全国の環境保護運動を支える理念となった。60年兵庫県高砂市で入浜権宣言十周年全国集会（第6回入浜権シンポジウム）を開催。続いて、PCB焼却炉反対運動に関わるが、健康を損っ

たため、オーストラリアに渡り、西オーストラリア大学で日本語教育に従事。帰国後、曽根教会牧師。「永遠の生命のホームページ」を発信し、インターネット伝道に励んだ。平成23年入浜権運動をすすめる会を発足させ、代表に就任。27年には入浜権宣言40周年を記念して高砂市内で集会を開いた。著書に「渚と日本人—入浜権の背景」「牧師君、俺とメールしようよ」などがある。

高崎 元尚 たかさき・もとなお　現代美術家　[没]平成29年(2017)6月22日　94歳〔老衰〕　[生]大正12年(1923)1月6日　[出]高知県香美郡香北町(香美市)　[学]東京美術学校(現・東京芸術大学)卒　[歴]幾何学が得意だったため早稲田大学専門部工科に進むもドイツの近代建築運動バウハウスに興味を抱き東京美術学校彫刻科に移る。卒業後帰郷し母校の土佐中高校で美術教師の傍ら、創作活動を行う。昭和32年モダンアート協会会員。1960年代に浜口富治らと前衛土佐派を結成、41年ニューヨークで開催されたジャパン・アート・フェスティバルへの出品を機に関西の前衛芸術団体である具象美術協会にも参加、その活動の後期を支えた一人となった。47年に具象美術協会が解散した後も関西で数々の個展を行った。高知県展では洋画、写真部門で活躍し、洋画部門からの立体(現・先端美術)部門独立に寄与、同部門無鑑査として審査員を何度も務めた。平成28年地元の香美市立美術館で大規模な回顧展が開かれた。代表作に、反り返った白い樹脂製の正方形を黒塗りの板の上に整然と並べて構成する〈装置〉シリーズ、ブロックをハンマーなどで破砕する〈破壊〉シリーズなどがある。　[賞]高知県展功労者〔平成3年〕, 高知県文化賞〔平成7年〕

高実 康稔 たかざね・やすのり　フランス文学者　平和運動家　長崎大学名誉教授　[没]平成29年(2017)4月7日　77歳〔心不全〕　[生]昭和14年(1939)10月26日　[出]山口県山口市　[学]九州大学文学部仏語・仏文学科卒, 九州大学大学院文学研究科仏語・仏文学博士課程修了　[歴]長崎大学助教授を経て、平成5年教授。17年定年退官。フランスの作家サン・テグジュペリを研究した。一方、1970年代から長崎在日朝鮮人の人権を守る会の活動に関わり、平成6年代表に就任。戦時中に朝鮮人半島出身者が働いた工場跡地を訪問したり、当時の関係者らから聞き取りを重ね、長崎原爆で被爆した朝鮮人は約2万5000人、うち約1万人が犠牲になったと推計。8月9日には爆心地公園で朝鮮人犠牲者の追悼集会を開催した。また、7年牧師で長崎市議を務めた岡正治の遺志を継いで、長崎市に岡まさはる記念長崎平和資料館を開設して同理事長にも就任。アジアへの日本の加害責任を問い続け、その実態解明に尽力。中国人強制連行問題では元労働者が企業側に損害賠償を求めた訴訟や、その後の和解交渉で被害者団体の支援に力を注いだ。　[賞]フランス教育功労勲章〔平成18年〕　[団]日本フランス語フランス文学会

高沢 俊夫 たかさわ・としお　日清製粉常務　[没]平成28年(2016)2月13日　83歳　[生]昭和7年(1932)2月29日　[出]群馬県　[学]一橋大学商学部〔昭和29年〕卒　[歴]昭和29年日清製粉(現・日清製粉グループ本社)に入社。鹿児島飼料工場長、飼料業務部次長を経て、60年取締役、平成2年常務、5年顧問。13年退任。

たかし タレント　[没]平成28年(2016)9月7日　42歳〔くも膜下出血〕　[生]昭和49年(1974)1月24日　[出]福岡県福岡市　[名]本名＝浅田登司, コンビ名＝たかしひでき, LOVE(らぶ)　[歴]"ひでき"こと田中秀樹と、お笑いコンビのたかしひできを結成。一時、LOVEにコンビ名を変更。福岡吉本出身で、浅井企画に移籍したが、のち芸能界を離れた。

たかしま・あきひこ 作曲家　編曲家　東京マンドリン・アンサンブル常任指揮者　[没]平成28年(2016)10月16日　73歳〔膵臓がん〕　[生]昭和18年(1943)5月24日　[名]本名＝高島明彦(たかしま・あきひこ)　[学]東京芸術大学音楽学部作曲科〔昭和43年〕卒　[歴]東京芸術大学作曲科を卒業後、先輩の勧誘で山本直純のアシスタントとなる。山本が音楽を担当したTBS系の人気バラエティ番組「8時だヨ！ 全員集合」を手伝い、コント終了後の舞台転換の際に流れる「盆回り」の作曲や、ヒゲダンスのBGM「ヒゲのテーマ」の編曲などを手がける。その後もドリフターズやメンバーが出演する「ドリフ大爆笑」「ドリフと女優の爆笑劇場」「加トちゃんケンちゃんごきげんテレビ」「志村けんのバカ殿様」「志村けんのだいじょうぶだぁ」「志村流」などのテレビ番組の音楽を担当。フジテレビ「FNNニュース」のテーマ曲をはじめ、ラジオ、テレビのテーマ曲・劇伴やCM音楽を数多く作曲した。主な作品に、村川透監督の映画「野獣死すべし」、テレビドラマ「女かけ込み寺」「ガキ大将がやって来た」「オレの妹急上昇」「熱っぽいの」、バラエティ「クイズダービー」、NHK「歌謡コンサート」「BS日本の歌」などがある。東京マンドリン・アンサンブル常任指揮者も務めた。

高嶋 繁裕 たかしま・しげひろ　村田製作所副会長　[没]平成28年(2016)12月13日　87歳〔病気〕　[生]昭和4年(1929)9月24日　[出]石川県　[学]大邱農林〔昭和20年〕卒　[歴]昭和26年村田製作所に入社。46年取締役、47年専務、49年再び取締役を経て、平成3年副会長。

高島 しづ枝 たかしま・しずえ　高島電機社長　[没]平成28年(2016)9月25日　90歳　[生]大正15年(1926)2月20日　[出]東京都　[学]女子美術専(現・女子美術大学)卒　[歴]昭和40年社長であった夫が病死したため後を継いで高島電機社長に就任。女子社員の制服刷新、採用内定者の家庭訪問など、女性の感性を生かした経営を行う。傍ら、山形県商工会議所婦人会連合会長なども務めた。

高島 進 たかしま・すすむ　日本福祉大学名誉教授　[専]社会福祉学　[没]平成28年(2016)5月24日　83歳　[生]昭和8年(1933)2月11日　[出]東京都中央区日本橋馬喰町　[学]東京大学文学部西洋史学科〔昭和31年〕卒　[歴]昭和31年中部社会事業短期大学助手、32年日本福祉大学助手、34年講師、40年助教授、45年教授。平成15年関西国際大学教授。著書に「イギリス社会福祉発達史論」「社会福祉の理論と政策」「超高齢社会の福祉」「社会福祉の歴史」などがある。　[賞]社会事業史文献賞〔昭和63年〕「戦後日本における英国救貧法研究」　[団]日本社会福祉学会, 社会政策学会, 社会事業史学会

高嶋 久昭 たかしま・ひさあき　神姫バス常務　[没]平成27年(2015)3月29日　84歳〔肺炎〕　[生]昭和5年(1930)11月2日　[出]兵庫県姫路市　[学]姫路西高〔昭和

た

24年〕卒 ㊗昭和27年神姫自動車(現・神姫バス)に入社。62年取締役を経て、平成元年常務。

高島 文一 たかしま・ぶんいち 医師 高島診療所長 明治鍼灸大学名誉教授 ㊗鍼灸治療 ㊨平成27年(2015)9月23日 101歳〔老衰〕 ㊚大正2年(1913)12月23日 ㊛京都府京都市 ㊏京都帝国大学医学部〔昭和14年〕卒 医学博士 ㊙高島診療所長、明治鍼灸大学教授を務めた。平成2〜3年京都新聞に「ハリ余話」を連載した。著書に「鍼灸医学序説」「鍼の道〈正・続〉」、共著に「鍼灸への招待」などがある。 ㊟全日本鍼灸学会、日本東洋医学会、日本自律神経学会

高島 洋一 たかしま・よういち 東京工業大学名誉教授 ㊗原子力工学、化学工学 ㊨平成27年(2015)9月2日 93歳〔脳梗塞〕 ㊚大正10年(1921)10月24日 ㊛神奈川県 ㊏東京工業大学工学部化学工学科〔昭和20年〕卒 工学博士〔昭和31年〕 ㊙東京工業大学無給助手を経て、昭和21年3月理化学研究所助手、29年1月東工大助教授、34年2月より36年3月までハーバード大学留学。38年3月東工大教授となり、53年6月より56年6月まで同原子炉工学研究所所長、57年東工大定年退官、同年埼玉大学工学部教授、62年工業開発研究所原子力化学工学センター長、平成元年工業開発研究所所長を歴任。 ㊕勲三等旭日中綬章〔平成8年〕、通商産業大臣表彰原子力安全功労者表彰(第1回、昭和56年度) ㊟日本原子力学会、日本機械学会、化学工学協会

高杉 正秋 たかすぎ・まさあき 青森県水産部長 ㊨平成27年(2015)6月17日 94歳〔多臓器不全〕 ㊚大正年(1920)9月 ㊛青森県 ㊏東北帝国大学法文学部〔昭和17年〕卒 ㊙昭和23年青森県庁に入る。45年県立図書館長、48年水産商工部長、51年民生労働部長を経て、53年水産部長。県庁を退職後、特別養護老人ホーム三恩園初代園長、青森中央短期大学教授などを務めた。

高瀬 光市 たかせ・こういち 日本化薬副社長 ポラテクノ社長 ㊨平成27年(2015)9月6日 67歳〔病気〕 ㊚昭和23年(1948)4月27日 ㊛群馬県 ㊏群馬大学工学部〔昭和46年〕卒 ㊙昭和46年日本化薬に入社。平成11年ポラテクノ社長、13年日本化薬取締役を経て、同社副社長。

高瀬 久男 たかせ・ひさお 演出家 文学座座員 桜美林大学教授 ㊗現代劇の演出・劇作 ㊨平成27年(2015)6月1日 57歳〔上咽頭がん〕 ㊚昭和32年(1957)7月25日 ㊛山形県 ㊏玉川大学文学部芸術学科〔昭和55年〕卒 ㊙大学卒業後、文学座研究所に入所。60年座員に昇格し、平成3年から1年間、ロンドンのナショナルシアターなどで研修。演出家として数々の舞台を手がけ、14年同座公演「モンテ・クリスト伯」で芸術選奨文部科学大臣新人賞を受賞。また佐藤正隆事務所「リタの教育」「スカイライト」、劇団青年劇場「ケプラー・あこがれの星海航路」「GULF〜弟の戦争」など他劇団の演出も手がける。他の演出に舞台「グリークス」「アラビアンナイト」「冬のライオン」「カラムとセフィーの物語」「ベルナルダ・アルバの家」など。晩年はがんと闘いながら演出を続け、亡くなった10日後から上演が始まった舞台「明治の柩」の演出も手がけていた。桜美林大学教授も務めた。 ㊕斎田喬戯曲賞(第31回)〔平成7年〕「あした天気になあれ!」、読売演劇大賞優秀演出家賞(第8回・17回・20回、平成12年度・21年度・24年度)〔平成13年・22年・25年〕「マイ・シスター・イン・ディスハウス」「NASZA KLASA」、芸術選奨文部科学大臣新人賞(平成13年度)〔平成14年〕「モンテ・クリスト伯」、毎日芸術賞千田是也賞(第5回)〔平成15年〕「スカイライト」「アラビアンナイト」、紀伊国屋演劇賞(第45回)〔平成22年〕「冬のライオン」「カラムとセフィーの物語」

高瀬 文志郎 たかせ・ぶんしろう 東京大学名誉教授 ㊗天文学 ㊨平成27年(2015)1月9日 90歳〔心不全〕 ㊚大正13年(1924)3月23日 ㊛兵庫県 ㊏東京大学理学部天文学科〔昭和25年〕卒 理学博士〔昭和36年〕 ㊙昭和25年東京大学東京天文台助手、33年理学部助教授を経て、36年より2年間、米国カリフォルニア大学へ留学。46年東京天文台教授、49年には新設の東京天文台附属木曽観測所初代所長に就任。59年名誉教授となり、国学院大学教授に転じた。46年に発見された小惑星「2838 Takase」はその業績を記念して命名された。著書に「星・銀河・宇宙—100億光年ズームアップ」などがある。 ㊟日本天文学会、国際天文学連合

高田 紘一 たかた・こういち 滋賀銀行頭取 日本銀行監事 滋賀経済同友会代表幹事 ㊨平成27年(2015)3月2日 75歳〔咽頭がん〕 ㊚昭和14年(1939)7月16日 ㊛滋賀県長浜市 ㊏京都大学経済学部〔昭和37年〕卒 ㊙昭和37年日本銀行に入行。総務局総務課長、58年那覇支店長などを経て、62年調査統計局次長、平成元年5月文書局長、3年5月考査局長、5年5月監事に就任。6年11月退任。同年滋賀銀行顧問、7年副頭取、9年頭取。20年会長、25年特別顧問に退いた。滋賀経済同友会代表幹事も務めた。

高田 孝治 たかだ・こうじ 読売テレビ放送社長 読売新聞取締役メディア戦略局長 ㊨平成27年(2015)6月25日 74歳〔心不全〕 ㊚昭和15年(1940)8月10日 ㊛東京都 ㊏上智大学経済学部〔昭和39年〕卒 ㊙昭和39年読売新聞社に入社。取締役を経て、平成14年読売テレビ専務、16年副社長、17年社長に就任。21年会長、23年相談役。

高田 宏 たかだ・ひろし 作家 編集者 石川県九谷焼美術館館長 平安女学院大学学長 ㊨平成27年(2015)11月24日 83歳〔肺がん〕 ㊚昭和7年(1932)8月24日 ㊛京都府京都市 ㊏京都大学文学部仏文科〔昭和30年〕卒 ㊙昭和30年光文社に入社。36年アジア経済研究所に転じて「アジア経済」を編集。38年さらにエッソ石油に移って広報室に勤務、広報誌「エナジー」「エナジー対話」の編集長として活躍。日本の企業PR誌のイメージを大きく変えた。53年国語学者・大槻文彦の評伝「言葉の海へ」で大仏次郎賞、亀井勝一郎賞を受賞。58年退社。平成2年「木に会う」で読売文学賞を受賞。3年からゆきのまち幻想文学賞選考委員。14年石川県九谷焼美術館初代館長、15〜17年平安女学院大学学長。他に深田久弥山の文化館館長を務めた。著書に「われ山に帰る」「雪古九谷」「吾輩は猫でもある」覚書き」「山へ帰った猫」「島焼け」「日本海繁盛記」「冬の花びら 雪博士 中谷宇吉郎の一生」などがある。 ㊕大仏次郎賞(第5回)〔昭和53年〕「言葉

の海へ」、亀井勝一郎賞（第10回）〔昭和53年〕「言葉の海へ」、読売文学賞随筆・紀行賞（第41回）〔平成2年〕「木に会う」、旅の文化賞（第3回）〔平成8年〕 ㊸日本ペンクラブ、日本文芸家協会

高田 良信 たかだ・りょうしん 僧侶 法隆寺（聖徳宗総本山）管長・第128世住職 ㊺平成29年（2017）4月26日 76歳〔老衰〕 ㊶昭和16年（1941）2月22日 ㊷奈良県奈良市 ㊹龍谷大学〔昭和38年〕卒、龍谷大学大学院〔昭和40年〕修士課程修了 ㊲12歳で法隆寺佐伯良謙管主に弟子入り。昭和38年法隆寺実相院住職。57年執事長。60年有名な五重塔を含む国宝、重要文化財建物の解体修理と防災工事が半世紀ぶりに完了し、同年11月4日、5日に慶賛法要を営んだ。法隆寺の財産目録「昭和財帳」の提唱者で法要当日、第1巻「木彫」を刊行。住職代行を経て、平成6年法隆寺管主。法隆寺文化財保存事務所長、法隆寺昭和資材帳編纂所所長も務める。7年法隆寺管長、第128世住職に就任。8年飛鳥時代の国宝「百済観音像」を安置する百済観音堂の着工（10年10月完成）を機に全国を講演行脚した。9年には日仏両政府の要請に応じて「百済観音像」を"日本初"の目玉としてルーブル美術館に出展した。10年11月引退。弟子入りした頃から寺に伝わる古い史料に興味を持ち、僧侶の位牌に書かれた没年や位を書き留めるなど研究を続け、寺の歴史を探る"法隆寺学"を提唱。19年半世紀にわたる研究成果を集大成した「法隆寺辞典」を刊行した。他の著書に「法隆寺のなぞ」「法隆寺子院の研究」「『法隆寺日記』をひらく」などがある。 ㊥娘＝高田聖子（女優）

高津 一郎 たかつ・いちろう 演出家 劇作家 劇団麦の会代表 ㊺平成29年（2017）6月29日 93歳〔虚血性心疾患〕 ㊷神奈川県横浜市 ㊹神奈川県立商工実習卒 ㊲昭和18年陸軍に現役入営、20年下士官候補者教育隊の教官として赴いた中国大陸で敗戦を迎える。敗戦後の捕虜時代に余興で芝居を上演し、それが脚本を書いて表現を面白がって開眼。21年に復員して、横浜YMCAの演劇研究会に参加。同研究会は、29年劇団麦の会に改称し、平成10年まで同代表を務めた。"戦争・横浜・市民"を題材としたオリジナル作品は30編を数え、演出作は80作に上った。

高辻 郷子 たかつじ・きょうし 歌人 ㊺平成28年（2016）2月13日 78歳 ㊶昭和12年（1937）5月22日 ㊷北海道 ㊹北海道でジャガイモ、ビート、麦類などを作る畑作農家。21歳で歌誌「心の花」に入会、以来北国の農民の喜怒哀楽を歌い続けた。平成14年農業人生に終止符を打ち、歌集「農魂の譜」をまとめた。他の歌集に「農の座標」「銀漢を聴く」などがある。 ㊸北海道新聞短歌賞（第8回）〔平成5年〕「農の座標」、林白言文学賞（第2回）〔平成10年〕「農の一樹」

高鳥 王昌 たかとり・おうしょう タカトリ創業者 ㊺平成27年（2015）11月15日 90歳〔病気〕 ㊶大正14年（1925）3月18日 ㊷新潟県柏崎市高浜町宮川 ㊹満州国公主嶺尋常高小〔昭和12年〕卒 ㊲2歳で満州へ渡るが、12歳で帰国。昭和12年大阪の機械製作所に奉公。兵役を経て、25年大和高田市で機械修理業者として独立。31年高鳥機械製作所を創業。繊維、省力機械の専門メーカーで、特にパンティストッキングの縫製、包装機の分野では、国内100％、世界でも大多数のシェアを占めるまでに発展させた。その後、半導体原料の切断加工機市場へ参入。61年タカトリと社名変更、平成12年大証新市場第2部、13年大証第2部に上場。14年会長。18年名誉会長に退くが、21年会長に復帰した。著書に「フェニックス王昌の『モノづくり』」がある。 ㊸黄綬褒章〔平成5年〕、旭日小綬章〔平成25年〕、奈良新聞文化賞（第15回）〔平成22年〕

高鳥 尚堂 たかとり・しょうどう 茶道家 煎茶道黄檗弘風流家元 全日本煎茶道連盟理事長 ㊺平成29年（2017）1月21日 86歳〔肺炎〕 ㊶昭和5年（1930）5月3日 ㊷山形県 ㊹本名＝高鳥徳二（たかとり・とくじ） ㊹山形大学教育学部〔昭和33年〕卒 ㊲昭和39〜48年静岡女子商業高校に勤める。53年煎茶道黄檗弘風流家元を継承。静岡県茶道連盟の発足に関わり、平成14年から今日、理事長を務めた。全日本煎茶道連盟理事長なども歴任した。

高野 潤 たかの・じゅん 写真家 ㊹南米大陸の人と自然 ㊺平成28年（2016）9月15日 69歳〔がん〕 ㊶昭和22年（1947）2月17日 ㊷新潟県 ㊹本名＝高野純吉（たかの・じゅんきち） ㊹日本大学中退、東京写真専門学校（現・東京ビジュアルアーツ）卒 ㊲日本大学中退後、写真を学ぶ。昭和48年より毎年、ペルー、ボリビア、アルゼンチン、チリなどを歩き続け、アンデス、アマゾン地方の人間と自然をテーマに撮影活動を行う。「アサヒグラフ」「太陽」「ニュートン」などの雑誌に作品を発表。作品集に「世界の聖域〈18〉神々のアンデス」「アンデスの貌」「アンデス大地」「インカ」「雨の日」「アンデス食の旅」「インカを歩く」などがある。 ㊸日本写真家協会

高野 誠一 たかの・せいいち 熊本県議（自民党） ㊺平成28年（2016）5月2日 65歳〔慢性腎不全〕 ㊶昭和25年（1950）11月12日 ㊷熊本県八代郡鏡町塩浜（八代市） ㊹東海大学土木工学部〔昭和49年〕卒 ㊲昭和49年松尾建設に入社、51年高野組に転じ取締役、53年丸栄ロード取締役、55年社長を経て、髙野生コン社長兼高栄商事会社長。62年熊本県議に当選、連続5期務めた。 ㊥二男＝高野洋介（熊本県議）

高野 英男 たかの・ひでお 医師 高野病院院長 ㊺平成28年（2016）12月30日 81歳〔焼死〕 ㊷福島県広野町で高野病院を営む。平成23年の東日本大震災による福島第一原子力発電所事故後、同町は全域が緊急時避難準備区域に指定されたが（同年9月末に解除）、避難せずに福島第一原発が立地する双葉郡で唯一入院診療が可能な同病院を維持、ただ一人の常勤医として活動を続けたが、28年末に自宅火災で亡くなった。

貴ノ浪 貞博 たかのなみ・さだひろ 力士（大関） ㊺平成27年（2015）6月20日 43歳〔急性心不全〕 ㊶昭和46年（1971）10月27日 ㊷青森県三沢市 ㊹本名＝浪岡貞博（なみおか・ただひろ）、年寄名＝音羽山貞博（おとわやま・さだひろ） ㊹三沢二中卒 ㊲小学5年の時、こども相撲の東北大会で優勝。中学3年の時、藤島親方（のち二子山親方、元大関貴ノ花）に見出される。昭和62年春場所で初土俵。平成3年春場所、24場所の

ハイペースで十両に昇進。同年九州場所新入幕。5年夏場所新小結、名古屋場所新関脇。6年春場所新大関。身長196センチの上背と深い懐を生かした豪快な相撲が持ち味で、同部屋の横綱若乃花・貴乃花兄弟らと二子山部屋の全盛期を築き、相撲人気を牽引。8年初場所では貴乃花を優勝決定戦で下し、初優勝。9年秋場所でも同じく優勝決定戦で貴乃花を下し優勝。10年初場所で通算500勝を達成した。11年九州場所角番で負け越し大関を陥落するが、12年初場所で10勝を挙げ、大関に復帰。同年夏場所角番で負け越し、再び大関を陥落。14年九州場所で1横綱、2大関を破り、52場所ぶりの敢闘賞を受賞した。16年夏場所で引退。生涯成績は777勝559敗13休（幕内通算647勝473敗8休）。大関在位37場所は歴代4位で、同期の好敵手であった横綱武蔵丸との対戦は幕内史上1位の58回にのぼる。優勝2回、敢闘賞3回。引退後は年寄・音羽山を襲名し、貴乃花部屋付き親方として後進を指導に従事。心臓に持病があり、27年急性心不全で倒れ、43歳の若さで亡くなった。

高橋 淳　たかはし・あつし　日本ペイント副社長　[没]平成28年（2016）4月14日　86歳〔病気〕　[生]昭和4年（1929）5月5日　[出]京都府　[学]京都大学工学部燃料化学科〔昭和28年〕卒　[歴]昭和28年日本ペイント（現・日本ペイントホールディングス）に入社。主に研究開発畑を歩み、52年技術センター所長、58年取締役、60年常務寝屋川事業所長、平成元年専務、5年副社長。

高階 勇　たかはし・いさむ
⇒高階 勇輔（たかはし・ゆうすけ）を見よ

高橋 一郎　たかはし・いちろう　衆院議員（自民党）　[没]平成27年（2015）9月25日　89歳〔心不全〕　[生]大正15年（1926）3月6日　[出]東京都　[学]東京工専中退　[歴]昭和34年から中野区議2期、40年以来東京都議を5期務めた。この間、54年都議会議長、55年全国都道府県議長会会長などを歴任。61年衆院選旧東京4区で自民党から初当選。以来連続5回当選。竹下派、羽田派、平成5年新生党を経て、6年新進党結成に参加。8年自民党に復党。13年第二次森改造内閣の国土交通副大臣に就任した。宮沢派、加藤派を経て、堀内派。15年引退。[賞]藍綬褒章〔昭和56年〕，勲二等瑞宝章〔平成8年〕，勲一等瑞宝章〔平成15年〕　[家]長男＝高橋一実（中野区議）

高橋 一郎　たかはし・いちろう　日本経済新聞東京本社制作局写真情報部長　[没]平成27年（2015）11月30日　68歳〔虚血性心不全〕

高橋 巌雄　たかはし・いわお　栃木県議（社会党）　[没]平成28年（2016）12月9日　77歳〔病気〕　[生]昭和14年（1939）6月16日　[出]栃木県　[学]宇都宮高卒　[歴]昭和58年以来栃木県議に3選。平成7年落選。10年参院選栃木選挙区に社民党から立候補。社民党栃木県連合代表を務めた。　[賞]旭日双光章〔平成21年〕

高橋 悦二郎　たかはし・えつじろう　医師　愛育病院院長代行　[専]小児科学，母子保健　[没]平成27年（2015）8月14日　91歳　[生]大正13年（1924）3月30日　[出]東京都中野区　[学]東京大学医学部〔昭和27年〕卒　医学博士　[歴]東京大学病院小児科を経て、昭和30年より愛育病院に勤務。小児科部長、保健指導部長、院長代行、愛育研究所副所長を歴任し、平成元年定年退職。女子栄養大学教授、厚生省の母子保健システム改善に関する研究班班長などを務めた他、NHKや朝日新聞などで育児相談を担当した。著書に「はじめての赤ちゃん105の常識」「新育児全科」「胎児からのメッセージ」「赤ちゃんと楽しく」などがある。　[賞]放送文化基金賞（第16回）〔平成2年〕　[団]新生児学会，日本小児保健協会

高橋 治　たかはし・おさむ　小説家　映画監督　[没]平成27年（2015）6月13日　86歳〔肺炎〕　[生]昭和4年（1929）5月23日　[出]千葉県千葉市新田町　[学]東京大学文学部国文学科〔昭和28年〕卒　[歴]昭和28年松竹に入社、同期に篠田正浩がいた。「東京物語」の助監督として小津安二郎監督の下で1ケ月間働いた経験を持ち、34年監督に昇進。「彼女だけが知っている」でデビュー。他の作品に「非情の男」「少年とラクダ」など。40年松竹退社後は芝居やドキュメントの執筆などに取り組む。57年小説「絢爛たる影絵・小津安二郎」を発表。59年「秘伝」で第90回直木賞、63年「名もなき道を」「別れてのちの恋歌」で第1回柴田錬三郎賞を受賞。また、55年頃から環境破壊に対する発言も度々行い、63年石川県白峰村に白山僻村学校を（現・公益財団法人白山麓僻村塾）を開校した。他の著書に「派兵」「紺青の鈴」「風の盆恋歌」「くさぐさの花」「ささやき歳時記」「星の衣」「ひと恋ひ歳時記」「慕情旅まくら」などがある。　[賞]直木賞（第90回）〔昭和59年〕「秘伝」，芸術祭賞奨励賞（第20回，昭和40年度）「劇団新劇場「白鳥事件」の脚本・演出」，小野宮吉戯曲平和賞（第5回）〔昭和44年〕，泉鏡花記念金沢市民文学賞（第5回）〔昭和52年〕「派兵」，柴田錬三郎賞（第1回）〔昭和63年〕「名もなき道を」「別れてのちの恋歌」，吉川英治文学賞（第30回）〔平成8年〕「星の衣」　[団]日本文芸家協会

高橋 敷　たかはし・おさむ　教育評論家　東海学園大学教授　[専]教育統計，比較教育　[没]平成27年（2015）7月6日　85歳〔急性呼吸不全〕　[生]昭和4年（1929）12月11日　[出]大阪府堺市　[学]京都大学理学部卒，京都大学大学院宇宙物理学専攻〔昭和34年〕博士課程修了　[歴]昭和34年アンデス山頂国際研究所で太陽面共同観測に従事。続いてペルー中央大学、ベネズエラ東部大学で日本人初の教授として天文学を開講。42年帰国後、堺市教育研究所に勤務。のち東海学園大学教授を務めた。著書にベストセラーとなった「みにくい日本人」の他、「自立への子育て」「遊ぶ力と生きる力」などがある。

高橋 一三　たかはし・かずみ　プロ野球選手　[没]平成27年（2015）7月14日　69歳〔多臓器不全〕　[生]昭和21年（1946）6月9日　[出]広島県府中市　[学]北川工（現・府中東高）卒　[歴]金田正一より速い球を投げるといわれ、昭和40年北川工（現・府中東高）から巨人に入団。真上から投げ下ろすダイナミックなフォームが特徴の左腕で、44年15連勝を含む22勝5敗で最多勝利投手に輝いて沢村賞を、48年にも23勝を挙げて2度目の沢村賞を受賞した。左腕エースとして、右腕エースの堀内恒夫とともに巨人V9に貢献したが、51年張本勲とのトレードで富田勝とともに日本ハムへ移籍。それまでの速球派から、変化球を駆使した技巧派に転じ、56年には14勝を挙げてリーグ優勝に貢献した。58年引退。実働19年、595試合登板、167勝132敗12セーブ、128完投、26完封、1997奪三振、防御率3.18。引退後、59年

より巨人の投手コーチを務め、平成2年日本ハムの投手コーチ、7年巨人二軍コーチ、13年投手コーチ、15年二軍監督を歴任。21〜26年山梨学院大学野球部の監督を務めた。㊂沢村賞〔昭和44年・48年〕

高橋 克雄 たかはし・かつお アニメーション作家 児童文学作家 東京中央プロダクション主宰 ㊙平成27年(2015)4月8日 82歳〔肺炎〕 ㊕昭和7年(1932)11月16日 ㊔長崎県長崎市大浦町 ㊟幼い頃に両親と朝鮮へ渡る。昭和20年帰国。24年頃から演劇・映画・人形劇を学び、33年東京中央人形劇場(現・東京中央プロダクション)を設立、同年第1作「かみなりんこ物語」を発表。以来、童話・民話・昔話に取材した児童映画を、人形劇、切り紙アニメ、立体アニメなど多様なスタイルで作り続けた。54年「野ばら」がブルガリアのバルナ国際映画祭でレオニード・モギー賞を受賞。児童文学も書き、平成18年には自らの原爆体験を下敷きにした「ナガサキのおばあちゃん」を発表した。主な作品に、映画「一寸法師」「かぐやひめ」、テレビ「メルヘンシリーズ」(NHK)、著書に「感じる世界—テレビ時代の子育て」「時を飛ぶUFO」などがある。文部大臣賞〔昭和54年〕「野ばら」、赤十字賞〔昭和54年〕「野ばら」、芸術祭賞優秀賞〔昭和54年〕、児童福祉文化賞〔昭和54年〕「野ばら」、バルナ国際映画祭レオニード・モギー賞〔昭和54年〕「野ばら」㊟日本映像学会、映画TV技術協会、日本放送作家協会、子どもの感性を守る会

高橋 要 たかはし・かなめ 豊南学園理事長 ㊙平成28年(2016)1月22日 56歳〔心不全〕 ㊟豊南学園理事長を務めた武田昭二の長女。同学園理事長、豊南高校校長、豊南幼稚園長などを歴任した。㊙父=武田昭二(豊南学園理事長)

高橋 清 たかはし・きよし 川崎市長 ㊙平成27年(2015)7月3日 90歳〔病気〕 ㊕大正14年(1925)2月18日 ㊔宮城県 ㊟宮城師範本科〔昭和19年〕卒 川崎市の市立小学校などで教鞭を執った後、川崎市教育委員会指導課長や職員部長を務め、昭和49年市職員局長、58年助役。平成元年から市長に3選。2年リクルート事件の反省を受け全国初の市民オンブズマン制度を導入した他、8年には公務員採用の国籍条項を撤廃して話題となった。子供の権利条例の制定も手がけた。13年落選。㊂勲二等瑞宝章〔平成14年〕 ㊙長男=高橋進(東京大学教授)

高橋 国雄 たかはし・くにお 市川市長 ㊙平成28年(2016)8月1日 95歳〔心不全〕 ㊕大正9年(1920)9月22日 ㊔千葉県市川市 ㊟法政大学専門部政経科卒 ㊟昭和15年市川市役所に入る。財政部長、総務部長、助役を経て、52年市長に当選。5選。在任中は全国で初めて精神障害者用福祉事業所を開設した他、広報紙の新聞折り込み全戸配布や東京外郭環状道路の受け入れ表明などを行った。㊂勲三等旭日中綬章〔平成10年〕、市川市名誉市民〔平成11年〕

高橋 慶一 たかはし・けいいち 岩手県立農業試験場長 ㊙平成27年(2015)8月3日 87歳〔肺炎〕 ㊕昭和3年(1928)5月27日 ㊔岩手県奥州市江刺区盛岡農専卒 ㊟昭和23年岩手県立農業試験場に入り、59〜61年同場長。同県園芸試験場長も務めた。

高橋 建吉 たかはし・けんきち 陶芸家 七右エ門窯代表 ㊙平清水焼 ㊙平成29年(2017)5月16日 94歳〔老衰〕 ㊟平清水焼七右エ門窯の5代目を務めた。山形伝統的工芸産業技術功労者褒賞(昭和57年度)、現代の名工〔平成12年〕

高橋 源吉 たかはし・げんきち 山形県議(自民党) ㊙平成28年(2016)10月6日 83歳〔老衰〕 ㊕昭和8年(1933)9月23日 ㊔山形県南陽市 ㊟宮内高〔昭和27年〕卒 ㊟昭和51年より南陽市議2期、58年以来山形県議に3選。平成7年引退。

高橋 貞雄 たかはし・さだお 石川島播磨重工業代表取締役副社長 日本科学技術連盟会長 ㊙平成28年(2016)8月14日 91歳〔心不全〕 ㊕大正13年(1924)10月28日 ㊔青森県青森市 ㊟北海道大学工学部〔昭和24年〕卒 ㊟機械メーカー勤務を経て、昭和31年石川島重工業(のち石川島播磨重工業、現・IHI)に入社。41年航空エンジン事業部田無工場長、51年取締役兼航空宇宙事業本部長、58年常務、60年代表取締役専務を経て、62年副社長。平成4年常任顧問。長年QC活動に取り組み、7年日本科学技術連盟会長に就任した。㊂藍綬褒章〔平成4年〕、科学技術庁長官賞科学技術功労者表彰(第30回)〔昭和63年〕「液酸・液水ロケットエンジン燃料供給系の開発育成」、青森県賞賞〔平成1年〕、日本機械学会賞技術賞(平成4年度)〔地下無重力実験施設〕、日本航空協会航空功績賞〔平成10年〕

高橋 幸翁 たかはし・さちお 米沢市長 ㊙平成27年(2015)3月30日 81歳〔急性腎不全〕 ㊕昭和9年(1934)2月26日 ㊔山形県米沢市 ㊟米沢興譲館高卒 ㊟米沢市議3期、昭和50年山形県議1期を経て、58年から米沢市長に5選。平成15年引退。山形県市長会会長、東北市長会副会長を歴任した。㊂旭日中綬章〔平成16年〕

高橋 重夫 たかはし・しげお 福島民報代表取締役専務 ㊙平成28年(2016)4月16日 90歳〔老衰〕 ㊕大正14年(1925)5月15日 ㊔福島県 ㊟上海東亜同文書院大学〔昭和19年〕卒 ㊟昭和21年福島民報社に入社。37年東京支社長、38年取締役広告局長、40年常務、50年代表取締役専務を歴任。平成元年民報印刷社長。

高橋 重幸 たかはし・しげゆき カトリック司祭 ㊙平成28年(2016)8月5日 83歳 ㊕昭和7年(1932)11月17日 ㊔東京都 ㊟教皇庁立グレゴリアン大学卒、教皇庁立聖書研究所聖書学〔昭和39年〕修士課程修了 ㊟昭和23年北海道渡島当別のトラピスト修道院に入会。31年からローマへ留学、教皇庁立グレゴリアン大学、教皇庁立聖書研究所で神学と聖書学の修士号を取得。34年受階。39年帰国後、日本聖書協会「聖書新共同訳」の翻訳及び編集作業に携わった。著書に「詩篇を祈る」「聖書からの語りかけ」「聖書を味わう」「憩いの水のほとりに」などがある。

高橋 倭 たかはし・しず 輪違屋9代目当主 ㊙平成28年(2016)1月20日 89歳〔肺炎〕 ㊔京都府京都市

[歴]京都・島原で最も格式のあるお茶屋・輪違屋の9代目当主だった。 [家]長男＝高橋利樹（輪違屋10代目当主）

高橋 彰三郎 たかはし・しょうざぶろう 秋田県立博物館館長 [没]平成29年（2017）4月13日 83歳 [生]昭和8年（1933）7月17日 [出]宮城県 [学]東北大学教育学部卒 [歴]秋田中央高校校長を経て、平成4年から2年間、秋田北高校校長。秋田県立博物館館長も務めた。

高橋 進 たかはし・すすむ 東海大学助教授 [専]経営システム工学 [没]平成28年（2016）4月3日 73歳 [家]長男＝高橋啓（長崎大学准教授）

高橋 清祐 たかはし・せいすけ 演出家 [没]平成28年（2016）11月19日 84歳〔虚血性心筋梗塞〕 [生]昭和7年（1932）4月30日 [出]東京都 [学]立教大学文学部卒 [歴]昭和36年劇団民芸に入団、宇野重吉の演出助手を務めた。43年堀田清美作「島」を菅原卓と共同演出して演出家デビュー。代表作に小幡欣治作「浅草物語」などがある。

た

高橋 静葩 たかはし・せいは 俳人 会津俳句連盟会長 [没]平成27年（2015）12月29日 90歳〔肺炎〕 [生]大正14年（1925）2月20日 [出]福島県 [名]本名＝高橋耕喜（たかはし・こうき） [学]福島県立工卒 [歴]昭和33年「河」に入会、角川源義に師事。50年「河」同人。平成9年俳人協会幹事。会津俳句連盟会長も務めた。句集に「貰ひ雪」「会津盆地」がある。 [賞]福島県文学賞俳句奨励賞〔昭和41年〕，福島県文学賞俳句部門正賞〔平成9年〕 [団]俳人協会 [師]師＝角川源義

高橋 宗治郎 たかはし・そうじろう 滋賀銀行頭取 滋賀経済同友会代表幹事 大津商工会議所会頭 [没]平成27年（2015）12月26日 88歳〔心不全〕 [生]昭和2年（1927）3月9日 [出]京都府京都市 [学]立命館大学経済学部〔昭和25年〕卒 [歴]昭和22年滋賀銀行に入行。同時に戦争中の学問の飢えを満たすため立命館大学に入り、25年卒業。50年取締役、53年常務、59年専務、62年副頭取を経て、平成元年頭取。9年会長。10年滋賀経済同友会代表幹事、同年〜16年大津商工会議所会頭などを歴任した。 [賞]藍綬褒章〔平成5年〕，勲四等旭日小綬章〔平成12年〕

高橋 孝雄 たかはし・たかお 岩手日報取締役東京支社長 [没]平成29年（2017）1月31日 87歳〔呼吸不全〕 [生]昭和4年（1929）12月12日 [出]岩手県花巻市 [学]社陵高中退 [歴]昭和27年岩手日報社に入社。47年写真部長、50年報道部長、53年論説副委員長、57年編集局次長を経て、59年取締役東京支社長。平成2〜5年岩手日報広告社社長。

高橋 健 たかはし・たけし 山梨大学名誉教授 山梨県原水爆被害者の会会長 [専]固体物性 [没]平成28年（2016）9月8日 89歳〔老衰〕 [生]昭和2年（1927）5月13日 [学]名古屋大学理学部物理学科卒 理学博士 [歴]広島高校在学中の昭和20年、爆心地から約2キロの牛田町の自宅で被爆。のち山梨大学工学部教授。40年山梨県原水爆被害者の会（現・山梨県原水爆被爆者の会）が発足すると会長に就任、平成28年まで務めた。また、日本原水爆被害者団体協議会（被団協）理事なども歴任した。

高橋 武重 たかはし・たけしげ 立花商会専務 [没]平成27年（2015）5月23日 86歳〔胸腺種〕 [生]昭和3年（1928）9月23日 [出]愛媛県 [学]大分経専〔昭和23年〕卒 [歴]立花商会（現・立花エレテック）専務を務めた。

高橋 達史郎 たかはし・たつしろう アサヒビール専務 [没]平成29年（2017）8月9日 76歳 [生]昭和15年（1940）11月7日 [出]神奈川県横浜市 [学]東京大学経済学部〔昭和38年〕卒 [歴]平成7年アサヒビール（現・アサヒグループホールディングス）取締役、10年常務を経て、専務。ニッカウヰスキー専務も務めた。

高橋 長世 たかはし・ちょうせい 神奈川県教育委員長 [没]平成28年（2016）5月8日 94歳〔肺炎〕 [生]大正11年（1922）5月3日 [出]神奈川県秦野市 [学]立正大学地歴科卒 [歴]川崎市立百合丘小学校長、神奈川県教育委員長を歴任。

高橋 靗一 たかはし・ていいち 建築家 第一工房代表 大阪芸術大学名誉教授 [没]平成28年（2016）2月25日 91歳〔老衰〕 [生]大正13年（1924）4月27日 [出]中国 [学]東京大学工学部建築学科〔昭和24年〕卒 [歴]昭和29年明治大学講師、31年武蔵工業大学助教授を経て、36年第一工房を設立。大阪芸術大学教授も務めた。モダニズム建築で知られ、「大阪芸術大学塚本英世記念館・芸術情報センター」の設計で日本芸術院賞と日本建築学会賞を受賞。「佐賀県立博物館」の設計でも日本建築学会賞、「群馬県立館林美術館」の設計では村野藤吾賞を受けた。 [賞]日本芸術院賞（第38回）〔昭和56年〕『「大阪芸術大学 塚本英世記念館・芸術情報センター」の建築設計』，日本建築学会賞（作品，昭和45年度・56年度）「佐賀県立博物館」「大阪芸術大学塚本英世記念館・芸術情報センター」，村野藤吾賞（第17回，平成15年度）「群馬県立館林美術館」

高橋 利男 たかはし・としお 広島農業短期大学学長 [専]家畜育種学 [没]平成29年（2017）1月28日 90歳〔肺気腫〕 [生]大正15年（1926）3月16日 [出]広島県福山市 [学]広島大学水畜産学部畜産学科〔昭和29年〕卒 [歴]昭和29年広島農業短期大学助手になり、49年教授。61年学生部長、63年より同大学長を務めた。平成2年同大は広島県立大学の開校と同時に廃校となった。 [賞]勲三等瑞宝章〔平成13年〕 [団]日本畜産学会，日本家禽学会，家畜人工授精研究会

高橋 二三 たかはし・にいさん 脚本家 [没]平成27年（2015）5月5日 89歳〔脳幹出血〕 [生]大正15年（1926）2月3日 [出]群馬県佐波郡玉村町 [名]本名＝高橋幸人（たかはし・ゆきと） [学]麗沢大学，官立無線電信講習所（現・電気通信大学）〔昭和18年〕卒 [歴]昭和21年サン写真新聞社推理小説懸賞募集に「ダンスホール殺人事件」で入賞。23年松竹大船脚本研究所修了。25年日本シナリオ作家協会第1回新人シナリオコンクールに「ミスター警官」で入賞。新藤兼人に師事し、29年「銀座の女」で師匠と共作。30年大映と契約。以来、大映娯楽映画の一角を担い、なかでも40年の「ガメラ」に始まるガメラ映画8本のシナリオを手がけたことで

知られる。芸術祭参加作品「ボクは五歳」(45年)ではシナリオの他、製作と主題歌の作詞・作曲も担当。58年講談社よりドキュメンタリー「ママは不死鳥(フェニックス)」を発行。平成7年小学館より長編小説「ガメラvs.不死鳥(フェニックス)」を処女出版。テレビアニメ「みつばちマーヤの冒険」「はいからさんが通る」などの脚本も手がけた。　[賞]日本シナリオ作家協会新人シナリオコンクール(第1回)「ミスター警官」　[資]1級無線通信士

高橋 のぶ　たかはし・のぶ　歌手　音楽プロデューサー　[没]平成27年(2015)7月19日　65歳〔胃潰瘍〕　[出]宮城県　[名]本名＝高橋伸明(たかはし・のぶあき), グループ名＝つのだひろ＆スペースバンド(つのだひろあんどすぺーすばんど), トランザム　[歴]昭和42年ドラマーとしてデビューするが、のちボーカルに転向。48年つのだひろ＆スペースバンドを経て、トランザムに参加。50年「ビューティフル・サンデー」が大ヒット。コカ・コーラのCM曲も歌った。56年国際障害者年のテーマソング「地球の仲間」を担当、ユニセフ・メッセンジャーとして全国でコンサートを開く。解散後は音楽プロデューサー・歌手として活動を続ける。平成15年トランザムの活動を再開。16年球界再編騒動によりトランザム時代に歌ったパ・リーグの連盟歌「白いボールのファンタジー」が注目を集め、署名運動も起こりCD化された。

高橋 則行　たかはし・のりゆき　愛知県議(自民党)　[没]平成29年(2017)8月20日　85歳〔急性呼吸不全〕　[生]昭和6年(1931)9月28日　[出]香川県丸亀市　[学]早稲田速記校卒　[歴]昭和38年から愛知県議に11選。平成10年議長。19年引退。　[賞]藍綬褒章〔昭和61年〕, 旭日重光章〔平成19年〕

高橋 一　たかはし・はじめ　鳥取環境大学学長・理事長　一橋大学名誉教授　[専]数理統計学　[没]平成29年(2017)8月25日　70歳〔間質性肺炎〕　[生]昭和22年(1947)3月2日　[出]東京都　[学]一橋大学経済学部〔昭和46年〕卒, コロンビア大学大学院数理統計学科統計学専攻〔昭和53年〕博士課程修了　Ph.D.(コロンビア大学)〔昭和53年〕　[歴]昭和53年米国ミシガン大学客員助教授、54年ボストン大学助教授、57年富山大学助教授、61年一橋大学助教授を経て、平成10年教授。24年鳥取環境大学副学長となり、25年2代目の学長兼理事長に就任。29年任期途中で病死した。著書に「経済学とファインスのための数学」、共著に「金融・証券計量分析の基礎と応用」、編著に「計量経済学」などがある。　[団]日本統計学会, 米国統計学会, 数理統計学会

高橋 寿夫　たかはし・ひさお　海上保安庁長官　日本空港ビルデング社長　[没]平成28年(2016)12月3日　92歳〔虚血性心不全〕　[生]大正13年(1924)8月23日　[出]東京市四谷区(東京都新宿区)　[学]東京帝国大学法学部〔昭和22年〕卒　[歴]昭和22年運輸省(現・国土交通省)に入省。41年官房政策課長、45年官房参事官、47年自動車局業務部長、48年官房観光部長、49年自動車局長、51年航空局長を経て、53年海上保安庁長官。54年退官。国鉄監査委員を経て、56年日本空港ビルデング社長に就任。平成3年会長。同年成田空港問題の調査・平和的解決を目的とする“隅谷調査団”に加わった。運輸省時代には丹沢山頂に113回登った記録を持つ。　[賞]勲二等旭日重光章〔平成7年〕, 交通文化賞〔昭和62年〕　[家]長男＝高橋牧人(外務省在外公館課長)

高橋 英雄　たかはし・ひでお　栃木県農務部長　栃木放送社長　[没]平成28年(2016)6月12日　80歳〔病気〕　[生]昭和11年(1936)1月9日　[出]栃木県　[学]福島大学〔昭和33年〕卒　[歴]昭和33年栃木県庁に入庁、63年企画部長、平成3年農務部長。7年退職。とちぎ女性センター理事長を経て、9年栃木放送社長。

高橋 弘　たかはし・ひろし　能楽師(観世流シテ方)　[没]平成29年(2017)2月2日　70歳〔肺がん〕　[生]昭和21年(1946)5月28日　[出]東京都　[学]東京芸術大学別科卒　[歴]高橋静夫の三男で、観世流25代目宗家の観世左近に師事。初舞台は「鞍馬天狗」の花見の稚児。「岩船」で初シテを務めた。平成3年より日本能楽会会員。

高橋 牧之介　たかはし・まきのすけ　医師　岩手県医師会副会長　[没]平成27年(2015)12月17日　85歳〔肺炎〕　[生]昭和5年(1930)8月15日　[出]岩手県和賀郡湯田町(西和賀町)　[学]岩手医科大学医学部卒　[歴]昭和33年岩手医科大学第一外科、44年県立久慈病院を経て、51年開業。平成4年から18年間、岩手県医師会副会長。岩手県予防医学協会会長、岩手西北医師会会長、岩手郡医師会会長なども歴任した。

高橋 正賢　たかはし・まさかた　毎日新聞東京本社広報委員会幹事・社報編集長　[没]平成29年(2017)1月24日　86歳〔肺炎〕　[生]昭和5年(1930)9月22日　[出]山形県　[学]慶応義塾大学卒　[歴]昭和28年毎日新聞社に入社。東京本社、西部本社の各整理本部副部長、福島支局長、読者室委員を経て、58年広報委員会幹事兼社報編集長。

高橋 董　たかはし・まさし　鹿児島県議(社会党)　[没]平成27年(2015)8月21日　87歳〔肺炎〕　[生]昭和2年(1927)11月8日　[出]鹿児島県奄美市名瀬　[学]大島中卒　[歴]鹿児島市議4期を経て、昭和50年社会党の公認を受けて鹿児島市区から鹿児島県議に当選。4期務め、平成3年引退した。

高橋 正信　たかはし・まさのぶ　神戸新聞社長室次長　[没]平成29年(2017)1月19日　80歳〔肺炎〕　[生]昭和11年(1936)12月3日　[出]兵庫県尼崎市　[学]尼崎高卒　[歴]昭和30年神戸新聞社に入社。57年広告整理部長、60年関連企業部長、平成2年社長室次長兼関連事業室次長を経て、3年社長室次長。神戸新聞興産社長、神戸新聞事業社社長を務めた。

高橋 政巳　たかはし・まさみ
⇒高 政巳(こう・せいし)を見よ

高橋 実　たかはし・みのる　福島医科大学准教授　[専]免疫学　[没]平成28年(2016)4月8日　48歳　[学]大阪大学大学院医学研究科〔平成8年〕博士課程修了　[歴]福島医科大学講師を経て、准教授。

高橋 泰邦　たかはし・やすくに　海洋作家　翻訳家　[専]西洋帆船　[没]平成27年(2015)2月12日　89歳〔虚血性心不全〕　[生]大正14年(1925)5月31日　[出]東京都　[学]早稲田大学理工学部〔昭和22年〕中退　[歴]昭和26年NHKの懸賞に入選、29年講談社の懸賞に入選。これを機に、海洋作家・翻訳家として出発。スレッサー、

た

マクベインなど多数の翻訳を手がけ、47年より日本翻訳専門学院講師も務めた。また、34年の「殉職」以来、旺盛な創作を続けた。主な著書に「偽りの晴れ間」「南溟に吼える」、訳書にC.S.フォレスター〈海の男ホーンブロワー〉シリーズなど多数。 [団]日本推理作家協会, 他殺クラブ, 日本文芸家協会

高橋 雄七　たかはし・ゆうしち　角館町(秋田県)町長　[没]平成28年(2016)2月25日　76歳〔肺炎〕　[生]昭和14年(1939)2月28日　[出]秋田県仙北郡角館町(仙北市)　[名]旧姓・名＝須田雄七　[学]角館高〔昭和32年〕卒, 東北大学文学部国史学科〔昭和36年〕卒　[歴]昭和36年花場印刷所に入社。44年町立角館図書館勤務となるが、49年花場印刷所に復職、57年代表取締役。また、51年から角館町議を3期務め、60年町長選出馬のため辞職。平成元年より町長に3選。13年落選。この間、11年秋田県町村会副会長を経て、12年会長。一方、平成2年角館のお祭り保存会発足に際して会長に就任。全国山・鉾・屋台保存連合会理事も務めた。著書に「荒廃期における文化—富木友治のこと」「城下町角館の町割について」などがある。 [賞]文化庁長官表彰(平成22年度)

高階 勇輔　たかはし・ゆうすけ　高崎経済大学名誉教授　[専]経済史　[没]平成28年(2016)6月17日　85歳　[生]昭和6年(1931)3月29日　[名]本名＝高階勇(たかはし・いさむ)　[学]埼玉大学卒, 早稲田大学大学院経済学研究科修了　[歴]高崎経済大学教授を務めた。共著に「群馬の地場産業」「群馬史再発見」などがある。　[賞]瑞宝中綬章〔平成21年〕

高橋 雄亮　たかはし・ゆうすけ　歌人　NHK理事　[没]平成28年(2016)6月24日　85歳　[生]昭和6年(1931)5月7日　[出]東京都　[学]東北大学法学部〔昭和29年〕卒　[歴]昭和29年NHKに入局。報道局整理部長、福島放送局長、報道局次長、59年広島放送局長、61年放送総局副総局長を経て、63年理事、営業総局長に就任。平成3年退任。一方、戦後作歌を始め、昭和34年「菩提樹」に入会、大岡博に師事。のち同人。歌集に「時流」「翌檜」「憧憬」などがある。　[団]日本歌人クラブ　[師]師＝大岡博

高橋 由貴彦　たかはし・ゆきひこ　写真家　作家　東京クリエイティブ社長　[没]平成28年(2016)10月24日　86歳〔胃がん〕　[生]昭和5年(1930)9月14日　[出]宮城県石巻市　[学]東北大学卒　[歴]映像による広告製作会社を経営、写真家、作家でもある。慶長18年(1613年)の慶長遣欧使節のたどった陸路部分約4000キロを踏破し、ペンと映像で支倉常長の軌跡を記録。石巻市の慶長使節船ミュージアム(サン・ファン館)のシアター映像を監修した。著書に「ローマへの遠い旅—支倉常長の足跡」、写真集「秋篠寺」などがある。　[団]日本海事史学会, 日本文芸家協会, 日本ペンクラブ, 日本写真家協会, 日本写真作家協会

高橋 寛　たかはし・ゆたか　大曲木材社長　大曲商工会議所会頭　[没]平成27年(2015)11月29日　68歳〔病気〕　[生]昭和21年(1946)12月1日　[出]秋田県　[学]日本大学生産工学部〔昭和44年〕卒　[歴]昭和44年大曲木材に入社。50年専務を経て、58年社長に就任。21年会長。19〜22年大曲商工会議所会頭を務めた。

高橋 百合子　たかはし・ゆりこ　愛知県立看護大学名誉教授　[専]看護学　[没]平成27年(2015)9月18日　97歳〔腸閉塞〕　[生]大正6年(1917)10月23日　[出]静岡県静岡市　[学]静岡英和女〔昭和10年〕卒, 聖路加女子専衛生看護卒　[歴]静岡県の柑橘栽培の父といわれる高橋郁郎静岡県柑橘試験場初代場長の長女。昭和10年静岡英和女学校を卒業後、戦時中から80年近くにわたって看護師の地位向上に尽くした。愛知県立看護短期大学教授などを務めた。　[家]父＝高橋郁郎(静岡県柑橘試験場長), 弟＝高橋裕(東京大学名誉教授)

高橋 嘉子　たかはし・よしこ　声楽家(メゾソプラノ)　平成音楽大学客員教授　[没]平成28年(2016)2月13日　83歳〔呼吸不全〕　[生]昭和7年(1932)5月24日　[出]熊本県　[名]旧姓・名＝木部　[学]東京芸術大学〔昭和30年〕卒　[歴]熊本大学助教授、熊本女子短期大学教授、熊本音楽短期大学教授、平成音楽大学客員教授を歴任。昭和32〜33年米国アトランタでE.カーリー、37〜38年ボストンのニューイングランド音楽院でリチャード・B.ローズウォールらに師事した。　[団]新・波の会, 熊本オペラ芸術協会　[師]師＝四家文子, 有馬俊一, E., カーリー, ローズウォール, リチャード・B.

高橋 吉太郎　たかはし・よしたろう　宮崎太陽銀行専務　[没]平成27年(2015)7月27日　86歳〔心不全〕　[生]昭和3年(1928)8月5日　[出]宮崎県えびの市　[学]中央大学経済学部〔昭和29年〕卒　[歴]昭和29年宮崎相互銀行(現・宮崎太陽銀行)に入行。福岡支店長、54年取締役融資部長などを歴任し、63年〜平成3年専務を務めた。

高橋 令則　たかはし・よしのり　参院議員(自由党)　岩手県副知事　[没]平成28年(2016)9月3日　81歳〔心不全〕　[生]昭和9年(1934)9月29日　[出]岩手県岩手郡松尾村(八幡平市)　[学]早稲田大学法学部〔昭和32年〕卒　[歴]昭和32年岩手日報社に入社、37年岩手県庁に入る。61年総務部長、63年出納長となり、平成6年副知事に就任。7年参院選岩手選挙区で新進党から当選。10年自由党に参加。1期務め、13年引退。参院自由党副幹事長などを務めた。

高畠 又胤　たかばたけ・またたね　安田生命保険常務　[没]平成28年(2016)7月22日　88歳〔肺炎〕　[生]昭和3年(1928)1月30日　[出]茨城県　[学]法政大学専門部〔昭和23年〕卒　[歴]昭和23年安田生命保険(現・明治安田生命保険)に入社。業務部長を経て、50年取締役、56年常務、62年安生サービス社長、平成5年退任。

高原 忠敏　たかはら・ただとし　空将　航空自衛隊幹部候補生学校長　[没]平成28年(2016)5月31日　92歳〔肺炎〕

高平 公嗣　たかひら・こうじ　富山県議(自民党)　[没]平成28年(2016)3月8日　69歳〔急性心筋梗塞〕　[生]昭和22年(1947)1月20日　[学]拓殖大学商学部卒　[歴]参院議員を務めた高平公友の長男。昭和55年新栄建設社長。平成7年より富山県議に6選。21年副議長、26年議長。自民党富山県連の総務会長や幹事長を歴任し、27年より党県議会議員会長。6期目途中の28年、心筋梗

塞により急逝した。 [家]父＝高平公友（参院議員），長男＝高平公輔（高新工業専務）

高松 雄一 たかまつ・ゆういち 英文学者 東京大学名誉教授 日本英文学会会長 [専]イギリス近代詩 [没]平成29年（2017）8月19日 88歳〔間質性肺炎〕 [生]昭和4年（1929）7月25日 [出]北海道室蘭市 [学]東京大学文学部英文科〔昭和29年〕卒，東京大学大学院人文科学研究科英語英文学専攻博士課程満期退学 [歴]国学院大学助教授を経て、昭和38年から北海道大学助教授、44年東京大学助教授、52年教授。平成2年退官し、駒沢大学教授。12年退職。昭和60年〜平成元年日本英文学会会長。イェーツ、エリオットなど20世紀の詩人に関心を寄せ、イギリス近代詩法の研究を中心に、詩、小説の翻訳紹介を行う。ジョイスの研究でも知られ、8年丸谷才一らとともに、30年ぶりに「ユリシーズ」を共同新訳した。他の著書に「イギリス近代詩法」、訳書にロレンス・ダレル「アレキサンドリア四重奏」、ジェイムズ・ジョイス「ダブリンの市民たち」、シェイクスピア「ソネット集」など。 [賞]読売文学賞研究・翻訳賞（第54回）〔平成15年〕「イギリス近代詩法」 [団]日本英文学会，日本イエイツ協会

高松 征雄 たかまつ・ゆきお 栃木県出納長 [没]平成27年（2015）4月10日 75歳〔病気〕 [生]昭和15年（1940）4月3日 [出]栃木県 [学]学習院大学政治経済学部〔昭和38年〕卒 [歴]昭和38年栃木県庁に入庁。保健福祉部長などを経て、平成12年出納長。エフエム栃木社長、栃木県社会福祉協議会会長なども務めた。

高見 清司 たかみ・きよし フレックスアコレ会長 [没]平成28年（2016）8月12日 83歳〔病気〕 [出]三重県鈴鹿市 [歴]マックスバリュ中部の前身であるフレックスアコレ会長を務めた。

田上 泰寛 たがみ・やすひろ 熊本県議（県民クラブ） [没]平成28年（2016）12月31日 69歳〔膵臓がん〕 [生]昭和22年（1947）1月2日 [出]熊本県 [学]熊本短期大学中退 [歴]熊本県天明町職員を経て、自治労熊本県副委員長。平成7〜19年熊本県議を連続3期務めた。

高道 基 たかみち・もとい 同志社大学神学部教授 [専]神学，哲学 [没]平成27年（2015）11月27日 89歳 [生]大正15年（1926）1月17日 [出]東京都大田区 [学]同志社大神学部〔昭和27年〕卒 [歴]同志社大学神学部教授、神戸女学院大学文学部教授、新島学園女子短期大学学長などを歴任した。著書に「山室軍平」、編著に「幼児教育の系譜と頌栄」、共著に「近代日本文化とキリスト教」などがある。

高村 勣 たかむら・いさお 生協運動家 コープこうべ理事長 日本生活協同組合連合会会長 [没]平成27年（2015）3月15日 91歳〔病気〕 [生]大正12年（1923）12月13日 [出]大阪府 [学]神戸経済大学（現・神戸大学経済学部）〔昭和21年〕卒 [歴]灘購買利用組合（現・コープこうべ）に入り、昭和43年企画部長、44年常務理事、50年専務理事を経て、58年組合長、平成元年〜5年理事長。昭和32年生活協同組合（生協）で初めてスーパーマーケット形式の店舗を芦屋市に開店。以来、共同購入と並ぶ2本柱に育て、同生協を日本最大の生協へと発展させた。平成3年には組合員が100万人を突破。その手腕から“ミスター生協”の異名を持った。同じ神戸発祥のスーパー最大手ダイエーとは、兵庫県内で競い合うように事業を拡大し“神戸流通戦争”とも呼ばれた。昭和60年〜平成5年日本生活協同組合連合会（日本生協連）会長を務めた。著書に「生協人間」「続生協人間」「生協経営論」「いま生協に求められるリーダーシップとは」などがある。 [賞]勲二等瑞宝章〔平成6年〕，兵庫県文化賞〔平成4年〕，神戸市文化賞〔平成5年〕，アルビン・ヨーハンソン賞〔平成7年〕

高室 陽二郎 たかむろ・ようじろう 山梨放送社長 [没]平成29年（2017）4月17日 87歳〔病気〕 [生]昭和4年（1929）12月1日 [出]山梨県 [学]山梨大学学芸学部卒 [歴]昭和33年山梨日日新聞社に入社。管理室長、編集局長、53年山梨放送報道制作局長、55年山梨日日新聞常務、62年山梨放送専務、平成元年副社長を経て、3年社長。7年退任。2〜15年山梨県山岳連盟会長。日本山岳協会副会長、山梨大学山岳会会長も務めた。 [家]父＝高室呉龍（俳人）

た

高本 友彦 たかもと・ともひこ 広島大学名誉教授 [専]バイオメカニクス（生体工学） [没]平成27年（2015）10月28日 92歳〔肺炎〕 [生]大正12年（1923）10月18日 [出]熊本県熊本市 [学]熊本中〔昭和16年〕卒，東京体育専（現・筑波大学）〔昭和20年〕卒 [歴]熊本の中学を振り出しに教育畑を歩み、昭和30年広島大学講師、35年助教授、51年教授。体を鍛えるつもりで入った東京体育専門学校では陸上競技（短距離）に生きがいを見つけ、選手生活の10年間に国体に8回も出場した。中国・四国学生競技連盟会長を務め、名スターターとしても知られた。 [賞]勲三等瑞宝章〔平成13年〕 [団]日本体育学会，日本体力医学会

高森 篤子 たかもり・あつこ タイガーマスク基金名誉会長 劇画作家・梶原一騎の妻 [没]平成27年（2015）4月6日 70歳 [出]東京都 [歴]劇画作家・梶原一騎と結婚。児童養護施設の子供を支援するNPO法人・タイガーマスク基金の名誉会長を務めた。 [家]夫＝梶原一騎（劇画作家）

高森 務 たかもり・つとむ 画家 米沢児童文化協会会長 [没]平成28年（2016）1月20日 106歳〔老衰〕 [生]明治42年（1909）4月13日 [学]山形師範卒 [歴]昭和4年小学校の教員となり、42年高畠町の屋代小学校長を最後に退職した。53年人形劇団青空クラブを創立、58年には「米沢こども新聞」（現・「米沢小学生新聞」）の創刊に携わった。 [賞]久留島武彦文化賞（第22回）〔昭和57年〕，山新3P賞，米沢市功績章，高畠町功労章

たかや 健二 たかや・けんじ 漫画家 [没]平成28年（2016）10月2日 61歳〔肺炎〕 [生]昭和30年（1955）8月20日 [出]千葉県船橋市 [名]本名＝石毛憲一（いしげ・けんいち） [歴]デビューは昭和52年「毎日小学生新聞」に発表した「ファウンダー」。55年第2回藤子不二雄賞佳作入選がきっかけで本格的な活動を始める。1980年代に「コロコロコミック」で「3D甲子園 プラコン大作」「かっとび！ 童児」（原作・古沢一誠）を連載、代表作となった。藤子不二雄のアシスタントを務め、晩年にアシスタントの先輩である漫画家・方倉陽二の伝

記漫画「雲遙かなり」を執筆した。 [賞]藤子不二雄賞佳作（第2回）〔昭和55年〕「スペーサー・バン」

高谷 寿峰 たかや・としみね 北斗市長 [没]平成29年（2017）12月16日 65歳 [生]昭和27年（1952）2月9日 [出]北海道上磯郡上磯町（北斗市） [学]大野農卒 [歴]昭和45年北海道上磯町職員となる。社会教育課長、総務課長、総務部長を経て、平成15年助役。18年合併により北斗市助役、19年副市長。22年市長に初当選。26年無投票で再選。28年3月に開業した北海道新幹線については、新函館北斗駅の地元市長として観光振興に尽力。26年に約2ケ月肺炎で入院。29年2月にも右気胸で10日ほど入院。同年9月の定例市議会で、3選を目指して出馬する意向を表明していたが、2期目途中の同年12月死去。

高谷 信夫 たかや・のぶお 陶芸家 下川原焼窯元 [没]平成28年（2016）5月4日 64歳〔病気〕 [出]青森県弘前市 [歴]青森県で江戸時代から続く下川原焼の窯元の家に生まれる。25歳で家業を継ぎ、6代目窯元として活動した。

高谷 好一 たかや・よしかず 京都大学名誉教授 滋賀県立大学名誉教授 [専]地学, 熱帯農業, 熱帯生態学, アジア研究, 地元学 [没]平成28年（2016）3月12日 81歳 [生]昭和9年（1934）3月18日 [出]滋賀県 [学]京都大学理学部地質学鉱物学科〔昭和33年〕卒, 京都大学大学院理学研究科地質・鉱物学専攻博士課程修了 理学博士（京都大学） [歴]京都大学東南アジア研究センター教授を経て、滋賀県立大学教授。平成13～15年人間文化学部長。昭和31年京大に誕生した日本初の探検部で初代プレジデントを務めた。著書に「熱帯デルタの農業発展」「東南アジアの自然と土地利用」「マングローブに生きる」「新世界秩序を求めて」などがある。平成28年滞在していたインドのホテルで急逝。29年郷里の守山市の住民らにより「高谷好一地域学賞」が創設された。 [賞]瑞宝中綬章〔平成25年〕, 日本熱帯農業学会賞〔昭和53年〕「東南アジアの稲作とその立地に関する研究」, 大同生命地域研究賞奨励賞（第1回）〔昭和61年〕, NIRA政策研究東畑記念賞（第9回）〔平成5年〕「新世界秩序を求めて—21世紀への生態史観」, 京都新聞大賞（文化学術賞）〔平成14年〕「地域研究に関する貢献」 [団]日本熱帯農業学会, 東京地学協会

高柳 喜一 たかやなぎ・きいち 高柳喜一商店社長 静岡県柔道協会会長 [没]平成29年（2017）1月5日 79歳〔病気〕 [生]昭和12年（1937）4月22日 [出]静岡県浜北市（浜松市浜北区） [学]浜松商〔昭和31年〕卒 [歴]昭和60年より高柳喜一商店社長。柔道の有段者で、静岡県柔道協会会長、全日本柔道連盟顧問、静岡県体育協会副会長を歴任した。 [賞]旭日双光章〔平成26年〕, 浜北市体育功労賞, 日本スポーツ少年団顕彰表彰

高柳 俊郎 たかやなぎ・としろう 郷土史家 遠野物語研究所所長 [専]岩手県, 柳田国男研究 [没]平成28年（2016）2月25日 85歳〔間質性肺炎〕 [生]昭和6年（1931）2月4日 [出]岩手県遠野市東穀町 [学]遠野高 [歴]遠野市内の中学校教師を務め、上郷中学校長で定年退職。平成7年遠野物語研究所を創設。以来、遠野物語ゼミナールなどの企画運営、研究所出版図書の編集に従事した。著書に「柳田国男の遠野紀行」などがある。 [賞]遠野市勢振興功労表彰〔平成22年〕

高山 彰 たかやま・あきら 医師 角田市長 [没]平成27年（2015）4月23日 90歳〔胆管がん〕 [生]大正14年（1925）3月31日 [出]宮城県角田市 [学]北海道大学医学部〔昭和24年〕卒 医学博士 [歴]仙台赤十字病院勤務を経て、昭和31年角田市に高山内科胃腸科医院を開業。57年から6年間、角田市医師会会長、59年同市教育委員長などを歴任。63年市長に当選、2期務めた。平成8年引退。 [賞]勲五等双光旭日章〔平成9年〕 [家]祖父＝高山善右衛門（宮城県議）

高山 一彦 たかやま・かずひこ 成蹊大学名誉教授 [専]西洋史, フランス史 [没]平成28年（2016）9月29日 92歳〔誤嚥性肺炎〕 [生]大正13年（1924）5月14日 [出]神奈川県鎌倉市 [学]東京大学文学部西洋史学科〔昭和23年〕卒, 東京大学大学院文学研究科〔昭和26年〕修了 [歴]成蹊大学文学部教授、同学部長を務めた。また、昭和49年よりオルレアン市立ジャンヌ・ダルク研究センター名誉委員。著書に「ジャンヌ・ダルクの神話」「ジャンヌ・ダルク」、編訳に「ジャンヌ・ダルク処刑裁判」などがある。 [賞]パルム・アカデミック勲章オフィシエ章〔昭和59年〕, 勲三等瑞宝章〔平成13年〕 [団]史学会, 日仏歴史学会

高山 捷一 たかやま・しょういち 空将 航空技術者 [没]平成29年（2017）3月5日 102歳〔老衰〕 [生]大正4年（1915）1月2日 [出]愛知県 [学]三高理科乙類卒, 東京帝国大学工学部航空学科〔昭和12年〕卒 [歴]昭和12年海軍造兵中尉に任官。戦闘機「零式艦上戦闘機（ゼロ戦）」「紫電改」、陸上爆撃機「銀河」などの審査・開発を手がけた。敗戦時は海軍技術少佐。戦後は大阪アルミニューム製作所を経て、29年防衛庁技官となり、自衛隊機の自主開発路線を進めた。空将まで昇り、44年退官。

高山 武久 たかやま・たけひさ 毎日新聞大阪本社総合企画本部長 日本高校野球連盟副会長 [没]平成28年（2016）4月22日 74歳〔急性膵炎〕 [生]昭和16年（1941）8月9日 [出]長野県 [学]東京大学教養学部卒 [歴]昭和41年毎日新聞社に入社、平成6年大阪本社総合企画本部長。9年スポーツニッポン新聞大阪本社取締役。18～24年日本高校野球連盟副会長を務めた。

高山 剛 たかやま・つよし 大同特殊鋼社長 [没]平成27年（2015）4月7日 78歳〔膀胱腺がん〕 [生]昭和11年（1936）7月30日 [出]広島県広島市 [学]京都大学法学部〔昭和35年〕卒 [歴]昭和35年大同製鋼（現・大同特殊鋼）に入社。平成2年取締役、4年常務、6年専務、8年副社長を経て、10年社長。16年会長。

高山 俊彦 たかやま・としひこ 陸上指導者 新潟県高校体育連盟会長 [没]平成29年（2017）5月17日 65歳 [学]新潟高卒, 東京教育大学（現・筑波大学）大学院 [歴]新潟高校時代は陸上選手として活躍し、東京教育大学（現・筑波大学）の大学院から新潟県の教員となる。昭和60年新潟江南高校陸上部監督時代に同校をインターハイ優勝に導くなど、情熱あふれる指導で知られた。

平成24年同校校長を最後に退職。新潟県高校体育連盟会長も務めた。

高山 寛 たかやま・ゆたか 京都府議（自民党） ㋑平成27年（2015）2月22日 85歳〔心不全〕 ㋺昭和4年（1929）7月10日 ㋩滋賀県 ㋥同志社短期大学〔昭和30年〕卒 ㋭京都市長を務めた高山義三の長男。京都市長秘書、京都市計画局管理課長を経て、昭和42年京都府議に当選。58年議長。10期務め、平成19年引退。また、昭和52年から2年間、自民党京都府連幹事長を務めた。 ㋬旭日中綬章〔平成19年〕 ㋣父＝高山義三（京都市長）、祖父＝中村栄助（衆院議員）

高良 幸勇 たから・こうゆう 那覇市議 沖縄県腎臓病協議会会長 ㋑平成27年（2015）9月30日 71歳〔病気〕 ㋺昭和19年（1944）6月27日 ㋩沖縄県那覇市字小禄 ㋥中央大学法学部法律学科中退 ㋭平成元年から那覇市議に4選。また、沖縄県腎臓病協議会会長として腎臓病に関する早期発見や臓器移植の重要性の啓発活動にも取り組んだ。

高良 ミチ子 たから・みちこ 国際ソロプチミスト沖縄会長 ㋑平成28年（2016）6月10日 77歳〔病気〕 ㋩沖縄県那覇市 ㋭国際ソロプチミストの活動で海外交流や奉仕活動に取り組む一方、教職にあった経験を生かして那覇市の人権擁護委員や青少年健全育成市民会議副会長などを歴任した。

宝井 馬琴（6代目） たからい・ばきん 講談師 講談協会会長 ㋑平成27年（2015）9月25日 80歳〔前立腺がん〕 ㋺昭和10年（1935）9月13日 ㋩静岡県清水市興津町（静岡市） ㋥本名＝山梨稔（やまなし・つとむ）、前名＝宝井琴調、宝井琴鶴（4代目）（たからい・きんかく） ㋥清水東高〔昭和29年〕卒、明治大学文学部英米文学科〔昭和34年〕卒 ㋭高校3年の時にラジオで聞いた5代目宝井馬琴の講談の面白さに驚く。上京して大学に入ると5代目馬琴の家に通うようになり、卒業後の昭和34年正式に入門、琴調を名のる。41年真打ちに昇進し、琴鶴を襲名。講談の話芸を広く大衆に伝えようと、51年から琴鶴修羅場会を開簾。62年6代目馬琴を襲名。講談協会副会長を経て、平成18～22年同会長。合戦の様子を描写する軍談の名手として知られ、映像や英語を使う新しい手法にも取り組んだ。毎年2月講談中興の祖・松林伯円をしのび顕彰する伯円忌を主宰。また、昭和55年から埼玉県内の旧跡や偉人にまつわる話題を講談で紹介する「埼玉を語る夕べ」を27年間続けた。著書に「いま甦る名将のひとこと」「名将ちょっといい言葉」「埼玉英傑伝」などがある。 ㋬芸術選奨文部大臣賞〔平成10年〕、紫綬褒章〔平成11年〕、旭日小綬章〔平成20年〕、芸術祭賞優秀賞〔昭和51年・59年〕、放送芸大賞講談部門賞〔昭和55年〕、郵政前島賞、浅草芸能大賞奨励賞（第4回）〔昭和63年〕、芸術祭賞（平成3年度）「John Mung—ジョン万次郎」、埼玉文化賞（第50回）〔平成27年〕 ㋣講談協会師＝宝井馬琴（5代目）

滝 一郎 たき・いちろう 滋賀県議（自民党） ㋑平成28年（2016）1月18日 75歳〔心筋梗塞〕 ㋺昭和15年（1940）6月10日 ㋩滋賀県 ㋥瀬田工〔昭和34年〕

卒 ㋭昭和37年家業の電気工事業に従事し、滝電気商会設立に際して取締役。55年社長。54年から彦根市議を2期務め、62年滋賀県議に当選。5期。議長も務めた。19年引退。 ㋬藍綬褒章〔平成13年〕

滝 一郎 たき・いちろう 植物研究家 ㋑平成28年（2016）11月28日 86歳〔昭和5年（1930）3月1日 ㋩宮崎県西都市三納 ㋥宮崎師範〔昭和24年〕卒 ㋭小林小学校をふり出しに、小林中学校、三納、銀上、穂北、青島、妻北、新田の各小学校の教諭を務める。昭和45年から8年間、宮崎県総合博物館に自然史担当として勤務。61年退職後は植物研究及び著述に専念。西都市で山野草の観察会を開き、市の広報誌に20年以上連載を持つなど同市の"草博士"として親しまれ、宮崎県内におけるシダや山菜研究の第一人者としても知られた。著書に「じゃがじゃが植物記」「宮崎の山菜」などがある。 ㋬宮崎日日新聞賞文化賞〔平成10年〕、西都市教育文化功労賞〔平成13年〕、宮崎ロータリークラブ職業奉仕賞〔平成14年〕、宮日出版文化賞「宮崎の山菜」

多木 隆雄 たき・たかお 多木化学社長 ㋑平成29年（2017）4月18日 91歳〔急性呼吸不全〕 ㋺大正14年（1925）10月9日 ㋩大阪府 ㋥慶應義塾大学法学部〔昭和25年〕卒 ㋭昭和25年多木製肥所（現・多木化学）に入社。46年取締役、48年常務、51年専務を経て、55年社長。平成9年会長に退いた。 ㋬発明大賞白井発明功労賞〔平成16回〕〔平成3年〕「ペースト肥料の製造法」 ㋣長男＝多木隆元（多木化学社長）

滝井 宏一 たきい・こういち 関東電化工業社長 ㋑平成28年（2016）8月26日 87歳〔老衰〕 ㋺昭和4年（1929）1月18日 ㋩東京都 ㋥早稲田大学政経学部〔昭和26年〕卒 ㋭昭和26年関東電化工業に入社。58年取締役、62年専務を経て、平成6年社長、9年会長に退いた。

滝井 繁男 たきい・しげお 弁護士 最高裁判事 大阪弁護士会会長 ㋑平成27年（2015）2月28日 78歳〔急性肺血栓塞栓〕 ㋺昭和11年（1936）10月31日 ㋩京都府 ㋥京都大学法学部〔昭和36年〕卒 ㋭昭和35年司法試験に合格。大学卒業と同時に司法研修所に入り、38年弁護士登録。"人権派弁護士"として知られ、44年大阪空港公害訴訟では原告弁護団副団長を務める。平成11年大阪弁護士会会長、日弁連法科大学院設立運営協力センター委員長を歴任。14年6月最高裁判事に就任。15年7月の商工ローンの融資を巡る訴訟判決では、裁判長として、信用保証する子会社が徴収する保証料を"みなし利息"とする初判断を下し、同種の訴訟に大きな影響を与えた。また、日本国籍がない公務員の管理職試験受験を制限する国籍条項を巡る訴訟判決（17年1月）では、合理的理由があれば違憲ではないとした多数意見に対し、法の下の平等に反して違憲とする反対意見を述べた。同年9月の在外日本人選挙権訴訟では海外在住の日本人の選挙権を制限する公職選挙法の規定を違憲と判断。国の立法不作為も認め、賠償を命じた。他に、水俣病関西訴訟（16年）、消費者金融の"グレーゾーン金利"を実質的に否定する判決（18年）などに関わった。同年10月定年退官。著書に「逐条解説工事請負契約約款」「建設工事契約の法律実務」「建設請負契約判例解説」「最高裁判所は変わったか——裁判官

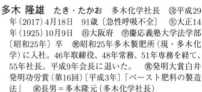

の自己検証」などがある。 [賞]旭日大綬章〔平成20年〕 [団]大阪弁護士会 [家]兄＝和久峻三（推理作家・弁護士）

滝川 好美 たきかわ・よしみ 淡路信用金庫会長 洲本商工会議所会頭 [没]平成29年（2017）1月7日 80歳〔敗血症〕 [生]昭和11年（1936）7月24日 [出]兵庫県洲本市 [歴]昭和30年淡路信用金庫に入庫。62年理事、平成2年常務理事を経て、5年から20年間、同理事長。16～22年洲本商工会議所会頭。一般財団法人淡路島くにうみ協会理事長も務めた。

滝口 国一郎 たきぐち・くにいちろう 富良野市長 [没]平成27年（2015）2月2日 96歳〔肺炎〕 [生]大正7年（1918）11月16日 [出]北海道空知郡山部村（富良野市） [学]永山農卒 [歴]昭和22年北海道東山村役場に入る。41年の市制移行後は経済部長などを務め、54年から市長に4選。平成6年落選。 [賞]勲四等瑞宝章〔平成7年〕，富良野市名誉市民〔平成12年〕

滝口 凡夫 たきぐち・つねお 宗像市長 西日本新聞取締役編集局長 [没]平成29年（2017）12月24日 89歳 [生]昭和3年（1928）2月19日 [出]福岡県宗像市稲元 [学]九州大学経済学部〔昭和26年〕卒 [歴]昭和26年西日本新聞社に入社。編集局次長、51年東京支社次長、54年論説委員会委員長、58年編集局長（役員待遇）を経て、60年取締役、62年監査役。63年宗像市長に当選。3期務め、平成12年引退した。

滝口 英子 たきぐち・ひでこ
⇒宮 英子（みや・ひでこ）を見よ

滝沢 昭義 たきざわ・あきよし 明治大学農学部教授 [専]農業経済学，食料経済学 [没]平成27年（2015）10月27日 80歳〔病気〕 [生]昭和10年（1935）2月20日 [出]山形県米沢市 [学]福島大学農学部卒，北海道大学大学院農学研究科農業経済学専攻博士課程中退 農学博士 [歴]新潟短期大学教授、新潟産業大学教授、オーストラリアのクイーンズランド大学客員教授、明治大学農学部教授などを歴任。NPO法人食農研センター理事長。新潟県の米国農業視察団団長や新潟県農協中央会の農政研究委員会座長などを務めた。著書に「農産物流経済論」「日本のコメはどうなる」「毀された『日本の食』を取り戻す」などがある。

滝澤 貞夫 たきざわ・さだお 信州大学名誉教授 [専]中古文学，和歌文学 [没]平成28年（2016）11月20日 82歳〔肺炎〕 [生]昭和9年（1934）7月26日 [出]新潟県 [学]東京教育大学文学部卒，東京教育大学大学院〔昭和34年〕修士課程修了 [歴]長野西高校教諭を経て、昭和38年長野工業高等専門学校講師、43年助教授、47年信州大学助教授となり、54年教授。平成12年退官。著書に「しなの文学夜話」「古今集総索引」「新古今集総索引」「新後撰集総索引」、共著に「校本堀河院御時百首和歌とその研究」などがある。 [団]和歌文学会，中古文学会

滝沢 毅 たきざわ・たけし 日本ゼオン社長 [没]平成28年（2016）10月22日 89歳〔舌がん〕 [生]昭和2年（1927）2月2日 [出]千葉県 [学]東北大学経済学部〔昭和25年〕卒 [歴]昭和25年横浜護謨製造に入社。35年日本ゼオンに転じ、52年営業本部長、同年取締役、56年常務、59年専務、62年社長、平成5年会長を歴任。 [賞]藍綬褒章〔平成3年〕，勲三等旭日中綬章〔平成10年〕

滝澤 主税 たきざわ・ちから 地名研究家 （株）矢野代表取締役 長野県地名研究所長 [専]地名資料作成 [没]平成29年（2017）5月6日 87歳〔心不全〕 [生]昭和5年（1930）3月30日 [出]長野県上田市 [名]旧姓・名＝矢野 [学]東京大学法学部私法科卒 [歴]昭和60年長野県地名研究所を設立して本格的に長野県内外の地名研究を始める。61年旧長野県図書館の書庫に眠っていた町村絵図859点を3年がかりで復刻した「明治初期・長野県町村絵地図大鑑（全4巻、別巻1）」で第5回地名研究賞を受賞。60年長野県の全字を収録した「明治初期 長野県町村字地名大鑑」を出版。平成17年江戸・天保期の史料を基礎に、全国の村の合併の歴史をまとめた「日本地名分類法 2005」（全3冊）を刊行し、全国都道府県立、及び県立大学図書館その他若干私立大学図書館170ケ所へ贈呈した。 [賞]地名研究賞（第5回）〔昭和61年〕「明治初期・長野県町村絵地図大鑑（全4巻、別巻1）」 [団]日本地名研究所

滝沢 敏文 たきざわ・としふみ アニメーション監督 [没]平成27年（2015）6月22日 61歳〔食道がん〕 [生]昭和28年（1953）9月18日 [出]長野県松本市 [学]松本美須々ヶ丘高卒，東京造形大学映像専攻 [歴]東京アニメーションフィルム（現・アニメフィルム）に入社。のちシンエイ動画、日本サンライズ（現・サンライズ）を経て、フリー。昭和55年「サイボーグ009」で演出を担当。富野由悠季に師事し、「伝説巨神イデオン」の劇場版「THE IDEON 接触篇」「THE IDEON 発動篇」を富野総監督の下で初監督。SF作品を中心に活躍し、テンポのよい演出と緊張感のある作品作りに定評があった。平成16年黒沢明「七人の侍」をリメイクしたSF作品「SAMURAI 7」を監督。他の演出参加作品にテレビ「戦闘メカザブングル」「装甲騎兵ボトムズ」「ダーティペア」「機動警察パトレイバー」などがある。

滝沢 正彦 たきざわ・まさひこ 一橋大学名誉教授 [専]英文学（17世紀），文学理論 [没]平成27年（2015）1月9日 74歳〔肺がん〕 [生]昭和15年（1940）7月15日 [出]滋賀県彦根市尾末町 [名]本名＝瀧澤正彦（たきざわ・まさひこ） [学]東京大学文学部英文学科〔昭和39年〕卒，東京大学大学院人文科学研究科英語・英文学専攻〔昭和41年〕修士課程修了 [歴]国学院大学講師、助教授、一橋大学教授を経て、昭和女子大学教授。平成23年退職。著書に「文芸社会史の基礎理論」「英文学の中の愛と自由」などがある。 [団]日本英文学会，日本シェクスピア協会，日本ミルトン・センター

田北 昭二 たきた・あきつぐ 田北学院理事長 [没]平成29年（2017）1月10日 89歳 [生]昭和2年（1927）2月1日 [出]大分県宇佐郡安心院町（宇佐市） [名]旧姓・名＝田北昭二（たきた・しょうじ） [学]大分師範〔昭和23年〕卒，法政大学社会学部〔昭和29年〕卒 [歴]昭和29年大野高、32年東豊高、38年大分女子高で教鞭を執る。42年田北学院理事長兼学園長に就任、調理師、服飾、ビジネスの専門学校を運営し、幅広い世代の職業専門教育に尽くした。平成26年退任。大分市で保育園を運営する社会福祉法人の理事長も務めた。 [賞]全国

社会福祉協議会会長表彰, 大分県知事表彰, 大分合同新聞文化賞（教育）〔平成16年〕

滝田 裕介 たきた・ゆうすけ 俳優 [没]平成27年（2015）5月3日 84歳〔がん〕 [生]昭和5年（1930）11月29日 [出]東京府荏原郡世田ケ谷町北沢（東京都世田谷区北沢） [名]本名＝滝田進（たきた・すすむ） [学]早稲田大学文学部演劇科〔昭和25年〕中退, 俳優座養成所（第2期生）〔昭和28年〕卒 [歴]昭和28年俳優座に入団、「ドイツ人」で初舞台を踏む。舞台の傍ら、テレビ、映画に出演。33年から始まった、警視庁詰めの新聞記者たちの活躍を描いたNHKのテレビドラマ「事件記者」の伊那ちゃん役で人気を得る。性格俳優として活躍し、海外ドラマ「ベン・ケーシー」の主人公の吹き替えでも知られた。主な出演作に、舞台「十二夜」「フィガロの結婚」「越前竹人形」「冬の柩」「秋日和」「回転木馬」「伊能忠敬物語」、映画「心中天網島」「いのちぼうにふろう」「日本沈没」「不毛地帯」「月山」「国東物語」、テレビドラマ「細うで繁盛記」「大岡越前」、吹き替え「ER 緊急救命室」などがある。

滝根 丈司 たきね・たけし 阿南高等専門学校名誉教授 [専]測量学 [没]平成28年（2016）5月11日 81歳〔心不全〕 [生]昭和9年（1934）11月1日 [学]徳島大学工学部土木工学科卒 [歴]阿南工業高校教諭、阿南高等専門学校土木工学科助教授などを経て、昭和60年教授。平成10年名誉教授。

滝村 雅人 たきむら・まさと 名古屋市立大学教授 [専]社会福祉 [没]平成27年（2015）12月16日 59歳〔膵臓がん〕 [生]昭和31年（1956）9月2日 [出]岐阜県高山市 [学]龍谷大学文学部社会学科卒, 龍谷大学大学院文学研究科社会福祉学専攻博士課程修了 [歴]名古屋市立保育短期大学助教授、名古屋大学市立大学教授を務めた。著書に「対象論的視点による障害者福祉制度」、編著に「地域の中でくらしを支える—共同作業所の役割地方都市からの発信」がある。

滝本 泰三 たきもと・たいぞう 作曲家 [没]平成29年（2017）12月10日 97歳〔老衰〕 [生]大正9年（1920）11月3日 [出]兵庫県神戸市 [学]武蔵野音楽学校（現・武蔵野音楽大学）師範科〔昭和16年〕卒 [歴]昭和17年尚絅高等女学校に教諭として赴任。21年水俣高等女学校、23年尚絅高校、27年熊本高校でも教鞭を執る。56年退職。交流のあった詩人・淵上毛銭の詩をもとにした合唱組曲「小さき町」の他、熊本県内の小・中・高校の校歌などを数多く作曲した。 [賞]熊本県芸術功労者〔平成12年〕, くまもと県民文化賞〔平成18年〕, 熊日賞〔平成23年〕 [家]妻＝滝本了子（声楽家） [師]師＝ショルツ, パウル, バウェル, アーノード

滝本 安克 たきもと・やすかつ ナカバヤシ社長 [没]平成27年（2015）7月30日 90歳〔パーキンソン病〕 [生]大正13年（1924）11月2日 [出]大阪府 [学]難波実〔昭和16年〕卒 [歴]中林製本所に入社、昭和26年中林製本社を設立して社長に就任。以来41年間にわたって同社を牽引、34年手帳の製造を始め、38年中林製本手帳、45年ナカバヤシに商号を変更した。52年大証第2部、56年東証第2部に上場、58年東京・大阪とも第1部に指定替え。平成4年会長。写真台紙を増やせるヒット商品「フエルアルバム」を考案した。 [賞]藍綬褒章〔平成4年〕, 勲四等旭日小綬章〔平成9年〕

大工廻 朝栄 たくえ・ちょうえい 沖縄県議（自民党） [没]平成27年（2015）4月19日 66歳 [生]昭和23年（1948）12月5日 [出]沖縄県沖縄市 [学]国士舘大学法学部卒 [歴]平成9年から沖縄県議を1期務めた。

田草川 信雄 たくさがわ・のぶお 信州大学名誉教授 [専]無機材料化学 [没]平成27年（2015）2月21日 80歳 [生]昭和9年（1934）11月6日 [出]山梨県 [学]山梨大学工学部応用化学科〔昭和34年〕卒 工学博士 [歴]昭和56年信州大学工学部教授に就任。 [賞]日本セラミックス協会賞学術賞（第49回, 平成6年度）〔平成7年〕「含フッ素ケイ酸塩ガラス及び融液からの無機材料の合成に関する研究」 [団]日本化学会, 表面科学会, 窯業協会

田口 圭太 たぐち・けいた ユニチカ社長 [没]平成29年（2017）2月16日 90歳〔老衰〕 [生]大正15年（1926）5月1日 [出]岡山県苫田郡苫田村（鏡野町） [学]京都大学工学部繊維学科〔昭和23年〕卒 [歴]昭和23年日本レイヨン（現・ユニチカ）に入社。41年デュッセルドルフ（当時西ドイツ）所長、47年中央研究所所長、48年取締役、51年常務、53年専務、57年副社長を経て、平成元年社長に就任。8～10年会長。日本化学繊維協会会長も務めた。中学時代から野球部のエースとして活躍。京都大学時代は同志社大学の蔦文也（のち徳島の池田高校監督）と優勝を懸けて投げ合ったこともある。 [賞]藍綬褒章〔平成3年〕 [家]父＝田口寛（音楽家）

田口 勝一郎 たぐち・しょういちろう 郷土史家 秋田県歴史研究者・研究団体協議会会長 [専]秋田県 [没]平成27年（2015）9月25日 92歳〔肺炎〕 [生]大正12年（1923）3月25日 [出]秋田県由利郡大内町（由利本荘市） [学]法政大学文学部卒 [歴]雄和町立大正寺小学校長、秋田工業高等専門学校講師や、秋田県歴史研究者・研究団体協議会会長などを務めた。「秋田県史」の執筆に参画するなど、秋田県の近代史研究の進展に貢献した。著書に「秋田県の百年」「近世秋田農書の研究」などがある。 [賞]秋田市文化章〔昭和62年〕, 秋田県文化功労者〔平成6年〕

田口 弘 たぐち・ひろし 東松山市教育長 日本ウォーキング協会副会長 [没]平成29年（2017）2月9日 94歳〔多臓器不全〕 [出]埼玉県東松山市 [学]東京第三師範（現・東京学芸大学）卒 [歴]太平洋戦争中、フィリピン沖で米軍機に襲われて輸送船が沈没、約300人いた乗船者のうち生還した30人の一人となる。昭和20年インドネシアで海軍所属の日本語教員として敗戦を迎えた。東松山第一中学で国語と美術教諭を務めた後、日教組中央執行委員、埼玉県教組委員長などを歴任。51年から東松山市教育長。歩け歩け大会の日本スリーデーマーチが東松山市に舞台を移した第3回大会（55年）から大会の実行委員長を12回務め、自ら音頭をとり学校行事にするなど積極参加を呼びかけた。平成5年教育長退任。日本ウォーキング協会副会長も務めた。 [賞]朝日スポーツ賞（平成21年度）「日本スリーデーマーチの発展に尽力」

田口 昌樹 たぐち・まさき 菅江真澄研究会会長 [専]菅江真澄研究 [没]平成28年（2016）12月22日 80歳〔大動脈解離〕 [生]昭和11年（1936） [出]秋田県河辺郡河

た

たくち　　　　　　　　　　　日　本　人

辺町（秋田市）　㉓秋田市立高卒　㉟秋田市立高を卒業後、秋田銀行に勤務する傍ら江戸時代の紀行家である菅江真澄を研究。菅江真澄研究会事務局長、副会長を務め、平成21〜27年同会長。昭和48年青森県深浦町の旧家の神棚から真澄の書の「神拝進退之伝次第」という祈祷に関する書を発見。また、秋田魁新報に「菅江真澄命のあかし」「菅江真澄と仙北町」などを連載した。著書に「菅江真澄」「菅江真澄・秋田の旅」「『菅江真澄』読本」「菅江真澄入門」などがある。　㊹秋田市文化章〔平成12年〕

田口 正幸　たぐち・まさゆき　ダイドーリミテッド社長　㉓平成28年（2016）11月22日　59歳〔胃がん〕　㉛昭和32年（1957）8月20日　㊺東京都　㉘駒沢大学経済学部〔昭和56年〕卒　㉟昭和56年ダイドーリミテッドに入社。平成20年取締役、のち社長。25年退任。

田口 光伸　たぐち・みつのぶ　弁護士　愛媛弁護士会会長　㉓平成27年（2015）6月18日　54歳〔食道がん〕　㉛昭和35年（1960）11月24日　㊺愛媛県松山市　㉟平成7年弁護士登録。26〜27年愛媛弁護士会会長を務めた。　㊹愛媛弁護士会

田口 義嘉寿　たぐち・よしかず　セイノーホールディングス会長・CEO　大垣商工会議所会頭　㉓平成28年（2016）9月22日　78歳〔肺炎〕　㉛昭和13年（1938）3月1日　㊺岐阜県大垣市　㉘慶応義塾大学法学部〔昭和35年〕卒　㉟「カンガルー便」で知られる西濃運輸創業者である田口利八の二男。慶大時代はボート競技に打ち込む。昭和35年同社に入社。41年営業部長、43年取締役、47年常務、56年専務、60年副社長を経て、62年3代目社長に就任。平成15年会長兼CEO（最高経営責任者）。17年持ち株会社制に移行してセイノーホールディングス会長兼CEO。荷物の仕分け作業の機械化や集配、配送の事務作業のコンピュータ管理にいち早く取り組み、仕事の効率化を実現。2代目社長である兄・利夫と二人三脚で会社を拡大させ、国内有数の総合物流グループに成長させた。この間、昭和51年日本青年会議所会頭、平成10年岐阜経済大学理事長。全日本トラック協会副会長、日本ボート協会副会長、中部経済連合会常任理事、岐阜県公安委員長、大垣商工会議所会頭なども歴任。17〜25年岐阜県体育協会会長を務め、24年のぎふ清流国体では県内企業に有力選手を雇用して賄う"岐阜方式"を確立、開催地として天皇杯（男女総合優勝）と皇后杯（女子総合優勝）を獲得して成功に導いた。社会人野球にも情熱を注ぎ、同社野球部が3年連続で都市対抗で予選敗退すると部長として部の再建に取り組み、6年準優勝に導く。26年には悲願の初優勝を飾った。一方、公益財団法人田口福寿会会長として芸術文化振興や育英事業、福祉事業にも尽力。芸術品を県美術館に贈り続け、マイヨールの彫刻「地中海」など200点を超える作品は「田口コレクション」と呼ばれる。また、県内の学校に教育図書を贈る「田口文庫」の活動は40年余で計85万冊にのぼった。　㊹藍綬褒章〔平成15年〕、岐阜新聞大賞〔平成24年〕，岐阜県名誉県民〔平成25

年〕，大垣市名誉市民〔平成26年〕　㊵父＝田口利八（西濃運輸創業者），兄＝田口利夫（西濃運輸社長）

武 邦彦　たけ・くにひこ　騎手　調教師　㉓平成28年（2016）8月12日　77歳㉛昭和13年（1938）10月20日　㊺北海道函館市　㉟幼児の頃は親戚の牧場で育った。中学2年の秋に、競馬界に入っているおじに勧められて騎手に。昭和47年ロングエースでダービーを制覇。55年関西で初の1000勝ジョッキーに。ダービー、桜花賞2回、菊花賞3回の優勝記録を持ち、"タケクニ"の愛称で親しまれた。また長距離に強く、その絶妙なペース配分から"ターフの魔術師"と呼ばれた。60年2月現役を引退。通算1163勝、G1級12勝を挙げた。同年3月調教師に。62年三男・豊、平成9年四男・幸四郎が騎手となり、競馬界入り。21年2月28日、調教師として最後のレースはエーシンウォーンマンに幸四郎が騎乗して勝利し、定年引退した。調教師としては通算375勝、G1級3勝。　㊵父＝武芳彦（調教師），三男＝武豊（騎手），四男＝武幸四郎（調教師・元騎手）

武 祐一郎　たけ・ゆういちろう　基督教独立学園理事長　巴川製紙所取締役　㉓平成27年（2015）1月17日　89歳　㉛大正14年（1925）8月14日　㊺群馬県伊勢崎市　㉘東京工業大学応用化学科〔昭和26年〕卒　工学博士〔昭和36年〕　㉟巴川製紙所技術研究所に入所。特殊紙の研究に従事し、昭和36年電気絶縁紙に関する研究で工学博士号を取得。53年取締役開発本部長。60年科学技術と経済の会参与。また、若い時キリスト教に入信しており、引退後は伝道に専念。63年〜昭和7年基督教独立学園高校校長。同学園理事長や、12年日本友和会（JFOR）理事長も務めた。著書に「高校生と使徒信条を学ぶ」「高校生と学ぶ十戒」「雪国の小さな高校」「若者と学ぶフィリピ書」などがある。

武井 茂　たけい・しげる　日本セメント専務　㉓平成27年（2015）4月9日　85歳〔心不全〕　㉛昭和4年（1929）4月10日　㊺山梨県　㉘東京大学法学部〔昭和29年〕卒　㉟昭和29年日本セメント（現・太平洋セメント）に入社。常務を経て、専務。

竹井 信朋　たけい・のぶとも　第一実業常務　㉓平成27年（2015）4月6日　74歳〔胃がん〕　㉛昭和15年（1940）6月13日　㊺香川県　㉘武蔵大学経済学部〔昭和40年〕卒　㉟昭和40年第一実業に入社。平成5年取締役を経て、9年常務。

武井 秀夫　たけい・ひでお　医師　下諏訪ダム反対連絡協議会代表　㉓外科　㉓平成29年（2017）4月3日　85歳〔心臓突然死〕　㉛昭和7年（1932）2月25日　㊺長野県諏訪郡下諏訪町　㉘信州大学医学部卒　㉟下諏訪ダム反対連絡協議会代表を務めた。著書に「柿の木のない村の話」「グラマンの飛んだ日」「驟雨は夏の匂い」「春寂寥と紅萌ゆる」などがある。　㊹日本文芸大賞・エッセイ賞（第17回）「六兵衛の盃」　㊵日本文芸家協会，日本ペンクラブ，大衆文学研究会

武井 隆三　たけい・りゅうぞう　信州大学名誉教授　㉓蚕遺伝疫学　㉓平成27年（2015）4月6日　81歳〔腎不全〕　㉛昭和8年（1933）8月30日　㊺長野県上田市

[学]信州大学繊維学部養蚕学科卒　農学博士　[歴]平成2〜11年信州大学繊維学部教授を務めた。

武市 八十雄　たけいち・やそお　至光社社長　[没]平成29年(2017)4月10日　89歳〔心不全〕　[生]昭和2年(1927)11月16日　[出]フランス・パリ　[学]慶応義塾大学文学部中退　[歴]母は至光社創業者の武市君子。フランスのパリで生まれ、5歳の時に日本へ帰国。昭和25年至光社に入社。戦後間もない学生の頃、仲間と子供の月刊絵本を出す。30年代後半、日本人の感性と美意識から生まれる“感じる絵本”づくりを始め、以来海外の子供に送り続ける。58年社長に就任。いわさきちひろや谷内こうたらの絵本を多く手がけた。　[賞]サンケイ児童出版文化賞美術賞(第35回)〔昭和63年〕「ぼくの むら」, 日本児童文芸家協会児童文化功労者賞(第40回)〔平成13年〕　[家]母＝武市君子(至光社創業者)

竹内 外史　たけうち・がいし　数学者　イリノイ大学名誉教授　[専]数学基礎論　[没]平成29年(2017)5月10日　91歳〔老衰〕　[生]大正15年(1926)1月25日　[出]石川県河北郡七塚町(かほく市)　[学]東京帝国大学理学部数学科〔昭和22年〕卒　理学博士(東京大学)　[歴]東京大学理学部助手を経て、昭和25年教養部講師、26年東京教育大学理学部助教授。34年、41年、42年、46年米国プリンストン高級研究所所員、37年東京教育大学理学部教授、41年からイリノイ大学教授。数学基礎論で世界をリードする第一人者として知られた。著書に「ゲーデル」「PとNP」「証明論と計算量」などがある。　[賞]朝日賞(昭和56年度)〔昭和57年〕「解析学の基礎付けなど数学基礎論における諸研究」, 大川出版賞(第7回, 平成10年度)「PとNP」, ボルツァノ・メダル　[団]日本数学会, 米国数学会

竹内 和夫　たけうち・かずお　小説家　[没]平成29年(2017)6月18日　83歳〔肝臓がん〕　[生]昭和9年(1934)3月27日　[出]兵庫県龍野市(たつの市)　[名]本名＝岸本和夫(きしもと・かずお)　[学]大阪学芸大学(現・大阪教育大学)卒　[歴]大阪市、兵庫県で中学校の社会科、美術科教師として勤務。傍ら小説を執筆し、「VIKING」「姫路文学」同人で、「酩酊船」「八月の群れ」「飢餓祭」「港の灯」をそれぞれ編集・発行。昭和41年学校現場の状況を書いた小説「孵化」で第56回芥川賞候補。平成12〜23年神戸新聞の投稿欄「神戸新聞文芸」で小説、エッセー部門の選者を担当。関西圏の同人雑誌掲載作品を顕彰する神戸エルマール文学賞の企画・運営にも参画した。他の著書に「静かな学校」「施餓鬼の八月」「中学校教師—なんでもやってやろう先生奮闘記」「酩酊船青春記」「幸せな群島」などがある。　[賞]兵庫県教職員組合芸術文化賞「静かな学校」　[団]日本ペンクラブ

竹内 和之　たけうち・かずゆき　科学技術庁航空宇宙技術研究所所長　運輸省航空事故調査委員会委員長　[没]平成28年(2016)2月25日　87歳〔肺炎〕　[生]昭和4年(1929)2月1日　[出]長崎県長崎市　[学]東京大学工学部船舶工学科卒, 東京大学大学院〔昭和30年〕修了　[歴]昭和30年科学技術庁(現・文部科学省)に入庁。科学研究官を経て、平成元年航空宇宙技術研究所長に就任。4年退官後は運輸省航空事故調査委員会委員長を務め、6年に名古屋空港で起きた中華航空機墜落事故や8年に福岡空港で起きたガルーダインドネシア航空機事故の調査を指揮した。　[賞]勲二等旭日重光章〔平成11年〕

竹内 俊一　たけうち・しゅんいち　日亜鋼業社長　[没]平成29年(2017)9月16日　77歳〔病気〕　[生]昭和15年(1940)8月1日　[出]兵庫県　[学]尼崎北高〔昭和34年〕卒　[歴]昭和34年日亜鋼業に入社。平成元年取締役、7年常務、14年専務を経て、16年社長。22年会長。

竹内 隆　たけうち・たかし　日本電子社長　[没]平成28年(2016)1月19日　81歳〔多発性骨髄腫〕　[生]昭和9年(1934)2月19日　[出]愛媛県松山市　[学]松山南高〔昭和28年〕卒, 東京外国語大学マライオランダ語科〔昭和35年〕卒　[歴]昭和32年明石製作所、37年電通を経て、39年日本電子に入社。47年欧州総支配人、49年取締役、57年常務、61年副社長を務め、62年社長に就任。平成4年会長、14年取締役相談役に退いた。

竹内 勉　たけうち・つとむ　民謡研究家　[専]日本民謡　[没]平成27年(2015)3月24日　77歳〔間質性肺炎〕　[生]昭和12年(1937)5月30日　[出]東京都　[歴]12歳の時から民謡採集を始め、町田佳声に師事。全国を訪ね歩いて民謡を集め、その記録・分類に取り組む。NHKラジオの民謡番組のパーソナリティーも務めた。著書に「うたのふるさと—日本の民謡をたずねて」「日本の民謡」「民謡のふるさとを行く」「民謡—その発生と変遷」や〈民謡のこころ〉〈民謡地図〉シリーズなどがある。　[賞]芸術祭賞奨励賞〔昭和40年〕　[師]師＝町田佳声

竹内 透　たけうち・とおる　北海道開発事務次官　だいこう証券ビジネス社長　[没]平成29年(2017)10月27日　78歳〔膵臓がん〕　[生]昭和14年(1939)5月6日　[出]兵庫県神戸市　[学]東京大学法学部公法学科〔昭和37年〕卒　[歴]昭和37年大蔵省(現・財務省)に入省。57年証券局交通市場課長、58年理財局地方資金課長、59年同資金第二課長、60年財政金融研究所次長兼官房地方課長、国税庁関税部長、平成2年6月大蔵省関東財務局長、3年6月北海道開発庁総務監理官を経て、5年10月北海道開発事務次官に就任。7年6月退官し、同年7月〜11年北海道東北開発公庫副総裁。12年だいこう証券ビジネス社長、19年会長を務めた。　[賞]瑞宝重光章〔平成24年〕

竹内 秀夫　たけうち・ひでお　野球指導者　慶応義塾大学野球部監督　[没]平成27年(2015)8月5日　60歳　[生]昭和29年(1954)11月1日　[出]三重県　[学]松阪高卒, 慶応義塾大学卒　[歴]慶大で投手として活躍。卒業後は明治生命(現・明治安田生命)でプレーし、監督も務めた。平成22年春から慶大野球部助監督を務め、25年12月監督に就任。しかし、間もなく内臓疾患で療養生活に入り、リーグ戦を指揮できないまま、26年11月に退任した。

竹内 宏　たけうち・ひろし　経済評論家　長銀総合研究所理事長　静岡県立大学グローバル地域センター長　竹内経済工房代表　[専]経済論　[没]平成28年(2016)4月30日　85歳〔慢性閉塞性肺疾患〕　[生]昭和5年(1930)9月13日　[出]静岡県清水市(静岡市)　[学]東京大学経済学部〔昭和29年〕卒　[歴]昭和29年日本長期信用銀行(現・新生銀行)に入行。48年調査部長、54年取締役、58年常務を経て、63年専務。平成元年顧問となり、シンクタンク・長銀総合研究所(旧長銀経営研究所)の理事長になる。また、昭和59年の設立当初から静岡県のシンクタンク・静岡総合研究機構の理事長を務め、静岡

た

文化芸術大学教授などを兼ねる。平成10年ミニシンクタンク・竹内経済工房を設立して代表。23年静岡県公立大学法人理事長、24年静岡県立大学グローバル地域センター長。現実感覚を重視し、経済の諸問題について数々の発言を行う実感派エコノミストとして知られた。また、1990年代に信濃毎日新聞のコラム「潮流」などを度々執筆。白馬村のいろり塾塾長も務め、同村から全国に情報発信する取り組みにも携わった。著書にベストセラー『路地裏の経済学』の他、『素顔のアラブ産油国』『経済の先を読む』『柔構造の日本経済』『国際版路地裏の経済学』『民族と風土の経済学』『サラリーマンの未来学』『やさしい時代の経済学』などがある。㊹パチンコ賞（第1回）〔昭和61年〕

竹内　浩　たけうち・ひろし　日本信号社長　㊷平成28年（2016）5月13日　95歳〔肺炎〕　㊶大正10年（1921）1月1日　㊵山形県米沢市　㊴横浜高工〔昭和16年〕卒　㊳昭和21年日本信号に入社。43年常務、56年専務を経て、58年社長。平成4年会長。㊹勲四等旭小綬章〔平成8年〕

竹内　政夫　たけうち・まさお　医師　前橋赤十字病院副院長　㊵小児科学　㊷平成27年（2015）6月17日　88歳　㊶大正15年（1926）11月17日　㊵群馬県　㊴前橋医科大学（現・群馬大学医学部）〔昭和27年〕卒　医学博士〔昭和34年〕　㊳前橋医科大学小児科学教室に入局。昭和35年群馬大学医学部講師、39年前橋赤十字病院小児科部長、53年副院長。平成4年定年退職。著書に「夜尿」「討論塾を主宰した母乳育児ができる」など。㊹日本小児保健協会、小児精神神経研究会

武内　正利　たけうち・まさとし　宮崎県議（社会党）　㊷平成27年（2015）5月10日　90歳〔肺炎〕　㊶大正14年（1925）4月16日　㊵宮崎県串間市　㊴飫肥中卒　㊳昭和42年より宮崎県議に2選。57年串間市議補選で当選、連続3期務めた。

竹内　芳郎　たけうち・よしろう　哲学者　国学院大学文学部教授　討論塾主宰　㊵哲学、サルトル　㊷平成28年（2016）11月19日　92歳　㊶大正13年（1924）7月22日　㊵岐阜県　㊴東京帝国大学法学部、東京大学文学部哲学科〔昭和27年〕卒　㊳在学中の応召などを経て、昭和28年国学院大学に勤め、42年から教授。河手書房から31年に出版した『サルトル哲学入門』（後に「序説」と改題）が処女作。以後の著作活動は実存主義・マルクス主義・国家論・民主主義論・天皇制（教）論・現代文明論・言語論・文化論・宗教論など複雑多岐を極めるが、それらはすべて現代日本における思想形成の課題に応答するための諸形態だったと言える。大学退職後は私塾・討論塾を主宰した。著書に『実存的自由の冒険』『イデオロギーの復興』『文化と革命』『国家と文明』『サルトルとマルクス主義──弁証法的理性批判をめぐって』『国家の原理と反戦の論理』『国家と民主主義』『言語・その解体と創造』『文化の理論のために──文化記号学への道』『マルクス主義の運命』『具体的経験の哲学』『意味への渇き──宗教表象の記号学的考察』『ポストモダンと天皇教の現在』『天皇教的精神風土との対決──討論塾、その理念と実践』などがある。

竹内　龍　たけうち・りゅう　俳人　㊷平成29年（2017）1月7日　88歳　㊶昭和3年（1928）9月16日　㊵秋田県

㊶本名＝竹内龍一（たけうち・りゅういち）　㊴山形農林専科卒　㊳昭和26年秋田営林局の鬼灯句会に入会し、安藤五百枝の指導を受ける。29年「浜」に入会、大野林火と松崎鉄之介に師事。平成7年「浜」同人。22年俳人協会秋田県支部長、28年俳人協会評議員を務めた。㊹俳人協会　㊲師＝大野林火、松崎鉄之介

竹内　黎一　たけうち・れいいち　衆院議員（自民党）　科学技術庁長官　㊷平成27年（2015）9月5日　89歳〔多臓器不全〕　㊶大正15年（1926）8月18日　㊵青森県西津軽郡木造町（つがる市）　㊴青森中卒、弘前高卒、東京大学経済学部〔昭和23年〕卒　㊶竹内俊吉の長男。昭和23年毎日新聞社に入社、政治部記者を務める。38年青森県知事に転じた父の後継者として、衆院選旧青森2区から当選。同じ選挙区選出の田沢吉郎と青森県の保守政界に2大派閥を作り、青森県政治史に"田竹時代"を築く。外務政務次官、経済企画政務次官や自民党経理局長などを務め、8期目の59年に第二次中曽根改造内閣で科学技術庁長官として初入閣。厚生・労働行政の政策通として知られた。平成2年落選するが、5年返り咲き。8年小選挙区制が導入されると田沢とともに比例代表東北ブロックに回ったが、再び落選。11年政界を引退した。通算10期。当初は藤山派に入り、派閥の解体後も最後まで藤山派を名のったが、無派閥を経て、田中派入り。のち竹下派、小渕派に属した。㊹勲一等旭日大綬章〔平成12年〕　㊵父＝竹内俊吉（青森県知事・衆院議員）

竹崎　清彦　たけざき・きよひこ　自治労高知県本部委員長　㊷平成28年（2016）2月1日　80歳〔脳梗塞〕　㊶昭和10年（1935）5月2日　㊵高知県高知市　㊴明治大学中退　㊳昭和30年高知県入り。県職労執行委員、自治労県本部書記長などを経て、53年～平成9年同本部委員長。5～13年全労済高知県本部理事長も務めた。

武重　邦夫　たけしげ・くにお　映画監督　映画プロデューサー　横浜放送映画専門学校事務理事　㊷平成27年（2015）7月2日　76歳〔がん〕　㊶昭和14年（1939）5月21日　㊵愛知県名古屋市瑞穂区　㊴瑞陵高卒、早稲田大学教育学部社会科学科〔昭和38年〕卒　㊳昭和39年国際放映契約助監督などを経て、40年今村プロ設立と同時に演出部に入り、助監督・録音などを担当。47年「山の民イゴロット」（東京12ch）で監督デビュー。50年今村昌平らと横浜放送映画専門学校を創設。61年同校は川崎市に移転して日本映画学校（現・日本映画大学）と改称。今村作品のプロデュースの他、ドキュメンタリーを中心に活躍。監督作品に「タイプサム」「ユリ子からの手紙」（フジ・後に劇場公開）、「民と匠の伝説」（平成6年）、「父をめぐる旅」（24年）などがある。15年の「掘るまいか」から映画プロデューサーに軸足を移す。16年に中越地震に襲われた新潟県旧山古志村の復興の記録を綴った「1000年の山古志」を製作（公開は21年）。以後、「いのちの作法」（20年）、「葦牙──あしかび──こどもが拓く未来」（21年）を製作。また、16年から青森をテーマに日本全県とアジアで合計100本の映画を作る「青春百物語」プロジェクトを始め、意欲ある若者に創作の場を与える支援を行った。㊹日本映画監督協会

武下　静夫　たけした・しずお　大分県農協中央会会長　中津市議　㊷平成28年（2016）2月13日　89歳〔慢性閉

塞性肺疾患〕 [生]大正15年(1926)6月1日 [出]大分県中津市 [学]中津中〔昭和20年〕卒 [歴]大分県中津市の大幡農協の設立に尽力し、昭和38年組合長、49年中津市農協組合長。62年大分県農協中央会会長に就任。平成16年名誉会長。5年から9年間、全国農協中央会理事も務めた。また、昭和42年から中津市議を5期務め、54年市議会議長。 [賞]黄綬褒章〔昭和60年〕, 勲四等旭日小綬章〔平成11年〕, 全国市議会議長会長表彰〔昭和56年〕, 大分県知事表彰〔昭和56年〕, 農林水産大臣表彰〔昭和57年〕, 全国市議会議長会特別表彰〔昭和62年〕, 大分合同新聞文化賞(産業経済)〔平成2年〕, 全国農協中央会特別功労表彰〔平成4年〕

竹島 節三 たけしま・せつぞう 東京楽天地代表取締役専務 [没]平成29年(2017)8月27日 95歳〔心不全〕 [生]大正11年(1922)7月8日 [出]茨城県 [学]四高文科〔昭和19年〕卒, 東京大学文学部〔昭和25年〕卒 [歴]昭和29年江東楽天地(現・東京楽天地)に入社。44年取締役、54年常務を経て、59年代表取締役専務。

竹島 紀元 たけしま・としもと 鉄道ジャーナル社社長 [没]平成27年(2015)7月26日 89歳〔肺炎〕 [生]大正15年(1926) [出]旧朝鮮 [学]京城帝国大学予科中退, 五高卒 [歴]昭和20年敗戦で親の郷里である福岡県筑後市に引き揚げる。国鉄入りの夢は果たせなかったがペンとカメラで関わり続け、36年上京して交通新聞社に入社。40年鉄道記録映画会社を設立、42年月刊鉄道誌「鉄道ジャーナル」を創刊、社長兼編集長。45年鉄道ジャーナル社に社名変更。「旅と鉄道」編集長も務めた。著書に「竹島紀元作品集 鉄路に魅せられて」「日本の名列車」「愛しの蒸気機関車」「機関車よ、峠を越えて走れ！」などがある。 [団]日中鉄道交流協会, 日本ペンクラブ, 旅行記者クラブ

武末 勝 たけすえ・まさる 脚本家 [没]平成27年(2015)7月20日 79歳〔肺がん〕 [生]昭和11年(1936)4月12日 [出]兵庫県 [学]早稲田大学第一文学部演劇専修〔昭和35年〕卒 [歴]昭和35年広告会社に入社。41年シナリオ研究所研修科、42年東宝脚本研究生、NTV放送作家養成制度生。45年第1回映画シナリオ執筆、フリーライターとなる。映画「野獣の復活」、テレビドラマ〈太陽にほえろ！〉〈大江戸捜査網〉〈必殺仕事人〉シリーズなどの脚本を手がけた。

武田 克之 たけだ・かつゆき 徳島大学学長・名誉教授 [専]皮膚科学 [没]平成28年(2016)10月14日 89歳 [生]昭和2年(1927)5月13日 [出]愛媛県 [学]徳島医科大学(現・徳島大学医学部)医学科〔昭和28年〕卒 医学博士 [歴]昭和31年徳島大学医学部附属病院助手、36年講師、38年医学部助教授を経て、45年教授。58年附属病院長、61年医学部長を務め、平成3年学長に就任。徳島大学工業短期大学部学長、徳島大学医療技術短期大学部学長も兼任。在任中は教養部の総合科学部への統合や大学院人間・自然環境研究科の創設などに取り組んだ。9年退官。同年日本香粧品学会理事長。皮膚生理機能研究の第一人者で、発毛剤の研究に携わった。著書に「発毛・育毛に何が効くか」「発毛・育毛に本当に効く新常識」などがある。12〜15年徳島県公安委員を務め、14年から1年間、同委員長。 [賞]勲二等旭日重光章〔平成15年〕, 三木康楽賞〔昭和46年〕 [団]日本臨床皮膚科学会(名誉会員), 日本皮膚科学会(名誉会員), 日本香粧品科学会

武田 義一 たけだ・ぎいち かんの屋社長 会津大学短期大学部産業情報学科教授 [専]会計学 [没]平成28年(2016)7月15日 80歳〔内臓疾患〕 [生]昭和10年(1935)11月29日 [学]福島大学大学院経済学研究科経営学専攻修士課程修了 [歴]会津大学短期大学部産業情報学科教授、福島の銘菓ゆべしで知られるかんの屋社長を務めた。

竹田 圭吾 たけだ・けいご ジャーナリスト 「Newsweek日本版」編集長 [没]平成28年(2016)1月10日 51歳〔膵臓がん〕 [生]昭和39年(1964)12月30日 [出]東京都中央区 [学]慶応義塾大学文学部〔昭和63年〕卒 [歴]アメリカンフットボール専門誌を経て、平成5年TBSブリタニカに入社。「Newsweek日本版」編集部に配属となり、翻訳編集の傍らで国際情勢、アジア経済、社会問題などを取材。10年副編集長、13〜22年編集長を務めた。16年からテレビやラジオでコメンテーター、ナビゲーターを務め、フジテレビ系の情報番組「とくダネ！」や「Mr.サンデー」などに出演。27年秋に番組中でがんであることを告白。28年1月4日FMラジオ局J-WAVEの「JAM THE WORLD」に出演したが、10日51歳で亡くなった。著書に「コメントする力」がある。

竹田 靖 たけだ・しずか 松井建設専務 [没]平成29年(2017)12月18日 96歳〔老衰〕 [生]大正10年(1921)11月10日 [出]鹿児島県 [学]薩南工建築科〔昭和14年〕卒 [歴]関東軍に入り、野村組、日本復興建設を経て、昭和26年松井建設に入社。39年取締役、44年常務、58年専務。のち取締役相談役。

竹田 武英 たけだ・たけひで 新潟日報事業社社長 [没]平成27年(2015)11月24日 73歳〔肺がん〕 [生]昭和17年(1942)1月15日 [出]新潟県加茂市 [学]明治大学政治経済学部卒 [歴]昭和41年新潟日報社に入社。整理部第二部長、東京支社報道部長、編集局編集本部長、編集局次長、制作局長、平成12年東京支社長を経て、13〜17年新潟日報事業社社長を務めた。

武田 武弘 たけだ・たけひろ 漆芸家 [没]平成28年(2016)11月15日 81歳〔急性肺炎〕 [生]昭和10年(1935) [出]富山県 [学]金沢美術工芸大学卒 [歴]昭和50年「ランボーの詩より『朝』」、平成4年「朝―シェイクスピアより」で日展特選。日本現代工芸美術展でも現代工芸賞や東京都知事賞を受けた。 [賞]日本現代工芸美術展現代工芸賞(第13回, 昭和49年度), 日本現代工芸美術展東京都知事賞(第23回, 昭和59年度), 日展特選(昭和59年度・平成4年度)「ランボーの詩より『朝』」「朝―シェイクスピアより」 [団]日展, 現代工芸美術家協会

竹田 力 たけだ・つとむ 安倍晋三事務所筆頭秘書 [没]平成28年(2016)8月17日 89歳〔肺炎〕

多気田 力 たけだ・つとむ アサツーディ・ケイ社長 [没]平成29年(2017)9月7日 80歳〔老衰〕 [生]昭和12年(1937)5月13日 [出]三重県 [学]早稲田大学第一文学部〔昭和36年〕卒 [歴]昭和36年旭通信社に入社。一貫して営業畑を歩み、59年取締役、63年常務を経て、平

た

成8年社長。11年第一企画と合併しアサツー・ディ・ケイに社名変更、社長に就任。13年取締役相談役。16年コナミスポーツ会長。

竹田 俊男 たけだ・としお 京都大学名誉教授 [専]実験病理学, 老化モデル動物開発, 老化基本機構, 結合組織の病態生理 [没]平成28年(2016)1月16日 84歳〔肺がん〕 [生]昭和6年(1931)1月20日 [出]兵庫県明石市 [学]京都大学医学部医学科〔昭和32年〕卒, 京都大学大学院医学研究科病理学専攻〔昭和37年〕博士課程修了 医学博士(京都大学) [歴]京都大学医学部助手を経て、昭和41年米国テキサス大学留学、44年京都大学結核胸部疾患研究所助教授、58年教授。老化促進モデルマウス研究協議会会長を務めた。 [賞]日本医師会医学研究助成費(昭和57年度)「SAM(老化促進モデルマウス)の開発」, 美原賞助成金(第7回)〔昭和63年〕「老年期脳障害発症の脳微小血管病変との関連および発症予防について－老化促進モデルマウス(SAM)とくに自然発症学習, 記憶障害SAM - P/8を用いた総合的研究」 [資]死体解剖(病理解剖)資格者, 日本病理学会認定病理医 [団]日本病理学会, 日本基礎老化学会, 日本結合組織学会

た

武田 敏雄 たけだ・としお 洋画家 [没]平成28年(2016)9月5日 78歳〔肺線維症〕 [生]昭和13年(1938)3月10日 [出]山形県東根市 [学]東根高卒 [歴]昭和43年示現会展に初入選、54年会員に推挙される。58年日展に入選、平成元年日展会友。13年示現会山形支部長。15年、20年日展特選。 [賞]山形県芸術文化会議賞〔平成22年〕, 斎藤茂吉文化賞〔平成25年〕, 示現会展示現会奨励賞(第29回)〔昭和51年〕, 明日をひらく絵画上野の森美術館大賞展佳作賞(第11回)〔平成5年〕「雪華の国」, 示現会展文部科学大臣賞(第60回)〔平成19年〕, 日展特選〔平成15年・20年〕 [団]示現会, 日展

武田 寿一 たけだ・としかず タケダレース会長 福井県繊維協会会長 [没]平成29年(2017)3月16日 78歳〔心不全〕 [生]昭和13年(1938)3月20日 [出]福井県 [学]法政大学経済学部〔昭和35年〕卒 [歴]昭和44年高級インナーウェア用編みレース製造・販売のタケダレースに入社、47年社長、平成20年会長。同年福井県繊維協会会長に就任。早くから海外進出を図るなど鋭い国際感覚を持ち、視察や展示会といった海外事業に熱心に取り組んだ。工作機械製造の武田機械会長なども務めた。 [家]長男＝武田茂(タケダレース社長)

武田 宏子 たけだ・ひろこ ピアノ指導者 武田音楽研究室主宰 [専]ピアノ教育 [没]平成29年(2017)4月13日 86歳〔老衰〕 [生]昭和5年(1930)7月14日 [出]香川県高松市 [学]高松高女〔昭和23年〕卒 [歴]昭和44年武田音楽研究室を設立。ピアノデュオ・デュエットゥなど国内外で活躍する数多くのピアニストを指導した。全日本ピアノ指導者協会香川支部長を務めた。著書に「バロックをひこう」「古典派をひこう」などがある。 [団]香川県音楽協会, 全日本ピアノ指導者協会 [家]長女＝武田真理(ピアニスト) [師]師＝水谷達夫, ロイター, ヘルマン

竹田 豊靖 たけだ・ほうせい 華道家 [没]平成28年(2016)4月14日 72歳〔急性心不全〕 [生]昭和18年(1943) [出]宮崎県宮崎市 [名]本名＝竹田靖子(たけだ・やすこ) [歴]昭和59年香川県で初の個展を開催。国内外でコンサートのステージレイアウトや美術展のフラワーコーディネートなどを手がけ、野山の花などを使った造形表現で高い評価を得た。平成17年の愛知万博(愛・地球博)ではメインオブジェを手がけた。小原流一級家元教授。作品集に「風彩」がある。 [賞]高松市文化奨励賞(平成27年度)

武田 誠 たけだ・まこと 宮城県議(社会党) 蔵王町(宮城県)町長 [没]平成28年(2016)11月17日 89歳〔老衰〕 [生]大正15年(1926)11月20日 [出]宮城県刈田郡蔵王町 [学]高小卒 [歴]宮城県蔵王町議3期を経て、昭和54年より宮城県議に2選。平成4年蔵王町長に当選。8年8月同町発注の公共工事の競売入札を妨害した疑いで逮捕され、一審で実刑判決を受けた。

武田 元二 たけだ・もとつぐ 茶道家 肥後古流武田家14代目家元 [没]平成28年(2016)11月18日 95歳〔急性心不全〕 [歴]茶道の肥後古流14代目家元を務めた。的々社会長。

武田 浪 たけだ・ろう 陶芸家 [没]平成29年(2017)3月11日 74歳〔急性心筋梗塞〕 [生]昭和17年(1942) [出]大阪府 [名]本名＝武田光夫(たけだ・みつお) [学]近畿大学理工学部金属工学科中退 [歴]昭和39年工業デザインを学びながら陶芸家の東憲に師事。44年渡米してロサンゼルスで作陶、50年在米の洋画家・八島太郎に師事。52年帰国して滋賀県近江舞子で築窯。30年間にわたって毎年沖縄で展示会を開いた。

竹田 和平 たけだ・わへい 竹田本社社長 [没]平成28年(2016)7月21日 83歳〔老衰〕 [生]昭和8年(1933)2月4日 [出]愛知県名古屋市西区 [歴]戦後の昭和27年、元菓子職人の父と菓子店・竹田製菓(現・竹田本社)を設立。32年社長、60年会長。いち早く機械化を図って祖父が家業で作り始めた幼児向けの菓子「タマゴボーロ」の大量生産に踏み切り、1960年後半からのベビーブームを受け赤ちゃんの離乳食として全国的なヒット商品となった。1970年代には中高年向けの菓子としてウエハース「麦ふぁ～」を発売、「タマゴボーロ」と並ぶ看板商品に育て上げた。また、レジャー産業にも進出し、45年愛知県豊山町に総合レジャー施設“わくわくセンター”、61年犬山市にテーマパーク“お菓子の城”、62年純金歴史博物館を開設した。経営の一線を退いてからは資産を元手に株式投資でも成功、一時は上場企業100社の大株主で、“日本一の個人投資家”として経済専門誌に取り上げられた。著書に「1日5分で運が良くなる魔法の授業」「人生を拓く『百尊』の教え」「いま伝えたい生きることの真実」「けっきょく、お金は幻です。」などがある。 [家]長男＝竹田幸生(竹田本社常務)

武市 徹 たけち・とおる 赤岡絵金屏風保存会会長 [没]平成28年(2016)10月29日 87歳〔膠芽腫〕 [歴]平成19年の赤岡絵金屏風保存会発足から会長を務める。作品の保全や継承に尽くし、絵金を軸にした地域の発展にも貢献した。

武富 義夫 たけとみ・よしお 翻訳家 日本ユニ・エージェンシー社長 [没]平成29年(2017)5月12日 75歳〔くも膜下出血〕 [生]昭和16年(1941)6月3日 [出]佐賀県 [学]立教大学文学部卒 [歴]平成5年「大国の興亡」

「ウォーリーをさがせ！」など数多くの海外作品を扱う翻訳版権エージェント、日本ユニ・エージェンシーの社長に就任。18年会長。訳書にジョン・アップルビィ「青年の条件」、デレック・ランバート「エルマコフ特急」「ダイヤに最後の挨拶を」、エリック・シーガル「オリバー・ストーリィ」「家族の問題」などがある。

竹中 孝造 たけなか・こうぞう 医師 国立療養所和歌山病院院長 [専]胸部外科学 [没]平成27年（2015）8月10日 89歳 [生]大正15年（1926）4月10日 [出]和歌山県 [学]岡山医科大学医学部医学科〔昭和27年〕卒 [歴]和歌山県立医科大学助手、講師を経て、昭和41年国立療養所和歌山病院副院長、44年院長。平成4年名誉院長。 [賞]勲三等旭日中綬章〔平成14年〕，和歌山県医学研究奨励賞〔昭和47年〕「胸部外科の基礎的・臨床的研究」 [家]長男＝竹中雅彦（日本高校野球連盟事務局長）

竹中 清二 たけなか・せいじ 野球指導者 同志社高校野球部監督 [没]平成28年（2016）12月29日 87歳〔老衰〕 [出]京都府京都市 [歴]映画を見て海軍航空隊への入隊を決心、同志社中3年の14歳の時に飛行予科訓練生として霞ケ浦航空隊と岡崎航空隊で訓練を受ける。その後、三重県や島根県の航空隊を転々とし、昭和20年春に北海道美幌に移り、特攻隊員として出撃命令を待った。復員後、野球を再開し、同志社中、同志社高で投手として活躍。42年同志社高野球部監督となり、44年の京都府大会では決勝戦まで進んだ。59年同志社大野球部監督に就任。宮本慎也、片岡篤史らを育てた。高校野球や社会人野球の審判も長く務め、京都の審判組織の基礎を築いた。京料理・清和荘会長も務めた。

竹中 敏彦 たけなか・としひこ 弁護士 熊本県弁護士会会長 [没]平成28年（2016）6月19日 79歳 [生]昭和12年（1937）6月19日 [出]東京都 [学]早稲田大学第一法学部〔昭和35年〕卒，早稲田大学大学院法学研究科〔昭和42年〕修了 [歴]昭和35年横浜ゴム製造に入社、37年退社。42年司法試験に合格、45年弁護士登録。43年司法習修生として熊本を訪れた時に水俣病訴訟を知り、運命的な出合いを感じて45年熊本市で弁護士を開業。水俣病訴訟弁護団に参加。60年熊本県弁護士会副会長、平成2年会長。熊本の水を守る会会長、ゴルフ場問題を考える県連絡会会長なども務めた。 [団]熊本県弁護士会

竹浪 正造 たけなみ・まさぞう ツル多はげます会創設者 [没]平成29年（2017）10月12日 99歳〔老衰〕 [生]大正7年（1918）6月4日 [出]青森県北津軽郡鶴田町 [学]木造中〔昭和11年〕卒 [歴]昭和12年南満州鉄道（満鉄）に入社。軍に召集されて朝鮮半島で鉄道工事に従事した後、20年9月引き揚げ。21年東北電力、50年東北電広社に勤務し、62年退職後、青森県鶴田町議を4期務める。一方、平成元年ハゲをポジティブにとらえ、ハゲを通じて世の中を明るく照らす活動を行う“ツル多はげます会”を創設。例会などで行われる、ハゲ頭に吸盤をつけて引っ張りあう“吸盤綱引き”は全国的に知られる。また、昭和30年から描き始めた絵日記は大学ノートで2000冊を超え、平成23年「はげまして はげまされて」、24年「一生一途に」として出版された。 [賞]瑞宝双光章，鶴田町文化奨励賞，鶴田町特別功労褒賞

炬口 勝弘 たけのくち・かつひろ 写真家 [没]平成27年（2015）5月10日 73歳〔化膿性胆管炎〕 [生]昭和17年（1942） [出]兵庫県洲本市 [歴]大学卒業後、フォトジャーナリストとなり、専門誌「将棋世界」「週刊将棋」などで将棋界の写真を数多く手がけた。著書に「アマ強豪烈伝」「王手！ 将棋戦国絵巻」がある。

武塙 林太郎 たけはな・りんたろう 秋田大学名誉教授 秋田市立千秋美術館館長 [専]日本近世美術，日本近代美術 [没]平成27年（2015）10月1日 89歳〔肺炎〕 [生]大正15年（1926）9月15日 [出]秋田県秋田市 [学]早稲田大学文学部〔昭和26年〕卒 [歴]父は秋田市長や秋田魁新報社長を務めた武塙祐吉。昭和28年秋田大学学芸学部助手を経て、49年教授。平成4年退官。秋田市立千秋美術館館長、秋田市文化財保護審議会委員長などを歴任。秋田蘭画研究の権威で、その収集・保存や活用に尽力。編著書に「画集 秋田蘭画」、共著に「福田豊四郎素描集」「江戸のなかの近代―秋田蘭画と『解体新書』」などがある。 [賞]瑞宝中綬章〔平成19年〕，秋田市文化章，文部省地域文化功労者 [家]父＝武塙祐吉（秋田市長・秋田魁新報社長）

武部 和夫 たけべ・かずお 医師 弘前大学名誉教授 青森市民病院院長 [専]内分泌・代謝学，化学療法 [没]平成29年（2017）6月1日 87歳〔病気〕 [生]昭和4年（1929）7月20日 [出]北海道札幌市 [学]北海道大学医学部医学科卒，北海道大学大学院医学研究科内科専攻博士課程修了 医学博士 [歴]昭和48年より1年間米国オレゴン州立大学医学部アシスタント・プロフェッサー。49年旭川医科大学医学部助教授を経て、52年弘前大学医学部教授、平成3～6年同大附属病院長。6～15年青森市民病院院長。長年の研究でリンゴ繊維が糖尿病や動脈硬化の予防につながることを実証し、15年度の青森りんご勲章を受けた。 [賞]青森りんご勲章（平成15年度） [団]日本内科学会，日本内分泌学会，日本糖尿病学会，日本化学療法学会

竹前 栄治 たけまえ・えいじ 東京経済大学名誉教授 [専]占領史研究，政治学，労働政策，社会福祉 [没]平成27年（2015）7月14日 84歳〔虚血性心不全〕 [生]昭和5年（1930）8月4日 [出]長野県須坂市 [学]東京教育大学文学部〔昭和30年〕卒，東京都立大学大学院社会科学研究科博士課程修了 法学博士（東京都立大学）〔昭和46年〕 [歴]占領政府、特に米国の対日労働政策のテーマを中心に追求し、1970年代から相次いで公開された日米の占領関係文書の実証的研究と関係者の聞き書きを精力的に進め、戦後日本の原点としての占領期の解明を目指す。昭和47年占領史研究会を発足、平成4年に解散するまで20年間主宰した。研究のため大量のマイクロフィルムに目を通すなど、目を酷使したために50歳の頃に失明し、盲導犬とともに生活。14年に成立した「身体障害者補助犬法」の成立課程に参画。同年、約13年間をともに過ごした盲導犬の生涯を綴った「盲導犬ネモフィラ」を刊行。全日本盲導犬使用者の会副会長・法制部長、日本盲人専門家協会副会長、身体障害者補助犬法改正対策使用者団体連絡協議会会長、日

た

本身体障害者補助犬学会初代理事長を歴任した。他の著書に「アメリカ対日労働政策の研究」「占領戦後史」「戦後労働改革」「GHQ」「占領と戦後改革」「失明を超えて拡がる世界—GHQ研究者として生きる」、監修に「GHQ日本占領史」、訳書にM.ウィナー「近代化の理論」「DDT革命」、「米国陸海軍・軍政/民事マニュアル」などがある。 [賞]労働関係図書優秀賞〔昭和58年〕「戦後労働改革—GHQ労働政策史」, 朝日学術奨励賞〔昭和49年〕「日本占領の実証的研究」 [団]日本政治学会, 社会政策学会, 日本国際政治学会, 日本社会保障法学会, 占領史研究会, 全日本盲導犬使用者の会

竹宮 宏和 たけみや・ひろかず 岡山大学名誉教授 [専]耐震・構造工学, 制振工学 [没]平成29年(2017)12月4日 75歳 [生]昭和17年(1942)11月19日 [学]京都大学工学部土木工学科卒, 京都大学大学院工学研究科土木工学専攻修士課程修了 工学博士 [歴]岡山大学環境理工学部教授を務めた。 [賞]土木学会賞論文奨励賞〔昭和48年〕「非線形履歴構造物のランダム応答解析(総合題目)」, 土木学会賞田中賞(論文部門)〔昭和58年〕「地盤との相互作用における多径間連続の耐震解析・設計に関する研究(総合題目)」, 土木学会賞論文賞〔平成6年〕「地盤と構造物の動的相互作用場の波動論的考察と制振法に関する研究(総合題目)」, 地盤工学会賞研究業績賞(平成16年度)「交通等に対する地盤振動対策 Wave Impeding Barrier(WIB)の研究開発」

竹村 秀博 たけむら・ひでひろ オリンパス光学工業専務 [没]平成29年(2017)10月10日 83歳〔肺炎〕 [生]昭和9年(1934)3月22日 [出]高知県 [学]神戸大学法学部〔昭和33年〕卒 [歴]昭和33年日本生命保険に入社。59年オリンパス光学工業(現・オリンパス)に転じ、60年取締役、61年常務を経て、専務。

竹村 文男 たけむら・ふみお 洋画家 高知県美術家協会会長 [没]平成29年(2017)11月3日 88歳〔虚血性腸炎〕 [生]昭和4年(1929)1月2日 [出]高知県高知市 [学]城東中卒 [歴]城東中学(現・追手前高校)を卒業後、海軍飛行予科訓練生に志願し空中特攻要員として訓練中に敗戦を迎える。復員後は高知県立赤岡保健所に勤める傍ら油絵を描き始め、昭和25年高知県展に初入選。30年、33年、35年県展で特選を受け無鑑査となる。53年から一水会に出品、平成28年まで出品を続けた。24年高知県展顧問、18〜28年高知県美術家協会会長。当初は荒々しいタッチの前衛的な抽象画を描いたが、1960年代後半から写実画に転向。イタリアやフランスなどのヨーロッパの風景画の他、郷土の風景を好んで描いた。 [賞]高知県展功労者〔平成13年〕, 高知県文化賞〔平成21年〕, 高知県展特選〔昭和30年・33年・35年〕

竹村 豊 たけむら・ゆたか 丸紅代表取締役副社長 通商産業省通商政策局経済協力部長 [没]平成27年(2015)10月4日 90歳〔老衰〕 [生]大正14年(1925)3月30日 [出]高知県高知市 [学]東京大学法学部〔昭和24年〕卒 [歴]昭和24年商工省(のち通商産業省, 現・経済産業省)に入省。43年官房審議官、46年官房広報課長、49年通商政策局経済協力部長を経て、51年海外経済協力基金理事。54年丸紅取締役となり、58年常務、61年専務、62年代表取締役副社長を歴任。平成元年丸紅エネルギー会長。3〜7年日本アマゾンアルミニウム社長を務めた。

竹本 健司 たけもと・けんじ 俳人 「国」代表 [没]平成28年(2016)5月21日 83歳〔病気〕 [生]昭和8年(1933)4月6日 [出]岡山県新見市 [学]新見高〔昭和27年〕卒 [歴]平成元年グアテマラの日本人学校校長に赴任、4年帰国後も岡山県大佐町立刑部小学校長などを務めた。俳人としては14歳で漆島青師に師事。昭和37年「海程」創刊に参加。51年「国」を創刊。平成20年終刊後、「俳句ぽえむ明(あけ)」を創刊。風土に根差した骨太な作風で知られた。句集に「生国」「竹本健司句集」「山方」「山系」「人間感」、随筆写真集に「グァテマラ」などがある。 [賞]海程賞(第6回)〔昭和45年〕, 岡山県文学選奨(第5回)〔昭和45年〕, 現代俳句協会賞(第26回)〔昭和54年〕, 新見市文化功労賞, 備前文学賞(第3回), 備北出版賞(第3回)〔平成5年〕「グァテマラ」, 山陽新聞文化功労賞〔平成10年〕 [団]現代俳句協会

竹本 源大夫(9代目) たけもと・げんだゆう 義太夫節太夫(文楽) [専]人形浄瑠璃 [没]平成27年(2015)7月20日 83歳〔心不全〕 [生]昭和7年(1932)2月14日 [出]大阪府大阪市 [名]本名＝尾崎忠男(おざき・ただお), 前名＝竹本織の大夫, 竹本織大夫(5代目)(たけもと・おりたゆう), 竹本綱大夫(9代目)(たけもと・つなたゆう) [学]大阪府立航空高工 [歴]父は文楽三味線の初代鶴沢藤蔵。昭和21年4代目竹本織太夫(8代目竹本綱大夫)に入門、織の大夫を名のり初舞台。38年5代目織大夫を襲名。父が相三味線となる。平成6年文楽で最高の地位“切場語り(きりばがたり)”に昇格。8年9代目綱大夫を襲名、これを機会に長男と相三味線を組む。豪快な時代物、情のあふれる世話物ともにこなす名手で、特に「心中宵庚申」の「上田村」、「冥途の飛脚」の「封印切」など近松門左衛門の作品を得意として、近松物の第一人者と評される。19年人間国宝に認定され、22年祖父の名である9代目竹本源大夫を襲名、長男の清二郎も2代目鶴沢藤蔵を同時襲名する。23年4〜5月披露公演。25年5月以降は体調を崩して舞台出演は無く、26年7月引退を表明した。著書に「織大夫夜話」がある。 [賞]芸術選奨文部大臣賞(第42回, 平成3年度)〔平成4年〕「新薄雪物語・園部兵衛屋敷の段」, 日本芸術院賞(第59回, 平成14年度)〔平成15年〕, 紫綬褒章〔平成6年〕, 旭日小綬章〔平成21年〕, 国立劇場文楽賞優秀賞〔昭和58年・平成3年〕, 国立劇場文楽賞〔平成4年・7年〕, 国立劇場文楽賞特別賞〔平成26年〕 [資]重要無形文化財保持者(人形浄瑠璃文楽・太夫)〔平成19年〕 [家]父＝鶴沢藤蔵(1代目)(義太夫節三味線方), 長男＝鶴沢藤蔵(2代目)(義太夫節三味線方), 祖父＝竹本源大夫(7代目) [師]師＝竹本綱大夫(8代目)

竹本 泰一郎 たけもと・たいいちろう 長崎大学名誉教授 [専]公衆衛生学 [没]平成28年(2016)7月6日 80歳 [生]昭和11年(1936)5月1日 [学]北海道大学医学部医学科〔昭和37年〕卒, 東京大学大学院医学系研究科〔昭和42年〕修了 医学博士 [歴]昭和48年東北大学助教授を経て、52年長崎大学教授。共編に「公衆衛生学」、共訳に「環境保健管理」などがある。 [団]日本公衆衛生学会, 日本衛生学会

武本 敏武 たけもと・としたけ 山陽新聞常務総務局長 山陽計算センター社長 [没]平成27年(2015)6月

14日　65歳〔急性心筋梗塞〕　[生]昭和25年（1950）2月21日　[出]岡山県岡山市　[学]早稲田大学政経学部卒　[歴]昭和49年山陽新聞社に入社。編集局社会部長、局次長扱・編集局報道本部長などを経て、平成20年情報技術局長、21年執行役員社長室長、23年取締役社長室長、25年常務総務局長。27年から山陽計算センター社長を兼務した。

竹山 晴夫　たけやま・はるお　広島大学学長・名誉教授　[専]物理学　[没]平成27年（2015）12月28日　100歳〔心不全〕　[生]大正4年（1915）6月14日　[出]福岡県北九州市　[学]小倉中〔昭和8年〕卒, 広島高師〔昭和12年〕卒, 広島文理科大学物理学科〔昭和15年〕卒　理学博士〔昭和26年〕　[歴]昭和15年広島文理科大学助手、16年講師、19年助教授を経て、27年広島大学教授、48年理学部長、52年第5代学長。56年退官。この間、33～35年米国カリフォルニア工科大学に出張。広島文理科大助教授時代の20年8月、爆心地から1.4キロの同大本館（のち広島大旧理学部1号館）で被爆。退職後も被爆建物である同館の保存活動に取り組んだ。　[賞]勲二等旭日重光章〔昭和62年〕

多湖 輝　たご・あきら　心理学者　多湖輝研究所所長　東京未来大学名誉学長　千葉大学名誉教授　[没]平成28年（2016）3月6日　90歳〔間質性肺炎〕　[生]大正15年（1926）2月25日　[出]インドネシア・スマトラ島　[学]東京大学文学部心理学科〔昭和25年〕卒　[歴]東京工業大学助手、千葉大学講師を経て、昭和34年助教授、48年教授に就任。63年退官。平成6年ヘッド・オフィスを開設。19年春、足立区に開校した東京未来大学学長に就任。千葉大学在職中の昭和41年、光文社カッパ・ブックスからクイズ・パズル集「頭の体操」第1集を出版、200万部を超えるベストセラーとなった。同シリーズは平成13年までに23集を刊行して発行部数は総計1200万部を超える。テレビのクイズ番組やゲームソフト〈レイトン教授〉シリーズの監修も手がけた。また、テレビなどを通じて茶の間にもわかりやすく心理学を解説するなど啓蒙的活動が多く、幼児教育から高齢者問題、企業の創造性開発まで幅広いテーマで講演活動や著述活動を行った。発想の豊かさ、広がりを育てようと“発想コンテスト”を提唱した。他の著書に「ホイホイ勉強術」「勉強嫌いが治る本」「六十歳からの生き方」「人生計画の立て方」などがある。　[賞]瑞宝中綬章〔平成18年〕, 東京都名誉都民〔平成19年〕　[団]日本心理学会, 日本創造学会

田幸 淳男　たこう・あつお　信越放送社長　電算社長　[没]平成29年（2017）5月11日　83歳　[生]昭和9年（1934）4月1日　[出]長野県須坂市　[学]東京大学文学部〔昭和32年〕卒　[歴]昭和33年信越放送に入社。テレビ局次長、報道制作局長を経て、53年取締役、57年常務、59年代表取締役専務を歴任。平成5～17年電算社長を務めた後、18～23年信越放送社長。長野商工会議所副会頭、信毎文化事業財団理事も務めた。　[賞]藍綬褒章〔平成25年〕

田坂 雅保　たさか・まさやす　信州大学名誉教授　[専]高分子化学　[没]平成27年（2015）7月29日　79歳　[生]昭和11年（1936）3月12日　[出]広島県呉市　[学]広島大学工学部工業化学科〔昭和33年〕卒, 名古屋大学大学院工学研究科応用化学専攻〔昭和39年〕博士課程修了　工学博士（名古屋大学）〔昭和41年〕　[歴]昭和39年名古屋大学助手、41年信州大学工学部助教授を経て、60年教授。平成13年名誉教授。　[団]日本化学会, 高分子学会, 日本膜学会

田坂 陸郎　たさか・りくろう　日立造船常務　ティーシーエム社長　[没]平成27年（2015）10月22日　76歳〔前立腺がん〕　[生]昭和14年（1939）4月28日　[出]広島県　[学]長崎大学経済学部〔昭和39年〕卒　[歴]昭和39年日立造船に入社、以来経理畑を歩む。平成5年取締役、9年常務を経て、13年TCM社長に就任。17年会長。

田崎 明　たさき・あきら　筑波大学名誉教授　[専]物性物理学　[没]平成27年（2015）3月16日　81歳〔リンパ腫〕　[生]昭和9年（1934）2月3日　[出]東京都　[学]学習院大学理学部物理学科〔昭和32年〕卒, 東京大学大学院数物系物理学専攻〔昭和36年〕博士課程退学　理学博士　[歴]昭和36年東京大学理学部助手、39年大阪大学基礎工学部助教授を経て、52年筑波大学物理工学系教授。　[賞]瑞宝中綬章〔平成25年〕, 市村賞アイデア賞（第8回）〔昭和51年〕「酸素濃度計の開発」, 日刊工業新聞技術・科学図書文化賞優秀賞（第5回）〔平成1年〕「超微粒子―創造科学技術」　[家]息子＝田崎晴明（学習院大学教授）

田崎 義信　たざき・よしのぶ　神戸新聞常務　[没]平成29年（2017）12月11日　84歳〔誤嚥性肺炎〕　[生]昭和8年（1933）9月6日　[出]東京都　[学]早稲田大学政経学部卒　[歴]昭和33年神戸新聞社に入社。阪神総局次長、編集局社会部次長、論説委員、58年編集局次長、62年編集局長、平成元年取締役、3年常務。

田嶋 一夫　たじま・かずお　いわき明星大学名誉教授　[専]中世文学, 国語学　[没]平成28年（2016）9月5日　75歳〔内臓疾患〕　[生]昭和16年（1941）6月9日　[出]群馬県　[学]早稲田大学卒, 早稲田大学大学院文学研究科〔昭和47年〕博士課程単位取得　[歴]昭和47年国文学研究資料館助手、50年助教授となり、情報処理室長、第一資料室長を兼務。62年いわき明星大学教授。平成24年定年退職。著書に「中世往生伝と説話の視界」などがある。　[団]中世文学会, 情報処理学会, 日本文学協会

田島 邦彦　たじま・くにひこ　歌人　「開放区」編集・発行人　[没]平成28年（2016）12月3日　76歳　[生]昭和15年（1940）9月15日　[出]香川県高松市　[学]中央大学法学部法律学科〔昭和38年〕卒　[歴]昭和34年大学に入学して本格的に作歌を始める。35年「具象」、39年「無頼派」の創刊に参加。47年騎の会に参加、佐佐木幸綱らと合同歌集を刊行。58年寺山修司の死を契機に個人誌（のち同人誌）「開放区」を創刊、編集・編集発行人。歌集に「晩夏訛伝」「暗夜祭天」「頽れし日々の歌」「記憶と現在」「人間漂流」「アイデンティティーの迷路」、評論集「言葉以前の根拠へ」「情況としての現代短歌」などがある。　[団]現代歌人協会, 日本文芸家協会

田島 定爾　たじま・さだじ　歌人　科研社長　[没]平成28年（2016）9月1日　90歳　[生]大正15年（1926）5月15日　[出]群馬県佐波郡境町（伊勢崎市）　[学]立教大学理学部物理学科〔昭和23年〕卒　[歴]昭和24年日本放送出版協会に入社。28年同僚数人と退職し、電波技術社を設立。37年マイコン技術を使った教材・玩具の開発メーカーである科学技研（現・科研）を独力で設立。52年バ

た

ンダイと提携、家庭用ゲーム機を開発。歌人としては「熾」編集委員。著書に「楽しいエレクトロニクス」、歌集に「乱反射」「炎色反応」「カレイドスコープ」などがある。　[家]兄＝田島達也（新潟大学名誉教授）

田嶋 徳之　たじま・のりゆき　愛媛放送社長　[没]平成29年（2017）2月27日　80歳〔肝硬変〕　[生]昭和12年（1937）1月2日　[出]東京都　[学]東京大学文学部仏文学科〔昭和36年〕卒　[歴]昭和36年関西テレビ放送に入社。主に営業畑を歩み、経営企画局長、平成7年取締役、9年常務、12年専務を経て、14年愛媛放送（現・テレビ愛媛）社長。19年会長、23年相談役に退いた。　[賞]旭日小綬章〔平成22年〕

田島 秀郎　たじま・ひでお　大成建設常務　[没]平成28年（2016）1月15日　93歳〔鬱血性心不全〕　[生]大正12年（1923）1月8日　[出]福岡県大牟田市　[学]三池中〔昭和15年〕卒，佐賀高〔昭和17年〕卒，東京帝国大学第二工学部建築学科〔昭和20年〕卒　[歴]昭和21年大成建設に入社、横浜支店建築部長、広島支店長、営業本部営業部長、54年常務を経て、56年大成プレハブ社長。62年相談役に退いた。　[賞]藍綬褒章〔昭和63年〕，建設大臣表彰〔昭和61年〕

田島 良彦　たじま・よしひこ　東海銀行専務　セントラルリース社長　[没]平成28年（2016）5月26日　93歳〔心不全〕　[生]大正12年（1923）3月8日　[出]愛知県　[学]早稲田大学政経学部〔昭和19年〕卒，早稲田大学大学院〔昭和23年〕修了　[歴]復員後の昭和24年、東海銀行（現・三菱東京UFJ銀行）に入行。44年取締役、47年常務を経て、51年専務。55年セントラルリース（現・三菱UFJリース）副社長、56年社長、平成2年会長を歴任。5年退任。

田島 涼子　たじま・りょうこ　箏曲家（生田流）　沢井箏曲院教授　[没]平成27年（2015）10月8日　79歳〔乳がん〕　[生]昭和11年（1936）9月5日　[出]宮崎県　[学]九州女学院高〔昭和30年〕卒　[歴]生田流箏曲師範。昭和40年箏曲教授。世界文化交流協会理事を務め、熊本県文化協会、熊本県文化懇話会に所属した。　[賞]熊本県民文化賞〔平成11年〕

田代 教平　たしろ・きょうへい　歯科医　静岡県歯科医師会会長　田代歯科医院院長　[没]平成29年（2017）11月30日　90歳〔老衰〕　[生]昭和2年（1927）10月16日　[出]静岡県袋井市　[学]袋井商〔昭和20年〕卒，東京歯科医専〔昭和25年〕卒，東京歯科医専〔昭和26年〕研究生修了　歯学博士　[歴]静岡県歯科医師会理事、副会長を経て、平成9年から3年間会長を務めた。　[賞]紺綬褒章〔昭和35年〕

多田 修　ただ・おさむ　徳島大学名誉教授　[専]半導体工学　[没]平成28年（2016）12月22日　94歳〔骨髄異形成症候群〕　[生]大正11年（1922）8月18日　[出]徳島県阿南市　[学]東京工業大学工学部電気工学科卒　工学博士　[歴]徳島大学工学部講師、徳島大学工業短期大学部教授などを経て、昭和40〜63年徳島大工学部教授。ノーベル物理学賞受賞者である中村修二を大学院在学中に指導した。　[賞]勲三等旭日中綬章〔平成10年〕　[団]電子通信学会，応用物理学会

多田 治夫　ただ・はるお　金沢大学名誉教授　金沢工業大学名誉教授　[専]臨床心理学　[没]平成28年（2016）4月24日　85歳〔悪性リンパ腫〕　[生]昭和6年（1931）1月5日　[出]台湾台北　[学]金沢大学法文学部哲学科心理学専攻卒　[歴]金沢大学教授を経て、金沢工業大学教授。著書に「集団心理療法」「人間性の心理学」「心理療法ハンドブック」などがある。

多田 福明　ただ・ふくあき　石原産業常務　[没]平成27年（2015）8月2日　80歳　[生]昭和9年（1934）9月7日　[出]鳥取県　[学]慶応義塾大学法学部〔昭和37年〕卒　[歴]昭和37年石原産業に入社。平成9年常勤監査役を経て、12年常務。

多々納 弘光　たたの・ひろみつ　陶芸家　企業組合出西窯理事長　[没]平成29年（2017）6月29日　90歳〔病気〕　[生]昭和2年（1927）4月14日　[出]島根県簸川郡斐川町（出雲市）　[学]長崎経専〔昭和24年〕卒　[歴]昭和22年自身を含む島根県斐川町出西地区の若者5人で企業組合出西窯（現・株式会社出西窯）を創業。以来“協同無名”の基本理念の下、民芸運動を創始した柳宗悦らの薫陶を受け、実用の美を意識した陶器作りに励む。日本民芸協会常任理事などを務め、手仕事の魅力発信や民芸運動の進展に尽力。平成13年には出雲市での日本民芸協会全国大会開催に尽力するなど、地元の文化力向上にも寄与した。　[賞]山陰中央新報社地域開発賞島根文化賞（第30回）〔平成3年〕

只野 通泰　ただの・みちやす　作曲家　編曲家　[没]平成27年（2015）7月18日　91歳〔心筋梗塞〕　[生]大正12年（1923）12月18日　[出]宮城県仙台市　[学]日本大学芸術学部音楽科〔昭和19年〕卒　[歴]昭和19年日本大学芸術学部音楽科作曲専攻を卒業後、朝鮮羅南第二部隊に入隊。シベリア抑留を経て、24年復員。25年東京都文京区立第六中学教諭となるが、28年音楽コンクール作曲部門で入選、これを機に33年退職、プロの作曲家・編曲家となる。多くの演歌や歌謡曲、テレビ・ラジオ・映画の主題歌などを手がけ、主な作品にフランク永井「振り向けばひとり」、山本リンダ「恋の急行列車」、北島三郎「夫婦花」、さとう宗幸「みちのく広瀬川」、テレビドラマ「矢車剣之助」の主題歌など。また、吉田正や遠藤実の編曲を数多く手がけ、遠藤作品では千昌夫「星影のワルツ」、山本リンダ「こまっちゃうナ」、三船和子「他人船」、渥美二郎「夢追い酒」などを担当している。　[賞]古賀賞金賞〔昭和50年〕，松尾芸能賞特別賞（第25回）〔平成16年〕，日本レコード大賞特別功労賞（第57回）〔平成27年〕，音楽コンクール作曲部門入選（第22回）〔昭和28年〕　[団]日本作曲家協会　[師]師＝池内友次郎，貴島清彦

立木 洋　たちき・ひろし　参院議員（共産党）　[専]国際問題　[没]平成29年（2017）6月20日　86歳〔老衰〕　[生]昭和6年（1931）3月11日　[出]旧朝鮮新義州　[学]東北人民大学（中国）〔昭和33年〕卒　[歴]昭和33年日本に引き揚げ、高知で電器器具のセールスマンをする中で共産党に入党、39年から党本部に勤務。49年参院選全国区で

た

初当選。連続5期務め、平成12年引退。党中央委員会副議長、参院沖縄・北方問題特別委員長を歴任。中国での生活が26年というだけあり、中国語が堪能だった。

橘 正信 たちばな・しょうしん 僧侶 浄土真宗本願寺派総長 [没]平成28年(2016)9月16日 73歳 [生]昭和17年(1942) [出]岐阜県 [学]龍谷大学大学院博士課程単位取得退学 [歴]岐阜県本巣市の古刹・円勝寺に25代目として生まれる。平成9年浄土真宗本願寺派宗会議員となり、総務を2回務めた。21年総長に就任、龍谷大学理事長を兼務。24年退任。

橘 至朗 たちばな・しろう ミタチ産業社長 [没]平成29年(2017)9月2日 78歳〔腎不全〕 [生]昭和14年(1939)4月8日 [歴]昭和51年ミタチ産業社長に就任。のち会長となる。 [家]長男＝橘和博(ミタチ産業社長)

立花 誠一郎 たちばな・せいいちろう カウラ事件の生き証人 [没]平成29年(2017)11月7日 96歳 [生]大正10年(1921) [出]愛知県名古屋市 [歴]陸軍の通信兵として東部ニューギニアを転戦した後に投降し、オーストラリアのカウラ捕虜収容所に収容される。収容中にハンセン病と診断されて隔離されたが、そのため集団脱走計画を知らずにおり、19年8月日本兵が集団脱走を図って200人以上が死亡したカウラ事件を天幕から目撃した。戦後復員したが帰郷出来ず、26年国立療養所邑久光明園に入所して療養生活を送った。晩年は講演などを通じてカウラ事件の証言を続けた他、収容所で手作りした木製トランクを、国の戦傷病者史料館・しょうけい館に寄贈した。著書に「われ、決起せず―聞書・カウラ捕虜暴動とハンセン病を生き抜いて」がある。

立花 千春 たちばな・ちはる フルート奏者 [没]平成28年(2016)4月11日 46歳〔がん〕 [生]昭和45年(1970)2月25日 [出]宮城県仙台市 [名]本名＝山田千春(やまだ・ちはる) [学]H.ベルリオーズ音楽院〔平成3年〕卒, エコール・ノルマル音楽院〔平成4年〕卒, パリ高等音楽院〔平成7年〕卒 [歴]9歳からフルートを始め、17歳から山元康生に師事。平成2年大学を中退して渡仏し、ベルリオーズ音楽院に入学。同音楽院、エコール・ノルマル音楽院、パリ国立高等音楽院に学び、全てをプルミエプリ(第1位)で卒業した。6年パリ国際室内楽コンクール第3位、7年ルーマニア国際フルートコンクール第2位、第7回日本フルートコンベンションコンクール第1位、アルル国際室内楽コンクール第1位、シリンクス国際フルートコンクール第1位。8年指導の傍ら本格的な演奏活動を開始、同年東京のカザルスホールで初のリサイタルを開催。水戸室内管弦楽団、サイトウ・キネン・フェスティバルへの参加など様々な演奏活動を展開する他、各地でのリサイタルを行い、仙台フィルハーモニー管弦楽団、東京フィルハーモニー交響楽団、京都交響楽団、札幌交響楽団などとも共演。洗足学園音楽大学、上野学園大学の各非常勤講師も務めた。ソロアルバム「CRYSTAL BREATH」「Density21.5」「RAVEL」や、書籍「立花千春のフルート教本(CD演奏付)」もある。 [賞]パリ国際室内楽コンクール第3位〔平成6年〕, ルーマニア国際フルートコンクール第2位〔平成7年〕, 日本フルートコンベンションコンクール第1位(第7回)〔平成7年〕, アルル国際室内楽コンクール第1位(フランス)〔平成7年〕, シリンクス国際フルートコンクール第1位(第2回, イタリア)〔平成7年〕 [家]夫＝山田武彦(作曲家・ピアニスト) [師]師＝佐久間由美子, 工藤重典, ギオー, R., マリオン, A., アルトー, P.Y., ベルノルド, P., アリロール, G., アドリヤン, A., ドゥ・ビュッシー, C., ラルデ, C., モラゲス, M., ワルター, D., イヴァルディ, C.

橘家 円蔵(8代目) たちばなや・えんぞう 落語家 [没]平成27年(2015)10月7日 81歳〔心室細動〕 [生]昭和9年(1934)4月3日 [出]東京都江戸川区 [名]本名＝大山武雄(おおやま・たけお), 前名＝月の家円鏡(5代目)(つきのや・えんきょう), 橘家竹蔵, 橘家升蔵 [学]小松川三中卒 [歴]小学校卒業後、家業の紙芝居屋を手伝う。落語家に憧れ、昭和27年18歳で4代目月の家円鏡(7代目橘家円蔵)に入門、橘家竹蔵を名のる。前座時代は大師匠である8代目桂文楽の内弟子も務めた。30年二ツ目になり升蔵と改名。40年真打ちに昇進、5代目月の家円鏡を名のる。57年8代目橘家円蔵を襲名。スピード感のある当意即妙のギャグを繰り出す高座で二ツ目時代から頭角を現し、中でも大喜利の謎かけを得意とした。愛嬌とサービス精神に満ちた陽気で賑やかな芸風で、相手を持ち上げる「ヨイショ」の決まり文句や、妻の名前にちなむギャグ「うちのセツコが…」などで大当たりをとり、売れっ子落語家としてラジオやテレビで活躍、円鏡の名前を高めた。黒縁めがねがトレードマークで、テレビ番組「お笑い頭の体操」「やじうま寄席」や、エバラ食品工業「エバラ焼肉のたれ」、タイホー工業「メガネクリンビュー」のCMなどでもお茶の間に親しまれた。3代目古今亭志ん朝、7代目立川談志、5代目三遊亭円楽と並び"四天王"の一人に数えられる実力者でもあった。平成22年の妻を亡くしてからは体調を崩しがちとなり、24年9月下席の東京・浅草演芸ホールが最後の高座となった。 [賞]放送演芸大賞〔昭和48年〕, 日本放送作家協会賞(第14回)〔昭和49年〕 [師]師＝橘家円蔵(7代目)

立原 位貫 たちはら・いぬき 版画家 [専]木版画 [没]平成27年(2015)7月31日 64歳〔胃がん〕 [生]昭和26年(1951) [出]愛知県名古屋市 [名]本名＝勝原信也(かつはら・しんや) [歴]独学で木版画を始め、江戸時代の浮世絵の再現を追及する。平成20年京都市中京区で画業30年記念展を開いた。

辰馬 輝彦 たつうま・てるひこ 興亜火災海上保険社長 [没]平成27年(2015)7月23日 82歳〔肺炎〕 [生]昭和7年(1932)12月5日 [出]大阪府 [学]関西学院大学商学部〔昭和30年〕卒 [歴]昭和30年興亜火災海上保険(現・損保ジャパン日本興亜)に入社。59年取締役、61年常務、平成元年専務、2年副社長を経て、6年社長。10年会長。

立川 昭二 たつかわ・しょうじ 医史学者 北里大学名誉教授 [専]歴史学 [没]平成29年(2017)8月5日 90歳 [生]昭和2年(1927)2月24日 [出]東京都 [学]早稲田大学文学部史学科〔昭和25年〕卒 [歴]昭和32年早稲田大学講師、41年北里大学教授、55年教養部長、56年理事。著書に「病気の社会史」「歴史紀行・死の風景」「臨死のまなざし」「生と死の現在」「こころの『日本』」「日本人の死生観」「病いの人間学」「からだことば」「養

生訓に学ぶ」「生と死の美術館」「年をとって、初めてわかること」などがある。 [賞]サントリー学芸賞〔昭和55年〕「歴史紀行・死の風景」 [団]日本医史学会, 医学史研究会, 医療人類学研究会, 日本文芸家協会

立川 涼 たつかわ・りょう 環境化学者 愛媛大学名誉教授 高知大学学長・名誉教授 [専]農芸化学, 教育 [没]平成29年(2017)5月9日 86歳〔慢性呼吸不全〕 [生]昭和5年(1930)12月25日 [出]旧朝鮮京城(韓国・ソウル) [学]高知高卒, 東京大学農学部農芸化学科〔昭和28年〕卒, 東京大学大学院農学部研究奨学生〔昭和33年〕満期修了 農学博士 [歴]旧朝鮮の京城で生まれ、戦後母の出身地である高知市に家族と引き揚げる。昭和33年東京大学農学部助手(土壌学)、38～39年米国オハイオ州立大学留学、41年愛媛大学農学部助教授(農芸分析学)、51年環境保全学科教授(環境化学)、同連合農学研究科長、農学部長を歴任。この間、農薬BHCによる環境汚染を日本で初めて研究。ダイオキシンやポリ塩化ビフェニール(PCB)などの化学物質汚染の世界的な実態を解明した。平成7年高知大学学長に就任。9年度から"大学学"と"日本語技法"を必修課目とするなど大学改革を行った。11年退官。12年愛媛県環境創造センター所長。一方、10年10月設立されたダイオキシン・環境ホルモン対策国民会議代表、黒潮実感センター理事長、トヨタ財団理事、日本環境会議代表理事などを務めた。 [賞]瑞宝重光章〔平成19年〕, 日本水環境学会功労賞〔平成4年〕, NHK放送文化賞(第45回)〔平成5年〕, 地球化学協会三宅賞〔平成10年〕, ISI引用最高栄誉賞〔平成12年〕, 山階芳麿賞(第15回)〔平成20年〕 [団]日本農芸化学会, 日本地球化学会, 日本環境化学会, 日本海水学会, 日本土壌肥料学会, 日本ウミガメ協議会, 日本鳥類学会, American Chemical Society [家]妻＝立川百恵(えひめ生協理事長)

立崎 隆 たつざき・たかし 常磐植物化学研究所会長 佐倉商工会議所会頭 [没]平成27年(2015)6月24日 72歳 [生]昭和17年(1942)11月19日 [出]千葉県 [学]千葉大学薬学部卒 [歴]昭和44年常磐植物化学研究所に入社。59年社長、平成22年会長。佐倉商工会議所会頭や千葉県製薬協会会長、千葉県人事委員などを歴任した。 [賞]藍綬褒章〔平成16年〕 [家]長男＝立崎仁(常磐植物化学研究所社長)

龍沢 休美 たつざわ・やすはる 龍沢学館長 [没]平成28年(2016)2月6日 79歳〔胃がん〕 [生]昭和11年(1936)11月30日 [出]岩手県盛岡市 [学]早稲田大学政経学部卒 [歴]昭和45年龍沢高校に入り、48年副校長、50年校長。平成元年龍沢学館長。専修学校盛岡中央ゼミナール校長、盛岡中央高校長も務めた。

辰濃 和男 たつの・かずお ジャーナリスト 朝日新聞論説委員 日本エッセイスト・クラブ理事長 [専]自然, エコロジー, 文章論, 四国遍路 [没]平成29年(2017)12月6日 87歳〔老衰〕 [生]昭和5年(1930)1月1日 [出]東京都世田谷区 [学]東京商科大学(現・一橋大学)〔昭和28年〕卒 [歴]昭和28年朝日新聞社入社。ニューヨーク支局長、東京本社社会部次長、編集委員を経て、50年論説委員となり、「天声人語」を13年間にわたり執筆。63年9月編集委員(役員待遇)、平成4年編集局顧問。5年退社後は、6年朝日カルチャーセンター社長、朝日新聞社「週刊20世紀」編集長、日本エッセイスト・クラブ理事長を務めた。わかりやすさを文章の基本と書いた著書「文章の書き方」はロングセラーとなり、四国八十八カ所を3回歩いた紀行エッセイ「四国遍路」も執筆。朝日新聞時代、日本復帰前の沖縄をルポした「沖縄報告」の取材班に参加し、復帰運動や米軍基地問題、歴史や文化を紹介。17年から亡くなる年までたびたび沖縄を訪れ、体調を崩した後も車いすで取材を続けた。 [団]日本エッセイスト・クラブ, 環境ジャーナリストの会 [家]兄＝木下博(ニチレイ常務)

辰野 千寿 たつの・ちとし 上越教育大学学長・名誉教授 筑波大学名誉教授 [専]教育心理学 [没]平成28年(2016)1月20日 95歳〔原発不明がん〕 [生]大正9年(1920)5月31日 [出]長野県伊那市 [学]東京文理科大学心理学科〔昭和19年〕卒 文学博士〔昭和36年〕 [歴]昭和19年愛知青年師範助教授、30年東京教育大学助教授、42年教授、48年筑波大学副学長、53年～平成元年上越教育大学初代学長を歴任。のち応用教育研究所長、学校教育研究所理事長。第17期日本学術会議会員。20年上越教育大学は教育現場で特色ある実践研究や、先進的な取り組みをした教員に贈る辰野千寿教育賞を創設した。著書に「学習心理学」「教育心理学」「時間設計学」「学習心理学総説」「学習指導の心理学」などがある。 [賞]勲二等旭日重光章〔平成5年〕 [団]日本教育心理学会, 日本心理学会

辰巳 ヨシヒロ たつみ・よしひろ 劇画家 [没]平成27年(2015)3月7日 79歳〔悪性リンパ腫〕 [生]昭和10年(1935)6月10日 [出]大阪府大阪市 [名]本名＝辰巳嘉裕(たつみ・よしひろ) [学]豊中高卒 [歴]中学時代から「漫画少年」に投稿。昭和26年に描き上げた「愉快な漂流記」でデビュー、貸本誌などに大人向けの作品を描く。32年「街」に発表した「幽霊タクシー」で初めて、リアリズムを重視した自らの作風を"劇画"と名付け、劇画ブームの先鞭をつけた。34年実兄の桜井昌一やさいとう・たかを、佐藤まさあきらと劇画工房を結成したが、1年で解散。61年神田に漫画の古本専門店ドン・コミックを開店。平成20年自伝的大作「劇画漂流」を発表、21年手塚治虫文化賞マンガ大賞を受けた。同作はシンガポールのエリック・クー監督により「TATSUMI マンガに革命を起こした男」としてアニメ映画化され、26年日本でも公開された。他の作品に「乾いた季節」「てっぺん○次」などがある。 [賞]日本漫画家協会賞努力賞(第1回)〔昭和47年〕「人喰魚」, アングレーム国際マンガフェスティバル特別賞(フランス)〔平成17年〕, 手塚治虫文化賞マンガ大賞(第13回)〔平成21年〕「劇画漂流」 [家]兄＝桜井昌一(劇画家)

立元 久夫 たつもと・ひさお 郷土史家 都城史談会会長 山田町(宮崎県)教育長 [専]宮崎県 [没]平成27年(2015)10月14日 78歳〔膵臓がん〕 [出]宮崎県北諸県郡山田町(都城市) [歴]都城市立明道小、大王小、乙房小の各校長を歴任した他、都城史談会会長も務めた。

立本 英機 たつもと・ひでき 千葉大学名誉教授 [専]水工学 [没]平成28年(2016)5月2日 73歳 [生]昭和17年(1942)5月31日 [出]広島県 [学]千葉大学工学部工業化学科卒 工学博士(京都大学)〔昭和52年〕 [歴]千葉大学助手、助教授を経て、平成10年教授。22年名誉教

た

授。環境審議会、廃棄物減量等推進審議会、環境影響評価技術審議会など、多くの委員会委員を兼務。環境汚染で特に水質浄化に関する研究に従事、活性炭の可能性に着目した。また、長く千葉日報千葉市内版に「ちばエコリポート」を連載した。著書に『環境をはかる』『おもしろい活性炭のはなし』などがある。㊙日本化学会、日本薬学会、日本吸着学会

達山 和紀 たつやま・かずのり 島根大学名誉教授 ㊙農薬、土壌 ㊤平成29年（2017）5月22日 90歳 ㊦昭和2年（1927）2月11日 ㊥鹿児島県 ㊧七高造士館理科〔昭和22年〕卒、京都大学農学部〔昭和27年〕卒 農学博士 ㊙昭和27年島根農科大学（現・島根大学）助手、42年助教授を経て、47年教授。49年農学部附属農場長、60年学部長。平成2年定年退官。 ㊕瑞宝中綬章〔平成17年〕

伊達 博 だて・ひろし ファゴット奏者 上越教育大学名誉教授 ㊙器楽 ㊤平成29年（2017）10月13日 82歳〔肺炎〕 ㊦昭和10年（1935）6月24日 ㊥神奈川県横浜市 ㊧武蔵野音楽大学器楽科〔昭和34年〕卒 ㊙東京フィルハーモニー交響楽団、ABC交響楽団、東京芸術大学管弦楽研究部講師を経て、東京メロス合奏団、シンフォニエッタ・サファイヤに在籍。昭和58年上越教育大学助教授、平成5年教授。同大附属実技教育研究指導センター長や評議員を歴任し、13年定年退官。著書に『器楽アンサンブルの理論と実際』がある。 ㊙師＝三田平八郎、山畑馨

舘岡 沙緻 たておか・さち 俳人 「花暦」主宰 ㊤平成28年（2016）5月1日 85歳〔肝臓がん〕 ㊦昭和5年（1930）5月10日 ㊥東京都 ㊧本名＝舘岡幸子（たておか・さちこ） ㊙鷺宮高女卒 ㊙昭和42年「春嶺」に入会、加藤吉男、岸風三樓に師事。平成4年「朝」に入会して岡本眸に師事、同年「朝」同人。同年「春嶺」を退会。5年「朝」副編集長。10年「花暦」を創刊・主宰。句集に「柚」「曳舟」「遠き橋」「舘岡沙緻句集」「昭和ばかりむし」「夏の雲」などがある。 ㊕春嶺賞〔昭和45年〕、春嶺功労者賞〔昭和63年〕 ㊙俳人協会 ㊙師＝加畑吉男、岸風三樓、岡本眸

たてかべ 和也 たてかべ・かずや 声優 ㊤平成27年（2015）6月18日 80歳〔急性呼吸器不全〕 ㊦昭和9年（1934）7月25日 ㊥北海道虻田郡喜茂別町 ㊧本名＝立壁和也（たてかべ・かずや） ㊙日本大学芸術学部演劇科〔昭和33年〕卒 ㊙日本大学芸術学部演劇科を経て、友人が主宰する劇団に入る。アルバイトで洋画の吹き替えに携わり、声優の道へ。コミカルさが漂う独特の低音で、怪力キャラやガキ大将役に欠かせない声優として活躍。昭和54年「ドラえもん」の第1回放送よりジャイアンの声を担当し、55年から劇場版映画25作にも出演。テレビ放送開始から25周年の平成17年春をもってジャイアン役を降板した。他に「タイムボカン」のワルサー、「ヤッターマン」のトンズラー、「オタスケマン」のドワルスキーなど〈タイムボカン〉シリーズの悪役としても有名で、「ど根性ガエル」のゴリライモ、「はじめ人間ギャートルズ」のドテチンなどでも知られる。他の出演作に、テレビアニメ「超電

磁ロボ コン・バトラーV」「ろぼっ子ビートン」「ゴールドライタン」など。声優業の傍ら、プロダクションのマネージャーとしても活躍。分担執筆に「演声人語─ベテラン声優が語る役者人生」がある。

立田 清朗 たてだ・あきら 九州大学名誉教授 ㊙分析化学 ㊤平成27年（2015）3月10日 83歳〔静脈瘤破裂〕 ㊦昭和6年（1931）8月28日 ㊥高知県 ㊧九州大学大学院理学研究科分析化学専攻〔昭和32年〕修士課程修了 理学博士 ㊙昭和36年愛媛大学文理学部助手、37年講師、39年助教授を経て、40年九州大学教養部助教授、51年教授。59年学部長。平成7年退官。 ㊕瑞宝中綬章〔平成22年〕

立田 敬二 たてだ・けいじ 立田回漕店会長 宿毛商工会議所会頭 四国経済連合会副会長 ㊤平成27年（2015）11月21日 91歳〔多臓器不全〕 ㊦大正13年（1924）4月5日 ㊥高知県宿毛市 ㊧京都大学経済学部卒 ㊙立田回漕店、若宮汽船、K・T・Sの各会長で、宿毛商工会議所会頭、四国経済連合会副会長、高知海運組合理事長をはじめ、四国西南空港をつくる市民の会、宿毛湾振興協会、中筋川ダムの未来を考える会などの会長を歴任。四国西南部の地域振興に尽力した。 ㊕勲四等瑞宝章、運輸大臣表彰

舘野 万吉 たての・まんきち 日本製鋼所社長 ㊙冶金学 ㊤平成27年（2015）11月18日 100歳〔老衰〕 ㊦大正4年（1915）6月20日 ㊥栃木県 ㊧東京帝国大学工学部冶金学科〔昭和15年〕卒 工学博士〔昭和37年〕 ㊙日本製鋼所に入り、昭和40年取締役、49年専務を経て、54年社長。60年会長、62年相談役。 ㊕藍綬褒章〔昭和52年〕、勲二等瑞宝章〔昭和62年〕、日本鉄鋼協会渡辺三郎賞（第13回）〔昭和26年〕「高級鋼の熔解ならびに造塊に関する技術改善」、大河内記念技術賞（第11回）〔昭和40年〕「大型鋼材の温間鍛錬法の発明と開発」、科学技術庁長官賞科学技術功労者表彰（第12回、昭和45年度）「ステンレスクラッド鋼製造技術の育成」、井上春成賞（第8回）〔昭和58年〕「超小型サイクロトロン（ベビーサイクロトロン）」、日本鉄鋼協会渡辺義介賞（第26回）〔昭和59年〕「大型高品質鋼の開発による内外産業発展への貢献」、日本鉄鋼協会製鉄功労賞〔昭和60年〕

田所 一秀 たどころ・かずひで 三井ホーム専務 ㊤平成29年（2017）8月20日 67歳〔間質性肺炎〕 ㊦昭和25年（1950）8月12日 ㊥大分県 ㊧一橋大学経済学部〔昭和49年〕卒 ㊙昭和49年三井不動産に入社。平成16年三井ホーム常務、17年同専務に就任。

田所 三千男 たどころ・みちお 群馬県議（自民党） ㊤平成28年（2016）5月4日 66歳 ㊦昭和24年（1949）5月8日 ㊥群馬県 ㊧法政大学〔昭和47年〕卒 ㊙昭和51年中曽根康弘衆院議員事務所秘書、58年藤岡市議3期、市議会議長、平成5年市助役を経て、11年群馬県議に当選、2期。一等落選、23年返り咲き。通算3期。

田中 秋夫 たなか・あきお センコー副社長 ㊤平成29年（2017）8月9日 80歳〔肝臓がん〕 ㊦昭和11年（1936）10月27日 ㊥福井県 ㊧乾徳商〔昭和30年〕卒 ㊙昭和30年扇興運輸（のちセンコー、現・センコーグループホールディングス）に入社。平成3年取締役、

5年常務、9年専務を経て、12年副社長、16年代表取締役副社長執行役員。17年相談役に退いた。

田中 明 たなか・あきら　農芸化学者　北海道大学名誉教授　[専]作物栄養学　[没]平成28年(2016)8月22日 91歳〔肺炎〕　[生]大正13年(1924)9月18日　[出]長崎県長崎市　[学]北海道帝国大学農学部農芸化学科〔昭和22年〕卒, 北海道大学大学院農学研究科作物栄養学専攻〔昭和24年〕修士課程修了　農学博士(北海道大学)〔昭和35年〕　[歴]昭和25年北海道大学農学部助手、33年講師、41年助教授を経て、42年教授。63年退官。37〜41年フィリピンにある国際イネ研究所植物生理部長を務め、画期的な多収量品種である「IR8」の開発に従事。1960〜70年代にかけてアジアを中心に穀類の生産量が急拡大した"緑の革命"を主導した。50年石塚喜明と日本学士院賞を共同受賞。55〜60年国際農業研究協議グループ技術諮問委員会委員。平成9年同僚や教え子とともに9年がかりで完成させた国内初の熱帯農業に関する概説書「熱帯農業概論」を出版した。　[賞]日本学士院賞(第65回)〔昭和50年〕「水稲の栄養生理学的研究とその応用」, 勲二等瑞宝章〔平成6年〕, 日本土壌肥料学会賞〔昭和34年〕「水稲葉の栄養生理学的研究」, 日本農業研究所賞(第2回)〔昭和42年〕「作物, 特に水稲の栄養生理に関する研究」, 日本農学賞〔昭和50年〕「水稲の栄養生理学的研究」, 読売農学賞(第12回)〔昭和50年〕「水稲の栄養生理学的研究」, Communicating Member, American Society of Plant Physiologists〔昭和60年〕　[団]日本土壌肥料学会, 日本作物学会, 国際土壌科学会, Crop Science Society of America

田中 昭 たなか・あきら　藍沢証券専務　[没]平成27年(2015)1月7日　82歳〔心筋梗塞〕　[生]昭和7年(1932)2月1日　[出]埼玉県　[学]安田学園〔昭和35年〕卒　[歴]昭和56年藍沢証券取締役、59年常務を経て、62年専務。平成3年相談役に退いた。

田中 阿里子 たなか・ありこ　小説家　歌人　[没]平成28年(2016)8月11日　95歳〔肺炎〕　[生]大正10年(1921)7月29日　[出]京都府京都市　[名]本名＝田中文子(たなか・ふみこ)　[学]京都高女卒　[歴]短歌を作る傍ら、昭和27年頃からNHKなどに放送台本を書く。35年戦争体験を医者の立場から描いた「鱶」で婦人公論女流新人賞を受賞。他の著書に「花の流域」「終らない喜劇」「秋艶記」「猪名の笹原かぜ吹けば」「魂のゆりかご」「悲歌 大伴家持」「ボロブドウル幻想」「世捨て人の恋」などがある。　[賞]婦人公論女流新人賞(第3回)〔昭和35年〕「鱶」　[団]日本文芸家協会, 日本ペンクラブ　[家]夫＝邦光史郎(小説家)

田中 郁三 たなか・いくぞう　物理化学者　東京工業大学名誉教授　[専]光化学　[没]平成27年(2015)2月16日 89歳〔心筋梗塞〕　[生]大正15年(1926)1月13日　[出]東京都　[学]東京帝国大学理学部化学科〔昭和22年〕卒, 東京工業大学大学院〔昭和26年〕中退　理学博士〔昭和29年〕　[歴]昭和26年大学院在学中に東京工業大学助教授となり、33年教授。理学部長を経て、60年〜平成元年学長。将来の生命理工学部新設を目指して、生命理工学特別委員会を設置。退官後、産業創造研究所を経て、3年学位授与機構初代機構長、10年武蔵学園学園長。3年度日本化学会会長も務めた。17年文化功労者に選ばれる。第13〜14期日本学術会議会員。レーザーを用いて光と分子の相互作用の研究に取り組み、光化学分野の確立に貢献した。　[賞]文化功労者〔平成17年〕, 紫綬褒章〔平成1年〕, 勲二等旭日重光章〔平成13年〕, 日本化学会進歩賞(第8回, 昭和33年度)「共役系化合物の光化学ならびに光イオン化の研究」, 松永賞(第7回, 昭和45年度)「分子光化学の基礎的研究」, 日本化学会賞(第29回, 昭和51年度)「光化学反応の基礎的研究」, 東レ科学技術賞(第25回)〔昭和59年〕「光化学基礎過程の解明」　[団]日本化学会, 米国化学会, 英国化学会

田中 功 たなか・いさお　ユー・エス・ジェイ取締役ハーレクイン社長　[没]平成27年(2015)1月16日　70歳〔虚血性心疾患〕　[生]昭和19年(1944)4月24日　[出]東京都　[学]慶応義塾大学法学部〔昭和42年〕卒, ドレーク大学(米国)〔昭和44年〕卒　[歴]エッソスタンダード石油に就職。その後5回ヘッドハンティングされ、31歳日本マクドナルドマーケッティングリサーチマネジャー、37歳ハーレクインマーケティング室長、41歳日本マクドナルド社長補佐役・広告宣伝本部長を経て、50歳でハーレクイン社長。その後、日本ホールマーク社長、デアゴスティーニ・ジャパン顧問。平成15年大阪のテーマパーク・ユニバーサル・スタジオ・ジャパン(USJ)を運営するユー・エス・ジェイ取締役マーケティング・営業本部長、21年同社取締役。

田中 一郎 たなか・いちろう　プロ野球選手　[没]平成29年(2017)10月27日　84歳〔急性心不全〕　[生]昭和8年(1933)5月6日　[出]北海道　[学]北見北斗高卒　[歴]北見北斗高を卒業して旭川鉄道管理局に入局。昭和30〜31年プロ野球の阪急(現・オリックス)でプレー、遊撃手、二塁手を務めた。実働2年、10試合出場、2打数0安打、0盗塁、打率.000。

田中 一成 たなか・かずなり　声優　[没]平成28年(2016)10月10日　49歳〔脳幹出血〕　[生]昭和42年(1967)4月8日　[出]大阪府　[学]青二塾大阪校2期　[歴]テレビアニメ〈ハイキュー!!〉シリーズの烏養繋心役、「プラネタス」の主人公ハチマキなどで知られる。他の出演作に、アニメ「地獄先生ぬ〜べ〜」「ターンAガンダム」「犬夜叉」「天使な小生意気」など。洋画の吹き替えやテレビCMのナレーションも多数担当した。

田中 一行 たなか・かずゆき　信州大学名誉教授　[専]蚕機能生理学, 蚕糸学　[没]平成29年(2017)2月18日　89歳〔心不全〕　[生]昭和3年(1928)1月25日　[出]長野県上田市　[学]上田繊維専〔昭和23年〕卒　農学博士　[歴]昭和25年信州大学繊維学部実験実習指導員となり、55年より同学部教授。平成3〜5年同学部長。7〜9年信州短期大学(現・佐久大学信州短期大学部)学長。上田繊維科学振興会理事長も務めた。　[団]日本農芸化学会, 日本応用動物昆虫学会

田中 健一 たなか・けんいち　カクイチ社長　[没]平成29年(2017)8月　94歳　[生]大正11年(1922)11月7日　[出]長野県更埴市(千曲市)　[学]慶応義塾大学文学部哲学科〔昭和24年〕卒　[歴]慶大在学中に学徒出陣。復員後、毎田周一に仏教を学ぶ。カクイチ社長、会長、最高顧問を務め、小売業から出発してガレージ・倉庫・物置製造、樹脂ホース製造などに事業を発展させた。著書

た

に「簡素論研究」「古典生命の再表現」「聖徳太子の深層」などがある。 [家]息子＝田中離有(カクイチ社長)

田中 健蔵 たなか・けんぞう 九州大学学長 [専]血管病理学 [没]平成27年(2015)2月11日 92歳〔肺炎〕 [生]大正11年(1922)11月7日 [出]東京都 [学]佐世保中〔昭和15年〕卒,佐賀高〔昭和17年〕卒,九州帝国大学医学部医学科〔昭和21年〕卒,九州大学大学院〔昭和23年〕修了 医学博士 [歴]昭和28年九州大学助教授を経て、38年教授。50年医学部長、56～61年学長。国立大学協会副会長も務めた。成人の動脈硬化症など病理学研究の第一人者として知られた。62年自民党・公明党・民社党の推薦を受けて福岡県知事選に立候補した。平成元年国際東アジア研究センター理事長、4年福岡歯科学園(現・福岡学園)理事長、九州交響楽団理事長、福岡市総合図書館長などを歴任。 [賞]勲一等瑞宝章〔平成8年〕,西日本文化賞〔昭和53年〕,日本動脈硬化学会大島賞〔昭和61年〕,全国日本学士会アカデミア賞(文化国際部門)〔平成19年〕 [団]日本病理学会,日本動脈硬化学会,American College of Chest Physicians,国際東アジア研究センター(名誉理事長)

田中 光常 たなか・こうじょう 写真家 田中光常動物写真事務所社長 日本写真家協会副会長 [専]野生動物,ペット,動物園,牧場動物,海生哺乳類などの撮影 [没]平成28年(2016)5月6日 91歳〔肺炎〕 [生]大正13年(1924)5月11日 [出]静岡県庵原郡蒲原町(静岡市) [名]本名＝田中光常(たなか・こうじょう) [学]北海道帝国大学水産学部〔昭和19年〕卒 [歴]明治政府の官僚、政治家として活躍した伯爵田中光顕の孫で、晩年の光顕にもっともかわいがられた。資源科学研究所を経て、昭和28年フリーカメラマンを志す。以後、動物専門の写真家として世界中の動物を撮影。北極から南極まで58ケ国を取材。62年日本フォトリサーチセンター代表取締役に就任。平成元年～3年日本写真家協会副会長を務めた。3年から「朝日小学生新聞」で連載「ときめき 地球の仲間」を続け、28年まで553回が掲載された。著書に「世界野生動物記」「世界の動物を追う」「氷の国の動物たち」「ガラパゴス探検記」など多数。動物を人間を見るのと同じような温かい目でとらえるのが特色といわれた。 [賞]紫綬褒章〔平成1年〕,勲四等旭日小綬章〔平成12年〕,日本写真協会新人奨励賞〔昭和39年〕,日本写真批評家協会特別賞〔昭和39年〕,日本写真協会年度賞〔昭和46年〕,日本写真協会功労賞(平成7年度),キヤノン写真コンテスト(特選2回,入選6回)〔昭和21～26年〕 [団]日本鳥学会,日本哺乳動物学会,日本写真家協会,日本写真協会,日本旅行作家協会,自然公園財団,世界自然保護基金,日本パンダ保護協会,サバンナクラブ [家]祖父＝田中光顕(政治家・陸軍少将・伯爵)

田中 耕介 たなか・こうすけ 飯塚市長 [没]平成28年(2016)2月9日 97歳〔尿管がん〕 [生]大正7年(1918)12月19日 [出]福岡県飯塚市 [学]西南学院高等部商科〔昭和16年〕卒 [歴]昭和50年麻生コンクリート工業社長、同年福岡県教育委員、52年同委員長を経て、61年より飯塚市長に3選。平成10年引退。のち末永文化振興財団理事。 [賞]勲四等瑞宝章〔平成10年〕

田中 光世 たなか・こうせい 青森県立浪岡養護学校校長 [専]障害児教育 [没]平成29年(2017)1月23日 84歳〔病気〕 [生]昭和7年(1932)11月27日 [出]青森県弘前市 [学]東北大学教育学部卒 [歴]昭和33年青森県浪岡町の小学校に教諭として赴任。34年特別支援学級の担任になったのをきっかけに積極的に障害児教育に取り組み、青森県内初の町内特別支援学級運動会などを行う。青森県教育庁指導主事時代は東北初の情緒障害学級を県内3市に設置。平成5年浪岡養護学校校長を最後に退職。その後、青森共育生涯学習研究所所長や知的障害青年教室を支援するボランティアサークル・虹の会の会長などを歴任、障害児者の社会的自立のために尽くした。 [賞]瑞宝双光章〔平成21年〕,東奥賞〔平成11年〕

田中 成一 たなか・しげかず 東洋製作所社長 三菱重工業取締役 [没]平成28年(2016)1月2日 90歳〔肺炎〕 [生]大正14年(1925)12月9日 [出]三重県津市 [学]名古屋大学工学部機械科〔昭和24年〕卒 [歴]昭和24年三菱重工業に入社。56年名古屋航空機製作所所長、59年航空機・特車事業本部副本部長、60年取締役を経て、62年東洋製作所(現・三菱重工冷熱)社長に就任。平成3年会長。

田中 修一郎 たなか・しゅういちろう イラストレーター [没]平成27年(2015)6月22日 53歳〔心不全〕 [出]広島県 [学]立正大学卒 [歴]コンピュータグラフィックス(CG)による美人画で知られ、広島を拠点に活動。広島市文化財団が発行する情報誌「to you」の表紙などを手がけた。

田中 俊輔 たなか・しゅんすけ sMedio社長 [没]平成29年(2017)2月25日 55歳 [生]昭和37年(1962)2月11日 [出]千葉県 [学]テンプル大学経営大学院 [歴]平成20年ビデェイス(現・sMedio)を設立、社長に就任。

田中 淳三 たなか・じゅんぞう 三井生命保険副社長 [没]平成29年(2017)10月15日 83歳〔直腸がん〕 [生]昭和9年(1934)8月27日 [出]愛知県 [学]東京大学理学部数学科〔昭和32年〕卒 [歴]昭和32年三井生命保険に入社。63年研究調査部長、同年取締役、平成4年常務、9年専務を経て、11年副社長。

田中 順三 たなか・じゅんぞう NTTファシリティーズ社長 [没]平成27年(2015)3月26日 81歳〔間質性肺炎〕

田中 春人 たなか・しゅんと 千葉市議(民主新政クラブ) [没]平成27年(2015)4月6日 80歳〔誤嚥性肺炎〕 [生]昭和9年(1934)4月18日 [学]日田林工卒 [歴]千葉市議に3選。平成7年副議長。11年引退。

田中 正一 たなか・しょういち 水泳指導者 伊豆駿河湾遊泳協会会長 [没]平成29年(2017)11月10日 85歳 [出]静岡県富士市 [歴]吉原商(現・富士市立高)水泳部などで水泳選手の育成に携わり、東京五輪に出場した早川一枝らのコーチを務めた。

田中 祥三 たなか・しょうぞう ミズノ専務 [没]平成27年(2015)4月7日 84歳〔心不全〕 [生]昭和5年(1930)5月25日 [出]滋賀県 [学]彦根経専〔昭和26年〕卒 [歴]昭和26年美濃野(現・ミズノ)に入社。55年取締

た

役、62年常務を経て、専務。平成4年ミズノアベール社長を兼任。

田中 仙翁 たなか・せんおう　茶道家　大日本茶道学会会長　[専]東洋哲学　[没]平成29年(2017)5月31日　89歳〔老衰〕　[生]昭和3年(1928)4月7日　[出]静岡県　[名]本名＝田中博民(たなか・ひろみ)　[学]高等商船学校〔昭和25年〕卒, 二松学舎大学文学部卒, 早稲田大学大学院文学研究科哲学専攻〔昭和36年〕修了　[歴]明治31年祖父田中仙樵が茶道革新の理念を揚げ創設した大日本茶道学会の継承者。昭和21年祖父の養子となり、大日本茶道学会に入会。中国語を二松学舎大学で学び、東洋哲学を早稲田大学大学院で修め、茶人としての技、心を研鑽。32年副会長を経て、36年～平成28年第4代会長を務めた。著書に「茶の本―用と美」「茶道端言」。[団]茶の湯文化学会　[家]長男＝田中仙堂(大日本茶道学会会長), 祖父＝田中仙樵(大日本茶道学会創設者)

た

田中 染吉 たなか・そめきち　若狭めのう細工師　[没]平成28年(2016)5月1日　84歳　[歴]20代から若狭めのう細工の修業を始める。昭和56年伝統工芸士に認定され、63年若狭の地場産業4業種で伝統工芸職人集団の若狭工房を設立、人気商品も生んだ。後進の指導にも力を注いだ。

田中 敬 たなか・たかし　大蔵事務次官　日本輸出入銀行総裁　横浜銀行頭取　[没]平成28年(2016)12月30日　93歳〔肺炎〕　[生]大正12年(1923)9月7日　[出]広島県広島市　[学]一高〔昭和18年〕卒, 東京大学法学部〔昭和23年〕卒　[歴]昭和23年後期大蔵省(現・財務省)に入省。47年東京税関長、48年主計局次長、51年経済企画庁(現・内閣府)官房長、52年大蔵省理財局長、54年主計局長を経て、55年大蔵事務次官に就任。石油危機による不況で拡大が続いていた国債発行の抑制に取り組んだ。56年6月退官。57年国民金融公庫(現・日本政策金融公庫)総裁を経て、61年5月日本輸出入銀行(現・国際協力銀行)総裁に就任。平成2年退任し、同年6月横浜銀行頭取となった。6年会長、8年相談役、11年特別顧問。この間、4～6年全国地方銀行協会会長を務めた。　[賞]南十字星ブラジル国家勲章グランデ・オフィシアル章〔平成1年〕, 勲一等瑞宝章〔平成7年〕　[家]父＝田中康道(弁護士)

田中 隆盛 たなか・たかもり　洋画家　福井大学名誉教授　[没]平成28年(2016)1月24日　90歳　[生]大正14年(1925)9月11日　[学]東京美術学校(現・東京芸術大学)卒　[歴]福井大学教授の他、昭和60年から6年間、同大附属幼稚園長を務めた。　[賞]瑞宝中綬章〔平成17年〕

田中 田鶴子 たなか・たずこ　洋画家　跡見学園女子大学教授　[専]抽象画　[没]平成27年(2015)12月8日　102歳〔老衰〕　[生]大正2年(1913)6月6日　[出]旧朝鮮仁川　[学]多摩美専卒　[歴]朝鮮の仁川で生まれ、16歳まで中国の青島で過ごす。多摩美術専門学校在学中に旺玄社展に入選し、旺玄社賞を受賞。昭和11年新制作派協会(現・新制作協会)結成により同展に出品。22年女流画家協会創立に参画。35年現代日本美術展で優秀賞を受賞。37年女流画家協会、新制作協会を退会した。[賞]旺玄社展旺玄社賞, 現代日本美術展優秀賞(第4回, 昭和35年度)「無2」

田中 辰郎 たなか・たつろう　高島屋社長　[没]平成29年(2017)7月26日　82歳〔呼吸不全〕　[生]昭和9年(1934)11月22日　[出]京都府京都市　[学]同志社大学文学部〔昭和32年〕卒　[歴]昭和32年高島屋に入社。京都、大阪各支店長などを経て、平成3年取締役、7年専務事業統括本部長。8年株主総会対策で幹部が暴力団会長らに多額の現金を渡していた問題が発覚し、経営体制の刷新に伴い社長に就任。社内風土の改革に努めた。13年相談役に退いた。

田中 竹園 たなか・ちくえん　書家　竹風会主宰　[専]かな　[没]平成29年(2017)1月22日　91歳〔老衰〕　[生]大正14年(1925)　[出]東京都　[名]本名＝田中幸子(たなか・ゆきこ)　[歴]高塚竹堂、日比野五鳳に師事。竹風会を主宰した。毎日書道会名誉会員、日本書道院常任顧問。　[師]師＝高塚竹堂, 日比野五鳳

田中 知己 たなか・ともみ　テレビ演出家　電気車研究会社長　[没]平成27年(2015)10月21日　81歳〔敗血症〕　[生]昭和9年(1934)7月7日　[出]東京市芝区(東京都港区)　[学]早稲田大学第一政治経済学部新聞学科〔昭和32年〕卒　[歴]昭和32年日本テレビに入社。演出助手を経て、34年日本初のカラーテレビドラマ「赤い陣羽織」でディレクターとしてデビュー。35年これも日本初のカラー連続ドラマ「かげろう絵図」を演出。その後、「地方記者」「気になる嫁さん」「くるくるくるり」などを手がけ、50年には倉本聰脚本の「前略おふくろ様」が大ヒットとなった。53年水谷豊主演「オレの愛妻物語」、続いて「熱中時代」「熱中時代―刑事篇」でも大ヒットをとばす。平成元年フリー。他のドラマ演出作に「パパと呼ばないで」「気まぐれ天使」「新熱中時代宣言」「ゴールデンボーイズ」「平家物語」、ドラマの他にバラエティ番組「巨泉×前武のゲバゲバ90分」、オペラの演出として「ラ・ボエーム」「マダムと泥棒」などがある。退社後は月刊鉄道誌「鉄道ピクトリアル」を発行する出版社・電気車研究会の社長、会長を務めた。

田中 子之吉 たなか・ねのきち　歌人　「泱」主宰　[没]平成28年(2016)11月21日　88歳〔胃がん〕　[生]昭和3年(1928)1月25日　[出]千葉県　[歴]昭和20年佐藤佐太郎に師事、「歩道」入会。のち「運河」に所属。歌集に「現身」「街音」「自照」「転生」「生きてさまざま」、評論集「佐藤佐太郎短歌入門」「佐藤佐太郎随縁随時」などがある。　[団]日本文芸家協会　[師]師＝佐藤佐太郎

田中 信孝 たなか・のぶたか　九州産交運輸常務　[没]平成29年(2017)7月26日　90歳〔老衰〕　[生]昭和2年(1927)6月25日　[出]熊本県熊本市　[学]熊本工業専〔昭和24年〕卒　[歴]昭和24年九州産業交通に入社。53年九州産交運輸総務部長となり、56年同取締役、60年常務を務めた。

田中 信寿 たなか・のぶとし　山陽新聞取締役販売局長　[没]平成29年(2017)7月11日　81歳〔肺炎〕　[生]昭和11年(1936)4月4日　[出]岡山県　[学]岡山大学教育学部卒　[歴]昭和34年山陽新聞社に入社。63年大阪支社長

兼編集部長、平成3年販売局長代理、5年倉敷支社長を経て、8年取締役販売局長。10年退任後、12年まで山陽新聞印刷センター社長を務めた。

田中 章博　たなか・のりひろ　調教師　[没]平成28年(2016)7月24日　62歳〔病気〕　[生]昭和28年(1953)9月29日　[出]兵庫県　[歴]祖父・田中好雄、父・田中良平とも競馬の調教師という家庭に生まれる。平成4年開業し、JRA通算4909戦342勝、重勝は18年のマーメイドSのソリッドプラチナムなど4勝を挙げた。　[家]父＝田中良平(調教師), 祖父＝田中好雄(調教師)

田中 宏　たなか・ひろし　鉄道コンサルタント　国鉄鉄道技術研究所研究室長　バングラデシュ襲撃テロ事件の犠牲者　[没]平成28年(2016)7月2日　80歳〔バングラデシュ襲撃テロ事件〕　[歴]昭和36年国鉄に入り、客車の設計や車両のブレーキ装置の開発などを手がける。のち鉄道技術研究所の研究室長を務めた。退職後は横浜市に交通技術関連のコンサルタント事務所を開設、海外での鉄道のコンサルタント業務などに携わった。平成28年国際協力機構(JICA)の事業でバングラデシュの首都ダッカに新交通についての調査に赴いたが、現地時間7月1日夜(日本時間2日未明)、飲食店襲撃テロに巻き込まれて命を落とした。没後、鉄道技術研究などの功績を顕彰して正五位の叙位と瑞宝小綬章の叙勲が閣議決定された。　[賞]瑞宝小綬章〔平成28年〕

田中 博治　たなか・ひろじ　明治生命保険常務　[没]平成28年(2016)10月1日　85歳〔肺炎〕　[生]昭和6年(1931)3月20日　[出]東京都　[学]成蹊大学政経学部〔昭和28年〕卒　[歴]昭和28年明治生命保険(現・明治安田生命保険)に入社。58年取締役を経て、常務。

田中 冨士男　たなか・ふじお　映画評論家　奈良工業高等専門学校名誉教授　奈良シネマクラブ代表　[専]物理学　[没]平成28年(2016)6月3日　85歳〔敗血症〕　[生]昭和5年(1930)12月20日　[学]京都大学理学部物理学科卒　医学博士　[歴]奈良工業高等専門学校教授の傍ら、奈良シネマクラブ代表を務め、奈良の映画文化に貢献。映画評論家として奈良新聞に長く「映画評論」を連載した。

田中 勝利　たなか・まさとし　福岡銀行常務　[没]平成28年(2016)12月15日　75歳〔肺炎〕　[生]昭和16年(1941)5月14日　[出]福岡県八女郡広川町　[学]中央大学法学部〔昭和41年〕卒　[歴]昭和41年福岡銀行に入行。平成6年取締役を経て、9年常務。

田中 正治　たなか・まさはる　弁理士　日本弁理士会会長　[没]平成29年(2017)7月24日　83歳〔肺気腫〕　[学]東京電機大学工学部情報通信工学科〔昭和32年〕卒　[歴]昭和36年弁理士登録。平成9年日本弁理士会会長、12年日本知的財産仲裁センターセンター長を務めた。　[賞]黄綬褒章〔平成3年〕, 旭日小綬章〔平成18年〕

田中 雅博　たなか・まさひろ　僧侶　医師　西明寺(真言宗豊山派)住職　普門院診療所医師　[専]内科学　[没]平成29年(2017)3月21日　70歳〔膵臓がん〕　[生]昭和21年(1946)3月　[出]栃木県芳賀郡益子町　[学]東京慈恵会医科大学医学部〔昭和45年〕卒, 大正大学仏教学部卒, 大正大学大学院　[歴]栃木県益子町の西明寺に生まれる。大学を出て研修医を務めた後、昭和49年国立がんセンター研究所(当時)に入所。51年内分泌治療研究室長を務める傍ら、病院医師を併任、がん患者の治療にあたる。57年7月父・博堂が他界したため、58年3月がんセンターを辞め、59年6月西明寺の住職を継ぐ。58年4月仏教を本格的に学ぶため、大正大学の3年に編入、同大学院の博士課程に進んだ。住職の傍ら医師として、西明寺の診療所や近くの特別養護老人ホームなどで診療にあたる。平成2年広い境内の一角に緩和ケアを行う普門院診療所を建設。その後、介護老人保健施設、グループホームなども設立。医師として僧侶として、患者の「いのちの苦」に向き合い、宗教者が患者の心の苦しみに対応する必要性を提言。ローマ法王が呼びかけた国際会議にも4度招かれた。26年自らに進行性のがんが見つかってからは、患者らのケアに関わる宗教者の育成にも努め、28年に結成された日本臨床宗教師会の顧問となった。また、臓器移植法制定以前の4年、人工呼吸器で延命治療中の女性(当時53歳)について、本人や家族の希望による尊厳死を認めて治療を中止。腎臓は他人に移植された。これに対し、医師や市民グループから殺人罪で告発され(容疑不十分で不起訴)、尊厳死や脳死、臓器移植の在り方などについて議論を呼んだ。著書に「進行がんになった医師で僧侶が語る『がんで死ぬのは怖くない』仏教と医療の再結合・スピリチュアルケア」「いのちの苦しみは消える—医師で僧侶で末期がんの私」「軽やかに余命を生きる」などがある。　[資]放射線取扱主任者(第1種)

田中 元治　たなか・もとはる　名古屋大学名誉教授　[専]分析化学, 溶液化学　[没]平成29年(2017)11月2日　91歳〔虚血性心不全〕　[生]大正15年(1926)2月11日　[出]岐阜県大垣市　[学]東京帝国大学理学部化学科〔昭和23年〕卒　理学博士(名古屋大学)〔昭和32年〕　[歴]昭和25年名古屋大学理学部助手となり、30～32年パリ大学へ留学。32年名大理学部助教授、38年教授。平成元年名誉教授。第14～15期日本学術会議会員。著書に「酸と塩基」「溶媒抽出の化学」、共編に「化学大辞典」などがある。　[賞]瑞宝中綬章〔平成16年〕, 日本分析化学会学会賞(昭和45年度)「溶液内反応の平衡論的ならびに速度論的研究とその分析化学への応用」, 山路自然科学奨学賞(第9回)〔昭和49年〕, 工藤学術財団学術に関する優秀な研究に対する褒章　[団]日本化学会, 日本分析化学会, American Chemical Society, Royal Society of Chemistry

田中 弥生　たなか・やよい　文芸評論家　[没]平成28年(2016)9月24日　44歳〔肝臓がん〕　[生]昭和47年(1972)　[出]神奈川県川崎市　[名]本名＝高市弥生(たかいち・やよい)　[歴]平成18年「乖離する私 中村文則」で第49回群像新人文学賞優秀賞を受賞。24年初の著書「スリリングな女たち」を刊行。29年44歳で早世した。[賞]群像新人文学賞評論優秀賞(第49回)〔平成18年〕「乖離する私 中村文則」

田中 良明　たなか・よしあき　札幌市助役　北海道フットボールクラブ社長　[没]平成27年(2015)7月10日　78歳　[生]昭和12年(1937)5月16日　[出]北海道札幌市　[学]北海道大学農学部農業経済学科〔昭和35年〕卒　[歴]昭和35年札幌市役所に入る。財政、企画畑などを歩き、東区長、財政局長、企画調整局長などを経て、平成5年助役。9年退任。のち札幌リゾート開発公社社長。

10～14年サッカーJリーグ・コンサドーレ札幌の運営会社、北海道フットボールクラブ社長を兼務した。

田中 芳之　たなか・よしゆき　テレビプロデューサー　[没]平成27年(2015)2月13日　54歳〔心不全〕　[生]昭和35年(1960)　[出]東京都　[歴]昭和59年全国朝日放送(現・テレビ朝日)に入社。連続ドラマ〈はみだし刑事情熱系〉シリーズ(平成8～16年)や北大路欣也主演の「子連れ狼」(14～16年)などを制作。23年ドラマスペシャル「遺恨あり 明治十三年最後の仇討」で放送文化基金賞を受賞した。

田中 良之　たなか・よしゆき　九州大学大学院比較社会文化研究院教授　[専]考古学, 先史人類学　[没]平成27年(2015)3月4日　61歳〔膵臓がん〕　[生]昭和28年(1953)8月29日　[出]熊本県　[学]九州大学文学部哲学科卒, 九州大学大学院文学研究科考古学専攻〔昭和53年〕修士課程修了　博士(文学)　[歴]九州大学医学部助手を経て、平成元年九州大学文学部助教授、教授、のち大学院比較社会文化研究院教授、20年同院長。24～26年日本考古学協会会長。古い人骨を扱う形質人類学に明るく、古墳に埋葬された人骨や歯の研究から古代社会の親族関係の変遷を解明した。著書に「古墳時代親族構造の研究」「骨が語る古代の家族」などがある。　[賞]雄山閣考古学賞(第5回)〔平成7年〕「古墳時代親族構造の研究」　[団]日本人類学会, 日本考古学協会

田中 了　たなか・りょう　ウイルタ協会会長　[専]ウイルタ, 北方先住民族　[没]平成27年(2015)3月13日　84歳〔肺化膿症〕　[生]昭和5年(1930)　[出]大阪府大阪市　[歴]昭和28年北海道に渡り、高校教師として十勝、網走、札幌などに勤務。のち北海道高校教員センター附属教育研究所主任研究員、ユジノサハリンスク教育大学東洋学部教授。太平洋戦争中、旧日本軍に徴用されたウイルタ(通称オロッコ)などの北方先住民族の復権運動に取り組むウイルタ協会の主要メンバーで、事務局長や会長を務めた。53年私設の北方先住民族資料館ジャッカ・ドフニ(網走)の開設に関与、平成22年の閉館まで運営に携わった。著書にダーヒンニェニ・ゲンダーヌ(北川源太郎)との共著「ゲンダーヌ―ある北方少数民族のドラマ」や「サハリン北緯50度線―続・ゲンダーヌ」、編著「母と子でみる戦争と北方少数民族」などがある。　[賞]毎日文化出版賞(第32回)〔昭和53年〕「ゲンダーヌ―ある北方少数民族のドラマ」

田中 良昭　たなか・りょうしょう　僧侶　駒沢大学総長・名誉教授　[専]仏教, 中国禅宗史　[没]平成28年(2016)1月12日　82歳〔多臓器不全〕　[生]昭和8年(1933)3月3日　[出]東京都目黒区　[名]本名＝田中良昭(たなか・りょうしょう)　[学]駒沢大学仏教学部〔昭和33年〕卒, 駒沢大学大学院人文科学研究科仏教学専攻〔昭和37年〕博士課程満期退学　文学博士(駒沢大学)〔昭和58年〕　[歴]昭和37年駒沢大学助手、39年講師、45年助教授を経て、51年教授。この間、47年英国・フランスで在外研究。平成3年仏教学部長、10年図書館長、14年禅文化歴史博物館長を歴任、21～25年総長を務めた。著書に「敦煌禅宗文献の研究」「宝林伝 訳注」などがある。　[賞]日本印度学仏教学会賞(第8回)〔昭和41年〕　[団]日本印度学仏教学会, 日本仏教学会, 日本宗教学会, 東方学会

棚田 浩一郎　たなだ・こういちろう　歌人　「一路」編集・発行人　[没]平成27年(2015)12月30日　85歳　[生]昭和5年(1930)7月20日　[出]神奈川県　[学]慶応義塾大学文学部卒　[歴]「一路」編集・発行人を務めた。歌集に「越え来し季節」「振子の光」、著書に「現代短歌の視点」などがある。　[団]日本文芸家協会, 現代歌人協会, 日本歌人クラブ

田辺 浩三　たなべ・こうぞう　小夏の映画会主宰　[没]平成28年(2016)9月11日　61歳〔事故死〕　[出]高知県高岡郡窪川町(四万十町)　[学]日本大学法学部卒　[歴]昭和53年から映画の自主上映を始め、自元の高知県窪川町が原発問題で分断された1980年代に町民融和につなげようと映画やジャズ活動に取り組む。窪川シネマクラブ、小夏の映画会を主宰して今井正、大島渚監督ら多くの映画関係者と交流。晩年も脱原発活動に関わりながら、毎月16フィルムの上映会を開催したが、体調面などの理由で平成28年9月4日の上映会を最後に活動に幕を下ろした。一週間後の11日、自宅近くの用水路で転落死しているのが発見された。

田名部 弘　たなべ・ひろし　秋田魁新報電算制作局長(役員待遇)　[没]平成28年(2016)12月9日　80歳〔胃がん〕　[生]昭和11年(1936)3月1日　[出]秋田県　[学]泰平中卒　[歴]昭和26年秋田魁新報社に入社。55年製作部長、63年制作局技術開発委員、平成元年制作局次長を経て、4年電算制作局長。8～11年秋田さきがけスポーツ新聞社取締役を務めた。

田辺 誠　たなべ・まこと　衆院議員(社会党)　日本社会党委員長　[没]平成27年(2015)7月2日　93歳〔前立腺がん〕　[生]大正11年(1922)2月25日　[出]群馬県前橋市　[学]逓信官吏練習所第一部行政科〔昭和16年〕卒　[歴]昭和16年逓信省に入るが、18年応召。前橋郵便局に勤め、21年全逓労組の結成に参加して群馬地区本部書記長、24年同委員長。26年群馬地方労組評議会の設立を担い副議長、同年議長。29年社会党前橋支部長。30年群馬県議に当選。35年旧群馬1区から衆院議員に当選したが、38年落選。39年群馬県知事選に立候補。42年衆院議員に返り咲き。通算11期。社会党の佐々木派に一時籍を置いた後、右派の江田派で重きをなす。52～57年党国対委員長を務め、自民党の金丸信と親交を深めた。58年石橋政嗣委員長の下で書記長に就任。平成2年金丸と自民・社会両党代表団の団長として訪朝、国交正常化交渉開始のきっかけを作った。同年党副委員長を経て、3年土井たか子の後を受け委員長に就任。4年国連平和維持活動(PKO)協力法案の審議では、党所属議員の辞表取りまとめや"牛歩戦術"による抵抗戦術を展開。5年金丸との親交が批判を浴び、委員長を辞任した。8年議員を引退。その後、民主党入りした。　[賞]勲一等旭日大綬章〔平成8年〕

田辺 真民　たなべ・まさたみ　中国新聞事業局出版部長　[没]平成27年(2015)12月22日　88歳〔肺炎〕　[生]昭和2年(1927)4月26日　[出]広島県広島市　[学]中卒　[歴]昭和24年中国新聞社に入社。尾道支局長、呉支社編集

た

部長、事業局出版部長を経て、54年広島県大百科事典刊行事務局次長（部長）。59年退社。

田辺 光彰 たなべ・みつあき 彫刻家 ㉝平成27年（2015）3月30日 76歳〔肺炎〕 ㊷昭和14年（1939）2月15日 ㊷神奈川県逗子市 ㊻多摩美術大学彫刻科〔昭和36年〕卒 ㊺大学卒業後の昭和37年、彫刻家のイサム・ノグチと出会い強い影響を受け、以後交流を続ける。46〜50年南米、ヨーロッパ、アフリカ、中東など50ヵ国を探訪、異文化に触れる。野生稲をかたどった作品で知られ、58年佐久市立近代美術館前庭に高さ40メートルの「さく」を制作。61年ソウル五輪関連事業として韓国国立現代美術館の一員として「SEOUL・籾・熱伝導」を制作。平成4年自らの提案により農学者の佐藤洋一郎と熱帯地方（東南アジア・アフリカ・南米・オーストラリア）の野生稲自生地保存の運動を始める。6年フィリピンに本部のある国際稲研究所に招聘され、「MOMI−1994 野生稲の発芽」を制作。その他、中国、インド、米国、タイ、オーストラリア、キューバの国立機関に作品が収蔵・永久展示される。14年ネパールで行われた第1回国際野生稲会議に特別招聘された。21年野生稲のもみをかたどった作品が、ノルウェー領スピッツベルゲン島にある貯蔵庫グローバル種子ボルト（種子の方舟）に収蔵された。㊸メリーランド州名誉市民賞（米国）〔平成11年〕、ブランクーシ賞（奨励賞、第2回）〔平成16年〕、ヘンリー・ムーア大賞展ジャコモ・マンズー特別優秀賞（第1回）〔昭和54年〕「混在（あ）」、神戸須磨離宮公園現代彫刻展宇部市野外彫刻美術館賞（第7回）〔昭和55年〕「混在（内部・あ・不定）」、ヘンリー・ムーア大賞展優秀賞（第2回）〔昭和57年〕「混在（内部・あ）」 ㊺アジア民族造形学会（Asian Ethno-Forms Association）、雑穀研究会、ワイルドライスクラブ

谷 三一 たに・さんいち 薬害ヤコブ病大津訴訟原告団長 ㉝平成27年（2015）1月24日 66歳〔胃がん〕 ㊷滋賀県甲賀郡甲西町（湖南市） ㊺汚染されたヒト乾燥硬膜の移植で妻が致死性とされる認知症、クロイツフェルト・ヤコブ病に感染したとして、平成8年11月に国やドイツの製薬会社などを相手に慰謝料など約9000万円の損害賠償を求め、全国で初めて大津地裁に提訴。13年妻が46歳で病死。14年3月大津・東京の両地裁で和解が成立、国や企業のおわびや患者への和解金の支払いなど原告の主張がほぼ認められ、当時の坂口力厚生労働相が公式に謝罪した。全国患者家族の会の代表も務め、各地で薬害根絶のために集会を開き、自らの体験を伝えた。

谷 慈義 たに・しげよし ユアサ商事社長 ㉝平成27年（2015）12月15日 70歳〔急性心筋梗塞〕 ㊷昭和20年（1945）5月9日 ㊷東京都 ㊻明治大学商学部〔昭和43年〕卒 ㊺昭和48年ピート・マーウィック・ミッチェル会計事務所（現・KPMG）に入所。東陽監査法人などを経て、平成16年ユアサ商事社長に就任。19年会長。 ㊹公認会計士

谷 静夫 たに・しずお 中国銀行専務 ㉝平成27年（2015）8月20日 81歳〔肺炎〕 ㊷昭和9年（1934）5月18日 ㊷愛媛県 ㊻川之江高〔昭和28年〕卒 ㊺昭和28年中国銀行に入行。62年取締役、平成元年常務を経て、9年専務。

谷 昭二 たに・しょうじ 洋画家 石川県美術文化協会参与 ㉝平成29年（2017）1月6日 89歳〔肺炎〕 ㊷昭和3年（1928）1月1日 ㊷石川県金沢市 ㊻金沢市立美術工芸専修画科〔昭和25年〕卒 ㊺昭和39年光風会展、43年日展に初入選。50年光風会会員、平成2年日展会友。骨太な風景画を得意とし、戦後の石川県洋画界の一翼を担った。 ㊸光風会展高光一也賞〔平成1年〕

谷 桃子 たに・ももこ バレリーナ 谷桃子バレエ団主宰 日本バレエ協会会長 ㉝平成27年（2015）4月26日 94歳〔敗血症〕 ㊷大正10年（1921）1月11日 ㊷兵庫県姫路市 ㊸本名＝上田桃子（うえだ・ももこ） ㊻文化学院女学部〔昭和12年〕卒 ㊺7歳で上京。9歳の時、日本の現代舞踊の草分け・石井漠の研究所に入門。石井小浪に師事し、現代舞踊を学ぶ。昭和18年日劇ダンシング・チームに入団、モダンダンサーとして太平洋戦争中は各地を慰問。戦後はスターとして日劇の舞台に立つ。21年小牧正英に抜擢され、帝劇「パガニーニ幻想」で初めてバレリーナとしてデビュー。小牧バレエ団に在籍し、小牧に師事。「コッペリア」「白鳥の湖」によってプリマドンナとして不動の地位を築く。23年東京バレエ団研究会を発足。24年谷桃子バレエ団を設立。25年バレエ映画「赤い靴」に主演した英国のバレリーナからトゥシューズを贈られたことが話題、国民的スターとなる。以後、ブロマイドがアイドル並みに売れ、バレエ団の地方公演も人気を集める。29年パリへ留学、プレオブラ・ジェンスカ、エゴロヴァ・シュワルツ、カミュ・ボマらの指導を受ける。30年帰国記念公演「白鳥の湖」を成功させ、以後49年に現役を引退するまで精力的に公演活動を行い、「白鳥の湖」は200回以上主役を務め、優雅・哀愁の舞姫として一世を風靡。戦後のバレエブームを牽引し、バレリーナの代名詞的な存在として知られた。現役引退後は教師・振付師として後進の指導にあたり、石井清子、高部尚子らを育てる。また、創作バレエの上演にも力を注ぎ、バレエ演出家としての作品に「リゼット」「ドン・キホーテ」などがある。平成8年'95平和祈念創作バレエ団の「1945…そして今」に引退以来22年ぶりの舞台に立った。15〜18日本バレエ協会会長を務めた。日本画家・奥村土牛の代表作「踊り子」のモデルにもなった。 ㊸紫綬褒章〔昭和59年〕、勲四等宝冠章〔平成5年〕、舞踊ペンクラブ賞〔昭和33年〕、芸術祭賞奨励賞〔昭和37年〕「バレエ『リゼット』の演技」、舞踊芸術賞（第20回）〔昭和47年〕、橘秋子賞特別賞（第1回）〔昭和50年〕、芸能功労者表彰〔昭和59年〕 ㊺日本バレエ協会、日本舞踊連合、新演奏家協会 ㊹妹＝伊達ナナ（ピアニスト） ㊻師＝石井小浪、小牧正英

谷 義郎 たに・よしろう 朝日新聞常務 ㉝平成28年（2016）11月2日 81歳〔肝不全〕 ㊷昭和10年（1935）1月5日 ㊷兵庫県 ㊻姫路工業大学卒 ㊺昭和32年朝日新聞社に入社。大阪本社印刷部次長、北海道支社制作部次長、芝浦印刷総局印刷部長、北海道支社印刷部長、東京本社芝浦総局次長を経て、61年工務局次長、

たにいけ　　　　　　　　　　日　本　人

平成元年西部本社工務局長、2年東京本社工務局長、5年取締役工務担当、7年常務。9年退任。

谷池　淳 たにいけ・すなお　テトラ副社長　⊗平成29年(2017)2月3日　86歳〔肺炎〕　⊕昭和5年(1930)3月6日　⊕愛媛県　⊕東京商科大学(現・一橋大学)〔昭和28年〕卒　⊕昭和28年日本特殊鋼管に入社。47年新日本製鉄鋼管販売部副部長、56年君津製鉄所副所長。58年日本テトラポッドに転じ常務、63年専務、平成2年副社長。7年同社はテトラ(現・不動テトラ)に社名変更。

谷垣　雄三 たにがき・ゆうぞう　医師　西アフリカ・ニジェールで医療活動に取り組む　⊕外科学　⊗平成29年(2017)3月6日　75歳〔病気〕　⊕昭和17年(1942)⊕京都府中部峰山町(京丹後市)　⊕信州大学医学部〔昭和42年〕卒　⊕昭和54年石油会社の嘱託医として西アフリカのニジェールに赴任。帰国後に同国の公用語であるフランス語を学び、57年国際協力事業団(現・国際協力機構、JICA)の医療専門スタッフとして再びニジェールへ。首都ニアメの国立病院に勤めた後、平成4年地方都市テッサワ市に私財を投じて医療センター、テッサワ・パイロットセンターを設立。援助に頼らない外科医療実現に取り組み、13年JICAとの派遣契約終了後も同地に残って医療活動を続けた。　⊕読売新聞社国際医療功労賞〔平成6年〕、シチズン・オブ・ザ・イヤー賞〔平成20年〕、読売国際協力賞(第16回)〔平成21年〕、京都ヒューマン賞〔平成22年〕

谷川　寛三 たにがわ・かんぞう　参院議員(自民党)衆院議員　科学技術庁長官　大蔵省関税局長　⊗平成27年(2015)11月30日　95歳〔老衰〕　⊕大正9年(1920)6月24日　⊕高知県中村市(四万十市)　⊕高知高卒、東京帝国大学法学部政治学科〔昭和18年〕卒　⊕昭和18年大蔵省(現・財務省)に入省。召集されて陸軍上等兵で入隊し、九州の博多で敗戦を迎える。21年松本税務署長として復職。主計局主計官、関東信越国税局長、銀行局検査部長などを経て、43年理財局次長、44年東京国税局長、45年関税局長。46年退官し、48年まで電源開発理事。51年衆院選高知全県区に自民党から立候補して当選。54年落選、1期。55年参院選高知選挙区に転じ、2期務めた。平成3年宮沢内閣の科学技術庁長官として入閣。三塚派に入。4年政界を引退した先は是日本地域研究交流協会会長、材料科学技術振興財団理事などを務めた。著書に「東南亜諸国の租税制度」「所得税法精解」「税関異聞─金塊・麻薬・ポルノの一世紀」「清如蘭─土佐と日本と世界」などがある。　⊕勲一等瑞宝章〔平成5年〕

谷川　憲介 たにがわ・けんすけ　熊本県立図書館副館長　⊗平成27年(2015)3月25日　96歳〔肺炎〕　⊕大正8年(1919)3月16日　⊕熊本県八代市　⊕文部省図書館講習所〔昭和13年〕卒、大阪外国語学校〔昭和19年〕中退　⊕昭和41年熊本県立図書館資料課長を経て、51年副館長。53年福岡女子短期大学図書館講師兼任講師、57年兼任助教授。著書に「近代熊本女性史年表」などがある。　⊕文部大臣表彰〔昭和55年〕、熊

日出版文化賞(第21回)「近代熊本女性史年表」、信友社賞(第23回)

谷川　昇 たにがわ・のぼる　俳人　詩人　小説家　文芸フォーラム静岡代表　「文芸静岡」編集長　⊗平成27年(2015)1月23日　79歳　⊕昭和10年(1935)12月20日　⊕静岡県浜松市　⊕本名=金原正雄(きんばら・まさお)　⊕静岡大学文理学部〔昭和34年〕卒　⊕静岡大学時代は文芸サークルに参加。「文芸静岡」の編集者を務める傍ら、俳誌「逢」、詩誌「鹿」の同人として活動。幅広い表現方法を用い、詩や俳句だけでなく小説も書き、「出発」で第2回静岡県芸術祭知事賞を受賞。カミングズの詩の翻訳も手がけた。平成8年文芸フォーラム静岡の発足以来、同代表を務めた。句集に「食べなつせえ」、編訳に「カミングズをどうぞ」などがある。　⊕静岡県芸術祭知事賞(第2回)「出発」、静岡県文化奨励賞〔平成1年〕、現代俳句協会評論賞(第14回)〔平成6年〕「喜劇の人─河東碧梧桐」

谷口　明広 たにぐち・あきひろ　自立生活問題研究所所長　愛知淑徳大学医療福祉学部教授　⊕社会福祉　⊗平成28年(2016)1月24日　59歳　⊕昭和31年(1956)⊕京都府京都市　⊕桃山学院大学社会学部社会学科〔昭和55年〕卒、同志社大学大学院文学研究科社会福祉学専攻〔平成13年〕博士後期課程満期退学　社会福祉学博士(同志社大学)〔平成17年〕　⊕生後間もなく重症黄疸のため脳性マヒとなり、四肢及び体幹機能障害で車いすを使用。昭和59年障害者自立生活問題研究所(現・自立生活問題研究所)を設立、京都の障害者運動を主導。京都府や京都市の障害福祉関係の審議会委員を歴任した。同志社大学大学院在学中に米国バークレーの自立生活センターへ留学。愛知淑徳大学医療福祉学部教授を務めた。著書に「障害をもつ人たちの自立生活とケアマネジメント」、編著書に「障害をもつ人たちの性」などがある。　⊕京都新聞社会福祉奨励賞(平成6年度)

谷口　一郎 たにぐち・いちろう　同志社大学名誉教授　⊕電気材料工学　⊗平成29年(2017)3月20日　90歳〔衰弱〕　⊕大正15年(1926)6月30日　⊕京都府　⊕京都大学工学部電気工学科〔昭和28年〕卒　工学博士　⊕昭和40年同志社大学工学部教授、56年同学部長。⊕瑞宝中綬章〔平成18年〕

谷口　巌 たにぐち・いわお　愛知教育大学名誉教授　⊕日本文学　⊗平成27年(2015)8月28日　81歳〔呼吸不全〕　⊕昭和8年(1933)9月15日　⊕愛知県尾張旭市　⊕東京大学文学部フランス文学科卒、東京大学大学院人文科学研究科国語国文学〔昭和35年〕修士課程修了　⊕函館ラサール高、北海道教育大学を経て、愛知教育大学教授。平成9年岐阜女子大学教授。著書に「『吾輩は猫である』を読む」がある。

谷口　修 たにぐち・おさむ　徳島県議　⊗平成29年(2017)8月6日　90歳〔老衰〕　⊕大正2年(1927)6月21日　⊕徳島県三好郡東祖谷山村(三好市)　⊕徳島師範〔昭和23年〕卒　⊕徳島県立学校教諭を経て、昭和46年徳島県議選徳島選挙区に社会党から立候補して初当選。以来連続8選。のち五月会所属。平成15年

引退。社会党徳島県本部副委員長、同書記長を務めた後、新社会党で活動した。 藍綬褒章〔平成3年〕、旭日中綬章〔平成15年〕

谷口 一夫 たにぐち・かずお 郷土史家 山梨考古学協会会長 ㊙平成28年(2016)6月10日 78歳〔急性心不全〕 ㊐昭和13年(1938) ㊐神奈川県横浜市 ㊐明治大学文学部史学地理学科考古学専攻卒 ㊐平成6年から20年間にわたって山梨県考古学協会会長を務めるなど、山梨の考古学研究の発展に尽力。また帝京大学から山梨文化財研究所(現・帝京大学文化財研究所)を誘致、初代所長に就任。身延・湯之奥金山博物館館長、山梨県考古博物館協議会会長、山梨県文化財保護審議委員、山梨県立博物館運営委員なども歴任した。著書に「武田軍団を支えた甲州金」などがある。

谷口 数造 たにぐち・かずぞう 日本ビジネスコンピューター創業者 ㊙平成28年(2016)1月4日 88歳〔肺炎〕 ㊐昭和2年(1927)7月23日 ㊐北海道上川郡東川町 ㊐中野高等無線学校〔昭和19年〕卒 ㊐昭和19年陸軍技術研究所に入所。21年日本サウンドを経て、25年日響電機を創業。27年日響電機工業、39年日本ビジネスコンピューター(現・JBCCホールディングス)を設立。平成2年株式公開を果たす。3年より会長。11年東芝第2部、12年東証第1部へ上場。昭和33年東芝の下請け企業となるが、やがて独立。52年オフィスコンピューター(オフコン)「JBCシステム-1」、53年我が国初の漢字処理のできるオフコン「JBCシステム-1漢字」を相次いで開発、漢字オフコンではトップシェアを誇る企業に育て上げた。

谷口 けい たにぐち・けい 登山家 ㊙平成27年(2015)12月 43歳〔滑落死〕 ㊐昭和47年(1972) ㊐和歌山県和歌山市 ㊐中学時代に新田次郎の小説「孤高の人」を読み、大学2年の時にサークルの先輩と北アルプスに上って登山にのめり込む。山岳会に入って技術を修得し、平成13年マッキンリーに登頂、マナスルやエベレスト(19年)の頂にも立った。20年平出和也とともにカメット南東壁を固定ロープを使わずに世界で初めて登攀したことが評価され、21年フランス登山界の権威ある賞・ピオレドール賞を女性としても日本人としても初めて受賞した。27年12月21日北海道の黒岳の頂上付近から滑落し、43歳で亡くなった。28年若手登山家や冒険家を資金面で支援する「谷口けい冒険基金」が設立された。 ㊞ピオレドール賞〔平成21年〕

谷口 俊治 たにぐち・しゅんじ 敦賀信用金庫理事長 敦賀商工会議所副会頭 ㊙平成29年(2017)6月16日 84歳 ㊐昭和8年(1933)1月1日 ㊐福井県 ㊐敦賀高〔昭和26年〕卒 ㊐昭和26年敦賀信用金庫に入庫。45年常務理事、51年専務理事を経て、56年理事長。

谷口 ジロー たにぐち・じろー 漫画家 ㊙平成29年(2017)2月11日 69歳 ㊐昭和22年(1947)8月14日 ㊐鳥取県鳥取市 ㊐本名=谷口治郎(たにぐち・じろう) ㊐鳥取商卒 ㊐父は洋服の仕立屋で、3人兄弟の三男。幼稚園の頃から漫画が好きで、小・中・高校と描き続ける一方、鳥取商業では自転車競技に励ん

だ。卒業後、京都の衣料品会社に勤めたが8ケ月で辞め、漫画家・石川球太のアシスタントとなる。昭和46年「嗄れた部屋」でデビュー。しばらく動物ものを描き続け、50年「遠い声」でビッグコミック賞佳作に入選。その後、作家の関川夏央とコンビを組んだハードボイルドものの「無防備都市」「事件屋稼業」で注目を集め、62年「漫画アクション」で連載を開始した関川原作の「『坊っちゃん』の時代」は代表作の一つとなり、平成10年手塚治虫文化賞マンガ大賞を受賞。狩撫麻礼「青の戦士」「ナックルウォーズ」、矢作俊彦「サムライ・ノングラータ」、久住昌之「孤独のグルメ」、夢枕獏「神々の山嶺」など、漫画原作者、漫画家、小説家とのコラボレーション作品も多く、9年にはフランスのコミック、バンド・デシネ(BD)の巨匠として知られるメビウスとの共作「イカル」を「週刊モーニング」に連載。また、「歩くひと」「犬を飼う」など日常生活を描いた作品や、幼い頃に遭遇した鳥取大火の体験から生まれた「父の暦」や「遙かな町へ」といった郷里・鳥取を舞台とした作品も評価が高い。フランス、ドイツ、スペイン、イタリアなど欧州の漫画祭で10回以上の受賞歴を誇り、海外で最も評価を得ている日本の漫画家の一人。 ㊞フランス芸術文化勲章シュバリエ章〔平成23年〕、小学館漫画賞審査員特別賞(第37回)〔平成4年〕「犬を飼う」、日本漫画家協会賞優秀賞(第22回)〔平成5年〕『坊っちゃん』の時代」、手塚治虫文化賞マンガ大賞(第2回)〔平成10年〕『坊っちゃん』の時代」、メディア芸術祭マンガ部門優秀賞(第3回)〔平成12年〕、アッティリオ・ミケルッツィ賞外国部門賞〔平成16年〕『坊っちゃん』の時代」

谷口 稜曄 たにぐち・すみてる 日本原水爆被害者団体協議会代表委員 長崎原爆被災者協議会会長 ㊙平成29年(2017)8月30日 88歳〔十二指腸乳頭部がん〕 ㊐昭和4年(1929)1月26日 ㊐福岡県福岡市 ㊐福岡県で生まれ、昭和5年母を病気で亡くし、長崎の祖母に引き取られる。16歳の20年8月9日、長崎の爆心地から約1.8キロで被爆。郵便配達中に背後から閃光を浴びて背中に大火傷を負い、約3年7ケ月の入院生活のうち、1年9ケ月をうつぶせのままで過ごした。30年にできた長崎原爆青年の会などに参加し、反核運動に尽力。31年結成の長崎原爆被災者協議会(被災協)にも当初から参加し、平成18年同会長。22年日本原水爆被害者団体協議会(日本被団協)代表委員。20年から8月9日の平和祈念式典で長崎市長が読む平和宣言の起草委員会委員を務め、昭和49年には式典で被爆者代表として「平和の誓い」を読み上げた。また、米国など10ケ国以上に25回渡航、入院中に撮影された背中一面が赤く焼けただれた写真とともに、国内外で被爆の悲惨さを語った。22年米国ニューヨークで開催された核拡散防止条約(NPT)再検討会議の非政府組織会合で世界の被爆者代表としてスピーチを行う。被爆70年の27年にもNPT再検討会議に合わせてニューヨークを訪れ、8月には長崎市の平和祈念式典において再び被爆者代表として「平和への誓い」を読み上げた。

谷口 宗清 たにぐち・そうせい 茶道家 ㊙平成27年(2015)9月8日 87歳〔心不全〕 ㊐愛知県名古屋市 ㊐本名=谷口清(たにぐち・きよし) ㊐茶家「谷口古

今庵」2世で、表千家同門会愛知県支部副支部長を務めた。

谷口 経雄　たにぐち・つねお　大阪府立大学名誉教授　[専]電気工学　[没]平成27年(2015)1月17日　83歳〔誤嚥性肺炎〕　[生]昭和6年(1931)11月10日　[学]大阪府立大学工学部電気工学科卒　工学博士　[歴]大阪府立大学教授、近畿大学理工学部教授を務めた。　[賞]電気設備学会賞論文奨励賞(第12回, 平成12年度)「リアプノフ関数利用による系統連系自家発電システムの過渡安定度評価」

谷口 暢宏　たにぐち・のぶひろ　ちくさ正文館書店創業者　[没]平成29年(2017)9月1日　82歳〔肺炎〕　[歴]昭和36年名古屋市でちくさ正文館書店に開店。文学を愛し、リベラル派知識人の著作を中心に、群を抜いた人文学書の品揃えで文化人を引きつけ、名古屋の文芸界を支えた。　[賞]黄綬褒章〔平成25年〕

谷口 弘一　たにぐち・ひろかず　北海道教育大学附属教育実践研究指導センター教授　[専]理科教育　[没]平成27年(2015)9月23日　81歳〔硬膜下血腫〕　[生]昭和9年(1934)3月20日　[出]北海道札幌市　[学]北海道大学教育学部教育学科〔昭和35年〕卒　[歴]市内小学校教諭を経て、昭和42年授業分析研究室を設立。46年北海道教育大学講師、55年助教授を経て、61年教授。平成11年退官。国学院栃木短期大学教授も務めた。希少植物のレブンアツモリソウの保護に尽くした。共編に「北海道の野の花」などがある。　[賞]日本自然保護協会沼田真賞〔平成24年〕　[団]日本科学教育学会, 日本理科教育学会, 日本視聴覚教育学会

渓口 幽城　たにぐち・ゆうじょう　書家　墨典会主宰　[専]漢字　[没]平成29年(2017)10月17日　81歳〔肺炎〕　[生]昭和11年(1936)1月3日　[出]神奈川県　[名]本名＝渓口俊二(たにぐち・としじ)　[歴]昭和29年手島右卿に入門。59年日展特選。墨典会を主宰。日展会友、毎日書道会参与会員、独立書人団参与、神奈川県美術展実行委員・審査員などを歴任した。　[賞]日展特選〔昭和59年〕「三木露風詩 雲の上の鐘より」　[師]師＝手島右卿

谷口 葉子　たにぐち・ようこ　作家　[没]平成28年(2016)2月21日　78歳　[生]昭和12年(1937)2月26日　[出]旧樺太　[学]盛岡白百合学園高卒　[歴]高校まで盛岡で過ごす。脚本家として日活に7年勤め、のち資格を取って父と薬局を経営。著書に「毒の祀り」「いよよ華やぐ」「草の声」などがある。　[賞]作家賞(第17回)〔昭和56年〕「失語」　[団]日本文芸家協会

谷口 義久　たにぐち・よしひさ　亀岡市長　[没]平成27年(2015)4月2日　88歳〔肺がん〕　[生]昭和2年(1927)3月11日　[出]京都府亀岡市　[学]大津鉄道青年錬成所本科〔昭和19年〕卒　[歴]昭和24年京都府大井村収入役、46年亀岡市助役を経て、54年以来市長に5選。全国市長会理事、京都府市長会会長などを歴任。平成11年引退。在任中は関西で初めて"生涯学習都市"を宣言し、拠点施設として「ガレリアかめおか」を建設。2年には米国オクラホマ州立大学京都校を市内に誘致した他(のち閉校)、旧山陰線を利用した嵯峨野トロッコ列車を提唱するなど、アイデア市長として知られた。　[賞]勲四等旭日小綬章〔平成11年〕

谷口 義幸　たにぐち・よしゆき　日南市長　[没]平成29年(2017)1月8日　73歳　[生]昭和18年(1943)5月6日　[学]岡山大学農学部卒　[歴]衆院議員秘書を経て、平成16年日南市長に当選。21年合併に伴う新日南市長に当選。通算3期。25年落選。

谷沢 清治　たにざわ・せいじ　矢作建設工業副社長　[没]平成29年(2017)2月22日　94歳〔肺炎〕　[生]大正11年(1922)10月23日　[出]愛知県　[学]名古屋高商〔昭和18年〕卒　[歴]昭和26年矢作建設工業専務、57年副社長。

谷沢 忠彦　たにざわ・ただひこ　弁護士　ルネス学園グループ代表理事　[没]平成28年(2016)5月23日　74歳　[生]昭和16年(1941)7月25日　[出]大阪府大阪市　[学]京都大学法学部〔昭和39年〕卒　[歴]大学在学中の昭和38年、司法試験に合格。41年弁護士登録。平成2年ルネス学園グループを設立、代表理事を務める。20年国民年金保険料を未納扱いされたのは不当だとして、原告となり国を提訴。参考人として国会に呼ばれるなど"消えた年金問題"の火付け役となった。著書に「いじめなんかはねかえせ！」「男と女の難問・奇問」「悪党どもに正義のワナを！」「死の創り方」「救世主はバイオマス燃料だ」などがある。　[団]大阪弁護士会

谷村 啓介　たにむら・けいすけ　衆院議員(社会党)　[没]平成29年(2017)2月21日　85歳〔多臓器不全〕　[生]昭和7年(1932)1月15日　[出]岡山県高梁市　[学]同志社大学経済学部〔昭和29年〕卒　[歴]都新聞記者、岡山市議を経て、昭和42年から岡山県議に6選。平成2年旧岡山1区から衆院議員に当選して1期務めた。5年落選。

谷本 巌　たにもと・いわお　井原市長　[没]平成29年(2017)9月30日　81歳　[生]昭和11年(1936)1月17日　[出]岡山県後月郡井原町(井原市)　[学]興譲館高卒　[歴]昭和29年井原市役所に入り、助役を経て、平成2年より市長に4選。17年3月の旧芳井町・美星町との合併、都市基盤整備などに尽力した。18年落選。　[賞]旭日小綬章〔平成19年〕

谷本 巍　たにもと・たかし　参院議員(社民党)　全日本農民組合連合会会長　[没]平成29年(2017)5月7日　88歳〔老衰〕　[生]昭和3年(1928)9月10日　[出]福島県郡山市　[学]早稲田大学中退, 日本大学法学部〔昭和29年〕卒　[歴]昭和26年日本農民組合に入り、33年全日本農民組合連合会(全日農)結成以来、米価、酪農民闘争、葉タバコ農民の組織化などを指導。全日農青年部書記長、中央常任委員などを経て、44年書記長、のち会長。平成元年参院選比例区に社会党から立候補して当選。2期。13年落選。党参院国対委員長、農林水産局長を務めた。　[賞]旭日中綬章〔平成22年〕

谷本 永年　たにもと・ながとし　愛媛県議(自民党)　谷本建設工業社長　大洲商工会議所会頭　[没]平成28年(2016)4月8日　76歳〔肺がん〕　[生]昭和15年(1940)3月20日　[出]愛媛県大洲市　[学]松山東高卒, 日本大学理工学部〔昭和37年〕卒　[歴]昭和38年谷本建設工業社長、44年大洲開発社長、48年エヒメ生コン社長、52年大洲商工会議所会頭。58年愛媛県議に当選。6期務め、平成12年議長。19年引退。11年の愛媛県知事選では新人だった加戸守行の擁立に関わった。自民党愛媛県連幹事長も務め、高速道路の南予延伸や山鳥坂ダム建設な

どを推進した。 [賞]藍綬褒章〔平成15年〕, 旭日小綬章〔平成22年〕, 愛媛県功労賞〔平成26年〕

谷山 鉄郎 たにやま・てつろう 三重大学名誉教授 [専]作物学, 環境科学 [没]平成28年（2016）1月19日 77歳〔虚血性心疾患〕 [生]昭和13年（1938）2月9日 [出]鹿児島県沖永良部島 [学]島根県立農科大学（現・島根大学農学部）〔昭和37年〕卒, 九州大学大学院農学研究科〔昭和40年〕修士課程修了 農学博士 [歴]三重大学助手、助教授を経て、平成2年教授。13年より中部大学教授。四日市公害問題で、大気汚染物質の亜硫酸ガスがイネやダイコンなどの農作物を枯らしたり変色させたりしていることを突き止めた他、光合成能力の阻害や葉緑素の破壊など目に見えない部分にも影響を与えていることを明らかにした。また、東南アジア各地で環境実態調査に基づく環境保全対策の提言を行った。著書に「大気汚染植物被害写真」「農林漁業の環境保全」「恐るべき酸性雨」などがある。 [賞]日本作物学会賞（第23回）〔昭和51年〕「作物の亜硫酸ガス障害の実態とその機構に関する研究」 [団]日本作物学会, 大気汚染学会, 日本農業気象学会, 日本環境学会, 日本植物工場学会, 日本熱帯農業学会, アマゾン熱帯雨林研究会, 日本環境会議

谷脇 源資 たにわき・げんし 金剛創業者 [没]平成29年（2017）1月24日 91歳〔肺炎〕 [生]大正14年（1925）2月18日 [出]徳島県美馬郡穴吹町（美馬市） [学]大阪市立実〔昭和15年〕卒 [歴]大阪へ奉公に出た後、昭和22年熊本市で金剛測量製図器械店を個人創業。26年株式会社に改組して金剛を設立、社長。32年事務機の商社からスチール家具メーカーに転身。免震装置付きの移動棚を開発して国内のトップメーカーに育て上げた。平成3年会長。この間、昭和39年金剛土地、47年熊本リコー販売、同年金剛ビルを設立して社長。熊本産業貿易振興協会や熊本工業クラブを設立、また熊本日豪協会の初代会長を務めた。平成2〜23年熊本徳島県人会会長。 [賞]黄綬褒章〔平成2年〕, グッドデザイン賞〔昭和59年〕, 優秀経営者顕彰地域社会貢献者賞（第4回）〔昭和61年〕, 科学技術庁長官賞科学技術振興功績者表彰（第8回, 昭和63年度）「ハンドル式移動棚の開発」 [家]妻＝谷脇ユミ子（ホテルサンルート熊本社長）

たぬき 女優 [没]平成28年（2016）10月23日 62歳〔大腸がん〕 [出]東京都 [名]本名＝田上美佐子（たのうえ・みさこ） [歴]昭和52年結婚を機に鹿児島市へ移住。女優として、篤姫など鹿児島ゆかりの偉人にまつわる公演や、発達障害だった自身の少女時代を題材とした一人芝居で鹿児島県内の小・中学校などを巡った。平成12年からは元特攻隊員や戦争体験者を取材し、平和をテーマにした舞台を毎年8月15日に上演。26年以降はがんと闘病しながら舞台に立ち続けた。 [家]長男＝田上陽一（音楽プロデューサー）, 二男＝田上晃吉（俳優）, 三男＝田上裕（サッカー選手）

多根 裕詞 たね・ひろし 三城ホールディングス会長 [没]平成29年（2017）10月9日 86歳〔病気〕 [生]昭和6年（1931）1月23日 [出]兵庫県姫路市伊伝居 [名]別名＝多根博（たね・ひろし）, 多根弘師（たね・ひろし） [学]鷺城中（現・市立姫路高）〔昭和23年〕卒 [歴]父が設立した三城時計店に就職。昭和31年三城時計店を"メガネの三城"に改称し、専務に就任。45年関東に進出。48年メガネ専門店チェーン"パリーミキ"を設立、社長に就任する。同年パリ・オペラ通りに海外1号店を出し、その後デュッセルドルフ、シンガポール、香港にも支店を開設する。61年父の死後、メガネの三城社長となる。63年3社を統合して三城社長に就任、同年会長。90%OFFの激安商法をとる。平成6年会長兼社長、8年東証第2部、10年東証第1部に上場。15年会長兼社長、同年社長、17年会長を経て、19年社長に復帰。21年三城ホールディングスを設立。29年再び会長。 [家]父＝多根良尾（メガネの三城社長）, 長男＝多根幹雄（三城取締役）

種橋 良夫 たねはし・よしお 東邦銀行常務 [没]平成27年（2015）9月24日 86歳〔老衰〕 [生]昭和3年（1928）10月9日 [出]福島県 [学]二高文科〔昭和23年〕卒, 東北大学経済学部〔昭和28年〕卒 [歴]昭和28年東邦銀行に入行。58年取締役を経て、62年常務。平成3年福島商事社長。 [家]長男＝種橋牧夫（みずほ銀行副頭取・東京建物不動産販売社長）

種村 敏雄 たねむら・としお 山陰中央新報経理局長 [没]平成27年（2015）7月4日 84歳〔病気〕 [生]昭和6年（1931）1月7日 [出]島根県松江市 [学]青年学校卒 [歴]昭和27年山陰新報社（現・山陰中央新報社）に入社。49年総務局長を経て、54年経理局長。剣道の有段者で、島根県剣道道場連盟事務局長も務めた。

田上 繁利 たのうえ・しげとし 高知県議（自民党） 伊野町（高知県）町長 [没]平成27年（2015）4月16日 94歳〔大腸がん〕 [生]大正9年（1920）11月30日 [出]高知県吾川郡伊野町（いの町） [学]大阪経済大学〔昭和18年〕卒 [歴]高知県伊野町総務課長、助役を経て、昭和37年から町長に3選。50年より高知県議を3期務めた。59年副議長。61年自民党高知県連幹事長。62年落選。 [賞]勲四等旭日小綬章〔平成3年〕

田野辺 ノリ たのべ・のり 声楽家 京都女子大学名誉教授 [没]平成29年（2017）1月17日 90歳〔病気〕 [生]大正15年（1926）9月8日 [出]鹿児島県 [名]筆名＝田野辺教子 [学]東京音楽学校（現・東京芸術大学）〔昭和22年〕卒 [歴]京都女子大学教授を務めた。 [師]師＝岡部多喜子, 木下保

田原 桂一 たはら・けいいち 写真家 光の彫刻家 [没]平成29年（2017）6月6日 65歳〔肺がん〕 [生]昭和26年（1951）8月20日 [出]京都府京都市 [名]本名＝田原桂一 [歴]昭和44年小さな劇団の照明・映像のプランナーとなる。47年ヨーロッパ公演の折に退団し写真に転じ、48年よりパリを拠点に活動。その後、日本でも評価が高まる。作品は光と影だけのモノクロ写真で、自ら"光のデッサン"と称した。建築と光の関係にも目を向け、光の芸術にも深く関わり、"光の彫刻"を各国で発表。サーチライト状の照明を用い、夜の空間に巨大なオブジェを浮き上がらせる作品は海外でも高い評価を得た。平成8年日本では11年ぶりの個展を開催。11年にはローマ市より"世界の10人の写真家"に選ばれる。北海道のサッポロビール工場の庭、金沢インターナショナルホテルの庭園など作品多数。作品に「都市」シリーズ、「窓」シリーズ、「エクラ」シリーズ、「ヌード」シリーズなど。「世紀末建築」（全6巻）、「ホモ・ロ

た

クウェンス」「田原桂一 1973―1981」「顔貌」「パリ、オペラ座」(全4巻)などの写真集がある。 [賞]フランス文化功労勲章シュバリエ章〔平成5年〕, アルル国際写真フェスティバル大賞〔昭和49年〕「窓シリーズ」, フランス写真評論家賞, 日本写真協会新人賞〔昭和59年〕, 木村伊兵衛写真賞〔昭和60年〕「田原桂一 1973―1981」, 東川賞〔昭和60年〕, ニエプス賞〔昭和63年〕, ADC賞〔平成2年〕, ヴィラ・メディチ・オール・ミュール賞〔平成2年〕, パリ市芸術大賞〔平成6年〕

田原 鉄可 たはら・てっか 鹿児島県議(自民党) [没]平成27年(2015)1月25日 84歳〔進行性核上性まひによる胸水貯留〕 [生]昭和5年(1930)8月20日 [出]鹿児島県南九州市頴娃 [学]指宿高〔昭和25年〕卒 [歴]昭和58年旧揖宿郡区から鹿児島県議に当選。連続6期務め、平成17年副議長。19年引退。 [賞]黄綬褒章, 旭日小綬章〔平成20年〕

た

太原 春雄 たはら・はるお 医師 鹿児島市医師会会長 [専]内科 [没]平成27年(2015)2月9日 91歳〔呼吸不全〕 [生]大正12年(1923)4月10日 [出]鹿児島県鹿児島市 [学]七高造士館卒, 九州大学医学部卒 医学博士 [歴]昭和51年鹿児島市医師会理事を経て、63年～平成6年会長。休日夜間急病センターや市医師会病院開設に尽くし、3年には臨床検査センターに日本初の全自動臨床検査システムを導入した。 [賞]勲五等瑞宝章, 厚生大臣表彰, 鹿児島県民表彰

田原 睦夫 たはら・むつお 弁護士 最高裁判事 [専]担保法, 倒産法, 民事訴訟法 [没]平成28年(2016)2月19日 72歳〔食道がん〕 [生]昭和18年(1943)4月23日 [出]京都府京都市 [学]京都大学法学部〔昭和42年〕卒 [歴]大学在学中の昭和41年、司法試験に合格。44年司法修習生修了(21期)、大阪弁護士会入会。50年昭和法律事務所パートナー、平成10年はばたき綜合法律事務所に名称変更。この間、2～8年法制審議会民事訴訟法部会幹事、7年最高裁判所民事規制制定諮問委員会幹事・委員、8年法制審議会倒産法部会委員、14年事業再生研究機構常務理事、15年全国倒産処理弁護士ネットワーク理事長。18年11月～25年4月最高裁判事を務めた。26年4月日本電産社外取締役。最高裁判事としては、23年6月公立学校の卒業式などでの校長による国旗国歌に対する起立、斉唱の職務命令の違憲性が争われた国旗国歌訴訟の上告審で、合憲とした多数意見に対し、「内心の核心的部分を侵害する可能性がある」とする反対意見を述べた。他にも、両親の結婚を国籍取得の要件とした国籍法の規定を違憲とした訴訟の大法廷判決などに関与。ライブドア事件で堀江貴文元社長の上告を棄却した決定などには裁判長として関わった。立命館大学、京都大学、同志社大学各非常勤講師も務めた。 [賞]旭日大綬章〔平成26年〕 [団]日本民事訴訟法学会, 日本私法学会, 信託法学会, 大阪弁護士会

田淵 順一 たぶち・じゅんいち 日本学生相撲連盟理事長 [没]平成28年(2016)8月28日 75歳 [歴]日本学生相撲連盟理事長、東洋大学常務理事を務めた。

田淵 守 たぶち・まもる 三井物産代表取締役副社長 [没]平成27年(2015)2月13日 90歳〔腎不全〕 [生]大正13年(1924)2月24日 [出]兵庫県神戸市 [学]東京商科大学(現・一橋大学)〔昭和23年〕卒 [歴]三井物産に入社。取締役、常務を経て、昭和60年代表取締役専務、62年同副社長。 [賞]藍綬褒章〔平成2年〕

田部井 淳子 たべい・じゅんこ 登山家 日本ヒマラヤン・アドベンチャー・トラスト代表 日本トレッキング協会会長 女性初エベレスト登頂者;世界7大陸最高峰登頂者 [没]平成28年(2016)10月20日 77歳〔腹膜がん〕 [生]昭和14年(1939)9月22日 [出]福島県田村郡三春町 [名]本名＝田部井淳子(たべい・じゅんこ), 旧姓・名＝石橋 [学]昭和女子大学英米文学科〔昭和37年〕卒, 九州大学大学院比較文化研究科〔平成12年〕修士課程修了 [歴]昭和37～47年日本物理学会に勤務。傍ら、38年社会人山岳会の龍鳳登高会に入会、夫とともに谷川岳や岩登りに情熱を燃やす。44年“女子だけで海外遠征を”を合言葉に女子登攀クラブを結成。45年アンナプルナIII峰(7555メートル)日本女子登山隊第2登頂を果たす。50年35歳の時にエベレスト日本女子登山隊に副隊長兼登攀隊長として参加。ネパール側から登り、5月16日女性で世界初めてエベレスト(8848メートル)頂上に立った。山好きの主婦から一躍“エベレスト・ママさん”として世界に知られるようになり、この年国際婦人年だったこともあって、その象徴として注目が集まった。56年春にはチベットのシシャパンマ(8027メートル)を登頂。56年キリマンジャロ(5895メートル)、62年アコンカグア(6960メートル)、63年マッキンリー(6194メートル)、平成3年南極のビンソンマシフ(4897メートル)、4年ニューギニア島のカルステンツ・ピラミッド山(4884メートル)、エルブルース(5642メートル)制覇で、エベレストと合せて女性では世界初の7大陸最高峰を踏破。その後も8年チョー・オユー(8201メートル)、11年キルギス共和国のポベーダ峰(7439メートル)、12年ペルーのワスカラン(6768メートル)、13年中国のムスターグ・アタ(7546メートル)などに登頂。年7～8回海外登山に出かけ、世界66ケ国の最高峰・最高地点を登頂した。環境問題にも取り組み、エベレスト初登頂者のエドモンド・ヒラリー卿の活動に賛同して、2年山岳環境保護団体・日本ヒマラヤン・アドベンチャー・トラスト(HAT-J)を創設して代表に就任。10年九州大学大学院比較文化研究科に入学、山のゴミや登山活動がヒマラヤの自然環境に与える影響を研究。11年登山隊やトレッキング客が残したゴミなどの現地調査のため、24年ぶりにエベレストのベースキャンプを再訪。14年国際山岳年日本委員会委員長。21年20～40代の女性のための山の会・MJリンクを設立。24年からは毎夏、東日本大震災で被災した東北の高校生を連れて富士山に登る。5回目の28年7月、富士山の元祖7合目(3010メートル)まで登ったのが人生最後の登山で、同年10月に亡くなった。 [賞]ネパール国最高勲章グルカ・ダクシン・バフ賞〔昭和50年〕, 文部省スポーツ功労賞〔昭和50年・平成4年〕, 日本スポーツ大賞〔昭和50年〕, 朝日体育賞(第1回, 昭和50年度), 福島県民栄誉賞〔昭和63年〕, 埼玉県民栄誉賞〔昭和63年〕, 川越市民栄誉賞〔昭和63年〕, 三春町名誉町民〔昭和63年〕, エイボン女性スポーツ賞〔昭和63年〕, 日本フェアプレー賞(第4回)〔平成4年〕, 内閣総理大臣賞〔平成7年〕, 千嘉代子賞(ソロプチミスト日本財団)〔平成18年〕, 環境大臣賞(環境保全功労者表彰)〔平成19年〕, 野外教

育功労賞（日本野外教育学会）〔平成19年〕, Mountain Hero Award（The Mountain Institute, 米国・ワシントン）〔平成20年〕, NHK放送文化賞（第60回）〔平成21年〕「放送を通じて多くの人に山登りの楽しさを伝えてきたことによる」　[団]日本山岳会　[家]夫＝田部井政伸

玉 賢三　たま・けんぞう　グラフィックデザイナー　[没]平成28年（2016）11月2日　89歳　[生]昭和2年（1927）6月23日　[出]岐阜県高山市　[学]斐太実中退　[歴]昭和23年かも広告社に入社。37年玉賢三デザイン室を設立。高山祭や高山の伝統芸能をモチーフに長年グラフィックデザインの制作を続け、高山市の観光用ポスターやパンフレットなどを数多く手がけた。　[賞]岐阜県芸術文化顕彰〔平成21年〕　[家]長男＝玉真之介（徳島大学教授）

玉井 五一　たまい・ごいち　作家　評論家　創樹社編集長　[専]現代日本文学　[没]平成27年（2015）5月28日　88歳　[生]大正15年（1926）8月15日　[出]福井県　[学]東北大学西洋史学科卒　[歴]著書に「小熊秀雄と池袋モンパルナス」などがある。　[団]新日本文学会

玉井 信一　たまい・しんいち　ニチモウ社長　[没]平成27年（2015）5月14日　84歳〔肺がん〕　[生]昭和5年（1930）11月26日　[出]福岡県行橋市　[学]豊津高〔昭和24年〕卒, 東京水産大学漁業科〔昭和28年〕卒　[歴]昭和28年日本漁網船具（現・ニチモウ）に入社。下関営業所で漁具の販売を担当後、34年東京本社の陸上部門に移り、水産加工品など新分野開拓に取り組む。52年取締役、56年常務、62年専務を経て、平成元年社長に就任。6年会長。

玉川 桃太郎　たまがわ・ももたろう　浪曲師　[没]平成27年（2015）10月14日　91歳〔慢性腎不全急性憎悪〕　[生]大正12年（1923）12月27日　[出]栃木県宇都宮市　[名]本名＝中村勝司（なかむら・かつじ）　[歴]昭和15年2代目玉川勝太郎に弟子入りして初舞台を踏む。45年幹部昇進。90歳を過ぎても現役で活動し、平成27年6月まで舞台に上がった。「越の海勇蔵」などを得意とした。　[団]日本浪曲協会　[家]妻＝玉川祐子（曲師）　[師]師＝玉川勝太郎（2代目）

玉城 栄一　たまき・えいいち　衆院議員（公明党）　[没]平成27年（2015）8月1日　81歳〔老衰〕　[生]昭和9年（1934）2月9日　[出]沖縄県平良市（宮古島市）　[学]宮古高卒, 参院速記者養成所〔昭和30年〕卒　[歴]琉球政府に勤め、参院速記者養成所で2年間研修を受けた。昭和44年那覇市議1期を経て、51年衆院選沖縄全県区で公明党から当選、沖縄県初の公明党衆院議員となった。以来連続6選。党沖縄県本部長や党中央委員などを歴任。平成5年政界を引退した。　[賞]旭日重光章〔平成16年〕

玉城 詠光　たまき・えいこう　沖縄県農業試験場名護支場長　なごらんバイオ研究会会長　[専]育種学　[没]平成28年（2016）11月30日　91歳〔老衰〕　[出]沖縄県国頭郡大宜味村田嘉里　[歴]沖縄県農業試験場に入り、名護支場長を務めた。傍ら、乱獲により絶滅の危機にあったランの一種・ナゴランを見つけ出し、その栽培に取り組む。那覇市内各地に植栽するなど、ナゴランの普及に力を注いだ。

玉置 和宏　たまき・かずひろ　ジャーナリスト　毎日新聞論説副委員長　総合政策研究会理事長　[専]国際経済論, 財政・金融, 交通政策　[没]平成29年（2017）2月17日　78歳〔肺がん〕　[生]昭和14年（1939）2月13日　[出]北海道滝川市　[名]筆名＝竹橋太郎　[学]北海道大学文学部史学科西洋史学専修〔昭和36年〕卒　[歴]昭和37年毎日新聞社に入社。経済部記者として大蔵省キャップ、日銀キャップ、編集委員、経済部副部長、経済部編集委員を経て、61年「エコノミスト」編集長、平成元年経済部編集委員、同年論説委員、3年論説副委員長、14年論説室特別編集委員・論説委員、のち本社特別顧問。経済審議会委員、財政制度等審議会委員を歴任。この間、昭和55年から1年間、ロンドン大学政治経済学院（LSE）大学院に研究留学。著書に「日本銀行裏の裏」「銀行はどこへ行く」「花村仁八郎と経団連の世界」「きのう異端きょう正統」などがある。　[団]法と経済学会, 日本記者クラブ, 国際観光・海外交流政策研究会

玉城 朋彦　たまき・ともひこ　ジャーナリスト　[没]平成28年（2016）2月2日　59歳〔喉頭がん〕　[生]昭和31年（1956）　[出]沖縄県那覇市　[歴]琉球放送の記者やキャスターを歴任。退社後はメディア・エクスプレス社、琉球書房を設立し、フリーのジャーナリストとして活動。著書に「沖縄でテレビを創る」「沖縄放送研究序説 テレビ報道の現場から」などがある。

玉城 義和　たまき・よしかず　沖縄県議（無所属）　[没]平成28年（2016）6月3日　67歳〔食道がん〕　[生]昭和23年（1948）11月17日　[出]沖縄県国頭郡本部町　[学]中央大学法学部卒　[歴]昭和42年沖縄県名護町役場に勤務。49年日本労働組合総評議会（総評本部）に入り、反核、反基地闘争を組織。同国民運動部長。沖縄政策委員会事務局次長として名護－糸満の鉄道計画に関わった。平成4年より名護市選出の沖縄県議に2選。10年名護市長選に立候補。12年県議に復帰。20年副議長。28年の県議選は体調不良を理由に出馬を断念し、勇退。通算6期。7年の米兵による少女暴行事件に抗議した超党派の10・21県民大会で実行委員会事務局長を務める。また、26年7月に結成された米軍普天間飛行場の名護市移設に反対する“沖縄建白書を実現し未来を拓く島ぐるみ会議”の事務局長も務めた。

玉木 芳郎　たまき・よしろう　医師　愛媛県立中央病院院長　[専]外科　[没]平成29年（2017）7月12日　80歳〔交通事故死〕　[生]昭和11年（1936）12月15日　[出]愛媛県松山市　[学]徳島大学〔昭和36年〕卒　[歴]昭和45年徳島大学医学部助手、49年愛媛大学医学部助手、51年講師を経て、56年愛媛県立中央病院外科部長。平成2年県立新居浜病院院長、9年県立中央病院院長に就任。14年父二峰診療所長、20年老人保健施設たかのこ館施設長を務めた。

玉城 シゲ　たましろ・しげ　ハンセン病国家賠償訴訟第一次原告　[没]平成29年（2017）3月15日　98歳〔心不全〕　[出]沖縄県島尻郡久米島町　[歴]20歳で鹿屋市の国立療養所星塚敬愛園に入園。平成10年ハンセン病国家賠償請求訴訟の一次原告13人の一人となる。13年熊本地裁は患者、元患者らの主張を認め、国に損害賠償を命じる判決を下し、同月政府が控訴を断念したため勝

た

訴が確定した。勝訴後はハンセン病への偏見や差別解消のため全国で講演を続けた。

玉田 太朗　たまだ・たろう　自治医科大学名誉教授　[専]産婦人科学, 地域医療学　[没]平成27年(2015)11月26日　85歳〔交通事故死〕　[生]昭和5年(1930)6月22日　[出]長崎県　[学]東京大学医学部医学科卒, 東京大学大学院生物系研究科産婦人科専攻博士課程修了　医学博士　[歴]自治医科大学教授の他、平成7年から6年間、栃木県公安委員長。総和中央病院理事長、日本女性心身医学会理事長なども務めた。　[賞]松本賞(第3回)〔平成10年〕　[団]日本産科婦人科学会, 日本内分泌学会, 日本エム・イー学会

玉那覇 直　たまなは・ただ　栄養士　沖縄県栄養士会名誉会長　[没]平成29年(2017)9月20日　90歳〔老衰〕　[生]昭和2年(1927)5月16日　[出]沖縄県名護市　[学]沖縄県立第一高女卒　[歴]高校を卒業して上京、佐伯栄養学校に学び栄養士に。終戦後帰郷し、昭和25年沖縄民政府立名護病院に勤務、翌26年群島政府立名護保健所に移る。その後、琉球政府立沖縄中央病院を経て、32年沖縄刑務所の栄養士に。戦後間もない食材不足の中、病院食作りのアドバイスや妊産婦・離乳食の指導にあたり、刑務所では食事の改善に力を入れた。また、長寿者の食生活調査を実施し、高齢化社会への対応づくりに取り組んだ。名護病院附属名護看護学校、コザ病院附属コザ看護学校、那覇看護学校で教え、近畿大学豊岡女子短大提携校大庭学園の役員も務めた。沖縄県栄養士会の会長として、会の発展や県民の栄養、健康に尽くした。　[賞]旭日双光章〔平成21年〕

玉村 霽山　たまむら・せいざん　書家　大東文化大学書道研究所教授　[専]墨象　[没]平成28年(2016)1月21日　76歳　[生]昭和14年(1939)11月10日　[出]福井県鯖江市　[名]本名＝玉村清司(たまむら・きよし)　[学]大東文化大学中国文学科卒　[歴]昭和27年より稲村雲洞に師事。高校2年で奎星展に初出品し、32年毎日書道展に初入選。帝京高校講師、大東文化大学講師を経て、同大書道研究所教授。毎日書道会評議員、奎星会副会長を務めた。[賞]毎日前衛書展秀作賞(第2回)〔昭和34年〕, 玄美社展大賞〔昭和51年〕, 毎日書道展準大賞〔昭和52年〕　[団]奎星会, 玄美社　[師]師＝稲村雲洞, 宇野雪村

玉本 茂　たまもと・しげる　住友金属工業副社長　大阪チタニウム製造社長　[没]平成28年(2016)3月20日　89歳〔肺炎〕　[生]昭和2年(1927)1月16日　[出]和歌山県　[学]大阪大学工学部冶金科〔昭和23年〕卒　[歴]昭和23年住友金属工業(現・新日鉄住金)に入社。51年和歌山製鉄所副所長、53年取締役、54年小倉製鉄所長、57年常務、59年専務を経て、62年副社長。平成元年大阪チタニウム製造社長、4年会長となる。5年住友シチックス(現・大阪チタニウムテクノロジーズ)に社名変更した。　[賞]藍綬褒章, 勲三等瑞宝章〔平成10年〕, 日本鉄鋼協会服部賞(第57回)〔昭和62年〕「我が国製鋼技術の進歩発展と近代的一貫製鉄所の実現」, 科学技術庁長官賞科学技術功労者表彰(第30回, 昭和63年度)「棒鋼ミルの無張力圧延法の開発育成」

田港 清治　たみなと・せいじ　反基地運動家　[没]平成29年(2017)3月6日　88歳〔肺炎による多臓器不全〕　[出]沖縄県名護市屋部　[歴]米軍普天間飛行場の名護市辺野古移設案が浮上した平成8年から、辺野古への基地反対運動に参加した。

田宮 利雄　たみや・としお　鉄道史研究家　「秋田鉄道新聞」編集長　[没]平成27年(2015)8月2日　88歳　[生]昭和2年(1927)　[出]秋田県仙北郡神岡町神宮寺(大仙市)　[歴]元国鉄に勤務し、昭和57年秋田鉄道管理局課長職で退職。以後、「秋田鉄道新聞」編集長。秋田県の鉄道史を研究した。平成5年秋田県生涯学習センター講師。著書に「秋田ローカル線今昔」「秋田鉄道100話」「雪国SL物語」「あきた文学風土記」「あきた鉄道史ノート」「一世紀を駆けぬけた」などがある。

田宮 昌行　たみや・まさゆき　タミヤ社長　[没]平成29年(2017)5月1日　59歳　[出]静岡県菊川市　[学]東京大学卒　[歴]昭和58年東海銀行(現・三菱東京UFJ銀行)に入行。63年タミヤに移り、平成2年専務、20年社長に就任。フィリピンの現地法人や米国の販売子会社など海外関連会社の社長も務めた。

田村 彧苗　たむら・いくなえ　明和産業常務　[没]平成28年(2016)2月5日　82歳〔心不全〕　[生]昭和8年(1933)11月12日　[出]広島県　[学]東京大学経済学部〔昭和31年〕卒　[歴]昭和31年明和産業に入社。樹脂第二部長、第三部長、樹脂本部長補佐を経て、平成元年取締役、3年常務、9年顧問。

田村 和雄　たむら・かずお　しろね大凧と歴史の館名誉館長　[没]平成29年(2017)11月4日　88歳　[生]昭和4年(1929)　[出]新潟県白根市(新潟市南区)　[学]新潟商〔昭和23年〕卒　[歴]新潟県白根地区で定食屋を営み、白根で行われる大凧合戦の指導者を務めた父を見て育つ。昭和25年頃から自身も地元の大凧桜蝶組を指導。54年の米国シアトルを皮切りに世界各地の凧揚げ大会に参加。55年には世界一の大凧を揚げ、ギネスブックにも掲載される。57年オランダで行われた第3回国際タコ祭りに出場するなど、白根の大凧を世界に広めた。平成6年しろね大凧と歴史の館の開館にあたって凧の収集展示委員長を務め、全国各地で収集した凧500枚を全て寄付して名誉館長に就任。16年米国凧協会のWORLD KITE MUSEUM殿堂入り。"凧博士""凧おじさん"として親しまれた。著書に「凧は世界を翔けめぐる」、編著に「熱き戦い300年―白根の凧の全て」ほか、論文多数。　[団]日本凧の会, 白根凧合戦協会

田村 潔　たむら・きよし　北越紀州製紙専務　[没]平成29年(2017)4月23日　70歳〔肺がん〕　[生]昭和21年(1946)5月31日　[出]新潟県　[学]立教大学経済学部〔昭和44年〕卒　[歴]昭和44年北越紀州製紙に入社。平成13年取締役、19年常務を経て、22年専務。

田村 憲治　たむら・けんじ　愛媛大学法文学部教授　[専]国文学　[没]平成27年(2015)3月31日　67歳〔肺炎〕　[生]昭和22年(1947)4月26日　[出]愛媛県松山市　[学]京都大学文学部〔昭和45年〕卒, 京都大学大学院文学研究科〔昭和50年〕博士課程修了　文学博士　[歴]昭和50年京都市立芸術大学助手、52年愛媛大学法文学部講師、55年助教授を経て、教授。著書に「言談と説話の研究」「子規と古典文学」などがある。

田村 三郎　たむら・さぶろう　農芸化学者　東京大学名誉教授　富山県立技術短期大学学長　[専]生物有機

化学, 地球環境生物科学 [没]平成27年(2015)12月4日 98歳 [生]大正6年(1917)1月8日 [出]群馬県吾妻郡中之条町 [学]東京帝国大学農学部農芸化学科〔昭和14年〕卒 農学博士(東京大学)〔昭和29年〕 [歴]昭和21年東京帝国大学副手、24年助教授を経て、37年教授。45年理化学研究所主任研究員を併任、52年東京大学及び理化学研究所を定年退官。53年富山県立技術短期大学学長。日本農芸化学会会長も務めた。51年日本学士院賞を受賞。平成元年日本学士院会員、4年文化功労者に選ばれ、11年文化勲章を受章。また、昭和59年蚕糸の増産で中国の科学院から表彰された。食糧問題解決のため中国の黄土高原の緑化、砂漠化防止を通じて環境保全型農業の確立に尽くした。 [賞]日本学士院賞(第66回)〔昭和51年〕「生理活性物質に関する化学的研究」, 文化功労者〔平成4年〕, 勲二等瑞宝章〔平成2年〕, 文化勲章〔平成11年〕, 農芸化学奨励賞〔昭和30年〕「油脂の酸化防止に関する研究」, 日本農学会農学賞〔昭和43年〕「微生物の生産する生理活性物質に関する研究」, 読売農学賞(第5回)〔昭和43年〕, 国際植物生長物質学会・シルバーメダル〔昭和60年〕「植物生長調整物質の単離と構造解析」, 北日本新聞文化賞 [資]日本学士院会員〔平成1年〕 [団]米国化学会, 日本化学会, 日本農芸化学会

田村 新次 たむら・しんじ 中日新聞名古屋本社論説主幹 [没]平成28年(2016)4月23日 86歳〔心不全〕 [生]昭和4年(1929)5月27日 [出]中国瀋陽 [学]日本大学法学部卒 [歴]昭和40年中日新聞社に入社。名古屋本社社会・経済各部次長、編集局次長兼経済部長、59年論説副主幹、60年論説主幹、62年取締役北陸本社代表、平成2年12月名古屋本社代表付兼論説室、3年6月参与名古屋本社論説主幹。4年4月日本福祉大学知多半島総合研究所所長を兼任。

田村 すず子 たむら・すずこ 早稲田大学名誉教授 [専]言語学, アイヌ語 [没]平成27年(2015)8月3日 81歳〔膵臓がん〕 [生]昭和9年(1934)1月2日 [出]愛知県 [学]東京大学文学部言語学科卒, 東京大学大学院人文科学研究科言語学専門学専攻〔昭和37年〕博士課程修了 [歴]生理学者・福田邦三の長女。大学4年の時、アイヌ語諸方言基礎語彙調査団の一員に加わる。以来アイヌ語に興味を持ち、生きたアイヌ語の音声を残そうと北海道の古老を訪ね、アイヌ語を収録。昭和48年第1回金田一京助博士記念賞を受賞、49年から早稲田大学でアイヌ語の語学講座を担当した。54年〜平成16年同大語学教育研究所教授。アイヌ語研究を今日の水準に引き上げた中心的な存在とされ、8年には「アイヌ語沙流方言辞典」を刊行。また、バスク語の研究でも知られ、12年にはスペイン王立バスク語アカデミー名誉会員に選ばれた。 [賞]金田一京助博士記念賞(第1回)〔昭和48年〕 [資]スペイン王立バスク語アカデミー名誉会員〔平成12年〕 [団]日本言語学会, 国語学会, 日本民族学会 [家]父＝福田邦三(生理学者), 兄＝福田秀一(国文学研究資料館名誉教授)

田村 奈津枝 たむら・なつえ サッカー選手 [没]平成29年(2017)2月14日 34歳〔交通事故死〕 [生]昭和57年(1982)6月21日 [出]神奈川県 [学]日本体育大学卒 [歴]高校時代にサッカーを始める。ポジションはDFで、日体大時代は全日本大学女子選手権で4連覇を達成。また、神奈川県代表としても4大会連続で国体に出場した。平成17年日テレ・ベレーザに加入。19年INACレオネッサに移籍。20年なでしこリーグのオールスターに選出された。21年引退後は母校・日体大のコーチを経て、25年から1年間、JOCのスポーツ指導者海外研修員としてドイツにコーチ留学。27年女子中学生が寄宿生活をしながら学ぶJFAアカデミー今治のコーチに就任するが、29年交通事故に遭い34歳で亡くなった。

田村 昇 たむら・のぼる 芝浦メカトロニクス常務 [没]平成27年(2015)3月2日 67歳〔肺炎〕 [生]昭和22年(1947)11月15日 [学]北海道大学工学部〔昭和45年〕卒 [歴]昭和45年東京芝浦電気(現・東芝)に入社。平成14年芝浦メカトロニクス取締役、18年常務。

田村 広一 たむら・ひろかず 高砂市長 [没]平成28年(2016)2月15日 65歳〔心不全〕 [生]昭和25年(1950)7月13日 [出]兵庫県高砂市 [学]早稲田大学社会学部卒 [歴]高砂市議を経て、平成10年より市長に2選。18年落選。

田村 房子 たむら・ふさこ 日本棋院熊本県本部常務理事 [没]平成28年(2016)6月22日 83歳〔がん性胸水〕 [歴]日本棋院熊本県本部常務理事で、女性囲碁愛好者で作る熊悠会の会長も務めた。

田村 恭 たむら・やすし 早稲田大学名誉教授 [専]建築構造・材料 [没]平成28年(2016)9月14日 91歳〔肺炎〕 [生]大正14年(1925)8月2日 [出]東京都 [学]早稲田大学理工学部建築学科卒, 早稲田大学大学院理工学研究科建築学専攻修了 工学博士 [歴]早稲田大学理工学部教授を務めた。著書に「プラスチックスアンドビルディング」、共著に「建築用プラスチック」、編著に「建築材料要説」「建築施工法」などがある。 [賞]瑞宝中綬章〔平成17年〕, 日本建築学会学会賞(論文, 昭和57年度)「工事計画および管理の体系化に関する一連の研究」, スガウェザリング技術振興財団財団賞科学技術賞(第14回, 平成7年度) [団]日本建築学会, 日本材料学会, American Society for Testing and Materials

田村 靖 たむら・やすし 住友大阪セメント専務 [没]平成28年(2016)7月26日 83歳〔肺炎〕 [生]昭和8年(1933)4月9日 [出]石川県七尾市 [学]富山大学経済学部経済学科〔昭和31年〕卒 [歴]昭和31年磐城セメント(現・住友大阪セメント)に入社。63年取締役、平成3年常務を経て、5年専務。

田部井 康寿 ためがい・やすひさ 名古屋南部公害訴訟原告団長 [没]平成27年(2015)11月18日 80歳〔誤嚥性肺炎〕 [出]愛知県豊橋市 [歴]名古屋市交通局に勤めていた昭和40年頃、慢性気管支炎を発病。のち名古屋市南部地域などの公害病認定患者や遺族ら328人が国や企業10社を相手に、総額82億円の損害賠償と大気汚染物質の排出差し止めを訴えた名古屋南部公害訴訟(名古屋あおぞら裁判)を起こすと、その原告団長を務める。提訴から12年4ケ月を経た平成13年、国が大気汚染対策を確約し、企業側も原告側に解決金15億2000万円を支払うことで和解が成立した。

保 巌 たもつ・いわお 空手家 少林寺流空手道錬心館総本山宗家 [没]平成28年(2016)11月29日 68歳 [出]鹿児島県鹿児島市 [歴]昭和30年父の保勇が創設した少林寺流空手を学ぶ。19歳でフィリピンへ渡り、北米、

た

欧州、インドなど各国で普及活動に尽力。平成12年宗家を襲名。10段範士。また、16年保巌国際基金を創設、インドなどの恵まれない子供たちへの支援にも取り組んだ。　⊛父＝保勇（少林寺流空手道錬心館松本山開祖）

田本 広 たもと・ひろし　国労長野地方本部委員長　鉄道退職者の会全国連合会会長　⊗平成27年（2015）12月30日　79歳〔腎臓がんなど〕　⊕長野県木曽郡大桑村　昭和62年～平成5年国労長野地方本部委員長。鉄道退職者の会長野地方連合会事務局長、同会長や、鉄道退職者の会全国連合会会長を務めた。

田屋 清 たや・きよし　原敬記念館館長　⊗平成27年（2015）8月1日　91歳〔心不全〕　⊕大正12年（1923）12月10日　⊕岩手県盛岡市　⑰岩手大学学芸学部〔昭和29年〕卒　昭和29年盛岡市役所に入る。41年盛岡市立図書館奉仕係長、48年盛岡中央公民館係長を経て、50年より原敬記念館館長。盛岡市立図書館長も務めた。62年、8年越しの労作『原敬 大正八年』を出版した。

田山 明 たやま・あきら　アサヒビール副社長　⊗平成29年（2017）9月3日　83歳〔老衰〕　⊕昭和9年（1934）1月25日　⊕茨城県　⑰慶応義塾大学経済学部〔昭和33年〕卒　昭和33年朝日麦酒（アサヒビール、現・アサヒグループホールディングス）に入社。平成2年取締役、4年常務、8年専務を経て、10年副社長。

多羅間 俊彦 たらま・としひこ　皇族　ブラジル東京都友会会長　⑰ブラジル　⊗平成27年（2015）4月15日　86歳〔心臓発作〕　⊕昭和4年（1929）3月24日　⊕旧姓・名＝東久邇俊彦（ひがしくに・としひこ）　⑰慶応義塾大学　東久邇稔彦の第四王子。昭和20年16歳で敗戦を迎え、22年皇籍離脱により民間人となる。大学でラテンアメリカ研究会に入会したことがきっかけで南米の大自然に惹かれ、26年ブラジルへ移住。渡航前にコーヒー園を持つ元サンパウロ総領事夫人と養子縁組し、のちブラジルに帰化。約10年後農園を手放し、進出企業向けの不動産業を営む。傍ら、東京都出身者で作る東京都友会の会長も務めた。平成20年日本人移住100周年で皇太子さまがブラジルを訪問された際には案内役を務めた。　⊛父＝東久邇稔彦（皇族・陸軍大将・首相）、母＝東久邇聡子（明治天皇第九皇女）、兄＝東久邇盛厚（皇族・帝都高速度交通営団監事）、栗田彰常（侯爵・多摩動物公園飼育課長）、祖父＝明治天皇

達摩 省一 だるま・せいいち　野球指導者　高校野球審判　⊗平成28年（2016）3月13日　79歳〔肝不全〕　⊕昭和11年（1936）10月　⊕石川県金沢市長土塀　⑰寝屋川高卒、関西大学卒　⊕大阪・守口三中で野球部に入り、寝屋川高、関大では右腕の速球投手として活躍。大学を卒業後、大阪産業大附属高の教師となり、野球部の監督を務める。昭和37年勧められて関大の事務職員。42年関大野球部監督となり、リーグ優勝7回。47年には春秋リーグ、全日本大学選手権、明治神宮大会を制し、大学史上初の4冠を達成。同年の第1回日米大学野球選手権では全日本の監督を務め、山口高志投手（関大）らを擁して優勝した。この間、40年夏高校野球の審判として甲子園にデビュー。57年に勇退するま

で数々の名勝負をジャッジし、54年夏の箕島―星稜の延長18回でも三塁塁審を務めた。その後はNHKの高校野球放送の解説者として親しまれた。また48年より日本高野連で理事、技術・振興委員長などを歴任した。

樽美 幸雄 たるみ・ゆきお　神戸商船大学名誉教授　弓削商船高等専門学校名誉教授　⑰天文航海学　⊗平成29年（2017）10月11日　91歳〔病気〕　⊕大正14年（1925）10月17日　⊕長崎県　⑰神戸高等商船学校航海科〔昭和20年〕卒　日本郵船、海技専門学院を経て、神戸商船大学に長らく勤務し、名誉教授。神戸海難防止研究会専門員、弓削商船高等専門学校校長も務めた。共著に『精説・天文航法』。　勲三等旭日中綬章〔平成13年〕　⑯日本航海学会、日本天文学会

俵 伸一 たわら・のぶかず　三菱商事常務　⊗平成28年（2016）6月15日　92歳〔老衰と摂食嚥下障害〕　⊕大正12年（1923）10月26日　⊕東京都　⑰東京商科大学（現・一橋大学）〔昭和24年〕卒　昭和24年三菱商事の前身会社の一つ、船商事に入社して業務畑を歩く。29年三菱商事に転じ、49年人事部長、50年参与、56年取締役、59年代表取締役常務。のち常任監査役を務め、平成2年退任。

檀 ヨソ子 だん・よそこ　檀一雄の妻　⊗平成27年（2015）4月24日　92歳〔腸閉塞〕　⊕福岡県柳川市　昭和21年前妻を亡くした作家の檀一雄と結婚。夫の遺作となった自伝的長編『火宅の人』で、主人公の妻のモデルとなった。また、ノンフィクション作家の沢木耕太郎から1年余にわたるインタビューを受け、平成7年沢木の作品『檀』が誕生した。長女は女優の檀ふみ。　⊛夫＝檀一雄（作家）、長女＝檀ふみ（女優）

丹下 和郎 たんげ・かずお　名古屋市議（民社党）　⊗平成28年（2016）10月1日　89歳〔肝不全〕　⊕昭和2年（1927）3月30日　⊕愛知県名古屋市南区　昭和50年から南区選出の名古屋市議に5選。平成5年副議長。7年引退後、名古屋市選挙管理委員長を務めた。　勲四等瑞宝章〔平成9年〕　⑯税理士

丹下 甲一 たんげ・こういち　総務省統計調査部長　鹿児島県副知事　⊗平成27年（2015）4月6日　58歳〔病気〕　⊕昭和31年（1956）5月30日　⊕京都府　⑰東京大学法学部〔昭和55年〕卒　昭和55年自治省に入省、鳥取県に勤務。58年同省交付税課、60年玉島税務署長、61年岐阜県総務課長、平成元年消防庁救急救助課長補佐、2年徳島県財政課長、4年自治省政治資金課長補佐。14年4月総務省自治行政局選挙部政治資金課長。自治大学校副校長兼政治資金適正化委員会事務局長、21年7月内閣官房行政改革推進室次長、22年7月総務省統計調査部長、23年4月鹿児島県副知事。25年4月消防団員等公務災害補償等共済基金常務理事。明治から昭和にかけての封筒やはがきの収集家としても知られた。

丹下 達雄 たんげ・たつお　日本バイリーン専務　⊗平成27年（2015）12月27日　87歳　⊕昭和3年（1928）8月24日　⊕鹿児島県　⑰七高造士館理科〔昭和23年〕卒、東京工業大学繊維工学科〔昭和28年〕卒　昭和28年中央繊維、34年日本ライヒホールド化学工業に勤

務。35年日本バイリーンに転じ、48年取締役、60年常務を経て、専務。

丹下 哲夫 たんげ・てつお　手漉和紙製作者　⑱備中和紙　⑲平成29年(2017)5月19日　92歳〔上部消化管出血〕　⑰大正13年(1924)7月22日　⑳岡山県川上郡平川村(高梁市)　㉕東京陸軍航空学校卒、陸軍航空通信学校卒　㉖昭和15年東京陸軍航空学校に入校、19年陸軍軍曹に昇進。復員後、21年岡山県高梁市備中町地区で和紙作りを営む丹下家の養子となる。39年新成羽川ダム建設に伴い倉敷市に移転。卓越した技術で備中和紙を確立、53年には奈良・東大寺の昭和の大修理に合わせ奉納される華厳経の料紙を手がけた。平成16年手漉き和紙の制作者として初めて岡山県指定重要無形文化財保持者に認定された。㉗黄綬褒章、現代の名工〔昭和58年〕、三木記念賞〔平成7年度〕武式文化賞(伝統文化部門、第9回)〔平成20年〕、岡山出版文化賞(第42回)〔平成22年〕「備中和紙 後に続くを信ず」、伝統文化ポーラ賞地域賞(第30回、平成22年度)「備中和紙の制作・伝承」、山陽新聞賞(文化功労)〔岡山県指定重要無形文化財保持者〔平成16年〕　㉘孫＝丹下直樹(手漉和紙製作者)

丹治 一郎 たんじ・いちろう　西部自動車学校創業者　郡山商工会議所会頭　⑲平成28年(2016)5月31日　77歳〔肺がん〕　⑰昭和13年(1938)6月26日　⑳福島県郡山市　㉕岩瀬農卒　㉖昭和38年西部自動車学校を創業。西部観光バス社長、西部自動車会長、西開発会長などを務める。平成19年より郡山商工会議所会頭。福島県中小企業家同友会理事長なども歴任。㉗藍綬褒章〔平成17年〕、旭日小綬章〔平成25年〕

檀上 栄 だんじょう・さかえ　今日新聞創業者　⑲平成29年(2017)6月10日　92歳　㉖昭和29年別府市で今日新聞を創刊、社長、会長を務めた。

丹野 章 たんの・あきら　写真家　⑲平成27年(2015)8月5日　89歳〔急性肺炎〕　⑰大正14年(1925)8月8日　⑳東京都中央区　㉕日本大学芸術科卒　㉖在学中から舞台写真家として、昭和40年頃からは報道写真家として活躍。この間、34年東松照明、川田喜久治、細江英公、奈良原一高、佐藤明ら若手写真家を糾合して、グループ・VIVOを結成、戦後写真界の転換を作り出した。45年日本写真著作権協会を創立、50年の公募写真展「視点」創設に中心的役割を果たした。日本リアリズム写真集団理事長も務めた。また、写真著作権の改正に尽力。平成15年すべての財力、権力そしてメディアからも自立したプロ写真家の職能確立をめざす協同組合・日本写真家ユニオンの創立に参加、初代理事長に選出された。個展に昭和34年「2人のバレリーナ」、50年・平成4年「壬生狂言」、7年「日本で演じた世界のバレエ」、グループ展に昭和29・30年「青年フォト」、31・32・33年「10人の眼」展など。コレクション先に日本大学芸術学部、東京工芸大学、東京都写真美術館、山口県立美術館などがある。写真集に「バレエ・ポリショイ劇場」「壬生狂言」、共著に「詩(ポエム)きものマイムの世界」「続・写真表現の世界」「著作権実務百科」「写真著作権」などがある。㉗日本写真協会賞功労賞〔平成10年〕、著作権制度功労者文部大臣表彰〔平

成11年〕、アサヒカメラ広告写真コンテスト2等賞〔昭和23年〕、富士フイルムプロフェッショナルコンテスト特選〔昭和35年〕　㉙日本写真家協会(名誉会員)、日本リアリズム写真集団、日本写真家ユニオン、日本ジャーナリスト会議

丹野 太郎 たんの・たろう　河北新報専務　⑲平成28年(2016)3月21日　89歳〔慢性心不全〕　⑰大正15年(1926)9月14日　⑳宮城県黒川郡富谷町　㉕早稲田大学専門部政治科〔昭和24年〕卒　㉖昭和25年河北新報社に入社。外信部長、政経部長、論説委員、整理・報道・人事各部長、編集局次長兼関西支社長、編集局長、取締役、59年常務、63年～平成4年専務を歴任。㉘長男＝丹野泰(河北新報監査役)

丹野 長寿 たんの・ちょうじゅ　追分町(北海道)町長　⑲平成27年(2015)8月8日　90歳〔肺炎〕　⑰大正14年(1925)6月10日　⑳北海道虻田郡虻田町(洞爺湖町)　㉖自治大学校卒　㉖昭和22年北海道庁に入り、民生部福祉課主査、胆振支庁社会福祉課長を経て、51年追分町助役となり、59年町長に当選。3期務めた。平成4年落選。

淡野 徹 だんの・とおる　パイロット　航空自衛隊ブルーインパルスメンバー　日本航空ジャンボ機長　⑲平成29年(2017)4月30日　80歳　⑳台湾台北　㉕東京都内の高校を卒業後、昭和30年戦後の操縦学生の第1期生として航空自衛隊入り。優れた技量によりアクロバット飛行チーム"ブルーインパルス"のメンバー選抜される。39年国立競技場で行われた東京五輪開会式で、上空に五輪を描いた5機のF86戦闘機のうち黄色のスモークを吐く機体を操縦。戦後の"ブルーインパルス"史上十指に入る名パイロットとして活躍した。45年一等空尉で退官し、日本航空に入社。ボーイング747(ジャンボ)の副操縦士、DC8機長を経て、58年暮れにジャンボ機長となり、主に当時の同社最長路線の一つ、シカゴ一東京間を飛んだ。

丹野 頼元 たんの・よりもと　信州大学名誉教授　新潟工科大学学長　⑱電子機器工学　⑲平成28年(2016)4月22日　87歳〔急性循環器不全〕　⑰昭和3年(1928)9月12日　⑳長野県長野市松代町　㉕東北大学工学部通信工学科〔昭和27年〕卒　工学博士　㉖昭和32年信州大学助手、講師、助教授を経て、41年教授。のち新潟工科大学の設立となり、平成17年まで学長を務めた。㉗瑞宝中綬章〔平成17年〕　㉙電子情報通信学会、電気学会、日本応用磁気学会

丹波 実 たんば・みのる　駐ロシア大使　⑲平成28年(2016)10月7日　78歳〔肺炎〕　⑰昭和13年(1938)5月6日　⑳旧樺太・サハリン　㉕東京大学法学部〔昭和37年〕卒　㉖昭和37年外務省に入省。在中国大使館、在米国大使館の各一等書記官、北米局安全保障課長などを歴任。56年ソ連課長、59年在ソ連大使館参事官、61年在ボストン総領事、平成元年条約局参事官、2年8月官房審議官、3年1月国連局長、4年6月条約局長、6年7月駐サウジアラビア大使、9年7月外務審議官。長年、北方領土交渉に携わり、10年中旬静岡県下で行われた橋本龍太郎首相とエリツィン大統領による"川奈会談"を取り仕切った。11年8月駐ロシア大使。14年11月退官。12月日本エネルギー経済研究所顧問。著書に「200%の

安全保障を求める国」「日露外交秘話」がある。 [賞]瑞宝大綬章〔平成25年〕

【ち】

ちあき 哲也 ちあき・てつや 作詞家 [没]平成27年(2015)5月10日 66歳〔胆管がん〕 [生]昭和23年(1948)6月11日 [出]神奈川県藤沢市 [名]本名＝小林千明(こばやし・ちあき) [学]関東学院大学英文科中退 [歴]作詞教室への投稿で浜口庫之助に早くから認められ、昭和47年松崎しげるのヒットCMソング「黄色い麦わら帽子」で作詞家デビュー。54年庄野真代が歌った「飛んでイスタンブール」が大ヒット。他の代表作に、庄野「モンテカルロで乾杯」、矢沢永吉「YES MY LOVE」「止まらないHa～Ha」、因幡晃「忍冬」、少年隊「仮面舞踏会」、美空ひばり「みれん酒」、ちあきなおみ「かもめの街」などがあり、ロックから演歌まで幅広くヒットを生み出した。平成19年すぎもとまさとの「吾亦紅(われもこう)」がヒット、日本レコード大賞作詩賞を受賞した。 [賞]日本レコード大賞作詩賞(第49回)〔平成19年〕「吾亦紅」, スポニチ文化芸術大賞優秀賞(第16回, 平成19年度)〔平成20年〕「吾亦紅」 [団]JASRAC

チェスキーナ・永江 洋子 ちぇすきーななながえ・ようこ Ceschina-Nagae Yoko ハープ奏者 音楽家支援者 [没]平成27年(2015)1月10日 82歳〔腎臓病〕 [生]昭和7年(1932) [出]熊本県 [名]旧姓・名＝永江 [学]東京芸術大学ハープ科〔昭和33年〕卒, ベネチア音楽院〔昭和37年〕卒 [歴]東京芸大卒業後、ハープ奏者として東京交響楽団に入るが2年後、イタリア政府給費留学生としてベネチア音楽院に留学。昭和37年音楽院を2年で卒業、以後ソリストとしてイタリアで活躍する。52年同国の富豪として知られるチェスキーナ家の二男、レンツォと結婚したが57年に死別。全ての財産を相続することになり、10年を超える遺産相続裁判を闘った。その後もイタリアに留まり、ナポリ国立放送局スカルラッティ・オーケストラの第1ハープを務めた。62年日本の土を24年ぶりに踏み、熊本を皮切りに神戸、京都、東京で演奏会を開いた。音楽家の“パトロン(パトロネス)”としても知られ、バイオリニストのマキシム・ヴェンゲーロフにストラディヴァリウスの名器を贈ったほか、数々のオーケストラをスポンサーとして支援。とりわけゲルギエフやマゼールら世界的指揮者たちとの親交が深かった。平成20年には米国の名門ニューヨーク・フィルハーモニックが北朝鮮・平壌で開いたコンサートのスポンサーとなった。著書に自伝「ヴェネツィア 私のシンデレラ物語」がある。

近岡 義一郎 ちかおか・ぎいちろう 近岡林産代表取締役 [没]平成28年(2016)12月29日 97歳〔誤嚥性肺炎〕 [生]大正8年(1919)5月31日 [出]山形県新庄市 [学]早稲田大学 [歴]近岡林産代表取締役で、日本テニス協会国体委員長、同顧問も務めた。

近岡 理一郎 ちかおか・りいちろう 衆院議員(自民党) 科学技術庁長官 [没]平成28年(2016)6月8日 89歳〔肺炎〕 [生]大正15年(1926)9月7日 [出]山形県最上郡真室川町 [学]陸士〔昭和20年〕卒 [歴]父は山形県議。山形県真室川町議を経て、昭和34年以来山形県議に6選し、54年議長。55年松沢雄蔵衆院議員の後を受け、旧山形2区に自民党から立候補して当選。連続7期。平成8年第二次橋本内閣で科学技術庁長官として入閣した。竹下派、小渕派を経て、橋本派。15年小選挙区の区割り変更により山形県の定数が削減されると、8選を目指さず政界を引退した。

近角 聡信 ちかずみ・そうしん 物理学者 東京大学名誉教授 [専]固体物性 [没]平成28年(2016)5月8日 94歳〔老衰〕 [生]大正11年(1922)4月20日 [出]東京都文京区本郷 [学]東京帝国大学理学部物理学科〔昭和20年〕卒, 東京大学大学院〔昭和25年〕修了 理学博士(東京大学)〔昭和26年〕 [歴]真宗大谷派の僧侶・近角常観の四男。昭和25年学習院大学理学部助教授、28年教授を経て、34年東京大学物性研究所教授。58年定年退官後、慶応義塾大学理工学部教授、63年同大客員教授。平成2年江戸川大学教授、7年定年退職、特任教授、10年退職。この間、昭和54～56年日本応用磁気学会会長。著書に「強磁性体の物理」「日常の物理学」「基礎電磁気学」「日常の物理事典」「独創のすすめ」などがある。 [賞]勲三等瑞宝章〔平成10年〕, 日本金属学会功績賞(金属物理部門, 第16回)〔昭和33年〕, 日本応用磁気学会賞(第3回)〔昭和62年〕, 本多記念賞(第32回)〔平成3年〕「強磁性体の物性と応用に関する研究」, 日本応用磁気学会賞出版賞(第12回)〔平成8年〕「強磁性体の物理〈上下〉」 [団]日本物理学会, 日本応用磁気学会 [家]父＝近角常観(僧侶)

近田 広司 ちかだ・ひろし 学習院初等科長 [没]平成27年(2015)5月8日 97歳〔老衰〕 [出]東京都 [歴]昭和19年から学習院初等科に勤める。当時皇太子だった天皇陛下が静岡県沼津や栃木県日光などに疎開した際に同行した。

力石 定一 ちからいし・さだかず 経済学者 法政大学名誉教授 [専]経済政策, 社会工学 [没]平成28年(2016)1月22日 89歳〔肺炎〕 [生]大正15年(1926)10月6日 [出]広島県 [学]東京大学経済学部経済学科〔昭和27年〕卒 [歴]昭和23年の全学連結成時に「学園評論」の編集長として活躍。大学卒業後、国民経済研究協会に勤務し、日本の実態に対応する経済改革も理論的に追究。1960年代後半は民衆の福祉を基本にした、実現可能な社会政策の実現を求めて、マスコミで活発に発言した。36年法政大学勤務、42年より教授。46～47年NHKのテレビ番組「1億人の経済」に出演。著書に「都市環境の条件」「市民のための経済入門」「日本経済の条件」「世紀末を斬る」などがある。 [賞]瑞宝中綬章〔平成20年〕 [団]経済政策学会, 工業経営学会

千代 賢治 ちしろ・けんじ 住友生命保険社長 [没]平成29年(2017)3月14日 99歳〔老衰〕 [生]大正7年

(1918)2月16日 ㊷鳥取県西伯郡南部町 ㊹米子中〔昭和10年〕卒、松江高〔昭和13年〕卒、京都帝国大学法学部政治学科〔昭和16年〕卒 ㊺昭和16年住友生命保険に入社。大阪南支社長、福岡支社長、経理部長、人事部長を経て、40年取締役、43年常務、50年専務、53年副社長を歴任し、54年社長に就任。61年会長、平成4年取締役相談役。この間、昭和58年生命保険協会会長、関西日墺協会会長などを務めた。 ㊻藍綬褒章〔昭和59年〕、勲二等旭日重光章〔平成1年〕、オーストリア有功勲章〔平成5年〕

千田 寿一 ちだ・じゅいち 東北電力副社長 ㊷平成28年(2016)8月14日 82歳〔肺炎〕 ㊹昭和9年(1934)6月13日 ㊸岩手県 ㊹東北大学工学部〔昭和34年〕卒 ㊺昭和34年東北電力に入社。理事土木部長を経て、平成7年取締役、9年常務、11年副社長、13年顧問。

千歳 利三郎 ちとせ・りさぶろう 京都府議(自民党) ㊷平成28年(2016)8月18日 80歳〔老衰〕 ㊹昭和10年(1935)12月2日 ㊸京都府舞鶴市 ㊹東京水産大学増殖科卒 ㊺舞鶴市総務部長を経て、平成7年京都府議に当選。4期。23年引退。

知名 勝江 ちな・かつえ 箏曲家 琉球箏曲興隆会具志川支部相談役 琉球古典音楽湛水流保存会副会長 ㊻琉球箏曲 ㊷平成27年(2015)2月27日 73歳〔乳がん〕 ㊸沖縄県うるま市 ㊺平成20年沖縄県指定無形文化財沖縄伝統音楽箏曲保持者に認定される。琉球古典芸能コンクールの審査員なども務めた。 ㊻沖縄県指定無形文化財沖縄伝統音楽箏曲保持者〔平成20年〕

知念 正常 ちねん・まさつね 空手家 誠武館館長 全沖縄空手道連盟会長 ㊷平成28年(2016)3月12日 80歳〔肺炎〕 ㊹昭和10年(1935) ㊸沖縄県沖縄市美里 ㊺比嘉世栄、渡口清吉らに空手を師事。剛柔流神武館総本部館長を経て、沖縄市美里に誠武館を開く。平成17〜19年全沖縄空手道連盟会長を務め、沖縄伝統空手道振興会設立に尽くした。 ㊻沖縄空手道古武道功労賞〔平成25年〕 ㊼師=比嘉世栄、渡口清吉

千葉 昭弘 ちば・あきひろ 読売新聞制作局次長 ㊷平成29年(2017)2月10日 89歳〔肺炎〕 ㊹昭和2年(1927)9月28日 ㊸福島県 ㊹早稲田大学文学部卒 ㊺昭和27年読売新聞社に入社。55年編集局整理部長、59年制作本部次長を経て、制作局次長。

千葉 浩一 ちば・こういち ツムラ専務 ㊷平成27年(2015)2月14日 88歳〔肺がん〕 ㊹大正15年(1926)3月9日 ㊸東京都 ㊹慶応義塾大学経済学部〔昭和25年〕卒 ㊺昭和25年三菱銀行(現・三菱東京UFJ銀行)に入行、55年取締役。60年津村順天堂(現・ツムラ)専務に転じた。

千葉 重幸 ちば・しげゆき
⇒若吉葉 重幸(わかよしば・しげゆき)を見よ

千葉 俊一 ちば・しゅんいち 神戸新聞広告局長 ㊷平成28年(2016)4月21日 90歳〔肺炎〕 ㊹大正14年(1925)12月14日 ㊸兵庫県淡路市 ㊹同志社大学法経学部卒 ㊺昭和23年神戸新聞社に入社。経済部長、編集局次長、大阪支社長、東京支社長、広告局長を歴任。54年監査役。

千葉 隆 ちば・たかし 秋田県副知事 ㊷平成27年(2015)5月8日 75歳〔病気〕 ㊹昭和15年(1940)3月10日 ㊸秋田県秋田市 ㊹東北大学農学部卒 ㊺昭和37年秋田県庁に入庁。主に農政畑を歩き、北秋田農林事務所長、農政部農業技術開発課長、雄勝地方部長、県立農業短期大学事務局長、生活環境部長、総務部長、公営企業管理者などを経て、平成12年副知事に就任。15年退任。17〜22年秋田県信用保証協会会長。

ちば 拓 ちば・たく 漫画家 ㊷平成28年(2016)2月27日 56歳〔腎盂がん〕 ㊺本名=板倉義一(いたくら・よしかず) ㊹昭和57〜58年「週刊少年ジャンプ」に学園ラブコメディ「キックオフ」を連載した。他の作品に「ショーリ!!」「ノーサイド」「虹のランナー」などがある。

千葉 親之 ちば・ちかし 歌人 福島県歌人会会長 ㊷平成29年(2017)12月17日 94歳〔老衰〕 ㊸福島県北塩原村総務課長。歌人としては新アララギ福島会会長で、平成5〜10年福島県歌人会会長。7〜11年福島県文学賞短歌部門の審査委員を務めた。 ㊻福島県文化振興基金顕彰者〔平成15年〕

千葉 照実 ちば・てるみ 埼玉県警総務部長 ㊷平成28年(2016)8月29日 69歳〔がん〕 ㊸岩手県 ㊺平成22〜26年埼玉県教育委員を務め、25〜26年委員長。

千葉 はな ちば・はな 歌手 ㊷平成27年(2015)4月8日 36歳〔内臓疾患〕 ㊹昭和54年(1979) ㊸富山県 ㊺本名=藤沼はな(ふじぬま・はな)、デュオ名=羊毛とおはな(ようもうとおはな) ㊹富山大学卒 ㊺大学在学中に本格的に歌に目覚める。卒業後、女性コーラスグループのグラーバに入り、平成15年東京で音楽活動を始める。16年ギターの市川和則と男女アコースティックデュオの羊毛とおはなを結成、ボーカルを担当。19年アルバム「LIVE IN LIVING '07」でデビュー。透明感のある柔らかな歌声で人気を集め、CMソングや映画主題歌なども手がけた。24年乳がんと診断され、26年再発が判明して活動を休止して療養に入る。27年36歳で亡くなった。アルバムに「こんにちは。」「どっちにしようかな」「LIVE OUT LIVING」「月見草」などがある。北日本新聞くらし面でコラム「恋の処方せん」を連載した。

千葉 英雄 ちば・ひでお 京都大学名誉教授 ㊻食品工学 ㊷平成29年(2017)1月6日 91歳〔肺炎〕 ㊹大正14年(1925)4月6日 ㊸宮城県桃生郡河南町(石巻市) ㊹京都大学農学部農芸化学科〔昭和23年〕卒、京都大学大学院研究科農学専攻修士課程修了 農学博士(京都大学) ㊺京都大学教授を務めた。食品タンパクから鎮静や血圧降下作用がある物質を発見し"機能性食品"の概念を提唱した。 ㊻勲二等瑞宝章〔平成11年〕、日本農芸化学会奨励賞〔昭和36年〕「結晶Phosphoglyceric acid mutaseに関する研究」、日本農芸化学会鈴木賞〔昭和55年〕「蛋白質・酵素の機能特性の解析と応用に関する研究」、京都府文化賞特別功

労賞〔平成23年〕 [団]日本農芸化学会, 日本生化学会, 日本血液学会, 日本栄養・食料学会

千葉 仁 ちば・まさし 剣道家 警視庁剣道名誉師範 [没]平成28年(2016)9月28日 72歳〔肝臓がん〕 [生]昭和19年(1944)4月19日 [出]宮城県登米郡中田町(登米市) [学]小牛田農林〔昭和38年〕卒 [歴]中学1年で剣道を始め、小牛田農林では3段となり、全国高校大会で最優秀選手に選ばれた。昭和38年から警視庁に勤務。169センチ、65キロと軽量、小柄だが天才的といわれるほどの反射神経の鋭さで白星を重ね、41年史上最年少の22歳で全日本選手権を制した。44年、47年にも優勝。"左上段"の構えでも知られる。警視庁師範として後進を育成に尽くした。範士8段。 [賞]河北文化賞(第23回, 昭和48年度) [家]妻＝松村勝美(バレーボール選手)

ち

千畑 一郎 ちばた・いちろう 田辺製薬社長 [専]酵素工学, 生化学 [没]平成27年(2015)10月2日 89歳 [生]大正15年(1926)8月6日 [出]大阪府大阪市 [学]京都帝国大学農学部農芸化学科〔昭和23年〕卒 農学博士(京都大学)〔昭和34年〕 [歴]パスツールに心酔して農芸化学を修めた後、昭和23年田辺製薬(現・田辺三菱製薬)に入社。アミノ酸・ビタミンなど生化学分野の研究を一貫して続け、46年化成研究所所長、55年研究開発本部副部長兼応用生化学研究所所長、56年取締役を歴任。58年常務研究開発本部長兼海外事業本部長、60年専務研究開発本部長兼海外本部長を経て、62年副社長、平成元年社長に就任。9年会長、11年相談役に退いた。9〜11年関西経済連合会副会長。同社研究陣を指揮して固定化酵素の研究で世界の最先端を行く成果を上げ、我が国酵素工学の第一人者として活躍した。編著書に「固定化酵素」「固定化生体触媒」などがある。 [賞]紫綬褒章〔昭和52年〕, 勲二等瑞宝章〔平成12年〕, 日本栄養・食糧学会賞武田賞〔昭和44年〕「酵素によるL−アミノ酸の工業的製法の研究」, 毎日工業技術賞奨励賞(第22回)〔昭和45年〕「不溶性酵素によるL−アミノ酸の連続的製法の工業化」, 大河内記念技術賞(第19回)〔昭和48年〕「不溶性酵素による光学活性アミノ酸の製法」, 科学技術庁長官賞科学技術功労者表彰(第18回)〔昭和51年〕「酵素および微生物の固定化とその利用法の開発」, ヴィルタネン記念賞〔昭和54年〕, 国際酵素工学賞(第1回)〔昭和58年〕, 発酵工学賞(第3回)〔昭和59年〕「醗酵工学の発展に対する顕著な貢献」 [資]スウェーデン王立理工学アカデミー外国人会員 [団]日本醗酵工学会(名誉会員), 日本農芸化学会, 日本化学会, 日本薬学会, 日本生化学会, 日本栄養・食糧学会, 酵素工学研究会

チャッピー吉井 ちゃっぴーよしい
⇒吉井 守(よしい・まもる) を見よ

チャンス青木 ちゃんすあおき 漫談家 漫才協会理事 [没]平成28年(2016)11月29日 72歳〔心不全〕 [出]熊本県上益城郡益城町 [名]本名＝青木博志(あおき・ひろし), 前名＝青木チャンス, コンビ名＝Wチャンス [歴]大学を卒業して一般企業に入社したが、退職。昭和47年漫才コンビ・Wけんじの宮城けんじに弟子入り。52年斎藤チャンスと漫才コンビのWチャンスを結成。解散後は漫談家となり、東京・浅草の演芸場などで活動。平成14年漫談から初めて漫才協会理事に選出され、27年まで務めた。テレビ出演はほとんどなかったが"浅草の師匠"の代表格として漫才コンビ・ナイツのネタにたびたび登場、20年に青木チャンスからチャンス青木に改名したことなどをいじられた。

中礼 俊則 ちゅうれい・としのり 日本工営社長 [没]平成27年(2015)12月1日 82歳〔前立腺がん〕 [生]昭和8年(1933)8月8日 [出]鹿児島県川辺郡川辺町(南九州市) [学]東京大学文学部〔昭和33年〕卒 [歴]昭和35年日本工営に入社。56年取締役、平成元年常務、5年専務、7年副社長を経て、10年社長。13年相談役。

千代の富士 貢 ちよのふじ・みつぐ 力士(第58代横綱) 九重部屋親方 日本相撲協会理事 [没]平成28年(2016)7月31日 61歳〔膵臓がん〕 [生]昭和30年(1955)6月1日 [出]北海道松前郡福島町 [名]本名＝秋元貢(あきもと・みつぐ), 年寄名＝九重(ここのえ), 陣幕(じんまく) [学]明大中野高中退 [歴]先代九重親方(第41代横綱千代の山)にスカウトされ、昭和45年秋場所初土俵、49年新十両、50年秋場所で新入幕。軽量の上、肩の脱臼など度重なる故障に苦しんだが、徐々に頭角を現し、56年初場所で初優勝し大関に昇進。同年名古屋場所でも優勝し第58代横綱に推挙された。小兵ながら、"黄金の左"といわれた左前みつを得意とした技とスピード感のある相撲をとり、"ウルフ"のニックネームで親しまれた。63年夏場所7日目から九州場所14日目まで戦後最高の53連勝を記録(当時)。平成元年三女を亡くした直後の名古屋場所では、優勝決定戦で同部屋の第61代横綱・北勝海を破った。同年秋場所通算968勝の最多記録を達成し、角界初の国民栄誉賞を受賞。相撲協会から贈られた一代年寄は辞退。2年初場所で優勝30回、春場所で1000勝、3年初場所で幕内805勝の最多記録を達成。3年夏場所の初日、貴花田(第65代横綱貴乃花)に敗れ、3日目体力の衰えを理由に引退した。通算成績は1045勝(幕内807勝, 横綱としては625勝)437敗、159休、優勝回数31回。殊勲賞1回、敢闘賞1回、技能賞5回。引退後は年寄陣幕を襲名。4年九重親方(第52代横綱北の富士)と名跡を交換し、九重部屋を継承。日本相撲協会役員待遇(審判部副部長)を経て、20年理事に昇格し、執行部入り。26年理事選に落選した。 [賞]国民栄誉賞〔平成1年〕, 都民文化栄誉章〔昭和61年〕, 道民栄誉賞〔昭和62年〕, 日本プロスポーツ大賞〔昭和63年・平成1年〕, 都民文化栄誉特別章〔平成1年〕, 朝日スポーツ賞〔平成2年〕, 中日スポーツ賞〔平成2年〕, ユネスコ・フェアプレー賞特別賞(第2回)〔平成2年〕 [家]二女＝秋元梢(モデル)

鄭 進 ちょん・じん 在日本大韓民国民団(民団)中央本部団長 大東実業創業者 [国]韓国 [没]2017年9月18日 80歳〔病気〕 [出]長野県松本市 [名]日本名＝東本進 [学]日本大学経済学部卒 [歴]松本市生まれの在日韓国人2世。本籍は韓国ソウル鍾路区。大学卒業後、不動産開発や遊技場経営の大東実業(現・ジン・コーポレーション)を創業。1988年から長野商銀理事長、会長を経て、あすなろ信用組合会長も務めた。一方、30代から在日本大韓民国民団(民団)の活動を始める。79年民団長野県地方本部の総務部長、副議長を経て、96年〜2002年団長を2期務める。任期中に行われた1998年の長野五輪では韓国選手団の後援会組織トップを務

めた。民団中央本部副団長を経て、2006年9月中央本部団長に就任。12年2月まで2期務め、任期中は北朝鮮のミサイル発射や核開発に反対する姿勢を鮮明にし、東日本大震災では被害者支援に取り組んだ。 [賞]韓国国民勲章無窮花章〔2013年〕

陳 舜臣 ちん・しゅんしん 小説家 [没]平成27年(2015)1月21日 90歳〔老衰〕 [生]大正13年(1924)2月18日 [出]兵庫県神戸市元町 [学]大阪外国語学校(現・大阪外国語大学)印度語科〔昭和18年〕卒 [歴]祖先は中国福建省の出身で、祖父の代に台湾から神戸に移り住み、生家は貿易商を営んでいた。大阪外国語学校(現・大阪外国語大学)在学中、小説家となる司馬遼太郎と親交を結んだ。母校の西南アジア語研究所助手となったが、戦後、国籍が日本から中国に変わって研究者の道が閉ざされたため退職、家業の貿易業に従事した。昭和32年頃から小説を書き始め、36年「枯草の根」で第7回江戸川乱歩賞を受けてデビュー。44年に「青玉獅子香炉」で第60回直木賞を受賞。推理小説でスタートしたが、3部作「阿片戦争」(42年)などの中国歴史小説、史伝へと作域を広げた。日中国交回復後の47年からは度々中国へ旅行し、多くの紀行や評論を執筆。平成2年日本に帰化。5年のNHK大河ドラマ「琉球の風」の書き下ろしを手がける。6年脳内出血で倒れて右半身が麻痺した後も旺盛な執筆活動を続けた。8年日本芸術院会員に選ばれた。著書に「敦煌の旅」「中国の歴史」(全15巻)「江は流れず」「太平天国」「日本人と中国人」「中国近代史ノート」「諸葛孔明」「桃源郷」などがある。 [賞]直木賞(第60回)〔昭和44年〕「青玉獅子香炉」,日本芸術院賞(平成6年度)〔平成7年〕「作家としての業績」,勲三等瑞宝章〔平成10年〕,江戸川乱歩賞(第7回)〔昭和36年〕「枯草の根」,日本推理作家協会賞(第23回)〔昭和45年〕「玉嶺よふたたび」「孔雀の道」,毎日出版文化賞(第25回)〔昭和46年〕「実録・アヘン戦争」,大仏次郎賞(第3回)〔昭和51年〕「敦煌の旅」,日本翻訳文化賞(第20回,昭和58年度)「叛旗―小説・李自成」(姚雪垠著),NHK放送文化賞(第36回,昭和59年度),読売文学賞(随筆・紀行賞,第40回)〔平成1年〕「茶事遍路」,吉川英治文学賞〔平成4年〕「諸葛孔明」,朝日賞(平成4年度)〔平成5年〕,井上靖文化賞(第3回)〔平成7年〕,大阪芸術賞〔平成8年〕,海洋文学大賞特別賞(第7回)〔平成15年〕「琉球の風」 [資]日本芸術院会員〔平成8年〕 [団]日本文芸家協会,日本推理作家協会,日本ペンクラブ [家]長男＝陳立人(写真家)

【つ】

築城 百々平 ついき・どどへい 俳人 [没]平成28年(2016)2月14日 93歳〔心不全〕 [生]大正11年(1922)9月15日 [出]長崎県 [名]本名＝築城士郎(ついき・しろう) [学]長崎医科大学卒 [歴]昭和43年「馬酔木」に入会、水原秋桜子、下村ひろしに師事。60年「馬酔木」同人、61年「曙」同人。平成17年から約8年間、長崎新聞のジュニア俳壇選者を務めた。精神科医でもあった。句集に「庭見世」「青文字」がある。 [団]俳人協会 [師]師＝水原秋桜子,下村ひろし

立木 藤子 ついき・ふじこ アナウンサー [没]平成29年(2017)1月19日 80歳〔脳出血〕 [出]岩手県盛岡市 [名]旧姓・名＝宮田 [歴]昭和34年IBC岩手放送に入社。アナウンサーを務め、放送部副部長やアナウンス研修部副部長を歴任した。

塚越 平人 つかごし・ひらと 桐生ガス社長 [没]平成27年(2015)4月15日 93歳 [生]大正10年(1921)12月1日 [出]群馬県桐生市 [学]桐生高工(現・群馬大学)応用化学科〔昭和17年〕卒 [歴]昭和23年桐生ガスに入社。32年常務、35年専務を経て、37年社長。41年桐生市教育委員長、51年群馬県教育委員長。群馬県ガス協会会長、日本ガス協会理事、両毛ガス事業協組理事長などを歴任した。 [賞]勲四等瑞宝章〔平成5年〕 [家]長男＝塚越紀隆(桐生ガス社長)

塚田 和敏 つかだ・かずとし 福音館書店社長 [没]平成29年(2017)1月10日 69歳〔脳内出血〕 [生]昭和22年(1947)6月23日 [出]岐阜県 [学]中央大学〔昭和48年〕卒 [歴]昭和42年福音館書店に入社。平成17〜22年社長を務めた。

塚田 一博 つかだ・かずひろ 富山大学教授 [専]消化器外科学 [没]平成28年(2016)3月5日 65歳〔肝不全〕 [生]昭和25年(1950)10月17日 [出]栃木県栃木市 [学]新潟大学医学部〔昭和50年〕卒 医学博士 [歴]新潟大学医学部助手、米国ピッツバーグ大学移植外科研修、新潟大講師を経て、平成9年富山医科薬科大学(現・富山大学)教授。25年富山大学附属病院長、同大副学長。肝臓・胆道・膵臓を専門とし、新潟大学時代を含め国内トップクラスの治療実績を上げた。第67回日本消化器外科学会総会会長。 [賞]富山新聞文化賞〔平成24年〕

塚田 恭三 つかだ・きょうぞう 東部商業開発事業協同組合理事長 [没]平成27年(2015)4月14日 66歳 [歴]平成14年福井銀行からショッピングセンターのパリオシティを運営する東部商業開発事業協同組合事務局に赴任、専務理事を経て、16年より理事長を務めた。

塚田 黒柱 つかだ・くろばした 薩摩狂句作家 薩摩狂句にがごい会会長 [没]平成29年(2017)11月2日 78歳〔肺がん〕 [出]鹿児島県鹿児島市 [名]本名＝塚田哲郎(つかだ・てつろう) [歴]昭和37年庶民の喜怒哀楽や人生の機微、社会への風刺などを17文字で表現する薩摩狂句の雑誌「渋柿」に入会、同誌や南日本薩摩狂句大会で選者を務める。平成19年薩摩狂句誌「にがごい」を創刊。14年11月から南日本新聞の「南日狂壇」選者を務め、同夕刊の「時事さつま狂句」も担当した。元高校教師。

塚田 孜 つかだ・つとむ 東芝電子事業本部電子東京第二営業部長 [専]ドクメンテーション,経営学 [没]平成27年(2015)3月18日 86歳 [生]昭和4年(1929)3月2日 [出]秋田県平鹿郡大森町(横手市) [学]神奈川県立商工実習学校電気科〔昭和23年〕卒,神奈川大学第二商経学部貿易科〔昭和25年〕中退 [歴]昭和18年東京芝浦電気電子工業研究所調査部に入る。電子事業本部電子東京第二営業部長付を経て、60年退社。一貫して社内技術・開発関係情報管理の整備に携わり、同社中央図書館の基礎を築いた。同年佐々木工業取締役総務部

長。 [賞]神奈川県資料室研究会会長賞〔昭和56年〕，日本ドクメンテーション協会賞教育訓練功労賞（第11回）〔昭和61年〕 [団]情報科学技術協会，神奈川県資料室研究会

塚田 裕三 つかだ・やすぞう 大脳生理学者 慶応義塾大学名誉教授 創価大学名誉教授 日本学術会議会長 [専]神経化学 [没]平成27年（2015）5月14日 92歳〔慢性閉塞性肺疾患〕 [生]大正11年（1922）12月2日 [出]愛知県名古屋市 [学]慶応義塾大学医学部〔昭和22年〕卒 医学博士〔昭和28年〕 [歴]慶応義塾大学講師を経て、米国ハーバード大医学部生物化学教室へ留学。帰国後、東邦大学教授、昭和40年慶応義塾大学医学部教授。45～46年学部長。63年定年退職。平成元年より創価大学生命科学研究所長。また、昭和47年日本学術会議会員に選ばれ、58～60年10代目会長を務めた。著書に「脳の神秘をさぐる」「脳」、共訳にワイルダー・ペンフィールド「脳と心の神秘」などがある。 [賞]紫綬褒章〔昭和61年〕，勲二等旭日重光章〔平成5年〕，エルウィン・フォン・ベルツ賞2等賞（第2回）〔昭和40年〕「フェニルアラニン代謝とその代謝異常に関する実験的研究」，エルウィン・フォン・ベルツ賞1等賞（第11回）〔昭和49年〕「分離ニューロンおよびグリア細胞群の生理化学的研究」，慶応義塾賞，毎日学術奨励賞「脳髄機能の神経化学的研究」 [団]日本生理学会，日本神経化学会，日本再生医療学会，International Society for Neurochemisty, IBRO

塚根 東翠 つかね・とうすい 書家 東翠会主宰 [専]漢字 [没]平成27年（2015）10月4日 96歳 [生]大正8年（1919） [出]鳥取県 [名]本名＝塚根喜代蔵（つかね・きよぞう） [学]師範学校卒 [歴]岩垣翠城に師事。東翠会を主宰し、毎日書道展名誉会員を務めた。 [師]師＝岩垣翠城

塚原 愛子 つかはら・あいこ ジャズ・ピアニスト [没]平成27年（2015）5月6日 89歳〔脳梗塞〕 [生]大正14年（1925）5月25日 [出]大阪府 [名]旧姓・名＝佐藤，グループ名＝原信夫とシャープス・アンド・フラッツ [学]東京音楽学校（現・東京芸術大学）本科〔昭和22年〕卒 [歴]昭和26～32年夫の原信夫が率いる、原信夫とシャープス・アンド・フラッツの初代ピアニストを務める。48年からポピュラー・ピアノの指導にあたった。著書に「子守歌はジャズ」がある。 [家]夫＝原信夫（ジャズ・サックス奏者） [師]師＝志賀登喜，井口基成

塚原 勇 つかはら・いさむ 京都大学名誉教授 関西医科大学名誉教授 [専]眼科学 [没]平成27年（2015）4月2日 92歳 [生]大正12年（1923）1月11日 [出]台湾台北 [学]京都帝国大学医学部医学科〔昭和20年〕卒 医学博士〔昭和30年〕 [歴]昭和20年京都帝国大学副手、26年京大講師、37年助教授を経て、41年関西医科大学教授、50年京大教授。この間、33～35年米国スタンフォード大学、コロンビア大学へ留学。60年退官、63年関西医科大学学長。のち理事長を務めた。 [賞]鳥居賞〔平成10年〕「京都ライトハウス理事及び同後援会会長として永年にわたり功労」 [団]日本眼科学会，日本電子顕微鏡学会

塚原 初男 つかはら・はつお 山形大学名誉教授 [専]林学 [没]平成27年（2015）6月1日 80歳〔胸部大動脈瘤破裂〕 [生]昭和9年（1934）10月10日 [学]山形大学農学部林学科卒，九州大学大学院農学研究科林業学専攻博士課程修了 農学博士 [歴]山形大学農学部教授を務めた。 [賞]河北文化賞〔昭和56年〕，東北雪氷賞学術賞〔平成4年〕

塚原 紘 つかはら・ひろし 写真家 朝日新聞東京本社写真部次長 [没]平成27年（2015）7月22日 75歳〔扁平上皮がん〕 [生]昭和14年（1939）12月 [出]兵庫県姫路市 [学]日本大学芸術学部写真学科〔昭和37年〕卒 [歴]昭和37年朝日新聞社に入社。名古屋、大阪、西部各本社の写真部員、東京本社写真部次長を歴任。平成11年定年退職。写真集に「大和点描 こころの故郷を撮る」がある。 [団]日本写真家協会，奈良市美術家協会

塚原 亮応 つかはら・りょうおう 僧侶 吉祥院住職 和宗総本山四天王寺管長 四天王寺学園理事長 [没]平成29年（2017）3月6日 84歳 [生]昭和7年（1932） [出]東京都 [学]成城大学経済学部〔昭和31年〕卒 [歴]平成13年四天王寺学園理事長を退任。15～18年和宗総本山四天王寺第109世管長を務めた。 [家]長男＝塚原昭応（僧侶）

塚本 和 つかもと・かず 中日ドラゴンズ合宿所寮母 [没]平成28年（2016）12月11日 84歳 [出]長野県木曽郡木祖村 [歴]プロ野球・中日ドラゴンズ合宿所の寮母を約20年間務め、多くの選手に慕われた。

塚本 勝一 つかもと・かついち 陸将 軍事評論家 陸上自衛隊西部方面総監 平和・安全保障研究所理事長 [専]安全保障問題 [没]平成27年（2015）7月24日 93歳〔老衰〕 [生]大正10年（1921）9月19日 [出]兵庫県伊丹市 [学]陸士（第54期）〔昭和15年〕卒，陸大（第60期）〔昭和20年〕卒 [歴]昭和26年警察予備隊（現・自衛隊）に入隊。35年英国参謀大学へ留学。42年駐韓国日本大使館防衛駐在官、46年陸上幕僚監部第二部長、49年同副長を経て、51年西部方面総監。53年退官後は富士通顧問、産経新聞客員論説委員などの他、平和・安全保障研究所常務理事事務局長、理事長を務めた。著書に「朝鮮半島と日本の安全保障」「現代の諜報戦争」「超軍事国家―北朝鮮軍事史」「北朝鮮・軍と政治」「自衛隊の情報戦―陸幕第二部長の回想」などがある。 [賞]韓国樹交勲章崇礼章〔昭和46年〕，勲三等旭日中綬章〔平成3年〕 [団]安全保障懇話会，経済復興協会，日中協会，日韓友好協会

塚本 勝美 つかもと・かつみ ピーコック創業者 [没]平成29年（2017）7月3日 68歳〔肝臓がん〕 [生]昭和23年（1948）9月14日 [出]静岡県浜名郡新居町（湖西市） [学]新居高卒 [歴]昭和41年日本ジュニアライト級のプロボクシングライセンス取得。同年武者修行のため渡米。46年JR長岡駅前の長崎屋に焼きそばやたこ焼きを提供する和風ファストフード店「ピーコック」第1号店を出店。47年ピーコックを、平成4年には冷凍食品製造会社ピーコックジャパンを設立。ファストフード事業や冷凍食品事業を手がけた。また、自動販売機による売り上げの一部を、難病支援に取り組むNPOに寄付するプロジェクトにも力を注いだ。著書に「たった一人からの挑戦」がある。

塚本 四郎 つかもと・しろう テレビ東京副社長 [没]平成27年（2015）4月18日 91歳〔胃がん〕 [生]大正13

年（1924）3月5日　[出]東京都　[学]早稲田大学商学部〔昭和21年〕卒　[歴]昭和24年日本経済新聞社に入社。経理部長、理事補を経て、44年東京12チャンネル取締役経理局長に転じ、49年常務、54年専務、60年副社長を歴任。平成元年監査役となり、5年退任。

塚本 清治　つかもと・せいじ　東芝常務　[没]平成28年（2016）2月29日　94歳〔心筋梗塞〕　[生]大正11年（1922）1月20日　[出]鳥取県米子市　[学]東京帝国大学工学部機械工学科〔昭和19年〕卒　[歴]昭和20年鉄道省に入省。39年国鉄審議室調査役、42年国鉄工作局工場課長を経て、44年浜松工場長。46年東京芝浦電気（現・東芝）に転じ、49年交通事業部長、52年取締役、57年常務、59年顧問を歴任した。62年日本科学技術研修所社長に就任。

塚本 哲也　つかもと・てつや　ジャーナリスト　国際評論家　毎日新聞論説委員　東洋英和女学院大学学長・名誉教授　[専]国際問題（特に欧州問題），社会保障問題　[没]平成28年（2016）10月22日　87歳〔肺炎〕　[生]昭和4年（1929）4月29日　[出]群馬県館林市　[学]東京大学経済学部〔昭和29年〕卒　[歴]ウィーン大学法学部に学ぶ。昭和29年毎日新聞社に入社。ウィーン特派員、ボン支局長、論説委員を歴任し、61年退社。のち防衛大学校教授、東洋英和女学院大学教授を経て、平成11～15年同学長。この間、昭和49年岳父・塚本憲甫への追悼文「がんセンター総長の戦死」が大反響を呼び、61年続編の「ガンと戦った昭和史」を刊行、講談社ノンフィクション賞を受賞。平成5年「エリザベート―ハプスブルク最後の皇女」で大宅壮一ノンフィクション賞を受賞した。他の著書に「フィンランド化―ソ連外交の理論と現実」「平和ドイツの時代」など。　[賞]オーストリア政府文化功労勲章〔昭和42年〕，オーストリア功労勲章大銀章〔平成12年〕，日本新聞協会賞「学者の森」，講談社ノンフィクション賞（第8回）〔昭和61年〕「ガンと戦った昭和史―塚本憲甫と医師たち」，大宅壮一ノンフィクション大賞（第24回）〔平成5年〕「エリザベート」

塚本 寿　つかもと・ひさし　鹿島建設副社長　[没]平成27年（2015）10月13日　84歳〔肺炎〕　[生]昭和6年（1931）1月29日　[出]兵庫県　[学]神戸大学工学部〔昭和28年〕卒　[歴]昭和28年鹿島建設に入社。平成元年取締役国際事業本部長、4年常務、6年専務を経て、7年副社長、10年顧問。同年鹿島道路顧問を兼務、11年社長に就任。

塚本 等　つかもと・ひとし　静岡新聞編集局紙面審査専任部長　[没]平成27年（2015）8月16日　68歳〔心不全〕　[生]昭和22年（1947）8月11日　[出]静岡県焼津市　[学]早稲田大学教育学部卒　[歴]昭和45年静岡新聞社に入社。清水支社長を経て、平成15年編集局紙面審査部長、19年同専任部長。

塚本 弘之　つかもと・ひろゆき　富山県立技術短期大学教授　[専]数学教育　[没]平成28年（2016）7月4日　94歳〔肺炎〕　[生]大正10年（1921）8月25日　[学]京都帝国大学工学部航空工学科卒　[歴]富山県立技術短期大学教授を務めた。

塚本 保夫　つかもと・やすお　土岐市長　[没]平成28年（2016）5月20日　80歳〔慢性心不全〕　[生]昭和10年（1935）12月8日　[出]岐阜県土岐市　[学]多治見高〔昭和29年〕卒，名古屋大学工学部応用化学科〔昭和33年〕卒　[歴]昭和37年愛知工業大学講師、42年駄知陶器工業協会理事を経て、42年土岐市議に当選。4期目途中の58年、市長に当選。6期務め、平成19年引退した。　[賞]旭日中綬章〔平成20年〕，土岐市名誉市民〔平成24年〕

津川 洋三　つがわ・ようぞう　医師　歌人　津川医院院長　「新雪」主宰　石川県歌人協会会長　[専]放射線科　[没]平成28年（2016）7月16日　90歳　[生]大正14年（1925）10月14日　[出]石川県金沢市　[学]四高卒，金沢医科大学（現・金沢大学）〔昭和24年〕卒　医学博士　[歴]昭和25年金沢大学医学部助手を経て、30年津川医院を開業。短歌は在学中の22年「多磨」入会。28年「鶏苑」（「作風」の前身）に参加。53年石川県歌人協会設立に参画し、のち会長。55年「新雪」主宰。歌集に「山靄集」「惜春鳥」「雪翳」「表音文字」「驟雪」「雪洞」「連峰の雪」などがある。　[賞]泉鏡花記念金沢市民文学賞（第9回）〔昭和56年〕「惜春鳥」，金沢市文化賞〔平成8年〕，石川県文化功労賞〔平成8年〕，北国文化賞〔平成14年〕　[団]石川県歌人協会，日本歌人クラブ，現代歌人協会

月岡 三郎　つきおか・さぶろう　陶芸家　[没]平成27年（2015）1月26日　62歳〔病気〕　[生]昭和27年（1952）　[出]東京都台東区浅草　[学]東京都立工芸高室内工芸科〔昭和46年〕卒　[歴]切金砂子の工芸家である2代目月岡勝三郎の三男。昭和47年茨城県笠間市で陶芸を修行、57年島根県出雲市で築窯した。　[賞]田部美術館大賞茶の湯の造形展奨励賞（第5回・9回）〔昭和63年・平成4年〕「練上水指」「練上手付平向」，田部美術館大賞茶の湯の造形展大賞（第10回）〔平成5年〕「練上水指」，淡交ビエンナーレ茶道美術公募展特別奨励賞（第3回）〔平成6年〕「練上刳抜水指」，田部美術館大賞茶の湯の造形展優秀賞（第21回・26回）〔平成16年・21年〕「練上刳抜燻焼花壺」「練上刳抜燻焼水指」　[家]妻＝月岡優子（漆芸家），父＝月岡勝三郎（2代目），祖父＝月岡勝三郎（1代目）

月丘 夢路　つきおか・ゆめじ　女優　[没]平成29年（2017）5月3日　95歳〔肺炎〕　[生]大正10年（1921）10月14日　[出]広島県広島市　[名]本名＝井上明子（いのうえ・あきこ），旧姓・名＝旭爪（ひのつめ）　[学]広島高女中退，宝塚音楽歌劇学校卒　[歴]昭和12年高等女学校を中退して宝塚音楽歌劇学校（現・宝塚音楽学校）に入り、14年宝塚少女歌劇団に入団。エキゾチックな顔立ちと雅やかな存在感で娘役トップスターとなる。17年大映映画「新雪」（監督・五所平之助）に宝塚在籍のまま出演し、華々しく映画デビュー。18年宝塚を退団、大映専属となったが、戦時中で出演作がなく、戦後松竹京都に移る。24年小津安二郎監督「晩春」に出演。26年から1年間、米国で声楽と舞踊を学ぶ。28年原爆投下直後の惨状を再現した「ひろしま」（監督・関川秀雄）に主演。28～29年「君の名は」3部作で主人公の姉を演じる。30年日活と専属契約を結び、「あした来る人」「銀座二十四帖」「自分の穴の中で」「乳房よ永遠なれ」に出演したのち、「火の鳥」（30年，監督・井上梅次）に主演。32年井上監督と結婚。34年フリーとなってからは主にテレビドラマや舞台で活躍。平成26年宝

つ

塚歌劇の殿堂入り100人の一人に選ばれた。 [賞]ゴールデングローリー賞〔平成7年〕 [家]夫＝井上梅次（映画監督），長女＝井上絵美（料理研究家），妹＝月丘千秋（女優）

築地 俊造　つきじ・しゅんぞう　民謡歌手　[専]奄美民謡　[没]平成29年（2017）4月14日　82歳〔転移性肺がん〕　[生]昭和9年（1934）10月15日　[出]鹿児島県大島郡笠利町（奄美市）　[歴]幼い頃、父や祖母の三線や島唄を聞いて育つ。東京の建設関係の仕事を辞め帰郷後35歳から島唄に取り組み、名人・福島幸義のもとに弟子入り。のち奄美民謡の第一人者・坪山豊らと交流し三線と島唄を修行した。昭和54年全日本民謡大会で古い島唄「まんこい節」を披露し日本民謡大賞を受賞、鹿児島県内で初めて民謡日本一に輝く。奄美民謡歌手としてエレキギターやシンセサイザーとの競演に取り組んで島唄の新境地を開拓、また古い島唄を発掘し、若い世代への伝承にも努めた。 [賞]南日本文化賞（民俗芸能部門，第59回）〔平成20年〕，鹿児島県民表彰（平成25年度） [師]師＝福島幸義

月田 秀子　つきだ・ひでこ　ファド歌手　[没]平成29年（2017）6月16日　66歳〔肺がん〕　[生]昭和26年（1951）1月24日　[出]東京都　[学]立命館大学文学部（二部）中退　[歴]学園闘争で大学を中退。関西芸術アカデミー俳優養成所に学んだ後、未知座小劇場に入団。菅美紗緒、出口美保にシャンソンを師事した。昭和55年シャンソン歌手としてデビュー。のちポルトガルの大衆歌謡・ファドの女王と呼ばれるアマリア・ロドリゲスの歌声に魅せられ、62年単身渡欧。リスボン大学で学ぶ一方、ロドリゲスの直接指導も受け、ファドの祭典出場をきっかけに“ポルトガル人の魂を歌える日本人”として一躍ポルトガルで有名になった。帰国後、平成2年初のアルバム「サウダーデ」を自主制作。同年国際花と緑の博覧会でポルトガルのナショナルデーにファド歌手として招かれた。ファドの国内第一人者として大阪を拠点に活動を続けたが、体調を崩して療養のため、27年北海道白老町虎杖浜に移住した。22年にはポルトガルの功労勲章・メリト勲章を受けた。 [賞]メリト勲章（ポルトガル）〔平成22年〕 [師]師＝ロドリゲス，アマリア

月舘 れい　つきだて・れい　洋画家　二科会名誉理事　[没]平成27年（2015）6月30日　93歳〔心不全〕　[生]大正10年（1921）7月13日　[出]青森県八戸市　[学]八戸高女卒，女子美術専卒　[歴]女子美術専門学校に学ぶが、太平洋戦争開戦のため繰上げ卒業。帰郷後、昭和22年鷹山宇一の勧めにより二科展に初出品し、2点が入選した。31年二科会会友、39年会員を経て、63年理事、平成7年常務理事に就任。18年名誉理事。作品に「ビンのある静物」「風景のみえる室内」など。 [賞]女流画家協会産経賞〔昭和30年〕，青森県褒賞〔昭和61年〕，東奥賞特別賞〔平成13年〕，二科展特待賞（第38回）〔昭和28年〕，二科展パリ賞（第64回）〔昭和54年〕，二科展総理大臣賞（第75回）〔平成2年〕 [師]師＝鷹山宇一

津雲 むつみ　つくも・むつみ　漫画家　[没]平成29年（2017）3月4日　65歳〔肺がん〕　[生]昭和27年（1952）2月3日　[出]石川県鳳珠郡能登町越坂　[名]本名＝北川睦美（きたがわ・むつみ）　[歴]昭和42年「幸子の星」でデビュー。45年から「週刊セブンティーン」に連載された学園漫画「おれは男だ！」で人気を集め、森田健作主演でテレビドラマ化もされた。51年「彩りのころ」、平成5年「闇の果てから」で日本漫画家協会賞優秀賞を受賞。主にレディースコミックで活躍し、昭和63年～平成2年まで「YOU」で連載した「風の輪舞」は、7年、18年に「風のロンド」としてテレビドラマ化された。また、「彩りのころ」「花衣夢衣」などもテレビドラマ化されている。他の作品に「真夜中の庭」「聞かせてよ愛の言葉を」などがある。郷里の能登町ふるさと大使も務めた。 [賞]日本漫画家協会賞優秀賞（第5回）〔昭和51年〕「彩りのころ」，日本漫画家協会賞優秀賞（第22回）〔平成5年〕「闇の果てから」

柘植 雅俊　つげ・まさとし　読売新聞東京本社専務　[没]平成29年（2017）8月10日　71歳〔慢性腎不全〕　[生]昭和20年（1945）9月24日　[出]東京都　[学]早稲田大学教育学部卒　[歴]昭和45年読売新聞東京本社に入社。制作局管理部長、編集局管理部長、地方部長、編集局次長、北陸支社長、取締役総務局長を経て、平成19年常務、22年専務。23年退任。

辻 章　つじ・あきら　小説家　編集者　「群像」編集長　[没]平成27年（2015）4月23日　70歳〔くも膜下出血〕　[生]昭和20年（1945）4月15日　[出]神奈川県足柄下郡箱根町　[学]横浜国立大学経済学部卒　[歴]昭和41年講談社に入社。「群像」編集部、文芸第一部、「群像」編集長を経て、59年退職。小説家としては、61年「三田文学」に自閉症児の子供との生活を描いた「未明」を発表。平成7年「夢の方位」で泉鏡花文学賞を受賞した。季刊綜合文芸誌「ふぉとん」を主宰した。他の著書に「逆羽」「この世のこと」「誕生」「子供たちの居場所」などがある。 [賞]泉鏡花文学賞（第23回）〔平成7年〕「夢の方位」 [団]日本文芸家協会

辻 暎一郎　つじ・えいいちろう　三井物産常務　[没]平成27年（2015）7月16日　86歳〔老衰〕　[生]昭和4年（1929）5月9日　[出]東京都　[学]慶応義塾大学経済学部〔昭和27年〕卒　[歴]昭和27年三井物産に入社。米国三井物産副社長、カナダ三井物産副社長など通算18年の海外勤務を経験。60年本店非鉄金属総括部長を経て、61年取締役、平成2年常務。昭和62年から豪州三井物産社長。

辻 茂　つじ・しげる　美術史家　東京芸術大学名誉教授　[専]西洋美術史　[没]平成29年（2017）7月2日　87歳〔肺炎〕　[生]昭和5年（1930）3月29日　[出]福井県敦賀市　[学]東京芸術大学美術学部芸術学科〔昭和28年〕卒　[歴]平成9年東京芸術大学教授を退官後、イタリアで暮らした。ピンホール写真技術とルネサンス絵画における遠近法の相関関係などを研究した。著書に「詩想の画家ジョルジョーネ」「遠近法の誕生」「遠近法の発見」などがある。 [賞]瑞宝中綬章〔平成23年〕，マルコ・ポーロ賞（第19回）〔平成9年〕「遠近法の発見」 [団]美術史学会

辻 紀子　つじ・としこ　翻訳家　辻オルガン代表　[没]平成28年（2016）6月1日　84歳　[生]昭和7年（1932）　[出]神奈川県横浜市　[学]北海道教育大学英文科〔昭和30年〕卒　[歴]昭和30～33年米国カリフォルニア州立大学バークレー校へ留学。帰国後、翻訳を始める。35～38年パイプオルガン建造技術を学ぶため夫と渡米、米国とオ

ランダのオルガン建造会社で修業。39年辻オルガン建造所を設立。51年岐阜県白川町黒川に移住、町とイタリアのピストイア市との交流や、岐阜市のサラマンカホールのコンサートなどに尽力した。天皇ご一家とも親交があり、平成24年岐阜県美術館を訪れた天皇・皇后両陛下に、夫が製作したパイプオルガンを案内した。翻訳家として、訳書にヘレン・ドス「一ダースのもらいっ子」、ウォルター・トロビッシュ「真実の結婚を求めて」など。米国人家族との交流を記した体験記「いきなり5人のママになった」もある。 [賞]岐阜新聞大賞(文化部門)〔平成22年〕 [家]夫＝辻宏(パイプオルガン製作者)

辻 みどり つじ・みどり 福島大学人文社会学群教授 [専]ビクトリア朝英国文化 [没]平成27年(2015)12月2日 60歳 [生]昭和30年(1955)3月27日 [出]東京都 [学]早稲田大学第一文学部卒, 早稲田大学大学院文学研究科英文学専攻博士課程修了 [歴]昭和63年福島大学助教授を経て、教授。同大人文社会学群長、福島県国際交流協会理事長などを務めた。 [団]日本英文学会, 日本アメリカ文学会, 新英米文学研究会

辻下 淑子 つじした・よしこ 歌人 [没]平成28年(2016)11月8日 90歳 [生]大正14年(1925)12月8日 [出]愛知県津島市 [学]金城女専国文科〔昭和20年〕卒 [歴]「冬柏」「スバル」を経て、昭和27年「女人短歌」に拠り、28年「形成」に入会。「波濤」選者も務めた。歌集に「銅婚」「射手座の章」「失楽のうた」「蝶の道」「風の遠景」「紋章」「神話」などがある。 [師]師＝木俣修

辻谷 政久 つじたに・まさひさ 砲丸職人 辻谷工業社長 [没]平成27年(2015)9月20日 82歳〔急性心筋梗塞〕 [生]昭和8年(1933)1月23日 [出]東京市浅草区(東京都台東区) [学]聖橋工定時制卒 [歴]戦後、12歳から父親の鉄工所を手伝い、定時制の工業高校に通いながら基礎を学ぶ。26歳で独立、スキーのストックやテニスのラケット、ゴルフのアイアンなどを手がけたのち、陸上競技・砲丸投げの砲丸に特化。以来、埼玉県富士見市の家族経営の工場で40年以上にわたって砲丸を作り続けた。同社の砲丸は、63年のソウル五輪で初めて国際陸上競技連盟の公認球に認定され、平成4年のバルセロナ五輪で銀メダル、8年のアトランタ五輪、12年のシドニー五輪で金メダル、銀メダル、銅メダル、16年のアテネ五輪でも金メダルと、3大会連続で金メダルを獲得。11年には世界選手権で1〜8位入賞の初の完全制覇も果たした。球の中心にぴったりと重心を合わせる熟練した技術を持ち“世界一の砲丸職人”といわれた。20年の北京五輪は“ボイコット”を表明して砲丸を提供せず、24年のロンドン五輪は提供を打診されたが、既に体力が残っておらず提供できなかった。 [賞]黄綬褒章〔平成20年〕, 現代の名工〔平成17年〕

辻野 昭夫 つじの・あきお 大阪セメント専務 [没]平成27年(2015)8月23日 86歳〔慢性呼吸不全〕 [生]昭和4年(1929)2月15日 [出]愛媛県今治市 [学]京都大学工学部電気工学科〔昭和27年〕卒 [歴]昭和27年大阪窯業セメント(のち大阪セメント, 現・住友大阪セメント)に入社。54年取締役、60年常務を経て、62年専務。

津島 佑子 つしま・ゆうこ 小説家 [没]平成28年(2016)2月18日 68歳〔肺がん〕 [生]昭和22年(1947)3月30日 [出]東京都三鷹市 [名]本名＝津島里子(つしま・さとこ) [学]白百合女子大学文学部英文科〔昭和44年〕卒 [歴]小説家・太宰治の二女で、1歳の時に父を亡くす。白百合女子大学在学中から同人誌「文芸首都」に参加、22歳のとき津島佑子の筆名で「文芸」に作品を発表。24歳で、はじめての短編集「謝肉祭」を出し、知的で叙情幻想的な作風を持つ女流新人として注目された。昭和47年「狐を孕む」で第67回、48年「壜のなかの子ども」で第69回、49年「火屋」で第70回芥川賞候補。53年「寵児」で女流文学賞を受賞して作家としての地位を確立。その後も、その資質を生かした実力作を発表し続け、多くの文芸賞を受賞した。平成3年湾岸戦争への日本加担に反対する声明に参加。同年10月〜4年4月までパリ大学東洋語学校で近代日本文学を講義。7年アイヌ叙事詩の監修を手がける。代表作に「葎の母」「草の臥所」「光の領分」「火の河のほとりで」「逢魔物語」「黙市」「夜の光に追われて」「真昼へ」「風よ、空駆ける風よ」「火の山―山猿記」「私」「ナラ・レポート」「笑いオオカミ」「快楽の本棚」「あまりに野蛮な」「黄金の夢の歌」「ヤマネコ・ドーム」や、愛児を失った経験から生まれた「大いなる夢よ、光よ」、韓国の作家・申京淑との往復書簡をまとめた「山のある家 井戸のある家」などがある。祖父は富士山研究に力を注いだ地質学者・石原初太郎。母の郷里が山梨県甲府市で、自らのルーツをたどった小説「火の山―山猿記」は、祖父母や両親、その兄弟姉妹ら一族の姿を描き、18年4月のNHK朝の連続テレビ小説「純情きらり」の原案ともなった。作家の太田治子は異母妹。 [賞]芸術選奨文部科学大臣賞(第55回, 平成16年度)〔平成17年〕「ナラ・レポート」, 田村俊子賞(第16回)〔昭和51年〕「葎の母」, 泉鏡花文学賞(第5回)〔昭和52年〕「草の臥所」, 女流文学賞(第17回)〔昭和53年〕「寵児」, 野間文芸新人賞(第1回)〔昭和54年〕「光の領分」, 川端康成文学賞(第10回)〔昭和58年〕「黙市」, 読売文学賞(第38回)〔昭和62年〕「夜の光に追われて」, 平林たい子文学賞(第17回)〔平成1年〕「真昼へ」, 伊藤整文学賞(第6回)〔平成7年〕「風よ、空駆ける風よ」, 谷崎潤一郎賞(第34回)〔平成10年〕「火の山―山猿記」, 野間文芸賞(第51回)〔平成10年〕「火の山―山猿記」, 大仏次郎賞(第28回)〔平成13年〕「笑いオオカミ」, 紫式部文学賞(第15回)〔平成17年〕「ナラ・レポート」, 毎日芸術賞(第53回, 平成23年度)「黄金の夢の歌」 [団]日本文芸家協会 [家]父＝太宰治(小説家), 母＝津島美知子, 祖父＝石原初太郎(地質学者)

対馬 良雄 つしま・よしお 三菱化工機常務 [没]平成28年(2016)10月6日 97歳〔下肢静脈血栓症〕 [生]大正8年(1919)4月8日 [出]東京都 [学]早稲田大学商学部〔昭和17年〕卒 [歴]昭和17年三菱化工機に入社。52年取締役を経て、55年常務。58年化工機環境サービス社長、62年取締役相談役。

辻本 正 つじもと・ただし 三重県議(新政みえ) [没]平成27年(2015)7月13日 83歳〔肺炎〕 [生]昭和6年(1931)11月22日 [出]三重県度会郡度会町 [学]三重大学学芸学部卒 [歴]松阪高教組委員長、明野高校長を務

つ

めた。平成3年三重県議に当選。4期。15年副議長。19年引退。　[賞]瑞宝小綬章〔平成20年〕

都築 知　つずき・さとる　山形しあわせ銀行常務　[没]平成29年（2017）5月2日　74歳〔誤嚥性肺炎〕　[生]昭和17年（1942）9月10日　[出]山形県鶴岡市　[学]法政大学経済学部〔昭和40年〕卒　[歴]昭和40年山形相互銀行（現・山形しあわせ銀行）に入行。平成9年取締役を経て、13年常務。

都築 泰寿　つずき・やすひさ　都築学園グループ総長　[没]平成27年（2015）4月27日　79歳〔敗血症〕　[生]昭和11年（1936）3月11日　[出]福岡県福岡市　[学]福岡学芸大学〔昭和34年〕卒, 早稲田大学大学院〔昭和36年〕修了, ブリガムヤング大学（米国）大学院〔昭和37年〕修了　[歴]都築学園創立者である都築頼助の二男。昭和37年九州女子大学講師、38年九州産業大学助教授、43年第一経済大学（現・日本経済大学）助教授を経て、49年教授。50年学長に就任。平成7年都築学園グループ総長に就任。関東や北海道にも学校を展開し、第一薬科大学、第一工業大学、第一福祉大学（現・福岡医療福祉大学）など全国で大学・短大計9校を運営する一大グループを築いた。19年女性職員への強制わいせつ容疑で福岡県警に逮捕され、グループ総長を辞任。20年福岡地裁は懲役3年、執行猶予5年の判決を下した。　[家]父＝都築頼助（教育家）, 母＝都築貞枝（教育家）, 妻＝都築仁子（都築学園グループ総長）

つ

津田 暁夫　つだ・あきお　なだ万社長　[没]平成27年（2015）4月20日　75歳〔特発性間質性肺炎〕　[歴]日本料理店・なだ万の社長を務めた。平成21年退任。

津田 郁子　つだ・いくこ　舞踊家　若松美黄・津田郁子自由ダンスカンパニー主宰　[専]モダンダンス　[没]平成29年（2017）12月20日　94歳〔エクリン汗腺がん〕　[生]大正12年（1923）1月3日　[出]島根県　[名]本名＝若松育子（わかまつ・いくこ）　[学]忍岡高女〔昭和15年〕卒　[歴]昭和43年埼玉・浦和に、後に筑波大学教授を務めた若松美黄とともに、若松美黄・津田郁子自由ダンススタジオを開設。創作舞踊劇「マクベス夫人」などを上演した。　[賞]芸術祭賞優秀賞〔昭和46年・51年・54年・56年〕, 教育功労者賞〔平成2年〕, 文化功労者賞〔平成4年〕, 地域文化功労者賞〔平成10年〕　[団]埼玉県舞踊協会　[師]師＝津田信敏

蔦 キミ子　つた・きみこ　蔦文也池田高校野球部監督の妻　[没]平成27年（2015）2月3日　91歳〔脳内出血〕　[生]大正12年（1923）2月22日　[出]徳島県徳島市　[歴]池田高校野球部の監督を40年間務め、甲子園で優勝3回、準優勝2回の成績を残した名将・蔦文也と、昭和24年に結婚。58年夫が遠隔地から通う野球部員のため自宅裏に部員用の蔦寮を設けると、部員たちの食事の支度や身の回りの世話をし、平成23年寮が完全に閉鎖されるまで寮母を務めた。20年夫を顕彰する中学生野球大会・蔦文也杯の創設に尽くし、三好市に運営費として1000万円を寄付した。　[家]夫＝蔦文也（高校野球監督）, 孫＝蔦哲一朗（映画監督）

津田 清子　つだ・きよこ　俳人　「沙羅」主宰　「圭」会員代表　[没]平成27年（2015）5月5日　94歳〔老衰〕　[生]大正9年（1920）6月25日　[出]奈良県生駒郡富雄村（奈良市）　[学]奈良県女子師範学校〔昭和14年〕卒　[歴]昭和13年小学校教師となり、51年に退職するまで奈良県と大阪市の学校に勤める。一方、24歳の時に結核を患ったことがきっかけで、短歌を始める。23年橋本多佳子の句会に出席し、以後俳句に転向。「七曜」に同人参加。続いて「天狼」にも投句して山口誓子の指導を受け、26年天狼賞を受賞。30年「天狼」同人。46～61年「沙羅」を創刊・主宰。61年橋本美代子らと「圭」を創刊、会員代表。平成12年「無方」で蛇笏賞を受けた。他の句集に「礼拝」「二人称」「縦走」「七重」などがある。　[賞]天狼賞〔昭和26年〕, 天狼スバル賞〔昭和44年・47年・49年〕, 蛇笏賞（第34回）〔平成12年〕「無方」　[団]俳人協会（名誉会員）　[師]師＝橋本多佳子, 山口誓子

津田 武雄　つだ・たけお　津田電線社長　[没]平成27年（2015）1月8日　104歳〔老衰〕　[生]明治43年（1910）6月3日　[出]京都府京都市　[学]京都帝国大学経済学部経済学科〔昭和10年〕卒　[歴]津田電線社長、会長を務めた。　[賞]藍綬褒章〔昭和43年〕

津田 朋二　つだ・ともじ　北陸電力常務　[没]平成29年（2017）3月22日　89歳〔肺気腫〕　[生]昭和3年（1928）1月23日　[出]富山県　[学]北海道大学経済学部〔昭和27年〕卒　[歴]昭和27年北陸電力に入社。57年支配人を経て、常務。　[家]長男＝津田昌彦（東芝原子力技術部主幹）

津田 誠男　つだ・のぶお　レナウンルック常務　[没]平成29年（2017）8月7日　79歳　[生]昭和12年（1937）11月29日　[出]奈良県　[学]同志社大学商学部〔昭和36年〕卒　[歴]レナウンルック（現・ルック）常務を務めた。

津田 芳樹　つだ・よしき　バイオリニスト　[没]平成28年（2016）6月6日　53歳〔下顎歯肉がん〕　[出]京都府京都市　[歴]広島交響楽団でバイオリン奏者として活動した。

土 英雄　つち・ひでお
⇒土山 秀夫（つちやま・ひでお）を見よ

土 隆一　つち・りゅういち　静岡大学名誉教授　[専]地質学　[没]平成27年（2015）4月2日　86歳〔肺炎〕　[生]昭和4年（1929）1月23日　[出]台湾台北　[学]九段中〔昭和20年〕卒, 東京高〔昭和23年〕卒, 東京大学理学部地質学科〔昭和26年〕卒　理学博士（東京大学）〔昭和36年〕　[歴]昭和26年静岡大学助手、38年講師、39年助教授を経て、45年教授。平成4年名誉教授。静岡県の地層区分や富士山の地下水研究に取り組み、東海地震対策の基礎データの一つとなっている「表層地質図」の作成にも貢献。また、富士山の世界遺産登録に向けた推薦書の原案を作成した静岡県の学術委員会委員長も務めた。国際地質学連合国内委員会委員長、東海地震防災研究会代表世話人、静岡県文化財保護審議会副会長、ふじさんネット会長などを歴任。　[賞]知恩会斉藤賞〔平成3年〕　[団]日本地質学会, 日本古生物学会, 日本第四紀学会

土川 昭　つちかわ・あきら　ユニチカ常務　[没]平成28年（2016）5月13日　88歳〔肺炎〕　[生]昭和2年（1927）9月9日　[出]岐阜県大垣市　[学]名古屋大学工学部〔昭和27年〕卒　[歴]昭和27年大日本紡績（現・ユニチカ）に

入社。53年取締役を経て、59年常務。63年ユニチカ・ド・ブラジル社長。

土倉 保　つちくら・たもつ　東北大学名誉教授　[専]数学　[没]平成27年(2015)8月29日　92歳〔くも膜下出血〕　[生]大正11年(1922)10月7日　[出]埼玉県　[学]東北帝国大学理学部数学科〔昭和20年〕卒　理学博士　[歴]昭和38年東北大学教授、61年東京電機大学教授を歴任。著書に「フーリエ解析」「近似理論と直交整式」「数学新講」「応用解析概論」などがある。　[賞]勲三等旭日中綬章〔平成11年〕

土田 啓　つちだ・ひらく　山形県議(自民党)　[没]平成27年(2015)2月27日　74歳　[生]昭和15年(1940)9月15日　[出]山形県北村山郡大石田町　[学]日本大学経済学部〔昭和35年〕中退　[歴]昭和54年から山形県議に6選。議長も務めた。平成11年落選。

土田 誠　つちだ・まこと　福井新聞常務　[没]平成28年(2016)4月30日　89歳〔老衰〕　[生]大正15年(1926)5月10日　[出]福井県　[学]坂井農卒　[歴]昭和24年福井新聞社に入社。政経部長、人事部長、総務局長を経て、52年取締役論説委員長、62年編集主幹、63年常務。平成2年監査役。

土田 美子　つちだ・よしこ　名古屋冠婚葬祭互助会会長　平安閣グループ会長　[没]平成29年(2017)6月1日　77歳　[出]愛知県名古屋市　[歴]名古屋冠婚葬祭互助会、平安閣グループ会長を務めた。　[家]長男＝土田直樹(平安閣グループ会長)

土谷 正男　つちたに・まさお　兵庫県商工会連合会会長　全国商工会連合会副会長　[没]平成27年(2015)8月20日　91歳〔慢性心不全〕　[出]兵庫県川西市　[歴]兵庫県の柏原町商工会会長、兵庫県商工会連合会会長、全国商工会連合会副会長を歴任した。

槌野 信徳　つちの・のぶのり　モロゾフ社長　[没]平成29年(2017)1月4日　95歳〔老衰〕　[生]大正10年(1921)12月30日　[出]大阪府大阪市　[学]大阪商科大学〔昭和19年〕卒　[歴]昭和20年帝国銀行に入行。47年第一勧業銀行高麗橋支店長。49年ジャスコ取締役、50年常務。54年専務としてモロゾフに入り、55年副社長、58年社長を歴任した。

土野 守　つちの・まもる　高山市長　[没]平成29年(2017)10月2日　80歳〔膵臓がん〕　[生]昭和11年(1936)10月4日　[出]岐阜県高山市　[学]中央大学法学部〔昭和34年〕卒　[歴]昭和30年自治庁(現・総務省)に入省。35〜38年北海道庁、47〜49年沖縄開発庁、52〜54年新潟県庁に勤務。のち自治省官房企画官兼内閣審議官、同参事官を歴任。高山市土地開発公社理事長を経て、平成6年高山市長に初当選。バリアフリーのまちづくりを推進。17年には近隣9町村の編入合併を実現、日本一面積の広い市を築いた。19年街道交流首長会初代会長。市長を4期16年務め、22年引退。　[賞]旭日小授章〔平成24年〕

槌本 正之　つちもと・まさゆき　ナブコ社長　神戸製鋼所専務　[没]平成27年(2015)2月6日　88歳　[生]大正15年(1926)11月29日　[出]長崎県長崎市　[学]大阪大学工学部溶接工学科〔昭和29年〕卒　[歴]昭和29年神戸製鋼所に入社。58年取締役、60年常務を経て、62年専務。平成元年日本エヤーブレーキに転じ、社長に就任。4年ナブコ(現・ナブテスコ)に社名変更。8年退任。神鋼時代はラグビー部長を務めた。　[賞]勲四等旭日小綬章〔平成9年〕

土屋 育夫　つちや・いくお　JUKI専務　[没]平成29年(2017)12月10日　89歳〔心不全〕　[生]昭和3年(1928)1月16日　[出]東京都　[学]芝浦高専〔昭和22年〕卒　[歴]昭和26年東京重機工業(現・JUKI)に入社。50年製造部長、55年技術研究所長、56年大田原工場長、57年取締役、62年常務、平成元年専務を歴任。

土屋 周　つちや・いたる　「相撲」編集長　[没]平成27年(2015)3月20日　74歳〔筋萎縮性側索硬化症〕　[生]昭和16年(1941)1月23日　[出]長野県小諸市　[学]岩村田高卒　[歴]昭和34年ベースボール・マガジン社に入社して「相撲」編集部に配属される。「プロレス＆ボクシング」「自転車読本」編集部を経て、36年「相撲」に復帰、39年23歳で編集長に就任。53年まで14年間務めて退任したが、55年3月同誌編集長に復帰、56年12月まで務めた。58年退社するとエド・ア企(のちデポルテ)に移り雑誌「大相撲」の編集に携わった。平成21年退社。

つ

土屋 実幸　つちや・さねゆき　うりずん創業者　[没]平成27年(2015)3月24日　73歳　[出]沖縄県国頭郡本部町　[歴]洋酒が主流だった昭和47年、那覇市安里の栄町に、沖縄県内全酒造所の泡盛を揃える琉球料理店うりずんを開店。49年泡盛同好会(のち沖縄県泡盛同好会)の設立に参画。平成9年には1口1000円の会費を出し合い百年古酒を育てる団体・泡盛百年古酒元年を設立、約3000人の賛同者を集めて注目を集めた。19年泡盛業界の発展に貢献したとして沖縄県酒造組合連合会琉球泡盛賞を受賞した。　[賞]沖縄県酒造組合連合会琉球泡盛賞〔平成19年〕

土屋 三郎　つちや・さぶろう　愛媛新聞常務　[没]平成28年(2016)7月9日　87歳〔誤嚥性肺炎〕　[生]昭和4年(1929)6月2日　[出]愛媛県松山市　[学]松山経専〔昭和24年〕卒　[歴]昭和27年愛媛新聞社に入社。政経・報道一各部長、東京支社長、広告局長、総合企画室長を経て、59年総務局長、62年印刷局長、63年取締役、平成6年常務。愛媛FC社長も務めた。

土谷 宗一　つちや・そういち　南都銀行専務　[没]平成28年(2016)11月25日　84歳〔悪性リンパ腫〕　[生]昭和7年(1932)6月2日　[出]奈良県　[学]大阪大学経済学部〔昭和30年〕卒　[歴]昭和30年南都銀行に入行。59年取締役、平成元年常務を経て、5年専務。7年南都経済センター理事長。

土屋 武彦　つちや・たけひこ　日商岩井副社長　[没]平成27年(2015)1月28日　84歳〔呼吸不全〕　[生]昭和5年(1930)2月5日　[出]千葉県　[学]東京商科大学(現・一橋大学)〔昭和28年〕卒　[歴]昭和28年日商(のち日商岩井, 現・双日)に入社。30年ニューヨークへ転勤し、36年帰国。50年船舶部長、54年宇宙航空機部長、55年取締役、61年常務、63年専務を経て、平成3年副社長。6年退任。

土屋 嘉男　つちや・よしお　俳優　[没]平成29年(2017)2月8日　89歳〔肺がん〕　[生]昭和2年(1927)5月18日　[出]

山梨県塩山市(甲州市) [学]山梨医学専〔昭和24年〕卒, 俳優座養成所(第2期生)〔昭和28年〕卒 [歴]父は大学教授で、小学生時代からシェイクスピアに親しむ。山梨医学専門学校に進むが医者にはならず、太宰治に俳優になることを勧められ、昭和25年俳優座養成所に第2期生として入る。28年初舞台「しいたけと雄弁」で伊藤賞を受賞。同年俳優座座員となる一方東宝と契約。黒沢明監督に見い出され、29年「七人の侍」の百姓・利吉役で本格的に映画デビュー。一時は黒沢監督宅に住み込んで指導を受け、以後「蜘蛛巣城」「隠し砦の三悪人」「用心棒」「椿三十郎」「天国と地獄」「赤ひげ」などの黒沢作品に出演。36年「黒い画集・ある遭難」で主演。また、「地球防衛軍」「美女と液体人間」「怪獣大戦争」「ガス人間第一号」「マタンゴ」などの東宝SFにも数多く出演。45年からフリー。他の出演作に、映画「コタンの口笛」「ひき逃げ」「乱れ雲」「風林火山」「日本海大海戦」「ゴジラVSキングギドラ」「流れ板七人」、テレビに「春雷」「花ぐるま」「ザ・ハングマン」、舞台「化粧」「花いくさ」など。著書に「思い出株式会社」「クロサワさーん!」「魚はゆらゆらと空を見る」などがある。 [賞]伊藤賞〔昭和28年〕「しいたけと雄弁」

つ

土山 秀夫 つちやま・ひでお 病理学者 平和運動家 小説家 長崎大学学長・名誉教授 [専]内分泌病理学 [没]平成29年(2017)9月2日 92歳〔多臓器不全〕 [生]大正14年(1925)4月23日 [出]長崎県長崎市桶屋町 [名]筆名=土英雄(つち・ひでお) [学]長崎医科大学附属医学専門部〔昭和27年〕卒 医学博士〔昭和32年〕 [歴]長崎医科大学附属医学専門部(現・長崎大学医学部)在学中の昭和20年8月9日、佐賀県に疎開していた母の危篤の報に午前7時前の列車で長崎を離れたため原爆投下から免れたが、10日に長崎に戻り入市被爆、大学で被爆者の救護活動に奔走。原爆で兄らを失った。28年長崎大学医学部研究生、29年助手、34年講師、38年助教授を経て、44年教授。57〜61年医学部長、63年学長。平成4年退任。この間、昭和55年日本組織細胞化学会会長。退官後は平和運動家として精力的に活動を行い、長崎の核廃絶・平和運動を理論的に主導。平成15年世界NGO会議「核兵器廃絶—地球市民集合ナガサキ」実行委員長を務めた他、長崎市平和宣言文起草委員や世界平和アピール七人委員会委員なども歴任。27年に公開された山田洋次監督の映画「母と暮せば」では主人公のモデルの一人となった。一方、昭和22年の時に初めて書いた小説が入賞。31年推理小説誌「宝石」の懸賞小説で1位となり、土英雄の名前で10本程度のミステリー小説を執筆。医学畑のミステリー作家として、江戸川乱歩からプロ作家になることを勧められたこともあった。 [賞]勲二等旭日重光章〔平成12年〕, 長崎市名誉市民〔平成22年〕, 秋月平和賞〔平成28年〕 [団]日本病理学会, 日本組織細胞化学会, 日本臨床電子顕微鏡学会

筒井 数三 つつい・かずぞう シンコー社長 [没]平成29年(2017)10月27日 98歳〔肺炎〕 [生]大正8年(1919)8月1日 [出]広島県広島市安佐北区 [学]広島高工機械工学科(現・広島大学工学部)〔昭和16年〕卒 [歴]陸軍に応召、中国北部や東南アジアに駐留し、昭和21年復員。22年新興金属工業に入社。取締役工場長、副社長を経て、54年社長に就任。63年シンコーと改称。船舶用の蒸気タービンや、液化天然ガス(LNG)運搬船向けのポンプ製造に着手するなど、事業を拡大させた。平成19年会長、24年名誉会長。日本舶用工業会理事、広島青少年文化センター理事長、広島日伯協会会長などを務め、広島とブラジルの交流にも力を注いだ。 [賞]藍綬褒章〔昭和58年〕, 勲四等瑞宝章〔平成2年〕, リオ・ブランコ国家勲章(ブラジル)〔平成16年〕, 中国文化賞〔平成24年〕 [家]長男=筒井幹治(シンコー社長)

筒井 直和 つつい・なおかず 吾北村(高知県)村長 全国町村会会長 [没]平成28年(2016)3月21日 94歳〔腎臓病〕 [生]大正11年(1922)1月1日 [出]高知県吾川郡上八川村(いの町) [学]高小卒 [歴]昭和21年代用教員から高知県上八川村書記となり、22年助役、23年には26歳の若さで村長となる。39年吾北村長。平成8年に勇退するまで通算7期務め、昭和58年〜平成8年高知県町村会会長、3〜7年全国町村会会長。 [賞]勲二等瑞宝章〔平成8年〕

堤 あおい つつみ・あおい 写真家 堤亭店主 [没]平成29年(2017)4月2日 54歳 [生]昭和37年(1962)5月15日 [出]愛媛県新居浜市 [学]日本デザイン専門学校卒 [歴]昭和59年フリーの写真家として独立、東京とニューヨークを拠点に活動。ゴシック調の作風で、工藤静香、斉藤由貴、川村かおりのアルバムジャケット、高岡早紀、吉野公佳、Gacktの写真集などを手がけた。実家は新居浜市の名物料理“どてやき”発祥の店として知られる堤亭で、自身も店を切り盛りした。 [賞]日本広告技術協議会奨励賞〔平成1年〕, フォトデザインAWARD(ニューヨーク)〔平成5年〕 [家]父=堤神四郎(堤亭創業者)

堤 菁 つつみ・しげる 世紀社長 松坂世紀記念財団理事長 [没]平成28年(2016)12月31日 92歳〔肺炎〕 [生]大正13年(1924)5月3日 [出]東京都 [学]京都工専(現・京都工芸繊維大学)建築科〔昭和20年〕卒 [歴]結核のため母の実家があった山形県米沢市に移り住み、昭和29年結核療養中の青年2人と共同でプラスチックで薬びんのフタを作る世紀工業を設立。43年株式会社に改組して社長。また世紀商事を設立、社長を兼務。その後、コンピュータ制御によらないプラスチック成形装置の開発・販売に従事。平成2年世紀工業と世紀商事を統合し世紀と改称。松坂世紀記念財団理事長、米沢日仏協会会長なども務めた。 [賞]科学技術庁長官賞科学技術功労者表彰(第31回, 平成1年度)「熱可塑性樹脂のランナーレス射出成形装置の開発」

堤 新三 つつみ・しんぞう 三井物産副社長 [没]平成27年(2015)8月5日 100歳〔心不全〕 [生]大正4年(1915)4月27日 [出]東京都 [学]東京商科大学(現・一橋大学)〔昭和15年〕卒 [歴]昭和15年三井物産に入社。48年取締役、50年常務を経て、54年副社長。57年極東石油工業社長。太平洋戦争中はビルマ戦線に従軍、56年「鬼哭啾啾—ビルマ派遣海軍深見部隊全滅の記」を著した。

堤 精二 つつみ・せいじ お茶の水女子大学名誉教授 [専]日本近世文学, 井原西鶴研究 [没]平成29年(2017)11月7日 90歳〔肺炎〕 [生]昭和2年(1927)2月27日 [出]東京都 [学]松本高(現・信州大学)卒, 東京大学文学部国語国文学科〔昭和27年〕卒 [歴]東京大学助手を経て、

昭和31年お茶の水女子大学講師、36年助教授、44年教授。51年文教育学部長、58年附属図書館長、女性文化資料館長、61年女性文化研究センター長を歴任。平成4年放送大学教授、5年附属図書館長、9年退任。旧制松本高校時代に勤労動員で長野県大町市の工場で働いたこともあり、同市の木崎湖畔で毎年8月に開かれる信濃木崎夏期大学に関わる。54年から平成9年まで19年連続で講師を務め、9〜18年には主催団体信濃通俗大学会理事長として支えた。㊱瑞宝中綬章〔平成18年〕㊲日本近世文学会、俳文学会、東京大学国語国文学会

綱島 滋 つなしま・しげる　名古屋大学名誉教授 ㊚磁気工学 ㊨平成27年（2015）8月12日　69歳〔胆管がん〕 ㊷昭和20年（1945）9月23日　㊵愛知県　㊱名古屋大学工学部電気学科卒、名古屋大学大学院工学研究科電気工学及び電子工学専攻博士課程修了　工学博士　㊺名古屋大学工学部教授を務めた。　㊱日本応用磁気学会賞業績賞（平成15年度）「交換結合光磁気記録媒体の研究」

都野 尚典 つの・ひさのり　長崎大学名誉教授 ㊚国際金融論 ㊨平成28年（2016）11月13日　82歳〔肺がん〕 ㊷昭和8年（1933）12月20日　㊵台湾台北　㊱長埼大学経済学部〔昭和31年〕卒、九州大学大学院経済学研究科〔昭和37年〕博士課程満期退学　㊺昭和44年長崎大学助教授を経て、55年教授。平成3年から2年間、経済学部長。11年退官し、九州情報大学教授となる。長崎県史や新長崎市史の編纂にも携わった。著書に『東アジアの経済発展と経済協力』、共編著に『世界経済の構造と展開』『現代アジア経済の発展と動向』などがある。　㊱瑞宝中綬章〔平成24年〕　㊲金融学会、信用理論研究学会、九州経済学会

角替 茂二 つのがえ・しげじ　かねも社長 ㊨平成29年（2017）8月8日　101歳〔老衰〕 ㊷大正5年（1916）3月17日　㊵静岡県掛川市　㊱掛川中卒、静岡高卒、東京帝国大学経済学部〔昭和13年〕卒　㊺昭和13年日産自動車に入社。戦後は家業の製茶問屋・角替商店（現・かねも）に従事。26年株式に改組して社長、59年会長。50〜54年静岡県茶商工業協同組合理事長と全国茶商工業協同組合連合会副理事長を務めた。

角宮 悦子 つのみや・えつこ　歌人　「はな」主宰 ㊨平成28年（2016）3月22日　80歳 ㊷昭和11年（1936）3月3日　㊵北海道網走　㊺昭和33年山下智輿の指導を受け「一路」に入社、後に「詩魂」に入会して前田透に師事。49年歌集『ある緩徐調』、54年歌集『銀の梯子』を出版。34年短歌研究新人賞候補となり、48年夕暮賞を受賞。59年前田透没後、「はな」を創刊・主宰。他の歌集に『はな』『白萩太夫』がある。　㊱夕暮賞〔昭和48年〕　㊳師＝前田透

椿 貞良 つばき・さだよし　テレビ朝日取締役報道局長 ㊨平成27年（2015）12月10日　79歳　㊷昭和11年（1936）10月4日　㊵福井県　㊱東京学芸大学英語科〔昭和35年〕卒　㊺昭和35年日本教育テレビ（現・テレビ朝日）に入社。報道畑を歩み、58年北京支局長、平成元年報道局長、5年取締役。同年7月の衆院選後、日本民間放送連盟の会合で「反自民の連立政権を成立させる手助けになるような報道をしようとデスクらと話し合った」などと発言、責任をとって辞任（椿発言）。衆院政治改革特別委員会で証人喚問が行われた他、郵政省は「放送法違反ではなかったが、放送に対する国民の信頼を揺るがせた」と判断しテレビ朝日を厳重注意するなど、放送の政治的公平性が問われる問題となった。この問題が放送倫理・番組向上機構（BPO）の前身である放送と人権等権利に関する委員会機構（BRO）の設立につながった。

椿山 教治 つばきやま・きょうじ　福井大学名誉教授 ㊚光化学 ㊨平成27年（2015）9月22日　72歳　㊷昭和18年（1943）3月1日　㊵福井県　㊱福井大学工学部繊維染料学科卒、福井大学大学院工学研究科繊維染料学専攻修士課程修了　工学博士　㊺福井大学助教授、教授を務めた。

津端 修一 つばた・しゅういち　都市評論家　自由時間評論家　広島大学名誉教授 ㊚地域計画、都市計画、自然環境研究 ㊨平成27年（2015）6月2日　90歳〔老衰〕 ㊷大正14年（1925）1月3日　㊵愛知県岡崎市　㊲筆名＝つばたしゅういち　㊱東京大学第一工学部建築学科〔昭和26年〕卒　㊺大学卒業後、アントニン・レーモンド、坂倉準三の建築設計事務所を経て、日本住宅公団（現・都市再生機構）入り。昭和51年広島大学教授、60年名城大学教授を歴任。62年よりフリーの評論活動を行う。平成2年三重大学客員教授。この間、住宅公団では東京都杉並区の「阿佐ケ谷住宅」、町田市の「多摩平団地」、千葉県船橋市の「高根台団地」など、23団地の計画を担当。"丘に上ろう"をテーマに人口密度の低い「高蔵寺ニュータウン」（愛知県春日井市）の企画で日本都市計画学会石川賞を受賞した。ドイツのクライン・ガルテン（小さな庭）運動に関心を持ち、退職後は自由時間評論家として自宅で果樹や野菜を育てる半自給自足生活を実践した。著書に『自由時間新時代─生活小国からの脱出法』『フリータイム イン ジャパン─全国縦断リゾート・ルポ』、妻との共著に『高蔵寺ニュータウン夫婦物語』『なつかしい未来のライフスタイル』『キラリと、おしゃれ』、監訳に『自由時間都市─リゾート新時代の地域開発』などがある。　㊱日本都市計画学会石川賞（計画設計部門、第10回、昭和43年度）〔昭和44年〕「高蔵寺ニュータウン計画」　㊲1級建築士　㊳日本建築学会、日本都市計画学会、農村計画学会

津吹 脩 つぶき・おさむ　山陽国策パルプ常務　サンミック千代田社長 ㊨平成28年（2016）5月30日　88歳〔誤嚥性肺炎〕 ㊷昭和3年（1928）5月8日　㊵東京都　㊱東京大学法学部〔昭和27年〕卒　㊺昭和27年山陽パルプに入社。58年山陽国策パルプ（現・日本製紙）取締役、62年常務。平成元年サンミック通商副社長、2年社長。7年千代田紙業と合併、社名をサンミック千代田三洋商事（現・日本紙通商）とし、社長に就任。8年取締役相談役に退く。

粒来 哲蔵 つぶらい・てつぞう　詩人 ㊚現代詩 ㊨平成29年（2017）6月2日　89歳 ㊷昭和3年（1928）1月5日　㊵山形県米沢市　㊲筆名＝弓月煌　㊱福島師範卒　㊺山形県米沢市で生まれ、昭和7年から福島県郡山市で育つ。30数年間教員生活をしながら散文詩形で詩を書き続け、詩誌「銀河系」「木星」「地球」「歴程」などに拠る。47年『孤島記』でH氏賞、53年『望楼』で高見順賞を受ける。59年三宅島に移住。「歴程」「火

牛」同人。「鱏」編集発行人。他の詩集に「虚像」「舌のある風景」「刑」「儀式」「荒野より」「倒れかかるものたちの投影」「島幻記」「蛾を吐く」などがある。尚美学園大学教授、白鷗大学教授も務めた。 [賞]勲四等瑞宝章〔平成15年〕, 晩翠賞（第2回）〔昭和36年〕「舌のある風景」, H氏賞（第22回）〔昭和47年〕「孤島記」, 高見順賞（第8回）〔昭和52年〕「望楼」, 現代詩人賞（第20回）〔平成14年〕「島幻記」, 読売文学賞詩歌俳句賞（第63回, 平成23年度）〔平成24年〕「蛾を吐く」 [団]日本現代詩人会, 日本文芸家協会, 米軍基地建設に反対する会, 日本ペンクラブ

円谷 峻　つぶらや・たかし　横浜国立大学名誉教授 [専]民法学 [没]平成29年（2017）2月25日　71歳〔胃がん〕 [生]昭和20年（1945）5月7日 [出]福島県 [学]横浜国立大学経済学部〔昭和44年〕卒, 一橋大学大学院法学研究科〔昭和49年〕博士課程単位取得退学 [歴]昭和49年横浜国立大学経営学部専任講師、助教授を経て、平成元年教授。18年退官して明治大学法科大学院教授。28年退職。著書に「契約の成立と責任」「比較財産法講義―ドイツ不動産取引の理論と判例」「現代契約法の課題」「不法行為法・事務管理・不当利得」「債権総論」などがある。 [団]日本私法学会

坪井 栄孝　つぼい・えいたか　医師　坪井病院名誉理事長・名誉院長　世界医師会会長　日本医師会会長 [専]肺がん学 [没]平成28年（2016）2月9日　86歳〔呼吸不全〕 [生]昭和4年（1929）3月22日 [出]福島県郡山市 [学]日本医科大学〔昭和27年〕卒　医学博士 [歴]福島県郡山市で祖父が創業した材木屋の長男。早稲田大学商学部を受験するつもりが、祖父の命令で日本医科大学を受験し合格。昭和27年国立がんセンター病院に入る。のち第一病棟医長となり、肺がんの場所を探りあてる"肺末梢病巣擦過法"（坪井式）を開発して難しい肺がんの早期発見技術を飛躍的に高めた。37年放射線部医長。45年郡山に戻って診療所を開き、49年慈山会医学研究所を設立、理事長に就任。52年全国に先駆けたがん専門の民間病院・同所附属坪井病院を開設。63年日本医師会常任理事を経て、平成4年副会長、8年会長。12年日本人としては2人目となる世界医師会会長に就任した。16年日本医師会会長を退任後、日本医療機能評価機構理事長を務めた。 [賞]勲一等旭日大綬章〔平成13年〕

坪井 清足　つぼい・きよたり　考古学者　奈良国立文化財研究所所長　元興寺文化財研究所所長 [専]東西比較考古学 [没]平成28年（2016）5月7日　94歳〔急性心不全〕 [生]大正10年（1921）11月26日 [出]大阪府大阪市東区谷町1丁目 [名]本名＝坪井清足（つぼい・きよたり） [学]京都大学文学部史学科〔昭和23年〕卒 [歴]昭和30年奈良国立文化財研究所に入る。平城宮跡発掘調査部長、49年埋蔵文化財センター長、50年文化庁文化財鑑査官を歴任して、52年4月奈良国立文化財研究所所長に就任。61年3月退官。藤原宮、平城宮、法隆寺、興福寺など多くの歴史遺跡の発掘調査に従事。また、発掘へのベルトコンベアーや写真測量の導入を図った。文化財保護委員会（現・文化庁）に出向した際には、開発で破壊される遺跡を開発の原因者の負担で事前調査する"原因者負担"のルール作りに尽力した。この間、36年に木簡学会を設立。61年大阪府文化財調査研究センター理事長を経て、平成12年元興寺文化財研究所副理事長。同所長も務める。また2年3月までNHK解説委員も務めた。11年文化功労者に選ばれた。著書に「奈良国立文化財研究所『学報』」（平城宮跡, 飛鳥寺, 川原寺等）、「古代追跡」「飛鳥寺」「埋蔵文化財と考古学」「飛鳥の寺と国分寺」などがある。 [賞]文化功労者〔平成11年〕, 勲三等旭日中綬章〔平成4年〕, NHK放送文化賞（第35回）〔昭和59年〕, 大阪文化賞〔平成3年〕, 朝日賞（平成3年度）〔平成4年〕 [団]東洋陶磁学会, 日本文化財科学会, 日本写真測量学会（名誉会員）, 日本考古学協会, 日本博物館協会, ICOMOS（世界遺産会議, 名誉会員）, 日本遺跡学会 [家]父＝坪井良平（梵鐘学者）, 妹＝坪井明日香（陶芸家）

坪井 昭三　つぼい・しょうぞう　山形大学学長・名誉教授 [専]生化学 [没]平成29年（2017）4月16日　87歳〔肺炎〕 [生]昭和4年（1929）9月25日 [出]愛知県名古屋市 [学]名古屋大学医学部卒, 名古屋大学大学院医学研究科生化学専攻博士課程修了　医学博士〔昭和36年〕 [歴]昭和36年東北大学助手、39年助教授を経て、48年創設されたばかりの山形大学医学部教授に就任。62年医学部長となり、平成2年から学長を2期務めた。10年退任。その後、公立置賜総合病院の初代院長を務めた。 [賞]瑞宝重光章〔平成18年〕, 内藤記念特定研究助成金〔平成3年〕 [団]日本生化学会（名誉会員）, 日本細胞生物学会, 日本癌学会

壷井 進　つぼい・すすむ　西宮市原爆被爆者の会事務局長　広島原爆の語り部 [没]平成28年（2016）4月4日　87歳〔肺炎〕 [生]昭和3年（1928）7月 [出]香川県小豆郡内海町（小豆島町） [学]関西学院大学卒 [歴]昭和20年8月6日、17歳の時に広島市の爆心地から東に4.5キロ離れた学徒動員先の工場で被爆。43年西宮市に移り被差別部落出身者や在日コリアンらのために識字教室を開校した。各地で被爆体験を語る傍ら、57年ニューヨーク国連軍縮特別総会に出席して100万人大行進にも参加した。平成11年まで西宮市原爆被爆者の会事務局長を務め、毎夏、西宮市で灯籠流しを行った。 [賞]神戸新聞社会賞〔平成22年〕, 西宮市まちづくり賞〔平成23年〕

坪井 主税　つぼい・ちから　平和運動家　札幌学院大学名誉教授 [専]英語教育, 平和学 [没]平成28年（2016）12月29日　75歳〔肺線維症〕 [生]昭和16年（1941）9月20日 [出]東京都 [学]青山学院大学卒, ブラットフォード大学大学院 [歴]昭和36年から小樽商業高で英語を教える傍ら、平和運動にも携わる。46年英国の平和運動を実地体験するため同校を退職し、ロンドンのカレッジへ。1年後、ブラットフォード大学大学院に進み、初の日本人学生として平和学を専攻。帰国後は平和運動に専念し、55年平和・教育・文化交流センターを開設。暴力に頼らない絶対平和主義を信奉し、地道な啓蒙活動に努めた。のち札幌学院大学人文学部教授となり、平成16年の自衛隊イラク派遣差し止め訴訟では原告団の事務局長を務めた。 [団]日本平和学会

坪田 理基男　つぼた・りきお　児童文学作家 [没]平成29年（2017）4月14日　93歳 [生]大正12年（1923）6月23日 [出]東京都 [学]明治大学政治経済学部卒 [歴]児童文学作家の坪田譲治の三男。出版社に勤務し、壷井栄

「二十四の瞳」などを世に出した後、執筆に専念。著書に「絵をかくはと」「にせアカシアの花」「一本のビワの木」「二せきの魚雷艇」「坪田譲治作品の背景」などがある。 [団]日本児童文学者協会, びわの実学校, 日本文芸家協会 [家]父＝坪田譲治(児童文学作家・小説家), 兄＝坪田正男(びわの実文庫主宰)

津村 智恵子 つむら・ちえこ 大阪市立大学医学部教授 [専]看護学 [没]平成27年(2015)1月23日 73歳 [生]昭和16年(1941)9月22日 [出]岡山県 [学]岡山県立公衆衛生専門学校卒, 近畿大学法学部法律学科卒, 大阪教育大学大学院修了 [歴]病院保健婦・MSW、保健所勤務の後、昭和47年大阪府立公衆衛生専門学校保健科教員、大阪府立看護短期大学教授、大阪府立看護大学教授、大阪市立大学医学部教授、甲南女子大学教授、人間環境大学教授を歴任した。

津森 明 つもり・あきら 四国新聞常務 高松短期大学名誉教授 [専]マスコミ論 [没]平成29年(2017)12月5日 83歳〔急性呼吸器不全〕 [生]昭和9年(1934)9月18日 [出]香川県香川郡香川町(高松市) [学]関西大学法学部〔昭和32年〕卒 [歴]昭和32年四国新聞社に入社。40年文化部長、61年編集局次長兼論説委員、62年取締役東京支社長、平成6年事業局長を経て、8年常務。11年高松短期大学教授、12年高松大学生涯学習教育センター長。香川学会副会長、高松市歴史民俗協会会長、香川地方史研究会代表などを歴任。著書に「ゴム毬の行方」「義経、讃岐を駆ける」「古典に見る讃岐路」「北緯三十四度の発想」などがある。 [賞]高松市市政功労賞

露の 雅 つゆの・みやび 落語家 [没]平成29年(2017)1月16日 35歳〔急性虚血性心疾患〕 [生]昭和56年(1981)8月16日 [出]三重県津市 [名]本名＝和気雅子(わき・まさこ) [学]近畿大学文芸学部芸術学科卒 [歴]平成19年露の都に入門。29年急性虚血性心疾患のため35歳で急逝した。 [師]師＝露の都

鶴 ひろみ つる・ひろみ 声優 [没]平成29年(2017)11月16日 57歳〔大動脈剥離〕 [生]昭和35年(1960)3月29日 [出]北海道 [歴]小学2年生の時に劇団ひまわりに入団。昭和43年TBS系ドラマ「コメットさん」で女優デビュー。高校3年生だった53年、世界名作劇場「ペリーヌ物語」の主人公ペリーヌ役で声優デビュー。その後、女優から声優に活躍の場を移し、人気アニメ「それいけ！ アンパンマン」のドキンちゃんの声を63年から30年近く担当、〈ドラゴンボール〉シリーズのブルマの声でも知られた。声優として他の出演作に、アニメ「おはよう！ スパンク」のキャット、「超時空要塞マクロス」のキム・キャビロフ、「みゆき」の鹿島みゆき、「キン肉マン」の翔野ナツコ、「めぞん一刻」の九条明日香、「きまぐれオレンジ☆ロード」の鮎川まどか、「GS美神」の美神令子、「湘南爆走族」の津山よし子、「アキハバラ電脳組」のプティアンジュ他、「サイレントメビウス」のキディ・フェニル、映画吹替えに「赤毛のアン」など。「@サプリッ！」「クイズ！ 常識の時間!!」「幸せレシピ」「100%キャイーン！」などでナレーションも担当。平成29年11月中央区の首都高速道路上に止まっていた乗用車内で意識不明の状態で発見され、その後死亡が確認された。

鶴木 眞 つるき・まこと 東京大学名誉教授 [専]政治社会学, マス・コミュニケーション論 [没]平成27年(2015)7月15日 72歳〔膵臓がん〕 [生]昭和17年(1942)11月2日 [出]東京都 [学]慶応義塾大学法学部政治学科〔昭和40年〕卒, 慶応義塾大学大学院法学研究科政治学専攻〔昭和45年〕博士課程単位取得退学 法学博士(慶応義塾大学)〔平成14年〕 [歴]慶応義塾大学法学部教授、平成4年東京大学社会情報研究所教授を経て、十文字学園女子大学副学長。15～19年学長。20年平成国際大学学長代理。日本マス・コミュニケーション学会会長も務めた。著書に「日系アメリカ人」「パレスチナ人とアラブ人」「パレスチナ問題入門」「真実のイスラエル」「政治情報学」「メディアと情報のマトリックス」「客観報道」などがある。 [団]日本マス・コミュニケーション学会, 日本政治学会, 警察政策学会, 日本記者クラブ, 国際文化会館, 学士会

鶴沢 友路 つるざわ・ともじ 女義太夫節三味線方 [専]義太夫節三味線, 淡路人形浄瑠璃 [没]平成28年(2016)12月13日 103歳〔心不全〕 [生]大正2年(1913)12月9日 [出]兵庫県三原郡福良町(南あわじ市) [名]本名＝宮崎君子(みやざき・きみこ), 前名＝野沢絃君 [学]三原郡福良尋常小 [歴]人形浄瑠璃が盛んな兵庫県淡路島で生まれ、4歳の頃から芸事が好きだった父の勧めで浄瑠璃語りを始める。その後、義太夫節三味線を習い始め、大正6年野沢吉鳳、鶴沢徳八に入門。12年野沢吉童の内弟子となり、野沢絃君を名のり、初舞台を踏む。昭和11年以来、文楽の6代目鶴沢友次郎に師事。16年真打ちに昇進し、友路を名のる。49年初の米国公演、以後、ヨーロッパ、オーストラリアなど多くの海外公演を行い、力強さと繊細な表現力を併せ持つばちさばきで女流義太夫節三味線の第一人者として活躍した。55年東京で初舞台。平成7年義太夫協会理事に就任。10年人間国宝に認定される。約500年の歴史を持つ淡路島の淡路人形浄瑠璃の保存団体"淡路人形座"の座員として、後進の指導にも携わった。90歳を超えても舞台に出演し、100歳を超えてからも自宅で弟子の指導にあたった。 [賞]旭日小綬章〔平成19年〕, 文化庁長官表彰〔平成7年〕, 伝統文化ポーラ賞特賞〔平成8年〕, 神戸新聞平和賞〔平成12年〕 [賞]重要無形文化財保持者(義太夫節三味線)〔平成10年〕 [師]師＝野沢吉鳳, 鶴沢徳八, 野沢吉童, 鶴沢友次郎(6代目)

鶴田 辰巳 つるた・たつみ 鹿児島県議(自民党) [没]平成28年(2016)3月1日 86歳〔心不全〕 [生]昭和4年(1929)3月26日 [出]鹿児島県鹿屋市吾平町下名 [学]鹿屋中〔昭和21年〕卒 [歴]鹿児島県吾平町農業協同組合を経て、昭和46年肝属郡区より鹿児島県議に当選。以来連続7選し、平成元年副議長、5年から3年7ケ月にわたって議長を務めた。11年引退。鹿児島県観光連盟会長、鹿児島県農業共済組合連合会会長などを歴任した。 [賞]藍綬褒章〔平成3年〕, 勲三等瑞宝章〔平成13年〕 [家]息子＝鶴田志郎(鹿児島県議)

鶴田 東輝 つるた・はるき 西日本新聞編集企画委員会委員長・部長職 [没]平成28年(2016)10月17日 81歳〔がん性リンパ管症〕 [出]福岡県太宰府市

釣部 勲 つるべ・いさお 北海道議(自民党) [没]平成29年(2017)9月27日 72歳〔腎盂がん〕 [生]昭和20年

(1945) 8月15日　[出]北海道赤平市豊里　[学]美唄東高卒, 東洋大学法学部法律学科卒　[歴]札幌で木材関連企業、商事会社、建築業に従事。この間、自民党北海道で活動。昭和54年渡辺省一自民党衆院議員秘書を経て、平成3年北海道議に初当選。空知地域選出で、19～21年議長。7期目途中の29年、病死した。また、21年民事再生手続き中の金滴酒造社長に就任、再建に努めた。

鶴丸 晴彦　つるまる・はるひこ　宝ホールディングス副社長　[没]平成27年 (2015) 6月14日　79歳〔胆管がん〕　[生]昭和11年 (1936) 1月24日　[出]大阪府東大阪市　[学]大阪大学法学部〔昭和33年〕卒　[歴]昭和33年宝酒造に入社。平成3年取締役、8年常務を経て、13年副社長。14年宝ホールディングスに改称した。

鶴見 俊輔　つるみ・しゅんすけ　評論家　哲学者　[没]平成27年 (2015) 7月20日　93歳〔肺炎〕　[生]大正11年 (1922) 6月25日　[出]東京市麻布区 (東京都港区)　[学]ハーバード大学哲学科〔昭和17年〕卒　B.S.　[歴]政治家・評論家の鶴見祐輔の長男で、祖父は東京市長を務めた後藤新平。社会学者の鶴見和子は姉。昭和13年渡米し、14年ハーバード大学哲学科に入学。太平洋戦争開戦後の17年、アナキスト容疑で逮捕されるが、同年捕虜交換船で帰国。18年海軍軍属に志願してインドネシアに赴任。戦後、21年姉や都留重人、丸山真男らと雑誌「思想の科学」を創刊、続いて思想の科学研究会を設立、以来一貫して反アカデミズムを標榜し、米国のプラグマティズム (実用主義) の紹介から大衆研究・思想史研究に独自の領域を確立。「共同研究・転向」などユニークな研究を主導した。24年京都大学人文科学研究所助教授を経て、29年東京工業大学助教授となるが、35年岸内閣の新日米安全保障条約強行採決に抗議して辞職。36年同志社大学教授となったが、45年学園紛争での機動隊導入に反対して再び辞職した。以後、京都を拠点に活動。原水爆禁止運動などの市民運動にも取り組んだが、特に40年ベトナム戦争に反対する小田実や高畠通敏らと結成したベトナムに平和を！ 市民連合 (ベ平連) の活動で知られ、デモに加えて、米軍脱走兵への支援や、米紙ワシントン・ポストに“殺すな”と大書した反戦広告を打つといった活動が話題となった。ベ平連は社会党や共産党、労働組合といった既成組織による反戦運動とは一線を画し、思想信条を別とした市民の自由参加・連帯による新しい形の反戦市民運動として、その後の市民運動や住民運動のモデルともなった。平成16年には小田や大江健三郎、加藤周一らと護憲団体・九条の会結成の呼びかけ人に名を連ねた。リベラルな立場に立って幅広い批評活動を展開、漫画などの大衆文化に造詣が深く、「限界芸術論」「漫画の戦後思想」など多くの著書を通じて戦後の思想・文化界に大きな影響を与えた。昭和57年「戦時期日本の精神史」で大仏次郎賞、平成2年「夢野久作」で日本推理作家協会賞を受賞。15年これまでに書いてきた詩をまとめた処女詩集「もうろくの春」を出版。他の主著に「哲学の反省」「現代日本の思想」「転向研究」「アメリカ哲学」「戦後日本の大衆文化史」「柳宗悦」「高野長英」「アメノウズメ伝」「回想の人々」「悼詞」、「『思想の科学』五十年 源流から未来へ」(編)、「鶴見俊輔書評集成」(全3巻) などがある。　[賞]長英賞 (第3回)〔昭和53年〕, 大仏次郎賞 (第9回)〔昭和57年〕「戦時期日本の精神史」, 日本推理作家協会賞 (第43回)〔平成2年〕「夢野久作」, 朝日賞 (第65回, 平成6年度)〔平成7年〕, 毎日書評賞 (第6回)〔平成20年〕「鶴見俊輔書評集成」　[団]思想の科学研究会　[家]父＝鶴見祐輔 (政治家・評論家), 姉＝鶴見和子 (社会学者), 弟＝鶴見直輔 (三菱商事), 祖父＝後藤新平 (政治家), 妻＝横山貞子 (京都精華大学教授)

鶴峯 治　つるみね・おさむ　水泳選手・指導者　中京大学体育学部教授　[没]平成27年 (2015) 2月2日　73歳〔肺炎〕　[生]昭和16年 (1941) 8月21日　[出]鹿児島県川内市 (薩摩川内市)　[学]東郷高卒, 日本大学文理学部体育学科〔昭和44年〕卒　[歴]川内北中、東郷高を経て、昭和36年海上自衛隊に入って本格的に競泳を始める。39年東京五輪男子200メートル平泳ぎで6位入賞。40年ブダペストで開催されたユニバーシアードで優勝。44年より広島・尾道高校の水泳部監督を務め、インターハイで8度優勝。54年中京大学体育学部に移り、同大水泳部監督を務めた。59年ロス五輪日本代表コーチ。ミュンヘン五輪100メートル平泳ぎ金メダリストの田口信教、ソウル五輪平泳ぎ代表の高橋繁浩をはじめ、多くの五輪選手を育てた。　[賞]日本スポーツ賞, オーストラリア水泳賞, 2級防衛功労賞　[団]日本体育学会

鶴山 務　つるやま・つとむ　加賀建設社長　[没]平成29年 (2017) 4月4日　90歳〔多臓器不全〕　[生]昭和2年 (1927) 1月1日　[出]石川県羽咋郡押水町 (宝達志水町)　[学]逓信省中央無線電信講習所卒　[歴]昭和22年加賀建設に入社。常務、専務を経て、40年社長。63年から平成20年まで10期にわたり金沢市町会連合会会長と石川県町会区長会連合会会長を務め、住民自治組織の拡充と福祉向上に尽くした。また、石川県防犯協会連合会会長などを歴任した。　[賞]北国風雪賞〔平成20年〕　[家]長男＝鶴山庄市 (加賀建設社長)

【て】

出口 順得　でぐち・じゅんとく　僧侶　和宗総本山四天王寺管長　[没]平成28年 (2016) 3月8日　78歳〔肺炎〕　[出]大阪府大阪市

出口 裕弘　でぐち・ゆうこう　小説家　フランス文学者　一橋大学経済学部教授　[専]小説制作, フランス近代文学　[没]平成27年 (2015) 8月2日　86歳〔心不全〕　[生]昭和3年 (1928) 8月15日　[出]東京都荒川区日暮里　[名]本名＝出口裕弘 (でぐち・やすひろ)　[学]浦和高卒, 東京大学文学部フランス文学科〔昭和26年〕卒　[歴]昭和29年北海道大学専任講師、38年一橋大学専任講師、45年より同大学教授を務めた。この間、37～38年及び52～53年パリ大学へ留学。平成4年一橋大学を定年退官。浦和高校時代の友人・渋沢龍彦の影響でフランス文学に傾倒、主にフランスの第二帝政期の詩と小説の研究を専門とする。バタイユなどの紹介でも知られ、42年に翻訳したバタイユ「内的経験」は三島由紀夫に激賞された。平成9年渋沢との交友を綴った「渋沢龍彦の手紙」を出版。他の著書に、エッセイ「帝政パリと詩

人たち」「私設・東京オペラ」「ペンギンが喧嘩した日」「古典の愛とエロス」「辰野隆・日仏の円形広場」「三島由紀夫・昭和の迷宮」「坂口安吾 百歳の異端児」、訳書にシオラン「生誕の災厄」、ショヴォー「ショヴォー氏とルノー君のお話集」など多数。また、小説に「京子変幻」「天使扼殺者」「越境者の祭り」「街の果て」「ろまねすく」「夜の扉」がある。 [賞]伊藤整文学賞（評論部門, 第18回）〔平成19年〕「坂口安吾 百歳の異端児」, 蓮如賞（第10回）〔平成19年〕「坂口安吾 百歳の異端児」 [団]日本文芸家協会

出口 吉昭 でぐち・よしあき 日本大学名誉教授 [専]水産学 [没]平成27年（2015）12月11日 86歳 [生]昭和4年（1929）3月31日 [出]東京市京橋区（東京都中央区） [学]日本大学農学部水産学科〔昭和27年〕卒 農学博士 [歴]日本大学助手、専任講師、助教授を経て、昭和49年教授。平成11年定年退職。 [賞]瑞宝中綬章〔平成21年〕 [団]日本水産学会

勅使河原 安夫 てしがわら・やすお 弁護士 仙台弁護士会会長 [没]平成29年（2017）8月28日 91歳〔老衰〕 [生]大正14年（1925）9月5日 [出]宮城県仙台市 [学]東北大学法学部〔昭和24年〕卒 [歴]大学在学中の昭和23年、司法試験に合格。26年弁護士を開業。36年仙台弁護士会副会長、47年会長、日本弁護士連合会副会長。59年東北弁護士会連合会会長。松川事件や岩手靖国訴訟の原告弁護団を務めた。 [団]仙台弁護士会

手島 茂樹 てじま・しげき 二松学舎大学国際政治経済学部教授 [専]経済学 [没]平成29年（2017）4月22日 68歳〔肺がん〕 [生]昭和23年（1948） [出]東京都 [学]横浜国立大学経済学部〔昭和47年〕卒, エール大学大学院 M.A. [歴]日本輸出入銀行（現・国際協力銀行）を経て、エール大学に留学。平成8年日本輸出入銀行海外投資研究所次長、10年上席主任研究員。11年二松学舎大学国際政治経済学部教授。著書に「海外直接投資とグローバリゼーション」などがある。

手嶋 秀士郎 てしま・しゅうしろう 三井生命保険常務 [没]平成27年（2015）1月9日 70歳〔肝硬変〕 [生]昭和19年（1944）7月1日 [学]慶応義塾大学経済学部〔昭和43年〕卒 [歴]昭和43年三井生命保険に入社。平成10年取締役、11年執行役員を経て、13年常務。

豊嶋 敏雄 てしま・としお 福井大学名誉教授 [専]機械工作 [没]平成29年（2017）1月30日 89歳〔急性胆嚢炎〕 [生]昭和2年（1927）6月15日 [出]山口県岩国市 [学]山口高〔昭和23年〕卒, 京都大学工学部機械工学科〔昭和27年〕卒, 京都大学大学院工学研究科機械工学専攻〔昭和31年〕中退 工学博士 [歴]昭和31年福井大学工学部講師、35年助教授を経て、40年教授。平成3〜5年学部長を務めた。 [賞]瑞宝中綬章〔平成18年〕

手塚 央 てずか・ひさし 陶芸家 三軌会工芸部長 [専]清水焼 [没]平成29年（2017）6月5日 82歳 [生]昭和9年（1934）12月29日 [出]京都府京都市東山区今熊野池田町 [歴]陶芸家・手塚玉堂の二男。昭和33年京都府工芸美術展、京展に初入選。36年三軌会展に初出品して受賞、青陶会に入会。37年三軌会会員。同年日展に「岳花器」が初入選、第11回関西展関展賞受賞。42年父のもとを離れ、京都清水焼団地に開窯。三軌会展では、48年「新しい空間の為に」が日本経済新聞社賞、50年「作品A」が文部大臣奨励賞など受賞を重ねる。日本陶芸展やカナダ国際陶芸展、ファエンツァ国際陶芸ビエンナーレなど内外の陶芸コンクールにも出品。また世界各地を旅して陶芸を研究、再現が難しいといわれた豆彩を復活させたことでも知られる。色絵、青磁を得意とした。 [賞]三軌会展日本経済新聞社賞〔昭和48年〕「新しい空間の為に」, 三軌会展文部大臣奨励賞〔昭和50年〕「作品A」 [団]三軌会, 京都工芸美術作家協会 [家]父＝手塚玉堂（陶芸家）

手塚 洋一 てずか・よういち 明治生命保険常務 [没]平成27年（2015）2月16日 80歳〔肺炎〕 [生]昭和9年（1934）6月29日 [出]山梨県 [学]早稲田大学政経学部〔昭和33年〕卒 [歴]昭和33年明治生命保険（現・明治安田生命保険）に入社。62年取締役を経て、平成元年常務。3年明生ビジネスサービス社長。

鉄永 幸紀 てつなが・ゆきのり 鳥取県議（自民党） [没]平成27年（2015）12月8日 68歳〔心筋梗塞〕 [生]昭和22年（1947）11月21日 [出]鳥取県 [学]大阪大学中退 [歴]昭和48年から鳥取県青谷町議に4選、58年町議会副議長、60年議長、63年同県町村議会会長。平成3年から鳥取県議に6選（気高郡選挙区, 鳥取市選挙区）。19年議長。26年鳥取市長選に立候補した。 [賞]藍綬褒章〔平成17年〕

鉄屋 一夫 てつや・いちお 伊藤忠商事副社長 [没]平成28年（2016）5月5日 94歳〔老衰〕 [生]大正10年（1921）6月5日 [出]大分県 [学]大分高商〔昭和16年〕卒 [歴]昭和17年伊藤忠商事に入社。49年取締役、52年常務、57年専務、58年副社長を経て、61年伊藤忠燃料（現・伊藤忠エネクス）社長に就任。平成3年会長。 [賞]藍綬褒章〔昭和62年〕

DEV LARGE でぶらーじ ラップ歌手 DJ 音楽プロデューサー [没]平成27年（2015）5月4日 45歳 [名]グループ名＝BUDDHA BRAND（ぶっだぶらんど） [歴]CQ、NIPPS、DJ MASTERKEYの4人でヒップホップグループのBUDDHA BRANDを結成、リーダーを務める。平成3年ニューヨークで本格的に活動を開始。7年自主制作盤「ILLSON」「FUNKY METHODIST」リリースし、帰国。8年シングル「人間発電所」でメジャーデビュー。同作は日本語ラップ発展期を代表する歴史的作品となり、グループもシーンの一翼を担った。BUDDHA BRANDとしてのシングルに「黒船」「ブッダの休日」「天運我に有り（撃つ用意）」、アルバムに「病める無限のブッダの世界—BEST OF BEST（金字塔）」などがある。

出目 昌伸 でめ・まさのぶ 映画監督 [没]平成28年（2016）3月13日 83歳〔膵臓がん〕 [生]昭和7年（1932）10月2日 [出]滋賀県東近江市 [学]早稲田大学第一文学部〔昭和32年〕卒 [歴]早稲田大学在学中は映画研究会に所属。同会の先輩に森谷司郎、山本迪夫がいた。また東宝シナリオ研究所にも通い、大学卒業後の昭和32年東宝に演出助手係として入社。黒沢明監督の「用心棒」「天国と地獄」「赤ひげ」や、堀川弘通監督の「さらばモスクワ愚連隊」などに助監督として携わったのち、43年内藤洋子主演「年ごろ」で監督デビュー。44年「俺たちの荒野」で日本映画監督協会新人奨励賞を受賞。さらに45年岩下志麻主演「その人は女教師」、

て

48年栗原小巻主演「忍ぶ糸」などを手がけ、49年関根恵子主演の「神田川」、草刈正雄主演の「沖田総司」を経て、58年フリー。その後は主に東映に招かれて59年吉永小百合主演の「天国の駅」、61年同じく吉永主演の「玄海つれづれ節」などを演出。一方、テレビでも45年の「めぐり逢い」「木枯し紋次郎」をはじめ、年2本のペースで2時間ドラマを演出。平成7年終戦50年を機に製作された映画「きけ、わだつみの声」の監督として日本アカデミー賞優秀監督賞を受賞。第一次大戦中の徳島県の捕虜収容所を舞台とした「バルトの楽園（がくえん）」(18年) も話題を呼んだ。一時日本映画監督協会の理事を務めた。他の監督作品に映画「白い野望」「霧の子午線」などがある。　[賞]日本映画監督教会新人賞〔昭和44年〕「俺たちの荒野」，日本アカデミー賞優秀監督賞（第19回）〔平成8年〕「きけ、わだつみの声」，〈テレビ〉ATP優秀作品賞〔平成4年〕「金の夢は血に濡れて」，放送文化基金本賞〔平成5年〕「収容所から来た遺書」　[団]日本映画監督協会

て

寺 光彦　てら・みつひこ　工業デザイナー　豊田市美術館館長　名古屋造形芸術大学学長・名誉教授　[専]工芸，デザイン　[没]平成27年(2015)10月19日　86歳〔特発性肺線維症〕　[生]昭和4年(1929)4月30日　[出]石川県金沢市　[学]金沢美術工芸専（現・金沢美術工芸大学）工芸科〔昭和27年〕卒　[歴]愛知県下の陶芸会社に入り、昭和29年から3年間、通商産業省（現・経済産業省）の海外意匠研究員として米国に留学。43年名古屋造形芸術短期大学助教授に迎えられ、51年教授、52年学長に就任。平成2年4年制大学併設とともに学長を兼任。6年退任。7年に開館した豊田市美術館館長も務めた。昭和50年には陶磁器デザインコンペ金賞を受けるなど、受賞も多い。　[賞]1975陶磁器デザインコンペ金賞〔昭和50年〕，日本陶磁器デザインコンクール1位（通産大臣賞）〔昭和32年〕

寺井 重三　てらい・じゅうぞう　洋画家　日展参与　[没]平成28年(2016)3月9日　87歳〔肺がん〕　[生]昭和3年(1928)6月1日　[出]石川県珠洲市　[学]金沢美術工芸専日本画科〔昭和25年〕卒　[歴]金沢美術工芸専門学校（現・金沢美術工芸大学）在学中の昭和24年、日展に初入選。卒業後、上京して中村岳陵に師事。35年木下孝則の門を叩いて横浜デッサン研究所で洋画を学び、37年渡米してアカデミー・ファインアートに留学。小学校教師をしながら日展、一水会展に出品。55年、57年日展特選。63年一水会常任委員、平成元年日展会員、14年日展評議員に推挙される。バレリーナなど踊り子をモチーフとした作品を制作した。神奈川一水会代表を務めた。　[賞]紺綬褒章〔平成11年〕，珠洲市文化功労賞〔平成3年〕，一水会賞〔昭和39年〕，一水会展会員優秀賞〔昭和42年〕，日展特選〔昭和55年・57年〕　[団]日展，一水会　[師]師＝中村岳陵，木下孝則

寺尾 治彦　てらお・はるひこ　奈良女子大学教授　[専]物理学　[没]平成27年(2015)12月6日　55歳〔病気〕　[生]昭和35年(1960)10月10日　[学]京都大学理学部物理学科卒，京都大学大学院理学研究科素粒子論専攻博士課程修了　理学博士　[歴]金沢大学理学部助教授を経て、平成20年奈良女子大学教授。　[賞]日本物理学会論文賞（第6回）〔平成13年〕「Wilson Renormalization Group Equations for the Critical Dynamics of Chiral Symmetry」

寺崎 昭久　てらさき・あきひさ　参院議員（民主党）　[没]平成29年(2017)10月15日　81歳〔咽頭がん〕　[生]昭和11年(1936)5月25日　[出]北海道　[学]茨城大学文理学部〔昭和36年〕卒　[歴]日産労連副会長、自動車総連副会長を歴任。平成元年参院選比例区に民社党2位で当選。6年新進党に移り、7年再選。10年1月新党友愛結成に参加し、同年4月民主党に合流。2期務め、13年引退。

寺沢 則忠　てらさわ・のりただ　日本政策投資銀行副総裁　藤和不動産会長　[没]平成29年(2017)3月1日　73歳　[生]昭和18年(1943)11月22日　[出]島根県　[学]東京大学法学部〔昭和42年〕卒　[歴]昭和42年日本開発銀行に入行。都市開発部長、総務部長を経て、平成10年理事。11年北海道東北開発公庫との統合により日本政策投資銀行理事、14年副総裁に就任。16年日本空港ビルディング監査役、17年藤和不動産会長。日本相撲協会監事なども務めた。

寺司 勝次郎　てらし・かつじろう　版画家　[没]平成27年(2015)4月3日　87歳　[生]昭和2年(1927)8月1日　[出]大分県大分市　[学]大分経専〔昭和23年〕卒　[歴]昭和23年家業の呉服屋に就く。31年より福岡相互銀行、38年長久堂、48年藤栄に勤める。傍ら、29年郵政省年賀版画コンクールで入賞したのを機に独学で版画技術を磨き、36年日本版画会に参加。39年大分県美術展に初出品した古い屋根瓦の白黒版画が入賞。41年白日会展と日展に初出品して入選、44年白日会会員。50年版画家として独立。海外にも精力的に出品し、平成3年フランスのル・サロン展で銀賞に輝いた。屋根の風景をモチーフに創作を続け、1000点以上の作品を遺した。　[賞]大分合同新聞文化賞〔平成6年〕，日本版画会展万華賞（第25回）〔昭和59年〕，日本版画会展日版会賞（第26回）〔昭和60年〕，ル・サロン展銀賞〔平成3年〕　[団]白日会，日本版画会，ル・サロン

赫 規矩夫　てらし・きくお　高速創業者　[没]平成27年(2015)11月25日　81歳〔病気〕　[生]昭和9年(1934)4月21日　[出]東京都豊島区　[学]立教大学経済学部〔昭和32年〕卒　[歴]事務機器販売会社勤務を経て、昭和42年包装資材の卸売業、高速記録紙を設立、社長。50年高速に社名変更。平成8年株式を店頭公開、11年東証第2部、14年東証第1部に上場。21年会長兼社長、27年創業名誉会長。昭和61年には商品企画、販売促進企画などを専門に行う子会社、高速アイデアセンターを設立した。

寺島 一雄　てらしま・かずお　前田建設工業代表取締役副会長　[没]平成29年(2017)5月30日　85歳〔肺炎〕　[生]昭和7年(1932)1月5日　[出]富山県黒部市　[学]金沢大学工学部土木工学科〔昭和29年〕卒　[歴]昭和29年前田建設工業に入社。56年取締役、58年常務、60年専務を経て、平成2年代表取締役副社長、4年同副会長。

寺田 和雄　てらだ・かずお　町田市長　[没]平成27年(2015)5月2日　83歳〔肝臓がん〕　[生]昭和6年(1931)6月27日　[出]東京都　[学]法政大学第二経済学部卒　[歴]町田市役所に入る。秘書課長、総務部長、教育長、助役

などを経て、平成2年より市長に4選。18年引退。 [賞]旭日小綬章〔平成19年〕

寺田 隆士 てらだ・たかし 長崎県教育長 諫早市立図書館長 [没]平成27年(2015)10月22日 67歳〔急性骨髄性白血病〕 [生]昭和22年(1947) [出]長崎県島原市 [学]東京大学文学部卒 [歴]昭和45年長崎県立五島南高に社会科助教諭として採用される。島原高校長、長崎県教育センター所長、長崎東高校長を経て、平成20年教職員出身として34年ぶりに県教育長に就任。23年退任後、25年から諫早市立図書館長を務めた。

寺田 春一 てらだ・はるいち ホテルサンルート五所川原社長 五所川原商工会議所会頭 [没]平成29年(2017)7月10日 72歳 [生]昭和20年(1945)2月25日 [出]青森県五所川原市 [学]東奥義塾高卒 [歴]ホテルサンルート五所川原社長で、平成10年より五所川原市観光協会会長、19～25年五所川原商工会議所会頭を務めた。 [家]父＝寺田義雄(五所川原市議)

寺田 緑郎 てらだ・ろくろう 映画撮影監督 [没]平成28年(2016)3月2日 52歳〔がん〕 [出]千葉県千葉市 [歴]映画撮影監督の佐々木原保志に師事し、佐々木原が担当した映画「無能の人」「ゲレンデがとけるほど恋したい」などの助手を務める。周防正行監督「終(つい)の信託」(平成24年公開)で新人撮影監督に贈られる三浦賞を受賞。他の撮影作品に周防監督「舞妓はレディ」、阿久根知昭監督「はなちゃんのみそ汁」などがある。 [賞]三浦賞「終の信託」 [師]師＝佐々木原保志

寺谷 方翠 てらたに・ほうすい 書家 日本書写技能検定兵庫県審査委員長 [没]平成28年(2016)1月30日 83歳〔心不全〕 [出]兵庫県神戸市長田区 [名]本名＝寺谷保男(てらたに・やすお) [歴]昭和58年～平成21年神戸新聞「習字紙上展」の選者を務めた。

寺林 峻 てらばやし・しゅん 小説家 [没]平成29年(2017)9月30日 78歳 [生]昭和14年(1939)8月8日 [出]兵庫県飾磨郡夢前町(姫路市) [名]本名＝寺河俊人(てらかわ・しゅんじん) [学]慶応義塾大学文学部仏文科〔昭和38年〕卒 [歴]高野山での僧侶の修行をしたあと昭和39年から6年間宗教専門紙「中外日報」の記者。退社して姫路市に住み、著作活動に入る。58年春から平成5年まで薬上寺住職。著書に「立山の平蔵三代」「腹心―秀吉と清正」「もう一人の空海」「神々のさすらい」「怒濤の人吉田茂」「泥まみれの微笑―叡尊と忍性」「空海秘伝」「姫路城凍って寒からず 小説・河合道臣」「盤珪」など。 [賞]オール読物新人賞(第57回)〔昭和55年〕「幕切れ」,姫路文化賞〔平成1年〕,姫路市芸術文化賞〔平成3年〕,兵庫県文化賞〔平成16年〕,半どん文化賞現代芸術賞(小説・「姫路城凍って寒からず」) [団]日本文芸家協会,日本ペンクラブ

寺前 学 てらまえ・まなぶ 市民運動家 社民党徳島県連代表 [没]平成27年(2015)5月22日 79歳〔がん〕 [歴]昭和37年徳島県労働組合評議会(県評)に入り、徳島人権・平和運動センター事務局長、社会党徳島県本部副委員長などを歴任。平成9～25年社民党徳島県連代表を務めた。また、昭和47年に沖縄県の本土復帰を巡る沖縄闘争に参加して以来、毎年沖縄入りし、米軍基地問題集会やデモなどに参加した。 [賞]遠藤三郎賞〔平成26年〕

寺村 二郎 てらむら・じろう 中日新聞取締役 [没]平成27年(2015)10月6日 94歳〔老衰〕 [生]大正10年(1921)7月1日 [出]愛知県名古屋市千種区 [学]名古屋帝国大学理学部卒 [歴]昭和21年中日新聞社に入社。技術部長、名古屋本社印刷局次長、東京本社印刷局長代理、役員待遇印刷担当兼技術開発本部長兼印刷局長を経て、56年取締役印刷担当、60年参与。

寺本 清光 てらもと・きよみつ 名古屋市議(社会党) [没]平成28年(2016)4月16日 84歳〔急性呼吸不全〕 [生]昭和6年(1931)9月13日 [出]愛知県 [学]愛知高 [歴]昭和38年以来名古屋市議に7選。58年から1年間、市議会議長。平成3年落選。 [賞]藍綬褒章,勲四等旭日小綬章〔平成13年〕

寺横 武男 てらよこ・たけお 滋賀大学名誉教授 [専]近代日本文学 [没]平成29年(2017)4月18日 77歳 [生]昭和14年(1939)7月5日 [出]福井県福井市 [学]広島大学教育学部高等教育学科卒,広島大学大学院文学研究科国語・国文学専攻博士課程修了 [歴]滋賀大学教育学部教授、附属図書館長を務めた。 [団]日本近代文学会,日本文学協会

寺脇 良郎 てらわき・よしろう 信州大学名誉教授 [専]微生物遺伝学 [没]平成27年(2015)1月26日 81歳〔胆管がん〕 [生]昭和9年(1934)1月5日 [出]鹿児島県川内市(薩摩川内市) [学]東京大学医学部医学科〔昭和35年〕卒 医学博士(東京大学)〔昭和42年〕 [歴]東京大学医学部助手を経て、昭和43年国立公衆衛生院技官、44～46年米国ウィスコンシン大学留学、49年東京医科歯科大学医学部助教授、51年信州大学医学部教授。 [賞]日本泌尿器科学会坂口賞(昭和43年度)「温度感受性薬剤耐性因子」 [団]日本細菌学会,日本分子生物学会

照喜名 朝進 てるきな・ちょうしん 沖縄県漁業協同組合連合会会長 [没]平成28年(2016)10月19日 89歳 [生]昭和2年(1927)5月20日 [出]沖縄県島尻郡知念村(南城市) [学]海軍横須賀水雷学校 [歴]代々漁師の家に生まれ、戦後定置網の普及に努める。昭和46年知念村漁協の初代組合長となり、平成2年から4期12年にわたって沖縄県漁連会長。天然モズクの養殖を成功させた仕掛け人として知られ、2年度ではモズク全国生産量の90%を沖縄産が占めるまでになった。 [賞]勲四等瑞宝章〔平成14年〕 [家]弟＝照喜名朝一(三線奏者・胡弓奏者)

照喜名 朝福 てるきな・ちょうふく 三線職人 照喜名三味線店店主 琉球古典音楽野村流松村統絃会副会長 [没]平成28年(2016)2月20日 86歳〔心不全〕 [生]昭和4年(1929)7月3日 [出]沖縄県島尻郡佐敷町(南城市) [歴]三線の名工として知られる一方、奏者としても優れた腕を持ち、平成11年沖縄県指定無形文化財保持者に認定される。琉球古典音楽野村流松村統絃会の副会長や相談役を務め、琉球古典の普及に貢献した。 [賞]沖縄タイムス賞奨励賞〔昭和57年〕 [賞]沖縄県指定無形文化財保持者〔平成11年〕

照屋 雅幸 てるや・がこう 華道家 沖縄県華道連盟会長 専心池坊沖縄支部長 [没]平成28年(2016)5月9日 72歳〔病気〕 [出]沖縄県国頭郡大宜味村根路銘 [名]本名＝照屋雅二(てるや・まさじ) [歴]20年以上に

わたって専心池坊沖縄支部長を務めた他、沖縄県華道連盟副会長、会長を歴任し、沖縄県内の華道界を牽引した。

照屋 常吉 てるや・つねよし 熊本大学名誉教授 [専]体育史, 器械運動領域 [没]平成27年（2015）4月16日 97歳〔老衰〕 [生]大正6年（1917）11月20日 [出]沖縄県島尻郡大里村（南城市） [学]東京高師体育科一部〔昭和18年〕卒 [歴]昭和14年沖縄県公立小学校訓導、18年長崎師範学校訓導兼助教授。20年長崎市内の学校寮で被爆、倒壊した建物内に閉じ込められたが一命を取り留めた。23年熊本薬学専門学校助教授、24年熊本大学講師、27年助教授を経て、43年教授。58年熊本工業大学教授。 [賞]勲三等旭日中綬章〔平成4年〕, 熊本県体育功労者表彰〔昭和58年〕, 熊日賞〔平成2年〕 [家]長男＝照屋博行（九州共立大学教授）

テント タレント [没]平成28年（2016）9月27日 65歳〔交通事故死〕 [生]昭和26年（1951）5月16日 [出]大阪府 [名]本名＝三浦得生, 前名＝大空テント [歴]昭和49年初舞台。53年から上岡龍太郎に師事。56年吉本興業に所属。同年大空テントとして、幸つくるとのコンビでNHK上方漫才コンテスト優秀賞を受賞。のちテントに改名して漫談に転向。平成14年NTT西日本のCMで天海祐希と夫婦漫才師役を演じる。15年CD「デカメロン」をリリース。自分をパチンコ台に見立てて手をぐるぐる回転させる“人間パチンコ”、右手と左手を生きたクモのように闘わせる“クモの決闘”など個性的な芸の持ち主で、めったに姿を見せないことから“ツチノコ芸人”とも呼ばれた。28年乗用車にはねられ急逝した。 [賞]NHK上方漫才コンテスト優秀賞（第12回）〔昭和56年〕 [師]師＝上岡龍太郎

と

【と】

土井 仙吉 どい・せんきち 福岡教育大学名誉教授 [専]地理学 [没]平成28年（2016）11月6日 94歳〔肺がん〕 [生]大正11年（1922）2月15日 [出]兵庫県 [学]龍野中〔昭和14年〕卒, 姫路高〔昭和17年〕卒, 京都帝国大学文学部史学科地理学専攻〔昭和19年〕卒 [歴]昭和22年姫路市立鷺城中学、26年徳島大学学芸学部を経て、29年福岡学芸大学（現・福岡教育大学）助教授、46年教授。61年西南学院大学教授。著書に「漁港の立地の変動」などがある。

土居 年樹 どい・としき 丸玉一土居陶器店代表取締役 町街トラスト代表理事 [没]平成28年（2016）8月23日 79歳〔前立腺がん〕 [生]昭和12年（1937）3月7日 [出]大阪府大阪市北区与力町 [学]同志社大学〔昭和32年〕中退 [歴]大阪・天神橋筋商店街に生まれる。昭和31年父の死で家業を継ぎ、陶器店、飲食店4店を経営。52年大阪市の天神橋三丁目商店街振興組合設立と同時に近代化委員長、副理事長を経て、61年理事長。平成7〜28年天神橋筋商店連合会会長。8年大阪商工会議所議員、のちNPO法人・町街トラスト代表理事。14年菅原道真没後1100年を迎え各地の天満宮で行事があることから、ゆかりの門前町商店街による“門前町商店街サミット”を企画、大阪天満宮で開催した。著書に「天神さんの商店街」「社会といきる商店街」がある。 [賞]黄綬褒章〔平成16年〕

土肥 隆一 どい・りゅういち 牧師 衆院議員（民主党） [没]平成28年（2016）1月22日 76歳 [生]昭和14年（1939）2月11日 [出]旧朝鮮京城（韓国・ソウル） [学]東京神学大学大学院〔昭和42年〕修士課程修了 [歴]昭和42年から東京、東大阪、神戸の諸教会に牧師として従事。のち、日本キリスト教団和田山地の塩伝道所牧師。この間、48〜50年衆院議員河上民雄の地元秘書、58年在宅福祉民間ボランティアグループ・神戸ライフ・ケアー協会を設立、初代事務局長、のち理事。平成2年衆院選旧兵庫1区に社会党から初当選。以来連続7選。7年離党して、民主の会を結成。のち民改連に入る。10年民改連幹事長。同年4月民主党に参加。24年引退。民主党兵庫県連代表、衆院外務委員長、衆院政治倫理審査会会長などを務めた。 [賞]旭日重光章〔平成26年〕

戸井田 稔 といだ・みのる 俳優 文学座座員 [没]平成27年（2015）10月30日 63歳〔静脈瘤破裂〕 [生]昭和27年（1952）1月28日 [出]東京都 [学]明治大学中退 [歴]昭和49年文学座研究所に入り、51年舞台「夢・桃中軒牛右衛門の」で俳優デビュー。54年同座員。舞台を中心に活動し、平成24年舞台「父帰る」で主演。27年9月に文学座アトリエで上演された別役実作の舞台「あの子はだあれ、だれでしょね」が最後の舞台となった。他の出演作に、映画「探偵はBARにいる2 ススキノ大交差点」、テレビドラマ「葵 徳川三代」や〈相棒〉シリーズなどがある。

東井 正美 とうい・まさみ 関西大学名誉教授 [専]農業経済学 [没]平成28年（2016）8月4日 94歳 [生]大正10年（1921）9月10日 [出]奈良県奈良市 [学]関西大学経済学部〔昭和22年〕卒, 京都大学大学院〔昭和34年〕修了 経済学博士 [歴]昭和25年関西大学助手、講師、助教授を経て、36年教授。著書に「日本の農業政策」、共編著に「農業問題の基礎理論」「現代日本農業論」「日本経済と農業問題」などがある。 [賞]勲三等瑞宝章〔平成8年〕

東郷 たまみ とうごう・たまみ 洋画家 ジャズ歌手 [没]平成28年（2016）5月 77歳 [生]昭和14年（1939）4月3日 [学]カリフォルニア大学 [歴]洋画家・東郷青児の長女で、父の友人である中川紀元が名付け親となり「たまみ」と命名される。物心ついた頃から絵筆を持ち、14歳の時にジャズ歌手としてデビュー、昭和33年にはNHK「紅白歌合戦」にも出場したが、9年間でやめて以後は絵画一筋に歩んだ。50年二科展内閣総理大臣賞を受賞。平成元年映画監督の山崎大助と結婚した。 [賞]二科展特選〔昭和43年〕, 二科展二科金賞〔昭和45年〕, 二科展内閣総理大臣賞〔昭和50年〕 [団]二科会, サロン・ドートンヌ [家]父＝東郷青児（洋画家）, 夫＝山崎大助（映画監督）

堂腰 純 どうこし・じゅん 北海道大学農学部教授 [専]農業物理学 [没]平成27年（2015）8月17日 93歳〔転移性がん〕 [生]大正11年（1922）7月28日 [出]北海道小樽市 [学]北海道帝国大学理学部物理学科〔昭和21年〕卒 農学博士 [歴]北海道大学工学部助手、農学部講師、

助教授を経て、昭和51年教授。貯氷室に取り込んだ冬期の寒気でコンテナ内の水を氷にし、夏期に溶けた氷の冷気で貯蔵物を冷やす、省エネ型の農産物貯蔵システム「アイスシェルター」を開発した。 [団]農業施設学会, 日本農業気象学会

道正 邦彦 どうしょう・くにひこ 内閣官房副長官 労働事務次官 [没]平成28年(2016)10月26日 96歳〔心不全〕 [生]大正9年(1920)10月9日 [出]福井県越前市 [学]東京帝国大学法学部政治学科〔昭和19年〕卒 [歴]昭和22年労働省(現・厚生労働省)に入省。45年官房長、47年職業安定局長、48年労政局長、50年7月労働事務次官。51年12月から2年間、福田赳夫内閣で内閣官房副長官を務めた。53年12月退官。56年7月雇用促進事業団理事長、60年7月日本障害者雇用促進協会会長、63年財形住宅金融会長、平成10年7月雇用振興協会会長。著書に「西ドイツの労働と財産形成政策」「アメリカの人手不足とその対策」「パートタイマーの賃金と雇用」「福祉時代の雇用政策」などがある。 [賞]勲一等瑞宝章〔平成6年〕

藤堂 威雄 とうどう・たけお 大成火災海上保険常務 [没]平成27年(2015)11月26日 84歳〔胸部大動脈瘤破裂〕 [生]昭和6年(1931)6月27日 [出]神奈川県 [学]立教大学経済学部〔昭和29年〕卒 [歴]第一勧業銀行から大成火災海上保険(現・損保ジャパン日本興亜)に転じ、常務を務めた。

当間 文貴 とうま・ぶんき 沖縄テレビ放送社長 [没]平成29年(2017)4月16日 77歳〔肺がん〕 [生]昭和14年(1939)8月8日 [出]沖縄県那覇市 [学]東洋大学 [歴]昭和37年極東放送、40年沖縄テレビ放送に入社。17年間アナウンサーを務め、平成5年東京支社長。その後、取締役、専務などを経て、11年社長に就任。

東松 孝臣 とうまつ・たかおみ 関西電力専務 [没]平成27年(2015)12月6日 87歳〔間質性肺炎〕 [生]昭和3年(1928)5月13日 [出]三重県 [学]京都大学工学部〔昭和27年〕卒 [歴]昭和27年関西電力に入社。52年副支配人、54年支配人、58年取締役、60年常務を経て、平成元年専務。傍ら、大阪工大摂南大学理事を務め、15～18年理事長を務めた。 [賞]電気科学技術奨励賞(第13回・17回, 昭和40年度・44年度)「都市重負荷密集地域における配電線の経済的な供給力増強対策の確立」「22kV架空配電の実施と都市美化配電施設の開発による配電近代化の推進」, 科学技術庁長官賞研究功績者表彰(第3回, 昭和52年度)「2万ボルト都市架空配電システムに関する研究」, 電気学術振興賞(第34回)〔昭和53年〕「配電系統」

洞谷 吉男 どうや・よしお 声楽家(バリトン) 名古屋芸術大学音楽学部教授 [没]平成29年(2017)12月7日 81歳〔急性心不全〕 [生]昭和11年(1936)1月21日 [出]愛知県犬山市 [学]東京芸術大学〔昭和34年〕卒, ベルリン芸術大学〔昭和41年〕卒 [歴]NHK名古屋放送合唱団、愛知県立明和高校を経て、名古屋芸術大学助教授となり、のち教授。昭和40～41年ベルリン芸術大学でH.ディーツに師事。 [賞]名古屋市芸術奨励賞(第3回)〔昭和52年〕 [団]名古屋二期会(名誉会員), 名古屋オペラグループ(主宰) [師]師＝四家文子, ディーツ, H.

東山 光師 とうやま・こうし 僧侶 霊山寺真言宗管長 霊山寺(奈良)貫主 [没]平成29年(2017)11月19日 84歳 [生]昭和8年(1933)5月28日 [出]奈良県奈良市中町 [名]本名＝東山光師(とうやま・こうし) [学]高野山大学密教学部〔昭和31年〕卒, 高野山専修学院〔昭和32年〕修了 [歴]昭和38年霊山寺役員、43年宗務長。55年地蔵院、東光院各住職を経て、57年霊山寺貫主と霊山寺真言宗管長に就任。 [家]父＝東山円教(霊山寺真言宗初代管長), 長男＝東山光秀(霊山寺真言宗副管長)

東洋 彰宏 とうよう・あきひろ 東洋薬局社長 [没]平成28年(2016)1月6日 62歳 [出]北海道帯広市 [学]北海道薬科大学大学院修士課程修了 [歴]昭和60年札幌市中央区に東洋薬局を開業。札幌薬剤師会会長を経て、平成18年北海道薬剤師会会長。 [賞]藍綬褒章〔平成25年〕

遠山 あき とおやま・あき 小説家 [没]平成27年(2015)10月28日 98歳〔肺炎〕 [生]大正6年(1917)10月24日 [出]千葉県夷隅郡大多喜町老川 [学]佐倉高女〔昭和9年〕卒, 千葉女子師範〔昭和11年〕卒 [歴]教員一家に育ち、昭和11年千葉女子師範学校を卒業して教職に就くが、19年戦災のため夫の郷里である千葉県市原に移る。23年戦後の農地改革を機に農業に従事。封建的な山村での、生活の不合理な点を書こうと、42年還暦を前に農民文学会に入会して小説を書き始める。50年より文学サークル・槇の会を主宰し、毎年同人誌「槇」を発行。51年「旅立ちの朝」で千葉文学賞佳作となり、53年「雪あかり」で千葉文学賞、55年「鷺谷」で農民文学賞を受賞。地域に根差した執筆活動を精力的に行った。著書に「乳房よ土に哭け」「流紋」「風のうた」「平太郎のシベリア抑留ものがたり」「紫陽花寺遺聞」などがある。 [賞]藍綬褒章〔平成6年〕, 千葉県文化功労賞〔昭和52年〕, 千葉文学賞(第21回)〔昭和53年〕「雪あかり」, 農民文学賞(第23回)〔昭和55年〕「鷺谷」, 千葉功労文学賞〔平成20年〕 [団]日本農民文学会, 日本文芸家協会

遠山 健次郎 とおやま・けんじろう 島津製作所常務 [専]応用物理学 [没]平成27年(2015)12月26日 90歳〔呼吸不全〕 [生]大正14年(1925)7月22日 [出]福岡県直方市 [学]大阪帝国大学工学部精密工学科〔昭和22年〕卒 工学博士 [歴]昭和22年島津製作所に入社。50年取締役を経て、56年常務。60年京都エンジニヤリング社長に就任。 [賞]大河内記念技術賞(第24回)〔昭和52年〕「パルス分布測定法による発光分析法の開発」, 科学技術庁長官賞科学技術功労者表彰(第26回)〔昭和60年〕「パルス分布測定法による発光分光分析装置の開発」 [団]応用物理学会, 日本分光学会

渡海 昇二 とかい・しょうじ プロ野球選手 [没]平成28年(2016)6月30日 78歳〔肺炎〕 [生]昭和13年(1938)5月3日 [出]兵庫県 [学]芦屋高卒, 慶応義塾大学 [歴]芦屋高時代の昭和31年、センバツに出場して4強入り。慶大では35年秋に外野手のベストナインに選ばれた。36年巨人に入団、1年目で76試合に出場して4本塁打を打つ。39年東映(現・日本ハム)に移籍後、引退。

と

実働4年、293試合出場、484打数98安打、8本塁打、40打点、17盗塁、打率.202。引退後は1年間野球解説を務めた後、郷里で広告会社を設立した。

冨樫 公一郎　とがし・こういちろう　秋田県立図書館長　[没]平成28年(2016)5月22日　89歳〔心室細動〕　[生]大正15年(1926)5月23日　[出]秋田県　[学]二高卒,東京帝国大学卒　[歴]秋田県立図書館長を経て、昭和60年から2年間、横手高校長。62年～平成2年秋田県埋蔵文化財センター所長を務めた。

十勝 花子　とかち・はなこ　女優　[没]平成28年(2016)8月21日　70歳〔大腸がん〕　[生]昭和21年(1946)4月25日　[出]北海道帯広市　[名]本名＝加藤恵子(かとう・けいこ),旧姓・名＝佐藤恵子　[学]三条高卒　[歴]三条高在学中にクラウンレコード主催の歌謡コンクールに出場して2位に入賞。昭和40年上京、41年「人生一本」で歌手デビューするが、45年TBS系のテレビドラマ「日曜8時、笑っていただきます」のラーメン屋の娘役で注目を集め、女優に転身。バラエティショーや歌謡番組の司会などで得意の東北なまりを早口で話し、人気を獲得。主な出演作に、映画「女番長・野良猫ロック」「新幹線大爆破」「エデンの海」「仁義と抗争」、テレビドラマ「なんたって18歳！」「大地の子」など。中国に小学校を建設する活動にも取り組んだ。

戸苅 吉孝　とがり・よしたか　名古屋工業大学名誉教授　[専]自動制御工学　[没]平成28年(2016)2月28日　76歳〔肝臓がん〕　[生]昭和14年(1939)8月7日　[出]愛知県豊川市　[学]名古屋工業大学工学部計測工学科卒　工学博士　[歴]名古屋工業大学工学部教授を務めた。共著に「パソコン計測制御とインターフェース活用法」「ソフトウェアの総合研究」がある。　[賞]計測自動制御学会賞技術賞〔平成5年〕「2自由度PID制御の実用化」

戸川 昌子　とがわ・まさこ　推理作家　シャンソン歌手　青い部屋オーナー　アオイ総業社長・オーナー　[専]サスペンス,エロ,美　[没]平成28年(2016)4月26日　85歳〔胃がん〕　[生]昭和6年(1931)3月23日　[出]東京都港区青山　[学]千歳高中退　[歴]戦争で父と兄を亡くし、戦後は母と2人で暮らす。伊藤忠商事英文タイピストの職に就き、昭和32年頃には下積みシャンソン歌手として"銀巴里"などにも出演。歌手活動の傍ら、楽屋などで長編小説を執筆。37年自身が住んでいた同潤会アパートを舞台にした処女作「大いなる幻影」で江戸川乱歩賞を受賞し、文壇にデビュー。その1年後、「猟人日記」が直木賞の候補となり、39年映画化もされ、女優として出演した。以来、テレビやラジオをはじめ、コンサートやディナーショー、講演等、枠に捕らわれない活動とその人柄で、年齢性別を越えて幅広く支持された。42年には東京・渋谷にシャンソンバー"青い部屋"をオープン。サロンとして文化人たちの集う場となり、平成22年に閉店するまでサブカルチャーの発信地として若者にも熱烈に受け入れられた。私生活では、昭和53年12歳年下のインテリアデザイナーと結婚、前年の52年46歳の時に長男を出産していたことを公表し、高齢出産として話題になった。平成23年末期がんの宣告を受け闘病していたが、28年死去。石井好子らとシャンソンの祭典"パリ祭"を盛り上げるなど、日本のシャンソン界の中心として活躍。代表曲は「リリー・マルレーン」。アルバムに「失くした愛」「インモラル物語」など。推理作家として100冊以上の小説を発表した。　[賞]江戸川乱歩賞(第8回)〔昭和37年〕「大いなる幻影」　[団]日本推理作家協会,日本ペンクラブ,国際推理作家協会　[家]長男＝NERO(シャンソン歌手)

土岐 四郎　とき・しろう　土岐学園理事長　[没]平成29年(2017)5月15日　76歳　[歴]土岐学園理事長を務めた。　[家]妻＝土岐由美子(土岐幼稚園園長)

時枝 正昭　ときえだ・まさあき　宇佐市長　[没]平成28年(2016)11月29日　82歳　[生]昭和9年(1934)10月30日　[出]大分県宇佐市　[学]九州大学医学部〔昭和34年〕卒　[歴]昭和35年九州大学温泉治療学研究所助手、44年講師を経て、45年内科医院を開業。平成12年より宇佐市長に2選。17年合併に伴う新宇佐市長選で当選。通算3期。宇佐郡市医師会会長、宇佐市教育委員長も務めた。一方、昭和62年から月刊の家族新聞「タイム」の発行を続け、平成15年通算200号を達成した。著書に「患者のいす」がある。

時田 史郎　ときた・しろう　編集者　福音館書店社長　[没]平成28年(2016)3月17日　73歳〔病気〕　[生]昭和18年(1943)2月15日　[出]東京都　[学]早稲田大学〔昭和40年〕卒　[歴]昭和40年福音館書店に入社。45年「かがくのとも」編集長、50～58年「こどものとも」の編集長を務め、文字のない絵本など実験的な絵本を多数誕生させた。平成9年社長に就任。

時天空 慶晃　ときてんくう・よしあき　力士(小結)　[没]平成29年(2017)1月31日　37歳〔悪性リンパ腫〕　[生]昭和54年(1979)9月10日　[出]モンゴル・トゥブ　[名]本名＝時天空慶晃(ときてんくう・よしあき),年寄名＝間垣慶晃(まがき・よしあき),モンゴル名＝アルタンガダス・フチットバートル　[学]モンゴル国立農業大学,東京農業大学国際食料情報学部(夜間学部)卒　[歴]平成11年東京農業大相撲部がモンゴルに親善試合に訪れたことをきっかけに、12年来日し東農大に留学、相撲部に入部。同年7月大学に通う傍ら、時津風部屋に入門、14年名古屋場所で初土俵を踏む。序ノ口、序二段、三段目と3場所連続優勝し、15年春場所で幕下となる。16年1月日本国籍を取得。同年春場所新十両となり、名古屋場所で史上最速タイとなる12場所目で新入幕を果たす。17年九州場所では多彩な技で10勝を挙げ、技能賞を受賞。19年春場所新小結に昇進。26年秋場所後、右脇腹に腫瘍が見つかり悪性リンパ腫と診断される。抗がん剤治療を続けていたが、28年8月引退。生涯戦績は、548勝545敗56休。けたぐりなどの足技が持ち味で、右四つ、投げを得意とした。現役時代は186センチ、143キロ。引退後は年寄・間垣として時津風部屋で後進を指導したが、29年1月37歳で病死した。

常盤 政治　ときわ・まさはる　慶応義塾大学名誉教授　[専]農業経済学(現代資本主義,農業問題),経済政策　[没]平成27年(2015)1月3日　87歳〔老衰〕　[生]昭和3年(1928)1月3日　[出]静岡県庵原郡富士川町(富士市)　[学]慶応義塾大学経済学部〔昭和25年〕卒　経済学博士　[歴]昭和26年慶応義塾大学経済学部副手、42年助手、助教授を経て、教授。55～57年西ドイツのフライブルク大学へ留学。平成5年慶大を定年退職し、同年～10年二松学舎大学国際政治経済学部教授兼学部長。

と

著書に「農業恐慌の研究」「現代資本主義分析の基礎理論」などがある。㊸慶応義塾賞〔昭和55年〕 ㊷計理士 ㊹土地制度史学会, 経済理論学会, 日本農業経済学会, 日本農業市場学会, 協同組合学会

常磐津 松尾太夫（4代目） ときわず・まつおたゆう
常磐津節太夫　常磐津協会会長　㊷平成29年(2017)10月28日　90歳〔老衰〕　㊹昭和2年(1927)3月30日　㊺東京市赤坂区（東京都港区）㊻本名＝福田和夫（ふくだ・かずお）,前名＝常磐津勢力太夫　㊸6歳の時から祖父の3代目常磐津松尾太夫に習い, 祖母, 母, 叔父らの指導を受ける。昭和18年清勢太夫を名のり, 明治座で初舞台。平成3年大名跡・4代目松尾太夫を襲名。8年常磐津協会会長に就任した。㊸勲五等双光旭日章〔平成9年〕, 芸能功労者表彰（第7回）〔昭和56年〕, 芸術祭賞優秀賞（音楽部門）〔平成5年・9年〕「第2回常磐津松尾太夫の会」「第6回常磐津松尾太夫の会」 ㊹常磐津協会, 常磐津節保存会　㊺祖父＝常磐津松尾太夫（3代目）, 母＝常磐津清子　㊻父＝常磐津松尾太夫（3代目）, 常磐津三東勢太夫, 常磐津清子

徳川 慶朝 とくがわ・よしとも 写真家
㊷平成29年(2017)9月25日　67歳〔心筋梗塞〕　㊹昭和25年(1950)2月1日　㊺静岡県静岡市瀬名　㊻貴院議員を務めた公爵徳川慶光の長男で, 江戸幕府最後の将軍・徳川慶喜の曽孫にあたる。静岡市で生れ, 生後1ヶ月で上京。以後東京に在住。広告会社に20年勤務したのち, フリーとなり写真家として活躍。「徳川慶喜・慶朝合同写真展」を開催。昭和50年には慶喜が愛用したカメラや, その手による油彩画を静岡市の久能山東照宮に寄贈した。大学講師も務め, 平成19年茨城県ひたちなか市に転居, 晩年は同地で暮らした。また, 自ら"筋金入りのコーヒー好き"と語るコーヒーに造詣が深く, コーヒー店と提携して自ら焙煎した「徳川将軍珈琲」を発売した。著書に「徳川慶喜家にようこそ」「徳川慶喜家の食卓」「徳川慶喜家カメラマン二代目」がある。㊻父＝徳川慶光（公爵・貴院議員）, 祖父＝徳川慶久（公爵・貴院議員）

徳田 勝章 とくだ・かつあき 薩摩川内市地区コミュニティ協議会連絡会会長　九州電力川内原発次長
㊷平成29年(2017)6月24日　79歳〔肝内胆管がん〕　㊸昭和31年九州電力に入社, 川内原発次長などを歴任。退職後, 峰山地区コミュニティ協議会会長や薩摩川内市地区コミュニティ協議会連絡会会長を務め, 地域おこしに尽くした。東日本大震災後は, 原発の安全対策や原子力防災の充実に向けて活動した。

徳田 渟 とくだ・きよ 児童文学作家 沖縄県子どもの本研究会初代会長
㊷平成27年(2015)6月17日　94歳〔呼吸不全〕　㊹大正9年(1920)11月23日　㊺沖縄県那覇市上之蔵町　㊻沖縄県女子師範学校本科二部卒　㊸戦前から教職に就くが, 昭和19年対馬丸事件で教え子を失ったことから, 一時教職を離れた。復職後は読書教育に力を注ぎ, 48年〜平成9年沖縄県子どもの本研究会初代会長, 昭和53〜56年沖縄県学校図書館協議会会長を歴任。琉球新報児童文学賞の選考委員も務めた。著書に「くらやみのキジムナー」「またおいでよオーフガーガ」などがある。㊸琉球新報賞〔平成10

年〕 ㊹沖縄県子どもの本研究会, 沖縄県婦人有権者同盟, 日本子どもの本研究会, 日本児童文学者協会

徳田 敏夫 とくだ・としお 宮津市長
㊷平成27年(2015)10月20日　90歳〔膀胱がん〕　㊹大正14年(1925)9月18日　㊺京都府宮津市　㊻摂南工専土木工学科〔昭和22年〕卒　㊸昭和22年県府庁に入る。55年宮津市助役に転じ, 59年より市長に6選。18年引退。㊸旭日中綬章〔平成18年〕

徳田 信久 とくだ・のぶひさ 福岡市建築局長
㊷平成27年(2015)8月28日　85歳〔急性心不全〕　㊹昭和5年(1930)4月14日　㊺福岡県糸島郡二丈町（糸島市）　㊻糸島高〔昭和24年〕卒, 鹿児島大学農学部〔昭和28年〕卒　㊸昭和30年福岡市役所に入り, のち建築局長を務めた。62年福岡タワー専務。

戸口 幸策 とぐち・こうさく 音楽史家 成城大学名誉教授
㊹西洋音楽史, 西洋中世世俗歌　㊷平成28年(2016)9月17日　88歳〔病気〕　㊹昭和2年(1927)12月5日　㊺和歌山県和歌山市　㊻筆名＝十勝痴交錯, 鳥辺野懶夢（けむ）, 共同ペンネーム＝あずさみかみ　㊼東京大学経済学部〔昭和28年〕卒　㊸昭和28年4月〜32年5月平凡社編集部, 32年9月〜36年12月イタリア・ミラノに留学, 37年4月〜39年3月桐朋女子高等学校音楽科, 39年4月から成城大学文芸学部に勤務し, 平成10年退任。中世音楽に関する諸論文や, 歌劇の台本などの翻訳多数。著書に「音の波間で」「オペラの誕生」, 訳書にロラン「近代音楽劇の起源」, カンデ「ヴィヴァルディ」, グラウト・パリスカ「西洋音楽史」（共訳）, 他。イタリア政府カバリエーレ勲章〔昭和54年〕, 京都音楽賞研究評論部門賞（第11回）〔平成8年〕, 和歌山県文化賞〔平成8年〕　㊹日本音楽学会, 美学会, イタリア学会

徳永 治 とくなが・おさむ 淀川製鋼所常務
㊷平成28年(2016)5月10日　87歳〔肺炎〕　㊹昭和3年(1928)8月30日　㊺大阪府　㊻京都大学電気工学科〔昭和27年〕卒　㊸昭和27年淀川製鋼所に入社。大阪工場建材部長代理, 同建材部長を経て, 62年取締役, 平成5年常務。

徳永 光一 とくなが・こういち 岩手大学名誉教授
㊹農業土木学　㊷平成28年(2016)2月19日　88歳〔肺気腫〕　㊹昭和2年(1927)8月13日　㊺東京都世田谷区　㊻東京大学農学部農業工学科〔昭和27年〕卒　農学博士　㊻プロレタリア作家・徳永直の長男。岩手大学農学部助手, 助教授を経て, 昭和45年教授。平成5年定年退官。㊸読売農学賞（第35回）〔平成10年〕「土壌間隙の立体構造と透水抑制に関する研究」, 農業土木学会賞〔昭和53年〕, 岩手農業賞特別農業功労部門〔昭和48年〕　㊻父＝徳永直（小説家）, 妹＝徳永街子（女優）

徳永 光機 とくなが・こうき 東亜建設工業副社長
㊷平成28年(2016)1月17日　78歳〔急性呼吸不全〕　㊹昭和12年(1937)11月9日　㊺福岡県　㊻九州大学工学部〔昭和38年〕卒　㊸昭和38年東亜建設工業に入社。海外事業部長, 北陸支店長, 大阪支店長を経て, 平成5年取締役, 9年常務, 11年専務, 13年副社長。17年退任。

徳永 宗雄 とくなが・むねお 京都大学名誉教授
㊹インド哲学　㊷平成28年(2016)8月1日　71歳〔膵臓がん〕　㊹昭和19年(1944)10月5日　㊺大阪府　㊻京

都大学文学部哲学科インド哲学史専攻〔昭和46年〕卒, ハーバード大学（米国）大学院サンスクリット・インド学専攻〔昭和54年〕博士課程修了　Ph.D.　[歴]京都大学助教授を経て、平成3年教授。共訳にR.G.ワッソン、W.D.オフラハティ「聖なるキノコーソーマ」。　[賞]日本印度学仏教学会鈴木学術財団特別賞（第7回）〔平成7年〕

徳永 幸雄　とくなが・ゆきお　広島ガス社長　キワニスインターナショナル日本地区会長　[没]平成29年（2017）4月22日　92歳〔肺炎〕　[生]大正14年（1925）1月1日　[出]広島県呉市　[学]京都帝国大学工学部〔昭和22年〕卒　[歴]昭和22年広島ガス入社とともにセーラー万年筆の非常勤監査役に。4年目の26歳から広島大学政経学部二部で経済学を学ぶ。46年常務、51年専務を経て、57年社長。平成3〜13年会長。昭和59年広島県日中親善協会会長、平成8年広島インドネシア協会会長や鈴峯学園理事長を歴任。10〜21年中国経済クラブ理事長。また、昭和45年より広島キワニスクラブでボランティア活動に取り組み、平成11年キワニスインターナショナル日本地区会長に就任した。　[賞]藍綬褒章〔昭和63年〕, 勲三等旭日中綬章〔平成11年〕, 中国四川省人民政府表彰〔平成3年〕　[団]広島県日中親善協会

徳永 吉生　とくなが・よしお　シチズン時計常務　[没]平成29年（2017）9月21日　76歳〔進行性核上性まひ〕　[生]昭和16年（1941）1月19日　[出]熊本県　[学]東京工業大学工学部機械工学科〔昭和39年〕卒　[歴]昭和39年シチズン時計に入社。平成8年取締役を経て、13年常務。

得能 正照　とくのう・まさてる　レンゴー専務　[没]平成27年（2015）1月20日　91歳〔老衰〕　[生]大正12年（1923）12月6日　[出]広島県　[学]海兵〔昭和19年〕卒　[歴]昭和38年連合紙器（現・レンゴー）取締役、45年常務を経て、51年専務。

徳久 球雄　とくひさ・たまお　登山家　桜美林大学名誉教授　[専]人文地理学　[没]平成28年（2016）11月1日　85歳　[生]昭和6年（1931）8月15日　[出]東京都　[学]東京教育大学理学部地理学科〔昭和29年〕卒, 東京教育大学大学院地理学専攻〔昭和32年〕修了　[歴]青山学院大学経営学部教授、桜美林大学国際学部教授、北海学園北見大学商学部教授を歴任。野外活動の指導者、登山家としても活躍した。著書に「観光論」「山に寄せる心」「キーワードで読む観光」などがある。　[団]日本観光学会, 日本山岳会, 日本キャンプ協会

徳光 清子　とくみつ・きよこ　花外楼女将　[没]平成28年（2016）4月19日　94歳〔老衰〕　[生]大正10年（1921）10月18日　[出]大阪府　[学]大阪府立女子専英文学部〔昭和16年〕卒　[歴]明治8年に立憲政体のあり方を議論した“大阪会議”が開かれた大阪の老舗料亭・花外楼の4代目女将を務めた。　[家]夫＝徳光憲（花外楼会長）

徳本 鎮　とくもと・まもる　九州大学名誉教授　[専]民法（財産法）　[没]平成27年（2015）7月17日　87歳〔呼吸不全〕　[生]昭和3年（1928）7月14日　[出]山口県熊毛郡熊毛町（周南市）　[学]九州大学法学部法律学科〔昭和26年〕卒　法学博士〔昭和37年〕　[歴]昭和26年九州大学法学部助手、30年助教授を経て、40年教授。46年学生部長、57年法学部長を歴任。平成4年退官し、西南学院大学教授を経て、5年福岡県立女子大学学長に就任。13年退任。鉱・公害賠償の法理論研究と実践に尽くし、福岡県鉱害対策連絡協議会副会長などを務めた。著書に「農地の鉱害賠償」「企業の不法行為責任の研究」「鉱害賠償責任の実体的研究」などがある。　[賞]瑞宝重光章〔平成18年〕, 西日本文化賞（第55回）〔平成8年〕　[団]日本私法学会, 日本比較法学会, 日本交通法学会　[家]妻＝徳本サダ子（弁護士）

土倉 亮一　とくら・りょういち　京都教育大学名誉教授　[専]植物分類学, 環境植物学　[没]平成27年（2015）3月8日　84歳　[生]昭和5年（1930）10月26日　[学]西京大学農学部卒, 京都大学大学院博士課程　農学博士　[歴]昭和40年京都教育大学に赴任、定年までの約30年間にわたって植物分類学や環境植物学を講じた。

床泉　とこいずみ　大相撲床山　三等床山　[没]平成28年（2016）6月3日　34歳　[生]昭和56年（1981）8月7日　[出]東京都文京区　[名]本名＝小池恭平（こいけ・きょうへい）　[学]明治学院東村山高中退　[歴]明治学院東村山高を1年で中退し、東関部屋に入門。平成9年床山に採用され、三等床山を務めた。29年34歳で急死した。

床邦　とこくに　大相撲床山　特等床山　[没]平成27年（2015）10月7日　72歳　[生]昭和18年（1943）7月8日　[出]栃木県鹿沼市中田町　[名]本名＝渡辺邦雄（わたなべ・くにお）　[歴]勧誘されて昭和34年5月春日野部屋の床山に採用される。その後研鑽を重ね、62年一等床山を経て、平成17年特等床山に昇格し、床山会会長に就任。床邦と床寿の尽力により、20年初場所から床山も番付に掲載されるようになった。同年7月引退。

土佐 直樹　とさ・なおき　山陽新聞専務倉敷本社代表　[没]平成28年（2016）11月4日　66歳〔くも膜下出血〕　[生]昭和25年（1950）2月19日　[出]岡山県美作市　[学]東京大学文学部卒　[歴]昭和49年山陽新聞社に入社。編集局経済部長、同政治部長、社長室次長兼経営企画部長などを経て、平成21年執行役員東京支社長兼総務部長、23年取締役総務局長、25年常務倉敷本社代表、28年専務。同年テレビせとうち副社長。

土佐 雅宣　とさ・まさのぶ　三菱電機常務　[没]平成29年（2017）8月2日　81歳　[生]昭和11年（1936）2月14日　[出]大阪府　[学]大阪大学工学部〔昭和34年〕卒　[歴]昭和34年三菱電機に入社。平成5年取締役を経て、7年常務。9年顧問。

歳森 翠石　としもり・すいせき　書家　岡山県書道連盟会長　[専]漢字　[没]平成29年（2017）7月22日　84歳　[生]昭和8年（1933）2月1日　[出]岡山県岡山市　[名]本名＝歳森拓也（としもり・たくや）　[学]岡山大学卒　[歴]神崎紫峰、青山杉雨、稲垣松圃に師事。日展会友で、謙慎書道会常任理事、岡山県書道連盟常任顧問などを務めた。　[賞]山陽新聞賞, 読売書法展読売新聞社賞（漢字, 第15回）〔平成10年〕　[団]日展, 謙慎書道会, 岡山県書道連盟　[師]師＝神崎紫峰, 青山杉雨, 稲垣松圃

戸田 隆志　とだ・たかし　清水建設副社長　[没]平成28年（2016）5月23日　83歳〔肺がん〕　[生]昭和7年（1932）7月6日　[出]新潟県糸魚川市　[学]東京大学工学部土木工

学科〔昭和30年〕卒 ㊗昭和30年清水建設に入社。62年取締役、平成元年常務、3年専務を経て、副社長。

戸田 忠雄 とだ・ただお 教育アナリスト 政策研究大学院大学客員教授 ㊣教育社会学,思想史,精神分析学 ㊥平成29年(2017)5月13日 80歳〔胆嚢がん〕 ㊤昭和12年(1937)3月16日 ㊦兵庫県神戸市 ㊧東北大学教育学部〔昭和35年〕卒 ㊨長野県の上田城南高、望月高、東部高、上田高、長野高などで社会科を教え、平成9年長野吉田高を最後に退職。この間、卓球の監督としてインターハイ、国体に多数出場。教育社会学が専門で、若者文化や女性論をテーマにした執筆も多い。のち信学会長野予備学校校長。12年小学校の英語教育を支援する民間団体・長野県英語教育サポーティングシステム代表に就任。内閣府規制改革・民間開放推進会議専門委員や、公立学校教員による不祥事防止策などを話し合う、教員の資質向上・教育制度あり方検討会議委員なども務めた。著書に「学校ってなんだ」「いま、『学校』から子どもを守るために親ができること」「『ダメな教師』の見分け方」「学校は誰のものか」「公務員教師にダメ出しを!」「学校を変えれば社会が変わる」『日本型学校主義」を超えて」などがある。

戸田 敏子 とだ・としこ 声楽家(アルト) 二期会理事長 東京芸術大学名誉教授 ㊥平成27年(2015)9月24日 93歳〔脳梗塞〕 ㊤大正11年(1922)5月10日 ㊦東京都 ㊧東京音楽学校(現・東京芸術大学)声楽科〔昭和18年〕卒 田中伸枝、園田誠一、リア・フォン・ヘッサート、中山悌一に師事。昭和30年東京でデビュー・リサイタル。深みのある声のアルト歌手として、バッハ、ヘンデルの宗教曲を中心にコンサート歌手を続け、ドイツ・リートによるリサイタルを開いた。オペラ「魔笛」「フィガロの結婚」「ジュリアス・シーザー」「蝶々夫人」「火刑台のジャンヌ・ダルク」などに出演。また、二期会の草創期からのメンバーで、平成5~10年理事長。東京芸術大学教授も務め、伊原直子、鮫島有美子ら多くの後進を育てた。 ㊗勲三等瑞宝章〔平成5年〕、ウィンナーワルド・オペラ賞大賞(第6回)〔昭和53年〕 ㊦二期会 ㊧師=田中伸枝、ヘッサート、リア・フォン

戸田 智次郎 とだ・ともじろう
⇒羽黒岩 盟海(はぐろいわ・ともみ)を見よ

戸田 久雄 とだ・ひさお 読売巨人軍代表補佐 読売新聞広告局次長 ㊥平成28年(2016)6月21日 90歳〔慢性リンパ性白血病〕 ㊤大正14年(1925)10月1日 ㊦富山県 ㊧明治大学政治経済学部〔昭和25年〕卒 ㊨昭和25年読売新聞社見習社員となり、30年入社。52年広告局次長、54年休職して読売興業に出向。55年定年退職。57年読売興業取締役となり、61~63年プロ野球・読売巨人軍の編成本部長、平成元年~2年球団代表補佐を務めた。

戸田 嘉徳 とだ・よしのり 公正取引委員会事務局長 ㊥平成28年(2016)9月1日 91歳〔脳出血〕 ㊤大正14年(1925)4月29日 ㊦東京都 ㊧東京大学法学部〔昭和23年〕卒 ㊨大蔵省に入省。仙台国税局長を経て、昭和47年官房専売公社監理官、49年官房審議官、

51年日本銀行政策委員、52年公正取引委員会事務局長。54年航空貨物通関情報処理センター理事長、59年自動車保険料率算定会副理事長、平成2年日本地震再保険社長。 ㊧弟=戸田善明(日本債券信用銀行副頭取)

戸谷 洋一郎 とたに・よういちろう 成蹊大学名誉教授 ㊣有機工業化学,脂質化学 ㊥平成29年(2017)11月1日 77歳〔病気〕 ㊤昭和15年(1940)7月2日 ㊦千葉県千葉市 ㊧成蹊大学工学部工業化学科卒、成蹊大学大学院工学研究科工業化学専攻〔昭和47年〕博士課程修了 工学博士 ㊨成蹊大学工学部助手、昭和52年専任講師、53年助教授、62年教授。平成17年理工学部教授。18年名誉教授。16年より日本油脂検査協会理事長を務める。共著に「油脂―栄養・文化そして健康」、編著に「油脂化学の知識」、共編に「油脂の科学」など。 ㊗日本油化学会賞(第33回)〔平成10年〕「高度不飽和脂質の利用に関する研究」 ㊤日本栄養・食糧学会,日本油脂検査協会

栃谷 義雄 とちたに・よしお ヤングドライ社長 ㊥平成27年(2015)8月20日 81歳 ㊤昭和8年(1933)9月22日 ㊦富山県富山市桜町 ㊨富山中部高〔昭和27年〕卒 ㊨生家は富山駅前の旭屋クリーニング商会で、昭和27年高校を卒業して家業を継ぐ。36年社長に就任。51年社名をヤングドライとし、法人化。平成18年会長。住宅を1軒ずつ回って洗濯物を預かり持ち帰るまでの方式を改め、利用客が自ら取次店にクリーニング品を持ち込んで料金を前払いする方式をいち早く導入。個人商店から業界トップクラスの規模に成長させた。 ㊧長男=栃谷義隆(ヤングドライ社長)

土手 基史 どて・もとし 北おおさか信用金庫理事長 ㊥平成27年(2015)2月28日 68歳〔多臓器不全〕 ㊨平成15年摂津水都信用金庫専務理事、19年理事長。26年同信金と十三信用金庫が合併して発足した北おおさか信用金庫の初代理事長を務めた。

轟木 利孝 とどろき・としたか 剣道家 三股町剣道連絡協議会会長 ㊥平成27年(2015)3月17日 63歳〔心筋梗塞〕 ㊦宮崎県北諸県郡三股町 ㊧中央大学〔昭和48年〕卒 ㊨宮崎高3年の昭和43年、高校総体剣道個人で宮崎県勢として初めて優勝。中央大時代は関東学生選手権で個人優勝した。富士ゼロックスでも選手として活躍した後、中央大や中央大で監督を務め、指導者としても多くのタイトルを獲得した。平成21年退社して帰郷、ボランティアで地元の小学生から社会人までを指導した。27年剣道の練習中に急逝した。 ㊗宮日賞スポーツ賞〔昭和43年〕

轟 勝 とどろき・まさる 全国じん肺患者同盟会長 ㊥平成28年(2016)1月31日 88歳〔肺炎〕 ㊤昭和2年(1927)8月15日 ㊦静岡県浜松市 ㊧青島日本中〔昭和20年〕卒 ㊨昭和22年古河鉱業久根鉱業所に入る。45年退社。全国じん肺患者同盟副会長、会長を務めた。

刀根 浩一郎 とね・こういちろう 日本経済新聞監査役 ㊥平成28年(2016)11月20日 83歳〔肺炎〕 ㊤昭和8年(1933)8月23日 ㊦福岡県 ㊧東京大学文学部卒 ㊨昭和33年日本経済新聞社に入社。文化部長、58年事業局次長、事業局総務、日経カルチャー社長、平成9年日本経済新聞監査役。11年退任。

登内 英夫 とのうち・てるお ルビコン創業者 伊那商工会議所顧問 長野県議 ㊥平成29年(2017)2月

7日　99歳　[生]大正6年(1917)10月23日　[出]長野県伊那市　[学]台北帝国大学農林専門部農芸化学科専科〔昭和18年〕卒　[歴]昭和38年伊那市議1期を経て、42年自民党から長野県議に当選。以来、連続8選。62年県議会議長。平成11年引退。自民党長野県連幹事長、自民党長野県議団長、県議会長野冬季五輪招致特別委員長などを歴任。この間、昭和27年日本電解製作所(現・ルビコン)を創業、国内有数のコンデンサーメーカーへと成長させた。平成11年まで社長。のち会長(一時社長職を兼務)。昭和51年〜平成16年伊那商工会議所会頭のほか、長野県経営者協会副会長、長野県貿易協会会長、長野県猟友会会長、長野県体育協会副会長などを歴任した。10年ルビコン本社に隣接して登内時計記念博物館を開設、館長に就任。　[賞]紺綬褒章〔昭和39年・48年〕, 藍綬褒章〔昭和59年〕, 勲三等旭日中綬章〔平成11年〕　[団]長野県猟友会, 長野県日韓親善協会　[家]弟＝登内五昭(ルビコン社長), 孫＝登内信太郎(ルビコン社長)

と

殿所 啓男　とのどころ・ひろお　宮崎県酪農業協同組合連合会専務理事　[没]平成28年(2016)6月10日　82歳〔肝臓がん〕　[出]宮崎県小林市　[歴]昭和36年霧島集約酪農業協同組合連合会(現・宮崎県酪農業協同組合連合会)に入る。常務理事を経て、平成4〜13年専務理事を務めた。

飛山 一男　とびやま・かずお　いすゞ自動車社長　[没]平成27年(2015)10月23日　90歳〔肺炎〕　[生]大正14年(1925)2月20日　[出]長野県長野市千歳町　[学]山梨工専機械科(現・山梨大学)〔昭和20年〕卒　[歴]昭和21年いすゞ自動車に入社。小型車研究生産本部長室長などを経て、51年取締役、54年常務、56年専務、57年副社長。59年社長、平成3年会長に就任、6年相談役に退いた。　[賞]藍綬褒章〔昭和61年〕, 勲二等瑞宝章〔平成8年〕, 谷川熱技術振興基金技術賞(第3回, 昭和59年度)「自動車部品の高品質, 高効率熱処理生産技術の向上に成果をあげた」

冨恵 洋次郎　とみえ・ようじろう　バーテンダー　バーで被爆証言を聞く会を開催した　[没]平成29年(2017)7月3日　37歳〔病気〕　[生]昭和54年(1979)　[出]広島県広島市　[歴]母方の祖母が被爆した被爆3世。広島市中区で「バー スワロウテイル」を経営していたが、県外からの客に原爆について尋ねられた際に答えに窮したことから、平成18年2月より毎月6日に被爆者を招いて体験談を聞く「原爆の語り部 被爆体験者の証言の会」を開催した。会は11年間に140回に及び、28年末から活動を本としてまとめるために執筆活動を始めた矢先、末期の肺がんであることが判明。著書「カウンターの向こうの8月6日」の出版直前に37歳で病死した。

富岡 茂永　とみおか・しげなが　神官　富岡八幡宮宮司　[没]平成29年(2017)12月7日〔自殺〕　[生]昭和35年(1960)　[学]皇学館大学卒　[歴]東京都江東区にあり、江戸勧進相撲発祥の地として知られる富岡八幡宮の宮司を務めた富岡興永の長男。平成7年父から宮司を座を譲られるが、金銭問題や女性関係のトラブルを起こし、13年父が宮司に復帰。以来、宮司の地位を巡って姉との確執が深まり、18年1月姉に「積年の恨み。地獄へ送る」などのハガキを送ったことから深川署に脅迫容疑で逮捕される。22年父の宮司引退を受け、神社本庁は姉を宮司代務者に任命。24年に父が亡くなり、遺書には姉を宮司にするよう記されていたが、神社本庁は姉弟間のトラブルなどから宮司に任命しなかった。29年9月姉の複数回の宮司就任の具申を神社本庁が了承しなかったことから、富岡八幡宮は神社本庁を離脱し、姉が宮司に就任。12月妻とともに帰宅した姉を刺殺、直後に妻も殺して自決し、大きな話題を呼んだ。　[家]父＝富岡興永(富岡八幡宮宮司), 姉＝富岡長子(富岡八幡宮宮司), 祖父＝富岡盛彦(富岡八幡宮宮司)

富岡 省三　とみおか・しょうぞう　写真家　北国写真連盟理事長　[没]平成28年(2016)10月14日　86歳〔肝硬変〕　[生]昭和5年(1930)1月4日　[出]石川県小松市　[学]大阪経済大学卒　[歴]昭和28年北国銀行に入行。38年コニカカラー北陸に転じ、48年取締役。平成3年退社。一方、2年石川県で初めて国画会写真部会員に推挙される。北国写真連盟理事長や石川県美術文化協会理事を歴任、北陸最大の規模と長い歴史を誇る公募展・北国写真展などの運営にあたった。

富岡 長子　とみおか・ながこ　神官　富岡八幡宮宮司　[没]平成29年(2017)12月7日〔刺殺〕　[生]昭和34年(1959)　[学]青山学院大学　[歴]東京都江東区にあり、江戸勧進相撲発祥の地として知られる富岡八幡宮の宮司を務めた富岡興永の長女。平成7年父が宮司を退き、弟の茂永が宮司に就任。しかし、13年5月金銭問題や女性関係のトラブルにより弟が退任し、父が宮司に復帰。以来、宮司の地位を巡って弟と確執が深まる。22年父の宮司引退を受け、神社本庁から宮司代務者に任命される。24年に父が亡くなり、遺書には長子さんを宮司にするよう記されていたが、神社本庁は姉弟間のトラブルなどから宮司に任命しなかった。29年9月複数回の宮司就任の具申を神社本庁が了承しなかったことから、富岡八幡宮は神社本庁を離脱し、宮司の座に就く。同年12月帰宅した所を待ち伏せていた弟夫婦に襲撃され、日本刀で刺殺された。直後、弟夫婦も自決し、大きな話題を呼んだ。　[家]父＝富岡興永(富岡八幡宮宮司), 弟＝富岡茂永(富岡八幡宮宮司), 祖父＝富岡盛彦(富岡八幡宮宮司)

富沢 純一　とみざわ・じゅんいち　分子生物学者　国立遺伝学研究所名誉教授　[専]分子遺伝学　[没]平成29年(2017)1月26日　92歳　[生]大正13年(1924)6月24日　[出]東京都　[学]東京帝国大学医学部薬学科〔昭和22年〕卒　[歴]国立予防衛生研究所勤務、大阪大学理学部生物学科教授を経て、昭和47年渡米し、米国立保健研究所(NIH)分子遺伝学部門部長。1950年代初頭から我が国に全く土壌が無かった分子生物学分野の研究に取り組み、遺伝子複製機構の研究で数々の成果を上げる。62年RNAによる複製の制御の発見により朝日賞を受賞。平成元年帰国し、国立遺伝学研究所の6代目所長に就任。9年退官。2年日本学士院会員、12年文化功労者に選ばれた。　[賞]文化功労者〔平成12年〕, 日本薬学会賞奨励賞(昭和32年度)「バクテリオファージにおける核酸の代謝」, 日本遺伝学会賞〔昭和37年〕「ファージおよび細菌の染色体と遺伝的組み換え」, 松永賞(第5回, 昭和43年度)「バクテリオファージの遺伝的組換えの分子機構に関する研究」, 朝日賞(昭和61年度)〔昭和62年〕「遺伝子複製機構の研究, とくにRNAによる

複製の制御の発見」　㊱日本学士院会員〔平成2年〕、米国立科学アカデミー外国人名誉会員

冨沢 宗水　とみざわ・そうすい　茶道家　春和会会長　㉘平成28年（2016）6月14日　82歳〔急性大動脈瘤解離〕　㉓昭和8年（1933）10月12日　㉔山形県寒河江市　㊲本名＝冨沢穣（とみざわ・しげし）　㉕中央大学　㉖春和会会長を務め、茶道裏千家淡交会山形支部幹事、山形県芸術文化会議茶道部会長、山形市芸術文化協会副会長などを歴任した。　㊱斎藤茂吉文化賞〔平成24年〕、地域文化功労者文部科学大臣表彰〔平成26年〕

冨沢 幸男　とみざわ・ゆきお　映画プロデューサー　㉘平成27年（2015）6月9日　88歳〔消化管出血〕　㉕東京工業大学卒　㉖岩波映画を経て、フリーとなり、多くのドキュメンタリー映画を制作。市川崑監督や篠田正浩監督らの作品を手がけた。　㊳妻＝朝倉摂（舞台美術家・画家・イラストレーター）、長女＝冨沢亜古（女優）

冨塚 三夫　とみずか・みつお　労働運動家　衆院議員（社会党）　国労書記長　総評副議長　㉘平成28年（2016）2月20日　86歳　㉓昭和4年（1929）2月27日　㉔福島県伊達郡国見町　㉕明治大学政経学部〔昭和29年〕卒　㉖昭和18年旧国鉄東北線の駅員となり、27年東京に転勤。鉄道教習所、明大時代から自治会や学部の委員長を務めた。32年国鉄労働組合（国労）支部役員に選出されたのを皮切りに国労本部企画部長などを務め、48年書記長に就任。50年公務員や国鉄職員に認められていないストライキ権を付与するよう政府に求める"スト権スト"を指導。同年11月26日から12月3日まで8日間にわたる史上空前のストとなり、全国の国鉄はストップした。スト権は得られず、国鉄側は約5400人の大量処分を行った。51年国労書記長を退任、総評事務局長を務めた。58年同副議長に就くと同時に旧神奈川5区から衆院選に挑み初当選を果たし、社会党の国鉄再建対策委員会の事務局長を務める。61年落選したが、平成2年返り咲き。5年再び落選。通算2期。8年民主党より立候補するが落選。著書に「冨さん奮闘記」「国鉄再建への時刻表」などがある。

冨田 勲　とみた・いさお　作曲家　編曲家　㉘平成28年（2016）5月5日　84歳〔慢性心不全〕　㉓昭和7年（1932）4月22日　㉔東京都杉並区高円寺　㉕慶応義塾大学文学部美術史科〔昭和30年〕卒　㉖東京に医師の長男として生まれ、幼年時代を青島や北京で過ごす。慶応義塾大学では美学美術史を専攻する傍ら、弘田龍太郎、平尾貴四男、小舟幸次郎らに師事。卒業後は本格的に作曲家として活動をはじめ、メルボルン五輪日本女子体操選手の伴奏音楽や学校の音楽教材、ラジオ、テレビ、CMなどの音楽を制作。また主にNHKのラジオ・テレビ番組の曲を数多く手がけ、「きょうの料理」「新日本紀行」「現代の映像」のテーマ音楽や、大河ドラマ第一作「花の生涯」の音楽担当に抜擢された。昭和45年大阪万博で東芝IHI館の音楽を担当。46年日本人として初めてモーグ・シンセサイザーを個人輸入、以後シンセサイザーよる曲作りに取り組み、49年米国でドビュッシーの曲をシンセサイザーの多重録音で演奏したアルバム「月の光」を発売。同作は「ビルボード」誌のクラシックチャート2位となり、日本人として初めてグラミー賞4部門にノミネートされ、全米レコード販売者協会の同年度最優秀クラシカル・レコードに選ばれた。次作の「展覧会の絵」は「ビルボード」誌で日本人初の1位を獲得、さらにシンセサイザーやレーザー光線などハイテクを使った大掛かりなコンサート「トミタ・サウンド・クラウド・コンサート」を世界各地で開催するなど、シンセサイザー音楽の大家として世界的に知られるようになった。映画音楽では村山新治・島津昇一監督〈警視庁物語〉シリーズ、内田吐夢監督「飢餓海峡」、深作欣二監督「黒蜥蜴」、山下耕作監督「前科者」、舛田利雄監督「ノストラダムスの大予言」、篠田正浩監督「夜叉ヶ池」、山田洋次監督「学校」「隠し剣 鬼の爪」「武士の一分」、堀川とんこう監督「千年の恋 ひかる源氏物語」などがあり、平成15年山田監督「たそがれ清兵衛」の音楽で日本アカデミー賞最優秀音楽賞を受賞した。他の作品に、NHK大河ドラマ「天と地と」「新平家物語」「勝海舟」「徳川家康」、アニメ「ジャングル大帝」「リボンの騎士」など、アルバムに「火の鳥」「惑星」「冨田勲の世界」「宇宙幻想」「バミューダ・トライアングル」「ダフニスとクロエ」「大峡谷」など。11年著作権管理などについてアーティストの意見を反映するための任意団体、メディア・アーティスト協会（MAA）創設に参画。尚美学園大学大学院教授も務めた。　㊱勲四等旭日小綬章〔平成15年〕、米国ベストセーリング・クラシカルアルバム賞〔昭和49年〕、日本レコード大賞（企画賞、第17回）〔昭和50年〕、NHK放送文化賞（第52回）〔平成13年〕、日本アカデミー賞最優秀音楽賞（第26回）〔平成15年〕「たそがれ清兵衛」、エレクトロニクス・アーツ浜松賞（第1回）〔平成19年〕、朝日賞〔平成24年〕、国際交流基金賞〔平成27年〕　㊳長男＝冨田勝（慶応義塾大学教授）　㊵師＝平尾貴四男、小舟幸次郎

冨田 勝三　とみた・かつぞう　クボタ副社長　㉘平成28年（2016）9月23日　84歳　㉓昭和7年（1932）3月30日　㉔滋賀県　㉕神戸大学大学院経営学専攻〔昭和33年〕修了　㉖昭和33年久保田鉄工（現・クボタ）に入社。57年総務部長、61年取締役、平成3年専務、のち副社長を歴任。

冨田 信一　とみた・しんいち　淑徳大学名誉教授　㉖フランス文学　㉘平成29年（2017）12月24日　92歳　㉓大正14年（1925）2月26日　㉔茨城県　㉕東京大学文学部仏文学科卒　㉖淑徳大学教授を務めた。　㊱瑞宝中綬章〔平成16年〕、日本フランス語フランス文学会

冨田 忠雄　とみた・ただお　ファーム富田創業者　㉘平成27年（2015）7月4日　83歳〔急性心不全〕　㉓昭和7年（1932）3月14日　㉔北海道空知郡中富良野町　㊲雅号＝富田龍吟（とみた・りゅうぎん）　㉕中富良野国民学校〔昭和21年〕卒　㉖入植3代目の農家の長男として生まれる。21歳の時に農協青年部の視察でラベンダーに出会い、昭和33年から反対する父親を説得して本格的に栽培に取り組む。のち香料原料として需要が増えるが、昭和40年代は合成香料に押され、48年には栽培農家も1軒となる。しかし、51年国鉄カレンダーにラベンダー畑が掲載されたのがきっかけで観光客も訪れるようになり、北海道の花観光の端緒を開いた。55年ラベンダー香水を委託製造。58年ファーム富田を設立。以後毎年渡仏し勉強、自ら香水の製造を始め

る。また、ポピー、紅花、ハーブ類も栽培。香水のほか化粧せっけん、ポプリ類、ティーなども手がけ、年間100万人以上の観光客が訪れる観光農園に育て上げた。平成2年フランスで開かれたラベンダー生産組織の芳香フェアの名誉審査員に招待され、ラベンダー修道騎士章を贈られた。一方、昭和34年同町青年団連盟理事長、38年同町農業協同組合青年部理事長、44年同町新星ラベンダー耕作者組合長、48年同町花卉採種組合長、59年富良野スキー学校長を歴任。著書に「わたしのラベンダー物語」がある。　[賞]北海道新聞文化賞産業経済賞（第44回）〔平成2年〕「ラベンダー観光への貢献」, フランスラベンダー修道騎士章, 北海道産業貢献賞〔平成11年〕

冨田 勝　とみた・まさる　プロ野球選手　[没]平成27年（2015）5月26日　68歳〔肺がん〕　[生]昭和21年（1946）10月11日　[出]大阪府大阪市　[学]興国高卒, 法政大学卒　[歴]興国高から法大に進むと、巧打の内野手として活躍。昭和43年ドラフト1位で南海（現・ソフトバンク）に入団、同じくドラフト1位でプロ野球入りした田淵幸一、山本浩二と“法政三羽がらす”と呼ばれた。48年巨人、51年日ハム、56年中日でプレー、同年史上2人目となる全12球団からの本塁打を達成した。57年引退。実働13年、1303試合出場、4028打数1087安打、451打点、126盗塁、打率.270。オールスター出場2回。

冨田 豊　とみた・ゆたか　近畿大学工学部教授　[専]データ解析, 数値解析, システム工学　[没]平成28年（2016）2月20日　91歳〔肺炎〕　[生]大正14年（1925）1月19日　[出]広島県呉市　[学]広島文理科大学理学部〔昭和24年〕卒　工学博士〔昭和53年〕　[歴]広島図書、広島県公立学校教論を経て、昭和40年呉工業高等専門学校助教授、45年教授。53年徳島大学教授、のち近畿大学教授。平成2〜6年同大工学部長を務めた。

富永 清次　とみなが・きよつぐ　菊陽町（熊本県）町長　[没]平成28年（2016）1月7日　87歳〔老衰〕　[生]昭和3年（1928）5月21日　[出]熊本県菊池郡菊陽町　[学]大津中〔昭和20年〕卒, 海兵〔昭和20年〕中退　[歴]熊本県菊陽町議を経て、昭和53年町長に当選。7期。熊本県町村会会長も務めた。　[賞]旭日小綬章〔平成19年〕

富永 健哉　とみなが・けんや　浅川町（福島県）町長　トミー精工会長　[没]平成27年（2015）3月16日　88歳　[生]大正15年（1926）3月27日　[出]福島県石川郡浅川町　[学]芝浦工業大学卒　[歴]東京の精密機器会社を経て、昭和33年富永製作所（現・トミー精工）を設立。実験用遠心分離機の分野で国内トップクラス企業に育て上げた。61年郷里である浅川町長に当選、5期。平成15年選挙公約であった町長の給与半減を実施し、話題を集めた。

冨永 茂穂　とみなが・しげほ　串木野市長　[没]平成29年（2017）10月29日　91歳　[生]大正14年（1925）11月10日　[出]鹿児島県　[学]鹿児島工専〔昭和23年〕卒　[歴]串木野市助役を経て、平成7年市長に当選、2期務める。15年落選。　[賞]旭日双光章〔平成20年〕

富永 友春　とみなが・ともはる　三和シヤッター工業常務　[没]平成27年（2015）2月19日　82歳〔肺炎〕　[生]昭和7年（1932）8月18日　[出]徳島県徳島市　[学]大倉高〔昭和28年〕卒　[歴]昭和21年大阪機械製作所に入社。31年三和シヤッター工業（現・三和ホールディングス）に転じ、45年取締役、63年常務。

冨野 直樹　とみの・なおき　ニコン常務　[専]カメラ開発　[没]平成28年（2016）1月31日　65歳〔肝肺症候群〕　[生]昭和25年（1950）3月19日　[出]愛知県　[学]大阪大学精密工学部〔昭和50年〕卒　[歴]昭和50年日本光学工業（現・ニコン）に入社。63年当時のAF技術の最高峰を極めると評価されたカメラ「F801」開発のチーフを務める。平成8年社長直轄のデジタルカメラ開発プロジェクトリーダーに就任。11年一眼レフデジカメ「D1」を発表し、デジカメ市場でのニコン健在をアピール。のち執行役員としてカメラ開発を束ねる。15年取締役、16年常務。　[賞]日本写真学会賞技術賞（平成14年度）

富森 啓児　とみのもり・けいじ　弁護士　[没]平成29年（2017）2月12日　84歳〔肺炎〕　[生]昭和7年（1932）2月19日　[出]京都府京都市　[学]京都大学文学部卒, 東京大学法学部〔昭和32年〕卒　[歴]昭和33年司法試験に合格、36年弁護士登録。岡谷市の林百郎法律事務所を経て、40年長野市に長野中央法律事務所を開設。42年、43年長野県弁護士会副会長。長野石綿じん肺訴訟、中国人強制連行訴訟、中国残留日本人孤児訴訟、地附山松寿荘訴訟などの原告側代理人を務めた。また、中選挙区時代に旧長野1区から衆院選に6回立候補した。　[団]長野県弁護士会

富原 薫　とみはら・かおる　ジャーナリスト　北海道放送社長　[没]平成27年（2015）5月15日　99歳　[生]大正5年（1916）3月20日　[出]北海道旭川市　[学]早稲田大学専門部法科〔昭和14年〕中退　[歴]昭和16年小樽新聞社に入社。17年全道の新聞社統合により北海道新聞社へ移籍。20年内閣記者会詰めとなり憲法審議を担当、22年憲法制定過程を巡る国会論戦の記録「日本国憲法制定誌」を出版した。26年北海道放送（HBC）に移り、31年の日ソ和平交渉の際には民間放送代表特派員の一人として鳩山一郎首相の随行団に参加。東京支社放送部次長、42年取締役、45年常務総務局長、53年専務、54年副社長を経て、59年社長に就任。平成7年会長、11年特別顧問に退く。昭和61〜63年日本民間放送連盟副会長、平成3〜13年北海道スケート連盟会長を務めた。[賞]旭日中綬章〔平成15年〕, 厚生大臣表彰〔昭和62年〕

富森 毅　とみもり・つよし　北陸大学名誉教授　[専]生薬学　[没]平成28年（2016）4月7日　81歳〔筋萎縮性側索硬化症〕　[生]昭和10年（1935）2月23日　[出]京都府京都市　[学]大阪大学薬学部卒　薬学博士　[歴]大正製薬、富山大学和漢薬研究所、東北大学を経て、昭和54年から北陸大学に勤務。薬草集めにネパール、インドなど、1年の4分の1を海外で過ごした。　[団]日本薬学会, 日本生薬学会

富山 治夫　とみやま・はるお　写真家　[没]平成28年（2016）10月15日　81歳〔肺がん〕　[生]昭和10年（1935）2月25日　[出]東京市神田区（東京都千代田区）　[学]小石川高定時制中退　[歴]高校在学中より写真家を志し、昭和35年「女性自身」創刊と同時に嘱託で仕事。38年朝日新聞社写真部嘱託。39年に「朝日ジャーナル」で始まった連載「現代語感」で、高度成長時代の日本を象徴的にとらえ、その後も媒体を変えて同シリーズを撮

り続ける。41年朝日新聞社退社。中国を何度も訪ねし、唐詩の世界を撮影した他、海外で精力的に取材。平成9年にデジタルカメラを使い始め、のちデジタル写真の作品のみを発表した。作品に写真集「現代語感」「佐渡島」「中国」(全3巻)や佐渡のアマチュア写真家近藤福雄の写真を佐渡博物館から発掘し、10年がかりでまとめた「佐渡万華鏡」などがある。 ㊥紫綬褒章〔平成15年〕、旭日小綬章〔平成24年〕、日本写真批評家協会新人賞(第9回)〔昭和40年〕「現代語感」、講談社出版文化賞(第9回)〔昭和53年〕「佐渡島」、日本写真協会賞年度賞(第30回)〔昭和55年〕、芸術選奨文部大臣新人賞〔昭和56年〕、写真百五十年マスター顕彰〔平成1年〕、日本写真協会賞文化振興賞〔平成7年〕、スポニチ文化芸術大賞優秀賞(第13回,平成16年度) ㊥日本写真協会,日本写真家協会

戸村 吉守 とむら・よしもり 戸村精肉本店社長 ㊥平成29年(2017)1月15日 75歳〔白血病〕 ㊥宮崎県日南市北郷町 ㊥昭和40年宮崎県日南市木山に精肉店を開業。スーパーや焼き肉店、即売所などに事業を拡大。平成23年社長を退任。「戸村本店の焼肉のたれ」は宮崎県内でトップシェアを誇る。

巴 里夫 ともえ・さとお 漫画家 ㊥平成28年(2016)7月1日 83歳〔肺がん〕 ㊥昭和7年(1932)11月22日 ㊥大分県中津市 ㊥本名=磯島重二(いそじま・しげじ) ㊥関西大学経済学部卒 ㊥大学卒業後上京、貸本少女誌「こだま」などで作品を発表。昭和40年少女漫画誌「りぼん」に「さよなら三角」が掲載され、十数年間の「りぼん」専属を経て、フリーとして活躍。代表作に「5年ひばり組」「6年〇組○○番」「赤いリュックサック」など。

友景 肇 ともかげ・はじめ 福岡大学工学部教授 ㊥半導体工学、電子材料工学 ㊥平成28年(2016)5月18日 ㊥昭和28年(1953)6月13日 ㊥山口県 ㊥九州大学工学部電気工学科〔昭和52年〕卒、九州大学大学院工学研究科電気工学専攻〔昭和57年〕博士課程修了 工学博士(九州大学)〔昭和57年〕 ㊥昭和57年福岡大学工学部講師、60年助教授を経て、教授。この間、62年米国スタンフォード大学客員研究員。九州の半導体メーカー約100社で作る半導体実装国際ワークショップ"MAP"代表を務めた。 ㊥応用物理学会、電子情報通信学会

友田 泰行 ともだ・やすゆき 関西大学名誉教授 ㊥人間工学 ㊥平成29年(2017)3月20日 91歳〔心不全〕 ㊥大正15年(1926)2月18日 ㊥奈良県 ㊥長野工業専門機械工学卒 博士(工学) ㊥関西大学工学部教授を務めた。

土門 正夫 どもん・まさお アナウンサー ㊥平成29年(2017)5月2日 87歳〔肺気腫〕 ㊥昭和5年(1930)3月24日 ㊥神奈川県 ㊥大学専門部卒 ㊥昭和26年NHKに入局。主にスポーツを担当し、高校野球を32年間、プロ野球を26年間とスポーツ中継一筋に歩む。オリンピックは、日本初のテレビ放送となった35年のローマ五輪以降、数多くの中継に携わり、39年の東京五輪では閉会式の実況中継も担当した。62年定年

退職、1年間アナウンス室顧問を務めた。著書に「燃える甲子園」がある。

外山 憲治 とやま・けんじ 名古屋ダルク創設者 ㊥平成28年(2016)2月17日 65歳〔膵臓がん〕 ㊥愛知県清須市 ㊥薬物依存症から立ち直った経験を持ち、平成元年東京に次いで全国2番目となる薬物依存者の社会復帰を助ける民間リハビリ施設「名古屋ダルク」を名古屋市北区に開設。患者同士のグループ討論や運動プログラムなどの通じ、依存症からの回復を支えた。11年津市に「三重ダルク」、16年岐阜市に「岐阜ダルク」、19年愛知県豊橋市に「三河ダルク」を、いずれも中心メンバーとして設立。また、全国の学校や矯正施設に招かれて講演も行い、依存症との向き合い方や、家族の支援のあり方などを説いた。 ㊥愛知県弁護士会人権賞〔平成7年〕

外山 方圓 とやま・まさくに 陸上指導者 小林高校駅伝部監督 宮崎産業経営大学教授 ㊥平成29年(2017)4月18日 76歳〔急性腎不全〕 ㊥昭和15年(1940) ㊥宮崎県宮崎市 ㊥宮崎大学学芸学部〔昭和38年〕卒 ㊥昭和38年小林高に保健体育科教論として着任。当初は陸上部コーチを務め、2年後に同部から独立した駅伝部監督に就任。平成元年までの26年間に全国高校駅伝大会(男子)に24回出場。昭和43年初優勝、48年に続き、52年と53年は世界選手権で日本人初の金メダリストとなった谷口浩美らを擁して連覇を飾るなど4回の優勝を果たし、準優勝・3位をそれぞれ3回という成績を残すなど"駅伝小林"の黄金時代を築いた。その後、宮崎県教育委員会の全国高校総体準備室に転出。10年県教委保健課長から小林高に校長として9年ぶりに着任。高原町教育長を経て、18〜29年宮崎産業経営大学教授を務めた。宮崎陸上競技協会理事長、同副会長も歴任した。

豊蔵 亮 とよくら・あきら 弁護士 ㊥平成27年(2015)4月23日 83歳〔昭和7年(1932)3月20日〕 ㊥中央大学法学部〔昭和33年〕卒 ㊥昭和35年司法試験に合格、38年弁護士登録。大阪府収用委員会会長やIDEC取締役、西島製作所監査役などを務めた。 ㊥大阪弁護士会

豊島 弘通 とよしま・ひろみち 旭川電気軌道社長 ㊥平成27年(2015)12月12日 82歳〔昭和8年(1933)11月25日〕 ㊥北海道旭川市 ㊥旭川東高卒、日本大学法学部〔昭和33年〕卒 ㊥昭和33年旭川電気軌道に入社。平成4年から社長、会長を歴任。北海道バス協会副会長、コンピュータービジネス社長、北海道ビジネスコンサルタント社長、日本チェーンストア協会常務理事などを務めた。

豊島 正章 とよしま・まさあき 福岡県議(自民党) ㊥平成28年(2016)1月25日 73歳〔昭和17年(1942)4月10日〕 ㊥福岡県鞍手郡小竹町 ㊥八幡大学(現・九州国際大学)第二法経学部〔昭和43年〕卒 ㊥社会保険事務所勤務、解放同盟地区共闘議長を経て、昭和58年から福岡県議に4選。平成11年、15年落選。

豊田 三郎 とよだ・さぶろう 洋画家 ㊥平成27年(2015)12月6日 107歳〔老衰〕 ㊥明治41年(1908)9月18日 ㊥福井県大野郡下味見村東河原(福井市) ㊥帝国美術学校(現・武蔵野美術大学)本科西洋画科〔昭和13年〕卒 ㊥農林業を営む家に生まれ、農業に従事

するが、絵の道が忘れられず、25歳で上京し、帝国美術学校（現・武蔵野美術大学）に入学。昭和9年在学中に、国画展初入選。25年郷里の福井県美山町に戻り中学校の美術教師となる。平成元年81歳で「ふるさとの山河」がフランスのサロン・ド・パリ展で大賞を受け、以後、各国の展覧会でも受賞を重ねる。5年植村鷹千代、河北倫明、瀬木慎一により創立された彩殊会に創立会員として推挙。7年「瀞」が世界芸術文化遺産に認定されたほか、8年「夏の杉」が中国故宮博物院開院70周年記念賞を受賞、11年「NNNドキュメント'99」の「永遠の一枚」が厚生省児童福祉審議会において児童福祉文化財に指定され、厚生省児童福祉文化賞を受ける。杉林を表現する美しい緑色は“トヨダ・グリーン”と呼ばれ、内外から高い評価を受ける。随筆を執筆するほか、短歌もたしなみ、歌集も出版した。 [賞]サロン・ド・パリ展大賞〔平成1年〕「ふるさとの大河」，現代日本絵画大賞〔平成5年〕，国際都市美術展大賞〔平成6年〕「樹陰清流」，パリ平和芸術大賞〔平成6年〕，フランス平和芸術大賞〔平成8年〕「鎮の杜」，福井新聞社文化賞功労賞〔平成10年〕，厚生省児童福祉文化賞〔平成11年〕「永遠の一枚」 [団]海外芸術交流協会（名誉会員），ユーラシアン・レガシー

豊田 達郎　とよだ・たつろう　トヨタ自動車社長　[没]平成29年（2017）12月30日　88歳〔肺炎〕　[生]昭和4年（1929）6月1日　[出]愛知県名古屋市　[学]東京大学工学部機械工学科〔昭和28年〕卒，ニューヨーク大学大学院経営学修了　M.B.A.（ニューヨーク大学）　[歴]“発明王”と称された豊田グループの祖・豊田佐吉の孫で、トヨタ自動車を創業した豊田喜一郎の二男。昭和28年トヨタ自動車販売入社。ニューヨーク大学で経営学修士を取得し、英語も堪能で主に海外畑を歩む。商品企画室長を経て、49年取締役。55年トヨタ自動車工業取締役、57年工販合併によりトヨタ自動車常務。58年からフリーモント事業準備室長として、米ゼネラル・モーターズ（GM）との合弁事業計画を推進。59年トヨタ・GMの合弁会社ニュー・ユナイテッド・モーター・マニュファクチャリング（NUMMI，ヌーミー）初代社長に就任、トヨタ初の米国生産を成功に導き、北米市場開拓の足がかりを築いた。同年再びトヨタ自動車取締役となり、61年専務、63年副社長、平成4年実兄豊田章一郎の後を継いで7代目社長に就任。6年中国を訪問して李鵬首相（当時）と会談、出遅れていた中国市場での事業展開に道を開く。その後高血圧症を患い、7年療養のため副会長に退く。8年取締役相談役、26年顧問。また6～7年日本自動車工業会会長、8年まで経済同友会副代表幹事、10年豊田中央研究所代表取締役、13年取締役相談役、トヨタ学園理事長、トヨタ財団会長を歴任。米政財界に太いパイプを持ち、トヨタきっての国際派として知られた。 [賞]藍綬褒章〔平成4年〕，勲一等瑞宝章〔平成11年〕 [家]祖父＝豊田佐吉（トヨタグループ創始者），父＝豊田喜一郎（トヨタ自動車工業創立者），兄＝豊田章一郎（トヨタ自動車名誉会長）

豊田 都峰　とよだ・とほう　俳人　「京鹿子」主宰　[没]平成27年（2015）7月25日　84歳〔突発性急性膵炎〕　[生]昭和6年（1931）1月13日　[出]京都府　[名]本名＝豊田充男（とよだ・あつお）　[学]立命館大学文学部〔昭和27年〕卒　[歴]昭和23年「京鹿子」に入会、鈴鹿野風呂、丸山海道に師事。48年同誌編集長、平成5年副主宰を経て、11年より主宰。同年より京都新聞「京都文芸」欄で俳壇選者を務めた。句集「野の唄」「川の唄」「山の唄」「木の唄」「雲の唄」「土の唄」「水の唄」や、著書「芭蕉京近江を往く」などがある。 [賞]京鹿子大作賞，春嶺賞，評論賞「素逝ノート」，京都市芸能振興賞（平成24年度）〔平成25年〕 [団]現代俳句協会，大阪俳句史研究会，日本ペンクラブ [師]師＝鈴鹿野風呂，丸山海道

豊田 計　とよだ・はかる　全国農業協同組合中央会会長　真岡市議　[没]平成27年（2015）12月20日　89歳〔心不全〕　[生]大正15年（1926）11月15日　[出]茨城県西茨城郡西山内村（笠間市）　[学]真岡中〔昭和19年〕卒　[歴]昭和38年真岡市山前農業協同組合長となり、その後の合併により真岡市、はが野の各農協組合長を務める。57年～平成19年栃木県農業協同組合中央会会長。この間、6～8年全国農業協同組合中央会会長を務め、農林中央金庫など農協系金融機関も融資を行っていた住宅金融専門会社（住専）の破綻処理問題の対応などにあたった。また、昭和30年より真岡市議に5選、45年市議会議長。 [賞]藍綬褒章〔平成1年〕，勲二等旭日重光章〔平成14年〕

豊田 泰光　とよだ・やすみつ　プロ野球選手　野球評論家　[没]平成28年（2016）8月14日　81歳〔誤嚥性肺炎〕　[生]昭和10年（1935）2月12日　[出]茨城県久慈郡大子町　[学]水戸商〔昭和28年〕卒　[歴]中学時代は投手。昭和27年水戸商の遊撃手として夏の甲子園に出場、選手宣誓を行う。28年西鉄（現・西武）に入団、18歳で正遊撃手になり、打率.281、27本塁打という高卒新人としては異例の成績で新人王に輝く。31年には打率.3251で首位打者を獲得、同僚・中西太の3冠を阻止した。日本シリーズでは巨人を破って日本一となり、シリーズMVPも獲得。32年、33年も巨人を破り3年連続日本一になるなど中西、稲尾和久らと“野武士軍団”と呼ばれた西鉄の黄金時代を築いた。38年国鉄（のちサンケイ，現・ヤクルト）に移籍して代打の切り札として活躍、43年には2試合連続代打サヨナラ本塁打を記録した。44年引退。通算成績は、実働17年、1814試合出場、6137打数1699安打、263本塁打、888打点、215盗塁、打率.277。オールスター出場9回、ベストナイン6回。サンケイ、近鉄（現・オリックス）のコーチを務め、のち文化放送の解説者となる。平成12年文化放送「トヨさんのサンデーラジオI（アイ）」で初のパーソナリティーを務める。野球評論家としてテレビやラジオで活躍した他、「週刊ベースボール」のコラム「豊田泰光のオレが許さん！」、日本経済新聞のスポーツ欄コラム「チェンジアップ」などを長期にわたり執筆、辛口の批評で知られた。ビクター専属歌手を経験したこともある。著書に「野球こそ格闘技だ」「トヨさんの新・長幼の序」「オレが許さん！」「豊田泰光のチェンジアップ人生論」などがある。18年野球殿堂入り。 [賞]茨城県民栄誉賞〔平成18年〕

豊田 芳年　とよだ・よしとし　豊田自動織機社長　中部経済連合会会長　[没]平成29年（2017）1月8日　91歳〔心不全〕　[生]大正14年（1925）8月29日　[出]愛知県名古屋西区　[学]慶応義塾大学経済学部〔昭和23年〕卒　[歴]トヨタ自動車会長を務めた豊田英二の実弟。昭和23年

東海銀行(現・三菱東京UFJ銀行)に入行。30年豊田自動織機製作所(現・豊田自動織機)に転じ、38年取締役、44年常務、51年専務、52年副社長を経て、53年社長となり、事業の多角化などに尽力。海外進出を積極的に進め、フォークリフトで世界トップの地位を確立した。平成5年会長、11年名誉会長。日本産業車両協会会長、日本繊維機械協会会長などを歴任。16年トヨタグループ出身者で初めて中部経済連合会会長となり、17年の中部国際空港開港や愛知万博(愛・地球博)を支えた。　[賞]藍綬褒章〔昭和60年〕, 勲二等旭日重光章〔平成8年〕　[家]兄＝豊田英二(トヨタ自動車会長)

豊浜 光輝　とよはま・みつてる　石川・宮森630会会長　[没]平成27年(2015)1月12日　79歳〔間質性肺炎〕　[生]昭和10年(1935)11月11日　[出]沖縄県中頭郡読谷村喜名　[学]読谷高〔昭和28年〕卒　[歴]昭和34年6月30日、石川市立宮森小学校に米軍のジェット戦闘機が墜落して児童ら17人が亡くなった宮森小米軍機墜落事故の際、同校に巡回教師として勤務しており、遺族に遺体を引き渡す担当を務めた。平成21年から同事故を語り継ぐ活動に関わり始め、22年石川・宮森630会会長に就任。24年NPO法人化。遺族や当時の教員に事故当時の証言を聞き、証言集3冊、資料集1冊を出版した。

豊本 治　とよもと・おさむ　高岡法科大学法学部教授　[専]労働法, 公務員法, 地方行政　[没]平成29年(2017)2月17日　62歳〔胃がん〕　[生]昭和29年(1954)9月8日　[出]富山県高岡市　[学]同志社大学法学部法律学科〔昭和52年〕卒　博士(法学, 大阪大学)〔平成19年〕　[歴]昭和52年高岡市役所に入る。富山県収用委員、高岡市都市整備部長を経て、平成22年高岡法科大学法学部教授に転身。27年より副学長を務めた。

鳥居 三朗　とりい・さぶろう　俳人　「雲」主宰　[没]平成27年(2015)9月11日　75歳〔脳出血〕　[生]昭和15年(1940)1月6日　[出]愛知県幡豆郡吉良町(西尾市)　[名]本名＝鳥居良紀(とりい・よしのり), 旧号＝鳥居三太(とりい・さんた)　[歴]昭和63年辻桃子主宰「童子」に入会、平成7年退会。4年第一句集「小林金物燃料店」を刊行。9年「魚座」創刊に同人参加、今井杏太郎に師事。11年号を三太から三朗に改める。19年「雲」を創刊・主宰した。他の句集に「太郎冠者」「山椒の木」などがある。　[団]俳人協会　[師]師＝今井杏太郎

鳥居 大　とりい・まさる　名古屋市教育長　愛知淑徳短期大学学長　[専]教育学　[没]平成29年(2017)12月16日　88歳〔尿道がん〕　[生]昭和4年(1929)8月29日　[出]愛知県田原市　[学]東京教育大学文学部史学科日本史専攻卒, 東京教育大学大学院文学研究科日本史専攻修士課程修了　[歴]名古屋市立桜台高校校長、名古屋市教育委員会学校教育部長を歴任し、昭和59～62年名古屋市教育長、63年市教育委員、平成3年同教育委員長を歴任。一方、昭和61年愛知淑徳大学文学部教授、愛知淑徳学園法人本部長、平成2年同学園常任理事を経て、7～13年愛知淑徳短期大学学長。

鳥越 綾子　とりごえ・あやこ　福岡おかあさんコーラス連絡会会長　[没]平成28年(2016)9月29日　95歳　[生]大正9年(1920)10月　[出]京都府京都市　[歴]女学校時代から声楽を習い、合唱団でも活動。50歳の時から主婦たちのコーラスを指導するようになり、楽典を独学し、指揮法なども勉強。昭和52年各地の合唱団に呼びかけ、福岡おかあさんコーラス連絡会を結成、会長に就任。平成9年11月福岡市のアクロス福岡で、結成25周年記念の演奏会を開催。同演奏会を最後に会長を退任した。　[家]夫＝鳥越俊雄(鳥越製粉専務), 長男＝鳥越俊太郎(ジャーナリスト), 孫＝鳥越さやか(シャンソン歌手)

鳥島 正幸　とりしま・まさゆき　新潟日報常務　[没]平成29年(2017)6月22日　77歳〔肺疾患〕　[生]昭和14年(1939)10月10日　[出]新潟県小千谷市　[学]明治大学法学部卒　[歴]昭和38年新潟日報社に入社。販売局発送部長、印刷局長を経て、平成10年取締役、14～16年常務。

鳥丸 正登　とりまる・まさと　高尾野町(鹿児島県)町長　[没]平成28年(2016)5月30日　92歳〔急性腎不全〕　[生]大正13年(1924)1月12日　[出]鹿児島県出水郡高尾野町(出水市)　[学]日本大学法学部卒　[歴]鹿児島県高尾野町議を経て、昭和50年から町長を3期務めた。60年鹿児島県町村会長。

鳥宮 暁秀　とりみや・ぎょうしゅう　書家　隆生書道会主宰　毎日書道展審査会員　[専]近代詩文　[没]平成28年(2016)3月7日　76歳〔心不全〕　[生]昭和14年(1939)10月4日　[出]北海道　[学]大東文化大学卒　[賞]毎日書道展会員賞(近代詩文書部, 第43回, 平成3年度)　[団]日展　[師]師＝大井錦亭

鳥山 泰靖　とりやま・やすのぶ　日本電産副社長　[没]平成27年(2015)4月21日　76歳〔肺がん〕　[生]昭和13年(1938)9月18日　[出]奈良県　[歴]昭和36年光洋精工に入社。平成3年日本電産に転じて経理部長、同年取締役、8年常務、9年専務を経て、14年副社長。

泥 憲和　どろ・のりかず　平和運動家　[没]平成29年(2017)5月3日　63歳〔急性腎不全〕　[生]昭和29年(1954)　[出]兵庫県姫路市　[学]湘南高定時制〔昭和48年〕卒　[歴]昭和44年陸上自衛隊に入隊。元自衛隊員の立場から、集団的自衛権の行使や安全保障関連法などに反対する意見を発信した。

都渡 正道　とわたり・まさみち　菊竹金文堂社長　[没]平成28年(2016)8月15日　69歳〔急性骨髄性白血病〕　[生]昭和22年(1947)5月29日　[出]福岡県久留米市　[学]慶応義塾大学法学部〔昭和45年〕卒　[歴]平成3年菊竹金文堂社長となる。金文会では広報委員長、副会長、会計監査を歴任。福岡県書店商業組合理事長、九州雑誌センター監査役なども務めた。

【な】

内藤 明人　ないとう・あきと　リンナイ社長　[没]平成29年(2017)3月20日　90歳〔肺炎〕　[生]大正15年(1926)3月29日　[出]愛知県名古屋市中村区大正町　[名]

本名＝内藤進（ないとう・すすむ）　[学]東京大学第二工学部機械工学科〔昭和23年〕卒　[歴]昭和23年父の経営する林内製作所に入社。25年株式会社に改組し副社長、41年社長となる。46年社名をリンナイに変更。副社長時代の30年、視察先の欧州でバーナーを知り、年間の売上高の3分の1にあたる2億円の特許料を払って得た技術を応用して備長炭並みの1000度で焼けるガス機器を開発。全国のうなぎ店から注文が殺到し、同社飛躍のきっかけとなる。社長に昇格してからは小型の2口コンロを大ヒットさせた。その後も電子制御の技術を採り入れるなど競争力を磨き、売上高3000億円超の企業に育て上げた。平成13年会長。この間、昭和38年日本青年会議所副会頭、47年日本ガス石油機器工業会会頭、49年中部経済同友会代表幹事、52年愛知県経営者協会副会長、56年～平成8年名古屋商工会議所副会頭、昭和59年名古屋中小企業投資育成社社長、平成2年名古屋駐在ニュージーランド名誉領事、6年中部産業連盟会長などを歴任した。　[賞]紫綬褒章〔昭和50年〕，藍綬褒章〔昭和61年〕，科学技術庁長官賞科学技術功労者表彰〔昭和46年〕「赤外線利用ガス器具の開発」　[家]父＝内藤秀次郎（リンナイ創業者），長女＝内藤ゆき美（浄瑠璃三味線奏者）

な

内藤 修　ないとう・おさむ　スピードスケート選手　[没]平成28年（2016）10月22日　67歳〔急性心筋梗塞〕　[出]長野県南佐久郡臼田町（佐久市）　[学]臼田高（現・佐久平総合技術高）卒，日本大学　[歴]臼田高（現・佐久平総合技術高）時代に全国高校大会スピードスケート男子5000メートル、1万メートルで高校記録を出して優勝。日大に進むと大学選手権1万メートルで3連勝。ユニバーシアード1万メートルで銅メダル。世界選手権にも2回出場した。日大時代に出場した昭和47年札幌五輪は5000メートル16位、1万メートル12位。50年の全日本選手権では総合優勝を果たした。

内藤 賢一　ないとう・けんいち　医師　内藤病院院長　秋田県医師会会長　[没]平成29年（2017）4月26日　95歳〔肺炎〕　[生]大正10年（1921）12月10日　[出]秋田県本荘市（由利本荘市）　[学]北海道大学医学部〔昭和22年〕卒　[歴]昭和23年から内藤病院院長。本荘市由利郡医師会会長を経て、49～51年秋田県医師会会長。また、42年から本荘市議を連続2期務めた。　[家]弟＝内藤聖二（順天堂大学名誉教授），内藤博（東京大学名誉教授）

内藤 恵夫　ないとう・しげお　関東天然ガス開発社長　[没]平成29年（2017）5月3日　78歳〔肺気腫〕　[生]昭和14年（1939）2月18日　[出]東京都　[学]東京大学経済学部〔昭和36年〕卒　[歴]三井東圧化学を経て、平成元年関東天然ガス開発に入社。3年取締役、11年社長。17年相談役。

内藤 進　ないとう・すすむ
⇒内藤 明人（ないとう・あきと）を見よ

内藤 藤三　ないとう・とうぞう　三菱マテリアル常務　[没]平成29年（2017）3月25日　77歳〔食道がん〕　[生]昭和14年（1939）4月6日　[学]一橋大学〔昭和38年〕卒　[歴]昭和38年三菱金属（現・三菱マテリアル）に入社。経理部長を経て、平成5年取締役、8年常務。

内藤 敏樹　ないとう・としき　長岡大学学長　[専]法学，経営学　[没]平成27年（2015）8月4日　68歳〔急性心不全〕　[生]昭和21年（1946）　[出]東京都　[学]東京大学法学部〔昭和46年〕卒　[歴]昭和46年三菱総合研究所に入社。平成15年長岡大学助教授を経て、17年教授。24年学長に就任。27年在職中に亡くなった。

直良 光洋　なおら・みつひろ　出雲市長　[没]平成28年（2016）8月2日　95歳〔老衰〕　[生]大正9年（1920）11月11日　[出]島根県出雲市　[学]大社中〔昭和13年〕卒，山口高商〔昭和16年〕卒　[歴]昭和16年朝鮮銀行に入行。22年出雲市役所に入り、37年収入役、42年助役を歴任。48年自民党の推薦を受けて市長に当選。4期務め、平成元年引退。島根医科大学（現・島根大学医学部）の誘致や斐伊川・神戸川の治水事業に力を注いだ。7年島根県公安委員長。　[賞]藍綬褒章〔昭和56年〕，勲三等瑞宝章〔平成8年〕，出雲市名誉市民〔平成4年〕

中 一弥　なか・かずや　挿絵画家　日本出版美術家連盟名誉会長　[没]平成27年（2015）10月27日　104歳〔肺炎〕　[生]明治44年（1911）1月29日　[出]大阪府北河内郡大和田村（門真市）　[名]本名＝中福寿（なか・ふくじゅ）　[歴]昭和2年挿絵画家・小田富弥の内弟子になる。3年神戸新聞夕刊小説の挿絵を担当。4年直木三十五の「本朝野士縁起」で挿絵画家としてデビュー。以来、80年以上にわたって吉川英治、山手樹一郎、山本周五郎、野村胡堂、海音寺潮五郎、村上元三、藤沢周平、吉村昭、乙川優三郎ら数多くの歴史・時代小説の挿絵を担当。特に、池波正太郎の「鬼平犯科帳」「剣客商売」「仕掛人・藤枝梅安」の挿絵は代表作として名高い。墨と筆で江戸風俗を情感豊かに描き出し、緻密な時代考証にも定評があった。平成15年自伝的回想録「挿絵画家・中一弥」を出版。90歳を過ぎても第一線で活躍、103歳の26年にも三男の作家・逢坂剛の「平蔵狩り」の表紙絵を描いた。　[賞]勲四等瑞宝章〔平成8年〕，長谷川伸賞〔昭和46年〕，菊池寛賞（第41回）〔平成5年〕，吉川英治文化賞〔平成26年〕　[団]日本出版美術家連盟（名誉会長），日本作家クラブ，文芸家クラブ　[家]三男＝逢坂剛（作家）　[師]師＝小田富弥

中 康治　なか・こうじ　俳優　[没]平成27年（2015）12月19日　67歳〔直腸がん〕　[出]京都府　[名]本名＝福中康治（ふくなか・やすはる），前名＝中康次（なか・こうじ）　[学]嵯峨野高卒　[歴]高校時代に父が病死。高校卒業後、すぐに上京してファッションモデルの仕事をしながら生計を立てる。昭和53年日本テレビ系のテレビドラマ「姿三四郎」の脇役で俳優デビュー。191センチの長身の二枚目で、54年映画「戦国自衛隊」で現代から戦国時代にタイムスリップする陸上自衛隊員の一人を好演し、注目を集める。その後、55年テレビ朝日系「柳生あばれ旅」の荒木又右衛門役、59年NHK「宮本武蔵」の佐々木小次郎役、平成5年「五星戦隊ダイレンジャー」の道士・嘉挧役を演じる。中康次の名前で活動したが、のち中康治に改名した。他の出演作に、映画「彼のオートバイ、彼女の島」「19/ナインティーン」「押忍!!空手部」「咬みつきたい」「約束の地に咲く花」、

ドラマ「スケバン刑事」「春日局」「鬼平犯科帳」「仮面ライダー555」、舞台「三味線お千代」「アルジャーノンに花束を」「鹿鳴館」「ハムレット」などがある。

仲 良太郎 なか・りょうたろう 俳優 [没]平成29年(2017)8月22日 73歳〔間質性肺炎〕 [生]昭和18年(1943)8月30日 [出]東京都 [名]本名＝香取宏昭(かとり・ひろあき) [歴]「渡る世間は鬼ばかり」の舞台などに出演した。

中井 国緒 なかい・くにお 大阪高検公安部長 [没]平成29年(2017)9月1日 62歳〔農作業中の事故死〕 [歴]さいたま地検検事正、福岡地検検事正、最高検検事、大阪高検公安部長などを歴任した。平成29年実家に帰省してコンバインで稲刈り中に事故死した。

永井 三郎 ながい・さぶろう 大洋漁業副社長 [没]平成29年(2017)3月15日 87歳〔病気〕 [生]昭和4年(1929)5月20日 [出]群馬県 [学]水産講習所〔昭和26年〕卒 [歴]昭和26年興洋漁業に入社。30年大洋漁業(現・マルハニチロ)に転じ、55年取締役、58年常務、62年専務、平成4年副社長。

中居 章弘 なかい・しょうこう 華道家 石川県いけ花文化協会副常務理事 [没]平成29年(2017)8月18日 92歳 [名]本名＝中居弘子(なかい・ひろこ) [歴]小原流の生け花を習い、草花の生命力を生かす造形作品などを制作。北陸最高水準の総合花展である北国花展には、第1回から平成28年の第41回まで連続出品した。

永井 豪 ながい・たけし 岐阜新聞論説委員・編集委員 [没]平成29年(2017)6月11日 66歳〔急性心筋梗塞〕 [生]昭和26年(1951)3月18日 [出]岐阜県岐阜市 [学]名古屋大学卒 [歴]昭和49年岐阜新聞社に入社。羽島支局長、中津川支局長、東京支社編集部長、下呂支局長などを経て、平成19年論説委員兼編集委員。「緑の時代 山は語る」「恵那山と生きる」など数多くの連載企画を執筆。26年から中京テレビ放送岐阜支局記者。 [賞]農業ジャーナリスト賞(第26回)「ぎふ海流」

永射 保 ながい・たもつ プロ野球選手 [没]平成29年(2017)6月24日 63歳〔肝臓がん〕 [生]昭和28年(1953)10月3日 [出]鹿児島県川辺郡大浦町 [学]指宿高〔昭和47年〕卒 [歴]昭和47年指宿高からドラフト3位で広島に入団。49年太平洋(現・西武)に移籍。高校時代はオーバースローの本格派だったが、プロ入り後、左のサイドスローへフォームを改造し、"ジャックナイフ投法"のリリーフ投手として57年、58年、61年の日本一に貢献した。54年から3年連続のパ・リーグ最多登板回数を記録。56〜59年選手会長を務めた。62年大洋(現・DeNA)、平成元年ダイエー(現・ソフトバンク)に移り、2年引退。プロ19年間で通算606試合登板、44勝37敗21セーブ、654奪三振、防御率4.11。引退後はスポーツイベントの企画会社オフィスOne Pointを設立。またダイエースカウトや台湾のプロ野球チームの一軍投手コーチを務め、福岡県内の少年野球でも指導した。

中井 洽 なかい・ひろし 衆院議員(民主党) 法相 国家公安委員長 拉致問題担当相 [没]平成29年(2017)4月22日 74歳〔胃がん〕 [生]昭和17年(1942)6月10日 [出]中国吉林省長春 [学]慶応義塾大学経済学部〔昭和44年〕卒 [歴]大学在学中から父・中井徳次郎社会党衆院議員の秘書を務め、昭和47年衆院選旧三重1区に無所属で立候補。51年衆院選は民社党から立候補し、34歳で初当選。61年落選、平成2年返り咲き。8年の小選挙区制導入後は自民党の川崎二郎と議席を争い、8年、12年、15年、17年は比例区で復活当選。21年は選挙区で当選。通算11期。党国対委員長、副書記長などを務めた。6年5月"南京大虐殺でっち上げ"発言により在任11日で辞任した永野茂門参院議員の後を受け、羽田孜内閣の法相として初入閣。同年12月新進党の結成に参加。10年1月自由党に参加。15年9月民主党に合流、同年党副代表。党拉致問題対策本部長を長く務め、北朝鮮による日本人拉致問題に取り組んだ。21年9月政権交代実現により鳩山由紀夫内閣が発足すると、国家公安委員長兼拉致問題担当相として入閣。22年6月菅直人内閣でも留任。9月衆院予算委員長。24年政界を引退した。 [賞]旭日大綬章〔平成25年〕 [家]父＝中井徳次郎(衆院議員), 弟＝中井省(大蔵省財政金融研究所所長)

中井 正文 なかい・まさふみ 小説家 広島大学名誉教授 広島工科大学名誉教授 [専]ドイツ文学 [没]平成28年(2016)10月27日 103歳〔老衰〕 [生]大正2年(1913)3月6日 [出]広島県 [学]東京帝国大学文学部独文科卒 [歴]広島大学教授、広島工科大学教授を務めた。小説や詩も書き、昭和19年「寒菊抄」で第20回直木賞候補。戦後はフランツ・カフカの研究で知られた。著書に「阿蘇活火山」「広島の橋の上」、訳書にカフカ「変身」、ウインスローエ「制服の処女」などがある。 [賞]勲三等旭日中綬章〔昭和61年〕 [団]日本独文学会, 日本文芸家協会

中居 真行 なかい・まさゆき 伝教者 函館ハリストス正教会で礼拝の鐘を鳴らす [没]平成27年(2015)4月3日 89歳 [生]大正14年(1925)5月27日 [出]北海道函館市 [学]函館商〔昭和17年〕卒 [歴]両親がギリシャ正教の信者だったため幼時に洗礼を受け、日曜の朝の礼拝時に大小6つの鐘を同時に鳴らすことから"ガンガン寺"として親しまれている函館ハリストス正教会に通い、昭和15年頃に両手と右足を使う複雑な鐘の鳴らし方を見よう見まねで覚える。その後、民間会社勤務を経て、27年函館市役所入り。市民会館館長などを歴任し、58年退職後は函館朝市連合会事務局長を務めた。教会の鐘は戦時の金属不足で供出された後、43年にギリシャ人から寄贈されるまで26年間は無い状態が続き、48年に鐘が壊れて60年に現在の鐘が取り付けられるまでも12年間かかった。長期にわたる鐘が無い期間も体に技術と旋律が刻み込まれており、復旧した後は高齢になっても鐘を鳴らし続けた。晩年には5人の後継者を育成、技術と旋律を次世代に伝えた。

長井 靖 ながい・やすし 福島県立医科大学名誉教授 [専]医化学 [没]平成28年(2016)10月5日 93歳〔老衰〕 [生]大正12年(1923)1月1日 [出]福島県福島市 [学]東北大学医学部〔昭和22年〕卒 医学博士 [歴]長年カドミウムの人体への影響と取り組み、福島県立医科大学公害医学研究室の初代室長を務めた。昭和63年定年

な

なかい　　　　　　　　　　日　本　人

退官。　勲勲三等旭日中綬章〔平成10年〕　所日本生化学会、日本結合組織学会

永井 征男　ながい・ゆきお　合唱指揮者　札幌アカデミー合唱団創立者　没平成27年（2015）5月10日　76歳　生昭和13年（1938）12月14日　出北海道　学北海道学芸大学札幌分校（現・北海道教育大学札幌校）〔昭和36年〕卒　歴北海道学芸大学札幌分校（現・北海道教育大学札幌校）在学中にグリークラブを創立して指揮者を務めた。卒業後は中学や高校で教鞭を執りながら、昭和59年札幌アカデミー合唱団を創立し、代表兼常任指揮者に就任。北海道内各地で合唱指導を行った他、北海道新聞の音楽会評や札幌交響楽団の定期演奏会用プログラムの曲目解説なども執筆した。

長池 武一郎　ながいけ・ぶいちろう　徳島県議（無所属）　没平成29年（2017）2月2日　76歳〔胸部・腹部大動脈瘤破裂〕　生昭和16年（1941）1月11日　出徳島県小松島市　学慶応義塾大学商学部〔昭和38年〕卒　歴四国ビルメン代表取締役、小松島市議などを経て、平成7年小松島選挙区から徳島県議に当選。連続4期務め、23年引退。

中内 守　なかうち・まもる　サンテレビジョン社長　没平成29年（2017）8月27日　88歳〔心不全〕　生昭和4年（1929）3月15日　出兵庫県神戸市兵庫区　学神戸経済大学経営学部（現・神戸大学）〔昭和27年〕卒　歴中内功を長男とする中内家4兄弟の三男。昭和27年東亜紡織に入社。45年紳士服のロベルトに転じ、社長。60年サンテレビジョンの副社長も兼務。62年同社長、平成8年取締役相談役となった。11年退任。　親兄＝中内功（ダイエーグループ創業者）、弟＝中内力（神戸ポートピアホテル社長）

中内 光昭　なかうち・みつあき　高知大学学長・名誉教授　専発生生物学　没平成28年（2016）9月12日　86歳〔肺炎〕　生昭和5年（1930）1月1日　出静岡県掛川市　学東京教育大学理学部〔昭和28年〕卒、東京教育大学大学院〔昭和33年〕博士課程修了　理学博士（東京教育大学）〔昭和41年〕　歴高校教師を経て、昭和38年高知大学宇佐臨海実験所助手、43年文理学部助教授、49年理学部教授、62年理学部長。この間、46年文部省在外研究員（米国・英国）、54年日本学術振興会ナポリ臨海実験所研究員。平成元年～7年学長。大学院時代からホヤの発生の研究を続け、著書に「ホヤの生物学」「DNAがわかる本」「クローンの世界」などがある。　勲瑞宝中綬章〔平成18年〕、寺田寅彦記念賞〔平成10年〕、高知出版学術賞〔平成10年〕　所日本動物学会、日本発生生物学会、American Society of Zoologists

長江 健太郎　ながえ・けんたろう　六興電気創業者　没平成27年（2015）4月3日　91歳〔心不全〕　生大正12年（1923）7月30日　学東京電機大学〔昭和15年〕卒　歴昭和15年塚本電気工業に入社。22年大石設備工業に転じ、電気部次長、24年六興電気設立に参画して専務。48年社長。　勲藍綬褒章〔昭和62年〕、建設大臣賞〔昭和59年〕

長江 啓泰　ながえ・ひろやす　日本大学名誉教授　専自動車工学、安全教育　没平成28年（2016）10月5日　81歳〔くも膜下出血〕　生昭和10年（1935）7月5日　出東京都　学日本大学工学部機械工学科〔昭和33年〕卒、日本大学大学院工学研究科〔昭和41年〕博士課程単位取得　工学博士　歴昭和41年日本大学講師、助教授を経て、52年教授。内閣府中央交通安全対策会議専門委員、警察庁運転免許制度に関する懇談会座長代理、日本自動車連盟副会長、日本交通安全教育普及協会参与、自動車技術会二輪車の運動特性専門委員会委員長などを歴任。著書に「ガソリン1ℓで1000km走れるか」「交通安全教育と二輪車指導のあり方」などがある。　勲瑞宝中綬章〔平成27年〕、住友海上福祉財団募集論文内閣総理大臣賞〔昭和60年度〕「交通安全教育技法の実践―教師への提案」　所国際交通安全学会、自動車技術会、日本自動車連盟

永江 洋子　ながえ・ようこ
⇒チェスキーナ・永江 洋子（ちぇすきーなながえ・ようこ）を見よ

長尾 明敏　ながお・あきとし　航空エンジニア　富士重工業常務　没平成29年（2017）10月4日　89歳　生昭和3年（1928）6月2日　出東京都　学東京大学工学部〔昭和28年〕卒　歴昭和28年富士重工業に入社。60年取締役を経て、62年常務。宇都宮製作所長、航空機工場長も務めた。　親妻＝長尾立子（参院議員）

仲尾 孝誠　なかお・こうじょう　僧侶　浄土真宗本願寺派総務　没平成27年（2015）1月17日　60歳〔心臓発作〕　生昭和29年（1954）　出滋賀県近江八幡市　学龍谷大学大学院国史学専攻博士課程依願退学　歴浄土真宗本願寺派宗会議員を4期務め、平成26年7月総長に次ぐ総務に就任した。　親父＝仲尾俊博（種智院大学名誉教授）

中尾 三郎　なかお・さぶろう　相撲選手　レスリング選手　没平成27年（2015）4月29日　78歳〔心不全〕　生和歌山県和歌山市　学慶応義塾大学　歴慶大相撲部に在籍中、学生横綱となる。また、重量級の人材を探していた日本レスリング協会の八田一朗会長に声をかけられ、昭和31年メルボルン五輪に出場した。長男は幕内力士を務めた若孜。　親長男＝若孜浩気（力士）

中尾 清治　なかお・せいじ　島根大学名誉教授　専農業機械学　没平成28年（2016）1月11日　79歳　生昭和11年（1936）1月14日　出島根県安来市　学電気通信大学〔昭和29年〕中退、東京農工大学農学部農学科農業工学専攻〔昭和34年〕卒　農学博士　歴昭和34～38年佐藤造機（現・三菱農機）に勤務。38年島根農科大学助手、56年島根大学農学部助教授、63年教授を務めた。この間、57～58年米国ペンシルベニア州立大学に留学。

永尾 孝雄　ながお・たかお　熊本県立大学名誉教授　専法哲学、法思想史　没平成27年（2015）10月3日　65歳〔膵臓がん〕　生昭和25年（1950）2月24日　出福岡県　学西南学院大学法学部法律学科、九州大学大学院法学研究科〔昭和55年〕博士課程単位取得退学　法学（博士、九州大学）〔平成8年〕　歴昭和55年熊本女子大学生活科学部専任講師、熊本県立大学総合管理学部助教授を経て、平成6年教授。26年退職。著書に「ヘーゲルの近代自然法学批判」「基礎法学概論」「現代法学概論」、共編訳にアルトゥール・カウフマレ「法・人

格・正義」などがある。 [団]日本法哲学会, 九州法学会, 国際法哲学社会哲学学会

中尾 弘之 なかお・ひろゆき 九州大学名誉教授 佐賀医科大学名誉教授 [専]神経精神医学 [没]平成29年(2017) 9月15日 93歳〔慢性心不全〕 [生]大正13年(1924) 8月21日 [出]米国・カリフォルニア州フレズノ [学]九州大学医学部〔昭和23年〕卒 医学博士 [歴]九州大学医学部教授、同大医学部附属病院長を務め、昭和63年退官。編著に「攻撃性の精神医学」、共編に「快の行動科学」などがある。 [賞]勲二等瑞宝章〔平成13年〕 [団]日本精神神経学会, 日本生物物理学会, 日本てんかん学会

長尾 みのる ながお・みのる イラストレーター 挿絵画家 [没]平成28年(2016) 10月6日 87歳〔心不全〕 [生]昭和4年(1929) 6月4日 [出]東京都中央区 [名]本名＝長尾実(ながお・みのる) [学]早稲田大学付属工芸美術研究所〔昭和25年〕卒 [歴]早稲田大学工芸美術研究所に学び舞台美術・服飾史に熱中するが活動の場がなく、海外へ脱出。昭和34年に帰国。以来イラストレーターとして活躍。画集や随筆、絵本などを発表。「視覚のいたずら」「窓の向こうはホワイト・アングル」「マスコミイラスト入門」「イメージの時間」などの著書がある。 [賞]講談社出版文化賞さしえ賞〔昭和51年〕「深夜美術館」ほか

中尾 善信 なかお・よしのぶ 九州工業大学名誉教授 [専]金属工学 [没]平成28年(2016) 6月15日 98歳〔肺炎〕 [生]大正6年(1917) 9月7日 [出]長崎県長崎市 [学]京都帝国大学工学部冶金科卒 工学博士 [歴]九州工業大学工学部教授を務めた。

中尾 礼二 なかお・れいじ ニチモウ社長 [没]平成28年(2016) 10月3日 85歳 [生]昭和6年(1931) 6月26日 [出]鳥取県 [学]香川大学経済学部〔昭和30年〕卒 [歴]昭和30年ニチモウに入社。52年取締役、56年常務、平成元年専務を経て、6年社長。9年会長。

長岡 金吾 ながおか・きんご 北海道大学名誉教授 [専]機械材料工学 [没]平成28年(2016) 5月28日 93歳 [生]大正12年(1923) 1月4日 [出]北海道札幌市 [学]北海道帝国大学工学部機械工学科〔昭和20年〕卒 工学博士 [歴]昭和20年北海道工業試験場金属部を経て、37年北海道大学工学部教授に就任。61年名誉教授。鋳鉄及び鋳造を研究、鋳鉄の高温使用における材質劣化の原因が黒鉛の不可逆移動によるものとして理論的に解明した。また、機械破損事故の調査技術を学術として発展させ、破損解析法として確立。著書に「機械材料学」「機械部材の破損解析」など。 [賞]勲三等旭日中綬章〔平成11年〕, 日本鋳物協会功労賞(昭和48年度), 日本鋳物協会小林賞(昭和49年度), 日本鋳物協会飯高賞(昭和60年度) [団]日本機械学会, 日本鋳物協会, 日本鉄鋼協会

長岡 秀星 ながおか・しゅうせい イラストレーター [没]平成27年(2015) 6月23日 78歳〔心筋梗塞〕 [生]昭和11年(1936) 11月26日 [出]長崎県長崎市 [名]本名＝長岡秀三(ながおか・しゅうぞう) [学]武蔵野美術大学デザイン科中退 [歴]長崎市で生まれ、原爆投下前2週間前に疎開した壱岐・郷ノ浦町で育つ。武蔵野美術大学を中退後、イラストレーターとして活動。昭和45年大阪万博の仕事を最後に渡米。ハリウッドに拠点を置き、50年に永住権取得。アース・ウインド&ファイアー「太陽神」、カーペンターズ「ナウ・アンド・ゼン」、バン・ダイク・パークス「ディスカヴァー・アメリカ」などのレコードジャケットを手がけ、51年「ローリングストーン」誌最優秀アルバムカバー賞を受賞。宇宙やSFをイメージさせる、超細密かつ幻想的な画風で人気を博した。F1日本グランプリ、つくば科学万博、長崎旅博覧会の公式ポスターなども手がけた。晩年は帰国し、小田原で暮らした。イラスト集に「長岡秀星の世界」「長岡秀星の世界 part2」などがある。 [賞]メンタルピクチュア優秀賞, ローリングストーン誌最優秀アルバムカバー賞〔昭和51年〕, 国際イラストレーション展優秀賞〔昭和52年〕, 星雲賞(アート部門, 第13回)〔昭和57年〕

中岡 順孝 なかおか・じゅんこう 僧侶 浄土真宗本願寺派総務 [没]平成27年(2015) 7月15日 84歳〔肝不全〕 [出]滋賀県守山市 [歴]浄土真宗本願寺派執行部の総務を3回務めた。

長岡 俊輔 ながおか・しゅんすけ ホッケー選手 [没]平成27年(2015) 7月31日 34歳〔転落死〕 [生]昭和55年(1980) 11月7日 [出]岩手県岩手郡岩手町 [学]不来方高卒, 法政大学卒 [歴]不来方高から法大に進む。卒業後、平成16年名古屋の社会人ホッケーチーム・表示灯(現・名古屋フラーテル)に入部。GKとして活躍し、同年日本リーグのベストイレブンに選ばれた。日本代表としては、22年広州アジア大会代表などに選出された他、24年のロンドン五輪世界最終予選では大会ベストGK賞を受賞した。大会後に代表引退を表明して第一線を退いた。国際キャップ数50。現役時代は175センチ、69キロ。27年名古屋市中区の新堀川で転落死しているのが発見された。

長岡 宏 ながおか・ひろし 洋画家 静岡大学名誉教授 [没]平成27年(2015) 2月18日 79歳 [生]昭和10年(1935) 11月13日 [出]山形県寒河江市 [学]東京芸術大学美術学部専攻科〔昭和38年〕卒, フランス国立高等美術学校〔昭和44年〕卒 [歴]昭和39年より静岡大学教育学部に勤務、教授を務めた。スーパーリアリズムの技法やシンメトリー構造で知られた。 [賞]静岡県文化奨励賞〔昭和56年〕, 日本国際美術展佳作賞(第13回)〔昭和55年〕 [団]大学美術教育学会, 日仏美術学会

長岡 正樹 ながおか・まさき 荘内銀行専務 [没]平成29年(2017) 2月16日 80歳〔急性心不全〕 [生]昭和11年(1936) 6月18日 [出]山形県鶴岡市 [学]福島大学経済学部〔昭和34年〕卒 [歴]昭和34年荘内銀行に入行。平成2年取締役、5年常務を経て、8年専務。リリー保険社長も務めた。

中上 光雄 なかがみ・てるお 医師 福井県医師会会長 [没]平成27年(2015) 1月27日 88歳 [生]大正15年(1926) 11月20日 [出]石川県 [学]金沢医科大学〔昭和23年〕卒 医学博士〔昭和33年〕 [歴]福井県医師会会長を務めた。また、瑛九や靉嘔らの美術品コレクターとしても知られた。 [賞]勲四等瑞宝章〔平成14年〕

中川 一郎 なかがわ・いちろう 洋画家 [没]平成29年(2017) 10月29日 93歳 [生]大正13年(1924) 9月24日 [出]石川県石川郡辰口町(白山市) [学]石川県立工図案科

な

卒，東京美術学校（現・東京芸術大学）日本画科卒 [歴]東京美術学校で結城素明、小林古径に学ぶ。自由美術展、彫刻グループ展などに出品したが、以後は無所属。太平洋戦争中は学徒出陣して砲兵輓馬に興味を持ち、中央アジアの諸民族に憧れる。馬の油絵に取り組み、昭和47年シベリアへ馬と古代文物の研究旅行に出かけて以来、たびたびシベリア、中央アジア、モンゴルなどへ出かけ馬の生態や古代民族美術の研究に打ち込む。日本中央競馬会博物館に「シンボリルドルフ号」「オグリキャップ号」などの競走馬の絵が収蔵されている。

中川 勝弘 なかがわ・かつひろ 通商産業審議官 トヨタ自動車副会長 [没]平成28年（2016）7月8日 74歳〔多臓器不全〕 [生]昭和17年（1942）3月11日 [出]福岡県 [学]東京大学法学部公法学科〔昭和40年〕卒，ハーバード大学（米国）大学院修了 [歴]昭和40年通商産業省（現・経済産業省）に入省。52年官房総務課法令審査委員、57年広報課長、63年貿易局総務課長、平成元年官房総務課長、2年8月通商政策局経済協力部長、4年6月機械情報産業局次長、5年6月貿易局長、6年12月官房長、8年8月機械情報産業局長、9年通商産業審議官を歴任。10年6月退官し、東京海上火災保険顧問。13年トヨタ自動車常務となり、14年専務、15年副社長、16年副会長を歴任。25年ミクニ社外取締役。 [賞]瑞宝重光章〔平成26年〕

中川 幾一郎 なかがわ・きいちろう 医師 福仁会病院理事長 [没]平成29年（2017）8月12日 91歳 [生]大正15年（1926）6月7日 [出]福井県 [学]金沢医科大学〔昭和26年〕卒 医学博士 [歴]金沢大学医学部助手、昭和30年砺波厚生病院精神科医長を経て、33年福仁会病院を開設。福井県精神科病院協会会長、社会福祉法人高志福祉会理事長などを歴任。 [賞]瑞宝小綬章〔平成28年〕

中川 清 なかがわ・きよし 神官 恵美須神社名誉宮司 [没]平成28年（2016）11月24日 88歳〔肺炎〕 [生]昭和3年（1928）10月6日 [出]京都府京都市 [学]立命館大学文学部卒 [歴]昭和55年～平成19年京都市東山区の恵美須神社宮司を務めた。

中川 昌三 なかがわ・しょうぞう 中川ライター店店主 [没]平成27年（2015）3月18日 88歳〔多臓器不全〕 [生]大正15年（1926）7月20日 [出]北海道札幌市 [歴]7人兄弟の末っ子として生まれ、戦時中は海軍に所属。戦後は家業である明治35年創業の中川ライター店を手伝い、のちに3代目店主に。海軍航空隊の経験を生かして、無線操縦の飛行機やプラモデルを多く扱うようになる。全国模型専門店連絡協議会会長なども務めた。その後、二男が4代目店主となり経営の中心を担ったが、平成25年12月に急逝。代わって店に立ち続けたが、27年1月店を閉じ、3月に88歳で亡くなった。

中川 隆司 なかがわ・たかし 東都水産常務 [没]平成27年（2015）3月28日 64歳〔虚血性心不全〕 [生]昭和25年（1950）6月15日 [出]宮城県 [学]東北大学農学部〔昭和50年〕卒 [歴]昭和62年東都水産に入社。平成22年取締役を経て、24年常務。

中川 健志 なかがわ・たけし 宮崎日日新聞校閲部長 [没]平成27年（2015）2月12日 68歳〔胆管がん〕 [出]宮崎県児湯郡高鍋町 [歴]昭和46年宮崎日日新聞社に入社。編集委員、日南支社長、校閲部長を歴任した。

中川 哲夫 なかがわ・てつお 菊間仙高牧場社長 [没]平成29年（2017）12月13日 93歳〔肺炎〕 [生]大正13年（1924）2月5日 [出]愛媛県越智郡菊間町（今治市） [学]陸軍兵器学校〔昭和20年〕卒 [歴]昭和27年菊間澱粉農協常務理事を経て、36年養豚業に転じ、47年菊間仙高牧場を設立。養豚の繁殖や飼育技術、出荷の一貫経営に優れ、近代的な施設や機械化・省力化に取り組み、業界のリーダーとして指導力を発揮した。 [賞]愛媛県知事畜産功労者表彰〔昭和54年〕，中四国農政局長農政功労者表彰〔昭和60年〕，井邦賞〔平成1年〕

中川 久定 なかがわ・ひさやす フランス文学者 京都大学名誉教授 京都国立博物館館長 [専]18世紀フランス文学・思想史 [没]平成29年（2017）6月18日 86歳〔肺炎〕 [生]昭和6年（1931）3月15日 [出]東京都 [学]京都大学文学部文学科〔昭和29年〕卒，京都大学大学院文学研究科フランス語学フランス文学専攻〔昭和36年〕博士課程中退 文学博士（京都大学） [歴]昭和36年名古屋大学教養部講師、40年助教授、46年京都大学文学部助教授、55年教授。56年パリ第7大学客員教授、60年パリ第3大学客員教授。平成4年文学部長。6年退官し、近畿大学教授。9年から4年間京都国立博物館館長。大手予備校河合塾の附属機関・河合文化教育研究所の主任研究員も務めた。著書に「自伝の文学—ルソーとスタンダール」「ディドロの『セネカ論』」など。豊後岡藩主の末裔。 [賞]パルム・アカデミック勲章オフィシエ級（フランス）〔昭和61年〕，勲二等瑞宝章〔平成13年〕，辰野賞〔昭和42年〕「Denis DIDEROT, Essai sur Sénèque I」，京都新聞五大賞文化賞〔平成5年〕 [資]日本学士院会員〔平成7年〕 [団]日本フランス語フランス文学会，日本18世紀学会，Société Internationale d'Etude du 18e Siècle, Société d'Histoire littéraire de la France

中川 博司 なかがわ・ひろし 松茂町（徳島県）町長 [没]平成28年（2016）11月13日 87歳 [生]昭和4年（1929）1月1日 [出]徳島県板野郡松茂町 [学]徳島青年師範卒 [歴]昭和52年から徳島県松茂町長を5期。徳島県町村会会長も務めた。 [賞]勲四等瑞宝章〔平成11年〕

中川 藤外志 なかがわ・ふじとし 住友大阪セメント常務 [没]平成28年（2016）1月20日 60歳〔がん〕

中川 正 なかがわ・まさし 名古屋大学名誉教授 [専]整形外科学 [没]平成28年（2016）9月21日 97歳〔老衰〕 [生]大正8年（1919）5月 [学]名古屋帝国大学医学部卒 医学博士 [歴]名古屋大学医学部教授や附属病院長を務めた。 [賞]勲二等旭日重光章〔平成4年〕

中川 美穂子 なかがわ・みほこ 獣医師 中川動物病院院長 [没]平成28年（2016）4月9日 70歳〔卵管がん〕 [生]昭和20年（1945） [出]東京都 [学]日本獣医畜産大学獣医学部卒 [歴]昭和46年東京・保谷市（現・西東京市）で中川動物病院を開業。平成10年以来、獣医師会や文部科学省と協力し、学校の動物飼育と教育のあり方と実践事例について紹介。同年文部科学省配送・飼育手引き「学校における望ましい動物飼育のあり方」案作成委員。全国学校飼育動物獣医師連絡協議会を設立。全国学校飼育動物研究会顧問。著書に「動物と子

な

ども」「ペット119ばん〈9〉ニワトリ」、共著に「教育—わたしの体験から」など。

中川 幸次 なかがわ・ゆきつぐ　日本銀行理事　野村総合研究所社長　㋳金融、経済　㋴平成27年 (2015) 12月28日　95歳〔老衰〕　㋵大正9年 (1920) 3月11日　㋶山口県大島郡橘町大字土居 (周防大島町)　㋷東京商科大学本科〔昭和18年〕卒　㋸昭和18年日本銀行に入行。調査局次長、総務部長、営業局長などを経て、50年理事。55年野村総合研究所顧問となり、副社長を経て、58年社長に就任。62年相談役、平成2年顧問に退任。昭和63年世界平和研究所所長、のち副会長。中曽根康弘首相のブレーンで、中曽根政権の行政改革案や経済政策を支えた。著書に「体験的金融政策論―日銀の窓から」、共著に「金利の解説」「日本の改革―21世紀へのビジョン」などがある。

中川 梨絵 なかがわ・りえ　女優　㋴平成28年 (2016) 6月14日　67歳〔肺がん〕　㋵昭和23年 (1948) 8月13日　㋶東京都台東区千束　㋷本名＝長谷川栄 (はせがわ・さかゆ)、旧芸名＝中川さかゆ (なかがわ・さかゆ)。田園調布高〔昭和42年〕卒　㋸5歳から子役として活動を始め、昭和30年NHKドラマ「お笑い三人組」などにレギュラー出演。42年高校卒業と同時に東宝に入社、芸名を中川さかゆとして成瀬巳喜男監督の「乱れ雲」で映画デビュー。47年日活に入り、藤井克彦監督「OL日記・牝猫の匂い」に初主演。田中登監督「花弁のしずく」「マル秘女廊責め地獄」などロマンポルノに連続出演し、白川和子、田中真理、片桐夕子らとともに日活ロマンポルノの黄金時代を築いた。49年日活を離れフリーとして活動。ATG「竜馬暗殺」で原田芳雄、松竹「喜劇・女の泣きどころ」で太地喜和子と共演した。自作の「踊りましょうよ」などで歌手としても活躍。

中北 修 なかきた・おさむ　中北製作所社長　㋴平成27年 (2015) 3月30日　90歳　㋵大正14年 (1925) 3月10日　㋶大阪府　㋷慶応義塾大〔昭和22年〕卒　㋸昭和23年中北製作所に入社。27年営業部長、40年常務、48年専務を経て、平成9年社長。㋹兄＝中北光博 (中北製作所社長)

中桐 伸五 なかぎり・しんご　医師　衆院議員 (民主党)　㋳公衆衛生学、労働医学　㋴平成28年 (2016) 2月12日　72歳〔肺がん〕　㋵昭和18年 (1943) 6月4日　㋶岡山県児島郡灘崎町迫川 (岡山市)　㋷岡山大学医学部〔昭和43年〕卒　㋸昭和52年岡山大学医学部助手を経て、59年全日本自治団体労働組合 (自治労) の常勤顧問医師となり、自治体労働安全衛生研究会事務局長を務めた。平成8年衆院選比例中国四国ブロックで民主党から当選。12年落選。15年8月繰り上げ当選。通算2期務め、15年引退。編著に「職場の安全衛生ハンドブック」などがある。㋺日本産業衛生学会、日本衛生学会、自治体労働安全衛生研究会

永久保 一男 ながくぼ・いちお　俳優　㋴平成29年 (2017) 9月17日　80歳〔膵臓がん〕　㋵昭和12年 (1937) 3月26日　㋶東京都　㋷本名＝山本一男 (やまもと・いちお)　㋸昭和31年明治座「女の勲章」で初舞台。36年劇団新派に入団。39年初代水谷八重子の相

手役に起用され、43年幹部に昇進。「婦系図」の坂田礼之進などを当たり役とした。平成24年「ふるあめりかに袖はぬらさじ」が最後の舞台となった。

中越 一徳 なかごし・いっとく　華珍園創業者　㋴平成28年 (2016) 1月28日　98歳〔急性肺炎〕　㋵大正6年 (1917) 7月5日　㋶中国河南省　㋷旧姓・名＝陳一徳　㋸戦後間もなく日本に渡り、昭和22年高知市で中華料理店・華珍園を開業。高知県中華料理生活衛生同業組合理事長を務めた。平成13年日本国籍を取得した。㋹厚生大臣賞、自民党総裁賞、高知県知事賞、高知市長賞

中越 準一 なかごし・じゅんいち　檮原町 (高知県) 町長　㋴平成27年 (2015) 4月2日　85歳〔肺炎〕　㋵昭和5年 (1930) 2月13日　㋶高知県高岡郡檮原町　㋷海南中〔昭和21年〕卒　㋸昭和24年統計調査事務所、のち農林省食糧事務所を経て、33年檮原村教育委員会に入る。41年檮原町助役となり、52年町長に無投票当選。以来連続5選。道路整備に力を尽くし、その実績の大きさや豊富な人脈から「道路町長」の異名を取り、道路整備推進期成同盟会全国協議会副会長もしくは「道の駅」連絡協議会会長を歴任。また、全国に先駆けて千枚田のオーナー制度を導入、平成7年には同町で全国棚田サミットを開催した。㋹勲四等旭日小綬章〔平成12年〕

中越 武義 なかごし・たけよし　檮原町 (高知県) 町長　㋴平成27年 (2015) 4月12日　71歳〔敗血症〕　㋵昭和18年 (1943) 7月21日　㋶高知県高岡郡檮原村 (檮原町)　㋷檮原高〔昭和37年〕卒　㋸父は農林業で、6人きょうだい (3男3女) の4番目の三男。昭和37年高校を卒業して郷里の檮原村役場に入る。41年町制施行、産業振興課長、保健衛生課長、建設課長を経て、平成元年より助役2期。9年町長に当選。10年より環境問題に積極的に取り組み、風力で発電した電気を四国電力に売却し、風力発電で得る年間4000万円の収益を環境基金として積み立てて太陽光、地熱、小水力、バイオマスなどの自然エネルギー採用の財源に利用。自然エネルギーを生かした町作りを行う他、5ヘクタール以上の森林の間伐や手入れを行うو1ヘクタールあたり10万円の交付金を出すといった施策で森林整備を進め、森を蘇らせ、雇用も創出した。21年同町は国の環境モデル都市に選定されたが、同年自ら決めた3期を終え、引退。

中斉 忠雄 なかさい・ただお　大沢野町 (富山県) 町長　富山県農業共済組合連合会会長理事　㋴平成28年 (2016) 7月14日　84歳〔内臓疾患〕　㋵昭和6年 (1931) 10月1日　㋶富山県上新川郡大沢野町 (富山市)　㋷大沢野小高等科〔昭和21年〕卒　㋸農家に5人きょうだい (2男3女) の二男として生まれる。昭和46年39歳で富山県大沢野町議に当選し、4期務めた。この間、50年副議長、51年監査委員、54年議長を歴任。61年現職を破り町長に当選。2期目からは4期連続で無投票当選を果たし、平成17年富山市への合併に伴い失職。20～26年富山県農業共済組合連合会長理事を務めた。㋹旭日小綬章〔平成18年〕

長崎 昭義 ながさき・あきよし　スキー選手　青森放送社長　㋴平成29年 (2017) 9月4日　72歳〔多臓器不全〕　㋵昭和20年 (1945) 3月3日　㋶青森県南津軽郡大鰐町　㋷旧姓・名＝松岡昭義　㋸弘前高卒、早稲田大

学教育学部卒 [歴]大鰐スキークラブ会長を務めた父の影響で小学校の頃からノルディックスキーを始める。松岡昭義の名前で、43年グルノーブル五輪に参加。3種目に出場して、クロスカントリー男子15キロ53位、同50キロ棄権、4×10キロリレー(奥芝外雄, 佐藤和男, 佐藤常貴雄, 松岡昭義)は10位。47年札幌五輪は、クロスカントリー男子15キロ43位、4×10キロ距離競走(岡村富雄, 柴田国男, 谷藤秀夫, 松岡昭義)10位。48年青森放送に入社。55年ニュースキャスター、63年報道部長、平成9年東京支社長、12年ラジオ局長、テレビ局長、専務を歴任し、24年社長、29年会長。24〜28年青森県スキー連盟会長、28〜29年青森県体育協会副会長を務めた。

長崎 勝 ながさき・まさる
⇒友鵬 勝尊(ゆうほう・まさたか)を見よ

中里 重利 なかざと・しげとし 陶芸家 日展評議員 [専]唐津焼 [没]平成27年(2015)5月12日 84歳〔腎不全〕 [生]昭和5年(1930)12月24日 [出]佐賀県唐津市 [歴]人間国宝・中里無庵の三男で、兄、弟も陶芸家という一家に生まれる。父から陶芸の指導を受け、昭和27年「辰砂壺」で日展に初入選。40年「(三玄)壺」で日展特選・北斗賞を受賞。48年三玄窯を築いて独立。古唐津を基本に、無地唐津、絵唐津、朝鮮唐津などを制作、唐津茶陶の第一人者と目された。また、小山冨士夫の助けを受けながら、白生地のない唐津で初めて粉引の技法を確立した。 [賞]日展特選北斗賞〔昭和40年〕「(三玄)壺」, 日本現代工芸美術展文部大臣賞(第14回, 昭和50年度), 日本新工芸展楠部賞(第2回)〔昭和55年〕 [団]日展 [家]父＝中里無庵(12代中里太郎右衛門), 兄＝中里逢庵(13代中里太郎右衛門), 弟＝中里隆(陶芸家)

仲里 周五郎 なかざと・しゅうごろう 空手家 沖縄県空手道連合会最高顧問 [没]平成28年(2016)8月24日 96歳〔肺炎〕 [生]大正9年(1920) [出]沖縄県那覇市首里山川町 [歴]昭和21年沖縄空手道小林流の流祖である知花朝信に入門、26年小林流小林舘仲里道場を開く。平成12年沖縄県指定無形文化財沖縄の空手・古武術保持者に認定される。13年沖縄伝統空手道古武道世界大会沖縄代表の団長を務め、21年の同大会では奉納演武を披露した。空手の保存継承と発展に貢献、特に海外への普及拡大に努めた。 [賞]旭日双光章〔平成19年〕, 沖縄空手道古武道功労賞〔平成10年〕, 沖縄県功労者表彰〔平成15年〕, 沖縄県文化功労者表彰〔平成18年〕, 沖縄タイムス賞体育賞〔平成22年〕 [資]沖縄県指定無形文化財沖縄の空手・古武術保持者〔平成12年〕 [師]師＝知花朝信

仲里 ハル なかさと・はる 沖縄戦の語り部 [没]平成28年(2016)4月19日 89歳〔急性心不全〕 [出]沖縄県宮古郡下地町(宮古島市) [学]積徳高女 [歴]積徳高等女学校在学中の昭和20年3月、積徳女子学徒隊として豊見城市にあった第二十四師団第二野戦病院に配属され、負傷兵の看護にあたる。戦後は保険会社に定年まで勤め、晩年は語り部として沖縄戦の体験を各地で語った。北海道の教職員らによって平成15年に制作された絵本「戦争にいってきたハルちゃん」のモデルで、24年に公開された短編記録映画「ふじ学徒隊」にも体験が反映されている。

中沢 一雄 なかざわ・かずお 岩手大学名誉教授 [専]金属材料 [没]平成28年(2016)7月29日 93歳〔肺炎〕 [生]大正12年(1923)6月10日 [出]岩手県盛岡市 [学]東京工業大学卒 工学博士〔昭和44年〕 [歴]昭和26年岩手大学工学部講師、36年助教授を経て、42年教授。51年学部長。平成元年名誉教授。昭和58年より岩手日報客員論説委員を務めた。著書に「文明史の曲がり角」「どん詰まりの21世紀」「文明通史に絡まる思想パズル」などがある。 [賞]勲二等瑞宝章〔平成11年〕

長沢 一樹 ながさわ・かずき 大垣市郷土館館長 [没]平成29年(2017)6月21日 89歳〔老衰〕 [生]昭和3年(1928)5月3日 [出]岐阜県養老郡養老町 [学]岐阜師範〔昭和24年〕卒 [歴]昭和24年西小教諭、52年西中教頭、58年揖斐郡徳山中校長、61年大垣北小校長を歴任後、大垣市郷土館館長を務めた。

永沢 一弥 ながさわ・かずや 三菱電機常務 [没]平成27年(2015)3月26日 84歳〔S状結腸がん〕 [生]昭和6年(1931)1月3日 [出]富山県 [学]成蹊大学政経学部〔昭和30年〕卒 [歴]昭和30年三菱電機に入社。平成元年取締役を経て、5年常務。

中沢 桂 なかざわ・かつら 声楽家(ソプラノ) 東京音楽大学名誉教授 中国瀋陽音楽学院名誉教授 [没]平成28年(2016)1月10日 82歳〔気管支不全〕 [生]昭和8年(1933)11月23日 [出]旧満州・ハルビン [学]東京芸術大学声楽科〔昭和31年〕中退 [歴]東京芸術大学中退後、昭和34年東京労音公演「リゴレット」のジルダでデビュー。36年「ドン・ジョバンニ」のドンナ・アンナ以来、二期会を中心に数多くのオペラに出演。当たり役に「夕鶴」のつう役などがある。 [賞]スメタナ賞〔昭和51年〕, ウィンナーワルド・オペラ賞大賞(第5回)〔昭和52年〕, モービル音楽賞(第22回)〔平成4年〕, プラハの春国際音楽コンクール声楽部門第3位(第13回)〔昭和35年〕 [団]二期会 [師]師＝城多又兵衛, 柴田睦陸

長沢 澄 ながさわ・すすむ 日本電子常務 [没]平成28年(2016)3月11日 80歳〔間質性肺炎〕 [生]昭和10年(1935)9月10日 [出]東京都 [学]慶応義塾大学経済学部〔昭和33年〕卒 [歴]昭和36年日本電子に入社。62年取締役を経て、平成元年常務。

中沢 秀夫 なかざわ・ひでお 高知県教育長 [没]平成29年(2017)11月22日 87歳〔直腸がん〕 [生]昭和5年(1930)9月19日 [出]高知県高知市 [学]城東中卒 [歴]昭和23年高知県庁に入る。人事課副参事、土木部用地管理課長などを経て、57年総務部副部長、58年水産局長兼漁船員訓練校校長、59年教育長、63年退任。その後、高知県信用保証協会会長や高知県社会福祉協議会会長を務めた。 [賞]瑞宝小綬章〔平成17年〕

中沢 保生 なかざわ・やすお 清泉女学院大学教授 [専]心理学, 学校教育学 [没]平成28年(2016)5月15日 60歳〔多臓器不全〕 [生]昭和30年(1955)7月9日 [出]秋田県秋田市 [学]東京大学教育学部学校教育学科卒, 東京大学大学院教育学研究科学校教育学専攻博士課程修了 [歴]清泉女学院短期大学幼児教育学科助教授を経て、清泉女学院大学教授。同大教務部長、人間学部長を務

めた。共著に「こころへの挑戦―心理学ゼミナール」など。

中路 融人 なかじ・ゆうじん 日本画家 日展常務理事 金沢学院大学教授 ㊽平成29年（2017）7月18日 83歳〔ホジキンリンパ腫〕 ㊿昭和8年（1933）9月20日 ㊞京都府京都市 ㊞日吉ケ丘高（現・銅駝美術工芸高）〔昭和27年〕卒 ㊞デザイン事務所に勤務する傍ら、昭和24年農鳥社に入会して日本画家の山口華楊に師事。31年「残照」が日展初入選。37年「郷」が日展特選・白寿賞。以後徐々に頭角を現し、日展日本画部の中軸として活躍する現代日本画の俊英となる。平成7年「輝」で日展文部大臣賞。琵琶湖周辺の主な画題とし、新感覚派ともいうべき独自の境地をひらいた。9年「映像」で日本芸術院賞。13年日本芸術院会員、24年文化功労者に選ばれる。日展常務理事、金沢学院大学教授も務めた。 ㊞日本芸術院賞〔平成9年〕「映像」、文化功労者〔平成24年〕、京都府文化賞功労賞〔第13回〕〔平成7年〕、京都市文化功労者〔平成10年〕、秀明文化賞〔第15回〕〔平成17年〕、日展特選・白寿賞〔昭和37年〕「郷」、日展文部大臣賞〔第27回〕〔平成7年〕「輝」 ㊞日本芸術院会員〔平成13年〕 ㊞日展、農鳥社 ㊞師＝山口華楊

中島 惟誠 なかしま・いせい 熊本電鉄社長 ㊽平成27年（2015）12月30日 96歳〔誤嚥性肺炎〕 ㊿大正8年（1919）10月20日 ㊞熊本県菊池郡七城町（菊池市） ㊞鹿本中〔昭和12年〕卒 中央大学法学部〔昭和16年〕卒 ㊞昭和21年運輸省官房文書課運輸事務官に。24年熊本電気鉄道に転じ、39年取締役、45年常務、53年専務を経て、55年社長。平成8年取締役相談役。 ㊞厚生大臣表彰〔昭和45年・51年〕、運輸大臣表彰〔昭和59年〕 ㊞社会保険労務士

中島 一郎 なかじま・いちろう 弁護士 札幌弁護士会会長 日本弁護士連合会副会長 ㊽平成27年（2015）10月28日 83歳〔循環器系疾患〕 ㊿昭和7年（1932）1月2日 ㊞北海道檜山郡江差町 ㊞北海道大学法学部〔昭和28年〕卒 ㊞昭和29年司法試験に合格、32年弁護士登録。56年札幌弁護士会会長、57年北海道弁護士会連合会理事長、58年日本弁護士連合会副会長を歴任した。また、北海道地方労働委員会の公益委員を長く務め、労使紛争解決に力を注いだ。 ㊞藍綬褒章〔平成3年〕、勲三等瑞宝章〔平成14年〕 ㊞札幌弁護士会

中嶋 喜代 なかじま・きよ 鷹巣町（秋田県）町議 ㊽平成28年（2016）6月15日 95歳〔老衰〕 ㊿大正9年（1920）12月7日 ㊞秋田県 ㊞鷹巣町立実科高女卒 ㊞昭和51年より秋田県鷹巣町議に連続5選、63年〜平成4年副議長。婦人会活動、商工会活動に尽くし、秋田県地域婦人団体連絡協議会会長などを歴任した。 ㊞秋田県文化功労者〔平成20年〕

中嶋 しゅう なかじま・しゅう 俳優 ㊽平成29年（2017）7月6日 69歳〔急性大動脈解離〕 ㊿昭和23年（1948）4月18日 ㊞東京都港区 ㊞大学を中退後、劇団NLTに第6期生として入団。代表作に舞台「愚かな女」「屋根の上のヴァイオリン弾き」「ニュルンベルク裁判」「阿国」「雪やこんこん」「キーン」「炎の人」「ヘンリー

六世」「兵器のある風景」「BLUE/ORANGE」「今は亡きヘンリー・モス」、映画「影武者」「乱」「夢」「まあだだよ」「To end all waves」、テレビ「武田信玄」など。昭和59年女優の鷲尾真知子と結婚。69歳の平成29年7月、舞台「アザー・デザート・シティーズ」に出演中に舞台上で急性大動脈解離を発症して急逝。 ㊞紀伊国屋演劇賞（第45回）〔平成22年〕「BLUE/ORANGE」「今は亡きヘンリー・モス」 ㊞妻＝鷲尾真知子（女優）

中島 昭一 なかじま・しょういち 長野県議（社会県民連合） ㊽平成29年（2017）2月7日 90歳 ㊿昭和2年（1927）1月29日 ㊞長野県塩尻市 ㊞塩尻青年学校卒 ㊞昭和16年昭和電工塩尻工場勤務。同労組執行委員長、塩尻市議2期を経て、50年塩尻市選挙区から長野県議に当選。平成6年県議会副議長。15年引退。7期。社会党長野県本部書記長、長野県漁連副会長を務めた。 ㊞旭日中綬章〔平成16年〕

中島 誠 なかじま・せい 京都大学名誉教授 ㊞発達心理学、障害児心理学 ㊽平成27年（2015）5月4日 90歳 ㊿大正13年（1924）10月8日 ㊞高知県高知市 ㊞京都大学文学部心理学科〔昭和23年〕卒 文学博士（京都大学）〔昭和54年〕 ㊞昭和24年京都学芸大学助手、27年講師、29年京都大学文学部助手、30年教養部講師、33年助教授を経て、43年教授。平成元年仏教大学教授、6年同大教育学部長。のち人間総合教育研究所所長を務めた。著書に「子どもが育てる『ことばと知能』」などがある。 ㊞日本心理学会、日本教育心理学会、音声言語医学会

永島 卓 ながしま・たく 詩人 碧南市長 ㊽平成28年（2016）7月27日 82歳〔老衰〕 ㊿昭和9年（1934）7月20日 ㊞愛知県碧南市 ㊞碧南高 ㊞碧南市建設部長、総務部長を経て、平成8年より市長に当選。20年引退。一方、結核で療養中詩作を始め、詩誌「碧南詩人」「友碧南文化」を編集。市役所勤務の傍ら「現代詩手帖」「あんかるわ」「菊屋」誌上に発表。また、自宅に画廊喫茶アトリエを開き、地元作家と交流した。詩集に「碧南偏執的複合的私言」「わが驟雨」「なによりも水が欲しいと叫べば」「永島卓詩集」「湯島通れば」「水に囲まれたまちへの反歌」などがある。

長島 忠美 ながしま・ただよし 衆院議員（自民党） 山古志村（新潟県）村長 復興副大臣 ㊽平成29年（2017）8月18日 66歳〔多臓器不全〕 ㊿昭和26年（1951）1月9日 ㊞新潟県古志郡山古志村（長岡市） ㊞長岡高〔昭和44年〕卒、東洋大学経済学部〔昭和48年〕卒 ㊞大学卒業後、東京の住宅メーカーに勤めるが都会生活になじめず、28歳で郷里の新潟県山古志村に戻る。平成2年同村教育委員、5年より村議2期を経て、12年から村長に2選。16年10月の新潟県中越地震では村内全域が土砂崩れや道路の陥没など甚大な被害を受けると、全村避難を決断。17年4月同村が長岡市に編入されると引き続き復興事業推進のため長岡市の特別職・復興管理型副村長、被災者・国・県との交渉や復興事業のプラン作りなどに尽力した。同年9月衆院選比例区北陸信越ブロックに、自民党比例名簿単独1位で当選。21年も比例単独1位で当選。24年の衆院選では新潟5区から鞍替え立候補し、田中角栄以来の強固な選挙地盤を誇った田中真紀子を破り当選。26年9月第二次安倍改造内閣の復興副大臣に就任、12月第三次安倍内閣、27年10月第三次安倍改造内閣でも

留任。28年8月退任。同月自民党新潟県連会長。21～24年母校の東洋大学理事長を務めた。4期目途中の29年8月、脳卒中で倒れ急逝した。本宅である旧山古志村の仮設住宅と東京の議員宿舎を行き来し、山古志の復旧に尽力。共著に「国会議員村長―私、山古志から来た長島です」がある。

中島 多美雄　なかしま・たみお　長崎県議(無所属)　富江町(長崎県)町長　[没]平成28年(2016)7月7日　94歳　[生]大正10年(1921)11月18日　[出]長崎県　[学]日本大学専門部法科〔昭和18年〕卒　[歴]昭和52年長崎県議に当選。4期務め、平成3年引退。　[賞]勲四等旭日小綬章〔平成4年〕

中島 輝夫　なかじま・てるお　長野県議(県政会)　[没]平成29年(2017)12月18日　87歳〔老衰〕　[生]昭和5年(1930)6月20日　[出]長野県須坂市　[学]岐阜農専農村工業実科〔昭和24年〕卒　[歴]長野県農業青年団体連絡協議会会長、昭和49年長野県国際農友会会長、54年須坂市議を経て、58年須坂市区選出の長野県議に初当選。以来連続5選。平成11年議長。自民党を経て、県政会。15年引退。長野県バスケットボール協会会長も務めた。娘はタレントの中島史恵。　[家]娘＝中島史恵(タレント)

中島 利勝　なかじま・としかつ　岡山大学名誉教授　[専]機械工作, 精密加工学　[没]平成29年(2017)10月17日　80歳　[生]昭和12年(1937)2月1日　[学]京都大学工学部鉱山学科〔昭和36年〕卒　工学博士(京都大学)〔昭和44年〕　[歴]三井金属鉱業勤務を経て、昭和40年1月京都大学工学部助手。京大時代の42～43年米国シンシナティ大学客員に研究員として留学し、宇宙開発アポロ計画の高強度耐熱合金の精密研削加工に関する国際共同研究に参加。48年岡山大学工学部助教授、49年教授。研削加工技術の研究を行い、研削理論を確立することによって精密加工技術の高度化を実践した。岡山大学評議員、平成6～10年工学部長、のち大学院自然科学研究科長を歴任し、14年退官、名誉教授。学会活動としては、精密工学会副会長、日本機械学会評議員などを務めた。また、岡山県精密生産技術研究会会長、岡山県レーザ加工技術研究会顧問として地域社会や産業と連携し、県内企業の精密生産技術向上に貢献した。　[賞]日本機械学会賞(論文, 昭和42年度)「歯車の曲げ疲れ強さに関する研究」, 精機学会青木記念論文賞(第6回, 昭和48年度)「過渡的切削過程における表面特性の研究」, 工作機械技術振興賞論文賞(第7回)〔昭和61年〕「研削熱による変形が寸法生成過程に及ぼす影響の研究」, 電気加工学会全国大会賞〔平成4年〕「チタン合金の高能率放電加工に関する研究」, 精密工学会賞(第15回, 平成4年度)「ファジィ・インプロセス制御研削加工―研削加工プロセスの知能的自動化に関する研究―(第1報)―」, 電気加工学会論文賞〔平成6年〕「チタン合金の高能率放電加工に関する研究」, 日本工学教育協会賞〔平成9年〕, 山陽新聞賞〔平成13年〕　[団]精密工学会, 日本機械学会, 日本材料学会

中島 富雄　なかじま・とみお　大光銀行頭取　国税庁国税不服審判所次長　[没]平成28年(2016)3月16日　74歳〔病気〕　[生]昭和16年(1941)11月11日　[出]岐阜県土岐市　[学]東京大学法学部〔昭和39年〕卒　[歴]昭和39年大蔵省(現・財務省)に入省。58年国税庁関税部酒税課長、60年大蔵省証券局企業財務課長、62年7月福岡財務支局長、63年経済企画庁計画課長、平成元年6月国税庁仙台国税局長、2年6月国税不服審判所次長を経て、4年7月日本鉄道建設公団理事。7年親和銀行専務、11年地域総合整備財団常務理事、13年大光銀行副頭取を経て、15年頭取に就任。21年顧問に退く。

中島 豊雄　なかしま・とよお　名古屋大学名誉教授　[専]スポーツ社会学　[没]平成28年(2016)7月2日　79歳　[生]昭和12年(1937)3月11日　[出]愛知県江南市　[学]東京教育大学(現・筑波大学)体育学部卒　[歴]高校教師などを経て、昭和62年名古屋大学総合保健体育科学センター教授。平成10年愛知学泉大学コミュニティ政策学部教授に就任。地域とスポーツの関係を研究し、地域密着、参加者平等、仲間意識の育成を柱にしたスポーツクラブの必要性を提唱。

中島 春雄　なかじま・はるお　俳優　[没]平成29年(2017)8月7日　88歳〔肺炎〕　[生]昭和4年(1929)1月1日　[出]山形県酒田市　[学]横須賀航空工業学校〔昭和19年〕中退, 国際映画演技研究所〔昭和25年〕卒　[歴]予科練に入り、姫路で特攻隊員として待機中、終戦。運転手などを経て、昭和24年黒沢明監督の「野良犬」に初出演するが、編集でカットされ幻のデビュー作となる。25年東宝に入社。28年「太平洋の鷲」でファイヤースタントを演じる。29年本多猪四郎監督の「ゴジラ」で怪獣ゴジラのぬいぐるみに入り一躍有名になり、以後、「キングコング対ゴジラ」「モスラ対ゴジラ」など数々の東宝特撮映画で怪獣を演じる。並外れた体力と動物を観察したアクションで、“特撮の神様”円谷英二特技監督にも信頼され、日本独自のジャンルともいえる怪獣特撮映画に長く貢献。47年「ゴジラ対ガイガン」を最後に引退するまで計12作でゴジラを演じた。「隠し砦の三悪人」「用心棒」など端役で多くの東宝作品にも出演。第一線を退いた後も、ゴジラを演じた俳優として海外でも知名度は高く、“ミスター・ゴジラ”として海外のイベントに出席、米ロサンゼルス市からは栄誉賞を受けた。平成22年自伝「怪獣人生―元祖ゴジラ俳優・中島春雄」を出版。　[賞]酒田ふるさと栄誉賞〔平成24年〕

中島 日出雄　なかじま・ひでお　宇都宮大学名誉教授　[専]物理学　[没]平成28年(2016)6月22日　69歳〔病気〕　[生]昭和21年(1946)9月7日　[学]京都大学理学部物理学科卒, 京都大学大学院理学研究科物理学専攻〔昭和54年〕博士課程修了　理学博士　[歴]宇都宮大学工学部助教授を経て、教授。共著に「微積分学」。

中島 洋　なかじま・ひろし　太平洋学会理事長　[専]ミクロネシア史　[没]平成28年(2016)11月29日　85歳〔肺がん〕　[生]昭和6年(1931)4月21日　[出]福岡県　[学]法政大学経済学部卒　[歴]TBSパシフィック・インク常務、中小企業国際センター常務理事、太平洋学会事務局長などを経て、昭和57年同学会専務理事。のち理事長。太平洋島嶼諸国の文化や日本との関わりなどを研究した。著書に「大和王朝の水軍」「サイパン・グアム 光と影の博物誌」、共著に「太平洋諸島入門」などがある。

中島 平太郎　なかじま・へいたろう　ソニー常務　アイワ社長　[専]電子工学　[没]平成29年(2017)12月9日

96歳〔吐血性心不全〕 [生]大正10年(1921)3月19日 [出]福岡県久留米市 [学]東京工業大学電気工学科〔昭和19年9月〕卒, 九州大学大学院特別研究科〔昭和22年〕修了 工学博士〔昭和33年〕 [歴]昭和22年NHK熊本放送局に入局。33年「音響機器の設計に関する研究」で学位を取得。39年の東京五輪開会式では音響に関する責任者を務める。40年技術研究所音響研究部長、42年世界最初のテープ式デジタルオーディオの試作機を完成させる。43年放送科学基礎研究所長。46年ソニー社長の井深大に請われて50歳でソニーに入社し、47年常務。オーディオにデジタル技術を導入、CDの標準化に取り組んだほか、技術研究所長としてCDの開発を指揮し、57年世界初となるCDプレーヤーの商品化を実現させた。58年技術顧問。同年アイワ副社長、59年社長、62年相談役。平成元年スタート・ラボ社長。この間、昭和56年日本音響学会会長、平成4年日本オーディオ協会会長。"CDの父"と呼ばれ、5年その功績が認められて紫綬褒章を受章。18年ビフレステック会長。80代で卵型スピーカーを開発した。著書に「ディジタルオーディオ」「オーディオ新時代」「次世代オーディオに挑む」など。 [賞]紫綬褒章〔平成5年〕, 前島賞〔昭和38年〕「指向性マイクロフォンの実用化研究」, 嘉村記念賞(第13回)〔昭和51年〕「音響機器の設計に関する研究成果と音響機器の発展に対する貢献」, 科学技術庁長官賞科学技術功労者表彰(第27回)〔昭和60年〕「コンパクトディスクの開発と実用化」, 毎日工業技術賞(第37回, 昭和60年度)「コンパクトディスクの開発と実用化」, 日本オーディオ協会賞(第1回)〔昭和61年〕 [資]電気主任技術者, 無線技術士(第1級) [団]日本音響学会, 日本オーディオ協会

長島 真人 ながしま・まこと 鳴門教育大学教授 [専]音楽科教育学 [没]平成28年(2016)10月22日 62歳〔心不全〕 [生]昭和28年(1953)11月24日 [出]滋賀県大津市 [学]広島大学教育学部高校教員養成課程音楽専攻〔昭和51年〕卒, 広島大学大学院教育学研究科音楽科教育学専攻〔昭和53年〕博士課程前期修了 [歴]昭和54年広島大学附属中・高校教諭を経て、61年鳴門教育大学学校教育学部講師、平成元年助教授(准教授)、21年教授。 [団]教育史学会, 日本音楽教育学会, 中国四国教育学会

中島 みち なかじま・みち ノンフィクション作家 [専]刑法, 生命倫理, 医療制度, 昭和史 [没]平成27年(2015)10月29日 84歳〔慢性呼吸不全〕 [生]昭和6年(1931)2月10日 [出]京都府京都市 [名]本名＝高橋道(たかはし・みち), 旧姓・名＝中島道(なかじま・みち) [学]武蔵高女〔昭和23年〕卒, 東京女子大学文学部英米文学科〔昭和28年〕卒, 中央大学大学院法学研究科刑事法専攻〔昭和45年〕修士課程修了 [歴]昭和28年東京放送(TBS)に入社。アナウンサーを務め、34年退社、フリーとなる。45年中央大学大学院法学研究科刑事法専攻を修了。同年に乳がん手術を受けたことがきっかけで、安楽死、生命倫理、医療制度など、医療と法律に関わる諸問題について健筆を振るう。厚生労働省関係の各種委員なども務め、一貫して患者の立場から医療への提言を行った他、"看護の日"を発案して制定を呼びかけた。平成6年には菊池寛賞を受賞。自分自身の病友、夫のがん闘病記「誰も知らないあした」「がん病棟の隣人」「悔いてやまず」はロングセラーとなり、のち「がんと闘う・がんから学ぶ・がんと生きる」として一冊にまとめられる。他の著書に「日中戦争いまだ終らず」「新々・見えない死」「奇跡のごとく」「脳死と臓器移植法」「クワガタクワジ物語」「患者革命」、訳書「愛より気高く」「ナース」「コード・ブルー」などがある。 [賞]ジュニアノンフィクション文学賞(第1回)〔昭和49年〕「クワガタクワジ物語」, 菊池寛賞(第42回)〔平成6年〕 [団]日本刑法学会, 日本文芸家協会 [家]夫＝高橋照明(東京放送報道局次長)

中島 光正 なかしま・みつまさ 郷土史家 俳人 [専]富山県 [没]平成28年(2016)3月4日 92歳 [生]大正12年(1923)4月 [出]富山県西礪波郡津沢町(小矢部市) [学]金沢医科大学医学専門部〔昭和20年〕卒 医学博士 [歴]日本カーバイド病院勤務などを経て、昭和33年郷里の小矢部市で内科医院を開業。傍ら、郷土史研究にも取り組み、石川県との県境にある山城の一乗寺城の研究に力を注ぎ、52年城跡が市史跡となるきっかけの一つを作った。また、近所に住んでいた俳人・中島杏子に誘われて俳句をはじめ、のち津沢辛夷句会会長を務めた。著書に「烏堂ものがたり―砺波の伝説」「一乗寺城跡考」「昭和元禄田園譜」などがある。

中島 リキ子 なかしま・りきこ 体操指導者 広島県体操協会理事長 [没]平成27年(2015)3月8日 89歳〔急性呼吸不全〕 [出]広島県三原市 [歴]昭和19年忠海高等女学校(現・忠海高校)に赴任。24年三原高校に移ると体操部監督として国体、全国高校総体に毎年参加。五輪出場選手である池田敬子、相原俊子、佐野智恵子をはじめ、数多くの選手を育てた。47年女性で初めて広島県教育賞を受賞。61年同校を退職。広島県体操協会理事長を務め、平成6年の広島アジア大会の成功に尽力した。 [賞]広島県教育賞〔昭和47年〕, 広島県地域文化功労者表彰(平成1年度), 日本体育功労賞, 全国高校総体優秀監督賞

中条 建吾 なかじょう・けんご 大日精化工業常務 [没]平成29年(2017)5月16日 71歳〔大腸がん〕 [生]昭和21年(1946)5月3日 [出]兵庫県 [歴]昭和44年大日精化工業に入社。平成24年取締役を経て、26年常務。

永末 恵子 ながすえ・けいこ 俳人 [没]平成28年(2016)2月19日 62歳 [生]昭和29年(1954)2月15日 [出]広島県 [歴]平成元年同人誌「白燕」入会。5年退会後、無所属で活動。句集に「発色」「留守」「借景」「ゆらのとを」がある。

永瀬 哲哉 ながせ・てつや ナガセ会長 [没]平成27年(2015)3月8日 94歳 [生]大正10年(1921)1月27日 [学]熊本工専〔昭和19年〕卒 [歴]昭和51年ナガセを設立して取締役、56年常務、61年会長。平成10年取締役相談役。この間、昭和62年東進ハイスクールを設立して取締役。 [家]長男＝永瀬昭幸(ナガセ社長), 息子＝永瀬昭典(ナガセ副社長)

仲宗根 悟 なかそね・さとる 沖縄県祖国復帰協議会事務局長 [没]平成27年(2015)7月25日 88歳〔内臓機能低下〕 [出]沖縄県中頭郡美里村(沖縄市) [歴]18歳で海軍に応召、家族は全員沖縄戦の犠牲となった。戦後、青年団運動から沖縄の本土復帰運動に入り、昭和41年から沖縄県祖国復帰協議会事務局長として運動を

な

牽引。運動の象徴となった辺戸岬沖での4.28海上集会などを通じて全国に沖縄復帰を呼びかけ、のち同岬に祖国復帰闘争碑が建立されると揮毫を手がけた。50年退任。52年解散後は社会党沖縄県本部書記長や社民党沖縄県連合会書記長を務めた。沖縄県美里村議1期も経験。また、57年には膨大な資料を整理して「沖縄県祖国復帰闘争史」を出版した。

仲宗根 正満 なかそね・まさみつ 画家 詩人 ㉚平成29年（2017）11月13日 61歳〔急性腹膜炎〕 ㉕昭和31年（1956）㉓沖縄県那覇市胡屋 ㉗父は沖縄市長を務めた仲宗根正和。昭和32年生後9ヶ月の時にはしかによる高熱で脳性腹まひを発症。自由に動かせるのは右手首から先だけになり、鏡が丘養護学校（当時）で指導を受けて絵と詩の創作を始める。平板に胸を乗せて寝そべったような姿勢で少しずつ描き、作品の完成に3年かかることもあった。詩作のほか、コンピュータグラフィックス（CG）を用いた抽象画にも取り組んだ。詩集に「かたつむりの詩」、画集に「長い道」がある。 ㉖沖縄コロニー大賞〔平成13年〕 ㉗父＝仲宗根正和（沖縄市長）

仲宗根 義尚 なかそね・よしなお 沖縄市議 沖縄県遺族連合会会長 ㉚平成29年（2017）11月28日 82歳〔肺炎〕 ㉕昭和10年（1935）10月29日 ㉓沖縄県沖縄市 ㉑琉球大学文理学部経済学科卒 ㉗昭和57〜61年、平成2〜18年沖縄市議を通算5期務めた。また、18〜23年沖縄県遺族連合会会長を務め、6月23日の慰霊の日に開催される沖縄全戦没者追悼式に出席して恒久平和を強く訴えた。 ㉖旭日双光章〔平成19年〕

中園 道男 なかぞの・みちお 野村総合研究所副社長 ㉚平成27年（2015）10月12日 92歳〔肺炎〕 ㉓岡山県岡山市

中田 明成 なかた・あきしげ 漫才作家 ㉚平成29年（2017）4月16日 73歳〔敗血症〕 ㉕昭和18年（1943）㉓京都府京都市 ㉗NHKの演芸台本募集に応募するも落選。しかし当選作と一緒に放送されると当選作より受け、以来漫才の台本を手がけるようになった。夢路いとし・喜味こいし「花嫁の父」や、横山やすし・西川きよし「男の中の男」など数千本の台本を執筆。昭和58年には大阪厚生年金会館で「おもしろいから漫才！ 中田明成漫才二五〇〇本」を開催、漫才作家として初めてのリサイタルを開いた。一方、54年関西演芸作家協会を設立し、著作権の確立と擁護に取り組んだ。 ㉖上方お笑い大賞秋田実賞（第1回）〔昭和52年〕，上方お笑い大賞特別功労賞（第32回）〔平成15年〕，NHK放送文化賞（第64回）〔平成25年〕 ㉘関西演芸作家協会

長田 紀春 ながた・きしゅん 医師 沖縄戦に軍医見習士官として従軍した ㉔小児科学 ㉚平成29年（2017）12月22日 97歳〔老衰〕 ㉕大正9年（1920）㉓沖縄県那覇市上之蔵町 ㉗太平洋戦争中の沖縄戦当時、沖縄陸軍病院第三外科で軍医見習士官として負傷者の治療にあたる。戦後は小児科医として小児医療・保健に携わる傍ら、自らの戦争体験を語り継ぐなど平和活動にも積極的に取り組み、平成4年第三外科の看護婦長でともに生き残った具志八重と、生存者の証言を

集めて「閃光の中で—沖縄陸軍病院の証言」を出版。また、19年の沖縄陸軍病院南風原壕群の一般公開にも尽力した。沖縄陸軍病院慰霊会会長を務め、慰霊祭を執り行った。 ㉖ノバルティス地域医療賞（第8回）〔平成13年〕

中田 恭二 なかた・きょうじ 奈良教育大学名誉教授 ㉔植物化学 ㉚平成29年（2017）11月17日 97歳〔肺炎〕 ㉕大正9年（1920）3月27日 ㉑三重高農農学科卒 農学博士 ㉗奈良教育大学教授、奈良文化女子短期大学教授を務めた。

永田 敬治 ながた・けいじ 岩手銀行常務 ㉚平成27年（2015）6月29日 85歳〔肺炎〕 ㉕昭和5年（1930）6月22日 ㉓岩手県盛岡市 ㉑東北大学経済学部〔昭和30年〕卒 ㉗岩手銀行に入行。昭和59年取締役を経て、平成元年常務。

中田 健次郎 なかだ・けんじろう 静岡県立大学名誉教授 ㉔運動生理学 ㉚平成29年（2017）7月16日 84歳〔心不全〕 ㉕昭和8年（1933）6月10日 ㉓静岡県小笠原郡大須賀町（掛川市）㉑東京教育大学体育・健康学体育専攻卒 医学博士 ㉗静岡県立大学教授、立命館大学教授、富士常葉大学（現・常葉大学）教授の他、しずおか健康長寿財団監事も務めた。

仲田 コージ なかた・こーじ ミュージシャン ㉚平成29年（2017）4月 67歳〔肺がん〕 ㉓京都府京都市西陣 ㉗本名＝仲田耕実、グループ名＝仲田コージ＆Boogie Baby Band（なかたこーじあんどぶぎーべいびーばんど）㉗昭和45年頃から米国の原曲をもとに日本語の歌詞を付け、ブルースを歌い始める。大工の傍らで歌手活動を続け、京都のブルースシーンの重鎮として知られた。

永田 宗伴 ながた・そうはん 茶道家 表千家同門会広島県支部参与 ㉚平成28年（2016）8月23日 86歳〔食道がん〕 ㉕昭和4年（1929）12月13日 ㉓広島県広島市 ㉗本名＝永田耕一（ながた・こういち）㉑京都大学医学部薬学科卒 ㉗塩野義製薬製造部長、表千家同門会広島県支部参与を務めた。

永多 外男 ながた・そとお 福井テレビジョン放送社長 ㉚平成28年（2016）2月22日 91歳〔肺炎〕 ㉕大正14年（1925）2月4日 ㉓石川県河北郡津幡町 ㉑立命館大学法学部〔昭和25年〕卒 ㉗昭和25年郵政省（現・総務省）に入省。36年東海電波監理局監理部長、38年関東電波監理局免許部長、41年総務部長。東京郵政局調査官を務めた後、44年福井テレビジョン放送常務、51年専務、62年副社長、平成元年社長を歴任。11年会長、17〜20年取締役相談役。 ㉖勲四等旭日小綬章〔平成7年〕

中田 武仁 なかた・たけひと 国連ボランティア（UNV）終身名誉大使 ㉚平成28年（2016）5月23日 78歳〔老衰〕 ㉕昭和12年（1937）10月25日 ㉓大阪府大阪市中央区（東区）㉗本名＝中田武仁（なかた・たけひと）㉑大阪市立大学〔昭和36年〕卒 ㉗昭和36年総合商社の東洋棉花（現・トーメン）に入社。51年ワルシャワ駐在事務所長を経て、55年本社に戻る。60年子会社のトーメン・テキスタイル・マシンに移りのち開発推進室長に。一方、平成5年国連ボランティアとしてカンボジアで活動していた息子・厚仁（当時25歳）が射殺されたことから、息子の遺志を継いで国際ボラ

ンティアを目指し、退職。同年世界初唯一人の国連ボランティア（UNV）名誉大使に任命された。同年国連ボランティア活動支援のための公益信託・中田厚仁記念基金を設立。以後、国連ボランティア名誉大使として世界各地を公式歴訪。20年4月国連ボランティア終身名誉大使に就任。講演は国内外で3000回を超えた。[賞]ナショナルゴールドメダル（カンボジア王国政府及び同国王より叙勲）〔平成13年・14年・15年・16年〕，旭日小綬章〔平成20年〕，大阪地方裁判所所長賞〔平成13年〕，読売国際協力賞〔平成13年〕，外務大臣表彰〔平成18年〕，大阪高等裁判所長官表彰〔平成19年〕，日本調停協会理事長賞〔平成19年〕　[資]英語検定1級　[団]大阪民事調停協会　[家]息子＝中田厚仁（国連ボランティア），父＝中田守雄（大阪府議）

永田 恒治　ながた・つねはる　弁護士　長野県弁護士会会長　[没]平成28年（2016）3月28日　79歳　[生]昭和11年（1936）8月8日　[出]長野県東筑摩郡山形村　[学]東京大学法学部〔昭和36年〕卒　[歴]昭和44年司法試験に合格、47年弁護士登録。松本市で永田恒治事務所を開設。国有林労働者の白蠟病訴訟、産業廃棄など環境問題に携わる。長野県弁護士会会長を務めた。平成6年に発生した松本サリン事件では、被害者でありながら当初犯人扱いを受けた第一通報者・河野義行さんの代理人を務め、名誉回復に尽力した。13年「松本サリン事件―弁護記録が明かす7年目の真相」を出版。吉村午良長野県知事らを被告とする食糧費支出に関する損害賠償請求訴訟なども手がけ、田中康夫知事の出張旅費返還請求訴訟では原告側代理人を務めた。田中知事に批判的な市民グループの代表も務め、18年の県知事選挙では村井仁元衆院議員に立候補を要請した。　[団]長野弁護士会

永田 照喜治　ながた・てるきち　農法研究家　農業コンサルタント　永田農業研究所代表取締役　健菜会長　[没]平成28年（2016）9月1日　90歳〔心不全〕　[生]大正15年（1926）　[出]熊本県天草郡天草町（天草市）　[学]神戸経済大学（現・神戸大学経済学部）〔昭和23年〕卒　[歴]大学卒業後、故郷の天草で貧しい農民の生活を改善するため、ミカンの育成に着手。昭和38年九州大学の福島栄二教授とともに液肥と砂栽培法による農法を実践。41年鹿児島県吹山砂丘に砂丘実験農場を開設、マスクメロンに挑戦したが、塩害のため失敗。園芸講師や家庭菜園の指導などをした後、48年りょくけん設立。54年静岡県浜松市に緑健を移設。水、肥料を極度に抑え、たくましく育てる栽培法“緑健農法”を利用した完熟ブランドで、西武デパートや西友に糖度の高い完熟ミカンや完熟トマトを提供。平成3年水質浄化法をアドバイスする環境保全を設立。また作物を原産地の環境で育てる“永田農法”を開発し、浜松市に永田農業研究所を設立。4年ダイナースクラブとともに健菜倶楽部を設立。14年ユニクロのファーストリテイリングと提携し、野菜を直接販売を始めた。著書に「原産地を再現する緑健農法」「永田農法 おいしさの育て方」「美味しさの力」「食は土にあり―永田農法の原点」「おいしさはここにあり」「奇跡の野菜」、編著に「家庭菜園からの発想」などがある。

仲田 中一　なかた・なかいち　愛媛県議（自民党）　[没]平成29年（2017）12月22日　78歳〔呼吸不全〕　[生]昭和14年（1939）2月12日　[出]愛媛県宇和島市　[学]宇和島東高卒，中央大学中退　[歴]昭和33年宇和島市役所に入る。平成2年民生部長などを経て、7年愛媛県議に当選。3期務め、19年引退。　[賞]旭日双光章〔平成21年〕

中田 作成　なかた・なりしげ　市民運動家　大阪工業大学情報科学部助教授　[専]ドイツ文学，景観論　[没]平成28年（2016）2月26日　77歳〔老衰〕　[生]昭和14年（1939）1月10日　[出]兵庫県神戸市　[学]大阪大学文学部卒　[歴]大阪工業大学で工学部一般教育科助教授、情報科学部助教授を務める。一方、神戸新交通六甲アイランド線の建設をきっかけに、昭和60年住吉川の環境を守る会を結成して会長となり、全国初の河川景観訴訟の原告代表として神戸市を相手に住民訴訟を起こした。平成2年神戸空港を考える会を設立して事務局長に就任、空港建設反対派のリーダーとして活動。10年には神戸空港建設の是非を問うべく住民投票条例の制定を求め、約30万人の署名を集めて条例制定を直接請求したが、神戸市議会で否決された。11年独自の住民投票を実施、総投票数31万のうち、94％が反対という結果となるが、9月着工。12年市長リコール・神戸の会を結成、市長解職を求めて1ケ月で約8万7000人の署名を集めたが法定数に届かなかった。住民基本台帳ネットワークに反対する市民グループの代表も務めるなど、神戸で数多くの住民運動に携わった。　[団]日本独文学会，阪神ドイツ文学会

永田 秀雅　ながた・ひでまさ　映画プロデューサー　大映副社長　[没]平成29年（2017）10月3日　92歳　[生]大正14年（1925）8月23日　[出]東京都　[学]日本大学工学部建築科〔昭和23年〕卒　[歴]大映社長を務めた永田雅一の長男。建設省（現・国土交通省）、ラジオ東京（現・TBS）などを経て、昭和27年大映に入社。大映撮影所長となり、「処刑の部屋」「巨人と玩具」「有楽町で逢いましょう」など数々の作品に携わる。35年専務、次いで副社長となるが、46年12月倒産。その後、映画の版権を管理する永田企画を設立、社長を務めた。　[家]父＝永田雅一（大映社長）

仲田 寛　なかだ・ひろし　医師　仲田病院院長　埼玉県医師会会長　[没]平成28年（2016）9月4日　94歳〔老衰〕　[生]大正11年（1922）1月1日　[出]埼玉県浦和市（さいたま市）　[学]日本大学医学部〔昭和19年〕卒　医学博士　[歴]昭和20年東京警察病院、26年東京大学伝染病研究所などを経て、32年浦和市（現・さいたま市）で開業。平成2～8年埼玉県医師会長を務めた。　[賞]藍綬褒章〔昭和59年〕，勲四等旭日小綬章，日本対ガン協会賞〔平成4年〕

永田 文夫　ながた・ふみお　音楽評論家　訳詞家　[専]ポピュラー音楽　[没]平成28年（2016）5月13日　89歳〔虚血性心不全〕　[生]昭和2年（1927）3月28日　[出]大阪府大阪市　[学]京都大学工学部〔昭和23年〕卒　[歴]昭和29年上京。シャンソン社を設立し、月刊誌「シャンソ

な

ン」を発行。ファドの名曲「暗いはしけ」の訳詞をはじめ、岸洋子が歌った「恋心」「わかっているの」などポピュラーなシャンソンを中心に、ラテン音楽、タンゴの曲を多数訳詞し、普及に尽力。公演や番組の構成、演出も手がけた。かたわら音楽評論もし、著書に「ラテン・フォルクローレ・タンゴ」「シャンソン」などがある。　[団]日本訳詩家協会, JASRAC　[家]妻＝前田はるみ(タンゴ歌手)

仲田 政弘　なかた・まさひろ　立花商会社長　[没]平成29年(2017)5月5日　84歳〔肺がん〕　[生]昭和8年(1933)1月14日　[出]兵庫県　[学]神戸商科大学経営学部〔昭和30年〕卒　[歴]昭和46年立花商会(現・立花エレテック)に入社。51年取締役、63年常務、平成2年専務、4年副社長を経て、9年社長、12年会長。

中田 易直　なかだ・やすなお　中央大学名誉教授　[専]日本近世史　[没]平成27年(2015)1月21日　95歳　[生]大正8年(1919)4月6日　[出]秋田県大館市　[学]東京帝国大学文学部国史学科〔昭和18年〕卒　文学博士　[歴]文部省国史編院国史編集官補、東京体育専門学校教授を経て、昭和34年茨城大学文理学部助教授、39年中央大学文学部教授。平成2年退職、名誉教授。のち城西大学教授。この間、中央大学図書館長も務めた。日本歴史学協会委員長、中央史学会会長、三井文庫理事を歴任。第14～16期日本学術会議会員。著書に「三井高利」「近世対外関係史の研究」などがある。　[賞]瑞宝中綬章〔平成21年〕　[団]日本古文書学会, 社会経済史学会, 南島史学会

中平 健吉　なかだいら・けんきち　弁護士　中平健吉法律事務所所長　アムネスティ・インターナショナル日本支部長　[没]平成27年(2015)3月7日　89歳〔心不全〕　[生]大正14年(1925)9月1日　[出]長野県飯田市　[学]東京大学法学部〔昭和24年〕卒　[歴]昭和26年岐阜家地裁判事補に任官。東京地裁判事時代の45年、第二次家永教科書裁判で国民の教育の自由をうたった“杉本判決”の関与裁判官の一人となったが、46年東京高裁判事を経て、47年退官し弁護士登録。弁護士としては、日立就職差別訴訟、自衛官合祀訴訟、池子米軍住宅訴訟などを担当した。“脱北者”を支援する北朝鮮難民救援基金代表やアムネスティ・インターナショナル日本支部長も務めた。著書に「世に遣わされて―キリスト者の社会参与」などがある。

長瀧 重信　ながたき・しげのぶ　長崎大学名誉教授　放射線影響研究所理事長　[専]内科学, 核医学, 内分泌代謝学　[没]平成28年(2016)11月12日　84歳〔胸部動脈瘤破裂〕　[生]昭和7年(1932)1月18日　[出]東京都　[学]東京大学医学部医学科〔昭和31年〕卒, 東京大学大学院医学研究科内科専攻〔昭和36年〕博士課程修了, ハーバード大学〔昭和38年〕修了　医学博士〔昭和36年〕　[歴]昭和38年東京大学第三内科助手、55年講師、55年12月長崎大学教授、のち学部長も務めた。平成9年退官し、4月放射線影響研究所常務理事に就任。同年7月～13年理事長。13～15年文部科学省放射線審議会会長、13年から原子力委員会、原子力安全委員会専門委員、14年から日本アイソトープ協会専門理事。長崎平和推進協会理事長も務めた。放射線医療と甲状腺の専門家で、旧ソ連のチェルノブイリ原発事故による健康被害調査に取り組んだ他、茨城県東海村で起きたJCO臨界事故での周辺住民の健康管理に携わった。東京電力福島第一原発事故では、被災した住民の健康管理を検討する環境省の専門家会議の座長を務めた。　[賞]瑞宝中綬章〔平成24年〕, エルウィン・フォン・ベルツ賞〔昭和45年〕, 甲状腺学会賞七条賞〔昭和51年〕, アジア・大洋州甲状腺学会賞〔昭和57年〕, 日本糖尿病学会坂口賞〔平成10年〕, 米国保健物理学会モルガン賞〔平成11年〕　[団]日本内科学会(名誉会員), 日本内分泌学会(名誉会員), 日本糖尿病学会(名誉会員), 日本甲状腺学会(名誉会員), 日本リウマチ学会(名誉会員), 日本臨床免疫学会(名誉会員), 日本核医学会(名誉会員), アジア大洋州甲状腺学会(名誉会長), 米国甲状腺学会(名誉会員), 米国内分泌学会　[家]弟＝長瀧重義(東京工業大学名誉教授)

長塚 杏子　ながつか・きょうこ　文芸評論家　代々木公園文化村主宰　[没]平成27年(2015)5月4日　87歳〔肺がん〕　[生]昭和3年(1928)3月16日　[出]京都府京都市　[名]本名＝荻野浄子(おぎの・きよこ)　[学]奈良女子大学文学部社会学科〔昭和28年〕卒　[歴]父は国文学者の荻野清。新聞記者を経て、評論家となり、NHK教育テレビなどで映画評を担当。30代前半に与謝野晶子訳を読んだのがきっかけで「源氏物語」に熱中、昭和58年代々木の自宅でグループ・源氏物語を主宰、60年より「源氏物語」の説き語りと著述活動を目的とする代々木公園文化村を主宰。平成9年より毎日カルチャーシティ渋谷校で“「源氏物語」の読み語り”などの講座を持った。著書に「現代女性論」「テレビと子ども」「男性―この愚劣にして可憐なもの」「家族の伝説」「源氏物語の女性像」「かぐや姫の反逆」などがある。　[家]父＝荻野清(国文学者)

中津川 衛　なかつがわ・えい　俳優　[没]平成28年(2016)12月8日　79歳〔肺炎〕　[生]昭和12年(1937)1月2日　[出]岐阜県　[名]本名＝中嶋幸雄(なかじま・ゆきお)　[学]長良高卒　[歴]舞台芸術学院などを経て、昭和39年青年劇場の創立に参加、中心的俳優として活躍した。代表作に「青春の砦」「遺産らぷそでぃ」などがある。

永次 広　ながつぎ・ひろし　安川電機会長　福岡経済同友会代表幹事　[没]平成29年(2017)7月21日　80歳〔病気〕　[生]昭和12年(1937)2月18日　[出]長崎県　[学]長崎大学経済学部〔昭和34年〕卒　[歴]昭和34年安川電機製作所(現・安川電機)に入社。58年TQC推進部長、安川情報システム社長を経て、平成4年取締役、5年常務、7年専務、8年副社長、12年会長、16年特別顧問。この間、13年福岡経済同友会代表幹事。

永利 植美　ながとし・たつみ　日本電気専務　日本航空電子工業社長　[没]平成29年(2017)12月27日　81歳〔大腸がん〕　[生]昭和11年(1936)2月8日　[出]福岡県　[学]東京大学法学部〔昭和33年〕卒　[歴]昭和33年日本電気(NEC)に入社。55年官庁営業部長、58年第一防衛部長、60年支配人、63年取締役、平成3年常務、6年専務。7年日本航空電子工業社長。NEC専務時代、系列企業が水増し請求した装備品代金の返納額の圧縮を当時の防衛庁調達実施本部の元幹部に依頼、国に35億円の損害を与える。これらの背任事件が10年明るみとなり、同年9月東洋通信機がらみの汚職事件で、10月ニコー電子における同様の背任容疑でそれぞれ逮捕され

る。さらに、元幹部の退官後の天下り先としてNEC関連会社シー・キューブド・アイ・システムズ顧問のポストを用意し、顧問料を提供、この支払いが賄賂にあたると認定され、同年11月再逮捕された。11年10月東京地裁は懲役2年、執行猶予4年の有罪判決を言い渡す。同月弁護団は控訴しない方針を決め、有罪が確定した。

永留 久恵 ながどめ・ひさえ 郷土史家 古代文化研究家 芳洲会会長 ㉓対馬、考古学、民俗学 ㉓平成27年（2015）4月17日 94歳〔肺炎〕 ㉓大正9年（1920）11月24日 ㉓長崎県上県郡上県町（対馬市） ㉓長崎師範〔昭和15年〕卒 ㉓長崎師範学校を卒業し、昭和16年兵役で海軍に入り、真珠湾攻撃などに参加。18年退役して帰郷。対馬で小・中学校教師、校長を務め、51年退職。その後、県立対馬歴史民俗館研究員を経て、館長。対馬史研究の第一人者で、平成21年縄文時代から現代までの対馬の通史「対馬国志」を完成させた。また、韓国教員大学校名誉教授・鄭永鎬と共同で、韓国の儒学者・崔益鉉の研究など、対馬と韓国との歴史の検証を行う。他の著書に「古代史の鍵・対馬」「対馬古跡探訪」「対馬の文化財」「古代日本と対馬」「海神と天神」などがある。 ㉓長崎新聞文化章〔昭和63年〕、文部大臣表彰〔平成10年〕、西日本文化賞（第55回）〔平成8年〕、日本自費出版文化賞大賞（第13回）〔平成22年〕「対馬国志」、対馬市名誉市民〔平成25年〕 ㉓日本民族学会、日本考古学協会

長友 啓典 ながとも・けいすけ アートディレクター グラフィックデザイナー 装丁家 ケイツー社長 ㉓平成29年（2017）3月4日 77歳 ㉓昭和14年（1939）4月8日 ㉓大阪府大阪市 ㉓桑沢デザイン研究所〔昭和39年〕卒 ㉓昭和39年日本デザインセンターに入社。雑誌のアートディレクションなどエディトリアルの分野で活躍。44年黒田征太郎とデザイン事務所のK2（ケイツー）を設立。個展や「K2」展を度々開催。41年の日宣美賞を皮切りに受賞多数。週刊誌「週刊朝日」のアートディレクターを務めたほか、雑誌「流行通信」「GORO」などの雑誌も担当。全日空の機内誌「翼の王国」にはエッセイも連載。書籍の装丁や挿絵も手がけ、さりげないタッチの味わいイラストで知られた。月刊誌「スッカラ」編集長、東京造形大学客員教授、富山市政策参与も務めた。野坂昭如原作の「戦争童話集」の映像化には黒田とともに取り組み、平成22年には核兵器廃絶と平和を呼びかけるポスター「ヒロシマ・アピールズ」を制作した。著書に「K2文化の金字塔の本／そろそろ、いいかな」「まっかなホント」「にっぽんのえ」「アートディレクター」「成功する名刺デザイン」「装丁問答」、野地秩嘉との共著に「成功する名刺デザイン」など。 ㉓日宣美賞（第17回）〔昭和42年〕、ADC賞銀賞〔昭和45年〕、ADC賞〔昭和48年〕、毎日商業デザイン賞、朝日広告賞、講談社出版文化賞さしえ賞（第15回）〔昭和59年〕「続・時代屋の女房」まで、講談社出版文化賞ブックデザイン賞（第37回）〔平成18年〕「新緑の歳時記を手に初投句」「眼の冒険デザインの道具箱」ほか、ワルシャワポスタービエンナーレ銅賞〔昭和49年〕、造本装幀コンクール展経済産業大臣賞（第35回、平成12年度）、造本装幀コンクール展出版

文化国際交流会賞（第42回、平成19年度） ㉓東京アートディレクターズクラブ、東京イラストレーターズ・ソサエティ、日本グラフィックデザイナーズ協会

中西 喜一郎 なかにし・きいちろう 東奥信用金庫理事長 ㉓平成27年（2015）11月29日 82歳〔急性心筋梗塞〕 ㉓昭和7年（1932）12月28日 ㉓青森県 ㉓青森市立第一高卒 ㉓昭和26年大蔵省（現・財務省）東北財務局青森財務部、39年盛岡財務部管財課徴収係長、56年総務部経理課長、58年山形財務部長、同事務所長を経て、60年東奥信用金庫に転じ、同年常勤理事、常務理事、専務理事を経て、平成8～14年理事長を務めた。

仲西 椙夫 なかにし・すぎお KSK専務 ㉓平成29年（2017）9月26日 70歳〔心不全〕 ㉓昭和22年（1947）8月14日 ㉓東京理科大学工学部〔昭和45年〕卒 ㉓日本アイ・ビー・エムを経て、平成16年KSKに入社。17年取締役、18年常務、26年専務を務めた。

中西 健夫 なかにし・たけお ナカニシヤ出版代表取締役 ㉓平成29年（2017）8月17日 80歳 ㉓昭和11年（1936）8月 ㉓京都府京都市 ㉓昭和53年ナカニシヤ出版を創立、代表取締役。平成8～15年日本書籍出版協会理事、12～15年同支部長。心理学・哲学の学術書出版を手がけ、趣味としての山岳遍歴から、自然保護や山岳書の出版にも進出した。 ㉓長男＝中西良（ナカニシヤ出版社長）

中西 恒彦 なかにし・つねひこ 立命館大学名誉教授 ㉓計測工学 ㉓平成27年（2015）1月28日 71歳〔虚血性心疾患〕 ㉓昭和19年（1944）1月7日 ㉓大阪府大阪市 ㉓立命館大学理工学部電気工学科卒、立命館大学大学院理工学研究科電気工学専攻修士課程修了 博士（工学） ㉓立命館大学理工学部教授を務めた。

中西 俊夫 なかにし・としお ミュージシャン イラストレーター ㉓平成29年（2017）2月25日 61歳 ㉓昭和31年（1956） ㉓グループ名＝PLASTICS（ぷらすちっくす）、MELON（めろん） ㉓イラストレーターとして活動していたが、昭和51年スタイリストの佐藤チカ（ボーカル）、グラフィックデザイナーの立花ハジメ（ギター）らとパーティーバンドのプラスチックスを結成、ギターとボーカルを担当。やがて知人の佐久間正英がキーボードとプロデューサー的な立場で参加、佐久間のアイデアでサウンドを特徴づけるリズムボックスが導入され、その担当として作詞家の島武実が加入した。ポップでキッチュな音楽性で、1970年代後半から1980年代初頭にかけてのテクノポップブームを代表するバンドの一つとなり、P-MODEL、ヒカシューと並んで"テクノ御三家"と称された。米国ツアーを行い、海外でレコードが発売されるなど、平成以外でも評価を得た。アルバムに「WELCOME PLASTICS」「ORIGATO PLASTICO」「WELCOME BACK」などがある。56年解散後は佐藤とセッションバンドのメロンを結成。同時期にヤン富田を迎えてエキゾチック・サウンドを追求するウォーター・メロン・グループとしても活動、59年アルバム「COOL MUSIC」をリリースした。メロンはドラマーの屋敷豪太とDJの工藤昌之（プリンス工藤）が加わって4人組となり、音楽性はエレクトロ、ヒップホップに傾斜。62年英国録音のアルバム「DEEP CUT」を発表。メロン解散後、工藤とクラブミュージック専門レーベルである「MAJOR FORCE」を設立した。2000年代は野宮真

貴らを迎えたプラスチック・セックスなどで活動。また、プラスチックスとしてもたびたびライブを行う。平成25年「プラスチックスの上昇と下降、そしてメロンの理力(メジャー・フォース)・中西俊夫自伝」を出版。28年プラスチックスの結成40周年を記念して再結成ライブを行ったが、同年9月食道がんであることを公表、29年2月61歳で亡くなった。

中西 夏之 なかにし・なつゆき 現代美術家 東京芸術大学名誉教授 ㊙平成28年(2016)10月23日 81歳〔脳梗塞〕 ㊙昭和10年(1935)7月14日 東京都 ㊙東京藝術大学油絵科〔昭和33年〕卒 ㊙昭和38年赤瀬川原平、高松次郎と3人で「ハイレッド・センター」を結成、名前は高松(ハイ)、赤瀬川(レッド)、中西(センター)の名字を組み合わせたもの。39年東京五輪の最中に"首都圏清掃整理促進運動"と称して白衣姿で銀座の道路を磨くなど、"ハプニング"と呼ばれるパフォーマンスを披露して反芸術的なイベントを試み、戦後の前衛芸術を切り開いた。38年読売アンデパンダン展に洗濯ばさみを使った作品を発表。40年暗黒舞踏派の舞台装置を担当。昭和50年代の紫色を基調とした平面作品から、金属製食器の作品、廃品を卵型のプラスチックにつめた「コンパクト・オブジェ」への変遷の後、絵画へ戻る。平成8～15年東京芸術大学教授、のち倉敷芸術科学大学教授を務めた。㊟シェル美術賞佳作賞〔昭和34年〕

中西 勝 なかにし・まさる 洋画家 神戸学院大学名誉教授 二紀会名誉顧問 ㊙平成27年(2015)5月22日 91歳〔慢性呼吸不全憎悪〕 ㊙大正13年(1924)4月11日 大阪府大阪市 ㊙帝国美術学校(現・武蔵野美術大学)油画科〔昭和22年〕卒 ㊙帝国美術学校在中、学徒動員により中国戦線に従軍。戦後は神戸で美術教師となり、昭和24年神戸・三宮周辺の闇市の様子を描いた作品が初出品で二紀大賞を受賞、画家として活動を始める。25年二紀会同人に推挙される。40年世界一周の旅に出、45年帰国。47年「大地の聖母子」で安井賞を受賞。神戸学院大学人文学部教授として教鞭を執った。平成6年池田20世紀美術館で回顧展を開催。㊟安井賞(第15回)〔昭和47年〕「大地の聖母子」、兵庫県文化賞、神戸市文化賞、二紀展二紀大賞〔昭和24年〕、二紀展文部大臣賞〔昭和47年〕 ㊙二紀会

長沼 透石 ながぬま・とうせき 書家 以文会主宰 ㊙漢字、墨象、近代詩文 ㊙平成27年(2015)6月14日 82歳〔病気〕 ㊙昭和7年(1932)6月28日 北海道 ㊙本名は長沼輝夫(ながぬま・てるお) ㊙法政大学卒 ㊙上田桑鳩に師事。以文会を主宰し、毎日書道展参与会員を務めた。 ㊙師=上田桑鳩

長沼 康光 ながぬま・やすみつ ケーナ奏者 コスキン・エン・ハポンの創始者 ㊙平成28年(2016)8月17日 87歳〔誤嚥性肺炎〕 ㊙昭和4年(1929) 福島県伊達郡川俣町 ㊙幼い頃、親類の映画館で無声映画のバックミュージックを手動の蓄音機で鳴らすのを手伝い、音楽に興味を抱く。昭和23年両親にギターを買ってもらってから音楽に熱中。47年頃、ラジオで南米の音楽フォルクローレを聞き、ケーナを始める。50年自宅のある福島県川俣町でフォルクローレの音楽祭コスキン・エン・ハポンを開催。回を重ねるごとに参加者も増え、のちに国内最大の中南米音楽の祭典となり、同音楽祭から木下尊惇など多くのプロ演奏家が羽ばたいた。また、59年には本場アルゼンチンへ行き、コスキン祭を見学。作曲、編曲の仕事も手がける。絹織物業を営んだ。㊟サントリー地域文化賞(第15回)〔平成5年〕「コスキン・エン・ハポン」、福島県文化功労者表彰〔平成12年〕、文化庁地域文化功労者表彰〔平成13年〕、サントリー地域文化賞特別賞(第33回)〔平成23年〕「コスキン・エン・ハポン」(原発事故後の開催決定に対し)

中根 章 なかね・あきら 平和運動家 沖縄県議(社会党) ㊙平成28年(2016)7月15日 84歳〔病気〕 ㊙昭和7年(1932)5月5日 ㊙沖縄県中頭郡越来村(沖縄市) ㊙コザ高〔昭和24年〕卒 ㊙1970年代初期に米軍キャンプ・ハンセンの県道104号越え実弾射撃演習に現場で抗議するなど平和運動家として活動。コザ市議3期を経て、昭和47年から沖縄県議を3期務め、63年再び県議に返り咲く。平成7年副議長、通算5期務め、引退。昭和49年比謝川の環境浄化に取り組む比謝川をそ生させる会を結成した。

中根 甚一郎 なかね・じんいちろう 早稲田大学名誉教授 ㊙経営工学、システム設計、生産システム ㊙平成27年(2015)7月17日 81歳〔耳下腺がんと脳梗塞〕 ㊙昭和9年(1934)4月25日 埼玉県狭山市 ㊙東京農工大学農学工学科卒、早稲田大学大学院理工学研究科機械工学専攻〔昭和45年〕博士課程修了 ㊙早稲田大学システム科学研究所教授を経て、アジア太平洋研究センター所長。編著書に「マスカスタマイゼーションを実現するBTO生産システム」「活き活き企業への挑戦」、共著に「生産管理」などがある。㊟瑞宝中綬章〔平成25年〕、日本IE文献賞論文賞(第18回)〔平成1年〕「MRPシステムとかんばん方式」 ㊙日本機械学会、日本経営工学会、The Institute of Management Science, American Production & Inventory Society

長野 明 ながの・あきら 帝人副社長 ㊙平成28年(2016)6月24日 87歳〔肺炎〕 ㊙昭和4年(1929)2月5日 愛媛県今治市 ㊙松山高〔昭和24年〕卒、東京大学法学部法律学科〔昭和27年〕卒 ㊙昭和27年帝国人造絹糸(現・帝人)に入社。52年取締役、平成3年副社長などを歴任し、5年退社。著書に「第三帝国―奈落への13階段」、訳書に「外交舞台の脇役」など。

長野 栄一 ながの・えいいち 反原発運動家 浜岡原発運転差し止め訴訟原告団代表 ㊙平成28年(2016)1月14日 94歳〔多臓器不全〕 ㊙大正10年(1921)1月18日 静岡県榛原郡相良町(牧之原市) ㊙榛原郡準教員養成所〔昭和11年〕卒 ㊙浜岡原発運転差し止め訴訟原告団代表で、平成9年に発足した浜岡原発を考える静岡ネットワーク(浜ネット)の初代会長も務めるなど、長く静岡県の反原発市民運動を牽引した。㊟静岡県自費出版大賞奨励賞〔平成25年〕「私の海軍履歴書――水兵の太平洋戦争参戦記」

中野 克彦 なかの・かつひこ 富山化学工業社長 ㊙平成27年(2015)3月18日 76歳〔心臓発作〕 ㊙昭和13年(1938)12月5日 東京都国立市 ㊙慶応義塾大学商学部〔昭和37年〕卒 ㊙富山化学工業社長を務めた中野譲の長男。昭和37年凸版印刷に入社。54年富山

化学工業に転じ、55年常務、56年専務、58年副社長を経て、62年社長。平成19年会長、21年相談役に退く。日本製薬工業協会理事、富山県バイオ産業振興協会会長などを歴任。慶大時代はラグビー部の副主将を務めた。　[家]父＝中野譲（富山化学工業社長）

中野 邦観　なかの・くにみ　尚美学園大学総合政策学部教授　読売新聞調査研究本部主任研究員　[専]マスコミ論, 憲法　[没]平成27年（2015）6月23日　74歳〔心不全〕　[生]昭和16年（1941）3月29日　[出]東京都世田谷区　[学]早稲田大学政治経済学部〔昭和38年〕卒　[歴]昭和38年読売新聞社に入社。地方部、内信部、47年～61年まで政治部、電波報道部を経て、63年読売新聞調査研究本部議会政治担当研究員。のち尚美学園大学総合政策学部教授。平成6年に読売新聞が発表した憲法改正試案（第一次試案）作成の責任者を務めた。共著に「西欧の議会」「日本の国会」「日本の選挙 世界の選挙」「憲法 21世紀をめざして」「憲法を考える」「選挙報道」「ジャーナリズム読本」「国会と外交」などがある。　[団]日本選挙学会, マスコミ学会

中野 重孝　なかの・しげたか　中野邸美術館理事長　[没]平成27年（2015）4月6日　90歳　[歴]明治時代に新潟県で石油を掘削して“石油王”とも呼ばれた中野貫一の曽孫で、平成8年まで原油採掘を続けた。中野家の本宅と庭園を中野邸美術館として開放し、新潟市民に親しまれた。

中野 淳　なかの・じゅん　洋画家　武蔵野美術大学名誉教授　[没]平成29年（2017）3月23日　91歳〔急性心臓死〕　[生]大正14年（1925）8月22日　[出]東京都墨田区両国　[学]川端画学校洋画学科〔昭和20年〕卒　[歴]生家は菓子問屋。中学2年の頃から油絵を描き始め、画家を志す。昼は川端画学校、夜は本郷絵画研究所で素描と油絵を学び始めていた昭和18年松本竣介の作品「運河風景」に強い感銘をうけ、師事。戦後、22年国画会に「煙突のある風景」が、自由美術展に「河」「工場」「水門」が、二科展に「道の煙突」が入選。23歳で自由美術の最年少会員に。39年主体美術協会を創立。以後、一貫していわゆる在野の道を歩く。平成6年同会を離れ、新作家美術会（現・新作家美術協会）を結成。この間、昭和51年武蔵野美術大学講師を経て、54年教授。59～62年主任教授。平成8年退任し名誉教授。穏やかな色調で人物や風景を描き、独自の具象表現を確立した。作品に「中国紀行」「画家とモデル」「思い出づくり・豊饒の旅」「幻視の刻」「雪明けの生活空間」「遠い光芒の暮色」などがある。　[賞]プーシキン美術館賞, 小山敬三美術賞（第9回）〔平成6年〕　[団]主体美術協会, 日本美術家連盟, 主体創立会, 新作家美術協会　[師]師＝松本俊介, 岡鹿之助

永野 耐造　ながの・たいぞう　金沢大学名誉教授　警察庁科学警察研究所所長　[専]法医学, 賠償医学, 医事法規　[没]平成28年（2016）8月25日　85歳〔肺炎〕　[生]昭和6年（1931）2月11日　[出]高知県土佐清水市　[学]和歌山県立医科大学医学部医学科〔昭和30年〕卒　医学博士（和歌山県立医科大学）〔昭和35年〕　[歴]京都府立医科大学助手を経て、昭和37年和歌山県立医科大学助教授、41年教授となり、同年から1年間、西ドイツのキール大学に招かれ客員教授を務めた。54年金沢大学医学部法医学教室教授に就任、“徳島ラジオ商殺人事件”の血痕鑑定を手がけたこともある。59年頃微量血痕の判定法を開発した。平成5～11年警察庁科学警察研究所長を務め、オウム真理教事件のサリン捜査や、和歌山の毒物カレー事件に携わった。7年日本鑑識科学技術学会の初代理事長を務めた。　[賞]瑞宝重光章〔平成15年〕, 日本犯罪学会賞（第12回, 平成6年度）　[団]日本法医学会, Deutsche Gesellschaft für Rechtsmedizin, The International Association of Forensic Toxicologists, 北陸医事研究会

中野 孝憲　なかの・たかのり　チェロ奏者　津軽三味線奏者　[没]平成28年（2016）4月12日　79歳〔病気〕　[生]昭和11年（1936）　[出]徳島県那賀郡羽ノ浦町（阿南市）　[学]大阪教育大学特設音楽科チェロ専攻卒　[歴]大阪教育大学特設音楽科でチェロ専攻を専攻し、伊達三郎、井上頼豊に師事。在学中から大阪朝日放送のABCサロンアンサンブルに参加。卒業後、大阪フィルハーモニー交響楽団に3年間在籍。客演する外国の指揮者やコンサートマスターと出会う中で、自らが日本人であることを再認識し、日本の音楽に興味を抱く。昭和37年秋田県の民族歌舞団わらび座に入団。46年津軽三味線の音色に魅せられ退団、34歳から青森の民謡酒場で津軽三味線の見習い修業を始める。のちに独立し、民謡歌手の二女・道子とともに活動する。明の星短期大学、NHK青森文化センター、エルム文化センター講師なども務めた。著書に「津軽三味線リズムの秘密」「津軽三味線のバイエル」がある。　[師]師＝伊達三郎, 井上頼豊

長野 正　ながの・ただし　上智大学理工学部教授　[専]代数学, 幾何学　[没]平成29年（2017）2月1日　87歳　[生]昭和5年（1930）1月9日　[学]東京大学理学部卒, 東京大学大学院数物系微分幾何学専攻博士課程修了　理学博士　[歴]上智大学理工学部教授を務めた。　[賞]日本数学会幾何学賞〔平成6年〕「微分幾何学に関する多くの業績」　[団]日本数学会, 日本数学教育学会, American Mathematical Society

中野 貞一郎　なかの・ていいちろう　民法学者　弁護士　大阪大学名誉教授　奈良産業大学名誉教授　[専]民事訴訟法　[没]平成29年（2017）2月20日　91歳〔肺炎〕　[生]大正14年（1925）6月24日　[出]大阪府大阪市　[学]東京大学法学部法律学科〔昭和24年〕卒　法学博士（大阪大学）〔昭和47年〕　[歴]昭和23年高等試験司法科に合格。24年大阪大学助手、28年助教授を経て、37年教授。44年法学部長。平成元年退官し、13年まで奈良産業大学教授。第14期日本学術会議会員。10年日本学士院会員に選ばれる。法相の諮問機関である法制審議会委員も務めた。著書に「訴訟関係と訴訟行為」「強制執行・破産の研究」「強制執行法」「過失の推認」「民事執行法」「民事裁判入門」「民事執行・保全入門」などがある。　[賞]勲二等旭日重光章〔平成11年〕　[資]日本学士院会員〔平成10年〕　[団]日本民事訴訟法学会, 日本私法学会, 大阪弁護士会

中野 秀一郎　なかの・ひでいちろう　関西学院大学名誉教授　[専]理論社会学, 知識社会学, 政治社会学, 医療社会学　[没]平成28年（2016）1月6日　79歳〔肺炎〕　[生]昭和11年（1936）12月8日　[出]大阪府大阪市　[学]京都大学文学部哲学科社会学専攻〔昭和37年〕卒, 京都大学

大学院文学研究科社会学専攻〔昭和42年〕博士課程修了　文学博士（京都大学）〔昭和53年〕　[歴]長崎大学教養部助教授を経て、昭和50年関西学院大学社会学部社会学科教授。この間、50～52年外務省調査員（在マレーシア日本大使館）、55～56年スタンフォード大学フーバー研究所研究員、60～61年カナダ・ラバル大学客員教授、61～62年カナダ・ウィンザー大学客員教授、平成元年フィリピン・デラサール大学客員教授も務めた。のち奈良女子大学文学部教授、広島国際学院大学教授。著書に「プロフェッションの社会学」「アメリカ保守主義の復権」、編著に「社会学のあゆみ」「ソシオロジー事始め」などがある。　[団]日本社会学会, 関西社会学会, 日本カナダ学会, 日本保健医療社会学会, 日仏社会学会

中野 洋　なかの・ひろし　カナデン社長　[没]平成29年（2017）11月20日　78歳〔肺炎〕　[生]昭和14年（1939）1月9日　[学]福岡大学経済学部〔昭和36年〕卒　[歴]昭和36年神奈川電気（現・カナデン）に入社。平成7年取締役、9年常務、11年専務を経て、13年社長。17年相談役。

中野 文義　なかの・ふみよし　宮崎県高校野球連盟理事長　[没]平成27年（2015）12月11日　86歳〔膵臓がん〕　[出]宮崎県宮崎市佐土原町　[歴]東海中黒岩分校、延岡中、向洋高（現・延岡工）などで教師の傍ら野球部監督を歴任。昭和55年から10年間、宮崎県高校野球連盟理事長を務めた。平成2年より同顧問。

仲野 誠　なかの・まこと　鳥取大学地域学部教授　[専]社会学　[没]平成28年（2016）10月8日　51歳〔病気〕　[生]昭和40年（1965）　[出]山形県西村山郡河北町　[学]ミシガン州立大学大学院（社会学）〔平成5年〕修了, 関西学院大学大学院社会学研究科〔平成9年〕博士課程後期課程中退　[歴]鳥取大学地域学部准教授を経て、教授。

中野 森厳　なかの・もりよし　横浜ゴム常務　[没]平成28年（2016）11月25日　85歳〔肺がん〕　[生]昭和6年（1931）1月24日　[出]神奈川県　[学]慶応義塾大学経済学部〔昭和27年〕卒　[歴]昭和27年横浜ゴムに入社。58年取締役を経て、常務。

永野 泰男　ながの・やすお　信州大学名誉教授　[専]電気工学　[没]平成27年（2015）10月17日　91歳〔呼吸不全〕　[生]大正13年（1924）4月25日　[出]高知県高知市　[学]日本大学工学部電気工学科卒　工学博士　[歴]信州大学工学部教授を務めた。　[賞]勲三等旭日中綬章〔平成14年〕

長野 靖尚　ながの・やすたか　名古屋工業大学名誉教授　[専]伝熱工学　[没]平成27年（2015）6月6日　71歳　[生]昭和18年（1943）9月15日　[学]名古屋工業大学工学部機械工学科卒, 東京大学大学院工学系研究科舶用機械工学専攻修士課程修了　工学博士　[歴]平成14年名古屋工業大学工学部教授。15年に大学改革の方針を巡る学内対立が起きた際、当時の学長に批判的な勢力の中心的役割を務めた。16年の学長選で落選したが、副学長に指名された。　[賞]日本機械学会賞論文賞（昭和62年度・平成15年度）「乱流の組織構造と熱輸送」「実用的なLESのための混合時間スケールSGSモデル」, 日本伝熱学会賞〔平成4年〕

中野 閑之　なかの・やすゆき　うまもん会長　[没]平成28年（2016）4月6日　86歳〔肺炎〕　[出]福岡県久留米市　[名]本名＝中野安行　[歴]昭和38年食品販売会社を設立。その後に漬け物作りを始め、54年うまもんに商号変更。平成12年から岩国商工会議所副会頭を2期6年間務めた。

長野 幸彦　ながの・ゆきひこ　朝日信用金庫会長　[没]平成29年（2017）4月4日　85歳〔老衰〕　[生]昭和7年（1932）1月2日　[出]東京都　[学]早稲田大学政経学部〔昭和29年〕卒　[歴]昭和33年上野信用金庫（現・朝日信用金庫）に入庫。49年理事、53年常任理事を経て、62年理事長。のち会長。平成10年全国信用金庫協会副会長となり、13～18年会長を務めた。　[賞]旭日中綬章〔平成16年〕

長野 吉彰　ながの・よしあき　肥後銀行頭取　[没]平成28年（2016）8月31日　91歳〔多臓器不全〕　[生]大正14年（1925）7月3日　[出]熊本県熊本市　[学]五高卒, 九州大学経済学部〔昭和26年〕卒　[歴]熊本の近代養蚕業の開祖と呼ばれる長野濬平の曽孫。昭和26年肥後銀行に入行。45年取締役、50年常務、53年専務、55年副頭取を経て、59年生え抜きから初の頭取に就任。平成4年会長。13年常任顧問、21年顧問に退く。熊本経済同友会代表幹事、九州経済同友会代表委員、熊本県教育委員長などを歴任。昭和54～55年九州財務局の熊本市への存置運動に貢献した他、九州新幹線の建設促進運動では県民運動本部の代表世話人として早期着工を先頭で訴えた。62年には肥後の水資源愛護賞を創設するなど、地下水保全運動にも取り組んだ。また、五高時代は陸上部主将を務め、九州一周駅伝で熊本県チームの監督をした経験もある他、熊本市陸上競技協会会長を務めた。　[賞]藍綬褒章〔平成1年〕, 熊日賞（第51回）〔平成13年〕, 熊本県近代文化功労者（平成20年度）　[家]長男＝長野克宣（アトランタ五輪聖火ランナー）

長橋 孝　ながはし・たかし　東京都議（公明党）　[没]平成27年（2015）12月4日　87歳〔肺炎〕　[生]昭和3年（1928）9月8日　[出]静岡県沼津市　[学]明治大学中退　[歴]昭和28年豊島区議3期を経て、48年から東京都議に5選。平成5年引退。　[賞]藍綬褒章　[家]息子＝長橋桂一（東京都議）

長浜 浩二　ながはま・こうじ　ロック・ドラム奏者　[没]平成28年（2016）7月9日　67歳〔食道がん〕　[出]沖縄県宮古島市平良　[名]グループ名＝メデューサ, かっちゃんバンド, ジョージ紫＆オキナワ, JET　[歴]メデューサ、かっちゃんバンド、ジョージ紫＆オキナワ、JETなど様々なロックバンドでドラムス奏者として活動。ピースフルラブ・ロックフェスティバルなどに出演し、沖縄のロック界を先導した。

長浜 収司　ながはま・しゅうじ　住友倉庫常務　[没]平成29年（2017）6月24日　81歳〔膵臓がん〕　[生]昭和10年（1935）12月9日　[出]山口県　[学]早稲田大学商学部〔昭和34年〕卒　[歴]昭和34年住友倉庫に入社。平成2年取締役を経て、常務。

中林 五十一　なかばやし・いといち　ナカバヤシ社長　[没]平成27年（2015）7月22日　72歳〔膵臓がん〕　[生]昭和18年（1943）2月12日　[出]大阪府　[学]大阪経済大学

〔昭和40年〕卒 [歴]昭和40年ナカバヤシに入社。56年取締役、平成12年副社長を経て、16年社長。21年会長。

仲原 英典 なかはら・えいてん 沖縄県議(沖縄社会大衆党) 沖縄市消防長 [没]平成29年(2017)11月30日 89歳〔心筋梗塞〕 [生]昭和3年(1928)11月28日 [出]沖縄県国頭郡本部町東 [学]北部農林卒 [歴]昭和31年コザ市(現・沖縄市)市議に初当選し、2期。55年沖縄県議に初当選。連続2期務めたが、63年落選。

中原 紅驥 なかはら・こうき 書家 [没]平成29年(2017)8月30日 60歳 [生]昭和32年(1957)8月3日 [出]群馬県 [名]本名＝中原康喜(なかはら・こうき) [学]大東文化大学〔昭和55年〕卒 [歴]金子卓義に師事。作新高校教務主任を務め、創玄書道会、毎日書道展、栃木県書道連盟に所属した。 [賞]毎日書道展毎日賞〔平成5年・11年〕 [師]師＝金子卓義

中原 恒雄 なかはら・つねお 住友電気工業副会長 [没]平成28年(2016)1月8日 85歳 [生]昭和5年(1930)8月29日 [出]徳島県鳴門市 [学]東京大学工学部電気科〔昭和28年〕卒 [歴]昭和28年住友電気工業に入社。51年研究開発本部長、53年取締役、56年常務、57年専務、60年副社長を歴任し、平成3年副会長。のち特別技術顧問。この間、日本学術会議会員を務めた。一方、昭和60年IEEE(米国電気電子学会)に入会、トランスナショナル委員会委員長や東京支部副支部長などを務める傍ら、米国ポリテクニック大学でミリ波伝送の研究に従事。平成7年同学会の総務理事にあたるセクレタリーに選出された。 [賞]電気通信学会岡部賞〔昭和36年〕,超伝導科学技術賞特別賞(第1回)〔平成9年〕「各種高性能超伝導材料の実用化への貢献」,高柳記念賞〔平成13年〕「光ファイバーケーブルの開発と我が国電子技術の振興に関する業績に対して」 [団]IEEE

長原 宣義 ながはら・のぶよし 万年筆職人 [没]平成27年(2015)3月11日 82歳〔肝臓がん〕 [生]昭和7年(1932)5月5日 [出]広島県呉市 [歴]昭和22年セーラー万年筆に入社。以来60年余にわたって万年筆のペン先製作、調整に携わり“ペン先の神様”と呼ばれる。平成19年現代の名工に選ばれた。 [賞]現代の名工〔平成19年〕

中原 正純 なかはら・まさずみ 駒ケ根市長 [没]平成28年(2016)11月10日 76歳〔肺小細胞がん〕 [生]昭和15年(1940)9月11日 [出]長野県駒ケ根市 [学]赤穂高卒 [歴]昭和46年駒ケ根市議に当選、市議会議長も務めた。63年より市長に5選。平成20年引退。平成の大合併に際して上伊那郡飯島町、中川村との“中央アルプス市”構想を推進したが、住民意向調査などの結果を受けて断念した。長野県市長会会長、全国市長会副会長、全国土地改良事業団体連合会副会長を歴任。 [賞]藍綬褒章〔平成10年〕,旭日中綬章〔平成22年〕

長原 実 ながはら・みのる カンディハウス創業者 [没]平成27年(2015)10月8日 80歳〔肺がん〕 [生]昭和10年(1935)3月1日 [出]北海道上川郡東川町 [学]北海道立旭川公共職業補導所(現・北海道立旭川高等技術専門学院)〔昭和26年〕卒 [歴]昭和26年家具メーカーの熊坂工芸に就職。38年から3年間、第1期の旭川海外派遣技術研修生として西ドイツの家具メーカーや大学で研修、デザイナー兼職人への道を歩む。43年家具製造・販売会社のインテリアセンター(現・カンディハウス)を創業。以来、高品質の北海道産木材を優れたデザインと精度の高い木工技術で加工した「旭川家具」を全国ブランド化し、国内有数の高級家具メーカーに育て上げた。59年にはサンフランシスコに販売会社を設立、バンク・オブ・アメリカ、アップルなど米国の大企業にも製品を納入した。平成7年旭川家具工業協同組合理事長、15年全国家具工業連合会(現・日本家具産業振興会)会長。また、勉強グループ・旭川無名会の一員として地域活性化についても積極的に発言。20年旭川市にキャンパスのある東海大学芸術工学部の客員教授に就任した。 [賞]日本インテリアデザイナー協会賞〔昭和54年〕,国井喜太郎産業工芸賞(第12回)〔昭和59年〕「地場産業とデザイナーとの連帯によるインテリアデザインの新生面の開発」,北海道新聞文化賞(第60回)〔平成18年〕

中原 祥皓 なかはら・よしてる 岩手日報常務・論説委員長 [没]平成29年(2017)10月29日 79歳〔脳内出血〕 [生]昭和13年(1938)6月16日 [出]岩手県盛岡市 [学]明治大学法学部〔昭和37年〕卒 [歴]昭和37年岩手日報社に入社。47年釜石支局長、52年報道部次長、53年整理部次長、58年論説委員、平成2年論説委員会副委員長、7年同委員長、8年取締役論説委員長を経て、13年常務論説委員長。

中平 卓馬 なかひら・たくま 写真家 写真評論家 [没]平成27年(2015)9月1日 77歳〔肺炎〕 [生]昭和13年(1938)7月6日 [出]東京都 [学]東京外国語大学スペイン語科〔昭和38年〕卒 [歴]現代評論社「現代の眼」編集部を経て、昭和40年職業写真家となる。43年多木浩二、高梨豊らと写真同人誌「プロヴォーグ(PROVOKE)」を創刊。45年には写真集「来たるべき言葉のために」を刊行、粗い粒子とぶれ、ピントのぼけなど「アレ、ブレ、ボケ」を特徴とした詩的なモノクロ写真は、既成概念を揺さぶり大きな衝撃を与えた。48年評論集「なぜ、植物図鑑か」、52年篠山紀信との共著「決闘写真論」を出し、日常的な構図の映像と安保などに関わるラジカルな論理で新風を巻き起こした。52年急性アルコール中毒で昏睡状態となり、記憶などに障害が残る。翌年写真家としての活動を再開し、58年写真集「新たなる凝視」、平成元年「ADIEU A X―アデュウ・ア・エックス」を出版。15年横浜美術館で個展「原点復帰―横浜」を開催。19年東京・清澄のシュウゴアーツで個展「なぜ、他ならぬ横浜図鑑か!!」を開催。他の著書に「中平卓馬の写真論」「見続ける涯に火が…批評集成1965-1977」などがある。 [賞]日本写真批評家協会新人賞(第13回)〔昭和44年〕

永平 利夫 ながひら・としお 歌人 日本歌人クラブ事務局長 [没]平成28年(2016)5月4日 89歳 [生]昭和2年(1927)2月11日 [出]北海道浦河郡浦河町 [学]北海道学芸大学卒 [歴]昭和21年「新墾」に入会して小田観蛍に師事。のち「潮音」幹部同人。日本歌人クラブの事務局長を務めた。歌集に「野の仮象」「日の領域」、著書に「壁画の獣」「夕べの詩」などがある。 [賞]新墾評論賞 [団]日本歌人クラブ [師]師＝小田観蛍

中真 茂 なかま・しげる ボクシングトレーナー 沖縄ワールドリングボクシングジム会長 [没]平成29年(2017)11月7日 65歳〔心筋梗塞〕 [出]沖縄県浦添市

な

㋒興南高 ㋾興南高でボクシングを始める。沖縄ボクシングジム（現・琉球ボクシングジム）のマネージャーを経て、平成5年沖縄ワールドリングボクシングジムを設立。東洋太平洋スーパーバンタム級王者で世界戦に3度挑戦した仲里繁らを育てた。

仲間 徹 なかま・てつ 翻訳家 仲間徹翻訳事務所代表 ㋾平成27年（2015）3月25日 80歳〔膵臓がん〕 ㋓昭和9年（1934）3月30日 ㋱沖縄県宮古郡多良間村 ㋒メリーランド大学分校特別聴講生コース卒 ㋾米空軍嘉手納基地にあるメリーランド大学分校の特別聴講生コースを卒業後、昭和32年コザ市（現・沖縄市）に翻訳事務所を開設。行政書士の仕事の傍ら、米兵と沖縄女性との間のラブレターの英和訳などを手がけ、国際結婚や無国籍児などの問題にも取り組んだ。61年直木賞作家の佐木隆三が仲間を主人公としたノンフィクション「恋文三十年」を刊行した。

永見 真一 ながみ・しんいち 家具職人 桜製作所創業者 ㋾平成27年（2015）9月21日 91歳〔急性硬膜下血腫〕 ㋓大正12年（1923） ㋱香川県高松市 ㋒香川県立工芸学校建築科卒 ㋾通信省航空局営繕課に建築設計技師として勤めたが、昭和23年高松謙とサクラ製作所を創業、家具職人となる。26年株式会社に改組して桜製作所に社名変更。38年彫刻家の流政之を中心に高松の伝統民具・工芸を近代化するデザイン運動・讃岐民具連を結成。翌年から米国を代表する家具デザイナー、ジョージ・ナカシマの指導で木に接する姿勢を学び、香川県庁新築時の家具や東京都現代美術館などを製作。平成8年桜製作所会長。20年ジョージ・ナカシマ記念館を開設した。著書に「木の仕事」「ジョージ・ナカシマからミナペルホネンへ」がある。 ㋫かがわ21世紀大賞〔平成20年〕

長峰 美和子 ながみね・みわこ 歌人 ㋾平成27年（2015）11月26日 93歳 ㋓大正11年（1922）6月10日 ㋱大分県 ㋾昭和17年頃より作歌を始め、「歌航」を経て、「中央線」に入会。36年同人となり、中村正爾に師事。39年師が急逝すると中村純一に師事した。歌集に「水稲民族」「約束」「さくやこのはな」などがある。 ㋫中央線賞〔昭和50年〕 ㋷日本歌人クラブ ㋞師＝中村正爾、中村純一

中村 功 なかむら・いさお 科研製薬常務 ㋾平成28年（2016）5月6日 74歳〔肺炎〕 ㋓昭和16年（1941）10月8日 ㋱福井県 ㋒静岡大学工学部〔昭和39年〕卒 ㋾昭和39年科研製薬に入社。医薬営業部長、東京都支店長を経て、平成2年取締役、5年常務、8年常勤監査役。

中村 以正 なかむら・いせい 筑波大学名誉教授 相模女子大学学長 ㋖応用生物化学 ㋾平成27年（2015）10月11日 85歳〔心不全〕 ㋓昭和5年（1930）6月23日 ㋒東京教育大学農学部農芸化学科卒 工学博士 ㋾筑波大学農林学系教授を務めた。のち相模女子大学学芸学部教授を経て、平成11年学長、17年理事長に就任。同年学長を、20年理事長を退任。 ㋫瑞宝中綬章〔平成19年〕、日本醸酵工学会賞（第7回）〔昭和40年〕「イ

タコン酸醸酵に関する研究」 ㋷日本生物工学会、日本農芸化学会、日本食品科学工学会

中村 歌江 なかむら・うたえ 歌舞伎俳優 ㋾平成28年（2016）3月26日 83歳〔肺炎〕 ㋓昭和7年（1932）6月8日 ㋱東京都文京区湯島 ㋒本名＝中山幸男（なかやま・よしお） 前名＝中村歌次、加賀屋歌江（かがや・うたえ） ㋱成駒屋 生家は湯島の花柳界に近い酒屋で、芝居好きが高じて、昭和26年6代目中村雀右衛門の内弟子になる。32年2代目加賀屋歌江を襲名。女形として後見や腰元役で活躍し、53年「摂州合邦辻」の玉手御前役で国立劇場演劇優秀賞を受賞。58年血筋、家柄を重んずる歌舞伎界では前代未聞となる座長を務める。平成8年幹部俳優に昇進して中村歌江に改名、屋号も加賀屋から成駒屋に改めた。女形の名脇役として舞台を支え、27年1月まで舞台に立った。また、形態摸写の特技があり、現役の女形や立ち役から歌舞伎、新派の名優まで幅広いレパートリーを持った。 ㋫国立劇場演劇優秀賞〔昭和53年〕 ㋞師＝中村歌右衛門（6代目）

中村 梅之助（4代目） なかむら・うめのすけ 俳優 前進座代表 ㋾平成28年（2016）1月18日 85歳〔肺炎〕 ㋓昭和5年（1930）2月19日 ㋱東京都 ㋒本名＝三井鉄男（みつい・てつお） ㋱成駒屋 ㋒松本市立中〔昭和20年〕中退 ㋾前進座創立者の一人・3代目中村翫右衛門の長男。昭和14年「勧進帳」の太刀持ちで初舞台、41年3代目中村梅之助を名乗る。20年松本中学を中退後、前進座に入座。以後前進座の2代目世代のリーダーとして活躍。45年テレビ時代劇「遠山の金さん捕物帳」で主役の遠山金四郎役に抜擢され、48年にも「伝七捕物帳」で主役の伝七役を務め、茶の間の人気者となる。52年NHK大河ドラマ「花神」の村田蔵六役、「達磨大助事件帳」などでも好演。57年父の死で前進座代表となり、名実ともに前進座の顔となる。平成11年舞台生活60年を迎え、記念公演を開催。23年には前進座創立80周年記念公演を行った。27年5月の国立劇場公演「文七元結」の家主長兵衛が最後の舞台となった。代表作は「勧進帳」弁慶、「一本刀土俵入」茂兵衛、「権三と助十」権三、「魚屋宗五郎」宗五郎などで、他の出演作に、舞台「たいこどんどん」「鳴神」「助六」「四千両小判梅葉」「奴の小万」「俊寛」、テレビ「峠の群像」「真田太平記」「のんちゃんの夢」「銭形平次」「天花」、映画「夢十夜」「母べえ」などがある。 ㋫大阪市民文化祭芸術祭賞〔昭和36年〕「続水滸伝」、京都市民映画祭テレビ部門主演男優賞〔昭和45年〕「遠山の金さん捕物帳」、名古屋演劇ペンクラブ年間賞〔昭和63年〕「たいこどんどん」、松尾芸能賞優秀賞（第14回）〔平成5年〕、芸術祭賞（第48回）〔平成6年〕「一本刀土俵入」、朝日舞台芸術賞特別賞（第7回、平成19年度）〔平成20年〕 ㋞父＝中村翫右衛門（3代目）、長男＝中村梅雀（2代目）

中村 英一 なかむら・えいいち 宇治商工会議所副会頭 ㋾平成28年（2016）1月25日 89歳〔呼吸不全〕 ㋱京都府宇治市 ㋾宇治商工会議所副会頭の他、宇治

市観光協会会長、宇治川漁業協同組合組合長などを歴任した。

中村 鋭一 なかむら・えいいち　アナウンサー　参院議員　衆院議員　連合代表　[没]平成29年(2017)11月6日　87歳〔肺炎〕　[生]昭和5年(1930)1月22日　[出]滋賀県栗太郡金勝村(栗東市)　[学]同志社大学商学部卒　[歴]昭和26年朝日放送に第1期アナウンサーとして入社。46年に始まったラジオ番組「おはようパーソナリティ中村鋭一です」で人気を集めた。プロ野球・阪神の熱烈なファンで、阪神が勝った翌日の番組は必ず「阪神タイガースの歌」を歌い、"六甲おろし"という通称で呼ぶことを広めた。47年には同曲のレコードを自ら出した。52年退社して参院選大阪府選挙区に新自由クラブから立候補。55年参院選同選挙区に無所属で当選したが、61年落選。平成元年参院選滋賀県選挙区に連合から立候補して返り咲き。連合副代表を経て、6年代表。同年11月代表を辞任、12月離党し、新進党結成に参加。8年衆院選大阪14区で当選。10年自由党、12年保守党に参加。同年落選して政界を引退。参院議員通算2期、衆院議員1期。その後はタレントや政治評論家として活動した。著書に「おはようパーソナリティーの鋭ちゃんのバラード」がある。　[賞]勲二等瑞宝章〔平成12年〕

中村 和夫 なかむら・かずお　三菱銀行常務　[没]平成27年(2015)7月16日　87歳〔呼吸不全〕　[生]昭和3年(1928)3月29日　[出]青森県　[学]東京大学経済学部〔昭和27年〕卒　[歴]昭和27年三菱銀行(現・三菱東京UFJ銀行)に入行。三鷹、ロンドン各支店長を経て、55年国際部長、57年取締役、60年常務。

中村 憲正 なかむら・かずまさ　小樽ベイシティ開発社長　[没]平成28年(2016)4月18日　78歳〔胃がん〕　[出]北海道札幌市　[歴]平成18年小樽市築港の大型商業施設「ウイングベイ小樽」を運営する小樽ベイシティ開発社長に就任した。

中村 勝治 なかむら・かつじ　黒石日産自動車商会会長　黒石商工会議所会頭　[没]平成27年(2015)2月15日　78歳〔肺炎〕　[生]昭和12年(1937)1月3日　[出]青森県黒石市　[学]黒石高卒　[歴]黒石日産自動車商会会長、サンワドー会長などを歴任。平成元年黒石商工会議所会頭、19年から名誉会頭を務めた。　[賞]藍綬褒章〔平成13年〕

中村 勝広 なかむら・かつひろ　プロ野球監督　阪神GM　オリックス球団本部長　[没]平成27年(2015)9月23日　66歳〔急性心不全〕　[生]昭和24年(1949)6月6日　[出]千葉県山武郡成東町真亀(山武市)　[学]成東高卒, 早稲田大学卒　[歴]成東高から早大に進み、二塁手で主将を務める。昭和47年ドラフト2位で阪神に入団。50年対ヤクルト戦で1ゲーム11捕殺の日本タイ記録、53年にはシーズン守備率.995の日本記録をマーク。57年現役を引退。実働11年、939試合出場、2635打数648安打、76本塁打、219打点、74盗塁、打率.246。オールスター出場3回。その後はコーチ、二軍監督を務め、平成2年監督に就任。4年には若手の亀山努や新庄剛志らを積極的に起用し、前年最下位のチームを2位に躍進させた。球団史上最長の連続6季監督を務め、7年途中まで指揮を執った。15年シーズン終了後、オリックスのゼネラル・マネジャー(GM)に就任。16年12月発足の合併新球団オリックス・バファローズでもGMを務める。17年10月仰木彬監督の後を受け、オリックス監督に就任。19年再びフロント入りし、シニア・アドバイザー、球団本部長を務めた。21年退団。24年から阪神で球団初のGMを務めていたが、27年遠征中に滞在先のホテルで急死した。　[賞]九十九里町町民栄誉賞〔平成1年〕

中村 嘉平 なかむら・かへい　名古屋大学名誉教授　[専]制御工学, システム理論, 人工知能, ロボティクス　[没]平成28年(2016)1月15日　97歳〔老衰〕　[生]大正7年(1918)3月4日　[出]岐阜県岐阜市　[学]名古屋帝国大学工学部電気学科〔昭和21年〕卒, 名古屋帝国大学大学院第一期・第二期特別研究生〔昭和26年〕修了　工学博士(東京大学)〔昭和36年〕　[歴]昭和26年名古屋大学工学部講師、33年助教授を経て、37年教授。41年米国バッテル・メモリアル研究所客員研究員、56年豊橋技術科学大学教授、57年中部工業大学工学部教授、59年中部大学経営情報学部教授を歴任。　[賞]勲三等旭日中綬章〔平成3年〕　[資]電気主任技術者(第1種)　[団]計測自動制御学会, 電気学会, 電子情報通信学会

な

中村 紀伊 なかむら・きい　主婦連合会会長　主婦会館理事長　[没]平成28年(2016)6月1日　92歳〔肺炎〕　[生]大正13年(1924)3月15日　[出]和歌山県新宮市　[学]日本女子大学家政科〔昭和18年〕卒　[歴]女性運動家・奥むめおの長女で、大学在学中から母を手伝う。昭和23年主婦連合会創立に参加、母が初代会長。事務局長を経て、44年副会長、平成3年会長に就任。長年消費者運動に取り組み、国民生活審議会の消費者代表委員などを務める。7年退任後、19年まで主婦会館理事長。NHK経営委員長代行も務めた。　[賞]勲三等宝冠章〔平成9年〕　[団]全国消費者団体連絡会, 全国婦人会館協議会　[家]母＝奥むめお(主婦連合会初代会長), 夫＝中村泰治郎(NHK解説委員), 長女＝河村真紀子(主婦連合会事務局長)

中村 信郎 なかむら・きちろう　協和発酵工業常務　[没]平成27年(2015)11月19日　80歳〔病気〕　[生]昭和10年(1935)1月1日　[出]島根県出雲市　[学]東京大学法学部〔昭和34年〕卒　[歴]昭和34年協和発酵工業(現・協和発酵キリン)に入社。63年取締役を経て、平成4年常務。7年ヤンセン協和会長、12年監査役に就任。

中村 キヤ なかむら・きや　光星学院学院長　[没]平成28年(2016)2月2日　92歳〔病気〕　[生]大正12年(1923)10月2日　[出]青森県八戸市　[学]聖心女子学院専〔昭和19年〕卒　[歴]父は光星学院創立者の中村由太郎。昭和19年八戸和洋裁縫女塾(現・八戸聖ウルスラ学院)で教壇に立ち、イメルダ幼稚園、白菊学園高校を経て、32年光星学院高校(現・八戸学院光星高校)に移り、37〜60年、平成3〜12年同校長。また、昭和37年光星学院理事となり、58年〜平成13年理事長。12年より学院長を務めた。　[賞]勲三等瑞宝章〔平成12年〕, 青森県褒賞〔平成11年〕, 東奥賞(第54回)〔平成13年〕

中村 京紫 なかむら・きょうし　歌舞伎俳優　[没]平成29年(2017)8月9日　52歳〔舌がん〕　[生]昭和40年(1965)5月14日　[出]福岡県　[名]本名＝松本祥康(まつもと・よしやす)　[屋]京屋　[学]東海大五高卒　[歴]昭和61

年国立劇場の第8期歌舞伎俳優研修を修了し、62年4代目中村雀右衛門に入門。平成12年5月の歌舞伎座「源氏物語」で名題昇進。しっとりとした、美しい色気のある女形として活躍した。29年3月の「伊賀越道中双六」が最後の舞台となった。 [師]師＝中村雀右衛門（4代目）

中村 圭一 なかむら・けいいち 富士通ゼネラル副社長 [没]平成29年（2017）8月25日 73歳〔急性大動脈解離〕 [生]昭和19年（1944）8月13日 [出]高知県高知市 [学]明治大学工学部〔昭和42年〕卒 [歴]昭和43年ゼネラル（現・富士通ゼネラル）に入社。平成9年取締役、12年常務、15年専務、18年取締役経営執行役専務を経て、副社長。

中邨 啓子 なかむら・けいこ 書家 毎日書道展審査会員 [没]平成28年（2016）5月29日 66歳〔大腸がん〕 [賞]毎日書道展会員賞（第58回, 平成18年度）

中村 兼三 なかむら・けんぞう 日本電気会長 [没]平成28年（2016）10月10日 92歳〔心不全〕 [生]大正13年（1924）10月2日 [出]兵庫県 [学]東京大学法学部〔昭和23年〕卒 [歴]昭和23年日本電気（NEC）に入社。49年取締役、53年常務、55年専務、58年副社長、63年副会長を経て、平成2年会長に就任。6年取締役相談役、8年相談役。日本電気ホームエレクトロニクス会長も務めた。 [賞]藍綬褒章〔平成3年〕, 勲二等瑞宝章〔平成8年〕

中村 公紀 なかむら・こうき 洋画家 [没]平成28年（2016）9月16日 73歳

中村 小山三（2代目） なかむら・こさんざ 歌舞伎俳優 [没]平成27年（2015）4月6日 94歳〔虚血性心不全〕 [生]大正9年（1920）8月20日 [出]東京都台東区浅草鳥越 [名]本名＝福井貞雄（ふくい・さだお）, 前名＝中村小米, 中村蝶吉, 中村しほみ [屋]中村屋 [学]浅草新堀小卒 [歴]4歳で3代目中村米吉（17代目中村勘三郎）に弟子入りし、大正15年中村小米として「忠臣講釈」の重太郎の一子で初舞台。昭和23年東劇「俎板長兵衛」の娘役で中村蝶吉改め中村しほみとなり、名題昇進。34年歌舞伎座「桃太郎」のおきぢで2代目中村小山三を襲名。以後、5代目中村勘九郎（18代目中村勘三郎）、6代目中村勘九郎の舞台で後見を務めるなど、3代にわたって中村屋（勘三郎家）に仕える。一門の女方として脇役を活躍、90歳を超えても舞台に立ち続けて“現役最高齢の歌舞伎俳優”といわれた。平成27年4月東京・浅草の平成中村座に出演予定だったが初日から休演、間もなく94歳で亡くなった。 [賞]日本俳優協会賞功労賞（第3回）〔平成9年〕「故・中村勘三郎から勘九郎, そして勘太郎, 七之助兄弟に至る芸の伝承への貢献」, 文化庁長官表彰〔平成18年〕 [師]師＝中村勘三郎（17代目）

中村 定士 なかむら・さだし 中国新聞編集委員 [没]平成28年（2016）4月5日 89歳 [生]大正15年（1926）9月3日 [出]広島県呉市 [学]広島師範学校卒 [歴]昭和25年中国新聞社に入社。編集局校閲部長、事業局事業部長、52年編集局編集委員を経て、58年退社。

中村 州志 なかむら・しゅうじ 映画美術監督 [没]平成29年（2017）1月21日 89歳〔肺炎〕 [生]昭和2年（1927）6月3日 [出]東京都 [名]本名＝中村修一郎（なかむら・しゅういちろう） [歴]昭和23年東映東京撮影所に入社。美術監督第1回作品は「母の罪」。佐藤純弥監督「新幹線大爆破」「人間の証明」、森谷司郎監督「動乱」、村川透監督「白昼の死角」、和田誠監督「麻雀放浪記」「怖がる人々」、伊丹十三監督「マルサの女」「マルサの女II」「あげまん」「ミンボーの女」「大病人」、黒沢清監督「スウィートホーム」など担当作品は約150本を数える。 [賞]日本アカデミー賞優秀美術賞〔昭和60年・63年〕「麻雀放浪記」「マルサの女」 [団]日本映画・テレビ美術監督協会

中村 俊一 なかむら・しゅんいち 医師 中村レディースクリニック理事長 霧島国際音楽祭鹿児島友の会会長 [専]産科婦人科 [没]平成28年（2016）8月4日 90歳〔老衰〕 [生]大正14年（1925）10月3日 [出]鹿児島県鹿児島市 [学]鹿児島医専卒 医学博士 [歴]昭和32年中村産婦人科（現・中村レディースクリニック）を開業。また、霧島国際音楽祭に50年の第1回から関わり、62年霧島国際音楽祭鹿児島友の会を発足させ会長に就任。平成24年退任。9年鹿児島市医師会合唱団サザンエコー創立に際して代表世話人。16年社団法人となった鹿児島交響楽団副理事長に就任。鹿児島オペラ協会後援会長なども務め、長く鹿児島県の音楽文化振興に貢献した。 [賞]南日本文化賞（芸術振興部門, 第57回）〔平成18年〕

中村 璋八 なかむら・しょうはち 駒沢大学名誉教授 [専]中国哲学・宗教 [没]平成27年（2015）6月2日 89歳〔老衰〕 [生]大正15年（1926）1月7日 [出]神奈川県愛甲郡愛川町 [学]東京文理科大学文学科〔昭和26年〕卒 文学博士 [歴]駒沢大学教授、京都大学講師、大阪大学講師、九州大学講師、中国・復旦大学客員教授などを務めた。主著に「緯書の基礎的研究」「五行大義の基礎的研究」「五行大義校註」「重修緯書集成（6巻8冊）」「五行大義」「呂氏春秋」「日本陰陽道の研究」など多数。 [賞]東京文理科大学賞〔昭和35年〕 [団]日本中国学会, 日本道教学会

仲村 征幸 なかむら・せいこう 「醸界飲料新聞」編集発行人 [没]平成27年（2015）1月9日 83歳〔肝臓がん〕 [出]沖縄県国頭郡本部町具志堅 [歴]昭和25年高校を卒業。軍雇用員、沖縄ヘラルド、琉球新報社、オキナワグラフを経て、44年泡盛業界の業界紙「醸界飲料新聞」を発刊。米軍統治下で輸入ウイスキーが全盛であった戦後の沖縄で、衰退の危機にあった泡盛にいち早く注目。取材から営業まで一人でこなし、泡盛の普及・発展に貢献した。49年には泡盛同好会（現・沖縄県泡盛同好会）を設立、“泡盛の女王”を発案した。ラジオ沖縄「泡盛よもやま話」の初代パーソナリティーを務めた。著書に「仲村征幸の泡盛よもやま話」がある。

仲村 清勇 なかむら・せいゆう 沖縄県議（社民党） 嘉手納基地爆音訴訟原告団長 [没]平成29年（2017）6月22日 80歳〔肺炎〕 [生]昭和12年（1937）6月20日 [出]沖縄県沖縄市胡屋 [学]コザ高卒 [歴]沖縄の米軍嘉手納基地周辺の住民約900人が国に対して米軍機の夜間飛行差し止めや損害賠償を求めた嘉手納基地爆音訴訟に、昭和57年の第一次訴訟から携わり、第二次訴訟では原告団長を務めた。一方、49年より沖縄市議に5選。平

日本人　なかむら

成6年沖縄県議補選で初当選、1期務めた。㊱旭日双光章〔平成23年〕

中村　泰三　なかむら・たいぞう　医師　詩人　埼玉県小児科医会会長　㊗小児科学　㊳平成28年（2016）4月13日　89歳〔肺炎〕　㊚大正15年（1926）6月18日　㊙長崎県長崎市　㊙横浜市立医専卒　幼い頃に父や祖父が医師として医学教育に携わった旧朝鮮の平壌で育つ。敗戦とソ連軍の侵攻により混乱する朝鮮半島から苦労の末に引き揚げ、横浜市立医学専門学校を卒業。その後、埼玉県蕨市で開業して地域医療に尽くした。日本医師会学校保健委員、埼玉県小児科医会会長を務めた他、昭和59年～平成12年蕨市教育委員、6～12年同委員長。一方、詩人としても活躍し、「藁の火」を主宰。16年「中村泰三全詩集」が刊行された。成人式発祥の地である蕨市の成年式で歌われる「決意」の作詞者としても知られる。他の詩集に「彈劾の季節」「北緯三十八度線」「黄昏の陽だまり」、詩画集に「街角の詩─蕨風物詩画集」などがある。㊱紺綬褒章、勲五等瑞宝章、埼玉文芸賞（第1回）〔昭和45年〕「北緯三十八度線」、シラコバト賞、蕨市けやき文化賞（第2回）、日本小児科学会小児保健賞〔平成20年〕　㊵日本小児科学会（永年会員）、日本ペンクラブ、詩と音楽の会、埼玉詩人会、日本音楽著作権協会、日本小児保健協会（名誉会員）、日独協会

中村　享史　なかむら・たかし　山梨大学大学院教育学研究科教授　㊗数学科教育　㊳平成28年（2016）9月25日　61歳〔肺がん〕　㊚昭和30年（1955）　㊙埼玉県　㊙東京学芸大学教育学部数学科〔昭和52年〕卒　東京学芸大附属世田谷小教諭の傍ら、NHK「算数すいすい（2年）」番組協力委員を務める。平成16年山梨大学助教授、22年教授。著書に「算数 考える力をのばす教材」「『書く活動』を通して数学的な考え方を育てる算数授業」などがある。㊵日本数学教育学会、日本科学教育学会、日本教材学会、全米数学教育学会

中村　健　なかむら・たけし　日本大学薬学部教授　㊗医薬分業　㊳平成28年（2016）6月19日　84歳　㊚昭和6年（1931）11月22日　㊙東京都　㊙日本大学工学部薬学科卒　博士（薬学）　㊙昭和33年厚生省（現・厚生労働省）に入省。57年～平成13年日本大学薬学部助教授、教授を務めた。医薬分業の実証的研究の草分け的存在で、その学術的研究基盤の確立に寄与した。㊱日本薬剤師会賞〔平成6年〕

中村　太郎　なかむら・たろう　別府市長　㊳平成27年（2015）1月2日　74歳　㊚昭和15年（1940）5月16日　㊙大分県別府市　㊙早稲田大学第一政治経済学部政治学科〔昭和38年〕卒、早稲田大学大学院政治学研究科〔昭和40年〕修士課程修了、クレアモント大学大学院（米国）修了　㊙昭和32年大分県初のAFS留学生として渡米、33年セントラルスクウェアー高を卒業。43年読売新聞東京本社編集部記者、50年より大分県議を2期務め、58年中村呉服店社長に就任。62年別府市長に当選、2期。平成7年、11年落選。12年衆院選大分3区に民主党から立候補した。

中村　鶴蔵（5代目）　なかむら・つるぞう　歌舞伎俳優　前進座座友　㊳平成28年（2016）10月23日　91歳

〔慢性硬膜下血腫〕　㊚大正14年（1925）4月17日　㊙東京柳橋（東京都台東区）　㊙本名＝桐ケ谷貫一郎（きりがや・かんいちろう）、初名＝中村鶴紫、前名＝中村喜久三　㊙前進座創立者の一人、中村亀松（後の4代目中村鶴蔵）の長男。昭和7年7歳の時に中村鶴松を名のり、市村座で初舞台を踏み、子役として活躍。19年3月喜久三に改名し正式に前進座入座、研究生となる。20年正座員。29年2月5代目鶴蔵を襲名。端正な二枚目として活躍した。㊙父＝中村鶴蔵（4代目）

中村　時蝶　なかむら・ときちょう　歌舞伎俳優　㊳平成28年（2016）10月14日　87歳　㊚昭和4年（1929）3月26日　㊙東京都　㊙本名＝飯島俊雄（いいじま・としお）、前名＝中村蝶丸、中村蝶次郎　㊙万屋電気学校を中退。常磐津好きの母親の勧めで、昭和12年3代目中村時蔵に子役で入門し、10月中村蝶丸で初舞台。18年中村蝶次郎と改名、27年名題昇進、中村時蝶と改名。女形の技芸を磨き、万屋一門の脇役の要として重要な役割を果たした。当たり役に「直侍」のそば屋女房おかよなどがある。㊱日本俳優協会賞功労賞（第8回）〔平成14年〕

中村　敏明　なかむら・としあき　兵庫県議（自民党）　㊳平成29年（2017）3月19日　96歳〔老衰〕　㊚大正9年（1920）5月21日　㊙兵庫県加東郡社町（加東市）　㊙武蔵高工建築科〔昭和16年〕卒　㊙昭和42年から兵庫県議に8選。55年県議会議長。平成11年引退。㊱勲三等瑞宝章〔平成11年〕

中村　利雄　なかむら・としお　弁護士　京都弁護士会会長　㊳平成27年（2015）4月4日　67歳〔肺腺がん〕　㊚昭和23年（1948）2月28日　㊙滋賀県近江八幡市　㊙早稲田大学第一法学部〔昭和46年〕卒　㊙昭和49年司法試験に合格、52年弁護士登録。平成4年京都弁護士会副会長、19年会長に就任。23年日弁連副会長。㊵京都弁護士会

中村　敏夫　なかむら・としお　テレビプロデューサー　フジテレビ取締役　㊳平成27年（2015）5月26日　77歳〔急性肺炎〕　㊚昭和13年（1938）2月18日　㊙宮崎県　㊙立教大学文学部〔昭和35年〕卒　㊙昭和36年松竹に助監督として入社。37年歌舞伎座テレビ室に勤め、製作主任としてフジテレビの昼の帯ドラマ「愛染かつら」を大ヒットさせる。46年フジテレビから分離した新制作に採用され、55年フジテレビの制作部門再発足に伴って吸収され社員となる。54年放送の「キタキツネ物語」が44.7％という高視聴率を上げたのに着目し、56年連続ドラマ「北の国から」をプロデュース。同作品はスペシャルドラマとしてシリーズ化され、20年に渡り制作に携わる。平成14年「北の国から2002遺言」を最後にシリーズ完結。他に「オレゴンから愛」「アルザスの青い空」「ライスカレー」「ニューヨーク恋物語」「風のガーデン」「ありふれた奇跡」などを担当。第一制作部長、制作室長（役員待遇）を経て、10年取締役ソフト制作本部制作局長、のちフジ・クリエイティブ・コーポレーション専務を経て、副社長。㊱エランドール賞プロデューサー賞〔平成15年〕、ギャラクシー賞テレビ部門特別賞（第46回）〔平成21年〕「風のガーデン」「ありふれた奇跡」、放送人グランプリ特別賞（第8回）〔平成21年〕「ドラマ『風のガーデン』『あり

ふれた奇跡』を実現したプロデューサーとしての業績に対して」

中村 敏功 なかむら・としかつ 岩手日報編集局次長・整理部長 [没]平成27年(2015)1月15日 73歳〔急性循環不全〕 [生]昭和16年(1941)8月3日 [出]岩手県北上市 [学]日本大学法学部〔昭和39年〕卒 [歴]昭和39年岩手日報社に入社。水沢支局長、編集局整理部次長、60年整理部第二部長、平成4年編集局次長、のち東京支社次長を経て、7年編集局次長兼整理部長。11〜20年岩手日報アド・ブランチ社長を務めた。

中村 俊隆 なかむら・としたか 熊本日日新聞事業局長 [没]平成29年(2017)8月9日 60歳〔食道がん〕 [生]昭和31年(1956)12月22日 [歴]昭和56年熊本日日新聞社に入社。玉名総局長、メディア報道部長、社会部長、文化生活部長を経て、平成26年編集総務、27年事業局長。

な

中村 登美 なかむら・とみ 参院議員(自民党) [没]平成28年(2016)4月9日 99歳 [生]大正5年(1916)12月29日 [出]茨城県 [学]水戸高女卒 [歴]昭和36年岩井自動車学校専務、46年校長。参院議員の夫、中村喜四郎の死去により、47年2月参院茨城選挙区補選に立候補し当選、茨城県初の女性参院議員となった。1期務め、参院物価対策特別委員長に就いた。 [賞]勲三等宝冠章〔平成4年〕 [家]夫＝中村喜四郎(1代目)(参院議員), 二男＝中村喜四郎(2代目)(衆院議員)

中村 仲太郎 なかむら・なかたろう 歌舞伎俳優 [没]平成28年(2016)12月10日 80歳 [生]昭和11年(1936)3月27日 [名]本名＝鴨志田文雄 [歴]中村勘三郎一門。馬の脚、カゴかきをやらせたら日本一といわれる。昭和60年12月の国立劇場歌舞伎公演「一谷嫩軍記」の人馬一体の見せ場で前脚役として登場、誤って横転するというハプニングが起きるが、機転とチームワークで事なきを得、見事な人馬一体が話題となった。 [賞]日本俳優協会賞功労賞(第16回)〔平成22年〕

中村 晴夫 なかむら・はるお 北陸銀行常務 [没]平成29年(2017)5月8日 83歳〔肺炎〕 [生]昭和8年(1933)9月20日 [出]富山県高岡市 [学]同志社大学商学部〔昭和31年〕卒 [歴]昭和31年北陸銀行に入行。福光支店長、新潟支店長、武生支店長、融資部長などを経て、62年取締役、平成3年常務。13年高岡市と新湊市を結ぶ路面電車を運行する第三セクター万葉線社長に就任。高校時代はハンドボール部に所属、国体に出場したこともある。

中村 久一 なかむら・ひさいち 燐化学工業社長 [没]平成28年(2016)2月22日 91歳〔心筋梗塞〕 [生]大正14年(1925)1月6日 [出]富山県富山市 [学]西呉羽尋常高小卒 [歴]不二越勤務を経て、昭和32年中村製餡所を設立、社長。社業の他に倒産会社の事業管財人として数社の立て直しに成功。57年燐化学工業の更生管財人となり、当所計画より7年早く会社更生手続き終結の決定を受け、平成元年5月同社社長に就任。のち会長。南陽開発社長、富山合同興業社長など歴任。富山県中小企業団体中央会理事、富山商工会議所常議員、富山県地方労働委員会委員なども務めた。 [賞]藍綬褒章〔平成2年〕, 紺綬褒章〔平成6年〕, 勲四等瑞宝章〔平成7年〕 [家]長男＝中村久雄(プライムワン社長)

中邨 秀雄 なかむら・ひでお 吉本興業社長 [没]平成27年(2015)7月3日 82歳〔肺炎〕 [生]昭和7年(1932)10月20日 [出]大阪府大阪市日本橋 [学]関西学院大学文学部〔昭和30年〕卒 [歴]関西学院大時代はラグビー選手として鳴らす。昭和30年吉本興業に入社。花菱アチャコらのマネジャーを務めた後、演芸部門の再興に取り組み、劇場「うめだ花月」の開設や吉本新喜劇の創立に携わる。44年に始まった若者向けの人気番組「ヤングおー！ おー！」などを企画、テレビ局と組んでバラエティ番組を制作し、所属芸人を売り出す手法を確立。桂三枝(6代目桂文枝)、笑福亭仁鶴、横山やすし・西川きよし、明石家さんまらを世に送り出し、“笑いの総合商社”としての吉本のイメージを全国に定着させた。52年取締役、59年常務、61年副社長を経て、平成3年社長。東京・銀座への劇場開設やテレビ番組製作の充実で売上高を倍増させるなど、事業を拡大させた。11年会長、15年名誉会長に就任。16年退任。この間、8年選挙で決める大阪商工会議所1号議員に就任。11年首相の諮問機関、経済審議会委員に選ばれた。著書に「『笑売』心得帖」「元気と勇気とやる気がわき出る本」や自伝「笑いに賭けろ！」などがある。 [賞]経営者賞〔平成7年〕

中村 英朗 なかむら・ひでお 三和シヤツター工業常務 [没]平成27年(2015)2月28日 79歳〔肝臓がん〕 [生]昭和11年(1936)1月29日 [出]北海道 [学]札幌市経済高〔昭和29年〕卒 [歴]昭和34年三和シヤツター工業(現・三和ホールディングス)に入社。平成2年取締役を経て、3年常務。

中村 紘子 なかむら・ひろこ ピアニスト ノンフィクション作家 [没]平成28年(2016)7月26日 72歳〔大腸がん〕 [生]昭和19年(1944)7月25日 [出]山梨県塩山市(甲州市) [名]本名＝福田紘子(ふくだ・ひろこ) [学]桐朋女子高, ジュリアード音楽学校〔昭和41年〕卒 [歴]3歳から井口愛子、9歳からコハンスキーに師事、全日本学生音楽コンクールの小・中学校両部を制して“天才少女”と謳われ、昭和34年慶応中学3年の時には史上最年少の15歳で日本音楽コンクール第1位に輝く。35年東京フィルハーモニー交響楽団第54回定期演奏会でデビューし、同年N響初の海外公演の独奏者に抜擢された。米国のジュリアード音楽学校に全額奨学生として入学し、レヴィーンに師事。40年ショパン国際ピアノコンクールで日本人初の第4位入賞を果たし、最年少者賞も受賞。以来、N響の海外公演に同行するほか、プラハの春音楽祭参加など、我が国を代表する国際的ピアニストとして海外で活躍。国内外で3800回を超える演奏を重ね、クラシック界を牽引した。また、チャイコフスキー国際コンクール、ショパン国際ピアノコンクールなど多くの国際コンクールの審査員を務め、平成9年から約12年間にわたって浜松国際ピアノコンクールの審査委員長も務めるなど若手ピアニストの発掘や育成にも尽力。20年紫綬褒章、21年日本芸術院賞恩賜賞を受けた。この間、平成元年国際コンクールの舞台裏を書いた著書「チャイコフスキー・コンクール」で大宅壮一ノンフィクション賞を受賞。その後もエッセイ集「ピアニストという蛮族がいる」を出版するなど文筆家としても活躍。カレーやコーヒーのCMでも親

しまれた。昭和49年芥川賞作家の庄司薫と結婚。 [賞]日本芸術院賞恩賜賞（平成20年度）〔平成21年〕, ポーランド・コマンダー勲章〔平成5年〕, 紫綬褒章〔平成20年〕, 有馬賞〔昭和57年〕, 大宅壮一ノンフィクション賞（第20回）〔平成1年〕「チャイコフスキー・コンクール」, 文芸春秋読者賞〔平成3年〕「ピアニストという蛮族がいる」, ルービンシュタインゴールドメダル〔平成5年〕, ポーランド・コマンダリー・オブ・メリット〔平成5年〕, 外務大臣賞〔平成10年〕, NHK放送文化賞（第51回）〔平成12年〕, エクソンモービル音楽賞（第35回）〔平成17年〕, 日本音楽コンクールピアノ部門第1位特賞〔昭和34年〕, ショパン国際ピアノコンクール第4位最年少者賞（第7回）〔昭和40年〕 [家]夫＝庄司薫（小説家）, 母＝中村曜子（月光荘社長） [師]師＝井口愛子, コハンスキー, レヴィーン, ロジーナ

中村 真 なかむら・まこと 山形銀行常務 [没]平成28年（2016）10月22日 87歳 [生]昭和4年（1929）5月25日 [出]山形県 [学]東北大学法学部〔昭和28年〕卒 [歴]山形銀行常務を務めた。

中村 正男 なかむら・まさお 衆院議員（民主党） [没]平成29年（2017）2月7日 85歳〔肺炎〕 [生]昭和6年（1931）8月17日 [出]大阪府大阪市生野区 [学]西野田工〔昭和28年〕卒 [歴]昭和27年松下電器産業（現・パナソニック）に入社。40年労組本部中執、47年副委員長、49年電機労連副委員長、51年組織局長、55年政策企画局長を経て、58年衆院選旧大阪7区に社会党から当選。平成8年社民党を経て、民主党に参加。連続4選し、同年引退。 [賞]勲二等瑞宝章〔平成13年〕

中村 政則 なかむら・まさのり 日本史学者 一橋大学名誉教授 [専]日本経済史, 日本近現代史 [没]平成27年（2015）8月4日 79歳〔肺がん〕 [生]昭和10年（1935）12月17日 [出]東京都新宿区 [学]一橋大学商学部商業学科卒, 一橋大学大学院経済学研究科経済史専攻〔昭和41年〕博士課程修了 経済学博士 [歴]昭和41年一橋大学講師、45年助教授、52年大学院経済学研究科教授、のち神奈川大学特任教授。この間、54～55年ハーバード大学東アジア研究センター客員研究員として、終戦後の米対日政策を研究。経済史的な視点から近代日本の歩みをさぐる。著書に「近代日本地主制史研究」「労働者と農民〈小学館版日本の歴史29〉」「技術革新と女子労働」「昭和恐慌」「年表昭和史」「象徴天皇制への道」「近現代史をどう見るか」「日本近代と民衆」「戦後日本」「戦後史」「『坂の上の雲』と司馬史観」などがある。 [団]土地制度史学会, 社会経済史学会, 歴史学研究会

中村 昌実 なかむら・まさみ 紀州製紙社長 [没]平成27年（2015）2月19日 91歳〔くも膜下出血〕 [生]大正12年（1923）10月27日 [出]和歌山県 [学]神戸経済大学〔昭和23年〕卒 [歴]昭和26年紀州製紙（現・北越紀州製紙）に入社。42年取締役、53年常務、60年専務を経て、平成2年社長、9年会長。

中村 雅哉 なかむら・まさや ナムコ創業者 日活社長 [没]平成29年（2017）1月22日 91歳 [生]大正14年（1925）12月24日 [出]東京市神田区（東京都千代田区） [学]横浜工専（現・横浜国立大学工学部）造船科〔昭和23年〕卒 [歴]父は東京・神田で鉄砲店を営み、家業の空気銃製造を手伝う。昭和30年独立し、中村製作所を設立。遊戯場の企画設計や娯楽機械販売を手がける。52年ナムコと改称。ビデオゲームを開発し、55年に発売した「パックマン」は世界中で大ヒットした。平成2年会長となる。4年より社長兼務。14年会長職に専念した。17年玩具大手のバンダイとの統合により発足したバンダイナムコホールディングス最高顧問に就任。この間、5年倒産したにっかつ（現・日活）の管財人（のち社長）、10年日活の設立したチームオクヤマの会長の他、東京青年会議所常任理事、マルチメディアコンテンツ振興協会会長などを歴任。 [賞]藍綬褒章〔昭和61年〕, 旭日小綬章〔平成19年〕

中村 瑞夫 なかむら・みずお 三井物産取締役 高崎製紙社長 [没]平成27年（2015）2月22日 81歳〔肝不全〕 [生]昭和8年（1933）11月3日 [出]東京都 [学]慶応義塾大学法学部〔昭和32年〕卒 [歴]昭和32年第一物産（現・三井物産）に入社。61年紙パルプ部長を経て、平成2年取締役。この間、昭和61年高崎製紙（現・王子マテリア）取締役を兼務、4年社長に就任。

中村 道郎 なかむら・みちろう 歌人 青森古今短歌会会長 [没]平成27年（2015）5月2日 96歳〔がん〕 [生]大正8年（1919）1月17日 [歴]昭和11年より作歌、「ポトナム」「あさひこ」に入会。23年「短歌しろがね」発行・主宰。「古今」に入会。56年1～6月東奥日報「東奥歌壇」選者。62年より青森古今短歌会会長。平成8～17年弘前市歌人連盟会長。森田養護学校校長も務めた。 [賞]瑞宝双光章, 青森県歌人功労賞〔平成3年〕, 弘前市文化功労章 [家]二男＝中村彰二（弁護士）

中村 実 なかむら・みのる 鈴鹿医療科学大学理事長 日本診療放射線技師会名誉会長 [没]平成28年（2016）7月10日 89歳〔老衰〕 [生]大正15年（1926）11月1日 [出]三重県四日市市 [学]名古屋電気学校〔昭和19年〕卒 医学博士〔昭和35年〕 [歴]昭和43年～平成14年日本放射線技師会（現・日本診療放射線技師会）会長。昭和58年三重県医療科学振興会理事長を経て、平成3年の鈴鹿医療科学技術大学開学時に際し理事長に就任。10年鈴鹿医療科学大学に名称変更。19年退任。世界放射線技師会会長なども歴任した。 [賞]藍綬褒章〔昭和60年〕, 勲三等瑞宝章〔平成11年〕, 保健文化賞（第20回）〔昭和52年〕, 天津市名誉市民〔平成3年〕 [資]診療エックス線技師〔昭和28年〕, 診療放射線技師〔昭和44年〕

中村 靖 なかむら・やすし 衆院議員（自民党） [没]平成29年（2017）10月19日 85歳〔腎不全〕 [生]昭和7年（1932）2月27日 [出]東京都豊島区 [学]早稲田大学法学部〔昭和31年〕卒 [歴]衆院議長を務めた中村梅吉の長男。父の秘書を経て、昭和51年父の地盤であった衆院選旧東京5区に自民党から立候補して初当選。以来連続5選。渡辺派に所属し、文部政務次官や党文教部会長などを歴任。平成2年、5年、8年落選。 [賞]勲二等旭日重光章〔平成14年〕 [家]父＝中村梅吉（衆院議長）

仲村 優一 なかむら・ゆういち 社会福祉学者 日本社会事業大学学長・名誉教授 [没]平成27年（2015）9月28日 93歳 [生]大正10年（1921）10月29日 [出]東京都 [学]東京帝国大学経済学部経済学科〔昭和19年〕卒, 日本社会事業学校研究科〔昭和22年〕卒 [歴]昭和36年より日本社会事業大学教授を務め、48～54年学長を兼

務。のち放送大学教養学部教授、淑徳大学教授。戦後の社会福祉学界をリードし、中央社会福祉審議会委員、国際社会福祉協議会顧問なども歴任。第16～17期日本学術会議会員。東京・武蔵野市が、56年4月から発足させた全国初の新老後保障制度「武蔵野方式」の生みの親でもある。著書に「ケイスワークの原理と技術」「ケースワーク」「生活保護への提言」「社会福祉概論」などがある。　[賞]勲二等瑞宝章〔平成5年〕　[団]日本基督教社会福祉学会, 社会政策学会, 日本地域福祉学会

中村 雄二郎　なかむら・ゆうじろう　哲学者　明治大学名誉教授　[没]平成29年(2017)8月26日　91歳〔老衰〕　[生]大正14年(1925)10月13日　[出]東京市浅草区(東京都台東区)　[学]東京大学文学部哲学科〔昭和25年〕卒　文学博士　[歴]昭和26年文化放送に入りプロデューサーを経て、32年明治大学講師、40年教授、平成8年名誉教授。フランス哲学専攻だが哲学をドラマとしてとらえた演劇論を展開するなど、新しい視点で研究。昭和59年に刊行された「術語集」は哲学書としては異例のベストセラーを記録した。季刊「へるめす」同人。主な著書に「パスカルとその時代」「現代情念論」「感性の覚醒」「哲学の現在」「共通感覚論」「魔女ランダ考―演劇的知とはなにか」「西田幾多郎」「読書のドラマトゥルギー」「西田哲学の脱構築」「かたちのオディッセイ」「共振する世界」などがある。　[団]日本哲学会, 日仏哲学会, 日本法哲学会

中村 幸男　なかむら・ゆきお　アトラス出版代表　[没]平成28年(2016)3月4日　63歳〔心不全〕　[生]昭和27年(1952)4月2日　[出]愛媛県宇和島市　[学]中央大学〔昭和49年〕卒　[歴]平成3年インデクス(商号・アトラス出版)を設立、代表を務めた。

中村 幸雄　なかむら・ゆきお　旭木工会長　徳島商工会議所副会頭　[没]平成27年(2015)10月12日　79歳〔肺炎〕　[生]昭和10年(1935)10月29日　[出]徳島県徳島市　[学]関西大学経済学部卒　[歴]昭和45年旭木工社長に就任、平成17年から会長。9～13年徳島商工会議所副会頭を務めた。

中村 良昭　なかむら・よしあき　東奥日報取締役制作局長　[没]平成27年(2015)12月3日　75歳〔病気〕　[生]昭和15年(1940)9月18日　[出]青森県上北郡甲地村(東北町)　[学]高卒　[歴]昭和34年東奥日報社に入社。平成6年システム管理部長、8年制作局次長兼技術部長を経て、10年取締役制作局長。

中村 喜彰　なかむら・よしあき　石川県立農業短期大学名誉教授　[専]農業機械学　[没]平成27年(2015)5月24日　79歳　[生]昭和10年(1935)9月30日　[出]石川県金沢市　[学]金沢大学教育学部二部甲類科〔昭和33年〕卒　農学博士(京都大学)〔昭和52年〕　[歴]昭和33年飯田高教諭となり、津幡高教諭、松任農高教諭を経て、45年石川県総務部技師、46年石川県農業短期大学助手、54年教授。著書に「新しい米作りの技術―湛水土壌中直播栽培」「低コスト増収の米作り―湛水土壌中直播栽培」などがある。　[賞]北国文化賞〔昭和56年〕, 農業機械学会賞森技術賞(第31回)〔昭和60年〕「水稲の湛水土壌中直播機の開発と利用に関する研究」, ハンガリー稲作功績賞〔昭和59年〕　[団]農業機械学会

仲村 良雄　なかむら・よしお　空手家　小林流円武館創設者　全沖縄空手道連盟会長　[没]平成29年(2017)2月10日　100歳〔老衰〕　[出]沖縄県沖縄市　[歴]小林流円武館を創設。また、全沖縄空手道連盟創設に関わり同会長を務め、伝統空手の継承に尽くした。　[賞]沖縄空手道古武道功労賞(第3回)〔平成15年〕

中村 嘉子　なかむら・よしこ　サニーマート専務　[没]平成27年(2015)7月30日　96歳〔老衰〕　[生]大正8年(1919)1月8日　[出]高知県香美郡赤岡町(香南市)　[学]高知県立第二高女中退　[歴]夫の中村英雄と高知市朝倉横町で小売業を営み、昭和36年スーパーマーケット・朝倉鴨田センターを開店。主婦の店へと名前を変え、後にサニーマートへと発展させた。サニーマート専務、相談役を経て、平成21まで監査役を務めた。　[家]夫＝中村英雄(サニーマート創業者), 長男＝中村雄一(サニーマート相談役), 孫＝中村彰宏(サニーマート社長)

中村 龍子　なかむら・りゅうこ　女性問題研究家　長野県社会福祉協議会会長　[没]平成28年(2016)5月13日　88歳〔入浴中の事故〕　[生]昭和3年(1928)3月1日　[学]長野師範女子部卒　[歴]女性問題研究家で、昭和57年～平成6年長野大学非常勤講師。長野婦人問題研究会の発起人の一人であり、同会長を務めた他、平成16～19年長野県社会福祉協議会会長。編著に「信州女性史年表」などがある。

中村 亮嗣　なかむら・りょうじ　反原子力運動家　画家　[没]平成28年(2016)6月28日　82歳〔直腸がん〕　[生]昭和9年(1934)1月15日　[出]青森県むつ市　[学]田名部高〔昭和27年〕卒　[歴]歯科技工士の傍ら、自然派画家として東京で数度個展を開催。昭和42年郷里の青森県むつ市で原子力船・むつ母港設置問題が起きると、これに反対するむつ市を守る会を結成。以後むつ廃船決定まで科学的実証主義の立場で運動を推進、「月刊地域闘争」に59年まで85回にわたって「原子力船はどこへゆく」を連載した。核のゴミ捨て場に未来はない！　あずましい青森をつくる住民の会代表。著書に10年間の住民運動の記録「ぼくの町に原子力船がきた」がある。

中本 至　なかもと・いたる　建設省下水道部長　日本下水道事業団理事長　[専]下水道　[没]平成27年(2015)9月29日　81歳〔肝臓がん〕　[生]昭和9年(1934)2月7日　[出]広島県尾道市　[学]広島大学工学部土木工学科〔昭和31年〕卒　工学博士　[歴]昭和31年建設省(現・国土交通省)に入省。45年都市局下水道課長補佐、47年茨城県土木部下水道課長、51年建設省河川局防災課専門官、54年日本下水道事業団計画部長、56年建設省都市局下水道部公共下水道課長、59年下水道部長を歴任して、62年7月退官。63年日本下水道事業団副理事長、平成6年理事長に就任。7年退任。著書に「制度と経営 わかりやすい下水道」、編著書に「最新の推進工法のすべて」「シールド工法・推進工法選定比較マニュアル」などがある。　[賞]月刊「水」賞(第19回, 昭和62年度)

中山 和久　なかやま・かずひさ　労働法学者　早稲田大学名誉教授　[没]平成28年(2016)11月24日　86歳

〔胃がん〕　[生]昭和5年（1930）1月7日　[出]福岡県北九州市　[学]早稲田大学法学部〔昭和27年〕卒, 早稲田大学大学院法学研究科民事法学専攻〔昭和32年〕博士課程修了　法学博士〔昭和38年〕　[歴]昭和43年早稲田大学法学部教授。のち埼玉女子短期大学学長。この間、45年、55年交換研究員としてパリ大学で研究。一貫して民主主義法学の確立を目指し、一連の著作で労働基本権論を確立。公共部門労働者のILO87号条約批准、労働基本権回復闘争を国際舞台に引き出す原動力となり、41年の全逓中郵、44年の都教組事件の各最高裁判決にも強い影響を与えた。第14〜16期日本学術会議会員。主著に「ILOと労働基本権」「争議権裁判例の軌跡」「不当労働行為論」「ILO条約と日本」などがある。[団]日本労働法学会, 日本教育法学会, 民主主義科学者協会法律部会　[家]兄＝浜田泰三（早稲田大学名誉教授）

中山 克志　なかやま・かつし　富士電機副社長　[没]平成28年（2016）8月9日　71歳　[生]昭和20年（1945）7月26日　[出]東京都　[学]慶応義塾大学法学部〔昭和43年〕卒　[歴]昭和43年富士電機製造（現・富士電機）に入社。経営企画部次長、社会システム事業本部事業統括部長、人事勤労部長を経て、平成12年執行役員常務、のち副社長。

中山 清美　なかやま・きよみ　考古学研究家　奄美博物館館長　奄美郷土研究会会長　[専]奄美考古学　[没]平成28年（2016）7月10日　65歳〔前立腺がん〕　[生]昭和26年（1951）　[出]鹿児島県大島郡龍郷町　[学]大島北高卒, 法政大学, 熊本大学, 熊本大学大学院博士課程単位取得　博士（文学）〔平成21年〕　[歴]鹿児島県奄美大島の出身。法政大学、熊本大学で考古学を学び、鹿児島県笠利町教育委員会の文化財専門職員として奄美大島の考古学調査に従事する一方、大隅諸島、トカラ列島、フィリピンでの学術調査にも参加。奄美博物館館長、奄美郷土研究会会長なども歴任。晩年は“奄美（しま）遺産”を提唱し、その網羅的保護に尽力した。　[賞]南海文化賞〔平成26年〕

中山 薫二　なかやま・くんじ　龍谷大学法学部教授　[専]宇宙物理学　[没]平成27年（2015）8月4日　52歳〔交通事故死〕　[生]昭和37年（1962）11月1日　[出]北海道　[学]京都大学理学部卒, 京都大学大学院理学研究科宇宙物理学専攻博士課程　理学博士　[歴]高知大学教育学部助教授を経て、龍谷大学法学部教授。

中山 原次　なかやま・げんじ　静岡県出納長　[没]平成27年（2015）7月29日　91歳　[生]大正12年（1923）9月24日　[出]静岡県掛川市　[学]掛川中〔昭和16年〕卒, 宇都宮高農〔昭和22年〕卒　[歴]昭和24年静岡県庁に入る。46年企画調整部秘書課長、50年生活環境部長を経て、53年出納長。61年退官して静岡エフエム放送専務に転じ、平成4年副社長。5年静岡県信用保証協会会長。[賞]勲三等瑞宝章〔平成6年〕

中山 玄晋　なかやま・げんしん　僧侶　延暦寺副執行　天台宗大僧正　明王院住職　[没]平成29年（2017）11月30日　81歳〔心不全〕　[生]昭和11年（1936）6月20日　[出]滋賀県大津市　[学]龍谷大学文学部英文学科〔昭和34年〕卒　[歴]法嗣として延暦寺の副執行、法務部長、延暦寺一山明王院住職を務める。平成6年自坊・明徳院の建て替えで、天台声明（しょうみょう）の伝承者で人間国宝に指定された中山玄雄大僧正の声明を吹き込んだレコードを発見したことがきっかけで、CD化を計画。9年没後20年を記念し、CD「中山玄雄大僧正 天台声明」を自費製作した。自身も天台声明の伝承者として知られた。

永山 孝三　ながやま・こうぞう　クミアイ化学工業常務　[没]平成27年（2015）1月11日　63歳〔病気〕　[生]昭和26年（1951）6月7日　[出]福岡県　[学]鳥取大学大学院農学研究科〔昭和52年〕修了　[歴]昭和52年クミアイ化学工業に入社。平成19年取締役を経て、23年常務。[賞]日本農薬学会賞業績賞（技術）〔平成19年〕「イネ種子伝染性病害用微生物農薬トリコデルマ剤の開発」

永山 茂雄　ながやま・しげお　福島県議（民主党）　行政書士永山茂雄事務所代表　[没]平成27年（2015）10月28日　67歳〔肝臓がん〕　[生]昭和23年（1948）5月8日　[出]福島県いわき市　[学]福島高専卒　[歴]いわき市職員を経て、平成8年いわき市議に当選、1期。11年福島県議に当選、1期務めた。15年の県議選は出馬せず、11月の衆院選に無所属で立候補した。自由党福島県連幹事長も務めた。　[資]行政書士　[団]いわき地域学会

中山 四郎治　なかやま・しろうじ　中越運送社長　[没]平成27年（2015）6月21日　65歳　[生]昭和25年（1950）5月5日　[出]新潟県加茂市　[学]拓殖大学商学部〔昭和48年〕卒　[歴]中越運送創業者である中山修の長男。昭和52年監査役、55年専務、59年副社長を経て、平成2年社長。　[家]父＝中山修（中越運送創業者）

中山 新三郎　なかやま・しんざぶろう　弁護士　群馬弁護士会会長　[没]平成28年（2016）11月4日　88歳　[生]昭和2年（1927）11月28日　[出]群馬県前橋市　[学]中央大学法学部〔昭和30年〕卒　[歴]昭和31年司法試験に合格、34年弁護士登録、38年中山新三郎法律事務所を開設。43年群馬弁護士会副会長を経て、46〜47年会長。日本弁護士連合会理事、46年〜平成4年群馬県地方労働委員会会長を務めた。　[賞]藍綬褒章, 勲三等瑞宝章〔平成10年〕　[団]群馬弁護士会

中山 清次　なかやま・せいじ　山口大学名誉教授　山口女子大学学長・名誉教授　[専]農業経済学　[没]平成28年（2016）9月8日　97歳　[生]大正8年（1919）5月17日　[出]山口県防府市　[学]防府中〔昭和12年〕卒, 宮崎高農農学科〔昭和15年〕卒, 京都帝国大学農学部農林経済学科〔昭和18年〕卒　農学博士　[歴]山口県内で農学校講師、師範学校教官を務めたのち、昭和24年山口大学講師、30年助教授を経て、43年教授。同大附属農場長、55年農学部長などを歴任。58年名誉教授となり、59年〜平成4年山口女子大学学長。著書に「山河有情―山口県農業考」がある。　[賞]勲二等瑞宝章〔平成5年〕, 瀬戸内文化賞　[団]日本農業経済学会, 関西農業経済学会, 日本農業経営学会

長山 哲　ながやま・てつ　第1次ボリビア移民団長　[没]平成28年（2016）6月7日　92歳〔老衰〕　[出]沖縄県名護市安和　[歴]昭和29年琉球政府の第一次ボリビア計画移民団の団長として南米のボリビア共和国に移住、県系人移住地コロニア・オキナワの確立に貢献。54年帰郷後、沖縄ボリヴィア協会相談役。平成14年再びボリビアへ移住、沖縄ボリヴィア協会現地連絡事務所の初

な

代所長に就任し、県系子弟の人材育成などに貢献した。25年沖縄へ戻った。

中山 時子　なかやま・ときこ　お茶の水女子大学名誉教授　[専]中国文学　[没]平成28年(2016)1月22日　93歳〔多臓器不全と腎不全〕　[生]大正11年(1922)7月13日　[出]鳥取県鳥取市　[学]北京大学卒, 東京大学文学部中国文学科〔昭和25年〕卒, 東京大学大学院文学研究科修士課程修了　[歴]お茶の水女子大学文教育学部教授を退官後、昭和63年明海大学外国語学部中国語学科教授。図書館長を兼任。法政大学講師、外務省研修所講師も務めた。作家の老舎や、中国の食文化の研究で知られる。編著に「老舎事典」「中国食文化事典」、監修に「中国語離合詞500」「中国料理大全」など。　[賞]勲三等瑞宝章〔平成10年〕　[団]中国語研究会, 老舎研究会(日本), 老舎研究会(中国)

中山 堵志木　なかやま・としき　ジャーナリスト新聞社社長　[没]平成27年(2015)1月14日　82歳〔胸膜炎〕　[生]昭和7年(1932)　[出]長野県飯田市　[名]本名＝中山寿三(なかやま・としぞう)　[歴]地方記者を経て、各雑誌に執筆。昭和38年より新聞、電波、雑誌などマスコミ界で経営リポーターとして活動。ジャーナリスト新聞社社長を務めた。

中山 俊丈　なかやま・としたけ　プロ野球選手　[没]平成28年(2016)10月24日　80歳〔膵臓がん〕　[生]昭和10年(1935)12月14日　[出]愛知県岡崎市　[名]登録名＝中山義朗　[学]中京商　[歴]昭和28年春から4季連続で中京商(現・中京大中京高)の投手として甲子園に出場。同年夏の対下関東高戦では18奪三振を記録。29年夏の甲子園ではエースとして優勝に貢献した。30年中日に入団、31年、32年と連続20勝を挙げ、39年8月には対巨人戦でチーム戦後初のノーヒットノーランを達成した。40年現役を引退。37～40年は中山義朗の登録名でプレー。実働11年、396試合登板、83勝90敗、68完投、28完封、1144奪三振、防御率2.55。引退後は中日コーチ、CBCの野球解説者を経て、平成11年台湾の兄弟監督に就任した。

中山 富太郎　なかやま・とみたろう　八十二銀行頭取　[没]平成29年(2017)10月23日　94歳〔老衰〕　[生]大正11年(1922)12月12日　[出]長野県南佐久郡八千穂村(佐久穂町)　[学]京都帝国大学経済学部経済学科〔昭和21年〕卒　[歴]昭和21年八十二銀行に入社。新宿支店長、本店経理部長、総務部長、営業部長を経て、52年取締役、56年常務、59年副頭取、平成元年頭取に就任。バブル崩壊後の経営状況悪化の中で安定経営に努めた。6年会長、9～11年取締役相談役。長野県観光開発公社副理事長、長野地方社会保険医療協議会会長も務めた。[賞]勲三等瑞宝章〔平成6年〕

永山 文雄　ながやま・ふみお　衆院議員(自民党)　[没]平成29年(2017)5月31日　67歳〔肺炎〕　[生]昭和25年(1950)5月23日　[出]富山県　[学]中央大学経済学部卒　[歴]会社員などを経て、平成2年自民党富山県連の職員となる。14年同事務局長。24年衆院選比例北陸信越ブロックに単独立候補して初当選、1期務めた。

中山 美保　なかやま・みほ　タレント　[没]平成29年(2017)2月7日　78歳〔肺血腫による呼吸困難〕　[生]昭和13年(1938)2月13日　[出]徳島県徳島市　[名]本名＝石田美保子(いしだ・みほこ)　[歴]大阪・千日劇場で美貌のコメディエンヌとして活躍した後、昭和42年吉本新喜劇に入る。30代頃までマドンナ役を、その後は貴重な脇役として母親役などを演じた。1980年代以降はタレントの中山美穂の人気を受けて“吉本のミポリン”の愛称で親しまれた。平成21年に新喜劇への出番を終えた後に体調を崩し、再生不良性貧血と診断され、闘病を続けた。

永山 盛正　ながやま・もりまさ　昭和化学工業代表取締役専務　[没]平成27年(2015)7月7日　89歳〔脳梗塞〕　[生]大正15年(1926)3月18日　[出]福岡県　[学]九州大学工学部〔昭和23年〕卒　[歴]昭和50年昭和化学工業に入社。取締役、常務を経て、58年代表取締役専務。

中山 康樹　なかやま・やすき　音楽評論家　「スイングジャーナル」編集長　[没]平成27年(2015)1月28日　62歳〔悪性リンパ腫〕　[生]昭和27年(1952)5月8日　[出]大阪府　[学]明星高卒　[歴]少年時代に聴いたビートルズや洋楽がきっかけで、ロック、ポップス、ジャズのファンとなる。昭和50年～平成元年ジャズ専門誌「スイングジャーナル」に勤務、同誌編集長を務めた。2年から音楽制作・イベント企画・雑誌出版等の音楽総合ユニット、スイート・ベイジルのプロデューサー、ディレクターとして活躍。米国のジャズ・トランペット奏者、マイルス・デービスのレコードコレクターとして知られた。著書に「マイルスを聴け!!」「サマー・デイズ ビーチ・ボーイズに捧ぐ」「ディランを聴け!!」「超ビートルズ入門」「挫折し続ける初心者のための最後のジャズ入門」、訳書にマイルス・デービス、クインシー・トループ「マイルス・デイビス自叙伝」などがある。　[団]日本文芸家協会

中山 靖子　なかやま・やすこ　ピアニスト　東京芸術大学名誉教授　[没]平成27年(2015)1月16日　93歳〔心不全〕　[生]大正10年(1921)4月1日　[出]東京都　[名]旧姓・名＝朝倉　[学]東京音楽学校本科〔昭和16年〕卒, ミュンヘン音楽大学〔昭和31年〕修了　[歴]昭和27～31年ミュンヘン音楽大学でエリック・テーンベルク、29～31年ザールブリュッケン音楽大学マイスター・クラスでワルター・ギーゼキングに師事。東京芸術大学教授を経て、洗足学園大学客員教授。レオニード・クロイツァーに師事し、クロイツァー記念会名誉会長などを務めた。夫はバリトン歌手の中山悌一。　[賞]瑞宝小綬章〔平成17年〕　[団]クロイツァー記念会, 全日本ピアノ指導者協会　[家]夫＝中山悌一(声楽家)　[師]師＝ギーゼキング, ワルター, クロイツァー, レオニード

中山 右尚　なかやま・ゆうしょう　鹿児島大学名誉教授　[専]近世文学　[没]平成28年(2016)8月15日　73歳〔間質性肺炎〕　[生]昭和17年(1942)8月23日　[出]福岡県　[学]九州大学文学部卒, 九州大学大学院文学研究科修士課程修了　[歴]昭和56年鹿児島大学に赴任。教育学部長、附属図書館長、理事を歴任。放送大学鹿児島学習センター所長、崇樹学園理事長なども務めた。黄表紙や玉里文庫の研究に取り組んだ。　[団]日本近世文学会, 全国大学国語国文学会, 西日本国語国文学会

中山 良彦　なかやま・よしひこ　博物館展示総合プロデューサー　[没]平成28年(2016)9月29日　91歳〔老

衰〕 [出]沖縄県那覇市 [歴]昭和19年開南中学を卒業後、沖縄守備隊に入隊。戦後は翻訳官として占領軍に6年間勤務したのち、建築デザイン会社を経て、イベント専門の会社を設立。また、沖縄人民党の中央委員として「人民文化」の編集などに携わった。50年沖縄海洋博覧会では総合プロデューサーとして沖縄館を演出して脚光を浴びる。51年沖縄県平和祈念資料館の展示を巡り県が運営協議会を設置すると会長に就任、それまで“軍隊礼賛”と批判を受けていた展示をやめ、住民の戦争体験を基軸とした内容に刷新した。平成元年完成のひめゆり平和祈念資料館建設にもプロデューサーとして参画、戦争体験者が語り部として体験を伝える展示形式を確立し、沖縄戦体験の継承に尽力した。

名倉 佳子 なぐら・よしこ 声楽家(ソプラノ) 宇都宮短期大学名誉教授 [没]平成27年(2015)4月6日 75歳〔病気〕 [生]昭和15年(1940)2月5日 [出]栃木県宇都宮市 [学]東京芸術大学〔昭和41年〕卒 [歴]宇都宮短期大学助教授を経て、教授。大学で多くの声楽家を育てる一方、夫である声楽家・名倉省三が主宰した栃木県民オペラ公演でソプラノ歌手として主役を務めた。[家]夫＝名倉省三(声楽家) [師]師＝伊藤亘行, 鷲崎良三

名越 昭司 なごし・しょうじ かつら師 床山 司人形かつら工芸代表 [専]文楽人形鬘・床山 [没]平成28年(2016)1月28日 85歳〔心不全〕 [生]昭和5年(1930)4月21日 [出]東京都 [名]号＝名越顯時 [学]農業学校卒 [歴]昭和26年文楽人形の鬘師であった叔父の酒井正己に師事して鬘の技術を学び、さらに28年文楽人形床山の佐藤為次郎に師事して床山の技術を学ぶ。38年文楽協会に、59年からは国立文楽劇場に勤務して文楽人形の鬘・床山を担当した。男女合わせて100種に近い髪を、人形の役柄次第に結いわける技術を伝え、文楽人形の髪形保存に貢献。平成8〜10年日本芸術文化振興会非常勤参与、10〜13年技術参与。10年大阪・天王寺に司人形かつら工芸を設立。14年無形文化財の選定保存技術保持者に認定される。15年人形鬘の常設展示館“鬘司庵”を自社内に開設した。 [賞]旭日双光章〔平成16年〕, 伝統文化ポーラ賞特賞(第9回)〔平成1年〕, ニッセイ・バックステージ賞(第1回)〔平成7年〕, 文楽特別賞(平成8年度)〔平成9年〕, 地域文化功労者表彰〔平成9年〕 [資]選定保存技術保持者(文楽人形鬘・床山)〔平成14年〕 [家]叔父＝酒井正己(文楽人形かつら師) [師]師＝酒井正己, 佐藤為次郎

奈古屋 嘉茂 なごや・よししげ 大平洋金属社長 [没]平成27年(2015)5月10日 91歳〔心不全〕 [生]大正13年(1924)3月13日 [出]島根県那賀郡金城町(浜田市) [学]松江中〔昭和16年〕卒, 海兵〔昭和19年〕卒, 京都大学工学部冶金科〔昭和24年〕卒 [歴]昭和24年4月日本曹達、12月には日曹製鋼に入社。40年八戸工場長、44年取締役、48年常務、55年専務を経て、59年大平洋金属社長。平成6年会長。 [賞]藍綬褒章〔平成1年〕, 日本鉄鋼協会林賞(第4回)〔昭和60年〕「鉱石からの一貫生産体制によるステンレス鋼の直接製造法の開発」

那須川 健一 なすかわ・けんいち 岩手県議 丸協建設社長 [没]平成28年(2016)1月21日 84歳〔多臓器不全〕 [生]昭和6年(1931)10月30日 [出]岩手県胆沢郡前沢町(奥州市) [学]明治大学政経学部〔昭和33年〕卒 [歴]昭和53年から岩手県議に5選。平成9〜11年議長。新進党、自由党に所属。昭和42〜58年奥州市の丸協建設社長を務めたが、会長時代の平成13年2月、同社は約80億円の負債を抱えて経営破綻し、直後に県議を辞職した。その後、同社は民事再生法の適用を申請する直前に同社などの手形に虚偽の裏書きをして現金化していたとして、14年5月有価証券虚偽記入の疑いで岩手県警に逮捕された。

奈須田 和彦 なすだ・かずひこ 芦原町(福井県)町長 福井県立短期大学教授 [専]植物病理学 [没]平成29年(2017)4月28日 89歳 [生]昭和3年(1928)1月6日 [出]福井県坂井郡芦原町(あわら市) [学]東北大学〔昭和28年〕卒 農学博士 [歴]造り酒屋の息子として育つが、ハンセン病患者を救う抗生物質を作りたい一心で農学部へ進む。福井県農業試験場、同県農林部長を経て、昭和58年福井県立短期大学教授。平成3年芦原町長に無投票当選。16年合併によりあわら市が誕生するまで4期12年務めた。12〜20年福井県農業会議会長。 [賞]旭日小綬章〔平成17年〕, 農業技術功労賞・並河賞(第28回), 市町村合併功労者総務大臣表彰〔平成16年〕 [団]日本植物病理学会

灘本 唯人 なだもと・ただひと イラストレーター 東京イラストレーターズ・ソサエティ会長 [没]平成28年(2016)7月19日 90歳〔心不全〕 [生]大正15年(1926)2月12日 [出]兵庫県神戸市 [名]本名＝灘本整(なだもと・ただし) [学]大阪電気学校卒 [歴]身体が弱く中学を中退。昭和31年山陽電車宣伝部に嘱託として入社。34年日宣美に入選、35年日宣美会員となる。36年大阪の早川良雄デザイン事務所に入所、同社東京事務所のチーフデザイナーとなる。42年からフリー。45年代表作となる「MARIE」を発表。神戸時代にまだ無名だった美術家の横尾忠則を発掘。39年横尾や和田誠、宇野亜喜良らと東京イラストレーターズ・クラブを結成した。戦後を代表するイラストレーターの一人で、63年東京イラストレーターズ・ソサエティの創立に参加して初代会長に就任。平成5年にはイラストレーターとして初めて紫綬褒章を受けた。 [賞]紫綬褒章〔平成5年〕, 勲四等旭日小綬章〔平成15年〕, ADC賞銅賞〔昭和38年・40年〕, 通商産業省繊維パルプ部門賞〔昭和44年〕, 日本サインデザイン協会金賞〔昭和45年〕, 講談社出版文化賞〔昭和54年〕「にんげん望艶」他, 日本印刷工業会会長賞〔昭和55年〕, ニューヨーク・ジャパン・グラフィックデザイン大賞〔昭和56年〕, フジサンケイグループ雑誌広告賞〔昭和58年〕

夏秋 幹 なつあき・みき 三重県出納長 三重テレビ放送社長 [没]平成28年(2016)11月4日 90歳〔老衰〕 [生]大正15年(1926)3月14日 [出]三重県名張市 [学]三重農専農業土木学科〔昭和20年〕卒 [歴]昭和20年三重県庁に入る。53年福祉部長、55年企業庁長、57年出納長を歴任して、61年退任。62年3月三重テレビエンタープライズ社長を経て、同年6月三重テレビ放送社長に就任した。 [賞]勲三等瑞宝章〔平成8年〕

夏樹 静子 なつき・しずこ 作家 [専]主にミステリー [没]平成28年(2016)3月19日 77歳〔心不全〕 [生]昭和13年(1938)12月21日 [出]東京市芝区(東京都港区) [名]本名＝出光静子(いでみつ・しずこ), 旧姓・名＝五

な

十嵐静子，旧筆名＝夏樹しのぶ [学]慶応義塾大学文学部〔昭和35年〕卒 [歴]大学4年になる直前に小説を書くことを思い立ち、昭和35年五十嵐静子名義の「すれ違った死」を江戸川乱歩賞に応募、最終候補作となる。その縁で、結婚までの3年間、NHKテレビの推理番組「私だけが知っている」の台本執筆を手がけた。37年夏樹しのぶ名義で「ガラスの鎖」を発表。38年結婚、以後5年間主婦専業となる。44年長女誕生をきっかけに執筆した「天使が消えていく」を再び江戸川乱歩賞に応募、受賞は逸したが（受賞者は森村誠一）、45年刊行され、以後作家として活躍。48年「蒸発」で日本推理作家協会賞を受賞。社会派作品、特にリーガル（司法）サスペンスに定評があり、59年実業家一族の殺人事件を巡る「Wの悲劇」が薬師丸ひろ子主演で映画化され、ヒット。また、〈検事・霞夕子〉〈弁護士 朝吹里矢子〉シリーズもテレビドラマ化され、人気を博した。54歳の時に原因不明の腰痛を発症して以来、3年間苦しみ続けた経験を綴った「椅子がこわい―私の腰痛放浪記」は、心療内科の存在を知らしめる役割も果たし、話題を呼んだ。英米仏中国など海外での翻訳・出版も多く、平成元年「第三の女」がフランス犯罪小説大賞を受けた。13年、1年間の休筆を経て、「量刑」を執筆。18年女性として初めて日本ミステリー文学大賞を受賞。他の著書に「目撃」「風の扉」「遠い約束」「遙かな坂」「ドーム」「わが郷愁のマリアンヌ」「女優X―伊藤蘭奢の生涯」「白愁のとき」「茉莉子」「見えない貌」、インタビュー集「心療内科を訪ねて」などがある。終戦前後に疎開していた静岡県島田市川根町に「夏樹文庫」が設立された。 [賞]日本推理作家協会賞（第26回）〔昭和48年〕「蒸発」，福岡市文化賞（第12回）〔昭和62年〕，フランス犯罪小説大賞（第54回）〔平成1年〕「第三の女」，西日本文化賞（社会文化部門，第58回）〔平成11年〕，中国探偵小説試合大会翻訳作品賞〔平成13年〕「Wの悲劇」，福岡県文化賞（第9回）〔平成14年〕，大倉喜七郎賞〔平成14年〕，日本ミステリー文学大賞（第10回）〔平成18年〕 [団]日本文芸家協会，日本ペンクラブ，日本推理作家協会 [家]夫＝出光芳秀（新出光社長），兄＝五十嵐均（ミストラル社長）

夏目 勝弘　なつめ・かつひろ　日米交流“青い目の人形”を研究 [没]平成29年（2017）6月19日 74歳〔肺がん〕 [生]昭和17年（1942） [出]愛知県豊川市 [歴]中学校の英語教師だった昭和62年、愛知県豊橋市の西郷小学校に残されていた、昭和初期に米国から日本に贈られた友情の人形“青い目の人形”を授業で紹介したことをきっかけにその研究を始める。晩年に愛知県から贈った答礼人形「ミス愛知」が米国で見つかり、国内への里帰りのため奔走した。著書に「青い目の人形物語」がある。

夏目 晴雄　なつめ・はるお　防衛事務次官 [没]平成28年（2016）9月21日 89歳 [生]昭和2年（1927）7月10日 [出]長野県長野市 [学]東北大学法学部卒〔昭和26年〕卒 [歴]昭和26年特別調達庁に入庁。53年防衛庁人事教育長、55年官房長、57年防衛局長を経て、58年防衛事務次官に就任。60年退官し、61年日本航空常勤顧問、62年3月防衛大学校長。平成5年9月退任。7年より防衛弘済会会長を務めた。 [賞]勲二等旭日重光章〔平成9年〕 [家]兄＝夏目幸一郎（夏目社長）

名取 正　なとり・ただし　日本興業銀行常務 [没]平成29年（2017）11月7日 80歳〔胃がん〕 [生]昭和12年（1937）7月24日 [出]山梨県甲府市 [学]一橋大学経済学部〔昭和35年〕卒 [歴]昭和35年日本興業銀行（現・みずほ銀行）に入行。平成3年常務ロンドン支店長、4年同海外本部長。6年そごう副社長に転じ、12年7月そごうの倒産に伴い取締役に降格後、退任した。

鍋島 正稔　なべしま・まさとし　高知県森林組合連合会会長 [没]平成28年（2016）6月30日 93歳〔肺炎〕 [生]大正12年（1923）1月24日 [出]高知県須崎市 [学]岐阜高農林学科〔昭和17年〕卒 [歴]昭和17年高知県庁に入庁。49年農林部副部長、52年高知県森林組合連合会副会長、60年会長に就任。平成6年退任。高知県林業改良普及協会長などを兼務した。 [賞]勲五等瑞宝章〔平成6年〕

生江 光喜　なまえ・みつき　不動産鑑定士　福島県議　第一不動産鑑定所代表取締役 [没]平成27年（2015）8月18日 98歳〔肺炎〕 [学]京都帝国大学〔昭和22年〕卒 [歴]昭和30年より福島県議に2選。41年不動産鑑定士登録。第一不動産鑑定所代表取締役の他、日本不動産鑑定士協会副会長、東京地方裁判所鑑定委員などを歴任した。

浪岡 貞博　なみおか・ただひろ
⇒貴ノ浪 貞博（たかのなみ・さだひろ）を見よ

並河 信乃　なみかわ・しの　行革国民会議理事・事務局長 [没]平成27年（2015）11月10日 74歳〔肺炎〕 [生]昭和16年（1941） [出]神奈川県横浜市 [学]東京大学経済学部〔昭和39年〕卒 [歴]昭和39年経済団体連合会事務局に入り、資本自由化に対する理論武装などの仕事に携わる。56年第二次臨時行政調査会（臨調）発足とともに土光敏夫経団連名誉会長秘書となり、臨調や臨時行政改革推進審議会（行革審）の活動に参加。57年民間人によって設立された行革推進全国フォーラムの結成に参加、58年フォーラムと有識者、民間労組などが連携した行革国民会議を結成。61年産業部次長を最後に経団連を退職し、有志と行革フォーラムを再組織しその代表となる。平成3〜4年第三次行革審豊かなくらし部会専門委員。20年行革国民会議は活動に幕を下ろした。28年旅行先のチェコで体調を崩し、同地で客死した。

並河 良　なみかわ・りょう　光文社社長 [没]平成29年（2017）6月21日 80歳〔食道がん〕 [生]昭和11年（1936）12月28日 [出]神奈川県横浜市 [学]東京教育大学教育学部〔昭和36年〕卒 [歴]昭和36年光文社に入社。「女性自身」編集部を経て、48年女性ファッション誌「別冊女性自身（JJ）」を創刊し編集長、58年新雑誌開発室長、平成2年取締役、8年常務兼女性ファッション誌「VERY」「CLASSY.」編集長などを経て、12年社長に就任。

並木 満夫　なみき・みつお　名古屋大学名誉教授 [専]食品・製造化学，農芸化学 [没]平成27年（2015）6月13日 92歳〔小脳出血〕 [生]大正11年（1922）11月30日 [出]東京都 [学]東京帝国大学農学部農芸化学科〔昭和20年〕卒　農学博士（東京大学） [歴]昭和20〜22年東京帝国大学農学部副手、20〜40年理化学研究所研究員、副

主任研究員、40〜61年名古屋大学農学部教授。平成元年〜5年東京農業大学教授。ゴマの食品機能についての研究などで実績を上げた。　[賞]勲三等瑞宝章〔平成11年〕, 日本農芸化学会学会賞鈴木賞〔昭和60年〕「食品の成分間反応に関する研究」, 日本食品科学工学会功労賞〔平成10年〕, 安藤百福記念賞(第4回)〔平成12年〕, 米国化学会名誉会員賞　[団]日本農芸化学会(終身会員), 日本食品工業学会, 日本化学会, 日本ゴマ科学会, 米国化学会, IFT, 日本応用糖質学会, 日本油化学会, 日本メーラード学会(名誉会員), 日本食品照射研究協議会

滑川 敏彦　なめかわ・としひこ　大阪大学名誉教授　[専]情報通信工学　[没]平成28年(2016)2月2日　93歳〔膵炎〕　[生]大正11年(1922)10月28日　[出]兵庫県神戸市　[学]大阪帝国大学工学部通信工学科〔昭和20年〕卒, 大阪大学大学院特別研究生〔昭和25年〕修了　工学博士〔昭和37年〕　[歴]昭和25年毎日新聞大阪本社編集局員、30年神戸大学工学部助教授、35年大阪大学工学部助教授を経て、43年教授。61年摂南大学工学部教授、のち姫路独協大学教授。著書に「光通信システム」「ニューメディア」、共著に「C-9基礎電子回路」などがある。[賞]勲三等旭日中綬章〔平成11年〕, 関西電子工業振興センター功績賞〔昭和56年〕, 電子通信学会論文賞(第40回)〔昭和59年〕「代数的多重化・多重分離法とそのループネットワークへの応用」, 電子通信学会功績賞(第47回, 昭和60年度)　[資]無線技術士(第一級)　[団]電子情報通信学会, テレビジョン学会, IEEE

奈良 年明　なら・としあき　秋田魁新報常務　[没]平成27年(2015)3月12日　67歳〔膵頭部がん〕　[生]昭和23年(1948)1月10日　[出]秋田県大館市　[学]立命館大学文学部卒　[歴]秋田魁新報社に入社。政治経済部長、論説副委員長、事業局長、取締役販売局長などを経て、平成21年常務。23年からさきがけプラスA社長を務めた。

奈良 豊規　なら・とよき　青森県土木部長　[没]平成27年(2015)7月21日　75歳〔病気〕　[出]青森県東津軽郡平内町　[歴]青森県企画部政策審議監を経て、土木部長。定年退職後、青森アジア冬季大会組織委員会事務局長、青森空港ビル社長、建築事務センター社長を歴任した。

奈良 久弥　なら・ひさや　三菱銀行副頭取　三菱総合研究所社長　[没]平成28年(2016)4月11日　93歳　[生]大正12年(1923)2月23日　[出]東京都　[学]慶応義塾大学経済学部〔昭和22年〕卒　[歴]昭和22年三菱銀行(現・三菱東京UFJ銀行)に入行。40年新宿西口支店長、45年人事部副部長、47年大阪支店次長、48年大伝馬町支店長、50年総合企画部長、同年取締役、54年常務、57年専務、61年副頭取。平成元年三菱総合研究所社長、6年会長。　[家]兄＝奈良靖彦(駐カナダ大使)

奈良 康明　なら・やすあき　仏教学者　僧侶　駒沢大学総長・学長・名誉教授　大本山永平寺西堂　[専]インド宗教文化史, 釈尊研究　[没]平成29年(2017)12月10日　88歳〔肝臓がん〕　[生]昭和4年(1929)12月2日　[出]千葉県　[学]東京大学文学部印度哲学梵文学科〔昭和28年〕卒, 東京大学大学院人文科学研究科インド哲学専攻修士課程修了, カルカッタ大学大学院人文科学研究科比較言語学専攻〔昭和35年〕博士課程修了　文学博士(東京大学)〔昭和48年〕　[歴]インド哲学・仏教学の世界的権威・中村元東京大学教授の下で学び、駒沢大学仏教学部助教授、教授を経て、平成6〜10年学長、17〜18年総長。曹洞宗総合研究センター所長、曹洞宗大本山永平寺西堂、法清寺住職、吉峰寺住職、仏教学術振興会理事長を務めた。また、「大蔵経」を電子データ化し、インターネットで無料公開する「大正新脩大蔵経テキストデータベース」(19年完成)づくりに尽力。著書に「仏教史I—インド・東南アジア」「ラーマクリシュナ」「婆羅門の像」「仏教と人間—主体的アプローチ」「釈尊との対話」「まん中が中道か」「般若心経講義」「観音経講義」「ブッダの詩(ことば)」など。　[賞]瑞宝中綬章〔平成20年〕, 中村元東方学術賞(第2回)〔昭和55年〕「インド仏教文化史の研究」, 曹洞宗特別奨励賞〔平成5年〕, 仏教伝道文化賞(第43回)〔平成21年〕「インド宗教文化史の研究で学術振興に寄与する」　[団]日本印度学仏教学会, 日本仏教学会, 日本宗教学会, パーリ学仏教文化学会

成沢 大輔　なりさわ・だいすけ　フリーライター　編集者　[没]平成27年(2015)3月6日　49歳〔病気〕　[生]昭和40年(1965)　[出]東京都　[歴]テレビゲーム関連の記事制作や書籍の編集に従事。また、別冊宝島「競馬読本」シリーズや競馬誌に執筆するなど競馬ライターとしても活動、競馬ゲーム〈ダービースタリオン〉シリーズに関する本も多い。他の著書に「女神転生2のすべて」などがある。

成田 督　なりた・すすむ　新潟県議(社会党)　[没]平成28年(2016)5月17日　85歳　[生]昭和5年(1930)9月14日　[出]新潟県豊栄市(新潟市)　[学]葛塚農商中退　[歴]豊栄市議を経て、昭和62年新潟県議に当選。平成3年落選、1期。

成田 実　なりた・みのる　高知新聞大阪支社長　[没]平成27年(2015)5月11日　84歳〔心不全〕　[生]昭和6年(1931)2月22日　[出]朝鮮京城(韓国・ソウル)　[学]拓殖大学商学部卒　[歴]昭和37年高知新聞社に入社。広告部副部長、大阪支社業務部長、東京支社業務部長、広告兼編成部長を経て、58年広告局次長、61年役員待遇大阪支社長。高知広告センター取締役も務めた。

成本 久　なりもと・ひさし　宮崎日日新聞資料部長　[没]平成27年(2015)3月30日　86歳〔心不全〕　[出]宮崎県宮崎市　[歴]昭和21年日向日日新聞社(現・宮崎日日新聞社)に入社。発送部次長、編集委員、資料部長を歴任した。

成毛 雄二　なるげ・ゆうじ　千葉日報出版局次長　[没]平成27年(2015)8月10日　72歳

成瀬 治　なるせ・おさむ　西洋史学者　東京大学名誉教授　[専]中近世ドイツ史　[没]平成28年(2016)8月26日　88歳　[生]昭和3年(1928)3月8日　[出]京都府京都市　[学]東京大学文学部西洋史学科〔昭和25年〕卒　[歴]昭和25年東京大学助手、29年立教大学助教授、33年北海道大学助教授を経て、43年東大助教授、48年教授。63年退官、同年〜平成10年成城大学教授を務めた。著書に「ルター——十字架の英雄」「世界史の意識と理論」「ルターと宗教改革」「近代市民社会の成立」「絶対主義国家と身分制社会」「伝統と啓蒙」、訳書にH.カメン「寛容思想の系譜」、O.ヒンツェ「身分制議会の起源と発

展」などがある。 [賞]瑞宝中綬章〔平成21年〕 [団]史学会, 日本西洋史学会, 歴史学研究会

成瀬 知則 なるせ・とものり 東京銀行専務 [没]平成28年(2016)7月11日 82歳〔呼吸器不全〕 [生]昭和8年(1933)7月26日 [出]山梨県甲府市 [学]東京大学教養学部〔昭和33年〕卒 [歴]昭和33年東京銀行(現・三菱東京UFJ銀行)に入行。61年取締役、63年常務を経て、専務。

成瀬 弘生 なるせ・ひろお 富山県農業水産部長 [没]平成28年(2016)7月25日 83歳 [生]昭和8年(1933)2月22日 [出]富山県富山市 [学]富山中部高〔昭和26年〕卒 [歴]昭和26年富山県庁入り。地方課、社会福祉課、知事公室主幹、観光物産課長、人事課長、58年教育委員会社会教育部長、60年農業水産部次長、62年富山県立大学創設準備室長を経て、63年農業水産部長。平成4〜12年魚津市助役を務めた。 [賞]瑞宝小綬章〔平成15年〕

な

鳴海 新 なるみ・しん 医師 こもれび会理事長 [没]平成27年(2015)8月21日 67歳〔病気〕 [出]青森県青森市 [歴]平成2年盛岡駅前になるみ脳神経クリニックを開設。3年東北地方で初めて"脳ドック"を始めた。

成宮 正敏 なるみや・まさとし ナルミヤエンタープライズ社長 [没]平成27年(2015)5月24日 84歳〔骨髄異形成症候群〕 [生]昭和5年(1930)7月16日 [出]広島県広島市中区 [学]広島大学政経学部〔昭和28年〕卒 [歴]昭和28年成宮織物(のちナルミヤ, 現・ナルミヤエンタープライズ)に入社。取締役、専務、48年副社長を経て、社長。 [家]父＝成宮惣五郎(ナルミヤ社長)

縄野 三女 なわの・さんじょ 染織家 [専]藍染め絞り [没]平成27年(2015)3月23日 92歳〔老衰〕 [名]本名＝縄野サキ(なわの・さき) [学]東京実践女子専卒 [歴]東京実践女子専門学校で染織、日本刺繍などを学び、西馬音内盆踊り用の藍染め絞りの浴衣の図案などを手がけた。自然をモチーフにした優れたデザインを考案し、秋田県展をはじめ国内外の美術展で入選した。 [賞]秋田県芸術文化章〔平成24年〕

南学 政明 なんがく・まさあき 中小企業庁長官 東京工業品取引所社長 三菱電機副社長 [没]平成29年(2017)1月20日 78歳〔肺炎〕 [生]昭和13年(1938)2月11日 [出]栃木県 [学]東京大学法学部〔昭和36年〕卒 [歴]昭和36年通商産業省(現・経済産業省)に入省。50年7月から約1年間、英国に留学。帰国後、企業行動課長、外務省在カナダ大使館参事官、59年通産省貿易局総務課長、61年通商政策局経済協力部長、63年6月次長、平成元年6月生活産業局長を経て、3年6月中小企業庁長官。4年6月退官し、7月日本輸出入銀行理事。7年三菱電機顧問、9年常務、13年副社長。15年月東京工業品取引所(現・東京商品取引所)常任顧問、16年理事長。20年株式会社化して同社長。21年特別顧問に退いた。 [賞]瑞宝重光章〔平成28年〕

南京 政夫 なんきょう・まさお 丸全昭和運輸専務 [没]平成29年(2017)4月8日 80歳〔肺炎〕 [生]昭和12年(1937)2月22日 [出]兵庫県 [学]中央大学文学部〔昭和37年〕卒 [歴]昭和37年丸全昭和運輸に入社。平成3年取締役、7年常務を経て、9年専務。

南洞 頼教 なんとう・らいきょう 僧侶 毛越寺(天台宗)貫主 [没]平成29年(2017)1月27日 94歳〔老衰〕 [生]大正12年(1923)1月2日 [出]岩手県西磐井郡平泉町 [学]岩手県師範本科 [歴]昭和13年出家得度し、天台宗別格本山である毛越寺の一山・寿徳院住職に就任。傍ら、17年から36年間にわたり小・中学校教師を務める。毛越寺責任役員、執事などを経て、平成14年貫主に就任。28年退任。この間、毛越寺に伝わる国重要無形民俗文化財延年舞の「老女」を復活させ、演者としても活躍した他、継承にも尽力した。また、23年国連教育科学文化機関(ユネスコ)の文化遺産に登録された"平泉の文化遺産"の登録に向けた取り組みにも貢献した。 [家]父＝南洞頼中(毛越寺貫主)

難波 和久 なんば・かずひさ 中国新聞松江支局長(部長職) [没]平成29年(2017)5月30日 89歳〔心不全〕 [生]昭和2年(1927)12月7日 [出]島根県 [学]旧中卒 [歴]昭和30年中国新聞社に入社。三次支局長を経て、51年松江支局長(部長職)。保護司なども務めた。

南原 晃 なんばら・あきら 日本銀行理事 日本輸出入銀行副総裁 全日本大学野球連盟副会長 [没]平成28年(2016)2月15日 82歳〔肺腺がん〕 [生]昭和8年(1933)7月13日 [出]東京都 [学]東京大学法学部〔昭和33年〕卒 [歴]政治学者で東京大学総長や日本学士院院長を歴任した南原繁の長男。昭和33年日本銀行に入行。55年大分支店長、57年考査役、59年考査局次長、同年9月ニューヨーク駐在参事、61年9月調査統計局長、平成元年6月名古屋支店長を経て、2年6月理事大阪支店長。6年4月日本輸出入銀行(現・国際協力銀行)副総裁。10年6月退任。11年1月電通常勤顧問、12年常勤監査役。また、東大時代は野球部で外野手としてプレーし、4年時には主将を任された。16年から全日本大学野球連盟副会長を務め、大学野球の発展に貢献した。 [家]父＝南原繁(政治学者)

南部 樹未子 なんぶ・きみこ 小説家 [没]平成27年(2015)5月10日 84歳 [生]昭和5年(1930)9月23日 [出]東京都 [名]本名＝南部キミ子 [学]武蔵高女卒 [歴]東京で電気会社勤務や雑誌編集に従事する傍ら、「文芸首都」に作品を発表。昭和34年北海道根室の老人医療施設に勤務した時の経験をもとにした南部きみ子名義の「流氷の街」で第2回女流新人賞を受賞。推理小説を多く書き、著書に「乳色の墓標」「砕かれた女」「長い暗い夜」「北の別れ」「金木犀の薫る街」などがある。「狂った弓」はテレビドラマ化された。 [賞]女流新人賞(第2回)〔昭和34年〕「流氷の街」 [団]日本文芸家協会, 日本推理作家協会

南部 悟 なんぶ・さとる 北海道大学名誉教授 [専]農業機械学 [没]平成27年(2015)10月3日 86歳〔膵臓がん〕 [生]昭和3年(1928)12月18日 [出]北海道札幌市 [学]北海道大学農学部農業物理学科卒 農学博士 [歴]北海道大学助手、助教授を経て、昭和45年帯広畜産大学教授。49年に文部省とユネスコの農業教育専門家としてイランに派遣され、54年にはインド、韓国、フィリ

ピンの職業教育調査に回った。55年から北大農学部教授。平成4年退官。

南部 陽一郎 なんぶ・よういちろう 理論物理学者 シカゴ大学名誉教授 大阪大学特別栄誉教授 大阪市立大学特別栄誉教授 ノーベル物理学賞受賞者 [専]素粒子理論 [国]米国 [没]平成27年(2015)7月5日 94歳〔急性心筋梗塞〕 [生]大正10年(1921)1月18日 [出]東京都 [学]福井中〔昭和12年〕卒,一高卒,東京帝国大学理学部物理学科〔昭和17年〕卒 理学博士(東京大学)〔昭和27年〕 [歴]東京で生まれ、関東大震災後に父の郷里である福井市に移る。昭和12年旧制福井中学を卒業し、旧制一高を経て、東京帝国大学理学部に進学。24年大阪市立大学助教授、25年教授を経て、27年プリンストン高等研究所に招かれ渡米。31年シカゴ大学助教授、33年教授、平成3年名誉教授。23年大阪大学、大阪市立大学の特別栄誉教授。この間、昭和45年米国に帰化。素粒子の質量の起源を生涯の研究テーマとし、“対称性の自発的破れ”“三色クォーク模型”“クォークのひも模型”など独創的なアイデアを提唱して素粒子物理学の発展に大きく貢献、“物理学の予言者”の異名をとる。53年文化勲章を受けた他、ドイツのマックス・プランク・メダル、イタリアのディラック賞、イスラエルのウルフ賞、米国の米国国家科学賞やフランクリン・メダルなど世界各国の国際的科学賞を受賞し、世界的な理論物理学者として知られる。87歳の平成20年には益川敏英京都大学名誉教授、小林誠高エネルギー加速器研究機構名誉教授とノーベル物理学賞を受け、日本初の同一部門での3人同時受賞として話題を呼んだ。著書に「クォーク 素粒子物理の最前線」などがある。 [賞]文化功労者〔昭和53年〕,ノーベル物理学賞〔平成20年〕,文化勲章〔昭和53年〕,ダニー・ハイネマン賞〔昭和45年〕,ロバート・オッペンハイマー賞〔昭和52年〕,福井市名誉市民〔昭和54年〕,米国国家科学賞〔昭和58年〕,マックス・プランク・メダル(ドイツ)〔昭和60年〕,ディラック賞(イタリア)〔昭和61年〕,ウルフ賞(物理学賞,イスラエル)〔平成6年〕,福井県民賞〔平成15年〕,フランクリン・メダル〔平成17年〕 [資]日本学士院客員会員(米国籍)〔昭和59年〕,米国科学アカデミー会員 [団]日本物理学会,米国物理学会

【に】

新倉 巳貴 にいくら・みき テレビ大阪副社長 [没]平成29年(2017)11月2日 87歳〔胃がん〕 [生]昭和5年(1930)8月23日 [出]東京都 [学]早稲田大学政経学部〔昭和28年〕卒 [歴]昭和28年日本経済新聞社に入社。43年テレビ朝日、47年テレビ東京取締役、56年テレビ大阪取締役技術局長、58年常務、63年専務放送本部長を経て、平成3年副社長。

新倉 能文 にいくら・よしふみ 大和自動車交通社長 [没]平成27年(2015)9月4日 61歳〔肺がん〕 [生]昭和29年(1954)1月9日 [出]東京都 [学]学習院大学経済学部〔昭和51年〕卒 [歴]大和自動車交通社長を務めた新倉尚文の長男。昭和51年太陽生命保険に入社。58年大和自動車交通に入社。平成元年取締役、17年専務を経て、19年社長。27年会長。 [家]父＝新倉尚文(大和自動車交通社長)

仁井谷 俊也 にいたに・としや 作詞家 日本作詩家協会常務理事 [没]平成29年(2017)10月2日 69歳 [生]昭和22年(1947)11月14日 [出]広島県尾道市 [歴]昭和52年「歌謡研究」や「こけし人形」などに入会、仕事の傍ら歌謡詩の勉強を始める。以後、日本作詩大賞や古賀政男記念音楽大賞に投稿、入選を重ねる。56年男女のコーラスグループ、サーカスが歌う「ミッドナイト・エクスプレス」が古賀政男記念音楽大賞優秀賞を受賞し、以後作詞家として本格的に活動。60年には「一夜舟」が日本作詩大賞新人賞を受賞。以後、平成17年氷川きよしの「面影の都」で日本有線大賞、26年氷川の「ちょいときまぐれ渡り鳥」で日本作詩大賞、水森かおりの「島根恋旅」で日本有線大賞を受賞するなど、演歌のヒット曲を多数手がけた。他の作品に長山洋子「鯛」、北島三郎「橋」などがある。24〜28年日本作詩家協会常務理事を務めた。 [賞]古賀政男記念音楽大賞一般部門優秀賞(第2回)〔昭和56年〕「ミッドナイト・エクスプレス」,日本作詩大賞新人賞(第18回)〔昭和60年〕「一夜舟」,日本有線大賞(第38回)〔平成17年〕「面影の都」,日本作詩大賞(第47回)〔平成26年〕「ちょいときまぐれ渡り鳥」,日本有線大賞(第47回)〔平成26年〕「島根恋旅」 [団]日本作詩家協会

新沼 椿渓 にいぬま・ちんけい 茶道家 雲伝心道流茶道家元 [没]平成28年(2016)11月24日 74歳〔膵臓がん〕 [名]本名＝新沼雄二(にいぬま・ゆうじ) [歴]昭和58年雲伝心道流茶道の3世家元を襲名した。

新村 嘉也 にいむら・よしなり 高砂香料工業社長 [没]平成28年(2016)9月4日 80歳〔脳腫瘍〕 [生]昭和11年(1936)5月20日 [出]神奈川県 [学]早稲田大学商学部〔昭和35年〕卒 [歴]昭和35年高砂香料工業に入社。59年取締役、62年常務、平成3年専務を経て、9年社長、16年会長、19年取締役相談役。この間、昭和58年タカサゴコーポレーションUSA社長。

新山 豊 にいやま・ゆたか 読売新聞出版局業務管理部長 [没]平成29年(2017)2月28日 70歳〔肺がん〕 [生]昭和22年(1947)2月13日 [出]千葉県 [学]東京電機大学工学部卒 [歴]昭和44年読売新聞社に入社。長野支局長、出版販売部長を経て、平成11年出版局業務管理部長。活字文化推進会議事務局長を務めた。

丹生 潔 にう・きよし 物理学者 名古屋大学名誉教授 [専]素粒子,宇宙線 [没]平成29年(2017)1月30日 91歳〔骨髄異形成症候群〕 [生]大正14年(1925)8月2日 [出]東京都 [学]名古屋大学理学部物理学科〔昭和28年〕卒 理学博士(名古屋大学)〔昭和34年〕 [歴]昭和31年東京大学原子核研究所助手、39年助教授、46年名古屋大学理学部教授。平成元年名誉教授。この間、昭和33年に宇宙線反応における中間子多重発生現象を分析して火の玉模型を提唱した。また、46年宇宙線を特殊なフィルムで撮影する原子核乾板の方法で、当時3つしか見つかっていなかったクォークの4番目である“チャーム粒子”を発見した。 [賞]瑞宝中綬章〔平成17

に

にお　　　　　　　　　　　　　　　　　日　本　人

年〕, 仁科記念賞(第7回)〔昭和36年〕「中間子多重発生の火の玉模型」, 坂田・早川賞(第7回)〔平成20年〕「チャーム粒子発見」　　**師**日本物理学会

仁尾 正文　にお・まさふみ　俳人　「白魚火」主宰　**没**平成27年(2015)2月21日　86歳〔肺炎〕　**生**昭和3年(1928)4月11日　**出**徳島県　**学**海兵, 新居浜工専卒　**歴**昭和36年「白魚火」編集長・荒木石川の手ほどきで俳句を始め, 同誌に入会して西本一都に師事。また, 同年より社内報俳壇で石田波郷の指導を受ける。63年「白魚火」雑詠選者, 平成7年同誌同人集・雑詠選者, 9年副主宰を経て, 主宰。句集に「山泉」「歳々」「晴朗」などがある。　　**賞**白魚火賞〔昭和47年〕　**所**俳人協会(名誉会員)　　**師**=西本一都

二階堂 宏　にかいどう・ひろし　仙台放送常務　**没**平成28年(2016)1月23日　86歳〔下顎歯肉がん〕　**生**昭和4年(1929)5月15日　**出**大分県　**学**明治大学法学部〔昭和28年〕卒　**歴**昭和28年産経新聞社に入社。37年仙台放送に転じ, 54年取締役を経て, 常務。エフエム仙台社長, 会長も務めた。

仁木 安　にき・やすし　プロ野球選手　社会人野球監督　阪急オリックスOB会名誉副会長　**没**平成28年(2016)5月22日　90歳〔老衰〕　**生**大正14年(1925)9月12日　**出**大阪府　**学**浪華商(現・大体大浪商)卒　**歴**昭和18年阪急(現・オリックス)に入団, 外野手。25年胸部疾患となり, 26年引退。27年松下電器(現・パナソニック)に入社。28年野球部を創設して4番打者兼監督を務め, 松下電器を社会人野球の強豪に育てた。松下電器と阪急の橋渡し役も務めた。プロ野球選手としての通算成績は, 実働3年, 117試合出場, 338打数71安打, 0本塁打, 22打点, 14盗塁, 打率.210。

二坂 信邦　にさか・のぶくに　湯沢市長　**没**平成28年(2016)2月16日　68歳〔膵臓がん〕　**生**昭和22年(1947)4月10日　**出**秋田県湯沢市　**学**湯沢高〔昭和41年〕卒, 駒沢大学文学部歴史学科〔昭和46年〕卒　**歴**昭和46年雲岩寺住職。54年湯沢市議, 59年市助役を経て, 平成6年より市長に2選。14年, 17年落選。

西 秋生　にし・あきお　作家　近畿大学経営学部教授　**専**広告論　**没**平成27年(2015)9月28日　61歳〔大腸がん〕　**生**昭和29年(1954)　**出**兵庫県神戸市　**歴**本名=妹尾俊之(せのお・としゆき)　**学**関西学院大学経済学部〔昭和52年〕卒　**歴**31年間の広告会社勤務を経て, 平成20年より近畿大学経営学部教授。ブランド構築に貢献する広告戦略などを研究した。日本広告学会常任理事関西部会運営委員長も務めた。一方, 昭和58年以降, 西秋生の筆名で商業誌やアンソロジーにSF・ホラー短編を発表。平成20〜22年神戸新聞夕刊で「ハイカラ神戸幻視行」を連載した。著書に「ハイカラ神戸幻視行」「ハイカラ神戸幻視行 紀行篇」, 妹尾俊之名義で「広告プランニング」などがある。　**妻**妻=妹尾凛(川柳作家)

西 和夫　にし・かずお　神奈川大学名誉教授　**専**日本建築史　**没**平成27年(2015)1月3日　76歳　**生**昭和13年(1938)7月1日　**出**山口県山口市　**学**早稲田大学理工学部建築学科〔昭和37年〕卒, 東京工業大学大学

院理工学研究科建築学専攻〔昭和42年〕博士課程修了工学博士　**歴**昭和42年日本工業大学助教授を経て, 52年神奈川大学助教授, 53年教授。山形県長井市, 岐阜県各務原市, 佐賀県唐津市など, 各地の歴史を活かした町づくりに携わり, 松江城調査研究委員会委員長なども務めた。著書に「江戸建築と本途帳」「江戸時代の大工たち」「工匠たちの知恵と工夫」「数寄空間を求めて」「建築技術史の謎を解く」「三溪園の建築と原三溪」, 共著に「フィクションとしての絵画」などがある。　**賞**日本建築学会賞(論文賞)〔昭和58年〕「日本近世建築技術史に関する一連の研究」, 小泉八雲賞(第4回)〔平成5年〕「フィクションとしての絵画」　**所**1級建築士　**所**日本建築学会, 建築史学会, 日本生活文化史学会

西 和世　にし・かずよ　群馬大学名誉教授　**専**アメリカ文学　**没**平成27年(2015)7月21日　98歳　**生**大正5年(1916)11月15日　**出**岡山県　**学**大阪外国語学校英語部, オハイオ州立大学大学院修士課程修了　**歴**群馬大学教授, 関東学園大学教授を務めた。訳書にメエイ・マックナー, リンド・ウォード「マルティン・ルター」, 共著に「英語オデッセイ〈1〉知られざる英語への道案内」などがある。　**所**日本アメリカ文学会, アメリカ学会, 関東甲信越英語教育学会

西 徹雄　にし・てつお　郷土史家　神官　野馬追の里原町市立博物館館長　日吉神社宮司　**没**平成28年(2016)2月25日　84歳〔大動脈瘤解離〕　**生**昭和6年(1931)　**歴**日吉神社宮司で, 野馬追の里原町市立博物館(現・南相馬市博物館)の設立準備に携わり, 初代館長を務めた。南相馬市文化財保護審議会会長なども歴任。　**賞**文化財保護功労者福島県表彰〔平成23年〕

西 雅寛　にし・まさひろ　協立電機社長　**没**平成27年(2015)11月27日　66歳〔胃潰瘍〕　**生**昭和24年(1949)9月28日　**出**東京都　**学**早稲田大学理工学部応用物理学科〔昭和47年〕卒, 早稲田大学大学院理工学研究科〔昭和49年〕修了　**歴**昭和49年三菱商事に入社。57年協立計器取締役に転じ, 同年創業者である父の後を継いで2代目社長に就任。58年協立電機に社名変更, 平成10年株式を店頭公開。中国や東南アジアへの海外進出や企業の合併・買収(M&A)を積極的に展開し, 工場自動化装置(FA)メーカーとして社を発展させた。27年静岡交響楽団理事長となったが, 間もなく病没した。静岡経済同友会静岡協議会代表幹事なども務めた。　**所**日本計測制御学会　**弟**弟=西信之(協立電機社長)

西江 雅之　にしえ・まさゆき　文化人類学者　言語学者　早稲田大学文学部教授　**専**現代美術　**没**平成27年(2015)6月14日　77歳〔膵臓がん〕　**生**昭和12年(1937)10月23日　**出**東京都　**学**早稲田大学政経学部〔昭和35年〕卒, 早稲田大学文学部英文科〔昭和38年〕卒, 早稲田大学大学院芸術学専攻〔昭和40年〕修士課程修了　**歴**フルブライト奨学生として米国カリフォルニア大学大学院アフリカ研究に留学。学生時代から第三世界文化の研究に没頭し, 数知れぬ言語を独習。新聞社後援のアフリカ縦断に参加して以来, アフリカ行きを重ね, 昭和46年日本初の「スワヒリ語辞典」を編纂。アジア・アフリカ語学院にスワヒリ語教室を創設, 20年教えた後, 53年東京外国語大学助教授を経て, 58年早稲田大学教授に迎えられた。多数の専門著以外にエッセイ「花のある遠景」「異郷の景色」「旅人からの便り」「風まかせ」「『ことば』の課外授業」, 対談集「サ

ルの檻—文化人類学講義」「貴人のティータイム」、半生記「ヒトかサルかと問われても」「わたしは猫になりたかった」「食べる」などがある。現代音楽、現代美術での活動も多い。また高校時代に器械体操の関東高校選手権に優勝したほか、風呂に年数回しか入らないなど、様々なエピソードの持ち主。 [賞]アジア・アフリカ賞(第2回)〔昭和59年〕 [家]父＝西江定(早稲田大学教授), 兄＝西江孝之(映画監督)

西尾 慈高 にしお・しげたか プロ野球選手 [没]平成29年(2017)5月5日 83歳〔腎不全〕 [生]昭和9年(1934)2月2日 [出]京都府 [学]立命館高卒, 立命館大学卒 [歴]立命館高、立命館大を経て、昭和29年阪神に入団。投手で、33年には11勝を挙げた。36年中日に在籍。実働12年、287試合登板、39勝40敗、16完投、9完封、415奪三振、防御率2.99。

西尾 又一 にしお・またかず 神鋼電機専務 [没]平成29年(2017)10月19日 91歳〔肺炎〕 [生]大正15年(1926)5月22日 [出]三重県阿山郡大山田村(伊賀市) [学]松江高〔昭和20年〕卒, 京都大学工学部電気工学科〔昭和23年〕卒 [歴]昭和23年神戸製鋼所を経て、同年神鋼電機(現・シンフォニアテクノロジー)に入社。48年取締役、52年常務、54年専務を歴任した。 [賞]黄綬褒章〔昭和61年〕

西岡 光秋 にしおか・こうしゅう 詩人 評論家 小説家 日本詩人クラブ会長 [専]詩, 国文学 [没]平成28年(2016)8月28日 82歳 [生]昭和9年(1934)1月3日 [出]大阪府大阪市港区桂町 [名]本名＝西岡光明(にしおか・みつあき), 筆名＝安芸静馬(あき・しずま) [学]国学院大学文学部〔昭和32年〕卒 [歴]大阪で生まれ、広島で育つ。最高検察庁、法務省法務総合研究所などを経て、千葉地方検察庁総務部調査課長を依頼退職。詩人として知られ、昭和38年から受刑者のための教化新聞「人」紙文芸コンクール選者、少年院向けの教化新聞「わこうど」の読書感想文の選者を務めた。平成5〜7年日本詩人クラブ会長。同理事長、日本現代詩人会常任理事を歴任。著書は、詩集「運河紀行」「雲と郷愁」「菊のわかれ」「西岡光秋詩集」、評論「萩原朔太郎詩がたみ」、短編集「幻の犬」「外野手ジョン」、随筆集「口笛」「絵本の周辺」、句集「爆笑」があるほか、法律関係の実用書等多数。 [賞]日本詩人クラブ賞(第4回)〔昭和46年〕「詩集・鵜匠」日本詩人クラブ賞(第4回)〔昭和46年〕「詩集・鵜匠」 [団]日本児童文学学会, 日本文芸家協会, 日本現代詩人会, 日本ペンクラブ, 日本詩人クラブ, 新・波の会

西岡 久雄 にしおか・ひさお 青山学院大学学長・名誉教授 [専]立地論, 経済地理学, 地域開発論, 観光学 [没]平成27年(2015)8月24日 89歳〔上行結腸がん〕 [生]大正15年(1926)3月25日 [出]奈良県 [学]東京大学経済学部〔昭和23年〕卒, 東京大学大学院経済学研究科〔昭和30年〕修了 経済学博士(青山学院大学)〔昭和55年〕 [歴]昭和32年青山学院大学経済学部専任講師、37年助教授を経て、42年教授。60年経済研究所長となり、62年〜平成3年学長。6年駿河台大学教授。著書に「立地と地域経済」「地域間所得格差の研究」「経済立地の話」「経済地理分析」「立地論」などがある。 [賞]瑞宝中綬章〔平成16年〕, 青山学院学術褒賞(昭和49年度)「立地と地域経済」, 日本地域学会学会賞功績賞(第3回)〔平成6年〕「長年にわたり地域科学および学会の発展に寄与」 [団]日本計画行政学会, 日本地域学会, 経済地理学会, 日本観光学会, 経済政策学会

西岡 稔 にしおか・みのる トヨタビスタ徳島社長 [没]平成27年(2015)12月1日 91歳〔脳梗塞〕 [生]大正13年(1924)5月17日 [出]徳島県美馬郡穴吹町(美馬市) [学]中央大学法学部法律科〔昭和28年〕卒 [歴]昭和22年会計検査院事務官、31年同調査官を経て、43年同副長。46年退官、47年トヨタカローラ徳島社長、55年トヨタビスタ徳島社長に就任。平成5年徳島県公安委員となり、7〜8年委員長を務めた。 [家]長男＝西岡秀朗(ネッツトヨタ徳島会長)

西蔭 健 にしかげ・たけし 弁護士 愛媛弁護士会会長 日本弁護士連合会副会長 [没]平成29年(2017)6月24日 75歳 [生]昭和17年(1942)4月27日 [出]愛媛県宇和島市 [学]日本大学法学部〔昭和42年〕卒, 明治大学大学院法学研究科公法学専攻〔昭和44年〕修士課程修了 [歴]昭和45年司法試験合格。48年横浜弁護士会登録。51年愛媛弁護士会員となり、57年、61年副会長を経て、平成4年会長。同年日弁連理事、12年同副会長。同年四国弁連理事長。 [賞]藍綬褒章〔平成10年〕, 旭日中綬章〔平成24年〕 [団]愛媛弁護士会

西川 治郎 にしかわ・じろう 社会運動家 奥本製粉相談役 最高齢の治安維持法容疑の逮捕経験者 [没]平成27年(2015)12月7日 106歳〔肺炎〕 [生]明治42年(1909)3月28日 [出]三重県度会郡鵜倉村(南伊勢町) [名]旧姓・名＝奥本 [歴]奥本家の三男で、大正9年西川家の養子となる。15歳でキリスト教の洗礼を受ける。昭和6年の満州事変を契機に宗教者としての信念から反戦運動に取り組み、7年日本戦闘的無神論者同盟に参加。9年1月治安維持法違反容疑で検挙され、12月東京刑事地方裁判所で懲役2年、執行猶予3年の判決を受ける。15年にも検挙され、2年間服役した。戦後は企業経営の傍ら、同法違反容疑で摘発された人たちの名誉回復と謝罪、賠償を政府に求める活動に身を投じた。 [家]兄＝奥本真(奥本製粉会長)

西川 甚五郎(14代目) にしかわ・じんごろう 西川産業社長 [没]平成28年(2016)5月17日 84歳〔呼吸不全〕 [生]昭和6年(1931)6月7日 [出]東京都 [名]旧姓・名＝西川隆造(にしかわ・りゅうぞう) [学]同志社大学経済学部〔昭和36年〕卒 [歴]昭和36年西川産業に入社。37年監査役、39年取締役、42年副社長を経て、平成3年社長に就任。のち会長。 [家]父＝西川甚五郎(13代目), 弟＝西川実(大阪西川社長)

西川 俊男 にしかわ・としお ユニー社長 [没]平成27年(2015)1月1日 89歳〔急性心筋梗塞〕 [生]大正14年(1925)10月7日 [出]愛知県名古屋市 [学]岐阜薬学専門学校(現・岐阜薬科大学)〔昭和20年〕卒 [歴]呉服商西川屋創業者の三男。昭和24年西川屋取締役、38年西川屋チェン設立、取締役。46年ほてい屋と合併、ユニー(現・ユニーグループ・ホールディングス)と改称し副社長、51年社長。平成2年会長となり、5年代表権を返上、9年名誉会長、15年特別顧問。郊外店型の積極展開で規模を拡大する一方、コンビニエンスストア「サークルK」の日本事業開始や衣料品専門店「パレ

に

モ」の設立など、グループの多角化を進めた。セントラルケーブルテレビ社長、8年まで名古屋商工会議所副会頭、また日本チェーンストア協会会長も務めた。[賞]藍綬褒章〔昭和61年〕, 勲三等旭日中綬章〔平成7年〕 [家]長男＝西川俊和（ユニー取締役）, 兄＝西川義雄（ユニー会長）

西川 文平　にしかわ・ぶんぺい　西川物産社長　倉庫精練社長　北陸朝日放送社長　[没]平成28年（2016）8月28日　86歳　[生]昭和5年（1930）3月8日　[出]石川県　[学]早稲田大学商学部〔昭和26年〕卒　[歴]繊維商社の西川物産創業者である西川外吉の長男。昭和26年丸紅大阪本社に入社。28年西川物産副社長となり、43年社長、63年会長。平成12年同社は会社解散を決議して清算。また、昭和49年倉庫精練社長、62年会長を務め、相談役を退いた後も筆頭株主として影響力を持ち続けた。平成2年北陸朝日放送社長、5年トヨタオート石川会長の他、石川県繊維協会会長、日本絹人繊織物工業組合連合会副理事長などを歴任した。　[家]父＝西川外吉（実業家）

西川 正勝　にしかわ・まさかつ　連続スナック女性経営者殺人事件の死刑囚　[没]平成29年（2017）7月13日　61歳〔刑死〕　[生]昭和31年（1956）1月　[出]鳥取県鳥取市西品治　[歴]姉4人の末っ子に生まれ、小学3年の時に母親が病死、作業員の父親も家を空けることが多かった。中学卒業後、宇治市の段ボール製造工場や大阪の鉄工所に勤めたが長続きせず、鳥取に戻る。18歳だった昭和49年、鳥取市内のスナックで女性経営者を殺し、島根の松江刑務所に服役。59年仮出所して2ケ月半後に再び鳥取市内の旅館の女性従業員を襲い、平成3年10月まで鳥取刑務所に服役した。同年12月から約1ケ月間に松江、姫路、京都で相次いでスナックの女性経営者ばかり4人が殺される事件が起こり、“広域重要119号事件”に指定される。指紋、足跡や遺留品などから出所したばかりの西川が浮かび、4年1月大阪市天王寺区で女性落語家を襲う強盗事件を起こしたあと、同月7日同区内のマンションに潜伏しているところを逮捕された。一、二審とも死刑判決を受け、17年最高裁は上告を棄却して死刑が確定。その後、複数回再審請求を行い、その都度棄却される。29年5月に棄却された後も改めて請求していたが、同年7月金田勝年法相のもと、死刑が執行された。再審請求中の死刑囚への執行は異例。

錦戸 光一郎　にしきど・こういちろう　錦戸洋服店社長　[没]平成29年（2017）6月30日　88歳　[生]昭和3年（1928）10月15日　[出]宮城県仙台市　[学]仙台工専卒　[歴]錦戸洋服店の社長を務める。昭和40年障害者支援施設などを運営する社会福祉法人・共生福祉会の設立から参画、重度身体障害者の就労と社会復帰に貢献した。[賞]河北文化賞（第57回, 平成19年度）

西口 茂男　にしぐち・しげお　住吉会総裁　[没]平成29年（2017）9月12日　88歳〔病気〕　[歴]指定暴力団で山口組に次ぐ約3000人の構成員を持つ住吉会の総裁を務めた。平成28年6月住吉会組員らによる特殊詐欺の被害者からトップの使用者責任を問う初の民事訴訟を起こされ、東京地裁で係争中だったが、29年9月88歳で亡くなった。

西口 良三　にしぐち・りょうぞう　創価学会副理事長・関西総主事　[没]平成27年（2015）3月15日　76歳〔急性肺炎〕　[歴]昭和36年聖教新聞社に入社。大阪を訪問した創価学会第3代会長・池田大作の運転手などを経て、52年から創価学会関西長や総関西長を歴任。国政選挙や地方選挙で関西組織の陣頭指揮を執り、集票力の強さから“常勝関西”と呼ばれる強固な組織の基礎を築いた。平成21年関西総主事に退いた。

西崎 俊一郎　にしざき・しゅんいちろう　日本電子材料副会長　[没]平成27年（2015）6月21日　90歳〔肺がん〕　[出]山口県大島郡周防大島町

西沢 一彦　にしざわ・かずひこ　住友金属工業専務　[没]平成27年（2015）12月16日　90歳〔病気〕　[生]大正14年（1925）5月30日　[出]愛知県　[学]東京大学工学部機械工学科〔昭和23年〕卒　[歴]昭和23年住友金属工業（現・新日鉄住金）に入社。53年取締役、57年常務を経て、59年専務。61年関東特殊製鋼（現・日鉄住金関西マシニング）社長に就任。平成4年会長。　[賞]日本鉄鋼協会渡辺義介記念賞（第19回）〔昭和52年〕「鋼板製造技術の発展向上と技術開発」

西沢 昌三　にしざわ・しょうぞう　独楽職人　[専]姫路独楽　[没]平成28年（2016）7月6日　82歳〔病気〕　[出]兵庫県姫路市　[歴]兵庫県伝統的工芸品である「姫路独楽」作りの名人といわれた西沢護一の二男。幼い頃から父の指導を受けて姫路独楽を製作し、60年以上にわたって技術を継承。昭和59年父が引退。姫路市で唯一の独楽の専門職人として活動し、平成6年姫路市書写の里・美術工芸館が開館すると独楽作りの実演や後継者の育成に努めた。正月用の「飾りごま」や糸を引いて回す「糸引きごま」などを製作した。　[賞]姫路市芸術文化賞芸術文化奨励賞, 伝統的工芸品産業大賞準グランプリ　[家]父＝西沢護一（独楽職人）

西沢 祥平　にしざわ・しょうへい　アナウンサー　[没]平成28年（2016）7月7日　85歳〔肺炎〕　[生]昭和5年（1930）　[出]長野県埴科郡坂城町　[学]東京大学教育学部卒　[歴]昭和29年NHKに入局。以来30年余にわたって札幌、福岡、東京でアナウンサー生活を送り、62年定年退職。ニュース、報道番組一筋で、信頼感にあふれたわかりやすい語り口は定評があった。同年国際人の育成を目指す日本とカナダの民間教育計画としてカナダ・バンクーバーに設立されたCIC（カナディアン・インターナショナル・カレッジ）の副学長に就任した。

西沢 泰二　にしざわ・たいじ　東北大学名誉教授　[専]金属材料　[没]平成28年（2016）8月29日　86歳〔老衰〕　[生]昭和5年（1930）2月8日　[出]宮城県仙台市　[学]東北大学工学部金属工学科〔昭和27年〕卒, 東北大学大学院特別奨学生〔昭和32年〕修了　工学博士　[歴]昭和39～41年スウェーデン王立工科大学客員研究員。44年～平成5年東北大学工学部教授、5～20年住友金属総合技術研究所（尼崎）非常勤顧問。日本金属学会会長も務めた。　[賞]日本金属学会金属組織写真賞入賞（第5回）〔昭和30年〕「電解分離したセメンタイトの電子顕微鏡写真」, 日本鉄鋼協会俵論文賞（第22回・48回・65回）〔昭和34年・60年・平成14年〕「実用特殊鋼の炭化物の電解分離による研究」「2相ステンレス鋼の結晶粒成長」「Ti含有フェライト系ステンレス鋼の凝固組織

に

に及ぼす酸化物組成の影響」, 日本金属学会金属組織写真賞佳作賞（第14回）〔昭和39年〕「鋼中の硫化物系介在相の実体写真」, 日本金属学会論文賞（金属物性部門, 第19回）〔昭和46年〕「拡散対における異相平衡の現象論的考察」, 西山記念賞（第6回）〔昭和48年〕「鉄鋼材料の組織学的研究」, 日本金属学会論文賞（金属物性部門, 第19回）〔昭和46年〕, 日本金属学会金属組織写真賞A部門入賞（第27回）〔昭和52年〕「浸炭によって形成されるデルタ・パーライト」, 日本金属学会論文賞（金属材料部門, 第25回）〔昭和52年〕「フェライト/オーステナイト界面の移動度に対する合金元素の影響」, 日本金属学会谷川ハリス賞（第22回）〔昭和58年〕「鉄鋼組織に関する熱力学的研究」, 日本鉄鋼協会西山賞（第30回）〔平成9年〕「鉄鋼材料のミクロ組織の設計・制御に関する熱力学的研究/鉄鋼材料の熱力学解析による組織制御に関する研究」, 本多記念賞（第39回）〔平成10年〕「材料組織の設計・制御に関する熱力学的研究」, 日本金属学会論文賞（組織部門, 第46回）〔平成10年〕「Examination of the Zener Relationship between Grain Size and Particle Dispersion」, 日本金属学会賞（第46回）〔平成13年〕 [団]日本金属学会, 日本鉄鋼協会, American Society for Metals [家]父＝西沢恭助（東北大学名誉教授）, 兄＝西沢潤一（東北大学総長）

西沢 信孝 にしざわ・のぶたか アニメーション監督・プロデューサー [没]平成27年（2015）3月4日 74歳 [生]昭和15年（1940）3月8日 [出]熊本県熊本市 [学]日本大学芸術学部映画科〔昭和38年〕卒 [歴]東京放送ラジオ技術部、競馬予想記者を経て、昭和38年東映動画に入社。40年テレビアニメ「ハッスルパンチ」で演出家デビュー。テレビ作品の演出を続け、49年「マジンガーZ対暗黒大将軍」で劇場アニメデビュー。52年文部省特選作品「白鳥の王子」を監督。61年オリジナルビデオアニメ（OVA）「湘南爆走族」の監督・脚本を担当、OVAとしては異例のヒット作となり監督を務めた10作までで20万本以上を売り上げる人気シリーズとなった。平成8年テレビアニメ「地獄先生ぬ〜べ〜」で本格的にアニメプロデューサーとしてデビュー、「遊☆戯☆王」「まもって守護月天！」などのプロデュースも担当した。他の参加作品に「超人戦隊バラタック」「アローエンブレム グランプリの鷹」「銀河鉄道999」「新竹取物語 1000年女王」「パタリロ！」「魁!!男塾」「ドラゴンクエスト・ダイの大冒険」「SLAM DUNK」などがある。

西沢 八郎 にしざわ・はちろう 弁護士 東北人権擁護委員連合会会長 [没]平成28年（2016）1月2日 93歳〔肺がん〕 [生]大正11年（1922）2月17日 [出]宮城県大崎市 [学]京都帝国大学法学部〔昭和19年〕卒 [歴]昭和26年司法試験に合格、29年司法修習修了。29〜31年判事補。31年弁護士登録。全国人権擁護委員連合会副会長、東北人権擁護委員連合会会長を務めた。 [家]長男＝西沢啓文（仙台市議）

西沢 寛 にしざわ・ひろし 阪神電気鉄道専務 [没]平成28年（2016）3月16日 80歳〔老衰〕 [生]昭和10年（1935）6月8日 [出]滋賀県 [学]京都大学工学部土木工学科〔昭和35年〕卒 [歴]昭和35年阪神電気鉄道に入社。不動産事業本部ビル経営部長兼建設部長を経て、平成2年取締役、4年常務、8年専務。この間、4年甲子園土地企業取締役。ハンシン建設会長、関西不動産情報センター理事、関西経済連合会委員も務めた。

西嶋 久 にしじま・ひさし 読売新聞新聞監査委員会幹事（部長待遇） [没]平成28年（2016）7月22日 87歳〔肺がん〕 [生]昭和4年（1929）7月5日 [出]福岡県 [学]東京大学法学部卒 [歴]昭和28年読売新聞社に入社。政治部次長、機報部長を経て、56年新聞監査委員会幹事（部長待遇）。著書に「公明党」がある。

西島 文年 にしじま・ふみとし 高槻市長 大阪府議 [没]平成27年（2015）12月7日 86歳〔胃がん〕 [生]昭和3年（1928）12月23日 [出]大阪府高槻市 [学]関西大学法学部政治学科〔昭和26年〕卒 [歴]昭和21年高槻市役所に入る。総務部人事課長、経済部長、市長公室長を経て、47年高槻市自動車運送事業管理者。51年以来同市長に2選。59年退任し、62年から大阪府議に3選。平成11年引退。 [賞]勲四等旭日小綬章〔平成12年〕

西田 厚聡 にしだ・あつとし 東芝社長 日本経団連副会長 [没]平成29年（2017）12月8日 73歳〔急性心筋梗塞〕 [生]昭和18年（1943）12月29日 [出]三重県 [学]早稲田大学第一政治経済学部〔昭和43年〕卒, 東京大学大学院法学政治学研究科〔昭和45年〕修士課程修了 [歴]東京大学大学院で西洋政治思想史を専攻。イラン人の妻と学生結婚してイランへ渡り、昭和48年東芝と現地資本の合併会社パース東芝に入社。50年東芝本社採用となり、52年日本に帰国。海外営業畑を歩み、59年東芝ヨーロッパ上級副社長、平成4年東芝アメリカ情報システム社長などを経て、7年パソコン事業部長、9年取締役、10年常務、12年上席常務、15年執行役専務。16年社内カンパニーであるPC&ネットワーク社長に就任、赤字だった事業を1年で再建してパソコン事業の世界展開を成功させる。17年東芝社長に昇格すると、18年米原子力発電（原発）メーカーのウェスティングハウス（WH）の買収を決断、54億ドル（当時で約6400億円）を投じ事業を拡大。19年レコード会社東芝EMI、銀座の東芝ビルを売却、20年HD-DVD事業からの撤退を決断するなど、原発と半導体メモリーの二つを強化する"選択と集中"を進め、"攻めの経営"を貫いた。21年会長となるが、後任の佐々木則夫社長としばしば対立。同年日本経済団体連合会（日本経団連）副会長。26年東芝相談役。社長在任時の20年頃から出身のパソコン部門で、部品を巡る取引などにより利益のかさ上げを図る不適切会計が始まり、27年7月に不適切会計が発覚した問題を受けて、佐々木社長、西室泰三副会長（前社長）とともに相談役を引責辞任。買収を指揮したWHは東日本大震災もあり巨額損失を計上、29年3月に米連邦破産法の適用を申請し経営破綻。東芝は債務超過に陥り、稼ぎ頭の半導体メモリー事業の売却に追い込まれた。 [賞]企業広報賞企業広報経営者賞（平成18年度）, 全国発明表彰発明実施功績賞（平成18年度・19年度）, 財界賞経営者賞（平成19年度）, 毎日経済人賞（第28回, 平成19年度）

西田 喜作 にしだ・きさく 欄間職人 [没]平成29年（2017）4月15日 106歳〔老衰〕 [生]明治43年（1910） [出]石川県鹿島郡田鶴浜町（七尾市） [学]尋常高小卒 [歴]建具製作で名高い石川県田鶴浜（現・七尾市）から大阪

に移る。昭和27年北海道静内町（現・新ひだか町）に移り住み、西田建具製作所を設立。欄間装飾の新工法「新風古都欄間」を考案、平成5年現代の名工に選ばれた。[賞]黄綬褒章〔平成12年〕, 現代の名工〔平成5年〕, 科学技術庁長官賞, 北海道産業貢献賞, 静内町文化賞

西田 君雄　にしだ・きみお　長万部町（北海道）町長 [没]平成28年（2016）5月22日　92歳〔腎不全〕 [生]大正13年（1924）2月22日 [出]北海道山越郡長万部町 [学]札幌市第一高小卒 [歴]北海道長万部町役場に入る。建設、産業、総務、財政各課長、助役を経て、昭和46年町長に当選、平成3年まで5期務めた。 [賞]勲四等瑞宝章〔平成7年〕

西田 耕三　にしだ・こうぞう　ノンフィクション作家 耕風社社主 「三陸地方総合誌」主宰 [専]地方史, ドキュメント [没]平成28年（2016）12月27日　83歳〔肺炎〕 [生]昭和8年（1933）2月16日 [出]宮城県気仙沼市 [学]気仙沼高卒 [歴]大学中退後、記者、商工会議所勤め、事業などした後、昭和51年宮城県気仙沼市で出版を始め、耕風社社主、「三陸地方総合誌」主宰として活動。平成23年の東日本大震災後、山形県鶴岡市に移り住んだ。著書に「鼎浦小山東助の思想と生涯」「鮎見累代記」「第九代横綱秀ノ山雷五郎物語」「朝鮮人虐殺・矢作事件」「セバスチャン・ビスカイノ金銀島探検記」「気仙沼大島の記憶―詩人水上不二の人と作品」などがある。

西田 耕豊　にしだ・こうぶん　川北町（石川県）町長 [没]平成29年（2017）2月28日　90歳〔肺炎〕 [生]昭和2年（1927）2月2日 [出]石川県能美郡川北町（白山市） [学]松任農〔昭和18年〕卒 [歴]石川県川北村役場職員を経て、昭和22年から57年まで石川県庁職員。監査委員、事務局長で退職後、石川骨材販売協組専務理事を1年務めた。58年より川北町長選に7選。松下電器産業（現・パナソニック）の工場誘致や住宅団地の造成、川北まつりの開催など町の発展に努めた。平成23年引退、同年初の同町名誉町民となる。全国町村会副会長、石川県町村会会長、石川県治水協会会長、石川県農業会議会長なども歴任した。 [賞]川北町名誉町民〔平成23年〕

西田 定雄　にしだ・さだお　東京楽天地専務 [没]平成29年（2017）3月19日　90歳〔肺炎〕 [生]大正15年（1926）10月27日 [出]静岡県浜松市 [学]静岡高文科〔昭和24年〕卒, 東京大学法学部〔昭和27年〕卒 [歴]昭和27年江東楽天地（現・東京楽天地）に入社。54年取締役、58年常務を経て、62年専務。

西田 次郎　にしだ・じろう　宮崎大学名誉教授 [専]言語学 [没]平成29年（2017）7月11日　95歳〔老衰〕 [生]大正10年（1921）11月21日 [出]宮崎県えびの市 [学]京都大学文学部言語学科卒 [歴]昭和43年宮崎大学教育学部教授。同大附属図書館長や学部長を務めた。 [賞]旭日中綬章〔平成9年〕

西田 茜秋　にしだ・せんしゅう　書家　昭和女子大学短期大学部助教授　慶和書道会会長 [没]平成27年（2015）7月23日　79歳〔大腸がん〕 [生]昭和11年（1936）1月3日 [出]福岡県 [名]本名＝西田慶子（にしだ・けいこ） [学]昭和女子大学短期大学部国文科卒 [歴]小学2年から書道を始める。東京に移住し、2児を出産後通信教育で書道師範の資格を取り、自宅に書道教室を開設。昭和53年中国を訪問。62年母校の昭和女子大学短期大学部に招かれ、書道の専任講師、助教授を務めた。また、慶和書道会会長、毎日書道展審査会員、毎日女流書展運営委員・審査員を歴任した。著書に「美しい筆文字の表書き」がある。 [賞]毎日女流書展毎日賞〔平成1年〕, 毎日展秀作賞〔平成1年〕, 毎日女流書展会員推薦賞（第14回）〔平成2年〕, 毎日女流書展文部大臣奨励賞（第15回）〔平成3年〕 [団]毎日書道展

西田 亨　にしだ・とおる　洋画家　茨城大学名誉教授 日展参与 [没]平成27年（2015）5月22日　95歳〔老衰〕 [生]大正9年（1920）2月4日 [出]岡山県御津郡御津町（岡山市） [学]東京美術学校（現・東京芸術大学）図画師範科〔昭和16年〕卒 [歴]田村一男に師事して光風会展に出品、昭和33年同会員。日展にも出品し、43年「小貝川」、51年「翳」で日展特選、平成8年には「国後遙（蓮の葉氷と流氷の海）」で日展会員賞を受ける。10年日展評議員、12年同参与。茨城大学教授も務めた。 [賞]勲三等瑞宝章〔平成6年〕, 光風会展光風会員賞（第45回・61回）〔昭和34年・50年〕, 日展特選〔昭和43年・51年〕「小貝川」「翳」, 日展会員賞〔平成8年〕「国後遙（蓮の葉氷と流氷の海）」 [団]光風会（名誉会員）, 日展 [師]師＝田村一男

西田 真　にしだ・まこと　関電工副社長 [没]平成27年（2015）6月30日　70歳〔白血病〕 [生]昭和19年（1944）9月14日 [出]東京都 [学]慶応義塾大学法学部〔昭和42年〕卒 [歴]東京電力を経て、平成16年関電工常務、22年副社長。

西田 正則　にしだ・まさのり　たつの市長 [没]平成28年（2016）10月12日　83歳〔敗血症〕 [生]昭和8年（1933）2月21日 [出]兵庫県姫路市 [学]神戸大学教育学部卒 [歴]兵庫県教育次長、龍野市教育長、同市助役を経て、平成10年から市長に2選。17年合併により誕生したたつの市の初代市長に当選。通算4期。25年引退。兵庫県市長会会長、全国市長会副会長なども歴任した。 [賞]旭日中綬章〔平成26年〕, たつの市名誉市民〔平成26年〕

西田 善夫　にしだ・よしお　アナウンサー　スポーツアナリスト　NHKスポーツアナウンサー・解説主幹　横浜国際競技場場長 [没]平成28年（2016）2月27日　80歳〔心不全〕 [生]昭和11年（1936）2月8日 [出]東京都 [学]早稲田大学〔昭和33年〕卒 [歴]昭和33年NHKに入局。室蘭、札幌、東京、大阪を経て、NHK東京アナウンス室エグゼクティブアナウンサー。平成5年「サタデースポーツ」「サンデースポーツ」キャスター。プロ野球、甲子園の高校野球、バレーボール、アイスホッケーなど親しみやすいスポーツ実況放送で定評があった。39年の東京五輪以来、オリンピックの放送も夏冬合せて10回担当。51年モントリオール五輪の女子バレーボール金メダルを冷静に伝え、声価を高めた。スポーツアナウンサーでは初めて解説主幹を兼務。8年定年退職後は、大学でスポーツメディア論などを開講。10〜14年横浜国際総合競技場の初代場長を務めた。著書に「オリンピックと放送」「西田善夫のハーフタイム」「スポーツが面白くなる見方」など。8年自

宅敷地内から1300年前の竪穴式住居跡が発見され話題となる。　[家]長男＝西田善太（「ブルータス」編集長）

西田 義博　にしだ・よしひろ　西田通商社長　[没]平成27年（2015）10月1日　80歳　[生]昭和9年（1934）11月11日　[出]神奈川県横浜市　[学]慶応義塾大学経済学部〔昭和35年〕卒，ケンタッキー州立大学商学部〔昭和35年〕卒　[歴]昭和35年祖父が興した繊維商社・西田通商に入社。38年取締役、42年常務を経て、54年3代目社長に就任。平成6年横浜商工会議所副会頭。13年からは横浜貿易協会会長を務めた。19年には横浜の生糸産業を広く伝えるシルクセンター国際貿易観光会館会長に就任。　[賞]藍綬褒章，旭日小綬章〔平成22年〕，横浜文化賞〔平成21年〕

西谷 理　にしたに・おさむ　丸新社長　[没]平成29年（2017）8月2日　80歳　[生]昭和12年（1937）5月14日　[出]徳島県徳島市　[学]立教大学経済学部〔昭和36年〕卒　[歴]昭和36年祖父が創業した徳島の地元百貨店・丸新に入社。43年取締役、45年常務、47年代表取締役専務を経て、52年社長。58年徳島そごう（現・そごう徳島店）の開店などの影響により経営環境が悪化、平成7年3月に約60年続いた丸新を閉店した。日本百貨店協会理事も務めた。

西辻 正副　にしつじ・まさすけ　文部科学省初等中等教育局主任視学官　[専]国語科教育学　[没]平成29年（2017）6月5日　61歳〔悪性リンパ腫〕　[生]昭和30年（1955）　[学]大阪教育大学大学院修了　[歴]昭和55年より奈良県立畝傍高校教諭、奈良県立教育研究所研究指導主事、奈良県教育委員会学校教育課指導主事を経て、平成15年文部科学省初等中等教育局教科調査官兼国立教育政策研究所教育課程調査官、24年初等中等教育局視学官、25年初等中等教育局主任視学官。のち奈良学園大統括副学長、奈良学園理事を務めた。

西中 清　にしなか・きよし　衆院議員（公明党）　[没]平成28年（2016）2月22日　83歳〔急性呼吸不全〕　[生]昭和7年（1932）6月3日　[出]大阪府池田市　[学]京都工芸繊維大学工芸学部〔昭和31年〕卒　[歴]聖教新聞記者、公明党京都府本部事務長を経て、昭和44年衆院選旧京都2区で初当選。47年落選したが、51年から連続6選。通算7期。衆院交通安全対策委員長や党中央執行委員、党京都府本部長などを歴任。平成5年引退。

西野 研一　にしの・けんいち　西日本新聞新聞審査委員長・部長　[没]平成28年（2016）2月19日　84歳〔胃がん〕　[出]福岡県鞍手郡鞍手町

西橋 香峰　にしはし・こうほう　書家　大阪教育大学名誉教授　香光社主宰　[専]漢字　[没]平成27年（2015）11月22日　83歳　[生]昭和7年（1932）4月26日　[出]奈良県　[名]本名＝西橋靖雄（にしはし・やすお）　[学]奈良学芸大学卒　[歴]昭和30年奈良県立榛原高校、39年郡山高校各教諭、43年奈良県教育委員会指導主事を経て、50年大阪教育大学助教授、56年教授。香光社主宰、読売書法会参与。　[団]読売書法会，書法研究雪心会，日本書芸院　[師]師＝今井凌雪

西八条 実　にしはちじょう・みのる　島津製作所社長　[没]平成27年（2015）2月1日　92歳〔老衰〕　[生]大正11年（1922）11月15日　[出]京都府京都市　[学]京都帝国大学工学部機械工学科〔昭和20年〕卒，京都帝国大学大学院〔昭和22年〕中退　工学博士〔昭和42年〕　[歴]昭和22年島津製作所に入社。48年取締役航空機器事業部長など主に生産部門で活躍し、52年常務、56年専務、60年副社長を経て、61年社長。平成4～10年会長。島津学園理事長の他、8年けいはんな社長、8～10年関西文化学術研究都市推進機構理事長、昭和63年～平成6年京都工業会会長、8～10年関西経済連合会副会長を歴任。また、4～16年京都テニス協会会長、7年関西テニス協会会長兼日本テニス協会副会長も務め、我が国テニス界の発展にも貢献した。　[賞]藍綬褒章〔昭和61年〕，勲二等瑞宝章〔平成5年〕，井上春成賞（第13回）〔昭和63年〕「負荷・変位測定方式による超微小硬度計」，全国発明表彰発明実施功績賞（平成2年度）「分析装置の発明」，航空功績賞〔平成8年〕

西原 宏　にしはら・ひろし　京都大学名誉教授　[専]原子核機器学　[没]平成28年（2016）11月15日　94歳〔老衰〕　[生]大正11年（1922）8月11日　[出]京都府　[学]京都帝国大学工学部電気工学科〔昭和20年9月〕卒　工学博士　[歴]機械工学者・西原利夫の二男。昭和23年京都大学工学部講師、24年助教授を経て、33年教授。47年大型計算機センター長、52年工学部長、59年附属図書館長を務め、61年退官。63年～平成5年中部大学教授。4年原子力安全システム研究所技術システム研究所長、のち研究特別顧問。　[賞]勲二等旭日重光章〔平成9年〕　[団]日本原子力学会，日本物理学会，American Nuclear Society　[家]父＝西原利夫（機械工学者）

西原 道雄　にしはら・みちお　神戸大学名誉教授　[専]民事法（損害賠償），法社会学　[没]平成29年（2017）6月25日　87歳〔肺炎〕　[生]昭和4年（1929）9月21日　[出]兵庫県　[学]東京大学法学部法律学科〔昭和27年〕卒，東京大学大学院法学研究科民法専攻修士課程修了　[歴]昭和30年神戸大学講師、32年助教授を経て、41年教授。法学部長も務めた。のち近畿大学教授。第14～15期日本学術会議会員。公害訴訟に造詣が深く、大阪空港公害訴訟で原告団を支援した他、平成10年神戸市兵庫区で起きた台風による新湊川浸水災害では兵庫県が諮問した第三者機関“補償委員会”の委員長を務めた。　[賞]瑞宝中綬章〔平成20年〕　[団]日本私法学会，日本法社会学会，比較法学会，日本社会保障法学会

西見 一郎　にしみ・いちろう　鷺宮製作所社長・野球部総監督　[没]平成29年（2017）3月6日　91歳　[生]大正14年（1925）5月19日　[出]福岡県　[学]米沢工専機械科〔昭和20年〕卒　[歴]鷺宮製作所創業者である西見茂の長男。昭和20年父が創業したベローズ研究所の工場長となり、23年株式会社に改組して誕生した鷺宮製作所専務、36年副社長、45年社長。平成7年会長、13年名誉会長。日本自動機器工業会会長なども務めた。野球好きとして有名で、昭和33年硬式野球部を創部して以来、選手経験はないが独学で投球術を教え、総監督として陣頭指揮に立つ。企業チームの休廃部が相次ぐ中でチームの活動を支え、平成26年の都市対抗で特別表彰を受けた。　[賞]藍綬褒章〔昭和60年〕，勲四等瑞宝章〔平成13年〕，全国日本学士会アカデミア賞〔昭和43年〕　[家]父＝西見茂（鷺宮製作所創業者）

西村 明　にしむら・あきら　日本化学陶業社長　[没]平成29年（2017）8月5日　96歳〔致死性不整脈〕　[生]大

に

正9年（1920）11月28日　[出]東京都　[学]京都帝国大学経済学部〔昭和19年〕卒　[歴]品川白煉瓦勤務、昭和22年日本化学陶業（現・ニッカトー）取締役、31年監査役、36年取締役を経て、44年社長、57年会長。46年西村工業社長、平成3年両社合併によりニッカトー会長、5年取締役相談役。17年相談役に退いた。　[家]長男＝西村隆（ニッカトー社長）

西村 章　にしむら・あきら　中国新聞山口支社編集委員・下松支局長　[没]平成27年（2015）10月6日　81歳〔白血病〕　[生]昭和9年（1934）8月12日　[出]山口県岩国市　[学]高卒　[歴]昭和29年中国新聞社に入社。徳山支局次長を経て、平成元年山口支社編集委員兼下松支局長。6年退社。

西村 和義　にしむら・かずよし　三菱金属取締役　[没]平成29年（2017）11月6日　86歳〔間質性肺炎〕　[生]昭和6年（1931）7月12日　[出]兵庫県美方郡浜坂町（新温泉町）　[学]京都大学経済学部〔昭和29年〕卒　[歴]昭和29年三菱金属（現・三菱マテリアル）に入社。56年人事部長を経て、59年取締役。61年テクノ大手専務、平成3年副社長を務め、6年菱金社長。

西村 勝彦　にしむら・かつひこ　三和銀行取締役　三和カードサービス社長　[没]平成28年（2016）9月9日　78歳〔前立腺がん〕　[生]昭和13年（1938）3月27日　[出]兵庫県　[学]神戸大学経済学部〔昭和37年〕卒　[歴]昭和37年三和銀行（現・三菱東京UFJ銀行）に入行。大阪駅前支店長、業務本部審査部長、平成2年取締役業務本部審査部長を経て、3年三和カードサービス（現・三菱UFJニコス）社長。7年セガ・エンタープライゼスに転じ、同年6月専務。11年殖産住宅相互社長に就任。債権放棄を受けて経営再建中だったが、14年東京地裁に民事再生法の適用を申請した。

西村 元一　にしむら・げんいち　医師　金沢赤十字病院副院長・外科部長　[専]消化器外科学　[没]平成29年（2017）5月31日　58歳〔胃がん〕　[生]昭和33年（1958）9月29日　[出]石川県金沢市　[学]金沢大学医学部〔昭和58年〕卒　[歴]昭和58年大学を卒業して金沢大学第二外科に入局。その後、金沢大学附属病院や関連病院勤務を経て、平成20年金沢赤十字病院副院長兼外科部長。23年より石川県医師会理事。消化器外科、特に大腸がんを専門としたが、27年自身に進行性の胃がんが見つかる。以後、毎日新聞に「ドクター元ちゃん がんになる」を連載するなど、"がん患者となったがん外科医"として執筆や講演を通じて啓発活動を行った。28年12月には金沢市石引に患者と医療者らの交流拠点「元ちゃんハウス」を開所したが、29年5月、58歳で亡くなった。

西村 幸吉　にしむら・こうきち　パプアニューギニアで日本兵の遺骨収集を行う　[没]平成27年（2015）10月25日　95歳〔老衰〕　[生]大正8年（1919）12月8日　[出]高知県高知市長浜　[学]長浜高小中退　[歴]昭和16年高知市の歩兵連隊に入隊。17年東部ニューギニア（現・パプアニューギニア）に送られたが激戦と飢餓で部隊は壊滅、数少ない生還者となった。戦後は東京で金属加工会社を経営する。パプアニューギニアの戦跡を訪れた際に日本兵の遺骨が多数放置されている状況に胸を痛め、55年から同国に居住して私財を投じて遺骨収集を行った。平成17年帰国後も国内外で慰霊活動に取り組んだ。その足跡は、20年ノンフィクション「ココダの約束」としてオーストラリアで出版された他、「高知新聞」でも「祖父たちの戦争・高知連隊元兵士の記録」として連載された。

西村 古香　にしむら・ここう　書家　毎日書道展参与会員　[専]漢字　[没]平成27年（2015）2月10日　88歳〔病気〕　[生]昭和2年（1927）1月15日　[出]長野県　[名]本名＝西村義隆（にしむら・よしたか）　[歴]昭和21年山涛会を創立。41年日展入選。51年西村書道専門学園を開校、校長を務めた。　[師]師＝青山杉雨

西村 貞朗　にしむら・さだあき　プロ野球選手　大森商事社長　[没]平成27年（2015）8月3日　80歳〔肝臓がん〕　[生]昭和9年（1934）11月25日　[出]香川県仲多度郡琴平町　[学]琴平高卒　[歴]琴平高から、昭和28年西鉄（現・西武）に入団。2年目の29年、22勝5敗で最高勝率のタイトルを獲得して初のパ・リーグ優勝に貢献、ベストナインにも選ばれる。31年は新人の稲尾和久とともに21勝を挙げ、初の日本一に貢献。33年7月19日対東映（現・日本ハム）戦ではプロ野球史上5人目となる完全試合を達成した。37年引退。実働9年、312試合登板、82勝47敗、14完封、911奪三振、防御率2.44。引退後は九州朝日放送の解説者などを務める。また、40年から妻の実家である大森石油（現・大森商事）を手伝い、52年社長に就任した。

西村 智　にしむら・さとる　室戸鰹鮪漁業船主組合組合長　[没]平成28年（2016）4月11日　86歳〔外傷性くも膜下出血〕　[生]昭和5年（1930）1月25日　[出]高知県室戸市　[学]安芸中卒　[歴]昭和61年〜平成16年室戸鰹鮪漁業船主組合の組合長。高知県鰹鮪漁協の副組合長なども歴任した。

西村 茂樹　にしむら・しげき　医師　由利組合総合病院院長　[没]平成29年（2017）10月10日　74歳〔白血病〕　[学]弘前大学医学部卒　[歴]由利組合総合病院診療部長、副院長を経て、平成14〜20年院長を務めた。

西村 滋　にしむら・しげる　ノンフィクション作家　児童文学作家　[没]平成28年（2016）5月21日　90歳〔多臓器不全〕　[生]大正15年（1926）4月7日　[出]愛知県名古屋市　[学]名古屋古新尋常小4年中退　[歴]6歳で母、9歳で父を亡くして孤児となり、放浪生活を送る。昭和21年から4年間、東京都世田谷区の教護院で補導員となる。さまざまな仕事に就く傍ら、映画「不良少年」の原作「笑わない青春の記」でデビュー。以後、戦争と子供をテーマとした小説を書き続ける。50年「雨にも負けて風にも負けて」で第2回日本ノンフィクション賞を受賞。51年発表の「お菓子放浪記」は青少年読書感想文コンクールの課題図書に選ばれ、映画監督・木下恵介によってテレビドラマ化された。その後「お菓子放浪記」は平成6年続編、15年完結編が出版され全3巻となる。23年には近藤明男監督により「エクレール・お菓子放浪記」として映画化された。昭和60年には「やくざ先生」が石原裕次郎主演で映画化されている。作家活動の他、広島の原水爆禁止運動など平和活動にも関わった。他の著書に「陽のあたらぬ恋人たち」「おとうさんのひとつの歌」「それぞれの富士」「地下道の青春」「SOSの季節」「戦火をくぐった唄」などがある。[賞]日本ノンフィクション賞（第2回）〔昭和50年〕「雨に

も負けて風にも負けて」, 路傍の石文学賞（第7回）〔昭和60年〕「母恋い放浪記」

西村 俊二　にしむら・しゅんじ　プロ野球選手　[没]平成27年（2015）4月2日　67歳　[生]昭和22年（1947）5月21日　[出]福岡県　[学]福岡工卒, 福岡工業大学中退　[歴]福岡工、福岡工大を経て、河合楽器に入社し、昭和43年都市対抗で準優勝を経験。45年ドラフト3位で近鉄（現・オリックス）に入団。二塁手、遊撃手としてプレーした。実働11年、845試合出場、1539打数342安打、16本塁打、122打点、30盗塁、打率.222。引退後はスカウトを務めた。

西村 昭五郎　にしむら・しょうごろう　映画監督　[没]平成29年（2017）8月1日　87歳〔肺炎〕　[生]昭和5年（1930）1月18日　[出]兵庫県西宮市　[学]京都大学文学部仏文科〔昭和29年〕卒　[歴]昭和29年従兄の吉村公三郎監督の紹介で日活撮影所に助監督として入社、中平康に師事。38年「競輪上人行状記」で監督デビュー。小沢昭一演じる競輪狂の住職の生き様をユーモラスに描き、高く評価された。「花を喰う蟲」「東京市街戦」などを手がけた後、45年レズビアンを扱った「残酷おんな情死」が上層部の反発を買い、しばらく現場から遠ざかる。46年日活ロマンポルノの第一作「団地妻・昼下がりの情事」を撮って一躍ロマンポルノの旗手となり、「実録ジプシー・ローズ」「肉体の門」「美姉妹・犯す」など80本を超える最多演出本数を誇った。平成6年「これがシノギや！」で劇映画に復帰した。他の監督作品に「帰ってきた狼」「涙くんさよなら」などがある。テレビの2時間ドラマの演出も多数行った。　[賞]くまもと映画祭特別賞（第10回, 昭和60年度）　[団]日本映画監督協会

西村 武彦　にしむら・たけひこ　日本経済新聞大阪本社論説委員　[没]平成29年（2017）7月30日　75歳〔脳梗塞〕　[生]昭和17年（1942）2月16日　[出]京都府　[学]関西学院大学法学部卒　[歴]昭和40年日本経済新聞社に入社。62年大阪編集局証券部長を経て、平成3年大阪本社論説委員兼編集局長付編集委員。

西村 忠郎　にしむら・ただお　クリエートメディック創業者　[没]平成27年（2015）2月25日　75歳　[生]昭和14年（1939）7月23日　[出]大阪府　[学]神奈川大学法経学部〔昭和37年〕卒　[歴]医療器具メーカーの営業部長などを経て、昭和49年シリコーン・カテーテルの専門メーカーのクリエートメディックを設立、社長。平成12年東証第2部に上場。14年会長、のち名誉会長。

西村 延良　にしむら・のぶよし　西村証券社長　[没]平成27年（2015）4月22日　84歳〔気管支ぜんそくの発作による心肺停止〕　[生]昭和5年（1930）12月13日　[出]京都府　[学]同志社大学経済学部〔昭和29年〕卒　[歴]西村証券社長を務めた西村永治郎の長男。昭和29年日本証券に入社。35年西村証券に転じ取締役、45年専務を経て、52年社長。　[家]父＝西村永治郎（西村証券社長）

西村 久子　にしむら・ひさこ　高知大学名誉教授　[専]家政学, 被服整理学　[没]平成28年（2016）10月27日　101歳〔心不全〕　[生]大正4年（1915）5月1日　[出]高知県高知市　[学]奈良女高師卒　[歴]高知県の高等女学校教諭を経て、昭和24年高知大学講師、37年教授。54年退官。徳島文理大学家政学部教授も務めた。　[賞]勲三等宝冠章〔昭和63年〕

西村 博司　にしむら・ひろし　北海道副知事　ホクレン常務　[没]平成28年（2016）4月4日　82歳〔間質性肺炎〕　[生]昭和8年（1933）6月22日　[出]北海道札幌市　[学]北海道大学農学部〔昭和31年〕卒　[歴]昭和31年ホクレンに入り、人事・労務・企画の各課長を経て、48年東京事務所長。その後、役員室長、岩見沢支所長、米麦担当参事などを歴任し、58年常務。旧ソ連と農産物貿易・技術交流を積極的に推進し、“トピック運動”（業務生産性向上運動）を展開した。平成8年堀達也知事の要請を受けて北海道副知事に就任したが、11年6月心臓病治療に専念する為、任期途中で辞職。全国的に注目を集めた事業再評価制度“時のアセス”の導入に携わった。

西村 雅夫　にしむら・まさお　理想科学工業専務　[没]平成27年（2015）6月1日　74歳〔脳腫瘍〕　[生]昭和15年（1940）8月16日　[学]明治大学商学部〔昭和38年〕卒　[歴]理想科学工業専務を務めた。

西村 正家　にしむら・まさか　中村市長　高知県議　[没]平成29年（2017）4月6日　95歳〔心不全〕　[生]大正10年（1921）8月11日　[出]高知県幡多郡富山村（四万十市）　[歴]昭和32年から中村市議に2選、38年から高知県議1期。51年中村市長選に革新系無所属で立候補、保守系候補を破って当選。2期8年務めた。

西村 洋一　にしむら・よういち　丸善石油常務　[没]平成27年（2015）3月16日　88歳〔心筋梗塞〕　[生]昭和2年（1927）3月11日　[出]京都府　[学]東京大学第二工学部〔昭和25年〕卒　[歴]昭和32年丸善石油（現・コスモ石油）に入社。53年取締役を経て、57年常務。

西室 覚　にしむろ・さとる　大月市長　[没]平成28年（2016）10月21日　84歳〔心筋梗塞〕　[生]昭和7年（1932）9月21日　[出]山梨県大月市　[学]谷村工商（現・谷村高）〔昭和26年〕卒　[歴]昭和41年三共コンクリート工業を設立、社長に就任。46年より大月市議5期、56年市議会議長を務める。平成7年から市長に3選。17年山梨県市長会会長。19年引退。　[賞]旭日中綬章〔平成20年〕

西室 泰三　にしむろ・たいぞう　東芝社長　日本郵政社長　東京証券取引所グループ会長　[没]平成29年（2017）10月14日　81歳〔老衰〕　[生]昭和10年（1935）12月19日　[出]山梨県　[学]慶応義塾大学経済学部〔昭和36年〕卒　[歴]昭和36年東京芝浦電気（現・東芝）に入社。57年電子部品国際部長、61年半導体営業統括部長、平成2年海外事業推進部長、4年取締役（東芝アメリカ副会長）、6年常務、7年専務・Advanced‐I事業本部副本部長。国際経験が豊かで、DVDの規格統一交渉で日米欧のメーカーのまとめ役を務めた手腕を買われ、8年社長に就任。在任中は社内分社制を採り入れ、人事や予算の権限を移すなど経営改革に力を注ぐ。12年会長、17年相談役。17年6月東京証券取引所（のち東京証券取引所グループ）会長に転じ、同年12月〜19年6月社長を兼任。25年日本郵政社長に就任。27年11月日本郵政、傘下のゆうちょ銀行、かんぽ生命保険が3社同時に株式上場を果たす。28年3月退任。この間、12〜17年経済団体連合会（経団連, 現・日本経済団体連

合会＝日本経団連）副会長。14年日米経済協議会会長、18年同評議員会議長、日本電子工業振興協会会長など役職多数。13年小泉政権下でできた政府の地方分権改革推進会議では議長として、地方税財政の“三位一体改革”の提言をまとめた。また財務省の財政制度等審議会会長や、戦後70年談話作成に向けて安倍晋三首相が設けた有識者会議“21世紀構想懇談会”の座長など、政府の仕事も精力的にこなした。　[賞]レジオン・ド・ヌール勲章オフィシエ章（フランス）〔平成27年〕，鈴木CM賞（第40回）〔平成16年〕

西本 親雄　にしもと・ちかお　洋画家　長崎県美術協会名誉会長　[没]平成27年（2015）1月11日　82歳〔腎不全〕　[生]昭和7年（1932）　[出]長崎県諫早市　[学]長崎大学学芸学部美術科〔昭和32年〕卒　[歴]美術教師を務め、平成5年島原工を定年退職。14年から4年間、長崎県美術協会会長を務めた。16年日展に初入選、以来6回入選。白日会長崎支部長、長崎県展審査員などを歴任した。　[賞]長崎県民表彰〔平成19年〕，白日会展中沢賞（第85回）〔平成21年〕　[団]白日会

西本 裕行　にしもと・ひろゆき　俳優　[没]平成27年（2015）4月19日　88歳〔急性大動脈解離〕　[生]昭和2年（1927）1月3日　[出]東京都　[歴]獣医を経て、文学座の研究生となる。文学座、劇団雲などを経て、昭和51年より劇団昴に所属。シェイクスピア作品など数多くの舞台に出演。44年に始まったテレビアニメ「ムーミン」でスナフキンの声を担当した。他の出演作に、舞台「怒りの葡萄」「沈黙」など。

西山 秋蘭　にしやま・しゅうらん　書家　日本墨書会副会長　[専]かな　[没]平成28年（2016）2月20日　74歳　[生]昭和16年（1941）　[出]福井県　[名]本名＝西山登代子（にしやま・とよこ）　[学]京都女子大学卒　[歴]福井県書作家協会参事、日本墨書会副会長を務めた。　[家]夫＝西山隆崖（書家）　[師]師＝桑田笹舟，桑田三舟

西山 孝　にしやま・たかし　ミニストップ社長　[没]平成28年（2016）4月25日　80歳〔ぜんそく〕　[生]昭和10年（1935）8月18日　[出]岡山県　[学]大阪市立大学商学部〔昭和33年〕卒　[歴]昭和33年野村証券に入社。39年明星食品に移り、49年常務、53年ミョウジョウフーズオブアメリカ社長。58年ジャスコに転じ、同年ジャスコを中核とするコンビニエンスストアのミニストップ社長。平成7年会長、10年監査役に退いた。

西山 喬　にしやま・たかし　洋画家　[没]平成27年（2015）8月　78歳　[生]昭和12年（1937）　[出]大阪府　[歴]昭和38年から毎年、長野県戸隠村、三重県志摩半島波切に取材旅行を重ねる。また、中学生の頃からチチカカ湖畔とインディオの姿を絵にすることを念願し、昭和48年と50年に、それぞれ2ケ月間、念願のアンデスへ。60年素描画49点とエッセイ16編を収めた画文集「インディオたちの風景」を出版。その後、54〜57年バリ島への取材旅行を重ねる他、58年ネパール、平成2年、4年イタリアを訪れる。朝日新聞、毎日新聞、京都新聞など新聞紙上の挿絵も担当。京都府八幡市で暮らした。他の画文集に「バリ・朝靄の中から」「波切志摩大王崎」「イタリアの屋根」「イタリアの旅」「山野草と語る」などがある。　[家]妻＝西山由良（植物画家）

西山 辰夫　にしやま・たつお　俳優　大阪放送劇団代表　[没]平成28年（2016）6月23日　87歳〔肝不全〕　[生]昭和3年（1928）7月8日　[出]大阪府　[学]関西大学卒　[歴]NHK放送劇団の出身で、テレビドラマ「部長刑事」「いのちの現場から」などにレギュラー出演。他の出演作にテレビドラマ「紀ノ川」「横堀川」「水戸黄門」「大岡越前」「江戸の用心棒」などがある。

西山 千明　にしやま・ちあき　経済学者　立教大学名誉教授　[専]経済哲学，貨幣論，人的資本論　[没]平成29年（2017）11月20日　93歳〔肺炎〕　[生]大正13年（1924）8月9日　[出]福岡県　[学]立教大学経済学部〔昭和25年〕卒，シカゴ大学大学院哲学専攻〔昭和31年〕博士課程修了，立教大学大学院経済学ポスト・ドクトラル・コース〔昭和36年〕修了　Ph.D.（シカゴ大学）〔昭和35年〕　[歴]昭和31〜36年シカゴ大学講師。マルクス派だったがシカゴ大学ではノーベル経済学賞受賞者のF.A.ハイエク門下に入り、ミルトン・フリードマン教授らと新自由主義の経済哲学、貨幣理論を学ぶ。37年〜平成2年立教大学教授。のち国際大学大学院教授、昭和53年以降スタンフォード大学フーバー研究所上級研究員を務める。日本におけるマネタリズムの樹立と自由主義哲学の拡充に貢献。日本の代表的な自由主義経済学者として知られた。著書に「自由経済—その政策と原理」「日本経済の貨幣的分析・1868〜1970」（共編）「新自由主義とは何か」「マネタリズム」「フリードマンの思想」（編）「こうすれば日本は必ず立ち直る！」など。ハイエク「隷属への道」、フリードマン「選択の自由」を訳した。自由主義経済学者の集まりであるモンペルラン・ソサイエティの会長、名誉副会長を務めた。　[賞]日経・経済図書文化賞（第17回）〔昭和49年〕「日本経済の貨幣的分析・1968〜1970」　[団]米国経済学会，モンペルラン・ソサイエティ（名誉副会長）　[家]長男＝西山圭太（経済産業省官房審議官）

仁杉 巌　にすぎ・いわお　国鉄総裁　西武鉄道社長　[専]鉄道建設技術　[没]平成27年（2015）12月25日　100歳〔肺炎〕　[生]大正4年（1915）5月7日　[出]東京都　[学]東京帝国大学工学部土木工学科〔昭和13年〕卒　工学博士　[歴]昭和13年鉄道省に入省。39年国鉄建設局長を経て、43年常務理事で退任。46年西武鉄道専務に転じ、48年同副社長、54年鉄道建設公団総裁を経て、58年12月国鉄総裁に就任。国鉄の分割・民営化を巡り指導力を発揮できず、60年中曽根康弘首相に事実上更迭された。61年西武鉄道副社長となり、平成元年社長。また、昭和63年から西武ライオンズ球団社長兼オーナー代行も兼任。平成10年オーナー代行専任となるが、同年退任。[賞]紫綬褒章〔昭和41年〕，勲一等瑞宝章〔昭和63年〕，土木学会賞（昭和30年度）「支間30mのプレストレストコンクリート鉄道橋の設計施工およびこれに関連して行った実験研究の報告」，土木学会賞功績賞（昭和61年度），経済界大賞寿賞（第21回）〔平成7年〕　[資]1級建築士

新田 篤実　にった・あつみ　広島県議（自民党）　[没]平成28年（2016）11月4日　84歳〔肺炎〕　[生]昭和6年

(1931) 11月17日　[出]広島県広島市中区小町　[学]関西大学法学部〔昭和30年〕卒　[歴]砂原組勤務を経て、昭和33年衆院議員秘書。46年より広島県議を通算8期務め、平成2年副議長、15年議長。19年引退。昭和20年広島市立中学2年の時に被爆し、同中の原爆死没者慰霊祭実行委員会会長も務めた。また、50年から広島県合気道連盟会会長。　[賞]藍綬褒章〔平成8年〕, 旭日中綬章〔平成20年〕

新田 満夫　にった・みつお　雄松堂グループCEO　カルチャージャパン代表　[没]平成27年 (2015) 10月27日　82歳　[生]昭和8年 (1933) 9月19日　[出]東京市神田区(東京都千代田区)　[学]早稲田大学商学部〔昭和31年〕卒　[歴]父は雄松堂創業者の新田勇次。昭和32年米国のミシガン大学に留学して、文化交流の担い手になることを決意。帰国後の35年に人文・社会科学系の洋書輸入とマイクロ出版を専門とする雄松堂書店を東京・四谷に設立し、社長に就任。書籍、絵画など保管・管理する"カルチャージャパン"(59年9月発足)を発案し、講談社、ヤマト運輸、山種産業他と資本金を出し合って設立するなど、新分野にも意欲的に取り組む。平成10年会長。22年大日本印刷グループに参画、雄松堂グループは23年に設立された丸善CHIホールディングス傘下に入った。25年丸善会長。日本古書籍商協会会長、国際古書籍商連盟理事を歴任。9年には雄松堂創業65周年を記念して書誌関係の文庫「ゲスナーライブラリー」とゲスナー賞を創設した。　[賞]図書館サポートフォーラム賞(第5回)〔平成15年〕　[家]父=新田勇次(雄松堂創業者)

仁田 陸郎　にった・むつお　東京高裁長官　[没]平成27年 (2015) 11月2日　73歳〔病気〕　[生]昭和17年 (1942) 2月9日　[出]京都府　[学]東京大学法学部〔昭和39年〕卒　[歴]昭和39年司法修習生。最高裁秘書課長兼広報課長、平成3年経理局長、9年3月甲府地家裁所長、11年4月東京高裁部総括判事、13年4月横浜地裁所長、14年6月札幌高裁長官を経て、16年12月東京高裁長官。19年2月定年退官。東京都公安委員長も務めた。　[賞]瑞宝重光章〔平成25年〕

新田 義雄　にった・よしお　富士電機常務　[没]平成28年 (2016) 5月12日　83歳〔呼吸不全〕　[生]昭和7年 (1932) 11月8日　[出]東京都　[学]東京大学工学部電気工学科〔昭和30年〕卒　[歴]昭和30年富士電機製造(現・富士電機)に入社。60年取締役を経て、平成元年常務。[賞]電気科学技術奨励賞(第18回, 昭和45年度)「火薬を利用した超高速限流しゃ断装置の製品化」, 電気学会電気学術振興賞進歩賞(第37回)〔昭和56年〕「パターン認識技術を用いた自動外観検査の選別装置の開発と製品化」

仁藤 浩　にとう・ひろし　北興化学工業専務　[没]平成29年 (2017) 6月1日　89歳〔肺炎〕　[生]昭和3年 (1928) 3月13日　[出]山形県　[学]東北大学法学部〔昭和28年〕卒　[歴]昭和28年農林中央金庫に入庫。56年人事部長、57年名古屋支店長、59年総務部長を歴任。61年北興化学工業に転じて常務、平成4年専務。

似鳥 健彦　にとり・たけひこ　オーボエ奏者　聖徳大学名誉教授　日本オーボエ協会副会長　[没]平成27年 (2015) 3月21日　81歳　[生]昭和8年 (1933) 9月19日　[出]東京都　[学]東京芸術大学音楽学部器楽科〔昭和32年〕卒　[歴]オーボエを梅原美男に学び、東京芸術大学でユルク・シェフトラインに師事。昭和32年ABC交響楽団を経て、37年N響に移籍。東京、ソウルでリサイタルのほか、N響メンバーによる東京木管合奏団の一員としても演奏活動を行った。聖徳大学人文学部教授の他、日本オーボエ協会副会長、松戸市文化振興財団審議委員、江戸川区音楽協議会会長、江戸川フィルハーモニーオーケストラ音楽監督などを歴任した。　[賞]江戸川区文化功績賞〔平成3年〕　[師]師=シェフトライン, ユルク, 梅原美男

蜷川 幸雄　にながわ・ゆきお　演出家　ニナガワ・スタジオ主宰　埼玉県芸術文化振興財団芸術監督　桐朋学園芸術短期大学学長　[没]平成28年 (2016) 5月12日　80歳〔肺炎による多臓器不全〕　[生]昭和10年 (1935) 10月15日　[出]埼玉県川口市　[学]開成高〔昭和29年〕卒　[歴]昭和30年劇団青俳の研究生となり俳優として映画、テレビに出演したが、43年蟹江敬三、石橋蓮司らと現代人劇場を結成。清水邦夫作「真情あふるる軽薄さ」の演出で彗星のようにデビューを飾り、第一次小劇場運動を担う。のち商業演劇に移り、49年「ロミオとジュリエット」は疾走感に溢れた鮮烈な演出で成功を収めた。以来、「リア王」「ハムレット」「王女メディア」「近松心中物語」「元禄港歌」「NINAGAWAマクベス」「下谷万年町物語」などでセンセーショナルな話題を提供、固定概念にとらわれない発想、観客をも劇の中に包含してしまうようなスペクタクル演出で高い評価を受ける。59年若い俳優たちと演劇の可能性を操る蜷川カンパニー(のちニナガワ・カンパニー・ダッシュと改称)を旗上げ。58年「王女メディア」のイタリア・ギリシャ公演以来、毎年海外公演を行い、特にシェイクスピア劇の翻案で世界的な名声を博し"世界のニナガワ"とも称された。平成6年リレハンメル五輪の前夜祭でイプセンの「ペール・ギュント」を演出。8年ヨルダン、エジプトなどで初の中東公演「王女メディア」を成功させる。10年シェイクスピアの全作品を上演する、彩の国シェイクスピア・カンパニー芸術監督、11年Bunkamuraシアターコクーン芸術監督に就任。同年英国のロイヤル・シェイクスピア・カンパニーで、外国人として初めてシェイクスピアの「リア王」を演出。12年10本のギリシャ劇を1つの物語にまとめた「グリークス」を演出。16年ギリシャ悲劇「オイディプス王」をアテネの古代劇場ヘロデス・アンティコスで上演。21年舞台「コースト・オブ・ユートピア」を演出。傍ら、5年から桐朋学園短期大学部(現・桐朋学園芸術短期大学)教授を務め、15年学長に就任。18年彩の国さいたま芸術劇場の公演全体を統括する埼玉県芸術文化振興財団の芸術監督に就任。同年シルバー世代の演劇集団・さいたまゴールド・シアターを旗揚げ。16年文化功労者に選ばれ、22年演劇の演出家として初めて文化勲章を受章した。映画監督作品には「海よお前が・帆船日本丸の青春」「魔性の夏・四谷怪談より」「青の炎」「嗤う伊右衛門」「蛇にピアス」などがある。[賞]芸術選奨文部大臣賞(第38回, 昭和62年度)〔昭和63年〕「テンペスト」「マクベス」, 文化功労者〔平成16年〕, 紫綬褒章〔平成13年〕, CBE勲章〔平成14年〕, 文化勲章〔平成22年〕, 菊田一夫演劇賞(第4回, 昭和

に

53年度)〔昭和54年〕「近松心中物語」, 芸術祭賞大賞〔昭和57年〕「近松心中物語」(再演), テアトロ演劇賞(第14回)〔昭和62年〕, エディンバラ大学名誉博士号〔平成4年〕, 松尾芸能賞大賞(第20回)〔平成11年〕, 毎日芸術賞(第41回)〔平成11年〕「リチャード三世」「リア王」, 朝日賞(第70回, 平成11年度)〔平成12年〕, 紀伊国屋演劇賞(第35回)〔平成12年〕「グリークス」, 読売演劇大賞最優秀演出家賞(第4回・8回, 平成8年度・12年度)〔平成9年・13年〕, 朝日舞台芸術賞グランプリ(第3回)〔平成16年〕「ペリクリーズ」, 菊池寛賞(第53回)〔平成17年〕「NINAGAWA十二夜」, 朝日舞台芸術賞特別大賞(第5回)〔平成18年〕, 読売演劇大賞大賞・最優秀演出家賞(第13回, 平成17年度)〔平成18年〕「幻に心もそぞろ狂おしのわれら将門」他, 花園賞(第4回)〔平成19年〕, 読売演劇大賞優秀演出家賞(第17回, 平成21年度)〔平成22年〕, ジョン・F.ケネディ・センター芸術金賞〔平成22年〕, 読売演劇大賞最優秀演出家賞(第18回, 平成22年度)〔平成23年〕「ヘンリー六世」「美しきものの伝説」, 読売演劇大賞・最優秀演出家賞(第20回, 平成24年度)〔平成25年〕「2012年・蒼白の少年少女たちによる『ハムレット』」「シンベリン」 [家]妻＝真山知子(女優, 本名＝蜷川宏子), 長女＝蜷川実花(写真家)

二宮 和彦 にのみや・かずひこ 日本合成ゴム常務 [没]平成27年(2015)5月8日 88歳〔肺炎〕 [生]昭和2年(1927)3月26日 [出]広島県呉市 [学]京都大学農学部〔昭和26年〕卒 工学博士〔昭和36年〕 [歴]京都大学農学部助手を経て、昭和34年日本合成ゴム(現・JSR)に入社。51年取締役を経て、56年常務。62年技術顧問。 [賞]日本ゴム協会優秀論文賞(第10回・15回)〔昭和38年・43年〕「ムーニー試験機におけるゴムの諸測定値(第1報〜第4報)」「ゴム状ポリマーの線型粘弾性挙動と分子量分布の関係(第6報〜第8報), ゴム状ポリマーの非線型粘弾性挙動(第1報〜第4報)」, 日本ゴム協会オーエンスレーガー賞(第10回, 昭和50年度)「高分子レオロジーのゴム加工技術研究への応用」, 日本レオロジー学会賞(平成3年度)「レオロジーの高分子工業への応用」

二宮 淳一郎 にのみや・じゅんいちろう 別府大学名誉教授 [専]人類学, 科学史 [没]平成27年(2015)9月1日 90歳〔呼吸不全〕 [生]大正13年(1924)10月17日 [出]大分県大分市 [学]九州大学農学部農学科〔昭和27年〕卒 [歴]昭和27年別府女子短期大学助手、34年助教授を経て、41年別府大学文学部教授。59年学生部長。退官後は大分県文化財保存協議会会長を務めた。また、若い頃から中国と幅広い人脈を築き、30年には郭沫若を団長とする中国使節団を別府市に迎えるなど、日中友好に努めた。著書に「北京原人—その発見と失踪」、共編訳に「古猿・古人類」などがある。 [団]日本科学史学会, 日本科学者会議

二宮 俊仁 にのみや・としひと 全国B型肝炎訴訟広島原告団代表 [没]平成28年(2016)6月4日 56歳〔肝不全〕 [出]愛媛県大洲市 [歴]集団予防接種の注射器使い回しでB型肝炎ウイルスに感染したとして患者らが国を訴えた集団訴訟で、愛媛県人も多く参加する広島原告団の代表となり、実名で被害者救済に尽力した。

二宮 フサ にのみや・ふさ 東京女子大学名誉教授 [専]フランス文学(17世紀), ラ・フォンテーヌ研究 [没]平成29年(2017)3月1日 90歳〔肺がん〕 [生]大正15年(1926)7月29日 [出]東京都 [名]旧姓・名＝横田フサ(よこた・ふさ) [学]東京大学文学部仏語仏文学科〔昭和27年〕卒 [歴]昭和30年東京女子大学専任講師。同年より2年間、パリ大学へ留学。帰国後、東京女子大教授を務めた。訳書にフランソア・ラ・ロシュフコー「ラ・ロシュフコー箴言集」、エクトール・マロ「家なき娘」、フランソワーズ・シャンデルナゴール「無冠の王妃マントノン夫人」、カヴァリエ「フランス・プロテスタントの反乱」などがある。 [家]夫＝二宮敬(東京大学名誉教授)

二瓶 弘 にへい・ひろし ニヘイ木材社長 全国木材協同組合連合会副会長 北海道木材林産協同組合連合会会長 [没]平成27年(2015)1月9日 89歳〔肺炎〕 [生]大正14年(1925)9月 [出]北海道上川郡当麻町 [学]北海道農業試験場附属実習所〔昭和18年〕卒 [歴]昭和18年ニヘイ木材に入社。49年社長、平成7年会長。7〜13年全国木材協同組合連合会副会長、北海道木材林産協同組合連合会会長を務めた。

韮沢 靖 にらさわ・やすし キャラクターデザイナー 造型師 イラストレーター [没]平成28年(2016)2月2日 52歳〔腎不全〕 [生]昭和38年(1963)8月26日 [出]新潟県栃尾市(長岡市) [学]中越高卒, 東京デザイナー学院卒 [歴]昭和57年イラストレーターを目指し上京。小林誠のアシスタントを経て、63年25歳で独立。月刊「ホビージャパン」から造型・コミックなどでデビュー。以後、ゲーム「エネミー・ゼロ」、テレビの特撮番組「仮面ライダー剣」「仮面ライダーカブト」「仮面ライダー電王」「海賊戦隊ゴーカイジャー」など様々な作品でクリーチャーデザインなどを手がける。著書に「ファンタスティック・クリーチャー・ワールド」「NIRA WORKS—韮沢靖立体作品集」「NIRAGRAM—韮沢靖作品集」「カメレオン—韮沢靖作品集」「デビルマン・ザ・リスト」などがある。

【ぬ】

糠谷 真平 ぬかや・しんぺい 経済企画事務次官 国民生活センター理事長 [没]平成28年(2016)11月27日 75歳〔肺炎〕 [生]昭和16年(1941)1月22日 [出]熊本県熊本市 [学]東京大学教養学部〔昭和38年〕卒 [歴]昭和38年経済企画庁(現・内閣府)に入庁。58年物価局物価調整課長、60年国土庁計画調整局計画課長、62年経済企画庁調整局調整課長、63年官房秘書課長、平成元年9月総合計画局審議官、4年10月国土庁計画・調整局長、7年6月経済企画庁調整局長を経て、8年6月経済企

画事務次官に就任。10年6月退官。11～19年国民生活センター理事長を務めた。

塗師 祥一郎 ぬし・しょういちろう 洋画家 日展理事 [没]平成28年(2016)9月21日 84歳 [生]昭和7年(1932)4月24日 [出]石川県小松市 [学]金沢市立美術工芸大学油彩専攻〔昭和28年〕卒 [歴]昭和27年「展望」で日展に、28年「構内」他で光風会展に初入選。以後、日展と光風会展に連続出品。41年光風会会員となるが、42年日洋展旗揚げに参加。この間、41年、46年日展特選を受け、57年「待春の水辺」で日展会員賞、平成9年「山村」により日展文部大臣賞。また、51年日展会員となり、平成2年評議員、16年理事、のち顧問。15年「春を待つ山間」で日本芸術院賞を受賞し、同年日本芸術院会員となった。埼玉県美術家協会会長も務めた。 [賞]日本芸術院賞(第59回, 平成14年度)〔平成15年〕「春を待つ山間」, 旭日中綬章〔平成20年〕, 光風会展クサカベ賞〔昭和38年〕, 光風会展会友賞〔昭和41年〕, 日展特選〔昭和41年・46年〕「雪景」「村」, 日展会員賞〔昭和57年〕「待春の水辺」, 日展文部大臣賞〔平成9年〕「山村」 [資]日本芸術院会員〔平成15年〕 [団]日洋会, 日展 [師]師＝小糸源太郎

布上 博 ぬのがみ・ひろし 北日本新聞論説副委員長 [没]平成28年(2016)6月20日 85歳〔高カルシウム血症〕 [生]昭和6年(1931)1月3日 [出]富山県 [学]富山大学卒 [歴]昭和30年北日本新聞社に入社。金沢支社編集部長、論説委員を経て、62年論説副委員長。

布村 成具 ぬのむら・しげとも 東京工業大学名誉教授 新潟工科大学学長 [専]精密機械用材料 [没]平成28年(2016)6月24日 82歳〔脳出血〕 [生]昭和9年(1934)3月30日 [出]富山県 [学]東京工業大学工学部卒, 東京工業大学理工学部大学院金属研究科博士課程修了 工学博士 [歴]東京工業大学教授を経て、平成7年新潟工科大学開学に際して教授として赴任。17～23年学長を務めた。 [賞]瑞宝中綬章〔平成23年〕, 日本鉄鋼協会俵論文賞(第27回)〔昭和39年〕「軟鋼の低温における衝撃引張特性」, 日本鉄鋼協会西山記念賞(第16回)〔昭和58年〕「金属材料の破壊強度の評価とその改良に関する研究」 [団]社会金属学会, 日本材料学会, 日本鉄鋼協会

沼尾 良夫 ぬまお・よしお 北海道新聞出版局長 [没]平成29年(2017)2月13日 79歳〔心不全〕 [生]昭和12年(1937)12月16日 [出]埼玉県 [学]早稲田大学政経学部卒 [歴]北海道新聞論説委員、編集委員、出版局長などを経て、平成9～13年道新オントナ社長を務めた。

沼川 洋一 ぬまかわ・よういち 衆院議員(公明党) [没]平成28年(2016)10月28日 84歳〔直腸がん〕 [生]昭和6年(1931)11月11日 [出]熊本県熊本市 [学]明治薬科大学〔昭和30年〕卒 [歴]昭和30年沼川薬局経営、36年大和製薬営業部長、38年熊本市議、42年熊本県議4期を経て、58年旧熊本1区から衆院議員に当選。2期務め、平成2年引退。著書に「21世紀の医療」がある。 [資]薬剤師 [家]長女＝沼川洋子(アナウンサー)

沼田 智秀 ぬまた・としひで ミツトヨ社長 仏教伝道協会会長 [没]平成29年(2017)2月16日 84歳〔病気〕 [生]昭和7年(1932)4月19日 [出]神奈川県横浜市 [学]早稲田大学文学部東洋哲学科〔昭和31年〕卒 [歴]三豊製作所創業者である沼田恵範の長男。昭和34年同社取締役、43年常務、45年副社長を経て、46年社長、60年会長。62年ミツトヨと改称。のち社長を兼務、平成19年相談役に退いた。一方、超宗派の仏教伝道協会創立者でもある父の遺業を引き継ぎ、同協会会長として、仏教聖典の翻訳と出版、「大蔵経」の英訳、世界の主要大学に仏教講座の開設を3本柱に活動を続けた。9年浄土真宗西本願寺で得度した。 [賞]藍綬褒章〔平成4年〕, ドイツ功労勲章一等功労十字章〔平成14年〕 [家]父＝沼田恵範(ミツトヨ創業者), 弟＝沼田恵照(ミツトヨ社長), 沼田泰範(ミツトヨ取締役), 長男＝沼田恵明(ミツトヨ社長)

塗木 早美 ぬるき・はやみ 知覧町(鹿児島県)町長 [没]平成29年(2017)9月24日 93歳 [生]大正13年(1924)2月27日 [出]鹿児島県川辺郡知覧町(南九州市) [学]鹿屋農〔昭和17年〕卒 [歴]昭和19年召集されて中国へ。21年10月復員。故郷の鹿児島県知覧町で獣医となる。42年知覧町議を経て、50年より町長に4選。鹿児島県町村会会長も務めた。 [賞]勲四等瑞宝章〔平成6年〕 [資]獣医師

【ね】

根上 磐 ねがみ・ばん 毎日新聞常務 [没]平成27年(2015)5月19日 80歳〔心不全〕 [生]昭和10年(1935)3月20日 [出]静岡県 [学]法政大学法学部卒 [歴]昭和34年毎日新聞社に入社。57年中部本社報道部長、60年東京本社生活家庭部長、地方部長、62年事業本部次長、63年事業本部長、平成3年取締役中部本社代表、6年同東京本社副代表、7年常務。10年退任。一方、3年より国際観光ホテル・ナゴヤキャッスル取締役、10年社長に就任。14年退任。毎日書道会理事なども務めた。著書に「三億円犯人の独白」がある。

根木 昭 ねき・あきら 東京芸術大学名誉教授 長岡技術科学大学名誉教授 [専]科学技術政策論, 環境文化政策論 [没]平成28年(2016)5月16日 73歳〔腎盂がん〕 [生]昭和18年(1943)1月11日 [出]岡山県岡山市 [学]大阪大学法学部〔昭和40年〕卒, 大阪大学大学院中退 法学博士 [歴]昭和43年文部省、外務省、文化庁などの勤務を経て、平成4年長岡技術科学大学工学部教授。13年放送大学客員教授、15年東京芸術大学教授、22年昭和音楽大学教授。コンサートホールの運営や演奏家の支援に関わる“アートマネジメント”の普及に努めた。著書に「文化政策の法的基盤」、共著に「文化政策概論」などがある。

根岸 鷲山 ねぎし・がざん 書家 毎日書道展参与会員 [専]漢字 [没]平成27年(2015)9月28日 91歳〔肺炎〕 [生]大正13年(1924)1月3日 [出]埼玉県 [名]本名＝根岸功(ねぎし・いさお), 別号＝龍浦 [賞]日本書道院

ね

ねきし

展日本書道院賞（第25回）〔昭和51年〕　㊙師＝尾崎邑鵬、村田龍岱、柴田侑堂

根岸 重治　ねぎし・しげはる　最高裁判事　東京高検検事長　㊟平成29年（2017）7月22日　88歳〔老衰〕　㊤昭和3年（1928）12月4日　㊥東京都　㊛東京大学法学部〔昭和24年〕卒　㊟昭和24年司法試験に合格、28年検事に任官。52年法務省官房審議官、53年最高検検事、54年大津地検検事正、57年法務省官房長、59年最高検総務部長、60年刑事部長を経て、63年3月次長検事、平成2年4月東京高検検事長を務め、リクルート事件や稲村利幸元環境庁長官の巨額脱税事件の捜査に携わった。3年12月退官。4年弁護士登録。同年プロ野球のFA（フリーエージェント）問題等研究専門委員。6年1月最高裁判事に就任。在任中は沖縄の米軍用地強制使用を巡る代理署名訴訟や愛媛玉串料訴訟などの大法廷判決に関与した。10年12月退官。　㊙勲一等瑞宝章〔平成13年〕

根岸 貞太郎　ねぎし・ていたろう　日清製粉常務　㊟平成29年（2017）12月28日　89歳〔急性心筋梗塞〕　㊤昭和3年（1928）6月30日　㊥群馬県　㊛東京大学経済学部〔昭和28年〕卒　㊟昭和28年日清製粉（現・日清製粉グループ本社）入社。47年福岡営業所長、53年岡山工場長、56年取締役、60年常務。

根岸 義明　ねぎし・よしあき　メトロ劇場館主　㊟平成28年（2016）9月24日　68歳　㊟昭和46年より祖父が経営する福井市の映画館・メトロ劇場で働く。その後、館主となり、洋画中心の同劇場を時代に合わせて名画座、ミニシアターへと転向。文化性の高い作品を上映し続けた。

根津 甚八　ねず・じんぱち　俳優　㊟平成28年（2016）12月29日　69歳〔肺炎〕　㊤昭和22年（1947）12月1日　㊥山梨県都留市谷村　㊙本名＝根津透（ねず・とおる）　㊛独協大学外国語学部仏語科〔昭和44年〕中退　㊟山梨県都留市で生まれ、9歳の時に家族と神奈川県川崎市に移る。昭和42年独協大学外国語学部仏語科に入学するが、大学紛争により2年で中退。44年唐十郎の状況劇場に入団、45年舞台「ジョン・シルバー／愛の乞食篇」でデビュー。46年「吸血姫」「少女仮面」などで好演、47年「二都物語」、49年には「唐版・風の又三郎」で主役を演じ、同劇場の看板役者となった。50年フジテレビ「娘たちの四季」でテレビ初出演、53年のNHK大河ドラマ「黄金の日々」の石川五右衛門役では、スマートな演技で茶の間の人気を得た。以後、映画「任侠外伝・玄海灘」「その後の仁義なき戦い」「影武者」「駅/STATION」「吉原炎上」「竜馬を斬った男」「ラッフルズホテル」などに出演、58年「さらば愛しき大地」「この子の七つのお祝いに」の演技で日本アカデミー賞主演男優賞優秀賞を受けるなど映画俳優としての声望を高めた。黒沢明監督「乱」（60年）では戦国大名の息子の一人を好演。1990年代は「夜がまた来る」「GONIN」など石井隆監督作品に出演した。2000年代に入って間もなく目の病気を発症、平成16年には自動車運転中に死亡事故を起こして精神的な打撃を受け、活動を休止。22年仁香夫人により著書「根津甚八」が刊行され、俳優業を引退

したことが明らかになった。27年ほとんど体を動かせない状態ながら、石井監督の依頼に応えて「GONINサーガ」に出演、1作限りの復活を果たした。他の出演作に、映画「ゴト師株式会社」「たどんとちくわ」「金融腐蝕列島・呪縛」、舞台「デストラップ」「太陽が死んだ日」「オーファンズ」、テレビ「冬の運動会」「玩具の神様」「誰かが彼女を愛している」「ほんまもん」など。歌手としても活動した。また、平成元年に冒険家の風間深志が山梨県早川町で始めた“地球元気村”の活動に参加、10年以上にわたって講師を務めた。　㊙エランドール賞〔昭和50年〕、くまもと映画祭日本映画男優賞（第1回、昭和53年度）「その後の仁義なき戦い」、キネマ旬報賞主演男優賞〔昭和57年〕「さらば愛しき大地」、日本映画大賞特別賞〔昭和57年〕「火男」　㊟兄＝根津浩（根津矯正歯科クリニック院長）

根津 裕彦　ねず・ひろひこ　日本野球連盟中国地区連盟理事長　㊟平成27年（2015）6月30日　76歳〔肺がん〕　㊥兵庫県西宮市　㊟昭和62年日本野球連盟広島県野球連盟理事長となり、平成24年からは同副会長。また、13年より日本野球連盟中国地区連盟理事長を務めた。

根本 明　ねもと・あきら　根本通商社長　いわき商工会議所会頭　㊟平成27年（2015）5月18日　91歳〔老衰〕　㊤大正13年（1924）2月28日　㊥福島県いわき市　㊛平商卒　㊟昭和32年根本通商を設立。平成4～7年いわき商工会議所会頭を1期務めた。　㊟長男＝根本宏児（台湾三菱商事会社社長），二男＝根本克頼（根本通商社長）

根本 敏行　ねもと・としゆき　静岡文化芸術大学教授　㊙都市工学，地域計画　㊟平成28年（2016）9月22日　59歳〔病気〕　㊤昭和32年（1957）8月9日　㊥東京都　㊛東京大学工学部都市工学科卒、東京大学大学院工学系研究科都市工学専門課程修了　㊟三菱総合研究所地域計画部副研究員、兵庫大学助教授、教授を経て、静岡文化芸術大学教授。同大文化政策学部長、副学長を歴任した他、静岡県事業評価監視委員会委員長なども務めた。

根本 英三郎　ねもと・ひでさぶろう　春茂登ホテルグループ会長　日光商工会議所会頭　㊟平成29年（2017）10月7日　88歳〔病気〕　㊟長男＝根本芳彦（春茂登ホテルグループ社長）

根本 康明　ねもと・やすあき　茅ケ崎市長　㊟平成29年（2017）11月25日　83歳　㊤昭和9年（1934）5月3日　㊥神奈川県茅ケ崎市　㊛湘南高〔昭和28年〕卒　㊟昭和58年茅ケ崎市長に当選、4期務めた。平成11年引退。　㊙旭日小綬章〔平成16年〕

【の】

野池 敏雄　のいけ・としお　諏訪国蝶オオムラサキの会代表　㊟平成29年（2017）6月29日　95歳〔誤嚥性肺炎〕　㊥長野県諏訪市　㊟昭和57年諏訪国蝶オオムラ

サキの会を設立、諏訪市の立石公園一帯に生息するオオムラサキの保護・繁殖に努めた。

能見 達也 のうみ・たつや 俳優 ⓓ平成29年(2017)5月18日 47歳 ⓑ昭和44年(1969)8月13日 ⓟ東京都 ⓔ本名＝能見毅 劇団ヴォードヴィルショーで活動後、平成5年テレビの特撮番組「五星戦隊ダイレンジャー」でシシレンジャー役を演じた。他の出演作に、映画「神様のカルテ」「愛と誠」、テレビドラマ「相棒」「愛馬物語」「ファイブ」「Answer～警視庁検証捜査官」などがある。

能村 義広 のうむら・よしひろ 旭化成取締役 ⓓ平成29年(2017)9月22日 74歳〔多機能不全〕 ⓑ昭和18年(1943)5月18日 ⓟ京都府京都市 ⓒ京都大学法学部〔昭和43年〕卒 ⓔ昭和43年旭化成に入社。延岡支社総務課長、本社秘書室長、平成6年総務部次長、8年総務部長などを経て、11年取締役生活製品事業部門長兼ホームプロダクツ事業部長。同年よりサランラップ販売社長を兼任した。

野上 公平 のがみ・こうへい 彫刻家 新潟県展参与 ⓓ平成27年(2015)5月9日 80歳〔慢性呼吸不全〕 ⓑ昭和9年(1934)11月12日 ⓟ新潟県南魚沼郡塩沢町(南魚沼市) ⓒ武蔵野美術大学〔昭和33年〕卒 ⓔ昭和61年二科展特選、平成7年二科展会友賞を受賞。18年「新潟日報ふるさとの作家」シリーズに参加した。
ⓕ二科展特選(第71回)〔昭和61年〕、二科展会友賞(第80回)〔平成7年〕 ⓖ二科会、新潟県美術家連盟(名誉会員)

野上 祇麿 のがみ・ただまろ 洋画家 ⓓ平成29年(2017)10月23日 87歳 ⓑ昭和5年(1930)2月25日 ⓟ富山県射水郡下村(射水市) ⓔ昭和39年東京での初の個展を成功させ、注目を集める。44年から富山県出身の画家たちで「5人展」を開き、平成27年まで続けた。富山洋画壇の第一人者として活躍した。 ⓕ北日本美術賞〔昭和47年〕、北日本新聞文化賞〔平成20年〕 ⓖ日本美術家連盟

能川 昭二 のがわ・しょうじ 小松製作所社長 ⓓ平成29年(2017)6月6日 90歳〔老衰〕 ⓑ昭和2年(1927)3月6日 ⓟ石川県金沢市 ⓒ東京大学第二工学部機械工学科〔昭和25年〕卒 ⓔ昭和26年小松製作所(コマツ)に入社。本社生産部長などを経て、48年取締役栗津工場長、53年常務、同年社長。62年取締役相談役、63年顧問。平成4年ツガミ副会長に就任。8年退任。昭和39年日経品質管理文献賞を受賞するなど、QC関係で活躍、57年デミング賞委員会顧問を務めた。 ⓕ日経品質管理文献賞〔昭和39年〕

野際 陽子 のぎわ・ようこ 女優 ⓓ平成29年(2017)6月13日 81歳〔肺腺がん〕 ⓑ昭和11年(1936)1月24日 ⓟ石川県河北郡津幡町 ⓒ立教大学文学部英米文学科〔昭和33年〕卒 ⓔ母の実家がある石川県津幡町で生まれ、富山県で育ち、やがて東京都杉並区に移る。立教大では昭和の大スター・長嶋茂雄と同級生。昭和33年アナウンサーとしてNHKに入局。37年フリーとなり、6月から4年間、TBS系の女性番組「女性専科」の司会を務めた。38年TBSのドラマ「悲の器」で女優デビュー。41年から1年間のフランス留学後、43年から始まったTBSのアクションドラマ「キイハンター」に女性情報部員役でレギュラー出演、主題歌「非情のライセンス」も歌い、人気を確立。また、主演の千葉真一と結婚(平成6年離婚)、のちに長女の真瀬樹里も女優となった。4年TBSのドラマ「ずっとあなたが好きだった」で佐野史郎演じるマザコンサラリーマン"冬彦さん"を溺愛する母親役を好演、"マザコン"が流行語となるほどの話題作となった。その後もテレビドラマで母親役、姑役を数多く演じ、特にフジテレビ系のサスペンスドラマ〈浅見光彦〉シリーズでの浅見光彦の母・雪江役や、テレビ朝日系のミステリードラマ〈TRICK〉シリーズでの仲間由紀恵演じる山田奈緒子の母・里見役は当たり役となった。8年NHK大河ドラマ「秀吉」では明智光秀の母親役を、13年NHK朝の連続テレビ小説「ほんまもん」では尼僧役とナレーションを担当。テレビ朝日系のドラマ「ガラスの仮面」では、安達祐実扮するヒロイン・北島マヤの演劇の才能を開花させる伝説的な名女優・月影千草役を演じた。29年6月に81歳で亡くなる直前までテレビドラマ「警視庁捜査一課9係」「やすらぎの郷」に出演するなど、名脇役として最晩年まで第一線で活躍した。他の出演作に、テレビドラマ「赤いダイヤ」「ダブルキッチン」「誰にも言えない」「スウィートホーム」「長男の嫁」「私の運命」「理想の結婚」「サラリーマン金太郎」「刑事★イチロー」「新しい風」「京都迷宮案内」「電池が切れるまで」「7人の女弁護士」「花嫁のれん」「DOCTORS」、映画「日本侠客伝―血闘神田祭」「陸軍中野学校」「さらばモスクワ愚連隊」「スーパーの女」「しあわせ家族計画」「溺れる魚」「みんないえ」などがある。テレビ朝日系の旅番組「旅の香り」では司会を務めた。 ⓕ橋田賞(第15回)〔平成19年〕 ⓗ長女＝真瀬樹里(女優)

野口 昭彦 のぐち・あきひこ 中央大学名誉教授 ⓒ体育学 ⓓ平成28年(2016)1月5日 83歳 ⓑ昭和7年(1932)5月 ⓟ熊本県 ⓒ中央大学経済学部卒 ⓔ中央大学教養学部講師、のち教授。

野口 源次郎 のぐち・げんじろう 長崎市議 ⓓ平成27年(2015)11月8日 87歳〔脳腫瘍〕 ⓑ昭和3年(1928)3月15日 ⓟ長崎県北高来郡戸石村(長崎市) ⓒ諫早商卒 ⓔ長崎自動車労働組合委員長を務めていた昭和42年、長崎市議に初当選。以来、同市議を9期36年務め、平成11年5月からの約2年間と、14年12月からの約半年間、市議会議長。11年九州市議会議長会会長を務めた。

野口 周治郎 のぐち・しゅうじろう 秋田酒類製造社長 ⓓ平成28年(2016)5月22日 85歳〔悪性リンパ腫〕 ⓑ昭和5年(1930)12月11日 ⓟ秋田県秋田市 ⓔ旧姓・名＝野口節郎 秋田市立高〔昭和26年〕卒、早稲田大学商学部〔昭和30年〕卒 ⓔ父は蔵元を経て、24の業者が合同で発足させた秋田酒造製造の初代社長を務めた。早稲田大学商学部に進学後、酒造業の子弟で結成した同大酒造経営研究会で活動。昭和30年三楽酒造(現・メルシャン)を経て、31年秋田酒類製造に入社。46年常務、57年社長に就任。平成13年退任。銘酒「高清水」を首都圏に拡販した。12年から10年間、

のくち

秋田県育英会理事長を務めた。㊥秋田県文化功労者〔平成22年〕 ㊟長男＝野口修（秋田酒類製造常務）

野口 信太郎 のぐち・しんたろう 鹿児島県立図書館長 ㊦平成29年（2017）6月29日 80歳 ㊨鹿児島県南さつま市坊津 ㊤鹿児島大学文理学部卒 ㊥鹿児島県内で教諭として勤務し、県立図書館長、鹿児島商業高校長などを歴任した。 ㊥瑞宝小綬章〔平成22年〕

野口 祐 のぐち・たすく 慶応義塾大学名誉教授 経営学 ㊦平成28年（2016）5月7日 89歳〔肺炎〕 ㊨大正15年（1926）11月22日 ㊧栃木県 ㊤慶応義塾大学経済学部卒、慶応義塾大学大学院経営学専攻修了 経済学博士 ㊥慶応義塾大学経済学部助手を経て、商学部教授。昭和55年から経営国際連合設立に奔走し、平成2年東アジア経営学会国際連合発足と同時に会長に就任。ベルリン自由大学、パリ大学の各客員教授、日本大学教授、創価大学教授などを歴任した。第15期日本学術会議会員。著書に『現代企業経営制度論』『日本資本主義経営史〈戦前篇〉』『日本の合理化と労働運動』『経営管理論史』『経営学総論』『統合的多国籍企業論』などがある。 ㊥中小企業研究奨励賞（第11回、昭和61年度）『先端技術と地場産業』 ㊥日本経営学会、東アジア経営学会国際連合

野口 力 のぐち・つとむ 打楽器奏者 読売日本交響楽団首席ティンパニ奏者 東京音楽大学名誉教授 ティンパニ ㊦平成28年（2016）4月2日 86歳〔肺炎〕 ㊨昭和4年（1929）9月30日 ㊧秋田県 ㊤国立音楽学校〔昭和25年〕中退 ㊥小森宗太郎、高田信一、尾高尚忠に師事。昭和25年東京フィル入団、のちABC響を経て、37年読日響創立とともに同楽団奏者。51年東京音楽大学講師、助教授を経て、教授。 ㊥日本音楽家ユニオン、日本打楽器協会 ㊟師＝高田信一、小森宗太郎

野口 晴朗 のぐち・はるお 人形作家 日展参与 ㊦平成27年（2015）1月31日 93歳〔肺炎〕 ㊨大正10年（1921）3月1日 ㊧東京都 ㊤東京美術学校（現・東京芸術大学）彫刻科〔昭和16年〕卒 ㊥人形作家・野口明豊の長男。昭和21年第1回個展を開催。22年日展に初入選、35年無鑑査。36年日本現代工芸美術展を設立（設立委員）、56年「APRIL」で同展文部大臣賞を受けた。著書に『新しい人形美術』『人形の伝統技法』などがある。 ㊥紺綬褒章〔昭和62年〕、日展特選・北斗賞〔昭和34年度〕「駒園」、日本現代工芸美術展文部大臣賞（第20回）〔昭和56年〕「APRIL」 ㊥日展、現代工芸美術家協会 ㊟父＝野口明豊（人形作家）

野口 元大 のぐち・もとひろ 上智大学名誉教授 中古文学 ㊦平成28年（2016）12月2日 87歳 ㊨昭和4年（1929）5月26日 ㊧長野県小諸市 ㊤東京大学文学部国文科〔昭和28年〕卒、東京大学大学院国文学専攻 文学博士（東京大学）〔平成4年〕 ㊥昭和34年熊本大学法文学部助教授、41年東京都教科書調査官、48年茨城大学人文学部教授、52年文部省主任教科書調査官を経て、57年上智大学文学部教授。著書に『古代物語の構造』『うつほ物語の研究』『夜の寝覚研究』『王朝仮名文学論攷』などがある。 ㊥中古文学会、和歌文学会 ㊟弟＝野口晶巳（京都大学名誉教授）

野首 武 のくび・たけし 中日新聞北陸本社編集局長 ㊦平成27年（2015）1月12日 70歳

野坂 昭如 のさか・あきゆき 小説家 参院議員 ㊦平成27年（2015）12月9日 85歳〔誤嚥性肺炎からくる心不全〕 ㊨昭和5年（1930）10月10日 ㊧神奈川県鎌倉市 ㊤早稲田大学文学部仏文科〔昭和32年〕中退 ㊥父はのち新潟県副知事となる野坂相如で、早くに母を亡くしたため神戸市の親類の元に養子に出される。神戸一中在学中の昭和20年、空襲で養父を失い、疎開先の福井県では妹を栄養失調で亡くした。この経験が代表作『火垂るの墓』のモチーフとなった。22年上京したが少年院に入れられ、同年実父に引き取られて新潟へ移り、野坂姓に戻った。早大在学中から様々なアルバイトを経験、三木鶏郎の事務所に入ったことがきっかけでコント作家やCMソング作詞家として活動を始める。いずみたくとのコンビで、「伊東に行くならハトヤ 電話は4126（よい風呂）」のハトヤホテルなどのヒット曲を生み、童謡「オモチャのチャチャチャ」（作曲・越部信義）では日本レコード大賞作詞賞を受けた。傍ら執筆活動を行い、37年『プレイボーイ入門』を、38年『エロ事師たち』を、42年短編集『とむらい師たち』を刊行。三島由紀夫や吉行淳之介らに絶賛され、注目を集める。43年戦争・占領体験を描いた『火垂るの墓』『アメリカひじき』で第58回直木賞を受賞、『火垂るの墓』は高畑勲監督の手によりスタジオジブリで劇場アニメ化され（63年）、広く知られるようになった。雑誌『面白半分』編集長をしていた47年、永井荷風作品である「四畳半襖の下張」を同誌に掲載したことからわいせつ文書販売等の罪で起訴され、刑事事件の被告となる。有名作家を次々と呼ぶ法廷戦術などで話題を集めるが、55年最高裁で有罪が確定した。49年参院選東京地方区に二院クラブの比例名簿1位で当選するが、58年参院選比例区に二院クラブの比例1位で当選するが、同年12月の衆院選に田中角栄の金権政治打破を訴えて田中の選挙区である新潟3区から立候補したが次点で落選。平成13年参院選比例区に自由連合から立候補。サングラスがトレードマークで、"焼跡闇市派"を自称。歌手活動やテレビ・映画出演、キックボクシングへの挑戦などで社会の耳目を集めた。歌手としては「マリリン・モンロー・ノーリターン」「黒の舟唄」「バージン・ブルース」や、自ら出演した「サントリーゴールド」のCMソングである「ソ・ソ・ソクラテス」などが代表曲となる。15年72歳の時に脳梗塞で倒れた後はリハビリの傍らで作家活動を続けた。 ㊥直木賞（第58回、昭和42年度）〔昭和43年〕『火垂るの墓』『アメリカひじき』、日本レコード大賞作詞賞（第5回）〔昭和38年〕「オモチャのチャチャチャ」、『婦人公論』読者賞（第6回）〔昭和43年〕「プレイボーイの子守唄」、小説現代ゴールデン読者賞（第4回）〔昭和46年〕「砂絵呪縛後日怪談」、ベストドレッサー（学術・文化部門、第3回、昭和49年度）、講談社エッセイ賞（第1回）〔昭和60年〕「我が闘争 こけつまろびつ闇を撃つ」、パチンコ文化賞（第2回）〔昭和62年〕、吉川英治文学賞（第31回）〔平成9年〕『同心円』、泉鏡花文学賞（第30回）〔平成14年〕「文壇」、安吾賞新潟市特別賞（第4回）〔平成21年〕 ㊥日本ペンクラブ、日本文芸家協会 ㊟妻＝野坂暘子

（シャンソン歌手），長女＝愛耀子（女優），父＝野坂相如（新潟県副知事），兄＝野坂恒如（ジャズ評論家）

野坂 元良　のざか・もとよし　神官　厳島神社宮司　[没]平成29年（2017）5月12日　88歳〔肺炎〕　[生]昭和3年（1928）7月15日　[出]広島県佐伯郡宮島町（廿日市市）　[学]広島大学教育学部〔昭和28年〕卒，国学院大学神道専修科〔昭和32年〕修了　[歴]昭和28年大阪住吉大社神人に命ぜられる。32年厳島神社に入り、53年権宮司を経て、54年より宮司。平成8年の世界遺産登録時も含めて26年まで務め、二男に宮司を譲って名誉宮司に退いた。14～19年全国国宝重要文化財所有者連盟理事長の他、宮島町文化財審議会委員なども務めた。　[賞]広島県教育賞〔平成12年〕，文部科学省地域文化功労者〔平成13年〕　[賞]学芸員　[家]父＝野坂元定（神官），二男＝野坂元明（神官），弟＝野坂元臣（神官）

野崎 孝則　のざき・たかのり　新潟日報論説編集委員室次長　[没]平成28年（2016）6月20日　57歳〔胸腺がん〕　[生]昭和33年（1958）12月19日　[出]新潟県新発田市　[学]立命館大学文学部卒　[歴]昭和56年新潟日報社に入社。写真部、本社報道部などを経て、運動部長、デジタル戦略室長、上越支社長を務めた。平成28年論説編集委員室次長。平成元年度の新聞協会賞に選ばれた新潟日報連載企画「東京都湯沢町」のメンバーとして写真取材を担当。また、25年の新潟日報電子版「モア」の開設に尽力した。

野崎 欣宏　のざき・よしひろ　アニメプロデューサー　伸童舎創業者　[没]平成29年（2017）1月10日　75歳〔悪性リンパ腫〕　[出]埼玉県所沢市　[歴]昭和38年虫プロダクションに入社。日本初の30分テレビアニメ「鉄腕アトム」の製作に参加、同じ動画を使い回す“バンクシステム”の確立に貢献した。同社倒産後、オフィスアカデミーでアニメ「宇宙戦艦ヤマト」のプロジェクトに参加。日本サンライズ（現・サンライズ）では「超電磁ロボ コン・バトラーV」などに参加。56年伸童舎を創業、書籍の出版やアニメ玩具の開発も手がけた。また、「機動戦士Zガンダム」のデザインなどにも関わった。　[家]二男＝野崎伸治（伸童舎社長）

野沢 協　のざわ・きょう　東京都立大学教授　[専]フランス思想史（17・18世紀）　[没]平成27年（2015）11月18日　85歳〔老衰〕　[生]昭和5年（1930）2月1日　[出]神奈川県鎌倉市　[学]東京大学文学部フランス文学科〔昭和28年〕卒　[歴]東京都立大学教授を経て、駒沢大学教授。フランス啓蒙期の思想研究に従事。訳書にアザール「ヨーロッパ精神の危機」、グレトゥイゼン「ブルジョワ精神の起源」、「ピエール・ベール著作集」（全8巻）などがある。　[賞]クローデル賞（第9回）〔昭和50年〕「ヨーロッパ精神の危機」，日本翻訳文化賞〔昭和57年・平成9年〕「18世紀社会主義」「ピエール・ベール著作集」，日仏翻訳文学賞（第2回）〔平成7年〕「ピエール・ベール著作集」　[団]日本翻訳家協会

野沢 治雄　のざわ・はるお　剣道家　埼玉県剣道連盟会長　[没]平成27年（2015）10月22日　77歳〔骨髄線維症〕　[出]埼玉県秩父郡皆野町　[歴]埼玉県剣道連盟会長、相談役を務めた。範士8段。

野沢 由己夫　のざわ・ゆきお　日本カーリット社長　[没]平成27年（2015）11月21日　84歳〔肺炎〕　[生]昭和6年（1931）5月26日　[出]神奈川県　[学]横浜国立大学経済学部〔昭和30年〕卒　[歴]昭和30年富士銀行（現・みずほ銀行）に入行。60年日本カーリット（現・カーリットホールディングス）専務に転じ、61年副社長、平成2年社長、10年会長を歴任した。

野地 潤家　のじ・じゅんや　広島大学名誉教授　鳴門教育大学学長・名誉教授　[専]国語教育学　[没]平成28年（2016）5月15日　95歳〔老衰〕　[生]大正9年（1920）11月4日　[出]愛媛県大洲市　[学]広島文理科大学国語国文科〔昭和20年〕卒　教育学博士（広島大学）〔昭和41年〕　[歴]昭和21年愛媛県立松山城北高等女学校教諭、23年広島高等師範学校助教授、27年広島大学教育学部助教授を経て、42年教授。57年学部長。59年鳴門教育大学教授に転じ、63年副学長、平成4～10年学長を務めた。著書に「教育話法の研究」「国語教育」「国語教育原論」「国語教育の創造」「国語教育の探究」などがある。　[賞]勲二等瑞宝章〔平成10年〕，垣内賞（昭和36年度），博報賞（国語教育部門，第4回，昭和48年度），石井賞（昭和49年度），中国文化賞（昭和55年度），読書科学賞（第19回）〔昭和60年〕　[団]日本教育学会，全国大学国語国文学会，全国大学国語教育学会，日本国語教育学会，日本読書学会，国語学会，日本文学協会　[家]長男＝野地澄晴（徳島大学学長），二男＝野地照樹（サッカー指導者）

野地 尚　のじ・ひさし　福島中央新報社長　[没]平成29年（2017）10月5日　83歳〔呼吸不全〕　[家]長男＝野地仁（福島中央新報専務）

野路 道夫　のじ・みちお　三井信託銀行副社長　[没]平成28年（2016）8月4日　94歳〔老衰〕　[生]大正10年（1921）9月25日　[出]福井県　[学]慶応義塾大学経済学部〔昭和18年〕卒　[歴]昭和18年三井信託銀行（現・三井住友信託銀行）に入行。47年取締役、52年常務、54年専務を経て、57年副社長、61年顧問。平成2年退任。　[家]父＝野路慶三（東京芝浦電気専務）

野島 昌子　のじま・まさこ　手結盆踊り保存会踊り部長　[没]平成27年（2015）6月5日　89歳　[出]高知県香南市　[歴]昭和39年高知県教育委員会の体育保健課指導主事として高知県フォークダンス連盟の発足に尽力。また、手結盆踊り保存会踊り部長として300年余の歴史を持つ地元の踊りの全国への発信や継承に努めた。　[賞]高知県文化賞（平成26年度）

野尻 武志　のじり・たけし　ミノルタカメラ常務　[没]平成27年（2015）3月12日　89歳〔呼吸不全〕　[生]大正15年（1926）1月11日　[出]愛知県豊川市　[学]浜松工専精密機械科〔昭和20年〕卒　[歴]昭和22年千代田光学（のちミノルタカメラ，現・コニカミノルタ）に入社。38年からプラネタリウム製造を担当。49年取締役を経て、常務。60年開催のつくば科学万博に設置された新世代のプラネタリウム「インフィニウム」を2年がかりで開発した。62年ミノルタ事務機販売社長。

野尻 千草　のじり・ちぐさ　料理研究家　野尻千草料理教室主宰　[没]平成29年（2017）6月28日　89歳〔誤嚥

の

性肺炎〕 [生]昭和2年（1927） [出]大阪府 [歴]日本割烹学校辻徳光の門下に入り、料理教師を務めた後に独立。大阪市で料理教室を主宰する傍ら、テレビ、ラジオの料理番組や、各新聞、婦人雑誌の料理記事を担当。外国の家庭料理にも興味を持ち、在阪外国人の主婦へのインタビュー記事を2年間にわたって毎日新聞に連載した。著書に「ママの手料理」「おいしくて、簡単アイデア料理」などがある。

野尻 知里 のじり・ちさと 医師 テルモ上席執行役員 [専]心臓外科, 医用工学 [没]平成27年（2015）11月13日 63歳〔病気〕 [生]昭和27年（1952） [出]愛知県 [学]北野高卒, 京都大学医学部〔昭和53年〕卒 医学博士〔昭和61年〕 [歴]京都大学理学部に入学したが、医学部に再入学。昭和54年小倉記念病院に入り心臓外科を担当。56年東京女子医科大学に移り、62年助手、平成3年テルモ研究開発センター主任研究員。この間、昭和61年から3年間米国ユタ大学に研究員として留学。平成15年米国法人テルモハートの社長兼CEO（最高経営責任者）に就任。血栓ができにくい画期的な補助人工心臓「デュラハート」を開発し、重度の心臓疾患を抱えて移植を待つ世界の患者に治療の道を開いた。21年テルモ上席執行役員兼コーポレートCMO（チーフ・メディカル・オフィサー）。その後、東京大学COI（センター・オブ・イノベーション）研究推進機構で国民の健康増進を目指す国家プロジェクトの副機構長を務めた。著書に「心臓外科医がキャリアを捨ててCEOになった理由」がある。 [賞]日本イノベーター大賞〔平成19年〕, ウーマン・オブ・ザ・イヤー2008（大賞, 日経ウーマン）〔平成19年〕

野頭 荘雲 のず・そううん 書家 荘書会主宰 [没]平成29年（2017）6月22日 88歳〔心不全〕 [生]昭和4年（1929） [出]神奈川県相模原市 [名]本名＝野頭喜一郎（のず・きいちろう） [歴]岡本松堂に師事。毎日書道展参与会員を務めた。 [家]長男＝野頭荘山（書家） [師]師＝岡本松堂

野津 喬 のず・たかし 日本カバヤ・オハヨーホールディングス会長 [没]平成29年（2017）11月24日 72歳〔急性心不全〕 [生]昭和20年（1945）9月19日 [出]旧満州 [学]慶応義塾大学商学部〔昭和43年〕卒 [歴]オハヨー乳業社長などを務めた野津克巳の長男。昭和43年父の経営する乳製品製造のオハヨー乳業に入社、常務となり、46年副社長を経て、50年社長。54年菓子製造のカバヤ食品社長。平成28年両社を含む13社は持ち株会社制に移行して日本カバヤ・オハヨーホールディングスが誕生、同社会長を務めた。また、岡山青年会議所理事長で活躍し、昭和60年日本青年会議所会頭に就任。東京レジャー開発、岡山日日新聞社各社長、英国暁星国際大学理事長なども歴任した。 [家]長男＝野津基弘（日本カバヤ・オハヨーホールディングス社長）, 父＝野津克巳（カバヤ食品会長・岡山日日新聞会長）

野津 龍 のず・とおる 鳥取大学名誉教授 [専]上代文学, 民俗学 [没]平成27年（2015）4月22日 79歳〔肺炎〕 [生]昭和10年（1935）10月23日 [出]東京都品川区 [学]国学院大学文学部文学科〔昭和30年〕卒, 国学院大学大学院文学研究科日本文学専攻〔昭和41年〕博士課程修了 [歴]昭和41年栃木短期大学専任講師を経て、44年鳥取大学助教授、52年教授。平成13年定年退官。獅子舞研究の第一人者として知られ、因幡地方に伝わる麒麟獅子舞の起源がそれまで伝えられてきた奈良時代ではなく、江戸初期の因幡鳥取藩主・池田光仲の創始によるものだと突きとめた。平成元年、2年がかりで鳥取県内の伝説を調査してまとめた「鳥取県伝説集」を出版。他の著書に「生きている民俗探訪鳥取」「隠岐島の牛突き」などがある。 [賞]瑞宝中綬章〔平成27年〕, 鳥取県出版文化賞（第6回）「鳥取県写真風土記」, 山陰中央新報社地域開発賞「因幡の獅子舞研究」, 鳥取県文化賞（第21回）「因幡の獅子舞研究」

野田 市朗 のだ・いちろう 牧師 腹話術師 ロゴス腹話術研究会主宰 [没]平成27年（2015）9月13日 90歳 [生]大正14年（1925）4月22日 [出]東京都 [名]芸名＝春風イチロー（はるかぜ・いちろー） [学]駒沢大学卒, タルバット神学校卒, 日本聖書神学校卒 [歴]腹話術師として寄席に出ていた23歳のとき、賀川豊彦と出会いキリスト教の道に進む。日本基督教団正教師になるまで一時期ブランクはあったものの、牧師となってからも寄席・ボランティア活動で腹話術を続け、人形を通じて福音を説いた。ロゴス腹話術研究会を主宰。著書に「キリストの腹話術」がある。

野田 三郎 のだ・さぶろう 野田市兵衛商店社長 熊本県中小企業団体中央会会長 [没]平成28年（2016）7月12日 64歳〔心不全〕 [生]昭和27年（1952）2月1日 [出]熊本県熊本市 [学]成蹊大学〔昭和51年〕卒 [歴]昭和51年熊本市の野田市兵衛商店に入社。57年専務を経て、平成6年社長。昭和58年野田市コンピューターシステム社長、平成7年野田市電子社長。熊本県商工振興協同組合理事長を務め、24年熊本県中小企業団体中央会会長に就任。28年5月3期目に再任されたが、間もなく病死した。

野田 武太郎 のだ・たけたろう ファビルス社長 [没]平成29年（2017）4月14日 78歳〔肺炎〕 [生]昭和14年（1939）1月8日 [出]福岡県福岡市中央区 [歴]昭和32年福岡統正社に入社。33年福岡ビルサービスに転じ、45年取締役業務部長、53年専務を経て、63年社長。平成9年ファビルスに社名変更。21年長男に社長を譲り会長となった。18～23年福岡商工会議所副会頭。 [家]長男＝野田太（ファビルス社長）

野田 哲 のだ・てつ 参院議員（社会党） [没]平成29年（2017）10月21日 91歳〔肺がん〕 [生]大正15年（1926）1月10日 [出]岡山県笠岡市 [名]本名＝野田哲（のだ・さとし） [学]笠岡商〔昭和17年〕卒 [歴]福山市役所職員、自治労本部副委員長、公務員共闘事務局長などを経て、昭和49年参院選全国区で初当選。55年再選、61年3選。ロッキード事件や鉄建公団事件では“参議院の爆弾男”として活躍。社会党内では靖国神社問題の権威の一人だった。平成4年引退。 [賞]勲二等旭日重光章〔平成8年〕

野田 日吉 のだ・ひよし 日本食品化工社長 [没]平成29年（2017）3月11日 92歳 [生]大正14年（1925）1月1日 [出]大阪府 [学]東京大学工学部〔昭和25年〕卒 [歴]昭和25年日本食品化工に入社。42年企画技術部長、43

の

年取締役、47年常務、59年専務を経て、60年社長に就任。平成5年取締役相談役、のち相談役に退いた。

野田 松太郎　のだ・まつたろう　愛媛大学名誉教授　[専]計算機科学　[没]平成28年(2016)6月6日　76歳〔直腸がん〕　[生]昭和14年(1939)10月3日　[出]大阪府　[学]甲南大学理学部物理学科卒, 大阪市立大学大学院理学研究科物理学専攻〔昭和44年〕博士課程修了　理学博士　[歴]昭和45年より愛媛大学工学部に勤務し、情報工学科教授を務めた。　[賞]情報処理学会論文賞(平成4年度)〔平成5年〕

野田 好子　のだ・よしこ　洋画家　[没]平成28年(2016)2月9日　90歳〔老衰〕　[生]大正14年(1925)3月25日　[出]静岡県富士市田子の浦　[学]富士高女〔昭和18年〕卒　[歴]小学2年の時に隣家に椎野修が疎開してきたのをきっかけに油彩を知り、曽宮一念に師事。昭和28年国画会会員となる。39年「雲中夢」が文部省の買上げに。44年片岡球子、三岸節子ら女性9人で総合美術展・潮展を結成して同人となる。平成20年画業60年の回顧展を故郷の静岡県立美術館県民ギャラリーで開催した。　[賞]文化庁長官表彰〔平成20年〕, 国展国画奨学賞(第27回・28回)〔昭和28年・29年〕　[団]国画会　[師]師＝曽宮一念

野平 昌人　のだいら・まさと　北海道新聞専務　北海道文化放送社長　[没]平成29年(2017)6月5日　99歳〔肺炎〕　[生]大正7年(1918)5月20日　[出]長野県須坂市　[学]陸士〔昭和15年〕卒　[歴]昭和29年北海道新聞に入社。本社労務・人事各部長、釧路支社・本社各工務局長、45年取締役人事労務担当、49年常務(営業担当)を経て、52年専務。53年北海道文化放送社長、59年会長、61年相談役を歴任した。

能登 彰夫　のと・あきお　医師　秋田県医師会会長　[専]耳鼻咽喉科学　[没]平成27年(2015)11月22日　88歳〔多臓器不全〕　[生]昭和2年(1927)7月17日　[出]新潟県新潟市　[学]新潟中〔昭和20年〕卒, 新潟高理科乙類〔昭和23年〕卒, 新潟医科大学〔昭和27年〕卒　[歴]昭和28年新潟医科大学耳鼻咽喉科に入局。35年秋田赤十字病院耳鼻咽喉科部長となり、39年能登医院を開業。51年から7期14年間にわたって秋田県医師会会長を務め、秋田県総合保健センター、秋田県成人病医療センターの設立に貢献。秋田市医師会会長、秋田県学校保健会会長も歴任した。　[賞]藍綬褒章〔平成2年〕, 勲四等旭日小綬章〔平成12年〕, 秋田県文化功労者〔平成23年〕　[団]日本耳鼻咽喉科学会

能登 靖幸　のと・やすゆき　洋画家　岡山大学教育学部教授　[没]平成29年(2017)11月6日　94歳〔老衰〕　[生]大正12年(1923)3月24日　[出]岡山県高梁市　[学]岡山師範学校本科第一部初等教育増科(図画)〔昭和17年〕卒　[歴]日展評議員で、日展系美術団体・東光会を率いた佐藤一章に洋画を師事。昭和25年日展初入選。点描を重ねていく独特の風景画が評価される。一方、岡山附属小中学校の教師を経て、岡山大学教育学部教授、就実短期大学教授を歴任。東光会常任審査員、理事を経て、平成19年名誉会員。日展では8年審査員、岡山日展会の結成にも尽力し、岡山県美術展洋画審査員を務めるなど、県洋画壇をリードした。　[賞]紺綬褒章, 日展特選(第8回)〔昭和51年〕「搭」, 日展特選(第13回)〔昭和56年〕「漁村」, 倉敷市文化章(平成9年度)「独特の風景画」, 岡山県文化賞(第51回)〔平成10年〕, 三木記念賞(文化部門)〔平成19年〕　[団]日展, 東光会(名誉会員)　[師]師＝佐藤一章, 森田茂

能登 祐一　のと・ゆういち　秋田県議(自民党)　[没]平成29年(2017)1月19日　70歳　[生]昭和21年(1946)8月11日　[出]秋田県能代市　[学]日本大学商学部〔昭和44年〕卒　[歴]昭和44年戸田道路に入社。45年西村土建に転じ常務、50年社長。能代市議3期を経て、平成3年能代市選挙区から秋田県議に当選。3期務め、15年能代市長選に立候補。19年能代市山本郡選挙区で県議に返り咲き。25年議長。通算6期目途中の29年、事務所で倒れ急逝。自民党秋田県連幹事長などを歴任した。

野中 章　のなか・あきら　日中友好手をつなぐ会長野県支部長　[没]平成27年(2015)4月6日　78歳　[出]長野県下伊那郡阿智村伍和　[歴]満蒙開拓団の一員として旧満州へ渡り、戦後に中国残留孤児たちの肉親捜しに尽力する山本慈昭に教わった経験を持つ。山本さんの没後、中国残留孤児たちの肉親捜しや日中友好に関する事業を継承。平成25年郷里の長野県阿智村に開館した満蒙開拓平和記念館の理事も務めた。

野中 英二　のなか・えいじ　衆院議員(自民党)　国土庁長官　[没]平成27年(2015)2月25日　95歳〔老衰〕　[生]大正9年(1920)1月16日　[出]埼玉県　[学]慶応義塾大学法学部〔昭和25年〕卒　[歴]埼玉県議3期を経て、昭和44年衆院選旧埼玉4区から無所属で当選。その後、自民党公認となり6期。50年国土政務次官、52年通産政務次官、55年衆院商工常任委員長を経て、平成元年宇野内閣の国土庁長官として初入閣した。竹下派。平成2年、5年落選。　[賞]勲一等瑞宝章〔平成3年〕, 加須市名誉市民〔平成6年〕　[家]孫＝野中厚(衆院議員)

野中 圀亨　のなか・くにあき　音楽評論家　[没]平成27年(2015)2月25日　71歳〔大腸がん〕　[出]大分県国東市　[名]本名＝野中邦昭(のなか・くにあき)　[歴]読売新聞記者を経て、音楽誌での評論や音楽セミナー講師などを手がけた。

野中 資博　のなか・つぐひろ　島根大学生物資源科学部教授　[専]農業工学　[没]平成27年(2015)7月16日　64歳〔病気〕　[生]昭和25年(1950)10月2日　[学]鳥取大学農学部農業工学科〔昭和48年〕卒, 京都大学大学院農学研究科農業工学専攻〔昭和50年〕修士課程修了　農学博士(京都大学)〔昭和57年〕　[歴]昭和50年島根大学農学部助手、60年助教授を経て、平成7年教授。同年同大生物資源科学部教授。　[賞]日本下水道協会有功賞(優秀論文)〔平成3年〕

野中 昌法　のなか・まさのり　新潟大学農学部教授　[専]土壌環境学　[没]平成29年(2017)6月9日　63歳〔病気〕　[生]昭和28年(1953)11月13日　[出]栃木県　[学]明治大学農学部農芸化学科卒, 東京大学大学院農学系研究科博士課程中退　博士(農学)　[歴]昭和62年新潟大学農学部助手、平成8年助教授を経て、18年教授。24〜28年同大大学院技術経営研究科長。土壌研究を通じて新潟県の農家らと有機農業の普及に取り組んだ他、23年の東日本大震災による福島第一原子力発電所事故は福島県で収穫された玄米などの放射性セシウムを検査し、水や土、場所がどのような影響を与えるかを調査。

土壌研究の観点から福島県の復興支援に取り組み、継続的に同地に通って稲作農家の技術指導にあたった。

野々村 貞夫　ののむら・さだお　京都府議（自民党）　京都新聞両丹総局長　[没]平成27年（2015）7月6日　92歳〔敗血症〕　[生]大正12年（1923）5月26日　[出]京都府南丹市　[学]京都師範〔昭和18年〕卒　[歴]京都新聞園部支局長、亀岡支局長、地方部長、両丹総局長を経て、昭和54年以来京都府議に4選。平成7年引退。13～15年京都府選挙管理委員会委員長を務めた。

野原 多津美　のはら・たつみ　秋田県議（無所属）　[没]平成27年（2015）12月11日　68歳〔肺がん〕　[生]昭和22年（1947）1月9日　[出]秋田県南秋田郡八郎潟町　[学]秋田南高卒　[歴]JR東日本秋田支社総務部総務課課長代理を経て、企画室副室長。平成3年より秋田県議に3選。15年落選。

野平 明雄　のひら・あきお　卓球選手・指導者　専修大学卓球部総監督　[没]平成27年（2015）2月4日　78歳〔病気〕　[学]専修大学卒　[歴]昭和31年世界選手権東京大会の男子シングルスで3位に入賞。引退後は専修大学卓球部総監督、アジアジュニア男子監督、アジアカップ男子監督などを務めた他、千葉市の千城クラブで指導にあたり、松本雪乃、村上裕和らを育てた。　[賞]日本卓球人賞特別奨励賞〔平成24年〕

信木 明　のぶき・あきら　東洋ゴム工業社長　[没]平成27年（2015）12月2日　60歳〔病気〕　[生]昭和30年（1955）1月7日　[出]広島県　[学]大阪市立大学経済学部〔昭和53年〕卒　[歴]昭和53年東洋ゴム工業に入社。平成21年取締役を経て、25年社長に就任。26年11月健康上の理由で会長に退いたが、27年3月免震ゴムの性能データ改竄問題が発覚、7月引責辞任した。

信朝 寛　のぶとも・ひろし　岡山県知事室審議監　[没]平成28年（2016）12月17日　83歳　[生]昭和7年（1932）12月22日　[出]岡山県　[学]操山高卒　[歴]岡山県企画部長、農林部長、知事室審議監、県の第三セクター・岡山広域産業情報システム社長を歴任し、平成10年岡山エフエム放送の初代社長に就任。13年退任。　[賞]勲四等旭日小綬章〔平成15年〕

野間口 千賀　のまぐち・ちか　俳人　鹿児島県現代俳句協会会長　[没]平成28年（2016）7月25日　94歳〔鬱血性心不全〕　[生]大正11年（1922）4月18日　[出]高知県高知市　[歴]「海程」「天街」「形象」各同人で、平成18～28年「天街」の同人代表を務めた。18年鹿児島県現代俳句協会会長。句集に「紗浮卵」「揚羽蝶」などがある。　[賞]天街賞〔昭和41年〕，天籟通信賞（第4回）〔昭和55年〕，九州俳句作家賞（第13回）〔昭和56年〕，形象作家賞（第2回）〔平成6年〕　[団]現代俳句協会（名誉会員）

野村 彰夫　のむら・あきお　信州大学名誉教授　[専]レーザー遠隔計測　[没]平成27年（2015）12月29日　71歳　[生]昭和19年（1944）7月28日　[出]静岡県静岡市　[学]東北大学工学部〔昭和42年〕卒，東北大学大学院工学研究科応用物理学専攻〔昭和50年〕博士課程修了　工学博士　[歴]昭和52年信州大学工学部助手、同年助教授を経て、平成元年教授。14～18年同学部長。昭和59年南極観測の第二十六次越冬隊に参加。平成12年から昭和基地に備えた装置で上空80～110キロの中間圏界面を含む温度をレーザーを使い本格的に実測、冬の南極の中間圏界面の温度が北極よりも低いことを解明した。　[団]応用物理学会，電子情報通信学会

野村 明人　のむら・あきと　金沢大学理工研究域機械工学系教授　[専]数学　[没]平成28年（2016）6月19日　53歳〔小腸がん〕　[学]学術博士（金沢大学）　[歴]金沢大学教授を務めた。

野村 昭　のむら・あきら　関西大学名誉教授　[専]社会心理学　[没]平成29年（2017）3月7日　89歳〔老衰〕　[生]昭和2年（1927）12月5日　[出]京都府京都市　[学]京都大学文学部〔昭和27年〕卒　[歴]昭和30年島根大学講師、35年助教授を経て、44年関西大学教授。著書に「俗信と偏見」「日本の俗信」「社会と文化の心理学」、共訳にG.W.オルポート「偏見の心理」などがある。　[賞]瑞宝中綬章〔平成19年〕　[団]日本社会心理学会，日本心理学会

野村 和雄　のむら・かずお　北陸電気工業専務　[没]平成28年（2016）6月22日　70歳〔病気〕　[生]昭和21年（1946）1月15日　[出]富山県　[学]新潟大学工学部〔昭和43年〕卒　[歴]昭和43年東芝に入社。54年北陸電気工業に転じ、技術本部開発技術部長を経て、平成8年取締役、16年常務、18年代表取締役専務に就任。

野村 沙知代　のむら・さちよ　タレント　プロ野球元監督の野村克也夫人　[没]平成29年（2017）12月8日　85歳〔虚血性心不全〕　[生]昭和7年（1932）3月26日　[出]福島県　[歴]昭和32年米国軍人と結婚し、克晃（団野村）、克彦（ケニー野村）をもうけた後、離婚。45年プロ野球・南海ホークス監督だった野村克也と知り合い、48年克則（現・ヤクルトコーチ）をもうける。53年野村と正式に結婚。60年野村について書いたエッセイ「きのう雨降り今日は曇りあした晴れるか」で潮賞ノンフィクション部門特別賞を受賞。不動産管理・旅行代理業のノムラトレーディング役員の傍ら、63年から夫が作った少年野球チーム・港東ムースを率い、平成2年・3年日本リトルシニアリーグ全国大会優勝。2年野村がヤクルト監督に就任するとメディアへの露出が急増。夫や世間に対する歯に衣着せぬ物言いが話題となり、8年4月からフジテレビ系昼のバラエティ番組「笑っていいとも！」にレギュラー出演。同年10月には衆院選東京5区に新進党（当時）から立候補するも落選（選挙公報に虚偽の経歴を公表したとしてその後問題に）。その後も“サッチー”の愛称でバラエティ番組に多数出演。10年浅香光代との舞台「ミッチーとサッチーのウルトラ熟女対決」で女優デビューも果たしたが、11年には浅香との批判合戦が“ミッチー・サッチー騒動”として世間をにぎわせた。他の出演に映画「必殺・三味線屋勇次」、テレビドラマ「ああ嫁姑」など。他の著書に「しかってしつけるな ほめて育てる」、写真集に「Stay Young Forever」など。13年法人税と所得税法違反（脱税）の疑いで逮捕・起訴されると、野村は阪神監督を引責辞任。14年執行猶予付きの有罪判決を受ける。22年パートナー・オブ・ザ・イヤーを受賞するなど、おしどり夫婦として知られた。　[賞]潮賞ノンフィクション部門特別賞（第4回）〔昭和60年〕「きのう雨降り今日は曇りあした晴れるか」　[家]夫＝野村克也（プ

の

ロ野球監督), 息子＝団野村(プロ野球選手代理人), ケニー野村(スポーツアドバイザー), 野村克則(プロ野球選手)

野村 孝 のむら・たかし　映画監督　[没]平成27年(2015)5月5日　88歳〔肺炎〕　[生]昭和2年(1927)2月18日　[出]大阪府大阪市　[学]市岡中卒, 七高造士館卒, 東京大学経済学部〔昭和26年〕卒　[歴]東大時代は全学連の学部自治委員や全国オルグ、自治中央委員会議長を歴任。昭和25年から卒業後まで生活協同組合の運動に参加。その後、青俳に入り市川崑監督「億万長者」の助監督についたことがきっかけになり、30年市川と日活に入社。助監督時代は主として阿部豊に学ぶ。35年「特捜班5号」で監督デビュー。以後、石原裕次郎主演の「夜霧のブルース」、宍戸錠主演の「拳銃(コルト)は俺のパスポート」、撮影中に赤木圭一郎が事故死した「激流に生きる男」や、橋幸夫と吉永小百合の共演作「いつでも夢を」といったアクションものや歌謡映画を手がけ、B級娯楽映画の名人といわれた。47年退社後はフリーとなって活躍の場をテレビに移し、サスペンスドラマなどを撮った。　[団]日本映画監督協会

野村 哲也 のむら・てつや　清水建設社長　日本建設業団体連合会会長　建築業協会会長　[没]平成27年(2015)11月12日　76歳〔多臓器不全〕　[生]昭和13年(1938)12月17日　[出]岐阜県揖斐郡大野町　[学]早稲田大学理工学部建築学科〔昭和36年〕卒　[歴]昭和36年清水建設に入社。63年九州支店副支店長、平成元年九州支店長、3年取締役、6年常務、9年専務、10年副社長を経て、11年社長。19年会長。21年日本建設業団体連合会会長。　[資]1級建築士

野村 昇 のむら・のぼる　弓道家(教士8段)　鹿児島県弓道連盟副会長　[没]平成29年(2017)2月16日　87歳〔心不全〕　[出]鹿児島県鹿屋市　[歴]昭和59年～平成21年国体の鹿児島県弓道代表監督を務め、成年女子近的4連覇に貢献した。また、26年まで12年間、鹿児島県弓道連盟副会長を務めた。

野村 はるみ のむら・はるみ　日本画家　日展会友　[没]平成29年(2017)4月5日　83歳〔肝細胞がん〕　[出]兵庫県　[学]京都美術大学卒　[歴]山口華楊に師事。日春展、日展に出品、平成11年と15年に日展特選を受けた。[賞]紺綬褒章, 日春展日春賞〔平成10年〕, 日春展外務大臣賞〔平成11年〕, 日展特選〔平成11年・15年〕　[師]師＝山口華楊

野村 宏 のむら・ひろし　関電工専務　[没]平成29年(2017)10月8日　62歳〔腎盂がん〕　[生]昭和30年(1955)6月1日　[学]静岡大学人文学部〔昭和53年〕卒　[歴]東京電力を経て、平成25年関電工に転じ、26年取締役、28年専務。

野村 熙 のむら・ひろし　東日本銀行専務　[没]平成28年(2016)11月27日　82歳〔心筋梗塞〕　[生]昭和9年(1934)11月12日　[出]愛知県　[学]名古屋大学法学部〔昭和32年〕卒　[歴]昭和32年日本相互銀行(のち太陽神戸銀行)に入行、63年取締役。平成2年合併により太陽神戸三井銀行(現・三井住友銀行)取締役。3年東日本銀行常務、のち専務を務めた。

野村 雅一 のむら・まさいち　国立民族学博物館名誉教授　[専]文化人類学　[没]平成29年(2017)9月9日　75歳〔病気〕　[生]昭和17年(1942)9月8日　[出]広島県福山市　[学]京都大学文学部イタリア文学科〔昭和41年〕卒, 京都大学大学院言語学専攻〔昭和43年〕修士課程修了　[歴]京都大学人文科学研究所助手、南山大学講師、国立民族学博物館助教授を経て、教授に就任。総合研究大学院大学文化科学研究科教授を併任し、副学長も務めた。身ぶりやしぐさなど世界のコミュニケーション様式を研究した。著書に「しぐさの世界」「ボディランゲージの世界」「身ぶりとしぐさの人類学」「しぐさの人間学」などがある。　[団]日本民族学会, 日本顔学会

野村 正道 のむら・まさみち　宝印刷社長　[没]平成28年(2016)1月13日　87歳〔老衰〕　[生]昭和3年(1928)3月1日　[出]東京都　[学]中野中〔昭和19年〕卒　[歴]戦後、大蔵省の証券取引委員会に勤めたが、昭和27年退職して宝印刷を設立。35年社長、平成10年会長。14年社長に再任するが、同年会長職に専念。全国印刷工連会長を務めた。　[賞]勲四等瑞宝章〔平成14年〕

野村 光雄 のむら・みつお　衆院議員(公明党)　[没]平成27年(2015)11月10日　93歳〔慢性呼吸不全〕　[生]大正11年(1922)3月29日　[出]北海道上川郡愛別町　[学]愛別青年学校〔昭和17年〕修了　[歴]36歳まで農業を続けた後、昭和35年聖教新聞社に入って政治の道に進み、38年札幌市議、42年北海道議2期を経て、51年衆院選旧北海道4区で公明党から立候補して当選。1期。公明党北海道本部長なども務めた。

野村 靖 のむら・やすし　阿南市長　[没]平成29年(2017)5月22日　85歳〔脳梗塞〕　[生]昭和6年(1931)10月1日　[出]徳島県阿南市　[学]新野高〔昭和25年〕卒　[歴]昭和27年徳島県福井村役場に入り、30年合併により橘町役場、33年合併により阿南市役所に勤務。55年建設部副部長、56年同部長、57年総務部長、59年企業局長、61年助役を経て、62年から市長に4選。平成15年引退。

能村 庸一 のむら・よういち　テレビプロデューサー　フジテレビ編成局専任局長　[専]テレビ時代劇　[没]平成29年(2017)5月13日　76歳〔左腎細胞がん〕　[生]昭和16年(1941)1月6日　[出]東京都北区田端　[学]青山学院大学文学部〔昭和38年〕卒　[歴]昭和38年フジテレビにアナウンサーとして入社。43年編成企画部、編成局調査部長を経て、時代劇担当の専任局次長、平成6年同局長。「鬼平犯科帳」などレギュラー番組のほか、「忠臣蔵」「運命峠」「仕掛人・藤枝梅安」などをプロデュース。作品に「帰って来た木枯し紋次郎」「阿部一族」「御家人斬九郎」などがある。11年テレビ時代劇の歴史をまとめた「実録テレビ時代劇史」を刊行。23年退社後も時代劇プロデューサーを務めた。他の著書に「役者のパートナー マネジャーの足跡」「時代劇役者昔ばなし」などがある。　[賞]ギャラクシー賞テレビ部門特別賞(第36回)〔平成11年〕, 尾崎秀樹大衆文学研究賞(研

の

究考証部門, 第13回)〔平成12年〕「実録テレビ時代劇史」 [団]日本マスコミ学会

野元 甚蔵 のもと・じんぞう 陸軍の特務機関員としてチベットに潜入 [没]平成27年(2015)1月31日 97歳〔呼吸不全〕 [生]大正6年(1917)3月22日 [出]鹿児島県揖宿郡山川町浜児ケ水(指宿市) [学]鹿屋農〔昭和10年〕卒 [歴]昭和10年満州に渡り、同年10月アパカ特務機関にモンゴル語研究生として配属される。14年関東軍の要請によりチベットに潜入。1年半の滞在ののち、満州国治安部分室蒙古班に勤務。19年同分室北京駐在事務所に勤務するが、日本の敗戦で20年9月に帰国。のち山川町農協に勤務。平成13年チベット滞在時の手記をまとめた「チベット潜行1939」を出版した。

野呂 妙子 のろ・たえこ 声楽家(ソプラノ) [没]平成28年(2016)11月12日 86歳〔肺がん〕 [生]昭和5年(1930)1月29日 [出]青森県南津軽郡浪岡町(青森市) [学]弘前高女卒, 大妻女子大学家政科, 東京芸術大学声楽科〔昭和31年〕卒, パガニーニ音楽院(イタリア)卒 [歴]大妻女子大学に進むが声楽の道を諦められず音楽大学へ。そこで師事した四家文子の勧めで、昭和27年東京芸術大学を受験して合格。第1回芸大オペラに選ばれ主役、NHK新人演奏でトリを務める。37年スペイン給費生留学試験に合格、スペイン(1年間)、イタリア(5年間)、ドイツ(1年間)の計7年間留学し、イタリアのパガニーニ音楽院を1番で卒業。キジ国際音楽コンクールで2位入賞。44年帰国。藤原歌劇団に所属してソプラノのソリストとして活躍する他、武蔵野音楽大学で後進を指導した。 [賞]青森県褒賞〔昭和53年〕, 青森県文化賞〔平成17年〕, キジ国際音楽コンクール第2位 [師]師＝四家文子, チーニヤ, ジーナ, ヴァリーニ, リア

は

【は】

灰島 かり はいじま・かり 児童文学研究家 翻訳家 [没]平成28年(2016)6月14日 66歳〔胃がん〕 [生]昭和25年(1950) [出]千葉県市川市 [名]本名＝鈴木貴志子(すずき・きしこ), 旧姓・名＝蓜島 [学]国際基督教大学卒, ローハンプトン大学(英国)大学院児童文学科修士課程 [歴]資生堂「花椿」編集部、コピーライターを経て、平成6年より英国のローハンプトン大学で児童文学を学んだ。帰国後、子供の本を中心に英文学の翻訳、研究に携わった。著書に「こんにちは」「絵本翻訳教室へようこそ」、訳書にポール・ギャリコ「猫語の教科書」、アン・ファイン「それぞれのかいだん」、ローズマリー・サトクリフ「ケルトの白馬」、ロアルド・ダール「へそまがり昔ばなし」などがある。 [家]夫＝鈴木晶(評論家・翻訳家), 父＝蓜島正次(市川東葛信用金庫理事長)

灰外 達夫 はいそと・たつお 木工芸家 [専]指物, 挽曲, 木象嵌 [没]平成27年(2015)3月14日 74歳〔脳内出血〕 [生]昭和16年(1941)1月3日 [出]石川県珠洲市 [歴]農家の五男で、昭和31年から建具職人の世界で修業。52年木工芸の人間国宝・氷見晃堂の展覧会をみたことがきっかけとなり、木工芸の創作を始める。56年日本伝統工芸展に木工(指物)で初入選、63年日本工芸会正会員に推挙される。平成8年名古屋三越で個展を開催。薄板に特殊なのこぎりでV字の切れ目を入れて環状に曲げる“挽曲(ひきまげ)”技法の第一人者で、20年紫綬褒章を受章、24年には人間国宝に認定された。 [賞]紫綬褒章〔平成20年〕, 北国文化賞(第66回)〔平成24年〕, 日本伝統工芸展日本工芸会奨励賞(第39回)〔平成4年〕「神代杉造木象嵌短冊箱」, 伝統工芸木竹展日本工芸会賞(第7回)〔平成8年〕「神代杉挽曲木象嵌喰籠」, 伝統工芸木竹展文化庁長官賞(第9回)〔平成12年〕, 日本伝統工芸展NHK会長賞(第50回)〔平成15年〕「神代楡挽曲造食籠」, 日本伝統工芸展日本工芸会保持者賞(第54回)〔平成19年〕「神代杉造食籠」 [資]重要無形文化財保持者(木工芸)〔平成24年〕 [団]日本工芸会

はかま 満緒 はかま・みつお 放送作家 タレント [没]平成28年(2016)2月16日 78歳〔心不全〕 [生]昭和12年(1937)9月13日 [出]東京都 [名]本名＝袴充夫(はかま・みつお) [学]慶応義塾大学経済学部〔昭和32年〕中退 [歴]慶大在学中からコント台本を書き始め、昭和32年大学を中退してラジオ東京(現・東京放送)に入社。テレビ報道部勤務を経て、34年退社。フリーの放送作家、タレントとなる。以来、「シャボン玉ホリデー」をはじめとする数多くのバラエティ番組を手がけ、萩本欽一やポール牧らを育てた。ニッポン放送「ミュージック天国」ではDJとして若者に支持された。他にも「脱線問答」(NHKテレビ)、「日曜喫茶室」(NHK・FM)などの司会、舞台演出、俳優と多方面に活躍。新聞や雑誌に寄稿した他、著書も多く、「黙って書いてごめんなさい」「オトナの歌集」「誰も書かなかった裕次郎」などを発表した。 [賞]芸術祭賞文部大臣賞(大衆芸能部門)〔昭和38年〕, 芸術祭賞〔昭和62年〕, 放送文化基金賞(第27回)〔平成13年〕

波木居 純一 はぎい・じゅんいつ 津田塾大学名誉教授 [専]フランス文学, フランス宗教思想史, キリスト教史 [没]平成27年(2015)11月17日 78歳 [生]昭和12年(1937)3月17日 [出]京都府 [学]学習院大学文学部〔昭和34年〕卒, ストラスブール大学プロテスタント神学部〔昭和36年〕卒 [歴]桜美林大学教授を務めた波木居斉二の長男。横浜国立大学講師、助教授、津田塾大学助教授を経て、昭和54年教授。平成16年附属図書館長。訳書にアンドレ・パロ「キリストの大地」「考古学入門」、ロジェ・メール「プロテスタント神学」、ドニ・ド・ルージュモン「ヨーロッパ人への手紙」、グザヴィエ・ド・モンクロ「フランス宗教史」などがある。 [家]妻＝波木居慈子(翻訳家), 父＝波木居斉二(桜美林大学教授)

萩野 映明 はぎの・えいみょう 僧侶 能仁寺(曹洞宗)住職 [没]平成28年(2016)1月29日 75歳 [歴]報知新聞記者としてプロ野球選手の長嶋茂雄や王貞治らと親交があった。のち埼玉県飯能市の能仁寺住職となり、埼玉県仏教会会長も務めた。

萩野 浩基 はぎの・こうき 衆院議員(自民党) 参院議員 東北福祉大学学長 [専]政治学 [没]平成27年(2015)10月18日 75歳〔食道がん〕 [生]昭和15年

(1940) 7月20日　[出]島根県鹿足郡津和野町　[学]駒沢大学仏教学科卒, 早稲田大学大学院政治学研究科〔昭和45年〕修了　[歴]玉川大学、共立女子大学各講師、ロンドン大学客員教授を経て、東北福祉大学教授。同大の学長補佐を務めていた平成4年、参院宮城選挙区補選に連合型統一候補として連合の会（のち民主改革連合）公認で立候補して当選。7年落選したが、新進党に移った8年の衆院選で比例東北ブロックの単独候補として当選。9年同党解党後は自民党入り。比例・単独候補として3期連続当選し、17年引退。橋本派。衆院沖縄・北方問題特別委員長を務めた。この間、6年東北福祉大学学長に就任。著書に「感性のとき」、編著に「現代社会の福祉政治論」「現代社会福祉要論」「高齢社会の課題とアジア共同体」などがある。　[団]日本政治学会, 日本行政学会

萩原 敏朗　はぎはら・としろう　東北大学名誉教授　[専]教育学　[没]平成28年 (2016) 6月7日　72歳〔食道がん〕　[生]昭和18年 (1943) 6月23日　[出]宮城県仙台市　[学]東北大学教育学部教育学科卒, 東北大学大学院教育学研究科教育社会学専攻〔昭和48年〕博士課程修了　[歴]東北大学助教授を経て、教授。　[団]日本社会学会, 日本教育社会学会, 日本社会教育学会

萩山 教嚴　はぎやま・きょうごん　衆院議員（自民党）　[没]平成27年 (2015) 10月13日　83歳〔心不全〕　[生]昭和7年 (1932) 3月20日　[出]富山県氷見市　[学]立命館大学法学部〔昭和32年〕卒　[歴]実家は代々続く寺で、富山県氷見市で生まれ、県境に近い石川県北志雄村（現・宝達志水町）で育つ。昭和32年正力松太郎衆院議員秘書を経て、46年より富山県議に2選。54年衆院選旧富山2区に立候補、平成2年初当選。小選挙区制が導入された8年からは比例代表に回り、綿貫民輔、橘康太郎と“3本の矢”として自民王国富山を支えた。しかし、17年衆院選では郵政民営化法案に反対票を投じて自民党を離党した綿貫の対抗馬として富山3区から立候補、比例区で当選。連続6期。この間、13年小泉内閣の防衛庁副長官に就任。また、衆院大蔵委員長、党副幹事長などを歴任した。亀井派を経て、伊吹派。21年政界を引退。　[賞]勲二等旭日重光章〔平成15年〕　[家]長男＝萩山峰人（氷見市議）

萩原 流行　はぎわら・ながれ　俳優　[没]平成27年 (2015) 4月22日　62歳〔交通事故死〕　[生]昭和28年 (1953) 4月8日　[出]東京都目黒区　[名]本名＝萩原光男　[学]世田谷学園高卒　[歴]昭和46年頃から芝居を始める。劇団ザ・スーパーカムパニイに入団、48年初舞台を踏み、アングラ演劇で活動。57年劇団つかこうへい事務所に入ったのがきっかけで、映画「蒲田行進曲」で映画初出演。以後、個性派俳優として映画「人生劇場」「里見八犬伝」などの大作に出演し人気を得る。オリジナルビデオ〈修羅がゆく〉シリーズの伊能政治役など強面の役を得意とする一方、テンションの高い振り切れた演技でコメディでも持ち味を発揮。また、明るくきさくなキャラクターからバラエティ番組でも活躍し、愛用のウェスタンルックがトレードマークだった。他の出演作に、舞台「寝盗られ宗介」「GANKUTSUOH」「絆」、映画「嵐が丘」「遊びの時間は終らない」「マークスの山」「モスラ」、テレビドラマはNHK大河ドラマ「独眼竜政宗」「炎立つ」「元禄繚乱」や「嫁ぐ日'84」「疑惑の男」「東中学3年5組」「スケバン刑事III少女忍法帖伝奇」「教師びんびん物語」「家なき子2」「女医」「ロッカーのハナコさん」など。東京MX系の生放送情報番組「5時に夢中！」の司会も務めた。晩年には夫婦でうつ病を患っていることを告白、21年著書「Wうつ」を出版した。最晩年はたびたび交通事故を起こし（25年から4回）、27年4月バイクを運転中に転倒して亡くなった。　[家]妻＝萩原まゆ美（女優）

萩原 裕子　はぎわら・ひろこ　首都大学東京都市教養学部教授　[専]言語脳科学, 言語学, 心理言語学　[没]平成27年 (2015) 7月10日　59歳〔病気〕　[生]昭和30年 (1955) 9月23日　[学]日本女子大学文学部英文学卒, マッギル大学（カナダ）大学院言語学専攻博士課程修了 Ph.D　[歴]金城学院大学文学部専任講師、助教授、東京都立大学（現・首都大学東京）人文学部助教授を経て、教授。　[賞]市河賞（第32回）〔平成10年〕「脳にいどむ言語学」, 日本認知科学会論文賞〔平成14年〕

萩原 遼　はぎわら・りょう　ノンフィクション作家 ジャーナリスト　[専]現代朝鮮問題, 朝鮮・韓国文学　[没]平成29年 (2017) 12月22日　80歳〔心不全〕　[生]昭和12年 (1937) 2月3日　[出]高知県高知市　[名]本名＝坂本孝夫（さかもと・たかお）, 別筆名＝井出愚樹（いで・ぐじゅ）　[学]高知小津高中退, 大阪外国語大学朝鮮語科〔昭和42年〕卒　[歴]高知小津高校を中退して大阪に転居。働きながら定時制高校を卒業し、大阪外国語大学朝鮮語科を卒業（1期生）。昭和44〜63年共産党機関紙「赤旗」記者を務め、47〜48年は平壌特派員。平成元年からフリー記者。同年12月〜4年8月米国ワシントンに滞在。米国立公文書館の北朝鮮文書160万ページを読破し、5年「朝鮮戦争―金日成とマッカーサーの陰謀」を著す。11年「北朝鮮に消えた友と私の物語」で大宅壮一ノンフィクション賞受賞。17年共産党を除籍される。北朝鮮の人権問題や拉致問題に取り組んだ。他の著書に「淫教のメシア・文鮮明伝」「民主主義よ君のもとに―韓国全斗煥体制下の民衆」「金正日 隠された戦争」など。井出愚樹の筆名で韓国の詩人・金芝河関連の著訳書もある。　[賞]大宅壮一ノンフィクション賞（第30回）〔平成11年〕「北朝鮮に消えた友と私の物語」　[家]兄＝木津川計（「上方芸能」元発行人）

羽黒岩 盟海　はぐろいわ・ともみ　力士（小結）　[没]平成28年 (2016) 10月23日　70歳〔腎不全〕　[生]昭和21年 (1946) 6月30日　[出]宮崎県延岡市　[名]本名＝戸田智次郎（とだ・ともじろう）　[歴]昭和36年夏場所に戸田の四股名で初土俵。40年九州場所に新十両、42年初場所で新入幕を果たし、天保14年の三ツ鱗以来124年ぶりの宮崎県出身の幕内力士として話題を呼んだ。44年春場所2日目、きわどい勝負の末に45連勝中だった大鵬を破ったが、写真やテレビ映像では一足先に自身の足が土俵を出ており“世紀の誤審”として物議を醸した。この一番をきっかけに日本相撲協会は勝負判定の際にビデオを参考にするようになった。その後、羽黒岩に改名。最高位は小結で、入幕から38場所目の昇進で“遅咲き三役”といわれた。53年初場所限りで引退、年寄雷を襲名。審判委員などを務め、平成23年6月日本相撲協会を定年退職した。幕内在位55場所、幕内通

は

算成績385勝427敗13休。得意は右四つ、寄り切り、押し出し。

葉治 英哉　はじ・えいさい　小説家　㉘平成28年（2016）2月29日　87歳〔病気〕　㊤昭和3年（1928）7月18日　㊳青森県青森市　㊲本名＝奥山英一（おくやま・えいいち）　㊲青森師範本科中退、法政大学文学部日本文学科卒　㊲防衛庁事務官、公立学校事務職員、会社経営などを歴任。一方、第1回東奥小説賞佳作2席入賞後、25年間断筆し、55歳の時から執筆を再開。平成6年戊辰戦争に動員された南部マタギを描いた「犾物見隊顚末」で第1回松本清張賞を受賞。他の著書に「松平容保」「今村均」「春またぎ」「夢とのみ」などがある。　㊤八戸市文化奨励賞〔平成2年〕、地上文学賞（第37回）〔平成2年〕「戊辰牛方参陣記」、松本清張賞（第1回）〔平成6年〕「犾物見隊顚末（またぎものみたいてんまつ）」、八戸市文化賞〔平成6年〕、八戸市功労賞〔平成22年〕　㊤日本文芸家協会

橋口 幸子　はしぐち・さちこ　長崎原爆の被爆体験手記を綴った　㉘平成28年（2016）4月20日　80歳〔肺炎〕　㊤長崎県長崎市　㊤昭和20年8月9歳の時に、長崎の爆心地から2キロの小屋で被爆。一面に油が浮いた川の水を飲んだ際の体験を手記に綴り、永井隆が編んだ被爆児童たちの手記集「原子雲の下に生きて」に収録された。44年に長崎市の平和公園にある“平和の泉”に建立された石碑に、手記の一節「のどが乾いてたまりませんでした」が刻まれた。

はしだ・のりひこ　フォーク歌手　㉘平成29年（2017）12月2日　72歳〔パーキンソン病〕　㊤昭和20年（1945）1月7日　㊳京都府京都市伏見区　㊲本名＝端田宣彦（はしだ・のりひこ）、グループ名＝フォーク・クルセダーズ、はしだのりひことシューベルツ、はしだのりひことクライマックス　㊲同志社大学　㊲同志社大在学中から フォークグループを結成して音楽活動を始める。昭和42年楽曲「帰って来たヨッパライ」が反響を呼び、解散寸前から1年間限定で活動を継続することとなった加藤和彦、北山修らのフォーク・クルセダーズに加入。メジャーデビュー曲となった同曲は280万枚以上のセールスを記録した他、「イムジン河」「悲しくてやりきれない」などをヒットさせ、43年予定通り解散。同年杉田二郎らとはしだのりひことシューベルツを結成、大ヒット曲「風」は学校の音楽の教科書に掲載されるほどポピュラーな存在となった。45年にシューベルツを解散した後は、坂庭省悟らとはしだのりひことクライマックスを結成、ファーストシングル「花嫁」は大ヒットし、NHK「紅白歌合戦」にも初出場。また、ドラマ「熱中時代」に出演するなど、活動の幅を広げた。58年1月妻の病を機に2年間にわたり主夫に徹して家族を守り、61年この間の事情を「お父さんゴハンまーだ」にまとめて出版。62年には同著を原作とした映画「風のあるぺじお」が公開された。以後、“子育て評論家”として講演も行い、他の著書に「親父たたかう」「自然とおしゃべり」がある。平成14年フォーク・クルセダーズ時代に発売中止になったシングル「イムジン河」を34年ぶりにリリース。晩年はパーキンソン病を患ったが、29年4月北山の呼びかけに応じてコンサート「京

都フォーク・デイズライブ」にサプライズゲストとして出演、「風」や「あの素晴らしい愛をもう一度」などを歌い、北山と45年ぶりの競演を果たしたのが最後のライブとなった。同年12月72歳で亡くなった。　㊤日本レコード大賞特別賞（第10回）〔昭和43年〕、日本レコード大賞新人賞（第11回）〔昭和44年〕、新宿音楽祭金賞（第2回）〔昭和44年〕「風」、日本レコードセールス大賞グループ新人賞（第4回）〔昭和46年〕

羽柴 誠三秀吉　はしば・せいぞうひでよし　⇒三上 誠三（みかみ・せいぞう）を見よ

羽島 さち　はしま・さち　「みなみの手帳」編集長・発行人　㉘平成27年（2015）2月4日　97歳〔老衰〕　㊤大正6年（1917）4月1日　㊳宮崎県宮崎市　㊲本名＝羽島幸（はしま・さち）　㊲加治木高女卒　㊲昭和15年台湾の台中州彰化市役所、23年鹿児島県観光連盟に入る。戦後祖国再建のため仁天皇の合言葉に始まった青年団運動では鹿児島県副団長として活躍。38年社会党鹿児島総支部書記。46年に発表された新大隈開発計画一次案に反対し自然保護運動に力を注ぐなど、多くの市民運動に参加。一方、鹿児島で小説を書く人に発表の場をと46年総合文化誌「みなみの手帳」創刊、編集長兼発行人として編集、校正のほか配達、集金、広告取りなど一人でこなした。同誌は県内外に1000人を超える購読会員を持ったが、平成14年に98号で終刊。その後も詩誌「火山灰」で創作活動を続けた。詩集に「伝言」がある。　㊳南日本文化賞（芸術文化部門）〔昭和60年〕

橋本 章男　はしもと・あきお　医師　兵庫県医師会会長　㊲内科学　㉘平成28年（2016）4月21日　86歳〔呼吸不全〕　㊤昭和4年（1929）9月11日　㊳兵庫県明石市　㊲神戸医科大学〔昭和29年〕卒　医学博士〔昭和35年〕　㊲昭和30年神戸医科大学第一内科に入局。35年三木市民病院に転じて内科医長。38年橋本医院を開業。61年～平成4年明石市医師会会長、11～16年兵庫県医師会会長を務めた。　㊳藍綬褒章〔平成4年〕、旭日小綬章〔平成16年〕

橋本 明　はしもと・あきら　ジャーナリスト　共同通信社国際局次長　㉘平成29年（2017）8月13日　84歳〔多臓器不全〕　㊤昭和8年（1933）5月24日　㊳神奈川県横浜市　㊲学習院大学政経学部政治学科〔昭和31年〕卒　㊲昭和31年共同通信社に入社。社会部次長、外信部次長、ジュネーブ支局長、ロサンゼルス支局長、58年国際局次長を歴任。62年ジャパンビジネス広報センター総支配人。この間、36～38年ユーゴに留学兼共同通信特派員として駐在。ベオグラード新聞研究所第1回卒業生。平成5年長野冬季五輪組織委員会（NAOC）に出向、メディア責任者を務めていたが、9年退社。学習院初等科より皇太子時代明仁天皇の御学友で、19年皇后さまが結婚前に当時皇太子だった天皇陛下にあててお書きになられた長文の手紙を掲載した「美智子さまの恋文」を刊行。他の著書に「パパ、スリッパどうぞ」「二人のユーゴ」「平成天皇」「チトー」「昭和抱擁」「棄民たちの戦場―米軍日系人部隊の悲劇」、訳書に「オリンピック革命―サマランチの挑戦」など。　㊲兄＝橋本実（NKK物流社長）、弟＝橋本宏（外務官僚）

橋本 修　はしもと・おさむ　テクノアソシエ社長　㉘平成27年（2015）7月31日　65歳〔肺がん〕　㊤昭和24年（1949）10月6日　㊳神奈川県　㊲慶応義塾大学法学部

〔昭和47年〕卒 [歴]住友電気工業を経て、平成21年テクノアソシエ専務に転じる。のち社長、会長を務めた。

橋本 和信 はしもと・かずのぶ 奈良市議 [没]平成27年(2015)1月8日 79歳〔肝不全〕 [生]昭和10年(1935)4月20日 [学]一条高卒 [歴]奈良市職員を経て、昭和46年奈良市議に当選。以来、平成21年まで連続10選し、市議会副議長を通算3回、議長を昭和59年、平成元年、14年、20年の通算4回務めた。また、奈良県バドミントン協会や奈良県サッカー協会の各副会長、奈良市サッカー協会会長、奈良ちびっこ野球愛好会会長を務めるなどスポーツ振興にも力を注ぎ、平城宮跡保存協力会会長なども務めた。 [賞]藍綬褒章〔平成9年〕, 旭日小綬章〔平成23年〕

橋本 恵二 はしもと・けいじ 東京国際大学教授 [専]企業情報システム論 [没]平成28年(2016)4月14日 61歳〔脳腫瘍〕 [生]昭和30年(1955) [出]大阪府堺市 [学]京都大学工学部原子核工学科卒, 京都大学大学院工学研究科原子核工学専攻〔昭和59年〕博士課程修了 工学博士 [歴]昭和59年富士通に入社。平成3年システム生産技術センター課長を経て、システムサポート本部システム技術統括部ソリューション開発部長。のち東京国際大学教授。共著に「スーパーSEがすすめる知のモデリング」がある。 [団]情報処理学会

橋本 幸志 はしもと・こうし 洋画家 [没]平成27年(2015)9月2日 83歳〔間質性肺炎〕 [生]昭和7年(1932) [出]京都府京都市 [学]立命館中卒 [歴]昭和27年頃より行動美術研究所で学び、行動美術展で3回入選。35年初の個展を開催。47〜60年パンリアル美術協会に参加した。 [賞]現代日本美術展大賞(第12回, 昭和50年度)〔昭和51年〕「スペクトルA」

橋本 進 はしもと・すすむ 和歌山県議(自民党) [没]平成29年(2017)1月16日 83歳〔進行性核上性まひ〕 [生]昭和8年(1933)8月9日 [出]和歌山県 [学]星林高中退 [歴]昭和54年から和歌山県議に連続6選。平成2年副議長、7年議長を務めた。15年引退。 [賞]藍綬褒章〔平成11年〕, 旭日小綬章〔平成16年〕

橋本 武 はしもと・たけし 近畿大学工学部教授 [専]土壌学 [没]平成28年(2016)8月15日 98歳〔肺炎〕 [生]大正7年(1918)3月15日 [出]広島県東広島市 [学]盛岡高農農芸化学卒 農学博士 [歴]近畿大学工学部教授、広島農業短期大学教授を務めた。著書に「酸性土壌と作物生育」がある。

橋本 綱夫 はしもと・つなお ソニー副会長 ソニー生命保険会長 [没]平成28年(2016)3月12日 83歳〔肺炎〕 [生]昭和7年(1932)11月11日 [出]福井県 [学]東京大学法学部〔昭和33年〕卒 [歴]ソニーに入社。昭和55年取締役、のち常務を経て、63年専務、平成3年副社長、7年副会長。同年CHO(最高人事責任者)に就任。10年6月退社、7月ソニー生命保険会長に就任。

橋本 都直男 はしもと・つねお アスター店主 [没]平成27年(2015)1月29日 82歳〔心不全〕 [出]愛知県名古屋市 [歴]昭和32年名古屋市にジャズバーのアスターを開店。セロニアス・モンクら、ジャズ界の巨匠も多く来店した。

橋本 ツユ子 はしもと・つゆこ 二鶴堂名誉会長 [没]平成29年(2017)10月5日 95歳〔老衰〕 [生]大正11年(1922)5月1日 [出]佐賀県三養基郡みやき町 [歴]「博多の女(ひと)」などで知られる菓子製造販売会社・二鶴堂の創業者である橋本富市の妻で、同社名誉会長を務めた。 [家]夫＝橋本富市(二鶴堂創業者)

橋本 哲 はしもと・てつ 東京電力常務 [没]平成29年(2017)3月21日 67歳〔膵臓がん〕 [生]昭和24年(1949)11月13日 [出]東京都 [学]慶応義塾大学経済学部〔昭和48年〕卒 [歴]昭和48年東京電力(現・東京電力ホールディングス)に入社。平成19年常務に就任。

橋本 敏郎 はしもと・としろう 石川島播磨重工業取締役 国際事業開発社長 [没]平成28年(2016)6月12日 95歳〔腎盂腎炎〕 [生]大正9年(1920)8月5日 [出]東京都 [学]東京帝国大学工学部船舶工学科〔昭和17年〕卒 工学博士 [歴]海軍技術大尉の後、昭和22年石川島播磨重工業(現・IHI)に入社。海外事業副本部長、電算企画本部長を経て、51年取締役。57年石川島造船化工機監査役、59年国際事業開発社長を歴任。 [家]息子＝橋本伊智郎(IHI副社長), 橋本真幸(SUMCO会長)

橋本 日出松 はしもと・ひでまつ 日本経済新聞電算機管理本部次長 [没]平成29年(2017)11月18日 86歳〔大動脈解離〕 [生]昭和6年(1931)3月30日 [出]埼玉県 [学]東京教育大学文学部卒 [歴]昭和29年日本経済新聞社に入社。整理部連整課長、技術開発室次長を経て、58年電算機管理本部次長兼システム運行部長。米国出身のノーベル賞作家ウィリアム・フォークナーの研究にも携わる。

橋本 弘房 はしもと・ひろふさ 徳島県議(新風21) [没]平成28年(2016)11月12日 62歳〔胃がん〕 [生]昭和29年(1954)7月4日 [出]徳島県小松島市 [学]法政大学法学部卒 [歴]徳島県社福協職員、徳島市職員を経て、平成7年徳島選挙区から徳島県議に当選。連続3期務め、19年落選。部落解放同盟連合会執行委員長も務めた。

橋本 牧夫 はしもと・まきお 四国学院大学学長 四国学院理事長 [専]西洋哲学史 [没]平成29年(2017)7月20日 90歳〔慢性心不全〕 [生]昭和2年(1927)5月10日 [出]高知県土佐市 [学]京都大学文学部〔昭和27年〕卒 [歴]昭和29年四国キリスト教学園教員、34年四国学院短期大学助教授、37年四国学院大学教授、42年教授、53年学長。平成2〜11年四国学院理事長も務めた。

橋本 雅夫 はしもと・まさお 作家 宝塚歌劇団プロデューサー [没]平成29年(2017)9月19日 92歳〔感染症〕 [生]大正14年(1925)5月 [出]大阪府大阪市東区(中央区) [学]和歌山経専(現・和歌山大学)〔昭和20年〕 [歴]在学中に陸軍に入隊。昭和20年阪急電鉄に入社。31年宝塚歌劇団に出向し、東京出張所長、出版部長、プロデューサーなどを歴任。「風と共に去りぬ」「新源氏物語」などの公演制作を担当。「宝塚歌劇の70年」「宝塚歌劇八十年史」などの執筆・編集に携わる。平成8年より執筆に従事。著書に「すみれの花は嵐を越えて—宝塚歌劇の昭和史」「サ・セ・宝塚」「宝塚歌劇今昔

は

物語」など。「阪急電車青春物語」「大阪の電車青春物語」もある。

橋本 真澄 はしもと・ますみ　日本電信電話公社理事 日本通信建設社長　[没]平成29年(2017)8月13日　98歳　[生]大正8年(1919)2月26日　[出]東京都　[学]東京帝国大学工学部電気工学科〔昭和17年〕卒　[歴]通信省(現・総務省)に入省。昭和37年日本電信電話公社(電電公社,現・NTT)近畿電気通信局副局長、41年建設局次長、43年保全局長、45年東京電気通信局長を経て、48年理事。50年日本通信建設(現・日本コムシス)に転じて同専務となり、53年社長、60年会長、62年相談役、平成2年顧問を歴任した。著書に「通信用ケーブル」「通信用ケーブルの基礎知識」「通信ケーブル方式概要」などがある。　[賞]電気通信協会賞(第25回,昭和59年度)

橋本 守 はしもと・まもる　丸紅副会長　[没]平成27年(2015)3月20日　83歳〔呼吸器不全〕　[生]昭和6年(1931)11月12日　[出]大阪府　[学]神戸大学経済学部〔昭和28年〕卒　[歴]昭和28年丸紅に入社。59年取締役、62年常務、平成2年専務、3年副社長を経て、5年副会長。同年関西経済連合会副会長。シカゴ協会会長、トータルファッション協会顧問なども務めた。　[賞]旭日中綬章〔平成19年〕, 大阪市民表彰〔平成11年〕

は

橋本 洋次 はしもと・ようじ　前沢給装工業常務　[没]平成27年(2015)7月8日　71歳〔肺がん〕　[生]昭和19年(1944)4月8日　[出]東京都　[学]江東工〔昭和38年〕卒　[歴]中央ビルド工業を経て、昭和61年前沢給装工業に入社。平成4年取締役、12年常勤監査役、16年常務を歴任した。

橋本 力 はしもと・りき　プロ野球選手　俳優　[没]平成29年(2017)10月11日　83歳〔肺がん〕　[生]昭和8年(1933)10月20日　[出]北海道函館市　[名]本名＝橋本力(はしもと・ちから)　[学]函館西高卒　[歴]函館西高時代、春夏連続甲子園に出場。昭和28年毎日オリオンズ(現・ロッテ)に入団。32年外野手としてレギュラーに定着。119試合に出場し、5本塁打、18打点、17盗塁を記録。実働6年、299試合、541打数121安打、12本塁打、45打点、打率.224。59年映画「一刀斎は背番号6」にアドバイザー兼選手役で出演。実質的な俳優デビューを飾ったが、撮影中のケガをきっかけに現役引退。俳優に転身した。60年大映ニューフェイスとして入社。その後、大映京都撮影所の専属俳優となる。64年映画「大魔神」で大魔神のスーツアクターを担当。72年には香港映画「ドラゴン怒りの鉄拳」にブルース・リーの敵、大日本虹口道場・鈴木寛館長役で出演した。

蓮見 洸一 はすみ・こういち　中部電力副社長　[没]平成28年(2016)12月19日　83歳〔老衰〕　[生]昭和8年(1933)8月16日　[出]群馬県高崎市　[学]東京大学工学部〔昭和31年〕卒　[歴]昭和31年中部電力に入社。62年取締役、平成3年常務を経て、7年副社長。11年顧問。同年中電興業社長、15年取締役。中部電力でも指折りの原子力技術の専門家で、浜岡原子力建設所長や浜岡原子力総合事務所長を歴任、1号機以降の浜岡原発の基礎を築いた。　[賞]旭日中綬章〔平成16年〕

蓮実 重臣 はすみ・しげおみ　作曲家　編曲家　[没]平成29年(2017)6月18日　49歳〔S状結腸がん〕　[生]昭和42年(1967)12月7日　[出]東京都中央区　[名]本名＝蓮實重臣(はすみ・しげおみ), 筆名＝Glenn Miyashiro(ぐれん・みやしろ), ユニット名＝パシフィック231　[学]東京外国語大学外国語学部モンゴル語学科〔平成3年〕卒　[歴]フランス文学者である蓮實重彦とベルギー人の母親の間に生まれる。高校在学中の昭和59年、常盤響が結成したテクノポップバンドに参加、それを機に作曲活動を始める。大学時代に鈴木惣一朗が主宰していたバンド、エヴリシング・プレイにサポートキーボーディストとして参加。大学卒業後、広告会社に勤務しながら、平成5年三宅剛正と軽音楽チーム、パシフィック231を結成。以降、子供向けテレビ番組のオープニングテーマ曲の作曲をきっかけに、楽曲提供、テレビCM音楽など、幅広く手がけるようになった。一貫して、“軽音楽”をテーマに作品を発表。パシフィック231名義では、9年ファーストアルバム「トロピカル・ソングス・ゴールド」、10年「MIYASHIRO」をリリースした他、15年映画「アカルイミライ」(黒沢清監督)で初めて映画音楽を担当、“無国籍なエレクトロニック軽音楽”と高く評価された。21年映画「私は猫ストーカー」(鈴木卓爾監督)の音楽では、毎日映画コンクール音楽賞を受賞した。CMでは「西友〈火曜得の市〉」で作曲だけでなく独特な日本語歌唱も披露、話題となった。その他、参加した作品にはテイ・トウワ「STUPID FRESH」、「ケロロのクリスマスアルバム」(アニメ「ケロロ軍曹」のイメージアルバム)などがある。　[賞]毎日映画コンクール音楽賞(第64回,平成21年度)「私は猫ストーカー」　[団]日本音楽著作権協会(JASRAC)　[家]父＝蓮實重彦(フランス文学者・映画評論家)　[師]師＝岡村みどり

長谷川 一郎 はせがわ・いちろう　大手前大学社会文化学部教授　[専]天文学, 情報処理　[没]平成28年(2016)5月1日　88歳　[生]昭和3年(1928)1月23日　[出]兵庫県西宮市　[学]第三神戸中〔昭和20年〕卒　理学博士(京都大学)〔昭和51年〕　[歴]昭和23年兵庫県高砂中学校、25年神戸市鷹取中学校、34年岩井産業、岩井計算センター、コンピューターコンサルタント取締役相談役を経て、大手前女子短期大学教授、大手前大学教授。天体力学や考古学、古代天文史の権威で、東亜天文学会会長を務めた。著書に「星空のトラベラー」「天文計算入門」「彗星カタログブック」「天体軌道論」「ハレー彗星物語」などがある。　[賞]日本天文学会神田茂記念賞〔昭和51年〕「天文情報の交換・軌道計算に関する業績」　[団]東亜天文学会, 日本天文学会, 日本科学史学会

長谷川 和夫 はせがわ・かずお　鳥取県議(自民党)　[没]平成28年(2016)4月6日　91歳〔老衰〕　[生]大正13年(1924)12月25日　[出]鳥取県米子市　[学]早稲田大学専門部土木学科〔昭和19年〕卒　[歴]昭和20年鳥取県庁に入庁。企画部長などを経て、57年退職。58年米子市選挙区から鳥取県議に当選、以来連続4選。平成5〜7年議長。11年引退。　[賞]勲三等瑞宝章〔平成12年〕　[資]測量士

長谷川 勝重 はせがわ・かつしげ　ハセガワ社長　[没]平成27年(2015)8月25日　84歳〔病気〕　[出]静岡県静岡市　[歴]昭和30年ハセガワに入社。44年社長に就任。

日 本 人　　はせがわ

平成27年長男に社長職を譲り、会長に退いた。 ⑱長男＝長谷川勝人（ハセガワ社長）

長谷川 清 はせがわ・きよし 参院議員（民主党） 平成29年（2017）6月1日 84歳〔腎不全〕 昭和7年（1932）6月26日 旧朝鮮釜山 〔昭和27年〕卒 昭和27年東京電力に入社。49年東京同盟書記長、62年電電労組委員長、63年電力労連副会長などを経て、電力総連副会長。平成4年民社党から参院選比例区に当選。6年新進党、10年1月新党友愛結成に参加。同年4月民主党に合流。2期務めた。16年引退。 勲二等瑞宝章〔平成14年〕

長谷川 元吉 はせがわ・げんきち 映画撮影監督 平成29年（2017）6月25日 77歳〔肺気腫〕 昭和15年（1940）2月20日 中国北京 多摩美術大学デザイン科〔昭和38年〕卒 作家の長谷川四郎の長男。のち満州に移るが、昭和20年父がソ連の侵攻によりシベリアに抑留される。21年母親とともに満州より引き揚げ。大学卒業後、34年コンダプロダクションに所属、写真デザインを担当。のち映画カメラマンとなり、吉田喜重監督「エロス＋虐殺」でデビュー。その後、「煉獄エロイカ」「戒厳令」などの吉田作品をはじめ、馬場康夫監督「私をスキーに連れてって」、石井竜也監督「河童」「ACRI」など多数の作品の撮影を担当。また数多くのテレビ・コマーシャル作品も手がけた。平成14年「父・長谷川四郎の謎」を刊行した。 日本文芸家協会 父＝長谷川四郎（作家）

長谷川 五郎 はせがわ・ごろう ゲーム研究家 日本オセロ連盟会長 「オセロ」の発案者 平成28年（2016）6月20日 83歳〔昭和7年（1932）10月19日 茨城県水戸市 水戸中学、茨城大学経済学部卒 旧制水戸中学（現・水戸一高）在学中の昭和20年9月、囲碁をもとに「オセロ」ゲームの原形を考案。茨城大学では囲碁部に所属した。卒業後、中外製薬に入社。大学や職場などで「オセロ」を紹介し、また当時の病院でも患者のリハビリテーションに最適として好評を得た。47年玩具会社のツクダオリジナル（現・メガハウス）に商品企画を持ち込み、48年一般に発売される。同年日本オセロ連盟を組織、第1回全日本選手権を開催。すぐに理解できるシンプルなルールと、奥深いゲーム内容で爆発的に愛好者を増やし、世界選手権大会も開催されるようになった。オセロ名誉10段。「オセロ」の他にも「グランドオセロ」「88オセロ」「ソクラテス」などのゲームの発案し、平成19年自身の集大成ゲーム「ミラクルファイブ」を発表した。囲碁、将棋とも有段者の腕前。著書に「オセロの打ち方」「オセロ百戦百勝」「ソクラテスの打ち方」「オセロの勝ち方」「オセロ百人物語」「オセロゲームの歴史」などがある。 水戸市文化栄誉賞〔平成21年〕 日本オセロ連盟 父＝長谷川四郎（茨城大学名誉教授）

長谷川 正二郎 はせがわ・しょうじろう 共栄火災海上保険常務 平成29年（2017）3月12日 90歳〔肺炎〕 大正15年（1926）7月14日 静岡県 立教大学経済学部〔昭和25年〕卒 昭和25年共栄火災海上保険に入社。54年取締役を経て、56年常務。 長男＝長谷川正允（建築家）

長谷川 創一 はせがわ・そういち 長谷川社長 西陣織物産地問屋協同組合理事長 平成27年（2015）7月6日 62歳〔食道がん〕 昭和27年（1952）12月5日 京都府京都市 京都産業大学経済学部〔昭和50年〕卒 昭和50年西陣織の長谷川に入社。60年専務、62年副社長を経て、社長に就任。 長男＝長谷川浩一（長谷川社長）

長谷川 恒雄 はせがわ・つねお 金山町（福島県）町長 大和建設工業社長 平成29年（2017）1月23日 83歳〔内臓疾患〕 昭和8年（1933）12月16日 福島県 早稲田大学〔昭和31年〕卒 昭和34年大和建設工業設立に際し常務となり、38年専務、46年社長。61年金山町長に当選。平成10年まで3期12年務めた。 旭日双光章〔平成16年〕

長谷川 洋行 はせがわ・なだゆき 森ヒロコ・スタシス美術館館長 平成28年（2016）11月13日 80歳〔脳出血〕 昭和11年（1936）7月2日 神奈川県横浜市 東北大学美学美術史学科卒 昭和49年札幌市中央区にNDA画廊を設立。53年からポーランド、チェコスロバキアなど東欧美術の紹介に努める。また平成2年北海道内の美術家を対象にオベール賞を企画。ゴッホゆかりの地フランス・オベールと札幌の美術交流を目指す。4年ポーランドのスタシス、スロバキアのブルノフスキ、ブルガリアのカメノフらの英語版画集を自費出版した。5年妻の版画家・森ヒロコと小樽で古い蔵を改装した森ヒロコ・スタシス美術館を開設、同館長に就任。一方、オペラに魅了され、11年から自主公演を開始。12年スロバキア国立オペラ座を招聘するなど、17年間で100回以上の公演を重ね、オペラ普及に力を注いだ。28年交通事故により急逝した。 妻＝森ヒロコ（版画家）

長谷川 久 はせがわ・ひさし 星光化学工業社長 北越製紙常務 平成27年（2015）2月1日 89歳〔肺炎〕 大正15年（1926）1月8日 新潟県 東京大学工学部〔昭和23年〕卒 昭和24年北越製紙（現・北越紀州製紙）に入社、54年取締役、62年常務。平成5年星光化学工業（現・星光PMC）に転じ常務、7年副社長を経て、9年社長。11年相談役に退いた。

長谷川 博隆 はせがわ・ひろたか 名古屋大学名誉教授 古代ローマ史 平成29年（2017）5月31日 89歳〔肺炎〕 昭和2年（1927）9月20日 東京都 東京大学文学部史学科卒 東京大学助手、関西学院大学助教授、名古屋大学助教授を経て、教授。平成3年退官し、中部大学教授を務めた。著書に「カエサル」「ハンニバル」「世界子どもの歴史・古代ギリシア・ローマ」「古代ローマの若者」「ローマ人の世界」「カルタゴ人の世界」、訳書に「モムゼン ローマの歴史」（全4巻）などがある。 日本翻訳文化賞（第45回）〔平成20年〕「モムゼン ローマの歴史」 史学会、日本西洋古典学会、法制史学会

長谷川 浩之 はせがわ・ひろゆき エッチ・ケー・エス社長 富士宮商工会議所会頭 平成28年（2016）11

月9日　70歳　[生]昭和21年(1946)4月20日　[出]静岡県富士宮市　[学]沼津工専〔昭和42年〕卒　[歴]昭和42年ヤマハ発動機に入社、研究課に勤務。44年トヨタ自動車工業に出向し、レース車のエンジン、シャシーの開発に従事。47年ヤマハ発動機に復帰し、48年退社。同年自動車部品製造販売のエッチ・ケー・エス(HKS)を設立、ターボエンジンのチューニングを手がけ、各種エンジンの研究開発、設計製作を続ける。55年社長に就任。平成11年株式を店頭公開。19〜28年富士宮商工会議所会頭。著書に「HKS流エンジンチューニング法」がある。

長谷川 紘之　はせがわ・ひろゆき　弁護士　金沢弁護士会会長　[没]平成29年(2017)10月23日　76歳　[生]昭和15年(1940)11月21日　[出]富山県小矢部市　[学]金沢大学法文学部〔昭和38年〕卒　[歴]昭和42年司法試験に合格、45年弁護士登録。52年金沢弁護士会副会長、平成3年会長。一方、スポーツ好きが高じて16年のプロ野球再編問題がきっかけとなり、金沢市にドーム球場の建設を働きかけながら、プロ野球誘致を目指す市民団体・金沢来まっしプロ野球の会(金沢カモンズ)を設立した。　[団]金沢弁護士会

長谷川 不二雄　はせがわ・ふじお　日本製粉社長　[没]平成28年(2016)1月22日　93歳〔老衰〕　[生]大正11年(1922)6月10日　[出]北海道　[学]早稲田大学法学部〔昭和19年〕卒　[歴]昭和21年日本製粉に入社。6年余の工場勤務を経て、以後20年間は営業部門を中心に勤務。53年取締役、57年常務、59年専務を経て、平成元年社長。5年会長、9年相談役、12年特別顧問。　[賞]勲三等旭日中綬章〔平成5年〕

長谷川 祐次　はせがわ・ゆうじ　室蘭相撲連盟会長　[没]平成29年(2017)7月26日　89歳〔膵臓がん〕　[出]北海道室蘭市　[歴]昭和47年より室蘭相撲連盟理事長、平成4〜28年同会長を歴任。室蘭市天沢国民学校(現・天沢小)で同級生だった横綱初代若乃花をはじめ、大関北葉山ら室蘭出身の力士を支えた。また、三保ケ関部屋(当時)に後の大関北天佑を紹介した。　[賞]北海道体育協会功労賞〔平成6年〕

長谷川 洋三　はせがわ・ようぞう　ジャーナリスト　日本経済新聞編集局長付編集委員　帝京大学経済学部教授　[専]経営, 国際企業論　[没]平成27年(2015)1月20日　71歳〔膵臓がん〕　[生]昭和18年(1943)9月22日　[出]東京都　[学]慶応義塾大学経済学部〔昭和42年〕卒　[歴]昭和42年日本経済新聞社に入社。産業部記者、外報部記者、57〜60年ワルシャワ兼ウィーン支局長、平成元年産業部編集委員などを経て、編集局長付編集委員。18年退職、BSジャパン解説委員。19年帝京大学経済学部教授。著書に「駆け引きの哲学―東欧特派員日記」「ヒューマン・ネットワーク時代」「ウェルチが日本を変える」「現代企業の条件」「ゴーンさんの下で働きたいですか」「ホンダDNAの継承術」「社長の仕事作法」「クリーンカーウォーズ」などがある。英語単行本に「Clean car Wars」「Rediscovering Japanese Business Leadership」(いずれもWiley&Suns)。　[団]国際経済学会, 日本ベンチャー学会

長谷川 賀彦　はせがわ・よしひこ　中村市長　高知県議(社会党)　[没]平成28年(2016)1月12日　88歳〔大動脈弁狭窄症〕　[生]昭和2年(1927)11月19日　[出]高知県中村市(四万十市)　[学]中村中〔昭和20年〕卒　[歴]高知県蕨岡村青年団長、全逓中央委員などを経て、昭和37年34歳で中村市長に当選。連続3期務め、国鉄中村線の開通や運動公園建設などに手腕を発揮した。50年から高知県議に3選。62年引退。その後、黒潮町佐賀の特別養護老人ホーム・かしま荘の施設長を務めた。[賞]藍綬褒章〔平成5年〕, 勲四等旭日小綬章〔平成10年〕

長谷部 淳　はせべ・あつし　福島県議(共産党)　[没]平成29年(2017)4月18日　57歳〔敗血症〕　[生]昭和34年(1959)6月18日　[学]京都大学理学部卒　[歴]病院勤務を経て、平成15年福島県議に当選。19年落選。23年3月の東日本大震災、福島原発事故により、11月に延期された県議選で返り咲き。27年引退。通算2期。日本共産党福島県議団政調会長を務めた。

長谷部 栄一　はせべ・えいいち　野球指導者　プロ野球選手　[没]平成29年(2017)8月23日　89歳〔膵臓がん〕　[生]昭和3年(1928)5月17日　[出]大阪府大阪市　[学]東山中卒, 同志社大学中退　[歴]東山中(現・東山高)野球部を経て、昭和25年同志社大学を中退し、阪神に捕手として入団するが、51年肩と腰を痛めて退団。実働2年、16試合出場、19打数3安打、0本塁打、1打点、0盗塁、打率.158。31年社会人野球の日本新薬に捕手兼監督として入社、40年まで監督を務め、都市対抗に5回出場。63年定年退職後、母校の東山高野球部監督に就任。平成3年京都府秋季大会で優勝。平成4年センバツに11年ぶり3度目の出場を果たし、5年センバツにも2年連続で出場。大リーグでも活躍した岡島秀樹らを育てた。その後、仏教大学総監督を務めた。

長谷部 成仁　はせべ・せいじん　広島地検検事正　[没]平成28年(2016)2月25日　92歳〔肺炎〕　[生]大正12年(1923)7月22日　[出]香川県善通寺市　[学]京都大学法学部〔昭和23年〕卒　[歴]昭和25年高松地検検事に任官。44年京都地検公安部長、46年大阪高検検事、47年大阪地検刑事部長、48年公安調査庁近畿公安調査局長、49年富山地検検事正、51年名古屋高検次席検事、53年最高検検事、55年広島地検検事正を歴任。57年弁護士登録。　[賞]勲二等瑞宝章〔平成5年〕　[資]弁護士　[団]大阪弁護士会

秦 正　はた・あきら　天龍村(長野県)村長　[没]平成29年(2017)3月9日　79歳〔前立腺がん〕　[生]昭和12年(1937)10月22日　[出]長野県下伊那郡天龍村　[歴]長野県天龍村議を経て、平成4年から村長に3選。在任中に、中国人や朝鮮人、連合国軍捕虜らが戦時中に働かされた平岡ダム建設にも踏み込んだ「天龍村史」を刊行。また、天龍農林業公社や観光施設「龍泉閣」を設け、農産物の特産化に力を注いだ。

波多 一索　はた・いっさく　音楽ディレクター　日本伝統文化振興財団理事長　義太夫協会代表理事　[没]平成28年(2016)6月3日　82歳〔悪性リンパ腫〕　[生]昭和8年(1933)12月1日　[出]東京市牛込区若松町(東京都新宿区)　[学]慶応義塾大学〔昭和31年〕卒　[歴]昭和31年日本ビクター(現・JVCケンウッド・ビクターエンタテインメント)に入社。ディレクターとして邦楽やクラシックのレコード制作を手がける。平成5年ビクター伝統文化振興財団(現・日本伝統文化振興財団)

は

が設立されると初代理事長に就任。16年義太夫協会代表理事。 [団]日本民謡協会(名誉会員) [家]父＝波多郁太郎(慶応義塾大学助教授), 祖父＝波多海蔵(実業家) [師]師＝村田武雄

畑 仁 はた・じん 三菱ガス化学専務 [没]平成28年(2016)11月10日 66歳〔病気〕 [生]昭和24年(1949)12月10日 [出]東京都 [学]慶応義塾大学経済学部〔昭和48年〕卒 [歴]昭和48年三菱ガス化学に入社。平成20年取締役、のち専務。26年常勤監査役。

羽田 孜 はた・つとむ 首相 外相 蔵相 農水相 衆院議員 [没]平成29年(2017)8月28日 82歳〔老衰〕 [生]昭和10年(1935)8月24日 [出]東京都大田区 [学]成城大学経済学部〔昭和33年〕卒 [歴]羽田書店創業者で自民党衆院議員を務めた羽田武嗣郎の長男。昭和33年成城大学を卒業して小田急バスに勤めたが、44年父の病気引退に伴い衆院選旧長野2区に自民党公認で初当選。小選挙区制導入後は長野3区で当選を重ね、平成24年に引退するまで連続14選。郵政・農政政務次官、衆院農林水産委員長、党総務局長などを経て、昭和60年第二次中曽根第二次改造内閣に農水相として初入閣。63年竹下改造内閣で再び農水相。平成3年宮沢内閣で蔵相を務めた。党内では田中派に所属し、昭和60年竹下派が旗揚げすると小渕恵三、橋本龍太郎、小沢一郎、梶山静六、渡部恒三、奥田敬和とともに“竹下派七奉行”の一人と目される。4年12月竹下派分裂により羽田派を結成。5年6月政治改革を訴えて宮沢内閣不信任決議案に賛成して離党、新生党を結成して党首となり、7月の総選挙では55議席を獲得して自民党を過半数割れに追い込んだ。8月非自民連立内閣の細川内閣が発足すると外相兼副総理として入閣。6年4月細川護熙首相の辞任により首相に就任、日本新党、民社党などと院内会派・改新を結成するが、社会党の連立離脱により少数与党となり、わずか2ケ月後の6月、自民党の内閣不信任案提出を受けて総辞職した。在職64日間は敗戦直後の東久邇稔彦内閣の54日間に次ぐ短さで、日本国憲法下では最短記録。同年12月新進党結成に参加し、副党首に就任。7年12月党首選に立候補したが、小沢一郎に敗れる。8年1月羽田派を旗揚げ。同年12月新進党を離党し、太陽党を旗揚げ。10年1月民政党結成に参加、代表となる。同年4月民主、民政、新党友愛、民主改革連合などからなる新党・民主党が結成されると幹事長に就任。のち同党最高顧問。16年5月国民年金の保険料を一部未納していた責任をとり最高顧問を辞任、同年9月最高顧問に復帰。21年の衆院選で民主党が政権交代を成し遂げたのを見届け、24年衆院選に立候補せず政界を引退した。 [賞]桐花大綬章〔平成25年〕 [家]妻＝羽田綏子(桜ケ丘保育園理事), 長男＝羽田雄一郎(参院議員), 父＝羽田武嗣郎(衆院議員)

羽田 一司 はだ・ひとし めんつう社長 [没]平成28年(2016)3月6日 73歳 [生]昭和18年(1943)1月2日 [出]新潟県北蒲原郡安田町(阿賀野市) [学]水原高〔昭和36年〕卒 [歴]昭和40年父が始めた精米所を製麺所に衣替えし、49年羽田製麺を設立。62年“麺の道の通”を目標として、めんつうに名称変更。全国屈指の製麺業者に育て上げた。

秦 安雄 はた・やすお 日本福祉大学名誉教授 ゆたか福祉会理事長 [専]障害者福祉論, 障害児教育 [没]平成28年(2016)4月26日 85歳 [生]昭和6年(1931)1月5日 [出]愛知県新城市 [学]名古屋大学大学院教育心理学専攻〔昭和30年〕修士課程修了 [歴]昭和44年名古屋市でゆたか共同作業所の設立に携わり、のちゆたか福祉会理事長。日本福祉大学教授、中部学院大学教授を歴任した。著書に「障害者の発達と労働」などがある。 [団]日本心理学会, 日本教育心理学会, 日本社会福祉学会, 日本特殊教育学会, 日本発達障害学会, 日本職業リハビリテーション学会

幡井 政子 はたい・まさこ 兵庫県消費者団体連絡協議会会長 [没]平成27年(2015)12月21日 93歳〔食道がん〕 [出]香川県高松市 [歴]昭和51年から淡路消費者団体連絡協議会会長、平成元年から兵庫県消費者団体連絡協議会会長を務めた。

畑岡 瑞夫 はたおか・みずお ヴィッセル神戸社長 [没]平成27年(2015)5月14日 86歳〔肺がん〕 [出]兵庫県神戸市兵庫区 [歴]阪神・淡路大震災が起こった平成7年、プロサッカークラブとして発足したヴィッセル神戸の社長に就任。チームの再建に尽くし、8年のJリーグ昇格に貢献した。

畠山 陽一 はたけやま・よういち キノコ研究家 秋田県立博物館学芸課長 [専]キノコ, 山菜 [没]平成28年(2016)10月2日 83歳〔急性心筋梗塞〕 [生]昭和8年(1933) [出]秋田県大館市 [学]秋田大学学芸学部卒 [歴]秋田県内の中学・小学校で教師を務め、大潟小学校長などを務めた。この間、秋田県教育センター理科指導主事(生物)、同教育工学研究室長、秋田県立博物館学芸課長などを歴任。中学生の頃からキノコを研究し、新種30種類以上を発見した。また、旧制中学時代から登山を始め、ヒマラヤ、アルプスなど世界の名山に挑戦。平成10年末期がんの宣告を受けるが、手術後も中国の玉龍雪山やニュージーランドのクック山などの登頂に成功。12年には夫婦でエベレスト登山に挑戦した。著書に「秋田のきのこと山菜」「秋田のきのこ」「秋田の山菜」「秋田薬草図鑑」「秋田きのこ図鑑」などがある。 [賞]秋田県芸術選奨特別賞(平成26年度)

畑田 和男 はただ・かずお 医師 太陽の家理事長 大分中村病院院長 [没]平成29年(2017)10月29日 82歳〔肺炎〕 [生]昭和9年(1934)12月1日 [出]福岡県田川郡添田町 [学]徳島大学医学部〔昭和34年〕卒 医学博士 [歴]九州大学医学部整形外科教室、昭和35年国立別府病院医師を経て、40年障害者の自立のための福祉工場・太陽の家(大分県別府市)開設に携わる。別府病院で創設者の中村裕医長と出会い、その理念に共鳴。59年9月、急逝した中村理事長の後任に、理事会の全会一致で選出。働いて給料を手にすることで障害者に生きる喜びを感じてもらう中村イズムを継承。平成18年退任。また中村の提唱した身体障害者の国際スポーツ大会フェスピック連盟会長を兼務。昭和56年に始まった大分国際車いすマラソン大会の運営に貢献するなど障

害者スポーツの発展に尽力した。 [賞]瑞宝小綬章〔平成17年〕

畑中 達敏 はたなか・たつとし 日本経済新聞論説委員 [没]平成27年(2015)1月3日 88歳〔老衰〕 [生]大正15年(1926)1月12日 [出]北海道 [学]東京大学文学部卒 [歴]昭和27年日本経済新聞社に入社。東京本社整理部次長、静岡支局長を経て、46年論説委員。

畠中 信義 はたなか・のぶよし いわき短期大学教授 [専]公法学 [没]平成27年(2015)6月10日 65歳〔敗血症〕 [生]昭和24年(1949) [学]中央大学卒, 東洋大学大学院法学研究科公法学専攻修士課程修了 [歴]いわき短期大学助教授を経て、教授。

畠中 平八 はたなか・へいはち 相場師 岩井証券社長 [没]平成27年(2015)12月1日 95歳 [生]大正9年(1920)2月12日 [出]大阪府大阪市 [歴]昭和22年金田証券に入社、35年代表。40年の証券不況に遭い自主廃業。歩合外務員を経て、44年岩井証券(現・岩井コスモ証券)社長に就任。46年には史上最大といわれた中山製鋼仕手戦で活躍したが、内紛に巻き込まれて、56年相談役に退いた。この間、大腸がんなどを発症。南米産の健康茶・タヒホに出合って健康を取り戻したことがきっかけとなり60年タヒボジャパンを設立、代表取締役に就任。大阪証券業界に一時代を築き、清水一行の小説「相場師」のモデルとなった。

は

畠中 道雄 はたなか・みちお 大阪大学名誉教授 [専]計量経済学 [没]平成28年(2016)11月5日 90歳〔老衰〕 [生]大正15年(1926)3月20日 [出]福岡県 [学]東京帝国大学経済学部経済学科〔昭和24年〕卒, バンダービルト大学大学院経済学専攻博士課程修了 経済学博士 [歴]東北大学、バンダービルト大学、プリンストン大学計量経済研究所研究員、昭和35年プリンストン大学経済学部助教授、38年ロチェスター大学経済学部準教授を経て、41年大阪大学社会経済研究所教授、のち同所長を兼任。55年同大経済学部教授、58年同学部長。平成元年名誉教授、帝塚山大学経済学部教授。著書に「計量経済学の方法」「Time-Series-Based Econometrics＝時系列エコノメトリックス」などがある。 [賞]瑞宝中綬章〔平成16年〕, 日経・経済図書文化賞(第40回)〔平成9年〕「Time-Series-Based Econometrics＝時系列エコノメトリックス」 [団]日本経済学会, 日本統計学会, Econometric Society(名誉会員)

秦野 一憲 はたの・かずのり 東亜青果社長 中海テレビ放送社長 鳥取県経済同友会代表幹事 [没]平成28年(2016)9月4日 68歳〔くも膜下出血〕 [出]東京都 [学]日本電子工学院〔昭和46年〕卒 [歴]昭和48年青果物卸の東亜青果に入社。コンピューターの知識を発揮して市場に集まる青果物管理の電算化をいち早く推進し、61年社長に就任。また、鳥取県西部のケーブルテレビ局である中海テレビ放送の設立にも関わり、59年専務を経て、平成11年より社長。電力事業にも意欲を見せ、27年鳥取県内の経済人と地域電力卸会社のローカルエナジーを設立、社長に就任。16〜27年鳥取県経済同友会代表幹事を務めた。

幡野 茂明 はたの・しげあき 京都大学名誉教授 [専]物理学 [没]平成29年(2017)2月22日 88歳〔病気〕 [生]昭和3年(1928)3月31日 [出]愛知県 [学]京都大学理学部物理学科〔昭和25年〕卒 理学博士 [歴]京都大学教養部教授を務め、平成3年退官。

畑野 信太郎 はたの・しんたろう 詩人 [没]平成28年(2016)8月15日 90歳 [生]大正14年(1925)12月20日 [出]北海道川上郡標茶町 [名]本名＝中畑信夫 [学]北海道青年師範〔昭和22年〕卒 [歴]釧路市内の中学で国語教師をしていた昭和31年、教え子たちと現代詩誌「かばりあ」を創刊。61年釧路町遠矢小校長を最後に退職。同年処女詩集「巣の記憶」を出版、62年同書で北海道詩人協会賞を受賞。他の詩集に「鳥の刻」がある。 [賞]北海道詩人協会賞(第24回)〔昭和62年〕「巣の記憶」 [団]北海道詩人協会

畑野 稔 はたの・みのる
⇒酒井 稔(さかい・みのる)を見よ

波多野 亮 はたの・りょう ジャーナリスト 朝日新聞西部本社運動部長 [没]平成28年(2016)12月21日 85歳〔食道がん〕 [生]昭和6年(1931)2月24日 [出]山口県 [学]旧高専卒 [歴]昭和27年朝日新聞社に入社。前橋支局長、東京本社運動部次長、西部本社運動部長、連絡部長、58年西部本社通信部長(局次長待遇)などを歴任。大相撲担当記者として活躍した。共編著に「土俵の華五十年」がある。

畑原 基成 はたはら・もとなり 山口県議(自民党) 錦町(山口県)町長 [没]平成29年(2017)1月8日 62歳〔急性心不全〕 [生]昭和29年(1954)5月13日 [出]山口県玖珂郡錦町(岩国市) [学]修成建設専〔昭和50年〕卒 [歴]昭和50年畑原建設に入社、63年代表取締役。平成6年岩国青年会議所理事長。7年山口県錦町長に当選。11年より山口県議に5選。岩国市・和木町区選出。25年副議長、27年議長。米軍再編問題による岩国基地に関わる安心・安全対策などの問題で国や県とのパイプ役を担い、手腕を発揮した。議長在職中に体調を崩し、29年62歳で亡くなった。

波田間 武雄 はだま・たけお 民謡歌手 [没]平成29年(2017)5月15日 70歳〔肝臓がん〕 [生]昭和22年(1947)5月13日 [出]沖縄県うるま市津堅島 [名]グループ名＝ザ・フェーレー [歴]昭和47年亀谷朝仁師民謡研究所に入門して以来、民謡歌手として活動。平成6年波田間武雄民謡研究所を開設。8年松田弘一、徳原清文、松田末吉と4人組ユニットのザ・フェーレーを結成した。

八賀 晋 はちが・すすむ 三重大学名誉教授 [専]日本考古学 [没]平成27年(2015)10月6日 81歳〔肺がん〕 [生]昭和9年(1934)5月15日 [出]岐阜県 [学]岐阜大学学芸学部史学科卒, 名古屋大学大学院文学研究科史学地理学専攻修了 [歴]奈良国立文化財研究所研究員、三重大学人文学部教授を歴任。平成12年三重県松阪市の宝塚1号墳から、国内初の装飾船形埴輪を発掘した。編著書に「美濃・飛騨の古墳とその社会」「伊勢・伊賀の古墳と古代社会」などがある。 [賞]地域文化功労者文部科学大臣表彰〔平成22年〕 [団]日本考古学協会, 条里制研究会

八森 克幸 はちもり・かつゆき 日本衛星放送広報室長 [没]平成27年(2015)1月21日 72歳〔咽頭がん〕 [生]昭和17年(1942)8月3日 [出]福岡県 [学]同志社大学

法学部卒　[歴]昭和40年読売新聞社に入社。情報調査部次長、電波本部部長待遇を経て、平成2年日本衛星放送に出向して広報部長、5年広報室長。

蜂谷 弥三郎　はちや・やさぶろう　戦後ソ連に抑留され51年ぶりに帰国した　[没]平成27年(2015)6月10日　96歳〔慢性心不全〕　[生]大正7年(1918)8月　[出]滋賀県蒲生郡(草津市)　[歴]太平洋戦争中、朝鮮半島にあった日本軍の兵器工場に勤務。昭和20年北朝鮮で敗戦を迎えたが、21年7月身に覚えのないスパイ容疑で連行され、7年間シベリアで抑留生活を送る。理髪店で働いていた31年、ソ連(現・ロシア)国籍を取得し、現地で出会ったロシア人女性クラウディア・レオニードブナさんと結婚。ソ連崩壊の6年後、朝鮮で生き別れた妻が再婚せずに待っていることを知り、平成9年クラウディアさんの後押しもあって帰国、51年ぶりに家族と再会した。帰国後は鳥取県で暮らした。この経緯は日本海テレビ制作のドキュメンタリー「クラウディアからの手紙」(10年)、坂本龍彦「シベリア虜囚半世紀―民間人蜂谷弥三郎の記録」(10年)、村尾靖子「クラウディアの祈り」(21年)などで紹介され、反響を呼んだ。

廿日出 富貴子　はつかで・ふきこ　歌人　「原点」代表　[没]平成28年(2016)5月3日　82歳　[生]昭和9年(1934)5月2日　[出]広島県広島市　[歴]昭和46年「原点」に入会、のち代表。平成11年「柴折戸」に入会。12年「塔」に入会。歌集に「はにかむやうに ためらふやうに」「昼の月」がある。　[団]日本歌人クラブ

八田 昌治　はった・しょうじ　俳優　[没]平成28年(2016)1月31日　84歳〔大腸がん〕　[出]神奈川県横須賀市　[歴]昭和28年新派俳優の伊井友三郎に入門、「晴小袖」で初舞台を踏む。46年安井昌二門下となる。「京舞」の男衆米吉、「日本橋」の勘太郎などを当たり役とし、新派の名脇役として活躍した。

服部 栄一　はっとり・えいいち　洋画家　[没]平成27年(2015)12月4日　81歳〔心不全〕　[生]昭和9年(1934)　[出]長崎県長崎市　[学]長崎東高卒　[歴]高校卒業後、吉田輝彦に3年間師事して油絵を学ぶ。昭和44年現代美術家協会会員に推挙。45年渡仏、62年フランス最大の美術公募展「サロン・ドートンヌ展」正会員となる。平成元年長崎市で開催された長崎「旅」博覧会で天井壁画を制作。半世紀近くパリを拠点に活動し、日仏両国で個展を開催した。22年に左目を失明した後も作品制作を続けた。　[師]師＝吉田輝彦

服部 重次　はっとり・じゅうじ　中米ニカラグアで殺人犯として服役後に無実を訴えて再審請求を行う　[没]平成28年(2016)11月5日　68歳〔膵臓がん〕　[歴]食品貿易会社の社長を務める。平成9年中米ニカラグアへ出張した際に現地事務所の男性(当時69歳)が海岸で遺体で発見され、保険金目当てで殺害したとして現地警察に逮捕される。禁錮18年の有罪判決が確定して11年間服役し、20年帰国。一貫して無罪を主張し、帰国後にニカラグア最高裁に再審を請求。26年退けられたため、27年12月第二次再審請求を行うが、請求中の28年11月に病死した。

服部 歆　はっとり・のぼる　セイコーエプソン常務　[没]平成29年(2017)8月10日　79歳〔呼吸不全〕　[生]昭和13年(1938)5月8日　[出]東京都　[学]イリノイ工科大学(米国)〔昭和40年〕卒　[歴]セイコーエプソン常務を務めた。　[家]祖父＝服部金太郎(実業家)

服部 治則　はっとり・はるのり　山梨大学名誉教授　[専]農村社会学, 日本中・近世史　[没]平成27年(2015)2月28日　94歳〔腎不全〕　[生]大正9年(1920)7月18日　[出]三重県上野市(伊賀市)　[学]東京文理科大学史学科〔昭和20年〕卒　[歴]昭和22年山梨大学の前身である山梨師範学校に赴任。山梨大学教授を務めた。農村社会の研究の他、武田家臣団の研究でも知られる。著書に「親分子分と本分家」「農村社会の研究―山梨県下における親分子分慣行」「武田氏家臣団の系譜」などがある。　[賞]勲三等旭日中綬章〔平成6年〕, 野口賞〔昭和56年〕　[団]日本社会学会, 村落社会研究会, 地方史研究協議会

服部 兵衛　はっとり・ひょうえ　クリヤマホールディングス社長　[没]平成27年(2015)2月13日　70歳　[生]昭和19年(1944)9月29日　[出]愛知県西尾市　[学]関西大学商学部〔昭和42年〕卒　[歴]昭和42年栗山護謨(のちクリヤマ)に入社。平成15年取締役、同年東京支社長を経て、17年社長に就任。24年持株体制移行に伴いクリヤマホールディングスに商号変更した。

服部 法丸　はっとり・ほうがん　僧侶　知恩寺(浄土宗大本山)法主　[没]平成28年(2016)7月22日　88歳　[出]京都府京都市　[歴]平成17～27年浄土宗大本山の知恩寺法主を務めた。

鳩山 邦夫　はとやま・くにお　衆院議員(自民党)　総務相　法相　労相　文相　[没]平成28年(2016)6月21日　67歳〔十二指腸潰瘍〕　[生]昭和23年(1948)9月13日　[出]東京都文京区音羽　[学]東京大学法学部政治学科〔昭和46年〕卒　[歴]政界の名門・鳩山家に、鳩山威一郎の二男として生まれる。兄は首相となった鳩山由紀夫で、父は外相、祖父・鳩山一郎は首相、曽祖父・鳩山和夫は衆院議長を経験している。田中角栄元首相や父の秘書を経て、28歳の51年、衆院選旧東京8区に自民党から立候補してトップ当選。54年秋は落選したが、55年返り咲く。平成3年宮沢内閣の文相として初入閣。5年6月衆院の解散を機に離党。6年4月非自民の羽田内閣の労相に就任。12月新進党結成に参加したが、8年9月離党、兄とともに民主党を結成して副代表を務めた。11年4月衆院議員を辞職、民主党からも離党して東京都知事選に立候補するが、落選。12年5月自民党に復帰。同年6月の総選挙では比例区東京ブロック2位で当選。15年は民主党党首・菅直人と同じ東京18区から立候補するが落選、比例区で復活した。17年衆院選は母方の祖父でブリヂストン創業者の石橋正二郎の出身地である福岡6区から当選。19年8月安倍改造内閣の法相に就任。9月福田康夫内閣でも留任。法相時代は13人の死刑執行を命じた。この頃、日本外国特派員協会での講演で14年のバリ島爆弾テロ事件に関連して"友人の友人はアルカイダ"と発言、物議を醸した。20年9月麻生内閣の総務相となると、かんぽの宿のオリックスグループへの一括売却を中止させて話題を呼び、その責任を問うて西川善文日本郵政社長の続投に強く反発。21年6月この問題を巡り、総務相を更迭された。同年9月兄が首相に就任。22年3月新党結成を目指して自民党を離党するが、24年12月12回目の当選を果たし、復党。晩年は派閥横断の議員グループ・きさらぎ

は

はとやま　　　　　日　本　人

会を結成、安倍晋三首相支援を打ち出した。通算13期目途中の28年6月、67歳で亡くなった。自民政権・非自民政権の両方で閣僚を務め、自民党を2度離党・復党し、新進党や民主党の結成に関わるなど、平成の政界再編において中心を担った政治家の一人。蝶の研究家、無類の愛犬家としても知られ、著書に「チョウを飼う日々」「環境党宣言」「地球に恩返しする本。」などがある。　⊛妻＝鳩山エミリ、長男＝鳩山太郎（東京都議）、長女＝高見華子（＝鳩山華子、歌手・イラストレーター）、二男＝鳩山二郎（衆院議員）、兄＝鳩山由紀夫（首相）、父＝鳩山威一郎（外相）、母＝鳩山安子、祖父＝鳩山一郎（首相）、石橋正二郎（ブリヂストン創業者）、祖母＝鳩山薫（共立女子学園理事長）

鳩山 寛　はとやま・ひろし　バイオリニスト　指揮者　東京交響楽団コンサートマスター　沖縄県立芸術大学教授　⊗平成29年（2017）12月23日　94歳〔老衰〕　⊕大正12年（1923）3月25日　⊕沖縄県那覇市首里　⊕旧姓・名＝遠山　⊗日本音楽学院卒、ニューイングランド音楽院〔昭和30年〕中退　⊛空手家・遠山寛賢の長男。両親が鳩山春子の著書「我が子の教育」に感銘を受け、その教育法を実践。上京後は鳩山春子の援助を受け、昭和11年13歳の若さで音楽コンクールバイオリン部門第1位に輝いた。15年第1回リサイタルを開催、以降毎年開催。近衛秀麿に師事し、日本音楽学院を卒業。16年秋に近衛の手引きによりドイツへ留学する予定だったが、国際戦局の悪化により果たせなかった。25年近衛管弦楽団コンサートマスターを経て、29～34年ニューイングランド音楽院（在ボストン）で室内楽、合奏法をリチャード・バーギンに師事、のちニューオリンズ交響楽団に入り、第一バイオリン奏者を務める。34～50年東京交響楽団コンサートマスターを務め、50年鳩山室内楽研究所を設立。平成2年より沖縄県立芸術大学教授。5年“オーケストラを日本中に創ろう会”アンサンブル20を設立。作曲作品に「生誓」、組曲編曲に「沖縄民謡譚」などがある。　⊛音楽コンクールバイオリン部門第1位（第5回）〔昭和11年〕　⊗父＝遠山寛賢（空手家）　⊛師＝近衛秀麿、モギレフスキー

羽取 昌　はとり・まさし　東洋建設取締役　⊗平成28年（2016）5月14日　80歳〔肺炎〕　⊕昭和10年（1935）8月30日　⊕東京大学〔昭和36年〕卒　⊛昭和36年国鉄に入り、60年事業開発主幹。62年東洋建設に転じ鉄道部長、平成4年取締役を務めた。　⊛技術士

羽鳥 嘉弥　はとり・よしや　ダイドーリミテッド社長　⊗平成29年（2017）5月14日　89歳〔肺炎〕　⊕昭和3年（1928）3月31日　⊕栃木県足利市　⊗東京大学経済学部〔昭和27年〕卒　⊛昭和27年大同毛織に入社。47年常務、57年専務を経て、平成元年6月社長に就任、8月ダイドーリミテッドに社名変更。10年会長。

花岡 宗助　はなおか・そうすけ　大阪ガス副社長　通商産業省貿易局長　⊗平成27年（2015）11月14日　90歳　⊕大正14年（1925）2月9日　⊕東京都渋谷区　⊗東京大学法学部〔昭和26年〕卒　⊛昭和26年通商産業省（現・経済産業省）に入省。34年在英大使館書記官、49年官房秘書課長、51年大阪通産局長、53年日本銀行政策委員、54年貿易局長、55年日本輸出入銀行理事を

歴任。57年大阪ガス常務、60年専務、63年副社長、平成3年退任。同年日本自転車振興会副会長を経て、5年会長。のち自転車産業振興協会会長。　⊛勲三等旭日中綬章〔平成10年〕

花形 恵子　はながた・けいこ　女優　朗読講座講師　エッセイスト　ふたり朗読館主宰　⊛詩・小説・童話の朗読　⊗平成27年（2015）1月12日　79歳〔昭和10年（1935）6月2日　⊕東京都　⊗本名＝篠原恵子（しのはら・けいこ）　⊗日本女子大附属高校卒　⊛劇団ぶどうの会、劇団風退団後、テレビ、ラジオなどに出演。篠原大作と朗読と詩を演ずるふたり朗読館の公演を続けた。著書に「ロミちゃんムーちゃん絵本」「暮らしの中に美しい日本語を」などがある。　⊛日舞（坂東流名取）

花紀 京　はなき・きょう　喜劇俳優　⊗平成27年（2015）8月5日　78歳〔肺炎〕　⊕昭和12年（1937）1月2日　⊕大阪府大阪市天王寺区細工谷町　⊗本名＝石田京三（いしだ・きょうぞう）　⊗関西大学文学部仏文科〔昭和30年〕中退　⊛近代上方漫才の創始者・横山エンタツの二男。関西大学入学後、花登筐に出会い、書生として弟子入り。コメディアンとしてOSミュージックに出演したのち、昭和34年花登を中心とした劇団笑いの王国の旗上げに参加。劇団解散後、37年吉本興業に入社。以来吉本新喜劇の舞台で活躍し、38年座長となって平参平や白羽大介らと今日の吉本新喜劇の基礎を築く。また、「やりくりアパート」「スチャラカ社員」「てなもんや三度笠」「続けったいな人々」「やんちゃくれ」などのテレビドラマにも出演し、飄々とした演技で親しまれた。平成元年吉本新喜劇を退団し、主に舞台で活躍。13年ダウンタウンら吉本興業所属のタレント11人とともにRe：Japan（リ・ジャパン）を結成、CD「明日があるさ」をリリース。同年NHK「紅白歌合戦」に初出場。14年映画「明日があるさ THE MOVIE」に出演した。　⊛上方お笑い大賞（第2回）〔昭和48年〕　⊗父＝横山エンタツ（漫才師）

花田 春兆　はなだ・しゅんちょう　俳人　著述家　⊛障害者文化史　⊗平成29年（2017）5月13日　91歳〔肺炎〕　⊕大正14年（1925）10月22日　⊕大阪府大阪市阿倍野　⊗本名＝花田政国（はなだ・まさくに）　⊗光明学校（現・東京都立光明特別支援学校）卒　⊛父の任地である大阪府で生まれ、間もなく東京・麻布区に移る。出生時より脳性まひで言葉や歩行に障害があった。東京市立光明学校（現・東京都立光明特別支援学校）在学中から俳句を始める。昭和18年「さいかち」に入会、松野自得に師事。22年身体障害者の同人誌「しののめ」を創刊。29年「万緑」に入会、中村草田男に師事。33年第1回万緑新人賞、38年万緑賞を受賞。また、障害者の文化史を研究し、歴史上の障害者の小説化を手がけた。地域福祉充実の活動にも力を入れ、障害者問題への理解と啓発に尽力した。56年国際障害者年日本推進協議会副代表、日本障害者協議会顧問などを歴任。句集に「端午」「天日無冠」「喜愛刻々」、評伝に「鬼気の人」「心耳の譜」、編著に「日本文学のなかの障害者像」、他に「日本の障害者・今は昔」などがある。　⊛万緑新人賞（第1回）〔昭和33年〕、万緑賞（第10回）〔昭和38年〕、俳人協会全国大会賞（第2回）〔昭和38年〕、国際障害者年記念総理大臣表彰〔昭和56年〕、

朝日社会福祉賞（平成6年度）〔平成7年〕 [団]俳人協会 [師]師＝松野自得, 中村草田男

花田 惣一郎 はなだ・そういちろう 島根銀行常務 [没]平成28年（2016）6月19日 69歳〔病気〕

英 太郎（2代目） はなぶさ・たろう 俳優 [没]平成28年（2016）11月11日 81歳〔虚血性心不全〕 [生]昭和10年（1935）10月23日 [出]新潟県西蒲原郡弥彦村 [名]本名＝大久保秋久（おおくぼ・あきひさ） [学]弥彦中卒 [歴]料亭、芝居小屋を経営する両親のもと、幼い頃から演劇に親しむ。中学卒業後、上京。昭和27年新派に入団。名女形といわれた初代英太郎に弟子入りし、「築地明石町」で初舞台を踏んだ。初代没後、48年に東京・新橋演舞場「假名屋小梅」の小梅で2代目を襲名。55年より自主公演・英の会を主宰。59年菊田一夫演劇賞、61年芸術祭賞を受賞。女形中心だった新派の流れを継ぎ、新派唯一の女形として芸の向上と存続に努めた。芸者から年配女性まで芸域は広く、日本舞踊、三味線を得意とした。代表作に「婦系図」の小芳、「仮名屋小梅」の小梅、「京舞」のおまきなど。山田洋次監督脚本・演出「麦秋」「東京物語」など数多くの舞台に出演した。最後の舞台は、平成29年「九月新派特別公演」の「深川年増」のおよし。他の出演作に、舞台「はなれ瞽女おりん」「金色夜叉」「遊女夕霧」「寺田屋お登勢」「夢の女」「女将」などがある。 [賞]菊田一夫演劇賞（第10回, 昭和59年度）「『注文帳』の演技に対して」, 芸術祭賞〔昭和61年〕 [団]日本俳優協会 [師]師＝英太郎（1代目）

花房 秀次 はなぶさ・ひでじ 医師 荻窪病院理事長 [専]血友病, 小児科学 [没]平成28年（2016）11月7日 61歳〔原発不明がん〕 [出]広島県 [学]慶応義塾大学医学部〔昭和55年〕卒 [歴]昭和62年より東京・杉並の荻窪病院に勤務。平成2年小児科部長、3年血液凝固科部長を経て、21年理事長。血友病治療に定評があった同病院で、血液製剤から感染した多くの薬害エイズ被害者を診療。エイズ患者の妻の“愛する人の子供が欲しい”という願いを叶えるため研究を重ね、12年国内で初めて精液からエイズウイルスを完全除去する技術を開発。この技術を用い、国内外で200人近くの命が誕生した。

花柳 衛優 はなやぎ・えゆう 日本舞踊家 花柳衛優舞踊研究所主宰 山形県花笠協議会舞踊指導員会会長 [没]平成27年（2015）10月18日 80歳〔脳内出血〕 [生]昭和10年（1935）2月15日 [出]山形県山形市 [名]本名＝結城静枝（ゆうき・しずえ） [学]山形西高中退 [歴]東京で修行した後、昭和32年花柳衛優舞踊研究所を開設。38年に始まった山形花笠まつりの正調踊りの創作に参加して以来、まつりの発展と観光PRに貢献。平成4年のべにばな国体で1400人の花笠大群舞を率いた他、14年にはやまがた花笠塾を開講し、幅広い年代に正調花笠踊りを指導した。また、6年日本舞踊協会山形県支部を設立して支部長を務めた。 [賞]斎藤茂吉文化賞〔平成13年〕, 地域文化功労者文部科学大臣表彰〔平成24年〕, 山新3P賞平和賞〔平成25年〕

花柳 茂香 はなやぎ・しげか 日本舞踊家 [専]創作舞踊 [没]平成28年（2016）9月10日 90歳〔脂肪肉腫〕 [生]大正15年（1926）4月25日 [出]東京都 [名]本名＝山内美智子（やまうち・みちこ） [学]東洋英和高女〔昭和19年〕卒 [歴]幼時は花柳寿美穂、昭和8年花柳茂実に師事。18年2代目花柳寿輔門下となり、22年花柳茂香の名を許される。38年「乱れ舞い舞う」で脚光を浴びる。坪内逍遙の「新楽劇論」、大正から昭和前期の新舞踊運動の後を継ぎ、昭和40年代を代表する創作舞踊を発表した。代表作に「椿の紅き」「男舞」（45年）がある。同期の花柳寿南海、花柳照奈、五条雅巳（五条詠昇）、次の世代の橘芳慧、花柳茂珠、林千枝らに大きな影響を与えた。 [賞]芸術選奨文部大臣賞（第22回）〔昭和46年〕, 紫綬褒章〔平成6年〕, 芸術祭賞奨励賞〔昭和40年〕, 芸術祭賞優秀賞〔昭和45年・46年・47年〕, 舞踊批評家協会賞（第3回, 昭和46年度）, 花柳寿応賞（第9回）〔昭和54年〕 [団]日本舞踊協会 [師]師＝花柳茂実, 花柳寿輔（2代目）

花柳 泰輔（2代目） はなやぎ・やすすけ 日本舞踊家 花柳流名誉理事 [没]平成27年（2015）12月11日 89歳〔呼吸不全〕 [出]東京都 [名]本名＝神辺泰雄（かんべ・やすお） [家]長男＝市川高麗蔵（11代目）

花柳 裕久英 はなやぎ・ゆくひで 日本舞踊家 大分県日本舞踊連盟会長 [没]平成27年（2015）8月24日 85歳〔肺気腫〕 [名]本名＝小坂秀男（こさか・ひでお） [歴]8歳から日本舞踊をはじめ、琴や三味線、生け花なども学ぶ。昭和27年名取となり花柳裕久英を名のる。29年大分県日本舞踊連盟の第3代会長に就任、通算30年以上にわたって務めた。 [賞]大分合同新聞文化賞〔平成13年〕 [家]妻＝花柳登己忠（日本舞踊家）

は

塙 治夫 はなわ・はるお 翻訳家 駐オマーン大使 [専]アラブ文学・歴史・政治等 [没]平成28年（2016）4月7日 84歳〔急性循環不全〕 [生]昭和6年（1931）11月8日 [出]茨城県水戸市 [学]茨城大学文理学部〔昭和27年〕中退 [歴]昭和27年外務省に入省。28～30年カイロ留学（アラビア語研修）。その後エジプト、レバノン、シリア、サウジアラビア、オーストラリア所在の大使館に勤務し、駐イラク公使を経て、62年12月駐カタール大使、平成3年6月駐オマーン大使。6年2月退官。在任中からノーベル文学賞を受賞したエジプト人作家のナギーブ・マフフーズ作品の翻訳を続け、「カイロ三部作」の翻訳により、27年アラブ首長国連邦（UAE）のシェイク・ザーイド書籍賞を受賞した。他の訳書に「現代アラブ小説全集〈4〉〈5〉」など。 [賞]瑞宝中綬章〔平成18年〕, シェイク・ザーイド書籍賞翻訳賞〔平成27年〕「『カイロ三部作』の翻訳」

塙 義一 はなわ・よしかず 日産自動車社長 [没]平成27年（2015）12月18日 81歳〔心筋梗塞〕 [生]昭和9年（1934）3月16日 [出]東京都 [学]東京大学経済学部〔昭和32年〕卒 [歴]昭和32年日産自動車に入社。56年米国工場開設準備室次長、60年取締役企画室長、63年常務、平成2年専務、3年副社長を経て、8年社長に就任。同社の経営危機に際して外国メーカーとの資本提携を模索、11年フランスの大手自動車メーカーであるルノーとの資本提携を実現させ、ルノーのカルロス・ゴーンをCOO（最高執行責任者）に迎えた。同年会長職を兼務、同年6月CEO（最高経営責任者）。同月ルノー取締役に選任される。12年ゴーンに社長職、13年CEO職を譲り、経営の第一線を退いた。15年取締役名誉会長。

はに 日本人

同社再建の基盤作りに尽力した。9～11年経済同友会副代表幹事、12～16年日産ディーゼル会長なども務めた。

羽仁 協子 はに・きょうこ 音楽教育家 コダーイ芸術教育研究所所長 黄柳野学園理事長 ㉜平成27年（2015）4月5日 85歳〔肺炎〕 ㊶昭和4年（1929）11月5日 ㊷東京都 ㊸本名＝羽仁協（はに・きょう） ㊹ライプツィヒ音楽大学指揮科〔昭和33年〕卒 ㊺歴史学者・羽仁五郎、教育評論家・羽仁説子夫妻の長女。斎藤秀雄に指揮を学び、ハンガリーへ留学。ライプツィヒ音楽大学を卒業後、ブダペスト音楽大学講師を務める。昭和44年コダーイ芸術教育研究所を設立、わらべうたを活用した実践的な音楽教育に取り組む。不登校の中高生を支援する黄柳野学園理事長も務めた。作家・深沢七郎の小説のハンガリー訳を引き受けたこともある。著書に「子どもと音楽」「新しい家庭教育の創造」、訳書にF.テーケイ「アジア的生産様式」、ナジ・シャーンドル「ハンガリー教授学」、マレーク・ベロニカ「おやすみ、アンニパンニ！」「ブルンミのたんじょうび」などがある。 ㊽日本コダーイ協会 ㊾父＝羽仁五郎（歴史学者）、母＝羽仁説子（教育評論家）、兄＝羽仁進（映画監督）、祖父＝羽仁吉一（自由学園創立者）、祖母＝羽仁もと子（自由学園創立者） ㊿師＝メンチンスキー，G.，斎藤秀雄

は

埴渕 年秋 はにぶち・としあき キョーエイグループ副会長 ㉜平成28年（2016）9月20日 83歳〔心不全〕 ㊶昭和8年（1933）6月29日 ㊷徳島県阿南市 ㊹加茂谷中〔昭和25年〕卒 ㊺昭和25年京屋呉服店（現・京屋）を経て、35年徳島主婦の店（現・キョーエイ）に入社。同年取締役、専務、59年副社長を務めた後、平成11年副会長に就任。キョーエイの店舗を拡大したほか、靴や家電の専門店を展開するなど事業の多角化を進め、徳島県内を代表する流通グループに発展させた。京屋、サンティーなどグループ各社の副会長も兼任した。 ㊾兄＝埴渕一（キョーエイ創業者），妻＝埴渕美奈子（徳島県手工芸家協会会長）

馬場 欣一 ばば・きんいち 馬場工務所社長 新津商工会議所会頭 ㉜平成28年（2016）9月16日 79歳〔病気〕 ㊶昭和12年（1937）2月1日 ㊷新潟県新津市（新潟県秋葉区） ㊹武蔵工業大学

馬場 順三 ばば・じゅんぞう 西宮市長 ㉜平成27年（2015）12月1日 90歳〔肺炎〕 ㊶大正14年（1925）7月5日 ㊷兵庫県有馬郡塩瀬村（西宮市） ㊹陸軍航空士官学校〔昭和19年〕卒 ㊺昭和21年兵庫県塩瀬村役場に入る。26年西宮市と合併、45年市建設局長、50年企画局長などを経て、56年助役。平成4年市長に当選。7年に阪神・淡路大震災が発生すると、震災当日に職員を集めて「これはもう戦争である。徹夜で市民の救済にあたってほしい」と述べ、市民救出を最優先に進めた。また、震災復興土地区画整理事業にも尽力し、震災により減少した人口を呼び戻そうと開発規制を撤廃して住宅や店舗を増やした。2期務め、12年引退。 ㊻勲三等瑞宝章〔平成15年〕，兵庫県自治功労賞〔昭和59年〕

馬場 隆司 ばば・たかし 卓球選手 歯科医 大分県卓球連盟会長 ㉜平成27年（2015）4月27日 92歳〔肺

がん〕 ㊶大正12年（1923）3月31日 ㊷大分県別府市 ㊹大阪歯科医専〔昭和19年〕卒、九州歯科大学研究科〔昭和36年〕修了 医学博士〔昭和36年〕 ㊺昭和20年馬場歯科医院を開業。卓球選手として大分県チャンピオン、日本ランキング4位にまでなった。56年～平成20年大分県卓球連盟会長として競技の発展に尽力。日本卓球協会評議員などを務めた。

馬場 信雄 ばば・のぶお 宇都宮大学学長・名誉教授 ㉜平成29年（2017）5月12日 95歳〔肺炎〕 ㊶大正11年（1922）1月15日 ㊷栃木県那須郡烏山町（那須烏山市） ㊹東北帝国大学工学部電気工学科〔昭和20年〕卒 工学博士 ㊺昭和26年宇都宮大学工学部（現・教育学部）講師となり、36年教授。39～43年附属中学校長、51年から約8年間、附属教育工学センター長、58年教育学部長を歴任、60年学長に就任。平成3年退官。 ㊻勲二等旭日重光章〔平成7年〕，那須烏山市名誉市民 ㊽日本産業技術教育学会、電子通信学会 ㊾長女＝真瀬宏子（洋画家・野木町長），長男＝馬場敬信（宇都宮大学名誉教授）

馬場 昇 ばば・のぼる 衆院議員（社会党） 社会党書記長 ㉜平成27年（2015）6月15日 89歳〔肺炎〕 ㊶大正14年（1925）11月26日 ㊷熊本県葦北郡芦北町 ㊹八代中〔昭和18年〕卒、熊本工専電気科〔昭和22年〕卒 ㊺昭和22年湯浦中学、25年八代工業高校で教壇に立ち、33年熊本県高等学校教職員組合委員長、38年日本教職員組合（日教組）中央執行副委員長、43年熊本県労働組合総評議会議長を歴任。47年衆院選旧熊本2区に社会党から立候補して当選。以来連続7期。57年7月日本党書記長に就任したが、党内の派閥争いで、12月辞任した。平成5年落選。議員時代は"人間機関車"の愛称で親しまれた。水俣病対策熊本県民会議の議長を務めるなど水俣病患者の救済に尽力、昭和48年患者団体と原因企業であるチッソが締結した補償協定の作成に関わり、立会人を務めた。著書に「ミナマタ病三十年・国会からの証言」がある。 ㊻勲二等旭日重光章〔平成8年〕

浜 栄一 はま・えいいち 昆虫研究家 長野県計量検定所所長 ㉘チョウ ㉜平成29年（2017）4月1日 88歳 ㊶昭和3年（1928） ㊷長野県諏訪市 ㊹早稲田大学専門部工科土木工学科〔昭和25年〕卒 ㊺長野県職員として土木部・商工部に勤務。昭和62年長野県計量検定所所長を最後に退職。一方、小学4年の時に蓼科高原でオオムラサキの美しさに魅せられて以来、チョウの生態研究を続け、全国や長野県内に生息するチョウの生態図鑑などを出版。また、自然観察会の講師なども務め、信越放送ラジオ「武田徹のつれづれ散歩道」にレギュラー出演した。著書に「チョウの昼と夜」「光と影 私の点描画ーチョウの生態を主とした作品集」などがある。 ㊽日本鱗翅学会、日本蛾類学会

浜垣 実 はまがき・みのる 恵庭市長 ㉜平成28年（2016）2月3日 89歳〔腎不全〕 ㊶大正15年（1926）12月14日 ㊷北海道厚田郡厚田村（石狩市） ㊹自治大学校〔昭和30年〕卒 ㊺昭和18年北海道厚田村役場に入る。30年当時の恵庭村役場に移り、財政課長、庶務課長を務め、46年助役。52年から市長に4選。平成5年落選。全国市長会副会長も務めた。退任後の6年、収賄などの容疑で逮捕され、有罪が確定した。

浜川 勝彦 はまかわ・かつひこ 奈良女子大学名誉教授 ㉘近代日本文学 ㉜平成29年（2017）9月24日 83

歳〔敗血症〕 [生]昭和8年（1933）12月4日 [出]兵庫県神戸市 [学]京都大学文学部国語国文学科〔昭和31年〕卒 [歴]昭和31年三重県立上野高校教師となり、50年京都女子大学文学部、60年奈良女子大学教授を経て、平成9年神戸女子大学教授。著書に「中島敦の作品研究」「梶井基次郎論」「論攷 横光利一」などがある。 [団]全国大学国語国文学会, 日本近代文学会, 東海近代文学会

浜川 秀正 はまかわ・ひでまさ 宮崎大学農学部教授 [専]畜産学, 養蜂 [没]平成28年（2016）3月5日 90歳〔肺炎〕 [生]大正14年（1925）12月12日 [出]宮崎県宮崎市佐土原町 [学]宮崎農業専門学校畜産科卒 [歴]宮崎大学農学部助教授を経て、教授。専門は畜産学で養蜂の研究にも従事した。同大農学部附属住吉牧場（現・住吉フィールド）牧場長も務めた。

浜川 圭弘 はまかわ・よしひろ 電気工学者 大阪大学名誉教授 [専]半導体電子工学 [没]平成28年（2016）12月19日 84歳〔病気〕 [生]昭和7年（1932）7月12日 [出]京都府京都市 [学]立命館大学理工学部電気工学科卒, 大阪大学大学院工学研究科電気工学専攻〔昭和33年〕修士課程修了 工学博士〔昭和39年〕 [歴]昭和33年大阪大学工学部助手、37年講師、39年基礎工学部助教授を経て、51年教授。平成2年同大極限物質研究センター長。8年立命館大学教授、10年副総長、12年総合情報センター長、15年総長顧問。この間、昭和40年から2年間、米国イリノイ大学客員助教授。固体の電子帯構造の詳細を知る有効手段として知られる"変調分光法"の創始者。47年頃地球規模の大気汚染とそれに対する科学者の責任を痛感し、53年アモルファスシリコン太陽電池を発明、56年にはその新型を生み出した。平成元年には朝日ソーラーカーラリーの審査委員長を務めるなど、クリーンエネルギーへの関心を高めるための試みにも力を注いだ。27年文化功労者に選ばれた。著書に「太陽光発電入門」などがある。 [賞]文化功労者〔平成27年〕, 紫綬褒章〔平成7年〕, 瑞宝中綬章〔平成23年〕, 服部報公賞（第50回）〔昭和55年〕「アモルファスシリコンの価電子制御とその光起電力素子への応用」, 工業技術院長賞〔昭和59年〕, 東レ科学技術賞（第25回, 昭和59年度）〔昭和60年〕「アモルファス炭化硅素半導体の価電子制御とその応用に関する研究」, 井上春成賞（第13回）〔昭和63年〕「アモルファス炭化珪素ヘテロ接合光電池」, 科学技術庁長官賞科学技術功労者表彰（第36回）〔平成6年〕「アモルファス半導体とその高効率太陽電池の開発」, IEEEウィリアム・チェリー賞（米国）〔平成6年〕 [団]電気学会, 応用物理学会, 電子情報通信学会, 米国物理学会, 国際太陽エネルギー学会

浜口 俊一 はまぐち・しゅんいち 関西電力副社長 [没]平成27年（2015）11月29日 93歳〔脳出血〕 [生]大正11年（1922）6月4日 [出]京都府京都市 [学]京都帝国大学工学部電気工学科〔昭和20年〕卒 [歴]日本発送電を経て、昭和26年関西電力に入社。44年原子力部長、46年支配人、49年取締役、53年常務、56年専務、61年副社長を歴任した。 [賞]勲三等旭日中綬章〔平成7年〕

浜口 吉隆 はまぐち・よしたか 南山大学名誉教授 [専]倫理神学, 生命倫理学 [没]平成27年（2015）9月10日 69歳〔S状結腸がん〕 [生]昭和21年（1946）1月20日 [出]長崎県福江市（五島市） [学]南山大学文学部哲学科〔昭和45年〕卒, 南山大学文学部神学科〔昭和47年〕卒, 上智大学大学院神学研究科〔昭和53年〕修士課程修了 [歴]昭和48年カトリック司祭叙階（神言修道会）、53年10月～57年9月ローマ・グレゴリアン大学大学院で倫理学専攻後、南山大学教授。南山学園副理事長、相談役も務めた。著書に「伝統と刷新」「修道院の窓から」「キリスト教からみた生命と死の医療倫理」「生と死を見つめて」「結婚の神学と倫理」などがある。 [団]日本基督教学会, 上智大学神学会

浜崎 八重子 はまざき・やえこ 香川県婦人団体連絡協議会会長 [没]平成29年（2017）11月6日 95歳 [生]大正11年（1922）2月22日 [学]香川女子師範卒

浜崎 芳宏 はまさき・よしひろ 鳥取県議（自民党） 鳥取陸上競技協会会長 [没]平成28年（2016）1月22日 86歳〔老衰〕 [生]昭和4年（1929）5月26日 [出]鳥取県 [学]神戸商科大学経営学部〔昭和28年〕卒 [歴]昭和42年鳥取県議選鳥取市選挙区で初当選。以来連続10期務め、52年議長。平成19年引退。13～15年自民党鳥取県連会長。また、昭和48年から鳥取陸上競技協会会長を37年間務めるなど、スポーツ振興にも尽くした。 [賞]旭日中綬章〔平成19年〕 [家]長男＝浜崎晋一（鳥取県議）

浜島 速夫 はましま・はやお 南日本新聞論説委員会委員長 鹿児島県地方労働委員会会長 [没]平成28年（2016）2月28日 90歳〔肺炎〕 [生]大正14年（1925）12月14日 [出]鹿児島県鹿児島市 [学]七高文科2年修了 [歴]昭和21年南日本新聞社に入社。整理部長、政経部長、論説委員会委員長、編集局長などを歴任。定年退職後、鹿児島テレビ放送（KTS）のニュースキャスターや鹿児島県地方労働委員会会長を務めた。

浜田 剛爾 はまだ・ごうじ 美術家 青森公立大学国際芸術センター青森館長 [没]平成28年（2016）6月9日 71歳〔肺炎〕 [生]昭和19年（1944）11月13日 [出]青森県青森市 [名]本名＝浜田郷（はまだ・ごう） [学]青森高卒, 東京芸術大学美術学部彫刻科卒 [歴]画家・浜田栄一の長男。東京芸術大学彫刻科在学中の昭和44年、「ジミ・ヘンドリックスは死んだ」というパフォーマンスでデビュー。1970年代初期から日本や西ドイツで人間の身体そのものを芸術として表現する独自のパフォーマンス活動を開始。中期より様々なジャンルのアーティストを組織して「パフォーマンス・シリーズ」（51～56年）をプロデュースするなど、日本で最も早く"パフォーマンス"の名称のもとに活動した作家の一人。作品は基本的にソロで行い、代表作に「遺伝子」「チープ・メディア・チップス」など。その作品はアクションとともに、インスタレーション、フィルム、ビデオ、エレクトロニクス・サウンド、歌、俳句などで、一種のミクスティド・メディア空間を構成する。平成6年あおもり野外彫刻展総合ディレクター、10年青森県の文化観光立県宣言イベント総合プロデューサーを務める。13年青森公立大学国際芸術センター青森（ACAC）が開館すると館長に就任。23年退任。 [家]父＝浜田英一（画家）, 弟＝浜田知行（陶芸家）

浜田 幸雄 はまだ・さじお 手漉和紙製作者 [専]土佐典具帖紙 [没]平成28年（2016）10月31日 85歳〔膵臓がん〕 [生]昭和6年（1931）2月17日 [出]高知県吾川郡伊野町（いの町） [学]高等小学校卒 [歴]昔から紙の町と

は

して有名な高知県伊野町（現・いの町）で3代続く手漉和紙職人。こうぞ和紙の製作技術、土佐典具帖紙の技法を父より受け継ぎ、昭和24年独立。以来、典具帖紙一筋に製作を続け、3年がかりで典具帖紙の顔料染めを完成させる。漉き上がった紙は“カゲロウの羽”にたとえられるほど薄くて強靱。47年土佐典具帖紙保存会を結成。48年土佐典具帖紙が“記録作成等の措置を講ずべき無形文化財”に選ばれる。49年頃、京都の問屋の注文で染色紙を始め、また、51年より、ちぎり絵サークルへの用紙供給が拡大する。平成3年現代の名工として表彰され、13年には高知県初の人間国宝に認定された。　[賞]勲六等瑞宝章〔平成5年〕，日本キワニス文化賞（第8回）〔昭和47年〕「土佐典具帖紙保存会として」，現代の名工〔平成3年〕　[資]重要無形文化財保持者（土佐典具帖紙）〔平成13年〕，伝統工芸士（土佐和紙）〔昭和55年〕　[家]父＝浜田秋吾（手漉和紙製作者）　[師]師＝浜田秋吾

浜田 成亮　はまだ・しげあき　高知県難病団体連絡協議会理事長　[没]平成29年（2017）1月18日　78歳〔肺がん〕　[生]昭和13年（1938）4月18日　[出]高知県南国市　[学]中央大学法学部卒　[歴]高知県立高校教諭で、32歳の時に重症筋無力症を発病。約10年間の入院生活などの後、昭和59年全国筋無力症友の会高知連絡会を設立。平成3年から高知県難病団体連絡協議会の会長、理事長を23年にわたって務めた。

浜田 志郎　はまだ・しろう　高知県高校野球連盟理事長　[没]平成27年（2015）7月11日　77歳〔膀胱がん〕　[出]高知県吾川郡春野町（高知市）　[歴]昭和54～57年高知県野球連盟理事長を務め、同審判部の設立などに尽力した。　[家]長男＝浜田一志（大学野球監督）

浜田 敏郎　はまだ・としお　慶応義塾大学名誉教授　[専]図書館学，情報管理，情報処理教育　[没]平成29年（2017）1月6日　93歳〔肺炎〕　[生]大正12年（1923）7月16日　[出]東京都　[学]東京都立航空工業専〔昭和20年〕卒，慶応義塾大学文学部図書館学科〔昭和28年〕卒，ケース・ウエスタン・リザーブ大学大学院〔昭和34年〕修了　[歴]昭和22年米軍GHQ第720MP大隊図書室、25年東京都立大学図書館を経て、30年慶応義塾大学文学部図書館学科に移り、教授。のち常磐大学教授を務めた。　[賞]図書館サポートフォーラム賞（第1回）〔平成11年〕　[団]日本図書館情報学会，三田図書館情報学会，日本図書館協会

浜田 博　はまだ・ひろし　ダイトエレクトロン社長　[没]平成29年（2017）9月9日　86歳　[生]昭和5年（1930）11月14日　[出]京都府　[学]大阪外国語大学外国語学部〔昭和28年〕卒　[歴]昭和28年大都商事（のちダイトエレクトロン，現・ダイトロン）に入社。32年取締役、33年東京支店を設立。56年副社長を経て、平成4年社長。13年会長。

浜津 三千雄　はまつ・みちお　福島民報取締役編集局長　[没]平成28年（2016）9月12日　65歳〔多発性脳梗塞〕　[生]昭和26年（1951）3月17日　[学]日本大学法学部卒　[歴]昭和49年福島民報社に入社。平成20年取締役総務局長兼経理局長を経て、21～23年取締役編集局長。

浜中 英男　はまなか・ひでお　浜中製鎖工業社長　[没]平成29年（2017）4月3日　75歳　[生]昭和16年（1941）6月11日　[出]兵庫県姫路市　[学]甲南大学経済学部〔昭和39年〕卒　[歴]昭和62年浜中製鎖工業社長、平成23年同会長を歴任。13～22年姫路商工会議所副会頭を務めた。

浜野 浩幹　はまの・ひろき　松江工業高等専門学校名誉教授　[専]土木工学　[没]平成28年（2016）12月7日　76歳〔病気〕　[生]昭和15年（1940）7月11日　[学]信州大学工学部土木工学科卒　[歴]松江工業高等専門学校助教授を経て、教授。

浜本 隆一　はまもと・こういち　福井県高校野球連盟会長　[没]平成27年（2015）12月23日　83歳　[歴]敦賀工業高校校長や福井県高校野球連盟会長を務めた。

浜本 聡　はまもと・さとし　下関市立美術館館長　[没]平成27年（2015）3月13日　60歳　[出]山口県萩市　[学]岡山大学大学院文学研究科修了　[歴]昭和58年の開館当時から下関市立美術館に勤務。平成22年館長に就任。香月泰男展などを手がけた。

葉室 三千子　はむろ・みちこ　水泳選手　マスターズ水泳世界記録保持者　[没]平成29年（2017）10月14日　97歳　[生]大正8年（1919）11月　[出]大阪府高石市　[学]羽衣高女　[歴]羽衣高女時代、毎日新聞社浜寺水練学校で水泳選手となる。昭和11年のベルリン五輪200メートル平泳ぎ金メダリスト葉室鉄夫と結婚後は、母校の美術部講師やデザイナーとして働いた。62年約50年ぶりに水泳を再開。73歳の時に右膝半月板の手術を受けたが、2年後に復帰。以後、年齢別でタイムを競うマスターズの世界記録に挑戦。平成11年大阪で開かれた日本マスターズ水泳大会女子200メートル平泳ぎ80～84歳の部で、初めて5分の壁を破る4分59秒02の世界記録を樹立。93歳で最年長出場した25年のワールドマスターズゲームズ・トリノ大会100メートル平泳ぎでも金メダルを獲得するなど、数々のマスターズ大会で優勝した。　[家]夫＝葉室鉄夫（ベルリン五輪水泳金メダリスト）

葉室 麟　はむろ・りん　小説家　[没]平成29年（2017）12月23日　66歳　[生]昭和26年（1951）　[出]福岡県北九州市小倉　[学]西南学院大学文学部〔昭和51年〕卒　[歴]大学卒業後、フクニチ新聞社に入社して記者となったが、平成4年同紙が休刊となったため九州朝日放送へ転じ、ラジオのニュースデスクを務める。フリーライターを経て、50歳を過ぎてから歴史小説や時代小説を書き始め、平成16年江戸元禄期の絵師尾形光琳と陶工尾形乾山兄弟を描いた歴史小説「乾山晩愁」で歴史文学賞を受賞し、文壇にデビュー。19年「銀漢の賦」で松本清張賞受賞。21年「いのちなりけり」で初めて直木賞候補に挙げられ、5回目の24年1月に「蜩ノ記」で直木賞を受賞。28年「鬼神の如く 黒田叛臣伝」で司馬遼太郎賞を受賞。地元福岡の久留米市や京都市を拠点に旺盛な執筆活動を展開。史実を基に地方の視点から時代小説を綴り、独自の史観で歴史を読み解いた。「現代日本は明治維新から見直さなければ」と幕末明治の読み

直しにも挑む。他の著書に「実朝の首」「風渡る」「秋月記」「花や散るらん」「恋しぐれ」「無双の光」「春風伝」「天の光」「大獄」「天翔ける」など。「蜩ノ記」「散り花」は映画化された。29年10月体調が悪化し入院、12月死去。作家デビューから僅か12年の間に60冊を超える著作を残した。遺作は「玄鳥さりて」。　[賞]直木賞（第146回）〔平成24年〕「蜩ノ記」, 歴史文学賞（第29回）〔平成16年〕「乾山晩愁」, 松本清張賞（第14回）〔平成19年〕「銀漢の賦」, 司馬遼太郎賞（第20回）〔平成28年〕「鬼神の如く 黒田叛臣伝」　[団]日本文芸家協会

早石 修　はやいし・おさむ　生化学者　大阪バイオサイエンス研究所理事長・名誉所長　京都大学名誉教授　大阪医科大学学長・名誉教授　[専]分子生物学　[没]平成27年（2015）12月17日　95歳　[生]大正9年（1920）1月8日　[出]米国・カリフォルニア州ストックトン　[学]大阪帝国大学医学部〔昭和17年〕卒　医学博士〔昭和24年〕　[歴]医師をしていた父の関係で米国カリフォルニア州で生まれる。昭和17年大阪帝国大学医学部を卒業し、18年海軍軍医となる。20年母校に戻り細菌学教室で研究を開始、土壌細菌を分解する実験でトリプトファンを分解する新経路を発見し、24年その酵素をピロカテカーゼと命名して発表。同年ウィスコンシン大学、25年カリフォルニア大学を経て、26年米国立保健研究所（NIH）のアーサー・コーンバーグ研究室に参加。27年コーンバーグ博士に従いワシントン大学に移り、同大助教授となった。29年NIHの初代毒物学部長に転じ、30年呼吸で取り込まれた酸素が体内のアミノ酸などと反応する時に働く酵素“酸素添加酵素”を発見、一躍世界の脚光を浴び、ノーベル賞の有力候補と目されるようになった。33年38歳の若さで京都大学医学部教授に就任、36〜38年大阪大学教授、43年バンダービルト大学教授、45〜49年東京大学教授を併任。54〜56年京大医学部長。58年退官し、平成元年まで大阪医科大学学長を務めた。昭和62年〜平成10年大阪バイオサイエンス研究所長。昭和47年文化勲章。我が国生化学界の第一人者で、門下からは野崎光洋、西塚泰美、橘正道を始め多くの研究者を輩出し“早石スクール”と呼ばれる。　[賞]日本学士院賞（第57回）〔昭和42年〕「酸素添加酵素の研究」, 文化功労者〔昭和47年〕, 文化勲章〔昭和47年〕, 勲一等瑞宝章〔平成5年〕, 日本ビタミン学会賞（昭和39年度）「トリプトファンよりNADの生合成に関する研究」, 松永賞（第1回）〔昭和39年〕「酸素添加酵素の研究」, 朝日文化賞（昭和39年度）〔昭和40年〕「酸素添加酵素の発見ならびに研究」, 藤原賞（第16回）〔昭和50年〕「POLY（ADP - RIB）の発見その合成分解酵素生物学的意義に関する研究」, パリ市長ブロンズメタル〔昭和50年〕, 英国チバ金牌〔昭和51年〕, ニューヨークアカデミー生化学賞〔昭和51年〕, ディアズ賞（スペイン）〔昭和54年〕, ミシガン大学名誉科学博士〔昭和55年〕, 京都市名誉市民〔昭和59年〕, カロリンスカ研究所名誉医学博士〔昭和60年〕, ウルフ基金賞（イスラエル）〔昭和61年〕, ヤロスラブ・ヘイロフスキー金賞（チェコスロバキア学士院）〔昭和63年〕, パドア大学名誉薬学博士号（イタリア）〔昭和63年〕, マイアミ・バイオテクノロジー学会特別功労賞〔平成1年〕, パドバ大学ゴールドメダル（イタリア）〔平成7年〕, 世界睡眠学会優秀科学者賞（第1回）〔平成11年〕　[資]日本学士院会員〔昭和49年〕, ニューヨークアカデミー会員, 米国芸術科学アカデミー外国人会員, 米国科学アカデミー外国人会員, ドイツ学士院会員　[団]日本生化学会（名誉会員）, 米国生化学会（名誉会員）, 日本薬学会（名誉会員）

早川 東三　はやかわ・とうぞう　学習院大学学長　学習院女子大学学長　[専]文法学, ドイツ語学　[没]平成29年（2017）10月15日　88歳〔肺炎〕　[生]昭和4年（1929）2月3日　[出]愛知県　[学]東京大学文学部〔昭和27年〕卒, 東京大学大学院修了　[歴]昭和29年東京教育大学（現・筑波大学）助手を経て、30年学習院大学講師、32年助教授、43年教授。平成元年学長に就任。10〜15年学習院女子大学学長。編著に「最新コンサイス独和辞典」「コンサイス独和辞典」などがある。　[賞]ドイツ功労勲章大功労十字章〔平成5年〕, 瑞宝中綬章〔平成17年〕, グリム賞（ドイツ）〔昭和59年〕　[団]日本独文学会, ドイツ語学文学振興会

早川 豊彦　はやかわ・とよひこ　東京工業大学名誉教授　[専]化学工学, 経営工学　[没]平成29年（2017）10月10日　86歳〔腹膜炎〕　[生]昭和5年（1930）10月20日　[出]東京都　[学]東京工業大学工学部化学工学科〔昭和28年〕卒, 東京工業大学大学院理工学研究科化学工学専攻博士課程〔昭和33年〕修了　工学博士　[歴]東京工業大学工学部助手、助教授を経て、経営工学科教授。平成3年退官。千葉工業大学教授も務めた。著書に「プロセスハンドブックVOL.3」（編集）。　[団]石油学会, 日本経営工学会, 化学工学協会

早川 仁朗　はやかわ・にろう　下野新聞社長　[没]平成29年（2017）1月1日　84歳〔老衰〕　[生]昭和7年（1932）2月26日　[出]鳥取県　[学]早稲田大学政経学部卒　[歴]昭和31年毎日新聞社に入社。55年東京本社整理本部次長、編集局次長などを経て、61年下野新聞取締役編集担当主筆に転じ、平成2年常務、6年社長。12年相談役、13〜16年非常勤顧問。

早川 信夫　はやかわ・のぶお　NHK解説委員　[没]平成29年（2017）8月29日　63歳〔脳出血〕　[出]福島県　[学]東京大学卒　[歴]昭和53年NHKに入局。記者として主に教育・文化を担当。平成6年子供向けのニュース解説番組「週刊こどもニュース」の企画に関わった。

早川 洋　はやかわ・ひろし　横浜銀行副頭取　[没]平成29年（2017）1月2日　69歳〔肺炎〕　[生]昭和22年（1947）4月29日　[出]山梨県　[歴]昭和45年横浜銀行に入行、平成9年取締役、12年取締役常務執行役員、13年常務執行役員、14年常勤監査役を経て、18年副頭取。朋栄会長も務めた。

早川 衛　はやかわ・まもる　早川しょうゆみそ社長　[没]平成27年（2015）1月5日　88歳〔肺炎〕　[生]大正15年（1926）3月28日　[出]宮崎県都城市　[歴]昭和20年より家業のみそ・しょうゆ製造業に従事。23年早川武兵衛商店設立に参画、30年専務。39年早川しょうゆみそに社名変更。58年社長、平成13年会長に就任。9〜15年宮崎県味噌醬油工業協同組合理事長を務めた。

早川 渉　はやかわ・わたる　建築家　早川金助建築研究所代表取締役　[没]平成27年（2015）9月6日　68歳〔急性呼吸不全〕　[生]昭和22年（1947）1月15日　[出]山

は

口県下関市 ㋱下関西高〔昭和40年〕卒,日本大学〔昭和45年〕卒 ㋩昭和45年那の津寿建築研究所(福岡)を経て、47年早川金助建築研究所に入り、57年代表取締役に就任した。

早坂 暁 はやさか・あきら 脚本家 作家 演出家 日本放送作家協会理事長 ㋜平成29年(2017)12月16日 88歳〔腹部大動脈瘤破裂〕 ㋑昭和4年(1929)8月11日 ㋩愛媛県北条市(松山市) ㋐本名=冨田祥資(とみた・よしすけ) ㋱日本大学芸術学部演劇科〔昭和31年〕卒 ㋩生家は北条市の商家で、父親は芝居小屋を所有していた。15歳で志願して海軍に入り、防府市にあった海軍兵学校の分校で敗戦を迎える。帰郷の際に一泊した広島で、異臭の中、収容されていない死体から無数の燐光が出ている光景を見たことや、妹が被爆死したことから、原爆にこだわり続ける。大学卒業後、新聞社勤務などを経て、昭和36年から放送作家・脚本家として仕事を始め、テレビドラマ「七人の刑事」などを書く。ドラマ「ユタとふしぎな仲間たち」、テレビドキュメンタリー「君は明日を摑めるか」、ドラマ「わが兄はホトトギス」で芸術祭賞優秀賞受賞。続いて「修羅の旅して」ほかで54年度芸術選奨文部大臣賞を受賞するなど、受賞多数。吉永小百合が胎内被爆した芸者を演じた「夢千代日記」や、生まれ育った商家を舞台にした「花へんろ」などで人間へのいたわりを描き、"社会派"として称されるようになった。日本放送作家協会理事長も務めた。他の代表作にテレビ〈新・事件〉シリーズ、時代劇「天下御免」、映画「青春の門」「空海」「夏少女」「天国の駅」「千年の恋 ひかる源氏物語」など、「好色一代男」「夢千代日記・暁のひと」など舞台演出も手がけた。小説・エッセイの執筆にも意欲を示し、自伝的小説「ダウンタウン・ヒーローズ」は61年に山田洋次監督が映画化。平成2年「華日記—昭和いけ花戦国史」で新田次郎文学賞、「公園通りの猫」で講談社エッセイ賞を受賞。他の著書に、小説「日本ルイ14世紀」「山頭火」「四季物語」「東京パラダイス」「君は歩いて行くらん 中川幸夫狂伝」、エッセイ「夢の景色」「テレビがやって来た!」など。6年紫綬褒章、12年勲四等旭日小綬章を受けた。 ㋫芸術選奨文部大臣賞(放送部門)〔昭和54年〕「修羅の旅して」「続・事件」、紫綬褒章〔昭和6年〕、勲四等旭日小綬章〔平成12年〕、ギャラクシー賞(第6回)〔昭和43年〕「アイウエオ」「石狩平野」「契りきな」の脚本、芸術祭賞優秀賞〔昭和49年度・50年度・53年度〕「ユタとふしぎな仲間たち」「君は明日を摑めるか」「わが兄はホトトギス」、エミー賞〔昭和50年〕、年鑑代表シナリオ〔昭和50年度・52年度〕「青春の雨」「青春の門自立篇」、モンテカルロ国際テレビ祭シナリオ賞〔昭和54年〕、テレビ大賞優秀個人賞(第12回)〔昭和54年〕、日本映画テレビプロデューサー協会賞特別賞〔昭和56年〕、放送文化基金賞(第7回)〔昭和56年〕「すぐれたテレビドラマ脚本の執筆」、NHK放送文化賞〔昭和58年〕、向田邦子賞(第4回)〔昭和6年〕「花へんろ・風の昭和日記」、新田次郎文学賞(第9回)〔平成2年〕「華日記—昭和いけ花戦国史」、講談社エッセイ賞(第6回)〔平成2年〕「公園通りの猫たち」、放送文化基金賞(第18回)〔平成4年〕「女相撲」、日本アカデミー賞脚本賞

(第19回・25回)〔平成8年・14年〕「きけ、わだつみの声」「千年の恋 ひかる源氏物語」 ㋫日本脚本家連盟

早坂 功 はやさか・いさお 東北芸術工科大学名誉教授 ㋱デザイン史 ㋜平成27年(2015)11月2日 73歳〔気管支炎〕 ㋑昭和17年(1942)7月17日 ㋱東京教育大学教育学部芸術学科卒 ㋩山形大学助教授、東北芸術工科大学デザイン工学部教授、NPO法人山形県デザインネットワーク理事長を務めた。

林 えいだい はやし・えいだい ノンフィクション作家 記録作家 ㋱公害問題、朝鮮人問題、戦争問題 ㋜平成29年(2017)9月1日 83歳〔肺がん〕 ㋑昭和8年(1933)12月4日 ㋩福岡県田川郡採銅所村(香春町) ㋐本名=林栄代(はやし・しげのり) ㋱早稲田大学中退 ㋩昭和45年北九州市教育委員会に勤めている時、公害を告発する写真展を開く。この内部告発で1年後に辞職し、フリーのルポライターに転身。以来、故郷の福岡・筑豊を拠点に、朝鮮人強制連行など戦争や人権をテーマにしたノンフィクションを数多く発表。平成元年には収集した写真展が韓国で開かれ大きな反響を呼んだ。著書に「八幡の公害」「望郷—鉱毒は消えず」「嗚咽する海—PCB人体実験」「強制連行・強制労働—筑豊朝鮮人坑夫の記録」「女たちの風船爆弾」「筑豊俘虜記」「消された朝鮮人強制連行の記録—関釜連絡船と火床の坑夫たち」「BC級戦犯の生と死」「台湾の大和魂」や史料集「戦時外国人強制連行関係史料集」(全4巻)などがある。収集資料は崔昌華らによる資料センター(西岡KCC内)に収録される。7年田川への転居を機に自宅をありらん文庫と命名して収集した資料を公開。12年糖尿病による眼底出血で失明し、手術を受けた。28年半生を描いたドキュメンタリー映画「抗いの記」が公開された。 ㋫平和協同ジャーナリスト基金奨励賞(第13回)〔平成19年〕

林 紀一郎 はやし・きいちろう 美術評論家 新潟市美術館初代館長 池田20世紀美術館館長 ㋜平成28年(2016)8月25日 86歳〔心不全〕 ㋑昭和5年(1930)4月23日 ㋩鹿児島県 ㋐本名=林喜一郎(はやし・きいちろう) ㋱上智大学英文科中退 ㋩英文学者を志して上智大学英文科に入るが、結核で長期療養生活を送り、中退。のち絵画に専念、昭和40年以降、美術評論を始める。60年〜平成7年新潟市美術館の初代館長を務めた。4〜17年池田20世紀美術館館長。著書に「エルンストの版画」、訳書に「意見のメカニズム」などがある。 ㋫国際美術評論家連盟

林 喜左衛門(13代目) はやし・きえもん 能楽師(観世流シテ方) ㋜平成29年(2017)8月15日 76歳〔胆管がん〕 ㋑昭和16年(1941)1月17日 ㋩京都府京都市 ㋐本名=林喜一郎(はやし・きいちろう) ㋱立命館大学文学部〔昭和43年〕卒 ㋩京都観世五軒家の一つ、林家の12代目林喜右衛門の長男で、父と観世左近(元正)に師事。平成3年より日本能楽会会員。 ㋐父=林喜右衛門(12代目)、長男=林宗一郎(能楽師)

林 京子 はやし・きょうこ 小説家 ㋜平成29年(2017)2月19日 86歳 ㋑昭和5年(1930)8月28日 ㋩長崎県長崎市 ㋐旧姓・名=宮崎京子(みやざき・きょうこ) ㋱長崎高女〔昭和22年〕卒 ㋩昭和5年長崎市で生まれ、父の赴任で6年から上海で育つ。20年2月帰国して長崎高等女学校に編入、8月学徒動員先の三菱兵

器製作所で被爆。この被爆体験と上海で支配者側にいたという自覚が創作の原点となった。37年同人誌「文芸首都」に参加し、文筆活動に入る。克明な被爆の記録である「祭りの場」で50年群像新人賞、芥川賞を受賞。その後も“8月9日の語り部”として「ギヤマン ビードロ」「無きが如き」「やすらかに今はねむり給え」「道」などの作品を書く。平成元年大江健三郎らとともに、日本原水爆被害者団体協議会刊の「『あの日』の証言」を英訳する運動に参加。11年世界最初の核実験が行われた米国ニューメキシコ州のトリニティ・サイトを訪問、この体験は小説「長い時間をかけた人間の経験」に結実。16年九条の会の呼び掛けに賛同、活動にも参加した。他の著書に「ミッシェルの口紅」「上海」「三界の家」「樫の木のテーブル」、エッセイ「ヴァージニアの蒼い空」「瞬間の記憶」、中短編集「谷間」「輪舞」などがある。　[賞]芥川賞（第73回）〔昭和50年〕「祭りの場」, 群像新人文学賞（小説部門, 第18回）〔昭和50年〕「祭りの場」, 女流文学賞（第22回）〔昭和58年〕「上海」, 川端康成文学賞（第11回）〔昭和59年〕「三界の家」, 谷崎潤一郎賞（第26回）〔平成2年〕「やすらかに今はねむり給え」, 野間文芸賞（第53回）〔平成12年〕「長い時間をかけた人間の経験」, 神奈川文化賞〔平成13年〕, 朝日賞（平成17年度）〔平成18年〕　[団]日本文芸家協会

林 邦史朗　はやし・くにしろう　殺陣師　[没]平成27年（2015）10月29日　76歳〔膵臓がん〕　[生]昭和14年（1939）1月1日　[出]東京都墨田区両国　[名]本名＝小林邦司（こばやし・くにじ）　[歴]中学時代に剣道を始め、高校卒業後に劇団ひまわりに入る。時代劇スターの切られ役を経て、殺陣師の大内竜生のもとで修業。昭和40年史上最年少（26歳）の殺陣師としてNHK大河ドラマ「太閤記」を手がける。同年日本初のスタントマングループ・若駒冒険グループ（現・若駒プロ）を設立。その後も数多くのNHK大河ドラマに殺陣師または出演者として参加、平成27年の「真田丸」に武田信玄役で出演したのが遺作となった。また、剣術、柔道、合気道、空手、琉球古武術、中国拳法、太極拳など数々の武術を習得、7年国際護身術振興会を発足。誰にでもできる護身術を研究・考案し、後進の指導にあたった。著書に「殺陣師見参！」「殺陣武術指導・林邦史朗」「林流足裏呼吸法」がある。　[賞]ATP賞個人賞（第5回）〔昭和63年〕

林 啓介　はやし・けいすけ　著述家　徳島県立ひのみね養護学校校長　[専]阿波の歴史と文学, 日独戦争におけるドイツ人俘虜の研究, 人物伝　[没]平成27年（2015）4月26日　81歳〔肺炎〕　[生]昭和9年（1934）1月7日　[出]徳島県鳴門市　[学]中央大学法学部〔昭和34年〕卒　[歴]鳴門市教育研究所副所長、徳島水産高校教頭、阿波高校副校長などを経て、徳島県立ひのみね養護学校校長を最後に定年退職、以後著述家として活動。この間、昭和48年徳島県海外派遣教員として英国へ短期留学。57年西ドイツ政府の招きで訪独。姉妹都市リューネブルク市、ボンの大統領府、元ドイツ人俘虜を歴訪。同年ベートーベン「第九交響曲」が板東収容所で日本で初めて演奏された時のプログラムを発見。また、板東俘虜収容所のバラッケ（兵舎）を発見、東映映画「バルトの楽園」の資料コーディネーターとして尽力、ロケを誘致した。徳島県立図書館文化推進員、鳴門教育大学非常勤講師も務めた。著書に「板東ドイツ人捕虜物語」「鉄条網の中の四年半」「『第九』の里ドイツ村—板東俘虜収容所」「『美しい日本』に殉じたポルトガル人—評伝モラエス」「樺太・千島に夢をかける」「賀川豊彦」「炎は消えず」などがある。　[賞]徳島作家賞（第2回）「ユダヤ人の墓」（小説）, 徳島県出版文化賞「鉄条網の中の四年半」, 徳島県民文芸最優秀賞　[団]ドイツ村友の会, 徳島日独協会, 阿波の歴史を小説にする会, 徳島ペンクラブ, 徳島モラエス学会, NPO法人賀川豊彦記念鳴門友愛会, 徳島ブラジル友好協会, 徳島日本ポルトガル協会

林 健造　はやし・けんぞう　画家　十文字学園女子短期大学名誉教授　[専]幼児造形教育　[没]平成28年（2016）2月12日　98歳　[生]大正6年（1917）3月1日　[出]宮城県仙台市　[学]東京高師芸能科〔昭和19年〕卒　[歴]宮本三郎に師事し、バレリーナなどの女性像や、薔薇などをモチーフとした格調高い作品を描く。また、幼児の絵画に興味を持って研究。愛知第一師範学校助教授、金沢大学助教授、お茶の水女子大学講師を経て、十文字学園女子短期大学教授、同附属幼稚園長。文部省幼稚園絵画制作指導書編集委員も務めた。著書に「幼児の絵と心」「育ち育てる絵の指導」「幼児造形教育論」「造形教育の探求」などがある。　[賞]勲四等瑞宝章〔平成11年〕, 水彩連盟展文部大臣奨励賞（第36回）〔昭和52年〕, 二紀展成井賞〔平成13年〕　[団]日本保育学会, 二紀会, 水彩連盟（名誉会員）, 日本美術教育連合, 幼児造形教育研究会　[師]師＝宮本三郎

はやし・こば　作曲家　コバ・ミュージック出版代表取締役　[没]平成28年（2016）1月11日　80歳〔敗血症〕　[生]昭和10年（1935）7月27日　[出]東京都　[名]本名＝小林郁夫（こばやし・いくお）　[学]東京都立大学心理学科音楽心理学専攻卒　[歴]都立高校在学中からジャズ・ピアニストとして在日米軍キャンプのクラブなどに出演。その後、ラジオ、テレビ、レコードなど音楽制作に関わるようになり、東芝EMI専属を経て、三木鶏郎企画研究所テレビ工房に所属してCM音楽やサウンドロゴなどを手がける。“はやし・こば”の筆名は三木の命名による。昭和47年独立してコバ・ミュージック出版を設立、代表取締役を兼ねて作曲活動を続けた。CMソング・サウンドロゴの代表曲に、ミスタードーナツ「いいことあるぞ」、中外製薬の栄養ドリンク「新グロモント」の「ガンバラナクッチャ」、大日本除虫菊の衣類防虫剤「タンスにゴン」、大正製薬「漢方胃腸薬」の「毎度毎度のおさそいに」などがあり、平成23年には「はやし・こば CM WORKS」がリリースされた。また、テレビアニメ「かいけつタマゴン」「とんでも戦士ムテキング」「ダッシュ勝平」などの音楽も担当。宮崎駿監督の劇場アニメ「千と千尋の神隠し」には河の神役で出演した。著書に「オタマジャクシ村への招待状」がある。

林 治郎　はやし・じろう　徳島新聞資料出版部長　[没]平成29年（2017）6月24日　86歳〔膵臓がん〕　[生]昭和5年（1930）10月28日　[出]徳島県　[学]鳴門商卒　[歴]昭和

29年徳島新聞社に入社。写真部長、57年第二事業部長などを経て、60年から6年間、資料出版部長を務めた。

林 滋朗 はやし・しろう 日本バルカー工業専務 [没]平成28年(2016)11月24日 79歳〔肺気腫〕 [生]昭和12年(1937)5月18日 [出]兵庫県 [学]慶応義塾大学法学部〔昭和36年〕卒 [歴]昭和36年日本バルカー工業に入社。平成3年取締役、8年常務を経て、11年専務。

林 聖二 はやし・せいじ 河内屋紙創業者 [没]平成27年(2015)12月25日 88歳〔肝臓がん〕 [生]昭和2年(1927)1月29日 [出]東京都 [学]牛込高小〔昭和15年〕卒 [歴]昭和22年林紙業社を創業。27年株式会社に改組して河内屋、30年河内屋紙に商号変更。36年社長、平成15年会長に就任。17年退任。20年同社ははが紙販と合併して共同紙販ホールディングスに商号変更した。

林 昂 はやし・たかし 富士石油副社長 アラビヤ石油専務 日本ムスリム協会最高顧問 [没]平成29年(2017)11月30日 100歳 [生]大正5年(1916)12月1日 [出]新潟県 [学]エジプト国立フアード1世大学(現・カイロ大学)文学部〔昭和15年〕卒 [歴]エジプト国立フアード1世大学(現・カイロ大学)に官費留学し、イスラム教徒に。イスラム名はオマル。京都大学講師、大阪外国語大学教授を経て、昭和29年三菱商事に入社。40年アラビア石油取締役、48年常務、52年専務、56年顧問、58年参与。この間、56年富士石油副社長を務めた。62年アラビアンホスピタリティーセンターを設立。日本サウジアラビア協会副会長などを務め、日本とアラブ諸国の交流に尽くした。サウジアラビアのヤマニ元石油相とは友人の間柄だった。 [賞]藍綬褒章〔昭和55年〕, 通産大臣賞〔昭和53年〕

林 卓男 はやし・たくお 政治評論家 毎日新聞取締役編集主幹 [専]国内・国際政治 [没]平成27年(2015)3月26日 91歳〔老衰〕 [生]大正12年(1923)5月13日 [出]愛知県名古屋市 [学]東京帝国大学法学部政治学科〔昭和22年〕卒 [歴]昭和23年毎日新聞社に入社。ニューヨーク支局長、ロンドン支局長、45年論説委員を経て、論説主幹、51年取締役編集主幹。52年社友。59年～平成2年NHK経営委員、のち城西大学女子短期大学部教授を務めた。

林 土太郎 はやし・つちたろう 映画録音技師 [専]時代劇映画 [没]平成27年(2015)7月9日 93歳〔老衰〕 [生]大正11年(1922)3月24日 [出]京都府京都市 [学]成逸小高等科2年〔昭和11年〕卒 [歴]昭和11年同盟通信社に入社。病気のため一年後に退社、12年日活京都撮影所に入社、第二撮影所トーキー部助手として勤める。17年日活の閉鎖、大映創立とともに大映に入社。同年応召。21年復員し、復職。24年録音技師に昇格。29年契約者となる。45年大映を退社、46年録音スタジオ会社を設立し、大映・松竹の録音の下請作業などを行う。49年勝プロダクションに吸収合併され、勝プロ作品の録音、整音に従事。54年勝プロ解散後はフリーとして新大映、映像京都、東映などで活躍。平成7年引退。この間、荒井良平監督「地獄太鼓」、森一生監督「忠直卿行状記」、伊藤大輔監督「弁天小僧」、木村恵吾監督「歌麿をめぐる五人の女」、〈座頭市〉シリーズ、「RAMPO」など数多くの映画、テレビ映画を手がけた。19年「映画録音技師ひとすじに生きて―大映京都六十年」(草思社)を出版した。 [賞]京都市民映画祭録音賞(第8回)〔昭和36年〕「忠直卿行状記」, 「映画の日」永年勤続功労賞(第35回)〔平成2年〕 [家]長男＝林基継(録音スタジオ経営)

林 恒之 はやし・つねゆき 佐々木学園名誉学園長 [没]平成27年(2015)8月15日 80歳〔呼吸不全〕 [生]昭和9年(1934)12月16日 [出]岐阜県岐阜市 [学]岐阜大学〔昭和36年〕卒 [歴]昭和47年佐々木学園常務理事、60年理事長。同学園の男女共学や中高一貫教育を実現した。また、岐阜県私立中学高等学校協会会長などを務め、私学振興に尽くした。 [賞]岐阜新聞大賞〔平成20年〕

林 照男 はやし・てるお 幕別町(北海道)町長 [没]平成27年(2015)6月29日 82歳〔膵臓がん〕 [生]昭和8年(1933)3月27日 [出]北海道中川郡幕別町 [学]自治大学校卒 [歴]幕別町総務課長を経て、昭和58年町長に当選。平成11年まで4期務める。芝生の上でプレーするパークゴルフを考案し、昭和58年初のコースを開設以来老若男女楽しめるスポーツとして普及。同町はパークゴルフ発祥の地として知られ、国際パークゴルフ協会の本部を置き、ルールなどを教える指導員を養成。平成5年10周年記念事業の一つとして国際大会を開催した。

林 敏彦 はやし・としひこ 大阪大学名誉教授 [専]経済学, 経済政策 [没]平成29年(2017)4月28日 74歳〔急性骨髄性白血病〕 [生]昭和18年(1943)3月4日 [出]鹿児島県 [学]京都大学経済学部〔昭和41年〕卒, 大阪大学大学院修了, スタンフォード大学大学院経済学専攻〔昭和57年〕博士課程修了 Ph.D.(スタンフォード大学) [歴]昭和42年神戸商科大学助手、46年講師、49年助教授を経て、55年大阪大学助教授、60年教授。平成14年退官、放送大学教授。同年スタンフォード日本センター理事長。この間、昭和53年カリフォルニア大学客員準教授、58年スタンフォード大学客員研究員。著書に「大恐慌のアメリカ」「需要と供給の世界」「経済学者の手帖」、共著に「ゆうちょ21世紀モデル」などがある。 [賞]テレコム社会科学賞(第9回)〔平成6年〕「テレコミュニケーションの経済学」 [団]日本経済学会, 情報通信学会, アメリカ学会

林 初男 はやし・はつお 弓道家(範士9段) 千葉県弓道連盟名誉会長 [没]平成29年(2017)8月11日 97歳 [生]大正8年(1919)10月23日 [出]千葉県 [学]匝瑳中〔昭和12年〕卒 [歴]昭和19年より匝瑳中学に勤務、戦後は匝瑳高校教諭を務めた。

林 弘子 はやし・ひろこ 労働法学者 弁護士 宮崎公立大学学長 弁護士法人女性協同法律事務所 [専]労働法, 社会保障法, ジェンダー法 [没]平成28年(2016)11月21日 73歳〔病気〕 [生]昭和18年(1943)2月26日 [出]福岡県飯塚市 [学]九州大学法学部法律学科卒, 九州大学大学院法学研究科社会法専攻〔昭和43年〕修士課程修了, チュレーン大学ロースクール(米国)〔昭和45年〕修士課程修了 L.L.M.(チュレーン大学ロースクール)〔昭和45年〕 [歴]昭和43年九州大学法学部助手、47年熊本商科大学(現・熊本学園大学)講師、48年助教授、51年米国エール大学ロースクール・フルブライト研究員、54年熊本商科大学教授、57年同大附属海外事情研究所所長、57～58年米国コーネル大学労使関係スクール・カリフォルニア大学ヘイスティングス・カレッジ・オ

は

ブ・ローACLS研究員、60年福岡大学法学部教授。平成4～5年米国ラトガーズ大学労使関係スクール・ニューヨーク大学ロースクール客員教授、10年米国コロンビア大学ロースクール・ニューヨーク大学ロースクール・フルブライト研究員、11年Asia-America Institute in Transnational Law教授（米国デューク大学ロースクール・香港大学法学部主催）、17年9月ハワイ大学ロースクール客員教授（「日本におけるジェンダーと法」を担当）。25年宮崎公立大学学長に就任。この間、4年福岡セクシュアル・ハラスメント裁判で鑑定意見書を提出して、勝訴。15年4月弁護士登録（福岡県弁護士会）、弁護士法人女性協同法律事務所に所属した。著書に「育児休業法のすべて」、共著に「現代労働法入門」、労災補償、女性労働問題、ジェンダーと法等に関する論文多数。訳書にシュラミス・ファイアストーン「性の弁証法」、ジッタ・セレニー「マリー・ベル事件」、ゴルダ・メイア「ゴルダ・メイア回想録」等がある。　[賞]フルブライト・リサーチ・グラント（エール大学）〔昭和51年〕, American Council of Learned Societies（ACLS）リサーチ・グラント（コーネル大学）〔昭和57年〕, フルブライト・リサーチ・グラント（コロンビア大学）〔平成10年〕, 福岡県男女共同参画表彰（女性の先駆的活動部門）〔平成26年〕　[資]弁護士　[団]日本労働法学会, 日本社会保障法学会, 日本ジェンダー法学会, 日米法学会, 日本労働社会学会, 日本労使関係研究協会, Labor and Employment Relations Association（LERA）, International Society for Labor Law and Social Security Law

林 ひろひこ　はやし・ひろひこ　ラジオパーソナリティー　ミュージシャン　[没]平成29年（2017）2月26日　64歳〔急性心臓死〕　[出]広島県広島市　[名]本名＝林浩彦（はやし・ひろひこ）　[歴]1980年代から愛媛県内の民放ラジオなどを中心に活躍、南海ラジオ「POPSヒコヒコタイム」のパーソナリティーを田中和彦（のち南海放送社長）とともに務めた。他に同局の「わがままステーション」、FM愛媛「生ラジ7じ－9じ」などを担当した。

林 正明　はやし・まさあき　タレント　[没]平成28年（2016）　57歳〔心筋梗塞〕　[名]グループ名＝ジャニーズジュニア・スペシャル, VIP　[歴]ジャニーズ・ジュニア第1期生で、アイドルグループ・フォーリーブスや郷ひろみのバックダンサーとして活動。昭和49年ジュニア・スペシャルのメンバーとなり、50年ジャニーズジュニア・スペシャル（JJS）と改名してシングル「ベルサイユのばら」でレコードデビュー。JJSは男性3人組アイドルグループで、他のメンバーは板野俊雄、畠山昌久。“マーちゃん”の愛称で親しまれた。53年女性2人が加わり5人組のVIPとして活動したが、54年脱退。ソロ活動を経て、芸能界を引退した。

林 正高　はやし・まさたか　医師　甲府市立甲府病院神経内科長　[没]平成28年（2016）9月10日　81歳〔敗血症〕　[生]昭和9年（1934）12月12日　[出]旧満州大連　[学]信州大学医学部〔昭和37年〕卒　医学博士〔昭和45年〕　[歴]昭和38年東京医科歯科大学神経科に入局。39年山角病院、42年東京医科歯科大学勤務を経て、46年から甲府市立甲府病院に転じ、神経内科長も務める。54年筑波大学医学部非常勤講師。57年日本神経学会評議員。58年山梨医科大学非常勤講師。山梨県で“地方病”と呼ばれた日本住血吸虫症の研究と治療に取り組み、1970年代初めに県内に推定4万人いたとされる患者の撲滅に尽力。平成8年山梨県は地方病の流行終息宣言を出した。一方、昭和50年フィリピンのレイテ島で開かれた日米医学協会会議で山梨県での日本住血吸虫症の治療成果を報告したのがきっかけで国際協力事業団の専門家として現地の医療指導にあたり、60年に援助期限が切れたのちも毎年フィリピンを訪れて、治療活動や特効薬プラチカンテルを現地に送る“700円募金運動”を続けた。著書に「寄生虫との百年戦争―日本住血吸虫症・撲滅への道」「日本住血吸虫症―特に脳症型・肝脾腫型を中心に」がある。　[賞]日本寄生虫学会小泉賞（第32回）〔昭和60年〕「脳日本住血吸虫症の臨床とその病因に関する実験的研究」, ノバルティス地域医療賞〔平成22年〕

林 正彦　はやし・まさひこ　中部読売新聞取締役広告局長　[没]平成29年（2017）5月1日　91歳〔多臓器不全〕　[生]大正15年（1926）2月9日　[出]愛知県　[学]日本大学法文学部卒　[歴]昭和27年読売新聞社に入社。広告局次長、56年中部読売新聞広告局長（役員待遇）、57年東京支社長を経て、同年取締役広告局長。63年読売新聞中部本社と改称し、広告局嘱託。

林 昌弘　はやし・まさひろ　十勝毎日新聞常務　[没]平成27年（2015）7月17日　70歳　[生]昭和20年（1945）3月12日　[出]北海道　[学]明治大学文学部卒　[歴]昭和44年時事通信社に入社。47年十勝毎日新聞社に転じ、札幌支社駐在、報道部長を経て、57年取締役、平成3年常務。

林 美喜夫　はやし・みきお　THK専務　[没]平成27年（2015）1月17日　78歳〔病気〕　[生]昭和11年（1936）8月11日　[出]岐阜県　[学]長良高〔昭和30年〕卒　[歴]日本トムソン勤務、昭和46年THK取締役、57年常務を経て、62年専務。平成9年トークシステム会長。

林 幹雄　はやし・みきお　彫刻家　[没]平成27年（2015）2月13日　83歳　[生]昭和6年（1931）　[出]愛知県　[歴]昭和31年日展初出品で入選。以来主に同展と日彫展に作品を発表。平成6年日展審査員。一貫して裸婦彫刻に取り組んだ。また、瀬栄陶器のノベルティ原型師も務めた。　[団]日展, 日彫会

林 幹人　はやし・みきんど　珠洲市長　石川県議（自民党）　[没]平成27年（2015）8月26日　86歳〔急性心不全〕　[生]昭和4年（1929）6月14日　[出]石川県珠洲市　[学]豊原中卒　[歴]旧樺太から珠洲市に引き揚げて建設会社を興す。昭和42年珠洲青年会議所理事長、49年林組社長を経て、50年から石川県議に3選。この間、珠洲市観光協会、珠洲市体育協会の各会長を務めた。60年珠洲市長に無投票当選。珠洲原発計画の推進を掲げ、平成元年、5年の市長選では反対派候補を破って当選した。2年原発候補地を10年前に先買いしていた事実が明るみに出て問題となる。7年12月には名古屋高裁金沢支部で3選目の時の市長選は無効（やり直し）という判決が出された。8年5月最高裁もやり直しを支持、選挙無効が確定して失職。7月の再選挙には出馬しなかった。

は

[賞]勲四等旭日小綬章〔平成12年〕, 珠洲市名誉市民章〔平成8年〕

林 迪広　はやし・みちひろ　九州大学名誉教授　久留米大学名誉教授　[専]労働法, 社会法　[没]平成29年(2017)9月26日　95歳〔肺炎〕　[生]大正11年(1922)7月4日　[出]京都府京都市　[学]福岡高〔昭和17年〕卒, 九州帝国大学法学部〔昭和19年〕卒, 九州大学大学院社会法学〔昭和23年〕修了　法学博士　[歴]昭和23年北海道大学法文学部助教授、25年九州大学法学部助教授、38年教授、47～49年法学部長、50年同産業労働研究所長。61年退官し、名誉教授。同年久留米大学教授、平成5年名誉教授。著書に「歴史的文化財と生きがい」、共著に「雇用保障法研究序説」「全訂労働組合法」「歴史的環境権と社会法」などがある。　[賞]勲二等瑞宝章〔平成9年〕　[団]日本労働法学会

林 みよ治　はやし・みよじ　作家・林真理子の母　[没]平成29年(2017)6月16日　101歳　[出]山梨県山梨市　[歴]山梨県で書店を営みながら子供を育てる。そのうちの一人が作家の林真理子で、文学少女の半生を描いた小説「本を読む女」のモデルになった。また、平成29年に発売された、介護格差を題材にした小説「我らがパラダイス」も、みよ治さんの入所施設を探したことが執筆のきっかけになった。　[家]娘＝林真理子(作家)

は

林 有厚　はやし・ゆうこう　東京ドーム社長　[没]平成29年(2017)5月17日　87歳〔脳出血〕　[生]昭和5年(1930)1月1日　[出]熊本県熊本市　[学]慶応義塾大学大学院法学研究科〔昭和30年〕修了　[歴]昭和30年後楽園スタヂアム(現・東京ドーム)に入社。55年取締役、57年常務、59年専務、62年副社長を経て、平成8年社長に就任。21年会長。東京ドームと天然温泉ラクーアの設立に尽力。9年東京競馬、富士急行取締役を兼務、8年甲子園土地企業会長も務めた。また中学・高校時代を広島市で過ごし、20年東京広島県人会会長となった。

林 義郎　はやし・よしろう　衆院議員(自民党)　蔵相　厚相　[没]平成29年(2017)2月3日　89歳〔多臓器不全〕　[生]昭和2年(1927)6月16日　[出]山口県下関市　[学]豊浦中〔昭和19年〕卒, 一高〔昭和22年〕卒, 東京大学法学部〔昭和25年〕卒　[歴]祖父・林平四郎、父・林佳介とも衆院議員で、代々政治家の家柄に生まれる。昭和25年通商産業省(現・経済産業省)に入省、産業機械課長などを務める。44年衆院選旧山口1区から自民党公認で初当選。以来、当選11回。経済企画庁、大蔵省の政務次官などを経て、57年中曽根内閣の厚相として初入閣。平成元年海部俊樹、石原慎太郎とともに自民党総裁選に立候補したが敗れた。4年宮沢改造内閣の蔵相。党内でも有数の政策通と目され、田中派時代は田中角栄首相の“列島改造論”立案に参画した。党税制調査会会長も務めた。旧田中派二階堂系、宮沢派、加藤派、堀内派などに属した。15年引退。　[賞]勲一等旭日大綬章〔平成12年〕　[家]父＝林佳介(衆院議員), 長男＝林芳正(参院議員), 祖父＝林平四郎(衆院議員), 弟＝林孝介(サンデン交通社長)

林田 昭喜　はやしだ・あきよし　ラグビー指導者　全国高等学校体育連盟副会長　[没]平成28年(2016)4月28日　84歳〔肺炎〕　[歴]全国高等学校体育連盟副会長、同ラグビー専門部部長を歴任した。

林田 秀彦　はやしだ・ひでひこ　鎮西学院理事長・学院長　[没]平成29年(2017)12月27日　88歳〔心不全〕　[生]昭和4年(1929)4月3日　[出]長崎県　[学]東京神学大学大学院〔昭和31年〕修士課程修了　[歴]昭和32年鎮西学院聖書科講師に就任し、聖学院中学・高校校長などを経て、平成13～20年鎮西学院理事長。15年同学院長を兼務。27年名誉院長。

林屋 永吉　はやしや・えいきち　駐スペイン大使　[専]スペイン語圏文化　[没]平成28年(2016)5月18日　96歳〔多臓器不全〕　[生]大正8年(1919)10月4日　[出]京都府宇治市　[学]大阪外国語学校(現・大阪外国語大学)スペイン語部〔昭和16年〕卒　[歴]昭和16年外務省の留学生試験に合格、スペインのサラマンカ大学文学部へ留学。19年留学期間を終え外務書記生に任官、同地で敗戦を迎える。21年帰国。在アルゼンチン領事、駐メキシコ公使を経て、53年駐ボリビア大使、56年駐スペイン大使などを歴任。60年上智大学客員教授。サラマンカ大学の日本研究施設“日西センター”開設に尽力。日本サラマンカ大学友の会会長を務め、平成22年同大より日本人として初めて名誉博士号を受けた。訳書にA.レシーノス「ポポル・ヴフ」、クリストーバル・コロン「コロンブス航海誌」などがある。　[賞]勲二等瑞宝章〔平成1年〕, グアテマラ文化遺産国家勲章〔平成19年〕「マヤ文化の紹介に尽力」, 大同生命地域研究賞特別賞(第4回)〔平成1年〕, 地中海学会賞(第12回, 平成16年度)〔平成17年〕「スペインの歴史, 文化, 美術に関する多くの著作や翻訳, あるいは日本古典文化のスペインへの紹介など, 長年にわたるスペインと日本の文化交流および人材交流における活動と貢献に対して」, サラマンカ大学名誉博士号〔平成22年〕　[家]兄＝林屋辰三郎(日本史学者), 弟＝林屋慶三(京都工芸繊維大学名誉教授)

林屋 晴三　はやしや・せいぞう　陶芸史家　東京国立博物館名誉館員　[専]東洋陶磁史, 日本陶磁史, 茶陶器　[没]平成29年(2017)4月1日　88歳〔誤嚥性肺炎〕　[生]昭和3年(1928)7月25日　[出]京都府京都市　[学]京都五中〔昭和21年〕卒　[歴]昭和23年国立博物館(現・東京国立博物館)に入り、41年学芸部工芸課陶磁室長、50年工芸課長、61年資料部長、63年次長を歴任。「茶の美術」など多数の陶器展を指導。陶磁史の中でも特に茶の湯の用いられた茶陶器研究の第一人者となり、現代陶芸の振興にも尽力。平成2年退官後は、頴川美術館理事長、菊池寛実記念智美術館館長、文化財保護審議会専門委員などを務めた。東洋陶磁学会名誉顧問。著書に「日本の陶磁」(全7巻)「高麗茶碗」(全5巻)「古陶磁のみかた」他多数。　[賞]勲四等旭日小綬章〔平成15年〕, 小山冨士夫記念賞(第3回)〔昭和57年〕, 淡々斎茶道文化賞〔平成9年〕, 織部賞〔平成19年〕　[団]美術史学会, 東洋陶磁学会, 茶の湯学会

ハヤブサ　プロレスラー　[没]平成28年(2016)3月3日　47歳〔くも膜下出血〕　[生]昭和43年(1968)11月29日　[出]熊本県八代市　[名]本名＝江崎英治(えざき・えいじ)　[学]熊本商科大学〔平成3年〕中退　[歴]平成3年熊本商科大を中退。上京し、大学時代の親友だった本田雅史(のちのミスター雁之助)に誘われプロレス団体・FMWに入る。同年5月対上野幸秀、パンディータ組戦でプロ

デビュー。5年修業のためメキシコに渡り、ファルコンマスクをかぶってハヤブサを名のって人気を得た。帰国し、7年FMWのエースに。8年試合中の怪我のため手術。9年小橋建太に挑戦表明し、全日本に参戦。11年2月全日本のアジアタッグ王座を獲得。一時マスクをはずし素顔でH（エイチ）として活動するが、12年マスクマン・ハヤブサとして復活。華麗な空中殺法を得意とし、得意技はファルコンアロー。現役時代は183センチ、106キロ。13年10月試合中に頸椎を損傷。以来、車いすでの生活を余儀なくされる。14年2月FMWが倒産。8月ミスター雁之助らとWMFを旗揚げし、コミッショナーに就任。15年3月退院。その後、リハビリに励み復帰を目指しながら、シンガー・ソングライター、シンガー・ソングレスラーとしても活動。アルバム「がんばってるあなたに」などをリリースした。

早船 春洋　はやふね・はるみ　三菱製紙専務　[没]平成27年（2015）9月12日　96歳〔老衰〕　[生]大正8年（1919）2月9日　[出]埼玉県　[学]新潟高卒, 東京帝国大学経済学科〔昭和16年〕卒　[歴]三菱製紙に入社。昭和44年取締役、46年常務を経て、52年専務。のち顧問。

葉山 修平　はやま・しゅうへい　小説家　駒沢短期大学名誉教授　[専]近代日本文学　[没]平成28年（2016）8月28日　86歳〔多臓器不全〕　[生]昭和5年（1930）3月16日　[出]千葉県　[名]本名＝安藤幸輔（あんどう・こうすけ）　[学]千葉大学〔昭和28年〕, 東京大学大学院〔昭和31年〕修士課程修了　[歴]中学校教員を経て、昭和32年短編「バスケットの仔猫」が室生犀星に評価されてデビュー。「花」「瑠璃」「蝶」「水誌」「薔薇」などの同人を経て、「月刊花粉期」（編集）、「月刊雲」（編集）に携わる。35年「日本いそっぷ噺」で第43回直木賞候補、38年「現在完了」で文学界新人賞佳作。室生犀星学会会長などを務めた。著書に「終らざる時の証しに」「時よ乳母車を押せ」「異形の群」「小説室生犀星」「新釈好色五人女」「小説の方法」「湖・蝶の女」「日本文学にみる笑い・女性・風土」「小説芥川龍之介」「季節はすでに」「帽子と花束」「薔薇とペルソナ―小説三島由紀夫」「芭蕉曼陀羅」「犬を連れた奥さん」「現代語訳・曽我物語」「一休」「傾いた季節」「藁の中の七面鳥」「海のある町」、詩集に「花と木魚」などがある。　[賞]室生犀星顕彰大野茂男賞（研究・評論部門, 第1回）〔平成7年〕「小説の方法」, 市川市民文化賞（第4回）〔平成12年〕「これまでの活動に対して」　[団]室生犀星学会, 芸術至上主義文芸学会, 日本文芸家協会, 日本ペンクラブ, 日本詩人クラブ

速水 保孝　はやみ・やすたか　郷土史家　島根県立図書館館長　[専]島根県　[没]平成28年（2016）11月24日　95歳〔老衰〕　[生]大正9年（1920）　[出]島根県大原郡加茂町（雲南市）　[学]東京帝国大学文学部卒, 東京大学大学院修了　[歴]吉田内閣国務相秘書官を経て、昭和27年島根県庁に入り、厚生部長や県立図書館長を歴任。51年退職。52年松江市長選に立候補。出雲の古代史を研究、荒神谷遺跡や加茂岩倉遺跡で青銅器が大量に出土すると“原出雲王権”の存在を力説した他、民俗学の分野でも功績を残した。著書に「憑きもの持ち迷信」「出雲の迷信」「出雲祭事記」「原出雲王権は存在した」などがある。

原 構成　はら・こうせい　陶芸家　[没]平成27年（2015）1月13日　82歳〔肝細胞がん〕　[生]昭和7年（1932）9月28日　[出]佐賀県西松浦郡有田町　[名]本名＝原庄平（はら・しょうへい）　[歴]古陶磁器鑑定家の祖父原岸雪、父原鉄牛に師事。昭和32年ブラジルに渡り陶芸を指導。39年帰国。47年熊本県宇城市松橋町に構成窯を築窯。57年熊本新工芸展を創設し、主宰。平成11年熊本県伝統工芸品の指定を受ける。光風会審査員も務めた。辰砂、青磁を中心に作陶した。　[賞]九州山口展佐賀県知事賞, 光風会工芸賞, 日本新工芸展読売新聞社賞　[家]父＝原鉄牛（陶芸家）, 祖父＝原岸雪（古陶磁器鑑定家）

原 耕平　はら・こうへい　長崎大学名誉教授　[専]呼吸器内科学　[没]平成28年（2016）7月3日　86歳〔前立腺がん〕　[生]昭和5年（1930）3月13日　[出]長崎県佐世保市　[学]長崎大学医学部医学科〔昭和30年〕卒, 長崎大学大学院医学研究科内科専攻〔昭和35年〕博士課程修了　医学博士（長崎大学）〔昭和35年〕　[歴]昭和35年長崎大学助手、38年講師、42年助教授を経て、49年教授。平成2年医学部長。この間、昭和47年英国普通感冒研究所に留学。離島への医師派遣態勢を整備し、結核やがん検診を始めるなど離島医療に貢献した。また、41年から1年半、国の計画に基づくアフリカへの派遣医療チームの初代団長としてケニアへ赴任。帰国後も20年にわたって開発途上国へ医師を派遣して医療面での国際協力に尽くした。編著に「呼吸器感染症化学療法剤使用ハンドブック」「呼吸器感染症」「抗生物質の選び方と使い方」「起炎菌決定と抗菌薬処方マニュアル」などがある。　[賞]瑞宝中綬章〔平成21年〕, 長崎新聞文化章〔平成11年〕　[団]米国胸部医師学会, 日本内科学会, 日本感染症学会, 日本胸部疾患学会, 日本肺癌学会, 日本結核病学会

原 子朗　はら・しろう　詩人　評論家　書家　早稲田大学名誉教授　宮沢賢治イーハトーブ館館長　[専]現代詩, 文体論, 書画史, 宮沢賢治研究　[没]平成29年（2017）7月4日　92歳　[生]大正13年（1924）12月17日　[出]長崎県長崎市銀屋町　[名]号＝良月（りょうげつ）　[学]早稲田大学文学部文学科国文専攻〔昭和25年〕卒, 早稲田大学文学部大学院〔昭和27年〕中退　[歴]在学中から早稲田詩人会を結成、詩誌「港」を刊行。「詩世紀」同人として活躍。「火牛」同人。宮沢賢治研究の第一人者としても知られた。立正女子大学教授、早稲田大学教授、昭和女子大学特任教授、インド国立ネール大学客員教授を経て、宮沢賢治イーハトーブ館館長。詩集「風流について」「幽霊たち」「挨拶」「石の賦」「歎語抄」「空の砂漠」「滝歳」のほか、研究書に「文体序説」「定本大手拓次研究」「文体論考」「文体の軌跡」「宮沢賢治語彙辞典」「修辞学の史的研究」「新宮沢賢治語彙辞典」「宮沢賢治とはだれか」などがある。また、能筆家でもあり、その方面の著書に「筆跡の美学」「筆跡の文化史」がある。　[賞]現代詩人賞（第4回）〔昭和60年〕「石の賦」, 岩手日報文学賞賢治賞（第5回）〔平成2年〕「宮沢賢治語彙辞典」, 宮沢賢治賞（研究部門, 第3回）〔平

は

成5年〕　㊹日本近代文学会、日本文体論学会、宮沢賢治学会、日本現代詩人会、日本文芸家協会

原　信　はら・しん　信州大学名誉教授　㊸無機分析化学　㊷平成28年（2016）2月12日　97歳〔心不全〕　㊵大正7年（1918）4月17日　㊶長野県長野市　㊻東京高等師範学校理科卒　㊼信州大学教育学部助教授、教養部教授を務めた。

原　節子　はら・せつこ　女優　㊷平成27年（2015）9月5日　95歳〔肺炎〕　㊵大正9年（1920）6月17日　㊶神奈川県横浜市保土ケ谷月見台　㊺本名＝会田昌江（あいだ・まさえ）　㊻横浜市立高女（現・桜丘高）〔昭和9年〕中退　㊼昭和10年14歳の時に義兄の熊谷久虎監督の勧めで映画界入りし、日活に入社。同年田口哲監督「ためらふ勿れ若人よ」で女優デビュー、“原節子”の芸名はこの時の役名にちなむ。阿部豊監督「緑の地平線」「白衣の佳人」、山中貞雄監督「河内山宗俊」などで注目を集め、11年アーノルド・ファンク監督の日独合作映画「新しき土」の主役に抜擢される。12年3〜7月渡欧。帰国後はJ.O.スタジオ、同年合併により東宝映画専属となり、彫りが深く瞳が大きい西洋人的な美貌を生かして、伊丹万作監督「巨人伝」、山本薩夫監督「田園交響楽」などの翻案ものに出演。戦時下では山本嘉次郎監督「ハワイ・マレー沖海戦」、今井正監督「望楼の決死隊」などに出演。21年黒沢明監督の戦後第1作「わが青春に悔なし」のヒロインに起用され、演技派を印象づけた。同年末第二次東宝争議で長谷川一夫、高峰秀子らと組合を脱退、22年3月新東宝設立に参加したが、6月フリーとなった。同年吉村公三郎監督「安城家の舞踏会」、23年同監督「誘惑」、24年木下惠介監督「お嬢さん乾杯！」、今井監督「青い山脈」、小津安二郎監督「晩春」に次々出演、輝くばかりの美貌と気高さに加えて演技力の面でも円熟期を迎え、名実ともに日本を代表する女優の一人となった。26年黒沢監督「白痴」、小津監督「麦秋」、成瀬巳喜男監督「めし」と日本映画を代表する名作に立て続けに主演。28年には小津監督と自身の代表作となる「東京物語」に出演。29年成瀬監督の名作「山の音」に出演後、白内障の手術のため1年余休養し、30年倉田文人監督「ノンちゃん雲に乗る」で初の母親役を演じてカムバック。その後、小津監督「東京暮色」「秋日和」「小早川家の秋」、成瀬監督「娘・妻・母」、稲垣浩監督「日本誕生」「ふんどし医者」などに出演したが、101本目の映画出演となった「忠臣蔵」（37年）の大石りく役を最後に、42歳の若さで銀幕から姿を消す。以後、平成27年に95歳で亡くなるまでの50年間、公の場には登場せず、マスコミなどの取材にも応じなかったため、“伝説の大女優”として神秘的なイメージを保ち続けた。小津監督から高い評価を受けてその代表作の数々に出演、小津とは結婚が噂されたこともあったが、生涯を独身で通し“永遠の処女”とも謳われた。　㊥毎日映画コンクール女優演技賞〔昭和24年・26年〕、ブルーリボン賞主演女優賞〔昭和26年〕　㊊兄＝会田吉男（映画カメラマン）

原　武彦　はら・たけひこ　河北新報専務　㊷平成29年（2017）11月2日　94歳〔胃がん〕　㊵大正12年（1923）1月7日　㊶山梨県北杜市　㊻東北大学経学部卒　㊼昭

和27年河北新報社に入社。製作・営業各局庶務部長、販売局次長、総務・営業総務、取締役文書局長、常務、58年専務を歴任。61年退職。㊾河北新報普及センター、三陸河北新報社両社の社長なども務めた。

原　哲彦　はら・てつひこ　山口大学名誉教授　㊸物理学、高分子学　㊷平成29年（2017）7月2日　80歳〔肝臓がん〕　㊵昭和12年（1937）6月30日　㊶島根県　㊻京都大学理学部物理学科〔昭和35年〕卒、京都大学大学院理学研究科物理学専攻〔昭和40年〕博士課程中退　理学博士　㊼昭和40年東京都立大学理学部助手を経て、44年山口大学文理学部助教授、53年教授。平成13年退官。

原　寿雄　はら・としお　ジャーナリスト　共同通信専務理事・編集主幹　㊸ジャーナリズム論　㊷平成29年（2017）11月30日　92歳〔胸部大動脈瘤破裂〕　㊵大正14年（1925）3月15日　㊶神奈川県平塚市　㊺旧筆名＝小和田次郎（こわだ・じろう）　㊻平塚農学校〔平成16年〕卒、一高卒、東京大学法学部政治学科〔昭和25年〕卒　㊼神奈川県の農家に生まれ、昭和16年平塚農学校を卒業して、2年間国鉄に勤務。その後農学校の助手を1年務め、海軍経理学校から戦後一高、東京大学を経て、24年社団法人共同通信社に入社。社会部次長、バンコク支局長、外信部長、総務局長兼研修室長を経て、52年編集局長、55年常務理事、60年専務理事・編集主幹。61年子会社の株式会社共同国際社社長、平成4年相談役、のち顧問。社会部デスク時代の昭和32年、大分県で交番が爆破された菅生事件の取材班の一員として、共産党員の犯行に見せかけた警官の居場所を探し出し報道。社会部次長時代には小和田次郎の筆名で1960年代の放送中止事件、財界の圧力などを書いた「デスク日記」（全5巻）を執筆。神奈川県公文書公開審査会会長、平成6年日本民間放送連盟放送番組調査会委員、12年放送と青少年に関する委員会委員長などを歴任。他の著書に「新聞記者の処世術」「ジャーナリズムの思想」「ジャーナリズムの可能性」、編著に「市民社会とメディア」など。　㊥日本ジャーナリスト会議賞〔昭和32年度〕、神奈川文化賞（第46回）〔平成9年〕　㊹マスコミュニケーション学会

原　舜　はら・のぼる　岸和田市長　㊷平成28年（2016）2月14日　93歳〔肺炎〕　㊵大正11年（1922）5月8日　㊶大阪府　㊻関西大学経済学部〔昭和31年〕卒　㊼岸和田市役所に入り、昭和37年青少年課長、40年職員課長、45年総務部長を経て、48年以来市長に8選。平成17年引退。全国市長会会長代理などを歴任した。　㊥旭日中綬章〔平成18年〕、岸和田市名誉市民〔平成21年〕

原　宏　はら・ひろし　武州ガス社長　㊷平成27年（2015）4月9日　89歳〔呼吸器不全〕　㊵大正15年（1926）3月19日　㊶埼玉県入間郡三芳村（坂戸市）　㊻東京農業大学農学科〔昭和20年〕卒　㊼農業を経て、昭和34年武州ガスに入社。経理部長、43年専務、51年社長、平成12年会長。この間、昭和46年坂戸ガスを設立、社長に。本町商業会議所、平成10年埼玉県経営者協会会長、県公安委員長を歴任。　㊥藍綬褒章〔平成4年〕、勲三等瑞宝章〔平成10年〕、坂戸市名誉市民章〔平成17年〕、埼玉文化賞〔平成21年〕

原　文雄　はら・ふみお　静岡県議（無所属）　㊷平成29年（2017）1月14日　73歳〔病気〕　㊵昭和18年（1943）7

月25日 [出]静岡県裾野市 [学]沼津高卒 [歴]国鉄職員、参院議員秘書を経て、平成11年より静岡県議に3選。22年裾野市長選に立候補した。 [賞]旭日双光章〔平成26年〕

原 正雄 はら・まさお ボート選手 新潟製油社長 新潟県ボート協会会長 [没]平成29年(2017)8月27日 82歳〔胃がん〕 [生]昭和10年(1935)4月28日 [出]新潟県新潟市中央区 [学]新潟高卒, 慶応義塾大学〔昭和33年〕卒 [歴]学生時代はボート選手で、慶大3年の昭和31年にメルボルン五輪ボートのエイト種目に出場してベスト8入り。33年大東京火災海上保険(現・あいおいニッセイ同和損害保険)に入社。36年新潟製油に移り、47年専務、49年社長に就任。また、長く新潟県ボート協会を牽引して選手の強化に力を注いだ。

原 政男 はら・まさお ニッポン放送副社長 [没]平成29年(2017)11月4日 84歳〔老衰〕 [生]昭和8年(1933)6月25日 [出]長野県 [学]日本テレビ技術員養成所〔昭和28年〕卒 [歴]昭和34年フジテレビに入社。58年制作技術局長を経て、60年ニッポン放送取締役、63年常務、平成5年専務、9年副社長。11年取締役顧問。

原 康彦 はら・やすひこ 佐賀県議(民主党) [没]平成27年(2015)5月2日 60歳〔心筋梗塞〕 [生]昭和29年(1954)9月6日 [出]佐賀県 [学]大阪高専卒 [歴]平成元年より鳥栖市議6期、市議会議長を経て、23年佐賀県議に当選。27年4月2期目の当選を果たすが、5月心筋梗塞により急逝した。

原 礼之助 はら・れいのすけ セイコー電子工業社長 [没]平成27年(2015)11月2日 90歳〔虚血性心不全〕 [生]大正14年(1925)3月31日 [出]岐阜県 [学]東京帝国大学薬学科〔昭和21年〕卒, 東京大学大学院理学系研究科化学科無機化学専攻〔昭和26年〕博士課程修了 理学博士〔昭和27年〕 [歴]昭和27年米国へ留学し、ワシントン州立大学客員研究員、ハーバード大学客員研究員、ルイジアナ州立大学講師を務める。30年国連原子力平和利用会議事務局、31年日本原子力研究所研究員、34年国際原子力機関幹部専門職員を経て、44年第二精工舎(のちセイコー電子工業, 現・セイコーインスツル)に入社。45年取締役、52年常務、57年専務、60年副社長を歴任し、62年社長に就任。平成5年副会長。国連工業開発機関特別諮問委員会委員なども兼務した。訳書にバーナード・オキーフ「核の人質たち」、ジョン・E.レーフェルド「洋魂和才の経営」などがある。 [賞]オーストリア有功勲章オフィサーズ・クロス章〔平成1年〕, 藍綬褒章〔平成3年〕, 勲三等旭日中綬章〔平成9年〕, スウェーデン・ポーラー・スター勲章〔平成9年〕, 経済産業大臣表彰原子力安全功労者表彰(第7回, 昭和62年度), 日本分析化学会技術功績賞〔平成1年〕「原子スペクトルを応用した計測技術の開発と普及」, 科学技術庁長官賞科学技術功労者表彰(第32回)〔平成2年〕「蛍光X線微小部膜厚計の開発育成」, ルイジアナ州立大学名誉科学博士号〔平成4年〕 [資]スウェーデン王立科学アカデミー会員 [家]弟=原雄次郎(武田薬品不動産社長)

原石 寛 はらいし・かん 小説家 [没]平成27年(2015)5月24日 94歳 [生]大正10年(1921)2月15日 [出]東京都 [名]本名=石原弘, 別名=杵屋如暁, 石原披露士(いしはら・ひろし) [学]駒沢大学中退 [歴]70歳で引退するまで杵屋如暁の名で花柳界の芸者たちに長唄を教えた。また、20代から著作活動を行い、原石寛の筆名で「白い炎」「春の旋風」「花月の宴」「愛欲」「夜の阱」「油点草」などの著書がある。 [団]日本文芸家協会, 東京作家クラブ, 日本詩人クラブ

原口 清 はらぐち・きよし 日本史学者 名城大学名誉教授 [専]明治維新史, 自由民権運動史 [没]平成28年(2016)11月14日 94歳 [生]大正11年(1922)2月17日 [出]静岡県榛原郡相良町(牧之原市) [学]静岡高〔昭和19年〕卒, 東京大学文学部国史学科〔昭和23年〕卒 [歴]昭和24年川口高教諭を経て、27年静岡法経短期大学講師、30年静岡大学法経短期大学部助教授、39年教授、46年名城大学教授。明治維新研究の第一人者で、明治維新史学会の初代理事長を務めた。静岡県近代史研究会創立者でもある。著書に「戊辰戦争」「日本近代国家の形成」「自由民権・静岡事件」などがある。 [団]明治維新学会, 歴史学研究会

原沢 和夫 はらさわ・かずお サンパウロ日伯援護協会会長 [没]平成29年(2017)8月13日 93歳〔老衰〕 [出]新潟県南魚沼市 [歴]昭和27年ブラジルへ渡り、穀物商を営む。平成4〜6年移民を対象に福祉事業を手がけるサンパウロ日伯援護協会の4代目会長。また、昭和31年越佐郷土会(ブラジル新潟県人会)結成に関わり、同会相談役も務めた。

原沢 秀夫 はらさわ・ひでお 東急ストア社長 [没]平成27年(2015)11月2日 84歳〔心筋梗塞〕 [生]昭和5年(1930)12月17日 [出]東京都 [学]青山学院大学商学部〔昭和28年〕卒 [歴]昭和28年東急百貨店に入社。32年東急ストアに転じ、45年取締役、48年常務、58年専務、平成3年副社長を経て、5年社長。9年会長。8〜9年八社会社長を兼務した。

原島 功 はらしま・いさお ベルク社長 [没]平成27年(2015)3月20日 65歳 [生]昭和25年(1950)1月17日 [出]埼玉県 [学]立教大学経済学部〔昭和48年〕卒 [歴]父はベルク創業者の原島善一。西友を経て、昭和51年ベルクに入社。60年営業部長、62年専務、4年代表取締役副社長、5年から営業本部長兼務、7年社長に就任。26年会長。 [家]父=原島善一(ベルク創業者)

原田 明夫 はらだ・あきお 最高検検事総長 法務事務次官 [没]平成29年(2017)4月6日 77歳〔肺炎〕 [生]昭和14年(1939)11月3日 [出]兵庫県相生市 [学]龍野高卒, 東京大学法学部〔昭和38年〕卒 [歴]昭和37年司法試験に合格、40年検事に任官。ロッキード事件当時は在米日本大使館一等書記官として日本の法務・検察と米司法当局との橋渡し役を務め、ロッキード社元副社長らに対する前例のない嘱託証人尋問の実現に奔走、グラマン事件は特捜検事として担当した。63年法務省官房人事課長、平成4年盛岡地検検事正、5年9月最高検検事、同年12月法務省官房長、8年1月刑事局長、10年6月法務事務次官、11年12月東京高検検事長を経て、13年6月〜16年6月最高検検事総長。検事総長在任中は鈴木宗男元衆院議員が斡旋収賄罪などで起訴された事件の捜査を指揮した。14年には大阪高検公安部長(当時)の収賄・詐欺事件の監督責任を問われ、戦後初めて検事総長として戒告処分を受けた。また、司法制度改革にも関わった。退官後は弁護士となり、23年から

は

宮内庁参与、25年11月からは政府の原子力損害賠償・廃炉等支援機構運営委員長を務めた。東京女子大学理事長も務め、新渡戸稲造の研究家としても知られた。[職]弁護士

原田 治　はらだ・おさむ　イラストレーター　[没]平成29年(2017)　70歳　[生]昭和21年(1946)4月27日　[出]東京都中央区築地　[学]多摩美術大学グラフィック・デザイン科〔昭和44年〕卒　[歴]昭和45年女性ファッション誌「an・an」の創刊号でイラストレーションの仕事を始め、活動を開始。51年英国の童謡「マザーグース」などをモチーフにした「OSAMU GOODS(オサムグッズ)」を商品化、1980年代を中心に大ヒットした。ミスタードーナツのキャラクターデザインやカルビーポテトチップスの「ポテト坊や」、TOKYOトヨペットの広告・販促なども手がけ、広告、出版、商品企画など幅広く活躍した。著書に「ぼくの美術手帖」、挿絵に「かさ」などがある。平成29年2月10日、70歳で亡くなったことが発表されたが、命日や死因などは非公表。

原田 一美　はらだ・かずみ　児童文学作家　[没]平成28年(2016)3月1日　89歳　[生]大正15年(1926)8月24日　[出]徳島県吉野川市山川町川東　[学]徳島師範本科〔昭和22年〕卒　[歴]徳島師範在学中に徳島師範学校童話研究会を結成し、県内を童話口演して回る。卒業後は小学校教師となり、徳島児童文学研究会の結成に参加。口演と創作活動の傍ら、児童劇、指人形劇などの脚本・演出にも携わった。また吉野川市美郷の中枝小学校教諭だった昭和41年から3年間、生徒たちとホタル研究に取り組み、美郷がホタル生息地として国の天然記念物に指定されるきっかけにもなった。この経験をノンフィクション「ホタルの歌」としてまとめて児童文学作家としてデビュー。その後、小学校長、徳島県教育委員会指導主事などを歴任しながら、講演、執筆活動を続けた。他の作品に「ドイツさん物語」「大統領のメダル」などがある。　[賞]勲五等瑞宝章, 学研児童文学賞準入選(第1回)〔昭和44年〕「ホタルの歌」, 教育功労者表彰(徳島県教育委)〔昭和44年〕, 石森延男児童文学奨励賞(第1回)〔昭和52年〕「がんばれパンダっ子」, 徳島新聞社賞教育賞〔昭和55年〕, 徳島県出版文化賞〔平成4年〕　[団]徳島ペンクラブ, 徳島児童文化研究会, 日本児童文学者協会

原田 要　はらだ・かなめ　海軍中尉　[没]平成28年(2016)5月3日　99歳〔多臓器不全〕　[生]大正5年(1916)8月11日　[出]長野県長野市　[歴]昭和8年水兵として横須賀海兵団に入団。10年横須賀航空隊、航空兵器術練習生を経て、空母「鳳翔」乗組員。12年操縦練習生第35期を首席で卒業し、第一二海軍航空隊として中国に進出。パネー号爆撃や南京攻略戦に参加した。16年零戦パイロットとして空母「蒼龍」に乗り組み、ハワイ真珠湾攻撃に参加。17年6月ミッドウェー海戦に参加、1ケ月の軟禁生活の後、空母「飛鷹」に乗り組み、10月ガダルカナルでの空戦で重傷を負い、死線をさまよった。その後、内地で航空教官となり千歳航空隊で敗戦を迎える。戦後は農業、酪農、八百屋、牛乳販売など様々な職業を経て、43年託児所を開設。47年学校法人ひかり幼稚園として認可され園長に就任、幼児教育に携わった。平成3年に起きた湾岸戦争を機に自らの戦争体験を語り始め、海外も含めた講演会などで戦争の実相や平和の尊さを訴えた。27年にはドキュメンタリー映画「ひとりひとりの戦場 最後の零戦パイロット」に出演した。著書に「最後の零戦乗り」などがある。

原田 茂生　はらだ・しげお　声楽家(バリトン)　東京芸術大学名誉教授　尚美学園大学名誉教授　[没]平成29年(2017)12月12日　85歳〔老衰〕　[生]昭和7年(1932)8月6日　[出]高知県　[学]東京芸術大学音楽学部声楽科〔昭和35年〕卒, ベルリン音楽大学〔昭和40年〕卒　[歴]昭和31年以来矢田部勁吉、中山悌一、伊藤武雄に師事。35年第1回リサイタル。36年から西ドイツに留学し、同年〜39年、43〜44年ミュンヘン音楽大学でリヒアルト・ホルム、ハインツ・アーノルドに、39〜40年ベルリン音楽大学でハリー・ゴットシャルク、フーゴ・ディーツに師事。40年フォルツハイム市立歌劇場の専属歌手となる。44年帰国後は、オペラ出演のほか、シューマン、ブラームス、R.シュトラウスなどのドイツ歌曲の分野で第一人者として活躍、多くのリサイタルを開催した。39年東京芸術大学講師、48年助教授、のち教授。また、44〜46年愛知芸術大学講師、平成12年尚美学園大学教授。訳書にフィッシャー・ディースカウ「シューベルト歌曲をたどって」「シューベルト歌曲の世界」(共訳)など。　[賞]日本音楽コンクール声楽部門第3位〔昭和35年〕　[団]日本フーゴー・ヴォルフ協会, 日本リヒャルト・シュトラウス協会　[師]師＝伊藤武雄, 中山悌一

原田 新司　はらだ・しんじ　新潟日報代表取締役専務　[没]平成29年(2017)1月6日　86歳〔脳塞栓〕　[生]昭和5年(1930)6月28日　[出]新潟県長岡市　[学]新潟高卒, 新潟大学人文学部〔昭和28年〕卒　[歴]昭和28年新潟日報社に入社。46年学芸部長、49年報道部長、51年編集局次長、52年長岡支社次長、53年再び編集局次長、56年同局長、60年販売局長、63年取締役、平成4年常務を経て、6年代表取締役専務。9年顧問。同年〜13年新潟県の代表監査委員を務めた。長岡中学3年の昭和20年8月、長岡空襲で両親や妹ら一家7人全員を亡くし、戦災孤児となる。学芸部長時代の46年、空襲体験を集めた連載「わたしは忘れない」を企画して大きな反響を呼んだ。退職後も空襲の語り部として活動した。小説家の野坂昭如は高校の同級生。　[賞]紺綬褒章〔平成22年〕

原田 隆　はらだ・たかし　編集者　講談社第一事業局次長　[没]平成28年(2016)9月23日　58歳〔脳出血〕　[生]昭和33年(1958)　[出]島根県　[学]一橋大学社会学部〔昭和55年〕卒　[歴]昭和55年講談社に入社。「婦人倶楽部」「Hot-DogPRESS」「Days Japan」「CADET」を経て、平成2年「FRaU」編集部へ。9年編集長。14年から「FRaU」増刊として「FRaU Gorgeous」を刊行。27年第一事業局次長。編集者として、見城徹・藤田晋「憂鬱でなければ、仕事じゃない」やホイチョイ・プロダクションズ「電通マン36人に教わった36通りの『鬼』気くばり」、益田ミリ「オレの宇宙はまだまだ遠い」などのヒット作を手がけた。

原田 直郎　はらだ・ただお　大阪高裁長官　[没]平成29年(2017)10月7日　91歳〔急性虚血性心疾患〕　[生]大正15年(1926)6月3日　[出]大阪府豊中市　[学]東京大学法学部政治学科〔昭和25年〕卒　[歴]昭和26年司法修習生。

52年最高裁事務総局家庭局長、55年経理局長、58年大津地家裁所長、61年神戸地裁所長、63年3月大阪地裁所長を経て、平成元年9月大阪高裁長官。3年退官。同年兵庫県明石市で起きた歩道橋事故で、市の事故調査委員会の委員長を務めた。　[賞]勲一等瑞宝章〔平成10年〕

原田 康夫　はらだ・やすお　横河ブリッジ社長　[没]平成27年（2015）7月1日　74歳〔肺炎〕　[生]昭和15年（1940）8月9日　[出]東京都　[学]京都大学工学部土木工学科〔昭和38年〕卒　工学博士　[歴]昭和38年横河橋梁製作所（のち横河ブリッジ, 現・横河ブリッジホールディングス）に入社。63年取締役、平成4年常務、8年専務を経て、10年社長。17年会長。18年退任。　[賞]土木学会賞田中賞（論文部門）〔昭和48年〕「吊橋補剛桁の架設工法について（総合題目）」

原淵 祥光　はらぶち・よしみつ　岡山県議（公明党）　[没]平成28年（2016）10月19日　89歳〔肺炎〕　[生]昭和2年（1927）8月9日　[出]岡山県　[学]政治大学校卒　[歴]昭和15年多度津鉄道工機部に入社。18年兵役を経て、戦後、積物製造卸業を開業。38年以来、岡山県議に6選。62年引退。　[賞]藍綬褒章

原山 弘　はらやま・ひろし　コスモ石油代表取締役専務　[没]平成28年（2016）7月7日　89歳〔心不全〕　[生]大正15年（1926）12月12日　[出]三重県　[学]三重師範〔昭和22年〕卒　[歴]昭和25年大協石油に入社。51年取締役、54年常務、59年再び取締役を経て、同年コスモ石油（現・コスモエネルギーホールディングス）常務、62年代表取締役専務。

針生 乾馬（4代目）　はりう・けんば　陶芸家　[専]堤焼　[没]平成28年（2016）5月7日　88歳〔老衰〕　[生]昭和2年（1927）9月6日　[出]宮城県仙台市　[名]本名＝針生嘉昭（はりう・よしあき）　[学]通町小卒　[歴]生家は陸奥仙台藩御用窯の窯元で、父は3代目針生乾馬。昭和53年4代目を襲名。江戸時代からの伝統の技「海鼠釉」を守り続け、風土に根差した作品を製作した。　[賞]伝統文化ポーラ賞地域賞（第24回, 平成16年度）「堤焼の伝承・振興」, 河北文化賞（第60回, 平成22年度）, 全陶展大賞陶光会賞（第10回）〔昭和55年〕「粉引水指」, 全陶展大賞文部大臣奨励賞（第13回）〔昭和58年〕「粉引窯変ひさご水指」, 全陶展大賞内閣総理大臣賞（第15回）〔昭和60年〕「窯変深鉢」　[団]三軌会　[家]父＝針生乾馬（3代目）, 祖父＝針生乾馬（2代目）

播本 章一　はりもと・しょういち　駒井鉄工専務　[没]平成29年（2017）2月2日　81歳　[生]昭和10年（1935）12月2日　[出]兵庫県　[学]大阪大学工学部〔昭和33年〕卒　[歴]昭和33年駒井鉄工所（のち駒井鉄工, 現・駒井ハルテック）に入社。59年取締役を経て、常務、専務。

播谷 実　はりや・みのる　読売新聞常務　人事院人事官　[没]平成28年（2016）3月28日　87歳〔肺炎〕　[生]昭和4年（1929）2月13日　[出]東京都　[学]慶応義塾大学法学部〔昭和27年〕卒　[歴]昭和27年読売新聞社に入社。政治部次長、論説委員会委員、同幹事、58年副委員長、62年委員長、平成元年取締役を経て、5年2月常務。同年3月人事院人事官に就任。11年12月国家公務員倫理審査会委員。13年4月退任。　[賞]勲二等旭日重光章〔平成13年〕

春風 イチロー　はるかぜ・いちろー
⇒野田 市朗（のだ・いちろう）を見よ

春野 百合子（2代目）　はるの・ゆりこ　浪曲師　浪曲親友協会会長　[没]平成28年（2016）10月25日　89歳〔老衰〕　[生]昭和2年（1927）3月18日　[出]大阪府大阪市　[名]本名＝佐伯昌（さえき・まさ）, 旧姓・名＝森昌　[学]昭和女子薬学専門学校中退　[歴]父は2代目吉田奈良丸（吉田大和之丞）、母は初代春野百合子で、ともに浪曲界のスター。両親の離婚後は母と暮らす。昭和19年昭和女子薬学専門学校（現・昭和薬科大学）に進んだが、20年2月空襲で家を失い丸亀へ疎開。21年母を亡くし父に引き取られる。父の勧めで2代目春野百合子を襲名することになり、23年大阪・道頓堀中座での襲名披露興業で初舞台を踏んだ。30年から百合子一座を組んで全国を巡業。三味線の大林静子とコンビを組み、「田宮坊太郎」「お俊伝兵衛」など男女の情をうたった文芸浪曲を開拓。「藤十郎の恋」「女殺油地獄」などを得意とした。48年関西浪曲界の浪曲親友協会副会長、平成3年会長。5年芸術選奨文部大臣賞、6年紫綬褒章を受けた。浪曲界の弟子には春野恵子らがおり、演歌歌手の中村美律子も師事した。　[賞]芸術選奨文部大臣賞（第44回, 平成5年度）「高田の馬場」「女殺油地獄」, 紫綬褒章〔平成6年〕, 勲四等宝冠章〔平成11年〕, 大阪府文化賞〔昭和44年〕, 芸術祭賞優秀賞〔昭和48年〕「暗闇の丑松」　[家]父＝吉田奈良丸（2代目）, 母＝春野百合子（1代目）

ハーレー斉藤　はーれーさいとう　女子プロレスラー　[没]平成28年（2016）12月15日　48歳　[生]昭和42年（1967）12月21日　[出]静岡県焼津市　[名]本名＝斉藤さより　[歴]ジャパン女子プロレスに入団、昭和61年8月デビュー。平成4年神取忍率いるLLPWに旗揚げから参加。蹴り技などを武器に活躍したが、22年子宮筋腫の摘出手術を受け、24年12月LLPW-X赤坂BLITZ大会で引退試合を行った。現役時代は165センチ、67キロ。28年48歳で亡くなった。

晴山 勉　はれやま・つとむ　岩手日報総務局車両部長　[没]平成27年（2015）5月8日　83歳〔胃がん〕　[生]昭和6年（1931）8月15日　[出]岩手県稗貫郡石鳥谷町（花巻市）　[学]高小卒　[歴]昭和32年岩手日報社に入社。総務部次長を経て、50年総務局車両部長。

播 繁　ばん・しげる　構造家　播設計室主宰　エヌ・シー・エヌ顧問　[没]平成29年（2017）9月5日　79歳　[生]昭和13年（1938）　[出]福岡県　[学]日本大学理工学部建築学科〔昭和38年〕卒　[歴]昭和38年鹿島建設に入社。平成3年同社設計・エンジニアリング総事業本部構造設計部長。その後、播設計室を主宰し、幅広く建築設計に携わった。主な構造設計に「あきたスカイドーム」「大阪東京海上ビルディング」「出雲ドーム」「長野オリンピック記念アリーナ」「赤坂プリンスホテル新館」「国技館」「フジテレビ本社ビル」などがある。監訳書にアラン・ホルゲイト「構造デザインとは何か」がある。　[賞]JSCA賞〔平成3年〕「あきたスカイドーム」, 松井源吾賞〔平成4年〕「大阪東京海上ビルディング」, 日本建築学会賞〔平成9年〕「出雲ドームをはじめとする膜構造の開発」, 英国技術者協会特別賞「長野オリンピック記念アリーナ」, 日本綱構造協会賞「長野オ

は

リンピック記念アリーナ」, CSデザイン賞大賞（第14回）〔平成18年〕「HIROO COMPLEX I期・II期」

坂 誠 ばん・まこと　坂角総本舗会長・社長　㉘平成29年（2017）11月15日　81歳〔肺炎〕　㊐愛知県東海市　㊟明治22年創業のえびせんべいの老舗・坂角総本舗の3代目。平成元年〜18年社長を務めた後、会長に就き、27年相談役。高級えびせんべい「ゆかり」を商品化し、全国ブランドに育て上げた。13〜20年東海商工会議所副会頭を務めた。一方、昭和63年東海三県下の無名の芸術家の作品発表の場にと名古屋市内の東山支店にギャラリー坂角を開設した。　㊔長男＝坂泰助（坂角総本舗社長）

坂 芳雄 ばん・よしお　国鉄副技師長　名工建設社長　㉘平成27年（2015）1月23日　89歳〔誤嚥性肺炎〕　㊍大正14年（1925）3月30日　㊐東京都　㊟東京帝国大学工学部土木工学科〔昭和21年〕卒　㊟国鉄秋田鉄道管理局長、副技師長などを経て、昭和52年名工建設専務に転じ、59年社長、平成2年会長、4年相談役。　㊔紫綬褒章〔昭和50年〕, 勲三等瑞宝章〔平成7年〕

半沢 周三 はんざわ・しゅうぞう　小説家　㉘平成28年（2016）7月7日　80歳〔胃がん〕　㊍昭和11年（1936）1月　㊐岩手県釜石市　㊟新日鉄（現・新日鉄住金）釜石製鉄所で広報を担当し、社内報「かまいし」の編集や百年史「炎と共に」の編集を担当、総合史、同所の労組組合三〇年史も執筆した他、1970年代まで同所吹奏楽部の奏者、指揮を務めた。一方、小説家として岩手日報、河北新報に「馬糞街道」「僕憤ってる」など短編を発表。55年小説「海の季節」が「北の文学」再刊第1号で優秀作、56年「海を翔ぶ惇」が講談社児童文学新人賞佳作に選ばれた。著書に「日本製鉄事始 大島高任の生涯」「光芒の序曲─榊保三郎と九大フィル」「南部の大河」「大島高任」などがある。　㊔講談社児童文学新人賞佳作（第22回）〔昭和56年〕「海を翔ぶ惇」

半沢 信弥 はんざわ・のぶや　ユニデン副会長　㉘平成29年（2017）7月5日　83歳　㊍昭和9年（1934）7月4日　㊐福島県　㊟中央大学法学部〔昭和33年〕卒　㊟平成2年ユニデンに入社、副社長。5年副会長。月電グループ名誉会長、福島馬主協会相談役も務めた。

半田 孝淳 はんだ・こうじゅん　僧侶　天台宗第256代天台座主　延暦寺住職　㉘平成27年（2015）12月14日　98歳〔心不全〕　㊍大正6年（1917）9月21日　㊐長野県上田市　㊟大正大学文学部卒　㊟上田市の常楽寺の長男で、弟は浅草寺第27世貫首を務めた清水谷孝尚。昭和3年得度し、36年常楽寺住職。天台宗会議員2期、教学部長、58年戸津説法師、大僧正を経て、平成11年天台宗の教学の最高権威である探題となる。16年曼殊院門跡。19年高齢を理由に渡辺恵進より天台座主を譲られ、第256代天台座主、延暦寺住職に就任。この間、望擬講、擬講、9年已講。21年天台宗座主として初めて高野山を訪れ、真言宗の松長有慶座主と歓談、両宗派開宗以来1200年間で初の公式参拝となった。また、世界宗教者平和の祈りの集いに度々参加し、7日日本からの参加者を代表して演説した。24年から2年間、全日本仏教会会長を務めた。　㊔勲五等瑞宝章〔平成

3年〕　㊔父＝半田孝海（僧侶）, 弟＝清水谷孝尚（浅草寺第27世貫首）

半田 富久 はんだ・とみひさ　石彫家　㉘平成29年（2017）4月20日　80歳〔交通事故死〕　㊍昭和11年（1936）　㊐群馬県　㊟東京芸術大学彫刻科〔昭和35年〕卒, 明治大学大学院建築学専攻〔昭和42年〕修士課程修了　㊟東京芸術大学では彫刻を修めたが、明治大学大学院では建築学を学ぶ。その後、郷里の群馬県安中市で老石工について13年間修業。昭和42年明大講師に就任。54年には全米巡回展を開き、シカゴ美術館の永久コレクションにも入るなど、国際的にも名を知られる。60年の科学万博では重さ60トンの永久展示モニュメント「揺れ石」を制作。同年に起きた日航ジャンボ機墜落事故で、群馬県上野村の慰霊の園に建立された慰霊塔を制作。事故から10年後に設置された供養塔も作った。平成4年岐阜県宮村の無数河川のほとりに高さ21メートル、重量200トンの石彫モニュメントを4年がかりで完成した。

坂東 茂 ばんどう・しげる　坂東機工創業者　㉘平成29年（2017）9月1日　87歳〔肺炎〕　㊍昭和5年（1930）8月31日　㊐徳島県　㊟徳島市立工卒　㊟昭和43年住宅用のガラス加工機メーカーとして徳島市で坂東機工を創業。1980年代初めに自動車用ガラス加工機分野に参入、世界シェア7割の企業に育てた。平成25年同社会長。

坂東 愛彦 ばんどう・なるひこ　朝日新聞専務　㉘平成29年（2017）12月11日　73歳〔誤嚥〕　㊍昭和19年（1944）1月16日　㊐兵庫県　㊟慶応義塾大学商学部卒　㊟昭和41年朝日新聞社に入社。大阪本社編集局長などを経て、平成14年常務、17年専務。

坂東 三津五郎（10代目） ばんどう・みつごろう　歌舞伎俳優　㉘平成27年（2015）2月21日　59歳〔膵臓がん〕　㊍昭和31年（1956）1月23日　㊐東京都　㊟本名＝守田寿（もりた・ひさし）, 前名＝坂東八十助（5代目）（ばんどう・やすすけ）　㊟大和屋　㊟青山学院大学文学部中退　㊟9代目坂東三津五郎の長男。昭和32年7代目坂東三津五郎に抱かれ、「傾城御所」の唐子役で舞台に出る。37年6歳の時、5代目坂東八十助の名で初舞台。平成13年10代目坂東三津五郎を襲名。折り目正しく端正な芸が持ち味で、世話物、荒物、時代物、現代歌舞伎と芸域が広く、「魚屋宗五郎」の宗五郎、「源氏店」の与三郎、「髪結新三」の新三や、「勧進帳」の弁慶、「蘭平物狂」の蘭平などを当たり役とした。18代目中村勘三郎らとともに平成の歌舞伎界を牽引した一人。日本舞踊・坂東流家元でもあり、舞踊の名手としても知られた。また、舞台「やまほととぎすほいいずま」「近松心中物語」「華岡青洲の妻」「獅子を飼う〜利休と秀吉」「世阿弥」「砂利」「現代能楽集『鵺』」「晩秋」「グレンギャリー・グレン・ロース」「金閣寺」、映画「利休」「MISHIMA」「武士の一分」「母べえ」「聯合艦隊司令長官・山本五十六」、テレビではNHK大河ドラマ「武田信玄」「徳川慶喜」「功名が辻」や「うぬぼれ刑事」「ルーズヴェルト・ゲーム」、〈湯の町コンサルタント〉シリーズなどに出演。また、テレビの情報番組「ワーズワースの庭で」「ワーズワースの冒険」の司会や「世界の街道をゆく」のナレーションなどでも活躍。城郭好きで自らの名を冠した紀行番組「坂東三津五郎がいく 日本の城ミステリー紀行」も持った。私生活で

は、昭和58年元宝塚スターの寿ひずると結婚、平成9年離婚。10年元フジテレビアナウンサーの近藤サトと再婚するが、12年離婚した。25年9月膵臓がんの手術を受け、26年4月歌舞伎座「寿靫猿」で舞台に復帰したが、9月に年末の舞台の降板を発表。歌舞伎では8月「納涼歌舞伎」の「たぬき」と「勢獅子」、舞踊では10月の小唄演奏会が最後の舞台となった。著書に「あばれ熨斗」「歌舞伎の愉しみ」「粋にいなせに三津五郎」「坂東三津五郎 踊りの愉しみ」「三津五郎城めぐり」などがある。 [賞]日本芸術院賞〔平成18年〕, 紫綬褒章〔平成21年〕, 国立劇場優秀賞, 芸術選奨文部大臣新人賞(第38回, 昭和62年度)〔昭和63年〕, 浅草芸能大賞奨励賞〔平成3年〕, 都民文化栄誉賞〔平成3年〕, 松尾芸能賞優秀賞(第13回)〔平成4年〕, 真山青果賞(青果賞, 第16回)〔平成9年〕「頼朝の死」, 橋田賞(第15回, 平成18年度)〔平成19年〕「功名が辻」, 松尾芸能賞大賞(第30回)〔平成21年〕, 毎日芸術賞(第54回, 平成24年度)〔平成25年〕「金閣寺」他, 読売演劇大賞最優秀男優賞(第21回, 平成25年度)〔平成26年〕「髪結新三」「棒しばり」 [団]日本俳優協会, 東京俳優生活協同組合 [家]父＝坂東三津五郎(9代目), 長男＝坂東巳之助(2代目), 祖父＝坂東三津五郎(8代目)

阪埜 光男 ばんの・みつお 慶応義塾大学名誉教授 [専]会社法 [没]平成28年(2016)11月6日 83歳〔病気〕 [生]昭和7年(1932)11月13日 [出]東京都 [学]慶応義塾大学法学部〔昭和30年〕卒, 慶応義塾大学大学院法学研究科〔昭和32年〕修士課程修了 [歴]慶応義塾大学法学部助手、助教授を経て、教授。のち桐蔭学園横浜大学(現・桐蔭横浜大学)法学部教授、駿河台大学教授。この間、昭和41年西ドイツに留学。裁判所書記官研修所講師、慶応義塾常任理事、私法学会懇談会委員などを歴任。著書に「株式会社法概説」「会社法はこう変った」「株式会社法の論理」などがある。

坂野 義光 ばんの・よしみつ 映画監督 先端映像研究所代表取締役社長 [没]平成29年(2017)5月7日 86歳〔くも膜下出血〕 [生]昭和6年(1931)3月30日 [出]愛媛県越智郡桜井町古国分(今治市) [学]東京大学美学美術史学科〔昭和30年〕卒 [歴]昭和30年東宝撮影所文芸部に入社。31年から演出助手係となり、黒沢明、山本嘉次郎、堀川弘通、成瀬巳喜男、古沢憲吾など名監督の助監督を長く務める。45年大阪万博の三菱未来館で映像・音響演出を担当。46年「ゴジラ対ヘドラ」を企画し、脚本兼任で監督デビュー。他の作品に「美女の海底冒険」(47年)「残酷飢餓大陸」(48年)など。49年「ノストラダムスの大予言」協力監督。50〜51年には得意の水中撮影を生かし、日本テレビ系紀行番組〈すばらしい世界旅行〉シリーズで「クジラの背にのる」「ゾウアザラシのハレム」などを制作。沖縄海洋博でも映像制作を担当。その後、東宝映像で経営面の実務に就いた。平成14年の米ハリウッド映画「GODZILLA ゴジラ」ではエグゼクティブプロデューサーを務めた。著書に「ゴジラを飛ばした男」がある。 [団]日本映画監督協会

半明 正之 はんみょう・まさゆき JFEスチール会長 日本鋼管社長 [没]平成28年(2016)8月29日 75歳〔間質性肺炎〕 [生]昭和15年(1940)11月8日 [出]香川県善通寺市 [学]東京大学工学部〔昭和38年〕卒 [歴]昭和38年日本鋼管(NKK)に入社。平成4年取締役、11年副社長を経て、14年社長。15年川崎製鉄と経営統合、JFEスチールを設立し初代会長に就任。

【ひ】

日浅 貞雄 ひあさ・さだお JA徳島県信用農業協同組合連合会会長 [没]平成28年(2016)10月7日 91歳〔急性呼吸不全〕 [生]大正14年(1925)8月18日 [出]徳島県板野郡土成町(阿波市) [学]板西農蚕学校〔昭和17年〕卒 [歴]昭和61年土成農協(現・JA板野郡)の組合長などを経て、平成12〜15年JA徳島県信用農業協同組合連合会会長を務めた。

日浦 文明 ひうら・ふみあき 別府の名物流し [没]平成28年(2016)10月3日 84歳〔急性心不全〕 [名]芸名＝ぶんちゃん, コンビ名＝はっちゃん・ぶんちゃん [歴]昭和30年頃から大分県別府でアコーディオンの流しを始め、35年ギターの上野初(はっちゃん)と流しのコンビ“はっちゃん・ぶんちゃん”を結成。演歌など約3000曲のレパートリーを持ち、平成6年に引退するまで“別府の夜の顔”として親しまれた。11年別府の町おこしで始まったツアー・路地裏散歩のためにコンビを再結成した。21年にはっちゃんが亡くなった後も2代目はっちゃんを襲名した二宮誠とコンビを組み、流しの文化を守った。 [賞]大分合同新聞社賞功労賞(第15回)〔平成19年〕

稗田 宰子 ひえだ・さいこ 児童文学作家 佐藤義美記念館名誉館長 [専]児童文学, 詩・童謡 [没]平成29年(2017)6月28日 94歳 [生]大正12年(1923)5月24日 [出]大阪府 [名]本名＝稗田雛子(ひえだ・ひなこ) [学]帝塚山学院家政科卒 [歴]大分県竹田市出身の童謡詩人・童話作家である佐藤義美の愛弟子で、平成10年私財を投じて木造2階建ての佐藤義美記念館を建設、建物と所蔵品を竹田市に寄贈した。著書に「ちらちらちらちら雪」「はたらくじどうしゃ」「はしれとっきゅう」などがある。

樋尾 裕 ひお・ひろし 四日市倉庫常務 [没]平成28年(2016)3月5日 90歳〔急性冠症候群〕 [生]大正14年(1925)6月29日 [出]兵庫県神戸市 [学]同志社大学経済学部〔昭和24年〕卒 [歴]昭和24年四日市倉庫(現・日本トランスシティ)に入社。40年大阪支店長、43年取締役、49年常務、56年取締役を歴任。

比嘉 武二郎 ひが・たけじろう 沖縄戦で投降を呼び掛けた米陸軍の通訳兵 [没]平成29年(2017)10月7日 94歳〔急性肺炎〕 [出]米国・ハワイ州オアフ島 [歴]ハワイ・オアフ島の出身で、2歳から16歳まで両親の出身地である現在の沖縄県北中城村で育つ。昭和13年ハワイへ戻ったが、米当局から“スパイ視”されることを恐れて19歳で米陸軍に志願。通訳兵として採用され、沖縄戦では住民にウチナーグチで投降を呼び掛けた。戦後はハワイの国税機関に勤めた。たびたび沖縄を訪れ、県内の学校で児童や生徒を対象に自身の体験を話

ひ

した。平成18年沖縄戦で沖縄県民に投降を呼び掛け救出したとして、沖縄県から感謝状が贈られた。

比嘉 良仁 ひが・りょうじん　弁護士　琉球高等検察庁検事長　[没]平成27年(2015)7月4日　100歳〔老衰〕　[生]大正3年(1914)8月22日　[出]沖縄県国頭郡本部町　[学]中央大学法学部卒　[歴]昭和29年琉球上訴検察庁検事長に就任。43年琉球高等検察庁となった後も引き続き検事長を務め、47年まで在職。45年のコザ暴動では最高責任者として捜査を指揮し、騒乱罪の適用を見送った。50年弁護士に転身した。　[賞]勲二等瑞宝章

日景 忠男 ひかげ・ただお　芸能プロダクション社長　[没]平成27年(2015)2月　78歳　[生]昭和12年(1937)1月2日　[出]台湾台北　[学]台北大学卒, 東京大学大学院工学系研究科中退　[歴]父は大病院を経営する台湾人医師。日本人の母との間に台北で生まれ、台湾からの留学生として日本へ。ゲイクラブの経営などを経て、のちに俳優となった16歳の沖雅也と知り合い、芸能プロダクションを設立。昭和50年沖と養子縁組。58年6月の沖の自殺に伴い、2人の複雑な関係がマスコミをにぎわした。59年「真相・沖雅也」を出版。"美少年評論家"を自称して雑誌やテレビにも出演。その後、東京・五反田で風俗関係の仕事に携わったが、平成17年覚醒剤取締法違反で逮捕される。20年にも同じ容疑で逮捕され、懲役1年2ケ月の刑が確定した。

東 浅太郎 ひがし・あさたろう　研炭職人　[没]平成29年(2017)10月20日　96歳〔老衰〕　[歴]文化財の保存修理などに用いられる研炭(研磨炭)づくりの職人で、平成6年福井県で初めて国の選定保存技術保持者に認定される。7年日本で唯一のニホンアブラギリを使った良質の研磨炭職人として現代の名工にも選ばれた。　[賞]現代の名工〔平成7年〕

東 信行 ひがし・のぶゆき　東京外国語大学名誉教授　[専]英米語学　[没]平成27年(2015)4月16日　79歳　[生]昭和10年(1935)9月4日　[出]三重県北牟婁郡二郷村(紀北町)　[名]旧姓・名＝東環　[学]東京外国語大学英米語学科〔昭和33年〕卒, 東京大学大学院人文科学研究科英語英文学専攻〔昭和37年〕修士課程修了　[歴]昭和37年茨城大学文理学部専任講師、42年教養部助教授、44年教育学部助教授を経て、48年東京外国語大学外国語学部助教授、55年教授。のち電気通信大学教授に就任。「リーダーズ英和辞典」「ライトハウス英和辞典」などの編集に携わった。　[団]日本英文学会, 日本音声学会

東川 孝 ひがしかわ・たかし　千歳市長　[没]平成27年(2015)8月18日　81歳〔腎臓がん〕　[生]昭和9年(1934)5月8日　[出]北海道千歳市　[学]千歳高〔昭和29年〕卒　[歴]昭和25年北海道千歳町役場に入る。千歳市経済部長、開発調整部長、収入役、北海道千歳政策研究会理事長を経て、平成3年市長に当選。3期務め、15年引退。　[賞]旭日小綬章〔平成19年〕, 千歳市名誉市民〔平成18年〕

東久邇 俊彦 ひがしくに・としひこ
⇒多羅間 俊彦(たらま・としひこ)を見よ

東田 正義 ひがしだ・まさよし　プロ野球選手　[没]平成28年(2016)1月2日　70歳〔膀胱がん〕　[生]昭和20年(1945)8月1日　[出]奈良県　[学]御所工卒　[歴]昭和38年御所工3年の春、センバツに6番センターで出場して準々決勝に進出。この年優勝した下関商に2対3で敗れたが、好投手・池永正明から3安打して注目される。卒業後、社会人の三重交通に入社、39年から4年連続で都市対抗出場を果たす。43年ドラフト2位で西鉄(現・西武)に入団。1年目は59試合出場、2年目は90試合に出場してチーム3位の17本塁打を放ちレギュラーに定着。45年3番打者として規定打席に到達。46年4番に座りチーム最多の23本塁打、打率.284をマーク。183センチ、90キロの巨体だったが柔軟性があり三振は少ない打者で、同期入団の竹之内雅史との3、4番コンビは"トンタケコンビ"と呼ばれファンに親しまれた。50年日本ハム、51年阪神に移り、52年限りで現役を引退。実働10年、953試合出場、3030打数763安打、123本塁打、351打点、28盗塁、474三振、打率.252。オールスター出場2回。引退後は郷里の奈良県で保険代理業を営んだ。

東出 沙羅夫 ひがしで・さらお　俳人　「えぞにう」主幹　[没]平成27年(2015)10月22日　83歳　[生]昭和7年(1932)1月5日　[出]北海道川上郡標茶町　[名]本名＝東出和夫　[学]釧路中卒　[歴]昭和22年標茶菱の実吟社、23年「えぞにう」に入会。その後、教職に就いて作句を中断したが、平成3年再開して「えぞにう」に復帰。同年釧路俳句連盟幹事長。9年「にぞにう」編集長を経て、10年標茶菱の実吟社代表、16年「えぞにう」第4代主幹。　[賞]えぞにう賞〔平成4年〕, 洋青賞〔平成6年〕

東野 健一 ひがしの・けんいち　画家　インド伝統の巻物紙芝居「サンタルポトゥア」を演じる　[没]平成29年(2017)1月6日　70歳〔がん〕　[生]昭和22年(1947)　[出]兵庫県神戸市長田区　[学]兵庫高夜間部　[歴]昭和38年中学卒業後、神戸の車両メーカーの職業訓練生となる。40年兵庫高夜間部に進み、美術クラブに入る。以来絵を続け、62年退職後は現代アートの画家として活躍。一方、56年に見たインド伝統の巻物紙芝居「サンタルポトゥア」に感銘を受け、62年以降インドのベンガル地方を度々訪問。帰国後「おおかみのたましい」など日本の童話や外国の民話を基に巻物紙芝居を創作。平成元年から各地のイベントなどに招かれ関西弁の語りで巻物紙芝居を披露、評判を呼んだ。インド式巻物紙芝居を自作自演する国内唯一の絵巻物師で、亡くなる直前まで制作・上演活動を続けた。

東山 すみ ひがしやま・すみ　日本画家・東山魁夷の妻　[没]平成28年(2016)12月11日　98歳　[生]大正7年(1918)　[出]東京都　[学]三輪田高女卒　[歴]父は日本画家の川崎小虎。昭和15年日本画家の東山魁夷と結婚。魁夷没後の平成16年、生前に魁夷が描いた絵手本「草花手習帖」「旅だより」、詩画集「コンコルド広場の椅子」、水墨スケッチ「天山遙か」に弟の日本画家川崎鈴彦の技法解説を収録した「東山魁夷の絵手本」を監修した。　[家]夫＝東山魁夷(日本画家), 父＝川崎小虎(日本画家), 弟＝川崎鈴彦(日本画家), 川崎春彦(日本画家)

東山 利雄 ひがしやま・としお　サンケイ新聞取締役大阪本社編集局長　大阪新聞専務　[没]平成28年(2016)10月19日　88歳　[生]昭和2年(1927)12月13日　[出]大阪府　[学]関西大学法学部卒　[歴]昭和26年産業経済新聞社に入

ひ

社。地方部長、社会部長を経て、54年取締役編集局長。58年大阪新聞専務。

疋田 一彦 ひきだ・かずひこ テイ・エステック専務 [没]平成27年(2015)4月1日 60歳〔大動脈解離〕 [生]昭和30年(1955)3月3日 [歴]本田技研工業を経て、平成22年テイ・エステック常務、26年専務を務めた。

引田 惣弥 ひきた・そおや 東京放送専務 ジャパン・デジタル・コミュニケーションズ社長 [没]平成28年(2016)3月3日 84歳 [生]昭和6年(1931)12月24日 [出]群馬県 [学]東京大学文学部〔昭和29年〕卒 [歴]昭和29年ラジオ東京(のち東京放送, TBS, 現・東京放送ホールディングス)に入社。ネットワーク営業部長、編成部長、テレビ営業局次長兼営業部長、58年テレビ営業局長、60年取締役編成局長、61年企画局長、平成元年常務を経て、3年専務。同年株の損失補塡問題で取締役に降格。5年退任。のちテレビビユー福島社長。10年退任し、ジャパン・デジタル・コミュニケーションズ社長に就任。12年ビーエスアイ(現・BS-TBS)に社名変更。14年会長。

引間 龍治 ひきま・たつや アルメタックス社長 [没]平成29年(2017)3月19日 73歳 [生]昭和19年(1944)2月24日 [出]東京都 [学]法政大学工学部〔昭和41年〕卒 [歴]昭和41年日本砂鉄鋼業に入社。53年アルメタックスに転じ、平成3年取締役、11年常務、13年専務を経て、15年社長。24年会長、28年取締役相談役。

樋口 晃 ひぐち・あきら ソニー副社長 [没]平成27年(2015)9月30日 102歳〔急性心筋梗塞〕 [生]大正2年(1913)9月11日 [学]早稲田高工〔昭和6年〕卒 [歴]昭和6年七欧電機商会に入社。日本光音工業、日本測定器を経て、20年東京通信研究所に入社。21年東京通信工業(現・ソニー)の設立に参加、技術担当の取締役に就任。以来、井深大、盛田昭夫を支え、ソニーを国際企業へと成長させた。30年常務、41年専務、47年副社長。58年常勤監査役、63年相談役に退いた。 [家]長男＝樋口康雄(作曲家)

樋口 郁郎 ひぐち・いくお 日本経済新聞出版局次長 [没]平成28年(2016)1月23日 79歳〔肺炎〕 [生]昭和11年(1936)7月11日 [出]東京都 [学]早稲田大学政経学部卒 [歴]昭和35年日本経済新聞社に入社。編集・編集第二各部次長、58年出版局庶務部長、63年同局次長、平成元年出版局長付編集委員。

樋口 修 ひぐち・おさむ 三井金属専務 [没]平成29年(2017)8月18日 66歳〔病気〕 [生]昭和26年(1951)4月11日 [学]慶応義塾大学法学部〔昭和50年〕卒 [歴]昭和50年三井金属に入社。平成21年取締役を経て、26年専務。

樋口 邦利 ひぐち・くにとし 埼玉県議(自民党) [没]平成28年(2016)9月16日 68歳〔膵臓がん〕 [生]昭和22年(1947)10月21日 [出]埼玉県久喜市 [学]関東短期大学卒 [歴]昭和42年国鉄に就職。50年より久喜市議6期、60年市議会副議長、平成元年議長を経て、9年埼玉県議に当選。18年副議長、26年議長。6期目途中の28年、病死した。 [賞]藍綬褒章〔平成14年〕

樋口 隆康 ひぐち・たかやす 考古学者 京都大学名誉教授 奈良県立橿原考古学研究所所長 [専]東洋考古学(中国), シルクロード, 日本考古学 [没]平成27年(2015)4月2日 95歳〔老衰〕 [生]大正8年(1919)6月1日 [出]福岡県北九州市 [学]一高文科甲類〔昭和10年〕卒, 京都帝国大学文学部史学科〔昭和18年〕卒, 京都大学大学院文学研究科修了 文学博士〔昭和39年〕 [歴]海軍航空隊から京都帝国大学大学院に復学。京大非常勤講師だった昭和28年、"卑弥呼の鏡"といわれ邪馬台国論争に関係が深い三角縁神獣鏡が大量出土した京都の椿井大塚山古墳の発掘調査に従事。以来、古代の鏡研究の第一人者として知られた。32年戦後初の日本人学者として中国・敦煌に入る。その後も京大インド仏跡調査隊、次いでイラン・アフガニスタン・パキスタンの学術調査隊に参加。45年からは京大中央アジア学術調査隊長としてガンダーラ遺跡などアフガンの遺跡調査に精力を注いだ。50年京大文学部教授、58年退官して京都市の泉屋博古館館長。64年1月奈良県立橿原考古学研究所所長に就任。平成20年同所長とシルクロード学研究センター所長を退任。10年椿井大塚山古墳の発掘報告書「昭和28年椿井大塚山古墳発掘調査報告」を刊行した。他の著書に「北京原人から銅器まで」「日本人はどこから来たか」「古鏡」「バーミヤーンの石窟」「ガンダーラへの道」など多数。文化庁文化財専門審議員、京都府文化財保護審議会長、同府埋蔵文化財研究センター理事長、奈良県文化財保護審議会会長、城陽市文化財保護審議会委員長、大和古墳群調査委員会委員長などを歴任した。 [賞]和歌山市文化賞〔昭和60年〕, NHK放送文化賞(第40回)〔平成1年〕, 京都府文化賞特別功労賞(第10回)〔平成4年〕, 大同生命地域研究賞(平成7年度)「多年に亘る中央アジア・西アジア考古学研究に対して」, 福岡アジア文化賞(学術研究賞国内部門, 第8回)〔平成9年〕, 朝日賞(平成13年度)〔平成14年〕「先駆的な考古学研究と東西文化交流の解明」 [団]日本文化財科学会, 東方学会, 日本考古学協会 [家]長男＝樋口富士男(久留米大学名誉教授)

樋口 剛 ひぐち・たけし 日本経済新聞取締役事業局長 [没]平成27年(2015)4月19日 78歳〔くも膜下出血〕 [生]昭和11年(1936)9月10日 [出]福岡県 [学]早稲田大学法学部卒 [歴]昭和35年日本経済新聞社に入社。産業第二部長、57年産業第一部長、60年編集局次長、63年編集局総務、平成元年出版局長を経て、4年取締役事業局長。6年日経リサーチ社長。

樋口 直嗣 ひぐち・なおつぐ 春日村(岐阜県)村長 [没]平成28年(2016)3月1日 79歳〔肺気腫〕 [生]昭和11年(1936)3月8日 [出]岐阜県揖斐郡春日村(揖斐川町) [学]揖斐高〔昭和29年〕卒 [歴]昭和31年岐阜県春日村役場に入る。42年教育委員会教育長、55年収入役を経て、58年村長に当選。平成17年合併により揖斐川町となるまで6期務めた。また、昭和58年より春日村森林組合長も務め、平成元年村おこしの特産品として組合から「春日局湯」と名づけた薬用入浴剤を売り出した。 [賞]旭日小綬章〔平成18年〕

樋口 紘 ひぐち・ひろし 医師 岩手県立中央病院院長 [専]脳神経外科学 [没]平成28年(2016)4月11日 75歳〔心筋梗塞と心破裂〕 [生]昭和15年(1940)11月1日 [出]福島県福島市 [学]東北大学大学院医学研究科修了 医学博士 [歴]平成7年から岩手県立宮古病院長、12年か

ひ

ら岩手県立中央病院長を6年間務め、岩手県の地域医療の発展に尽くした。

樋口 学　ひぐち・まなぶ　新通社長　[没]平成27年(2015)11月21日　87歳〔心不全〕　[生]昭和3年(1928)3月26日　[出]大阪府　[学]関西大学法学部〔昭和25年〕卒　[歴]広告代理店の新通に入社。昭和52年専務を経て、平成4年社長に就任。　[家]長男＝樋口荘一郎(新通社長)，兄＝樋口衛(新通会長)

日暮 曠岱　ひぐらし・こうたい　書家　[没]平成29年(2017)4月21日　91歳〔老衰〕　[生]大正14年(1925)9月10日　[出]千葉県香取郡(香取市)　[名]本名＝日暮信夫(ひぐらし・のぶお)　[学]法政大学日本文学科卒　[歴]村田龍岱に通信で指導を受けるが、大学卒業後から浅見錦龍に師事。昭和38年、39年千葉県展で知事賞を受賞。42年日展に初入選。千葉県美術会参事、千葉県書道協会参与、書星会参事、成田市書道協会参与などを歴任した。　[賞]千葉県展知事賞〔昭和38年・39年〕，読売書法展読売新聞社賞(第3回・4回)〔昭和61年・62年〕　[師]師＝村田龍岱，浅見錦龍

ひ

日暮 怜司　ひぐれ・れいじ　音楽プロデューサー　日本ウエストミンスター社長　[没]平成27年(2015)7月7日　85歳〔肺がん〕　[出]東京都　[学]慶応義塾大学卒　[歴]昭和40年に日本コロムビアから発売されたLP盤16枚組「沖縄音楽総攬」のディレクターとして録音・取材・編集を担当、同作は文化庁芸術祭奨励賞を受賞した。平成17年日本ウエストミンスター社長となり、邦楽・洋楽の名録音やレコード名盤の復刻発売を手がけた。20年には琉球新報文化面で連載エッセイ「落ち穂」を担当した。　[家]妻＝有馬礼子(作曲家)

火坂 雅志　ひさか・まさし　小説家　[没]平成27年(2015)2月26日　58歳〔急性膵炎〕　[生]昭和31年(1956)5月4日　[出]新潟県新潟市　[名]本名＝中川雅志(なかがわ・まさし)　[学]早稲田大学商学部卒　[歴]早大歴史文学ロマンの会に入って歴史小説家を志す。出版社勤務を経て、昭和63年「花月秘拳行」でデビュー。平成19年戦国武将・直江兼続を描いた「天地人」で中山義秀文学賞を受け、21年にはNHK大河ドラマの原作となった。主な作品に「桂籠」「全宗」「壮心の夢」「柳生烈堂」「覇商の門」「黒衣の宰相」「虎の城」「軍師の門」などがある。　[賞]中山義秀文学賞(第13回)〔平成19年〕「天地人」　[団]日本文芸家協会

久富 勝次　ひさとみ・かつじ　毎日新聞東京本社事業本部長　[没]平成28年(2016)4月7日　72歳〔心不全〕　[生]昭和18年(1943)6月24日　[出]東京都　[学]立教大学経済学部〔昭和42年〕卒　[歴]昭和45年毎日新聞社に入社。秘書室次長、58年秘書室長、平成3年事業本部次長、社事室委員を経て、5年事業本部長。11年スポーツニッポン新聞東京本社常勤監査役、17年退任。日本実業団陸上競技連合理事も務めた。

久野 秀男　ひさの・ひでお　学習院大学名誉教授　[専]会計学，会計史　[没]平成27年(2015)10月27日　91歳〔心不全〕　[生]大正13年(1924)9月21日　[出]東京都渋谷区　[学]東京商科大学〔昭和22年〕卒　商学博士(日本大学)〔昭和51年〕　[歴]昭和26年西南学院大学講師、33年国学院大学助教授を経て、37年学習院大学政経学部教授、49年経済学部教授に就任。著書に「財務諸表制度論」「官庁簿記制度論」などがある。　[賞]勲三等瑞宝章〔平成14年〕，日本会計研究学会太田賞〔昭和63年〕，日本会計史学会賞〔昭和63年〕，安倍賞(学術賞)〔平成7年〕　[団]日本会計史学会(名誉会員)

久宗 睦子　ひさむね・むつこ　詩人　「馬車」主宰　[没]平成27年(2015)9月10日　86歳〔誤嚥性肺炎〕　[生]昭和4年(1929)1月28日　[出]東京都　[学]日本女子大学国文科中退　[歴]詩誌「馬車」主宰、「木々」「鳶」同人。詩集に「春のうた」「風への伝言」「末那の眸」「鹿の声」「薔薇薔薇のフーガ」「千年ののち」「絵の町から」などがある。　[賞]国民文化祭とちぎ教育委員会委員長賞(第10回)〔平成7年〕「水族館」　[団]日本現代詩人会，日本文芸家協会

久本 浩一郎　ひさもと・こういちろう　不二製油社長　[没]平成29年(2017)12月9日　84歳〔急性骨髄性白血病〕　[生]昭和8年(1933)1月5日　[出]兵庫県　[学]神戸大学経済学部〔昭和30年〕卒　[歴]昭和30年不二製油(現・不二製油グループ本社)に入社。44年企画部長、51年取締役、57年常務、59年社長、平成6年会長。7年デリバティブ(金融派生商品)を使った資金運用に失敗し、多額の損失を出したことから引責辞任、取締役相談役に退いた。

菱川 文博　ひしかわ・ふみひろ　コナミ社長　兵庫県企画部長　[没]平成29年(2017)1月11日　91歳〔腎臓がん〕　[生]大正14年(1925)2月1日　[出]兵庫県明石市太寺町　[学]神戸大学予科〔昭和19年〕中退　[歴]父は高砂市長を務めた菱川兵次郎。予科2年の時、軍国主義に反対して放校処分となる。昭和20年応召し、陸軍工兵として移動中、広島・長崎の両地での原爆を体験。戦後、県庁外郭団体を経て、21年兵庫県庁に入庁。49年青少年局長、54年企画部長を歴任し、企画部長時代は西播磨テクノポリス構想や神戸空港建設計画などに携わった。58年退職。59年コナミ工業(現・コナミホールディングス)に請われて同社会長となり、ファミリーコンピュータ(ファミコン)のソフト事業への参入や、大阪から神戸ポートアイランドへの本社移転(61年)などに関与した。62年社長に就任。63年東証第1部上場を果たす。平成3年コナミと改称。4年退任した。　[家]父＝菱川兵次郎(高砂市長)

聖 日出夫　ひじり・ひでお　漫画家　[没]平成28年(2016)3月10日　69歳〔胃がん〕　[生]昭和21年(1946)12月8日　[出]北海道札幌市　[名]本名＝米浜裕暁(よねはま・ひろあき)　[学]札幌南高卒　[歴]父は小学校長などを務めた教育者。大学受験のため上京するが失敗し、そのまま東京で漫画修業に入る。昭和43年貸本向け雑誌掲載の「一発野郎」で漫画家デビュー。49年から「週刊少年サンデー」に不定期連載した「試験(テスト)あらし」などで人気を呼ぶ。57年から「ビッグコミックスピリッツ」に商社マンの奮闘を軽妙に描いた「なぜか笑介」の連載を開始、若いサラリーマン層の共感を得てヒット。漫画の終わりで、“ズッ”っという効果音とともに斜めにずっこける特徴的なシーンで知られた。主人公が出世した続編「だから笑介」「社長大原笑介」もある。他の作品に「くのまち商店街」「ステップ」など。

備前 喜夫　びぜん・よしお　プロ野球選手　広島東洋カープスカウト部長　[没]平成27年(2015)5月7日　81

歳〔肺炎〕 [生]昭和8年（1933）10月9日 [出]広島県尾道市 [名]旧姓・名＝大田垣喜夫（おおたがき・よしお） [学]尾道西高（現・尾道商）卒 [歴]尾道西高（現・尾道商）から昭和27年広島に入団、高卒新人ながら開幕投手を務め、完投勝利を挙げる。小鹿のように跳ねる投球動作から“バンビ”と呼ばれ、28年から5年連続で2ケタ勝利するなど、長谷川良平と並んで創設期の弱小時代をエースとして支えた。32年結婚により大田垣から備前に改姓。37年引退。実働11年、115勝149敗、78完投、17完封、835奪三振、防御率2.96。オールスター出場2回。引退後は二軍監督やコーチを歴任し、49年スカウトに就任。62年～平成14年スカウト部長を務め、同年退団した。昭和55年、60年の連続優勝に貢献した山根和夫投手など多くの選手を発掘した。

肥田 舜太郎 ひだ・しゅんたろう 医師 反核運動家 日本原水爆被爆者団体協議会原爆被爆者中央相談所理事長 医療生協名誉理事長 [没]平成29年（2017）3月20日 100歳〔肺炎〕 [生]大正6年（1917）1月1日 [出]広島県広島市 [学]日本大学専門部医学科〔昭和18年〕卒，陸軍軍医学校〔昭和19年〕卒 [歴]昭和19年陸軍軍医少尉として広島陸軍病院に赴任。20年8月6日の原爆投下時は爆心地から北約6キロの広島市郊外におり、直後から市内に入り被爆者医療にあたる。28年全日本民主医療機関連合会（全日本民医連）創立に参加。全日本民医連理事、埼玉協同病院院長、埼玉被団協会会長などを歴任。被爆者6000人以上の臨床体験を踏まえ、内部被曝によって体がだるくなる症状を“原爆ぶらぶら病”と呼び、その危険性を訴えた。54年日本原水爆被爆者団体協議会（日本被団協）の原爆被爆者中央相談所理事長に就任。平成21年に退くまで被爆者の健康管理・医療・生活・法律に関する相談、講習会の開催、被爆者援護に関する印刷物の出版などを行った。また、昭和50年米国ニューヨークを訪れ、国連事務総長に核実験の中止や内部被曝の実態を訴える。以降も自身の被爆体験を原点に、被爆者医療と核兵器廃絶運動に関わり続け、ヒロシマの被爆を伝える語り部として30ケ国以上を訪問した。原爆症認定集団訴訟では、原爆投下後に広島や長崎に入った被爆者が内部被曝していたことを臨床経験などに基づいて証言。原告の被爆者たちを勝訴に導いた。著書に「広島の消えた日」「ヒロシマ・ナガサキを世界へ」「内部被曝」「被爆と被曝」「被爆医師のヒロシマ」、訳書に「死にすぎた赤ん坊」など。

飛田 武幸 ひだ・たけゆき 数学者 名古屋大学名誉教授 名城大学名誉教授 [専]関数解析学，確率論 [没]平成29年（2017）12月29日 90歳〔肺炎〕 [生]昭和2年（1927）11月12日 [出]愛知県岡崎市 [名]旧姓・名＝太田 [学]名古屋大学理学部数学科〔昭和27年〕卒 理学博士（京都大学）〔昭和36年〕 [歴]昭和27年愛知学芸大学助手、34年京都大学講師、39年名古屋大学教養部教授、41年名古屋大学理学部教授。42年9月より1年間プリンストン大学客員教授、51年1月～52年12月名古屋大学理学部長。平成3年退官し、名城大学理工学部教授、9年工学部長、12年退職。日本数学界の確率論の分野を代表する一人で、ライフワークは自然現象につきまとう偶発的な“ゆらぎ”を分析する数学的手法“ホワイト・ノイズ・アナリシスの非線型解析”。著書に「ガウス過程」など。23年名古屋大学数理科学同窓会が、優秀な学生らを奨励する目的で飛田武幸名誉教授の名を冠した“飛田賞”を創設した。 [賞]瑞宝重光章〔平成19年〕，中日文化賞（第33回）〔昭和55年〕 [団]日本数学会，American Mathematical Society, Bernoulli Society, ISI

日高 重彦 ひだか・しげひこ アンリツ常務 [没]平成29年（2017）4月7日 91歳〔肺炎〕 [生]大正15年（1926）2月7日 [出]東京都 [学]静岡高卒，東京工業大学機械科〔昭和22年〕卒 工学博士 [歴]昭和22年安立電気（現・アンリツ）に入社。50年産業機械事業部長、53年取締役、59年常務、63年常勤監査役。

日高 富男 ひだか・とみお 鹿児島大学名誉教授 [専]海岸微生物（微生物遺伝学，微生物生態学） [没]平成27年（2015）5月3日 84歳〔肺炎〕 [生]昭和5年（1930）12月29日 [出]福岡県 [学]鹿児島水産専水産製造科卒 水産学博士 [歴]鹿児島大学水産学部助教授を経て、教授。平成4～6年学部長を務めた。 [団]日本水産学会，日本海洋学会，日本微生物生態学会

日高 英明 ひだか・ひであき 新和海運専務 [没]平成28年（2016）12月24日 87歳 [生]昭和4年（1929）1月2日 [出]福岡県 [学]清水高等商船〔昭和24年〕卒 [歴]昭和26年東邦海運（のち新和海運，現・NSユナイテッド海運）に入社。56年取締役、58年常務を経て、61年専務。62年常任顧問。

比知屋 義夫 ひちや・よしお 空手家 沖縄県空手道連盟会長 沖縄剛柔流空手道協会会長 沖縄県指定無形文化財沖縄の空手・古武術保持者〔平成25年〕 [没]平成29年（2017）7月25日 87歳〔膵臓がん〕 [生]昭和5年（1930）7月11日 [出]沖縄県島尻郡久米島町 [歴]23歳から空手の道を歩み、27歳で剛柔流の宮里栄一に師事。剛柔流範士10段で、沖縄県空手道連盟会長や沖縄剛柔流空手道協会会長を歴任。沖縄県内の空手4団体で構成する沖縄伝統空手道振興会の設立にも力を注いだ。平成25年沖縄の空手・古武術の沖縄県指定無形文化財保持者に認定された。 [賞]沖縄県功労者（スポーツ振興部門）〔平成26年〕 [師]師＝宮里栄一

尾藤 三柳 びとう・さんりゅう 川柳作家 「川柳公論」主宰 日本川柳ペンクラブ理事長 [没]平成28年（2016）10月19日 87歳〔肺水腫〕 [生]昭和4年（1929）8月12日 [出]東京市神田区（東京都千代田区） [名]本名＝尾藤源一（びとう・げんいち），別号＝朱雀洞，去来亭，柳郎 [学]学習院大学文学部国文科卒 [歴]川柳作家・尾藤三笠の長男。昭和16年「放水路」句会に出席して12歳で川柳を始める。18年「黎明」創立に同人参加。19年15歳ながら山梨県川柳大会で初優勝した。戦後は21年「きやり」社人、22年「柳友」賛助同人を経て、23年から前田雀郎に師事。30年丹若会同人。師の没後は「川柳研究」「柳友」「人」「対流」などを経て、50年より「川柳公論」を主宰。51年日本川柳協会設立に参加。平成元年日本川柳ペンクラブ創設に伴い理事長に就任。17年川柳学会名誉会長。昭和54年よりNHK文化センター講師、63年～平成21年読売新聞「よみうり時事川柳」の4代目選者、3年より第一生命「サラリーマン川柳」選者を務めるなど、川柳の普及と新人育成にも努めた。共著に「川柳への誘い」、編著書に「川柳の基礎知識」「川柳総合事典」「川柳作句教室」、作品集に

ひ

「帰去来―尾藤三柳私集」「尾藤三柳句会作品集」などがある。　[家]父＝尾藤三笠（川柳作家），長男＝尾藤一泉（川柳作家）　[師]師＝前田雀郎

一木 泰夫　ひとき・やすお　昭和産業常務　[没]平成28年（2016）8月8日　74歳〔膵臓がん〕　[生]昭和17年（1942）3月30日　[出]茨城県　[学]中央大学商学部〔昭和40年〕卒　[歴]昭和40年昭和産業に入社。平成8年取締役、11年常務執行役員を経て、13年常務。14年敷島スターチ社長を務めた。

一言 良一郎　ひとこと・りょういちろう　漆芸家　静岡県工芸家協会会長　日展会友　[没]平成27年（2015）9月10日　73歳〔呼吸不全〕　[生]昭和17年（1942）1月26日　[出]静岡県島田市　[名]号＝一言麗陽（ひとこと・れいよう）　[学]静岡県立職業訓練校漆器科〔昭和33年〕卒　[歴]昭和33年蒔絵師に弟子入りし、39年独立。静岡県蒔絵工業協同組合理事、静岡県工芸家協会会長を務めた。　[賞]静岡県芸術祭賞〔昭和52年・55年〕，日本現代工芸美術展現代工芸賞〔昭和63年〕，全国伝統工芸品奨励賞〔平成2年〕，日本現代工芸美術展会員賞〔平成5年〕　[団]日展，現代工芸美術家協会，現代工芸神奈川静岡会

ひ

一柳 東一郎　ひとつやなぎ・とういちろう　朝日新聞社長　[没]平成28年（2016）6月7日　91歳〔心不全〕　[生]大正14年（1925）3月8日　[出]東京都　[学]東京大学文学部東洋史学科〔昭和23年〕卒　[歴]昭和23年朝日新聞東京本社入社。政治記者が長く、東京本社政治部長、西部本社、東京本社各編集局長を経て、52年取締役、53年常務大阪本社代表、57年専務、58年副社長、59年社長に就任。社長在任中の62年5月朝日新聞阪神支局襲撃事件が起こる。63年2月には中国共産党の趙紫陽総書記と会見。前年に党大会で正式に総書記に就任して以来、趙総書記が外国報道機関との単独会見に応じたのは初めてだった。平成元年4月同社カメラマンによる西表島のアザミサンゴ損傷と記事を捏造した問題が起こると、5月編集局長と写真部長を更迭、カメラマンを退社処分とし、事件の責を負って社長を辞任。取締役相談役に退き、3年相談役、のち顧問、12年退任。日本対ガン協会理事長、ベルマーク財団専務理事なども務めた。　[賞]タイ三等王冠勲章〔昭和63年〕　[団]日本対ガン協会

人見 幸雄　ひとみ・ゆきお　福島銀行常務　[没]平成29年（2017）1月10日　82歳〔肝臓がん〕　[生]昭和9年（1934）7月11日　[出]栃木県　[学]黒磯高〔昭和28年〕卒　[歴]昭和29年福島相互銀行（現・福島銀行）に入行。61年取締役を経て、平成4年常務。

日沼 頼夫　ひぬま・よりお　ウイルス学者　京都大学名誉教授　熊本大学名誉教授　東北大学名誉教授　塩野義製薬副社長　[専]がんウイルス学　[没]平成27年（2015）2月4日　90歳〔肝臓がん〕　[生]大正14年（1925）1月19日　[出]秋田県山本郡八森町（八峰町）　[学]東北大学医学部〔昭和25年〕卒，東北大学大学院〔昭和29年〕修了　医学博士　[歴]昭和33年米国フィラデルフィア小児病院ウイルス研究所に2年間留学、W.ヘレン教授に師事し、基礎ウイルス学を修得。帰国後、小児麻痺の病原体・ポリオウイルスの研究に取り組む。40年再度渡米、ローズウェルスパーク記念研究所客員教授として迎えられ、EBウイルスの研究に携わる。帰国後、43年東北大学歯学部教授となり、46年熊本大学医学部教授を経て、55年京都大学ウイルス研究所教授。63年退官。同年シオノギ医科学研究所長を経て、塩野義製薬副社長。平成8年まで務めた。日本人に多い成人T細胞白血病（ATL）の病原ウイルスを発見し、その遺伝子構造を解明。ATLの発症がウイルスによることを世界で初めて突き止め、その感染予防に貢献した。また、病原ウイルスがエイズウイルス（HIV）と同じレトロウイルスの一種であることから、エイズ研究の発展にも寄与した。62年に発足した日本エイズ研究会の初代会長にも就任。61年文化功労者に選ばれ、平成21年文化勲章を受章。著書に「新ウイルス物語」などがある。　[賞]文化功労者〔昭和61年〕，日本学士院賞・恩賜賞（第79回）〔平成1年〕「成人T細胞白血病のウイルス病因に関する研究」，文化勲章〔平成21年〕，東北大学医学部奨学賞金賞〔昭和36年〕「蛍光抗体法に関する研究」，高松宮妃癌研究基金学術賞（第9回・13回）〔昭和54年・58年〕「腫瘍原性ヘルペスウイルスに関する研究」「成人T細胞白血病の病因に関する研究」，武田医学賞（第27回）〔昭和58年〕「成人T細胞白血病及びその成因ウイルスに関する研究」，野口英世記念医学賞（第27回）〔昭和58年〕「成人T細胞白血病病因解明に関する連携研究」，ベーリング北里賞（第3回）〔昭和59年〕「成人T細胞白血病のウイルス病因」，ハマー賞（第3回）〔昭和60年〕，朝日賞（昭和61年度）〔昭和62年〕「成人T細胞白血病の研究」，秋田県名誉県民〔平成1年〕　[団]日本ウイルス学会，日本免疫学会，日本癌学会，日本エイズ学会

日野 克美　ひの・かつみ　独協大学外国語学部教授　[専]英語教育，比較文化　[没]平成29年（2017）12月4日　68歳　[生]昭和24年（1949）　[出]宮城県登米市　[学]独協大学外国語学部〔昭和48年〕卒，国際基督教大学大学院英語教育研究科修士課程，筑波大学大学院地域研究科国際学修士課程修了，オックスフォード大学大学院修了　[歴]青山学院大学講師、日本大学講師、平成8年京都文教大学人間学部助教授、独協大学外国語学部交流文化学科教授を歴任。訳書に「フィリップスと共に」、共著に「ことばのこつ―Work with Words」、監修に「学生の、学生による、学生のための和英辞書」など。

日野 太郎　ひの・たろう　東京工業大学名誉教授　[専]電気・電子材料，有機超薄膜　[没]平成27年（2015）11月7日　88歳〔肺炎〕　[生]昭和2年（1927）5月31日　[出]長野県上伊那郡箕輪町　[学]東北大学工学部電気工学科卒，東京工業大学大学院理工学研究科電気工学専攻〔昭和35年〕博士課程修了　工学博士　[歴]昭和63年東京工業大学教授を退官後、神奈川大学教授を務めた。著書に「電気材料物性工学」などがある。　[賞]電気学術振興賞論文賞（第35回・42回）〔昭和54年・61年〕「熱刺激表面電位によるMIS界面準位の測定法」「ホッピングモデルによるイオン空間電荷分極緩和の理論解析」　[団]電気学会，応用物理学会，IEEE

日野 義憲　ひの・よしのり　愛媛新聞今治支社長・編集部長　[没]平成29年（2017）12月10日　94歳〔老衰〕　[生]大正12年（1923）7月17日　[出]愛媛県今治市　[学]新居

日　本　人　　　　　　　　　　　　　　　　　　ひひ

浜高工卒　㉖昭和21年愛媛新聞社に入社。管理部長、編集第一部長を経て、51年今治支社長兼編集部長。

桧田 仁　ひのきだ・じん　医師　衆院議員（自民党）㉝整形外科学　㉜平成28年（2016）9月17日　74歳〔腎不全〕　㉓昭和17年（1942）2月2日　㉕広島県佐伯郡佐伯町（廿日市市）　㉘旧姓・名＝桧田仁（ひのきだ・ひとし）　㉞京都府立医科大学〔昭和42年〕卒　㊙昭和50年桧田病院を開業、院長。平成3年広島県議に当選。2期。8年衆院選比例中国ブロックに自民党から当選、1期。12年、15年、17年、21年衆院選に立候補。小渕派、橋本派に属した。

日野西 德明　ひのにし・とくみょう　僧侶　興福院（浄土宗）住職　㉜平成29年（2017）3月21日　98歳〔老衰〕　㉓大正8年（1919）2月　㉕岐阜県中津川市　㉘旧姓・名＝遠山和子　㊙旧美濃苗木藩主の遠山子爵家に生まれる。9歳で奈良市の尼寺・興福院に上がり、14歳で得度。30代から同院住職を務めた。

日野西 光忠　ひのにし・みつただ　宮内庁宮務主管　日本郵船常務　㉜平成29年（2017）11月15日　73歳〔肺炎〕　㉓昭和19年（1944）1月1日　㉕東京都　㉞東京大学教養学部〔昭和43年〕卒　㊙昭和43年日本郵船に入社。平成10年取締役を経て、常務。14年退社し、同年10月宮内庁式部職に転じ、15年4月式部官を経て、16年5月〜26年宮務主管。秋篠宮家の長男悠仁さまの誕生、三笠宮寛仁さまの逝去などを取り仕切るなど、宮家の方々を補佐した。　㉛瑞宝中綬章〔平成29年〕

日野原 重明　ひのはら・しげあき　医師　作家　聖路加国際病院名誉院長　聖路加国際大学名誉学長　㉝循環器学、内科学　㉜平成29年（2017）7月18日　105歳〔呼吸不全〕　㉓明治44年（1911）10月4日　㉕山口県山口市上羽坂　㉞京都帝国大学医学部医学科〔昭和12年〕卒、京都帝国大学大学院医学研究科内科学専攻〔昭和15年〕博士課程修了　医学博士　㊙父は牧師で7歳のとき洗礼を受ける。昭和16年東京の聖路加国際病院に勤務。26年から1年間米国・ジョージア州エモリー大学に留学。帰国後、内科医長、院長代理を経て、49年〜平成10年聖路加看護大学（現・聖路加国際大学）学長。専門は心臓病。欧米のホスピスを視察後、死の臨床研究会を結成。昭和29年民間で初めて人間ドックを導入、医師に任せっきりにしない“患者参加の医療”を持論とし、“成人病”という名前に代え、“生活習慣病”を提唱した。平成7年3月の地下鉄サリン事件では聖路加国際病院に多数の患者を収容し、院長として陣頭指揮を執った。各種の学会や審議会の役員、委員を務め、昭和59年東洋人では初めての国際内科学会会長に就任。た48年“生涯を通じて健康に”を掲げたライフ・プランニング・センターを創設、その理事長、笹川医療研究財団理事長も務めた。平成2年第1回高齢者ケア国際シンポジウムを開催。老いてなお成長をする“新老人運動”を提唱。12年には75歳以上の元気で自立した高齢者で作る“新老人の会”を発足。100歳を超えても現役を通す姿は高齢化社会を生きるモデル像にもなった。著書は200冊を超え、14年出版の「生きかた上手」はミリオンセラーとなった。他の著・訳書に「看護・医学事典」「死をどう生きたか」「老いと死

の受容」「生きることの質」「看とりの愛」「人生百年私の工夫」など多数。音楽への造詣も深く、12年ベストセラー絵本「葉っぱのフレディ」のミュージカルの脚本も執筆した。昭和45年日本赤軍によるよど号ハイジャック事件に巻き込まれ、4日間機内に閉じ込められた経験を持つ。これを契機に“残る人生は神様から与えられたもの”と、講演やエッセイを通して命の尊さを訴え続け、105歳で亡くなるまで医師として生涯現役を貫いた。平成11年文化功労者に選ばれ、17年文化勲章を受けた。㉚文化功労者〔平成11年〕、勲二等瑞宝章〔平成5年〕、文化勲章〔平成17年〕、日本医師会最高優功賞〔昭和57年〕、フィラデルフィア医師会日米医学科学者賞〔昭和60年〕、キリスト教文化功労者〔平成1年〕、ウェルネス賞ヒューマン賞〔平成3年度〕、東京都文化賞〔第8回〕〔平成4年〕、日米死生学功労賞〔平成4年〕、東京都名誉都民〔平成10年〕、アカデミア賞（社会部門、第73回）〔平成11年〕、日本建築学会賞（業績部門）〔平成12年〕、日本パブリック・リレーションズ大賞（社会部門、第3回）〔平成14年〕、朝日社会福祉賞〔平成14年度〕〔平成15年〕、NHK放送文化賞（第54回、平成14年度）〔平成15年〕　㉟日本内科学会（名誉会員）、日本医学教育学会（名誉会長）、日本循環器学会（名誉会員）、日本自動化健診学会、国際内科学会、世界内科学会、日本音楽療法学会、日本キリスト教者医科連盟、笹川医学医療研究財団　㊱父＝日野原善輔（牧師・広島女学院長）

檜葉 奈穂　ひば・なお　歌人　㉜平成29年（2017）3月3日　81歳　㉓昭和10年（1935）9月21日　㉕北海道旭川市　㉘本名＝瀬戸恵子　㊙昭和49年「新墾」に入会。平成2年第一歌集「寥鳥記」出版。3年「新墾」を退会後、女性歌誌「英」を堀井美鶴と創刊、編集人を務める。9年「炎」に入会。他の歌集に「スピカの光陰」、著書に「ミューズへの挑発」「歌人探究」成田れん子論」などがある。　㉚新墾新人賞〔昭和52年〕、小田観蛍賞〔昭和55年〕　㉟北海道歌人会、日本歌人クラブ

日比 英一　ひび・えいいち　アナウンサー　中部日本放送常務　㉜平成28年（2016）10月23日　82歳〔慢性心不全〕　㉓昭和9年（1934）3月21日　㉕愛知県名古屋市　㉞名古屋大学文学部卒　㊙昭和32年中部日本放送（CBC）にアナウンサーとして入社。音楽番組一筋に歩いたが、49年10月に夕方の報道番組「CBCニュースワイド」がスタートすると初代キャスターを務めた。アナウンス部長、報道局次長を経て、平成3年役員待遇論説委員長、7年取締役、10年常務。

日比 健太郎　ひび・けんたろう　名古屋市議（民進党）　㉜平成28年（2016）11月3日　35歳〔急性白血病〕　㉓昭和55年（1980）11月13日　㉕愛知県名古屋市名東区　㉞名城大学理工学部建築学科〔平成15年〕卒　㊙古川元久衆院議員秘書を経て、平成19年名東区選挙区から名古屋市議に当選。3期目途中の28年に白血病を発症、同年中に35歳で亡くなった。

日比 孝吉　ひび・たかよし　スジャータめいらく会長　めいらくグループ創業者　㉜平成29年（2017）3月3日　88歳〔心不全〕　㉓昭和3年（1928）6月2日　㉕静岡県浜松市　㉞名古屋市立第一工〔昭和21年〕卒　㊙浜松で行商を営んだあと、昭和24年個人商店として生クリーム製造販売を開始。27年名古屋製酪を設立して

専務となり、46年社長に就任。51年家庭用のコーヒー用クリーム「褐色の恋人スジャータ」を発売。長期保存が可能な乳製品は当時画期的で、また「スジャータが1時をお知らせします」といったラジオの時報CMを活用してブランド名を全国的に浸透させ、国内シェアでトップクラスの看板商品となった。同年東京めいらく、ラトリアを設立し、名古屋製酪とともに"めいらくグループ"体制を作る。52年大阪めいらく、55年九州めいらくをそれぞれ設立した。先祖は家康とともに江戸にのぼった譜代の旗本で、幕府崩壊時には彰義隊の副隊長で官軍に敗れて切腹。一族は徳川慶喜を追って江戸を離れ、静岡に移住。59年第30回名古屋まつりの英傑行列で家康役に20倍の難関を突破して選ばれた。　[賞]旭日小綬章〔平成19年〕　[家]長男＝日比治雄(スジャータめいらく社長)

日村 豊彦　ひむら・とよひこ　兵庫県議(自民党)　[没]平成28年(2016)5月4日　63歳　[生]昭和27年(1952)10月31日　[出]兵庫県豊岡市出石町　[学]早稲田大学政経学部政治学科〔昭和51年〕卒　[歴]昭和51〜61年渡海元三郎衆院議員秘書を経て、62年兵庫県議に当選。平成10年副議長。5期目途中の17年、無所属で衆院選兵庫5区に立候補。19年兵庫県議に返り咲き。通算8期目途中の28年に亡くなった。自民党兵庫県政調会長を務めた。

姫野 貞夫　ひめの・さだお　姫野精工所社長　氷見商工会議所会頭　[没]平成28年(2016)5月10日　82歳〔多臓器不全〕　[生]昭和9年(1934)2月3日　[学]富山大学経済学部卒　[歴]富山市の公認会計士事務所に2年間勤めた後、父が創業した精密機械部品製造の姫野精工所に入社。昭和45年父が亡くなり社長に就任。全国に販路を拡大した他、スウェーデンの機械メーカーとの技術提携なども行った。平成24年会長。16〜27年氷見商工会議所会頭。氷見青年会議所初代理事長、氷見市教育委員長、氷見まちづくり戦略会議委員長なども歴任した。　[家]父＝姫野弥作(姫野精工所創業者)，息子＝姫野裕一(姫野精工所社長)

平 幹二朗　ひら・みきじろう　俳優　[没]平成28年(2016)10月22日　82歳　[生]昭和8年(1933)11月21日　[出]広島県広島市中区小網町　[学]上下高〔昭和27年〕卒，俳優座養成所(第5期生)〔昭和31年〕卒　[歴]昭和31年俳優座に入団。同年「貸間さがし」で初舞台(主役)。以後「ワーニャ伯父」「ファウスト」「三人姉妹」「ハムレット」「狂気と天才」「結婚物語」などに出演し、「アンドロマック」でテアトロン賞受賞。43年退団しフリーとなる。51年「卒塔婆小町」より演出家・蜷川幸雄とのコンビの舞台が多く、「王女メディア」「近松心中物語」「NINAGAWAマクベス」「元禄港歌」「タンゴ・冬の終わりに」「オイディプス王」「グリークス」と観るものを圧倒する演劇世界を展開して成功。58年には「王女メディア」をイタリア、ギリシャで演じて高く評価された。平成5年から自らが主催(幹の会)するシェイクスピア劇全37作の上演をライフワークに、「ベニスの商人」「リア王」「オセロー」などの舞台もこなし、一人芝居「親鸞」にも挑戦。格調高いせりふ術と重厚な演技に定評があった。テレビ、映画出演作も多く、特に昭和38年にスタートした「三匹の侍」(フジテレビ系)のニヒルな浪人役は、俳優としてのイメージと人気を決定付けた。他の出演作に、舞台「シラノ」「四谷怪談」「十二夜」「冬物語」「鹿鳴館」「ドレッサー」「剣客商売」「山の巨人たち」「中国の不思議な役人」「サド侯爵夫人」「イリアス」「唐版 滝の白糸」、ドラマ「花の生涯」「樅の木は残った」「国盗り物語」「武田信玄」「信長」「北条時宗」「義経」「篤姫」(いずれもNHK)、「月の船」「忠臣蔵」「剣客商売」「けものみち」「カンゴロンゴ」「名もなき毒」、映画「三匹の侍」「暖流」「天保水滸伝・大原幽学」「錆びた炎」「ZIPANG」「RAMPO」「殺しの烙印 ピストルオペラ」「オペレッタ狸御殿」「相棒」「永遠の0」「円卓」など。私生活では、45年女優・佐久間良子と結婚。1男1女をもうけ、芸能界きってのおしどり夫婦といわれたが、59年協議離婚。平成14年舞台「鹿鳴館」で佐久間、長男の平岳大と共演した。80歳を超えても第一線で活躍していたが、ドラマ「カインとアベル」出演中の平成28年10月23日、自宅浴槽で亡くなっているところを平岳大が発見。その後、遺族は命日を10月22日に決めた(死因は不明)。　[賞]芸術選奨文部大臣賞〔昭和59年〕「タンゴ・冬の終わりに」「王女メディア」，紫綬褒章〔平成10年〕，旭日小綬章〔平成17年〕，テアトロン賞〔昭和41年〕「アンドロマック」，ゴールデンアロー賞演劇賞〔昭和44年〕「ハムレット」「狂気と天才」「結婚物語」，新劇演技賞，都民文化栄誉賞〔昭和63年〕，松尾芸能賞優秀賞(第16回)〔平成7年〕，読売演劇大賞優秀男優賞(第6回，平成10年度)〔平成11年〕，読売演劇大賞最優秀男優賞(第8回，平成12年度)〔平成13年〕「テンペスト」「グリークス」，紀伊国屋演劇賞(第40回)〔平成17年〕「ドレッサー」，朝日舞台芸術賞アーティスト賞(第8回，平成20年度)〔平成21年〕「リア王」「山の巨人たち」，読売演劇大賞最優秀男優賞(第16回，平成20年度)〔平成21年〕「リア王」「山の巨人たち」，菊田一夫演劇賞大賞(第36回)〔平成23年〕「サド侯爵夫人」「イリアス」，毎日芸術賞(演劇・邦舞・演芸部門，平成25年度)「唐版 滝の白糸」　[家]長男＝平岳大(俳優)

平井 和正　ひらい・かずまさ　SF作家　[没]平成27年(2015)1月17日　76歳〔急性心不全〕　[生]昭和13年(1938)5月13日　[出]神奈川県横須賀市　[学]中央大学法学部卒　[歴]大学時代から創作活動を始め、昭和38年「週刊少年マガジン」の連載漫画「8マン」(画・桑田次郎)の原作を担当。テレビアニメ化された際には自ら脚本も手がけ、「鉄腕アトム」と並ぶ人気SFアニメとなった。また、同誌に石ノ森章太郎と共作で連載した漫画「幻魔大戦」をもとに小説版を刊行、代表作となり、58年アニメ映画化された。漫画原作(画・坂口尚)と小説を手がけた〈ウルフガイ〉シリーズでも人気を博す。平成7年刊行の「ボヘミアンガラス・ストリート」は日本最初期のオンライン小説として話題を呼んだ。他の著書に「アンドロイドお雪」「サイボーグ・ブルース」「超革命的中学生集団」「地球樹の女神」などがある。　[賞]日本SF大賞功績賞〔平成27年〕　[団]日本SF作家クラブ，日本文芸家協会

平位 剛　ひらい・ごう　医師　登山家　広島市立安佐市民病院院長　[専]産婦人科　[没]平成29年(2017)8月24日　86歳〔心原性脳塞栓症〕　[生]昭和6年(1931)4月12日　[出]広島県広島市中区　[学]広島大学医学部医学科〔昭和37年〕卒　[歴]広島大学医学部助教授、広島女子

大学教授、新潟県立加茂病院などを経て、平成6年広島市立安佐市民病院院長。9年定年退職。紅萌会福山記念病院、老健施設ビーブル春秋苑施設長、中国重慶第三人民医院名誉院長。一方、大学在学中に医学部山岳会に所属。北アルプスを中心に夏山、冬山に登る。昭和42年広島大学ヒンズークシュ遠征、44年同大中部アフガニスタン・西部カラコルム学術調査隊(同大山岳会小パミール遠征隊長)、46年同大医学部山岳会パミール遠征隊長、51年同大医学部山岳会チトラール北西探路隊一九七六隊長、54年同大医学部山岳会チトラール北西探路隊一九七六隊長。以後、平成9年まで主にチトラール北部山岳地帯を約10回トレッキング。10年バログィール峠を経て、ワハーン入域。11～13年夏に亘りアフガーン・パミール縦・横断。11年日本山岳会広島支部長に就任した。 ㊳=中国文化賞〔平成17年〕 ㊸=広島大学医学部山岳会, 日本山岳会

平井 秀夫 ひらい・ひでお 十八銀行常務 ㊵平成27年(2015)1月6日 79歳〔肺炎〕 ㊷昭和11年(1936)1月1日 ㊴長崎県 ㊶長崎大学経済学部〔昭和33年〕卒 ㊸昭和33年十八銀行に入行。63年取締役を経て、平成3年常務。

平井 保光 ひらい・やすみつ 青森県議(無所属) 風間浦村(青森県)村長 ㊵平成28年(2016)10月7日 93歳〔肺炎〕 ㊷大正12年(1923)3月3日 ㊴青森県下北郡風間浦村 ㊶佐世保修成中〔昭和19年〕卒 ㊸昭和21年福岡銀行に入行。42年以来風間浦村長に5選。青森県町村会長も務めた。62年より青森県議に4選。平成12年副議長。15年落選。青森県治山林道協会会長、青森県林業会議会長などを歴任した。

平井 龍三郎 ひらい・りゅうざぶろう ヒライ社長 ㊵平成28年(2016)9月18日 87歳〔膵臓がん〕 ㊷昭和4年(1929)1月3日 ㊴熊本県 ㊸昭和43年ヒライ設立に際し代表取締役専務、62年南九州炊飯センター(現・どんぶりライス)を設立して社長。平成5年ヒライ社長、10年から会長を務めた。

平井 隆太郎 ひらい・りゅうたろう 立教大学名誉教授 ㊺新聞学, 心理学 ㊵平成27年(2015)12月9日 94歳〔肺炎〕 ㊷大正10年(1921)2月15日 ㊴大阪府守口市 ㊶東京帝国大学文学部心理学科〔昭和19年〕卒 ㊸昭和24年東京大学新聞研究所助手、28年立教大学文学部助教授を経て、35年教授。同大社会学部長や総長事務取扱などを歴任。江戸川乱歩の長男で、父の遺品や東京都豊島区の旧宅などの保存に尽力した。著書に「うつし世の乱歩」「乱歩の軌跡」などがある。 ㊕父=江戸川乱歩(推理作家)

平石 謙二 ひらいし・けんじ ビオラ奏者 九州交響楽団首席ビオラ奏者 ㊵平成29年(2017)8月21日 63歳〔滑落死〕 ㊴福岡県北九州市 ㊶筑高卒、東京芸術大学大学院修了 ㊸平井淳衛、祈貞夫、井上武雄、浅妻文樹に師事。東京シティフィルハーモニー交響楽団首席ビオラ奏者を経て、昭和54年九州交響楽団に入団。59年～平成24年首席ビオラ奏者を務めた。29年6月退団したが、8月北アルプスを登山

中に滑落死した。 ㊳師=平井淳衛、祈貞夫、井上武雄、浅妻文樹

平石 義光 ひらいし・よしみつ 日産常盤創業者 徳島県中小企業団体中央会会長 ㊵平成27年(2015)8月28日 89歳〔老衰〕 ㊷大正15年(1926)7月13日 ㊴徳島県鳴門市 ㊶大阪専門学校経済科〔昭和21年〕卒 ㊸昭和25年籠製業の日産常盤を創業、平成7年会長。6～11年徳島県中小企業団体中央会会長。また、7～11年徳島県人事委員、10～11年同委員長を務めた。 ㊕藍綬褒章〔昭和60年〕 ㊕長男=平石元治(日産常盤社長)

平泉 渉 ひらいずみ・わたる 衆院議員(自民党) 参院議員 科学技術庁長官 経済企画庁長官 鹿島建設副社長 ㊵平成27年(2015)7月7日 85歳〔老衰〕 ㊷昭和4年(1929)11月26日 ㊴東京市小石川区金富町(東京都文京区) ㊶東京大学法学部政治学科〔昭和27年〕卒 ㊸皇国史観の主導者として知られる日本史学者・平泉澄の三男。昭和27年外務省に入り、国連代表部二等書記官、在イラン大使館書記官を務める。40年鹿島建設専務、45年副社長。40年35歳の若さで参院選全国区で初当選、2期務める。46年第三次佐藤改造内閣で科学技術庁長官として初入閣。51年の衆院選で鞍替えし、福井県選挙区から当選6回。党国際局長、国際問題研調会長を歴任した後、60年第二次中曽根第二次改造内閣で経済企画庁長官に就任。旧宮沢派。小選挙区となった平成8年、福井1区から立候補したが落選。12年、15年にも衆院選に立候補したが落選し、事実上政界を引退した。訳書にJ.W.フルブライト「アメリカ外交批判」などがある。 ㊕勲一等旭日大綬章〔平成12年〕、ルイス・アンド・クラーク大学名誉法学博士号(米国)〔昭和62年〕 ㊕妻=平泉三枝子(鹿島平和研究所常務理事)、父=平泉澄(日本史学者)、兄=平泉洸(金沢工業大学名誉教授)

平尾 勇 ひらお・いさむ 日本油脂専務 ㊵平成29年(2017)1月1日 94歳〔肺炎〕 ㊷大正11年(1922)8月8日 ㊴広島県広島市 ㊶九州大学経済学部〔昭和23年〕卒 ㊸日本油脂(現・日油)に入社。昭和52年取締役、のち常務を経て、63年専務。

平尾 誠二 ひらお・せいじ ラグビー選手・指導者 ラグビー日本代表監督 神戸製鋼ラグビー部総監督・ゼネラルマネジャー ㊵平成28年(2016)10月20日 53歳〔胆管細胞がん〕 ㊷昭和38年(1963)11月21日 ㊴京都府京都市南区東九条 ㊶伏見工卒、同志社大学〔昭和60年〕卒。同志社大学大学院総合政策科学科 ㊸京都・陶化中でラグビーを始め、伏見工3年のとき司令塔(SO)、主将として全国優勝。同志社大に進学後もバックスのプレーヤーとして、その天才的なプレーが注目を集め、昭和57年19歳2ヶ月の史上最年少で日本代表に選ばれた。同大の大学選手権史上初3連覇(58～60年)の原動力となり、卒業後の60年英国リッチモンドへラグビー留学。61年神戸製鋼に入社。社会人では主にCTBとして活躍。同年度より主将を務め、同年度から日本選手権で7連覇し、黄金期を築いた。62年第1回W杯に出場。平成3年第2回W杯で日本代表主将を務め、日本の初勝利に貢献した。大会後、日本代表を退くが、7年

復帰。第3回W杯にも出場した。8年に33歳で現役を引退。キャップ数は35で歴代2位。引退と同時に、神戸製鋼ラグビー部でラグビー界初のゼネラルマネジャー(GM)となる。また、史上最年少で日本代表監督に就任、9年5月ラグビーリム選手権では11年ぶりにカナダを下し、代表監督として国内初戦を初勝利で飾った。10年11月W杯アジア地区最終予選で全勝1位となり、4大会連続W杯出場を決める。11年ラグビーリム選手権で日本代表を初優勝に導く。10月W杯は予選リーグで3戦全敗に終わる。12年7月アジア選手権5連覇。11月代表監督を退任。16年W杯日本招致実行委員会GMに就任。19年3月神戸製鋼の総監督となり、GM兼任で7年ぶりに現場に復帰。この間、9年同志社大学大学院総合政策科学科に入学。16年にはスポーツ教室の開催を通じての社会貢献を目的とするスポーツ・コミュニティ・アンド・インテリジェンス機構を発足させた。17〜19年日本ラグビーフットボール協会理事。20年には日本サッカー協会理事も務めた。27年6月日本ラグビーフットボール協会理事に再任され、2019年のW杯日本大会成功に向けて取り組んでいたが、同年秋から闘病生活を送り、28年10月胆管細胞がんのため53歳の若さで死去。神戸製鋼で日本選手権7連覇、W杯3度出場など輝かしい成績を残したほか、卓越した理論や情熱、強烈なキャプテンシーやカリスマ性で“ミスターラグビー”と呼ばれた。著書に、ベストセラーとなった「勝者のシステム—勝ち負けの前に何をなすべきか」などがある。

平尾 哲男　ひらお・てつお　上田市長　[没]平成28年(2016)8月8日　83歳〔老衰〕　[生]昭和8年(1933)7月24日　[出]長野県上田市　[学]信州大学工学部卒　[歴]上田市職員、助役を経て、平成10年市長に当選。14年落選、1期。　[賞]旭日双光章〔平成18年〕

平尾 昌晃　ひらお・まさあき　作曲家　歌手　[没]平成29年(2017)7月21日　79歳〔肺炎〕　[生]昭和12年(1937)12月24日　[出]東京市牛込区(東京都新宿区)　[名]旧姓・名＝平尾勇　[学]慶応高中退　[歴]父は戦前有数の化粧品本舗・平尾賛平商店の3代目社長で、作曲家の平尾貴四男は叔父にあたる。高校時代からウエスタンバンドの歌手を務め、東京・銀座のテネシーやACB(アシベ)といったジャズ喫茶で活躍。昭和33年1月「リトル・ダーリン」でキングレコードから歌手デビュー。2月には山下敬二郎、ミッキー・カーチスらと有楽町の日劇で開かれた第1回ウエスタンカーニバルに出演、熱狂的なロカビリーブームを巻き起こし“ロカビリー3人男”と呼ばれた。7月初のオリジナル曲「星は何んでも知っている」が、34年初めて作詞・作曲を手がけた「ミヨちゃん」がヒット。やがて作曲家に転身し、41年布施明に提供した「おもいで」「銀の涙」で作曲家デビュー。続く布施との3作目「霧の摩周湖」、4作目「恋」が大ヒットし、42年「霧の摩周湖」と「渚のセニョリーナ」(梓みちよ)で日本レコード大賞作曲賞を受賞。46年小柳ルミ子「わたしの城下町」(作詞・安井かずみ)がアイドルのデビュー曲としては空前のヒットとなり、続く「お祭りの夜」「雪あかりの町」「京のにわか雨」もヒット、特に4作目「瀬戸の花嫁」はなじみやすいメロディーで広く親しまれた。同年山口洋子とコンビを組んだ「よこはま・たそがれ」「長崎から船に乗って」で五木ひろしを一躍ヒット歌手の仲間入りをさせ、自身もポップス系歌謡曲だけではなく演歌も手がける作曲家としての評価を得た。47年にはテレビ時代劇「必殺仕掛人」の音楽を依頼され、以後〈必殺〉シリーズとして定着した同シリーズの音楽を一貫して担当。他にドラマ〈熱中時代〉シリーズや、アニメでは「キャプテンハーロック」「銀河鉄道999」「サイボーグ009」などを手がけた。49年平尾昌晃歌謡教室(現・平尾昌晃ミュージックスクール)を開校、同スクールからは松田聖子を始め、狩人、川崎麻世、コシミハル、森口博子、後藤真希、倖田来未ら数多くの歌手を送り出した。53年には教え子の畑中葉子とのデュエットで「カナダからの手紙」を歌い大ヒット。福祉活動にも力を注ぎ、49年から主催した平尾昌晃チャリティゴルフはチャリティトーナメントとして定着、集まったチャリティ基金を様々な形で寄付して福祉向上に努めた。平成18年から28年まで年末のNHK「紅白歌合戦」フィナーレでうたう「蛍の光」の3代目指揮者を務めた。　[賞]紫綬褒章〔平成15年〕，日本レコード大賞作曲賞(第9回)〔昭和42年〕「霧の摩周湖」「渚のセニョリーナ」ほか，日本レコードセールス大賞作曲賞(第4回〜8回)〔昭和46年〜50年〕，日本レコード大賞(第15回)〔昭和48年〕「夜空」，日本作曲大賞優秀作曲者賞(第1回)〔昭和56年〕「港・ひとり唄」，日本レコード大賞功労賞(第40回)〔平成10年〕，NHK放送文化賞(第65回)〔平成26年〕　[団]日本作曲家協会，日本音楽著作権協会(JASRAC)　[家]息子＝平尾勇気(歌手)，父＝平尾賛之輔(実業家)，祖父＝平尾賛平(実業家)　[師]師＝桜庭行

平尾 泰男　ひらお・やすお　東京大学名誉教授　科学技術庁放射線医学総合研究所所長　[専]原子核物理学，加速器科学　[没]平成28年(2016)4月19日　85歳〔肺炎〕　[生]昭和5年(1930)9月30日　[出]兵庫県　[学]大阪大学理学部物理学科卒，大阪大学大学院理学研究科物理学専攻〔昭和29年〕博士課程修了　理学博士　[歴]昭和32年大阪大学理学部助手、助教授を経て、42年東京大学原子核研究所教授。重イオンの加速用として、世界の研究者が競っているRFQ型(高周波四重極型)線型加速器で、世界一の「TALL」を完成。62年科学技術庁放射線医学総合研究所医用重粒子研究部長、平成5年所長。　[賞]紫綬褒章〔平成9年〕，勲二等瑞宝章〔平成14年〕，日経BP技術賞部門賞(医療部門，第4回)〔平成6年〕「重粒子線ガン治療装置HIMACの開発」，科学技術庁長官賞科学技術功労者表彰(第37回)〔平成7年〕「重粒子線ガン治療装置の開発育成」，高松宮妃癌研究基金学術賞(第34回)〔平成17年〕「重粒子線がん治療装置の開発とその臨床応用」　[団]日本物理学会，日本原子力学会，米国物理学会

平岡 望　ひらおか・のぞむ　星ケ岡アートヴィレッヂオーナー　[没]平成29年(2017)4月18日　73歳〔急性心筋梗塞〕　[生]昭和18年(1943)9月19日　[出]高知県高知市　[名]本名＝平岡幸宏(ひらおか・さじひろ)　[学]追手前高定時制　[歴]昭和34年追手前高定時制在学中の16歳の時に高知県展洋画部門で特選に輝く。25歳の頃から6年ほど米国や欧州に滞在。平成6年自宅脇に星ケ岡アートヴィレッヂを建設、オーナーとして高知県内外の様々な作家の展覧会を開催。漫画家の横山隆一、絵

本・美術作家の田島征彦・征三兄弟ら著名作家の展覧会を開く一方で、熱意のある若手作家にも広く門戸を開放、後押しをした。 [賞]高知県展洋画部門特選（第13回）〔昭和34年〕

平岡 正助 ひらおか・まさすけ 日立造船代表取締役副社長 [没]平成27年（2015）5月4日 98歳〔心不全〕 [生]大正5年（1916）5月22日 [出]福岡県 [学]山口高〔昭和13年〕卒，大阪帝国大学工学部機械工学科〔昭和16年〕卒 [歴]昭和21年飯野産業に入社。37年飯野重工業取締役、40年舞鶴重工業車両鉄構営業部長を経て、41年日立造船プラント営業部長となり、46年取締役、51年常務、52年代表取締役副社長。58年特別顧問に退いた。 [賞]藍綬褒章〔昭和59年〕 [家]兄＝平岡広助（コマツ副社長）

平子 勝 ひらこ・まさる 日立造船副社長 [没]平成29年（2017）12月20日 83歳〔肺炎〕 [生]昭和9年（1934）1月26日 [出]愛知県名古屋市 [学]東京大学法学部〔昭和31年〕卒 [歴]昭和31年三和銀行（現・三菱東京UFJ銀行）に入行。吉祥寺支店長、業務企画副部長、新宿支店長を経て、57年業務本部支店部長、59年取締役、62年常務。63年日立造船に転じ常務、平成3年専務、5年副社長。7年東洋運搬機社長となり、11年TCMに社名変更。13年会長。 [家]父＝平子健介（富士ホイスト工業社長）

平崎 信之 ひらさき・のぶゆき 中国新聞編集局記事審査部長 [没]平成27年（2015）10月29日 81歳〔脳幹梗塞〕 [生]昭和9年（1934）10月16日 [出]広島県広島市安佐北区 [学]明治大学商学部卒 [歴]昭和32年中国新聞社に入社。56年呉支社編集部長、60年編集局写真部長、62年同局編集委員、平成3年同局記事審査部長を歴任。6年退社。中国芸南学園長も務めた。

平沢 秀雄 ひらさわ・ひでお 日本航空専務 [没]平成29年（2017）9月3日 95歳〔肺炎〕 [生]大正11年（1922）3月24日 [出]東京都 [学]東京帝国大学第二工学部航空機体科〔昭和19年〕卒 [歴]昭和26年東京大学生産技術研究所から日本航空入り。52年整備本部長、56年常務を経て、58年専務。61年新日本航空整備社長に就任、63年ジャムコに社名変更。平成4年相談役に退いた。

平沢 陽子 ひらさわ・ようこ 俳人 「十七音樹」代表 [没]平成27年（2015）1月6日 81歳〔間質性肺炎〕 [生]昭和8年（1933）5月25日 [出]茨城県 [学]結城第二高卒 [歴]昭和60年「畦」に入会、上田五千石に師事。62年「畦」同人。平成10年かなえの会創刊同人。「十七音樹」創刊代表。句集に「水あかり」「春の葱」「茫茫」「花いばら」、エッセイ集に「月は東に」などがある。 [団]日本文芸家協会，俳人協会 [師]師＝上田五千石

平瀬 新一郎 ひらせ・しんいちろう 鹿児島県議（自民党） [没]平成27年（2015）7月6日 88歳〔肺がん〕 [生]昭和2年（1927）6月22日 [出]鹿児島県肝属郡南大隅町根占 [学]七高造士館〔昭和21年〕卒 [歴]昭和46年旧肝属郡区から鹿児島県議に当選、以来通算7期。副議長も務めた。平成19年引退。この間、昭和58年鹿児島海運社長。 [賞]旭日小綬章〔平成19年〕

平田 一雄 ひらた・かずお 忘勿石之碑保存会会長 [没]平成28年（2016）12月3日 83歳〔肺炎〕 [出]沖縄県国頭郡本部町 [歴]太平洋戦争末期に波照間島から西表島に強制疎開させられてマラリアで亡くなった島民の苦しみを忘れないよう、平成4年西表島の南風見田浜に慰霊碑「忘勿石」を建立するために尽力。忘勿石之碑保存会の会長を務め、慰霊祭開催などを通して悲劇を後世に伝えた。

平田 吉郎 ひらた・きちろう 高山市長 [没]平成29年（2017）4月20日 97歳〔老衰〕 [生]大正9年（1920）2月1日 [出]岐阜県高山市 [学]高山実業青年校研究科〔昭和14年〕卒 [歴]昭和15年岐阜県上枝村役場に入る。18年高山市編入後、経済部長を経て、45年助役。50年より市長に4選。市街地の伝統的建造物群保存地区の選定や国際観光都市宣言を行うなど、観光都市・高山の礎を築いた。また、高山と長野県の松本市を結ぶ安房トンネルの早期開通に尽力。平成3年引退。 [賞]勲四等旭日小綬章〔平成3年〕，日本都市計画学会企画設計賞〔昭和59年〕，日本赤十字社金色有功章〔昭和63年〕，松本市名誉市民〔昭和63年〕，高山市名誉市民〔平成5年〕

平田 恒男 ひらた・つねお プロ野球選手 [没]平成28年（2016）2月9日 60歳〔敗血症〕 [生]昭和30年（1955）11月9日 [出]岐阜県 [学]中京商（現・中京大中京高）卒 [歴]三協精機を経て、昭和54年ドラフト4位で中日に入団。60年まで投手や外野手としてプレーした。実働4年、92試合出場、76打数16安打、0本塁打、4打点、1盗塁、打率.211。

平田 実音 ひらた・みお タレント [没]平成28年（2016）8月5日 33歳〔肝不全〕 [生]昭和58年（1983）6月1日 [出]東京都 [歴]2歳頃からCMや雑誌のモデルで活躍。CM「バンダイメロディスチップ」「マクドナルド」「日立オーブンレンジ」などに出演。平成3年に始まったNHK教育テレビの子供向け料理番組「ひとりでできるもん！」に初代“舞ちゃん”役として出演。ほかにテレビ「上岡龍太郎がズバリ」、映画「ゴジラVSメガゴジラ」などで子役タレントとして活躍した。

平沼 康彦 ひらぬま・やすひこ 埼玉トヨペット創業者 さいたま商工会議所会頭 [没]平成27年（2015）1月7日 94歳〔老衰〕 [生]大正9年（1920）9月20日 [出]埼玉県入間郡名栗村（飯能市） [学]東京農業大学農学部〔昭和18年〕卒 [歴]昭和19年陸軍飛行第二四四戦隊に所属、三式戦闘機・飛燕に乗り米軍の爆撃機・B29を撃ち落としたこともある。20年滋賀県の八日市で陸軍中尉として敗戦を迎えた。21年平沼に入社し営業主任。31年埼玉トヨペットを創業し、社長、平成元年会長。4年与野商工会議所会頭、7年日本自動車整備振興会連合会会長、14年同最高顧問を歴任。16～18年には初代のさいたま商工会議所会頭を務めた。 [賞]藍綬褒章〔昭和61年〕，勲三等旭日中綬章〔平成10年〕，渋沢栄一賞（第5回）〔平成19年〕「埼玉県内トップクラスのカーディーラーとして，安定した業績を確保.障害者や高齢者，子育てサークルなどへの活動の場の提供や，運営のサポートのほか，30年間継続して植樹活動を行うなど，地域の社会貢献に尽力」 [家]長男＝平沼一幸（埼玉トヨペット社長）

平野 昭光 ひらの・あきみつ 郷土の文化と国際交流を考える会会長 [没]平成27年（2015）10月2日 88歳

〔急性心筋梗塞〕 [生]昭和2年（1927）1月2日 [出]大分県大分市 [名]旧姓・名＝戸田昭光 [学]大分工機械科〔昭和18年〕卒 [歴]平成18年東京の竹内鉄工所に入社。20年退社し、24年大分県庁に入る。教育庁会計課を振り出しに、新産都開発局、県住宅供給公社などを経て、県立大分図書館総務課長を務め、60年退職。一方、57年ボランティアグループ・郷土の文化と国際交流を考える会を設立。59年初めて企画した“お正月ホームステイ”をきっかけに留学生里作り運動を提唱。以来、留学生を中心に約130の国・地域の約4000人をホームステイで受け入れ、草の根の国際交流を続けた。著書に「草の根国際交流を目指して」「163人の子どもたち―ホームスティ交流11年の日々」などがある。 [賞]大分合同新聞文化賞特別功労賞〔平成22年〕 [家]妻＝平野希美（郷土の文化と国際交流を考える会事務局長）

平野 昭一 ひらの・しょういち キャタピラージャパン社長 [没]平成28年（2016）10月24日 73歳〔心不全〕 [生]昭和18年（1943）1月19日 [出]神奈川県 [学]早稲田大学理工学部機械工学科〔昭和40年〕卒 [歴]昭和40年キャタピラー三菱（のち新キャタピラー三菱）に入社、生産技術部に配属。平成12年取締役相模事業所長、14年常務を経て、19年社長に就任。20年キャタピラージャパンに社名変更。22年相談役。

ひ

平野 隆文 ひらの・たかふみ 立教大学文学部教授 [専]フランス・ルネサンス文学・思想 [没]平成27年（2015）2月3日 53歳〔食道がん〕 [生]昭和36年（1961） [出]東京都 [学]東京大学大学院人文社会研究科仏文学専攻博士課程修了 文学博士 [歴]平成8年青山学院大学文学部専任講師、11年助教授、18年教授を経て、20年立教大学文学部教授。著書に「魔女の法廷―ルネサンス・デモノロジーへの誘い」、訳書にロベール・ミュッシャンブレ「悪魔の歴史」、ジョルジュ・ミノワ「悪魔の文化史」、ミシェル・パストゥロー「熊の歴史」などがある。

平野 照明 ひらの・てるあき 山形新聞常務 山形テレビ副社長 [没]平成27年（2015）1月13日 80歳〔パジェットがん〕 [生]昭和9年（1934）4月10日 [出]東京都 [学]早稲田大学教育学部卒 [歴]昭和33年山形放送に入社。業務管理部長、東京支社次長兼営業部長を務める。60年山形新聞社に入社、広告局営業本部長兼広告管理部長、61年広告局長兼営業推進部長、同年取締役、63年常務。

平野 初夫 ひらの・はつお 埼玉県議（民社党） [没]平成29年（2017）7月27日 90歳〔心不全〕 [生]大正15年（1926）9月2日 [出]埼玉県大宮市（さいたま市） [学]浦和高〔昭和27年〕卒 [歴]昭和38年から大宮市議3期、埼玉地方同盟会長を経て、50年以来埼玉県議に3期。62年落選。 [賞]勲四等瑞宝章〔平成10年〕

平野 久雄 ひらの・ひさお 山形信用金庫理事長 [没]平成28年（2016）1月1日 81歳〔肺炎〕 [生]昭和9年（1934）2月9日 [出]山形県 [学]山形大学文理学部〔昭和33年〕卒 [歴]昭和33年大蔵省東北財務局に入る。59年九州財務局総務部長、60年東海財務局総務部長。のち山形信用金庫理事長を務めた。

平野 浩志 ひらの・ひろし 損害保険ジャパン社長 [没]平成29年（2017）10月31日 75歳〔虚血性心疾患〕 [生]昭和17年（1942）6月25日 [出]埼玉県 [学]慶応義塾大学商学部〔昭和40年〕卒 [歴]昭和40年安田火災海上保険に入社。秘書室長、財務企画部長、平成6年取締役人事部長、7年神奈川本部長、9年首都圏本部長、同年常務を経て、11年社長。14年日産火災海上保険と合併、損害保険ジャパン（損保ジャパン）に社名変更し、初代社長に就任。18年保険金の不払いなどの不祥事が発覚し、引責辞任した。11～12年日本損害保険協会会長を務めた。

平林 成元 ひらばやし・なりもと 神官 諏訪大社宮司 [没]平成28年（2016）6月15日 75歳〔肝臓がん〕 [生]昭和15年（1940）8月6日 [出]長野県大町市 [学]国学院大学神道学科〔昭和38年〕卒 [歴]昭和57年大町市の若一王子神社宮司を経て、平成21年諏訪大社権宮司、16～25年同宮司を務めた。全国諏訪神社連合会会長、長野県神社庁諏訪支部長なども歴任。諏訪大社宮司を退任後は長野県松川村の松川神社宮司を務めた。 [家]長男＝平林秀文（神官）

平林 真 ひらばやし・まこと 東北大学名誉教授 北見工業大学学長 [専]金属物性 [没]平成27年（2015）3月5日 89歳〔誤嚥性肺炎〕 [生]大正14年（1925）7月11日 [出]東京都 [学]東京帝国大学第二工学部冶金学科〔昭和22年〕卒, 東京工業大学大学院特別研究生修士課程修了 理学博士（東北大学）〔昭和34年〕 [歴]昭和26年東北大学助手、34年助教授を経て、38年教授。同大金属材料研究所所長を務め、平成元年名誉教授。同年いわき明星大学教授、2～8年北見工業大学学長。 [賞]勲二等瑞宝章〔平成13年〕, 日本金属学会功績賞（金属材料部門, 第22回）〔昭和39年〕, 日本金属学会金属組織写真賞（A部門佳作賞, 第31回・36回・37回・38回）〔昭和56年・61年・62年・63年〕「Au‐Mn規則合金の超高圧高分解能電子顕微鏡像」「5回対称を示すAl‐Mn準結晶の高分解能電子顕微鏡像」「Al‐Mn‐Si準結晶中の転位の高分解能電子顕微鏡観察」「高温超電導酸化物YBa2Cu3O7の高分解能電子顕微鏡像」, 日本顕微鏡学会瀬藤賞（第27回, 昭和57年度）「超高電圧電子顕微鏡による合金構造の高分解能観察と金属学への寄与」, 日本金属学会谷川・ハリス賞（第24回）〔昭和60年〕「侵入型化合物, セラミックス材料の微視的構造に関する研究」, 日本金属学会論文賞（第35回）〔昭和62年〕「Structural, Thermal and Electrical Properties of Al‐Mn Quasicrystals Obtained by Melt Quenching〔Trans.JIM Vol.27 No.2〕」, 日本金属学会金属組織写真賞（A部門入賞, 第39回）〔平成1年〕「超電導酸化物Bi‐Sr‐Ca‐Cu‐Oの高分解能電子顕微鏡による3次元構造観察とその画像処理」, 本多記念賞（第38回）〔平成9年〕「無機材料の結晶構造と相変態および欠陥構造に関する研究」 [団]日本金属学会, 日本物理学会, 日本電子顕微鏡学会

平原 春嶺 ひらはら・しゅんれい 書家 三楽書道会主幹 「管城」主幹 福島県書作家連盟会長 [専]漢字 [没]平成27年（2015）5月16日 69歳〔肝臓疾患〕 [生]昭和20年（1945）10月1日 [出]福島県 [名]本名＝平原博（ひらはら・ひろし） [学]大東文化大学卒 [歴]三楽書道会及び書道誌「管城」主幹。日展会友で、福島県書作家連盟会長、福島県展審査員を務めた。 [師]師＝青山杉雨

平吹 祐志 ひらぶき・ゆうじ 山形新聞専務 [没]平成28年（2016）5月22日 84歳〔肺がん〕 [生]昭和6年

(1931) 7月1日　⊕山形県　⊕山形一高卒　⊛昭和25年山形新聞社に入社。59年常務局長兼社長室長（局次長待遇）、60年常務を経て、平成3年専務。山形県経営者協会専務理事を務めた。

平松 一郎　ひらまつ・いちろう　東京創元社社長　⊗平成29年（2017）5月13日　92歳〔心不全〕　⊕大正14年（1925）3月　⊕大阪府　⊕工業高卒　⊛東京創元社社長を経て、平成7年会長。

平松 鷹史　ひらまつ・たかし　大分合同新聞開発局長　⊗郷土史　⊗平成28年（2016）12月31日　89歳　⊕昭和2年（1927）3月4日　⊕大分県大分市　⊕本名＝平松孝夫（ひらまつ・たかお）　⊕大分経済専〔昭和22年〕卒　⊛昭和23年大分合同新聞社に入社。40年編集局次長兼論説委員、49年開発局長。52～59年大分合同新聞文化センター専務。60年から平松鷹史の筆名で大分合同新聞の夕刊コラム「灯」を執筆した。著書に「郷土部隊奮戦史〈1～3〉」「ふるさと雑記帖」などがある。⊗大分県ふるさと選奨〔昭和57年〕、大分県文化功労賞〔昭和61年〕

平松 守彦　ひらまつ・もりひこ　大分県知事　⊗平成28年（2016）8月21日　92歳　⊕大正13年（1924）3月12日　⊕大分県大分市　⊕大分中〔昭和16年〕卒、五高〔昭和18年〕卒、東京大学法学部政治学科〔昭和24年〕卒　⊛昭和24年商工省（のち通商産業省、現・経済産業省）に入省。39年通産省公害課長、40年石油計画課長、42年輸出保険課長、44年電子政策課長、48年基礎産業局総務課長を経て、49年国土庁官房審議官。50年大分県副知事となり、54年知事に当選。6期務めた後、平成15年引退。2年九州地方知事会会長。役人時代の工業立地、電子政策などの仕事の経験を生かし、テクノポリス構想のモデルを作った。昭和54年大分県内の全市町村に特産品を作る「一村一品運動」を考案、同運動は韓国や中国、カンボジア、モンゴルなどへも広まり、平成7年マグサイサイ賞公務員部門賞を受けた他、22年には中国政府から「建国60年で最も影響を与えた10人の外国人」に選ばれた。5年パソコン通信を使って地方からの情報発信の拠点とするハイパーネットワーク社会研究所を設立。また、地方分権を進めるために財源と権限の委譲を訴えた他、社会資本の平等な整備が不可欠として全国高速道路建設協議会会長、全国港湾整備・振興促進協議会会長も務めた。著書に「一村一品のすすめ」「テクノポリスへの挑戦」「地方からの発想」「一身にして二生」「私の連合国家論」「日本合州国」への道」「地方からの変革」「平松守彦の地域自立戦略」「21世紀の地域リーダーへ」「地方自立への政策と戦略」「出でよグローカル企業家」などがある。　⊗マグサイサイ賞（公務員部門賞）〔平成7年〕、南十字星ブラジル国家勲章大士官章〔平成1年〕、オラニエ・ナッサウ勲章リダー章（オランダ）〔平成13年〕、インファンテ・ドン・エンリッケ勲章コメンダドール章（ポルトガル）〔平成13年〕、旭日大綬章〔平成16年〕、タイ王国王冠勲章第一級勲章〔平成16年〕、年間最優秀プロデューサー賞〔昭和58年〕、日本文化デザイン賞（第4回）〔昭和58年〕、日本新語流行語大賞特

別功労賞〔昭和63年〕、中国友誼奨〔平成14年〕　⊛弟＝平松義郎（名古屋大学教授）

平松 淑郎　ひらまつ・よしお　テレビ神奈川常務　⊗平成27年（2015）11月6日　85歳〔心不全〕　⊕昭和5年（1930）9月14日　⊕山口県　⊕東京外国語大学イタリア語科卒　⊛昭和33年ラジオ関東に入社。47年テレビ神奈川に転じ入社、東京支社長、56年取締役を経て、平成元年常務。

平見 正文　ひらみ・まさふみ　広島三菱自動車販売社長　⊗平成29年（2017）3月26日　83歳〔肺炎〕　⊕広島県江田島市　⊛広島三菱自動車販売社長を務めた。

平安 常進　ひらやす・じょうしん　卓球指導者　沖縄県卓球協会会長　⊗平成29年（2017）3月9日　71歳〔脳出血〕　⊕沖縄県宜野湾市上原　⊛教員として卓球を指導し、昭和62年の海邦国体では沖縄県少年男子の監督を務めた。沖縄県卓球協会では平成3年から理事長、副会長を歴任し、19年から同会長。

平山 国一　ひらやま・くにかず　日本電設工業常務　⊗平成28年（2016）6月16日　85歳〔肺がん〕　⊕昭和5年（1930）12月7日　⊕埼玉県　⊕山形大学工学部〔昭和28年〕卒　⊛昭和28年建設省（現・国土交通省）に入省、52年官房官庁営繕部設備課長。55年日本電設工業に入社。58年取締役を経て、常務。

平山 長雄　ひらやま・たけお　ジャーナリスト　朝日新聞編成局長補佐　⊗平成27年（2015）9月10日　55歳〔敗血症〕　⊛昭和59年朝日新聞社に入社。神戸総局長などを経た。大阪本社社会部長として大阪地検特捜部の証拠改竄事件の取材を指揮、平成22年度の新聞協会賞を受賞した。

平山 公敬　ひらやま・ただゆき　高知県議（自民党）　安田町（高知県）町長　⊗平成27年（2015）6月22日　91歳〔老衰〕　⊕大正12年（1923）11月17日　⊕高知県安芸郡安田町　⊕麻布獣医畜産専〔昭和20年〕卒　⊛昭和26年高知県庁に入る。32年33歳の若さで安田町長に当選。2期目途中の38年、町長を辞職して高知県議に当選。以来、平成7年まで連続8期。昭和63年議長。また、自民党高知県連幹事長、副会長を歴任した。　⊗勲三等瑞宝章〔平成8年〕

平山 輝男　ひらやま・てるお　宮崎銀行頭取　宮崎県経済同友会代表幹事　⊗平成27年（2015）10月25日　96歳〔肺炎〕　⊕大正7年（1918）12月10日　⊕宮崎県えびの市　⊕海兵〔昭和13年〕卒　⊛昭和21年日向興業銀行に入行、37年宮崎銀行と改称。39年福岡支店長、41年取締役、45年常務、50年専務を経て、58年初の生え抜き頭取に就任。61年東証2部に上場、63年第1部に指定替え。平成元年会長、のち相談役に退き、13年退任。宮崎県経済同友会代表幹事や宮崎県経営者協会会長、宮崎県体育協会会長、宮崎県観光協会会長なども歴任した。　⊗勲四等旭日小綬章〔平成1年〕

広岡 得一郎　ひろおか・とくいちろう　弁護士　札幌弁護士会会長　日本弁護士連合会副会長　札幌市オンブズマン代表　⊗平成27年（2015）10月8日　87歳〔心不全〕　⊕昭和13年（1928）5月3日　⊕北海道札幌市　⊕北海道大学法学部〔昭和27年〕卒　⊛昭和27年司法試験に合格。30年釧路地裁判事補に任官。札幌、横浜、高知と歩き、44年札幌地裁小樽支部長になる。この時、平賀書簡問題に直面、同問題に関する臨時裁

判官会議の議長を務める。47年退官し、札幌で弁護士を開業。倒産、破産事件を数多く手がけた。61年札幌弁護士会会長、62年北海道弁護士連合会理事長、平成元年日本弁護士連合会副会長を歴任。13〜17年札幌市オンブズマン代表を務めた。　勲三等瑞宝章〔平成11年〕　札幌弁護士会

広川 俊二　ひろかわ・しゅんじ　九州大学名誉教授　機械力学,制御工学　平成27年（2015）3月31日　68歳〔肺がん〕　昭和21年（1946）9月28日　新潟県新潟市　東北大学工学部精密工業科〔昭和44年〕卒、東北大学大学院工学研究科〔昭和46年〕修士課程修了、大阪大学大学院工学研究科応用物理専攻〔昭和55年〕博士課程修了　工学博士（大阪大学）〔昭和55年〕　昭和46年川崎重工業に入社。52年大阪大学大学院工学研究科博士課程入学、55年同課程修了。56年九州大学教養helpers助教授を経て、平成4年教授。22年佐賀大学医学部教授。　通商産業省工業技術奨励賞〔昭和50年度〕「DNCロボットシステムの開発」、バイオメカニズム学会論文賞〔平成10年〕、日本機械学会フェロー〔平成15年〕、日本設計工学会功績賞〔平成21年〕　日本機械学会,日本エム・イー学会,計測自動制御学会

広川 俊男　ひろかわ・としお　新潟産業大学学長・名誉教授　スポーツマネジメント　平成29年（2017）9月4日　68歳〔悪性リンパ腫〕　新潟県刈羽郡刈羽村　東京教育大学（現・筑波大学）　昭和63年新潟産業大学講師となり、平成19〜25年同大学長。29年名誉教授。東京教育大学（現・筑波大学）時代から水球を始め、22年大学の後輩で元日本代表主将である青柳勤を勧誘して社会人クラブチームのブルボンウォーターポロクラブ柏崎（柏崎KZ）を設立。クラブの理事長として奔走し、柏崎市が目指す水球のまちづくりに尽力した。

広木 康二　ひろき・やすじ　富岡市長　平成27年（2015）10月4日　86歳　昭和4年（1929）5月27日　群馬県　富岡中〔昭和21年〕卒　富岡市議、市議会議長を経て、昭和58年市長に当選。3期務め、平成7年引退。

広崎 清一　ひろさき・せいいち　ニチイ副社長　日産建設会長　平成28年（2016）10月27日　93歳〔老衰〕　大正12年（1923）3月10日　徳島県　池田高小〔昭和15年〕卒　昭和41年みつもと設立、専務。44年合併によりニチイ（現・イオンリテール）取締役、47年常務、49年専務、55年副社長。平成元年日産建設（現・りんかい日産建設）会長となる。13年相談役。

広瀬 一郎　ひろせ・いちろう　スポーツビジネスコンサルタント　スポーツ総合研究所所長　スポーツ・ナビゲーション社長　スポーツマンシップ指導者育成会理事長　スポーツ産業論,スポーツマーケティング,スポーツマネジメント　平成29年（2017）5月2日　61歳　昭和30年（1955）9月16日　静岡県三島市　東京大学法学部政治コース〔昭和55年〕卒　昭和55年電通に入社。59年スポーツ文化事業局配属となり、60年国際サッカー連盟（FIFA）のマーケティング代理店ISLに出向し、61年W杯メキシコ大会、平成2年イタリア大会を担当。6年には2002年W杯日本招致委員会事務局に出向。12年日本のスポーツ総合サイトを運営するスポーツ・ナビゲーション社を設立、社長に就任。14年退社。16年スポーツ総合研究所設立、所長。17年江戸川大学社会学部教授、22年多摩大学経営情報学部教授、28年東海大学教授を歴任。　スポーツ産業学会

広瀬 清　ひろせ・きよし　ヤマグチ社長　平成27年（2015）9月8日　87歳〔腎不全など〕　昭和3年（1928）3月15日　北海道深川市　旭川商〔昭和20年〕卒　昭和22年北海道深川市で玩具問屋の山口商店を開業。27年株式会社に改組して専務、38年社長。42年ヤマグチに社名変更。平成17年ジェスネットに社名変更し、同年会長、26年相談役に退く。全国に営業拠点を設けて、テレビゲームソフトを中心とした玩具卸の国内大手に育て上げた。

広瀬 賢治　ひろせ・けんじ　表具用古代裂製作者　廣信織物代表取締役　平成29年（2017）1月26日　73歳〔膵臓がん〕　昭和18年（1943）8月4日　京都府京都市　鴨沂高卒　1872年創業の西陣織の織元に生まれる。高校卒業後広告代理店に就職したが、23歳で家業を継ぐことを決意。帯や着物ではなく、表具に使う金襴、錦と呼ばれる裂を西陣織の技術で復元製作する。伝統技術伝承者協会理事長としてその振興にも尽くす。平成21年度の現代の名工に選ばれる。地元の少年野球の監督も務めた。　現代の名工〔平成21年〕、読売あをによし賞本賞（第10回）〔平成28年〕　選定保存技術保持者（表具用古代裂金襴等）

広瀬 幸治　ひろせ・こうじ　岡山大学名誉教授　流体力学　平成29年（2017）2月3日　93歳〔肺炎〕　大正13年（1924）1月20日　京都府京都市　京都大学工学部応用物理学科卒　工学博士　岡山大学教授を務めた。著書に「流れ学」がある。　勲三等旭日中綬章〔平成13年〕

広瀬 佐紀子　ひろせ・さきこ　バレリーナ　広瀬佐紀子バレエ研究所主宰　平成29年（2017）5月20日　89歳〔肺炎〕　昭和2年（1927）10月4日　高知県高知市菜園場町　武蔵野音楽学校（現・武蔵野音楽大学）〔昭和22年〕中退　青山学院女子部3年の時にバレエを始める。昭和21年帝劇で日本初の「白鳥の湖」全幕上映が行われた際には諸国の姫役で出演した。小牧バレエ団で長くプリマドンナを務めた後、東京都内で広瀬佐紀子バレエ研究所を主宰。日本女子体育短期大学でも教鞭を執り、後進の育成に努めた。　師＝小牧正英,S.メッセレル

広瀬 英彦　ひろせ・ひでひこ　東洋大学名誉教授　情報社会学研究所所長　国際比較マスコミ論　平成28年（2016）12月20日　84歳〔誤嚥性肺炎〕　昭和7年（1932）11月11日　東京都　東京大学文学部〔昭和30年〕卒、東京大学大学院社会科学研究科新聞学専攻〔昭和35年〕単位取得満期退学　社会学修士（東洋大学）〔昭和63年〕　昭和36年日本新聞協会勤務。編集部・国際部各副主管を経て、47年東洋大学社会学部助教授、53年教授。平成15年退職。山形新聞、山形放送がマスコミ全般の調査研究のために出捐して設立した情報社会学研究所の所長と副理事長を務めた。著書に「現代コミュニケーション政策論」、編著に「現代放送キャンペーン論」「情報の倫理」、共編著に「現代

メディア社会の諸相」などがある。㊥日本マス・コミュニケーション学会,情報通信学会

広瀬 方人　ひろせ・まさひと　長崎の証言の会代表委員　長崎原爆の語り部　㉔平成28年（2016）1月13日　85歳〔肺腺がん〕　㊦長崎県長崎市　㊧旧制中学4年生で15歳の昭和20年8月、爆心地から約4.8キロの長崎市小首町で被爆。戦後は高校の英語教師となり、31年に長崎で開催された第2回原水爆禁止世界大会の事務局次長、長崎原爆青年乙女の会会長などを歴任。43年長崎の証言刊行委員会に発足から参加し、初代事務局長を務めた。また、58年から長崎を訪れる修学旅行生を被爆遺構に案内し、講話を重ねた。平成23年の東日本大震災後は福島第一原発事故で被災した福島県の若者を支援する活動に尽力。25年には福島と長崎をむすぶ会を発足。同年10月には被爆者の歩みを記録する「長崎原爆の戦後史をのこす会」を設立した。

広瀬 通秀　ひろせ・みちひで　洋画家　大分県立芸術文化短期大学名誉教授　㉔平成27年（2015）4月15日　94歳〔老衰〕　㊦大正9年（1920）4月19日　㊧大分県竹田市　㊥旧姓・名＝河野通秀　㊧竹田中〔昭和13年〕卒、日本大学専門部芸術科〔昭和16年〕卒　㊨日本大学専門部在学中に独立展に入選。昭和18年満州牡丹江重砲兵、20年復員。23年大分市で結成された前衛美術団体・スバルに参加。43年独立展独立賞を受賞、44年独立美術協会会員に推挙された。36年大分県立芸術文化短期大学助教授、44年教授を務め、59年名誉教授。大分県美術協会委員として、教育現場で多くの後進を育てた。　㊧独立展独立賞〔昭和43年〕　㊦独立美術協会

広瀬 光康　ひろせ・みつやす　新演会長　㉔平成28年（2016）8月28日　80歳〔肺がん〕　㊦昭和11年（1936）4月22日　㊧岐阜県揖斐郡掛斐町　㊧本名＝広瀬清（ひろせ・きよし）　㊧国立音楽大学教育音楽科〔昭和34年〕卒　㊨日本のクラシック音楽事務所の草分けの存在である新演奏家協会（現・新演）代表取締役、会長を歴任。　㊨長女＝渡辺朗子（新演社長）　㊨師＝岡本敏男

広瀬 善男　ひろせ・よしお　明治学院大学名誉教授　㊥国際法　㉔平成28年（2016）10月6日　89歳〔老衰〕　㊦昭和2年（1927）8月30日　㊧千葉県千葉市　㊧中央大学法学部〔昭和28年〕卒、東京大学大学院公法専攻〔昭和33年〕博士課程修了　法学博士（東京大学）〔昭和33年〕　㊨明治学院大学助教授、教授を経て、平成10年名誉教授。著書に「現代国家主権と国際社会の統合原理」「国家責任論の再構成」「捕虜の国際法上の地位」「21世紀日本の安全保障」「国家・政府の承認と内戦〈上下〉」「外交的保護と国家責任の国際法」などがある。　㊦国際法学会（名誉会員）、日本国際政治学会、国際法協会日本本部

広瀬 礼子　ひろせ・れいこ　横浜市議（社会党）　㉔平成27年（2015）8月11日　84歳〔がん〕　㊦昭和6年（1931）3月15日　㊧広島県広島市　㊧広島女子短期大学国文科卒　㊨昭和45年から横浜市議に6選。63年副議長。　㊧藍綬褒章〔平成5年〕

広田 正敏　ひろた・まさとし　神戸大学名誉教授　㊥フランス文学（20世紀の小説）　㉔平成28年（2016）3月12日　79歳〔肺炎〕　㊦昭和11年（1936）7月12日　㊧兵庫県神戸市　㊧京都大学文学部〔昭和34年〕卒、京都大学大学院〔昭和38年〕博士課程中退　㊨昭和38年鹿児島大学講師、44年京都産業大学助教授、57年静岡大学教授、のち名古屋外国語大学教授を経て、神戸大学教授。著書に「ラフォルグの肖像」「芸術の深層」、訳書に「ノディエ幻想作品集」「ラフォルグ全集」などがある。　㊦日本フランス語フランス文学会

広田 義治　ひろた・よしはる　滋賀県副知事　㉔平成28年（2016）5月17日　72歳〔膵臓がん〕　㊦昭和19年（1944）1月5日　㊧滋賀県愛知郡愛荘町　㊧立命館大学法学部〔昭和42年〕卒　㊨昭和37年滋賀県庁に入る。秘書、企画調整、財政各課長、企画県民部次長、商工観光労働部長を経て、平成14年総務部長、15年副知事に就任。18年退任。

広畑 速登　ひろはた・はやと　長崎地検次席検事正　㉔平成27年（2015）8月15日　84歳〔肺炎〕　㊦昭和5年（1930）12月6日　㊧広島県　㊧中央大学法学部〔昭和29年〕卒　㊨昭和30年司法修習生、32年検事に任官。51年東京地検検事、52年千葉地検検事刑事部長、54年東京高検検事、55年長野地検次席検事、58年東京高検総務部長、同年公安部長、59年高松高検次席検事、62年青森地検検事正、63年6月最高検検事を経て、平成元年6月長崎地検検事正、3年4月退官。退官後は公証人を務めた。　㊧勲二等瑞宝章〔平成13年〕

広松 久穣　ひろまつ・ひさみつ　土佐鶴酒造社長　㉔平成28年（2016）9月7日　76歳〔肺炎〕　㊦昭和15年（1940）4月7日　㊧高知県安芸郡安田町　㊧慶応義塾大学経済学部卒　㊨安永2年（1773年）創業の土佐鶴酒造の10代目で、昭和39年同社取締役となり、56年社長に就任。平成23年長男に社長職を譲り、代表権のある会長に就いた。有名女優を起用して全国ネットのテレビCMを流すなど、積極的に販路を拡大。出荷量・売上高で四国トップの酒造メーカーに成長させ"土佐鶴ブランド"を確立し、土佐酒の知名度向上にも貢献した。昭和60年〜平成3年高知県酒造組合連合会副会長を務めた。　㊧黄綬褒章〔平成15年〕

広谷 陸男　ひろや・ろくお　弁護士　自由法曹団北海道支部長　㉔平成28年（2016）1月22日　86歳〔急性循環不全〕　㊦昭和4年（1929）2月13日　㊧北海道小樽市　㊧小樽経済専〔昭和24年〕卒　㊨日興証券（現・SMBC日興証券）に8年間勤務の後、昭和35年司法試験に合格。38年東京で開業したが、自衛隊の違憲性を争った恵庭事件の弁護がきっかけで札幌に移転、45年札幌で北海道合同法律事務所、54年ひろや法律事務所を開設。スモン訴訟、長沼ナイキ訴訟、じん肺訴訟、平取事件などの弁護団を歴任。51年札幌弁護士会副会長。58年の北海道知事選に共産党推薦で立候補して落選。自由法曹団道支部長などを務めた。　㊦札幌弁護士会

【ふ】

深井 迪子　ふかい・みちこ　小説家　㉔平成27年

(2015) 9月1日　83歳　[生]昭和7年(1932) 2月7日　[出]京都府京都市　[学]早稲田大学第二文学部国文科〔昭和32年〕卒　[歴]昭和29年「文芸」の学生小説コンクールで「秋から冬へ」が当選。31年発表の「夏の嵐」は第35回芥川賞候補となり、映画化もされた。著書に「夏の嵐」「偽りの青春」「ひとときの愛」などがある。　[賞]学生小説コンクール(第1回)〔昭和29年〕「秋から冬へ」　[団]日本文芸家協会　[家]夫＝深井人詩(書誌編集者)

深江 今朝夫　ふかえ・けさお　エクセルヒューマン創業者　[没]平成29年(2017) 6月3日　73歳　[生]昭和19年(1944)　[出]宮崎県串間市　[歴]製造小売会社エクセルヒューマン(EH)を創業した。　[家]長男＝深江夏樹(エクセルヒューマン社長)

深江 章喜　ふかえ・しょうき　俳優　[没]平成27年(2015) 11月1日　87歳〔心不全〕　[生]昭和3年(1928) 1月14日　[出]東京府北豊島郡西巣鴨町池袋(東京都豊島区池袋)　[名]本名＝深江和久　[学]錦城学園高商業科卒　[歴]戦後、三好十郎の戯曲座を経て、昭和29年日活と専属契約。「地獄の用心棒」「霧笛が俺を呼んでいる」「無法地帯」などで悪役として活躍。46年退社してフリーとなり、東映アクションものに出演。またテレビ時代劇、刑事物などを中心に活躍。主な出演作に、テレビ「桃太郎侍」「遠山の金さん」「水戸黄門」「三匹が斬る」「日本巌窟王」「もっとあぶない刑事」、舞台「人生はガタゴト列車に乗って…」「おもろい女」「放浪記」など。息子の深江卓次も俳優として活動。　[家]息子＝深江卓次(俳優)

深沢 登志夫　ふかさわ・としお　山梨県議(自民党)　[没]平成29年(2017) 5月19日　81歳〔病気〕　[生]昭和10年(1935) 9月7日　[出]山梨県南巨摩郡鰍沢町(富士川町)　[学]慶応義塾大学文学部〔昭和35年〕卒　[歴]昭和54年から山梨県議に8選。63年議長。平成23年落選。9〜11年自民党山梨県連幹事長、11〜19年同副会長を務めた。

深沢 幸雄　ふかざわ・ゆきお　版画家　日本版画協会理事長　多摩美術大学名誉教授　[専]銅版画　[没]平成29年(2017) 1月2日　92歳〔老衰〕　[生]大正13年(1924) 7月1日　[出]山梨県南巨摩郡増穂町(富士川町)　[学]東京美術学校(現・東京芸術大学)工芸科彫金部〔昭和23年〕卒　[歴]昭和25年千葉県市原に移り住み、市原第一高(現・市原高)で美術教師をしながら独学で銅版画を始める。当初は画家を志望していたが、空襲で足に怪我を負っていることから、机上で取り組める銅版画を選んだ。32年日本版画協会展に出品し同協会賞、33年春陽会賞を受賞。35年春陽会会員。以後、毎日現代日本美術展、フィレンツェ国際版画ビエンナーレ展など内外の美術展で受賞を重ねる。38年メキシコ政府に招かれ、現地で版画を指導、以後何度も渡墨し日墨交流に貢献した。61年〜平成7年多摩美術大学教授、2〜6年日本版画協会理事長を務める。3年山梨県立美術館で回顧展、7年佐倉市立美術館で「深沢幸雄展・魂の彷徨1955-1995」を開催。文学性の高い、詩情あふれる作風で、作品に「アシェンダの地下にて」「鏡の前の人」など。著書に「銅版画のテクニック」、詩画集「ランボー」「ポー」「宮沢賢治」などがある。　[賞]紺綬褒章〔昭和53年〕,紫綬褒章〔昭和62年〕,アギラ・アステカ勲章(メキシコ)〔平成6年〕,勲四等旭日小綬章〔平成7年〕,市原市名誉市民〔平成28年〕,版画展日本版画協会賞〔昭和32年〕,春陽会展春陽会賞(第35回)〔昭和33年〕,シェル美術賞展神奈川県立近代美術館版画賞〔昭和35年〕,現代日本美術展優秀賞(第5回)〔昭和37年〕「生1」「生2」,フィレンツェ国際版画ビエンナーレ受賞〔昭和47年〕　[団]日本版画協会

深瀬 忠一　ふかせ・ただかず　憲法学者　北海道大学名誉教授　[没]平成27年(2015) 10月5日　88歳〔心不全〕　[生]昭和2年(1927) 3月1日　[出]高知県吾川郡春野町(高知市)　[学]陸士,東京大学法学部法律学科〔昭和28年〕卒　法学博士〔昭和38年〕　[歴]陸軍士官学校の最終学年で敗戦を迎える。昭和28年北海道大学助手、31年助教授を経て、39年教授。53年法学部長。平成2年退官し、9年まで北星学園大学教授。昭和52〜53年パリ法経社会科学大学に客員教授として赴任、日本国憲法を講じた。護憲派で、戦後の平和憲法研究を主導。自衛隊の合憲性が争われた恵庭事件や長沼ナイキ基地訴訟では住民側の特別弁護人を務めた。一高時代にキリスト教の洗礼を受け、敬虔なクリスチャンとしても知られた。著書に「戦争放棄と平和的生存権」「平和の憲法と福音」、編著に憲法学者35人が平和憲法論の成果をまとめた「恒久世界平和のために 日本国憲法からの提言」などがある。　[賞]ポワチエ大学名誉博士号〔昭和56年〕,浅野順一賞(第6回)〔昭和63年〕「戦争放棄と平和的生存権」　[団]日本公法学会,比較法学会,全国憲法研究会,日本キリスト者平和の会,札幌日仏協会

深瀬 幹男　ふかせ・みきお　川崎市助役　[没]平成29年(2017) 2月23日　87歳〔肺がん〕　[生]昭和4年(1929) 8月12日　[出]埼玉県　[学]日本大学法学部〔昭和30年〕卒　[歴]川崎市役所に入り、民生局長を経て、昭和63年市長室長。平成2〜13年助役を務めた。社会福祉法人母子育成会会長も務めた。　[賞]勲三等瑞宝章〔平成15年〕　[家]長男＝深瀬亮一(母子育成会理事長)

深谷 義治　ふかたに・よしはる　陸軍憲兵曹長　日本最後の帰還兵　[没]平成27年(2015) 4月21日　99歳〔肺炎〕　[生]大正4年(1915) 6月20日　[出]島根県大田市　[名]中国名＝尤志遠(ゆう・しえん)　[学]大田中〔昭和7年〕中退,陸軍憲兵学校〔昭和19年〕卒　[歴]昭和7年大阪の伊藤岩商店に勤務。12年応召、14年憲兵試験に合格。15年より中国戦線で諜報謀略活動に従事。17年偽装のため中国人女性と結婚。太平洋戦争敗戦後の20年9月、上官からの任務続行の命令を受けて上海に潜伏。33年中国公安当局に逮捕されるが、戦中のスパイ活動は認めたが、戦後については一切認めなかったため、あらゆる拷問や虐待を受ける。49年無期懲役刑を受け、家族と16年ぶりに再会。53年日中平和友好条約の締結により特赦を受け、33年ぶりに帰国した。59年テレビ朝日「水曜スペシャル」において真相を公表。平成26年12月二男の手により一家の体験をまとめた「日本国最後の帰還兵 深谷義治とその家族」が刊行され、27年4月99歳で亡くなった。

深堀 柱　ふかほり・あきら　カトリック長崎大司教区広報委員　[没]平成29年(2017) 12月13日　87歳〔急性心筋梗塞〕　[出]長崎県長崎市　[歴]鎮西学院中4年生で15歳の昭和20年8月、長崎原爆の爆心地から2.8キロの

ふ

興善町の長崎消防署（当時）で被爆。原爆で崩壊した浦上天主堂の中で頭部だけとなった「被爆マリア像」の絵を描き続け、惨状を語り伝えた。

深町 郁弥　ふかまち・いくや　九州大学名誉教授　[専]国際金融論　[没]平成29年（2017）11月21日　88歳〔老衰〕　[生]昭和4年（1929）9月11日　[出]福岡県甘木市（朝倉市）　[学]九州大学経済学部〔昭和29年〕卒, 九州大学大学院経済学研究科〔昭和34年〕博士課程中退　経済学博士〔昭和49年〕　[歴]昭和36年九州大学助教授、49年教授。51～53年学生部長。のち熊本学園大学教授。九州電力非常勤監査役も務めた。著書に「所有と信用」「現代資本主義と国際通貨」「国際金融の現代」などがある。　[賞]瑞宝中綬章〔平成20年〕

深町 泰男　ふかまち・やすお　宮崎日日新聞編集局次長　[没]平成29年（2017）9月29日　72歳〔転移性肝がん〕　[出]宮崎県宮崎市　[歴]昭和47年宮崎日日新聞社に入社。整理部長、編集局次長、役員室長の他、宮日ビル管理社長なども務めた。

深谷 憲一　ふかや・けんいち　円仁研究家　評論家　テレビ東京常務　[専]社会学, 新聞研究　[没]平成27年（2015）3月23日　89歳〔肺炎〕　[生]大正14年（1925）12月1日　[出]茨城県　[学]東京大学文学部〔昭和25年〕卒　[歴]昭和25年日本経済新聞社に入社。39年文化部長を経て、44年東京12チャンネル（現・テレビ東京）編成局長に転じ、49年取締役、58年常務を歴任。60年テレビ東京スタジオセンター社長となり、62年芝公園スタジオと改称。また、平安時代前期の僧侶・円仁の研究家でもあり、平成2年中国旅行記「入唐求法巡礼行記」の現代語訳を刊行した。　[団]日本記者クラブ, 日本エッセイスト・クラブ, 東京都映画協会, 日本旅行作家協会, 交通ペンクラブ

吹田 愰　ふきだ・あきら　衆院議員　自治相　国家公安委員長　[没]平成29年（2017）6月19日　90歳〔肺炎〕　[生]昭和2年（1927）2月1日　[出]山口県熊毛郡城南村（田布施町）　[学]柳井商〔昭和20年〕卒　[歴]昭和20年柳井商業学校を中退し、海軍飛行予科練習生として入隊。27年25歳で山口県城南村長となり、合併により30年田布施町長。38年より山口県議に連続4選、50年同県最年少の48歳で県議会議長に就任。54年衆院選旧山口2区に引退する岸信介元首相の後継として自民党から立候補して初当選。以来連続6選。62年衆院環境常任委員長、平成元年同内閣常任委員長などを務め、2年第二次海部改造内閣で自治相兼国家公安委員長として初入閣。3年三塚派を離脱し、加藤グループに加わる。5年総選挙後離党、6年4月新生党に入党し、同年12月新進党結成に参加。8年山口県知事選に立候補したが二井関成に敗れる。9年自民党に復党、12年衆院選比例代表中国ブロックに出馬したが政界復帰を果たせず、引退した。　[賞]勲一等瑞宝章〔平成12年〕, 田布施町名誉町民〔平成27年〕

福 明子　ふく・あきこ　児童文学作家　[没]平成27年（2015）7月15日　57歳　[生]昭和32年（1957）7月21日　[出]神奈川県　[学]横浜国立大学教育学部卒　[歴]小学校教師として勤務後、闘病を続けながら児童文学や童話を手がけ、数々の賞に入賞。著書に「花咲かじっちゃん」「墓―書人刈屋翔山の顛末」「ジンとばあちゃんとだんごの木」「天風の吹くとき」「ポテトサラダ」などがある。　[賞]振媛文学賞2席（第1回, 平成3年度）「熱風」, 熊野の里児童文学賞大賞（第1回, 平成7年度）〔平成8年〕「花咲かじっちゃん」, さきがけ文学賞（第13回）〔平成8年〕「墓―書人刈屋翔山の顛末」, 家の光童話賞優秀賞（第12回, 平成9年度）「てんどこてんどこ」, 伊東静雄賞奨励賞（第11回）〔平成12年〕「渇夏」, 「小さな童話」大賞佳作（第17回）〔平成12年〕「ほろん」, 椋鳩十記念伊那谷童話大賞（第9回）〔平成15年〕「やんも―光る命の物語」, 創作童話・絵本・デジタル絵本コンテスト文部科学大臣奨励賞（第4回）〔平成15年〕「淋し村簡易郵便局」, ひろすけ童話賞（第20回）〔平成21年〕「ジンとばあちゃんとだんごの木」　[団]日本文芸家協会, 日本児童文芸家協会

福井 清純　ふくい・きよずみ　帝人製機専務　[没]平成27年（2015）7月6日　77歳〔肝細胞がん〕　[生]昭和12年（1937）12月30日　[出]山口県　[学]山口大学工学部〔昭和35年〕卒　[歴]昭和35年帝人製機（現・ナブテスコ）に入社。平成2年理事、3年取締役、8年常務を経て、10年専務、13年退任。

福井 高行　ふくい・たかゆき　カルピス食品工業社長　[没]平成29年（2017）1月30日　90歳〔消化管出血〕　[生]大正15年（1926）2月5日　[出]奈良県　[学]東京農業大学〔昭和27年〕卒　[歴]昭和27年カルピス食品工業（現・アサヒ飲料）に入社。以来、技術、研究開発部門を歩み、48年取締役群馬工場長、49年生産管理部長、52年東京研究所所長、54年常務東京研究所長、59年営業本部長、60年社長に就任。63年退任し顧問。

福井 保　ふくい・たもつ　国立公文書館内閣文庫和漢書専門官　[専]和漢書誌学, 和漢古書目録法　[没]平成28年（2016）2月4日　104歳　[生]明治44年（1911）10月28日　[出]京都府福知山市　[学]文部省図書館講習所〔昭和7年〕卒　[歴]昭和7年尾張徳川黎明会蓬左文庫に入り、駿河御譲本など全6万冊余の蔵書整理に従事。14年満州国立師道高等学校図書館、16～20年満州国立中央図書館籌備処（設立準備事務所）に勤め、戦後もしばらく同地に留まって国民政府経済部接収大陸科学院図書庫の再建整備にあたった。21年引き揚げ。郷里の農協で経理係を務めた後、友人の勧めで上京、26年最高裁判所図書館に入る。29年国立公文書館内閣文庫に転じ、54年まで勤めた。著書に「内閣文庫書誌の研究」「紅葉山文庫」「江戸幕府編纂物」「江戸幕府刊行物」などがある。　[賞]勲四等瑞宝章〔昭和56年〕　[団]古典研究会, 史籍研究会

福井 透　ふくい・とおる　東奥日報編集局編集総務　[没]平成28年（2016）12月1日　57歳〔膵臓がん〕　[生]昭和33年（1958）12月9日　[出]青森県青森市　[学]横浜商科大学卒　[歴]昭和59年東奥日報社に入社。編集局社会部、東京支社編集部、十和田支局などを経て、むつ支局長、政経部長、報道部長、編集局次長兼整理部長を歴任。平成28年編集局編集総務（局長級）。

福井 文雅　ふくい・ふみまさ　僧侶　早稲田大学名誉教授　輪王寺唯心院（天台宗）住職　[専]漢字文化圏の思想と宗教（儒仏道三教交渉史）, 比較文化論　[没]平成29年（2017）5月4日　82歳　[生]昭和9年（1934）6月6日　[出]東京都　[名]僧侶名＝文雅（ぶんが）　[学]早稲田大学第

ふ

ふくい

一文学部哲学科〔昭和32年〕卒、早稲田大学大学院東洋哲学専攻〔昭和34年〕博士課程修了、アテネ・フランス・フランス語科卒、フランス国立高等研究院EPHE宗教部門修了 文学博士（早稲田大学）〔昭和59年〕 ㊐昭和36〜39年パリへ留学。40年早稲田大学専任講師、44年助教授を経て、49年〜平成17年教授。アテネ・フランセ理事、天台宗勧学・大僧正。日本中国学会理事長、日仏東洋学会会長、第17〜18期日本学術会議会員などを務めた。日光山輪王寺唯心院（天台宗）住職。主著に「欧米の東洋学と比較論」「般若心経の総合的研究」「道教の歴史と構造」「漢字文化圏の思想と宗教」「漢字文化圏の座標」「東方学の新視点」「アジア文化の思想と儀礼」「明日の天台宗」などがある。㊐フランス教育学術功労勲章〔平成3年〕、瑞宝中綬章〔平成26年〕、天台宗公職歴任褒賞〔平成7年〕 ㊐天台宗権大僧正 ㊐日本中国学会、東方学会、日本道教学会、日本印度学仏教学会、仏教思想学会、天台学会、日仏東洋学会、中国古典学会、Société Asiatique、ICANAS ㊐父＝福井康順（三十三間堂本坊妙法院門跡）

福居 良 ふくい・りょう ジャズ・ピアニスト ㊐平成28年（2016）3月15日 67歳〔悪性リンパ腫〕 ㊐昭和23年（1948）6月1日 ㊐北海道沙流郡平取町 ㊐昭和41年頃アコーディオンを始め、ズズ→ジャズ・ピアノに転向。24歳で上京、ジャズ専門学校で勉強。プロのバンドで修業を積んだ後、50年札幌に戻り、自己のトリオを結成。51年のデビューアルバム「SCENERY」は北海道在住のジャズ演奏家としての初リリースLPとなる。57年上京し、腕を磨いた。61年帰札。ルネ・マクリーンとの共演、アイヌ音楽との共演など幅広く活躍。平成7年札幌市内にライブハウス・スローボートを開店、様々な活動を通して札幌のジャズの裾野を広げた。16年英国の有名なクラブDJが「SCENERY」の1曲を取り上げたことがきっかけとなり、17年CDとして復刻された。㊐札幌文化奨励賞〔平成24年〕

福石 堅郎 ふくいし・けんろう 鹿児島トヨペット社長 ㊐平成28年（2016）10月8日 78歳〔盲腸がん〕 ㊐昭和13年（1938）9月18日 ㊐朝鮮慶尚南道 ㊐鹿児島県立短期大学夜間部〔昭和36年〕卒 ㊐昭和32年鹿児島トヨペットに入社。62年取締役、平成4年常務を経て、27年まで12年間、社長を務めた。

福江 忠夫 ふくえ・ただお 新日本瓦斯社長 ㊐平成27年（2015）6月26日 74歳〔敗血症〕 ㊐昭和16年（1941）1月30日 ㊐山口県阿武郡阿東町（山口市） ㊐津和野高〔昭和34年〕卒 ㊐昭和34年日本瓦斯に入社、62年取締役。平成8年新日本瓦斯社長に就任。

福岡 清介 ふくおか・きよゆき 日産プリンス東京販売社長 ㊐平成27年（2015）10月11日 62歳〔神経内分泌がん〕 ㊐昭和28年（1953）8月19日 ㊐日産プリンス東京販売社長を務める。平成26年日産東京販売ホールディングス監査役。

福岡 哲司 ふくおか・てつし 作家 山梨県立図書館長 ㊐近代文学史、近代思想、国語教育、読書教育 ㊐平成27年（2015）7月20日 67歳〔病気〕 ㊐昭和23年（1948）5月7日 ㊐山梨県甲府市 ㊐本名＝福岡喆

司 ㊐山梨大学教育学部国文科文芸コース〔昭和48年〕卒 ㊐山梨県内の県立高校に勤める傍ら、国語科教育研究および「文芸 批評と研究」主宰として明治文学・近代思想史研究に取り組む。昭和62年から山梨県教育庁文化課に勤務、県立文学館建設準備に従事。開館後は学芸課リーダーとして資料の研究、図録の執筆、講座、講演などにあたった。平成5年県立甲府第一高に勤務。その後、13年山梨県教育庁高校教育課指導主事、15年県立甲府東高教頭、16年県総合教育センター主幹研修主事を経て、17年より山梨県立図書館長。甲府発の全国版文芸誌「猫町文庫」の発行人も務めた。㊐開高健賞奨励賞（第3回）〔平成6年〕「深沢七郎ラプソディ」、中村星湖文学賞特別賞（第9回）〔平成7年〕「深沢七郎ラプソディ」 ㊐高校国語専修免許、博物館学芸員 ㊐山梨県公共図書館協会、全国公共図書館協会、山梨県史近現代部会、山梨文芸協会、樋口一葉研究会

福岡 正巳 ふくおか・まさみ 東京大学工学部教授 ㊐土質工学 ㊐平成28年（2016）1月27日 98歳〔肺炎〕 ㊐大正6年（1917）3月12日 ㊐兵庫県 ㊐東京帝国大学工学部土木学科〔昭和16年〕卒 工学博士 ㊐昭和42年建設省土木研究所長、45年日本道路公団参与を経て、46年東京大学工学部教授、52年東京理科大学教授。平成9年退任。昭和52年〜平成4年日本大学教授を兼務。8年マネジメントシステム評価センター会長。昭和51〜53年土質工学会会長、52〜56年国際土質基礎工学会会長を務めた。㊐勲二等瑞宝章〔昭和62年〕、土木学会功績賞〔平成3年〕 ㊐土木学会、土質工学会、日本地すべり学会、国際土質基礎工学会、国際ジオシンセティックス学会（名誉会員）

福崎 定美 ふくざき・さだみ 歌人 佐世保短歌連盟会長 ㊐平成27年（2015）12月18日 90歳 ㊐大正14年（1925）8月17日 ㊐佐賀県佐賀市 ㊐16歳の時に「俳句では時代は歌えない」と短歌に転向。会社勤めの傍らで作歌を続け、歌誌「ひのくに」「万象」「あすなろ」に所属。佐世保短歌連盟会長や長崎新聞歌壇選者などを務めた。歌集に「冬への加速」「それぞれの翳」「無色」「歳月」「幸せもどき」などがある。㊐佐世保文学賞「無色」、長崎県文学賞特別賞「歳月」、長崎県文学賞「幸せもどき」、佐世保市市政功労者（教育文化部門）㊐日本歌人クラブ、長崎県文芸協会、佐世保短歌連盟

福沢 淳子 ふくざわ・じゅんこ 日本経済新聞出版局編集委員 ㊐平成29年（2017）9月15日 58歳〔心不全〕

福沢 康 ふくざわ・やすし 長岡技術科学大学名誉教授 ㊐放電加工学 ㊐平成28年（2016）9月9日 67歳 ㊐昭和23年（1948）10月26日 ㊐東京都 ㊐横浜国立大学工学部金属工学科卒、東京工業大学大学院材料科学研究科材料科学専攻博士課程修了 工学博士 ㊐平成15〜26年長岡技術科学大学教授を務めた。㊐電気加工学会全国大会賞〔平成5年・6年・12年〕「放電加工機を用いたセラミックスの加工」「メッシュ状金属を用いた絶縁性セラミックスの放電加工」「絶縁性Si3N4セラミックの放電加工における加工速度の高速化（第3報）」、工作機械技術振興賞論文賞（第19回）〔平成10年〕「絶縁性セラミックスの放電加工プロセス」

福島 菊次郎 ふくしま・きくじろう 報道写真家 ㊐ドキュメント写真 ㊐平成27年（2015）9月24日 94歳〔脳梗塞〕 ㊐大正10年（1921）3月15日 ㊐山口県下

松市東豊井戸州鼻 ㋕下松小〔昭和10年〕卒 ㋒太平洋戦争中は広島の部隊にいたが、原爆投下時は宮崎県にいたため被爆を免れた。復員後、郷里の山口県下松で時計店を営みながら広島に通い、被爆者の撮影を続けた。昭和35年被爆者とその家族の苦悩を4年にわたって取材した写真集「ピカドン ある原爆被災者の記録」を出版、日本写真批評家賞特別賞を受賞。36年上京、プロ写真家となる。以来「中央公論」「文芸春秋」など月刊総合雑誌のグラビアに年間150ページ以上を発表し続けた。原爆問題、政治、軍事問題、学生運動、社会問題などをライフワークとし、中近東、アラビア、ソビエトなど海外を長期取材。45年「自衛隊と兵器産業」出版直後には暴漢に襲われ、自宅が放火される難に遭った。57年東京を捨て瀬戸内海の無人島に入植、自給自足の生活を続け、昭和天皇の死去と同時期に胃がんの手術後、「戦争責任巡回展」を全国160ヶ所で開催。その後、「写真で見る戦後巡回展」20テーマ、全紙半切3300点を制作、全国の市民団体に無料で貸し出し、520都市を巡回。ドキュメント写真を額縁とギャラリー、メディアの自己規制から開放し、直接市民に手渡する資料館を作る。平成11年同シリーズで下関市中央図書館に巡回後、12年柳井市に移転、18年病気のため閉館。以後著作活動に入り、15年から〈写らなかった戦後〉シリーズの著作に取り組んだ。東京都写真美術館、川崎市市民ミュージアムなど5館に作品120点収蔵。24年その半生を描いた映画「ニッポンの嘘 報道写真家 福島菊次郎90歳」（長谷川三郎監督）が公開された。㋕カメラ誌年間ベストテン賞〔昭和31年・32年・33年〕、山口県芸術文化奨励賞〔昭和35年〕、日本写真批評家賞特別賞〔昭和36年〕、日本自費出版文化賞特別賞（第14回）〔平成23年〕「鶴のくる村」

福島 英夫 ふくしま・ひでお　東急百貨店副社長　㋒平成27年（2015）12月16日　75歳〔病気〕　㋐昭和15年（1940）7月3日　㋑千葉県　㋓慶応義塾大学商学部〔昭和38年〕卒　㋕昭和38年東横（現・東急百貨店）に入社。平成3年取締役、10年常務、12年専務を経て、17年副社長。18年退任。

福積 忠男 ふくずみ・ただお　長府製作所社長　㋒平成28年（2016）8月28日　80歳　㋐昭和10年（1935）10月10日　㋑山口県大津郡油谷町（長門市）　㋓明治大学商学部〔昭和33年〕卒　㋕航空自衛隊勤務を経て、昭和45年岳父の経営する長府製作所に入社。営業畑を歩み、55年取締役栃木工場営業部長、工場長を経て、60年常務。62年社長に就任。平成8年大証第2部に上場。9年会長。

福田 和寛 ふくだ・かずひろ　熊本県議　㋒平成29年（2017）11月4日　71歳〔肺がん〕　㋐昭和20年（1945）11月22日　㋑熊本県　㋓中央大学卒　㋕昭和50年から熊本県議を1期務めた。

福田 紀一 ふくだ・きいち　小説家　大阪工業大学教授　㋒平成27年（2015）7月14日　85歳〔心不全〕　㋐昭和5年（1930）2月11日　㋑大阪府　㋓京都大学文学部哲学科〔昭和28年〕卒　㋕大阪明星高校教諭を経て、大阪工業大学教授。「VIKING」同人。昭和54年「おやじの国史とむすこの日本史」で第1回サントリー学芸賞を受けた。他の著書に「日本やたけた精神史」「失われた都」「ホヤわが心の朝」「こんにちは一寸法師」「サラリーマン日本史」「神武軍、大阪へ上陸す」などがある。　㋔サントリー学芸賞（社会・風俗部門、第1回）〔昭和54年〕「おやじの国史とむすこの日本史」　㋖日本文芸家協会

福田 清成 ふくだ・きよしげ　埼玉大学名誉教授　㋖物理化学　㋒平成27年（2015）7月7日　89歳〔胃がん〕　㋐大正15年（1926）4月27日　㋑東京市本郷区（東京都文京区）　㋓東京大学理学部化学科〔昭和23年〕卒、東京大学大学院理学研究科化学専攻博士課程修了　理学博士　㋕埼玉大学理学部教授、学部長、大学院理学研究科長を歴任。コロイド化学分野のLB膜の第一人者。共著に「コロイドとその応用」「コロイド化学の基礎」「超薄分子組織膜の科学」などがある。　㋔瑞宝中綬章〔平成16年〕　㋖日本化学会、高分子学会、日本膜学会

福田 殖 ふくだ・しげる　九州大学名誉教授　㋖中国哲学史　㋒平成28年（2016）10月21日　83歳〔老衰〕　㋐昭和8年（1933）1月30日　㋑山口県　㋓九州大学文学部中国哲学科〔昭和31年〕卒、九州大学大学院文学研究科中国学専攻〔昭和34年〕修士課程修了　㋕九州大学教授、久留米大学教授を務めた。著書に「陸象山文集」「日本と朝鮮の朱子学」「宋元明の朱子学と陽明学」などがある。　㋖日本中国学会、東方学会、九州中国学会

福田 治六 ふくだ・じろく　福田プレス工業創業者　㋒平成27年（2015）2月2日　96歳〔老衰〕　㋐大正8年（1919）1月30日　㋑静岡県　㋕福田プレス工業（現・エフテック）の創業者で、同社社長、昭和63年より会長を務めた。

福田 武二 ふくだ・たけじ　ジャパンエナジー副社長　㋒平成29年（2017）5月19日　85歳　㋐昭和7年（1932）3月31日　㋑東京都八王子市　㋓一橋大学法学部〔昭和29年〕卒　㋕昭和29年日本鉱業（のちジャパンエナジー、現・JXTGエネルギー）に入社。56年取締役、59年常務、平成元年専務を経て、4年副社長。6年鹿島石油社長に就任、12年退任。

福田 武隼 ふくだ・たけとし　医師　真岡市長　福田記念病院院長・理事長　㋒平成28年（2016）9月16日　74歳〔病気〕　㋐昭和17年（1942）3月11日　㋑東京都板橋区　㋓真岡高校、千葉大学医学部卒　㋕福田記念病院院長を務めていた平成13年、真岡市長に初当選。2期務め、21年引退。二宮町との合併などに尽力した。　㋔旭日双光章〔平成25年〕

福田 悌次郎 ふくだ・ていじろう　海上保安大学校教授　島根大学教授　㋖代数学、幾何学　㋒平成28年（2016）2月26日　85歳　㋐昭和5年（1930）4月29日　㋑島根県松江市　㋓広島大学理学部〔昭和29年〕卒、広島大学大学院理学研究科数学専攻〔昭和31年〕修士課程修了　㋕昭和31年広島大学理学部助手、39年海上保安大学校助教授、49年教授、54年島根大学教育学部教授。

福田 豊彦 ふくだ・とよひこ　東京工業大学名誉教授　国立歴史民俗博物館名誉教授　㋖日本中世史、御家人制度、日本製鉄史　㋒平成27年（2015）6月9日　87歳〔肺炎〕　㋐昭和3年（1928）2月4日　㋑新潟県新潟

ふくた

福田 信彦 ふくだ・のぶひこ　東京海上火災保険専務　㊣平成28年（2016）8月31日　81歳〔肺炎〕　㊣昭和9年（1934）9月19日　㊣和歌山県　㊣東京大学経済学部〔昭和32年〕卒　㊣昭和32年東京海上保険（のち東京海上火災保険、現・東京海上日動火災保険）に入社。62年取締役、平成元年常務、4年専務を歴任。

福田 秀俊 ふくだ・ひでとし　福岡証券取引所専務理事　㊣平成28年（2016）5月2日　65歳　㊣鳥取県　㊣大蔵省（現・財務省）に入省。平成19年5月〜28年3月福岡証券取引所専務理事を務めた。

福田 浩 ふくだ・ひろし　秋田工業高等専門学校名誉教授　㊣機械工学　㊣平成28年（2016）10月12日　85歳〔急性肺炎〕　㊣昭和6年（1931）4月2日　㊣秋田県秋田市　㊣秋田市立高〔昭和25年〕卒、秋田大学鉱山学部機械工学科〔昭和29年〕卒　㊣昭和30年三田商店に入社。35年秋田大学鉱山学部に転じ、46年助教授、同年秋田工業高等専門学校助教授、54年〜平成7年同教授。

福田 浩志 ふくだ・ひろし　長崎新聞副社長　㊣平成29年（2017）11月11日　83歳〔肺炎〕　㊣佐賀県佐賀市　㊣昭和34年長崎新聞社に入社。報道部長、論説室長を経て、平成2年取締役、常務、専務を経て、副社長。12年退任。

福田 正弘 ふくだ・まさひろ　長崎大学大学院教育学研究科教授　㊣社会科教育　㊣平成29年（2017）11月6日　60歳　㊣昭和32年（1957）3月3日　㊣滋賀県　㊣広島大学教育学部卒、広島大学大学院学研究科教育専攻修士課程修了　㊣長崎大学助教授を経て、平成19年教授。シーボルトの生誕200年に合わせて、「江戸参府紀行」に登場する長崎街道沿いの今昔を紹介するパソコンソフト「シーボルトと歩く長崎街道」を作成。8年目インターネット版を完成させた。　㊣全国社会科教育学会、日本社会科教育学会、日本教科教育学会

福田 実 ふくだ・みのる　埼玉県議（自民党）　㊣平成28年（2016）12月22日　91歳〔心不全〕　㊣大正14年（1925）9月10日　㊣埼玉県比企郡吉見町　㊣千葉農専（現・千葉大学園芸学部）園芸科〔昭和23年〕卒　㊣種苗会社社長。埼玉県吉見町議、町議会議長を経て、昭和57年より埼玉県議に6選。平成8年副議長。15年引退。　㊣旭日中綬章〔平成17年〕

福田 実 ふくだ・みのる　医師　㊣平成29年（2017）4月26日　90歳〔急性腎不全〕　㊣鹿児島県鹿児島市　㊣宮崎県で胃がんの集団検診体制の確立に尽力した。　㊣宮崎日日新聞賞科学賞〔平成6年〕

福田 征夫 ふくだ・ゆきお　剣道家　青森県剣道連盟参与　㊣平成28年（2016）5月19日　71歳〔病気〕　㊣

昭和53年青森県南部町剣道協会副会長に就任以来、同会長などを歴任。平成18〜27年北奥羽少年剣道大会の大会長を務めるなど、地域の剣道競技発展に努めた。　㊣青森県体育功労者〔平成26年〕、全日本剣道連盟剣道有功賞（平成26年度）

福田 龍二 ふくだ・りゅうじ　金沢大学名誉教授　㊣分子生物学　㊣平成27年（2015）7月9日　74歳　㊣昭和15年（1940）9月22日　㊣石川県　㊣金沢大学医学部医学科卒、金沢大学大学院医学研究科生理系分子生物学専攻博士課程修了　㊣医学博士　㊣京都大学ウイルス研究所助手、国立遺伝学研究所助教授を経て、昭和63年金沢大学医学部教授。同学部長を務めた。

福田 礼輔 ふくだ・れいすけ　山口放送専務　㊣平成28年（2016）12月24日　88歳〔心筋梗塞〕　㊣昭和3年（1928）5月3日　㊣山口県熊毛郡熊毛町（周南市）　㊣号＝青鹿　㊣山口経専〔昭和23年〕卒　㊣昭和31年山口放送に入社。44年山口支社長兼東支社長、51年取締役、56年常務を経て、62年専務。平成5年退任。10〜14年山口商工会議所参与。また、16年山口市の観光文化交流施設・菜香亭が開設されると、その運営を手がける歴史の町山口を甦らせる会を設立して初代理事長に就任、23年まで菜香亭初代館長も務めた。

福地 俊臣 ふくち・としおみ　アサヒビール副社長　㊣平成28年（2016）9月13日　90歳〔肺がん〕　㊣大正15年（1926）1月20日　㊣茨城県　㊣北海道大学農学部〔昭和26年〕卒　㊣昭和26年朝日麦酒（のちアサヒビール、現・アサヒグループホールディングス）に入社。50年名古屋工場長、51年製造部長、52年取締役、61年専務を経て、63年副社長に就任。

福永 有利 ふくなが・ありとし　神戸大学名誉教授　北海道大学名誉教授　㊣民事訴訟法、倒産法　㊣平成27年（2015）5月6日　79歳〔前立腺がん〕　㊣昭和10年（1935）5月8日　㊣兵庫県加古川市　㊣神戸大学法学部〔昭和33年〕卒、神戸大学大学院法学研究科民事訴訟法専攻〔博士課程単位取得退学〕　㊣昭和38年関西学院大学助教授、53年広島大学教授、56年北海道大学教授を経て、神戸大学教授に就任。のち帝塚山大学教授、平成15年同志社大学法学部教授。著書に「民事訴訟当事者論」「倒産法研究」「民事執行法・民事保全法」、共著に「破産法概説」「民事訴訟法」などがある。　㊣兵庫県功労者表彰〔平成19年〕　㊣司法試験第二次試験合格　㊣日本私法学会、民事訴訟法学会、日独法学会、金融法学会

福原 秀雄 ふくはら・ひでお　俳優　㊣平成28年（2016）3月　93歳　㊣大正12年（1923）3月5日　㊣東京都日本橋区（東京都中央区）　㊣日本大学文学部心理学科〔昭和22年〕卒　㊣昭和22年文化座と舞台芸術アカデミーを卒業、23年俳優座に入る。「鮭」「三人姉妹」「自由の彼方へ」「パン屋文六の思案」などの舞台に立った後、25年フリーとなる。26年「海賊船」で映画初出演。「お葬式」「タンポポ」「あげまん」など伊丹十三監督作品の常連として知られた。

福原 弘之 ふくはら・ひろゆき　福原学園理事長　九州共立大学学長　九州女子大学学長　㊣平成27年（2015）6月29日　74歳〔肺炎〕　㊣昭和16年（1941）　㊣福岡県　㊣平成12年より福原学園事務局参事や理事

を経て、17年副理事長、19年理事長。22年運営する九州共立大学の、22年九州女子大学の学長を兼務。 [家]妻＝福原公子（福原学園理事長）

福本 光一　ふくもと・こういち
⇒総登 光一（ふさのぼり・こういち）を見よ

福森 昭秋　ふくもり・てるあき　三重県議（社会党） [没]平成28年（2016）11月15日　84歳〔肺がん〕 [生]昭和7年（1932）1月1日 [出]三重県阿山郡阿山町（伊賀市） [学]立命館大学経済学部〔昭和32年〕中退 [歴]上野市議5期、市議会議長を経て、昭和58年から三重県議に2選。平成3年落選。 [賞]藍綬褒章〔平成2年〕，勲四等旭日小綬章〔平成14年〕，伊賀市特別市政功労〔平成16年〕

福山 俊行　ふくやま・としゆき　福山商事社長 [没]平成28年（2016）7月31日　69歳〔膵臓がん〕 [生]昭和21年（1946）10月30日 [出]沖縄県那覇市 [学]駒沢大学経済学部〔昭和44年〕卒 [歴]昭和44年吉川四郎商店に入社。47年福山商事に入り、平成2年取締役、5年副社長となり、11年から代表権のある副社長、20年社長に就任。25年会長、27年取締役相談役に退いた。

ふくろう博士　ふくろうはかせ
⇒古川 のぼる（ふるかわ・のぼる）を見よ

更田 豊治郎　ふけた・とよじろう　日本原子力研究所副理事長 [専]放射線物理学 [没]平成28年（2016）2月29日　86歳 [生]昭和5年（1930）2月10日 [出]中国上海 [学]大阪大学理学部物理学科〔昭和28年〕卒，大阪大学大学院理学研究科〔昭和32年〕博士課程中退 [歴]昭和32年日本原子力研究所（現・日本原子力研究開発機構）に入所。東海研究所物理部核データ研究室長企画部長、60年東海研究所副所長、62年日本原子力研究所理事・東海研究所所長を経て、64年副理事長に就任。平成5年辞職。12年日本海洋科学振興財団理事長。我が国の中性子核データ分野の草分けの一人。 [賞]勲三等旭日中綬章〔平成12年〕

総登 光一　ふさのぼり・こういち　力士（幕下）　日本相撲協会世話人 [没]平成28年（2016）3月30日　60歳〔敗血症〕 [生]昭和30年（1955）4月18日 [出]千葉県船橋市 [名]本名＝福本光一（ふくもと・こういち），旧四股名＝房登，福本，福国山 [歴]元大関松登の大山部屋に入門、昭和46年初場所で房登の四股名で初土俵。49年秋場所で幕下昇進、51年秋場所に三段目で優勝。53年秋場所に福本と改名、54年九州場所で最高位となった幕下2枚目まで上がった。56年夏場所に福国山、58年初場所に総登と改名。61年秋場所限りで引退後は日本相撲協会世話人となり、本場所や巡業などの運営を支えた。

藤 光永　ふじ・こうえい　僧侶　毫摂寺第25代門主　真宗出雲路派管長 [没]平成27年（2015）7月20日　84歳〔老衰〕 [生]昭和6年（1931）1月3日 [出]福井県越前市 [名]法名＝釈善明，号＝愚然永華 [学]大谷大学大学院修了 [歴]昭和62年～平成27年真宗出雲路派本山毫摂寺の第25代門主を務めた。 [家]長男＝藤光真（毫摂寺第26代門主）

藤井 章　ふじい・あきら　知立市長 [没]平成27年（2015）1月5日　92歳〔急性肺炎〕 [生]大正11年（1922）11月20日 [出]愛知県 [学]高小〔昭和12年〕卒 [歴]昭和46～48年知立市助役を経て、51年以来市長に3選。63年引退。 [賞]勲五等双光旭日章〔平成5年〕，愛知県知事表彰〔平成1年〕

藤井 克己　ふじい・かつみ　岩手大学学長・名誉教授 [専]土壌物理学 [没]平成29年（2017）9月14日　64歳〔がん性リンパ管症〕 [生]昭和28年（1953）3月29日 [出]滋賀県大津市 [学]東京大学農学部農業工学科卒，東京大学大学院農学系研究科農業工学専攻修士課程修了　農学博士 [歴]東京大学助手を経て、昭和59年岩手大学講師、助教授、平成9年教授。17年農学部長。20年6月歴代最年少の55歳で学長に就任。26年退任。岩手県総合計画審議会会長、岩手県東日本大震災津波復興委員長、いわて産業振興センター理事長などを歴任した。 [賞]農業土木学会賞学術賞（第43回）〔平成6年〕「膨潤性粘土―水系の微視的相互作用と力学的性質に関する研究」

藤井 啓次　ふじい・けいじ　サン・アド創業者 [没]平成29年（2017）1月13日　85歳〔急性心筋梗塞〕 [生]昭和6年（1931）6月4日 [出]岐阜県岐阜市 [学]同志社大学経済学部〔昭和29年〕卒 [歴]昭和47年岐阜日日広告社に入社。56年広告代理店サン・アドを創業した。 [家]二女＝藤井真美（サン・アド常務）

藤井 恒嗣　ふじい・こうじ　東邦アセチレン社長　東ソー常務 [没]平成27年（2015）11月12日　68歳〔膵臓がん〕 [生]昭和22年（1947）6月11日 [出]兵庫県 [学]神戸大学経済学部〔昭和46年〕卒 [歴]昭和46年東ソーに入社。平成16年取締役を経て、常務。22年東邦アセチレン社長に就任。

藤井 皐月　ふじい・さつき　大和創業者 [没]平成27年（2015）9月3日　99歳〔肺炎〕 [生]大正5年（1916）3月23日 [出]鹿児島県薩摩川内市 [学]川内中卒 [歴]昭和23年薩摩川内市大小路で藤井呉服店を創業。38年食品販売と合わせたスーパーマーケットに進出し、株式会社大和を設立。鹿児島、宮崎両県にスーパーだいわ、プラッセだいわを展開した。 [家]長男＝藤井広明（大和代表取締役）

藤井 修治　ふじい・しゅうじ　舞踊評論家 [没]平成27年（2015）10月3日　82歳〔心不全〕 [歴]NHKのディレクターとして数多くのクラシック音楽や洋舞踊の番組を手がけた。また、読売新聞に舞踊の公演評を執筆した。

藤井 潤　ふじい・じゅん　朝日生命成人病研究所名誉所長 [専]循環器内科学，老年病学 [没]平成28年（2016）11月13日　88歳〔肺炎〕 [生]昭和3年（1928）2月1日 [出]愛知県 [学]東京大学医学部〔昭和26年〕卒 [歴]東京大学医学部老年病学教室助手を経て、昭和38～40年西ドイツのビュルツブルク大学へ留学。43年朝日生命成人病研究所循環器科部長、51年同副所長を経て、56年所長に就任。平成10年名誉所長。昭和57年～平成5年東京女子医科大学客員教授を兼任した。著書に「高血圧と食事療法・生活指導」「降圧剤の使い方」「高血圧の正しい知識」などがある。 [団]日本高血圧学会

藤井 昭二　ふじい・しょうじ　富山大学名誉教授 [専]地質学 [没]平成29年（2017）6月5日　89歳〔誤嚥性肺炎〕 [生]昭和2年（1927）8月28日 [出]旧満州大連 [学]東京大学理学部地質学科〔昭和29年〕卒　理学博士 [歴]昭

ふ

和29年富山大学理学部実習指導員、42年助教授を経て、46年教授。富山県入善沖で海底林を発見、その調査・研究に取り組んだ。富山湾に学ぶ会会長、日本地質学会環境地質研究委員会会長を歴任した。著書に「大地の記憶—富山の自然史」などがある。 [賞]富山新聞文化賞〔昭和57年〕 [団]日本地質学会, 日本古生物学会

藤井 隆 ふじい・たかし 名古屋大学名誉教授 [専]理論経済学, 経済政策, 計量経済学, 計画行政学 [没]平成29年(2017)11月23日 88歳〔急性心不全〕 [生]昭和4年(1929)5月2日 [出]岡山県倉敷市 [学]同志社大学経済学部経済学科経済理論専攻〔昭和29年〕卒, 一橋大学大学院経済学研究科理論経済学専攻〔昭和35年〕博士課程修了 経済学博士(一橋大学)〔昭和37年〕 [歴]昭和38年名古屋大学経済学部経済学科講師、助教授を経て、教授。経済政策総論講座および同大学院担当。平成4年退官し、名誉教授。同年慶応義塾大学総合政策学部教授。のち立正大学教授。この間、デリー・スクール・オブ・エコノミクス(デリー大学大学院)上級教授、オックスフォード大学大学院上級客員教授、国連エカフェ顧問各国政府への派遣顧問。また日本政府の各種審議会委員、日本経済政策学会会長などを歴任。地方港湾審議会会長、国際社会科学団体連盟(IFSSO)会長、オックスフォード大学上級メンバー。第15期日本学術会議会員。著書に「国際的産業再配置論」「競争と協力」、編著に「世界と日本—福田・大来ラウンド・テーブル」がある。 [団]日本計画行政学会, 日本経済学会連合, 国際社会科学会議, 日本経済政策学会, 日本経済学会, 国際社会科学団体連盟(IFSSO) [家]妻＝藤井博子(名古屋音楽大学講師), 弟＝宮家準(慶応義塾大学名誉教授) [師]師＝中山伊知郎

藤井 高信 ふじい・たかのぶ 帝人上席専務執行役員 [没]平成29年(2017)11月24日 77歳〔病気〕 [生]昭和15年(1940)6月13日 [出]山口県 [学]東京大学経済学部〔昭和39年〕卒 [歴]昭和39年帝人に入社。平成9年取締役、11年常務執行役員を経て、上席専務執行役員。

藤井 勉 ふじい・つとむ 洋画家 [没]平成29年(2017)9月12日 69歳〔心不全〕 [生]昭和23年(1948)5月8日 [出]秋田県仙北郡仙南村(美郷町) [学]岩手大学教育学部特設美術科〔昭和45年〕卒 [歴]昭和51年シェル美術賞展優秀賞を受賞し、28歳で中央画壇にデビュー。58年安井賞展佳作賞受賞。日動画廊、東京セントラル美術館、パリ、ロンドンなどで個展を重ねる。その後、盛岡市にアトリエを構え、自身の3人の娘をモデルにした詩的な少女像や季節の移ろいを描いた具象作品を発表。平成元年から6年間、二女をモデルに写真のような細密画で商工組合中央金庫(東京)のカレンダーを製作した。代表作に「風」「ななつ」「暮色」など。「藤井勉デッサン集」「画文集 白い山脈」「藤井勉自選画集」「魅惑の大地」などの作品集がある。 [賞]岩手県新人賞(小泉賞)〔昭和49年〕, シェル美術賞展優秀賞(第20回)〔昭和51年〕「午餐」, 昭和会展優秀賞(第12回)〔昭和52年〕「剣」「寂」, 安井賞展佳作賞(第26回)〔昭和58年〕「秋風」

藤井 虎雄 ふじい・とらお 北海道議(社会党) [没]平成28年(2016)3月29日 93歳〔肺炎〕 [生]大正12年(1923)1月13日 [出]秋田県雄勝郡須川村(湯沢市) [学]上砂川高小卒 [歴]上砂川地区労議長、産炭地振興審議会委員を経て、昭和46年空知管内選出の北海道議に当選、4期務める。62年引退。この間、予算委員長、商工労働委員長を歴任。 [賞]勲五等双光旭日章〔平成9年〕

藤井 治子 ふじい・はるこ 日本画家 蕗の会主宰 [没]平成29年(2017)6月14日 92歳〔老衰〕 [生]大正13年(1924)7月14日 [出]広島県府中市 [学]増川高女 [歴]昭和42年広島県福山市から京都に居を移し、真道黎明主幹の尚院会に入会、本格的な修行を始める。49年日本美術院院友、のち特待。広島県展審査員を務めた。 [師]師＝大島祥丘, 真道黎明, 塩出英雄, 森田曠平

藤井 恢 ふじい・ひろし 中国新聞事業局スポーツ事業局長 [没]平成29年(2017)2月5日 84歳〔肺炎〕 [生]昭和7年(1932)10月23日 [出]山口県周南市 [学]高卒 [歴]昭和29年中国新聞社に入社。55年大阪支社編集部長、58年編集局校閲部長、61年運動部長、63年福山支社編集部長、平成2年事業局第二事業部長(局次長待遇)を経て、同年事業局スポーツ事業局長。5年退社。

藤井 正訓 ふじい・まさのり サッカー指導者 九州サッカー協会会長 [没]平成28年(2016)8月9日 83歳〔胃がん〕 [生]昭和7年(1932)12月10日 [出]山口県下関市 [学]筑紫丘高〔昭和26年〕卒, 福岡学芸大学(現・福岡教育大学)〔昭和31年〕卒 [歴]昭和31年〜平成5年福岡商(現・福翔高)のサッカー部を指導、監督を務め、全国高校選手権に5回出場。学校の枠を越え、九州高校サッカー隆盛の基礎を築く。昭和62年〜平成10年九州サッカー協会理事長、昭和63年より日本サッカー協会理事、平成14年から九州サッカー協会会長。志波芳則元東福岡高監督は教え子の一人。 [賞]西日本スポーツ大賞(第50回)〔平成17年〕

藤井 養堂 ふじい・ようどう 書家 毎日書道展審査会員 愛知書学院会長 [専]漢字 [没]平成28年(2016)5月18日 85歳〔肺がん〕 [名]本名＝藤井鋭三(ふじい・えいぞう)

藤井 義弘 ふじい・よしひろ 日立造船社長 日本経営者団体連盟副会長 [没]平成28年(2016)6月1日 90歳 [生]大正15年(1926)1月10日 [出]香川県 [学]東京大学法学部〔昭和23年〕卒 [歴]昭和23年三和銀行(現・三菱東京UFJ銀行)に入行。四谷、池袋、銀座、名古屋各支店長を経て、46年取締役、49年常務、52年専務、57年副頭取、60年副会長を歴任。長引く造船不況で日立造船が経営不振に陥ると、メーンバンクの同行から再建役として派遣され、63年日立造船社長に就任。新規事業の「杜仲茶」を育てたほか、廃棄物処理設備など環境事業に力を入れ、経営再建を図った。平成7年会長、13年相談役。この間、7年日本経営者団体連盟(現・日本経済団体連合会)副会長、9年関西経済連合会副会長、10年成層圏プラットフォーム開発協議会初代会長、日本造船工業会会長などを務めた。 [賞]経営者賞(第35回)〔平成4年〕, 経済界大賞敢闘賞(第20回)〔平成6年〕

藤井 義将 ふじい・よしまさ プロゴルファー 日本プロゴルフ協会理事 [没]平成27年(2015)2月26日 85歳〔心不全〕 [生]昭和4年(1929)7月1日 [出]福岡県 [学]三井農(現・久留米筑水高)卒 [歴]小学生の頃から福岡カントリークラブ大保コースでキャディーをしながら

ふ

ゴルフを修行。昭和26年プロに転向、33年誘われて関東の名門・霞ケ関に移籍し、契約プロ第1号となった。165センチ、60キロと小柄な体格ながら、広いスタンスからの切れ味鋭いゴルフが持ち味で“玄海の荒法師”の異名を取り、46年の日本オープンで優勝するなど、通算23勝を挙げた。プロ野球選手だった尾崎将司を指導し、ゴルフ界に導いたことでも知られる。麻生飯塚ゴルフ倶楽部（福岡県桂川町）やパサージュ琴海アイランドゴルフクラブ（長崎市）の設計も手がけた。 [賞]西日本スポーツ賞（昭和46年度）

藤井 令一 ふじい・れいいち 詩人 [没]平成29年（2017）7月5日 86歳〔肺炎〕 [生]昭和5年（1930）9月21日 [出]鹿児島県奄美市名瀬 [学]大島中専攻科文科卒 [歴]奄美大島で生まれる。戦後、占領下の奄美で琉米文化情報会館に勤める。その後、上京するが、昭和38年帰郷して写真館を営みながら詩人として詩作を続けた。「詩と真実」「花礁」同人。作家の島尾敏雄・ミホ夫妻とも交流があった。詩集に「シルエットの島」「白い闇」「遠心浮遊」「巫島狂奏曲」、評論集に「ヤポネシアのしっぽ」「南島文学序論」「島尾敏雄と奄美」「奄美文芸批評」などがある。 [賞]詩と真実賞（第5回）〔昭和51年〕, 南日本文学賞（第20回）〔平成4年〕「巫島狂奏曲」, 山之口貘賞（第22回）〔平成11年〕, 南海文化賞（第29回）〔平成17年〕 [団]鹿児島県詩人協会

藤家 龍雄 ふじいえ・たつお 京都大学名誉教授 [専]関数論 [没]平成28年（2016）9月18日 86歳〔老衰〕 [生]昭和5年（1930）8月1日 [出]兵庫県相生市 [学]京都大学理学部数学科〔昭和28年〕卒, 京都大学大学院理学研究科数学専攻博士課程修了 理学博士（京都大学） [歴]京都大学教授を務めた。著書に「複素解析学」、共著に「関数論演習」などがある。 [団]日本数学会, 米国数学会

藤池 昇龍 ふじいけ・のぼる プロゴルファー 日本プロゴルフ協会理事 [没]平成29年（2017）2月19日 63歳 [生]昭和28年（1953）8月24日 [出]福岡県 [名]本名＝藤池昇 [学]飯塚商卒 [歴]飯塚商時代は野球の捕手として活躍し、昭和47年ドラフト9位で太洋（現・DeNA）に入団。足の怪我などで出場できず、日拓（現・日本ハム）への移籍を経て、引退。21歳の時、ゴルフに転向、藤井義将の指導を受ける。53年4回目の挑戦でプロテストに合格。58年九州オープンでツアー初優勝。直後に左目網膜剝を患う。平成5年昇龍に改名。9年筑紫ケ丘GCに移籍。同年九州オープンで14年ぶりに優勝。10年三菱ギャラントーナメント第1日目に、当時日本ツアー史上最少スコアの60、11アンダーを記録。15年日本プロシニア選手権で、シニアツアー初出場初優勝を果たした。26年から日本プロゴルフ選手権理事を務めた。174センチ、79キロ。

藤栩 霊昌 ふじう・れいしょう 僧侶 隋応寺（真宗大谷派）住職 [没]平成27年（2015）4月12日 90歳 [歴]羽水高校校長、真宗大谷派の隋応寺住職を務めた。福井新聞に法話「心のしおり」を200本以上執筆した。

藤江 彰彦 ふじえ・あきひこ 札幌国際観光社長 [没]平成28年（2016）9月30日 82歳 [生]昭和9年（1934）9月26日 [出]北海道三石郡三石町（新ひだか町） [学]北海道大学中退 [歴]昭和37年札幌国際観光に入社。57年専務を経て、平成3～18年社長。日本ホテル協会北海道支部長も務めた。 [賞]北海道運輸局長表彰〔昭和60年〕

藤江 英輔 ふじえ・えいすけ 編集者 新潮社広告部長 「惜別の歌」の作曲者 [没]平成27年（2015）10月14日 89歳〔肺気腫〕 [生]大正15年（1926） [学]中央大学法学部卒 [歴]昭和25年新潮社に入社。「週刊新潮」「小説新潮」の編集に携わり、同社広告部長も務めた。のち同源社社長。また中央大学予科生だった19年、東京都内の勤労動員先の陸軍造兵廠で召集令状を受け取った学友のため島崎藤村の詩にメロディをつけ「惜別の歌」を作曲。戦後、歌声喫茶などで流行し、小林旭のヒット曲としても知られる。今日でも中央大学では卒業式で“第二校歌”として歌い継がれている。

藤枝 博 ふじえだ・ひろし 徳島県教育次長 鳴門教育大学助教授 [没]平成27年（2015）3月20日 76歳〔急性心臓死〕 [生]昭和14年（1939）3月18日 [出]徳島県小松島市 [学]徳島大学学芸学部〔昭和36年〕卒 [歴]徳島県教育委員会義務教育課主幹などを経て、平成6年教育次長、7～11年小松島中学校長。鳴門教育大学助教授も務めた。 [賞]徳島県体育功労表彰〔昭和55年〕

藤岡 博昭 ふじおか・ひろあき 山陽新聞専務 [没]平成28年（2016）7月7日 81歳〔急性硬膜下血腫〕 [生]昭和9年（1934）10月12日 [出]岡山県 [学]早稲田大学政経学部卒 [歴]昭和33年山陽新聞社に入社。58年編集局政治部長、60年論説委員、62年論説委員会副主幹、63年編集局次長、平成2年出版局長、4年取締役、6年広告局長、7年常務を経て、10年専務社長室長。12年退任後、14年まで山陽新聞事業社社長を務めた。

藤岡 行弘 ふじおか・ゆきひろ 毎日新聞大阪本社総合事業局長 [没]平成28年（2016）12月23日 62歳〔肝臓がん〕 [生]昭和29年（1954）10月13日 [出]大阪府 [学]北陽高卒 [歴]昭和48年毎日新聞社に入社。平成14年運動部長、17年事業部スポーツ事業部長、19年総合事業局次長、22年同局長。日本高校野球連盟理事も務めた。

藤岡 和賀夫 ふじおか・わかお プロデューサー 電通PR局長 [専]生活文化, コミュニケーション [没]平成27年（2015）7月13日 87歳〔心不全〕 [生]昭和2年（1927）11月3日 [出]兵庫県武庫郡魚崎（神戸市） [学]東京大学法学部〔昭和25年〕卒 [歴]昭和25年電通に入社。富士ゼロックスのCMコピー「モーレツからビューティフルへ」、国鉄の旅行客誘致キャンペーンの「ディスカバー・ジャパン」や山口百恵のヒット曲にもなった「いい日旅立ち」などを手がけた。55年PR局長（役員待遇）。62年よりフリー。59年にはベストセラーとなった「さよなら、大衆。」で“少衆・大衆”論争を巻き起こすなど、数々の流行語を生み出した。平成7年よりプロデューサー直伝塾を主宰し、15年NPO直伝塾を創設。絶滅のおそれのある日本の言葉、風景、習慣を書物に採録する“レッドブック運動”を提唱した。他の著書に「華麗なる出発―ディスカバー・ジャパン」「現代プロデューサー心得」「ニューバリューの時代」「直伝寝た子起こし」「懐かしい日本の言葉ミニ辞典」「私には夢がある」などがある。

藤川 直迪 ふじかわ・なおみち 青森県出納長 [没]平成28年（2016）3月14日 86歳〔肺炎〕 [生]昭和4年（1929）10月30日 [出]青森県西津軽郡木造町（つがる

市）㊣弘前高卒、東京大学文学部印度哲学科〔昭和28年〕卒　㊥昭和28年鯵ケ沢高校教諭となる。のち県教育委員会行政課長補佐、県総務部次長、54年東京事務所長、60年～平成5年出納長を務めた。退任後は青森県信用保証協会会長、青森県ユネスコ協会会長、青森県日仏協会会長、NPO法人・三内丸山縄文発信の会理事長などを歴任した。㊥勲三等瑞宝章〔平成13年〕

藤木 正三　ふじき・しょうぞう　牧師　日本基督教団京都御幸町教会牧師　㊣平成27年（2015）1月22日　87歳　㊥昭和2年（1927）3月5日　㊥大阪府　㊥浪速高文科卒、関西学院大学神学部卒、関西学院大学大学院㊥大阪千鳥橋教会牧師を務め、昭和36～38年デンマークのコペンハーゲン大学へ留学。39年日本基督教団京都御幸町教会に転任。平成4年病気で引退。著書に「純粋と微笑」「断想 神の風景」「この光にふれたら」「系図のないもの―聖書的独白録」「生かされて生きる」などがある。

藤倉 肇　ふじくら・はじめ　夕張市長　㊣平成28年（2016）7月3日　75歳〔膵臓がん〕　㊥昭和16年（1941）4月7日　㊥北海道夕張市　㊥夕張北高卒、日本大学経済学部二部卒　㊥神奈川県のタイヤ工場で働きながら、日本大学経済学部二部を卒業。平成13～18年北海道ヨコハマタイヤ販売社長を務めた。19年財政再建団体へ転落した郷里・夕張市の再建を目指し市長選に立候補、当選。住民生活に必要な74事業を盛り込み、17年間で322億円の赤字を返済する財政再生計画を策定した。23年の市長選には立候補せず、同時に行われた夕張市議選で当選、1期務めた。

藤沢 岩雄　ふじさわ・いわお　岩手日報広告局次長　㊣平成27年（2015）12月14日　84歳〔虚血性心疾患〕　㊥昭和6年（1931）3月9日　㊥岩手県盛岡市　㊥盛岡商卒　㊥昭和35年岩手日報社に入社。広告企画調査部長、事業部長を経て、広告局次長。

藤沢 薫　ふじさわ・かおる　俳優　演出家　劇団京芸代表　㊣平成29年（2017）8月18日　86歳〔誤嚥性肺炎〕　㊥昭和6年（1931）1月21日　㊥滋賀県愛知郡秦荘町（愛荘町）　㊥龍谷大学文学部卒　㊥龍谷大学在学中に芝居に出会い、喜劇座を経て、昭和28年創設間もない劇団京都芸術劇場（現・劇団京芸）に参加。俳優、演出家として劇団の中核で活躍、38年より同劇団代表。京都の新劇界を牽引し、学校公演など地域に根差した活動にも力を注いだ。平成16年自伝「わが芝居人生」を出版した。主な出演・演出作に「西陣のうた」「狐とぶどう」「どん底」「見知らぬ人」などがある。　㊥京都市芸術功労賞〔平成2年〕、京都府文化賞功労賞〔平成19年〕

藤沢 皖　ふじさわ・かん　千里国際学園中等部・高等部初代校長　外務省大臣官房人事課子女教育相談室長　㊣平成29年（2017）8月22日　83歳〔窒息死〕　㊥昭和9年（1934）　㊥東京都　㊥国際基督教大学教養学部社会科学科〔昭和33年〕卒　㊥高校時代にキリスト教と出会い洗礼を受ける。女子美術大学附属中学・高校教諭などを経て、昭和52年より国際基督教大学高等学校設置準備委員、教務部長、帰国生徒教育センター長、61年教頭。平成元年千里国際学園設置準備委員となり、3～10年千里国際学園中等部・高等部（現・関西学院千里国際中等部・高等部）初代校長を務める。その後、外務省大臣官房人事課子女教育相談室長、日本国際理解教育学会監事。帰国子女教育を考える会会長、全国私立中学高等学校国際教育研修会専門委員、私学研修福祉会私立学校海外セミナー企画委員、ラジオ短波「海外子女教育アワー」企画委員、国際学校研究調査委員（文部省政策課委託）、全国市町村国際文化研修所講師などを歴任。長年、国際的な人材育成に尽力した。千葉県野田市の日本キリスト教会野田教会の役員も務めた。著書に「はばたけ 若き地球市民―国際学園の教育実践から」、用語監修に「英和生物学習基本用語辞典―海外子女・留学生必携」などがある。29年8月22日未明、入所していた東京都中野区の介護付き有料老人ホームで夜勤中の職員の男に浴室で殺害された。

藤沢 忠　ふじさわ・ただし　山形大学名誉教授　㊥無機工業化学　㊣平成28年（2016）8月6日　88歳〔多臓器不全〕　㊥昭和3年（1928）1月6日　㊥米沢工専化学工業卒　理学博士　㊥山形大学工学部教授、山形工科アカデミー短期大学校長を務めた。

藤沢 辰雄　ふじさわ・たつお　「雑踏」主宰　㊣平成29年（2017）2月28日　84歳〔敗血症〕　㊥昭和7年（1932）11月12日　㊥香川県木田郡三木町　㊥香川大学農学部〔昭和31年〕卒　㊥昭和32年大阪府の河内長野市立川上中学、46年長野東中学、50年高向中学、53年長野西中学で教鞭を執る。平成5年より奈良市埋蔵文化財センター発掘部。一方、同人誌「雑踏」を主宰、11年には香川菊池寛賞を受けた。　㊥香川菊池寛賞（第34回）〔平成11年〕

藤沢 三千穂　ふじさわ・みちほ　五千尺社長　㊣平成28年（2016）11月11日　94歳〔老衰〕　㊥大正11年（1922）10月30日　㊥長野県中野市　㊥松本中卒　㊥北アルプス・上高地で五千尺旅館を経営する家業を継ぎ、昭和28年有限会社五千尺を設立して専務、50年社長、63年会長を歴任。36年～平成5年現在の北アルプス上高地山岳遭難防止対策協会の理事長を務めた。昭和38年上高地の宿泊施設に呼びかけて上高地を美しくする会を結成、一帯の美化に尽くした。　㊥長男＝藤沢繁雄（五千尺社長）

藤沢 美雄　ふじさわ・よしお　作家　㊣平成29年（2017）2月1日　91歳〔急性肺炎〕　㊥大正14年（1925）4月1日　㊥岩手県盛岡市　㊥国鉄教習所　㊥国鉄盛岡工場に勤務の傍ら、川柳を作る。昭和31年盛岡川柳会同人。のち民話と小ばなしの採集を始め、46年より著述に専念。岩手県内各地に伝わる艶笑譚や妖怪話を収集、それを基にした創作活動を行った。著書に「岩手艶笑譚」「いわて・こばなし」「いわて妖怪こばなし」「岩手の妖怪物語」「民話ふう岩手艶笑譚」などがある。　㊥川柳人賞、夢助賞〔昭和37年〕

藤沢 義之　ふじさわ・よしゆき　日本興業銀行会長　㊣平成29年（2017）6月19日　80歳〔筋萎縮性側索硬化症〕　㊥昭和11年（1936）6月24日　㊥大阪府大阪市　㊥東京大学経済学部商学科〔昭和36年〕卒　㊥昭和36年日本興業銀行（現・みずほ銀行）に入行。ロンドン興銀マネージング・ディレクター、資本市場部長を経て、平成元年取締役、資本市場部長、3年営業第一部長、4

年常務証券部長、7年総合資金部長、8年副頭取、12年会長。14年メリルリンチ日本証券会長、19年相談役。この間、11〜15年経済同友会副代表幹事。

藤島 直一　ふじしま・なおいち　秋田県森林組合連合会会長　[没]平成27年(2015)6月27日　96歳〔老衰〕　[生]大正7年(1918)10月17日　[出]秋田県北秋田郡鷹巣町(北秋田市)　[学]高小卒　[歴]秋田県鷹巣町、北秋田、大館北秋田の各森林組合長を歴任。平成6〜15年秋田県森林組合連合会会長。全国広葉樹協会連合会会長、全国木材チップ工業連合会会長も務めた。

藤城 裕士　ふじしろ・ゆうじ　声優　[没]平成28年(2016)11月26日　76歳〔特発性間質性肺炎〕　[生]昭和15年(1940)2月26日　[出]千葉県　[名]本名＝藤城裕治(ふじしろ・ゆうじ)　[歴]主な出演作にテレビアニメ「太陽の子エステバン」「機動戦士Vガンダム」、劇場アニメ「機動戦士ガンダムIII めぐりあい宇宙編」「名探偵コナン 時計じかけの摩天楼」など。洋画の吹き替えも数多く担当した。また、主宰する"ぐりま塾"で演出を手がけ、後進の指導にもあたった。

藤田 温　ふじた・あつし　クラボウ社長　[没]平成27年(2015)10月4日　89歳〔肺炎〕　[生]大正14年(1925)10月25日　[出]岡山県岡山市　[学]東京帝国大学第二工学部機械工学科〔昭和22年〕卒　[歴]昭和22年12月倉敷紡績に入社。工務畑を歩み、40年商品企画部長、43年取締役、45年常務、51年専務、57年副社長を経て、62年社長に就任。63年クラボウに呼称変更。平成5年会長。日本紡績協会副会長も務めた。　[賞]藍綬褒章〔平成2年〕, 勲三等旭日中綬章〔平成9年〕　[家]長男＝藤田晴哉(クラボウ社長)

藤田 栄治　ふじた・えいじ　第四次厚木基地騒音訴訟原告団長　全日本水道労働組合中央執行委員長　[没]平成27年(2015)9月7日　81歳〔食道がん〕　[出]神奈川県横浜市　[歴]昭和20年5月の横浜空襲で家を失い、遠い親戚を頼って大和市南林間に移り住む。横浜市水道局に勤め、横浜水道労働組合書記長を経て、平成2年から4年間、全日本水道労働組合の中央執行委員長。また、在日米海軍と海上自衛隊が共同使用する厚木基地の航空機騒音を巡る厚木基地騒音訴訟では、平成19年12月から始まった第四次訴訟の原告団長を務め、約7000人に及ぶ原告をまとめたが、最高裁上告中の27年に病死した。22〜25年厚木基地監視団体・厚木基地爆音防止期成同盟委員長も務め、騒音解消や事故防止を求める運動を牽引した。

藤田 和三　ふじた・かずみ　名古屋市議(自民党)　[没]平成28年(2016)3月29日　88歳〔膵臓がん〕　[生]昭和3年(1928)3月1日　[出]岐阜県　[学]名城大学法学部〔昭和46年〕卒　[歴]辻寛一衆院議員秘書を経て、昭和50年自民党から名古屋市議に当選、連続6期。平成4年議長。11年引退。

藤田 勝久　ふじた・かつひさ　三菱銀行副頭取　ダイヤモンドリース社長　[没]平成27年(2015)12月25日　87歳〔病気〕　[生]昭和3年(1928)11月15日　[出]東京都　[学]東京商科大学〔昭和27年〕卒　[歴]昭和27年三菱銀行(現・三菱東京UFJ銀行)に入行。57年取締役、60年常務、62年専務を経て、平成2年副頭取。4年ダイヤモンドリース(現・三菱UFJリース)社長に就任。9年会長。

藤田 耕也　ふじた・こうや　岩手日報常務　[没]平成28年(2016)1月13日　74歳〔心不全〕　[生]昭和16年(1941)4月16日　[出]岩手県花巻市　[学]中央大学経済学部〔昭和39年〕卒　[歴]昭和39年岩手日報社に入社。60年編集局放送部長、62年社会部長、平成2年整理部長、4年編集局次長兼整理部長、6年編集局次長兼論説委員、9年東京支社長、10年取締役、14年広告局長を経て、16年常務。

藤田 高敏　ふじた・たかとし　衆院議員(社会党)　[没]平成28年(2016)2月15日　92歳〔老衰〕　[生]大正12年(1923)8月30日　[出]愛媛県西条市　[学]専検〔昭和17年〕　[歴]昭和13年住友重機械工業に入社。身分差撤廃や待遇改善を求める労働運動の指導者として活躍し、26年社会党から愛媛県議に当選、4期務める。38年衆院選旧愛媛2区でトップ当選を果たし、以来通算8期。54年衆院災害対策特別委員長、58年党日中特別委員長、平成4年日中友好議連副会長を歴任。5年、8年落選。党愛媛県本部委員長、社民党愛媛県連初代代表を務めた。　[賞]勲二等旭日重光章〔平成14年〕, 愛媛県功労賞〔平成15年〕

藤田 達雄　ふじた・たつお　弁護士　関東高知県人会会長　[没]平成29年(2017)9月10日　93歳〔虚血性心疾患〕　[生]大正13年(1924)6月15日　[出]高知県土佐郡土佐町　[学]中央大学法学部〔昭和33年〕卒　[歴]昭和40年司法試験に合格、43年弁護士登録。東京・千代田区で藤田達雄法律事務所を主宰し、民事事件を中心に活動。平成16年4月より4年間、関東高知県人会会長を務めた。　[団]第一東京弁護士会

藤田 司　ふじた・つかさ　高知放送社長　[没]平成28年(2016)7月11日　94歳〔多臓器不全〕　[生]大正10年(1921)10月9日　[出]高知県高岡郡越知町　[学]陸士〔昭和17年〕卒　[歴]昭和31年高知新聞社に入社。総務局長を経て、53年取締役総合企画室長。高知広告センター社長、RKCプロダクション社長なども務め、56年高知放送社長に就任。62年取締役相談役に退いた。　[賞]勲四等瑞宝章〔平成4年〕

藤多 哲朗　ふじた・てつろう　京都大学名誉教授　[専]薬用植物化学　[没]平成29年(2017)1月1日　85歳　[生]昭和6年(1931)1月4日　[出]京都府　[学]京都大学医学部薬学科〔昭和28年〕卒, 京都大学大学院薬学研究科〔昭和33年〕博士課程単位取得　薬学博士(京都大学)〔昭和40年〕　[歴]昭和34年京都府立医科大学助手、38年京都大学化学研究所助手、42年助教授、44年より2年間、米国バージニア大学留学を経て、48年徳島大学薬学部教授、60年京大薬学部教授。平成6年退官後、摂南大学薬学部教授。日本生薬学会会長なども務めた。セミの幼虫などに寄生するキノコの一種・冬虫夏草の成分に、臓器移植の際の拒絶反応を抑える効果があることを発見した。　[賞]徳島新聞賞科学賞〔昭和54年〕, 日本薬学会創薬科学賞〔平成23年〕, 井上春成賞〔平成23年〕　[団]日本薬学会, 日本生薬学会, 和漢医療学会

藤田 稔夫　ふじた・としお　京都大学名誉教授　[専]医農薬化学　[没]平成29年(2017)8月22日　88歳〔病気〕　[生]昭和4年(1929)1月26日　[出]京都府京都市　[学]京都大学農学部農芸化学科〔昭和26年〕卒　農学博士(京

ふ

都大学）[歴]平成4年京都大学教授を退官した。[賞]日本農芸化学会農芸化学奨励賞〔昭和42年〕「生理活性と化学構造との相関性の解析に関する研究」, 日本農薬学会賞業績賞（研究）〔昭和54年〕「構造活性相関による農薬の作用機構に関する研究」, 日本農芸化学会功績賞〔平成1年〕「生理活性物質の構造活性相関と分子設計に関する研究」, 日本農薬学会賞功労賞〔平成12年〕[団]日本農芸化学会, 日本農薬学会, 日本化学会

藤田 孟 ふじた・はじめ 医師 青森労災病院名誉院長 [専]外科学 [没]平成29年（2017）11月5日 89歳〔老衰〕[生]昭和3年（1928）3月5日 [出]広島県 [学]青森医専〔昭和26年〕卒 医学博士 [歴]弘前大学医学部助教授を経て、平成5年より八戸市の青森労災病院院長を務め、12年名誉院長。15年八戸医療技術専門学校（現・東北メディカル学院）校長となり、同学院長も務めた。

藤田 泰宏 ふじた・やすひろ 三井石油化学工業専務 [没]平成28年（2016）7月22日 84歳〔心不全〕[生]昭和6年（1931）10月21日 [出]東京都 [学]学習院大学理学部化学科〔昭和29年〕卒, 京都大学大学院工学研究科燃料化学修士課程〔昭和32年〕修了 農学博士 [歴]昭和32年三井石油化学工業（現・三井化学）に入社。55年総合研究所長、58年取締役生物工学研究所長、60年常務生物工学研究所長、平成3年専務。一方、大学工学部の特別講座非常勤講師として、"石油化学から生物工学へ"というテーマを掲げて京都大学、東京工業大学、九州大学、名古屋大学と全国の大学で講義を行った。[賞]農芸化学技術賞〔昭和61年〕「植物細胞培養によるシコニン系化合物の生産」, 石油学会賞功績賞（平成15年度）

藤田 祐幸 ふじた・ゆうこう 物理学者 環境問題運動家 慶応義塾大学法学部助教授 [専]物理学, 科学哲学, エントロピー論 [没]平成28年（2016）7月18日 73歳〔がん〕[生]昭和17年（1942）8月24日 [出]千葉県 [学]東京都立大学卒, 東京都立大学大学院修了 理学博士 [歴]慶応義塾大学講師を経て、助教授。昭和54年凧を揚げる場所を求めて神奈川県三浦市に移住。58年エントロピー学会の創立に参加、事務局の一部を担当。平成19年定年まで1年を残して退職し長崎県西海市に移住、農業を営む傍ら、長崎県立大学シーボルト校非常勤講師を務めた。昭和54年のスリーマイル島原発事故を契機に反原発市民運動に参加して以来、全国各地の反原発市民運動などを支援。平成2年4月には日本の市民運動の先陣を切ってチェルノブイリ原発事故後の現地調査を実施した。11年と12年に旧ユーゴスラビアのセルビア、コソボ、ボスニア地域、15年にもイラクに入り劣化ウラン弾の被害を現地調査するなど、物理学者として放射能が環境と人体に及ぼす影響を訴えた。また、自然と人間が文化を介して共生する宮沢賢治の理想を実現するための「ポラーノ村」の運動を展開した。著書に「ポスト・チェルノブイリを生きるために」「もう原発にはだまされない」「藤田祐幸が検証する原発と原爆の間」などがある。[団]日本物理学会, エントロピー学会

藤田 雄山 ふじた・ゆうざん 広島県知事 参院議員（自民党）[没]平成27年（2015）12月18日 66歳〔誤嚥性肺炎〕[生]昭和24年（1949）4月19日 [出]広島県広島市 [学]慶応義塾大学商学部〔昭和47年〕卒 [歴]参院議長を務めた藤田正明の長男で、祖父は衆院議員や広島県知事を歴任した大原博夫。昭和47年三井物産に入社。57年退社し、父の秘書を務める。平成元年参院選広島選挙区に自民党から当選。1期目途中の5年、議員辞職して広島県知事選に立候補、当時史上最年少の44歳で知事に初当選。以来4期16年の在任中、市町村合併を積極的に進め、広島県内に86あった市町村を23に再編した。また、行財政改革に取り組み、三原市にある広島空港と広島都市圏を結ぶアクセス鉄道の整備、がんセンターの建設、県本庁舎の立て替えの"三大プロジェクト"構想の凍結を決定した。17年県政史上初の知事4選を果たしたが、自身の後援会の政治資金規正法違反事件が発覚。18年、19年の2度、県議会で辞職勧告決議案が可決されたが、辞職しなかった。21年任期満了で引退。[家]父＝藤田正明（参院議長）, 弟＝藤田公康（極東工業社長）, 祖父＝藤田定市（フジタ創業者）, 大原博夫（広島県知事・衆院議員）

藤田 豊 ふじた・ゆたか 徳島県議（自民党）[没]平成27年（2015）7月31日 71歳〔肺炎〕[生]昭和18年（1943）12月4日 [出]徳島県三好郡三加茂町（東みよし町）[学]中央大学経済学部卒 [歴]昭和49年徳島県脇町議に当選。平成7年より徳島県議に5選。19年副議長、22年議長。27年引退。自民党徳島県連総務会長や幹事長を歴任、26年県議として2人目の県連会長に就任した。

藤嶽 彰英 ふじたけ・しょうえい 旅行作家 「Osakaあ・ら・か・る・と」編集長 [没]平成28年（2016）10月7日 86歳〔胃がん〕[生]昭和4年（1929）12月3日 [出]三重県員弁郡藤原町坂本（いなべ市）[名]本名＝藤嶽静（ふじたけ・しずか）[学]大谷大学文学部国文学科卒 [歴]読売新聞記者時代に旅行記を800回連載。その後、フリーの旅行作家として新聞、雑誌に紀行文を執筆する傍ら、テレビ、ラジオなどに出演。平成2年季刊「Osakaあ・ら・か・る・と」編集長。著書に「関西からのかくれた観光地」「旅のこころ」「一軒宿の温泉」「混浴温泉」「藤岳彰英のとっておき温泉旅行」などがある。[賞]大阪府文化芸術功労賞〔昭和55年〕[団]温泉学会, 旅行ペンクラブ, 旅行作家の会, 旅のペンクラブ

藤谷 健 ふじたに・つよし 広島大学名誉教授 [専]油脂化学, 理科教育学 [没]平成27年（2015）8月30日 83歳〔肺炎〕[生]昭和6年（1931）12月9日 [出]東京都 [学]広島大学理学部化学科〔昭和29年〕卒 理学博士 [歴]広島県食品工業試験場研究員、新居浜工業高等専門学校助教授を経て、昭和44年広島大学教育学部助教授、54年教授、平成7年名誉教授。広島経済大学教授も務めた。著書に「現代社会理解のための化学概論」「あぶら（油脂）の話」「くらしの環境化学」などがある。[賞]瑞宝中綬章〔平成25年〕, 日本化学会化学教育賞（第20回）〔平成8年〕「教育内容の体系的研究をとおした化学教育振興への貢献」[団]日本化学会, 日本理科教育学会, 日本油化学協会

藤渡 辰信 ふじと・たつのぶ 拓殖大学理事長・総長 [没]平成28年（2016）9月26日 84歳〔心不全〕[生]昭和7年（1932）9月2日 [出]佐賀県神埼郡三田川町（吉野ケ里町）[学]拓殖大学大学院経済学研究科〔昭和34年〕修士課程修了 [歴]民社党政策審議会勤務を経て、昭和39

年から拓殖大学に。学生課課長、図書館副館長、常勤理事兼事務局長を経て、平成4年理事長。15年総長を兼ねる。　㊥旭日中綬章〔平成24年〕

藤戸　秀庸　ふじと・ひでのぶ　僧侶　真宗大谷派参務　㊤平成28年（2016）11月5日　65歳〔肝内胆管がん〕　㊦新潟県　㊥平成21年より真宗大谷派宗議会議員を務め、24年から2年余にわたって同派の閣僚にあたる参務。真宗教団連合事務総長、中央門徒戸数調査委員会委員長などを歴任した。

藤富　保男　ふじとみ・やすお　詩人　あざみ書房代表　㊤平成29年（2017）9月1日　89歳〔転移性骨腫瘍〕　㊦昭和3年（1928）8月15日　㊧東京都（東京都文京区）　㊨東京外国語大学モンゴル語科〔昭和23年〕卒　㊥学生時代から詩作を始め、多くの同人雑誌に詩を発表。昭和25年から約10年間、「時間」に所属。並行して友人らと「尖塔」を出す。28年「コルクの皿」を刊行。32年「題名のない詩」で時間賞、平成5年「やぶにらみ」で日本詩人クラブ賞を受賞した。英語とイタリア語の詩誌「SETTE」を主宰。同人誌「蘭」「gui」などに所属した。他に詩集「8月の何か」「鍵られた部屋」「魔法の家」「今は空」「言語の顔」「一体全体」「大あくび」「正確な曖昧」「文字の正しい迷い方」や詩論集「パンツの神様」、評伝「北園克衛」、訳詩集「カミングス詩集」「エリック・サティ詩集」などがある。また米国、東京、パリで絵画展を開いた。　㊥時間賞（第4回）〔昭和32年〕「題名のない詩」、日本詩人クラブ賞（第26回）〔平成5年〕「やぶにらみ」　㊧日本文芸家協会、日本現代詩人会（名誉会員）

藤永　保　ふじなが・たもつ　お茶の水女子大学名誉教授　㊧発達心理学　㊤平成28年（2016）1月21日　89歳　㊦大正15年（1926）10月2日　㊧長崎県佐世保市　㊨東京大学文学部心理学科〔昭和26年〕卒　㊥昭和29年東京外国語大学助手、30年東京女子大学文学部助手、31年講師、33年助教授、41年教授を経て、43年お茶の水女子大学助教授、45年教授に就任。平成4年退官、国際基督教大学教授に就任。日本発達心理学会理事長、日本心理学諸学会連合副理事長などを歴任。著書に「現代心理学」「児童心理学」「言語と人間」「発達の心理学」「幼児の心理と教育」「知性をはぐくむ」「幼児教育を考える」「思想と人格」「人間発達と初期環境」などがある。　㊥瑞宝中綬章〔平成17年〕　㊧日本心理学会、日本教育心理学会、日本発達心理学会、日本性格心理学会、International Society for the Study of Behavioral Development

藤永　俊雄　ふじなが・としお　画家　㊤平成28年（2016）2月16日　75歳〔肺炎〕　㊦昭和15年（1940）3月30日　㊧山口県大津郡油谷町（長門市）　㊨多摩美術大学絵画科〔昭和37年〕卒　㊥山口県文化功労賞、国展新人賞〔第49回〕〔昭和50年〕、現代日本絵画展優秀賞（第1回）〔昭和50年〕「春愁」　㊧国画会（年功会員）

藤根　凱風　ふじね・がいふう　書家　北海道教育大学名誉教授　北海道書道連盟理事長　㊥漢字　㊤平成29年（2017）2月27日　83歳〔肺炎〕　㊥昭和8年（1933）11月1日　㊧北海道夕張市　㊨本名＝藤根信章（ふじね・のぶあき）　㊨北海道学芸大学札幌分校卒　㊥北海道内の中学・高校教諭、北海道教育大学教授を務めながら創作を続け、空間を生かした少字数の書で優れた作品を残す。古典研究にも努めた。書の研究団体の清池会を結成して代表を務めた他、平成10年北海道書道展理事長、19〜20年北海道書道連盟理事長を歴任した。　㊥北海道文化奨励賞〔昭和59年〕、札幌市民芸術賞〔平成4年〕、北海道書道展大賞〔昭和45年〕

富士野　昭典　ふじの・あきのり　北海道開発事務次官　鉄建建設副社長　㊤平成27年（2015）6月28日　86歳〔老衰〕　㊦昭和3年（1928）11月10日　㊧東京都　㊨北海道大学工学部土木科〔昭和26年〕卒　㊥建設省（現・国土交通省）に入省。主として建設局を中心に務め、54年北海道開発庁計画監理官、58〜60年北海道開発事務次官。60年北海道東北開発公庫副総裁、62年鉄建建設副社長を務めた。　㊥瑞宝重光章〔平成24年〕

藤信　初子　ふじのぶ・はつこ　曲師　㊤平成29年（2017）7月1日　98歳〔老衰〕　㊦兵庫県尼崎市　㊨前名＝一風亭今若　㊥浪曲師の父に学び、昭和10年浪曲の伴奏をする曲師（三味線奏者）の一風亭今子に入門、一風亭今若を名のる。結婚を機に藤信初子と改名。浪曲界の重鎮だった初代京山幸枝若の曲師を長く務め、現役最高齢の曲師として活躍した。　㊧師＝一風亭今子

藤平　進　ふじひら・すすむ　広島銀行頭取　㊤平成29年（2017）4月15日　88歳〔肺炎〕　㊦昭和3年（1928）7月17日　㊧広島県　㊨東京大学法学部〔昭和26年〕卒　㊥昭和26年広島銀行に入行。59年取締役、61年常務、平成2年副頭取を経て、4年頭取。6年取締役相談役、のち相談役。

藤平　信秀　ふじひら・のぶひで　僧侶（天台宗）　毎日新聞代表取締役副社長兼大阪本社代表　寂庵副住職・事務総長　㊤平成27年（2015）4月15日　92歳〔老衰〕　㊦大正11年（1922）10月5日　㊧兵庫県　㊨法名＝藤平寂信（ふじひら・じゃくしん）　㊨神戸経済大学〔昭和21年〕卒　㊥昭和21年毎日新聞大阪本社に入社。東京本社整理本部長、中部本社編集局長、東京本社事業本部長などを経て、51年取締役、52年専務大阪本社代表、55年代表取締役副社長大阪本社代表。59年仏門に帰依することの思いを瀬戸内寂聴に述べ、ここに得度し、寂信を名とる。京都・嵯峨野の寂庵副住職兼事務総長を務めた。句集に「嵐山」「湖思庵日乗」がある。

藤間　勢珠　ふじま・せいじゅ　日本舞踊家　勢珠会主宰　熊本邦舞協会会長　㊤平成29年（2017）9月2日　79歳〔心不全〕　㊦昭和13年（1938）7月12日　㊧熊本県熊本市　㊨本名＝村上美智子（むらかみ・みちこ）　㊨日本舞踊専〔昭和39年〕卒　㊥昭和32年名取となり藤間勢珠を名のる。42年藤間流教授となり勢珠会を主宰。52年九州藤間会参与。　㊧夫＝中村寿誠（邦楽囃子方）

藤間　多寿史　ふじま・たずふみ　日本舞踊家　㊤平成27年（2015）9月15日　75歳〔非結核性抗酸菌症〕　㊦昭和14年（1939）12月15日　㊧東京都　㊨本名＝寺田梨絵子（てらだ・りえこ）　㊥5代目河原崎国太郎の二女で、昭和33年前進座に入る。6代目嵐芳三郎と結婚した。　㊧夫＝嵐芳三郎（6代目）、長男＝河原崎国太

郎（6代目），二男＝嵐芳三郎（7代目），父＝河原崎国太郎（5代目），弟＝松山英太郎（俳優），松山政路（俳優），祖父＝松山省三（洋画家）

藤間 蘭景 ふじま・らんけい　日本舞踊家（藤間流）　㉓平成27年（2015）4月25日　85歳〔脳出血〕　㉕昭和4年（1929）6月4日　㉖東京都東中野　㉘本名＝田中信枝（たなか・のぶえ）　㉙麹町高女〔昭和22年〕卒　㉚11歳の時，新戚筋の柳橋・柳光亭の仲介で藤間流家元派大幹部の藤間藤子の養女となる。昭和21年藤間藤方の名を許され，30年蘭景と改名。その後，2年間米国に在住して日本舞踊の普及，紹介に努めた。44年から蘭景の会を開催。平成2年から江戸深川資料館で毎週「日本舞踊劇場」を開く。創作でも優れた作品を発表。12年には日本芸術院賞を受賞した。　㉛日本芸術院賞（平成11年度）〔平成12年〕，旭日小綬章〔平成16年〕，芸術祭賞優秀賞〔昭和56年〕，舞踊芸術賞（第43回）〔平成7年〕　㉜日本舞踊協会　㉝養母＝藤間藤子（日本舞踊家），夫＝田中昭平（横須賀市民病院院長），長男＝藤間蘭黄（日本舞踊家）　㉞師＝藤間藤子

藤巻 あや子 ふじまき・あやこ　華道家　佳水流会長　㉓平成29年（2017）3月12日　94歳〔心不全〕

藤松 武 ふじまつ・たけし　照和支配人　㉓平成28年（2016）3月11日　83歳〔心不全〕　㉖神奈川県横浜市　㉚福岡市天神のフォーク喫茶・照和で，昭和45年の開店時から8年間，支配人を務める。フォークグループに演奏の場を提供，同店からはチューリップ，海援隊，甲斐バンド，長渕剛らが巣立った。

藤村 明憲 ふじむら・あきのり　宮古テレビ社長　㉓平成28年（2016）9月28日　66歳〔心筋梗塞〕　㉕昭和24年（1949）10月7日　㉖沖縄県平良市（宮古島市）　㉙沖縄国際大学経済学科卒　㉚昭和50年宮古クレジット専務，58年宮古テレビ専務を経て，63年社長に就任。平成22年会長となるが，26年社長に復帰した。

藤村 エミナ ふじむら・えみな　小説家　㉗時代小説，ブラックユーモア　㉓平成27年（2015）9月8日　89歳〔誤嚥性肺炎〕　㉕大正15年（1926）6月17日　㉖兵庫県　㉘本名＝藤村栄美那　㉙武庫川女専卒　㉚昭和35年「舞え舞えかたつぶり」で第15回講談倶楽部賞候補。他の作品に「悪徳の悦び」「模造真珠の女」「鏡の中のアリサ」などがある。　㉜三田文学会，日本文芸家協会，日本ペンクラブ

藤村 耕市 ふじむら・こういち　郷土史家　三次地方史研究会会長　㉖広島県　㉓平成28年（2016）4月1日　86歳〔誤嚥性肺炎〕　㉕昭和4年（1929）　㉖広島県双三郡吉舎町（三次市）　㉚広島県で高校教師を務める傍ら，堀江文人に師事して郷土史研究に従事。三次地方史研究会会長，三次市文化財保護委員会委員長などを歴任した。著書に「三次郷土史の研究」などがある。　㉛頼山陽記念文化賞〔平成4年〕，広島民俗学会賞〔平成17年〕，広島県教育賞〔平成19年〕，地域文化功労者文部科学大臣表彰〔平成21年〕

藤村 重文 ふじむら・しげふみ　医師　東北大学名誉教授　東北厚生年金病院名誉院長　㉗呼吸器外科学　㉓平成28年（2016）5月28日　79歳〔病気〕　㉕昭和11年（1936）9月17日　㉖東京都杉並区　㉙東北大学医学部医学科〔昭和37年〕卒，東北大学大学院医学研究科外科学専攻〔昭和42年〕博士課程修了　医学博士　㉚昭和43年東北大学抗酸菌病研究所助手，45年カリフォルニア大学ロサンゼルス校，シダース・サイナイ病院胸部外科留学，47年帰国。東北大学抗酸菌病研究所（現・加齢医学研究所）助教授，平成元年教授，5年加齢研究所附属病院長を経て，10年所長。12年定年退官し，東北厚生年金病院院長。永年肺移植研究に携わり，7年心臓が停止したサルの肺の移植，12年国内初の脳死肺移植に成功した。9年日本臓器移植ネットワーク理事。第18〜19期日本学術会議会員。仙台青葉学院短期大学学長も務めた。　㉛河北文化賞（第50回，平成12年度）〔平成13年〕「肺移植システムの確立など一連の呼吸器外科療法開発の功績」　㉜胸部外科指導医　㉝日本胸部医学会，日本移植学会，米国胸部医学会，国際移植学会，世界肺癌学会

藤村 俊二 ふじむら・しゅんじ　俳優　タレント　㉓平成29年（2017）1月25日　82歳〔心不全〕　㉕昭和9年（1934）12月8日　㉖神奈川県鎌倉市　㉙暁星学園高卒，早稲田大学文学部演劇科〔昭和30年〕中退　㉚スバル興業社長を務めた藤村一良の二男。小・中・高と一貫して暁星学園に学び，早稲田大学文学部演劇科に進むが，2年生で中退して東宝芸能学校舞踊科へ転じ，第1期生となる。日劇ダンシングチーム（NDT）第12期生で，昭和35年NDT公演「TOKYO1961」の一員としてヨーロッパ公演に参加したが，本場の踊りのレベルの高さに衝撃を受けて舞踊家の道を諦め，公演終了後英国に残り，そののちパリで1年間パントマイムを学ぶ。帰国後，日劇を退団。振付師としてレナウンのCM「イエイエ」や，ザ・ドリフターズの公開バラエティ番組「8時だヨ！ 全員集合」などの振り付けを手がけた。44年スタートの日本テレビ系のバラエティ番組「巨泉×前武のゲバゲバ90分」などに出演し，タレントとしてブレイク。45年丹野雄二監督「青春喜劇・ハレンチ学園」で映画デビュー，46年「喜劇・猪突猛進せよ!!」で映画初主演した。軽妙でとぼけた雰囲気が持ち味で"オヒョイさん"の愛称で親しまれ，個性派俳優としてテレビ，映画，舞台などで数々の作品に出演。三谷幸喜作品の常連俳優としても活躍した。また，TBS系の「ぴったしカン・カン」，フジテレビ系の「なるほど！ ザ・ワールド」「クイズ年の差なんて」といった人気クイズ番組やバラエティ番組にも数多く出演した。平成23年に声優の滝口順平が亡くなると，その後任として日本テレビ系の旅番組「ぶらり途中下車の旅」のナレーションを担当したが，27年12月体調不良のため降板。以後は療養生活を送り，29年82歳で亡くなった。主な主演作に，テレビドラマ「おひさまがいっぱい」「古畑任三郎」「コーチ」「笑ってもえるすまん」「教習所物語」，映画「東京上空いらっしゃいませ」「ラヂオの時間」「天使に逢えば」「ゴーストネゴシエーター」「冬の幽霊たち」，舞台「がしんたれ」「ブラック・コメディ」「舞い降りた天使」「吉原御免状」など。著書に「キャビアのお茶漬」「藤村俊二のおとこの台所」「オヒョイのジジ通信」などがある。8年女優の長尾美香代と再婚したが，25年離婚した。　㉛ベストドレッサー（スポーツ・芸能部門，第28回，平成11

年度）　[家]父＝藤村一良（スバル興業社長），弟＝藤村良典（音楽プロモーター）

藤村 富治　ふじむら・とみはる　新潟工事専務　[没]平成27年（2015）6月22日　83歳〔肺炎〕　[生]昭和7年（1932）2月16日　[出]神奈川県　[学]明治大学工学部〔昭和32年〕卒　[歴]新潟工事（現・新興プランテック）専務を務めた。

藤村 登世　ふじむら・とよ　俳人　[没]平成28年（2016）3月29日　92歳〔肺炎〕　[出]福島県福島市　[名]本名＝菅野トヨ（かんの・とよ）　[歴]夫は俳人の藤村多加夫で、夫が設立した福島県俳句作家懇話会（現・福島県俳句連盟）の常任幹事を務めた。　[賞]福島県文学賞（昭和49年度），福島県現代俳句連盟年度賞（第10回，昭和58年度），あらの賞（第1回）　[家]夫＝藤村多加夫（俳人）

藤村 玲子　ふじむら・れいこ　染色家　[専]紅型　[没]平成27年（2015）1月17日　77歳〔心不全〕　[出]沖縄県那覇市　[歴]14歳で紅型宗家13代目の城間栄喜に入門、昭和38年独立して藤村紅型工房を開設。57年日本伝統工芸染織展、日本伝統工芸展に入選。平成9年沖縄県指定無形文化財びん型保持者に認定される。首里高校染織科の非常勤講師も務め、紅型の技術研究や琉球王朝時代の紅型の復元、後継者育成に尽くした。　[賞]伝統文化ポーラ賞（第22回）〔平成14年〕　[賞]沖縄県指定無形文化財びん型保持者〔平成9年〕　[師]師＝城間栄喜

藤本 昭広　ふじもと・あきひろ　奈良県議（民主党）　[没]平成28年（2016）8月30日　70歳〔悪性リンパ腫〕　[生]昭和21年（1946）7月30日　[出]奈良県天理市　[学]自治大学校卒，同志社大学大学院修了　[歴]天理市課長、天理市空手道連盟理事長を経て、平成7年から奈良県議に2選。13年天理市長選に立候補。15年県議に返り咲き。22年副議長。通算5期。25年天理市長選に立候補。著書に「梅三北小伝」「母」「やまと盆地の環境と文化―天理市のアイデンティティーと奈良ルネッサンスの可能性を求めて」などがある。　[資]人事院式監督者研修（JST）指導員，柔道整復師

藤本 恵三　ふじもと・けいぞう　三越専務　[没]平成29年（2017）1月27日　79歳〔肺炎〕　[生]昭和12年（1937）4月28日　[出]秋田県　[学]慶応義塾大学法学部〔昭和37年〕卒　[歴]昭和37年三越（現・三越伊勢丹）に入社。平成6年取締役を経て、専務。

藤元 健二　ふじもと・けんじ　「閉じこめられた僕」の著者　[没]平成29年（2017）3月31日　53歳　[生]昭和38年（1963）　[出]東京都　[学]多摩高卒，慶応義塾大学商学部卒　[歴]新聞奨学生制度を利用しての予備校生活を経て、慶応義塾大学商学部に入学。卒業後は食品関連会社などに勤めた。平成24年筋萎縮性側索硬化症（ALS）を発症。2年ほどで寝たきりとなり、24時間の介護が必要な体となる。闘病生活の中でインターネットのソーシャルネットワーキングサービス（SNS）「フェイスブック」への投稿を日課にするようになり、日々の生活や医療への不満を率直に綴った内容は同じ病の関係者の共感を呼んだ。28年春に心筋梗塞と糖尿病に加え、末期の胃がんであることが判明。29年春、ALSの体験記「閉じこめられた僕―難病ALSが教えてくれた生きる勇気」を出版したが、間もなく亡くなった。

藤本 哲夫　ふじもと・てつお　名古屋大学名誉教授　三重大学名誉教授　[専]流体工学　[没]平成29年（2017）1月20日　86歳〔敗血症〕　[生]昭和5年（1930）10月11日　[学]名古屋大学工学部機械工学科〔昭和29年〕卒，名古屋大学大学院工学研究科応用物理学専攻博士課程修了　工学博士　[歴]昭和58年名古屋大学工学部教授。平成4年学部長に就任。6年退官。のち名城大学教授。　[賞]瑞宝中綬章〔平成21年〕　[団]日本機械学会，日本航空宇宙学会，応用物理学会

藤本 信行　ふじもと・のぶゆき　脚本家　[没]平成27年（2015）1月4日　57歳〔上縦隔腫瘍〕　[生]昭和32年（1957）3月　[出]宮城県塩釜市　[学]日本工学院専門学校卒　[歴]学校卒業後、フリーのアシスタントディレクターをしながら、初めてのシナリオ作品「意地悪ばあさん」を演出家と共同執筆。その後、フジテレビ系「月曜ドラマランド」の常連作家となる。昭和60年より脚本家として独立。主に子供向けのアニメ作品を手がけ、代表作にテレビアニメ「サザエさん」「ドラえもん」「宇宙船サジタリウス」「私のあしながおじさん」「神風怪盗ジャンヌ」「スーパーフィッシング グランダー武蔵」「コスモウォーリアー零」「戦争童話集」、劇場アニメ「のび太の結婚前夜」などがある。　[団]日本シナリオ作家協会

藤本 仁史　ふじもと・ひとし　紀伊国屋書店常務　[没]平成28年（2016）3月25日　62歳〔失血性ショック〕　[歴]紀伊国屋書店に入社。取締役を経て、平成27年常務。

フジモト・マサル　漫画家　イラストレーター　[没]平成27年（2015）11月22日　46歳〔慢性骨髄性白血病〕　[生]昭和43年（1968）　[名]本名＝藤本理（ふじもと・まさる）　[学]文化学院美術科卒　[歴]平成5年からイラストレーターとして活動を始め、6年回文絵物語「キネマへまねき」（のち「ダンスがすんだ」に改題）でデビュー。村上春樹「村上さんのところ」、森見登美彦「聖なる怠け者の冒険」などのイラストも手がけた。著書に4コマ漫画集「いきもののすべて」、長編漫画「二週間の休暇」「夢みごこち」などがある。

藤森 昭一　ふじもり・しょういち　宮内庁長官　環境事務次官　内閣官房副長官　日本赤十字社社長　[没]平成28年（2016）6月25日　89歳〔敗血症〕　[生]昭和1年（1926）12月26日　[出]長野県松本市　[学]松本高卒，東京大学法学部政治学科〔昭和25年〕卒　[歴]昭和25年厚生省（現・厚生労働省）に入省。43年環境衛生局公害部庶務課長、48年内閣官房総務課長兼首席内閣参事官、54年7月環境庁（現・環境省）自然保護局長を経て、56年環境事務次官、57年内閣官房副長官、62年参与。63年4月宮内庁次長となり、同年6月宮内庁長官に就任。昭和天皇の大喪の礼や天皇陛下の即位の礼、皇太子ご夫妻の結婚などに尽力。平成8年1月退官後の同年3月～17年2月天皇家の重要事項の相談役である宮内庁参与を務めた。また、8年4月～17年3月日本赤十字社社長。　[賞]勲一等旭日大綬章〔平成11年〕

藤森 節子　ふじもり・せつこ　作家　[没]平成27年（2015）2月4日　82歳〔大動脈解離〕　[生]昭和7年（1932）6月15

日　[出]旧満州鉄嶺　[名]本名＝岡田節子（おかだ・せつこ）　[学]名古屋大学文学部中国文学専攻　[歴]大学時代に中国文学を専攻し、長年、魯迅を研究。同人誌「貌」「像」に参加し、エッセイを執筆。夫が作家・中野重治に私淑していた関係で、中野の妻でプロレタリア女優の原泉子（原泉）と知り合う。昭和60年から3年間取材を続け、平成元年から同人誌「象」に「原泉覚え書」として連載。6年「女優原泉子 中野重治と共に生きて」を出版。他の著書に「秋瑾 嘯風」「老パルチザンのあしあと―岡田孝一の記録」「少女たちの植民地」「そこにいる魯迅―1931年～1936年」などがある。　[家]夫＝岡田孝一（文芸評論家）

藤森 徹　ふじもり・とおる　帝国データバンク東京支社情報部長　[没]平成29年（2017）　54歳　[生]昭和38年（1963）　[歴]スポーツ用品メーカー勤務を経て、平成4年帝国データバンク大阪支社に入社。倒産を扱う“情報部”で25年間企業取材を行う。22年東京支社情報部長。29年著書「あの会社はこうして潰れた」刊行直前に急逝した。

藤森 博文　ふじもり・ひろふみ　社会人野球監督　[没]平成27年（2015）8月14日　78歳〔胆嚢がん〕　[出]愛媛県新居浜市　[歴]日本鋼管野球部で外野手として活躍。昭和42～44年同部の監督を務めた。

藤森 幹仁　ふじもり・みきひと　登山家　[没]平成28年（2016）2月15日　76歳〔滑落死〕　[出]長野県　[歴]平成20年世界最高峰のエベレスト（8850メートル）登頂に成功。その後、五大陸の最高峰を制覇。平成28年2月アルゼンチンとチリの国境にある南米最高峰アコンカグア（6960メートル）登山中に滑落死した。

藤森 実　ふじもり・みのる　手漉和紙製作者　阿波和紙伝統産業会館館長　[没]平成27年（2015）5月4日　98歳〔老衰〕　[生]大正5年（1916）11月12日　[出]徳島県麻植郡山川町（吉野川市）　[名]号＝阿風　[学]麻植中〔昭和8年〕卒　[歴]昭和20年家業を継いで和紙すき職人となる。45年徳島県指定無形文化財保持者に認定され、59年には現代の名工に選ばれた。平成元年の阿波和紙伝統産業会館開設にも尽力、同館長を務めた。　[賞]勲六等瑞宝章，現代の名工〔昭和59年〕　[資]徳島県指定無形文化財保持者〔昭和45年〕

藤安 洋　ふじやす・ひろし　静岡大学名誉教授　[専]電子物性工学　[没]平成29年（2017）9月14日　78歳　[生]昭和14年（1939）6月24日　[出]静岡県静岡市　[学]静岡大学工学部電子工学科〔昭和38年〕卒，大阪大学大学院理学研究科物性物理学専攻〔昭和44年〕博士課程修了　理学博士（大阪大学）　[歴]昭和44年静岡大学工学部講師、49年助教授を経て、56年教授。平成元年から同大評議員、のち同大地域共同研究センター長を務めた。17年定年退官。長く半導体の研究に携わった。　[賞]高柳記念賞（第2回，昭和61年度）「ホットウォール法による赤外及び可視域発光材料用4-6及び2-6族化合物半導体超格子に関する研究」　[団]日本物理学会，応用物理学会，電子情報通信学会

藤山 朗　ふじやま・あきら　藤沢薬品工業社長　[没]平成27年（2015）10月14日　82歳〔心不全〕　[生]昭和7年（1932）10月24日　[出]大阪府　[学]大阪大学薬学部〔昭和31年〕卒　[歴]昭和31年藤沢薬品工業（現・アステラス製薬）に入社。59年取締役、62年常務、平成元年専務、3年副社長を経て、4年社長。11年会長。12年日本製薬団体連合会会長に就任した。　[賞]旭日重光章〔平成17年〕　[家]父＝藤山諭吉（日本パン技術研究所名誉所長）

藤善 尚憲　ふじよし・ひさのり　天理大学名誉教授　[専]体育心理学，体育方法（テニス）　[没]平成28年（2016）12月6日　83歳〔心不全〕　[生]昭和8年（1933）9月21日　[出]三重県亀山市　[学]東京教育大学体育学科〔昭和31年〕卒，東京教育大学教育学科〔昭和33年〕卒　[歴]天理大学体育学部教授、同学部長を務めた。

藤原 厚　ふじわら・あつし　兼政藤原水産社長　全国水産物商業協同組合連合会会長　[没]平成28年（2016）7月16日　83歳〔低酸素脳症〕　[生]昭和7年（1932）11月6日　[出]秋田県北秋田郡鷹巣町（北秋田市）　[学]鷹の巣農卒　[歴]秋田県の農家の生まれだが、22歳で函館に移住。鮮魚店勤務を経て、昭和35年鮮魚・小売りの藤原水産を創業。53年兼政藤原水産とした。平成21年会長。函館名産のイカを多く扱い、函館有数の鮮魚会社に育てた。函館の鮮魚商団体の理事長を長く務め、9～22年全国水産物商業協同組合連合会会長。20年には“函館イカマイスター認定試験”を発案、話題を呼んだ。　[賞]藍綬褒章，旭日中綬章〔平成17年〕

藤原 勲　ふじわら・いさお　佐賀大学名誉教授　[専]植物学　[没]平成28年（2016）10月21日　95歳　[生]大正10年（1921）3月24日　[学]広島文理大学生物学部植物学科卒　[歴]佐賀大学教育学部教授、同学部長を務めた。[賞]勲二等瑞宝章〔平成7年〕　[団]日本植物学会，日本遺伝学会，染色体学会

藤原 寿則　ふじわら・かずのり　医師　藤原胃腸科医院院長　徳島大学医学部助教授　[専]放射線医学　[没]平成29年（2017）1月19日　78歳〔慢性呼吸器疾患〕　[生]昭和13年（1938）7月1日　[出]愛媛県越智郡大三島町（今治市）　[学]徳島大学医学部医学科〔昭和39年〕卒　医学博士〔昭和47年〕　[歴]昭和39年川崎病院でインターン。その後、徳島大学医学部附属病院に勤務、45年文部省海外研究員としてスウェーデン・ルンド大学でがんの基礎研究に従事。49年徳島大医学部助教授。53年松山市に藤原胃腸科を開業。愛媛・仏教と医療を考える会代表世話人。著書にエッセイ「町医者のいろはカルテ」「続・町医者のいろはカルテ」などがある。　[賞]愛媛出版文化賞〔平成10年〕「無憂樹―医療に仏心を」

藤原 ここあ　ふじわら・ここあ　漫画家　[没]平成27年（2015）3月31日　31歳〔病気〕　[歴]平成11年中学3年の時に「CALLING―コーリング」で漫画家デビュー。21～26年月刊漫画誌「ガンガンJOKER」に「妖狐×僕SS（いぬぼくシークレットサービス）」を連載、単行本全11巻で約500万部のヒット作となり、テレビアニメ化もされた。引き続き同誌に「かつて魔法少女と悪は敵対していた。」を連載したが、27年連載中に亡くなり絶筆となった。

藤原 定子　ふじわら・さだこ　弓道家（範士8段）　高知県弓道連盟会長　[没]平成29年（2017）4月15日　96歳〔老衰〕　[生]大正9年（1920）11月11日　[出]高知県高知市　[学]明治薬科大学卒　[歴]弓道選手として活躍し、昭和49年全日本女子選手権、54年全日本大会女子の部で優勝。

国体には、31年から12度出場し、大将を務めた高知県チームを、34年東京、39年新潟大会で優勝に導いた。57年～平成16年高知県弓道連盟会長。一方、昭和57年～平成9年高知県薬剤師会副会長。6年から高知市長を3期9年務めた松尾徹人の後援会長も務めた。　[賞]勲五等宝冠章, 高新スポーツ賞, 高知県スポーツ優秀賞, 厚生大臣賞

藤原 尊信　ふじわら・たかのぶ　大阪商船三井船舶専務　[没]平成27年(2015)8月3日　76歳〔肺がん〕　[歴]大阪商船三井船舶(現・商船三井)専務を務めた。

藤原 次彦　ふじわら・つぎひこ　AOI Pro.社長　[没]平成27年(2015)2月22日　49歳〔感染性心内膜炎による脳出血〕　[生]昭和40年(1965)7月1日　[出]東京都　[学]日本大学芸術学部〔昭和63年〕卒　[歴]東洋シネマを経て、平成2年AOI Pro.に入社。16年取締役、22年社長。

藤原 てい　ふじわら・てい　小説家　随筆家　[没]平成28年(2016)11月15日　98歳〔老衰〕　[生]大正7年(1918)11月6日　[出]長野県茅野市　[学]諏訪高女専攻科〔昭和11年〕卒　[歴]昭和14年中央気象台(現・気象庁)に勤めていた藤原寛人と結婚。18年夫の転勤で日本統治下の旧満州(現・中国東北部)に渡る。敗戦の混乱期、夫と離れて3児とともに苦難の脱出行の末に奇跡的に帰国。24年遺書のつもりで書いた引き揚げ体験記「流れる星は生きている」を刊行、ベストセラーとなって映画化やドラマ化もされた。これに触発された夫は小説「強力伝」を執筆、31年には直木賞を受賞。作家・新田次郎が誕生するきっかけとなった。他の著書に「灰色の丘」「赤い丘赤い河」「いのち流れるとき」「旅路」「生きる」「三つの国境線」などがある。夫の死後一周忌の56年、新田次郎記念会を発足させ、新田次郎文学賞の創設に尽力。平成元年には夫の蔵書、生原稿、取材ノートなどを長野県諏訪市に寄贈した。　[団]日本文芸家協会　[家]夫＝新田次郎(小説家), 二男＝藤原正彦(数学者), 長女＝藤原咲子(エッセイスト)

藤原 哲太郎　ふじわら・てつたろう　衆院議員(民社党)　[没]平成28年(2016)2月28日　88歳〔胆管がん〕　[生]昭和2年(1927)11月10日　[出]静岡県伊東市　[学]中央大学経済学部〔昭和30年〕卒　[歴]昭和42年東京都議5期を経て、58年衆院選旧東京4区に民社党から当選、1期。61年落選。

藤原 弘　ふじわら・ひろし　東日本海フェリー社長　[没]平成27年(2015)12月5日　90歳〔虚血性腸炎〕　[生]大正14年(1925)3月29日　[出]北海道天塩郡天塩町　[学]天塩尋常高小　[歴]日本通運に勤務後、昭和55年東日本海フェリー(現・ハートランドフェリー)に専務として入社。平成4年社長、15年会長に就任。17年退任。　[賞]勲五等双光旭日章〔平成13年〕, 北海道運輸局長表彰〔平成3年〕, 運輸大臣表彰〔平成11年〕

藤原 房雄　ふじわら・ふさお　参院議員(公明党)　衆院議員　[没]平成27年(2015)12月28日　86歳〔慢性腎不全〕　[生]昭和4年(1929)9月6日　[出]北海道小樽市　[学]室蘭工業大学電気工学科卒　[歴]通商産業省(現・経済産業省)に入省。札幌通産局、聖教新聞社北海道支局長を経て、昭和43年参院選全国区で当選、連続3期。参院科学技術振興対策特別委員長などを務める。61年衆院選旧北海道1区で当選、連続2期。平成5年引退。

藤原 優太郎　ふじわら・ゆうたろう　登山家　フリーライター　あきた山の学校代表　[没]平成27年(2015)5月8日　71歳〔病気〕　[生]昭和18年(1943)　[出]秋田県秋田市河辺　[歴]フリーライターの傍ら、秋田県河辺町青少年自然の家管理人を務める。国内外で豊富な登山経験を持ち、秋田県と岩手県の県境に広がる和賀山塊などの自然調査に携わる。平成17年から秋田市河辺三内で私設の野外活動拠点・あきた山の学校を運営した。著書に「秋田の峠歩き」「秋田のハイキング」「秋田・源流の山旅」「山は学校ぼくの細道」などがある。　[団]日本山岳会

二上 貞夫　ふたがみ・さだお　東京富士大学理事長　[専]保健体育　[没]平成27年(2015)4月2日　85歳〔進行性胃がん〕　[生]昭和4年(1929)9月27日　[出]富山県　[学]国士舘大学体育学部〔昭和37年〕卒　[歴]平成8年富士短期大学(現・東京富士大学)理事長に就任した。　[賞]旭日小綬章〔平成16年〕

二上 達也　ふたかみ・たつや　棋士　将棋9段　日本将棋連盟会長　[没]平成28年(2016)11月1日　84歳〔肺炎〕　[生]昭和7年(1932)1月2日　[出]北海道函館市　[学]函館高(現・函館中部高)〔昭和25年〕卒　[歴]函館高在学中の17歳の時に将棋アマ名人戦北海道代表となる。高校を卒業した昭和25年春に上京、2段で渡辺東一名誉9段に入門、同年4段となりプロ入り。27年5段、28年6段、29年7段、31年8段と、入門から8段まで6年という最短記録で昇段。37年第12期王将戦で大山康晴15世名人を破り初タイトルを獲得。41年第8期棋聖戦でも大山からタイトルを奪取した。48年9段。56年15年ぶりに棋聖位を獲得、3連覇を果たす。62年通算800勝(将棋栄誉敢闘賞)を達成。“居飛車一刀流”と呼ばれ、攻めの鋭さは天下一品だった。平成2年引退。タイトル戦登場は26回、獲得は王将1期、棋聖4期の計5期、棋戦優勝5回。名人挑戦は第21期、23期、26期の3回で、いずれも大山に敗れた。A級順位戦には通算27期(うち連続23期)在籍。平成元年～15年まで歴代最長の14年間に渡って日本将棋連盟会長を務めた。教え子には将棋界で初の7タイトル独占を達成した羽生善治19世名人らがいる。戦後の詰将棋創作の代表的存在でもあり、作品集に「二上詰将棋代表作」「将棋魔法陣」などがある。　[賞]紫綬褒章〔平成4年〕, 勲四等旭日小綬章〔平成14年〕, 将棋大賞最優秀棋士賞(第8回)〔昭和57年〕, 将棋大賞特別賞(第17回)〔平成2年〕, 函館市民栄誉賞〔平成13年〕, 将棋大賞東京将棋記者会賞(第31回)〔平成16年〕　[師]師＝渡辺東一

二木 真希子　ふたき・まきこ　アニメーター　絵本作家　[没]平成28年(2016)5月13日　58歳〔病気〕　[生]昭和32年(1957)6月19日　[出]大阪府　[学]愛知教育大学美術課程卒　[歴]テレコムアニメーションフィルムに入社。「名探偵ホームズ」などの原画を担当。のちフリーを経て、スタジオジブリに加わり、宮崎駿監督「天空の城ラピュタ」「となりのトトロ」などを原画を担当した。平成元年初の描き下ろし絵本「世界の真ん中の木」を出版、5年には絵本「小さなピスケのはじめて

ふ

のたび」を発表。上橋菜穂子のファンタジー小説〈守り人〉シリーズの挿絵も手がけた。

二口 金一 ふたくち・きんいち 彫刻家 [没]平成28年(2016)7月20日 88歳〔誤嚥性肺炎〕 [生]昭和3年(1928)2月19日 [出]富山県射水市大島町 [学]東京美術学校 [歴]東京美術学校(現・東京芸術大学)で彫刻を学び、昭和50年代に富山県高岡市にアトリエを構える。外套をまとった独特の人物像〈北〉シリーズが代表作で、試作品を含めると作品数は数千点に上る。平成6年富山県内のジャンルの異なる作家6人と創々会を結成した。 [賞]富山県教育委員会芸術文化功労者表彰〔昭和62年〕, 神戸具象彫刻大賞展優秀賞(第1回)〔昭和58年〕「かたらい」, 神戸具象彫刻大賞展神戸開港120年記念賞(第3回)〔昭和62年〕「北の人」, ロダン大賞展彫刻の森美術館賞(第2回)〔昭和63年〕「北の母子」, 神戸具象彫刻大賞展フェスピック神戸大会記念賞(第4回)〔平成1年〕「北からの訪問者」, ロダン大賞展上野の森美術館賞(第4回)〔平成4年〕「北の詩」, 横浜彫刻展大賞(第3回)〔平成5年〕「旅立ち」

二葉 由紀子 ふたば・ゆきこ 漫才師 [没]平成29年(2017)4月14日 76歳〔心不全〕 [生]昭和16年(1941) [出]山口県玖珂郡由宇町(岩国市) [名]本名＝一色ユキノ(いっしき・ゆきの), コンビ名＝二葉由紀子・羽田たか志 [歴]昭和43年から夫の羽田たか志と夫婦漫才コンビを組んで活動した。 [家]夫＝羽田たか志(漫才師)

二俣 松四郎 ふたまた・まつしろう 声楽家 日本基督教団弓町本郷教会教会音楽主任 [没]平成28年(2016)5月30日 90歳 [生]大正14年(1925)9月16日 [出]北海道 [学]東京音楽学校(現・東京芸術大学)師範科〔昭和26年〕卒 [歴]群馬交響楽団の指揮者や中学・高校教師を務める傍ら、声楽家として活動。平成11年脳内出血で半身不随となるが、リハビリの末、12年復帰コンサートを開催した。 [師]師＝ウィリアムスン, J.B., 下八川圭祐

二見 修次 ふたみ・しゅうじ 昭和音楽大学学長 [専]教育学 [没]平成29年(2017)5月28日 86歳〔膵臓がん〕 [生]昭和5年(1930)10月1日 [出]神奈川県 [学]東北大学文学部哲学科卒 [歴]昭和31年小田原城内高、35年西湘高、40年横浜翠嵐高の各教諭、49年神奈川県立教育センター副主幹、51年県教育委員会高校教育課主幹、57年同委員会高校教育課長、59年秦野高、62年小田原高の各校長、63年県教育委員会指導部長。平成3年昭和音楽大学短期大学部教授、13年昭和音楽大学教授兼音楽学部長、14年附属図書館長。19年昭和音楽大学短期大学部、21年昭和音楽大学の各学長に就任。28年退任。 [賞]瑞宝小綬章〔平成17年〕

不動 茂弥 ふどう・しげや 日本画家 [没]平成28年(2016)12月15日 88歳〔呼吸不全〕 [生]昭和3年(1928) [出]兵庫県南あわじ市 [歴]昭和23年日本画などの革新を目指した美術家グループ・パンリアルを結成。代表作に古い浄瑠璃本を曼陀羅のようにコラージュした「秘儀」「祝殿」などがある。

船井 哲良 ふない・てつろう 船井電機創業者 [没]平成29年(2017)7月4日 90歳〔肺炎〕 [生]昭和2年(1927)1月24日 [出]兵庫県神戸市長田区 [学]村野工機械科〔昭和19年〕卒 [歴]父はミシンの卸売業を営み、4人兄弟の三男として生まれる。太平洋戦争中は徳島県に疎開して青年学校の代用教員を務め、同地で敗戦を迎えた。昭和22年父の勧めで東洋ミシン商会に入社。26年独立して船井ミシン商会を創業。27年株式会社化し、34年船井軽機工業に社名変更。ミシン卸売に加えてトランジスターラジオの生産を開始。36年ラジオ部門を分離独立して船井電機を設立。37年には倒産した電波工業の全社員を引き受け、テープレコーダー事業に参入した。1980年代に入ると、それまでのオーディオ機器中心の事業構造を映像機器中心に転換する一方、62年には自動製パン機が大ヒットした。OEM(相手先ブランドによる生産)で業績を伸ばし、中国などで生産した製品を北米の量販店を中心に販売する手法で事業を拡大。平成12年東証第1部に上場。18年「FUNAI」ブランドでテレビ販売に乗り出したが失敗した。20年船井電機社長を退き、執行役会長兼取締役となる。26年代表取締役会長、28年取締役相談役。この間、12年船井奨学会、13年船井情報科学振興財団を設立した。 [賞]徳島県表彰〔平成29年〕

船木 哲 ふなき・あきら 宮崎県教育長 [没]平成29年(2017)1月1日 89歳 [生]昭和2年(1927)9月24日 [出]宮崎県 [学]宮崎工専〔昭和24年〕卒

舩木 研児 ふなき・けんじ 陶芸家 [専]布志名焼 [没]平成27年(2015)10月8日 88歳〔肺炎〕 [生]昭和2年(1927)1月10日 [出]島根県八束郡玉湯村(松江市) [学]松江中〔昭和18年〕中退, 島根師範〔昭和20年〕中退 [歴]布志名焼窯元・舩木道忠の長男。昭和20年作陶を志し、父に従って民芸運動とともに歩む。25年浜田庄司に師事。29年国画会会員。42年渡英してバーナード・リーチ親子の窯場で研修。英国のフォーク・アートと出雲の土壌が融合した堅固で素朴な独自の世界を築き上げた。58年ウィーン民族博物館で作品を展示するなど海外でも活躍。 [賞]国画会賞〔昭和24年〕, 日本民芸館賞〔昭和25年〕, サロン・ド・プランタン賞〔昭和26年〕, 日本陶磁協会賞〔昭和34年〕, 田部美術館茶の湯造形展奨励賞〔昭和61年〕, 田部美術館大賞展優秀賞〔平成7年〕 [団]国画会, 日本民芸協会 [家]長男＝舩木伸児(陶芸家), 父＝舩木道忠(陶芸家), 弟＝舩木倭帆(ガラス工芸家)

船木 正 ふなき・ただし フカヤ社長 [没]平成29年(2017)3月7日 85歳〔膵臓がん〕 [生]昭和6年(1931)5月26日 [出]福岡県福岡市 [学]早稲田大学商学部〔昭和30年〕卒 [歴]昭和30年RKB毎日放送に入社、42年営業部副部長。45年家業の婦人服飾小売店フカヤに入社。50年常務、62年専務を経て、平成6年社長。九州を中心に「タンタン」「ハンキーパンキー」などターゲット別の店舗を展開。テナントで作るアミュプラザ博多会(現・JR博多シティ会)初代会長を務めた。

舟木 哲郎 ふなき・てつろう 陶芸家 御代焼窯元代表 [専]御代焼 [没]平成29年(2017)1月24日 92歳〔老衰〕 [生]大正13年(1924)9月19日 [出]島根県大原郡加茂町(雲南市) [学]清華商〔昭和19年〕中退 [賞]加茂町文化賞〔昭和39年〕

舩木 直人 ふなき・なおと 彫刻家 高知大学名誉教授 [没]平成28年(2016)6月8日 78歳〔皮膚がん〕 [生]昭和12年(1937)9月28日 [出]和歌山県和歌山市 [学]東

ふ

京芸術大学美術学部専攻科彫塑卒　[歴]東京芸術大学で彫刻を学び、昭和40年高知大学に助手として赴任。高知県展で活躍し、42年に特選を受賞した「波」は波と女性をモチーフにした代表作で、高知市民図書館の中庭に設置され、県と市の新図書館にも移転される。県展審査員を通算25回務めた。JR土讃線の鉄橋高架事業では周囲に配慮したデザインを考える景観検討委員会の委員長を務めた。　[賞]高知県展功労者表彰〔平成13年〕，高知県文化賞〔平成27年〕，高知県展特選〔昭和42年〕「波」

船越 準蔵　ふなこし・じゅんぞう　秋田市教育次長　[没]平成27年（2015）6月14日　88歳〔急性大動脈解離〕　[生]大正15年（1926）　[出]秋田県雄勝郡明治村（羽後町）　[名]旧姓・名＝大日向　[学]秋田師範卒　[歴]昭和18年新成国民学校初等科准訓導。戦後、秋田師範卒業後、郷里の明治中学校教諭、秋田市立日新中学校教諭、秋田大学教育学部附属中学校教諭を歴任。43年以後、県教育庁の市町村派遣指導主事、秋田市教育委員会教育研究室主査、教育次長などを兼任。55年秋田市立山王中学校校長を経て、62年定年退職。のち秋田市大森山少年の家所長。この間、県国語教育研究会長、県中学校長会長なども務めた。退職後、架空の新任教師に宛てた手紙という形式で教育への思いを綴った〈可奈子への手紙〉シリーズを執筆した。　[賞]秋田県教育功労章〔平成1年〕

舟越 直木　ふなこし・なおき　彫刻家　画家　[専]ブロンズ　[没]平成29年（2017）5月6日　64歳〔肺がん〕　[生]昭和28年（1953）1月14日　[出]東京都　[学]東京造形大学絵画科卒　[歴]父は彫刻家・舟越保武で、7人きょうだい（3男4女）の6番目の三男。絵画から出発、のち彫刻に転じる。昭和58年初個展を開き、東京や盛岡で個展を中心に活動。生命力を感じさせる彫刻やドローイングを発表した。　[家]父＝舟越保武（彫刻家），母＝舟越道子（洋画家），姉＝末盛千枝子（すえもりブックス代表），兄＝舟越桂（彫刻家）

船阪 和彦　ふなさか・かずひこ　医師　神戸市立中央市民病院副院長・院長代行　神戸大学医学部助教授　[専]精神神経医学　[没]平成28年（2016）7月8日　83歳〔誤嚥性肺炎〕　[生]昭和8年（1933）3月30日　[出]兵庫県姫路市　[学]神戸医科大学〔昭和32年〕卒，神戸医科大学大学院〔昭和39年〕修了　医学博士　[歴]昭和39年神戸市中央市民病院医師、42年神戸大学医学部精神科外科医長、46年講師、50年助教授、51年神戸市立中央市民病院神経科医長、55年神経科部長。のち副院長・院長代行を務めた。

舟崎 克彦　ふなざき・よしひこ　児童文学作家　絵本作家　挿絵画家　白百合女子大学教授　[専]創作全般　[没]平成27年（2015）10月15日　70歳〔咽頭がん〕　[生]昭和20年（1945）2月2日　[出]東京都豊島区池袋　[学]学習院大学経済学部〔昭和43年〕卒　[歴]学生時代より詩作、作詞、新聞のルポルタージュ活動などを経て、昭和46年童話「トンカチと花将軍」（共著）を出版し、文壇に入る。以降、ナンセンス、ファンタジー系列の作品を中心に、挿画、翻訳、ラジオ、テレビのシナリオ、小説、評論などを手がける。主な作品に〈ぽっぺん先生〉〈ピカソ君の探偵ノート〉シリーズ、絵本〈日本の神話〉〈もりはおもしろランド〉シリーズなどの他、詩集「塔は影をかばい乍ら」、評論集「ファンタジィの祝祭」「これでいいのか!!子どもの本」、小説「黄昏クルーズ」「暗くなり待ち」などがある。　[賞]赤い鳥文学賞（第4回）〔昭和49年〕「ぽっぺん先生と帰らずの沼」，国際アンデルセン賞優良作品賞〔昭和50年〕「雨の動物園」，サンケイ児童出版文化賞（第22回）〔昭和50年〕「雨の動物園」，ボローニャ国際児童図書展グラフィック賞〔昭和50年〕「あのこがみえる」，サンケイ児童出版文化賞〔昭和57年〕「Qはせかいいち」，絵本にっぽん賞（第7回）〔昭和59年〕「はかまだれ」，路傍の石文学賞（第11回）〔平成1年〕「ぽっぺん先生物語シリーズ」，日本絵本賞（第13回）〔平成20年〕「悪魔のりんご」　[団]日本文芸家協会　[家]父＝舟崎悌次郎（建築設計家），祖父＝舟崎由之（日本金属創業者）

船田 工　ふなだ・たくみ　大分天文協会会長　[没]平成28年（2016）10月2日　83歳〔悪性リンパ腫〕　[生]昭和7年（1932）12月20日　[出]大分県大分市　[学]東豊高〔昭和27年〕卒，大分大学学芸学部地学科〔昭和31年〕卒　[歴]昭和31年大分県の公立学校教員となり、平成4年佐賀関中学校長。5年退職。傍ら、大分県内の天文学の普及に尽くし、昭和54年大分天文協会を設立して初代会長に就任。平成7年には大分市佐賀関の公開天文台施設・関崎海星館初代館長に就いた。10年天体観察普及の功績が認められ、小惑星に「フナダ」と命名された。　[賞]大分合同新聞文化賞〔平成15年〕，環境大臣賞〔平成18年〕

船田 守彦　ふなだ・もりひこ　日清製油専務　[没]平成27年（2015）10月27日　84歳〔脳梗塞〕　[生]昭和6年（1931）2月17日　[出]東京都　[学]慶応義塾大学経済学部〔昭和29年〕卒　[歴]昭和29年日清製油（現・日清オイリオグループ）に入社。51年取締役、59年常務を経て、平成元年専務。

船津 英雄　ふなつ・ひでお　斜里町（北海道）町長　[没]平成27年（2015）8月5日　90歳〔脳腫瘍と肺炎〕　[生]大正14年（1925）7月28日　[出]旧樺太　[学]塔路高小卒　[歴]戦後、北海道斜里町に引き揚げて佐藤柾工場に就職。その先代社長に見込まれ、佐藤製材工場の経営者となる。昭和54年町長に当選、2期務めた。62年落選。

船戸 与一　ふなど・よいち　小説家　[没]平成27年（2015）4月22日　71歳〔胸腺がん〕　[生]昭和19年（1944）2月8日　[出]山口県下関市　[名]本名＝原田建司（はらだ・けんじ），筆名＝豊浦志朗（とようら・しろう）　[学]早稲田大学法学部〔昭和44年〕卒　[歴]早大時代は探検部に所属、アラスカのエスキモー村で生活するなどの冒険行を重ねる。昭和43年早稲田在籍のまま小学館に入社、44年退社。のち、マダガスカル旅行、祥伝社勤務を経て、フリーのルポライターに。豊浦志朗の名で「硬派と宿命」「叛アメリカ史」など海外の民族解放戦線を題材にしたルポルタージュを発表。54年から小説を手がけ、持ち前の海外取材力を生かした冒険ものを執筆。同年船戸与一で発表した長編「非合法員」で注目され、60年に長編小説「山猫の夏」で日本冒険小説協会大賞、吉川英治文学新人賞を受賞。平成12年「虹の谷の五月」で直木賞を受賞。18年より大河小説「満州国演義」を書き継ぎ、21年からは胸腺がんと闘いながら執筆を続

けた。27年2月完結編となる第9巻を刊行したが、4月に亡くなった。また、さいとう・たかをの劇画「ゴルゴ13」の原作も手がけた。他の代表作に「砂のクロニクル」「伝説なき地」「夜のオデッセイア」「蛮賊ども」「猛き箱舟」「神話の果て」「かくも短き眠り」「午後の行商人」「流沙の塔〈上下〉」「蝦夷地別件」「新・雨月　戊辰戦役朧夜話」など。　[賞]直木賞（第123回）〔平成12年〕「虹の谷の五月」，日本冒険小説協会大賞〔昭和60年〕「山猫の夏」，吉川英治文学新人賞（第6回）〔昭和60年〕「山猫の夏」，日本推理作家協会賞（第42回）〔平成1年〕「伝説なき地」，山本周五郎賞（第5回）〔平成4年〕「砂のクロニクル」，日本冒険小説協会大賞〔平成4年〕「砂のクロニクル」，日本ミステリー文学大賞（第18回）〔平成26年〕　[団]日本推理作家協会，日本文芸家協会

舟橋 功一　ふなばし・こういち　弁護士　川越市長　埼玉弁護士会会長　[没]平成27年（2015）1月4日　82歳〔急性心不全〕　[生]昭和7年（1932）4月15日　[出]栃木県栃木市　[学]中央大学法学部〔昭和30年〕卒　[歴]昭和33年司法試験に合格、36年弁護士登録。埼玉弁護士会長を務めた。また38年から埼玉県議を3期務める。平成5年より川越市長に4選。15年には中核市移行を実現させた。21年引退。　[家]長男＝舟橋一浩（埼玉県議）

ふ

船村 徹　ふなむら・とおる　作曲家　作詞家　日本作曲家協会会長　日本音楽著作権協会会長　[没]平成29年（2017）2月16日　84歳〔心不全〕　[生]昭和7年（1932）6月12日　[出]栃木県塩谷郡船生村（塩谷町）　[名]本名＝福田博郎（ふくだ・ひろお），筆名＝船生宿（ふにゅう・やどる），清水透，鬼怒川之男（きぬがわ・ゆきお），T. SHIPBORN　[学]東洋音楽学校（現・東京音楽大学）ピアノ科〔昭和24年〕卒　[歴]昭和24年東洋音楽学校（現・東京音楽大学）ピアノ科に入学、学校では声楽科に在学していた2歳上の高野公男と邂逅。以来、作詞家を目指す高野と二人三脚で創作活動に入った。筆名の“船村”は郷里の船生村から、“徹”は母から“お前は三日坊主だから”といつも小言をいわれていた為、“貫徹”の意味を込めて名付けた。28年芸能雑誌「平凡」誌上で実施された作曲コンテストに本名で応募、サトウ・ハチローの詞「たそがれとあの人」に付けた曲が一等に選ばれ、山路えり子の歌でレコード化されたのが作曲家としてのデビューとなる。30年高野作詞で、ともに不遇時代を過ごした同期の三橋美智也が歌った「ご機嫌さんよ達者かね」「あの娘が泣いてる波止場」が続けてヒット。同じ年春日八郎の歌唱で、高野の詞「泣けたっけ」を改題した「別れの一本杉」が発売され大ヒット。31年24歳でコロムビア専属作曲家に迎えられ、盟友・高野とのコンビも不動と思われたが、高野はすでに肺結核に冒されており、9月26歳で世を去った（その生涯は「別れの一本杉」のタイトルで映画化された）。同年高野が病床で遺したメモをもとに「男の友情」を発表。その後も、美空ひばり「波止場だよ、お父つぁん」、島倉千代子「東京だヨおっ母さん」、青木光一「柿の木坂の家」などのヒットを立て続けに放ち、36年に発表した村田英雄「王将」は、ロカビリーやツイストが全盛の時代の中で戦後初のミリオンセラーとなり、日本レコード大賞特別賞を受けた。53年コロムビアを離れてフリーとなる一方、全国各地の公民館などを訪れて自作をギターで弾き語り、歌作りの原点を模索する“演歌巡礼”をスタート。62年生前のひばり最後のシングルとなった「みだれ髪」を作曲した。50年を超える作曲家生活の中で4000曲以上の作品を世に送り出し、小林旭「ダイナマイトが百五十屯」、ひばり「ひばりの佐渡情話」、内藤洋子「白馬のルンナ」、ダ・カーポ「宗谷岬」、北島三郎「風雪流れ旅」、鳥羽一郎「兄弟船」、細川たかし「矢切の渡し」などヒット曲は数多い。平成5年日本作曲家協会理事長、9年会長、17年最高顧問を歴任。16年より日本音楽著作権協会（JASRAC）会長を務め、22年名誉会長。20年文化功労者に選ばれ、28年歌謡界で初めて文化勲章を受章した。　[賞]文化功労者〔平成20年〕，紫綬褒章〔平成7年〕，旭日中綬章〔平成15年〕，文化勲章〔平成28年〕，日本レコード大賞特別賞〔昭和36年〕「王将」，古賀政男記念音楽大賞（第1回，昭和55年度）「風雪ながれ旅」，日本レコード大賞（第25回）〔昭和58年〕「矢切の渡し」，藤田まさと賞〔平成1年〕「紅とんぼ」，日本レコード大賞（演歌部門，第33回）〔平成3年〕「北の大地」，日本放送協会放送文化賞（第51回）〔平成12年〕，日本レコード大賞特別選奨・企画賞（第43回）〔平成13年〕「愛惜の譜」，日本レコード大賞特別顕彰（第50回）〔平成20年〕，大山康晴賞特別賞（第16回）〔平成21年〕　[家]妻＝能沢佳子（歌手），長男＝蔦将包（作・編曲家），長女＝福田渚子（女優），父＝福田岸三郎（栃木県塩谷郡会議長）

船山 浩志　ふなやま・ひろし　バレーボール指導者　バレーボール女子日本代表監督　[没]平成28年（2016）9月7日　81歳〔急性心筋梗塞〕　[歴]昭和35年ヤシカ女子バレーボール部の監督になり、41年にはニチボー貝塚（当時）の連勝を258で止めた。41～42年と48年女子日本代表監督を務め、42年世界選手権で優勝、48年のW杯で銀メダルに導いた。

舟山 裕士　ふなやま・ゆうし　宮城教育大学名誉教授　[専]地質学　[没]平成28年（2016）7月11日　94歳〔肺炎〕　[生]大正11年（1922）1月18日　[出]福島県　[学]東北帝国大学理学部岩石鉱物鉱床学科卒　理学博士　[歴]宮城教育大学教育学部教授を務めた。

舟渡 善作　ふなわたし・ぜんさく　日本コンピューター・システム創業者　[没]平成27年（2015）12月3日　92歳〔老衰〕　[生]大正12年（1923）8月10日　[出]富山県下新川郡入善町　[学]神戸大学大学院経営学研究科〔昭和29年〕修了　[歴]大阪府立産業能率研究所、日本システムマシン常務を経て、昭和41年日本コンピューターシステム（現・NCS&A）を設立、社長。平成元年大証第2部に上場。9年会長。　[賞]藍綬褒章〔平成1年〕

舟生 富寿　ふにゅう・とみひさ　弘前大学名誉教授　鷹揚郷創設者　[専]泌尿器科学　[没]平成29年（2017）12月10日　93歳〔病気〕　[生]大正13年（1924）7月13日　[出]山形県　[学]二高卒，東北帝国大学医学部医学科卒　医学博士　[歴]昭和24年東北大学医学部附属病院第一外科入局、30年同大医学部講師、34年助教授、37年弘前大学医学部教授。62年～平成元年弘前大学附属病院院長。この間、昭和48年に鷹揚郷を設立し理事長に就任、同年腎研究所・弘前病院を開院。腎臓疾患の治療・研究、腎移植の普及に努めた。著書に「泌尿器科学」「新臨床泌尿器科全書」など。　[賞]勲三等旭日中綬章〔平成

13年〕, 医学書院綜合医学賞（第17回）〔昭和43年〕「泌尿器科領域における内視鏡の研究」

古市 健三　ふるいち・けんぞう　倉敷市長　岡山県議　[没]平成29年（2017）2月10日　69歳〔心臓突然死〕　[生]昭和23年（1948）2月8日　[出]岡山県岡山市　[学]早稲田大学教育学部〔昭和45年〕卒, ミシガン州立大学大学院修了　[歴]参院議員秘書などを経て、昭和54年より岡山県議に6選。平成11年議長。12年倉敷市長選に立候補、過去最多の7人の選挙戦で次点となる。16年保守三つどもえの激戦となった同市長選で当選。20年落選、1期。

古岡 滉　ふるおか・ひろし　学習研究社社長　[没]平成29年（2017）6月12日　83歳〔心不全〕　[生]昭和8年（1933）8月1日　[出]東京都　[学]慶応義塾大学法学部〔昭和31年〕卒　[歴]学習研究社（現・学研ホールディングス）創業者・古岡秀人の長男。昭和31年同社に入社以来、雑誌編集、紙の仕入れ、出版営業など社内のあらゆる部門を担当。37年取締役、47年専務、48年副社長を経て、57年社長に就任。平成5年会長、6年取締役相談役。　[家]父＝古岡秀人（学習研究社創業者）, 長男＝古岡秀樹（学研ホールディングス取締役）

古川 功　ふるかわ・いさお　同志社大学名誉教授　[専]有機合成化学　[没]平成28年（2016）10月19日　84歳〔心不全〕　[生]昭和6年（1931）12月28日　[出]京都府相楽郡精華町　[学]同志社大学工学部工業化学科〔昭和29年〕卒, 同志社大学大学院工学研究科工業化学専攻〔昭和43年〕博士課程単位取得退学　工学博士（同志社大学）〔昭和55年〕　[歴]同志社大学助手を経て、昭和38年専任講師、43年助教授、56年教授。平成14年定年退職。　[団]日本化学会, 高分子学会, 有機合成化学協会

古川 麒一郎　ふるかわ・きいちろう　女子美術大学芸術学部教授　[専]天体力学, 位置天文学, 測地学　[没]平成28年（2016）6月29日　86歳　[生]昭和4年（1929）7月22日　[出]大阪府大阪市　[学]大阪府立浪速大学工学部工業化学科〔昭和28年〕卒, 京都大学大学院理学研究科天文学（宇宙物理学）専攻〔昭和33年〕博士課程修了　理学博士（京都大学）〔昭和44年〕　[歴]緯度観測所主任研究官、東京大学東京天文台助教授を経て、昭和63年国立天文台発足により助教授。平成2年退官。4年女子美術大学芸術学部教授。位置天文学、天体力学、暦法の権威で、日本天文学会理事、東亜天文学会副会長、日本暦学会会長などを歴任した。　[団]日本天文学会, 日本測地学会

古川 清　ふるかわ・きよし　演劇プロデューサー　[没]平成27年（2015）4月20日　75歳〔間質性肺炎〕　[生]昭和14年（1939）8月8日　[出]東京都　[学]慶応義塾大学文学部卒　[歴]喜劇俳優・古川緑波の長男。大学在学中から俳優としてテレビドラマなどに出演。卒業後、東宝に入社。演出を経て、昭和34年「デュエット」から主にミュージカルを手がける。37年東宝初のロングラン・システムによる「レ・ミゼラブル」を成功させた。以後、「ミス・サイゴン」「回転木馬」など話題作を手がけた。　[団]日本演劇協会　[家]父＝古川緑波（喜劇俳優）

古川 研二　ふるかわ・けんじ　草津市長　[没]平成28年（2016）4月28日　84歳〔肺炎〕　[生]昭和7年（1932）1月25日　[出]滋賀県　[学]三重大学農学部農学科〔昭和29年〕卒　[歴]滋賀県に入庁。農政課長、彦根県事務所長、生活環境部長。のち草津市助役。草津市コミュニティ事業団理事長、湖南衛生プラント組合副管理者、草津市土地開発公社副理事長、湖南消防組合副管理者などを歴任。平成7年草津市長に当選、2期務める。15年落選。　[賞]旭日小綬章〔平成15年〕

古川 康一　ふるかわ・こういち　慶応義塾大学名誉教授　[専]数理統計学, 情報科学　[没]平成29年（2017）1月31日　74歳〔大動脈解離〕　[生]昭和17年（1942）10月9日　[出]旧満州長白県　[学]東京大学工学部計数工学科〔昭和40年〕卒, 東京大学大学院〔昭和42年〕修士課程修了　工学博士（東京大学）〔昭和55年〕　[歴]昭和42年通商産業省工業技術院電気試験所（現・産業技術総合研究所）に入所。50年米国スタンフォード研究所へ留学。57年新世代コンピュータ技術開発機構へ出向、同研究所第一研究室室長を経て、研究担当次長。平成4年慶応義塾大学環境情報学部教授、6年大学院政策・メディア研究科教授。20年退職。著書に「Prolog入門」などがある。　[賞]情報処理学会論文賞（昭和47年度・56年度）「コンフリクト・フラグをもったハッシュ記憶法」「関係データベースに対するデータアクセスの数式処理による最適化について」　[団]日本ソフトウェア科学会, 情報処理学会, 日本認知科学会

古川 昭四郎　ふるかわ・しょうしろう　神奈川新聞常務　[没]平成27年（2015）5月28日　88歳〔肺炎〕　[生]昭和2年（1927）3月17日　[出]福島県郡山市　[学]慶応義塾大学法学部卒　[歴]昭和19年朝日新聞社に入社。業務局次長、販売企画室長を経て、53年神奈川新聞販売局長に転じ、54年取締役、56年常務販売局長兼広告局長。平成元年退任。

古川 惣平　ふるかわ・そうへい　大阪大学大学院歯学研究科教授　[専]歯科放射線学　[没]平成28年（2016）2月11日　62歳〔肺水腫〕　[生]昭和28年（1953）4月10日　[学]大阪大学歯学部歯学科卒, 大阪大学大学院歯学研究科歯学臨床系博士課程修了　歯学博士　[歴]大阪大学大学院歯学研究科教授を務めた。

古河 隆　ふるかわ・たかし　日本軽金属専務　日本フルハーフ社長　[没]平成28年（2016）2月8日　75歳　[生]昭和16年（1941）1月14日　[出]兵庫県　[学]早稲田大学第一商学部〔昭和38年〕卒　[歴]昭和38年日本軽金属（現・日本軽金属ホールディングス）に入社。カーコンポーネンツ事業部担当部長を経て、平成4年取締役、7年常務、9年専務。同年日本フルハーフ社長、17年会長。

古川 のぼる　ふるかわ・のぼる　教育評論家　日本家庭教師センター学院学院長　全日本家庭教師センター連盟会長　プロ家庭教師の父　[没]平成27年（2015）2月9日　80歳〔肺炎〕　[生]昭和9年（1934）11月29日　[出]東京都　[名]本名＝古川隆（ふるかわ・のぼる）, 別名＝ふくろう博士　[学]明治薬科大学〔昭和34年〕卒, ニューポート大学（米国）〔昭和56年〕留学, IUU大学（米国）〔昭和58年〕留学　教育学博士（ニューポート大学）〔昭和56年〕, 医学博士　[歴]高校教師、薬剤師を経て、昭和36年和光堂を設立、社長。37年和光学院（現・日本家庭教師センター学院）を設立、院長。38年日本私学教育連盟副会長、44年日本家庭教師を設立、会長。46年

和光医進ゼミを開講。34年家庭教師の派遣業を考案、また家庭教師や塾講師の資格認定を求めるなど、その地位向上にも力を注いだ。自ら“ふくろう博士”のニックネームをつけ、教育・医事評論家としてテレビ、ラジオ、新聞などで活躍。平成13年参院選比例区に自由連合から出馬。19年東京都知事選への立候補を表明したが、病気のため出馬を断念。著書に「家庭でできる進学教育」「塾で伸びる子伸びない子」「しのびよる薬禍」「先生操縦法」「モトがとれる塾・家庭教師利用法」「ふくろう博士の失敗しない学習塾・家庭教師の選び方」「ビジネスマン勉強術63の要点」「輝け赤いトマトたち（ふくろう博士のロンゼツ）」「ふくろう博士の知的人間のススメ」などがある。　[賞]世界平和文化賞（韓国政府）〔昭和60年〕, 国際発明EXPO金賞〔平成2年〕, 日本文芸大賞・エッセイ賞（第14回）〔平成6年〕　[家]長男＝古川隆弘（日本家庭教師センター学院学院長）

古川 陽　ふるかわ・ひかる　エー・アンド・デイ社長　[没]平成28年（2016）7月14日　73歳〔肺がん〕　[生]昭和18年（1943）1月29日　[出]中国北京　[学]東北大学工学部電気工学科〔昭和40年〕卒　[歴]昭和40年石川島播磨重工業（現・IHI）に入社、42年タケダ理研工業（現・アドバンテスト）に転じる。同社を退社したあと、52年に電子天秤などの電子計測器メーカーのエー・アンド・デイを設立し社長。61年再スタートしたタケダメディカル社長も兼務。　[賞]科学技術庁長官賞科学技術振興功績者表彰（第15回）〔平成7年〕「ロードセル式及び電磁平衡式電子天秤の開発」

古川 昌弘　ふるかわ・まさひろ　熊本大学名誉教授　[専]体育学　[没]平成28年（2016）3月16日　93歳〔心不全〕　[生]大正11年（1922）5月21日　[出]熊本県山鹿市　[学]東京体専卒　[歴]熊本大学教授を務めた。　[賞]勲三等旭日中綬章〔平成10年〕　[団]日本体育学会

古城 敏雄　ふるき・としお　高校野球監督　[没]平成27年（2015）8月25日　80歳〔膀胱がん〕　[出]秋田県秋田市　[学]秋田商卒, 専修大学〔昭和32年〕卒　[歴]昭和32年専修大卒業と同時に母校・秋田商の野球部監督に就任。33年夏に同校を23年ぶりに甲子園出場に導く。35年にはセンバツで4強入り。春夏合わせて5度の甲子園出場を果たした。その後、専大監督を経て、54年秋田経大附属高（現・明桜高）の監督に迎えられ、56年には春・夏とも甲子園に出場、センバツでは8強入りした。両校の監督を計9年務め、甲子園出場7回。

古堅 雄教　ふるげん・たけのり　沖縄食糧社長　[没]平成29年（2017）7月19日　78歳〔心不全〕　[生]昭和13年（1938）11月11日　[出]沖縄県那覇市　[学]首里高卒　[歴]昭和32年沖縄食糧に入社。51年取締役営業部長、56年常務、59年専務、平成3年代表取締役専務を経て、5年社長。14年会長、20年相談役に退いた。

古沢 襄　ふるさわ・じょう　共同通信常務理事　杜父魚文庫主宰　[没]平成28年（2016）5月29日　84歳　[生]昭和7年（1932）2月25日　[出]東京都　[学]埼玉大学文理学部〔昭和32年〕卒　[歴]小説家・古沢元の長男。昭和32年共同通信社に入社。政治部記者から、45年編集局内政部次長、48年金沢総局長、52年労務部長、53年日本新聞協会労務委員長、59年福岡支社長、62年経理局長を経て、平成2年常務理事（人事・労務・総務担当）に就任。4年退任、共同通信リース専務、8年顧問。著書に「沢内農民の興亡」「一点山玉泉寺物語」「生きている人民文庫」などがある。　[家]父＝古沢元（小説家）

古瀬 章　ふるせ・あきら　医師　古瀬眼科医院院長　島根県医師会会長　[専]眼科　[没]平成29年（2017）10月4日　92歳〔老衰〕　[生]大正13年（1924）10月23日　[出]島根県　[学]大阪高等医専〔昭和23年〕卒　医学博士〔昭和33年〕　[歴]昭和23年大阪医科大学眼科研究室に入り、大阪府枚方市立病院眼科医長。32年岡山大学医学部眼科教室で研究。33年雲南共存病院副院長兼眼科医長。36年古瀬眼科医院を開業。島根県医師会会長を務めた。　[賞]勲五等双光旭日章〔平成6年〕, 日本対がん協会賞（平成15年度）　[家]二女＝古瀬なな子（古瀬眼科医院院長）

古瀬 謹一　ふるせ・きんいち　帝塚山大学名誉教授　[専]教育心理学　[没]平成28年（2016）2月27日　78歳〔前立腺がん〕　[生]昭和12年（1937）3月26日　[出]兵庫県　[学]関西学院大学文学部教育学科〔昭和35年〕卒, 関西学院大学大学院文学研究科教育学専攻博士課程〔昭和41年〕単位取得満期退学　[歴]昭和41年大阪薫英女子短期大学専任講師、43年助教授、51年帝塚山短期大学助教授を経て、52年教授。63年帝塚山短期大学学長、平成11年月帝塚山学園学園長、14年帝塚山大学教授。19年名誉教授。

古田 幸治　ふるた・こうじ　安田火災海上保険副社長　[没]平成29年（2017）10月2日　85歳〔虚血性心不全〕　[生]昭和7年（1932）5月8日　[出]東京都　[学]東京大学法学部〔昭和31年〕卒　[歴]昭和31年安田火災海上保険（現・損害保険ジャパン日本興亜）に入社。59年取締役、61年常務、平成2年専務を経て、3年副社長。

古田 精市　ふるた・せいいち　医師　信州大学名誉教授　長野市民病院院長　[専]肝臓病学　[没]平成29年（2017）7月20日　87歳〔肺炎〕　[生]昭和5年（1930）3月29日　[出]長野県塩尻市　[学]信州大学医学部医学科卒　医学博士　[歴]昭和54年信州大学医学部教授となり、平成3〜5年同附属病院長。7年退官すると、長野市民病院の初代院長に就任。14年退任した。ウイルス性肝炎の研究で評価を得た。　[団]日本内科学会, 日本消化器病学会

古田 武彦　ふるた・たけひこ　古代史研究家　昭和薬科大学薬学部教授　[専]日本古代史　[没]平成27年（2015）10月14日　89歳　[生]大正15年（1926）8月8日　[出]福島県喜多方市　[学]東北帝国大学法文学部〔昭和23年〕卒　[歴]昭和23年長野県立松本深志高教諭、29年退職。のち神戸森学園高校講師、30年神戸市立湊川高校教諭、36年京都市立洛陽高校教諭。初めは親鸞の研究者として知られたが、44年「史学雑誌」に発表した「邪馬台国」で九州にも関東にも独自の王朝があったとする“多元的な古代史像”を構築、“邪馬台国論争”に転機をもたらした。45年高校を退職し、古代史の定説に再検討を迫る研究に専念、59年昭和薬科大学教授。平成8年定年退職。著書に「『邪馬台国』はなかった」「失われた九州王朝」「盗まれた神話」「九州王朝の歴史学」「古代は輝いていた」（3巻）「多元的古代の成立」（2巻）「聖徳太子論争〈市民の古代・別巻1〉」「『君が代』は九州王朝の讃歌〈市民の古代・別巻2〉」「親鸞思想—その史料

日　本　人　　　　　　　　　　　　　　　　　　　　へきはやま

批判」など。特に邪馬台国ものには熱狂的な信奉者が多い。

古田 信幸 ふるた・のぶゆき　声優　俳優　㊡平成29年（2017）8月29日　59歳〔気管支動脈瘤破裂〕　㊤昭和33年（1958）4月4日　㊥神奈川県川崎市　㊥新城高〔昭和52年〕卒　㊥昭和52年文学座附属俳優養成所に入所。「わが町」など舞台を経験、55年文学座を出て、仲間とユニットを組み小劇場で活動。脚本、演出作品「心の鞘」を上演。テレビ朝日系「果て遠き丘」、TBS系「16年目の恋」などにも出演。声優としては、アニメ「銀河英雄伝説」「あしたへフリーキック」「幽☆遊☆白書」「ヤマトタケル」「ニャニがニャンだー ニャンダーかめん」などの他、「HEROES」など海外ドラマや映画の吹き替えも数多く担当。また、63年プロレス団体UWFのリングアナウンサーを務めたのを皮切りに、格闘技リングスなどでもリングアナを務めた。

古谷 敏明 ふるたに・としあき　広島トヨペット社長　㊡平成27年（2015）8月19日　71歳〔急性心不全〕　㊤昭和19年（1944）6月4日　㊥広島県広島市　㊥中央大学商学部卒　㊥広島トヨペット社長を務めた。

古橋 昌雄 ふるはし・まさお　読売新聞東京本社新聞監査委員会幹事（部長待遇）　㊡平成29年（2017）1月25日　81歳〔虚血性心疾患〕　㊥早稲田大学卒

降旗 正義 ふるはた・まさよし　三井物産副社長　㊡平成29年（2017）7月31日　83歳〔肺炎〕　㊤昭和8年（1933）9月8日　㊥東京都　㊥早稲田大学第一商学部〔昭和31年〕卒　㊥昭和31年三井物産に入社。平成元年取締役、5年常務を経て、7〜10年米国三井物産社長。9年三井物産副社長に就任した。

古村 えり子 ふるむら・えりこ　北海道教育大学教授　社会教育学　㊡平成27年（2015）11月22日　62歳〔脳動脈瘤破裂〕　㊤昭和28年（1953）　㊥北海道小樽市　㊥北海道大学大学院教育学研究科社会教育専攻〔昭和56年〕博士課程単位取得　㊥北海道教育大学岩見沢校助教授を経て、教授。

豊後 レイコ ぶんご・れいこ　エルダーホステル協会会長　㊡平成28年（2016）11月12日　96歳〔肺炎〕　㊤大正9年（1920）1月29日　㊥長崎県長崎市浜口町　㊥長崎高女〔昭和11年〕卒、ワイオミング大学（米国）図書館学部（通信教育）卒　㊥中国・北京で敗戦を迎える。連合国軍総司令部（GHQ）の民間情報教育局（CIE）図書館、大阪アメリカンセンター図書館主任司書を経て、昭和56年から桃山学院大学非常勤講師。この間、58年米国エルダー協会を訪問して高齢者が生き生きと活動しているのに感動、61年エルダー国際交流協会（現・エルダーホステル協会）を設立し、米国生まれの生涯学習システムを実践。平成13年同協会名誉会長。また、長崎で原爆に被爆して後遺症に苦しみながら反核平和を訴えた詩人の福田須磨子は妹で、妹の没後は、毎年4月に長崎市で営まれる妹を偲ぶ集いに参列するなど、妹の遺志を伝え続けた。著書に「八八歳レイコの軌跡―原子野・図書館・エルダーホステル」がある。

日本図書館協会表彰〔昭和59年〕、きらめき賞（第5回）〔平成9年〕　㊥司書　㊥妹＝福田須磨子（詩人）

【へ】

ペギー葉山 ぺぎーはやま　歌手　日本歌手協会会長　㊡平成29年（2017）4月12日　83歳〔肺炎〕　㊤昭和8年（1933）11月9日　㊥東京市四谷区箪笥町（東京都新宿区）　㊥本名＝森シゲ子（もり・しげこ）、旧姓・名＝小鷹狩シゲ子（こたかり・しげこ）　㊥青山学院女子高等部（現・青山学院高等部）〔昭和27年〕卒　㊥戦後、青山学院中等部に入り、声楽家の内田るり子にピアノと声楽を師事。女子高等部在学中の昭和25年から進駐軍キャンプで歌い始め、渡辺弘とスターダスターズの専属ジャズ歌手となる。ペギー葉山の芸名は、米国人の電話フレンドに当時はやっていたナンシー梅木のような英語の名前を付けてと頼んだところ、付けてくれた名前が"ペギー"で、また、芸能界は"は行"が縁起がいいという話から"葉山"とした。27年高校を卒業するとキングレコード専属となり、同年「ドミノ／火の接吻」でレコードデビュー。31年東京・サンケイホールで初のリサイタルを開催。33年高知のNHK開局記念番組で「南国土佐を後にして」を歌い、34年200万枚の爆発的ヒットを記録。この大ヒットから、49年司馬遼太郎に続いて2人目の高知県名誉県人に選ばれる。35年ブロードウェーで観たミュージカル「サウンド・オブ・ミュージック」で劇中歌「ドレミの歌」と出合い、この歌を日本の子供たちに歌ってもらいたいとその晩に徹夜で日本語詞をつける。36年NHK「みんなのうた」で歌ったところヒットし、子供のうたとして定着した。他に「つめ」「学生時代」「ラ・ノビア」などのヒットがあり、NHK「紅白歌合戦」には29年から12回連続出場。13回目の41年は歌手ではなく司会者として出場した。40年俳優の根上淳と結婚、芸能界のおしどり夫婦として知られ、平成10年夫が糖尿病脳こうそくで倒れると、献身的に闘病生活を支えた（17年死去）。12年歌手生活50周年を記念してコンサートツアーを開催し、2枚組アルバム「夢よ歌よ友よ」を発表。19年女性初の日本歌手協会7代目会長に就任（22年退任）。24年歌手生活60周年を記念して「結果生き上手」を発売。生涯に200作品を超えるレコードやCDを発売、録音曲は約2000曲に及ぶ。書道歴は長く、富山県の書家・青柳志郎に夫とともに師事。昭和56年独立書道展で入選。59年には夫婦揃って毎日書道展で入選。平成20年毎日書道展の漢字II類で秀作賞に選ばれた。著書に介護経験を綴った「歌う看護婦」、「代々木上原めおと坂」などがある。　㊥芸術選奨文部大臣賞（第43回、平成4年度）〔平成5年〕、紫綬褒章〔平成7年〕、旭日小綬章〔平成16年〕、芸術祭賞奨励賞〔昭和33年〕「あなたのために唄うジョニー」、高知県名誉県人〔昭和49年〕、日本レコード大賞企画賞〔昭和55年〕「恋歌―万葉の心を求めて」、日本レコード大賞功労賞〔平成3年〕、ツム

へんとな　　　　　　　　　　　日　本　人

ラ・ジャズヴォーカル賞大賞（第8回）〔平成4年〕、日本レコード大賞特別賞（第54回）〔平成24年〕、NHK放送文化賞（第66回）〔平成27年〕 ⓐ日本歌手協会　ⓡ夫＝根上淳（俳優）、長男＝森英児（陶芸家）

辺土名 寿男　へんとな・ひさお　琉球新報常務　琉球新報開発社社長　ⓑ平成29年（2017）11月30日　76歳　〔胆管がん〕　ⓙ昭和16年（1941）9月11日　ⓟ沖縄県国頭郡大宜味村　ⓒ辺土名高卒　ⓓ昭和36年琉球新報社に入社。北部支局長、編集局整理部長待遇を経て、62年編集局地方連絡部長、平成2年同局整理本部長、4年編集局次長・論説委員、6年制作局長、のち取締役、12年常務。14〜20年琉球新報開発社長を務めた。

逸見 泰成　へんみ・やすなり　ミュージシャン　ⓑ平成29年（2017）6月4日　57歳　ⓓ昭和53年中学・高校の同期生であるボーカルの仲野茂、ギターの藤沼伸一、ベースの寺岡信方、ドラムスの小林高夫の5人でパンクバンドを結成、ギターを担当。英国のパンクバンド、セックスピストルズの「ANARCHY IN THE U.K.」からバンド名をアナーキーと命名した。同年ヤマハ主催のイーストウエストで優秀バンド賞、最優秀ボーカル賞を受賞。55年シングル「ノットサティスファイド」、アルバム「アナーキー」でデビュー。「アナーキー」は13万枚を売り上げたが、歌詞の内容が過激とされ発売中止になるという衝撃的なデビューを飾る。ストレートで破壊的なサウンドと、反体制を訴える過激な歌詞が若者の支持を集め、尾崎豊やザ・ブルーハーツら後続のミュージシャンたちにも影響を与えた。60年元妻を包丁で刺す傷害事件を起こしてバンドは活動を停止、自身も逮捕され服役した。平成18年DVD3枚、CD13枚、本1冊を収めたアナーキーのボックスセット「内祝」を発売、オリジナルメンバーの5人では21年ぶりとなる新曲が収録されて話題を呼ぶ。アルバムにアナーキーとして「'80維新」「亜無亜危異都市」「Ready Steady Go」「ANARCHISM」「デラシネ」「BEAT UP GENERATION」などがある。

【ほ】

帆足 清一　ほあし・せいいち　大分合同新聞特信局文化部長　ⓑ平成28年（2016）2月9日　84歳　ⓙ昭和6年（1931）11月20日　ⓟ大分県　ⓒ九州大学法学部卒　ⓓ昭和31年大分合同新聞社に入社。日曜版担当部長を経て、56年特信局文化部長。

帆足 正規　ほあし・まさのり　能楽囃子方（森田流笛方）　京都能楽囃子方同明会理事長　ⓑ平成28年（2016）6月1日　85歳　〔大動脈弓部破裂〕　ⓙ昭和6年（1931）3月10日　ⓟ東京都　ⓒ湘南高卒、京都大学文学部哲学科卒　ⓓ湘南高時代から謡に親しみ、京都大学哲学科在学中に森田流笛方の貞光義次に笛を師事。昭和57年日本能楽会員となる。同志社大学職員の傍ら、能楽笛方として活動。平成28年6月京都・平安神宮

で開催された京都薪能で「杜若（かきつばた）」を上演中に倒れ、急逝した。また、新作狂言「死神」や新作能「鞆のむろの木」なども発表した。　ⓡ師＝貞光義次

法亢 堯次　ほうが・たかし　フジテレビ取締役　ⓑ平成27年（2015）1月3日　80歳　〔膵臓がん〕　ⓙ昭和9年（1934）9月1日　ⓟ東京都　ⓒ早稲田大学第一文学部卒　ⓓ昭和32年ニッポン放送に入社。35年フジテレビに転じ、60国際局長、のち日本エグゼクティブセンター出向を経て、平成3年フジテレビ取締役。5年退任。フジサンケイ・コミュニケーションズ・インターナショナル（FCI）会長も務めた。

宝生 あやこ　ほうしょう・あやこ　女優　手織座代表　ⓑ平成27年（2015）9月8日　97歳　〔老衰〕　ⓙ大正6年（1917）12月15日　ⓟ東京都　ⓗ本名＝八田絢子（はった・あやこ）　ⓒ嘉悦女子学園高卒、文化学院　ⓓ幼い頃より日本舞踊を習うが女優を目指すようになり、昭和29年夫・八田尚之と劇団手織座を創立。39年夫の没後は手織座を継承して代表を務めた。舞台の代表作に八田尚之「よろこび」のとよ、「ふるさとの詩」のおきん、音楽劇「楢山節考」のおりん、など。他の出演作に、映画「あねといもうと」「智恵子抄」「あかね雲」「赤頭巾ちゃん気をつけて」「古都」、テレビ「女の顔」「都の風」「はぐれ刑事純情派」「春よ、来い」「鶴亀ワルツ」などがある。　ⓐ紫綬褒章〔昭和60年〕、勲四等宝冠章〔平成4年〕、芸術祭賞奨励賞（第15回）〔昭和35年〕「劇団手織座『よろこび』『証言台』の演技」　ⓡ夫＝八田尚之（劇作家）

宝生 閑　ほうしょう・かん　能楽師（下掛宝生流ワキ方）　下掛宝生流宗家　ⓑ平成28年（2016）2月1日　81歳　〔食道がん〕　ⓙ昭和9年（1934）5月15日　ⓟ東京都　ⓒ日大芸術学部附属高卒　ⓓ父・宝生弥一、祖父・宝生新に師事し、昭和16年に「葵上」ワキツレで初舞台、18年「岩船」で初ワキ。以来信頼感のあるワキ方の一人として評価を高めるとともに能楽界の新しい試みにも積極的に取り組み、新作能やギリシャ劇への出演、復曲など幅広く活動。46年には観世寿夫らの冥の会でギリシャ悲劇「オイディプース王」に出演。50年より日本能楽会会員。59年より国立能楽堂・能楽（三役）養成研修主任講師を務め、不足しがちなワキ方の後継者育成にも努めた。平成6年人間国宝に認定される。13年12代目下掛宝生流宗家を継承。14年日本芸術院会員、26年文化功労者に選ばれた。代表的な舞台に「安宅」「谷行」「雷電」「隅田川」「湯谷」、新作能に「鷹姫」、復曲能に「治親」「生贄」「当願暮頭」など。他に、冥の会の「オイディプース王」「アガメムノーン」「名人伝」「私じゃない」「天守物語」などに出演した。　ⓐ日本芸術院賞（第48回，平成3年度）「谷行」、文化功労者〔平成26年〕、紫綬褒章〔平成8年〕、観世寿夫記念法政大学能楽賞（第12回）〔平成2年〕　ⓑ重要無形文化財保持者（能ワキ方）〔平成6年〕、日本芸術院会員〔平成14年〕　ⓐ日本能楽会　ⓡ祖父＝宝生新（下掛宝生流10代目宗家）、父＝宝生弥一（能楽師）、長男＝宝生欣哉（能楽師）　ⓡ師＝宝生弥一、宝生新

北条 義三郎　ほうじょう・ぎさぶろう　下野新聞常務　ⓑ平成28年（2016）5月29日　85歳　〔病気〕　ⓙ昭和5年（1930）9月25日　ⓟ栃木県　ⓒ宇都宮商卒　ⓓ昭和24年下野新聞社に入社。経理部長、社長室長兼総務局

長、資材本部長（役員待遇）を経て、58年取締役、63年常務。平成2年下野ビル副社長、3年栃木新聞副社長。

北条 栖玉　ほうじょう・せいぎょく　書家　毎日書道展参与会員　[専]かな　[没]平成29年（2017）6月9日　95歳　[生]大正11年（1922）6月9日　[出]東京都　[名]本名＝北条薫（ほうじょう・かおる）　[賞]日本書道美術院展準大賞（第25回, 昭和46年度）, 日本書道美術院展日本書道美術院梅華賞（第34回, 昭和55年度）　[師]師＝筒井敬玉

北条 泰一郎　ほうじょう・たいいちろう　アサヒビール副社長　[没]平成28年（2016）5月11日　90歳〔老衰〕　[生]大正15年（1926）5月10日　[出]東京都　[学]慶応義塾大学法学部〔昭和27年〕卒　[歴]昭和27年朝日麦酒（のちアサヒビール, 現・アサヒグループホールディングス）に入社。51年取締役、62年専務を経て、平成2年副社長に就任。3年アサヒビールパックス社長、4年北海道アサヒビール社長、5～6年会長。9年ダルトンに転じ、10年副社長、11～17年社長。

宝来 久道　ほうらい・ひさみち　愛媛女子短期大学学長　[没]平成28年（2016）10月23日　89歳　[生]昭和2年（1927）3月1日　[出]愛媛県東宇和郡野村町（西予市）　[学]東京大学法学部政治学科〔昭和26年〕卒　[歴]昭和26年宇和島東高校教諭、47年愛媛県立美術館事業課長、52年西条高校教頭、56年三瓶高校校長、59年宇和島南高校校長を経て、62年～平成7年愛媛女子短期大学学長。　[家]妻＝宝来八重子（紅屋きもの学園長）

外間 宏三　ほかま・こうぞう　琉球大学名誉教授　[専]有機化学, 天然物化学　[没]平成28年（2016）8月13日　93歳〔老衰〕　[生]大正12年（1923）1月23日　[出]沖縄県中頭郡美里村（沖縄市）　[学]九州大学工学部応用化学科〔昭和23年〕卒　薬学博士〔昭和45年〕　[歴]昭和41年から琉球大学理学部教授を務め、63年退官。　[賞]勲三等旭日中綬章〔平成11年〕　[団]日本化学会, 米国化学会

外間 政春　ほかま・まさはる　光文堂コミュニケーションズ社長　[没]平成29年（2017）3月21日　63歳〔病気〕　[出]沖縄県那覇市　[歴]昭和61年光文堂印刷（現・光文堂コミュニケーションズ）に入社。平成5年取締役営業部長、9年常務を経て、15年社長。

穂苅 貞雄　ほかり・さだお　自然公園指導員　写真家　槍ケ岳山荘グループ会長　[専]山岳写真　[没]平成29年（2017）12月12日　96歳　[生]大正10年（1921）10月11日　[出]長野県松本市　[学]慶応義塾大学経済学部卒　[歴]槍ケ岳山荘を創設した穂苅三寿雄の長男。商社勤務を経て、昭和29年より父の後を継いで槍ケ岳山荘、槍沢小屋、雷鳥ヒュッテなどを経営。平成3年長男に経営を譲り会長に退く。傍ら、山岳写真家として山の四季を撮り続けた。昭和32年から自然公園指導員を務め、62年自然公園関係功労者として環境庁長官表彰を受ける。著書に「槍ケ岳開山播隆」「天空の槍ケ岳」、写真集「私の槍が岳」「槍が岳」「梓川」「安曇野」などがある。　[賞]環境庁長官表彰〔昭和62年〕, 警察庁警察協力章〔平成3年〕, 長野県観光功労賞　[団]日本山岳写真協会, 北アルプス山小屋友交会　[家]父＝穂苅三寿雄（槍ケ岳山荘創設者）, 長男＝穂苅康治（槍ケ岳山荘社長）

穂苅 久　ほかり・ひさし　長岡工業高等専門学校名誉教授　[専]機械工学　[没]平成29年（2017）4月21日　91歳〔肺炎〕　[生]大正14年（1925）9月4日　[出]新潟県長岡市河根川町　[学]長岡工業専門学校精密機械〔昭和20年〕卒　[歴]昭和21年長岡工業専門学校助手、24年新潟大学工学部助手、37年長岡工業短期大学助教授、39年長岡工業高等専門学校助教授、53年～平成元年同教授を務めた。

穂岐山 駿二　ほきやま・しゅんじ　穂岐山刃物会長　[没]平成28年（2016）8月17日　90歳〔急性肺炎〕　[生]大正15年（1926）6月21日　[出]高知県香美市　[学]神戸高商中退　[歴]家業の穂岐山刃物製造所に従事。昭和26年有限会社、32年株式会社に改組。37年代表取締役。

保坂 紀夫　ほさか・のりお　竹造形作家　工業デザイナー　保坂デザイン研究所代表　（有）八ケ岳バンブーハウス代表取締役　竹の造形館館長　[専]竹工芸, 竹の造形美術　[没]平成29年（2017）9月17日　77歳〔胃がん〕　[生]昭和15年（1940）8月13日　[出]山梨県中巨摩郡竜王町（甲斐市）　[名]本名＝保坂紀夫（ほさか・のりお）　[学]武蔵野美術大学工芸工業デザイン科〔昭和41年〕卒　[歴]昭和41年矢崎加工に入社、デザインを担当。43年三菱樹脂に転じ、工業デザイン、商業デザイン、宣伝課長、三菱広報委員会運営委員等を担当。56年退社、保坂デザイン研究所を設立。59年より各地で個展を開く。平成元年高岡クラフト展招待出品。2年日本の美（フィンランド）展招待出品。技術アドバイザー、地域デザイン活動コーディネーターとしても活動。生活用具から照明やバッグ、アート分野まで、竹を素材として各地に残る伝統技術に新しい技法とデザインを取り込み、伝統的な竹工芸をアートの領域まで高めた活動は高く評価された。15年八ケ岳大泉村にアトリエを移し、大型作品に取り組む。同年改定教科書「高校美術 工芸I・II」に登場。沼津御用邸で史上初の個展開催。17年皇室献上作品に選定される。18年作品を常設する美術館「保坂紀夫竹の造形館」が開館。傍ら、7年東京芸術大学で日本初の竹の美術講義を行って以来、各美大、芸大や、国内・海外でレクチャーやワークショップを続けた。写真集に「変幻の竹」がある。　[家]父＝保坂耕人（歌人）

穂坂 衛　ほさか・まもる　東京大学名誉教授　東京電機大学名誉教授　[専]計算機工学, マンマシン通信　[没]平成28年（2016）10月26日　96歳〔老衰〕　[生]大正9年（1920）8月25日　[出]神奈川県横浜市　[学]東京帝国大学工学部航空学科〔昭和17年〕卒　工学博士（東京大学）〔昭和33年〕　[歴]昭和24年日本国有鉄道技術研究所、34年東京大学宇宙航空研究所教授、50年東京工業大学工学部教授を併任。56年東大・東工大定年退官、東京電機大学工学部教授、58年同大学総合研究所長。クボテック取締役も務めた。コンピューター応用設計の草分けとして知られ、JR「みどりの窓口」の原型となるコンピューターシステムを開発。平成18年その功績により米国電気電子学会（IEEE）から日本人として初めてThe Computer Pioneer Awardを受けた。　[賞]日本学士院賞（第86回）〔平成8年〕「コンピュータモデルによる設計生産の総合化」, 紫綬褒章〔昭和42年〕, 勲三等旭日中綬章〔平成2年〕, 鉄道通信協会賞（昭和34年度）「座席予約電子計算機の実用化」, 電気学術振興賞進歩賞（第16回）〔昭和35年〕「座席予約用電子装置の開発」, 科学技術庁長官賞科学技術功労者表彰（第3回）

〔昭和36年〕「座席予約用電子計算装置の完成」, 運輸大臣表彰〔昭和49年〕, 情報処理学会論文賞〔昭和52年〕「CADにおける曲線曲面の創成について」, 機械学会論文賞（昭和54年度）「機械設計自動化のための幾何モデル生成処理システム」, 情報処理学会20周年記念論文賞〔昭和55年〕, 情報処理学会功績賞（昭和60年度）, 精密工学会賞（第15回, 平成4年度）「特異点近傍における曲面間交線の追跡」, 工作機械技術振興賞論文賞（第14回）〔平成5年〕「面間の差分関数を用いた曲面交差パターン認識」, CG-Japan Award（平成16年度）, IEEE The Computer Pioneer Award〔平成18年〕　[団]情報処理学会, 日本機械学会, 電子情報通信学会

星 智　ほし・さとし　医師　医療法人清記会理事長　竹田看護専門学校長　[没]平成28年（2016）1月5日　72歳〔内臓疾患〕　[生]昭和18年（1943）6月6日　[出]福島県　[学]慶応義塾大学医学部〔昭和44年〕卒　医学博士〔昭和56年〕　[歴]昭和44年慶応義塾大学内科教室医局に入局。51年北里大学内科講師、58年星医院副院長として診療に従事。特定非営利活動法人清扶会理事長、会津若松医師会副会長、竹田綜合病院副院長、竹田看護専門学校長、福島県看護学校協議会会長などを歴任した。　[家]妻＝星迪子（医師）

星井 孝治郎　ほしい・こうじろう　東北電力副社長　東北電気工事社長　[没]平成28年（2016）8月23日　104歳〔老衰〕　[生]明治44年（1911）9月26日　[出]新潟県東蒲原郡津川町（阿賀町）　[学]仙台高工電気工学科〔昭和7年〕卒　[歴]昭和21年東北配電（現・東北電力）に入社。東北電力営業部長を経て、41年取締役、45年常務、47年副社長。52年東北電気工事（現・ユアテック）社長、54年会長、58年東北発電工業会長、60年相談役を歴任。62年仙台テレメディア・サービス社長。　[賞]勲三等瑞宝章〔昭和63年〕

星川 京児　ほしかわ・きょうじ　音楽プロデューサー　音楽評論家　[没]平成28年（2016）5月16日　63歳〔肝臓がん〕　[生]昭和28年（1953）　[出]香川県三豊市　[学]早稲田大学卒　[歴]学生時代にシタールを手にしたのがきっかけで、アジア・アフリカの少数民族の素朴な音楽を集め、昭和58年専門誌「包」を出版。隔月ながら発行部数は5000部にのぼり、エスニックブームの仕掛け人として知られた。映画「敦煌」「ラスト・エンペラー」では時代考証のスタッフとして参加。平成3年CD全集「バリ島音楽集大成」を制作。7年新井英一の「チョンファへの道」をプロデュース。NHK・FM「世界の民族音楽」のレギュラー解説者を務めた。他の録音作品に「ワールド・ミュージック・ライブラリー」シリーズ、「日本伝統音楽の粋」「粋酒酔音〜世界の音楽と酒への旅」「民族音楽おもしろ雑学事典」など。　[賞]日本レコード大賞アルバム賞〔平成9年〕「チョンファへの道」

星川 清香　ほしかわ・きよか　エッセイスト　[没]平成28年（2016）11月7日　99歳　[生]大正6年（1917）2月3日　[出]東京都　[学]日本女子大学文学部英文科〔昭和13年〕卒　[歴]英文学者の家に生まれ、大学勤めの法学者と結婚、主婦業に専念。1男1女を育て上げたのち再勉強し、昭和38年英語ガイドの免許を取得。以来、国内では外国人、海外では日本人のガイドを務める。のち著述に専念し、著書に「シルクロード中近東教養旅行」「エピタフ—英雄たちの墓標」「トロイの女」「スパルタの秋」「糸杉の墓」などがある。　[団]日本ペンクラブ, 日本文芸家協会

星野 命　ほしの・あきら　スクール・カウンセラー　国際基督教大学名誉教授　北陸学園短期大学名誉学長　[専]心理学（人格, 社会, 異文化）　[没]平成27年（2015）11月7日　88歳　[生]昭和2年（1927）8月24日　[出]石川県金沢市　[学]東京大学文学部心理学科〔昭和27年〕卒, アイオワ州立大学大学院修了　[歴]昭和32年国際基督教大学講師、39年助教授、46年準教授を経て、55年教授に就任。のち北陸学院短期大学学長、北陸学院院長、京都女子大学家政学部教授。編著書に「心理学〈4〉人格」「社会心理学の交叉路」「青年期カウンセリング入門」などがある。　[賞]瑞宝中綬章〔平成16年〕　[団]日本社会心理学会, 日本人間性心理学会, 異文化間教育学会, 日本精神衛生学会

星野 忠彦　ほしの・ただひこ　東北大学農学部教授　[専]家畜形態学　[没]平成29年（2017）8月20日　90歳〔心不全〕　[生]昭和2年（1927）6月12日　[出]東京都　[学]東北大学農学部畜産学科〔昭和28年〕卒　農学博士　[歴]東北大学農学部助手、助教授を経て、教授。著書に「畜産のための形態学」などがある。　[賞]日本獣医師会会長賞（昭和48年度）「宮城県におけるむれ豚の発生現況と判定法について」　[団]日本畜産学会, 日本獣医学会

星野 朋市　ほしの・ともいち　参院議員（自由党）　[没]平成27年（2015）10月1日　83歳〔心不全〕　[生]昭和7年（1932）3月2日　[出]東京都　[学]早稲田大学政経学部〔昭和29年〕卒　[歴]昭和31年ロンシール工業に入社、40年社長室長、57年取締役、59年経理担当兼電算室担当委嘱、平成元年常務。税金党党首（当時）・野末陳平とは大学時代からの親友で“税金に詳しい現職サラリーマン”の条件にも適っていたため、口説かれて昭和61年7月の衆参同時選挙で参議院比例代表に出馬、名簿順位は2位だったがあと一歩及ばず落選。平成2年3月繰り上げ当選し、10月の党解散で自民党渡辺派に移る。6年離党し、新生党を経て、同年12月新進党結成に参加。10年1月自由党に参加。2期務め、13年引退。参院労働委員長を務めた。　[賞]勲二等瑞宝章〔平成14年〕

星野 史雄　ほしの・ふみお　パラメディカ店主　[専]書誌学　[没]平成28年（2016）4月19日　63歳　[生]昭和27年（1952）6月8日　[出]秋田県鹿角郡花輪町（鹿角市）　[学]早稲田大学大学院文学研究科修士課程修了　[歴]昭和59年代々木ゼミナールに入社、平成8年メディカル教育進学指導室室長。9年乳がんから転移した肺がんにより亡くなった妻の死がきっかけで退職し、10年闘病記専門のインターネット通販古書店・パラメディカを開店。新古書販売大手の安売りコーナーなどから闘病記を集め、がんを中心に370種類の病気に分類・販売した。28年に亡くなった後、蔵書約3400点はNPO法人・わたしのがんnetに引き継がれた。

星野 増太郎　ほしの・ますたろう　手漉和紙製作者　[専]桐生和紙　[没]平成28年（2016）7月2日　79歳　[生]昭和12年（1937）　[出]群馬県桐生市　[学]桐生高卒　[歴]生家は桐生市郊外の梅田地区で代々和紙作りを営む。桐生

日　本　人　　　　　　　　　　　　　　　　　　　　　　　　　ほた

高を卒業後、地元の繊維メーカーに勤めたが、40代半ばで家業を継ぐことを決意し、昭和49年一時中断していた桐生和紙作りを父と再開。59年からは和紙作りに専念。63年群馬県伊香保のスケート国体用に国体史上初の手漉き和紙の表彰状500枚を製作して話題を呼んだ。群馬県内で唯一の和紙生産者で、平成12年群馬県ふるさと伝統工芸士に認定された他、桐生市からも同市指定重要無形民俗文化財桐生和紙技術保持者に認定された。　ⓚ桐生市指定重要無形民俗文化財桐生和紙技術保持者

星宮 望　ほしみや・のぞむ　東北大学名誉教授　東北学院大学学長・学院長　ⓢ生体電子工学　ⓧ平成29年（2017）1月25日　75歳　ⓑ神奈川県横須賀市　ⓖ東北大学工学部電子工学科〔昭和39年〕卒、東北大学大学院工学研究科電子工学専攻〔昭和44年〕博士課程修了　工学博士（東北大学）〔昭和44年〕　ⓚ昭和44年東北大学工学部助手、47年助教授、57年北海道大学応用電気研究所教授、63年東北大学工学部通信工学研究教授、平成5年電子工学科教授、6年大学院工学研究科教授。10年大学教育研究センター長、12年学長特別補佐を兼務。13～14年副総長。16年東北学院大学学長に就任。東北学院大学学院長も務めた。25年学長退任。この間、昭和50～51年スウェーデン・ウプサラ大学客員研究員。著書に「生体工学」など。ⓐ石川賞（第22回）〔平成元年〕、河北文化賞（第48回、平成10年度）「電子的神経・筋系制御システムの開発とその臨床応用」　ⓜ電子情報通信学会、日本エム・イー学会、リハビリテーション医学会、IEEE　ⓕ父＝星宮啓（東北学院大学名誉教授）

星屋 益男　ほしや・ますお　大同信号社長　ⓧ平成28年（2016）12月19日　71歳　ⓑ昭和20年（1945）7月18日　ⓑ千葉県　ⓖ東京大学工学部〔昭和43年〕卒　ⓚ昭和43年日本国有鉄道に入社。平成元年ジェイアール東日本情報システム取締役、15年副社長。16年大同信号副社長を経て、17年社長に就任。21年会長。

穂積 和夫　ほづみ・かずお　名古屋大学名誉教授　ⓢ森林生態学　ⓧ平成28年（2016）1月11日　88歳　ⓑ昭和2年（1927）11月8日　ⓑ奈良県　ⓖ京都大学農学部農学科卒　理学博士　ⓚ名古屋大学農学部教授を務めた。　ⓐ瑞宝中綬章〔平成24年〕　ⓜ日本林学会、日本生態学会、日本植物学会

穂積 淳　ほづみ・じゅん　作家　ⓧ平成28年（2016）1月3日　82歳〔敗血症〕　ⓑ昭和8年（1933）7月3日　ⓑ大分県　ⓔ本名＝加藤満雄（かとう・みつお）　ⓚ生後9ケ月で両親と渡満。新京、北京を経て、昭和20年阜新で敗戦を迎え、21年内地に引き揚げる。佐伯市鶴見を舞台にした鳥羽一郎の演歌「男の港」の作詞（共作）を手がけた他、平成4～9年大分合同新聞社が発行した月刊誌「ミックス」にエッセイを連載した。著書に「ちょっとだけピアニッシモに」などがある。

細井 冷一　ほそい・りょういち　国権酒造会長　ⓧ平成28年（2016）4月14日　83歳〔肺疾患〕　ⓚ国権酒造

会長で、福島県酒造組合理事、田島町観光協会会長などを歴任した。　ⓕ長男＝細井信浩（国権酒造社長）

細川 玖治　ほそかわ・ひさはる　福井新聞取締役　ⓧ平成28年（2016）9月28日　84歳〔腎不全・心不全〕　ⓑ昭和7年（1932）1月9日　ⓑ福井県　ⓖ金沢大学卒　ⓚ昭和29年福井新聞社に入社。植版・印刷各部長、大野支社長、事業部長、事業局次長を経て、58年武生支社長、61年事業局長、平成2年取締役。

細川 義雄　ほそかわ・よしお　志賀町（石川県）町長　ⓧ平成28年（2016）1月12日　82歳ⓑ昭和8年（1933）7月21日　ⓑ石川県羽咋郡志賀町　ⓖ羽咋高〔昭和27年〕卒　ⓚ昭和27年より羽咋公共職業安定所に勤務、38年大栄商事専務。46年石川県志賀町議に当選、58年町議会議長。平成2年から町長に4選。17年石川県町長会会長。21年落選。

細田 真平　ほそだ・しんぺい　打楽器奏者　関西打楽器協会理事　ⓧ平成29年（2017）6月5日　55歳〔くも膜下出血〕　ⓖ大阪芸術大学卒　ⓚ大学卒業後に渡米、ニューヨークやシカゴで研鑽を積む。帰国後、数多くの演奏会に出演した。

細田 正勝　ほそだ・まさかつ　日本精工副社長　ⓧ平成28年（2016）3月24日　89歳　ⓑ大正15年（1926）10月19日　ⓑ山梨県　ⓖ早稲田大学第一政経学部〔昭和27年〕卒　ⓚ昭和27年日本精工に入社。51年取締役EDPセンター所長、59年専務を経て、63年副社長。平成2年同社顧問、NSK土地建物社長。　ⓕ長男＝細田光人（松竹副社長）

細野 恒四郎　ほその・つねしろう　東レ常務　ⓧ平成28年（2016）12月18日　82歳〔呼吸不全〕　ⓑ昭和9年（1934）5月23日　ⓑ群馬県　ⓖ群馬大学工学部紡織工学科〔昭和32年〕卒　ⓚ昭和32年東洋レーヨン（現・東レ）に入社。63年取締役を経て、平成4年常務、8年常務理事。

細野 義一　ほその・よしかず　関東天然瓦斯開発常務　ⓧ平成29年（2017）12月19日　93歳　ⓑ大正13年（1924）1月26日　ⓑ三重県　ⓖ名古屋高商〔昭和18年〕卒　ⓚ昭和18年東洋高圧に入社。43年三井化学と合併して三井東圧化学（現・三井化学）に改称。50年関東天然瓦斯開発に転じ、52年取締役、59年常務。

細見 寿彦　ほそみ・としひこ　京都北都信用金庫理事長　ⓧ平成27年（2015）9月6日　76歳　ⓑ昭和36年宮津信用金庫に入り、岩滝信用金庫との合併を経験。北京都信用金庫時代には常務理事として丹後中央、網野各信金、丹後織物信用組合との合併を仕切った。14年の京都府北部5信金の合併でも中心的な役割を果たし、新たに誕生した京都北都信用金庫の初代理事長に就任。地域金融の安定化に貢献し、財務強化にも努めた。

甫田 鵄川　ほた・しせん　書家　日展理事　天真会主宰　全国書道美術振興会顧問　ⓢ漢字　ⓧ平成28年（2016）6月25日　92歳〔胆管がん〕　ⓑ大正13年（1924）1月20日　ⓑ奈良県生駒市高山町　ⓔ本名＝甫田茂（ほた・しげる）　ⓖ近畿大学商学部卒　ⓚ昭和19

年関西急行鉄道（現・近畿日本鉄道）に入社。間もなく応召し、復員後、木村知石に師事。漢字作家として活躍し、29年日展初入選。日展で発表を続け、平成5年「菜根譚」で日展内閣総理大臣賞。9年には日本芸術院賞を受けた。日展理事、読売書法会顧問、四天王寺国際仏教大学教授などを務めた。　㊹日本芸術院賞（第53回、平成8年度）〔平成9年〕「菜根譚」、紺綬褒章〔昭和51年〕、勲四等旭日小綬章〔平成12年〕、奈良県文化賞〔昭和36年〕、奈良新聞文化賞〔平成25年〕、毎日書道展毎日賞（第9回、昭和32年度）、日展特選・荢竹賞〔昭和35年〕「李長吉楽詩二首」、日展菊華賞〔昭和44年〕「欧陽文忠公詩」、日展内閣総理大臣賞〔平成5年〕「菜根譚」　㊸日展、読売書法会、日本書芸院、天真会、全国書道美術振興会　㊺師＝木村知石

堀田 岳成　ほった・がくじょう　僧侶　大樹寺第63世貫主　東海学園理事長　㊷平成27年（2015）7月29日　87歳〔肺炎〕　㊶昭和3年（1928）3月20日　㊸愛知県名古屋市東区　㊼仏教専　㊽平成17年徳川家康をはじめ歴代徳川将軍の位牌を安置する大樹寺の第63世貫主に就任。一方、昭和49年から東海中学・高校で国語の教鞭を執り、62年〜平成10年東海学園理事長。11年名誉学園長に就任。愛知県私学協会会長も務めた。　㊹旭日小綬章〔平成11年〕

ほ

堀田 一之　ほった・かずゆき　虹技社長　㊷平成29年（2017）2月16日　63歳〔急性心筋梗塞〕　㊶昭和28年（1953）4月11日　㊸兵庫県神戸市東灘区　㊼東京大学工学部〔昭和52年〕卒、スタンフォード大学大学院機械工学科〔昭和63年〕修士課程修了　㊽昭和52年住友金属工業に入社、圧延機用制御システムの開発などに携わる。平成3年神戸鋳鉄所（現・虹技）に転じ、同年取締役、5年常務、12年専務を経て、15年社長に就任。　㊵父＝堀田正之（虹技社長）

堀田 正矩　ほった・まさのり　写真家　㊷平成29年（2017）8月25日　77歳〔肺腺がん〕　㊶昭和15年（1940）　㊸愛知県犬山市　㊽少年期を福島県いわき市で過ごす。昭和36年当時すでに写真家として独立していた兄・堀田正実に師事し、クラシック、ポップス、ロック、ジャズなどの音楽ステージ写真を撮り始める。44年独立。46年に創刊された「週刊FM」の撮影を創刊号から廃刊（平成2年）まで担当。昭和55年頃からクラシックを中心にアーティストや公演写真を撮影。平成19年ミューザ川崎シンフォニーホールで初の写真展「私が出会った巨匠たち」を開催した。　㊵兄＝堀田正実（写真家）　㊺師＝堀田正実

堀田 満　ほった・みつる　植物分類学者　鹿児島大学名誉教授　鹿児島県立短期大学名誉教授　㊷平成27年（2015）7月8日　79歳〔骨髄異形成症候群〕　㊶昭和10年（1935）7月23日　㊸大阪府高槻市　㊼大阪府立大学農学部〔昭和35年〕卒、京都大学大学院理学研究科植物分類地理学専攻〔昭和41年〕博士課程単位取得退学　理学博士（京都大学）〔昭和45年〕　㊽小学5年の夏休みに初めて植物標本を作る。中学・高校は生物部に所属。昭和41年神戸女子大学家政学部講師、47年京都大学教養部助教授を経て、63年鹿児島大学理学部教授。平成8〜12年学部長。13年定年退官。同年鹿児島

市に西南日本植物情報研究所を設立。14〜18年鹿児島県立短期大学学長。我が国では数少ない熱帯植物の分類学者で、奄美の植物に精通。奄美の世界自然遺産登録に向けて林野庁が設置した奄美群島森林生態系保護地域設定委員会座長も務めた。イモ、セリ、ユリ、ランの仲間を広く研究、サトイモ科では種より一つ上の属を5つ新設し、世界最大のサトイモの新種を発見した。食用・有用植物の資料も収集し、平成元年には厚さ7.5センチの大著「世界有用植物事典」を完成させた。7年奄美大島の住民が研究室に持ち込んだ茎を栽培したところ、9年秋初めて花が咲き、すでに絶滅したとみられていたリュウキュウスズカケであることを確認。著書に「植物の分布と進化」「日本列島の植物」「野山の本〈1・2〉」などがある。　㊹松下幸之助花の万博記念賞（第1回）〔平成5年〕、環境大臣表彰〔平成13年〕、南方熊楠賞（第19回）〔平成21年〕、大同生命地域研究賞（第24回）〔平成21年〕、南日本文化賞〔平成21年〕　㊸日本植物学会、植物分類地理学会、種生物学会、関西自然保護機構

厚朴 興二　ほのき・こうじ　日本経済新聞常務　㊷平成27年（2015）9月29日　83歳〔老衰〕　㊶昭和7年（1932）7月26日　㊸山形県　㊼早稲田大学政経学部卒　㊽昭和31年日本経済新聞社に入社。大阪・東京各販売第一部長、販売局次長を経て、59年大阪販売局長、61年取締役、62年東京販売局長、平成2年常務を歴任。5年退societ、日経総合販売（現・日経メディアマーケティング）社長。

洞内 徳蔵　ほらない・とくぞう　十和田市長　㊷平成27年（2015）9月6日　94歳〔肺炎〕　㊶大正10年（1921）8月4日　㊸青森県上北郡大深内村（十和田市）　㊼三本木農学　㊽昭和29年青森県大深内村収入役、41年十和田市収入役、46年同市議を経て、51年市長に当選。1期。　㊹旭日双光章〔平成18年〕、十和田市褒賞〔平成7年〕

堀 磯路　ほり・いそじ　俳人　「熊野」主宰　㊷平成28年（2016）7月18日　97歳　㊶大正7年（1918）8月8日　㊸和歌山県東牟婁郡串本町　㊵本名＝堀健三（ほり・けんぞう）　㊼串本小高等科卒　㊽昭和12年から「ホトトギス」に投句。36年「かつらぎ」に拠り、阿波野青畝の指導を受ける。50年から「熊野」を主宰した。句集に「南端の町」がある。　㊸俳人協会　㊺師＝阿波野青畝、森田峠

堀 栄一　ほり・えいいち　新明和工業常務　㊷平成27年（2015）3月14日　90歳〔肺炎〕　㊶大正13年（1924）　㊼東京帝国大学〔昭和22年〕卒　㊽昭和27年日立製作所に入社。同社理事を経て、55年新明和工業取締役、58年常務。

堀 淳一　ほり・じゅんいち　エッセイスト　北海道大学名誉教授　㊿物理学、地図、鉄道、旅行　㊷平成29年（2017）11月15日　91歳〔多臓器不全〕　㊶大正15年（1926）10月6日　㊸北海道江別市　㊼北海道大学理学部物理学科〔昭和25年〕卒　理学博士　㊽京都府に生まれ、昭和10年北海道札幌に移住。北海道大学理学部卒業後、同大低温科学研究所助手などを経て、物性物理学・統計力学・数理物理学を専攻。同大で物理学の研究・教育に従事し、41年理学部教授。一方、小学生時代から地図・地形図に親しみ、47年に「地図のたのしみ」で日本エッセイスト・クラブ賞を受賞。55年退

職後はエッセイストに転向、地図や旅をテーマに執筆した。地形図を手に全国の旧道、廃線跡、産業遺産などを歩く旅も行い、地図と旅の愛好者の集まり“コンターサークルS”を設立、地図ブームの先駆けとなった。著書に「忘れられた道」「ヨーロッパの気ままな旅」「ヨーロッパ軽鉄道の旅」「ケルトの残照」「地図の中の札幌」「北海道 地図の中の鉄路」(最後の著作)、「地図の風景」(全20巻・共著)など多数。専門書は「物理数学」など。 [賞]日本エッセイスト・クラブ賞(第20回)〔昭和47年〕「地図のたのしみ」, 国土地理院長表彰〔平成2年〕 [団]日本国際地図学会, 日本古地図学会, 日本エッセイスト・クラブ, 地図情報センター [家]父＝堀健夫(北海道大学名誉教授), 弟＝堀浩二(帯広畜産大学名誉教授)

堀 禎一　ほり・ていいち　映画監督 [没]平成29年(2017)7月18日 47歳〔くも膜下出血〕 [生]昭和44年(1969) [出]兵庫県たつの市 [学]東京大学文学部仏文科卒 [歴]平成15年ピンク映画「宙ぶらりん(SEX配達人 おんな届けます)」で映画監督デビュー。19年「妄想少女オタク系」で一般映画を初監督。その後も「憐 Ren」「魔法少女を忘れない」などのライトノベルや漫画を原作とする映画や「東京のバスガール」などのピンク映画を監督。自主制作で初のドキュメンタリー映画〈天竜区〉シリーズも手がけた。また、雑誌などに映画評も執筆。29年、6年ぶりの劇映画である「夏の娘たち～ひめごと～」の公開中に、くも膜下出血のために急逝した。

堀井 順太郎　ほりい・じゅんたろう　北海道新聞常務 [没]平成28年(2016)2月5日 90歳〔肺炎〕 [生]大正14年(1925)9月18日 [出]北海道茅部郡森町 [学]東京外専仏語科〔昭和21年〕卒 [歴]昭和23年北海道新聞社に入社。45年釧路支社機報部長、47年本社整理委員、50年労務部長、52年人事局次長兼労務部長、56年釧路支社長、58年取締役人事局長、62年常務東京支社長を歴任。平成元年退任。

堀池 秀人　ほりいけ・ひでと　建築家　堀池秀人都市建築研究所主宰　堀池秀人アトリエ主宰 [没]平成27年(2015)6月 66歳 [生]昭和24年(1949) [出]長崎県長崎市 [学]東京大学大学院都市工学専攻博士課程修了 [歴]米国カリフォルニア大学ロサンゼルス校客員講師などを経て、マサチューセッツ工科大学客員教授。主な作品に「甲府富士屋ホテル」「ハワイの京屋レストラン」「赤坂ADAXビル」「SHERATON PALACE HOTEL」「FORUM NAVARIS(箱根ホテル)」「白石市文化体育活動センターCUBE」「公立刈田綜合病院」「銀座カンセイ」など。著書に「和英建築実務用語集」「生き方を創る『設計図』」「まちの遺伝子」、「男語おんな語翻訳指南」(森瑤子との共著)、訳書にアーヴィン・Y.ガランタイ「都市はどのようにつくられてきたか」、フランシス・ファーガソン「システムとしての都市」などがある。平成7年フリーアナウンサーの南美希子と結婚。おしどり夫婦として知られたが、25年離婚した。 [賞]AIA賞〔平成3年〕「京屋レストラン」, 建築業協会賞(第39回)〔平成10年〕「白石市文化体育活動センターCUBE」, デダロ・ミノス国際建築賞〔平成14年〕, 医療福祉建築賞〔平成15年〕「公立刈田綜合病院」, 日本建築学会作品選奨(第10回)〔平成16年〕「公立刈田綜合病院」, 日本建築家協会賞〔平成17年〕「公立刈田綜合病院」, JCDデザインアワードクライン・ダイサム賞〔平成17年〕「銀座カンセイ」

堀内 岩雄　ほりうち・いわお　レスリング選手・指導者　日本大学商学部教授・レスリング部監督　東京五輪レスリング・フリースタイルライト級銅メダリスト [没]平成27年(2015)3月4日 73歳〔糖尿病〕 [生]昭和16年(1941)12月9日 [出]富山県滑川市改養寺 [学]滑川高卒, 日本大学商学部卒 [歴]滑川高から日大商学部に進む。レスリング・フリースタイルのライト級で秋田国体やインカレを制覇、昭和38年世界選手権ブルガリア大会で優勝を飾ったが、39年東京五輪は銅メダル。43年メキシコ五輪は同級7位に終わった。その後、日大商学部教授となり、レスリング部監督として後進の指導にあたった。 [賞]朝日賞(体育賞, 昭和38年度)「世界アマチュア・レスリング選手権大会フリースタイル・ライト級に優勝」 [団]日本体育学会, 日本体力医学会

堀内 完　ほりうち・かん　舞踊家　演出家　振付師　ユニーク・バレエ・シアター主宰 [専]バレエ, ミュージカル [没]平成28年(2016)5月20日 85歳〔老衰〕 [生]昭和5年(1930)6月10日 [出]愛知県名古屋市 [学]舞台芸術学院〔昭和24年〕卒 [歴]舞台芸術学院ではじめ演出を習い、のち舞踊に転向、貝谷バレエ団に入る。昭和30年安藤哲子とユニークダンスグループを結成、34年独立してユニーク・バレエ・シアターを設立。舞台芸術学院、いずみたくミュージカルアカデミー、多摩美術大学など各講師も務めた。 [賞]グローバル松山樹子賞(第2回)〔平成5年〕, 橘秋子賞功労賞(第23回)〔平成9年〕, 舞踊文化功労賞〔平成10年〕, 全国舞踊コンクール石井漠賞〔昭和55年〕 [家]長男＝堀内元(バレエダンサー), 二男＝堀内充(バレエダンサー), 長女＝堀内かおり(バレリーナ) [師]師＝貝谷八百子, 伊藤道郎

堀内 常雄　ほりうち・つねお　秋田県議(社会党) [没]平成29年(2017)9月6日 93歳〔老衰〕 [生]大正13年(1924)6月20日 [出]秋田県 [学]能代工卒 [歴]秋田県八森町議を経て、昭和38年から秋田県議を通算4期務めた。

堀内 正文　ほりうち・まさぶみ　富士宮東高校校長 [没]平成27年(2015)7月14日 81歳 [生]昭和8年(1933)10月8日 [出]神奈川県横浜市 [学]南多摩高〔昭和27年〕卒, 国学院大学国文科〔昭和31年〕卒 [歴]昭和31年静岡県立富士高校教諭となったのを皮切りに、静岡県の公立高校で教鞭を執る。教育カウンセリングの専門家で、島田高在職時に県内初の教育相談室を開設した。島田市博物館協議会会長、島田市文化協会会長も歴任。また、歌舞伎に通じ、SBS学苑で講師も務めた。

堀内 光雄　ほりうち・みつお　衆院議員(自民党)　通産相　労相　富士急行社長 [没]平成28年(2016)5月17日 86歳〔間質性肺炎〕 [生]昭和5年(1930)1月1日 [出]山梨県笛吹市 [学]慶応義塾大学経済学部〔昭和27年〕卒 [歴]祖父・堀内良平、父・堀内一雄と3代続く代議士一族。昭和28年富士山麓電鉄(現・富士急行)に入社、37年社長。55年取締役、59年再び社長、平成2年会長。9年退任。テレビ山梨会長も務めた。この間、昭和51年旧山梨全県区から衆院議員に初当選。55年行政管理政務次官、59年総務政務次官を経て、平成元年宇野内閣

ほ

の労相として初入閣。2年落選、5年返り咲き。9年第二次橋本改造内閣で通産相に就任。13〜16年自民党総務会長。党内ではリベラル派とされる宮沢派（宏池会）に所属。12年11月当時の派閥会長だった加藤紘一が森首相の退陣を求め、野党選出の内閣不信任決議案に同調を試みた“加藤の乱”で派閥が分裂した後、反加藤グループを率いて、13年堀内派を結成した。17年衆院本会議で小泉内閣の進める郵政民営化法案に反対票を投じ、その後派閥会長を辞任。同年9月の衆院選では党の公認を得られず無所属で立候補し、議席を守る。10月再び衆院本会議に上程された郵政民営化法案には賛成票を投じた。同月党より離党勧告処分を受け、党を離れた。第一次安倍内閣の18年12月自民党に復帰し、古賀派入り。21年落選。通算10期。運輸、経済問題に強い代議士として活躍し、党リニア特命委員長などを務める。12年には月刊誌「文芸春秋」に石油公団の杜撰な運営の実体を告発、同公団を廃止に追い込む原動力となった。著書に「人間の価値計算」「自民党は殺された！」「平成安国論」「『靖国』と『千鳥ヶ淵』を考える」などがある。　[賞]勲一等旭日大綬章〔平成15年〕　[家]父＝堀内一雄（衆院議員・富士急行社長），長男＝堀内光一郎（富士急行社長），祖父＝堀内良平（衆院議員）

ほ

堀内 巳次　ほりうち・みつぐ　あずみ農協理事長　全国農協中央会会長　[没]平成29年（2017）8月12日　100歳〔肺炎〕　[生]大正6年（1917）2月20日　[出]長野県南安曇郡豊科町（安曇野市）　[学]松本中〔昭和9年〕卒　[歴]昭和46年あづみ農協理事長、58年長野県の農協中央会、信連、経済連、共済連、厚生連の各会長に就任。平成8年5月退任。この間、昭和62年〜平成5年全国農協中央会会長を務めた。　[賞]黄綬褒章〔昭和58年〕，勲二等旭日重光章〔平成11年〕

堀江 文夫　ほりえ・ふみお　沼田市長　[没]平成28年（2016）4月22日　92歳　[生]大正13年（1924）4月2日　[出]群馬県　[学]桐生工専機械科〔昭和20年〕卒　[歴]群馬県薄根村議、沼田市議4期を経て、昭和45年以来市長に4選。　[賞]勲三等瑞宝章〔平成6年〕

堀江 泰子　ほりえ・やすこ　料理研究家　[没]平成29年（2017）3月3日　94歳〔敗血症〕　[生]大正12年（1923）2月18日　[出]宮崎県日南市　[学]自由学園高等科卒　[歴]祖父は貴院議員などを務めた実業家の高橋源次郎で、小学4年の時に宮崎県から東京に転居。昭和37年NHK「きょうの料理」に出演して以来、数々の料理番組に出演。家庭料理を教える料理研究家の草分け的存在として長く活躍。また、約50年にわたって東京都内の自宅で料理教室を開き、「飫肥の天ぷら」「白和え」「のた芋」などの郷土料理を全国に紹介した。著書に「基本のおかず」「堀江さんちの晩ごはん」など。長女の堀江ひろ子、孫のほりえさわこも料理研究家で、「元気っ子が育つ家庭料理」などひろ子との共著もある。[賞]日南市功労表彰〔平成16年〕　[家]夫＝堀江正夫（陸将・参院議員），長女＝堀江ひろ子（料理研究家），孫＝ほりえさわこ（料理研究家），祖父＝高橋源次郎（実業家・貴院議員）

堀尾 輝昭　ほりお・てるあき　住友大阪セメント専務　[没]平成28年（2016）10月25日　86歳〔がん〕　[生]昭和5年（1930）10月21日　[出]大阪府　[学]神戸大学法学部〔昭和29年〕卒　[歴]昭和29年大阪窯業セメント（現・住友大阪セメント）に入社。大阪支店長を経て、62年取締役、63年常務、平成3年専務、7年顧問。

堀上 謙　ほりがみ・けん　能楽評論家　「能楽ジャーナル」編集長　[没]平成28年（2016）9月10日　85歳〔膵臓がん〕　[生]昭和6年（1931）　[出]東京都　[学]早稲田大学文学部卒　[歴]朝日新聞社に入社。企画部芸能担当を経て、退社。「能楽ジャーナル」編集長などを務めた。また、能楽プロデューサーとして能の普及啓蒙に携わる傍ら、能の舞台写真家としても活躍。武田四郎・太加志に観世流仕舞、謡曲を、田中一次に幸流小鼓を師事した。著書に「能楽展望」「能の集積回路」、共著に「能一華の風姿」「源氏物語と能」「能の平家物語」「能の四季」、写真集に「能・修羅と艶の世界」「能面変妖」などがある。　[団]日本演劇学会，日本能楽学会，日本ペンクラブ

堀切 民喜　ほりきり・たみよし　住友信託銀行副会長　関西経済同友会代表幹事　本州四国高速道路社長　[没]平成29年（2017）12月16日　86歳〔間質性肺炎〕　[生]昭和6年（1931）11月22日　[出]愛媛県新居浜市　[学]慶応義塾大学経済学部〔昭和29年〕卒　[歴]昭和29年住友信託銀行（現・三井住友信託銀行）入行。56年取締役、58年常務、60年専務、63年副社長、平成3年副会長。5年エフエムはちまるに社長。15年本州四国連絡橋公団総裁に就任。17年日本道路公団民営化により誕生した本州四国連絡高速道路社長となる。この間、平成元年〜3年関西経済同友会代表幹事を務めた。

堀口 勲　ほりぐち・いさお　中国放送社長　中国新聞常務　[没]平成28年（2016）12月16日　85歳〔肺炎〕　[生]昭和6年（1931）3月1日　[出]広島県広島市　[学]広島大学工学部工業経営学科〔昭和28年〕卒　[歴]昭和28年中国新聞社に入社。45年報道部長、47年東京支社編集部長、51年広告局長、55年取締役、59年常務を経て、平成2年中国放送社長。11年会長。広島日米協会会長、広島県日韓親善協会会長も務めた。　[賞]勲三等瑞宝章〔平成14年〕

堀口 治五右衛門　ほりぐち・じごうえもん　岩手県議　[没]平成29年（2017）12月11日　94歳〔直腸がん〕　[生]大正12年（1923）12月5日　[出]岩手県二戸郡一戸町　[学]法政大学専門部政治経済学科〔昭和18年〕卒　[歴]昭和50年自民党から岩手県議に当選。平成7年議長。新進党を経て、自由党に所属。11年落選。通算5期務めた。[賞]勲四等瑞宝章〔平成12年〕，全国都道府県議会議長会地方自治功労表彰〔平成10年〕

堀口 真平　ほりぐち・しんぺい　埼玉県議（自民党）　[没]平成28年（2016）9月6日　84歳〔老衰〕　[生]昭和6年（1931）11月11日　[出]埼玉県東村山市　[学]日本大学法学部卒　[歴]東京新聞記者、東松山市議2期を経て、昭和46年自民党から埼玉県議に当選。平成3年落選。7年返り咲き。10年議長。15年落選。通算7期。　[賞]旭日中綬章〔平成16年〕

堀口 星眠　ほりぐち・せいみん　俳人　医師　「橡」主宰　[没]平成27年（2015）2月2日　91歳　[生]大正12年（1923）3月13日　[出]群馬県碓氷郡安中町（安中市）　[名]本名＝堀口慶次（ほりぐち・けいじ）　[学]東京帝国大学医学部〔昭和21年〕卒　[歴]東大附属病院物療内科を経

て、昭和30年安中市で開業。一方、俳句は18年「馬酔木」に入会して水原秋桜子に師事。26年馬酔木新人賞を受け、27年同人。この頃、軽井沢森の家を中心に大島民郎、岡谷公二、相馬遷子らと清新な風景句を作り、“高原俳句”と呼ばれる。56年秋桜子の生前の指名により同誌を継承・主宰。59年「橡（とち）」を創刊・主宰。平成21年、24年ぶりの句集「テーブルの下に〈上下〉」を出版。また、昭和56年～平成23年毎日新聞「毎日俳壇」の選者を務めた。他の句集に「火山灰の道」「営巣期」「青葉木菟」「樹の雫」「祇園祭」などがある。 [賞]馬酔木新人賞〔昭和26年〕，馬酔木賞〔昭和33年〕，俳人協会賞（第16回）〔昭和51年〕「営巣期」 [団]俳人協会 [家]娘＝三浦亜紀子（俳人） [師]師＝水原秋桜子

堀口 始 ほりぐち・はじめ 演出家 [没]平成28年（2016）2月16日 84歳〔肺気腫〕 [生]昭和6年（1931）7月15日 [出]大分県中津市 [名]本名＝堀口光雄（ほりぐち・みつお） [学]日本大学芸術学部演劇学科中退 [歴]昭和40年から劇団青年劇場に所属。「かげの砦」「銃口―教師・北森竜太の青春」などを手がける。韓国やロシアでも演出した作品が上演された。

掘越 弘毅 ほりこし・こうき 東京工業大学名誉教授 東洋大学名誉教授 [専]応用微生物学 [没]平成28年（2016）3月16日 83歳 [生]昭和7年（1932）10月28日 [出]埼玉県 [学]東京大学農学部農芸化学科〔昭和31年〕卒，東京大学大学院農学研究科農芸化学専攻〔昭和38年〕博士課程修了 農学博士 [歴]米国パデュー大学研究員となり、昭和38年博士課程修了後、理化学研究所に入り、49年から主任研究員。この間、41～42年米国カリフォルニア大学デービス分校助教授、59年～平成2年新技術開発事業団の「特殊環境微生物プロジェクト」総括責任者を務め、昭和63年～平成5年東京工業大学教授を兼任。2年より海洋科学技術センター（現・海洋研究開発機構）Deep Starプロジェクトリーダー兼任、13年同極限環境生物フロンティア長。5～15年東洋大学教授。昭和43年強アルカリ性の環境で増殖する微生物を発見、それまでの生物学界の定説を覆した。58年には好アルカリ性微生物から大腸菌の菌体外分泌遺伝子を発見。以後も猛毒の有機溶媒の中や、1000気圧を超える1万メートルの深海といった極限環境で暮らす微生物を発見する。平成18年日本学士院賞を受賞。著書に「極限微生物」「極限微生物と技術革新」、谷口維紹との共著「転換するバイオテクノロジー」などがある。 [賞]日本学士院賞（第96回）〔平成18年〕「好アルカリ性微生物の発見と，その生理および応用に関する研究」，紫綬褒章〔昭和62年〕，勲三等旭日中綬章〔平成14年〕，日本農芸化学会賞〔昭和41年〕「麹菌溶解酵素およびその細胞表層の研究」，科学技術庁長官賞研究功績者表彰（第5回）〔昭和54年〕「アルカリ性醱酵法によるβ－サイクロデキストリンの製造に関する研究」，市村賞学術の部功績賞（第12回）〔昭和55年〕「アルカリ性発酵法によるβ－サイクロデキストリンの製造法の開発」，井上春成賞〔昭和56年〕「アルカリ性醱酵法によるシクロデキストリン製造技術」，大河内記念技術賞（第28回）〔昭和56年〕「アルカリ性醱酵法による有用酵素の開発とこれを用いるシクロデキストリン製造技術の確立」，市村賞産業の部功績賞（第20回）〔昭和63年〕「アルカリセルラーゼの製造法の開発」，日本農芸化学会賞〔平成1年〕「好アルカリ性微生物とアルカリ酵素の研究」，国際バイオテクノロジー協会金メダル〔平成3年〕，有馬啓記念バイオインダストリー協会賞（平成3年度），本田賞（平成5年度） [団]日本農芸化学会，発酵協会，発酵工業協会

堀越 千秋 ほりこし・ちあき 洋画家 [没]平成28年（2016）10月31日 67歳〔多臓器不全〕 [生]昭和23年（1948）11月4日 [出]東京都台東区根津 [学]東京芸術大学大学院油画専攻〔昭和50年〕修了 [歴]昭和51年スペイン政府給費留学生として渡西。以後、マドリードに在住し、日本と行き来しながら活動。ヨーロッパ各地で個展を開催し、現代美術の分野で活躍。朝日新聞の連載小説「斜影はるかな国」（逢坂剛）、「人が見たら蛙に化れ」（村田喜代子）などの挿画を担当。ANAグループ機内誌「翼の王国」の表紙絵でも親しまれた。平成14年より作陶も始め、フラメンコ歌手としても活動した。26年にはスペイン文民功労章を受章した。画集に「マイトレーヤの散歩」、著書に「渋好み純粋正統フラメンコ狂日記」「アンダルシアは眠らない」「スペイン七千夜一夜」などがある。 [賞]スペイン文民功労章〔平成26年〕

堀籠 敬蔵 ほりごめ・けいぞう 剣道家 宮城県剣道連盟会長 [没]平成29年（2017）6月3日 96歳〔脳梗塞〕 [生]大正10年（1921）1月1日 [出]宮城県黒川郡大和町 [学]黒川農卒，大日本武徳会武道専〔昭和19年〕卒 [歴]昭和51年世界剣道選手権で審判員となり、52年全日本剣道八段選抜大会で優勝。宮城県剣道連盟理事長、同会長、全日本剣道連盟常任理事や審議員を歴任。また、宮城県警の剣道師範を24年間務めた。平成6年宮城県で2人目となる、剣道界の事実上の最高位・範士9段に昇格した。 [賞]河北文化賞（第44回，平成6年度）

堀沢 光儀 ほりさわ・みつぎ 小説家 岩手県農協五連会長室次長 [没]平成27年（2015）9月22日 78歳〔肺炎〕 [生]昭和12年（1937）9月10日 [出]岩手県久慈市 [名]筆名＝儀村方夫（よしむら・まさお） [学]久慈高卒 [歴]昭和44年「にがい米」で農民文学賞を受賞。59年からは岩手日報夕刊に月1回掲載される菓子舗・丸藤の広告「丸藤童話館」に創作童話を執筆、平成22年まで続けた。著書に「岩手のメルヘン」「虹をつむぐ橋」「金田一京助物語」「岩手の童話館」などがある。 [賞]農民文学賞（第12回）〔昭和44年〕「にがい米」，岩手県教育表彰〔昭和44年〕

堀田 倫男 ほりた・みちお 読売新聞編集委員・局次長待遇 [没]平成27年（2015）9月27日 84歳〔小脳出血〕 [生]昭和5年（1930）11月4日 [出]熊本県 [学]慶応義塾大学経済学部卒 [歴]昭和28年読売新聞社に入社。校閲部次長、53年同部長を経て、編集委員兼局次長待遇。

堀地 速男 ほりち・はやお 銚子丸創業者 [没]平成28年（2016）6月27日 75歳〔誤嚥性肺炎〕 [生]昭和16年（1941）5月24日 [出]富山県 [歴]平成9年妻と株式会社オール（現・銚子丸）を創業。玩具店、持ち帰り寿司店、とんかつ店、中華料理店、回転寿司店などを運営。10年千葉県市川市に「すし銚子丸」第1号店を開店。“グルメ回転寿司”という新しい業態で注目を集め、

ほ

ほりのうち　日本人

回転寿司チェーンとして発展させた。㊥妻＝堀地ヒロ子（銚子丸会長）

堀内 宗完 ほりのうち・そうかん　茶道家　表千家流堀内家12代目当主　㊣平成27年（2015）5月27日　96歳〔前立腺がん〕　㊌大正8年（1919）1月20日　㊊京都府京都市中京区釜座通二條上ル　㊚本名＝堀内吉彦（ほりのうち・よしひこ）、号＝兼中斎、長生庵、後名＝堀内宗心（ほりのうち・そうしん）　㊥京都帝国大学理学部〔昭和19年9月〕卒　㊦京都帝国大学理学部副手を務めていたが、昭和20年5月、21年2月に兄が急逝したため、直ちに表千家に入門、28年12世宗完を襲名。平成9年13世宗完を甥に譲り、宗心を名のった。11年4月より家元より伝を受ける。著書に「茶の湯歳時記」「表千家点前」「茶事の心得」などがある。　㊥京都市芸術功労賞〔平成14年〕　㊥父＝堀内宗匠（不仙斎、堀内家10代目）、兄＝堀内宗完（幽峯斎、11代目）

堀場 雅夫 ほりば・まさお　堀場製作所創業者　㊣平成27年（2015）7月14日　90歳〔肝細胞がん〕　㊌大正13年（1924）12月1日　㊊京都府京都市下京区正面　㊥京都帝国大学理学部物理学科〔昭和21年〕卒　医学博士〔昭和36年〕　㊦物理化学者・堀場信吉の長男。京都帝大3回生の昭和20年10月、堀場無線研究所を創業して我が国の学生ベンチャーの草分けといわれる。28年堀場製作所を設立し社長に就任。"おもしろおかしく"を社是に掲げて実践、国産初のガラス電極pH（ペーハー、水素イオン濃度指数）計やガス赤外線分析計などをヒット商品に生み出し、分析機器のトップメーカーに育て上げる。特に自動車の排気ガス測定装置では世界シェア7割を占めるまでになった。36年血液分析の研究で医学博士号を取得。53年会長に退き、同年社員の福利厚生事業を担うホリバ・コミュニティ（HOCOM）を設立。平成17年最高顧問。昭和63年京都高度技術研究所設立に伴い理事長に就任。また日本新事業支援機関協議会（JANBO）代表幹事、創業・ベンチャー国民フォーラム代表幹事、平成13〜19年京都商工会議所副会頭、14年アジア・インキュベーション・ネットワーク初代会長などを歴任するなど、京都の産業振興やベンチャー企業の支援・育成にも尽力。16年には分析計測の研究に取り組む国内外の優れた研究者を支援する堀場雅夫賞を創設した。歯に衣着せぬ直言居士で、著書に「イヤならやめろ！」「堀場雅夫の経営心得帖」「仕事ができる人できない人」「問題は経営者だ！」などがある。　㊥藍綬褒章〔昭和57年〕、伴記念賞名誉賞（第4回）〔昭和58年〕「各種合成光学結晶、赤外導光用ファイバーの産業界への寄与」、企業広報賞特別賞（第12回）〔平成8年〕、毎日経済人賞（第18回）〔平成10年〕、ビッツコン・ヘリテージ賞〔平成18年〕、京都市民栄誉賞〔平成28年〕　㊥父＝堀場信吉（物理化学者）、長男＝堀場厚（堀場製作所社長）

堀辺 正史 ほりべ・せいし　武道家　骨法古武術52代師範　喧嘩芸骨法創始師範　㊣平成27年（2015）12月26日　74歳〔心不全〕　㊌昭和16年（1941）　㊊茨城県水戸市　㊥父より、日本独自の拳法である骨法をたたき込まれる。修行の末に骨法を改革し、新技の数々と掌握術を創始。近代骨法の父と呼ばれる。骨法整体術

（健康法）の大家として、テレビ・雑誌などでも活躍。喧嘩芸骨法創始者。中華民国台北県国術会顧問。著書に「『骨法』の秘密」「骨法不動行一究極の喧嘩芸奥義」がある。

堀部 憲夫 ほりべ・のりお　南山短期大学名誉教授　㊥英語教育学　㊣平成29年（2017）10月18日　84歳〔心筋梗塞〕　㊌昭和7年（1932）12月1日　㊊名古屋大学文学部英文学科卒　㊦南山短期大学英語科教授を務めた。

本城 美智子 ほんじょう・みちこ　小説家　㊣平成27年（2015）4月9日　61歳　㊌昭和28年（1953）10月13日　㊊神奈川県　㊚本名＝鈴木美智子　㊥明治学院大学文学部卒　㊦大学時代から小説を書き始め、昭和61年「十六歳のマリンブルー」ですばる文学賞を受賞。62年デザイン会社を退職。著書に「彼と彼女の百の微罪」「夢境の花」「プライベートな星空」などがある。　㊥すばる文学賞（第10回）〔昭和61年〕「十六歳のマリンブルー」　㊥日本文芸家協会、東洋文化研究会

本田 香澄 ほんだ・こうちょう　書家　長崎県書道展副会長　㊥漢字　㊣平成29年（2017）8月10日　93歳〔心不全〕　㊌長崎県長崎市　㊚本名＝本田一実（ほんだ・かずみ）　㊦長崎県書道展副会長、長崎書道会名誉顧問などを務めた。　㊥師＝広津雲仙

本多 波雄 ほんだ・なみお　情報工学者　東北大学名誉教授　名古屋大学名誉教授　豊橋技術科学大学学長・名誉教授　㊣平成28年（2016）12月30日　94歳〔心不全〕　㊌大正11年（1922）10月10日　㊊愛知県豊田市　㊥東北帝国大学工学部通信工学科〔昭和19年〕卒、東北帝国大学大学院特別研究生〔昭和21年〕修了　工学博士　㊦昭和21年東北大学電気通信研究所に勤務、26年工学部助教授、29年電気通信研究所助教授を兼任、35年教授、47年同研究所長、51年名古屋大学工学部教授、56年豊橋技術科学大学教授、57年副学長、59年学長。通信理論、情報理論の草分けの存在。著書に「情報理論入門」「オートマトン・言語理論」などがある。　㊥勲二等旭日重光章〔平成8年〕、大川賞（第10回、平成13年度）「わが国の情報理論およびオートマトン・言語理論に関する先駆的かつ卓越した業績」　㊥電子情報通信学会、日本OR学会、IEEE　㊥父＝本多静雄（エフエム愛知社長）、弟＝宇佐美道雄（東京都立科学技術大学名誉教授）

本多 虔夫 ほんだ・まさお　医師　横浜市脳血管医療センター長　㊥神経内科　㊣平成28年（2016）5月3日　82歳　㊌昭和8年（1933）12月23日　㊊東京都品川区　㊥慶応義塾大学医学部〔昭和33年〕卒　医学博士（慶応義塾大学）〔昭和44年〕　㊦昭和33年米国空軍立川病院でインターンの後、34年フルブライト奨学生として米国へ留学、ジョンズ・ホプキンス大学で病理学、内科学、神経内科学を学ぶ。40年帰国して横浜市立病院に勤務、平成15年まで勤め、市立友愛病院長、市立市民病院長、市立脳血管医療センター長を歴任した。28年高齢生活研究室を設立して代表に就任したが、間もなく亡くなった。著書に「写真でみる神経学的検査法」「神経病へのアプローチ」「元気ですごそう高齢期」「ハッピーエイジングのすすめ」などがある。　㊥日本内科学会、日本神経学会、日本神経治療学会、日本脳

卒中学会, 日本リハビリテーション学会, 日本高次脳機能学会

本多 祐一朗　ほんだ・ゆういちろう　宮城県議（社民党）　[没]平成28年（2016）1月12日　59歳〔肺がん〕　[生]昭和31年（1956）1月29日　[出]群馬県高崎市　[学]東北大学経済学部卒　[歴]宮城県護憲平和センター事務次長などを経て、社会党宮城県組織局長。昭和62年宮城県議選旧仙台選挙区に社会党から当選。平成27年引退。通算6期。

本田 祐造　ほんだ・ゆうぞう　写真家　本田写真事務所代表　[専]風景, スナップ, 生活, 四万十川　[没]平成28年（2016）7月26日　78歳　[生]昭和13年（1938）1月20日　[出]高知県幡多郡大月町　[名]本名＝本田祐造（ほんだ・ゆうぞう）　[学]日本音楽学校〔昭和34年〕卒　[歴]昭和34年より教師の傍ら主に四万十川の四季の変化と伝統漁法、流域の暮らしをライフワークとして撮り続ける。平成10年定年退職を機に本田写真事務所を開設。プロ活動に入る。個展に「四万十川もよう」（新宿・大阪・ペンタックスフォーラム, 6年）、「四万十川四季物語」（新宿ペンタックスフォーラム, 10年）、グループ展に「最後の清流 四万十川写真展」（大阪大丸ミュージアム, 新宿パークタワー, 14年）など。連載等に読売新聞「四万十川賛歌」（昭和63年）、毎日新聞「四万十川百景」（平成6年）、産経新聞「遍路のいる風景」（9年）、インターネットのネットウェーブ四国「四万十川の四季」（9～12年）などがある。　[賞]中村市（現・四万十市）ふるさと功労賞（第1回）, 二科展推薦メーカー賞, 富士フイルムネイチャーフォトコン金賞・グランプリ賞, 毎日新聞読者の写真コンクール年度賞, 朝日新聞日本の自然100選特選（5回）　[資]中学校教諭2級普通免許状（音楽）　[団]日本写真家協会, 日本写真協会

本多 義明　ほんだ・よしあき　福井大学名誉教授　[専]交通工学　[没]平成27年（2015）4月28日　72歳　[生]昭和17年（1942）6月11日　[出]愛知県名古屋市　[学]名古屋大学工学部土木工学科卒, 名古屋大学大学院工学研究科土木工学専攻修士課程修了　工学博士　[歴]福井大学工学部教授を務めた。平成13～19年同大副学長。

本徳 義明　ほんとく・よしあき　朝日医療学園理事長　[没]平成28年（2016）9月10日　73歳　[歴]平成10年より岡山県の学校法人朝日専修学園理事長を務め、20年朝日医療学園に名称変更。28年名誉理事長。

本保 勝弘　ほんぼ・かつひろ　洋画家　富山県洋画連盟委員長　[没]平成27年（2015）7月22日　73歳〔急性心筋梗塞〕　[生]昭和17年（1942）3月17日　[出]富山県高岡市　[学]高岡工芸高卒　[歴]富山市の樹脂加工会社に勤める傍ら、洋画家として創作に励み、油彩、シルクスクリーン、オブジェなどを制作。富山市美術作家連合会長、富山県美術連合会事務局長、平成26年富山県洋画連盟委員長を歴任した。

本間 一秋　ほんま・かずあき　竹工芸家　本間工芸社長　[没]平成29年（2017）7月13日　86歳〔敗血症〕　[生]昭和5年（1930）9月9日　[出]新潟県佐渡郡畑野町（佐渡市）　[学]佐渡農〔昭和25年〕卒　[歴]昭和27年林尚月斎に師事。40年日展に初入選、52年と58年に日展特選。日本現代工芸美術展では、現代工芸会員賞、文部大臣賞、内閣総理大臣賞を受けた。竹を自在に操り、従来の竹工芸の既成概念にとらわれない独創的な作品を制作した。　[賞]新潟県文化祭美術展奨励賞〔昭和28年〕, 日展特選（昭和52年度・58年度）, 日本現代工芸美術展現代工芸会員賞（第17回, 昭和53年度）, 日本現代工芸美術展文部大臣賞（第33回, 平成6年度）, 日本現代工芸美術展内閣総理大臣賞（第41回, 平成14年度）　[団]現代工芸美術家協会, 現代工芸新潟会, 日展　[師]師＝林尚月斎

本間 惣太郎　ほんま・そうたろう　東京国際大学教授　[専]国文学　[没]平成28年（2016）5月29日　92歳〔多臓器不全〕　[生]大正13年（1924）1月2日　[学]東京文理大学文学部国文科卒　[歴]東京国際大学商学部教授を務めた。

本間 英孝　ほんま・ふさたか　能楽師（宝生流シテ方）　[没]平成29年（2017）1月10日　83歳〔心不全〕　[生]昭和9年（1934）1月5日　[出]東京都　[歴]本間友英の長男で、宝生流佐渡本間家18世。6歳で宝生流本家に入門、17代目宝生九郎、宝生英雄に師事。昭和15年「鞍馬天狗」花見児で初舞台、22年「経政」で初シテ。50年より日本能楽会会員。　[賞]芸術祭賞〔平成11年〕, 新潟日報文化賞〔平成12年〕, 佐渡市ほう賞（平成23年度）　[師]師＝宝生九郎（17代目）, 宝生英雄

本間 正史　ほんま・まさし　オーボエ奏者　東京都交響楽団オーボエ首席奏者　[没]平成28年（2016）2月16日　68歳〔胃がん〕　[生]昭和22年（1947）9月22日　[出]埼玉県さいたま市　[学]桐朋学園大学〔昭和47年〕卒, デン・ハーグ王立音楽院〔昭和52年〕修了　[歴]幼い頃からバイオリンを学んだが、デューク・エリントンのビッグ・バンドでジョニー・ホッジスのアルトサックスを聴いて管楽器に憧れ、オーボエを手にする。鈴木清三に師事し、昭和47年桐朋学園大学を首席で卒業。在学中よりバロック・オーボエの奏法と、その複製の研究を独自に開始。同年卒業後、東京都交響楽団に入団。51年文化庁派遣海外研究員としてデン・ハーグ王立音楽院へ留学。ブルース・ヘインズ、シギスワルト・クイケンらに師事するとともに、アムステルダム・ダンツィ・クインテットのメンバーとしても活躍した。61年～平成24年東京都交響楽団オーボエ首席奏者。　[師]師＝鈴木清三, ヘインズ, ブルース, クイケン, シギスワルト

本間 正巳　ほんま・まさみ　酒田市長　[没]平成27年（2015）7月20日　68歳〔咽頭がん〕　[生]昭和22年（1947）3月8日　[出]山形県酒田市　[学]東北学院大学法学部卒　[歴]山形県総務部長、酒田市副市長を経て、平成24年市長に当選。26年咽頭がんの治療で声帯を切除し、人工声帯を使う“声のない市長”として注目を集めた。1期目半ばの27年、病死した。

本間 義治　ほんま・よしはる　新潟大学名誉教授　[専]動物形態学, 比較内分泌学, 海洋生物学　[没]平成27年（2015）10月18日　85歳〔前立腺がん〕　[生]昭和5年（1930）4月1日　[出]新潟県新潟市　[学]新潟大学新潟第一師範学校生物科〔昭和25年〕卒　農学博士（京都大学）〔昭和36年〕　[歴]昭和25年より新潟大学理学部に勤務。43年教養部助教授、45年理学部助教授を経て、教授。新潟水俣病施策推進審議会会長を務めるなど、水俣病患者の救済に尽くした。著書に「新潟県海の魚類図鑑」「日本海のクジラたち」、共著に「水産動物のホルモン」「行動とホルモン」「魚類解剖学」「検証の魚

ほ

学」、訳書に「動物の比較細胞組織学」など。 [団]日本動物学会, 日本魚類学会, 日本陸水学会, 日本水産学会, 環日本海学会, 日本海セトロジー研究会

【ま】

真板 益夫 まいた・ますお 教育家 君津学園創立者 清和大学学長 [没]平成27年(2015)11月23日 95歳〔老衰〕 [生]大正9年(1920)10月12日 [出]千葉県君津市 [学]中央大学法学部〔昭和19年〕卒 [歴]昭和26年木更津家政高等女学校を開設。29年君津学園を創立。38年木更津中央高校(現・木更津総合高校)、42年清和女子短期大学、58年市原中央高校、平成6年清和大学を開設して、学長や校長を務めた。全国私学振興会連合会監事、千葉県私学教育振興会理事長、千葉県高校野球連盟副会長などを歴任。 [賞]藍綬褒章〔昭和56年〕, 勲三等瑞宝章〔平成9年〕, 文部大臣表彰〔昭和55年〕, 木更津市名誉市民〔平成17年〕

前 和男 まえ・かずお 音楽プロデューサー 札幌コンサートホールkitara館長 [没]平成27年(2015)7月30日 81歳〔間質性肺炎〕 [生]昭和9年(1934)2月11日 [出]福島県会津若松市 [学]東京芸術大学音楽学部楽理科〔昭和33年〕卒 [歴]NHKに入局。音楽部洋楽担当部長などを務め、音楽番組の制作に携わった後、NHK交響楽団演奏業務部長、常務理事を歴任。その後、サントリーホール総支配人、神奈川フィルハーモニー管弦楽団専務理事を経て、平成16年札幌コンサートホールkitara館長。 [団]日本交響楽団連絡会議, 青少年音楽日本連合 [師]師＝桜林仁, 福井直俊

前川 修満 まえかわ・おさみつ 公認会計士 税理士 アスト税理士法人代表社員 [没]平成29年(2017)9月28日 57歳 [生]昭和35年(1960) [出]石川県金沢市 [学]同志社大学商学部〔昭和33年〕卒 [歴]渋谷工業、KPMG港監査法人(現・あずさ監査法人)を経て、平成4年公認会計士・前川修満事務所を開業。18年アスト税理士法人を設立し、代表社員に就任。経営者や会社員にセミナーや書籍を通じて決算書の読み方を解説。著書に「貸借対照表・損益計算書・キャッシュフロー表の読み方」「決算書はここだけ読め！」「危ない会社は一発でわかる」「決算書は『下』から読む、が正解！」「会計士は見た！」など。 [団]日本税務会計学会, 日本証券アナリスト協会(検定会員)

前崎 南嶂 まえさき・なんしょう 書家 西日本書美術協会理事長 [専]漢字 [没]平成27年(2015)2月4日 90歳 [生]大正13年(1924)11月15日 [出]福岡県筑紫郡那珂川町 [名]本名＝前崎淡(まえさき・あわじ) [学]福岡農〔昭和16年〕卒 [歴]昭和17年国民学校教師となり、戦後は24年から福岡県教育庁に勤務して書道を担当。49年南畑小学校校長。傍ら、書家として活動し、28年福岡書芸院を創立。同年、29年と2年連続で福岡県美術展の最高賞である美術協会賞を受賞。34年日展に初入選。平成6～14年西日本書美術協会理事長。13年より大野城市文化連盟会長を務めた。 [賞]福岡県地域文化功労者〔平成20年〕, 福岡県美術展美術協会賞〔昭和28年・29年〕, 毎日書道展準大賞(第26回, 昭和49年度) [団]読売書法会, 日展

前芝 文治 まえしば・ぶんじ 静岡県議(自民党) [没]平成28年(2016)10月28日 83歳〔病気〕 [生]昭和8年(1933)4月21日 [出]静岡県磐田郡浅羽町(袋井市) [学]磐田南高〔昭和27年〕卒 [歴]昭和44年から静岡県浅羽町議2期、町議会副議長を経て、50年から静岡県議に4選。平成3年落選。自民党静岡県連幹事長を務めた。 [賞]勲五等双光旭日章〔平成15年〕 [資]静岡県農業経営士

前田 勲男 まえだ・いさお 参院議員(自民党) 法相 [没]平成28年(2016)8月22日 73歳〔脳梗塞〕 [生]昭和18年(1943)2月4日 [出]和歌山県伊都郡高野口町(橋本市) [学]慶応義塾大学法学部政治学科〔昭和40年〕卒 [歴]父・前田佳都男参院議員秘書を経て、昭和53年参院和歌山選挙区補選で当選。4期。平成6～7年村山内閣の法相を務めた。10年落選。竹下派、小渕派に所属した。 [賞]旭日大綬章〔平成25年〕 [家]父＝前田佳都男(参院副議長)

前田 恭二 まえだ・きょうじ 大阪市音楽団事務局長 [没]平成28年(2016)4月27日 41歳〔肺炎〕 [生]昭和49年(1974) [出]大阪府大阪市 [学]大阪学院大学卒 [歴]衛生・健康関連メーカーのサラヤに入社、営業や総務・人事などを担当。平成24年日本最古の交響吹奏楽団で、全国唯一の自治体直営の楽団であった大阪市音楽団(市音)に転じる。26年民営化に伴い楽団はオオサカ・シオン・ウインド・オーケストラに名称変更。27年市音の事務局長に就任、その運営に携わったが、28年41歳で病死した。

前田 金弥 まえだ・きんや 人形作家 [専]衣裳人形 [没]平成29年(2017)3月27日 88歳 [生]昭和4年(1929) [出]鹿児島県 [学]東京医科大学中退 [歴]大学を中退し映画会社に勤める。昭和28年人間国宝・野口園生の作品展に感銘を受け、弟子入り。42年伝統工芸製作展、43年日本伝統工芸展で初入選。同年衣裳人形師として独立。独創的な技法で木芯桐塑木目込人形を制作、特におばあさん人形で知られ、「幼なじみ」「昔ばなし」など多数の作品を発表。毛書きの技術は随一といわれた。さがみ工芸会会長、日本芸術人形学園学園長を務めた。 [賞]伝統文化ポーラ賞優秀賞(第26回, 平成18年度)「『桐塑人形』の制作・伝承」, 日本伝統工芸展奨励賞(第28回)〔昭和56年〕「仰光」 [団]日本工芸会 [師]師＝野口園生

前田 健 まえだ・けん タレント [没]平成28年(2016)4月26日 44歳〔虚血性心不全〕 [生]昭和46年(1971)6月14日 [出]東京都 [名]本名＝前田健(まえだ・けん) [歴]19歳で渡米、ニューヨークのブロードウェイダンスセンターで4年間、ダンスや歌などエンターテインメントを学ぶ。平成6年帰国後、お笑い芸人を目指し、芸能プロダクションのケイダッシュに入社。一人芝居、スタンダップ・コメディなどでテレビ、ライブを中心に活躍。14年より人気アイドル歌手・松浦亜弥のものまねを披露し評判となる。17年カリスマ・ギャル4人と結成したユニット、まえけん♂トランス・プロジェクトのデビューシングル「恋のプチアゲ♂天国」で歌手デビュー。同年恋愛指南本「前田健の恋キャラ診断」

を出版するとともに、自身がゲイであることを公表した。21年には初小説「それでも花は咲いていく」を刊行。主な出演に、テレビ「完売劇場」「ものまねバトル大賞」「決定！ これが日本のベスト100」など。俳優としても、テレビドラマ「anego」「ホタルノヒカリ」「歌のおにいさん」「大魔神カノン」「まっつぐ～鎌倉河岸捕物控」、映画「ラーメンガール」「20世紀少年」「昴」「ゼブラーマン ゼブラシティの逆襲」、舞台「シンデレラストーリー」「丹下左膳」などに出演。アニメ〈プリキュア〉シリーズでダンスの振り付けも担当。28年4月東京・新宿区の路上で倒れ、心肺停止状態で病院に搬送され、44歳で死去した。 [賞]日本レコード大賞特別賞（第47回）〔平成17年〕

前田 宏三 まえだ・こうぞう　福岡県議（自民党） [没]平成27年（2015）7月21日　66歳〔脳梗塞〕 [生]昭和23年（1948）12月27日 [出]大分県豊後大野市 [学]大分上野丘高〔昭和42年〕卒, 鹿児島大学工学部〔昭和46年〕中退 [歴]東京で業界紙の記者などを経験した後、昭和58年旗揚げしたばかりのサラリーマン新党に入党。62年福岡県本部長として県議選に立候補。平成元年2月の参院福岡選挙区補選にも立候補し「サラリーマンが年収分でやれる選挙をやろう」と“300万円公開選挙”を展開。社自共に次ぐ最下位ながら16万余票を獲得した。同年7月参院選、平成2年衆院選、3年県議選、5年県議補選にも立候補。古賀市議会議長を経て、15年自民党から県議に当選、2期務めた。23年落選。26年古賀市長選に立候補した。

前田 咲二 まえだ・さくじ　川柳作家 [没]平成29年（2017）9月27日　90歳〔食道がん〕 [名]本名＝前田作自 [歴]読売新聞大阪本社版「よみうり時事川柳」の第5代選者を務めた。

前田 翠清 まえだ・すいせい　華道家　石川県いけ花文化協会参与 [没]平成28年（2016）10月6日　107歳〔心不全〕 [生]明治42年（1909）3月2日 [出]石川県金沢市 [名]本名＝前田清子（まえだ・きよこ） [歴]昭和35年池坊総華督となる。松を大胆に使ったダイナミックな作風で、戦後の石川の華道界の振興に努めた。101歳まで花展に大作を出品するなど、最晩年まで活動した。 [賞]北国芸能賞〔昭和60年〕, 石川県文化活動奨励賞〔昭和62年〕 [家]二女＝松本翠賀（華道家）

前田 卓郎 まえだ・たくろう　池田泉州銀行常務執行役員　日本銀行北九州支店長 [没]平成27年（2015）1月8日　54歳〔多臓器不全〕 [出]東京都 [歴]昭和58年日本銀行に入行。平成19年北九州支店長、21年5月大阪支店副支店長。のち池田泉州銀行常務執行役員。

前田 禎造 まえだ・ていぞう　長野県回天会会長 [没]平成29年（2017）3月18日　94歳〔老衰〕 [出]長野県北佐久郡御代田町 [学]海軍対潜学校卒 [歴]太平洋戦争中の昭和19年、学徒出陣で入学した横須賀市の海軍対潜学校で特攻兵器である人間魚雷「回天」の隊員に志願して訓練を受けた。戦後は木材会社経営の傍ら、長く長野県回天会会長を務めた。

前田 哲司 まえだ・てつじ　日本経済新聞常務　日経リサーチ社長 [没]平成27年（2015）5月26日　84歳〔膀胱がん〕 [生]昭和5年（1930）11月25日 [出]大阪府 [学]関西学院大学商学部〔昭和28年〕卒 [歴]昭和28年日本経済新聞社に入社。証券部次長、大阪市場部長、大阪経済部長、大阪編集局次長などを経て、59年取締役出版局長、63年常務データバンク局長。平成2～6年日経リサーチ社長を務めた。

前田 豊実 まえだ・とよみ　日ノ本学園理事長 [専]経済学 [没]平成27年（2015）8月31日　89歳 [生]大正15年（1926）8月4日 [出]兵庫県 [学]関東学院大学〔昭和30年〕卒 [歴]日ノ本学園理事長を務めた。

前田 正明 まえだ・まさあき　美術評論家　武蔵野美術大学名誉教授 [専]西洋工芸史, ギリシア美術 [没]平成27年（2015）10月17日　83歳〔肺炎〕 [生]昭和7年（1932）3月3日 [出]佐賀県唐津市 [学]学習院大学大学院西洋美術史専攻〔昭和36年〕修士課程修了, アテネ大学（聴講）〔昭和36年〕, ミシガン大学大学院中退 [歴]学習院大学大学院で西洋美術史を専攻後、ギリシアのアテネ大学、米国のミシガン大学留学を経て、武蔵野美術大学教授。著書に「西洋陶磁物語」「タイルの美〈西洋篇〉」「ビクトリア王室美術館」（編著）などがある。 [団]美術史学会, 美学会, 地中海学会, 美術評論家連盟, 日本・ギリシア協会

前田 将男 まえだ・まさお　日刊県民福井社長　福井新聞常務 [没]平成29年（2017）11月18日　89歳〔急性心筋梗塞〕 [生]昭和3年（1928）1月27日 [出]福井県 [学]福井工業高等専門学校（現・福井大学）機械工学科〔昭和22年〕卒 [歴]中学校教師を経て福井新聞に入社し、常務で退職。昭和51年日刊福井社長に就任。52年の「日刊福井」創刊に尽力。63年5月倒産したため、代表編集担当となる。平成3年社長・総務・編集担当。4年12月一旦会社を解散、5年2月新会社・日刊福井を設立し社長に就任。6年6月日刊県民福井に改称した。

前田 正二 まえだ・まさじ　アナウンサー　IBC岩手放送報道制作局アナウンス研修部長 [没]平成28年（2016）3月8日　79歳〔肝臓がん〕 [生]昭和11年（1936） [出]東京都 [学]東京学芸大学〔昭和35年〕卒 [歴]昭和35年から2年間、東京の私立女子高校で社会科教諭を務める。37年IBC岩手放送に入社。アナウンサーや報道制作局アナウンス研修部長、IBCアナウンス学院講師・副院長を歴任した。平成8年定年退職。岩手音声訳の会会長も務めた。著書に「上手な話し方十五章」がある。

前田 祐吉 まえだ・ゆうきち　野球指導者　慶応義塾大学野球部監督 [没]平成28年（2016）1月7日　85歳〔肺炎〕 [生]昭和5年（1930）9月22日 [出]高知県高知市 [学]高知城東中（現・高知追手前高）卒, 慶応義塾大学経済学部卒 [歴]高知城東中（現・高知追手前高）のエースとして抜群のカーブを武器に活躍、昭和21年夏の甲子園に出場し高知県の球児として初めて全国大会のマウンドを踏んだ（2回戦敗退）。22年春にはベスト4に進む。慶大時代は1勝しか出来なかったが、日本ビール（現・サッポロビール）に入社後、20代で監督となり、都市対抗にも出場。35年母校・慶大監督となり、同年秋には優勝を懸けて早稲田大学と激闘を繰り広げた“早慶6連戦”を指揮。40年に退任するまで東京六大学リーグ優勝3回。57年監督に復帰し、60年秋、慶大に26シーズンぶりの優勝をもたらし、57年ぶりとなる無敗優勝も達成。平成3年には春秋連覇。5年秋のリーグ

戦を最後に引退。慶大監督としての通算成績は、東京六大学リーグ優勝8回、全日本大学選手権優勝2回、明治神宮大会優勝2回。戦後のスパルタ指導とは一線を画し、慶大伝統の“エンジョイ・ベースボール”で選手を育て、大学球界の名伯楽として知られた。のち全日本アマチュア野球連盟強化対策委員長、アジア野球連盟専務理事を経て、事務局長に就任。8年アトランタ五輪では全日本チームの強化委員長。その後、世界少年野球推進財団常務理事を務め、18年北海道で開催される第17回世界少年野球大会の実行委員長を務めた。

前田 行夫 まえだ・ゆきお 能楽師(観世流シテ方) [没]平成28年(2016)7月19日 98歳〔老衰〕 [生]大正7年(1918)7月4日 [出]東京都 [歴]梅若猶義に師事。「乱」「道成寺」「砧」「卒塔婆小町」などを披いた。昭和53年日本能楽会会員。 [師]師＝梅若猶義

前橋 松造 まえばし・まつぞう 南日本新聞取締役 [没]平成29年(2017)1月1日 85歳〔心筋梗塞〕 [生]昭和6年(1931)8月20日 [出]鹿児島県奄美市 [学]鹿児島大学水産学科卒 [歴]昭和28年南日本新聞社に入社。文化・整理各部副部長、指宿支局長、校閲部長、広告局次長を経て、57年同局長、62年論説委員会副委員長、平成元年事業局長、2年取締役。13年鹿児島県川辺郡出身の農業技術者・畠中三太郎の伝記「奄美の森に生きた人」を出版した。国分基地発進特攻隊員戦没者遺族会会長を務めた。 [賞]南日本出版文化賞(第31回)〔平成17年〕「金十丸、奄美の英雄伝説」

ま

前原 勝彦 まえはら・かつひこ 柔道指導者 大牟田市体育協会会長 [没]平成29年(2017)8月20日 77歳〔食道がんによる呼吸不全〕 [出]福岡県みやま市 [学]国士舘大学卒 [歴]昭和38年大牟田高校の教員となり、柔道部監督に就任。45年に団体戦の金鷲旗で準優勝するなど同部の礎を築き、五輪代表をはじめ、全国的な選手を数多く育てた。平成12年全国高校総体団体戦3位。14年退職後も福岡県柔道協会理事、実行委員として金鷲旗のシード校選定や運営・発展に尽くした。

前原 基男 まえはら・もとお 写真家 沖縄写真連盟会長 [没]平成28年(2016)12月26日 77歳〔胃がん〕 [生]昭和14年(1939)4月23日 [出]沖縄県八重山郡竹富町 [学]沖縄工卒 [歴]昭和34年沖縄配電写真クラブに入会。41年沖縄写真連盟発足に際して理事、のち同会長を務めるなど、沖縄県内写真界の発展に尽くした。 [賞]沖縄タイムス芸術選賞奨励賞〔昭和51年〕, 群炎展写真部門群炎賞(第51回)〔平成24年〕

前原 龍二 まえはら・りゅうじ 琉球大学名誉教授 [専]位相幾何学 [没]平成29年(2017)4月5日 81歳〔病気〕 [生]昭和10年(1935)5月10日 [出]沖縄県中頭郡中城村屋宜 [学]愛媛大学文理学部理学科卒, アイオワ州立大学(米国)大学院博士課程修了 Ph.D.(アイオワ州立大学) [歴]琉球大学理学部教授で、位相幾何学分野の研究に取り組んだ。 [賞]瑞宝中綬章〔平成27年〕

真栄平 房敬 まえひら・ぼうけい 郷土史家 那覇市文化財調査審議会委員 首里城復元期成会副会長 [専]沖縄県 [没]平成27年(2015)4月18日 94歳〔腎臓がん〕 [生]大正10年(1921)3月27日 [出]沖縄県那覇市 [学]沖縄県師範専攻科卒 [歴]中学校教師。那覇市文化財調査審議会委員を14期28年務める。また、首里城の生活史研究に従事し、首里城復元期成会副会長としてその復元に貢献した。沖縄戦で米軍が持ち去った尚家文化財の返還作業にも携わった。著書に「首里城物語」「甦る首里城」などがある。 [賞]東恩納寛惇賞(第13回)〔平成8年〕「首里城の生活史研究で業績」

前間 良爾 まえま・りょうじ 佐賀大学名誉教授 [専]西洋史 [没]平成29年(2017)9月9日 84歳〔急性骨髄性白血病〕 [生]昭和7年(1932)9月28日 [出]福岡県福岡市 [学]九州大学文学部西洋史学科〔昭和30年〕卒, 九州大学大学院文学研究科西洋史学専攻〔昭和36年〕博士課程単位取得退学 [歴]佐賀大学教授を経て、九州情報大学教授。著書に「ドイツ農民戦争史」、共訳にペーター・ブリックレ「1525年の革命」、ギュンター・フランツ「ドイツ農民戦争」などがある。 [団]日本西洋史学会, 史学会, 歴史学研究会

前村 幸秀 まえむら・ゆきひで 前村産業創業者 [没]平成28年(2016)2月2日 98歳〔老衰〕 [生]大正6年(1917)11月24日 [出]沖縄県島尻郡仲里村(久米島町) [歴]前村産業の創業者で、1950年代から小学校への寄付活動を続ける。平成23年には久米島町に2億円を寄付。同町は前村幸秀人材育成基金を設立し、25年から久米島高校の生徒を米国ハワイへ送り出している。

真柄 準一 まがら・じゅんいち 真電社長 ノジマ取締役・執行役副会長 [没]平成29年(2017)12月3日 85歳〔心原性脳塞栓症〕 [生]昭和7年(1932)9月7日 [出]新潟県新潟市新島町通(中央区) [学]新潟商〔昭和30年〕卒 [歴]菱電商会勤務を経て、昭和33年家庭電気製品小売業の真電商会を設立、50年株式会社真電設立、社長に就任。平成3年新潟証券取引所に上場。県内で郊外型量販店の先駆けとなった。14年家電販売のラオックス(東京)と資本提携。19年同業のノジマ(横浜市)に吸収合併され、ノジマ取締役兼執行役副会長となる。20年取締役相談役。新潟県内の障害者福祉にも尽力。6年第三セクター方式で重度障害者を雇用するサンバースト新潟の初代社長に就任。同年真柄福祉財団を設立し理事長を務めた。 [賞]藍綬褒章〔平成10年〕

槙 弥生子 まき・やよいこ 歌人 「開耶」主宰 [没]平成27年(2015)5月19日 83歳〔誤嚥性の窒息〕 [生]昭和6年(1931)7月13日 [出]東京都町田市 [名]本名＝森本早百合(もりもと・さゆり) [学]二松学舎大学国文科卒 [歴]森本治吉に師事、昭和21年「白路」に入会、22年同人。28年「醍醐」同人となり、編集委員、選者を務めた。50年第一歌集「ふりむくことなし」を出版、51年同書で短歌公論処女歌集賞を受賞した。平成7年「砦」、16年「開耶」を創刊。他の歌集に「穴居願望」「太古の魚になりたい」「猩々舞」「神話」「美男葛」「刻の花々」「ゆめのあとさき」、著書に「はじめに歌ありき」「丈夫願望」などがある。 [賞]短歌公論処女歌集賞〔昭和51年〕「ふりむくことなし」 [団]現代歌人協会, 現代詩歌文学館 [師]師＝森本治吉

真喜志 勉 まきし・つとむ 画家 絵画教室ペントハウス主宰 [没]平成27年(2015)2月20日 73歳〔肺がん〕 [生]昭和16年(1941)10月19日 [出]沖縄県那覇市久茂地 [学]多摩美術大学洋画科〔昭和38年〕卒 [歴]昭和38年多摩美術大学を卒業し、画家として活動。1960

年代から個展を開き、1970年代に渡米して現代美術に触れる。49年より絵画教室ペントハウスを主宰。戦後沖縄における前衛美術の先駆者の一人で、1990年代からは基地問題や社会的な批判を盛り込んだ表現に取り組んだ。 [賞]沖縄タイムス芸術選賞奨励賞〔平成3年〕, 沖縄タイムス芸術選賞大賞〔平成7年〕 [家]弟＝真喜志好一(建築家)

牧瀬 義文 まきせ・よしふみ はさみ職人 [専]種子鋏 [没]平成28年(2016)4月29日 73歳〔心筋梗塞〕 [生]昭和18年(1943) [出]鹿児島県種子島 [歴]種子島で鉄砲鍛冶の36代目として育つ。国選択の無形民俗文化財「西之表の種子鋏(たねばさみ)制作技術」の唯一の保持者であった。

巻田 隆史 まきた・たかし レスキュー隊員 東京消防庁消防救助機動部隊長 [没]平成27年(2015)6月24日 55歳〔病気〕 [生]昭和35年(1960) [歴]昭和53年東京消防庁に入庁。55年特別救助技術選抜試験に合格し、研修修了後、芝特別救助隊に配属。以来長くレスキュー一筋に歩き、平成16年より東京消防庁消防救助機動部隊(ハイパーレスキュー隊)隊長。同年10月の中越地震では発生4日後(92時間後)の27日、長岡市の土砂崩れ現場で当時2歳だった男の子を救助した。のち消防司令長。

牧野 真一 まきの・しんいち 九里学園理事長 [没]平成29年(2017)2月2日 65歳〔肺炎〕 [出]東京都大田区 [歴]平成24年から浦和実業高校や浦和大学などを運営する九里学園理事長を務めた。

牧野 剛 まきの・つよし 市民運動家 河合塾講師 翔学舎校長 [専]国語, 文学史, 民俗学, 歴史(経済・心理), 各国テスト比較 [没]平成28年(2016)5月20日 70歳〔誤嚥性肺炎〕 [生]昭和20年(1945)9月24日 [出]岐阜県恵那市 [学]名古屋大学文学部国史科卒 [歴]養護学校、高校教師を経て、河合塾講師となり、国語科主任、小論文科主任、カリキュラム・アドバイザーを経て、設問委員を務める。カリキュラムにない“牧野ゼミ”を主宰、ベーシック・コース、コスモ・コース(大検)、サテライト授業を開始。塾の名物講師として全国各地で授業にあたった。平成23年より河合文化教育研究所特別研究員。予備校の垣根を超えた連合予備校である金沢の翔学舎校長も務めた。また、憲法九条を守り万博に反対する会代表、市民自治わんわん会議代表も務め、6年参院愛知選挙区の再選挙、7年愛知県知事選、13年名古屋市長選に立候補した。著書に「1988年告発名古屋オリンピック」「予備校にあう」「牧野の現代文講義」「国境を越えて—東欧民主化とEC統合の若者への旅」(共編著)。 [団]河合塾文化教育研究所(研究員)

牧野 仁 まきの・ひとし 読売新聞東京本社新聞監査委員会幹事・部長待遇 [没]平成28年(2016)6月12日 83歳〔心不全〕

牧野 由朗 まきの・よしろう 愛知大学学長・名誉教授 [専]地域社会学 [没]平成28年(2016)5月25日 89歳 [生]大正15年(1926)6月6日 [出]愛知県豊橋市 [学]愛知大学文学部社会学科〔昭和29年〕卒 [歴]昭和29年愛知大学文学部助手、35年講師、37年助教授を経て、46年教授。47〜53年短期大学部第一部長、愛知大文学部長などを経て、63年学長兼理事長に就任。平成4年理事長専任。北京第二外国語学院名誉教授。著書に「社会学と私の五〇年」などがある。 [賞]勲三等旭日中綬章〔平成13年〕 [団]日本社会学会, 関西社会学会, 村落社会研究会

牧原 純 まきはら・じゅん 翻訳家 演劇評論家 [専]ロシア語, ロシア演劇, ラジオ放送 [没]平成27年(2015)3月26日 88歳〔呼吸不全〕 [生]大正15年(1926)8月15日 [出]東京都 [名]本名＝島地純(しまじ・じゅん) [学]東京外国語大学ロシヤ語科卒 [歴]文化放送でドラマの演出を手がけ、編成局長も務めた。訳書にエルミーロフ「チェーホフ研究」、マリューギン「思い出のチェーホフ」、トフストノーゴフ「演出家の仕事」、フィゲレイド「狐とぶどう」、マルシャーク「こどもの芝居」、「チェーホフ＝クニッペル往復書簡〈3〉」(編訳)などがある。

槙原 紘 まきはら・ひろし 三井金属社長 [没]平成28年(2016)8月27日 77歳〔心不全〕 [生]昭和14年(1939)3月19日 [出]佐賀県 [学]九州大学工学部〔昭和36年〕卒 [歴]昭和36年三井金属に入社。次席業務執行責任者、経営企画部長、平成7年取締役、9年常務、11年専務、12年副社長を経て、15年社長。19年相談役に退く。

孫福 剛久 まごふく・たけひさ 舞台美術家 [没]平成29年(2017)8月10日 93歳〔心不全〕 [生]大正12年(1923)8月30日 [出]北海道根室市 [名]本名＝孫福弘幸(まごふく・ひろゆき) [学]東京高等工芸(現・千葉大学)図案科〔昭和18年〕卒 [歴]昭和18年石本建築事務所に入る。21年復員、再び石本建築事務所に建築家として勤務。25年看板ディスプレー会社に転職。27年NHK事業部にデザイナーとして入局、ポスターやパンフレットを手がける。傍ら、銀の波こども会の舞台を手伝い、舞台美術を担当。徐々に専門劇団の舞台美術を手がけるようになり、35年NHKを退局。「月刊インテリア」の発刊に参加したり、個人事務所・孫福デザイン研究所、日本空間造形研究所を設立し収入を得ながら、舞台美術にのめり込んだ。47年舞台美術家として独立。小劇場空間にこだわり、代表作に「羅生門」(演劇舎燦)、「遁走譜」(古沢演劇塾)、「十一匹のねこ」(テアトル・エコー)など。テアトル・エコー文芸演出部に所属し、しいの実シアターの設計も担当した。 [賞]勲四等瑞宝章〔平成6年〕, 伊藤熹朔賞(第5回)〔昭和52年〕, 芸術祭賞優秀賞〔昭和57年〕 [団]舞台テレビ美術家協会

正木 進三 まさき・しんぞう 昆虫学者 弘前大学名誉教授 [没]平成29年(2017)1月28日 89歳 [生]昭和2年(1927)12月6日 [出]大阪府大阪市 [学]三重農林専卒, 北海道大学農学部農業生物学科〔昭和26年〕卒, 北海道大学大学院修了 農学博士 [歴]昭和33年弘前大学農学部講師、45年教授に昇任。平成3年学部長、5年退官。昭和50〜52年日本昆虫学会、平成元年〜2年日本応用動物昆虫学会の各会長を務めた。昆虫の光周性と季節適応の研究に取り組み、昆虫の生活史解析の権威として知られる。中でもエンマコオロギの気候的種化の仮説で著名。著書に「昆虫の生活史と進化」、訳書にD.S.ソーンダース「昆虫時計」、共訳にダニレフスキー「昆虫の光周性」などがある。 [賞]紫綬褒章〔平

成4年]、勲二等瑞宝章〔平成12年〕日本応用動物昆虫学会賞（第11回）〔昭和42年〕「昆虫の休眠とその生理的変異」、読売農学賞（第40回）〔平成15年〕「昆虫の光周性と季節適応に関する一連の研究」、日本農学賞〔平成15年〕 ㊥日本昆虫学会（名誉会員）、日本応用動物昆虫学会、Societyfor the study of evolution

正木 龍樹 まさき・たつき　総会屋　論談同友会会長
㊥平成28年（2016）7月2日　74歳〔病気〕　㊥昭和16年（1941）8月3日　㊥山口県岩国市　㊥広島電波工中退　㊥父は海軍軍人で、赴任先の山口県岩国市で生まれ、5歳から広島市で育つ。25歳の時に上京、総会屋として活動を始める。国内最大の総会屋グループの一つで、最盛期には約30人のメンバーがいた論談同友会の会長を務めた。著書に「企業組織の未来像」がある。

雅子 まさこ　モデル　女優　㊥平成27年（2015）1月29日　50歳〔肺動脈肉腫による多臓器不全〕　㊥昭和39年（1964）7月30日　㊥東京都中央区日本橋　㊥本名＝大岡雅子（おおおか・まさこ）、旧姓・名＝堂野雅子　㊥19歳でモデルを始め、多数の女性誌を中心に、CM・企業広告などで活躍。平成3年日米仏合作のオムニバス映画「フィガロ・ストーリー」に東京編「月の人」の主役として出演。ホラー映画〈リング〉シリーズでは貞子の母・志津子役を演じた。また、エッセイやコラム、映画評なども執筆、第25回東京国際映画祭ではnatural TIFF部門の審査員を務めた。著書に「雅子スタイル」がある。

正林 克記 まさばやし・かつき　長崎原爆遺族会会長
㊥平成28年（2016）11月27日　77歳〔大腸がん〕　㊥大阪府大阪市　㊥大阪市から長崎市に移り住んで間もない6歳の昭和20年8月、妹と遊びに出た時に爆心地から約1.5キロの長崎市家野町で被爆、腹部に竹片が突き刺さり大怪我を負った。戦後は長崎市役所に勤め、平成11年定年退職。その後、長崎県被爆者手帳友愛会会長代行を務めた。19年平和祈念式典で被爆者代表として「平和への誓い」を読み上げた。21年下平佐江の後任として長崎原爆遺族会会長に就任、晩年まで核兵器廃絶運動に取り組んだ。

正宗 研 まさむね・おさむ　秋田大学医学部教授　㊥消化器内科学　㊥平成27年（2015）5月8日　82歳〔心不全〕　㊥昭和7年（1932）6月6日　㊥福岡県福岡市　㊥東北大学医学部医学科卒、東北大学大学院医学研究科内科学系専攻博士課程修了　医学博士　㊥東北大学医学部講師、大阪医科大学助教授、秋田大学附属看護学校長を経て、昭和58年秋田大学医学部教授。平成8年より2年間、学部長を務めた。10年退官。㊥日本対がん協会賞（平成13年度）「胃検診と精度管理に貢献をあげ、自治体と県医師会の役割を制度化した」、秋田県文化功労者〔平成16年〕　㊥日本内科学会、日本消化器病学会、日本消化器内視鏡学会

真島 俊夫 ましま・としお　作曲家　㊥平成28年（2016）4月21日　67歳　㊥昭和24年（1949）2月21日　㊥山形県鶴岡市　㊥本名＝眞島俊夫（ましま・としお）、グループ名＝ポップ・コーン、クレスト・フォー・シンガーズ、トワイライト・ゾーン、ザ・フラッシュ　㊥

神奈川大学工学部中退　㊥中学3年の時に吹奏楽部に入部し、トロンボーンを担当。高校時代には編曲もはじめ、ムソルグスキー「展覧会の絵」を30名編成にアレンジして兼田敏から称賛を受けた。全国有数の吹奏楽部を持つ神奈川大学に進むが、大学を中退してヤマハ・バンド・ディレクター・コースに転じ、兼田に作・編曲を、内堀誠にジャズ理論を学ぶ。同コース卒業後はトロンボーン、キーボード奏者、作・編曲家として主にジャズ、ポップス系のグループで活動し、チェリッシュなどのバックバンドや、ジャズフュージョン・グループのポップ・コーン、クレスト・フォー・シンガーズ、トワイライト・ゾーンなどを経て、昭和60年ジャズ・コーラス・グループのザ・フラッシュを結成。その後、吹奏楽の世界に復帰し、岩井直溥のアシスタントを務めながら作・編曲を進め、全日本吹奏楽コンクールの課題曲となった「吹奏楽の為の交響詩〈波の見える風景〉」（同年）、「コーラル・ブルー」（平成3年）、「五月の風」（9年）などを作曲。18年「鳳凰が舞う」でフランスのクードヴァン国際交響吹奏楽作曲コンクールのグランプリを獲得。石川国体、福島国体、愛知国体、神奈川国体、大阪国体、島根ねんりんピック、岡山国体、愛知ゆうあいピックなどの音楽を担当した他、ジャズ・プレイヤーとの共演やテレビドラマの劇伴音楽も手がけた。㊥日本吹奏楽アカデミー賞（作・編曲部門、第7回）〔平成9年〕、日本吹奏楽学会アカデミー特別賞〔平成19年〕、クードヴァン国際交響吹奏楽作曲コンクールグランプリ〔平成18年〕「鳳凰が舞う」　㊥21世紀の吹奏楽"響宴"、日本吹奏楽指導者協会、日本作曲家協議会　㊥師＝兼田敏、内堀誠

馬嶋 慶直 まじま・よしなお　藤田学園保健衛生大学学長　㊥眼科学　㊥平成27年（2015）4月10日　87歳〔心不全〕　㊥昭和3年（1928）1月21日　㊥愛知県名古屋市東区　㊥名古屋帝国大学附属医学専門部〔昭和25年〕卒　医学博士　㊥昭和26年名古屋大学医学部眼科教室に入局。36年医学部講師、42年助教授を経て、48年名古屋保健衛生大学（現・藤田学園保健衛生大学）医学部教授、63年同大附属病院長、平成11〜14年学長。南北朝時代の1357年に尾張の僧侶・馬島清眼が起こした日本最古の眼科医院としられる馬島流の37代目で、白内障の治療・手術の第一人者として活躍。昭和56年小説家・曽野綾子の悪性白内障を特殊な手術で治して注目を集めた。㊥瑞宝中綬章〔平成25年〕　㊥日本眼科学会、日本眼科手術学会、日本眼内レンズ学会、日本角膜移植学会、日本眼科ME学会、日本白内障学会

増尾 昭一 ますお・しょういち　アニメーター　アニメーション演出家　㊥平成29年（2017）7月24日　57歳〔病気〕　㊥昭和59年劇場アニメ「超時空要塞マクロス　愛・おぼえていますか」で作画監督補を担当。同作で原画を担当した庵野秀明と知り合い、フリーのアニメーターが集まるスタジオ・グラビトンを設立。その後、ガイナックスやスタジオカラーに在籍し、62年のガイナックス第1作である劇場アニメ「王立宇宙軍　オネアミスの翼」には助監督として参加した。メカニックやエフェクト作画を得意とした。他に参加作品にはテレビアニメ「ふしぎの海のナディア」「新世紀エヴァンゲリオン」「宇宙戦艦ヤマト2199」、劇場アニメ「プロジェクトA子」「機動戦士ガンダム　逆襲のシャア」

「AKIRA」などがあり、〈エヴァンゲリヲン新劇場版〉シリーズでは特技監督を務めた。

舛岡 俊孝　ますおか・としたか　不二越副社長　[没]平成28年(2016)3月23日　76歳　[生]昭和15年(1940)1月5日　[出]広島県　[学]大阪大学工学部〔昭和38年〕卒　[歴]昭和38年不二越に入社。軸受製造所長を経て、平成7年取締役、11年常務、14年副社長。旭精工取締役も務めた。

益岡 久雄　ますおか・ひさお　日興証券専務　[没]平成27年(2015)7月25日　98歳〔膵臓がん〕　[生]大正6年(1917)6月14日　[出]埼玉県　[学]早稲田大学〔昭和16年〕卒　[歴]日興証券(現・SMBC日興証券)松山支店長、名古屋支店営業部長、金融法人部長、取締役を経て、専務を務めた。

升島 努　ますじま・つとむ　広島大学名誉教授　[専]分析化学　[没]平成29年(2017)3月3日　68歳〔悪性リンパ腫〕　[生]昭和24年(1949)1月21日　[出]島根県浜田市　[学]広島大学理学部物性学科卒, 広島大学大学院理学研究科物性学専攻博士課程修了　理学博士　[歴]広島大学医学部教授を務めた。平成16年バイオ分析機器を開発するベンチャー企業を起こす。20年から約20社と共同開発を始め、ボディがエアバッグの三輪電気自動車(EV)を開発した。

升田 静尾　ますだ・しずお　升田幸三名人の妻　[没]平成28年(2016)5月28日　96歳〔老衰〕　[生]大正9年(1920)5月15日　[出]大阪府大阪市　[学]大谷高女卒　[歴]祖父、父は教育者で、5人きょうだいの3番目に生まれる。将棋棋士で実力制第4代名人となった升田幸三と結婚。平成8年「好妻好局―夫・升田幸三との40年」を出版した。　[家]夫＝升田幸三(棋士)

増田 精造　ますだ・せいぞう　徳島大学名誉教授　[専]高分子化学　[没]平成27年(2015)6月17日　78歳〔胃がん〕　[生]昭和12年(1937)4月12日　[出]徳島県徳島市　[学]徳島大学工学部応用化学科卒　工学博士　[歴]昭和60年徳島大学工業短期大学部教授を経て、平成5～15年徳島大学工学部教授。

増田 高彦　ますだ・たかひこ　増田石油社長　長崎県経済同友会代表幹事　[没]平成29年(2017)9月10日　95歳〔肺気腫〕　[生]大正11年(1922)5月27日　[出]徳島県阿南市山口町　[学]富岡中(現・富岡西高)卒, 関西高工機械科〔昭和18年〕卒　[歴]昭和18年住友金属工業勤務を経て、22年徳島県桑野中学教諭を務める。24年長崎県へ移り、増田商店に入る。34年増田商店、増田水産各社長に就任。46年増田商店は鹿児島石油との合併により増田石油となる。約30年間社長として経営を担い、63年から平成4年まで会長を務めた。また、昭和52年から平成3年まで長崎経済同友会代表幹事の他、長崎県教育委員長、長崎県日本画協会会長など、県内の要職を多数務めた。6～13年長崎徳島県人会会長。

増田 利雄　ますだ・としお　グランディハウス会長　[没]平成29年(2017)7月17日　70歳　[生]昭和21年(1946)8月1日　[出]群馬県　[歴]昭和40年足利銀行に入行。平成11年グランディハウスに転じ、同年常務、15年副社長を経て、16年会長、18年退任。

増田 英俊　ますだ・ひでとし　東北大学名誉教授　[専]流体力学　[没]平成27年(2015)3月1日　83歳　[生]昭和6年(1931)11月6日　[出]宮城県　[学]東京商船大学(現・東京海洋大学)卒　工学博士　[歴]東北大学教授を務めた。　[団]日本機械学会, 日本太陽エネルギー学会, 日本ガスタービン学会

増田 弘　ますだ・ひろし　三星堂副社長　[没]平成28年(2016)4月22日　82歳〔肺がん〕　[生]昭和9年(1934)3月29日　[出]福島県　[学]甲南大学経済学部〔昭和32年〕卒　[歴]昭和59年三星堂(現・メディパルホールディングス)取締役、平成2年常務、4年副社長を歴任。

増田 モリ子　ますだ・もりこ　茶道家　煎茶道東阿部流本部理事　[没]平成27年(2015)2月6日　88歳〔心不全〕　[名]茶名＝甲斐原雪峰　[賞]熊本県芸術功労者〔平成18年〕

増田 保男　ますだ・やすお　積水樹脂社長　[没]平成29年(2017)1月9日　84歳〔感染症〕　[生]昭和7年(1932)7月31日　[出]兵庫県　[学]大阪大学法学部〔昭和30年〕卒　[歴]昭和30年積水化学工業に入社。52年取締役、57年常務を経て、63年積水樹脂副社長、平成元年社長。11年会長兼CEO(最高経営責任者)。

増田 義郎　ますだ・よしお　文化人類学者　東京大学名誉教授　[専]文化人類学, 中南米文化史　[没]平成28年(2016)11月5日　88歳〔心不全〕　[生]昭和3年(1928)2月17日　[出]東京都　[名]本名＝増田昭三(ますだ・しょうぞう)　[学]東京大学文学部〔昭和25年〕卒　[歴]ハーバード大学でラテンアメリカ文化史を学ぶ。昭和31年より東京大学教養学部の教壇に立ち、46年教授。63年退官して名誉教授。また国立民族学博物館教授、平成元年千葉大学文学部教授、亜細亜大学教授などを歴任。日本ラテン・アメリカ学会初代理事長。著書に「インカ帝国探検記」「古代アステカ王国」「メキシコ革命」「新世界のユートピア」「インディオ文明の興亡」「コロンブス」「大航海時代」「黄金の世界史」、訳書にペドロ・デ・ミエサ・デレシオン「インカ帝国史」などがある。　[賞]セルビシオスディスティンギードス勲章(ペルー)〔昭和40年〕, アギラ・アステカ勲章(メキシコ)〔昭和47年〕, スペイン王国文化勲章〔昭和62年〕, ペルー太陽大十字勲章〔平成3年〕, 瑞宝中綬章〔平成22年〕, 大同生命地域研究賞(第5回)〔平成2年〕　[団]日本ラテン・アメリカ学会, ラテン・アメリカ協会, 民族学振興会

益谷 健夫　ますたに・たけお　能都町(石川県)町長　[没]平成27年(2015)5月18日　90歳〔膀胱がん〕　[生]大正13年(1924)7月30日　[出]石川県金沢市　[学]横浜専電気工学科〔昭和19年〕卒　[歴]昭和22年北陸電力に入社。金沢、七尾各営業所長を経て、58年能都町長に当選。2期務めた。引退後、平成16年まで益谷酒店社長。

益永 孝元　ますなが・たかもと　俳人　「桔槹」編集長　[没]平成29年(2017)11月4日　74歳〔急性A型大動脈瘤と心筋梗塞〕　[生]昭和18年(1943)9月19日　[出]東京都　[歴]昭和58年「飛天」創刊同人となり近藤実に師事。62年「桔槹」に入会、63年同人、平成9年編集長。俳人協会福島県支部幹事、事務局長、副支部長を務め

ま

た。　[賞]桔槹賞（第1回・2回），福島県文学賞俳句部門正賞（第66回）〔平成25年〕　[師]師＝近藤実，森川光郎

舛野 靖夫　ますの・やすお　サンミック千代田専務　[没]平成29年（2017）2月8日　75歳　[生]昭和16年（1941）10月18日　[出]福岡県　[学]山口大学農学部〔昭和39年〕卒　[歴]昭和39年三洋商事（のちサンミック千代田，現・日本紙通商）に入社。平成8年取締役、11年常務を経て、14年専務。17年退任。

増原 米子　ますはら・よねこ　聖カタリナ女子短期大学教授　愛媛県栄養士会会長　[専]栄養学　[没]平成28年（2016）5月6日　91歳〔慢性心不全〕　[生]大正13年（1924）11月1日　[出]愛媛県宇和島市　[学]佐伯栄養学校栄養科〔昭和18年〕卒　[歴]宇和島保健所栄養士を経て、聖カタリナ女子短期大学助教授、教授、愛媛県栄養士会会長を務めた。

増元 信子　ますもと・のぶこ　北朝鮮に拉致された増元るみ子の母　[没]平成29年（2017）12月12日　90歳〔心不全〕　[歴]昭和53年娘のるみ子さん（当時24歳）が日置市の吹上浜で交際相手の市川修一さん（当時23歳）と一緒に失踪。その後、北朝鮮に拉致されたことが判明し、政府からも2人が拉致被害者であることが認定された。2人の帰国を待ち続けたが、拉致から24年後の平成14年、夫の正一さんが79歳で亡くなり、29年自身も90歳で亡くなった。　[家]娘＝増元るみ子（北朝鮮による日本人拉致事件の被害者），息子＝増元照明（拉致被害者家族連絡会事務局長）

柵木 真　ませき・まこと　マセキ芸能社社長　[没]平成28年（2016）6月22日　89歳〔虚血性心不全〕　[生]大正15年（1926）6月26日　[出]東京市下谷区谷中三崎町（東京都台東区）　[歴]先代で父の柵木政吉から芸能事務所のマセキ芸能社を引き継ぎ、長年社長、会長を務めた。漫才の内海桂子・好江やウッチャンナンチャン、ナイツ、タレントの出川哲朗らが所属。平成27年河本瑞貴と共著で「マセキ会長回顧録 親子三代芸能社」を刊行した。

町 末男　まち・すえお　国際原子力機関（IAEA）事務次長　[専]放射線化学　[没]平成27年（2015）8月15日　81歳〔肝内胆管がん〕　[生]昭和9年（1934）1月15日　[出]静岡県島田市　[学]静岡大学理学部化学科〔昭和32年〕卒，京都大学大学院工学研究科燃料化学専攻〔昭和34年〕修士課程修了　工学博士（京都大学）　[歴]昭和38年日本原子力研究所研究員、企画室次長を経て、平成元年高崎研究所長。火力発電の排ガスに電子ビームを照射し、有害物質の亜硫酸ガスと窒素酸化物を硫安と硝安に変え、肥料にして使う技術の開発などに携わる。この間、昭和55～58年ウィーンの国際原子力機関（IAEA）で工業利用課長を務め、滞米経験も多い。平成3～12年IAEA事務次長（研究・アイソトープ担当）を務める。のち日本原子力産業会議常務理事。16年原子力委員会委員。放射線の利用技術による途上国支援を推し進める一方、原子力の平和利用の重要性を訴えた。　[賞]紫綬褒章〔平成12年〕，瑞宝中綬章〔平成20年〕，日本化学会進歩賞（第17回，昭和42年度）「エチレンの放射線重合反応に関する研究」，岩谷直治記念賞（第15回，昭和63年度）「電子ビーム照射による排煙処理技術の開発」，科学技術庁長官賞科学技術功労者表彰（第31回，平成1年度）「電子線利用による電池用隔膜製造技術の開発」　[団]日本放射線化学会

待木 美恵子　まちき・みえこ　舞踊家　日本民踊舞踊協会会長　[没]平成28年（2016）5月8日　85歳〔脳腫瘍〕　[出]宮崎県都城市　[名]芸名＝藤間小伊咲（ふじま・こいさき）　[歴]藤間流師範で、日本民踊舞踊協会会長を務める。宮崎県の民踊を全国に紹介する活動に取り組み、「サンバいもがらぼくと」など新しい作品の振り付けも手がけた。　[賞]宮崎県文化賞〔平成27年〕

町田 顕　まちだ・あきら　最高裁長官　[没]平成27年（2015）4月5日　78歳〔病気〕　[生]昭和11年（1936）10月16日　[出]山口県下関市　[学]下関西高〔昭和30年〕卒，東京大学法学部〔昭和34年〕卒　[歴]昭和33年司法試験に合格、36年東京地裁判事補に任官。50年経理局総務課長、52年東京地検検事、内閣法制局参事官、58年東京地裁判事、59年最高裁秘書課長兼広報課長、61年9月経理局長、平成3年7月甲府地家裁所長、5年3月千葉地裁所長、6年4月東京高裁部総括判事、10年9月福岡高裁長官、11年4月東京高裁長官、12年3月最高裁判事を経て、14年11月第15代長官に就任。18年10月定年退官。長官在任中は、日本国籍がない公務員の管理職試験受験を制限する国籍条項を巡る訴訟判決（17年1月）や、都市計画法に基づく道路や鉄道の設置許可を巡る小田急高架化訴訟判決（17年12月）など8件の大法廷判決に関与。17年9月の在外日本人選挙権訴訟では海外在住の日本人の選挙権を制限する公職選挙法の規定を違憲と判断。国の立法不作為も認め、賠償を命じた。最高裁事務総局での経験が豊富で、裁判実務と司法行政の両方に精通していると評され、長官在任中には裁判員制度の導入や法科大学院の創設など司法制度改革の基礎固めに取り組んだ。　[賞]桐花大綬章〔平成19年〕

町田 宗徳　まちだ・そうとく　沖縄市長　[没]平成29年（2017）6月13日　91歳〔肺炎〕　[生]大正14年（1925）7月20日　[出]沖縄県中頭郡北谷町　[学]沖縄青年師範〔昭和20年〕卒　[歴]コザ市教育委員長などを経て、コザ市と美里村との合併で昭和49年に発足した沖縄市の初の市長戦で当選。1期務めた。　[賞]旭日双光章〔平成22年〕

町田 良治　まちだ・りょうじ　三井建設社長　[没]平成29年（2017）11月21日　96歳　[生]大正10年（1921）8月6日　[出]東京都新宿区舟町　[学]東京帝国大学第二工学部建築学科〔昭和20年〕卒　[歴]昭和20年三井建設（現・三井住友建設）に入社。50年常務、54年専務を経て、57年7月社内マル秘文書流出事件のあと、社長に就任。平成2年会長。

町田 和華子　まちだ・わかこ　山と海と風の会代表世話人　高知県商工会議所婦人会連合会会長　[没]平成29年（2017）11月18日　77歳〔胃がん〕　[出]高知県香南市　[歴]平成3年の高知県知事選で、NHKのキャスターなどを務めた橋本大二郎を支援する草の根グループ・山と海と風の会を結成。出馬を後押しする署名活動などを展開し、橋本氏を熱狂的に支持する女性らが振る黄色いハンカチは草の根運動の象徴となり、19年まで4期16年続いた橋本県政の原動力となった。高知県商

工会議所婦人会連合会（現・女性会連合会）の初代会長も務めた。

町原 晃 まちはら・あきら　日本製紙専務　㉘平成29年（2017）4月20日　79歳〔肺がん〕　㉕昭和12年（1937）12月9日　㉖石川県　㉗東京大学農学部農芸化学科〔昭和36年〕卒　㉞昭和36年山陽パルプ（のち山陽国策パルプ）に入社。平成5年合併により日本製紙となり取締役、9年常務を経て、12年専務。

町村 信孝 まちむら・のぶたか　衆院議員（自民党）衆院議長　内閣官房長官　外相　文科学相　㉘平成27年（2015）6月1日　70歳〔脳梗塞〕　㉕昭和19年（1944）10月17日　㉖静岡県沼津市　㉗東京大学経済学部〔昭和44年〕卒、ウェストリアン大学　㉞大学3年の時、米国ウェストリアン大学に1年間留学。昭和44年通商産業省（現・経済産業省）に入省。石油企画官を経て、退官。参院議員だった父・金五の反対を押し切って58年衆院議員に当選。以来12期。旧福田派時代から次世代を担う"プリンス"と呼ばれ、平成9年第二次橋本改造内閣の文相として初入閣。12年第二次森改造内閣の文相、科学技術庁長官に就任し、13年1月中央省庁再編時に初代の文部科学相となった。16年第二次小泉改造内閣の外相に就任、17年第三次小泉内閣でも留任。その後も、19年8月安倍改造内閣で外相、9月福田康夫内閣で内閣官房長官を務め、20年8月福田康夫改造内閣でも留任などと主要閣僚を歴任した。18年には森喜朗より派閥領袖の座を譲られ、町村派会長に就任。一時、中川秀直、谷川秀善と同派の代表世話人として集団指導体制をとったが、21年森の裁定により再び会長となった。同年の衆院選では小選挙区で落選し、比例で復活当選。22年10月衆院補選に立候補して小選挙区で当選。24年9月党総裁選に立候補したが、その最中に脳梗塞で倒れ、入院（総裁選は5人中4位）。26年12月衆院議長に選出されたが、27年4月再び脳梗塞と診断され辞職、6月に亡くなった。　㉚父＝町村金五（参院議員）

松 智洋 まつ・ともひろ　小説家　㉘平成28年（2016）5月2日　43歳〔肝臓がん〕　㉕昭和47年（1972）10月13日　㉖福岡県飯塚市　㉟本名＝成松孝洋（なりまつ・たかひろ）　㉞シナリオライターを経て、平成20年「迷い猫オーバーラン！」で小説家デビュー。同作や〈パパのいうことを聞きなさい！〉〈オトメ3原則！〉シリーズなどで人気を集めた。

松井 章 まつい・あきら　奈良文化財研究所埋蔵文化財センター長　㉜環境考古学, 動物考古学　㉘平成27年（2015）6月9日　63歳〔肝臓がん〕　㉕昭和27年（1952）5月5日　㉖大阪府堺市　㉗東北大学文学部史学科考古学専攻〔昭和51年〕卒、東北大学大学院文学研究科考古学専攻〔昭和57年〕博士課程修了　㉞奈良文化財研究所埋蔵文化財センター遺物調査技術研究室長を経て、同センター長。また、平成6年京都大学大学院客員助教授、20～25年客員教授を務めた。犬、馬、魚など遺跡から発掘される獣骨を手掛かりとして、古代人の生活を研究。14年高知県土佐市の居徳遺跡群から出土した人骨に刺し傷や切り傷などの殺傷痕を発見、戦争がなかったとされる縄文観に一石を投じた。歴史学や人類学などの成果も取り入れ、日本における動物・環境考古学を確立し、研究の国際化を進めた。著書に『古墳時代の研究〈4〉生産と流通』、「狩猟と漁労」（分担執筆）などがある。　㉙浜田青陵賞(第24回)〔平成23年〕　㉛文化財科学会, 考古学研究会, Society for American Archoeology, 考古学協会, Wetland Archoeology Research Projects（WARP）, Society for Historic Archoeology, International Council for Archoeology

松井 逸朗 まつい・いつろう　岐阜市議　日本身体障害者団体連合会会長　㉘平成28年（2016）3月6日　75歳〔肺がん〕　㉕昭和15年（1940）9月14日　㉖岐阜県益田郡萩原町（下呂市）　㉗北中〔昭和34年〕卒　㉞生まれて間もなく小児麻痺を患い、両足が不自由になる。昭和62年岐阜市議に初当選。平成23年まで6期務め、市議会議長などを歴任。車いすでの議員活動を通じ、バリアフリー推進に寄与した。平成12年岐阜県身体障害者福祉協会会長、同年岐阜市身体障害者福祉協会会長、14年岐阜県障害者スポーツ協会会長、23年岐阜市自治会連絡協議会会長、27年日本身体障害者団体連合会会長を歴任。障害のある人の権利を推進する全国組織・日本障害フォーラム（JDF）の代表も務めた。

松井 栄一 まつい・えいいち　京都教育大学名誉教授　㉜基礎物理学　㉘平成29年（2017）9月2日　87歳〔老衰〕　㉕昭和5年（1930）8月2日　㉖京都府京都市　㉗京都学芸大学学芸学部理学科〔昭和28年〕卒　理学博士（京都大学）　㉞京都教育大学教育学部教授を務めた。

松井 孝 まつい・たかし　大阪商船三井船舶副社長　ダイビル社長　㉘平成29年（2017）12月7日　86歳〔肝不全〕　㉕昭和6年（1931）3月18日　㉖愛知県岡崎市　㉗京都大学法学部〔昭和29年〕卒　㉞昭和29年大阪商船（のち大阪商船三井船舶、現・商船三井）に入社。36～38年ニューヨーク支店に勤務。58年取締役、60年常務、63年専務、平成3年副社長。4年ダイビル社長、10年会長、14年相談役。

松井 哲夫 まつい・てつお　名古屋市立大学名誉教授　㉜経済政策　㉘平成28年（2016）3月12日　94歳〔老衰〕　㉕大正10年（1921）9月20日　㉖和歌山県橋本市　㉗京都帝国大学経済学部卒　㉞名古屋市立大学経済学部教授を務めた。

まつい・のりこ　絵本作家　紙芝居作家　㉘平成29年（2017）2月12日　82歳　㉕昭和9年（1934）3月17日　㉖和歌山県　㉟本名＝松井紀子（まつい・のりこ）　㉗和歌山大学学芸学部卒、武蔵野美術大学卒　㉞数年間の教員生活の後、武蔵野美術大学で絵を学ぶ。"ことば"や"かず"をテーマとした知識絵本を中心に、ファンタジー創作から紙芝居まで幅広い分野で活躍。平成3年児童図書制作ワークショップ（ハノイ市）に講師として参加、紙芝居を熱演。以後、ベトナムに新しい文化として紙芝居が根付きはじめる。8年元ベトナム解放戦線兵士らの作品を日本で出版。同年ベトナム政府から文化功労賞を受賞。12年日蘭交流400年記念行事として紙芝居研究家らとオランダで紙芝居文化講座を開催。絵本にボローニャ国際児童図書展エルバ賞を受賞した「ころころぽーん」や、「かずのほん」「ひらがなのほん」「とびらをとんとん」など多数。昭和58年初版の「じゃあじゃあびりびり」は発行部数200万部を

超えるロングセラーとなった。 [賞]ボローニャ国際児童図書展エルバ賞〔昭和51年〕「ころころぽーん」, 五山賞〔昭和58年〕「おおきくおおきくおおきくなあれ」(教育紙芝居), ベトナム文化功労賞〔平成8年〕 [団]日本子どもの本研究会, 国際児童図書評議会日本支部, 科学読物研究会 [家]夫＝松井幹夫(数学教育研究家), 長女＝松井エイコ(壁画家), 二女＝松井朝子(パントマイム役者)

松井 治二 まつい・はるじ 山古志闘牛会会長 [没]平成27年(2015)8月19日 75歳〔胃がん〕 [出]新潟県古志郡山古志村(長岡市) [歴]伝統行事"牛の角突き"で知られる新潟県山古志村(現・長岡市)の出身。農業の機械化などで牛が減り、一度は途絶えた角突きの再興を周囲に呼び掛け、昭和50年の復活につなげた。53年には角突きが国の重要無形民俗文化財に指定される。平成16年の中越地震では、土砂崩れでせき止められた川の水により、区長を務めた木篭(こごも)集落の住宅の半数以上が水没したため、付近の高台への集団移転を決断した。その後、棚田での農業体験などを通じて集落外との交流による地域興しに取り組み、地震により再び途絶えた角突きの再開にも尽力した。

松井 春満 まつい・はるまろ 僧侶 奈良女子大学名誉教授 西信寺(浄土真宗本願寺派)住職 [専]教育哲学, 教育人間学 [没]平成28年(2016)11月15日 84歳〔膵臓がん〕 [生]昭和7年(1932)3月10日 [出]京都府京都市 [学]京都大学教育学部〔昭和31年〕卒, 京都大学大学院〔昭和37年〕博士課程修了 [歴]京都大学在学中、結核に罹り4年間の療養生活を余儀なくされる。昭和37年同大助手、41年大阪経済大学講師、45年助教授を経て、50年奈良女子大学助教授、52年教授。学生部長を務めた。のち奈良大学教授。浄土真宗本願寺派夕谷山西信寺第22世住職も務めた。歌集に「沙羅双樹」「雑木林」がある。 [賞]瑞宝中綬章〔平成23年〕 [団]日本教育学会, 教育哲学会, 関西教育学会 [家]妻＝松井祐子(種智院大学講師)

松浦 シズエ まつうら・しずえ 松浦学園城北高校創立者 ラ・モード創業者 [没]平成28年(2016)9月24日 94歳〔大腸がん〕 [生]大正11年(1922)5月24日 [出]熊本県鹿本郡植木町(熊本市) [学]山鹿高女〔昭和13年〕卒, 東京洋裁技芸学院師範科〔昭和15年〕卒, 近畿大学豊岡女子短期大学〔昭和51年〕卒 [歴]昭和25年熊本県植木町(現・熊本市)に松浦洋裁教習所を開設、27年松浦洋裁学院、36年城北高等家政学校と改称。41年には城北高等実業学校と改称して商業科を開設、男女共学とした。43年松浦学園城北高校を創立。48年には雇用の場として縫製会社のラ・モードを創業。服飾の技術教育に尽力した。 [賞]熊本県近代文化功労者(平成20年度)

松浦 輝夫 まつうら・てるお 登山家 日本人として初めてエベレスト登頂に成功 [没]平成27年(2015)11月6日 81歳〔白血病と肺炎〕 [生]昭和9年(1934) [出]大阪府大阪市 [学]西野田工(現・西野田工科高)卒, 早稲田大学教育学部〔昭和32年〕卒 [歴]西野田工から早大教育学部に進み、山岳部に所属して穂高岳の岩壁に新ルートを開拓するなど活躍を見せる。昭和40年早大登山隊の一員としてローツェ・シャール(8383メートル)に挑み、8180メートル付近にまで到達。45年日本山岳会のエベレスト(8848メートル)登山隊に参加、リーダーを務め、植村直己隊員とともに日本人として初めて世界最高峰であるエベレスト登頂に成功した。56年夏には早大登山隊隊長として世界第2の高峰K2(8611メートル)に挑み、未踏だった西稜ルートからの初登攀に成功した。のちエベレスト登頂で世話になったネパールの人々に記念の陶芸作品を贈ろうと独学で陶芸を学び、現地に窯を造り作品づくりに励む。平成15年観光客などが購入する陶芸作品の売り上げでネパールの学校に奨学金を創設した。 [賞]朝日体育賞(第7回, 昭和56年度) [団]日本山岳会

松浦 利尚 まつうら・としひさ 衆院議員(社会党) [没]平成29年(2017)8月17日 91歳〔腎臓がん〕 [生]大正14年(1925)10月6日 [出]宮崎県宮崎市 [学]奉天一中卒 [歴]宮崎県労評事務局長を経て、昭和44年衆院選旧宮崎1区に社会党から立候補して当選。61年落選、平成2年返り咲き、通算5期務めた。5年一旦引退。8年再び立候補するが、落選。論客として知られた。 [賞]勲二等瑞宝章〔平成7年〕

松浦 信雄 まつうら・のぶお 北日本新聞取締役 [没]平成28年(2016)12月3日 82歳〔心不全〕 [生]昭和9年(1934)2月23日 [出]富山県中新川郡立山町 [学]雄山高〔昭和27年〕卒 [歴]昭和27年北日本新聞社に入社。販売部次長、普及部長、販売部長を経て、59年販売局次長、61年販売局長、平成2年取締役。

松浦 康雄 まつうら・やすお コンビ社長 [没]平成29年(2017)12月18日 85歳 [生]昭和7年(1932)7月22日 [出]東京都大田区 [学]慶応義塾大学経済学部〔昭和34年〕卒 [歴]昭和33年藤本医療産業(現・ピップ)に入社。34年取締役、39年常務、45年専務、56年副社長。この間、36年にピップフジモト(現・ピップ)の子会社だった医療機器及び医療補助品製造、医薬品販売の三信(現・コンビ)副社長となり経営に参画、47年社長に就任。コンビの発展において中心的な役割を果たし、社名をお母さんと赤ちゃんの"コンビ"に改称することを発案。その後、軽量でコンパクトなベビーカーや安全で品質の高い玩具開発など赤ちゃんとお母さんをサポートする新商品を次々と生み出し、ベビー業界の発展に貢献。55年には米国に現地法人を設立して海外進出し、グローバル展開の礎を築いた。平成7年ピップトウキョウ(現・ピップ)社長、コンビ会長、9年コンビ社長兼任、12年ピップトウキョウ会長、13年コンビ会長、24年同名誉会長。 [賞]日本玩具協会最高功労栄誉賞〔平成18年〕 [家]長男＝松浦弘昌(コンビ社長), 兄＝松浦義二(ピップトウキョウ社長)

松浦 寛 まつうら・ゆたか 大阪大学名誉教授 [専]憲法, 行政法, 環境法 [没]平成27年(2015)2月8日 64歳〔心不全〕 [生]昭和25年(1950)6月7日 [出]兵庫県 [学]関西学院大学法学部法律学科卒, 大阪大学大学院法学研究科公法学専攻〔昭和57年〕博士課程単位取得中退 [歴]大阪外国語大学(現・大阪大学)助教授を経て、教授。著書に「憲法〈1〉一人権保障の現状と課題」「環境法概説」などがある。 [団]日本公法学会, 日本法社会学会

松尾 浩也 まつお・こうや 東京大学名誉教授 [専]刑事法(とくに刑事訴訟法) [没]平成29年(2017)12月1

日　89歳〔胆管がん〕　[生]昭和3年(1928)6月29日　[出]熊本県荒尾市　[学]東京大学法学部法律学科〔昭和29年〕卒　[歴]昭和29年東京大学助手、32年上智大学助教授、35年東京大学教養学部助教授、45年教授、48年法学部教授、59年法学部長。平成元年千葉大学法経学部教授、4年上智大学法学部教授、11年定年退職。刑事訴訟法の権威で、日本刑法学会理事長、12年法制審議会会長、13〜27年法務省特別顧問を歴任。裁判の国民参加を検討していた司法制度改革審議会の13年の会合で"裁判員"という言葉を初めて使い、裁判員制度の名付け親として知られた。22年文化功労者に選ばれる。著書に「刑事訴訟の原理」「刑事訴訟法〈上下〉」など。　[賞]文化功労者〔平成22年〕，紫綬褒章〔平成6年〕，勲二等旭日重光章〔平成12年〕　[資]日本学士院会員〔平成17年〕　[団]日本刑法学会，日本犯罪学会，比較法学会，日米法学会

松尾 俊治　まつお・しゅんじ　野球評論家　毎日新聞野球担当記者　[没]平成28年(2016)2月5日　91歳〔肺炎〕　[生]大正13年(1924)8月1日　[出]兵庫県　[学]灘中卒，慶応義塾大学〔昭和23年〕卒　[歴]灘中から慶大に進み、捕手としてプレー。昭和18年にあった学徒出陣壮行試合の"最後の早慶戦"を迎えた。23年毎日新聞社に入社。運動部記者として野球を担当し、そのほとんどをアマチュア野球担当として過ごした。日本野球連盟参与、同技術委員、東京六大学野球連盟規則委員、公式記録員、日本アマチュア野球規則委員などを歴任。著書に「ああ甲子園」「翔べ神宮の星荒木大輔」「やぁこれは便利だ！　甲子園―高校野球のことならなんでもわかる本」「不滅の高校野球」「選抜高校野球優勝物語」「早慶戦90年」「神宮讃歌」、共著に「学徒出陣最後の早慶戦」などがある。

松尾 松風　まつお・しょうふう　冠句作家　文芸塔社主幹　[没]平成27年(2015)9月27日　92歳〔心不全〕　[出]京都府京都市　[名]本名＝松尾健蔵(まつお・けんぞう)　[歴]文芸塔社主幹で、平成15年1月まで京都新聞「京都文芸」欄の冠壇選者を務めた。

松尾 武久　まつお・たけひさ　川鉄商事代表取締役専務執行役員　[没]平成27年(2015)3月28日　73歳〔食道がん〕　[生]昭和17年(1942)2月3日　[出]滋賀県　[学]信州大学文理学部〔昭和40年〕卒　[歴]昭和40年川鉄商事(現・JFE商事)に入社。平成7年取締役、12年常務を経て、15年代表取締役専務執行役員。

松尾 常盤　まつお・ときわ　波佐見町(長崎県)町長　長崎県議(自民党)　[没]平成28年(2016)10月11日　88歳〔老衰〕　[生]昭和3年(1928)2月2日　[出]長崎県東彼杵郡波佐見町　[学]長崎経専卒　[歴]長崎県環境部長を経て、昭和59年〜平成2年長崎県議、同年〜10年波佐見町長を歴任した。　[賞]勲四等旭日小綬章〔平成11年〕

松尾 敏男　まつお・としお　日本画家　日本美術院理事長　多摩美術大学名誉教授　[没]平成28年(2016)8月4日　90歳〔肺炎〕　[生]大正15年(1926)3月9日　[出]長崎県長崎市今籠町　[学]東京府立六中〔昭和18年〕卒　[歴]長崎市の崇福寺の近くで3歳まで暮らし、昭和4年家族と東京へ転居。東京府立六中を卒業後、18年堅山南風に弟子入り。24年第34回院展で「埴輪」が初入選。26年日本美術院院友。37年第47回院展はじめ、計5回奨励賞受賞。40年特待推挙。41・43・45年大観賞を受賞。46年日本美術院同人。インドで取材した「サルナート想」で53年度日本芸術院賞を受賞。57年日本美術院監事、平成3年理事を経て、21年から理事長。多摩美術大学教授も務めた。8年パリで海外初の個展・松のささやきを開催。6年日本芸術院会員、12年文化功労者に選ばれ、24年文化勲章を受章した。画集に「松尾敏男・わが花心」、「画文集・花の四季」がある。　[賞]日本芸術院賞(第35回，昭和53年度)〔昭和54年〕「サルナート想」，文化功労者〔平成12年〕，勲三等瑞宝章〔平成10年〕，文化勲章〔平成24年〕，山種美術館賞優秀賞(第1回)〔昭和46年〕「翔」，芸術選奨文部大臣新人賞(昭和46年度)〔昭和47年〕「海峡」，長崎県名誉県民〔平成25年〕，院展大観賞(第51回・53回・55回)〔昭和41年・43年・45年〕「廃船」「鳥碑」「樹海」，院展文部大臣賞(第60回・63回)〔昭和50年・53年〕「燿」「サルナート想」　[資]日本芸術院会員(美術)〔平成6年〕　[師]師＝堅山南風

松尾 宣夫　まつお・のぶお　空将　航空自衛隊航空総隊司令官　[没]平成27年(2015)11月26日　85歳〔老衰〕　[生]昭和5年(1930)9月16日　[出]山口県山口市　[学]山口東高〔昭和25年〕卒，山口大学経済学部〔昭和29年〕卒　[歴]昭和29年航空自衛隊に入隊。航空総隊司令官を務め、61年退官。62年〜平成8年三菱重工業に勤めた。　[賞]勲三等瑞宝章〔平成12年〕

松尾 亘孝　まつお・のぶたか　高知大学名誉教授　高知学園短期大学学長・名誉教授　[専]衛生動物学，寄生虫学　[没]平成29年(2017)8月9日　89歳〔肺炎〕　[生]昭和3年(1928)1月1日　[出]高知県高岡郡日高村　[学]高知大学教育学部〔昭和29年〕卒　[歴]昭和49年高知大学教育学部教授となり、附属幼稚園長、附属小学校長、学部長、学生部長を歴任した。平成3年高知学園短期大学教授に転じ、6年から3年間、同大学長を務めた。　[資]衛生検査技師　[団]日本寄生虫学会

松尾 稔　まつお・みのる　名古屋大学総長・名誉教授　科学技術交流財団理事長　[専]地盤環境工学　[没]平成27年(2015)5月9日　78歳〔急性肺炎〕　[生]昭和11年(1936)7月4日　[出]京都府京都市　[学]京都大学工学部土木工学科〔昭和35年〕卒，京都大学大学院工学研究科土木工学専攻〔昭和37年〕修士課程修了　工学博士(京都大学)〔昭和43年〕　[歴]昭和37年京都大学助手、39年講師、40年助教授を経て、47年名古屋大学助教授、53年教授。平成元年工学部長となり、10〜16年同総長。15年全国の国立大学で初めて男女共同参画室を設置した。8〜9年土木学会会長。科学技術交流財団理事長も務めた。第15〜17期日本学術会議会員。著書に「最新土質実験」「地盤工学」などがある。　[賞]瑞宝大綬章〔平成24年〕，地盤工学会賞奨励賞(昭和43年度)「Study on the Uplift Resistance of Footing」，土木学会賞論文賞〔昭和54年〕「信頼性理論による地盤関連構造物の設計法と斜面の破壊予知に関する研究(総合題目)」，地盤工学会賞論文賞(昭和58年度・平成6年度)「粘性土地盤上の盛土の信頼性設計に関する研究」「Evaluation of Undrained Strength of Unsaturated Soils by Plate Uplift Test」，土木学会賞著作賞〔昭和59年〕「地盤工学」，土木学会賞功績賞〔平成15年〕

[団]土木学会, 土質工学会, American Society of Civil Engineers

松尾 保司　まつお・やすじ　七十七銀行頭取　[没]平成27年(2015)5月9日　96歳〔誤嚥性肺炎〕　[生]大正7年(1918)9月18日　[出]岐阜県岐阜市　[学]京都帝国大学経済学部〔昭和17年〕卒　[歴]昭和17年日本銀行に入行。青森支店長から40年七十七銀行常務に転出、42年専務、47年副頭取を経て、57年頭取。62年常任相談役に退いた。　[賞]勲三等瑞宝章〔昭和63年〕

松尾 幸彦　まつお・ゆきひこ　芸映副社長　[没]平成27年(2015)7月15日　77歳〔肺がん〕　[歴]芸能プロダクション・芸映の副社長を務めた。

松岡 昭宏　まつおか・あきひろ　作家　編集者　大阪文学学校初代事務局長　[没]平成27年(2015)10月12日　88歳〔肺炎〕　[生]昭和2年(1927)　[出]旧朝鮮永興　[歴]昭和21年大阪に移る。のちレッドパージにより紡績工場の職を失うが、米軍による占領が終わり詩や生活記録などの表現活動が活発になってきていた社会状況を見て文学学校開校のため奔走、29年大阪文学学校を設立。詩人の小野十三郎に初代校長を頼み、自らは事務局長に就任。以来、文学を愛する市民により運営され、少人数のグループ単位で作品を批評し合う実作学習の場として田辺聖子や玄月など数多くの作家を輩出。49年事務局長を退任。52年〜平成14年大阪編集教室代表を務めた。15年大阪文学学校草創期の回想を綴った「森の宮群落」を刊行。他の著書に「風景18」がある。

ま

松岡 昭義　まつおか・あきよし
⇒長崎 昭義(ながさき・あきよし)を見よ

松岡 巌　まつおか・いわお　日立製作所副社長　[没]平成27年(2015)11月22日　85歳〔心不全〕　[生]昭和5年(1930)1月22日　[出]神奈川県　[学]慶応義塾大学法学部〔昭和27年〕卒　[歴]昭和27年日立製作所に入社。58年取締役、62年常務、平成元年専務を経て、3年副社長。

松岡 繁光　まつおか・しげみつ　熊本日日新聞編集委員　[没]平成27年(2015)1月12日　63歳〔内因性心臓死〕　[歴]昭和50年熊本日日新聞社に入社。運動部次長、阿蘇総局長、運動部長、編集二部長、報道部長(局次長同等職)を経て、平成18年編集局次長、21年事業局長。編集委員も務めた。25年から同紙に連載「新熊本の体力」を執筆したが、連載途中で病没した。

松岡 岑男　まつおか・みねお　神官　能楽師(宝生流ワキ方)　愛宕神社宮司　東京薪能主宰　[没]平成29年(2017)6月27日　86歳〔急性肺炎〕　[生]昭和6年(1931)5月24日　[出]東京市浅草区(東京都台東区)　[名]芸名＝鏑木岑男(かぶらき・みねお)　[学]専修大学経済学部卒　[歴]東京・浅草の鳥越神社の宮司で、ワキ方春藤流の宗家代理であった鏑木建男の三男。昭和47年より東京・港区にある愛宕神社宮司を務めた。また、16歳で春藤流の分流・下掛宝生流に入り、宝生弥一に就いてワキ方の修行を積む。25年「羽衣」のワキで初舞台。鏑木岑男の芸名で宝生流ワキ方能楽師として活躍し、44年より東京薪能を主宰した。57年より日本能楽会会員。　[家]父＝鏑木建男(神官・能楽師)　[師]師＝宝生弥一

松岡 雄治　まつおか・ゆうじ　福岡大学医学部教授　[専]生化学　[没]平成29年(2017)8月19日　86歳〔肺がん〕　[生]昭和6年(1931)7月26日　[出]熊本県　[学]九州大学医学部医学科率　医学博士　[歴]福岡大学医学部教授、同学部長を務めた。

松岡 由雄　まつおか・よしお　落語プロデューサー　立川企画社長　[没]平成28年(2016)10月8日　76歳〔がん〕　[歴]落語家・7代目立川談志の実弟で、立川企画社長を務めた。　[家]兄＝立川談志(7代目)

松垣 裕　まつがき・ゆたか　熊本県立大学学長・名誉教授　[専]西洋史(英国史)　[没]平成28年(2016)8月28日　92歳〔誤嚥性肺炎〕　[生]大正13年(1924)1月2日　[出]台湾基隆　[学]福岡高〔昭和18年〕卒, 九州大学文学部西洋史学科〔昭和23年〕卒　文学博士　[歴]昭和26年熊本大学法文学部講師、31年助教授を経て、42年教授。54〜58年文学部長。63年熊本女子大学学長に就任、授業公開講座を男性にも開放して話題になる。平成6年熊本県立大学に名称変更、同大初代学長を務めた。著書に「イギリス封建国家の確立」がある。　[賞]勲二等瑞宝章〔平成11年〕

松方 弘樹　まつかた・ひろき　俳優　[没]平成29年(2017)1月21日　74歳〔脳リンパ腫〕　[生]昭和17年(1942)7月23日　[出]東京市王子区赤羽(東京都北区)　[名]本名＝目黒浩樹(めぐろ・こうじゅ)　[学]明大中野高〔昭和36年〕卒　[歴]時代劇スター近衛十四郎と女優水川八重子の長男。弟の目黒祐樹も俳優。10代半ばは歌手志望で、五木ひろしと一緒にレッスンを受けていたが、五木の歌声に自信を失くし、昭和35年高校3年の時に東映に入社。同年映画「十七歳の逆襲・暴力をぶっ潰せ」で主演デビュー。市川右衛門の二男である北大路欣也との“二世スターコンビ”として数多くの時代劇映画に出演。44年から2年間は大映にレンタルされ、46年東映に復帰。その後、1970年代の東映の“やくざ路線”“実録路線”で不敵な雰囲気を持った魅力が開花。深作欣二監督の「仁義なき戦い」(48年)では広島の暴力団の若頭役を演じ、同作がシリーズ化されると「頂上作戦」「完結篇」「新仁義なき戦い」(いずれも49年)に異なる人物役で出演。深作作品は他に「県警対組織暴力」(50年)「ドーベルマン刑事」(52年)など。「脱獄・広島殺人囚」(49年)「真田幸村の謀略」(54年)など中島貞夫監督と組んだ主演作も多い。テレビドラマにも進出し、「人形佐七捕物帳」(40〜41年)が当たり役に。49年NHK大河ドラマ「勝海舟」では病気の渡哲也に代わり途中から主役の勝海舟を演じた。60年からバラエティ「天才たけしの元気が出るテレビ!!」(日本テレビ系)に出演し、気さくな人柄で人気者に。63年から時代劇ドラマ〈名奉行 遠山の金さん〉シリーズに主演。他にも〈大江戸捜査網〉〈ホテル〉など人気シリーズに出演。趣味の釣りでは、300キロ超の巨大マグロを釣り上げたり、俳優仲間の梅宮辰夫と「松方弘樹 世界を釣る」といった釣り番組に出演。平成3年主演も兼ねた映画「首領(ドン)になった男」を製作。7年エグゼクティブプロデューサーとして映画「蔵」(出演も)

を製作し、牧野省三賞を受ける。15年映画「OKITE やくざの詩」で初監督。19年父の代表作だった時代劇「素浪人・月影兵庫」で、親子2代で主役を演じた。私生活では、元モデルと離婚後、昭和54年女優の仁科明子（現・亜季子）と再婚したが、平成10年離婚。元モデルとの間にできた目黒大樹は俳優、仁科との間にできた仁科克基、仁科仁美はタレントとして活躍。28年2月脳の異常が見つかり闘病していたが、20年にわたり同居し事実婚の関係にあった元女優山本万里子らに看取られ、29年1月死去した。 [賞]牧野省三賞（第37回）〔平成7年〕「蔵」，毎日映画コンクール男優助演賞（第50回，平成7年度）〔平成8年〕「蔵」，日本アカデミー賞特別賞企画賞（第19回）〔平成8年〕「蔵」 [家]父＝近衛十四郎（俳優），母＝水川八重子（女優），弟＝目黒祐樹（俳優），長男＝目黒大樹（俳優），二男＝仁科克基（タレント），長女＝仁科仁美（タレント）

松木 康祐 まつき・こうゆう 新湊市長 タカギセイコー社長 [没]平成27年（2015）3月8日 89歳 [生]大正15年（1926）1月24日 [出]富山県新湊市 [学]射水中卒，金沢工専電気工学科（現・金沢大学）〔昭和20年〕卒 [歴]昭和21年富士通信機製造（現・富士通）を経て、22年親類が経営する地元の高木製作所（現・タカギセイコー）に転じ、技術職として主に製造畑を歩く。34年法人化とともに取締役製造部長、41年取締役工場長、43年常務、54年専務、61年副社長、62年社長。平成3年新湊市長に当選。新湊大橋の建設に尽力した。2期務め、11年引退。 [賞]勲五等瑞宝章〔平成12年〕

松木 純一 まつき・じゅんいち タカギセイコー副社長 [没]平成27年（2015）10月5日 70歳〔病気〕 [生]昭和20年（1945）1月27日 [出]富山県 [学]高岡高卒，青山学院大学法学部〔昭和43年〕卒 [歴]高木製作所（現・タカギセイコー）2代目社長・松木喜太郎の長男。大学卒業後、東京の樹脂関連企業を経て、昭和43年高木製作所に入社。54年取締役、56年常務を経て、60年副社長。退任後、子会社の高岡ホンダ自販社長、会長を歴任した。 [家]父＝松木喜太郎（高木製作所社長）

真継 伸彦 まつぎ・のぶひこ 小説家 文芸評論家 俳人 姫路独協大学一般教育部教授 [没]平成28年（2016）8月22日 84歳〔急性肺炎〕 [生]昭和7年（1932）3月18日 [出]京都府京都市 [学]京都大学文学部ドイツ文学科〔昭和29年〕卒 [歴]大学卒業後に上京し、校正のアルバイト、専修大学図書館勤務、青山学院大学講師などをしながら同人雑誌に参加。昭和40年芝浦工業大学講師になり、43〜49年桃山学院大学に勤務、のち姫路独協大学教授。38年応仁の乱から天正年間までの一向一揆を描いた「鮫」で第2回文芸賞を受賞。その後も「鮫」の第2部「無明」、第3部「華厳」、ハンガリー事件における知識人の苦悩を描いた「光る声」などを発表、仏教の本質に迫る小説で知られ、社会問題や政治運動にも積極的に発言した。45年「人間として」の創刊に参加。現代語訳の「親鸞全集」（全5巻）も刊行した。他の著書に「未来喪失者の行動」「内面の自由」「わが薄明の時」「青春の遺書」「青空」「親鸞」などがある。 [賞]文芸賞（第2回）〔昭和38年〕「鮫」 [団]日本独文学会，日本文芸家協会

松木 春夫 まつき・はるお UFJ信託銀行専務 [没]平成28年（2016）1月19日 67歳〔心筋梗塞〕 [生]昭和23年（1948）4月25日 [出]兵庫県 [学]慶応義塾大学経済学部〔昭和46年〕卒 [歴]昭和46年東洋信託銀行（現・三菱UFJ信託銀行）に入行。調布支店長、資本市場部長、本店営業本部第四部長、投資企画部長、証券運用部長、企業金融部長を経て、平成11年執行役員、13年常務執行役員、同年常務、14年取締役常務執行役員、16年取締役専務執行役員、のち専務。

松木 ひろし まつき・ひろし 脚本家 [没]平成28年（2016）9月19日 87歳〔急性骨髄性白血病〕 [生]昭和3年（1928）11月16日 [出]東京都 [名]本名＝松木弘（まつき・ひろし），共同筆名＝葉村彰子 [学]東京高卒 [歴]終戦後、鎌倉アカデミアで芝居を勉強。明治座文芸部、ニッポン放送を経て、昭和34年フジテレビへ。ディレクターをしていたが、35年同局の「ぼうふら紳士」で脚本家デビューし、36年に脚本家として独立。クレイジーキャッツの〈無責任〉シリーズの一部を始め、ザ・ドリフターズやコント55号の主演作など、喜劇映画の脚本を多く手がける。また、向田邦子らとともにテレビドラマ「七人の孫」「だいこんの花」など森繁久弥主演のホームドラマを執筆。1970年代には石立鉄男の主演のドラマ「おひかえあそばせ」「パパと呼ばないで」「雑居時代」がヒット。1980年代には西田敏行主演のドラマ「池中玄太80キロ」が高視聴率を獲得。向田らとの共同ペンネーム“葉村彰子”名義で、テレビドラマ「水戸黄門」「大岡越前」「江戸を斬る」なども手がけた。 [団]日本演劇協会，日本放送作家協会

松来 未祐 まつき・みゆ 声優 [没]平成27年（2015）10月27日 38歳〔悪性リンパ腫〕 [生]昭和52年（1977）9月14日 [出]広島県呉市 [名]本名＝松木美愛子 [歴]中学・高校時代は放送部に所属し、井伏鱒二の小説「黒い雨」の朗読で、広島県大会優勝。高校時代FM広島のDJコンテストに優勝、番組アシスタントを経験した。東京の大学に進学後、声優養成学校に通い、平成10年ゲームソフト「御神楽少女探偵団」で声優デビュー。14年「七人のナナ」で初のレギュラーを獲得して以来、アニメ「ハヤテのごとく！」の鷺ノ宮伊澄、「さよなら絶望先生」の藤吉晴美、「這いよれ！ ニャル子さん」のクー子など数多くのキャラクターを演じる。他の出演作に、テレビアニメ「魔法戦士リウイ」「D.C.〜ダ・カーポ」「超変身コス∞プレイヤー」「ひだまりスケッチ」などがある。27年7月非常に症例が少なく、難病指定もされていない慢性活動性EBウイルス感染症のため入院、闘病生活に入るが、10月38歳で亡くなった。没後、病名周知と難病指定を訴えるため病名が公表された。 [賞]声優アワード歌唱賞（第7回，平成24年度）〔平成25年〕

松樹 路人 まつき・ろじん 洋画家 武蔵野美術大学名誉教授 [没]平成29年（2017）12月19日 90歳 [生]昭和2年（1927）1月16日 [出]北海道苫前郡羽幌町 [名]本名＝松樹路人（まつき・みちと） [学]東京美術学校（現・東京芸術大学）油画科〔昭和24年〕卒 [歴]15歳の

ま

時に一家で上京し、安井曽太郎・梅原龍三郎時代の東京美術学校（現・東京芸術大学）に学ぶ。卒業後は独立展に出品、早々と独立賞も受賞。昭和52年〜平成9年武蔵野美術大学教授。3年芸術選奨文部大臣賞を受賞。長野県茅野市の蓼科高原にアトリエを持ち、23年茅野市美術館で個展を開催。25年同市に洋画6点を寄贈した。代表作に「越中から来た魚と私」「去りゆく夏に」などがある。　[賞]芸術選奨文部大臣賞（第41回）〔平成3年〕，旭日小綬章〔平成17年〕，紺綬褒章〔平成25年〕，安井賞佳作賞（第16回）〔昭和47年〕「ドラム罐」，東郷青児美術館大賞（第4回）〔昭和56年〕「わが家族の像」，宮本三郎記念賞（第5回）〔昭和62年〕「美術学校・モデルの一日」，独立展独立賞〔昭和29年〕，昭和会展昭和会賞〔昭和45年〕　[団]独立美術協会

松崎 武寿　まつざき・たけとし　医師　写真家　[没]平成28年（2016）1月9日　85歳　[出]熊本県上益城郡御船町　[学]熊本大学大学院医学研究科修了　[歴]昭和42年宮崎県延岡市に松崎医院を開院。地域医療に取り組みながら秋山正太郎らに写真を師事し、延岡写真協会を結成。平成2年宮日美展写真部門無監査。延岡市庁舎の建設を記録する写真集3部作などを制作した。宮崎県医師会監事、延岡市医師会理事、延岡市文化連盟の顧問などを歴任。　[賞]紺綬褒章〔平成10年〕，延岡市文化功労者（平成11年度）

ま

松沢 隆司　まつざわ・たかし　サッカー指導者　[没]平成29年（2017）8月11日　76歳〔多臓器不全〕　[生]昭和15年（1940）10月19日　[出]鹿児島県　[学]鹿児島商卒　[歴]現役時代はDFを務め、鹿児島商で全国高校選手権に出場。無線通信士の学校を卒業した昭和39年、請われて鹿児島実の見習い教師となる。サッカーの指導に携わり、40年県大会で優勝。41年総監督に就任。自らマイクロバスを運転して全国に遠征するなどの熱血指導で、同高を全国屈指の強豪校に育て上げた。54年全国高校選手権に初出場。平成3年準優勝。8年初優勝（静岡学園高と両校優勝）。12年準優勝。17年にはPK戦の末に市立船橋高を下し、単独初優勝を果たす。18年は野洲高（滋賀）に破れ準優勝。12年の定年後も総監督として指導し、23年退任。城彰二、前園真聖、平瀬智行、遠藤保仁、松井大輔ら多くのJリーガーや日本代表を育てた。　[賞]南日本文化賞（スポーツ教育部門，第57回）〔平成18年〕，鹿児島県民表彰〔平成19年〕

松沢 洋一　まつざわ・よういち　山形県議（自民党）　[没]平成27年（2015）6月8日　75歳〔心不全〕　[生]昭和15年（1940）2月2日　[出]神奈川県川崎市　[学]成城大学経済学部卒　[歴]父の松沢雄蔵衆院議員秘書を経て、昭和56年山形県議補選に当選。8期。平成8年副議長。23年引退。　[賞]旭日中綬章〔平成24年〕　[家]父＝松沢雄蔵（衆院議員）

松繁 寿義　まつしげ・ひさよし　香川県教育長　[没]平成29年（2017）11月15日　87歳〔呼吸不全〕　[生]昭和5年（1930）6月28日　[出]香川県三豊郡詫間町（三豊市）　[学]広島高師文科二部〔昭和27年〕卒　[歴]昭和27年より高瀬高に赴任。卓球部顧問を務め、後に世界選手権を制する松崎キミ代を指導した。高松高、土庄高、多度津工各教諭、善通寺一高校長、香川県教育委員会高校教育課長、教育次長などを歴任し、62年高松高校長。平成元年地元教員出身として2人目の県教育長に就任。香川、徳島両県で共同開催した5年の東四国国体を前に、全国の大学に出向いて人材を発掘。天皇杯、皇后杯の獲得につなげた。香川県ゆかりの日本画家、東山魁夷の作品収集を進めるなど、文化芸術の振興にも力を尽くした。6年県立図書館・文書館管理財団理事長。　[賞]旭日小綬章〔平成23年〕，文部大臣表彰〔平成4年・6年〕

松下 圭一　まつした・けいいち　政治学者　法政大学名誉教授　[専]政治学，憲法学，自治体学，市民学　[没]平成27年（2015）5月6日　85歳〔心不全〕　[生]昭和4年（1929）8月19日　[出]福井県福井市　[学]東京大学法学部政治学科〔昭和27年〕卒　法学博士　[歴]東大在学中は学生新聞の編集長を務め、丸山真男のゼミに入る。昭和30年法政大学法学部助教授を経て、40年教授。平成12年定年退職。日本政治学会理事長、日本公共政策学会会長を歴任。第13期日本学術会議会員。ヨーロッパの政治思想史を研究、昭和34年「市民政治理論の形成」を刊行して頭角を現す。市民的自由のための実証科学、政策科学を提唱し、地域民主主義、都市政策の重要性を早くから捉える。特に国家統治型から市民自治による分権型政治への転換を唱えた著書「シビル・ミニマムの思想」で知られ、市民参加による地域民主主義により生活水準を最低限保証する“シビル・ミニマム”の概念を提示、革新自治体の政策に大きな影響を与え、その理論的支柱となった。また、34年皇太子（今上陛下）のご成婚を分析した「大衆天皇制論」を発表して注目を集めるなど、論壇でも活躍。53〜54年には朝日新聞で「論壇時評」を担当した。他の著書に「現代政治学」「都市政策を考える」「市民自治の憲法理論」「市民自治の政策構想」「社会教育の終焉」「ロック『市民政府論』を読む」「都市型社会の自治」「昭和後期の争点と政治」「政策型思考と政治」などがある。　[賞]毎日出版文化賞（第25回）〔昭和46年〕「シビル・ミニマムの思想」，吉野作造賞（第7回）〔昭和47年〕「市民参加とその歴史的可能性」，NIRA政策研究東畑記念賞（第8回）〔平成4年〕「政治型思考と政治」　[団]日本政治学会，日本公共政策学会，自治体学会

松下 善四郎　まつした・ぜんしろう　松下鈴木社長　[没]平成28年（2016）1月19日　94歳　[生]大正10年（1921）4月21日　[出]大阪府　[学]慶応義塾大学法学部〔昭和21年〕卒　[歴]昭和22年松下商店に入社。28年監査役、32年取締役、39年常務を経て、44年専務。46年鈴木洋酒店と合併して松下鈴木となる。50年代表取締役副社長、52年社長、60年会長を歴任。平成8年メイカンと合併して発足した伊藤忠食品の取締役最高顧問に就任した。

松下 忠夫　まつした・ただお　西松建設副社長　[没]平成28年（2016）9月30日　88歳〔慢性心不全〕　[生]昭和3年（1928）1月21日　[出]神奈川県　[学]東京大学工学部〔昭和28年〕卒　[歴]昭和28年西松建設に入社。55年取締役、58年常務、61年専務を経て、63年副社長。

松下 俊男　まつした・としお　中間市長　[没]平成29年（2017）5月2日　73歳〔胸腺がん〕　[生]昭和19年（1944）2月22日　[出]福岡県中間市　[学]福岡大学商学部

[歴]中間市教育部長、助役を経て、平成17年市長に当選。3期目の任期切れ間際に病死した。

松下 のりを　まつした・のりお　詩人　子どもの芸術研究協会事務局長　[没]平成27年(2015)1月8日　85歳　[生]昭和4年(1929)10月23日　[出]岐阜県益田郡萩原町(下呂市)　[名]本名＝松下範緒, 別名＝まつしたのりを　[学]高山工卒　[歴]昭和25年「現代詩研究」に同人として参加。以後「対話」「狼」「SATYA」「詩宴」などに作品を発表。「壺」「すみなわ」「芸象文学会」同人。詩集に「過程」「孤独のポジション」「女」「胡桃色の季節」「佇むひとの」「忙中閑」「栞紐」などがある。　[賞]東海現代詩人賞(第3回)〔昭和46年〕「孤独のポジション」, 岐阜県芸術文化奨励賞(昭和63年度)〔平成1年〕　[団]中日詩人会

松下 宏　まつした・ひろし　太陽神戸三井銀行常務　[没]平成28年(2016)9月1日　82歳〔右腎盂がん〕　[生]昭和8年(1933)10月14日　[出]東京都　[学]東京大学経済学部〔昭和31年〕卒　[歴]太陽神戸三井銀行(現・三井住友銀行)常務を務めた。

松島 正浩　まつしま・まさひろ　東邦大学名誉教授　東京蒲田病院院長　[専]泌尿器科学　[没]平成28年(2016)9月23日　75歳　[生]昭和16年(1941)5月1日　[出]東京都　[学]東邦大学医学部〔昭和41年〕卒　医学博士(東邦大学)〔昭和53年〕　[歴]昭和42年東邦大学医学部助手、50年自治医科大学講師、53年東邦大学講師、53〜55年米国ウィスコンシン大学留学、58年東邦大学助教授、60〜61年米国南カリフォルニア大学留学、62年東邦大学教授、平成6年附属大橋病院院長、12年医学部長、18年名誉教授。20年中央労災医員、23年東京蒲田病院院長、24年東邦大学評議員、26年蒲田医師会理事。　[賞]東邦医学会賞(昭和52年度), 坂口賞(昭和53年度)「膀胱発癌に対するtryptophan代謝産物の役割に関する研究」　[団]日本癌学会, 日本癌治療学会, 日本泌尿器科学会, 国際泌尿器科学会

松嶋 峯一　まつしま・みねいち　高校野球監督　[没]平成29年(2017)11月2日　73歳〔心筋梗塞〕　[出]福岡県太宰府市　[歴]母校の九州産業高野球部監督を務め、昭和52年夏の甲子園に強打者・吉竹春樹を擁して出場。平成19年には大牟田高監督としてセンバツ出場に導いた。

松田 昭信　まつだ・あきのぶ　光洋精工副社長　[没]平成29年(2017)4月10日　81歳〔誤嚥性肺炎〕　[生]昭和10年(1935)11月4日　[出]高知県　[学]近畿大学理工学部〔昭和34年〕卒　[歴]昭和34年光洋精工(現・ジェイテクト)に入社。62年取締役、平成5年常務、7年専務を経て、11年副社長。　[賞]紫綬褒章〔平成11年〕, 旭日小綬章〔平成19年〕

松田 晃　まつだ・あきら　合唱指揮者　声楽家　岩手県立盛岡短期大学教授　盛岡コメット混声合唱団指揮者　[没]平成27年(2015)3月8日　83歳〔肺がん〕　[生]昭和6年(1931)6月30日　[出]岩手県盛岡市　[学]岩手大学学芸学部(現・教育学部)〔昭和29年〕卒, 東京芸術大学委託〔昭和29年〕修了　[歴]昭和29年紫波高、盛岡商を経て、40年岩手県立盛岡短期大学講師、42年助教授、51年教授、59年附属幼稚園長。36年岩手県合唱連盟の設立に尽力し、59年理事長に就任。63年全日本合唱連盟東北支部長、平成6年同監事。昭和37年より盛岡コメット混声合唱団指揮者を務める一方、声楽家としても活動した。42年岩手声楽研究会会長、61年名誉会長。　[賞]地域文化功労者文部大臣表彰〔平成10年〕, 岩手日報文化賞(第52回)〔平成11年〕　[団]全日本合唱連盟　[家]妻＝松田順子(女声合唱団フィオーレ常任指揮者)　[師]師＝秋元雅一朗, 千葉了道

松田 一郎　まつだ・いちろう　徳島県議　[没]平成29年(2017)　82歳　[生]昭和10年(1935)1月16日　[出]徳島県阿南市　[学]日本大学法学部政治経済学科卒　[歴]阿南市議2期を経て、昭和54年阿南選挙区から徳島県議に初当選。旧社会党系会派で活動し、通算3期務めた。平成7年、11年落選。この間、打樋川土地改良区理事長だった6年、土地改良法の収賄容疑で逮捕され有罪判決を受ける。18年には理事長を務めていた阿南東部土地改良区の資金を流用していたとして背任容疑で徳島県警に逮捕され、懲役2年の実刑判決を受けた。

松田 和薫　まつだ・かずしげ　エッセイスト　歌人　[没]平成28年(2016)1月8日　87歳〔肺炎〕　[生]昭和3年(1928)9月22日　[出]兵庫県　[学]兵庫青年師範本科卒　[歴]兵庫県立明石清水高校校長の他、印南野半どんの会代表、菅原道真公奉賛献詠祭主宰などを務めた。著書に「印南野だより」などがある。

松田 一敏　まつだ・かずとし　日本鋼管専務　[没]平成27年(2015)5月20日　80歳〔慢性心不全〕　[生]昭和9年(1934)7月12日　[出]東京都　[学]東京大学工学部応用物理学科〔昭和32年〕卒　[歴]昭和32年日本鋼管(現・JFEスチール)に入社。計測分野を経て、48年厚板工場長、以後京浜製鉄所鋼板部長、鉄鋼事業部設備部企画開発室長、福山製鉄所副所長を歴任。63年取締役エレクトロニクス本部長、平成2年常務、4年専務を務め、5年退任。のちエヌ・ケー・エクサ社長となり、6年会長。

松田 和久　まつだ・かずひさ　日本車両製造社長　JR東海専務　[没]平成27年(2015)7月29日　74歳〔硬膜下血腫〕　[生]昭和15年(1940)9月7日　[出]神奈川県　[学]東京大学工学部〔昭和39年〕卒　[歴]昭和39年国鉄に入社。平成2年JR東海取締役、6年常務、10年専務。11年日本車両製造に転じ、副社長を経て、12年社長に就任。18年取締役相談役。

松田 和秀　まつだ・かずひで　川崎近海汽船社長　川崎汽船常務　[没]平成29年(2017)11月14日　88歳　[生]昭和4年(1929)1月25日　[出]山口県徳山市(周南市)　[学]山口高〔昭和23年〕卒, 京都大学経済学部〔昭和26年〕卒　[歴]昭和26年川崎汽船に入社。53年取締役を経て、56年常務。60年川崎近海汽船社長、平成7年会長、13年相談役を務めた。　[賞]藍綬褒章〔平成1年〕

松田 金十郎　まつだ・きんじゅうろう　秋田市議　全国山・鉾・屋台保存連合会常任理事　土崎神明社奉賛会会長　[没]平成27年(2015)12月26日　82歳〔老衰〕　[生]昭和8年(1933)7月12日　[出]秋田県　[歴]昭和50年秋田市議に当選。平成15年から秋田市の土崎神明社奉賛会の会長を務め、土崎港曳山まつりの保存と伝承に尽力。25年名誉会長。22年から4年間、同連合会常任理事を務めた。　[賞]文化庁長官表彰〔平成25年〕

松田 九郎　まつだ・くろう　衆院議員(自民党)　[没]平成27年(2015)2月9日　92歳〔急性呼吸不全〕　[生]大

ま

正11年(1922)8月1日 [出]長崎県北松浦郡佐々町 [学]法政大学専門部法科〔昭和18年〕卒 [歴]陸軍に従軍し、戦後シベリア抑留を経験。昭和23年復員。30年以来長崎県議に7選。50年議長を経て、58年旧長崎2区より衆院議員に当選、2期。独特のだみ声で"ヤジ将軍"といわれた。旧河本派。平成2年落選。7年参院選、8年衆院選に立候補。10年2月の衆院補選に自由党から立候補、5月公職選挙法違反(買収)の容疑で逮捕される。同年11月福岡高裁は拡大連座制を適用し、5年間の立候補禁止の有罪判決を下す。また、一審・長崎地裁佐世保支部の懲役1年10ケ月の実刑判決を支持。のち上告するが、12年7月最高裁は上告を棄却して実刑が確定した。 [賞]勲三等旭日中綬章〔平成6年〕 [家]長男＝松田正民(長崎県議)

松田 源徳　まつだ・げんとく　松田モータース会長 [没]平成28年(2016)9月8日 73歳 [出]沖縄県中頭郡読谷村大湾 [歴]松田モータースを経営して二輪車の販売を手がける中、ツーリングイベントの企画運営なども行い、沖縄県のモーター文化普及に貢献。伊計島を中心にサーキット場を運営し、モトクロスレーサーの育成にも取り組んだ。沖縄県出身初の国際A級モトクロスライダーである松田強は二男。 [家]二男＝松田強(オートバイライダー)

ま

松田 好哉　まつだ・こうや　山陰放送社長 [没]平成27年(2015)12月18日 82歳〔下咽頭がん〕 [生]昭和8年(1933)4月5日 [出]鳥取県 [学]早稲田大学政治経済学部〔昭和33年〕卒 [歴]昭和33年ラジオ山陰(現・山陰放送)に入社。61年取締役、平成3年常務、5年専務を経て、7年社長。15年会長。 [賞]旭日小綬章〔平成16年〕

松田 俊悟　まつだ・しゅんご　山陽新聞事業局次長 [没]平成29年(2017)3月14日 77歳〔肺炎〕 [生]昭和15年(1940)1月22日 [出]岡山県 [学]愛媛大学文学部卒 [歴]昭和37年山陽新聞社に入社。61年編集局整理部長、63年機報部長、平成3年記事審査委員会委員兼幹事、6年解説委員室長、8年記事審査委員会委員、9年編集局次長兼機報部長を経て、事業局次長。

松田 章一　まつだ・しょういち　連合長野会長 [没]平成27年(2015)5月9日 82歳〔老衰〕 [生]昭和7年(1932)5月28日 [出]長野県東筑摩郡波田町(松本市) [学]松本市立高卒 [歴]松電労組書記長、私鉄長野県連副委員長、長野県評事務局長などを経て、平成2年連合長野の発足に伴い初代会長に就任。7年引退。長野県地方労働委員会労働者委員も務めた。

松田 英　まつだ・すぐる　流通経済大学名誉教授 [専]中世英文学 [没]平成28年(2016)12月14日 69歳〔大腸がん〕 [生]昭和22年(1947) [出]東京都 [学]明治学院大学大学院英文学専攻博士課程満期退学 [歴]流通経済大学教授を務めた。共訳にP.アンセル・ロビン「中世動物譚」「図説 西洋騎士道大全」などがある。

松田 堯　まつだ・たかし　両備ホールディングス会長 岡山経済同友会代表幹事 [没]平成27年(2015)7月12日 92歳〔老衰〕 [生]大正11年(1922)9月12日 [出]岡山県岡山市 [学]慶応義塾大学法学部〔昭和21年〕卒 [歴]昭和22年両備バス監査役、26年取締役、29年常務、40年専務、44年副社長を経て、平成3年社長に就任。11〜23年会長。19年両備バスと両備運輸を統合し、両備ホールディングスとなり会長。岡山県を中心に運輸業を展開。この間、日本青年会議所副会頭、岡山青年会議所理事長、岡山三菱ふそう販売会長、岡山経済同友会代表幹事、西大寺商工会議所会頭などを歴任。他に夢二郷土美術館理事長を務めた。 [賞]藍綬褒章〔昭和56年〕, 交通栄誉章緑十字金章〔昭和63年〕, 山陽新聞賞(産業功労, 第67回)〔平成21年〕 [家]長男＝松田久(両備バスホールディングス社長), 父＝松田壮三郎(両備バス社長), 兄＝松田基(両備バス社長)

松田 武朗　まつだ・たけお　和田金社長 [没]平成28年(2016)2月9日 60歳〔心疾患〕 [出]三重県松阪市 [歴]三重県松阪市の松阪牛料理店・和田金の社長を務めた。

松田 保　まつだ・たもつ　金沢大学名誉教授 [専]血液学, 老年医学 [没]平成28年(2016)9月10日 82歳〔肺炎〕 [生]昭和8年(1933)11月1日 [出]石川県金沢市 [名]号＝藍阜 [学]金沢大学医学部〔昭和33年〕卒, 金沢大学大学院医学研究科〔昭和38年〕博士課程修了 医学博士 [歴]昭和34年金沢大学医学部第二内科に入局。同大助手、講師を経て、47年東京都老人総合研究所臨床第二生理室長、東京都養育院附属病院内科兼務。59年金沢大医学部教授。学部長も務め、平成11年退官。 [賞]エルウィン・フォン・ベルツ賞2等賞(第13回)〔昭和51年〕「脳梗塞発症要因に関する研究—血液ヘマトクリット値の問題と播種性血管内凝固症候群における脳梗塞」, 北国文化賞〔平成1年〕 [団]日本内科学会, 日本血液学会, 日本老年医学会, 日本バイオレオロジー学会

松田 藤四郎　まつだ・とうしろう　東京農業大学学長 東京情報大学学長 [専]農業経営学, 農業会計学 [没]平成27年(2015)3月22日 83歳 [生]昭和6年(1931)12月11日 [出]北海道紋別市 [学]東京農業大学農学部農業経済学科〔昭和30年〕卒, マサチューセッツ大学(米国)大学院農業経済学専攻〔昭和42年〕修士課程修了 農学博士〔昭和46年〕, M.S. [歴]昭和32年東京農業大学助手、43年助教授を経て、49年教授。58年農学部長、62年〜平成11年学長を務め、7年より同大理事長。13年東京情報大学学長。同大理事長も兼任した。アジアの稲作問題に詳しく、農業用ロボットの開発に取り組んだ。第16〜18期日本学術会議会員。著書に「緑化樹木の生産と流通」「グリーンビジネス」がある。 [賞]瑞宝中綬章〔平成20年〕 [団]日本農業経済学会, 地域計画学会, 日本農業経営学会, 農家簿記協会

松田 秀秋　まつだ・ひであき　近畿大学薬学部教授 [専]薬用資源学 [没]平成29年(2017)4月26日 63歳〔肺炎〕 [生]昭和28年(1953) [出]大阪府 [学]近畿大学薬学部卒 [歴]近畿大学薬学部教授の傍ら、自然食品素材を活用した栄養機能食品の開発・製造・販売を手がける株式会社ア・ファーマ近大の代表取締役会長を務めた。 [賞]日本生薬学会賞学術奨励賞(平成10年度)「修治された薬用人参・紅参の薬理作用発現に関する研究」, 日本生薬学会賞Natural Medicines論文賞(平成17年度)「柑橘類のフラバノン配糖体含量と抗アレルギー作用の季節的推移」

松田 弘　まつだ・ひろし　アンフィニ広島社長 広島エフエム放送社長 [没]平成28年(2016)7月7日 63歳 [生]昭和28年(1953)6月8日 [出]広島県広島市中区

[学]慶応義塾大学経済学部〔昭和51年〕卒 [歴]広島東洋カープ社長、東洋工業社長を務めた松田耕平の二男。昭和53年マツダオート広島(現・アンフィニ広島)に入社。58年取締役、63年常務、平成2年専務を経て、4年社長。13年広島エフエム放送取締役となり、14年会長、21年から社長。広島青年会議所理事長も務めた。[家]父=松田耕平(広島東洋カープ社長・東洋工業社長), 兄=松田元(広島東洋カープオーナー), 祖父=松田恒次(東洋工業社長)

松田 博渼 まつだ・ひろみ 筑邦銀行常務 [没]平成28年(2016)9月24日 89歳〔肺炎〕 [生]昭和2年(1927)9月13日 [出]福岡県浮羽郡浮羽町(うきは市) [名]号=葉舟(ようしゅう) [学]大分経済専〔昭和22年〕卒 [歴]昭和28年筑邦銀行に入行。47年取締役を経て、52年常務。ウエスタンリース社長も務めた。

松田 實 まつだ・みのる 東北大学名誉教授 [専]高分子化学, 高分子機能材料 [没]平成29年(2017)7月9日 84歳〔脳幹出血〕 [生]昭和8年(1933)1月29日 [出]京都府京都市 [学]大阪市立大学理工学部高分子化学科〔昭和30年〕卒 理学博士(東北大学)〔昭和39年〕 [歴]昭和45年東北大学非水溶液化学研究所教授に就任。54年環境保全センター長を務めた。平成5年東北大学反応化学研究所長。東北電子専門学校校長も務めた。 [賞]紫綬褒章〔平成13年〕, 瑞宝中綬章〔平成19年〕, 日本化学会賞(第45回)〔平成5年〕「硫黄を含む高分子の特性とその電子材料への応用」, 高分子科学功績賞(平成5年度)「ビニル重合の速度論的研究」 [団]日本化学会, 高分子学会, 米国化学会

松田 義雄 まつた・よしお 歌人 郷土史家 [専]石川県 [没]平成27年(2015)10月22日 91歳 [歴]能美市短歌の会寺井支部長を務め、歌人、郷土史家として活動した。

松田 賀孝 まつだ・よしたか 琉球大学名誉教授 [専]経済史, 社会政策 [没]平成29年(2017)11月9日 82歳〔特発性間質性肺炎〕 [生]昭和9年(1934)12月4日 [出]沖縄県那覇市若狭 [学]一橋大学経済学部経済学科経済史・社会思想専攻〔昭和35年〕卒, 一橋大学大学院経済学研究科経済史・経済政策専攻修士課程修了, ウィスコンシン大学歴史学部大学院修了 経済学博士(一橋大学) [歴]昭和35年琉球銀行入行。41年米国ウィスコンシン大学大学院歴史学部に留学。43年桜美林大学講師、44年琉球大学教養部講師、のち助教授、63年教授。マルクス社会経済思想、戦後の沖縄経済を研究した。著書に「戦後沖縄社会経済史研究」「人間・宗教・国家—マルキシズムの本義をさぐる」などがある。 [賞]藍綬褒章, 伊波普猷賞, 沖縄研究奨励賞(第3回)〔昭和56年〕「戦後沖縄社会経済史研究」 [団]社会経済史学会, 社会思想史学会

松平 修文 まつだいら・しゅうぶん 歌人 日本画家 青梅市立美術館副館長 [没]平成29年(2017)11月23日 71歳〔直腸がん〕 [生]昭和20年(1945)12月21日 [出]北海道北見市 [名]本名=松平修文(まつだいら・おさふみ) [学]札幌西高〔昭和39年〕卒, 東京芸術大学日本画科〔昭和45年〕卒, 東京芸術大学大学院美術研究科絵画専攻修了 [歴]大学時代から大野誠夫に師事し、「作風」同人となるが、大野の没後離れる。昭和54年歌集「水村」で独特の幻想世界を表現し注目された。他の歌集に「七つの浪曼的情景」(合著)「原始の響き」「蓬(ノヤ)」「トゥオネラ」など。東京都の青梅市立美術館に長く勤務し、副館長を務めた。 [団]現代歌人協会 [家]妻=王紅花(歌人, 本名・松平美津) [師]師=大野誠夫

松谷 天光光 まつたに・てんこうこう
⇒園田 天光光(そのだ・てんこうこう)を見よ

松谷 敏雄 まつたに・としお 東京大学名誉教授 [専]西アジア考古学 [没]平成27年(2015)6月12日 78歳〔肝臓がん〕 [生]昭和12年(1937)3月4日 [出]福岡県 [学]東京大学教養学部〔昭和36年〕卒, 東京大学大学院社会学研究科文化人類学専攻修士課程修了 [歴]東京大学東洋文化研究所助手を経て、教授。同所長を務めた。[団]日本民族学会, 日本オリエント学会

松谷 みよ子 まつたに・みよこ 児童文学作家 松谷みよ子民話研究室主宰 [専]児童文学, 小説, 詩, 民話研究 [没]平成27年(2015)2月28日 89歳〔老衰〕 [生]大正15年(1926)2月15日 [出]東京市神田区元岩井町(東京都千代田区岩本町) [名]本名=松谷美代子(まつたに・みよこ) [学]東洋高女〔昭和17年〕卒 [歴]父は弁護士の松谷与二郎で、4人姉兄(2男2女)の末っ子。長野県中野市への疎開を経て、昭和22年坪田譲治の門下となり、その紹介で23年から「童話教室」などに作品を発表。30年民話研究家の瀬川拓男と結婚、劇団「太郎座」を創設、のち離婚。26年「貝になった子供」で児童文学者協会新人賞受賞以来、「龍の子太郎」でサンケイ児童出版文化賞、国際アンデルセン賞優良賞、「ちいさいモモちゃん」で野間児童文芸賞、「モモちゃんとアカネちゃん」で赤い鳥文学賞など次々と文学賞を受賞。全6巻となった〈モモちゃんとアカネちゃん〉シリーズは600万部、「いないいないばあ」から始まる赤ちゃん絵本シリーズ(全9巻)も500万部を超えるロングセラーとなった他、広島の被爆者を描いた「ふたりのイーダ」や広島の被爆ピアノを題材とした「ミサコの被爆ピアノ」、ナチスドイツのユダヤ人迫害や旧日本軍731部隊を取り上げた「私のアンネ=フランク」「屋根裏部屋の秘密」など、過去の歴史と向き合った創作活動も続けた。坪田の主宰する童話雑誌「びわの実学校」第1号からの編集委員であり、平成9〜19年師の遺志を継いで「びわの実ノート」を主宰、新人作家の育成にも努めた。また民話研究の第一人者でもあり松谷みよ子民話研究室を主宰、民話の採録作業は「現代民話考」(全12巻)に結実した。19年には半生を回想した「自伝 じょうちゃん」を刊行。他の著書に「朝鮮の民話〈上下〉」「ベトちゃんドクちゃんからのてがみ」「小説・捨てていく話」、詩集「とまり木をください」「若き日の詩」などがある。 [賞]児童文学者協会新人賞(第1回)〔昭和26年〕「貝になった子供」, 講談社児童文学新人賞(第1回)〔昭和35年〕「龍の子太郎」, サンケイ児童出版文化賞(第8回)〔昭和36年〕「龍の子太郎」, 国際アンデルセン賞優良賞〔昭和37年〕「龍の子太郎」, 野間児童文芸賞(第2回)〔昭和39年〕「ちいさいモモちゃん」, NHK児童文学奨励賞(第3回)〔昭和40年〕, 児童福祉文化賞奨励賞〔昭和43年〕, 赤い鳥文学賞特別賞(第3回)〔昭和48年〕「松谷みよ子全集」(全15巻), 赤い鳥文学賞(第5回)〔昭和50年〕「モモちゃんと

ま

アカネちゃん」, 日本児童文学者協会賞（第20回）〔昭和54年〕「私のアンネ＝フランク」, ライプチヒ国際図書デザイン展金賞〔平成1年〕「まちんと」, 野間児童文芸賞（第30回）〔平成4年〕「アカネちゃんのなみだの海」, 小学館文学賞（第43回）〔平成6年〕「あの世からの火」, 巌谷小波文芸賞（第20回）〔平成9年〕「松谷みよ子の本」（全10巻, 別巻1）, ダイヤモンドレディ賞（第14回）〔平成11年〕, エクソンモービル児童文化賞（第40回）〔平成17年〕, 産経児童出版文化賞美術賞（第55回）〔平成20年〕「山をはこんだ九ひきの竜」 [団]昔話学会, 口承文芸学会, 日本文芸家協会, 日本児童文学者協会 [家]父＝松谷与二郎（弁護士・衆院議員）, 姉＝宗武朝子（評論家）, 兄＝松谷春男（漆芸家）

松永 淳 まつなが・あつし 静岡新聞常務 [没]平成28年（2016）8月16日 76歳〔病気〕 [生]昭和15年（1940）1月17日 [出]静岡県静岡市葵区 [学]東北大学文学部〔昭和39年〕卒 [歴]昭和39年静岡新聞社に入社。53年経理局財務部長を経て、平成5年取締役経理局長兼財務部長兼経理部長、13年常務。静岡放送常務も務めた。

松永 輝彦 まつなが・てるひこ 松永七之助商店社長 原町商工会議所会頭 [没]平成28年（2016）8月24日 91歳〔老衰〕 [生]大正13年（1924）12月10日 [出]福島県原町市（南相馬市） [学]東京大学経済学部〔昭和23年〕卒 [歴]松永七之助商店社長で、平成元年〜4年原町商工会議所会頭を務めた。9年同顧問、24年名誉顧問。また、昭和49〜55年原町市教育委員長、平成6〜7年福島県公安委員長を歴任した。 [賞]勲五等双光旭日章〔平成10年〕

松永 暘石 まつなが・ようせき 書家 墨朋会会長 神戸松蔭女子学院大学教授 [専]漢字 [没]平成28年（2016）10月17日 92歳〔老衰〕 [生]大正13年（1924）6月25日 [出]大阪府 [名]本名＝松永武純（まつなが・たけすみ） [歴]小坂奇石に師事。昭和58年「薩都剌詩」、62年「王維詩」で日展特選。墨朋会会長で、神戸松蔭女子学院大学教授も務めた。 [賞]日展特選（昭和58年度・62年度）「薩都剌詩」「王維詩」 [団]日展, 日本書芸院, 読売書法会 [師]師＝小坂奇石

松永 義弘 まつなが・よしひろ 作家 [専]江戸時代（天保改革） [没]平成28年（2016）6月13日 88歳 [生]昭和3年（1928）4月10日 [出]佐賀県東松浦郡 [学]日本大学文学部史学科〔昭和28年〕卒 [歴]山手樹一郎の主宰する新樹会同人となる。時代小説を中心に活躍、史料に裏打ちされたストーリーの中に、ロマン性豊かな奇談を織りこんだ作風で多くの読者を魅了した。著書に「海流」「合戦」「柳生一族の陰謀」「毛利元就」「人間宮本武蔵」「越後からの雪だより」「少年通訳アメリカへいく」などがある。 [団]日本文芸家協会

松成 博茂 まつなり・ひろしげ 川崎汽船社長 [没]平成27年（2015）8月29日 88歳〔老衰〕 [生]昭和2年（1927）1月13日 [出]香川県 [学]京都大学経済学部〔昭和27年〕卒 [歴]昭和27年川崎汽船に入社。56年取締役、57年常務、59年専務を経て、63年社長。平成4年会長、6年相談役に退いた。日本船主協会会長も務めた。 [賞]藍綬褒章〔平成3年〕, 勲二等旭日重光章〔平成9年〕

松野 国作 まつの・くにさく 郷土史家 熊本歴史学研究会会長 [専]熊本県 [没]平成28年（2016）12月29日 84歳〔特発性肺線維症〕 [歴]熊本歴史学研究会会長を務めた。著書に「語り口ましきの民話」などがある。 [賞]熊本県芸術功労者

松野 勝 まつの・まさる エッソ石油副社長 [没]平成29年（2017）11月8日 89歳〔急性心不全〕 [生]昭和3年（1928）1月22日 [出]神奈川県 [学]慶応義塾大学工学部〔昭和26年〕卒, レンセラー工業大学（米国）大学院〔昭和36年〕修了 工学博士 [歴]エッソスタンダード石油に入社。昭和46年取締役、50年常務を経て、53年専務。57年エッソ石油（現・JXTGエネルギー）と改称、58年から副社長を務めた。 [賞]藍綬褒章〔昭和63年〕

松野 莉奈 まつの・りな タレント [没]平成29年（2017）2月8日 18歳 [生]平成10年（1998）7月16日 [出]東京都 [名]グループ名＝私立恵比寿中学（しりつえびすちゅうがく） [歴]平成22年2月女性アイドルグループ・ももいろクローバーZの姉妹グループである私立恵比寿中学に加入、グループでの“出席番号”は9番でイメージカラーは青。愛称はりななん。24年5月シングル「仮契約のシンデレラ」でメジャーデビュー。25年12月にはメジャーデビューから日本人最速でさいたまスーパーアリーナ単独公演を開催した。個人でも170センチの長身と長い足を生かして女性ファッション誌「LARME」のレギュラーモデルを務めた他、女優として映画「ジョーカーゲーム 脱出」に出演。29年自宅で意識不明となり、18歳で急逝した。

松葉 邦男 まつば・くにお 軽井沢町（長野県）町長 [没]平成27年（2015）11月27日 84歳〔急性肺炎〕 [生]昭和6年（1931）11月2日 [出]長野県北佐久郡軽井沢町 [学]上田松尾高卒 [歴]松葉自動車交通社長を経て、平成3年から長野県軽井沢町長に2選。退任後の16年から長野県選挙管理委員長を2期8年務めた。

松葉 邦敏 まつば・くにとし 成蹊大学名誉教授 [専]会計学 [没]平成28年（2016）3月11日 82歳 [生]昭和8年（1933）12月20日 [出]栃木県足利市 [学]中央大学商学部商学科卒, 中央大学大学院商学研究科会計学専攻〔昭和37年〕博士課程修了 [歴]弘前大学人文学部助教授などを経て、昭和47年成蹊大学経済学部教授。のち国士舘大学政経学部教授。著書に「基本財務諸表論演習」「財務諸表論計算問題ワーク・ブック」「基本 財務諸表論〈三訂版〉」などがある。 [賞]瑞宝中綬章〔平成25年〕 [団]日本会計研究学会, 日本原価計算研究学会, 日本簿記学会

松橋 慶季 まつはし・よしき プロ野球選手 プロ野球審判 [没]平成27年（2015）2月22日 81歳〔敗血症〕 [生]昭和9年（1934）1月10日 [出]長野県長野市 [名]本名＝松橋義喜（まつはし・よしき） [学]長野北高（現・長野高）卒 [歴]長野北高野球部で捕手を務め、昭和24年秋に町田行彦と北信越大会で優勝したが、翌年のセンバツには出場できなかった。27年阪急（現・オリックス）に入団。28年国鉄（現・ヤクルト）に移籍し、金田正一

とバッテリーを組む。30年引退。実働3年、41試合出場、94打数17安打、0本塁打、5打点、打率.181。退団後は長野鉄道管理局に勤めたが、34年セ・リーグ審判となり、63年まで務めた。審判としては、日本シリーズ8回、オールスター8回を含む3164試合に出場、49年の長嶋茂雄の現役引退試合で球審を務めた。目が大きく"目玉のまっちゃん"の愛称で親しまれた。著書に「プロ野球 審判の大逆襲」がある。 ㊨母＝松橋里やう（松橋看護婦家政婦紹介所会長）

松林 豊斎（15代目） まつばやし・ほうさい 陶芸家 京都陶磁器協会理事長 ㊨朝日焼 ㊨平成27年（2015）11月24日 65歳〔膵臓がん〕 ㊨昭和25年（1950）4月12日 ㊨京都府宇治市 ㊨本名＝松林良周（まつばやし・よしかね） ㊨武蔵野美術大学造形学部卒 ㊨宇治市宇治の遠州七窯の一つ、朝日焼の家に生まれる。大学卒業後、京都府陶工訓練校でロクロを学び、名古屋工業技術試験場で釉薬などの研修を受けた後、約20年間父の14代松林豊斎のもとで修行。平成6年父の隠居、得度が決まり、7年15代を襲名。15年8代長兵衛が原型を作ったとされる煎茶器を150年ぶりに復元した。 ㊨祖父＝松林光斎（2代目）、父＝松林豊斎（14代目）

松林 靖明 まつばやし・やすあき 甲南女子大学学長 ㊨中世文学 ㊨平成28年（2016）4月20日 73歳〔下行結腸がん〕 ㊨昭和17年（1942）11月9日 ㊨東京都 ㊨早稲田大学教育学部〔昭和41年〕卒 早稲田大学大学院文学研究科〔昭和47年〕博士課程修了 ㊨帝塚山短期大学教授を経て、甲南女子大学教授。平成23年学長に就任。著書に「室町軍記の研究」などがある。 ㊨中世文学会

松原 正 まつばら・ただし 早稲田大学名誉教授 ㊨英文学、英米演劇 ㊨平成28年（2016）6月8日 86歳〔胆管がん〕 ㊨昭和4年（1929）12月22日 ㊨東京都 ㊨早稲田大学第一文学部英文学科〔昭和27年〕卒 ㊨早稲田大学文学部教授で、保守派の評論家としても活動した。著書に「知的怠惰の時代」「道義不在の時代」「暖簾に腕押し」「戦争は無くならない」「自衛隊よ胸を張れ」「天皇を戴く商人国家」「我々だけの自衛隊」「夏目漱石」、訳書にA.P.ヘンリフィ「不条理」などがある。 ㊨日本演劇学会、日本ショー協会、現代演劇協会

松原 徹 まつばら・とおる 日本プロ野球選手会事務局長 ㊨平成27年（2015）9月20日 58歳〔膀胱がん〕 ㊨昭和32年（1957）5月22日 ㊨神奈川県川崎市 ㊨川崎高校、神奈川大学 ㊨川崎高、神奈川大で捕手を務めた。昭和56年ロッテ球団管理部職員となり、一軍マネジャーなどを務める。63年落合博満選手会副会長の薦めで日本プロ野球選手会事務局に転じ、平成12年より事務局長。代理人制度の導入やフリーエージェント（FA）制度改革など、選手の地位向上に尽力。16年の球界再編問題では、オリックスと近鉄の合併に伴う球団数削減と、経営者側の1リーグ化構想に選手会として反対。古田敦也会長を支え、球団数維持を求めるプロ野球史上初のストライキを敢行し、縮小再編を食い止めた。23年の東日本大震災でのセ・リーグの開幕日

延期を巡る問題や、25年の統一球騒動などでも、選手会と日本野球機構（NPB）との交渉に奔走した。

松原 正樹 まつばら・まさき ギタリスト ㊨平成28年（2016）2月8日 61歳〔十二指腸がん〕 ㊨昭和29年（1954）6月27日 ㊨福井県武生市（越前市） ㊨グループ名＝パラシュート ㊨武生高卒 ㊨武生三中からギターを始め、武生高校を卒業後にネム音楽院に学ぶが、半年後に上京。米軍キャンプなどで演奏した後、昭和49年ハイ・ファイ・セットのバックバンドに参加。その後、エレキギターでは国内でも指折りのスタジオミュージシャンとして活躍、キャンディーズ「微笑がえし」、松田聖子「ロックンルージュ」、松任谷由実「恋人がサンタクロース」、松山千春「長い夜」など参加作品は1万曲を超える。この間、53年初リーダー作「流宇夢サウンド」、54年「テイク・ア・ソング」をリリース。同年には林立夫、斉藤ノブ、今剛らとフュージョンバンドのパラシュートを結成、4枚のアルバムを残した。 ㊨妻＝南部昌江（作曲家）

松久 達三 まつひさ・たつぞう 大福製紙社長 美濃商工会議所会頭 ㊨平成28年（2016）10月22日 95歳〔肺炎〕 ㊨大正9年（1920）10月31日 ㊨岐阜県美濃市 ㊨岐阜商〔昭和13年〕卒 ㊨昭和29年家業である大福製紙常務を経て、48年より社長。42年〜平成元年美濃商工会議所会頭。表千家同門会岐阜県支部長、岐阜県紙業連合会会長も務める。 ㊨勲五等双光旭日章〔平成4年〕、岐阜県知事表彰〔昭和60年〕、岐阜新聞大賞産業賞〔昭和63年〕 ㊨長男＝松久豊太郎（大福製紙社長）

松藤 三彦 まつふじ・みつひこ 松坂屋常務 ㊨平成29年（2017）4月21日 90歳〔肺炎〕 ㊨大正15年（1926）6月12日 ㊨熊本県人吉市 ㊨早稲田大学政経学部経済学科〔昭和26年〕卒 ㊨松坂屋（現・大丸松坂屋百貨店）に入社。昭和52年取締役名古屋本店長、55年常務本社営業本部長を経て、58年横浜松阪屋社長。62年退任。

松前 紀男 まつまえ・のりお 東海大学学長 モスクワ大学名誉教授 ㊨放送学、歴史人類学 ㊨平成28年（2016）1月1日 84歳〔悪性リンパ腫〕 ㊨昭和6年（1931）2月11日 ㊨東京都 ㊨東京芸術大学楽理科西洋音楽史専攻〔昭和29年〕卒、ストラスブール大学大学院〔平成2年〕修了 Docteur és sciences sociales（ストラスブール大学） ㊨東海大学の創立者で衆院議員を務めた松前重義の二男。昭和29年ニッポン放送に勤務。38年東海大学文学部助教授を経て、43年教養学部教授。45年フランス政府給費研究員として留学、60年放送教育開発センター評議員、61年北海道東海大学学長、平成3〜10年東海大学学長を歴任し、12年副理事長、松前国際友好財団理事長。日本衛星放送取締役、東京FM取締役、平和戦略国際研究所所長、コンサートホール・キタラ館長、北ヨーロッパ学会会長など役職多数。著書に「クープラン、バッハ、音楽の系譜と芸術」「考えるFM」「活力ある大学を」「Histoire de la FM au Japon, sa fanction culturelle de 1957 à 1988」「大学の日々から」、訳書にH.M.ミラー「新音楽史」などがある。 ㊨フランス芸術文化勲章オフィシエ章〔平成11年〕、瑞宝重光章〔平成20年〕、モンクット王工科大学名誉工学博士号（タイ）〔平成4年〕、ソフィア音楽院名誉博士号（ブルガリア）〔平成9年〕、漢陽大学名誉

法学博士号(韓国)〔平成11年〕 [団]北ヨーロッパ学会, 日本音楽学会, 日本社会心理学会, 日本マス・コミュニケーション学会 [家]父＝松前重義(教育家・政治家・電気通信工学者), 兄＝松前達郎(東海大学総長・参院議員), 弟＝松前仰(衆院議員)

松村 コージ まつむら・こーじ 放送作家 [没]平成27年(2015)8月31日 62歳〔肺がん〕 [名]本名＝松村宏二(まつむら・こうじ) [歴]映画「戦国自衛隊」(昭和54年)のテーマ曲を作詞した。

松村 喬 まつむら・たかし コープさっぽろ理事長 [没]平成27年(2015)7月18日 72歳〔病気〕 [生]昭和18年(1943) [出]東京都 [学]東京都立大学中退 [歴]昭和40年東京都立大学在学中に大学生協に入り、全国大学生活協同組合連合会などで手腕を発揮。平成5〜17年日本生活協同組合連合会(日生協)常務理事。10年経営危機に直面していたコープさっぽろに理事として派遣され、11年副理事長を経て、15〜19年理事長。不採算店舗の閉鎖や理事会の定数削減などを通じて事業のスリム化を図り、経営再建を指揮した。再建が軌道に乗った後は事業拡大にも取り組み、道央市民生協(苫小牧)、コープどうとう(遠軽町)、コープ十勝(帯広)などを合併して道内の生協一本化を果たした。

松村 千賀雄 まつむら・ちかお 横浜市議(自民党) 松村社長 [没]平成28年(2016)5月9日 89歳〔心不全〕 [生]昭和2年(1927)1月19日 [出]神奈川県横浜市 [学]興亜専卒 [歴]昭和20年日清製粉に入社。のち藤沢食品設立を経て、24年横浜内地織物に転じ、26年松村に合併。同年取締役となり、37年代表取締役に就任。45年以来横浜市議に6選。58年市議会議長も務めたが、63年12月“リクルート疑惑”で退任した。 [賞]勲三等瑞宝章〔平成11年〕

松本 旭 まつもと・あきら 俳人 「橘」主宰 埼玉大学名誉教授 [専]俳文学(連歌, 俳諧, 俳句史) [没]平成27年(2015)10月30日 97歳〔心不全〕 [生]大正7年(1918)6月29日 [出]埼玉県北足立郡大石村(上尾市) [名]筆名＝松本旭(まつもと・あさひ) [学]東京文理科大学国文学科〔昭和24年〕卒 [歴]浦和高校教諭、埼玉大学助手、講師を経て、昭和36年助教授、44年教授。59年名誉教授。また、25年頃より本格的に俳句を始め、加藤楸邨、角川源義に師事。48年第一句集「猿田彦」を刊行。53年「橘」を創刊・主宰。村上鬼城の研究家として知られ、55年「村上鬼城研究」で第1回俳人協会評論賞を受けた。埼玉新聞「埼玉俳壇」選者と埼玉文学賞俳句部門審査員を長く務めた。他の句集に「蘭陵王」「天鼓」「長江」「卑弥呼」「酔胡従」「凱旋門」「浮舟」「桜蘭」、著書に「村上鬼城研究」「村上鬼城の世界」「村上鬼城の境涯俳句の本質と展開」「村上鬼城新研究」「風雅の魔心—松本旭俳論集」「アンジェラスの鏡」「清衣の女人」などがある。 [賞]勲三等旭日中綬章〔平成3年〕, 河賞〔昭和42年〕, 河秋燕賞〔昭和52年〕, 俳人協会評論賞(第1回)〔昭和55年〕「村上鬼城研究」, 埼玉文化賞〔昭和59年〕 [団]俳文学会, 東京教育大学国文学会, 俳人協会(名誉会員), 日本ペンクラブ, 日本文芸家協会 [家]妻＝松本翠(俳人) [師]師＝加藤楸邨, 角川源義

松本 一郎 まつもと・いちろう 弁護士 独協大学名誉教授 [専]刑事法 [没]平成28年(2016)8月16日 85歳〔老衰〕 [生]昭和5年(1930)12月15日 [出]福岡県久留米市 [学]中央大学法学部〔昭和29年〕卒 [歴]昭和31年判事補となり、東京、盛岡、横浜の各地裁に勤務。37年退職して弁護士となり、45年独協大学講師、46年助教授、48年教授。54〜58年法学部長、平成4〜5年副学長を務め、12年名誉教授。在官中に安保条約を違憲とした砂川事件第一審判決(伊達判決)に関与した。著書に「戦後の量刑傾向と行刑の実際」「刑事訴訟法」「二・二六事件裁判の研究」などがある。 [団]日本刑法学会, 東京弁護士会

松本 紀 まつもと・かなめ 福島銀行社長 [没]平成29年(2017)1月20日 76歳〔肝臓がん〕 [生]昭和15年(1940)8月12日 [出]福島県 [学]明治大学法学部〔昭和38年〕卒 [歴]昭和38年福島相互銀行(現・福島銀行)に入行。平成2年取締役、9年常務を経て、10年社長。経営健全化に取り組み、第三者割当増資の確保に尽くした。14年顧問、15年退任。

松本 恵二 まつもと・けいじ レーシングドライバー [没]平成27年(2015)5月17日 65歳 [生]昭和24年(1949)12月26日 [出]京都府京都市左京区 [学]宇治工芸高中退 [歴]祖父は英国人。弥栄中時代から自動車レースに魅せられる。宇治工芸高在学中からジムカートやヒルクライムを始め、18歳でレースライセンスを取り、高校を中退してレーシングドライバーとなる。昭和44年トヨタカローラでレースデビュー。トヨタの契約ドライバー最速の男としてサーキットを席巻。51年からF2に乗り、54年全日本F2チャンピオン。58年にはスポーツカーの富士グランチャンピオン・シリーズに総合優勝、第13代チャンピオンに輝く。61年日本たばこ産業(JT)の巨大プロジェクトとして新たに結成されたキャビン・レーシング・チームのオーナー兼エースドライバーとなり、テレビCMにも出演。平成4年引退後は後進の育成に携わった。

松本 源蔵 まつもと・げんぞう カメラのキクヤ会長 岩手県写真連盟会長 [没]平成27年(2015)10月17日 89歳〔肺炎〕 [生]大正15年(1926)9月29日 [出]岩手県盛岡市 [学]盛岡工卒 [歴]昭和25年カメラのキクヤを創業、平成13年同会長。昭和52年〜平成8年岩手県写真連盟会長として写真芸術の普及やレベル向上に努めた。13〜23年岩手県芸術文化協会会長。また、達増拓也岩手県知事が衆院議員時代には後援会長を務めた。 [賞]勲五等瑞宝章〔平成8年〕, 岩手県教育表彰〔平成1年〕, 岩手県勢功労者〔平成23年〕

松本 厚一 まつもと・こういち 日本カーボン常務 [没]平成29年(2017)7月12日 79歳 [生]昭和13年(1938)4月5日 [出]富山県 [学]富山大学工学部工業化学科〔昭和37年〕卒 [歴]昭和37年日本カーボンに入社。平成7年取締役を経て、11年常務。

松本 定市 まつもと・さだいち マツモト創業者 [没]平成29年(2017)2月8日 91歳〔肺炎〕 [生]大正14年(1925)3月26日 [出]京都府亀岡市 [学]京都商〔昭和19年〕卒 [歴]昭和26年松本商店を創業して社長。48年マツモトに社名変更。京都府内に20店舗以上を展開する

ま

スーパーマーケットに育て上げた。　㊟長男＝松本隆文（マツモト社長）

松本 悟　まつもと・さとし　神戸大学名誉教授　㊞脳神経外科学　㊟平成29年（2017）11月7日　90歳〔心不全〕　㊟昭和2年（1927）8月30日　㊟兵庫県　㊟京都大学医学部医学科卒　医学博士　㊞昭和46年～平成3年神戸大学医学部教授。5年日本二分脊椎・水頭症研究振興財団を設立、会長として小児脳神経疾患の診療や研究に尽くした。28年まで新須磨病院常任顧問を務めた。

松本 三郎　まつもと・さぶろう　和竿師　東作6代目　東京和竿睦会会長　㊟平成27年（2015）8月16日　95歳〔膀胱がん〕　㊟大正9年（1920）3月11日　㊟東京都台東区稲荷町　㊞尋常小卒　㊞天明8年（1788年）創業の和竿の老舗・いなり町東作本店の6代目。4代目の三男で、15歳の時から和竿一筋。昭和47年6代目東作を襲名。和竿と江戸・東京釣り文化の保存に粘り強く取り組み、釣りマニアにとって垂涎の的である「三郎、東作」名の竿を、年間5、60本客の注文に応じて製作した。聞き書き「江戸和竿職人 歴史と技を語る」がある。㊞勲七等〔平成2年〕　㊟東京和竿睦会　㊞父＝松本政次郎（東作4代目）、長男＝松本洋一（和竿師）

松本 茂　まつもと・しげる　日本ALS協会会長　㊟平成27年（2015）12月4日　83歳〔肺炎〕　㊟昭和7年（1932）　㊟高知県中村市江ノ村（四万十市）　㊞幡多農〔昭和25年〕卒、鯉渕学園研究科〔昭和31年〕卒　㊞昭和31年帰農し、34年農業高校教師となる。41年秋田県大潟村へ第一次入植、45年大潟村農協を設立して初代組合長となる。その後難病の筋萎縮性側索硬化症（ALS）を発症。59年村長選挙に立候補。61年日本ALS協会を設立、幹事となり、62年会長に就任。以来、人工呼吸器を付けながら全国の患者やその家族のために奔走し、また療養環境の向上を国に訴え、人工呼吸器や意思伝達装置の給付制度の導入にも貢献した。平成15年定年退職し高知県へ帰郷した。20年、25年ぶりに高知県へ帰郷した。㊞朝日社会福祉賞〔平成18年度〕〔平成19年〕

松本 子游　まつもと・しゆう　書家　東洋書道芸術学会会長　㊞破体書　㊟平成27年（2015）2月6日　90歳〔心筋梗塞〕　㊟大正13年（1924）7月10日　㊟福岡県　㊞本名＝松本貞子（まつもと・さだこ）、旧姓・名＝石橋　㊞日本女子大学〔昭和19年〕中退　㊞石橋犀水の長女。昭和19年松本筑峯と結婚、30年夫が東洋書道芸術学会を設立。夫が生みだした破体書の継承と普及に努めた。著書に「実用ペン字の基礎練習」「美しい小筆字入門」などがある。㊞夫＝松本筑峯（書家）、父＝石橋犀水（書家）

松本 松治　まつもと・しょうじ　日本原子力発電副社長　㊟平成28年（2016）11月27日　71歳〔病気〕　㊟昭和19年（1944）12月11日　㊟兵庫県　㊞関西学院大学〔昭和42年〕卒　㊞昭和42年日本原子力発電に入社。平成17年取締役、のち副社長を務めた。

松本 真次　まつもと・しんじ　きょくとう社長　㊟平成29年（2017）3月29日　67歳〔病気〕　㊟昭和24年（1949）7月15日　㊟大阪府　㊞平成22年きょくとうに入社、同社社長を務めた。

松本 孝　まつもと・たかし　小説家　㊟平成28年（2016）11月27日　84歳　㊟昭和7年（1932）9月28日　㊟東京都新宿区　㊞早稲田大学第一文学部仏文科〔昭和31年〕卒　㊞「週刊新潮」連載の「黒い報告書」を執筆して話題を呼ぶ。昭和36年「顔のない情事」でデビュー。同年「夜の顔ぶれ」が第45回直木賞候補となり、執筆活動に入る。作品には現代の社会風俗を題材にした官能ハードボイルド風のものが多く、著書に「新宿ふうてんブルース」「死を招く欲望」「ギャル狩り」「悪女の肌ざわり」などがある。㊟日本ペンクラブ、日本推理作家協会、日本作家クラブ、日本文芸家協会

松本 崇　まつもと・たかし　大村市長　長崎県議　㊟平成27年（2015）9月25日　74歳〔急性肝不全〕　㊟昭和16年（1941）9月19日　㊟長崎県大村市　㊞慶応義塾大学文学部社会学科〔昭和41年〕卒　㊞昭和49年博報堂を辞め、欧米を回る。50年長崎県議選に立候補。54年県議に当選して2期務めた。62年大村市長に当選。2期目の平成6年公共工事発注を巡る収賄と受託収賄容疑で逮捕され、辞職。一・二審とも有罪判決を受けた後、上告を取り下げて判決が確定した。14年市長に返り咲き。同年頃より難病の多発性筋炎と闘いながら市政に取り組み、晩年は車椅子で公務をこなした。6期目途中の27年、病死した。㊞長男＝松本洋介（長崎県議）

松本 隆司　まつもと・たかし　彫刻家　広島大学名誉教授　㊞美術教育　㊟平成27年（2015）10月9日　86歳〔肺炎〕　㊟昭和4年（1929）3月23日　㊟富山県魚津市　㊞東京教育大学大学院修了　㊞「風雪」「青年の譜」で2年連続日展特選に選ばれるなど、彫刻家として活躍。広島大学教授を務めた。㊞日彫展努力賞（第8回）〔昭和53年〕、日展特選（昭和54年・55年度）「風雪」「青年の譜」、白日展吉田賞（第68回）〔平成4年〕　㊟日展、日本彫刻会、白日会

松本 忠雄　まつもと・ただお　読売新聞取締役営業局長　㊟平成29年（2017）9月28日　79歳〔肺がん〕　㊟昭和13年（1938）1月7日　㊟群馬県　㊞明治大学法学部卒　㊞昭和36年読売新聞に入社。販売局開発部長、販売局次長、中部本社営業局長（役員待遇）などを経て、平成10年取締役営業局長。この間、よみうり取締役、読売中部インフォメーションサービス社長を兼務。

松本 鶴雄　まつもと・つるお　文芸評論家　日本大学国際関係学部教授　群馬県立女子大学文学部教授　㊞近代日本文学, 20世紀小説論　㊟平成28年（2016）5月11日　83歳〔肺炎〕　㊟昭和7年（1932）11月19日　㊟埼玉県児玉郡　㊞別名＝まつもとつるを　㊞早稲田大学第一文学部独文科卒　㊞雑誌編集者、新聞記者、教師を経て、「文学者」「批評文学」に参加。昭和49年「文芸四季」「修羅」を創刊し、中心メンバーとなる。日本大学国際関係学部教授を経て、群馬県立女子大学教授を務めた。主著に「丹羽文雄の世界」「背理と狂気－現代作家の宿命」「井伏鱒二論」「深沢七郎論」「井伏鱒二＝日常のモチーフ」「ふるさと幻想の彼方」「神の懲役人」などがある。㊞埼玉文芸賞（小説部門, 第4

回)〔昭和47年〕 ㊼比較文学会, 芸術至上主義文芸学会, 現代文学史研究会

松本 俊夫 まつもと・としお　映像作家　評論家　日本大学大学院芸術学研究科教授 ㊳映像学, 映画史のパラダイム・チェンジ ㉜平成29年(2017)4月12日　85歳〔腸閉塞〕 ㉓昭和7年(1932)3月26日 ㉔愛知県名古屋市 ㉕東京大学文学部美学美術史学科〔昭和30年〕卒 ㉖昭和30年新理研映画に入社。34年フリーとなり, 記録映画「安保条約」(34年), 映画詩「石の詩」(38年), 寺山修司脚本「母たち」(42年)などを監督。また「映画批評」誌などで映画理論を展開。43年松本プロダクションを設立して, アート・シアター・ギルド(ATG)と提携,「薔薇の葬列」(44年),「修羅」(46年)などを製作するが, 48年の「十六歳の戦争」が公開されず(のち51年公開), 以後, 実験映画やビデオアートに専念。63年夢野久作原作「ドグラ・マグラ」を映画化。この間, 55年九州芸術工科大学教授, 60年京都芸術短期大学教授, 平成3年京都造形芸術大学教授。のち芸術学部長・副学長を経て, 11年日本大学大学院教授, 14年同客員教授。著書に「映像の発見」「表現の世界」「映画の変革」「幻視の美学」「映像の探求」などがある。 ㊽ベネチア国際記録映画祭銀獅子賞〔昭和37年〕「西陣」, ベネチア国際記録映画祭グランプリ〔昭和42年〕「母たち」, ニューヨーク国際伝統芸術映画祭最高賞〔昭和51年〕「凧」, オーベルハウゼン国際短編映画祭最高賞〔昭和56年〕「気=Breathing」, リール国際短編映画祭特別奨励賞「気=Breathing」, アジア・アメリカ国際映画祭特別賞〔昭和58年〕「シフト」, 毎日映画コンクール企画賞「母たち」 ㊼日本映像学会(元会長・平成8年～14年), 日本記号学会, 美学会

松本 登 まつもと・のぼる　医師　岩手県立胆沢病院院長 ㊳呼吸器内科学 ㉜平成28年(2016)9月26日 67歳〔進行性核上性まひ〕 ㉔山形県酒田市 ㉖岩手県立磐井病院副院長などを経て, 平成17～27年県立胆沢病院院長。呼吸器内科を専門とし, 胆江医療圏の環境整備などに尽くした。

松本 博 まつもと・ひろし　堺化学工業社長 ㉜平成29年(2017)1月29日 92歳〔心不全〕 ㉓大正13年(1924)5月29日 ㉔広島県 ㉕大阪府立化学工業専(現・大阪府立大学)卒 ㉖昭和22年堺化学工業に入社。45年東京支店長, 46年取締役, 59年常務, 61年専務。62年小名浜堺化学と合併, 新会社・堺化学工業社長に就任。平成5年会長となった。

松本 政美 まつもと・まさみ　山形大学理学部教授 ㊳生物学 ㉜平成29年(2017)11月1日 86歳〔心不全〕 ㉓昭和5年(1930)12月26日 ㉕東北大学大学院理学研究科生物学専攻修士課程修了　理学博士 ㉖山形大学理学部教授を務めた。

松本 翠 まつもと・みどり　俳人　「橘」名誉副主宰 ㉜平成28年(2016)6月26日 87歳〔肺がん〕 ㉓昭和3年(1928)9月24日 ㉔鹿児島県 ㉕本名=松本緑(まつもと・みどり) ㉕東京都立第六高女卒 ㉖昭和50年「河」に入会, 角川源義に師事。「河」同人。53年「橘」編集責任者, 57年サンケイ新聞埼玉版俳句選者。

平成3年より「橘」副主宰を務めた。句集に「麻布菩薩」「先陣」「天の采配」「鴨の号令」「弥陀の声」などがある。 ㊽河北新人賞〔昭和54年〕, 橘天鼓賞〔昭和61年〕, 埼玉文芸賞〔昭和63年〕 ㊼俳人協会 ⓓ夫=松本旭(俳人) ⓢ師=角川源義

松本 雄吉 まつもと・ゆうきち　演出家　劇作家　維新派主宰 ㉜平成28年(2016)6月18日　69歳〔食道がん〕 ㉓昭和21年(1946)10月10日 ㉔熊本県天草郡 ㉕大阪教育大学美術学科中退 ㉖昭和45年大阪で演劇集団・日本維新派を結成, 作・演出を担当。関西を中心に劇団活動し, 劇場建築ともいわれる「1000年刻みの日時計」「千年シアター」「てなもんやコネクション」など, 野外を舞台にした実験的な演劇が注目を集める。62年維新派と改称。平成3年「少年街」で東京に進出。20年琵琶湖畔で野外劇「呼吸機械」を上演。22年にはアジアの島々をつなぐ海の道の物語「台湾の, 灰色の牛が背のびをしたとき」を瀬戸内海の犬島(岡山県)で初演するなど, 国内外での野外公演も多く, 高い評価を得た。大掛かりな舞台美術と, 変拍子に乗せた断片的なせりふの連呼で知られる。他の代表作に「ヂャンヂャン☆オペラ水街」「さかしま」「カンカラ」「キートン」, シリーズ〈〈彼〉と旅する20世紀三部作〉(「ノスタルジア」「呼吸機械」「台湾の, 灰色の牛が背のびをしたとき」)などがある。 ㊽芸術選奨文部科学大臣賞(第59回, 平成20年度)〔平成21年〕「焼肉ドラゴン」, 紫綬褒章〔平成23年〕, 大阪舞台美術賞〔平成12年〕「ヂャンヂャン☆オペラ水街」, 朝日舞台芸術賞舞台芸術賞(第2回, 平成14年度)「カンカラ」, 読売演劇大賞優秀演出家賞(第12回, 平成16年度)「キートン」, 朝日舞台芸術賞アーティスト賞(第8回, 平成20年度)〔平成21年〕「呼吸機械」, 大阪文化賞〔平成28年〕

松本 嘉司 まつもと・よしじ　東京大学名誉教授　鉄道総合技術研究所会長 ㊳鉄道土木 ㉜平成27年(2015)11月16日　86歳 ㉓昭和4年(1929)2月20日 ㉔東京都 ㉕東京大学工学部土木工学科〔昭和28年〕卒　工学博士 ㉖昭和28年国鉄に入る。新幹線総局, 構造物設計事務所を経て, 41年東京大学工学部助教授, 50年教授。平成元年退官し, 東京理科大学教授。高架橋など新幹線の構造物全体の設計を担当。10年財団法人鉄道総合技術研究所(JR総研)会長。 ㊽土木学会賞吉田賞〔昭和41年〕「鉄道橋としての鉄筋コンクリート斜角げたの設計に関する研究」, 土木学会賞技術賞〔昭和63年〕「多円形断面シールドトンネル(MFS)工法における京葉線京橋トンネルの設計と施工」, 土木学会賞論文賞〔平成2年〕「寒冷地トンネルにおける断熱つらら防止工法の設計法の確立に関する研究(総合題目)」, 土木学会賞功績賞〔平成13年〕 ㊼土木学会, 騒音制御学会

松本 亮 まつもと・りょう　作家　舞踊評論家　日本ワヤン協会主宰 ㊳インド・東南アジア誌芸能の研究 ㉜平成29年(2017)3月9日　90歳〔多臓器不全〕 ㉓昭和2年(1927)1月21日 ㉔和歌山県 ㉕本名=松本保(まつもと・たもつ) ㉕大阪外国語大学仏語科〔昭和23年〕卒 ㉖昭和36年から20年間, 平凡社に勤務し, 雑誌「太陽」を編集。43年ジャワを訪れ, 人形影絵芝居ワヤン・クリに興味を持つ。49年日本ワヤン協会を設立。出版社勤務の合間に, インドネシア語, ジャワ語を学び, 50本の演目を翻訳, 58年現地で初めて日本

語(テープ)により上演した。平成11年ワヤン紹介の功績により、日本人で初めてインドネシア文化功労勲章を受章。日本中世の説話絵巻を題材にした創作ワヤン著書に「金子光晴の唄が聞える」「ジャワ影絵芝居考」「マハーバーラタの藪に」「ラーマーヤナの夕映え」「ワヤンを楽しむ」などがある。 賞インドネシア文化功労勲章〔平成11年〕 所舞踊批評家協会、日本現代詩人会、日本ワヤン協会

松茂良 興辰 まつもら・おきたつ 沖縄県議(民社党) 没平成29年(2017)1月17日 75歳〔敗血症〕 生昭和16年(1941)7月26日 出沖縄県那覇市泊 学那覇高卒 歴昭和48年から那覇市議4期を経て、61年より沖縄県議に2選。民社党沖縄県連合会委員長を務めた。

松山 幸次 まつやま・こうじ 俳優 没平成27年(2015)11月21日 40歳〔虚血性心不全〕 生昭和50年(1975)3月13日 出東京都 歴主な出演作に、テレビドラマ「金田一少年の事件簿」「銀狼怪奇ファイル」「ハルモニア〜この愛の涯」などがある。

松山 善三 まつやま・ぜんぞう 映画監督 脚本家 没平成28年(2016)8月27日 91歳〔老衰〕 生大正14年(1925)4月3日 出兵庫県神戸市(現・岩手医科大学)〔昭和21年〕中退 歴昭和23年松竹大船撮影所に入所、助監督として木下惠介監督などについて。29年脚本家としてデビューし、以後、多くのシナリオを書く。代表作に「あなた買います」「人間の条件」(全6部)「虹の橋」「望郷」「新しい風 若き日の依田勉三」。36年には監督も始め、「名もなく貧しく美しく」「われ一粒の麦なれど」「六条ゆきやま紬」「典子は、今」「喜びも悲しみも幾歳月」などを撮る。人間の善意を肯定して真っ向からひたむきに描いた作品には力作が多い。63年ミュージカルショップを設立、外国へも輸出できるミュージカル作りに取り組む。平成9年ミュージカル「ご親切は半分に」では老人ホームを描き、話題となる。同年これを土台とした映画「一本の手」を製作した。著書に「厚田村」「依田勉三の生涯」などがある。昭和30年女優の高峰秀子と結婚、おしどり夫婦として知られた。 賞紫綬褒章〔昭和62年〕、勲四等旭日小綬章〔平成7年〕、年間代表シナリオ〔昭和31年・34年・36年・39年〕、ブルーリボン賞脚本賞〔昭和36年度〕、毎日映画コンクール脚本賞〔昭和36年度・平成5年度〕、「名もなく貧しく美しく」ほか「虹の橋」「望郷」、外務大臣賞〔昭和37年〕、日本映画技術賞〔第30回、昭和51年度〕「ふたりのイーダ」、ゴールデングローブ賞〔平成8年度〕、舞台芸術創作奨励賞現代演劇部門特別賞〔平成9年度〕「JUST HOLD ME」 族妻=高峰秀子(女優)、弟=すずのとし(詩人・児童文学作家)

松山 隆司 まつやま・たかし 京都大学大学院情報学研究科教授 専知能情報学 没平成28年(2016)12月12日 65歳〔心疾患〕 生昭和26年(1951)8月10日 出大阪府大阪市 学京都大学工学部電子工学科卒、京都大学大学院工学研究科電気工学第二専攻修士課程修了 歴東北大学工学部助教授、岡山大学工学部教授、平成7年京都大学工学部教授を経て、10年大学院情報学研究科教授。14年同大学術情報メディアセンター長。 賞

情報処理学会論文賞(平成4年度)「多重絞りカラー画像の解析」、電子情報通信学会論文賞(第50回・55回、平成5年度・10年度)「Dempster-Shaferの確率モデルに基づくパターン分類——観測情報からの信念の形成と仮信念空間を用いた信念の統合」「視点固定型パンチルトズームカメラとその応用」、情報処理学会FIT論文賞〔平成16年〕「動的イベントの分節化・学習・認識のためのHybrid Dynamical System」、情報処理学会船井ベストペーパー賞(第4回)〔平成17年〕「表情譜: タイミング構造に基づく表情の記述・生成・認識」 所情報処理学会、電子情報通信学会

松山 千恵子 まつやま・ちえこ 衆院議員(自民党) 没平成27年(2015)2月6日 100歳〔老衰〕 生大正3年(1914)3月11日 出東京都 学明治大学女子部法科〔昭和19年〕卒 歴衆院議長や文相を務めた松永東の長女。昭和35年衆院選旧埼玉2区で自民党から当選。通算3期。41年厚生政務次官、46年郵政政務次官などを務めた。 族父=松永東(政治家)

松山 祐士 まつやま・ゆうし 編曲家 没平成29年(2017)4月7日 79歳〔焼死〕 生長野県 本名=松山茂 学日本大学芸術学部音楽学科卒 歴長野県で生まれ、石川県金沢市で育つ。日本大学芸術学部を卒業後、テレビ番組や映画、CM音楽などの編曲や作曲を手がける。作曲を貴島清彦、柳寛、渡辺岳夫に師事。渡辺が作曲したアニメ「アルプスの少女ハイジ」「キャンディ・キャンディ」「無敵超人ザンボット3」「無敵鋼人ダイターン3」「機動戦士ガンダム」の主題歌の編曲で知られる。歌謡曲ではトワ・エ・モワ「空よ」などの編曲を手がけた。NHK「名曲アルバム」の作品の編集にも携わった。平成29年自宅火災により亡くなった。 師=貴島清彦、柳寛、渡辺岳夫

真鍋 健一 まなべ・けんいち 福島大学名誉教授 専地質学 没平成27年(2015)4月19日 74歳〔多発性骨髄腫〕 生昭和16年(1941)1月20日 出北海道旭川市 学福島大学芸学部卒 理学博士 歴福島大学人文社会学群教授の他、福島市教育委員長、福島県自然環境保全審議会委員、福島県文化財保護審議会委員を歴任した。著書に「福島の大地の生い立ち」がある。 賞日本地質学会研究奨励賞〔昭和43年度〕「福島盆地の新第三紀火山岩の古地磁気学的研究」

真鍋 進 まなべ・すすむ 福辰社長 没平成28年(2016)3月2日 86歳〔播種性血管内凝固症候群〕 生昭和4年(1929)5月11日 出高知県吾川郡いの町 学高知城東商卒 歴酒盗などを製造販売する福辰の法人化を進めた他、大橋通り商店街振興組合副理事長も務めた。

真鍋 操 まなべ・みさお 真鍋記念館クララザール館長 没平成27年(2015)11月9日 84歳〔老衰〕 生昭和6年(1931)9月10日 出兵庫県芦屋市 学京都府立女専卒、同志社女子大学卒 歴夫の真鍋英夫とともに岐阜市本郷町に音楽専用ホールの真鍋記念館クララザールを建設。以来、26年まで23年間にわたって館長を務め、自主企画演奏会などの運営にあたった。 賞岐阜新聞大賞文化賞〔平成8年度〕、岐阜県芸術文化顕彰〔平

成23年〕, 岐阜放送特別文化賞〔平成26年〕 [家]夫＝真鍋英夫（医師）

真鍋 理一郎 まなべ・りいちろう 作曲家 [専]作曲, 著述 [没]平成27年（2015）1月29日 90歳〔老衰〕 [生]大正13年（1924）11月9日 [出]東京都 [名]別名＝小泉鉄（こいずみ・てつ） [学]東京工業大学応用物理学科〔昭和23年〕卒, 東京芸術大学作曲科〔昭和30年〕卒 [歴]東京工業大学卒業後、東京芸術大学声楽科に第1期生として入学。3年次に作曲科に転じ、作曲を池内友次郎、伊福部昭、Lavagnino、指揮を渡辺暁雄、斎藤秀雄に学ぶ。昭和28年日本音楽コンクール作曲部門管弦楽曲で入賞。卒業後は映画音楽の作曲をはじめ、31年堀池清監督「愛情」でデビュー。同年川島雄三監督「洲崎パラダイス・赤信号」の音楽を手がけ、以後、同監督の「暖簾」「貸間あり」「人も歩けば」などの作品で一躍注目を集めた。また、大島渚監督とは「愛と希望の街」「青春残酷物語」「太陽の墓場」「日本の夜と霧」「飼育」「天草四郎時貞」などでコンビを組み、作品に大きく貢献。制作会社・ジャンルを問わず数多くの映画音楽を作曲し続け、浦山桐郎監督「青春の門」「太陽の子・てだのふぁ」といった文芸作品から、出目昌伸監督「沖田総司」といった青春映画、神代辰巳監督「地獄」のような芸術映画、堀川弘通監督「激動の昭和史 軍閥」といった歴史もの、小川紳介監督「日本解放戦線 三里塚」などのドキュメンタリー映画、須川栄三監督「ブラック・コメディ ああ！ 馬鹿」などの娯楽映画、舛田利雄監督「女を忘れろ」や蔵原惟繕監督「地獄の曲がり角」などの日活アクションもの、山口清一郎監督「恋の狩人・欲望」などの日活ロマンポルノ、石井輝男監督「スーパー・ジャイアンツ」などのSFもの、坂野義光監督「ゴジラ対ヘドラ」や福田純監督「ゴジラ対メガロ」といった東宝特撮映画、岡本忠成監督「ふしぎなくすり」といった人形劇映画、東映動画による「龍の子太郎」のようなアニメ映画、PR映画まで、参加した映画作品は200本を超える。その作風も監督や製作者によって求められた音楽の様式を書くことに徹し、クラシック、現代音楽、邦楽からジャズ、ロック、シンセサイザーまで幅広く手がけた。映画以外の作曲でも、58年「甘露門交響曲」で世界仏教音楽コンクールに入賞。桐朋学園大学、お茶の水女子大学、日本大学の講師も務めた。著書に「イタリアの旅」「ギター愛好者の小楽典」がある。 [賞]ブルーリボン賞映画音楽賞〔昭和61年〕, 日本音楽コンクール作曲管弦楽曲部門入賞（第22回）〔昭和28年〕, 世界仏教音楽コンクール入賞〔昭和58年〕「甘露門交響曲」 [師]師＝池内友次郎, 伊福部昭, A.F.Lavagnino, 仁木他喜雄

間野 浩太郎 まの・こうたろう 青山学院大学名誉教授 [専]コンピュータサイエンス, ソフトウェア工学 [没]平成27年（2015）9月12日 94歳 [生]大正10年（1921）6月5日 [学]東京帝国大学理学部物理学科〔昭和19年〕卒, 東北大学大学院工学研究科電気通信学専攻修了 工学博士〔昭和37年〕 [歴]昭和20年国鉄技術研究所に入所。40年計算センター室長を経て、44年青山学院大学理工学部教授。東京農業大学教授、駿台電子情報専門学校学長なども務めた。共著に「文科系のためのコンピュータ入門」「プログラミング入門―BASIC, FORTRAN, COBOL」「新BASIC教科書」などがある。 [団]情報処理学会, 日本経営工学会, 日本音響学会

間野 百合子 まの・ゆりこ 料理研究家 マノ料理学園園長 [専]栄養学, 料理, 介護食 [没]平成27年（2015）6月23日 89歳〔老衰〕 [生]大正15年（1926）4月18日 [出]東京都 [学]食糧学校栄養士本科卒 [歴]マノ料理学園園長、東京ガス料理講師、日本冷凍食品協会料理コンサルタントの傍ら、テレビやラジオなどに出演。新聞、婦人雑誌などでも活躍した。著書に「卵・魚・肉料理」「若い味覚のめん料理」「こま切れ薄切りを使った安くできる肉料理」「美容サラダと健康ジュース」などがある。 [家]長女＝間野実花（料理研究家）

馬見塚 達雄 まみずか・たつお 夕刊フジ編集局長 産経新聞論説委員 [没]平成27年（2015）11月12日 81歳〔肺炎〕 [生]昭和9年（1934）3月7日 [出]大分県 [名]筆名＝品川達夫 [学]早稲田大学文学部〔昭和31年〕卒 [歴]昭和31年産経新聞社に入社。立川、浦和支局を経て、東京社会部に在籍。43年夕刊フジ創刊の特別準備本部へ出向し、44年の創刊から62年まで同紙に所属。夕刊フジ報道部長、58年取締役編集局長を務めた。62年産経新聞に論説委員として復社、社会問題、行政改革、地方自治などを担当。夕刊フジでは亡くなる直前まで筆名を用い、"馬じぃ"品川達夫の『継続は非力なり』」を連載した。著書に「『夕刊フジ』の挑戦―本音ジャーナリズムの誕生」などがある。

間宮 勇 まみや・いさむ 明治大学法学部法律学科教授・副学長 [専]国際法学 [没]平成29年（2017）11月30日 60歳〔肺がん〕 [生]昭和32年（1957）3月7日 [学]明治大学法学部法律学科〔昭和54年〕卒, 明治大学大学院法学研究科公法学専攻〔昭和58年〕修士課程修了, 明治大学大学院法学研究科公法学専攻〔平成1年〕博士課程単位取得満期退学 [歴]平成4年明治大学専任講師、7～9年ジュネーブ高等国際問題研究所客員研究員、9年明大助教授、16年教授。26年法学部長、28年副学長。この間、26年経済産業研究所ファカルティフェロー。明大副学長在任中の29年病没。共著に「国際経済法」など。

豆谷 清治郎 まめたに・せいじろう ソーダニッカ常務 [没]平成29年（2017）1月4日 86歳〔肺炎〕 [生]昭和5年（1930）9月25日 [出]大阪府 [学]大阪商〔昭和23年〕卒 [歴]昭和23年ソーダニッカに入社。平成2年常務。

真屋 順子 まや・じゅんこ 女優 [没]平成29年（2017）12月28日 75歳〔全身衰弱〕 [生]昭和17年（1942）1月8日 [出]旧朝鮮釜山（韓国） [名]本名＝高津詔子（たかつ・しょうこ）, 旧姓・名＝岩尾 [学]日田高中退, 松竹音楽舞踊学校卒, 俳優座養成所（第13期生）〔昭和39年〕卒 [歴]レビューに憧れ、昭和33年松竹音楽舞踊学校に入学して松竹歌劇団へ。歌と踊りに満足できず、36年俳優座養成所に入所（第13期生）、同期は石立鉄男、細川俊之。NHK大河ドラマ「赤穂浪士」でテレビ初出演。39年卒業後、劇団雲に入団。41年初舞台「黄金の国」の大役に抜擢され注目される。44年ドラマ共演がきっかけで俳優の高津住男と結婚、1男をもうける。50年劇団円に参加。51年から始まった萩本欽一のバラエティ番組「欽ちゃんのどこまでやるの！」（テレビ朝日系）に萩本の妻役でレギュラー出演して人気を博す。また時代劇ドラマ「人形佐七捕物帳」の演技により、52年度

ま

京都市民映画祭テレビ映画部門女優賞を受賞した。55年夫と劇団樹間舎を旗揚げ。他の出演作に、舞台「桜の園」「ハムレット」「妖精のいる街」、映画「青空に一番近い場所」、NHK連続テレビ小説「たまゆら」、ドラマ「赤い絆」など。平成12年脳出血で倒れて左半身麻痺となり、車いす生活となったが、翌年夫が演出する舞台「出雲の阿国」に車いす姿で復帰。15年には夫婦で闘病記「ありのまま」を執筆し、講演で経験を伝えた。しかし、16年に脳梗塞を発症。22年夫が末期の肝臓がんで死去した後、23年には大動脈瘤の手術を受けるなど、闘病生活を続けた。　[賞]京都市民映画祭テレビ映画部門女優賞（昭和52年度），テレビ大賞優秀個人賞（第10回，昭和52年度）　[家]夫＝高津住男（俳優）

真屋 求　まや・もとむ　第三次厚木基地騒音訴訟原告団長　[没]平成29年（2017）4月30日　90歳〔急性肺炎〕　[出]香川県三豊市　[歴]昭和35年在日米海軍と海上自衛隊が共同使用する厚木基地の北約1.5キロにある大和市に転居。引っ越しを考えていた61年10月、当時6歳の長男が踏切ではねられて亡くなったが、踏切に遮断機も警報もなく、頭上を飛ぶ米軍機の轟音が電車の接近音を覆い隠してしまったことが事故の原因だった。「子どもの血が染み込んだ土地を離れることはできない」と厚木基地爆音防止期成同盟の設立に参画、同委員長も務めた。厚木基地の航空機騒音を巡る厚木基地騒音訴訟では、第三次訴訟の原告団長を務め、5000人を超える原告をまとめた。平成14年10月横浜地裁は、基地騒音訴訟としては当時過去最高額の賠償を国に命じた。

真理 明美　まり・あけみ　女優　[没]平成29年（2017）8月8日　76歳〔肝細胞がん〕　[生]昭和16年（1941）5月4日　[出]岩手県和賀郡東和町（花巻市）　[名]本名＝須川久美子（すがわ・くみこ），旧姓・名＝及川　[学]花巻高〔昭和37年〕卒　[歴]昭和38年松竹映画「モンローのような女」のヒロイン募集に応募、同作で女優デビュー。その後、「太陽を抱く女」「明日の夢があふれてる」「愛・その奇跡」「サラリーマンの勲章」などに準主演格で出演。42年フリーとなり、「錆びたペンダント」「黄金の野郎ども」などに出演するが、43年以後映画界から離れた。44年映画監督・須川栄三と結婚。同年〜49年に放送されたテレビドラマ「プレイガール」に出演した。　[家]夫＝須川栄三（映画監督）

丸尾 充　まるお・みつる　バスケットボール選手　住友鋼管社長　住友金属バスケット部監督　日本バスケットボールリーグ理事長　[没]平成28年（2016）6月4日　67歳〔呼吸不全〕　[生]昭和23年（1948）11月15日　[出]静岡県　[学]静岡高卒，慶応義塾大学商学部〔昭和46年〕卒　[歴]静岡高校、慶応義塾大学、昭和46年に入社した住友金属工業（現・日鉄住金鋼管）で、バスケットボール選手として活躍。53年現役を引退後は、54年住友金属バスケットボール部コーチ、57年監督。平成18年同社専務執行役員を経て、20年住友鋼管社長に就任。日本バスケットボールリーグ理事長も務めた。

円尾 裕　まるお・ゆたか　近畿日本ツーリスト副社長　[没]平成29年（2017）11月12日　82歳〔肺炎〕　[生]昭和9年（1934）11月26日　[出]兵庫県　[学]京都大学法学部〔昭和33年〕卒　[歴]昭和33年近畿日本ツーリスト（現・KNT-CTホールディングス）に入社。63年取締役、平成4年常務、8年専務を経て、9年副社長。

丸木 清浩　まるき・きよひろ　埼玉医科大学理事長　埼玉県議（自民党）　[没]平成28年（2016）11月25日　77歳〔呼吸不全〕　[生]昭和14年（1939）11月5日　[出]埼玉県入間郡毛呂山町　[学]慶応義塾大学医学部〔昭和42年〕卒　[歴]埼玉医科大学創立者で埼玉県議を務めた丸木清美の長男。同大専務理事・事務局長を経て、平成6年理事長、26年名誉理事長。毛呂山町教育委員長も務めた。また、3年より埼玉県議に5選。13年副議長。23年引退。　[賞]旭日重光章〔平成27年〕，渋沢栄一賞〔平成28年〕　[家]父＝丸木清美（埼玉医科大学創立者・埼玉県議），長男＝丸木清之（埼玉医科大学理事長）

丸田 祐三　まるた・ゆうぞう　棋士　将棋9段　日本将棋連盟会長　[没]平成27年（2015）2月17日　95歳〔多臓器不全〕　[生]大正8年（1919）3月30日　[出]長野県長野市　[学]保善商中退　[歴]長野市で生まれ、東京で育つ。子供の頃に縁台将棋を見て差し方を覚えた。家計が苦しく保善商を中退、運動具店に務めたが、渋谷の将棋道場で店主に見込まれ、昭和11年17歳で奨励会に入り、平野信助7段に入門。13年将棋初段。14年日中戦争に陸軍の衛生兵として出征、20年南洋のヤップ島で敗戦を迎えた。同年復員。21年4段、22年抜群の成績から4段より一挙に7段に昇段。23年には8段となり、4段から2年間で8段まで進む最短記録を作った。48年9段。この間、25年第1回王将となり、36年名人位、王位を獲得。また、24年から日本将棋連盟理事を30余年にわたって務め、44〜47年会長、51〜56年副会長。平成8年歴代最高齢の77歳で現役を引退した。歩を巧みに使うことから“小太刀の名手”と称され、ひねり飛車戦法を得意とした。また、“丸田流”と呼ばれる新戦法「新手9七角」を編み出した。通算679勝819敗、A級在籍は通算24年、棋戦優勝は10回。通算獲得タイトルは名人1、王将2、王位1。39歳の昭和33年に創刊された「週刊大衆」に、創刊号から1度も休載することなく詰め将棋の問題と解答を考案、90歳を超えても連載を続けた。著書に「超初心詰将棋」「将棋の指し方」などがある。　[賞]藍綬褒章〔昭和56年〕，勲四等旭日小綬章〔平成7年〕，将棋栄誉賞〔昭和61年〕　[家]長男＝丸田祥三（写真家）　[師]師＝平野信助

丸浜 江里子　まるはま・えりこ　原水爆禁止署名運動研究家　[没]平成29年（2017）12月7日　66歳〔卵巣がん〕　[生]昭和26年（1951）　[出]千葉県　[学]横浜市立大学文理学部文科日本史専攻卒　[歴]東京の公立中学校に社会科教員として勤務。退職後、杉並区で中学校社会科教科書採択問題が起こると、教科書を巡る住民運動に参加。平成16年明治大学大学院文学研究科に進み、杉並区最大の住民運動で、昭和29年の太平洋・ビキニ環礁水爆実験を機に立ち上がった主婦らの原水爆禁止署名運動をテーマに研究を始め、平成18年第1回平塚らいてう賞奨励賞を受賞。23年「原水禁署名運動の誕生—東京・杉並の住民パワーと水脈」、28年「ほうしゃの雨はもういらない—原水禁署名運動と虚像の原子力平和利用」を著した。　[賞]平塚らいてう賞奨励賞（第1回）〔平成18年〕，駿台史学会選奨〔平成23年〕「原水禁署名運動の誕生—東京・杉並の住民パワーと水脈」

丸山 和夫　まるやま・かずお　熊本学園大学名誉教授　[専]心理学　[没]平成28年（2016）4月7日　86歳〔心不全〕

[生]昭和5年(1930)2月10日　[学]広島大学教育学部心理学科卒　[歴]熊本学園大学経済学部教授を務めた。著書に「教育心理学概論」「学生・教師のための精神遅滞児要説」「心理学」などがある。

丸山 夏鈴　まるやま・かりん　タレント　[没]平成27年(2015)5月22日　21歳〔肺がん〕　[生]平成5年(1993)8月2日　[出]福島県郡山市　[歴]小学生の頃から脳腫瘍の手術を繰り返すが、平成24年より芸能活動を始める。26年がんが肺に転移していることが判明。27年2月にはシングル「Eternal Summer」でCDデビュー、5月に21歳で亡くなる前日まで、闘病生活と平行してツイッターでつぶやくなどアイドル活動を続けた。

丸山 サタ　まるやま・さた
⇒磯辺 サタ(いそべ・さた)を見よ

丸山 重義　まるやま・しげよし　ゴルフ選手　三洋工機創業者　中央スポーツ創業者　[没]平成29年(2017)2月20日　93歳〔肺炎〕　[生]大正13年(1924)1月13日　[出]鹿児島県鹿児島市　[歴]昭和22年三洋鉄工所を創業、39年三洋鉄工、61年三洋工機に社名変更。また、43年カゴシマゴルフを創業、52年カゴシマスポーツ用品、平成6年中央スポーツに社名変更。また、ゴルフ選手として、昭和47年九州オープンゴルフ選手権でベストアマを獲得、49年南日本ゴルフ選手権で優勝。南日本ゴルフ選手権で競技委員長を第5回大会から18年間務めるなど、鹿児島県のゴルフ界発展に貢献した。

み

丸山 司珖　まるやま・しこう　洋画家　岡山県展審査会員　[没]平成27年(2015)10月1日　90歳〔腎不全〕　[名]本名＝丸山重人(まるやま・しげと)　[賞]倉敷市文化章〔平成13年〕

丸山 修作　まるやま・しゅうさく　ニチメン副社長　ニチメン・メカトロニクス会長　[没]平成28年(2016)7月11日　89歳〔肺がん〕　[生]昭和2年(1927)3月15日　[出]東京都　[学]慶応義塾大学経済学部〔昭和25年〕卒　[歴]昭和25年日綿実業(のちニチメン，現・双日)に入社。55年取締役、59年常務、62年専務、平成2年副社長。4年ニチメン・メカトロニクス会長。

丸山 大司　まるやま・だいじ　医師　丸子中央総合病院院長　特定医療法人丸山会会長　[専]内科　[没]平成27年(2015)5月5日　92歳　[生]大正11年(1922)11月28日　[出]長野県松本市　[学]昭和大学医学部　医学博士　[歴]丸子中央総合病院(現・丸子中央病院)院長、特定医療法人丸山会会長、小県郡医師会会長を務めた。　[賞]勲四等瑞宝章〔平成9年〕　[家]長男＝丸山和敏(特定医療法人丸山会理事長)

丸山 裕三　まるやま・ゆうぞう　宮崎県議(自民党)　[没]平成28年(2016)4月26日　85歳〔肝臓がん〕　[生]昭和6年(1931)2月14日　[出]宮崎県西諸県郡高原町　[学]七高造士館中退　[歴]昭和42年から宮崎県議に8選。58年から2年間、議長を務めた。平成11年引退。この間、昭和60年～平成19年宮崎県林業協会(現・県森林林業協会)会長として林業振興に尽力した。　[賞]藍綬褒章〔平成2年〕，勲三等瑞宝章〔平成13年〕

丸山 従善　まるやま・よりよし　電気化学工業副社長　東洋化学社長　[没]平成27年(2015)4月16日　93歳〔肺炎〕　[生]大正11年(1922)2月15日　[出]東京都　[学]横浜高商〔昭和16年〕卒　[歴]昭和17年電気化学工業に入社。48年取締役、52年常務、55年専務を経て、59年副社長。63年東洋化学社長に就任。平成3年会長、5年相談役。

【み】

三井 信雄　みい・のぶお　日本アイ・ビー・エム副社長　イグナイト・グループ代表　[専]コンピューター・システム，通信ネットワーク，半導体設計　[没]平成27年(2015)7月14日　84歳〔急性呼吸促迫症候群〕　[生]昭和6年(1931)7月4日　[出]福岡県　[学]九州大学工学部通信工学科〔昭和30年〕卒　[歴]昭和30年NHKに入局。43年経営情報室副主幹を経て、44年日本アイ・ビー・エムに転じて米国IBMフェデラル・システムズ部門に勤務。46年同ラーレイ開発研究所オペレーション担当マネジャー、48年日本アイ・ビー・エム藤沢研究所長、52年取締役、常務、59年専務を経て、平成2年副社長に就任。同年IBMグループ・バイス・プレジデント、3年日本人初の本社エントリー・システムズ・テクノロジー部門ゼネラル・マネジャー(総責任者)となる。5年新設のパワー・パーソナル・システムズ部門ゼネラル・マネジャーに就任。7年退任し技術顧問。9月よりベンチャーキャピタルの米国アクセルパートナーズ・パートナー(共同経営者)。11月CSKとセガ・エンタープライゼスが共同で米国に設立したセガ・ソフト会長兼CEO(最高経営責任者)。のち米国のイグナイト・グループを設立し、代表。

三井島 智子　みいしま・ともこ　鹿児島大学名誉教授　[専]体育学　[没]平成29年(2017)1月10日　93歳〔老衰〕　[生]大正13年(1924)1月8日　[出]熊本県　[学]八幡高女〔昭和15年〕卒，日本体育専女子部師範科〔昭和17年〕卒　[歴]昭和17年岡山県立西大寺高等女学校、20年熊本県立第一高等女学校を経て、25年鹿児島大学教育学部に赴任、49年教授。退官後は同大初の女性名誉教授となった。“弱者の体育”体操三井島システムを考案、実践体育学研究会会長を務めた。また、創作舞踊「リュミエール」などを指導した。　[賞]勲三等瑞宝章〔平成13年〕，鹿児島県芸術文化奨励賞〔平成5年〕，南日本文化賞(スポーツ教育部門)〔平成9年〕

三浦 岩　みうら・いわお　大阪大学名誉教授　[専]ビーム物理学　[没]平成27年(2015)1月30日　81歳〔急性心不全〕　[生]昭和8年(1933)7月15日　[出]兵庫県神戸市　[学]大阪大学理学部物理学科卒，大阪大学大学院理学研究科原子核宇宙線専攻博士課程修了　理学博士　[歴]大阪大学教授を務めた。　[団]日本物理学会

三浦 景生　みうら・かげお　染色家　日展参与　京都市立芸術大学名誉教授　[専]ろうけつ染め　[没]平成27年(2015)8月28日　99歳〔老衰〕　[生]大正5年(1916)8月20日　[出]京都府京都市　[名]本名＝三浦景雄　[学]京都市立二商〔昭和6年〕卒　[歴]代々続く表具師の家に生まれる。小合友之助の影響を受け、昭和21年からろうけつ染めを始め、二曲屏風「池の図」で日展に初入選。42歳の時に牛の交尾を描いた「朧」で日展特選・北斗

賞。その後、染布をパズルのように組み合わせた"布象嵌"の技法を生み出し、「青い風景」などを制作。京都市立芸術大学教授、大手前女子大学教授を歴任。平成10年日本目黒美術館で初の回顧展を開催。11年東京都美術館に文部大臣賞、19年日展内閣総理大臣賞を受けた。㊣芸術選奨文部大臣賞（第49回、平成10年度）〔平成11年〕、勲四等瑞宝章〔平成11年〕、京都府文化賞功労賞（第2回）〔昭和58年〕、京都市文化功労者〔昭和60年〕、京都府文化賞特別功労賞（第13回）〔平成7年〕、円空大賞（第3回）〔平成17年〕、京都新聞大賞文化学術賞（平成20年度）、日展特選・北斗賞〔昭和34年度〕「朧」、京展記念市長大賞（第30回）〔昭和53年〕、日本新工芸展内閣総理大臣賞（第9回）〔昭和62年〕「キャベツ畑の虹」、日展内閣総理大臣賞〔平成19年〕「和根洋菜園」㊣日展、日本新工芸家連盟 ㊣師＝小合友之助

三浦 勝治 みうら・かつじ 洋画家 現代美術家協会会長 ㊣平成28年（2016）7月12日 99歳〔老衰〕㊣大正6年（1917）4月8日 ㊣岐阜県関市 ㊣昭和13年カモト製薬広告部図案課に勤務。14年同社北支社図案係長を経て、21年現代美術家協会創立とともに画家として独立。60年同会長を退職、同会を引退。平成23年郷里の岐阜県関市に私設の三浦勝治美術館が開館した。㊣紺綬褒章〔昭和53年〕 ㊣日本美術家連盟、日本山林美術協会

三浦 清弘 みうら・きよひろ プロ野球選手 ㊣平成28年（2016）3月27日 77歳〔肺炎〕㊣昭和13年（1938）9月2日 ㊣大分県別府市 ㊣別府観光丘高別府観光ヶ丘高時代からコントロールの良さと多彩な変化球を武器に活躍し、昭和31年夏に甲子園出場。32年南海（現・ソフトバンク）に入団。37年17勝を挙げ、40年には防御率1.57で最優秀防御率のタイトルを獲得するなど杉浦忠らと南海黄金期を支えた。48年太平洋（現・西武）に移籍。50年引退。実働19年、553試合登板、132勝104敗、70完投、15完封、1052奪三振、防御率3.09。オールスター出場2回。51年クラウンライター（現・西武）のスカウトを経て、52年からコーチを務めた。その後、大阪市でフグ屋・三浦屋を営んだ。

三浦 国彦 みうら・くにひこ 声楽家（テノール） 福岡教育大学名誉教授 ㊣平成28年（2016）8月2日 81歳〔肝細胞がん〕㊣昭和10年（1935）1月22日 ㊣広島県竹原市 ㊣東京芸術大学音楽学部声楽科〔昭和36年〕卒 ㊣昭和36年福岡教育大学助手となり、講師、助教授を経て、51年教授。西日本オペラ協会会長を務めた。㊣福岡市文化賞〔昭和58年〕 ㊣西日本オペラ協会、日本演奏連盟 ㊣師＝石津憲一、阿部幸次

三浦 小春 みうら・こはる 美術評論家 中日新聞編集委員 名古屋造形芸術大学名誉教授 ㊣現代日本美術（とくに絵画・陶芸）㊣平成29年（2017）9月1日 92歳〔肺がん〕㊣大正14年（1925）1月1日 ㊣新潟県新発田市 ㊣京都大学英文専攻〔昭和24年〕卒、ミシガン大学大学院留学を経て、同年中日新聞社に入社、一貫して本社文化部の美術記者を務め、中部地方の女性新聞記者の草分けとして活躍。文化部長、編集委員を歴任して退社、光陵女子短期大学教授を務めた。米国ミシガン大学大学院留学を経て、平成2年新設の名古屋

造形芸術大学（現・名古屋造形大学）教授に就任した。著書に「中部のやきもの」がある。

三浦 哲 みうら・さとる 熊本県議（自民党）㊣平成27年（2015）4月23日 83歳〔心不全〕㊣昭和6年（1931）9月5日 ㊣熊本県天草郡苓北町 ㊣慶応義塾大学法学部政治学科〔昭和29年〕卒 ㊣昭和45年苓北町農協組合長。58年熊本県議に初当選。㊣三男＝三浦敬三（熊本日日新聞営業部次長）

三浦 朱門 みうら・しゅもん 作家 文化庁長官 日本芸術院院長 ㊣芸術、文化一般 ㊣平成29年（2017）2月3日 91歳 ㊣大正15年（1926）1月12日 ㊣東京都中野区東中野 ㊣東京大学文学部言語学科〔昭和23年〕卒 ㊣昭和23年東京大学を卒業し、大学院へ入ると同時に日本大学芸術科の講師に就任。以後、44年に学園紛争で辞職するまで教師を続けた。友人の阪田寛夫らと、25年第十五次「新思潮」を創刊し、26年「画鬼」（後「冥府山水図」と改題）で認められる。"第三の新人"の一人として地道な創作活動を続ける。28年同人仲間の曾野綾子と結婚。38年にカトリックの洗礼を受ける。42年「箱庭」で新潮社文学賞を、58年「武蔵野インディアン」で芸術選奨文部大臣賞を受賞。保守的言論で知られ、60年中曽根内閣で、民間人としては今日出海以来2人目の文化庁長官に就任（61年8月まで）。63年～平成6年日本文芸家協会理事長（3期）。3～7年中央女子短期大学学長。8年日本ユネスコ国内委員会会長、教育課程審議会委員・会長。昭和62年日本芸術院会員となり、平成16年院長に就任、初代院長の森鷗外以来2人目の作家院長となる。26年9月任期途中で退任。日本芸術文化振興会会長、日本民謡協会理事長、日本映画映像文化振興センター初代理事長なども務め、教育・文化行政に尽くした。著の作品に「にわか高官の510日」「日本をダメにした教育」「武蔵野ものがたり」「老人よ、花と散れ」「天皇」「日本語の真実」「老年の品格」などがある。昭和45年大阪万博でキリスト教パビリオンをプロデュースした功績に対し、阪田、遠藤周作とともにローマ法王庁から聖シルベストロ勲章を受けた。平成11年文化功労者。㊣芸術選奨文部大臣賞（文学・評論部門、第33回）〔昭和57年〕、「武蔵野インディアン」、日本芸術院賞恩賜賞（第43回）〔昭和62年〕、文化功労者〔平成11年〕、聖シルベストロ勲章〔昭和45年〕、新潮社文学賞（第14回）〔昭和42年〕「箱庭」、正論大賞（第14回）〔平成10年〕㊣日本芸術院会員〔昭和62年〕、㊣日本文芸家協会、日本民謡協会 ㊣妻＝曾野綾子（小説家）、長男＝三浦太郎（中部大学教授）

三浦 大四郎 みうら・だいしろう 文芸坐社長 文芸坐プロモーション社長 ㊣平成29年（2017）6月21日 89歳〔心不全〕㊣昭和3年（1928）2月4日 ㊣東京府荏原郡目黒（東京都目黒区）㊣旧姓・名＝山下大四郎 ㊣東京大学経済学部〔昭和25年〕卒 ㊣池袋の映画館文芸坐の創設者である三角寛の女婿。昭和26年文芸坐の前身・人世坐の劇場支配人となったが、間もなく岳父と対立するようになり、34年から請われて中華料理店の銀座アスターに。46年三角が他界、47年文芸坐に復帰して社長に就任。名画至上主義を広め、また中国映画の輸入・連続上映などを実施、池袋の一角に独特の映画文化を築く。全興連理事、東京都興行組合副理事長を歴任し、豊島区観光協会副会長、豊島区

舞台芸術振興会会長なども務めた。58年には35周年を記念して「人世坐三十五年史―焼け跡から文芸坐まで」を出版。平成9年建物の老朽化により文芸坐を休館、退任した。 [賞]山路ふみ子映画賞特別賞（第13回）〔平成1年〕，日本映画ペンクラブ賞（第12回，昭和58年度） [団]豊島区舞台芸術振興会（会長） [家]妻＝三浦寛子（日本舞踊家・人世坐会長），長女＝林千永（舞踊家），兄＝山下肇（東京大学名誉教授・ドイツ文学者）

三浦 健 みうら・つよし 球磨村（熊本県）村長 [没]平成28年（2016）6月16日 90歳〔多臓器不全〕 [生]大正14年（1925）10月6日 [出]熊本県球磨郡球磨村 [学]人吉中〔昭和18年〕卒，南満州工専機械工学科〔昭和20年〕卒 [歴]南満州工業専門学校を繰り上げ卒業し、昭和20年8月11日特別幹部候補生として入隊。4日後終戦になったが、以後4年間シベリアに抑留される。帰国後、熊本県一勝地村、球磨村役場技術吏員。45年助役を経て、53年村長となり、3期務めた。 [賞]勲五等双光旭日章〔平成9年〕 [家]二男＝三浦究（熊本日日新聞販売一部次長）

三浦 典郎 みうら・のりお 東北学院大学名誉教授 [専]教育学 [没]平成27年（2015）10月12日 86歳〔急性肺炎〕 [生]昭和3年（1928）10月22日 [出]宮城県栗原市 [学]東北大学文学部教育学科卒 [歴]平成元年から9年間、東北学院大学教養学部長を務めた。

三浦 文夫 みうら・ふみお 日本社会事業大学学長・名誉教授 武蔵野大学名誉教授 [専]社会保障，社会福祉 [没]平成27年（2015）8月3日 86歳〔心筋梗塞〕 [生]昭和3年（1928）9月5日 [出]台湾新竹州 [学]東京大学文学部社会学科〔昭和27年〕卒，東京大学大学院社会学研究科〔昭和29年〕修了 [歴]昭和29年中部社会事業短期大学助教授、32年日本福祉大学助教授、40年社会保障研究所研究部長、56年日本社会事業大学教授を経て、同大学長。武蔵野女子大学教授、群馬社会福祉大学顧問、東京都社会福祉総合学院院長や中央社会福祉審議会、老人問題懇談会、身体障害者福祉審議会など政府の審議会委員を歴任。著書に「社会福祉経営論序説」「社会福祉政策研究」「高齢化社会ときみたち」などがある。 [団]日本社会福祉学会，日本社会学会，社会政策学会，日本地域福祉学会，日本老年社会科学会

三浦 道雄 みうら・みちお 宮崎大学名誉教授 [専]農産製造学 [没]平成28年（2016）3月1日 87歳〔呼吸不全〕 [生]昭和4年（1929）1月12日 [出]熊本県 [学]九州大学農学部農芸化学科卒 [歴]宮崎大学農学部講師、助教授、教授を歴任。学生部（現・学生支援部）部長も務めた。

三浦 光彦 みうら・みつひこ 群馬大学名誉教授 [専]生理学 [没]平成28年（2016）3月15日 82歳 [生]昭和8年（1933）12月4日 [出]東京都 [学]千葉大学医学部卒，千葉大学大学院医学研究科神経生理学博士課程修了 医学博士 [歴]群馬大学医学部教授を務めた。 [団]日本生理学会，日本神経科学協会

三浦 康 みうら・やすし 日中友好協会長崎県連合会会長 [没]平成28年（2016）2月25日 95歳〔敗血症〕 [出]長崎県長崎市興善町 [歴]昭和17年陸軍二等兵として召集され、20年陸軍中尉として中国で敗戦を迎える。21年復員。33年長崎市のデパートに飾られていた中国国旗を来場者が外した中国国旗引き下ろし事件を機に日中友好協会長崎県連合会に入会。平成4年から会長を務め、中国語や太極拳の講座などを通じて日中友好に尽くした。

三浦 康照 みうら・やすてる 作詞家 太陽プロダクション社長 [没]平成28年（2016）11月20日 90歳〔腸閉塞と肺気腫〕 [出]東京都 [名]本名＝三浦忠雄（みうら・ただお） [学]慶応義塾大学文学部〔昭和26年〕卒 [歴]昭和28年ラジオ東京（現・TBS）に入社。36年作詞家に転身。チーフマネジャーの妻・由美子とともに歌手の冠二郎を育てた。主なヒット曲に、村田英雄「浪花の勝負師」、美空ひばり「別れてもありがとう」、冠二郎「炎」「酒場」「まごころ」、藤あや子「こころ酒」「むらさき雨情」などがある。 [賞]日本作詩大賞（第26回，平成5年度）「むらさき雨情」，日本レコード大賞功労賞（第50回）〔平成20年〕

三浦 八千代 みうら・やちよ 愛知大学短期大学部名誉教授 [専]アメリカ文学 [没]平成27年（2015）9月15日 87歳 [生]昭和3年（1928）6月15日 [学]津田塾専門学校外国語科卒，京都大学文学部文学科〔昭和27年〕卒，ミシガン大学大学院〔昭和44年〕修士課程修了 [歴]昭和27年名古屋市立西陵高校、39年私立中京女子高校教諭を経て、45年愛知大学短期大学部助教授、55年教授、59年短期大学部長、のち愛知大学理事を歴任。平成元年から名古屋市教育委員を務め、4〜5年委員長、8年再任。 [団]日本英文学会，日本アメリカ文学会，大学英語教育学会

三浦 勇一 みうら・ゆういち トクヤマ社長 [没]平成27年（2015）1月5日 77歳〔食道がん〕 [生]昭和12年（1937）11月23日 [出]東京都 [学]東京大学工学部〔昭和37年〕卒，東京大学大学院化学研究科〔昭和39年〕修了 [歴]昭和37年徳山曹達（現・トクヤマ）に入社。平成元年取締役、5年常務を経て、9年社長、14年会長。

三浦 勇一 みうら・ゆういち 山形県議（自民党） 羽黒町（山形県）町長 [没]平成29年（2017）5月6日 85歳〔腎不全〕 [生]昭和7年（1932）1月4日 [出]山形県東田川郡羽黒町（鶴岡市） [学]日本大学法学部政経学科〔昭和33年〕卒 [歴]昭和38年から山形県議に6選。54年副議長。62年落選。羽黒町長も務めた。 [賞]藍綬褒章〔昭和62年〕

三笠宮 崇仁 みかさのみや・たかひと 歴史研究者 大正天皇第四皇男子 中近東文化センター名誉総裁 日本・トルコ協会名誉総裁 日本赤十字社名誉副総裁 [専]古代オリエント史 [没]平成28年（2016）10月27日 100歳〔心不全〕 [生]大正4年（1915）12月2日 [出]東京青山（東京都港区） [名]別名＝若杉崇仁 [学]陸大〔昭和16年〕卒 [歴]大正天皇の第四皇男子で、昭和天皇の末弟、天皇陛下の叔父にあたる。ご幼少時の称号澄宮（すみのみや）。昭和10年12月2日成年式を経て三笠宮家を創立。11年6月陸軍士官学校本科ご卒業。16年10月22日高木正得子爵の二女・百合子さまとご結婚。同年12月陸軍大学校ご卒業。戦時中は軍人として戦争をご体験。18年1月支那派遣軍総司令部参謀、19年1月大本営陸軍参謀を歴任。南京の総司令部時代は“若杉参謀”と呼ばれた。同年4月26日長女甯子内親王

ご誕生。21年1月5日長男寛仁親王ご誕生。23年2月11日二男宜仁親王（桂宮さま）ご誕生。26年10月23日二女容子内親王ご誕生。29年12月29日三男憲仁親王（高円宮さま）ご誕生。戦後の22年から3年間は東京大学でヘブライ史を学び、25年同大文学部研究生を修了。古代オリエント史の研究を続けられ、歴史研者者としての道を歩む。30年東京女子大学講師、50年4月から8月までロンドン大学客員教授。60年4月東京芸術大学美術学部客員教授となり、古代オリエント美術史を11年間講義。平成3年日本の皇族で初めてフランス学士院碑文・文芸アカデミー部門会員に選ばれる。6年ロンドン大学の東洋・アフリカ研究学院名誉会員。8年東京芸術大学名誉博士第1号に。「帝王と墓と民衆」「古代オリエント史と私」「ここに歴史はじまる」「古代エジプトの神々」などの著書を刊行。テレビの教養番組「オリエントの旅」（昭和32年）にも出演した。皇室会議議員、中近東文化センター名誉総裁、日本・トルコ協会名誉総裁、日本スリランカ協会名誉総裁、日蘭協会名誉総裁、日本オリエント学会名誉会長、日本ワックスマン財団名誉総裁、日赤名誉副総裁を歴任。また、フォークダンスや社交ダンスの名手として知られ、日本フォークダンス連盟名誉総裁も務められた。平成27年12月百寿を迎えられた。昭和21年6月の枢密院本会議で、新憲法法案について戦争放棄を支持する一方で採決は棄権。平成10年中国の江沢民国家主席を迎えた宮中晩餐会の席で戦時中の旧日本軍の残虐行為を非公式に謝罪したことが後に伝えられるなど、生涯戦争批判を貫いた。　[賞]ソフィア大学名誉博士〔昭和62年〕，アタテュルク国際平和賞（トルコ）〔平成1年〕，東京芸術大学名誉博士号〔平成7年〕　[資]アカデミー・フランセーズ会員〔平成3年〕　[家]妻＝三笠宮百合子，父＝大正天皇，兄＝昭和天皇，秩父宮雍仁，高松宮宣仁，長女＝近衛甯子，長男＝三笠宮寛仁，二男＝桂宮宜仁，二女＝千容子，三男＝高円宮憲仁，孫＝三笠宮彬子，三笠宮瑶子

三甲野 宏則　みかの・ひろのり　日本山村硝子専務　[没]平成28年（2016）12月9日　74歳〔腹部大動脈瘤破裂〕　[生]昭和17年（1942）1月30日　[出]広島県　[学]神戸商科大学商経学部〔昭和39年〕卒　[歴]昭和39年山村硝子（現・日本山村硝子）に入社。平成3年取締役、6年常務を経て、10年専務。15年常勤監査役。

三上 強二　みかみ・きょうじ　郷土史家　青森ペンクラブ会長　青森県立郷土館学芸課長補佐　[専]民俗，図書館運動，青森県　[没]平成27年（2015）1月18日　86歳〔肺炎〕　[生]昭和3年（1928）4月18日　[出]青森県青森市　[学]青森中〔昭和20年〕卒　[歴]昭和20年青森市内小・中学校教員、28年青森県立図書館、56年青森県立郷土館、同館学芸課長補佐などを歴任。平成15年から青森ペンクラブ会長を務めた。共著に「だまされるな東北人」、監修に「津軽発『東日流外三郡誌』騒動—東北人が解く偽書問題の真相」などがある。　[賞]図書館事業功労文部大臣表彰〔平成12年〕　[団]日本図書館協議会，青森ペンクラブ

三上 祐啓　みかみ・すけひろ　弁護士　青森県弁護士会会長　[没]平成27年（2015）1月18日　93歳〔急性腎不全〕　[生]大正11年（1922）1月13日　[出]青森県中津軽郡岩木町（弘前市）　[学]東京帝国大学法学部〔昭和19年〕卒　[歴]昭和33年司法試験に合格、36年弘前市に法律事務所を開設。48年、49年、61年青森県弁護士会会長を務めた。同年東北弁護士会連合会副会長。　[賞]藍綬褒章〔平成1年〕，勲四等旭日小綬章〔平成13年〕　[団]青森県弁護士会

三上 晴子　みかみ・せいこ　メディア・アーティスト　多摩美術大学美術学部教授　[没]平成27年（2015）1月2日　53歳〔がん〕　[生]昭和36年（1961）1月8日　[出]静岡県　[歴]高校卒業後に上京、アート関係の雑誌の編集を始める。昭和59年初めから鉄クズ・コンクリートなど“都市の骨”を素材としたパフォーマンスを開始。60年5月都内の廃ビルで廃物彫刻（ジャンク・スカルプチャー）と称して個展「滅ビノ新造型・鉄ノ立体三部作」を開く。その後コンピュータと脳の関係をテーマに、基板・CRT・キーボードを素材にした作品群を発表、米国でも話題になる。平成2年よりニューヨークに在住、大学でコンピュータ・サイエンスを専攻。12年多摩美術大学美術学部講師、19年准教授を経て、教授。

三上 誠三　みかみ・せいぞう　実業家　羽柴秀吉などの名前で各地の選挙に立候補した　[没]平成27年（2015）4月11日　65歳〔肝硬変〕　[生]昭和24年（1949）10月11日　[出]青森県北津軽郡金木町（五所川原市）　[名]別名＝羽柴誠三秀吉（はしば・せいぞうひでよし），羽柴秀吉（はしば・ひでよし）　[学]金木中〔昭和39年〕卒　[歴]中学卒業後から働き、24歳で石材会社を設立。昭和56年倒産するが、立て直して、青森県内でホテル、土建業など複数の会社を経営。子供の頃に寺の和尚から“豊臣秀吉の生まれ変わりだ”と言われたことを心に留め、40歳の時に津軽平野を見渡せる3階建ての天守閣を持つ小田川城を築城した。また、“羽柴誠三秀吉”“羽柴秀吉”の名前で各地の国政選挙や首長選挙に立候補。平成11年東京都知事選に出馬、19候補者中10位の2894票を獲得。以後12年大阪府知事選、衆院選大阪1区、13年参院選比例区（自由連合）、14年長野県知事選、15年大阪市長選、17年、18年五所川原市長選、19年7月参院選などに立候補。18年衆院選は小泉純一郎首相の地盤である神奈川11区から立候補し、19年4月夕張市長選では約400票差で次点となった。23年の夕張市長選にも立候補。25年大阪府知事選に出馬の意向を示したが、病気のために断念した。　[家]二男＝三上大和（タレント）

三上 満　みかみ・みつる　教育評論家　子どもの権利教育文化全国センター代表委員　[専]教育学，教育研究　[没]平成27年（2015）8月21日　83歳〔食道がん〕　[生]昭和7年（1932）3月12日　[出]東京都港区　[学]東京大学教育学部〔昭和30年〕卒　[歴]東京都文京区立第一中学校、昭和48年葛飾区立大道中学校各教諭を務めながら、教育運動、労働運動に参加。61年東京都教職員組合副委員長、のち委員長。平成元年11月日教組の連合参加に際し、反主流派を率いて全日本教職員組合協議会を結成、議長となる。3年全日本教職員組合（全教）の結成大会で委員長。6年7月全国労働組合総連合（全労連）議長に就任、8年退任、顧問。11年4月東京都知事選に共産党推薦で立候補、約66万票を得たが落選した。その後、子どもの権利・教育・文化全国センター代表委

み

員、勤医会東葛看護専門学校校長。テレビドラマ「3年B組金八先生」のモデルの一人とされる。

三箇山 正雄　みかやま・まさお　クボタ副社長　[没]平成28年（2016）10月27日　94歳　[生]大正11年（1922）5月3日　[出]大阪府　[学]姫路高〔昭和17年〕卒, 東京大学大学院工学研究科〔昭和23年〕修了　[歴]昭和23年久保田鉄工所（現・クボタ）に入社。47年取締役、51年常務、55年専務を経て、57年副社長。　[賞]科学技術庁長官賞科学技術功労者表彰（第33回, 平成3年度）「水平耕うんトラクタの開発育成」

三川 泉　みかわ・いずみ　能楽師（宝生流シテ方）　[没]平成28年（2016）2月13日　94歳〔心不全〕　[生]大正11年（1922）2月1日　[出]東京市本所区（東京都墨田区）　[歴]生家は出羽庄内藩・酒井家の お抱え能楽師の家柄で、宝生流シテ方・三川寿水の四男。昭和4年17代目宝生九郎重英に入門、「鞍馬天狗」子方で初舞台。14年「車僧」で初シテを務める。20年野口兼資、23年より観世華雪に師事。40年より日本能楽会会員となり、56年理事。60年心筋梗塞で入院。平成9年三川泉の会を開催。繊細精妙で品格のある芸風で知られ、13年秘曲「姨捨」を披いて高い評価を得た。15年人間国宝に認定される。22年宝生能楽堂で「弱法師」を舞った。　[賞]重要無形文化財保持者（能シテ方）〔平成15年〕　[団]日本能楽会　[家]父＝三川寿水（能楽師）, 兄＝三川清（能楽師）　[師]師＝宝生九郎（17代目）, 野口兼資, 観世華雪

み

三木 晴夫　みき・はるお　阿南工業高等専門学校名誉教授　[専]数学　[没]平成27年（2015）10月25日　81歳〔悪性リンパ腫〕　[生]昭和9年（1934）4月21日　[出]徳島県板野郡北島町　[学]東京理科大学理学部数学科〔昭和33年〕卒　[歴]昭和40年阿南工業高等専門学校講師、45年助教授を経て、60年教授。平成10年名誉教授。同年から9年間、徳島文理大学教授も務めた。

三木 与吉郎（14代目）　みき・よきちろう　三木産業社長　[没]平成27年（2015）2月21日　86歳〔急性骨髄性白血病〕　[生]昭和3年（1928）12月29日　[出]徳島県板野郡松茂町　[名]旧姓・名＝三木良治　[学]同志社大学法学部〔昭和25年〕卒, 同志社大学経済学部〔昭和27年〕卒　[歴]参院議員も務めた13代目三木与吉郎の長男。昭和27年、延宝2年（1674年）創業の阿波藍の問屋・三木産業に入社。36年徳島バス取締役、38年三木産業社長。56年14世与吉郎を襲名した。平成12年三木産業会長。阿波藍の資料を収蔵する公益社団法人三木文庫や、青少年の学術奨励を目的とした公益財団法人康楽会の理事長も務めた。　[家]父＝三木与吉郎（13代目）, 祖父＝三木与吉郎（12代目）, 弟＝三木俊治（徳島市長）

見崎 吉男　みさき・よしお　第五福竜丸漁労長　[没]平成28年（2016）3月17日　90歳〔肺炎〕　[生]大正14年（1925）　[出]静岡県焼津市　[歴]16歳で遠洋漁船の乗組員となる。乗組員23人のマグロ漁船・第五福竜丸の漁労長（最高責任者）だった昭和29年3月1日、日本への帰航途中にビキニ環礁での米国の水爆実験に巻き込まれ被曝した。“ビキニ事件”は原水爆禁止運動が広がる契機となったが、自身は事件後半世紀近く沈黙を守った。その後、焼津で惣菜店を営む中で“傷つけられた漁師の名誉を回復したい”と、乗組員の親睦団体・福竜会会長として平和運動に参加。講演などで被爆体験を語った。平成18年手記「千の波 万の波」を出版した。

美里 英二　みさと・えいじ　俳優　美里英二劇団座長　[没]平成27年（2015）8月20日　74歳〔肺炎〕　[生]昭和15年（1940）　[出]福岡県　[名]本名＝古見義彦（ふるみ・よしひこ）　[歴]父も九州大衆演劇界で活躍した俳優で、4歳の時に初舞台を踏む。いくつかの劇団を経て、昭和45年和歌山県で劇団を旗揚げ。大阪や神戸を中心に活動、“浪速の玉三郎”と呼ばれる。1980年代の大衆演劇ブームを牽引して“東の梅沢富美男、西の美里英二”と謳われた。NHKの朝の連続テレビ小説「いちばん太鼓」や映画「居酒屋兆治」などにも出演した。

美里 泰長　みさと・やすなが　岡山県議　[没]平成29年（2017）2月7日　86歳〔肺炎〕　[生]昭和5年（1930）6月10日　[出]岡山県　[学]東京経済大学卒　[歴]児島市議1期を経て、昭和42年から倉敷市議に4選。54年岡山県議に当選、1期。60年再び倉敷市議に当選、連続3期務めた。

三島 清　みしま・きよし　名古屋銀行常務　[没]平成29年（2017）10月3日　82歳〔誤嚥性肺炎〕　[生]昭和10年（1935）2月2日　[出]静岡県浜松市　[学]中央大学経済学部〔昭和32年〕卒　[歴]昭和32年名古屋相互銀行（現・名古屋銀行）に入行。62年取締役を経て、平成3年常務。6年ナイス、9年名古屋カード、11年名古屋リースの各社長を務めた。

三島 健二郎　みしま・けんじろう　危機管理アドバイザー　評論家　警察庁警備局長　危機管理総研代表　[専]危機管理問題, 海外安全対策　[没]平成27年（2015）12月5日　83歳〔肺炎〕　[生]昭和7年（1932）7月10日　[出]神奈川県横浜市　[学]東京大学法学部〔昭和30年〕卒　[歴]昭和31年警察庁に入庁。首相秘書官、52年奈良県警本部長、53年警備局公安第一課長、54年警視庁警備部長、56年警察庁警備局審議官、58年8月千葉県警本部長を経て、60年8月警察庁警備局長。62年7月退官。平成元年日本航空常勤顧問。7年外務省海外邦人安全対策官民協力会議の初代事務局長、8年内閣“新首相官邸における危機管理等のあり方に関する懇談会”委員、9年国家公安委員会犯罪被害給付専門委員、11年危機管理総研代表、15年拓殖大学理事。危機管理アドバイザー、評論家として、新聞・雑誌に社会評論、危機管理問題の執筆や講演などを行った。著書に「企業危機管理」などがある。　[賞]勲三等旭日中綬章〔平成15年〕, RIMS Best Risk Manage賞〔平成12年〕「日本航空に於けるリスクマネージメント活動」, 外務大臣表彰〔平成14年〕「外務省海外邦人安全対策官民協力会議事務局長としての功績」　[団]警察政策学会

三嶌 信也　みしま・しんや　SHO-BI専務　[没]平成28年（2016）10月5日　65歳〔病気〕　[生]昭和26年（1951）9月17日　[学]鎮西学院高〔昭和45年〕卒　[歴]昭和45年SHO-BIに入社。平成13年取締役、21年常務を経て、専務。

三島 大輔　みしま・だいすけ　作曲家　[没]平成27年（2015）2月22日　73歳〔腎臓がん〕　[生]昭和16年（1941）6月26日　[出]千葉県松戸市　[名]本名＝臼井邦彦（うすい・くにひこ）　[歴]昭和41年市川昭介に師事、43年「東京夜景」で作曲家デビュー。45～55年日本クラウン専属作曲家。山本譲二の「みちのくひとり旅」「奥

州路」など、数多くの演歌を作曲した。 [賞]日本作曲大賞金賞(第1回)〔昭和56年〕「みちのくひとり旅」 [師]師＝市川昭介

三島 哲男 みしま・てつお 三島食品創業者 [没]平成28年(2016)3月8日 98歳〔老衰〕 [生]大正6年(1917)8月28日 [出]広島県山県郡千代田町(北広島町) [学]八重高小卒 [歴]農家に13人きょうだいの長男として生まれる。高等小学校を卒業後、広島市の乾物屋に奉公に出る。昭和24年三島商店を創業。28年株式会社に改組して社長。36年三島食品に改称。平成4〜12年会長。昭和45年に発売した赤しそふりかけ「ゆかり」はロングセラーとなり、一代で全国ブランドのふりかけメーカーへと育て上げた。 [家]長男＝三島修(物質・材料研究機構主席研究員),二男＝三島豊(三島食品社長)

三島 彦介 みしま・ひこすけ 熊本工業大学教授 [専]哲学,倫理学 [没]平成27年(2015)4月7日 93歳〔急性心筋梗塞〕 [生]大正10年(1921)7月13日 [出]熊本県熊本市 [学]広島高〔昭和18年〕卒,京都大学文学部哲学科〔昭和23年〕卒 [歴]昭和18年学徒動員で陸軍に入営。24年白川中学教諭、27年熊本高校教諭、32年熊本県立第一高校教諭、46年大津高校教諭を経て、57年熊本工業大学(現・崇城大学)講師に転じ、助教授、教授を務める。著書に「熊本県立第一高女の偉業 ドルトン・プラン」「熊本県教職50年の授業ノート—倫理社会・生活学・郷土史」がある。 [賞]熊日出版文化賞〔昭和60年〕

三島 佑一 みしま・ゆういち 文芸評論家 四天王寺大学名誉教授 [専]近代日本文学 [没]平成28年(2016)1月5日 87歳〔肝硬変〕 [生]昭和3年(1928)4月11日 [出]大阪府大阪市道修町 [名]筆名＝友川泰彦 [学]京都大学文学部国文科卒 [歴]集英小学校、北野中学校、八日市中学校、浪速高校、大阪大学薬学専門部いずれも旧制で送る。青少年期の自伝「美酒のめざめ」「死灰また燃ゆ」「谷崎・春琴なぞ語り」「あの日は再び帰らず」などの小説の他、「山河共に涙す」(戦争体験歌文集)「昭和の戦争と少年少女の日記」「船場道修町—薬・商い・学の町」「薬の大阪道修町 今むかし」「増補堀辰雄の実像」「谷崎潤一郎『春琴抄』の謎」「谷崎潤一郎と大阪」「詩集裏の自画像」などがある。平成28年旅行先の那覇市で亡くなった。 [団]四季派学会,芸術至上主義文芸学会,日本ペンクラブ,現代歌人集会,関西詩人協会,船場大阪を語る会

三嶋 豊 みしま・ゆたか 医師 神戸大学名誉教授 三嶋皮膚科クリニック院長 三嶋皮膚科学研究所長 [専]皮膚科学 [没]平成28年(2016)8月3日 87歳〔胃がん〕 [生]昭和4年(1929)1月23日 [出]山口県 [学]広島医科大学医学部医学科〔昭和29年〕卒,東京大学大学院医学系研究科皮膚科学専攻〔昭和36年〕博士課程修了 医学博士 [歴]昭和36年米国ウェイン大学講師、39年助教授、42年准教授、同年和歌山県立医科大学教授を経て、50年神戸大学教授に就任。平成4年名誉教授、神戸海星病院研究所長・皮膚科部長。のち三嶋皮膚科学研究所長、三嶋皮膚科クリニック院長。ホクロのがん・悪性黒色腫を原子炉を用いて治療する療法を開発、世界で初めて成功させた。 [賞]紫綬褒章〔平成6年〕,勲三等旭日中綬章〔平成13年〕,Annal First Award of the Chicago Dermatological Association〔昭和37年〕,First Award of the American Dermatological Association Fourteenth Annual Essay Contest〔昭和39年〕,三越医学賞(第1回),日本リディアオリリー協会清寺真記念賞(第3回,昭和60年度)「メラニン生成細胞の機能性ならびに腫瘍性疾患—発症機序解明に基く新治療法の研究」,日本臨床電子顕微鏡学会賞安澄記念賞(第17回,昭和60年度) [団]日本皮膚科学会,日本癌学会

三島 淑臣 みしま・よしおみ 九州大学名誉教授 熊本県立大学名誉教授 [専]法哲学 [没]平成27年(2015)1月1日 82歳〔肺炎〕 [生]昭和7年(1932)10月24日 [出]愛媛県 [学]京都大学法学部〔昭和31年〕卒,京都大学大学院法学研究科基礎法専攻博士課程修了 [歴]昭和36年九州大学法学部助手、38年助教授を経て、51年教授。平成8年定年退官後、熊本県立大学総合管理学部教授。著書に「法思想史」「理性法思想の成立—カント法哲学とその周辺」、共訳にL.ゴルドマン「カントにおける人間・共同体・世界」などがある。 [団]日本法哲学会

御庄 博実 みしょう・ひろみ 詩人 医師 広島共立病院名誉院長 [没]平成27年(2015)1月18日 89歳 [生]大正14年(1925)3月5日 [出]山口県岩国市 [名]本名＝丸屋博(まるや・ひろし) [学]岡山大学医学部卒 [歴]東京・代々木病院、倉敷市・水島博病院を経て、広島共立病院名誉院長。昭和20年8月原爆投下2日後の広島に入り、入市被爆した。戦後、医学を志す傍ら、御庄博実の筆名で詩作を始め、峠三吉らと親交を深めて広島で反戦文学運動を起こす。郷里・岩国での結核療養中に岩国の米軍基地から朝鮮戦争へ出撃する戦闘機を“虫”になぞらえた反戦詩を発表、占領軍批判のかどで逮捕されたこともある。上京後は、'60年安保運動に参加して亡くなった樺美智子さんの死因のデモ隊側検証作業にも従事した。52年広島に戻り、広島共立病院院長として被爆者医療に力を注いだ。詩誌「火皿」同人。詩集「御庄博実詩集」「原郷」「ふるさと—岩国」や、本名で「公害にいどむ」「大気汚染と健康」などの著書がある。 [賞]日本現代詩人会顕彰〔平成21年〕(先達詩人として) [団]日本現代詩人会,日本詩人クラブ,日本文芸家協会

三末 篤実 みすえ・あつみ カトリック神父 カトリック広島司教区名誉司教 世界連邦日本宗教委員会事務局長 [没]平成28年(2016)6月28日 80歳〔急性心筋梗塞〕 [生]昭和11年(1936)4月24日 [出]長崎県平戸市 [学]福岡サン・スルピス大神学院卒 [歴]学校を卒業後、長崎、佐世保で17年間、神父を務め、東京のカトリック・センターへ。昭和60年〜平成23年カトリック広島司教区の教区長を務めた。一方、世界連邦日本宗教委員会事務局長として世界各国を回り、他宗教の人々と平和運動に尽力。日本宗教委員会を発展させ、各宗教が平和運動の拠点とする「パクス・ヤポニカ」発足にも貢献した。カトリック中央協議会の事務局次長を務めていた昭和56年には、ローマ法王ヨハネ・パウロ2世の被爆地訪問に力を尽くした。

水上 憲夫 みずかみ・のりお 成蹊大学名誉教授 [専]電気工学 [没]平成28年(2016)11月27日 96歳〔脳出血〕 [生]大正9年(1920)10月9日 [出]福井県勝山市 [学]

み

東京帝国大学工学部電気工学科卒　工学博士　[歴]成蹊大学工学部教授を務めた。著書に「自動制御」がある。

水上 平吉　みずかみ・へいきち　「小さい旗」主宰　朝日新聞西部本社編集庶務部長　[専]児童文学　[没]平成28年(2016)2月9日　83歳〔浴室での溺死〕　[生]昭和7年(1932)2月16日　[出]山口県下関市　[学]北九州大学外国語学部中国科〔昭和30年〕卒　[歴]昭和21年朝日新聞西部本社に入社。学芸部次長、58年編集委員、同年編集庶務部長、62年西部本社厚生文化事業団事務局長、平成元年朝日新聞福岡工場建設事務局長。4年定年退職。一方、勤務の傍らで中国の児童文学を翻訳。昭和43年には妻の水上多世(みずかみかずよ)と休刊していた児童文学同人誌「小さい旗」を復刊。63年に妻が亡くなると、平成5年妻の全詩集を編み、25年には評伝「かずよ——詩人の生涯」を執筆した。訳書に華堯安「おさげのパオチェン」、常星児「雪原のうさぎ」、共訳に老舎・巴金「ニーハオ！ 小坡」などがある。　[賞]北九州市民文化賞〔昭和56年〕, 丸山豊記念現代詩賞(第5回)〔平成8年〕　[団]日本児童文学者協会, 日本子どもの本研究会, 中国児童文学研究会, 日本児童文学美術交流センター　[家]妻＝水上多世(詩人・童話作家)

水木 しげる　みずき・しげる　漫画家　劇画家　[専]妖怪　[没]平成27年(2015)11月30日　93歳〔心不全〕　[生]大正11年(1922)3月8日　[出]大阪府大阪市住吉区　[名]本名＝武良茂(むら・しげる)　[学]武蔵野美術学校西洋学科(現・武蔵野美術大学)〔昭和25年〕中退　[歴]鳥取県境港市の出身で、お手伝いに来ていたおばあさんから妖怪や霊の話を聞き、強い興味を持つ。昭和18年応召して太平洋戦争に従軍、ラバウル戦線に送られ、米軍の空襲より左腕を失った。21年復員後、武蔵野美術学校(現・武蔵野美術大学)に学ぶが中退。魚の行商や傷痍軍人として街頭募金に立つなど職を転々とし、水木荘というアパートを経営した際に間借り人に紙芝居作家がいたことから、自らも紙芝居作家の道に進んだ。水木しげるの筆名はこのアパート名に由来する。やがて紙芝居が下火になると貸本漫画の世界に移り、33年「ロケットマン」で漫画家としてデビュー。以来、戦記ものなど多数の作品を発表、この時代に代表作「ゲゲゲの鬼太郎」の原形となった「墓場鬼太郎」なども執筆した。39年長井勝一が創刊した漫画誌「ガロ」の中心作家となり、41年「別冊少年マガジン」に掲載された「テレビくん」で講談社児童漫画賞を受賞。「週刊少年マガジン」に「墓場鬼太郎」の連載を始めると瞬く間に人気作家の仲間入りを果たし(同作はテレビアニメ化に伴い「ゲゲゲの鬼太郎」に改題)、悪い妖怪を退治する少年・鬼太郎や“目玉おやじ”“ねずみ男”“子泣きじじい”“砂かけばばあ”などユーモラスなキャラクターたちが活躍する物語は43年から平成21年にかけ5回もテレビアニメ化される国民的漫画となり、妖怪ブームを起こして社会に“妖怪”の存在を広く知らしめた。他の代表作に妖怪漫画「悪魔くん」「河童の三平」「縄文少年ヨギ」「猫楠」「神秘家列伝」などがあり、凄惨な戦場体験に基づく「総員玉砕せよ！」や「コミック昭和史」(全8巻)「劇画ヒットラー」なども、妖怪漫画以外の代表作に挙げられる。また、エッセイ「娘に語るお父さんの戦記」「のんのんばあとオレ」「ほんまにオレはアホやろか」「ねぼけ人生」などでも文才を発揮した。5年郷里の境港市に鬼太郎や妖怪たちのブロンズ像を並べた水木しげるロードが、15年には水木しげる記念館が開館。22年妻・武良布枝の自伝的エッセイを原案としたNHK朝の連続テレビ小説「ゲゲゲの女房」が放送され、大きな話題と呼んだ。同年文化功労者に選ばれた。27年5月号まで「ビッグコミック」にエッセイ漫画「わたしの日々」を連載するなど、93歳で亡くなるまで作家活動を続けた。　[賞]文化功労者〔平成22年〕, 紫綬褒章〔平成3年〕, 旭日小綬章〔平成15年〕, 講談社児童漫画賞(第6回)〔昭和41年〕「テレビくん」, 講談社漫画賞(第13回)〔平成1年〕「昭和史」, 日本漫画家協会賞文部大臣賞(第25回)〔平成8年〕, 星雲賞(アート部門, 第29回)〔平成10年〕, 日本児童文芸家協会児童文化功労者賞(第37回)〔平成10年〕, 手塚治虫文化賞特別賞(第7回)〔平成15年〕, 織部賞グランプリ(第5回)〔平成17年〕, 国際マンガ・フェスティバル最優秀賞〔平成19年〕「のんのんばあとオレ」, 調布市名誉市民〔平成20年〕, 朝日賞(平成20年度)〔平成21年〕　[団]日本民俗学会, 民族芸術学会, 世界妖怪協会　[家]妻＝武良布枝, 二女＝水木悦子

水木 初彦　みずき・はつひこ　ボート選手　神奈川新聞社長　[没]平成27年(2015)3月5日　75歳　[生]昭和14年(1939)8月21日　[出]秋田県能代市　[学]東京大学法学部〔昭和37年〕卒　[歴]東大在学中は漕艇部に在籍、昭和35年のローマ五輪に出場した経験を持つ。37年朝日新聞社に入社。北海道支社報道部次長、東京本社通信部次長、59年東京本社労務部長、62年横浜支局長、平成元年読者広報室副室長、3年北海道支社編集総務、5年東京本社総務局次長、同年総務局長、8年総合企画室長(役員待遇)、9年北海道支社長。10年神奈川新聞取締役を経て、11〜16年社長を務めた。

水久保 美千男　みずくぼ・みちお　マラソン選手　九州実業団陸上競技連盟事務局長　[没]平成28年(2016)11月28日　61歳〔肝細胞がん〕　[出]大分県　[学]中津商　[歴]中学時代に放送陸上2000メートルで全国第2位となり中津商へ進む。昭和49年新日鉄八幡(現・新日鉄住金)に入社。54年福岡国際マラソンで初マラソンに挑戦。57年毎日マラソン(現・びわ湖毎日マラソン)で優勝した。のち九州実業団陸上競技連盟事務局長を務めた。

水崎 博明　みずさき・ひろあき　福岡大学名誉教授　[専]古代ギリシャ哲学　[没]平成29年(2017)12月5日　78歳〔交通事故死〕　[生]昭和14年(1939)6月16日　[出]福岡県福岡市　[学]九州大学文学部哲学科〔昭和36年〕卒, 九州大学大学院文学研究科西洋哲学史専攻〔昭和41年〕修士課程修了　文学博士　[歴]著書に「哲学・その古代的なるもの—プラトンとアリストテレスの若干の著作に関する一つの釈義的研究」「ソークラテースの四福音書」「プラトーンと言論」「プラトーン著作集」「新説プラトーンのイデア論」などがある。　[団]日本西洋古典学会

水沢 郁夫　みずさわ・いくお　オリックス常務　東洋英和女学院理事長　[没]平成27年(2015)12月3日　84歳〔脳梗塞〕　[生]昭和6年(1931)6月20日　[出]埼玉県大宮市(さいたま市)　[学]青山学院大学経済学部〔昭和30年〕卒　[歴]昭和30年日本銀行に入行。41年日本輸出入銀行に出向、44年日銀主査、46年調査役、48年福島支

店次長、51年営業局業務課長を経て、オリエントリース（現・オリックス）に転じ、53年東京営業部長、59年取締役、平成元年常務。ワイ・オー・マシン・リース社長、オリックスインテリア取締役を兼務。宗教法人日本聖公会の信徒代議員であり、25年から東洋英和女学院理事長を務めた。

水島 一也　みずしま・かずや　神戸大学名誉教授　[専]保険学　[没]平成29年（2017）10月31日　86歳〔呼吸不全〕　[生]昭和5年（1930）11月12日　[出]東京都　[学]一橋大学商学部〔昭和28年〕卒　商学博士　[歴]昭和44年神戸大学教授、同大経営学部長、流通科学大学商学部教授を歴任。平成8〜10年には大蔵省（当時）の諮問機関、保険審議会会長を務めた。著書に「近代保険論」「保険の競争理論」「現代保険経済」「生活設計」などがある。[賞]瑞宝中綬章〔平成21年〕　[団]日本保険学会, 金融学会

水嶋 山耀　みずしま・さんよう　書家　毎日書道展名誉会員　[専]漢字　[没]平成28年（2016）2月19日　99歳〔肺炎〕　[生]大正5年（1916）3月15日　[出]岡山県　[名]本名＝水嶋昌（みずしま・あきら）　[学]立命館大学文学部卒　[歴]昭和46年毎日書道展で大賞を受賞。大阪を拠点に長く活躍し、平成26年には白寿展を開催した。　[賞]毎日書道展大賞（第23回, 昭和46年度）　[師]師＝鈴木翠軒, 手島右卿

水島 哲　みずしま・てつ　作詞家　[没]平成27年（2015）6月27日　86歳〔大腸がん〕　[名]本名＝安倍亮一（あべ・りょういち）　[歴]布施明「霧の摩周湖」、平尾昌晃「星は何でも知っている」、西郷輝彦「君だけを」などのヒット曲を作詞した。

水島 富和　みずしま・とみかず　大豊建設代表取締役副社長　[没]平成29年（2017）3月14日　66歳〔肺がん〕　[生]昭和25年（1950）7月29日　[出]富山県　[学]富山泊高〔昭和44年〕卒　[歴]昭和46年大豊建設に入社。平成24年取締役を経て、27年代表取締役副社長。

水嶋 藤雄　みずしま・ふじお　弘電社常務　[没]平成27年（2015）9月18日　78歳〔肺炎〕　[生]昭和12年（1937）5月25日　[出]神奈川県　[学]東北大学法学部〔昭和35年〕卒　[歴]三菱電機から弘電社に転じ、総務部長、総務・人事担当の常務を務めた。

水嶋 良雄　みずしま・よしお　音楽評論家　エリザベト音楽大学名誉教授　[専]グレゴリオ聖歌, 音楽学　[没]平成29年（2017）1月10日　86歳〔心肺不全〕　[生]昭和5年（1930）2月16日　[出]大分県日田市　[学]明治工専電気科〔昭和25年〕卒, エリザベト音楽大学〔昭和29年〕卒, グレゴリアン音楽院（フランス）〔昭和34年〕卒, ベルギー高等教会音楽院研究科修了　[歴]昭和30年エリザベト音楽短期大学助手、32年講師、38年エリザベト音楽大学助教授、43年同大学理事、45年教授、58年学長代行を歴任。平成11年名誉教授。グレゴリオ聖歌研究の権威で、日本グレゴリオ聖歌学会の初代会長を務めた。また、広島県合唱連盟理事長や広島県郷土民謡保存会会長も歴任、広島県下の合唱団の育成・指導にも力を注いだ。著書に「グレゴリオ聖歌」、訳書にE.カルディーヌ「グレゴリオ聖歌セミオロジー」、ジャン・ド・ヴァロワ「グレゴリオ聖歌」などがある。　[賞]広島文化賞（第8回）〔昭和62年〕, 中国文化賞（第62回）〔平成17年〕　[団]日本音楽学会, 国際グレゴリオ聖歌学会, 日本グレゴリオ聖歌学会　[家]妹＝花岡永子（大阪府立大学名誉教授）　[師]師＝カルディーヌ, E., クレール, J.

水田 幸子　みずた・さじこ　赤岡青果市場社長　[没]平成28年（2016）2月5日　88歳〔老衰〕　[生]昭和2年（1927）11月9日　[出]高知県香南市赤岡町　[学]土佐女子高　[歴]昭和53年赤岡青果市場の社長に就任。庭先集荷やバラ荷の受け入れに取り組むことで小規模や高齢の生産者を支え、全国有数の青果市場に発展させた。平成21年会長。高知県青果卸売市場連合会会長も務めた。

水谷 皓一　みずたに・こういち　鳥羽市長　三重県議　[没]平成28年（2016）3月22日　95歳〔インフルエンザ〕　[生]大正9年（1920）6月3日　[出]三重県桑名市　[学]農林省水産講習所漁撈科〔昭和16年〕卒　[歴]昭和16年日本水産に入社。その後平田漁網、三井船舶漁業部を経て、23年鳥羽石原珍海堂支配人、26年鳥羽観光協会副会長。38年から三重県議を務め、51年副議長。平成元年より鳥羽市長に2選。9年引退。　[賞]勲四等旭日小綬章〔平成10年〕

水谷 清吉　みずたに・せいきち　文渓堂創業者　[没]平成27年（2015）8月28日　93歳〔心不全〕　[生]大正11年（1922）2月4日　[出]岐阜県海津郡平田町（海津市）　[学]関西大学法学部〔昭和21年〕卒　[歴]明治33年創業の水谷文渓堂の3代目で、昭和28年株式会社に改組して文渓堂社長に就任。31年「漢字ドリル」や「計算ドリル」を商品化して販売網を全国に拡大、同社を国内有数の学習図書出版、教材メーカーに育て上げた。62年会長。63年名証第2部に上場。平成8年名誉会長となり、10年代表取締役を退いた。岐阜県経営者協会会長、日本図書教材協会副会長なども務めた。　[賞]岐阜新聞大賞産業賞〔平成4年〕　[家]長男＝水谷邦照（文渓堂社長）

水谷 優子　みずたに・ゆうこ　声優　[没]平成28年（2016）5月17日　51歳〔乳がん〕　[生]昭和39年（1964）11月4日　[出]愛知県　[名]本名＝西久保優子（にしくぼ・ゆうこ）　[学]島本商卒　[歴]高校卒業後に上京、劇団青年座の養成所に入り役者を目指した。その後、声優としてアニメ「機動戦士Zガンダム」のサラ・ザビアロフ役でデビュー。「ちびまる子ちゃん」のお姉ちゃん役、「ブラック・ジャック」のピノコ役で知られる他、1980年代の後半から1990年代の前半にかけて「マシンロボ クロノスの大逆襲」のレイナ・ストール、「赤い光弾ジリオン」のアップル、「天空戦記シュラト」のラクシュ、「ふしぎの海のナディア」のマリーなどを演じて人気を博した。他の出演作に、アニメ「エースをねらえ！ 2」「ビリ犬」「アイドル天使ようこそようこ」「天地無用！」「デジモンアドベンチャー」など。「嵐が丘」のイザベラ、「キングコング」のジェシカ・ラングなどの洋画や海外ドラマの吹き替えも多い。歌手としてアルバム「さらさら」「Under The Rose」「元気…ドキドキしたい…」「APPALE」「VIBIT」「purring」などをリリース。また、平成6年小説「声優シンデレラ」を出版、続編も刊行された。　[家]夫＝西久保瑞穂（アニメーション監督）

水谷 美彦　みずたに・よしひこ　東邦ガス副社長　[没]平成28年（2016）11月13日　82歳　[生]昭和9年（1934）3月21日　[出]愛知県名古屋市　[学]名古屋大学経済学部

み

〔昭和31年〕卒　㊗昭和31年東邦ガスに入社。63年取締役、平成4年常務、6年専務を経て、9年副社長。

水庭 進　みずにわ・すすむ　俳人　㊙英語、俳句　平成29年（2017）6月14日　93歳　㊐大正13年（1924）3月21日　㊐東京都　㊚号＝月の山雨釣（つきのやま・うちょう）　㊐東京外国語学校（現・東京外国語大学）英語貿易科〔昭和19年〕卒　㊗昭和21年NHKに入局。海外放送（ラジオ東京）の英語アナウンサーを務め、39～42年BBC（英国放送協会）に出向して日本向け放送に従事した。国際局次長などを歴任。55年NHKを定年退職、同年日本大学歯学部教授（英語）に就任。のち日本大学総合科学研究所教授。一方、浮葉俳句会同人、文芸同人誌「こもれび」所属。著書・編著に「The Current American Interpreter（現代米語解説活用辞典）」「遊びの英語」「歯科の英語活用辞典」「釣りの英語活用辞典」「野球の英語活用辞典」「現代俳句表記辞典」「現代俳句類語辞典」「現代俳句読み方辞典」「俳句に詠む四字熟語」「俳句に詠う冠婚葬祭」などがある。　㊐俳人協会、日本文芸家協会

水沼 猛　みずぬま・たけし　別海町（北海道）町長　平成28年（2016）5月4日　66歳　㊐昭和25年（1950）3月16日　㊐北海道野付郡別海町大成　㊐中標津高卒、酪農学園大学卒　㊗昭和62年北海道別海町議に当選、平成15年議長。19年、40年ぶりに選挙戦で町長に当選。26年家畜糞尿の適正管理を徹底する全国初の「畜産環境に関する条例」を策定した。3期目途中の28年に亡くなった。

水野 憲一　みずの・けんいち　北陸銀行専務　㊙平成29年（2017）11月28日　77歳〔白血病〕　㊐昭和15年（1940）11月14日　㊐富山県　㊐富山大学経済学部〔昭和38年〕卒　㊗昭和38年北陸銀行に入行。平成5年取締役、8年常務を経て、11年専務。12年北陸コンピュータ・サービス社長。

水野 好子　みずの・こうこ　邦楽プロデューサー　㊙平成28年（2016）2月25日　91歳〔脳出血による後遺症〕　㊐福島県郡山市　㊐生田流正派で修行。昭和33年イのユネスコ本部落成記念のフェスティバルに招かれたが、日本の伝統音楽への理解が得られなかったことから邦楽をプロデュースすることを思いつく。沢井忠夫を始め、山本邦山、青木鈴慕などのマネジャーを務め、60年のつくば万博では専属プロデューサーとして数々の企画を手がける。NHKホールで恒例になった「初春三曲名流選」の育ての親や、「初夏三曲名流選」も構成・演出を手がける。「国際音楽の日」フェスティバルにも長く携わった。

水野 俊一　みずの・しゅんいち　近畿大学名誉教授　㊙コンクリート工学、土木材料　㊙平成28年（2016）12月10日　93歳〔肺炎〕　㊐大正12年（1923）3月27日　㊐旧朝鮮京城　㊐京城帝国大学理工学部土木工学科〔昭和20年〕卒　工学博士（東京大学）〔昭和36年〕　㊗昭和20年高知県技師、24年徳島工業高等専門学校助教授、25年東京大学助手、33年大阪市立大学助教授、43年近畿大学教授、51～55年理工学部長、59年より理工学総合研究所長。　㊟勲四等瑞宝章〔平成4年〕、土木学会

奨励賞〔昭和29年〕「現場コンクリートの品質を管理するに際しての2・3の問題について」　㊐技術士　㊐土木学会、日本材料学会、日本コンクリート工学協会

水野 純交　みずの・じゅんこう　ジャズ・クラリネット奏者　㊙平成29年（2017）7月18日　87歳〔心不全〕　㊐東京都　㊚グループ名＝水野純交とグラマシー・ファイブ　㊐日本大学中退　㊗阪口新に師事してクラシックを学んだ後、ジャズ・オーケストラに入る。昭和25年松井八郎と東京ジャイブでサックスとクラリネットを担当した後、34年南里文雄とホット・ペッパーズに転じる。35年水野純交とグラマシー・ファイブを結成。38年菊田一夫に東宝ミュージカルの音楽担当を命じられ、ミュージカル俳優としても出演した。アルバムに「魅惑のクラリネット」がある。　㊚長男＝水野哲（俳優・歌手）　㊐師＝阪口新

水野 哲夫　みずの・てつお　戸田建設副社長　㊙平成27年（2015）1月21日　93歳〔肺塞出血〕　㊐大正10年（1921）12月10日　㊐東京都　㊐慶応義塾大学経済学部〔昭和19年〕卒　㊗昭和24年戸田組（現・戸田建設）に入社。48年取締役、54年常務、58年専務を経て、62年副社長。　㊟藍綬褒章〔平成2年〕、勲三等瑞宝章〔平成8年〕

水野 稔明　みずの・としあき　東邦ガス副社長　㊙平成27年（2015）10月23日　74歳〔肺炎〕　㊐昭和16年（1941）6月8日　㊐愛知県　㊐岐阜大学工学部〔昭和39年〕卒　㊗昭和39年東邦ガスに入社。平成10年取締役、14年常務を経て、17年副社長、18年顧問。

水野 正人　みずの・まさと　黒龍酒造社長　㊙平成28年（2016）8月8日　82歳　㊐文化元年（1804年）創業の黒龍酒造の7代目蔵元で、昭和45年社長、平成17年会長。福井酒造組合理事長、福井県松岡町商工会会長などを務めた。

水野 正好　みずの・まさよし　奈良大学名誉教授　㊙考古学、古代史・文化史（宗教考古学、まじない）　㊙平成27年（2015）1月27日　80歳〔心不全〕　㊐昭和9年（1934）8月14日　㊐大阪府大阪市都島区　㊐大阪学芸大学〔昭和28年〕卒、同志社大学大学院修士課程中退　㊗元興寺文化財研究所研究員、滋賀県教育委員会技師、大阪府教育委員会主査、文化庁記念物調査官などを経て、昭和54年より奈良大学文学部に勤務。学部長、のち学長となり、2期6年を務めた。大阪府文化財センター理事長、全国埋蔵文化財法人連絡協議会会長、日本文化財科学会会長を歴任。主な著作に「土偶〈日本の原始美術5〉」「島国の原像〈日本文明史2〉」、共著に「河内飛鳥」などがある。　㊐日本文化財科学会、日本考古学協会

水野 勝　みずの・まさる　国税庁長官　日本たばこ産業社長　㊙平成29年（2017）3月25日　84歳〔敗血症〕　㊐昭和7年（1932）9月4日　㊐静岡県磐田郡豊田町（磐田市）　㊐磐田南高〔昭和26年〕卒、東京大学法学部〔昭和30年〕卒　㊗昭和30年大蔵省（現・財務省）に入省。37年館林税務署長、48年国庁参事官、54年主税局総務課長、56年官房審議官、59年東京国税局長、60年主税局長、63年12月国税庁長官を歴任。平成2年6月退官し、8月生命保険協会副会長。5年9月日本たばこ産業顧問となり、6年6月社長に就任。11年米RJRナビスコ（現・レイノルズ・アメリカン）の米国以外の事業を約9400億円で買収、海外事業の強化や事業の多角化

を進めた。12年会長、13年相談役。著書に「主税局長の千三百日」がある。　[賞]瑞宝重光章〔平成16年〕

水野 廉平　みずの・れんぺい　五洋建設社長　[没]平成27年(2015)4月30日　79歳〔肝不全〕　[生]昭和10年(1935)10月20日　[出]広島県呉市　[学]慶応義塾大学法学部卒，慶応義塾大学大学院〔昭和35年〕修了，コロンビア大学大学院修了　[歴]昭和38年富士製鉄(現・新日鉄住金)に入社。46年五洋建設に転じ、取締役、常務、副社長を経て、56年社長。平成4年会長兼任。14年会長専任。　[家]父＝水野哲太郎(五洋建設社長)

水原 明人　みずはら・あきと　脚本家　日本脚本家連盟理事　[没]平成28年(2016)8月10日　87歳〔間質性肺炎〕　[生]昭和4年(1929)4月21日　[出]東京市芝区(東京都港区)　[名]本名＝石尾三治(いしお・さんじ)　[学]早稲田大学文学部卒　[歴]昭和29年より放送の脚本執筆の一方、日本脚本家連盟脚本家教室の講師を長年務める。父方が代々江戸・東京育ちであることから江戸について深い造詣を持ち、東京家政大学やNHK学園で江戸文化に関する講演・江戸旧跡めぐりを長く担当して好評を博す。時代劇〈必殺〉シリーズも手がけ、時代考証にも詳しい。主な作品にラジオ「母と子の童話館」、テレビ「美に生きる」「ドブネズミ色の街」「岸田国士・秀作ドラマシリーズ」など。著書に「江戸語・東京語・標準語」「大江戸『伝馬町』ヒストリー」などがある。[賞]モンテカルロ・テレビ映画祭賞「ドブネズミ色の街」(NHK)　[団]日本放送作家協会，日本脚本家連盟

水原 春郎　みずはら・はるお　俳人　医師　「馬酔木」名誉主宰　聖マリアンナ医科大学名誉教授　[専]小児科学　[没]平成28年(2016)9月25日　94歳〔心不全〕　[生]大正11年(1922)2月4日　[出]東京神田　[学]慶応義塾大学医学部〔昭和21年〕卒　[歴]小児科を専攻し、慶應義塾大学講師を経て、昭和47年聖マリアンナ医科大学教授、のち附属東横病院長を務めた。56年父・水原秋桜子の死後、俳誌「馬酔木」発行人となり、59年選句・編集を委ねた堀口星眠が「馬酔木」を去るに及び「馬酔木」主宰となり、杉山岳陽に選者を委嘱。62年俳人協会理事、のち顧問。句集に「蒼龍」など。　[団]俳人協会，日本文芸家協会　[家]父＝水原秋桜子(俳人)，母＝水原しづ(「馬酔木」名誉顧問)，長女＝徳田千鶴子(俳人)

水原 潤　みずはら・ひろし　大阪学院大学教授　[専]経営経済学，経営組織論　[没]平成29年(2017)5月10日　73歳〔敗血症〕　[生]昭和18年(1943)11月21日　[出]福島県いわき市　[学]神戸大学大学院経営学研究科〔昭和47年〕博士課程単位取得　[歴]神戸大学経営学部講師を経て、関西学院大学商学部教授、大阪学院大学教授を務めた。著書に「西ドイツ経営組織論」などがある。[団]日本経営学会，経済社会学会，組織学会

三角 哲生　みすみ・てつお　文部事務次官　[没]平成28年(2016)4月15日　89歳〔食道がん〕　[生]大正15年(1926)7月19日　[出]東京都　[学]東京大学法学部政治学科〔昭和24年〕卒　[歴]昭和24年文部省(現・文部科学省)に入省。青少年教育課長、会計課長を経て、49年大学局審議官、52年管理局長、55年初等中等教育局長、57年文部事務次官などを歴任。58年日本育英会理事長、東京フィルハーモニー交響楽団理事長、日本修学旅行協会会長、平成2年国立西洋美術館長。4年3月退任。のちユネスコ・アジア文化センター理事長、5年二階堂学園理事長。7年新設の西洋美術振興財団理事長。11年新国立劇場副理事長を経て、15年理事長を務めた。　[賞]勲二等旭日重光章〔平成12年〕

三角 八朗　みすみ・はちろう　俳優　[没]平成28年(2016)8月29日　80歳〔虚血性心不全〕　[生]昭和10年(1935)12月3日　[出]愛知県名古屋市中区　[名]本名＝芝橋直保(しばはし・なおやす)，別表記＝三角八廊　[学]法政大学文学部〔昭和32年〕中退　[歴]昭和29年大学入学と同時に大映に入社、32年大学を中退して俳優の道に進む。33年映画「恋と花火と消火弾」に主演、以後、丸井太郎とのコンビでドタバタ喜劇を演じる。42年よりフリー。45年から3年間、藤田まこと一座に入り各地を巡業。テレビ時代劇「水戸黄門」や刑事ドラマ「太陽にほえろ！」「Gメン'75」「特捜最前線」、2時間ドラマなどで脇役として活躍した。

三角 洋一　みすみ・よういち　東京大学名誉教授　[専]中古・中世文学，仏教文学，和漢比較文学　[没]平成28年(2016)5月4日　68歳〔間質性肺炎〕　[生]昭和23年(1948)1月1日　[出]岩手県　[学]東京大学文学部〔昭和45年〕卒，東京大学大学院人文科学研究科国語国文学専攻修士課程修了　[歴]白百合女子大学文学部助教授、東京大学教養学部助教授、教授を歴任。平成24年定年退官し、大正大学教授を務めた。　[団]中古文学会，中世文学会，和歌文学会，全国大学国語国文学会，仏教文学会，説話文学会，和漢比較文学会

溝上 脩　みぞかみ・おさむ　佐賀大学名誉教授　[専]障害児教育　[没]平成27年(2015)12月18日　85歳　[生]昭和5年(1930)8月11日　[学]長崎大学教育学部中学校教員養成課程卒，東京教育大学大学院教育学研究科修士課程修了　[歴]佐賀大学教育学部教授を務めた。編著に「世界の特殊教育」「障害者のライフコース」などがある。　[賞]瑞宝中綬章〔平成28年〕　[団]日本特殊教育学会，日本教育学会

溝口 秋生　みぞぐち・あきお　水俣病認定基準訴訟の原告　[没]平成29年(2017)9月12日　85歳〔老衰〕　[歴]昭和52年に77歳で亡くなった母・チエさんの水俣病認定を熊本県に申請するが、21年後の平成7年に棄却される。この間に審査に必要な医療機関のカルテが散逸。13年熊本県を相手取り、母の認定申請却下の取り消しと認定義務づけを求めて提訴(水俣病認定基準訴訟)。一審は完敗したが、医師や弁護士らが手弁当で訴訟を支え、二審で逆転勝訴を勝ち取る。25年最高裁は複数の症状の組み合わせを事実上の条件とする認定基準の運用を否定、認定基準よりも幅広く患者と認める判決を下して勝訴、判決が確定した。

溝口 宏二　みぞぐち・こうじ　鹿児島県議(自民党)　[没]平成29年(2017)2月21日　81歳　[生]昭和11年(1936)1月8日　[出]鹿児島県姶良郡加治木町(姶良市)　[学]中央大学商学部中退　[歴]鹿児島県加治木町商工会青年部長を経て、昭和50年から鹿児島県議に8選。平成5年副議長、9年から7年間議長。16年県議を辞職して鹿児島県知事選に立候補。21年から4年間、鹿児島県社会福祉

み

協議会会長を務めた。 [賞]藍綬褒章〔平成9年〕, 旭日中綬章〔平成21年〕

溝口 真澄 みぞぐち・ますみ 昭和電線電纜専務 [没]平成28年(2016)6月21日 76歳〔肺がん〕 [生]昭和14年(1939)7月10日 [出]鹿児島県鹿児島市 [学]東京理科大学理学部数学科〔昭和38年〕卒 [歴]昭和38年昭和電線電纜(現・昭和電線ホールディングス)に入社。機器電線部長を経て、平成4年取締役、8年常務、12年専務。

溝部 脩 みぞべ・おさむ カトリック司教 カトリック高松教区司教 育英学院理事長 [没]平成28年(2016)2月29日 80歳〔原発不明がん〕 [生]昭和10年(1935)3月5日 [出]旧朝鮮新義州 [学]上智大学文学部史学科〔昭和44年〕卒, グレゴリオ大学(イタリア)大学院修了 [歴]旧朝鮮に生まれ、昭和21年引き揚げ。15歳で洗礼を受けた。上智大学、ローマのグレゴリオ大学大学院を修了。のち育英学院理事長を務め、平成11年退任。16年より高松教区司教。一方、日本のカトリック教会が江戸時代のキリシタン殉教者を信仰者の模範となる“福者”としてローマ法王庁に承認させる運動を始めると中心メンバーの一人として取り組み、14年日本カトリック司教協議会殉教者列福調査特別委員会委員長に就任。19年殉教者188人の“列福”を実現させた。また、23年にバチカン図書館で発見された文書が近世豊後のキリシタン史料であることを確認、史料は大分教会に赴任したマリオ・マレガ神父が太平洋戦争前後に収集したもので「マレガ文書」と呼ばれる。

み

三谷 吾一 みたに・ごいち 漆芸家 [専]輪島塗, 加飾, 沈金 [没]平成29年(2017)7月12日 98歳〔肺炎〕 [生]大正8年(1919)2月13日 [出]石川県鳳至郡輪島町(輪島市) [名]本名＝三谷伍市(みたに・ごいち) [学]高小〔昭和8年〕卒 [歴]14歳で地元の沈金師の弟子となって輪島塗の世界に入り、昭和13年人間国宝となる前大峰に師事。独立後の17年、「沈金漆器筥」で新文展に初入選。戦後は日展、日本現代工芸美術展に出展を重ねる。漆面に彫った文様に金銀の箔や粉、着色した粉末などを埋める、輪島塗を代表する伝統的な沈金技法に、知的な構成と情趣豊かな色彩とを融合させ、夢幻的な現代感覚あふれる独自の作品を創作。60年「月」で日本現代工芸美術展内閣総理大臣賞、63年「潮風」で日本芸術院賞を受賞。平成14年日本芸術院会員、27年文化功労者に選ばれた。日展理事・参事、輪島塗技術保存会会長などを歴任した。 [賞]日本芸術院賞(第44回, 昭和62年度)〔昭和63年〕「潮風」, 文化功労者〔平成27年〕, 勲四等旭日小綬章〔平成5年〕, 北国文化賞〔昭和59年〕, 中日文化賞(第47回)〔平成6年〕, 輪島市名誉市民〔平成15年〕, 日本現代工芸美術展現代工芸大賞(第4回)〔昭和40年〕「飛翔」, 日展北斗賞(第2回)〔昭和45年〕「翼」, 日展会員賞(第10回)〔昭和53年〕「星月夜」, 日本現代工芸美術展内閣総理大臣賞〔昭和60年〕「月」 [資]日本芸術院会員〔平成14年〕 [団]現代工芸美術家協会, 日展, 石川県美術文化協会, 輪島塗技術保存会 [家]長男＝三谷慎(彫刻家) [師]師＝前大峰

三谷 昭三 みたに・しょうぞう ヨータイ専務 [没]平成29年(2017)2月18日 88歳〔病気〕 [生]昭和3年(1928)12月16日 [出]兵庫県 [学]神戸経済大学附属経営専門部〔昭和25年〕卒 [歴]昭和25年大阪窯業耐火煉瓦(現・ヨータイ)に入社。55年取締役、56年常務を経て、62年専務。

御手洗 玄洋 みたらい・げんよう 名古屋大学名誉教授 [専]視覚生理学 [没]平成27年(2015)6月28日 94歳〔急性呼吸不全〕 [生]大正10年(1921)1月5日 [出]大分県佐伯市 [学]名古屋帝国大学医学部医学科卒 医学博士 [歴]名古屋大学教授、中京大学体育学部教授、同学部長、同大学長代行を歴任した。 [賞]勲三等旭日中綬章〔平成7年〕, 医学書院綜合医学賞(第14回)〔昭和40年〕「S電位—そのOrginと色光感曲線」, 日本宇宙航空環境医学会学会功労賞(第1回) [家]弟＝御手洗東洋(医師), 御手洗富士夫(キヤノン社長)

道下 則明 みちした・のりあき 宮川村(岐阜県)村長 [没]平成28年(2016)6月11日 91歳〔心疾患〕 [生]大正13年(1924)8月20日 [出]岐阜県吉城郡宮川村(飛騨市) [学]熊谷陸軍飛行学校〔昭和19年〕卒 [歴]昭和22年復員して岐阜県坂下村役場収入役となる。その後、坂下村・坂上村の合併により宮川村収入役を経て、51年村長に当選。平成8年まで5期務めた。また、昭和56年宮川村森林組合理事長。

道場 親信 みちば・ちかのぶ 和光大学現代人間学部教授 [専]日本社会科学史, 社会運動論 [没]平成28年(2016)9月14日 49歳〔胆管がん〕 [生]昭和42年(1967) [出]愛知県 [学]早稲田大学大学院文学研究科博士後期課程 [歴]早稲田大学文学部助手を経て、和光大学現代人間学部准教授、教授。戦後の住民運動や1950年代のサークル文化運動などを研究した。著書に「占領と平和」「抵抗の同時代史」などがある。 [団]思想の科学研究会, 日本社会学会, 社会思想史学会

満井 晟 みつい・あきら 中国新聞理事 [没]平成28年(2016)12月29日 85歳〔肺がん〕 [生]昭和6年(1931)2月13日 [出]広島県広島市 [学]広島大学教育学部卒 [歴]昭和28年中国新聞社に入社。報道部長、呉支社長を経て、平成2年理事就職情報委員長(局長職)。3年退任。

三井 永政 みつい・ながまさ 山梨日日新聞社長 [没]平成27年(2015)2月10日 84歳〔肺炎〕 [生]昭和5年(1930)7月10日 [出]山梨県北巨摩郡大泉村(北杜市) [学]中央大学法学部卒 [歴]山梨時事新聞社を経て、昭和35年山梨日日新聞社に入社。通信部長、第一報道部長、編集局次長、業務局長、56年取締役、62年常務、平成元年専務を歴任し、3年社長に就任。9年相談役に退いた。4〜26年山梨ライトハウス理事長を務めるなど、社会・福祉活動にも力を注いだ。

三岡 天邑 みつおか・てんゆう 書家 由源社総務 [没]平成27年(2015)12月7日 71歳 [生]昭和19年(1944) [出]奈良県 [名]本名＝三岡利幸(みつおか・としゆき) [歴]尾崎邑鵬に師事。日展会員で、読売書法会常任理事、日本書芸院常務理事、由源社総務を歴任した。 [賞]読売書法展読売新聞社賞(漢字部, 第6回・9回)〔平成1年・4年〕, 日展特選(平成11年度)「大汕詩」 [団]読売書法会, 日本書芸院 [師]師＝尾崎邑鵬

満田 誠二 みつだ・せいじ 新潟県原爆被害者の会会長 [没]平成27年(2015)10月31日 83歳〔急性胆嚢炎〕 [出]広島県 [学]広島大学卒 [歴]中学生の時に広島で被爆。その後、新潟県の吉川高校醸造科に教員とし

て赴任。退職後は地域の子供たちに語り部として原爆の被害などを伝えた。平成18〜21年新潟県原爆被害者の会会長を務めた。

光田 洋一 みつだ・よういち 能楽囃子方（森田流笛方） [没]平成29年（2017）12月28日 83歳〔心不全〕 [生]昭和9年（1934）7月31日 [出]京都府京都市 [歴]幸流小鼓方である竹村圭之輔の長男。昭和19年森田流笛方の杉市太郎に師事、24年「巴」で初舞台。50年より日本能楽会会員。 [家]父＝竹村圭之輔（能楽囃子方），弟＝竹村英雄（能楽囃子方） [師]師＝杉市太郎

光田 良雄 みつだ・よしお 名糖産業社長 [没]平成29年（2017）7月19日 80歳〔肺炎〕 [生]昭和12年（1937）3月11日 [出]愛知県 [学]西陵高〔昭和30年〕卒 [歴]昭和30年名糖産業に入社。平成5年取締役、9年常務、11年専務を経て、13年社長。15年相談役。

光藤 和明 みつどう・かずあき 医師 倉敷中央病院副院長 [専]循環器内科学 [没]平成27年（2015）10月18日 67歳〔特発性心室細動〕 [生]昭和23年（1948）5月12日 [出]広島県 [学]京都大学医学部〔昭和49年〕卒 [歴]倉敷中央病院内科研修医長を経て、昭和60年循環器内科主任部長、のち副院長兼心臓病センター長。岡山大学医学部、京都大学医学部の臨床教授も務める。この間、57年からカテーテルを体内に挿入し、先端のバルーンを膨らませて狭くなった血管を治療する経皮的冠動脈形成術（PTCA）を始め、国内における同治療の草分けとして活躍、世界的権威とされる。国内だけでなく欧米やアジア諸国で治療のデモンストレーションや技術指導にあたり、平成13年には来日した李登輝元台湾総統の治療を手がけた。著書に「西部循環器プライマリーケアの会10年の歩み」「PTCAテクニック」「PTCAテクニック慢性完全閉塞」などがある。

満留 昭久 みつどめ・あきひさ 福岡大学名誉教授 [専]小児科学，小児神経学 [没]平成27年（2015）2月6日 75歳〔直腸がん〕 [生]昭和14年（1939）11月19日 [出]鹿児島県 [学]九州大学医学部〔昭和40年〕卒 医学博士 [歴]昭和45年九州大学病院小児科助手となり、50年福岡大学医学部へ移り、同講師、助教授を経て、教授。平成9年大学病院副病院長、13年医学部長。18年退職後、国際医療福祉大学教授、同副学長。24年福岡国際医療福祉学院学院長。21年からNPO法人・子どもの村福岡理事長、26年からNPO法人・SOS子どもの村JAPAN副理事長を務めた。著書に「こころをつなぐ小児医療」、編著に「慢性疾患の子どもの学校生活」がある。 [団]日本小児科学会，日本小児神経学会，臨床神経生理学会，日本てんかん学会

光葉 貞夫 みつば・さだお ゴンチャロフ製菓社長 [没]平成28年（2016）1月31日 83歳〔心不全〕 [生]昭和7年（1932）2月13日 [出]兵庫県神戸市 [学]関西学院大学経済学部〔昭和29年〕卒 [歴]昭和29年ゴンチャロフ製菓に入社。31年取締役、50年常務を経て、同年社長。のち会長を務めた。 [家]長男＝光葉応宏（ゴンチャロフ製菓社長）

三森 鉄治 みつもり・てつじ 俳人 [没]平成27年（2015）10月2日 56歳〔病気〕 [生]昭和34年（1959）3月4日 [出]山梨県東山梨郡勝沼町（甲州市） [学]山梨大学教育学部英文科〔昭和56年〕卒，上越教育大学大学院〔平成1年〕修士課程修了 [歴]山梨県議会議長を務めた三森祐昌の長男。昭和50年武井久雄、広瀬直人の影響で俳句を始める。52年「暖流」に入会。60年第一句集「幻象論」を出版。61年「雲母」に入会。平成5年「白露」創刊に参加、8年「白露」同人。他の句集に「天目」「魁」「仙丈」「栖雲」がある。 [賞]山日新春文芸（俳句）〔昭和59年〕，白露評論賞（第3回）〔平成12年〕「蛇笏の見たもの―身体としての俳句」，白露50句大賞（第2回）〔平成17年〕 [家]父＝三森祐昌（山梨県議）

三森 久実 みつもり・ひさみ 大戸屋ホールディングス会長 [没]平成27年（2015）7月27日 57歳〔肺がん〕 [生]昭和32年（1957）11月18日 [出]山梨県山梨市 [学]帝京高〔昭和51年〕卒 [歴]昭和46年叔父の家に養子に入るため上京。帝京高校を卒業後、51年レストランチェーンのフローラフーズに入社。のち養父が創業した池袋の大衆食堂・大戸屋食堂に入り、54年養父の急逝に伴い、経営を引き継ぐ。58年株式に改組し大戸屋（現・大戸屋ホールディングス）を設立、社長に就任。平成4年“大戸屋ごはん処”吉祥寺店を全面改装し、モデル店とする。7年からヘルシーメニューなど女性を対象にした店づくりで業績を伸ばす。13年株式を店頭公開。15年フランチャイズ制を導入し、17年国内店舗数が200店を突破。同年タイに海外1号店をオープン。以後、中国、インドネシア、シンガポールなどにも進出。23年持ち株式会社化し、会長兼社長に就任。24年会長専任。 [家]養父＝三森栄一（大戸屋食堂創業者）

三森 祐昌 みつもり・ゆうしょう 山梨県議（自民党） 勝沼町（山梨県）町長 [没]平成28年（2016）3月9日 86歳〔病気〕 [生]昭和4年（1929）10月29日 [出]山梨県 [学]東京高等工学院〔昭和21年〕中退 [歴]昭和34年田辺国男衆院議員秘書、42年田辺国男山梨県知事秘書を経て、46年以来山梨県議に4選、59年議長。62年落選。平成2年勝沼町長に当選、14年まで3期務めた。 [家]長男＝三森鉄治（俳人）

三森 美直 みつもり・よしなお 鳥海町（秋田県）町長 [没]平成27年（2015）1月28日 93歳〔急性心不全〕 [生]大正10年（1921）12月30日 [出]秋田県由利郡鳥海町（由利本荘市） [学]秋田中〔昭和15年〕卒，法政大学専門部法科〔昭和17年〕卒 [歴]昭和17年安田銀行に入行。19年野砲兵第八連隊に入隊、南方軍総司令部転属。26年県立矢島高校勤務。30年聖霊女子短期大学附属高校教諭、50年県立矢島高校教頭。52年鳥海町教育委員、52年教育長、57年鳥海町収入役を経て、61年より町長に3選した。 [賞]勲五等瑞宝章〔平成14年〕

水戸 童 みと・わらべ 日本画家 [没]平成29年（2017）3月3日 80歳 [生]昭和12年（1937） [出]福島県 [学]原町高卒 [歴]伊東深水、大山忠作に師事。昭和39年「老漁夫」、平成6年「闘鶏」で日展特選。 [賞]日展特選（昭和39年度・平成6年度）「老漁夫」「闘鶏」，日春展奨励賞〔平成1年・6年〕 [師]師＝伊東深水，大山忠作

三友 正夫 みとも・まさお 電業社機械製作所社長 [没]平成29年（2017）5月11日 81歳〔進行性胃がん〕 [生]昭和10年（1935）8月21日 [出]埼玉県 [学]早稲田大学第一政治経済学部経済学科〔昭和34年〕卒 [歴]昭和34年

み

電業社機械製作所に入社。平成3年取締役、7年常務を経て、9年社長に就任。13年会長。

翠川 修 みどりかわ・おさむ 京都大学名誉教授 [専]人体病理学 [没]平成29年(2017)11月6日 91歳〔心不全〕 [生]大正15年(1926)3月25日 [出]長野県飯田市 [学]京都大学医学部医学科〔昭和24年〕卒 医学博士 [歴]昭和33年京都大学助教授、37年岐阜県立医科大学教授、38年京都大学教授、平成元年名誉教授。この間、昭和58年ドイツ病理学会名誉会員となり、平成3年ドイツ政府から功労勲章を授与された。共著に「図説腎臓疾患の病理と臨床」「肺臓疾患の病理と臨床」など。 [賞]ドイツ功労勲章一等功労十字章〔平成3年〕, 瑞宝中綬章〔平成19年〕 [団]日本病理学会, 日本癌学会, ドイツ病理学会

緑川 輝男 みどりかわ・てるお ヤマト代表取締役 [没]平成28年(2016)3月26日 60歳〔心筋梗塞〕 [出]福島県いわき市 [歴]昭和61年焼肉・冷麵ヤマトを創業。岩手県・宮城県で約10店舗を展開するまでに育て上げた。

皆川 吉三郎 みながわ・きちさぶろう ハザマ副社長 [没]平成28年(2016)2月15日 100歳〔肺炎〕 [生]大正5年(1916)1月31日 [出]神奈川県 [学]早稲田大学建築学科〔昭和15年〕卒 [歴]昭和15年間組(現・安藤ハザマ)に入社。46年東京建築支店長、同年取締役、48年常務、のち専務を経て、副社長。58年相談役。 [賞]勲三等瑞宝章〔昭和61年〕

み

皆川 進 みながわ・すすむ みながわ製菓創業者 [没]平成29年(2017)1月30日 99歳〔老衰〕 [生]大正6年(1917)3月31日 [出]新潟県上越市 [名]筆名＝囲炉裏庵五郎 [学]高田大町尋常高小卒 工学博士〔昭和51年〕 [歴]昭和24年米菓製造のみながわ製菓を創業、29年株式会社に改組して社長。「とうがらしの種」「代々焼」「新潟おかき」などのヒット商品を作った。平成元年会長。28年同社は事業を停止した。著書に囲炉裏庵五郎名義の「天翔け地駆ける」、皆川すすむ名義の「白寿のど根性」がある。

皆川 基 みながわ・もとい 帝塚山学院大学学長 大阪市立大学名誉教授 [専]洗浄学, 染色学 [没]平成28年(2016)8月4日 86歳〔心不全〕 [生]昭和5年(1930)7月10日 [出]東京都 [学]学習院大学理学部化学科〔昭和29年〕卒 工学博士 [歴]大阪市立大学教授、帝塚山学院大学教授を経て、平成13～17年学長。洗剤の研究などで知られる。著書に「絹の科学」「繊維製品の事典」、共編著に「洗剤・洗浄の事典」などがある。 [賞]瑞宝中綬章〔平成22年〕, 日本繊維製品消費科学会学会賞論文賞〔昭和47年・60年〕「蛋白質汚れの洗浄に関する研究」「たん白質汚れの洗浄に関する研究」, 日本繊維製品消費科学会学会賞功績賞〔昭和59年〕, 油脂技術優秀論文賞第三席(第29回)〔昭和61年〕「リパーゼの洗浄への応用に関する基礎的研究」 [団]日本家政学会, 繊維学会, 日本繊維製品消費科学会

湊谷 弘 みなとや・ひろし 柔道家 金沢工業大学名誉教授 [没]平成28年(2016)6月15日 72歳〔心不全〕 [生]昭和18年(1943)10月17日 [出]富山県東礪波郡福野町(南砺市) [学]福野高卒, 天理大学体育学部体育学科卒 [歴]天理大学卒業後、東京五輪柔道無差別級金メダリストのアントン・ヘーシンクに師事。昭和40年から世界選手権に4大会連続で出場、42年と44年に金メダルを獲得した他、銀メダルも2回獲得。柔道9段。42年金沢工業大学助手、講師、助教授を経て、平成3年教授。北信越学生柔道連盟会長、石川県柔道連盟相談役、日本武道学会理事、全国体育連合北陸支部理事長なども歴任した。 [賞]日本スポーツ賞〔昭和42年〕, 朝日体育賞〔昭和42年・44年〕, 北日本文化功労賞, 北国スポーツ賞〔昭和46年〕, 国際柔道連盟功労賞, 全日本柔道連盟功労賞

南 敬介 みなみ・けいすけ 東京建物社長 [没]平成28年(2016)11月6日 80歳〔肝細胞がん〕 [生]昭和11年(1936)3月1日 [出]東京都 [学]一橋大学商学部〔昭和33年〕卒 [歴]昭和33年富士銀行(現・みずほ銀行)に入行。61年取締役、63年常務を経て、平成3年副頭取、6年常任監査役。7年東京建物社長に就任。18年会長、24年相談役、のち特別顧問。

南 博人 みなみ・ひろと 登山家 [没]平成28年(2016)6月18日 84歳〔前立腺がん〕 [生]昭和6年(1931) [出]北海道札幌市 [学]札幌商卒 [歴]昭和34年8月谷川岳の一ノ倉沢衝立岩正面壁を初登攀し、新田次郎の短編小説「神々の岩壁」の実名モデルとなる。42年5月には穂高屏風岩東壁ルンゼを初登攀。平成2年5月会長を務める東京雲稜会の7人のメンバーの隊長として、ソ連・カムチャッカの最高峰クリュチェフスカヤ山(4750メートル)への登頂に挑んだ。東京・渋谷で登山用具店・山洋スポーツを営んだ。

南崎 邦夫 みなみざき・くにお 石川島播磨重工業副社長 [没]平成29年(2017)7月7日 89歳〔肺炎〕 [生]昭和3年(1928)4月10日 [出]宮崎県 [学]東京大学工学部〔昭和28年〕卒 [歴]昭和28年播磨造船(のち石川島播磨, 現・IHI)に入社。超大型船の建造に従事。49年から約5年間、ブラジルでの超大型船の建造に工場長として携わる。58年船舶海洋技術事業本部副本部長、本部長を経て、平成3年副社長。5年常任顧問。5～7年日本造船工業会製作専門委員長。 [賞]日本造船学会賞・日本造船工業会賞・日本船舶振興会長賞〔昭和44年〕「超大形タンカー(326, 000DWTタンカー)Universe Islandの建造上の諸問題」, 日本造船学会造船技術賞(第26回)〔平成14年〕

南嶌 宏 みなみしま・ひろし 美術評論家 キュレーター 女子美術大学芸術学部教授 熊本市現代美術館館長 [専]現代美術思想, 旧共産主義圏の現代美術,「生人形」研究 [没]平成28年(2016)1月10日 58歳〔脳梗塞〕 [生]昭和32年(1957)10月4日 [出]長野県 [名]本名＝南島宏 [学]筑波大学芸術専門学群芸術学専攻〔昭和58年〕卒 [歴]旧共産主義圏の現代美術を専門とし、いわき市立美術館、広島市現代美術館、熊本市現代美術館などの創設に関わる。両美術館の学芸員を経て、平成3年よりフリーのキュレーター。女子美術大学講師、12年熊本市現代美術館学芸課長を経て、16年館長に就任。“人間が表現し発表するための場”としての美術館作りに取り組む。20年女子美術大学教授。21年ベネチア・ビエンナーレの日本館コミッショナーを務めた。著書に「豚と福音—現代美術の純度へ」、共著に「現代美術事典」「現代アーティスト名鑑」「現代美術入門」などが

ある。彫刻家の南島隆は双子の兄。 [賞]西洋美術振興財団賞学術賞（第3回）〔平成20年〕「ATTITUDE2007展」（熊本市現代美術館） [団]美術評論家連盟 [家]兄＝南島隆（彫刻家）

南本 栄子　みなみもと・えいこ　奈良新聞編集局整理部校閲課長・資料課長 [没]平成27年（2015）10月13日 88歳〔消化管悪性腫瘍〕 [歴]昭和22年奈良新聞社に入社。編集局整理部校閲課長兼資料課長などを歴任した。

峰井 浩子　みねい・ひろこ　声楽家　全沖縄おかあさんコーラス連盟副理事長 [没]平成27年（2015）7月17日 75歳〔卵巣がん〕 [生]昭和14年（1939）9月21日 [出]沖縄県浦添市 [名]旧姓・名＝平安 [学]武蔵野音楽大学〔昭和38年〕卒 [歴]平成4年音楽家グループの藍の会を設立。琉球大学や那覇高等看護専門学校などの非常勤講師を務めた他、女声合唱団・星砂など複数の合唱団を指導。新報音楽コンクールの審査員なども歴任した。平成9年全沖縄おかあさんコーラス連盟副理事長、19年相談役。 [賞]沖縄県文化功労〔平成21年〕, 浦添市施行45周年記念表彰〔平成27年〕 [師]師＝市田キヨ子, 疋田生次郎

嶺井 政三　みねい・まさみ　高校教師　沖縄県合唱連盟理事長　沖縄中央混声合唱団常任指揮者　混声合唱団よみたん常任指揮者 [専]音楽教育, 合唱指揮 [没]平成29年（2017）10月26日 85歳〔病気〕 [生]昭和6年（1931）10月30日 [出]南洋群島・ポナペ島（ミクロネシア連邦・ポンペイ島） [学]東邦音楽短期大学, 国立音楽大学〔昭和30年〕中退, 埼玉大学〔昭和48年〕卒 [歴]南洋群島のポナペ島（ポンペイ島）で生まれ育ち、終戦で関東に引き揚げ後、音楽を学ぶ。東邦音楽短期大学を経て、昭和30年国立音楽大学に編入。学費を稼ぐためのアルバイトで体調を崩し沖縄に戻り静養していた際、名護市の東江小学校の音楽教師に採用され、以後沖縄県の高校教師として42年にわたり声楽、吹奏楽、合唱指揮に情熱を注いだ。また、40年から沖縄中央混声合唱団の指揮者を務め、県内外で活躍する多くの声楽家を育成。49～59年沖縄県合唱連盟理事長、全沖縄おかあさんコーラス連盟相談役も務めるなど、沖縄の音楽文化の向上に貢献した。 [賞]琉球新報教育活動賞〔昭和53年〕, 沖縄市教育功労賞, 沖縄県文化功労賞, 読谷村教育文化功労賞, 宮良長包音楽賞（第7回）〔平成21年〕 [団]沖縄県合唱連盟, 沖縄中央混声合唱団 [師]師＝岩崎常次郎, 鷲崎良三

峯岸 孝哉　みねぎし・こうさい　駒沢大学名誉教授 [専]禅学 [没]平成28年（2016）9月15日 82歳〔慢性腎不全〕 [生]昭和8年（1933）9月20日 [出]群馬県藤岡市 [学]駒沢大学仏教学部〔昭和32年〕卒, 駒沢大学大学院人文科学研究科仏教学専攻〔昭和34年〕修士課程修了 [歴]昭和42年駒沢大学仏教学部講師、52年助教授を経て、60年教授。平成16年定年退職。

峯岸 恒弥　みねぎし・つねや　ホクレン米麦農産推進部主任技師　北海道立中央農業試験場園芸部果樹科長 [専]リンゴ, ハックナイン [没]平成29年（2017）9月14日 87歳〔胃がん〕 [生]昭和5年（1930） [出]北海道雨竜郡幌加内町 [学]北海道農業技術講習所卒 [歴]北海道幌加内町の農家に生まれる。国家公務員上級職に合格後、昭和29年から2年間国立の農林省北海道農業試験場（札幌・琴似）に勤務。31年北海道立農業試験場江部乙リンゴ試験地に移り、以来リンゴ一筋。44年北海道立中央農業試験場へ。道産リンゴの復活を目指し、さまざまな品種を組み合わせて人工交配を試した。46年から味のよい「ふじ」と9月に収穫できる「つがる」の人工交配を開始。47年園芸部果樹科長。53年秋交配に成功し、「HAC」（ホッカイドウ・アップル・クローン）シリーズと命名。59年8月種苗登録申請に踏み切り、61年2月に北海道産品種第1号「HAC9号」（ハックナイン）として登録される。63年園芸部主任研究員で中央農試を退職後は、ホクレン米麦農産推進部主任技師として「ハックナイン」の栽培指導や普及に努め、平成2年11月より「ハックナイン」は本格的に販売されることとなった。一方、昭和48年には道産ワインに適したブドウの品種を探すためヨーロッパに派遣され、当時の西ドイツから苗木を持ち帰った。

峯島 正行　みねじま・まさゆき　評論家　編集者　有楽出版社社長 [専]ナンセンス漫画 [没]平成28年（2016）11月18日 90歳 [生]大正14年（1925）12月7日 [出]神奈川県横浜市 [学]早稲田大学文学部哲学科〔昭和25年〕卒 [歴]「実業之日本」の記者を経て、昭和34年に創刊された「週刊漫画サンデー」の初代編集長や「週刊小説」の編集長を歴任。55年退社し、有楽出版社を設立、社長に就任。著書に「現代漫画の五十年」「近藤日出造の世界」「ナンセンスに賭ける」「評伝SFの先駆者今日泊亜蘭」「荒野も歩めば径になる―ロマンの猟人・尾崎秀樹の世界」「回想 私の手塚治虫」などがある。 [賞]大衆文学研究賞（評論・伝記部門, 第6回）〔平成4年〕「ナンセンスに賭ける」, 日本漫画家協会賞選考委員特別賞（第22回）〔平成5年〕「ナンセンスに賭ける」 [団]日本文芸家協会, 日本ペンクラブ, 大衆文学研究会

峯田 吉郎　みねた・きちろう　山形県議（社会党） [没]平成27年（2015）8月11日 87歳〔消化管出血〕 [生]昭和3年（1928）2月21日 [出]山形県山形市 [学]仙台逓信講習所卒 [歴]山形市議4期を経て、昭和50年から山形県議に4選。平成3年落選。 [賞]藍綬褒章, 勲三等瑞宝章〔平成10年〕

箕浦 宗吉　みのうら・そうきち　日本銀行理事　名古屋鉄道社長　名古屋商工会議所会頭 [没]平成28年（2016）5月18日 89歳〔心不全〕 [生]昭和2年（1927）2月27日 [出]岐阜県岐阜市 [学]東京大学法学部政治学科〔昭和27年〕卒 [歴]昭和27年日本銀行に入行。人事部人事課長、長崎支店長、秘書役、業務管理局長などを経て、56年8月名古屋支店長、59年5月理事。内部事情に精通していたのと温厚な人柄で3総裁にわたって秘書を務めた。63年名古屋鉄道副社長、平成6年社長に就任。11年会長。7～8年中部経済同友会筆頭代表幹事、12年名古屋商工会議所副会頭、16年会頭。同年6月日本銀行参与。愛知県公安委員長も務めた。 [賞]旭日大綬章〔平成21年〕

蓑谷 穆　みのたに・たかし　みの谷代表取締役　高山商工会議所会頭 [没]平成28年（2016）4月17日 83歳〔肝臓がん〕 [生]昭和7年（1932）10月7日 [出]岐阜県高山市 [学]斐太高〔昭和26年〕卒 [歴]斐太高校在学中に家業の石油製品販売・ホテル業のみの谷を継ぐ。昭和26年卒業、28年同社代表取締役に就任。平成10年から

み

15年間、高山商工会議所会頭。また、昭和57年から飛驒高山観光協会（現・飛驒・高山観光コンベンション協会）会長を計30年間務め、平成16年国土交通相が認定する"観光カリスマ"に選ばれた。　[賞]旭日小綬章〔平成20年〕, 岐阜新聞大賞（観光振興部門, 第57回）〔平成19年〕

美濃部 元成　みのべ・もとしげ　東洋物産常務　[没]平成27年（2015）6月25日　82歳〔肺がん〕　[生]昭和8年（1933）1月15日　[出]滋賀県　[学]八幡商〔昭和26年〕卒　[歴]東洋物産（現・テクノアソシエ）常務を務めた。

三橋 修　みはし・おさむ　和光大学学長・名誉教授　[専]社会学　[没]平成27年（2015）12月29日　79歳〔肺がん〕　[生]昭和11年（1936）11月27日　[出]東京都　[学]東京大学文学部社会学科〔昭和35年〕卒　[歴]和光大学人文学部教授を経て、人間関係学部教授。平成10年学部長、13年学長。著書に「差別論ノート」「翔べない身体」「〈コンチクショウ〉考」「明治のセクシュアリティ」「作家は何を嗅いできたか」などがある。

三原 浩良　みはら・ひろよし　弦書房社長　葦書房社長　[没]平成29年（2017）1月20日　79歳〔小細胞肺がん〕　[生]昭和12年（1937）7月17日　[出]島根県松江市　[名]本名＝三原浩良（みはら・ひろよし）　[学]早稲田大学文学部〔昭和61年〕卒　[歴]昭和36年毎日新聞社に入社。長崎支局長、61年報道部編集委員・写真部長、平成3年報道部長兼写真部長、5年西部本社特別編集委員を歴任。6年福岡市の出版社・葦書房の創業者である久本三多の死去により同社社長を引き継ぐが、14年9月解任される。同年12月弦書房を設立、社長。19年12月退任。

三平 晴樹　みひら・はるき　プロ野球選手　[没]平成28年（2016）7月25日　77歳〔誤嚥性肺炎〕　[生]昭和13年（1938）7月26日　[出]秋田県　[学]秋田商卒　[歴]秋田商、日鉱日立を経て、昭和33年大毎（現・ロッテ）に入団、投手。35年12勝を挙げてチームのリーグ優勝に貢献。36年は14勝。38年大洋（現・DeNA）、39年阪急（現・オリックス）に移籍。40年引退後は秋田に戻り、レストランを経営した。プロ通算成績は、実働8年、207試合登板、41勝34敗、6完封、404奪三振、防御率3.05。

三村 賢治　みむら・けんじ　山梨県議（社会党）　[没]平成29年（2017）4月7日　98歳〔老衰〕　[生]大正7年（1918）　[出]埼玉県　[学]東京逓信講習所卒　[歴]昭和42年山梨県議に当選。50年、54年にも当選して通算3期。55年副議長。社会党山梨県本部委員長も務めた。また、金丸信元自民党副総裁の後援会・久親会系と旧社会党系の山梨県選出国会議員、県議らで作る"CS（チェック・アンド・サポート）の会"メンバーとしても活動した。

宮 英子　みや・ひでこ　歌人　「コスモス」発行人　[没]平成27年（2015）6月26日　98歳〔胆嚢がん〕　[生]大正6年（1917）2月23日　[出]富山県富山市　[名]旧姓・名＝滝口英子（たきぐち・ひでこ）　[学]東京女高師〔昭和15年〕卒　[歴]在学中、尾上柴舟に和歌文学を学び、昭和12年北原白秋主宰の「多磨」に入会。卒業後岸和田高女、神奈川県立第一高女に勤務。19年宮柊二と結婚。28年「コスモス」創刊に参加、旧姓の滝口英子を筆名として編集事務に従事。44年第一歌集「婦負野」を出版。61年夫の没後、本名の宮英子を使い、「コスモス」発行人となった。平成5～23年新潟日報読者文芸選者。20年には宮中歌会始の召人を務めた。他の歌集に「葱嶺の雁」「花まゐらせむ」「幕間—アントラクト」「南欧の若夏」「海嶺」「やがての秋」「西域更紗」「青銀色」などがある。　[賞]コスモス賞〔昭和39年〕, 日本歌人クラブ推薦歌集（第16回）〔昭和45年〕, 短歌研究賞（第36回）〔平成12年〕「南欧の若夏」, 詩歌文学館賞（短歌部門, 第20回）〔平成17年〕「西域更紗」, 現代短歌大賞〔平成25年〕　[団]日本文芸家協会, 現代歌人協会　[家]夫＝宮柊二（歌人）　[師]師＝尾上柴舟, 北原白秋, 宮柊二

宮 淑子　みや・よしこ　ジャーナリスト　[専]女性問題, 教育問題　[没]平成27年（2015）4月4日　70歳〔膵臓がん〕　[生]昭和20年（1945）2月18日　[出]長野県飯田市　[学]青山学院大学文学部英米文学科〔昭和42年〕卒, 法政大学社会学部社会学科〔昭和46年〕卒　[歴]婦人団体の機関紙の記者、毎日新聞社「月刊教育の森」の編集記者を経て、昭和58年フリーのジャーナリストとなる。平成13年より埼玉女子短期大学、20年よりフェリス女学院大学で女性学を講じた。著書に「屈折した少女の性」「セクシュアリティ」「ドキュメント性暴力」「セクシュアル・ハラスメント」「美の鎖—エステ・整形で何が起こっているか」「メディア・セックス幻想」「不妊と向きあう」「男たちの更年期クライシス」「黙りこくる少女たち」「先生と生徒の恋愛問題」「セクシュアリティ・スタディーズ」などがある。

宮尾 進　みやお・すすむ　サンパウロ人文科学研究所所長　[専]日系人社会研究　[没]平成28年（2016）10月30日　86歳〔肺がん〕　[生]昭和5年（1930）10月28日　[出]ブラジル・サンパウロ・アリアンサ　[学]信州大学文理学部卒　[歴]ブラジル・サンパウロ市のアリアンサ移住地で生まれる。9歳の時に帰国して長野市にあった父の実家で育つ。昭和28年ブラジルへ戻り、日本語教師や農業組合の機関紙編集長などを務めた。ブラジル日系社会や移民の歴史を研究し、日系人への教育や文化の発展に力を注いだ。平成3年サンパウロ人文科学研究所所長に就任、15年同顧問に退いた。

宮川 泰三　みやがわ・たいぞう　パーフェクトバスを走らせる会代表　[没]平成29年（2017）8月10日　59歳〔食道がん〕　[歴]車いすを利用する身体障害者の立場から、公共交通機関のバリアフリー化を目指す"パーフェクトバスを走らせる会"の代表や、京都市営地下鉄の駅ホームに転落防止柵の設置を求める"全ての人に安全な駅ホーム設置を進める会"の代表を務めた。

宮川 孝雄　みやがわ・たかお
⇒村上 孝雄（むらかみ・たかお）を見よ

宮川 汜　みやかわ・ひろし　静岡県知事公室長　[没]平成27年（2015）12月18日　81歳〔肺炎〕　[生]昭和9年（1934）2月15日　[出]静岡県三島市　[学]中央大学〔昭和34年〕卒　[歴]昭和34年静岡県庁に入庁。55年地震対策課長、60年知事公室長、62年人事委員会事務局長、平成元年企業局長、2年清水市助役を歴任。シティエフエム静岡代表取締役会長も務めた。

宮川 浩　みやかわ・ひろし　片倉工業専務　ニチビ社長　[没]平成28年（2016）2月29日　89歳〔心不全〕　[生]大正15年（1926）6月11日　[出]ロシア・モスクワ　[学]東京大学法学部〔昭和24年〕卒　[歴]片倉工業に入社し、

昭和41年総務部長、43年取締役、46年常務、49年専務、54年退任。同年ニチビ専務、のち社長を務めた。

宮川 康雄　みやがわ・みちお　信州大学名誉教授　[専]近代日本文学　[没]平成27年(2015)4月24日　84歳〔脳梗塞〕　[生]昭和6年(1931)1月2日　[出]長野県更埴市(千曲市)　[学]信州大学文理学部卒, 東北大学大学院文学研究科国文学専攻〔昭和36年〕博士課程単位取得　[歴]東北大学文学部助手、東北工業大学助教授を経て、昭和55年信州大学人文学部教授。平成8年退官後、就実女子大学(現・就実大学)教授として15年まで勤めた。著書に「島木赤彦論」などがある。　[賞]瑞宝中綬章〔平成21年〕, 島木赤彦文学賞(第10回)〔平成20年〕「島木赤彦論」　[団]和歌文学会, 日本文芸研究会

宮川 三男　みやがわ・みつお　ピアニスト　岐阜大学名誉教授　[没]平成28年(2016)5月29日　83歳〔肝臓がん〕　[生]昭和7年(1932)8月28日　[出]岐阜県不破郡垂井町　[学]岐阜大学学芸学部〔昭和30年〕卒　[歴]昭和31年岐阜大学助手、44年講師、45年助教授を経て、53年教授。　[団]日本音楽学会, 日本ピアノ教育連盟, 全日本ピアノ指導者協会　[師]師＝福井直俊, 藤村るり子

宮城 シゲ　みやぎ・しげ　沖縄県看護協会会長　[没]平成28年(2016)8月19日　84歳〔病気〕　[出]沖縄県中頭郡北中城村屋宜原　[歴]平成7～12年沖縄県看護協会会長を務めた。　[賞]沖縄県功労者表彰(社会福祉部門)〔平成24年〕

宮城 宏　みやぎ・ひろし　僧侶　平等院住職　甲南女子大学学長　[専]家族社会学　[没]平成29年(2017)8月4日　89歳〔肝不全〕　[生]昭和3年(1928)5月5日　[出]京都府宇治市　[名]別名＝宮城宏道(みやぎ・こうどう)　[学]京都大学文学部哲学科社会学専攻〔昭和29年〕卒, 京都大学大学院〔昭和30年〕修了　文学博士　[歴]京都大学文学部助手、同志社大学文学部助教授、教授を経て、昭和50年甲南女子大学文学部に移り、教授。平成5～11年学長。この間、平等院住職や同代表役員を務めた。　[団]日本社会学会, 関西社会学会, 日中社会学会

宮城 政章　みやぎ・まさあき　宮城建設社長　岩手県建設業協会会長　[没]平成27年(2015)1月26日　70歳〔病気〕　[生]昭和19年(1944)12月6日　[出]旧満州　[学]日本大学理工学部卒　[歴]昭和45年宮城建設技術合資会社に入社。宮城建設専務を経て、58年社長、平成15年会長。17年再び社長となり、24年から会長。14～22年岩手県建設業協会会長を4期。東北建設業協会連合会会長、岩手県港湾建設協会会長や岩手県体育協会、岩手県スキー連盟の各副会長も務めた。　[賞]国土交通大臣表彰〔平成13年〕

宮城 巳知子　みやぎ・みちこ　沖縄戦の語り部　[没]平成27年(2015)10月31日　89歳〔敗血症〕　[生]大正15年(1926)　[出]沖縄県中頭郡北谷村　[学]首里高女〔昭和20年〕卒　[歴]昭和20年首里高等女学校生徒で結成された瑞泉学徒隊員として沖縄戦に動員され、第六十二師団野戦病院に看護要員として配属される。学徒隊は61名中33名が戦死した。戦後は25年から39年間、小学校教師を務める。退職後は沖縄戦の語り部として反戦平和活動に精力を注ぎ、平成11年NHK沖縄「映像の20世紀」にその活動が特集され反響を呼んだ。同年ひめゆり学徒隊以外の女子学徒の足跡も後世に残そうと、全女子学徒の沖縄戦体験継承に取り組む“青春を語る会”の設立に発起人の一人として参画した。著書に「ずいせん学徒の沖縄戦—最前線へ送られた女学生の手記」がある。

宮城 康次　みやぎ・やすじ　沖縄タイムス専務　[没]平成28年(2016)3月23日　81歳〔胆嚢がん〕　[生]昭和9年(1934)6月4日　[出]沖縄県名護市稲嶺　[学]中央大学文学部卒　[歴]昭和36年沖縄タイムス社に入社。58年社会部副部長、のち総務局付販売推進本部長、59年北部支社長、61年販売部次長、平成元年総務局次長、2年同局長、4年中部支社長、5年取締役、6年常務、7年専務。10年退任。共著に「稲嶺誌」がある。

宮口 尹男　みやぐち・まさお　佐賀大学名誉教授　[専]土壌・肥料　[没]平成29年(2017)1月1日　88歳〔心不全〕　[生]昭和3年(1928)9月17日　[出]東京都　[学]九州大学農学部農芸化学科卒　農学博士　[歴]佐賀大学農学部助教授を経て、教授。

宮国 則成　みやくに・のりしげ　高校野球監督　[没]平成29年(2017)10月8日　76歳〔肝内胆管がん〕　[出]山口県長門市　[歴]昭和63年夏、宮崎南高野球部監督として同校を初の甲子園出場へと導いた。のち都農高校長。

宮国 義夫　みやくに・よしお　弁護士　沖縄弁護士会会長　[没]平成28年(2016)1月31日　82歳〔咽頭がん〕　[生]昭和8年(1933)8月24日　[出]台湾台南州嘉義　[学]琉球大学〔昭和30年〕卒　[歴]琉球政府中央巡回裁判所判事、昭和41年琉球弁護士会入会、47年弁護士登録。平成5年から1年間、沖縄弁護士会会長。10～16年在沖宮古郷友連合会会長を務めた。　[賞]旭日小綬章〔平成21年〕

三宅 剣龍　みやけ・けんりゅう　書家　神龍会主宰　[専]漢字　[没]平成28年(2016)7月28日　99歳〔老衰〕　[生]大正6年(1917)6月14日　[出]兵庫県多紀郡篠山町(篠山市)　[名]本名＝三宅栄一(みやけ・えいいち)　[学]兵庫師範卒　文学博士　[歴]昭和25年毎日書道展、28年日展に入選。その後、郷里の兵庫県を離れて上京、36年現日会創立に同人参加。篆書や隷書から行・草までの多彩な作品を多くの公募展で発表。62年篠山市が三宅剣龍賞を創設。63年古稀記念の書展を東京・銀座で開いた。　[賞]紺綬褒章〔昭和61年〕, 篠山町民栄誉章〔昭和63年〕, 読売書道展文部大臣賞, 書道学会展尾上賞, フランス・ボザール展国際芸術賞　[団]全国日本学士会(名誉会員)　[師]師＝石橋犀水, 比田井小琴

三宅 千代　みやけ・ちよ　歌人　小説家　眼科三宅病院会長　[没]平成29年(2017)3月30日　99歳〔老衰〕　[生]大正7年(1918)1月7日　[出]愛知県名古屋市守山区　[学]東京女子大学卒　[歴]昭和14年白白社に入社。23年以降作歌を中断。夫が病死した50年より自伝的小説「夕映えの雲」を書き始める。6年がかりで脱稿、57年自費出版し、58年新美南吉文学賞を受賞。第3期「詩歌」、「マチネ」同人。病院経営の合間に執筆。また51年頃から小・中学生に短歌を教え、53年より子供短歌の会を主宰、59年子供短歌同人誌「白い鳥」を発行した。平成9～11年中日新聞コラム「辛口診断」を執筆。歌集に「遠き電話に」「月の虹」「冬のかまきり」「晩鐘の湖」などがある。　[賞]新美南吉文学賞(第19回)〔昭和58年〕「夕映えの雲」, 日本歌人クラブ賞(第17回)〔平

み

成2年〕「冬のかまきり」, 名古屋市芸術特賞〔平成7年〕 [団]現代歌人協会, 日本文芸家協会, 日本ペンクラブ, 日本歌人クラブ　[家]夫＝三宅寅三（眼科三宅病院院長）, 長男＝三宅謙作（眼科三宅病院院長）, 二男＝三宅養三（名古屋大学名誉教授）

三宅 奈緒子　みやけ・なおこ　歌人　「新アララギ」顧問　[没]平成28年（2016）9月18日　94歳〔敗血症〕　[生]大正10年（1921）11月23日　[出]新潟県　[名]本名＝樋口奈緒子（ひぐち・なおこ）　[歴]昭和15年「アララギ」、21年「群山」に入会。歌集に「白き坂」「遠き木立」「風知草」「春の記憶」「桂若葉」、編著に「樋口賢治全歌集」などがある。　[賞]島木赤彦文学賞（第9回）〔平成19年〕「桂若葉」

三宅 なほみ　みやけ・なほみ　東京大学大学院総合教育研究センター特任教授　[専]認知科学, 学習科学　[没]平成27年（2015）5月29日　65歳　[生]昭和24年（1949）6月8日　[出]東京都　[名]旧姓・名＝谷本なほみ（たにもと・なほみ）　[学]お茶の水女子大学文教育学部〔昭和47年〕卒, 東京大学大学院教育学研究科〔昭和49年〕修士課程修了, カリフォルニア大学サンディエゴ校（米国）大学院心理学科〔昭和57年〕博士課程修了　Ph. D.　[歴]昭和59年青山学院女子短期大学助教授、平成3年中京大学情報科学部教授を経て、東京大学大学総合教育研究センター教授。主要な研究テーマは理解の深化過程、共同による問題解決過程の解明、教育へのコンピュータの利用などで、小・中学校や高校での授業改善に取り組み、対話や教え合いを重視する“協調学習”を提唱。中央教育審議会教育課程企画特別部会委員を務めた。著書に「インターネットの子どもたち」、編著書に「学習科学とテクノロジ」などがある。　[団]日本認知科学会, 日本心理学会, 日本教育心理学会, Congnitive Science Society, AAAI, American Educational Research Association

み

三宅 博　みやけ・ひろし　衆院議員　[没]平成29年（2017）4月24日　67歳〔肝臓がん〕　[生]昭和25年（1950）4月7日　[出]大阪府八尾市　[学]四天王寺大学人文社会学部　[歴]平成11年より八尾市議に3選。12年全国118名の地方議員と北朝鮮に拉致された日本人を救出する全国地方議員の会を結成、同副会長を務めた。15年からは特定失踪者問題調査会常務理事として特定失踪者の調査救出活動に従事。21年衆院選に立候補。24年の衆院選では比例近畿ブロックに日本維新の会から単独立候補して当選。26年の衆院選は次世代の党から大阪14区に立候補するも落選。1期。28年参院選比例区におおさか維新の会から立候補した。

三宅 幸夫　みやけ・ゆきお　音楽学者　音楽評論家　慶応義塾大学名誉教授　日本ワーグナー協会理事長　[没]平成29年（2017）8月14日　71歳〔肝硬変〕　[生]昭和21年（1946）2月3日　[出]東京都　[学]早稲田大学理工学部〔昭和47年〕卒, テュービンゲン大学大学院〔昭和53年〕修了　Magister artium（テュービンゲン大学）〔昭和53年〕　[歴]昭和54年山形大学講師、56年助教授を経て、教授。のち慶応義塾大学教授、平成23年名誉教授。著書に「ブラームス」「歴史の中の音楽」「スフィンクスの嘆き―バッハの生涯と作品」「音楽家の言葉」、訳書にワーグナー「トリスタンとイゾルデ」、ワーグナー「ラインの黄金」などがある。　[賞]京都音楽賞（研究評論部門, 第6回）〔平成3年〕, 辻荘一賞（第5回）〔平成4年〕　[団]日本音楽学会, 東京音楽ペンクラブ, 日本ワーグナー協会　[師]師＝ダーデルゼン, G.V.

都沢 凡夫　みやこざわ・ただお　バレーボール指導者　筑波大学名誉教授　[没]平成27年（2015）1月10日　66歳〔呼吸不全〕　[生]昭和23年（1948）1月23日　[出]北海道　[学]東京教育大学体育学部〔昭和45年〕卒　[歴]昭和45年富士写真フイルムに入り、同社バレーボール部で選手及びトレーナーとして活躍。53年筑波大学講師、平成5年助教授を経て、教授。この間、昭和53年同大男子バレーボール部コーチとなり、62年監督に就任。平成9年から10年連続で全日本大学選手権決勝に進出し、大会記録の6連覇を含む8度の優勝を達成。中垣内祐一、加藤陽一、石島雄介ら多くの日本代表選手を育てた。国際バレーボール連盟公認コーチ、インストラクター。24年筑波大を定年退官。　[団]日本体育学会, 日本バレーボール協会

宮越 光昭　みやこし・こうしょう　大杉屋惣兵衛会長　[没]平成28年（2016）12月26日　88歳〔病気〕　[生]昭和3年（1928）7月6日　[出]新潟県上越市　[歴]天正20年（1592年）創業の老舗和菓子店・大杉屋惣兵衛の会長を務め、平成21年「飴屋今昔―あめ屋が書いた飴の話」を出版した。“酒博士”として知られる坂口謹一郎らと交流があった。　[賞]新潟出版文化賞優秀賞（第7回）「飴屋今昔―あめ屋が書いた飴の話」

宮坂 富之助　みやさか・とみのすけ　早稲田大学名誉教授　[専]商法, 経済学　[没]平成29年（2017）9月13日　86歳〔肺炎〕　[生]昭和5年（1930）11月25日　[出]奈良県　[学]早稲田大学法学部卒, 早稲田大学大学院民事法学専攻博士課程修了　法学博士　[歴]早稲田大学教授を務めた。第16～18期日本学術会議会員。著書に「現代資本主義と経済法の展開」などがある。　[団]経済法学会, 比較法学会, 日本法社会学会

宮崎 晃　みやざき・あきら　三菱重工業常務　[没]平成27年（2015）11月21日　84歳〔肺炎〕　[生]昭和6年（1931）3月11日　[出]広島県　[学]東京大学工学部船舶工学科〔昭和28年〕卒, 東京大学大学院〔昭和32年〕修了　[歴]昭和32年三菱造船（現・三菱重工業）に入社。62年長崎造船所長、63年取締役を経て、平成元年常務。5年退任。

宮崎 勇　みやざき・いさむ　経済評論家　経済企画庁長官　経済企画事務次官　[専]国際経済, 経済政策　[没]平成28年（2016）1月3日　92歳〔心不全〕　[生]大正12年（1923）10月28日　[出]佐賀県佐賀市　[学]佐賀高文科〔昭和18年〕卒, 東京帝国大学経済学部経済学科〔昭和22年〕卒　[歴]昭和22年経済安定本部に入る。47年経済企画庁調査局長、51年総合計画局長、52年調整局長などを経て、54年経済企画事務次官。この間、池田内閣が35年に打ち出した「国民所得倍増計画」の総論部分の執筆責任者を務めた他、42～44年には「経済白書」の執筆を担当。56年6月退官。57年大和証券経済研究所の初代理事長に就任。平成元年合併で大和総研と改称。8年特別顧問。同年行政改革委員会委員長代理に就任。この間、7年8月村山改造内閣の経済企画庁長官に民間から起用され、8年1月まで務めた。経企庁時代

から日本を代表する官庁エコノミストとして積極的に軍縮論を含む日本経済論を展開。昭和50年「人間の顔をした経済政策」で吉野作造賞を受賞。退官後も、内需主導の経済構造への転換を目指した新前川リポート(62年)、行政改革や規制緩和を柱とする平岩リポート(平成5年)の作成に深く関与した。他の著書に「軍縮の経済学」「暮しの経済学」「経済計画の話」「日本経済いまひとたびの離陸」などがある。㊥アギラ・アステカ勲章［昭和61年］、勲一等瑞宝章［平成10年］、吉野作造賞［昭和50年］「人間の顔をした経済政策」、石橋湛山賞［昭和59年］「陽はまた昇る―経済力の活用と国際的な貢献」、NHK放送文化賞（第43回）［平成4年］、深圳名誉市民（中国）［平成6年］

宮崎 一夫 みやざき・かずお プロ野球選手 社会人野球監督 高校野球監督 ㊥平成28年（2016）3月24日 83歳〔悪性リンパ腫〕 ㊥昭和7年（1932）12月10日 ㊥神奈川県逗子市 ㊥逗子開成高校 逗子開成高時代に1試合21奪三振を記録して注目を集める。卒業後、社会人野球コロムビアを経て、昭和27年毎日（現・ロッテ）に入団。スライダーを武器に先発、中継ぎ、抑えと活躍。31年高橋（現・ロッテ）へ移籍。プロ通算成績は、実働5年、144試合登板、23勝15敗、2完投、1完封、205奪三振、防御率2.93。32年現役を引退して羽幌炭砿に入り、投手兼監督。32年札幌トヨペット監督に就任、55年都市対抗準優勝に導いた。58年同野球部が解散し監督を退いたが、59年札幌第一高校野球部監督となり、平成2年春季全道大会優勝。6年退任。

宮崎 寛一郎 みやざき・かんいちろう 大分合同新聞特信局次長 ㊥平成27年（2015）7月30日 82歳〔昭和8年（1933）3月13日 ㊥大分県 ㊥大分大学経済学部卒 ㊥昭和31年大分合同新聞社に入社。整理部長、文化部長を経て、59年特信局次長。

宮崎 幸三 みやざき・こうぞう 加美乃素本舗会長 ㊥平成27年（2015）12月12日 83歳〔老衰〕 ㊥昭和7年（1932）8月6日 ㊥兵庫県 ㊥神戸商科大学〔昭和32年〕卒 ㊥昭和32年丸紅に入社。40年養毛・毛生剤の加美乃素本舗常務、52年代表取締役、のち会長を務めた。

宮崎 繁樹 みやざき・しげき 国際法学者 弁護士 明治大学総長 ㊥平成28年（2016）4月10日 90歳〔直腸がん〕 ㊥大正14年（1925）10月21日 ㊥新潟県新発田市 ㊥号＝井蛙 ㊥陸士〔昭和20年〕卒、明治大学法学部〔昭和24年〕卒 法学博士 ㊥宮崎繁三郎陸軍中将の長男。昭和20年陸軍士官学校を出て、陸軍少尉に任官。敗戦後、公職追放処分を受け、明治大学法学部に入学。24年卒業後、司法研究所を経て、26年弁護士登録。追放解除後の27年明大に戻り、34年法学部教授。50年法学部長、平成4～8年総長。戦時国際法、人権の国際的保障など国際法の研究に励む一方、在日韓国人問題、台湾人旧日本兵士補償問題など支援運動にアクチュアルに関わった。国際人権法学会創設メンバーで理事長をも務めた他、地域改善対策協議会会長をも務めた。著書に「国際法における国家と個人」「人権と平和の国際法」「戦争と人権」「亡命と入管法」「国際法網要」などがある。 ㊨勲二等旭日重光章〔平成

13年〕 ㊨国際法学会, 国際人権法学会, 世界法学会, American Society of International Law, 東京弁護士会 ㊨父＝宮崎繁三郎（陸軍中将）、弟＝宮崎繁忠（三菱銀行常務）

宮崎 静夫 みやざき・しずお 洋画家 ㊥平成27年（2015）4月12日 87歳〔胃がん〕 ㊥昭和2年（1927）㊥熊本県阿蘇郡小国町 ㊥15歳で満蒙開拓青少年義勇軍として大陸に渡り、敗戦後シベリア抑留を経て、帰国。20代半ばで画家を志し、昭和32年海老原喜之助に師事。熊本の海老原研究所で学び、33年絵画グループ世代会に参加、熊日総合美術展などに参加。36年よりドラム缶に託した人間シリーズを発表、42年の熊日総合美術展でグランプリを受賞。43年ヨーロッパに遊学。45年からシベリア抑留体験による〈死者のために〉シリーズを描き始め、戦争の愚かさと平和の大切さを訴え続けた。代表作に「羽音」「鴻毛の秤」などがある。 ㊨シェル美術賞佳作〔昭和37年〕、信友社賞〔平成11年〕、熊本県芸術功労者〔平成20年〕、熊日賞（第63回）〔平成25年〕、熊日総合美術展グランプリ〔平成42年〕「ドラム缶・男（聖者の憩い）」 ㊨師＝海老原喜之助

宮崎 剛 みやざき・たけし プロ野球監督・選手 ㊥平成27年（2015）5月22日 96歳〔衰弱〕 ㊥大正7年（1918）12月17日 ㊥長野県 ㊥台湾一中卒、同志社高商卒 ㊥昭和15～21年阪神、23～24年阪急（現・オリックス）、25～30年大洋（現・DeNA）で内野手としてプレー。実働11年、1049試合出場、4048打数949安打、28本塁打、287打点、221盗塁、打率.234。引退後は大洋コーチとなり、41年と47年代理監督を務め、49年正式に監督に就任した。監督成績は204試合、89勝109敗6分。

宮崎 哲郎 みやざき・てつお 名古屋大学名誉教授 ㊥放射線化学 ㊥平成27年（2015）3月11日 75歳〔前立腺がん〕 ㊥昭和15年（1940）1月26日 ㊥京都府京都市 ㊥早稲田大学理工学部応用化学科卒、東京工業大学大学院理工学研究科博士課程修了 理学博士 ㊥名古屋大学工学部助教授を経て、教授。 ㊨日本放射線化学会賞（第1回, 平成2年度）「放射線照射による極低温化学反応の研究」、日本化学会学術賞（第15回, 平成9年度）「原子トンネル反応の素過程の解明とその展開」

宮崎 昭威 みやざき・てるたけ 中央大学名誉教授 ㊥英文学 ㊥平成27年（2015）2月9日 87歳〔肺がん〕 ㊥昭和3年（1928）1月12日 ㊥東京都新宿区 ㊥法政大学英文科〔昭和26年〕卒 ㊥武蔵野音楽大学助手、専任講師、明星大学人文学部助教授を経て、昭和42年中央大学教授。19世紀のイギリス文学の背景を研究。著書に「鉄道・バス利用のイギリス史跡めぐり」「ロンドン歴史・文学散歩」「スコットランドの旅」「鉄道・バス利用のアイルランドの旅」などがある。 ㊨日本文体論学会, 旅行作家協会

宮崎 総子 みやざき・ふさこ フリーアナウンサー ㊥平成27年（2015）2月24日 71歳〔特発性拡張型心筋症〕 ㊥昭和19年（1944）1月2日 ㊥福岡県博多 ㊥立教大学文学部英米文学科〔昭和41年〕卒 ㊥昭和41年フジテレビに入社。46年退職してフリーとなり、TBS系の朝のワイドショー「モーニング・ジャンボ＝奥様8時半です」の司会者を、59年の番組終了まで13年間務めた。60年落語家の桂三枝（6代目桂文枝）とのコン

ビで、関西テレビのワイドショー「モーニングアップル」の司会者を担当。平成5年4月からはTBS系のワイドショー「スーパーワイド」の2代目キャスターを務め、最も人気のある司会者に与えられるMVT賞を受賞している。この間、フジテレビ在籍中に同僚アナウンサーだった山川建夫と結婚(のち離婚)。一人娘の奈緒は姉夫婦である仲代達矢・宮崎恭子夫妻の養女となり、女優・歌手となった。また、仲代達矢が主宰する無名塾のプロデューサーとして、アーサー・ミラー「セールスマンの死」、ミュージカル「森は生きている」をはじめとする演劇制作にも携わった。著書に「ママに速達」「私づくり幸福づくり」「コペットいっぱいお母さん」「わが家の食卓」などがある。 [賞]MVT賞 [団]日本ペンクラブ [家]長女＝仲代奈緒(女優・歌手),姉＝宮崎恭子(演出家・脚本家)

宮崎 充保 みやざき・みつやす 山口大学名誉教授 [専]言語学 [没]平成28年(2016)5月12日 66歳〔膵臓がん〕 [生]昭和24年(1949)6月6日 [出]福岡県 [学]一橋大学経済学部卒,九州大学大学院文学研究科修士課程 [歴]山口大学教養部教授を務めた。

宮崎 満 みやざき・みつる 松山大学学長 [専]地域開発論 [没]平成28年(2016)3月27日 80歳〔膀胱がん〕 [生]昭和11年(1936)1月9日 [出]愛媛県伊予三島市(四国中央市) [学]一橋大学商学部〔昭和34年〕卒 [歴]船舶会社に5年間勤務したのち、昭和39年松山商科大学(現・松山大学)経済学部助手となり、41年講師、45年助教授を経て、52年教授。平成4～9年学長。16年NHK経営委員、同年愛媛県日中友好協会会長。 [団]日本交通学会,日本海運経済学会,公益事業学会

宮崎 守保 みやざき・もりやす 埼玉県議(自民党) [没]平成27年(2015)4月11日 82歳〔心不全〕 [生]昭和7年(1932)12月14日 [出]埼玉県浦和市(さいたま市) [学]片倉学園高卒 [歴]不動産管理業。浦和市議を経て、埼玉県議に6選。平成3年副議長。15年引退。 [賞]旭日中綬章〔平成15年〕

宮里 昭也 みやざと・あきや 琉球新報社長 [没]平成29年(2017)1月12日 80歳〔心不全〕 [生]昭和11年(1936)9月24日 [出]沖縄県国頭郡大宜味村 [学]法政大学法学部〔昭和35年〕卒 [歴]昭和36年琉球新報社に入社。整理・政経・各部副部長、東京支社報道副部長、政経部長、社会部長、編集局次長、58年編集局長、62年取締役、平成5年常務、6年専務を経て、8年社長に就任。16～18年会長。琉球新報出版社長を兼務。この間、8年8月に設置された政府の諮問機関・沖縄米軍基地所在市町村に関する懇談会(島田懇談会)の委員として、沖縄振興策の策定・提言に携わった。11～17年沖縄県交通遺児育成会理事長、20年沖縄フィンランド協会初代会長。 [家]母＝宮里悦(沖縄県婦人連合会会長),兄＝宮里俊一(琉球セメント社長)

宮里 孝三 みやざと・こうぞう バレーボール指導者 聾唖者バレーボール日本代表監督 沖縄県バリアフリーバレーボール協会会長 [没]平成27年(2015)4月19日 77歳〔急性肺炎〕 [生]昭和13年(1938)1月25日 [出]沖縄県那覇市 [学]琉球大学教育学部保健体育科〔昭和36年〕卒 [歴]昭和36年沖縄県那覇市立神原中学校教諭を経て、45年沖縄聾学校教諭となる。子供たちにバレーボールの指導を始め、46年全日本中学生選手権大会県予選で優勝し、50～56年全国聾唖者バレーボール大会では7連覇を果たす。52年～平成9年全日本聾唖者バレーボールチーム監督を務め、この間、昭和52年世界聾者競技大会4位、60年世界聾者競技大会では男子銀メダル、女子銅メダルを獲得した。平成7年宜野湾市立嘉数中学校校長となり、10年定年退職。沖縄県バリアフリーバレーボール協会会長を務めた。 [賞]厚生大臣表彰〔平成9年〕,厚生文化賞〔平成14年〕,文部科学大臣体育功労賞〔平成14年〕

宮里 繁 みやざと・しげる 沖縄実業グループ会長 [没]平成28年(2016)12月12日 93歳〔不慮の事故〕 [生]大正12年(1923)4月15日 [出]沖縄県国頭郡国頭村 [学]芝浦高工機械科卒 [歴]昭和25年戦後の木工製品供給のために父が興した沖縄木工所を継承、支配人として新建材や板ガラス、住宅産業などへの展開を先導した。35年沖縄実業に名称変更後、41年社長に就任。 [家]父＝宮里盛助(沖縄木工所創業者)

宮里 善昌 みやざと・ぜんしょう 医介輔 平敷屋診療所所長 [没]平成28年(2016)5月17日 95歳〔心不全〕 [出]沖縄県うるま市勝連平屋敷 [歴]地元の医院で医師助手を務めた後、衛生兵としてソロモン諸島に出征。復員後、米国統治下にあった沖縄や奄美地方などの医師不足を補うため創設された医介輔(代用医師)に認定され、“免許を持たない医師”として診療所を開き、地域医療に従事。本土復帰後も一代限りの条件で制度は継続され、平成20年10月引退すると同制度も終了した。22年その半生が「ヒューマンドキュメントスペシャル ニセ医者と呼ばれて～沖縄・最後の医介輔」としてテレビドラマ化された。

宮沢 静峰 みやざわ・せいほう 書家 産経国際書会常任顧問 [没]平成27年(2015)4月26日 71歳〔腎盂がん〕 [生]昭和18年(1943)4月30日 [出]新潟県 [名]本名＝宮沢益男(みやざわ・ますお) [歴]交通安全のため交通標語を課題とした蘭生書道展を長年開催した。産経国際書会常任顧問、鳩ケ谷書道連盟会長、埼玉県警察学校講師を歴任。 [賞]産経国際書展内閣総理大臣賞(第29回)〔平成24年〕 [団]産経国際書会

宮沢 恭人 みやざわ・やすと 朝日新聞取締役名古屋本社代表 [没]平成27年(2015)10月30日 79歳 [生]昭和11年(1936)8月25日 [出]長野県 [学]東京大学文学部卒 [歴]昭和35年朝日新聞社に入社。東京本社販売第一・第三各部次長、56年販売第二部長、61年販売第四部長、平成2年販売局次長、3年西部本社販売局長、5年東京本社販売局長(役員待遇)、7年取締役、8年名古屋本社代表を経て、9年常勤監査役。12年退任。

宮地 弥典 みやじ・やすすけ 宮地電機社長 高知県教育委員長 [没]平成27年(2015)2月25日 72歳〔胃がん〕 [生]昭和18年(1943)1月22日 [出]高知県高知市 [学]東京電機大学電気工学科〔昭和41年〕卒 [歴]昭和41年父が創業した宮地電機に入社。58年～平成21年社長を務め、照明など電気機器や設備資材の販売で四国のトップ企業へと育てた。また、9年高知県教育委員長に就任。21年に退任するまで歴代最長の12年半務めた。

高知青年会議所理事長、高知県経営者協会副会長などを歴任した。

宮路 幸雄　みやじ・ゆきお　日章学園理事長　[没]平成28年(2016)5月2日　83歳〔肺炎〕　[出]宮崎県西都市　[歴]日章学園理事長の他、本庄高校長、宮崎県教育次長などを歴任した。

宮地 義雄　みやじ・よしお　石川県議(自民党)　[没]平成27年(2015)5月6日　89歳〔肺炎〕　[生]大正14年(1925)12月3日　[出]石川県　[学]金沢工専土木工学科〔昭和22年〕卒　[歴]昭和37年宮地組社長。輪島市議、輪島青年会議所初代理事長を経て、42年自民党から石川県議に当選。9期。平成15年引退。自民党石川県連幹事長、輪島市体育協会会長などを務めた。　[賞]藍綬褒章〔昭和59年〕, 旭日中綬章〔平成15年〕　[家]長男＝宮地治(石川県議)

宮下 和男　みやした・かずお　児童文学作家　飯田女子短期大学教授　信州児童文学会会長　[没]平成29年(2017)5月25日　87歳〔誤嚥性肺炎〕　[生]昭和5年(1930)3月14日　[出]長野県飯田市　[学]信州大学教育学部卒　[歴]国語教師として長野県の小・中学校で教鞭を執る傍ら、児童文学の創作に励む。昭和63年から18年間、信州児童文学会会長を務め、「信濃毎日新聞」と信州児童文学会の「とうげの旗」を主な発表の場とした。飯田女子短期大学教授も務めた。代表作に「きょうまんさまの夜」「湯かぶり仁太」「ばんどりだいこ」「少年・椋鳩十物語」などがある。　[賞]日本児童文学者協会新人賞(第1回)〔昭和43年〕「きょうまんさまの夜」, 塚原健二郎文学賞(第1回)〔昭和53年〕「湯かぶり仁太」　[団]信州児童文学会, 日本児童文学者協会

宮下 盛　みやした・しげる　近畿大学水産研究所教授　[専]水産増殖学　[没]平成27年(2015)11月17日　72歳〔急性心筋梗塞〕　[生]昭和18年(1943)10月15日　[出]神奈川県　[学]近畿大学農学部水産学科〔昭和42年〕卒　博士(農学)　[歴]昭和48年近畿大学水産研究所助手、60年講師、平成5年助教授を経て、13年教授。同所長も務めた。昭和45年に水産庁が始めたマグロの養殖プロジェクトに当初から参加。「近大マグロ」として知られるようになった世界初のクロマグロの完全養殖に貢献した。

宮下 正次　みやした・しょうじ　登山家　森林の会代表　林野庁関東森林管理局情報管理第一係長　[専]酸性雨による土壌の強酸性化と中和対策　[没]平成28年(2016)11月17日　72歳　[生]昭和19年(1944)8月22日　[出]群馬県利根郡月夜野町下枚(みなかみ町)　[学]利根農林高林業科〔昭和38年〕卒　[歴]林野庁に入り、国有林野管理を担当。前橋営林局(現・関東森林管理局)に勤務。40代後半マッターホルンなど世界の雄峰を制した登山家として活躍。昭和48年インド・ヒマラヤのシャカルベーに世界初登頂。パミールのコムニズム峰北面にも日本人としては初めて登頂。群馬県の自然愛好家による森林(やま)の会の事務局長、代表を務めた。また、中学時代から登り続けている日光白根山で立ち枯れたダケカンバを発見したことがきっかけで、63年から奥日光などで樹木が立ち枯れる現象を調査し、写真に撮影。平成6年前橋市で「大空中鬼展」と題した写真展を開き、酸性雨が原因で立ち枯れた日光や尾瀬などの惨状を紹介した。世界の酸性雨被害の実態調査のためドイツ、チェコ、中国、カナダ、スウェーデン、台湾、韓国、米国、アルゼンチン、ニュージーランド、南アフリカなどを訪問。

宮下 武四郎　みやした・たけしろう　日本製紙社長　[没]平成29年(2017)9月14日　89歳〔肺気腫〕　[生]昭和2年(1927)10月29日　[出]長野県木曽郡木曽福島町(木曽町)　[学]東京大学経済学部〔昭和25年〕卒　[歴]昭和25年旧王子製紙が三社分割された直後に、十条製紙第1期生として入社。人事労務畑を歩き、53年取締役、56年常務、59年専務を歴任し、63年社長に就任。平成5年山陽国策パルプと合併し、日本製紙社長となる。8年会長。この間、6～8年日本製紙連合会会長を務めた。[賞]藍綬褒章〔平成2年〕, 勲二等旭日重光章〔平成10年〕　[家]兄＝宮下勝三郎(三和建物社長)

宮下 雄一郎　みやした・ゆういちろう　倶知安町(北海道)町長　[没]平成29年(2017)11月10日　91歳〔虚血性心不全〕　[生]大正14年(1925)11月24日　[出]新潟県三島郡出雲崎町　[学]倶知安中卒　[歴]昭和21年北海道後志管内の倶知安町役場に入り、観光課長、総務部長、助役を経て、58年から町長を3期12年務めた。　[賞]勲五等双光旭日章〔平成13年〕

宮嶋 昭二　みやじま・しょうじ　鶴屋百貨店社長　[没]平成27年(2015)1月22日　87歳〔肺炎〕　[生]昭和2年(1927)5月22日　[出]熊本県八代市　[学]八代中〔昭和20年〕卒, 中央大学法学部〔昭和27年〕卒　[歴]昭和27年鶴屋百貨店創業と同時に入社。47年取締役、49年常務、52年専務、61年副社長を経て、62年社長、平成9年会長。11～14年熊本商工会議所会頭。九州百貨店協会会長も務めた。

宮嶋 真一郎　みやじま・しんいちろう　福祉事業家　共働学舎創立者　[没]平成27年(2015)4月27日　92歳〔老衰〕　[生]大正11年(1922)6月18日　[出]愛知県名古屋市　[学]自由学園男子部(第1期)　[歴]自由学園男子部を卒業後、31年間母校の英語教師として働く。昭和47年視力が衰える病気のため退職。敬虔で実践的なキリスト教信者で、信仰で培われた社会観と教育理念に立って、49年両親の故郷である長野県小谷村に共働学舎を創立。心身にハンディを持つ人々が個性を尊重し、支え合って自給自足の生活を送る拠点を築いた。その後、北海道や東京にも拠点を作った。平成27年本橋成一監督による共働学舎の生活を記録したドキュメンタリー映画「アラヤシキの住人たち」の公開直前、92歳で亡くなった。　[賞]浅野順一賞(第4回)〔昭和61年〕, 若月賞(第14回)〔平成17年〕

宮島 達夫　みやじま・たつお　国立国語研究所名誉所員　[専]日本語学, 語彙論　[没]平成27年(2015)12月5日　84歳〔心筋梗塞〕　[生]昭和6年(1931)8月3日　[出]茨城県結城郡水海道町(常総市)　[学]東京大学文学部〔昭和28年〕卒, 東京大学大学院文学研究科〔昭和30年〕修士課程修了　文学博士　[歴]国立国語研究所言語体系研究部長を経て、平成3年大阪大学教授、7～21年京都橘女子大学(現・京都橘大学)教授。著書に「ことばの発展」「単語指導ノート」「語彙論研究」、編著に「古典対

み

照語い表」「万葉集巻別対照分類語彙表」などがある。㊟国語学会, 日本言語学会, 計量国語学会

宮嶋 八蔵 みやじま・はちぞう 映画助監督 ㊙平成27年 (2015) 4月1日 88歳 ㊙大正15年 (1926) 4月3日 ㊥京都府京都市上京区 ㊥映画監督・溝口健二の内弟子となり, 昭和26年大映京都撮影所に助監督として入社。「雨月物語」「山椒大夫」「祇園囃子」などの溝口作品で助監督を務めたのを始め, 43年に退社するまで約100本の作品に参加。没後, 台本などの資料が早稲田大学演劇博物館に寄贈された。

宮隅 啓 みやずみ・はじめ 島根県議 (自民党) ㊙平成27年 (2015) 6月22日 78歳 ㊙昭和12年 (1937) 5月7日 ㊥島根県益田市 ㊥益田高 [昭和32年] 卒 ㊥昭和38年上京して竹下登衆院議員秘書となる。43年帰郷し, 47年より益田市議に4選。62年島根県議に当選。5期務め, 平成15年議長。19年引退。㊟藍綬褒章 [平成11年], 旭日中綬章 [平成19年]

宮田 亮 みやた・あきら 東海ゴム工業社長 住友電気工業専務 ㊙平成28年 (2016) 3月4日 81歳 [膀胱がん] ㊙昭和9年 (1934) 8月28日 ㊥岐阜県岐阜市 ㊥名古屋大学機械科 [昭和32年] 卒 ㊥昭和34年住友電気工業に入社。54年取締役, 63年常務を経て, 平成3年専務。6年東海ゴム工業 (現・住友理工) 副社長となり, 7年社長。8年東証・名証第1部に上場。12年会長。

宮田 昭 みやた・あきら 愛媛県蹴球協会理事長 ㊙平成29年 (2017) 1月2日 101歳 [肺炎] ㊥愛媛県松山市 ㊥昭和22年愛媛県蹴球協会 (現・愛媛県サッカー協会) の設立に参画し, 初代理事長を務めた。

宮田 紘次 みやた・こうじ 漫画家 ㊙平成27年 (2015) 10月22日 34歳 [脳内出血] ㊥平成18年第8回エンターブレインえんため大賞に「蛇腹」で佳作入賞,「コミックビームFellows!」Vol.1で「タンデム」で漫画家デビュー。主な作品に「犬神姫 (わんこ) にくちづけ」「ヨメがコレなもんで。」「ききみみ図鑑」などがある。27年脳内出血のため34歳で亡くなった。

宮田 健 みやた・たけし 熊本大学名誉教授 中国・南京中医薬大学名誉教授 ハルビン医科大学名誉教授 ㊙薬理学, 未病薬学 ㊙平成28年 (2016) 6月9日 75歳 [筋萎縮性側索硬化症] ㊙昭和16年 (1941) 2月25日 ㊥熊本県熊本市 ㊥熊本大学薬学部製薬科卒 薬学博士 (東京大学) [昭和49年] ㊥昭和39年熊本大学薬学部教員, 46年講師, 49年助教授, 50年文部省在外研究員 (スウェーデン・カロリンスカ研究所) を経て, 57年熊本大学薬学部教授。60年同大学大学院薬学研究科博士課程教授。平成8年中国南京中医薬大学客座教授, 9年米国テキサス大学ヘルスサイエンスセンター教授兼任, 9年中国ハルビン医科大学名誉教授。10年熊本大学大学院薬学研究科博士課程臨床薬学専攻教授, 同年エジプトカイロ大学学位審査機構委員 (大学院客員教授), 同年中国南京中医薬大学名誉教授。15年熊本大学大学院生命科学研究部創薬科学専攻教授となる。学会及び社会における活動から, 8年第21回日本学術会議薬理研連シンポジウム委員長, 9年第49回日本東洋医学会学術総会準備委員

長, 12年第11回高次脳機能障害シンポジウム委員長, 14年第75回日本薬理学会年会会長, 15年第20回和漢医薬学会大会長。㊟中国江蘇省中西結合医学会栄誉賞 [平成5年], 日本東洋医学会学術賞 [平成12年], 日本薬学会学術貢献賞 [平成15年], 和漢医薬学会賞 [平成17年] ㊟日本薬学会, 日本薬理学会, 和漢医薬学会, 日本東洋医学会, JICA, 国際保健医療交流センター

宮田 保夫 みやた・やすお 三井物産常務 三国コカ・コーラボトリング社長 ㊙平成29年 (2017) 5月14日 95歳 [心筋梗塞] ㊙大正10年 (1921) 12月28日 ㊥山口県佐渡郡徳地町 (山口市) ㊥大分高商 [昭和17年] 卒 ㊥昭和17年三井物産に入社。48年大阪支店食料部長, 54年取締役札幌支店長を経て, 57年常務福岡支店長。58年三国コカ・コーラボトリング (現・コカ・コーライーストジャパン) 社長, 平成3年会長, 6年名誉会長, 10年相談役, 13年特別顧問。剣道の有段者でもあった。㊟紺綬褒章 [平成1年], ブラジル・グランクルス勲章 [平成8年], ペルー共和国功労勲章コメンダトル [平成11年], 埼玉文化賞 [昭和61年] ㊥父=宮田堯友 (山口県農業共済組合連合会会長)

宮田 行正 みやた・ゆきまさ 静岡県議 (自民党) ㊙平成27年 (2015) 2月23日 84歳 ㊙昭和5年 (1930) 11月10日 ㊥静岡県田方郡伊豆長岡町 (伊豆の国市) ㊥慶応義塾大学法学部 [昭和29年] 卒 ㊥昭和41年山田弥一自民党衆院議員秘書, 46年靜岡県伊豆長岡町議1期, 51年小島静馬自民党衆院議員秘書を経て, 58年以来静岡県議に5選。平成5年副議長, のち議長。15年引退。㊟旭日小綬章 [平成15年]

宮谷 宣史 みやたに・よしちか 関西学院大学神学部教授 ㊙古代・中世キリスト教史 ㊙平成27年 (2015) 10月15日 79歳 ㊙昭和11年 (1936) 8月1日 ㊥東京都 ㊥青山学院大学大学院神学科キリスト教史専攻 [昭和39年] 修了, ハイデルベルク大学大学院 [昭和48年] 博士課程修了 神学博士 (ハイデルベルク大学) ㊥スイス, ドイツ, イタリア, フランスなどで研究と教育に従事。関西学院大学, 京都大学, 同志社大学, ベルン大学, チューリヒ大学などで長年教師を務めた。専門はヨーロッパ思想史, 文化史, 古典語で, 特にアウグスティヌス研究の専門家として知られる。著書に「アウグスティヌス」「アウグスティヌスの神学」, 共訳にW.フォン・レーヴェニヒ「アウグスティヌス」, R.A.マーカス「アウグスティヌス神学における歴史と社会」などがある。㊟キリスト教史学会研究奨励賞 [昭和57年] ㊟日本中世哲学会, 国際教父学会, キリスト教史学会

宮地 巌 みやち・いわお 名古屋大学名誉教授 ㊙電気工学, 電力工学 ㊙平成27年 (2015) 2月1日 98歳 [老衰] ㊙大正5年 (1916) 9月27日 ㊥高知県高知市 ㊥東京帝国大学工学部電気工学科 [昭和15年] 卒 工学博士 (東京大学) [昭和28年] ㊥昭和15年名古屋帝国大学講師, 21年助教授を経て, 32年教授。55年名誉教授。愛知工業大学工学部教授も務めた。また, 46年名古屋日仏文化協会会長, 52年電気学会会長などを歴任した。㊟パルムアカデミック・オフィシエ章 [昭和50年], 勲二等瑞宝章 [平成2年], 電気学会業績賞 [昭和43年], 電気学術振興賞論文賞 [昭和47年・平成16年]「限流ヒューズにおける最大アークエネルギー」「Characterized Discharge Current Waveforms of Metal Oxide

Surge Arresters on 77kV Power Systems」, 電気学会功績賞(第18回)〔昭和55年〕, 電気学術振興賞進歩賞(第46回)〔平成2年〕「ロケット誘雷実験百回記録の達成と雷害防止の研究推進」　[団]電気学会(名誉員), フランス電気・電子学会, 国際電力技術会議

宮地 重遠　みやち・しげとお　東京大学名誉教授　[専]植物生理学　[没]平成28年(2016)6月10日　86歳　[生]昭和5年(1930)5月6日　[出]東京都　[学]東京大学理学部植物学科〔昭和28年〕卒, 東京大学大学院理学系研究科光合成学専攻　理学博士　[歴]昭和31年東京大学応用微生物研究所助手、44年助教授を経て、55年教授。62年同所長。平成2年退官、海洋バイオテクノロジー研究所所長。この間、昭和38～41年米国カリフォルニア大学、ジョンズ・ホプキンズ大学で研究、52年と58年西ドイツのマールブルク大学客員教授。マリンバイオテクノロジー分野の創成に努めた。　[賞]フンボルト・リサーチ・アワード(ドイツ)〔平成7年〕, 国際応用藻類学会功労者メダル〔平成14年〕, 日本植物生理学会功績賞〔平成23年〕, みどりの学術賞〔平成25年〕　[団]日本植物生理学会, 日本植物学会, フランス植物生理学会

宮智 宗七　みやち・そうしち　ジャーナリスト　日本経済新聞論説副主幹　テレビ東京取締役　産能大学経営情報学部教授　[専]マクロ経済政策, 日本経済論, 日米関係論　[没]平成27年(2015)7月7日　83歳〔肺小細胞がん〕　[生]昭和6年(1931)8月9日　[出]東京都　[学]早稲田大学政経学部〔昭和30年〕卒　[歴]昭和30年日本経済新聞社に入社。ロンドン特派員、経済解説部長、産業第二部長、アメリカ総局長、米国駐在編集委員を経て、58年論説委員、59年論説副主幹。経済政策、税制、日米経済関係などを担当。平成元年4月テレビ東京解説委員長、6月取締役を歴任。のち産能大学教授。著書に「裸にされた日本経済」「売上税を追跡する」「消費税を検証する」「帰国子女」「断裂の構造」「日米法律摩擦」「いま、なぜビジネス・コミュニケーションか」などがある。　[賞]日本新聞協会賞(昭和37年度)「ニュース『米政府が日本企業を誘致』」　[団]景気循環学会, 文化経済学会, 日本計画行政学会, 日本記者クラブ, 日本外国特派員協会, JAPAN SOCIETY(NEW YORK), アムネスティ・インターナショナル日本支部

宮永 武司　みやなが・たけじ　バドミントン選手　[没]平成27年(2015)1月20日　74歳〔原発性マクログロブリン血症〕　[歴]バドミントンの全日本総合選手権男子シングルスで2度、同ダブルスで3度の優勝を飾る。日本代表としては、昭和41～42年の国・地域別対抗戦、トマス杯で日本の3位に貢献した。

宮西 惟道　みやにし・これみち　神官　日枝神社名誉宮司　東京都神社庁名誉庁長　[没]平成29年(2017)10月1日　83歳〔膵臓がん〕　[生]昭和8年(1933)11月9日　[出]東京都文京区　[学]早稲田大学政治経済学部政治学科〔昭和31年〕卒, 国学院大学神道専修科〔昭和32年〕修了　[歴]昭和33年東京大神宮権禰宜を経て、43年東京・永田町の日枝神社禰宜、50年権宮司、61年宮司を歴任した。

宮野 英夫　みやの・ひでお　読売新聞浦和支局長　[没]平成28年(2016)6月17日　85歳〔肝臓がん〕　[生]昭和6年(1931)5月21日　[出]岩手県盛岡市　[学]東北大学文学部卒　[歴]昭和33年読売新聞社に入社。地方部次長、59年浦和支局長(部長待遇)。のち日本テレメディア・サービス取締役を経て、社長を3期。平成5年退任。同年日新福祉会理事。著書に「えみし風聞―史書の余白から」「水車のある風景」などがある。

宮野 英也　みやの・ひでや　愛媛子どもの文化研究会代表　[没]平成29年(2017)4月30日　91歳　[生]大正14年(1925)11月11日　[出]愛媛県伊予市　[学]愛媛師範本科〔昭和20年〕卒　[歴]昭和20年熊本陸軍予備士官学校在学中に敗戦を迎える。その後、小学校教員となり、61年退職。この間、42年学徒勤労動員された記録を「ペンを奪われた青春」にまとめて出版。また、児童文学を研究し、57年自宅に「宮野文庫」を開設した。63年愛媛子どもの文化研究会を結成、代表に就任。紙芝居や戦争を描いた児童文学を活用して反戦平和を訴えた。[家]弟＝宮野啓二(広島大学名誉教授)

宮ノ川 顕　みやのがわ・けん　小説家　[没]平成27年(2015)1月2日　52歳〔急性動脈瘤解離〕　[生]昭和37年(1962)　[出]福島県白河市　[名]本名＝宮川顕二(みやがわ・けんじ)　[学]日本大学卒　[歴]福島県で生まれ、神奈川県で育つ。会社員を経て、茨城県石岡市で自転車競技や釣り用のウェアを作る自営業に従事。平成21年「ヤゴ」で日本ホラー小説大賞を受賞し、同作を改題した「化身」で小説家デビュー。他の著書に「おとうとの木」「斬首刀」がある。　[賞]日本ホラー小説大賞(第16回)〔平成21年〕「ヤゴ」

宮原 安春　みやばら・やすはる　ノンフィクション作家　[没]平成29年(2017)1月20日　75歳〔肺炎〕　[生]昭和17年(1942)1月2日　[出]長野県埴科郡戸倉町(千曲市)　[学]早稲田大学文学部露文科中退　[歴]ニューヨークの日本倶楽部に3年間勤めて帰国、コラムニストとして週刊誌、新聞などに寄稿。音楽評論も手がけた。著書に「流刑人宣言」「ニューヨーク・ララバイ」「誇りて在り―『研成義塾』アメリカへ渡る」「軽井沢物語」「エッジを疾る―異文化を拓く人びと」「神谷美恵子 聖なる声」「祈り 美智子皇后」「信濃に生きる」「リゾート軽井沢の品格」などがある。　[賞]埼玉文芸賞(第20回)〔平成1年〕「誇りて在り」

宮平 麗政　みやひら・れいせい　沖縄レインボーホテル社長　[没]平成27年(2015)8月15日　69歳〔病気〕　[生]昭和20年(1945)10月3日　[出]沖縄県那覇市寄宮　[学]中央大学第二法学部中退　[歴]昭和56年～平成25年沖縄レインボーホテル社長。また、沖縄県ホテル旅館生活衛生同業組合副理事長、出雲大社沖縄分社責任役員も務めた。　[家]娘＝jimama(シンガー・ソングライター), 宮平貴子(映画監督)

宮部 行範　みやべ・ゆきのり　スピードスケート選手　アルベールビル五輪スピードスケート男子1000メートル銅メダリスト　[没]平成29年(2017)3月7日　48歳　[生]昭和43年(1968)7月18日　[出]北海道釧路市　[学]春日部高卒, 青山学院大学卒　[歴]埼玉・春日部高から青学大とスピードスケートの選手としては異色の道を歩む。平成2年浅間選抜1000メートル優勝。青学大4年時には三井物産入社が内定しスケートを離れる決意をしたが、悔いが残ると入社を辞退して、三協精機製作所(現・日本電産サンキョー)に入社。4年全日本スプ

リント総合優勝。同年2歳上の兄・保範とともにアルベールビル五輪代表となり、1000メートルで銅メダルを獲得。1500メートルは9位、500メートルは18位。兄は500メートルで5位に入賞し、兄弟揃っての健闘が注目された。6年リレハンメル五輪1000メートルで14位、1500メートルは21位。6～7年W杯1000メートルで日本男子選手初の種目別総合優勝を果たす。10年長野五輪代表選考レースで右足を痛める。10～11年W杯1000メートルで総合3位。11年5月三協精機製作所を退社し、フリーとなる。12年選手の社会貢献などを目的に長野市で非営利組織(NPO法人)ウインタースポーツ21を設立し、スケート教室やコーチによる講演会を開催。米国オハイオ州立大学大学院への留学を経て、17年から日本オリンピック委員会(JOC)に勤務。26年のソチ五輪では日本選手団の本部員として選手をサポートした。　[賞]文部大臣表彰〔平成4年〕, 日本スケート連盟優秀選手賞(平成4年度)〔平成5年〕　[家]兄＝宮部保範(スピードスケート選手)

宮部 義一　みやべ・よしかず　三菱樹脂社長　[没]平成28年(2016)11月22日　88歳〔肺炎〕　[生]昭和3年(1928)6月2日　[出]東京市神田区駿河台(東京都千代田区)　[名]号＝稲子麿　[学]海兵, 東京商科大学〔昭和28年〕卒　[歴]海兵77期在学中に敗戦を迎える。昭和28年三菱化成工業(現・三菱化成)に入社。経理・財務畑を歩き、56年取締役、59年常務、平成元年専務、2年副社長。6年三菱樹脂社長、11年会長。　[賞]勲三等旭日中綬章〔平成14年〕

宮間 利之　みやま・としゆき　アルト・サックス奏者　宮間利之とニューハード・リーダー　[没]平成28年(2016)5月24日　94歳〔老衰〕　[生]大正10年(1921)10月31日　[出]千葉県千葉市　[名]グループ名＝宮間利之とニューハード　[学]千葉商卒　[歴]昭和14年海軍軍楽隊に入団、サックスを担当。戦後、後藤博とデキシーランダース、レイザーバッグを経て、25年10人編成のジャイブ・エイセスを結成、33年フル編成に改編して、バンド名も宮間利之とニューハードに改称。黒人系のモダン・ジャズ主流の演奏をいち早くビッグバンドに編曲して演奏。日本を代表するビッグバンドとして、49年モンタレー、50年ニューポート、59年ニースのジャズ・フェスティバルに出演。南米、インド、東欧などでも公演を重ねた。60年南里文雄賞を受賞。平成12年ニューヨークのJVCジャズ・フェスティバルに出演した。　[賞]ジャズ・ディスク大賞日本ジャズ賞(第4回・5回)〔昭和45年・46年〕, 南里文雄賞(第10回)〔昭和59年〕, 芸術祭賞優秀賞〔平成12年〕, ミュージック・ペンクラブ音楽賞(第13回)〔平成13年〕, 最優秀コンサートパフォーマンス賞〔平成13年〕

宮前 省三　みやまえ・しょうぞう　青山商事会長　[没]平成29年(2017)12月11日　72歳　[生]昭和20年(1945)2月26日　[出]広島県府中市　[学]府中高〔昭和38年〕卒　[歴]昭和39年青山商事の設立時に入社。広島市に日本初の郊外型紳士服店を開業した時の店長を務めた。52年取締役、57年常務、62年専務を経て、平成9年創業者で義兄の青山五郎の後を受け社長に就任。五郎とともに同社を紳士服業界の最大手に育て上げた。同社は9年度におけるスーツ年間販売数量が“世界一”となり、11年度版「ギネス・ブック」に掲載された。17年副会長、21年会長。この間、11年設立の青山キャピタル社長を兼務。　[家]長男＝宮前正幸(青山商事執行役員)

宮増 純三　みやます・じゅんぞう
⇒観世 豊純(かんぜ・とよすみ) を見よ

宮丸 凱史　みやまる・まさし　筑波大学名誉教授　十文字学園女子大学学長　[専]運動学　[没]平成28年(2016)8月15日　78歳　[生]昭和12年(1937)11月20日　[出]石川県金沢市　[学]東京教育大学(現・筑波大学)体育学部〔昭和35年〕卒　[歴]昭和58年筑波大学体育学系教授、平成11年同学系長。14年十文字学園女子大学人間生活学部長、19～23年学長。

宮村 一成　みやむら・かずしげ　共英製鋼専務　[没]平成28年(2016)3月28日　80歳

宮本 一三　みやもと・いちぞう　衆院議員　文部科学副大臣　[専]税法　[没]平成28年(2016)8月17日　84歳〔腎不全〕　[生]昭和6年(1931)9月7日　[出]兵庫県三原郡西淡町(南あわじ市)　[学]一橋大学経済学部〔昭和30年〕卒, ハーバード大学大学院〔昭和47年〕博士課程修了　経済学博士(ハーバード大学)〔昭和47年〕　[歴]昭和30年大蔵省(現・財務省)に入省。ワシントンにはIMFや在米大使館で4年間、ジャカルタにも1年間駐在した。本省では国際金融局調査課長などを経験。47年にはハーバード大学の経済学博士号を取得。国内でも奈良・桜井税務署長、関税局、国税庁などを経て、名古屋国税局長。国際通の論客として知られた。平成5年衆院選旧兵庫2区で新生党から当選。3期。6年新進党結成に参加。12年の衆院選は自民党から立候補。15年小泉第二次改造内閣の文部科学副大臣に就任。堀内派。16年参院選に無所属で立候補するが、落選。17年党の公認調整に従わなかったとして自民党を除名される。同年衆院選には新党日本から立候補。19年、22年参院選比例区に、21年衆院選兵庫9区に国民新党から立候補した。神野学園理事長も務めた。著書に「経営者の税務読本」「法人税法入門」「米国の世界経済戦略」などがある。　[賞]勲三等旭日中綬章〔平成13年〕

宮本 栄三　みやもと・えいぞう　宇都宮大学名誉教授　[専]公法学　[没]平成29年(2017)5月26日　87歳　[生]昭和5年(1930)2月3日　[出]和歌山県　[学]同志社大学法学部卒, 同志社大学大学院法学研究科〔昭和37年〕博士課程修了　[歴]昭和37～43年近江兄弟社中学高等学校校長、44年四国学院大学助教授を経て、48年宇都宮大学教授。平成7年国士舘大学法学部教授。太平洋戦争中に学徒動員で大阪市の造船所で働かされ、空襲にも遭った経験から護憲派として活動。17年九条の会・栃木の設立に尽力して初代代表を務めるなど、栃木県内の護憲派を牽引した。　[団]日本公法学会, 日本法社会学会, 日本平和学会

宮本 数男　みやもと・かずお　登山家　日本山岳会福井支部発起人代表　福井県山岳連盟名誉会長　[没]平成29年(2017)10月12日　88歳　[生]昭和4年(1929)　[出]大阪府大阪市　[歴]大阪市に生まれ、幼少時に父親の郷里である福井市に移住。昭和25年福井山岳会に入会。剱岳や白山に登り、35年には平泉寺～白山の厳冬期縦走に成功。46年マッキンリー登頂の際、長年勤めた福井県庁を退職し、住環境を含む環境デザインのコンサ

ルタント会社を設立。63年からはカナディアン・ロッキー、キナバル山、台湾・中央尖山、玉山、雪山、キリマンジャロ、アコンカグア、エベレスト・トレッキングなど海外の山にも活動の場を広げる。また、中高年の登山グループ・福井くろゆりクラブを設立し、北陸百山、日本百名山、日本三百名山を完登。平成9年肺がんを告知され、右肺の一部を切除した後も登山を続ける。11年からはチベット6000メートル級の未踏峰に毎年連続して挑戦。同年中高年登山隊に参加して70歳で中国チベット自治区・念青唐古拉（ニンチェンタングラ）山脈の未踏峰チェング・ローズ峰登頂、12年中国大雪山の未踏峰（5153メートル）登頂など、9座の登頂に成功した。日本山岳会福井支部発起人代表で、福井県山岳連盟会長を務めた。著書に「福井県の山」がある。　[団]福井山岳会, 日本山岳会

宮本 径考　みやもと・けいこう　俳人　「獺祭」主宰　[没]平成28年（2016）6月16日　86歳　[生]昭和5年（1930）2月9日　[出]茨城県つくば市　[名]本名＝宮本佐（みやもと・たすく）　[歴]昭和36年「獺祭」に入会、細木芒角星に師事。39年同人、平成17年編集長を経て、20年西岡正保の後を受け6代目主宰に就任した。句集に「寒波」がある。　[師]師＝細木芒角星

宮本 敬文　みやもと・けいぶん　写真家　[没]平成28年（2016）8月3日　50歳〔脳出血〕　[生]昭和41年（1966）3月11日　[出]埼玉県浦和市（さいたま市）　[学]日本大学芸術学部写真学科卒, スクール・オブ・ビジュアルアーツ・ニューヨーク大学院修了　[歴]大学卒業後、渡米し、スクール・オブ・ビジュアルアーツ・ニューヨーク大学院を修了。フリーの写真家として国内外で活動。平成10年中田英寿写真集「戦い前の素顔」を発表。13年SMAPのライブドキュメント写真集「Snap」を刊行。NTTドコモやサントリーなどの広告写真を幅広く手がけた。

宮本 貞子　みやもと・さだこ　声楽家　歌唱指導者　[没]平成29年（2017）3月18日　88歳〔急性白血病〕　[出]静岡県富士市　[学]武蔵野音楽大学卒　[歴]10代の頃から歌唱指導に携わる。作曲家の宇野誠一郎と親交があり、宇野が作曲を手がけたほとんどの井上ひさし作品舞台で歌唱指導を担当。手がけた作品にNHKの人形劇「ひょっこりひょうたん島」や舞台「小林一茶」「頭痛肩こり樋口一葉」「日本人のへそ」「きらめく星座」「国語元年」「イーハトーボの劇列車」「花よりタンゴ」などがある。一方、テアトル・エコー、劇団仲間、東映ヤング・フレッシュなど養成所の歌唱教室で、独自のメソッドによる指導・育成を行った。

宮本 省三　みやもと・しょうぞう　プロゴルファー　[没]平成29年（2017）9月4日　77歳〔肝血管肉腫〕　[生]昭和15年（1940）3月1日　[出]大阪府茨木市　[歴]昭和36年プロ入りし、42年日本プロゴルフ選手権で優勝。48年ツアー制度施行後は2勝を挙げ、シニアツアーでも活躍した。　[家]弟＝宮本康弘（プロゴルファー）

宮本 丈靖　みやもと・たけやす　宗教家　妙智会教団会長　[没]平成27年（2015）3月26日　97歳〔老衰〕　[名]本名＝宮本武保（みやもと・たけやす）　[歴]昭和25年妙智会教団創立時から理事や総務部長を務め、62年より第2代会長。新日本宗教団体連合会副理事長、世界宗教者平和会議日本委員会常務理事などを歴任した。　[家]長男＝宮本恵司（妙智会教団法嗣）

宮本 忠雄　みやもと・ただお　大分朝日放送専務　[没]平成28年（2016）4月1日　70歳

宮本 忠長　みやもと・ただなが　建築家　宮本忠長建築設計事務所所長　[没]平成28年（2016）2月25日　88歳〔胆管がん〕　[生]昭和2年（1927）10月1日　[出]長野県須坂市　[学]早稲田大学理工学部建築学科〔昭和26年〕卒　[歴]佐藤武夫設計事務所設計主任を経て、昭和38年父の経営する須坂工務所を継ぎ、41年宮本忠長建築設計事務所を設立。日本建築士会連合会会長も務めた。平成16年「松本市美術館」の設計で日本芸術院賞を受賞。他の作品に「長野市庁舎」「須坂市庁舎」「野沢温泉ホテル」「長野市立博物館」など。新旧建築物の調和した美しい町並み作りに取り組み、長野県小布施町並み修景計画のプロデュースは特に話題になった。　[賞]日本芸術院賞（第60回, 平成15年度）〔平成16年〕, 旭日中綬章〔平成16年〕, 日本建築学会賞（昭和56年度）「長野市立博物館」, 吉田五十八賞佳作賞（第12回）〔昭和62年〕「小布施町街区整備修景」, 毎日芸術賞（第32回）〔平成3年〕「小布施町並み修景計画のプロデュース」, 甍賞銀賞（第8回）〔平成7年〕「信州高遠美術館」　[資]1級建築士　[団]日本建築学会, 長野県建築士会, 日本建築家協会（名誉会員）, 日本劇場技術協会　[師]師＝佐藤武夫

宮本 寿夫　みやもと・としお　歌人　八尾短歌会主宰　[没]平成27年（2015）10月24日　81歳　[生]昭和9年（1934）1月20日　[出]富山県婦負郡八尾町（富山市）　[学]八尾高〔昭和25年〕中退　[歴]昭和33年黒瀬谷農協に入る。41年八尾町農協黒瀬谷支所長、51年業務部長、58年金融部長などを歴任。平成元年定年退職。3年八尾町農協理事、9～13年副組合長。一方、高校時代から短歌に親しみ、「北日本新聞」歌壇に投稿を始める。昭和61年より八尾短歌会を主宰した。八尾文化協会会長、富山県歌人連盟顧問なども務めた。歌集に「階段水田」がある。　[賞]富山県部門功労〔平成27年〕

宮本 春樹　みやもと・はるき　海上保安庁長官　空港施設社長　[没]平成28年（2016）12月11日　80歳〔病気〕　[生]昭和11年（1936）3月30日　[出]千葉県木更津市　[学]東京大学法学部〔昭和34年〕卒　[歴]昭和34年運輸省（現・国土交通省）に入省。62年6月国際運輸・観光局次長、平成元年6月同局長、2年6月航空局長、3年6月海上保安庁長官を歴任。4年6月退官、船舶整備公団理事長に就任。9年10月鉄道整備基金と統合して、運輸施設整備事業団初代総裁となる。11年9月退任。12年空港施設顧問を経て、13年社長、18年会長。　[賞]瑞宝重光章〔平成18年〕

宮本 光矩　みやもと・みつのり　佐賀水産社長　山口県以東機船底曳網漁業協同組合組合長　[没]平成28年（2016）4月9日　69歳　[歴]平成18年下関漁協を基地にする沖合底引き網漁業の漁業者で作る、山口県以東機船底曳網漁業協同組合の組合長に就任。4期目途中の28年3月、健康上の問題で退任した。

宮本 幸男　みやもと・ゆきお　アマチュア天文家　熊本県民天文台名誉台長　清和高原天文台名誉台長　[没]平成27年（2015）9月18日　93歳〔老衰〕　[生]大正10年

み

みやもと　　　　　　　　　　　　　　　　　　日　本　人

(1921)10月21日　⑪熊本県熊本市　⑦熊本県立商〔昭和14年〕卒、日本大学工学部建築学科〔昭和20年〕卒　⑯昭和58年より熊本県民天文台台長。熊本日日新聞に「星ぞら交遊記」「星の旅」などを連載。平成4年には優れたアマチュア天文家に贈られるチロ賞を受けた。　⑰チロ賞〔平成4年〕

宮本　芳樹　みやもと・よしき　ファミリーマート専務　②平成29年(2017)9月19日　68歳〔ALアミロイドーシス〕　⑪昭和24年(1949)4月26日　⑪三重県　⑦名古屋大学経済学部〔昭和48年〕卒　⑯伊藤忠商事機械経営管理部長、機械カンパニーチーフフィナンシャルオフィサー、平成16年センチュリーリーシングシステム監査役を経て、17年ファミリーマート(現・ユニー・ファミリーマートホールディングス)執行役員、18年取締役、21年常務、22年専務。

宮本　義久　みやもと・よしひさ　棋士　囲碁9段　②平成28年(2016)10月31日　77歳〔肝細胞がん〕　⑪昭和14年(1939)6月16日　⑪兵庫県尼崎市　⑥本名=宮本義道(みやもと・よしみち)　⑦城内中〔昭和30年〕卒　⑯昭和25年橋本宇太郎9段に入門。26年初段、29年2段、30年4段、32年5段、36年6段、38年7段、41年8段を経て、45年9段。61年関西棋院第一位決定戦で優勝。平成27年引退。　⑰関西棋院賞最優秀棋士賞〔昭和50年〕　⑥兄=宮本直毅(囲碁棋士)　⑩師=橋本宇太郎

宮良　長忠　みやら・ちょうちゅう　琉球音楽家　②平成28年(2016)11月30日　86歳〔脳梗塞〕　⑪沖縄県石垣市　⑯昭和20年沖縄県指定無形文化財の沖縄伝統音楽野村流保持者に認定される。同年から4年間、琉球古典音楽野村流保存会那覇支部長を務めた。また、八重山古典民謡伝統協会顧問なども歴任、琉球古典音楽の継承・発展に尽くした。　⑰沖縄県指定無形文化財沖縄伝統音楽野村流保持者〔平成20年〕

宮脇　敏　みやわき・さとし　プロ野球選手　②平成27年(2015)7月8日　63歳〔がんの骨転移〕　⑪昭和27年(1952)6月13日　⑪香川県善通寺市　⑦丸亀商(現・丸亀城西高)卒　⑯丸亀商、社会人野球の大倉工業を経て、昭和47年ドラフト2位でロッテに入団。49〜52年広島に在籍したが、同チームでは一軍登板はなかった。投手成績は実働2年、4試合登板、0勝0敗、1奪三振、防御率5.00。53年から広島の打撃投手となり、主力選手の山本浩二や衣笠祥雄の相手をした。のち広島球団育成本部副本部長、育成部大野寮長を歴任。

三好　銀　みよし・ぎん　漫画家　②平成28年(2016)8月31日　61歳〔膵臓がん〕　⑪昭和30年(1955)⑪静岡県　⑥本名=三好銀(みよし・しろがね)　⑯平成元年「ビッグコミックスピリッツ」でデビュー。代表作に〈海辺へ行く道〉シリーズや「三好さんとこの日曜日」「もう体脂肪率なんて知らない」などがある。

三好　初美　みよし・はつみ　浅沼組専務　②平成27年(2015)10月13日　74歳〔昭和16年(1941)9月27日　⑪佐賀県　⑦佐賀工〔昭和35年〕卒　⑯昭和35年浅沼

組に入社。九州支店建築部長、同次長を経て、平成11年取締役、15年常務、16年代表取締役専務。

三輪　晴啓　みわ・はるひろ　ジャーナリスト　駒沢女子大学人文学部教授　⑨ドイツ語、ドイツ文学　②平成27年(2015)8月　80歳　⑪昭和9年(1934)9月4日　⑪愛知県　⑦東京外国語大学独語科卒　⑯NHKに入局。報道局、国際局などに勤務。この間、昭和50年から2年半、ドイツに滞在。30年間勤め、平成元年選択定年退職。同年ドイツのボン大学へ留学、2年にはベルリン自由大学の聴講生となり、3年1月帰国。以後、フリーのジャーナリストとして活動。5年駒沢女子大学助教授、のち教授。著書に「ケルンからの手紙－ある放送記者のドイツ見て歩き」「12の瞳で見たドイツ－古都ケルン・子連れ生活日記」「ドイツの政治ABC」「ベルリンの風」、共訳にE.ヨーハン、J.ユンカー「ドイツ文化史」、ヘルムート・シュミット「ドイツ人と隣人たち－続シュミット外交回想録〈上下〉」などがある。　⑰日本独文学会

三輪田　俊介　みわだ・しゅんすけ　洋画家　②平成27年(2015)5月30日　101歳〔急性肺炎〕　⑪大正2年(1913)12月4日　⑪愛媛県宇和島市　⑦宇和島中〔昭和7年〕卒、帝国美術学校西洋画科〔昭和15年〕卒　⑯宇和島市の和霊神社宮司の二男。水彩画家・中西利雄と出会ったことがきっかけで帝国美術学校(現・武蔵野美術大学)西洋画科に入学。シュールレアリスムに傾倒し、在学中の昭和12年、浜田浜雄らと"絵画"の前身となるグループを結成した。戦後、帰郷して中学教員の傍ら画家として活動。40年高階重起、岡本鉄四郎らと愛媛現代美術家集団、県南予地域で"シコロ"を結成。郷土の風景、自然をモチーフとした。1970年代には宇和島の城山保護運動にも携わった。

【む】

向谷　喜久江　むかいだに・きくえ　山口子どもの文化研究会会長　②平成27年(2015)2月24日　82歳〔肺炎〕　⑪昭和7年(1932)11月4日　⑪広島県尾道市　⑦尾道北高〔昭和26年〕卒　⑯紙芝居作家として「長州ファイブ」など山口県にまつわる紙芝居を50話以上制作し、学校や高齢者施設で上演。平成16年1月〜17年7月まで山口新聞にエッセイ「昭和あのころ」を連載した。著書に「とくやま昔話」「証言・周防の性風俗　よばいのあったころ」などがある。　⑰徳山文化奨励賞〔昭和59年〕、周南文化協会文化功労賞(平成21年度)、山口県選奨〔平成25年〕

向原　寛　むかいはら・ひろし　声楽家(テノール)　合唱指揮者　高知大学名誉教授　②平成27年(2015)7月31日　83歳〔多臓器不全〕　⑪昭和6年(1931)9月11日　⑪香川県　⑦東京芸術大学音楽学部声楽科〔昭和31年〕卒、ローマ・サンタチェチーリア音楽院専攻科〔昭和46年〕修了　⑯東京芸術大学を卒業後、日本初のプロ合唱団である東京混声合唱を創立。同コンサートマスターを経て、昭和37年高知大学助手となり、41年講師、42年助教授、50年教授。高知県合唱連盟理事長などを務めた。　⑰高知県文化環境功労者〔平成15

年〕 [団]高知コンサート・グループ(会長), 高知県合唱連盟 [師]師＝柴田睦陸, アンゼロッティ, アルバー

向笠 慎二 むかさ・しんじ 大林組社長 [没]平成29年(2017)8月3日 83歳〔腎盂がん〕 [生]昭和8年(1933)11月6日 [出]福岡県 [学]東京大学工学部〔昭和32年〕卒 [歴]昭和32年大林組に入社。62年取締役、平成元年常務、2年専務、5年副社長を経て、9年社長。17年最高顧問。

六車 勝昭 むぐるま・かつあき 神官 生田神社宮司 [没]平成29年(2017)1月18日 68歳〔心不全〕 [出]兵庫県神戸市中央区 [歴]昭和48年生田神社権禰宜、51年同神社兵庫宮御旅所主任となり、平成7年の阪神・淡路大震災で社務所や鳥居が倒壊した御旅所の復興に尽力。26年宮司に就任。走水神社、五社神社の宮司も務めた。

六車 襄二 むぐるま・じょうじ 大建工業社長 [没]平成28年(2016)11月18日 84歳〔急性骨髄性白血病〕 [生]昭和7年(1932)6月21日 [出]香川県大川郡大内町(東かがわ市) [学]香川大学経済学部〔昭和30年〕卒 [歴]昭和30年大建木材工業(現・大建工業)に入社。50年取締役、53年常務、59年専務を経て、平成4年社長に就任。14年会長。 [賞]藍綬褒章〔平成8年〕, 勲三等瑞宝章〔平成14年〕

向山 正彦 むこうやま・まさひこ 山梨中央銀行常務 [没]平成28年(2016)7月26日 72歳〔老衰〕 [生]昭和19年(1944)5月25日 [出]山梨県 [学]早稲田大学第一商学部〔昭和42年〕卒 [歴]昭和42年山梨中央銀行に入行。新宿支店長、韮崎支店長を経て、平成9年取締役、13年常務。

武捨 久男 むしゃ・ひさお 日本経済新聞大阪本社製作局長 [没]平成27年(2015)11月16日 96歳〔老衰〕 [生]大正8年(1919)6月20日 [出]長野県 [学]東京高等工芸卒 [歴]昭和25年日本経済新聞社に入社。写真製版・技術各部長、大阪本社製作局長を歴任。54年日本新聞協会技術コンサルタント。

ムッシュかまやつ
⇒かまやつ・ひろし を見よ

武藤 昭三 むとう・しょうぞう ムトー精工創業者 岐阜県プラスチック工業組合理事長 [没]平成27年(2015)5月16日 86歳〔肺炎〕 [生]昭和4年(1929)1月3日 [出]島根県 [学]名古屋専門学校〔昭和29年〕卒 [歴]会社勤めの後、昭和31年岐阜市で武藤合成樹脂工業所を創業。36年有限会社化し、社長に就任。45年株式に改組し武藤合成(現・ムトー精工)社長。金型製作から精密プラスチック部品の成形加工、組み立てまでの一貫生産体制を確立。ソニーグループとの取引で事業を拡大、ベトナムなど東南アジアにも進出した。平成7年会長、15年最高顧問。 [賞]黄綬褒章〔平成6年〕

武藤 まき子 むとう・まきこ 芸能リポーター [没]平成28年(2016)12月5日 71歳〔虚血性心不全〕 [生]昭和20年(1945)11月30日 [出]山梨県韮崎市 [学]青山学院大学卒 [歴]中国放送アナウンサーを経て、フリーのリポーターとなり、昭和57年からフジテレビ系「おはよう！ ナイスデイ」、平成11年から同「とくダネ！」、他に「2時ドキッ！」などワイドショーを中心に活躍。“おまきさん”の愛称で親しまれた。傍ら、ドラマ「君の名は」(NHK)や映画にも出演した。

夢童 由里子 むどう・ゆりこ 人形作家 [没]平成27年(2015)3月21日 71歳〔心不全〕 [出]京都府京都市 [学]京都市立芸術大学日本画科卒 [歴]陶土を素材に独自の創造世界を開拓。金襴や縮緬での手縫いの衣装を着せて数々の作品を発表。コンピュータ制御のからくり人形を数多く手がけた他、野外彫刻やアートレリーフなども制作。昭和58年デンマークで開かれた日本展に文化使節団として参加し、次いでドイツ、フランスでも作品展を開催。アンデルセン博物館に寄贈された作品は永久保存された。平成17年には愛知万博日本広場のモニュメント「日本の塔『月』」を制作した。著書に「夢童由里子の世界—尾張徳川をんなの群像」がある。 [賞]都市文化奨励賞(第6回), ポメリー中部文化賞(第2回)〔平成7年〕「コンピュータ制御のからくり人形などの作品」 [団]日本人形玩具学会, 現代からくりロボット研究会, 都市環境デザイン会議 [家]父＝野間光辰(国文学者)

宗像 和 むなかた・かず 作曲家 [専]作曲, 音楽教育 [没]平成28年(2016)11月25日 88歳〔心不全〕 [生]昭和3年(1928)2月8日 [出]神奈川県横浜市 [名]本名＝清水義明(しみず・よしあき) [学]大蔵省印刷局教習所専門部〔昭和24年〕卒 [歴]10歳よりゴム加工人、釘製造工、セルロイド絵付工、植字工など様々な職業に就く。大蔵省印刷局教習所を卒業し、昭和24年紙幣の製造原価計算職となる。28年間宮芳生に師事。30年清瀬保二に師事して作曲家への転身を決心した。38年芸術祭賞レコード部門奨励賞を受賞し、39年音楽教室を開く。51年「10ギター、チェロ、グランカッサ、朗読のための〈8月6日〉」で武井賞を受賞。平成9年旧満州引き揚げ者の体験を生々しく描いたカンタータ「凍土からの声」が復刻された。他の作品に「日本太鼓協奏曲」「飛天女幻想」「ゴッホ頌」などがある。 [賞]芸術祭賞レコード部門奨励賞〔昭和38年〕, 武井賞(第17回・20回)〔昭和51年・54年〕「10ギター, チェロ, グランカッサ, 朗読のための〈8月6日〉」「ゴッホ頌」, 感謝状〔平成3年〕「むなかた太鼓の根幹となる作曲により郷土の文化の礎を築いたことの感謝として」 [団]日本現代音楽協会, 日本作曲家協議会 [師]師＝清瀬保二, 間宮芳生

宗像 宏子 むなかた・ひろこ 三春農機商会社長 [没]平成27年(2015)9月25日 97歳〔老衰〕 [生]大正7年(1918)1月1日 [出]東京市麹町区(東京都千代田区) [学]第六高女卒, 昭和保母養成所卒 [歴]幼稚園教師を経て、結婚後、福島県に疎開。昭和28年農機具販売業・三春農機商会を設立し社長、61年会長。全国商工会婦人部連合会副会長、福島県商工会婦人部連合会会長を歴任。著書に「とまらないエンジン」「毎日が興味しんしん—私の半生」がある。 [家]長男＝宗像紀夫(名古屋高検検事長), 息子＝宗像哲夫(あぐりかる会長)

宗像 基 むなかた・もとい 牧師 日本基督教団小平学園教会牧師 [没]平成28年(2016)9月14日 91歳 [生]大正13年(1924)10月23日 [出]台湾基隆 [学]台北一中卒, 海兵卒, 日本キリスト教神学専門学校卒 [歴]台北一中から、昭和16年海軍兵学校に入学。卒業後、軽巡洋艦「木曽」乗り組みとなる。海軍少尉任官後、特殊潜航艇「蛟龍」艇長。その後、指導教官となり、敗戦を

む

迎える。22年日本キリスト教神学専門学校に入学。卒業後、伊豆松崎教会牧師、広島牛田教会牧師を経て、32年宣教師としてブラジルに渡る。54年帰国し、広島キリスト教社会館館長・保育園園長に就任。平成2年小平学園教会牧師。月刊個人誌「バベル」を発行。著書に「聖霊に禁じられて」「特攻兵器蛟龍艇長の物語」がある。

宗像 夕野火　むなかた・ゆうのび　俳人　「松」主宰　[没]平成29年(2017)6月23日　95歳〔老衰〕　[生]大正11年(1922)1月1日　[出]熊本県球磨郡多良木町　[名]本名＝宗像景敏(むなかた・かげとし)　[学]中央大学専門部法学科〔昭和18年〕卒　[歴]昭和21年「ホトトギス」同人の横井迦南に入門。25年より「みそさざい」に拠り上村占魚の指導を受け、26年「みそさざい」同人。平成3年「松」を創刊・主宰。句集に「盆地」「不知火」「尼羅」「水神」「健筆」、随想集に「盆地旦暮」などがある。　[団]日本ペンクラブ　[師]師＝上村占魚

宗藤 尚三　むねとう・しょうぞう　牧師　広島府中教会牧師　[没]平成28年(2016)10月30日　89歳〔急性肺炎〕　[生]昭和2年(1927)8月18日　[出]広島県広島市中区　[学]東京神学大学大学院修了, サンフランシスコ神学大学大学院修了　[歴]広島工業専門学校在学中の昭和20年8月6日、爆心地から1.3キロの実家で被爆。戦後、洗礼を受け、49年東京神学大学に第1期生として入学。27歳で日本基督教団の牧師となり、51年～平成11年広島県府中町の広島府中教会牧師を務めた。被爆牧師として昭和57年の国連軍縮特別総会に参加するなど、国内外で平和運動に尽力した。著書に「あなたはどこにいるのか」「ヒロシマと平和の福音」「心の内なる核兵器に抗して」「核時代における人間の責任」などがある。

宗政 伸一　むねまさ・しんいち　サニックス社長　[没]平成29年(2017)1月7日　67歳〔咽頭膿瘍の疑い〕　[生]昭和24年(1949)12月16日　[出]長崎県佐世保市　[学]嬉野商〔昭和42年〕卒　[歴]昭和50年佐世保市で創業し、53年三洋消毒を設立、社長。55年本社を福岡市に移転、62年C1を導入、シロアリなどの害虫駆除を中心の環境衛生サービス会社・サニックスとして新発足、社長に就任。平成8年株式を店頭公開、11年東証・大証第1部に上場。産業廃棄物処理や太陽光発電などにも進出して事業の多角化を図った。社長在職中の29年、出張先の東京都のホテルで亡くなった。　[賞]経済界大賞異色企業賞(第25回)〔平成12年〕　[家]長男＝宗政寛(サニックス社長)

宗村 南男　むねむら・なんお　暁学園理事長　四日市大学学長　[没]平成28年(2016)4月20日　77歳〔肺炎〕　[生]昭和13年(1938)7月30日　[出]三重県四日市市　[学]慶応義塾大学文学部国史科〔昭和37年〕卒　[歴]昭和42年暁学園理事、53年理事長。60年暁学園短期大学学長。平成6年四日市大学短期大学部に改称。11年四日市大学学長に就任。　[賞]地方教育行政功労者文部科学大臣表彰〔平成13年〕

むの・たけじ　ジャーナリスト　たいまつ新聞主幹　[専]マスコミ評論　[没]平成28年(2016)8月21日　101歳〔老衰〕　[生]大正4年(1915)1月2日　[出]秋田県仙北郡六郷町大(美郷町)　[名]本名＝武野武治(むの・たけじ)　[学]東京外国語学校(現・東京外国語大学)スペイン語科〔昭和11年〕卒　[歴]昭和11年報知新聞社に入社。15年朝日新聞社に移り、17年より約1年間、従軍特派員としてインドネシアのジャカルタで勤務。20年敗戦の日に戦争責任を感じ退社。23年秋田県横手市で週刊新聞「たいまつ」を創刊し、約30年間同紙主幹として教育問題や農村問題、反戦平和などを論じた。最盛期には約2000部を発行したが、53年第780号で休刊。この間、27年秋田県南部の若者らと市民団体・平和の戦列を組織。革新勢力の結束を訴え、30年衆院選、34年横手市長選に立候補した。「たいまつ」休刊後も真実の情報・報道を求め、鋭い時評を展開。戦後70年目の平成27年に100歳を迎えたが、「歴史の引き継ぎのタイムリミット」と称して各地を飛び回って公演活動を行う。28年101歳で亡くなるまで“戦争絶滅”を訴え続けた。著書に「詞集・たいまつ」(1～5)、「たいまつ十六年」「ボロを旗として」「解放への十字路」「戦争いらぬやれぬ世へ」「戦争絶滅へ、人間復活へ 九三歳・ジャーナリストの発言」「希望は絶望のど真ん中に」「99歳一日一言」「日本で100年、生きてきて」などがある。　[賞]農民文化賞(第12回)〔平成13年〕, 日本ジャーナリスト会議賞特別賞(第57回)〔平成26年〕

村井 修　むらい・おさむ　写真家　[没]平成28年(2016)10月23日　88歳〔急性心不全〕　[生]昭和3年(1928)9月27日　[出]愛知県半田市　[学]東京写真工業専門学校(現・東京工芸大学)〔昭和25年〕卒　[歴]本業の建築写真を撮る傍ら石仏、石塔、墓石、庭石、石垣など庶民の生活とともにある日本の石や、都市、公共彫刻などをテーマにした作品を発表。写真展に、昭和57年「建築へ写真へ」展、平成5年「HARMONY/Sculpture&Environment」展(米国ハーバード大学)、6年「Remembrance in Store」展(ニューヨーク)、9年「パリ・都市の詩学」展(日本巡回)、11年「村井修の空間―光とかたち1955～1995」(写大ギャラリー)、13年「シドニーオペラハウスの光と影」(日本巡回)、17年「街角のハーモニー」展(ローマ, テラモ)など。写真集に「写真都市」「記憶の風景」「石の記憶」「TIME AND LIFE 時空」などがある。[賞]毎日出版文化賞特別賞(第37回)〔昭和58年〕「世界の広場と彫刻」, 東川賞国内作家賞(第6回)〔平成2年〕「石の記憶」, 日本建築学会文化賞(第22回)〔平成22年〕, 日本写真協会功労賞〔平成24年〕　[団]日本写真協会, 日本建築美術工芸協会(aaca)

村井 健　むらい・けん　演劇評論家　[専]現代日本演劇　[没]平成27年(2015)10月5日　69歳〔多臓器不全〕　[生]昭和21年(1946)9月14日　[出]秋田県北秋田郡鷹巣町西塚岱44(北秋田市)　[名]本名＝村井健(むらい・たけし), 旧姓・名＝桜田健(さくらだ・たけし)　[学]明治大学文学部卒　[歴]大学在学中より雑誌編集に携わり、卒業後は而立書房で文芸書・演劇書の編集を担当。昭和57年「朝日ジャーナル」で劇評を開始。テアトロ演劇賞、テアトロ新人戯曲賞選考委員、紀伊国屋演劇賞選考委員を務める。平成11年日露演劇交流推進会議を設立、事務局長に就任。17年文化庁の文化交流使としてロシアに赴くなど、演劇を通じた日露交流に貢献した。著書に「シチュアシオン―村井健演劇論集」。　[団]

む

国際演劇評論家協会, 日本文芸家協会, 日露演劇交流推進会議

村井 二三男 むらい・ふみお 北日本新聞取締役 [没]平成28年(2016)12月28日 87歳 [生]昭和4年(1929)4月28日 [出]富山県 [学]早稲田大学教育学部卒 [歴]昭和28年北日本新聞社に入社。開発・制作・営業各部長、金沢支社長、広告局次長、56年東京支社長を経て、61年取締役高岡支社長。

村尾 孝一 むらお・こういち 日本製鋼所常務 [没]平成28年(2016)5月29日 67歳〔心不全〕 [生]昭和23年(1948)7月24日 [歴]昭和47年日本製鋼所に入社。平成20年取締役を経て、常務を務めた。

村尾 真一 むらお・しんいち 医師 甲南病院病理診断科部長 神戸大学医学部助教授 [専]実験病理学 [没]平成28年(2016)4月23日 65歳〔多発性骨髄腫〕 [生]昭和25年(1950)11月10日 [出]兵庫県姫路市 [学]神戸大学医学部卒, 神戸大学大学院医科学研究科〔昭和54年〕博士課程修了 医学博士 [歴]昭和54年神戸大学医学部助手、平成4年愛媛大学医学部助教授、8年神戸大医学部助教授を経て、12年より甲南病院に勤務。18年がんを発症、21年病理医として復帰してがん相談外来を開設。25年5月7日から27年3月31日まで毎週火曜日、神戸新聞夕刊にエッセイ「がん よろず相談承ります」を連載したが、連載終盤になって病気が再発し、65歳で亡くなった。没後、「村尾医師のがん よろず相談承ります」が出版された。

村岡 俊三 むらおか・しゅんぞう 東北大学名誉教授 [専]国際経済学 [没]平成29年(2017)3月7日 86歳〔心不全〕 [生]昭和6年(1931)1月29日 [出]大阪府大阪市 [学]九州大学経済学部〔昭和28年〕卒, 九州大学大学院経済学研究科〔昭和33年〕博士課程単位取得 経済学博士 [歴]九州大学助手、西南学院大学講師、助教授、東北大学経済学部助教授を経て、教授。のち関東学院大学経済学部教授。著書に「マルクス世界市場論」「世界経済論」「資本輸出入と国際金融」「グローバリゼーションをマルクスの目で読み解く」などがある。 [賞]瑞宝中綬章〔平成21年〕 [団]国際経済学会, 金融学会, 信用理論研究会

村形 明子 むらかた・あきこ 京都大学名誉教授 [専]日米文化交流史 [没]平成29年(2017)9月5日 76歳〔膵臓がん〕 [生]昭和16年(1941)1月21日 [出]北海道札幌市 [学]東京大学教養学部教養学科〔昭和39年〕卒 Ph.D.(ジョージ・ワシントン大学)〔昭和46年〕 [歴]ジョージ・ワシントン大学Ph.D.(アメリカ研究)を取得した昭和46年、米国ハーバード大学図書館の地下室に眠っていたフェノロサの遺稿に接し、以来博士論文のテーマ、W.S.ビゲロウ博士とともにフェノロサとその周辺を研究。のち京都大学助教授を経て、平成3年教授。16年退官。14〜21年日本フェノロサ学会会長を務めた。編著に「アーネスト・F・フェノロサ文書集成〈上下〉」などがある。 [団]日本フェノロサ学会, 日本美術史学会, 日本アメリカ学会

村上 英太郎 むらかみ・えいたろう 古銭研究家 秋田貨幣研究会会長 くし・かんざし史料館館長 [没]平成28年(2016)6月23日 81歳 [生]昭和9年(1934)6月25日 [出]秋田県 [名]号＝村上英泉(むらかみ・えいせん) [学]能代高卒 [歴]能代市で菓子卸会社を経営。秋田貨幣研究会の設立メンバーで、同会長を務めた。また、古いくしやかんざしなどの髪飾りも収集し、平成17年経営する会社の事務所を利用してくし・かんざし史料館を開館。20年写真集「櫛・簪・笄」を自費出版した。

村上 勝 むらかみ・かつ 現代美術家 [専]空間美術 [没]平成27年(2015)11月30日 70歳〔胃がん〕 [出]福岡県行橋市 [名]本名＝村上勝利(むらかみ・かつとし) [歴]羽の形状をテーマにしたインスタレーション(空間美術)を中心に手がける。平成20年現代美術分野で初めて福岡市文化賞を受賞した。 [賞]福岡市文化賞〔平成20年〕

村上 勝照 むらかみ・かつてる インフォマート創業者 [没]平成29年(2017)3月26日 51歳〔心筋梗塞〕 [生]昭和40年(1965)6月16日 [出]山口県宇部市 [学]宇部商〔昭和58年〕卒 [歴]昭和59年山口県信用農業協同組合連合会に就職。63年仲間とブランド服のディスカウントショップを設立したが失敗。建築・不動産会社勤務を経て、平成7年に節水設備の販売・施工を手がけるホームクリエーションを設立。9年半ばからインターネット上で食材の売り買いを仲介する仮想市場・フーズインフォマートの企画を準備し、10年インフォマートを設立。18年マザーズに上場、27年東証第1部に指定替え。29年心筋梗塞のため51歳で急逝した。

村上 光太郎 むらかみ・こうたろう 崇城大学名誉教授 [専]生薬, 漢方 [没]平成29年(2017)4月22日 72歳〔前立腺がん〕 [生]昭和20年(1945)1月29日 [出]広島県 [学]徳島大学薬学部製薬化学科〔昭和43年〕卒, 徳島大学大学院薬学研究科生薬学専攻〔昭和45年〕修士課程修了 薬学博士 [歴]昭和45年徳島大学薬学部助手を経て、平成17〜29年崇城大学教授。全国各地の民間薬調査、薬用植物分布調査を行い、薬草や民間薬などについて国内外での講演も多い。13〜25年徳島新聞に「薬草を食べる」を計203回連載した。著書に「漢方薬の実際知識」「民間薬の実際知識」「徳島県の薬草図鑑」「よく効くウメ・ウメ干し療法」「薬草療法ハンドブック」「世界の薬食療法」「『焼き』くだもので10歳若返る」「よく効く民間薬100」「よく効くドクダミ療法」、監修書に「今世紀最後の生薬プロポリス」(共監修)などがある。 [資]薬剤師 [団]日本東洋医学会, 日本生薬学会, 日本植物学会

村上 淳一 むらかみ・じゅんいち ドイツ法学者 東京大学名誉教授 桐蔭横浜大学終身教授 [専]ドイツ近代法史, 西洋法政史 [没]平成29年(2017)10月24日 84歳〔肺炎〕 [生]昭和8年(1933)3月31日 [出]京都府京都市 [学]東京大学法学部私法学科〔昭和31年〕卒 法学博士 [歴]昭和31年東京大学助手、34年助教授を経て、44年教授。平成5年桐蔭学園横浜大学教授。日本におけるドイツ法研究の礎石を築いたとして、13年日本学士院会員に選ばれた。著書に「ドイツの近代法学」「近代法の形成」「ゲルマン法史における自由と誠実」「『権利のための闘争』を読む」「ドイツ市民法史」「ドイツ現代法の基層」、訳書にイェーリング「権利のための闘争」、ニクラス・ルーマン「社会の教育システム」などがある。 [賞]日本翻訳出版文化賞(第41回)〔平成17

む

年〕「社会の教育システム」 [資]日本学士院会員〔平成13年〕 [団]日独法学会, 比較法学会, 日本私法学会

村上 孝雄 むらかみ・たかお プロ野球選手 広島東洋カープスカウト部長 [没]平成28年(2016)1月8日 79歳〔心不全〕 [生]昭和11年(1936)1月31日 [出]福岡県 [名]旧姓・名＝宮川孝雄(みやがわ・たかお) [学]豊国商卒 [歴]豊国商(現・豊国学園高)、国鉄門司鉄道管理局(現・JR九州)を経て、昭和35年広島に入団。主に代打の切り札として活躍、47年には6打数連続代打ヒットを打つなど代打率.404をマーク。通算代打安打187本のプロ野球記録を持つ。49年現役を引退。実働15年、889試合出場、968打数267安打、11本塁打、149打点、11盗塁、打率.276。引退後は広島球団スカウトとなり九州地区を担当、北別府学、緒方孝市、前田智徳ら有力選手を獲得した。その功績で平成3年スタッフ部門賞を受賞。14年スカウト部長に就任。3年より村上姓を名のった。

村上 武士 むらかみ・たけし 福島県議(社会党) [没]平成29年(2017)8月8日 89歳〔老衰〕 [生]昭和3年(1928)3月13日 [出]福島県 [学]慶応義塾大学経済学部〔昭和29年〕中退 [歴]日本水素労組委員長、いわき市議2期を経て、昭和42年から福島県議を4期務めた。

村上 達夫 むらかみ・たつお 牧師 日本聖公会東北教区主教 [没]平成28年(2016)12月28日 91歳〔老衰〕 [生]大正14年(1925)10月28日 [出]岩手県盛岡市 [学]東北大学文学部卒 [歴]昭和32年日本聖公会盛岡聖公会牧師、仁王幼稚園長、46年仙台基督教会牧師、聖パウロ幼稚園長、60年若松諸聖徒教会牧師、聖愛幼稚園長、平成2年盛岡聖公会牧師、仁王幼稚園長を歴任。5年日本聖公会東北教区主教。 [賞]米国太平洋神学校名誉神学博士号〔平成6年〕

村上 智彦 むらかみ・ともひこ 医師 夕張市立診療所所長 [専]地域医療, 予防医療 [没]平成29年(2017)5月11日 56歳〔急性白血病〕 [生]昭和36年(1961)3月13日 [出]北海道枝幸郡歌登町(枝幸町) [学]北海道薬科大学薬学部生物薬学科〔昭和59年〕卒, 北海道薬科大学大学院修了, 金沢医科大学医学部〔平成5年〕卒 [歴]昭和59年北海道薬科大学大学院に進み薬物代謝の研究に従事、薬剤師、臨床検査技師の資格を取得。経営最優先の病院の実態に疑問を抱き、医師を志し金沢医科大学に入学。平成5年卒業後、5年間離島や僻地を回って地域医療の経験を積む。11～18年北海道南西部の瀬棚町立診療所所長を務め、全国初の全住民対象のインフルエンザ予防接種、肺炎球菌ワクチンの公費助成制度を実現し、老人医療費の引き下げに成功。地域医療、予防医療の第一人者として注目を集めたが、その後、町の医療方針見直しに反発して退任し、新潟県湯沢町の保健医療センターに移った。19年財政再建団体に転落した夕張市の苦境を知り、単身赴任で夕張市立総合病院に着任、公設民営化方式での再建に乗り出す。医療法人財団夕張希望の杜理事長として、夕張市立診療所を運営。24年NPO法人・ささえる医療研究所を設立し、理事長を務めた。 [賞]若月賞〔平成21年〕 [資]医師, 薬剤師, 臨床検査技師, 介護支援専門員, 認定産業医, 健康スポーツ医, プライマリケア学会認定医 [団]北海道地域医療研究会, 日本内科学会, 心身医学会

村上 梅泉 むらかみ・ばいせん 俳人 [没]平成29年(2017)5月7日 97歳 [生]大正9年(1920)3月15日 [出]香川県 [名]本名＝村上嘉久(むらかみ・よしひさ) [学]青年学校中退 [歴]昭和17年土田卓北に俳句の手ほどきを受ける。23年三浦恒礼子主宰「椿」に入会、26年「椿」同人。24年「雪解」に入会、皆吉爽雨の指導を受ける。38年「雪解」同人。 [賞]椿賞(昭和52年度) [団]俳人協会 [師]師＝土田卓北, 三浦恒礼子, 皆吉爽雨

村上 英樹 むらかみ・ひでき 神戸大学大学院経営学研究科教授 [専]国際交通, 国際物流, 航空経済 [没]平成27年(2015)9月23日 50歳〔肝硬変〕 [生]昭和39年(1964)9月29日 [出]兵庫県神戸市 [学]防衛大学校〔昭和60年〕中退, 神戸大学経営学部〔平成2年〕卒, 神戸大学大学院経営学研究科〔平成4年〕博士課程前期課程修了 博士(商学) [歴]平成4年神戸大学経営学部助手、7年助教授(准教授)を経て、24年教授。 [賞]日本交通学会賞〔平成18年〕「低費用航空会社参入の経済効果と時間効果の計測―米国3社寡占市場のケース」

村上 博基 むらかみ・ひろき 翻訳家 [専]英米文学 [没]平成28年(2016)4月30日 80歳 [生]昭和11年(1936)3月24日 [出]愛知県名古屋市 [学]東京外国語大学外国語学部ドイツ語科〔昭和32年〕卒 [歴]映画字幕翻訳から出発し、昭和45年半ばより書籍翻訳を始める。ジョン・ル・カレの「パーフェクト・スパイ」や映画化された「ティンカー、テイラー、ソルジャー、スパイ(新訳版)」、アリステア・マクリーンの「女王陛下のユリシーズ号」、トム・クランシー「容赦なく」など、主に英米の冒険小説やミステリーの翻訳を数多く手がけた。他の訳書に、エリア・カザン「アメリカの幻想」、ル・カレ「スクールボーイ閣下」「スマイリーと仲間たち」「リトル・ドラマー・ガール」、C.W.ニコル「勇魚」などがある。

村上 政敏 むらかみ・まさとし 金融ジャーナリスト 時事通信社長 [没]平成27年(2015)10月22日 80歳〔呼吸不全〕 [生]昭和10年(1935)3月16日 [出]兵庫県 [学]早稲田大学教育学部〔昭和32年〕卒 [歴]昭和32年時事通信社に入社。ニューヨーク特派員、経済部次長、経済部長、57年社長室長、61年大阪支社長、63年取締役、平成5年専務、4～8年編集局長兼務を経て、8年社長に就任。14年相談役。18年顧問を退任。

村上 正徳 むらかみ・まさのり 熊本日日新聞編集庶務部長 [没]平成28年(2016)6月2日 68歳〔急性前骨髄球性白血病〕

村上 幸雄 むらかみ・ゆきお
⇒白石 幸雄(しらいし・ゆきお) を見よ

村上 義和 むらかみ・よしかず アマ棋士 日本将棋連盟富山県支部連合会会長 [没]平成29年(2017)11月24日 77歳 [生]昭和15年(1940)9月10日 [出]大阪府大阪市 [名]筆名＝玄歩 [学]富山商卒 [歴]20代半ばで将棋を始め、富山県内トップアマ棋士として活躍。日本将棋連盟富山支部の運営に専念するため40代半ばで現役を退き、平成4年支部長に就任。将棋の普及に尽くし、22年から幅広い世代の愛好者が交流できるよう自宅2階を開放した。23年日本将棋連盟富山県支部連合会会長となり、25年には日本将棋連盟より大山康晴賞を受

む

けた。 [賞]北日本新聞文化賞特別賞〔平成25年〕，大山康晴賞（第20回）〔平成25年〕

村上 喜治 むらかみ・よしはる 水俣病被害者芦北の会会長 [没]平成28年（2016）6月18日 66歳〔肺がん〕 [出]熊本県 [歴]平成11年に成立した水俣病特別措置法に基づく未認定患者の救済に力を尽くした。

村木 弘行 むらき・ひろゆき 山梨大学名誉教授 [専]発酵，醸造，微生物生理学 [没]平成28年（2016）12月7日 90歳 [生]大正15年（1926）7月1日 [出]東京都 [学]東京大学農学部農芸化学科〔昭和26年〕卒 農学博士 [歴]昭和26年山梨大学工学部発酵化学研究施設助手として果実酒類の研究に従事。のち同大教授。著書に「えのろじかる・のおと」がある。 [賞]瑞宝中綬章〔平成16年〕 [団]日本農芸化学会，日本発酵工学会

村越 昇 むらこし・のぼる NHK監事 [没]平成28年（2016）2月26日 83歳 [生]昭和7年（1932）10月6日 [出]新潟県 [学]大阪市立大学文学部卒 [歴]昭和30年NHKに入局。報道局庶務班部長、報道局次長、長野放送局長、60年秘書室長、63年監事。平成5年退任。

村杉 弘 むらすぎ・ひろし 信州大学名誉教授 [専]ピアノ，音楽理論，民俗音楽 [没]平成29年（2017）8月23日 90歳〔老衰〕 [生]昭和2年（1927）8月6日 [出]富山県富山市 [学]東京音楽学校（現・東京芸術大学）師範科〔昭和27年〕卒 [歴]信州大学教育学部助教授を経て、教授。全日本ピアノ指導者協会理事も務めた。信州各地を訪れ、飯山地方や新潟県南部に伝わる“鳥踊り”など土俗の音楽や踊りを採録、西洋音楽に関連づけて研究した。また、“追分節”のルーツはモンゴル民謡にあるという説も唱えた。著書に「信濃の伝統音楽」「もっと知ろう 鳥踊り」などがある。 [団]日本民俗音楽会，全日本ピアノ指導者協会 [師]師＝川上きよ

村瀬 興一 むらせ・こういち 日本道路公団副総裁 建設省官房総務審議官 [没]平成28年（2016）1月15日 74歳〔心不全〕 [生]昭和16年（1941）1月16日 [出]福岡県 [学]東京大学法学部〔昭和40年〕卒 [歴]昭和40年建設省（現・国土交通省）に入省。文書課長、平成4年審議官、5年国土庁防災局長、8年7月建設省官房総務審議官、9年8月日本道路公団理事、12年6月副総裁。16年6月退任。 [賞]瑞宝中綬章〔平成27年〕

村瀬 滋美 むらせ・しげよし 三菱樹脂常務 [没]平成29年（2017）4月22日 67歳〔心不全〕 [生]昭和24年（1949）10月14日 [歴]平成18年三菱樹脂（現・三菱ケミカル）に入社。同年監査役、のち常務を務めた。

村田 晃 むらた・あきら 佐賀大学名誉教授 [専]ビタミン学，ビタミンC，食物栄養学 [没]平成29年（2017）9月24日 82歳〔心筋梗塞〕 [生]昭和10年（1935）8月2日 [出]山口県下関市 [学]九州大学農学部農芸化学科〔昭和33年〕卒，九州大学大学院農学研究科農芸化学専攻〔昭和38年〕博士課程修了 農学博士（九州大学）〔昭和39年〕 [歴]九州大学助手を経て、昭和41年佐賀大学助教授、51年及び53年米国スタンフォード大学留学、54年佐賀大教授、平成8～12年農学部長。13年佐賀短期大学（現・西九州大学短期大学部）教授。著書に「新ビタミンCと健康」「ポーリング博士のビタミンC健康法」などがある。 [賞]コマンドール・クロス勲章〔平成14年〕，瑞宝中綬章〔平成26年〕，醗酵協会賞〔昭和41年度〕 [団]日本ビタミン学会，日本綜合医学会，ビタミンC研究委員会 [家]父＝村田淳（山口大学名誉教授）

村田 和人 むらた・かずひと シンガー・ソングライター [没]平成28年（2016）2月22日 62歳〔肝臓がん〕 [生]昭和29年（1954）1月2日 [出]東京都 [歴]学生時代に作ったデモテープが山下達郎に認められ、昭和57年シングル「電話しても」でアルファ・ムーンからデビュー。同年ファーストアルバム「また明日」をリリース。58年マクセルのカセットテープCMに起用されたシングル「一本の音楽」で注目を集める。「ひとかけらの夏」（同年）、「MY CREW」（59年）、「SHOW DOWN」（61年）、「Boy's Life」（62年）とコンスタントにアルバムを出し、米国のウエスト・コースト・サウンドを彷彿させ、夏に似合う壮快な作風で知られた。1990年代の半ばに表舞台から遠ざかるが、平成20年、13年ぶりとなる新作アルバム「Now Recording」を発表。21年「ずーーっと、夏。」、22年「ずーーっとずっと、夏。」、24年「ずーーっとずっと、ずっと夏。」の3部作をリリースした。杉真理とのユニット、アロハ・ブラザーズなどでも活動した。

村田 和美 むらた・かずみ 北海道大学名誉教授 北海道工業大学名誉教授 [専]応用光学，画像工学 [没]平成29年（2017）8月20日 92歳〔肺炎〕 [生]大正14年（1925）5月16日 [出]広島県呉市 [学]東京帝国大学工学部精密工学科〔昭和22年〕卒 工学博士 [歴]昭和22年工業技術院大阪工業技術試験所へ入所。34年西ドイツのマールブルク大学客員研究員として2年間留学。40年北海道大学工学部教授。退官後は北海道工業大学教授を務めた。著書に「ホログラフィー入門」「光学」などがある。 [賞]瑞宝中綬章〔平成17年〕，大河内記念技術賞（第22回）〔昭和50年〕「光学レンズのレスポンス関数測定機の開発と実用化」 [団]応用物理学会，計測自動制御学会，日本写真測量学会，米国光学会，ドイツ応用光学会

村田 邦彦 むらた・くにひこ ピエトロ創業者 [没]平成29年（2017）4月9日 75歳〔肺がん〕 [生]昭和16年（1941）7月10日 [出]福岡県 [学]福岡大学商学科〔昭和39年〕卒 [歴]東京のスパゲティ専門店に惚れ込み、昭和55年福岡市天神で洋麺屋ピエトロを開業。56年ムラタを設立し、代表取締役。60年ピエトロを設立、社長。58年よりレストランでサラダにかける手作りドレッシング「ピエトロドレッシング」を販売、全国的にヒットする。平成14年東証第2部に上場、27年東証第1部に指定替え。ピーアンドピーコーポレーション社長なども兼務した。

村田 倉夫 むらた・くらお 京成電鉄社長 日本興業銀行常務 [没]平成27年（2015）3月21日 94歳〔病気〕 [生]大正10年（1921）1月1日 [出]東京都 [学]東京商科大学（現・一橋大学）〔昭和17年〕卒 [歴]昭和17年日本興業銀行（現・みずほ銀行）に入行。秘書室考査役人事部次長を経て、39年大商証券取締役、42年合併により新日本証券取締役、同年興銀に復帰。43年人事部長、44年取締役、47年常務。53年京成電鉄副社長を経て、61

む

年社長、平成4年会長。8年相談役に退いた。　勲二等瑞宝章〔平成11年〕

村田 省吾　むらた・しょうご　北茨城市長　平成29年(2017)1月17日　70歳　昭和21年(1946)3月4日　茨城県北茨城市大津町　芝浦工業大学建築学部〔昭和43年〕卒　10年のサラリーマン生活を経て、昭和54年帰郷。1級建築士事務所・借アソシエイツを設立。北茨城市青年会議所理事長、北茨城市公民館館長、保護司、民事調停員などを経て、平成7年より市長に3選。19年引退。著書に「歳々余滴」がある。　1級建築士

村田 昭治　むらた・しょうじ　慶応義塾大学名誉教授　経営学(マーケティング論)　平成27年(2015)4月16日　82歳　昭和7年(1932)11月19日　台湾台北　慶応義塾大学経済学部〔昭和30年〕卒、慶応義塾大学大学院経済学研究科〔昭和35年〕博士課程修了　商学博士　昭和32年慶応義塾大学経済学部副手、33年同大商学部副手、35年助手、38年助教授を経て、46年教授。平成10年退任。この間、昭和37～39年ハーバード大学ビジネス・スクール、マサチューセッツ工科大学へ留学。マーケティング論の第一人者で、日本テレビ系の深夜番組「EXテレビ」やラジオ番組などにコメンテーターとして出演した。著書に「マーケティング・システム論」「活性経営の知恵」「人間経営の知恵」「人心の時代」「村田昭治のマーケティング・ハート」「人財の条件」などがある。　日本フードサービス学会

村田 津南雄　むらた・つなお　スキー指導者　岩手県スキー連盟競技本部アルペン部長　平成29年(2017)2月10日　65歳〔突然心停止〕　岩手県花巻市大迫町　岩手県立高校の教員の傍ら、スキー指導者として活動。岩手県のアルペンスキー界を牽引し、雫石高校では竹節建を指導した。

村田 秀太郎　むらた・ひでたろう　ワタキューセイモア会長　平成29年(2017)12月25日　85歳　昭和7年(1932)10月2日　京都府綴喜郡井手町　京都泉吐中〔昭和24年〕卒　昭和25年綿久製絨に入社、30年副社長。37年綿久寝具(現・ワタキューセイモア)を設立し取締役、43年常務、56年社長に就任。この間、46年沖縄綿久寝具を設立し代表、56年日清医療食品社長、同年綿久リネン社長。平成9年ワタキューセイモア代表取締役会長、綿久リネン会長。日本病院寝具協会会長、理事長、日本赤十字京都府支部有功会理事長も務めた。ワタキューセイモア会長在職中の29年逝去。　藍綬褒章〔平成11年〕

村田 一　むらた・まこと　昭和電工社長　平成29年(2017)8月19日　90歳〔心不全〕　昭和1年(1926)12月26日　長野県東筑摩郡上川手村(安曇野市)　東京帝国大学第二工学部〔昭和23年〕卒　大学では航空工学、終戦後は物理工学を専攻し、炭素や原子力を学ぶ。昭和23年昭和電工入社。42年大町工場製造部長、43年大町工場長。大町時代は炭素事業を手がけ、"炭素の鬼"と呼ばれた。48年取締役、53年常務、58年専務、同年副社長。自ら責任者としてアルミ事業の合理化を手がけ、61年には完全撤退を完了。62年社長に就任。平成9年会長、13年退任。この間、石油化学工業協会会長、8年5月～10年5月日本化学工業協会会長も務めた。　日本ファインセラミックス協会賞産業振興賞(平成1年度)〔平成2年〕

村野 民子　むらの・たみこ　作家　平成29年(2017)6月12日　91歳　大正14年(1925)7月19日　東京都　別名=村野温(むらの・たず)　東京都立第五高女卒　昭和26～30年小説家・平林たい子の秘書を務めた。平成9年村野温名義の小説「対馬」でやまなし文学賞を受賞。著書に「沙漠の人―女流作家の深淵」「沙漠に咲く―平林たい子と私」「いい顔になった」「病理所見書をください」「刻を彫って―平林たい子を偲ぶ」「瀬戸内はさざなみ―光田健輔とその周辺」「国の中の異国」「ワタクシへの挽歌」などがある。　やまなし文学賞(第5回)〔平成9年〕「対馬」　日本文芸家協会

村野井 幸雄　むらのい・ゆきお　⇒蛯原 由起夫(えびはら・ゆきお)を見よ

村松 七郎　むらまつ・しちろう　船橋児童画教室主宰　平成27年(2015)10月24日　91歳〔老衰〕　大正13年(1924)　東京都　岡本太郎、花田清輝、安部公房らと世紀の会でアヴァンギャルド活動を行う。青野季吉編集長時代の「社会タイムス」創刊に加わり、編集局員となる。その後、千葉県船橋市に移住して船橋児童画教室を主宰。昭和59年船橋市役所で「ヒロシマ・原爆の絵展」を開催、以後32年間にわたって同展に携わった。同展では自身所蔵の「東京大空襲」の複製写真も展示し、平和活動に努めた。

村松 敏夫　むらまつ・としお　東京医科歯科大学名誉教授　脂質生化学　平成27年(2015)4月5日　83歳〔パーキンソン病〕　昭和7年(1932)1月29日　埼玉県本庄市　千葉大学薬学部生薬学科卒　薬学博士　東京医科歯科大学教養部教授を務めた。　瑞宝中綬章〔平成22年〕

村松 敏雄　むらまつ・としお　静岡放送取締役　平成29年(2017)2月12日　85歳〔間質性肺炎〕　昭和6年(1931)2月21日　静岡県　静岡県揖斐郡森町　静岡大学工学部〔昭和28年〕卒　昭和28年静岡放送に入社。46年取締役、同年技術次長、55年放送実施局長、60年ニューメディア対策本部長、平成元年ニューメディア局長を経て、5年取締役。

村山 砂田男　むらやま・さだお　俳人　「砂やま」主宰　平成28年(2016)6月30日　92歳　大正13年(1924)6月15日　新潟県東頸城郡松之山町(十日町)　本名=村山定男(むらやま・さだお)　新潟県の公立高校長を経て、新潟工業短期大学講師。一方、「みのむし」「科野」「感動律」を経て、昭和26年「万緑」に入会して中村草田男に師事。42年「万緑」再入会。「万緑」「さざなみ」同人。平成元年「砂やま」を創刊・主宰。23年終刊。句集に「いさご」「山の音」「郷関」「夏爐冬扇」、著書に「小林一茶と越後の俳人」「おくのほそ道 日本海紀行」「俳句の周辺」などがある。　日本俳文学会、俳人協会　師=中村草田男

村山 茂直　むらやま・しげなお　東京消防庁消防総監　平成29年(2017)11月3日　96歳〔肺炎〕　大正10年(1921)1月10日　東京都　日本大学専門部工科

〔昭和16年〕卒　[歴]昭和50～52年第8代東京消防庁消防総監を務めた。

村山 盛信　むらやま・せいしん　沖縄県議(自民党)　[没]平成28年(2016)5月17日　94歳〔心不全〕　[生]大正11年(1922)2月14日　[出]沖縄県中頭郡嘉手納町水釜　[学]沖縄県立農林卒　[歴]沖縄県嘉手納村会議長を経て、昭和47年より沖縄県議に6選。62年副議長。平成7～8年自民党沖縄県連会長。その後、嘉手納町社会福祉協議会会長を務めた。　[賞]勲三等瑞宝章〔平成9年〕

村山 智彬　むらやま・ともあき　秋田プライウッド会長　[没]平成29年(2017)5月31日　84歳　[生]昭和7年(1932)11月29日　[出]岩手県　[学]岩手大学農学部〔昭和31年〕卒　[歴]秋田プライウッド専務、東洋合板工業社長を経て、両社の合併により誕生した秋田プライウッドで平成13～15年会長。東北合板工業組合理事長、日本合板工業組合連合会副会長を歴任。

村山 元英　むらやま・もとふさ　千葉大学名誉教授　[専]国際経営学, 経営人類学　[没]平成27年(2015)6月1日　80歳〔心筋梗塞〕　[生]昭和9年(1934)6月26日　[出]東京都　[学]コロンビア大学大学院経営学研究科中退, シートン・ホール大学大学院修了　M.B.A.(シートン・ホール大学), 商学博士　[歴]米国の母校で教鞭を執った後、帰国して上智大学国際部講師、ジョージア州立大学、ワシントン大学、サンフランシスコ大学などの客員教授を務める。昭和45年千葉大学法経学部教授となり、平成12年退官。経営哲学学会常任理事、多国籍企業研究会理事、米国・組織学会(DIS)理事、環太平洋学術会議理事、コンベンション研究会座長、国際経営文化学会会長などを歴任。千葉県内各地でまちづくりや村おこし研究を実践。成田空港問題の舞台・芝山町で長く地域研究に携わり、2年地元のための仲介機関・地域振興連絡協議会を発足させ初代会長に就任し、話し合いによる平和的解決の道を開いた。著書に「日本経営学」「アジア経営学入門」「まちづくり国際経営」「国際経営学原論」などがある。　[賞]新評賞(第10回)〔昭和55年〕「わが家の日米文化合戦」, 環太平洋学術交流会議国際経営学部門最優秀賞(昭和59年度), 比較生活文化学会賞〔平成5年〕, 環太平洋学術交流会議フェロー　[資]ニューヨーク科学院会員　[団]日本経営学会, 組織学会, 日本経営教育学会, 国際経営学会(米国AIB), 国際経営文化学会, 経営哲学学会, 経営学史学会, 米国経営学会, 多国籍企業研究会　[家]妻＝ムラヤマ, M.K.(麗沢大学教授)

村山 義隆　むらやま・よしたか　日本通運常務　[没]平成28年(2016)3月20日　86歳〔急性心不全〕　[生]昭和5年(1930)1月26日　[出]三重県四日市市　[学]早稲田大学第一政経学部〔昭和27年〕卒　[歴]昭和27年日本通運に入社。62年取締役を経て、平成元年常務。

村寄 鴨畦　むらよせ・おうけい　書家　福井県書作家協会会長　福井大学名誉教授　[専]漢字　[没]平成29年(2017)6月1日　91歳〔肺がん〕　[生]大正14年(1925)6月27日　[出]福井県福井市　[名]本名＝村寄健一(むらよせ・けんいち), 雅号＝鴨畦　[学]福井師範〔昭和20年〕卒　[歴]青山杉雨に師事。漢字文や漢詩の作品に取り組み、昭和28年日展に初入選、40年「七言絶句」で日展特選・苞竹賞。56年日展会員。中学・高校の教員を経て、52年から福井大学教授を務める。59年～平成12年若越書道会会長。9年福井県内の書道会派をほぼ網羅した福井県書作家協会が発足すると初代会長に就任した。　[賞]福井県文化賞〔昭和52年〕, 福井新聞文化賞〔平成1年〕, 毎日書道展毎日賞(第5回, 昭和28年度), 日展特選・苞竹賞(昭和40年度)「七言絶句」　[団]日展, 読売書法会, 謙慎書道会　[師]師＝青山杉雨

牟礼 勝弥　むれ・かつや　八幡市長　[没]平成27年(2015)2月25日　76歳〔肺炎〕　[生]昭和13年(1938)7月19日　[出]京都府京都市伏見区　[学]大阪電気通信高〔昭和32年〕卒　[歴]高校卒業後、京阪電鉄に入社。労働組合の副委員長も務めた。昭和54年八幡市議6期を経て、平成12年より市長に2選。20年引退。

室伏 鴻　むろぶし・こう　舞踏家　振付家　[没]平成27年(2015)6月18日　68歳〔心筋梗塞〕　[生]昭和22年(1947)　[出]東京都　[名]本名＝木谷洋(きたに・ひろし)　[歴]昭和44年舞踏家の土方巽に師事。47年出羽三山で修行後、麿赤児と大駱駝艦を旗揚げ、数多くの舞台公演に出演。女性だけの舞踏集団・アリアドーネの会のプロデュースを経て、51年大駱駝艦の若手グループとなる舞踏派・背火を主宰、福井県五太子町(現・福井市)に養蚕農家の空き屋を改築した劇場北龍峡を開設。53年パリで上演した「最後の楽園」が1ケ月のロングランとなり、日本発の"BUTOH"が世界に知られるきっかけを作った。61年土方巽の追悼公演としてパリのユネスコ本部で「PANTHA RHEI」を上演、以後ヨーロッパや中南米など海外を中心に活動。裸体全身に銀粉を塗ってうごめくパフォーマンスで高い評価を得、平成18年ベネチア・ビエンナーレで「クイック・シルバー」を発表。27年ブラジルでの公演後、ドイツでのワークショップに向かう移動中にメキシコシティの空港で倒れ、急逝した。　[賞]舞踊批評家協会賞(第37回, 平成17年度)　[師]師＝土方巽

室伏 稔　むろふし・みのる　伊藤忠商事社長　日本政策投資銀行社長　[没]平成28年(2016)1月27日　84歳〔虚血性心不全〕　[生]昭和6年(1931)9月22日　[出]静岡県駿東郡小山町　[学]東京大学法学部〔昭和31年〕卒　[歴]昭和31年伊藤忠商事に入社。60年取締役、62年常務、平成元年専務を経て、2年社長。昭和61年から伊藤忠アメリカ(ニューヨーク)社長を兼任。平成8年会長職兼務、10年会長職専任。16年相談役。社長として、メディア事業や資源開発へと積極的に投資する一方、バブル経済の崩壊によって不採算となった事業の整理を進めた。19年それまで大蔵省(現・財務省)出身者の指定席であった日本政策投資銀行総裁に民間出身者として初めて就任、20年の株式会社化に伴い同社長。同年の世界金融危機、23年の東日本大震災と、同行が危機対応融資で存在感を発揮した時期に社長を務めた。23年退任。8～12年日本貿易会会長や、東京商工会議所副会頭、APECビジネス諮問委員会日本代表なども務めた。　[賞]藍綬褒章〔平成11年〕, 旭日大綬章〔平成

む

16年〕, 井上春成賞（第15回）〔平成2年〕「版状立体溶接鉄筋の製造及び施工技術」

【め】

銘苅 朝則　めかる・とものり　プリマート創業者　沖縄ジャスコ会長　沖縄県難聴福祉を考える会会長　[没]平成29年（2017）6月3日　88歳〔病気〕　[生]昭和3年（1928）11月4日　[出]沖縄県島尻郡伊是名村　[学]沖縄二中卒　[歴]昭和24年沖縄興業（オキコ）に入社、38年常務や44年沖縄明治乳業専務などを経て、50年スーパーマーケットチェーンのプリマートを創業。平成2年プリマートとジャスコが提携し設立した沖縄ジャスコの会長も務めた。11年プリマートは沖縄ジャスコと合併して琉球ジャスコとなり、23年にはイオン琉球に社名変更した。また、補聴器運動など難聴者の悩みや問題解決に取り組む沖縄県難聴福祉を考える会会長も務め、福祉問題にも取り組んだ。

目黒 幸子　めぐろ・さちこ　女優　[没]平成27年（2015）10月8日　89歳〔骨髄腫と老衰〕　[生]大正15年（1926）8月26日　[出]東京府豊多摩郡和田堀町大字和田（東京都杉並区）　[名]本名＝井上幸子（いのうえ・さちこ）, 旧姓・名＝目黒　[学]共立女子職業学校卒　[歴]三菱鉱業人事課、近代ロマンス社編集部を経て、昭和23年大映に第4期ニューフェイスとして入社。24年「愛染草」で映画デビュー。30年映画助監督であった井上芳夫と結婚、35年夫の監督第1作「あゝ特別攻撃隊」に出演。46年大映倒産後はフリー。大映在籍中の44年、劇団浪曼劇場に参加、48年解散。59年劇団NLTに入団。映画出演作は100本以上で、テレビドラマ「ザ・ガードマン」「特捜最前線」などにも出演した。他の出演作に舞台「クレオパトラ」「浄化」「ヴィーナス観測」「地球は丸い」「ニノチカ」「嫁も姑も皆幽霊」、映画「浅草の肌」「金色夜叉」「赤線地帯」「フリーセックス・十代の青い性」「三婆」「曽根崎心中」、テレビドラマ「特別機動捜査隊」「Gメン'75」などがある。

目黒 士門　めぐろ・しもん　東洋英和女学院大学社会科学部教授　[専]フランス語学, フランス文学　[没]平成27年（2015）11月1日　82歳　[生]昭和8年（1933）9月28日　[学]東北大学文学部フランス文学科〔昭和32年〕卒, 東北大学大学院文学研究科フランス語学仏文学専攻博士課程修了　[歴]岩手大学教授、東洋英和女学院大学教授を務めた。著書に「現代フランス広文典」「標準フランス会話」、訳書にR.ジャカール「内面への亡命」などがある。　[団]日本フランス語フランス文学会

目黒 順三郎　めぐろ・じゅんざぶろう　漆芸家　新潟県展参与　[没]平成28年（2016）8月30日　95歳〔大腸がん〕　[生]大正10年（1921）2月3日　[出]新潟県村上市　[学]村上尋常高小卒　[歴]昭和21年日展に初入選。43年新潟県美術家連盟常任理事、45年新潟県展参与、51年日展会友を務めた。　[団]日本工芸会, 新潟県美術家連盟（名誉会員）

米良 充次　めら・じゅうじ　米良企業グループ創業者　[没]平成29年（2017）7月5日　96歳〔歯肉がん〕　[出]鹿児島県　[歴]陸軍士官学校教官として敗戦を迎え、昭和27年宮崎市で電材卸会社の米良充次商店（現・米良電機産業）を創業。42年には製造会社の共立パネル製作所（現・共立電機製作所）を設立。宮崎商工会議所副会頭、宮崎県更生保護協会理事などを歴任した。　[賞]勲五等旭日双光章〔平成8年〕, 科学技術庁長官賞科学技術振興功績者表彰（第13回）〔平成5年〕　[家]長男＝米良充典（米良電機産業社長）

免出 都司夫　めんで・としお　千葉興業銀行頭取　[没]平成29年（2017）1月4日　84歳〔心不全〕　[生]昭和7年（1932）10月11日　[出]東京都　[学]東京大学経済学部〔昭和30年〕卒　[歴]昭和30年千葉興業銀行に入行。東京事務所長、業務融資各部長を経て、50年取締役、52年常務、60年専務、62年副頭取、平成3年頭取。11年会長。

【も】

毛利 甚八　もうり・じんぱち　作家　漫画原作者　[没]平成27年（2015）11月21日　57歳〔バレット食道がん〕　[生]昭和33年（1958）　[出]長崎県佐世保市　[名]本名＝毛利卓哉（もうり・たくや）　[学]日本大学芸術学部文芸学科卒　[歴]漫画の原作を中心にルポルタージュやインタビューなどを手がけ、昭和61年～平成7年家庭裁判所を舞台にした漫画「家栽の人」（画・魚戸おさむ）の原作を担当して以来、司法を舞台とした執筆活動にも従事。メールマガジン「月刊少年問題」編集長も務め、少年事件や裁判員制度についてメディアで積極的に発言。少年法の厳罰化に反対し、社会全体で少年の更生を考えることを訴えた。26年バレット食道がんと判明、抗がん剤治療を受けながら執筆活動を続け、郷里の長崎県佐世保市で起こった少年事件に関する著書「『家栽の人』から君への遺言―佐世保高一同級生殺害事件と少年法」が遺著となった。他の漫画原作に「たぢからお」「ケントの方舟」「N.Y.の弁慶」「のぞみ」など、著書に「宮本常一を歩く〈上下〉」「裁判官のかたち」「少年院のかたち」「白土三平伝―カムイ伝の真実」「九州独立計画―玄海原発と九州のしあわせ」などがある。

毛利 子来　もうり・たねき　医師　毛利医院院長　[専]小児医療, 予防接種, 育児, 障害児, 教育　[没]平成29年（2017）10月26日　87歳〔慢性心不全〕　[生]昭和4年（1929）11月27日　[出]千葉県船橋市　[学]岡山医科大学〔昭和29年〕卒　[歴]父は開業医で、太平洋戦争敗戦直前にビルマで戦死した。母も亡くしていたことから、戦後は岡山に住んでいた母方の祖父母に育てられ、小児科医の道に進む。診療所勤務を経て、東京・渋谷で小児科医院開業。とくに母子保健と育児、保育の問題を研究し、昭和47年「現代日本小児保健史」を発表。

め

その実践活動として、地域保育おひさまの会を地元で始め、話題となる。平成5年10月より小児科医や養護教師、保健所長らによって創刊された子供の健康誌「ちいさい・おおきい・よわい・つよい」の編集代表。ほかにワクチントーク全国代表、ダイオキシン・環境ホルモン対策国民会議副代表、障害児を普通学校へ全国連絡会世話人、母子保健全国連絡会代表などを歴任した。著書に「赤ちゃんのいる暮らし」「新エミール」「いま、子を育てること」「幼い子のいる暮らし」「育児のエスプリ」「子育ての迷い解決法10の知恵」「ひとりひとりのお産と育児の本」「父親だからできること」「エミールとソフィ」「たぬき先生の人生相談」「えせ医者Mの伝説」、共著に「子どもが子どもだったころ」など。講演活動のほか、テレビ出演も多数。子来（たねき）は本名で、中国の詩経に由来する。 ㊤毎日出版文化賞（第41回）〔昭和63年〕「ひとりひとりのお産と育児の本」 ㊥日本小児科学会，日本小児保健学会 ㊦妻＝毛利敬子（料理教室経営）

毛利 敏彦 もうり・としひこ 大阪市立大学名誉教授 ㊥明治維新政治史・外交史 ㉒平成28年（2016）3月12日 83歳〔腎不全〕 ㊤昭和7年（1932）12月1日 千葉県千葉市 ㊥九州大学法学部〔昭和31年〕卒，九州大学大学院法学研究科公法学専攻〔昭和39年〕博士課程修了 法学博士（九州大学）〔昭和44年〕 ㊦九州大学助手，九州工業大学助教授を経て，昭和50年大阪市立大学教授に就任。法学部長、都市問題資料センター所長などを歴任し，名誉教授。のち，広島市立大学教授，平成15年退任。著書に「明治維新政治史序説」「大久保利通」「明治六年政変の研究」「明治六年政変」「江藤新平」「岩倉具視」「明治維新の再発見」「台湾出兵」「明治維新政治外交研究」「幕末維新と佐賀藩」などがある。 ㊥明治維新史学会，明治維新研究会

最上 進 もがみ・すすむ 参議院議員（自民党） ㉒平成27年（2015）4月15日 73歳〔病気〕 ㊤昭和16年（1941）7月23日 群馬県 ㊥旧姓・名＝佐藤 慶應義塾大学法学部政治学科〔昭和42年〕卒 ㊦昭和42年以来群馬県議2期を経て，49年参院選群馬選挙区で当選，2期務めた。法務政務次官，参院外務委員長を歴任。平成元年落選。5年衆院選、7年群馬県知事選、8年衆院選、12年衆院選に立候補した。 ㊥旭日重光章〔平成23年〕 ㊦実父＝佐藤勇（月島倉庫副社長）、養父＝最上政三（衆院議員）、養母＝最上英子（政治家）、弟＝佐藤国雄（群馬県議）

茂木 瓊子 もぎ・けいこ 茂木本家美術館館長 ㉒平成28年（2016）10月12日 73歳〔心不全〕 ㊤昭和18年（1943）8月26日 ㊥聖心女子大学卒 ㊦夫＝茂木七左衛門（13代目）、父＝茂木七左衛門（12代目）

茂木 信三郎 もぎ・しんざぶろう マンズワイン社長 キッコーマン執行役員 ㉒平成29年（2017）10月10日 70歳〔急性骨髄性白血病〕 ㊤昭和22年（1947）6月17日 千葉県 ㊥慶應義塾大学商学部〔昭和45年〕卒 ㊦昭和45年キッコーマン醤油（現・キッコーマン）に入社。59年〜平成13年米国やドイツの海外拠点に勤務し，各地でしょうゆの普及などにあたった。17年同社執行役員。23年からは子会社のマンズワイン社長を務め、プレミアム日本ワインのシリーズ「ソラリス」の販売拡大に取り組んだ。

茂木 俊彦 もぎ・としひこ 東京都立大学総長・名誉教授 桜美林大学名誉教授 ㊥教育心理学，障害児心理学 ㉒平成27年（2015）9月25日 72歳〔肺がん〕 ㊤昭和17年（1942）10月13日 群馬県前橋市 ㊥東京大学教育学部教育心理学科〔昭和41年〕卒，東京大学大学院教育学研究科教育心理専攻〔昭和45年〕博士課程中退 ㊦昭和48年広島大学教育学部東雲分校助教授、53年立正大学文学部助教授、56年東京都立大学人文学部助教授を経て，教授。平成15〜17年同大最後の総長を務め，石原慎太郎東京都知事が進めた都立4大学の廃止と首都大学東京の設置に対して「トップダウンの強行はきわめて遺憾」とする抗議声明を出した。のち桜美林大学教授。22年から民主教育研究所代表運営委員。この間、昭和62年全国障害者問題研究会全国委員長に就任。著書に「障害児と教育」「障害児の発達と保育」「教育実践に共感と科学を」「都立大学に何が起きたのか—総長の2年間」「障害児教育を考える」などがある。 ㊥学校心理士 ㊦日本特殊教育学会，日本健康心理学会

茂串 俊 もぐし・たかし 内閣法制局長官 ㉒平成28年（2016）12月29日 96歳〔肺炎〕 ㊤大正9年（1920）10月26日 ㊥東京都 ㊦浦和高文科〔昭和16年〕卒，東京帝国大学法学部政治学科〔昭和19年〕卒 ㊦学徒出陣で海軍に応召。台湾から復員し，昭和22年大蔵省（現・財務省）に入省。43年大阪税関長、44年官房審議官を経て，46年内閣法制局第三部長に転じ，51年第一部長、54年次長、58年長官。61年7月退官し，12月地域振興整備公団総裁に就任。平成3年野村証券特別参与。 ㊥勲一等瑞宝章〔平成4年〕

望月 重 もちずき・しげる 東京都市大学名誉教授 ㊥建築構造学 ㉒平成27年（2015）4月22日 84歳 ㊤昭和6年（1931）2月5日 静岡県三島市 ㊥早稲田大学理工学部建築学科〔昭和29年〕卒，早稲田大学大学院理工学研究科建築専攻〔昭和40年〕博士課程修了 工学博士（早稲田大学）〔昭和42年〕 ㊦昭和31年武蔵工業大学（現・東京都市大学）助手、33年講師、37年助教授を経て，46年教授、平成13年名誉教授。この間、昭和44年より1年間コロンビア大学（ニューヨーク市）に留学。 ㊥プレストレストコンクリート技術協会賞（論文部門、第26回、平成10年度）「PC鋼棒を用いて梁に圧着されたプレキャスト壁パネルの力学に関する実験的研究」〔協会誌第40巻1号〕、日本コンクリート工学協会論文賞（平成11年度）「梁に圧着接合したプレキャスト壁パネル付き耐震壁のせん断抵抗機構に関する研究」、日本建築学会教育賞（教育業績）〔平成19年〕「著書と訳書を通じてわが国の構造教育の革新に及ぼした一連の業績」 ㊦1級建築士 ㊦日本建築学会、地震学会、日本コンクリート工学協会、American Concrete Institute

望月 武 もちずき・たけし 脚本家 ㉒平成27年（2015）5月14日 46歳〔急性心筋梗塞〕 ㊤昭和43年（1968）㊥静岡県富士市 ㊦27歳のときに脚本家を志して上京。平成10年「フレンチポテトカップ」で読売テレビシナリオ大賞を受賞、11年シナリオ作家協会新人シナリオコンクールで入選。20年社会派ミステリー

小説「テネシー・ワルツ」で横溝正史ミステリ大賞テレビ東京賞を受賞した。アニメ「名探偵コナン」「花田少年史」などの脚本を手がけた。 [賞]読売テレビシナリオ大賞〔平成10年〕「フレンチポテトカップ」，横溝正史ミステリ大賞テレビ東京賞〔平成20年〕「テネシー・ワルツ」 [団]日本シナリオ作家協会

望月 照夫 もちずき・てるお 剣道家 静岡県剣道連盟会長 富士アセチレン工業社長 [没]平成27年（2015）6月28日 69歳〔病気〕 [生]昭和21年（1946）1月3日 [出]静岡県静岡市 [学]明治大学商学部〔昭和42年〕卒 [歴]平成15年静岡国体で剣道競技の実行委員長を務めた。国体の剣道総監督などを歴任した後、25年静岡県剣道連盟会長に就任。富士アセチレン工業社長も務めた。

望月 三起也 もちずき・みきや 漫画家 [没]平成28年（2016）4月3日 77歳〔肺腺がん〕 [生]昭和13年（1938）12月16日 [出]神奈川県横浜市 [名]筆名＝M・ハスラー（まっどはすらー） [学]神奈川工建築科〔昭和32年〕卒 [歴]昭和32年高校を卒業して建築会社に勤めたが、漫画家の夢を諦めきれずに1年で退社。35年「少年クラブ」掲載の短編「特ダネを追え」で漫画家デビュー。堀江卓、吉田竜夫のアシスタントを経て、37年「少年画報」に「ムサシ」を連載。40年から「少年キング」に連載した「秘密探偵JA」が出世作となり、44年から同誌でスタートしたオートバイアクション漫画「ワイルド7」は人気を呼んで連載は10年間に及び、実写ドラマ化もされた。43年にはM・ハスラー名義で「ヤングコミック」に「狂い犬（マッド・ドッグ）」を連載、青年誌にも進出した。大のサッカーファンとしても知られ、芸能人サッカーチーム、ザ・ミイラを率いた他、平成6年には毎日新聞別刷「日曜くらぶ」にコラム「Jリーグ ゴール裏」を連載した。他の作品に「ヘイ!!お町」「OH！ 刑事パイ」「ジャパッシュ」「優しい鷲JJ」などがある。 [賞]少年画報出版文化賞〔昭和48年〕「ワイルド7」，週刊少年ジャンプ愛読賞（第1回）〔昭和48年〕「ダンダラ新撰組」，日本漫画家協会賞特別賞（第45回）〔平成28年〕「『ワイルド7R』ほか全作品」

望月 稔 もちずき・みのる 俳人 [没]平成28年（2016）8月16日 90歳 [生]大正14年（1925）9月28日 [出]山梨県中巨摩郡白根町（南アルプス市） [学]山梨青年師範〔昭和23年〕卒，早稲田大学第二文学部〔昭和28年〕卒，早稲田大学大学院文学研究科心理学専攻〔昭和31年〕修士課程修了，日本大学文理学部卒 [歴]昭和22年「雲母」に入会、飯田蛇笏・龍太父子の選を受ける。26年上京して「風花」に入会、中村汀女に師事。48年「風花」同人。句集に「踏青」「夕富士」がある。 [団]俳人協会 [師]師＝中村汀女

持永 和見 もちなが・かずみ 衆院議員（自民党） 社会保険庁長官 [没]平成29年（2017）9月3日 90歳〔心不全〕 [生]昭和2年（1927）7月1日 [出]東京都 [学]東京大学法学部政治学科〔昭和28年〕卒 [歴]父は北海道庁長官や衆院議員を務めた持永義夫。昭和28年厚生省（現・厚生労働省）に入省。55年援護局長、56年薬務局長、58年社会局長、59年社会保険庁長官を歴任して、60年退官。61年旧宮崎2区から衆院議員に当選。小選挙区制導入後は宮崎3区から当選。連続5期務め、平成15年引退。宮沢派、加藤派を経て、堀内派。血液製剤による薬害エイズ問題では、非加熱血液製剤の継続使用の方針が決まった当時の薬務局長であったことから、8年に責任が追及された。 [家]長男＝持永哲志（経済産業省技術振興課長），父＝持永義夫（北海道開発庁長官）

本岡 昭次 もとおか・しょうじ 参院議員（民主党） [没]平成29年（2017）4月10日 86歳 [生]昭和6年（1931）3月18日 [出]兵庫県神戸市 [学]兵庫師範予科卒 [歴]兵庫県教組委員長、兵庫県総評議長などを経て、昭和55年参院選兵庫選挙区から社会党公認で当選。平成7年離党、参議院フォーラムを経て、民改連に入る。10年4月民主党に参加。13年参院副議長。4期務めた。16年引退。民主党兵庫県連の初代代表を務めた。戦後補償の問題や、阪神・淡路大震災の被災者支援にも取り組んだ。 [賞]旭日大綬章〔平成15年〕

元木 栄一 もとき・えいいち 岩手銀行常務 [没]平成27年（2015）10月27日 86歳〔急性心不全〕 [生]昭和4年（1929）3月5日 [出]岩手県 [学]東京大学法学部〔昭和28年〕卒 [歴]岩手銀行常務を務めた。

元倉 真琴 もとくら・まこと 建築家 スタジオ建築計画主宰 東京芸術大学名誉教授 [没]平成29年（2017）11月16日 71歳〔病気〕 [生]昭和21年（1946）4月5日 [出]千葉県 [学]東京芸術大学美術学部建築科〔昭和44年〕卒，東京芸術大学大学院建築専攻〔昭和46年〕修了 [歴]槇文彦の槇総合計画事務所を経て、昭和51年エム工房設立、55年元倉建築設計を設立、61年スタジオ建築計画と改称。平成7年熊本市の「熊本県営竜蛇平団地」で日本建築学会賞を受賞。10年東北芸術工科大学環境デザイン学科教授、20年東京芸術大学美術学部建築科教授、26年名誉教授。ほかの作品に「朝倉山荘」「NOEビル」「星龍庵」「FH・HOYA-II」「福岡大学A棟」「朝日町エコミュージアムコアセンター」など、著書に「アーバン・ファサード」「集まって住む」などがある。 [賞]東京建築士会住宅建築賞金賞（第9回）〔平成5年〕「星龍庵」，日本建築学会賞作品部門〔平成7年〕「熊本県営竜蛇平団地」，東京建築賞優秀賞〔平成9年〕「FH・HOYA-II」，日本建築士会連合会賞優秀賞〔平成9年〕「FH・HOYA-II」，日本建築学会建築選集〔平成10年〕「FH・HOYA-II」，日本建築学会作品選奨〔平成12年〕「福岡大学A棟」，日本建築学会東北建築賞作品賞〔平成14年〕「朝日町エコミュージアムコアセンター創遊館」，日本建築学会作品選奨〔平成14年〕「朝日町エコミュージアムコアセンター創遊館」グッドデザイン金賞〔平成17年〕「東雲キャナルコートCODAN6街区」，グッドデザイン賞〔平成22年〕「プラウドフラット新宿御苑」

元田 三男 もとだ・みつお 奈良県議（自民党） [没]平成29年（2017）10月25日 85歳 [生]昭和7年（1932）7月30日 [出]奈良県 [学]日本工業学校電気科卒 [歴]昭和48年から奈良県香芝町議。62年奈良県議に当選、3期務める。平成11年落選。 [賞]旭日小綬章〔平成15年〕

本橋 保正 もとはし・やすまさ 杉並区長 [没]平成27年（2015）9月21日 94歳〔心不全〕 [生]大正10年（1921）3月7日 [出]東京都杉並区 [学]明治大学専門部〔昭和17年〕卒 [歴]杉並区総務部長、収入役、昭和58

も

年助役を経て、平成7年区長に当選。11年落選。 勲四等瑞宝章〔平成15年〕

本村 義雄 もとむら・よしお　口演童話家　「くまごろう号」主宰　北九州市児童文化科学館館長　⊗平成27年（2015）8月4日　85歳〔肺炎〕　⊕昭和5年（1930）⊕沖縄県宮古郡多良間村　⊕小倉師範（現・福岡教育大学）〔昭和24年〕卒　⊕小倉師範で童話作家の阿南哲郎、久留島武彦に出会い口演童話に開眼。小学校教師を経て、八幡市（現・北九州市）職員となり、市教育委員会青少年課長やかぐめよし少年自然の家所長など社会教育畑を歩く。子供の教育に暖かさが感じられなくなったことを嘆き、全国巡回童話の旅に出ることを決意。定年まで3年を残して、北九州市児童文化科学館長を退職。昭和60年からバスを改造した宿舎兼舞台の「くまごろう号」に乗り、予約なしで全国各地の幼稚園などを訪問、児童・園児に口演童話や紙芝居、ゲームを届けて歩いた。平成15年10月には5度目の日本一周を達成、生涯に訪問した市町村は約1340、公演回数は6400回を数えた。児童文学の語り部として"くまごろうおじさん"の愛称で広く知られ、著書に「走れ！くまごろう」「くまごろう旅を行く」などがある。⊕九州童話賞（第2回）、久留島武彦文化賞（第28回）〔昭和63年〕、西日本文化賞（第3回）、吉川英治文化賞（第40回）〔平成18年〕『くまごろう』を通し全国で口演童話活動」　⊕北九州児童文化連盟

元持 勝利 もともち・かつとし　岩手トヨペット社長　盛岡商工会議所会頭　岩手県商工会議所連合会会長　⊗平成28年（2016）5月19日　73歳〔多臓器不全〕　⊕昭和18年（1943）4月10日　⊕岩手県釜石市　⊕日本大学経済学部〔昭和41年〕卒　⊕岩手トヨペットを経て、昭和45年岩手トヨペット取締役に就任、61年から社長。ネッツトヨタ岩手会長なども務めた。平成22〜25年岩手県商工会議所連合会会長、盛岡商工会議所会頭を兼任。24年設立の岩手県国際リニアコライダー（ILC）推進協議会の初代会長を25年まで務めた。岩手県公安委員なども歴任した。　⊕藍綬褒章〔平成15年〕、旭日小綬章〔平成26年〕、岩手県勢功労者〔平成27年〕

元持 昌之 もともち・まさゆき　映画プロデューサー　⊗平成27年（2015）9月15日　68歳　⊕昭和22年（1947）1月4日　⊕京都府　⊕多摩美術大学彫刻科〔昭和45年〕卒　⊕昭和42年表現社助監督、52年大島渚プロダクション制作部に所属。54年フリーとなり大映作品でプロデューサーとなる。森田芳光監督の映画「武士の家計簿」でプロデューサーを務めたほか、篠田正浩監督「鑓の権三」や大島渚監督作品などに携わった。

本山 博 もとやま・ひろし　神官　超心理学者　玉光神社名誉宮司　宗教心理学研究所所長　本山生命物理学研究所所長　⊕東西神秘思想、東洋医学、生理心理学、生命物理学　⊗平成27年（2015）9月19日　89歳〔老衰〕　⊕大正14年（1925）12月15日　⊕香川県小豆郡土庄町　⊕東京文理科大学哲学科〔昭和26年〕卒、東京文理科大学大学院生理心理学哲学専攻〔昭和31年〕博士課程修了　文学博士〔昭和37年〕　⊕昭和35年宗教心理学研究所を設立、所長。37年米国デューク大学

客員研究員兼講師、44年アンドラ大学（インド）大学院客員教授、52年イタリア学士院アカデミア・チベリナ正会員、54年オーハイ大学（米国）客員教授、58年ヒンズー大学医学部ヨガ研究センター海外委員などを務める。平成3年南カリフォルニア大学大学院（SCI）日本校を設立、学長。4年カリフォルニア・ヒューマンサイエンス大学院（CIHS）を創設、学長。5年SCI日本校をCIHS日本校に改称。6年本山人間科学大学院日本センター（MIHS）を設立、学長。この間、超心理学を電気生理学の面から研究し、昭和51年ヨガ行者の心臓鼓動停止能力を実証、60年霊能力者から出た光のビデオ撮影に世界で初めて成功した。著書に「宗教経験の世界」「フィリピン心霊手術調査行」「催眠現象と宗教経験」「心の確立と霊性の開発」などがある。⊕東京文理科大学記念賞〔昭和33年〕「東西神秘思想の研究」、J.B.ライン博士生誕百年記念賞〔平成8年〕　⊕日本宗教学会、日本心理学会、国際宗教・超心理学会、日本ストレス学会　⊗二男=本山一博（玉光神社宮司）

元吉 準 もとよし・じゅん　剣道家（範士8段）　空手家　茂原武道館館長　⊗平成27年（2015）9月3日　91歳〔肺炎〕　⊕剣道の範士8段で、全日本空手道連盟和道会8段でもあった。

本禄 哲英 もとろく・てつえい　北広島市長　⊗平成29年（2017）12月29日　87歳　⊕昭和5年（1930）10月1日　⊕北海道天塩郡天塩町　⊕中央大学法学部〔昭和31年〕卒　⊕昭和31年北海道宗谷支庁に入庁。北海道庁総務部職員厚生課長、地方課長、地方振興室長、民生部次長、札幌医科大学事務局長を経て、58年北海道知事室長、平成5年北海道北広島町長に当選。8年市制が施行され北広島市の初代市長に就任。3期務め、17年引退した。　⊕旭日小綬章〔平成18年〕

百井 盛 ももい・さかり　世界最高齢の男性（112歳）　⊗平成27年（2015）7月5日　112歳〔慢性腎不全〕　⊕明治36年（1903）2月5日　⊕福島県相馬郡石神村（南相馬市）　⊕福島師範卒　⊕戦前、朝鮮の平壌で教員を務めたが、戦争で帰国。戦後、福島県の教員となり、東白川農高塙分校主事を経て、昭和23年新設の塙高校長に就任。26年退任後は埼玉県に移り、与野高校や与野商工会議所専務理事を務めた。平成25年7月110歳で男性の長寿日本一となり、111歳の26年8月、ギネスブックに男性長寿世界一と認定された。27年7月112歳で亡くなった。

百瀬 皓 ももせ・あきら　医師　臨床眼科研究所所長　桐生厚生総合病院副院長　⊕眼科学　⊗平成27年（2015）11月27日　86歳　⊕昭和4年（1929）　⊕東京都　⊕大阪大学医学部〔昭和25年〕卒　医学博士　⊕母方は元禄時代から代々医師で、父方も医師の多い医家の名門に育つ。昭和26年奈良県立医科大学助手、30年名古屋大学眼科学教室入局、33年桐生厚生総合病院眼科部長を経て、42年副院長。53年臨床眼科研究所所長、平成5年同理事長。我が国の近視手術のパイオニアで、国内で初めて放射状角膜切開術を行った。昭和60年世界で2人目となる世界眼内レンズ学会のドクター・シバレディ金メダルを受けた。平成11年世界に亡くなったスリランカのジュニアス・リチャード・ジャヤワルデネ元大統領の角膜を、89歳の日本人女性に移植した。著書に「眼が悪いと頭も悪くなる」「眼はここ

までよくなる」「近視と近視手術」などがある。 [賞]ドクター・シバレディ・金メダル（世界眼内レンズ学会）〔昭和60年〕 [団]日本眼科学会, 日本眼内レンズ学会, アジア太平洋眼内レンズ学会

百瀬 修 ももせ・おさむ 長瀬産業専務 [没]平成29年(2017) 2月12日 82歳〔肺炎〕 [生]昭和9年(1934) 2月15日 [出]愛知県 [学]名古屋大学工学部〔昭和32年〕卒 [歴]昭和32年長瀬産業に入社。62年取締役、平成3年常務を経て、専務。

百瀬 明治 ももせ・めいじ 作家 「歴史と文学」編集長 [専]日本史, 歴史文学 [没]平成28年(2016) 10月26日 75歳〔呼吸不全〕 [生]昭和16年(1941) 1月2日 [出]長野県松本市 [学]京都大学文学部史学科〔昭和39年〕卒 [歴]「表象」同人。昭和46～56年季刊「歴史と文学」の編集に携わり、後半は編集長を務める。のち歴史全般を対象とした著述業。著書に「みちたりて明日」「日蓮の謎」「暗殺の歴史」「日本型リーダーの魅力」「『軍師』の研究」「『適塾』の研究」「平安世紀末考」「名僧人物伝」などがある。 [団]日本文芸家協会, 日本ペンクラブ

森 甲成 もり・かつなり 十八銀行専務 [没]平成28年(2016) 11月28日 59歳〔飛び降り自殺〕 [生]昭和32年(1957) 6月13日 [出]長崎県 [学]九州大学法学部〔昭和55年〕卒 [歴]昭和55年十八銀行に入行。平成23年取締役を経て、専務。

森 清夫 もり・きよお 森薬品社長 [没]平成27年(2015) 5月9日 83歳〔病気〕 [生]昭和7年(1932) 3月10日 [出]宮崎県都城市 [学]中央大学経済学部〔昭和30年〕卒 [歴]昭和30年森薬品（現・九州東邦）に入社。40年取締役、53年副社長を経て、63年社長。宮崎市教育委員長、宮崎市体育協会会長、宮崎県レクリエーション協会会長、宮崎県医薬品卸業協会会長などを歴任した。 [賞]勲四等瑞宝章〔平成15年〕

森 清 もり・きよし 上組専務 [没]平成28年(2016) 9月30日 82歳〔間質性肺炎〕 [生]昭和9年(1934) 2月9日 [出]兵庫県 [学]姫路東高〔昭和27年〕卒 [歴]昭和32年上組に入社。平成元年取締役、5年常務を経て、9年専務。

森 清史 もり・きよし 旅館業 銀閣経営者 インターナショナルアカデミー館長 [没]平成29年(2017) 7月26日 66歳 [生]昭和25年(1950) [出]京都府京都市 [学]昭和薬科大学薬学部卒 [歴]病院に薬剤士として勤務した後、24歳の時に米国コロンビア大学薬学部聴構生となり、3年後帰国。もともと芸術に関心があり、シカゴなどからポスターを仕入れるバイヤーとなった。その後、母方の旅館銀閣を継ぐ一方、京都市内で画廊「スタジオm」を主宰。昭和59年にはアートや広告を学ぶインターナショナルアカデミー（インアカ）を京都で開校。同校はカルチャースクールの草分けともいわれ、平成10年九州校も開校。24年にインアカが休校になってからも、毎年夏銀閣にサブカルチャーの最先端で活躍する講師たちを招いてインアカ・トークセッション寺子屋を開催。29年の開催準備を始めた直後に倒れ、急逝した。

森 健一 もり・けんいち 東北学院大学名誉教授 [専]社会保障論 [没]平成28年(2016) 3月4日 86歳 [生]昭和4年(1929) 4月23日 [出]宮城県仙台市 [学]東北学院大学文経学部経済学科〔昭和29年〕卒 [歴]昭和32年東北学院大学経済学部講師を経て、44年教授。47年宮城県教育委員となり、62～63年委員長。社会保障に関して造詣が深く、宮城県の長寿社会対策会議や社会福祉審議会の委員の他、託老システムの研究・開発など福祉関係の仕事を多く手がけた。著書に「社会政策講議」「社会保障論」などがある。 [賞]瑞宝中綬章〔平成21年〕 [団]社会政策学会, 日本社会福祉学会, 日本年金学会

森 健志郎 もり・けんしろう 高知新聞東京支社次長・編集部長 高知県立坂本龍馬記念館館長 [没]平成27年(2015) 11月2日 73歳〔胸部大動脈瘤破裂〕 [生]昭和16年(1941) 11月8日 [出]中国河北省張家口 [学]立命館大学文学部卒 [歴]昭和40年高知新聞社に入社。社会部副部長、幡多支社長、編集局編集委員、社会部長、学芸部長、東京支社次長兼編集部長を歴任。平成14年定年退職。編集委員時代の昭和61年、連載「生命は守られているか」を企画。水難障害児や未熟児ら命を守る闘いのルポは大きな反響を呼び、難病患者を支援する“生命の基金”発足のきっかけとなった。63年の高知学芸高校上海修学旅行列車事故の際には社会部長として取材の陣頭指揮にあたった。平成17年高知県立坂本龍馬記念館の2代目館長に就任。以来、龍馬の思想を現代に生かす現代龍馬学会の設立や龍馬をテーマにした米国の高校生との交流など、多彩な角度から発信を続けた。26年には坂本龍馬の代理人としてハプスブルク家の平和の炎賞を受賞した。 [賞]平和の炎賞（ハプスブルク家）〔平成26年〕

森 早苗 もり・さなえ 大同メタル工業専務 [没]平成27年(2015) 12月24日 92歳 [生]大正12年(1923) 6月1日 [出]愛知県 [学]名古屋高工航空工学科〔昭和18年〕卒, 名古屋大学工学部機械工学科〔昭和24年〕卒 [歴]昭和18年海軍技術将校。22年自転車検査協会、25年荒井製作所などを経て、27年大同メタル工業に入社、44年取締役、48年常務、59年専務を歴任した。

森 茂 もり・しげる 熊本日日新聞常務 [没]平成27年(2015) 6月18日 86歳〔老衰〕 [生]昭和3年(1928) 8月28日 [出]熊本県飽託郡北部町（熊本市） [学]早稲田大学第二法学部〔昭和28年〕卒, 早稲田大学大学院法律研究科〔昭和30年〕修了 [歴]昭和30年熊本日日新聞社に入社。43年政治部副部長、46年社長室企画部長、47年営業局販売部長、52年販売局長、54年監査役、56年取締役東京支社長、57年取締役販売・事業担当、60年常務。平成元年退任。 [賞]日本新聞協会賞（昭和58年度）「新聞販売店経営の近代化」 [家]長男＝森和博（共同通信札幌支社編集部長）

森 シノ もり・しの アナウンサー 世界最高齢の女子アナウンサー [没]平成27年(2015) 8月23日 111歳〔老衰〕 [生]明治36年(1903) 11月9日 [出]熊本県上天草市松島町 [歴]24歳の時に結婚して5人の子供をもうけたが、32歳の時に夫と死別。その後は農業を営みながら、女手一つで子供たちを育てた。102歳だった平成18年、インターネット放送局・天草テレビの女子アナウンサーに採用され、海外メディアにも“世界最高齢の女子アナウンサー”として紹介された。天真爛漫な人柄と笑顔、天草弁で人気を集め、“シノちゃん”の

愛称でお茶の間に親しまれた。20年には天草市を訪れた麻生太郎首相にもインタビューし、23年5月には東日本大震災の被災者に応援メッセージを送った。26年11月の誕生日の出演が最後となった。

森 常治　もり・じょうじ　早稲田大学名誉教授　[専]現代英米文学批評, 比較文学　[没]平成27年(2015)2月23日　83歳　[生]昭和6年(1931)4月17日　[出]埼玉県大宮市(さいたま市)　[学]早稲田大学文学部〔昭和31年〕卒, 早稲田大学大学院文学研究科〔昭和36年〕博士課程修了　[歴]森鷗外の長男である森於菟の五男で、鷗外の孫にあたる。昭和36年学習院大学講師、38年早稲田大学講師を経て、46年教授。この間、45〜46年米国インディアナ州アーラム大学交換教授、49年9月から2年間早稲田大学語学研究所所長。著書に「日本の幽霊の解放」「文学記号の空間」「脱出の技術としての批評」「都市・記号の肖像」「台湾の森於菟」、詩集に「トーテム」「埋葬旅行」、訳書にケネス・バーク「動機の文法」などがある。　[賞]平林たい子文学賞(評論部門, 第15回)〔昭和62年〕「文学記号の空間」　[団]日本イエイツ学会, 日本記号学会, 日本文芸家協会, 日本詩人クラブ　[家]父＝森於菟(解剖学者・随筆家), 祖父＝森鷗外(小説家・評論家・陸軍軍医)

森 松平　もり・しょうへい　料理人　ふるさと料理杉の子店主　[専]日本料理　[没]平成29年(2017)3月26日　78歳〔大腸がん〕　[生]昭和13年(1938)　[出]鹿児島県枕崎市　[学]早稲田大学第一文学部〔昭和36年〕中退　[歴]昭和36年料理修行を始め、45年宮崎市に郷土料理店「ふるさと料理 杉の子」を開店。土地の旬の素材をその土地の料理法で味わう"土産土法"を追究し、「冷や汁」をはじめとする郷土料理の研究でも知られた。同店は宮崎県を代表する料理店に成長、その料理はJR九州の豪華寝台列車「ななつ星in九州」で提供される昼食にも選ばれた。63年国際観光日本レストラン協会理事、平成12年常務理事、28年顧問。著書に「宮崎はるあき」「宮崎はうまい」「みやざき旬の味ごよみ」などがあり、「黒潮の恵み」は宮日出版文化賞を受けた。また、俳人の種田山頭火に傾倒、7年に宮崎市で開催された第4回全国山頭火フェスタでは実行委員長を務めた。　[賞]旭日双光章〔平成24年〕, 宮日出版文化賞(第6回)「黒潮の恵み」

森 慎二　もり・しんじ　プロ野球選手　[没]平成29年(2017)6月28日　42歳〔多臓器不全〕　[生]昭和49年(1974)9月12日　[出]山口県岩国市　[学]岩国工〔平成5年〕卒　[歴]山口・岩国工では怪我が多く甲子園出場経験もなし。平成5年新日鉄光に入社。同野球部の休部に伴い、6年新日鉄君津(現・新日鉄住金かずさマジック)に移籍。8年都市対抗では未勝利だったチームをベスト8まで進出させ、優秀選手賞を受賞。9年西武を逆指名してドラフト2位で入団。189センチの長身を生かした速球を武器に、1年目からリリーフ投手として6勝9セーブを挙げる。12年よりチームの守護神として活躍。14年リーグ最多の71試合に登板し、最優秀中継ぎ投手を獲得するなどリーグ優勝に貢献。15年2年連続最優秀中継ぎ投手を獲得。18年ポスティングシステムを利用して大リーグのデビルレイズ(現・レイズ)に入団するが、3月マイナーリーグのオープン戦で利き腕の右肩を脱臼。復帰を目指し治療に専念するも、メジャーの公式戦で一度も登板することはなかった。21年独立リーグ、ベースボール・チャレンジ・リーグ(BCリーグ)の石川ミリオンスターズコーチ兼選手となり、22年監督。25年シーズン途中で兼任監督として現役復帰し、26年まで務めた。プロ通算成績は、実働9年、431試合登板、44勝44敗50セーブ、防御率3.39。27年古巣・西武の二軍コーチとなり、NPBに復帰。28年より一軍投手コーチを務めていたが、29年42歳の若さで急死した。

森 泰助　もり・たいすけ　神戸製鋼所副会長　[没]平成29年(2017)7月31日　96歳〔造血器腫瘍〕　[生]大正9年(1920)11月11日　[出]東京都　[学]東京商科大学(現・一橋大学)〔昭和18年〕卒　[歴]木下産商経理部長を経て、昭和40年神戸製鋼所に転じ、47年取締役、常務、52年専務、54年副社長、58年副会長を歴任。62年相談役に退いた。　[賞]藍綬褒章〔昭和60年〕, 勲三等旭日中綬章〔平成4年〕

森 泰長　もり・たいちょう　僧侶(真言宗)　東寺執事長　[没]平成28年(2016)2月21日　67歳〔虚血性心疾患〕　[出]大分県豊後大野市朝地町　[歴]昭和47年東寺(教王護国寺)に入山。同寺公室長、総務部長を経て、平成16年執事長に就任。京都仏教会理事も務めた。

森 保　もり・たもつ　安田火災海上保険常務　[没]平成28年(2016)11月25日　82歳〔虚血性心不全〕　[生]昭和9年(1934)11月20日　[学]慶応義塾大学〔昭和32年〕卒　[歴]昭和32年安田火災海上保険(現・損保ジャパン日本興亜)に入社。63年取締役を経て、平成3年常務。

森 千枝　もり・ちえ　詩人　[没]平成27年(2015)3月2日　97歳〔脳梗塞〕　[生]大正6年(1917)　[出]長崎県長崎市　[名]本名＝平手千枝(ひらて・ちえ)　[歴]昭和13年同人誌「龍舌蘭」の創刊に参加、平成18年より同誌発行人を務めた。16年には宮崎日日新聞に自分史「土の器」を80回連載した。詩集に「埋火」「つぶやき」「天気図」、随筆集に「小さな独白(ものろーぐ)」などがある。　[賞]宮日出版文化賞(第8回)「小さな独白(ものろーぐ)」

森 紀郎　もり・としお　日興証券専務　東京証券副社長　[没]平成27年(2015)5月28日　81歳〔肝臓がん〕　[生]昭和8年(1933)9月5日　[出]愛知県岡崎市　[学]早稲田大学商学部〔昭和31年〕卒　[歴]昭和31年日興証券(現・SMBC日興証券)に入社。パリ駐在員事務所長、ニューヨーク店長、証券引受部長を経て、55年取締役、57年常務、61年専務。平成2年東京証券(現・東海東京フィナンシャル・ホールディングス)副社長に転じた。7年退任。この間、3〜5年東京証券経済研究所社長を兼務。5年退任。

森 一　もり・はじめ　福島県立医科大学名誉教授　[専]動物発生学　[没]平成28年(2016)1月25日　91歳〔老衰〕　[生]大正13年(1924)3月25日　[出]福島県　[学]東北大学理学部生物学科卒　医学博士　[歴]福島県立医科大学教授を務めた。　[賞]勲三等瑞宝章〔平成14年〕

森 治美　もり・はるみ　脚本家　森組芝居主宰　[専]舞台・映像ドラマ・オーディオドラマなどの脚本執筆, 脚本論, 脚本の書き方　[没]平成29年(2017)2月6日　69歳〔肺がん〕　[生]昭和22年(1947)12月14日　[出]奈良県天

理市　[名]本名＝米廣治美（よねひろ・はるみ），旧姓・名＝高木治美（たかぎ・はるみ），森治美（もり・はるみ）　[学]市邨学園短期大学〔昭和43年〕卒　[歴]若尾総合舞台で舞台照明の仕事に従事後、劇団文学座附属演劇研究所（第9期生）を経て、同劇団演出部研究生。昭和56年戯曲「じ・て・ん・しゃ」で文化庁舞台芸術創作奨励特別賞を受賞。57年NHKラジオ「ふたりの部屋・マンハッタンストーリー」でデビュー。以来、舞台・テレビ・ラジオなどの脚本を執筆。森組芝居を主宰し、日本脚本家連盟理事、日本放送作家協会理事、日本大学芸術学部放送学科非常勤講師、昭和女子大学短期大学部文化創造学科非常勤講師を務めた。著書に「ドラマ脚本の書き方」「じ・て・ん・しゃ/暦のなかの電話」「読んで演じたくなるゲキの本（中学生版・海の衣を纏う日）」「読んで演じたくなるゲキの本（高校生版・迷い星）」がある。　[賞]名古屋タイムズ少年少女賞〔昭和37年〕，舞台芸術創作奨励賞特別賞（第3回，昭和55年度）「じ・て・ん・しゃ」，文化庁芸術作品賞（平成3年度）「極楽蜻蛉—家の贈物」（原作：加藤幸子，文化放送スペシャルドラマ），ギャラクシー奨励賞（平成5年度）「川のある風景」（文化放送スペシャルドラマ）　[団]日本脚本家連盟，日本放送作家協会，日本演劇協会，日本劇作家協会

森 春光　もり・はるみつ　九州石油専務　[没]平成27年（2015）1月6日　91歳〔間質性肺炎〕　[生]大正12年（1923）4月27日　[出]福岡県　[学]九州帝国大学法文学部〔昭和21年〕卒　[歴]昭和22年福岡合板、25年日本実業、33年木下商店を経て、36年九州石油（現・JXTGエネルギー）に入社。48年取締役、50年常務、60年専務を歴任した。

森 裕晃　もり・ひろあき　モリリン社長　[没]平成27年（2015）3月29日　90歳〔老衰〕　[生]大正13年（1924）9月18日　[出]愛知県一宮市　[名]本名＝森晃（もり・あきら）　[学]高岡高商〔昭和19年〕卒　[歴]昭和21年繊維専門商社の森林（現・モリリン）に入社、戦災で焼かれた店の再建に努める。31年常務、42年専務を経て、57年社長。63年会長。　[家]兄＝森一成（モリリン社長）

森 ヒロコ　もり・ひろこ　版画家　森ヒロコ銅版画教室主宰　[没]平成29年（2017）5月1日　74歳　[生]昭和17年（1942）5月5日　[出]北海道小樽市　[名]本名＝長谷川裕子　[学]女子美術短期大学造形美術科〔昭和38年〕卒　[歴]大学でデザインを学び、東京でデザイナーとして活動した後、北海道へ帰郷。28歳の時に独学で銅版画を始め、幻想的で硬質な味わいを持つ作品を制作。昭和51年版画グラン・プリ展大賞候補賞、60年「イメージ・水」展優秀賞を受賞。平成5年夫の長谷川洋行と小樽の自宅を改装して森ヒロコ・スタシス美術館を開設、自作に加えて東欧美術も積極的に紹介した。　[賞]全道展知事賞〔昭和47年〕，イメージ水展優秀賞〔昭和60年〕，ヴァルナ国際版画ビエンナーレ買い上げ賞〔平成1年〕　[団]全道美術協会　[家]夫＝長谷川洋行（NDA画廊主宰）

森 雅男　もり・まさお　歌手　森雅男歌謡学院学院長　[没]平成28年（2016）9月13日　85歳〔肺気腫〕　[名]本名＝松田健二（まつだ・けんじ）　[歴]ポリドールレコードの歌手として活動した後、家業を継ぎ奈良県生駒市に戻る。森雅男歌謡学院や公民館などで地域の人に歌唱指導を行う一方、奈良新聞連載の「カラオケ教室」や奈良新聞社の県民およびシルバーカラオケ大会の審査委員長などを務め、県内のカラオケ文化の発展に貢献した。

森 正武　もり・まさたけ　京都大学名誉教授　筑波大学名誉教授　[専]数値解析学　[没]平成29年（2017）2月24日　79歳〔病気〕　[生]昭和12年（1937）8月26日　[出]東京都　[学]東京大学工学部応用物理学科〔昭和36年〕卒，東京大学大学院数物系研究科〔昭和40年〕中退　工学博士　[歴]昭和40年東京大学工学部助手、45年京都大学数理解析研究所助教授、54年筑波大学電子・情報工学系教授、平成元年東京大学工学部物理工学科教授を経て、9年京都大学数理解析研究所教授。のち所長。さらに東京電機大学理工学部教授、大連理工大学客座教授。著書に「有限要素法とその応用」「数値計算プログラミング（増補版）」「曲線と曲面」などがある。　[賞]瑞宝中綬章〔平成28年〕，石川賞（個人部門）〔平成9年〕　[団]日本数学会，日本物理学会，情報処理学会　[家]長男＝森武俊（東京大学教授）

森 正史　もり・まさふみ　郷土史家　神官　愛媛民俗学会会長　三奈良神社宮司　[専]愛媛県，民俗学　[没]平成29年（2017）1月16日　93歳〔心不全〕　[生]大正12年（1923）7月18日　[出]愛媛県伊予郡松前町　[学]国学院大学専門部〔昭和22年〕卒　[歴]昭和53年愛媛大学農学部附属農業高校副校長となり、59年退官。この間、愛媛県内の民俗文化を幅広く調査。28年地理学者の村上節太郎らと愛媛民俗学会を設立、31年から47年間にわたって会長を務めた。63年愛媛県文化財審議会委員となり、平成7年会長。16年退任。著書に「えひめ昔ばなし」「石鎚山—山と信仰」、共著に「愛媛県史」「おへんろさん」などがある。　[賞]愛媛県教育文化賞，愛媛新聞賞（文化部門）〔平成20年〕

森 光昭　もり・みつあき　熊本大学名誉教授　[専]ドイツ文学　[没]平成29年（2017）2月16日　75歳〔胃がん〕　[生]昭和16年（1941）6月26日　[出]静岡県静岡市　[学]東京大学大学院人文研究科独語・独文専攻修士課程修了　[歴]熊本大学教養部教授を務めた。　[賞]ドイツ語学文学振興会賞（第17回，昭和52年度）「『ヴォイツェク』をめぐる校訂の基本的諸問題」

森 陽　もり・よう　東京薬科大学学長　[専]生化学　[没]平成28年（2016）9月19日　84歳〔急性心不全〕　[生]昭和6年（1931）9月20日　[出]東京都中央区　[学]東京薬科大学〔昭和29年〕卒　薬学博士（東京大学）〔昭和40年〕　[歴]昭和29年東京薬科大学助手、40年専任講師、41年助教授を経て、47年教授。平成7〜15年学長。この間、昭和41年米国アルバートアインシュタイン医科大学へ留学（Research assistantprofessor）。　[賞]瑞宝中綬章〔平成21年〕，Laurence D. Redway賞（ニューヨーク州Medical Society）〔昭和57年〕「コラーゲンおよびムコ多糖に関する総説」　[資]放射線取扱主任者（1級）　[団]日本生化学会，日本結合組織学会，日本薬学会

森 与志男　もり・よしお　小説家　日本民主主義文学会会長　[没]平成27年（2015）3月8日　84歳　[生]昭和5年（1930）12月5日　[出]東京都　[名]本名＝松本吉央（まつもと・よしひさ）　[学]早稲田大学英語英文学科〔昭和

も

30年〕卒　[歴]都立大森高校教諭など歴任。日本民主主義文学同盟（現・日本民主主義文学会）事務局長、常任幹事を経て、平成11〜19年会長。著書に「荒地の旅」「傷だらけの足」「校長はなぜ死んだか」「炎の暦」「河は流れる〈上下〉」「時の谷間」「戦後の風」などがある。　[賞]多喜二百合子賞（第20回）〔昭和63年〕「炎の暦」

森 嘉紀　もり・よしのり　茶道家　金沢美術工芸大学名誉教授　宝塚大学名誉教授　宗和流家元（16代目）　[専]視覚伝達デザイン学, 色彩学　[没]平成28年（2016）1月7日　90歳〔脳出血〕　[生]大正14年（1925）7月24日　[出]石川県小松市　[名]茶名＝森宗紀（もり・そうき）　[学]京都工専（現・京都工芸繊維大学）建築科卒　[歴]昭和30年金沢美術工芸大学助教授を経て、44年教授。平成3年退職して宝塚造形芸術大学（現・宝塚大学）教授。また、森宗紀の名で茶道宗和流の16世家元を務めた。　[賞]瑞宝中綬章〔平成17年〕, 金沢市文化賞〔平成15年〕　[家]妻＝杵屋弥房以（長唄唄方）, 娘＝杵屋弥三辰（長唄唄方）

森 礼次郎　もり・れいじろう　住友金属工業会長　三菱住友シリコン社長　[没]平成29年（2017）4月11日　88歳　[生]昭和3年（1928）12月23日　[出]大阪府　[学]大阪大学工学部機械工学科〔昭和26年〕卒　[歴]昭和26年住友金属工業に入社。56年取締役、59年常務、63年専務、平成元年副社長を経て、4年大阪チタニウム製造社長に就任。5年住友シチックスに社名変更。10年同社は住友金属工業と合併し、会長に就任。12年取締役相談役。のち三菱住友シリコン（現・SUMCO）社長を務めた。この間、10年関西日本・スイス協会会長。　[賞]藍綬褒章〔平成6年〕, 日本鉄鋼協会渡辺義介記念賞（第23回）〔昭和56年〕「高級鋼管製造技術の確立と品質の向上」, 日本鉄鋼協会香村賞（第56回）〔平成1年〕「鋼管製造技術の向上発展と新製品の開発実用化」, 科学技術庁長官賞科学技術功労者表彰（第32回, 平成2年度）「発電用原子炉の高耐食性伝熱管の開発育成」

森岡 賢　もりおか・けん　ミュージシャン　[没]平成28年（2016）6月3日　49歳〔心不全〕　[生]昭和42年（1967）3月15日　[出]東京都　[名]グループ名＝SOFT BALLET（そふとばれえ）　[歴]作曲家・編曲家の森岡賢一郎の長男。5歳の頃よりピアノを習い、高校・大学を通じてピアノを専攻。昭和57年よりキーボード奏者としての活動を開始、61年遠藤遼一（ボーカル）、藤井麻輝（キーボード, ギター）と男性3人組バンドのソフトバレエを結成。キーボードを担当。平成元年シングル「BODY TO BODY」とアルバム「EARTH BORN」でメジャーデビュー。キーボードを主体にしたコンピューターサウンドで注目を集める。他のシングルに「TWIST OF LOVE」「FINAL」「WHITE SHAMAN」「YOU」、アルバムに「DOCUMENT」「INCUBATE」「FORM」など。7年解散。14年再結成し、シングル「メルヘンダイバー」、アルバム「symbiant」をリリースした。26年藤井と音楽ユニット・minus(-)を結成。28年49歳で病死した。　[家]父＝森岡賢一郎（作曲家・編曲家）, 姉＝森岡寿里（現代美術家）, 弟＝森岡慶（ミュージシャン）

森岡 亨　もりおか・とおる　熊本大学名誉教授　[専]麻酔学　[没]平成28年（2016）10月25日　88歳〔間質性肺炎〕　[生]昭和3年（1928）8月21日　[出]熊本県天草郡新和町（天草市）　[学]熊本医科大学附属医学専門部（現・熊本大学）〔昭和25年〕卒　医学博士　[歴]昭和26年熊本大学医学部第二外科、30年国立東京療養所外科、32年熊本逓信病院外科、36年米国アインシュタイン医科大学麻酔科フルブライト交換研究員、38年日本医科大学麻酔科助教授を経て、39年熊本大学医学部助教授、40年教授。43〜44年米国ユタ大学客員教授（1年間）。日本麻酔学会会長や日本蘇生学会会長を歴任。模型人工肺による救命法など心肺蘇生法や救急法の普及に尽くした。著書に「人工呼吸法」「麻酔学提要」などがある。　[賞]日本麻酔科学会山村記念賞（第10回）〔平成3年〕「Airway Occlusion Pressure (P0.1)-A Useful Predictor for the Weaning Outcome in Patients with Acute Respiratory Failure」〔Journal of Anesthesia 4(2)〕, 熊日賞〔平成5年〕　[資]日本麻酔学会認定麻酔指導医　[団]日本麻酔学会, 日本救急医学会, 日本臨床麻酔学会

森岡 理右　もりおか・りう　筑波大学名誉教授　[専]体育学　[没]平成29年（2017）8月11日　83歳〔老衰〕　[生]昭和9年（1934）8月1日　[出]三重県鳥羽市　[学]東京教育大学体育学部体育学科〔昭和32年〕卒　[歴]昭和32年東京タイムズに入社して相撲やプロレスを担当し、大鵬やジャイアント馬場の信頼を得た。40年からベースボール・マガジン社の嘱託として雑誌「相撲」「プロレス＆ボクシング」などに執筆し、同社から刊行された「大鵬自伝」「武蔵川回顧録」の実現に尽力。また、草創期の全日本プロレスのブレーンでもあり、ジャンボ鶴田や天龍源一郎に全日入りを勧めた。49年筑波大学専任講師に転じ、55年助教授、59年教授に昇任。平成10年名誉教授。同大蹴球部、ライフル射撃部の部長も務めた。退官後、筑波スポーツ科学研究所所長。

森川 憲二　もりかわ・けんじ　リュウグウ会長　伊予三島商工会議所会頭　[没]平成28年（2016）4月17日　86歳〔急性大動脈解離〕　[生]昭和5年（1930）1月2日　[出]愛媛県四国中央市　[学]三島中卒　[歴]昭和23年リュウグウに入社。35年専務を経て、47年社長。伊予三島商工会議所会頭を務めた。

森川 直　もりかわ・なおし　岡山大学名誉教授　[専]教育哲学　[没]平成28年（2016）6月20日　71歳〔神経内分泌がん〕　[生]昭和20年（1945）1月4日　[出]石川県　[学]金沢大学教育学部小学教員養成課程〔昭和42年〕卒, 広島大学大学院教育学研究科教育哲学専攻〔昭和47年〕博士課程修了　教育学博士　[歴]昭和49年上智大学文学部専任講師、岡山大学教育学部助教授を経て、平成3年教授。学部長、副学長を務めた。22年退職。11〜22年岡山県NIE推進協議会初代会長。神戸親和女子大学教授、関西福祉大学特任教授なども務めた。著書に「ペスタロッチ」「近代教育学の成立」などがある。　[賞]山陽新聞賞（教育功労, 第66回）〔平成20年〕　[団]日本教育学会, 教育哲学会, 教育史学会

森川 直秀　もりかわ・なおひで　東洋刃物社長　[没]平成27年（2015）6月27日　96歳〔急性呼吸不全〕　[生]大正8年（1919）4月15日　[出]香川県　[学]明治大学法学部〔昭和20年〕卒　[歴]昭和21年東洋刃物に入社。36年取締役、44年常務、48年専務を経て、52年社長。平成元年会長。機械鋸・刃物工業会理事長を務めた。　[賞]科

も

学技術庁長官賞科学技術振興功績者表彰(第9回)〔平成1年〕「工業用丸型刃物の製造方法の開発育成」 [家]兄＝森英一(日本ビニロン社長)

森口 定介 もりぐち・さだすけ 静岡県議(自民党) [没]平成27年(2015)10月29日 86歳 [生]昭和4年(1929)5月10日 [出]静岡県磐田郡龍山村(浜松市) [学]東京農業教育専〔昭和26年〕卒 [歴]高校教諭、静岡県龍山村議1期を経て、昭和42年自民党から静岡県議に当選。57年副議長。通算5期務め、自民党静岡県連幹事長などを歴任した。平成5年新生党に移る。7年落選。静岡県内水面漁業協同組合連合会会長、龍山村森林組合長なども務めた。 [賞]藍綬褒章〔平成7年〕, 勲四等瑞宝章〔平成12年〕

森崎 直樹 もりさき・なおき 高校野球監督 [没]平成29年(2017)8月30日 53歳〔心筋梗塞〕 [歴]長く富山第一高校、富山工業高校で野球部監督を務めた後、平成25年高朋高校の教諭となり、硬式野球部監督に就任。29年富山県大会でチームを初の準優勝に導いた。

守繁 栄徹 もりしげ・えいてつ 陶芸家 萩焼伝統陶芸家協会会長 [専]萩焼 [没]平成28年(2016)8月18日 85歳〔肺炎〕 [生]昭和5年(1930)10月10日 [出]広島県 [名]本名＝守繁徹志(もりしげ・てつし) [学]大手町高小〔昭和20年〕卒 [歴]昭和42年萩市江向に築窯。43年萩市松本に築窯。茶碗美術館長の石井規源斉に師事。49年萩焼伝統陶芸家協会会長。52年山口県川上村(現・萩市)に栄徹茶碗登窯を開設。 [家]息子＝守繁徹(陶芸家)

森下 博之 もりした・ひろゆき 参院議員(自民党) [没]平成28年(2016)12月24日 74歳〔肺小細胞がん〕 [生]昭和17年(1942)3月7日 [出]高知県高岡郡日高村 [学]法政大学法学部〔昭和39年〕卒 [歴]昭和39年日本肥糧、48年電元社製作所に勤務。50年徳永正利参院議長(当時)秘書を経て、58年高岡郡区から高知県議に当選、連続4期務め、平成3年副議長。自民党高知県連政調会長、幹事長も歴任。4期目途中の10年、参院選高知選挙区で自民党から当選、1期務めた。宮沢派、加藤派を経て、橋本派。16年、19年落選。この間、国土交通省政務官を務めた。23年県議選に落選。 [賞]旭日中綬章〔平成24年〕

森下 真理 もりした・まり 児童文学作家 歌人 [没]平成29年(2017)11月4日 87歳 [生]昭和5年(1930)5月25日 [出]東京市日本橋区(東京都中央区) [名]本名＝森下和代 [学]京都府立第一高女卒 [歴]一期会、Iの会、こだまの会に所属。日中児童文学美術交流センター理事を務める。この間、明治から昭和にかけて活躍した、東京都中央区ゆかりの女性作家・長谷川時雨を30年にわたり研究。平成17年研究成果をまとめた「わたしの長谷川時雨」を出版し、収集してきた遺品など約300点を中央区に寄贈した。著書に「ぼくも恐竜」「ナガサキの男の子」「長谷川時雨一人と生涯」「TOKYOステーション・キッド」「スーパーレディ長谷川時雨」、歌集に「花笑み」「母のうた」「花時計」などがある。 [賞]日本児童文学新人賞(第1回)〔昭和51年〕「街はずれの模型店」 [団]日本文芸家協会, 日本児童文学者協会, 日本歌人クラブ

森下 洋一 もりした・よういち 松下電器産業社長 日本経団連副会長 関経連副会長 [没]平成28年(2016)12月18日 82歳 [生]昭和9年(1934)6月23日 [出]兵庫県姫路市 [学]関西学院大学商学部〔昭和32年〕卒 [歴]昭和32年松下電器産業(現・パナソニック)に入社。一貫して営業畑を歩き、インダストリー営業本部長、56年中国特機営業所長、61年特機営業本部長、62年取締役、平成元年常務、2年専務、4年副社長を経て、金融子会社の不良債権問題で辞任した前社長の後を受け、5年社長に就任。専務時代、創業者の松下幸之助が育てた系列販売店の4分の1を切る再編を断行。社長だった7年には、バブル期に巨額を投じて買収した米大手映画会社MCA社の株式の大半を売却、11年にはエアコンなどグループ内で重複した分野を集約させるなど、事業の再編成を進めた。創業者の孫の社長昇格を望む創業家の考えや社内の機運がある中、後継者に海外事業に実績がある中村邦夫専務を選び、12年会長となる。18年に相談役に退くまで、主力のAV(音響・映像)部門の改革を断行し、家電不況に苦しんだ同社の経営再建に尽くした。この間、9～19年関西経済連合会(関経連)副会長、11年経済団体連合会(経団連, 現・日本経済団体連合会＝日本経団連)副会長、15年同評議員会議長。他に、郵政審議会会長、日本産業用ロボット工業会会長、近畿ラジオ電器協会会長、日本記録メディア工業会会長などを歴任。13年には小泉内閣の私的諮問機関“郵政3事業の在り方について考える懇談会”のメンバーとなった。16年日本電機工業会会長。20年関西学院理事長。 [賞]ナイト・コマンダー・オブ・ザ・サービス・オーダー・オブ・ネーション勲章(マレーシア)〔平成9年〕, 藍綬褒章〔平成11年〕, 杭州市栄誉市民(中国)〔平成7年〕

森下 善夫 もりした・よしお 静岡新聞事業局次長兼第一事業部長 [没]平成29年(2017)4月14日 84歳〔誤嚥性肺炎〕 [生]昭和7年(1932)7月8日 [出]長崎県 [学]沼津東高卒 [歴]昭和33年静岡新聞社に入社。御殿場・磐田各支局長・事業部長を経て、49年事業局次長兼第一事業部長。静岡県新聞輸送常務も務めた。

森杉 寿芳 もりすぎ・ひさよし 東北大学名誉教授 [専]交通工学 [没]平成28年(2016)5月18日 72歳〔肺がん〕 [生]昭和18年(1943)12月29日 [出]山口県下関市 [学]京都大学工学部土木工学科〔昭和41年〕卒, ペンシルベニア大学大学院地域科学専攻〔昭和48年〕修士課程修了 工学博士(京都大学)〔昭和53年〕 [歴]京都大学助手、三菱総合研究所勤務などを経て、昭和54年岐阜大学工学部助教授、59年教授。平成9年東北大学大学院情報科学研究科教授。この間、昭和56年ペンシルベニア大学客員教授、平成7年アジア工科大学教授を務めた。編著書に「社会資本整備の便益評価」、共編著に「都市交通プロジェクトの評価」などがある。 [賞]土木学会賞論文賞〔昭和63年〕「被災事例に基づく河川堤防の安定性評価」 [団]土木学会, 日本地域学会, World Conference on Transport Research Association

森田 和夫 もりた・かずお 日立製作所副社長 [没]平成27年(2015)3月18日 82歳〔心不全〕 [生]昭和7年(1932)6月9日 [出]東京都 [学]横浜国立大学工学部〔昭和30年〕卒 [歴]昭和30年日立製作所に入社。62年取締

も

役、平成元年常務、3年専務を経て、5年副社長。10年常勤監査役。

森田 克巳 もりた・かつみ 大分県農政部長 大分県土地改良事業団体連合会会長 [没]平成28年(2016)1月18日 88歳 [生]昭和2年(1927)7月20日 [出]大分県大野郡千歳村(豊後大野市) [学]大分中〔昭和20年〕卒, 佐賀高理科〔昭和24年〕卒, 九州大学農学部〔昭和29年〕卒 [歴]昭和29年大分県庁に入庁。44年耕地課長、48年農政部次長を経て、52〜57年同部長。宇佐市の駅館川総合開発事業などに携わった。58年参院選大分選挙区に自民党公認で立候補。61年大分県土地改良事業団体連合会会長に就任、平成24年まで26年間務めた。また、大分県農業共済組合連合会会長、大分県農業会議会長、大分県畜産協会会長なども歴任、幅広く農業振興に尽力した。 [賞]大分合同新聞文化賞(産業経済)〔平成17年〕

森田 喜兵衛 もりた・きへえ 京都府議(自民党) [没]平成29年(2017)1月19日 92歳〔老衰〕 [生]大正13年(1924)11月18日 [出]京都府 [学]木津農卒 [歴]運送業経営の傍ら、昭和58年自民党から京都府議に当選し、5期務める。のち離党するが、復党。平成15年1月佐川急便の商業登録簿を改竄したとして、電磁的公正証書原本不実記録などの疑いで京都府警に逮捕される。同年引退。10月京都地裁は懲役2年、執行猶予4年の有罪判決を下した。 [賞]紺綬褒章〔昭和56年〕 [家]長男＝森田喜久(京都府精華町議)

森田 浩一郎 もりた・こういちろう 医事評論家 医師 日本医師会常任理事 上智大学文学部教授 [没]平成29年(2017)3月8日 91歳〔老衰〕 [生]大正14年(1925) [出]東京都 [学]熊本大学医学部卒 [歴]日本医師会常任理事、上智大学文学部教授を経て、熊本市の杉村病院名誉院長、神田女学園理事長などを務める。医事評論家としてテレビ、ラジオ、講演などで活躍した。一方、東京逓信病院でインターンをしていた昭和26年に中村天風に出会い、43年に亡くなるまで薫陶を受けた。平成18年「天風先生の教え」を出版した。 [賞]藍綬褒章〔昭和57年〕, 勲四等旭日小綬章〔平成13年〕 [家]長男＝森田豊(医療ジャーナリスト)

盛田 幸妃 もりた・こうき プロ野球選手 [没]平成27年(2015)10月16日 45歳 [生]昭和44年(1969)11月21日 [出]北海道茅部郡鹿部町 [名]登録名＝盛田幸希 [学]函館有斗高(現・函館大附属有斗高)〔昭和63年〕卒 [歴]小学3年から野球を始め、鹿部中3年の時に投手として北海道大会準優勝。函館有斗高(現・函館大附属有斗高)に進み、昭和60年夏、61年センバツ、62年夏の3回甲子園に出場。63年ドラフト1位で大洋(現・DeNA)に入団。平成3年プロ初勝利、4年オールスターに初出場、8月には5勝1セーブを挙げ、月間最優秀選手(MVP)に選ばれた。同年は14勝6敗、防御率2.05で最優秀防御率を獲得。8年リリーフから先発に転向、2年連続で開幕投手を務めた。9年12月近鉄に移籍したが、10年左頭頂部に髄膜腫が発見され、手術を受ける。手術直後は右半身を動かせないほどの重症だったが、11年4月二軍の練習に合流、10月対ロッテ戦で421日ぶりに一軍のマウンドに立つ。13年6月対ダイエー戦で1082日ぶりの勝利を挙げ、7月にはファン投票でオールスターに選出された。同年カムバック賞に輝き、"奇跡のリリーバー(救援投手)"と呼ばれた。14年10月引退。実働14年、345試合登板、47勝34敗29S、2完投、434奪三振、防御率4.05。盛田幸希の名前でもプレーした。12年妻との共著で闘病の自叙伝「彼女がくれたマウンド」を出版。その後、脳腫瘍が再発、27年45歳で亡くなった。 [家]妻＝盛田倫子

森田 康生 もりた・こうせい 手漉和紙製作者 土佐市長 全国手すき和紙連合会会長 [没]平成27年(2015)8月21日 80歳〔食道がん〕 [生]昭和10年(1935)1月23日 [出]高知県土佐市 [学]高岡中〔昭和25年〕卒 [歴]代々続く和紙漉き職人の家に生まれ、中学卒業後2年間他の職人のもとで修業。昭和34年独立。40年代初期から、中国画仙紙の再生に取り組む。約2年かけ溜すきを応用した喜芳箋と名付けた和紙を開発、仮名の書家・竹田悦堂らの高い評価を受けた。のち伝統工芸士に認定され、60年度の現代の名工にも選ばれた。平成元年から全国手すき和紙連合会の会長を務め、5年結成30周年記念に、61産地の350標本をまとめた本「平成の紙譜」を出版。また、6年土佐市議に当選。1期目途中の7年に辞職して土佐市長選で当選。3期務め、19年引退した。 [賞]旭日小綬章〔平成21年〕, 現代の名工〔昭和60年〕

森田 卓郎 もりた・さだお 三菱化工機常務 [没]平成27年(2015)10月15日 82歳〔悪性リンパ腫〕 [生]昭和8年(1933)2月13日 [出]宮城県 [学]東北大学工学部〔昭和30年〕卒 [歴]三菱化工機常務技術生産本部長を務めた。

森田 禅朗 もりた・ぜんろう 僧侶 和宗総本山四天王寺管長 四天王寺国際仏教大学学長 [没]平成27年(2015)1月14日 91歳〔肺がん〕 [生]大正12年(1923)1月20日 [出]鳥取県 [学]青島医専〔昭和19年〕卒 医学博士〔昭和29年〕 [歴]昭和20年兵役、同年天王寺病院勤務、30年四天王寺執事、四天王寺福祉事業団常務理事、のち理事長。一方、54年和宗総本山四天王寺執事長、平成9〜12年第107世管長。また、四天王寺国際仏教大学短期大学部教授を経て、9年四天王寺国際仏教大学学長。四天王寺学園理事長も務めた。 [賞]勲四等旭日小綬章〔平成8年〕, 厚生大臣表彰〔昭和52年〕, 中村元東方学術賞東方学術推進顕彰(第10回)〔平成9年〕「仏教学・国外国内の学術推進における貢献」 [家]長男＝森田俊朗(和宗総本山四天王寺第112世管長)

森田 勉 もりた・つとむ 三重大学名誉教授 [専]政治学, 社会思想史 [没]平成27年(2015)6月21日 85歳 [生]昭和5年(1930)6月13日 [出]三重県 [学]京都大学法学部〔昭和28年〕卒, 名古屋大学大学院法学研究科政治学専攻修士課程修了 法学博士(名古屋大学) [歴]三重大学教育学部助手、助教授、教授を経て、同大人文学部教授。退官後、椙山女学園大学教授、鈴鹿国際大学教授。著書に「初期社会主義思想の形成」「革命の思想の源流」「ローレンツ・シュタイン研究」、訳書にアントン・メンガー「労働全収権史論」、ヨゼフ・ディーツゲン「一手工労働者が明らかにした人間の頭脳活動の本質」、ローレンツ・シュタイン「社会の概念と運動法

も

もりた　　　　　　　　　　　　　　日　本　人

則」などがある。　㊞瑞宝中綬章〔平成23年〕　㊞日本政治学会、社会思想史学会、経済史学会、日本公法学会

森田 恒雄　もりた・つねお　長野県議（社民党）　㊞平成27年（2015）6月28日　82歳〔事故死〕　㊞昭和8年（1933）1月25日　㊞長野県下伊那郡豊丘村　㊞下伊那農〔昭和26年〕卒　㊞昭和34年以来б島丘村議6期、58年以来長野県議に7選。平成11年副議長。23年引退。社民党長野県連副代表、飯田日中友好協会会長を務め、長野県阿智村の満蒙開拓平和記念館の設立にも尽力した。

森田 富司　もりた・とみじ　日本石油輸送社長　㊞平成29年（2017）12月23日　83歳〔昭和9年（1934）1月31日　㊞埼玉県　㊞早稲田大学商学部〔昭和31年〕卒　㊞昭和32年日本石油輸送入社。56年市場開発部長、58年化成品部長、59年コンテナ部長、60年取締役、平成元年常務を経て、5年社長に就任。その後会長となった。

森田 直賢　もりた・なおかた　富山医科薬科大学名誉教授　薬用資源学、生薬学、薬用植物学、植物化学　㊞平成27年（2015）10月25日　88歳〔脳梗塞〕　㊞昭和2年（1927）9月23日　㊞徳島県徳島市常三島町　㊞富山薬専〔昭和23年〕卒　薬学博士（東京大学）〔昭和35年〕　㊞父は営林署技師で、5人姉弟の末っ子の長男。昭和33年文部省内地研究員（東京大学薬学部）を経て、36年富山大学薬学部助教授、37年教授。52年同学部の富山医科薬科大学移管とともに同大教授。平成5年名誉教授。我が国を代表するフラボノイドの研究者で、富山植物友の会を設立し、地元薬業界をはじめ一般にも広く薬用植物の指導にあたった。著書に「とやまの薬草」「薬草早わかり155種」「とやまの山菜・きのこ」「薬になってやくだつ野菜」「薬草大全」などがある。　㊞瑞宝中綬章〔平成20年〕、北日本新聞文化功労賞〔平成4年〕、日本薬学会教育賞〔平成5年〕、日本薬剤師会有効章〔平成20年〕　㊞日本薬学会、日本生薬学会　㊞長男＝森田健一郎（興陽商事社長）

もりた・なるお　小説家　漫画家　㊞平成28年（2016）11月21日　90歳〔肺炎〕　㊞大正15年（1926）1月9日　㊞東京都　㊞本名＝森田成男（もりた・しげお）　㊞警察学校卒　㊞小学校を卒業後、丁稚奉公、土木作業員、工夫、農業、警察官、戦争で海軍へと、様々な職業を経て、新制帝協会の研究所で絵を勉強。近藤日出造に師事。風刺漫画で生計を立てながら小説を書き、「真贋の構図」「画壇の月」「無名の盾」「大空襲」「銃殺」で5回直木賞候補に選ばれた。平成5年「山を貫く」で新田次郎文学賞を受賞。「回転寿司考」主宰。他の著書に「警察官物語」「横綱に叶う」「鎮魂二・二六」など多数。相撲にも造詣が深かった。　㊞二科賞、二科漫画賞、小説現代新人賞（第23回）〔昭和49年〕「頂」、オール読物推理小説新人賞（第19回）〔昭和55年〕「真贋の構図」、新田次郎文学賞（第12回）〔平成5年〕「山を貫く」「一人同人誌『回転寿司考』発刊」　㊞師事＝近藤日出造

守田 比呂也　もりた・ひろや　俳優　㊞平成28年（2016）6月16日　91歳　㊞大正13年（1924）12月21日　㊞大阪府大阪市　㊞本名＝森田寛弥　㊞慶応義塾大学文学部英文学科中退　㊞昭和19年海軍予備学生となり、敗戦時は海軍少尉。慶応義塾大学中退後、業界紙記者

となるが、29年東京映画に入社して俳優に転身。33年から始まった、警視庁詰めの新聞記者たちの活躍を描いたNHKのテレビドラマ「事件記者」の亀ちゃん役で知られる。他の出演作に、映画「刑事物語3」「ござまれじ」「太陽」「酒井家のしあわせ」「ハーメルン」、テレビドラマ「めだかの歌」「江戸の旋風」「3年B組金八先生」などがある。

森田 益子　もりた・ますこ　社会運動家　高知県議（無所属）　㊞平成28年（2016）7月15日　91歳〔急性呼吸不全〕　㊞大正13年（1924）12月28日　㊞高知県高知市　㊞朝倉高小〔昭和14年〕中退　㊞昭和34年から部落解放運動に加わる。50年社会党から高知市議に当選。平成5年、平成元年7月高知市区の高知県議補選で当選。4期務め、15年引退。昭和53年から部落解放同盟高知市連絡協議会議長を約28年間務めた他、部落解放同盟高知県連委員長、社会党高知県本部副委員長を歴任した。

森田 稔　もりた・みのる　九州国立博物館副館長　㊞考古学、文化財学　㊞平成29年（2017）2月14日　62歳〔昭和29年（1954）　㊞岐阜県　㊞名古屋大学大学院文学研究科史学地理学専攻考古学専門〔昭和55年〕博士課程前期修了　㊞神戸市立博物館学芸員、文化庁美術学芸課主任文化財調査官、京都国立博物館学芸課長、九州国立博物館学芸部長を経て、平成21〜26年同副館長を務めた。共編著に「博物館資料保存論」などがある。

森田 譲　もりた・ゆずる　佐賀大学名誉教授　㊞電子工学　㊞平成29年（2017）5月12日　74歳〔肺炎〕　㊞昭和17年（1942）11月20日　㊞福岡県嘉麻市　㊞九州工業大学工学部卒、九州工業大学大学院工学研究科電気工学専攻修士課程修了　工学博士〔佐賀大学文化教育学部教授を務めた。平成20年退官。

盛田 良子　もりた・よしこ　生活コンサルタント　ソニー創業者・盛田昭夫の妻　㊞平成27年（2015）3月14日　85歳〔昭和4年（1929）10月3日　㊞東京都　㊞東京女高師専攻科国語学部卒　㊞三省堂書店社長・亀井豊治の四女。昭和26年ソニー創業者の一人である盛田昭夫と結婚。38年に一家で米国ニューヨークに住んだ他、夫と欧米、中国などを歴訪。50年頃から衣服デザイン、料理や冠婚葬祭などの生活コンサルタント業を営む。53〜60年刊PR誌「味の手帖」に対談シリーズを連載、のち「盛田良子・経営者の『素顔』対談〈1〜3〉」にまとめた。他の著書に「おもてなしの心とおもてなしをうける心」「ハイセンスなおもてなし心にしみるおつきあい」などがある。　㊞夫＝盛田昭夫（ソニー創業者）、長男＝盛田英夫（盛田社長）、二男＝盛田昌夫（ソニー・ミュージックエンタテインメント社長）、父＝亀井豊治（三省堂書店社長）、祖父＝亀井忠一（三省堂創業者）、祖母＝亀井万喜子（三省堂創業者）

森谷 洋至　もりたに・ひろし　写真家　自営フォトプロモーションMORITANI代表　㊞人物写真　㊞平成29年（2017）5月8日　73歳〔悪性リンパ腫〕　㊞昭和18年（1943）10月7日　㊞滋賀県大津市京町　㊞本名＝森谷洋（もりたに・ひろし）　㊞大阪デザイナー学院商業写真科〔昭和39年〕卒　㊞昭和47年フォトプロモーション・モリタニを設立。61年同志社大学で写真展「京の明治人・その1」、平成4年京都で「京の明治人・その2」「禅の世界」、ドイツのダーレム博物館へ「禅の世界」45点寄贈。6年東京で天龍寺展、ニューヨー

クで「FACES OF KYOTO」、京都で「京の明治人百人衆」、7年米国日本大使館が「ZEN PEACE」展を開催。著書に「禅—求道者森谷洋至写真集」「ZEN」「妙喜山法華寺」などがある。 [団]日本写真家協会

森野 恭行 もりの・やすゆき 自動車評論家 [没]平成28年(2016)4月11日 53歳〔交通事故死〕 [生]昭和38年(1963) [出]東京都 [歴]自動車専門誌「ドライバー」「ミニバンFREX」「The911ポルシェマガジン」などで活躍。日本カー・オブ・ザ・イヤーの選考委員なども務めた。平成28年4月ポルシェ911GT3の試乗中に交通事故死した。著書に「クルマ買う前に読め!—ジャンル別完全選択術〈'99年版〉」などがある。

森原 良美 もりはら・よしみ 日本電設工業常務 [没]平成28年(2016)4月30日 73歳〔急性肺炎〕 [生]昭和17年(1942)6月20日 [出]鹿児島県 [学]鹿児島経済大学(現・鹿児島国際大学)経済学部〔昭和40年〕卒 [歴]昭和41年日本電設工業に入社。平成9年取締役、13年執行役員、14年上席執行役員、16年常務。

森部 康夫 もりべ・やすお ブリヂストン常務 [没]平成28年(2016)4月20日 87歳〔心不全〕 [生]昭和3年(1928)8月22日 [出]福岡県 [学]九州大学経済学部〔昭和27年〕卒 [歴]昭和27年ブリヂストンタイヤ(現・ブリヂストン)に入社。55年取締役を経て、57年常務。62年日本高速通信代表取締役副社長に就任。

森光 洋子 もりみつ・ようこ 小説家 俳人 [没]平成27年(2015)12月10日 89歳 [生]大正15年(1926)7月28日 [出]大阪府和泉市池上町 [名]本名=小林㺃子(こばやし・ようこ), 号=佳峰(かほう) [学]大手前高女高等科〔昭和21年〕卒 [歴]著書に「岐かれ道」「礎 渡辺華山とその周辺」、句集に「代」「流星群」、小説に「残像」などがある。 [賞]北海道新聞社賞〔昭和35年〕,「雪解」俳句賞〔昭和38年〕,「懸巣」俳句賞〔昭和39年〕,「全作家」文学奨励賞〔平成11年〕, サロン・ド・パリ, パレ・デ・コングレ [資]小学校教員免許, 書道師範 [団]日本文芸家協会, 日本ペンクラブ, 全国同人雑誌作家協会

森村 良雄 もりむら・よしお 日本新薬常務 [没]平成28年(2016)5月10日 94歳〔胸部動脈瘤破裂〕 [生]大正11年(1922)4月21日 [出]大阪府大阪市 [学]岐阜薬専〔昭和18年〕卒, 京都帝国大学薬学科〔昭和21年〕卒 [歴]昭和27年日本新薬に入社。54年小田原工場長、56年取締役、62年常務を務めた。

森本 晃司 もりもと・こうじ 参院議員(公明党) 衆院議員(新進党) 建設相 [没]平成27年(2015)12月17日 73歳〔心不全〕 [生]昭和17年(1942)2月24日 [出]大阪府大阪市 [学]高田高卒, 関西大学法学部〔昭和43年〕卒 [歴]関西生産性本部勤務を経て、昭和58年衆院選奈良全県区に公明党から立候補して最高点で当選。以来連続4選。平成6年羽田内閣の建設相として初入閣。同年12月新進党結成に参加。8年小選挙区制導入に伴う衆院選で奈良3区から出馬するが奥野誠亮に敗れ落選。その後、新進党解党により、10年参院選比例区に公明3位で当選。同年11月新公明党結成に参加、1期。16年引退後は、奈良県立大学客員教授として観光学を講じた。28年東京滞在中に心不全により急逝した。

森本 了 もりもと・さとる 徳島県選挙管理委員長 [没]平成29年(2017)7月8日 90歳〔肺炎〕 [生]昭和2年(1927)7月2日 [出]徳島県徳島市 [学]徳島工高専卒 [歴]昭和27年徳島市役所に入る。農林水産部長、商工観光部長を経て、60年から1年間、消防局長。平成9～12年徳島県選挙管理委員長。徳島市文化振興公社理事長なども務めた。

森本 順子 もりもと・じゅんこ 絵本作家 [没]平成29年(2017)9月21日 85歳〔脳腫瘍〕 [生]昭和7年(1932) [出]広島県広島市 [名]別名=杜元淳子 [学]広島女学院高女卒, 京都市立美術大学西洋画科卒 [歴]広島女学院高女2年の13歳の時、昭和20年8月15日爆心地より1700メートルの広島市三篠町の自宅で被爆、家屋の下敷きになったが助かる。多くの生徒たちは建物疎開に動員中に被爆死した。大学卒業後、大阪府で中学校の美術教師、画家として活動。57年オーストラリアのシドニーに移住し、絵本作家として活動を始める。59年から4年連続Children's Book Council of Australiaの賞を受賞。オーストラリアで度々個展を開催。62年に出版した絵本「わたしのヒロシマ」は、平成22年に日英両語版も発行、平和教材に使われた。他の著書に「The White Crane(つるのおんがえし)」(英文)など。姉のブレア照子が書いた「英語とんちんかん記」では、杜元淳子名義で絵を担当した。 [賞]Children's Book Council of Austrailia第1位〔昭和62年〕「kojuro and the bear(なめとこ山のくま)」 [家]姉=ブレア照子(オーストラリア在住の広島原爆の語り部)

森元 順司 もりもと・じゅんじ 光文社常務 「FLASH」初代編集長 [没]平成27年(2015)7月31日 78歳〔肝不全〕 [生]昭和11年(1936)9月 [出]鹿児島県鹿児島市 [学]早稲田大学第一文学部国文科〔昭和35年〕卒 [歴]昭和35年光文社に入社。「週刊マイホーム」「二人自身」「女性自身」編集長代理、新雑誌開発室長を経て、「週刊宝石」(56年)、「FLASH」(61年)の創刊編集長を務める。同社常務にまで昇り、平成12年顧問に退いた。

森本 靖 もりもと・せい 衆院議員(社会党) [没]平成27年(2015)9月13日 95歳〔心不全〕 [生]大正8年(1919)9月23日 [出]高知県香美郡土佐山田町(香美市) [学]大阪通信講習所〔昭和11年〕卒 [歴]小学校を卒業した後、大工職に就いたが、昭和11年大阪通信講習所を卒業。南国市の後免郵便局などに勤め、全通信労働組合(全通)中央執行委員、高知地区執行委員長などを歴任。30年衆院選高知全県区に社会党から立候補して当選。44年まで連続5期務めた。50年社会党を離党して民社党に入党、国政復帰を目指したが、51年の総選挙には立候補できず、政界を引退した。 [賞]勲二等瑞宝章〔平成1年〕

森本 草介 もりもと・そうすけ 洋画家 [没]平成27年(2015)10月1日 78歳〔心不全〕 [生]昭和12年(1937)8月14日 [出]岩手県一関市 [学]東京芸術大学油画科〔昭和37年〕卒, 東京芸術大学専攻科〔昭和39年〕修了 [歴]父は洋画家。東京芸術大学に学び、卒業後はしばら

も

く母校の助手を務めた。昭和38年国画会展に初入選、44年会員。1980年代に入る頃から人物画に取り組み、女性をモチーフにした写実絵画で高い人気を誇った。[賞]安宅賞〔昭和36年〕, 大橋賞〔昭和39年〕, 国展国画賞（第39回）〔昭和40年〕「逆光」, 国展サントリー賞・絵画部会友最優秀賞（第42回）〔昭和43年〕「響」, 昭和会展優秀賞（第5回）〔昭和45年〕　[団]国画会

森本 忠夫　もりもと・ただお　政治経済評論家　戦史研究家　東レ取締役　龍谷大学経済学部教授　[専]経済政策, 旧ソ連問題, 太平洋戦争史　[没]平成27年（2015）5月11日　88歳〔肺炎〕　[生]大正15年（1926）11月17日　[出]京都府京都市　[名]筆名＝谷山孝雄（たにやま・たかお）　[学]京都大学経済学部〔昭和27年〕卒　[歴]太平洋戦争中は海軍航空隊員として従軍。昭和27年東レに入社。同社欧州事務所長、貿易部長、総合企画室主幹を歴任し、海外渡航は600回を超える。海外活動の経験とともに経済経営分析家としてのキャリアも豊富で、戦後の対共産貿易のパイオニアとして活躍。58年東レ取締役、61年東レ経営研究所設立と同時に社長に就任。平成元年顧問。のち11年まで龍谷大学教授を務めた。著書に「ニッポン商人赤い国を行く」「賑々しき死者たち」「銀行大戦争」「魔性の歴史」「ソ連流交流術・71の原則」「ソ連経済730日の幻想」「特攻」「ロシア経済改革の失敗」「ガダルカナル勝者と敗者の研究」などがある。　[家]長男＝森本卓（三井物産執行役員）

森本 達雄　もりもと・たつお　名城大学名誉教授　[専]近現代インド思想・文学　[没]平成28年（2016）11月6日　88歳〔心不全〕　[生]昭和3年（1928）8月16日　[出]和歌山県和歌山市　[学]同志社大学神学部〔昭和26年〕卒　[歴]昭和39年インド国立ヴィシュヴァ・バーラティ大学準教授を経て、42年より名城大学に勤務。49年9月～50年3月インド国立ジャワハルラール・ネルー大学、ネルー研究所にフェローとして滞在。著書に「インド独立史」「ガンディー」、訳書にK.クリパラーニ「タゴールの生涯」「ガンディーの生涯」などがある。　[賞]瑞宝中綬章〔平成21年〕, 和歌山県県民文化賞〔平成12年〕　[団]日本印度学仏教学会, 日本南アジア学会, 関西日印文化協会, 日本ロマン・ロラン研究所

森本 博　もりもと・ひろし　広島市安佐動物公園園長　[没]平成28年（2016）4月15日　76歳〔肺炎〕　[出]広島県広島市南区　[歴]昭和37年広島市職員となる。61年～平成11年広島市安佐動物公園園長を務めた。

森本 啓久　もりもと・ひろひさ　森本倉庫社長　[没]平成28年（2016）1月16日　57歳〔肺がん〕　[生]昭和33年（1958）3月28日　[出]兵庫県神戸市東灘区　[学]甲南大学経営学部〔昭和55年〕卒　[歴]森本倉庫会長を務めた森本禎二の長男。昭和55年住友倉庫に入社。61年森本倉庫に転じ常務、平成2年専務、5年社長。27年会長。また、同年までの10年間、兵庫県倉庫協会会長を務め、18年には日本倉庫協会副会長に就任した。　[家]父＝森本禎二（森本倉庫会長）, 長男＝森本真弥（森本倉庫社長）

森本 益之　もりもと・ますゆき　大阪大学名誉教授　摂南大学名誉教授・学長　[専]刑事法学, 刑事政策　[没]平成29年（2017）11月24日　77歳〔肝硬変〕　[生]昭和15年（1940）1月10日　[出]高知県　[学]同志社大学法学部法律学科卒, 大阪大学大学院法学研究科公法学専攻博士課程中退　法学博士（同志社大学）　[歴]島根大学法文学部教授、大阪大学教養部教授を経て、同大学大学院公共政策研究所教授。平成13年摂南大学法学部教授。のち法学部長、17～19年学長。その後、大阪で弁護士として活動。著書に「行刑の現代的展開」「刑事政策講義」「刑事政策と人権――刑事法学者の歩み」、共著に「刑法総論」など。

森本 元成　もりもと・もとしげ　日章社長　島原商工会議所会頭　[没]平成28年（2016）9月20日　91歳〔急性心不全〕　[生]大正14年（1925）5月30日　[出]長崎県島原市　[学]北野中〔昭和19年〕卒　[歴]昭和32年島原アポロ（現・アポロ興産）設立に参画、平成元年社長に就任。昭和46年日章サービス（現・日章）を設立、社長に就任。平成7年4月から6年7ケ月にわたって島原商工会議所会頭を務めた。雲仙普賢岳噴火災害時には“島原生き残りと復興対策協議会”会長として国に被災者支援を求める陳情活動を行った。　[家]長男＝森本精一（弁護士）

森本 龍石　もりもと・りゅうせき　書家　北辰書道会代表　[没]平成29年（2017）12月13日　77歳〔腎不全〕　[生]昭和15年（1940）　[名]本名＝森本理一（もりもと・りいち）　[歴]四条畷高校教諭の傍ら、書家として活動。毎日書道会参事、北辰書道会代表などを務める。書を通じた国際交流に力を注ぎ、平成12年中央アジアのキルギスで、同国内初の書展「現代日本の書」を開催、同国の英雄マナス王の叙事詩の一節を綴った掛け軸などを出品。同国から文化功労賞を贈られた。14年ロシア国立芸術アカデミー名誉会員に選ばれる。　[賞]キルギス文化功労賞, 毎日書道展準大賞（第26回, 昭和49年度）　[賞]ロシア国立芸術アカデミー名誉会員〔平成14年〕　[団]北辰書道会, 毎日書道会, 日展, 近代詩文書作家協会　[家]妻＝森本子星（毎日書道展審査会員）

森谷 信次　もりや・しんじ　日本大学工学部教授　[専]熱工学　[没]平成28年（2016）3月18日　67歳〔パーキンソン病〕　[生]昭和23年（1948）5月28日　[学]日本大学工学部機械工学科卒, 日本大学大学院工学研究科機械工学専攻修士課程修了　工学博士　[歴]日本大学工学部教授を務めた。　[賞]日本マリンエンジニアリング学会賞奨励賞〔平成4年〕「分解軽油を含んだエタノール混合燃料の攪拌―ラビリンスポンプを使用した場合」

守屋 博子　もりや・ひろこ　ザベリオ学園理事長・学園長　[没]平成29年（2017）4月4日　76歳〔誤嚥性肺炎〕　[歴]ザベリオ学園理事長兼学園長を務めた。

守屋 道郎　もりや・みちお　住友電気工業常務　住友電装社長　[没]平成29年（2017）1月8日　78歳〔心不全〕　[生]昭和13年（1938）3月27日　[出]香川県　[学]大阪大学工学部機械工学科〔昭和35年〕卒　[歴]昭和38年住友電気工業に入社。平成元年取締役を経て、4年常務。9年住友電装社長、13年会長。

森山 軍治郎　もりやま・ぐんじろう　専修大学北海道短期大学教授　[専]民族学, 民俗学, フランス史, 日本民衆史　[没]平成28年（2016）11月18日　74歳〔下咽頭がん〕　[生]昭和16年（1941）12月12日　[出]北海道美唄市　[学]北海道大学文学部史学科〔昭和40年〕卒, 北海道大学大学院文学研究科西洋史学専攻博士課程中退　[歴]北

も

海道大学文学部助手を経て、専修大学北海道短期大学助教授、教授。オホーツク管内在住者らを対象とした林白言文学賞の主催団体代表や、泊原発の廃炉をめざす会事務局長なども務めた。著書に「民衆精神史の群像」「フランス田舎放浪記」「民衆蜂起と祭り」「ヴァンデ戦争」などがある。 [賞]北海道文化奨励賞〔平成5年〕 [団]北海道大学史学会

森山 淳一 もりやま・じゅんいち 三広専務 [没]平成27年(2015)3月9日 78歳 [生]昭和11年(1936)8月18日 [出]福岡県福岡市 [学]福岡高〔昭和30年〕卒, 西南学院大学商学部〔昭和34年〕卒 [歴]昭和44年三広設立に参加、同社専務や顧問を務めた。

森山 博司 もりやま・ひろし 森山会長 旅館ニュー扇屋会長 [没]平成27年(2015)4月24日 79歳〔肺炎〕 [歴]福島市の土湯温泉で旅館ニュー扇屋を営む。人気土産となった温泉卵「ガンバ卵ショ」などを考案した。 [家]長女＝森山雅代(森山社長・旅館ニュー扇屋社長)

諸岡 誠彬 もろおか・せいひん 日本女子プロゴルフ協会広報アドバイザー エムシーピーアール代表 [没]平成27年(2015)3月5日 70歳〔肺腺がん〕 [出]福岡県 [歴]日本女子プロゴルフ協会の草創期から株式会社エムシーピーアール代表としてトーナメントなどの広報活動に従事した。

諸口 あきら もろぐち・あきら ラジオパーソナリティー [没]平成29年(2017)9月10日 81歳〔肺気腫〕 [出]福岡県北九州市 [名]本名＝南弘人(みなみ・ひろと) [学]多摩美術大学卒 [歴]モデルや俳優などを経て、カントリー＆ウエスタンを中心とした歌手活動を始める。昭和47～54年近畿放送(現・KBS京都)のラジオ番組「日本列島ズバリリクエスト」のラジオパーソナリティーを務めるなど深夜放送で人気を集め、"兄い"の愛称で親しまれた。59年にスタートしたMBSラジオ「諸口あきらのイブニングレーダー」では辛口の時事批評が好評を博し、17年余続く長寿番組となった。平成4～8年KBSで「フレッシュモーニング」を担当した。 [家]妻＝中村悦子(プロゴルファー)

諸熊 奎治 もろくま・けいじ 理論化学者 京都大学福井謙一記念研究センターシニアリサーチフェロー エモリー大学名誉教授 分子科学研究所名誉教授 [没]平成29年(2017)11月27日 83歳〔心不全〕 [生]昭和9年(1934)7月12日 [出]鹿児島県鹿児島市 [学]京都大学工学部工業化学科卒, 京都大学大学院工学系研究科燃料化学専攻〔昭和38年〕博士課程単位取得中退 工学博士 [歴]父は旧制中学の数学教師。京都大学工学部石油化学科の福井謙一教授に師事して理論化学の道へ進む。同大福井研究室助手を経て、昭和39年渡米、コロンビア大学客員助教授、41年ハーバード大学研究員、42年ロチェスター大学助教授、46年教授。51年帰国して愛知県の岡崎国立共同研究機構分子科学研究所教授、電子計算機センター長を務める。平成5年再び渡米してエモリー大学教授。18年帰国し、京都大学福井謙一記念研究センターリサーチリーダー。昭和42年水の分子同士が水素結合でつながる様子を理論的に解明し、定説を覆す構造を発表。平成8年にはたんぱく質のような巨大な分子の反応を効率よく計算する数式とプログラムを考案し、"ONIOM法"(オニオム法)と命名。理論、実験と並ぶ第3の研究手法として計算化学を発展させた。24年文化功労者に選ばれる。理論化学、計算化学の第一人者として知られ、ノーベル化学賞の有力候補だった。25年のノーベル化学賞が海外の研究者3人に贈られることが決まった際、スウェーデン王立科学アカデミーからこの分野の発展に寄与した一人として挙げられた。 [賞]日本学士院賞・恩賜賞〔平成20年〕「分子の構造・機能・反応設計に関する理論的研究」, 文化功労者〔平成24年〕, 瑞宝中綬章〔平成22年〕, 国際量子科学アカデミー賞〔昭和53年〕, アルフレッド・スロン財団奨励賞, 日本化学会賞(平成3年度)〔平成4年〕「分子間相互作用と化学反応に関する理論的研究」 [団]日本化学会, American Chemical Society, American Physical Society

諸里 正典 もろさと・まさのり 十日町市長 [没]平成27年(2015)8月27日 78歳〔慢性心不全〕 [生]昭和12年(1937)1月18日 [出]新潟県長岡市 [学]明治大学法学部〔昭和35年〕卒 [歴]昭和35年日刊スポーツ新聞社を経て、36年睦織物に入社、49年同社代表取締役。54年十日町市長に当選。2期目途中の60年に退任し、61年新潟県知事選に立候補。平成2年衆院選、7年新潟県議選にも立候補した。

両沢 千晶 もろさわ・ちあき 脚本家 [没]平成28年(2016)2月19日 56歳〔大動脈解離〕 [歴]テレビアニメ〈新世紀GPXサイバーフォーミュラ〉〈機動戦士ガンダムSEED〉シリーズなどの脚本を手がけた。 [家]夫＝福田己津央(アニメーション監督), 弟＝両沢和幸(映画監督)

両角 良彦 もろずみ・よしひこ 通産事務次官 電源開発総裁 [没]平成29年(2017)8月11日 97歳 [生]大正8年(1919)10月4日 [出]長野県茅野市 [学]東京帝国大学法学部政治学科〔昭和16年〕卒 [歴]昭和17年商工省(のち通商産業省, 現・経済産業省)に入省。41年通産省鉱山局長、43年官房長、44年企業局長を経て、46年通産事務次官に就任。48年退官、50年電源開発総裁となって4期務めた。58年11月フランス系多国籍企業で世界最大の油田検層会社のシュルンベルジェにスカウトされ、日本子会社の日本シュルンベルジェ、日本フェアチャイルド2社の会長に就任。62年相談役。63年日本銀行政策委員、のち総合エネルギー調査会会長を務めた。ナポレオンに関する著作でも知られ、著書「1812年の雪―モスクワからの敗走」で日本エッセイスト・クラブ賞受賞。他の著書に「東方の夢―ボナパルト, エジプトへ征く」「セント・ヘレナ抄―ナポレオン遠島始末」「反ナポレオン考」などがある。城山三郎の小説「官僚たちの夏」の主要人物のモデルにもなった。 [賞]勲一等瑞宝章〔平成3年〕, レジオン・ド・ヌール勲章〔平成3年〕, 日本エッセイスト・クラブ賞(第29回)〔昭和56年〕「1812年の雪」 [団]日本ペンクラブ, 日本エッセイスト・クラブ

門田 晟 もんでん・あきら 東京産業社長 [没]平成27年(2015)12月2日 88歳〔心不全〕 [生]大正15年(1926)12月14日 [出]広島県 [学]早稲田大学理工学部採鉱冶金学科〔昭和25年〕卒 [歴]昭和25年東京産業に

も

入社。56年取締役、60年常務、62年副社長を経て、平成元年社長。11年会長。

紋谷 暢男 もんや・のぶお 成蹊大学名誉教授 [専]知的財産権法, 独占禁止法 [没]平成28年(2016)4月23日 79歳 [生]昭和11年(1936)8月21日 [出]東京都 [学]東京大学法学部第一類〔昭和35年〕卒, 東京大学法学部第三類〔昭和37年〕卒, 東京大学大学院法学政治学研究科民刑事法専攻〔昭和42年〕博士課程修了 法学博士(東京大学)〔昭和42年〕 [歴]昭和42年成蹊大学助教授を経て、50年教授。この間、47～49年西ドイツのマックス・プランク知的財産権研究所客員研究員。著書に「無体財産権法概論」、共著に「情報社会への道」、編著に「特許法50講」、共編に「著作権のノウハウ」などがある。 [団]日本私法学会, 日本経済法学会, 日本工業所有権法学会, 日本著作権法学会, 日本国際経済法学会, 日本ドイツ法学会

【や】

矢形 勝洋 やがた・かつひろ プロ野球選手 阪急球団常務 [没]平成28年(2016)1月4日 81歳 [生]昭和9年(1934)11月24日 [出]大阪府 [学]関西学院高卒, 関西学院大学卒 [歴]関西学院高から関西学院大に進み、関西大学野球界では屈指の左腕投手として鳴らした。丸善石油を経て、昭和33年阪急(現・オリックス)入り。一軍で実績を残せず、35年引退。その後、フロント入りして二軍マネジャー、スコアラー、営業課長、同部長などを歴任。国際通の渉外担当として辣腕を振い、外国人選手初の三冠王に輝いたブーマーらを獲得した。63年オリックスへの球団譲渡の際は球団常務を務めた。

矢上 一夫 やがみ・かずお 熊本県立大学名誉教授 [専]服飾学 [没]平成29年(2017)10月23日 92歳〔肺炎〕 [生]大正14年(1925)5月1日 [学]熊本高工専化学科卒 工学博士 [歴]熊本県立大学教授、尚絅短期大学教授を務めた。

八木 憲爾 やぎ・けんじ 文芸評論家 潮流社社長 [没]平成29年(2017)3月21日 94歳〔心不全〕 [生]大正12年(1923)3月1日 [出]愛知県豊橋市 [名]筆名＝八木茂太郎 [学]天津華語専, 北京大学文学院修了 [歴]昭和27年毎日新聞社記者を辞め、渡欧。帰国後の35年、潮流社を興して船員向けの啓蒙・情報誌を発刊。同社社長を経て、会長。また、42年丸山薫らと戦中休刊を余儀なくされた「四季」を再刊し、その発行人となる。「四季」終刊後の58年、同誌に代わる「季刊文学館」を刊行した。著書に「日本海運うら外史〈1～3〉」「涙した神たち―丸山薫とその周辺」などがある。 [賞]豊橋文化賞(第8回)〔平成20年〕 [団]日本文芸家協会

八木 竜朗 やぎ・たつろう 三井物産代表取締役常務 三国コカ・コーラボトリング社長 [没]平成27年(2015)12月5日 87歳〔脳梗塞〕 [生]昭和3年(1928)3月1日 [出]佐賀県 [学]東京大学法学部〔昭和26年〕卒 [歴]昭和26年室町物産(現・三井物産)に入り、60年取締役、62年代表取締役常務。平成3年3月三国コカ・コーラボトリング(現・コカ・コーラ イーストジャパン)取締役に転じ、7月社長に就任。7年取締役相談役に退いた。

八木 弘 やぎ・ひろし 神奈川県議(無所属) [没]平成29年(2017)10月31日 81歳〔消化器系出血〕 [生]昭和11年(1936)4月29日 [学]早稲田大学商学部卒 [歴]タクシー会社社長、自動車整備会社社長。平成7年三浦市選出の神奈川県議に初当選。1期務め、11年落選。 [家]息子＝八木達也(いづみタクシー社長)

八木 昌子 やぎ・まさこ 女優 [没]平成27年(2015)9月13日 77歳〔誤嚥性肺炎〕 [生]昭和13年(1938)9月2日 [出]東京市中野区(東京都) [名]本名＝林昌子(はやし・まさこ) [学]青山学院大学〔昭和33年〕中退, 俳優座養成所(第10期)〔昭和36年〕卒 [歴]父は劇作家の八木隆一郎。昭和33年青山学院大学を中退して俳優座養成所に第10期生として入る。同期には中野誠也、西沢利明、賀来敦子らがいた。36年文学座に入り、37年森本薫「女の一生」で初舞台。映画は40年「悦楽」でデビュー。以後、舞台、映画、テレビと堅実な演技で準主役や脇役で活躍した。主な出演作に、舞台「華岡青洲の妻」「飢餓海峡」「十三夜」「宵庚申思いの短夜」「日暮れて、二楽章のセレナーデ」「牛乳屋テヴィエ物語」「退屈な時間」、映画「泥の河」「駅/STATION」「男はつらいよ・拝啓車寅次郎様」「眠る男」「釣りバカ日誌SP」「虹をつかむ男2」、テレビ「はね駒」「春よ来い」など。 [家]夫＝林秀樹(俳優), 父＝八木隆一郎(劇作家)

屋宜 光子 やぎ・みつこ 助産師 日本助産師会沖縄県支部副支部長 [没]平成27年(2015)1月2日 90歳〔心不全〕 [出]沖縄県島尻郡八重瀬町富盛 [歴]昭和23年那覇市壺川で助産院を開業。以来、1万人以上の赤ちゃんの出産に立ち会った。日本助産師会沖縄県支部副支部長を務めた。 [賞]勲六等宝冠章〔平成11年〕, 沖縄県功労者表彰〔平成19年〕

柳生 真吾 やぎゅう・しんご 園芸家 八ケ岳倶楽部代表 [没]平成27年(2015)5月2日 47歳〔咽頭がん〕 [生]昭和43年(1968)3月3日 [出]東京都目黒区 [学]玉川大学農学部卒 [歴]俳優・柳生博と女優・二階堂有希子夫妻の長男。大学卒業後、造園家の田辺正則が営む花の生産農家"タナベナーセリー"で3年間修業。その後、父とともに山梨県大泉村(現・北杜市)の八ケ岳山麓にある雑木林を開放して作ったギャラリー・レストラン八ケ岳倶楽部を運営し、代表を務める。平成12～20年NHK教育テレビ「趣味の園芸」のメーンキャスターを務めた。著書に「柳生真吾の八ケ岳だより」「男のガーデニング入門」「柳生真吾と25人の達人」「柳生真吾のガーデニングはじめの一歩」「柳生真吾の雑木林はテーマパークだ！」などがある。 [家]父＝柳生博(俳優), 母＝二階堂有希子(女優)

矢口 昇 やぐち・のぼる 群馬県議(自民党) [没]平成28年(2016)12月10日 85歳 [生]昭和6年(1931)11月29日 [出]群馬県 [学]館林高卒 [歴]群馬県伊奈良村役場勤務を経て、昭和42年五十矢製作所を設立、社長。62年群馬県議に当選。5期。平成19年引退。自民党群

馬県連幹事長などを歴任した。 [賞]旭日小綬章〔平成20年〕, 板倉町名誉町民〔平成27年〕

八倉巻 忠夫 やぐらまき・ただお 富山県議（自民党） [没]平成28年（2016）3月7日 80歳〔急性心不全〕 [生]昭和10年（1935）3月22日 [出]富山県滑川市 [学]明治大学商学部〔昭和32年〕卒 [歴]昭和36年から滑川市議3期を経て、50年以来富山県議に5選。62年副議長、平成4年議長。7年落選。全国都道府県議会議長会副会長も務めた。 [賞]藍綬褒章〔平成3年〕, 旭日小綬章〔平成17年〕

八鍬 利郎 やくわ・としろう 北海道大学名誉教授 [専]園芸学, 造園学 [没]平成27年（2015）9月11日 87歳〔胃がん〕 [生]昭和3年（1928）8月27日 [出]兵庫県神戸市 [学]北海道大学農学部農学科〔昭和26年〕卒, 北海道大学大学院〔昭和28年〕修了 農学博士〔昭和37年〕 [歴]昭和28年北海道大学助手、40年助教授を経て、60年教授。附属農場長などを務め、平成4年退官。のち北海道武蔵女子短期大学教授を務めた。著書に「北大構内スケッチ」「北海道 楽しい家庭菜園」「まちかど植物散歩」などがある。 [賞]園芸学会賞功績賞〔昭和59年〕「アスパラガスの育種に関する研究」 [団]園芸学会, 日本植物組織培養学会, 日本育種学会

矢沢 鐘三 やざわ・しょうぞう 下呂町（岐阜県）町長 [没]平成28年（2016）3月2日 93歳〔間質性肺炎〕 [生]大正11年（1922）8月8日 [出]岐阜県益田郡下呂町（下呂市） [学]竹原青年学校〔昭和18年〕卒 [歴]昭和30年岐阜県下呂町議1期、38年助役、40年教育長を経て、52年町長に当選。平成5年まで4期務めた。 [賞]勲五等双光旭日章〔平成5年〕

屋敷 勇 やしき・いさむ 福井県議（自民党） [没]平成27年（2015）12月28日 82歳 [生]昭和8年（1933）7月30日 [学]高志高卒 [歴]昭和54年福井市議に当選、市議会議長も務めた。平成7年より福井県議に5選。13年副議長、18年議長。25年任期途中で引退した。 [賞]旭日中綬章〔平成26年〕

矢島 賢 やじま・けん ギタリスト [没]平成27年（2015）4月29日 65歳 [生]昭和25年（1950）3月18日 [出]群馬県前橋市 [歴]中学3年頃からベンチャーズの影響でエレキギターを手にし、高校卒業後に上京。キャノンボール、石川晶＆カウントバッファローズなどの活動を経て、スタジオミュージシャンとして売れっ子となり、井上陽水、吉田拓郎、野口五郎、山口百恵、沢田研二、長渕剛など数多くのアーティストのレコーディングに参加。歌謡曲の黄金時代を支えた名ギタリストの一人。昭和57年矢島賢＆ヴィジョンズ名義で唯一のソロアルバムとなったギター・インストゥルメンタル・アルバム「Realize」をリリースした。 [家]妻＝矢島マキ（キーボード奏者）

矢嶋 嶺 やじま・たかね 医師 長野県武石村診療所所長 長野大学社会福祉学部教授 [専]外科, 内科, 地域医療 [没]平成27年（2015）7月5日 82歳〔頸髄損傷〕 [生]昭和8年（1933）4月10日 [出]長野県小県郡東部町（東御市） [学]信州大学医学部〔昭和35年〕卒 医学博士 [歴]信州大学医学部第一外科、結核研究所外科、厚生連北信総合病院外科、依田窪病院院長を経て、昭和60年から長野県武石村診療所所長。平成8～15年長野大学教授。のち矢嶋診療所、グループハウス遊子舎所長。地域医療、在宅介護の支援に積極的に取り組んだ。著書に「家で生きる」「武石村往診日記」「たかね先生の在宅介護論」「たかね先生の地域医療論」「医者が介護の邪魔をする！」などがある。

矢島 三人 やじま・みつと 池の平ホテル創業者 [没]平成27年（2015）4月19日 91歳〔老衰〕 [生]大正12年（1923）11月1日 [出]長野県伊那市 [学]上水内農卒 [歴]敗戦直後の昭和20年12月、開拓者として茅野市・立科町境に入植。農業・酪農に従事するが、25年宿泊業の高原寮を開業。26年本格的に宿泊業に進出して宿名を旅館池の平に改名、30年には池の平ホテルを創業して社長に就任。平成3年株式会社に改組。23年会長。農業用の溜め池を白樺湖と名付け、遊園地やスキー場、美術館などを整備して一帯を観光地として育て上げた。 [賞]紺綬褒章〔平成7年〕, 優秀経営者顕彰地域社会貢献者賞（第13回）〔平成7年〕 [家]長男＝矢島嵩拡（池の平ホテル取締役）

安井 鍵太郎 やすい・けんたろう プロ野球選手 [没]平成27年（2015）11月10日 97歳〔肺炎〕 [生]大正7年（1918）4月10日 [出]愛知県名古屋市 [学]東邦商（現・東邦高）卒, 日本大学卒 [歴]東邦商、日大を経て、昭和16年南海（現・ソフトバンク）に入団。22年、23年は阪急（現・オリックス）で主に三塁手としてプレーした。実働4年、218試合出場、623打数134安打、0本塁打、39打点、6盗塁、打率.215。

安井 収蔵 やすい・しゅうぞう 美術評論家 酒田市美術館館長 しもだて美術館館長 [没]平成29年（2017）5月3日 90歳〔肺がん〕 [生]大正15年（1926）9月20日 [出]愛知県名古屋市 [学]日本大学予科修了 [歴]昭和21年毎日新聞東京本社に入社。事業部を経て、文化部に移り、中部本社報道部。38年東京本社学芸部となり、美術記者に専念。美術報道、解説・批評に携わり、永仁の壷、佐野乾山、ドラン、デュフィなどの真贋事件を手がける。51年退社して評論活動に入る。新美術新聞のコラム欄「色いろ調」を執筆。52年より日動画廊に勤務、事業部長を経て、顧問。同年笠間日動美術館に勤務、企画部長を経て、顧問。9年開館の酒田市美術館の初代館長に就任、21年退任。しもだて美術館館長も務めた。著書に「色いろ調」「当世美術界事情〈1・2〉」「絵話 諸縁」などがある。

安井 昭夫 やすい・てるお クラレ専務 [専]石油化学 [没]平成28年（2016）2月9日 86歳〔脳梗塞〕 [生]昭和4年（1929）8月12日 [出]岡山県岡山市 [学]京都大学工学部〔昭和27年〕卒, 京都大学大学院〔昭和32年〕修了 工学博士〔昭和33年〕 [歴]京都大学工学部助手を経て、昭和33年倉敷レイヨン（現・クラレ）に入社。研究畑を歩み、47年中央研究所所長、50年取締役、58年常務、63年専務を歴任。石油化学の最盛期にエチレン法酢酸ビニル合成、イソプタンよりのイソプレン合成の研究開発にあたり、いずれも世界初のコマーシャルプラントとして工業化した。平成11年山陽技術振興会常任副会長、16年会長。13年から倉敷民芸館理事長兼館長も務めた。 [賞]触媒学会賞名誉賞（平成1年度）, 日本織

や

維製品消費科学会学会賞功績賞（平成1年度），三木記念賞〔平成25年〕

安井 敏雄 やすい・としお　イー・アクセス社長　[没]平成27年（2015）3月13日　71歳　[生]昭和18年（1943）5月14日　[出]京都府　[学]京都大学大学院〔昭和43年〕修士課程修了，イリノイ大学コンピュータサイエンス博士課程修了　Ph.D.（イリノイ大学）　[歴]昭和47年IBMに入社。IBMラレー研究所藤沢研究所勤務、AFE社長室研修VAN事業を経て、62年大和研究所長、小型磁気製品事業部長、ディスプレイテクノロジー代表副社長。平成7年ウェスタンデジタル副社長、9年ウェスタンデジタル・ジャパン社長、11年ソレクトロンジャパン社長、16年イー・アクセス（現・ソフトバンクモバイル）社外取締役、18年社長に就任。20年退任。

安井 久治 やすい・ひさはる　福岡高裁長官　[没]平成27年（2015）7月19日　64歳〔膀胱がん〕　[生]昭和26年（1951）4月12日　[出]大阪府大阪市　[学]東京大学法学部卒　[歴]大学在学中に司法試験に合格。昭和51年4月東京地裁判事補に任官。平成10年4月東京地裁総括判事、14年7月東京高裁局長、15年2月東京高裁判事、17年12月裁判所職員総合研修所長、19年5月長野地家裁所長、21年1月千葉地裁所長、23年1月東京高裁部総括判事、5月司法研修所所長を経て、25年10月福岡高裁長官。27年6月健康上の理由で依願退官し、7月に病死した。

安井 稔 やすい・みのる　英語学者　東北大学名誉教授　静岡精華短期大学名誉学長　[没]平成28年（2016）5月16日　94歳〔誤嚥性肺炎〕　[生]大正10年（1921）12月20日　[出]静岡県富士宮市　[名]旧姓・名＝田口稔（たぐち・みのる）　[学]東京文理科大学英語学英文学科〔昭和19年〕卒，シカゴ大学大学院修了　文学博士　[歴]東京教育大学教授、東北大学教授、筑波大学教授、芦屋大学教授を歴任し、静岡精華短期大学学長。第15期日本学術会議会員。著書に「新しい聞き手の文法」「言外の意味」「英文法総覧」、訳書にチョムスキー「文法理論の諸相」「形式と解釈」などがある。　[賞]勲三等旭日中綬章〔平成9年〕　[団]日本英文学会，大学英語教育学会，日本英語学会

安岡 信雄 やすおか・のぶお　水泳選手　高知県水泳連盟会長　[没]平成29年（2017）7月5日　86歳〔肺炎〕　[生]昭和6年（1931）3月13日　[出]高知県高岡郡越知町　[学]安芸高卒，日本大学経済学部〔昭和30年〕卒　[歴]安芸高から日大に進み、水泳選手として活躍。4年時の昭和29年、日本選手権100メートルバラフライで優勝した。ドルフィンキックを取り入れたバタフライ泳法のパイオニアで、高知県水泳連盟会長を務めた。卒業後は、30年高知相互銀行（現・高知銀行）に入行。50年大杉支店長、57年清水支店長などを歴任した。

安嶋 弥 やすじま・ひさし　歌人　随筆家　文化庁長官　東宮大夫　[没]平成29年（2017）12月9日　95歳〔肺炎〕　[生]大正11年（1922）9月23日　[出]石川県松任市（白山市）　[名]筆名＝安吉屋じゅん　[学]四高〔昭和17年〕卒，東京帝国大学法学部〔昭和19年〕卒　[歴]昭和21年文部省（現・文部科学省）入省。44年官房長、49年初中局長、50～52年文化庁長官。52年宮内庁に移り、東宮大夫に就任。古代律令制にまでさかのぼる職名で、皇太子家にかかわる事務一切を担当、天皇陛下の皇太子時代にご一家を支えた。55年浩宮様の成年式の準備を指揮。平成元年退官。退任後、日本工芸会会長。修養団、前田育徳会、小山敬三美術振興財団各理事長、共立女子学園、山種美術館各理事、日本赤十字社常任理事、四高会長などを歴任。アララギ派の歌人でもあり、「歩道」同人。短歌やエッセイの執筆にも励んだ。著書に「文化と行政」「虚と実と」「葉桜」、歌集に「楠」、随筆集に「晩晴」「ともに生きるということ」などがある。　[団]日本文芸家協会

保田 克己 やすだ・かつみ　住友林業社長　[没]平成27年（2015）8月23日　102歳〔老衰〕　[生]大正2年（1913）3月28日　[出]山口県　[学]東京帝国大学農学部〔昭和11年〕卒　[歴]北海農林常務、東邦農林取締役北海道・九州各支店長などを経て、住友林業社長を務めた。

安田 喜美子 やすだ・きみこ　赤十字奉仕団沖縄県支部委員長　[没]平成29年（2017）4月28日　94歳〔くも膜下出血〕　[出]沖縄県国頭郡今帰仁村　[歴]名護市赤十字奉仕団委員長、赤十字奉仕団沖縄県支部委員長を歴任した。　[賞]沖縄県功労者社会福祉部門表彰〔平成23年〕

安田 晃次 やすだ・こうじ　沖縄全日空リゾート社長　名桜大学学長　[専]観光産業学　[没]平成27年（2015）3月14日　83歳〔肺炎〕　[生]昭和6年（1931）11月3日　[出]大阪府　[学]関西学院大学法学部卒　[歴]大学卒業後、全日空に入社。昭和56年沖縄全日空リゾート常務、59年専務を経て、62年社長。平成8年会長。11年名桜大学観光産業学科教授に転じ、15～18年学長を務めた。

安田 昭三 やすだ・しょうぞう　岡山大学名誉教授　[専]作物育種学，植物遺伝学　[没]平成28年（2016）9月15日　89歳　[生]昭和2年（1927）5月14日　[出]東京都豊島区　[学]北海道大学農学部農学科〔昭和26年〕卒　農学博士（北海道大学）〔昭和36年〕　[歴]昭和26年大原農業研究所助手、同年12月岡山大学農業生物研究所助手、35年同研究所助教授、44年英国ウエルズ植物育種研究所客員研究員、51年岡山大学教授。56年～平成3年国際大麦遺伝学シンポジウム国際組織委員。5年岡山大学名誉教授。同年～10年岡山女子短期大学教授。　[賞]瑞宝中綬章〔平成19年〕，日本育種学会賞〔昭和57年〕「オオムギの出穂生理とその遺伝に関する研究」，遺伝学振興会奨励賞〔昭和60年〕「大麦の遺伝と遺伝資源に関する基礎研究」　[団]日本育種学会，SABRAO（The Society for The advancement of breeding researches in Asia and Oceania）

安田 誠克 やすだ・せいこう　日本陸上競技連盟副会長　アジア陸上競技連盟会長　[没]平成29年（2017）1月15日　95歳〔老衰〕　[生]大正10年（1921）8月8日　[出]奈良県　[学]早稲田大学政治経済学部〔昭和19年〕卒　[歴]早大時代は競走部主将を務める。昭和22年奈良陸上競技協会副会長、34年日本陸上競技連盟常務理事、のち副会長。36年日本オリンピック委員会（JOC）常任委員、39年東京五輪日本選手団総務。国際陸上競技連盟理事、アジア陸上競技連盟会長などを歴任。平成3年に東京で開催された第3回世界選手権の組織委員会事務総長を務めた。　[賞]勲三等瑞宝章〔平成4年〕，バギオ大学名誉教育学博士号（フィリピン）〔平成4年〕

安田 久雄 やすだ・ひさお　カトリック大司教　日本カトリック教会大阪大司教区長　英知学院理事長　[専]

や

哲学　[没]平成28年(2016)4月23日　94歳　[生]大正10年(1921)12月20日　[出]福岡県　[学]東京帝国大学水産学科〔昭和18年〕卒, 上智大学哲学科〔昭和26年〕卒, 聖マリア大学神学科〔昭和30年〕卒, ウルバノ大学大学院〔昭和32年〕修了　哲学博士〔昭和32年〕　[歴]昭和18年東京気象台化学科生物係、20年神戸海洋気象台を経て、35年大阪信愛女子学院短期大学講師、36年百合学院理事、37年英知短期大学講師、38年助教授、39年副学長、40年教授、46年英知学院理事、49年理事長。

保田 道世　やすだ・みちよ　アニメーター　スタジオジブリ色彩設計責任者　[没]平成28年(2016)10月5日　77歳〔病気〕　[生]昭和14年(1939)4月28日　[出]東京都　[歴]昭和33年東映動画(現・東映アニメーション)に社員1期生として入社、仕上部門でCMやテレビシリーズのトレースを手がける。組合活動を通じて高畑勲、宮崎駿と知り合い、高畑の「太陽の王子ホルスの大冒険」(43年)にトレースとして参加。宮崎の「未来少年コナン」(53年)で初めて全編のキャラクター色彩設計を担当。59年の「風の谷のナウシカ」からスタジオジブリ作品の色彩設計、仕上げの責任者を務め、「となりのトトロ」(63年)、「紅の豚」(平成4年)、「耳をすませば」(7年)、「もののけ姫」(9年)、「千と千尋の神隠し」(13年)、「風立ちぬ」(25年)まで、高畑、宮崎監督作品の“色”を支え続けた。

安田 泰久　やすだ・やすひさ　岩手大学名誉教授　[専]畜産学　[没]平成28年(2016)11月5日　84歳〔病気〕　[生]昭和7年(1932)7月24日　[出]岩手県盛岡市　[学]北海道大学獣医学部獣医学科卒　医学博士　[歴]岩手大学農学部教授を務めた。　[賞]瑞宝中綬章〔平成23年〕

安冨 信哉　やすとみ・しんや　僧侶　真宗大谷派教学研究所所長　大谷大学名誉教授　[専]仏教学, 真宗学　[没]平成29年(2017)3月31日　73歳〔虚血性心疾患〕　[生]昭和19年(1944)2月14日　[出]新潟県村上市　[学]早稲田大学第一文学部英文学科〔昭和42年〕卒, 大谷大学大学院文学研究科真宗学専攻〔昭和53年〕博士課程単位取得退学　博士(文学)　[歴]大谷大学文学部真宗学科助手、講師、特別研究員、助教授を経て、教授。平成12年同大大学院文学研究科長を兼務。真宗大谷派教学研究所所長、新潟県の真宗大谷派光済寺住職。著書に「清沢満之と個の思想」「親鸞・信の構造」「親鸞・信の教相」などがある。　[団]日本仏教学会, 真宗同学会, 国際真宗学会

安友 清　やすとも・きよし　阿波町(徳島県)町長　[没]平成28年(2016)9月23日　80歳〔多臓器不全〕　[生]昭和10年(1935)12月21日　[出]徳島県阿波郡阿波町(阿波市)　[学]阿波高〔昭和29年〕卒　[歴]昭和37〜43年久勝農協理事、40〜43年阿波町農業委員、43〜55年阿波町議を経て、55年同町長に当選。3期目途中の平成3年、徳島県議選に立候補。その後、町長に返り咲き、阿波市発足前の17年3月まで通算5期務めた。同年阿波市長選に立候補。15〜17年徳島県町村会会長。

安原 皐雲　やすはら・こううん　書家　読売書法会参事　鯉水会主宰　[専]漢字　[没]平成29年(2017)8月11日　95歳　[生]大正11年(1922)3月18日　[出]大阪府　[名]本名＝安原信男(やすはら・のぶお)　[学]大阪市立工芸学校卒　[歴]広津雲仙、田中塊堂、梅舒適に師事。昭和32年「高青邱詩」で日展特選。鯉水会を主宰し、読売書法会参事などを務めた。　[賞]毎日書道展毎日賞(第3回, 昭和26年度), 日展特選(昭和32年度)「高青邱詩」　[団]日本書芸院, 日展, 読売書法会　[師]師＝広津雲仙, 田中塊堂, 梅舒適

安原 正　やすはら・ただし　環境事務次官　山種証券会長　[没]平成27年(2015)10月14日　81歳〔心不全〕　[生]昭和9年(1934)4月3日　[出]滋賀県高島郡安曇川町(高島市)　[学]東京大学法学部〔昭和33年〕卒　[歴]昭和33年大蔵省(現・財務省)に入省。理財局資金第一課長などを経て、57年同総務課長、58年東京税関長、59年官房審議官、60年銀行局検査部長、61年理財局次長を歴任。62年9月環境庁(現・環境省)官房長に転じ、63年7月企画調査局長、平成2年7月環境事務次官に就任。3年6月退官し、同年9月農林漁業金融公庫(現・日本政策金融公庫)副総裁、6年6月山種証券(現・SMBCフレンド証券)会長となる。10年退任。　[賞]瑞宝重光章〔平成17年〕

安原 達佳　やすはら・たつよし　プロ野球選手　赤羽冶金社長　[没]平成27年(2015)4月1日　79歳　[生]昭和11年(1936)3月5日　[出]岡山県　[名]本名＝渡辺達佳(わたなべ・たつよし)　[学]倉敷工卒　[歴]中学から本格的に野球を始め、投手となる。倉敷工では1年からマウンドに立ち、3年夏は岡山県大会で優勝したが、東中国大会で敗れた。昭和29年巨人に入団。30年12勝、31年15勝を挙げたが、35年肘を痛めて外野手に転向。38年現役を引退。通算成績は、実働7年、209試合登板、56勝36敗、454奪三振、防御率2.71。打者としても367試合に出場し、555打数120安打、7本塁打、32打点、打率.216の成績を残した。引退後、妻の実家が経営する電熱線メーカーの赤羽冶金に入社し、50年社長に就任。61年香港に現地法人を設立。平成12年中国・重慶で電線製造の合弁企業を設立、電力不足に悩む中国の社会基盤整備にあたった。

安福 建雄　やすふく・たつお　能楽囃子方(高安流大鼓方)　高安流大鼓方宗家預り　[専]大鼓　[没]平成29年(2017)7月17日　78歳〔肺がん〕　[生]昭和13年(1938)11月14日　[出]東京都　[学]立教大学文学部〔昭和36年〕卒　[歴]高安流大鼓方・安福春雄の長男。幼い頃より父に師事し、昭和22年「経正」で初舞台。29年能楽三役養成会第1期生となる。34年「道成寺」を披く。40年一噌幸政らと能楽春秋会を結成。53年より日本能楽会会員。57年「檜垣」、58年「関寺小町」、59年「姨捨」を披く。この間、58年高安流大鼓宗家預りとなる。同年より国立能楽堂能楽(三役)養成研修主任講師も務めた。平成10年人間国宝に認定された。　[賞]紫綬褒章〔平成15年〕, 旭日小綬章〔平成21年〕, 観世寿夫記念法政大学能楽賞〔平成5年〕, 杉並名誉区民〔平成29年〕　[資]重要無形文化財保持者(能囃子方大鼓)〔平成10年〕　[団]日本能楽会, 能楽協会　[家]父＝安福春雄(能楽師), 長男＝安福光雄(能楽師)　[師]師＝安福春雄

安丸 良夫　やすまる・よしお　日本史学者　一橋大学名誉教授　[専]日本思想史　[没]平成28年(2016)4月4日　81歳　[生]昭和9年(1934)6月2日　[出]富山県東蠣波郡福野町(南砺市)　[学]京都大学文学部史学科〔昭和32年〕卒, 京都大学大学院文学研究科〔昭和37年〕博

や

士課程修了。名城大学助教授、一橋大学助教授を経て、昭和52年教授。明治維新直前の民衆に革新的な思想を見い出して民衆宗教や百姓一揆の実証的研究に取り組み、民衆思想史分野に大きな足跡を残した。著書に『日本の近代化と民衆思想』『日本ナショナリズム前夜』『神々の明治維新—神仏分離と廃仏毀釈』『出口なお』『近代天皇像の形成』『文明化の経験』などがある。 （所）歴史学研究会、日本史研究会

安本 教伝 やすもと・きょうでん 京都大学名誉教授
（食品工学、食品栄養学）（没）平成28年（2016）9月11日 82歳〔老衰〕 （生）昭和9年（1934）2月27日 （出）京都府 （歴）京都大学農学部農芸化学科〔昭和31年〕卒、京都大学大学院農学研究科〔昭和36年〕博士後期課程所定単位取得 農学博士 （職）昭和39年京都大学農学部助手、43年助教授を経て、58年食糧科学研究所教授。平成9年退官。のち環境科学総合研究所副所長、椙山女学園大学教授。第17〜18期日本学術会議会員。（受）日本栄養・食糧学会賞奨励賞〔昭和48年度〕「必須脂肪酸の自動及び酵素的酸化」、日本栄養・食糧学会賞学会賞〔平成3年度〕「セレニウムの食品栄養学的研究」、日本栄養・食糧学会賞功労賞〔平成15年度〕「ミネラルの食品栄養学的研究と教育に対する貢献」 （所）日本農芸化学会、日本栄養食糧学会、国際食品科学工学連盟

安楽岡 一雄 やすらおか・かずお 館林市長 群馬県議
（没）平成29年（2017）2月12日 69歳〔胆管炎による多臓器不全〕 （生）昭和22年（1947）5月10日 （出）群馬県館林市 （歴）法政大学経済学部卒 （職）衆院議員秘書を経て、平成7年より群馬県議に3選。19年前市長の病気引退を受け、館林市長に無投票当選。3期目の28年12月体調不良を訴えて入院、29年2月病死した。

矢田 松太郎 やた・まつたろう 加賀市長 石川県議（自民党）
（没）平成28年（2016）12月26日 88歳〔肺炎〕 （生）昭和3年（1928）12月16日 （出）石川県 （歴）東京大学経済学部卒 （職）昭和30年家業の片山津観光事業に入り専務、45年社長に就任。60年北陸観光開発社長。また、46年から石川県議を4期務め、59年議長。62年無投票で加賀市長に当選。連続3期務めた。平成11年引退。 （受）紺綬褒章〔昭和38年・46年〕、藍綬褒章〔平成4年〕、勲三等瑞宝章〔平成11年〕、石川県知事表彰〔昭和47年〕、全国都道府県議会功労賞〔昭和56年〕

矢竹 聖俊 やたけ・せいしゅん クラレ副社長
（没）平成29年（2017）11月16日 89歳〔心不全〕 （生）昭和3年（1928）2月27日 （出）東京都 （歴）慶応義塾大学経済学部〔昭和27年〕卒 （職）昭和27年倉敷レイヨン（現・クラレ）に入社。50年取締役、58年常務、61年専務を経て、62年副社長。平成3年クラレ不動産会長。

矢田部 正巳 やたべ・まさみ 神官 三嶋大社宮司 神社本庁総長
（没）平成27年（2015）1月10日 78歳〔急性心不全〕 （生）昭和11年（1936）2月23日 （出）静岡県湖西市 （歴）早稲田大学文学部哲学科〔昭和33年〕卒、国学院大学神道学専攻科〔昭和34年〕卒 （職）昭和34年伊勢神宮、36年石川県白山比咩神社に奉職、44年神奈川県寒川神社禰宜、49年権宮司を経て、57年三嶋大社宮司。静岡県神社庁庁長なども務め、平成16年神社本庁総長に就任。18年には同総長として初めて、神社本庁に属さず単独の宗教法人として運営される靖国神社の運営に携わる10人の崇敬者総代の一人となった。22年総長を退任して顧問、23年長老の称号を受けた。

谷内 茂 やち・しげる 俳人 「高志」主宰
（没）平成27年（2015）12月1日 88歳 （生）大正15年（1926）12月8日 （出）滋賀県 （職）氷見市で小学校教師を務める。俳句は「古志」「季節」を経て、昭和39年伊丹三樹彦主宰「青玄」に参加、41年同人。55年「青玄」無鑑査同人を辞退して「高志」を創刊・主宰した。児童俳句の指導にも功績がある。句集に『鳥語』『夏炉』がある。 （受）青玄特別賞

八浪 知行 やつなみ・ちこう 高校野球監督 プロ野球選手 熊本県議
（没）平成29年（2017）9月30日 87歳〔肺炎〕 （生）昭和5年（1930）7月28日 （出）熊本県本郡鹿本町（山鹿市） （歴）玉名中卒、熊本工中退 （職）熊本工中退後の昭和25年プロ野球・西日本、26〜30年西鉄（現・西武）、31年大映（現・ロッテ）で外野手としてプレー。実働5年、211試合出場、303打数58安打、3本塁打、21打点、9盗塁、打率.191。35年故郷熊本へ戻り、ガソリンスタンド店の役員に。46年熊本市議1期を経て、54年から自民党や新進党で県議を7期務める。平成10年議長。19年政界を引退。この間、九州学院高、昭和49年から母校熊本工の野球部監督を務め、5度甲子園に出場した。 （受）藍綬褒章〔平成8年〕、旭日中綬章〔平成19年〕

八耳 哲雄 やつみみ・てつゆう 僧侶 天台真盛宗別格本山引接寺山主
（没）平成28年（2016）9月24日 88歳〔心不全〕 （生）昭和3年（1928）3月10日 （出）滋賀県高島市 （歴）大谷大学文学部〔昭和25年〕卒 （職）昭和25年天台真盛宗総本山西教寺に入り、40年執事。51年真盛園長となり、養護・特別養護老人ホーム真盛園を経営。平成3年天台真盛宗別格本山引接寺山主（住職）。また、大津市議、市議会議長、滋賀県教育委員長も務めた。著書に『因縁より生ず』、編著に『無欲の聖真盛上人』がある。 （受）勲五等双光旭日章〔平成12年〕、大津市市政功労者、越前市市政功労者

柳井 満 やない・みつる テレビプロデューサー
（没）平成28年（2016）2月1日 80歳〔胸部動脈瘤破裂〕 （生）昭和10年（1935）3月30日 （出）東京都 （歴）東京大学文学部社会学科〔昭和33年〕卒 （職）昭和33年ラジオ東京（現・TBS）に入社。一貫してドラマ畑でディレクター、プロデューサーとして数多くの作品を手がけた。54年歌手の武田鉄矢を主役に抜擢した「3年B組金八先生」が大ヒット、国民的番組に育て上げ、武田や脚本の小山内美江子らとともに平成16年度毎日芸術賞の特別賞を受賞した。7年定年退職。他の代表作に「青が散る」「家族ゲーム」「とんぼ」「夫婦道」などがある。 （受）毎日芸術賞（第46回、平成16年度）「3年B組金八先生」

矢内 克侑 やない・よしすけ 豊国酒造社長 古殿町（福島県）町長
（没）平成29年（2017）5月7日 87歳〔老衰〕 （生）昭和4年（1929）10月31日 （出）福島県東白川郡古殿町 （歴）白河中卒 （職）豊国酒造社長で、平成6〜10

年福島県酒造組合連合会会長。11年郷里の古殿町長に当選、15年まで1期務めた。

柳江 仁 やなえ・ひとし 調教師 [没]平成27年（2015）1月1日 59歳 [生]昭和30年（1955）6月27日 [出]岐阜県大垣市 [歴]岐阜県の笠松競馬場の調教師で、昭和60年管理馬を初出走させて以来、通算9476戦1668勝（うち中央65戦1勝）を挙げた。地方競馬所属の年度代表馬に平成21年、24年の2回選ばれた牝馬ラブミーチャンを育て、21年の全日本2歳優駿（統一G1）など統一グレード競走で5勝を挙げた他、重賞42勝。26年12月17日厩舎で頭を強打して倒れている状態で見つかり、意識不明のまま入院治療を続けたが、27年1月に亡くなった。[賞]NARグランプリ殊勲調教師賞〔平成21年〕

矢永 啓助 やなが・けいすけ 長崎国際テレビ専務 [没]平成28年（2016）10月27日 61歳 [出]福岡県

柳坪 進 やながつぼ・すすむ 広島市議（自民党） [没]平成29年（2017）4月23日 85歳〔急性硬膜下血腫〕 [生]昭和7年（1932）4月3日 [出]広島県広島市西区田方 [学]慶応義塾大学文学部卒 [歴]広島電機高教論を経て、昭和38年から広島市議に12選。60年市議会副議長、62年～平成元年同議長。6～7年再び市議会議長を務めた。[賞]旭日中綬章〔平成24年〕

柳澤 俊次 やなぎさわ・しゅんじ 写真家 日本広告写真家協会常務理事 [専]広告写真，鉄道写真，心象風景 [没]平成29年（2017）6月17日 63歳〔結腸がん〕 [生]昭和28年（1953）12月2日 [出]長野県諏訪市 [名]本名＝柳澤俊次（やなぎさわ・しゅんじ） [学]大阪芸術大学芸術学部写真学科〔昭和51年〕卒 [歴]昭和51年大阪芸術大学卒業、54年フリーランスとなる。国鉄時代のキャンペーン〈いい日旅立ち〉シリーズの広告写真でデビュー。55年・61年・63年APA展、56年NAAC展、57年デザインフォーラム展、TGC「エロス」展、平成元年TOKYO・APA展、2年ZERO展、3年田原俊彦写真展、4年APAビエンナーレ（企画制作）、6年TOKYO'95ポスター展、7年二つの視点展、12年APA企画展「地球と人間：YES, NO」展で作品を発表。9年東京写真文化館館長に就任。映画「乱」や長野県下諏訪町がロケ地となった映画「あゝ野麦峠新緑篇」の広告写真なども手がけた。 [賞]日本広告写真家協会展APA賞（広告作品部門），APA年鑑日本の広告写真，APA展（一般公募部門），クリオアワードクリオ賞（ポスター部門），デザインフォーラム入選，NAAC展入選 [団]日本写真芸術学会，日本広告写真家協会

柳沢 孝彦 やなぎさわ・たかひこ 建築家 [没]平成29年（2017）8月14日 82歳〔前立腺がん〕 [生]昭和10年（1935）1月1日 [出]長野県松本市 [学]東京芸術大学美術学部建築学科〔昭和33年〕卒 [歴]子供の頃から絵が好きで、一時は画家を志したが、昭和33年竹中工務店に入社。「熱海MOA美術館」「有楽町センタービル」などを担当。東京本店設計部長、設計部専門役を務めた。61年「第二国立劇場」国際コンペでその作品が最優秀作品に選ばれた竹中工務店チーム（17人）のリーダー。同年TAK建築・都市計画研究所を設立、代表取締役。平成7年「郡山市立美術館」の設計で日本芸術院賞を受賞。他の作品に「中川一政美術館」「三鷹市芸術文化センター」「福沢一郎記念美術館」「東京都現代美術館」「窪田空穂記念館」「新国立劇場」などがある。 [賞]日本芸術院賞（平成6年度）〔平成7年〕「郡山市立美術館及び一連の美術館・記念館の建築設計」，吉田五十八賞（第15回）〔平成2年〕「中川一政美術館」，日本建築学会作品選奨（第1回）〔平成7年〕「窪田空穂記念館」，日本建築学会賞〔平成10年〕「新国立劇場」 [団]日本建築美術工芸協会，日本建築家協会

柳沢 武治 やなぎさわ・たけじ 全国農業協同組合連合会会長 新潟県農協中央会会長 [没]平成28年（2016）5月17日 81歳 [生]昭和10年（1935）3月1日 [出]新潟県上越市 [学]高田農卒 [歴]新潟県えちご上越農協組合長を経て、平成15～20年新潟県農協中央会会長。17年新潟県から初めて全国農業協同組合連合会（全農）会長に就任。コメの適正取引や適正表示を進める事業改革に取り組んだ。20年退任。 [賞]旭日中綬章〔平成27年〕

柳沢 紀夫 やなぎさわ・のりお 旭川シティネットワーク社長 [没]平成27年（2015）5月18日 74歳 [出]北海道上川郡朝日町（士別市） [学]早稲田大学政経学部〔昭和39年〕卒 [歴]昭和39年文化放送に入局。記者として東京五輪、吉展ちゃん誘拐殺人事件、東大紛争、沖縄返還など数々の事件を取材。平成10年郷里の北海道へ戻り、FMりべーるを運営する旭川シティネットワーク社長を務めた。

柳沢 悠 やなぎさわ・はるか 東京大学名誉教授 [専]インド経済史，インド経済論 [没]平成27年（2015）4月 70歳 [生]昭和19年（1944）11月20日 [出]東京都荒川区日暮里 [学]東京大学経済学部経済学科〔昭和42年〕卒，東京大学大学院経済学研究科応用経済学専攻〔昭和47年〕博士課程中退 博士（経済学，東京大学）〔平成5年〕 [歴]昭和47年横浜市立大学専任講師、51年助教授を経て、58年東京大学東洋文化研究所教授、平成16年千葉大学法経学部教授。24年東大名誉教授。20年から4年間、日本南アジア学会理事長を務めた。著書に「南インド社会経済史研究」「現代インド経済」などがある。 [団]国際経済学会，社会経済史学会，日本南アジア学会，土地制度史学会，歴史学研究会

柳田 浩 やなぎだ・ひろし 日本触媒社長 [没]平成29年（2017）7月19日 77歳〔蘇生後脳症〕 [生]昭和15年（1940）7月10日 [出]兵庫県神戸市 [学]神戸大学経営学部〔昭和38年〕卒 [歴]昭和38年日本触媒化学工業（現・日本触媒）に入社。平成7年取締役、10年常務を経て、12年社長。17年取締役、同年相談役に退いた。

柳原 一夫 やなぎはら・かずお 慶応義塾大学名誉教授 [専]経営情報システム，マネジメント・システム [没]平成28年（2016）1月10日 74歳〔病気〕 [生]昭和16年（1941）3月2日 [出]秋田県 [学]慶応義塾大学工学部機械工学科〔昭和38年〕卒，慶応義塾大学大学院工学研究科機械工学専攻〔昭和43年〕博士課程修了 [歴]昭和43年慶応義塾大学助手、46年専任講師、49年助教授を経て、62年教授。平成18年定年退職。 [団]経営工学会，日本情報学会，経営情報学会

柳原 良平 やなぎはら・りょうへい 画家 イラストレーター 漫画家 海事評論家 [没]平成27年（2015）8月17日 84歳〔呼吸不全〕 [生]昭和6年（1931）8月17日 [出]東京都 [学]京都市立美術大学工芸学部（現・京

や

都市立芸術大学〕〔昭和29年〕卒 ㊙少年時代から船と絵を好む。京都市立美術大学卒業後、昭和31年寿屋（現・サントリーホールディングス）宣伝部に入社。ここで開高健・山口瞳らがPR誌「洋酒天国」編集に従事し、表紙・本文カットを担当した。また同社のCMアニメーションも手がけ、2頭身のキャラクター「アンクルトリス」を案出して33年度の毎日産業デザイン賞を受賞。34年同社を退社してフリー。以後は朝日新聞連載の漫画「ピカロじいさん」や読売新聞「今日も一日」で人気を博すとともに、船や港を題材に取ったイラストを多数発表。35年テレビ番組で久里洋二、真鍋博と顔を合わせたのをきっかけにアニメーション3人の会を結成し、草月会館などを中心に実験アニメの上映会を開催、「海戦」「池田屋騒動」「両人侍誉皮切」「ばいかる丸」などのアニメ映画を製作・公開した。39年広告制作会社サン・アドを設立。無類の"船キチ"として知られ、日本の外国航路客船はほぼ制覇し、62年には海事思想の普及に貢献したとして運輸大臣表彰を受け、平成2年には運輸省交通文化賞を受賞。また日本船長協会名誉会員や船舶海洋工学会主催のシップ・オブ・ザ・イヤー選考委員長、帆船日本丸財団理事などといった海事関係の諸職の他、商船三井、佐渡汽船、太平洋フェリー、東海汽船などの名誉船長も務めた。著書に「船キチ良平と氷川丸」「柳原良平船の本」「船の画集」「良平のわが人生」「船キチの航跡」、絵本「かおかおどんなかお」などがある。㊞毎日産業デザイン賞（第5回）〔昭和34年〕「テレビコマーシャルを中心とする一連のデザイン活動」朝日広告賞、電通賞、ADC賞、日経広告賞、横浜文化賞〔昭和52年〕、交通文化賞〔平成2年〕、海洋文学大賞特別賞〔平成16年〕、日宣美展奨励賞（第6回）〔昭和31年〕「トリスウイスキー」㊞漫画集団、帆船日本丸記念財団、日本船長協会（名誉会員）

柳家 喜多八 やなぎや・きたはち 落語家 ㊙平成28年（2016）5月17日 66歳〔がん〕㊞昭和24年（1949）10月14日 ㊞東京都練馬区 ㊞本名＝林寛史（はやし・ひろふみ）、前名＝柳家小より、柳家小八（やなぎや・こはち）㊞学習院大学経済学部卒 ㊞昭和52年27歳で10代目柳家小三治に入門し、小よりを名のる。56年小八で二つ目。平成5年喜多八で真打ちに昇進。虚弱体質を自称し、けだるい出だしから徐々に熱演に引き込む芸風で人気を集める。66歳で亡くなる直前まで高座に上がり、5月9日の上野鈴本演芸場で「ぞめき」を演じたのが最後の高座となった。㊞師＝柳家小三治（10代目）

柳谷 謙介 やなぎや・けんすけ 外務事務次官 駐オーストラリア大使 ㊙平成29年（2017）11月18日 93歳〔急性肺炎〕㊞大正13年（1924）6月19日 ㊞東京都港区 ㊞東京大学法学部〔昭和24年〕卒 ㊞昭和23年外務省に入省。会計課長、アジア局参事官を経て、48年駐中国公使、51年情報文化局長、53年アジア局長、55年官房長、56年外務審議官、57年駐オーストラリア大使、60年外務事務次官を歴任。60年、当時の中曽根康弘首相が靖国神社を参拝して日中関係が冷え込む中、外務事務次官として対応にあたった。62年6月退

官。63年1月～平成5年7月国際協力事業団（現・国際協力機構）総裁、9年成城学園理事長。14年のサッカーW杯日韓共済大会では日本組織委員会副会長を務めた。皇太子ご夫妻の婚約に際し、お二人の仲をとりもったことでも知られる。著書に「心の地球儀」「日本の友をつくる」などがある。㊞勲一等瑞宝章〔平成9年〕

柳瀬 兼壮 やなせ・けんそう 高岡能楽会理事長 ㊙平成28年（2016）2月13日 89歳〔老衰〕㊞大正15年（1926）㊞本名＝柳瀬健三 ㊞高岡中卒、研数専門学校 ㊞戦後、高岡市の仏壇店で漆器・銅器の作家や職人向けに漆の販売を担当。傍ら、宝生流職分の大坪十喜雄に弟子入りして謡曲を習い、教授嘱託の免許を受けて自らの会・昇雲会を結成。高岡能楽会発足に参画、平成3年から6年間は理事長を務めた。16年担い手不足で途絶えていた川巴良諏訪神社の謡曲大会を約30年ぶりに復活させるなど、伝統継承と発展に尽くした。

柳瀬 尚紀 やなせ・なおき 英文学者 翻訳家 エッセイスト ㊙平成28年（2016）7月30日 73歳〔肺炎〕㊞昭和18年（1943）3月2日 ㊞北海道根室市 ㊞早稲田大学大学院英文学専攻〔昭和45年〕博士課程修了 ㊞大学院時代から翻訳を始め、昭和52年成城大学助教授に就任後も翻訳家として活躍。平成3年よりフリー。同年60ケ国語以上を使って書かれ、難解な内容から翻訳不可能といわれたジョイス「フィネガンズ・ウェイク」を日本で初めて8年がかりで完訳した。その後、ジョイス「ユリシーズ」の完訳を目指し、文芸誌「文芸」で連載を進めていたが、途中で病死した。主な訳書にキャロル「ふしぎの国のアリス」、エリカ・ジョング「飛ぶのが怖い」、ロアルド・ダール「チョコレート工場の秘密」、D.R.ホフスタッター「ゲーデル、エッシャー、バッハ」（共訳）や「猫文学大全」「幻獣辞典」など多数。著書には「ナンセンス感覚」「英語遊び」「翻訳困りっ話」「フィネガン辛航記―「フィネガンズ・ウェイク」を読むための本」「広辞苑を読む」「ジェイムズ・ジョイスの謎を解く」「翻訳はいかにすべきか」などがある。名刺に"半猫人"と入れるほど猫好きとして知られた。㊞雑学大賞（第3回）〔昭和56年〕「英文学に関しユニークな著書」、日本翻訳文化賞（第22回）〔昭和60年〕「ゲーテル・エッシャー・バッハ」（共訳）、日本翻訳文化賞（第31回）〔平成6年〕「フィネガンズ・ウェイク」㊞日本文芸家協会

梁取 清助 やなどり・せいすけ 新潟放送社長 ㊙平成28年（2016）11月11日 96歳〔肺炎〕㊞大正9年（1920）10月7日 ㊞新潟県南蒲原郡村松町（五泉市）㊞中野高等無線電信学校〔昭和15年〕卒 ㊞昭和27年ラジオ新潟（現・新潟放送）に入社。43年テレビ局長、45年取締役、52年常務、56年専務、58年副社長を経て、60年社長、平成3年会長、5年取締役相談役を歴任。また、昭和54～58年イタリア軒社長。㊞勲四等旭日小綬章〔平成2年〕

八並 映子 やなみ・えいこ 女優 ㊙平成29年（2017）1月14日 68歳 ㊞昭和23年（1948）10月22日 ㊞静岡県藤枝市 ㊞本名＝三浦由江 ㊞藤枝西高卒 ㊞昭和44年大映に第20期生ニューフェイスとして入社、45年「女賭博師壺くらべ」のホステス役でデビュー。その後、〈高校生番長〉シリーズで倒産間際の大映を代表する青春女優として活躍。46年11月大映最後の映画「悪名尼」に女番長役で主演した後、大映倒産に伴い

フリーとなる。48年からテレビに重点を移し、TBS「ザ・ガードマン」、東京12チャンネル（現・テレビ東京）「プレイガール」、フジテレビ「江戸の旋風」などに出演。その後は舞台を中心に活躍した。 [賞]エランドール賞〔昭和45年〕

矢野 温三 やの・あつみ 宮崎銀行専務 [没]平成29年（2017）8月7日 86歳〔急性腎不全〕 [生]昭和6年（1931）6月3日 [出]宮崎県東諸県郡国富町 [学]関西大学経済学部〔昭和29年〕卒 [歴]昭和29日向興業銀行（現・宮崎銀行）に入行。61年取締役、平成元年常務を経て、5年専務。8年退任。

矢野 勇 やの・いさむ 写真家 [専]植物写真 [没]平成27年（2015）6月1日 83歳〔腎不全〕 [生]昭和7年（1932）2月22日 [出]東京都 [学]早稲田大学政経学部卒 [歴]大学卒業後、ダイヤモンド社に入社。傍ら、写真に興味を持っていたため雑誌「フォト・アート」などに投稿。2年後退社し、写真家に転身。小笠原諸島返還後の第1船に乗り込み、同地で撮った植物の写真を「アサヒグラフ」に「植物たちの生」として連載。その後も植物写真家として活躍、平成13年から朝日新聞1面に5年間連載された花のコラム「花おりおり」では複数いる専門カメラマンの中心的な存在だった。著書に「野菜の花」「植物写真のすすめ」「海外花の旅」などがある。 [団]日本自然科学写真協会, 英国王立園芸協会

矢野 恵一朗 やの・けいいちろう さくら銀行専務 みなと銀行頭取 [没]平成28年（2016）7月15日 79歳〔多臓器不全〕 [生]昭和11年（1936）11月19日 [出]兵庫県神戸市灘区 [学]神戸商科大学商経学部〔昭和34年〕卒 [歴]昭和34年神戸銀行（のち太陽神戸銀行, さくら銀行, 現・三井住友銀行）に入行。63年太陽神戸銀行取締役、平成4年さくら銀行常務を経て、7年専務。8年阪神銀行頭取。11年4月経営破綻したみどり銀行を救済合併し、みなと銀行を発足、頭取に就任。14年相談役。 [賞]旭日小綬章〔平成19年〕

矢野 建一 やの・けんいち 専修大学学長 [専]日本古代史 [没]平成28年（2016）4月25日 67歳〔食道静脈瘤破裂〕 [生]昭和24年（1949）2月15日 [出]長野県伊那市 [学]高遠高〔昭和42年〕卒, 専修大学文学部卒, 立教大学大学院文学研究科史学専攻修士課程修了 [歴]平成4年専修大学文学部助教授、10年教授。18年文学部長、25年学長。

矢野 恒夫 やの・つねお 電気化学工業社長 [没]平成28年（2016）7月4日 85歳〔心不全〕 [生]昭和5年（1930）12月14日 [出]香川県 [学]京都大学法学部〔昭和28年〕卒 [歴]昭和28年電気化学工業（現・デンカ）に入社。55年取締役、58年常務、61年専務、平成2年副社長を経て、6年社長。12年会長。 [賞]旭日中綬章〔平成17年〕

矢野 亨 やの・とおる 医師 矢野医院院長 [没]平成28年（2016）6月28日 91歳 [生]大正14年（1925）1月15日 [学]前橋医科大学〔昭和28年〕卒 医学博士〔昭和33年〕 [歴]昭和28年群馬大学公衆衛生学教室に入局。35年矢野医院院長に就任。また、平成7年群馬県公安委員、9年同委員長。 [賞]勲三等瑞宝章〔平成11年〕

矢野 虎二朗 やの・とらじろう 多田ファーム社長 [没]平成29年（2017）10月26日 74歳〔胃がん〕 [出]愛媛県大洲市 [歴]大規模養豚一貫経営のモデル農場として知られる多田ファームの社長を務め、愛媛県内最高レベルの生産技術を持ち、担い手育成に力を注いだ。 [賞]愛媛農林水産賞優秀賞〔平成19年〕

矢野 美城雄 やの・みきお 高知学芸高校上海修学旅行列車事故の遺族会会長 [没]平成29年（2017）2月27日 73歳〔肺炎〕 [出]高知県香美市 [歴]昭和63年中国・上海で修学旅行中の高知学芸高1年生を乗せた列車が事故に遭い、長女の裕美子さんを失う（高知学芸高校上海修学旅行列車事故）。同事故では生徒27人と教員1人が亡くなった。事故後に遺族会の代表に就任、中国との補償交渉などに尽くした。

矢野川 俊喜 やのがわ・としき 土佐清水市長 [没]平成27年（2015）1月27日 90歳〔喉頭がん〕 [生]大正13年（1924）9月5日 [出]高知県土佐清水市 [学]三崎尋常高小〔昭和14年〕卒 [歴]高知県三崎町助役を経て、昭和37年土佐清水市助役、43年土佐清水市農協組合長を歴任。45年より市長に4選した。 [賞]勲四等瑞宝章〔平成7年〕

矢橋 幸一 やばし・こういち NHK専務理事・技師長 [没]平成28年（2016）7月4日 90歳 [生]大正15年（1926）1月12日 [出]岐阜県 [学]早稲田大学理工学部電気通信学科〔昭和23年〕卒 [歴]昭和23年NHKに入り技術畑一筋に歩み、55年理事・技術本部長、57年専務理事・技師長、61年顧問を歴任。62年シバソク社長に就任。 [賞]藍綬褒章〔平成1年〕, 勲三等旭日中綬章〔平成8年〕, 日本ITU協会賞特別功労賞〔平成13年〕

矢橋 浩吉 やばし・こうきち 揖斐川電気工業社長 [没]平成28年（2016）10月6日 97歳〔心不全〕 [生]大正8年（1919）3月15日 [出]愛知県名古屋市 [学]名古屋高商〔昭和14年〕卒 [歴]昭和21年揖斐川電気工業（現・イビデン）に入社。36年取締役、44年常務を経て、48年社長に就任。56年会長、平成3〜9年相談役。岐阜経済大学理事長も務め、9年退任。 [賞]藍綬褒章〔昭和60年〕, 勲三等瑞宝章〔平成2年〕, 大垣市功労章〔昭和56年〕, 労働大臣表彰〔昭和62年〕

籔内 康雄 やぶうち・やすお 三菱化工機社長 [没]平成29年（2017）2月28日 78歳〔肺炎〕 [生]昭和13年（1938）12月26日 [出]東京都 [学]東京商船大学機関学科〔昭和36年〕卒 [歴]昭和36年三菱造船（現・三菱重工業）に入社。平成5年横浜製作所長、6年取締役、7年同三原製作所長、9年同技師長。同年三菱化工機社長に就任。15年相談役。

矢吹 健 やぶき・けん 歌手 [没]平成27年（2015）1月19日 69歳 [生]昭和20年（1945） [出]山梨県甲府市 [名]本名＝金子勝孝（かねこ・かつたか） [学]甲府工卒 [歴]歌手を目指し20歳で上京。流しを経て、昭和43年「あなたのブルース」でデビュー。150万枚の大ヒットとなり、日本レコード大賞新人賞、日本有線大賞新人賞などを受賞。以後、「私にだって」「うしろ姿」などの

や

ヒットを出す。平成4年25周年リサイタルを開催。5年新曲「どこが悪いのか」「らしく!!」を発売。11年長男でシンガー・ソングライターの金子雅一と、親子共同制作アルバム「ブルース」をリリースした。 ㊥日本レコード大賞新人賞（第10回）〔昭和43年〕「あなたのブルース」、日本有線大賞新人賞（第1回）〔昭和43年〕「あなたのブルース」、新宿音楽祭金賞（第1回）〔昭和43年〕「あなたのブルース」、ALL JAPAN リクエストアワード新人賞（第1回、昭和43年度） ㊤長男＝金子雅一（シンガー・ソングライター）

矢吹 孝 やぶき・たかし 東村（福島県）村長 ㊷平成27年（2015）5月7日 87歳〔大動脈瘤破裂〕 ㊊昭和3年（1928）1月22日 ㊥福島県西白河郡東村（白河市） ㊦福島経済専卒 昭和63年より福島県東村長に3選。平成7年から2年間、福島県町村会長を務めた。 ㊥勲五等瑞宝章〔平成13年〕

籔原 好幸 やぶはら・よしゆき 徳島労働組合評議会議長 ㊷平成28年（2016）7月30日 94歳〔誤嚥性肺炎〕 ㊊大正11年（1922）7月22日 ㊥徳島県 徳島県労働組合評議会（県評）議長の他、全通徳島地区委員長、徳島県労働金庫理事長などを務めた。

山 恒雄 やま・つねお 札幌市教育長 ㊷平成28年（2016）7月29日 75歳〔肺炎〕 ㊥北海道札幌市 ㊦早稲田大学卒 札幌市役所に入所。厚別区長などを経て、平成10〜13年教育長を務めた。

山内 昌徳 やまうち・しょうとく 沖縄民謡歌手 琉球音楽協会最高顧問 昌線会会主 ㊷平成29年（2017）8月24日 95歳〔肺がんと胸膜炎〕 ㊊大正11年（1922）4月25日 ㊥沖縄県中頭郡読谷村 幼い頃から歌三線に親しみ、戦後はコザ（現・沖縄市）に住んで小浜守栄、嘉手苅林昌らと交流。沖縄民謡が全国的に知られていなかった昭和33年、34年にNHKのど自慢全国大会に出演し、その魅力を伝えた。「ナークニー」を得意とし、"100年に一人の美声"と呼ばれる甘い歌声が持ち味だった。 ㊥普久原朝喜賞（第1回）〔平成16年〕、地域文化功労者文部科学大臣表彰〔平成22年〕

山内 隆 やまうち・たかし 滋賀大学名誉教授 スポーツ科学 ㊷平成27年（2015）7月9日 80歳〔腎不全〕 ㊊昭和10年（1935）4月30日 ㊥熊本県熊本市 ㊦日本体育大学体育学部体育科卒 滋賀大学経済学部教授、滋賀県体操協会長を務めた。

山内 武士 やまうち・たけし 大野市長 福井県議 ㊷平成29年（2017）10月16日 90歳 ㊊昭和2年（1927）10月8日 ㊥福井県大野市 ㊦鳥取農専卒 大野市体育協会会長、大野建設業会会長を経て、昭和54年から福井県議1期。61年大野市長に当選。2期務め、施設整備や観光振興、福祉の充実に尽力した。平成6年落選。 ㊥勲五等双光旭日章〔平成14年〕

山内 滴翠 やまうち・てきすい 書家 毎日書道審査会員 漢字 ㊷平成27年（2015）6月24日 82歳〔肺がん〕 ㊊昭和7年（1932）11月6日 ㊥福岡県北九州市 ㊦本名＝山内隆司（やまうち・りゅうじ） 東京学芸大学中退 ㊦手島右卿に師事。独立書人団評議員、毎日書道審査会員を務めた。 ㊥北九州市民文

化賞、独立書展会員賞（第26回）〔昭和53年〕 ㊤独立書人団 ㊦師＝手島右卿

山内 秀臣 やまうち・ひでおみ 洋画家 ㊷平成28年（2016）5月21日 86歳〔心不全〕 ㊥兵庫県神戸市 ㊦東京芸術大学美術学部油画科〔昭和31年〕卒 ㊦昭和36年東京・銀座の文芸春秋画廊で初個展。新制作協会展に出品、37年と42年に新作家賞を受け、45年新制作協会会員となった。 ㊥新制作協会展新作家賞（第26回・31回）〔昭和37年・42年〕 ㊤新制作協会

山岡 常男 やまおか・つねお ホテルパーク社長 ㊷平成27年（2015）10月14日 81歳〔急性肺炎〕 ㊊昭和9年（1934）7月21日 ㊥岐阜県岐阜市 ㊦名古屋学院高〔昭和28年〕卒、立教大学経営学科〔昭和33年〕卒 岐阜市長良川河畔のホテル、ホテルパークを設立した山岡良男の長男。38年ホテルパーク専務を経て、53年社長、平成17年会長。5〜18年岐阜県旅館ホテル生活衛生同業組合理事長を務めた。 ㊥藍綬褒章〔平成13年〕、旭日双光章〔平成19年〕 ㊦父＝山岡良男（ホテルパーク社長）、長男＝山岡利安（ホテルパーク社長）

山形 理 やまがた・おさむ 俳人 山形大学名誉教授 地質鉱物学 ㊷平成28年（2016）1月22日 91歳〔脳梗塞〕 ㊊大正13年（1924）6月22日 ㊥兵庫県神戸市 ㊦旧姓・名＝小林 京都大学理学部地質鉱物学科〔昭和25年〕卒 理学博士 ㊦昭和27年山形大学地学教室助手となる。教養部教授を経て、平成2年定年退官。山形盆地西部の地質を研究し、大井沢地層から暖寒性プランクトンのユコウチュウの化石を発見した。趣味の方では学生時代から、高浜虚子の流れを汲む句を詠み続け、俳誌「雪舟（そり）」の編集の他、山形刑務所で受刑者に俳句を教えた。 ㊥勲三等旭日中綬章〔平成7年〕 ㊤日本地質学会、日本古生物学会、日本災害科学会

山形 一至 やまがた・かずよし 詩人 秋田県現代詩人協会会長 ㊷平成29年（2017）8月21日 82歳〔多臓器不全〕 ㊊昭和10年（1935） ㊥秋田県由利本荘市 ㊦平成21〜26年秋田県現代詩人協会会長を務め、22年から秋田魁新報「さきがけ詩壇」選者を務めた。「日本海律人」「密造者」同人。 ㊥秋田県現代詩人賞（第4回）「桃幻想」、秋田市文化章〔平成25年〕 ㊤日本現代詩人会

山県 敬 やまがた・けい 近畿大学名誉教授 農芸化学、応用微生物学 ㊷平成27年（2015）11月15日 93歳〔肺炎〕 ㊊大正11年（1922）9月22日 ㊥和歌山県 ㊦東京農業大学〔昭和19年〕卒 農学博士 ㊦昭和36年近畿大学農学部講師、39年助教授を経て、45年教授。52年フィリピン大学大学院農学研究科客員教授。 ㊥勲四等旭日小綬章〔平成11年〕 ㊤日本農芸化学会、日本醸酵工学会、日本菌学会

山形 忠一 やまがた・ちゅういち 東奥日報取締役弘前支社長 ㊷平成29年（2017）9月18日 90歳 ㊊昭和2年（1927）3月21日 ㊥青森県青森市 ㊦海兵卒 ㊦昭和21年東奥日報社に入社。むつ支局長、文化部長、編集局次長、大阪支社長、弘前支社長を経て、55年取締役。59年から東奥広告社社長を務めた。

山県 輝夫 やまがた・てるお 俳人 「ゆく春」主宰 ㊷平成27年（2015）2月16日 83歳〔肺炎〕 ㊊昭和7

年(1932)2月2日　[出]東京都目黒区　[歴]昭和30年「ゆく春」に入会、室積徂春に師事。平成4年より同誌を主宰。アメリカ有季定型俳句会顧問を務めるなど、英語俳句の普及にも尽力した。句集に「亀鳴く」「苗木市」などがある。　[賞]徂春賞〔昭和52年〕　[師]師＝室積徂春

山上 英夫　やまかみ・ひでお　関東天然ガス開発常務　[没]平成27年(2015)2月10日　81歳　[生]昭和8年(1933)3月24日　[学]東京大学工学部〔昭和32年〕卒　[歴]昭和32年関東天然ガス開発に入社。平成元年取締役を経て、5年常務。

山川 啓介　やまかわ・けいすけ　作詞家　[没]平成29年(2017)7月24日　72歳〔肺がん〕　[生]昭和19年(1944)10月26日　[出]長野県南佐久郡南牧村　[名]本名＝井出隆夫(いで・たかお)　[学]早稲田大学文学部卒　[歴]早稲田大学在学中に作詞を始める。作曲家いずみたくに見い出され、昭和47年青い三角定規が歌い青春ドラマの主題歌となった「太陽がくれた季節」で注目された。他の代表作に「哀愁のカサブランカ」(郷ひろみ)、「時間よ止まれ」(矢沢永吉)、「聖母たちのララバイ」(岩崎宏美)、「ふれあい」(中村雅俊)など。アニメ「銀河鉄道999」の劇場版主題歌(共作)や「宇宙刑事ギャバン」など特撮テレビ番組の主題歌も担当。子供向けの歌の作詞では本名の井出隆夫を使用し、「北風小僧の寒太郎」「ありがとう・さようなら」などの作詞を手がける。また、NHKの幼児番組「おかあさんといっしょ」に長年携わり、「にこにこ、ぷん」「ドレミファ・どーなっつ！」など着ぐるみ人形劇の原作・脚本を担当した。

山川 誠一　やまかわ・せいいち　徳島新聞監事東京支社長・編集部長　[没]平成29年(2017)3月11日　72歳〔多発性骨髄腫〕　[生]昭和19年(1944)11月24日　[出]徳島県　[学]明治大学卒　[歴]昭和44年徳島新聞社に入社。整理部長、総務部長(局長待遇)を経て、平成12年監事東京支社長兼編集部長。

山川 敏哉　やまかわ・としや　横河ブリッジ社長　[没]平成27年(2015)2月1日　89歳〔腎盂がん〕　[生]大正14年(1925)11月12日　[出]愛知県名古屋市　[学]東京帝国大学工学部土木工学科〔昭和23年〕卒　[歴]昭和23年横河橋梁製作所に入社。エンジニアとしての全国の工事現場を転々とし、40年営業第一部長に就いてからは営業一筋。49年取締役、53年常務、56年専務営業本部長を歴任。この間、若戸大橋や関門橋など我が国の歴史に残る長大橋を手がけた。59年社長に就任。平成3年横河ブリッジ(現・横河ブリッジホールディングス)に社名を変更。4年会長、10年名誉会長。　[賞]藍綬褒章〔平成10年〕

山川 直治　やまかわ・なおはる　邦楽研究家　国立劇場主席芸能調査役　[没]平成27年(2015)12月25日　72歳〔食道がん〕　[生]昭和18年(1943)8月30日　[出]東京都　[学]早稲田大学〔昭和43年〕卒　[歴]山田流箏曲家を父として子供の頃から箏に親しみ、大学時代は学生三曲連盟で活動。のち国立劇場芸能部演出室専門員として公演プログラム作りや邦楽公演の企画・制作にあたった。日本琵琶楽協会コンクールの審査員なども務めた。著書に「邦楽」「邦楽の世界」などがある。　[家]妻＝山川芳子(箏曲家)

山川 文康　やまかわ・ふみやす　沖縄県陸上競技協会会長　沖縄県実業団陸上競技連盟会長　[没]平成27年(2015)3月24日　93歳〔事故死〕　[出]沖縄県名護市仲尾次

八巻 恭介　やまき・きょうすけ　山梨県議(自民党)　須玉町(山梨県)町長　[没]平成27年(2015)5月14日　94歳〔脳内出血〕　[生]大正10年(1921)1月20日　[出]山梨県　[学]明治大学法科〔昭和22年〕卒　[歴]昭和34年より山梨県議に連続8選。42年、61年の2回、議長を務めた。63年須玉町長に当選、3期。山梨県町村会会長、山梨県食品衛生協会会長、山梨県馬術連盟会長などを歴任した。　[賞]藍綬褒章，勲三等瑞宝章〔平成13年〕

八牧 美喜子　やまき・みきこ　俳人　「はららご」主宰　[没]平成28年(2016)10月5日　87歳〔急性大動脈解離〕　[生]昭和4年(1929)3月30日　[出]山形県東置賜郡高畠町字二井宿　[名]旧姓・名＝加藤　[歴]昭和22年「浜」に入会、大野林火に師事。27年結婚、薬局を開業。35年「浜」同人。45年はららご句会発足、指導にあたる。平成4年俳誌「はららご」を創刊。句集に「消えざる虹」「桜前線」「芙蓉の実」。また、原町飛行場から出撃した特攻隊員らの慰霊にも尽くし、著書「いのち―戦時下の一少女の日記」もある。　[賞]浜賞〔昭和32年〕，浜同人賞〔昭和59年〕，福島県文学賞俳句部門準賞(第37回)　[団]俳人協会　[師]師＝大野林火

山岸 章　やまぎし・あきら　労働運動家　連合初代会長　[没]平成28年(2016)4月10日　86歳〔老衰〕　[生]昭和4年(1929)7月18日　[出]大阪府大阪市　[学]金沢逓信講習所〔昭和23年〕卒　[歴]海軍飛行予科練習生(予科練)出身で、昭和23年金沢逓信講習所を卒業して逓信省(現・総務省)入りし、富山県石動郵便局に勤務。同年全逓富山地区本部執行委員を皮切りに労組専従となり、25年全電通初代富山県支部書記長。30年には26歳の若さで史上最年少の中央執行委員。49年書記長、57年第8代委員長に就任。60年4月のNTT民営化に際しては分割阻止のため政界工作に走り回った。同年9月から5年間、国際郵便電信電話労連(PTTI)会長。61年情報通信労連委員長。官公労を主体として社会党を支持する左派路線の日本労働組合総評議会(総評)、民間労組を主体として民社党を支持する労使協調路線の全日本労働総同盟(同盟)、それに全国産業別労働組合連合(新産別)、中立労働組合連絡会議(中立労連)に大きく分かれていた労働界の再編・統合に尽力。思想の違いや官民の枠を超えて大同団結させることに成功し、62年同盟と中立労連が合流した全日本民間労働組合連合会が発足すると副会長となり、平成元年4団体が統一した日本労働組合総連合会(連合)が発足すると初代会長に選出され、約800万人の組合員のトップに立った。2年全電通委員長を退任。5年連合会長に再任。3期目途中の6年10月、健康問題により辞任。自身は昭和29年社会党に入党して以来一貫して“反共・現実路線”を取り、連合も社会党を支持政党とした。労組の組織力を背景に政界にも発言力を持ち、政権交代可能な非自民政権樹立に尽力。平成5年7月の衆院選直前、小沢一郎らが自民党を離党して新生党を結党すると、野党7党1会派の党首と連合の全加盟委員長を集めて非自民勢力の結集を呼び掛け、新党と社会党など既

や

存の野党のつなぎ役を担い、非自民の細川護熙内閣成立に大きく貢献した。著書に「これからの労働運動」「是は是、非は非」「NTTに明日はあるか」「変化への挑戦―スト権ストから800万人連合誕生まで」「連立政権時代を斬る」「連合 世直しへの挑戦」などがある。[賞]勲一等瑞宝章〔平成12年〕，経済界大賞特別賞（第17回）〔平成3年〕，西江大学名誉博士号（韓国）〔平成6年〕

山岸 勇　やまぎし・いさむ　石川県副知事　[没]平成29年（2017）1月31日　75歳〔老衰〕　[生]昭和16年（1941）7月7日　[出]石川県石川郡河内村（白山市）　[学]鶴来高〔昭和35年〕卒　[歴]昭和35年石川県庁に入庁。県参事兼総務部次長、県民生活局長、商工労働部長を経て、平成12年教育長。県立音楽堂やいしかわ動物園の開設などに尽力。18年副知事に就任したが、23年急性肝機能障害により入院。24年退任した。　[賞]瑞宝中綬章〔平成25年〕

山岸 英子　やまぎし・えいこ　フジッコ専務　[没]平成28年（2016）4月11日　93歳〔心不全〕　[出]兵庫県　[学]神戸二高女〔昭和24年〕卒　[歴]昭和35年フジッコに入社。54年取締役、62年常務を経て、平成3年専務。　[家]夫＝山岸八郎（フジッコ創業者），長男＝福井正一（フジッコ社長）

山岸 一雄　やまぎし・かずお　大勝軒店主　[没]平成27年（2015）4月1日　80歳〔心不全〕　[生]昭和9年（1934）　[出]長野県中野市　[歴]16歳で長野県から上京。旋盤工を経て、1年後に10歳上の従兄から誘われてラーメンの世界に身を投じる。昭和26年従兄と中野区に大勝軒を開店。30年まかないとして、余った麺をざるに盛って湯飲み茶碗に入れたスープにつけて食べていたところ、試食した客から「メニューにした方がいいよ」と勧められ、特製もりそばとして売り出して大ヒット。中華麺をつけダレにくぐらせて食べる“つけ麺”の考案者となった。36年独立して東池袋に大勝軒をオープン、以来行列ができるラーメン屋として有名になった。61年妻を亡くして一時店を閉めたが、再開後は本格的に弟子を取るようになり、弟子たちを通じて“つけ麺”が各地に広まった。平成19年東池袋周辺の再開発計画で一時店を閉めた際、徹夜を含めて約400人が店に列を作り話題を呼ぶ。20年再開を望む多くの声にこたえる形で、元の場所から100メートルほど離れた場所に大勝軒本店を開いた。25年にはその半生を描いた映画「ラーメンより大切なもの」（印南貴史監督）が公開された。著書に「東池袋・大勝軒のオヤジさんが書いたこれが俺の味」「東池袋大勝軒 心の味」がある。

山岸 昌平　やまぎし・しょうへい　角弘社長　[没]平成28年（2016）6月2日　85歳〔胆管がん〕　[生]昭和6年（1931）1月3日　[出]青森県東津軽郡蟹田町（外ケ浜町）　[学]青森高〔昭和24年〕卒　[歴]昭和24年青森高校を卒業後、青森市の角弘に入社。常務、専務などを経て、平成9～18年社長。青森県交通安全協会会長、青森港振興協会会長なども歴任した。

山岸 信子　やまぎし・のぶこ　岩手日日新聞会長　[没]平成29年（2017）2月27日　81歳〔脳出血〕　[生]昭和11年（1936）1月15日　[出]岩手県東磐井郡藤沢町（一関市）　[学]千厩高卒　[歴]昭和36年岩手日日新聞社に入社。48年常務、平成4年専務を経て、13年会長。　[家]孫＝山岸学（岩手日日新聞社長）

山口 いさを　やまぐち・いさお　俳人　「菜の花」主宰　[没]平成28年（2016）5月7日　95歳　[生]大正10年（1921）2月3日　[出]三重県上野市（伊賀市）　[名]本名＝山口勲　[歴]昭和24年近鉄百貨店の社内俳句クラブで青木稲女の手ほどきを受け、「ホトトギス」「馬酔木」に投句。26年「年輪」同人となり、「れもん」創刊に参加、第1回れもん賞を受ける。38年「菜の花」を創刊・主宰。平成2～15年現代俳句協会監査役。句集に「岬」「菜の花」「魚信」「山野」「血止草」「待春」「伊賀大和」「二度わらべ」「続・二度わらべ」などがある。　[賞]れもん賞（第1回），三重県文化功労賞（平成15年度）

山口 勇　やまぐち・いさむ　大和製缶副社長　[没]平成29年（2017）12月12日　76歳〔間質性肺炎〕　[生]昭和16年（1941）6月21日　[出]兵庫県　[学]成城大学文芸学部〔昭和39年〕卒　[歴]昭和39年トーメンに入社。47年大和製缶に転じ、50年取締役、52年常務、54年専務、平成6年副社長。　[家]父＝山口久吉（元大和製缶社長），兄＝山口久一（大和製缶社長）

山口 一郎　やまぐち・いちろう　上智大学名誉教授　[専]物理化学　[没]平成28年（2016）10月5日　88歳　[生]昭和3年（1928）7月27日　[出]東京都　[学]東京大学理学部化学科〔昭和27年〕卒　理学博士　[歴]電気通信大学講師を経て、日本原子力研究所研究員。昭和40年上智大学理工学部助教授、42年教授。著書に「物理化学I―構造化学・量子化学」がある。　[団]日本化学会，日本物理学会

山口 一成　やまぐち・かずなり　国立感染症研究所血液安全性研究部長　[専]内科学，血液学　[没]平成28年（2016）4月22日　67歳〔胆管がん〕　[生]昭和24年（1949）1月1日　[出]長崎県島原市　[学]熊本大学医学部医学科〔昭和49年〕卒　医学博士（熊本大学）〔昭和60年〕　[歴]昭和54年熊本大学助手を経て、59年講師。61～62年英国ロンドン大王立大学院大学に留学。平成16年国立感染症研究所血液・安全性研究部部長。21～22年八紘会そのだ医院院長を務めた。訳書にロバート・ギャロ「ウイルスハンティング―エイズウイルスとの邂逅」などがある。　[賞]Yamagiwa - Yoshida Memorial International Cancer Study Grant〔昭和61年〕「成人T細胞白血病の研究」，日本癌学会奨励賞〔昭和63年〕　[団]日本血液学会，日本臨床血液学会，日本癌学会，日本網内系学会

山口 君子　やまぐち・きみこ　誠真学園理事長　宮城誠真短期大学学長　[没]平成27年（2015）1月14日　81歳〔急性心不全〕　[生]昭和8年（1933）11月10日　[出]栃木県真岡市　[学]日本大学卒　[歴]誠真学園理事長、宮城誠真短期大学学長、まこと幼稚園理事長兼園長などを歴任した。

山口 清　やまぐち・きよし　群馬県議（自民党）　[没]平成27年（2015）2月5日　82歳　[生]昭和7年（1932）12月24日　[出]群馬県　[学]藤岡高卒　[歴]多野東部森林組合長を務める。藤岡市議2期を経て、昭和54年から群馬県議に通算5選。議長も務めた。平成15年落選。この間、6年藤岡市長選に立候補。自民党群馬県連幹事長など

を歴任。 [賞]藍綬褒章〔平成5年〕, 旭日小綬章〔平成16年〕

山口 慶四郎 やまぐち・けいしろう 大阪外国語大学名誉教授 [専]ロシア・ソビエト経済 [没]平成28年(2016)1月20日 91歳〔胃がん〕 [生]大正13年(1924)6月28日 [出]京都府京都市 [学]大阪外専ロシア語科〔昭和19年〕卒 [歴]昭和19年南満州鉄道(満鉄)に入社。20年大阪府嘱託となり、22年和歌山経済専助教授、24年和歌山大学経済学部講師を経て、助教授。44年大阪外国語大学教授。45年学生部長、61年附属図書館長を歴任。 [団]経済理論学会, 国際経済学会, 社会主義経済学会, 日ロ協会

山口 恵聖 やまぐち・けいせい 北海道議 [没]平成29年(2017)5月12日 80歳〔脳出血〕 [生]昭和11年(1936)6月3日 [出]北海道勇払郡穂別町(むかわ町) [学]室蘭商卒 [歴]北海道の穂別町議、同町社協理事、社会教育長を経て、昭和62年社会党から胆振管内選出の北海道議に当選。平成3年落選するが、7年返り咲き。通算3期務めた。社会党、民主党に所属した。15年引退。

山口 健二 やまぐち・けんじ 安田生命保険副社長 [没]平成28年(2016)1月24日 82歳〔呼吸不全〕 [生]昭和8年(1933)5月25日 [出]東京都 [学]東京大学法学部〔昭和32年〕卒 [歴]昭和32年安田生命保険(現・明治安田生命保険)に入社。58年取締役、61年常務、平成5年専務を経て、7年副社長。

山口 浩一 やまぐち・こういち ティンパニ奏者 新日本フィルハーモニー交響楽団名誉首席 [没]平成27年(2015)10月17日 85歳〔胃がん〕 [生]昭和5年(1930)2月11日 [出]愛知県豊川市 [学]東京芸術大学〔昭和32年〕卒 [歴]作曲家・山口保治の長男で、弟の山口恭範、長男の山口ともも打楽器奏者として活躍。昭和31年日本フィルハーモニー交響楽団の創立時から在籍。36年米国へ留学し、47年中心メンバーの一人として新日本フィルハーモニー交響楽団創立に参画、長く首席奏者を務めた。バルトーク「二台のピアノと打楽器のためのソナタ」など多数の作品を日本初演。1960年代には秋山邦晴らとニュー・ディレクションを組織してシュトックハウゼンの作品を特集するなど幅広く活躍。平成7年新日フィルを定年退職、同年初のリサイタルを行った。 [団]日本打楽器協会 [家]父＝山口保治(作曲家), 長男＝山口とも(パーカッション奏者), 弟＝山口恭範(打楽器奏者) [師]師＝今村征男, グッドマン, ソール

山口 耕造 やまぐち・こうぞう 東奥信用金庫理事長 [没]平成27年(2015)6月11日 76歳〔病気〕 [出]青森県弘前市 [歴]昭和32年弘前信用金庫(現・東奥信用金庫)に入る。長く営業畑を歩き、常勤理事、常務理事、専務理事を経て、平成14年理事長に就任。21年退任。

山口 修司郎 やまぐち・しゅうじろう ニチレイ専務 [没]平成28年(2016)2月21日 75歳〔肺炎〕 [生]昭和15年(1940)4月20日 [出]東京都 [学]昭和第一高〔昭和34年〕卒 [歴]昭和34年日本冷蔵(現・ニチレイ)に入社。経理部長、関連企業部長を経て、平成7年取締役、9年常務、11年専務。13年ニチレイファスト社長。

山口 純郎 やまぐち・じゅんろう 西日本新聞取締役 [没]平成27年(2015)1月6日 86歳 [生]昭和3年(1928)11月8日 [出]佐賀県 [学]福岡中〔昭和20年〕卒, 福岡高〔昭和24年〕卒, 九州大学法学部〔昭和28年〕卒 [歴]昭和28年西日本新聞社に入社。販売管理部長、開発局開発部付部長、総合企画室委員、59年社長室次長、60年製作局長、62年役員待遇製作局長を経て、63年取締役。平成3年6月退任して西日本ファミリーランド専務。

山口 英 やまぐち・すぐる 奈良先端科学技術大学院教授 内閣官房情報セキュリティ対策推進室情報セキュリティ補佐官 [専]情報処理, コンピュータネットワーク [没]平成28年(2016)5月9日 52歳〔多系統萎縮症〕 [生]昭和39年(1964)3月1日 [出]静岡県 [学]大阪大学基礎工学部〔昭和61年〕卒, 大阪大学大学院基礎工学研究科情報工学専攻〔平成2年〕博士課程後期中退 工学博士(大阪大学)〔平成3年〕 [歴]平成2年大阪大学情報処理教育センター助手、同大学基礎工学部情報工学科情報ネットワーク学講座助手を併任。4年奈良先端科学技術大学院大学助教授となり、12年教授。WIDEプロジェクトのメンバーとして国内の広域コンピュータネットワーク構築・研究に携わり、8年サイバー攻撃対応の民間支援団体JPCERT/CCの設立を主導。また、16年より6年間、内閣官房情報セキュリティ対策推進室の初代情報セキュリティ補佐官を兼務し、内閣サイバーセキュリティセンター(NISC)の前身の設立などに尽力した。 [団]情報処理学会, 電子情報通信学会, IEEE

山口 純 やまぐち・すみ 歌人 [没]平成27年(2015)5月12日 89歳 [生]大正14年(1925)10月7日 [出]兵庫県神戸市 [歴]女学校時代より作歌し、「青波」「水甕」に入会。昭和31年「自画像」創刊に参加。47年「十月会」に参加。54年主宰者服部直人の逝去により「自画像」終刊。「きさらぎ」短歌会創立に参加、編集委員。歌集に「遠い海」「沙漠の川」「橡の並木」などがある。 [師]師＝加藤将光

山口 速 やまぐち・そく 俳人 [没]平成28年(2016)6月18日 87歳 [生]昭和4年(1929)3月18日 [出]秋田県鹿角市 [名]本名＝山口雄三(やまぐち・ゆうぞう) [学]慶応義塾大学医学専門部卒 [歴]昭和27年「ぬかるみ」に入会、前山巨峰に師事。34年「天狼」「氷海」に入会して山口誓子、秋元不死男に師事。53年「狩」創刊に同人参加。句集に「胡桃割り」「筍掘り」「道しるべ」などがある。 [賞]ぬかるみ賞〔昭和34年〕, 星恋賞(氷海同人賞, 第3回)〔昭和45年〕, 天狼20周年記念評論賞〔昭和53年〕, 巻狩賞(狩同人賞, 第1回)〔昭和54年〕 [団]俳人協会, 日本文芸家協会, 日本獣医師会 [師]師＝前山巨峰, 山口誓子, 秋元不死男

山口 拓治 やまぐち・たくじ 福井大学名誉教授 [専]高分子工学 [没]平成29年(2017)6月2日 84歳〔慢性呼吸不全憎悪〕 [生]昭和8年(1933)3月16日 [学]福井大学工学部卒 工学博士 [歴]平成4年福井大学地域共同研究センターの初代センター長となり、産学共同研究を積極的に推進した。 [賞]瑞宝中綬章〔平成26年〕, 繊維学会功績賞(平成16年度)

山口 鶴男 やまぐち・つるお 衆院議員(社民党) 社会党書記長 総務庁長官 [没]平成27年(2015)8月3日 89歳〔肺炎〕 [生]大正14年(1925)10月4日 [出]群馬県

やまくち　　　　　　　　　　　　　日 本 人

吾妻郡草津町　㊙桐生工専化学工業科〔昭和20年〕卒　㊙昭和21年前橋商業教諭を経て、27年群馬県教組調査部長、28年同書記長。30年群馬県議に当選。2期目途中の35年、社会党から衆院選旧群馬3区に当選。通算11期。47年から議院運営委員会の理事として衆院議長の補佐にあたり、"議運のツルさん"と呼ばれた。57年にその10年の功労に対して異例の表彰を受けた。61年9月～平成3年7月土井たか子党委員長の下で書記長を務める。5年衆院予算委員を経て、6年自民党・社会党・新党さきがけの連立内閣である村山内閣の誕生に裏方として関わり、総務庁長官として初入閣した。8年引退。12年衆院選に立候補するが落選した。　㊙勲一等旭日大綬章〔平成8年〕

山口 貞一郎　やまぐち・ていいちろう　松翁軒社長　㉚平成28年（2016）7月22日　83歳〔腎機能障害〕　㊦昭和8年（1933）3月21日　㊞長崎県長崎市　㊞長崎大学経済学部〔昭和30年〕卒　㊙昭和30～33年菓子製造修業のため東京と京都で修業。34年より家業で天和元年（1681年）創業のカステラの老舗・松翁軒に入社。10代目で、昭和58年社長、平成22年会長。傍ら、カステラのルーツを調べるためスペイン、ポルトガルを訪ね、関係資料を収集、本も出版して「カステラ文庫」を開設した。写真家・長塚誠志との共著「カステラの故郷ヘイベリア半島紀行」がある。　㊙長男＝山口喜三（松翁軒社長）

山口 礼郎　やまぐち・のりお　奈良教育大学教授　金属加工学　㉚平成28年（2016）12月20日　88歳〔心筋梗塞〕　㊦昭和3年（1928）11月20日　㊞東京高師卒　㊙奈良教育大学教育学部教授を務めた。

山口 英生　やまぐち・ひでお　日本エー・エム・シー会長　㉚平成29年（2017）2月22日　88歳　㊙日本エー・エム・シー会長を務めた。

山口 博司　やまぐち・ひろし　北海道副知事　㉚平成28年（2016）8月7日　74歳〔尿路感染症〕　㊦昭和16年（1941）10月25日　㊞北海道　㊞北海道大学経済学部卒　㊙三和銀行（現・三菱東京UFJ銀行）勤務を経て、昭和46年北海道庁に入庁。商工労働観光部長、経済部長、総合企画部長を歴任し、平成12～16年副知事。退職後は伊藤組会長、北海道経済連合会副会長を務めた。

山口 博続　やまぐち・ひろつぐ　西会津町（福島県）町長　㉚平成28年（2016）3月16日　80歳〔肺炎〕　㊦昭和10年（1935）4月29日　㊞福島県耶麻郡西会津町　㊙会津高卒、中央大学大学院修了　㊙昭和54年から福島県議を1期務めた。60年西会津町長に当選、以来6期24年にわたって町づくりに手腕を振い、"健康のまち"づくりを推進。市町村合併が進む中で自立の道を選択した。福島県町村会副会長、耶麻地方町村会長、全国有線テレビ協議会会長などを歴任。父の山口博也も同町長を4期務め、親子2代で町勢伸展に尽くした。　㊙旭日小綬章〔平成22年〕　㊙父＝山口博也（福島県西会津町長）

山口 広道　やまぐち・ひろみち　八戸市議　青森県スケート連盟会長　㉚平成29年（2017）7月19日　65歳

〔食道がん〕　㊞青森県八戸市　㊙平成27年5月まで八戸市議に連続7選、22～23年市議会議長。日本スケート連盟理事、青森県スケート連盟会長なども歴任した。　㊙八戸市功労者表彰〔平成28年〕

山口 誠　やまぐち・まこと　田村電機製作所常務　㉚平成29年（2017）3月23日　89歳〔老衰〕　㊦昭和2年（1927）8月31日　㊞広島県　㊞無線電信講習所〔昭和22年〕卒　㊙昭和23年田村電機製作所（現・サクサホールディングス）に入社。52年経理部長、54年取締役、平成元年常務を務めた。

山口 正昭　やまぐち・まさあき　ラグビー指導者　関商工ラグビー部総監督　岐阜県ラグビーフットボール協会理事長　㉚平成27年（2015）4月18日　72歳〔肺炎〕　㊦昭和17年（1942）7月3日　㊞長崎県南松浦郡若松町　㊞新田高〔昭和37年〕卒、日本体育大学〔昭和40年〕卒　㊙長崎県の五島列島で生まれ、父の仕事の都合で愛媛県松山市に移り住み、強豪の新田高でラグビーを始める。日大時代の同級生に山口良治、山田耕らがおり、名ウイングとしてならした。昭和40年卒業して岐阜県の大垣工業高教諭による。同年の岐阜国体でラグビー競技教員の部に選手として出場、準優勝に貢献。その後、国体5連覇の原動力となった。41年から関商工高のラグビー部監督を務め、全国高校大会出場に通算22回導き、4強入り1回、8強入り4回果たした。平成15年間校長を最後に退職。退任後も総監督として指導を続けた。　㊙岐阜県教育功労賞〔昭和47年〕、関市教育功労賞〔昭和53年〕、岐阜新聞スポーツ賞〔平成9年〕、中日教育賞〔平成14年〕

山口 昌紀　やまぐち・まさのり　近畿日本鉄道社長　㉚平成29年（2017）12月8日　81歳〔肺がん〕　㊦昭和11年（1936）2月11日　㊞奈良県　㊞京都大学法学部〔昭和33年〕卒　㊙昭和33年近畿日本鉄道（現・近鉄グループホールディングス）に入社。47年秘書課長、52年秘書部長、平成元年秘書室長、3年取締役、9年専務、11年副社長。15年の社長就任以降、長年赤字が続いていた子会社のプロ野球球団・大阪近鉄バッファローズの経営撤退を決断し、16年オリックスとの球団合併を実現させたほか、超高層ビル・あべのハルカス開業を指揮、同社を黒字体質に導いた。19年会長、のち相談役。この間、近鉄ホテルシステムズ社長、13年会長。関西経済連合会副会長、大仏奉賛会理事長も務めた。

山口 安信　やまぐち・やすのぶ　獣医　徳島県獣医師会会長　㉚平成29年（2017）6月4日　79歳〔肝不全〕　㊦昭和13年（1938）1月27日　㊞徳島県麻植郡鴨島町（吉野川市）　㊞麻布獣医科大学〔昭和37年〕卒　㊙昭和37年徳島県に入り、62年鴨島家畜保健衛生所長、平成5年徳島家畜保健衛生所長。18～21年徳島県獣医師会会長を務めた。

山口 洋平　やまぐち・ようへい　松浦市長　㉚平成27年（2015）12月24日　78歳〔肺炎〕　㊦昭和12年（1937）1月1日　㊞長崎県松浦市志佐　㊞長崎大学経済学部卒　㊙昭和34年長崎県庁に入庁、企画部企画課長、経済部参事監察企業誘致センター所長を経て、平成元年東京事務所長、のち労働部長。3年松浦市長に当選。2期。11年引退。　㊙旭日双光章〔平成20年〕

山口 嘉夫　やまぐち・よしお　東京大学名誉教授　素粒子、原子核、宇宙物理　㉚平成28年（2016）8月12

日　90歳〔肺炎〕　[生]大正15年（1926）1月29日　[出]福井県武生市幸町（越前市蓬来町）　[学]東京帝国大学理学部物理学科〔昭和22年9月〕卒，東京大学大学院特別研究生前期〔昭和24年9月〕修了　理学博士　[歴]昭和24年より大阪市立大学助手、講師、助教授、教授。37年東京大学原子核研究所教授、43年同理学部教授、58年同原子核研究所教授、所長。61年定年退官、同大名誉教授、東海大学教授。第16期日本学術会議会員。平成5〜8年日本人として初めて国際純粋・応用物理学連合会長を務めた他、日本物理学会会長、欧州原子核研究機構の諮問委員など、国内外の要職を務めた。　[賞]紫綬褒章〔昭和63年〕，勲二等瑞宝章〔平成8年〕，仁科記念賞（第13回）〔昭和42年〕「基本粒子の対称性に関する研究」，福井県民賞〔平成22年〕　[団]日本物理学会，国際純粋・応用物理学連合

山口 芳邦　やまぐち・よしくに　長野県雇用保険課長　信州ウソくらぶ会長　[没]平成28年（2016）7月7日　84歳〔誤嚥性肺炎〕　[生]昭和6年（1931）7月30日　[出]長野県長野市　[名]筆名＝バカ貝　[学]長野工卒　[歴]長野県庁に勤務していた時から、“バカ貝”の筆名で信濃毎日新聞建設標のコント欄「やまびこ」に投稿。昭和45年6月愛好者と信州ウソくらぶを創立。47〜49年、63年〜平成27年の通算30年近くにわたって同会長を務めた。

山口 善久　やまぐち・よしひさ　武蔵野大学名誉教授　[専]社会保障法，老人福祉，医療社会学　[没]平成28年（2016）6月11日　91歳　[生]大正13年（1924）11月30日　[出]山梨県大月市　[学]早稲田大学法学部英法科卒　[歴]武蔵野女子大学（現・武蔵野大学）教授を務めた。著書に「現代社会の趨勢」、共著に「現代社会学の基礎理論」、共編に「高齢化社会と老人処遇」などがある。　[団]日本社会学会，日本社会福祉学会

山口 寮弌　やまぐち・りょういち　高松市教育長　香川県高校野球連盟会長　[没]平成28年（2016）7月8日　86歳〔老衰〕　[生]昭和5年（1930）1月3日　[出]大阪府東大阪市　[学]大阪大学法経学部〔昭和28年〕卒　[歴]香川県で高校教師を務め、昭和55年志度商校長、56年香川県高校野球連盟会長、58年香川県教育次長、同年県教育委員会高校教育課長、60年県立瀬戸内海歴史民俗資料館長兼務、61年高松西高校長、平成3年高松高等予備校長を経て、4年高松市教育長。　[賞]香川県教育文化功労賞〔平成2年〕，地方教育行政功労文部大臣表彰〔平成12年〕

山崎 巌　やまざき・いわお　郷土史家　綾部市史談会会長　[専]綾部市　[没]平成27年（2015）9月26日　90歳〔心室細動〕　[出]京都府綾部市　[賞]綾部市功労者　[家]長男＝山崎善也（綾部市長）

山崎 一男　やまざき・かずお　相撲指導者　高知高校相撲部監督　[没]平成27年（2015）8月17日　81歳〔肺炎〕　[出]高知県高知市　[歴]昭和33年高知高校相撲部監督に就任。47年から全国総体3連覇を果たすなど名伯楽として知られ、幕内力士となった荒勢や土佐ノ海らを育てた。高知県相撲連盟の第11代理事長も務めた。

山崎 寛一郎　やまざき・かんいちろう　医師　埼玉県医師会会長　[没]平成27年（2015）3月5日　82歳〔心不全〕　[生]昭和7年（1932）3月23日　[出]埼玉県熊谷市　[学]慶応義塾大学医学部卒　[歴]山崎外科胃腸科病院院長で、熊谷市教育委員、熊谷市医師会会長、埼玉県医師会会長、日本医師会代議員を歴任した。　[賞]藍綬褒章，旭日小綬章〔平成18年〕，日本対がん協会賞（平成16年度）「医師会など三者連携のがん集検システムの確立」

山崎 仁朗　やまざき・きみあき　岐阜大学地域科学部教授　[専]地域社会学　[没]平成29年（2017）1月8日　51歳〔左上顎洞がん〕　[生]昭和40年（1965）7月24日　[出]千葉県柏市　[学]名古屋大学文学部哲学科卒，名古屋大学大学院文学研究科博士後期課程中退　[歴]名古屋大学助手、岐阜大学講師、助教授（准教授）を経て、教授。編著に「日本コミュニティ政策の検証」などがある。

山崎 清憲　やまさき・きよのり　登山家　高知県山岳連盟会長　[没]平成29年（2017）3月12日　100歳〔老衰〕　[生]大正5年（1916）4月18日　[出]高知県安芸郡東洋町　[歴]昭和36〜63年高知県山岳連盟会長を務め、51年の高知県ヒマラヤ登山隊の総指揮を執った。平成2〜3年には高知新聞で「土佐峠風土記」を連載。高知県ユースホステル協会会長も務めた。著書に「土佐の街道」「高知のハイキング」「土佐の峠風土記」「土佐の道」などがある。　[賞]勲四等瑞宝章，高知県出版文化賞，高知県体協体育功労賞

山崎 佐喜治　やまざき・さきじ　詩人　[没]平成27年（2015）1月3日　76歳　[生]昭和14年（1939）　[出]長野県安曇野市穂高　[学]信州大学卒　[歴]長野県で県立高校教諭を務める。「地球」「かおす」同人。「安曇野文芸」編集事務局長も務めた。著書に「高島章貞伝」などがある。　[団]日本環境教育学会，長野県詩人協会

山崎 修二　やまざき・しゅうじ　蝶理社長　[没]平成27年（2015）2月10日　66歳〔肺がん〕　[生]昭和23年（1948）7月27日　[出]兵庫県　[学]大阪市立大学商学部〔昭和47年〕卒　[歴]昭和47年蝶理に入社。平成16年取締役、18年常務を経て、21年社長。27年取締役相談役に退き、間もなく亡くなった。

山崎 晋吾　やまざき・しんご　社民党山形県連副代表　[没]平成29年（2017）1月19日　77歳〔虚血性心筋症〕　[生]昭和14年（1939）7月30日　[出]東京都中野区　[学]中央大学法学部卒　[歴]社会党山形県本部書記長、社民党山形県連副代表を務めた。

山崎 清吉郎　やまさき・せいきちろう　島根県出納長　[没]平成27年（2015）10月28日　85歳〔老衰〕　[生]昭和5年（1930）5月18日　[学]東京大学教育学部卒　[歴]島根県企画部長を経て、出納長。平成4年退任。

山崎 誠助　やまざき・せいすけ　劇作家　劇団麦の会代表　鶴岡市芸術文化協会会長　[没]平成27年（2015）7月29日　102歳〔老衰〕　[生]大正1年（1912）9月23日　[学]山形師範研究科　[歴]昭和9〜47年小学校教師を務める。傍ら、22年NHK鶴岡放送劇団、NHK鶴岡放送児童劇団を創設。39年両劇団を一本化して劇団麦の会を結成、自ら劇作家として台本を手がけた。また、鶴岡市芸術振興会議（現・鶴岡市芸術文化協会）の設立に尽力し、平成8〜24年会長を務めた。鶴岡市出身の作家・藤沢周平原作の映画「たそがれ清兵衛」「隠し剣 鬼の爪」では方言指導を担当した。　[賞]勲五等瑞宝章，山形県教育功労賞，高山樗牛賞〔昭和45年〕，地方文化

や

功労章, 斎藤茂吉文化賞〔平成1年〕, 鶴岡市名誉市民〔平成19年〕, 鶴岡市特別文化功績賞

山崎 武敏 やまざき・たけとし 日本経済新聞常務・日本経済社社長 ㊥平成27年(2015)4月14日 93歳〔老衰〕 ㊤大正10年(1921)11月7日 ㊦愛知県 ㊗早稲田大学文学部〔昭和20年〕卒 ㊔昭和20年日本経済新聞社に入社, 40年広告局長, 43年取締役を経て, 47年常務。53年日本経済社社長となり, のち会長, 平成4年相談役。国立創造美術研究所代表も務めた。著書に「井深大」, 共著に「セルフサービス入門」などがある。 ㊨日本宣伝会議吉田賞(第17回)〔昭和47年〕, 吉田秀雄記念賞(第27回, 平成4年度)「多くの業界団体の公職を通じ業界の向上発展に寄与, 特に事業税対策特別委員長として経過措置延長に多大の尽力をした功績」

山崎 忠久 やまざき・ただひさ 三重大学名誉教授 ㊥林学 ㊗平成28年(2016)4月5日 73歳 ㊤昭和18年(1943)1月28日 ㊦三重県 ㊗三重大学農学部林学科卒, 京都大学農学博士 ㊔三重大学農学部卒業後, 京都大学へ進み, 農学博士となる。三重大学復帰後は, 美杉村(現・津市)などを拠点に, 林道や森林浴の効能について研究した。平成18年定年退職し, 名誉教授となった。共著に「森林土木学」。

山崎 達郎 やまざき・たつろう バーテンダー BARやまざき店主 ㊗平成28年(2016)11月4日 96歳〔悪性リンパ腫〕 ㊤大正9年(1920)6月28日 ㊦東京都文京区小石川 ㊗文化学院美術科卒 ㊔戦前は衛生兵として陸軍病院で働き医師を目指すが, 敗戦により断念。戦後, 連合国軍総司令部(GHQ)の高級将校クラブに接収された東京会館に入り, バーマン(バーテンダー)となる。各地の米軍バーを転々とした後, 昭和28年北海道・札幌の舶来居酒屋モンタナに移り, 33年すすきのにBARやまざきを開店。オリジナルカクテルは約200種類に及び, 店の2階でカクテル・スクールを開いたり, バーテンダー協会の技術研究部会の活動に注力するなど, 後進の指導にも貢献。51年国際バーテンダー協会カクテル・コンペで日本人初の準優勝に輝き, 世界的な活躍で知られるように。国際バーテンダー協会に日本の加盟を承認させた功労者で, 日本バーテンダー協会副会長, 北海道バーテンダー協会会長を務めた。22年には日本バーテンダー協会から最高名誉賞"ミスターバーテンダー"を贈られた。27年秋に体調を崩すまで90歳を過ぎても店頭に立ち続け, 国内最高齢バーテンダーといわれた。絵画にも詳しく, 日本美術家連盟の会員でもあった。シェーカーを振る傍ら, 客の横顔の切り絵を贈ることでも知られ, その数は4万8000枚に上った。著書に「すすきのバーテンダー物語」「BARやまざき」がある。 ㊨勲六等単光旭日章〔平成5年〕, ミスターバーテンダー〔平成22年〕, 全国カクテルコンクール第1位〔昭和50年〕, 国際バーテンダー協会カクテル・コンペ第2位〔昭和51年〕 ㊤日本美術家連盟, 北海道バーテンダー協会

山崎 灘青 やまざき・たんせい 書家 福井奎星会会長 平家踊り保存会会長 ㊗平成28年(2016)10月12日 89歳 ㊤昭和2年(1927) ㊦福井県大野郡西谷村巣原区(大野市) ㊥本名=山崎博(やまざき・ひろ

し) 大野市の開成中学校長の他, 書家として福井奎星会会長を務めた。また, 福井県の旧西谷村巣原区(現・大野市)の郷土芸能で福井県無形民俗文化財に指定されている平家踊りの保存会初代会長も務めた。 ㊨記念展同人特別賞, 上田桑鳩記念賞, 福井県文化芸術賞 ㊥師=宇野雪村

山崎 侃 やまざき・つよし 京都府議(自民党) ㊗平成29年(2017)5月19日 83歳〔リンパ腫〕 ㊤昭和9年(1934)3月7日 ㊦京都府京丹後市 ㊗同志社大学経済学部〔昭和32年〕卒 ㊔昭和50年から京都府議に4選。平成3年落選。 ㊨旭日双光章〔平成18年〕, 京都府自治功労者

山崎 博 やまざき・ひろし 写真家 映像作家 武蔵野美術大学教授 ㊗平成29年(2017)6月5日 70歳〔歯肉がん〕 ㊤昭和21年(1946)9月21日 ㊦長野県松本市 ㊗日本大学芸術学部〔昭和41年〕中退 ㊔日大芸術学部在学中に寺山修司主宰の演劇実験室天井桟敷で舞台の仕事に携わる。大学を中退し, 23歳の時に芸術家たちを撮ることで写真家生活をスタートさせた。また, 実験映画の制作に関わり, 昭和44年粟津潔の「阿部定」で撮影を担当。以後, 数本の粟津作品と松本俊夫の「アートマン」の撮影に携わった。58年長時間露光で太陽の光跡を視覚化した初の写真集「HELIOGRAPHY」を出し, 日本写真協会新人賞を受賞。長時間露光や定点取材による風景表現を通じて撮影者と被写体の関係を探求する思索的な作風で, コンセプチュアル(概念的)な写真・映像の先駆者として活躍。東北芸術工科大学, 武蔵野美術大学の教授などを歴任した。 ㊨日本写真協会新人賞〔昭和58年〕「HELIOGRAPHY」, 伊奈信男賞〔平成13年〕, 全国カレンダー展総理大臣賞〔平成6年〕

山崎 博司 やまざき・ひろし 東海カーボン副社長 ㊗平成27年(2015)3月8日 78歳 ㊤昭和11年(1936)4月22日 ㊦東京都 ㊗早稲田大学法学部〔昭和34年〕卒 ㊔昭和34年東海電極製造(現・東海カーボン)に入社。平成元年取締役, 5年常務, 9年専務を経て, 12年副社長。17年取締役兼副社長執行役員。18年退任。

山崎 正晴 やまざき・まさはる 山崎グループ創業会長 ㊗平成29年(2017)7月5日 93歳〔老衰〕 ㊤大正12年(1923)11月2日 ㊦宮崎県西都市 ㊔昭和20年山崎製紙に入社。28年山崎紙店を創業, 38年山崎に社名変更。63年会長に就任。平成元年から宮崎商工会議所監事を務めた。 ㊨黄綬褒章〔平成16年〕

山崎 睦 やまざき・むつ 音楽ジャーナリスト ㊗平成27年(2015) 71歳 ㊥本名=山崎睦也 ㊔昭和44年よりオーストリアのウィーンに在住。ウィーン大学哲学部音楽学研究所に学ぶ。音楽ジャーナリストとして音楽・レコード雑誌, 日刊紙などに執筆, 半世紀余に渡ってウィーンを拠点に欧州のクラシック事情を日本に伝えた。平成27年自宅で亡くなっているのが発見された。著書に「ウィーン国立歌劇場」「ザルツブルク音楽祭」, 共著に「ウィーンの本」「ウィーン・フィルハーモニー」, 訳書に「ウィーンわが都・ウィーン音楽界回想録」などがある。

山崎 有一郎 やまざき・ゆういちろう 能楽評論家 横浜能楽堂館長 ㊥能楽(含狂言)演出, 興行を通しての普及法 ㊗平成28年(2016)4月26日 102歳 ㊤大

正2年(1913)5月21日　[出]和歌山県(和歌山市西長町)　[名]雅号＝幽芽舎, 筆名＝山崎有　[学]早稲田大学文学部〔昭和12年〕卒　[歴]父は能楽研究家で建築家の山崎楽堂。大学卒業後、朝日新聞社に入社。30年間勤務の後、能楽評論家として活躍。平成8年に開館した横浜能楽堂の初代館長に就任、25年まで務めた。芸術選奨古典芸術部門選考委員長、芸術祭能楽部門審査委員長、国立能楽堂設立準備委員などを歴任。著書に「学校狂言」「伝統と現代—能楽」「能と狂言の世界」「佐渡狐」「能楽入門〈1〉初めての能楽・狂言」「能楽入門〈2〉能の巨匠」「能・狂言なんでも質問箱」など。　[賞]NHK地域放送文化賞〔平成9年〕, 横浜文化賞〔平成10年〕, 文化庁長官表彰〔平成16年〕, 観世寿夫記念法政大学能楽賞〔平成16年〕, 松尾芸能賞功労賞(第28回)〔平成19年〕　[団]能楽学会　[家]父＝山崎楽堂(能楽研究家・建築家)

山崎 陽一　やまざき・よういち　映画プロデューサー　BOX東中野支配人　[没]平成27年(2015)12月16日　60歳〔脳出血〕　[生]昭和30年(1955)　[出]青森県　[歴]昭和52年寺山修司主宰の演劇実験室・天井桟敷に入団。舞台監督を務める傍ら、寺山の映画制作に参加。57年ユーロスペースに入社、支配人やプログラム・ディレクターを務める。平成4年には映画「アンモナイトのささやきを聞いた」の制作を担当した。6年BOX OFFICEを設立、ミニシアター・BOX東中野の初代支配人となった。また、映画「プ」「ねじ式」「チョコラ！」「風の波紋」などにも携わった。

山崎 芳三　やまざき・よしぞう　大正海上火災保険常務　[没]平成27年(2015)4月13日　101歳〔心不全〕　[生]大正3年(1914)　[出]栃木県　[学]福島高商〔昭和11年〕卒　[歴]大正海上火災保険(現・三井住友海上火災保険)常務を務めた。

山崎 善久　やまざき・よしひさ　駿河台大学理事長　駿台甲府学園理事長　[没]平成29年(2017)8月12日　50歳〔肺腺がん〕　[生]昭和42年(1967)7月22日　[歴]駿河台大学理事長を務めた山崎春之の四男。同大理事長、駿台甲府学園理事長を務めた。　[家]父＝山崎春之(駿河台大学理事長), 兄＝山崎荘太(駿河台学園理事)

山崎 善啓　やまさき・よしひろ　郷土史家　郵政省四国郵政研修所長　[専]愛媛県　[没]平成27年(2015)2月6日　88歳〔腎不全〕　[生]大正15年(1926)4月3日　[出]高知県幡多郡大月町　[学]通信講習所高等部〔昭和22年〕卒　[歴]昭和23年から松山逓信局に勤め、58年四国郵政局文書課長、59年高松郵便局長、60年四国郵政研修所長を歴任。61年退職。その後、郵便史研究、郷土史研究に取り組む。伊予史談会、郵便史研究会に入り、伊予史談会常任理事、郵便史研究会理事を務めた。著書に「四国郵政の先人加藤雄一伝」「朝敵伊予松山藩始末—土州松山占領記」「瀬戸内近代海運草創史」「太平洋戦争下の旅客輸送」「幕末・明治初期の海運事情」「明治の藩兵廃止・新国軍創設史」「明治の国軍創設と兵士の反乱・農民の暴動」などがある。　[賞]愛媛出版文化賞部門賞〔平成16年〕「朝敵伊予松山藩始末—土州松山占領記」　[家]長男＝山崎正人(いよぎん地域経済研究センター社長)

山崎 倫子　やまざき・りんこ　医師　山崎医院院長　日本女医会会長　[専]内科学, 皮膚科学　[没]平成27年(2015)5月29日　96歳〔老衰〕　[生]大正8年(1919)3月29日　[出]滋賀県長浜市　[名]旧姓・名＝寺村　[学]東京女子医専〔昭和18年〕卒　医学博士〔昭和31年〕　[歴]15歳で家族と満州へ渡り、昭和20年26歳で敗戦を迎える。敗戦直後の混乱期、ハルビンで現地のソ連軍司令官らと交渉して診療所を開設し、国籍を問わずに患者を診た。帰国後、34歳で結婚。31年夫と東京・武蔵野市に内科と皮膚科の山崎医院を開業した。60年から3期9年間にわたって日本女医会会長を務め、女医の地位向上に貢献。平成6年退任。昭和56〜59年汎太平洋東南アジア婦人協会国際会長、57〜60年国連総会政府代表代理も歴任。また、介護保険法が施行される10年以上前の62年、高齢者対策に役立ててもらおうと開業中の住宅付き診療所の建つ4億円相当の土地を市に寄付。全国初の高齢者単独型デイサービス施設である北町高齢者センターが開設されると、所長に就任した。著書に「回想のハルビン—ある女医の激動の記録」「命を見つめて—魂に寄り添った女医の物語」がある。　[賞]吉岡弥生賞(第27回)〔平成7年〕「昭和18年東京女子医学専門学校を卒業, 戦後混乱の外地に於て死を賭して住民の医療に尽力した.昭和42年日本女医会役員に就任, 会長職を経て30年の長きに亘り卓越した指導力を発揮, 国際女医会東京会議, 西太平洋地域会議を成功に導いた.日本女医会の法人格取得に対する功績は特筆されるものである.女性社会の指導者としての活躍は多方面にわたり, 高齢化問題に対する実践活動は高い評価を受けている」, 医療功労賞(国内部門, 第28回, 平成11年度)〔平成12年〕, 若月賞(第11回)〔平成14年〕「戦後荒廃した日本の地域保健・公衆衛生の発展に大きく寄与した.日本女医会会長や国連総会政府代表, 日本国内ユネスコ委員などを歴任し, 国際的にも活躍.その後, 現代のグループホームのパイロット的施設を夫と共に開設」, 武蔵野市名誉市民〔平成14年〕　[家]夫＝山崎浩(医師), 父＝寺村銓太郎(ハルビン国際ホテル社長)

山里 景淳　やまざと・けいじゅん　沖電工社長　沖縄県硬式野球連盟会長　[没]平成29年(2017)8月10日　82歳〔病気〕　[生]昭和10年(1935)3月7日　[出]沖縄県那覇市　[学]沖縄工〔昭和29年〕卒　[歴]昭和30年沖縄配電(現・沖縄電力)に入社。62年企画部長、63年総務部長を経て、平成元年取締役、6年常務。9年沖電工社長に転じる。のち会長。また、11年から約5年間、沖縄県硬式野球連盟の初代会長として沖縄県内の社会人野球発展に尽くした。

山路 洋平　やまじ・ようへい　放送作家　脚本家　[没]平成28年(2016)12月29日　82歳〔直腸がん〕　[生]昭和9年(1934)12月2日　[出]大阪府　[学]早稲田大学文学部卒　[歴]「一心茶助」など、関西のテレビやラジオ番組を数多く担当。オペラ「久米の仙人」、戯曲「宿命の巡礼歌」なども手がけた。著書に「紙のピアノ」がある。

山下 勲　やました・いさお　福岡教育大学名誉教授　[専]障害児心理学, 臨床心理学　[没]平成29年(2017)11月22日　80歳〔肺炎〕　[生]昭和12年(1937)2月28日　[出]鹿児島県霧島市　[学]鹿児島大学教育学部心理学選修〔昭和35年〕卒, 広島大学大学院教育学研究科教育心理学専攻〔昭和38年〕修士課程修了, 広島大学大学院教育学研究科教育心理学専攻〔昭和39年〕博士課程退学

や

教育学博士(広島大学)〔平成1年〕 ㊥昭和39年広島大学教育学部助手、44年愛媛大学保健管理センター講師、48年福岡教育大学教育学部助教授、53年教授。62年より福岡教育大学障害児治療教育センター長を併任。のち安田女子大学教授。この間、56年文部省長期在外研究員としてワシントン大学、マンチェスター大学に留学。福岡県心身障害児就学指導委員会副委員長、福岡市適性就学指導委員会委員長、福岡市児童福祉審議会委員、福岡市障害児保育指導委員会委員長などを務める。著書に「ダウン症児の発達への早期介入の方法と効果に関する教育・臨床心理学的研究」、編著に「精神薄弱児の教育臨床」「精神薄弱児の学校教育」、共編著に「講座心理療法第2巻遊戯療法」「精神発達遅滞児の心理と指導」、共訳に「学習障害児の教育」、監訳に「ダウン症児の早期教育」。㊥瑞宝中綬章〔平成29年〕㊥臨床心理士 ㊥日本特殊教育学会、日本教育心理学会、日本心理学会、日本家族心理学会、国際家族心理学会、日本心理臨床学会、日本カウンセリング学会、九州心理学会、中国・四国心理学会

山下 和夫 やました・かずお 歌人 「塙」主宰 ㊥平成27年(2015)7月30日 88歳 ㊥昭和2年(1927)2月22日 ㊥群馬県高崎市 ㊥昭和22年「まひる野」に入会して窪田章一郎に師事。「まひる野」「渾」同人、「塙」主宰。歌集に「碓氷のほとり」「背流」「繭」「耳」「錯」「影」などがある。 ㊥群馬県文学賞(第7回)〔昭和44年〕「落葉季」 ㊥師=窪田章一郎

山下 一穂 やました・かずほ 農業 有機の学校・土佐自然塾塾長 有機農業参入促進協議会代表理事 ㊥平成29年(2017)11月 67歳 ㊥昭和25年(1950) ㊥高知県高知市 ㊥大学進学のために上京し、昭和49年からドラマーとしてバンドマン生活を送る。56年帰郷して高知市内で学習塾を経営。40歳の時に実家を継ぎ、家の前の畑で家庭菜園を始めたことが有機農業の道へ進むきっかけとなった。平成10年本山町に新規就農。高知市内を中心に約200戸の家庭に、完全無農薬有機野菜を宅配。果樹栽培や養鶏(土佐ジロー)にも取り組む。18年就農希望者に有機農業を教える有機のがっこう・土佐自然塾を開校、塾長を務める。28年3月の閉塾までに100人以上を指導。また、24年12月から音楽プロデューサー小林武史が代表を務める農業生涯法人の農場も監修。自らの農場でも、"美しい農のかたち"を実現するために日々栽培技術の研究を続ける。26年4月有機農業参入促進協議会(長野県松本市)の代表理事に就任。著書に「超かんたん無農薬有機農業」「無農薬野菜づくりの新鉄則」がある。29年11月26日朝、滞在先の京都府福知山市のホテルで亡くなっているのが発見された。

山下 克己 やました・かつみ 南日本新聞常務 ㊥平成28年(2016)1月3日 71歳 ㊥昭和19年(1944)10月2日 ㊥鹿児島県南九州市 ㊥北九州大学卒 ㊥昭和44年南日本新聞社に入社。東京支社営業部長、広告局長などを経て、平成15〜16年常務。

山下 京子 やました・きょうこ 神戸連続児童殺傷事件の遺族 ㊥平成29年(2017)6月3日 61歳〔病気〕㊥昭和30年(1955) ㊥兵庫県神戸市 ㊥平成9年3月23日、一人娘の山下彩花さん(当時10歳)を神戸連続児童殺傷事件で失う。10年手記「彩花へ―『生きる力』をありがとう」「あなたがいてくれるから一彩花へ、ふたたび」を出版、大きな反響を呼びベストセラーとなった。12年に乳がんを発症したが、闘病を続けながら彩花さんが通った小学校で命の尊さを訴える授業を行った他、教育関係者や警察官らを対象にした講演活動にも取り組んだ。他の著書に「彩花がおしえてくれた幸福」がある。

山下 袈裟男 やました・けさお 東洋大学名誉教授 ㊥社会学、老人福祉論 ㊥平成28年(2016)7月19日 92歳〔肺炎〕 ㊥大正13年(1924)1月5日 ㊥長野県南佐久郡臼田町(佐久市) ㊥東洋大学文学部社会学科卒、東洋大学大学院文学研究科社会学専攻〔昭和30年〕修士課程修了 ㊥昭和45年東洋大学教授を経て、平成6年淑徳大学教授。共編著に「社会福祉論」「概説老人福祉」、編著に「老人福祉―その現実と政策課題」「転換期の福祉政策―在宅福祉サービスをめぐる検証」「高齢者の福祉」「在宅ケア論」、著書に「戦後の社会変動と高齢者問題―実証的研究の軌跡」「地域社会の変容と福祉研究」、監修に「日本社会論の再検討―到達点と課題」などがある。 ㊥日本社会学会、日本社会福祉学会、日本老年社会科学会、社会政策学会

山下 賢章 やました・けんしょう 映画監督 ㊥平成28年(2016)8月16日 72歳〔急性心不全〕 ㊥昭和19年(1944)7月18日 ㊥鹿児島県肝属郡串良町(鹿屋市) ㊥早稲田大学第一文学部哲学科〔昭和44年〕卒 ㊥昭和44年東宝撮影所に入社。岡本喜八、浦山桐郎らの助監督を経て、54年「トラブルマン・笑うと殺すゾ」で監督としてデビュー。その後はNTV「遠くへ行きたい」「空の色紙」などのテレビ作品、PR映画、CFなどを演出。62年「19ナインティーン」を監督。絵本、パビリオン映像、小舞台などの台本の執筆も行う。代表作に〈平成ゴジラ〉シリーズの5作目「ゴジラVSスペースゴジラ」(平成6年)など。 ㊥日本映画監督協会

山下 広順 やました・こうじゅん 名古屋大学名誉教授 ㊥X線天文学、X線光学 ㊥平成27年(2015)6月5日 74歳〔胃がん〕 ㊥昭和15年(1940)12月14日 ㊥愛知県西尾市 ㊥名古屋大学理学部物理学科卒、名古屋大学大学院理学研究科物理学専攻博士課程修了 理学博士 ㊥大阪大学理学部助教授などを経て、名古屋大学理学部教授。平成12〜15年大学院理学研究科長。副学長も務めた。 ㊥日本物理学会、日本天文学会、応用物理学会

山下 聡 やました・さとし 菱電商事社長 ㊥平成28年(2016)4月18日 64歳 ㊥昭和26年(1951)7月4日 ㊥愛媛県 ㊥早稲田大学政治経済学部〔昭和50年〕卒 ㊥昭和50年三菱電機に入社。平成9年海外機器部長、12年神奈川支社FAシステム部長、14年FA海外事業部部長、同年FA海外事業部長、18年台湾三菱電機社長。21年菱電商事副社長を経て、22年社長に就任。

山下 重 やました・しげる 磐田市長 静岡県議 ㊥平成28年(2016)3月7日 89歳〔病気〕 ㊥大正15年(1926)4月4日 ㊥静岡県磐田市 ㊥中泉農〔昭和19年〕卒 ㊥昭和54年から静岡県議に4選。平成4年副議

やました

長。6年磐田市長に当選。10年落選、1期。　㊣勲四等瑞宝章〔平成11年〕。

山下　泰司　やました・たいじ　聖霊女子短期大学名誉教授　㊦消費経済学　㊣平成28年（2016）2月2日　82歳〔急性肺炎〕　㊤昭和9年（1934）1月10日　㊥秋田県秋田市　㊧早稲田大学文教育学部地理歴史学科卒、早稲田大学大学院商学研究科経済地理学専攻〔昭和38年〕博士課程修了　㊨昭和32年早稲田大学商学部副手、38年聖霊女子短期大学講師、助教授を経て、60年〜平成12年教授。日本消費者教育学会東北支部長などを務めた。

山下　禎介　やました・ていすけ　王子製紙常務　㊣平成27年（2015）7月11日　80歳〔慢性閉塞性肺疾患〕　㊨王子製紙（現・王子ホールディングス）常務を務めた。

山下　敏明　やました・としあき　福岡銀行頭取　日本銀行経理局長　JR九州会長　福岡商工会議所会頭　㊣平成27年（2015）2月20日　99歳〔老衰〕　㊤大正4年（1915）5月28日　㊥東京都　㊧東京高等師範附属中〔昭和8年〕卒、一高〔昭和11年〕卒、東京帝国大学法学部政治学科〔昭和15年〕卒　㊨昭和15年日本銀行に入行、同年海軍主計科短期現役で出征、21年日銀に復帰。秋田支店長を経て、37年日本輸出入銀行（現・国際協力銀行）審査部長、38年日銀に復帰、政策委員会庶務部長、41年経理局長を歴任。44年福岡銀行専務となり、45年副頭取、48年頭取、58年会長、平成3年相談役。頭取就任後は福岡県外の店舗を縮小して県内に集中させる地元密着路線を打ち出し、九州のトップバンクの地位を盤石なものにした。平成元年〜8年福岡商工会議所会頭、5年JR九州会長、9年同取締役相談役。　㊣藍綬褒章〔昭和54年〕、ベルギー・レオポルド2世勲章コマンドール章〔昭和60年〕、勲二等瑞宝章〔昭和62年〕。　㊟父＝山下博敏（大蔵省東京地方専売局長）、弟＝山下重明（駐チリ大使）、山下英加（通商産業事務次官）

山下　登　やました・のぼる　郷土史家　㊦富山県　㊣平成28年（2016）2月8日　85歳　㊤昭和5年（1930）　㊥富山県富山市　㊧高校卒業後、農林省（現・農林水産省）に入省し、新潟や福井でダム・用水の建設に携わる。55歳で退職して郷里の富山市大山地域に戻ると、北アルプス・槍ヶ岳を開山した播隆上人、真言宗管長の金山穆韶、北アルプスの名ガイド・宇治長次郎らを「大山の三賢人」を後世に伝えるプロジェクトで偉人の銅像を建立に取り組んだ。また、町自治振興会連合会発行の「ふるさと再発見」事務局長として、10年余りをかけ遺跡や建築、地名の由来まで幅広く扱った計1700ページ超の6冊と方言を収録したCDを製作した。

山下　博通　やました・ひろみち　運輸省第四港湾建設局長　五洋建設常務　㊣平成27年（2015）2月26日　89歳〔肺炎〕　㊤大正14年（1925）12月14日　㊥北九州市小倉　㊧九州帝国大学工学部〔昭和22年〕卒　㊨昭和22年運輸省（現・国土交通省）に入省。門司港工事事務所長を経て、45〜49年第四港湾建設局長。51年五洋建設常務、日本海洋コンサルタント副社長。四建

局長時代に海上空港案を提唱（山下構想）、30年余を経た平成18年に新北九州空港が開港した。

山下　博之　やました・ひろゆき　作家　郷土史家　徳島ペンクラブ会長　海野十三の会会長　㊣平成28年（2016）9月2日　84歳〔大動脈瘤解離〕　㊤昭和7年（1932）5月20日　㊥徳島県三好郡池田町（池田市）　㊧早稲田大学第一文学部〔昭和31年〕卒　㊨昭和31年徳島新聞社に入り記者となる。その後、雑誌編集を経て、高校の国語教師に転じ、県立城南高校や小松島高校などで教鞭を執り、阿南工業高校長も務めた。平成2年文化の森へ移転オープンした徳島県立図書館の初代館長に就任。四国大学でも国文学史などを講じ、20年顧問教授を最後に退職。一方、高校教師の頃から徳島ペンクラブで活動。19年から6年間会長を務め、三好市出身の小説家にちなんだ富士正晴全国同人雑誌賞の創設にも携わった。阿波人形浄瑠璃「傾城阿波の鳴門」に登場する「阿波の十郎兵衛」や、徳島市出身のSF作家・海野十三を研究。4年に発足した海野十三の会では会長として文学碑の建立や企画展を開き、海野の再評価に尽くした。　㊣徳島県文化協会出版文化賞〔平成11年〕「私本阿波の十郎兵衛〜史実と虚構のはざまから」、徳島県知事表彰〔平成20年〕、地域文化功労者文部科学大臣表彰〔平成23年〕

山下　三ケ十　やました・みかず　弓道家（範士9段）　鹿児島県弓道連盟会長　全日本弓道連盟副会長　㊣平成27年（2015）6月18日　88歳〔膵臓がん〕　㊥鹿児島県伊佐市　㊨自宅で商店を経営する傍ら、弓道に打ち込む。昭和61年59歳の時に全日本選手権で優勝。63年範士、平成19年9段となった。20年より全日本弓道連盟副会長、25年顧問。　㊣旭日双光章〔平成21年〕

山下　光生　やました・みつお　宮崎日日新聞常務経理室長　㊣平成27年（2015）11月5日　86歳〔胆管がん〕　㊤昭和4年（1929）3月10日　㊥宮崎県　㊧宮崎県立宮崎中卒　㊨昭和21年日向日日新聞社（現・宮崎日日新聞社）に入社。管理・工務・広告・販売各局長を経て、57年取締役経理室長、62年常務。平成6〜18年監査役を務めた。

山下　実　やました・みのる　山梨県議（自民党）　㊣平成29年（2017）5月3日　91歳〔病気〕　㊤大正15年（1926）2月7日　㊥山梨県北都留郡上野原町（上野原市）　㊧東京農林専〔昭和24年〕卒　㊨昭和62年より山梨県議に5選。平成7年議長。19年引退。18〜19年自民党山梨県連会長を務めた。　㊣旭日小綬章〔平成21年〕

山下　義治　やました・よしはる　鳥越製粉社長　㊣平成27年（2015）7月4日　81歳〔肺炎〕　㊤昭和8年（1933）10月22日　㊥佐賀県伊万里市（佐賀県）　㊧東京大学経済学部〔昭和33年〕卒　㊨昭和33年三菱商事に入社。38年岳父でもある鳥越繁喜社長に請われて鳥越製粉に移り、39年取締役、45年常務、56年専務、58年副社長を経て、61年社長に就任。平成10年東証1部に上場。兄は運輸相や内閣官房長官を歴任した衆院議員の山下徳夫。　㊟長男＝鳥越徹（鳥越製粉社長）、兄＝山下徳夫（衆院議員）、山下武徳（山下石油社長）

山下　剛正　やました・よしまさ　大和証券副社長　東京証券取引所副理事長　日本証券クリアリング機構社

長 [没]平成27年(2015)1月11日 81歳〔肺がん〕 [生]昭和8年(1933)9月21日 [出]東京都 [学]明治学院大学経済学部〔昭和33年〕卒 [歴]昭和33年大和証券(現・大和証券グループ本社)に入社。58年取締役、平成元年副社長。大和証券投資信託委託社長、10年会長。証券投資信託協会会長、11年東京証券取引所副理事長を兼務。15〜21年日本証券クリアリング機構社長を務めた。 [賞]旭日中綬章〔平成20年〕 [家]父＝山下建三(警察庁警視正)

山城 永盛 やましろ・えいせい 沖縄コロニー理事長 [没]平成29年(2017)2月19日 89歳 [生]昭和2年(1927)3月5日 [出]沖縄県国頭郡大宜味村字大兼久 [学]沖縄県立工建築科卒 [歴]建設業に従事するが、昭和24年結核で療養生活に入る。31年結核撲滅や衛生教育の啓蒙、回復者の支援のために沖縄療友会を設立して副会長に就任。35年常務理事を経て、事務局長、理事長を務める。のち療友会は沖縄県厚生事業協会に改組、平成6年沖縄コロニーに名称変更。沖縄県内における福祉事業の先駆者として知られる。また、昭和62年日本福祉施設士会常任理事、平成5年全社協中央授産事業振興センター推進委員長、6年沖縄県授産事業振興センター理事長などを歴任した。 [賞]藍綬褒章〔平成4年〕, 瑞宝双光章〔平成15年〕, 沖縄タイムス賞〔平成5年〕, 朝日社会福祉賞(平成7年度)「授産事業を中心とした身体障害者福祉に尽くした功績」, 琉球新報賞〔平成17年〕

山城 青尚 やましろ・せいしょう 俳人 [没]平成28年(2016)10月18日 94歳 [生]大正10年(1921)12月8日 [出]沖縄県島尻郡佐敷町(南城市) [名]本名＝山城清勝(やましろ・せいしょう) [学]沖縄県立農林高卒 [歴]昭和44年琉球政府統計庁分析普及課長、55年沖縄開発庁名護統計情報出張所長などを歴任。56年日特建設沖縄営業所長。傍ら、俳人として活躍。58年「人」に入会。55年第1回琉球俳壇賞、58年遠藤石村賞を受賞。61年〜平成9年琉球新報「琉球俳壇」選者。5年第一句集「馬天の海」を出版。沖縄独特の風土を踏まえた作風に定評がある。 [賞]勲五等瑞宝章〔平成4年〕, 琉球俳壇賞(第1回)〔昭和55年〕, 遠藤石村賞(第4回)〔昭和58年〕, 小熊一人賞〔平成22年〕 [団]俳人協会 [師]師＝進藤一考

山城 弘司 やましろ・ひろし 徳島県議(無所属) [没]平成29年(2017)3月19日 84歳〔下咽頭がん〕 [生]昭和7年(1932)7月13日 [学]四国逓信講習所卒 [歴]全電通四国地方本部書記長、徳島県支部委員長などを歴任。情報通信労連県議長、徳島県労働者福祉協議会副会長を務める。昭和62年鳴戸選挙区から徳島県議に当選、1期。平成3年落選。

山田 舜 やまだ・あきら 福島大学学長・名誉教授 東日本国際大学学長 福島県原爆被害者協議会会長 [専]日本経済論 [没]平成29年(2017)2月16日 90歳〔肺がん〕 [生]大正15年(1926)7月4日 [出]広島県広島市 [学]東京大学経済学部〔昭和26年〕卒 [歴]広島高2年に在学していた19歳の昭和20年8月6日、爆心地から2.5キロの広島市翠町の自宅で被爆。戦後は福島大学教授となり、56年より福島県原爆被害者協議会会長を務めた。59年〜平成元年福島大学学長。のち12年まで東日本国際大学学長。住民主体の地域づくりを目指す"ふくしま地域づくりの会"代表幹事を務め、14年創立10年目を記念して「地域産業の挑戦」を刊行した。他の著書に「日本封建制の構造分析」などがある。

山田 和尚 やまだ・おしょう 神戸元気村代表 [没]平成27年(2015)1月5日 63歳〔急性心不全〕 [生]昭和26年(1951) [出]大阪府 [名]本名＝山田明(やまだ・あきら) [学]布施工中退 [歴]昭和46年カナダでカヌーに魅せられ、日本に伝えた草分け的存在として知られる。51年から埼玉県寄居町でカヌー塾を主宰。傍ら、オゾン層の保護運動にも取り組む。平成7年阪神・淡路大震災後、神戸市灘区で炊き出しのボランティア活動に従事。8年鹿児島県の支援団体から届いた500キロの米がきっかけで、神戸元気村を結成。全国からのカンパをもとに、毎月仮設住宅の独居老人に米を3キロずつ届け、孤独死を防ぐ見守り活動を続けた。14年代表を退任。また、12年には原爆が投下された広島の焼け跡で採火された"ヒロシマの火"を"21世紀カウントダウン"にあわせて全国50ケ所以上に分火した。著書に「いのちの力をつかまえろ」がある。

山田 和彦 やまだ・かずひこ 会津能楽会会長 [没]平成28年(2016)1月10日 72歳〔パジェット病〕 [生]昭和18年(1943)1月16日 [歴]南会津高、喜多方高の校長を歴任。昭和52年より会津能楽会理事、会長を歴任して会津能楽の振興に尽くした。会津文化団体連絡協議会会長も務めた。 [賞]日本能楽会功労賞〔平成27年〕, 会津若松市文化芸術功労賞〔平成27年〕

山田 国男 やまだ・くにお 宇都宮大学工学部教授 [専]精密工学 [没]平成28年(2016)5月30日 94歳〔病気〕 [生]大正11年(1922)1月29日 [出]兵庫県神戸市 [学]大阪帝国大学工学部精密工学科〔昭和20年〕卒 工学博士 [歴]昭和20年軍需省機械試験所名古屋支所に入所、27年名古屋工業技術試験所に改称。46年宇都宮大学工学部教授、平成元年〜5年帝京大学理工学部教授を務めた。

山田 経三 やまだ・けいぞう カトリック司祭 上智大学名誉教授 [専]経営学, 神学, 哲学, 経済倫理 [没]平成27年(2015)7月26日 78歳 [生]昭和11年(1936)12月25日 [出]兵庫県神戸市 [学]上智大学大学院哲学科〔昭和39年〕修士課程修了, 上智大学大学院神学専攻〔昭和44年〕修士課程修了, 上智大学大学院経済学専攻〔昭和49年〕博士課程修了 [歴]昭和43年司祭叙階。50年上智大学経済学部経営学科専任講師、のち助教授を経て、教授。平成14年定年退職。カトリック司祭でもあり、上智大社会正義研究所、イエズス会社会司牧センター、日本平和学会、組織学会、カトリック正義と平和協議会等の活動を通してアジア諸国との草の根レベルの交流に尽力。アジアでの日本企業の公害告発、韓国の政治犯罪救援などに取り組んだ。13年東ティモール暫定政府の大臣上級顧問に就任。著書に「経営組織とリーダーシップ」、共著に「解放の神学と日本」、訳著に「社会変革をめざす解放の神学」「経済の倫理」「ヨブ記」「主の祈り」「エルサルバドルの殉教者―ラテン・アメリカ変革の解放の神学」、編著に「フィリピンの民衆と解放の神学」など。母方の祖父はドイツ人の法律家で明治政府の招きで来日し、明治憲法起草に参画した人物。 [団]日本平和学会, 組織学会, 日本カ

や

トリック神学会, カトリック正義と平和協議会, フィリピン問題連絡協議会

山田 広作 やまだ・こうさく 音楽プロデューサー エイ・ビー・シープロモーション会長 [没]平成29年(2017)5月8日 75歳〔虚血性心不全〕 [生]昭和16年(1941)5月 [出]鹿児島県 [学]大牟田南高卒 [歴]中学時代、のど自慢で鐘3つを鳴らして以来、歌手をめざす。上京して音楽出版社の日音などに勤めたが、歌手への思いを断ち切れずに謡曲を習い、有田あきに師事。昭和40年作曲家・浜口庫之助のマネジャーとなり、45年音楽プロデューサーとして独立し、山田音楽出版を設立、48年ABCプロモーションと改名。ロックバンド・ゴダイゴを成功させ、「ガンダーラ」「モンキー・マジック」をヒットさせたほか、島倉千代子「人生いろいろ」、天童よしみ「珍島物語」などのヒット曲制作に携わる。他に三田寛子、竜鉄也、尾形大作らのヒットメーカーとして知られた。

山田 幸二 やまだ・こうじ 郡山女子大学名誉教授 [専]食品科学 [没]平成29年(2017)11月5日 84歳〔膵臓がん〕 [生]昭和8年(1933)9月20日 [出]福島県郡山市 [学]宇都宮大学農学部総合農学科卒 [歴]郡山女子大学家政学部教授、同大副学長を務めた。

山田 庄司 やまだ・じょうじ 福井県議 [没]平成27年(2015)5月23日 78歳〔残胃がん〕 [生]昭和11年(1936)6月21日 [出]福井県 [学]大野高卒 [歴]福井県大野林業事務所長、県森林保全課長を経て、平成11年無所属で福井県議選大野市・大野郡選挙区に立候補し当選。15年も無所属で当選。19年は自民党で3選。その後、無所属に戻り、民主党系会派・民主党・一志会を経て、希望ふくいに所属した。27年4月5回目の当選を果たすも、同年5月に死去した。

山田 新二 やまだ・しんじ 滋賀県副知事 [没]平成29年(2017)1月30日 85歳〔肝臓がん〕 [生]昭和6年(1931)3月24日 [出]滋賀県東浅井郡浅井町(長浜市) [学]虎姫高〔昭和24年〕卒 [歴]昭和24年滋賀県庁に入庁。彦根保健所、滋賀県財政課長、八日市県事務所長、土木部次長、農林部長、総務部長、出納長を経て、63年副知事に就任。平成15年退任。 [賞]瑞宝重光章〔平成16年〕

山田 直 やまだ・ただし 詩人 慶応義塾大学名誉教授 [専]フランス文学 [没]平成27年(2015)10月20日 87歳〔心不全〕 [生]昭和3年(1928)8月14日 [出]群馬県前橋市 [名]筆名＝正田麻郎(しょうだ・あさろう) [学]慶応義塾大学〔昭和29年〕卒, 慶応義塾大学大学院文学研究科仏文学専攻〔昭和37年〕修了 [歴]昭和38年千葉商科大学専任講師、42年助教授、44年慶応義塾大学法学部助教授を経て、49年教授。平成5年名古屋明徳短期大学国際文化科学科長、11年学長補佐、13年退職。この間、昭和43年スタジエールとしてフランス留学。「日本未来派」所属。著書に「初等フランス語入門」「初級フランス語練習帳」「ポール・ヴァレリー」、訳書にボーリュー「楽しいコント」、イヴォン・ブラヴァール「詩の心理学」、クロード・セニョール「黒い柩」、詩集に「百貨店」「気弱なパパの詩」「海の見える風景」「ある日常」など。また、正田麻郎名義で「内裏雛」がある。 [賞]日本翻訳文化賞〔昭和49年〕「世界ワンダー百科」(共訳) [団]日本現代詩人会, 日本ペンクラブ, 日本文芸家協会

山田 忠平 やまだ・ちゅうへい サンデン交通社長 [没]平成28年(2016)10月12日 78歳〔病気〕 [歴]平成24年サンデン交通社長、26年会長、28年相談役を歴任した。

山田 ちよ やまだ・ちよ 演劇ライター [没]平成27年(2015)11月22日 60歳〔悪性リンパ腫〕 [出]神奈川県横浜市 [名]本名＝浜中千代(はまなか・ちよ) [学]東京大学卒 [歴]神奈川県庁を経て、フリーの演劇ライターとなり劇評や俳優へのインタビューを手がける。特に神奈川県内の演劇動向を中心に取材し、平成5年から神奈川新聞文化面「神奈川の文化時評」で演劇を担当。地元の劇団に寄り添い、丹念な評論を書き続けた。横浜SAAC実行委員、日露演劇会議理事などを務めた。

山田 恒男 やまだ・つねお 日本アルプス常念小屋会長 北アルプス山小屋友交会会長 [没]平成29年(2017)6月26日 84歳〔肺炎〕 [出]長野県松本市 [歴]昭和26年から、父より受け継いだ北アルプス常念岳(2857メートル)鞍部の常念小屋を経営。平成5～13年北アルプス山小屋友交会会長を務め、全国で先駆けて山小屋の屎尿処理や新しい仕組みのトイレの研究を進めた。また、常念小屋周辺に群生する高山植物コマクサの保護を訴えた。

山田 通 やまだ・とおる 太陽鍛工社長 [没]平成27年(2015)9月25日 96歳〔肺炎〕 [生]大正8年(1919)9月3日 [出]高知県高知市 [学]名古屋工専〔昭和16年〕卒 [歴]昭和19年大隅鉄工所に入社。戦後は旭精機、東海理化電機製作所などを経て、55年太陽鍛工副社長、61年社長を務めた。 [賞]黄綬褒章〔平成10年〕, 日本塑性加工学会賞技術開発賞(第30回, 平成7年度)「ばね鋼6種異形深孔部品の温間穿孔加工技術の開発」, 科学技術庁長官賞科学技術振興功績者表彰(第16回)〔平成8年〕「ロータリー耕うん爪の着脱機構の開発」, 全国発明表彰発明奨励功労賞(平成16年度)

山田 登世子 やまだ・とよこ フランス文学者 愛知淑徳大学名誉教授 [専]フランス文学・文化・ファッション [没]平成28年(2016)8月8日 70歳〔肺がん〕 [生]昭和21年(1946)2月1日 [出]福岡県 [名]旧姓・名＝青柳 [学]名古屋大学文学部仏文科卒, 名古屋大学大学院仏文学専攻〔昭和49年〕博士課程修了 [歴]平成7年より愛知淑徳大学教授。著書に「メディア都市パリ」「娼婦」「リゾート世紀末」「モードの帝国」「恍惚」「晶子とシャネル」「ブランドの条件」「シャネル―最強ブランドの秘密」「贅沢の条件」「誰も知らない印象派 娼婦の美術史」「『フランスかぶれ』の誕生」、訳書にセルトー「文化の政治学」、バルザック「風俗研究」「従妹ベット〈上下〉」、ポール・モラン「シャネル―人生を語る」、モーパッサン「モーパッサン短篇集」、コルバン「においの歴史」(共訳)などがある。 [団]日本フランス語フランス文学会

山田 尚祐 やまだ・なおすけ 十六銀行専務 [没]平成27年(2015)12月25日 95歳 [生]大正9年(1920)2月10日 [出]岐阜県可児市 [学]岐阜商〔昭和12年〕卒 [歴]昭和13年十六銀行に入行。46年取締役、53年常務を経

や

て、58年専務。のち岐阜共栄社長となり、62年会長に就任。

山田 信博　やまだ・のぶひろ　筑波大学学長　[専]代謝内科学　[没]平成27年（2015）10月13日　63歳〔病気〕　[生]昭和26年（1951）12月5日　[出]東京都　[学]東京大学医学部医学科〔昭和51年〕卒　医学博士　[歴]東京大学医学部附属病院内科、茨城県立中央病院内科を経て、昭和53年東京大学医学部第三内科に入局。58～61年米国カリフォルニア大学サンフランシスコ校に留学。61年東京大学医学部第三内科助手、平成6年講師、7年助教授、11年筑波大学教授。19年附属病院長。21～25年学長を務めた。　[賞]日本医師会賞〔平成4年〕, 日本糖尿病学会リリー賞〔平成9年〕　[団]日本糖尿病学会, 日本動脈硬化学会, 日本内分泌学会, 日本肝疾患学会, 日本内科学会, 日本臨床分子医学会, 日本脂質生化学研究会

山田 汎暁　やまだ・はんぎょう　書家　毎日書道展審査会員　[専]近代詩文　[没]平成27年（2015）11月16日　82歳〔肺炎〕　[生]昭和7年（1932）12月17日　[名]本名＝山田弘道（やまだ・ひろみち）　[賞]毎日書道展会員賞（近代詩文書部, 第52回, 平成12年度）　[師]師＝赤石蘭邦

山田 英之　やまだ・ひでゆき　九州大学大学院薬学研究院教授　[専]衛生薬学　[没]平成28年（2016）2月22日　61歳〔胃がん〕　[生]昭和29年（1954）2月26日　[出]福岡県　[学]長崎大学薬学部製薬化学科卒, 九州大学大学院薬学研究科修士課程　[歴]昭和55年九州大学助手、平成3年助教授を経て、14年教授。同大大学院薬学研究院副研究院長を務めた。

や

山田 弘幸　やまだ・ひろゆき　日立造船常務　内海造船社長　[没]平成28年（2016）10月18日　79歳〔悪性胸膜中皮腫〕　[生]昭和12年（1937）5月31日　[出]大阪府　[学]大阪大学工学部〔昭和35年〕卒　[歴]昭和35年日立造船に入社。平成5年取締役、8年常務を経て、11年常務兼常務執行役員。13年内海造船社長、17年取締役相談役、18年相談役を務めた。

山田 政雄　やまだ・まさお　山田養蜂場創業者　[没]平成27年（2015）1月21日　87歳　[家]長男＝山田英生（山田養蜂場社長）

山田 雅輝　やまだ・まさてる　青森県りんご試験場長　[専]昆虫学　[没]平成27年（2015）12月24日　80歳〔心不全〕　[生]昭和10年（1935）2月17日　[出]青森県南津軽郡大鰐町　[学]弘前大学農学部農学科〔昭和32年〕卒　農学博士（東京大学）〔昭和57年〕　[歴]昭和33年青森県りんご試験場（現・青森県産業技術センターりんご研究所）に入る。35年助手、46年昆虫科長、51年研究管理員、61年県畑作園芸試験場果樹部長、63年りんご試験場育種部長、平成2年次長を経て、5～7年場長。リンゴの受粉を助けるマメコバチの生態研究に取り組んだ。9～20年青森自然史研究会会長を務めた。　[賞]木村甚弥賞（第27回）〔平成13年〕　[団]日本生態学会, 日本応用動物昆虫学会

山田 満郎　やまだ・みつろう　舞台美術家　[没]平成28年（2016）6月5日　73歳〔肝臓がん〕　[生]昭和18年（1943）　[出]東京都　[学]武蔵野美術大学芸能デザイン科〔昭和42年〕卒　[歴]昭和42年東京放送（TBS, 現・TBSホールディングス）に入社、舞台美術の道に。44年10月の第1回放送からドリフターズ主演の公開バラエティ番組「8時だヨ！ 全員集合」のセット製作を手がけ、55年には同番組のセットで、バラエティ番組として初めて舞台美術界で権威のある伊藤熹朔賞を受賞。参加した主な番組に「パンとあこがれ」「クイズダービー」「ザ・チャンス」など。日本舞台テレビ美術家協会事務局長も務めた。著書に「8時だョ！ 全員集合の作り方」がある。　[賞]伊藤熹朔賞（第8回, 昭和55年度）「8時だヨ！ 全員集合」

山田 実　やまだ・みのる　写真家　[没]平成29年（2017）5月27日　98歳〔肺炎〕　[生]大正7年（1918）10月29日　[出]沖縄県那覇市東町　[学]沖縄県立第二中卒, 明治大学商科〔昭和16年〕卒　[歴]沖縄県立第二中学校（那覇高校の前身）でカメラと出合う。大学卒業後、昭和16年日産土木に入社。19年勤務していた旧満州で召集入隊し、20年北満州で敗戦を迎える。シベリア抑留を経て、22年帰国。28年沖縄に戻り、山田写真機店を開業。29年琉球新報写真展特選を受賞して写真家としてデビュー。子供や働く人々の写真で評価を得た。沖展、県展などの審査委員や、ニッコールクラブ沖縄支部長、沖縄写真連盟相談役、沖縄写真協会理事を歴任。平成24年沖縄県立博物館・美術館で「山田實展—人と時の往来」を開催。写真集に「こどもたちのオキナワ1955 - 1965」、著書に「山田實が見た戦後沖縄」。　[賞]紺綬褒章〔平成16年〕, 沖縄タイムス芸術選賞大賞〔昭和52年〕, 那覇市政功労者表彰〔平成7年〕, 地域文化功労賞〔平成14年〕, 琉球新報賞〔平成21年〕, 日本写真協会賞功労賞〔平成25年〕, 琉球新報写真展特選〔昭和29年〕　[団]ニッコールクラブ, 沖縄写真連盟, 沖縄写真協会

山田 深雪　やまだ・みゆき　島根大学学長・名誉教授　[専]代数学　[没]平成29年（2017）8月19日　88歳　[生]昭和4年（1929）2月1日　[出]鳥取県日野郡日野町　[学]大阪大学理学部数学科〔昭和27年〕卒, ユタ大学（米国）大学院数学専攻〔昭和37年〕博士課程修了　Ph.D.　[歴]昭和27年島根大学文理学部助手、33年講師、38年助教授を経て、41年教授。52年文理学部長、55年理学部長を務めた後、平成3年学長に就任。7年退官。　[賞]瑞宝重光章〔平成17年〕　[団]日本数学会

山田 宗允　やまだ・むねのぶ　小松製作所専務　[没]平成29年（2017）6月30日　89歳〔胆嚢がん〕　[生]昭和2年（1927）12月22日　[出]山口県　[学]東京大学経済学部〔昭和26年〕卒　[歴]昭和26年小松製作所（コマツ）に入社。54年常務を経て、58年専務。60年小松フォークリフト顧問に転じ、61年社長、平成4年会長。　[家]兄＝山田宗睦（哲学者・評論家）

山田 明爾　やまだ・めいじ　僧侶　龍谷大学名誉教授　教徳寺（浄土真宗本願寺派）住職　[専]仏教学　[没]平成27年（2015）8月10日　80歳〔直腸がん〕　[生]昭和10年（1935）2月18日　[出]岐阜県岐阜市　[学]本巣高〔昭和28年〕卒, 龍谷大学文学部仏教学科〔昭和33年〕卒, 龍谷大学大学院文学研究科仏教学仏教史学専攻博士課程修了　[歴]昭和50年龍谷大学助教授、56年教授。また、岐阜県の教徳寺住職を務めた。中央アジアの仏教遺跡研究で知られ、45～53年京都大学中央アジア学術調査隊に参加してアフガニスタンなどの遺跡を調査。平成15年には写真家・中淳志と共同でアフガニスタン・バー

ミヤン遺跡の西約120キロの地点を調査し、この地域がイスラム化される8世紀以前に建てられた仏教寺院跡を世界で初めて発見した。　[団]日本仏教学会, 龍谷仏教学会, 仏教史学会

山田 恭裕　やまだ・やすひろ　京都女子大学名誉教授　[専]ピアノ　[没]平成27年(2015)4月10日　83歳〔脳梗塞〕　[生]昭和6年(1931)9月27日　[出]大阪府大阪市　[学]大阪教育大学特音〔昭和30年〕卒　[歴]京都女子大学教授を務めた。　[団]ピアノグループベルク(代表), 大阪楽友協会ピアノグループ　[師]師＝井口秋子, 山田康子

山田 尚且　やまだ・よしかつ　日本トムソン専務　[没]平成27年(2015)7月27日　70歳〔大腸がん〕　[生]昭和19年(1944)10月2日　[出]岐阜県　[学]中央大学経済学部〔昭和42年〕卒　[歴]昭和42年日本トムソンに入社。平成8年取締役、12年常務を経て、18年専務。

山田 米造　やまだ・よねぞう　プロゴルファー　日本プロゴルフ協会会長　[没]平成27年(2015)1月19日　82歳〔腎不全〕　[生]昭和7年(1932)2月20日　[出]東京市神田区(東京都千代田区)　[歴]昭和24年プロとしてスタート、34年まで現役で活躍。紫CC、赤城国際CCのヘッドプロ兼副支配人を務めた後、40年からプロゴルフショップを経営。58年日本プロゴルフ協会(PGA)理事、平成6年副会長を経て、11年会長に就任した。14年退任。　[賞]日本プロスポーツ功労者文部科学大臣顕彰, 上毛スポーツ賞スポーツ振興功労者賞　[家]娘＝山田満由美(プロゴルファー)

山田 麟太郎　やまだ・りんたろう　北海道議　[没]平成29年(2017)11月23日　71歳〔呼吸不全〕　[生]昭和21年(1946)1月5日　[出]北海道紋別郡西興部村　[学]日本大学法学部卒　[歴]建築会社社長、幼稚園理事長。昭和61年から1年間、帯広市議。平成7年無所属で帯広市選出の北海道議に当選、1期務める。11年、15年落選。19年再び帯広市議となり、3期目途中に死去。

山寺 仁太郎　やまでら・じんたろう　郷土史家　白鳳会会長　[専]山梨県, 山岳信仰　[没]平成28年(2016)10月28日　97歳　[生]大正8年(1919)　[歴]日本山岳会員や山梨郷土研究会員として山岳信仰と山岳風習などを研究。また、地域山岳会・白鳳会の会長や顧問、名誉顧問を歴任した。山梨県の総合文芸誌「中央線」発行人も務めた。　[賞]野口賞〔平成13年〕「甘利山」

山名 康郎　やまな・やすろう　歌人　「花林」主宰　北海道歌人会会長　北海道新聞編集委員　[没]平成27年(2015)6月18日　89歳〔前立腺がん〕　[生]大正14年(1925)12月15日　[出]北海道空知郡南富良野村(南富良野町)　[学]札幌光星商卒, 明治大学中退　[歴]昭和23年北海道新聞社に入社。稚内支局長、本社地方部次長、同地方委員を経て、56年編集委員。61年定年退職。歌人としては、父が歌人であった影響で、14年「潮音」に入会して太田水穂、四賀光子に師事。29年中城ふみ子の歌集「乳房喪失」出版に協力、「潮音」「新墾」を脱会して中城や宮田益子らと「凍土」を創刊。同年北海道歌人会を設立。一時作歌を中断したが、43年「潭」を創刊。51年「潮音」に復帰、60年より同誌選者。同年第一歌集「冬の旗」を出版。62年より「花林」を創刊・主宰した。61年～平成9年北海道新聞日曜文芸欄の短歌選者、昭和61年～平成22年北海道新聞短歌賞選考委員を務めるなど、北海道歌壇の発展や後進の育成に貢献。18年第三歌集「冬の骨」で日本歌人クラブ賞を受けた。他の歌集に「冬の風」、著書に「短歌ノート」「中城ふみ子の歌」などがある。　[賞]日本歌人クラブ賞(第33回)〔平成18年〕「冬の骨」, 北海道文化賞〔平成21年〕　[団]日本文芸家協会, 北海道歌人会, 現代歌人協会, 北海道文学館　[家]父＝山名薫人(歌人)

山中 光　やまなか・あきら　マルニ木工社長　[没]平成27年(2015)10月4日　73歳〔パーキンソン病〕　[生]昭和17年(1942)6月14日　[出]広島県佐伯郡宮島町(廿日市市)　[学]慶応義塾大学商学部〔昭和40年〕卒　[歴]昭和40年マルニ木工に入社、53年社長に就任。平成13年会長、20年顧問。広島県家具工業連合会会長、広島県カヌー協会会長なども務めた。　[家]父＝山中忠(マルニ木工社長), 長男＝山中武(マルニ木工社長), 弟＝山中好文(マルニ木工社長)

山中 康司　やまなか・こうじ　サンテック常務　[没]平成28年(2016)8月13日　60歳　[生]昭和31年(1956)5月31日　[出]広島県　[学]大阪大学大学院工学研究科〔昭和56年〕修了　[歴]昭和56年中国電力に入社。平成24年サンテックに入社し、取締役、常務を務めた。

山中 智之　やまなか・さとし　華道家　洛陽未生流家元　[没]平成27年(2015)10月4日　78歳〔間質性肺炎〕　[生]昭和11年(1936)12月5日　[出]京都府京都市　[学]龍谷大学文学部哲学科社会学卒　[歴]洛陽未生流家元である父から生花の伝統的な基本を学び、20～30代にかけて古典美術史を学ぶため、ギリシャに滞在。当地やパリで生け花のデモンストレーションを行う。昭和52年3代目家元を継承。京都いけばな協会副会長、日本いけばな芸術協会評議員などを歴任した。　[団]京都いけばな協会, 日本いけばな芸術協会　[家]妻＝山中貴代子(洛陽未生流副家元)

山中 静哉　やまなか・しずや　アキレス社長　[没]平成29年(2017)4月18日　79歳　[生]昭和12年(1937)7月22日　[出]東京都　[学]学習院大学政経学部〔昭和35年〕卒　[歴]昭和35年興国化学工業(現・アキレス)に入社。61年取締役、平成7年常務、11年専務、13年副社長を経て、14年社長。17年会長。

山中 崇弘　やまなか・たかひろ　静岡新聞常務　[没]平成28年(2016)2月22日　77歳〔病気〕　[生]昭和13年(1938)6月5日　[出]静岡県焼津市　[学]早稲田大学第一文学部〔昭和36年〕卒　[歴]昭和36年静岡新聞社に入社。58年編集局付部長、60年同局次長兼整理部長、62年社長室長、平成3年取締役を経て、8年常務。

山中 竹一　やまなか・たけいち　合唱指揮者　奈良交響楽団創設者　NHK奈良児童合唱団団長　[専]音楽教育, 声楽　[没]平成28年(2016)12月7日　83歳〔間質性肺炎〕　[生]昭和8年(1933)5月10日　[出]山口県　[名]旧姓・名＝青木　[学]東京芸術大学声楽科委託〔昭和31年〕修了　[歴]奈良女子大文学部附属高校教諭を務め、奈良交響楽団を創設。NHK奈良児童合唱団団長も務めるなど、奈良県の音楽文化に貢献した。　[師]師＝秋元雅一朗, 藤村晃一

山中 千代衛　やまなか・ちよえ　電気工学者　大阪大学名誉教授　姫路工業大学学長・名誉教授　レー

や

ザー技術総合研究所名誉所長 ㊙レーザー工学 ㊤平成29年(2017)2月15日 93歳〔老衰〕 ㊦大正12年(1923)12月14日 ㊥大阪府大阪市 ㊥大阪大学工学部電気工学科〔昭和23年〕卒,大阪大学大学院特別研究生〔昭和28年〕修了 工学博士〔昭和35年〕 ㊕昭和28年大阪大学助手,米国マサチューセッツ工科大学留学,34年大阪大助教授を経て,38年教授。47年より同大レーザー核融合研究センター所長を併任。63年退官し,レーザー技術総合研究所長に就任。平成2〜7年姫路工業大学学長。"人工の太陽"と称される重水素核融合エネルギー研究の第一人者として知られた。著書に「レーザー光線」「慣性核融合研究開発史」などがある。 ㊥紫綬褒章〔平成4年〕,勲二等瑞宝章〔平成12年〕,電気学会進歩賞(第28回・39回・50回)〔昭和47年・58年・平成6年〕「大出力ガラスレーザシステムの開発」「出力10kJパルス炭酸ガスレーザの開発」「サイリスタを用いた大出力銅蒸気レーザの開発」,電気学会論文賞(第40回)〔昭和59年〕「炭酸ガスレーザ大容量増幅器における寄生発振の抑制」,Fusion Power Associate Leadership Award〔昭和60年〕,レーザー研究業績賞・奨励賞・進歩賞(第10回・22回)〔昭和61年・平成10年〕「激光XII号グリーンレーザーによる中性子ハイイールド爆縮実験」「レーザー誘雷の実証研究」,IAEA金メダル,エドワード・テラー賞(第1回)〔平成3年〕,電気学会功績賞(第31回)〔平成5年〕「レーザ技術ならびにレーザエネルギー研究開発に対する貢献」 ㊦電気主任技術者(1級) ㊕電気学会,電子情報通信学会,日本物理学会,日本原子力学会,レーザー学会,IEEE(フェロー)

山中 毅 やまなか・つよし 水泳選手 メルボルン五輪・ローマ五輪銀メダリスト ㊤平成29年(2017)2月10日 78歳〔肺炎〕 ㊦昭和14年(1939)1月18日 ㊥石川県輪島市 ㊥輪島高卒,早稲田大学卒 ㊕父は漁師,母は海女で,能登半島の海で泳ぎを鍛えた。昭和30年輪島高校から全国高校大会に出場して1500メートル自由形で優勝。高校3年の31年,17歳でメルボルン五輪に出場,400メートル自由形,1500メートル自由形で同い年のマレー・ローズ(オーストラリア)と金メダルを争うが敗れ,両種目で銀メダルを獲得。4×200メートル自由形リレー(古賀学,谷乃,野々下耕嗣,山中)は4位。その後,早大に進んで小柳清志コーチの指導を受け,34年200メートル自由形(2分1秒5),400メートル自由形(4分16秒3)で世界記録をマーク。35年のローマ五輪400メートル自由形で再びローズと相まみえたが前回と同じく銀メダルにとどまり,1500メートル自由形は4位。4×200リレー(石井宏,福井誠,藤本達夫,山中)は銀メダル。39年の東京五輪にも出場したが,全盛期を過ぎており400メートル自由形で6位に終わった(4×200リレーは予選のみ出場)。3大会連続で五輪に出場して4つの銀メダルを獲得,合計10個の世界記録を出すなど我が国の水泳界で一時代を築き,41年引退した。57年米国フロリダ州フォートローダーデールの水泳殿堂入り。日本人では清川正二,古橋広之進らに次いで8人目。一時水泳界から離れて,大洋漁業,大京観光に勤務,輪島総業を経営していたが,のちISS(イトマン・スイミング・スクール)を設立。平成11年独立し,山中スポーツ企画を設立。12年中高年を対象にした水泳教室を始める。17年水の中で楽しく体を動かそうと,水中でのボウリング"アクアボウリング"を考案し,発表した。また,7年参院選比例区にさわやか新党から立候補した。 ㊥朝日本育賞(昭和33年度・34年度・38年度)「200メートル自由形に2分3秒0の世界新記録」「水泳400メートル自由形に4分16秒6の世界新記録(日米対抗大阪大会)」「水泳男子800メートル・リレーに世界新記録」,日本スポーツ賞(第9回)〔昭和34年〕,ヘルムス賞〔昭和36年〕

山中 典士 やまなか・のりお 装道礼法きもの学院会長 全日本きものコンサルタント協会会長 装道創始者 ㊙装道哲学,精神文化論 ㊤平成29年(2017)1月20日 88歳〔心不全〕 ㊦昭和3年(1928)8月21日 ㊥滋賀県坂田郡山東町(米原市) ㊥京都外国語短期大学〔昭和28年〕卒 ㊕京都呉服問屋を飛び出し,昭和39年きものの総合教育機関・装道礼法きもの学院を設立。"きもの"の装いを通して,愛・美・礼・和の四徳を心を柱とする現代の服装哲学の普及に努め,国内外に和装と礼法の普及を図る「装道」を提唱。毎年海外にきもの文化使節団を派遣する。全日本きものコンサルタント協会会長,全日本マナー検定協会会長などを歴任。著者に「きものと日本の精神文化」「きものごころ 愛と智慧の出発」「日本人の知らない日本の叡智」の他,多数ある。 ㊥衣服功労賞(昭和59年度),日本文芸大賞伝統文化研究賞(第17回)〔平成9年〕「幸福哲学のすすめ」,日本文芸大賞伝統文化功労賞(第21回)〔平成15年〕「日本人の知らない日本の叡知」

山中 洋 やまなか・ひろし 北海道副知事 ㊤平成28年(2016)7月27日 82歳〔呼吸不全〕 ㊦昭和9年(1934)1月7日 ㊥台湾 ㊥北海道大学法学部〔昭和32年〕卒 ㊕空知支庁地方部長,総務部人事課長,土木部次長,総務部次長を経て,60年知事室長,62年副知事を歴任。平成3年退任後は北海道社会福祉事業団理事長を務めた。

山梨 清松 やまなし・せいしょう 建築家 綜合設計事務所所長 静岡経済同友会代表幹事 ㊤平成27年(2015)2月10日 86歳 ㊦昭和3年(1928)6月8日 ㊥富山県 ㊥東京大学大学院工学研究科建築学専攻〔昭和32年〕博士課程修了 ㊕東京大学時代は丹下健三研究室で都市と建築設計を学ぶ。昭和32年山梨組専務,40年綜合設計事務所を開設して所長に就任。平成15年会長。静岡経済同友会代表幹事,静岡県建築士会会長などを歴任した。 ㊥中部建築賞,静岡県都市計画協会表彰 ㊦1級建築士

山根 安昇 やまね・あんしょう 琉球新報副社長 ㊤平成29年(2017)3月24日 77歳〔胃がん〕 ㊦昭和14年(1939)8月3日 ㊥沖縄県石垣市宮良 ㊥琉球大学文理学部〔昭和37年〕卒 ㊕昭和40年琉球新報社に入社。62年中部支社長,平成2年事業局長,4年浦添支社長,6年取締役総務局長,8年専務を経て,14〜16年副社長。社会部デスク時代に世界のウチナーンチュ(沖縄人)を訪ねる企画を立案・連載するの中心となり,連載後は「世界のウチナーンチュ大会」開催に繋がった。沖縄マスコミOB九条の会代表幹事,沖縄のマスコミを支える共同代表などを務めた。

山根 要 やまね・かなめ ジャックス創業者 ㊤平成27年(2015)4月6日 95歳〔心不全〕 ㊦大正8年

(1919) 10月3日 ⓚ北海道函館市 ⓖ函館商〔昭和12年〕卒 ⓔ昭和29年初代社長の伊藤政次郎らとデパート信用販売を設立、常務。44年専務。34年北本信用販売、51年ジャックスに社名変更し、同年東証第2部に上場(53年第1部に指定替え)。51年副社長となり、59年3代目社長に就任。平成2年会長、6年取締役相談役に退く。海外で使えるクレジットカードの発行や住宅ローン事業の強化を進め、国内有数の信用販売・クレジットカード会社へと育て上げた。また、上場後も登記上の本店を創業地の函館市に置き、地元経済の発展にも寄与。8年函館市功労者賞を受けた。 ⓡ函館市功労者賞〔平成8年〕

山根 伸介 やまね・しんすけ タレント ⓓ平成27年(2015)11月14日 78歳〔肝臓がん〕 ⓑ昭和12年(1937)2月15日 ⓚ京都府京都市 ⓐ本名＝山根利雄(やまね・としお)、旧芸名＝高根利雄、グループ名＝チャンバラトリオ ⓖ日本大学芸術学部中退 ⓔ大学を中退して東映に入社、斬られ役のグループ東映剣会で剣術を学ぶ。昭和35年明治座で初舞台。38年切られ役仲間の南方英二、伊吹太郎と3人でお笑いグループの"チャンバラトリオ"を結成。リーダーを務め、殺陣を交えたコントや、紙と蛇腹状に折ったハリセンでボケ役の顔をはたく「ハリセンチョップ」を考案して人気を呼んだ。47年上方漫才大賞奨励賞を、51年には上方漫才大賞と上方お笑い大賞金賞をダブル受賞。43年結城哲也が加入して4人となり、平成6年復帰と脱退を繰り返した結城、伊吹の2人が脱退。同年前田竹千代、志茂山高也が加入したが、20年前田、22年南方が相次いで亡くなり2人組となった。27年5月闘病を理由にグループを解散、11月に亡くなった。著書に「私を切った100人」「ジャイアンツこそわが人生」がある。 ⓡ上方漫才大賞奨励賞(第7回)〔昭和47年〕、上方漫才大賞(第11回)〔昭和51年〕、上方お笑い大賞金賞(第5回)〔昭和51年〕 ⓜ師＝阿部九州男

山根 秀夫 やまね・ひでお 神戸新聞社長 デイリースポーツ社長 ⓓ平成28年(2016)1月18日 75歳〔腎不全〕 ⓑ昭和15年(1940)4月19日 ⓚ兵庫県神戸市 ⓖ早稲田大学政経学部卒 ⓔ昭和39年神戸新聞社に入社。社会次長、61年社会部長、63年編集局次長、平成3年編集局長、5年取締役、7年常務を経て、9年社長、デイリースポーツ社長に就任。15年両社会長。取締役編集局長在任中の6年、京都新聞と相互援助協定を締結。翌7年の阪神・淡路大震災時には取材を陣頭指揮、本社が全壊する中で援助協定に基づいて京都新聞の協力を得ながら休まず新聞発行を続けた。

山野 彰英 やまの・あきひで ヤマノホールディングス会長 ヤマノビューティメイト会長 ⓓ平成28年(2016)8月25日 76歳〔心不全〕 ⓑ昭和14年(1939)9月8日 ⓚ東京都 ⓖウッドベリー大学(米国)経営学部〔昭和36年〕卒 ⓔ山野美容商事に入り、常務を経て、昭和46年ヤマノビューティメイト設立、副社長。54年社長、平成11年会長に就任。13年ヤマノホールディングコーポレーション(現・ヤマノホールディングス)代表取締役、16年会長。この間、昭和55年日本レース会長、57年社長、60年キング工業代表会長、平成6年か

ねもり社長、12年丸正会長を兼務。著書に「『日本式M&A』成功の法則」がある。 ⓜ母＝山野愛子(美容家)、父＝山野治一(山野美容商事社長)、兄＝山野正義(山野学苑理事長)

山野 浩一 やまの・こういち 小説家 評論家 ⓢSF、前衛文学、馬産、競馬、オーストラリア文化 ⓓ平成29年(2017)7月20日 77歳〔食道がん〕 ⓑ昭和14年(1939)11月27日 ⓚ大阪府大阪市港区八幡屋町 ⓖ関西学院大学法学部〔昭和37年〕中退 ⓔ大学在学中は映画研究会で実験映画「Δ(デルタ)」を脚本・監督し、「映画評論」「映画芸術」「週刊読書新聞」などに評論を執筆。大学中退後、1年間コマーシャル映画プロダクション・関西映画に勤務し、昭和38年上京。39年戯曲「受付の靴下」が「悲劇喜劇」誌に掲載されデビュー。同年小説「X電車で行こう」が「SFマガジン」誌に掲載される。40年「優駿」誌で競馬ライターとしてもデビュー。以後、ニューウェーヴ、SF小説、評論の傍ら、サラブレッドの血統についての研究し、独特の血統論を展開。52年に出版された「サラブレッド血統辞典」は10万部近い発行部数を記録するなど、競馬関係書籍としては異例のベストセラーとなった。他の著書に「殺人者の空」「花と機械とゲシュタルト」「レヴォリューション」「サラブレッドの誕生」など。 ⓡ馬事文化賞〔平成3年〕「サラブレッドの誕生」 ⓗ日本ウマ科学会、ヒトと動物の関係学会、日本文芸家協会

山内 久 やまのうち・ひさし 脚本家 日本シナリオ作家協会会長 ⓢ劇映画、テレビドラマ ⓓ平成27年(2015)9月29日 90歳〔老衰〕 ⓑ大正14年(1925)4月29日 ⓚ東京都渋谷区原町 ⓐ本名＝山内久(やまのうち・ひさし)、筆名＝田中啓一(たなか・けいいち)、鈴木敏郎(すずき・としろう) ⓖ東京外国語学校(現・東京外国語大学)仏語部〔昭和23年〕卒 ⓔ漫談家・山野一郎の二男で、兄は俳優の山内明、弟は作曲家の山内正。東京外国語学校でフランス語を学び、昭和19年徴兵され、通信兵として中国で敗戦を迎える。21年復員。24年松竹大船撮影所脚本部に入る。25年馬場当との共作の家城巳代治「花のおもかげ」で脚本家としてデビュー。32年五社協定のため、田中啓一の名で川島雄三「幕末太陽伝」、33年鈴木敏郎の名で今村昌平「盗まれた欲情」、ともに日活作品の脚本を書く。35年よりフリー。42年から森川時久とのコンビでフジテレビ系のテレビドラマ〈若者たち〉シリーズを手がける。社団法人シナリオ作家協会会長、協同組合日本シナリオ作家協会会長を歴任。平成2年紫綬褒章を受章。他の脚本担当作品に今村昌平「果しなき欲望」「豚と軍艦」、浦山桐郎「私が棄てた女」、森谷司郎「聖職の碑」など。テレビでは「はらから」(NHK)、「みつめいたり」(フジ)、「海のあく日」(CBC)など。妻は脚本家の立原りゅう。 ⓡ紫綬褒章〔平成2年〕、年間代表シナリオ〔昭和26年・35年・40年・42年・44年・45年・53年〕、ギャラクシー賞〔昭和39年〕「にごりえ」、放送記者会賞〔昭和41年・43年〕「若者たち」「みつめいたり」、毎日映画コンクール脚本賞〔昭和42年〕「果しなき欲望」、芸術祭賞大賞(テレビ部門)〔昭和45年〕「海のあく日」、芸術祭賞大賞〔平成6年〕「雪」、芸術祭賞優秀賞〔平成13年〕「袖振り合うも」、日本映画批評家大賞エメラルド大賞(第12回・17回、平成14年度・19年度) ⓗ日本シナリオ作家協会 ⓜ妻＝立原りゅう(脚本家)、

父＝山野一郎（漫談家），兄＝山内明（俳優），弟＝山内正（作曲家），養子＝渡辺千明（脚本家）

山辺 巌　やまべ・いわお　大日本印刷常務　[没]平成27年（2015）9月22日　90歳〔心筋梗塞〕　[生]大正13年（1924）11月3日　[出]東京都　[学]東京物理学校〔昭和19年〕卒　[歴]昭和21年大日本印刷に入社。45年取締役を経て、56年常務。　[賞]野間賞（第38回）〔平成3年〕

山村 安雄　やまむら・やすお　三和食品創業者　[没]平成29年（2017）3月14日　94歳〔肺炎〕　[生]大正12年（1923）　[出]富山県西礪波郡福光町（南砺市）　[歴]農家の五男で、中学生の頃に満州開拓団に志願。戦時中に兵役で運転技術を学び、戦後は帰郷してトラック運転手となる。昭和40年勤め先の知人ら3人で三和食品を創業。かぶらずしや昆布巻きの製造・販売を手がけた。　[家]長男＝山村一幸（三和食品社長）

山室 英男　やまむろ・ひでお　NHK解説委員長　[没]平成28年（2016）9月13日　86歳〔誤嚥性肺炎〕　[生]昭和4年（1929）9月23日　[出]東京都　[学]青山学院専〔昭和25年〕卒　[歴]昭和25年NHKに入局。政治記者13年余ののち、ソウル支局長、ジュネーブ支局長、解説委員室解説委員（副主幹）、ヨーロッパ総局長（在パリ）、解説委員（主幹）を経て、55年解説委員長、59年大阪放送局長、62年再び解説委員。平成2年退職。著書に「トマスの人差し指」、共著に「検証・山本五十六長官の戦死」などがある。　[賞]フランス芸術文化勲章オフィシエ章〔昭和63年〕，NHK放送文化功労賞（平成7年度）〔平成8年〕

山室 勇臣　やまむろ・ゆうしん　三菱銀行副頭取　ダイヤモンドリース会長　[没]平成28年（2016）2月27日　98歳〔慢性心不全〕　[生]大正6年（1917）8月31日　[出]東京市小石川区（東京都文京区）　[学]慶応義塾大学経済学部〔昭和16年〕卒　[歴]学生時代は宮沢喜一らとともに日米学生会議のメンバーとして活躍。昭和16年三菱銀行（現・三菱東京UFJ銀行）に入行。ニューヨーク支店長、調査部長、外国部長などを経て、45年取締役、47年常務、53年専務、54年副頭取を歴任。58年ダイヤモンドリース（現・三菱UFJリース）会長に転身。銀行時代は我が国でも屈指の国際派バンカーとして活躍した。平成3年国際大学4代目理事長に就任。7年会長。　[家]父＝山室宗武（陸軍中将）

山本 彰宏　やまもと・あきひろ　無手無冠社長　[没]平成29年（2017）2月9日　77歳〔多発性髄膜腫〕　[生]昭和14年（1939）8月6日　[出]広島県広島市　[学]同志社大学卒　[歴]昭和42年北幡酒造に入社。59年から地元で採れた栗を原料に焼酎の製造を始める。63年株式会社化して設立した四万十川酒造の社長に就任、同年無手無冠に社名変更。栗焼酎「ダバダ火振」を全国ブランドに育て上げた他、日本酒の原料米の全量をいち早く地元産に切り替えるなど“地の酒造り”にこだわった。　[家]三男＝山本勘介（無手無冠社長）

山本 昭　やまもと・あきら　紀陽銀行頭取　[没]平成27年（2015）8月8日　88歳〔急性心筋梗塞〕　[生]昭和2年（1927）4月27日　[出]和歌山県　[学]大阪大学法経学部〔昭和28年〕卒　[歴]昭和28年紀陽銀行に入行。名古屋支店長、業務部長、人事部長兼研修課長を経て、46年東京支店長兼東京事務所長。同年取締役、54年常務、56年専務、59年副頭取、60年頭取を歴任。平成2年会長、のち相談役。和歌山商工会議所副会頭、和歌山県教育長なども務めた。　[賞]藍綬褒章〔平成3年〕

山本 晃　やまもと・あきら　東京特殊電線専務　[没]平成28年（2016）7月5日　80歳　[生]昭和11年（1936）2月10日　[出]東京都　[学]慶応義塾大学経済学部〔昭和34年〕卒　[歴]昭和34年古河電気工業に入社。経営企画室関連会社部長を経て、平成元年理研電線監査役、3年東京特殊電線取締役、5年常務、8年専務、10年顧問。

山本 理　やまもと・おさむ　高校野球監督　作新学院高校野球部監督　[没]平成28年（2016）11月19日　83歳〔病気〕　[生]昭和8年（1933）3月13日　[出]栃木県宇都宮市　[学]作新学院高卒，神奈川大学卒　[歴]昭和24年作新学院高2年の時に全国高校野球選手権大会栃木県予選で優勝、25年野球部で主将を務める。神奈川大でも野球部主将。卒業後の30年、母校・作新学院高の野球部監督に就任。33年夏の甲子園に出場、甲子園初出場でベスト4に進出。同年富山国体で初優勝。エース八木沢荘六（早大－ロッテ）、加藤斌（中日）らを擁した37年は、部長として指揮を執ったセンバツを初めて制し、監督に再就任した夏の甲子園でも優勝、史上初の甲子園春夏連覇を果たした。その後も、怪物と呼ばれた江川卓（法大－巨人）らを育てた。監督として23年間、部長として20年間野球部を指導し、甲子園に通算11回出場。高校野球の名門・作新学院高の地位を確立した。平成7年同校男子部教頭となり、10年退職。29年、54年ぶりに同校が夏の甲子園で優勝したのを見届け、83歳で亡くなった。　[賞]下野県民賞〔平成10年〕

山本 和明　やまもと・かずあき　愛知県議（自民党）　[没]平成27年（2015）11月8日　79歳〔膵臓がん〕　[生]昭和10年（1935）12月12日　[出]愛知県豊橋市　[学]国府高〔昭和29年〕卒　[歴]昭和46年豊川市議1期を経て、50年以来愛知県議に9選。平成7年議長。23年引退。　[賞]旭日中綬章〔平成23年〕

山本 一雄　やまもと・かずお　三和化学研究所社長　[没]平成27年（2015）3月10日　66歳〔肺がん〕　[歴]平成13年より三和化学研究所社長を務めた。

山本 和郎　やまもと・かずお　慶応義塾大学名誉教授　[専]臨床心理学，地域精神衛生，コミュニティ心理学　[没]平成28年（2016）7月12日　81歳〔肺炎〕　[生]昭和10年（1935）2月6日　[出]新潟県新潟市　[学]東京大学文学部〔昭和33年〕卒，東京大学大学院人文科学研究科心理学専攻〔昭和38年〕博士課程修了　[歴]昭和38年から国立精神衛生研究所研究員、心理研究室長を務め、56年より慶応義塾大学文学部教授。のち大妻女子大学教授。米国ハーバード大学医学部リサーチ・フェローとして地域精神衛生を学び、コミュニティ心理学中心に環境研究と臨床実践を行った。著書に「コミュニティ心理学」「心理検査TATかかわり分析」、編著に「生活環境とストレス」「コミュニティ心理学の実際」、共編著に「心理臨床の探究」、訳書にキャプラン「地域精神衛生の理論と実際」、コーチン「現代臨床心理学」などがある。　[賞]慶応義塾賞〔昭和62年〕　[資]臨床心理士　[団]

日本心理臨床学会, 日本建築学会, 日本心理学会, 日本ストレス学会, 日本コミュニティ心理学会

山本 一義　やまもと・かずよし　プロ野球選手・監督　[没]平成28年(2016) 9月17日　78歳〔尿管がん〕　[生]昭和13年(1938) 7月22日　[出]広島県広島市南区　[学]広島商卒, 法政大学卒　[歴]外野手で、広島商時代の昭和31年、春夏連続で甲子園に出場。法大では入学早々4番を打つ。36年広島に入団、1年目から開幕戦に先発出場。42年には当時の球団記録となる12打席連続出塁を達成。41年、44年ベストナイン。チームがリーグ初優勝を飾った50年に引退。実働15年、1594試合出場、4846打数1308安打、171本塁打、655打点、22盗塁、打率.270。オールスター出場5回。その後、広島の打撃コーチ、近鉄(現・オリックス)の打撃コーチ、57〜58年ロッテ監督、平成6〜10年再び広島コーチを務めた。監督成績は260試合、97勝145敗18分。

山本 菊五郎　やまもと・きくごろう　山梨県議(自民党)　[没]平成29年(2017) 12月19日　83歳〔病気〕　[生]昭和9年(1934) 1月14日　[出]山梨県　[学]慶応義塾大学文学部社会学科〔昭和31年〕卒　[歴]阪急百貨店に入社。のち甲南木材、甲南開発各社長。昭和42年以来山梨県議に5選、53年議長。山梨県水泳連盟会長、自民党山梨県連副会長、山梨県中小企業団体中央会副会長などを歴任した。　[賞]藍綬褒章〔平成1年〕, 旭日小綬章〔平成16年〕

山本 吉蔵　やまもと・きちぞう　石岡市長　[没]平成27年(2015) 1月14日　92歳　[生]大正11年(1922) 11月27日　[出]茨城県　[学]早稲田大学法学部〔昭和21年〕卒　[歴]昭和35年白鹿醸造本店社長、41年茨城県酒造組合副会長、47年石岡酒造代表、50年石岡信金理事を経て、54年、62年石岡市長に当選、通算2期務めた。平成3年落選。

山本 久吉　やまもと・きゅうきち　ニチアス専務　[没]平成28年(2016) 10月17日　90歳〔老衰〕　[生]大正15年(1926) 10月13日　[出]神奈川県　[学]東京工業大学化学科〔昭和26年〕卒　[歴]日本アスベスト(現・ニチアス)に入社。昭和48年取締役、56年常務を経て、63年専務。

山本 恭逸　やまもと・きょういつ　青森公立大学経営経済学部教授　[専]地方自治　[没]平成27年(2015) 1月9日　63歳〔病気〕　[生]昭和27年(1952) 1月　[出]青森県青森市　[学]明治大学大学院政治経済学研究科〔昭和52年〕修士課程修了　[歴]昭和52年日本生産性本部に入り、同時に社会経済国民会議調査研究部に出向。61年情報化対策国民会議調査課長、平成2年国際経済政策部長代理などを歴任。10年青森公立大学地域研究センター主任研究員、15年同大経営経済学部教授。コンパクトシティ、雪の利活用、過疎地の交通計画、産業振興、観光振興など研究活動と同時に、地域企業のコンサルティングにも取り組んだ。著書に「実務者のための ソフトウェア産業人事制度」「政策を観光資源に」などがある。

山本 邦夫　やまもと・くにお　大阪大学名誉教授　[専]素粒子物理学　[没]平成28年(2016) 1月10日　87歳〔肺炎〕　[生]昭和3年(1928) 5月28日　[学]大阪大学理学部物理学科〔昭和27年〕卒　理学博士　[歴]大阪大学助手、助教授を経て、教授。退官後、福井工業大学教授を務めた。　[団]日本物理学会

山本 啓子　やまもと・けいこ　俳人　[没]平成28年(2016) 11月12日　91歳　[生]大正13年(1924) 11月17日　[出]福井県　[学]福井県立高女卒　[歴]昭和25年「雪解」に入門、皆吉爽雨に師事。45年「雪解」同人。句集に「木蓮」「茅の輪」がある。　[団]俳人協会　[家]夫＝山本治(鯖江市長), 長男＝山本拓(衆院議員)　[師]師＝皆吉爽雨

山本 経二　やまもと・けいじ　東京工業大学名誉教授　[専]有機合成化学　[没]平成28年(2016) 8月27日　81歳〔直腸がん〕　[生]昭和10年(1935) 6月29日　[出]京都府　[学]京都大学工学部工業化学科〔昭和33年〕卒, 京都大学大学院工学研究科工業化学専攻〔昭和38年〕博士課程修了　工学博士　[歴]昭和38年京都大学工学部助手、50年東京工業大学工学部助教授を経て、63年教授。平成8年山口東京理科大学基礎工学部教授。　[団]日本化学会, 触媒学会, 米国化学会

山本 健一　やまもと・けんいち　マツダ社長　[没]平成29年(2017) 12月20日　95歳〔老衰〕　[生]大正11年(1922) 9月16日　[出]熊本県　[学]東京帝国大学第一工学部機械工学科〔昭和19年〕卒　[歴]海軍短期現役士官として軍用機製造に従事するうち終戦。昭和21年2月東洋工業(現・マツダ)入社。1年半ほど現場に出たほかは一貫して設計に携わる。38年ロータリーエンジン(RE)研究部長となり、ロータリーエンジンの特性に着目して基本特許を導入、42年実用化が難しかったREを搭載した量産車「コスモスポーツ」を完成させ、世界で初めて実用化に成功した。46年取締役、53年常務、57年専務を経て、社名がマツダになった59年社長に就任。61年米国の自動車産業の専門誌「オートモーティブ・インダストリーズ」の「マン・オブ・ザ・イヤー」に選ばれる。62年会長。平成3年にはRE搭載車がル・マン24時間耐久レースで日本の自動車メーカーとして初めて総合優勝を飾る。4年相談役最高顧問、10年名誉相談役。この間、2〜8年広島駐在ベルギー名誉領事。マツダの独自技術を象徴するREの育ての親で、“ロータリーのマツダ”として世界に知られる基礎を築き、“REの父”と呼ばれた。19年日本自動車殿堂入り。[賞]紫綬褒章〔昭和46年〕, オーストリア有功勲章一級コマンダー・クロス賞〔昭和61年〕, 藍綬褒章〔昭和62年〕, コロンビア大十字勲章国家功労章〔平成3年〕, 勲二等旭日重光章〔平成5年〕, 科学技術庁長官賞科学技術功労者表彰(第11回)〔昭和44年〕「ロータリーエンジンの開発」, 日本機械学会賞(昭和44年度)「自動車用ロータリ機関の実用化」, 自動車技術会賞技術貢献賞(第35回)〔昭和60年〕「バンケル型ロータリエンジンの開発への貢献」, マン・オブ・ザ・イヤー(米自動車誌)〔昭和61年〕, 全国発明表彰発明実施功績賞(昭和61年度), エドワード・コール賞(米国自動車技術会)〔昭和62年〕, RJCマン・オブ・ザ・イヤー(第1回)〔平成3年〕, 米国自動車技術会フェロー会員〔平成5年〕

山本 源吉　やまもと・げんきち　樺細工職人　[没]平成27年(2015) 8月12日　93歳〔心不全〕　[歴]15歳で樺細

工職人となり、角館樺細工工芸製作者協会設立に尽力した。 ㊤現代の名工〔平成5年〕

山本 賢三 やまもと・けんぞう 名古屋大学名誉教授 ㊤核融合、プラズマ科学 ㊦平成28年（2016）2月23日 101歳 ㊧大正4年（1915）1月17日 神奈川県小田原市 ㊥東京帝国大学工学部電気学科〔昭和12年〕卒 工学博士 ㊤昭和12年富士電に入社。15年6月名古屋大学講師、同年7月助教授、27年教授、44年工学部長、46年退官。同年日本原子力研究所理事、53年副理事長を経て、技術相談役。55年日本原子力産業会議常任相談役、のち常任顧問。この間、日本原子力学会会長、プラズマ・核融合学会初代会長、低温工学協会会長なども務めた。 ㊤紫綬褒章〔昭和50年〕、勲二等旭日重光章〔昭和61年〕、電気学会論文賞（第9回）〔昭和28年〕「器壁のない放電陽光柱の理論」 ㊤電気学会、電子情報通信学会、日本物理学会、日本原子力学会、プラズマ核融合学会、低温工学協会

山本 光賢 やまもと・こうけん 僧侶 延暦寺副執行 延暦寺一山総持坊住職 ㊦平成27年（2015）2月22日 61歳〔肝臓がん〕 ㊧愛知県岡崎市 ㊤延暦寺一山総持坊住職で延暦寺副執行を務めた。天台宗権大僧正。

山本 功児 やまもと・こうじ プロ野球監督 ㊦平成28年（2016）4月23日 64歳〔肝臓がん〕 ㊧昭和26年（1951）12月25日 兵庫県 ㊥三田学園高卒、法政大学卒 ㊤三田学園高3年の時にセンバツに出場。昭和44年ドラフトで南海（現・ソフトバンク）に3位指名を受けるも拒否し、法大に進学。ノンプロの本田技研鈴鹿を経て、50年ドラフト5位で巨人に入団。当初は同じ一塁手の王貞治の控えで、代打の切り札だったが、54年、55年には4番打者として7試合2本塁打を記録。59年トレードでロッテに移ると実力が開花し、左の長距離打者として活躍。1、2年目に規定打席に到達。62年6月対近鉄（現・オリックス）戦で代打逆転満塁本塁打を放った。63年引退。通算成績は、実働13年、1217試合出場、2523打数699安打、64本塁打、369打点、打率.277。57年、60年オールスター出場。59年、60年一塁手でゴールデングラブ賞。現役時代は186センチ、84キロ。左投左打。平成元年ロッテ一軍打撃コーチ、9年、10年二軍監督。11年シーズンより一軍監督に就任し、7月チームは18年ぶりの首位に立った。打撃指導に定評があり、福浦也ら多くの主力を育てた。15年シーズン終了後、退任。16年古巣・巨人の二軍ヘッド兼打撃コーチ、17年一軍ヘッド兼打撃コーチを務めた。監督成績は550試合、256勝283敗11分。 ㊧長男＝山本武白志（野球選手）

山本 浩三 やまもと・こうぞう 同志社大学学長・名誉教授 ㊤憲法学 ㊦平成27年（2015）11月7日 90歳〔肝臓がん〕 ㊧大正14年（1925）3月7日 京都府京都市 ㊥同志社大学法学部〔昭和24年〕卒、同志社大学大学院修了 ㊤昭和25年同志社大学助手、36年教授、44年法学部長を経て、45～48年学長。51年弁護士登録。平成8～13年京都府公安委員長。著書に「憲法の系譜」「法学概論」などがある。 ㊤瑞宝重光章〔平成16年〕 ㊤弁護士 ㊤京都弁護士会

山本 重雄 やまもと・しげお エスワイフード創業者 ㊦平成28年（2016）8月21日 59歳〔解離性大動脈

瘤〕 ㊧昭和32年（1957） 岐阜県武儀郡洞戸村（関市） ㊥武義高〔昭和51年〕卒 ㊤昭和51年高校を卒業して海上自衛隊に入隊。3年後に除隊し、居酒屋チェーンで働く。56年独立して名古屋市に焼き鳥屋「串かつ・やきとり やまちゃん」を創業。店員が"世界の山ちゃんです"と店の電話に出たのを気に入り、店名を変更。"幻の手羽先"をキャッチフレーズとした名古屋名物の手羽先の唐揚げを看板メニューに居酒屋チェーン「世界の山ちゃん」を全国展開。本人の似顔絵をあしらった看板でも知名度を高め、"なごやめし"を代表する外食チェーンに育て上げた。26年には香港やタイにも出店して海外進出を果たしたが、28年急逝した。著書に「上司は命がけで怒れ！」などがある。

山本 祥一朗 やまもと・しょういちろう 酒評論家・エッセイスト ㊤酒類マーケット ㊦平成29年（2017）3月28日 81歳 ㊧昭和11年（1936）1月1日 岡山県岡山市 ㊥早稲田大学西洋哲学科〔昭和36年〕卒 ㊤昭和40年代初めの高度経済成長下でマイカーや新幹線の時代に、たまたま鈍行による地酒紀行を発表し、今日の地酒ブームのきっかけを作った。酒のペンクラブ主宰。日本酒サービス研究会・酒匠研究会連合会最高顧問を務めた。著書に「作家と酒」「酒のふるさとの旅」「ほんの本」「美酒紀行」「キプロスに酔う」「海外酒事情」「美酒の条件」「美酒探訪」「美酒との対話」や、エッセイ「往生ぎわホンネ・タテマエ」「父が娘に綴ったある一冊の日記」などがある。 ㊤日本官能評価学会、日本文芸家協会、日本酒サービス研究会・酒匠研究会連合会

山本 真太郎 やまもと・しんたろう 山口県議（自民党） ㊦平成28年（2016）11月7日 94歳〔肝臓がん〕 ㊧大正11年（1922）1月1日 山口県熊毛郡 ㊥下松工応用化学科〔昭和15年〕卒 ㊤昭和45年山本建設を設立して社長に就任。伊保庄村長、柳井市議を経て、48年山口県議選柳井市選挙区補選で当選。62年落選。4期。 ㊤勲四等旭日小綬章〔平成4年〕 ㊧長男＝山本繁太郎（山口県知事）

山本 晋平 やまもと・しんぺい 高知大学学長・名誉教授 ㊤応用生物化学、栄養化学、酵素工学、応用微生物学 ㊦平成29年（2017）8月10日 79歳〔慢性呼吸不全〕 ㊧昭和12年（1937）11月27日 高知県南国市 ㊥高知大学農学部農芸化学科卒、京都大学大学院農学研究科農芸化学専攻博士課程修了 農学博士 ㊤昭和40年高知大学農学部講師となり、教授、学部長を経て、平成11年生え抜きの学長に就任。高知医科大学との統合準備を進めた他、"海"をテーマに大学づくりに取り組んだ。15年退任。 ㊤瑞宝重光章〔平成25年〕、毎日新聞学術賞 ㊤日本農芸化学会、日本生化学会

山本 進 やまもと・すすむ テレビ金沢専務 北国新聞取締役 ㊦平成28年（2016）2月9日 85歳〔大腸がん〕 ㊧昭和5年（1930）3月24日 石川県能美郡 ㊥早稲田大学第二政経学部〔昭和31年〕卒 ㊤昭和31年北国新聞社に入社。のち取締役。傍ら、55年北国事業専務、59年社長、のち再び専務。平成5年テレビ金沢専務。

山本 隆久 やまもと・たかひさ 国立療養所大島青松園自治会長 ㊦平成28年（2016）8月19日 83歳 ㊧

昭和8年（1933）　[出]徳島県　[歴]昭和23年15歳でハンセン病を発病し、27年19歳で高松市にある国立療養所大島青松園に入所。56～59年全国ハンセン病患者協議会（現・全国ハンセン病療養所入所者協議会）の役員を務めた後、60年国立療養所大島青松園自治会長に就任。晩年は徳島に里帰りし、講演などで差別解消を訴えた。

山本 武次　やまもと・たけじ　ホテイフーズコーポレーション社長　[没]平成28年（2016）1月15日　87歳〔病気〕　[生]昭和4年（1929）1月11日　[出]静岡県庵原郡蒲原町（静岡市）　[学]明治大学法学部〔昭和28年〕卒　[歴]昭和28年山本食糧工業（のちほてい缶詰）監査役、38年取締役、40年常務、42年専務を経て、平成元年社長に就任。5年ホテイフーズコーポレーションに社名変更。13年会長。　[家]兄＝山本幾太郎（ホテイフーズコーポレーション会長），長男＝山本達也（ホテイフーズコーポレーション社長）

山本 達義　やまもと・たつよし　第三銀行専務　[没]平成28年（2016）3月30日　76歳〔誤嚥性肺炎〕　[生]昭和15年（1940）1月23日　[出]長野県　[学]愛知大学経済学部〔昭和37年〕卒　[歴]昭和37年第三相互銀行（現・第三銀行）に入行。赤目、上飯田、四日市、東京各支店長、国際部長、検査部長を経て、平成8年取締役、12年常務、14年常務執行役員、15年専務執行役員。

山本 長松　やまもと・ちょうまつ　伊方町（愛媛県）町長　[没]平成27年（2015）2月5日　92歳　[生]大正11年（1922）4月13日　[出]愛媛県西宇和郡伊方町　[学]明治専機械科〔昭和18年〕卒　[歴]昭和22年愛媛県伊方村議、30年同町議などを経て、38年から町長に4選。2期目在職中に四国電力伊方原発を誘致し、52年に1号機が営業運転を開始した。　[賞]愛媛県知事表彰〔昭和55年〕

山本 蔦五郎　やまもと・つたごろう　山本屋本店会長　[没]平成28年（2016）2月16日　88歳〔肺炎〕　[出]長崎県島原市　[歴]平成11年から6年間、島原文化連盟委員長を務める。16年の島原子ども狂言ワークショップの創設や、市民文化講座の運営に携わるなど、島原半島の文化振興に尽くした。　[賞]長崎県民表彰〔平成12年〕，地域文化功労者文部科学大臣表彰〔平成17年〕　[家]息子＝山本由夫（長崎県議）

山本 悌二郎　やまもと・ていじろう　衆院議員（民社党）　[没]平成29年（2017）8月21日　87歳〔呼吸不全〕　[生]昭和5年（1930）2月10日　[出]新潟県佐渡郡佐和田町（佐渡市）　[学]専修大学法学部法律学科〔昭和29年〕卒，中央大学法学専攻科〔昭和30年〕卒　[歴]昭和29年有田八郎衆院議員秘書となり、35年民社党結成に参加して党書記局に入る。37年党衆議院事務局長、41年新潟県連書記長、43年本部会計監査、47年新潟県連副委員長、49年県連常任顧問を経て、51年衆院選旧新潟1区で初当選、1期務めた。52年党県連委員長。政界引退後は新潟県民共済生活協同組合監事、同顧問などを歴任した。

山本 伝一　やまもと・でんいち　たねや菓舗社長　たねや相談役　近江八幡観光物産協会会長　[没]平成27年（2015）11月23日　82歳〔心不全〕　[生]昭和8年（1933）8月4日　[出]滋賀県近江八幡市　[学]八幡商〔昭和27年〕卒　[歴]たねやの和菓子製造工で、平成16年現代の名工に選出。滋賀県菓子工業組合理事長として後進の育成に尽力した。また、4～9年近江八幡観光協会会長を務めた。　[賞]黄綬褒章〔平成20年〕，現代の名工〔平成16年〕

山本 駿　やまもと・はやお　山陽新聞編集局次長　[没]平成28年（2016）2月19日　71歳〔肺腺がん〕　[生]昭和19年（1944）3月24日　[出]岡山県　[学]大阪外国語大学インドネシア語科卒　[歴]昭和42年山陽新聞社に入社。福山支社編集部長、家庭・レジャー部長、地方部長、高松支社長兼編集部長、編集局次長兼読者センター長、編集局次長兼記事審査委員会幹事を歴任した。

山本 秀一　やまもと・ひでかず　プロ野球選手　陶芸家　[没]平成28年（2016）11月16日　75歳〔大動脈解離による心不全〕　[生]昭和16年（1941）6月18日　[出]和歌山県和歌山市　[名]陶芸名＝雷山陶秀（らいざん・とうしゅう）　[学]和歌山商卒　[歴]昭和32年和歌山商時代に夏の甲子園に出場。35年南海（現・ソフトバンク）に内野手として入団。遊撃手として活躍し、38年西鉄（現・西武）に移籍したが、怪我に泣き44年退団。実働9年、380試合出場、356打数65安打、2本塁打、15打点、4盗塁、打率.183。43年引退後は福岡市で鳥料理店を開業したが、皿に興味を持ち陶芸家に転向、48年糸島市に開窯した。雷山陶秀を名のり、60年日展に初入選。以後、63年～平成16年と、17年連続18度の日展入選を果たした。　[賞]九州山口陶磁展西日本新聞社賞（第84回）〔昭和62年〕，現代工芸美術九州会展大賞（第11回）〔平成4年〕，日本現代工芸美術展現代工芸賞（第31回，平成4年度），日本現代工芸美術展現代工芸会員賞（第34回，平成7年度）　[家]長男＝山本秀夫（陶芸家）

山本 秀也　やまもと・ひでや　長野銀行頭取　日本銀行仙台支店長　[没]平成28年（2016）12月13日　83歳〔肺炎〕　[生]昭和8年（1933）11月3日　[出]静岡県浜松市　[学]浜松西高〔昭和27年〕卒，東京大学法学部〔昭和31年〕卒　[歴]昭和31年日本銀行に入行。54年新潟支店長、56年考査役、57年仙台支店長を歴任し、59年長野相互銀行専務、61年副社長、63年社長。平成元年普通銀行に転換して長野銀行頭取に就任。8年退任。　[賞]旭日双光章〔平成15年〕

山本 紘子　やまもと・ひろこ　医師　藤田保健衛生大学名誉教授　日本女医会会長　[専]神経内科学　[没]平成29年（2017）1月12日　73歳〔膵臓がん〕　[生]昭和18年（1943）10月29日　[出]広島県　[学]名古屋大学医学部医学科〔昭和44年〕卒　医学博士（名古屋大学）〔昭和55年〕　[歴]昭和44年名古屋第一赤十字病院、46年名古屋大学第一内科に勤務後、48年夫の米国留学に同行。49年名大第一内科に戻り、55年学位を取得。同年名古屋保健衛生大学（現・藤田保健衛生大学）助手、56年講師、59年助教授を経て、63年教授。平成21年から名古屋市の並木病院院長を務め、26年日本女医会会長に就任した。　[団]日本内科学会，日本神経学会，神経眼科学会　[家]夫＝山本勇夫（横浜市立大学名誉教授）

山本 博也　やまもと・ひろや　日本信託銀行専務　日信住宅販売社長　[没]平成28年（2016）4月4日　79歳〔肝臓がん〕　[生]昭和11年（1936）4月24日　[出]新潟県長岡市　[学]早稲田大学商学部〔昭和35年〕卒　[歴]昭和35年日本信託銀行（現・三菱UFJ信託銀行）に入行。新潟支店長、高崎支店長、本店営業第一部長、法人営業第一

部長、同第二部長を経て、平成2年取締役、4年常務、7年専務。8年日信住宅販売社長。

山本 博之　やまもと・ひろゆき　三菱樹脂専務　[没]平成29年(2017)8月8日　89歳〔肺炎〕　[生]昭和3年(1928)4月21日　[出]愛知県　[学]東京商科大学〔昭和27年〕卒　[歴]昭和27年三菱化成工業に入社。52年三菱樹脂(現・三菱ケミカル)に転じ、53年取締役、59年常務、平成2年専務を歴任。

山本 文男　やまもと・ふみお　添田町(福岡県)町長　[没]平成28年(2016)8月24日　90歳　[生]大正15年(1926)1月15日　[出]福岡県田川郡添田町　[学]熊本逓信講習所普通科〔昭和17年〕卒　[歴]昭和38年より福岡県添田町議2期、議長を経て、46年より町長に10選。平成4年福岡県町村会長、11年全国町村会会長。全国鉱業市町村連合会会長、都市計画中央審議会委員なども兼務した。22年2月贈賄容疑で福岡県警に逮捕される。7月町長リコール(解職請求)の動きを受けて町長を辞職、8月出直し町長選で落選。10月福岡地裁は懲役1年、執行猶予3年の判決を言い渡し、判決が確定した。

山元 正一　やまもと・まさかず　科研製薬常務　[没]平成27年(2015)11月3日　90歳〔心不全〕　[生]大正14年(1925)3月1日　[出]東京都　[学]立教大学〔昭和22年〕卒　[歴]山之内製薬(現・アステラス製薬)から科研薬化工(現・科研製薬)に転じ、50年取締役を経て、常務。

山本 正隆　やまもと・まさたか　沖電気工業専務　[没]平成28年(2016)3月25日　81歳〔特発性肺線維症〕　[生]昭和9年(1934)4月23日　[出]広島県　[学]広島大学電気学科〔昭和32年〕卒, 大阪大学大学院工学研究科通信工学専攻〔昭和37年〕博士課程修了　工学博士〔昭和37年〕　[歴]昭和37年沖電気工業に入社。55年情報処理事業本部システム本部長、60年総合システム研究所長、61年取締役研究開発本部副本部長、63年本部長、平成3年常務情報通信機器事業本部長。研究開発本部CWQC活動推進本部長、研究開発本部関西総合研究所長兼任。のち専務となり、6年沖データ社長を兼任。

山本 光璋　やまもと・みつあき　東北大学名誉教授　[専]生体生命情報学　[没]平成27年(2015)5月29日　74歳〔膵臓がん〕　[生]昭和15年(1940)9月8日　[出]長野県松本市　[学]東北大学工学部通信工学科〔昭和38年〕卒, 東北大学大学院工学研究科電気及び通信工学専攻〔昭和43年〕博士課程単位取得退学　工学博士〔昭和46年〕, 医学博士〔昭和55年〕　[歴]昭和43年東北大学助手、51年講師、59年助教授を経て、63年東北大学教授。平成16年東北福祉大学教授。　[賞]日本ME学会科学新聞賞〔昭和45年〕「不整脈解読の自動化」

山本 光男　やまもと・みつお　岩手県サッカー協会会長　[没]平成27年(2015)12月15日　82歳〔急性呼吸不全〕　[生]昭和8年(1933)2月15日　[出]岩手県岩手郡玉山村(盛岡市)　[学]専修大学商経学部卒　[歴]平成元年久慈中学、3年北陵中学の各校長、8年岩手県玉山村教育長を歴任。岩手県サッカー協会会長も務めた。

山本 尤　やまもと・ゆう　京都府立医科大学名誉教授　大阪電気通信大学名誉教授　[専]ドイツ文学, ドイツ思想史　[没]平成27年(2015)7月23日　84歳〔肺炎〕　[生]昭和5年(1930)11月25日　[出]兵庫県西宮市　[学]名古屋大学文学部文学科〔昭和30年〕卒　[歴]昭和30年愛知学院大学助手、34年神戸大学講師、38年助教授、46年京都府立医科大学教授を経て、大阪電気通信大学教授。晩年は脳梗塞で倒れ、右半身がまひ状態となりながら、左手だけでパソコンを操って訳業に励む。平成22年にはエルンスト・ユンガーの大著「パリ日記」を2年がかりで完訳、自費出版した。他の著書に「ナチズムと大学―国家権力と学問の自由」「近大とドイツ精神」、訳書に「ゴットフリート・ベン著作集」(共訳)、J.P.スターン「ヒトラー神話の誕生」、R.ザフランスキー「ショーペンハウアー」「ハイデガー」「ニーチェ」、V.ファリアス「ハイデガーとナチズム」などがある。　[賞]瑞宝中綬章〔平成21年〕　[団]日本独文学会, 日本ドイツ学会

山本 祐司　やまもと・ゆうじ　ジャーナリスト　毎日新聞東京本社社会部長　[専]司法問題, 推理小説　[没]平成29年(2017)7月22日　81歳〔脳出血〕　[生]昭和11年(1936)5月31日　[出]旧満州奉天　[学]早稲田大学法学部〔昭和36年〕卒　[歴]昭和36年毎日新聞社に入る。警察担当、遊軍記者を経て、社会部司法記者クラブに10年間在籍。社会部副部長を経て、57年横浜支局長、60年社会部長、62年編集委員。この間、田中彰治事件、共和製糖事件、日通事件、ロッキード事件などの政財界事件を取材。社会部長在職中の61年、脳出血で倒れ右半身不随・失語症・聴覚障害となるが、リハビリ後、63年復職した。平成4年退職してフリー。8年よりくも膜下出血で倒れた闘病仲間とコンビを組み、本格的に復帰。失語症の後遺症と闘いながらの取材を右半身不随の仲間が支えた。身障者を中心とした文芸サークル・ルパン文芸を主宰。著書に「東京地検特捜部」「巨悪は眠らせない」「三面記事裁判」「最高裁物語〈上下〉」「毎日新聞社会部」などがある。　[賞]日本記者クラブ賞(第23回)〔平成7年〕「最高裁物語〈上下〉」

山本 温　やまもと・ゆたか　三菱商事副社長　[没]平成28年(2016)6月19日　90歳〔心不全〕　[生]大正14年(1925)6月20日　[出]長野県　[学]東京大学法学部〔昭和25年〕卒　[歴]昭和25年太平商工に入社。29年合併により三菱商事と改称。50年ガス部長、58年取締役、60年常務を経て、63年副社長。平成4年三菱石油開発社長に転じ、7年取締役相談役。

山本 吉章　やまもと・よしあき　中国銀行頭取　[没]平成28年(2016)10月20日　77歳〔病気〕　[生]昭和14年(1939)9月2日　[出]岡山県児島郡灘崎町(岡山市南区)　[学]慶応義塾大学法学部〔昭和38年〕卒　[歴]昭和38年中国銀行に入行。平成元年取締役、5年常務、10年専務を経て、11年頭取に就任。12年退任。

山本 義栄　やまもと・よしえ　田んぼdeミュージカル委員会代表　[没]平成27年(2015)11月3日　93歳〔急性肺炎〕　[出]北海道勇払郡穂別村(むかわ町)　[歴]北海道穂別の高齢者映画制作団体・田んぼdeミュージカル委員会で、平成15年公開の1作目から全4作に出演。25年1月からは代表を務め、7月に撮影が始まった新作の制作に取り組んだが、11月93歳で亡くなった。

山本 流光　やまもと・りゅうこう　華道家　石川県いけ花文化協会専務理事　[没]平成29年(2017)4月11日　90歳〔老衰〕　[生]大正15年(1926)6月2日　[出]石川県河北郡津幡町　[名]本名＝山本喜代子(やまもと・きよ

こ） [歴]昭和16年草月流に入門、蓮覚寺光波に師事。39年草月会石川第十一支部長となり、戦後の石川県内で草月流が躍進する一翼を担う。同流開祖の勅使河原蒼風の薫陶を受けた、鉄を使ったダイナミックな作品に定評があった。平成16～23年石川県いけ花文化協会専務理事。日本いけばな芸術協会評議員などを歴任した。 [賞]北国芸能賞〔平成17年〕 [師]師＝蓮覚寺光波

山脇 哲臣 やまわき・てっしん　植物研究家　高知県立牧野植物園園長 [没]平成28年（2016） 98歳 [生]大正7年（1918）8月31日 [出]高知県加美郡香北町（香美市） [学]高知師範 [歴]昭和23年高知県庁に入る。34年県立牧野植物園に着任し、43年園長に就任。53年退任。同園の敷地を約5000平方メートルから約3万3000平方メートルまで拡張、牧野富太郎の記念館や文庫も建設。また、珍種や美しい花を展示する場所という考えた方が主流だった当時、野生生物が自生する環境を再現して自然そのものの美しさを訴えかける造園に取り組んだ。平成3年開設の土佐寒蘭センター初代所長も務めた。また、天狗高原や大堂海岸の自然保護運動などにも携わった。著書に「土佐植物風土記」「山脇哲臣山岳写真集」「花想」などがある。98歳の平成28年9月末に高知市の自宅を出たまま行方不明となり、11月末に遺体で発見された。 [賞]勲五等双光旭日章〔平成1年〕, 高知県文化賞〔昭和53年〕, 香北町名誉町民〔平成6年〕

矢山 有作 ややま・ゆうさく　衆院議員（社会党）　参院議員 [没]平成29年（2017）3月27日 93歳〔胃がん〕 [生]大正13年（1924）1月1日 [出]岡山県津山市 [学]中央大学法学部〔昭和24年〕卒 [歴]会計検査院事務官、津山市議を経て、昭和30年から岡山県議に2選。32年社会党に入党、37年参院選岡山選挙区に当選、連続2期。51年衆院選旧岡山1区で当選して衆院議員に鞍替え。計3期務め、党中央執行委員、党中央教宣局長などを歴任した。61年落選後は、苫田ダムの建設反対を訴える住民団体代表などを務めた。

屋良 朝光 やら・ちょうこう　琉球音楽家　西原町（沖縄県）町議 [没]平成28年（2016）4月29日 81歳〔肺炎〕 [出]沖縄県中頭郡西原町 [歴]昭和37年～平成2年の7期28年、沖縄県西原町議を務めた。また、沖縄県指定無形文化財沖縄伝統音楽野村流保持者で、4～21年琉球古典芸能コンクールの審査員を務めた。 [賞]旭日双光章〔平成16年〕 [資]沖縄県指定無形文化財沖縄伝統音楽野村流保持者

鎗田 清太郎 やりた・せいたろう　詩人　編集者「火牛」代表　日本現代詩人会会長　新人物往来社編集局長 [専]詩論, 文芸評論 [没]平成27年（2015）8月31日 91歳〔老衰〕 [生]大正13年（1924）7月29日 [出]東京市神田区（東京都千代田区） [学]国学院大学文学部哲学科〔昭和24年〕卒 [歴]昭和24年角川書店に入社。編集部次長を最後に退社し、以後、知性社出版部長、表現社出版部長、新人物往来社編集局長などを経て、著述業。この間、58～59年日本現代詩人会理事長、平成7年より会長。詩集に「鳩に関するノート」「石川の貝」「幻泳」「象と蛍」「黒い川の馬」、著書に「角川源義の時代—角川書店をいかにして興したか」、詩論集に「探詩縹渺」などがある。 [賞]時間賞新人賞（第4回）〔昭和32年〕「氷雨の日」, 丸山薫賞（第9回）〔平成14年〕「黒い川の馬」 [団]日本文芸家協会, 日本ペンクラブ, 日本現代詩人会

矢幡 正門 やわた・まさかど　粗苧製造職人 [没]平成28年（2016）9月23日 78歳〔心不全〕 [生]昭和13年（1938）5月25日 [出]大分県日田市 [歴]中学校卒業後、農業に従事し、麻作りに携わる。昭和49年から久留米市の久留米絣技術保存会の依頼で、父とともに久留米絣の製作工程で不可欠な麻の皮である“粗苧”（あらそう）を製造する。父の死後は全国でただ一人の製造者となり、平成15年父子2代で文化審議会の選定保存技術保持者に認定された。久留米絣は昭和51年に重要無形文化財に認定された。 [資]選定保存技術保持者（粗苧製造）〔平成15年〕 [家]父＝矢幡左右見（粗苧製造職人）

【ゆ】

兪 雲登 ゆ・うんと　長崎華僑総会会長　康楽（かんろ）店主 [国]中国 [没]2017年12月20日 87歳〔肺気腫〕 [出]長崎県長崎市 [歴]長崎で生まれ育った華僑2世。長崎市で中華料理店・康楽（かんろ）を経営する傍ら、1984年より長崎華僑総会会長を務め、2006年名誉会長。1972年の日中国交正常化以前から長崎と中国の交流に奔走。日中友好の懸け橋役として、72年の長崎県友好訪中使節団派遣、79年の長崎～上海間定期航空路開設、85年の在長崎中国総領事館開設などの実現に貢献した。

湯浅 正治 ゆあさ・まさはる　日本石油常務 [没]平成29年（2017）5月9日 98歳〔老衰〕 [生]大正7年（1918）6月20日 [出]神奈川県 [学]慶応義塾大学法学部〔昭和16年〕卒 [歴]昭和19年日本石油（現・JXTGエネルギー）に入社。46年仕入れ部長、47年取締役を経て、53年常務。57～62年日本石油瓦斯社長。日本LPガス協会会長も務めた。

湯浅 康敦 ゆあさ・やすあつ　帝人常務 [没]平成28年（2016）8月23日 82歳〔病気〕 [生]昭和9年（1934）1月26日 [出]神奈川県 [学]東京大学経済学部〔昭和32年〕卒 [歴]昭和32年帝人に入社。平成3年取締役を経て、常務。

湯浅 良雄 ゆあさ・よしお　愛媛大学法文学部教授 [専]労働経済論 [没]平成29年（2017）5月20日 70歳 [生]昭和21年（1946）9月10日 [出]京都府 [学]同志社大学経済学部経済学科卒, 立命館大学経済学研究科社会政策労働問題専攻博士課程修了 [歴]愛媛大学法文学部助教授を経て、教授。同大副学長を務めた。著書に「現代の労働過程」「GetARef活用マニュアル」などがある。 [団]社会政策学会, 中四国商経学会, コンピュータ教育協議会

湯浅 良幸 ゆあさ・よしゆき　郷土史家　徳島県出版文化協会代表 [専]経済史, 民俗学, 徳島県 [没]平成29年（2017）12月23日 87歳〔敗血症〕 [生]昭和5年（1930）3月30日 [出]徳島県阿南市 [学]法政大学経済学部中退 [歴]昭和19年14歳で海軍特別年少兵として長崎県の針尾海兵団に入団、海軍機関学校を卒業。戦後、法政大学に学び、28～33年徳島外国語高校で教鞭を執

ゆ

る。傍ら郷土史、民俗学の研究に打ち込み「阿波の民話」「日本史・阿波故年表」「阿波藩札の研究」「阿波貨幣史」「阿波のわらべ唄」なども執筆・出版。33年徳島県教育会に入り、「徳島教育」の編集に携わる。40年歴史図書館をめざして徳島県出版文化協会を創立。自然科学・社会科学分野の専門家を見出して執筆を依頼、「郷土双書」「徳島市民双書」などを刊行した。徳島県史編纂委員、阿波学会会長、県選挙浄化委員長、四国放送番組審議会委員長、徳島県立博物館資料収集委員長、徳島県立図書館協議会会長、徳島県文化振興財団民俗資料委員長、徳島県市町村文化財保護審議会連絡協議会会長、阿南市文化財保護審議会会長、徳島史学会会長、徳島民俗学会会長、徳島市民双書編集委員長などを歴任した。また、日本国憲法改憲に反対する九条の会阿南の代表世話人も務めた。編書に「阿波民俗散歩」、監修に「徳島県医師会史」「海南町史」「徳島県漁業史」「那賀川町史」「川内土地改良区史」「吉野川土地改良区史」「県文化振興財団・民俗文化財集」などがある。　㊞徳島県医師会会長表彰状〔昭和52年〕「県医師会史の編さん」、阿南市長表彰状〔昭和53年〕「市政功労者」、徳島市長表彰状〔昭和61年〕「市民双書編さん」、海南町長表彰状〔平成7年〕「町史編さん」、日本文化振興会総裁社会文化功労賞〔平成13年〕、イオンド大学歴史学名誉博士、地域文化功労者表彰〔平成17年〕　㊞徳島史学会、徳島民俗学会、阿波学会

油井 昌行 ゆい・まさゆき　声楽家（テノール）　園田学園女子短期大学教授　㉗平成28年（2016）6月7日　80歳　㊐昭和10年（1935）7月24日　㊐広島県　㊞大阪音楽大学〔昭和35年〕卒　㊞関西歌劇団で長くテノール歌手として活躍。同劇団名誉劇団員。園田学園女子短期大学教授も務めた。　㊞師＝横井輝男

唯是 震一 ゆいぜ・しんいち　邦楽作曲家　箏曲家（生田流）　唯是音楽スタジオ主宰　㊞日本伝統音楽（特に三曲）の理論と実践、研究の成果を自作品化し遺すこと　㉗平成27年（2015）1月5日　91歳〔有棘細胞がん〕　㊐大正12年（1923）10月30日　㊐北海道深川市　㊞小樽高商卒、東京芸術大学音楽学部楽理科〔昭和28年〕卒、コロンビア大学（米国）〔昭和30年〕修了　㊞関東大震災の年に生まれたことから震一と名付けられる。3歳から生田流箏曲を習う一方、早坂文雄と出会ってその教えを受け、楽理の基礎を授かった。東京芸術大学在学中の昭和27年、東京新聞社主催の邦楽コンクール作曲部門で第1位入賞。28～30年コロンビア大学音楽部に留学し、作曲をヘンリー・カウエルに師事。この間、日本人で初めてクック社からハイ・ファイレコード「日本の箏」をリリース。30年にはストコフスキーに認められ、カーネギーホールでニューヨークフィルと「春の海」を共演して好評を博し、米国での知名度を高めた。帰国後、34年から毎年秋に作品発表会を開催。37年トニー・スコット、山本邦山と名門ジャズレーベルのヴァーヴからアルバム「禅の音楽」を発表。39年にはロックフェラー財団に招かれ、2年間にわたってコロンビア大学芸術科講師として箏、三絃を個人教授した。45年からは毎年リサイタルを開催し、唯是震一合奏団を組織して海外でも演奏活動を

行った。また、ユネスコ世界音楽祭、テヘラン国際音楽祭、イランのシーラーズ音楽祭、ソウルASPAC主催東西音楽交流会議をはじめとする国際的な音楽イベントにも参加するなど、世界創作邦楽の第一人者として世界規模で活躍した。唯是音楽スタジオを主宰して演奏、作曲、音楽理論の指導にあたり、平成19年日本芸術院賞を受賞。箏、三絃、十七絃といった邦楽器を主体とした、現代・古典、和・洋の形式にとらわれない多彩な作風を誇り、現代邦楽の中では特に再演の機会が多い作曲家として知られる。他の作品に「神仙調舞曲」「合奏組曲〈石狩川〉」「組曲〈長崎十二景〉」「合奏協奏曲第六番」「六面の箏のための追復調」「十七絃独奏の為の六つの前奏曲」「尺八二重奏曲〈序破急〉」など、映画音楽に5代目坂東玉三郎が監督した「天守物語」、アルバムに「唯是震一の世界〈1～10〉」「桃源」、著書に「私の半生記」がある。　㊞日本芸術院賞（第63回、平成18年度）〔平成19年〕、紫綬褒章〔昭和63年〕、勲四等旭小綬章〔平成7年〕、邦楽コンクール作曲部門第2位〔昭和25年・26年〕、邦楽コンクール作曲部門第1位〔昭和27年〕、米国作曲家協会コンペティション入賞〔昭和29年〕　㊞正派邦楽会、現代邦楽作曲家連盟、NHK邦楽技能者育成会　㊞妻＝中島靖子（箏曲家）　㊞師＝宮城道雄、カウエル、ヘンリー

遊座 昭吾 ゆうざ・しょうご　啄木・賢治研究家　盛岡大学文学部教授　㊞文学遺跡調査、風土と文学　㉗平成29年（2017）1月6日　89歳〔肺炎〕　㊐昭和2年（1927）2月5日　㊐岩手県岩手郡玉山村渋民（盛岡市）　㊞法政大学文学部卒本文学科〔昭和26年〕卒　㊞石川啄木が少年期を過ごした宝徳寺で生まれ、啄木が暮らした同じ部屋で青年期までを過ごす。同寺を訪れた啄木研究家の岩城之徳日本大学教授から啄木関係の本や論文を贈られたのをきっかけに、20代後半から啄木研究を始めた。昭和61年5月3日の新・石川啄木記念館会館と生誕百年記念祭に中心的役割を果たす。39年盛岡一高、56年盛岡二高教諭、平成元年盛岡大学助教授を経て、5年教授。平成元年国際啄木学会の設立に際して事務局長に就任、7年から4年間は会長を務めた。著書に「啄木と渋民」「石川啄木の世界」「啄木秀歌」「林中幻想 啄木の木霊」、編著に「石川啄木入門」「石川啄木事典」などがある。　㊞岩手日報文学賞啄木賞（第3回）〔昭和63年〕「啄木秀歌」、地域文化功労者表彰（文部大臣）〔平成12年〕、岩手日報文化賞（学芸部門、第62回）〔平成21年〕　㊞国際啄木学会

友鵬 勝尊 ゆうほう・まさたか　力士（幕下）　日本相撲協会世話人　㉗平成29年（2017）9月8日　60歳〔虚血性心不全〕　㊐昭和31年（1956）12月5日　㊐沖縄県宮古島市（宮古島）　㊞本名＝長崎勝（ながさき・まさる）　㊞高校時代、柔道で活躍していたところをスカウトされて角界入りし、大鵬部屋（現・大嶽部屋）に入門。昭和50年夏場所初土俵。勇鵬の四股名で、押し相撲一筋に1度の休場もなく土俵に上がり、平成2年秋場所で当時現役9位タイの連続出場記録640回を達成。3年秋場所限りで引退した。最高位は西幕下筆頭。通算成績は332勝308敗。一方、昭和50年から新弟子たちに基本を教える相撲教習所の指導員も兼ね、引退後は師匠大鵬親方の勧めで日本相撲協会世話人となり、本

場所や巡業などの運営を支えた。大鵬親方の側近で、ちゃんこ作りの名人でもあった。

湯川 遥菜 ゆかわ・はるな　イスラム過激派組織“イスラム国”に殺害された　[没]平成27年(2015)1月　42歳〔“イスラム国”に殺害された〕　[出]千葉県千葉市　[歴]高校卒業後、千葉県内でミリタリーショップを経営。平成26年1月民間軍事会社ピーエムシーを設立。4月単身シリアへ渡航、同地でジャーナリストの後藤健二と出会った。7月再びシリアへ渡り、8月消息を絶つ。同月イスラム過激派組織“イスラム国”による尋問映像がインターネットの動画投稿サイト「YouTube」に公開され、“イスラム国”に拘束されている事実が明らかになった。27年1月後藤さんとともに、72時間以内に2億ドル(約236億円)の身代金を支払わなければ殺害するとした映像がインターネット上に公開され、3日後に殺害映像が公開された。2月1日には後藤さんの殺害映像も公開された。

湯木 敏夫 ゆき・としお　料理人　吉兆代表取締役　[没]平成27年(2015)1月17日　81歳〔脳梗塞〕　[生]昭和8年(1933)4月6日　[出]大阪府　[学]芦屋高〔昭和27年〕卒　[歴]吉兆創業者である湯木貞一の長男。昭和27年吉兆に入社。30年取締役、52年専務を経て、代表取締役。本吉兆代表取締役、湯木美術館理事長も務めた。　[家]父＝湯木貞一(吉兆社長), 長男＝湯木潤治(料理人)

行正 節也 ゆきまさ・せつや　福岡銀行副頭取　[没]平成28年(2016)9月29日　77歳〔肝臓がん〕　[生]昭和14年(1939)2月4日　[出]福岡県　[学]同志社大学経済学部〔昭和36年〕卒　[歴]昭和36年福岡銀行に入行。平成3年取締役、7年常務、9年専務を経て、12年副頭取。14年常勤監査役。

弓削 政己 ゆげ・まさみ　郷土史家　名瀬市議　[専]奄美大島　[没]平成28年(2016)3月6日　67歳〔食道静脈瘤〕　[生]昭和23年(1948)　[出]鹿児島県大島郡知名町　[学]立命館大学文学部東洋史学専攻卒　[歴]沖永良部島の出身。奄美医療生活協同組合常務理事を務める傍ら、郷土史家として30年余にわたって奄美諸島の歴史を研究。徹頭徹尾文献史料に基づいた実証的な研究で知られ、「喜界町誌」「瀬戸内町誌」「大和村誌」などの編纂に携わった。奄美郷土研究会会員、奄美市文化財保護審議会会長。また、昭和55年から名瀬市議を2期8年務めた。　[賞]南海文化賞〔平成27年〕

湯佐 利夫 ゆさ・としお　北海道議(自民党)　[没]平成29年(2017)12月8日　90歳〔肝臓がん〕　[生]昭和2年(1927)10月13日　[出]北海道利尻郡東利尻町(利尻富士町)　[学]函館水産専門学校(現・北海道大学水産学部)〔昭和23年〕卒　[歴]北海道庁に入り、最初の赴任地が宗谷支庁。その後、一貫して水産・漁政畑を歩む。水産部の振興計画課長、漁政課長、技監、水産部長を務め、33年間勤務した。昭和58年春、退職。59年北海道議補選で当選。自民党会派でグループを率い、党道連副会長などを務めた。平成11～13年道議会議長。19年落選。6期。　[賞]旭日小綬章〔平成21年〕

湯田 利典 ゆだ・としのり　東京大学名誉教授　[専]宇宙線物理学　[没]平成28年(2016)8月8日　76歳　[生]昭和14年(1939)11月30日　[出]長野県長野市　[学]名古屋大学理学部物理学科卒, 名古屋大学大学院理学研究科物理専攻博士課程修了　理学博士　[歴]東京大学宇宙線研究所助教授、教授を経て、名古屋大学教授。

柚木 一雄 ゆのき・かずお　鹿児島大学名誉教授　[専]内科学, 悪性腫瘍の化学療法　[没]平成28年(2016)9月4日　95歳　[生]大正10年(1921)4月1日　[出]鹿児島県始良郡加治木町(姶良市)　[学]京都府立医科大学〔昭和22年〕卒　医学博士(九州大学)〔昭和29年〕　[歴]鹿児島大学医学部助手を経て、昭和29年講師、34年米国テキサス大学・M.D.アンダーソン癌研究所留学、42年鹿児島大学医学部附属腫瘍研究施設教授。46年同研究施設長。61年退官し、垂水市立医療センター垂水中央病院の初代院長を務めた。ソテツやワラビの発がん性や成人T細胞白血病(ATL)の病原体の解明などに取り組んだ。　[賞]勲三等旭日中綬章〔平成8年〕, 西日本文化賞(第27回, 昭和43年度)「癌の基礎的・臨床的研究」[資]日本医師会認定産業医　[団]日本癌学会, 日本癌治療学会, 日本内科学会, 日本消化器病学会

弓場 和治 ゆば・かずじ　三重県議(自民党)　[没]平成27年(2015)10月29日　86歳〔病気〕　[生]昭和4年(1929)8月8日　[学]和歌山商中退　[歴]尾鷲市水道部長などを務め、昭和62年尾鷲市・北牟婁郡選挙区から三重県議に当選。3期。平成11年落選。

湯原 哲夫 ゆはら・てつお　東京大学大学院工学系研究科教授　[専]応用力学, エネルギー技術政策, 海洋工学と海洋産業政策　[没]平成27年(2015)11月18日　71歳〔急性大動脈解離〕　[学]東京大学大学院工学系研究科〔昭和45年〕修士課程修了　工学博士(東京大学)〔昭和57年〕　[歴]昭和45年三菱重工業に入社。長崎研究所室長、次長、横浜研究所所長を経て、平成14年東京大学大学院工学系研究科教授。19年定年退官。20～24年同大特任教授。21年財団法人キヤノングローバル戦略研究所理事、24年内閣官房総合海洋政策本部参与。ソーダニッカ社外取締役も務めた。

弓山 康夫 ゆみやま・やすお　安田火災海上保険常務　[没]平成27年(2015)7月15日　83歳〔鬱血性心不全〕[生]昭和7年(1932)1月23日　[出]北海道北見市　[学]北見北斗高〔昭和26年〕卒　[歴]昭和26年安田火災海上保険(現・損保ジャパン日本興亜)に入社。62年取締役を経て、常務。

【よ】

養父 守 ようふ・まもる　神官　宗像大社宮司　[没]平成27年(2015)6月25日　85歳〔重症筋無力症〕　[生]昭和5年(1930)2月21日　[出]福岡県八女市　[学]九州大学法学部〔昭和31年〕卒　[歴]長野家庭裁判所書記官を務めた後、宗像大社宮司の久保輝雄と知り合い神官の道へ進む。宗像大社復興大造営の際は復興課長として活躍。昭和39年同社権禰宜、41年禰宜を経て、61年第

よ

115代宮司となった。 [家]息子＝養父信夫(「九州のムラ」代表)

与儀 達治 よぎ・たつじ 洋画家 沖縄県美術家連盟会長 沖縄県立芸術大学教授 [没]平成27年(2015)9月18日 84歳〔老衰〕 [生]昭和6年(1931)5月10日 [出]沖縄県那覇市西本町 [学]多摩美術短期大学洋画科〔昭和30年〕卒 [歴]昭和37年一陽展で特待賞、40年会友賞を受け、44年会員に推挙される。57年沖縄県美術家連盟会長に就任。平成2年より沖縄県立芸術大学教授を務める。人間や建物を描きながら、詩的な世界を表現する作品で評価を得た。 [賞]一陽展特待賞(第8回)〔昭和37年〕, 一陽展会友賞(第11回)〔昭和40年〕, 沖縄タイムス芸術選賞大賞(第12回)〔昭和52年〕 [団]一陽会

横井 茂 よこい・しげる バレエ演出家 振付師 バレエダンサー 東京バレエグループ主宰 大阪芸術大学名誉教授 [専]モダンバレエ [没]平成29年(2017)2月27日 86歳〔多発性肝がん〕 [生]昭和5年(1930)5月24日 [出]東京都新宿区 [学]玉川学園高〔昭和25年〕卒 [歴]能楽宝生流17代宗家・17代目宝生九郎の三男。昭和23年小牧バレエ団に入団、小牧正英に師事。24年「シェラザード」で初舞台。27年ソニヤ・アロワ日本公演「眠れる森の美女」で4人の王子の一人に抜擢された。29年小牧バレエ団を脱退、東京バレエ協会を設立。31年「美女と野獣」の振り付けを行い、作家活動に入る。35年東京バレエグループを結成、同年第1回公演で振り付けた「オルフェ1960」「城砦」が芸術祭奨励賞を受賞した。その後37年「ハムレット」の振り付けで同奨励賞を受けたのを始め、数々の賞を受賞。他の振り付け作品に「海人」「リチャード三世」「マクベス」「オセロ」「リア王」「ロミオとジュリエット」「オイデプス」「おでこのこいつ」「求塚」「不死鳥」「昭和二十年夏」「さとうきび畑の墓標」「め組の男」「ヤマタイカ」などがある。49年より大阪芸術大学教授を務めた。 [賞]芸術選奨文部大臣賞〔昭和51年〕, 紫綬褒章〔平成6年〕, 勲四等旭日小綬章〔平成14年〕, 芸術祭賞奨励賞〔昭和35年・37年・41年〕, 舞踊批評家協会賞〔昭和45年〕, 芸術祭賞優秀賞〔昭和46年・47年・51年・53年・54年〕, 橘秋子賞優秀賞(第6回)〔昭和55年〕, グローバル松山樹子賞(第3回)〔平成6年〕, 橘秋子賞功労賞(第35回)〔平成21年〕, 全国舞踊コンクール石井漠賞〔昭和47年〕 [団]舞踊作家協会, 全日本洋舞協会, 芸術家21世紀の会 [家]父＝宝生九郎(17代目), 兄＝宝生英雄(能楽師), 妹＝宝生公恵(能楽師) [師]師＝小牧正英, 三橋蓮子

横井 孝範 よこい・たかのり 名古屋鉄道専務 [没]平成27年(2015)11月15日 63歳〔悪性腫瘍〕 [生]昭和27年(1952)8月7日 [出]愛知県名古屋市 [学]慶応義塾大学法学部〔昭和50年〕卒 [歴]昭和50年名古屋鉄道に入社。平成18年取締役、21年常務を経て、23年専務。25年名鉄グランドホテル社長となり、名鉄犬山ホテル、名鉄トヨタホテル社長も兼務した。

横井 弘 よこい・ひろし 作詞家 [没]平成27年(2015)6月19日 88歳〔肺炎〕 [生]大正15年(1926)10月12日 [出]東京市四谷区(東京都新宿区) [学]帝京商〔昭和18年〕卒 [歴]昭和21年藤浦洸に師事。24年NHKラジオ歌謡「あざみの歌」でデビュー。26年伊藤久男が同曲を歌い大ヒットした。25年コロムビア、28年キングレコードの専属を経て、43年よりフリー。三橋美智也「哀愁列車」「達者でナ」、春日八郎「山の吊橋」、倍賞千恵子「下町の太陽」「さよならはダンスの後に」、千昌夫「夕焼け雲」など抒情演歌のヒット作が多い。平成11年作詞家生活50周年を記念して、代表作50作を収録した記念作品集「詩の木」を自費出版。詩集に「明日への手紙」がある。 [賞]日本レコード大賞中山晋平・西条八十賞(第1回)〔昭和49年〕「下町の青い空」, 日本レコード大賞功労賞(第34回)〔平成4年〕 [団]日本作詞家協会, JASRAC [師]師＝藤浦洸

横井 政時 よこい・まさとき 信州大学名誉教授 [専]化学 [没]平成27年(2015)9月20日 88歳〔老衰〕 [生]大正15年(1926)12月7日 [出]朝鮮京城(韓国・ソウル) [学]名古屋大学理学部化学科卒 理学博士 [歴]昭和40年信州大学繊維学部教授となり、41年同理学部教授。53年から2年間、理学部長を務めた。平成4年名誉教授。

横石 臥牛(13代目) よこいし・がぎゅう 陶芸家 [専]木原刷毛目 [没]平成28年(2016)2月7日 90歳〔老衰〕 [生]大正14年(1925)2月8日 [出]長崎県佐世保市 [名]本名＝横石陞治(よこいし・しょうじ), 別名＝横石松翁(よこいし・しょうおう), 横石陞雲(よこいし・しょううん), 横石宗雲(よこいし・そううん) [学]有田工中退 [歴]約400年続く窯元の横石家に12代臥牛宗雲の長男として生まれる。昭和22年弟の宗鷹と父に師事、30年長崎県展に初出品し知事賞受賞。36年先代没後13代を襲名、臥牛陞雲と号す。自身はろくろ、弟が絵付けと分担し、二人三脚で制作に取り組んだ。父が制作技法を解き明かした、元禄時代に栄えた古陶・現川(うつつがわ)焼の再興と伝統継承に尽力。50年父に続いて長崎県無形文化財保持者の認定を受けた。 [賞]勲五等瑞宝章〔平成9年〕, 現代の名工〔平成8年〕 [資]長崎県指定無形文化財保持者(陶芸・木原刷毛目)〔昭和50年〕 [団]日本工芸会 [家]父＝横石臥牛(12代目), 弟＝横石宗鷹(陶芸家)

横内 恭 よこうち・ただし 中日新聞専務名古屋本社代表 [没]平成27年(2015)2月24日 82歳〔心筋梗塞〕 [生]昭和7年(1932)3月26日 [出]長野県 [学]信州大学文理学部卒 [歴]昭和29年中日新聞社に入社。名古屋本社特集・整理各次長、文化・整理各部長、55年編集局次長、60年編集局長を歴任して、62年名古屋タイムズ社長に就任。平成3年中日新聞取締役、7年常務、9年専務兼名古屋本社代表。13年中日高速オフセット印刷社長。14年中日本開発社長。名古屋市教育委員長も務めた。

横内 利治 よこうち・としはる 大成建設代表取締役副社長 [没]平成28年(2016)3月14日 90歳〔肺炎〕 [生]大正15年(1926)2月27日 [出]長野県 [学]早稲田大学理工学部〔昭和25年〕卒 [歴]昭和25年大成建設に入社。56年取締役、60年常務、62年代表取締役専務、平成元年副社長。

横尾 邦夫 よこお・くにお 国学院大学名誉教授 [専]財政学 [没]平成27年(2015)3月16日 81歳〔多臓器不全〕 [生]昭和9年(1934)2月 [出]大阪府豊能郡池田町(池田市) [学]京都大学経済学部物理学科〔昭和32年〕卒, 京都大学大学院経済学専攻修了 経済学博士 [歴]名城大学、国学院大学で教鞭を執った。埼玉自治体問

題研究所理事長を務めた。著書に「くらしと自治の財政論」「何を変え何を守るのか」、共著に「現代社会と財政政策」、監訳にJ.オコンナー「現代国家の財政危機」などがある。　[団]日本財政学会

横尾 龍彦　よこお・たつひこ　洋画家　彫刻家　[専]中世神秘思想, 東洋の美学　[没]平成27年(2015)11月23日　87歳〔膀胱がん〕　[生]昭和3年(1928)9月7日　[出]福岡県福岡市　[学]東京芸術大学日本画科〔昭和27年〕卒　[歴]父は日本画家。自身も日本画を学ぶが油絵に転向。小学校時代を台湾で過ごす。学生時代にキリスト教に近づき、神学校にも学んだカトリック教徒。昭和40年フランス・トラピスト会より奨学金を受け、パリに1年間留学、中世キリスト教美術を研究。47年ローマ幻想画集「幻の宮」を刊行。53年より山田耕雲に師事、参禅体験によってそれまでの秘教的幻想絵画から、内在する天真の創造性と表現を獲得する。以後、幻想画家として活躍し、国内外で個展、グループ展を多数開催。「神曲」や「ヨハネ黙示録」をテーマに、日本画技法をも取り入れ、幻想絵画の開拓に挑む。55年よりドイツに在住。他の画集に「横尾龍彦作品集」「横尾龍彦1980～98」など。作品収蔵先にヴュルツブルク市立美術館、オスナブュック市立美術館、シュトゥットガルト国立現代美術館、ベルリン市文化庁、北九州市立美術館、鎌倉近代美術館。平成5年埼玉県秩父市にもアトリエを開設。11年自由な探求と創造の場を目指す東京自由大学を設立し学長に就任した。一方、第二次大戦直後のドイツ・ベルリン近郊のウリーツェンで献身的に伝染病治療を行い、その後、病死した日本人医師・肥沼信次を顕彰するモニュメント建立計画の先頭に立ち、12年同市に完成させた。　[賞]吉田五十八賞(第14回)〔平成1年〕「東京サレジオ学園の聖像彫刻」　[団]BBKドイツ美術家連盟, 日本建築美術家連盟　[師]師＝山田耕雲, 今道友信

横尾 肇　よこお・はじめ　ヨコオ社長　[没]平成28年(2016)3月24日　93歳〔老衰〕　[生]大正11年(1922)9月19日　[出]東京市向島区(東京都墨田区)　[学]東京工(現・日本工大附属東京工)〔昭和15年〕卒　[歴]昭和15年横尾製作所に勤務。19年満州第八九六部隊に入隊。20年シベリア抑留。24年帰国、横尾製作所に入社。26年専務を経て、40年社長、53年会長。平成2年ヨコオに社名変更。のち取締役相談役となり、12年退任。著書に「シベリア捕虜記」「大正生まれの人生観」などがある。

横尾 嘉良　よこお・よしなが　映画美術監督　日本映画テレビ美術監督協会理事長　[没]平成29年(2017)7月18日　87歳〔肺炎〕　[生]昭和5年(1930)4月13日　[出]東京都　[学]東京芸術大学油絵科〔昭和28年〕卒　[歴]昭和28年新東宝美術部に入社。30年日活美術部へ移り、35年美術デザイナー契約を結ぶ。日活のプログラム・ピクチャー、ロマンポルノ作品を多く手がけた後、フリー。虚実を上手く織り交ぜた美術デザインを持ち味とした。作品に野村孝監督「早撃ち野郎」、山本薩夫監督「戦争と人間」「華麗なる一族」、鈴木清順監督「野獣の青春」、長谷川和彦監督「太陽を盗んだ男」、深作欣二監督「復活の日」、神代辰巳監督「宵待草」「黒薔薇昇天」「もどり川」、相米慎二監督「魚影の群れ」、今村昌平監督「女衒」、小栗康平監督「死の棘」「眠る男」などがある。　[賞]勲四等瑞宝章〔平成12年〕, 毎日映画コンクール美術賞(第25回・29回・51回, 昭和45年度・49年度・平成8年度)「戦争と人間」「華麗なる一族」「眠る男」, 日本映画技術賞(美術)(第25回・28回, 昭和46年度・49年度)「戦争と人間2」「華麗なる一族」, 日本映画技術賞特別賞(第50回, 平成8年度)「眠る男」　[団]日本映画・テレビ美術監督協会

横尾 佳伸　よこお・よしのぶ　横尾製作所常務　[没]平成28年(2016)7月19日　79歳〔肺がん〕　[生]昭和12年(1937)6月25日　[出]東京都　[学]富岡中〔昭和28年〕卒　[歴]横尾製作所(現・ヨコオ)常務を務めた。　[家]長男＝横尾健司(ヨコオ執行役員)

横小路 昇　よここうじ・のぼる　南日本新聞事業局長　[没]平成27年(2015)1月11日　82歳〔肺炎〕　[生]昭和7年(1932)2月23日　[出]鹿児島県鹿児島市　[学]鹿児島大学水産学科卒　[歴]昭和29年南日本新聞社に入社。地方部長兼論説委員、文化・政経各部長、地方部長、編集局次長を経て、58年事業局長。平成元年南日本新聞開発センターへ出向、同専務を務めた。

横沢 浩次　よこざわ・ひろじ　協同薬品工業会長　長井商工会議所会頭　[没]平成28年(2016)1月31日　85歳〔肝臓がん〕　[生]昭和5年(1930)10月23日　[出]山形県長井市　[学]慶応義塾大学経済学部卒　[歴]協同薬品工業会長、相談役や長井商工会議所会頭を務めた。　[賞]旭日双光章〔平成20年〕, 山形県産業賞〔平成13年〕

横沢 泰雄　よこさわ・やすお　共同薬品工業社長　長井商工会議所会頭　[没]平成28年(2016)8月15日　65歳〔脳腫瘍〕

横島 章　よこしま・あきら　宇都宮大学名誉教授　[専]教育心理学, 社会心理学　[没]平成29年(2017)12月16日　78歳　[生]昭和14年(1939)10月12日　[出]栃木県宇都宮市大寛　[学]東京教育大学教育学部心理学科〔昭和38年〕卒, 東京教育大学大学院教育学研究科教育心理学専攻〔昭和46年〕博士課程中退　[歴]長く同和問題を調査・研究し、栃木県人権施策推進審議会会長を務めた。著書に「部落差別の社会心理学的研究」「教師のための同和教育」などがある。また、昭和61年には「週刊読売」に「プロ野球サイコロジー」を連載した。　[団]日本心理学会, 日本教育心理学会

横塚 和男　よこずか・かずお　産経新聞社会部次長　[没]平成27年(2015)12月31日　88歳〔慢性心不全〕　[歴]昭和30年産経新聞社に入社。社会部次長、サンケイリビング新聞社事業本部長などを歴任。平成22年から産経新聞旧友会会長を務めた。

横瀬 恭平　よこせ・きょうへい　住友ゴム工業社長　[没]平成29年(2017)11月7日　99歳〔胃がん〕　[生]大正7年(1918)1月6日　[出]兵庫県神戸市　[学]京都帝国大学工学部〔昭和16年〕卒　[歴]昭和17年住友電気工業に入社。35年日本ミネソタ・スリーエム(現・スリーエムジャパン)に出向。43年住友電工に復帰し、44年取締役、47年常務。49年住友ゴム工業専務、52年副社長を経て、55年社長に就任。59年副会長、60年会長。同年から英国ダンロップ社の再建に従事した。平成3年取締役相談役、4年相談役。　[賞]藍綬褒章〔昭和59年〕, 勲三等旭日中綬章〔平成1年〕, 近畿化学協会化学技

術賞（第9回, 昭和31年度）「発泡ポリエチレン電線の製造」, ゴム技術有功賞（第27回）〔平成1年〕

横関 正 よこぜき・ただし 香川県立図書館長 [没]平成29年（2017）3月24日 96歳 [生]大正9年（1920）7月29日 [出]香川県 [学]京都大学経済学部卒 [歴]高松商業高校校長、琴平町教育委員長、香川県立図書館長を歴任した。

横田 悦子 よこた・えつこ 岡山県議（無所属） [没]平成27年（2015）10月10日 63歳〔骨髄異形成症候群〕 [生]昭和27年（1952）2月4日 [出]埼玉県本庄市 [学]同志社大学〔昭和49年〕卒 [歴]平成7年より岡山市議3期を経て、19年岡山県議に当選。岡山市北区・加賀郡選出で、議会では民主・県民クラブに所属。27年4月3選を果たすが、10月病死した。

横田 徳郎 よこた・とくお 京都大学名誉教授 [専]林産工学 [没]平成29年（2017）9月12日 94歳〔病気〕 [生]大正12年（1923）1月15日 [出]北海道 [学]北海道帝国大学農学部卒 農学博士 [歴]京都大学教授を務めた。[賞]勲三等瑞宝章〔平成11年〕, 日本農学賞（昭和58年度）「木材のプラスチック化と溶液化に関する研究」, 読売農学賞（昭和58年度）「木材のプラスチック化と溶液化に関する研究」

横田 英人 よこた・ひでと キングジム専務 [没]平成27年（2015）6月29日 51歳〔肺がん〕 [生]昭和39年（1964）2月21日 [歴]昭和61年キングジムに入社。平成18年取締役、20年常務を経て、専務。

横田 綾二 よこた・りょうじ 岩手県議（共産党） [没]平成29年（2017）6月17日 89歳〔老衰〕 [生]昭和2年（1927）7月14日 [出]岩手県盛岡市 [学]仙台工専化学工業科〔昭和23年〕卒 [歴]昭和23年仁王中学教師となるが、25年レッドパージに遭う。42年盛岡市議1期を経て、46年岩手県議選で同県初の共産党公認候補として当選。以来、連続6選し、県議会唯一の共産党の議席を守り続けた。平成7年引退。15年自叙伝「盛岡中学アウトロー物語」を出版。母の横田チエは岩手県初の女性県議で、長女の高橋比奈子は自民党衆院議員となった。 [家]長女＝高橋比奈子（衆院議員）, 母＝横田チエ（岩手県議）

横地 貞 よこち・さだ 陸将 陸上自衛隊西部方面総監 [没]平成28年（2016）11月23日 80歳〔胃がんと転移性肝がん〕 [生]昭和11年（1936）10月3日 [出]栃木県 [学]防衛大学校土木科〔昭和35年〕卒 [歴]昭和35年陸上自衛隊に入る。装備部長を経て、平成2年3月第九師団長、4年6月西部方面総監に就任。 [賞]瑞宝中綬章〔平成20年〕

横堀 武夫 よこぼり・たけお 機械工学者 東北大学名誉教授 帝京大学名誉教授 [専]材料工学, 材料強度学, 生体材料工学 [没]平成29年（2017）10月9日 99歳〔老衰〕 [生]大正6年（1917）11月20日 [出]栃木県宇都宮市 [学]宇都宮中卒, 一高卒, 東京帝国大学工学部航空学科〔昭和16年〕卒 理学博士（東京大学）〔昭和31年〕 [歴]昭和17〜30年東京大学航空研究所、理工学研究所嘱託、技官、30年東北大学助教授、32年教授。金属疲労の研究で知られる。39年工学部材料強度研究施設を創設して初代施設長に就任。40年第1回国際材料破壊組織委員長。46年金属材料の強度に関する共同研究で日本学士院賞を受ける。56年東北大を退官し、東海大学教授、平成元年帝京大学教授。12年文化功労者。第7〜12期日本学術会議会員。 [賞]日本学士院賞（第61回）〔昭和46年〕「金属材料の強度に関する研究」, 文化功労者〔平成12年〕, 勲二等瑞宝章〔平成3年〕, 日本機械学会賞・論文（昭和42年度）〔昭和43年〕, 日本金属学会功績賞〔昭和35年〕 [資]日本学士院会員〔平成8年〕, 米国工学アカデミー外国人会員 [団]国際材料破壊学会（終身創設会長）, 日本機械学会, 日本金属学会, 日本バイオマテリアル学会（名誉会長） [家]横堀寿光

横町 慶子 よこまち・けいこ 女優 [没]平成28年（2016）3月17日 48歳 [歴]劇団ロマンチカに所属して女優として活躍。SABU監督の映画「ハードラックヒーロー」などにも出演した。平成22年脳梗塞を発症したが、リハビリをしながら舞台に出演した。

横溝 亮一 よこみぞ・りょういち 音楽評論家 [没]平成27年（2015）2月17日 84歳〔敗血症〕 [生]昭和6年（1931）1月3日 [出]東京都 [学]早稲田大学第一文学部英文学科〔昭和28年〕卒 [歴]推理作家・横溝正史の長男。高校時代からピアノ、理論を属啓成に師事。東京新聞文化部音楽担当記者、文化部次長、特報部次長を経て、昭和49年退社。武蔵野音楽大学講師、東京音楽大学講師も務めた。著書に「楽屋でアンコール！」「ウィーンのおばあさんとプラハのおじいさん」「燃え上がれハーモニー」「ウィーン、わが夢の町」「クラシックの愉しみ」「クラシックに捧ぐ」、訳書にハーバート・クッファーバーグ「メンデルスゾーン家の人々」、エーテス・オルガ「ショパン」、アラン・ウォーカー「シューマン」などがある。 [賞]フィンランド獅子勲章騎士一級章〔平成17年〕 [団]ミュージック・ペンクラブ・ジャパン, 北欧音楽協会, 日本シベリウス協会, 日墺文化協会, 日本フィンランド協会, 日本文芸家協会 [家]父＝横溝正史（推理作家） [師]師＝属啓成, 属澄江

横森 一成 よこもり・いっせい 山梨県サッカー協会会長 韮崎市議 [没]平成28年（2016）1月5日 83歳〔病気〕 [歴]昭和54年韮崎市議に初当選。4期務め、市議会議長などを歴任した。平成8〜20年山梨県サッカー協会会長を務め、同協会の社団法人化などに尽くした。

横山 喜代子 よこやま・きよこ 書家 華の会主宰 毎日書道展参与会員 [専]かな [没]平成29年（2017）11月3日 88歳〔がん〕 [生]昭和3年（1928）11月30日 [出]京都府 [師]師＝仲田幹一

横山 真太郎 よこやま・しんたろう 北海道大学名誉教授 [専]人間工学, 生理人類学 [没]平成29年（2017）3月13日 68歳〔腎不全〕 [生]昭和23年（1948）7月21日 [出]宮城県白石市 [学]九州芸術工科大学美術工学部工業設計学科〔昭和47年〕卒, 九州芸術工科大学芸術工学専攻科工業設計専攻〔昭和48年〕修了 医学博士（昭和大学）〔昭和58年〕 [歴]昭和49年北海道大学助手、助教授を経て、教授。著書に「生体内熱移動現象」などがある。 [団]日本人間工学会, 日本人類学会, 空気調和・衛生工学会, 国際生気象学会（I.S.B.）, 日本生気象

学会, 人類働態学会, 日本衛生学会, 日本建築学会, 生理人類学研究会

横山 菁児　よこやま・せいじ　作曲家　[没]平成29年(2017)7月8日　82歳〔肺炎〕　[生]昭和10年(1935)3月17日　[出]広島県広島市　[名]別名＝己斐宗人　[学]国立音楽大附属高卒, 国立音楽大学作曲科〔昭和32年〕卒　[歴]広島音楽高から国立音楽大附属高に編入し、同大学へ進んだ。昭和36年NHK「ものしり博士」の音楽を担当して以降、アニメや時代劇などの劇伴音楽を数多く手がける。主な作品にアニメ「宇宙海賊キャプテンハーロック」「機甲艦隊ダイラガーXV」「聖闘士星矢」、特撮「超人機メタルダー」「特警ウインスペクター」「超力戦隊オーレンジャー」、テレビドラマ「親子鷹」「柳生武芸帳」「四匹の用心棒」などがあり、プロ野球・広島東洋カープの応援歌「燃える赤ヘル僕らのカープ」も手がけた。純音楽作品の代表曲には「六人の奏者のためのコンポジション」「雪〈3台のハープのために〉」「サクソフォンとマリンバのためのラプソディー」などがある。平成11年少年時代を過ごした三次市に、東京から移住。27年には平和をテーマにした作品「そして 祈り」を発表、広島市で開催された「ヒロシマ平和祈念コンサート」で初演された。

横山 清次郎　よこやま・せいじろう　日本電気副社長　日本電気システム建設社長　[専]通信工学　[没]平成27年(2015)10月17日　79歳〔膵臓がん〕　[生]昭和10年(1935)12月7日　[出]福井県　[学]東北大学工学部通信工学科〔昭和33年〕卒　[歴]日本電気(NEC)に入社。昭和58年マイクロ波衛生通信事業部長、61年取締役、平成3年専務を経て、6年副社長。11年日本電気システム建設(現・NECネッツエスアイ)社長に就任。15年特別顧問。　[賞]市村賞(第16回)〔昭和59年〕「多値デジタルマイクロ波通信装置の開発・実用化」, 科学技術庁長官賞科学技術功労者表彰(第36回)〔平成6年〕「超高速多値デジタルマイクロ波通信装置の開発育成」

横山 忠始　よこやま・ただし　三豊市長　香川県議　[没]平成29年(2017)11月3日　69歳〔肺がん〕　[生]昭和23年(1948)6月23日　[出]香川県　[学]関西学院大学法学部〔昭和47年〕卒　[歴]昭和47年大平正芳衆院議員秘書、55年森田一衆院議員秘書を経て、58年香川県議に当選。62年落選、1期。平成5年より香川県詫間町長に3選。18年合併により誕生した三豊市の初代市長に当選。3期目途中の29年11月、肺がんのため死去した。

横山 豊治　よこやま・とよはる　山口県議(自民党)　[没]平成27年(2015)1月5日　92歳〔心不全〕　[生]大正11年(1922)7月17日　[出]山口県阿武郡川上村(萩市)　[学]萩商〔昭和16年〕卒, 早稲田大学専門部〔昭和16年〕中退　[歴]昭和52年阿武川漁協組合長、58年山口県樹苗農協組合長。同年旧阿武郡から山口県議に当選。連続5期務め、平成11年副議長。15年落選。　[賞]藍綬褒章〔昭和60年〕, 旭日中綬章〔平成16年〕

横山 啓明　よこやま・ひろあき　翻訳家　[没]平成28年(2016)6月30日　60歳〔直腸がん〕　[生]昭和31年(1956)　[出]北海道　[学]早稲田大学第一文学部演劇学科卒　[歴]平成12年ミルワード・ケネディ「救いの死」で翻訳家としてデビュー。他の訳書にジョン・コラピント「著者略歴」、T.ジェファーソン・パーカー「ブラック・ウォーター」、ジョン・ダニング「愛書家の死」、ジュディ・ダットン「理系の子」などがある。

横山 むつみ　よこやま・むつみ　知里幸恵銀のしずく記念館館長　[没]平成28年(2016)9月21日　68歳〔がん〕　[生]昭和23年(1948)　[出]北海道登別市　[学]国学院大学文学部卒　[歴]アイヌ民族として初めて神謡を文字記録した「アイヌ神謡集」を著した知里幸恵の姪。大学進学後は約30年間を東京で過ごしたが、平成9年登別市に帰郷。伯母の功績を伝えるために力を尽くし、15年から毎年幸恵をテーマとしたフォーラムを同市で開催。22年には同市に知里幸恵銀のしずく記念館を開設、館長に就任した。　[家]夫＝横山孝雄(漫画家)

横山 幸生　よこやま・ゆきお　医師　医療法人横山厚生会横山病院院長・理事長　[没]平成29年(2017)11月13日　84歳〔胃がん〕　[生]昭和8年(1933)6月8日　[出]山形県　[学]日本大学〔昭和35年〕卒　医学博士〔昭和43年〕　[歴]札幌医科大学明石産婦人科教室に入局。昭和38年横山厚生会病院副院長、54年院長に就任。山形厚生看護学校理事長も務めた。

横山 亮次　よこやま・りょうじ　日立化成工業社長　[没]平成29年(2017)9月24日　96歳〔老衰〕　[生]大正10年(1921)2月14日　[出]茨城県　[学]東京工業大学応用化学科〔昭和19年〕卒　工学博士　[歴]昭和19年日立製作所に入社。38年日立化成工業(現・日立化成)に転じ、48年常務、52年専務を経て、56年社長に就任。設立以来の“生え抜き”工学博士社長となった。平成3年会長。　[賞]藍綬褒章〔昭和59年〕, 上海交通大学顧問教授〔平成3年〕

与座 朝惟　よざ・ちょうい　俳優　劇団与座座長　沖縄俳優協会会長　[没]平成28年(2016)11月22日　81歳〔肝臓炎〕　[出]沖縄県那覇市泉崎　[歴]劇団与座の座長で、二枚目から三枚目まで幅広くこなし、弟の与座ともつねと“与座兄弟”として人気を集める。自身が脚本を書いた現代教訓劇「次男坊」の次郎が当たり役で、最後の舞台となった平成27年の母の日公演でも次郎役を演じた。11年沖縄県指定無形文化財琉球歌劇保持者に認定される。沖縄俳優協会会長も務め、沖縄芝居の継承・発展に尽くした。　[賞]沖縄県指定無形文化財琉球歌劇保持者〔平成11年〕　[家]弟＝与座ともつね(俳優)

与謝野 馨　よさの・かおる　衆院議員(自民党)　財務相　内閣官房長官　経済財政相　[没]平成29年(2017)5月21日　78歳〔肺炎〕　[生]昭和13年(1938)8月22日　[出]東京都千代田区　[学]麻布高〔昭和33年〕卒, 東京大学法学部〔昭和38年〕卒　[歴]歌人として知られる与謝野鉄幹・晶子夫妻の孫。日本原子力発電勤務、中曽根康弘秘書を経て、昭和51年旧東京1区から衆院議員に当選。中曽根派に属し、59年通産政務次官、平成4年自民党国対副委員長を務め、6年自社さ連立政権の村山内閣の文相として初入閣。政界随一の政策通で筋金入りの財政再建論者として知られ、8年第二次橋本内閣の内閣官房副長官に就任すると財政構造改革を主導、大蔵省(現・財務省)を動かして歳出削減策を取りまとめた。10年小渕内閣の通産相となり、11年1月小渕改造内閣でも留任。12年落選したが、15年比例東京ブロックで返り咲き。小泉政権下の16年に党政調会長となると郵政民営化法案や17年版の党新憲法草案の取りまと

よ

めに従事。17年小選挙区で当選。同年10月第三次小泉改造内閣に金融・経済財政担当相として入閣。19年8月安倍改造内閣の内閣官房長官、20年8月福田改造内閣の経済財政担当相。同年9月福田首相の退陣表明を受けて党総裁選に立候補。同月党総裁の座を争った麻生太郎が首相に就任すると、麻生内閣の経済財政担当相に留任。21年2月中川昭一財務相兼金融相の辞任を受け両相を兼務。同内閣では有識者を集めた安心社会実現会議の設立に尽力、消費税の増税分を社会保障に回すと明確にし、消費税増税に国民の理解を得るように努めた。同年8月の衆院選では現職閣僚ながら小選挙区で敗れ、比例区で当選。22年4月自民党を離れ（のち除名）、無所属の平沼赳夫らと新党・たちあがれ日本を結成、共同代表に就任。23年1月たちあがれ日本を離党、民主党（現・民進党）の菅第二次改造内閣に経済財政・税と社会保障担当相として入閣。“変節”との非難も浴びたが、自らの信念である消費税増税実現を選び、2010年代半ばまでに消費税率を10%に段階的に引き上げて社会保障の財源を確保する「税と社会保障の一体改革案」の取りまとめに尽力した。衆院の民主党会派に属したが、9月大臣退任後に離脱。24年政界を引退。通算10期。カメラや囲碁は政界でも指折りの腕前で、多彩な趣味を持ち、パソコンを自作するほどのPC通でもあった。著書に「堂々たる政治」などがあり、24年の著書「全身がん政治家」で39歳でがん告知を受け、4種のがん発病と2回の再発を経験していることを明かした。29年4月末に自民党に復党したが、間もなく病死した。　[賞]旭日大綬章〔平成25年〕, 大倉喜七郎賞（第38回）〔平成21年〕　[家]父＝与謝野秀（外交官）, 母＝与謝野道子（評論家）, 弟＝与謝野達（欧州復興開発銀行）, 祖父＝与謝野鉄幹（歌人）, 祖母＝与謝野晶子（歌人）

よ

吉井 和子　よしい・かずこ　鹿児島女子短期大学名誉教授　[専]国語教育　[没]平成29年（2017）8月17日　83歳〔肺炎〕　[生]昭和8年（1933）9月23日　[出]旧満州吉林　[学]お茶の水女子大学国文科卒　[歴]鹿児島県立鶴丸高校教諭などを経て、昭和62年鹿児島女子短期大学助教授となった。のち教授。著書に「エッセイ集 河・遠くへ」「薩摩おごじょ」がある。　[団]日本文学協会

吉井 順一　よしい・じゅんいち　能楽師（観世流シテ方）　[没]平成29年（2017）9月1日　85歳〔心不全〕　[生]昭和7年（1932）4月15日　[出]福井県小浜市　[名]本名＝田中順一（たなか・じゅんいち）　[歴]観世流シテ方である武田小兵衛の長男で、吉井司郎（本姓・田中）の養嗣子となる。2世観世左近に師事。「卒塔婆小町」「恋重荷」を披く。昭和50年より日本能楽会会員。能楽協会神戸支部長を務め、神戸市中央区の湊川神社で華の会を主催した。　[賞]旭日双光章〔平成18年〕, 兵庫県文化賞, 神戸市文化賞　[家]父＝武田小兵衛（能楽師）, 長男＝吉井基晴（能楽師）

芳井 順一　よしい・じゅんいち　ツムラ社長　[没]平成29年（2017）3月14日　69歳　[生]昭和22年（1947）7月11日　[出]福岡県　[学]西南学院大学商学部〔昭和45年〕卒　[歴]昭和45年第一製薬に入社。東京第一支店営業推進部長などを経て、平成7年ツムラ再建のため、創業者と血縁関係にある同社常務の風間八左衛門とともにツムラに転じる。取締役、9年常務、12年専務、15年副社長、16年社長に就任。24年会長。創業111年目で創業家と一切血縁がない初のトップとなった。

吉井 長三　よしい・ちょうぞう　画商　吉井画廊社長　清春白樺美術館理事長　[没]平成28年（2016）8月23日　86歳〔肺炎〕　[生]昭和5年（1930）4月29日　[出]広島県尾道市　[名]本名＝吉井長蔵（よしい・ちょうぞう）　[学]中央大学法学部〔昭和27年〕卒　[歴]三井鉱山を経て、画廊の店員となり、昭和40年東京・銀座に吉井画廊を設立。47年パリ、平成2年ニューヨークに支店を開設。元々は画家志望だったが、画商として成功。また、昭和55年に3億円の私財を投じて山梨県北巨摩郡長坂町（現・北杜市）に“清春芸術村”を設立し、58年清春白樺美術館、61年ルオー礼拝堂を完成させ、平成元年梅原龍三郎のアトリエを移築、11年尾道白樺美術館（現・尾道市立大学美術館）を開館。19年在仏日本人画家の発表の場を提供しようと、吉井賞を創設した。　[賞]フランス芸術文芸勲章〔昭和62年〕, レジオン・ド・ヌール勲章シュバリエ章〔平成6年〕, フランス国家功労勲章コマンドール章〔平成19年〕

吉居 亨　よしい・とおる　山善社長　[没]平成29年（2017）1月13日　77歳〔肺がん〕　[生]昭和15年（1940）1月2日　[出]滋賀県米原市　[学]金沢大学法文学部〔昭和38年〕卒　[歴]昭和38年山善に入社。機械部生え抜きで機械部一筋。59年大阪機械部長、61年取締役大阪機械部長、平成3年常務、6年再度取締役、11年専務、13年副社長、15年社長、26年会長。

吉井 守　よしい・まもる　ミュージシャン　[没]平成29年（2017）9月12日　62歳〔急性心筋梗塞〕　[生]昭和30年（1955）8月24日　[出]兵庫県神戸市　[名]本名＝吉井守, 別名＝チャッピー吉井（ちゃっぴーよしい）, グループ名＝The Parrots（ぱろっつ）　[歴]平成2年ビートルズのナンバーを完全コピーするトリビュートバンド“ザ・パロッツ”を結成、リーダーを務め、ジョン・レノンのパートとギターを担当。ビートルズのサウンドを再現するため、キーボードを加えた5人編成で演奏を行う。6年英国リバプールで毎年行われる“ビートルズ・コンベンション”に東洋のバンドとして初めて参加。BBCから取材を受けるなど海外でも高い評価を受ける他、トッド・ラングレン、オアシスなど海外の大物ミュージシャンの間でもファンが多い。何度かのメンバーチェンジを経て、キーボードの松山文哉が参加。8年野口威（ポール・マッカートニー）と松山明弘（ジョージ・ハリソン）が参加。9年から東京・六本木にあるライブハウス・アビーロードを活動拠点にする。12年“ビートルズ・コンベンション”でトリを務める。13年アルバム「THE PARROTS LIVE at ABBEY ROAD～Please Please Me」を発表。19年5月杉野智史（リンゴ・スター）が参加。同年8月英国の人気ロックバンド“アークティック・モンキーズ”のコンサートにサポート出演、ビートルズナンバーの完璧なコピーで5万人の観客から大喝采を浴びた。20年自らのレーベル・Parrophoneから2枚目のCD「Around The Parrots」を発表。29年1月キャロライン・ケネディ駐

日米国大使離任のお別れ会に招待される。同年9月急性心筋梗塞により急逝。

吉岡 栄二郎　よしおか・えいじろう　美術史家　東京富士美術館研究部長　[専]写真美術史　[没]平成29年(2017)7月18日　73歳〔肺がん〕　[生]昭和18年(1943)　[出]東京都　[学]多摩美術大学　[歴]多摩美術大学で写真美術史を学ぶ。昭和59年より4年間にわたってシルクロードの各国を取材、中国解放後に世界で初めてイスタンブールよりカラコルム山脈を越えて中国の西安へ向かう古代シルクロードの道の踏破に成功した。平成3年東京富士美術館の写真部門創設に参加、同美術館の研究部長を務め、「ロバート・キャパ展」などを企画した。また、米従軍カメラマンのジョー・オダネルが長崎で撮ったとされる「焼き場に立つ少年」の人物を特定するため何度も長崎県を訪れ、著書「『焼き場に立つ少年』は何処へ」を出版した。著書に「ロバート・キャパの謎」「評伝キャパ」などがある。

吉岡 修一　よしおか・しゅういち　全国共済水産業協同組合連合会代表理事会長　[没]平成28年(2016)5月17日　79歳　[出]兵庫県　[学]香住高水産科卒　[歴]昭和47年兵庫県香住町漁協会理事を経て、62年香住町漁業協同組合組合長。兵庫県底引網漁協会会長、兵庫県漁業共済組合長理事、全国共済水産業協同組合連合会代表理事会長、全国底引網漁業連合会会長理事を歴任。　[賞]黄綬褒章, 旭日双光章〔平成19年〕, 旭日中綬章〔平成26年〕

吉岡 英　よしおか・ひで　名古屋大学名誉教授　[専]物性物理学　[没]平成28年(2016)7月9日　94歳〔盲腸がん〕　[生]大正11年(1922)3月4日　[出]福井県　[学]東京帝国大学理学部物理学科卒　理学博士　[歴]名古屋大学理学部教授を務めた。著書に「結晶の物理」がある。[賞]勲三等旭日中綬章〔平成10年〕　[団]日本物理学会, 日本結晶学会

吉岡 正雄　よしおか・まさお　山陰合同銀行取締役　山陰経済経営研究所社長　[没]平成27年(2015)7月8日　75歳〔病気〕　[生]昭和15年(1940)1月9日　[出]島根県　[学]青山学院大学法学部〔昭和38年〕卒　[歴]昭和38年山陰合同銀行に入行。平成6年取締役、のち監査役。山陰経済経営研究所社長を務めた。　[家]弟＝吉岡健二郎(セコム山陰社長)

吉岡 正紀　よしおか・まさのり　サクサホールディングス社長　[没]平成28年(2016)1月15日　75歳〔脳出血〕　[生]昭和15年(1940)8月30日　[出]東京都　[学]慶応義塾大学大学院電気工学科〔昭和41年〕修士課程修了　[歴]昭和41年日本電信電話公社(電電公社, 現・NTT)に入社。平成3年ジュネーブ海外事務所長、6年取締役四国支社長、9年田村電機製作所取締役を経て、10年社長。16年大興電機製作所と持株会社・田村大興ホールディングスを設立し、社長に就任。19年商号をサクサホールディングスに変更。22年相談役に退いた。　[賞]電気通信協会賞(第51回, 平成22年度)

吉岡 基次　よしおか・もとつぐ　松坂屋社長　[没]平成27年(2015)3月22日　78歳〔病気〕　[生]昭和11年(1936)12月27日　[出]愛知県名古屋市　[学]名古屋大学法学部〔昭和34年〕卒　[歴]昭和34年松坂屋(現・大丸松坂屋百貨店)に入社、主に婦人服・子供服部門を担当。平成3年取締役、5年名古屋店長、5年常務、7年専務。9年総会屋への利益供与事件で退任した前社長の跡を受け、社長に就任。11年相談役に退いた。

吉川 慶一郎　よしかわ・けいいちろう　マツダ常務　[没]平成28年(2016)7月13日　78歳〔髄膜腫〕　[生]昭和13年(1938)1月29日　[出]広島県広島市東区　[学]同志社大学法学部〔昭和36年〕卒　[歴]昭和36年東洋工業(現・マツダ)に入社。平成2年取締役を経て、8年常務。広島ソフトウェアセンター社長も務めた。

吉川 純一　よしかわ・じゅんいち　医師　大阪市立大学教授　[専]循環器内科学　[没]平成28年(2016)6月22日　75歳〔肝臓がん〕　[生]昭和16年(1941)2月12日　[出]大阪府大阪市　[学]大阪市立大学医学部〔昭和41年〕卒　[歴]昭和42年大阪市立大学第一内科研究生。この間、東京大学へ留学。47年大阪市立大第一内科助手。47年神戸市立中央市民病院循環器内科に入り、61年循環器内科部長。平成7年大阪市立大学医学部第一内科教授、15～17年同大附属病院長。17年大阪掖済会病院院長、22年西宮渡辺心臓・血管センター院長。日本心エコー学会初代理事長を務め、冠動脈疾患・弁膜疾患の研究、心エコー図法の権威として国際的に活躍。フランスで虚血性心疾患が少ない理由がポリフェノールによることを解明した。　[賞]日本心臓病学会栄誉賞〔平成17年〕　[団]日本循環器学会, 日本超音波医学会, 日本心エコー学会, 日本心臓病学会

吉川 志郎　よしかわ・しろう　ゼネラル社長　富士通専務　[没]平成29年(2017)11月10日　93歳〔老衰〕　[生]大正13年(1924)3月31日　[出]兵庫県神戸市　[学]東京商科大学(現・一橋大学)〔昭和23年〕卒　[歴]昭和23年富士通入社。46年電子工業部情報処理本部情報処理営業管理部管理部長・業務部長、50年取締役、56年専務を経て、60年ゼネラル(現・富士通ゼネラル)社長に就任。平成4年会長。富士通入社5年後に編み出した「標準原価計算法」で注目を集め、工場管理を18年務めたのち、国際畑へ出て活躍。コンピューター業界屈指の国際派として鳴らした。

吉川 徹　よしかわ・とおる　演出家　[没]平成27年(2015)7月29日　54歳〔縊死〕　[生]昭和36年(1961)7月29日　[出]奈良県　[学]早稲田大学文学部　[歴]辰巳琢郎が結成した劇団そとばこまちに参加後、早稲田大学文学部に入学。同期に脚本家の北川悦吏子がいた。文学座を経て、フリー。ミュージカルを中心に活動し、「RENT」日本初演や「ドラキュラ」「ブルース・イン・ザ・ナイト」などの演出を担当。平成26年には宝塚歌劇団OGによる「シカゴ」を演出した。また、山本耕史主演の「メンフィス」の翻訳・訳詞も手がけた。27年1月妻を亡くしてから精神的に落ち込むようになり、自身の54回目の誕生日である7月29日の妻が亡くなった時刻に縊死した。

吉川 春美　よしかわ・はるみ　フラワーデザイナー　[没]平成27年(2015)10月5日　85歳〔がん〕　[生]昭和5年(1930)7月3日　[歴]卓越した技能で奈良県におけるフラワーデザインの先駆者として活躍。フラワーデザイナー協会奈良県支部の創設に関わって初代支部長を

よ

務め、多くのフラワーデザイナーを育成した。 [賞]奈良新聞文化賞(第6回)〔平成13年〕

吉川 広和 よしかわ・ひろかず DOWAホールディングス会長・CEO [没]平成27年(2015)7月8日 72歳〔心不全〕 [生]昭和17年(1942)10月25日 [出]群馬県 [学]東京大学教育学部〔昭和41年〕卒 [歴]昭和41年同和鉱業に入社。46年から4年間、グループ傘下の秋田製錬設立に関与。平成5年取締役企画本部副本部長、9年常務新素材事業本部長、11年専務、12年副社長兼COO(最高執行責任者)を経て、14年社長に就任。18年持ち株会社制に移行、DOWAホールディングスに社名変更し、会長兼CEO(最高経営責任者)。23年相談役、26年名誉相談役に退く。不採算事業からの撤退を進める傍ら、鉱山技術の蓄積を応用して精錬部門や環境・リサイクル部門に経営資源を集中させ、成長分野に育てた。また、21年鳩山由紀夫内閣で内閣府参与を務め、22年には内閣府の行政刷新会議民間議員として事業仕分けなどを推進した。23年東日本大震災による福島第一原発事故が起こると、東京電力の財務実態を監視するための経営・財務調査委員会委員を務めた。 [賞]毎日経済人賞〔平成20年〕

吉川 正己 よしかわ・まさみ 実践女子大学学長 実践女子学園理事長 [専]服飾意匠学 [没]平成27年(2015)7月27日 96歳〔肺炎〕 [生]大正7年(1918)12月12日 [出]東京都 [学]東京美術学校(現・東京芸術大学)工芸科〔昭和16年〕卒 [歴]昭和16年内務省に入省。30年都立駒場高校教諭、43年静岡県立女子大学教授を経て、52年実践女子大学教授。のち学長を務め、平成4年理事長に就任。10年退任。 [賞]勲三等瑞宝章〔平成5年〕

よ

吉川 勇一 よしかわ・ゆういち 評論家 市民運動家 ベトナムに平和を！ 市民連合(ベ平連)事務局長 [専]市民運動, 反戦運動 [没]平成27年(2015)5月28日 84歳〔慢性心不全〕 [生]昭和6年(1931)3月14日 [出]東京都 [学]東京大学文学部社会学科〔昭和27年〕中退 [歴]在学中日本共産党に加わり、昭和26年東京大学学生自治会中央委員議長に就任。27年の東大ポポロ事件では国会の公聴会に出席した。29年日本平和委員会に勤務。38年共産党を除名。41年から解散まで、小田実、鶴見俊輔、高畠通敏らが結成したベトナムに平和を！市民連合(ベ平連)事務局長を務める。ベ平連は、デモに加えて、米軍脱走兵への支援や、米紙ワシントン・ポストに“殺すな”と大書した反戦広告を打つといった活動が話題となった他、社会党や共産党、労働組合といった既成組織による反戦運動とは一線を画し、思想信条を別とした市民の自由参加・連帯による新しい形の反戦市民運動として、その後の市民運動や住民運動のモデルともなった。その後は、40年名古屋学院大学講師、56年日本ジャーナリスト専門学校講師などを歴任。また51年AIC(情報かけこみセンター)を創設。市民の意見30の会・東京世話人も務めた。著書に「資料・〈ベ平連〉運動」(3巻)「市民運動の宿題」「いい人はガンになる」「反戦平和の思想と運動」、主な訳書にホイットモア「兄弟よ、俺はもう帰らない」、ヘイブンズ「海の向こうの火事」、デリンジャー「『アメリカ』が知らないアメリカ」、バーチェット「立ち上がる南部アフリカ」、ウォレン「失踪」などがある。 [団]アジア太平洋資料センター, ピープルズプラン研究所, 市民の意見30の会・東京

吉川 豊 よしかわ・ゆたか 長崎県議(自民党) [没]平成29年(2017)11月13日 82歳〔直腸がん〕 [生]昭和10年(1935)2月19日 [出]長崎県大村市 [学]大村高卒, 日本大学中退 [歴]昭和54年より大村市議を5期18年務め、市議会議長にも就いた。平成10年2月長崎県議補選で当選。4期13年務め、19～20年副議長。23年引退。[賞]旭日中綬章〔平成24年〕

吉沢 利忠 よしざわ・としただ 山陽新聞編集局解説委員 [没]平成29年(2017)9月14日 86歳〔誤嚥性肺炎〕 [生]昭和6年(1931)8月6日 [出]岡山県 [学]岡山大学法文学部卒 [歴]昭和29年山陽新聞社に入社。米子支局長を経て、52年編集局解説委員。著書に「沈む島・消えた町」「森林公園」「岡山の森林浴」「戦後の昭和史」などがある。

芳沢 弘明 よしざわ・ひろあき 弁護士 自由法曹団沖縄支部長 原水爆禁止沖縄県協議会理事長 [没]平成28年(2016)11月19日 81歳〔病気〕 [生]昭和10年(1935)1月17日 [出]台湾台南 [学]岡山大学法文学部卒, 法政大学大学院修士課程修了 [歴]昭和40年琉球弁護士会に入会、同年沖縄合同法律事務所の開設に参加して労働問題などを手がける。原水爆禁止沖縄県協議会理事長を務め、核兵器の廃絶や沖縄の米軍基地撤去も訴えた。平成12年キューバで開催された第15回国際民主法律家大会に日本代表団団長として参加した。 [団]沖縄弁護士会

吉住 弘 よしずみ・ひろし 台東区長 東京都議 [没]平成27年(2015)1月7日 73歳〔肝細胞がん〕 [生]昭和16年(1941)5月10日 [出]東京都 [学]専修大学経済学部〔昭和39年〕卒 [歴]台東区議7期、昭和59年議長を経て、平成9年東京都議に当選。13年の都議選には出馬しなかった。15年台東区長に当選。17年中学生までの医療費無償化、19年区立病院の開設を東京23区で初めて実施した。3期目途中の27年、病死した。

吉田 勝豊 よしだ・かつとよ プロ野球選手 [没]平成28年(2016)3月9日 80歳〔肺炎〕 [生]昭和10年(1935)3月21日 [出]佐賀県 [学]武雄高 [歴]武雄高時代は投手。日鉄二瀬を経て、昭和32年東映(現・日本ハム)に入団して外野手として活躍。37年打率.306でベストナインに選ばれる。40年巨人へ移籍、背番号8で王貞治、長嶋茂雄の後を打ち、しぶとい打撃で優勝に貢献。巨人の第32代4番打者も務めた。43年からは西鉄(現・西武)でプレーした。実働13年、1303試合出場、4047打数1049安打、105本塁打、502打点、94盗塁、打率.259。オールスター出場3回。

吉田 克己 よしだ・かつみ 公衆衛生学者 三重大学名誉教授 [専]大気汚染, 医療情報 [没]平成28年(2016)1月16日 92歳〔肺がん〕 [生]大正12年(1923)9月13日 [出]岐阜県大垣市 [学]京都帝国大学医学部医学科〔昭和22年〕卒 医学博士 [歴]昭和23年京都大学医学部助手を経て、30年三重県立大学医学部助教授、33年教授。46～48年三重県公害センター所長を併任。48年三重大学医学部教授、50年学生部長。この間、36～37年四日市市の公害対策委員として、住民検診、罹患率などの調査にあたり、公害の疫学的因果関係を立証した。42

年より四日市公害訴訟の原告側証人となる。47年原告側勝訴。同年に硫黄酸化物の総量規制条例（三重県）を立案実施。57年中国天津市への四日市市からの公害対策専門代表団の団長を務めた。62年三重大学退官後、京都工場保健協会理事・副所長。平成3年湾岸戦争後のクウェートへの大気汚染政府調査団団長を務めた。⊕勲三等旭日中綬章〔平成12年〕、中日文化賞〔昭和47年〕「四日市公害の疫学的研究」、日刊工業新聞社環境賞〔昭和58年〕「硫黄酸化物総量規制方式の確立」、大気汚染研究協会賞〔斉藤潔賞〕〔昭和60年〕「大気汚染と慢性呼吸器疾患との因果関係の研究における功績」、環境庁長官賞〔昭和61年〕　⊕大気汚染学会、日本公衆衛生学会、日本産業衛生学会

吉田 勘兵衛（12代目）　よしだ・かんべえ　吉田興産社長　⊗平成27年（2015）3月16日　81歳〔間質性肺炎〕　⊕昭和8年（1933）4月12日　⊕神奈川県横浜市中区　⊕旧姓・名＝吉田貞一郎（よしだ・ていいちろう）　⊕学習院大学政経学部〔昭和34年〕卒　江戸時代前期に横浜国内周辺の埋め立てを指揮して吉田新田を開発した吉田勘兵衛の直系の子孫。昭和34年吉田同族（現・吉田興産）に入社。40年取締役を経て、47年社長。アセットバンク会長なども務めた。　⊛父＝吉田一太郎（吉田興産会長）

吉田 公彦　よしだ・きみひこ　日本エディタースクール創設者　⊗平成27年（2015）5月9日　84歳〔胸膜炎〕　⊕昭和5年（1930）11月11日　⊕熊本県水俣市　⊕京都大学経済学部卒　⊕中教出版、日本読書新聞勤務を経て、昭和38年鈴木均・小林一博らと現代ジャーナリズム研究所を開設、39年日本エディタースクールの設立に参加、のち社長・出版代表。日本出版学会会長も務めた。　⊛兄＝谷川健一（民俗学者）、谷川雁（詩人・評論家）、谷川道雄（京都大学名誉教授）

吉田 久五郎　よしだ・きゅうごろう　岩手大学名誉教授　⊗音楽教育学　⊗平成27年（2015）6月29日　87歳〔誤嚥性肺炎〕　⊕昭和2年（1927）7月29日　⊕岩手県盛岡市　⊕岩手師範本科〔昭和23年〕卒　⊕昭和62年〜平成5年岩手大学教育学部教授を務めた。　⊕日本音楽教育学会　⊕師＝千葉了道、鷹觜洋一

吉田 玉雲　よしだ・ぎょくうん　書家　産経国際書会常任顧問　⊗平成29年（2017）11月13日　91歳〔扁平上皮がん〕　⊕本名＝吉田富男（よしだ・とみお）　⊕高校の国語・書道教師を経て、書家となる。平成22年産経国際書展で内閣総理大臣賞を受賞。19年群馬県甘楽町で廃校となった小学校を活用した産経国際書会那須研修館の開設に尽くした。　⊛産経国際書展内閣総理大臣賞〔平成22年〕

吉田 銀葉　よしだ・ぎんよう　俳人　「群青」主宰　⊗平成28年（2016）10月29日　92歳　⊕大正13年（1924）1月30日　⊕群馬県前橋市　⊕本名＝吉田利夫（よしだ・としお）　⊕前橋商〔昭和16年〕卒　⊕昭和18年中島飛行機工場で作句を始め、22年野竹兩哉の「ぬかご」に投句。24年「林苑」に入会、太田鴻村に師事。27年「母城」を創刊・主宰。33年「河」創刊同人、角川源義に師事。61年「群青」を創刊・主宰、平

成18年終刊。毎日新聞俳句選者、群馬県文学賞選考委員などを務めた。句集に「風暦」「百雷百歌」「東風西風」などがある。　⊛故郷賞、林苑賞　⊕俳人協会　⊕師＝太田鴻村、角川源義

吉田 恵悦　よしだ・けいえつ　北海道議（公明党）　⊗平成28年（2016）11月21日　74歳　⊕昭和16年（1941）11月29日　⊕北海道函館市　⊕北海道学芸大学函館分校学芸学部〔昭和39年〕卒　⊕昭和39年公明党本部に入り、公明新聞記者として社会部政治部に在籍。42年公明新聞北海道支局開設と同時に北海道支局長に就任。58年函館市議を経て、62年〜平成15年函館市選出の北海道議を4期務めた。道議会公明党議員団長、公明党北海道本部書記長や副代表を歴任した。

吉田 桂二　よしだ・けいじ　建築家　連合設計社市谷建築事務所代表取締役　⊗建築設計　⊗平成27年（2015）12月9日　85歳　⊕昭和5年（1930）9月16日　⊕岐阜県岐阜市　⊕東京美術学校（現・東京芸術大学）美術学部建築科〔昭和27年〕卒　工学博士　⊕池部陽に憧れ、建設工学研究会に入所。昭和32年設計組織を設立。34年連合設計社市谷建築事務所と改称。のち熊本大学客員教授も務める。日本の伝統的な木造建築を数多く手がけ、代表作に茨城県古河市の「古河歴史博物館」など。49年頃から昔を今に伝える町並を求めて全国各地を歩き始め、全国町並み保存連盟副会長、日本ナショナルトラスト保存活用委員、大平保存再生協議会理事、大平宿を語る会会長などを歴任。59年訪ねた全国26ヶ所をリポートとしてまとめた「なつかしい町並みの旅」を出版。他の著書に「間違いだらけの住まいづくり」「住の神話」「日本人の『住まい』はどこから来たか」「町並み・家並み事典」「中山道民家の旅」などがある。　⊛吉田五十八賞特別賞（第16回）〔平成3年〕、日本建築学会賞（作品）〔昭和4年〕「古河歴史博物館と周辺の修景」　⊕1級建築士　⊕日本建築学会、日本ナショナルトラスト

吉田 憲司　よしだ・けんじ　四国銀行常務　⊗平成29年（2017）11月22日　81歳　⊕昭和11年（1936）8月16日　⊕高知県　⊕早稲田大学教育学部〔昭和34年〕卒　⊕昭和34年四国銀行に入行。平成4年取締役を経て、10年常務。

吉田 健三　よしだ・けんぞう　駐中国大使　⊗平成27年（2015）6月14日　97歳〔肺炎〕　⊕大正6年（1917）9月19日　⊕富山県　⊕東京帝国大学法学部〔昭和17年〕卒　⊕昭和17年外務省に入り、在トロント領事、官房会計課長、移住局外務参事官を経て、36年在ホノルル総領事、38年在英大使館参事官、40年在韓大使館参事官、41年駐韓公使、42年駐タンザニア大使、44年法務省入国管理局長、47年外務省アジア局長、48年駐オーストラリア大使、50年駐ブラジル大使、54年駐中国大使を務め、56年退官。　⊛勲一等瑞宝章〔平成2年〕　⊛弟＝吉田進（ソニー副社長）

吉田 コト　よしだ・こと　作家・吉田司の母　⊗平成29年（2017）6月22日　99歳〔老衰〕　⊕大正7年（1918）2月23日　⊕山形県南村山郡（山形市）　⊕旧姓・名＝桜井コト　⊕昭和12年農民運動家の松田甚次郎と出会い、その著書「土に叫ぶ」の執筆を手伝う。また、宮沢賢治を世に送り出すきっかけになった、14年刊行の「宮

沢賢治名作選」(松田編)の編集にも携わった。自伝に「貧乏貴族」がある。 [家]息子＝吉田司(作家)

吉田 信夫 よしだ・しのぶ 牧師 日本基督教会神学校教師 [専]神学書 [没]平成27年(2015)8月30日 94歳 [生]大正10年(1921)1月30日 [出]東京都 [学]横浜高商〔昭和17年〕卒, 日本基督教会神学校卒 [歴]昭和34年より日本基督教会豊島北教会、旭川教会、上田教会各牧師、日本基督教会神学校教師を経て、引退。この間、45年より3年間、英国エディンバラ大学ニューカレッジに留学。訳書にT.F.トーランス「バルト初期神学の展開」、J.T.マクニール「キリスト教牧会の歴史」、ウィリアム・バークレー「はじめての祈り」などがある。

吉田 周治 よしだ・しゅうじ 蓮田市長 [没]平成28年(2016)7月24日 94歳〔心不全〕 [生]大正11年(1922)6月19日 [出]埼玉県南埼玉郡蓮田町(蓮田市) [学]粕壁中〔昭和15年〕卒 [歴]昭和45年埼玉県蓮田町長を経て、47年市制施行により初代蓮田市長に就任。57年まで3期12年務めた。

吉田 昭治 よしだ・しょうじ 郷土史家 明治維新を考える会主宰 [専]秋田県 [没]平成27年(2015)4月19日 85歳〔悪性リンパ腫〕 [生]昭和4年(1929)6月7日 [出]秋田県仙北郡中仙町(大仙市) [学]秋田市立中卒 [歴]明治維新を考える会を主宰した。著書に「金輪五郎―草莽・その生と死」「秋田の維新史―秋田の戊辰戦争」「風雪期の人びと―秋田の戊辰戦争」「連座―シーボルト事件と馬場為八郎」「秋田の戊辰戦争夜話」などがある。 [賞]秋田市文化章〔平成6年〕, 秋田県文化功労者〔平成12年〕

よ

吉田 正太郎 よしだ・しょうたろう 東北大学名誉教授 [専]光学器械, 天文学 [没]平成27年(2015)7月30日 102歳〔老衰〕 [生]大正1年(1912)9月1日 [出]佐賀県鹿島市 [学]東京帝国大学理学部天文学科〔昭和9年〕卒 理学博士〔昭和34年〕 [歴]昭和9年東北帝国大学天文学教室勤務、18年同大学科学計測研究所助教授、35年教授、科学計測研究所、理学部、工学部兼任。51年名誉教授。また、25年より仙台天文同好会会長も務めた。平成4年自然保護団体・蕃山21の会会長。著書に「光学器械〈基礎篇〉」「望遠鏡発達史」「光学機器大全」などがある。 [賞]勲二等瑞宝章〔昭和60年〕, 仙台市市政功労者〔昭和57年〕, 日刊工業新聞技術・科学図書文化賞(第16回)〔平成12年〕「光学機器大全」 [団]日本天文学会, 日本物理学会, 応用物理学会光学懇話会, 仙台天文同好会

吉田 精二 よしだ・せいじ 北越製紙常務 [没]平成28年(2016)4月18日 78歳〔心筋梗塞〕 [生]昭和12年(1937)8月14日 [出]新潟県三条市 [学]新潟大学工学部〔昭和35年〕卒 [歴]昭和35年北越製紙(現・北越紀州製紙)に入社。平成3年取締役を経て、9年常務、13年顧問。長岡商工会議所副会頭も務めた。

吉田 泰二 よしだ・たいじ 医師 盛岡繋温泉病院理事長・院長 [専]内科 [没]平成28年(2016)1月2日 90歳〔老衰〕 [生]大正14年(1925)8月14日 [出]岩手県盛岡市 [学]岩手医科大学医学部卒 [歴]昭和40年結核予防会結核研究所附属病院主任、52年国立療養所盛岡病院副院長を経て、55年盛岡繋温泉病院院長。

吉田 大朋 よしだ・だいほう 写真家 [没]平成29年(2017)2月10日 82歳〔心不全〕 [生]昭和9年(1934)5月 [出]東京都 [学]石神井高〔昭和27年〕卒 [歴]昭和27年ウィルキンソン炭酸会社に入社。34年広告写真家としてデビュー。40年渡仏、日本人写真家として初めて「ELLE」誌と専属契約を結ぶ。その後もパリやニューヨークに滞在しながらファッション写真家として活躍、「MORE」「ハイファッション」「an・an」などに作品を発表した。写真集に「巴里」「グレの世界」「地中海夏の記憶」「吉田大朋と女たち」「古都・京の四季」などがある。 [賞]準朝日広告賞, カレンダー展通産大臣賞

吉田 多喜男 よしだ・たきお 神戸市議 [没]平成29年(2017)11月18日 85歳〔急性硬膜下血腫〕 [生]昭和7年(1932)2月1日 [出]兵庫県南あわじ市 [学]大阪商科大学政経学部〔昭和30年〕卒 [歴]全農林兵庫県協会事務局長を経て、昭和50年から神戸市議に連続7選。社会党、民主党に所属。平成2年副議長、13年議長に就任。15年引退。17年1〜12月神戸市選挙管理委員会委員長を務めた。社会福祉法人の副理事長で、福祉がライフワークだった。 [賞]藍綬褒章〔平成8年〕, 旭日小綬章〔平成19年〕

吉田 達法 よしだ・たつのり 名古屋銀行常務 [没]平成29年(2017)1月4日 73歳〔虚血性心疾患〕 [生]昭和18年(1943)11月24日 [出]愛知県 [学]中央大学経済学部〔昭和41年〕卒 [歴]昭和41年名古屋相互銀行(現・名古屋銀行)に入行。平成5年取締役を経て、11年常務。

吉田 貞一郎 よしだ・ていいちろう
⇒吉田 勘兵衛(12代目)(よしだ・かんべえ)を見よ

吉田 透思朗 よしだ・とうしろう 俳人 福井県俳句作家協会会長 [没]平成28年(2016)5月10日 88歳 [出]福井県 [名]本名＝吉田敏夫(よしだ・としお) [歴]金子兜太に師事。「海程」同人で、福井新聞「新春文芸」俳句部門の選者も務めた。福井県俳句作家協会会長、福井県文化協議会副会長、北陸地区現代俳句協会会長などを歴任。 [師]師＝金子兜太

吉田 時雄 よしだ・ときお 産経新聞取締役 流通科学大学教授 [没]平成28年(2016)5月5日 87歳〔呼吸不全〕 [生]昭和3年(1928)12月14日 [出]大阪府茨木市 [学]京都大学法学部〔昭和26年〕卒 [歴]昭和26年産経新聞大阪本社に入社。大阪本社経済部長、東京本社経済部長、編集局次長、広告局長、取締役、大阪本社広告局長を経て、60年大阪新聞社長、平成2年会長。4年退任。5年流通科学大学情報学部教授、9年同大中内記念館館長、12年名誉館長。著書に「スーパー・ダイエーの秘密」「いまだからこそ、松下幸之助」「丸田芳郎 勇者の経営」がある。

吉田 昇 よしだ・のぼる 洋画家 [没]平成27年(2015)10月30日 87歳〔大動脈解離〕 [生]昭和3年(1928) [出]奈良県奈良市 [学]京都市立美術専(現・京都市立芸術大学)〔昭和24年〕卒 [歴]昭和32年新制作展に初入選。46年、平成10年同展新作家賞を受賞。13年新制作協会

会員に推挙された。 [賞]新制作展新作家賞（第35回・62回）〔昭和46年・平成10年〕 [団]新制作協会

吉田 典子 よしだ・のりこ 小説家 「森林鉄道」同人文学会代表 [没]平成29年（2017）6月11日 80歳〔循環器系疾患〕 [生]昭和11年（1936）10月11日 [出]北海道函館市 [学]北海道学芸大学函館分校卒 [歴]7年間小学校教師を務める間、同人誌「表現」に参加。退職後、函館文学学校に学んで、42歳で小説を書き始め、のち同校事務局長。同人誌「森林鉄道」などに作品を発表。同人文学会代表も務めた。「表現」同人。作品に「おくりもの」「羽織」「暗い廊下」「土曜日」「ブラックディスク」「妹の帽子」などがある。 [賞]らいらっく文学賞佳作〔平成2年〕「土曜日」, 北日本文学賞選奨（第26回）〔平成4年〕「ブラックディスク」, 北海道新聞文学賞（第26回）〔平成5年〕「妹の帽子」

吉田 彦右ェ門 よした・ひこえもん 民俗研究家 [没]平成29年（2017）4月30日 87歳〔脳出血〕 [歴]木場潟民俗資料保存会を創設し、木場潟周辺の歴史文化の調査・研究に従事。環境ボランティア団体・木場潟再生プロジェクトの指導者役を務め、環境保全や環境教育にも携わった。 [賞]北国風雪賞〔平成28年〕

吉田 仁志 よしだ・ひとし 北海道大学名誉教授 [専]環境化学 [没]平成27年（2015）12月11日 88歳 [生]昭和2年（1927）5月8日 [出]北海道上川郡名寄町 [学]北海道大学理学部化学科〔昭和28年〕卒, 北海道大学大学院〔昭和33年〕修了 理学博士 [歴]昭和33年北海道大学理学部助手、37年助教授を経て、49年教授。64年教養部長。この間、53年カナダ・オタワNRC研究所に出張。平成3年定年退官。 [賞]瑞宝中綬章〔平成19年〕, 日本分析化学会学会賞〔昭和63年〕「錯形成反応の考察に基づく電気分析法及び温度滴定法の研究」 [団]日本化学会, 日本分析化学会

吉田 等 よしだ・ひとし 三角町（熊本県）町長 [没]平成28年（2016）3月22日 87歳〔脳出血〕 [生]昭和4年（1929）2月12日 [出]熊本県宇土郡三角町（宇城市） [学]日本大学商学部〔昭和57年〕卒 [歴]昭和34年以来熊本県三角町議を3期、50年熊本県議を経て、57年三角町長。6期務めた。 [賞]旭日中綬章〔平成17年〕

吉田 弘 よしだ・ひろし 東京工業大学名誉教授 [専]原子核理論 [没]平成28年（2016）4月5日 80歳〔急性心臓死〕 [生]昭和10年（1935）9月18日 [出]埼玉県さいたま市大宮区 [学]東京教育大学理学部物理学科〔昭和58年〕卒, 東京教育大学大学院理学研究科物理学専攻〔昭和63年〕博士課程修了 理学博士 [歴]東京工業大学教授を務めた。 [団]日本物理学会

吉田 文雀 よしだ・ぶんじゃく 文楽人形遣い [専]人形浄瑠璃 [没]平成28年（2016）8月20日 88歳〔心静止〕 [生]昭和3年（1928）6月8日 [出]東京都 [名]本名＝塚本和男（つかもと・かずお）, 前名＝吉田和夫 [学]甲陽中〔昭和20年〕中退 [歴]父は銀行員であったが、初代吉田栄三や3代目吉田文五郎と親しかったため、楽屋に出入りするようになり舞台を手伝う。昭和20年文楽座に入り、人形頭取の2代目吉田玉市預りとなり、吉田和夫を名のる。9月京都南座で初舞台。24年文楽が2派に分裂、のちの因会に入る。25年3代目吉田文五郎門下となり、文雀を名のる。38年財団法人文楽協会が設立され、人形部首割委員に選出される。63年芸術選奨文部大臣賞を受賞。精緻で品格のある芸で知られ、当たり役に「妹背山婦女庭訓・妹山背山」の定高、「芦屋道満大内鑑・葛の葉子別れ」の狐葛の葉、「仮名手本忠臣蔵・山科閑居」の戸無瀬、「菅原伝授手習鑑・杖折檻」の覚寿など。平成6年人間国宝に認定される。27年87歳で引退した。 [賞]芸術選奨文部大臣賞（第38回, 昭和62年度）〔昭和63年〕, 紫綬褒章〔平成3年〕, 勲四等旭日小綬章〔平成11年〕, 大阪文化祭賞〔昭和56年〕, 国立劇場文楽賞大賞（昭和56年度・62年度）, 伝統文化ポーラ賞特賞（第14回）〔平成6年〕, 国立劇場文楽賞特別賞（第15回, 平成7年度）〔平成8年〕, 大阪芸術賞〔平成10年〕, 大阪舞台芸術賞（平成13年度）〔平成14年〕, 神戸新聞平和賞〔平成20年〕 [資]重要無形文化財保持者（人形浄瑠璃文楽・人形）〔平成6年〕 [師]師＝吉田文五郎（3代目）

吉田 文平 よしだ・ぶんぺい 全日本空輸取締役 [没]平成27年（2015）1月29日 84歳〔肝臓がん〕 [生]昭和5年（1930）4月8日 [出]鹿児島県 [学]早稲田大学政経学部経済学科〔昭和29年〕卒 [歴]昭和30年産経新聞社に入社。経済部次長から、47年全日空に転じ、50年経営管理室調査部長、58年常勤顧問を経て、60年取締役。

吉田 政雄 よしだ・まさお 埼玉県議（自民党） [没]平成27年（2015）11月12日 88歳〔脳出血〕 [生]昭和2年（1927）10月16日 [出]埼玉県熊谷市 [学]小卒 [歴]熊谷市議、市議会議長を経て、昭和59年から埼玉県議に2選。平成3年落選。 [賞]藍綬褒章〔平成2年〕

吉田 正信 よしだ・まさのぶ 愛知教育大学名誉教授 [専]日本近代文学 [没]平成28年（2016）5月9日 75歳〔腎脂肪肉腫〕 [生]昭和16年（1941）3月21日 [出]京都府 [学]早稲田大学教育学部卒, 早稲田大学大学院文学研究科日本文学専攻博士課程修了 [歴]愛知教育大学教育学部助教授を経て、教授。徳富蘆花の研究で知られ、「蘆花日記」（全7巻）の校注を手がけた。 [団]日本近代文学会, 全国大学国語国文学会, 日本文学協会

吉田 昌弘 よしだ・まさひろ クボタ専務 [没]平成27年（2015）5月30日 83歳 [生]昭和7年（1932）2月9日 [出]愛知県 [学]神戸大学経済学部〔昭和29年〕卒 [歴]昭和29年久保田鉄工（現・クボタ）に入社。60年取締役、63年常務を経て、平成3年専務。

吉田 正光 よしだ・まさみつ 男性長寿日本一（112歳） [没]平成28年（2016）10月29日 112歳〔老衰〕 [生]明治37年（1904）7月25日 [歴]平成28年1月男性長寿世界一の小出保太郎さんが亡くなったため男性長寿日本一となる。同年10月112歳で死去した。

吉田 政芳 よしだ・まさよし 漁師 苫小牧漁協組合長 [没]平成27年（2015）11月26日 67歳〔拡張型心筋症〕 [生]昭和23年（1948）11月 [出]北海道苫小牧市 [歴]昭和52年苫小牧漁協の正組合員となり、ホッケ刺し網部会、夏ほっき漁業部会、カニかご刺し網部会の部会長を歴任。平成26年から同組合長。20年以上にわたり、ホッキ貝の資源管理に尽力し、関西方面への販路拡大に貢献した。

吉田 未灰 よしだ・みかい 俳人 「やまびこ」主宰 群馬県現代俳句協会会長 [没]平成28年（2016）10

よ

月6日　93歳〔脳梗塞〕　[生]大正12年(1923)5月22日　[出]群馬県　[名]本名＝吉田三郎(よしだ・さぶろう)　[歴]戦中「ホトトギス」「雲母」などに投句。戦後は「暖流」「鳴」「群蜂」「俳句人」を経て、「秋」同人、昭和25年「やまびこ」を創刊・主宰。句集に「傾斜」「半弧」「独語」「刺客」「繹如」「無何有」「恬淡」「淡如」などがある。　[団]現代俳句協会

吉田 光雄　よしだ・みつお　丸紅専務　[没]平成27年(2015)7月17日　85歳〔急性心不全〕　[生]昭和5年(1930)3月26日　[出]大阪府　[学]彦根経専〔昭和25年〕卒　[歴]昭和25年丸紅に入社。62年取締役、平成元年常務を経て、専務。

吉田 安　よしだ・やすし　道新スポーツ社長　[没]平成28年(2016)3月21日　85歳〔鬱血性心不全〕　[生]昭和5年(1930)6月2日　[出]北海道札幌市　[学]青山学院大学文学部卒　[歴]昭和28年北海道新聞に入社。本社社会部次長、岩見沢支局長、東京支社社会部長、本社社会部長、本社編集局次長兼地方部長、58年北見支社長を経て、62年～平成7年道新スポーツ社長を務めた。

吉田 豊　よしだ・ゆたか　四国学院大学名誉教授　[専]体育学　[没]平成27年(2015)8月25日　67歳　[生]昭和23年(1948)1月27日　[学]東京教育大学体育学部武道学科卒, 東京教育大学大学院修士課程修了　[歴]昭和48年四国学院大学講師を経て、平成2年教授。25年名誉教授。藤井学園寒川高校長、香川県レクリエーション協会常任理事なども務めた。

吉田 陽一　よしだ・よういち　ヤクルト本社専務　[没]平成28年(2016)3月21日　83歳〔敗血症〕　[生]昭和7年(1932)10月8日　[出]熊本県　[学]天草高〔昭和26年〕卒　[歴]昭和26年吉田坑木を経て、32年ヤクルト本社に入社。50年取締役、58年常務、平成元年専務を務めた。

よ

ヨシダ・ヨシエ　美術評論家　池田20世紀美術館理事　[専]現代美術　[没]平成28年(2016)1月4日　86歳〔脳梗塞〕　[生]昭和4年(1929)5月9日　[出]福島県福島市　[名]本名＝吉田早苗(よしだ・さなえ)　[学]湘南中卒　[歴]昭和25年丸木位里・俊夫妻が描いた連作「原爆の図」を背負って日本各地で巡回展を行う。35年実験的空間MAC・Jを主宰、ハプニングやミニコミ活動を積極的に紹介。ベイルート・中国訪問美術使節団に加わる。またニューヨーク、サンフランシスコ、ロサンゼルス、パリ、ソウル、メキシコ、オーストラリア等の美術展に参加・協力。主な著者に「原爆の図について」「流氓の解放区」「エロスと創造のあいだ」「修辞と飛翔」「丸木位里・俊の時空—絵画としての『原爆の図』」「ヨシダ・ヨシエ全仕事—The corpus of Yoshida Yoshie's critical essays on art」など。画集監修多数。　[団]美術評論家連盟, アジア・アフリカ・ラテンアメリカ美術家会議, 国際美術評論家連盟(AICA)

吉田 龍平　よしだ・りゅうへい　新潟放送専務　[没]平成27年(2015)12月28日　83歳〔肺炎〕　[生]昭和7年(1932)8月31日　[出]新潟県新潟市中央区　[学]早稲田大学　[歴]平成3年新潟放送取締役報道局長、常務を経て、7～9年専務を務めた。

吉武 哲夫　よしたけ・てつお　福井大学名誉教授　[専]園芸学　[没]平成28年(2016)7月11日　87歳　[生]昭和3年(1928)11月4日　[学]九州大学大学院農学研究科園芸学専攻博士課程修了　農学博士　[歴]昭和52年福井大学教育学部教授。平成元年から5年まで教育学部長を務め、のち名誉教授となった。

吉竹 真　よしたけ・まこと　燃料油脂新聞会長　[没]平成27年(2015)4月2日　82歳〔心不全〕

吉冨 翠江　よしとみ・すいこう　華道家　華道宏道流代表　熊本県華道協会理事長　[没]平成27年(2015)1月5日　100歳〔心不全〕　[生]大正4年(1915)1月1日　[出]熊本県熊本市　[名]本名＝吉冨三木子(よしとみ・みきこ)　[学]第二高女〔昭和7年〕卒　[歴]昭和50年華道宏道流代表となる。熊本県華道協会理事長を務めた。　[賞]熊本県芸術功労者〔平成7年〕

吉留 文夫　よしとめ・ふみお　北海道渡島支庁長　[没]平成27年(2015)4月2日　89歳〔肺炎〕　[生]大正15年(1926)　[出]北海道札幌市　[学]札幌一中, 北海道大学経済学部〔昭和28年〕卒　[歴]札幌一中在学中の昭和18年、海軍飛行予科練習生(予科練)に入隊。土浦海軍航空隊を経て、19年第一特別基地隊に配属され、特攻兵器である人間魚雷「回天」搭乗員となる。20年5月航行中の艦船を狙い潜水艦に搭載され出撃したが、実際の攻撃に際して「回天」が故障したため攻撃に参加できず、九死に一生を得た。戦後は北海道庁に入り、渡島支庁長を務めた。

吉永 春子　よしなが・はるこ　テレビプロデューサー　作家　現代センター代表　東京放送報道総局専門職局長　[専]ドキュメンタリー　[没]平成28年(2016)11月4日　85歳〔脳出血〕　[生]昭和6年(1931)5月19日　[出]広島県三原市　[名]本名＝蜷川春子(になかわ・はるこ)　[学]早稲田大学教育学部〔昭和30年〕卒　[歴]昭和30年ラジオ東京(現・TBS)に入社、ラジオ報道部へ配属。39年からテレビ報道部に移る。2年間の教養部勤務のほか、あとは報道一筋で、34年の新左翼と右翼のつながりをスクープした「ゆがんだ青春」、日本軍の細菌による人体実験を追跡した「魔の731部隊」や、「土曜ドキュメント・キャバレー」「さすらいの未復員」「天皇と未復員兵」「現代武器商人を追う」など数々の話題作を手がける。日曜の「報道特集」プロデューサー、報道制作部長、社会情報局専門職次長、報道総局専門職局長を経て、「報道特集」ディレクター。平成3年定年退職し、番組制作プロダクションの現代センター代表に就任。社会派ドキュメンタリー番組の制作で知られた。12～19年毎日新聞社「開かれた新聞委員会」委員。著書に「ドキュメント・ガンからの生還」「謎の毒薬」「さすらいの『未復員』」「昭和の事件に触れた」などがある。　[賞]ギャラクシー賞(第1回), 放送文化基金賞(第9回)〔昭和58年〕, ATP賞特別賞〔平成4年〕, 橋田賞(第8回)〔平成12年〕, 橋田賞特別賞(第25回)〔平成29年〕　[団]日本文芸家協会

吉永 正春　よしなが・まさはる　郷土史家　作家　[専]九州中世史(とくに戦国史)　[没]平成28年(2016)8月16日　90歳〔不整脈〕　[生]大正14年(1925)8月23日　[出]東京都　[名]号＝正峰(せいほう)　[学]豊国商〔昭和18年〕卒　[歴]幼い頃から歴史に興味を持ち、豊国商業時代には先生に代って川中島合戦の説明をしたという。復員後、福岡市で菓子製造業を経営。廃業後は歴史、特に

九州戦国史の研究に入り、九州の戦国時代を生き抜いた人間群像に愛着を抱いて発掘作業を進める。45年頃から執筆活動に入り、51年「筑前戦国史」を刊行。平成21年同書の増補改訂版を出版した。他の著書に「九州戦国史」「乱世の遺訓」「筑後戦国史」「九州戦国合戦史」「戦国九州の女たち」「漢詩でめぐる九州戦国史」などがある。　㉕西日本文化賞〔平成21年〕

吉成 昭三 よしなり・しょうぞう　プロ野球選手　㉔平成27年（2015）10月30日　70歳〔急性大動脈瘤解離〕　㉕昭和20年（1945）　㉖秋田県　㉗秋田商　㉘昭和38年9月秋田商から巨人に入団。40年まで投手として在籍したが、一軍登板はなかった。退団後、左右投げが注目されて大リーグ・ジャイアンツのマイナーキャンプに参加したが、公式戦登板には至らなかった。

吉野 篤 よしの・あつし　太陽インキ製造社長　㉔平成29年（2017）4月25日　74歳〔病気〕　㉕昭和17年（1942）8月10日　㉖埼玉県　㉗東京理科大学理学部〔昭和42年〕卒　㉘昭和42年太陽インキ製造（現・太陽ホールディングス）に入社。以来技術一筋、研究開発一筋。51年研究部長、53年取締役技術部長、60年同海外事業部長、平成8年専務、10年専務を経て、13年社長に就任。16年相談役。

吉野 馨 よしの・かおる　鹿児島県酒造組合副会長・専務理事　㉔平成27年（2015）2月2日　87歳〔呼吸不全〕　㉖東京都　㉘大島税務署長、加治木税務署長などを経て、昭和63年鹿児島県酒造組合専務理事に就任。平成19～25年同副会長を兼務した。

吉野 和剛 よしの・かずたか　パフォーマー　㉔平成29年（2017）4月10日　38歳〔転落死〕　㉕昭和53年（1978）10月15日　㉘世界的なアーティスト集団シルク・ドゥ・ソレイユのメンバーで、有名アーティストのコンサートに出演し、振り付けアシスタントとしても活躍。平成29年東京ディズニーリゾートにある劇場「舞浜アンフィシアター」でワイヤーにぶら下がって降りる際の速度を調整中に転落死した。

吉野 朔実 よしの・さくみ　漫画家　㉔平成28年（2016）4月20日　57歳〔病気〕　㉕昭和34年（1959）2月19日　㉖大阪府　㉘昭和55年少女向け漫画誌「ぶーけ」掲載の「ウツよりソウがよろしいの！」でデビュー。60年独立し、東京へ。代表作に「HAPPY AGE」「月下の一群」「少年は荒野をめざす」「ジュリエットの卵」「いたいけな瞳」「恋愛的瞬間」「瞳子」など。画集「FLOWER PIECES」、ポエム絵本「もっと幸福な一日」もある。

吉野 智 よしの・さとし　大光銀行常務　㉔平成27年（2015）11月7日　72歳〔病気〕　㉕昭和18年（1943）2月14日　㉖新潟県長岡市　㉗明治大学政治経済学部〔昭和42年〕卒　㉘昭和42年大光相互銀行（現・大光銀行）に入行。平成13年取締役を経て、17年常務。

吉野 トヨ子 よしの・とよこ　陸上選手（円盤投げ）　㉔平成27年（2015）1月24日　94歳　㉕大正9年（1920）2月12日　㉖北海道網走市　㉗香蘭高女卒　㉘戦前は短距離選手として活躍。山梨県庁に勤める傍ら円盤投げに打ち込み、26年ニューデリーで開催された第1回ア

ジア大会では円盤投げ、砲丸投げ、やり投げの3種目で優勝。戦後初めて日本が出場した27年のヘルシンキ五輪で43メートル81を記録して4位に入賞。31年メルボルン五輪にも出場したが予選敗退。この間、全日本選手権で円盤投げ8連勝、砲丸投げ5連勝を記録した他、100メートルや走り幅跳び、五種競技などを含め計22度の優勝を果たした。32年引退後は埼玉県教育委員会に勤務し、55年退職した。

吉野 文六 よしの・ぶんろく　外務省アメリカ局長　駐西ドイツ大使　㉔平成27年（2015）3月29日　96歳〔肺炎〕　㉕大正7年（1918）8月8日　㉖長野県　㉗東京帝国大学法学部〔昭和22年〕卒　㉘昭和16年外務省に入省。太平洋戦争中はドイツに在勤し、ナチス・ドイツの崩壊に立ち会った。官房審議官などを経て、43年駐米公使となり、46年からアメリカ局長として米国との沖縄返還交渉を担当した。以後、47年駐経済協力開発機構（OECD）日本政府代表部大使、50年外務審議官、52年12月～57年5月駐西ドイツ大使を歴任。57年12月退官。外務省顧問、経団連参与などを経て、58年国際経済研究所長。60年から同理事長も兼任した。アメリカ局長時代に米国との間で結ばれた、沖縄返還の際に米軍用地の原状回復補償費400万ドルを日本側が極秘に肩代わりする密約の存在を一貫して否定してきたが、平成18年米国の公文書が公開されたことから、政府関係者としてその存在を初めて認めた。21年には密約を巡る情報公開訴訟に、原告側の求めに応じて証人として出廷した。聞き書きに佐藤優「私が最も尊敬する外交官 ナチス・ドイツの崩壊を目撃した吉野文六」がある。　㉕勲一等瑞宝章〔平成2年〕

吉野 正敏 よしの・まさとし　気象学者　筑波大学名誉教授　㉓気候学、地球環境科学　㉔平成29年（2017）7月4日　89歳〔脳梗塞〕　㉕昭和3年（1928）1月1日　㉖東京都　㉗東京文理科大学地学科地理学専攻〔昭和26年〕卒　理学博士〔昭和36年〕　㉘昭和28年東京教育大学理学部助手、42年法政大学助教授、44年教授を経て、49年筑波大学教授に就任。この間、36～38年西ドイツ・ボン大学研究奨学生、42～43年西ドイツ・ハイデルベルク大学客員教授を歴任。平成3年筑波大学名誉教授。3～10年愛知大学教授。13年国連大学上席学術顧問。12年日本沙漠学会会長。他に日本地理学会会長、第14～15期日本学術会議会員、国際地理学連合副会長など歴任した。著書に「気候学」「世界の気候・日本の気候」「風の世界」「地球環境への提言」「中国の沙漠化」「風と人びと」「世界の風・日本の風」などがある。　㉕日本気象学会藤原賞（昭和52年度）、アレキサンダー・フォン・フンボルト研究賞〔平成4年〕、国際地理学連合賞〔平成12年〕、国際都市気候学会デューク・ハウォード賞2007〔平成19年〕、ルーマニア科学アカデミー外国名誉会員　㉚日本地理学会、日本気象学会、日本農業気象学会、国際地理学連合

吉野 益 よしの・ます　藤岡市長　㉔平成27年（2015）2月1日　97歳　㉕大正7年（1918）1月15日　㉖群馬県　㉗藤岡中〔昭和11年〕卒　㉘昭和44年群馬県経済連参事、52年全国食肉学校理事・副校長を経て、53年から藤岡市長に4選。平成6年引退。　㉕勲四等瑞宝章〔平成7年〕

吉野 実 よしの・みのる　防衛事務次官　㉔平成28年（2016）1月9日　91歳〔肺がん〕　㉕大正13年（1924）3

月5日　[出]神奈川県藤沢市　[学]東京大学法学部〔昭和25年〕卒　[歴]昭和25年大蔵省（現・財務省）に入省。関東財務局長などを経て、53年造幣局長。55年防衛庁（現・防衛省）経理局長、56年防衛施設庁長官、57年防衛事務次官を歴任。59年退官、航空貨物通関情報処理センター理事。平成元年ミサワバン会長に就任。　[賞]勲二等瑞宝章〔平成6年〕

吉野 ゆりえ　よしの・ゆりえ　ダンス指導者　日本に「サルコーマセンターを設立する会」代表　世界ダンス議会国際審査員　[没]平成28年（2016）7月30日　48歳〔後腹膜平滑筋肉腫〕　[生]昭和43年（1968）3月6日　[出]大分県竹田市　[名]本名＝吉野由起恵（よしの・ゆきえ）　[学]大分雄城台高卒, 筑波大学第三学群国際関係学類卒, 東京アナウンスアカデミー・アナウンス専攻科修了　[歴]筑波大学入学と同時に競技ダンスを始め、4年生の時にプロに転向。在学中にはミス日本にも選ばれた。大学卒業後、ダンスの本場・英国に留学。日本との間を10年間行き来し、この間、国内外の大会で活躍。インターナショナル選手権ライジングスターチャンピオン、全日本選手権ファイナリスト、全日本セグエ選手権ファイナリスト。引退してダンス指導者として活動していた平成15年3月筋肉や骨にできる希少癌“肉腫（サルコーマ）”の平滑筋肉腫と診断されたが、病気と闘いながらダンスの指導と普及に情熱を燃やし、18年視覚障害者のための世界初“第1回全日本ブラインドダンス選手権大会”を開催、日本テレビ系「24時間テレビ 愛は地球を救う」内で放映される。世界ダンス議会国際審査員、日本ダンス議会審査員、日本ブラインドダンス協会理事、同事務局長、都立八王子盲学校外部指導員なども務めた。20年闘病記「いのちのダンス―舞姫の選択」を出版して癌を公表。専門の診療科がなく研究が進まない状況を変えようと同じ病気の患者や医師らと、21年“日本に「サルコーマセンターを設立する会」”を設立。治療拠点設立に奔走し、3年後にがん研究会有明病院で実現した。28年に亡くなるまでの11年間で19回もの手術を受けながら、サルコーマの治療環境の向上を訴え続けた。

吉野 良司　よしの・りょうじ　埼玉県議（共産党）　[没]平成28年（2016）5月21日　83歳〔リンパ腫〕　[生]昭和8年（1933）1月23日　[出]埼玉県浦和市（さいたま市）　[学]東京学芸大学中退　[歴]昭和46年から埼玉県議に7選。平成11年引退。12年衆院選に立候補した。

吉信 宏夫　よしのぶ・ひろお　大阪大学名誉教授　大阪府立大学名誉教授　[専]流体力学　[没]平成29年（2017）4月12日　90歳〔虚血性心疾患〕　[生]大正15年（1926）10月29日　[出]和歌山県　[学]京都大学理学部物理学科卒　理学博士　[歴]大阪大学基礎工学部教授、大阪府立大学教授を務めた。　[賞]瑞宝中綬章〔平成19年〕, 日本機械学会賞論文賞（昭和62年度）「キャビーテーション衝撃圧力に関する一研究（液体マイクロジェットの影響評価）」

吉原 政雄　よしはら・まさお　パレスホテル社長　[没]平成29年（2017）4月28日　92歳〔脳卒中〕　[生]大正14年（1925）2月13日　[出]東京都　[学]慶応義塾大学経済学部〔昭和23年〕卒　[歴]昭和23年三越に入社。35年パレスホテルに転じ、40年取締役、同年常務、44年専務、48年副社長を経て、52年社長に就任。平成13年会長、のち相談役名誉会長。グアムパレスコーポレーション会長、パレスホテル大宮社長などを兼任。　[賞]藍綬褒章〔平成6年〕, 勲三等旭日中綬章〔平成11年〕

吉原 稔　よしはら・みのる　弁護士　滋賀弁護士会会長　滋賀県議（共産党）　[没]平成27年（2015）3月30日　74歳〔脳梗塞〕　[生]昭和15年（1940）9月9日　[出]滋賀県彦根市　[学]京都大学法学部〔昭和38年〕卒　[歴]昭和39年司法試験に合格、42年弁護士登録。53年滋賀弁護士会会長。同年9月滋賀県議に当選、平成11年まで6期務める。12年衆院選滋賀1区に立候補した。　[団]滋賀弁護士会

吉原 米治　よしはら・よねはる　衆院議員（社会党）　[没]平成29年（2017）8月7日　89歳〔病気〕　[生]昭和3年（1928）2月8日　[出]島根県大田市　[学]宇部工専機械科〔昭和20年〕卒　[歴]石見交通勤務、島根県評副議長、昭和41年以来大田市議3期を経て、51年衆院選旧島根全県区で社会党から立候補して当選。平成2年に落選するまで5期務めた。社会党島根県本部委員長も務めた。　[賞]勲二等瑞宝章〔平成10年〕

吉牟田 直　よしむた・すなお　医師　仁心会松下病院院長　鹿児島県精神科病院協会名誉会長　[専]精神医学　[没]平成29年（2017）12月15日　86歳〔呼吸不全〕　[生]昭和6年（1931）8月30日　[出]鹿児島県南さつま市金峰　[学]七高卒, 九州大学医学部〔昭和30年〕卒, 九州大学大学院修了　医学博士　[歴]昭和40年、長崎医科大学助教授時代に被爆した岳父松下兼知が戦後故郷の鹿児島県に開業した仁心会松山病院の院長に就任。鹿児島県精神科病院協会会長、県精神保健福祉協議会会長などを歴任。平成20年長男直孝が後任院長に。共著に「非社会的問題行動」、分担執筆に「行動療法ケース研究 心身症2」、訳書に「逆制止による心理療法」、直孝ほかとの共訳に「自己表現トレーニング」「精神症状の背景にあるもの」など。　[賞]勲四等瑞宝章〔平成15年〕, 鹿児島県民表彰（平成28年度）　[団]日本心身医学会　[家]長男＝吉牟田直孝（松下病院院長）

吉村 華泉　よしむら・かせん　華道家　龍生派家元　華道龍生会会長　日本いけばな芸術協会理事長　[没]平成27年（2015）1月18日　86歳〔間質性肺炎〕　[生]昭和3年（1928）2月26日　[出]東京都　[名]本名＝吉村龍麿（よしむら・りゅうまろ）　[学]日本大学経済学部〔昭和26年〕中退　[歴]昭和19年16歳で龍生派3代目家元を継ぎ、26年龍生派会館を設立、龍生派華道会会長。日本いけばな芸術協会副理事長、理事長を務めた。植物本来の生命を見つめ直して表現する方法論“植物の貌”を提唱。いけばな美術展に造形いけ花を発表して頭角を現し、いけ花界に新風をもたらした。42年モントリオール万博で作品を展示。著書に「龍生派いけばな」「龍生派の生花と立華」「華泉の花」「植物の貌」などがある。　[賞]勲五等双光旭日章〔平成14年〕　[家]弟＝吉村隆（華道家）

吉村 清　よしむら・きよし　敦賀市議　高速増殖炉など建設に反対する敦賀市民の会会長　[没]平成29年（2017）1月31日　91歳〔肺炎〕　[出]福井県　[歴]昭和34年社会党から敦賀市議に当選、4期務める。高速増殖炉もんじゅの建設計画が明らかになると、51年高速増殖

炉など建設に反対する敦賀市民の会を結成して会長に就任。同年に発足した原発反対県民会議にも加わった。60年原告の1人として、もんじゅを巡る国の設置許可処分の無効確認を求める行政訴訟と建設・運転差し止めを求める民事訴訟を福井地裁に提訴。平成17年最高裁で設置許可を無効とした二審判決が覆り敗訴した。

吉村 滋　よしむら・しげる　小説家　熊本日日新聞論説委員　「詩と真実」編集発行人　[没]平成27年（2015）4月9日　87歳〔胃がん〕　[生]昭和2年（1927）10月9日　[出]熊本県熊本市　[学]熊本中〔昭和20年〕卒，五高理科甲類〔昭和23年〕卒，九州大学経済学部経済学科〔昭和28年〕卒　[歴]昭和46年熊本日日新聞編集局整理部次長、50年論説委員を歴任。57年熊本日日新聞情報文化センター取締役企画部長。小説家でもあり、「詩と真実」編集発行人。48年「父と子」で熊日文学賞を受けた。著者に「父と子」「白馬荘」「銀閣の影絵」がある。[賞]熊日文学賞（第15回）〔昭和48年〕「父と子」，熊本県芸術功労者〔平成21年〕　[団]日本文芸家協会

芳村 仁　よしむら・じん　北海道大学名誉教授　釧路工業高等専門学校名誉教授　[専]土木工学，構造力学　[没]平成28年（2016）9月29日　84歳〔心タンポナーデ〕　[生]昭和7年（1932）7月18日　[出]北海道札幌市　[学]北海道大学工学部土木工学科卒，北海道大学大学院工学研究科土木工学専攻〔昭和32年〕修士課程修了　工学博士　[歴]昭和32年北海道大学工学部講師、33年助教授を経て、45年教授。この間、42年西ドイツフンボルト財団研究奨学生として留学。平成6年釧路工業高等専門学校校長。8年に発生した豊浜トンネル崩落事故では開発局が設置した事故調査委員会の委員長を務めた。　[賞]瑞宝中綬章〔平成19年〕，土木学会賞奨励賞〔昭和37年〕「曲線直交異方性扇形平板の曲げについて」「曲線直交異方性変厚扇形平板の曲げについて」　[団]土木学会

吉村 宗一郎　よしむら・そういちろう　奈良県農協中央会会長　[没]平成27年（2015）3月18日　97歳〔肺炎〕　[生]大正6年（1917）8月12日　[出]奈良県　[学]東京農業大学農学部〔昭和16年〕卒　[歴]昭和16年産業組合中央会を経て、29年奈良県経済連参事、36年専務理事、53年奈良県農協五連会長。のち奈良県農協中央会会長。奈良県経済農協連会長、奈良県共済農協連会長などを兼任した他、奈良県教育委員長も務めた。　[賞]紺綬褒章〔昭和44年〕

吉村 聡一郎　よしむら・そういちろう　神戸製鋼所副社長　[没]平成27年（2015）4月30日　88歳〔急性心筋梗塞〕　[生]大正15年（1926）12月6日　[出]高知県高知市　[学]東京大学法学部〔昭和24年〕卒　[歴]昭和24年神戸製鋼所に入社。52年取締役、56年常務、58年専務を経て、62年副社長。平成3年顧問。　[賞]藍綬褒章〔平成5年〕　[家]弟＝吉村泰輔（高知パレスホテル相談役）

吉村 惣四郎　よしむら・そうしろう　書家　熊本県書道連盟副理事長　人吉総合病院事務長　[没]平成27年（2015）12月12日　83歳〔肺炎〕　[生]昭和7年（1932）3月19日　[出]熊本県熊本市　[名]号＝吉村伯舟（よしむら・はくしゅう）　[学]人吉高〔昭和25年〕卒　[歴]昭和35年人吉総合病院庶務係長、39年庶務課長を経て、61年事務長。一方、吉村伯舟の号で伯舟書道会を主宰、熊日書道展、読売書法展、毎日書道展、朝日書道展、日展に出展。熊本県書道連盟副理事長を務めた。　[賞]人吉市政功労人吉市長表彰〔昭和57年〕，人吉文化功労人吉市長表彰〔昭和58年〕，社会保険庁長官表彰〔昭和60年〕

吉村 登喜男　よしむら・ときお　秋田スパーク薬品創業者　[没]平成27年（2015）12月25日　77歳〔間質性肺炎〕　[歴]昭和53年秋田スパーク薬品を創業。平成11年秋田県医薬品配置協会会長、27年名誉会長を務めた。

吉村 敏夫　よしむら・としお　山形県出納長　[没]平成28年（2016）1月8日　94歳〔老衰〕　[生]大正10年（1921）6月20日　[出]山形県鶴岡市　[学]京都帝国大学法学部政治学科〔昭和19年〕卒　[歴]昭和25年山形県庁に入る。秘書課長、民生部長、企業開発部長、開発局長、総務部長、企業管理者、教育長を経て、55年出納長。61年退任。この間、55年より山形県土地開発公社理事長を兼務。　[賞]勲三等瑞宝章〔平成4年〕

吉村 淑甫　よしむら・よしほ　郷土史家　高知県立歴史民俗資料館館長　[専]高知県　[没]平成27年（2015）5月4日　94歳〔急性心不全〕　[生]大正9年（1920）9月30日　[出]高知県香美郡在所村（香美市）　[学]高小卒　[歴]高知県在所村の神職の家に育ち、高等小学校を卒業後、高知新聞社などに勤務。傍ら、保田与重郎、折口信夫らと交流を持ち、「コギト」「祖国」などに参加。戦後は結核を患って約5年間の療養生活を送る。昭和31年高知市史編纂所、高知市民図書館に勤め、高知県関係の文化資料の収集や出版事業に尽力。高知市民図書館近代資料室長を務めた。平成3年高知県立歴史民俗資料館の初代館長に就任。11年退任。著書に「土佐民俗風土記」「海南九人抄」「土佐の神ごと」「鯨海酔侯 山内容堂」「近藤長次郎」などがある。　[賞]高知県出版文化賞〔昭和41年〕「土佐民俗風土記」，椋庵文学賞（第4回）〔昭和45年〕「海の人びと」，高知県文化賞〔昭和55年〕

よ

吉村 芳之　よしむら・よしゆき　テレビ演出家　映画監督　[没]平成29年（2017）2月5日　70歳〔心不全〕　[生]昭和21年（1946）9月11日　[出]三重県上野市（伊賀市）　[学]京都大学法学部〔昭和45年〕卒　[歴]昭和45年NHKに入局。大河ドラマ「独眼竜政宗」「琉球の風」「北条時宗」など、時代劇を中心に数々のドラマ演出を手がけた。他の演出作品に「欲しがりません勝つまでは」「風神の門」「御宿かわせみ」「宮本武蔵」「男どき女どき」「日輪の翼」など。平成29年リリー・フランキー主演の映画「一茶」の製作中、病死した。　[賞]放送文化基金賞演出賞（第26回）〔平成12年〕「日輪の翼」

吉本 勇　よしもと・いさむ　東京工業大学名誉教授　[専]機械要素，機械工作　[没]平成29年（2017）12月22日　91歳〔心不全〕　[生]大正15年（1926）1月25日　[学]東京工業大学機械工学科卒　工学博士　[歴]東京工業大学教授、同大精密工学研究所所長、拓殖大学工学部教授、日本機械学会副会長を務めた。著書に「確率統計工学」「工学統計解析」「機械設計—大学講義」「機械要素—大学講義」、編著に「ねじ締結体設計のポイント」など。　[賞]瑞宝中綬章〔平成15年〕，工作機械技術振興賞論文賞（第5回）〔昭和59年〕「歯車ホブのリード誤差

の自動測定」, 全国発明表彰弁理士会会長賞（昭和62年度）「光波干渉による精密ねじの測定方法」

吉本 晴彦　よしもと・はるひこ　吉本土地建物社長　大阪第一ホテル社長　[没]平成29年（2017）5月30日　93歳〔老衰〕　[生]大正12年（1923）9月30日　[出]大阪府大阪市北区梅田　[学]同志社大学経済学部〔昭和21年〕卒　[歴]大阪・梅田一帯の大地主の家に生まれ、13歳で両親を失い、財産相続をめぐる骨肉の争いを経験。大学在学中に学徒出陣を経て、昭和21年大学卒業と同時に不動産事業を興し、29年吉本土地建物社長に就任。47年関西地域開発を設立して副社長。51年JR大阪駅近くに円柱形のビル「大阪マルビル」を竣工させ、60年大阪マルビルに社名変更して社長。多額の資産を持ち、63年には米国経済誌「フォーブス」で世界第8位のリッチマンに選ばれる。また、48年石油ショック以来大日本どケチ教を創立、教祖として布教に努めるなどユニークな経営者として知られた。大阪商工会議所常議員、関西経済同友会幹事なども歴任。著書に「どケチ人生」「どケチ商法」「どケチ兵法」「どケチ生活術」「商売繁盛五十訓」などがある。　[賞]紺綬褒章〔昭和29年〕, 黄綬褒章〔昭和62年〕, 大阪府知事表彰

吉行 あぐり　よしゆき・あぐり　美容師　[没]平成27年（2015）1月5日　107歳〔肺炎〕　[生]明治40年（1907）7月10日　[出]岡山県岡山市　[学]岡山県立第一高女卒　[歴]大正12年岡山県立第一高女在学中の15歳で小説家の吉行エイスケと結婚、14年上京。同年日本の美容師の草分け・山野千枝子の門をくぐり、昭和4年東京・市谷に山ノ手美容院を開業。15年34歳で夫と死別。戦後は世田谷区内で戦争未亡人を中心に美容師になるための技術指導を行う。24年画家の辻復と再婚。27年吉行あぐり美容室を開店、90歳を過ぎても美容師として活動を続けた。60年自伝「梅桃（ゆすらうめ）が実るとき」を出版、平成9年NHK朝の連続テレビ小説「あぐり」としてドラマ化され、話題を呼んだ。27年107歳の天寿を全うした。長男の淳之介と二女の理恵は芥川賞作家、長女の和子は女優として知られる。　[賞]都民文化栄誉章〔平成10年〕　[家]夫＝吉行エイスケ（小説家）, 長男＝吉行淳之介（小説家）, 長女＝吉行和子（女優）, 二女＝吉行理恵（詩人）

依田 精一　よだ・せいいち　東京経済大学名誉教授　[専]民事法（家族制度, 法社会学）　[没]平成28年（2016）12月16日　88歳〔肝臓がん〕　[生]昭和3年（1928）6月23日　[出]京都府京都市　[学]九州大学法学部法律学科〔昭和30年〕卒, 九州大学大学院法学研究科〔昭和36年〕博士課程中退　法学博士（九州大学）　[歴]昭和36年九州大学法学部助手、38年東京経済大学専任講師、39年助教授を経て、49年教授。55年ウィーン大学客員研究員を務めた。著書に「家族思想と家族法の歴史」、共編に「日本の現代法」などがある。　[団]日本私法学会, 日本法社会学会, 農業法学会, 比較家族史学会, 日本家族史学会, 占領史研究会

依田 彦二　よだ・ひこじ　長野県労働組合評議会議長　[没]平成27年（2015）11月9日　86歳〔肺炎〕　[生]昭和4年（1929）4月12日　[出]長野県小諸市　[学]岩村田中卒　[歴]昭和30年小諸市職員労働組合執行委員として初めて労働運動に携わり、40～57年小諸市職労委員長。この間、44年から3年間、自治労本部中央執行委員。佐久地区評議長も務め、59年から自治労長野県本部書記長、60年から委員長。62年長野県労働組合評議会議長に就任、平成2年に連合長野の発足により県評が活動を終えるまで務めた。県評の運動の一部を引き継いだ長野県評センター（現・長野県労組会議）の初代議長、日朝長野県民会議（朝鮮の自主的平和統一を支持する長野県民会議）の代表委員も務めた。

依田 明倫　よだ・めいりん　俳人　「夏至」主宰　[没]平成29年（2017）11月19日　89歳〔心不全〕　[生]昭和3年（1928）1月16日　[出]北海道空知郡奈井江町　[名]本名＝依田明倫（よだ・あきよし）, 旧号＝依田秋葭　[学]空知農林科卒　[歴]昭和20年より秋葭の号で「ホトトギス」に投句、23年高浜虚子から手紙が届き、毎月10句を送って添削を受ける。28年二七会を結成して北海道の「ホトトギス」作家の旗手として活躍、のち二七会を十人会と改める。62年～平成12年北海道ホトトギス会会長。4年季刊同人誌「夏至」を創刊。14～20年北海道新聞俳句賞選考委員を務めた。句集に「祖父逝くや」「そこより農地」「二百五十句」「バイカル湖」「ネパールの朝」「農場」などがある。　[団]日本伝統俳句協会　[師]師＝高浜虚子

四元 統一郎　よつもと・とういちろう　鹿児島県議（自民党）　[没]平成27年（2015）7月18日　83歳〔胃がん〕　[生]昭和7年（1932）3月1日　[出]鹿児島県鹿児島市　[学]甲南高卒　[歴]昭和26年鹿児島商工新聞社に入社。36年丸屋に転じる。50年鹿児島市議補選で当選、以来5期務め、63年議長。平成3年から鹿児島県議に3選。15年引退。　[賞]旭日小綬章〔平成16年〕

四元 貢　よつもと・みつぐ　歯科医　鹿児島県歯科医師会会長　[没]平成27年（2015）5月6日　78歳〔腎不全〕　[生]昭和12年（1937）4月14日　[出]鹿児島県鹿屋市　[学]大阪歯科大学卒, 鹿児島大学大学院医学研究科修了　[歴]平成12～21年鹿児島県歯科医師会会長を務めた。　[賞]旭日小綬章, 厚生労働大臣表彰, 鹿児島県民表彰

四津谷 道昭　よつや・どうしょう　僧侶　瑞龍寺（曹洞宗）住職　[没]平成27年（2015）5月3日　86歳〔肺炎〕　[生]昭和3年（1928）11月13日　[出]富山県高岡市　[学]駒沢大学文学部仏教学科〔昭和46年〕卒　[歴]昭和47年高岡市にある曹洞宗寺院・瑞龍寺の第30世住職に就任。禅宗建築としての同寺の年代や文化財としての価値を調べ、60年～平成8年総事業費約22億円にのぼる昭和・平成の大修理を完工。これにより往時の大伽藍の威容が蘇り、9年山門・仏殿・法堂の3棟が富山県内で初めて国宝に指定された。25年住職を退き、三男にその座を譲った。　[賞]北日本新聞文化功労賞〔平成25年〕　[家]長男＝四津谷孝道（駒沢大学教授）, 三男＝四津谷道宏（瑞龍寺住職）

四ツ谷 光子　よつや・みつこ　衆院議員（共産党）　[没]平成29年（2017）12月23日　90歳〔心筋梗塞〕　[生]昭和2年（1927）5月5日　[出]大阪府　[学]大阪府専（現・大阪府立女子大学）卒　[歴]西淀中学教師、大阪教職員組合婦人部長、大阪母親大会副委員長を経て、昭和51年共産党から衆院選旧大阪7区に立候補し、54年初当選。

55年再選され、連続2期務めた。58年、61年、平成2年落選。

米窪 千加代 よねくぼ・ちかよ 長野県連合婦人会会長 塩尻市議 [没]平成28年(2016)10月3日 82歳〔脳出血〕 [生]昭和9年(1934)5月24日 [出]長野県松本市 [名]旧姓・名=小林千加代(こばやし・ちかよ) [学]松本蟻ケ崎高卒 [歴]長野県連合婦人会副会長を経て、平成12～23年会長。塩尻市議も5期務めた。 [賞]結核予防功労者表彰,長野県教育委員会表彰,文部大臣表彰

米倉 功 よねくら・いさお 伊藤忠商事社長 [没]平成27年(2015)12月6日 93歳〔肺炎〕 [生]大正11年(1922)5月25日 [出]愛知県名古屋市 [学]愛知一中〔昭和15年〕卒,東京商科大学(現・一橋大学)〔昭和22年〕卒 [歴]昭和22年大建産業に入社。24年同社分離により伊藤忠商事となり、50年取締役、52年常務、56年専務、57年副社長を経て、58年社長。60年伊藤忠商事、三井物産、米国ヒューズ・コミュニケーションの合弁で設立された日本衛星通信(現・スカパーJSAT)の初代社長を兼務。61年度に総合商社で伊藤忠商事を初めて売上高首位に導いた。平成2年伊藤忠商事会長、8年相談役、12年特別顧問に退いた。4～8年経済団体連合会副会長。 [賞]藍綬褒章〔昭和61年〕,アン・オナラリー・オフィサー・イン・ジ・オーダー・オブ・オーストラリア〔平成2年〕,勲一等瑞宝章〔平成11年〕,経営者賞(第30回,昭和61年度),経済界大賞(第13回)〔昭和62年〕「売上高ナンバーワンの商社となる」 [家]長男=米倉英一(伊藤忠商事常務)

米倉 利昭 よねくら・としあき 佐賀大学名誉教授 [専]中世芸能史,中世日本文学 [没]平成28年(2016)11月23日 86歳〔肺炎〕 [生]昭和5年(1930)2月16日 [出]佐賀県神埼郡神埼町神埼 [学]広島大学文学部〔昭和31年〕卒,広島大学大学院文学研究科国語国文学専攻〔昭和36年〕博士課程修了 文学博士(広島大学)〔昭和45年〕 [歴]一時新制佐賀高教師を務めたが、広島大学文学部へ編入。昭和36年博士課程修了と同時に鈴ケ峯女子短期大学講師。以後、39年助教授、41年佐賀大学講師、42年助教授を経て、48年教授。60～62年附属図書館長、平成5年教育学部長兼大学院教育学研究科長。7年定年退官し、長崎純心大学人文学部教授兼学生部長、12年大学院人間文化研究科教授。この間、昭和47年国文学研究資料館創設以来、文献資料調査員などを務め、62年国文学文献資料収集計画委員。また、41年～平成16年佐賀県文化財保護審議会委員として無形文化財と文学文書の調査保存に従事した。著書に「わらんべ草(狂言昔語抄)研究」などがある。 [賞]佐賀新聞文化賞(学術部門)〔平成7年〕,文化財保護功労者文部大臣表彰〔平成12年〕 [団]中世文学会,民俗芸能学会

米坂 ヒデノリ よねさか・ひでのり 彫刻家 釧路短期大学教授 北海道立文学館理事 [没]平成28年(2016)4月1日 82歳〔肺炎〕 [生]昭和9年(1934)2月13日 [出]北海道釧路市 [名]本名=米坂英範(よねさか・ひでのり) [学]釧路高(現・釧湖陵高)卒,東京芸術大学美術学部彫刻科〔昭和32年〕卒 [歴]釧路高在学中に油彩を始め、東京芸術大学で本格的に彫刻を学ぶ。昭和32年より釧路聾学校に勤める傍ら創作を続け、34年全道展会員となる(55年退会)。36年自由美術協会会員。釧路短期大学教授、北海道日伊協会会長を務めた。北の風土に題材を求めるユニークな作品を制作。52年北海道文化奨励賞、57年北海道立近代美術館賞を受賞。62年栗山町に移住したが、平成18年帰郷。脳梗塞の後遺症を抱えながら創作を続けた。作品に最高裁判所大ホールレリーフ「神の国への道」の他、「北の柩」「漂泊」などがあり、母子像、記念碑も多い。また北海道鶴居村に精神医療施設、つるい養生邑(ようせいむら)を設立した。 [賞]紺綬褒章,北海道文化奨励賞〔昭和52年〕,北海道立近代美術館賞〔昭和57年〕,北海道文化賞〔平成17年〕,北海道功労賞〔平成21年〕 [団]自由美術協会,北海道日伊協会

米沢 隆 よねざわ・たかし 民社党委員長 衆院議員 [没]平成28年(2016)6月16日 76歳〔呼吸不全〕 [生]昭和15年(1940)1月28日 [出]旧満州大連 [学]京都大学法学部〔昭和39年〕卒 [歴]旧満州・大連で生まれる。昭和39年大学を卒業後して旭化成に入社、労働組合運動に加わり、44年全旭化成労組連書記長。46年宮崎県議を経て、51年民社党から衆院選旧宮崎1区に立候補し初当選。平成元年党書記長に就任。2年党委員長に推されたが辞退。5年に発足した非自民の細川護熙連立政権では党書記長として、公明党の市川雄一書記長、新生党の小沢一郎代表幹事と"ワン・ワン・ライス"と呼ばれ、政権運営を主導した。6年6月大内啓伍党委員長の辞任表明を受け委員長に就任したが、同年12月民社党を解党。最後の委員長として35年に及ぶ党の歴史に幕を下ろした。その後、新進党の結成に参加して副党首となり、7年12月～8年8月幹事長。衆院選に連続7回当選したが、8年落選。12年民主党から衆院選比例九州ブロックに立候補するが落選。14年繰り上げ当選、15年当選、17年落選。当選9回。民主党では副代表などを務めた。 [賞]旭日重光章〔平成22年〕

米沢 義信 よねざわ・よしのぶ 本州製紙社長 [没]平成29年(2017)10月9日 93歳〔老衰〕 [生]大正13年(1924)8月6日 [出]奈良県桜井市 [学]京都帝国大学工学部繊維化学科〔昭和22年〕卒 [歴]昭和22年旧王子製紙(現・王子ホールディングス)に入社。49年本州製紙取締役、55年常務、57年専務、60年副社長を経て、63年社長に就任。平成6年会長。8年新王子製紙との合併に伴い、王子製紙取締役相談役となった。 [賞]勲二等瑞宝章〔平成10年〕

米田 幸雄 よねだ・さちお 京都教育大学名誉教授 [専]衣服衛生学 [没]平成28年(2016)8月16日 92歳〔老衰〕 [生]大正12年(1923)8月24日 [出]京都府京都市 [学]京都府立医科大学〔昭和24年〕卒 医学博士 [歴]昭和41年京都教育大学教授に就任。61年退官し、京都女子大学教授となった。平成9年退任。著書に「衣服衛生学」がある。 [賞]勲三等旭日中綬章〔平成12年〕

米田 貞一郎 よねだ・ていいちろう 京都学園大学名誉教授 [専]同和教育 [没]平成28年(2016)6月7日 106歳〔老衰〕 [生]明治42年(1909)12月11日 [出]三重県伊勢市 [学]京都帝国大学文学部卒 [歴]昭和27年42歳で京都の堀川高校校長に就任、10年間務める。京都市教育委員会で指導部長などを歴任。退職後は京都学園大学の創設に尽力し、学生部長や初代野球部長を務めた。

よ

京都コンピュータ学院では102歳まで教壇に立ち、名物先生として親しまれた。

米田 実 よねだ・みのる 弁護士 大阪弁護士会会長 日本弁護士連合会副会長 ㉘平成29年（2017）11月9日 92歳［心不全］ ㉓大正14年（1925）11月4日 ㉔大阪府大阪市 ㉕天王寺中［昭和15年］卒、陸軍幼年学校［昭和18年］卒、陸士、京都大学法学部［昭和25年］卒 ㉖陸軍士官学校在学中に終戦。昭和25年司法試験合格。26年司法研修所を経て、28年4月弁護士登録、大阪弁護士会入会。33年大阪・北浜に米田実法律事務所を開設、37年同本町に移転、39年メキシコシティの国際法曹会議に出席。42年北浜に移転。43年大阪弁護士会副会長、58年会長。日本弁護士連合会副会長、近畿弁護士連合会理事長も務めた。著書に「現代金融取引法の諸問題—米田実先生古稀記念」がある。

米村 天心 よねむら・てんしん プロレスラー 力士（幕下） ㉘平成28年（2016）6月20日 69歳［膿胸］ ㉓昭和21年（1946）12月16日 ㉔秋田県鹿角市 ㉕本名＝米村勉（よねむら・つとむ）、四股名＝高昇 ㉖昭和37年大相撲の高島部屋に入門。41年三段目で優勝。幕下で引退後はプロレスラーに転身、国際プロレスなどに所属した。その後、福島県会津若松市でちゃんこやぐら太鼓を経営した。 ㉞長男＝朱雀太（力士）

米谷 節郎 よねや・せつろう 秋田経済研究所所長 秋田桂城短期大学教授 ㉘平成27年（2015）8月11日 82歳［肺炎］ ㉓昭和7年（1932）11月3日 ㉔秋田県秋田市 ㉕秋田高［昭和26年］卒、一橋大学商学部［昭和30年］卒 ㉖昭和30年秋田銀行に入行。51年盛岡支店長を経て、54年から4年間、秋田経済研究所初代所長。58年秋田銀行監査役。平成8年秋田桂城短期大学教授。

米山 重義 よねやま・しげよし ヨネックス副社長 ㉘平成29年（2017）7月15日 77歳［肺炎］ ㉓昭和15年（1940）1月7日 ㉔新潟県 ㉕長岡商［昭和34年］卒 ㉖平成2年ヨネックス取締役、同年常務、9年専務を経て、17年副社長。

依岡 紫峰 よりおか・しほう 書家 毎日書道展審査会員 ㉘平成29年（2017）10月15日 85歳［胃がん］ ㉕本名＝依岡稔（よりおか・みのる） ㉖毎日書道展審査会員を務めた。

寄木 正敏 よりき・まさとし 月島機械会長 ㉘平成28年（2016）3月9日 92歳［老衰］ ㉓大正12年（1923）9月2日 ㉔新潟県 ㉕京都大学経済学部［昭和25年］卒 ㉖三和銀行に入り、昭和48年取締役、50年常務を歴任。54年月島機械副社長に転じ、平成2年会長。9年相談役。

頼富 本宏 よりとみ・もとひろ 僧侶 種智院大学学長 ㉗密教学、密教美術 ㉘平成27年（2015）3月30日 69歳［膵臓がん］ ㉓昭和20年（1945）4月14日 ㉔香川県大川郡大川町（さぬき市） ㉕京都大学文学部哲学科仏教学専攻［昭和43年］卒、京都大学大学院文学研究科仏教学専攻［昭和48年］博士課程修了 文学博士（京都大学）［昭和63年］ ㉖昭和48年種智院大学仏教学部講師、52年助教授を経て、56年教授。平成4年学

部長。10年国際日本文化研究センター教授、14〜22年種智院大学学長、15年真言宗京都学園理事長代理。東寺真言宗の実相寺住職も務めた。この間、昭和52年から6年間、小チベット・ラダック地方、東インド・オリッサ地方の密教美術を研究。55年インド・中国・チベットの密教遺跡合同調査団に参加。曼荼羅研究、密教学研究の第一人者として知られた。著書に「密教仏の研究」「中国密教の研究」「庶民のほとけ」「マンダラの仏たち」「密教とマンダラ」「空海と密教」「曼荼羅の鑑賞基礎知識」「密教の流伝」「大日如来の世界」「四国遍路とはなにか」などがある。 ㉟朝日学術奨励賞［昭和57年］、密教学芸賞［平成7年］ ㉞日本印度学仏教学会、日本密教学会、密教図像学会、日本仏教学会、日本チベット学会、仏教史学会、平安仏教学会

【ら】

雷山 陶秀 らいざん・とうしゅう
⇒山本 秀一（やまもと・ひでかず）を見よ

ラッキー幸治 らっきーこうじ 曲芸師 ㉗太神楽 ㉘平成29年（2017）8月26日 77歳［急性硬膜下血腫］ ㉓昭和15年（1940）5月18日 ㉔大阪府大阪市 ㉕本名＝水香幸治（すいこう・こうじ）、初名＝豊来家幸治、グループ名＝ラッキートリオ、ザ・ラッキー ㉖大阪で生まれ、昭和22年東京の曲芸師・豊来家宝楽に入門して豊来家幸治の名でデビュー。独立後は大阪へ拠点を移して関西の第一人者として活躍。36〜41年アクロバットチームのラッキートリオ、41〜50年ザ・ラッキーで活動。平成8年長女のラッキー舞と第二次ザ・ラッキーを結成、妻のラッキー優も加わって家族で活動。口にくわえた木の棒の上で土瓶を巧みに操る芸で知られた。晩年は弟子の入門をきっかけに豊来家一門を再興、28年には芸能70周年を記念して初の一門会を開き、芸術祭賞優秀賞を受けた。 ㉟芸術祭賞優秀賞（平成28年度） ㉞妻＝ラッキー優（曲芸師）、長女＝ラッキー舞（曲芸師） ㉝師＝豊来家宝楽

【り】

琉王 優貴 りゅうおう・ゆうき 力士（幕内） ㉘平成27年（2015）6月28日 70歳［脳梗塞］ ㉓昭和20年（1945）2月25日 ㉔大分県中津市 ㉕本名＝神田武光（かんだ・たけみつ）、旧姓・名＝島武光（しま・たけみつ）、旧四股名＝島、二瀬富士、黒汐 ㉖疎開先の大分県中津市で生まれ、沖縄県那覇市で育つ。那覇中から鹿児島の奄美高に進む。昭和37年朝日山部屋に入門、同年九州場所で初土俵を踏む。45年九州場所で新入幕を果たし、沖縄県出身で初の幕内力士となった。176センチ、135キロと小柄ながら、押し出し、突き出しを武器に幕内を28場所務め、沖縄県出身者で最高の前頭筆頭まで昇った。49年夏場所の輪島戦では金星を挙げ

た。50年朝日山親方が急逝し、朝日山騒動が勃発。51年には引退し新親方という約束だったが、実際には、朝日山襲名ならず、北陣の株も継げず、引退相撲も許されずで、九州場所前に"廃業"という形で退いた。生涯成績は幕内在位28場所、443勝(幕内通算183勝237敗)。その後、東京で相撲料理店を経営したが、平成16年脳梗塞で体調を崩し、24年から豊見城市の施設で療養生活を送った。

龍前 範子　りゅうまえ・のりこ　読売日本交響楽団ライブラリアン　[没]平成27年(2015)4月1日　83歳　[歴]昭和39～46年読売日本交響楽団で、楽団が演奏する全ての楽譜を整理・管理するライブラリアンを務めた。平成23年舞台芸術を裏から支え優れた業績を挙げた人物に贈られるニッセイ・バックステージ賞を受けた。　[賞]ニッセイ・バックステージ賞(第17回)〔平成23年〕

りりィ　シンガー・ソングライター　女優　[没]平成28年(2016)11月11日　64歳〔肺がん〕　[生]昭和27年(1952)2月17日　[出]福岡県福岡市　[名]本名＝鎌田小恵子(かまた・さえこ)　[歴]父親は米国人兵士。昭和36年上京。44年17歳で母親と死別。10代から夜の繁華街で歌い、47年アルバム「たまねぎ」で歌手デビュー。49年「私は泣いています」が100万枚の大ヒット、複雑な女心をハスキーボイスで歌い、女性シンガー・ソングライターの先駆けとして注目された。他のヒット曲に「心が痛い」「オレンジ村から春へ」など。女優としても活動し、大島渚監督の映画「夏の妹」でヒロインの父の恋人役を印象深く演じた。58年結婚し、活動を休止していたが、63年シングル「さよならロンリネス」でカムバック。平成3年渋谷・クロコダイルでライブ、4年新宿・シアターサンモールでコンサートを開催。7年シングル「でもさようならが言えない/風の子守唄」を発表。11年から斉藤洋二とユニットを組み、音楽活動を続けた。テレビドラマや映画の脇役としても重宝され、テレビドラマ「3年B組金八先生」(13～14年)、「半沢直樹」(25年)、映画「リップヴァンウィンクルの花嫁」(28年, 岩井俊二監督)などでは母親役を好演。28年4月肺がんが見つかり、同年11月死去。映画「追憶」(29年, 降旗康男監督)が遺作となった。長男はロックバンド、FUZZY CONTROLのJUONで、DREAMS COME TRUEのボーカル吉田美和の夫。　[賞]日本有線大賞優秀賞(第7回)〔昭和49年〕, 全日本有線放送大賞新人賞(第7回)〔昭和49年〕, 高崎映画祭最優秀助演女優賞(第31回, 平成28年度)「リップヴァンウィンクルの花嫁」　[家]長男＝JUON(ミュージシャン)

【る】

類家 孝　るいけ・たかし　山車制作師　[没]平成27年(2015)6月29日　70歳〔病気〕　[出]青森県八戸市　[歴]看板製作業を営む傍ら、昭和44年から八戸三社大祭の塩町附祭組の山車制作に携わり、51年から4年連続で最優秀賞を受賞。その後、淀、三菱製紙、新井田などの山車組に移り、塩町時代から9年連続で最優秀賞に輝いた。58年八戸山車製作研究会を設立して会長に就任。自身が考案した山車が左右に広がる"ワイド化"と呼ばれる技術などを各山車組と共有し、豪華絢爛な山車の原型を作った。また55年に三沢市で開かれた全国豊かな海づくり大会で昭和天皇に披露した天覧山車も制作した。　[家]二男＝佐々木一正(山車制作師)

【れ】

蓮仏 宗宏　れんぶつ・むねひろ　大東銀行頭取　[没]平成29年(2017)10月24日　83歳　[生]昭和9年(1934)2月26日　[出]北海道河東郡音更町　[学]東北大学経済学部〔昭和31年〕卒　[歴]昭和31年大蔵省(現・財務省)に入省。55年財務局総務部長を経て、56年大東銀行常務、62年専務、平成3年頭取。8年東証第1部に上場。15年会長。

【ろ】

六角 政右衛門　ろっかく・まさうえもん　宮崎県議(民社党)　[没]平成27年(2015)4月22日　83歳〔老衰〕　[生]昭和7年(1932)1月30日　[出]宮崎県東臼杵郡南郷村(美郷町)　[学]恒富高〔昭和33年〕卒　[歴]旭化成ベンベルグ労組組合長を経て、昭和50年以来宮崎県議に4選。平成3年引退。宮崎県選挙管理委員長や日本心臓ペースメーカー友の会宮崎県支部長などを歴任した。　[賞]旭日双光章〔平成17年〕

【わ】

和歌 弘州　わか・ひろくに　加茂砕石社長　穴吹学園理事長　[没]平成29年(2017)5月8日　74歳　[歴]加茂砕石社長、穴吹学園理事長を務めた。

若尾 吉文　わかお・よしぶみ　美濃窯業専務　[没]平成28年(2016)7月10日　87歳〔下咽頭がん〕　[生]昭和4年(1929)2月22日　[出]岐阜県　[学]千葉外事専欧米科〔昭和24年〕卒　[歴]昭和27年美濃窯業に入社。56年取締役、62年常務などを経て、平成3年専務。

若麻績 千冬　わかおみ・ちふゆ　僧侶　善光寺寺務総長　兄部坊住職　[没]平成28年(2016)11月23日　65歳〔肝不全〕　[出]長野県長野市　[歴]善光寺兄部坊住職を務め、平成12～14年善光寺寺務総長。　[家]長男＝若麻績善正(野村坊住職)

若木 重敏　わかき・しげとし　生化学者　協和醗酵工業副社長　[没]平成28年(2016)11月2日　100歳〔老衰〕　[生]大正5年(1916)1月2日　[出]秋田県秋田市　[名]

わ

筆名＝ユング・ホルツ　㋑秋田中〔昭和8年〕卒，九州帝国大学農学部〔昭和14年〕卒，京都帝国大学理学部〔昭和16年〕卒　工学博士　㋺昭和17年海軍造兵中尉に任官，呉海軍工廠の砲煩実験部弾薬科で火薬関係の基礎・応用研究に従事。20年8月原爆投下直後の広島市内に入り入市被爆。同年森永医薬品を経て，29年協和醗酵工業に入社。43年取締役，45年常務，50年専務，54年副社長に就任。59年取締役相談役，61年相談役，平成2年顧問。昭和48年ヤンセン協和社長，56年協和メディックス社長も務めた。世界で最も使われている抗がん剤の一つ，マイトマイシンCの発見者で抗がん剤の開発による貢献も多い。57年にはユング・ホルツのペンネームで書いたSF小説集「紫色の時差」を出版。若木重敏名義の著書には「ニューバイオテクノロジー産業」「2101年ユング博士のバイオ大予言」や，自らの被爆体験や原爆投下機エノラ・ゲイ号の軌跡の調査を綴った「広島反転爆撃の証明」などがある。　㋬紫綬褒章〔昭和47年〕，勲三等旭日中綬章〔昭和62年〕，ベルギー王国勲章〔平成2年〕，高松宮妃癌研究基金学術賞（第18回，昭和63年度）「抗がん物質マイトマイシンの研究」

若杉 和夫　わかすぎ・かずお　通商産業審議官　石油資源開発社長　㋔平成28年（2016）7月25日　85歳　昭和6年（1931）3月22日　㋐静岡県榛原郡榛原町（牧之原市）　㋑榛原中〔昭和23年〕卒，静岡高文科丙類〔昭和24年〕中退，東京大学法学部〔昭和28年〕卒　㋺昭和28年通商産業省（現・経済産業省）に入省。55年生活産業局長，56年通商政策局長，57年特許庁長官，59年通商産業審議官を歴任して，61年6月退官。同年9月日本長期信用銀行顧問，63年7月三菱電機顧問を経て，平成元年常務，3年専務，5年副社長。7年石油資源開発社長，13年会長，19年相談役。この間，12年石油鉱業連盟会長。

若月 弘　わかつき・ひろし　君津市長　㋔平成28年（2016）8月16日　88歳　㋓昭和3年（1928）4月7日　㋐千葉県安房郡天津小湊町（鴨川市）　㋑東京農林専卒　㋺千葉県企画部次長，商工労働部長，千葉県土地開発公社理事長を経て，平成6年君津市長に当選。10年落選。　㋬勲四等瑞宝章〔平成14年〕，君津市名誉市民

我妻 忠義　わがつま・ただよし　アルデル・ジロー社長　㋔平成29年（2017）6月17日　77歳〔間質性肺炎〕　㋓昭和14年（1939）7月7日　㋐北海道静内郡静内町　㋒芸名＝我妻二郎（わがつま・じろう）　㋑静内高卒　㋺自動車教習所教官を経て，東和プロダクションを共同経営。昭和41年新栄プロに歌手として所属，我妻二郎の芸名で地方を回る。30歳を機に45年芸能事務所サンミュージック入り。55年デビューの松田聖子の初代マネジャーを務めた他，早見優，酒井法子，野村将希ら多くのタレントを担当。平成9年独立してアルデル・ジローを設立，川中美幸らを支えた。

若林 修　わかばやし・おさむ　アイスホッケー選手・指導者　㋔平成27年（2015）6月2日　70歳　㋓昭和19年（1944）12月23日　㋐カナダ　㋑ボストン大学　㋺カナダの日系2世。ボストン大学アイスホッケーの花形プレーヤーとして，オールアメリカンに2度出場。昭

和43年兄の若林仁の誘いを受けて来日，日本リーグの西武鉄道でプレーし，フォワードとして活躍。52年からは監督を兼任，チームを2度日本リーグ優勝に導いた。60年現役を引退し，平成元年まで監督を務める。日本リーグ通算206ゴール，164アシスト。傍ら，昭和46年日本国籍を取得し，日本代表として47年の札幌五輪，51年のインスブルック五輪，55年のレークプラシッド五輪に出場。レークプラシッド五輪では日本選手団の旗手も務めた。また，世界選手権には8回出場するなど，日本のレベルアップに大きく貢献した。のち日本，カナダでゴルフ場の経営に携わり，ミウラ・イースト・ゴルフディレクターなどを務める。平成13年日本リーグ初の市民クラブである日光アイスバックスの専任監督に就任したが，1年で退任。温厚な人柄と"ハービー"の愛称で親しまれた。　㋐兄＝若林仁（アイスホッケー監督）

若林 和正　わかばやし・かずまさ　信州大学名誉教授　㋔酵素化学　㋔平成29年（2017）11月6日　97歳〔肺炎〕　㋓大正8年（1919）11月9日　㋐長野県長野市　㋑広島文理大学理学部化学科卒　理学博士　㋺信州大学工学部教授，長野大学産業社会学部教授を務めた。糖水解酵素の特性と反応機構に関する研究に取り組んだ。　㋬勲三等旭日中綬章

若林 貴世志　わかばやし・きよし　TBS副社長　横浜ベイスターズオーナー　㋔平成28年（2016）3月31日　73歳〔食道がん多発肝転移〕　㋓昭和17年（1942）10月3日　㋐東京都　㋑成蹊高卒，成蹊大学政経学部〔昭和42年〕卒　㋺昭和42年東京放送（TBS，現・TBSホールディングス）に入社。テレビ営業局長，平成8年取締役，9年常務を経て，副社長。19年TBSホールディングス取締役相談役。一方，16年スカウト活動不正行為で引責辞任した砂浜幸雄オーナーに替わり，プロ野球球団・横浜ベイスターズ（現・DeNAベイスターズ）のオーナーに就任。23年にDeNAが球団を買収した際にオーナーを退いた。成蹊高時代にはピッチャーを務めた。

若林 信二　わかばやし・しんじ　伊藤忠商事常務　㋔平成27年（2015）6月10日　82歳〔心不全〕　㋓昭和7年（1932）8月3日　㋐大阪府豊中市　㋑神戸大学経済学部〔昭和30年〕卒　㋺伊藤忠商事に入社。昭和44年建設本部企画統轄課長，建設部長，米国伊藤忠副社長などを経て，62年地域開発研究所長，63年取締役，3年常務，のち顧問。この間，世界最大級のホテルチェーンであるホリデイ・インと米国サウスランド社のセブン・イレブンの日本参入に尽力。同年東京ヒューマニア・エンタプライズ社長に就任。10年会長。

若林 暢　わかばやし・のぶ　バイオリニスト　㋔平成28年（2016）6月8日　58歳〔病気〕　㋓昭和33年（1958）㋐東京都　㋑東京芸術大学卒，東京芸術大学大学院修了，ジュリアード音楽院　博士号（ジュリアード音楽院）〔平成7年〕　㋺中学時代から海野義雄にバイオリンを師事。結婚後，ニューヨーク出張の夫とともに渡米，ジュリアード音楽院に入学。バイオリンをD.ディレイ，E.ヴァルディ，海野義雄，田中千香士，室内楽をF.ガリミア，J.フックス，音楽理論をM.ホワイト，R.フレンチに師事。昭和61年ニューヨーク国際芸術家コンクールで優勝，同年ヴィニャフスキ国際バイオリ

ン・コンクールでは2位入賞を果たし、最優秀音楽解釈賞、ヘンリク・シェリング賞、ワンダ・ウィルコミルスカ賞、ポズナン市長賞も併せて受賞。62年カーネギーホールでデビューリサイタルを開催、「ニューヨーク・タイムズ」紙でも高い評価を受ける。その後、米国、ドイツ、イタリア、スペイン、ポーランド、スイス、オーストリア、中国、韓国など世界各地でソロリサイタルを開催、また各地のオーケストラとの共演など、ソリストとして演奏活動を行う。平成7年論文「音楽に登場する悪魔」で博士号を取得。8年帰国後は東京都大田区を拠点に演奏活動を続けた。没後の29年、生前の演奏を収めたアルバム「ヴァイオリン愛奏曲集」「ブラームス：ヴァイオリン・ソナタ全集」が発売され、クラシックCDのチャートで1位2位を獲得。同年博士論文をまとめた著書「悪魔のすむ音楽」も発売された。 [賞]ヴィニャフスキ国際バイオリン・コンクール第2位〔昭和61年〕 [師]師＝ディレイ, D., ヴァルディ, E., 海野義雄, 田中千香士, ガリミア, F., フックス, J., ホワイト, M., フレンチ, R.

若原 富夫 わかはら・とみお 東海日中貿易センター副会長 [没]平成27年(2015)3月27日 82歳〔肝内胆管がん〕 [出]愛知県名古屋市西区 [歴]昭和30年日本国際貿易促進協会東海総局(現・東海日中貿易センター)設立に参加。理事事務局長、専務理事を経て、平成8〜23年副会長。21年には日本と中国の貿易や投資促進に貢献したとして中国より人民友誼貢献賞を贈られた。 [賞]人民友誼貢献賞(中国)〔平成21年〕

若宮 啓文 わかみや・よしぶみ ジャーナリスト 朝日新聞主筆 [没]平成28年(2016)4月28日 68歳 [生]昭和23年(1948)1月16日 [出]東京都 [学]東京大学法学部政治学科〔昭和45年〕卒 [歴]昭和45年朝日新聞社に入社。横浜、長野各支局を経て、50年東京本社政治部員。政治部次長を経て、平成5年論説委員、8年政治部長、11年編集局次長、14年論説副主幹、同年論説主幹、18年上席役員待遇論説主幹。20年論説主幹を退き、同社コラムニストとなる。23年主筆。25年退社。この間、昭和56年、57年韓国の延世大学韓国語学堂に留学。平成13年米国ブルッキングス研究所客員研究員。著書に「ルポ現代の被差別部落」「戦後保守のアジア観」「闘う社説—朝日新聞論説委員室2000日の記録」「新聞記者—現代史を記録する」「戦後70年 保守のアジア観」などがある。 [賞]石橋湛山賞(第36回)〔平成27年〕「戦後70年 保守のアジア観」, 韓中日和解協力賞(第1回)〔平成29年〕

若村 保二郎 わかむら・やすじろう タクマ専務 [没]平成29年(2017)3月24日 83歳〔心筋梗塞〕 [生]昭和8年(1933)10月19日 [出]東京都練馬区 [学]神戸商船大学機関学科〔昭和31年〕卒 [歴]昭和34年タクマに入社。平成2年取締役を経て、専務。

若柳 東穂 わかやぎ・とうほ 日本舞踊家(正派若柳流) 正派若柳会会長 [没]平成28年(2016)11月29日 79歳〔急性呼吸不全〕 [生]昭和12年(1937)8月13日 [出]富山県富山市桜木町 [名]本名＝上野作子(うえの・さくこ) [学]富山女子高〔昭和31年〕卒 [団]正派若柳会, 日本舞踊協会 [家]兄＝荻江寿友(2代目), 弟＝常磐津明石太夫 [師]師＝若柳東宏, 若村喜久

若山 永太郎 わかやま・えいたろう マルカキカイ社長 [没]平成27年(2015)1月31日 97歳〔呼吸不全〕 [生]大正6年(1917)9月13日 [出]青森県青森市 [学]小樽高商〔昭和13年〕卒 [歴]昭和13年伊藤忠商事に入社。21年丸嘉(現・マルカキカイ)設立に参画、常務、専務、副社長を歴任し、50年社長、63年会長を務めた。 [賞]青森県褒賞〔平成3年〕

わかやま・けん 絵本作家 [没]平成27年(2015)7月17日 85歳 [生]昭和5年(1930)1月29日 [出]岐阜県岐阜市 [名]本名＝若山憲(わかやま・けん) [歴]グラフィックデザインの世界から絵本界に入る。昭和45年より和田義臣、森久保仙太郎、佐藤英和と〈こぐまちゃん〉シリーズの絵本を制作し、作画を担当。52年まで15冊を出版し、ロングセラーとなった。他の絵本に「きつねやまのよめいり」「ぼくみてたんだ」「ちびっこちびおに」「おばけのどろんどろんのおかあさん」「おっぱい おっぱい」などがある。 [賞]絵本にっぽん賞(第4回)〔昭和56年〕「おばけのどろんどろんとぴかぴかおばけ」, 高橋五山賞絵画賞(第23回, 昭和59年度)「かぜのかみとこども」 [団]日本児童出版美術家連盟

若山 繁 わかやま・しげる 近畿電気工事社長 [没]平成27年(2015)1月5日 97歳〔肺炎〕 [生]大正6年(1917)5月22日 [出]福井県武生市(越前市) [学]大阪工専〔昭和14年〕卒 [歴]立花商会(のち近畿電気工事)に入社。昭和34年取締役、41年常務、48年専務、54年副社長を経て、56年社長。平成元年会長。2年きんでんに社名変更。7年相談役に退いた。 [賞]藍綬褒章〔昭和59年〕, 勲三等瑞宝章〔平成1年〕

若吉葉 重幸 わかよしば・しげゆき 力士(幕内) [没]平成29年(2017)2月23日 71歳〔神経性分泌がん〕 [生]昭和20年(1945)10月26日 [出]北海道夕張市 [名]本名＝千葉重幸(ちば・しげゆき), 前四股名＝千葉の山 [歴]横綱吉葉山の宮城野部屋に入門、昭和37年初場所に千葉の山の四股名で初土俵。幕下で全勝優勝をした後、40年春場所で十両に昇進して若吉葉と改名。42年名古屋場所で新入幕。180センチ、90キロの軽量ながら運動神経に優れ、美男ぶりと高々とあがる四股を踏む姿で人気を集めたが、幕内在位は4場所で、幕下まで陥落。再度幕下全勝優勝で十両に返り咲いたが、三段目に陥落し、45年7月限りで24歳の若さで廃業した。幕内在位4場所、幕内通算成績22勝32敗6休。得意は左四つ、足技、上手投げ。同年札幌市に食堂・若吉葉を開いた。平成13年閉店。

脇 功 わき・いさお プール学院大学名誉教授 [専]イタリア文学 [没]平成29年(2017)12月18日 81歳〔胃がん〕 [生]昭和11年(1936)12月11日 [出]愛媛県川之江市(四国中央市) [学]京都大学文学部イタリア語・イタリア文学専攻〔昭和34年〕卒, 京都大学大学院文学研究科イタリア語・イタリア文学専攻〔昭和39年〕博士課程修了 [歴]昭和43〜45年イタリア政府給費留学生としてローマ大学文学部に留学。桃山学院短期大学教授、プール学院短期大学教授を経て、平成8年プール学院大学国際文化学部教授。イタリア近現代作家の翻訳を数多く手がけた。訳書にプリモ・レーヴィ「休戦」、イタロ・カルヴィーノ「不在の騎士」、ルドヴィコ・アリオスト「狂えるオルランド」、ディーノ・ブッツァー

わ

ティ「七人の使者」「タタール人の砂漠」、ガブリエーレ・ダヌンツィオ「薔薇小説〈1〉〜〈3〉」他。　賞日本翻訳文化賞（第38回）〔平成13年〕「狂えるオルランド」、ピーコ・デッラ・ミランドラ賞（第11回）〔平成14年〕「狂えるオルランド」

脇 圭平　わき・けいへい　同志社大学名誉教授　西洋政治思想史　没平成27年（2015）1月8日　91歳〔脳梗塞〕　生大正13年（1924）1月5日　山口県　東京帝国大学法学部政治学科〔昭和22年〕卒　丸山真男に師事。同志社大学法学部教授を務めた。著書に「知識人と政治」、共著に「フルトヴェングラー」、訳書にマックス・ウェーバー「職業としての政治」などがある。　賞吉野作造賞（第8回、昭和48年度）「知識人と政治」

脇坂 勝則　わきさか・かつのり　サンパウロ人文科学研究所理事長　著「ブラジル日系社会の調査・研究」　没平成29年（2017）11月15日　94歳〔老衰〕　生大正12年（1923）　広島県　著サンパウロ大学哲学科中退　昭和2年広島市二保町（現・南区）から両親に連れられてブラジルへ渡る。サンパウロ大学在学時に軍事政権に抵抗して哲学科を中退。日系農家を支援するコチア産業組合中央会に勤め、ポルトガル語による日本文化の紹介にも尽力した。40年の創立時からサンパウロ人文科学研究所を支え、平成8〜11年同理事長。「ポ日・日ポ辞典」の監修にもあたった。

脇田 晴子　わきた・はるこ　日本史学者　滋賀県立大学名誉教授　石川県立歴史博物館館長　著日本中世史　没平成28年（2016）9月27日　82歳〔心不全〕　生昭和9年（1934）3月9日　兵庫県西宮市　本名＝脇田晴子、旧姓・名＝麻野（あさの）　神戸大学文学部史学科〔昭和31年〕卒、京都大学大学院文学研究科〔昭和38年〕博士課程単位取得満期退学　文学博士（京都大学）　橘女子大学（現・京都橘大学）教授、鳴門教育大学教授を経て、大阪外国語大学（現・大阪大学外国語学部）教授。平成7年滋賀県立大学教授。のち同大名誉教授。西宮の20代続いた商家に生まれ、中世商業史、都市史を専門とする。昭和57年に刊行された「日本女性史」（全5巻）は、国内の女性史研究の草分けとされる。女性歴史研究の先駆者として多くの後進を育て、"女性史学賞"の創設に尽力。また自らも能を演じるなど、中世芸能への関心も深かった。石見銀山（島根県）の歴史文献調査団長も務め、世界遺産入りに大きな役割を果たした。城西国際大学客員教授、石川県立歴史博物館長、「女性史学」編集長も務めた。平成17年文化功労者に選ばれ、22年文化勲章を受章。20年夫の歴史学者・脇田修と初の共著「物語 京都の歴史—花の都の二千年」を刊行した。他の著書に「日本中世商業発達史の研究」「日本中世都市論」「室町時代」「戦国大名」「中世に生きる女たち」「日本中世被差別民の研究」、編著に「母性を問う—歴史的変遷」、共編著に「ジェンダーの日本史」など。　賞文化功労者〔平成17年〕、文化勲章〔平成22年〕、朝日新聞社学術奨励金, 女性史青山をる賞（第1回）〔昭和61年〕「母性を問う」、角川源義賞（歴史研究部門、第25回）〔平成15年〕「日本中世被差別民の研究」　所日本史研究会、女性史

総合研究会, 歴史学研究会, 芸能史研究会　家夫＝脇田修（大阪大学名誉教授）

涌井 弥瓶（5代目）　わくい・やへい　陶芸家　新庄東山焼会長　新庄商工会議所会頭　著新庄東山焼　没平成28年（2016）5月29日　86歳〔解離性大動脈瘤〕　生昭和4年（1929）7月5日　山形県最上郡鮭川村　雑貨商の九男。昭和19年から山形県の鮭川国民学校（現・鮭川小学校）の代用教員となる。29年出羽新庄藩の御用窯で新庄東山焼を制作する涌井家の婿養子となり、32年26歳で小学校教員を退職。山形県工業試験場に通い、陶芸の理論や科学の基礎を学ぶなど陶芸に本格的に取り組んだ。50年5代目弥瓶を襲名。最上市町村総合開発センター、県最上合同庁舎、新庄市民プラザなどの陶壁画を制作、平成元年には松尾芭蕉乗船の地・本合海に「芭蕉と曽良」の等身大の陶像を建立した。　賞山形県知事表彰, 山形県総合美術展山新賞（第37回）〔昭和56年〕「油滴天目釉壺」　家長女＝涌井賀代子（陶芸家）

湧上 元雄　わくがみ・もとお　郷土史家　琉球大学法文学部教授　著沖縄民俗研究　没平成27年（2015）9月9日　98歳〔肺炎〕　生大正6年（1917）3月17日　沖縄県島尻郡玉城村字船越（南城市）　国学院大学国文学科〔昭和17年〕卒　社会運動家で衆議院議員を務めた湧上聾人の長男。国学院大学で折口信夫の薫陶を受けた。昭和29年琉球大学助教授、50年教授。57年退官。知念高校教諭、台湾花蓮工業学校教諭、沖縄国際大学教授などを務め、沖縄民俗研究会会長、沖縄県文化財保護審議委員を歴任。久高島のイザイホーなど祭祀を中心とした沖縄県の民俗学研究で知られ、著書に「沖縄民俗文化論」、共著に「沖縄・奄美の民間信仰」「琉球文化と祭祀」「沖縄の聖地」などがある。　賞東恩納寛惇賞（第17回）〔平成12年〕「沖縄民俗研究で業績」, 文部科学大臣地域文化功労者表彰〔平成17年〕　家父＝湧上聾人（社会運動家・政治家）

和久本 芳彦　わくもと・よしひこ　東芝専務　没平成27年（2015）4月26日　83歳〔急性心不全〕　生昭和6年（1931）6月4日　東京都　東京大学教養学部教養学科〔昭和30年〕卒　昭和30年東京芝浦電気（現・東芝）に入社。63年取締役、平成2年常務を経て、4年専務。8年顧問、13年退任。また、8年国際交流基金理事日米センター所長に就任。

和栗 由紀夫　わぐり・ゆきお　舞踏家　没平成29年（2017）10月22日　65歳〔膵臓がん〕　生昭和27年（1952）　昭和47年から"暗黒舞踏"の創始者である土方巽に師事。土方が主宰するアスベスト館男性第一舞踏手となり、師から好善社の号を受ける。61年土方没後は好善社を主宰し国内外で活動。ソロダンサーとして霧笙会と組んでの海外公演やワークショップも多数ある。平成2年「人間の水」を上演、「舞踏への誘い」と題し土方流を基に舞踏譜を集成。8年映像集団・鑑TATARAとの共同制作による作品「楕円幻想」を発表。10年土方の作舞法をまとめたCD-ROM「舞踏花伝」を発売するなど、継承にも力を注いだ。　師＝土方巽

輪湖 明　わこ・あきら　昭和電工専務　没平成27年（2015）10月27日　90歳〔腎不全〕　生大正14年（1925）4

月2日　[出]長野県　[学]東京大学工学部〔昭和23年〕卒　[歴]昭和電工専務を務めた。

鷲尾 弘志　わしお・ひろし　兵庫県議（自民党）　[没]平成28年（2016）10月2日　90歳〔肺炎〕　[生]大正14年（1925）12月5日　[出]兵庫県三木市　[学]兵庫県立農卒　[歴]三木市教育委員長を経て、昭和34年三木市・美嚢郡選挙区から兵庫県議に当選。2年で辞職した後、38年返り咲き。以後、連続11選。51年議長。平成19年引退。自民党兵庫県連幹事長を務めた。　[賞]旭日中綬章〔平成19年〕

鷲崎 彦三　わしざき・ひこみ　小田急建設社長　[没]平成27年（2015）1月6日　94歳　[生]大正9年（1920）11月16日　[出]東京都　[学]慶応義塾大学高等部〔昭和17年〕卒　[歴]昭和17年東京急行電鉄に入社。33年小田急電鉄、36年小田急百貨店に転じ、45年小田急建設（現・大和小田急建設）常務、57年専務、62年副社長を経て、平成元年社長、5年会長。

和田 秋広　わだ・あきひろ　別子山村（愛媛県）村長　[没]平成29年（2017）12月18日　93歳〔老衰〕　[生]大正13年（1924）1月3日　[出]愛媛県宇摩郡別子山村（新居浜市）　[学]別子山村高小〔昭和14年〕卒　[歴]昭和21～53年住友金属鉱山別子事業所に勤務。愛媛県別子山村議4期、同村助役2期を経て、平成元年から村長に4選。住友別子銅山が盛んだったころ1万2000人いた人口が閉山以後減少を続け、のち西日本で一番人口の少ない村となる。15年同村は新居浜市と合併した。　[賞]旭日小綬章〔平成15年〕

和田 克司　わだ・かつし　大阪成蹊短期大学名誉教授　[専]正岡子規研究　[没]平成27年（2015）7月14日　77歳〔胆嚢がん〕　[生]昭和13年（1938）1月23日　[出]京都府京都市　[学]松山東高〔昭和31年〕卒, 京都大学文学部文学科国語学・国文科学専攻〔昭和36年〕卒, 大阪大学大学院文学研究科国語学・国文学〔昭和45年〕博士課程単位取得　[歴]昭和54年より大阪成蹊女子短期大学（現・大阪成蹊短期大学）教授を務めた。正岡子規の実証的な研究で知られ、著書に「風呂で読む子規」、編著に「大谷是空『浪花雑記』―正岡子規との友情の結晶」などがある。　[団]俳文学会, 中世文学会, 近世文学会

和田 勝典　わだ・かつのり　アマ棋士　日本棋院宮崎県連合会会長　[没]平成27年（2015）10月9日　77歳〔骨髄異形成症候群〕　[歴]宮崎日日新聞社主催のアマ宮崎本因坊戦で昭和50年から3連覇を達成、名誉本因坊の称号を贈られた。日本棋院日向支部長、同宮崎県連合会副会長を歴任し、平成24年から会長。日向はまぐり碁石まつりの実行委員長も長年務めた。　[賞]日向市文化賞〔平成23年〕

和田 光司　わだ・こうじ　歌手　[没]平成28年（2016）4月3日　42歳〔上咽頭がん〕　[生]昭和49年（1974）1月29日　[出]京都府福知山市　[歴]平成11年テレビアニメ「デジモンアドベンチャー」の主題歌「Butter-Fly」でメジャーデビュー。第2シリーズ以降も主題歌を担当したが、15年病気で声が出なくなり、一線を退く。18年アニメ「デジモンセイバーズ」の主題歌「ヒラリ」で復帰。〈デジモン〉シリーズ全作品の主題歌を歌うなど、アニメソング歌手として活躍し、19年からはブラジルなど南米を中心に海外公演も行う。また、前田愛との朗読ミュージカルユニット、KALEIDO☆SCOPEでも活動した。15年からがんとの闘病を続けながら活動したが、28年42歳で亡くなった。

和田 悟朗　わだ・ごろう　俳人　化学者　奈良女子大学名誉教授　[専]無機化学, 錯体化学　[没]平成27年（2015）2月23日　91歳〔肺気腫〕　[生]大正12年（1923）6月18日　[出]兵庫県神戸市　[学]大阪大学理学部〔昭和23年〕卒　理学博士〔昭和33年〕　[歴]奈良女子大学理学部教授を務めた。一方、昭和27年頃から句作し「坂」「俳句評論」「渦」の創刊時から同人として活躍。のち「白燕」「風来」代表。52年から現代俳句協会関西地区議長、のち副会長。平成3年から大阪俳人クラブ会長。句集に「七十万年」「現」「山壊集」「諸葛菜」「桜守」「法隆寺伝承」「和田悟朗句集」「少閒」「即興の山」「坐忘」「含密祭」「風車」、評論集に「現代の諷詠」「俳人想望」「俳句と自然」「赤尾兜子の世界」、エッセイ集に「活日記」「俳句文明」などがある。　[賞]勲三等旭日中綬章〔平成11年〕, 現代俳句協会賞（第16回）〔昭和44年〕, 兵庫県文化賞〔平成4年〕, 現代俳句大賞（第7回）〔平成19年〕, 読売文学賞（詩歌俳句部門, 第64回）〔平成25年〕「風車」　[団]日本化学会, 現代俳句協会, 日本文芸家協会, 日本ペンクラブ, 大阪俳人クラブ, 関西現代俳句協会

和田 貞夫　わだ・さだお　衆院議員（社民党）　[没]平成28年（2016）12月18日　91歳〔細菌性肺炎〕　[生]大正14年（1925）1月5日　[出]大阪府和泉市　[学]成器商〔昭和18年〕卒　[歴]昭和22年大阪府に勤務。34年から大阪府議3期を経て、47年旧大阪5区から衆院議員に当選。2期務め、61年落選したが、平成2年返り咲き。通算4期。8年引退した。　[賞]勲二等瑞宝章〔平成7年〕

和田 佐知子　わだ・さちこ　春陽堂書店社長　[没]平成29年（2017）5月22日　52歳　[生]昭和39年（1964）12月23日　[歴]春陽堂書店社長を務めた和田欣之介の長女で、同社社長に就任。平成26～27年日本書籍出版協会監事。　[家]父＝和田欣之介（春陽堂書店社長）

和田 泰蔵　わだ・たいぞう　国産金属工業社長　[没]平成28年（2016）12月9日　89歳〔老衰〕　[生]昭和2年（1927）7月6日　[出]大阪府　[学]東京工業大学工学部金属工学科〔昭和26年〕卒　[歴]国産金属工業（現・アルファ）創業者である和田和一の長男。昭和27年同社に入社。50年社長に就任、62年相談役、平成12年監査役に退く。　[家]父＝和田和一（国産金属工業社長）, 弟＝和田健治（アルファ社長）

和田 哲哉　わだ・てつや　三菱UFJニコス会長　三菱東京UFJ銀行常務　[没]平成28年（2016）5月28日　62歳〔肺塞栓症〕　[生]昭和29年（1954）3月1日　[出]兵庫県神戸市　[学]京都大学法学部〔昭和51年〕卒　[歴]三菱東京UFJ銀行常務、三菱UFJニコス会長を歴任。主にリテール部門を歩み、KDDIとの「じぶん銀行」設立やアコム出資など新機軸を打ち出す。平成11年経営再建中の商社・兼松へ出向して再建に道筋を付けた。

和田 年弘　わだ・としひろ　近畿工業創業者　キンキ会長　[没]平成28年（2016）1月13日　93歳〔心不全〕　[生]大正11年（1922）11月5日　[出]兵庫県三木市　[学]日本大学専門部商科〔昭和17年〕卒　[歴]昭和23年加古川市で近畿工業を創業し、28年株式に改組して社長、63年

わ

和田 長久 わだ・ながひさ 平和運動家 原水爆禁止日本国民会議専門委員 ㊷平成28年(2016)12月31日 84歳〔肺炎〕 ㊷昭和7年(1932)2月21日 ㊷滋賀県大津市 ㊷高島高 ㊷高島高在学中に結核で入院。昭和32年京都友禅労働組合の専従となる。30年から平和運動に携わり、33年より原水爆禁止大阪府協議会(大阪原水協)で活動したが、原水爆禁止日本協議会(日本原水協)の方針に賛成できず脱退、39年全面軍縮大阪府協議会(大阪軍縮協)結成と同時にその事務局に転じ、事務局次長に就任。40年原水爆禁止日本国民会議(原水禁)創設に参加し、常任執行委員、専門委員を歴任した。その後、ベトナム反戦運動に積極的に参加。また、韓国人被爆者救援にも取り組んだ。原水爆禁止運動内部では沖縄大会の開催やミサイル基地反対運動などを提起。社会党・総評系の原水禁運動の中で、大阪軍縮協は、柔軟さと幅の広さで独自の地位を占め、運動を下部から支える役割を果たした。著書に『原子力と核の時代史』などがある。

和田 正光 わだ・まさてる 日本経済新聞編集局政治部編集委員 ㊷平成28年(2016)4月2日 86歳〔虚血性心疾患〕 ㊷昭和4年(1929)11月19日 ㊷北海道 ㊷東京大学法学部卒 ㊷昭和28年日本経済新聞社に入社、政治部次長や編集委員を務めた。44年東京12チャンネル(現・テレビ東京)制作局次長兼報道部長、49年社長室長、58年役員待遇。

和田 正規 わだ・まさのり 三菱重工業取締役 ㊷平成27年(2015)7月28日 83歳〔肝臓がん〕 ㊷昭和6年(1931)10月27日 ㊷東京都 ㊷一橋大学商学部〔昭和29年〕卒 ㊷昭和29年新三菱重工業に入社。39年合併により三菱重工業と改称。59年船舶鉄構事業本部修繕船部長、61年船舶営業統括室長、平成元年取締役。3年不動建設専務となり、のち副社長。9年相談役に退いた。

和田 光雄 わだ・みつお 日本ALS協会長野県支部長 ㊷平成27年(2015)4月17日 75歳〔筋萎縮性側索硬化症〕 ㊷長野県長野市 ㊷平成12年筋萎縮性側索硬化症(ALS)を発症。21年長野県内の患者や家族で作る日本ALS協会の長野県支部長に就任。患者の支援や家族の介護負担を軽くする施策の充実などを県に働きかけた。

和田 満郎 わだ・みつろう 東奥日報常務論説委員長 ㊷平成28年(2016)1月20日 81歳〔病気〕 ㊷昭和9年(1934)3月1日 ㊷青森県青森市 ㊷早稲田大学第一文学部〔昭和33年〕卒 ㊷昭和33年東奥日報社に入社。仙台支社編集次長、社会部次長、56年東京支社編集部長、論説委員、編集局次長兼政経部長、平成2年論説副委員長、3年論説委員長を経て、6年常務論説委員長。13年退任。12〜17年青森市教育委員を務めた。

和田 守也 わだ・もりや 長野ダイハツモータース会長 長野県中小企業団体中央会会長 ㊷平成29年(2017)1月31日 94歳〔老衰〕 ㊷大正11年(1922)3月28日 ㊷長野県長野市 ㊷長野商卒 ㊷長野ダイハツモータース会長や自動車用品販売の和田正会長を歴任。平成4年長野県中小企業団体中央会会長に就任、6期12年にわたって務めた。13年から2年間、全国中小企業団体中央会副会長。 ㊷藍綬褒章、勲四等瑞宝章〔平成11年〕

和田 義彦 わだ・よしひこ 洋画家 名古屋芸術大学美術学部教授 ㊷平成28年(2016)3月25日 75歳〔肺炎〕 ㊷昭和15年(1940)4月3日 ㊷三重県 ㊷東京芸術大学〔昭和38年〕卒、東京芸術大学大学院油画科〔昭和40年〕修了 ㊷昭和41年国画会展で野島賞、42年同展プールループ賞を受賞。45年国画会会員。47〜51年ローマ美術学校、国立ローマ中央修復学校へ留学。50年イタリア・ソーラ美術展、54〜57年明日への具象展出品。55年名古屋芸術大学助教授を経て、61年教授。平成14年退職。18年4月芸術選奨文部科学大臣賞を受けたが、イタリア人画家アルベルト・スギの作品を盗作しているとの疑いがもたれ、6月文化庁は受賞を取り消した。損保ジャパン美術財団も、14年に贈った第25回安田火災東郷青児美術館大賞を取り消した。18年国画会を退会。晩年はブータンとの交流に尽くした。作品に「母子像」「想」などがある。 ㊷国画会野島賞〔昭和41年〕、国画会展プールループ賞〔昭和42年〕

和田 淑弘 わだ・よしひろ マツダ社長 ㊷平成27年(2015)4月7日 83歳〔心不全〕 ㊷昭和6年(1931)9月13日 ㊷島根県邇摩郡温泉津町(大田市) ㊷一橋大学商学部〔昭和30年〕卒 ㊷昭和30年住友銀行(現・三井住友銀行)に入行。調査部門に11年、審査部門に3年半、本店に約15年勤務。57年取締役、59年本店支配人。58年東洋工業(現・マツダ)に転じ専務、60年副社長を経て、平成3年社長。8年米国フォード・モーターに実質的に経営権を移譲、会長となった。 ㊷コロンビア国家功労大十字勲章〔平成6年〕

渡井 嘉久雄 わたい・かくお 殺陣師 ㊷平成27年(2015)10月12日 82歳〔急性心不全〕 ㊷静岡県駿東郡小山町 ㊷本名＝渡井嘉久夫(わたい・かくお) ㊷日活の殺陣師で、石原裕次郎主演の映画「夜霧よ今夜も有難う」などで裕次郎の専属殺陣師を務めた。渡哲也主演〈大幹部・無頼〉シリーズなども手がけた。

渡瀬 一男 わたせ・かずお 詩人 テレビプロデューサー ㊷平成27年(2015)9月1日 85歳〔膵臓がん〕 ㊷佐賀県小城市 ㊷詩誌「パルナシウス」「子午線」などで創作。平成元年までRKB毎日放送に勤め、ドラマ「東芝日曜劇場」などでプロデューサーを務めた。

渡瀬 恒彦 わたせ・つねひこ 俳優 ㊷平成29年(2017)3月14日 72歳〔多臓器不全〕 ㊷昭和19年(1944)7月28日 ㊷島根県能義郡安来町(安来市) ㊷三田学園高卒、早稲田大学法学部〔昭和43年〕卒 ㊷兄は俳優の渡哲也で、島根県で生まれ、淡路島で育つ。電通PRセンター、ジャパーク勤務を経て、昭和44年東映に入社。45年石井輝男監督「殺し屋人別帳」の主役でデビュー。以後、暴力抗争やスケバンもの活劇に出演したのち、46年中島貞夫監督「現代やくざ・血桜三兄弟」でチンピラやくざを鮮烈に演じ、48年の「鉄砲玉の美学」でその荒けずりな個性が魅力として定着。スタントマンをつかわずに体を張った派手なアクションをこなすが、深作欣二監督「北陸代理戦争」(52年)

で転倒したジープの下敷きになる怪我を負い降板、以降は性格俳優として活躍の場を広げた。53年野村芳太郎監督「事件」、深作監督「赤穂城断絶」の好演で日本アカデミー賞などの助演男優賞を数多く受賞。58年森崎東監督「時代屋の女房」で主人公・安を好演し、平成18年テレビドラマ版でも主演。テレビは4年より2時間ドラマ〈西村京太郎サスペンス 十津川警部〉シリーズに主演。その後も〈タクシードライバーの推理日誌〉(平成4年～)、〈北アルプス山岳救助隊・紫門一鬼〉(13～21年)、〈世直し公務員/ザ・公証人〉(14年～)、〈おみやさん〉(14年～)、〈警視庁捜査一課9係〉(18年～)の各シリーズに主演するなど、晩年はテレビドラマに数多く出演した。6年「インスペクター コールズ」で初舞台。他の主な出演作に映画〈仁義なき戦い〉シリーズ、「実録私設銀座警察」「唐獅子警察」「ジーンズ・ブルース 明日なき無頼派」「狂った野獣」「皇帝のいない八月」「神さまのくれた赤ん坊」「震える舌」「道頓堀川」「天城越え」「泪橋」「敦煌」「ナイル」「親分はイエス様」「釣りキチ三平」「育子からの手紙」、テレビドラマ「塀の中の懲りない面々」「男の子育て日記」「おしん」「炎立つ」「バブル」「十手人」「武蔵 MUSASHI」「ちりとてちん」「半落ち」「やまない雨はない」「南極大陸」などがある。昭和48年女優の大原麗子と結婚したが、53年離婚した。 [賞]エランドール賞〔昭和45年〕, キネマ旬報賞助演男優賞(昭和53年度)「事件」「赤穂城断絶」, ブルー・リボン賞助演男優賞(昭和53年度)「事件」「赤穂城断絶」, 報知映画賞助演男優賞(昭和53年度)「事件」「皇帝のいない八月」「赤穂城断絶」, 市川雷蔵賞(第2回)〔昭和54年〕「事件」他, 日本アカデミー賞助演男優賞(第2回, 昭和53年度)〔昭和54年〕「事件」, キネマ旬報賞主演男優賞(昭和55年度)「神様のくれた赤ん坊」「震える舌」, 橋田賞(第20回)〔平成24年〕 [家]兄＝渡哲也(俳優)

渡瀬 昌忠 わたせ・まさただ 万葉学者 大東文化大学教授 [専]上代文学, 柿本人麻呂 [没]平成29年(2017)1月14日 87歳〔肺腺がん〕 [生]昭和4年(1929)3月24日 [出]兵庫県 [学]国学院大学文学部国文学科〔昭和25年〕卒 文学博士 [歴]昭和49年大東文化大学教授を経て、62年実践女子大学教授。平成11年退職。著書に「万葉一枝」などがある。 [賞]武田祐吉記念賞(第1回)〔昭和45年〕「柿本人麻呂に関する研究」 [団]上代文学会, 万葉学会 [家]長男＝渡瀬昌彦(講談社取締役), 息子＝渡瀬夏彦(ノンフィクション作家)

渡部 章正 わたなべ・あきまさ 写真家 [没]平成28年(2016)4月15日 95歳〔肺炎〕 [生]大正10年(1921)2月21日 [出]愛媛県松山市 [学]松山商〔昭和14年〕卒 [歴]昭和14年伊予鉄道、17年四国配電に入社。26年より四国電力に勤め、同社広報誌の写真を担当しながら愛媛県内の庶民の暮らしや美しい自然を撮影。"写真のセイショウさん"の愛称で愛媛県写真界の第一人者として知られ、愛媛県展や二科展などで活躍した。また、平成13年に松山市が公有化した県指定史跡「庚申庵(こうしんあん)」の元所有者で、長年建物の維持保存にも尽くした。著書に「ふるさとの四季愛媛」「松山城と道後温泉」などがある。 [賞]愛媛新聞賞〔平成5年〕, 地域文化功労者文部大臣表彰〔平成9年〕

渡辺 明義 わたなべ・あきよし 東京文化財研究所所長 文化財研究所理事長 [専]水墨画史, 雪舟, 絵画の技法史, 装潢史 [没]平成27年(2015)3月30日 79歳〔横行結腸がん〕 [生]昭和10年(1935)8月4日 [出]栃木県 [学]東京芸術大学美術学部専攻科(芸術学)修了 [歴]昭和37年文化庁に入庁。平成元年美術工芸課長、4年東京国立博物館学芸部長。のち、文化庁文化財保護部文化財鑑査官を経て、8年東京国立文化財研究所所長。13年独立行政法人・文化財研究所理事長兼東京文化財研究所長。17年退任。奈良県明日香村にある特別史跡・高松塚古墳の国宝壁画恒久保存対策検討会座長を務めた。著書に「水墨画―雪舟とその流派」「瀟湘八景図」、編著に「水墨画の鑑賞基礎知識」などがある。 [団]日本美術史学会, 文化財保存修復学会

渡辺 一郎 わたなべ・いちろう 埼玉県議(自民党) 白岡町(埼玉県)町長 [没]平成27年(2015)7月4日 94歳 [生]大正9年(1920)10月20日 [出]埼玉県白岡市 [学]明治大学専門部政治経済学科〔昭和16年〕卒 [歴]昭和29年から埼玉県白岡町長3期、白岡町農協組合長を経て、46年より埼玉県議に4選。60年議長。62年引退した。

渡部 一郎 わたなべ・いちろう 衆院議員(公明党) [没]平成29年(2017)12月1日 86歳〔老衰〕 [生]昭和6年(1931)9月24日 [出]旧満州大連 [学]東京大学工学部応用化学科〔昭和31年〕卒 [歴]聖教新聞を経て、昭和39年公明新聞編集長。42年衆院選に公明党公認で旧兵庫1区から立候補し初当選。当選9回。党中央執行副委員長、党国会対策委員長、日中有効議員連盟副会長、日中友好国民協議会世話人を歴任。平成5年引退。国連のための世界国会議員会議事務局長も務めた。妻の渡部通子も公明党の衆院議員・参院議員を各1期務めた。 [家]妻＝渡部通子(衆院議員・参院議員)

渡辺 岩雄 わたなべ・いわお 医師 福島県赤十字血液センター名誉所長 福島県立医科大学医学部助教授 [専]外科学 [没]平成29年(2017)10月2日 86歳〔多臓器不全〕 [生]昭和5年(1930)11月16日 [出]福島県福島市 [学]福島県立医科大学医学部医学科〔昭和30年〕卒 医学博士 [歴]昭和31年福島県立医科大学第二外科、38年講師、45年助教授、のち福島県赤十字血液センター所長を歴任。 [家]長男＝渡辺徹雄(仙台市立病院心臓血管外科部長)

渡辺 和子 わたなべ・かずこ 修道女 ノートルダム清心学園理事長 ノートルダム育英財団理事長 [専]教育哲学 [没]平成28年(2016)12月30日 89歳〔膵臓がん〕 [生]昭和2年(1927)2月11日 [出]北海道旭川市 [名]修道名＝シスター・セント・ジョン [学]聖心女子大学〔昭和26年〕卒, 上智大学大学院〔昭和29年〕修了, ボストン大学大学院〔昭和37年〕博士課程修了 Ph.D., 哲学博士 [歴]陸軍大将渡辺錠太郎の二女で、昭和11年二・二六事件で父が反乱軍に殺害される現場に居合わせた。18歳で受洗、29歳で修道院に入る。37年岡山県のノートルダム清心女子大学教授、38年～平成2年学長。のち理事長。4～13年日本カトリック学校連合会

わ

理事長を務めた。昭和59年に修道女マザー・テレサが来日した際に通訳を担当するなど、親交が深かった。また、平成24年に刊行した著書「置かれた場所で咲きなさい」は200万部を超えるベストセラーとなった。他の著書に「人を育てる」「美しい人に」など。　[賞]旭日中綬章〔平成28年〕, 岡山県文化賞〔昭和48年〕, 済世賞〔昭和54年〕, 山陽新聞社賞〔昭和54年〕　[団]ナミュール・ノートルダム修道女会　[家]父＝渡辺錠太郎(陸軍大将)

渡辺 一好　わたなべ・かずよし　岩手日報広告局付局次長　[没]平成28年(2016)1月1日　81歳〔膵臓がん〕　[生]昭和9年(1934)7月4日　[出]岩手県奥州市水沢区　[学]水沢高卒　[歴]昭和31年岩手日報社に入社。56年大阪支社長、平成2年一関支社長を経て、広告局付局次長。岩手日報広告社常務も務めた。

渡辺 嘉蔵　わたなべ・かぞう　衆院議員(民主党)　内閣官房副長官　[没]平成28年(2016)2月28日　90歳〔急性心筋梗塞〕　[生]大正15年(1926)1月9日　[出]岐阜県岐阜市木挽町　[名]通称＝渡辺カ三　[学]金華高小〔昭和13年〕卒　[歴]陸軍航空隊在籍時に敗戦を迎える。昭和21年日本社会党に入党。30年より岐阜市議2期、岐阜県議5期を経て、58年旧岐阜1区から衆院議員に当選。61年落選するが、平成2年返り咲き。8年第一次橋本内閣の内閣官房副長官に就任。村山富市元首相の側近の一人で、同年社民党から民主党結党に参加、内閣官房副長官を辞任した。同年、12年落選。通算3期。旧社会党系と旧民社党系に分かれていた県内組織をまとめ、民主党岐阜県連の発足に尽くし、初代代表に就いた。　[家]長男＝渡辺嘉山(岐阜県議)

渡辺 喜一　わたなべ・きいち　大蔵省財務官　中小企業金融公庫総裁　[没]平成28年(2016)8月20日　90歳〔肺炎〕　[生]大正14年(1925)11月3日　[出]山梨県富士吉田市　[学]東京大学法学部〔昭和25年〕卒　[歴]昭和25年大蔵省(現・財務省)に入省。48年主税局総務課長、49年国税庁調査査察部長、50年大蔵省官房審議官、53年日本銀行政策委員、54年大蔵省理財局長を経て、56年財務官。58年退官。同年7月カントリー・リスク情報を会員会社に出前しようという国際金融情報センター初代理事長に就任。61年12月中小企業金融公庫(現・日本政策金融公庫)総裁。平成7〜18年山梨県人会連合会会長、2〜19年在京山梨政経懇話会会長を務めた。　[賞]勲二等旭日重光章〔平成13年〕

渡辺 国衛　わたなべ・くにえ　福島県労働金庫理事長　[没]平成28年(2016)4月9日　86歳〔慢性閉塞性肺疾患〕　[歴]私鉄福島交通労働組合委員長、福島県労働金庫理事長を歴任した。

渡辺 邦雄　わたなべ・くにお
⇒床邦(とこくに)を見よ

渡辺 邦彦　わたなべ・くにひこ　映画監督　[没]平成29年(2017)3月28日　83歳〔悪性リンパ腫〕　[生]昭和9年(1934)3月17日　[出]京都府京都市　[学]早稲田大学第一文学部英文科〔昭和31年〕卒　[歴]早撮りで知られた映画監督・渡辺邦男の長男。昭和31年東宝撮影所製作部演出助手係に入社。15年間の助監督生活を経て、44年監督に昇進。「制服の胸のここには」を初監督。50年までに「白鳥の歌なんか聞こえない」「阿寒に果つ」など4作品を発表。ソフトで上品な青春ものを得意とした。58年フリーとなり、英語教育のビデオやPR映画なども撮る。テレビ作品に「人間の証明」(53年)、「ジャン拳再発見」(61年)など。　[団]日本映画監督協会　[家]父＝渡辺邦男(映画監督)

渡部 邦彦　わたなべ・くにひこ　肥後銀行専務　[没]平成27年(2015)7月9日　91歳〔慢性腎不全〕　[生]大正12年(1923)11月5日　[出]広島県広島市　[学]東京大学法学部政治学科〔昭和25年〕卒　[歴]昭和25年肥後銀行に入行。49年取締役、52年常務を経て、57年専務。

渡辺 健司　わたなべ・けんじ　水泳選手(平泳ぎ)　[没]平成29年(2017)9月18日　48歳　[生]昭和44年(1969)7月17日　[出]東京都　[学]日大豊山高卒, 早稲田大学人間科学部卒　[歴]母方の祖父、豊田久吉は昭和7年のロス五輪で競泳の4×200メートル自由形リレーに出場し、世界記録で優勝した金メダリスト。6歳からスイミングセンター通う。東京・豊島区立大塚中学3年の59年、中学生として戦後初めて五輪の男子競泳代表に選ばれ、ロス五輪100・200メートル平泳ぎに出場。200メートルで15位に入る。日大豊山高を経て、63年早稲田大学人間科学部に特別選抜生として入学。同年ソウル五輪に出場。平成元年パンパシフィック選手権200メートルで2分17秒57、2年日本選手権で2分15秒70の日本記録をマーク、北京アジア大会優勝。4年バルセロナ五輪では予選で2分14秒35の日本記録をマークし、7位に入賞した。29年9月豊島区の自宅で亡くなっているのが見つかった。

渡辺 源司　わたなべ・げんじ　釧正館社長　釧路商工会議所会頭　北海道商工会議所連合会副会頭　[没]平成29年(2017)2月13日　90歳〔老衰〕　[生]昭和2年(1927)1月25日　[出]北海道釧路市　[学]釧路中卒　[歴]釧路市の駅弁仕出し業、釧正館社長。昭和51〜61年釧路商工会議所会頭、60〜61年北海道商工会議所連合会副会頭。釧路アイスホッケー連盟名誉会長、トヨタカローラ釧路取締役、釧路郵便利用者の会会長も歴任した。　[賞]郵政大臣表彰(第55回)〔昭和63年〕, 釧路市産業賞〔平成10年〕

渡辺 公三　わたなべ・こうぞう　立命館大学教授・副学長　立命館副総長　[専]文化人類学, アフリカ民族学　[没]平成29年(2017)12月16日　68歳〔食道がん〕　[生]昭和24年(1949)5月15日　[出]東京都　[学]東京大学教養学部卒, 東京大学大学院社会科学研究科〔昭和56年〕博士課程修了　[歴]国立音楽大学音楽学部助教授を経て、平成6年から立命館大学文学部教授、15年同大大学院先端総合学術研究科教授。著書に「レヴィ＝ストロース構造」「司法的同一性の誕生」「闘うレヴィ＝ストロース」、共編著に「多文化主義・多言語主義の現在」、訳書にレ・デュモン「社会人類学の二つの理論」、G.バランディエ「舞台の上の権力」、ピエール・クラストル「国家に抗する社会」、レヴィ＝ストロース「やきもち焼きの土器つくり」、共訳にルイ・デュモン「ホモ・ヒエラルキクス」など。立命館大学副学長、立命館副総長在職中の29年病没。　[団]日本民族学会, 日本

アフリカ学会, 日本科学史学会生物学史分科会, 日本精神医学史学会

渡辺 三郎　わたなべ・さぶろう　福井県議（共産党）　[没]平成29年（2017）3月15日　87歳　[生]昭和5年（1930）1月5日　[学]福井工専卒　[歴]福井市議2期を経て、福井県議に3選。平成7年落選。2～19年共産党福井県委員会副委員長。福井県医療生協副理事長、原発問題住民運動福井県連絡会代表委員も務めた。

渡部 志満　わたなべ・しま　秋田県地域婦人団体連絡協議会会長　[没]平成28年（2016）11月18日　98歳〔心不全〕　[生]大正7年（1918）2月18日　[出]秋田県仙北郡西仙北町寺館（大仙市）　[歴]昭和39年から30年間にわたって教職に就いた後、横手市連合婦人会会長を務める。平成2～12年秋田県地域婦人団体連絡協議会会長。9年から3年間、秋田県結核予防婦人会会長。　[賞]秋田県文化功労者〔平成24年〕

渡部 周治　わたなべ・しゅうじ　国税庁長官　関西電力副社長　[没]平成28年（2016）9月14日　88歳〔肺炎〕　[生]昭和2年（1927）11月19日　[出]兵庫県　[学]東京帝国大学法学部〔昭和25年〕卒　[歴]昭和25年大蔵省（現・財務省）に入省。内閣官房内閣審議室長、国税庁東京国税局長などを経て、55年国税庁長官、57年国民金融公庫（現・日本政策金融公庫）副総裁。60年関西電力顧問転じ、62年常務、平成元年専務、3年副社長に就任。7年子会社の関電産業社長。　[賞]勲二等旭日重光章〔平成13年〕

渡部 昇一　わたなべ・しょういち　英語学者　文明批評家　上智大学名誉教授　[専]英語学, 言語学, イギリス国学史　[没]平成29年（2017）4月17日　86歳〔心不全〕　[生]昭和5年（1930）10月15日　[出]山形県鶴岡市　[学]上智大学文学部英文科〔昭和28年〕卒, 上智大学大学院西洋文化研究専攻〔昭和30年〕修士課程修了　Dr.phil.（ミュンスター大学）〔昭和33年〕　[歴]上智大学修士課程修了後、西ドイツのミュンスター大学、英国オックスフォード大学などに留学。昭和45年フルブライト教授として米国の大学で講義する。46年より上智大学教授。幅広い英語・英文学の知識をもとにした文明批評を展開し、ことばや文化、教養に関するエッセイや対談で活躍。臨教審第三部会専門委員、国語審議会委員、大蔵省税制調査会特別委員なども務めた。51年に発表した、読書を中心にした独自の生活スタイルを説いた「知的生活の方法」はベストセラーとなり、同年「腐敗の時代」で日本エッセイスト・クラブ賞を受賞。55年作家の大西巨人を批判した“劣悪遺伝子排除論”では物議を醸した。その後も雑誌「諸君！」「正論」などで、教科書問題批判、朝日新聞批判、田中角栄裁判批判などを展開、保守派の論客として知られた。天皇陛下の生前退位を巡る有識者会議では退位に反対の立場から意見を表明した。他の主な著書に「英語学史」「英文法史」「言語と民族の起原について」「漱石と漢詩」「読中独語」「ことば・文化・教育」「日本史から見た日本人」「松下幸之助の発想」「日はまだ昇る」「危ない時代にチャンスがある」「正義の時代」「指導力の研究」などがある。　[賞]瑞宝中綬章〔平成27年〕, 日本エッセイスト・クラブ賞（第24回）〔昭和51年〕「腐敗の時代」, 正論大賞（第1回）〔昭和60年〕, Dr.phil.h.c.（ミュンスター大学名誉博士号）〔平成6年〕　[団]日本英文学会, 日本ビブリオフィル協会, イギリス国学協会　[家]息子＝渡部玄一（チェロ奏者）, 渡部基一（バイオリニスト）

渡辺 彰三　わたなべ・しょうぞう　フジ日本精糖社長　[没]平成28年（2016）9月9日　76歳〔心不全〕　[生]昭和15年（1940）6月13日　[出]京都府　[学]早稲田大学法学部〔昭和39年〕卒　[歴]昭和39年日商（のち日商岩井, 現・双日）に入社、平成7年取締役。9年新名糖会長。11年日本精糖に転じ、副社長を経て、12年社長。13年フジ精糖と合併、フジ日本精糖に社名変更し、社長に就任。18年会長。

渡部 伸二　わたなべ・しんじ　愛媛県議　[没]平成29年（2017）8月31日　57歳〔脳幹出血〕　[生]昭和35年（1960）1月29日　[出]愛媛県東温市　[学]松山東高卒, 法政大学卒　[歴]愛媛環境ネットワーク事務局長。平成7～16年愛媛県川内町議、16～26年東温市議を経て、27年松山市・上浮穴郡区選出の愛媛県議に初当選。議会では環境市民に所属。1期目途中の29年8月、脳幹出血のため急逝した。

渡辺 新次郎　わたなべ・しんじろう　富山県議（民主党）　[没]平成28年（2016）7月14日　81歳〔悪性線維組織球腫〕　[生]昭和10年（1935）4月25日　[出]富山県上新川郡大山町上滝（富山市）　[学]富山高〔昭和30年〕卒　[歴]昭和34年不二越労働組合専従、43年執行委員長。50年社会党（現・社民党）から富山市議に当選、4期。平成3年富山県議に当選。2期目途中に民主党（現・民進党）に移る。11年落選。　[賞]旭日小綬章〔平成17年〕

渡辺 助義　わたなべ・すけよし　日商岩井常務執行役員　[没]平成28年（2016）7月7日　76歳〔間質性肺炎〕　[生]昭和15年（1940）6月1日　[出]新潟県妙高市　[学]新潟大学工学部卒　[歴]昭和39年日商に入社。43年同社は合併により日商岩井（現・双日）となり、化学プラント本部長を経て、平成6年取締役、9年常務、11年執行役員。

渡辺 淳　わたなべ・すなお　画家　[没]平成29年（2017）8月14日　86歳〔致死性不整脈〕　[生]昭和6年（1931）7月25日　[出]福井県大飯郡佐分利村川上（おおい町）　[歴]炭焼きや郵便配達の仕事の傍ら、郷里・福井の絵を描く。昭和42年日展に初入選。以後、連続8回入選。45年同郷の小説家・水上勉と出会い、その挿絵や表紙デザインを数多く手がけた。　[賞]福井新聞文化賞〔平成13年〕

渡辺 清規　わたなべ・せいき　海上保安庁第八管区海上保安本部長　[没]平成27年（2015）10月9日　92歳〔心不全〕　[歴]南極観測船「宗谷」飛行長や海上保安庁第八管区海上保安本部長を務めた。　[賞]勲三等瑞宝章〔平成6年〕　[家]長男＝渡辺研太郎（国立極地研究所教授）

渡辺 隆　わたなべ・たかし　東京工業大学名誉教授　[専]道路工学　[没]平成28年（2016）9月13日　90歳〔肺がん〕　[生]大正15年（1926）3月25日　[学]東京帝国大学工学部土木工学科卒, 東京大学大学院修了　工学博士　[歴]東京工業大学教授、武蔵工業大学（現・東京都市大学）教授を務めた。　[賞]瑞宝中綬章〔平成18年〕

渡辺 達弥　わたなべ・たつや　ジャックス副社長　[没]平成27年（2015）7月1日　94歳〔老衰〕　[生]大正9年（1920）8月14日　[出]北海道函館市　[学]函館商卒, 福島高商〔昭和17年〕中退　[歴]昭和29年初代社長の伊部政

わ

わたなべ　　　　日　本　人

次郎、3代目社長の山根要らとデパート信用販売を設立。34年北日本信用販売、51年ジャックスに社名変更し、同年東証第2部に上場（53年第1部に指定替え）。常務、専務、49年副社長を歴任した。

渡辺 達佳 わたなべ・たつよし
⇒安原 達佳（やすはら・たつよし）を見よ

渡辺 勉 わたなべ・つとむ　花巻市長　㉔平成27年（2015）10月15日　75歳〔病気〕　㉓昭和15年（1940）5月21日　㉕岩手県花巻市　㉗日本大学法学部〔昭和38年〕　㉝昭和39年岩手県庁に入庁。44年自治省（現・総務省）に勤務。49年県地方課主任となり、51年財政課主査、55年財政企画調査係長、56年主任財政主査、60年千厩県税事務所長、61年千厩地方振興局総務部長、62年県教育委員会事務局総務課長、平成元年県財政課長、3年土木部次長、6年総務部次長、7年県議会事務局長、8年県総務部長。同年より花巻市長に3選。18年引退。

渡辺 恒久 わたなべ・つねひさ　昭光通商社長　㉔平成28年（2016）11月3日　91歳〔心不全〕　㉓大正14年（1925）1月27日　㉕埼玉県羽生市　㉗早稲田大学政経学部〔昭和23年〕卒　㉝昭和23年昭和電工に入社。57年環境システム事業部長、58年取締役大阪支店長を経て、60年昭光通商に転じ、61年社長。平成3年会長。

渡辺 毅 わたなべ・つよし　椙山女学園大学名誉教授　㉖人類学　㉔平成27年（2015）3月8日　72歳〔横行結腸がん〕　㉓昭和18年（1943）1月14日　㉕鳥取県境港市　㉗京都大学理学部動物学科〔昭和40年〕卒、京都大学大学院自然人類学・霊長類学専攻〔昭和45年〕博士課程単位修得退学　理学博士　㉝昭和45年京都大学霊長類研究所助手。南米やインドネシアで野外調査に参加。62年椙山女学園大学教授。訳書にドナルド・C.ジョハンソン、マイトランド・A.エディ「ルーシー――謎の女性と人類の進化」、ジェフリー・シュワルツ「オランウータンと人類の起源」「骨は語る」などがある。　㉟日本人類学会、日本解剖学会、日本霊長類学会

渡辺 堂仙 わたなべ・どうせん　水墨画家　福井県水墨画協会会長　㉔平成29年（2017）2月26日　80歳　㉓昭和12年（1937）　㉘本名＝渡辺真吾（わたなべ・しんご）　㉝日南院理事審査員、福井県水墨画協会会長を務めた。　㊱日本南画院文部大臣賞（第36回）〔平成8年〕　㊲師＝鳥海二楽子

渡辺 時雄 わたなべ・ときお　全国抑留者補償協議会副会長　㉔平成28年（2016）2月8日　97歳〔病気〕　㉓大正7年（1918）3月　㉕山梨県南都留郡忍野村忍草　㉗陸軍予科士官学校卒　㉝陸軍の兵士として満州で敗戦を迎え、ソ連軍の捕虜となってシベリアに抑留された。帰国後は全国抑留者補償協議会副会長や山梨県支部長を務めた。また、自分史「最果ての収容所（ラーゲル）にて シベリア抑留・鎮魂の灯」で中村星湖文学賞を受けた。　㊱中村星湖文学賞「最果ての収容所（ラーゲル）にて シベリア抑留・鎮魂の灯」

渡辺 敏男 わたなべ・としお　盛岡まち並み塾事務局長　㉔平成29年（2017）1月17日　65歳〔原発性肺がん〕　㉕東京都杉並区　㉝平成15年から盛岡まち並み

塾事務局長を務め、盛岡市内の歴史的な町並みの保全などに尽くした。盛岡バスセンターから考える会共同代表なども務めた。

渡辺 登志子 わたなべ・としこ　皮革工芸家　㉔平成27年（2015）4月12日　84歳〔心不全〕　㉕香川県高松市　㉗丸亀高女卒　㉝皮革工芸に取り組み、皮と漆を融合した高度な技術で、身近な草花をモチーフとした作品を手がける。昭和55年現代工芸美術展に初入選し、60年同現代工芸賞、平成3年会員記念賞を受賞。また、昭和53年日展に初入選、平成12年「深山の花」で日展特選。　㉞四国新聞文化賞〔平成13年〕、香川県文化功労者〔平成17年〕、現代工芸美術展現代工芸賞〔昭和60年〕、現代工芸美術展会員記念賞〔平成3年〕、日展特選〔平成12年〕「深山の花」

渡辺 俊彦 わたなべ・としひこ　関東天然ガス開発常務　㉔平成29年（2017）10月2日　70歳　㉓昭和21年（1946）10月29日　㉝昭和44年三井東圧化学（現・三井化学）に入社。平成11年取締役を経て、15年常務。関東天然瓦斯開発常務も務めた。

渡辺 寿也 わたなべ・としや　ユニプレス副社長執行役員　㉔平成29年（2017）6月14日　57歳〔脳梗塞〕　㉝ユニプレス副社長執行役員を務めた。

渡辺 直行 わたなべ・なおゆき　弁護士　広島修道大学大学院法務研究科教授　㉖刑事訴訟法　㉔平成29年（2017）1月22日　71歳〔動脈解離〕　㉓昭和20年（1945）8月14日　㉕東京都　㉗早稲田大学第一政治経済学部政治学科〔昭和44年〕卒、早稲田大学大学院法学研究科公法専攻〔昭和46年〕修士課程修了　㉝昭和48年司法試験に合格。51年第一東京弁護士会に弁護士登録。54年広島弁護士会へ登録換え。平成4年広島弁護士会副会長。5～19年日本弁護士連合会司法制度調査会委員。16年より広島修道大学大学院法務研究科教授を務めた。著書に「リース取引の法と実務」「論点中心 刑事訴訟法講義」「刑事訴訟法」「入門刑事訴訟法」などがある。　㉟広島弁護士会

渡辺 信利 わたなべ・のぶとし　陸将　陸上自衛隊陸上幕僚長　㉔平成28年（2016）　76歳　㉓昭和14年（1939）9月26日　㉕福島県　㉗防衛大学校応用化学科〔昭和37年〕卒　㉝昭和37年陸上自衛隊に入り、第二師団長などを経て、平成5年陸上幕僚副長、6年北部方面総監、7年6月陸上幕僚長に就任。9年7月退官。

渡部 治雄 わたなべ・はるお　東北大学名誉教授　米沢女子短期大学名誉教授　㉖西洋史　㉔平成27年（2015）1月5日　80歳〔肺炎〕　㉓昭和9年（1934）4月1日　㉕山形県西村山郡河北町　㉗東北大学文学部卒、東北大学大学院文学研究科博士課程修了〔昭和37年日本大学講師、40年宮城学院女子大学助教授を経て、47年東北大学教養部助教授、のち教養部教授、教育研究センター教授、同センター長。平成8～14年米沢女子短期大学学長。15年新設の尚絅学院大学学長に就任。20年退任。　㉞瑞宝中綬章〔平成25年〕　㉟法制史学会、日本西洋史学会、西洋史研究会

渡辺 偉夫 わたなべ・ひでお　気象庁東京管区気象台長　㉖地震学、津波学　㉔平成28年（2016）1月5日　90歳〔慢性腎不全〕　㉓大正14年（1925）6月22日　㉕山形県山形市　㉗東北大学地球物理学教室〔昭和27年〕

渡辺 英樹 わたなべ・ひでき　ミュージシャン　㊥平成27年（2015）7月13日　55歳〔急性大動脈解離〕　㊦昭和35年（1960）2月1日　㊧東京都　㊨グループ名=C-C-B（しーしーびー）　㊨昭和57年ギターの関口誠人、ドラムスの笠浩二とココナッツ・ボーイズを結成。リーダー、ベースとボーカルを担当。58年シングル「キャンディ」でデビュー。59年ギターの米川英之、キーボードの田口智治が加入。60年C-C-Bと改名後、初のシングル「Romanticが止まらない」が大ヒット、派手なルックスとポップなサウンドで人気グループの座を獲得し、NHK「紅白歌合戦」にも出場。他のヒット曲に「スクールガール」「Lucky Chanceをもう一度」「元気なブロークンハート」「不自然な君が好き」「ないものねだりのI want you」「原色したいね」など。平成元年グループ解散後、VoThMやTHE GATESなどのバンドを結成。10年関口らとSijiMiを結成。他にギタリスト野村義男とのアコースティックユニット・三野姫としても活動。スタジオミュージシャンとして多くの楽曲に参加。17年「Romanticが止まらない」を約20年ぶりにシングル発売し、復活ライブも行う。19年ボクシングWBC世界フライ級王者の内藤大助選手が登場曲に「Romanticが止まらない」を使用し人気が再燃。20年関口、笠と3人で18年半ぶりにC-C-Bを再結成し、アルバム「Romanticは止められない」をリリースした。

渡辺 弘 わたなべ・ひろし　山梨県教育長　㊥平成29年（2017）7月10日　89歳〔腹膜炎〕　㊦昭和2年（1927）10月26日　㊧山梨県甲府市　㊨東京高師〔昭和24年〕卒　㊨昭和59年甲府西高校長を経て、61年山梨県教育長。平成元年退任。7～16年山梨ことぶき勧学院長を務めた。

渡辺 裕 わたなべ・ひろし　金の星社相談役　㊥平成29年（2017）2月26日　73歳〔中咽頭がん〕　㊨金の星社相談役、日本児童図書出版協会事務局長を務めた。

渡辺 浩之 わたなべ・ひろゆき　トヨタ自動車専務　㊥㊥平成28年（2016）3月30日　73歳〔硬口蓋がん〕　㊦昭和18年（1943）3月4日　㊧福岡県北九州市　㊨九州大学大学院工学研究科〔昭和42年〕修士課程修了　㊨昭和42年トヨタ自動車工業（現・トヨタ自動車）に入社。平成8年取締役、11年常務を経て、13年専務。同社のハイブリッド車「プリウス」の開発に携わった。日本自動車工業会環境委員長を務めた。17年産業技術総合研究所理事。　㊨自動車技術会賞技術貢献賞（第60回）〔平成22年〕「安全、環境、情報等自動車全般において自動車技術と社会に貢献」

渡辺 博之 わたなべ・ひろゆき　ドリームベッド社長　㊥㊥平成29年（2017）2月24日　81歳〔心不全〕　㊦昭和10年（1935）9月28日　㊧広島県広島市西区　㊨関西学院大学経済学部〔昭和33年〕卒　㊨エッチビードリームベッド（現・ドリームベッド）に入社、社長を務めた。

渡辺 文二 わたなべ・ぶんじ　三昌物産創業者　㊥平成27年（2015）8月21日　92歳〔肺炎〕　㊦大正12年（1923）8月20日　㊧三重県鈴鹿市石薬師町　㊨長岡高工卒　㊨昭和21年三協油脂に入社。25年三昌物産を設立、社長に就任。30年株式会社に改組。四日市商工会議所副会頭などを歴任した。また、三重大学に奨学金制度の創設を提案して資金を提供、平成17年生物資源学部は渡辺文二奨学基金を設立した。　㊨紺綬褒章〔平成17年〕　㊨長男＝渡辺久和（三昌物産代表取締役）

渡辺 正清 わたなべ・まさきよ　ノンフィクション作家　米国ロサンゼルス郡政府本庁公共事業局道路課長　㊥平成27年（2015）4月17日　77歳　㊦昭和13年（1938）1月8日　㊧石川県　㊨東北大学文学部美学美術史学科〔昭和36年〕卒　㊨石川県で生まれ、愛知県岡崎市で育つ。東北大学卒業後、昭和37年カリフォルニア大学ロサンゼルス校に留学、都市工学を専攻。在米日本語放送局などを経て、40年ロサンゼルス郡公共事業局勤務。60年郡最優秀職員に選ばれる。道路課長を務め、平成11年退職。昭和50年からカリフォルニアの歴史を背景に日系移民史に関する論文、歴史紀行文をロサンゼルスの邦字月刊誌、新聞へ定期的に寄稿するなど、作家として活動。57年マリリン・モンロー、ロバート・ケネディらの司法解剖で知られる検視官トーマス・ノグチ博士の解任劇の内幕を描いた「ミッション・ロード」を発表。平成3年同作で第10回潮ノンフィクション賞を受賞した。他の著書に「ヤマト魂―アメリカ・日系二世自由への戦い」「ゴー・フォー・ブローク！―日系二世兵士たちの戦場」「泣こよっかひっ翔べ―評伝八島太郎」「評伝沢鼎―カリフォルニア・ワインに生きた薩摩の士」などがある。　㊨潮賞（ノンフィクション部門、第10回）〔平成3年〕「ミッション・ロード」、自費出版ân本大賞（第12回）〔平成26年〕「評伝沢鼎―カリフォルニア・ワインに生きた薩摩の士」

渡辺 政士 わたなべ・まさし　福井県議（自民党）　㊥平成29年（2017）7月4日　84歳　㊦昭和7年（1932）7月30日　㊧福井県　㊨高志高〔昭和26年〕卒　㊨昭和39年三谷商事に入社。セメント部長を経て、平成6年監査役。のち福井ゼロックス社長。この間、昭和55年三谷生コン副社長を務めた。一方、平成15年より福井県議に2選。21年副議長。23年引退。

渡辺 昌美 わたなべ・まさみ　高知大学名誉教授　㊨フランス中世史　㊥平成28年（2016）6月24日　86歳〔肺炎〕　㊦昭和5年（1930）2月26日　㊧岡山県　㊨東京大学文学部西洋史学科〔昭和28年〕卒　文学博士（東京大学）〔平成3年〕　㊨昭和30年高知大学非常勤講師となり、助教授を経て、46年教授。61年学長補佐、平成元年～3年人文学部長。中央大学教授も務めた。著書に「フランスの聖者たち」「異端者の群れ」「異端カタリ派の研究」「中世の奇跡と幻想」「巡礼の道」、訳書にシュミット「中世歴史人類学試論　身体・祭儀・夢幻・時間」などがある。　㊨瑞宝中綬章〔平成20年〕、日本翻訳出版文化賞（第44回）〔平成20年〕「中世歴史人類学試論」　㊨史学会、海南史学会、比較都市史研究会

渡辺 睦久 わたなべ・むつひさ　人文書院社長　㊥平成27年（2015）4月13日　94歳　㊦大正9年（1920）11

月14日 [出]京都府 [学]慶応義塾大学文学部卒 [歴]昭和20年父の経営する人文書院に入り、編集長に。27年株式に改組。43年社長を経て、会長。56年～平成3年日本書籍出版協会理事を務めた。

渡辺 弥寿夫 わたなべ・やすお 金沢工業大学工学部教授 [専]情報処理, 計算機工学, 画像工学 [没]平成28年(2016)5月16日 61歳 [生]昭和30年(1955)1月20日 [学]金沢大学工学部電子工学科〔昭和52年〕卒, 東京工業大学大学院理工学研究科〔昭和57年〕博士課程修了 工学博士 [歴]昭和57年金沢工業大学講師、59年助教授を経て、教授。同大情報技術研究所長も務めた。 [賞]電子通信学会学術奨励賞(第6回, 昭和56年度)「両眼視による3次元情報の抽出について」

渡辺 靖彦 わたなべ・やすひこ 秋田中央交通社長 秋田商工会議所会頭 [没]平成28年(2016)8月20日 77歳〔鬱血性心不全〕 [生]昭和14年(1939)5月12日 [出]秋田県南秋田郡五城目町 [学]慶応義塾高〔昭和34年〕卒, 慶応義塾大学経済学部〔昭和38年〕卒 [歴]昭和38年小田急バスに入社。41年秋田中央交通に入り、43年常務、48年社長。54年秋田中央観光社会長、平成15年ルーラル大湯会長。16～25年秋田商工会議所会頭、秋田県商工会議所連合会会長。また、23年まで秋田県バス協会会長を20年間務めた。 [賞]秋田県文化功労者〔平成15年〕 [家]二男＝渡辺綱平(秋田中央交通社長), 弟＝渡辺紘八郎(秋田中央観光社社長)

渡辺 与三郎 わたなべ・よさぶろう 紙与産業社長 [没]平成27年(2015)8月15日 90歳〔老衰〕 [生]大正14年(1925)2月16日 [出]福岡県福岡市博多区 [学]福岡商〔昭和16年〕卒, 日本大学経済学部〔昭和22年〕卒 [歴]昭和27年紙与産業社長。福岡市天神周辺の不動産開発に尽くした。 [家]祖父＝渡辺与八郎(実業家)

渡辺 芳人 わたなべ・よしと 山形県商工労働開発部長 山形県中小企業団体中央会会長 [没]平成27年(2015)7月17日 85歳〔老衰〕 [生]昭和4年(1929)12月5日 [学]山形大学文理学部卒 [歴]山形県商工労働開発部長、同県中小企業団体中央会会長を務めた。 [賞]勲四等瑞宝章〔平成12年〕

渡辺 六郎 わたなべ・ろくろう タカラスタンダード社長 [没]平成27年(2015)10月14日 91歳〔心不全〕 [生]大正13年(1924)4月6日 [出]東京都 [学]慶應義塾大学文学部〔昭和25年〕卒 [歴]昭和25年大日本製糖(現・大日本明治製糖)に入社。39年日本エナメル(現・タカラスタンダード)取締役、42年常務、46年専務を経て、58年社長。平成10年会長。 [家]長男＝渡辺岳夫(タカラスタンダード社長)

綿貫 英治 わたぬき・えいじ 太陽誘電会長 [没]平成28年(2016)1月24日 67歳〔肺がん〕 [生]昭和23年(1948)11月2日 [出]群馬県吾妻郡中之条町 [学]明治大学商学部〔昭和46年〕卒 [歴]昭和46年太陽誘電に入社。平成18年取締役、23年社長。のち会長を務めた。

綿貫 譲治 わたぬき・じょうじ 社会学者 上智大学名誉教授 創価大学名誉教授 [専]政治社会学 [没]平成27年(2015)7月3日 84歳 [生]昭和6年(1931)1月26日 [出]米国・カリフォルニア州 [学]東京大学文学部社会学科〔昭和28年〕卒 [歴]東京大学文学部助教授を経て、昭和46年上智大国際関係研究所教授。のち創価大学文学部教授。第16～17期日本学術会議会員。戦後日本人の政治意識と政治行動を社会学的にとらえ、政治社会学の分野を開拓した。著書に「現代政治と社会変動」「日本の政治社会」「日本政治の分析視角」、共訳にライト・ミルズ「パワーエリート」などがある。 [団]日本社会学会

渡部 高揚 わたべ・こうよう 文化イベントプロデューサー フロンティア協会理事長 [没]平成27年(2015)5月27日 77歳〔脳出血〕 [生]昭和12年(1937)5月29日 [学]慶應義塾大学卒 [歴]昭和45年の大阪万博、50年の沖縄海洋博でプロデューサーを務めるなど、イベントや展覧会企画・運営の第一人者として活躍。平成7年メキシコ市で開かれた「ヨーロッパ拷問展」に衝撃を受け、9年東京・駿河台の明治大学刑事博物館で同展を開催。フロンティア協会理事長を務めた。 [家]妻＝黒沼ユリ子(バイオリニスト)

渡利 陽 わたり・あきら ニチメン社長 [没]平成27年(2015)10月7日 83歳〔心不全〕 [生]昭和7年(1932)1月7日 [出]兵庫県西宮市 [学]大阪市立大学経済学部〔昭和29年〕卒 [歴]昭和29年日綿実業(のちニチメン, 現・双日)に入社。59年取締役、62年常務、平成元年専務、5年副社長を経て、6年社長。12年会長、13年相談役に退いた。 [賞]藍綬褒章〔平成10年〕

渡里 杉一郎 わたり・すぎいちろう 東芝社長 日本経済団体連合会副会長 [没]平成29年(2017)4月12日 92歳〔心不全〕 [生]大正14年(1925)3月28日 [出]山形県山形市 [学]東京大学経済学部〔昭和23年〕卒 [歴]昭和23年東芝に入社。主に重電畑を歩き、39年府中工場生産部生産管理課長、46年鶴見工場長、51年重電事業部長、53年取締役、55年常務、57年専務、59年副社長を経て、61年社長に就任。62年グループの東芝機械による対共産圏輸出統制委員会(ココム)の規制対象だった高性能の工作機械を旧ソ連に輸出した事件(東芝機械ココム違反事件)の責任を取り辞任した。平成3～11年日本経済団体連合会副会長、9年日中経済協会会長、日本電子工業振興会会長、14年社会経済生産性本部副会長、会長代行など多くの役職を務めた。 [賞]藍綬褒章〔平成4年〕, 全国発明表彰発明実施功績賞(昭和62年度)「硬化性樹脂組成物」

渡 秀夫 わたり・ひでお 日本舗道代表取締役専務 日本石油常務 [没]平成28年(2016)2月25日 87歳〔肺炎〕 [生]昭和3年(1928)11月14日 [出]東京都 [学]明治大学商学部〔昭和26年〕卒 [歴]昭和26年日本石油(現・JXTGエネルギー)に入社、57年取締役、63年常務。平成3年より日本舗道(現・NIPPO)代表取締役専務を務めた。

和野内 崇弘 わのうち・たかひろ 札幌国際大学理事長・学長 [専]地域開発論, 労働・余暇問題 [没]平成28年(2016)10月17日 84歳〔肺炎〕 [生]昭和7年(1932)8月24日 [出]北海道浦河郡浦河町 [学]北海道学芸大学札幌分校(現・北海道教育大学)〔昭和30年〕卒 [歴]昭和31年北海道公立学校教諭、38年札幌静修高校教諭、44

わ

年札幌静修短期大学専任講師、47年助教授、50年教授、51年静修短期大学教授、56年図書館長、61年静修学園理事長を歴任。平成2年静修短期大学学長を兼務、5年静修女子大学を開学。9年札幌国際大学に名称変更、11年には国内で2番目となる観光学部を設置した。15年学長を退任。　[賞]藍綬褒章〔平成9年〕, 旭日中綬章〔平成17年〕, 文部大臣表彰（短期大学教育功労賞）〔平成2年〕　[団]日本労務学会, 日本観光学会

わ

【ア】

愛新覚羅 溥任 アイシンカクラ・フニン Aixinjueluo Pu-ren 教育家 清朝最後の皇帝溥儀の末弟 �国中国 ㊚2015年4月10日 96歳 ㊛1918年8月17日 ㊝中国北京 ㊞中国名＝金友之〈JinYou-zhi〉 ㊡1918年8月 清朝の皇族である愛新覚羅載灃の四男として北京で生まれる。日本の影響下にあった満州国の皇帝に兄の溥儀が即位する一方、自身は執政には携わらなかった。日中戦争終結後は、47年に北京で小学校を設立し校長を務めるなど教育事業に従事。退職後は清朝史を研究。また市政の諮問機関である北京市市民政治協商会議委員も3期務めた。 ㊞父＝愛新覚羅載灃、兄＝溥儀（清朝第12代皇帝）

アイズピリ, ポール Aizpili, Paul 画家 ㊖フランス ㊚2016年1月22日 96歳〔老衰〕 ㊛1919年5月14日 ㊝フランス・パリ ㊡エコール・デ・ボーザール ㊞アルメニア人。父は骨董屋で彫刻家。1936年パリのエコール・デ・ボーザールに学ぶ。43年パリで初個展を開催。45年フランス解放後、青年絵画展の創立会員となり、翌年同絵画展で3等賞。ベネチア・ビエンナーレ展にも参加。63年以降、国際形象展に毎回招待出品。特に人物描写に優れ、ナイーブな表現による、あどけない少女の顔や天真爛漫な人物像に特長がある。明るく陰影のない鮮やかな色彩を使うカラリストで、パリ画壇具象派の代表的作家。主な作品に、リトグラフ「小さな鳥の花瓶」など。日本でも60年代から個展などで紹介され、なかた美術館（広島県尾道市）、山形美術館（山形市）などが作品を収集している。 ㊞青年絵画展3等〔1946年〕、プリ・ナショナル賞〔1951年〕、ジュマイ賞〔1971年〕 ㊞息子＝ゴリチ、ジル（画家）

アイヒンガー, イルゼ Aichinger, Ilse 作家 ㊖オーストリア ㊚2016年11月1日 95歳 ㊛1921年11月1日 ㊝オーストリア・ウィーン ㊡幼年時代をリンツで送り、1939年ウィーンのギムナジウムを卒業。ドイツによるオーストリア併合後、ユダヤ系の母を匿って暮らす。第二次大戦後は医学を学んだが、学業を中断して文筆活動を開始。48年ナチス・ドイツ占領下で受けた迫害の体験をもとに、ユダヤ系少女の悲劇を描いた長編「より大いなる希望」を出版。その後、西ドイツの大手出版社S.フィッシャーの原稿審査員を経て、ウルムの芸術大学で教鞭を執りながら執筆活動を展開した。53年短編集「縛られた男」を発表して一躍有名になった。同年ドイツの詩人ギュンター・アイヒと結婚、バイエルンのレングリースに居を構えた。以後、お互いに影響を与え合いながら文学に携わるが、夫は2人の子供を残して72年逝去。ザルツブルクに近いドイツ・オーストリア国境の小村グロースグマインに住んで作家活動を続けた。 ㊞オーストリア国家文学奨励賞〔1952年〕「縛られた男」、47年グループ賞〔1952年〕「鏡の話」、ネリー・ザックス賞〔1971年〕、

ペトラルカ賞〔1982年〕、フランツ・カフカ賞〔1983年〕 ㊞夫＝アイヒ, ギュンター（詩人）

アインホーン, エディ Einhorn, Eddie シカゴ・ホワイトソックス共同オーナー ㊖米国 ㊚2016年2月23日 80歳〔脳卒中による合併症〕 ㊛1936年1月3日 ㊝米国・ニュージャージー州パターソン ㊞本名＝Einhorn, Edward Martin ㊡ペンシルベニア大学、ノースウエスタン大学ロースクール ㊞1960年TVSテレビを創業し、カレッジ・バスケットボールの放映で成功。その後もNBAやIWAなどスポーツビジネスで成功を収め、81～99年にはシカゴ・ホワイトソックスの運営に携わった。

アウスグリムソン, ハルドール Ásgrímsson, Halldór 政治家 アイスランド首相 アイスランド進歩党党首 ㊖アイスランド ㊚2015年5月18日 67歳 ㊛1947年9月8日 ㊝アイスランド・ヴォプナフィヨルズル ㊡1973年大学で経済を教えた後、74年アイスランド国会議員に当選。漁業相、外相、司法・教会相などを歴任。94年進歩党党首となり、2004年9月首相に就任。06年5月の地方選挙で進歩党が惨敗したことを受け、6月辞任。07～13年北欧閣僚理事会事務総長を務めた。05年7月愛知万博で来日。

アウン・シュエ Aung Shwe 民主化運動指導者 ミャンマー国民民主連盟（NLD）議長 ㊖ミャンマー ㊚2017年8月13日 99歳〔老衰〕 ㊛1918年 ㊡ラングーン大学卒 ㊞ラングーン大学卒業後、ビルマ独立軍に参加。1948年ミャンマー独立後も軍に勤務。大使として海外にも駐在した。政界に転じ、88年民主化運動指導者アウン・サン・スー・チーらとミャンマー最大の民主化運動組織となった国民民主連盟（NLD）を創設。91年～2010年NLD議長（党首）を務め、軍事政権に抵抗。スー・チーと同様に自宅軟禁されたこともあった。12年政界を引退。16年ティンチョーを大統領とする新政権が発足したことに伴い、国家顧問兼外相となったスー・チーの"後ろ盾"でもあった。

アキノ, アガピト Aquino, Agapito A. 政治家 フィリピン上院議員 ㊖フィリピン ㊚2015年8月17日 76歳〔合併症〕 ㊛1939年5月20日 ㊝フィリピン・マニラ ㊞通称＝アキノ, ブッツ〈Aquino, Butz〉 ㊡アテネオ・デ・マニラ大学（哲学）〔1957年〕卒、マプア工科大学（電子工学）〔1959年〕卒 ㊞俳優、不動産会社経営を経て、1983年8月フィリピン野党指導者だった兄のベニグノ・アキノ（Jr.）が暗殺された後、反政府デモの先頭に立ち、反マルコス市民団体"8月21日運動（ATOM）"代表、"民主回復連合（CORD）"代表に就任。86年2月の大統領選では義理の姉であるコラソン・アキノの選対事務局長を務め、女性初のフィリピン大統領誕生に貢献した。87～95年上院議員、98年～2007年下院議員を務めた。10年甥のベニグノ・アキノ（3世）が大統領に就任。通称"ブッツ"。 ㊞兄＝アキノ, ベニグノ（Jr.）（フィリピン上院議員）

アーキフ, ムハンマド・マフディー Akef, Muhammad Mahdi イスラム原理主義指導者 政治家 ムスリム同胞団最高位導師 ㊖エジプト ㊚2017年9月22日 89歳 ㊛1928年7月12日 ㊝エジプト ㊞1940年12歳の時に穏健派イスラム原理主義組織・ムスリム同胞団に入る。54～74年投獄され、83年よりドイツに暮らす。87年帰国し、同胞団指導部メンバーに。同年

国会議員に当選。96年禁固3年の刑を言い渡され、99年出獄。2004年最高位導師マアムーン・フダイビーの死去に伴い、7人目の最高位導師に就任。09年退任した。

アグアヨ, ペロ（Jr.）　Aguayo, Perro（Jr.）
プロレスラー　国メキシコ　没2015年3月21日　35歳〔試合中の事故による脊髄挫傷〕　生1979年7月23日　出メキシコ・メキシコシティ　他本名＝ラミレス、ペドロ・アグアヨ〈Ramírez, Pedro Aguayo〉　経父は新日本プロレスでも活躍したプロレスラーのペロ・アグアヨ。2000年新日本プロレスが主催した父の引退ツアーに参加し、親子タッグを結成、藤波辰爾らと闘った。15年メキシコのティファナで開催されたルチャリブレ独立団体CRASH大会のメーンタッグマッチに出場するが、対戦相手のドロップキックを背後から首に受け、頸部骨折により死亡した。　家父＝アグアヨ、ペロ（プロレスラー）

アケルマン, シャンタル　Akerman, Chantal
映画監督　国ベルギー　没2015年10月5日　65歳〔自殺〕　生1950年6月6日　出ベルギー・ブリュッセル　他本名＝Akerman, Chantal Anne　経ユダヤ系ポーランド移民の家庭に生まれる。1967年映画学校に入学、68年18歳で最初の短編「Saute ma ville（街をぶっとばせ）」を撮る。71年渡米し、中編「Hôtel Monterey」を製作。74年自らを被写体にした「Je, tu, il, elle（私、あなた、彼、彼女）」で長編デビュー。75年のデルフィーヌ・セイリグ主演「ブリュッセル1080、コルメス3番街のジャンヌ・ディエルマン」が高い評価を受け、ミヒャエル・ハネケやトッド・ヘインズらに強い影響を与えた。実験映画からミュージカル、ビデオ・アート、恋愛コメディ、ドキュメンタリーに至るまでさまざまなジャンルの映画を撮った。他の作品に「一晩中」（82年）、「おなかすいた、寒い」（84年）、「ある日、ピナはきいた」（83年）、「ゴールデン・エイティーズ」（85年）、「カウチ・イン・ニューヨーク」（96年）、「囚われの女」（2000年）、「No Home Movie」（15年、遺作）などがある。1988年初来日。

アサド, ハレド　As'ad, Khaled al−
歴史学者　パルミラ博物館館長　没2015年8月18日　81歳〔殺害〕　生1934年1月1日　出シリア・パルミラ　学ダマスカス大学（歴史学）　経シリアの世界遺産パルミラ遺跡の近くで生まれ、ダマスカス大学で歴史学を学ぶ。出土した碑文のパルミラ文字の解析もできる歴史学の世界的な権威として知られ、スイス、ドイツ、米国、フランスなどの国際研究チームとの共同研究を通じ、パルミラに関する数十冊の著書と論文を国際学術誌に発表。2003年にはシリア・ポーランド考古学研究チームとともに人間と翼がついた神話的動物の戦いを描いた70平方メートルのモザイクを発掘した。1963年～2003年パルミラ博物館館長を務め、1977年にはシリア関連の展覧会で招かれ来日。シリア文化相への就任の話もあったが、"パルミラを離れたくない"と固辞したという。引退後もパルミラ博物館の専門委員として研究活動を続け、"ミスター・パルミラ"と呼ばれた。過激派組織"イスラム国"（IS）がパルミラを占領する直前の2015年5月、パルミラ博物館内の数百の古代の仏像を安全な場所に緊急避難させる任務を総指揮。8月遺物を移した場所を教えなければ殺すというISの脅迫に抵抗し、隠し場所を明かさなかったため殺害された。

アジズ, タリク・ミハイル　Aziz, Tariq Mikhail
政治家　イラク副首相・外相　国イラク　没2015年6月5日　79歳〔心臓発作〕　生1936年　出イラク・モスル近郊　学バグダッド大学文学部〔1958年〕卒　経イラクで少数派のキリスト教徒のアッシリア人。1958年バース党事務局に入り、63年党機関紙の編集主幹に就任。65年弾圧を受けシリアに亡命。68年バース党の革命後、69年党機関紙「アッサウラ」編集長、72年党最高幹部。74年イラク文化情報相に抜擢され、77年革命評議会会員、79年副首相、83年から外相を兼務。イラン・イラク戦争でイラクが劣勢に追い込まれた中で、欧米、共産圏、アラブ諸国を東奔西走し、停戦外交を切り回し、"タフな交渉者"の異名をとる。84年訪米、17年振りに米国と国交回復に尽力。88年からは対イラン和平交渉で非妥協を貫く。90年8月のイラクのクウェート侵攻では、デクエヤル国連事務総長やゴルバチョフ・ソ連大統領と会見するなど活発な外交を展開したが、91年1月ついに湾岸戦争へ突入した。3月戦争終結後の内閣改造で副首相専任となる。97年より国連による大量破壊兵器の査察を拒否し、98年2月には米国などによる武力制裁の緊張が高まるが、アナン国連事務総長の調停を受け、大量破壊兵器の廃棄に関する合意文書に署名。2001年4月外相代行を兼務。03年3月米英軍とのイラク戦争が勃発、5月バグダッドは制圧されフセイン政権は崩壊、米軍に拘束された。同年フセイン政権下で貿易商ら約40人を不当に処刑した罪などで有罪判決を受け服役した。10年10月イラクの高等法廷は、イスラム教シーア派政党弾圧に関与したとして死刑判決を言い渡した。同月バチカンはこの判決を非難するとともに刑の執行停止を求める声明を発表した。

アジュベイ, ラーダ　Adzhubei, Rada
ジャーナリスト　「科学と生活」副編集長　国ロシア　没2016年8月　87歳　生1929年1月10日　出ソ連・ウクライナ共和国キエフ（ウクライナ）　学モスクワ大学卒　経ソ連共産党第1書記ニキータ・フルシチョフと3番目の妻ニーナの長女としてキエフで生まれる。大学卒業後、ジャーナリストとしてソ連やロシアの出版社で活動。長年にわたって月刊誌「科学と生活」副編集長を務めた。1947年に結婚した夫のアレクセイ・アジュベイは、フルシチョフ政権下でソ連政府機関紙「イズベスチヤ」の編集長だった。　家夫＝アジュベイ、アレクセイ（ジャーナリスト）、父＝フルシチョフ、ニキータ（ソ連共産党第1書記）、母＝フルシチョフ、ニーナ、弟＝フルシチョフ、セルゲイ（政治学者）

アストリュック, アレクサンドル　Astruc, Alexandre
映画監督　脚本家　作家　国フランス　没2016年5月19日　92歳　生1923年7月13日　出フランス・パリ　学リセ・サンジェルマン・アン・レエ、リセ・アンリ・カートル　経1940年ジャーナリズムの世界に入り、映画評論、小説や詩を執筆。映画を文学のような芸術性の高い表現手段に進化させることを目指し、48年映画はその人の表現手段であるという「カメラ＝万年筆　新しき前衛の誕生」を発表した。49年アンドレ・バザン、ジャン・コクトー、ロベール・ブレッソ

ンらとシネクラブ“オブジェクティフ49”を立ち上げ、雑誌「カイエ・デュ・シネマ」にも執筆。マルク・アレグレ、マルセル・アシャールらの助監督を経て、監督となり、「恋ざんげ」(52年)でルイ・デリュック賞を受賞。長編第1作「不幸なめぐりあい」(55年)で注目される。フランスで50年代末に始まった映画運動“ヌーベルバーグ”の精神的な支柱の一人。60年代半ば以降はテレビに活動の場を移した。76年哲学者ジャン・ポール・サルトルのドキュメンタリー「サルトル、自身を語る」を共同監督。他の作品に、映画「女の一生」(58年)、「感情教育61」(61年)、小説「休暇」など。94年長年の功績が称えられ、アカデミー・フランセーズ創設の第1回ルネ・クレール賞を授与された。 [賞]ルイ・デリュック賞〔1953年〕「恋ざんげ」, ルネ・クレール賞(第1回)〔1994年〕

アスムッセン, スヴェンド　Asmussen, Svend
ジャズ・バイオリニスト [国]デンマーク [没]2017年2月7日 100歳 [生]1916年2月28日 [出]デンマーク・コペンハーゲン [名]本名＝Asmussen, Svend Harald Christian [歴]5歳でピアノを始め、ピアノ教師にバイオリンを勧められる。16歳でジャズに目覚め、1933年プロとしてデビュー、翌年自己のカルテットを結成。55年渡米。演奏活動を続け、67年モントレー・ジャズ・フェスティバルに出演。ジャズの世界にロックの要素を取り入れ、電化バイオリンを導入。デューク・エリントンやライオネル・ハンプトン、ファッツ・ウォーラーらジャズ界の偉人たちと共演した。代表作に「イエスタデイ・アンド・トゥデイ」など。

アダムズ, リチャード　Adams, Richard　児童文学作家 [国]英国 [没]2016年12月24日 96歳 [生]1920年5月9日 [出]英国・バークシャー州ニューベリー [名]本名＝Adams, Richard George [学]オックスフォード大学卒 [歴]オックスフォード大学で歴史を学び、第二次大戦中は陸軍に従軍。除隊後の1948年、環境庁の公務員となった。72年ウサギたちの冒険を描いた処女作「Watership Down(ウォーターシップ・ダウンのウサギたち)」を刊行、英国の2大児童文学賞であるカーネギー賞とガーディアン賞を受賞するとともに英米でベストセラーとなった。その後アニメーション映画化もされ、こちらも好評を博す。74年役所を退職して以来、著作活動に専念。熊やオオカミ、犬の世界などに題材をとった作品を発表し、広く人々に親しまれた。他の作品に「シャーディック」(74年)、「疫病犬と呼ばれて」(77年)、「鉄のオオカミ」(80年)、「官僚」(85年)など。自叙伝に「過ぎ去りし日」(90年)がある。 [賞]カーネギー賞〔1972年〕「ウォーターシップ・ダウンのウサギたち」, ガーディアン賞〔1973年〕「ウォーターシップ・ダウンのウサギたち」

アッシュベリー, ジョン　Ashbery, John　詩人 絵画批評家 [国]米国 [没]2017年9月3日 90歳〔自然死〕 [生]1927年7月28日 [出]米国・ニューヨーク州ロチェスター [名]本名＝Ashbery, John Lawrence [学]ハーバード大学, コロンビア大学大学院修了 [歴]1951〜54年オックスフォード大学出版のコピーライターを経て、54〜55年マグローヒル出版社に勤務。フルブライト奨学金を得て、55〜57年、58〜65年フランスに居住。60〜65年ニューヨークのヘラルド・トリビューンの「アート・クリティック・ユーロピアン」編集者、64〜65年「アート・ニューズ」パリ通信員、65〜72年編集長などを歴任。74〜90年ブルックリン・カレッジ英文科教授。76〜80年「パルティザン・レビュー」の詩編集者、78〜80年「ニューヨーク」、80〜85年「ニューズ・ウィーク」の美術評論を行った。この間、53年処女詩集を発表。「木々」(56年)は批評家の間で注目を集め、「凸面鏡に映った自画像」(75年)でピュリッツァー賞など米国の主要な3つの文学賞を受賞した。詩人としてはダダイズム、シュールレアリスム、象徴主義などの影響を受け、前衛的な作風で知られた。20世紀後半を代表する詩人の一人で、2009年ライブラリー・オブ・アメリカは存命の詩人として初めてアッシュベリーの「詩集1956-1987」を刊行した。代表作に詩集「トゥーランドット」(1953年)、「テニスコートの誓い」(62年)、「川と山」(66年)、「周知のように」(79年)、すべて十六行詩からなる「影の列車」(81年)、散文詩集「三つの詩」(72年)、「そして星は輝いていた」(94年)など。他にノンフィクション「フェアフィールド・ポーター」(83年)、小説「愚者の群れ」(69年, 共作)、戯曲「妥協」(56年)、「Three Plays」(78年)などがある。 [賞]ピュリッツァー賞〔1975年〕「凸面鏡に映った自画像」, レジオン・ド・ヌール勲章オフィシエ章〔2002年〕, 全米図書賞(詩部門)〔1976年〕「凸面鏡に映った自画像」, 全米批評家協会賞(詩部門)〔1976年〕「凸面鏡に映った自画像」, マッカーサー賞〔1985年〕, ホルスト・ビーネク記念詩賞(第1回)〔1991年〕 [資]米国芸術文学アカデミー会員〔1980年〕, 米国芸術科学アカデミー会員〔1983年〕

アトキンソン, アンソニー　Atkinson, Anthony
経済学者 オックスフォード大学ナッフィールド・カレッジ学長 国際経済学会会長 [専]福祉国家論, 所得分配論 [国]英国 [没]2017年1月1日 72歳 [生]1944年9月4日 [出]英国・モンマスシャー州カーリアン [名]本名＝Atkinson, Anthony Barnes, 通称＝アトキンソン, トニー〈Atkinson, Tony〉 [学]ケンブリッジ大学チャーチル・カレッジ〔1966年〕卒 [歴]1967年ケンブリッジ大学セント・ジョンズカレッジ・フェロー、71年エセックス大学教授、76年ロンドン大学教授、92年ケンブリッジ大学教授を経て、94年〜2005年オックスフォード大学ナッフィールド・カレッジ学長。所得分配論及び福祉国家論の研究で知られ、国際経済学会、欧州経済学会、計量経済学会、王立経済学会会長を歴任した。著書に「Wealth, Income and Inequality」(1980年)、「The Economics of Inequality」(83年)、「Public Economics in Action」(95年)などがある。2000年ナイトの爵位を授与された。 [賞]レジオン・ド・ヌール勲章シュバリエ章(フランス)〔2001年〕 [資]ブリティッシュ・アカデミー会員〔1984年〕, 米国芸術科学アカデミー会員〔1994年〕

アナン, ロジェ　Hanin, Roger　俳優 映画監督 [国]フランス [没]2015年2月11日 89歳〔呼吸器系疾患〕 [生]1925年10月23日 [出]フランス領アルジェリア・アルジェ(アルジェリア) [名]本名＝Lévy, Roger Paul [歴]法律と薬学を学ぶが、俳優を志し舞台に出る。1952年映画デビュー。以来、フランスB級アクション映画で活躍。特にクロード・シャブロル監督の「虎」シリーズで

秘密諜報部員“虎”を演じ人気を確立。主な映画出演作に「全部が獣だ」「勝手にしやがれ」(59年)、「若者のすべて」(60年)、「虎は新鮮な肉を好む」(64年)、「スーパータイガー/黄金作戦」(65年)、「甘い告白」(71年)、「流血の絆/野望篇」(81年)など。また、テレビドラマ「Navarro」シリーズ(89年〜2000年)の主演で国民的人気を博す。1973年監督にも進出し、「Protecteur(保護者)」(73年)、「Train d'enfer」(85年)などを手がけた。 [賞]メリット国家勲章シュバリエ章, モスクワ国際映画祭特別賞(第14回)〔1985年〕「Train d'enfer」

アーノンクール, ニコラウス　Harnoncourt, Nikolaus 指揮者 チェロ奏者 古楽研究家 ウィーン・コンツェントゥス・ムジクス(CMW)主宰 [国]オーストリア [没]2016年3月5日 86歳 [生]1929年12月6日 [出]ドイツ・ベルリン [学]ウィーン音楽院〔1952年〕卒 [歴]父はチェコ人、母はハンガリー人で、オーストリアの貴族の家系に生まれ、幼少期からチェロをたしなんだ。1952〜69年ウィーン交響楽団のチェロ奏者を務める。同時に古楽、古楽器の研究に力を注ぎ、53年妻らとともにウィーン・コンツェントゥス・ムジクス(CMW)を結成し古楽の演奏活動を開始。バッハ、ヘンデルなどのバロック音楽を作曲当時の奏法や復元楽器で演奏する先駆けとなり、楽曲に新鮮な息吹を吹き込んだ。57年初コンサートを開催。60年から海外でも演奏旅行を行い、66年英国、米国、カナダでデビュー。70年代モンテベルディのオペラを研究、チューリヒ歌劇場でのシリーズ公演で大成功を収める。またグスタフ・レオンハルトとともに200曲にもおよぶバッハのカンタータの全曲録音を完成させ、芸術分野のノーベル賞とされるエラスムス賞を80年に受賞。その後、レパートリーをベートーヴェンやブラームス、ヨハン・シュトラウスやベルディなど古典派からロマン派にまで広げ、晩年はバルトークも指揮。古楽器の奏法を応用するなど、斬新な解釈による演奏が話題を呼び、コンセルトヘボウ管弦楽団、ヨーロッパ管弦楽団、ウィーン・フィルハーモニー管弦楽団、ベルリン・フィルハーモニー管弦楽団などの名門オーケストラと共演を重ねた。ウィーン・フィルのニューイヤーコンサートでは2度指揮した。後進の指導にもあたり、72年ザルツブルク大学音楽学部を経て、73年ザルツブルクのモーツァルテウム音楽院教授。著書に「古楽とは何か 言語としての音楽」「音楽は対話である」などがある。80年初の日本公演を行い、日本での古楽ブームのきっかけを作った。2005年古楽器の復元などを通じ、古楽演奏の確立に貢献したとして、京都賞を思想・芸術部門で受賞。授賞式にあたり、25年ぶりの来日を果たした。 [賞]功労者勲章〔2002年〕, エラスムス賞(オランダ)〔1980年〕, エディンバラ大学音楽名誉博士号〔1987年〕, ポーラー音楽賞(スウェーデン)〔1994年〕, ハンザ同盟ゲーテ賞(ドイツ)〔1995年〕, シューマン賞(ドイツ)〔1997年〕, エルンスト・フォン・ジーメンス音楽賞(ドイツ)〔2002年〕, グラミー賞(第44回)〔2001年〕, 京都賞(思想・芸術部門, 第21回, 日本)〔2005年〕 [団]ウィーン・コンツェルトハウス協会(名誉会員), ウィーン楽友協会(名誉会員) [家]妻＝アーノンクール, アリス(バイオリニスト・ビオラ奏者)

アバカノヴィッチ, マグダレーナ　Abakanowicz, Magdalena 彫刻家 [国]ポーランド [没]2017年4月21日 86歳 [生]1930年6月20日 [出]ポーランド・ワルシャワ郊外ファレンティ [学]ワルシャワ芸術大学 [歴]1950〜55年東欧の動乱期の頃、ワルシャワ芸術大学で彫刻と絵画を学ぶ。画家として活動を開始するが、彫刻家に転身。60年代初期に“アバカンス”と呼ばれる織物繊維の作家として頭角を現し、70年代に人体を主題とした作品を発表。特に頭部のない人体像で世界的に知られる。80年ベネチア・ビエンナーレに布のオブジェ「エンブリオ(胎生)」を出品し、全欧美術界を席捲。以来、新しい素材により常に未曽有の作品を生み出しては美術界に衝撃を与えた。81年パリ近代美術館で大回顧展、82〜84年北米で大回顧展、88年ブダペストの国立展示館で個展を開催。91年11月パリの副都心「ラ・デファンス地区再開発のための提案」を発表、彫刻の住宅郡を都心に出現させるという画期的な都市建設を提案した。晩年は数多くの野外彫刻を制作し、2006年11月シカゴのグラント・パークに106体の彫刻からなる「アゴラ」を設置。他の作品に「エンブリオ」「トランクス」「戦闘ゲーム」「ドラゴン・ヘッド」「智者の頭」など。1979〜90年ポズナニ芸術大学教授。76年初来日。2007年東京で個展を開催。 [賞]フランス芸術文化勲章オフィシエ章〔1999年〕, サン・パウロ国際ビエンナーレ金賞(第8回)〔1965年〕, ゴットフリート・フォン・ヘルダー賞〔1979年〕, Alfred Jurzykowski Prize〔1982年〕, レオナルド・ダ・ヴィンチ国際芸術大賞〔1997年〕, ライフタイム・アチーブメント・アワード(国際彫刻センター)〔2005年〕 [資]米国芸術文学アカデミー会員〔1996年〕

アバークロンビー, ジョン　Abercrombie, John ジャズ・ギタリスト [国]米国 [没]2017年8月22日 72歳 [生]1944年12月16日 [出]米国・ニューヨーク州ポートチェスター [名]本名＝Abercrombie, John Laird [学]バークレー音楽院 [歴]14歳でギターの指導を受け、1962年からボストンのバークレー音楽院で学び、69年ニューヨークでグループ、ドリームスを結成。72年からチコ・ハミルトンのグループと欧州ツアーを行い、モントルー・ジャズ祭で演奏。その後、ガトー・バルビエリ、ギル・エバンスらと共演。70年代初期ECMのプロデューサー、マンフレート・アイヒャーと出会い、ヤン・ハマー、ジャック・ディジョネットとのトリオによる「タイムレス」(74年)でデビュー。75年ディジョネット、デーブ・ホランドとのトリオ「ゲイトウェイ」を録音。75年ダウンビート誌国際批評家投票ギター部門で新人賞を獲得。70年代末期にはリッチー・バイラーク、ジョージ・ムラーツ、ピーター・ドナルドと最初のカルテットを結成、3枚のアルバムを出した。個性派ギタリストとして知られた。

アビルドセン, ジョン・G.　Avildsen, John G. 映画監督 [国]米国 [没]2017年6月16日 81歳〔膵臓がん〕 [生]1935年12月21日 [出]米国・イリノイ州オークパーク [歴]6歳でシカゴ、11歳でニューヨークに移り、同地で青春時代を過ごす。兵役終了後、広告代理店に入り、CMやPR映画を制作。劇映画に関心を持つようになり、1965年アーサー・ペンの「Mickey One」の製作マネージャーを手初めに幾つかの撮影現場を体

験。69年監督採用広告に応募し、ポルノ映画で監督デビュー。4作目「ジョー」(70年)で注目されるようになり、73年「セイブ・ザ・タイガー」で主演のジャック・レモンにアカデミー賞をもたらして第一線に躍り出た。76年の「ロッキー」が金字塔となり同賞監督賞を受賞、脚本・主演のシルベスター・スタローンを大スターに押し上げた。米国の空手ブームを背景にした「ベスト・キッド」(84年, 原題「カラテ・キッド」)は日本でも大ヒットし、続編も作られた。他の作品に、「ふたりでスローダンスを」(78年)、「ネイバーズ」(81年)、「この愛に生きて」(88年)、「ロッキー5 最後のドラマ」(90年)などがある。 [賞]アカデミー賞監督賞(第49回)〔1976年〕「ロッキー」

アービン, モンティ Irvin, Monte 大リーグ選手 [国]米国 [没]2016年1月11日 96歳〔老衰〕 [生]1919年2月25日 [出]米国・アラバマ州ヘイルバーグ [名]本名=Irvin, Monford Merrill [歴]17歳で黒人リーグのニューアーク・イーグルスに入団。首位打者2回、本塁打王1回、打点王2回を獲得した。1949年30歳の時に大リーグのジャイアンツに球団初の黒人選手として入団。51年打率.312、24本塁打、121打点で打点王を獲得し、ナ・リーグ優勝に貢献。53年打率.329、97打点を記録。54年にはワールドシリーズ制覇に貢献。メジャー通算成績は、実働8年、764試合出場、2499打数731安打、99本塁打、443打点、打率.293。オールスター出場1回。背番号20はジャイアンツの永久欠番となり、73年には野球の殿堂入りを果たす。各地のウィンターリーグでも活躍し、メキシコの殿堂にも入った。

アービング, クリフォード Irving, Clifford 作家 [国]米国 [没]2017年12月19日 87歳 [生]1930年11月5日 [出]米国・ニューヨーク市マンハッタン [名]本名=Irving, Clifford Michael [学]コーネル大学卒 [歴]国連詰めの記者を経て、創作活動に入る。1969年絵画の贋作の大家に取材して「Fake!(贋作)」を執筆し、成功を収めた。71年大富豪ハワード・ヒューズの自伝を書き上げたと発表するが、ヒューズ本人に全く取材していなかったため、名誉毀損で訴えられる。この後、服役、離婚、破産状態と困難な境遇に陥るが、81年この事件をまとめた回顧録「ザ・ホークス 世界を騙した世紀の詐欺事件」を刊行して復活。この事件は、2006年「ザ・ホークス ハワード・ヒューズを売った男」として映画化された。他の作品に、「警部 ナチ・キャンプに行く」(1983年)、法廷サスペンス「トライアル」(87年)などがある。

アブデル・ラーマン, オマル Abdel-Rahman, Omar イスラム原理主義指導者 世界貿易センター爆破テロ事件の受刑者 [没]2017年2月18日 78歳〔病気〕 [生]1938年5月3日 [出]エジプト・ダカリーヤ県 [歴]子供の頃に糖尿病のため視力を失うが、イスラム教の聖典コーランを点字で学んだ。1981年エジプトのサダト大統領暗殺事件に連座した容疑で裁判にかけられたが、証拠不十分で無罪となった後、90年スーダンから観光ビザで米国に入国。91年米国永住権を得る。エジプトの過激派“イスラム団”の精神的指導者で、ニュージャージー州のモスク(イスラム寺院)で説教を行った。93年2月ニューヨークで起きた世界貿易センター爆破テロ事件に関与したとして逮捕され、ニューヨークの国連本部ビル爆破事件なども計画したとして、96年に終身刑判決が確定。服役中もイスラム過激派に強い影響力を持つ“盲目の指導者”として知られた。息子の一人は、米軍に殺害された国際テロ組織アルカイダの指導者オサマ・ビンラディン容疑者の側近だった。

アブドラ・ビン・アブドル・アジズ Abdullah bin Abdul Aziz 政治家 サウジアラビア国王(第6代) サウジアラビア首相 [国]サウジアラビア [没]2015年1月23日 90歳〔病気〕 [生]1924年8月 [出]サウジアラビア・リヤド [歴]アブドルアジズ初代サウジアラビア国王の第11子。母親はシャンマル族ラシード家出身。厳しい宗教教育を受ける。1962年国家警備隊司令官に就任。30人以上の異母兄弟の中で頭角を現し、75年3月同司令官兼任のまま第2副首相、82年6月皇太子・第1副首相に就任。95年異母兄のファハド国王が脳卒中で倒れて以降、サウジアラビアの伝統と宗教的戒律を重視する民族派の指導者として、国政の実権を握る。2002年3月イスラエルに“全占領地からの撤退、パレスチナ国家の樹立、パレスチナ難民の帰還”と引き換えに、アラブ諸国との“正常な関係”と“安全”の獲得を提案した中東和平案(アブドラ案)がアラブ首脳会議で採択されたベイルート宣言に取り入れられる。03年改革憲章を発表。05年8月1日ファハド国王の死去に伴い、第6代国王に即位。10年11月国家警備隊司令官辞任。アラブ穏健派を代表する指導者としてイスラム世界に影響力を行使した。11年の中東の民主化運動“アラブの春”を巡っては王制維持と社会安定を優先。イスラム過激派の台頭を警戒し、14年には“イスラム国”掃討に向けた有志連合の空爆作戦に加わった。国内では科学技術研究推進のため09年にアブドラ国王科学技術大学を設立。13年には国の諮問評議会に初めて女性評議員を登用するなど、改革を進めてきた。1998年10月サウジアラビア皇太子として初来日。尊称はイスラム教の“2聖地(メッカとメディナ)の守護者”。 [家]父=イブン・サウード, アブドル・アジズ(サウジアラビア初代国王), 異母兄=ファハド・イブン・アブドル・アジズ(サウジアラビア5代国王), 異母弟=スルタン・イブン・アブドル・アジズ(サウジアラビア皇太子), サルマン・ビン・アブドルアジズ(サウジアラビア7代国王)

アブリコソフ, アレクセイ Abrikosov, Alexei 物理学者 アルゴンヌ国立研究所特認科学者 [専]超電導 [国]米国 [没]2017年3月29日 88歳 [生]1928年6月25日 [出]ソ連・ロシア共和国モスクワ(ロシア) [名]本名=Abrikosov, Alexei Alexeyevich [学]モスクワ大学〔1948年〕卒 物理学博士〔1951年〕 [歴]ソ連科学アカデミー物理学問題研究所上級研究員、モスクワ大学教授、ゴーリキー大学教授、モスクワ理論物理学研究所所長などを経て、1991年米国のアルゴンヌ国立研究所研究員。50年代に絶対零度近くで電気抵抗が消失する超電導現象を説明する理論を完成させる。2003年超電導体と超流動体の研究に貢献したとして、レベジェフ物理学研究所のヴィタリー・ギンズブルグ、イリノイ大学教授のアンソニー・レゲットとともにノーベル物理学賞を受賞。1999年米国籍を取得。 [賞]ノーベル物理学賞〔2003年〕, レーニン賞〔1966年〕, フリッツ・ロンドン記念賞〔1972年〕, ソ連国家賞〔1982年〕, ラ

ンダウ賞〔1989年〕, ジョン・バーディーン賞〔1991年〕, 筑波大学名誉博士号〔2005年〕 [資]ロシア科学アカデミー会員〔1964年〕, 米国芸術科学アカデミー会員〔1991年〕, 米国科学アカデミー会員〔2000年〕

アベランジェ, ジョアン　Havelange, João　法律家　国際サッカー連盟（FIFA）会長　国際オリンピック委員会（IOC）委員　[国]ブラジル　[没]2016年8月16日　100歳　[生]1916年5月8日　[出]ブラジル・リオデジャネイロ　[名]本名＝Havelange, Jean Marie Fanstin Godefroid　[歴]1936年ベルリン五輪には水泳、52年ヘルシンキ五輪には水球の選手として出場。56年シドニー五輪ではブラジルの選手団長を務めた。傍ら、36年より弁護士業を営む。55〜63年ブラジル・オリンピック委員会委員を経て、63年国際オリンピック委員会（IOC）委員。58〜75年ブラジル・サッカー連盟会長も務め、74年欧州出身者以外では初めて国際サッカー連盟（FIFA）会長（第7代）に就任。94年会長6選、98年名誉会長。この間、ルール改正などさまざまな改革に着手。W杯本大会の出場チーム数を次々に増やし、W杯を五輪に並ぶ世界的なスポーツ大会に発展させた。96年にはFIFA理事会において初の共催となる日韓W杯（2002年）開催を決定した。晩年は、倒産したFIFAのマーケティング代理店から多額の賄賂を受け取っていた疑惑が明るみに出て、11年12月IOC委員を辞任。13年4月にはFIFA名誉会長も辞任した。 [資]弁護士

アマディ, エレチ　Amadi, Elechi　作家　劇作家　[国]ナイジェリア　[没]2016年6月29日　82歳　[生]1934年5月12日　[出]ナイジェリア・リバース州ポートハーコート近郊アルー　[名]本名＝Amadi, Elechi Emmanuel　[学]ロンドン大学ユニバーシティ・カレッジ・イバダン（現・イバダン大学）　[歴]ナイジェリア東部の少数民族イクウェレ族の出身。1965年ナイジェリア軍を退役、故郷に帰り、グラマースクールの教師、のち校長となる。66年クーデター、67年には内戦（ビアフラ戦争）が勃発。少数民族が多く住むリバース州の分離を求める運動に参加していたため、反ビアフラ主義者の嫌疑によりビアフラ軍に拘束され、虐待を受けた。釈放後、タクシー運転手、ビアフラ軍による再逮捕と辛酸を舐める。68年脱走しナイジェリア軍に再入隊、空港司令官となり、リバース州政府に勤務。69年ビアフラ軍敗走の後、ポートハーコートに戻った。この間、処女小説「女やもめ」（66年）を発表。ビアフラ戦争中の体験記「ビアフラの落日」（73年）でも知られる。他の作品に「大きな池」（69年）、「奴隷」（78年）、劇作品に「こしょうのスープとイバダンへの道」（77年）、「ヨハネスブルクの踊り子」（78年）などがある。

アマロ, ルーベン　Amaro, Ruben（Sr.）　大リーグ選手　[国]メキシコ　[没]2017年3月31日　81歳〔病気〕　[生]1936年1月6日　[出]メキシコ・ヌエボラレド　[歴]1958年大リーグのカーディナルス、60年フィリーズ、66年ヤンキース、69年エンゼルスでプレー。好守の遊撃手で、64年ゴールドグラブ賞を受賞。大リーグ通算成績は、実働11年、940試合出場、2155打数505安打、8本塁打、打率.234。引退後はコーチ、マイナー監督を経て、フィリーズのフロント入りし、アシスタントGMを務めた。息子のルーベン・アマロ（Jr.）も大リーグ選手で、引退後はフィリーズGMを務めた。 [家]息子＝アマロ, ルーベン（Jr.）（大リーグ選手）

アミリ, シャハラム　Amiri, Shahram　核科学者　[国]イラン　[没]2016年8月　39歳〔絞首刑〕　[生]1977年　[歴]2009年サウジアラビアのメッカに巡礼した後、行方不明となる。10年7月イランに帰国し、自身は米国中央情報局（CIA）に拉致されたと説明。16年8月イランの核開発に関する情報をCIAに提供した疑いで、スパイ罪を理由とする死刑が執行された。

アミン, ハルン　Amin, Haron　外交官　駐日アフガニスタン大使　[国]アフガニスタン　[没]2015年2月15日　45歳〔がん〕　[生]1969年7月19日　[出]アフガニスタン・カブール　[学]カリフォルニア大学リバーサイド校卒, パサデナ市立カレッジ卒, セント・ジョンズ大学大学院政治学専攻〔2005年〕修士課程修了　[歴]旧ソ連のアフガニスタン侵攻で、貿易商の父とともに11歳で米国に亡命。米国の高校を卒業後、1988年アフガニスタンに帰国し、彼の師であるマスード将軍の下、対ソ戦に身を投じた。その後、マスードの秘書に起用され、米国に戻ると亡命勢力の報道官などを務めた。95年アフガニスタンに帰国し、96年9月のカブール崩壊まで、再びマスードの下で活動する傍ら外務審議官主席補佐官として外交に従事。97年大臣室（後に首相）首席補佐官。2002年タリバン、アルカイダ崩壊後、駐米アフガニスタン大使館代理公使に任命される。04年駐日アフガニスタン大使に着任。08年アフガニスタンと日本の交流史をまとめた「アジアの二つの日出ずる国」を出版。09年退任。その後、駐オーストリア大使を務めたが、在任中の15年、がんのため亡くなった。

アームストロング・ジョーンズ, アントニー　Armstrong-Jones, Antony　写真家　[国]英国　[没]2017年1月13日　86歳　[生]1930年3月7日　[出]英国・ロンドン　[名]本名＝アームストロング・ジョーンズ, アントニー・チャールズ・ロバート〈Armstrong-Jones, Antony Charles Robert〉, 称号＝スノードン伯爵〈The Earl of Snowdon〉　[学]ケンブリッジ大学イートン・カレッジ卒, ケンブリッジ大学ジーザス・カレッジ卒　[歴]著名な法廷弁護士の息子で、「サンデータイムズ」紙写真部長を務めた後、宮廷写真家バロンに師事。1950年代より英国王室付き写真師となり、ロイヤルファミリーのポートレイトを撮り始める。57年にはエリザベス女王とフィリップ皇太子のカナダ訪問で2人の公式ポートレイトを撮影した。社交界やファッション界でも花形写真家として活躍。60年エリザベス女王の妹マーガレット王女と結婚。一般人だったことから、61年スノードン伯爵という爵位が与えられた。61年長男、64年長女が誕生したが、撮影のために世界中を旅するようになってから結婚生活に亀裂が入り、78年離婚した。 [家]元妻＝マーガレット王女（英国王女）

アムゼガル, ジャムシード　Amouzegar, Jamshid　政治家　イラン首相　[国]イラン　[没]2016年9月27日　93歳　[生]1923年6月25日　[出]イラン・テヘラン　[学]テヘラン大学法学部卒, テヘラン大学工業部卒　[歴]1944年渡米しワシントン大学及びコーネル大学に留学。衛生工学、水圧学を学ぶ。コーネル大学講師、国連の水資源問題専門家などを経て、イラン保健省次官、労相、農相、保健相などを歴任。65年蔵相となり、石

油輸出国機構(OPEC)全権代表としてテヘラン協定成立に尽力した。74年1月OPEC特別総会議長として原油の大幅値上げを推進。同年4月内相兼雇用相となり、原油価格値上げのスポークスマンとして活躍。76～78年ラスタキズ党書記長に就任。77～78年首相を務めた。衛生工学や水圧学の著書がある。

アムダール, ジーン　Amdahl, Gene
コンピューター科学者　起業家　アムダール・コーポレーション創業者　⒩米国　⒟2015年11月10日　92歳　⒝1922年11月16日　⒫米国・サウスダコタ州　⒝本名＝Amdahl, Gene Myron　⒣サウスダコタ州立大学(物理学)〔1948年〕卒　博士号(ウィスコンシン大学)〔1952年〕　1952年ウィスコンシン大学で理論物理学を専攻しながらデジタルコンピューターの論理設計についての博士論文を完成し、自身初のコンピューター「WISC」を開発。同年IBMに入社し、コンピューター設計に従事するが、55年に一旦退社。レーダーやデータ処理の技術開発に携わった後、60年IBMに復職。メーンフレーム(汎用大型)コンピューター「システム/360」のチーフアーキテクト(主任設計者)を務め、65年にはフェローに就任。ACS研究所(カリフォルニア州メンロパーク)責任者も務めた。70年アムダール・コーポレーションを設立。互換機ビジネスへの参入を目指す富士通と提携し、商用機「470V/6」を開発。IBMが市場をほぼ独占していた70年代に、互換機という新しい市場を切り開いた。その後、80年トリロジー、89年アンドア・インターナショナルと相次いでベンチャー企業を創業するが、いずれも経営はうまくいかなかった。並列計算分野の"アムダールの法則"でも知られる。

アライア, アズディン　Alaia, Azzedine
ファッションデザイナー　⒩フランス　⒟2017年11月18日　77歳　⒝1940年2月26日　⒫チュニジア・チュニス　チュニジアの首都チュニスの小麦農家に生まれる。美術学校で彫刻を学ぶが、ファッションに興味を持ち、仕立屋のアシスタントを始める。1957年17歳の時パリに移り、クリスチャン・ディオールでの職を得るが、入国書類に不備があったという理由で解雇された。70年代後半はティエリー・ミュグレーのもとで働き、79年オートクチュール専門のデザイナーとして独立。82年ニューヨークで初めてのショーを開催し、86年よりパリ・コレクション、ミラノ・コレクションに参加。女性のボディラインを強調した"ボディコン(＝ボディ・コンシャス)"のデザインが世界的な注目を集め、ファッション界に一大ブームを巻き起こした。92年に引退後も精力的に活動を続け、バッグが日本でも人気を得た。⒭レジオン・ド・ヌール勲章シュヴァリエ章〔2008年〕、オスカー賞特別賞(第1回)〔1985年〕

アリ, モハメド　Ali, Muhammad
プロボクサー　世界ヘビー級チャンピオン　ローマ五輪ライトヘビー級金メダリスト　⒩米国　⒟2016年6月3日　74歳　〔敗血症〕　⒝1942年1月17日　⒫米国・ケンタッキー州ルイビル　⒝本名＝クレイ, カシアス・マーセラス(Jr.)〈Clay, Cassius Marcellus (Jr.)〉、旧姓・名＝クレイ, カシアス〈Clay, Cassius〉　⒞12歳でボクシングを始め、アマで108勝8敗。1960年ローマ五輪のライトヘ ビー級で金メダルを獲得。自伝では米国へ帰国後に黒人であることを理由に故郷のレストランで食事の提供を拒まれ、メダルを川に投げ捨てたとしている。すぐにプロに転向すると、19連勝を経て、64年ソニー・リストン(米国)にTKO勝ちして世界ヘビー級王者となった。翌日黒人回教徒(ブラック・ムスリム)であること公表し、クレイからモハメド・アリへと改名。自ら"蝶のように舞い、蜂のように刺す"と表現した華麗なフットワークと鋭いジャブを武器に、67年までに9回の防衛に成功。一方、信仰とベトナム戦争への反対を理由に徴兵を拒否して裁判沙汰となり、タイトルとライセンスを奪われた。3年余りのブランクを経て復帰し、74年10月当時無敵の王者ジョージ・フォアマン(米国)に挑戦。圧倒的不利の予想を覆して8回KO勝ちで王座返り咲きに成功し、開催地の地名から"キンシャサの奇跡"と称された。その後10回の防衛に成功。78年2月レオン・スピンクス(米国)に敗れるが、9月の再対決で勝ち、3度目の王者となった。81年引退。プロ通算成績は、61戦56勝(37KO)5敗。84年パーキンソン病と診断され、言語障害などの症状が出始めた。90年11月湾岸危機についてイラクのフセイン大統領と直接対話をするためバグダッドに赴いた。イスラム教の布教活動にも従事。96年のアトランタ五輪では病気の影響で手が震えながらも、聖火の点灯役という大役を果たした。98年9月国連平和大使に任命される。ボクシング界、スポーツ界に最も大きな影響を与えた人物として知られ、99年12月「スポーツイラストレーテッド」の"20世紀最高のスポーツ選手"の大賞に選ばれた。2001年半生を描いた映画「アリ」(マイケル・マン監督)が公開される。02年ハリウッドの殿堂入り。05年娘のレイラがWBC女子スーパーミドル級王座を獲得し、親子で世界王者となった。12年ロンドン五輪の開会式に登場、過去のメダリストらと共に五輪旗を運ぶ役目を担った。「モハメド・アリ/かけがえのない日々」(1996年)など評伝的映画や自叙伝「The Greatest : My Own Story」(75年)などがある。自身を"ザ・グレーテスト(最も偉大)"と称するなど強烈な個性で知られる。日本では、76年プロレスラーのアントニオ猪木との異種格闘技戦が大きな話題に。⒭米国大統領市民勲章〔2001年〕、米国大統領自由勲章〔2005年〕、マウントアイダ大学名誉法学博士号(米国マサチューセッツ州)〔1994年〕、コロンビア大学名誉法学博士号(米国)〔1999年〕、20世紀の世界スポーツ賞〔1999年〕、米国功労賞〔2000年〕、世界スポーツ大賞(第1回)〔2000年〕　⒤娘＝アリ, レイラ(プロボクサー)

アリソン, モーズ　Allison, Mose
ジャズ・ピアニスト　シンガー・ソングライター　⒩米国　⒟2016年11月15日　89歳　〔老衰〕　⒝1927年11月11日　⒫米国・ミシシッピ州ティポ　ジャズ界には珍しい白人弾き語り歌手。6才の頃から父親の影響でピアノを習い始め、高校の頃にはデキシーのバンドでトランペットを吹いた。米軍の音楽隊などを経て、29歳でニューヨークに進出し、スタン・ゲッツやズート・シムズ、フィル・ウッズ、ジェリー・マリガン、チェット・ベイカーらと共演。1957年ジャズの名門レーベル"プレスティッジ"からデビュー作「バック・カントリー組曲」を発表。59年にはアル・コーン～ズート・シムズのグループに参加した。コロンビア、エピック、ア

トランティック、ブルーノート、ヴァーヴなどのジャズ・レーベルから、40種を超えるアルバムを発表。他の代表作に「ユア・マインド・イズ・オン・バケーション」などがある。ジャズとブルースの融合を特徴とし、代表曲「ヤングマン・ブルース」は英国のロックバンド、ザ・フーにカバーされるなど、ロックやブルースなど他ジャンルのミュージシャンにも多大な影響を与えた。2012年84歳で初来日を果たした。

ア

アリディ, ジョニー　Hallyday, Johnny
歌手　俳優　国フランス　没2017年12月6日　74歳〔肺がん〕　生1943年6月15日　出フランス・パリ・マルセルブ街　他本名=スメ、ジャン・フィリップ〈Smet, Jean-Philippe〉　経幼い頃に両親が離婚。親戚に引き取られ、ミュージック・ホールで育つ。10歳の頃からピアノやギター、バイオリンなどを演奏。自ら作詞作曲も手がける。子役やバンド活動を経て、1960年レコードデビューし、「ク・ジュ・テーム」などが大ヒット。フランスにロックを広め、"イエイエ"ムーブメントを牽引、"フランスのエルビス"と称された。生涯に約80枚のアルバムを発表し、総売り上げは計1億枚を超え、フランス語圏では絶大な人気を誇った。俳優としても活動し、「パリジェンヌ」(61年)、「アイドルを探せ」(63年)、「ゴダールの探偵」(85年)などの映画に出演。「列車に乗った男」(2002年)やカンヌ国際映画祭で上映された「冷たい雨に撃て、約束の銃弾を」(09年)などでも存在感を発揮した。私生活では、1965年人気歌手のシルヴィ・ヴァルタンと結婚し、80年離婚。その後、女優ナタリー・バイとの間に1児をもうけた他、女優やモデルらと相次ぎ交際、再婚するなど常にメディアの注目を集めた。73年日本公演のため来日。78年東京音楽祭で審査員を務めた。　賞フランス芸術文化勲章シュバリエ章〔1995年〕、レジオン・ド・ヌール勲章シュバリエ章〔1997年〕　家長男=アリディ、ダヴィド（シンガー・ソングライター）、元妻=ヴァルタン、シルヴィ（歌手）

アルセニス, ゲラシモス　Arsenis, Gerasimos
政治家　ギリシャ国防相　国ギリシャ　没2016年4月19日　84歳　生1931年5月30日　出ギリシャ・ケファロニア島　学アネテ大学卒、マサチューセッツ工科大学卒　経エコノミスト出身で、経済協力開発機構(OECD)や国連貿易開発会議(UNCTAD)に勤務。1981〜84年ギリシャ中央銀行総裁を務める。中道左派・社会民主主義政党の全ギリシャ社会主義運動(PASOK)に入党し、国会議員に当選。84〜85年経済相兼蔵相、93〜96年国防相、96年〜2000年教育相。

アルチョウロン, ギジェルモ　Alchouron, Guillermo E.
アルゼンチン農牧協会(SRA)会長　大来財団名誉理事長　国アルゼンチン　没2016年1月22日　82歳　生1933年11月4日　出ブエノスアイレス大学〔1954年〕卒　経1984〜90年アルゼンチン農牧協会(SRA)会長。アルゼンチン経済省諮問委員会メンバーなどを経て、91年大来財団を設立し理事長、2007年名誉理事長。民営化されたアルゼンチン年金保険会社の社長や下院議員も務めた。この間、何度も来日し、日本の政治、経済界との交流を深める。1998年

日亜修好100周年にアルゼンチン側の実質委員長を務め、99年日本政府より勲三等旭日章を受章した。　賞勲三等旭日章(日本)〔1999年〕　職弁護士

アルトー, フローレンス　Arthaud, Florence
セーリング選手　国フランス　没2015年3月9日　57歳〔ヘリコプター墜落事故死〕　生1957年10月28日　出フランス・ブローニュ・ビヤンクール　学大学で薬学を専攻したが、プロセーラーの道を選び中退。その後、不動産会社グループ・ピエール1世の社長ギャレルの援助を受けてセーリングを続ける。1990年第4回ルート・ド・ラム(大西洋単独横断レース)で従来の記録を6時間短縮する14日と10時間8分で優勝。F1ドライバーのアラン・プロストを抜き、一躍フランス・スポーツ界の人気No.1アスリートの地位を得た。2015年3月フランスの民放TF1が制作する番組の撮影のため、南米アルゼンチンの山岳地帯でヘリコプターに搭乗していた際、ヘリコプターが空中で衝突事故を起こして墜落。この事故により、12年ロンドン五輪競泳女子400メートル自由形金メダリストのカミーユ・ムファ、08年北京五輪ボクシング男子ライトウエルター級銅メダリストのアレクシス・バスティンを含む搭乗員10人全員が死亡した。番組は厳しい自然環境の中に置き去りにされたスポーツ選手らが"サバイバル"するという内容で、夏に放送される予定だった。

アルバレス, グレゴリオ　Álvarez, Gregorio
政治家　軍人　ウルグアイ大統領　国ウルグアイ　没2016年12月28日　91歳〔心不全〕　生1925年11月26日　出ウルグアイ・モンテビデオ　他本名=Álvarez Armelino, Gregorio Conrado　学ウルグアイ陸軍士官学校卒　経1971年ウルグアイ陸軍史上最年少で将官昇進、統合参謀本部議長としてツパマロス・ゲリラ掃討作戦を指揮。73年国家安全保障会議事務局長兼任。78〜79年大将、陸軍総司令官。81年9月ウルグアイ初の軍人大統領となり、85年2月まで務めた。軍高官だった70年代に反体制派37人の殺害に関わったとして、2009年禁錮25年の判決を受け服役していたが、16年死亡した。

アルベルタッツィ, ジョルジョ　Albertazzi, Giorgio
俳優　演出家　国イタリア　没2016年5月28日　92歳　生1923年8月20日　出イタリア・フィエーゾレ　経1949年ルキノ・ヴィスコンティ演出の舞台「トロイラスとクレシダ」でデビュー。56年女優アンナ・プロクレメールと一座を結成、イプセン、ダヌンツィオ、サルトル、カミュなどの作品を上演。他にドストエフスキーの作品を多く脚色・演出。61年アラン・レネ監督の映画「去年マリエンバートで」に主演。64年パリ演劇祭上演の「ハムレット」(フランコ・ゼッフィレッリ演出)で国際的評価を得た。89年より主演した「ハドリアヌス帝の回想」は1000回以上演じる当たり役となり、晩年まで舞台で活躍した。他の映画出演作に、「白夜」(57年、ナレーション)、「エヴァの匂い」(62年)、「サスペリア2000」(96年)など。

アレクサンダー, ロバート・マクニール　Alexander, Robert McNeill
動物学者　リード大学名誉教授　国英国　没2016年3月21日　81歳　生1934年7月7日　出英国北アイルランド・リスバーン　学ケンブリッジ大学トリニティカレッジ卒　経1969〜99年リード大学動物学教授。ヒ

トや動物の運動に関するメカニズムの研究および著作活動を行い、特に走りやジャンプについて関心が深く、フィルム撮影、圧力測定、数理解析によって研究を行った。著書に「Dynamics of Dinosaurs and Other Extinct Giants（恐竜の力学）」（89年）、「Animals」（90年）、「Exploring Biomechanics（生物と運動）」（92年）など。㊌CBE勲章〔2000年〕、ロンドン動物協会科学メダル〔1969年〕、リンネ・メダル〔1979年〕、ボレリ賞〔2003年〕㊍ロイヤル・ソサエティ名誉会員〔1987年〕、ヨーロッパ・アカデミア会員〔1996年〕、米国芸術科学アカデミー名誉外国人会員〔2001年〕、ヨーロッパ科学アカデミー会員〔2004年〕

アレン，ジェリ　Allen, Geri　ジャズ・ピアニスト
㊍米国　㊌2017年6月27日　60歳〔がん〕㊋1957年6月12日　㊊米国・ミシガン州ポンティアック　㊎本名＝Allen, Geri Antoinette　㊏ハワード大学卒、ピッツバーグ大学大学院修士課程修了　㊐両親の影響で7歳からピアノを始め、ピッツバーグ大学では民族音楽を研究し修士号を取得。ニューヨークでプロ活動を開始。1983年シュープリームスの伴奏でワールド・ツアーに参加。84年アンソニー・コックス、アンドリュー・シリルとのトリオにおける初リーダー作「プリントメイカーズ」を発表。95年ロン・カーター、トニー・ウィリアムスとのアルバム「Twenty-One」が年間最優秀作となる。96年オーネット・コールマンらと組み、アルバム「サウンド・ミュージアム」を発表。ピッツバーグ大学で後進の指導にもあたった。㊌ジャズパー賞〔1996年〕

アロー，ケネス　Arrow, Kenneth Joseph　理論経済学者　スタンフォード大学名誉教授　㊌厚生経済学　㊍米国　㊎2017年2月21日　95歳　㊋1921年8月23日　㊊米国・ニューヨーク市　㊏コロンビア大学卒、コロンビア大学大学院修了　Ph.D.（コロンビア大学）〔1951年〕㊐ニューヨークのユダヤ系ルーマニア移民の家庭に生まれる。1947年シカゴ大学コールズ研究所研究員、49～68年スタンフォード大学助教授、準教授、教授を経て、68～79年ハーバード大学教授。79年より再びスタンフォード大学教授、91年名誉教授。この間、56年計量経済学会会長、62年大統領経済諮問委員、73年米国経済学会会長を務めた。20世紀を代表する理論経済学者の一人で、理論経済学や厚生経済学において多くの独創的な研究をし、特にその主著「社会的選択と個人的価値」（51年）で、民主主義的決定の中に矛盾が起こりうることを示した「投票の逆理」という問題を初めて明らかにしたことで有名。72年J.R.ヒックスとともにノーベル経済学賞を受賞。他の著書に「組織の限界」（74年）、共著に「一般均衡分析」（71年）など。㊌ノーベル経済学賞〔1972年〕「一般均衡理論と厚生経済学に関する先駆的業績」、クラーク賞〔1957年〕

アロヨ，ルイス　Arroyo, Luis　大リーグ選手　㊍プエルトリコ　㊌2016年1月13日　88歳〔がん〕㊋1927年2月18日　㊊プエルトリコ・ペヌエラス　㊎本名＝Arroyo, Luis Enrique　㊐1955年28歳の時に大リーグのカージナルスでメジャーデビュー。この年11勝を挙げ、オールスターにも選出された。56年パイレーツ、59年レッズを経て、60年ヤンキースではリリーフに転向。61年スクリューボールを武器にリーグ最多の65試合に登板、12連勝を含む15勝29セーブを挙げ、チームのワールドシリーズ制覇に貢献。63年故障のため引退。通算成績は、実働8年、244試合登板、40勝32敗44セーブ、336奪三振、防御率3.93。オールスター出場2回。引退後は母国プエルトリコでヤンキースのスカウトを務めた。

アン・ビョンウォン　安 丙元　作曲家　㊍韓国
㊌2015年　88歳　㊋1926年　㊊韓国・ソウル　㊏ソウル大学　㊐父は画家で新聞社の学芸部長も務めた安碩柱。音楽や文学を愛した父の影響で少年時代から童謡などを多作作曲する。のちソウル大学で音楽を学びながら放送局で働く。日本の植民地支配から解放されて間もない1947年、父の作った歌詞に曲をつけた独立運動の記念日に放送する子供音楽劇の主題歌「我らの願い」を発表。74年48歳の時、先に移住していた母の世話をするためにカナダへ渡る。合唱指導を行うほか韓国福祉財団カナダトロント後援会会長として活躍。2000年在日朝鮮人児童文学者の金見筆と南北合作で新しい統一の歌「ふるさとの花園」を制作。01年在日韓国・朝鮮人の青年たちが企画した"ワンコリアカウントダウン21"に招かれ来日した。㊏父＝安碩柱（画家）

アンジェリル，ルネ　Angélil, René　芸能マネジャー　歌手セリーヌ・ディオンの夫　㊍カナダ　㊌2016年1月14日　73歳〔咽頭がん〕㊋1942年1月16日　㊊カナダ・ケベック州モントリオール　㊐1960年代にカナダでポップシンガーとして活動、72年まで音楽活動を行う。81年に当時12歳だったセリーヌ・ディオンを発掘し、マネジメント業に転向。94年セリーヌと結婚（ルネは3度目）、3児をもうけた。98年セリーヌがハリウッド映画「タイタニック」（97年）の主題歌「マイ・ハート・ウィル・ゴー・オン」を歌いアカデミー賞主題歌賞などを受賞、世界的スターの地位を確立した。99年ルネは咽頭がんと診断され、2013年には舌の一部を切り取る手術を受ける。14年には30年間務めたセリーヌのマネジャーを引退したが、16年咽頭がんのため亡くなった。葬儀は結婚式を挙げたモントリオールのノートルダム聖堂で行われた。㊏妻＝ディオン、セリーヌ（歌手）

アンスティ，マーガレット　Anstee, Margaret　外交官　国連事務次長　㊍英国　㊌2016年8月25日　90歳　㊋1926年6月25日　㊊英国・エセックス州リトル　㊎本名＝アンスティー，マーガレット・ジョーン〈Anstee, Margaret Joan〉　㊏ケンブリッジ大学卒、ロンドン大学卒　㊐ケンブリッジ大学で言語学、ロンドン大学で経済学を専攻。卒業後、大学でスペイン語を講じ、1952年国連入り。技術協力計画の初のフィールドオフィサーとなり途上国を歴訪、開発問題のエキスパートとしての経験を積む。また国連内における女性の地位向上の牽引車的役割を果たした。87年国連ナンバー2の事務次長のポストに女性で初めて就任。平和維持活動を率いたほか、犯罪や麻薬、老人、婦人など社会人道問題の最高責任者であるウィーン事務所長も務めた。94年Dame（デーム）の称号を授けられた。89年東京で開かれた婦人週間全国会議に出席のため来日。

アンスパック，ソルヴェーグ　Anspach, Solveig　映画監督　㊍フランス　㊌2015年8月7日　54歳〔乳がん〕

[出]アイスランド　[学]FEMIS（パリ）卒　[歴]1988年恋人を殺害した女性を追ったドキュメンタリー「Paramour」で映画監督デビュー。ドキュメンタリーを中心に活躍。99年自身の8年間の闘病生活を元にした作品「勇気を出して！」で長編劇映画デビュー。セザール賞新人監督賞候補に。2000年フランス映画祭横浜で来日。他の作品に「陽のあたる場所から」（03年）、「素顔のルル」（13年）、「L'effet aguatigue（水の効果）」（遺作）など。祖国アイスランドとフランスを行き来しながら活躍した。

アンダーソン，アーネスティン　Anderson, Ernestine　ジャズ歌手　[国]米国　[没]2016年3月10日　87歳〔老衰〕　[生]1928年11月11日　[出]米国・テキサス州ヒューストン　[名]本名＝Anderson, Ernestine Irene　[歴]1948年最初のシングルをレコーディング。55年ジジ・クライスの「ニカズ・テンポ」でデビューし、56年夏にロルフ・エリクソンらとともにスカンジナビアを旅行したときに録音した「ホット・カーゴ」で名声を確立。ライオネル・ハンプトンとも共演した。優れた才能とフィーリングを兼ね備えているにも関わらず60年代前半は評価が低かったが、渡英した後、73年に米国西海岸で米国ジャズ界に復帰した。アイゼンハワー大統領の就任式で歌ったほか、日本や南米、欧州など世界各地をツアー。グラミー賞に4回ノミネートされた。代表作として「ホエン・ザ・サン・ゴーズ・ダウン」などがある。

アンダーソン，ジョン　Anderson, John　政治家　米国下院議員（共和党）　[国]米国　[没]2017年12月3日　95歳　[生]1922年2月15日　[出]米国・イリノイ州ロックフォード　[名]本名＝Anderson, John Bayard　[学]イリノイ大学卒，ハーバード大学ロースクール卒　法学博士　[歴]第二次大戦従軍を経て、1946年イリノイ州の弁護士資格を取得。イリノイ州職員を経て、60年同州から米国連邦下院議員に初当選。以来連続10期当選し、79年まで務めた。ウォーターゲート事件に汚れたニクソン大統領の退陣を与党間で真っ先に唱えた。80年の大統領では予備選に共和党から出馬、途中から無党派・独立の候補に転じ、本選挙では共和党レーガン、民主党カーターの各候補と競い、全米で約570万票を集めた。　[賞]ヒートンカレッジ名誉法学博士，シメルカレッジ名誉法学博士，ビオラカレッジ名誉法学博士，ジェニバカレッジ名誉法学博士，ノースパークカレッジ名誉法学博士，トリニティーカレッジ名誉法学博士

アンダーソン，シルビア　Anderson, Sylvia　テレビプロデューサー　脚本家　声優　[国]英国　[没]2016年3月15日　88歳　[生]1927年3月25日　[出]英国・ロンドン　[名]本名＝Anderson, Sylvia Beatrice　[歴]テレビ制作会社で映像プロデューサーのジェリー・アンダーソンと出会い、1960年結婚。夫とともにリアルな人形劇“スーパーマリオネーション”を開発し、65年に放送開始した特撮人形劇「サンダーバード」シリーズを共同制作。脚本や衣装デザインなども手がけ、世界で人気を博した。自身がモデルの女性スパイ“レディ・ペネロープ”の声優も務めた。その後も、「キャプテン・スカーレット」（67〜68年）などの人気作品を手がけた。81年アンダーソンと離婚。　[家]元夫＝アンダーソン，ジェリー（映像プロデューサー）

アンダーソン，ベネディクト　Anderson, Benedict　政治学者　コーネル大学名誉教授　[専]東南アジア研究　[国]アイルランド　[没]2015年12月13日　79歳〔病気〕　[生]1936年8月26日　[出]中国雲南省昆明　[名]本名＝Anderson, Benedict Richard O'Gorman　[学]ケンブリッジ大学卒，コーネル大学大学院博士課程修了　Ph.D.（コーネル大学）〔1967年〕　[歴]中国生まれ。1965年コーネル大学大学院博士課程に在籍中、インドネシアで起きたクーデター未遂事件に興味を持ち、事件がスハルト将軍の陰謀であるとする秘密報告書をまとめる。68年スハルト政権発足後、名前がブラックリストに載せられ、72年以降インドネシアへの入国を禁じられる。以来、タイやフィリピンへと研究領域を広げ、東南アジアの地域研究を基点に、文化と政治に関する世界規模の比較研究を行った。ナショナリズム研究の古典となっている「想像の共同体」（83年）は20以上の言語に翻訳されている。他の著書に「比較の亡霊」「ヤシガラ椀の外へ」などがある。クーデター未遂事件で政治犯になり、長く軟禁されていたインドネシアの作家、プラムディア・アナンタ・トゥルとは、インドネシア語で文通を続けた。2000年福岡アジア文化賞学術研究賞を受賞し来日。　[賞]福岡アジア文化賞（学術研究賞，第11回）〔2000年〕

アンダーソン，マーティン　Anderson, Martin　レーガン米国大統領政策顧問　[国]米国　[没]2015年1月3日　78歳　[生]1936年8月5日　[出]米国・マサチューセッツ州ローウェル　[学]ダートマス大学　Ph.D.（マサチューセッツ工科大学）　[歴]1969年ニクソン大統領の特別顧問となり、米軍の徴兵制廃止、志願制への移行を提案した。81年にはレーガン大統領の政策顧問に就任し、経済やミサイル防衛計画などに関して助言を行う。またフォード大統領、ジョージ・H.W.ブッシュ大統領らの共和党政権でも政策的な提言を行った。

アンダーソン，リチャード　Anderson, Richard　俳優　[国]米国　[没]2017年8月31日　91歳　[生]1926年8月8日　[出]米国・ニュージャージー州ロングブランチ　[歴]家は裕福だったが、1929年の株式大暴落で没落。ニューヨークで育ち、10歳の時にカリフォルニア州に移住。第二次大戦で陸軍に従軍した後、ハリウッドで演技を学び、サマー・ストック公演で初舞台を踏んだ。MGMに6年間出演し、70年代に放送された人気テレビシリーズ「600万ドルの男」や、そのスピンオフ作品「地上最強の美女バイオニック・ジェミー」でオスカー・ゴールドマン局長を演じて人気を博した。他の出演作に、映画「禁断の惑星」（56年）、「トラ・トラ・トラ！」（70年）、テレビドラマ「警部ダン・オーガスト」（70〜71年）など。日本映画「野生の証明」（78年）にも出演した。

アンダーソン，リン　Anderson, Lynn　カントリー歌手　[国]米国　[没]2015年7月30日　67歳〔心不全〕　[生]1947年9月26日　[出]米国・ノースダコタ州グランドフォークス　[名]本名＝Anderson, Lynn Rene　[歴]カントリー音楽の作曲家だった両親の影響で、6歳の頃か

ら歌手活動を始める。1960年代より数々のヒットを出し、71年「ローズ・ガーデン」が世界的に大ヒットしてグラミー賞の最優秀女性カントリー部門を受賞。74年ニューヨークのマディソン・スクエアガーデンでチケットを完売した初めての女性カントリー歌手となった。一方、馬術選手としても活躍。2004年飲酒運転で逮捕されるなど、晩年は相次いで不祥事を起こした。[賞]グラミー賞(最優秀女性カントリー歌手部門)〔1971年〕「ローズ・ガーデン」

アンドゥハル, ホアキン **Andujar, Joaquin** 大リーグ選手 [国]ドミニカ共和国 [没]2015年9月8日 62歳〔糖尿病の合併症〕 [生]1952年12月21日 [出]ドミニカ共和国・サンペドロデマコリス [歴]1976年大リーグのアストロズに入団。速球とスライダーを得意とする右投手で、77年11勝、79年12勝をマーク。81年カーディナルスに移籍し、82年15勝、防御率2.47を記録。ワールドシリーズでも2勝し、チームの世界一に貢献した。84年は20勝を挙げ最多勝、ゴールドグラブ賞を獲得。86年アスレチックス、88年アストロズに移籍。通算成績は、実働13年、405試合登板、127勝118敗9セーブ、1032奪三振、防御率3.58。オールスター出場4回。

アントネッリ, ラウラ **Antonelli, Laura** 女優 [国]イタリア [没]2015年6月22日 73歳〔心臓発作〕 [生]1941年11月28日 [出]イタリア領クロアチア・プーラ(クロアチア) [歴]父の仕事でイタリアに移住。ナポリの高校を卒業後、体育学校教師などを経て、1966年映画界入り。フランスや西ドイツの映画にも出演していたが、73年「青い体験」で少年を惑わせる若い家政婦を演じ、セクシー女優として人気を高めた。ヴィスコンティ監督の遺作「イノセント」(76年)にも主演。ほかの出演作に「毛皮のビーナス」(70年)、「コニャックの男」(71年)、「交換結婚」(72年)、「続・青い体験」(74年)、「悦楽の闇」(76年)、「パッション・ダモーレ」(80年)、「愛の罠/スキャンダル」(85年)など。91年にはコカイン所持の容疑で逮捕され、有罪判決を受けた。[賞]ナストロ・ダルジェント賞主演女優賞〔1973年〕「青い体験」, ダヴィッド・ディ・ドナティッロ賞〔1981年〕「パッション・ダモーレ」

アンブローズ, ヒュー **Ambrose, Hugh** 歴史家 作家 [国]米国 [没]2015年5月23日 48歳〔がん〕 [生]1966年8月12日 [出]米国・メリーランド州ボルティモア [名]本名＝Ambrose, Hugh Alexander [学]モンタナ大学大学院 [歴]1990年代より父親で歴史家のスティーブン・アンブローズと第二次大戦の研究に従事。映画監督スティーブン・スピルバーグや俳優トム・ハンクス総指揮による連続ドラマ「ザ・パシフィック」(2010年)の制作に貢献し、自身が執筆した同名の著作はベストセラーとなった。ドラマは10年エミー賞を受賞し、日本でも放映された。国立第二次大戦博物館(旧国立Dデイ博物館)の副館長も務めた。 [賞]エミー賞〔2010年〕 [家]父＝アンブローズ, スティーブン(歴史家)

アンリ, ピエール **Henry, Pierre** 作曲家 [専]電子音響音楽 [国]フランス [没]2017年7月5日 89歳 [生]1927年12月9日 [出]フランス・パリ [名]本名＝Henry, Pierre Georges [学]パリ国立音楽院 [歴]パリ国立音楽院でナディア・ブーランジェにピアノを、フェリクス・パスロンヌに打楽器を、オリヴィエ・メシアンに和声を師事。1949～58年技師で音楽家のピエール・シェフェールと協力して人間の体の音のみから作品を創ることを目的とした「唯一人のためのサンフォニー」を制作。50～58年には具体音楽研究会を組織。楽器にとどまらず、自然や暮らしの中にある音、街の騒音などを録音し、電子的に加工して用いる“ミュージック・コンクレート(具体音楽)”の発展に貢献した。作品に「Coexistence」「セレモニー」「Futuriste 1」などがある。楽曲は映画「アルタード・ステーツ/未知への挑戦」(79年)などで使用された。現代の大衆文化にも影響を与えたとされる。 [師]師＝ブーランジェ, ナディア, パスロンヌ, フェリクス, メシアン, オリヴィエ

【イ】

イ・インウォン **李 仁源** 実業家 ロッテ副会長 [国]韓国 [没]2016年8月26日 69歳〔縊死〕 [生]1947年8月 [出]韓国慶尚北道慶山 [学]韓国外国語大学日本語学科卒 [歴]1973年ロッテホテルに入社。ロッテショッピング取締役、営業本部長、副社長などを歴任。ロッテグループの創業者である辛格浩(重光武雄)を最側近として支える。2007年政策副本部長に就任し、当時政策本部長だった辛東彬(重光昭夫)の下、11年政策本部長(副会長)に昇格。創業者一族の経営活動を補佐するとともに、約90社に及ぶ系列会社を総括管理する強大な権限を持つに至る。16年6月ロッテグループを巡る巨額の裏金や脱税疑惑で捜査が始まり、8月自身も横領や背任容疑などで事情聴取を受ける予定だったが、直前に自殺した。

尉 健行 **イ・ケンコウ** **Wei Jian-xing** 政治家 中国共産党政治局常務委員・中央規律検査委員会書記 中華全国総工会主席 [国]中国 [没]2015年8月7日 84歳〔病気〕 [生]1931年1月 [出]中国浙江省新昌(原籍) [学]大連工学院機械製造系〔1952年〕卒, ソ連工科学院, 中央高級党学校卒 [歴]1949年中国共産党入党。大学卒業後、1953～55年ソ連工科学院に学び、帰国後東北軽合金加工工場に就職、61～64年工場長。工場を全国の先進工場に発展させ黒竜江省特級労働模範に選ばれる。文化大革命で失脚するが、名誉を回復し、中央高級党学校に学んだ後、81年ハルビン市党委副書記、83年4月ハルビン市長、10月中華全国総工会副主席、84年党中央組織部副部長、85年同部長、87年6月～93年3月監察相を歴任。この間、82年より党中央委員。89年の民主化運動時は学生代表と対話。92年10月党政治局員兼書記局書記兼中央規律検査委員会書記。93年10月中華全国総工会主席。95年4月～97年8月大規模汚職で揺れていた北京市の党委書記を兼任。97年9月～2002年11月党政治局常務委員。幹部の腐敗を追及する反腐敗闘争の顔として知られた。 [賞]黒竜江省特級労働模範

イェーツ, ブロック **Yates, Brock** 自動車ジャーナリスト 脚本家 [国]米国 [没]2016年10月5日 82歳 [生]1933年10月21日 [出]米国・ニューヨーク州ロックポート [名]本名＝Yates, Brock Wendel [学]ホバート

大学 [歴]ジャーナリストで作家の父を持つ。モータースポーツを専門とするジャーナリストとして雑誌の編集者を務める傍ら、北米大陸をいかに速く横断できるかを競う非公認レース“キャノンボール・ラン”を発案。1971年レーシング・ドライバーのダン・ガーニーと組んでキャノンボールの第1回大会に出場、ニューヨーク～ロサンゼルス間を35時間54分で走破して優勝した(使用車はフェラーリ365GTBデイトナ・クーペ)。79年の第5回大会をモチーフに書き上げた脚本は、バート・レイノルズ主演で「キャノンボール」(81年)として映画化され大ヒットした。著書に「エンツォ・フェラーリ F1の帝王と呼ばれた男」(91年)がある。自動車に関する記事を多数執筆したほか、テレビの司会者や、モータースポーツ番組のコメンテーターとしても活躍した。 [賞]ケン・パーディ賞

イェルチン, アントン **Yelchin, Anton** 俳優 [国]米国 [没]2016年6月19日 27歳〔自動車事故死〕 [生]1989年3月11日 [出]ソ連・ロシア共和国レニングラード(ロシア・サンクトペテルブルク) [歴]フィギュアスケートペアのチャンピオンだった両親のもとロシアに生まれ、生後6ケ月で米国に移住。物心ついた時から芸能活動を始め、人気テレビドラマ「ER」にも出演。1999年「A Man Is Mostly Water」で映画デビューし、以後「15ミニッツ」「マルホランド・ドライブ」「アトランティスのこころ」(2001年)、「スパイダー」(02年)などに出演。ハリウッドでその演技力を賞賛され、天才子役として注目を集めた。09年、13年、16年に公開された人気SFシリーズ「スター・トレック」のリメイク版では若き航海士パベル・チェコフ役を好演。「君が生きた証」(14年)でシカゴ国際映画祭最優秀男優賞を受賞した。他の出演作に「ターミネーター4」(09年)、「今日、キミに会えたら」(11年)、「フライトナイト/恐怖の夜」(12年)、「オンリー・ラヴァーズ・レフト・アライヴ」(13年)、「ラスト・リベンジ」(14年)、「グリーンルーム」(15年)など。英語吹替版「コクリコ坂から」(13年)では主役の声を担当。日本映画「誰かが私にキスをした」(10年)では堀北真希らと共演した。英語、ロシア語に加え、フランス語、ドイツ語、イタリア語、スペイン語に堪能だった。09年には「ピープル」誌の“最も美しい人100人”に選出された。ハリウッドで最も期待される若手俳優の一人だったが、16年6月自動車事故のため27歳の若さで死去した。 [賞]ヤング・アーティスト賞主演男優賞〔2002年〕「アトランティスのこころ」, シカゴ国際映画祭最優秀男優賞〔2014年〕「君が生きた証」

イエン・チリト **Ieng Thirith** 政治家 民主カンボジア社会問題相 [国]カンボジア [没]2015年8月22日 83歳 [生]1932年3月10日 [出]カンボジア・プノンペン [名]旧姓・名＝Khieu Thirith [歴]カンボジアを1970年代に統治したポル・ポト派の共同創設者であるイエン・サリの妻。同派でナンバー2の地位を得ていたとされる夫は民主カンボジア(ポル・ポト派政権)副首相を務め、自身は同政権で社会問題相を務めた。2006年ポル・ポト派政権の虐殺行為を裁く国連支援のカンボジア特別法廷が設置され、07年逮捕される。10年特別法廷で人道に対する罪や虐殺、殺人、拷問、宗教的迫害などの罪に問われ、夫らとともに起訴された。しかし、12年認知症を理由に審理が停止され、15年釈放中に死亡した。 [家]夫＝イエン・サリ(ポル・ポト派最高幹部)

イスカンデル, ファジリ **Iskander, Fazil** 作家 [国]ロシア [没]2016年7月31日 87歳 [生]1929年3月6日 [出]ソ連・グルジア共和国アブハジア自治共和国スフミ(ジョージア) [名]本名＝イスカンデル, ファジリ・アブドゥロヴィチ〈Iskander, Fazil Abdulovich〉 [学]ゴーリキー文学大学(モスクワ)卒 [歴]イラン人とアブハズ人の両親のもと、ソ連時代のアブハジア自治共和国スフミで生まれる。はじめ詩人として出発し、1957年の「山の道」、60年の「緑の雨」などの詩集を発表。60年代から散文に転じ、祖国アブハジアを舞台にしたユーモラスな作品を次々と発表。66年の「牛山羊の星座」はフルシチョフ時代の農業政策を諷刺した傑作といわれた。アブハジア民衆の生活と歴史を逸話的な語り口の中に織り込んだ奇想天外な小説「チェゲムのサンドロおじさん」(73～89年)も代表作。他の作品に、「男とその周辺」「ヘラクレスの13番目の偉業」「ソフィチカ」「詩人」「ウサギと大蛇」「始まり」などがある。

イニス, ロイ **Innis, Roy** 公民権運動家 人種平等会議(CORE)議長 [国]米国 [没]2017年1月7日 82歳〔パーキンソン病の合併症〕 [生]1934年6月6日 [出]米国・バージン諸島セントクロイ島 [名]本名＝Innis, Roy Emile Alfredo [学]ニューヨーク市立大学卒 [歴]カリブ海のバージン諸島に生まれ、14歳でニューヨークに移住。高校を中退して軍隊に入り、1963～67年ニューヨーク調査研究所に勤務。63年米国の4大公民権推進団体の一つ、人種平等会議(CORE)に加わり、黒人分離主義と地域社会学校連盟を擁護。68年CORE議長に就任。地域発展組合を推進し、アフリカ系米国人の会社を設立、68～71年「マンハッタン・トリビューン」の共同編集者も務めた。黒人指導者の中では保守派として知られた。91年外務省の招きで来日。

イマム, ハジ **Imam, Haji** イスラム国(IS)幹部 [没]2016年3月〔米軍による空爆死〕 [出]イラク・モスル [名]本名＝カドゥリ, アブドルラフマン・ムスタファ・アル〈Qaduli, Abd al-Rahman Mustafa al－〉 [歴]イラク第2の首都モスル出身。物理の教師だったが、過激派組織イスラム国(IS)の前身組織“イラクのアル・カイダ(AQI)”に参加し、2006年の空爆で死亡した同組織指導者アブ・ムサブ・ザルカウィの側近トップとして頭角を現す。その後、ISの最高指導者アブバクル・バグダディの側近の一人として、資金調達などを担う“財務相”を務めたほか、海外でのテロ計画も指揮。米当局によって国際テロリストとして手配され、700万ドル(約7億9000万円)の懸賞金が掛けられた。16年3月米軍の特殊部隊がシリアで行った急襲作戦により死亡した。ISのナンバー2だったとみられている。

イリッチ, マイク **Ilitch, Mike** 実業家 リトルシーザーズ創業者 デトロイト・タイガース・オーナー [国]米国 [没]2017年2月10日 87歳 [生]1929年7月20日 [出]米国・ミシガン州デトロイト [名]本名＝Ilitch, Michael [歴]マケドニア移民の家庭に生まれる。大リーグのタイガース傘下のマイナーチームでプレーした経験を持つ。ミシガン州ガーデンシティでピザの

チェーン店リトルシーザーズを創業し、1999年イリッチ・ホールディングスを設立。プロスポーツチームの経営も手がけ、82年より北米プロアイスホッケーNHLのデトロイト・レッドウイングス、92年より大リーグのデトロイト・タイガースのオーナーを務めた。

イリヤニ, アブドルカリム　Iryani, Abd al-Karim al-　政治家　イエメン首相　[国]イエメン　[没]2015年11月8日　81歳　[生]1934年10月12日　[出]イエメン・イリヤン　[学]ジョージア大学, エール大学　Ph.D.(エール大学)〔1968年〕　[歴]1960年代は米国に留学し農業や生化遺伝学を学ぶ。74～76年北イエメン開発相、76～78年教育相、80～83年首相、84～90年副首相兼外相。90年南北イエメン統一でイエメン共和国が誕生し、外相に就任。83～94年開発相、94～98年副首相兼外相を経て、98年～2001年首相を務めた。退任後はサレハ大統領の政治顧問を務めた。

イワノフ, ヴャチェスラフ　Ivanov, Vyacheslav　言語学者　翻訳家　カリフォルニア大学ロサンゼルス校教授　モスクワ大学教授・世界文化研究所所長　[専]記号学　[国]ロシア　[没]2017年10月7日　88歳　[生]1929年8月21日　[出]ソ連・ロシア共和国モスクワ(ロシア)　[名]本名＝Ivanov, Vyacheslav Vsevolodovich　[学]モスクワ大学卒　[歴]1989～91年ソ連人民代議員、モスクワ大学教授、91～94年同大世界文化研究所所長を経て、94年カリフォルニア大学ロサンゼルス校教授。2015年退任。ソビエト記号学の代表的理論家として知られた。研究・翻訳・資料集「東洋と西洋」第3集では「エイゼンシテインと日本と中国の文化」を執筆した。　[賞]レーニン賞〔1988年〕, ロシア大統領賞〔2004年〕　[資]ブリティッシュ・アカデミー外国人特別会員〔1977年〕, 米国芸術科学アカデミー会員〔1993年〕, ロシア科学アカデミー会員〔2000年〕

イングラオ, ピエトロ　Ingrao, Pietro　政治家　ジャーナリスト　イタリア下院議長　[国]イタリア　[没]2015年9月27日　100歳　[生]1915年3月30日　[出]イタリア・ラティーナ県レノーラ　[学]ローマ大学文学・哲学部卒, ローマ大学法学部卒　[歴]大学在学中の1939年、反ファシスト学生グループの活動家となり、40年イタリア共産党に入党、43年党機関誌「ウニタ」編集スタッフ。ファシスト警察に追われ、特別法廷に告発されたため、非合法組織での活動に移り、43～45年ローマ及びミラノで地下抵抗組織レジスタンスに加わる。44～56年イタリア共産党ローマ県指導委員会委員、47～57年「ウニタ」編集長、51年党中央委員、56年党第8回大会で指導部委員及び書記局員に選任、75年第14回大会で国家改革研究イニシアティブ・センター所長に指名された。一方、48年よりローマからイタリア下院議員に選出され、68～72年下院共産党議員団長、76～78年下院議長を務めた。共産党の刷新をめぐり、66年第11回党大会での発言が端緒となって、党主流派と訣別し“左翼反対派”を結成、89年第18回大会で世代交替を理由に党指導部委員を辞退した。91年左翼民主党(PDS)の誕生とともに、同党の最高指導機関、政治調整委員会委員に選ばれる。93年5月党主流派を批判し離党。90歳を超えても活動を続け、労働者の抗議デモにも参加した。自伝に「不可能なこと」「イタリア共産党を変えた男」がある。

【ウ】

ウー, ハリー　Wu, Harry　人権活動家　[国]米国　[没]2016年4月26日　79歳　[生]1937年2月8日　[出]中国上海　[名]中国名＝呉弘達〈WuHong-da〉　[学]北京地質学院　[歴]裕福な銀行家の息子としてイエズス会のエリート校に学び、北京地質学院に入学。1960年思想犯として逮捕され、79年釈放されるまでの19年間、青海省の強制労働収容所で過ごす。父、弟も官憲により殺害された。85年カリフォルニア大学バークレー校客員研究員として米国に移住。のちスタンフォード大学フーバー研究所研究員となり、中国問題の研究を進めたほか、92年人権団体のラオガイ(労改)基金会を設立。労改(労働改造)とは、共産主義への“思想改造”を目的に炭鉱や土木工事で知識人らに重労働を科すこと。中国の人権抑圧を講演や議会証言などで非難し、「ニューズウィーク」誌、CBS報道番組「シクスティー・ミニッツ」、英国ITVのドキュメンタリーでも取り上げられた。告発を続けた結果、ラオガイは英語にもなった。95年6月中国に入国しようとして中国公安局に身柄を拘束され、8月武漢市中級人民法院より懲役15年の判決が出されると同時に国外追放処分を受けた。中国軍関係の病院による臓器売買に関する告発も行った。著書に労働改造収容所の実態を暴露した「ビター・ウィンズ」(共著)、「『労改』―中国強制収容所を告発する」などがある。　[賞]フリーダム賞(ハンガリアン・フリーダム・ファイターズ・フェデレーション)〔1991年〕

ヴァツリーク, ルドヴィーク　Vaculík, Ludvík　作家　[国]チェコ　[没]2015年6月6日　88歳　[生]1926年7月23日　[出]チェコスロバキア・ブラモフ(チェコ)　[歴]大工の家に生まれ、中学校卒業後、靴工場で働きながら職業教育を受けた。第二次大戦後プラハの政治大学で学び、青少年教育施設勤務、ジャーナリストを経て、1963年教育施設体験を素材とした短編「Rušný dům(にぎやかな家)」で文壇にデビュー。66年第二次大戦後のチェコスロバキア共産主義体制への幻滅を描いた長編「Sekyra(斧)」を発表し、作家として認められた。68年の民主化運動による、いわゆる“プラハの春”では、改革の徹底を要求する「二千語宣言」の起草者となって世界中に衝撃を与え、一躍有名になる。だが民主化運動の挫折により、執筆の自由を奪われ、70年にはチェコスロバキア共産党を除名された。しかし、その後も自主出版叢書「ペトリツエ(南京錠)」を主宰して頑強に抵抗し、その作品は国外で評価を高めた。他の代表作に長編「モルモット」(70年)、「チェコの夢想家」(83年)など。77年の人権擁護を求める文書「憲章77」にも署名した。

ヴァディム・トゥドール, コルネリウ　Vadim Tudor, Corneliu　政治家　ジャーナリスト　大ルーマニア党(PRM)名誉党首　[国]ルーマニア　[没]2015年9月14日　65歳　[生]1949年11月28日　[出]ルーマニア・ブカレスト　[学]ブカレスト大学〔1971年〕卒　Ph.D.(ク

ラヨーヴァ大学）〔2003年〕 ㊞1970〜80年代はジャーナリストとして新聞や雑誌で活動。89年のルーマニア革命後は雑誌「Romania Mare」を創刊し編集長を務めた。91年民族主義政党の大ルーマニア党（PRM）を設立。92年〜2008年ルーマニア議会議員、09〜14年欧州議会議員などを歴任。00年の大統領選ではイリエスク候補とともに決選投票に進出し注目を集めた。

ヴァル, エリー・ウルド・モハメド Vall, Ely Ould Mohamed 政治家 軍人 モーリタニア軍事評議会議長 ㊌モーリタニア ㊞2017年5月5日 64歳〔心臓発作〕 ㊞1952年 ㊞モーリタニア・ヌアクショット ㊞1966〜73年ロッソの高等学校で学んだ後、73年モロッコ、メクネスの士官学校に入校。同年メクネスの法科学部に入り、法律の免許を取得。79〜81年モーリタニア国家参謀本部指揮官、82〜83年ロッソの第7連隊指揮官、83〜85年ヌアクショットの第6連隊指揮官を経て、85年11月国家安全局長。2005年8月軍クーデターによりタヤ独裁政権を打倒、実権を掌握し、国家最高機関として設置した"正義と民主主義のための軍事評議会"議長に就任。07年の大統領選で当選したアブドライに民政移管した。翌年のクーデターで誕生したアブドルアジス政権に対しては一貫して批判を続けた。

ヴィアゼムスキー, アンヌ Wiazemsky, Anne 作家 女優 ㊌フランス ㊞2017年10月5日 70歳〔乳がん〕 ㊞1947年5月14日 ㊞ドイツ・ベルリン ㊞ナンテール大学 ㊞父は亡命ロシア貴族で外交官、母はノーベル賞作家フランソワ・モーリヤックの娘、伯父は作家クロード・モーリヤックという文学一家に育つ。1966年17歳の時、ロベール・ブレッソン監督の映画「バルタザールどこへ行く」で女優デビュー。67年ジャン・リュック・ゴダール監督の「中国女」で主役に起用され、"ヌーヴェル・ヴァーグ（新しい波）"のヒロインとして世界的に注目される。同年ゴダールと結婚するが、79年離婚。他の出演作品に、「ウイークエンド」（67年）、「ワン・プラス・ワン」（68年）、「テオレマ」（68年）、「豚小屋」（68年）、「東風」（69年）、「ウラジミールとローザ」（70年）、「アウト・ワン」（71年）、「離愁」（73年）、「秘密の子供」（82年）、「ランデヴー」（85年）など。一方、88年「育ちのいい娘たち」で作家デビューし、第4作「カニーヌ」でゴンクール賞を受賞。96年には「愛の讃歌」が大きな評判を呼びベストセラーとなった。他の作品に「ひとにぎりの人々」（98年）、「少女」（2007年）、「聖なる人」（16年、遺作）などがある。 ㊞ゴンクール賞〔1993年〕「カニーヌ」、RTLリール・グランプリ賞〔1996年〕「愛の讃歌」、アカデミー・フランセーズ小説大賞（1998年度）「ひとにぎりの人々」 ㊞祖父＝モーリヤック、フランソワ（作家）、元夫＝ゴダール、ジャン・リュック（映画監督）

ウィクラマナヤケ, ラトナシリ Wickremanayake, Ratnasiri 政治家 スリランカ首相 ㊌スリランカ ㊞2016年12月27日 83歳 ㊞1933年5月5日 ㊞アーナンダ大学卒 ㊞1975年スリランカ法相兼プランテーション産業相、94年内務・公共行政・国会問題・プランテーション産業相、97年内務・公共行

政・プランテーション産業相を経て、2000年8月〜01年12月、05年11月〜11年4月首相を務めた。

ウィーゼル, エリ Wiesel, Elie 作家 哲学者 ボストン大学教授 ㊌米国 ㊞2016年7月2日 87歳 ㊞1928年9月30日 ㊞ルーマニア・シゲト（シゲト・マルマツェイ） ㊞ソルボンヌ大学哲学科卒 ㊞ルーマニアのユダヤ人家庭に生まれる。第二次大戦中の1944年、15歳でナチス・ドイツによってアウシュビッツ強制収容所に送られ、両親はじめ親族を失う。45年ブッヒェンバルト強制収容所で解放を迎えるが、帰国せずにフランスのソルボンヌ大学で学ぶ。のち新聞記者となり、56年渡米、63年市民権を取得。72〜76年ニューヨーク市立大学教授、76年ボストン大学人文学教授、88年哲学・宗教学教授を歴任。この間、アウシュビッツでの体験をもとにした「夜」（58年）でフランス語作家としてデビュー、全世界で1000万部以上が売れたとされる。ホロコースト（ユダヤ民族絶滅政策）を奇跡的に生き延びた者としてその記憶を作品に託して伝える一方、人種差別反対運動の先頭に立ち、86年ノーベル平和賞を受賞した。主な著書に、自伝3部作「夜」「夜明け」「昼」や「幸運の町」「エルサレムの乞食」、エッセイ「沈黙のユダヤ人」「二つの太陽のあいだで」などがある。 ㊞ノーベル平和賞〔1986年〕

ウィーバー, ガートルード Weaver, Gertrude 世界最高齢者（116歳） ㊌米国 ㊞2015年4月6日 116歳 ㊞1898年 ㊞米国・アーカンソー州 ㊞6人きょうだいの末っ子としてアーカンソー州の農家に生まれる。1915年結婚し、4人の子供に恵まれた。2015年4月大阪市の女性が117歳で亡くなり、116歳で世界最高齢に認定されたが、その5日後に亡くなった。

ウィリアムズ, アラン Williams, Allan ビートルズの初代マネジャー ㊌英国 ㊞2016年12月30日 86歳 ㊞1930年2月21日 ㊞英国・マージーサイド州ブートル ㊞本名＝Williams, Allan Richard ㊞英国のロックバンド・ビートルズのメンバーの出身地、英中部リバプールでナイトクラブを経営。1960年店の常連客だったジョン・レノンらに頼まれて演奏させたのをきっかけに、ビートルズのマネジャーとなる。ドイツまで自ら車を運転して公演させるなど初期の活動を支えたが、61年マネジャー料の支払いでもめて契約を解除。後にビートルズは世界的な人気を得ることとなり"ビートルズを手放した男"とも称された。75年回顧録「ザ・マン・フー・ゲイブ・ザ・ビートルズ・アウェイ」を出版。

ウィリアムス, ウォルト Williams, Walt 大リーグ選手 プロ野球選手 ㊌米国 ㊞2016年1月23日 72歳〔心臓発作〕 ㊞1943年12月9日 ㊞米国・テキサス州ブラウンウッド ㊞本名＝Williams, Walter Allen ㊞1964年メジャーデビューし、外野手として活躍。ホワイトソックスやヤンキースに所属し、10年間で通算842試合出場、打率.270、33本塁打、173打点。76年から2年間、日本プロ野球の日本ハムに所属し、通算239試合出場、打率.277、44本塁打、122打点を記録した。

ウィリアムズ, デレク・H. Williams, Derek H. 実業家 日本オラクル社長・CEO ㊌英国 ㊞2016年7月23日 71歳〔病気〕 ㊞1944年12月30日 ㊞英国

外　国　人　　　　　　　　　　　　　　　　ウイントン

㊥1988年米国に本拠を置くオラクル・コーポレーションの英国リージョナル・ディレクターを経て、91年米本社バイスプレジデントとなり、日本を含めアジア太平洋地域を統括。2001年日本オラクル社外取締役、06年米本社エグゼクティブ・バイスプレジデントとして日本を担当。13～14年日本オラクル社長兼CEO（最高経営責任者）を務めた。

ウィルソン，エリザベス　Wilson, Elizabeth　女優　㊥米国　㊷2015年5月9日　94歳［病気］　㊛1921年4月4日　㊥米国・ミシガン州グランドラピッズ　㊏高校卒業後、ニューヨークに移り、ネイバーフッド・プレイハウスで演技を学ぶ。1953年「ピクニック」でブロードウェイデビューし、55年の映画版で映画初出演。56年「大会社の椅子」でBAFTA賞新人賞にノミネート。以後、数多くの映画やテレビ、舞台で活躍。映画は「卒業」(67年)で主演ダスティン・ホフマンの母親役を演じたほか、「鳥」(63年)、「イルカの日」(73年)、「9時から5時まで」(80年)、「アダムス・ファミリー」(91年)、「クイズ・ショウ」(94年)、「私が愛した大統領」(2012年)などに出演。また、ベトナム戦争を題材にした舞台「Sticks and Bones」(1972年)でトニー賞助演女優賞を受賞したほか、テレビのミニシリーズ「Nutcracker: Money, Madness and Murder」(87年)でエミー賞にノミネートされた。　㊥トニー賞助演女優賞（第26回）〔1972年〕「Sticks and Bones」

ウィルソン，ジャスティン　Wilson, Justin　レーシングドライバー　㊥英国　㊷2015年8月24日　37歳〔レース中の事故死〕　㊛1978年7月31日　㊥英国・シェフィールド　㊏英国のフォーミュラカーシリーズで活躍後、2001年国際F3000でシリーズチャンピオンとなる。03年にはF1シリーズに参戦し、ミナルディ、ジャガーで16レースを戦った。04年米国に渡り、インディカーに挑戦。05年2勝、06年1勝、07年1勝、08年1勝、09年1勝をロードコースで挙げる。12年テキサスの1.5マイル・オーバルでオーバル初優勝。インディカー通算7勝を挙げた。15年8月ペンシルベニア州のポコノ・レースウェイでベライゾン・インディカーのイベント中、クラッシュしたセイジ・カラム（米国）のマシンの破片がヘルメットに直撃し、車が壁に激突。頭部に外傷を負って昏睡状態となり、翌日死亡した。

ウィルバー，リチャード　Wilbur, Richard　詩人　翻訳家　㊥米国　㊷2017年10月14日　96歳　㊛1921年3月1日　㊥米国・ニューヨーク市　㊏本名＝Wilbur, Richard Purdy　㊥アマースト大学、ハーバード大学大学院〔1947年〕修士課程修了　㊏兵役後にハーバード大学で学び、1950～54年ハーバード大学助教授、55～57年ウェルズリー大学準教授、57～77年ウエスリアン大学教授、77～86年スミス大学教授を歴任。英文学を教える傍ら詩作を行い、ホプキンズやスティーブンズの影響を受け技巧的な詩を発表。56年詩集「この世界の事物」で全米図書賞とピュリッツァー賞を受賞。北米を代表する詩人の一人で、87年史上2人目の米国桂冠詩人に指名された。89年「新詩集」で2度目のピュリッツァー賞を受賞。他の詩集に「眠るために歩く」(69年)、「Seed leaves」(74年)など。他に童話「Loud Mouse（番ねずみのヤカちゃん）」(63年)、絵本「……の反対は？」(73年)や劇作などがある。フランスのモリエールやラシーヌの翻訳家としても知られた。　㊥ピュリッツァー賞〔1957年・1989年〕「この世界の事物」「新詩集」、全米芸術勲章〔1994年〕、ハリエット・モンロー賞〔1948年〕、全米図書賞〔1957年〕「この世界の事物」、エイキン・テイラー賞〔1988年〕、米国芸術文学アカデミーゴールド・メダル〔1991年〕、ロバート・フロスト賞〔1996年〕、ウォレス・スティーブンス賞〔2003年〕　㊏米国芸術科学アカデミー特別会員〔1959年〕

ウィングリーン，ジェイソン　Wingreen, Jason　俳優　㊥米国　㊷2015年12月25日　95歳　㊛1920年10月9日　㊥米国・ニューヨーク市ブルックリン　㊏第二次大戦に従軍後、舞台俳優として活動。1958年「無頼の群」で映画デビュー。その後、「ミステリー・ゾーン」「アンタッチャブル」「逃亡者」「FBI」「鬼警部アイアンサイド」など200以上のテレビドラマに出演。76年から計7シーズンに渡って放送された「オール・イン・ザ・ファミリー」と続編「アーチー・バンカーズ・プレイス」のバーテンダー役でお茶の間の人気者となった。人気映画シリーズの第2作「スター・ウォーズ／帝国の逆襲」(80年)ではヨーダ役でオーディションを受けたが落選し、代わりにハン・ソロを捕らえた賞金稼ぎボバ・フェットの声を担当した。

ウィンチ，ドナルド　Winch, Donald　経済学者　サセックス大学名誉教授　㊁経済思想史　㊥英国・ロンドン　㊷2017年6月12日　82歳　㊛1935年4月15日　㊥英国・ロンドン　㊏本名＝Whinch, Donald Norman　㊥ロンドン・スクール・オブ・エコノミクス〔1956年〕卒　Ph.D.（プリンストン大学）〔1960年〕　㊏1959～60年カリフォルニア大学バークレー校客員講師、60～63年エディンバラ大学経済学講師、63～66年サセックス大学講師、66～69年リーダーを経て、69～74年社会科学部長、86～89年副学長、93～94年ブリティッシュ・アカデミー副会長を務めた。著書に「Classical Political Economy and Colonies」(65年)、「経済学と政策」(69年)、「Adam Smith's Politics」(78年, 共著)、「Malthus」(87年)など。　㊏ブリティッシュ・アカデミー会員〔1986年〕

ウィントン，ニコラス　Winton, Nicholas　第二次大戦直前に多数のユダヤ人を救った英男性　㊥英国　㊷2015年7月1日　106歳　㊛1909年5月19日　㊥英国・ロンドン・ハムステッド　㊏旧姓・名＝Wertheimer, Nicholas　㊥ストウ・スクール卒業　㊏ロンドンのユダヤ人家庭に生まれる。名門ストウ・スクールを自主退学し、夜間で学びながら銀行員の見習いとして働く。ロンドンの証券取引所に勤務していた1938年、チェコスロバキアに旅行し、ユダヤ人の子供たちがナチス・ドイツの迫害を受ける恐れがあることを知り、子供の里親探しなどに奔走。39年8本の列車を仕立て669人の子供を救った。多数のユダヤ人を救ったドイツ人実業家のオスカー・シンドラーにちなみ"英国版シンドラー"と呼ばれた。第二次大戦勃発後は、赤十字に参加してフランスで難民支援活動に従事。41年英国空軍に入隊しパイロットとなった。戦後はパリの国際復興開発銀行に就職。英国に帰国後はビジネスで成功するとともに慈善活動にも取り組み、83年大英帝国勲章を受章。

2003年にはエリザベス女王よりナイトの称号を与えられた。 [賞]大英帝国勲章〔1983年〕, トマーシュ・マサリク勲章(チェコ)〔1998年〕, プライド・オブ・ブリテン・アワード〔2003年〕

ヴェイユ, シモーヌ　Veil, Simone　政治家　法律家　欧州議会議長　[国]フランス　[没]2017年6月30日　89歳　[生]1927年7月13日　[出]フランス・ニース　[名]本名＝Veil, Simone Annie, 旧姓・名＝Jacob　[学]パリ政治学院卒　[歴]ニースでユダヤ人建築家の家に生まれる。ナチス・ドイツの迫害を受け、16歳でアウシュビッツ強制収容所に送られ、妹以外の家族を失った。1957年フランス法務省に入り、69年法相官房参事官。70年女性として初めて司法官職高等評議会の書記長に就任。72年フランス国営放送経営委員。74〜78年ジスカールデスタン大統領の下で厚相を務め、カトリックの伝統からなかなか実現しなかった「中絶法」(74年)と「協議離婚法」(75年)の成立に尽力した。79年直接選挙制が導入された欧州連合(EU)欧州議会の初代議長に女性として初めて選出され、82年まで務めた。82〜84年法務委員会委員長。フランス民主連合(UDF)に属する中道右派で、93年3月〜95年5月バラデュール内閣で社会問題・厚生・都市問題相を務めた。98年〜2007年憲法院裁判官。1989年来日。自伝「シモーヌ・ヴェイユ回想録」がある。 [賞]プリンストン大学名誉博士号, ケンブリッジ大学名誉博士号　[賞]アカデミー・フランセーズ会員〔2008年〕　[家]夫＝ヴェイユ, アントワーヌ(財務監査官・元UTA航空社長)

ウェクスラー, ハスケル　Wexler, Haskel　映画撮影監督　映画監督　[国]米国　[没]2015年12月27日　93歳　[生]1922年2月6日　[出]米国・イリノイ州シカゴ　[学]カリフォルニア大学卒　[歴]10代の頃からアマチュア映画作りに励む。大学卒業後、産業映画、文化映画の製作を経て、1958年「Stakeout on Dope Street」で撮影監督に。マイク・ニコルズ監督の「バージニア・ウルフなんかこわくない」(66年)、ハル・アシュビー監督の「ウディ・ガスリー わが心のふるさと」(76年)でアカデミー賞を受賞した。65年「The Bus」で監督デビュー。撮影作品に「アメリカン・グラフィティ」(73年)、「3人の逃亡者」(88年)、「フィオナの海」(94年)、監督作品に「アメリカを斬る」(69年)、「ラティノ」(85年)など。リベラルな活動家としても知られ、「帰郷」(78年)、「夜の大捜査線」(67年)などの社会に影響を与えた多くの映画にも関わった。96年ハリウッドの殿堂入りを果たす。2003年には国際撮影監督協会より映画撮影史上最も影響を与えた10人の一人に選ばれた。女優のダリル・ハンナは姪。 [賞]アカデミー賞撮影賞〔1966年・1976年〕「バージニア・ウルフなんかこわくない」「ウディ・ガスリー わが心のふるさと」

ウェグナー, フリッツ　Wegner, Fritz　イラストレーター　[国]英国　[没]2015年3月15日　90歳　[生]1924年9月15日　[出]オーストリア・ウィーン　[名]本名＝Wegner, James Fritz　[学]セントラル・セント・マーティンズ美術学校卒　[歴]ウィーンのユダヤ人家庭に生まれ、ナチス・ドイツを逃れてロンドンに渡る。ロンドンの名門セントラル・セント・マーティンズ美術学校を経て、イラストレーターとなり、雑誌や出版社、広告会社の仕事を手がける。独創的でユーモラスなイラストを得意とし、本の表紙や挿絵、切手のデザインの他、セント・マーティンズ美術学校やキャンバーウェル・アートカレッジで教えるなど多方面で活躍した。主な作品に「とんでもないブラウン一家—お話の中のお話」などがある。

ウェスカー, アーノルド　Wesker, Arnold　劇作家　演出家　[国]英国　[没]2016年4月12日　83歳　[生]1932年5月24日　[出]英国・ロンドン・イーストエンド　[歴]ユダヤ系ハンガリー人の父とロシア人の母のもと、ロンドン・イーストエンドの貧民街で幼少時代を送る。パン屋の職人、家具製造の見習い、調理場の給仕などをして働きながら映画技術学校に学び、アマチュアの演劇グループでも活動した。1958〜60年「大麦入りのチキン・スープ」「根っこ」「僕はエルサレムのことを話しているのだ」の〈ウェスカー三部作〉を発表、労働者階級の生活を描いたこれらの作品により、劇作家としての名声を得た。"怒れる若者たち"と呼ばれた作家運動の一人で、40以上の劇作品を発表し、世界各地で上演された。ニュー・レフト運動の担い手の一人としてセンター42を設立、芸術と労働組合との結合を図ったことでも知られる。他の作品に「調理場」(57年)、「四季」「彼ら自身の黄金の都市」(65年)、「友よ」(70年)、「老人たち」(72年)、「カリタス」(81年)、「親愛なるレディ」(88年)など。短編小説や演劇論も執筆し、自作の演出も手がけた。2000年2月来日、7月日英の協力により「調理場」が「ザ・キッチン」としてミュージカル化され、日本で初演された。08年には日本の作曲家・三枝成彰の依頼でモノオペラ「悲嘆」の台本を書き下ろし、演出も手がけた。06年ナイト爵に叙された。 [賞]エンサイクロペディア・ブリタニカ賞〔1964年〕「大麦入りのチキンスープ」

ウェスターウェレ, ギド　Westerwelle, Guido　政治家　ドイツ外相　[国]ドイツ　[没]2016年3月18日　54歳〔白血病〕　[生]1961年12月27日　[出]西ドイツ・バートホンネフ(ドイツ)　[学]ボン大学(法律)卒, ハーゲン大学　[歴]1991年より弁護士として活動。80年ドイツ自由民主党(FDP)に入党。党の青年組織代表、ボン地区代表などを経て、94年〜2001年FDP幹事長、01年5月〜11年5月FDP党首。1996年より西ドイツ連邦議会議員。2006〜09年FDP連邦議会議員団長。09年10月〜11年5月副首相。09年10月〜13年外相。外相としてたびたび来日し、10年には当時の鳩山由紀夫首相や岡田克也外相と会談、核軍縮・不拡散分野での協力推進などを協議した。私生活では10年に長年パートナーとして交際していた実業家の男性と結婚式を挙げ話題になった。

ウエスト, アダム　West, Adam　俳優　[国]米国　[没]2017年6月9日　88歳〔白血病〕　[生]1928年9月19日　[出]米国・ワシントン州ワーラワーラ　[名]本名＝Anderson, William West　[歴]空軍除隊後、俳優として活動を開始。1959年映画「都会のジャングル」でポール・ニューマンの父親役でデビュー。以後、西部劇、SF映画、テレビドラマなどに出演。66〜68年ABCテレビのアクションコメディ「バットマン」で主役のバットマン役を務め、全120話に出演、人気を博した。バットマンのイメージが定着し過ぎて出演依頼が来な

い時期もあったという。99年放送開始のFOXアニメ「ファミリー・ガイ」でアダム・ウエスト市長の声優を務め、若いファンにも親しまれた。他の出演作に、映画「グレートスタントマン」(78年)、「ゾンビ・ナイトメア」(86年)などがある。

ウェットン, ジョン Wetton, John シンガー・ソングライター ロック・ベース奏者 ⓝ英国 ⓓ2017年1月31日 67歳〔結腸がん〕 ⓑ1949年6月11日 ⓟ英国・サリー州ダービー ⓖグループ名=エイジア〈Asia〉, キング・クリムゾン〈King Crimson〉 アート・スクール中退後、R&Bバンドやジャズコンボを転々とし、1969年モーグル・スラッシュを結成してプロデビュー。次いでファミリーに参加したのを経て、72年ロバート・フリップの招きでプログレッシブ・ロック・バンド、キング・クリムゾンに加入し、ベースとボーカルを担当。同バンドでの参加作である73年の「太陽と戦慄」や74年の「暗黒の世界」「レッド」はプログレッシブ・ロックの名盤として名高い。74年同バンドが解散すると、ロキシー・ミュージックやユライア・ヒープなど多くのロックグループを渡り歩き、78年アラン・ホールズワース、エディ・ジョブソンやクリムゾン時代の同僚であったビル・ブルーフォードとともにUKを結成し、「憂国の四士(UK)」など3枚のアルバムを残した。80年に初のソロアルバム「コート・イン・ザ・クロスファイア」を発表。81年元イエスのスティーブ・ハウ、元EL&Pのカール・パーマー、元バグルズのジェフ・ダウンズといった英国ロック界の大物とともにエイジアを結成し、82年にリリースしたファーストアルバム「エイジア(詠時感)」は9週連続全米第1位に君臨するなど商業的に大成功を収め、最後のスーパーグループと呼ばれた。85年同バンドの活動を休止。90年エイジアの活動を再開するが、91年に脱退。以後はソロやセッション・ワークを中心に活動し、旺盛にコンサートやアルバムの制作を行った。2001年元聖飢魔IIのゼノン石川とライデン湯沢によるプロジェクトであるRXのアルバム「エレメンツ」のレコーディングに加わり、同バンドのコンサートにも飛び入り参加。05年ダウンズとアルバム「アイコン」を共作、これが機縁となって、06年オリジナルメンバーでのエイジアを再結成し全英・全米及び来日公演を行った。13年ハウが脱退し、新ギタリストとしてサム・クールソンが加入。アルバム「フェニックス」をリリース。他のソロアルバムに「ボイス・メール」「アークエンジェル」「ウェルカム・トゥ・ヘブン」などがある。

ウエドラオゴ, ユスフ Ouédraogo, Youssouf 政治家 外交官 ブルキナファソ首相 ⓝブルキナファソ ⓓ2017年11月18日 64歳 ⓑ1952年12月25日 ⓟフランス領オート・ボルタ・ティカレ(ブルキナファソ) フランスの大学に留学した経済の専門家。1984~87年ブルキナファソ計画・人口開発相、87~89年計画・協力相を経て、92~94年首相。94~99年ベルギー、英国、ルクセンブルク、オランダ、欧州連合(EU)各大使、99年~2007年外相、07年よりアフリカ開発銀行(ADB)総裁特別顧問を務めた。

ウェラー, ワルター Weller, Walter 指揮者 バイオリニスト 英国ロイヤル・フィルハーモニー管弦楽団首席指揮者 ⓝオーストリア ⓓ2015年6月14日 75歳〔膵臓がん〕 ⓑ1939年11月30日 ⓟオーストリア・ウィーン ⓖウィーン音楽院 同名の父はウィーン・フィルハーモニー管弦楽団の第1バイオリン奏者。6歳で音楽大学の音楽とバイオリンの授業を受けるなど早くから才能が開花し、1958年ウィーン・フィルに入団。62年22歳の若さでコンサートマスターに昇格。また59年ウェラー弦楽四重奏団を結成し、内外で活躍。69年ウィーン国立歌劇場に指揮者としてデビュー。71~72年デュイスブルク市の音楽総監督、75~79年ウィーン・トーンキュンストラー管弦楽団首席指揮者、77~80年ロイヤル・リバプール・フィルハーモニー芸術監督兼首席指揮者を歴任。82年ロンドンのロイヤル・フィルハーモニー管弦楽団首席指揮者に就任。以後、英国を本拠地に活動。2007年ベルギー国立管弦楽団音楽監督。ラフマニノフ、ショスタコーヴィチを得意とした。1959年ウィーン・フィルの団員として初来日。 ⓕ父=ウェラー, ワルター(バイオリニスト) 師=ザモヒル, フランツ, ベーム, カール, シュタイン, ホルスト

ウェランド, コリン Welland, Colin 脚本家 俳優 ⓝ英国 ⓓ2015年11月2日 81歳 ⓑ1934年7月4日 ⓟ英国・マージーサイド州リバプール ⓖ本名=Williams, Colin ロンドン大学ゴールドスミス・カレッジ 美術教師を経て、1962年マンチェスターで俳優としてデビュー。テレビドラマ「Zカーズ」(62~78年)で人気を博したほか、映画「ケス」(69年)、70年代の刑事ドラマ「ロンドン特捜隊スウィーニー」などに出演した。傍ら、脚本家としても活動し、79年映画「ヤンクス」を手がけた。81年には24年の五輪を舞台に差別に反発するユダヤ人2人の陸上選手を描いた映画「炎のランナー」の脚本を手がけ、米国アカデミー賞脚本賞などを受賞した。他の脚本作品に、テレビ「4時が過ぎれば」(70年)、「50歳のキス」(73年)、「バンクホリデー」(77年)、映画「燃えてふたたび」(87年)、「白く乾いた季節」(89年)、「草原とボタン」(94年)などがある。 ⓕBAFTA賞助演男優賞〔1970年〕「ケス」、アカデミー賞脚本賞〔1982年〕「炎のランナー」

ウェル, ティモシー
⇒キング, レックスを見よ

ウェルズ, コリー Wells, Cory 歌手 ⓝ米国 ⓓ2015年10月20日 74歳 ⓑ1941年2月2日 ⓟ米国・ニューヨーク州バッファロー ⓖ本名=Lewandowski, Emil, グループ名=スリー・ドッグ・ナイト〈Three Dog Night〉 1968年ロサンゼルスでダニー・ハットン、チャック・ネグロンとともに3人のボーカリストを擁するポップ・グループ"スリー・ドッグ・ナイト"を結成。69年「スリー・ドッグ・ナイト」でデビュー。71年代表曲「喜びの世界(ジョイ・トゥ・ザ・ワールド)」がヒットするなど、10曲が全米トップ10にランクインした。他のヒット曲に「ワン」(69年)、「ママ・トールド・ミー」(70年)、「ライアー」(71年)、「オールド・ファッションド・ラヴ・ソング」(71年)、「ショウ・マスト・ゴー・オン」(74年)などがある。76年グ

ループは解散。78年初のソロアルバム「タッチ・ミー」をリリースした。

ヴェルディ, ヴィオレット Verdy, Violette　バレリーナ　バレエ指導者　ニューヨーク・シティ・バレエ団(NYCB)プリンシパル　パリ・オペラ座バレエ団芸術監督　[国]フランス　[没]2016年2月8日　82歳　[生]1933年12月1日　[出]フランス・ポン・ラベ　[名]本名＝Guillerm, Nelly Armande　[歴]ルーザンヌ・サルキシアンとヴィクトル・グゾフスキーに師事し、1945年シャンゼリゼ・バレエ団で初舞台。プティのパリ・バレエ団、バレエ・ランベール、アメリカン・バレエ・シアター(ABT)などを経て、58年ニューヨーク・シティ・バレエ団(NYCB)に入団。主役級のダンサーを務め、バランシン振り付け「チャイコフスキー・パ・ド・ドゥ」「ソナチネ」、ロビンズ振り付け「イン・ザ・ナイト」など数々の傑作を初演した。一方、ロイヤル・バレエ団など他のバレエ団に客演し、古典名作にも出演。また女優としてマドレーヌ・ルノーとジャン・ルイ・バロー劇団の舞台に立ち、映画「バレリーナ」「ガラスの靴」にも出演した。76年引退し、77年パリ・オペラ座バレエ団で女性初の芸術監督に就任(80年退任)。80〜84年ボストン・バレエ団の芸術監督を務め、その後は米国を拠点として後進の育成に尽力。96年からはインディアナ大学ジェイコブズ音楽院でバレエを教えた。著書に「ジゼル」(70年)、「ジゼル 一生の役」(77年)がある。　[師]師＝サルキシアン, ルーザンヌ, グゾフスキー, ヴィクトル, バランシン, ジョージ

ヴォエヴォドスキー, ウラジーミル Voevodsky, Vladimir　数学者　プリンストン高等研究所教授　[専]ミルナー予想　[国]米国　[没]2017年9月30日　51歳　[生]1966年6月4日　[出]ソ連・ロシア共和国モスクワ(ロシア)　[名]本名＝ヴォエヴォドスキー, ウラジーミル・アレクサンドロヴィッチ〈Voevodsky, Vladimir Aleksandrovich〉　[学]モスクワ州立大学大学院〔1989年〕修士課程修了　Ph.D.(ハーバード大学)〔1992年〕　[歴]ハーバード大学、ドイツのマックス・プランク数学研究所で研究。米国に移住し、ハーバード大学、ノースウエスタン大学助教授を経て、2002年プリンストン高等研究所教授。素数の性質を調べる数論と代数幾何学の深いつながりを明らかにし、約30年間未解決だった"ミルナー予想"を解決したことにより、02年数学のノーベル賞といわれるフィールズ賞を受賞した。　[賞]フィールズ賞〔2002年〕

ヴォートラン, ジャン Vautrin, Jean　作家　映画監督　[国]フランス　[没]2015年6月16日　82歳　[生]1933年5月17日　[出]フランス・パニ・シュル・モーゼル　[名]本名＝エルマン, ジャン〈Herman, Jean〉　[学]IDHEC〔1955年〕卒　[歴]1955年ボンベイ大学フランス文学講師。55〜57年ロベルト・ロッセリーニ監督、58年ビンセント・ミネリ監督の助監督を経て、アラン・ドロン主演の「さらば友よ」(68年)、「ジェフ」(69年)で映画監督としての地位を不動のものにした。73年ジャン・ヴォートランの筆名で作家に転身。「パパはビリー・ズ・キックを捕まえられない」(74年)は"ネオ・ポラール(新しいミステリーの運動)"の奇跡とよばれ、高く評価された。「Un grand pas vers le Bon Dieu」(89年)でゴンクール賞を受賞。他の作品に「鏡の中のブラッディ・マリー」(79年)、短編集「Patchwork」(84年)などがある。　[賞]レジオン・ド・ヌール勲章シュバリエ章, フィクション賞〔1979年〕「鏡の中のブラッディ・マリー」, フランスミステリー批評家大賞〔1980年〕「鏡の中のブラッディ・マリー」, ドゥ・マゴ賞〔1983年〕「Patchwork」, ゴンクール賞〔1989年〕「Un grand pas vers le Bon Dieu」

ウォラー, ロバート・ジェームズ Waller, Robert James　作家　[国]米国　[没]2017年3月10日　77歳　[生]1939年8月1日　[出]米国・アイオワ州ロックフォード　[学]北アイオワ大学卒　経済学博士(インディアナ大学)　[歴]北アイオワ大学で25年間経済学の教職に就き、1979〜86年ビジネススクールの学部長を務めたが、91年体調を崩して退職。エッセイ集を2冊出版した後、92年中年男女の恋愛を描いた小説「マディソン郡の橋」を発表。初版2万9000部だったが、次第に人気が出て、93年全米でベストセラーに。日本をはじめ40カ国語に翻訳され、1200万部を超える大ベストセラーとなった。95年にはクリント・イーストウッド、メリル・ストリープ主演で映画化され大ヒット。ブロードウェイでミュージカル化もされ、2014年のトニー賞で2部門を受賞した。02年続編「マディソン郡の橋 終楽章」を刊行。他の著書に「スローワルツの川」(1994年)、「マディソン郡の風に吹かれて」(94年)、「ボーダー・ミュージック」(95年)などがある。経済学者、アマチュア写真家、ギター演奏家など多彩な顔を持つ。94年来日。

ウォリン, シェルドン Wolin, Sheldon S.　政治学者　プリンストン大学名誉教授　[専]政治思想　[国]米国　[没]2015年10月21日　93歳　[生]1922年8月4日　[出]米国・イリノイ州シカゴ　[学]ハーバード大学大学院博士課程修了　Ph.D.(ハーバード大学)〔1950年〕　[歴]太平洋戦争に従軍後、ハーバード大学で博士号を取得。1962年カリフォルニア大学バークレー校教授、70年同サンタクルーズ校教授、72〜87年プリンストン大学教授。88年国際基督教大学客員教授として来日。91年までコーネル大学客員教授。古代からの政治の歴史をたどりながら、現代への影響について研究した。政治思想の研究と平行し、81年から3年間、季刊「デモクラシー」を主宰するなど、米国の反民主化を批判する言論活動を続けた。著書に「政治とヴィジョン」(60年)、「ホッブズと政治理論の叙事詩的伝統」(70年)、「アメリカ憲法の呪縛」(89年)など。

ウォリンスキ, ジョルジュ Wolinski, Georges　漫画家　[国]フランス　[没]2015年1月7日　80歳〔射殺〕　[生]1934年6月28日　[出]チュニジア・チュニス　[歴]チュニジア生まれのユダヤ人。1948年家族とともにフランスに移り住む。60年より風刺誌「ハラキリ」(週刊紙「シャルリー・エブド」の前身)に参加。68年反体制派がカルチエラタンの学生街を占拠したパリ五月革命の際には、彼らを"過激派"と非難したド・ゴール大統領に向けて「過激派」という新聞を創刊、痛烈な政権批判を展開した。以後、大衆写真誌「パリ・マッチ」など一般のニュースマガジンでも作品が掲載されるようになる。70〜80年「月刊シャルリー」編集長。「シャルリー・エブド」を創刊当時から支えた一人だったが、イスラム過激派を風刺する漫画を多数掲載するなど宗

教上のタブーに踏み込むことも辞さない挑発的な編集姿勢はしばしば物議を醸し、賛否両論を巻き起こした。2015年1月シャルリー・エブド本社で編集会議の最中、覆面をした男2人が銃を乱射し、編集部に居合わせた12人が亡くなった。

ウォルコット, デレック　Walcott, Derek Alton
詩人　劇作家　[国]セントルシア　[没]2017年3月17日　87歳　[生]1930年1月23日　[出]英領セントルシア・カストリーズ(セントルシア)　[学]ウィスコンシン大学, 西インド諸島大学(ジャマイカ)卒　[歴]父は英国人画家、母はアフリカ系移民。西インド諸島の英領セントルシアに生まれ、1950年ジャマイカの西インド諸島大学に留学。一時教職に就いたのち、「トリニダード・ガーディアン」編集者を経て、57年ロックフェラー奨学金を受けて、2年間ニューヨークで演劇を研究した。59年トリニダードに移住、トリニダード演劇ワークショップを設立、西インド諸島の演劇発展に尽力。10代から詩作を始め、48年18歳で処女詩集「25 Poems(25の詩)」を発表、欧米文学界で認められる。62年「In a Green Night(緑の夜に)」を刊行。初期作品は英国詩人マーベルらの影響が見られ、その後、奴隷、貧困、人種問題など西インド諸島固有の風土と歴史を詠いこんだ。92年カリブ海地域から初めてノーベル文学賞を受賞。他の詩集に「漂泊者」(65年)、自伝的詩集「もう一つの生」(73年)、「ハマベブドウ」(76年)、「幸福な旅人」(82年)、「真夏」(86年)、「オメロス」(90年)、「詩集1948-1984」(86年)、「詩集1965-1980」(92年)など。劇作家としては、ニューヨークとロンドンで上演された詩劇「ヘンリー・クリストフ」(50年)や「ドーフィンの海」(56年)、「サル山での夢」(67年)、「ラスト・カーニバル」(86年)、「オデッセイ」(93年)があるほか、ミュージカル劇「セビーリャの戯れごと師」がある。97年には米歌手のポール・サイモンと共作したミュージカル「ザ・ケープマン」を発表した。創作の傍ら、米ボストン大学や英エセックス大学教授も務めた。作品を通じて植民地や奴隷の歴史を持つカリブ海諸国の文化発信に貢献したとして、2016年セントルシアが創設したナイト爵位を授与された。　[賞]ノーベル文学賞〔1992年〕, オビー賞〔1971年〕, W.H.スミス文芸賞〔1991年〕「オメロス」, T.S.エリオット賞〔2011年〕　[資]米国芸術文学アカデミー会員

ウォーレル, バーニー　Worrell, Bernie　ミュージシャン　[国]米国　[没]2016年6月24日　72歳〔肺がん〕　[生]1944年4月19日　[出]米国・ニュージャージー州ロングブランチ　[名]本名＝Worrell, George Bernard (Jr.), グループ名＝ファンカデリック〈Funkadelic〉, パーラメント〈Parliament〉　[学]ジュリアード音楽院　[歴]幼少よりピアノの才能を発揮し、ジュリアード音楽院で学ぶ。1969年ジョージ・クリントン率いるバンド、ファンカデリックのアルバムに参加。同メンバーからなるバンド、パーラメントにも参加し、ピアノやシンセサイザーなどを担当。両バンドの革新的な音作りで“鍵盤の魔術師”と呼ばれた。80年代にはトーキング・ヘッズの準メンバーとして活動。代表曲にファンカデリックの「ワン・ネイション・アンダー・ア・グルーヴ」などがある。97年パーラメントとファンカデリックの15人のメンバーとともにロックの殿堂入りを果たした。オノ・ヨーコや奥田民生のアルバムにも参加した。

ウォロネンコフ, デニス　Voronenkov, Denis
政治家　ロシア下院議員　[国]ウクライナ　[没]2017年3月23日　45歳〔射殺〕　[歴]ロシア共産党に所属する下院議員で、ロシア政府やプーチン大統領への批判的な発言で知られた。2016年10月ロシア治安機関からの圧力を理由に、同じく下院議員で与党統一ロシアに所属していた妻のマリア・マクサコワとともにウクライナに亡命。その後、ロシアのクリミア半島併合を批判し、ヤヌコヴィッチ元ウクライナ大統領の国家反逆容疑での捜査に協力した。一方、ロシアでは組織的な詐欺に関与していたとして、17年2月国際指名手配された。同年3月ウクライナの首都キエフの路上で射殺された。　[家]妻＝マクサコワ, マリア(ロシア下院議員)

ウォン, タイラス　Wong, Tyrus　画家　プロダクションデザイナー　[国]米国　[没]2016年12月30日　106歳〔自然死〕　[生]1910年10月25日　[出]中国広東省台山　[名]旧姓・名＝WongGen-yeo　[学]オーティス・アート・インスティテュート(現・オーティス・カレッジ・オブ・アート・アンド・デザイン)　[歴]9歳で父親とともに渡米。学生時代に絵の勉強を始め、1938～41年ウォルト・ディズニー社に勤務、「ミッキーマウス」などの動画制作に携わった。水墨画に着想を得た小鹿と森の素描がウォルト・ディズニーの目を引き、アニメ映画「バンビ」(42年)の世界観を作ったとされる。ワーナー・ブラザーズに移籍後は、55年ジェームズ・ディーン主演「理由なき反抗」に美術担当として携わった。68年に引退後は、たこ制作者として数多くの賞を受賞した。2015年自身を題材にしたドキュメンタリー映画「Tyrus」が制作された。

ウッズ, フィル　Woods, Phil　ジャズ・アルトサックス奏者　[国]米国　[没]2015年9月29日　83歳〔肺気腫〕　[生]1931年11月2日　[出]米国・マサチューセッツ州スプリングフィールド　[名]本名＝ウッズ, フィリップ・ウェルズ〈Woods, Philip Wells〉　[学]ジュリアード音楽院卒　[歴]1948年からローカル・バンドで演奏後、ニューヨークに出てレニー・トリスターノの門下生となり、さらにジュリアード音楽院で4年間クラリネットを勉強。卒業後グループやバンドで活躍した後フリーのアルト・サックス奏者としてニューヨークのクラブを中心に活動、チャーリー・パーカーの流れを汲むパワフルな演奏でファンを沸かせる。67年渡仏してヨーロピアン・リズム・マシーンを結成、欧米各地のジャズ祭に出演して熱狂的支持を受けた。70年代半ばから80年代前半にかけてグラミー賞を4度受賞。80年代に入りカルテットを結成、83年からはクインテットに拡大して世界各地で演奏を行った。ビリー・ジョエル「素顔のままで」のサックス・ソロなど、ポップスやロックでも印象的なプレイを聞かせた。代表作に「Images」「Live from the Show Boat」「More Live」「At the Vanguard」などがある。　[賞]グラミー賞(最優秀ジャズパフォーマンスビッグバンド賞, 第18回)〔1976年〕, グラミー賞(最優秀ジャズパフォーマンスグループ賞, 第20回)〔1978年〕, グラミー賞(最優秀

ジャズインストゥルメンタルパフォーマンスグループ賞, 第25回・26回)〔1983年・1984年〕

ウッド, エレン・メイクシンス　Wood, Ellen Meiksins　政治学者　ヨーク大学教授　[専]政治経済学　[国]米国　[没]2016年1月14日　73歳　[生]1942年4月12日　[出]米国・ニューヨーク市　[学]カリフォルニア大学バークレー校〔1962年〕卒　博士号(政治学, カリフォルニア大学ロサンゼルス校)〔1970年〕　[歴]1967年カナダに移住し、67〜96年トロントのヨーク大学で政治学を教える。一方、左派系雑誌の編集にも携わり、84〜93年ロンドンの「ニュー・レフト・レビュー」編集委員、97年〜2000年ニューヨークの「マンスリー・レビュー」編集委員を務めた。著書に「資本主義の起源」「資本の帝国」などがある。　[賞]カナダ王立協会会員〔1996年〕

ウッド, クリストファー　Wood, Christopher　作家　脚本家　[国]英国　[没]2015年5月9日　79歳　[生]1935年　[名]別名＝リー, ティモシー　[学]キングズ・カレッジ卒, ケンブリッジ大学卒　[歴]ロンドンのキングズ・カレッジを首席で卒業する。ケンブリッジ大学ピーターハウスに進み、カレッジ・ラグビーチームのキャプテンを務め、選手としても活躍した。卒業後は軍に入り紛争中のキプロス島に勤務、少尉として従軍章を授与。一時南カメルーンの国民投票制に関する仕事にも従事した。またロンドンの開業医協会の広報部で、宣伝活動に長期間携わる。さまざまな仕事で多才ぶりを発揮するが、特に脚本家としての仕事で世に知られており、9本書いたシナリオのうち8本までが映画化された。主な脚本に「007/私を愛したスパイ」(1977年)、「007/ムーンレイカー」(79年)、「レモ/第1の挑戦」(85年)、「ボルケーノ・クライシス」(97年)などがある。小説家としてはティモシー・リー名義で発表した〈Confessions〉シリーズがヒットし、「ドッキリ・ボーイ/窓拭き大騒動」(74年)から「ホリデー・キャンプ」(77年)まで自らの脚色で4本映画化された。他の小説に「ダイヤの戦場(KAGO)」「脱出せよ、ダブ」「Terrible Hard, Says Alice」など。

ウハイシ, ナセル　Wuhayshi, Nasser al－　イスラム原理主義過激派活動家　アラビア半島のアルカイダ(AQAP)指導者　[没]2015年6月　38歳〔米軍の無人機攻撃による空爆死〕　[生]1976年10月1日　[歴]国際テロ組織アルカイダの指導者ウサマ・ビンラディンの秘書を務め、2011年のビンラディン死後は、アイマン・ザワヒリ指導者に次ぐ事実上のナンバー2とされた。09年アルカイダのイエメン支部にあたる“アラビア半島のアルカイダ(AQAP)”を設立。15年1月AQAPはフランスの風刺週刊紙「シャルリー・エブド」に対する銃撃事件で犯行声明を出した。6月米国の無人機による空爆で死亡した。

ウルス, ビュレント　Ulusu, Bülent　政治家　軍人　トルコ首相　[国]トルコ　[没]2015年12月23日　92歳　[生]1923年　[学]トルコ海軍大学〔1942年〕卒　[歴]1967年トルコ海軍少将、70年同中将、74年同大将、80年海軍司令官。国防省次官を経て、80年9月軍事クーデターで首相。83年辞職。

【エ】

エイブラハムズ, ピーター　Abrahams, Peter　作家　[国]南アフリカ　[没]2017年1月18日　97歳　[生]1919年3月3日　[出]南アフリカ・ヨハネスブルク近郊ブレデドープ　[歴]父はエチオピア人、母はカラード。1939年から2年間汽船の火夫をした後、20歳で英国に渡り、ジャーナストとして活動。55年英国政府の要請でジャマイカに渡り、57年より定住した。南アフリカの非白人現代文学で最古の記念碑的小説とされる3作目「Mine Boy(坑夫)」(46年)で注目される。以後、1830年代のボーア人の北部開拓に伴う戦闘でマタベレ族が絶滅する悲劇を描いた「Wild Conquest(野蛮な征服)」(51年)、人種差別社会に生きた青年期までの自伝小説「Tell Freedom(自由を語れ)」(54年)など、アフリカの悲劇を題材にした小説を数多く執筆した。他の作品に「ウドモに捧げる花輪」(56年)、「彼ら自身の夜」(65年)、「この島で、いま」(66年)、「コヤバからの風景」(85年)などがある。

エイブラムス, ムハル・リチャード　Abrams, Muhal Richard　ジャズ・ピアニスト　作曲家　AACM初代会長　[国]米国　[没]2017年10月29日　87歳　[生]1930年9月19日　[出]米国・イリノイ州シカゴ　[名]本名＝Abrams, Muhal Richard Lewis　[歴]17歳の時にシカゴのミュージカル・カレッジでピアノを学び、その後も独学で楽器を習得。1948年ピアニストとしてキャリアをスタート。50年キング・フレミング・バンドの作曲、55年MJT+3の初代ピアニストとして活躍。61年シカゴで前衛派を一堂に会し、エクスペリメンタル・バンドを結成。65年これを発展させてAAMC(創造的ミュージシャンの進歩のための協会)を創設し初代会長。67年初のレコーディングアルバム「Levels and Degrees of Light」をリリース。以後、半世紀に渡って26作のアルバムをリリースし、フリー・ジャズの大御所として知られた。74年「ダウンビート」誌でポール・ウィナーに輝く。代表作に「アフリソング」など。

エイブリー, ジリアン　Avery, Gilliann　児童文学作家　[国]英国　[没]2016年1月31日　89歳　[生]1926年9月30日　[出]英国・サリー州　[名]本名＝Avery, Gilliann Elise　[歴]新聞記者を経て、児童書の編集に携わる。オックスフォード大学出版で働いていた1952年、大学講師で作家のトニー・コックシャットと出会い結婚。57年「オックスフォード物語」で児童文学作家としてデビュー。ビクトリア朝時代の子供を描いた作品を中心に多くの作品を発表し、72年「がんばれウィリー」(71年)でガーディアン賞を受賞した。他に「Childhood's Pattern」(75年)などの研究がある。　[賞]ガーディアン賞〔1972年〕「がんばれウィリー」

エイモン, クリス　Amon, Chris　F1ドライバー　[国]ニュージーランド　[没]2016年8月3日　73歳　[生]1943

年7月20日 [出]ニュージーランド・ブルズ [名]本名＝Amon, Christopher Arthur [歴]ニュージーランドの牧場主の家に生まれる。20歳でヨーロッパに渡り、1963年レッグ・パーネルでF1デビュー。次第に頭角を現すとエンツォ・フェラーリの目に留まり、67年フェラーリに加入。何度も表彰台やポールポジション（PP）を獲得したが、勝利に恵まれず、69年チームを去る。その後、マーチ、マートラなど一流チームに所属し、74年には自身のチーム“エイモン”を設立するが資金難により撤退。BRMを経て、75年と76年エンサインとウルフに所属。リーダーラップ183周（合算784キロ）にわたってレースをリードしたが、ついに1勝もせず、76年引退した。F1出走96回、83ポイント獲得、PP5回。“最強の未勝利ドライバー”と呼ばれた。一方、66年同じニュージーランド出身のマクラーレンのチーム創設者ブルース・マクラーレンとル・マン24時間レースで優勝した。

エイルウィン, パトリシオ **Aylwin, Patricio** 政治家 チリ大統領 チリ・キリスト教民主党（PDC）総裁 [国]チリ [没]2016年4月19日 97歳〔老衰〕 [生]1918年11月26日 [出]チリ・ビニャデルマル [名]本名＝Aylwin Azócar, Patricio [学]チリ大学法学部卒 [歴]最高裁長官を務めた父親の影響で大学で法律を専攻、弁護士資格を取得。1945年ファランヘ・ナシオナル（国民同志党＝FN, 57年キリスト教民主党＝PDCに改組）に入党。46年チリ大学法学部教授。51年33歳の若さで党総裁に選出され、以来89年7月まで党首を7期務めた。この間、65〜73年上院議員、71〜72年上院議長。73年9月のピノチェト陸軍総司令官（のち大統領）による軍事クーデターの際はこれを暫定的に支持したが、74年決裂。以後、反ピノチェト・民主化運動を展開。88年10月軍政の肯否を問う国民投票で反軍政17野党連合を率いて勝利。89年7月同連合の統一大統領候補に指名され、12月当選、90年3月大統領に就任。民政移管の象徴的な存在となった。94年3月任期満了で退任。卓越した調停能力と雄弁の持主だった。その後、米州開発銀行（BID）や国連機関で要職に就き、2002年政界を引退した。1992年11月歴代のチリ大統領で初めて国賓として来日した。 [賞]早稲田大学名誉博士号〔1992年〕

エイルズ, ロジャー **Ailes, Roger** 実業家 テレビプロデューサー FOXニュース会長・CEO [国]米国 [没]2017年5月18日 77歳 [生]1940年5月15日 [出]米国・オハイオ州ウォーレン [名]本名＝Ailes, Roger Eugene [学]オハイオ大学 [歴]1960年代より地元のNBC系列のテレビ局でトークショー番組のプロデューサーとしてスタート。リチャード・ニクソン、ロナルド・レーガン、ジョージ・ブッシュ（Sr.）ら歴代の共和党大統領のメディアコンサルタントとしても辣腕を振るい、ドナルド・トランプとは長年の友人関係にあった。1996年のFOXニュース設立時、“メディア王”として知られるルパート・マードックに招かれ、初代CEO（最高経営責任者）に就任。保守的な内容の論調で視聴率を伸ばし、米ニュース専門テレビ局で視聴率トップに育て上げた。2016年7月同社の元女性キャスターにセクハラ行為で提訴されたことが発覚。その後も新たなセクハラ疑惑が次々と報じられ、辞任に追い込まれた。

エヴレン, ケナン **Evren, Kenan** 政治家 軍人 トルコ大統領 トルコ国軍参謀総長 [国]トルコ [没]2015年5月9日 97歳〔病気〕 [生]1917年7月17日 [出]トルコ・マニサ州アラセヒル [学]トルコ陸士〔1936年〕, トルコ砲兵学校〔1940年〕, トルコ陸大〔1949年〕卒 [歴]1950年国連軍砲兵将校として朝鮮戦争に参加。61年陸軍少将、陸軍参謀長。74年陸軍大将。78年国軍参謀総長。トルコが深刻な経済危機に陥った80年9月、“無血クーデター”を主導し、国を掌握（国家保安評議会議長）。82年11月〜89年11月大統領を務めた。イスラム色の強い公正発展党（AKP）政権が進めた2010年の憲法改正でクーデター責任者の不訴追特権がなくなり、14年6月国家に対する犯罪で終身刑を言い渡されたが、病弱のため収監はされなかった。

エクバーグ, アニタ **Ekberg, Anita** 女優 [国]スウェーデン [没]2015年1月11日 83歳 [生]1931年9月29日 [出]スウェーデン・マルモ [歴]16歳の時写真モデルになり、1952年度ミス・ユニバースのスウェーデン代表に選ばれ渡米。53年「凸凹火星探険」で映画デビュー。54年ボブ・ホープと海外慰問ショーに出たところGIの間で人気を呼び、大柄のグラマー女優として売り出した。60年フェリーニ監督のイタリア映画「甘い生活」に出演、共演のマルチェロ・マストロヤンニとのローマのトレビの泉で戯れるシーンが話題となり、セクシーな容姿で世界を魅了した。その後イタリア中心に活躍したが、ヒットに恵まれず、イタリアで事実上の引退生活を送った。他の出演作に「戦争と平和」（56年）、「ローマの旗の下に」「パリの休日」（58年）、「ボッカチオ70」（62年）、「テキサスの四人」（63年）、「イタリア式愛のテクニック」（66年）、「フェリーニの道化師」（70年）、「インテルビスタ」（87年）、「リュシアン赤い小人」（98年）などがある。 [家]元夫＝スティール, アンソニー（俳優）, ナッター, リック・フォン（俳優）

エケング, パトリック **Ekeng, Patrick** サッカー選手 [国]カメルーン [没]2016年5月6日 26歳〔心臓発作〕 [生]1990年3月26日 [出]カメルーン・ヤウンデ [名]本名＝エケング・エケング, パトリック・クロード〈Ekeng-Ekeng, Patrick Claude〉 [歴]カメルーンのキャノン・ヤウンデ、フランスのルマン、スペインのコルドバなどでプレー。ポジションはMF。2014〜15年シーズンにはコルドバで日本代表FWハーフナー・マイクとチームメートだった。16年1月よりルーマニアのディナモ・ブカレストに所属。5月6日に行われたリーグ戦ヴィトルル・コンスタンツァとの試合中に倒れ、意識が戻らないまま病院に運ばれた後、約2時間後に死亡した。26歳の若さだった。15年1月に対コンゴ戦でカメルーン代表にデビューしたばかりだった。カメルーン代表としては通算7試合に出場した。

エーコ, ウンベルト **Eco, Umberto** 作家 哲学者 記号論学者 ボローニャ大学教授 [国]イタリア [没]2016年2月19日 84歳〔がん〕 [生]1932年1月5日 [出]イタリア・ピエモンテ州アレッサンドリア [学]トリノ大学〔1954年〕卒 Ph.D. [歴]トリノ大学で中世

哲学や美術学を学び、1954年の学位論文「聖トマス・アクィナスにおける美学的問題」で注目される。卒業後しばらくイタリア国営テレビ局の文化番組の仕事に協力、59年よりミラノの出版社にノンフィクション関係の編集者として関わる。63年トリノ大学を経て、64年ミラノ大学美学講師となり、66年フィレンツェ大学助教授、71年ボローニャ大学助教授、75年正教授、93年同大コミュニケーション・演劇学研究所長を歴任。この間、62年に発表した情報理論を活用した「開かれた作品」は、新前衛派運動の理論的支柱となる。74年国際記号論研究協会事務総長として、ミラノで第1回国際記号論会議を開催。81年には初の小説「薔薇の名前」を発表。14世紀のイタリアの修道院を舞台に、相次ぐ僧侶たちの謎の死を修道士が解明していく作品で、イタリア文学最高賞のストレーガ賞を受賞。日本を含む世界各国で翻訳され、ショーン・コネリー主演で映画化もされた。その後も長編小説を発表し、「フーコーの振り子」(88年)、「前日島」(94年)、「バウドリーノ」(2000年)、「プラハの墓地」(10年)なども日本で翻訳出版されている。週刊誌「エスプレッソ」に連載コラムを執筆し、変幻に綴るエッセイにも人気があった。記号論学者や中世研究家として国内外で確固たる地位を築いたほか、評論や創作など幅広い分野で活動し、欧州を代表する知識人として知られた。他の著書に「ウンベルト・エーコの文体練習」(1963年)、「記号論」(76年)、「物語における読者」(79年)、「記号論と言語哲学」(84年)、「完全言語の探求」(93年)、「セレンディピティー 言語と愚行」(97年)、「カントとカモノハシ」(99年)、「歴史が後ずさりするとき―熱い戦争とメディア」(2007年)など。1990年8月初来日。 [賞]レジオン・ド・ヌール勲章シュバリエ章, ストレーガ賞(イタリア)〔1981年〕「薔薇の名前」, メディシス賞(フランス)〔1982年〕, マクルーハン・テレグローブ賞〔1985年〕, バンカレッラ賞「フーコーの振り子」, マンゾーニ賞〔2008年〕

エステルハージ, ペーテル　Esterházy, Péter
作家 エッセイスト [国]ハンガリー [没]2016年7月14日 66歳 [生]1950年4月14日 [出]ハンガリー・ブダペスト [学]ブダペスト大学数学科〔1974年〕卒 [歴]中央ヨーロッパの名門貴族であり、多くの武人、文人を輩出しているエステルハージ公家の末裔に生まれる。1951年一党独裁、社会主義体制から人民の敵として領地を没収され、一家は強制居住地に移住。74年大学卒業後、専門分野の仕事に就くが、76年処女作「ファンチコーとピンタ」を発表。78年からは作家活動に専念し、3作目の「生産小説」(79年)でポストモダン作家としての地位を確立。引用やパロディーなどを用い、ハンガリーを代表する現代作家となった。2000年短編、エッセイを集めた「黄金のブダペスト」を出版。他の著書に「純文学入門」(1986年)、「ハーン＝ハーン伯爵夫人のまなざし―ドナウを下って」(91年)、「女がいる」(95年)などがある。 [賞]ローマ文学フェスティバル賞, 全ヨーロッパ文学オーストラリア国家賞, ドイツ出版協会平和賞

エスマ　Esma
歌手 [国]マケドニア [没]2016年12月11日 73歳 [生]1943年8月8日 [出]ブルガリア王国・スコピエ(マケドニア) [名]本名＝レジェポーヴァ・テオドシエフスカ, エスマ〈Redžepova-Teodosievska, Esma〉 [歴]第二次大戦中にブルガリア王国によって占領されていたスコピエのロマ(ジプシー)居住区で生まれる。マケドニア人、ユダヤ人、ロマなどの血を引く。4歳の頃から歌い始め、劇団や結婚式で歌ううち、マケドニア放送の番組にスカウトされる。そこで後に夫となるマケドニア音楽界の巨匠ステヴォ・テオドシエフスキーと出会い、10代半ばで歌手デビュー。旧ユーゴスラビア時代には、チトー大統領(当時)のもと文化使節として欧米やアジア、アフリカ諸国を歴訪した。100枚以上のレコードをリリースし、マケドニアのみならずヨーロッパでも数々の音楽賞を受賞。世界的な"ジプシー・クイーン"としての評価を確立した。2000年にはニューヨークのユダヤ音楽のグループ、クレズマティックスのフランク・ロンドンによるプロデュースでアルバム「届かぬ想い」をリリースし再び脚光を浴びる。50人近くの孤児を育て、2000回以上の慈善コンサートを行うなど慈善活動家としても知られ、マケドニア政府によってノーベル平和賞に2度ノミネートされた。10年マケドニア勲章を授与された。 [賞]マケドニア勲章〔2010年〕 [家]夫＝テオドシエフスキー, ステヴォ(音楽プロデューサー)

エディ, アブドゥル・サッタル　Edhi, Abdul Sattar
社会福祉活動家 エディ財団創設者 [国]パキスタン [没]2016年7月8日 88歳 [生]1928年2月28日 [出]インド・グジャラート州バントワ [名]通称＝ファーザー・エディ [歴]インドとパキスタンが分離独立した1947年、パスキタンの最大都市カラチに移る。8年間の初等教育を受け、衣類販売の仕事に就くが、8年間看病した母親が十分な治療を受けられずに病死したことをきっかけに診療所を開く。その後、ワンマン救急車隊を発足させるなど、50年から数人の仲間と救急治療活動を開始。51年慈善団体のエディ財団を設立。54年無料診療所を開設。国内外からの寄付により、救急医療や救援チームの派遣、ホームレスのシェルター、障害者の施設、孤児院の運営などを行い、世界最大の非政府組織(NPO)となった。"パキスタンのマザー・テレサ""ファーザー・エディ"と呼ばれ、50パキスタンルピーの肖像にもなった。没後の2017年、エディ財団が日経アジア賞を受賞。 [家]息子＝エディ, フェイサル(エディ財団代表)

エテキ・ムブムア, ウィリアム　Eteki Mboumoua, William
政治家 法律家 アフリカ統一機構(OAU)事務総長 カメルーン外相 [国]カメルーン [没]2016年10月26日 83歳 [生]1933年10月20日 [出]カメルーン・ドウアラ [名]本名＝Eteki Mboumoua, William Aurélien [学]国立行政学院(フランス)卒 [歴]フランス海外省に勤務後、1959年カメルーンに帰国、地方行政官補、同行政官。独立の翌61年国民教育、青年、スポーツ、芸術、文化相、71年大統領府特別技術顧問。74年エカンガキの後継としてアフリカ統一機構(OAU)第3代事務総長となり、78年まで務めた。英語、フランス語に通じ、エカンガキ同様有能な事務官僚で、70年代もカメルーンの閣僚を歴任し、84～87年には外相を務めた。94年カメルーン赤十

字社総裁。著書に「Un certain humanisme」(70年)、「Démocratiser la culture」(74年) がある。

エデリー, パット　Eddery, Pat　騎手　国アイルランド　歿2015年11月10日　63歳　生1952年3月18日　出アイルランド・キルデア州ニューブリッジ　名本名=Eddery, Patrick James John　父も騎手という競馬一家に生まれる。1967年15歳で騎手デビューし、69年エプソム競馬場で初勝利。74年英国オークスで初クラシック制覇、75年グランディの英国ダービー制覇などで一流の座を不動のものにした。85年よりレインボウクウェスト、ダンシングブレーヴ、トランポリンに騎乗し凱旋門賞を3連覇。90年209勝を挙げる。92年にはニューマーケットで3勝、ニューカッスルで4勝と1日で7勝を挙げる快挙を達成。94年英国史上4番人目の通算3500勝、97年通算4000勝を達成。2003年引退。選手生活36年間で英国競馬歴代2位の通算4632勝(うち凱旋門賞4勝、英国ダービー3勝)を挙げ、英国における最優秀騎手(リーディング)を11度受賞した。日本にもジャパンCで8度騎乗し、1986年8番人気のジュピターアイランドで優勝した。　賞OBE勲章〔2005年〕

エフトゥシェンコ, エフゲニー　Evtushenko, Evgenii　詩人　国ロシア　歿2017年4月1日　83歳　生1933年7月18日　出ソ連・ロシア共和国イルクーツク州ジマ(ロシア)　名本名=エフトゥシェンコ, エフゲニー・アレクサンドロヴィチ〈Evtushenko, Evgenii Aleksandrovich〉　学ゴーリキー文学大学〔1954年〕卒　経シベリアに生まれ、1944年モスクワに移り、ゴーリキー文学大学で学ぶ。52年第1詩集「未来の偵察兵」を発表し、当時最年少の20歳でソ連作家同盟入り。56年に発表した長詩「ジマ駅にて」でスターリン批判後のソ連の若い世代の複雑な心情を表現し注目を集める。以後、ソ連社会での人間疎外、恋愛とエロティシズムなどをテーマに問題的な詩を次々と発表し、ソ連の"怒れる若者たち"を代表する存在となる。61年ソ連のユダヤ人問題をテーマとした長詩「バービー・ヤール」を発表。63年パリで「早すぎる自叙伝」を発表し、この年ノーベル文学賞候補に挙がる。68年チェコスロバキアの民主化運動"プラハの春"に軍事介入したソ連を批判。74年にはソルジェニーツィンの国外追放に抗議して作家同盟から除名されたが、ペレストロイカ政策とともに復帰し、活発な発言を展開。88年ソウルでの第52回国際ペン大会にも出席して注目された。他の詩集に「第三の雪」「約束」「歳々の詩」「スターリンの後継者」「白き雪降る」、長詩に「わたしはキューバ」「ブラーツク水力発電所」「カザン大学」「ママと中性子爆弾」などがある。89年5月ソ連人民代議員に当選。91年渡米し、タルサ大学で教壇に立った。73年来日。日本についての詩も書いた。　賞ソ連国家賞〔1967年・1982年〕

エベリング, ボブ　Ebeling, Bob　技術者　チャレンジャー爆発事故を事前に警告していた技術者　国米国　歿2016年3月21日　89歳　生1926年9月4日　出米国・イリノイ州シカゴ　名本名=Ebeling, Robert Vernon　経米国航空宇宙局(NASA)の契約企業の技術者だった1986年1月、宇宙飛行士7人が犠牲になった

スペースシャトル"チャレンジャー"の爆発事故が発生。打ち上げ前夜、事故原因になったゴム製部品の破損の可能性を指摘し、飛行延期を求めたが、却下された。"もっと強く主張すべきだった"と自責の念にかられ、事故から30年たった2016年1月には、ラジオ番組で"私は敗者だ"などと告白したが、リスナーから多数の励ましが届いた。

エマーソン, キース　Emerson, Keith　キーボード奏者　国英国　歿2016年3月10日　71歳〔拳銃自殺〕　生1944年11月2日　出英国・ウエスト・ヨークシャー州トドモーデン　他グループ名=エマーソン・レーク&パーマー〈Emerson Lake&Palmer〉　経幼い頃から様々な音楽に興味を持ち、10歳の頃にギターを購入したが、後にピアノに転向。14歳からロンドン・ミュージック・アカデミーに通うが1年で辞め、銀行に勤務しながらアマチュアのピアノ・トリオなどで活動した。18歳の時にゲイリー・ファー&ザ・T・ボーンズに参加してプロとなり、ヴィップスやオルガニストであるグレアム・ボンドのバンドなどを経て、1966年リー・ジャクソンらとともにナイスを結成。初め女性ボーカリスト、パット・アーノルドのバックを務めていたが、67年ナショナル・ジャズ・ポップ・バラード&ブルース・フェスティバル出演後はバンドとして注目を集め、アーノルドの米国帰国を機にバンドとして独立、同年シングル「ナイスの思想」でデビューし、68年同名のファーストアルバムを発表した。70年解散すると、キング・クリムゾンのベーシスト兼ボーカリストだったグレッグ・レーク、アトミック・ルースターのドラマーだったカール・パーマーとギターなしのロック・トリオであるエマーソン・レーク&パーマー(EL&P)を結成、ファーストアルバム「エマーソン・レーク&パーマー」をリリース。以後、ジャズやクラシックの要素を持ちつつハモンドオルガンやシンセサイザーなど最新の機器を導入した革新的なサウンドで人気を獲得。キーをナイフでたたき、オルガンを逆さにして演奏するなど、奇抜なパフォーマンスも話題となった。71年前衛的ロックの傑作アルバム「タルカス」が全英1位を獲得するなどヒットを連発。72年初来日、73年からは大規模なワールド・ツアーを展開するなど、ブリティッシュ・ロック・シーンを代表するプログレッシブ・ロック・トリオとなった。73年バンド自身によるレーベル「マンティコア」を設立し、74年にはアルバム「恐怖の頭脳改革」を発表するが、この年から4年間活動を中止。77年活動を再開したが、78年解散した。その後はソロ活動に移行し、りんたろう監督「幻魔大戦」などの映画音楽も手がけた。86年ドラムスにコージー・パウエルを迎えてエマーソン・レーク&パウエルを結成。88年スリーを経て、92年エマーソン・レーク&パーマーを再結成し、20年ぶりに来日。97年に再び解散した後は、ソロで活動。2004年映画「ゴジラ・ファイナル・ウォーズ」の音楽を担当した。

エマニュエリ, アンリ　Emmanuelli, Henri　政治家　フランス国民議会議長　フランス社会党第1書記　国フランス　歿2017年3月21日　71歳　生1945年5月31日　出フランス・ピレネーアトランティック県オーボンヌ　名本名=Emmanuelli, Henri Joseph　学パリ政治学院卒　経パリ政治学院を卒業後、銀行員となる。フランス社会党に入党し、1978年国民議会(下

院)議員に当選。81～83年海外県・領土担当の閣外相、83～86年経済・財政担当政務次官、92～93年国民議会議長、94～95年社会党第1書記。95年大統領選ではリオネル・ジョスパン首相を大統領候補に擁立し、第1回投票では1位となるが、第2回投票ではジャック・シラクに逆転を許した。97年国民議会財政委員長を務めていたが、政治資金不正で有罪となり、議員を辞職。2000年国民議会議員に復帰。フランソワ・ミッテランの側近として知られた。

エミリオ, パウロ　Emílio, Paulo　サッカー指導者　国ブラジル　没2016年5月17日　80歳〔リンパ腫〕　生1936年1月3日　出ブラジル　所バスコ・ダ・ガマ、サントスなどブラジルの名門クラブを率いた後、1994年来日し、ジャパンフットボール・リーグ(JFL)時代のセレッソ大阪監督に就任、JFL優勝に導く。同年の天皇杯では、JFL所属クラブながらヴェルディ川崎(現・東京ヴェルディ)や浦和レッズ、横浜マリノス(現・横浜Fマリノス)に勝利し、準優勝に導いた。Jリーグ昇格1年目の95年もチームを率い、96年5月リーグ戦途中で辞任した。

エリー, ジャック　Ely, Jack　ミュージシャン　国米国　没2015年4月27日　71歳　生1943年9月11日　出米国・オレゴン州ポートランド　所グループ名＝キングスメン〈Kingsmen〉　略1959年ガレージ・ロックバンド、キングスメンの結成に参加、ボーカルを担当。63年リチャード・ベリーの「ルイ・ルイ」をカバーし全米チャート1位の大ヒットを記録。同年ドラムスに担当替えを強要されれて脱退。その後、自身のバンド、コートメンを結成するが、ベトナム戦争に徴兵されて出征。帰国後は、馬の調教師に転身した。「ルイ・ルイ」はロックの古典となり、ビーチ・ボーイズやブルース・スプリングスティーンなど1000以上のバージョンが登場した。

エリアス, バディ　Elias, Buddy　俳優　国スイス　没2015年3月16日　89歳　生1925年6月2日　出ドイツ・フランクフルト　本名＝Elias, Bernhard　「アンネの日記」の作者アンネ・フランクの4歳年下の従弟。幼少時代はアンネと一緒に育った。俳優として舞台、映画やテレビで活躍。バーゼルのアンネ・フランク基金の代表も務め、反差別や対話を訴える活動にも取り組んだ。

エリクセン, スタイン　Eriksen, Stein　スキー選手　オスロ五輪アルペンスキー男子大回転金メダリスト　国ノルウェー　没2015年12月27日　88歳　生1927年12月11日　出ノルウェー・オスロ　略父は五輪体操選手でノルディック・スキーの名手。自身はアルペンスキーに取り組み、1952年オスロ五輪大回転で優勝し、スカンジナビア人として初のアルペン競技金メダリストとなった。回転は銀メダル。54年世界選手権では回転、大回転、複合の3種目で優勝、史上初の3冠王に輝く。スキー界のスターに駆け上がり、ノルウェーでは英雄的な存在となった。26歳でアマチュアを引退後は渡米し、ハリウッドのスター達にスキーを教えたり、スキービジネスやプロスキー・ツアーに参加するなどの業績により、82年米国のスキー殿堂入りを果した。

ユタ州ディア・バレーの高級リゾートホテル、スタイン・エリクセン・ロッジのオーナーとしても知られた。
関兄＝エリクセン, マリウス(軍人)

エルニ, ハンス　Erni, Hans　画家　版画家　国スイス　没2015年3月21日　106歳　生1909年2月21日　出スイス・ルツェルン　略1927年にパリに出て、アカデミー・ジュリアンに学ぶ。29～30年ベルリン大学でヴェルフリンの美術史を聴講。30年パリでドラン、ブラックに学ぶ。同年、抽象派グループ、アブストラクション・クレアションのメンバーに加わる。37～38年ロンドンでグラフィック・アートの仕事につき、抽象画の展覧会に参加。39年スイス全国展の壁画「スイス」で一躍有名になる。44年ルツェルンの美術館で初個展。その後世界各国で個展を開くなどして活躍。代表作にはヌシャテルの民俗学博物館の壁画「人類の征服」(54年)などがある。

エルブストレム, パウル　Elvstrøm, Paul　ヨット選手　ロンドン五輪・ヘルシンキ五輪・メルボルン五輪・ローマ五輪金メダリスト　国デンマーク　没2016年12月7日　88歳　生1928年2月25日　出デンマーク・ヘレラップ　本名＝Elvstrøm, Paul Bert　略ヨットの縁から身を乗り出して船体のバランスを取る "ハイクアウト" という技術を生み出し、"ヨットの神様" と呼ばれたセーリング界の偉人。1948年ロンドン五輪にデンマーク代表として出場し、金メダルを獲得。以後、無類の強さを誇り、52年ヘルシンキ五輪、56年メルボルン五輪、60年のローマ五輪でも金メダルを獲得。夏季五輪の個人種目では史上初の4大会連続金メダルの快挙を達成した。68年メキシコ五輪、72年ミュンヘン五輪、84年ロス五輪、60歳で出場した88年ソウル五輪まで通算8回もの五輪出場を果たし、世界選手権では7つのカテゴリーでタイトルを11回獲得、欧州選手権でも7度優勝した。

エレントライヒ, ヒデコ・E.　Erentreich, Hideko E.　JIN会長　国オランダ　没2016年10月4日　71歳〔白血病〕　出インドネシア東ジャワ　略戦時中にインドネシアを占領した日本軍軍属の父と、現地の食堂で働いていたオランダ人の母との間に生まれる。父は日本の敗戦で帰国。自身はインドネシア独立戦争の影響で母とともにオランダに引き揚げた。7歳の頃から父と文通を始め、1978年来日、父との再会を果たす。83年から他の2世を捜し始め、91年オランダの日系2世の団体 "JIN" を設立。会長などを務め、日本とオランダで2世に対する理解と協力を求めた。

エレンビー, ジョン　Ellenby, John　技術者　起業家　グリッド・システムズ社長　ノートパソコンの原型開発者　国英国　没2016年8月17日　75歳　生1941年1月9日　出英国・コーブリッジ　所ロンドン大学ユニバーシティ・カレッジ〔1962年〕卒　略エディンバラ大学コンピュータ学部講師などを経て、1970年代初頭、米ゼロックスのパロアルト研究所に勤務するためカリフォルニア州に移住。79年コンピューター開発会社グリッド・システムズを創設して社長に就任。82年同社は折り畳んで持ち運べるノート型パソコン「コンパス」を発売、現在のノートパソコンの原型となった。高価だったため一般には手が届かなかったが、米国航空宇宙局(NASA)などに採用され、スペースシャ

トル・チャレンジャーにも搭載された。87年クリティコム、アギリス両社の会長を務め、90年代はジオベクターを創業、現実世界にコンピューターの情報を重ね合わせる拡張現実(AR)の研究を手がけた。

【オ】

王 仲殊 オウ・チュウシュ Wang Zhong-shu 考古学者 中国社会科学院考古学研究所所長 ⓝ中国漢唐考古学、中国古代都市、古代墓葬 ⓝ中国 ⓒ2015年9月24日 89歳〔病気〕 ⓑ1925年10月15日 ⓝ中国浙江省寧波（原籍） ⓔ北京大学歴史系〔1950年〕卒 ⓚ1950年中国科学院（現・中国社会科学院）考古学研究所に入り、以来各地の考古学発掘調査に参加。この間、58年中国共産党入党。82～89年同研究所長。73年クスコ大学（ペルー）名誉教授。79～89年中国考古学会常務理事・秘書長、83年から文化部国家文物委員会委員、88年から中国人民政治協商会議全国委員会委員。邪馬台国の謎を解く鍵と考えられる「三角縁神獣鏡」について、渡日中国人が日本で製造したという独自の説を発表。現場の発掘と文献史料の照合を重視する研究方法をとり、古代日中交流史や日本古代文化に関する研究も発表した。著書に「漢代考古学概説」「中国古代都城概説」「輝県発掘報告」など。中国考古学界の第一人者。日本での講演活動も多かった。 ⓗ福岡アジア文化賞（大賞、第7回）〔1996年〕 ⓡ中国考古学会

汪 東興 オウ・トウコウ Wang Dong-xing 政治家 中国共産党副主席、政治局常務委員 ⓝ中国 ⓒ2015年8月21日 99歳〔病気〕 ⓑ1916年1月 ⓝ中国江西省弋陽県 ⓚ1932年中国共産党に入党。延安時代以来、毛沢東の警護を務め、51年政務院公安部第8局副局長となり、同年毛沢東訪ソの際の身辺護衛を務めた。55年公安次官。文革初期の66年12月党中央弁公庁主任、67年9月中央警備団長(8341部隊司令官)として中央要人護衛の最高責任者に就任。70年特務工作再建のため、中央軍事委員会政治保衛局局長。文革時代、北京中心部の中南海に住む毛主席に直接仕えたことで知られる。76年10月の四人組失脚で重要な役割を果たし、77年8月華国鋒体制下で党副主席・政治局常務委員に昇格。最高実力者、鄧小平と路線を違え、78年12月党第11期3中総会で"すべて派"と批判され、80年2月同5中総会で副主席、政治局常務委員解任。82年9月党中央委員解任、党中央委員候補に。85年9月党中央委員候補辞任、党中央顧問委（92年10月廃止）委員に就任。

王 富洲 オウ・フシュウ Wang Fu-zhou 登山家 ⓝ中国 ⓒ2015年7月18日 80歳 ⓑ1935年 ⓝ中国河南省西華県 ⓔ北京地質学院石油地質勘察系〔1958年〕卒 ⓚ1959年中国登山隊隊員に選ばれる。58年ソ連境界内にある海抜7134メートルのレーニン峰に登り、60年東北の峠を中国チームとして初めてチョモランマの登頂に成功した。64年にはシシャパンマ峰に初登頂。85年より中国体育旅行服務公司社長、93年より中国登山協会会長を務めた。 ⓗ国家体育運動栄誉賞

王 文其 オウ・ブンキ 長崎で被爆した台湾人医師 ⓝ台湾 ⓒ2015年1月27日 96歳〔敗血症〕 ⓑ1945年8月実習先の長崎医科大学附属病院で被爆、重傷を負う。戦後、台湾の嘉義に戻って診療所を開き、戦争の恐ろしさを伝える活動にも取り組んだ。2009年来日しなくても被爆者健康手帳を取得できるようになった改正被爆者援護法に基づき、台湾人として初めて長崎市から手帳の交付を受けた。

大竹 富江 オオタケ・トミエ 洋画家 彫刻家 ⓝブラジル ⓒ2015年2月12日 101歳〔気管支肺炎に伴う敗血症性ショック〕 ⓑ1913年 ⓝ京都府京都市中京区 ⓔ京都府立第二高女卒 ⓚ京都の木材商の末娘として生まれる。1936年ブラジルに渡り、日系人と結婚（のち離婚）。56年ヨーロッパの美術館をめぐり、絵を描くことを決意。55歳でブラジル国籍を取得。現代ブラジルを代表する抽象画家となり、ブラジル国内の美術館に収蔵されているばかりでなく、各国主要都市で個展を開催。61年からサンパウロ・ビエンナーレ国際展に出品を続けた。また、日系4世代をテーマにしたオペラ「マダム・バタフライ」の舞台装置や地下鉄の壁画なども手がけた。2001年サンパウロ市のアシェ製薬会社本社ビル内に大竹富江文化センターが設立され。08年には日本人のブラジル移住100周年を記念するモニュメントをサントス港で制作した。 ⓗサロン・パウリスタ大賞〔1962年〕、美術批評家協会年間最高芸術家賞(3回)、リオ・ブランコ ⓡ息子＝オオタケ、ルイ(建築家)、オオタケ、リカルド(グラフィックデザイナー)

オショティメイン, ババトゥンデ Osotimehin, Babatunde 医師 国連人口基金(UNFPA)事務局長 ⓝナイジェリア ⓒ2017年6月4日 68歳 ⓑ1949年2月6日 ⓝナイジェリア・オグン州 ⓔイバダン大学 薬学博士（バーミンガム大学） ⓚ薬学や医療の専門家。2007～08年ナイジェリアのエイズ対策を統合する国家エイズ活動委員会委員長、08～10年保健相を歴任。長年エイズ対策に尽力、市民団体、宗教団体とも連携し、国民のエイズに対する意識改革に努めた。11年国連人口基金(UNFPA)事務局長に就任。女性や少女の権利擁護や高齢化社会への対応に尽力した。

オズボーン, チャールズ Osborne, Charles 作家 詩人 演劇評論家 ⓝオーストラリア ⓒ2017年9月23日 89歳 ⓑ1927年11月24日 ⓝオーストラリア・クイーンズランド州ブリスベーン ⓚ1966～86年アーツ・カウンシル・オブ・グレート・ブリテンに勤務。オペラや演劇の世界の権威として知られ、ミュージカルや文学についても多くの著作を発表した。著書にアガサ・クリスティーの戯曲を小説化した「招かれざる客」などがある。

オッテリーニ, ポール Otellini, Paul 実業家 インテル社長・CEO ⓝ米国 ⓒ2017年10月2日 66歳 ⓑ1950年10月12日 ⓝ米国・カリフォルニア州サンフランシスコ ⓔ本名=Otellini, Paul Stevens サンフランシスコ大学卒、カリフォルニア大学バークレー校大学院〔1974年〕修士課程修了 M.B.A.（カリフォルニア大学バークレー校） ⓚ1974年半導体世界最大手の米インテルにアナリストとして入社。マーケ

ティングと経営畑を歩み、90年アンドルー・グローブCEO（最高経営責任者）の側近となる。2002年5月社長兼COO（最高執行責任者）を経て、05年5月社長兼CEOに就任。エンジニアとしての経歴を持たないインテルで初めてのCEOとなった。以後、データセンター向け半導体の市場に進出し、アップルの「マック」にインテル製チップを採用させることに成功。在任中に売り上げを1.6倍に拡大させた。一方、パソコンからスマートフォン（スマホ）への移行に遅れて苦戦した面もあり、13年5月CEOの定年である65歳まで約3年を残して退任した。

オ

オッテンザマー, エルンスト Ottensamer, Ernst クラリネット奏者 ウィーン・フィルハーモニー管弦楽団首席奏者 [国]オーストリア [没]2017年7月22日 61歳〔急性心不全〕 [生]1955年10月5日 [出]オーストリア・オーバーエスタライヒ州 [学]ウィーン音楽大学 [歴]1979年ウィーン・フィルハーモニー管弦楽団及びウィーン国立歌劇場管弦楽団のクラリネット奏者となる。83年ソロ首席奏者に就任。90年自らの呼びかけで若手首席奏者ら10人の室内楽団、ウィーン・ビルトゥオーゼンを結成。古典室内楽だけでなくディズニーの映画音楽まで幅広く手がけた。2人の息子ダニエルとアンドレアスもクラリネット奏者で、2005年にはトリオ“ザ・クラリノッツ”を結成。来日公演も行った。一方、1986年よりウィーン国立音楽大学で教鞭を執り、2000年より教授を務めた。 [家]長男＝オッテンザマー, ダニエル（クラリネット奏者）, 二男＝オッテンザマー, アンドレアス（クラリネット奏者）

オットー, フライ Otto, Frei 建築家 シュトゥットガルト大学教授・軽量構造研究所創立所長 ベルリン工科大学教授 [専]膜構造建築 [国]ドイツ [没]2015年3月9日 89歳 [生]1925年5月31日 [出]ドイツ・ケムニッツ近郊ジークマール [名]本名＝Otto, Frei Paul [学]ベルリン工科大学建築学科〔1952年〕卒, バージニア大学 Ph.D. [歴]石工の修業から従軍パイロットを経て、戦後建築を学び、吊屋根構造で学位を得る。1952年ベルリンに設計事務所を設立。57年ベルリンに軽量構造研究センターを設立。64～90年シュトゥットガルト大学教授・軽量構造研究所創立所長。ベルリン工科大学教授も務めた。73年ワシントン大学名誉教授。吊構造の柔軟性を主体に多様な生活空間に最適の構造体を創出し続け、若い世代に影響を与えた。2015年建築界のノーベル賞といわれるプリツカー賞を受賞。主な作品に「モントリオール万博西ドイツ館」（1967年）、「ボンフェッファー教会」（71年）、「ミュンヘン・オリンピック競技場」（72年）、「マインハイム・マルチホール」（75年）、サウジアラビア・メッカの巡礼者用テント（85年）、ベルリンのエコロジカル・ハウス（90年）、「ハノーバー万博日本館」（2000年）など。 [賞]ペレー賞〔1967年〕, トーマス・ジェファーソン記念財団賞〔1974年〕, 本田賞〔1990年〕, ウォルフ建築賞〔1997年〕, RIBAゴールドメダル〔2005年〕, 世界文化賞（建築部門, 第18回）〔2006年〕, プリツカー賞〔2015年〕 [団]米国建築家協会（特別名誉会員）〔1968年〕

オトゥール, ジム O'Toole, Jim 大リーグ選手 [国]米国 [没]2015年12月26日 78歳 [生]1937年1月10日 [出]米国・イリノイ州シカゴ [名]本名＝O'Toole, James Jerome [学]ウィスコンシン大学 [歴]ウィスコンシン大学から契約金5万ドルで大リーグのレッズに入団。1961年19勝、防御率3.10、178奪三振をマークし、ワールドシリーズ進出に貢献。ワールドシリーズは第1戦、第4戦で好投するも敗戦投手となった。61年より4年連続16勝以上を記録し、64年には自己最高の防御率2.66を記録。67年肩の故障により30歳の若さで引退した。通算成績は、実働10年、270試合登板、98勝84敗、1039奪三振、防御率3.57。オールスター出場1回。70年レッズの殿堂入りを果たす。弟デニスも大リーグの投手だった。 [家]弟＝オトゥール, デニス（大リーグ選手）

オニール, ジャック O'Neill, Jack 実業家 オニール創業者 [国]米国 [没]2017年6月2日 94歳〔老衰〕 [生]1923年3月27日 [出]米国・コロラド州デンバー [歴]20代の頃からカリフォルニア州北部で暮らし始め、同地でサーフィンを楽しむ。1952年冷たい水の中で少しでも長くサーフィンをしたいという思いから、伸縮性と保温効果があるゴム生地を使ったウェットスーツを開発。その後、世界初のサーフショップを創業。サーフィンブランド“オニール”はサーフィン人気の高まりとともに日本や欧州などに進出し、世界的なブランドに成長した。

オーバードーファー, ドン Oberdorfer, Don ジャーナリスト 「ワシントン・ポスト」記者 [国]米国 [没]2015年7月23日 84歳〔アルツハイマー病〕 [生]1931年 [出]米国・ジョージア州アトランタ [学]プリンストン大学〔1952年〕卒 [歴]1953年朝鮮戦争に従軍、韓国に駐留、日本にも滞在。ノースカロライナ州の「オブザーバー」で記者生活を始め、ナイト・ニュースペーパーを経て、68年「ワシントン・ポスト」に入社。ベトナム戦争の取材、72～75年極東総局長を務め、米国国務省など主に外交担当記者として活躍。93年4月退職。同年よりジョンズ・ホプキンズ大学高等国際問題研究大学院の米韓研究センター会長を務め、研究、執筆活動に入る。ワシントンD.C.では数少ないアジア通ジャーナリストとして知られた。著書に「テト」「ターン」「二つのコリア」など。 [賞]アジア太平洋賞（日本）（第10回）〔1998年〕「二つのコリア」

オハラ, モーリーン O'Hara, Maureen 女優 [国]米国 [没]2015年10月24日 95歳〔老衰〕 [生]1920年8月17日 [出]アイルランド・ダブリン近郊ミルウォール [名]本名=Fitz-Simons, Maureen [学]ダブリン・アビー・スクール [歴]父親はサッカーチームの共同オーナーで、母親はオペラ歌手。14歳で劇団アビー・プレイヤーズに入り、早くから頭角を現し、主役を演じる。1938年「Kicking the Moon Around」で映画デビュー。その後、モーリーン・オハラと改名。41年ジョン・フォード監督の「わが谷は緑なりき」で成功し、勝ち気でナイーブなヒロインが持ち役となる。テクニカラーに最も映える女優として“テクニカラーの女王”とも呼ばれた。50年代になってから、フォード作品のヒロインとしてなくてはならない存在となり、ジョン・ウェインの女房役で活躍。以後、風格のある美貌で長いキャリアを誇った。他の出演作に「海の征服者」（42年）、「海賊バラクーダ」（46年）、「三十四丁目の奇蹟」（47年）、「リオ・グランデの砦」（50年）、「静か

なる男」(52年)、「長い灰色の線」(55年)、「荒鷲の翼」(57年)、「マクリントック」(63年)、「オンリー・ザ・ロンリー」(92年)など。79年死が迫ったジョン・ウェインに国民功労章を贈るために奔走、議会でスピーチをした。2014年宮崎駿監督とともに、アカデミー賞名誉賞を受賞した。 [賞]アカデミー賞名誉賞〔2014年〕 [家]夫=ブレア, チャールズ・F.(Jr.)(パイロット), 元夫=プライス, ウィル(映画監督)

オーピー, アイオナ **Opie, Iona** 児童文学研究者 [国]英国 [没]2017年10月23日 94歳 [生]1923年10月13日 [出]英国・エセックス州コルチェスター [名]本名=Opie, Iona Margaret Balfour [歴]1943年児童文学研究者のピーター・オーピーと結婚し、82年にピーターが亡くなるまでの40年近く、童謡や児童文学、「マザー・グース」などの研究と執筆に共同で携わった。87年オックスフォード大学のボードリアン図書館によって世界的に有名なオーピー夫妻の児童文学コレクション約2万点が買い取られた。主な著書に「マザー・グース選集」(88年)、共編に「イーソーを見た—子どもたちのうた」(47年)、「オックスフォード版伝承童謡辞典」(51年)、「英語迷信・俗信事典」(89年)などがある。 [賞]CBE勲章〔1999年〕 [資]ブリティッシュ・アカデミー特別会員〔1998年〕 [家]夫=オーピー, ピーター(児童文学研究者)

オブライアン, ヒュー **O'Brian, Hugh** 俳優 [国]米国 [没]2016年9月5日 91歳 [生]1925年4月19日 [出]米国・ニューヨーク州ロチェスター [名]本名=クランプ, ヒュー〈Krampe, Hughes Charles〉 [学]シンシナティ大学卒, カリフォルニア大学ロサンゼルス校卒 [歴]シカゴで海兵隊に入り、18歳という兵団史上空前の若さで訓練教官に任命された。第二次大戦後、ロサンゼルスへ移り、カリフォルニア大学ロサンゼルス校に入学、演劇の勉強を始める。女優で監督のアイダ・ルピノの目に留まり、1950年「Never Fear」で映画デビュー。ABCテレビの西部劇「保安官ワイアット・アープ」(55〜61年)では主人公ワイアット・アープ役を熱演。人気を博したシリーズは全227話の大ヒットシリーズとなり、57年には自身もエミー賞にノミネートされた。他の映画出演作に、「平原の待伏せ」(53年)、「ショウほど素敵な商売はない」(54年)、「姿なき殺人者」(66年)、「ダイヤモンドの犬たち」(75年)、「ラスト・シューティスト」(76年)、「ブルース・リー/死亡遊戯」(78年)、「ツインズ」(88年)など。一方、58年ドイツ人医師アルベルト・シュヴァイツァー博士と出会い、博士の中央アフリカの医療活動に同行。帰国後、私費を投じてヒュー・オブライアン青少年交流基金(HOBY)を設立し、若者の教育発展、育成に尽力。全米の高校生の代表が政治家や企業のトップと話し合うHOBYリーダーシップセミナーを開催。その後、30カ国の高校生によるワールド・リーダーシップ・コングレス(WLC)へと発展した。92年日本代表を選ぶ日本リーダーシップセミナーのパネリストとして来日。デンバー大学などから学位を授与された。 [賞]ゴールデン・グローブ賞有望若手男優賞〔1953年〕「平原の待伏せ」

オブラスツォワ, エレーナ **Obraztsova, Elena Vasilievna** メゾソプラノ歌手 [国]ロシア [没]2015年1月12日 75歳 [生]1939年7月7日 [出]ソ連・ロシア共和国レニングラード(ロシア・サンクトペテルブルク) [学]レニングラード音楽院(声楽)〔1964年〕卒 [歴]1962年ヘルシンキ世界音楽祭コンクールで金メダルを獲得して注目を浴び、65年ボリショイ劇場にソリストとしてデビュー。75年メトロポリタン・オペラにデビュー、同年サンフランシスコ・オペラに客演。77年ミラノ・スカラ座での大成功により、西ヨーロッパにおける地位を確立。78年スカラ座の創立200年記念に出演、世界中に中継され大きな話題を呼んだ。レパートリーはロシアはもとより、フランス、イタリアのオペラに至るまできわめて広く、現代最高のメゾソプラノの一人とされる。特に「ドン・カルレロ」のエボリ公女役は有名。73年ロシア共和国国家芸術家。自ら若手オペラ歌手の国際コンクールを主宰するなど後進の指導にも熱心で、日本でも教壇に立ったほか、日本公演は20回を数えた。 [賞]レーニン賞〔1976年〕, ヘルシンキ世界音楽祭コンクール金メダル〔1962年〕, 全ソ・グリンカ声楽コンクール第1位〔1963年〕, チャイコフスキー国際コンクール女声声楽部門第1位(第4回)〔1970年〕, ビニャス国際声楽コンクール第1位〔1970年〕 [家]夫=ジュライチス, アリギス(指揮者)

オーベール, ピエール **Aubert, Pierre** 政治家 スイス大統領 [国]スイス [没]2016年6月8日 89歳 [生]1927年3月3日 [出]スイス・ラ・ショー・ド・フォン [学]ヌシャテル大学(法学)卒 [歴]弁護士活動を経て、1960〜68年地方議員、71年スイス上院議員、78年外相。年次選挙で82年副大統領となり、83年、87年大統領に選ばれた。

オラー, ジョージ **Olah, George** 化学者 南カリフォルニア大学名誉教授 [専]有機化学 [国]米国 [没]2017年3月8日 89歳 [生]1927年5月22日 [出]ハンガリー・ブダペスト [名]本名=Olah, George Andrew [学]ブダペスト工科大学 博士号(ブダペスト工科大学)〔1949年〕 [歴]ハンガリー科学アカデミー化学研究所副部長を務めた後、1957年カナダに移住。ダウ・ケミカル社上級研究員、ケース・ウェスタン・リザーブ大学教授などを経て、77年南カリフォルニア大学教授、88年同大炭化水素研究所長。60年代初めに炭素陽イオン(カルボカチオン)の存在を初めて実験で証明。カルボカチオン化学の研究や新しい有機化合物の合成への貢献により、94年ノーベル化学賞を受賞。 [賞]ノーベル化学賞〔1994年〕, 旭日大綬章(日本)〔2003年〕, フンボルト賞〔1979年〕, アーサー・C.コープ賞〔2001年〕, プリーストリー・メダル〔2005年〕 [資]米国科学アカデミー会員

オリヴェイラ, マノエル・ド **Oliveira, Manoel de** 映画監督 脚本家 [国]ポルトガル [没]2015年4月2日 106歳 [生]1908年12月11日 [出]ポルトガル・ポルト [名]本名=オリヴェイラ, マノエル・カンディド・ピント・ド [歴]裕福なブルジョア一家に生まれる。青

オ

オ

年時代はスポーツ万能でカーレーサーとして活躍する一方、ポルトの映画俳優学校に通い、俳優としてデビュー。1931年処女監督作「ドウロ河」(無声中編記録映画)を撮り、34年公開。以後、家業(ワイン製造)の傍ら長編「アニキ・ボボ」(42年)「画家と都会」(56年)等を監督。42年の映画製作の失敗で一時映画を離れていた時機もあったが、72年に「過去と現在 昔の恋、今の恋」などで再び注目を集める。74年ポルトガル革命で農地を政府に没収され、過去の映画製作費のため生家を売り払う。78年「破滅の愛」を発表、70歳を前にして、プロの映画監督となる。85年大作「繻子の靴」で国際的評価を確立。作品はほかに「ベニルデもしくは聖母処女」(75年)、「フランシスカ」(81年)、「カニバイシュ」(88年)、「ノン、あるいは支配の空しい栄光」(90年)、「神曲」(91年)、「アブラハム渓谷」(93年)、「メフィストの誘い」(95年)、「世界の始まりへの旅」(97年)、「クレーヴの奥方」(99年)、「家路」「わが幼少時代のポルト」(2001年)、「家宝」(02年)、「永遠の語らい」(03年)、「夜顔」(06年)、「コロンブス 永遠の海」(07年)、「ブロンド少女は過激に美しく」(09年)、「アンジェリカ」(10年)、「家族の灯り」(12年)など多数。14年105歳にして短編「O Velho do Restelo」をベネチア国際映画祭などで披露した。 [賞]ベネチア国際映画祭特別功労賞(第42回)〔1985年〕「繻子の靴」,カンヌ国際映画祭国際映画批評家連盟特別賞(第43回)〔1990年〕「ノン、あるいは支配の空しい栄光」,ベネチア国際映画祭審査員特別大賞(第48回)〔1991年〕「A Divina Comedia(神曲)」,東京国際映画祭最優秀芸術貢献賞(第6回)〔1993年〕「アブラハム渓谷」,東京国際映画祭特別功労賞(第10回)〔1997年〕「世界の始まりへの旅」,カンヌ国際映画祭審査員賞(第52回)〔1999年〕「クレーヴの奥方」,ベネチア国際映画祭特別功労賞(第61回)〔2004年〕,カンヌ国際映画祭生涯功労賞〔2008年〕,ベルリン国際映画祭ベルリナーレ・カメラ賞(第59回)〔2009年〕

オリガ **Origa** シンガー・ソングライター [国]ロシア [没]2015年1月17日 44歳〔肺がん〕 [生]1970年10月12日 [出]ソ連・ロシア共和国ノボシビルスク(ロシア) [名]本名=ヤコブレワ, オリガ・ヴィターリエヴナ〈Yakovleva, Olga Vitalevna〉 [学]ノボシビルスク音楽大学〔1990年〕卒 [歴]1990年音楽大学を卒業し、91年ホームステイで札幌に3ケ月滞在。ミニコンサートが関係者の目に留まり、92年インディーズよりアルバム「オリガ」をリリース。94年アルバム「ORIGA」でメジャーデビュー。97年ロシア民謡のシングル「ポールシュカ・ポーレ」がドラマ「青の時代」の主題歌に使われヒット。長編アニメ「アリーテ姫」(2001年)の主題歌やテレビアニメ「攻殻機動隊 STAND ALONE COMPLEX」(03年)シリーズのオープニング主題歌「inner universe」(作詞も担当)も歌った。他のアルバムに「永遠」などがある。2011年までは東京を拠点に活動し、晩年はカナダに拠点を移して活動していた。

オリビエ, ジョナサン **Ollivier, Jonathan** バレエダンサー [国]英国 [没]2015年8月9日 38歳〔交通事故死〕 [生]1977年4月26日 [出]英国・ノーサンプトン [歴]ノーザン・バレエ・シアターなどで踊った後、振付師マシュー・ボーンのニュー・アドベンチャーズに参加。ボーン振り付けの男性版「白鳥の湖」のザ・スワン/ストレンジャー役で知られ、2010年、2014年の日本公演でも人気を博した。2015年7月よりボーン演出のダンス舞台「ザ・カーマン」ロンドン公演に主演し、その千秋楽の8月9日、ロンドン中心部で交通事故に遭い死去した。

オリベロス, ポーリン **Oliveros, Pauline** 作曲家 アコーディオン奏者 [国]米国 [没]2016年11月25日 84歳 [生]1932年5月30日 [出]米国・テキサス州ヒューストン [学]ヒューストン大学, サンフランシスコ州立カレッジ卒 [歴]ヒューストン大学で音楽を学んだのち、サンフランシスコ州立カレッジに移る。1967年カリフォルニア大学サンディエゴ校で作曲を教授する傍ら、瞑想的な音楽のための手法である“ソニック・メディテーション”を開発。72年ソニック・メディテーション・リサーチ・グループ(音響瞑想研究グループ)を設立。観客が音を聴くことによって意識を集中し、その音は周囲の環境へと浸透していくような効果をもたらすという“ディープ・リスニング”を提唱。パフォーミング・アート・ムーブメントの原動力ともなった。またオリベロス・ファウンデーションを設立し、ワークショップやソロ活動とともにディープ・リスニング・バンドを率いて幅広く活動。著書に「ソニック・メディテーション―音の瞑想」「ソフトウェア・フォー・ピープル―現代音楽へのジェンダー的論考」がある。92年末公演で来日した。 [賞]ベートーベン・フェスティバル第1位〔1977年〕

オールディス, ブライアン・ウィルスン **Aldiss, Brian Wilson** SF作家 英国SF作家協会初代会長 [国]英国 [没]2017年8月19日 92歳 [生]1925年8月18日 [出]英国・ノーフォーク州イーストデーラム [歴]第二次大戦中は志願兵として東南アジアやインドに駐留。戦後、書店経営などに携わった後、1958年以降「The Oxford Mail」の文芸記者となる。54年に最初の短編を発表し、55年最初の著書「The Brightfount Diaries」、57年処女短編集「Space, Time and Nathaniel」を出版。61年の「地球の長い午後」以下5編のシリーズでヒューゴー賞を、65年の中編「唖の木」でネビュラ賞をそれぞれ受賞した。ニュー・ウェーブSFの代表者としてJ.G.バラードと双璧をなす作家で、フランスのアンチ・ロマンを思わせる新しい手法を積極的にSFに取り入れることにも意欲を見せた。短編「スーパートイズ」(69年)は、米映画監督スティーブン・スピルバーグが2001年に手がけた「A.I.」の原案となった。1960〜64年英国SF作家協会初代会長を務め、米国サイエンス・フィクション作家協会からグランド・マスター・オブ・サイエンス・フィクションの称号を贈られた。アンソロジストとしても知られ、SF史「十億年の宴」(73年)、「一兆年の宴」(86年, デービッド・ウィングローブとの共著)を編集した。他の著書に「寄港地のない船」(58年)、「グレイベアド」(64年)、「虚構の大地」(65年)、「解放されたフランケンシュタイン」(73年)、「ブラザーズ・オブ・ザ・ヘッド」(77年)などがある。 [賞]OBE勲章〔2005年〕,ヒューゴー賞短編小説部門〔1962年〕「地球の長い午後」,ネビュラ賞ノヴェラ部門〔1966年〕「唖の木」,英国SF作家協会賞長編部門〔1982年・1985年〕「Helliconia Spring」

「Helliconia Winter」, ヒューゴー賞ノンフィクション部門〔1987年〕「一兆年の宴」

オールビー, エドワード　Albee, Edward　劇作家　[国]米国　[没]2016年9月16日　88歳〔病気〕　[生]1928年3月12日　[出]米国・ワシントンD.C.　[名]本名＝オールビー, エドワード・フランクリン〈Albee, Edward Franklin (III)〉　[学]トリニティ大学, コロンビア大学　[歴]生後間もなく富裕な劇場主の養子となり、ニューヨーク郊外で育つ。幼い頃から詩や小説を執筆。養父母と反目しあうようになり20歳で家出、様々な仕事につきながら創作に励む。現代社会におけるコミュニケーションの欠如をテーマとした一幕物戯曲「動物園物語」(1958年)で初めて認められ、さらに最初の三幕物長編「ヴァージニア・ウルフなんかこわくない」(62年)がブロードウェイで大ヒットを記録、トニー賞演劇部門を受賞し代表作となった。同作品は66年にマイク・ニコルズ監督によりエリザベス・テーラー主演で映画化もされた。その後は「デリケート・バランス」(67年)などの作品で文学芸能部門のピュリッツァー賞を3回受賞。T.ウィリアムズ、A.ミラー以後の米国を代表する劇作家となった。他の作品に「アメリカの夢」(60年)、「海の景色」(75年)、「ウォーキング」(82年)、「マリッジ・プレイ」(88年)、「三人の背の高い女」(94年)、「山羊、またの名シルヴィアってだれ？」(2002年)など。　[賞]ピュリッツァー賞(文学芸能部門)〔1967年・1975年・1994年〕「デリケート・バランス」「海の景色」「三人の背の高い女」, トニー賞〔1963年・1996年・2002年〕

オルブライト, ローラ　Albright, Lola　女優　[国]米国　[没]2017年3月23日　92歳　[生]1924年7月20日　[出]米国・オハイオ州アクロン　[歴]ラジオ局の受付嬢、モデルなどを経て、女優に転身。1948年「踊る海賊」で映画デビュー。カーク・ダグラス主演の映画「チャンピオン」(49年)で注目され、テレビの探偵ドラマ「ピーター・ガン」(58〜61年)で人気を得た。同作の音楽を手がけたヘンリー・マンシーニの指揮でアルバムを発表するなど、歌手としても活躍。「スター誕生の夢」(66年)でベルリン国際映画祭銀熊賞に輝いた。他の映画出演作に、「早射ち拳銃」(56年)、「決戦オレゴン街道」(57年)、「もえつきた夏」(61年)、「危険がいっぱい」(64年)、「大西部への道」(67年)などがある。　[賞]ベルリン国際映画祭銀熊賞(女優賞, 第16回)〔1966年〕「スター誕生の夢」

オールマン, グレッグ　Allman, Gregg　ミュージシャン　[国]米国　[没]2017年5月27日　69歳　[生]1947年12月8日　[出]米国・テネシー州ナッシュビル　[名]グループ名＝オールマン・ブラザーズ・バンド〈Allman Brothers Band〉　[歴]1968年兄のデュアンのほか、ディッキー・ベッツ、ベリー・オークリー、ブッチ・トラックスらとオールマン・ブラザーズ・バンドを結成し、69年ジョージア州メーコンの新興レーベル・キャプリコーンからアルバム「オールマン・ブラザーズ・バンド」でデビュー。ボーカル、キーボードを担当し、グループのフロントマンを務める。70年「Idlewild South」、71年「At Filmore East」が注目を浴びる。同年11月にデュアンが、72年にオークリーが相次いでバイク事故で死亡。73年のアルバム「Brothers & Sisters」は全米1位に輝き、シングルカットされた「Ramblin' Man」は全米2位を獲得した。76年に解散するが、79年、90年と再結成。バンドは95年にロックの殿堂入りし、2012年にはグラミー賞特別功労賞を受賞した。一方、1970年代初めからソロ活動も行った。2011年14年ぶりのリーダー作「ロウ・カントリー・ブルース」をリリースし、全米ツアーを行う。10年にはドナーを得て、肝移植手術を受けた。カントリー音楽などの要素を取り入れた米国南部の"サザン・ロック"と呼ばれるジャンルを代表するミュージシャンの一人として知られた。　[賞]グラミー賞特別功労賞〔2012年〕　[家]兄＝オールマン, デュアン(ミュージシャン)

オレクシ, ユゼフ　Oleksy, Józef　政治家　ポーランド首相　ポーランド民主左翼連合(SLD)幹部　[国]ポーランド　[没]2015年1月9日　68歳〔がん〕　[生]1946年6月22日　[出]ポーランド・ノビソンチ　[学]ワルシャワ計画統計学校(大学)卒　経済学博士　[歴]旧ポーランド共産党のエリート。1968年統一労働者党(共産党)に入党。89年社会主義最後のラコフスキ内閣では労組との交渉を担当する無任所相として民主化に向けた円卓会議の政府代表を務め、自主管理労組"連帯"のワレサ議長との交渉を担当した。同年共産党支配の終焉以降は、党内改革派として西欧型社民政党を目指すポーランド社会民主党の結成に参加し、党首。民主化後は旧共産党系・ポーランド民主左翼連合(SLD)幹部。93年10月より下院議長を2度務め、95年3月首相に就任。96年1月ソ連やロシアの情報機関に国家機密を漏洩していたとの疑惑が浮上し、辞任。2000年10月ポーランド特別法廷は、1970年から78年にかけて軍情報局のスパイとして情報活動に従事していたとして有罪と認定した。

オローリン, ジェラルド・スチュアート　O'Loughlin, Gerald Stuart　俳優　[国]米国　[没]2015年7月31日　93歳　[生]1921年12月23日　[出]米国・ニューヨーク市　[学]ラファイエット・カレッジ, ロチェスター大学　[歴]ネイバーフッド・プレイハウスで演技を学び、ブロードウェイの舞台「欲望という名の電車」「階段の上の暗闇」などに出演し、1962年オビー賞を受賞。映画は56年「Lovers and Lollypops」でデビュー。「冷血」(67年)、「北極の基地 潜航大作戦」(68年)、「夜の大捜査線/霧のストレンジャー」(71年)、「合衆国最後の日」(77年)、「クイック・シルバー」(87年)などに出演。また、エド・ライカー警部補役で人気を博した「命がけの青春/ザ・ルーキーズ」(72〜76年)、準レギュラーを務めた「頑固じいさん孫3人」(86〜88年)などテレビドラマにも多数出演した。　[賞]オビー賞〔1962年〕「Who'll Save the Plowboy」

オンドリチェク, ミロスラフ　Ondříček, Miroslav　映画撮影監督　[国]チェコ　[没]2015年3月28日　80歳　[生]1934年11月4日　[出]チェコスロバキア・プラハ(チェコ)　[歴]バランドフ撮影所で修行し、1963年映画撮影監督となる。「ブロンドの恋」(65年)以降、「パパ ずれてるゥ！」(71年)、「ヘアー」(79年)、「ラグタイム」(81年)、「恋の掟」(89年)などミロス・フォアマン監督とのコンビで知られ、アカデミー賞作品賞などに輝いた「アマデウス」(84年)でBAFTA賞を受賞。他にリンジー・アンダーソン監督「if もし

も」(68年)、ジョージ・ロイ・ヒル監督「ガープの世界」(82年)、ペニー・マーシャル監督「レナードの朝」(90年)、「プリティ・リーグ」(92年)などを手がけた。[賞]BAFTA賞撮影賞〔1984年〕「アマデウス」

【カ】

カー, シャーミアン　Carr, Charmian　女優　インテリアデザイナー　[国]米国　[没]2016年9月17日　73歳〔認知症による合併症〕　[生]1942年12月27日　[出]米国・イリノイ州シカゴ　[名]本名＝Farnon, Charmian Anne　[学]カリフォルニア大学ロサンゼルス校　[歴]高校生の時に友人が送った写真がきっかけで、1964年ミュージカル映画「サウンド・オブ・ミュージック」にトラップ家の長女リーズル役で出演。作品賞を含むアカデミー賞5冠に輝いた同映画で、劇中歌のうちの一つ「もうすぐ17歳」を熱唱した。その後結婚し、出産を機に女優を引退。学生時代からインテリアデザインに興味を持ち、70年代から本格的にインテリアデザインの仕事に携わり、76年事務所を構える。マイケル・ジャクソンも顧客の一人だった。99年来日。

何 振梁　カ・シンリョウ　He Zhen-liang　中国オリンピック委員会(COC)名誉会長　国際オリンピック委員会(IOC)副会長　[国]中国　[没]2015年1月4日　85歳〔病気〕　[生]1929年12月29日　[出]中国江蘇省無錫　[学]上海震旦大学電機工程系〔1950年〕卒　[歴]1952年より中華全国体育総会に勤務し、55年以降体育工作に従事。54年中国共産党に入党。65年ガネフォ第2回理事会中国代表団員。73年中華全国体育総会代表としてイランを友好訪問。74年国際フェンシング連盟第55回代表大会(モンテカルロ)に中国代表として出席。78年4月当時全国体育総会副秘書長。85年6月〜94年4月国家体育委員会副主任。79年中国オリンピック委員会(COC)副秘書長、83年同執行委員を経て、86年同副主席、89年4月同主席(会長)に就任、94年9月解任。この間、81年に国際オリンピック委員会(IOC)委員となり、88年9月ソウル・オリンピック代表団副団長、85〜89年IOC理事、89〜93年IOC副会長。94年9月IOC理事。中国初の五輪開催となった2008年の北京五輪招致に貢献。日本のスポーツ界や日中友好団体などとも交友関係があり、1990年の北京アジア競技大会では、開幕式で日中合同の1400人規模の太極拳演式を呼びかけ、実現させるなどした。92年アジア・オリンピック評議会(OCA)広島総会に出席のため来日。中国有数のフランス語の権威で、通訳も時々行う中国体育界の顔だった。

カー, ヘンリー　Carr, Henry　陸上選手(短距離)　プロフットボール選手　東京五輪陸上男子200メートル金メダリスト　[国]米国　[没]2015年5月29日　72歳〔がん〕　[生]1942年11月27日　[出]米国・アラバマ州モンゴメリー　[名]本名＝Carr, Henry William　[歴]1964年東京五輪の陸上男子200メートルで当時の五輪新記録となる20秒3で金メダルを獲得。アンカーを務めた4×400メートルリレーでも当時の世界記録を更新し、金メダルを獲得した。65年米プロフットボールNFLのドラフト4巡目でジャイアンツに指名され入団、守備選手として3シーズンプレーした。

何 方　カ・ホウ　He Fang　国際政治学者　中国社会科学院日本研究所所長　[国]中国　[没]2017年10月3日　95歳〔病気〕　[生]1922年10月　[出]中国陝西省臨潼　[学]延安抗日軍政大学〔1939年〕卒　[歴]1939年中国共産党に入党。49年建国後、外交部(外務省)に入り、50年代モスクワの中国大使館に勤務。文革で失脚し、名誉回復後、81〜88年中国政府のシンクタンクである社会科学院日本研究所の初代所長を務めた。88年中国国際問題研究センター副総幹事、第7期人民政治協商会議全国委員会(全国政協)委員、90年中華日本学会顧問、93年第8期全国政協委員を歴任。また、改革派雑誌として知られた月刊誌「炎黄春秋」に顧問として関わった。97年日本の軍国主義復活を否定し、新たな日中関係を論じた「我々は日本と友好的にやっていけるか」を発表。“対日思想”と呼ばれる考え方の先駆けとなった。　[団]国際戦略学会

カイオ・ジュニオール　Caio Júnior　サッカー指導者　[国]ブラジル　[没]2016年11月28日　51歳〔飛行機墜落事故死〕　[生]1965年3月8日　[出]ブラジル・パラナ州カスカベウ　[名]本名＝サローリ, ルイス・カルロス〈Saroli, Luiz Carlos〉　[歴]1985年名門グレミオでプロデビュー。同年リオグランデドスル州選手権で得点王になり、脚光を浴びた。87年ポルトガルのエストレーラ・アマドーラで同国2部優勝に貢献、94年にはブラジルの名門インテルナシオナルでプレーするなど、ブラジルとポルトガルのクラブで活躍した。99年引退。2000年コリチーバGM、01年クルゼイロのコーチ。02年パラナクラブで監督としてのキャリアをスタートさせ、2度目の同チーム監督となった06年にはチームを全国選手権5位に押し上げ、南米最強を決めるコパ・リベルタドーレス出場に導いた。07年パルメイラス監督、08年はフラメンゴを率いた。09年Jリーグのヴィッセル神戸監督に招聘されたが、6月辞任。その後、カタール、ブラジル、UAEのクラブチームで監督を務める。16年ブラジル1部リーグ・シャペコエンセの監督に就任。コパ・スダメリカーナ(南米杯)で快進撃に導き、準決勝で14年南米王者のサンロレンソ(アルゼンチン)を破ってクラブ史上初めての決勝に進出。11月コロンビア中部のメデジンで行われるアトレチコ・ナシオナル(コロンビア)との決勝第1戦に向かう途中、シャペコエンセの選手ら乗客乗員計81人が乗ったボリビアのチャーター機が墜落し、死亡した。

カイザー, ヨアヒム　Kaiser, Joachim　音楽評論家　シュトゥットガルト芸術大学教授　[国]ドイツ　[没]2017年5月11日　88歳　[生]1928年12月18日　[出]東プロイセン・ミルケン(ポーランド)　[学]ゲッティンゲン大学, フランクフルト大学, テュービンゲン大学　博士号　[歴]ゲッティンゲン、フランクフルト、テュービンゲンの各大学で音楽学、文学、哲学、社会学を学び、博士の学位を取得。1951年より「フランクフルター・アルゲマイネ・ツァイトゥング」、54年より「南ドイツ新聞」、59年よりミュンヘンの「東ドイツ新聞」で音楽や演劇の批評活動を行い、作品分析と音楽批評で高

い評価を受けた。77年シュトゥットガルト芸術大学正教授に就任。主著に「グリルパルツァーの演劇様式」、「現代の名ピアニスト」(65～89年)、「ベートーヴェン32のソナタと演奏家たち」(73年)、「モーツァルトオペラ人物事典」(84年)、「ワーグナーとの生活」(90年)など。

ガイルズ, ジョン **Geils, John** ミュージシャン [国]米国 [没]2017年4月11日 71歳 [生]1946年2月20日 [出]米国・ニューヨーク市 [名]本名＝ガイルズ, ジョン・ウォーレン(Jr.)〈Geils, John Warren (Jr.)〉, グループ名＝J.ガイルズ・バンド〈J.Geils Band〉 [歴]ジャズトランペットを経て、ブルースギターを弾き始める。1967年自身の名前を冠したロックバンド "J.ガイルズ・バンド"を結成。リーダーでリードギターを担当。70年代はR&B色の強いブルースロックで人気を集め、80年代からはニューウェーブのロックサウンドを展開。81年に発表した代表曲「墜ちた天使」は6週連続で全米チャート第1位のヒットを記録、日本でもヒットした。85年バンドは活動を停止。2005年初のソロアルバムをリリースした。

郭 潔 **カク・ケツ** **Guo Jie** 円盤投げ選手 [国]中国 [没]2015年11月15日 103歳〔病気〕 [生]1912年1月16日 [出]中国遼寧省大連 [歴]1935年円盤投げで当時の中国記録41.07メートルを出し、36年ベルリン五輪に出場。計69人の中国選手団の一人だったが予選で敗退した。大会後、日本の大学に留学。49年の建国後は、西安体育学院で教師を務めた。2015年11月に103歳で死亡した際、中国で最高齢の元五輪選手として報道された。

カーコリアン, カーク **Kerkorian, Kirk** 投資家 [国]米国 [没]2015年6月15日 98歳 [生]1917年6月6日 [出]米国・カリフォルニア州フレズノ [歴]カリフォルニア州で農園を営むアルメニア移民の家に生まれる。中学校を中退後、ボクサーになる訓練を積むが、22歳の時、飛行機の魅力にとりつかれ、パイロットとして生計を立てる。英国空軍パイロットとしてカナダにも駐在。第二次大戦中は爆撃機を運搬する仕事などで資金を蓄えた。パイロット時代に度々訪れたラスベガスの将来性を見抜き、土地を購入。これを機にギャンブル的なビジネス手腕で手を拡げ、ラスベガスで膨大な数のカジノ・ホテルを次々に手に入れ "カジノ王"として名を馳せた。1990年代と2000年代にクライスラー(現・フィアット・クライスラー・オートモービルズ)の買収を画策するがいずれも失敗。ハリウッドにも進出し、04年には「007」シリーズなどで知られる映画会社メトロ・ゴールドウィン・メイヤー(MGM)をソニーに売却した。05年頃からゼネラル・モーターズ(GM)株を買い増し、06年日産・ルノーとの3社提携を提案、業界内外から注目を集めたが、交渉は決裂した。その後もフォード・モーター株を買い増すなど、米国を中心に自動車の国際再編を仕掛けたが実現しなかった。

カザレッジョ, ジャンロベルト **Casaleggio, Gianroberto** IT企業家 五つ星運動共同創設者 [国]イタリア [没]2016年4月12日 61歳 [生]1954年 [出]イタリア・ミラノ [歴]情報機器大手オリベッティのエンジニアを経て、インターネット・コンサルタント会社を設立。一方、2005年激しい政治風刺のお笑い芸人ベッペ・グリッロのブログを立ち上げ、イタリアで最も人気のあるブログに育てた。09年グリッロとともに市民参加型の草の根政治組織 "五つ星運動"を創設。"五つ星"の名は水、環境、交通、ネット社会、発展という五つの主要政策を掲げたことによる。同組織は13年の総選挙で大躍進し、下院では与党・民主党に次ぐ第2党になった。"五つ星運動の理論家"と呼ばれた。

カショギ, アドナン **Khashoggi, Adnan** 実業家 トライアド・グループ総帥 [国]サウジアラビア [没]2017年6月6日 81歳 [生]1935年7月25日 [出]サウジアラビア・メッカ [名]本名＝Khashoggi, Adnan Mohamad [学]エジプト・ビクトリア・カレッジ卒 [歴]父はサウジアラビア王家の侍医。カリフォルニア州立大学に留学し、1年半で中退。1956年ベイルートにトライアド・ホールディングを設立、王家を通じて陸軍に軍用トラックを販売する事業を始める。以後、王家とのコネをフルに活用して事業を広げ、62年クライスラー(米国)、フィアット(イタリア)、ロールス・ロイス(英国)などの自動車メーカーの国内での独占販売権を獲得。さらに64年にはロッキード、ノースロップなどの軍需産業の独占販売権を獲得し、米国からサウジアラビアへの武器輸入の8割を独占。一躍 "武器商人"として有名になり、一時は30億ドル(約3200億円)の資産を有し、世界10数カ所に大邸宅を構える大富豪となった。しかし80年代の石油不況で事業に陰りが見え始め、85～86年の "イラン・コントラ事件"、86年10月のマルコス・フィリピン大統領夫妻国有財産詐取事件などに関与。89年には盗難名画転売容疑で米国の警察から逮捕請求が出され、スイス警察に逮捕された。米国司法当局に身柄が引き渡された後保釈、90年無罪放免となった。派手な暮らしぶりで知られたが、財政難に陥った後は所有していたプライベートジェット機やヨットなどを売りに出す姿が報じられた。 [家]父＝カショギ, モハマド(医師), 娘＝カショギ, ナビラ(女優)

カスタニエダ, ハイメ **Castañeda, Jaime F.** 上智短期大学学長 上智大学名誉教授 [専]政治哲学 [没]2017年1月22日 85歳〔腸閉塞〕 [生]1931年6月27日 [出]スペイン [学]上智大学神学部神学科卒, セントルイス大学大学院哲学研究科博士課程修了 Ph.D. [歴]上智大学教授、上智短期大学学長を務めた。共著に「差別社会と人権侵害」、共編に「人間学」「ライフサイクルと人間の意識」「現代人間学」などがある。 [団]日本独文学会, 上智大学人間学会

カステラーニ, エンリコ **Castellani, Enrico** 美術家 [国]イタリア [没]2017年12月1日 87歳 [生]1930年8月4日 [出]イタリア・カステルマッサ [歴]1952年よりベルギー・ブリュッセルの王立美術アカデミーなどで彫刻と絵画、建築を学ぶ。56年ミラノに帰り、59年前衛画家マンゾーニらと美術誌「アジムート(方位)」を創刊。表現の場を求め、同名の画廊も創設した。50年代に展開された抽象表現主義の運動 "アンフォルメル(非定型主義)"から出発し、59年「レリーフ状の黒い表面」で独自の立体表現を確立。62年ミラノのグループ "ゼロ"に参加。作品の国際的評価は高く、65年ニューヨーク近代美術館で「応答する眼」展を開催。66年のベネチア・ビエンナーレで国際的な評価を得た。

カ

70年代初め頃から政治的理由で創作を中断。その後、世界各国で展覧会を開き、2005年モスクワ、09年にはニューヨークで個展を開いた。10年第22回世界文化賞を受賞し、来日した。 [賞]世界文化賞（絵画部門, 第22回）〔2010年〕

カストロ, アグスティナ　Castro, Agustina
キューバのフィデル・カストロ国家評議会議長の妹 [国]キューバ [没]2017年3月26日 78歳 [生]1938年 [出]キューバ・オリエンテ州ビラン（オルギン州） [名]本名＝カストロ, アグスティナ・デルカルメン〈Castro Ruz, Agustina del Carmen〉 [歴]スペイン系移民の裕福な砂糖農園主の家庭で7人きょうだいの末っ子として生まれる。1959年にキューバ革命を実現し、世界の左翼運動に強い影響を与えたフィデル・カストロ国家評議会議長（元首）を兄に持ち、3番目の兄ラウルも2008年国家評議会議長となった。ピアニストと結婚したが、夫は1990年代に米国に亡命。自らは娘とともにキューバで暮らし、生涯にわたり公職には就かなかった。 [家]姉＝カストロ, アンヘラ, 兄＝カストロ, ラモン, カストロ, フィデル（キューバ国家評議会議長）, カストロ, ラウル（キューバ国家評議会議長）

カストロ, フィデル　Castro, Fidel　革命家 政治家 キューバ国家評議会議長（元首） キューバ閣僚評議会議長 キューバ革命軍最高司令官 [国]キューバ [没]2016年11月25日 90歳 [生]1926年8月13日 [出]キューバ・オリエンテ州ビラン（オルギン州） [名]本名＝カストロ・ルス, フィデル〈Castro Ruz, Fidel Alejandro〉 [学]ハバナ大学法学部〔1950年〕卒 [歴]スペイン系移民の裕福な砂糖農園主の子として生まれる。大学卒業後、弁護士開業。在学中から内外の革命運動に参加。1953年7月26日バティスタ独裁政権打倒を目指し、サンチアゴのモンカダ兵営を襲撃したが、失敗して投獄される。55年恩赦で釈放されメキシコに亡命。56年12月革命家のチェ・ゲバラら約80人の反乱軍を率いてキューバに上陸、ゲリラ戦を展開。59年1月ラテン・アメリカで最初の社会主義革命に成功。革命政府を樹立し、同年2月〜76年12月首相。米国資本に支配されていた土地・産業の国有化を図り、61年2月国家経済会議を指導する中央計画委委員長。同年米国が国交を断絶すると、「社会主義革命宣言」を発表。62年3月以来革命統一組織（63年社会主義革命統一党, 65年10月キューバ共産党と改称）第1書記。同年ソ連の核ミサイル配備を受け入れると、米国がミサイル撤去を要求して海上封鎖し、米ソが核戦争の瀬戸際に至る“キューバ危機”を招いた。63年訪ソ。対中国関係をめぐり、ソ連との関係が一時悪化したが、その後関係を回復。75年独立後のアンゴラ内戦に派兵。76年12月より国家評議会議長（元首）、閣僚評議会議長。91年ソ連崩壊で経済危機に陥り、生活苦から米国への経済亡命者が相次ぐようになったのを機に、国民の外貨所有・使用容認に踏み切った。93年2月初の総選挙を実施し高い信任票を得る。95年12月初来日し、村山富市首相と会談。2002年5月カーター元米国大統領とハバナで会談。03年3月6選。同月来日し、小泉純一郎首相と会談。広島にも訪れ、原爆慰霊碑に献花した。06年腸内出血で倒れ、実弟ラウルへ暫定的に権限を委譲。08年2月健康問題を理由に国家評議会議長と軍最高司令官を退任。11年革命宣言から50年を迎えた共産党大会で正式に党の第1書記を退任し、事実上引退。この間、約半世紀に渡って軍、党、政府の最高指導者として君臨。反米姿勢を貫いて世界中の左翼運動に影響を与えた。14年7月ロシアのプーチン大統領、中国の習近平国家主席と相次いで会談。16年9月日本の首相として初めてキューバを訪問した安倍晋三首相と会談した。11年自伝的著書「フィデル・カストロ みずから語る革命家人生」が翻訳刊行された。 [賞]国際レーニン平和賞〔1961年〕, 国際陸連功労金賞, WHOヘルス・フォーオール〔1998年〕, カダフィ人権賞〔1998年〕 [家]姉＝カストロ, アンヘラ, 兄＝カストロ, ラモン, 弟＝カストロ, ラウル（キューバ国家評議会議長）

カストロ, ラモン　Castro, Ramón　キューバのフィデル・カストロ国家評議会議長の兄 [国]キューバ [没]2016年2月23日 91歳 [生]1924年 [出]キューバ・オリエンテ州ビラン（オルギン州） [名]愛称＝モンゴ〈Mongo〉 [歴]スペイン系移民の砂糖農園主の家庭に生まれる。2歳下の弟フィデルは1976年より、7歳下の弟ラウルは2008年よりキューバ国家評議会議長（元首）を務めた。自身は農業に従事しながら、フィデルらが主導した1959年のキューバ革命に至るゲリラ戦を支援。革命政権樹立後は農牧業関係の役職に就いたが、政権の中枢に入ることはなかった。革命後もハバナで農業を続けた。ニックネームは“モンゴ”。 [家]弟＝カストロ, フィデル（キューバ国家評議会議長）, カストロ, ラウル（キューバ国家評議会議長）

カスバート, ベティ　Cuthbert, Betty　陸上選手（短距離） メルボルン五輪陸上女子100メートル・200メートル金メダリスト [国]オーストラリア [没]2017年8月6日 79歳〔多発性硬化症〕 [生]1938年4月20日 [出]オーストラリア・ニューサウスウェールズ州メリーランズ [名]本名＝Cuthbert, Elizabeth [歴]1956年18歳の時、メルボルン五輪陸上女子100メートル、200メートル、400メートルリレーで優勝。地元で開催された五輪で見事3冠を達成し、“ゴールデン・ガール”と呼ばれた。60年ローマ五輪は100メートル予選敗退。64年東京五輪では400メートルに出場し金メダルを獲得した。大会後、引退。多発性硬化症を患い、車いす生活を余儀なくされたが、2000年のシドニー五輪では聖火リレーに参加して公の場に姿を見せた。 [賞]MBE勲章〔1965年〕, オーダー・オブ・オーストラリア勲章〔1984年〕, ヘルムズ賞〔1964年〕, オーストラリア・スポーツ・メダル〔2000年〕

カーソン, ウェイン　Carson, Wayne　作曲家 [国]米国 [没]2015年7月20日 72歳 [生]1943年5月31日 [出]米国・コロラド州デンバー [名]本名＝Head, Wayne Carson [歴]1972年エルビス・プレスリーが歌った「オールウェイズ・オン・マイ・マインド」を作曲したことで知られる。83年にはウィリー・ネルソンが歌った同曲がグラミー賞最優秀楽曲賞を受賞、87年にはペット・ショップ・ボーイズがカバーしてヒットした。他の代表作に、60年代に活動したロックバンドのボックス・トップスが歌った「ザ・レター」(67年) などがあ

る。㊥グラミー賞最優秀楽曲賞〔1983年〕「オールウェイズ・オン・マイ・マインド」

ガッツァニガ, シルビオ Gazzaniga, Silvio 彫刻家 ㊥イタリア ㊦2016年10月31日 95歳 ㊤1921年1月23日 ㊧イタリア・ミラノ ㊨サッカーW杯で、1974年の西ドイツ大会から使用されている優勝トロフィーをデザインした。トロフィーは勝利を喜ぶ2人の競技者が背中合わせに両手で地球を支える形で、53の候補の中から選ばれた。

カーティス, アラン Curtis, Alan ハープシコード奏者 指揮者 音楽学者 カリフォルニア大学教授 ㊥米国 ㊦2015年7月15日 80歳 ㊤1934年11月17日 ㊧米国・ミシガン州メーソン ㊨ミシガン州立大学〔1955年〕卒、イリノイ大学 音楽博士(イリノイ大学)〔1956年〕、哲学博士(イリノイ大学)〔1963年〕㊨1957~59年アムステルダムでグスタフ・レオンハルトに師事し、63年イリノイ大学でスウェーリンクの鍵盤音楽に関する論文で哲学博士号を取得。以来、米国を中心にハープシコードの演奏活動を行うとともに、70年カリフォルニア大学教授として後進の指導にあたった。スウェーリンク、ルイ・クープランなどの鍵盤音楽の研究、楽譜の校訂を行う。また指揮者としても欧米各地で活躍。ヘンデルの復興に大きな役割を果たした。著書に「Sweelink's keyboard Works」(63年)、「Josquin and La Bbelle Tricotée」(69年) などがある。㊨師=レオンハルト, グスタフ

カートライト, トーマス Cartwright, Thomas C. 農学者 テキサス農業工科大学名誉教授 広島周辺で撃墜された米軍爆撃機機長 ㊥米国 ㊦2015年1月11日 90歳 ㊤1924年 ㊧米国・サウスカロライナ州 ㊨クレムソン大学〔1948年〕卒、テキサス農業工科大学大学院〔1949年〕修了 農学博士〔1954年〕㊨第二次大戦中、米国陸軍航空隊に志願し、1943年から兵役に就く。45年7月B24爆撃機(ロンサムレディー号)機長として広島県呉上空偵に参加、撃墜され捕虜となる。自身は東京へ移送されたが、同乗していた同僚6人は広島市の憲兵隊司令部などに留置され、原爆の犠牲になった。99年同僚の慰霊のため広島を訪問。回顧録が邦訳され、2004年に「爆撃機ロンサムレディー号―被爆死したアメリカ兵」として出版された。一方、1946年除隊後、48年クレムソン大学を卒業、49年テキサス農業工科大学を修了。のちにテキサス農業工科大学名誉教授。

カトラダ, アハメド Kathrada, Ahmed 反アパルトヘイト運動家 政治家 南アフリカ国会議員 ㊥南アフリカ ㊦2017年3月28日 87歳 ㊤1929年8月21日 ㊧南アフリカ・シュヴァイツァーレネ ㊨本名=Kathrada, Ahmed Mohamed ㊨ウィットウォーターランド大学中退 ㊨若い頃から南アフリカのアパルトヘイト(人種隔離政策)に反対し、人種隔離撤廃闘争に参加。1963年に逮捕され、ネルソン・マンデラらとともに終身刑を言い渡された。約26年間監獄島と呼ばれたロベン島などで獄中生活を送り、解放後の94年国会議員に当選。マンデラ大統領の側近として知られた。

ガニア, バーン Gagne, Verne プロレスラー AWA世界ヘビー級チャンピオン ㊥米国 ㊦2015年4月27日 89歳〔アルツハイマー病〕 ㊤1926年2月26日 ㊧米国・ミネソタ州ミネアポリス ㊨本名=ガニア, ラバーン・クラレンス〈Gagne, LaVerne Clarence〉 ㊨ミネソタ大学卒 ㊨高校時代からレスリングとアメリカンフットボールの選手として活躍。ミネソタ大時代はアマチュアレスリングで活躍し、NCAAレスリング王座を2度獲得。1948年ロンドン五輪にも出場した。傍ら、NFLのグリーンベイ・パッカーズでも一時活躍。49年AAUレスリング選手権で優勝。同年当時世界最大のプロレス団体NWAにスカウトされてプロレスデビュー。51年NWA世界ジュニアヘビー級王座に就くなど、"鉄人"ルー・テーズと並ぶ活躍を見せた。しかし、世界的に最も権威があった同ヘビー級王座への挑戦権が与えられず、NWAを離脱。60年AWA (米国レスリング協会)を設立し、"AWAの帝王""ミネソタの猛虎"の異名をとる中心選手として活躍。スリーパーホールドとドロップキックを得意技とし、通算10回のAWA世界ヘビー級チャンピオンに輝いた。70年に国際プロレスに参戦して以降、何度も来日。81年にはジャイアント馬場(当時PWF王者)とAWA王座をかけたダブルタイトル戦(ドローで両者防衛)も行い、この試合は同年の年間最高試合に選ばれた。60〜70年代はレスラー兼プロモーターとして活動し、その後AWAの単独オーナーとして後進の指導にも尽力。ハルク・ホーガンやリック・フレアーなど大物レスラーを育てた。91年AWA崩壊後は業界を去ったが、2006年WWE殿堂入りを果たす。1990年代に認知症を患い、2009年ミネソタ州の養護施設内のトラブルで殺人容疑をかけられたこともあった。 ㊨息子=ガニア, グレッグ(プロレスラー)

カニザーロ, クリス Cannizzaro, Chris 大リーグ選手 ㊥米国 ㊦2016年12月29日 78歳〔肺がん〕 ㊤1938年5月3日 ㊧米国・カリフォルニア州オークランド ㊨本名=Cannizzaro, Christopher John ㊨1960年大リーグのカーディナルス、62年メッツ、68年パイレーツ、69年パドレス、71年カブス、72年ドジャース、74年パドレスで捕手としてプレー。この間、69年当時所属していたパドレスで、自身唯一で球団史上初となるオールスター出場を果たした。

カニンガム, ビル Cunningham, Bill 写真家 ㊨ファッションポートレート ㊥米国 ㊦2016年6月25日 87歳 ㊤1929年3月13日 ㊧米国・マサチューセッツ州ボストン ㊨本名=Cunningham, William John (Jr.) ㊨ハーバード大学中退 ㊨アイルランド系カトリック教徒の家庭に生まれる。ハーバード大学中退後、ニューヨークへ移り、百貨店ボンウィット・テラー広告部に勤務。米紙「シカゴ・トリビューン」に勤務した1960年代から写真家の道に進む。トレードマークの青いワークジャケットと自転車でニューヨークの街に繰り出し、市民のファッションを撮影。78年より米紙「ニューヨーク・タイムズ」に写真付きのコラム「オン・ザ・ストリート」を定期寄稿。80歳を過ぎてもストリートスナップを撮り続け、その作品は"生きたファッション文化史"ともいわれた。2008年フランス政府より芸術文化勲章オフィシエを受勲。10年にはドキュメンタリー映画「ビル・カニンガム&ニュー

ヨーク」が製作され、日本でも公開された。 [賞]フランス芸術文化勲章オフィシエ章〔2008年〕

カーネット, エディ **Carnett, Eddie** 大リーグ選手 [国]米国 [没]2016年11月4日 100歳 [生]1916年10月21日 [出]米国・ミズーリ州スプリングフィールド [名]本名＝Carnett, Edwin Elliott [学]サンタアナ・カレッジ卒 [歴]1941年より5年間、ブレーブスなど3球団で外野手、一塁手、投手としてプレーした。95歳だった2012年、マリナーズの本拠地シアトルのセーフコフィールドで始球式を務めた。最年長の元メジャーリーガーとして知られたが、16年100歳で亡くなった。

カビュ, ジャン **Cabut, Jean** 漫画家 [国]フランス [没]2015年1月7日 76歳〔射殺〕 [生]1938年1月13日 [出]フランス・シャロン・アン・シャンパーニュ [名]愛称＝カビュ〈Cabu〉 [歴]10代の頃から地元新聞にイラストを寄稿。パリの美術学校に在学中、アルジェリア独立戦争（1954～62）に動員され学業を中断するが、徴兵期間中も軍の新聞や大衆写真誌「パリ・マッチ」に寄稿した。60年に復員後、様々な媒体に風刺画を発表。戦争経験から平和主義者に転じ、過度の愛国主義や女性蔑視への皮肉を得意とした。60年風刺誌「ハラキリ」（週刊紙「シャルリー・エブド」の前身）を共同で創刊。62年からは若者向け漫画誌「ピロット」でも活躍。学園漫画「のっぽのデュデュッシュ」で体制に反抗する青春を描き、人気の長期連載シリーズとなった。「月刊シャルリー」では、修道院の寄宿女学生を主人公とした「カトリーヌの日記」を発表。80年代からは風刺色の強い週刊報道紙「カナール・アンシェネ」でも活躍。愛嬌ある丸眼鏡がトレードマークで、子供向けテレビ番組にも出演した。「シャルリー・エブド」の常連作家でもあり、2006年表紙に“バカな連中（イスラム過激派）に愛されるのは辛い”と泣く預言者ムハンマドを描き、2つのイスラム教系団体がこの風刺画をめぐって訴訟を起こした。「シャルリー・エブド」はイスラム教に限らず、宗教上のタブーに踏み込むことも辞さない挑発的な編集姿勢で賛否両論を巻き起こしていたが、15年1月同紙編集会議の最中、覆面をした男2人が銃を乱射し、編集部に居合わせた12人が亡くなった。

ガブリエル, フアン **Gabriel, Juan** シンガー・ソングライター [国]メキシコ [没]2016年8月28日 66歳〔心筋梗塞〕 [生]1950年1月7日 [出]メキシコ・ミチョアカン州パラクアロ [名]本名＝アギレラ・バラデス, アルベルト〈Aguilera Valadez, Alberto〉 [歴]メキシコ北部シウダフアレスのバーで音楽活動を始める。1970年代よりラテン音楽界のシンガー・ソングライターとして脚光を浴び、メキシコの国民的歌手として活躍。米国のヒスパニック系住民からも高い支持を得、生涯で1億枚以上のアルバムを売り上げた。グラミー賞にも数多くノミネートされ、96年ビルボード主催のラテン音楽の殿堂、2002年にはハリウッドの殿堂入りを果たした。感情を込めたバラードで知られ、「アモール・エテルノ（永遠の愛）」「ノ・テンゴ・ディネロ（金がない）」などのヒット曲がある。歌は日本語などにも訳された。

ガブロン, ロバート **Gavron, Robert** 実業家 ガーディアン・メディア・グループ会長 フォリオ・ソサエティ会長 [国]英国 [没]2015年2月7日 84歳〔心臓発作〕 [生]1930年9月13日 [名]通称＝Gavron, Bob [歴]1997年から2000年にかけてガーディアン・メディア・グループ会長を務め、「ガーディアン」及び「オブザーバー」紙の発行人を務めた。また労働党に所属し、貴族院議員も務めた。

カーペンター, ケニス **Carpenter, Kenneth J.** 栄養学者 カリフォルニア大学名誉教授 [国]英国 [没]2017年1月 93歳 [生]1923年 [出]英国・ロンドン [学]ケンブリッジ大学卒 [歴]1956年ケンブリッジ大学講師。75年カリフォルニア大学デービス校講師。77～91年カリフォルニア大学バークレー校栄養学部教授。栄養史家としても知られた。著書に「壊血病とビタミンCの歴史―『権威主義』と『思いこみ』の科学史」がある。

ガボール, ザ・ザ **Gabor, Zsa Zsa** 女優 [国]米国 [没]2016年12月18日 99歳〔心臓発作〕 [生]1917年2月6日 [出]ハンガリー・ブダペスト [名]本名＝ガボール, シャーリ〈Gabor, Sari〉 [歴]軍人とヨーロッパの資産家の娘としてハンガリーのブダペストに生まれる。幼少期から自らを“ザ・ザ”と呼ぶようになった。ブダペストとスイスのローザンヌで教育を受けた後、欧州での舞台活動を経て、第二次大戦前に家族で渡米。姉、妹と“ガボール3姉妹”として映画や舞台で知られるようになる。1952年「Lovely to Look At」でハリウッドに進出。以後、「赤い風車」（52年）、「悪党の死」（56年）、「惑星X悲劇の壊滅」（58年）、オーソン・ウェルズ監督の「黒い罠」（58年）で銀幕に名を残した。他の出演作品に「底抜け最大のショウ」（55年）、「ダイヤモンド・ジャック」（67年）、「エルム街の悪夢2」（87年）などがある。ゴシップ界の女王といわれ、ホテル王コンラッド・ヒルトンや中東の石油王らと9回の結婚をするなど奔放な恋愛でも知られた。89年にはビバリーヒルズで警官殴打、交通違反の罪に問われ、実刑判決を受けた。2002年自動車事故で体の一部がまひし、05年には脳卒中を患う。股関節の手術後に感染など合併症を起こし、11年には右脚を切断した。 [賞]ゴールデン・グローブ賞（最も魅惑的な女優賞, 第15回, 1957年度） [家]妹＝ガボール, エバ（女優）, 元夫＝ヒルトン, コンラッド（ヒルトン・ホテル創立者）

ガラジオラ, ジョー **Garagiola, Joe** 大リーグ選手 野球解説者 [国]米国 [没]2016年3月23日 90歳 [生]1926年2月12日 [出]米国・ミズーリ州セントルイス [名]本名＝Garagiola, Joseph Henry [歴]1946～54年大リーグのカージナルスで捕手としてプレー。引退後は野球解説者に転向し、豊富なデータ解説で知られた。2014年に86歳で解説者を引退するまでの間、米野球界の発展に大きく貢献した。 [賞]バック・オニール・ライフタイム・アチーブメント賞〔2014年〕

カラミ, オマル **Karami, Omar** 政治家 レバノン首相 [国]レバノン [没]2015年1月1日 79歳〔病気〕

㋴1935年5月 ㋣レバノン・トリポリ ㋺カイロ大学法学部卒 ㋱1987年ヘリコプター爆殺事件で暗殺されたラシド・カラミ首相の実弟。89年11月教育相を経て、90年12月レバノン全土の主要都市で起きた暴動で引責辞任。92年5月レバノン全土の主要都市で起きた暴動で引責辞任。2004年10月再び首相に就任。その後、前任首相のハリリの暗殺事件発生で国政が混乱し、05年2月内閣総辞職で退任、3月再び首相に任命されるが、辞任した。親シリア派として知られる。 ㋮兄=カラミ、ラシド（レバノン首相）

カラム，アブドル　Kalam, Abdul　核兵器開発者　インド大統領　インド宇宙科学工学研究所所長　㋾インド　㋐2015年7月27日　83歳〔心不全〕　㋴1931年10月15日　㋣インド・タミルナド州　㋠本名＝Kalam, Aavul Pakkri Jainulabidin Abdul　㋺セント・ジョセフ大学（タミルナド州）卒、マドラス工科大学（航空工学）卒　工学博士　㋱インドでは少数派であるイスラム教徒の貧しい漁師の家に生まれる。苦学して大学に入り、航空工学の専門に。1960年代に米国で宇宙工学を学び、インドに帰国後、マドラス技術研究所、防衛研究開発機構で航空工学を研究。80年代初期からロケットやミサイル開発に着手。誘導ミサイル技術の分野では第一人者で、国産ミサイルのアグニやプリトビ、トリシュルなどを開発し、98年の核実験でも中心的役割を果たした。インドの核兵器や中距離弾道のミサイルの責任者として知られ、「ミサイル開発の父」とも呼ばれる。この間、92年国防相科学顧問兼国防研究開発庁次官、99～2001年首相首席科学顧問などを歴任。01年引退し、タミルナド州のアンナ大学教授に就任するが、ヒンドゥー人民主義のインド人民党（BJP）などの連立与党から次期大統領候補に指名され、02年7月国会議員・州議会議員による大統領選で当選、イスラム教徒として3人目の大統領になる。07年7月退任。インド宇宙科学工学研究所長も務めた。菜食主義者で、研究に打ち込むため独身を貫いた。

ガリ，ブトロス・ブトロス　Ghali, Boutros Boutros　政治家　政治学者　国連事務総長　エジプト国民人権会議会長　㋾エジプト　㋐2016年2月16日　93歳　㋴1922年11月14日　㋣エジプト・カイロ　㋺カイロ大学法学部政治学科〔1946年〕卒、パリ大学卒　博士号（パリ大学・国際法）〔1949年〕　㋱キリスト教の一派のコプト教徒。祖父は首相、叔父は外相を務めた政界の名門の出。1949～77年カイロ大学教授、またコロンビア大学（米国）、プリンストン大学、パリ大学などで国際法や国際関係論を講じる。パリ大学客員教授、「インターナショナル・ポリティックス」誌編集長、エジプトの有力紙「アルアハラム」政治戦略研究所会長、アフリカ政治学会会長などを務めた。サダト大統領時代の77年10月から外交担当国務相、メギド外相とともにエジプト外交の実務にあたる。78年対イスラエル和平の"キャンプデービッド合意"に尽力。89年6月には実質的な大統領特使としてイスラエル入り、パレスチナ和平に対するムバラク大統領の考え方をシャミル・イスラエル首相に伝えた。91年5月から外交担当副首相。92年1月アフリカ大陸から初めての国連事務総長（第6代）に就任。同年6月「平和の課題」と題した報告書を発表し、国連の平和構築のあり方などを示して変革を訴えた。紛争地に緊急展開する"平和執行部隊"の創設など国連平和維持活動（PKO）強化策を提案したが、ソマリア、ボスニア・ヘルツェゴビナでの任務は相次いで失敗した。96年12月退任。97年～2002年国際フランス語圏機構（OIF）の初代事務総長。03～06年発展途上国46ケ国で作るサウスセンター評議会議長、03～12年エジプト国民人権会議会長。親日家としても知られ、来日も多く、日本とは良好な関係を築いた。　㋮勲一等旭日大綬章（日本）〔1997年〕、早稲田大学名誉博士号〔1993年〕、オナシス賞〔1995年〕　㋮祖父=パジャ、ブトロス・ガリ（エジプト首相）

カリウス，オットー　Carius, Otto　軍人　ドイツ陸軍戦車長　㋾ドイツ　㋐2015年1月24日　92歳　㋴1922年5月27日　㋣ドイツ・ツバイブリュッケン　㋱1940年ドイツ陸軍第104補充歩兵大隊に入隊後、第7機甲補充大隊に移動、チェコ製38(t)戦車の装填手となる。41年軍曹、42年少尉に昇進。43年第502重戦車大隊第2中隊へ配属され、ティーガー戦車長となる。44年柏葉付騎士十字章を受章（ドイツ全軍で535番目）と同時に中尉に昇進。45年第500機甲補充大隊に勤務、ヤークトティーガー装備の第512重駆逐戦車大隊へ配属。戦車長として150両以上の敵戦車を撃破し、英雄として称えられた。戦後は薬剤師となり、56年ヘルシュパイラー・ペッタースハイムで薬局を開業した。著書に戦場ドキュメント「ティーガー戦車隊—第502重戦車大隊オットー・カリウス回顧録」がある。　㋮柏葉付騎士十字章（ドイツ陸軍）〔1944年〕

カリモフ，イスラム　Karimov, Islam Abduganievich　政治家　ウズベキスタン大統領　㋾ウズベキスタン　㋐2016年9月2日　78歳〔脳出血〕　㋴1938年1月30日　㋣ソ連・ウズベク共和国サマルカンド（ウズベキスタン）　㋺中央アジア工科大学〔1960年〕卒、タシケント国民経済大学卒　㋠ウズベク人。1964年ソ連共産党に入党。航空機工場技師を経て、ウズベク共和国国家計画委員会第1副議長、83年共和国財務相、共和国閣僚会議副議長（副首相）など歴任。86年カシカダリヤ州党第1書記。89年同共和国党第1書記、90年3月同共和国大統領。同年7月ソ連共産党政治局員、中央委員。11月共和国首相（内閣議長）兼任。91年8月党政治局員辞任。同年11月ウズベク人民民主党創設、党首となる。ウズベキスタンと国名変更後の91年12月、初の大統領直接選挙に当選。同月ソ連崩壊により独立国家共同体に加盟。95年3月の国民投票で任期を3年延長。2000年1月大統領に再選。03年4月議会によって終身訴追免責特権が与えられ、任期も5年から7年に延長された。07年12月大統領3選、15年3月大統領4選と形式的な大統領選で当選を重ね、反体制派を厳しく弾圧したことから欧米や国際人権団体の非難を受けた。05年5月には南部アンディジャンで起きた反政府暴動・集会を武力で鎮圧、500人以上の犠牲者を出したといわれる。これを機に欧米との関係が悪化。その半面、ウズベキスタン・イスラム運動（IMU）などイスラム過激派を封じ込める必要性を訴え、ロシアや中国だけでなく、米国にも局面に応じて接近する外交戦術をとった。1991年の大統領就任から四半世紀以上

にわたって独裁政権を築き、2016年に78歳で亡くなるまで旧ソ連諸国の首脳では最高齢だった。

カルアナ・ガリチア, ダフネ　Caruana Galizia, Daphne
ジャーナリスト　国マルタ　没2017年10月16日　53歳［爆死］　生1964年8月26日　出マルタ・スリエマ　本名＝Caruana Galizia, Daphne Anne　学セント・アロイシウス・カレッジ, マルタ大学　学生だった1980年代、反政府活動で逮捕された経験を持つ。87年から大手メディアに属さないフリーのジャーナリストとして活動。2008年ニュースサイトを開設し、地中海の島国マルタで同国随一の調査報道記者として活躍。複数のメディアで与野党を問わず政治家の腐敗を追及し、ブログは政界に対して強い影響力を持った。16年に国際調査報道ジャーナリスト連合（ICIJ）が世界中の政治家や著名人によるタックスヘイブン（租税回避地）の利用を指摘した「パナマ文書」の調査報道に参加。パナマ文書に関連したマルタのムスカット首相夫妻の疑惑をブログで報じると、首相は17年6月、早期解散に踏み切った。その後ブログに“命を脅かされている”と書き込んでいたが、10月レンタカーで自宅を出たところ、車に仕掛けられた爆弾が爆発し死亡した。

カルヴェン, マリー・ルイーズ　Carven, Marie-Louise
ファッションデザイナー　国フランス　没2015年6月8日　105歳［老衰］　生1909年8月31日　出フランス・シャテルロー　本名＝Grog-Carmen, Marie-Louise, 旧姓・名＝トマソ, カルメン・デ〈Tommaso, Carmen de〉　備カルメン・デ・トマソとして生まれ、自らマリー・ルイーズ・カルヴェンと改名。1945年パリのシャンゼリゼ通りで洋服店“カルヴェン”を開店。自身が身長155センチと小柄だったことから、美しいモデルよりも一般女性に似合う服飾を考案。明るいデザインが人気を呼び、レスリー・キャロンやマルティーヌ・キャロルといった女優たちをはじめ、世界中の若い女性たちの間で瞬く間にヒットした。戦後のフランスのファッション業界を牽引し、84歳まで現役を続けた。また、夫でアンティーク収集家のルネ・グロッグとともに美術品をコレクションし、後にルーブル美術館に寄贈した。賞レジオン・ド・ヌール勲章コマンドール章〔2009年〕　家夫＝グロッグ, ルネ（アンティーク収集家）

カルデロン, アルマンド　Calderón, Armando
政治家　エルサルバドル大統領　エルサルバドル民族主義共和同盟（ARENA）党首　国エルサルバドル　没2017年10月9日　69歳［がん］　生1948年6月24日　出エルサルバドル・サンサルバドル　本名＝カルデロン・ソル, アルマンド〈Calderón Sol, Armando〉　学エルサルバドル大学法学部〔1977年〕博士課程修了　法学博士（エルサルバドル大学）〔1977年〕　備コーヒー園、家具・洗剤製造企業などを経営する裕福な家庭に生まれる。弁護士業の傍ら家業に従事。1981年ダビソン退役少佐と保守右派政党の民族主義共和同盟（ARENA）創立に加わり、本格的な政治活動に入る。85〜88年エルサルバドル国会議員を1期務めた後、88年サンサルバドル市長、ARENA党首に就任。91年市長再選。約12年間続いた内戦が終わった92年、初の民選大統領に当選。99年まで務めた。この間、国民和解に尽力するとともに、電話公社の民営化など市場経済化政策を進めた。

カルマン, ルドルフ・エミル　Kálmán, Rudolf Emil
数学者　スイス連邦工科大学名誉教授　国システム工学, 制御工学　国米国　没2016年7月2日　86歳　生1930年5月19日　出ハンガリー・ブダペスト　学マサチューセッツ工科大学電気工学科〔1953年〕卒　理学博士（コロンビア大学）〔1957年〕　備ハンガリーに生まれ、渡米。1955年コロンビア大学助手、57年助教授、58年バルチモア高等学術研究所数学研究員、64年スタンフォード大学教授を経て、71年フロリダ大学大学院研究教授。73年スイス連邦工科大学教授を兼任。システム工学の世界的権威で“現代制御理論”と呼ばれる新体系を確立。電気工学、航空宇宙工学など広い研究領域に大きく貢献した。カルマンフィルターの研究で有名。　賞米国電気電子学会学会賞〔1974年〕, ルファス・オルデンバーガー賞（米国機械技術者協会）〔1976年〕, 京都賞（第1回）〔1985年〕「制御工学への貢献」, 米国数学会スティール賞〔1987年〕, 京都大学名誉工学博士号〔1990年〕, チャールズ・スターク・ドレイパー賞〔2008年〕

カルロス・アルベルト　Carlos Alberto
サッカー選手　サッカー指導者　サッカー・オマーン代表監督　国ブラジル　没2016年10月25日　72歳［心臓発作］　生1944年7月17日　出ブラジル・スドナバラ　本名＝トーレス, カルロス・アルベルト〈Torres, Carlos Alberto〉　備1963年ブラジルのフルミネンセでプロとしてのキャリアを開始し、右サイドバックの選手として頭角を現す。65年サントスに移籍し、長年にわたってペレとともにプレー、4度のサンパウロ州選手権優勝に貢献。71年ボタフォゴ、72年サントス、76年フルミネンセ、77年フラメンゴなどに所属し、米国のチームでも活躍した。この間、64年ブラジル代表入り。70年W杯メキシコ大会で主将を務め、決勝の対イタリア戦で終了間際に鮮やかなダイレクト・シュートを決めた。同大会ではペレを擁して歴代ブラジル代表でも最強といわれたチームをまとめ上げ、3度目の優勝を果たし、“カピタ（キャプテンの意）”の愛称で国民に愛された。ブラジル代表通算53試合出場、8得点。82年引退。83年〜2005年国内外のクラブで監督を務め、00〜01年オマーン代表、04〜05年アゼルバイジャン代表監督。政治にも関わり、1989〜92年リオデジャネイロ市議を務めた。息子のアレシャンドレ・トーレスは、Jリーグの名古屋グランパスでプレーした経験を持つ。　家息子＝トーレス, アレシャンドレ（元サッカー選手）

ガレアーノ, エドゥアルド　Galeano, Eduardo
ジャーナリスト　作家　国ウルグアイ　没2015年4月13日　74歳［肺がん］　生1940年9月3日　出ウルグアイ・モンテビデオ　備1961〜64年ラテンアメリカ全域で良質の週刊誌として知られたモンテビデオの「マルチャ」誌編集長。64〜66年「エポカ」紙編集主幹。この間いくつもの雑誌および新聞の定期寄稿者として健筆を揮った。73年政治反動化のなかで評論・批評活動が困難になり、アルゼンチンに亡命、ブエノスアイレスで文化誌「クリシス」を創刊、主宰した。76年末クーデターによる軍政の発足に伴い、スペインのバルセロナに亡命。85年母国での民政の実現により帰国し

た。著書に評論「収奪された大地―ラテンアメリカ五百年」(71年)、「被占領国グアテマラ」「われわれは否と言う」(89年)、「闊歩する言葉たち」(93年)、「スタジアムの神と悪魔」(95年)、「あべこべ世界」(98年)、「時の口」(2004年)、「鏡たち―ほとんど普遍の歴史」(08年)、短編集「バカムンド」(1973年)、小説「われらが歌」(75年)、「愛と戦争の昼と夜」(78年)、「火の記憶〈1～3〉」(82～86年)など。中南米を代表する左派系知識人として知られた。

ガロ, マックス　Gallo, Max　歴史家　作家　政治家　㊨フランス　㊥2017年7月18日　85歳　㊤1932年1月7日　㊥フランス・ニース　㊦本名＝Gallo, Max Louis　㊥両親はイタリア系で、ニースで生まれ育つ。大学で歴史を専攻、当初は教師となったが、歴史家に転じる。また、共産党員だったが、1956年ハンガリー事件を機に離党した。「ムッソリーニのイタリア」(64年)、「フランコ時代のスペイン史」(69年)など、主に20世紀の南欧史に関する著作を発表し、歴史家としての地位を確立した後、小説を書き始める。処女作「勝利者たちの行列」(72年)、「海への一歩」(73年)から「天使の入江」3部作(75～76年)まで、ほとんど毎年新作を発表し、70年代に最も活躍した作家の一人となる。週刊誌「レクスプレス」の常任寄稿家として才筆を振るい、「マタン」編集長を務めるなど、現代フランスの代表的知識人の一人として活躍を続けた。一方、その知名度に着目した社会党の要請を受け、80年代から政界でも活動。81～83年フランス国民議会議員、83年政府スポークスマン(閣外相)などを歴任し、84年欧州議会議員。社会党全国書記も務めた。94年から公職を離れ、執筆に専念。ド・ゴールやナポレオンを素材にした作品で広範な読者を得て、国民的作家となった。2007年アカデミー・フランセーズ会員。他の著書には「イタリアか、死か―英雄ガリバルディの生涯」(1982年)、「カエサル！」(2003年)などがある。生涯で100冊以上の本を出版した。㊨アカデミー・フランセーズ会員〔2007年〕

カーン, ジョン・ワーナー　Cahn, John Werner　材料科学者　米国国立標準技術研究所名誉上級研究員　ワシントン大学客員教授　㊨米国　㊥2016年3月14日　88歳　㊤1928年1月9日　㊥ドイツ・ノルトライン・ヴェストファーレン州ケルン　㊦博士号(物理化学, カリフォルニア大学バークレー校)〔1953年〕　㊥1952年シカゴ大学金属材料研究所講師、54年ゼネラル・エレクトリック(GE)助手を経て、64年マサチューセッツ工科大学材料科学科教授。77年米国国立標準局材料科学センター研究員となり、84年同局材料理工学研究室上級研究員、2006年名誉上級研究員。この間、1984年よりワシントン大学客員教授。アロイ材料内で起きるスピノーダル分解の理論を確立した。2011年京都賞を受賞。㊨アクタ・メタラージカゴールドメダル〔1977年〕、米国材料学会フォン・ヒッペル賞〔1985年〕、日本金属学会ゴールドメダル〔1994年〕、米国国家科学賞〔1998年〕、バウアー賞〔2002年〕、京都賞(先端技術部門, 第27回)〔2011年〕　㊨米国科学ア

カデミー会員, 米国芸術科学アカデミー会員, 米国工学アカデミー会員

カン・ソクチュ　姜 錫柱　Kang Sok-ju　外交官　政治家　朝鮮労働党書記(国際担当)　北朝鮮副首相　元北朝鮮　㊥2016年5月20日　76歳　〔食道がん〕　㊤1939年8月29日　㊥朝鮮平安南道平原(北朝鮮)　㊦平壌国際大学仏語学科卒　㊥朝鮮労働党中央国際部補助指導員を経て、1980年党国際部課長、90年外政部第1副部長。88年党中央委候補委員、90年最高人民会議外交委副委員長。91年党中央委員。同年9月北朝鮮が韓国と国連に同時加盟した際、国連総会で北朝鮮首席代表を務め、加盟受諾演説をした。以降、北朝鮮の対西側外交、国連外交で数多くの舞台を踏み、"北朝鮮外交の切り札"といわれた。93年6月から核問題をめぐるジュネーブでの米朝高官協議で北朝鮮首席代表として初めて国際舞台に立ち、94年6月訪朝したカーター米大統領と金日成主席との会談に同席。10月には核開発凍結と引き換えに軽水炉や重油の提供を受けるという内容の米朝枠組み合意(ジュネーブ合意)を成功させた。98年9月外務省第1副相(第1外務次官)。2000年10月趙明禄国防委員会第1副委員長に同行しワシントン訪問。金正日総書記の側近として知られ、01年7～8月総書記の訪ロに同行。日本人拉致問題などを巡る日朝交渉に参加し、02年と04年に小泉純一郎首相が訪朝した際の日朝首脳会談にも同席した。05年4月非公式に訪朝、06年11月非公式に訪中、訪ロ。07年1月の白南淳外相の死後、一時外相職を代行。10～11年金正日総書記の訪中、訪ロに同行。10年9月副首相、党政治局員に昇格。金正恩体制となってからも重用され、14年党で外交政策を統括する国際担当書記に就任。欧州を歴訪するなど活発に活動した。

カーン, マイルズ　Cahn, Miles　実業家　コーチ共同創業者　㊨米国　㊥2017年2月10日　95歳　㊤1921年4月18日　㊥米国・ニューヨーク市　㊦ロシア移民の両親のもとニューヨーク市に生まれる。1941年創業の皮革工房を61年、妻のリリアンとともに買収。妻の提案で野球のグラブに使われる柔らかい牛革を女性用ハンドバッグに応用し、シックで実用的な製品を制作。欧州製バッグのコピー品ばかりだった当時の市場に一石を投じ、コーチを米国有数のブランドに成長させた。80年代には日本にも進出。85年に会社を売却した後は、ヤギ乳のチーズ製造会社を立ち上げ、85歳で引退した。㊥妻＝カーン, リリアン(コーチ共同創業者)

カン・ヨンフン　姜 英勲　Kang Young-hoon　政治家　韓国首相　㊨韓国　㊥2016年5月10日　93歳　㊤1922年5月30日　㊥朝鮮平安北道昌城(北朝鮮)　㊦満州建国大学〔1943年〕卒、軍事英語学校(陸士の前身)卒、南カリフォルニア大学大学院修了　国際政治学博士(南カリフォルニア大学)〔1973年〕　㊥満州建国大学で経済学を学び、戦後、軍事英語学校を卒業。軍隊に入り、陸軍本部人事局長、1951年国防省経理・管理局長、52年駐米大使館付武官、53年師団長、60年陸軍士官学校長などを歴任。陸士校長時代の61年5月、朴大統領の軍事クーデターに反対して予備役に編入(中将)。その後渡米し、南カリフォルニア大学で国際政治学博士号を取得、70年ワシントンに韓国問題研究所を開き、朝鮮半島の安保と統一問題を研究した。77年帰国。韓国外国語大学の大学院長などを務めた後、外務省の外交安保研究院長に就任。全政権下で81～84年

駐英大使、84〜87年駐バチカン大使。盧政権の88年4月、民正党の全国区候補として国会議員当選。88年12月〜90年12月首相を務めた。この間、90年9月分断以来初めての南北朝鮮首相会談をソウルで開いた。91〜97年大韓赤十字社総裁、97年世宗財団理事長。著書に「ある外交官の英国話」など。 [賞]乙支武功勲章

カンティン, アンリエット Cantin, Henriette
修道女　明の星学園理事長　[国]カナダ　[没]2017年3月31日　101歳　[生]1916年1月11日　[出]カナダ　[歴]1952年来日。57〜94年明の星学園理事長を務め、青森明の星高校長、青森明の星短期大学学長、浦和明の星高校長、明の星女子短期大学学長などを歴任した。

キ

カント, ヘルマン Kant, Hermann　作家　[国]ドイツ　[没]2016年8月14日　90歳　[生]1926年6月14日　[出]ドイツ・ハンブルク　[学]フンボルト大学卒　[歴]電気工職人から兵役につき、戦争末期ポーランドで捕虜になる。帰国後ベルリンのフンボルト大学でドイツ文学を専攻。大学助手、出版社の編集員を経て、作家生活に入る。作品に長編小説「大講堂」(1965年)、「奥付」(72年)、「抑留生活」(77年)などがあり、諷刺のきいたユーモア、卓越したストーリー・テリングの手法で、社会主義建設期における新しい人間の発展を描き、高く評価された。東ドイツの代表的作家の一人で、西ドイツでも多くの読者を得た。78年東ドイツ作家同盟議長。

カントナー, ポール Kantner, Paul　ロック・ギタリスト　[国]米国　[没]2016年1月28日　74歳〔多臓器不全と心臓発作〕　[生]1941年3月17日　[出]米国・カリフォルニア州サンフランシスコ　[名]グループ名＝ジェファーソン・エアプレイン〈Jefferson Airplane〉　[歴]1965年サンフランシスコでマーティ・バリンを中心に結成されたジェファーソン・エアプレインにギタリストとして参加、アルバム「ジェファーソン・エアプレイン・テイクス・オフ」でデビュー。67年シングル「サムバディ・トゥ・ラブ/あなただけを」「ホワイト・ラビット」がヒット。サイケデリック・ロックの先駆的ユニットとなった。72年に解散状態となってからは自身が中心となり、ジェファーソン・スターシップとして改編。84年グループを脱退するも、92年ジェファーソン・スターシップを再結成した。サブカルチャーの中心地だったサンフランシスコ・シーンの旗手的なグループとして知られた。96年ロックの殿堂入り。2016年グラミー賞生涯功労賞を受賞。 [賞]グラミー賞生涯功労賞〔2016年〕

カンノ, ジェームズ Kanno, James　政治家　カリフォルニア州ファウンテンバレー初代市長　[国]米国　[没]2017年7月15日　91歳　[生]1925年12月22日　[出]米国・カリフォルニア州サンタアナ　[学]マーケット大学, サンタアナ・カレッジ, カリフォルニア大学ロサンゼルス校　[歴]福島県出身の両親のもと、カリフォルニア州に生まれる。第二次大戦中、"敵性外国人"とみなされた計約12万人の日系人の一人として、家族とともにアリゾナ州の強制収容所に送られた。収容所内で高校を卒業し、ウィスコンシン州のマーケット大学でエンジニアリングを専攻。その後、カリフォルニア州に戻り、サンタアナ・カレッジとカリフォルニア大学ロサンゼルス校を卒業した。1957年同州オレンジ郡ファウンテンバレーの初代市長に就任。日系人の市長は当時珍しく、先駆け的存在として報じられた。62年に市長退任後も地元の日系団体の会長を務めるなど、40年以上に渡って日系人の支援に尽力した。

【キ】

キアロスタミ, アッバス Kiarostami, Abbas
映画監督　脚本家　映画プロデューサー　[国]イラン　[没]2016年7月4日　76歳　[生]1940年6月22日　[出]イラン・テヘラン　[学]テヘラン大学美術学部卒　[歴]子供の頃からデッサンに興味を持つ。18歳の時にグラフィック・アートのコンテストで優勝。CM撮影などの仕事を経て、1968年児童青少年知育協会に入り児童映画を撮り始める。70年初の短編「パンと裏通り」でテヘラン国際児童映画祭金賞。以後、毎年作品を発表し、イランのニューウェーブ映画を代表する監督となる。79年のイスラム革命後は表現の自由が厳しく制限され、映画関係者の多くが出国したが、国内にとどまり映画製作を続けた。86年コケル村で撮った「友だちのうちはどこ？」(87年)で国際的に注目され、大地震に見舞われた同村を撮った「そして人生はつづく」(92年)でカンヌ国際映画祭ロッセリーニ賞を受賞。92年同作を東京国際映画祭に出品。94年同作の一場面を発展させた「オリーブの林をぬけて」を発表し、作品が互いにリンクしていくユニークな製作スタイルと簡潔な表現で人生の深遠さを表す内容が話題となる。97年「桜桃の味」でカンヌ国際映画祭パルムドール(最高賞)を受賞。99年には「風が吹くまま」でベネチア国際映画祭審査員特別大賞を受賞し、名実ともにイラン映画を代表する監督となる。2003年生誕100年を迎えた小津安二郎監督へのオマージュ作品「5 five—小津安二郎に捧げる」を製作。06年イタリアのエルマンノ・オルミ、英国のケン・ローチ両監督との共作「明日へのチケット」を発表。俳優は素人だけを使い、ドキュメンタリーとフィクションの境界に位置するような生々しい作風を特徴とした。晩年は、フランス・イタリア合作「トスカーナの贋作」(10年)、オール日本ロケによる「ライク・サムワン・イン・ラブ」(12年)など、海外での映画製作にも意欲を燃やした。作品は他に「トラベラー」(1974年)、「結婚式のスーツ」(76年)、「レポート」(77年)、「ホームワーク」(89年)、「クローズ・アップ」(90年)、「ABCアフリカ」(2001年)、「10の話」(02年)などがある。デザイナー、絵本作家としても知られた。来日多数。 [賞]旭日小綬章(日本)〔2013年〕, モスクワ児童映画祭名誉賞〔1977年〕「結婚式のスーツ」, ファジル映画祭最優秀監督賞・審査員特別賞〔1987年〕「友だちのうちはどこ？」, ロカルノ国際映画祭銅豹賞〔1989年〕, カンヌ国際映画祭ロッセリーニ賞〔1992年〕「そして人生はつづく」, シンガポール国際映画祭最優秀監督賞(第8回)〔1995年〕「オリーブの林をぬけて」, カンヌ国際映画祭パルムドール(第50回)〔1997年〕「桜桃の味」, ベネチア国際映画祭審査員特別大賞・国際映画批評家連盟賞(第56回)〔1999年〕「風が吹くまま」,

世界文化賞〔演劇映像部門、第16回〕〔2004年〕、ベネチア国際映画祭監督ばんざい！賞〔第65回〕〔2008年〕

キシチャク, チェスワフ　Kiszczak, Czesław　政治家　⒩ポーランド内相・副首相　⒪ポーランド　⒯2015年11月5日　90歳　⒢1925年10月19日　⒫ポーランド・ビエルスコ近郊　⒠シビエルチェフ参謀学校卒、ソ連陸軍アカデミー（モスクワ）　⒢第二次大戦中ナチス・ドイツに連行され、ブロツワフで強制労働に就かされたが脱出し、ウィーンでポーランド共産党の対独レジスタンスに参加。1945年共産党（48年に社会党と合同して統一労働者党に改称）に入党。その後国防軍に入隊、シビエルチェフ参謀学校やモスクワのソ連陸軍アカデミーに学び、72～79年軍情報局長、参謀次長などを経て、79年陸軍中将。79～81年国防省警察局長、81年8月内相。同年末の戒厳令施行の際は実行責任者として"連帯"活動家らの逮捕にあたる。81年党中央委員。83年陸軍大将。84年連帯に近いポピエウシュコ神父が秘密警察に殺害された事件で非難を浴びた。86年党政治局員。88年8月の大型スト後、ワレサ連帯議長と会談、89年2～4月の円卓会議では政府代表として交渉にあたり、連帯合法化や一部自由選挙制導入などの合意をまとめた。同年6月の下院選で落選。8月首相に指名されたが、組閣不能の状態に追いやられ2週間で辞任、引き続きマゾビエツキ内閣の内相にとどまった。90年7月旧体制派の一掃要求に応じた組閣に際し更送された。

ギジャ, アルシデス　Ghiggia, Alcides　サッカー選手　⒩ウルグアイ　⒯2015年7月16日　88歳〔心臓発作〕　⒢1926年12月22日　⒫ウルグアイ・モンテビデオ　⒠本名＝ギジャ, アルシデス・エドガルド〈Ghiggia, Alcides Edgardo〉　⒢1948～53年ウルグアイのサッカークラブ、ペニャロールでプレー。この間、50年5月23歳の時に対ブラジル戦でウルグアイ代表にデビューし、7月にはW杯ブラジル大会に出場。事実上の決勝戦といわれた最終ラウンドの対ブラジル戦で終盤に決勝ゴールを挙げ、母国に2度目のW杯優勝をもたらし、国民的ヒーローとなった。20万人を収容したマラカナ・スタジアムの満員の観客が静まり返ったといわれ、開催国ブラジルでは"マラカナンの悲劇"として語り継がれている。53年イタリアのASローマを経て、61年ACミランに移籍。57年にはイタリア国籍を取得し、5月対ポルトガル戦でイタリア代表デビューを果たす。62年ウルグアイに戻ってダヌビオでプレーし、41歳で引退した。ポジションはFW（右ウイング）。

キッツィンガー, シーラ　Kitzinger, Sheila　出産教育家　⒩英国出産協会諮問委員　国際出産教育協会顧問　⒪異文化の出産、母乳育児・子育て　⒪英国　⒯2015年4月11日　86歳　⒢1929年3月29日　⒫英国・サマーセット州タウントン　⒠本名＝Kitzinger, Sheila Helena Elizabeth, 旧姓・名＝Webster　⒠オックスフォード大学ラスキン・カレッジ、オックスフォード大学セントヒューズ・カレッジ　⒢大学で社会人類学を学び、エディンバラ大学で人類学の調査・教育に従事した。英国の有名な出産教育家で、1958年から独自の出産準備クラスを主宰し、自宅出産運動の推進役となり、社会・心理学的側面に造詣が深い。82年その功績によって価値MBEの称号を贈られる。93年からテムズ・バレー大学名誉教授。多数の著書があり、邦訳書に「30歳からのお産」「ウーマンズセックス」「赤ちゃん、なぜ泣くの？」などがある。5女の母。⒢MBE勲章〔1982年〕、米国健康賞賞、タイムズ教育賞賞、ロックフェラー財団著作家賞　⒢夫＝キッツィンガー, ウイ（元オックスフォード大学テンプルトン・カレッジ学長）

キープニュース, オリン　Keepnews, Orrin　ジャズ・プロデューサー　⒩米国　⒯2015年3月1日　91歳　⒢1923年3月2日　⒫米国・ニューヨーク市ブロンクス　⒠コロンビア大学　⒢ソーシャルワーカーと教師である両親のもと、ニューヨーク市ブロンクスに生まれる。20代でジャズの評論を始め、1948年レコード誌の主筆としてジャズ界に入る。53年大学の同級生とともにジャズレコードの"リバーサイド"レーベルを創設。ビル・エバンス、ウェス・モンゴメリー、セロニアス・モンクら数々のジャズの名盤をプロデュースした。"リバーサイド"倒産後は、66年"マイルストーン"レーベルを創設。77年にはブルース専門の"Galaxy"を復活させる、レッド・ガーランドらの作品を発表。85年には"Landmark"を発足。歴史的録音の再発売を企画するなど、長年にわたりジャズのプロデュース活動を続けた。

ギボンズ, ジョン　Gibbons, John　物理学者　米国大統領補佐官（科学技術担当）　⒩米国　⒯2015年7月17日　86歳　⒢1929年1月15日　⒫米国・バージニア州ハリソンバーグ　⒠本名＝Gibbons, John Howard　⒠物理学博士（デューク大学）〔1954年〕　⒢オークリッジ国立研究所で研究に従事、1969～73年同研究所環境部門責任者。73～79年テネシー大学エネルギー環境資源センター所長を歴任。天体物理、素粒子物理学などの研究で成果を上げる。79年より科学技術に関する議会の調査研究機関、技術評価局（OTA）の局長を務め、93～98年クリントン大統領補佐官（科学技術担当）。

キム・ウンヨン　金雲龍　Kim Un-yong　外交官　政治家　国際オリンピック委員会（IOC）副会長　⒩韓国　⒯2017年10月3日　86歳〔老衰〕　⒢1931年3月19日　⒫韓国慶尚北道大邱　⒠テキサス・ウエスタン大学〔1956年〕卒、延世大学政治外交科〔1960年〕卒、延世大学大学院〔1963年〕博士課程修了　法学博士（メルビル大学）〔1976年〕　⒢大学院在学中の1961年、韓国内閣首班儀典秘書官。日本語、英語、ドイツ語、フランス語、スペイン語、ロシア語を話し、63年より英国や米国で外交官として活躍。65年には第20回国連総会の韓国代表を務めた。68～74年大統領警護室補佐官。71～91年大韓テコンドー協会会長、73年世界テコンドー連盟総裁、74年大韓オリンピック委員会（KOC）副会長、のち同会長を歴任。86年国際オリンピック委員会（IOC）委員、88年理事、92～96年、2003年副会長。1993年～2002年大韓体育会会長。国際競技連盟連合会長も務めた。この間、1985年のソウル五輪招致活動に尽力。同五輪組織副委員長としてテレビの放映権交渉をまとめ、東側諸国の参加に道を開いた。またテコンドーの2000年シドニー五輪からの実施競技採用に貢献。同五輪開会式では、韓国と北朝鮮の選手団

による史上初の南北合同行進を実現させた。1999年3月、2002年のソルトレークシティー五輪招致に絡む買収疑惑に関わっていたとして、IOCより最も厳重な警告を受ける。04年1月公金不正使用に絡み、国会議員を辞職。直後に横領、外国為替管理法違反などの疑いでソウル地検により逮捕され、IOCより全ての職務と資格を停止された。05年懲役2年の実刑判決が確定した。著書に「偉大なるオリンピック―バーデンバーデンからソウルへ」。 [賞]黄条勤政勲章, 韓国体育勲章青龍章, 韓国国民勲章牡丹章, 中国体育功労勲章, フランス国家功労勲章, スペイン国家功労勲章, 米国スポーツアカデミー特別賞, ベルギー国家功労章 [家]娘＝金恵貞（ピアニスト）

キ

金 教一　キム・キョイル　京都ウトロ地区町内会長 [没]2016年12月10日　77歳〔肺炎〕 [出]兵庫県 [歴]終戦直前から、多くの在日韓国・朝鮮人が土地所有権のないまま暮らす京都府宇治市ウトロに住み、建設会社3社を興す。1989年ウトロ地区町内会長に就任。同年ウトロ地区の明け渡し訴訟を起こされ、2000年敗訴が確定。韓国政府の支援、現地NGOの寄付などもあり、07年土地買取資金30億ウォンを含む予算案が韓国国会で成立した。

キム・ギョクシク　金 格植　Kim Kyok-sik　軍人　政治家　朝鮮人民軍総参謀長　北朝鮮人民武力相　朝鮮労働党政治局員候補 [国]北朝鮮 [没]2015年5月10日　77歳〔がんによる急性呼吸不全〕 [生]1938年3月11日 [出]朝鮮咸鏡南道定平郡（北朝鮮） [学]金日成軍事総合大学卒 [歴]1957年9月朝鮮人民軍に入隊。軍団司令官などを経て、2007～09年総参謀長。12年10月人民武力部長（国防相）。13年3月朝鮮労働党政治局員候補、4月国防委員。5月軍総参謀長に再び就任したが、10月に解任が確認された。軍階級は大将。朝鮮人民軍の強硬派とされ、10年の韓国海軍哨戒艦沈没や延坪島砲撃を主導したと韓国では見なしていた。

キム・グンジャ　金 君子　Kim Kun-ja　元・従軍慰安婦 [国]韓国 [没]2017年7月23日　91歳〔老衰〕 [出]朝鮮江原道平昌郡（韓国） [歴]第二次大戦中、旧日本軍によって現在の中国吉林省琿春の慰安所に連れて行かれた。17歳からの3年間を慰安婦として働くことを強いられ、7度の自殺を試みたという。1998年より元従軍慰安婦の被害女性が共同生活を行うソウル郊外の福祉施設“ナヌムの家”で暮らし、2007年には米国議会で証言。15年末の慰安婦問題での日韓合意については、被害者の声を聞き入れておらず、受け入れられないと批判した。

キム・ジソク　Kim Ji-seok　釜山国際映画祭エグゼクティブプログラマー [国]韓国 [没]2017年5月18日　57歳〔心臓発作〕 [生]1960年 [歴]1996年釜山国際映画祭を創設。行定勲監督をはじめ、アジア各国の若手の人材発掘や育成に尽力。同映画祭をアジア最大規模の国際映画祭に育て上げた。モフセン・マフマルバフ監督のドキュメンタリー「微笑み絶やさず」（2013年）には出演した。16年同映画祭副実行委員長に就任。17年5月カンヌ国際映画祭に参加するためカンヌに滞在していたが、心臓発作で急死した。

キム・ジュヒョク　Kim Joo-hyuk　俳優 [国]韓国 [没]2017年10月30日　45歳〔交通事故死〕 [生]1972年10月3日 [出]韓国・ソウル [名]漢字名＝金柱赫 [学]東国大学演劇映画学科卒 [歴]父は韓国の俳優キム・ムセン。子供の頃から映画に親しみ、俳優を志望。1993年演劇俳優としてデビュー。98年SBS公開採用第8期タレントに合格。99年「カイスト」でテレビドラマにデビューし、以後、テレビドラマや映画で活躍。2005年テレビドラマ「プラハの恋人」でSBS演技大賞最優秀演技賞を受賞。他の出演作品に、映画「愛なんていらない」（06年）、「ビューティー・インサイド」（15年）、「ハッピーログイン」（16年）、テレビドラマ「テロワール」（08～09年）、「武神」（12年）など。17年犯罪組織のリーダー役で出演した映画「共助（邦題・コンフィデンシャル）」がヒット。18年には日本での公開が決まっていたが、17年10月ソウル市江南区で自動車同士の衝突事故に遭い死亡した。 [賞]SBS演技大賞最優秀演技賞〔2005年〕「プラハの恋人」

キム・ジョンナム　金 正男　Kim Jong-nam　金正日朝鮮労働党総書記の長男 [国]北朝鮮 [没]2017年2月13日　45歳〔毒殺〕 [生]1971年10月5日 [出]北朝鮮平壌 [歴]金正日朝鮮労働党総書記と、2番目の妻で女優の成蕙琳の長男。母には夫と娘がいたが、金総書記による略奪婚だったとされる。幼少期に母とともにモスクワで生活するが、のち北朝鮮に戻る。1980年から2年間、スイスなどに留学。90年代後半には金正日の後継者候補と目され、98年頃コンピューター委員会委員長に就任。2001年日本を訪れた際に成田空港で入国管理当局に拘束されたこともあった。10年9月に44年ぶりに開かれた朝鮮労働党代表者会で異母弟の金正恩が党中央委員と新設ポストの党中央軍事委員会副委員長に選出され、後継者候補から外れた。11年の金正日死去後はマカオや東南アジアを中心に海外生活を続け、北朝鮮の体制にはほとんど影響力を持っていなかったとされるが、17年2月マレーシアの首都クアラルンプールの空港で、ベトナム国籍の女とインドネシア国籍の女に襲われ殺害された。韓国メディアの情報によると、北朝鮮の工作員に暗殺されたとみられている。 [家]父＝金正日（朝鮮労働党総書記），母＝成蕙琳（女優），異母弟＝金正哲，金正恩（朝鮮労働党委員長），祖父＝金日成（北朝鮮国家主席）

金 泰九　キム・テグ　ハンセン病国家賠償請求訴訟原告 [没]2016年11月19日　90歳〔上部消化管出血〕 [生]1926年10月18日 [出]旧朝鮮慶尚南道陜川 [歴]旧朝鮮の慶尚南道で生まれ、1938年12歳で父を頼って来日。戦後、大阪府での大学在学中にハンセン病の診断を受け、52年25歳で岡山県の国立ハンセン病療養所・長島愛生園に強制隔離される。隔離により妻と生き別れ、大阪に残してきた妻の死に際しても帰省を許されず、園内で得た伴侶との間に子を持つことも許されなかった。99年に熊本地裁で始まったハンセン病国家賠償請求訴訟の原告団に参加、2001年全面勝訴を勝ち取った。日本の旧植民地時代に隔離政策が行われた韓国の元患者の訴訟支援にも携わった。講演活動などを通じてハンセン病の啓発に尽くし、盈進中学高校の生徒との交流を描いた「こんにちは 金泰九さん―ハンセン病問題から

学んだこと」などの映画も作られた。自伝「わが八十歳に乾杯」がある。

キム・ヤンゴン 金養建 Kim Yang-gon 政治家 朝鮮労働党中央委員会統一戦線部長・政治局員候補・書記 北朝鮮国防委員会参事 [国]北朝鮮 [没]2015年12月29日 73歳〔交通事故死〕 [生]1942年4月24日 [出]朝鮮平安南道安州(北朝鮮) [学]金日成総合大学卒 [歴]1986年朝鮮労働党中央委員会国際部副部長、97年国際部長、2007年統一戦線部長。この間、1990年4月最高人民会議代議員。91年2月朝鮮外交協会副会長、7月朝日友好促進親善協会会長。2000年5月、01年1月金正日総書記の訪中に随行。05年7月国防委員会参事。07年8月対南政策の責任者である党統一戦線部長に就任。11月訪韓、盧武鉉大統領との会談に同席。09年8月金大中元韓国大統領を追悼するため訪韓、玄仁沢統一相と会談。10年5月と8月金正日の訪中に同行。9月政治局員候補・書記を兼任。14年10月仁川アジア大会閉会式に合わせ訪韓。15年8月南北軍事境界線上にある板門店で開かれた南北高官会談に出席。党の対外政策や南北問題に関する要職を務め、南北対話の立役者として知られた。1989年社会党の招きで党代表団団長として訪日、91年党代表団一員として訪日。97年11月訪朝した自民、社民、さきがけ3党の訪問団と国交正常化交渉再開などについて協議した。

キム・ヨンエ Kim Yeong-ae 女優 [国]韓国 [没]2017年4月9日 65歳〔膵臓がんに伴う合併症〕 [生]1951年4月21日 [出]韓国釜山 [名]漢字名＝金姈愛 [学]釜山女子商業高校卒 [歴]1971年MBCテレビタレント3期生としてデビュー。以来、映画やテレビドラマでも精力的に活動。様々なジャンルの作品で、恋人からカリスマ性あふれる女性、母親など存在感のある役を演じた。日本では99年のドラマ「愛の群像」で演じたペ・ヨンジュンの叔母役で知られた。一時期事業家として活動していたが、2006年のドラマ「ファン・ジニ」で女優業を再開。他の出演作に、ドラマ「砂時計」(1995年)、「張禧嬪〔チャンヒビンコ〕」「メン家の全盛時代」(2002年)、「ATHENA―アテナ―」(10年)、「太陽を抱く月」「わが愛しの蝶々夫人」(12年)、「メディカル・トップチーム」(13年)、「美女の誕生」(14年)、「キルミー・ヒールミー」(15年)、「月桂樹洋服店の紳士たち」(17年, 遺作)、映画「あのね、秘密だよ」(1990年)、「海賊、ディスコ王になる」(2002年)、「英語完全征服」(03年)、「グッバイ、マザー」(09年)、「弁護人」(13年)、「私たちは兄弟です」「めまい」「カート」(14年)、「許三観」(15年)など。 [賞]KBS演技大賞最優秀賞〔1989年〕, 大鐘賞助演女優賞〔2010年〕「グッバイ、マザー」, 大鐘賞助演女優賞(第51回)〔2014年〕「弁護人」, 青龍賞助演女優賞(第35回)〔2014年〕「弁護人」

キム・ヨンサム 金泳三 Kim Young-sam 政治家 韓国大統領 韓国民自党総裁 [国]韓国 [没]2015年11月22日 87歳 [生]1927年12月20日 [出]朝鮮慶尚南道巨済島(韓国) [名]号＝巨山, 愛称＝YS, 別称＝上道洞 [学]ソウル大学文理学部哲学科〔1952年〕卒 [歴]1954年26歳で韓国国会議員に初当選。以来当選9回。朴正熙政権下の63年軍政延長反対デモで投獄。67年新民党院内総務、73年同党副総裁を経て、74～76年同党総裁。76年緊急措置9号違反で不拘束起訴。79年再び党総裁。同年9月ソウル地裁で総裁権限の剝奪、同10月与党により国会議員除名処分。朴大統領死後、80年の“ソウルの春”の時は“三金”の一人として活動。83年5月政治活動禁止の解除を要求して23日間のハンスト闘争を繰り広げた。84年5月在野政治組織・民主化推進協議会を結成、共同議長に就任。85年3月政治活動禁止解除。86年2月新韓民主党(新民党)に入党、常任顧問。87年5月統一民主党を結成し総裁に就任。同年12月大統領選に出馬したが2位で落選。89年6月韓国の政党党首として初訪ソ。90年5月、与党三党が合併して発足した新与党・民主自由党(民自党)の代表最高委員となる。92年5月次期大統領選候補に指名され、8月民自党総裁に就任。同年12月の大統領選でライバル金大中を破って当選し、93年2月第14代韓国大統領に就任。32年ぶりの“文民大統領”となった。94年3月国賓として来日。96年11月韓国国家元首として初めて、ベトナムを訪問。97年9月党総裁を辞任し、新韓国党名誉総裁。同年11月、12月に行われる大統領選挙を公正に管理するため離党。98年2月大統領を任期満了で退任した。在任中は軍人色の一掃と不正追放に尽力。対日政策では歴史問題などで強硬姿勢を見せたが、私的には日本人との交友を好んだ。2002年4月早稲田大学特命教授に就任。著書に「四十代旗手論」「わが祖国の真実」「民主化の旗を掲げて」「新韓国21世紀へのビジョン」、「金泳三回顧録」(全3巻)、「金泳三大統領回顧録」(全2巻)など。 [賞]キング平和賞(米国)〔1994年〕, 早稲田大学名誉法学博士号〔1994年〕 [家]息子＝金賢哲

キム・ヨンジン 金勇進 Kim Yong-jin 政治家 北朝鮮副首相 [国]北朝鮮 [没]2016年7月〔銃殺〕 [歴]2012年北朝鮮の内閣で複数いる副首相のうちの一人に就任。教育担当の副首相を務める。16年5月姜錫柱党書記国家葬儀委員会委員名簿53人のうち序列30位と把握され、対外的な知名度も低かった。6月最高人民会議に出席中、態度が悪かったことが問題視され、7月反党反革命分子として銃殺された。

キャシディ, デービッド Cassidy, David 俳優 歌手 [国]米国 [没]2017年11月21日 67歳〔肝不全〕 [生]1950年4月12日 [出]米国・ニューヨーク市 [歴]両親とも俳優の芸能一家に生まれる。1969年ブロードウェイでミュージカルに出演しデビュー。70～74年連続テレビドラマ「パートリッジ・ファミリー」(邦題「人気家族パートリッジ」)での長男役で一躍アイドル的人気を得た。音楽活動でも知られ、ドラマの中で使われた「悲しき初恋」や、「チェリッシュ」などのヒット曲を出し、当時のファンクラブはエルビス・プレスリーやビートルズを超える会員数を誇った。晩年は飲酒運転を繰り返すなどアルコール依存の問題を抱え、2017年には認知症を告白した。 [家]父＝キャシディ, ジャック(俳優), 母＝ウォード, イブリン(女優)

ギャス, ウィリアム・ハワード Gass, William Howard 作家 評論家 [国]米国 [没]2017年12月6日 93歳 [生]1924年7月30日 [出]米国・ノースダコタ州ファーゴ [学]ケニオン大学, コーネル大学大学院修了 哲学博士(コーネル大学) [歴]1950年代から教壇に立ち、パーデュー大学、ワシントン大学などで哲学教授を務める。一方、文芸評論家としても強力な発言力

を発揮するとともに、今日では実験的な小説形式と文体を探る前衛作家として最もよく知られるようになった。小説ではその生まれた環境と似た中西部の田舎を舞台とした長編「Omensetter's Luck（オーメンセッターの幸運）」(66年)、中編「ウィリー・マスターズの孤独な妻」(71年)や中・短編集「In the Heart of the Heart of the Country（アメリカの果ての果て）」(68年)などが有名。評論では「小説とさまざまな人生比喩」(70年)、「青について」(76年)、「言葉の中の世界」(78年)などを著した。

キ

キャスパー, ビリー　Casper, Billy　プロゴルファー　[国]米国　[没]2015年2月7日　83歳　[生]1931年6月24日　[出]米国・カリフォルニア州サンディエゴ　[学]ノートルダム大学　[歴]5歳でゴルフを始める。キャディとして働きながら腕を磨き、1954年プロに転向。56年ラバットオープンで初勝利。59年全米オープンでメジャー初制覇。オリンピッククラブで行われた66年大会では、アーノルド・パーマーをプレーオフで破り、2勝目を飾った。70年幼馴染みのジーン・リトラーとのプレーオフを制しマスターズ優勝。パーマー、ジャック・ニクラウス、ゲーリー・プレイヤーの“ビッグ3”人気の一方で、16年連続で優勝し、賞金王2回(66年, 68年)に輝く。米ツアー通算51勝は歴代7位。パットの名手として知られた。78年世界ゴルフ殿堂入りを果たした。

キャドバリー, エイドリアン　Cadbury, Adrian　実業家　キャドバリー・シュウェップス会長　[国]英国　[没]2015年9月3日　86歳　[生]1929年4月15日　[名]本名＝Cadbury, George Adrian Hayhurst　[学]ケンブリッジ大学卒, ケンブリッジ大学大学院(経済学)修士課程修了　[歴]祖父は英国王室御用達の大手菓子・飲料メーカー、キャドバリーの創業者。1952年ボート競技でヘルシンキ五輪に出場。58年キャドバリー・シュウェップスに入社、75～89年会長。引退後、英国産業界が設置した企業統治研究委員会の委員長に就任。92年「キャドバリー報告」を発表。当時企業不祥事に揺れていた英国経済を回復させ、企業統治論の先駆けとして高く評価された。70～94年イングランド銀行理事。77年ナイトの爵位を授与された。　[家]祖父＝キャドバリー, ジョン(キャドバリー創業者)

キャロル, ジョン　Carroll, John　ジャーナリスト　「ロサンゼルス・タイムズ」編集主幹　[国]米国　[没]2015年6月14日　73歳〔クロイツフェルト・ヤコブ病〕　[生]1942年　[出]米国・ニューヨーク　[名]本名＝Caroll, John Sawyer　[学]ハバフォード大学〔1963年〕卒　[歴]「ボルティモア・サン」紙などで記者や編集者として名を上げ、2000年「ロサンゼルス・タイムズ」紙編集主幹に就任。調査報道などに力を入れ、同紙は04年に5部門でピュリッツァー賞を受賞するなど紙名を高めた。約5年の在任中、同賞受賞は13件に上った。一方で部数減や広告収入の落ち込みなど経営難に苦しみ、05年に辞任。ビジネスの論理に抗し、ジャーナリズムの使命を主張し続け、米国を代表するジャーナリストとして活躍した。

キャンベル, グレン　Campbell, Glen　カントリー歌手　[国]米国　[没]2017年8月8日　81歳　[生]1936年4月22日　[出]米国・アーカンソー州デライト　[名]本名＝Campbell, Glen Travis　[歴]4歳からギターを弾き始め、10代からプロの演奏家として活動。1960年ロサンゼルスに移り、セッション・ミュージシャンとしてエルビス・プレスリー、フランク・シナトラなど数多くのレコーディングに参加。64～65年にはビーチ・ボーイズのツアーに参加、名盤「ペット・サウンズ」にもギタリストとして参加した。この間、「振り返った恋」(61年)でソロデビュー。フォーク歌手ジョン・ハートフォードが作曲した「ジェントル・オン・マイ・マインド」(67年)を歌って大ヒットし、グラミー賞を獲得。以後、「恋はフェニックス」(67年)、「ウィチタ・ラインマン」(68年)、「ガルベストン」(69年)、「ラインストーン・カウボーイ」(75年)などヒット曲を連発。68年の楽曲の売り上げはビートルズを超えていたといわれる。69～72年テレビのバラエティ番組の司会で人気を博したほか、映画「勇気ある追跡」(69年)では俳優としてジョン・ウェインと共演。2011年アルツハイマー病であることを告白したが、その後もアルバムを発表しツアーを行うなど音楽活動を続ける。12年生涯に渡る音楽業界への貢献により、グラミー賞の中でも最高の栄誉とされる特別功労賞を受賞した。13年代表曲をセルフカバーした「シー・ユー・ゼア」を発表。17年最後のアルバム「アディオス」を発表した。発表したアルバムは70枚を超え、売り上げは4500万枚以上。21曲の全米トップ40ヒット、2曲の全米1位ヒット、6枚の全米トップ20アルバム、5度のグラミー賞を受賞した。　[賞]グラミー賞(5回), グラミー賞特別功労賞〔2012年〕

許 家屯　キョ・カトン　Xu Jia-tun　政治家　新華社通信香港支社長　中国共産党中央委員　[国]米国　[没]2016年6月29日　100歳〔病気〕　[生]1916年3月　[出]中国江蘇省如皐　[歴]原名は元文。1938年中国共産党に入党。50年福建省福州市党委書記。59年江蘇省党委書記、68年同省革命委副主任、77年3月同省党委第1書記。同年11月党中央委員、同省革命委主任、省軍区第1政治委員。83年5月～90年1月英領当時の香港駐在代表にあたる新華社通信香港支社長を務めた。85年9月中央委員を辞任し、中央顧問委員。89年6月の天安門事件で民主化に同情的な立場を取ったことで身辺が危うくなり、粛清を避けて90年5月事実上米国に亡命。91年2月全人代代表解任、党籍剝奪。その後、中国への帰国を望んだが叶わず、20年以上に渡って亡命生活を送った。著書に「香港回収工作〈上下〉」がある。

ギヨー, ジャンルイ　Guillaud, Jean Louis　ジャーナリスト　実業家　フランス通信(AFP)社長　[国]フランス　[没]2015年12月3日　86歳　[生]1929年3月5日　[学]パリ政治学院　[歴]1963年に記者活動を開始し、「フランス・ソワール」紙、国営テレビなどを経て、ポンピドー大統領時代の70～72年大統領府に勤務。78～81年テレビ局TF1社長、87～90年フランス通信(AFP)社長を務めた。

喬 石　キョウ・セキ　Qiao Shi　政治家　中国全国人民代表大会(全人代)常務委員長　中国共産党政治局常務委員　[国]中国　[没]2015年6月14日　90歳〔病気〕　[生]1924年12月21日　[出]中国上海　[名]本名＝蔣志彤　[学]華東連合大学文学系中退　[歴]1940年中国共産党入党。新中国成立後は杭州市青委書記、中央華東局青委統戦

部副部長、酒泉鋼鉄公司設計院長など務める。64年以降、党対外連絡部入りし、82年4月同部長、同年9月党書記候補、中央委員。83年8月～84年5月党中央弁公庁主任、84年5月～85年9月党中央組織部長、85年9月党政治局員兼書記局書記。86年4月～88年4月副首相。87年11月より党政治局常務委員、中央規律検査委書記。89年の天安門事件に至る民主化運動への弾圧には中立的だったとされる。89～93年中央党学校長兼任。92～94年党中央保密委員会主任。93年3月全人代常務委員長(国会議長に相当)に選出(兼任)。次期首相候補の一人だったが、97年9月第15回党大会で党内の職務から引退。98年3月第9期全人代で常務委員長を退任。江沢民国家主席、李鵬首相に次いで党内序列はナンバー3にとどまったが、98年の引退まで大きな影響力を保った。92年に鄧小平が失速しかけた改革開放をてこ入れしようとした"南巡講和"を支持し、中国が経済建設優先の軌道に戻ることを促した。2012年14年の沈黙を破り発言録「民主と法制を語る」を中国で出版。

ギヨーム, ロバート Guillaume, Robert 俳優 ㋳米国 ㋴2017年10月24日 89歳〔前立腺がんの合併症〕 ㋵1927年11月30日 ㋶米国・ミズーリ州セントルイス ㋷本名=Williams, Robert Peter ㋸セントルイス大学(経営学)、ワシントン大学(オペラ) ㋹1961年ブロードウェイにデビューし、「ボギーとベス」など数多くの作品に出演。76年オール黒人キャストによるミュージカル「ガイズ&ドールズ」に出演し、黒人俳優の先駆者的存在となる。77年よりテレビシリーズ「ソープ」で執事のベンソンを演じて人気を確立。79年よりスピンオフ作品「ミスター・ベンソン」に主演し、同シリーズで79年と85年にエミー賞を受賞した。黒人が主人公を演じるのは珍しく、白人家庭での黒人使用人の役を演じることへの批判もあったが、"ベンソンは黒人労働者への賛歌だ"と反論した。73年にはアクション「スーパーフライT.N.T.」で映画デビュー。ディズニーのアニメ映画「ライオン・キング」(94年)では声優を務めた。 ㋾エミー賞助演男優賞〔1979年〕「ソープ」、エミー賞主演男優賞〔1985年〕「ミスター・ベンソン」

キーラー, クリスティン Keeler, Christine プロヒューモ事件の当事者の女性 ㋳英国 ㋴2017年12月4日 75歳 ㋵1942年2月22日 ㋶英国・ミドルセックス州アクスブリッジ ㋿抜群のプロポーションに恵まれ、高級コールガールとして英国の貴族や政財界の指導層を魅了。モデルやダンサーとしても活動した。1960年代初め、マクミラン英保守政権のジョン・プロヒューモ陸相と性的関係を持つ一方、在英ソ連大使館のエフゲニー・イワノフ海軍武官との交友関係も明るみに出て、機密情報がソ連に流れたとの憶測を呼ぶ。英政府が混乱する中、プロヒューモ陸相は責任をとって辞任。冷戦期を象徴する"プロヒューモ事件"として一大スキャンダルとなり、保守党は64年の選挙で労働党に大敗した。一方、社交界の名士だったスティーブン・ウォード博士の率いる高級コールガール組織とその客の乱れた性モラルも暴露されて社会問題化。自身もこれらに関係するいくつかの犯罪のかどで禁固刑に

服した。事件後、クリスティン・キーラー・インコーポレーションを設立、告白記事の発表やテレビのインタビュー、ナイトクラブからのスカウトをこの会社を通してさばいた。89年プロヒューモ事件をモデルにした映画「スキャンダル」が製作されヒットした。自伝に「セックス・スキャンダル」(85年)がある。私生活では2度の結婚と離婚を経験。晩年はロンドンで名前を変えて暮らしていたという。

ギラーミン, ジョン Guillermin, John 映画監督 ㋳英国 ㋴2015年9月27日 89歳〔心臓発作〕 ㋵1925年11月11日 ㋶英国・ロンドン ㋸ケンブリッジ大学卒 ㋿フランス人の両親のもとロンドンで生まれ、第二次大戦では英国空軍の兵士としてナチス・ドイツと戦った。1946年から3年間フランスでドキュメンタリー映画や短編映画の助監督を務めた後、英国に戻り、49年監督デビュー。58年ハリウッドに進出。66年第一次大戦中のドイツ軍パイロットを主人公とした大作「ブルー・マックス」で評価され、アクション大作を監督するようになる。超高層ビルの火災事故を描いたパニック映画「タワーリング・インフェルノ」(74年)では、スティーブ・マックイーンとポール・ニューマンのハリウッド2大スター共演を実現させ、全世界で1億ドル以上の大ヒットを記録。第47回アカデミー賞では作品賞にノミネートされた。他の作品に、「ターザンの決闘」(59年)、「レマゲン鉄橋」(69年)、「キングコング」(76年)、「ナイル殺人事件」(78年)などがある。

ギルバート, マーティン Gilbert, Martin 歴史家 オックスフォード大学マートン・カレッジ特別研究員 ㋳英国 ㋴2015年2月3日 78歳 ㋵1936年10月25日 ㋶英国・ロンドン ㋷本名=Gilbert, Martin John ㋸オックスフォード大学マグダレン・カレッジ(歴史学)〔1960年〕卒 ㋿オックスフォード大学セント・アンソニー・カレッジで英国史とソ連研究に2年間従事後、1962年同大マートン・カレッジのフェローシップに選任された。62年「チャーチル伝」編纂開始とともに助手として参画、68年から公式伝記作家に選任され、全8巻を完成させる。このほか「シチャランスキー」「ホロコースト」「第二次世界大戦(上下)」「ソ連のユダヤ人―なぜ、出国を望むか」「ロシア歴史地図」「アメリカ歴史地図」「ユダヤ人の歴史地図」「エルサレムの20世紀」「イスラエル全史(上下)」など、ユダヤ人問題、中東問題、欧米現代史に関する著書や歴史アトラス多数。Sirの称号を持つ。 ㋾CBE勲章

ギルマン, アルフレッド Gilman, Alfred Goodman 薬理学者 テキサス大学サウスウエスタン医学センター名誉教授 ㋳米国 ㋴2015年12月23日 74歳 ㋵1941年7月1日 ㋶米国・コネティカット州ニューヘブン ㋸エール大学〔1962年〕卒、ケース・ウエスタン・リザーブ大学 博士号(ケース・ウエスタン・リザーブ大学)〔1969年〕 ㋿1971～81年バージニア大学助教授、准教授、教授を経て、81年テキサス大学サウスウエスタン医学センター教授・薬理学部長。2009年名誉教授。1970年代の後半バージニア大学でGタンパク質を同定。87年分子神経薬理学の分野でレイモンド・エレンウィリー賞を、89年基礎医学の領域でラスカー賞を、94年細胞の情報伝達解明に貢献したとしてマーティン・ロッドベルとともにノーベル医学生理学賞を受賞した。薬理学の聖書ともいえる「グッドマンギルマンの薬理学」の親子2代にわたる著者としても知

られる。2009年テキサスがん予防研究機関の最高科学責任者に就任したが、12年機関の運営に異議を唱え辞任した。 [賞]ノーベル医学生理学賞〔1994年〕, ガードナー国際賞〔1984年〕, レイモンド・エレンウィリー賞〔1987年〕, ラスカー賞〔1989年〕, ルイザ・グロス・ホロウィッツ賞〔1989年〕 [資]米国科学アカデミー会員, 米国芸術科学アカデミーフェロー

キルミスター, レミー Kilmister, Lemmy ミュージシャン [国]英国 [没]2015年12月28日 70歳〔がん〕 [生]1945年12月24日 [出]英国・ストーク・オン・トレント [名]本名＝キルミスター, イアン・フレーザー〈Kilmister, Ian Fraser〉, グループ名＝モーターヘッド〈Motörhead〉 [歴]1972年よりロックバンド・ホークウインドでボーカルとベースを担当。75年自らをフロントマンとするモーターヘッドを結成、リーダーでボーカル兼ベーシストとして活躍。バイカー・ファッションをトレードマークとする男臭いサウンドで人気を獲得。ヘビーメタルの草分けといわれ、マイクを頭より高くセットし、大音量で演奏するスタイルで知られた。80年5作目のアルバム「エース・オブ・スペーズ」が大ヒット。2005年米国のバンド"メタリカ"の「ウィップラッシュ」をカバーしてグラミー賞を受賞した。他のアルバムに、「オーバーキル」(1979年)、「アイアン・フィスト」(82年)などがある。2010年自身を題材にしたドキュメンタリー映画「極悪レミー」が公開される。15年フジ・ロック・フェスティバルに出演した。 [賞]グラミー賞最優秀メタル・パフォーマンス賞(第47回)〔2005年〕「ウィップラッシュ」

ギルロイ, フランク・D. Gilroy, Frank D. 劇作家 脚本家 映画監督 [国]米国 [没]2015年9月12日 89歳 [生]1925年10月13日 [出]米国・ニューヨーク市ブロンクス [名]本名＝Gilroy, Frank Daniel [学]ダートマス大学〔1950年〕卒 [歴]幼い頃から劇作の道を志望。ダートマス大学で社会学、心理学、英文学を学び、在学中に一幕物を数作と長編戯曲を2作書いた。一時、広告代理店の大手、ヤング・アンド・ルビカムに勤めるが、傍ら執筆活動を続け、その後テレビドラマの作家に転身。カリフォルニアに移り、映画やテレビの脚本を数多く手がける。1961年ニューヨークに戻って「Who'll Save The Plowboy？」を発表。翌年オフ・ブロードウェイのフェニックス劇場で上演されオビー賞を受賞、劇作家としての地位を確立した。64年の第2作目「The Subject Was Roses」はロイヤル劇場で上演され、アウター・サークル賞、劇評家クラブ賞、ニューヨーク・シアター・クラブ賞、トニー賞、ピュリッツァー賞など数々の賞を独占。68年には自らの脚色で映画化した。一貫してリアリズムに徹し、前衛に走らず簡素な構成を生かした作品を発表した。監督も手がけた映画「Desperate Characters」(71年)はベルリン国際映画祭で脚本賞を獲得。脚色と監督を務めた「正午から三時まで」(76年)は、チャールズ・ブロンソン、ジル・アイアランド主演で映画化された。他の映画脚本に、「必殺の一弾」(56年)、「この愛にすべてを」(70年)、「ジンクス！ あいつのツキをぶっとばせ！」(82年)など。長男のトニー、双子の二男ジョンと三男のダンも脚本家や監督、編集者として映画界入りした。 [賞]ピュリッツァー賞〔1962年〕「The Subject Was Roses」, オビー賞(オフ・ブロードウェイ年間最優秀戯曲賞)〔1962年〕「Who'll Save The Plowboy？」, アウター・サークル賞(新人賞)〔1962年〕「The Subject Was Roses」, 劇評家クラブ賞〔1962年〕「The Subject Was Roses」, ニューヨーク・シアター・クラブ賞〔1962年〕「The Subject Was Roses」, トニー賞〔1962年〕「The Subject Was Roses」, ベルリン国際映画祭脚本賞〔1971年〕「Desperate Characters」 [家]長男＝ギルロイ, トニー(脚本家・映画監督), 二男＝ギルロイ, ジョン(映画編集者), 三男＝ギルロイ, ダン(映画監督・脚本家)

キング, B.B.
⇒B・B・キング を見よ

キング, ベン・E. King, Ben E. 歌手 [国]米国 [没]2015年4月30日 76歳 [生]1938年9月28日 [出]米国・ノースカロライナ州 [名]グループ名＝ドリフターズ〈The Drifters〉 [歴]9歳でニューヨークに移り、1958年にR&Bグループのドリフターズに加入。「ラストダンスは私に」「ダンス・ウィズ・ミー」などのヒットを歌う。60年ソロに転向し、61年「スタンド・バイ・ミー」が世界で大ヒットした。同曲はジョン・レノンをはじめ数多くの歌手にカバーされ、86年にはスティーブン・キング原作の同名映画の主題歌として再びヒットするなど、米国のスタンダードソングとして知られる。2015年3月には米議会図書館が"20世紀に最も放送された曲の一つ"と評価し、保存対象のリストに加えた。一方、スタンド・バイ・ミー財団を設立して慈善活動にも取り組む。来日回数は10回以上の親日家であり、2011年日本を襲った東日本大震災に心を痛め、「スタンド・バイ・ミー」と同じ年にリリースされ、唯一の全米1位に輝いた日本のスタンダードソング「上を向いて歩こう(SUKIYAKI)」を日本語でカバーした。

キング, レックス King, Rex プロレスラー [国]米国 [没]2017年1月9日 55歳 [生]1961年9月8日 [出]米国・ニューヨーク州ジェニーバ [名]本名＝Smith, Timothy Alan, リングネーム＝ウェル, ティモシー〈Well, Timothy〉 [歴]1987年にプロレスラーとしてデビュー。スティーブ・ドールとのサザン・ロッカーズは美男子コンビとして女性ファンの人気を得た。米国オレゴンでPNWタッグ王座を4度獲得。90年9月ドールとともに全日本プロレスに参戦し活躍した。その後、米国各地でタッグ王座を獲得し、95年までWWEのリングに上がった。米国ではティモシー・ウェルのリングネームで知られた。

キンセラ, ウィリアム・パトリック Kinsella, William Patrick 作家 [国]カナダ [没]2016年9月16日 81歳〔安楽死〕 [生]1935年5月25日 [出]カナダ・アルバータ州エドモントン [学]ビクトリア大学, アイオワ州立大学卒 [歴]公務員、生命保険セールスマン、タクシー運転手などをしながら小説を書く。カルガリー大学英語教授を経て、作家に転身。マイナーリーグの選手だった父親の影響で野球に親しみ、野球にまつわる小説やノンフィクションを発表。往年の大リーガーを題材に、短編「シューレス・ジョー・ジャクソン、アイオワに来たる」を発表。この短編をもとに4つのエピソードを入れた「シューレス・ジョー」(1982年)

が初の長編小説で、89年「フィールド・オブ・ドリームス」として映画化され大ヒットした。カナダでは短編作家として知られ、他にカナダ・インディアンを主人公とする連作短編集などがある。他の作品に「アイオワ野球連盟」「魔法の時間」など。　㊙ホートン・ミフリン賞〔1982年〕「シューレス・ジョー」

【ク】

柯　俊雄　クー・ジュンション　Ko Chun-hsiung　俳優　映画監督　政治家　台湾立法委員（国民党）　⑯台湾　㊙2015年12月6日　70歳〔肺がん〕　㊗1945年1月15日　⑯台湾高雄　㊤高雄から台北へ出て、大学入学のため予備校に通っている時に映画に興味を持ち、国立芸専夜間部で聴講。1961年台語片公司に入社。63年台湾語映画「黄金大鷹城」に出演したのをきっかけに映画界入り。68年「寂莫的十七歳」と75年「英烈千秋」でアジア太平洋映画祭主演男優賞を2度受賞。77年「愛有明天」で金馬奨演技優等特別賞、79年「黄埔軍魂」で同主演男優賞を獲得。70年代後半から香港映画にも多く出演。監督も務めた「赤壁の戦い―英傑曹操」(96年)で2度目の金馬奨主演男優賞に輝いた。台湾を代表する俳優として活躍した。他の出演作品に「啞女情深」(65年)、「家在台北」(70年)、「愛と復讐の挽歌」(87年)、「香港極道 狼仁義」(88年)、「奇蹟 ミラクル」(89年)、「異域」(90年)、「炎の大捜査線」(91年)、「エンド・オブ・ロード」(93年)、「野店」(94年)などがある。また監督作品に「大阿哥」(73年)、「私のおじいさん」(82年)がある。この間、88年中国国民党に参加。同年台北市映画テレビ俳優職業労働組合理事長。2004年には国民党から立法委員（国会議員）に当選して政界入りし、1期務めた。　㊙アジア太平洋映画祭主演男優賞〔1968年・1975年〕「寂莫的十七歳」「英烈千秋」、金馬奨演技優等特別賞〔1977年〕「愛有明天」、金馬奨主演男優賞〔1979年・1999年〕「黄埔軍魂」「赤壁の戦い―英傑曹操」、パナマ国際映画祭最優秀映画賞〔1982年〕「私のおじいさん」

クウォーク，バート　Kwouk, Burt　俳優　⑯英国　㊙2016年5月24日　85歳　㊗1930年7月18日　⑯英国・ランカシャー州ウォリントン（チェシャー州）　㊊マンチェスター大学（米国）　㊤中国人の両親のもと、英国で生まれ、17歳まで上海で育つ。米国の大学を卒業後、俳優として活動を開始。1958年「六番目の幸福」で映画デビューし、注目を浴びる。その後、「ピンクパンサー」シリーズ7本にクルーゾー警部宅の使用人ケイトー役で出演し、人気を集めた。スパイ映画「007」シリーズには第3作「007/ゴールドフィンガー」(64年)など3作に出演。テレビドラマ「ドクター・フー」「おしゃれ(秘)探偵」などにも出演した。他の出演作に、映画「栄光の座」(68年)、「早春」(71年)、「ローラー・ボール」(75年)、「太陽の帝国」(87年)、「キス・オブ・ザ・ドラゴン」(2001年)など。日本人役も数多く演じた。11年チャールズ皇太子より大英帝国勲章（OBE）を授与された。　㊙OBE勲章〔2011年〕

クエバス，ホセ・ルイス　Cuevas, José Luis　画家　彫刻家　⑯メキシコ　㊙2017年7月3日　83歳　㊗1934年2月26日　⑯メキシコ・メキシコシティ　㊤本名=Cuevas y Novelo, José Luis　㊤1950年代より画家ディエゴ・リベラらが率いたメキシコの芸術復興運動"壁画運動"に挑戦する芸術活動で注目を集める。ねじれた造形の人物画や彫刻で知られた。

クオモ，マリオ　Cuomo, Mario Matthew　政治家　弁護士　ニューヨーク州知事　⑯米国　㊙2015年1月1日　82歳　㊗1932年6月15日　⑯米国・ニューヨーク市クィーンズ区　㊊セントジョーンズ大学（ニューヨーク）〔1956年〕卒, セントジョーンズ大学法律大学院修了　㊤大学卒業後プロ野球選手を経て弁護士に。ニューヨークの地裁などに勤務ののち、1975年ニューヨーク州内務長官。79年同州副知事を経て、83年1月同州知事に就任。95年1月まで3期12年を務め、財政赤字解消などに取り組んだ。リベラルな政治姿勢と演説の巧みさに定評があり、84年7月の大統領候補を決める民主党大会で行った基調演説で一躍有名になった。88年と92年の大統領選でも同党からの立候補を期待する声が多かったが見送った。95年Wilkie Farr & Gallagherのパートナーとなり、以後弁護士活動を行った。　㊙ダンテ・メダル〔1976年〕　㊤息子=クオモ、アンドルー（ニューヨーク州知事）

グスタフソン，ラーシュ　Gustafsson, Lars　詩人　作家　文芸評論家　テキサス大学オースティン校名誉教授　⑯スウェーデン　㊙2016年4月3日　79歳　㊗1936年5月17日　⑯スウェーデン・ヴェステラース　㊊ウプサラ大学　㊤本名=Gustafsson, Lars Erik Einar　㊤1957年小説「休息」で文壇に登場し、自己認識および現実認識の内容をもつ詩や散文を執筆。スウェーデン最大の文芸誌「文学マガジン」の編集者も務めた。他の作品に、小説「グスタフソン氏自身」〔71年〕、「羊毛」(73年)、「家族パーティ」(75年)、「ジーギスムンド」(76年)、詩集「気球旅行者」(62年)、紀行文「アフリカの試行」(80年)、自伝「記憶の宮殿」(94年)など。ドイツの詩人エンツェンスベルガーと親交があった。83年米国テキサス大学オースティン校教授となり、2006年まで務めた。

クスマウル，ライナー　Kussmaul, Rainer　バイオリニスト　ベルリン・フィルハーモニー管弦楽団第1コンサートマスター　⑯ドイツ　㊙2017年3月27日　70歳　㊗1946年6月3日　⑯西ドイツ・バーデンビュルテンベルク州マンハイム（ドイツ）　㊊マンハイム音楽大学〔1965年〕卒, シュトゥットガルト音楽大学〔1970年〕卒　㊤マンハイムの音楽家ファミリーに生まれ、父からバイオリンの手ほどきを受ける。その後、ウィーン・フィルハーモニー管弦楽団コンサートマスターだったリカルド・オドノポソフに師事。学生時代の1968年シュトゥットガルト・ピアノ・トリオを結成。ソリストとしても世界各国のオーケストラと共演し、93年ベルリン・フィルハーモニー管弦楽団（BPO）第1コンサートマスターに就任、アバド時代のBPOに新風を吹き込んだ。95年BPOの楽団員たちとともにベルリン・バロック・ゾリステンを創設、芸術監督を務めた。ソリストとして協奏曲のレパートリーが70曲あ

り、またバロック・バイオリンの第一人者でもあった。教育者としては77年よりフライブルク音楽大学教授を務めた。　[賞]メンデルスゾーン賞〔1968年〕　[師]師＝オドノポソフ, リカルド

クタール, ラウール　**Coutard, Raoul**　映画撮影監督　[国]フランス　[没]2016年11月8日　92歳　[生]1924年9月16日　[出]フランス・パリ　[歴]21歳でフランス軍に志願し、報道写真家としてインドシナ戦線に従軍。帰国後、「ライフ」「パリ・マッチ」誌の写真家、リポーターとなった。ドキュメンタリーのカメラマンとして映画界に入り、1957年「La passe du diable」で撮影監督に。ジャン・リュック・ゴダール監督「勝手にしやがれ」(60年)を手がけ、手持ちカメラに自然光を生かした大胆な撮影で注目を浴びる。その後、フランソワ・トリュフォー監督の「ピアニストを撃て」(59年)、「突然炎のごとく」(62年)などを手がけ、映画刷新運動“ヌーヴェル・ヴァーグ(新しい波)”の一翼を担ったとされる。また、大島渚監督の「マックス、モン・アムール」(86年)なども手がけた。他の作品に、「女は女である」(60年)、「ローラ」(60年)、「ある夏の記録」(61年)、「女と男のいる舗道」(62年)、「気狂いピエロ」(65年)、「パッション」(82年)、「カルメンという名の女」(83年)など。

クック, ダグラス　**Cook, Douglas S.**　脚本家　オーロラ・プロダクション副社長　[国]米国　[没]2015年7月19日　56歳〔心臓発作〕　[学]ハーバード大学卒　[歴]1983年パラマウント映画のストーリー監督部に入社。やがて製作責任者となり、85年退社後、MTMエンタープライシスの映画創作業務監督に就く。87年オーロラ・プロダクション副社長に就任。フィリップ・エクスター・アカデミーでともに学んだ旧友、デービッド・ワイズバーグと再度コンビを組み、「ホーリー・ウェディング」(94年)、「ザ・ロック」(96年)、「ダブル・ジョパディー」(99年)などの映画脚本を共同執筆した。　[師]パートナー＝ワイズバーグ, デービッド

グッディ, ジャック　**Goody, Jack**　社会人類学者　ケンブリッジ大学人類学教授　[国]英国　[没]2015年7月16日　95歳　[生]1919年7月27日　[出]英国・ロンドン　[名]本名＝Goody, John Rankine　[学]ケンブリッジ大学〔1946年〕卒　Ph.D.(オックスフォード大学ベリオール・カレッジ)〔1954年〕　[歴]1950〜60年代に西アフリカでフィールドワークを実施。従来の西洋対東洋といった文明論・文化論から脱皮し、アフリカを含めた広い視野に立った比較研究が注目を集める。文字や親族、家族、国家など幅広いテーマの研究を精力的に行った。73〜84年ケンブリッジ大学教授。著書に「未開と文明」「食物と愛」など。2005年ナイトの爵位を授与される。1993年iichiko文化学賞を受賞し来日した。　[賞]iichiko文化学賞(日本)〔1993年〕　[資]ブリティッシュ・アカデミー会員〔1976年〕

グッドハート, フィリップ　**Goodhart, Philip**　政治家　ジャーナリスト　英国下院議員(保守党)　[国]英国　[没]2015年7月5日　89歳　[生]1925年11月3日　[出]英国・ロンドン　[名]本名＝Goodhart, Philip Carter　[学]ケンブリッジ大学トリニティー・カレッジ　[歴]1950〜55年「デイリー・テレグラフ」紙論説委員、55〜57年「サンデー・タイムズ」紙論説委員。57年よりベッケンナム選出の英国保守党下院議員。79〜81年国務政務次官(北アイルランド担当)を務めた。81年ナイトの爵位を授与された。著書に「Referendum」(70年)、「Full-Hearted Consent」(75年)ほか多数。

クヌッドソン, アルフレッド・ジョージ(Jr.)　**Knudson, Alfred George (Jr.)**　遺伝学者　医師　フォックス・チェイスがんセンター所長　[専]小児科学, 内科学　[国]米国　[没]2016年7月10日　93歳　[生]1922年8月9日　[出]米国・カリフォルニア州ロサンゼルス　[学]コロンビア大学卒　医学博士(コロンビア大学), 博士号(生化学・遺伝学, カリフォルニア工科大学)　[歴]1956〜66年シティ・オブ・ホープ医療センター部局長、66〜69年ニューヨーク州立大学健康科学センター準学部長、69〜76年テキサス大学教授などを経て、76年フォックス・チェイスがんセンター上級職員に転じ、80〜82年所長、92年特別研究員兼上級顧問。小児科医の立場から網膜芽細胞腫の臨床研究を続け、2回の突然変異が遺伝子に起こることでがんを発症する“2ヒット仮説”を提唱。2004年京都賞を受賞。　[賞]チャールズ・S.モット賞〔1988年〕, ガードナー国際賞〔1997年〕, ラスカー賞(臨床医学部門)〔1998年〕, 京都賞(基礎科学部門, 第20回)〔2004年〕　[資]米国科学アカデミー会員, 米国芸術科学アカデミー会員

クネリス, ヤニス　**Kounellis, Jannis**　芸術家　[国]イタリア　[没]2017年2月16日　80歳　[生]1936年3月23日　[出]ギリシャ・アテネ近郊ピレウス　[歴]1956年からイタリア・ローマに住み、ローマの美術アカデミーで学ぶ。初期には文字・数字などをキャンバスに描いていたが、60年代後半に絵画制作から離れ、67年には美術価値を重視する既成の芸術観や美術作品の商品化に抵抗した“アルテ・ポーヴェラ(貧しい芸術)”運動に参加。69年ローマのガレリア・ラッティコの展示作品として、生きた12頭の馬をつないだ作品「馬」を発表し強烈な印象を与えた。「赤いウール」「炭焼き場」「焼いたヒナギク」など、石炭、綿毛、石、火、麻袋を用いたインスタレーションでも知られた。アルテ・ポーヴェラを代表する作家の一人。

クメント, ワルデマール　**Kmentt, Waldemar**　テノール歌手　[国]オーストリア　[没]2015年1月21日　85歳　[生]1929年2月2日　[出]オーストリア・ウィーン　[学]ウィーン国立音楽大学　[歴]1950年カール・ベーム指揮のベートーベン「交響曲第9番」でソリストを務めた。51年よりウィーン国立歌劇場に所属し、モーツァルト「魔笛」のタミーノ役など、出演は79役で計1480回に上った。出身校のウィーン国立音楽大学でも教鞭を執った。第9などのコンサートでも活躍し、米国やイタリア、日本でも公演した。

グライナー, ワルター　**Greiner, Walter**　物理学者　フランクフルト大学名誉教授　[専]原子核理論, 重イオン理論, 場の理論, 原子物理学　[国]ドイツ　[没]2016年10月5日　80歳　[生]1935年10月29日　[出]ドイツ・テューリンゲン州ノイエンバウ　[名]本名＝Greiner, Walter Albin Erhard　[学]ダルムシュタット大学〔1960年〕卒　博士号(フライブルク大学)〔1961年〕　[歴]1962〜64年メリーランド大学助教授を経て、65年フランクフル

ト大学教授および理論物理学研究所所長。フロリダ州立大学、バージニア大学、ロスアラモス研究所、カリフォルニア大学、オークリッジ国立研究所、メルボルン大学、エール大学、バンダービルト大学などの客員教授を歴任した。著書に「グライナー量子力学」ほか。 [賞]マックス・ボルン賞(英国物理学会)〔1974年〕, オットー・ハーン賞〔1982年〕, ウィットウォーターランド大学名誉博士〔1982年〕, フンボルト賞〔1998年〕 [資]ロイヤル・ソサエティ会員〔1987年〕

クライフ, ヨハン **Cruyff, Johan** サッカー選手 サッカー指導者 [国]オランダ [没]2016年3月24日 68歳〔肺がん〕 [生]1947年4月25日 [出]オランダ・アムステルダム [名]本名＝クライフ, ヘンドリク・ヨハネス〈Cruyff, Hendriku Johannes〉 [歴]10歳でアヤックス少年チーム入り、17歳でトップチームにデビュー。1973年までにリーグ6回、カップ戦4回、UEFAチャンピオンズカップ(現・チャンピオンズリーグ)3回優勝。71年から3年連続欧州年間最優秀選手(バロンドール)に選ばれる。73年当時最高の移籍金92万2000ポンド(約7億5000万円)でスペインのバルセロナに移籍、いきなり15年ぶりの優勝に貢献した。一方、66年オランダ代表デビュー。74年W杯西ドイツ大会に主将として出場、決勝進出の立役者に。オランダ代表通算48試合出場、33得点。ポジションはFWだがフィールド内をどこでも移動。軸足の後ろにボールを通して相手を抜き去る個人技は“クライフ・ターン”として知られ、ジャンピングボレーシュートで“フライング・ダッチマン(空飛ぶオランダ人)”と呼ばれた。状況判断とリーダーシップを兼ね備えた名選手で、ポジションにこだわらず流動的にプレーする“トータル・フットボール”といわれる革命的なサッカー戦術を実践した中心的存在だった。北米リーグでもプレーし、84年オランダのフェイエノールトで現役を引退。85年アヤックス監督に就任。指導者としても類稀な才能を発揮し、88年からバルセロナ監督を務め、リーグ4連覇を達成。92年にはUEFAチャンピオンズカップ優勝に導く。98年スポーツクラブの運営やスポーツ報道の他、現役引退後の選手の自立を支援するための専門大学ヨハン・クライフ国際大学を設立。99年国際サッカー歴史・統計連盟(IFFHS)により、20世紀最優秀選手に選ばれた。背番号14番はアヤックスの永久欠番となり、記録映画「ナンバー14」が製作された。2009～13年スペインの自治州で国際サッカー連盟(FIFA)非加盟のカタルーニャ代表監督を務めた。10年4月バルセロナ名誉会長となるが、7月名誉会長職を返上した。 [賞]バロンドール〔1971年・1972年・1973年〕, UEFA功労者表彰〔2004年〕 [家]息子＝クライフ, ジョルディ(サッカー選手)

クライン, アーノルド **Klein, Arnold** 皮膚科医 [国]米国 [没]2015年10月22日 70歳 [出]米国・ミシガン州デトロイト [歴]20歳代の頃に南カリフォルニアに移り、ビバリーヒルズに皮膚科を開業。しわやたるみを取り除く美容術を得意とし、ハリウッドの多数の有名人が頼りにした。2009年に亡くなった歌手マイケル・ジャクソンのかかりつけ医を25年以上務め、ジャクソンの子供について実の父親ではないかとの報道も一時あったが、否定した。

クライン, ジョージ **Klein, George** 医学者 作家 カロリンスカ医科大学教授 [専]免疫学, がん [国]スウェーデン [没]2016年12月10日 91歳 [生]1925年7月28日 [出]ハンガリー・ブダペスト [学]ブダペスト大学 [歴]ブダペストのユダヤ人家庭で育つ。1944年19歳の時、ブダペスト駅でアウシュビッツ行きからの逃亡に成功。45年ストックホルムで医学を修め、卒業後、カロリンスカ医科大学に勤務。57年教授。60年よりノーベル医学生理学賞選考委員。EBウイルス研究の大家として知られた。著書に「神のいない聖都―ある科学者の回想」「ピエタ―死をめぐる随想」など。 [賞]ハーベイ賞〔1975年〕, ガードナー国際賞〔1976年〕, スローン賞〔1979年〕, レターステット賞〔1989年〕「神のいない聖都」, ネブラスカ大学名誉博士号〔1991年〕 [資]米国科学アカデミー外国人準会員, 米国芸術科学アカデミー名誉会員 [家]妻＝クライン, エヴァ(医学者)

クラーク, ウィラード **Clark, Willard G.** 日本美術収集家 クラーク日本美術・日本文化研究センター創設者 [国]米国 [没]2015年11月22日 85歳 [生]1930年10月2日 [出]米国・カリフォルニア州ハンフォード [名]通称＝Clark, Bill [学]カリフォルニア大学デービス校卒 [歴]小学生の頃から日本美術に興味を持つ。牧場を経営する一方、1995年カリフォルニア州ハンフォードにクラーク日本美術・日本文化研究センターを設立。鎌倉時代などの仏教美術や貴重な絵画を収集した。2009年日本文化の紹介に貢献したとして日本政府から勲章を受ける。13年センター閉鎖後、収集品はミネアポリス美術館に移された。 [賞]勲四等旭日小綬章(日本)〔1991年〕

クラーク, ロン **Clarke, Ron** 陸上選手(長距離) 政治家 ゴールドコースト市長 東京五輪陸上男子1万メートル銅メダリスト [国]オーストラリア [没]2015年6月17日 78歳〔腎不全〕 [生]1937年2月21日 [出]オーストラリア・ビクトリア州メルボルン [名]本名＝Clarke, Ronald William [歴]陸上男子の長距離選手で、世界記録を17度樹立した。1956年メルボルン五輪では聖火リレーの最終走者を務めた。64年東京五輪は1万メートルで銅メダルを獲得。68年のメキシコ五輪では1万メートルのレース中に高山病で倒れた。2004年ゴールドコースト市長に当選、12年まで務めた。

グラス, ギュンター **Grass, Günter Wilhelm** 作家 [国]ドイツ [没]2015年4月13日 87歳〔感染症〕 [生]1927年10月16日 [出]ドイツ・ダンツィヒ(ポーランド・グダニスク) [歴]ポーランド系ドイツ人の子として生まれる。ダンツィヒの国民学校を卒業後、ギムナジウム3年の時第二次大戦に召集され、終戦時は米国軍の捕虜となる。1946年釈放され、戦後は農業労務者や石工などをしながらデュッセルドルフの美術アカデミーと西ベルリンの国立美術アカデミーで彫刻や絵画を学び、50年代半ばから西ドイツ戦後文学運動“47年グループ”の一員として活躍。56年パリに移住。59年4年の歳月を費やして書き上げた処女長編「Die Blechtrommel(ブリキの太鼓)」を出版、たちまち爆

発的な反響を呼び、戦後ドイツ小説の最大の収穫とされた。同作品は79年にフォルカー・シュレンドルフ監督によって映画化もされ、80年のアカデミー賞外国語映画賞など数々の映画賞を受賞。60年以後は西ベルリンに定住、創作活動のかたわら政治運動にも参加し、81年8月核兵器の廃絶を訴える文学者声明に署名。82年10月社会民主党政権が崩壊すると同時に同党に入党(92年12月離党)。90年10月のドイツ統一に際しては西ドイツ政府の統一政策に反対した。99年ノーベル文学賞を受賞。2006年第二次大戦中にナチスの武装親衛隊に属していたことを告白、大きな反響を呼ぶ。2012年には核保有国と見られるイスラエルの対イラン政策を批判した詩を発表。“反ユダヤ主義”としてイスラエルから入国を禁止されるとともに、ドイツ国内でも非難された。他の著書に、「ブリキの太鼓」とともにダンツィヒ三部作をなす「猫と鼠」(1961年)、「犬の年」(63年)の他、「局部麻酔をかけられて」(69年)、「蝸牛の日記から」(72年)、「ひらめ」(77年)、「テルクテの出会い」(79年)、「頭脳の所産」(80年)、「女ねずみ」(86年)、「鈴蛙の呼び声」(92年)、「はてしなき荒野」(95年)、「蟹の横歩き」(2002年)、評論集「自明のことについて」(1968年)、「抵抗を学ぶ」(84年)、「ドイツ統一問題について」(90年)、「私の一世紀」(99年)、自伝「玉ねぎの皮をむきながら」(2006年)、詩集「ギュンター・グラス詩集」、詩画集「本を読まない人への贈り物」「蜉蝣」などがある。1978年来日。　[賞]ノーベル文学賞〔1999年〕, 47年グループ賞〔1959年〕「ブリキの太鼓」, ビュヒナー賞〔1965年〕, カレル・チャペック賞〔1994年〕, トーマス・マン賞〔1996年〕, スペイン皇太子賞〔1999年〕

ク

グラッツァー, リチャード　**Glatzer, Richard**　映画監督　[国]米国　[没]2015年3月10日　63歳〔筋萎縮性側索硬化症〕　[生]1952年1月28日　[出]米国・ニューヨーク　[学]バージニア大学(英語)　博士号(バージニア大学)　[歴]大学卒業後、映画やテレビ産業の世界へ入る。同性の配偶者ワッシュ・ウエストモアランドとともに映画製作に携わり、「ハードコア・デイズ」(2001年)などを経て、06年「キンセアニェラ」でサンダンス映画祭作品賞・観客賞を受賞。11年筋萎縮性側索硬化症(ALS)と診断された。病気が進行中の14年、指とタブレット型端末「iPad」を使いながら、若年性アルツハイマーになった女性を描いた映画「アリスのままで」をウエストモアランドとともに監督。主演のジュリアン・ムーアが15年のアカデミー賞で主演女優賞を獲得した。　[賞]サンダンス映画祭作品賞・観客賞〔2006年〕「キンセアニェラ」　[家]パートナー＝ウエストモアランド, ワッシュ(映画監督)

グラーニン, ダニール　**Granin, Daniil**　作家　[国]ロシア　[没]2017年7月4日　98歳　[生]1919年1月1日　[出]ソ連・ロシア共和国クルスク市ヴォリヤ(ロシア)　[名]本名＝ゲルマン, ダニール〈German, Daniil Aleksandrovich〉　[学]レニングラード工科大学卒　[歴]レニングラード工科大学を卒業し、1941年第二次大戦に従軍。41～44年ドイツ軍が当時のソ連の大都市だったレニングラード(現・サンクトペテルブルク)を約900日間近く包囲した“レニングラード封鎖”を生き抜いた。戦後、科学研究所で技師・研究者として働く傍ら、小説を書き始める。49年若い科学者の良心とモラルを扱った短編「第二のヴァリアント」でデビュー。以後、出世作の長編「探究者」(54年)、「婚礼のあとに」(58年)、「雷雲への挑戦」(62年)などで科学研究者の世界のスターリニズム告発をテーマに描き、特に短編「個人的見解」(56年)は“雪どけ”期の話題作となった。60年代は国内外を旅行し旅行記を執筆。他に戦前のロシアをノスタルジックに回想した「フォンタンカの家」(68年)、戦時中の女性の苛酷な運命を描いた「クラヴジヤ・ヴィロール」(76年)、レニングラード攻防戦を記録した「包囲の書簡」(77年, A.アダモービチとの共著)、「絵」(80年)、放射線遺伝学者チモフェーエフ・レソフスキーの生涯を書いた「ズーブルー偉大な生物学者の伝説」(87年)など。　[賞]ソ連国家賞「クラヴジヤ・ヴィロール」

グラハム, ジョン　**Graham, John**　ラグビー選手　[国]ニュージーランド　[没]2017年8月3日　82歳　[生]1935年1月9日　[出]ニュージーランド・ストラトフォード　[名]本名＝Graham, David John, 愛称＝DJ(でぃーじぇい)　[歴]世界最強といわれるラグビーのニュージーランド代表(オールブラックス)で、1958～64年テストマッチ22試合に出場し、主将を務めた。引退後、73～93年オークランド・グラマースクール校長、96～97年オークランド・ラグビー連盟会長、2005～06年ニュージーランド・ラグビー・フットボール・ユニオン(NZRFU)会長を歴任。11年ナイトの爵位(Sir)を授与された。　[賞]CBE勲章〔1994年〕

グラフトン, スー　**Grafton, Sue**　ミステリー作家　[国]米国　[没]2017年12月28日　77歳　[生]1940年4月24日　[出]米国・ケンタッキー州ルイビル　[歴]父は弁護士で作家のC.W.グラフトン。夫と共同でテレビドラマの脚本を手がけていたが、1982年女性探偵を主人公にしたミステリー小説〈女探偵キンジー・ミルホーン〉シリーズの第1作「アリバイのA」で一躍注目を浴びる。タイトルにアルファベットを順番に付けたシリーズを発表し、85年「泥棒のB」でアンソニー賞とシェイマス賞をダブル受賞。以後、「死体のC」でアンソニー賞、「探偵のG」でアンソニー賞とシェイマス賞を再受賞するなど、人気実力とも女探偵ものブームの中心的存在となった。2008年CWA賞ダイヤモンドダガー賞(巨匠賞)、09年MWA賞巨匠賞を受けた。シリーズの他の作品に「欺しのD」「証拠のE」「逃亡者のF」「殺人のH」「無実のI」「裁きのJ」「殺害者のK」「無法のL」「悪意のM」「縛り首のN」「アウトローのO」「危険のP」「獲物のQ」「ロマンスのR」などがある。19年に「ゼロのZ」の出版を計画していたが、17年8月の「Y is for Yesterday」が最後の作品となった。　[賞]アンソニー賞〔1986年・1987年・1991年〕「泥棒のB」「死体のC」「探偵のG」, シェイマス賞〔1986年・1991年〕「泥棒のB」「探偵のG」, CWA賞ダイヤモンドダガー賞〔2008年〕, MWA賞巨匠賞〔2009年〕　[家]父＝グラフトン, C.W.(作家)

クラマー, デットマール　**Cramer, Dettmar**　サッカー指導者　国際サッカー連盟(FIFA)専任コーチ　サッカー米国代表監督　日本サッカーの父　[国]ドイツ　[没]2015年9月17日　90歳　[生]1925年4月4日　[出]

ドイツ・ノルトライン・ウエストファーレン州ドルトムント [歴]1946年サッカーチームのドルトムントに入団。51年足の故障で現役を引退、指導者となる。60年日本サッカー協会の招聘を受け初来日し、東京五輪に向け日本代表コーチに就任。"サムライ・スピリット"と科学的理論を基礎としたコーチングで日本の若い指導者を魅了。チーム強化でも、合宿中に選手たちと寝食をともにする情熱的な指導や、基礎技術の習得に重点を置いた練習で釜本邦茂、杉山隆一ら世界に通用する選手を育て、64年の東京五輪で8強入りに導く。離日後もその指導方針は長沼健監督らに引き継がれ、68年のメキシコ五輪銅メダルに繋がった。また、帰国に際して、国内リーグの創設や指導者の育成、日本代表の定期的な海外遠征、芝生グラウンドの増設、高校年代の担当を含めた日本代表コーチの常設などを提言。日本協会はこれらを取り入れ、65年Jリーグの前身となる日本リーグを設立し、69年には国際サッカー連盟(FIFA)のコーチングスクールを開き、指導者養成に乗り出すなど、日本サッカーの実力向上に大きく貢献。その功績から"日本サッカーの父"と呼ばれ、2005年日本サッカー殿堂が開設されると第1回受賞者の一人に選ばれた。1967〜74年国際サッカー連盟(FIFA)専任コーチを務め、世界90ケ国以上で近代サッカーを指導。75年米国の五輪代表監督に就任。同年〜76年シーズンから名門バイエルン監督となり、欧州チャンピオンズカップ2連覇。92年バルセロナ五輪では韓国代表総監督。98年より中国で巡回指導を行った。 [賞]勲三等瑞宝章(日本)

クランフィールド, チャールズ・アーネスト・バーランド　Cranfield, Charles Ernest Burland　新約学者　ダーラム大学名誉教授　[国]英国　[没]2015年2月27日　99歳　[生]1915年9月13日　[出]英国・ロンドン　[学]ジーザス・カレッジ, ウェスリ・ハウス(ケンブリッジ)　[歴]バーゼル大学に留学するが、戦争のため中断。1941年メソディスト教会牧師となり、42〜46年従軍牧師、46〜50年クリーソープス牧師、54年長老派教会牧師に転じる。50〜78年ダーラム神学講師、78〜80年教授、80年名誉教授。ICC注解書シリーズ新版の編集委員も務めた。著書に「The First Epistle of Peter」(50年)、「The Gospel according to Saint Mark」(59年)、「I and II Peter and Jude」(60年)、「A Critical and Exegetical Commentary on the Epistle to the Romans, Vol1〜2」(75年, 79年)、「Romans : A Shorter Commentary」(85年)、「The Bible and Christian Life」(85年)など。

クリスタル, イスラエル　Kristal, Yisrael　世界最高齢(113歳)の男性　[国]イスラエル　[没]2017年8月11日　113歳　[生]1903年9月15日　[出]ポーランド・ジャルヌフ　[歴]ウッチで菓子工場を営んでいたが、第二次大戦中のナチス・ドイツによるポーランド占領に伴い、アウシュビッツ強制収容所に送られた。ナチスによるホロコースト(ユダヤ人大虐殺)を生き延び、終戦時に救出されたが、妻と2人の子供を失った。1950年イスラエル北部ハイファに移住して菓子店を経営。2016年世界最高齢(113歳)の男性としてギネス世界記録に認定された。

クリスティー, ニルス　Christie, Nils　犯罪学者　オスロ大学教授　[国]ノルウェー　[没]2015年5月27日　87歳　[生]1928年2月24日　[出]ノルウェー・オスロ　[学]オスロ大学〔1953年〕卒　[歴]オスロ大学研究員、助教授を経て、教授。大学では犯罪学を講じ、受刑者の更生制度について研究。厳罰主義に反対し、社会復帰を主眼にしたリハビリテーションに重きを置くノルウェー制度の礎を築いたとされる。著書に「刑罰の限界」「How tightly knit a Society ?」「Crime Control as Industry」「障害者に施設は必要か」「司法改革への警鐘」など。

ク

クリストファーセン, ヘニング　Christophersen, Henning　政治家　EU欧州委員会副委員長　[国]デンマーク　[没]2016年12月31日　77歳　[生]1939年11月8日　[出]デンマーク・コペンハーゲン　[学]コペンハーゲン大学経済学部卒　[歴]デンマーク中小企業組合連盟に入るが、1970年経済ジャーナリストに転じる。71年国会議員(自由党)に当選。78年自由党党首となり、連立内閣で78〜79年外相、79〜82年外相兼蔵相、82〜84年副首相兼蔵相を歴任。85〜95年欧州共同体(EC, 現・欧州連合＝EU)欧州委員会副委員長を務めた(経済・財政担当委員)。

グリミー, クリスティーナ　Grimmie, Christina　歌手　[国]米国　[没]2016年6月10日　22歳〔射殺〕　[生]1994年3月12日　[出]米国・ニュージャージー州マールトン　[名]本名＝Grimmie, Christina Victoria　[歴]10代の頃、ヒット曲のカバーを歌ってインターネットの動画投稿サイトYouTubeにアップし、多くのフォロワーを獲得。2011年デビューEP「ファインド・ミー」をリリース。14年NBCテレビの音楽オーディション番組「ザ・ボイス」に出演し、一躍有名になった。16年2月にはセカンドEP「サイドA」をリリースしたが、6月フロリダ州でのコンサート終了後、銃を持った男に撃たれ、22歳の若さで死亡した。

グリュオー, ジャン　Gruault, Jean　脚本家　[国]フランス　[没]2015年6月8日　90歳　[生]1924年　[歴]舞台俳優をしながらシネマテークに通い、フランソワ・トリュフォーと知り合う。ロベルト・ロッセリーニの助監督を務めた後、リヴェット監督の「パリはわれらのもの」で執筆に参加し、脚本家としてのキャリアをスタート。「突然炎のごとく」「野生の少年」「恋のエチュード」「アデルの恋の物語」「緑色の部屋」の脚本をトリュフォーと共同で執筆。また、ジャン・リュック・ゴダール、アラン・レネなど多くのヌーヴェル・ヴァーグの監督の脚本に関わった。「1900-1914」をはじめ、ウィリアム・アイリッシュの「暁の死線」、ポーの「怪奇譚集」など数々の未完の企画にも参加。他の脚本作品に「ヴァニーナ・ヴァニーナ」「ルイ14世の権力奪取」「アメリカの伯父さん」「修道女」「カラビニエ」などがある。2007年83歳の時、製作会社を設立、

エマニュエル・ドゥモーリス監督の750分にわたるドキュメンタリー5部作「Mafrouza」を共同監督した。

グリュックスマン, アンドレ　Glucksmann, André　哲学者　フランス国立科学研究所研究員　国フランス　没2015年11月10日　78歳〔がん〕　生1937年6月19日　出フランス・パリ郊外ブローニュ　学エコール・ノルマル・シュペリウール卒　賞ユダヤ系ドイツ人の両親の下に生まれる。少年時代にフランス共産党に入党するが、1956年のハンガリー事件を機に共産党を離れる。ソルボンヌ大学でミシェル・フーコーの助手を務めていた68年、ドゴール政権を揺さぶる学生・労働者らの反体制運動“五月革命”の闘士として活躍。77年刊行の「思想の首領たち」で“マルクス主義は収容所の思想”と論じた。旧ソ連などの全体主義体制を批判し、ベトナム難民救済活動を支援。ベルナールアンリ・レビらとともに既成思想にとらわれない“ヌーヴェル・フィロゾフィ（新哲学）”の代表的論客として注目を浴びた。他の著書に「戦争論」「料理女と人食い（邦訳・現代ヨーロッパの崩壊）」「第十一の戒律」「世界の亀裂」などがある。

グリーン, オーエン　Green, Owen　実業家　BTR会長　国英国　没2017年6月1日　92歳　生1925年5月14日　出英国・ストックトン・オン・ティーズ　名本名＝Green, Owen Whitley　歴1942〜46年英国予備艦隊に所属。47年チャールズ・ウェイクリング・アンド・カンパニーを経て、56年英国の大手工業グループBTRに入り、67年取締役、84〜93年会長を歴任。84年ナイトの爵位を授与された。　賞ビジネスマン・オブ・ザ・イヤー〔1982年〕、英国マネジメント協会ゴールドメダル〔1984年〕、Founding Societies Centenary Award〔1985年〕　他公認会計士

グリーン, ダラス　Green, Dallas　大リーグ監督　大リーグ選手　国米国　没2017年3月22日　82歳　生1934年8月4日　出米国・デラウエア州ニューポート　名本名＝Green, George Dallas　歴1960年大リーグのフィリーズに入団。63年40試合に登板し7勝を挙げる。65年セネターズを経て、66年メッツを経て、67年フィリーズに復帰。通算成績は、実働8年、185試合登板、20勝22敗、268奪三振、防御率4.26。引退後はマイナー指導者を経て、フィリーズのフロント入りし、79年シーズン途中に監督就任。80年チームを初の世界一に導いた。81年限りで辞任し、カブスのGMに就任。的確な補強で84年にチームを初の地区優勝に導いた。89年ヤンキース監督、93〜96年メッツ監督を務めた。監督での通算成績は、454勝478敗。

グリーン, デニス　Greene, Dennis　歌手　国米国　没2015年9月5日　66歳　生1949年1月11日　出米国・ニューヨーク市マンハッタン　名本名＝Greene, Frederick Dennis、グループ名＝シャ・ナ・ナ〈Sha Na Na〉　学コロンビア大学、エール大学（法律）　歴1969年コロンビア大学の学生12人でポップスグループのシャ・ナ・ナを結成し、ボーカルを担当。同年「Rock & Roll Is Here To Stay！」でデビューし、歴史的な野外ロックコンサートのウッドストック音楽祭に出演。50年代ファッションでロックのクラシックナンバー

を歌い、一躍人気を得た。78年公開のミュージカル映画「グリース」にも出演。グループで日本公演を行い、クールスやシャネルズなど日本のアーティストにも影響を与えた。他のヒット曲に「Tears on My Pillow」「Born to Hand Jive」などがある。84年法律業に従事するため脱退。エール大学で学位を取得し、法律学の教授となった。

グル, ハミド　Gul, Hamid　軍人　パキスタン3軍統合情報部（ISI）長官　国パキスタン　没2015年8月15日　78歳〔脳出血〕　生1936年11月20日　出パキスタン・パンジャーブ州サルゴーダー　歴パキスタンの隣国アフガニスタンのイスラム原理主義勢力タリバンの創設を支援したとされ、“タリバンの父”とも呼ばれた。1979年のソ連軍によるアフガン侵攻後、パキスタンで養成したムジャヒディン（イスラム戦士）を送り込み、ソ連軍を撤退に追い込んだといわれる。87〜89年パキスタンの情報機関である3軍統合情報部（ISI）長官を務めた。米国やインドに批判的なことでも知られた。

グルー, ブノワット　Groult, Benoîte　作家　女性運動家　国フランス　没2016年6月21日　96歳　生1920年1月31日　出フランス・パリ　学ソルボンヌ大学（古典文献学）　歴父は著名なアール・デコの室内装飾家、アンドレ・グルー。叔父はファッション界の帝王といわれた実業家のポール・ポワレ。1941〜43年高校で文学を教えたのち、ジャーナリストとなり、フランス国営放送（ORTF）で活躍。55年頃から女性誌「ELLE」などに寄稿を始め、40代になってから本格的な作家活動に入る。中でも妹のフロラとともに書いた小説「四つの手の日記」（63年）はベストセラーを記録。フェミニズム運動の担い手としても有名で、68年の学生、労働者らの反体制運動“五月革命”前後から女性の権利擁護を求める活動を開始。国際婦人年に発表した女性論「最後の植民地」（75年）もベストセラーとなった。他の著書に「フェミニズムの歴史」（77年）、「愛の港」（88年）などがある。　家夫＝ギマール、ポール（作家）、父＝グルー、アンドレ（室内装飾家）、妹＝グルー、フロラ（作家）

クレイ, カシアス
⇒アリ, モハメド を見よ

グレイ, マルタン　Gray, Martin　作家　国フランス　没2016年4月25日　93歳　生1922年4月27日　出ポーランド・ワルシャワ　名旧姓・名＝Grayewski, Mietek　歴ワルシャワのユダヤ人家庭に生まれる。第二次大戦中、14歳の頃、家族とともにワルシャワのユダヤ人街（ゲットー）に閉じ込められ、ナチスによって父親が射殺される。自身も強制収容所に連行されたが、脱走した。1947年傷ついた青春時代を忘れようと渡米し、輸入業者として成功を収める。60年妻子とヨーロッパに戻り、フランスのカンヌ近くに居を構えたが、70年火事で妻と4人の子供を失った。絶望の中で自分の人生を振り返り、71年自伝「愛する者の名において」を執筆、26ケ国語に翻訳され、83年には映画化された。他に「生命の書」「生命の力」などの著作がある。2001年ベルギーに移住し晩年を過ごした。

グレコ, バディ　Greco, Buddy　ジャズ歌手　ジャズ・ピアニスト　国米国　没2017年1月10日　90歳　生1926年8月14日　出米国・ペンシルベニア州フィラデ

ルフィア [名]本名＝Greco, Armando Joseph [歴]イタリア系米国人の家庭に生まれる。父はレコード店の経営者であり音楽批評家、母も音楽家で、自身は4歳の時にピアノを弾き始める。1944～49年トリオを結成。49～52年ベニー・グッドマン楽団にピアニスト、ボーカリスト、アレンジャーとして参加。48年「Ooh！ Look-a-there, Ain't She Pretty？」がゴールドディスクを記録。51年からソロで「I Ran All The Way Home」などのヒットを出した。58年エピックに移籍、60年最初のアルバム「My Buddy」を発表。66年リプリーズ・レコードに移籍、シナトラの後継者として大きな期待が寄せられた。70年英国に渡り成功を収める。数々の名盤を残し、ピアニスト、アレンジャー、コンポーザーなどマルチタレントぶりを発揮した。他のアルバムに「アット・ミスター・ケリーズ」(56年)、「バティズ・バック・イン・タウン」(60年)、「バディ・アンド・ソウル」(62年)、「ビッグバンド・アンド・バラード」(66年)、「ゴールデン・アワー・プレゼント」(76年)など。

クレシ, モイーン **Qureshi, Moeen** エコノミスト パキスタン暫定首相 世界銀行副総裁 [国]米国 [没]2016年11月22日 86歳 [生]1930年6月26日 [出]パキスタン・ラホール [名]本名＝Qureshi, Moeen Ahmad [学]パンジャブ大学〔1951年〕卒 経済学博士(インディアナ大学) [歴]1954年よりパキスタン政府計画委員会に勤務後、渡米し、58年国際通貨基金(IMF)に移る。その後、国際金融公社(IFC)に移り、74～77年副総裁、77～81年上級副総裁。79年世界銀行に移り、80～87年上級副総裁。退職後はワシントンの投資会社社会長を務めた。93年7～10月パキスタンの総選挙を管理する暫定首相を務め、政界浄化・経済再建に大なたを振るった。

クレージュ, アンドレ **Courrèges, André** ファッションデザイナー [国]フランス [没]2016年1月7日 92歳 [生]1923年3月9日 [出]フランス・ポー [歴]画家を志したが、反対されパリの学校で土木建築を専攻。1948年25歳の時、パリで有名服飾デザイナー、バレンシアガの店に入り、11年間裁断を修業。61年独立、"白の幻想"をテーマに発表会を開き成功。64年ローブ・ド・パンタロンを発表し反響を呼ぶ。65年には活動的な女性向けのミニスカートを発表。英国のモデル、ツイッギーが着用して世界的なブームとなった。68年東レの招きで来日、シースルーを発表。その後スポーツウェア、宇宙ルックなども発表した。70年代以降はブランドの知名度を生かしたライセンス事業に軸足を移し、運動用品や雑貨、家電などに商品群を拡大。90年代半ばまでパリのファッション界で中心的存在として活躍した。白の色使いが特徴的で"クレージュの白"として知られた。

グレーブス, マイケル **Graves, Michael** 建築家 プリンストン大学建築学科教授 [国]米国 [没]2015年3月12日 80歳 [生]1934年 [出]米国・インディアナ州インディアナポリス [学]シンシナティ大学建築学科卒, ハーバード大学大学院建築学科修士課程修了 [歴]ローマのアメリカン・アカデミーで建築学を修め、最初に設計した個人住宅が"使いやすい"と注目を浴びた。1962年からプリンストン大学建築学科教授。"ニューヨーク・ファイブ"の一員として建築界にデビューし、72年「スナイダーマン邸」、77年「プロセク邸」、82年「ポートランド・ビルディング」、83年「サンホワン・カピストラーノ図書館」、85年「ヒューマナ・ビルディング」などの作品によって"ポスト・モダニズム"を主導する。一方、大衆向けディスカウントストア・ターゲットで、"マイケル・グレイブス・コレクション"と題したデザインラインの生活小物、ガーデン家具などを手頃な価格で販売。日本でもMM21の公団住宅、大阪泉佐野センター、シーサイドももち住宅プロジェクト、ハイアットリージェンシー福岡などを手がけ、訪日多数した。 [賞]ローマ大賞〔1960年〕, PA賞, AIA賞, アーノルド・W・ブルーナー建築賞

クレーブン, ウェス **Craven, Wes** 映画監督 脚本家 [国]米国 [没]2015年8月30日 76歳〔脳腫瘍〕 [生]1939年8月2日 [出]米国・オハイオ州クリーブランド [名]本名＝クレーブン, ウェスリー・アール [学]ジョンズ・ホプキンズ大学哲学専攻卒 哲学博士 [歴]教師を経て、映画編集に携わるようになり、1972年ホラー映画「鮮血の美学」で監督デビュー。その後、「サランドラ」(77年)などで独自のSFホラー映画を創出し、84年の「エルム街の悪夢/ザ・リアルナイトメア」の大ヒットでその地位を確立。他に「ゾンビ伝説」(88年)、「ショッカー」(89年)、「壁の中に誰かがいる」(91年)、「ミュージック・オブ・ハート」(99年)、「パリ・ジュテーム」(2006年)、「スクリーム1～4」(96年, 99年, 2005年, 11年)など。 [賞]シッチェス映画祭グランプリ〔1977年〕「サランドラ」, MTVムービー・アワード作品賞〔1996年〕「スクリーム」

クレーベル **Cléber** サッカー選手 [国]ブラジル [没]2016年11月28日 35歳〔飛行機墜落事故死〕 [生]1981年6月27日 [出]ブラジル・ペルナンブーコ州レシフェ [名]本名＝ロウレイロ, クレーベル・サンタナ〈Loureiro, Cléber Santana〉 [歴]ブラジルのサッカークラブ、スポルチ・レシフェ、ビトーリアを経て、2005年Jリーグの柏レイソルでプレー。ポジションはMF。1シーズンの成績は、Jリーグ戦29試合8得点、J1・J2入れ替え戦1試合0得点、リーグカップ5試合2得点、天皇杯1試合0得点。06年ブラジルのサントスFC、07年スペインのアトレティコ・マドリード、10年ブラジルのサンパウロFCなど世界的なクラブで活躍。15年よりブラジル1部シャペコエンセでプレー。16年11月コロンビアのメデジンで行われるコパ・スダメリカーナ(南米杯)決勝に向かう途中、シャペコエンセの選手ら乗客乗員計81人が乗ったボリビアのチャーター機が墜落し、死亡した。

クレーム, ベンジャミン **Creme, Benjamin** 画家 伝導瞑想普及家 「シェア・インターナショナル」編集長 [国]英国 [没]2016年10月24日 93歳 [生]1922年12月5日 [出]英国・スコットランド・グラスゴー [歴]レンブラントに影響を受け、13歳で絵を描き始める一方、14歳の頃からオカルトに興味を持つ。1985年師であるハイアラキーの覚者から連絡を受け、その後厳しいトレーニングの後、覚者との二方通行の思念伝達の能力を確立し、世界教師(マイトレーヤ)と覚者方の再臨の道を整える役割のために準備。74年以来米国やヨーロッパを中心に、無報酬で講演活動や奉仕の瞑

想である“伝導瞑想”の普及に献身。82年国際月刊誌「シェア・インターナショナル」創刊以来の編集長としても発行に関わった。著書に「伝導瞑想―新時代のヨガ」「マイトレーヤの使命」などがある。

グレン, ジョン Glenn, John 宇宙飛行士 政治家 米国上院議員(民主党) [国]米国 [没]2016年12月8日 95歳 [生]1921年7月18日 [出]米国・オハイオ州ケンブリッジ [名]本名＝Glenn, John Herschel (Jr.) [学]マスキンガム大学卒, メリーランド大学卒 [歴]1943年米国海兵隊に入隊し、戦闘機パイロットとして第二次大戦と朝鮮戦争に参加。57年ロサンゼルスからニューヨークまでの、世界初の超音速無着陸飛行を達成。59年航空宇宙局(NASA)の第1期宇宙飛行士7人(マーキュリー・セブン)のうちの1人に選ばれ、62年宇宙カプセル“フレンドシップ7”で地球軌道を3周することに成功、国民的英雄となった。65～74年ロイヤル・クラウン・コーラ社取締役。70年民主党上院議員予備選で落選。75年よりオハイオ州選出の上院議員。上院政府活動委員長を務め、84年と88年には大統領選の民主党指名を争った。98年引退。同年10月スペースシャトル“ディスカバリー”に日本人女性宇宙飛行士の向井千秋らとともに搭乗、史上最高齢の77歳で宇宙空間に滞在した。99年1月来日。 [賞]大統領自由勲章(米国)〔2012年〕, スペイン皇太子賞〔1999年〕

クロキ, ベン Kuroki, Ben 軍人 第二次大戦中に日本攻撃に加わった唯一の日系米兵 [国]米国 [没]2015年9月1日 98歳 [生]1917年5月16日 [出]米国・ネブラスカ州 [歴]鹿児島県出身の父と奈良県出身の母を持つ日系二世。ネブラスカ州のジャガイモ農園で生まれる。1941年の旧日本軍による真珠湾攻撃に憤り、米陸軍航空隊に入隊。43年欧州戦線でB24爆撃機の射撃手となる。太平洋戦域への参加を希望し、45年B29爆撃機の乗員として東京上空を含む28の攻撃作戦に参加。仲間から“最も名誉ある息子”と呼ばれ、「タイム」誌などが取り上げた。46年退役後は大学でジャーナリズムを学び、84年までミシガン州やカリフォルニア州で新聞記者。2009年日本メディアの取材に初めて応じ、心境を語った。 [賞]殊勲飛行十字章, 米国陸軍殊勲章

グロス, スタニスラフ Gross, Stanislav 政治家 チェコ首相 [国]チェコ [没]2015年4月16日 45歳 [生]1969年10月30日 [出]チェコスロバキア・プラハ(チェコ) [歴]職業学校卒業後、鉄道の運転士を経て、1989年チェコスロバキア社会民主党(CSSD)に入党。党の青年部で頭角を現し、青年部のリーダーとなる。92年22歳で下院議員に当選後、大学院に進学し法学修士の学位を取得。93年チェコが独立。95年院内幹事長、2000年チェコ内相を経て、04年8月欧州最年少の34歳で首相に就任。労働者階級の英雄的存在で、国民の人気が高かったが、05年1月に自宅購入資金の疑惑が浮上、連立与党を構成していたキリスト教民主連合(KDU)が政権離脱し、4月辞任に追い込まれた。

クロトー, ハロルド Kroto, Harold Walter 化学者 フロリダ州立大学教授 サセックス大学名誉教授 [専]炭素材料化学 [国]英国 [没]2016年4月30日 76歳 [生]1939年10月7日 [出]英国・ケンブリッジシャー州ウィズビーチ [名]通称＝Kroto, Harry [学]シェフィールド大学 博士号(シェフィールド大学)〔1964年〕 [歴]ナチスの迫害を避けて英国に移住したポーランド移民の息子。カナダで3年間研究生活を送った後、1967年からサセックス大学に勤務。85年～2005年教授。1991年～2001年ロイヤル・ソサエティ教授。04年フロリダ州立大学教授。02～04年王立化学協会会長。この間、1985年炭素原子が60個集まってサッカーボール状に結合した分子“フラーレンC60”の生成に成功、96年R.E.スモーリー、R.F.カールとともにノーベル化学賞を受賞。また、ラグビーボール状のC70も生成。97年ナイト爵に叙せられた。来日のたびに日本の美術書を探す親日家だった。 [賞]ノーベル化学賞〔1996年〕「炭素フラーレン(C60)の発見」, イタルガス賞〔1992年〕, マイケル・ファラデー賞〔2001年〕, コープリー・メダル〔2004年〕, エラスムス・メダル〔2008年〕 [資]米国科学アカデミー外国準会員〔2007年〕

クローニン, ジェームス Cronin, James 物理学者 シカゴ大学名誉教授 [国]米国 [没]2016年8月25日 84歳 [生]1931年9月29日 [出]米国・イリノイ州シカゴ [名]本名＝Cronin, James Watson [学]サザン・メソジスト大学〔1951年〕卒 Ph.D.(シカゴ大学)〔1956年〕 [歴]1955～58年ニューヨークのブルックヘブン研究所員を経て、65～71年プリンストン大学教授、71年よりシカゴ大学教授。高エネルギー物理実験を専門とし、放電箱技術の開発に貢献。64年バル・フィッチと共同で中性K粒子崩壊における基本的対称性の破れを発見し、80年フィッチと共同でノーベル物理学賞を受賞。後に小林誠と益川敏英が、この現象を理論的に説明することに成功。2008年の両氏のノーベル物理学賞受賞につながった。 [賞]ノーベル物理学賞〔1980年〕 [資]米国科学アカデミー会員, 米国芸術科学アカデミー会員

グローブ, アンディ Grove, Andy 実業家 インテル会長・CEO [国]米国 [没]2016年3月21日 79歳 [生]1936年9月2日 [出]ハンガリー・ブダペスト [名]本名＝グローブ, アンドルー〈Grove, Andrew S.〉 [学]ニューヨーク市立大学(化学工学)〔1960年〕卒 理学博士(カリフォルニア大学)〔1963年〕 [歴]ハンガリーでユダヤ系の家庭に生まれ、ナチス占領下を生き延びる。「青年新聞」記者だったが、1956年のハンガリー動乱により57年米国に移住、苦学して大学院を修了する。63年航空機部品メーカーのフェアチャイルド社研究所に勤務し、5年間半導体の研究開発に従事。68年インテル社の創設に参画し、75年上席副社長、COO(最高執行責任者)を経て、79年社長に就任、87年からCEO(最高経営責任者)兼任。97年5月会長兼CEOに就任。98年5月CEO、2005年会長職を退任。同社を世界最大の半導体メーカーに成長させ、米誌「タイム」のマン・オブ・ザ・イヤーにも選ばれた。またパソコンの情報処理に使われるマイクロプロセッサーの開発を強化し、パソコンの普及に大きな役割を果たした。一方、技術論文を発表し、カリフォルニア大学バークレー校やスタンフォード大学大学院で講義も行った。著書に「ワン・オン・ワン―快適人間関係を作るマネジメント手法」「オンリー・ザ・パラノイド・サーバイブ(偏執症だけが生き残る)」「インテル経営の秘密」「僕の起業は亡命から始まった!」(自伝)など。前立腺がんの闘病記も執筆した。 [賞]ニューヨーク市立

大学名誉博士号（科学）〔1985年〕，ウースター工科大学名誉博士号（工学）〔1989年〕，ハーバード大学名誉博士号（法律）〔2000年〕 [資]全米工学アカデミー会員 [団]IEEE（フェロー）

グロブナー，ジェラルド Grosvenor, Gerald 世界有数の不動産王 [国]英国 [没]2016年8月9日 64歳 [生]1951年12月22日 [出]英国 [名]本名＝グロブナー，ジェラルド・キャベンディッシュ〈Grosvenor, Gerald Cavendish〉，称号＝ウエストミンスター公爵〈The Duke of Westminster〉 [学]ハーロウ校卒 [歴]英国のパブリックスクールの名門ハーロウ校の出身。第6代ウエストミンスター公爵の爵位を持つ。オーストラリアやカナダの牧場で働いた後、地所管理の見習いとなり、1973年22歳でグロブナー一族の資産管理人となる。94年には国防義勇軍に参加。経営する不動産開発・投資グループを通じてロンドン中心部の高級商業・住宅街メイフェアやベルグラビアに広大な土地やホテルを所有し、東京など世界各地に土地や高級マンションを持った。米経済誌「フォーブス」によると、生前の資産は推定83億ポンド（約1兆1000億円）で英国内3位、世界でも114位の富豪だった。英王室とも親交が深く、チャールズ皇太子の長男ウィリアム王子の後見人の一人で、名付け親にもなった。

グローマン，ウォルター・E. Grauman, Walter E. 映画・テレビ監督 [国]米国 [没]2015年3月20日 93歳 [生]1922年3月17日 [出]米国・ウィスコンシン州ミルウォーキー [学]ウィスコンシン大学，アリゾナ大学 [歴]NBCテレビのプロデューサー、ディレクターを経て、ミリッシュ・プロでテレビ番組を演出。のち「アンタッチャブル」（1959〜63年）、「裸の町」「ルート66」などのテレビシリーズを多数手がける。映画は57年「The Disembodied」でデビューし、「不意打ち」（64年）、「生きる情熱」（65年）、「掠奪戦線」（70年）などを監督したが、70年代からは専らテレビ映画を手がける。主なテレビ映画作品に「生きている墓石」（69年）、「ハイスクール・レイプ」（78年）、「エヴァ・ライカーの記憶」（80年）など。テレビドラマシリーズ「ジェシカおばさんの事件簿」（84〜96年）も手がけた。

クワーク，ランドルフ Quirk, Randolph 言語学者 英文学者 ブリティッシュ・アカデミー総裁 [国]英国 [没]2017年12月20日 97歳 [生]1920年7月12日 [出]英国・マン島 [名]本名＝Quirk, Charles Randolph [学]ロンドン大学ユニバーシティ・カレッジ卒 Ph.D.，文学博士 [歴]1947〜54年ロンドン大学ユニバーシティ・カレッジ講師、58〜60年ダーラム大学英語学教授、68〜81年ロンドン大学ユニバーシティ・カレッジ英語学・英文学教授、81〜85年ロンドン大学副学長、85〜89年ブリティッシュ・アカデミー総裁を歴任。59年“英語語法調査”を立ち上げ、英語コーパスの構築に着手。用例に基づく文法記述に取り組んだ。著書に「The Concessive Relation in Old English Poetry」（54年）、共著に「An Old English Grammar」（55年）、「A Common Language」（64年）、「現代英語の文法」（72年）、「英語総合文法」（85年）、「現代英語文法大学編」（90年）、「Linguistics in Britain」（2002年）などがある。1985年ナイトの爵位を授与される。94年男爵（一代貴族）。 [賞]CBE勲章〔1976年〕 [資]ブリティッシュ・アカデミー会員〔1975年〕，ロイヤル・ベルギー科学アカデミー会員〔1975年〕，ロイヤル・スウェーデン・アカデミー会員〔1986年〕，フィンランド科学アカデミー会員〔1992年〕，米国芸術科学アカデミー会員〔1995年〕

【ケ】

ゲイ，ピーター Gay, Peter 歴史学者 エール大学名誉教授 [専]比較思想史 [国]米国 [没]2015年5月12日 91歳 [生]1923年6月20日 [出]ドイツ・ベルリン [名]本名＝Fröhlich, Peter Joachim [学]デンバー大学〔1946年〕卒，コロンビア大学大学院博士課程修了 Ph.D.（コロンビア大学）〔1951年〕 [歴]ドイツのユダヤ人の家庭に生まれる。ナチスの迫害から逃れ、1939年両親とともにキューバ行きの最後の船でドイツを脱出。41年米国に渡り、46年米国市民権を取得。47年コロンビア大学大学院で修士号を取得後、同年よりコロンビア大学の法律・政治学部、56年より歴史学部で政治学・歴史学を教え、62年同大歴史学教授を経て、69年エール大学のヨーロッパ比較思想史の教授となり、84年エール大学で最も権威のあるスターリング・プロフェッサーとなる。この間、67年グッゲンハイム研究助成金を受け、70年ケンブリッジ大学チャーチル・カレッジの在外研究員、84年ベルリンの高等学術研究所客員研究員を務めた。著書に「ワイマール文化」「ベルンシュタイン」「自由の科学」「歴史の文体」「芸術を産み出すもの」、ライフワークの「ブルジョワの経験」、フロイトを扱った「ドイツの中のユダヤ」「神なきユダヤ人—フロイトの無神論・精神分析の誕生」など。 [賞]全米図書賞〔1967年〕，Melcher Book Award〔1967年〕 [団]American Historical Assocciation, French Historical Society

ケシ，スティーブン Keshi, Stephen サッカー選手・指導者 サッカー・ナイジェリア代表監督 [国]ナイジェリア [没]2016年6月7日 54歳〔心臓発作〕 [生]1962年1月23日 [出]ナイジェリア・ラゴス [名]本名＝Keshi, Stephen Okechukwu [歴]現役時代はDFとしてプレーし、ベルギーのロケレンやアンデルレヒト、フランスのストラスブールなどに所属。1981〜95年にはナイジェリア代表としても活躍し、94年のW杯米国大会では主将を務めた。97年に引退後は米国で勉強して指導者となり、2004年トーゴ代表監督に就任。06年アフリカネイションズカップ出場に導く。08年マリ代表監督を経て、11年母国ナイジェリア代表監督に就任。13年アフリカネイションズカップで19年ぶりに優勝、14年W杯ブラジル大会ではベスト16に導いた。

ケスラー，ハインツ Kessler, Heinz 政治家 軍人 東ドイツ国防相 [国]ドイツ [没]2017年5月2日 97歳 [生]1920年1月26日 [出]ドイツ・ラウバン（ポーランド・ルバン） [歴]自由ドイツ青年同盟創設メンバーの一人。第二次大戦中にドイツ国防軍に招集されて兵士となったが、旧ソ連軍に寝返った。戦後、東ドイツ人民軍で昇進を重ね、1956〜67年空軍・防空軍参謀長、

67〜78年国防次官兼人民軍総政治局長、85年12月〜89年11月国防相。最終階級は上級大将。この間、49年人民議会代議員、50年社会主義統一党（SED）中央委員、86年党政治局員、90年党除名。91年旧西ドイツに逃亡しようとした旧東ドイツ市民の射殺命令教唆の容疑で逮捕され、93年実刑判決を受けた。2011年旧東ドイツによるベルリンの壁建設を正当化する本を出版した。

ゲッダ，ニコライ　Gedda, Nicolai　テノール歌手　国スウェーデン　没2017年1月8日　91歳〔心臓発作〕　生1925年7月11日　学スウェーデン・ストックホルム　学ストックホルム王立音楽アカデミー〔1952年〕卒　解両親はロシア系で、父親はドン・コザック合唱団のメンバーだった。ストックホルム王立音楽アカデミーでカール・マルティン・エーマンに、ニューヨークでパオラ・ノヴィコフナに師事。1952年スウェーデン王立歌劇場でのデビューが評判となり、53年スカラ座で「ドン・ジョヴァンニ」のドン・オッターヴィオを歌った。同年ロンドンでオルフの「アフロディーテの勝利」の初演に抜擢され、以後、世界各地の劇場で活躍。54年パリ・オペラ座と契約。55年ロンドンのコベント・ガーデン王立歌劇場、57年ニューヨークのメトロポリタン歌劇場で歌った。フランス、ドイツ、イタリア、ロシアなど各国の言語を操る語学力を持ち、古典から現代までのオペレッタ、民謡、歌曲、宗教曲と多彩なレパートリーを誇った。スウェーデン政府より宮廷歌手の称号を与えられ、20世紀後半を代表するテノール歌手の一人として活躍した。75年初来日。　家父＝ユスティノフ、ミハイル（バス歌手）　解師＝エーマン、カール・マルティン、ノヴィコフナ、パオラ

ゲティー，ドナルド　Getty, Donald　政治家　アルバータ州首相　国カナダ　没2016年2月26日　82歳　生1933年8月30日　他通称＝Getty, Don　学ウェスタン・オンタリオ大学卒　解プロフットボール選手を経て、1967年カナダ進歩保守党オンタリオ州議会議員となり、85〜92年同州首相。

ケーティン，ピーター　Katin, Peter Roy　ピアニスト　英国王立音楽大学教授　国英国　没2015年3月19日　84歳　生1930年11月14日　学英国・ロンドン　学王立音楽アカデミー（RAM）　解ロシア系。初めハーベイ・グレースにピアノを学び、12歳よりロンドンの王立音楽アカデミー（RAM）でハロルド・クラクストンに師事。1948年ウィグモア・ホールでピアニストとしてデビュー。その後、オランダ、ソ連への演奏旅行を行い、71年には米国へもデビュー、以来世界各地で演奏活動を続けた。モーツァルト、シューベルト、ショパンを中心とするレパートリーを持つ。一方、56〜60年RAM教授、78〜84年ウェスタン・オンタリオ大学教授、79〜2001年王立音楽大学教授を務め、後進の指導にあたった。　解師＝グレース、ハーベイ、クラクストン、ハロルド

ケニロレア，ピーター　Kenilorea, Peter　政治家　ソロモン諸島首相（初代）　国ソロモン諸島　没2016年2月25日　72歳　生1943年5月23日　他ソロモン諸島・マライタ島　学アドモア教育大学（ニュージーランド）〔1967年〕卒　解中学校教師を経て、1971年大蔵省次官補、72年マライタ島知事、74年総務長官。78年英自治領からの完全独立でソロモン諸島初代首相。81年ソロモン統一党党首。82年総選挙後、首相辞任。84年復職するが、86年辞任。86〜89年副首相、88〜89年、90〜93年外相。国会議長も務めた。

ケネディ，ジョージ　Kennedy, George　俳優　国米国　没2016年2月28日　91歳　生1925年2月18日　他米国・ニューヨーク市　解父はオーケストラの指揮者で、母はバレリーナ。2歳の時「Bringing Up Father」で舞台にデビュー。7歳でラジオ番組の司会、のちロング・アイランドで最少の DJ となり人気を博す。17歳で第二次大戦に従軍、数々の戦功を重ねて大尉に昇進。1959年除隊。60年「ケンタッキー少年魂」で映画デビュー。売り出し時は193センチの大きな体を生かした悪役が多く、オードリー・ヘプバーン主演の「シャレード」（63年）などの映画で活躍。67年「暴力脱獄」ではポール・ニューマンが演じた囚人と対立しながらも信頼関係を築いていくリーダー格の囚人を好演し、アカデミー賞助演男優賞を受賞した。その後は役柄の幅を広げ、「大空港」（70年）をはじめとする〈エアポート〉シリーズや、レスリー・ニールセン主演のコメディ〈裸の銃を持つ男〉シリーズで主人公の上司にあたる署長を演じ、存在感を示した。他の出演作に「絞殺魔」（68年）、「大砂塵の男」（68年）、「タワーリング・インフェルノ」（74年）、「ナイアガラ殺人事件」（81年）など。「人間の証明」（77年）、「復活の日」（80年）、「復讐は俺がやる」（92年）など日本映画にも出演した。　賞アカデミー賞助演男優賞〔1967年〕「暴力脱獄」

ケネディ，チャールズ　Kennedy, Charles　政治家　英国自民党党首　国英国　没2015年6月1日　55歳　生1959年11月25日　他英国・インバネス（スコットランド）　没本名＝Kennedy, Charles Peter　学グラスゴー大学　解1983年23歳で英国下院議員に当選。99年自民党首に就任。2005年の総選挙でブレア首相のイラク戦争参戦判断を厳しく批判、自民党は戦後最多の62議席を獲得した。06年アルコール依存症で治療を受けていることが発覚し、党首を辞任。その後も下院議員を務めたが、15年5月自民党が壊滅的敗北を喫した総選挙で地域政党スコットランド民族党（SNP）の候補に敗れ、32年間守った議席を失った。

ケリー，エルスワース　Kelly, Ellsworth　画家　版画家　彫刻家　国米国　没2015年12月27日　92歳　生1923年5月31日　他米国・ニューヨーク州ニューバーグ　学プラット・インスティテュート（ブルックリン），ボストン美術館附属美術学校，エコール・デ・ボーザール　解1940〜42年ニューヨーク・ブルックリンのプラット・インスティテュートで美術を学び、43〜44年兵役で英国に駐在、ロマネスク建築に魅せられる。第二次大戦で構成された米軍特別部隊に所属し、敵のドイツ軍を欺くニセの戦車や軍用車を木やゴムなどで作った。帰国後、46〜48年ボストン美術館附属美術学校でヨーロッパの表現主義を知り、48年渡仏、2年間パリのエコール・デ・ボーザールに学ぶ。アルプ、ブランクーシらと交流し、51年パリで最初の個展開催。54年ニューヨークに戻り、マンハッタンにアトリエを構え、56年ニューヨークのベティ・パースンズ画廊で米国での初の個展を開催。当時の米国主流の抽象表現主義とは異なる限界まで純化した明

快な形体の追求は60年代ミニマリストに大きな影響を与え、幾何学的抽象"ハード・エッジ派"の代表的存在となった。59年彫刻の制作を試みる、植物や果物のドローイングを始める。66年第33回ベネチア・ビエンナーレ展に出品、67年ソロモン・R.グッゲンハイム国際展覧会に出品。70年以降ジェミナイ工房でリトグラフ、スクリーンプリント、エッチングによる100点以上の版画を制作した。73年ニューヨーク近代美術館(MoMA)で回顧展、92年ジュードボーム・ナショナルギャラリー(パリ)で個展を開催。代表作に「大きな壁のための色彩」(51年)、「赤、青、緑」(63年)、「チャタムIX─青・黄」(71年)、MoMA、パリ・ユネスコ本部の壁画、東京国際フォーラム(東京・千代田区)の壁面パネルなど。 ㊱全米芸術勲章〔2012年〕、バルセロナ市長メダル〔1993年〕、世界文化賞(絵画部門、第12回)〔2000年〕

ケルシー, フランシス Kelsey, Frances 医師 薬理学者 米国食品医薬品局(FDA)科学審査部長 ㊱米国 ㊱2015年8月7日 101歳 ㊱1914年6月24日 ㊱カナダ・ブリティッシュコロンビア州バンクーバー島 ㊱本名=Kelsey, Frances Kathleen Oldham ㊱マッギル大学〔1934年〕卒 理学博士(シカゴ大学)〔1938年〕、医学博士(シカゴ大学)〔1950年〕 ㊱カナダのマッギル大学卒業後、1936年渡米、シカゴ大学で学び、56年帰化。60年米国食品医薬品局(FDA)の医務官となり、67年同局科学審査部長。睡眠薬「サリドマイド」の安全性に疑問を抱き、60年9月米国でのサリドマイド市販の申請に対し、安全性を立証する資料の不足や胎児への影響が十分でないことを主張、企業からの圧力に抗して申請を却下させた。その後、サリドマイドが胎児などに重大な障害をもたらすことが判明し、数千人の子供を薬害から救ったとして称賛された。 ㊱カナダ勲章〔2015年〕、米国連邦市民功労章〔1962年〕

ケルテース, イムレ Kertész, Imre 作家 ㊱ハンガリー ㊱2016年3月31日 86歳 ㊱1929年11月9日 ㊱ハンガリー・ブダペスト ㊱ブダペストのユダヤ人家庭に生まれ。1944年15歳のときにポーランド南部のアウシュビッツ強制収容所に送られ、その後ドイツのブーヘンバルト強制収容所に送られたが、45年解放された。この間、ナチスによるホロコーストで父や養母らを失った。高校卒業後、記者、劇作家、ドイツ語の翻訳者などを経て、作家活動に入る。75年強制収容所の体験に基づいた自伝的処女小説「運命ではなく」を発表。以後、ホロコースト(ユダヤ人大量虐殺)を生き延びた体験を基に、ユダヤ人問題をテーマに執筆活動を展開するが、共産主義下で民族主義者の攻撃を受け、約10年間発禁となる。東欧革命後、ドイツや米国などで著書が翻訳され、作品が広く知られるようになった。2002年歴史の野蛮な専横に対抗する個人のはかない経験に基づく著作を書いたとして、ハンガリー人初のノーベル文学賞を受賞。美しく華麗な文体を特徴とした。他の作品に「大失策」(1988年)、「生まれなかった子供たちのためのカディッシュ」(90年、英訳97年)、「イギリスの旗」(91年)、「ガレー船日記」(92年)、「もうひとりの自分変身物語」(97年)、「追放された言葉」(2001年)、「破産」(03年)、エッセイ集に「文化としてのホロコースト」(1993年)などがある。 ㊱ノーベル文学賞〔2002年〕

ケルン, ペーター Kern, Peter 俳優 映画監督 ㊱オーストリア ㊱2015年8月26日 66歳 ㊱1949年2月13日 ㊱オーストリア・ウィーン ㊱少年時代はウィーン少年合唱団で過ごすが、のち俳優を志し演劇学校に入学。1968年ミュージカル「ヘアー」で舞台デビュー。70年映画出演も始め、ダニエル・シュミット監督「今宵かぎりは…」(72年)、「ラ・パロマ」(74年)、ヴィム・ヴェンダース監督「まわり道」(75年)、ハンス・ユルゲン・ジーバーベルク監督「ヒトラー、あるいはドイツ映画」(77年)などで個性的な脇役を演じ、70年代のニュー・ジャーマン・シネマの一翼を担う。他の出演作に「燃えつきた夢」(78年)、「大どろぼうホッツェンプロッツふたたびあらわる」(79年)、「テロ2000年集中治療室」(94年)など。また80年より監督業にも進出し、「五分五分」(2001年)などを監督し、ドキュメンタリーや短編を含む数多くの作品を発表。遺作は2014年にベルリン国際映画祭で上映された「Der letzte Sommer der Reichen」。 ㊱ドイツ連邦映画賞〔1977年・1978年〕「ヒトラー、あるいはドイツ映画」「Flammende Herzen」

ケレク, マチュー Kérékou, Mathieu 政治家 軍人 ベナン大統領 ㊱ベナン ㊱2015年10月14日 82歳 ㊱1933年9月2日 ㊱フランス領ダホメ・ナティティンゲー(ベナン) ㊱本名=Kérékou, Mathieu Ahmed ㊱フランス陸軍士官学校卒 ㊱マリとセネガルで教育を受ける。フランス軍に勤務後、1961年ダホメ(現・ベナン)陸軍に参加。67年のクーデターでC.ソグロ軍事政権を打倒し、軍事革命評議会議長。68～70年フランス陸軍士官学校に留学。70年副参謀長。72年軍事クーデターにより大統領となる。首相、国防相兼任。社会主義路線を推進し、国民革命議会(CNR)を設立。75年に国名をダホメからベナンに改称。79年人民委員選挙による民政移管を実施。84年大統領再選。ベナン人民革命党(PRPB)党首。冷戦終結に伴い、89年に社会主義を放棄。複数政党制を認め、91年3月に初の民選大統領選を行ったが、N.ソグロに敗北して下野した。96年3月大統領選決戦投票でN.ソグロ大統領を破り、4月大統領に返り咲く。2001年に再選されたが、3選禁止規定に従い、06年の大統領選でヤイに政権を引き継いだ。大統領在任期間は通算で30年近かった。晩年はコートジボワールなど西アフリカで紛争の調停役として活躍した。

ゲレロ, チャボ Guerrero, Chavo(Sr.) プロレスラー ㊱米国 ㊱2017年2月11日 68歳〔肝臓がん〕 ㊱1949年1月7日 ㊱米国・テキサス州エルパソ ㊱本名=Guerrero, Salvador(III) ㊱メキシコで名レスラーといわれた父ゴーリー・ゲレロを始め、3人の弟、長男もプロレスラーというレスラー一家。1970年ゲレロ4兄弟の長男としてプロレスデビュー。75年7月全日本プロレスに初参加。ロサンゼルスに進出し、ジュニアながらヘビー級選手をなぎ倒して人気を獲得、トップレスラーとなった。78年6月新日本プロレスに参戦。10月に大阪で行われたWWWF(現・WWE)ジュニア王者藤波辰爾との試合は史上屈指の名勝負とされる。80年11月NWAインタージュニア王

ケンシヤ　　　　　　外　国　人

座を獲得。81年全日本に参戦し、大仁田厚と抗争を繰り広げた。2004年5月よりWWEに参戦。米国ではスタン・ハンセン、ダスティ・ローデス、アンドレ・ザ・ジャイアントらヘビー級のレスラーと対戦し、人気を博した。16年11月には現役選手として来日した。全盛期のサイズは180センチ、103キロ。得意技はジャーマン・スープレックス、ヒップ・アタック。　⑧父＝ゲレロ、ゴーリー（プロレスラー）、長男＝ゲレロ、チャボ（Jr.）（プロレスラー）

ゲンシャー、ハンス・ディートリヒ Genscher, Hans-Dietrich　政治家　ドイツ外相　ドイツ自由民主党（FDP）名誉党首　⑭ドイツ　②2016年3月31日　89歳〔心不全〕　⑭1927年3月21日　⑭ドイツ・ハレ近郊ライデブルク　⑦ライプツィヒ大学卒、ハレ大学卒　⑭第二次大戦後、ドイツ民主共和国（東ドイツ）の自由主義政党に入り、法律家として活動を始めるが、1952年西ドイツのブレーメンへ亡命。自由民主党（FDP）に入党。54年弁護士開業。65年FDP連邦議会議員に当選。68年同党副党首、69年ブラント内閣内相、74年5月シュミット内閣に副首相兼外相として入閣。同年10月〜85年2月FDP党首。82年10月第1次コール内閣、83年3月第2次コール内閣、87年3月第3次コール内閣でも外相に留任し、西側外相の最長不倒記録を更新。89年4月の内閣改造、91年1月統一ドイツ後のコール新内閣でも外相に留任したが、92年5月辞任。18年間に渡って外相を務め、90年の東西ドイツ統一でコール首相とともに大きな役割を果たした。この間、80年代半ばにソ連のゴルバチョフ政権がペレストロイカ（改革）に乗り出すと、いち早く支持を表明。東欧の民主化運動も一貫して支援し、89年にはチェコスロバキアに逃れた東ドイツからの亡命希望者の受け入れを実現した。東西間の溝を埋めるべく“新東方外交”の推進者となり、その外交姿勢は“ゲンシャー主義”と呼ばれ、統一後のドイツ外交の基本方針を築いた。

ゲンツ、アルパード Göncz, Árpád　政治家　作家　ハンガリー大統領　⑭ハンガリー　②2015年10月6日　93歳　⑭1922年2月10日　⑭ハンガリー・ブダペスト　⑦パズマーニ・ペテル大学（法律）〔1944年〕卒　法学博士（ブダペスト大学）　⑭大学卒業後、反ファシスト政治闘争に参加。1945年小地主党に入党、青年向け機関紙「世代」の編集に携わり、反ドイツレジスタンス運動に参加。48年同党が共産勢力に一掃されたため、溶接工などを経て、54年農業大学に進学。56年ハンガリー動乱にナジ政府の閣僚の個人秘書として参加したことから、57年終身刑を受け、63年特赦で釈放されるまで6年間獄中生活を送った。釈放後、監視のもとで英米文学の翻訳などをしながら小説、戯曲作品を執筆。川端康成「みづうみ」、谷崎潤一郎「瘋癲老人日記」、森鷗外「雁」など日本文学の翻訳も手がけた。70年代に入ってからは人権擁護、民主改革運動に身を投じ、88年自由民主同盟の創設メンバーに。89〜90年ハンガリー作家同盟会長。90年の自由選挙で野党・自由民主同盟を率いて議会第2党の最大野党に進出し、同年5月暫定大統領となり、8月正式に大統領に就任。95

年6月再選。2000年退任。同年4月東京芸術劇場で代表作「鉄格子」が日本初演され、来日。

ケント、ポーリン Kent, Pauline　龍谷大学国際学部教授　⑭比較文化論、社会学　⑭オーストラリア　②2015年6月30日　55歳〔乳がん〕　⑭1960年　⑦英国　⑦オーストラリア国立大学卒、千葉大学文学部卒、大阪大学大学院人間科学研究科〔1989年〕博士課程単位取得退学　⑭英国に生まれ、のちオーストラリアに移住。高校留学、大学留学と滞在が長い。大学、大学院では米国の文化人類学者ルース・ベネディクトの「菊と刀」を再検討した。1989年10月国際日本文化研究センター助手、96年龍谷大学助教授を経て、教授。2010〜2014年同大国際文化学部長を務めた。　⑧夫＝鵜飼孝造（同志社大学教授）

ケンペス、エベルトン Kempes, Everton　サッカー選手　⑭ブラジル　②2016年11月28日　34歳〔飛行機墜落事故死〕　⑭1982年8月3日　⑭ブラジル・ベルナンブーコ州レシフェ　⑧本名＝Kempes dos Santos Goncalves, Everton　⑭2004年よりブラジルのクラブチームでFWとしてプレー。12年初の国外移籍でJリーグのセレッソ大阪に移籍し、J1で7得点を記録。13年ジェフユナイテッド千葉へ加入し、1年目で22ゴールを挙げてJ2得点王に輝いた。15年ブラジルに帰国し、16年よりブラジル1部シャペコエンセでプレー。16年11月コロンビアのメデジンで行われるコパ・スダメリカーナ（南米杯）決勝に向かう途中、シャペコエンセの選手ら乗客乗員計81人が乗ったボリビアのチャーター機が墜落し、死亡した。

【コ】

呉 阿明 ゴ・アメイ　新聞人　「自由時報」発行人・会長　⑭台湾　②2017年1月8日　92歳〔老衰〕　⑭台湾台北市　⑭日本統治下の台北で生まれ、工具などを経て、台北県や台北市の議員などを歴任。戒厳令下の1980年、台湾の有力紙「自由時報」の前身の新聞社の経営に参画。台湾本土色の強い同紙の発行人兼会長として台湾の主体性重視の立場から報道や発言を続けた。日本理解促進にも寄与した知日派で、2016年旭日重光章を受章した。　⑧旭日重光章（日本）〔2016年〕

呉 建民 ゴ・ケンミン　Wu Jian-min　外交専門家　駐フランス中国大使　中国外交学院院長　⑭1939年　②2016年6月18日　77歳〔自動車事故死〕　⑭中国四川省重慶　⑩北京外国語学院フランス語学科〔1959年〕卒　⑭中国外務省に入り、オランダやフランスなどの大使を歴任。毛沢東や周恩来のフランス語通訳を務めた。1991年外務省新聞司司長。92年江沢民総書記の来日に随行。94年朱鎔基副総理の来日に随行。2003年退官後、同省傘下の大学である外交学院の院長を務めた。のちシンクタンク・国家革新と発展戦略研究会常務副会長。引退後も良識派の外交専門家として活躍し、排他的な民族主義を批判。日中関係の重要性も強調し、05年の反日デモの際には中国外務省の委託を受けて学生らに違法な破壊活動を自制するよう説得にあたった。16年に日中の有識者で発足した、日中両

国の歴史の相互理解に向けた有識者会議の中国側委員長も務めた。

ゴーア, レスリー　Gore, Lesley　シンガー・ソングライター　[国]米国　[没]2015年2月16日　68歳〔肺がん〕　[生]1946年5月2日　[出]米国・ニューヨーク市ブルックリン　[名]本名＝Goldstein, Lesley Sue　[歴]10代でレコード会社と契約し、1963年シングル「It's My Party（涙のバースデイ・パーティー）」が全米チャート1位を獲得。64年のシングル「You Don't Own Me（恋と涙の17歳）」は全米チャート2位にランクインし、"フェミニストの賛歌"とも呼ばれた。シングル「ジュディス・ターン・トゥ・クライ」「シーズ・ア・フール」でも全米チャートトップ5入りを果たし、60年代を代表する女性歌手として活躍した。60年代後半にはテレビ版「バットマン」でキャットウーマンの子分役を演じた。2005年司会を務める「イン・ザ・ライフ」の中で、レズビアンであることを告白。ジュエリーデザイナーのロイス・サッソンとは30年以上に渡って連れ添った。　[家]パートナー＝サッソン, ロイス（ジュエリーデザイナー）

ゴイティソロ, フアン　Goytisolo, Juan　作家　[国]スペイン　[没]2017年6月4日　86歳　[生]1931年1月5日　[出]スペイン・バルセロナ　[学]バルセロナ大学法科卒, マドリード大学　[歴]1950年代後半に登場した多くの社会派作家の代表的な一人。スペイン内戦で母を失い、父は投獄されるなどの少年時代の体験をもとに、集団疎開の児童たちの間に現れた様々な状況を描いた「Duelo en el Paraiso（エル・パライソの決闘）」（55年）で脚光を浴びるが、独裁体制下で発禁となる。57年パリに亡命し、実験的で難解な小説を次々と発表。のちに米国の大学などでスペイン文学を教える。スペインの民主化後も帰国せず、モロッコのマラケシュを第2の故郷とし、小説から評論まで幅広い創作活動を続けた。「身元証明」（66年）、「ドン・フリアン伯の復権」（70年）、「根なしのフアン」（75年）などでは新しい文体的な実験も試みながら、外国生活者や亡命者のアイデンティティの問題を扱う。またボスニア内戦を取材、連載したルポルタージュは20ケ国以上の新聞に転載され、とりわけ90年代に紛争に揺れるサラエボを描いた「サラエヴォ・ノート」は大反響を呼んだ。他の作品に、小説「フィエスタス」（56年）、「戦いの後の光景」（82年）、「マルクス家の系譜」（93年）、「包囲の包囲」（95年）、評論集「サラセン年代記」（81年）、ルポルタージュ「パレスチナ日記」、「嵐の中のアルジェリア」（94年）などがある。2014年スペイン語圏の作家をたたえるセルバンテス賞を受賞。ユネスコ無形遺産の傑作国際審査委員長も務めた。　[賞]エウロパリア賞〔1985年〕, ネリー・ザックス賞〔1993年〕, ファン・ルルフォ賞〔2004年〕, フォルメントール賞〔2012年〕, セルバンテス賞〔2014年〕

コイビスト, マウノ　Koivisto, Mauno Henrik　政治家　フィンランド大統領　[国]フィンランド　[没]2017年5月12日　93歳　[生]1923年11月25日　[出]フィンランド・トゥルク　[学]トゥルク大学卒　博士号　[歴]船大工の息子として生まれる。学生時代に左派系のフィンランド社会民主党に入党。1950年代初頭、トゥルクで共産主義勢力に対抗した労働組合運動で名を挙げる。ヘルシンキ労働財蓄銀行に入行し、専務まで昇進。66〜68年蔵相を経て、68〜70年、79〜82年首相。68〜82年フィンランド銀行総裁兼任。81年ケッコネン大統領が病気のため辞任すると、大統領代行に就任。82年1月社民党初の大統領に当選し、94年2月まで2期12年務めた。この間、対ソ連友好路線を引き継ぎ、ソ連崩壊後の92年、48年にソ連と締結した友好・協力・相互援助条約に代わる新たな政治協定及び経済協定をロシアと締結。一方、欧州自由貿易連合（EFTA）に正式加盟する（85年）など欧州諸国との友好関係を構築。92年に欧州連合（EU）に加盟を申請し、大統領退任後の95年に加盟が実現した。

コイララ, スシル　Koirala, Sushil　政治家　ネパール首相　ネパール会議派（NCP）総裁　[国]ネパール　[没]2016年2月9日　78歳〔肺炎〕　[生]1938年2月3日　[出]ネパール・ビラトナガル　[歴]1954年当時、王政に対して民主的な改革を求めていたネパール会議派（NCP）に参加。王政による弾圧で、60年から16年間、インドに亡命。NCP書記長、副総裁を経て、2010年総裁。14年2月ネパール首相に就任。在任中の15年4月、約9000人が死亡したネパール大地震が発生。効果的な被災者支援ができなかったとして批判された。9月に新憲法が公布されたことに伴い、10月退任。続投を狙ったが、議会の投票でオリ首相に敗れた。ともにネパール首相を務めたB.P.コイララ、G.P.コイララの親類。延べ6年間の投獄経験があった。

向 守志　コウ・シュシ　Xiang Shou-zhi　軍人　中国人民解放軍南京軍区司令官　[国]中国　[没]2017年9月2日　99歳　[生]1917年11月28日　[出]中国四川省宣漢県　[学]中国人民解放軍高等軍事学院基本系〔1960年〕卒　[歴]1930年中国工農赤軍に入隊。36年中国共産党に入党。解放軍軍長、炮兵技術学院院長を務めた。55年少将。文革時は失脚し、74年復活。76年第二炮兵司令官、77年南京軍区副司令官、82年第12期党中央委員、南京軍区司令官、87年第13期党中央顧問委員などを歴任。88年上将。　[賞]北鮮2級国旗勲章〔1979年〕

高 清愿　コウ・セイゲン　Kao Ching-yen　実業家　統一企業集団創業者　[国]台湾　[没]2016年3月　86歳　[生]1929年5月24日　[出]台湾台南県学甲鎮　[歴]父親を早くに亡くし、小学校卒業後、木工製品工場、呉服店に勤める。1955年台南紡績業務部長になり、販売戦略、広報活動などに卓抜なアイデアを打ち出す。67年小麦粉を製造する統一企業を創業し、社長に就任。その後、飼料や即席麺などにも事業を拡大し、同社を台湾最大の食品メーカーに成長させる。中国市場にも進出し、ジュースや即席麺を人気ブランドに育て上げた。79年には流通業に進出するなど経営多角化を積極的に進め、セブンイレブンやスターバックスなどのチェーン店のほか、百貨店、レジャー施設、金融、証券、リゾート、エレクトロニクスなどの事業を幅広く展開。90年統一企業集団総裁。台湾を代表する複合企業を一代で築いた。著書に「美しい企業を求めて」がある。　[賞]リンカーン大学名誉法学博士号〔1983年〕

黄 霊芝　コウ・レイシ　Huang Ling-zhi　作家　俳人　彫刻家　[国]台湾　[没]2016年3月12日　87歳　[生]1928年6月20日　[出]台湾台南　[名]本名＝黄天驥, 筆名＝国江

春菁（くにえ・しゅんせい）　[歴]日本統治下の台湾で旧制中学時代まで日本語教育を受け、日本語を通して外国文学に触れる。20歳頃から創作を開始。戦後台湾が解放されて中国語社会になった後も、馴染んだ日本語で詩、俳句、短歌、評論などの作品を書きため、私家版の「黄霊芝作品集」として出版。2002年中・短編を集めた日本語小説集「宋王之印」を日本で出版。同作品収録の「蟹」は日本語で書いたものを中国語に直して発表し、台湾の最も著名な文学賞である呉濁流賞を受賞。一方、台北川柳会、台北俳句会などを設立し、長年句会を主宰。独特の句風で日本の関係者にも知られ、03年台湾独自の歳時記をまとめた「台湾俳句歳時記」を日本語で出版。12年日本で「黄霊芝小説選―戦後台湾の日本語文学」が出版された。　[賞]旭日小綬章（日本）〔2006年〕，呉濁流賞（第1回）「蟹」　[団]台湾俳句会

コヴァチ, ミハル　Kováč, Michal　政治家　エコノミスト　スロバキア大統領　[国]スロバキア　[没]2016年10月5日　86歳　[生]1930年8月5日　[出]チェコスロバキア・ルビサ（スロバキア）　[学]ブラチスラバ経済学校〔1954年〕卒　[歴]1956年チェコスロバキア国立銀行に入行。共産党に入党後、67～69年同行ロンドン支店次長を務めたが、68年の“プラハの春”事件で改革派とみられ、69年党を追放された。その後、研究機関の調査員などとして通貨政策や銀行業務に関する研究に従事。89年の“ビロード革命”以後政治家に転じ、同年12月～91年5月スロバキア共和国蔵相、90年6月複数政党制の総選挙で連邦議会議員に初当選。その後、メチアル首相の民主スロバキア運動（HZDS）に加わり、91年6月HZDS副議長。92年6月の総選挙でも再選され、93年1月の連邦解体まで最後のチェコスロバキア連邦議会議長を務めた。同年3月チェコと分離独立したスロバキアの初代大統領に就任。在任中はメチアル首相と対立、98年3月大統領退任後は政界から遠ざかった。

コーエン, ハロルド　Cohen, Harold　画家　カリフォルニア大学サンディエゴ校名誉教授　コンピューター画家アーロンの開発者　[国]英国　[没]2016年4月27日　87歳〔心不全〕　[生]1928年5月1日　[出]英国・ロンドン　[学]ロンドン大学スレイド美術学校〔1951年〕卒　[歴]ロンドンで画家として成功し、1966年ベネチア・ビエンナーレの美術展で英国を代表する5人のうちの一人に選ばれる。68年渡米し、69年カリフォルニア大学サンディエゴ校教授、94年名誉教授。この間、73年自律的に絵を描くコンピューター、アーロンを開発。アーロンを使って世界各地で各種展覧会や展示会、個展、壁画作成などを行う。85年のつくば科学万博の米国館は“絵を描くコンピューター”アーロンの登場で賑わった。アーロンを紹介する本に、「コンピューター画家アーロンの誕生―芸術創造のプログラミング」（91年，パメラ・マコーダック著）がある。詩人で作家の伊藤比呂美のパートナーとしても知られ、作品にも度々登場した。　[家]パートナー＝伊藤比呂美（詩人・作家）

コーエン, レナード　Cohen, Leonard　シンガー・ソングライター　詩人　作家　[国]カナダ　[没]2016年11月7日　82歳　[生]1934年9月21日　[出]カナダ・ケベック州モントリオール　[名]本名＝Cohen, Leonard Norman　[学]マッギル大学〔1955年〕卒，コロンビア大学（法律）　[歴]衣料工場の経営者のユダヤ人家庭に生まれ、9歳のとき父親と死別。1955年にマッギル大学を卒業後、さらにコロンビア大学で法律を学ぶ。その後、家業の衣料工場の仕事に従うが、56年処女詩集「神話の諸相」を刊行してカナダ文化協会賞を受賞。この頃カナダ・カウンシルの奨学金を得てヨーロッパに渡り、英国、イタリアを経てギリシャに至り、エーゲ海の孤島ハイドラに移住。そこで61年第2詩集をまとめ、続く「お気に入りのゲーム」（63年）と「歎きの壁」（66年）の小説2編を書いた。他の著書に詩集「Selected Poems1956-1968」（68年）、「Book of Longing」（2006年）、小説「Book of Mercy」（1984年）など。一方、10代でギターを弾き始め、フォークグループ“バックスキン・ボーイズ”を結成。68年「レナード・コーエンの唄」でフォークシンガーとしてデビュー。アルバム「哀しみのダンス」（84年）に収録された代表曲「ハレルヤ」は数多くのミュージシャンにカバーされた。渋いしゃがれ声と内省的で文学性の高い歌詞で世界中のファンを魅了、多くのミュージシャンにも影響を与えた。他の代表曲に「さよならマリアンヌ」、アルバムに「Songs From A Room」（69年）、「Songs Of Love And Hate」（71年）、「Ten New Songs」（2001年）、「Dear Heather」（04年）、「Old Ideas」（12年）、「Popular Problems」（14年）、「You Want It Darker」（16年）など。08年米国のロック殿堂入りを果たした。　[賞]カナダ文化協会賞〔1956年〕「神話の諸相」，ケベック文学賞〔1963年〕「お気に入りのゲーム」，カナダ著作者協会文学賞〔1984年〕「Book of Mercy」，グラミー賞特別功労賞生涯業績賞〔2010年〕　[家]息子＝コーエン, アダム（シンガー・ソングライター）

コクラン, ウェイン　Cochran, Wayne　R&B歌手　[国]米国　[没]2017年11月21日　78歳〔がん〕　[生]1939年5月10日　[出]米国・ジョージア州トーマストン　[名]本名＝Cochran, Talvin Wayne　[歴]10代で黒人音楽に夢中になり、ミュージシャンを志す。エネルギッシュなパフォーマンス、奇抜な衣装やボリュームのある金髪リーゼントなど個性的なルックスで人気となり、1960～70年代に活躍。その後、音楽業界から離れ、フロリダ州の教会で聖職者となった。ソングライターとして多くの名曲を残し、シングル「ラスト・キッス」（61年）は64年にJ.フランク・ウィルソン&ザ・キャバリアーズがカバーして全米2位を記録。99年にはロック・バンドのパール・ジャムがカバーした。66年のヒット曲「ゴーイング・バック・トゥ・マイアミ」は80年代にR&Bバンド、ブルース・ブラザーズがカバーして話題になった。

コスグレーブ, リアム　Cosgrave, Liam　政治家　アイルランド首相　[国]アイルランド　[没]2017年10月4日　97歳　[生]1920年4月13日　[出]アイルランド・ダブリン州テンプローグ　[学]ダブリン大学卒　[歴]父はアイルランド自由国の初代大統領ウィリアム・コスグレーブ。兵役を経て、1943年法定弁護士の資格を取得。同年父が率いるエール統一党に入り、下院議員に選ばれた。ジョン・コステロ首相の議会秘書、48～51年通商産業相を経て、54～57年コステロ第2次政権の外相を務め、56年国連代表団長としてアイルランド統一問題の解決に尽力。65年コステロの後を継いでエール統一

党党首に就任。73〜77年首相を務め、76年には国防相を兼任した。 [資]弁護士 [家]父＝コスグレーブ, ウィリアム（アイルランド自由国初代大統領）

コスチン, イーゴリ **Kostin, Igor F.** 写真家 ノーボスチ通信社キエフ支局カメラマン [国]ウクライナ [没]2015年6月9日 78歳〔自動車事故死〕 [生]1936年12月27日 [出]ソ連・モルドバ共和国キシニョフ（モルドバ） [学]モスクワ建設技術大学卒 [歴]設計事務所を経て、30歳の時、ノーボスチ通信社キエフ支局カメラマンになる。1986年4月チェルノブイリ原発事故直後の現場を写真撮影、世界のマスコミで紹介され、7つの報道写真賞を獲得。その後、放射能の影響により体が蝕まれ、90年講演のため来日した折に広島で健康診断を受けた。

コチシュ, ゾルターン **Kocsis, Zoltán** ピアニスト 作曲家 ハンガリー国立交響楽団音楽総監督 [国]ハンガリー [没]2016年11月6日 64歳 [生]1952年5月30日 [出]ハンガリー・ブダペスト [学]リスト音楽院〔1973年〕卒 [歴]5歳でピアノを始め、パール・カドシャ、フェレンツ・ラドシュ、ジェルジ・クルタークに師事。1970年ベートーヴェン・ピアノコンクール第1位。71年ブダペスト交響楽団独奏者として米国楽旅、次いでロンドン、ザルツブルク音楽祭、オランダ音楽祭、ヘルシンキ、ボンベイ、テヘランなどで演奏。ロマン派、近代曲に強く、ハンガリーの作曲家バルトークの名演で世界的評価を得た。作曲家として前衛グループ“ニュー・スタジオ”に所属。また、83年指揮者のイバン・フィッシャーとともにブダペスト祝祭管を創設し、指揮者としても活動。97年ハンガリー国立交響楽団音楽監督に就任。ベルリン・フィルハーモニー管弦楽団や読売日本交響楽団など各国のオーケストラとも共演。児童救済などの社会活動にも積極的だった。75年初来日。同世代のピアニスト、アンドラーシュ・シフ、デジュー・ラーンキとともに“ハンガリー三羽烏”として日本でも広く親しまれた。 [賞]リスト賞〔1973年〕, ハンガリー放送ベートーヴェン・ピアノコンクール第1位〔1970年〕

コックス, ジョー **Cox, Jo** 政治家 英国下院議員（労働党） [国]英国 [没]2016年6月16日 41歳〔銃撃死〕 [生]1974年6月22日 [出]英国・ウエストヨークシャー州バトリー [学]ケンブリッジ大学〔1995年〕卒 [歴]父は化粧品工場に勤務し、母は教職員。名門ケンブリッジ大学を卒業後、複数の英国労働党議員の政策顧問を務めた。その後、貧困問題に取り組む国際非政府組織（NGO）の政策責任者となり、難民問題などの人道活動に携わる。2015年春の総選挙で労働党から下院議員に初当選。女性問題やシリア問題に注力し、過激派勢力“イスラム国（IS）”のシリア拠点空爆をめぐる12月の議会投票では棄権した。16年6月23日に行われる欧州連合（EU）からの離脱を問う国民投票ではEU残留派として活動。将来の閣僚候補として期待されていたが、国民投票を1週間後に控えた16日、地元バーストールの対話集会の準備中に銃と刃物を持った男に襲われ、41歳の若さで死亡した。

コックス, ポール **Cox, Paul** 映画監督 [国]オーストラリア [没]2016年6月18日 76歳〔がん〕 [生]1940年4月16日 [出]オランダ・ベンロ [名]本名＝Cox, Paulus Henricus Benedictus [学]メルボルン大学 [歴]写真学校卒業後、各国を旅行し、帰国後カメラマンとして活躍。1965年オーストラリアに移住。スタジオ経営を経て、大学で写真と撮影を教える傍ら、「The Journey」（72年）などの短編映画を製作。81年「Lonely Hearts」が評価され、オーストラリアのインディーズ映画界を牽引する存在として注目を浴びる。末期がんで闘病中の実体験に基づく「Force of Destiny」（2015年）が遺作となった。他の監督作品に、「Man of Flowers」（1983年）、「Cactus」（86年）、「ある老女の物語」（91年）、「Lust and Revenge」（96年）、「もういちど」（2000年）、「Human Touch」（04年）、「Salvation」（08年）などがある。01年来日。 [賞]モントリオール世界映画祭グランプリ〔2000年〕「もういちど」

ゴッテスマン, アービング **Gottesman, Irving** 心理学者 遺伝学者 バージニア大学心理学教室主任教授 [専]精神医学, 精神分裂病 [国]米国 [没]2016年6月29日 85歳 [生]1930年12月29日 [出]米国・オハイオ州クリーブランド [名]本名＝Gottesman, Irving Isadore [学]ミネソタ大学心理学部卒 Ph.D.（ミネソタ大学） [歴]ミネソタ大学精神医学・遺伝学準教授、1980〜85年ワシントン大学医学部精神医学・遺伝子学教室精神科遺伝学教授を経て、86年〜2001年バージニア大学心理学教室主任教授。1988年英国王立精神科協会名誉会員に叙せられる。精神分裂病の成因論研究の世界的第一人者として知られた。著書に「分裂病 その成り立ちの謎」「分裂病の起源」「分裂病の遺伝と環境」「ふたごが語る精神病のルーツ」など多数。92年第7回国際双生児研究会議の招きで来日。 [賞]スタンレー・R.ディーン賞〔1988年〕, 全米精神医学協会研究賞〔1988年〕, ドブジャンスキー賞〔1990年〕, クルト・シュナイダー賞（ドイツ精神医学会）〔1992年〕 [資]英国王立精神医学協会名誉会員

ゴッボ, ロレッタ **Ngcobo, Lauretta** 作家 [国]南アフリカ [没]2015年11月3日 84歳 [生]1931年9月13日 [出]南アフリカ・ズールーランド（クワズール・ナタール州） [学]フォート・ヘア大学卒 [歴]アパルトヘイト（人種隔離政策）時代のバンツースタン（黒人自治区）だったズールーランドに生まれ、大学卒業後、教師となる。アフリカ民族会議（ANC）の活動家と結婚し、三女をもうけた。1963年国外に脱出、ロンドンに落ち着いて、教師をしながら作家活動を開始。94年マンデラ政権誕生後、南アフリカに帰国。アパルトヘイトを題材にした作品を発表した。著書に「黄金の十字架」（81年）、「女たちの絆」（91年）、編著に「語り合いましょう―英国の黒人女性作家たち」（88年）などがある。

ゴードン, リチャード **Gordon, Richard** 作家 医師 [国]英国 [没]2017年8月11日 95歳 [生]1921年9月15日 [出]英国・ロンドン [名]本名＝Ostlere, Gordon Stanley [学]ケンブリッジ大学セルウィン・カレッジ [歴]1952年までロンドンで麻酔医として活躍後、リチャード・ゴードンの筆名で執筆活動に専念。ドクター・シリーズの小説、ナイチンゲールの評伝など著書多数。ベストセラーも多く、新米船医と美人歌手をめぐるコメディはダーク・ボガード主演で「わたしのお医者さ

ま」（55年）として映画化された。主著に「世界病院博物誌―ゴードン博士が語る50の話」など。

ゴードン, リチャード　Gordon, Richard　宇宙飛行士　国米国　没2017年11月6日　88歳　生1929年10月5日　出米国・ワシントン州シアトル　名本名＝Gordon, Richard Francis（Jr.）　歴ワシントン大学〔1951年〕卒　歴米海軍パイロットを経て、1963年航空宇宙局（NASA）の宇宙飛行士第3グループに選ばれ、宇宙船ジェミニ8号で予備パイロットを務める。66年ジェミニ11号のパイロットを務め、船外活動も2回行った。さらに、アポロ9号の予備司令船パイロット、69年のアポロ12号の司令船パイロットも務めた。その後、アポロ15号の予備司令官を経て、72年NASA及び海軍を退役した。　賞ナイアガラ大学名誉科学博士号

コー・ニー　Ko Ni　法律家　ミャンマー国民民主連盟（NLD）法律顧問　国ミャンマー　没2017年1月29日　63歳〔射殺〕　生1953年2月11日　出ミャンマー・ザガイン地方　歴1995年ヤンゴンに法律事務所を設立。2013年よりミャンマー国民民主連盟（NLD）に顧問弁護士として参加。16年に政権を発足させたNDLで事実上のトップであるアウン・サン・スー・チーの信頼が厚く、同氏を国家顧問に就任させる法案立案にも携わった。外国籍の家族がいると大統領になれない規定により大統領就任を阻まれていた同氏の悲願である憲法改正作業の中心として活動していたが、道半ばの17年1月、インドネシア訪問から帰国したところ、ヤンゴンの空港前で射殺された。イスラム教徒。

コーネル, クリス　Cornell, Chris　ミュージシャン　国米国　没2017年5月17日　52歳〔縊死〕　生1964年7月20日　出米国・ワシントン州シアトル　名グループ名＝サウンドガーデン〈Soundgarden〉、オーディオスレイヴ〈Audioslave〉　歴1985年ワシントン州シアトルでキム・セイル、ヤマモトとともにロックバンド、サウンドガーデンを結成し、ボーカルとギターを担当。同年コンピレーション・アルバム「ディープ・シックス」に参加してデビュー。87年インディーズ・レーベルのサブ・ポップからEP「スクリーミング・ライフ」を発表。88年ファーストアルバム「ウルトラメガOK」がグラミー賞にノミネートされ、89年メジャーのA&Mと契約。94年初来日。同年4枚目のアルバム「スーパー・アンノウン」は、全米1位を獲得しただけでなく、収録曲「ブラック・ホール・サン」のプロモーションビデオ（PV）でグラミー賞ビデオ部門を受賞。96年「ダウン・オン・ジ・アップサイド」制作後、97年グループは解散。以後はソロ活動に移行し、99年初のソロアルバム「ユーフォリア・モーニング」をリリース。2001年トム・モレノら元レイジ・アゲインスト・ザ・マシーンのメンバーとともにオーディオスレイヴを結成、「オーディオスレイヴ」など3枚のアルバムを制作した（07年解散）。06年ソロで映画「007 カジノ・ロワイヤル」の主題歌「You know my name」を歌う。10年サウンドガーデンを再結成し、12年には16年ぶりとなる6枚目のアルバム「キング・アニマル」をリリースした。17年5月ツアーで訪れた

ミシガン州デトロイトのホテルで首をつって自殺しているのが発見された。

コパ, レイモン　Kopa, Raymond　サッカー選手　国フランス　没2017年3月3日　85歳　生1931年10月13日　出フランス・ヌーレミーヌ　名本名＝コパゼフスキ, レイモン〈Kopaszewski, Raymond〉　歴ポーランド出身の炭鉱夫の息子として生まれ、14歳から運搬坑夫の見習いとして3年間働く。この時、炭鉱での仕事中に指を一本損失した。1949年フランスのサッカークラブ・SCOアンジェでプロデビュー。51年スタード・ランースを経て、56年スペインのレアル・マドリードへ移籍。アルフレッド・ディ・ステファノやフェレンツ・プスカシュらとともにクラブの黄金時代の主力として活躍し、在籍した3年間全てで欧州チャンピオンズカップ制覇を成し遂げた。フランス代表としても58年W杯での3位に大きく貢献するなど、通算45試合に出場して18ゴールを記録。58年には欧州年間最優秀選手に贈られるバロンドールを受賞した。その小柄な体から繰り出す驚異的なドリブルで"ドリブラー陛下""ナポレオン"の異名を取った。60年スタード・ランースに戻り、66年まで在籍。67年に引退後は自身のスポーツウェアブランドを立ち上げた他、メディアで解説者としても活躍。一方、趣味のレースでパリ・ダカールラリーに参加するなど、様々な分野で活動した。2010年ディ・ステファノ、ボビー・チャールトン、エウゼビオに次いで4人目となる欧州サッカー連盟（UEFA）会長賞を受賞。　賞バロンドール〔1958年〕、UEFA会長賞〔2010年〕

コーフィー, ルーシー　Coffey, Lucy　日本でも勤務した米女性退役軍人　国米国　没2015年3月19日　108歳　生1906年　出米国・インディアナ州　歴テキサス州ダラスの食料品店で働いていた1941年12月、真珠湾攻撃が起きた。43年に創設されたばかりの婦人陸軍部隊に加わり、ニューギニアやフィリピンなどの太平洋地域や沖縄で勤務。45年に退役後も陸軍の事務職に就き、日本で約10年間を過ごした。2014年夏にはワシントンD.C.でオバマ大統領らと面会した。

ゴーマン, レオン　Gorman, Leon　実業家　L.L.ビーン名誉会長　国米国　没2015年9月3日　80歳　生1934年12月20日　出米国・ニューハンプシャー州ナシュア　名本名＝Gorman, Leon Arthur　歴ボウディン大学〔1956年〕卒　歴1912年祖父のレオン・レオンウッド・ビーンがメーン州でアウトドアメーカーのL.L.ビーンを創業。60年米国海軍除隊後、祖父が社長を務めるL.L.ビーンに入社。61〜62年召集により海軍復隊。67年祖父の死去に伴い、社長に就任。以後、同社の近代化を図り、世界的総合アウトドアメーカーとして成功。年間売上高475万ドルの通信販売会社だった同社を、売上高14億ドルを超える世界的企業に成長させた。2001年会長、13年名誉会長。著書に「L.L.Bean：アメリカンアイコンの創造」（06年）がある。　賞ボウディン・プライズ・アワード〔2010年〕　関祖父＝ビーン, レオン・レオンウッド（L.L.ビーン創業者）

コリエル, ラリー　Coryell, Larry　ジャズ・ギタリスト　国米国　没2017年2月19日　73歳　生1943年

4月2日 [出]米国・テキサス州ガルベストン [歴]独学でギターを習得し、15歳でマイク・マンデル率いるR&Bグループに参加。1965大学を中退してニューヨークに進出。自己のジャズ・ロックグループであるフリーズ・スピリッツ、フォアプレイ、イレブンス・ハウスなどを結成。ジャズ・フュージョン界の第一人者とされ、ジャズとロック、クラシックなどを融合し、70年代の"クロスオーバー"の流行をリードした。来日公演も行ったほか、井上陽水、日野皓正、山下和仁ら日本のアーティストとも共演した。代表作にアルバム「スペーシズ」(70年)、「アスペクツ」(76年)など。

コリンズ, ジェリー Collins, Jerry ラグビー選手 [国]ニュージーランド [没]2015年6月5日 34歳〔交通事故死〕 [生]1980年11月4日 [出]サモア・アピア [歴]サモアに生まれ、幼い頃にニュージーランドに移住。ラグビー選手として、ウェリントン地方代表、ハリケーンズで活躍。2001年6月対アルゼンチン戦でオールブラックス(ニュージーランド代表)にデビュー。ハードタックルを持ち味とし、03年W杯オーストラリア大会、07年W杯フランス大会を含む代表48試合に出場、主将も務めた。08年トゥーロン、09年オスプリーズを経て、11年から2年間ヤマハ発動機ジュビロに在籍。ヤマハを退団後、浜松市内で銃刀法違反の容疑で現行犯逮捕された。その後、社会復帰しカナダの鉱山の警備会社で働きながらラグビーを続け、15年1月フランス2部リーグのナルボンヌと契約。降格の危機にあったチームの残留に貢献したが、6月高速道路で運転していた乗用車がバスに追突され死亡した。

コリンズ, ジャッキー Collins, Jackie ロマンス作家 [国]英国 [没]2015年9月19日 77歳〔乳がん〕 [生]1937年10月4日 [出]英国・ロンドン [歴]女優として「裸の鏡」(1960年)などに出演。68年「世界は女房持ちでいっぱいだ」で作家デビュー。同作はオーストラリアと南アフリカで出版禁止となるなどセンセーションを巻き起こし、79年には自らの脚色で映画化。以後、ハリウッドを舞台に芸能界の内幕を暴露するロマンス小説を執筆。作品は世界40カ国で5億部以上を売り上げ、"ロマンスの女王"といわれた。原作を手がけた映画「ザ・スタッド」(78年, 脚本も)、「ザ・ビッチ」(79年)はいずれも姉のジョーン・コリンズが主演。「ハリウッドの妻たち」も85年にアンソニー・ホプキンスらの出演でテレビドラマ化された。他の作品に「レディー・ボス」(90年)など。2013年エリザベス女王より大英帝国勲章(OBE)を授与された。 [賞]OBE勲章〔2013年〕 [家]姉＝コリンズ, ジョーン(女優)

コール, ジョージ Cole, George 俳優 [国]英国 [没]2015年8月5日 90歳 [生]1925年 [出]英国・ロンドン [歴]ロンドンのモーデンで教育を受け、1939年「白馬亭」に出演。以後、長年にわたり数々の舞台で活躍。映画はセント・トリニアンズ校シリーズのほか、「四重奏」(48年)、「裸の島」(53年)、「完全なる良人」(54年)、「古城の剣豪」(55年)、「クレオパトラ」(63年)、「まぼろし密輸団」(64年)、「恐怖の子守歌」(71年)、「バニシング IN 60"」(74年)、「ジキル&ハイド」(96年)などに出演。最も有名なのは、主演を務めた人気長寿ドラマ「マインダー」(79〜94年)のアーサー・デイリー役と、アビーナショナル住宅金融共済組合のテレビCMだった。「マインダー」では2度BAFTA賞テレビ賞にノミネートされた。 [賞]大英帝国勲章〔1992年〕

コール, ナタリー Cole, Natalie ジャズ歌手 [国]米国 [没]2015年12月31日 65歳〔心不全〕 [生]1950年2月6日 [出]米国・カリフォルニア州ロサンゼルス [歴]父は歌手、ジャズ・ピアニストとして活躍したナット・キング・コール。6歳で父のクリスマス・アルバムにゲスト参加するなど、子供の頃から歌手として活動。1974年シカゴのクラブでプロデューサー、チャック・ジャクソン、マービン・ヤンシーに見いだされ、75年アルバム「インセパラブル」でデビュー。デビュー曲「ディス・ウィル・ビー」がヒットし、76年グラミー賞最優秀新人賞など2部門に輝く。84年育ての親で夫でもあったヤンシーを肺がんで亡くして以来、ドラッグにおぼれ、苦悩の日々を過ごすが、87年「永遠の夢」でカムバック。89年「グッド・トゥ・ビー・バック」が大ヒット。91年父のヒット曲と愛唱曲を歌ったアルバム「アンフォゲッタブル」を発表。400万枚を超えるベストセラーとなり、グラミー賞を7部門で受賞した。ジャズからR&B、ポップスなど幅広いジャンルを歌い、米国を代表する歌姫として活躍した。他のアルバムに「アスク・ア・ウーマン・フー・ノウズ」などがある。2000年衝撃的な過去を赤裸々に告白した自伝「エンジェル・オン・マイ・ショルダー」を刊行。08年C型肝炎と診断されたことを告白し、09年には腎臓移植を受けた。1976年東京音楽祭で初来日しグランプリを獲得。97年にはソプラノ歌手キリ・テ・カナワとの異色の組み合わせで来日公演を行った。 [賞]グラミー賞(2部門)〔1976年〕「ディス・ウィル・ビー」, アメリカン・ミュージック・アウォード最優秀アルバム賞(アダルトコンテンポラリー部門, 第19回)〔1992年〕「アンフォゲッタブル」, グラミー賞(7部門)(第34回)〔1992年〕「アンフォゲッタブル」, グラミー賞ジャズボーカル賞(第36回)〔1994年〕, グラミー賞ポップコラボレーション・ウィズ・ボーカル賞(第39回)〔1997年〕 [家]父＝コール, ナット・キング(歌手), 夫＝ヤンシー, マービン(プロデューサー)

コール, バベット Cole, Babette 絵本作家 イラストレーター [国]英国 [没]2017年1月15日 66歳 [生]1950年9月10日 [出]英国・チャンネル諸島ジャージー島 [学]カンタベリー・カレッジ・オブ・アート [歴]広告関係の仕事に就いた後、カンタベリー・カレッジ・オブ・アート(現・UCA芸術大学)でイラストレーションを学ぶ。グリーティングカードのデザインやイラストの提供、テレビ番組の制作に携わった後、最初の絵本「Basil Brush of the Yard」(1977年)を発表。「プリンセス・スマーティパンツ」シリーズ、「トラブル」シリーズなどが人気を呼び、生涯に70冊以上の絵本や書籍を発表した。他の作品に、「ママがもんだい」(83年)、「ママがたまごをうんだ！」(93年)、「つるつるしわしわ としをとるおはなし」(96年)などがある。 [賞]エミール・クルト・マッシュラー賞〔1996年〕「つるつるしわしわ としをとるおはなし」

コール, ヘルムート Kohl, Helmut 政治家 ドイツ首相 キリスト教民主同盟(CDU)党首 [国]ドイツ [没]2017年6月16日 87歳 [生]1930年4月3日 [出]ド

イツ・ルートウィヒスハーフェン　[名]本名＝コール，ヘルムート・ヨーゼフ・ミハエル〈Kohl, Helmut Josef Michael〉　[学]フランクフルト大学〔1951年〕卒，アルトハイデルベルク大学〔1958年〕卒　哲学博士（アルトハイデルベルク大学）〔1958年〕　[歴]地方官吏の家庭に育ち、フランクフルト大学などで政治、歴史学などを学ぶ。1947年17歳で西ドイツのキリスト教民主同盟（CDU）に入党。化学工場勤務を経て、59～76年ラインラント・プファルツ州議会議員。63～69年CDU同州議会議員団長、66～73年CDU同州支部長、69～76年同州首相を歴任。この間、69年CDU副党首を経て、73年6月CDU党首となる。76年～2002年連邦議会議員。1976～82年キリスト教民主・社会同盟（CDU・CSU）連邦議会議員団長。82年10月3党の連立政権が誕生し首相に就任。83年再選、87年3選。89年11月東西冷戦の象徴だった"ベルリンの壁"が崩壊すると、ドイツ統一に向け抜群の行動力を発揮。90年7月モスクワに乗り込み、統一ドイツの北大西洋条約機構（NATO）帰属について、ソ連のゴルバチョフ共産党書記長から了解を取り付けた。大国誕生への欧州諸国の警戒や、経済が立ち遅れていた東ドイツとの統合を懸念する国内の慎重論を押し切り、同年10月統一を実現。ドイツ連邦共和国の初代首相に就任した。12月の統一ドイツ総選挙でも圧勝し、91年1月首相に4選。94年11月5選。98年9月の総選挙でCDUは社会民主党に大敗、自身も小選挙区で落選（比例区では当選）し、10月退陣。在任期間は戦後ドイツの首相として最長の5865日に及んだ。同年11月CDU名誉党首。この間、隣国フランスとの関係強化に努め、欧州統合やNATOの強化拡大に貢献。欧州の経済通貨統合を推進し、ユーロ導入に道筋をつけた。99年1月オランダ政府より"欧州宰相"の称号と勲章が贈られた。2000年1月CDUをめぐる不正献金疑惑により名誉党首を辞任。02年9月政界を引退。1983年10月、86年5月、93年2月、96年10月来日。2009年ドイツの世論調査機関TNSが行った調査で、"戦後ドイツ史で最も重要な人物"に選ばれた。190センチ、118キロの巨漢として知られた。　[賞]自由勲章（米国）〔1999年〕，チェコ国家勲章〔1999年〕，カール大帝賞（フランス）〔1988年〕，ベルリン名誉市民〔1992年〕，シュンペーター賞，慶応義塾大学名誉法学博士号〔1996年〕，フリーダム・オブ・シティー・オブ・ロンドン〔1998年〕，欧州名誉市民〔1998年〕

コルチノイ，ヴィクトル　Korchnoi, Viktor
チェス棋士　[国]スイス　[没]2016年6月6日　85歳〔脳卒中〕　[生]1931年3月23日　[出]ソ連・ロシア共和国レニングラード（ロシア・サンクトペテルブルク）　[名]本名＝Korchnoi, Viktor Lvovich　[歴]6歳の頃から父にチェスを教わる。4度のソ連チャンピオンを経て、1976年オランダに亡命し、その後スイスに移った。高齢になるまで現役のプレーヤーとして活躍し、2011年にはスイス・チャンピオンになった。

ゴールドウィン，サミュエル（Jr.）　Goldwyn, Samuel (Jr.)
映画プロデューサー　実業家　サミュエル・ゴールドウィン・カンパニー社長　[国]米国　[没]2015年1月9日　88歳　[生]1926年9月7日　[出]米国・カリフォルニア州ロサンゼルス　[学]バージニア大学　[歴]父はハリウッドの黄金期に数多くの映画を手がけた大プロデューサーのサミュエル・ゴールドウィン。子供の頃から映画に囲まれて育つ。1944年バージニア大学在学中に徴兵され、慰問班を組織して世界各地を回り、ヨーロッパで除隊後、英国のランクに入る。48年帰国、ユニバーサルを経て、55年独立プロのサミュエル・ゴールドウィン・カンパニーを設立。57年軍隊に呼び戻されドキュメンタリー映画「Alliance For Peace」を製作。以後、テレビを経て映画製作を手がけた。89年父が2度製作した「ステラ・ダラス」を「ステラ」として現代風に再映画化した。他のプロデュース作品に「街中の拳銃に狙われる男」（55年）、「若い恋人たち」（64年）、「ロールスロイスに銀の銃」（69年）、「ゴールデンシール」（83年）、「ストレンジャー・ザン・パラダイス」（84年）、「ミスティック・ピザ」（88年）、「クォーターバック」（94年）、「マスター・アンド・コマンダー」（2003年）、「LIFE！/ライフ」（13年）など。1990年来日。　[家]父＝ゴールドウィン，サミュエル（映画プロデューサー），長男＝ゴールドウィン，ジョン（映画プロデューサー），三男＝ゴールドウィン，トニー（俳優）

ゴールドバーグ，デーブ　Goldberg, Dave
起業家　サーベイモンキーCEO　[国]米国　[没]2015年5月2日　47歳〔ランニングマシン転倒事故による頭蓋骨損傷〕　[生]1967年10月2日　[出]米国・イリノイ州シカゴ　[名]本名＝Goldberg, David Bruce　[学]ハーバード大学〔1989年〕卒　[歴]1994年音楽コンテンツを配信するローンチメディアを設立。2001年ヤフーに売却後、ヤフーミュージック副社長兼ゼネラルマネジャーを務める。09年インターネット調査会社サーベイモンキーCEO（最高経営責任者）に就任。事業拡大で手腕を発揮し、企業価値を約20億ドル（約2400億円）に高めた。04年交流サイト最大手フェイスブックCOO（最高執行責任者）のシェリル・サンドバーグと結婚。シリコンバレー有数のパワーカップルとして知られていたが、15年旅行先のメキシコでランニングマシンで運動中に転倒し、47歳の若さで亡くなった。　[家]妻＝サンドバーグ，シェリル（フェイスブックCOO）

コールバーグ，ジェローム　Kohlberg, Jerome (Jr.)
金融家　コールバーグ・クラビス・ロバーツ（KKR）共同創業者　[国]米国　[没]2015年7月30日　90歳　[生]1925年7月10日　[出]米国・ニューヨーク州ニューロシェル　[学]スワースモア大学，ハーバード大学ビジネススクール，コロンビア大学ロースクール　[歴]1955年ニューヨークの大手投資銀行ベアー・スターンズで働き始める。76年ベアー・スターンズ勤務時代の同僚ヘンリー・クラビス、ジョージ・ロバーツとともに投資ファンドのコールバーグ・クラビス・ロバーツ（KKR）を設立。買収相手の企業の資産を担保に資金調達するレバレッジド・バイアウト（LBO）と呼ばれる手法を活用した投資会社の草分けとして成長させた。KKRは食品やたばこを手がけた米RJRナビスコ（当時）を80年代に買収して有名になったが、自身は買収完了前の87年にKKRを辞めた。

ゴルバルネジャド，バハマン　Golbarnezhad, Bahman
自転車選手（ロードレース）　[国]イラン　[没]2016年9月17日　48歳〔レース中の自転車事故死〕　[生]1968年　[出]イラン・シラーズ　[歴]左脚が義足で、2002

外　国　人　　　　コン

年から自転車ロードレース競技を始める。12年ロンドン・パラリンピックに出場。16年リオデジャネイロ・パラリンピックでは男子個人ロードタイムトライアル（運動機能障害C4）で14位。個人ロードレース（運動機能障害C4-5）にも出場したが、コースの山岳地帯の下り坂に入ったところで落車し、頭部を強く打って死亡した。パラリンピックでの選手の死亡事故は初めてで、オリンピックで競技中の選手が死亡するのは、1960年ローマ大会でデンマークの自転車選手が死亡して以来となった。

コールマン, オーネット　Coleman, Ornette
ジャズ・サックス奏者　作曲家　フリー・ジャズの祖　㋒アルトサックス　㊤米国　㋨2015年6月11日　85歳〔心不全〕　㊦1930年3月19日　㊥米国・テキサス州フォートワース　㋟7歳で父親と死別。残された家族を養うため、アルトサックスを独学で学び、生地フォートワースで演奏活動を開始。1950年ロサンゼルスに活動の場を移し、58年ドン・チェリー、ビリー・ヒンギスらを率いて、リーダーアルバム「サムシング・エルス」でデビュー。のちモダン・ジャズ・カルテットのリーダーであるジョン・ルイスに才能を認められ、ニューヨークに活動の拠点を移す。以後、59年「ジャズ来るべきもの」、61年「フリージャズ」といったアルバムを世に送り出し、フリージャズへの道を開く。65年映画「Chappaqua（チャパカ）」のサントラ録音、同年の欧州ツアーなどで活躍を続け、71年ニューヨークのソーホーにアーティスト・ハウスを開き、作曲活動も行う。この間、自己のカルテットやエレクトリック・バンド、プライム・タイムにも活動し、数々のアルバムを発表。70年代にはコードの解放と新しい即興概念を試み、独自の音楽理論"ハーモロディクス"を構築した。他の作品に欧州ツアー中の「ゴールデン・サークル」（65年）、ロンドン・フィルと共演した「アメリカの空」（72年）、エレクトリックギターやモロッコの民族音楽団を大胆に取り入れた「ダンシング・イン・ユア・ヘッド」（73年）、パット・メセニーらとの共演による「ソングX」（86年）、映像と音楽をミックスした新しい試み「ナイト・アット・インターゾーン」（92年）などがある。また、自身の記録映画に「メイド・イン・アメリカ」（85年）がある。67年以来たびたび来日し、2001年高松宮殿下記念世界文化賞を受賞。06年の来日公演では渡辺貞夫と共演した。07年ピュリッツアー賞を受賞。　㋭ピュリッツアー賞〔2007年〕、ジャズ・ディスク大賞（第29回）〔1996年〕「トーン・ダイアリング」、世界文化賞（音楽部門、第13回）〔2001年〕

コレア, チャールズ　Correa, Charles M.　建築家　㊤インド　㋨2015年6月16日　84歳〔病気〕　㊦1930年9月1日　㊥インド・ハイデラバード近郊　㋓ボンベイ大学、ミシガン大学、マサチューセッツ工科大学大学院〔1951年〕修了　㋟1949年渡米。2つの大学で建築を学び、55年帰国後ボンベイ（現・ムンバイ）の都市計画に参画。28階建ての高層集合住宅「カンチャンジャンガ・アパートメンツ」の設計を手がけ、涼しい風が通り抜ける設計を実践する。また83〜86年ボンベイ郊外の都市・ニューボンベイに低価格住宅を設計。この

間、58年以来ムンバイに事務所を構え、「ブリティッシュ・カウンシル」「国立クラフツ・ミュージアム」（以上ニューデリー）、「プーナ大学天文学・天体物理学センター」（プーナ）、「ジャワハル美術館」（ジャイプール）などの宗教、風土、生活に根ざした作品を数多く発表。第三世界を代表する建築家といわれる。2001年よりマサチューセッツ工科大学教授を務めた。　㋭インド国家勲章パドマ・シュリ、RIBAゴールド・メダル〔1984年〕、インド建築家協会ゴールド・メダル〔1987年〕、国際建築家連合ゴールド・メダル〔1990年〕、世界文化賞（建築部門、第6回）〔1994年〕

コロフ, イワン　Koloff, Ivan　プロレスラー　㊤カナダ　㋨2017年2月18日　74歳〔肝臓がん〕　㊦1942年8月25日　㊥カナダ・オンタリオ州オタワ　㋐本名＝ペラス、オレアル〈Perras, Oreal James〉　㋟1960年レスリングを始め、68年プロレスラーとしてデビュー。カナダ出身ながら、ロシア人に扮した悪役レスラーとして活躍。"ロシアの怪豪" "ロシアン・ベア（熊）"と呼ばれた。71年1月には約8年間もWWWF（現・WWE）王者に君臨していたブルーノ・サンマルチノを破り、第3代WWWF世界ヘビー級王座を獲得する。71年日本プロレスでジャイアント馬場のインターナショナルヘビー級王座、76年新日本プロレスでアントニオ猪木のNWFヘビー級王座に挑戦した。94年引退後は米国のノースカロライナ州で暮らした。

ゴロン, アン　Golon, Anne　作家　㊤フランス　㋨2017年7月14日　95歳　㊦1921年12月17日　㊥フランス　㋐旧姓・名＝Changeux, Simone　㋟もともとはアマチュア考古学者。アフリカの古跡でやはりアマチュア考古学者として知られた医師セルジュ・ゴロンと知り合い、結婚。1956年から夫婦共著の大河小説「Angélique（アンジェリク）」の刊行を始め、英語版が出ると世界的なベストセラーになった。考古学に関心の深い作者であるだけに、綿密な資料調査による考証の正確さには賞賛が集まった。史上実在の人物を縦横に駆使しながら、この作品に登場した人物計250体の人形を作り、大きな地図の上に並べて作品のイメージ作りの参考にしたと伝えられる。72年に夫が亡くなってからも物語を書き続け、85年全13巻をもって完結させた。2013年本国フランスで映画化された。　㋡夫＝ゴロン、セルジュ（作家）

コーン, ウォルター　Kohn, Walter　化学者　カリフォルニア大学サンタバーバラ校名誉教授　㋒量子化学　㊤米国　㋨2016年4月19日　93歳　㊦1923年3月9日　㊥オーストリア・ウィーン　㋓トロント大学、ハーバード大学　博士号（ハーバード大学）〔1948年〕　㋟1938年ユダヤ人迫害から逃れるためカナダへ移住。50〜59年カーネギー・メロン工科大学助教授、準教授、教授、60〜79年カリフォルニア大学サンディエゴ校教授、84〜91年同大サンタバーバラ校物理学教授、91年名誉教授・研究教授。98年電子の状態を近似的に計算する密度汎関数法を編み出した功績に、ジョン・ポープル博士とともにノーベル化学賞を受賞した。この間、57年米国籍を取得。　㋭ノーベル化学賞〔1998年〕、オリバー・E.バックリー賞〔1960年〕、ダヴィソン・ガーマー賞〔1977年〕、米国国家科学賞〔1988

年〕 [賞]米国芸術科学アカデミー特別会員, 米国科学アカデミー会員, ロイヤル・ソサエティ外国会員

コンヴィツキ, タデウシュ　Konwicki, Tadeusz
作家 脚本家 映画監督 [国]ポーランド [没]2015年1月7日 88歳 [生]1926年6月22日 [出]ポーランド・ビルノ（リトアニア・ビリニュス） [歴]第二次大戦中は、リトアニアでドイツ、ロシア両国の占領に対して抵抗運動に参加したのち、ポーランドに移住。戦後間もなくポーランド共産党に入党し、約15年後に脱党。1946年ごろから雑誌編集、デザイナーなどの仕事に携わる。50年代半ばから映画監督、脚本家、小説家として活躍を始め、70年代に反体制作家に加わる。小説に「沼地」（48年）、「現代の夢占い」（63年）、「昇天」（67年）、「ぼくはだれだ」（69年）、「暦と砂時計」（76年）、「ポーランド・コンプレックス」（77年）、「小黙示録」（79年）、「月の出と月の入り」（82年）など。映画監督作品に「夏の終わりの日」（58年）、「サルト」（65年）、「溶岩流」（89年）、脚本作品に「経歴」（54年）、「尼僧ヨアンナ」（61年）、「太陽の王子ファラオ」（66年）、「宿屋」（82年）、「オーストリア」（83年）、「愛の記録」（原作・出演も, 86年）などがある。

コンクエスト, ロバート　Conquest, Robert
作家 詩人 歴史家 スタンフォード大学フーバー研究所上級研究員 [専]旧ソ連研究 [国]米国 [没]2015年8月3日 98歳 [生]1917年7月15日 [出]英国・ウスター州 [名]本名＝コンクエスト, ジョージ・ロバート・アックワース〈Conquest, George Robert Acworth〉 [学]オックスフォード大学卒 [歴]外交官としてブルガリアのソフィアに駐在。退官後、著作活動、学究生活に入る。作家キングズリー・エイミスとともにSFの編集に従事、その功績により、英国においてSFがアカデミズムに認められるようになった。1964年米国に移住。コロンビア大学、ハーバード大学のソ連関係研究機関研究員を経て、スタンフォード大学フーバー研究所上級研究員。著書に「ソ連の政治と権力」「ロシアについての常識」「天才の勇気・パステルナーク事件」「レーニン」「スターリンの恐怖政治」「誰がキーロフを殺したのか」など多数。また、ソルジェニーツィンの詩集「プロシャの夜」の翻訳、詩人、小説家としても活躍した。 [賞]OBE勲章〔1955年〕, 聖マイケル聖ジョージ勲章（CMG）〔1996年〕, 自由勲章（米国大統領）〔2005年〕 [資]ブリティッシュ・アカデミー特別会員, 米国芸術科学アカデミー会員

ゴンザレス, ミゲル　González, Miguel
大リーグ選手 [国]キューバ [没]2017年11月23日 31歳〔交通事故死〕 [生]1986年9月23日 [出]キューバ・ハバナ [名]本名＝ゴンザレス, ミゲル・アルフレド〈González, Miguel Alfredo〉 [歴]キューバ代表の右腕投手として活躍し、2010年東京で行われた世界大学野球選手権で優勝。13年コスタリカに亡命し、米大リーグのフィリーズと3年契約で合意。14年メジャーデビューしたが、6試合に登板したのみでその後はメジャーの舞台に立てず、16年シーズン直前に解雇される。17年11月故郷ハバナで自動車事故のため31歳の若さで死去した。

コントレラス, マヌエル　Contreras, Manuel
軍人 チリ国家情報局（DINA）長官 [国]チリ [没]2015年8月7日 86歳 [生]1929年5月4日 [出]チリ・サンティアゴ [名]本名＝Contreras Sepulveda, Juan Manuel Guillermo [歴]1973〜90年のピノチェト軍事独裁政権で秘密警察にあたる国家情報局（DINA）の長官を務め、コンドル作戦を実行するなど左翼勢力を弾圧。軍政下の弾圧による死者、行方不明者は約3200人に上るが、DINAはその多くに関与していた。民政移管後、人権侵害の罪などに問われ、禁錮計500年以上を言い渡された。進行中の裁判もあったが、2015年死去した。

コンフォード, エレン　Conford, Ellen
児童文学作家 [国]米国 [没]2015年3月20日 73歳〔心不全〕 [生]1942年3月20日 [出]米国・ニューヨーク市 [名]旧姓・名＝Schaffer, Ellen [歴]子供の頃から執筆を開始。1971年ふくろねずみ物語の第1作「やればできるよランドルフ」でデビュー。この作品が大好評を得、この年の最優良書の1冊に選ばれた。その後、「どうしてわたしはウィリアムじゃないの」など40以上の作品を発表し、幅広い読者を得た。他の作品に「これならおとくいジェラルディン」「スター少女アナベル ゴリラになる」「ゆうかんになったユージン」などがある。

コンリー, ジーン　Conley, Gene
大リーグ選手 バスケットボール選手 [国]米国 [没]2017年7月4日 86歳 [生]1930年11月10日 [出]米国・オクラホマ州マスコギー [名]本名＝Conley, Donald Eugene [歴]米4大スポーツのうち、大リーグとバスケットボールNBAの2つで王者に輝いた唯一の選手。1952年大リーグのブレーブスで投手としてデビュー。以後、フィリーズ、レッドソックスでプレーし、11年間で通算91勝96敗。57年にはブレーブスで世界一に輝いた。62年レッドソックスで自己最多の15勝をマーク。オールスター出場3回。2メートルの長身を生かし、NBAでも活躍。58〜59年シーズンから3年連続でセルティックスの優勝に貢献した。

コンロイ, パット　Conroy, Pat
作家 [国]米国 [没]2016年3月4日 70歳 [生]1945年10月26日 [出]米国・ジョージア州アトランタ [名]本名＝Conroy, Donald Patrick [学]シタデル大学（サウスカロライナ州）卒 [歴]少年時代を米国海兵隊軍人の父の転属に従って南部各地で過ごす。1970年自費出版「The Boo」で作家デビュー。第2作の「The Water Is Wide（河は広い）」（72年）は「コンラック先生」（74年）というタイトルで映画化された。第5作目にあたるサウスカロライナ州のある漁師一家の過去と現在を描いた1900枚の大作「潮流の王者」（86年）はベストセラーとなり、女優バーブラ・ストライサンド監督・主演の「サウス・キャロライナ/愛と追憶の彼方」（91年）として映画化された。

【サ】

蔡 焜燦　サイ・コンサン　Tsai Kun-tsan
実業家 歌人 [国]台湾 [没]2017年7月17日 90歳〔老衰〕 [生]1927年 [出]台湾台中 [学]台中州立彰北商業学校卒 [歴]日本の植民地時代に台湾で日本語を学んだ“日本語世

代"。旧日本軍に志願し、日本で終戦を迎えた。1945年岐阜陸軍航空整備学校奈良教育隊に入校。46年中華民国に接収された台湾に帰国。体育教師を目指すが、実業界に入り、航空貨物の取扱い、ウナギの養殖などの事業を手がける。のち"台湾のシリコンバレー"と呼ばれる新竹工業団地内にある半導体のデザイン会社・偉詮電子股份有限公司董事長(会長)に就任。台湾財界で著名な人物となった。台湾を代表する親日家の一人で、日本の統治下にあった台湾の義務教育の歴史を残そうと、母校清水公学校の「綜合教育読本」を復刻した。また、司馬遼太郎の名作「台湾紀行」で博識の愛国者として登場する"老台北(ラオタイペイ)"としても知られる。台湾の短歌愛好会「台湾歌壇」代表として、短歌を通じた日本文化の紹介及び対日理解の促進にも努めた。著書に「台湾人と日本精神」(2000年)がある。　[賞]旭日双光章(日本)〔2014年〕

ザイプ, ウォルター　**Seipp, Walter**　銀行家　コメルツ銀行頭取　[国]ドイツ　[没]2015年2月4日　89歳　[生]1925年12月13日　[出]ドイツ・ランゲン・ヘッセ　[学]フランクフルト大学〔1949年〕卒　法学博士〔1952年〕　[歴]1943～45年第二次大戦に従軍。51年ドイツ銀行、74年西ドイツ銀行(ウエストLB)を経て、81年コメルツ銀行頭取に就任、異例のワンマン体制で経営を再建。91年5月補佐役のマルティン・コールハウゼンに代表を譲った。

サイモン, サム　**Simon, Sam**　テレビプロデューサー　脚本家　人気アニメ「ザ・シンプソンズ」の共同作者　[国]米国　[没]2015年3月8日　59歳〔結腸がん〕　[生]1955年6月6日　[出]米国・カリフォルニア州ロサンゼルス　[歴]Foxテレビのアニメ「ザ・シンプソンズ」を1989年にマット・グレーニング、ジェームズ・ブルックスとともに始め、4シリーズの後に監督を降りたが、その後も製作総指揮として関わり続けた。米社会をシニカルに描いた内容は人気が高かった。他の関わった作品に「Taxi」(82～83年)、「ザ・トレイシー・ウルマン・ショー/The Tracy Ullman Show」(87～90年)、「チアーズ/Cheers」などがある。また「ニューヨークのいたずら」(91年)、「ザ・シンプソンズ MOVIE」(2007年)などの脚本も手がけた。晩年は多額の資産を動物愛護運動に充て、反捕鯨団体シー・シェパードなどの活動を支えた。　[賞]エミー賞(11回)「トレイシー・ウルマン・ショー」「ザ・シンプソンズ」

ザイラー, エルンスト・フリードリッヒ　**Seiler, Ernst Friedrich**　ピアニスト　[没]2017年3月25日　82歳〔急性骨髄性白血病〕　[生]1934年6月9日　[出]ドイツ・ミュンヘン　[学]ケルン音楽大学ピアノ科卒, ジュリアード音楽院〔1959年〕卒　[歴]大学在学中から世界各地で演奏。1961年神戸女学院大学の招きで来日。京都市立音楽短期大学などで教鞭を執った後、68年モーツァルテウム音楽院招聘教授、徳島文理大学音楽学部ピアノ科教授などを歴任。73年から妻の和子とピアノデュオを組み、1台のピアノを4手で連弾するスタイルで演奏活動を行う。一方、元農家を買い取って、週末には農作業に従事する"音農一致"の生活を営んだ。89年京都府南丹市に、福井県大飯郡にあった禅寺の旧本堂を移築してかやぶき音楽堂・迦陵頻窟(からびんくつ)を開設、初夏と秋の年2回のコンサートを行う。98年には国際的なピアノデュオコンクールを開始。2012年妻と一緒に京都府文化賞功労賞を受けた。　[賞]ヒューマンかざぐるま賞(第14回)〔2003年〕, 京都府文化賞功労賞〔2012年〕, コロニークラブピアノ国際コンクール第1位〔1956年〕　[家]妻＝ザイラー, 和子(ピアニスト), 三女＝ザイラー, まゆみ(バイオリニスト), 四女＝ザイラー, 希生(バイオリニスト)　[師]師＝ゴドロニツキー, サッシャ, エプシュタイン, ロニー

サウド・アル・ファイサル　**Saud al-Faisal**　政治家　サウジアラビア外相　[国]サウジアラビア　[没]2015年7月9日　75歳　[生]1940年　[出]サウジアラビア・リヤド　[学]プリンストン大学〔1964年〕卒　[歴]暗殺されたファイサル第3代国王の第4王子。1964年米国プリンストン大学卒業。71～74年石油鉱物資源省次官を経て、75年3月外務担当国務相、同年10月外相に就任。以来、2015年4月に健康上の理由で辞任するまで40年間外相を務め、在任期間は世界最長だった。冷戦時代、"親米、反ソ"を基軸に外交を展開。2011年に始まったシリア内戦では、反アサド政権派を支援した。また、"第3世代プリンス"の中では唯一の閣僚経験者で、将来の有力国王候補だった。1996年来日。　[家]父＝ファイサル(第3代サウジアラビア国王)

サーステッド, ピーター　**Sarstedt, Peter**　シンガー・ソングライター　[国]英国　[没]2017年1月8日　75歳　[生]1941年12月10日　[出]インド・デリー　[名]本名＝Sarstedt, Peter Eardley　[歴]インドに駐在していた英国人の家庭に生まれる。音楽一家で育ち、兄弟とともにギターを学んだ。1954年父の死去後、ロンドンに移住。グループとして活動後、68年ソロデビュー。69年「ホエア・ドゥ・ユー・ゴー・トゥ(マイ・ラブリー)」が英国のシングルチャートで4週に渡ってトップを記録した。

サックス, アンドリュー　**Sachs, Andrew**　俳優　[国]英国　[没]2016年11月23日　86歳　[生]1930年4月7日　[出]ドイツ・ベルリン　[名]本名＝Sachs, Andreas Siegfried　[歴]ベルリンのユダヤ系家庭に生まれる。ナチスの迫害から逃れるためロンドンに移住。ラジオや舞台を経て、テレビや映画にも進出。1975～79年小さなホテルを舞台とした人気コメディドラマ「フォルティ・タワーズ」(邦題は「Mr.チョンボ危機乱発」)にスペイン人ウエイターのマニュエル役で出演、名脇役として人気を博した。日本の人気ドラマ「西遊記」(78～80年)の英語吹き替え版の俳優なども務めた。他の出演に、映画「アドルフ・ヒトラー/最後の10日間」(73年)、「ピンク・パンサー4」(78年)、「メル・ブルックス/珍説世界史PART1」(81年)、「アリス・イン・ワンダーランド/時間の旅」(2016年)など。

サックス, オリバー　**Sacks, Oliver Wolf**　神経学者　医師　作家　ニューヨーク大学医学部教授　[専]神経化学, 神経生理学　[国]英国　[没]2015年8月30日　82歳〔肝臓がん〕　[生]1933年7月9日　[出]英国・ロンドン　[学]オックスフォード大学卒　[歴]オックスフォード大学その他で学んだ後、神経化学・神経生理学を研究。1958年医学学士号を取得。のち米国に渡り、カリフォルニア大学サンフランシスコ校、同大ロサンゼルス校で神経科の専門医としてのトレーニングを受ける。65

サ

年ニューヨークへ移り、ブロンクスのベス・エイブラハム病院スタッフとなる。その後、偏頭痛、知能障害、脳炎後遺症の臨床医として活躍する傍ら、作家活動を展開。映画「レナードの朝」(ロバート・デニーロ主演)の原作「めざめ」(65年)、メディカル・エッセイ「妻を帽子とまちがえた男」(85年)などによって“20世紀の最も優れたクリニカル・ライター”として親しまれる。2007〜12年コロンビア大学メディカルセンター神経学・精神学教授、12年からはニューヨーク大学医学部教授。他の著書に「火星の人類学者」「偏頭痛百科」「手話の世界へ」「色のない島へ」「タングステンおじさん」「音楽嗜好症(ミュージコフィリア)」「見てしまう人びと」などがある。 [賞]大英帝国勲章コマンダー章〔2008年〕, 毎日出版文化賞(第50回)〔1996年〕「手話の世界へ」

サ

サックス, ジーン **Saks, Gene** 演出家 映画監督 俳優 [国]米国 [没]2015年3月28日 93歳〔肺炎〕 [生]1921年11月8日 [出]米国・ニューヨーク市 [学]コーネル大学 [歴]舞台俳優として「ミスター・ロバーツ」「南太平洋」などに出演した後、1963年「Enter Laughing」で初めて演出を手がける。トニー賞を3回受賞するなど名演出家として活躍。映画監督としては67年「裸足で散歩」でデビュー。ニール・サイモンの作品で7つの舞台、4本の映画を演出した。他の監督映画に「おかしな二人」(68年)、「サボテンの花」(69年)、「メイム」(74年)、出演作に「星に想いを」「ノーバディーズ・フール」(94年)など。 [賞]トニー賞演出賞(ミュージカル部門, 第31回)〔1977年〕「アイ・ラブ・マイ・ワイフ」, トニー賞演出賞(プレイ部門, 第37回・39回)〔1983年・1985年〕「Brighton Beach Memoirs」「Biloxi Blues」

サッター, ジョー **Sutter, Joe** 技術者 “ジャンボ機の父”と呼ばれるボーイング747の開発者 [国]米国 [没]2016年8月30日 95歳 [生]1921年3月21日 [出]米国・ワシントン州シアトル [名]本名=Sutter, Joseph Frederick [学]ワシントン大学航空学科卒 [歴]スロベニア移民の父とオーストリア移民の母のもと、米国シアトルで生まれる。大学時代から大手航空機製造会社ボーイングの組立工として働き、戦後、米海軍の航空技術学校で学んだ後、同社に技術者として入社。機体前方が2階建てで、500を超える座席を配置できるジャンボ機「ボーイング747」のチーフエンジニアとして開発を主導。1970年代以降の大量輸送時代を担う大型機を誕生させ、“ジャンボ機の父”と呼ばれた。86年40年間にわたるボーイング勤務を終え退職。これに際し、当時のレーガン大統領から国家技術勲章を授与された。 [賞]米国国家技術勲章〔1986年〕

サッチャー, デービッド **Thatcher, David** 軍人 太平洋戦争で日本本土を初空襲した米軍ドゥーリトル隊の搭乗員 [国]米国 [没]2016年6月22日 94歳〔脳卒中による合併症〕 [生]1921年7月31日 [出]米国・モンタナ州ブリッジャー [名]本名=Thatcher, David Jonathan [歴]高校卒業後、米軍に入隊し、航空整備員としての訓練を受けた。太平洋戦争が始まった1942年4月、米軍ドゥーリトル隊の一員としてB25爆撃機に搭乗し、日本本土を初空襲。工場地帯などを爆撃したが、搭乗機は燃料切れで中国沿岸に墜落。負傷した仲間らを救助し、中国本土の病院に運んだ。この体験が描かれた別の搭乗員の手記「東京上空三十秒」は米国でベストセラーとなり、後に映画化された。その後、米政府から勇敢な行為をたたえる銀星章を授与された。 [賞]銀星章

ザデー, ロトフィ **Zadeh, Lotfi** コンピューター科学者 カリフォルニア大学バークレー校名誉教授 [専]ファジィ理論, 人工知能, エキスパートシステム, ディシジョン・アンド・インフォメーション・アナリシス [国]米国 [没]2017年9月6日 96歳 [生]1921年2月4日 [出]ソ連・アゼルバイジャン共和国バクー(ロシア) [名]本名=Zadeh, Lotfi Asker [学]テヘラン大学電子工学科〔1942年〕卒, マサチューセッツ工科大学大学院〔1945年〕修士課程修了, コロンビア大学大学院博士課程修了 博士号(コロンビア大学)〔1949年〕 [歴]ジャーナリストの父と医師の母のもと、旧ソ連のアゼルバイジャンに生まれる。イランに移住し、テヘラン大学で学ぶ。渡米後、マサチューセッツ工科大学で修士号、コロンビア大学で博士号を取得。1950年コロンビア大学助教授、57年教授を経て、59年カリフォルニア大学バークレー校電子工学科教授。91年名誉教授。米国国立科学財団特別研究員のほか、IEEEなど20に上る団体の役員を務めた。65年人間の思考のあいまいさに枠組みを与えて推論・処理するための理論“ファジィ理論”を提唱。ファジィ理論の発展の基礎を作ったことが評価され、89年には本田賞を受賞した。コンピューター・サイエンスの世界的権威として知られた。90年来日。 [賞]本田賞〔1989年〕, IEEE栄誉賞〔1995年〕, 大川賞〔1996年〕, ベンジャミン・フランクリン・メダル〔2009年〕

ザディコ, バックウィート **Zydeco, Buckwheat** アコーディオン奏者 [国]米国 [没]2016年9月24日 68歳〔肺がん〕 [生]1947年11月14日 [出]米国・ルイジアナ州ラファイエット [名]本名=デュラル・ジュニア, スタンリー・ジョセフ〈Dural, Stanley Joseph (Jr.)〉 [歴]ブルースに似ているが、よりテンポの速い音楽“ザディコ”に触れて育つ。自身のバンド、バックウィート・ザディコ&イル・ソン・パティー・バンド名義で活動。1980年代に人気を博し、87年グループはザディコ演奏の分野で初めて大手レコード会社と契約を交わした。96年にはアトランタ五輪閉会式で演奏。2009年のアルバム「レイ・ユア・バーデン・ダウン」でグラミー賞を受賞した。 [賞]グラミー賞〔2009年〕「レイ・ユア・バーデン・ダウン」

サーティーズ, ジョン **Surtees, John** F1ドライバー オートバイライダー [国]英国 [没]2017年3月10日 83歳 [生]1934年2月11日 [出]英国・サリー州タッツフィールド [名]愛称=Big John [歴]世界で唯一人、2輪(オートバイ)と4輪(F1)の両方で世界王者になったモータースポーツ界の偉人。10代からロードレース世界選手権に参戦。1956年、58年、59年、60年とオートバイのロードレース選手権で優勝。その後、F1に転向し、63年フェラーリで初優勝、64年F1年間王者となった。12年間にわたりF1に参戦し、ロータス、クーパー、ローラ、ホンダ(67〜68年)、BRMに所属。70年には自身のチーム“サーティースチーム”を立ち上げ、72年引退。F1では通算6勝を挙げ、最後の勝利は

67年イタリアGPでホンダとの勝利だった。2009年F2に参戦していた息子ヘンリーが、跳ね返ったタイヤに直撃して死亡。晩年は息子の名を冠したヘンリー・サーティーズ基金を通じて活動を行った。 [家]息子＝サーティーズ, ヘンリー（レーシングドライバー）

ザードロ, ペーター Sadlo, Peter 打楽器奏者 作曲家 指揮者 [国]ドイツ [没]2016年7月29日 54歳 [生]1962年4月28日 [出]西ドイツ・バイエルン州ニュルンベルク（ドイツ） [学]ニュルンベルク・マイスタージンガー音楽院, ビュルツブルク音楽大学 [歴]子供の頃から打楽器を学ぶ。12歳でニュルンベルク・マイスタージンガー音楽院に入学。ビュルツブルク音楽大学でジークフリート・フィンクに師事。1982年20歳でミュンヘン・フィルの首席ティンパニストとして入団。指揮者セルジュ・チェリビダッケの下で才能を開花させ、同年ジュネーブ国際コンクールで第1位を獲得。85年にはミュンヘン国際コンクールで優勝し、天才打楽器奏者として注目を集めた。97年退団。以後、ソロやアンサンブル、指揮、作曲など多方面で活躍。ミュンヘン国立音楽大学及びザルツブルクのモーツァルテウム音楽院教授で後進の指導にもあたった。99年来日。 [賞]ブカレスト大学名誉博士号〔1997年〕, エコー・クラシカル・アワード〔1998年〕, フランクフルト音楽賞〔2015年〕, ジュネーブ国際音楽コンクール第1位〔1982年〕, ミュンヘン国際音楽コンクール第1位〔1985年〕, マリア・カナルス国際音楽コンクール第1位 [師]師＝フィンク, ジークフリート

サーナン, ユージン Cernan, Eugene Andrew 宇宙飛行士 [国]米国 [没]2017年1月16日 82歳 [生]1934年3月14日 [出]米国・イリノイ州シカゴ [名]通称＝サーナン, ジーン〈Cernan, Gene〉 [学]パデュー大学（電気工学）卒, 米国海軍兵学校（航空工学） 工学博士, 法学博士 [歴]米国海軍将校だった1956年、テストパイロットとなり、モンテレーの海軍兵学校で航空工学を学ぶ。63年月へ人類を送り込むアポロ計画のために米国航空宇宙局（NASA）が採用した宇宙飛行士14人の1人に選ばれた。66年ジェミニ9号に搭乗して米国人として2人目の宇宙遊泳を経験。69年にはアポロ10号のパイロットとして月に接近し、月軌道周回に成功。72年アポロ17号では船長を務め、ハリソン・シュミットとともに月面基地を設置し、そこを拠点にクレーターや山脈を探検した。17号は2週間後に帰還し、有人宇宙飛行史上最長となる301時間51分の月滞在などの記録を残した。NASAが計画した月への有人飛行はこれが最後となり、“月面を歩いた最後の人類”となった。75年アポロ・ソユーズ・テスト・プロジェクトに参加。NASAを退職後、エネルギー関係のサーナン・コーポレーションを設立、社長、会長を務めた。99年「月に立った最後の男」を出版。

ザフィ, アルベール Zafy, Albert 政治家 外科医 マダガスカル大統領 [国]マダガスカル [没]2017年10月13日 90歳 [生]1927年5月1日 [出]マダガスカル・アンツィラナナ州 [学] 医学博士 [歴]1954年フランスに渡り、数学、物理、医学を学び、医学博士号を取得。64年、66年2度に渡って外科医学修学のためフランスに留学。70年帰国して首都アンタナナリボの総合病院外科部長、マダガスカル大学医学部で外科病理学、記号論を教える。73〜75年社会問題相。83年大統領選に立候補するが、高裁により拒否。88年民主開発国民同盟（NUDD）を創設。90年野党連合である社会勢力行動委員会（CFV）代表となり、91年7月暫定政府の首相。93年2月新憲法下の直接選挙で大統領に当選した。96年9月退任。

サマーズ, ダグ Somers, Doug プロレスラー [国]米国 [没]2017年5月16日 65歳 [生]1951年9月22日 [出]米国・ミネソタ州ミネアポリス [名]本名＝Somerson, Douglas, 愛称＝プリティボーイ〈Pretty Boy〉 [歴]1972年ミネアポリスを本拠地とするAWAのバーン・ガニアのレスリングキャンプからプロレスラーとしてデビュー、主にAWAを中心に活動した。悪役レスラーだが、金髪の容姿から“プリティボーイ”の異名を取った。75年11月バディ・ローズとともに全日本プロレスに参戦、ジャンボ鶴田らと対戦した。86年5月にはローズとのタッグでAWA世界タッグ王座を獲得。WWF（現・WWE）、WCWなどで活躍後、2012年2月引退。

サリバン, バリー Sullivan, Barry F. 銀行家 ファースト・シカゴ・コーポレーション（FCC）会長・CEO [国]米国 [没]2016年8月11日 85歳 [生]1930年12月21日 [出]米国・ニューヨーク市ブロンクス [学]ジョージタウン大学, コロンビア大学〔1955年〕卒 M.B.A.（シカゴ大学）〔1957年〕 [歴]1957年チェイス・マンハッタン銀行に入行、74〜80年取締役。80〜91年ファースト・シカゴ・コーポレーション（FCC）と子会社のファースト・ナショナル・バンク・オブ・シカゴ（FNBC）会長兼CEO（最高経営責任者）を務めた。92年にはニューヨーク市長デービッド・ディンキンズのもとで副市長を務めた。

サルダナ, テレサ Saldana, Theresa 女優 [国]米国 [没]2016年6月6日 61歳 [生]1954年8月20日 [出]米国・ニューヨーク市ブルックリン [歴]スペイン系の父とイタリア系の母の間に生まれる。13歳の時、アマチュア劇団に入り、その後オフ・ブロードウェイの舞台で活動。テレビシリーズ「刑事コジャック」で認められ、1978年「ヌンジオ」で映画デビュー。78年ロバート・ゼメキス監督の映画「抱きしめたい」で注目を浴び、80年マーティン・スコセッシ監督「レイジング・ブル」に出演。82年ファンに刃物で襲われ瀕死の重傷を負う。回復後は女優に復帰するとともに、同様の被害者のための団体設立やストーカー行為禁止の法制化などに尽力した。他の出演作に、映画「摩天楼ブルース」（80年）、「地獄で眠れ」（84年）、「ミッドナイトをぶっとばせ！」（88年）、テレビドラマ「ザ・コミッシュ」（91年）など。

サレハ, アリ・アブドラ Saleh, Ali Abdullah 政治家 軍人 イエメン大統領 [国]イエメン [没]2017年12月4日 75歳〔射殺〕 [生]1942年3月21日 [出]イエメン・サヌア州 [歴]北イエメンの軍人出身。16歳で旧イエメン王国の軍に入隊。1962年共和革命に参加、王統派との内戦で勲功を重ね、のち北イエメン・タイーズ州公安部長を経て、78年6月国軍副司令官。同月ガシュミ大統領暗殺事件が発生、7月北イエメン大統領に就任。82年国民全体会議（GPC）を組織。88年7月3選。90年5月南北イエメン統一で新国家・イエメン共

和国の初代大統領に就任。大将に特進。94年7月南北イエメンの内戦に勝利し、10月改めて大統領に選出。99年9月初の大統領直接選挙で当選。2006年9月2度目の直接選挙で再選。11年6月反体制デモが激化する中、大統領宮殿への砲撃で重傷を負い、サウジアラビアで治療滞在するが、9月帰国。12年中東・北アフリカの長期政権が相次いで倒れた "アラブの春" の中で退陣。14年イスラム教シーア派反政府武装勢力のフーシ派が首都サヌアを含む広範な国土を掌握した際、同派に合流。しかし、17年12月フーシ派との同盟関係が決裂し、フーシ派によって殺害された。アラブ民族主義を信条とした。1999年、2005年来日。

サンチェス, ビクター　Sánchez, Victor　野球選手　国ベネズエラ　没2015年3月28日　20歳〔ボートとの衝突事故死〕　生1995年1月30日　出ベネズエラ・ミランダ州リオチコ　名本名＝Sánchez, Victor David　経2011年契約金250万ドル（約3億円）で大リーグのマリナーズと契約。13年1Aでノーヒットノーランを達成。14年は2Aで7勝6敗、防御率4.19。若手有望株として期待されていたが、15年2月故郷ベネズエラのビーチで遊泳中、ボートのスクリューに巻き込まれ、頭蓋骨骨折で意識不明となり、3月20歳の若さで死亡した。

サンチャゴ, ミリアム・ディフェンソー　Santiago, Miriam Defensor　政治家　法律家　フィリピン上院議員　国フィリピン　没2016年9月29日　71歳〔肺がん〕　生1945年6月15日　出フィリピン・パナイ島イロイロ　学フィリピン大学文学部卒、フィリピン大学法学部卒、ミシガン大学大学院修了　法学博士　経コラムニスト、トリニティ大学教授からフィリピン大学講師、国連難民問題高等弁務官事務所、駐ワシントン大使館勤務を経て、1983〜87年ケソン地裁首席判事、東南アジア諸国連合女性判事会議事務総長。88年1月アキノ（母）大統領に請われて出入国管理局長に就任し、腐敗と汚職で乱れきった入管の立て直しを計った。89年7月土地改革相に就任。91年4月人民改革党（PRP）を結成。92年5月大統領選に出馬、新風を巻き起したが2位となる。同年7月より2人の子連れでハーバード大学に留学。95年上院選で当選。2001年の上院選は落選し、04年返り咲き、10年3度目の当選。12年国際司法裁判所判事に任命されるが、一度も赴任しないまま14年辞任した。16年大統領選に出馬したが最下位で落選。歯に衣を着せぬ舌鋒の名物議員として知られ、"アジアの鉄の女" とも呼ばれた。法律関係の著書、論文多数。学生時代には雑誌に24編の短編小説を発表したこともある。　賞マグサイサイ賞〔1988年〕

サンドランス, アラン　Senderens, Alain　料理人　ルカ・カルトン・オーナーシェフ　国フランス　没2017年6月25日　77歳　生1939年12月2日　出フランス・イエール　経1968年パリでレストラン・ラルケストラントを開店し、食通評論家らの好評を博す。85年ラルケストランを閉め、パリの最高級レストラン "ルカ・カルトン" のオーナーシェフに就任。ポール・ボキューズやミシェル・ゲラールらとともに、"新しい料理" を意味する "ヌーベル・キュイジーヌ" を牽引した。ルカ・カルトンは、最も権威があるとされるガイ

ドブック「ミシュラン」で最高位の3つ星の評価を28年に渡って保持。"料理界のピカソ" "厨房の哲学者" の異名を取り、数十年に渡ってフランス指折りのシェフに数えられた。2005年より簡素で堅苦しくない料理を追求するとして3つ星を返上、店名をサンドランスとした。14年引退。1977年初来日以来、毎年日本を訪れる親日家で、アサヒビールなどと新飲料の開発も手がけた。93年プルースト研究家アンヌ・ボレルに協力し、プルースト「失われた時を求めて」に登場する料理のレシピを再現、「プルーストの食卓」として出版された。　賞レジオン・ド・ヌール勲章シュバリエ章〔1993年〕，レジオン・ド・ヌール勲章オフィシエ章〔2004年〕

【シ】

シアゾン, ドミンゴ　Siazon, Domingo L.　外交官　政治家　フィリピン外相　国連工業開発機関（UNIDO）事務局長　国フィリピン　没2016年5月3日　76歳　生1939年7月9日　出フィリピン・カガヤン州アパリ（ルソン島）　名本名＝Siazon, Domingo L.（Jr.）　学アテネオ・デ・マニラ大学（政治学）卒、東京教育大学（物理学）卒、ハーバード大学大学院（行政学）修了　経1959年文部省の奨学生として来日。東京外国語大学で1年間日本語を学んだ後、東京教育大学で物理学を専攻。卒業後、在日フィリピン大使館に入り、その間外交官試験に合格。64年外交官となり、68〜73年在スイス大使館勤務、73年国際原子力機関（IAEA）フィリピン代表を経て、80年駐オーストリア大使、85年秋から国連工業開発機関（UNIDO）事務局長。93〜95年駐日大使。95年5月ラモス大統領に外相として起用される。職業外交官が外相に上りつめたのはフィリピンで初めてとなった。98年高校の同級生だったエストラダ大統領のもと再び外相に起用され、東南アジア諸国連合（ASEAN）を舞台に外交をほぼ一手に担う。2001年1月退任し、9月2度目の駐日大使に就任。10年まで務めた。フィリピン人看護師や介護士の日本就労に向けた経済連携協定（EPA）の交渉を担当した。夫人は日本人で、日本の財官界に知人が多かった。日本語、フランス語など6ケ国語を操った。

シェパード, サム　Shepard, Sam　劇作家　俳優脚本家　映画監督　国米国　没2017年7月27日　73歳〔筋萎縮性側索硬化症の合併症〕　生1943年11月5日　出米国・イリノイ州フォートシェリダン　名本名＝シェパード・ロジャーズ、サミュエル〈Shepard Rogers, Samuel〉　経サミュエル・ベケットの「ゴドーを待ちながら」を読んで演劇を志し、大学を3学期で辞め、旅まわりの一座に所属。1963年劇団の東部公演を機にニューヨークに出て種々の仕事を体験。64年に書き上げた処女戯曲「カウボーイズ」が次作の「ザ・ロック・ガーデン」とともに創世劇場で上演され劇作家としてデビュー。67年処女長編「ラ・トゥリスタ」を発表。以後、次々と独創的な作品を世に送り出し、"ニュー・ジェネレーション" の劇作家として認められる。74年からサンフランシスコのマジック劇場の専属劇作家となった。79年家族の暗い側面を描いた「埋められた子

供」でピュリッツァー賞を受賞。他の作品に「犯罪の歯」(72年)、「殺人者の首」(75年)、「飢えた階級の呪い」(78年)、「トゥルー・ウエスト」(80年)、「フール・フォア・ラヴ」(83年)、「ライ・オブ・ザ・マインド」(85年)などがある。一方、78年「天国の日々」で俳優として映画デビュー。「復活」(80年)、「女優フランシス」(82年)を経て、米宇宙飛行士を描いた「ライト・スタッフ」(83年)で脚光を浴び、アカデミー賞助演男優賞にノミネートされた。他の映画出演作品に「マグノリアの花たち」(89年)、「ボイジャー」(91年)、「ペリカン文書」(93年)、「ヒマラヤ杉に降る雪」(99年)、「ブラックホーク・ダウン」(2001年)、「きみに読む物語」(04年)、「8月の家族たち」(13年)など。ヴィム・ヴェンダース監督作品「パリ、テキサス」(1984年)ではシナリオを手がけ、私生活のパートナーであったジェシカ・ラング主演の「ファーノース」(90年)で映画初監督。著書に自伝的エッセイ集「モーテル・クロニクルズ」(82年)など。私生活では、69年女優で脚本家のオーラン・ジョーンズと結婚し、84年離婚。82年にラングと交際を始め、2009年まで共同生活を送ったものの、入籍することはなかった。 ㊤ピュリッツァー賞(戯曲部門)〔1979年〕「埋められた子供」、オビー賞〔1966年・1967年・1968年・1973年・1978年〕、オビー賞特別賞〔1979年〕、ニューヨーク演劇批評家協会賞最優秀劇曲賞〔1986年〕 ㊦元パートナー=ラング、ジェシカ(女優)、元妻=ジョーンズ、オーラン(女優・脚本家)

ジェバール, アシア　Djebar, Assia　作家　映像作家　ニューヨーク大学教授　㊨アルジェリア　㊧2015年2月6日　78歳　㊤1936年6月30日　㊥フランス領アルジェリア・シェーシェル(アルジェリア)　㊦本名＝イマライエーヌ、ファーティマ・ゾフラー〈Imalhayene, Fatima-Zohra〉　㊧アルジェ大学教養課程修了　フランス植民地下のアルジェリアに生まれる。アルジェ大学の教養課程修了後、1954年パリのリセ・フェネロンの高等師範学校準備クラスに入る。翌年アルジェリア女性としては初めて、セーブルの高等師範学校に入学を認められるが、アルジェリア学生運動に参加したのちに休学。57年21歳の時にアシア・ジェバールの筆名で第1作「渇き」を発表。58年ジャーナリストと結婚(60年離婚)。アルジェリア民族解放戦線(FLN)に協力。59年ラバト大学の助手を経て、アルジェ大学で教鞭を執る。62年のアルジェリア独立後、フランス語で書き続けることの意義に悩み、13年間作家活動を休止。この間、アルジェリアで2本の映画(「シュヌア山の女たちのヌーバ」など)を撮る。その後フランス語で作家活動を続けることを受け入れ、80年再開第1作の短編集「アルジェの女たち」を発表。以後、自伝とアルジェリア女性の歴史を複合させた「愛、ファンタジア」(85年)、イスラム創世記の女性を描いた「メディナを遠く離れて」(91年)、90年代のアルジェリアの社会背景を描いた「アルジェリアの白」(96年)などを出版。80年詩人マレク・アルーラと再婚、パリ郊外に住む。95年から活動拠点を米国に移し、95年〜2001年ルイジアナ州立大学教授、02年よりニューヨーク大学でフランス語圏文学教授を務める。05年アカデミー・フ

ランセーズにマグレブ(北アフリカ)出身者として初めて選ばれる。マグレブで最も重要な作家とされ、ノーベル文学賞候補にも挙げられた。 ㊤ベネチア国際映画祭批評家賞〔1978年〕「シュヌア山の女たちのヌーバ」、ドイツ書籍商組合平和賞、ウィーン大学名誉博士号、オスナブリュック大学言語・文芸学部名誉博士号〔2005年〕 ㊨アカデミー・フランセーズ会員〔2005年〕

シェーファー, ピーター　Shaffer, Peter Levin　劇作家　脚本家　㊨英国　㊧2016年6月6日　90歳〔病気〕　㊤1926年5月15日　㊥英国・マージーサイド州リバプール　㊧ケンブリッジ大学トリニティ・カレッジ〔1950年〕卒　㊥ニューヨークの市立図書館やロンドンの音楽出版社に勤めたのち、不動産会社経営の父から週5ポンドの支援をもらって執筆に専念するようになる。1955年の「The Salt Land(塩の地)」をはじめとするテレビドラマを発表後、58年「Five Finger Exercise(五重奏)」がウェスト・エンドのコメディ劇場で上演されて大成功を収める。公演はシリアス・プレイにしては長期の610回を記録し、同年イブニング・スタンダード賞を受賞。翌年にはニューヨークでも上演され、60年度のニューヨーク劇評家賞を獲得した。以降多くの戯曲を発表し、2度目のニューヨーク劇評家賞を受けた「Equus(エクウス)」(73年)やモーツァルトを題材にした「Amadeus(アマデウス)」(79年)などの作品が特によく知られる。「アマデウス」は世界的大ヒットとなり、84年の映画版でも自ら脚色を手がけ、アカデミー賞では作品賞、脚色賞を含む8部門に輝いた。83年国立劇場で公演された「アマデウス」に合わせて来日。2001年エリザベス女王よりナイトの爵位を受けた。 ㊤イブニング・スタンダード賞(1958年度)「五重奏」、ニューヨーク劇評家賞(1960年度)「五重奏」、ニューヨーク劇評家賞(1975年度)「エクウス」、トニー賞(2部門)〔1975年〕「エクウス」、トニー賞(5部門)〔1981年〕「アマデウス」、アカデミー賞(8部門)〔1985年〕「アマデウス」、ゴールデン・グローブ賞(4部門)〔1985年〕「アマデウス」 ㊦双子の兄＝シェーファー、アンソニー(劇作家)

ジェフリー, キース　Jeffery, Keith　歴史学者　クイーンズ大学ベルファスト校英国史教授　㊨アイルランド軍事史　㊧英国　㊧2016年2月12日　64歳〔がん〕　㊤1952年1月11日　㊥英国北アイルランド・ベルファスト　㊧ケンブリッジ大学卒、ケンブリッジ大学大学院歴史学専攻　㊥アルスター大学教授を経て、クイーンズ大学ベルファスト校英国史教授。英国とアイルランドの歴史を研究し、特に第1次大戦以後のアイルランドにおける軍事史を専門とした。著書に「MI6秘録」、共著に「北アイルランド現代史」などがある。 ㊨アイルランド王立アカデミー会員〔2009年〕

ジェラッシ, カール　Djerassi, Carl　有機化学者　作家　詩人　スタンフォード大学名誉教授　㊨米国　㊧2015年1月30日　91歳〔肝臓などのがんの合併症〕　㊤1923年10月29日　㊥オーストリア・ウィーン　㊧ケニヨン大学(有機化学)〔1942年〕卒、ウィスコンシン大学大学院卒　Ph.D.(ウィスコンシン大学)〔1945年〕　㊥ブルガリア系ユダヤ人の家系に生まれる。ナチス・ドイツの迫害を逃れ16歳で渡米。米国民間製薬会社の研究員を経て、1952年ウェイン州立大学助教授、54年教授。59年からはスタンフォード大学化学科教授とな

り、シンテックス社研究所長兼任。昆虫の成長ホルモンの合成、質量分析法の有機化学への応用など基礎有機化学の分野で数々の功績を上げ、なかでも経口避妊薬・ピルの生みの親として知られる。世界初のステロイド経口避妊薬の合成で、1973年度のナショナル・メダル・オブ・サイエンス、害虫駆除・制限の研究で91年度のナショナル・メダル・オブ・テクノロジー、米国化学界でもっとも権威のあるプリーストリー賞などを受賞。傍ら、作家、詩人、美術収集家、アーティストの擁護問題活動家としても活躍。著書に「あの世のマルクス」「男たちの薬(NO)」「ノーベル賞への後ろめたい道(Cantor's Dilemma)」「ブルバギ・クローン作戦」、自伝「The Pill, Pygmy Chimps, and Degas'Horse」などがある。　[賞]ナショナル・メダル・オブ・サイエンス(1973年度), ナショナル・メダル・オブ・テクノロジー(1991年度), プリーストリー賞(1992年度)

ジェリコー, アン　**Jellicoe, Ann**　劇作家　演出家　ロイヤル・コート・シアター座長　[国]英国　[没]2017年8月31日　90歳　[生]1927年7月15日　[出]英国・ノースヨークシャー州ミドルスブラ　[名]本名＝Jellicoe, Patricia Ann　[歴]1947年以来、ロンドンや各地方で演出家として活動を始め、52年ロンドンに実験的なコックピット・シアター・クラブを創立。58年には「The Sport of My Mad Mother(狂った母の慰み)」を発表し、劇作家として認められる。視聴覚への刺激を重視した作風で、61年の喜劇「The Knack(こつ)」も成功を収めた。73年よりロイヤル・コート・シアターの台本作家を務め、79年舞台監督、86年座長に就任。他の作品に「シェリー」(65年)、「The Rising Generation」(67年)、「Flora and the Bandits」(76年)、「The Bargain」(79年)など。イプセンやチェーホフの翻訳も手がけた。　[賞]OBE勲章〔1984年〕

シェリング, トーマス　**Schelling, Thomas Crombie**　経済学者　メリーランド大学名誉教授　[専]国家安全保障政策　[国]米国　[没]2016年12月13日　95歳　[生]1921年4月14日　[出]米国・カリフォルニア州オークランド　[学]カリフォルニア大学バークレー校卒, ハーバード大学(経済学)　博士号(ハーバード大学)〔1951年〕　[歴]1953年エール大学准教授を経て、58年ハーバード大学教授となり、国際問題センター研究員を併任。90年メリーランド大学殊勲教授に就任。外交政策の軍事的政治的側面を研究し、国家安全保障政策の権威として知られる。米国政府の核兵器政策にも深く関わり、ワシントンとモスクワをつなぐ"ホットライン"の創設にも関与。60年代のケネディ、ジョンソン両大統領の下で顧問を務めた。また個人や企業、政府の意思決定がどのように行われ、相互にどんな影響を及ぼすのかを数理的に研究するゲーム理論を分析。これを社会全般の事象に応用し、経済紛争や戦争といった国家間の対立がどのように起こるのかを説明した。2005年これらの業績が認められ、ヘブライ大学のロバート・オーマン教授とともにノーベル経済学賞を受賞。著書に「紛争の戦略」(1960年)、「戦略と軍備管理」(61年, 共著)、「軍備と影響力」(66年)、「Micromotives and Macrobehavior」(78年)、「Choice and Consequence」(84年)など。　[賞]ノーベル経済学賞〔2005年〕　[資]米国科学アカデミー会員

シェール, ワルター　**Scheel, Walter**　政治家　西ドイツ大統領　ドイツ自由民主党(FDP)名誉党首　[国]ドイツ　[没]2016年8月24日　97歳　[生]1919年7月8日　[出]ドイツ・ゾーリンゲン　[歴]ゾーリンゲン近郊の馬車大工の子として生まれる。1939〜45年ドイツ空軍中尉として第二次大戦に従軍。45〜53年ゾーリンゲンの刃物会社社長。この間、46年自由民主党(FDP)に入党し、48年ゾーリンゲン市会議員、50年ノルトライン・ウエストファーレン州議会議員を経て、53年FDPから連邦議会議員に当選。68年FDP党首。61〜66年経済協力相、67〜69年連邦議会副議長、69〜74年副首相兼外相。70年にはソ連、ポーランドとの条約を協定。ソ連や東欧など共産圏との対話を重視する"東方外交"を推し進めた。74〜79年西ドイツ第4代大統領。この間、73年障害者支援のためドイツ民謡のレコードを出し、翌春までに30万枚以上を売り上げ、歌う大統領として人気があった。著書に「Formeln deutscher Politik」(68年)など。　[賞]鹿島平和賞(第6回)〔1978年〕

シェルチャン, ミン・バハドゥール　**Sherchan, Min Bahadur**　登山家　[国]ネパール　[没]2017年5月6日　85歳〔心臓発作〕　[生]1931年6月20日　[出]ネパール　[歴]ネパール中部に生まれ、1960年登山を始める。2008年に史上最年長の76歳で世界最高峰のエベレスト(8848メートル)登頂に成功。13年に三浦雄一郎(当時80歳)に塗り替えられるまで最高齢記録を保持していた。その後、破られた記録を取り戻そうと、17年にも登山許可を得たが、5月エベレストのベースキャンプで心臓発作のため死亡した。

ジェレフ, ジェリュ　**Zhelev, Zhelyu Mitev**　政治家　ブルガリア大統領　[国]ブルガリア　[没]2015年1月30日　79歳　[生]1935年3月3日　[出]ブルガリア・ルセ市近郊シューメン　[学]ソフィア大学(哲学)卒　哲学博士　[歴]農家の生まれ。大学卒業後、郷里で数年間図書館司書を務め、この間にブルガリア共産党に入党。1961年からソフィア大学助手となるが、64年論文「近代自然科学による物質の定義」がレーニン主義の逸脱と批判され、65年党除名とともにソフィアの居住権を奪われた。80年代初め、首都ソフィアに戻ることを許される。82年全体主義を分析した「ファシズム」を出版するが直ちに発禁となる。その後、民主化運動の波にのり、88年"情報公開と改革支持クラブ"の設立に参加。89年12月35年にわたったジフコフ政権崩壊後発足した野党連合"民主勢力同盟"(UDF)の初代議長となり、90年6月大国民議会選挙で当選。同年8月、新設の大統領となったムラディノフの辞任を受け大統領に就任。92年1月ブルガリア初の大統領直接選挙で当選。96年末の大統領選には出馬しなかった。97年1月まで務めた。

ジェンキン, チャールズ・パトリック・フリーミング　**Jenkin, Charles Patrick Fleeming**　政治家　英国環境相　[国]英国　[没]2016年12月20日　90歳　[生]1926年9月7日　[出]英国・ロージアン州エディンバラ　[学]ケンブリッジ大学卒　[歴]1964年英国保守党下院議員。74年エネルギー相、79〜81年社会保障相、81〜83年産業相、83〜85年環境相を歴任。87年男爵(一

代貴族）に叙せられた。92年地球環境賢人会議出席のため来日。　職=弁護士

ジェンキンス, チャールズ　Jenkins, Charles
北朝鮮による拉致被害者・曽我ひとみさんの夫で元米兵　国=米国　没=2017年12月11日　77歳［致死性不整脈］　生=1940年2月18日　出=米国・ノースカロライナ州リッチスクエア　名=本名＝ジェンキンス、チャールズ・ロバート〈Jenkins, Charles Robert〉　経=7人兄弟の長男。15歳で州軍に入り、1964年志願して在韓米軍の軍曹として韓国に赴任。65年1月脱走兵として北朝鮮に入国。北朝鮮では平壌外国語大学で英語を教えた他、同国の宣伝映画に出演。80年北朝鮮に拉致された日本人・曽我ひとみさんと結婚、2人の娘をもうけた。2002年9月小泉純一郎首相と北朝鮮の金正日総書記との首脳会談が実現し、会談の席上でひとみさんが拉致されていた事実と北朝鮮国内で生存していることが判明。10月24年ぶりにひとみさんが帰国。04年5月再訪朝した小泉首相により来日を要請されるが、"妻は日本に誘拐されている"と思い込み拒絶した。7月インドネシアでひとみさんとの再会と、一家揃っての来日が実現。9月東京都内の病院を退院し、キャンプ座間にある在日米軍司令部に出頭、11月米軍の軍法会議は「脱走」「敵への支援」の罪により禁固30日と不名誉除隊の判決を下した。刑期短縮により釈放され、12月から家族とひとみさんの故郷の佐渡で暮らした。佐渡では義母ミヨさんの救出を訴えるひとみさんの活動を支えながら、市内の観光施設に勤務。05年手記「告白」を刊行、タイ人などの拉致被害者の存在を明かした。08年日本での永住許可を得た。　他=妻＝曽我ひとみ

ジグモンド, ビルモス　Zsigmond, Vilmos
映画撮影監督　国=米国　没=2016年1月1日　85歳　生=1930年6月16日　出=ハンガリー・セゲド　名=別名＝ジグモンド、ウィリアム〈Zsigmond, William〉　学=国立映画演劇芸術アカデミー（ハンガリー）　経=ハンガリーの首都ブダペストの映画学校で学び、カメラマンとして活動。1956年旧ソ連が軍事介入したハンガリー動乱を撮影したフィルムを持って米国に亡命。62年米国市民権を得た。米国では、現像所、ポートレート写真館、保険会社勤務を経て、63年撮影監督となる。74年スティーブン・スピルバーグ監督「続・激突！ カージャック」で劇場デビュー。スピルバーグのほか、ロバート・アルトマン、ブライアン・デ・パルマ、マイケル・チミノら多彩な監督に信頼され、77年スピルバーグ監督と組んだ「未知との遭遇」でアカデミー賞撮影賞を受賞。また、「ディア・ハンター」（78年）、「ザ・リバー」（84年）、「ブラック・ダリア」（2006年）でも同賞にノミネートされた。他の作品に、「ギャンブラー」（71年）、「さすらいのカウボーイ」（71年）、「脱出」（72年）、「スケアクロウ」（73年）、「愛のメモリー」（73年）、「イーストウィックの魔女たち」（87年）、「マーヴェリック」（94年）などがある。2003年映画撮影監督の国際的団体により、映画史に影響を与えた撮影監督10人のうち1人に選出された。　受=アカデミー賞撮影賞〔1977年〕「未知との遭遇」、エミー賞〔1992年〕「Stalin」

シスター・ニルマラ
⇒ニルマラ尼（ニルマラニ）を見よ

シスマン, ロビン　Sisman, Robyn
作家 編集者　国=米国　没=2016年5月20日　66歳［がん］　生=1949年8月4日　出=米国・カリフォルニア州ロサンゼルス　経=米国で生まれ、スイスやフランス、英国と世界各地を転々としながら育つ。エチオピアで教鞭を執ったのち、オックスフォード大学出版に入社。同僚の男性と結婚してロンドンに移住し、ロラック・シャスターやハッチンソンなどの出版社で編集者として活躍。1992年ロバート・ハリスのデビュー作「ファーザーランド」を手がけた。その後、サマーセット州に住居を構え執筆業に専念。オックスフォード時代の95年、最初の小説「Special Relationship」を出版。その後、「Perfect Strangers」（98年）、「Just Friends（邦題：豚が飛んだら）」（2000年）、「Weekend in Paris」（04年）、「A Hollywood Ending」（08）、「The Perfect Couple？」（11年）を発表した。

シッケル, リチャード　Schickel, Richard
映画評論家 映画史研究家 作家　国=米国　没=2017年2月18日　84歳　生=1933年2月10日　出=米国・ウィスコンシン州ミルウォーキー　名=本名＝Schickel, Richard Warren　学=ウィスコンシン大学　経=映画評論家、映画史研究家として活躍し、「ライフ」誌や「タイム」誌に執筆。映画関連の著作は多く、日本では「ゴヤー1746〜1828」（1968年）、「ウディ・アレン 映画の中の人生」（2004年）、「クリント・イーストウッド レトロスペクティブ」（10年）が翻訳・出版されている。また、1970年代からはドキュメンタリー製作にも力を入れ始め、テレビを中心に、俳優や監督を取り上げたドキュメンタリーを数多く製作。86年ロラック・プロダクション社長。2003年チャップリンの評伝ドキュメンタリー「チャーリー・チャップリン ライフ・アンド・アート」を製作・監督した。生涯に2万2000本以上の映画を観たといわれる。

シナトラ, バーバラ　Sinatra, Barbara
歌手フランク・シナトラ夫人　国=米国　没=2017年7月25日　90歳［老衰］　生=1926年10月16日　出=米国・ミズーリ州ボズワース　名=旧姓・名＝Blakeley, Barbara　経=モデルやラスベガスのショーガールとして活動。1976年歌手のフランク・シナトラと結婚。シナトラの4番目にして最後の妻となった。86年虐待を受けた子供達を支援する施設を共同で設立した。　他=夫＝シナトラ, フランク（歌手）

シネ　Siné
漫画家　国=フランス　没=2016年5月5日　87歳　生=1928年12月31日　出=フランス・パリ　名=本名＝シネ、モーリス〈Sinet, Maurice〉　学=エチエンヌ学院　経=労働者階級の家庭に生まれる。14歳でエチエンヌ学院に入学し、カリグラフィー、活版印刷、石版画を学ぶ。18歳の頃は一時歌手として活動。兵役にも就いたが、軍隊生活の3分の2は謹慎処分を受けて過ごした。その後、ステンベールと出会って漫画家となり、1952年新聞で最初の風刺漫画を発表。裁判官、僧侶、人種差別主義者、共産主義者などを鋭く揶揄する作風で知られ、54年出版の「言葉なき訴え」でブラック・ユーモア大賞を受賞。猫のイラストでも人気を博し、「シネのねこたち」（56年）はシャンソンにも歌われた。58年ド・ゴール政権に対する反政府的風刺漫画を発表して告発される。68年の五月革命の際は体制批判のユー

モア誌「エンラジュ」を発刊。雑誌「リュイ」「シャルリー・エブド」でも活躍した。ESSO、シュウェップス、シェルなどの広告に使用された。77年来日。 [賞]ブラック・ユーモア大賞〔1955年〕「言葉なき訴え」

シノフスキー, ブルース　Sinofsky, Bruce　ドキュメンタリー監督 [国]米国 [没]2015年2月21日 58歳〔糖尿病による合併症〕 [生]1956年3月31日 [出]米国・マサチューセッツ州ボストン [学]ニューヨーク大学（美術） [歴]「デビルズ・ノット」（2013年）など〈ウェスト・メンフィス3〉題材の3部作で知られ、1997年「Paradise Lost：The Child Murders at Robin Hood Hills」でエミー賞を受賞。「Paradise Lost3：Purgatory」（2011年）もアカデミー賞長編ドキュメンタリー賞にノミネート。他の作品に「Brother's Keeper」（1992年）、「メタリカ：真実の瞬間」（2004年）など。 [賞]シカゴ国際映画祭最優秀ドキュメンタリー賞〔1992年〕「Brother's Keeper」，エミー賞〔1997年〕「Paradise Lost：The Child Murders at Robin Hood Hills」

ジハーディ・ジョン　Jihadi John　イスラム国（IS）戦闘員 [国]英国 [没]2015年11月12日 27歳〔米軍の無人機攻撃による空爆死〕 [生]1988年 [出]クウェート [名]本名＝エムワジ, ムハンマド〈Emwazi, Mohammed〉 [学]ウエストミンスター大学卒 [歴]本名はムハンマド・エムワジ。アラブ系遊牧民ベドウィンの家系に生まれ、1994年6歳の時に家族とともに英国に亡命。公立中等学校に通い、2009年ウエストミンスター大学で情報システム関連の学位を取得した。在学中にロンドン北部を拠点とするアルカイダ系過激派グループと付き合い始め、英当局の監視対象となる。09年9月生まれ故郷のクウェートに渡り、IT企業に就職。家族に会うためとの理由で8ケ月後に一時帰国。再びクウェートに渡り、10年7月英国に戻った後、当局に出国を阻止される。13年父の勧めでムハンマド・アルアヤンと改名。再び出国に失敗した1週間後、姿を消した。13年頃シリアに渡ったと見られ、イスラム過激派組織イスラム国（IS）の戦闘員となる。組織では“ジハーディ（聖戦士）・ジョン”の通称で呼ばれ、無慈悲な処刑執行人として外国人人質の殺害に関わる。14年8月以降、目元だけがのぞく黒ずくめの衣装でISの動画に登場し、国際宣伝役としてロンドンなまりの英語で脅迫メッセージを発信。12年にシリアで拘束された米国人ジャーナリストのジェームズ・フォーリーら多くの人質の殺害動画に登場した。15年2月には日本人ジャーナリストの後藤健二さんを斬首して殺害する動画に登場。11月シリアのIS拠点都市ラッカで米軍により実施された無人機攻撃で死亡した。

シフ, ハインリヒ　Schiff, Heinrich　チェロ奏者 指揮者 [国]オーストリア [没]2016年12月23日 65歳 [生]1951年11月18日 [出]オーストリア・グムンデン [学]ウィーン音楽アカデミー [歴]6歳でピアノ、9歳でチェロを始める。1967～72年ウィーン音楽アカデミーでトビアス・キューネ、アンドレ・ナヴァラに師事。卒業後ジュネーブ、ウィーン、ワルシャワなどのコンクールで入賞。72年グラーツの国際現代音楽祭でロストロポーヴィチの代役としてルトスワスキのチェロ協奏曲を演奏して好評を得た。以来、ヨーロッパ、アジア各地で演奏、ワルシャワ、ザルツブルクなど各地の音楽祭にも招かれ絶賛を浴びた。カスケン、ツェルハなどの現代音楽も取り上げる。80年代から指揮活動も行い、90～96年英国のノーザン・シンフォニア管弦楽団芸術監督、95年～2001年ヴィンタートゥール・ムジーク・コレギウム首席指揮者、1996年～2000年コペンハーゲン・フィル首席指揮者を兼任。05年ウィーン室内管弦楽団首席指揮者に就任したが、08年脳卒中に倒れ辞任。懸命のリハビリによって回復し、翌09年リンツ・ブルックナー管弦楽団首席客演指揮者に就任。12年ソリストとしての活動を停止し、以後は指揮に専念した。1992年初来日公演。 [師]師＝キューネ, トビアス, ナヴァラ, アンドレ

シフォード, チャーリー　Sifford, Charlie　プロゴルファー [国]米国 [没]2015年2月3日 92歳 [生]1922年6月2日 [出]米国・ノースカロライナ州シャーロット [名]本名＝Sifford, Charles L. [歴]13歳からキャディーをしながらゴルフを学ぶ。1952年フェニックスオープンで米国男子プロツアー（PGAツアー）に初出場。61年には白人限定とするツアー入会規則を撤廃させるなど、黒人初の米国ツアーメンバーとして人種差別と闘い、後進への道筋を切り開いた。67年ツアー初優勝を挙げ、ツアー通算2勝をマーク。シニアツアーでは75年全米プロシニア選手権など2勝を挙げた。2004年黒人として初めて世界ゴルフ殿堂入り。14年大統領自由勲章を受章。 [賞]自由勲章（米国大統領）〔2014年〕

ジプシー・ジョー　Gypsy Joe　プロレスラー [国]米国 [没]2016年6月15日 82歳 [生]1933年12月2日 [出]プエルトリコ [名]本名＝メレンデス, ジルベルト〈Melendez, Gilberto〉 [歴]1963年WWWF（現・WWE）でプロレスラーとしてデビュー。70年代前半から米国各地を転戦。“放浪の殺し屋”の異名を持ち、米国、カナダ、メキシコなどで多くの王座を獲得した。75年9月国際プロレスに初来日。流血戦を得意とし、ラッシャー木村らと金網デスマッチなどで死闘を繰り広げた。81年8月からは全日本の常連となり、ジャンボ鶴田のUN王座にも挑戦。大仁田厚が保持していたNWAインターナショナル・ジュニアヘビー級王座にも挑戦した。176センチと小柄だったが、スチール製のいすで何度殴られても動じず、いすが壊れるほどのタフネスが武器だった。2011年1月米国で引退試合を行い、13年通風のため右足を切断した。

謝 鉄驪　シャ・テツレイ　Xie Tie-li　映画監督 [国]中国 [没]2015年6月19日 89歳 [生]1925年12月 [出]中国江蘇省淮陰県 [学]淮海軍政幹部学校 [歴]1940年新四軍に参加、華東地区で日本軍と戦った。50年映画芸術研究所に入所。56年より北京映画製作所の監督を務め、「無名島」（59年）でデビュー。文革中は「早春二月」（63年）が批判を受けたが、文革後も精力的に撮り続け、「紅楼夢」（88年）などの作品を発表。中国映画界の“第3世代”を代表する監督として活躍した。他の作品に「暴風驟雨」（61年）、「大河奔流」（78年）、「知音」（81年）、「月夜の川」（93年）、「モクセイの花」（95年）などがある。中国映画人協会主席、北京映画学校演出系副主任、北京映画製作所俳優劇団副団長、中国全国人民代表大会（全人代）常務委員会委員なども務めた。 [賞]中国電影節栄誉奨〔1989年〕，金鶏奨最優秀監督賞

（第10回）〔1990年〕「紅楼夢」、金鶏賞終身成果賞（第25回）〔2005年〕

シャインスキー，ウラジーミル　Shainsky, Vladimir
作曲家　ロシア　2017年12月26日　92歳　1925年12月12日　ソ連・ウクライナ共和国キエフ（ウクライナ）　モスクワ音楽院〔1949年〕卒　ソ連アニメの挿入歌など400曲以上を作曲。日本でもファンの多いアニメ「チェブラーシカ」シリーズの挿入歌「ワニのゲーナの歌」や「空色のワゴン」の他、短編アニメ「アントーシカ」の同名挿入歌の作曲者としても知られた。1981年ソ連国家賞を受賞。2007年米国サンディエゴに移住したが、ロシアでもコンサートを開いた。　ソ連国家賞〔1981年〕、ソ連人民芸術家〔1986年〕

ジャコメリ，ジョルジオ　Giacomelli, Giorgio
外交官　国連パレスチナ難民救済事業機関（UNRWA）事務局長　イタリア　2017年2月8日　87歳　1930年1月25日　イタリア・ミラノ　パドア大学　大学卒業後、英国のケンブリッジ大学やスイスのジュネーブ高等国際問題研究所で学ぶ。1956年イタリア外務省に入省。73～76年駐ソマリア大使、76～80年駐シリア大使、81～85年イタリア協力開発局局長などを経て、85～90年国連パレスチナ難民救済事業機関（UNRWA）事務局長。その後、国連事務次官、国連薬物統制計画（UNDCP）初代事務局長を歴任。2002年より水資源管理の非政府組織（NGO）ハイドロエイド総裁を務めた。　レジオン・ド・ヌール勲章シュバリエ章

ジャーディ，ジョン　Jerde, Jon
建築家　米国　2015年2月9日　75歳〔がんやアルツハイマー病〕　1939年　米国・イリノイ州オーロラ　カリフォルニア大学バークレー校建築学部〔1964年〕卒　1962～66年ドースキー＆アソシエイツ、68～77年チャールズ・コーバー・アソシエイツ勤務を経て、77年建築設計事務所ジャーディ・パートナーシップを主宰。84年ロス五輪のプランニングで成功を収める。テーマ性のある建築を得意とし、世界中で200を越える建築を手がけた設計チームを率いた。店舗面積で全米最大級の「モールオブアメリカ」（ミネソタ州）、「ホートン・プラザ」（サンディエゴ）、福岡市の「キャナルシティ博多」、北九州市の「リバーウォーク北九州」、小樽市の「グランドパーク小樽」、川崎市の「ラチッタデッラ」、大阪市の「なんばパークス」、東京の「カレッタ汐留」「六本木ヒルズ」の商業施設など多くのショッピングモールを手がけた。

シャープ，ラリー　Sharpe, Larry
プロレスラー　米国　2017年4月10日　66歳　1950年6月26日　米国・ニュージャージー州ポールズボロ　本名＝Weil, Larry　1974年プロレスラーとしてデビュー。"プリティ・ボーイ"のニックネームでWWWF（現・WWE）を中心に中堅格として活躍。76年全日本プロレスに初来日し、チャンピオンカーニバルに出場。国際プロレスや新日本プロレスにも参戦した。80年8月米ニューヨークのシェイ・スタジアムでアントニオ猪木のNWFヘビー級王座に挑戦。91年に引退後はトレーナーとして手腕を発揮。83年故郷のニュージャージー州ポールズボロでプロレスラー養成所・モンスターファクトリーを開設し、バンバン・ビガロをはじめ、ビッグショー、シェイマスら多くの有名レスラーを育成した。

シャファレーヴィチ，イーゴリ　Shafarevich, Igor
数学者　代数的整数論, 代数幾何学　ロシア　2017年2月19日　93歳　1923年6月3日　ソ連・ウクライナ共和国ジトミル（ウクライナ）　本名＝Shafarevich, Igor Rostislavovich　モスクワ大学数学科〔1939年〕卒　博士号〔1946年〕　14歳でモスクワ大学数学科に入学し、17歳で卒業資格を得る。1943年よりモスクワのステクロフ数学研究所で研究を行い、44年からはモスクワ大学でも教鞭を執り、53年教授。旧ソ連共産党独裁下での言論、思想統制に抵抗し、作家ソルジェニーツィンらと地下出版物「岩塊の下から」を通して体制批判を続ける。75年反体制活動のために教授の地位を追われ、国外追放の圧力を受けるが国内にとどまった。代数的整数論と代数幾何学の世界的権威としても知られた。　レーニン賞〔1959年〕、ハイネマン賞（ゲッティンゲン科学アカデミー）〔1975年〕、パリ大学名誉博士　ロシア科学アカデミー会員〔1991年〕、米国科学アカデミー会員、米国芸術科学アカデミー会員、ロンドン王立協会会員、ドイツ自然科学者アカデミー（レオポルド）会員

シャプリー，ロイド　Shapley, Lloyd
数学者　経済学者　カリフォルニア大学ロサンゼルス校名誉教授　数理経済学, ゲーム理論, マーケットデザイン　米国　2016年3月12日　92歳　1923年6月2日　米国・マサチューセッツ州ケンブリッジ　本名＝Shapley, Lloyd Stowell　ハーバード大学卒　数学博士号（プリンストン大学）〔1953年〕　父はハーバード大学教授、天文台長を務めたハーロー・シャプリー。米国陸軍を経て、ハーバード大学で学び、プリンストン大学で数学の博士号を取得。1981年カリフォルニア大学ロサンゼルス校（UCLA）教授。この間、62年デービッド・ゲールとの共著で数学誌に「大学入学と結婚の安定性」と題する論文を発表し、マッチング（組み合わせ）に関する数理分析の分野を切り開く。80年代にはハーバード大学のアルビン・ロス教授がこの理論を発展させて現実の制度設計（マーケットデザイン）にまで応用。これらの業績により、2012年ロス教授とともにノーベル経済学賞を受賞。共著に「ノン・アトミック・ゲームの値」（1974年）がある。　ノーベル経済学賞〔2012年〕、ジョン・フォン・ノイマン理論賞〔1981年〕、ヘブライ大学名誉博士号〔1986年〕　米国芸術科学アカデミーフェロー〔1974年〕、米国科学アカデミー会員〔1979年〕　父＝シャプリー、ハーロー（天文学者）

ジャボチンスキー，レオニド　Zhabotinsky, Leonid
重量挙げ選手　東京五輪・メキシコ五輪男子重量挙げ金メダリスト　ウクライナ　2016年1月14日　77歳　1938年1月28日　ソ連・ウクライナ共和国ウスペンスカ（ウクライナ）　本名＝Zhabotinsky, Leonid Ivanovich　1964年26歳の時にソ連代表として東京五輪に出場。男子重量挙げの最重量級を制し、"世界で最も強い男"と呼ばれた。68年のメキシコ五輪

でも優勝し、2大会連続の金メダルを獲得した。引退後はソ連軍でコーチを務めた。

シャボフスキー，ギュンター　Schabowski, Günter　政治家　東ドイツ社会主義統一党政治局員　[国]ドイツ　[没]2015年11月1日　86歳　[生]1929年1月4日　[出]ドイツ・アンクラム　[歴]東ドイツの社会主義統一党（共産党）報道担当だった1989年11月9日、国外への旅行制限緩和を記者会見で発表。記者から発効時期を尋ねられ、実際は翌10日発行だったが、"直ちに"と答えた。これが引き金となり、興奮した東ドイツ市民が東西ベルリンの境に設けられた検問所に殺到。資本主義陣営と社会主義陣営の東西冷戦の象徴だった"ベルリンの壁"はその日のうちに崩壊し、東西冷戦が終結する契機になった。99年西ドイツに逃亡しようとした市民への発砲命令をめぐる有罪判決が確定、2000年特赦で釈放された。

シ

ジャヤラリタ，ジャヤラム　Jayalalitha, Jayaram　政治家　女優　タミルナドゥ州首相　[国]インド　[没]2016年12月5日　68歳〔心不全〕　[生]1948年2月24日　[出]インド・カルナタカ州マイソール　[歴]13歳で映画デビュー。タミル語映画の大スター、MGRことマルトゥール・ゴパラン・ラーマチャンドランと共演するなど100本以上の映画に出演。1982年MGRの勧めで彼が創設したタミル地域政党の全インド・アンナ・ドラビダ進歩同盟（AIADMK）に参加、のち党首。84年下院議員に当選。91～96年タミルナドゥ州首相。98年AIADMKはインド総選挙で第1党になる。同年3月発足のバジパイ連立政権に参加するが、99年4月政権から離脱。2001年、02～06年、11年タミルナドゥ州首相。この間、1996年に6億6000万ルピーの出所不明な巨額資産の保有で摘発される。2014年9月カルナタカ州バンガロールの特別法廷は懲役4年の有罪判決を言い渡すとともに、10億ルピーの制裁金を科する決定を下し、州首相を失職。15年5月釈放され、タミルナドゥ州首相に復帰。AIADMKを率いて貧困層を支援し、支持者から"アンマ（母）"と親しまれた。インド南部の主要民族タミル人の大衆的な人気を得、中央政界にも大きな影響力を及ぼした。

シャリフ，オマー　Sharif, Omar　俳優　[国]エジプト　[没]2015年7月10日　83歳〔心臓発作〕　[生]1932年4月10日　[出]エジプト・アレキサンドリア　[名]本名＝Shalhoub, Michael Dimitri, 前芸名＝Cherif, Omar　[学]ビクトリア大学（エジプト）卒　[歴]裕福な材木商の息子として生まれ、10代で英国の寄宿舎に入る。エジプトの大学を卒業後、父の仕事の手伝いなどを経て、23歳の時に再び渡英し、ロンドン王立演劇学校（RADA）の聴講生となる。帰国後、オーディションを受けて映画デビューし、エジプト映画を中心に活躍。1955年トップ女優のファーティン・ハマーマと結婚（67年離婚）、自身もトップ・スターとして君臨。58年「Goha」がカンヌ国際映画祭審査員賞を受賞し、英語圏でも知られるようになる。62年デービッド・リーン監督作「アラビアのロレンス」のベドウィン族長役でアカデミー賞助演男優賞にノミネートされ、2つのゴールデン・グローブ賞を受賞。65年には同監督の「ドクトル・ジバゴ」に主演し、国際的名声を確立。一時引退を表明したが、復帰作「イブラヒムおじさんとコーランの花たち」（2003年）ではセザール賞主演男優賞など多くの賞を受賞した。アラビア語のほか、英語、フランス語、ギリシャ語を話し、様々な国籍の役を演じた。他の出演作品に「日曜日は鼠を殺せ」「黄色いロールス・ロイス」（1964年）、「将軍たちの夜」（66年）、「ファニー・ガール」「うたかたの恋」（68年）、「マッケンナの黄金」「ゲバラ！」（69年）、「ホースメン」（71年）、「ジャガーノート」（74年）、「華麗なる相続人」（79年）、「天国の大罪」（92年, 日本）、「13ウォーリアーズ」（99年）、「オーシャン・オブ・ファイヤー」（2004年）など。一方、世界有数のブリッジの名手としても知られ、国際大会で活躍。ロンシャンなどの名門競馬場のセレブ馬主でもあった。著書に「Omar Sharif's Life in Bridge」「The Eternal Male」などがある。15年アルツハイマー病を患っていることを公表した。　[賞]ゴールデン・グローブ賞助演男優賞・有望若手男優賞（第20回, 1962年度）「アラビアのロレンス」，ゴールデン・グローブ賞主演男優賞（第23回, 1965年度）「ドクトル・ジバゴ」，ベネチア国際映画祭特別功労賞（第60回）〔2003年〕，セザール賞主演男優賞（第29回）〔2004年〕「イブラヒムおじさんとコーランの花たち」　[家]元妻＝ハマーマ, ファーティン（女優）

シャル，ウィリアム　Schull, William　遺伝学者　テキサス大学名誉教授　放射線影響研究所副理事長　[国]米国　[没]2017年6月20日　95歳〔肺がん〕　[生]1922年3月17日　[出]米国・ミズーリ州　[名]本名＝Schull, William Jackson　[学]マーケット大学〔1947年〕卒　Ph.D.（オハイオ州立大学）〔1949年〕　[歴]太平洋戦争から復員後に遺伝学者となり、1949年米国政府が広島に設置した原爆傷害調査委員会（ABCC）に赴任。広島、長崎の新生児約7万人を対象に遺伝調査をし、両親の被爆と子供の発育状況の因果関係など、放射線が子供たちに与える影響を調べた。ABCCを前身とし、被爆者の健康調査に日米共同で取り組む放射線影響研究所（放影研, 広島市, 長崎市）でも副理事長を務め、若手研究者を指導した。

シャルボニエ，ステファン　Charbonnier, Stéphane　編集者　漫画家　「シャルリー・エブド」編集長　[国]フランス　[没]2015年1月7日　47歳〔射殺〕　[生]1967年8月21日　[出]フランス・コンフラン・サントノリーヌ　[名]愛称＝シャルブ〈Charb〉　[歴]風刺漫画家"シャルブ"として「マルセル・クフ」「モーリスとパタポン」などの作品を発表。1992年フランスの風刺週刊紙「シャルリー・エブド」再刊時から同紙の所属作家となる。挑発的な姿勢で頭角を現し、2009年編集長に就任。イスラム過激派を風刺する漫画を多数掲載し、11年11月には同社事務所に火炎瓶が投げ込まれて編集部が全焼した。フランス政府の自粛要請にもかかわらず、12年9月にもムハンマドの風刺画を掲載。13年にはムハンマドを漫画で描いた「ムハンマドの生涯」を発売。イスラム教に限らず、宗教上のタブーに踏み込むことも辞さない挑発的な編集姿勢はしばしば物議を醸し、賛否両論を巻き起こした。15年1月編集

会議の最中、覆面をした男2人が銃を乱射し、編集部に居合わせた12人が亡くなった。

シャルル・ルー, エドモンド Charles-Roux, Edmonde 作家 ㋱ココ・シャネル研究 ㋡フランス ㋱2016年1月20日 95歳 ㋺1920年4月17日 フランス・ヌイイ・シュル・セーヌ ㋩バチカン公国駐在大使まで務めた外交官の家に生まれ、少女時代の大部分をイタリアで過ごす。第二次大戦中は看護婦としてレジスタンス運動に参加。戦後、ファッション誌「エル」の編集者としてジャーナリズムの世界にデビューし、その後「ヴォーグ」の編集長を12年間務めた。1966年小説「忘却のパレルモ」でゴンクール賞を受賞。83年アカデミー・ゴンクール会員。フランス女流作家の第一人者だった。「ヴォーグ」編集長時代にファッションデザイナーのココ・シャネルと知り合い、長年に渡って足跡を追求、「彼女・アドリエンヌ」(71年)、「シャネル・ザ・ファッション」(74年)、「シシリアの子供時代」(81年)、「シャネルの生涯とその時代」(90年)などを書いた。2002〜14年ゴンクール協会会長。 ㋤レジオン・ド・ヌール勲章シュバリエ章〔1945年〕、レジオン・ド・ヌール勲章コマンドール章〔2010年〕、ゴンクール賞〔1966年〕「忘却のパレルモ」でアカデミー・ゴンクール会員

ジャロウ, アル Jarreau, Al ジャズ歌手 ㋡米国 ㋱2017年2月12日 76歳 ㋺1940年3月12日 米国・ウィスコンシン州ミルウォーキー ㋩リポン・カレッジ〔1962年〕卒、アイオワ大学大学院(心理学)修士課程修了 ㋥幼い頃から歌が好きで、高校時代から地元のクラブで歌う。心理学修士号取得後、サンフランシスコでリハビリテーション・カウンセラーを務めるが、28歳で歌に専念。1960年代後半からサンフランシスコのジャズクラブで演奏を始め、ジョージ・デュークらとジャズ・トリオを結成。ロサンゼルスやニューヨークに進出し、75年35歳で歌手デビュー。従来のジャズボーカルを打ち破るスタイルに挑んで人気を獲得した。77年、78年グラミー賞最優秀ジャズ・ボーカル賞を受賞。81年アルバム「ブレーキン・アウェイ」は米国内で100万枚のヒットとなり、同賞最優秀男性ポップボーカル賞を受賞。92年には同賞最優秀R&Bボーカル賞を受賞し、史上初めて異なる3つのジャンルでグラミー賞を受賞した。85年米国のスター歌手らによる「ウィー・アー・ザ・ワールド」に歌い手の一人として参加。2000年アルバム「トゥモロウ・トゥデイ」を発表。代表曲に「モーニン」「奏でる愛」などがあるほか、テレビドラマ「こちらブルームーン探偵社」の主題歌など様々なジャンルの曲を歌い、"歌の魔術師"と称された。代表作に「ルック・トゥ・ザ・レインボウ」「レイズ・フォー・ラバー」「ライブ・イン・ロンドン」など。 ㋤グラミー賞最優秀ジャズ・ボーカル賞(第19回・20回・24回)〔1977年・1978年・1981年〕、グラミー賞最優秀男性ポップボーカル賞(第23回)〔1981年〕、グラミー賞最優秀R&Bボーカル賞(第34回)〔1992年〕

シャンバーグ, シドニー Schanberg, Sydney ジャーナリスト 「ニューヨーク・タイムズ」記者 ㋡米国 ㋱2016年7月9日 82歳〔心臓発作〕 ㋺1934年1月17日 ㋩米国・マサチューセッツ州クリントン ㋠本名＝Schanberg, Sydney Hillel ㋩ハーバード大学〔1955年〕卒 ㋥1年間インターナショナル・ラテックス社の総務部に勤務したが、ジャーナリストを志し、1959年「ニューヨーク・タイムズ」紙に原稿運び係として入社。60年正式な記者に採用され、ニューヨーク州政治などを担当した後、69〜73年ニューデリー特派員、インド・パキスタン戦争、ベトナム戦争などをカバー。73年シンガポール支局を新設して支局長。カンボジア内戦を取材した際には、本社の指示に反して現地にとどまり、75年のポル・ポト派によるプノンペン陥落を報じてピュリッツァー賞を受賞した。行動をともにしたカンボジア人助手ディス・プランとは混乱の中で離れ離れになったが、プランはその後のポル・ポト派の大虐殺を生き延び、米国で再会を果たす。この体験を描いたシャンバーグの著書「The Death and Life of Dith Pran」は、「キリング・フィールド」(84年)として映画化され、アカデミー賞3部門に輝いた。77〜80年ニューヨーク大都市圏コラムニスト、86〜95年「ニューズデー」に移りアソシエート・エディター兼コラムニストを務めた。 ㋤ピュリッツァー賞(第60回)〔1976年〕

周 有光 シュウ・ユウコウ Zhou You-guang 言語学者 ㋡中国 ㋱2017年1月14日 111歳 ㋺1906年1月13日 ㋩中国江蘇省 ㋥上海の大学で経済学や言語学を学び、その後日本に留学。1950年代、識字率向上などを目的に作られた文字改革委員会の要請で"漢語ピンイン計画委員会"の委員に就任。中国語の発音記号である"ピンイン"の考案に貢献し、"ピンインの父"と呼ばれた。ピンインは58年の全国人民代表大会(全人代)決議で導入が正式決定し、教育現場で普及した。

ジュヴェ, ミッシェル Jouvet, Michel 脳生理学者 ㋱睡眠学 ㋡フランス ㋱2017年10月3日 91歳 ㋺1925年11月16日 ㋩フランス・シュラ県ロンルソーニエ ㋩リヨン大学医学部卒 ㋥1954年渡米し、カリフォルニア大学ロサンゼルス校のホラス・マグーン教授主宰の生理学教室で、H.ペオン、時実利彦らと共同研究を行う。55年フランスに戻り、リヨンに実験医学教室を創設し、大脳生理学の面から睡眠と覚醒の研究に従事。睡眠中に目覚めている状態の脳波がみられる"逆説睡眠(レム睡眠)"を発見し、主観的な夢を生理学的・客観的に研究する可能性を示した。77年フランス科学アカデミー会員に推され、フランス科学界でもっとも権威あるフランス国立科学研究所(CNRS)金賞はじめ、多くの賞を受賞。睡眠学のリーダーとして国際的に活躍した。92年に発表した「夢の城」は脳生理学者の小説として話題となり、フランスでベストセラーとなった。他の著書に「睡眠と夢」など。 ㋤フランス国立科学研究所(CNRS)金賞〔1989年〕、フランス科学アカデミー会員〔1977年〕

シュトレンガー, ヘルマン・ヨーゼフ Strenger, Hermann Josef 実業家 バイエル社長 ㋡ドイツ ㋱2016年9月13日 87歳 ㋺1928年9月26日 ㋩ドイツ・ケルン ㋥1949年製薬会社のバイエルに見習いとして入社。54年からブラジル、スウェーデンなどの子

会社に配属され、72年取締役会入り。78〜84年副社長を経て、84〜92年社長。92年〜2002年重役会会長。

シュペート, ロータール Späth, Lothar 政治家 バーデン・ビュルテンベルク州首相 [国]ドイツ [没]2016年3月18日 78歳 [生]1937年11月16日 [出]ドイツ・バーデン・ビュルテンベルク州ジグマリンゲン [学]シュトゥットガルト州立実業学校卒 [歴]1965年シュトゥットガルト市助役、68年バーデン・ビュルテンベルク州議会議員、78〜91年同州首相。81〜89年キリスト教民主同盟(CDU)副党首。91年チューリンゲン州首相特別顧問、イェノプティック社(本社イェーナ)会長に就任。旧東ドイツの名門光学機器メーカー、カール・ツァイス・イェーナの再建にあたった。91年7月来日。 [賞]カールスルーエ大学名誉博士号〔1984年〕

シ

ジュマイリ, イヤド Jumaili, Ayad al− イスラム国(IS)戦争相 [国]イラク [没]2017年4月1日〔イラク空軍による空爆死〕 [歴]イスラム教過激派組織イスラム国(IS)においてアブバクル・バグダディに次ぐナンバー2とされ、"戦争相"を名のった。2017年4月イラク空軍が西部アンバル州カイムで実施した空爆により死亡したとされる。

シュミット, ヘルムート Schmidt, Helmut 政治家 エコノミスト 西ドイツ首相 [国]ドイツ [没]2015年11月10日 96歳 [生]1918年12月23日 [出]ドイツ・ハンブルク [名]本名＝Schmidt, Helmut Heinrich Waldemar [学]ハンブルク大学経済学部〔1949年〕卒 [歴]第二次大戦中は東部戦線などに砲兵将校として従軍。復員後ハンブルク大学で経済学を学ぶ。1946年社会民主党(SPD)に入党。53〜61年および65〜87年西ドイツ連邦議会議員。67〜69年社民党連邦議会議員団長、68〜84年社民党副党首。69〜72年第1次ブラント政権で国防相、72〜74年財務相、74年5月〜82年10月西ドイツ首相を務めた。首相時代は"鉄の宰相"と呼ばれ、75年にはジスカールデスタン仏大統領とともに第1回主要先進国首脳会議(ランブイエ・サミット)を組織。欧州統合の推進に尽力し、戦後復興を終えたドイツが国際舞台に復帰する土台を作った。首相退任後は、"OBサミット"や"シュミット委員会"の中心として活躍する傍ら精力的に著作・講演活動を行う。とくに"EC統合"については指導的な役割を果たした。86年政界引退。83年以来、週刊新聞「ディ・ツァイト」編集人・共同発行人。91年から"21世紀の日本委員会"メンバー。93年ドイツ国民財団設立。著書に「シュミット外交回想録」「防衛か報復か」「ドイツ人と隣人たち―続シュミット外交回想録(上下)」「隣人の中国」など。ピアノ演奏家としても知られる。 [賞]バートヴルザッハ市文学賞〔1990年〕「シュミット外交回想録」, 慶応義塾大学名誉博士号〔1991年〕, 広島大学名誉博士号〔1995年〕

シュラー, ガンサー Schuller, Gunther 作曲家 指揮者 ホルン奏者 [国]米国 [没]2015年6月21日 89歳 [生]1925年11月22日 [出]米国・ニューヨーク市 [名]本名＝Schuller, Gunther Alexander [学]セント・トーマス合唱学校 [歴]祖父はドイツ人指揮者で、父はニューヨーク・フィルのバイオリン奏者。1938〜42年セント・トーマス合唱学校で作曲、フルート、ホルンを学んだのち、ホルン奏者として活動を開始。43〜45年シンシナティ交響楽団、45〜59年メトロポリタン歌劇場管弦楽団に所属。その後指揮に転じ、世界のオーケストラに客演。また早くから作曲を手がけ、特にジャズの影響を受けた作品を発表。57年にはジャズとクラシックの融合を目指した"ザ・サード・ストリーム(第3の流れ)"を提唱した。代表作に「パウル・クレーの主題による習作」(59年)、第1交響曲(65年)、オペラ「ビジテーション」(66年)など。また音楽教育者として50〜63年マンハッタン音楽学校、64〜67年エール音楽学校、67〜77年ニューイングランド音楽院などで教鞭を執った。「ホルンのテクニック」(62年)、「ザ・スイング・エラー―ジャズの発展1930〜1945」(89年)などの著作がある。 [賞]ピュリッツァー賞(音楽部門)〔1994年〕「Of Reminiscences and Reflections」, グラミー賞〔1974年・1976年〕, 全米芸術基金(NEA)ジャズ・マスター〔2008年〕

シュラフリー, フィリス Schlafly, Phyllis 保守活動家 イーグル・フォーラム創設者 [国]米国 [没]2016年9月5日 92歳〔がん〕 [生]1924年8月15日 [出]米国・ミズーリ州セントルイス [名]旧姓・名＝Stewart, Phyllis McAlpin [学]ワシントン大学 [歴]1972年減税と軍事力強化、英語のみの教育の実現を目指す超保守派の政治団体イーグル・フォーラムを設立。女性が妻や母親として生きる権利を主張し、「男女平等憲法修正条項」の成立に強硬に反対するなど反フェミニズム運動を展開した。

ジュールダン, ルイ Jourdan, Louis 俳優 [国]フランス [没]2015年2月14日 93歳〔老衰〕 [生]1921年6月19日 [出]フランス・マルセイユ [歴]少年時代はコンスタンチノープル、ロンドン、カンヌなどで過ごす。パリのルネ・シモンに演技を学び、1939年映画デビュー。終戦直後の45年ハリウッドに進出し、甘いマスクで二枚目やプレイボーイ的な役どころで人気を得た。主な主演作に「パラダイン夫人の恋」(47年)、「忘れじの面影」(48年)、「白鳥」(55年)、「恋の手ほどき」(58年)、「カンカン」(60年)、「巌窟王」(61年)、「予期せぬ出来事」(63年)、「わが心の詩」(73年)、「007/オクトパシー」(83年)、「怪人スワンプシング」(89年)など。「悪の祭典」(70年)、「刑事コロンボ/美食の報酬」(77年)などテレビ映画でも活躍した。

シュワイカー, リチャード Schweiker, Richard 政治家 米国厚生長官 [国]米国 [没]2015年7月31日 89歳 [生]1926年6月1日 [出]米国・ペンシルベニア州ノリスタウン [名]本名＝Schweiker, Richard Schultz [学]ペンシルベニア州立大学〔1950年〕卒 [歴]父の経営するタイル会社に勤務したのち、1960年ペンシルベニア州選出の共和党下院議員に当選。68年同州選出上院議員に当選。81年1月〜83年1月厚生長官を務めた。共和党中道派。

徐 才厚 ジョ・サイコウ Xu Chai-hou 軍人 中国共産党政治局員・中央軍事委員会副主席 中国国家中央軍事委員会副主席 [国]中国 [没]2015年3月15日 71歳〔膀胱がん〕 [生]1943年6月 [出]中国遼寧省 [学]ハルビン軍事工程学院〔1968年〕卒 [歴]1963年中国人民解放軍に入り、68年ハルビン軍事工程学院を卒業。71年中国共産党に入党。瀋陽軍区14集団軍政治部主任、政

治委員などを歴任。92年軍総政治部主任助理を経て、93年副主任。96年12月済南軍区政治委員・同党委書記。97年9月党中央委員、99年9月党中央軍事委委員、同年10月国家中央軍事委委員に選出。同月人民解放軍総政治部常務副主任、2002年11月同部主任、党中央書記局書記。04年9月同部主任退任、党中央軍事委副主席。05年3月国家中央軍事委副主席。07年10月党政治局員。1999年上将。2014年10月収賄などの容疑で取調べを受け起訴された。15年3月死亡により軍事検察院は不起訴を決定した。

ショーヴァン, イヴ **Chauvin, Yves** 化学者 フランス国営石油研究所名誉研究部長 [専]有機合成におけるメタセシス反応の開発 [国]フランス [没]2015年1月28日 84歳 [生]1930年10月10日 [出]ベルギー西フランダース・メニン [学]リヨン化学・物理学・電子工学高等学院〔1954年〕卒 [歴]石油化学会社勤務を経て、1960年フランス国営石油研究所研究技術者となり、91年研究部長、のち名誉研究部長。二種類の化合物の強い結合部分が金属触媒の作用で入れ替わって別の化合物に変化する現象“メタセシス反応”を研究し、71年どんな触媒を使えばこの反応が起きるかを原理的に解明した。しかし、反応の制御が難しく、応用が進まなかったが、90年マサチューセッツ工科大学のリチャード・シュロック教授がモリブデンを使った最初の触媒を合成。その後、カリフォルニア工科大学のロバート・グラッブス教授がルテニウムを使ってより優れた“グラッブス触媒”を開発。これにより、様々な有機化合物や高分子が簡単な手順で効率よく作れるようになり、環境への負荷が少ない化学合成に道を開いた。2005年有機合成におけるメタセシス反応の開発により、シュロック教授、グラッブス教授とともにノーベル化学賞を受賞。他にパラジウム触媒、ロジウム触媒などによる新反応の開発を行った。 [賞]ノーベル化学賞〔2005年〕 [資]フランス科学アカデミー会員〔1996年〕

ショヴィレ, イヴェット **Chauviré, Yvette** バレリーナ パリ・オペラ座バレエ団エトワール パリ・オペラ座バレエ団教授 [国]フランス [没]2016年10月19日 99歳 [生]1917年4月22日 [出]フランス・パリ [学]パリ・オペラ座バレエ学校卒 [歴]10歳でパリ・オペラ座のバレエ学校に入り、早くから才能を見出され“天才少女”と呼ばれた。1931年13歳でパリ・オペラ座バレエ団子役となり、クニアセフ、グゾフスキーに師事。36年プリンシパル・ダンサーとしてパリ・オペラ座バレエ団に入団。直ちにリファールに見出され、早くから主要な役を多数与えられた。41年23歳でリファールの「イシュタル」を踊ってエトワールに昇格。同じくリファールの「ミラージュ」(47年)でも成功を収めた。この間、20歳で主役を演じたバレエ映画「白鳥の死」(37年)は大ヒット、戦中・戦後の日本でも上映され、バレエ・ブームを引き起こした。46年モンテカルロ・バレエ団に参加、翌年オペラ座に帰るが、49年退団。その後ミラノ・スカラ座、英国のフェスティバル・バレエ団などに客演。53年復帰。63～68年パリ・オペラ座附属舞踊学校(POBS)校長、70年よりパリ国際ダンス・アカデミー校長。72年55歳で現役引退後は、パリ・オペラ座バレエ団教授として後進の指導にあたった。代表的なレパートリーに古典の「ジゼル」、リファールの「白の組曲」「影」、クランコの「美しきエレーヌ」、グゾフスキーの「グラン・パ・クラシック」「椿姫」などがあり、特に「ジゼル」はフランス的な繊細さとロマンチックな感性とにあふれたものといわれた。20世紀のフランスを代表するバレリーナの一人だった。88年にはドキュメンタリー映画「イヴェット・ショヴィレ～フランス・プリマ・バレリーナの真実」が制作された。97年80歳記念ガラが盛大に挙行された。京都バレエ専門学校名誉校長。著書に「私はバレリーナ」がある。 [賞]レジオン・ド・ヌール勲章コマンドール章〔1988年〕, フランス芸術文化勲章コマンドール章, フランス国家功労章グランオフィシエ章〔1994年〕, グランクロア章〔1998年〕, レジオン・ド・ヌール勲章グランオフィシエ章〔2010年〕

ジョーンズ, ジョージ **Jones, George** 政治学者 ロンドン・スクール・オブ・エコノミクス名誉教授 [国]英国 [没]2017年4月14日 79歳 [生]1938年2月4日 [出]英国・ウエストミッドランズ州ウォルバーハンプトン [名]本名＝Jones, George William [学]オックスフォード大学〔1960年〕卒 博士号〔1965年〕 [歴]1963～65年リーズ大学で教鞭を執り、66年ロンドン・スクール・オブ・エコノミクス講師、71年上級講師を経て、76年教授。著書に「地方自治」「西欧の首相」「ロンドン市庁」など。

ジョーンズ, スザンナ **Jones, Susannah** 世界最高齢者(116歳) [国]米国 [没]2016年5月12日 116歳 [生]1899年7月6日 [出]米国・アラバマ州ラウンズ郡 [名]本名＝ジョーンズ, スザンナ・マシャット〈Jones, Susannah Mushatt〉 [歴]アフリカ系。父はアラバマ州の綿花畑の小作農だった。10人きょうだいの3番目に生まれ、黒人少女のための特別学校で学んだ。1922年ニュージャージー州に移り、23年にはニューヨークに移住、住み込みの家政婦などとして働いた。2015年6月115歳346日で世界最高齢の女性としてギネス記録に認定された。

ジョーンズ, ディーン **Jones, Dean** 俳優 [国]米国 [没]2015年9月1日 84歳〔パーキンソン病〕 [生]1931年1月25日 [出]米国・アラバマ州モーガン・カウンティー [歴]1954年ナイトクラブのブルース歌手としてデビューした後、56年「傷だらけの栄光」で映画デビュー。「シャム猫FBI/ニャンタッチャブル」(65年)以降、「黒ひげ大旋風」(67年)、「ラブ・バッグ」(68年)、「あひる大旋風」(71年)などディズニー映画で人気を博す。他の映画出演作に「監獄ロック」(57年)、「ヤム・ヤム・ガールズ」(63年)、「ギロチンの二人」(65年)、「ベートーベン」(92年)、「今そこにある危機」(94年)など。また、ソンドハイムの「Company」(70年)などの舞台や、タイトルロールを務めた「Ensign O'Toole」(62～63年)などテレビでも活躍した。

ジョーンズ, トム **Jones, Tom** プロレスラー [国]米国 [没]2017年3月4日 77歳 [生]1939年10月22日 [出]米国・ジョージア州サバンナ [名]本名＝Thompson, George [歴]1966～88年にかけてプロレスラーとして活躍。“褐色の人間ミサイル”の異名を取った。主にタッグ戦で実績を残し、多くのタイトルを獲得。69年初来日し日本プロレスに参戦、ジャイアント馬場と対戦し

た。74年には新日本プロレスにも参戦し、アントニオ猪木と対戦。引退後はトレーナーとして多くのレスラーを育てた。

ジョンソン, アレックス Johnson, Alex 大リーグ選手 [国]米国 [没]2015年2月28日 72歳 [生]1942年12月7日 [出]米国・アーカンソー州ヘレナ [名]本名＝ジョンソン, アレクサンダー〈Johnson, Alexander〉 [歴]1964年大リーグのフィリーズに入団。66年カーディナルス、68年レッズ、70年エンゼルス、72年インディアンス、73年レンジャーズ、74年ヤンキース、76年タイガースと渡り歩いた。68年には打率.312、188安打でいずれも4位。70年は202安打で2位、打率は.3289で首位打者となり、オールスターに出場。しかし、チームメートや経営陣との対立から3年以上同一チームにとどまることはなく、71年にはチームに悪影響を与えるとして出場停止を命じられた。メジャー通算13年、1322試合出場、4623打数1331安打、78本塁打、525打点、113盗塁、打率.288。エンゼルスで首位打者を獲得した唯一の選手。

ジョンソン, ケン Johnson, Ken 大リーグ選手 [国]米国 [没]2015年11月21日 82歳〔腎臓の感染症〕 [生]1933年6月16日 [出]米国・フロリダ州ウエストパームビーチ [名]本名＝Johnson, Kenneth Travis [歴]1952年アトランタ・アスレチックスと契約。右投げのナックルボール投手で、入団7年目の58年にようやくメジャーデビューを果たす。61年レッズに移り、2ケ月余りで6勝をマーク。62年アストロズに移籍し、63年から5年連続2ケタ勝利を挙げる。64年4月対レッズ戦で相手を無安打に封じるも、自らの失策がきっかけとなり失点し、メジャー史上で唯一のノーヒッター敗戦投手となった。65年ブレーブス、69年ヤンキース、カブス、70年エクスポズと渡り歩いた。通算成績は、実働13年、334試合登板、91勝106敗9セーブ、1042奪三振、防御率3.46。

ジョンソン, ジョージ・クレイトン Johnson, George Clayton SF作家 脚本家 [国]米国 [没]2015年12月25日 86歳〔がん〕 [生]1929年7月10日 [出]米国・ワイオミング州バーン [歴]中学3年で学校を中退。1959年テレビドラマ「ヒッチコック劇場」の1エピソードで脚本家として脚光を浴びる。小説ではSF短編を得意とする作家で、雑誌「プレイボーイ」「ローグ」などを発表舞台とした。その後、ロサンゼルスの脚本家養成学校に入学。SFドラマ「ミステリー・ゾーン」に複数のストーリーを採用され、その1エピソード「Kick the Can」(62年)はスティーブン・スピルバーグ監督「トワイライトゾーン/超次元の体験」(83年)の1話として映画化もされた。映画「オーシャンと十一人の仲間」(60年)の原作者でもあり、67年にウィリアム・F.ノーランとの共著で発表したSF「ローガンの逃亡」も「2300年未来への旅」(76年)として映画化された。他にテレビドラマ「スター・トレック」(66年)の第1エピソードや、アニメ映画「イカロス」(62年)の脚本などを手がけた。

ジョンソン, スペンサー Johnson, Spencer 作家 [国]米国 [没]2017年7月3日 78歳〔膵臓がんに伴う合併症〕 [生]1938年11月24日 [出]米国・サウスダコタ州ウォータータウン [名]本名＝Johnson, Patrick Spencer [学]南カリフォルニア大学(心理学)卒 医学博士(ロイヤルカレッジ・オブ・サージョンズ) [歴]ハーバード大学医学部、メイヨー・クリニックに籍を置いたことがあり、心臓ペースメーカーの開発に携わる。のちコミュニケーションズ・コンサルタントとして活躍。様々な大学や研究機関の顧問を務め、シンクタンクに参加する一方、医学、心理学分野の著書を多数発表。状況の変化にどう対応すべきかを平易な表現で綴ったビジネス書「チーズはどこへ消えた？」(1998年)は99年度全米ビジネス書ベストセラー第1位を記録。世界中で計2800万部以上を売り上げ、日本でも2000年に出版されて大きな話題となった。他の著書に「1分間パパ」「1分間マザー」「1分間自己革命」「1分間意思決定」「人生の贈り物」「頂きはどこにある？」などがある。

ジョンソン, デニス Johnson, Denis 作家 詩人 [国]米国 [没]2017年5月24日 67歳〔肝臓がん〕 [生]1949年7月1日 [出]西ドイツ・バイエルン州ミュンヘン(ドイツ) [名]本名＝Johnson, Denis Hale [学]アイオワ大学卒 [歴]ミュンヘンで生まれ、フィリピンや日本、ワシントンD.C.で育つ。ジミ・ヘンドリックスのギターに影響を受けて文章を書き始めたという。1983年小説「Angels」で作家デビュー。以来、核戦争後の近未来や、暴力とドラッグに染まった現代米国社会の裏面を精力的に描く。米国の地方都市の薬物中毒者らを描いた短編集「ジーザス・サン」(92年)で注目された。代表作「煙の樹」は2007年全米図書賞を受け、「ニューヨーク・タイムズ」年間最優秀図書にも選ばれた。 [賞]全米図書賞「煙の樹」〔2007年〕, ニューヨーク・タイムズ年間優秀図書「煙の樹」〔2007年〕

ジョンソン, ビル Johnson, Bill スキー選手(アルペン) サラエボ五輪アルペンスキー男子滑降金メダリスト [国]米国 [没]2016年1月21日 55歳 [生]1960年3月30日 [出]米国・カリフォルニア州ロサンゼルス [名]本名＝Johnson, William Dean [歴]7歳の時、アイダホ州に移住し、アルペンスキーを始める。1982年には"態度が悪い"として米国代表チームから追放された全くの無名選手だったが、追放されたショックで逆に実力をつけ、83年欧州杯で総合優勝して米国代表に復帰。84年W杯滑降第5戦で優勝。同年サラエボ五輪滑降で金メダルを獲得し、米国選手としては初めて冬季五輪で"世界一速いスキーヤー"となった。2001年3月練習中に転倒、3週間に渡って昏睡状態となった。

ジョンソン, リチャード Johnson, Richard 俳優 [国]英国 [没]2015年6月5日 87歳 [生]1927年7月30日 [出]英国・エセックス州アプミンスター [学]RADA [歴]RADAに学び、1944年マンチェスターのオペラ・ハウスで初舞台。ロイヤル・シェイクスピア・カンパニー(RSC)の創立メンバーとして舞台で活躍。51年「艦長ホレーショ」の脇役で映画デビュー。以後、舞台と映画を両立させ、59年以降は映画でも重要な役を演じるようになる。主な出演作に「戦霊」(59年)、「たたり」(63年)、「キッスは殺しのサイン」(66年)、「ラストコンサート」(76年)、「サンゲリア」(79年)、「トゥームレイダー」(2001年)、「縞模様のパジャマの少年」(08年)など。また、「ハリウッド・ナイトメア」(1980〜

82年）などテレビドラマやテレビ映画にも出演。007シリーズ「ドクター・ノオ」のジェームズ・ボンド役を断ったことでも知られる。女優のキム・ノバクと一時期（65～66年）結婚していた。 [家]元妻＝ノバク，キム（女優）

ジョンヒョン **Jonghyun** 歌手 [国]韓国 [没]2017年12月18日 27歳〔自殺〕 [生]1990年4月8日 [出]韓国・ソウル [名]グループ名＝SHINee（しゃいにー） [歴]2005年青少年歌謡祭に出場し、SMエンタテインメントの関係者にスカウトされる。08年5人組男性アイドルグループ、SHINeeとして「Replay」でデビュー。メンバーは他にオンユ、テミン、ミンホ、キーがおり、ジョンヒョンはメインボーカルを務めた。10年末日本正式デビュー前に東京・代々木体育館で開催された単独ライブは約10万通の応募があった。11年6月世界進出の足掛かりとしてアジア人で初めて英国のアビーロードスタジオでライブを開催、50人の招待制だったが英国人やフランス人を中心に約1000人のファンが詰めかけ話題となる。同月「Replay―君は僕のeverything」で日本デビュー。15年には初のソロアルバムを発表。17年12月ソウル市内の宿泊施設で心停止の状態で倒れているところを発見され、病院で死亡が確認された。部屋の中には練炭を使用した痕跡があり、自殺とみられる。

ジラール，ルネ **Girard, René Noël** 評論家 スタンフォード大学名誉教授 [専]フランス語学・文学・文明 [没]2015年11月4日 91歳 [生]1923年12月25日 [出]フランス・アヴィニョン [学]パリ古文書学院，インディアナ大学卒 [歴]パリの古文書学院、米国のインディアナ大学に学び、同大学をはじめジョンズ・ホプキンズ大学、ニューヨーク州立大学などを経て、1980～95年スタンフォード大学教授。独自の模倣理論、三角形的欲望の理論、暴力理論をもとに文学、社会学などの分野で注目すべき評論を行った。2005年アカデミー・フランセーズ会員。著書に「欲望の現象学」（1961年）、「ドストエフスキー」（63年）、「暴力と聖なるもの」（72年）、「世の初めから隠されていること」（78年）、「身代りの山羊」（82年）、「邪な人々の昔の道」（85年）、「羨望の炎―シェイクスピアと欲望の劇場」（90年）、「このようなことが起こり始めたら…」（94年）などがある。 [賞]メディシス賞〔1990年〕，レオポルト・ルーカス賞〔2006年〕 [資]アカデミー・フランセーズ会員〔2005年〕

シルバ，カルロス・アルベルト **Silva, Carlos Alberto da** サッカー指導者 サッカー・ブラジル代表監督 [国]ブラジル [没]2017年1月20日 77歳 [生]1939年8月14日 [出]ブラジル・ミナスジェライス州 [歴]ブラジルのサッカー名門クルゼイロFC、サンパウロFCなどで指揮を執り、サンパウロFCでは1980年、89年にサンパウロ州選手権優勝（ブラジル選手権はいずれも準優勝）。また87～88年ブラジル代表監督を務め、88年ソウル五輪で銀メダルを獲得した。90年日本サッカーリーグの読売クラブ監督に就任。三浦知良やラモス瑠偉らタレント揃いのクラブに厳しい規律を導入し、91年日本リーグ優勝に導いた。 [賞]ブラジル年間最優秀監督賞〔1989年〕

シールマンス，トゥーツ **Thielemans, Toots** ハーモニカ奏者 ギタリスト [国]ベルギー [没]2016年8月22日 94歳〔老衰〕 [生]1922年4月29日 [出]ベルギー・ブリュッセル [名]本名＝シールマンス，ジャンバティスト〈Thielemans, Jean-Baptiste〉 [歴]3歳の頃から小さなアコーディオンをおもちゃ代わりに弾いていた。ジャズギターを学んだのち、17歳の時映画の1シーンでバックにハーモニカが流れていたのに感動を覚え、以来ハーモニカの道へ。1950年ベニー・グッドマンに見い出されてヨーロッパ・ツアーに参加。52年米国に拠点を移す。62年ギターと口笛によるオリジナル曲「ブルーゼット」が大ヒット。以後、クインシー・ジョーンズやマイルス・デイビス、エラ・フィッツジェラルド、ビリー・ジョエルら幅広いジャンルの音楽家と共演。ハーモニカの世界的巨匠となった。69年には映画「真夜中のカウボーイ」のサントラのハーモニカソロを手がけた。70年代自分のカルテットでのツアーを始め、欧米で高い評価を得る。ハーモニカをソロ楽器として確立させた異色のジャズミュージシャンで、ギターを弾きながらハーモニカを吹くスタイルは、ビートルズのジョン・レノンにも影響を与えた。また世界的人気を誇る米国の子供番組「セサミ・ストリート」のテーマ曲の作曲家としても知られる。2006年末よりドクター・ストップを受けて演奏活動を休止するが、07年復帰。14年高齢を理由に音楽活動から引退した。アルバムに「アフィニティ」「イースト・コースト、ウェスト・コースト」「ザ・ベリー・ベスト・オブ・トゥーツ・シールマンス」「ワン・モア・フォー・ザ・ロード」など。1979年初来日、以後度々来日公演。2001年ベルギー国王より男爵の位を与えられた。

シン，アジット **Singh, Ajit** 経済学者 ケンブリッジ大学教授 [専]開発経済学，国際経済学 [国]英国 [没]2015年6月23日 74歳 [生]1940年9月11日 [出]英領インド・パンジャブ州ラホール（パキスタン） [学]パンジャブ大学卒，ハワード大学（米国）卒 Ph.D.（カリフォルニア大学バークレー校） [歴]英国植民地下のインド・ラホール（現・パキスタン）に生まれる。パンジャブ大学卒業後に渡米し、ワシントンD.C.のハワード大学、カリフォルニア大学バークレー校に学ぶ。その後、英国のケンブリッジ大学に移り、1995年教授に就任。国際経済関係の中での産業発展の問題を中心的テーマとし、英国の脱工業化に関する先駆的研究や発展途上国の経済発展に関する研究を行う。A.ヒューズらとともに中小企業研究センターを組織し、この分野でも活躍した。主な著書に「Microeconomic Analysis」（81年）など。

任 新民 ジン・シンミン **Ren Xin-min** ミサイル・ロケット技術開発者 [専]液体ロケット・エンジン，宇宙技術 [国]中国 [没]2017年2月12日 101歳〔病気〕 [生]1915年12月5日 [出]中国安徽省寧国県 [学]南京中央大学中退，重慶兵工学校大学部〔1940年〕卒 工程力学博士（ミシガン大学）〔1948年〕 [歴]1945年米国に留学し、応用力学の博士号を取得後、49年帰国。70年技術者として中国初の人工衛星「東方紅1号」の打ち上げを指導。中国のミサイル及び宇宙技術、特に液体ロケット・エンジンの開発に大きく貢献した。毛沢東が掲げた“両弾一星（原水爆と人工衛星）”事業の功績者として99年に表彰され、屠守鍔、黄緯禄、梁守槃とともに“中国の宇宙開発の4長老”と呼ばれた。82年より

航天工業部科技委員会主任、航空航天工業部高級顧問、中国航天工業総公司高級顧問、中国航天科技集団公司及び中国航天科工集団公司高級技術顧問を歴任。中国宇宙学会理事長、中国科学院学部委員、第5〜7期全国人民代表大会(全人代)常務委員も務めた。 [賞]国家科技進歩奨特等奨〔1985年〕

ジンク, トム Zenk, Tom プロレスラー [国]米国 [没]2017年12月9日 59歳 [生]1958年11月30日 [出]米国・ミネソタ州ミネアポリス [名]本名＝ジンク, トーマス・アーウィン〈Zenk, Thomas Erwin〉, ニックネーム＝Zマン〈Z-Man〉 [歴]ボディビルを経て、1983年プロレスデビュー。ニックネームは"Zマン"。WWF(現・WWE)でリック・マーテルとのコンビで人気を博し、86年11月全日本プロレスの世界最強タッグ決定リーグ戦で初来日。鍛え上げた肉体と甘いマスクで女性ファンも多く、全日本には94年9月まで計7回参戦した。91年3月には新日本プロレスの東京ドーム大会にも出場。その後、NWA、WCWで活躍し、96年に引退した。

ス

【ス】

スエスエウィン Swe Swe Win 占い師 [国]ミャンマー [没]2017年9月10日 58歳 [名]愛称＝ET(いーてぃー) [歴]ミャンマーの最大都市ヤンゴン郊外などで占い師として活動。占いを的中させることでミャンマーやタイで"天才女性占い師"として評判を得た。1992年から約20年に渡ってミャンマーの軍事指導者だったタンシュエ上級大将が2006年、首都をヤンゴンからネピドーに移したのは、その占いの結果とされる。またタイのタクシン元首相も彼女の顧客だった。風貌がスティーブン・スピルバーグ監督の映画「E.T.」の宇宙人に似ていることから、"ET"の愛称で知られた。

スカージ, アーノルド Scaasi, Arnold ファッションデザイナー [国]米国 [没]2015年8月4日 85歳〔心停止〕 [生]1930年5月8日 [出]カナダ・ケベック州モントリオール [名]旧姓・名＝アイザックス, アーノルド〈Isaacs, Arnold〉 [歴]毛皮職人の息子としてモントリオールに生まれる。パリの服飾学校を卒業後、1952年ニューヨークでデザイナーのチャールズ・ジェームズのアシスタントとして働く。56年自らのブランドを設立し、婦人服の製造・販売に携わった。64年よりオートクチュール(高級注文服)に特化し、米国大統領夫人のマミー・アイゼンハワー、バーバラ・ブッシュ、ヒラリー・クリントン、ローラ・ブッシュや、女優のエリザベス・テイラーら有名人のドレスなどをデザイン。中でも女優バーブラ・ストライサンドの衣装は長年に渡って担当した。華やかな色彩と模様で知られた。

スカリー, ビンセント Scully, Vincent 建築史家 評論家 エール大学名誉教授 [国]米国 [没]2017年11月30日 97歳 [生]1920年8月21日 [出]米国・コネティカット州ニューヘブン [名]本名＝Scully, Vincent Joseph (Jr.) [学]エール大学〔1940年〕卒 Ph.D.(エール大学)〔1949年〕 [歴]1947年よりエール大学美術史学科で建築学、芸術史、絵画や彫刻を教えた。91年定年を迎えたが、2009年まで教壇に立った。著書に「フランク・ロイド・ライトの遺産」「アメリカ住宅論」「近代建築」などがある。

スカリア, アントニン Scalia, Antonin 法律家 米国連邦最高裁判事 [国]米国 [没]2016年2月13日 79歳 [生]1936年3月11日 [出]米国・ニュージャージー州トレントン [学]フリブール大学(スイス), ハーバード大学ロースクール [歴]1962年オハイオ州、70年バージニア州で弁護士資格を取得。67〜70年バージニア大学ロースクール準教授、70〜74年教授、77〜82年シカゴ大学ロースクール教授、82〜86年コロンビア特別地区連邦控訴裁判所判事を経て、86年レーガン大統領により米国連邦最高裁判事に任命される。イタリア系米国人として初の最高裁判事となり、以後30年間に渡って最高裁判事を務め、保守派を代表する論客として知られた。97年講演で来日。 [資]弁護士

スクロヴァチェフスキ, スタニスワフ Skrowaczewski, Stanisław 指揮者 作曲家 ミネアポリス交響楽団桂冠指揮者 読売日本交響楽団桂冠名誉指揮者 [国]米国 [没]2017年2月21日 93歳 [生]1923年10月3日 [出]ポーランド・ルヴォフ(ウクライナ・リボフ) [学]ルヴォフ音楽院, クラクフ国立高等音楽学校 [歴]7歳でオーケストラ作品を作曲。1934年11歳でピアニストとしてデビューしたが、第二次大戦中の空襲で手を負傷したため、指揮と作曲の道に専念。36年指揮者としてデビュー。ルヴォフの音楽院などで指揮、作曲を学ぶ。47〜49年パリでナディア・ブーランジェに作曲、パウル・クレツキに指揮を師事。49〜54年カトヴィーツェで指揮、56〜59年ワルシャワ・フィルハーモニーの指揮者を歴任。58年クリーブランド管弦楽団を指揮して米国にデビュー。60年米国に移住。60〜79年ミネアポリス交響楽団(現・ミネソタ管弦楽団)の指揮者を務め、同楽団を全米屈指の水準に引き上げ、同楽団から桂冠指揮者の称号を受けた。84〜91年マンチェスターのハレ管弦楽団首席指揮者。のちフリーの指揮者として活躍。2007年読売日本交響楽団第8代常任指揮者に就任。10年退任し、桂冠名誉指揮者。90歳を超えても精力的に活動し、"世界最高齢の現役指揮者"としても知られた。ブルックナーやブラームスなど、ドイツ音楽の演奏に定評があった。作曲家としては交響曲、弦楽四重奏曲、ピアノ曲などの作品があり、代表作は「序曲〈1947〉」「管弦楽のための協奏曲」など。1978年初来日、以後公演で度々来日。90年代からNHK交響楽団にしばしば客演した。 [賞]シマノフスキ作曲賞〔1947年〕, ローマ国際指揮者コンクール第1位〔1956年〕 [師]師＝ブーランジェ, ナディア(作曲), クレツキ, パウル(指揮)

スクワイア, クリス Squire, Chris ロック・ベース奏者 [国]英国 [没]2015年6月27日 67歳〔白血病〕 [生]1948年3月4日 [出]英国・ロンドン [名]グループ名＝イエス〈YES〉 [歴]1965年リズム＆ブルースのバンドであるザ・シンを結成してプロデビュー。67年同バンドを解散して新たにメイベル・グリアーズ・トイショップを組織し、さらにボーカリストのジョン・アンダーソンとの出会いを経て、68年イエスを結成した。バンドではベースを担当するとともに、組織的な面でリー

ダーシップを発揮。やがてバンドはジャズ、コーラス、クラシックなどの要素を取り入れ、確かな演奏力に裏打ちされた構成力の高い大作や哲学的かつ幻想的な歌詞などを前面に押し出すようになり、プログレッシブ・ロック・バンドへと変貌。特に71年のアルバム「こわれもの」と72年の「危機」はプログレッシブ・ロックの最高峰と絶賛された。73年初来日。75年初のソロアルバム「未知への飛翔」を発表。その後、バンドは激しくメンバーが入れ替わり、その都度サウンドも変化していったが、常にバンドに残ってリーダーシップを取り続け、80年から約3年間の活動休止期を挟み、83年テクノ・ポップ風のシングル「ロンリー・ハート」が大ヒット。89年には元メンバーによりアンダーソン・ブルーフォード・ウェイクマン＆ハウ（ABWH）が結成されると、彼らとイエスというバンドの名称を巡って争ったが、91年には和解し、彼らをイエスへ引き入れてアルバム「結晶」を作成した。2003年来日。06年ザ・シンを再結成し、ライブ・ツアーを行った。他のイエスでの参加作品に「時間と言葉」「リレイヤー」「ドラマ」「トーク」などがある。

スコラ, エットーレ　Scola, Ettore　映画監督　🇮🇹イタリア　⚰2016年1月19日　84歳〔病気〕　🎂1931年5月10日　🏠イタリア・トレビーコ　🎓ローマ大学　ローマの大学で法律を学んだ後、ジャーナリストとなり、「マルコ・アウレリオ」に寄稿する一方、ラジオのための台本を数多く手がける。1947〜52年喜劇役者トトの映画の脚本を無署名で20本ほど執筆。52年脚本家として映画界入り。約50本の脚本を書き、64年「もしもお許し願えれば女について話しましょう」で監督デビュー。70年代半ばに「あんなに愛しあったのに」（74年）や「特別な一日」（77年）などで作風の広がりを見せ、イタリアを代表する国際的監督の地位を確立。ネオリアリズムとイタリア喜劇映画の流れをくみ、主にコメディの分野で活躍した。他の作品に「醜い奴、汚い奴、悪い奴」（76年）、「パッション・ダモーレ」（80年）、「ル・バル」（83年）、「マカロニ」（85年）、「ラ・ファミリア」（86年）、「スプレンドール」「BAR〈バール〉に灯ともる頃」（89年）、「不公平な競争」「Another World Is Possible」（2001年）、「Letters from Palestine」（02年）、「フェデリコという不思議な存在」（13年）など。カンヌ国際映画祭で監督賞や脚本賞、ベルリン国際映画祭の銀熊賞（監督賞）などを受賞した。06年に開催された第1回ローマ国際映画祭の審査委員長も務めた。　🏆モスクワ国際映画祭金賞（第9回）〔1975年〕「あんなに愛しあったのに」, カンヌ国際映画祭監督賞（第29回）〔1976年〕「醜い奴、汚い奴、悪い奴」, ゴールデン・グローブ賞外国語作品賞〔1978年〕「特別な一日」, カンヌ国際映画祭脚本賞（第33回）〔1980年〕「The Terrace」, ベルリン国際映画祭銀熊賞（貢献賞、第34回）〔1984年〕「ル・バル」, モスクワ国際映画祭銀賞（第23回）〔2001年〕「不公平な競争」

スタイン, ジーン　Stein, Jean　ジャーナリスト　編集者　🇺🇸米国　⚰2017年4月30日　83歳　🎂1934年2月9日　🏠米国・イリノイ州シカゴ　📛本名＝Stein, Jean Babette　🎓ウェルズリー大学, ソルボンヌ大

学　💼1956年作家ウィリアム・フォークナーのインタビューを皮切りに、ジャーナリスト、編集者として活躍。共著に「アメリカン・ジャーニー――ロバート・ケネディの時代」「イーディー'60年代のヒロイン」など。

スタイン, ピーター　Stein, Peter　法学者　🇬🇧ローマ法, 比較法　🇬🇧英国　⚰2016年8月7日　90歳　🎂1926年5月29日　🏠英国・マージーサイド州リバプール　📛本名＝Stein, Peter Gonville　🎓ケンブリッジ大学（法学）卒　💼イタリア留学後、1951年英国最高法院事務弁護士、56年アバディーン大学法学部教授、68年ケンブリッジ大学ローマ法欽定講座教授、クィーンズ・カレッジ常任教授兼任。78年編者の一人としてアダム・スミスの「法律学講義」を出版。82年ナポリ道徳・政治学会在外評議員。ローマ法ならびに比較法研究で国際的に高い評価を得た。著書に「法進化のメタヒストリー」（80年）など。　🎓ゲッティンゲン大学名誉博士号〔1980年〕　🏅ブリティッシュ・アカデミー特別会員〔1974年〕, イタリア・ナショナル・アカデミー会員〔1988年〕, ヨーロッパ・アカデミア特別会員〔1989年〕

スターズル, トーマス　Starzl, Thomas Earl　外科医　神経生理学者　ピッツバーグ大学医学部教授　🇺🇸肝臓移植, 臓器移植　🇺🇸米国　⚰2017年3月4日　90歳　🎂1926年3月11日　🏠米国・アイオワ州　🎓ノースウエスタン大学医学部卒　博士号　💼1964〜80年コロラド大学医学部外科教授。81年よりピッツバーグ大学外科教授。63年世界初の肝臓移植をコロラド大学で実施し、67年世界で初めて肝移植に成功。以後、3000例の移植を経験し、肝移植の世界的権威として知られた。91年日本医学会総会に招かれ来日。92年肝不全の患者にヒヒの肝臓を移植する異種肝移植手術を実行したが、患者は70日後に死亡した。藤堂省・北海道大学名誉教授ら人体医師を指導したことでも知られる。　🏅ラスカー賞〔臨床医学部門〕〔2012年〕

スタッキー, スティーブン　Stucky, Steven　作曲家　指揮者　ロサンゼルス・フィルハーモニック常任作曲家　🇺🇸米国　⚰2016年2月14日　66歳　🎂1949年11月7日　🏠米国・カンザス州ハッチンソン　🎓ベイラー大学, コーネル大学　💼コーネル大学などで作曲と指揮を学び、1988年〜2009年ロサンゼルス・フィルハーモニックの常任作曲家を務めた。05年には作品「管弦楽のための協奏曲第2番」でピュリッツァー賞を受賞した。　🏅ピュリッツァー賞（音楽部門）〔2005年〕「管弦楽のための協奏曲第2番」　🏅米国芸術科学アカデミー会員〔2006年〕, 米国芸術文学アカデミー会員〔2007年〕

スタルク, ウルフ　Stark, Ulf　児童文学作家　🇸🇪スウェーデン　⚰2017年6月13日　72歳　🎂1944年🏠スウェーデン・ストックホルム　💼スウェーデン労働市場庁に勤めながら子供の本を書き始めた。「おばかさんに乾杯」（1984年）がボニエール児童図書出版社のコンクールで1等賞を受賞。88年絵本「ぼくはジャガーだ」（文担当）でニルス・ホルゲション賞を受賞。94年には「おじいちゃんの口笛」でドイツ政府が主催するドイツ児童文学賞を受賞する賞を受賞した。「パーシーの魔法の運動ぐつ」などの〈パーシー〉シリーズでも人気を博した。他の作品に、児童書「シロクマたちのダンス」「恋のダンスステップ」「夜行バ

スにのって」「ゴールデンハート」などがある。 [賞]ニルス・ホルゲション賞〔1988年〕「ぼくはジャガーだ」, アストリッド・リンドグレーン賞〔1993年〕, ドイツ児童文学賞〔1994年〕「おじいちゃんの口笛」

スターン, スチュワート Stern, Stewart 脚本家 [国]米国 [没]2015年2月2日 92歳〔がん〕 [生]1922年 [出]米国・ニューヨーク市 [歴]第二次大戦の西部戦線に従軍後、ハリウッドで脚本家として活動を始める。映画「テレサ」(1951年)でアカデミー賞原案賞、「レーチェル、レーチェル」(68年)で同脚色賞にノミネートされる。ジェームス・ディーン主演の「理由なき反抗」(55年)で一躍有名になった。テレビドラマの脚本も手がけ、テレビミニシリーズ「シビル」(76年)はエミー賞を受賞した。80年代に一線を退き、ワシントン州の大学などでシナリオの書き方を教えた。

ス

スタンクレスク, ヴィクトル・アタナジエ Stănculescu, Victor Atanasie 政治家 軍人 ルーマニア国防相 [国]ルーマニア [没]2016年6月19日 88歳 [生]1928年5月10日 [出]ルーマニア・モルダヴィア地方テクチ [学]ルーマニア軍事アカデミー〔1952年〕卒 [歴]ルーマニア国防省に入省、経済部長などを務める。チャウシェスク大統領の下、1981年副国防相。89年12月のルーマニア革命では革命軍側に寝返り、チャウシェスク大統領夫妻の軍事裁判と公開処刑を担当した。90年2月〜91年4月イリエスク政権の国防相。

スタントン, ハリー・ディーン Stanton, Harry Dean 俳優 [国]米国 [没]2017年9月15日 91歳〔老衰〕 [生]1926年7月14日 [出]米国・ケンタッキー州ウエストアーバイン [学]ケンタッキー大学中退 [歴]ケンタッキー州のタバコ農家に生まれる。第二次大戦中、米国海軍に従軍。船のコックとして沖縄戦に参加した。除隊後ケンタッキー大学でジャーナリズムを専攻するが、演技への興味が芽生え、3年で中退。パサディナ・プレイハウスで演技を学ぶ。1957年「ララミー砦の反乱」で映画デビュー。以後、西部劇や戦争映画などに渋く個性的な脇役として出演。SF映画の金字塔「エイリアン」(79年)や「ニューヨーク1997」(81年)での印象的な演技で注目を集める。第37回カンヌ国際映画祭パルムドールに輝いたヴィム・ヴェンダース監督の「パリ、テキサス」(84年)と、英国の鬼才アレックス・コックスの監督デビュー作「レポマン」(84年)の2作品で58歳にして初主演を果たし、高い評価を得た。デービッド・リンチ監督作品の常連としても知られ、「ワイルド・アット・ハート」(90年)、「ツイン・ピークス ローラ・パーマー最期の7日間」(92年)、「ストレイト・ストーリー」(99年)、「インランド・エンパイア」(2016年)などに出演。60年以上に渡る俳優生活で150本以上の映画やテレビ番組に出演した。他の出演作に、「フール・フォア・ラブ」(1985年)、「プリティ・イン・ピンク 恋人たちの街角」(86年)、「最後の誘惑」(88年)、「マイ・フレンド・メモリー」(98年)、「グリーンマイル」(99年)、「ラストスタンド」(2013年)、「ラッキー」(17年, 遺作)などがある。

スタンプ, デニス Stamp, Dennis プロレスラー [国]米国 [没]2017年3月13日 70歳〔リンパ腫〕 [生]1946年12月6日 [出]米国・ミネソタ州ブレイナード [歴]1971年プロレスラーとしてデビュー。同年AWAの新人王に選出され、のちNWAでも活躍し、タイトルも獲得した。72年国際プロレスに参戦。91年引退し、レフェリーとして活動。一方、78年シルベスター・スタローンの映画「パラダイス・アレイ」、99年にはプロレスのドキュメンタリー映画「ビヨンド・ザ・マット」に出演した。

スタンリー, ラルフ Stanley, Ralph 歌手 バンジョー奏者 [国]米国 [没]2016年6月23日 89歳〔皮膚がん〕 [生]1927年2月25日 [出]米国・バージニア州クリンチマウンテンズ [名]本名＝スタンリー, ラルフ・エドモンド〈Stanley, Ralph Edmond〉 [歴]1946年兄カーターとともにブルーグラスのスタンリー・ブラザーズを結成。のちバンド、クリンチ・マウンテン・ボーイズを率い、ブルーグラスの初期のブームで活躍した。代表曲に「アイム・ロンサム・ウィズアウト・ユー」「ハード・タイムズ」など。66年に兄が死去したあとはバンドを継承、子供たちも参加して活動を続けた。映画音楽も手がけ、「オー・ブラザー！」(2000年)に「オー・デス」を提供、サントラ盤は大ヒットを記録し、グラミー賞最優秀アルバム賞など5部門を受賞した。 [家]兄＝スタンリー, カーター(歌手), 孫＝スタンリー, ネイサン(歌手)

スチュワード, スー Steward, Sue ジャーナリスト テレビプロデューサー [専]ラテン音楽 [国]英国 [没]2017年8月24日 70歳 [生]1946年9月19日 [出]英国・レスターシャー州 [名]本名＝Steward, Susan [学]リバプール大学 [歴]英国の新聞「デイリー・テレグラフ」の文化部編集者を務める傍ら、ラテン及びワールドミュージックのテレビ・ドキュメンタリーを制作し、高い評価を得た。英国におけるラテン音楽の権威として知られた。著書に「サルサ：ラテンアメリカの音楽物語」「Signed, Sealed, Delivered」「True Life Stories of Women in Pop Music」などがある。

スティグウッド, ロバート Stigwood, Robert 芸能マネジャー 映画プロデューサー [国]オーストラリア [没]2016年1月4日 81歳 [生]1934年4月16日 [出]オーストラリア・サウスオーストラリア州アデレード [名]本名＝Stigwood, Robert Colin [学]セイクレッド・ハート大学中退 [歴]オーストラリアのアデレードでスコットランド、アイルランド、ドイツ系プロテスタントの家系に生まれる。15歳の時にカトリックに転向。大学中退後、コピーライターを経て、貨物船でインドに渡り、ヒッチハイクで英国に渡る。1967年ロンドンでタレント・エージェンシーを設立。英国のポップグループ、ビー・ジーズのマネジャーを務めたほか、世界的ギタリストのエリック・クラプトンが所属したロックバンド、クリームのマネジャーを務め成功に導くなど、音楽業界で確固たる地位を築いた。映画製作にも携わり、米国俳優ジョン・トラボルタの出世作「サタデー・ナイト・フィーバー」(77年)や、「ジーザス・クライスト・スーパースター」(73年)、「グリース」(78年)、「エビータ」(96年)などを手がけた。

スティーブン, ニニアン・マーティン Stephen, Ninian Martin 法律家 オーストラリア総督 [国]オーストラリア [没]2017年10月29日 94歳 [生]1923

年6月15日 [出]英国・オックスフォード [学]メルボルン大学卒 [歴]英国で生まれ、エディンバラ、ロンドン、スイスで学校教育を受け、1940年オーストラリアのメルボルンに移住。第二次大戦に従軍後、66年勅撰弁護士となる。70〜72年ビクトリア州最高裁判事、72〜82年オーストラリア最高裁判事、82〜89年オーストラリア総督を歴任。89〜91年オーストラリア初の環境大使を務めた。91年英国、アイルランド、北アイルランドの代表者間の交渉の座長を務め、また南アフリカでの制度改革に関する英国連邦委員会にも参加。93〜97年ユーゴスラビア、95〜97年ルワンダでの戦争犯罪を裁く国際法廷の裁判官も務めた。2000年より国際オリンピック委員会(IOC)倫理委員。1972年ナイトの爵位を授与された。 [賞]KBE勲章〔1972年〕, レジオン・ド・ヌール勲章コマンドール章〔1993年〕

スティーブンス, リック　Stevens, Rick　歌手 [国]米国 [没]2017年9月5日 77歳〔肝臓がん〕 [生]1940年2月23日 [出]米国・テキサス州ポートアーサー [名]本名＝Stevenson, Donald Charles, グループ名＝タワー・オブ・パワー〈Tower of Power〉 [歴]カリフォルニア州オークランドでエミリオ・カスティーヨとスティーブン・ドク・クプカが中心となって結成されたR&Bバンドのタワー・オブ・パワーに、1969年参加。72年アルバム「バンプ・シティー」でリードボーカルを務め、シングル「ユー・アー・スティル・ア・ヤング・マン」がヒットした。脱退後の76年、3人を殺害した一級殺人で逮捕され、有罪判決を受ける。36年間の服役後、2012年に仮出所して音楽活動を再開した。

スティール, ジョージ　Steele, George　プロレスラー [国]米国 [没]2017年2月16日 79歳 [生]1937年 [出]米国・ミシガン州デトロイト [名]本名＝マイヤーズ, ウィリアム・ジェームズ〈Myers, William James〉, リングネーム＝スチューデント〈Student〉 [学]ミシガン州立大学卒 [歴]大学で学位を取得後、高校で教鞭を執りながら、デトロイト地区でレスリングのコーチを務める。その後、高校教師をしながら、1962年プロレスラーとしてデビュー。素性を隠すために覆面レスラー"ザ・スチューデント"として活動した。67年WWWF(現・WWE)に入団。当時のWWWF王者ブルーノ・サンマルチノに挑み、狂乱ファイトでブレーク。丸剃りに全身毛むくじゃらの奇怪派として"アニマル"の異名を取った。71年日本プロレスに参戦し初来日。74年全日本、79年新日本にも参戦し、ジャイアント馬場、アントニオ猪木とも対戦した。悪役レスラーとして活躍したが、80年代半ばからはWWFでコミカルなベビーフェイスに変身し、子供たちに愛される人気者となった。88年クローン病のため引退。95年WWE殿堂入りを果たした。

ステック, ウーリー　Steck, Ueli　登山家 [国]スイス [没]2017年4月30日 40歳〔滑落死〕 [生]1976年10月4日 [歴]2012年無酸素で世界最高峰のエベレスト(8848メートル)登頂に成功。15年には62日間でアルプス山脈の4000メートル以上の82山全ての登頂に成功、スイスを代表するアルプスのアイガー(3970メートル)には2時間22分で登頂した。卓越した登山技術を駆使し、数々のアルプスの最速登頂記録を達成したことから"スイス・マシン"の異名で知られた。09年と14年に登山界最高の栄誉とされるピオレドール賞を受賞。ドキュメンタリー映画「アンナプルナ南壁7, 400mの男たち」(12年)にも出演。17年4月エベレストを難易度の高い西側のルートから登っていたが、エベレスト西側に位置するヌプツェ山の標高6600メートル付近でクレバス(割れ目)に転落したとみられ、標高6000メートルのキャンプ1近くで遺体となって発見された。 [賞]ピオレドール賞〔2009年・2014年〕

ステファノプロス, コンスタンティノス　Stephanopoulos, Konstantinos　政治家 ギリシャ大統領 [国]ギリシャ [没]2016年11月20日 90歳〔肺炎による合併症〕 [生]1926年8月15日 [出]ギリシャ・パトラス [名]別名＝ステファノプロス, コスティス〈Stephanopoulos, Costis〉 [学]アテネ大学卒 [歴]父親も政治家という政治家一家の出。弁護士として出発するが、1964年保守系政党からギリシャ国会議員に初当選。軍事政権時代は一時弁護士生活を送り、軍政が崩れた74年再び政界に戻る。同年内相、76年社会福祉相、77年首相府相。81年新民主主義党(ND)国会議員団長。85年新民主主義党を離党、民主刷新党を結成し、議長となるが、党拡張に失敗。93年政界の第一線から引退。95年3月保守政党"保守政治の春"から出馬し大統領に当選。2000年2月再選。01年1月大統領自らローマ法王ヨハネ・パウロ2世をギリシャに招待。東西キリスト教会が分裂して以来、1000年間の歴史上初めてのことだった。05年3月任期満了で退任。英語、フランス語に堪能だった。

ストヤコヴィッチ, ヤドランカ　Stojaković, Jadranka　歌手 サズ奏者 [国]ボスニア・ヘルツェゴビナ [没]2016年5月3日 65歳〔筋萎縮性側索硬化症による呼吸不全〕 [生]1950年7月24日 [出]ユーゴスラビア・ボスニア・ヘルツェゴビナ共和国サラエボ(ボスニア・ヘルツェゴビナ) [学]サラエボ国立美術大学卒 [歴]母はクロアチア人、父はセルビア人。名前の"ヤドランカ"はセルビア・クロアチア語で"アドリア海の子"という意味。1968年ジャズバンドのベーシストとして音楽活動を開始。ロックバンドのボーカルのほか、テレビ、映画音楽、84年のサラエボ冬季五輪のテーマ音楽を担当するなど幅広い活動でユーゴスラビアのトップスターに。一方、大学で美術を専攻した時浮世絵に出合い、日本に興味を持つ。88年アルバムのレコーディングのために来日するが、祖国で内戦が勃発、ユーゴスラビアが消滅したため帰国が事実上不可能となり、以降日本を拠点に活動。母国の民族音楽をベースに民族楽器サズで演奏したアルバムを発売する他、ライブで全国を回り民族音楽を紹介。傍ら、ユーゴスラビアの新聞、雑誌に日本報告の寄稿を続けた。90年韓国でコンサート。91年薩摩琵琶奏者の坂田美子や米国、フランス、ドイツのミュージシャンと共演したアルバム「ベイビー・ユニバース」をリリース。旅券の更新が出来なくなっていたが、95年1年間の興行ビザの延長が認められる。停戦後も日本でコンサートや自筆の絵はがきで義援金を集める活動を行った。2000年故郷サラエボでコンサートを開催。01年には坂本龍一が提唱した"地雷ZEROキャンペーン"に参加した。06年映画「魂萌え!」の主題歌や、09年ニュース番組「筑紫哲也のNews23」のエンディングテーマ「信じているの」

などを担当。他のアルバムに「サラエボのバラード」「MOON WILL GUIDE YOU」「ひとり」「音色」などがある。子供たちとの絵画ワークショップを開くなど画家としても活動した。11年東日本大震災後に日本を離れ、ボスニア・ヘルツェゴビナに戻った。晩年は難病の筋萎縮性側索硬化症(ALS)を患い、音楽活動から遠ざかった。 [賞]ユーゴスラビア芸術大賞〔1984年〕

ストーリー, デービッド　Storey, David　作家　劇作家　[国]英国　[没]2017年3月27日　83歳　[生]1933年7月13日　[出]英国・ウエストヨークシャー州ウェイクフィールド　[名]本名＝ストーリー, デービッド・マルコム〈Storey, David Malcolm〉　[学]スレイド美術学校　[歴]炭坑夫の子として生まれ、1953年から3年間ロンドンのスレイド美術学校で学ぶ。60年「スポーツ生活」「キャムデン逃避行」の2篇の小説でデビューし注目を集める。67年に書いた処女戯曲「アーノルド・ミドルトンの復帰」の成功によって劇作に力を注ぐようになり、しばらく小説から遠ざかった。戯曲はその後ほぼ1年1作の割合で発表し、オズボーンとピンターに次ぐ、英国で最も注目すべき劇作家とまで評された。72年久々の小説「パスモア」を発表し、復帰3作目にあたる「サヴィルの青春」(76年)ではブッカー賞を受賞した。他の戯曲に「イン・セレブレイション」(69年)、「ロッカールーム」(72年)、「ライフ・クラス」(74年)、「若い頃」(80年)、「ロシアへの行進」(89年)など。テレビドラマの執筆・演出も行った。 [賞]マクミラン小説賞〔1960年〕「スポーツ生活」, サマセット・モーム賞〔1963年〕「キャムデン逃避行」, ブッカー賞〔1976年〕「サヴィルの青春」

ストロング, モーリス・フレデリック　Strong, Maurice Frederick　環境保護運動家　実業家　国連環境計画(UNEP)初代事務局長　[国]カナダ　[没]2015年11月27日　86歳　[生]1929年4月29日　[出]カナダ・マニトバ州オークレーク　[歴]13歳で高校を中退、狩猟家、貿易商、鉱山採掘師などを経て、石油と天然ガスの採掘で財をなす。18歳で国連入り。1964年カナダ電力公社総裁に就任。カナダ国営石油会社、カナダ開発投資会社社長なども務める。66年カナダ政府の国際援助計画への協力要請に応え、国際開発庁長官に就任。その後ウー・タント国連事務総長の要請により、国連事務次長として国連人間環境会議(ストックホルム会議)を組織、72年同会議事務局長、73年国連環境計画(UNEP)初代事務局長に就任。国連アフリカ緊急活動事務所長、国連協会世界連盟会長、世界経済フォーラム理事会長、世界資源研究所会長、世界銀行副総裁などを歴任。90年国連環境開発会議(地球サミット)事務局長、93年非政府組織(NGO)アースカウンシル会長、97年国連改革調整責任者(事務次長)。2003年より北朝鮮問題担当の国連事務総長特使も務めたが、イラク人道支援事業をめぐる汚職疑惑で、韓国人ロビイストとの密接な関係を指摘され、05年失職した。英国、カナダ学士院の特別会員。国際開発と環境保全問題の世界的権威として知られた。1989年飢餓終結をめざす国際団体主催の記念講演を行うため来日。 [賞]ブループラネット賞(推進賞)〔1995年〕 [資]カナダ学士院特別会員, ロイヤル・ソサエティ特別会員

ストーン, ジェレミー　Stone, Jeremy　数学者　全米科学者連盟会長　[国]米国　[没]2017年1月1日　81歳〔心不全〕　[生]1935年11月23日　[出]米国・ニューヨーク市　[名]本名＝Stone, Jeremy Judah　[学]スワースモア大学〔1957年〕卒　博士号(スタンフォード大学)〔1960年〕　[歴]スタンフォード大学などで数学を学んだ後、保守系シンクタンクのハドソン研究所に勤務。ソ連の核攻撃が迫った場合、米国主要都市から市民を避難させるのにかかる時間の推計などを担当した。核戦争の危険を最小化するため、ソ連の科学者らに働きかけるなどして軍縮を訴え続けた。1970年〜2000年全米科学者連盟会長。

ストーン, ロバート　Stone, Robert　作家　[国]米国　[没]2015年1月10日　77歳　[生]1937年8月21日　[出]米国・ニューヨーク市ブルックリン　[名]本名＝Stone, Robert Anthony　[学]ニューヨーク大学卒, スタンフォード大学卒　[歴]ニューオリンズやマンハッタンで様々な職を転々とし、ボヘミアン的な生活を送る。1968年長編小説「A Hall of Mirrors(鏡の間)」で作家デビュー。以来、米国人の持つ狂気と紙一重の情熱と社会の没落を描いた。他の作品に「Dog Soldiers」(74年)、「A Flag For Sunrise」(81年)、「Children of Light」(86年)、「Outerbridge Reach」(92年)、「Damascus Gate」(98年)、「Death of the Black-Haired Girl」(2013年)など。07年南アフリカでジャーナリストとなった1958年から71年のベトナム旅行まで、60年代を中心に書き綴った回顧録「Prime Green：Remembering the Sixties」を刊行。 [賞]W.フォークナー財団賞「A Hall of Mirrors」, 全米図書賞〔1975年〕「Dog Soldiers」, ペン・フォークナー賞「A Flag For Sunrise」

スヌーカ, ジミー　Snuka, Jimmy　プロレスラー　[国]米国　[没]2017年1月15日　73歳　[生]1943年5月18日　[出]フィジー　[歴]フィジーで生まれ、ハワイで育つ。ハワイでボディビルダーとして活動後、1969年プロレスラーとしてデビュー。トップロープなどの上から対戦相手に飛びかかる技を得意とし、"スーパーフライ"の異名を持つ空中殺法で一世を風靡した。71年初来日して日本プロレスに参戦。81年より全日本の主力外国人となり、ブルーザー・ブロディと"鋼鉄野獣コンビ"を結成して最強タッグ戦優勝も果たした。82年から米最大のプロレス団体WWF(現・WWE)に定着し、王者ボブ・バックランドとの抗争で人気を得てスーパースターに君臨。96年WWE殿堂入りを果たす。85年には新日本にも参戦した。一方、83年に当時交際していた女性が死亡した件を巡り、2015年殺人罪などで訴追される。17年1月3日裁判に耐えられない状態として裁判が打ち切られたが、15日に死去した。 [家]娘＝スヌーカ, タミーナ(プロレスラー)

スネルグローブ, デービッド・ルウェリン　Snellgrove, David Llewellyn　インド・チベット仏教研究家　ロンドン大学名誉教授　[国]英国　[没]2016年3月25日　95歳　[生]1920年6月29日　[出]英国・ハンプ

シャー州ポーツマス ㋛サウザンプトン大学，ケンブリッジ大学クイーンズ・カレッジ卒 Ph.D.（ロンドン大学）〔1954年〕，文学博士（ケンブリッジ大学）〔1969年〕 ㋠1953～54年を皮切りに80年代までインド・チベットを数多く訪れ，ヒマラヤ周辺の仏教僧院などの現地調査を行った。72～82年ロンドン大学教授。密教を中心とするインド・チベット仏教研究の第一人者として知られた。著書に「Buddhist Himalaya」「The Hevajra Tantra」「Indo-Tibetan Buddhism」，共著に「チベット文化史」などがある。 ㋟ブリティッシュ・アカデミー会員〔1969年〕

ズベイル，アーメド　Zewail, Ahmed　化学者
カリフォルニア工科大学教授　㋛物理化学　㋑米国　㋜2016年8月2日　70歳　㋝1946年2月26日　㋞エジプト・ダマンフール　㋒本名＝Zewail, Ahmed Hassan　㋛アレクサンドリア大学，ペンシルベニア大学　化学博士（ペンシルベニア大学）〔1974年〕　㋠1974年カリフォルニア大学バークレー校を経て，76年カリフォルニア工科大学助教授，78年準教授，82年教授，90年ライナス・ポーリング講座教授。レーザーによって生じるフラッシュ光を利用し，フェムト秒（1000兆分の1秒）という超短時間に起こる化学反応の過程での原子や分子の動きを観察することに成功，99年ノーベル化学賞を受賞した。著書に「The Birth of Molecules」などがある。76年に米国籍を取得し，エジプトと米国両方の国籍を持つ。"アラブの春"で2011年にエジプトのムバラク大統領が不出馬表明後，民間出身の大統領候補の一人に取りざたされた。　㋟ノーベル化学賞〔1999年〕，グッゲンハイム記念財団賞〔1987年〕，キング・ファイサル国際賞〔1989年〕，カール・ツヴァイス賞〔1992年〕，ウォルフ化学賞〔1993年〕，レオナルド・ダ・ヴィンチ賞〔1995年〕，ライナス・ポーリング・メダル，ベンジャミン・フランクリン・メダル〔1999年〕，プリーストリー・メダル〔2011年〕，デービー・メダル〔2011年〕，米国科学アカデミー会員〔1989年〕，米国芸術科学アカデミー会員〔1993年〕，ロイヤル・ソサエティ外国会員〔2001年〕

スペンサー，ダリル　Spencer, Daryl Dean　大リーグ選手　プロ野球選手　㋑米国　㋜2017年1月2日　88歳　㋝1928年7月13日　㋞米国・カンザス州ウィチタ　㋛ウィチタ大学　㋠1952～63年米国大リーグのジャイアンツ，ドジャース，レッズなどに在籍し，二塁，三塁，遊撃を守るユーティリティプレーヤーとして活躍。大リーグでは実働10年，1098試合出場，901安打，105本塁打，428打点，打率.244。64年日本プロ野球の阪急（現・オリックス）に入団。5年間主力打者として活躍し，日本シリーズに4度出場。64年，65年二塁手でベストナイン。65年には3冠王に輝いた南海（現・ソフトバンク）の野村克也と本塁打王を争い，シーズン終盤には南海との直接対決であからさまに敬遠策をとられると，バットを上下逆さに持って打席に入る"抗議"を行った。同年サイクル安打を達成したが，当時日本では知られていない概念だったため，試合後に本人が"サイクルだ"とコメントしたことがきっかけで，日本でも記録として注目されるようになった。67年阪急のパ・リーグ初優勝に貢献。攻走守3拍子そろった選手で，猛烈なスライディングは"殺人スライディング"と恐れられた。豪打と頭脳プレーで"野球博士"の異名をとり，日本の近代野球を変えた男といわれる。68年退団したが，71年，72年コーチ兼任で復帰。日本では実働7年，731試合出場，615安打，152本塁打，391打点，打率.275。地元カンザス州で野球殿堂入りした。

スマリヤン，レイモンド　Smullyan, Raymond
論理学者　数学者　インディアナ大学哲学科名誉教授　㋑米国　㋜2017年2月6日　97歳　㋝1919年5月25日　㋞米国・ニューヨーク市　㋒本名＝Smullyan, Raymond Merrill　㋛シカゴ大学哲学科卒，プリンストン大学大学院哲学研究科修了　㋠ダートマス大学，プリンストン大学，ニューヨーク市立大学教授を経て，1992年インディアナ大学哲学科名誉教授。専門の論理学に加えて数学・哲学の軽妙洒脱な一般解説書によっても知られ，"現代のルイス・キャロル"と呼ばれた。著書に「この本の名は？」（78年），「哲学ファンタジー」（80年），「数学パズル　美女か野獣か？」（82年），「決定不能の論理パズル」（87年），「無限のパラドックス」（92年），「ゲーデルの不完全性定理」（92年）などがある。

スミシーズ，オリバー　Smithies, Oliver　生体臨床医学者　ノースカロライナ大学医学部教授　㋒ES細胞　㋑米国　㋜2017年1月10日　91歳　㋝1925年6月23日　㋞英国・ウエストヨークシャー州ハリファクス　㋛オックスフォード大学卒　生化学博士（オックスフォード大学）〔1951年〕　㋠ウィスコンシン大学マディソン校助手，助教授，教授を経て，1988年ノースカロライナ大学教授。染色体上にある遺伝子を別の遺伝子で置き換える手法を開発し，この手法を用いて特定の遺伝子の機能を欠損させるノックアウトマウスを作成した。2007年「マウスの胚性肝細胞（ES細胞）を使って特定の遺伝子を改変する原理の発見」により，ユタ大学のマリオ・カペッキ教授，カーディフ大学のマーティレ・エバンス教授とともにノーベル医学生理学賞を受賞。妻の前田信代もノースカロライナ大学教授を務める。　㋟ノーベル医学生理学賞〔2007年〕，ガードナー国際賞〔1990年・1993年〕，岡本国際賞〔2000年〕，ラスカー賞（基礎医学部門）〔2001年〕，ウォルフ医学賞〔2002年〕　㋚妻＝前田信代（ノースカロライナ大学教授）

スミス，アントニー　Smith, Anthony　社会学者　ロンドン・スクール・オブ・エコノミクス（LSE）名誉教授　㋑英国　㋜2016年7月19日　76歳　㋝1939年9月23日　㋞英国・ロンドン　㋒本名＝Smith, Anthony David Stephen　㋛オックスフォード大学ワドハム・カレッジ（古典・哲学），ヨーロッパ大学（ベルギー，政治学・社会学・歴史学）　社会学博士号（ロンドン・スクール・オブ・エコノミクス），美術史博士号（ロンドン大学）　㋠オックスフォード大学で古典，哲学，ベルギーのヨーロッパ大学で政治学と社会学，歴史学を学び，その後，ロンドン・スクール・オブ・エコノミクス（LSE）で社会学博士号，ロンドン大学で美術史博士号を取得。1979年～2004年LSEで教鞭を執り，ヨーロッパ研究所エスニシティとナショナリズム研究部門の主任を務めた。ナショナリズム研究の祖として知られる。著書に「20世紀のナショナリズム」「ナショナリ

ズムの生命力」「生と死のゲノム、遺伝子の未来」「ネイションとエスニシティ」「選ばれた民」などがある。

スミス, ディーン　Smith, Dean　バスケットボール指導者　ノースカロライナ大学バスケットボール部ヘッドコーチ　⊛米国　⊛2015年2月7日　83歳　⊕1931年2月28日　⊕米国・カンザス州エンポリア　⊛本名＝Smith, Dean Edwards　⊛カンザス大学卒　㊗1961〜97年バスケットボールの名門ノースカロライナ大学のヘッドコーチを務め、82年、93年全米大学体育協会（NCAA）選手権で優勝。ジェームズ・ウォージーはじめ、NBAのスーパースター、マイケル・ジョーダンやサム・パーキンス、K.スミス、S.ドアティー、J.ウルフらを育て上げた。NCAAでの通算成績は当時としては歴代最多の879勝（254敗）を記録。また、76年モントリオール五輪では米国チームを率いて金メダルを獲得した。フォーコーナー・オフェンス、ラン・アンド・ジャンプ・ディフェンスなど斬新な戦術の考案者としても知られる。著書に「BASKETBALL—MULTIPLE OFFENSE AND DEFENSE」がある。

スミス, ロジャー　Smith, Roger　俳優　⊛米国　⊛2017年6月4日　84歳　⊕1932年12月18日　⊕米国・カリフォルニア州サウスゲイト　⊛アリゾナ大学卒　㊗高校、大学時代を通じて演劇に取り組み、卒業後は地方の舞台に立つ。米国海軍に入り、ホノルルで勤務中、ジェームズ・ギャグニーに認められる。1955年に除隊後、映画デビュー。テレビシリーズ「サンセット77」（58〜64年）や「ミスター・ロバーツ」（65〜66年）で人気を得た。他の出演作に、映画「千の顔を持つ男」（57年）、「メイム叔母さん」（58年）、「潜望鏡を上げろ」（59年）など。65年重症筋無力症と診断され、俳優をほぼ引退した。59年ビクトリア・ショーと結婚、65年離婚。翌年アン・マーグレットと再婚。63年と66年歌手として来日した。　⊛妻＝マーグレット, アン（女優）

ズラウスキー, アンジェイ　Żuławski, Andrzej　映画監督　俳優　⊛ポーランド　⊛2016年2月17日　75歳〔がん〕　⊕1940年11月22日　⊕ポーランド・ルヴフ（ウクライナ・リヴィウ）　⊛パリ国立映画学院（IDHEC）　㊗父が外交官だったため、少年期をパリとチェコスロバキアで過ごす。1957年パリで大学入学資格を取得後、2年間パリ国立映画学院（IDHEC）で学び、59年ポーランドに帰国、61年アンジェイ・ワイダ監督の助監督になる。テレビドラマの演出を経て、71年作家・脚本家でもあった父の自伝的小説「夜の第3部」を映画化し監督デビュー、ポーランドで大ヒット。70年代初めからフランスに活動の拠点を移して「私生活のない女」（84年）などを撮り、その過剰なまでの演劇性、血と暴力に彩られた混沌の世界でフランス映画界に衝撃を与えた。他の監督作品に「悪魔」（72年）、「ポゼッション」（81年）、「狂気の愛」（85年）、「私の夜はあなたの昼より美しい」（89年）、「フィデリテ」（2000年）、「コスモス」（15年, 遺作）など。一方、1985年「美しさと哀しみと」で俳優としてもデビュー。87年小説「Il était un verger」を出版。フランスの女優ソフィー・

マルソーとの間に1男をもうけたが、2001年関係を解消した。　⊛元パートナー＝マルソー, ソフィー（女優）

スリン・ピッスワン　Surin Pitsuwan　政治家　政治学者　東南アジア諸国連合（ASEAN）事務局長　タイ外相　⊛タイ　⊛2017年11月30日　68歳〔心不全〕　⊕1949年10月28日　⊕タイ・ナコンシータマラート県　⊛クレアモント大学卒　博士号（ハーバード大学）〔1982年〕　㊗タイでは少数派のイスラム教徒。父はナコンシータマラート県の著名なイマーム（イスラム教の指導者）。米国のハーバード大学などで学び、1975〜86年タマサート大学政治学部教員。新聞「ネイション」のコラムニストも務めた。86年民主党からタイ下院議員に初当選。97年11月〜2001年2月外相。アジア通貨危機から立ち直るタイを外交面から支えた。08年1月〜12年12月東南アジア諸国連合（ASEAN）事務局長を務め、加盟国内で意見対立がある南シナ海問題などで取りまとめに尽力。13年よりタイ未来革新研究所所長。経済発展を目指すため、15年に発足したASEAN経済共同体（AEC）の実現に向けた合意形成などに力を注いだ。

スルニチェク, パヴェル　Srnicek, Pavel　サッカー選手　⊛チェコ　⊛2015年12月29日　47歳　⊕1968年3月10日　⊕チェコスロバキア・オストラバ（チェコ）　㊗1989年チェコのバニク・オストラーバ、90年イングランドのニューカッスル、98年シェフィールド、2000年イタリアのブレシアなどに所属し、07年ニューカッスルで引退。ニューカッスルではリーグ戦通算152試合に出場するなど、イングランドの地で活躍。チェコ代表の守護神としても活躍し、ユーロ1996とユーロ2000の2大会に出場するなど、2001年に代表を引退するまで通算49キャップを記録した。現役時代は189センチ、92キロ。

スレイマノグル, ネイム　Suleymanoglu, Naim　重量挙げ選手　ソウル五輪・バルセロナ五輪・アトランタ五輪重量挙げ金メダリスト　⊛トルコ　⊛2017年11月18日　50歳〔肝硬変〕　⊕1967年1月23日　⊕ブルガリア・クルジャリ州　㊗10歳の時、重量挙げに出合い、エンヴェル・イスマイロフ、イワン・アバジェフに師事。15歳の時に56キロ級で世界新を出したのを皮切りに、60キロ級と合わせ70回以上も世界記録を更新。故郷ブルガリアのスーパースターだったが、トルコ系であることからスラブ風に改名を強要するジフコフ体制に反発。1986年12月W杯で優勝した直後にトルコに亡命した。88年のソウル五輪では自己の持つ世界記録を塗りかえて優勝（60キロ級）、トルコに20年振りの金メダルをもたらし、国民的ヒーローとなる。89年世界選手権アテネ大会で脊髄を痛め、重い腰痛のため90年現役引退を発表したが、91年の世界選手権でカムバックし優勝。92年バルセロナ五輪でも60キロ級で金メダルを獲得。94年欧州選手権64キロ級、世界選手権同級でスナッチ、ジャーク、トータルのいずれも世界新記録を樹立。95年の世界選手権同級トータルで優勝し、同大会4連勝。96年アトランタ五輪64キロ級ではジャークで世界新をマークし金メダル。五輪3連覇は史上初めての快挙だった。2000年にはシドニー五輪にも出場した。世界選手権ではスナッチ、ジャークそれぞれの種目別で20以上の金メダルを獲得。身長155センチほどの小柄な体格で、体重の3倍ものバーベルを持ち上げる姿から、"ポケット・ヘラクレス"のニッ

クネームで人気を博した。 [師]師＝イスマイロブ, エンヴェル, アバジェフ, イワン

スレッジ, パーシー Sledge, Percy ソウル歌手 [国]米国 [没]2015年4月14日 74歳〔肝臓がん〕 [生]1940年11月25日 [出]米国・アラバマ州レイトン [名]本名＝Sledge, Percy Tyrone [歴]病院勤務の傍ら、音楽活動を始める。病院の元患者から音楽プロデューサーを紹介され、1966年デビュー曲「男が女を愛するとき」が世界的な大ヒットを記録。その後も「Warm and Tender Love」「Take Time To Know Her」などのヒット曲を出し、"スローソウルの帝王"と呼ばれた。「男が女を愛するとき」は、91年にマイケル・ボルトンがカバーし、再び脚光を浴びた。2005年ロックの殿堂入り。

スローカム, ダグラス Slocombe, Douglas 映画撮影監督 [国]英国 [没]2016年2月22日 103歳 [生]1913年2月10日 [出]英国・ロンドン [歴]ロンドンで生まれ、フランスで教育を受けた。ヨーロッパで報道写真家として活動したのち、1939年ナチス・ドイツのポーランド、オランダ侵略を撮影。同年撮影監督としてイーリング撮影所に入社し、カラー撮影の名手として活躍した。「日曜日はいつも雨」(47年)、「ジョアナ・ゴッデンの愛」(47年)などを手がけ、のちフリーとなる。80年代にはスティーブン・スピルバーグ監督の大ヒット映画「インディ・ジョーンズ」シリーズ3作の撮影監督としても活躍した。また、「召使」(63年)、「華麗なるギャツビー」(74年)、「ジュリア」(77年)でBAFTA賞(英国アカデミー賞)を受賞したほか、「ジーザス・クライスト・スーパースター」(73年)、「未知との遭遇」(77年)、「ネバーセイ・ネバーアゲイン」(83年)などを手がけた。 [賞]OBE勲章〔2008年〕, BAFTA賞撮影賞〔1964年・1975年・1979年〕「召使」「華麗なるギャツビー」「ジュリア」

【セ】

セイファー, モーリー Safer, Morley ジャーナリスト CBSテレビ記者 [国]米国 [没]2016年5月19日 84歳〔肺炎〕 [生]1931年11月8日 [出]カナダ・オンタリオ州トロント [歴]1965年米国CBSテレビのベトナム・サイゴン(現・ホーチミン)支局を開設。現地住民の抵抗がないにもかかわらず、米海兵隊員らが集落を焼き払う光景を伝え、視聴者に衝撃を与えた。この報道に対して当時のジョンソン大統領が激怒、CBS幹部に圧力をかけたとされる。70年代以降はCBSの看板ニュース番組「60ミニッツ」で国内外の問題を報じ、2016年に降板するまで46年間に渡って出演した。

セギ, ジョルジュ Séguy, Georges 労働運動家 フランス労働総同盟(CGT)書記長 [国]フランス [没]2016年8月13日 89歳 [生]1927年3月16日 [出]フランス・トゥールーズ [歴]15歳で印刷工徒弟となる。1942年フランス共産党に入り、反ナチス、反ビシー政権のレジスタンス闘争に参加。44年ドイツの秘密国家警察ゲシュタポに逮捕された。フランス解放とともに自由の身になり、45年フランス国鉄の電気工から、49年労働総同盟(CGT)翼下の国鉄労組書記長、56年共産党政治局員、67年CGT書記長。69年5日闘争でCGTを率いド・ゴール政権と対決、グルュネル協定をまとめた。その後、民主労連(CFDT)との共闘を進め、CGTの経済社会プログラムを定め、社共連合政権政府綱領実現の基礎を築いた。75年には"賃上げよりも経済改革を"路線を打ち出した。82年までCGT書記長を務め、CGT歴史社会研究所長に就任した。著書に「Le mai de la C.G.T.」(72年)などがあるほか、75年に自伝を刊行した。 [賞]レジオン・ド・ヌール勲章オフィシエ章

戚 本禹 セキ・ホンウ Qi Ben-yu 歴史学者 [国]中国 [没]2016年4月20日 85歳〔がん〕 [生]1931年 [歴]北京の中国科学院歴史研究所で近代史を専攻。1963年雑誌「歴史研究」に「李秀成自述を評す」を執筆、「紅旗」副編集長を務めた。65年の杭州会議に姚文元、関鋒らと参加し、文化大革命では66年中国共産党中央文革小組組員となり、北京の紅衛兵大集会に参加。67年「紅旗」と「人民日報」に論文「愛国主義か売国主義か」を発表、党内の資本主義の道を歩む最大の実権派として劉少奇批判を行った。68年王力、関鋒らとともに極左分子として批判され、失脚。83年懲役刑に処せられ、政治権利を剥奪された。85年出獄し、上海図書館図書係。2016年85歳で死去、中央文革小組のメンバーでは最後の存命者だった。

ゼッダ, アルベルト Zedda, Alberto 指揮者 音楽学者 [国]イタリア [没]2017年3月6日 89歳 [生]1928年1月2日 [出]イタリア・ミラノ [学]ヴェルディ音楽院卒 [歴]ミラノのヴェルディ音楽院で、オルガンをアルチェオ・ガルリエーラ、作曲をR.ファイト、指揮をアントニオ・ヴィットーとカルロ・マリア・ジュリーニに学ぶ。1956年ミラノのポリテクニク・チェンバー・グループを指揮しデビュー。57年イタリアの国際コンクールで優勝。57〜59年シンシナティ音楽大学など米国で指揮及び教授活動を行った後、61年ベルリン・ドイツ・オペラ、68〜69年ニューヨーク・シティ・センター・オペラでイタリアオペラの指揮者に。75年英国のコベント・ガーデン王立オペラに客演。一方、ロッシーニ研究の権威として知られ、60年代以降、ロッシーニを再評価する"ロッシーニ・ルネサンス"を先導。ロッシーニの生誕地ペーザロでロッシーニ・オペラ・フェスティバルを創設し、長く芸術監督を務め、シラグーザ、フローレスといった名歌手たちを世に送り出した。またペーザロのアカデミア・ロッシニアーナ学長、ラ・コルーニャのモーツァルト・フェスティバル芸術顧問を務めた。2008年ロッシーニのオペラ「どろぼうかささぎ」の日本初演を指揮。10年藤原歌劇団を率いて「タンクレーディー」を指揮した。 [師]師＝ガルリエーラ, アルチェオ, ファイト, R., ヴィットー, アントニオ, ジュリーニ, カルロ・マリア

ゼドケア, チューレラン Zedkaia, Jurelang 政治家 マーシャル諸島大統領 [国]マーシャル諸島 [没]2015年10月7日 65歳〔心臓発作〕 [生]1950年7月13日 [出]マーシャル諸島・マジュロ [歴]マジュロ地方政府の評議員を経て、1991年第2回憲法評議会のマジュロ代表。91年マーシャル諸島国会議員。94〜97年国会

副議長を経て、2008～09年同議長。09年11月～12年1月大統領を務めた。

ゼルテン, ラインハルト Selten, Reinhard 経済学者 ボン大学名誉教授 [国]ドイツ [没]2016年8月23日 85歳 [生]1930年10月5日 [出]ドイツ・ブレスラウ(ポーランド・ウロツワフ) [名]本名＝Selten, Reinhard Justus Reginald [学]フランクフルト大学〔1957年〕卒 経済学博士(フランクフルト大学)〔1961年〕 [歴]1942年オーストリアに移住。69～72年ベルリン自由大学教授、のちビーレフェルト大学教授を経て、84年ボン大学教授、96年名誉教授。ゲーム理論のひとつである"非協力的なゲーム理論"に数学的な手法を取り入れ、経済的な均衡について先駆的な分析をした功績により、94年ナッシュ博士、ハーサニ博士とともにノーベル経済学賞を受賞。著書に「戦略的合理性のモデル」(88年)、「ゲーム理論と経済行動」(99年)など。 [賞]ノーベル経済学賞〔1994年〕, ノルトライン・ウエストファーレン州賞〔2000年〕

銭 永健 セン・エイケン
⇒チェン, ロジャー を見よ

銭 其琛 セン・キシン Qian Qi-chen 政治家 外交官 中国副首相・外相 中国共産党政治局員 [国]中国 [没]2017年5月9日 89歳〔病気〕 [生]1928年1月 [出]中国天津 [歴]1942年14歳で中国共産党に入党。40年代は上海で党活動。54年ソ連共産主義青年同盟(コムソモール)中央学校へ留学。50年代後半から60年代前半にかけて2度、在ソ大使館書記官を務め、72年にも参事官として赴任。74年駐ギニア大使、76～82年外務省報道局長、82～88年ソ連・東欧・報道担当外務次官を歴任。この間、82年10月から始まった中ソ次官級協議の中国側特使、87年2月から再開された中ソ国境交渉の中国側首席代表。同年8月国連軍縮・開発国際会議団長。88年4月外相に就任。同年12月中ソ外相会談のため訪ソ、89年の中ソ和解に大きく貢献した。90年にはサウジアラビア、シンガポール、インドネシアなどとの国交正常化を果たし、その外交手腕は内外で高く評価される。91年4月国務委員(副首相格)兼務。93年3月副首相兼外相。98年3月～2003年3月副首相。この間、1996年1月香港特別行政区準備委員会主任。党活動でも、82年党中央委員候補、85年党中央委員を経て、92年10月～2002年11月党政治局員。03年に引退するまで、ソ連との関係正常化や香港返還などを担当。その後、外相経験者で党政治局員や副首相に就いた人物は他におらず、最高レベルまで上り詰めた外交官として知られる。ロシア問題の専門家でロシア語、英語も話した。1989年2月昭和天皇の大喪の礼に国家主席特使として参加するなど度々来日し、日本の政官界とも深いつながりを持った。

【ソ】

ソアレス, マリオ Soares, Mário 政治家 ポルトガル大統領 [国]ポルトガル [没]2017年1月7日 92歳 [生]1924年12月7日 [出]ポルトガル・リスボン [名]本名＝ソアレス, マリオ・アルベルト・ノブレ・ロペス〈Soares, Mário Alberto Nobre Lopes〉 [学]リスボン大学卒 [歴]大学在学中から当時のサラザール独裁政権に反対する地下運動(サラザール学生運動)に参加。卒業後、弁護士となるが、民主化運動に参加して逮捕され、亡命した。逮捕歴は10数回。1964年ポルトガル社会党の前身、社会主議行動党(ASP)を創立、書記長に就任。68年サラザールによって国外追放され、サントメ・プリンシペ諸島に8ケ月間追放。70年から4年間パリへ亡命。73年中道左派・社会党を創設し、初代書記長に就任。74年の民主化革命(カーネーション革命)で独裁政権が倒れた後、帰国し、5月暫定内閣外相に就任。ギニアビサウなどポルトガルのアフリカ植民地独立交渉にあたった。76年7月～78年7月、83年6月～85年10月首相を務め、欧州連合(EU)の前身である欧州共同体(EC)加盟を主導した。86年2月60年ぶりの文民大統領となり、2期10年務めた。ポルトガルでは"民主化の父"と称され、同国の民主主義の礎を築いた。著書に「猿ぐつわをはめられたポルトガル」(72年)がある。93年国賓として来日。 [家]父＝ソアレス, ホアン(政治家)

ソウ, ウスマン Sow, Ousmane 彫刻家 [国]セネガル [没]2016年12月1日 81歳 [生]1935年10月10日 [出]セネガル・ダカール [歴]幼い頃より彫刻を制作。1957年22歳の時、ボザール美術学校に通う夢を抱いてフランスに赴くが実現できず、苦学の末、運動療法士の資格を取得。60年セネガルに帰国。84年レニ・リーフェンシュタールの撮影したヌバ族の写真に深い感銘を受け、最初の彫刻となる「戦うヌバ」のシリーズを制作。50歳で芸術活動を本格化し、88年には「マサイの戦士たち」、91年には「ズールー族」のシリーズを発表。諸民族の裸体像を通してアフリカ魂を訴え、"20世紀最大の肉体の魔術師"と呼ばれた。主な出品に「ドクメンタ9」(92年)などがある。2013年アフリカ人として初めてフランスの芸術アカデミー会員に選ばれた。1991年日本初個展で来日。 [賞]フランス芸術アカデミー会員〔2013年〕

宋 文薫 ソウ・ブンクン Song Wen-xun 考古学者 台湾大学名誉教授 [国]台湾 [没]2016年4月27日 92歳 [生]1924年 [出]台湾新竹州竹東郡 [学]台湾大学歴史学系〔1945年〕卒 [歴]1943年明治大学予科に入学。45帰国し、台湾大学歴史学系を卒業。"台湾考古学の父"といわれた国分直一に学んだ。台湾大学人類学科で教鞭を執る傍ら、八仙洞遺跡や卑南遺跡などの調査・研究において数々の発見をした。台湾の考古学研究の第一人者で、台湾と日本の学術交流にも尽力。2016年旭日中綬章を受章した。 [賞]旭日中綬章(日本)〔2016年〕, 台湾国家文化資産保存賞終身成就賞(第2回)〔2012年〕 [師]師＝国分直一

ソック・アン Sok An 政治家 カンボジア副首相 [国]カンボジア [没]2017年3月15日 66歳 [生]1950年4月16日 [出]カンボジア・タケオ州 [学]王立プノンペン大学〔1972年〕卒 [歴]大学卒業後、1973年から2年間外交を学ぶ。80年初めクメール・ルージュを追放し設立された新政権でフン・センとともにカンボジア外務省に勤務。外務省長官、駐インド大使、外務省副

大臣などを経て、93年首相府相、98年閣僚評議会担当相、2004年副首相を歴任。長年に渡ってフン・セン首相の"参謀長"役を務めた。 ㊥息子＝ソック・プティブット(実業家)

ソッツァーニ, フランカ Sozzani, Franca ファッションジャーナリスト イタリア版「ヴォーグ」編集長 ㊤イタリア ㊦2016年12月22日 66歳 ㊧1950年1月20日 ㊨イタリア・マントバ ㊥本名＝Sozzani, Francesca ㊥大学で文学、哲学を専攻。子供向けファッション誌「ヴォーグ・バンビーニ」で編集を担当した後、1979年米国誌「グラマー」のイタリア版「Lei」編集長に。82年「Per Lui」を立ち上げる。88年イタリア版「ヴォーグ」の編集長に就任。同誌を世界のファッション誌の中で最も影響力のある雑誌の一つに押し上げた。94年コンデナスト社の出版物編集長。著書に「ドルチェ&ガッバーナ」がある。慈善家としても知られ、国連親善大使としても活動した。2016年息子で映画監督のフランチェスコ・カロッツィーニがフランカのドキュメンタリー「フランカ 混沌と創造」を発表した。 ㊥ブリティッシュ・ファッション・アワード名誉賞、スワロフスキー・アワード・フォー・ポジティブ・チェンジ賞〔2016年〕 ㊥息子＝カロッツィーニ、フランチェスコ(映画監督)

ソナベンド, ヨランダ Sonnabend, Yolanda 舞台美術家 ㊤英国 ㊦2015年11月9日 80歳 ㊧1935年3月26日 ㊨英領南ローデシア・ブラワヨ(ジンバブエ) ㊥本名＝Sonnabend, Yolanda Pauline Tamara ㊥スレイド美術学校 ㊥英領南ローデシア(現・ジンバブエ)で生まれ、1950年頃欧州に渡る。ジュネーブの美術アカデミーを経て、55～60年スレイド美術学校で絵画と舞台美術を学んだ。現代のバレエおよび演劇界で最も著名なデザイナーの一人で、英国ロイヤル・バレエ団をはじめとする著名バレエ団のほか、ロイヤル・シェイクスピア・カンパニーなど演劇の舞台美術も多数手がけた。主な作品に、ライト振り付け「青いバラ」、コーダー振り付け「旅への招待」、マクミラン振り付け「シンフォニー」「祭式」「影の谷」「プレイグランド」「風変わりなドラマー」「レクイエム」「マイ・ブラザー・マイ・シスター」「コンチェルト」、ダウエル版「白鳥の湖」など。2002年ロンドン大学特別研究員に就任。キャンバーウェル美術学校、ウィンブルドン美術学校などで講義も行った。日本では、熊川哲也が主宰するKバレエカンパニーで美術・衣裳を数多く手がけ、「白鳥の湖」(03年初演)、「くるみ割り人形」(05年初演)、「海賊」(07年初演)、「ベートーヴェン 第九」(08年初演)、「ロミオとジュリエット」(09年初演)、「シンデレラ」(12年初演、衣裳デザイン)などを担当した。

ソルター, ジェームズ Salter, James 作家 ㊤米国 ㊦2015年6月19日 90歳 ㊧1925年6月10日 ㊨米国・ニュージャージー州パサイック ㊥本名＝Horowitz, James Arnold ㊥ウエストポイント陸軍士官学校卒 ㊥10年間空軍に所属。1957年第1作「The Hunter」でデビュー。67年長編小説「ア・スポート・アンド・パスタイム」(80年)を出版。60年代後半よりフランスに

住み、「Downhill Racer」など映画台本を執筆。89年短編「ダスク・アンド・アザー・ストーリーズ」(88年)でペン・フォークナー賞を受賞した。他の作品に「ライト・イヤーズ」(75年)、「Solo Faces」(79年)など。 ㊥ペン・フォークナー賞〔1989年〕「ダスク・アンド・アザー・ストーリーズ」(短編)、ウィンダム・キャンベル文学賞〔2013年〕

ソレギエタ, ホルヘ Zorreguieta, Jorge 政治家 アルゼンチン農牧相 マキシマ・オランダ王妃の父 ㊤アルゼンチン ㊦2017年8月8日 89歳〔悪性リンパ腫〕 ㊧1928年 ㊨アルゼンチン・ブエノスアイレス ㊥農業関連団体の代表などを経て、アルゼンチンで左派弾圧を行ったビデラ軍事政権下で、1979～81年農牧相を務めた。2001年娘のマキシマがオランダのウィレム・アレクサンダー皇太子と婚約するが、自身の軍政との関わりを理由に結婚に難色が示され、02年の結婚式には出席を見合わせた。13年皇太子が王位に就いたため、マキシマは王妃となった。 ㊥娘＝マキシマ王妃(オランダ王妃)

ソロモン, リチャード Solomon, Richard 外交官 政治学者 米国国務次官補 ㊤米国 ㊦2017年3月13日 79歳〔脳腫瘍〕 ㊧1937年6月19日 ㊨米国・ペンシルベニア州フィラデルフィア ㊥本名＝Solomon, Richard Harvey ㊥ハーバード大学卒、エール大学卒、マサチューセッツ工科大学卒 博士号(マサチューセッツ工科大学) ㊥1966～71年政治学者としてミシガン大学で教鞭を執った後、71～76年ニクソン政権下で国家安全保障会議スタッフ、77～83年ランド研究所国際安全保障政策研究部長、86～89年国務省外交政策立案局長を務め、89～92年東アジア・太平洋地域担当の国務次官補。当時のキッシンジャー大統領補佐官の下で米中国交正常化に関与した。92～93年駐フィリピン大使。93年～2012年政策研究機関である米国平和研究所の理事長を務めた。中国専門家として知られ、ランド研究所で編集した報告書「中国人の交渉術」は中国理解の必読書とされた。

ソン・シンド 宋 神道 元日本軍従軍慰安婦の在日韓国人 ㊤韓国 ㊦2017年12月16日 95歳〔老衰〕 ㊧1922年 ㊨朝鮮忠清南道 ㊥16歳の時に親が決めた相手との結婚が翌日破棄。戦地で国のために働けばお金が儲かると誘われ中国の武昌に移り、そこで初めて仕事が日本兵相手の慰安婦であることを知る。約3年間慰安所・世界館で過ごした後、漢口から岳州に移され部隊付きの慰安婦として討伐遠征にも従軍、計7年間の慰安所生活を送る。終戦後日本人曹長に結婚を申し込まれ、1946年博多に渡ったが、上陸と同時に捨てられ、のち宮城県で出会った在日朝鮮人男性と、83年頃死別するまで暮らした。93年在日韓国人の元従軍慰安婦として日本政府に謝罪と補償を求める訴えをおこし、東京や仙台で支援の会も結成される。99年東京地裁は個人が直接国家に損害賠償などを求める国際慣習法は当時は存在せず、20年の民法上の請求権もすでに消滅したとして、請求を棄却する判決を言い渡す。2000年東京高裁は国際法上の国家責任は認めたが、宋さん個人の賠償請求権は否定して訴えを退け、03年最高裁で敗訴が確定した。07年裁判を記録したドキュメンタリー映画「オレの心は負けてない」が公開される。宮城県女川町で一人暮らしを続けていたが、

11年東日本大震災の津波で自宅が全壊した後は、東京都内で暮らした。　[賞]多田謡子反権力人権賞〔1997年〕

【タ】

ダイアー, ウェイン　**Dyer, Wayne**　精神分析学者　[国]米国　[没]2015年8月29日　75歳　[生]1940年5月10日　[出]米国・ミシガン州デトロイト　[名]本名＝Dyer, Wayne Walter　[学]心理学博士　[歴]マズローの“自己実現”の心理学をさらに発展させた、個人の生き方重視の意識革命を提唱、新個人主義の旗手として世界的に評価された。著書に日米でベストセラーとなった「自分のための人生」「どう生きるか、自分の人生！」のほか「自分を創る」「親と子の知的人間学」「わが息子、娘のために父親は何ができるか」「小さな自分で一生を終わるな！」など。

ダイサート, リチャード　**Dysart, Richard**　俳優　[国]米国　[没]2015年4月5日　86歳〔がん〕　[生]1929年3月30日　[出]米国・メーン州ブライトン　[学]エマーソン・カレッジ　[歴]ボストンのエマーソン・カレッジ卒業後、舞台俳優デビュー。のちサンフランシスコのアメリカン・コンサーバトリー・シアターの創設者の一人となる。ブロードウェイで「わが命つきるとも」「The Little Fox」などに出演。1960年代から映画に出るが、「ホスピタル」(71年)や「ペイルライダー」(85年)の役柄のような味のある脇役俳優として知られる。人気テレビドラマ「L.A.LAW/7人の弁護士」(86～94年)では、3度エミー賞候補となり92年に受賞。他の出演作に「電子電脳人間」(74年)、「遊星からの物体X」(82年)、「コードネームはファルコン」(85年)、「バック・トゥ・ザ・フューチャー PART3」(90年)、「天空の城ラピュタ」(英語版の声, 86年)など。　[賞]エミー賞〔1992年〕「L.A.LAW/7人の弁護士」

ダイソン, トニー　**Dyson, Tony**　映画特殊効果技術者　[国]英国　[没]2016年3月4日　68歳　[生]1947年4月13日　[出]英国・ウエストヨークシャー州デューズベリー　[名]本名＝Dyson, Anthony　[歴]玩具会社ホワイト・ホース・トイ・カンパニーを経営する傍ら、人気SF映画「スター・ウォーズ」シリーズに登場するロボット「R2-D2」を製作。スパイアクション映画「007/ムーンレイカー」(1979年)、「スーパーマンII」(80年)などでも特殊効果を担当したほか、テレビCM、テーマパークのロボットのデザイン・製造なども手がけた。

タウンズ, チャールズ　**Townes, Charles Hard**　物理学者　カリフォルニア大学名誉教授　[専]量子エレクトロニクス, メーザー, レーザーの研究　[国]米国　[没]2015年1月27日　99歳　[生]1915年7月28日　[出]米国・サウスカロライナ州グリーンビル　[学]ファーマン大学〔1935年〕卒, デューク大学大学院修士課程修了　Ph.D.(カリフォルニア工科大学)〔1939年〕　[歴]1939～47年ベル研究所でレーダー爆撃システムの開発に携わる。50～61年コロンビア大学教授、59～61年国防分析研究所副所長、61～66年マサチューセッツ工科大学教授を歴任し、67年カリフォルニア大学バークレー校教授、86年名誉教授。この間、54年マイクロ波を発振・増幅させるメーザーを発明、58年これを可視光や赤外線で実現できることを示す論文を発表。拡散せず指向性の高い電磁波であるレーザーの開発につなげた。これら量子エレクトロニクスの基礎的研究によりソ連のバーソフ、プローホロフとともに64年度ノーベル物理学賞受賞。その後、電波天文学に移り、69年に星間NH3分子を発見した。著書に「マイクロ波分光学」「Quautum Electronics」など。56年東京大学で臨時講師を務めたほか、フルブライト基金による講師としても来日。　[賞]ノーベル物理学賞〔1964年〕

ダグラス, ダイアナ　**Douglas, Diana**　女優　[国]米国　[没]2015年7月3日　92歳〔がん〕　[生]1923年1月22日　[出]英領バミューダ諸島　[学]AADA〔1941年〕卒　[歴]英国で教育を受け、1941年AADAを卒業。48年「Sign of Ram」で映画デビュー。「麗しのサブリナ」「冬物語」「トロイヤの女」などの舞台に立つ。他の出演作に、映画「他人の家」(49年)、「赤い砦」(55年)、「続・男と女」(77年)、「密殺集団」(83年)、「大災難P.T.A.」(87年)、テレビドラマ「少年カウボーイ」(74年)、「ダイナスティ」(81～84年)など。43年俳優のカーク・ダグラスと結婚、長男マイケル、二男ジョエルをもうけるが、51年に離婚。2003年「グロムバーグ家の人々」では、カーク、マイケル、孫のキャメロンと三代で共演、ジョエルも製作に携わった。　[家]元夫＝ダグラス, カーク(俳優), 長男＝ダグラス, マイケル(俳優), 二男＝ダグラス, ジョエル(映画プロデューサー)

ダグラス, ドナ　**Douglas, Donna**　女優　[国]米国　[没]2015年1月1日　81歳〔膵臓がん〕　[生]1933年9月26日　[出]米国・ルイジアナ州ベイウッド　[名]本名＝Smith, Doris　[歴]16歳でミス・ニューオーリンズ、17歳でミス・バトンルージュに選ばれる。ニューヨークでモデルなどをしたのち、1959年「果てしなき夢」で映画デビュー。テレビドラマシリーズ「じゃじゃ馬億万長者」(62～71年)のエリー・メイ役で注目を浴び、63年にはゴールデン・グローブ賞ミス・ゴールデン・グローブを受賞。他の出演作に映画「恋人よ帰れ」(61年)、「フランキー＆ジョニー」(66年)など。　[賞]ゴールデン・グローブ賞ミス・ゴールデン・グローブ〔1963年〕

タケモリ, ジェームズ　**Takemori, James H.**　柔道家　ジョージタウン大学ワシントン柔道クラブ師範　[国]米国　[没]2015年5月15日　89歳〔胆嚢障害など〕　[名]通称＝Takemori, Jimmy　[歴]11歳の時、カリフォルニアで柔道を始める。日系米国人として米国陸軍の442部隊に加わってイタリア戦線で戦い、除隊後は米国で柔道の練習や指導を続けた。全米柔道連盟柔道普及委員長などを歴任。米国で多数の柔道選手を育て、日本の柔道界との交流にも貢献した。9段。2004年旭日双光章を受章。　[賞]旭日双光章(日本)〔2004年〕

ダゴニェ, フランソワ　**Dagognet, François**　哲学者　パリ第1大学科学技術史研究所教授　[専]認識論　[国]フランス　[没]2015年10月3日　91歳　[生]1924年4月24日　[出]フランス・オート・マルヌ県ラングル　[学]文学博士, 医学博士　[歴]1959年哲学のアグレガシオンを、のち文学・医学博士号を取得。リヨン第3大学教授を

経て、86年秋よりパリ第1大学科学技術史研究所教授。バシュラール、カンギレムの系列を引く現代フランス認識論の代表的な一人。『具象空間の認識』『理性と治療薬』『エクリチュールとイコノグラフィー』『イメージの哲学』『面・表面・界面——般表層論』など多くの著書がある。

タナット・コーマン Thanat Khoman　政治家　タイ外相　国タイ　没2016年3月3日　101歳〔老衰〕　生1914年5月9日　出タイ・バンコク　学パリ大学卒　他米国に留学。1940年タイ外務省に入省。41〜43年書記官として東京の大使館に勤務した。戦後、52年国連代表代理、54年駐米大使などを経て、59年外相。「東南アジア諸国連合(ASEAN)設立宣言」が発表された、67年8月のバンコクでの東南アジア5カ国外相会議で重要な役割を果たし、フィリピン、インドネシア、シンガポール、マレーシアの外相らとともに"ASEAN創設の父"と評される。71年クーデターにより追放されるが、74年首相顧問、76年クーデター後国家改革団の外交担当顧問など歴代政権の外交政策に関わる。80年3月〜83年5月副首相。民主党党首、外務省の外交政策評議会議長も務めた。

ダニエーレ, ピノ Daniele, Pino　シンガー・ソングライター　国イタリア　没2015年1月4日　59歳〔心臓発作〕　生1955年3月19日　出イタリア・ナポリ　名本名＝Daniele, Giuseppe　他1977年アルバム「テラ・ミーア」でデビュー。80年代には「Nero a metà」(80年)「Vai mò」(81年)など多くのアルバムがヒットした。自ら作詞作曲し、映画音楽なども手がけた。歌詞にナポリの方言を取り入れ、ナポレターナ(ナポリ歌謡)とブルースやジャズを融合させた独特の音楽を作り出し、イタリア音楽界に影響を与えたとされる。

タパ, スーリヤ・バハドール Thapa, Surya Bahadur　政治家　ネパール首相　国ネパール　没2015年4月15日　87歳〔病気〕　生1928年3月20日　出ネパール・ムガ　学アラハバード大学(インド)卒　他カーストはチェットリー(武人階級)。1959年ネパール上院議員に当選。1962〜63年副首相兼財務相、63〜64年首相、65〜69年首相兼宮内相。72年当時のパンチャヤト制度(国王を頂点とした政治体制)を批判して2年間投獄。のち復帰し、79年5月〜83年7月、97年10月〜98年4月にも首相を務めた。90年の民主化後は王室を擁護する国民民主党を創設して総裁となる。2003年5月首相に任命されたが、04年2月から起きた反政府デモの事態打開のため、5月辞任。60年代から王制下などで5回首相を務め、比較的リベラルな政治姿勢で知られた。

ダブルデイ, ネルソン(Jr.) Doubleday, Nelson(Jr.)　実業家　ニューヨーク・メッツ共同オーナー　国米国　没2015年6月17日　81歳〔肺炎〕　生1933年7月20日　出米国・ニューヨーク州ロングアイランド・オイスターベイ　他祖父が創設した出版社ダブルデイに入り、1978年社長に就任。86年会社を売却。この間、80年ペイソン家から大リーグチームのニューヨーク・メッツを購入し、共同オーナーに就任。86年にはチームがワールドシリーズを制覇した。

ダベンポート, ジム Davenport, Jim　大リーグ選手　大リーグ監督　没2016年2月18日　82歳〔心不全〕　生1933年8月17日　出米国・アラバマ州シルリア　名本名＝Davenport, James Houston　学ルイジアナ州立大学　他ルイジアナ州立大学ではアメリカンフットボールのクォーターバックとして活躍。1958年ジャイアンツがサンフランシスコに移転した年に入団。62年打率.297、14本塁打でオールスターに出場、ゴールドグラブも受賞した。66〜68年97試合連続無失策の三塁打記録をマーク。ジャイアンツ一筋で、70年現役を引退。通算成績は、実働13年、1501試合出場、4427打数1142安打、77本塁打、456打点、打率.258。オールスター出場1回。長くコーチを務めた後、85年ジャイアンツ監督に就任したが、不振のためシーズン途中で解任された。

タラバニ, ジャラル Talabani, Jalal　政治家　イラク大統領　クルド愛国同盟(PUK)議長　国イラク　没2017年10月3日　83歳　生1933年11月12日　出イラク・アルビル近郊ケルカン　学バグダッド大学法学部卒　他14歳で少数民族クルド人の政党、クルド民主党(KDP)に加入。クルド反政府運動の祖ムスタファ・バルザニ党首の下で頭角を現し、1962年反政府運動の中で4人の支部司令の一人に選任。その後、路線対立で脱退。75年11月シリアの後押しでクルド愛国同盟(PUK)を設立し、議長に就任。バース党政権へのゲリラ戦を指揮した。91年湾岸戦争後の反政府運動ではKDPと共同戦線を張り、対政府交渉にあたった。2003年3月開戦のイラク戦争では米軍に協力。フセイン政権崩壊後の同年7月から米軍占領下でのイラク暫定統治機関・統治評議会の評議員を務めた。05年1月国民議会選挙ではKDPなどと政党連合・クルディスタン同盟を結成し、第2党に。同年4月暫定国民議会によりクルド系として初めて大統領(移行政府)に選出。06年4月国民議会により本格政府大統領に選出された。10年11月再任後は、対立が顕在化したシーア派、スンニ派両勢力の橋渡し役を担ったほか、中央政府とクルド自治政府との交渉も仲介した。14年7月退任。長くクルド人の独立運動を率いたリーダーの一人だった。

タリー, ジェラレアン Talley, Jeralean　世界最高齢者(116歳)　国米国　没2015年6月17日　116歳　生1899年　出米国・ジョージア州　他米国南部ジョージア州に生まれ、1930年代にミシガン州へ移る。36年に結婚、娘を1人もうけた。夫は88年に95歳で死去。自身は104歳になるまで趣味のボウリングを続け、晩年も毎年釣り旅行を楽しんだ。2015年4月116歳で世界最高齢に認定されたが、6月死去。

タリー, ダニエル Tully, Daniel　実業家　メリルリンチ会長・CEO　全米証券業協会会長　国米国　没2016年5月10日　84歳　生1932年1月2日　出米国・ニューヨーク市　名本名＝Tully, Daniel Patrick　学セント・ジョンズ大学〔1953年〕卒、ハーバード大学ビジネス・スクール修了　他1953〜55年米軍に所属。55年証券会社メリルリンチに入社。主に営業畑を歩き、82年副社長を経て、85年社長兼COO(最高業務責任者)、92年CEO(最高経営責任者)、93年会長兼CEOに就任。ニューヨーク証券取引所理事やアメリカ証

券取引所副理事長も歴任。96年より全米証券業協会会長を務めた。

タリアヴィーニ, ルイージ・フェルディナンド　Tagliavini, Luigi Ferdinando　オルガン奏者　音楽学者　[国]イタリア　[没]2017年7月11日　87歳　[生]1929年10月7日　[出]イタリア・ボローニャ　[学]ボローニャ音楽院, パリ音楽院　博士号(パドバ大学)〔1952年〕　[歴]ボローニャ音楽院で学び、パリ音楽院でマルセル・デュプレに師事。1952年よりボローニャのマルティーニ音楽院オルガン科で教え、附属図書館長も務めた。54年ボルツァーノのモンテヴェルディ音楽院オルガン科教授、64年パルマのボーイト音楽院オルガン科教授。また63年コーネル大学客員教授、69年ニューヨーク州立大学などでも教鞭を執り、71年スイスのフリブール大学教授。イタリアの歴史的なオルガン曲の研究者として知られた他、演奏家としても欧米各地で活動した。著書に「J.S.バッハのカンタータに関する研究」(56年)などがある。76年初来日。　[師]師＝デュプレ, マルセル

ダリュー, ダニエル　Darrieu, Danielle　女優　[国]フランス　[没]2017年10月17日　100歳　[生]1917年5月1日　[出]フランス・ボルドー　[学]パリ・コンセルヴァトワール　[歴]父は医者。幼い頃から音楽が好きで、パリ・コンセルヴァトワールでチェロを習う。1931年14歳の時に映画「ル・バル」で女優デビュー。35年に結婚したアンリ・ドコワン監督の「背信」などに主演。36年シャルル・ボワイエと共演した「うたかたの恋」で一躍フランスの若い女性のアイドル的存在となる。38年ハリウッドに渡り、ユニバーサルの「パリの評判娘」に出演したが、その後間もなく拠点をフランスに戻した。戦後、年齢とともに成熟したヒロインを演じ、気品と風格のある女優としてキャリアを築いた。60年代には歌手としても活動。70年にはブロードウェイ・ミュージカル「ココ」に主演し、歌う女優としても知られた。フランソワ・オゾン監督の「8人の女たち」(2002年)ではカトリーヌ・ドヌーヴらと共演した。80年におよぶキャリアで約140本の映画に出演した。他の映画出演作に、「暁に祈る」(1938年)、「ルイ・ブラス」(47年)、「輪舞」(50年)、「快楽」(51年)、「たそがれの女心」(53年)、「赤と黒」(54年)、「チャタレイ夫人の恋人」(55年)、「忘れえぬ慕情」(56年, 日仏合作)、「奥様にご用心」(57年)、「ロシュフォールの恋人たち」(67年)など。私生活では、ドコワン監督と40年に離婚し、ドミニカ共和国外交官のポルフィリオ・ルビロサと42年から5年間結婚生活を送った。その後、再婚した脚本家のジョルジュ・ミトシキデスとは91年に死別した。　[賞]レジオン・ド・ヌール勲章〔1962年〕, フランス芸術文学功労勲章コマンドール章, セザール賞名誉賞(第10回)〔1985年〕, ベルリン国際映画祭貢献賞(第52回)〔2002年〕　[家]夫＝ミトシキデス, ジョルジュ(脚本家), 元夫＝ドコワン, アンリ(映画監督), ルビロサ, ポルフィリオ(外交官)

ダルク, ミレイユ　Darc, Mireille　女優　[国]フランス　[没]2017年8月28日　79歳　[生]1938年5月15日　[出]フランス・トゥーロン　[名]本名＝Aigroz, Mireille　[歴]故郷のコンセルヴァトワールで学び、19歳でパリに出る。舞台で活動した後、1960年「気晴し」で映画デビュー。65年の「恋するガリア」(ジョルジュ・ロートネル監督)でスレンダーな肢体と小動物を思わせるユニークな魅力が爆発、人気スターの仲間入りを果たす。以後もロートネル監督との名コンビで、喜劇を中心に洗練されたコメディエンヌぶりを発揮。69年の「ジェフ」からはアラン・ドロンとの公私にわたるパートナーとして「栗色のマッドレー」(70年)、「愛人関係」(74年)などで共演。81年持病の心臓病が悪化して大手術を受け、83年には交通事故とドロンとの別離など心労が重なり、芸能界から一時退く。80年代後半に復帰後は、映画の脚本や監督に挑戦、写真家としても活動。生涯で約50本の映画に出演した。他の出演作に、「女王陛下のダイナマイト」(66年)、「エヴァの恋人」(66年)、「ウイークエンド」(67年)、「狼どもの報酬」(71年)、「チェイサー」(78年)などがある。ドロンの来日に同伴し、日本の婦人服のCMにも出演。97年ゆうばり映画祭の審査員として来日した。　[賞]レジオン・ド・ヌール勲章シュバリエ章〔2006年〕, フランス国家功労章コマンドール章〔2009年〕, レジオン・ド・ヌール勲章オフィシエ章〔2015年〕

タルコフスキ, アンジェイ　Tarkowski, Andrzej　動物学者　発生生物学者　ワルシャワ大学教授　[国]ポーランド　[没]2016年9月23日　83歳　[生]1933年5月4日　[名]本名＝Tarkowski, Andrzej Krzysztof　[学]ワルシャワ大学大学院(生物学)〔1955年〕修了, ワルシャワ大学(動物学)〔1964年〕卒　Ph.D.(ワルシャワ大学)〔1959年〕　[歴]1955〜64年ワルシャワ大学動物学研究所助手、60〜61年ワルシャワ大学準教授、64年発生学部長、78年教授。この間、72〜81年、87年〜2005年同大動物学研究所所長を務めた。1984〜85年英国学士院及びオックスフォード大学客員教授。マウスをモデル動物として初期胚の培養操作技術を開発、哺乳類の発生生物学の基礎を築いた。2001年ウエルカムがん研究所客員主任研究員のアン・マクラーレンと共同で日本国際賞を受賞。　[賞]ポーランド国家賞〔1980年〕, 日本国際賞(第18回)〔2002年〕　[資]ポーランド科学アカデミー会員〔1974年〕, フランス科学アカデミー外国人会員〔1984年〕, ポーランド芸術科学アカデミー会員〔1990年〕, ヨーロッパ・アカデミア会員〔1991年〕, 米国科学アカデミー外国人準会員〔2003年〕

タン, デービッド　Tang, David　ファッションデザイナー　実業家　上海灘創業者　[国]香港　[没]2017年8月29日　63歳　[生]1954年8月2日　[出]香港　[名]中国名＝鄧永鏘　[学]ロンドン大学, ケンブリッジ大学　[歴]曽祖父は一代で銀行を作った名士・鄧志昂、祖父は著名な慈善家・鄧肇堅という香港の名門一家に生まれる。13歳で家族とともに渡英。ロンドン大学、ケンブリッジ大学で物理、哲学、法律を学び、若い頃はピアニストか指揮者になるのが夢だった。25歳の時、香港に戻る。1991年サラリーマン生活に見切りをつけ、94年友人3人とアパレルブランドの上海灘(シャンハイ・タン)を創設。漢王朝時代の伝統的な衣装を21世紀の現代風のファッションと融合させたデザインで人気を呼び、ダイアナ妃など世界のセレブリティが店を訪れた。その後、同社をスイスの企業リシュモンに売却。レストランや高級社交クラブ、キューバ葉巻の販売会社などの

運営も手がける一方、慈善活動にも力を注いだ。2008年英女王からナイトの爵位を授与された。 [賞]OBE勲章, KBE勲章〔2008年〕 [家]祖父＝鄧肇堅（慈善家）

ダンモア, ヘレン **Dunmore, Helen** 詩人 作家 [国]英国 [没]2017年6月5日 64歳〔がん〕 [生]1952年12月12日 [出]英国・ヨークシャー州 [学]ヨーク大学卒 [歴]ヨーク大学卒業後、2年間教師としてフィンランドに滞在。その頃から多くの詩集を発表。また短編小説や長編小説、児童書、絵本なども手がけた。3作目の小説「A Spell of Winter」（1995年）は創設最初のオレンジ賞を受賞。7作目の「The Siege（包囲）」（2001年）はウィットブレッド賞とオレンジ賞にノミネートされた。他の作品に、小説「Zennor in Darkness」（1993年）、「海に消えた女」（96年）、「The Betrayal」（2010年）、「The Greatcoat」（12年）、詩集に「The Sea Skater」「The Raw Garden」「Secrets」「Glad of These Times」、絵本に「ふたりだけの とっておきのいちにち」などがある。 [賞]マッキターリック賞〔1994年〕「Zennor in Darkness」, オレンジ賞〔1996年〕「A Spell of Winter」

【チ】

チー・ポーリン **Chi Po-lin** 写真家 ドキュメンタリー監督 [専]航空写真 [国]台湾 [没]2017年6月10日 52歳〔ヘリコプター墜落事故死〕 [生]1964年 [出]台湾台北 [名]漢字名＝斉柏林 [歴]1988年よりプロ写真家として活動を開始。90年台湾国内の建設事業の工事過程を記録する政府機関の航空写真家となる。2005年ORBIS基金の招きで「フライング・アイ・ホスピタル」ミッションのスポークスマンに就任。また航空写真を通して環境の変化を訴える環境問題にも取り組む。13年3年の歳月を費やしたドキュメンタリー映画「天空からの招待状」を発表。ドキュメンタリー映画ながらも台湾での観客動員数100万人、興行収入7億円を超える歴史的ヒットを記録。14年大阪アジア映画祭で上映のため来日。17年台湾東部の花蓮県で「天空からの招待状」の続編を撮影中、ヘリコプター墜落事故に遭い死亡した。 [賞]台湾金馬奨最優秀ドキュメンタリー賞（第50回）〔2013年〕「天空からの招待状」

チア・シム **Chea Sim** 政治家 カンボジア上院議長 カンボジア人民党党首 [国]カンボジア [没]2015年6月8日 82歳〔老衰〕 [生]1932年11月15日 [出]カンボジア・スワイリエン州 [歴]1952年フランスからの独立運動に参加、地下活動を指導。71年プレイベン州フーニアクレク地区党委員会書記。76年以降人民代表議会議員。78年5月反ポル・ポト政権の決起を指導。79年1月プノンペン政府（ヘン・サムリン政権）内相。同年9月カンボジア救国民族統一戦線副議長。81年5月人民革命党政治局員。同年6月国会議長。同年7月国家建設防衛統一戦線（KUFNCD）全国評議会議長。91年10月臨時党大会で人民革命党から人民党に党名変更するとともに、新設の中央委員会議長（党首）に選出。93年6月制憲議会副議長、10月国会議長。99年3月新設された上院議長に就任。 [賞]旭日大綬章（日本）〔2013年〕

チエゴ, ウィリアン **Thiego, Willian** サッカー選手 [国]ブラジル [没]2016年11月28日 30歳〔飛行機墜落事故死〕 [生]1986年7月22日 [出]ブラジル・セルジッペ州 [名]本名＝Thiego de Jesus, Willian [歴]2006年ブラジルのセルジッペ、07年グレミオでDFとしてプレー。10年Jリーグの京都サンガに加入し、Jリーグ10試合、リーグカップ1試合、天皇杯1試合に出場。11年帰国し、15年よりブラジル1部シャペコエンセでプレー。16年11月コロンビアのメデジンで行われるコパ・スダメリカーナ（南米杯）決勝に向かう途中、シャペコエンセの選手ら乗客乗員計81人が乗ったボリビアのチャーター機が墜落し、死亡した。

チェレプコフ, ヴィクトル **Cherepkov, Viktor** 政治家 ウラジオストク市長 ロシア下院議員 [国]ロシア [没]2017年9月2日 75歳 [生]1942年 [出]ソ連・ロシア共和国リャザニ州（ロシア） [歴]1993～94年ウラジオストク市長を務め、96年再び市長に就任。新潟県などとの環日本海交流にも関わったが、地元知事との政争が続き、98年当時のエリツィン大統領に解任された。2000～07年ロシア下院議員を務めた。

チェン, ロジャー **Tsien, Roger** 生物学者 カリフォルニア大学サンディエゴ校教授 [専]発光生物学 [国]米国 [没]2016年8月24日 64歳 [生]1952年2月1日 [出]米国・ニューヨーク市 [名]本名＝Tsien, Roger Yonchien, 中国名＝銭永健〈QianYong-jian〉 [学]ハーバード大学〔1972年〕卒 Ph.D.（生理学, ケンブリッジ大学）〔1977年〕 [歴]父のいとこは中国宇宙科学の先駆者として知られる銭学森。16歳で米国内の科学関係の賞を受賞。1989年カリフォルニア大学サンディエゴ校教授に就任。94年から下村脩ボストン大学名誉教授が発見した緑色蛍光タンパク質（GFP）の改造に取り組む。その後、GFP以外のタンパク質を利用し、緑色以外の色で光らせることに成功。生物内のタンパク質の動きを追跡する技術は現在の生命科学、医療研究分野では不可欠なものとなる。また蛍光タンパク質を組み合わせて分子の相互作用を追跡できる方法も開発した。2008年下村名誉教授、マーティン・チャルフィー・コロンビア大学教授とともにノーベル化学賞を共同受賞。 [賞]ノーベル化学賞〔2008年〕, ガードナー国際賞〔1995年〕, ウォルフ医学賞〔2004年〕, 慶応医学賞〔2004年〕, ローゼンスティール賞〔2006年〕, E.B.ウィルソン・メダル〔2008年〕

チセケディ, エティエン **Tshisekedi, Étienne** 政治家 ザイール首相 コンゴ民主社会進歩同盟（UDPS）党首 [国]コンゴ [没]2017年2月1日 84歳 [生]1932年12月14日 [出]ベルギー領コンゴ東カサイ州ルルアブール（カナンガ） [名]本名＝Tshisekedi Wa Mulumba, Étienne [学] 法学博士（ロバニウム大学）〔1961年〕 [歴]モブツ大統領とともにコンゴ（1971～97年の国名はザイール）革命人民運動（MPR）の創設者の一人で内相、法相を歴任。その後対決色を強め、81年から9年間拘束され、自宅軟禁状態となる。90年複数政党制解禁とともに自由の身となった。この間、82年民主社会進歩連合（UDPS）を結党。91年10月首相となるが、1週間後モブツ大統領と対立して解任。92年8月民主化促進の新憲法制定などにあたる国民会議

チ

により首相に選出されるが、93年2月再び解任。97年3月再び首相、4月解任。98年2月より政府当局により拘束され、カサイ州の自宅で軟禁状態に置かれるが、7月解放された。2006年大統領選はカビラ大統領を独裁的と批判する立場からボイコット。11年カビラ大統領の対抗馬として大統領選に立候補するが敗れた。

チタレンコ, ミハイル　Titarenko, Mikhail　中国学者　ロシア科学アカデミー極東研究所所長　[国]ロシア　[没]2016年2月25日　81歳　[生]1934年4月27日　[出]ソ連・ロシア共和国ブリャンスク（ロシア）　[名]本名＝Titarenko, Mikhail Leonidovich　[学]モスクワ大学哲学部〔1957年〕卒　哲学博士　[歴]中国の北京大学、上海復旦大学に留学。1961年ソ連外務省に入り、上海領事館などを経て、北京大使館詰め。64年末帰国。65年共産党中央委にスタッフとして招かれ、中国・極東問題を担当。85年〜2015年ソ連科学アカデミー（現・ロシア科学アカデミー）傘下で中国・極東地域の研究にあたる極東研究所所長を務めた。また、1975年以来「極東の諸問題」誌編集委員。ロシア有数の中国学者として知られた。

チッコリーニ, アルド　Ciccolini, Aldo　ピアニスト　パリ高等音楽院教授　[国]フランス　[没]2015年2月1日　89歳〔病気〕　[生]1925年8月15日　[出]イタリア・ナポリ　[学]ナポリ音楽院ピアノ科〔1940年〕・作曲科〔1943年〕卒　[歴]4歳からピアノを学び、9歳で作曲家フランチェスコ・チレアに認められ、ナポリ音楽院に入学。パオロ・デンツァ、アキーレ・ロンゴにそれぞれピアノ、作曲を師事する。1941年ナポリで公式デビュー。第二次大戦での中断を経て、音楽活動を再開。47年最年少で母校のピアノ教授に就任。48年サンタ・チェチーリア賞を受賞。49年ロン・ティボー国際コンクールのピアノ部門で優勝し名声を得た。50年ニューヨーク・フィルのソリストとして米国にデビュー、センセーションを巻き起こす。51年ジャック・ティボーとデュオを結成。63年初のロシア演奏旅行。同年、EMIで世界初のサティ全曲録音を開始（70年終了）。この間、49年頃からパリに定住してヨーロッパで活躍し、69年フランスに帰化。リストやフォーレ、サン・サーンス、ドビュッシーなどフランス音楽を得意とし、世界各地で演奏活動を行う。71〜89年パリ高等音楽院教授を務め、日本人を含む多くのピアニストを育てた。評伝に「アルド・チッコリーニ わが人生」がある。78年初来日。2003年、05年、08年、10〜12年、14年来日。　[賞]レジオン・ド・ヌール勲章オフィシエ章, サンタ・チェチーリア賞〔1948年〕, ロン・ティボー国際コンクールピアノ部門第1位（第3回）〔1949年〕

チヘイーゼ, レゾ　Chkheidze, Rezo　映画監督　ジョージア・フィルム社長　[国]ジョージア　[没]2015年5月3日　88歳　[生]1926年12月8日　[出]ソ連・グルジア共和国トビリシ（ジョージア）　[名]本名＝チヘイーゼ, レワス〈Chkheidze, Revaz Davidovich〉　[学]トビリシ演劇大学, ソ連国立映画大学監督科〔1953年〕卒　[歴]ソ連国立映画大学でミハイル・ロンム、セルゲイ・ユトケーヴィチ監督に師事。1953年卒業後、グルジア映画スタジオに入り、処女作の記録映画「Nash dvorets（わが宮殿）」をT.アベラーゼと共同製作。56年同じコンビで製作した中編劇映画「Magdana's Donkey（青い目のロバ）」で第9回カンヌ国際映画祭短編賞を受賞。以降、「戦火を越えて」（65年）、「ルカじいさんと苗木」（73年）、「Your Sun, Earth」（81年）、「Life of Don Quixote and Sancho」（89年）などを監督、国際的評価を集めた。72年よりグルジア・フィルム（現・ジョージア・フィルム）社長、97年よりトビリシ大学演劇映画教授を務めた。　[賞]カンヌ国際映画祭短編賞（第9回）〔1956年〕「青い目のロバ」, モスクワ国際映画祭特別賞（第8回）〔1973年〕「ルカじいさんと苗木」, ソ連人民芸術家〔1980年〕, レーニン賞〔1986年〕, モスクワ国際映画祭生涯功労賞〔2009年〕

チミノ, マイケル　Cimino, Michael　映画監督　脚本家　[国]米国　[没]2016年7月2日　77歳　[生]1939年2月3日　[出]米国・ニューヨーク州オールドウエストバリー　[学]エール大学〔1963年〕卒　[歴]イタリア系。ニューヨークに出てアクターズ・スタジオの演出コースで演劇、バレエを学ぶ。ドキュメンタリー・フィルムを作る小さな会社に入ったのがきっかけで映画に興味を持つ。1972年ダグラス・トランブル監督の「サイレント・ランニング」で脚本家デビュー。73年「ダーティハリー2」を手がけた後、74年クリント・イーストウッド主演の「サンダーボルト」で監督デビュー。78年ベトナム戦争を扱った「ディア・ハンター」でアカデミー賞監督賞を含む5部門を獲得したが、人種的偏見にみちていると反発を買い、この時からスキャンダラスな問題の多い監督というイメージがつきまとうようになる。西部開拓史上の恥部といわれるジョンソン郡戦争を描いた超大作「天国の門」（80年）では酷評の嵐にさらされ、製作会社のユナイテッド・アーティスツを倒産に追い込み、ハリウッドを追放同然となった。85年「イヤー・オブ・ザ・ドラゴン」で復活。他の作品に「シシリアン」（87年）、「逃亡者」（90年）、「心の指紋」（96年）など。2012年「天国の門」のディレクターズカット版がベネチア国際映画祭で上映され、再評価された。小説に「Big Jane」がある。　[賞]アカデミー賞監督賞・作品賞（第51回）〔1978年〕「ディア・ハンター」, フランス芸術文化勲章シュバリエ章〔2001年〕

チャスラフスカ, ベラ　Čáslavská, Věra　体操選手　チェコ五輪委員会委員長　国際オリンピック委員会（IOC）委員　東京五輪・メキシコ五輪体操女子個人総合金メダリスト　[国]チェコ　[没]2016年8月30日　74歳　[生]1942年5月3日　[出]チェコスロバキア・プラハ（チェコ）　[学]カレル大学卒　[歴]1960年体操のチェコスロバキア代表として出場したローマ五輪で団体銀メダル、個人総合8位。64年東京五輪では個人総合、跳馬、平均台で金メダル、団体で銀メダルを獲得。68年メキシコ五輪では個人総合、跳馬、段違い平行棒、ゆかで4個の金メダル、団体では銀メダルに輝いた。大会直後、同五輪陸上男子1500メートル銀メダリストのヨゼフ・オドロジルと結婚式を挙げ話題をまいた（のち離婚）。デビュー以来、華麗な演技と美貌で観客を魅了、五輪で合計7個の金メダルを獲り、“五輪の名花”と称えられたが、68年の“プラハの春”の際、チェコ自由化運動称賛の“二千語宣言”に署名したため迫害を受け、以後5年間にわたり職につけなかった。その後体操コーチに復帰。89年秋以降の政変（ビロード革命）で民主

化の象徴的存在として再び脚光を浴び、同年12月体育労連中央委幹部会員に選ばれ、90年1月ハヴェル大統領補佐官兼顧問、4月チェコスロバキア五輪委員長。同年2月新生チェコの大統領顧問として7年振りに来日。92年4月ハヴェル大統領の訪日に同行。同年5月五輪委員長に専念するため大統領顧問辞任。93年の連邦崩壊後はチェコ五輪委員長を96年まで務めた。95年～2001年国際オリンピック委員会（IOC）委員。1993年長男が元夫を殴打し死亡させるという事件が発生し、これを機に心の病で療養生活を送ったが、その後社会復帰。2012年3月チェコ日本友好協会名誉会長として、東日本大震災の被災地の中学生をチェコに招待するなど、日本とチェコの交流にも尽力した。20年の五輪開催では、チェコ五輪委員会名誉会長として東京を後押し。14年東京五輪50周年記念祝賀会に出席したのが最後の来日となった。　[賞]旭日中綬章（日本）〔2010年〕，フェアプレー賞（チェコ体育協会）〔1989年〕　[家]元夫＝オドロジル，ヨゼフ（陸上選手）

チャーターズ，サミュエル　Charters, Samuel
黒人音楽研究家　音楽プロデューサー　作家　[国]米国　[没]2015年3月18日　85歳　[生]1929年8月1日　[出]米国・ペンシルベニア州ピッツバーグ　[名]本名＝Charters, Samuel Barclay　[歴]10代の頃からジャズ・クラリネットを演奏。大学を卒業し、韓国での兵役を経て、ニューオリンズに移住。詩作やジャズ演奏の傍ら、1950年代初期から黒人音楽の調査、収録に従事。「カントリー・ブルース」（59年）はじめブルースやジャズに関する著作を多数発表した。他に、西アフリカの音楽、文化を考察した著書「ルーツ・オブ・ザ・ブルース」「ブルースの詩」などがある。

チャドウィック，オーウェン　Chadwick, Owen
教会史家　ケンブリッジ大学教授　[国]英国　[没]2015年7月17日　99歳　[生]1916年5月20日　[出]英国・ケント州ブロムリー　[名]本名＝Chadwick, William Owen　[学]ケンブリッジ大学セント・ジョンズ・カレッジ　[歴]1947～56年ケンブリッジ大学トリニティー・ホールのフェロー、58～68年同大学教会史教授、68～83年同大学欽定講座近代史教授、81～85年ブリティッシュ・アカデミー会長、85～94年イースト・アングリア大学総長を歴任。現代英国を代表する教会史家として知られた。著書に「ボシュエからニューマンへ」（57年）、「ニューマン」（83年）、「マイケル・ラムゼイ」（90年）、「近代教皇史 1830-1914年」（98年）などがある。　[賞]KBE勲章〔1982年〕，メリット勲章〔1983年〕，ウルフソン文学賞〔1981年〕　[資]ブリティッシュ・アカデミー会員〔1962年〕，米国芸術科学アカデミー会員〔1977年〕

チャートフ，ロバート　Chartoff, Robert　映画プロデューサー　[国]米国　[没]2015年6月10日　81歳〔膵臓がん〕　[生]1933年8月26日　[出]米国・ニューヨーク市　[学]ユニオン大学卒，コロンビア大学ロースクール卒　[歴]マネジャー業を経て、アーウィン・ウィンクラーと知り合い、チャートフ・ウィンクラー・プロを設立。シルベスター・スタローン主演の「ロッキー」シリーズ（1976年～2006年）や、ロバート・デ・ニーロ主演の「レイジング・ブル」（1980年）などボクシングの名作映画を製作。76年の「ロッキー」第1作でアカデミー賞作品賞を受賞。他の作品に「殺しの分け前/ポイント・ブランク」（67年）、「いちご白書」（70年）、「ひとりぼっちの青春」（71年）、「メカニック」（72年）、「ニッケルオデオン」（76年）、「ニューヨーク・ニューヨーク」「バレンチノ」（77年）、「ライトスタッフ」（83年）、「エンダーのゲーム」（2013年）など。　[賞]アカデミー賞作品賞（第49回）〔1976年〕「ロッキー」

チャマイエフ，アイバン　Chermayeff, Ivan　グラフィックデザイナー　イラストレーター　[国]米国　[没]2017年12月2日　85歳　[生]1932年6月6日　[出]英国・ロンドン　[学]ハーバード大学，エール大学美術・建築科卒　[歴]父はロシア生まれの建築家セルジュ・チャマイエフ。ロンドンに生まれ、1940年一家で米国に移住。ハーバード大学、シカゴのインスティテュート・オブ・デザインで学んだのち、エール大学の美術・建築科を卒業。59年パートナーのトム・ガイスマーとともにチャマイエフ＆ガイスマーを設立。チェース銀行やモービル、バーニーズ・ニューヨーク、ナショナル・ジオグラフィックなど多数の有名ロゴを手がけた。一方、AIGA会長、エール美術・建築委員およびハーバード大学視覚・環境研究指導委員会メンバーを歴任。ニューヨーク近代美術館評議員を20年、アスペン国際デザイン会議実行委員会メンバーを26年間務めた。90年子供をテーマにしたアスペン国際デザイン会議でジェイソン・クラーク・チャマイエフと2人で共同議長を務める。のちパーソンズ・スクール・オブ・デザインのデザイン・イニシアチブおよび教育政策委員会委員長、ソーシャル・リサーチのためのニュー・スクール評議員会、スミソニアン協会国家評議会のメンバー。AGI、ロイヤル・ソサエティ・オブ・アーツのベンジャミン・フランクリン特別会員、クーパー・ユニオンのアンドルー・カーネギー客員教授の経験もある。作品はイラストレーターズ協会、ニューヨーク・アート・ディレクターズ・クラブから数々の賞を受賞。82年ニューヨーク・アート・ディレクターズ・クラブで栄誉の殿堂入りに指名された。また絵本画家としても活動し、作品に「3つのことば（グリム童話）」がある。　[賞]アメリカ建築協会インダストリアル・アート・メダル〔1967年〕，AIGAゴールド・メダル〔1979年〕，ロード・アイランド・デザイン・スクール・プレジデント・フェロー賞〔1981年〕，メイン・アート・スクール名誉法学博士号〔1981年〕，エール芸術賞メダル〔1985年〕，コーコラン美術館名誉美術博士号〔1991年〕，コーコラン芸術大学名誉美術博士号〔1991年〕，ロイヤル・デザイナー・フォー・インダストリー〔1991年〕　[家]父＝チャマイエフ，セルジュ（建築家），弟＝チャマイエフ，ピーター（建築家）

チャラビ，アフマド　Chalabi, Ahmad Abdel Hadi　政治家　銀行家　イラク副首相　イラク国民会議（INC）代表　ペトラ銀行頭取　[国]イラク　[没]2015年11月3日　71歳〔心臓発作〕　[生]1944年10月30日　[出]イラク・バグダッド　[学]数学博士（シカゴ大学）　[歴]祖父、父親とも政治家の、イスラム教シーア派の裕福な家に生まれ、1958年の王制打倒クーデターでイラクを離れる。米国で数学の博士号を取得後、レバノンの大学で教鞭を執る。その後、中東各地で展開していた銀行業などのファミリー・ビジネスに参加。76年ヨル

チ

ダンでペトラ銀行を創立、頭取として同銀行をヨルダン第2の大銀行に育て上げる。89年横領疑惑が浮上し、帳簿粉飾が発覚してシリアに逃亡、90年銀行は倒産。92年被告人不在のまま、横領・窃盗などの罪で懲役22年の判決を受ける。同年ロンドンに移り住み、イスラム教シーア派、クルド人などのイラク反体制派を結集したイラク国民会議（INC）を設立。米国の援助のもと、北イラクでサダム・フセイン打倒の軍事作戦を指揮。また、フセイン政権下での大量破壊兵器の開発や保有に関する偽情報を米当局に提供し、イラク戦争開戦とフセイン政権崩壊に大きな役割を果たした。統治評議会のメンバーに選出される。2005年に発足したイラク移行政府の副首相に就任。06年退任。

チャンピ, カルロ・アゼリョ　Ciampi, Carlo Azeglio　政治家　イタリア大統領　イタリア首相　イタリア中央銀行総裁　[国]イタリア　[没]2016年9月16日　95歳　[生]1920年12月9日　[出]イタリア・トスカーナ州リボルノ　[学]ピサ高等師範学校ドイツ文学科卒, ピサ大学法律学科〔1941年〕卒　[歴]第二次大戦中、3年間軍役に就く。復員後、ピサ大学に入学し、法律学科を卒業。1946年イタリア中央銀行に入行。60年調査部員を務めた後、70年同部長となり、73年総務部長、76年管理部門担当理事、78年副総裁を経て、79～93年総裁。この間、国際決済銀行（BIS）理事なども務めた。政治混乱が続いた93年5月～94年5月、実務者内閣を首相として率いた。国会議員でない首相は、現代イタリア史上初めてだった。96年5月プローディ政権下で国庫相兼予算企画相（蔵相）となり、財政赤字削減などの欧州通貨同盟（EMU）参加資格を達成。98年10月ダレーマ政権下で再任。99年5月大統領に就任。欧州単一通貨ユーロの導入に貢献した。2006年5月任期満了で退任し、終身上院議員。

チューチャイ・チョムタワット　Chiedchai Chomtawat　クンユアム郡第二次大戦博物館設立者　[国]タイ　[没]2016年1月18日　74歳　[歴]もともとは麻薬捜査専門の警察官で、1995年タイ北部メーホンソン県のクンユアム郡警察署長に就任。第二次大戦のインパール大作戦でクンユアム郡に足を踏み入れたの駐留日本軍に興味を持ち、調査を開始。兵士の生活ぶりなどの記録や遺品を集め、96年クンユアム郡第二次大戦博物館を設立。2005年には博物館の運営や日タイ交流を目的とする日タイ平和財団も設立した。06年天皇皇后両陛下がタイを訪問した際は、両陛下から直接感謝の言葉を受けた。07年日本政府から旭日双光章を授与された。　[賞]旭日双光章（日本）〔2007年〕

チュルキン, ヴィタリー　Churkin, Vitaly Ivanovich　外交官　国連大使　[国]ロシア　[没]2017年2月20日　64歳　[生]1952年2月21日　[出]ソ連・ロシア共和国モスクワ（ロシア）　[学]モスクワ国際関係大学〔1974年〕卒　Ph.D.　[歴]1974年ソ連外務省に入省。79年まで本省通訳部に勤務。この間、ジュネーブで第2次戦略兵器制限交渉（SALT2）に携わる。79年本省米国部を経て、82年5月から5年間、在ワシントン大使館2等、1等書記官として報道などを担当。87年ソ連共産党国際部に勤務。89年1月外務省に戻り、シェワルナゼ外相補佐官（プレス担当）、90年11月情報局長。91年12月のソ連邦解体に伴い、92年1月ロシア外務省の情報局長となる。同年4月駐チリ大使、6月外務次官（旧ユーゴスラビア担当）に就任。94年大統領特使としてボスニア和平に尽力。94～98年駐ベルギー大使、98年～2003年駐カナダ大使を経て、06年国連大使。以後、国連安全保障理事会などを舞台に、ウクライナやシリアをめぐるロシア政府の立場を雄弁に主張し、しばしば欧米を厳しく批判した。英語に堪能。

張 栄発　チョウ・エイハツ　Chang Yung-fa　実業家　長栄集団創業者　[国]台湾　[没]2016年1月20日　88歳〔心肺不全〕　[生]1927年10月6日　[出]台湾基隆　[学]台北商業実践学校〔1943年〕卒　[歴]日本統治下の台湾に生まれる。独学で航海士の免状を取得し、18歳で大阪商船に入社、新台海運、中央海運などで事務職、一等航海士、船長を経験。1961年独立。68年41歳の時、長栄海運（エバーグリーン）有限公司を設立。その後20年間で世界最大規模の海運会社に育て上げ、“世界一のコンテナ王”と呼ばれるようになった。89年米国経済誌「フォーブス」が特集する世界の大富豪番付に登場。90年長栄航空（エバーエア）を設立、91年7月には台北とソウルやバンコクを結ぶ国際線6路線を就航させた。93年1月長栄集団（エバーグリーングループ）総裁に就任。親日家として知られ、東日本大震災の被災者支援のため、個人資産から10億円を寄付した。日台関係への貢献などが認められ、2012年日本政府より旭日重光章を授与された。流暢な日本語を話した。　[賞]CBE勲章〔2006年〕, 旭日重光章（日本）〔2012年〕, カリフォルニア州立大学人文学名誉博士号, 台湾海洋大学船舶運輸経営学名誉博士号

張 万年　チョウ・バンネン　Zhang Wan-nian　軍人　中国人民解放軍総参謀長　中国共産党中央軍事委員会副主席　中国国家中央軍事委員会副主席　[国]中国　[没]2015年1月14日　86歳〔病気〕　[生]1928年8月　[出]中国山東省黄県（原籍）　[学]軍事学院基本系〔1961年〕卒　[歴]1944年八路軍に入隊、45年中国共産党入党。47～48年東北民主連合軍中隊副指導員、49～50年東北野戦軍通信股股長。新開嶺などの戦役に参戦し、48年国共内戦の最大激戦地である塔山防衛戦で大功を立てる。参謀長、連隊長、師団長、78年副軍長、81年軍長などを歴任後、82年9月武漢軍区副司令員、85年7月広州軍区副司令員、87年同司令員、90年4月済南軍区（山東省）司令員。92年10月党中央軍事委員会委員となり、11月人民解放軍総参謀長。93年3月国家中央軍事委員会委員。95年9月党中央軍事委員会副主席。12月国家中央軍事委員会副主席。97年9月党政治局員兼任し、2003年引退。1988年中将、93年6月上将。江沢民元国家主席を支えた軍幹部。

張 陽　チョウ・ヨウ　Zhang Yang　政治家　軍人　中国共産党中央軍事委員委員　中国国家中央軍事委員会委員　[国]中国　[没]2017年11月23日　66歳〔縊死〕　[生]1951年8月　[出]中国河北省武強（原籍）　[学]国防大学基本学部・軍事学院基本指揮班　[歴]1969年中国共産党に入党。96年～2000年陸軍第163師団政治委員、00～02年陸軍第42集団軍政治部主任、02～04年陸軍第42集団軍政治委員、03年第10期全国人民代表大会（全人代）代表、04～07年広州軍区政治部主任、軍区党委員会常務委員、06年中将に昇進、07年9月広州軍区政治

委員、軍区党委員会書記、10月第17期党中央委員会委員。08年1月に起きた記録的な中国南部大雪害の際は、最前線の現場でリスク管理の指揮を執った。10年上将に昇進。12年総政治部主任となって中央軍事委員会入り。13年国家中央軍事委員会委員。失脚した元軍高官の郭伯雄、徐才厚とつながりがあったとして、当局から捜査を受けていた17年11月、北京の自宅で首を吊って自殺しているのが発見された。

チョン・オクスク 全 玉淑 映画製作者 シネテルソウル会長 [国]韓国 [没]2015年7月9日 85歳 [歴]日本で季刊「韓国文芸」を発行し、韓国の文学作品を日本に紹介。また日本の作家たちを韓国に招き韓国紹介に努めた。一方、韓国で最初の女性映画製作者として知られ、1980年代には韓国初のテレビ制作会社シネテルソウルを設立。日韓関係のドキュメンタリー映画制作などを手がけた。日韓の政界、言論界に幅広い人脈を持ち、日韓関係の発展に寄与した。 [家]息子＝ホンサンス（映画監督）

陳 忠実 チン・チュウジツ **Chen Zhong-shi** 作家 中国作家協会副主席 [国]中国 [没]2016年4月29日 73歳〔口腔がん〕 [生]1942年8月 [出]中国西安郊外西蒋 [歴]高校卒業後、郷里の小・中・高校で教鞭を執る。1969年毛西人民公社共産党委員会副書記兼人民公社副主任、78年西安市灞橋区文化館副館長、80年同市文化局副局長。65年から主に農村をテーマに作品を発表。79年中国作家協会陝西省分会に入会を批准される。80年同分会専属作家として創作に専念。特に文革後の活躍は目覚ましく、短編集、中編小説集も多数。作品に「信任」「初夏」「白鹿原」（93年）などがある。97年中国文学界で最も栄誉のある賞の一つ茅盾文学賞を受賞。評論家としても知られ、2001年より中国作家協会副主席も務めた。 [賞]全国優秀短編小説賞, 当代文学賞, 長城文学賞, 陝西省優秀文学賞（1993年度）「白鹿原」, 人民文学優秀作品賞（1994年度）「白鹿原」, 茅盾文学賞（第4回）〔1997年〕「白鹿原」

陳 蓮花 チン・レンカ **Chen Lien-hua** 元・従軍慰安婦 [国]台湾 [没]2017年4月20日 93歳〔腸管破裂による感染症〕 [生]1924年 [出]台湾台北県汐止（新北市） [歴]日本統治時代の台湾・台北県（現・新北市）に生まれる。19歳の時、看護婦の仕事があると聞かされてフィリピンに行き、慰安婦として働かされた。九死に一生を得て台湾へ帰国後、フィリピンで知り合った台湾籍の旧日本兵と結婚。戦後は慰安婦問題のイベントにもたびたび参加した。

【ツ】

ツヴェレンツ, ゲールハルト **Zwerenz, Gerhard** 作家 エッセイスト 文芸評論家 [国]ドイツ [没]2015年7月13日 90歳 [生]1925年6月3日 [出]ドイツ・ザクセン州ガープレンツ [学]ライプツィヒ大学卒 [歴]銅細工職人の修業中、徴兵されてソビエト軍の捕虜となる。復員後ライプツィヒ大学でエルンスト・ブロッホにつき哲学を学んだ。東ドイツでは反体制的知識人グループの一人として週刊誌などに寄稿していたが、1957年西ドイツに移り住み、フリーライターとしてエッセイやルポルタージュ、文芸評論、評伝、フィクションなど幅広い文筆活動を行う。小説作品に社会性の強い「Casanova oder der kleine Herr in Krieg und Frieden（現代のカサノバ）」があり、66年に発表されて注目を浴びた。また評論に75年ビュヒナー賞を受賞した（辞退）講演原稿がある。 [賞]ビュヒナー賞〔1975年〕（辞退）

【テ】

テ

テアンナキ, テアタオ **Teannaki, Teatao** 政治家 キリバス大統領 [国]キリバス [没]2016年10月11日 80歳 [生]1936年 [学]キリバス・セントジョセフ・カレッジ卒 [歴]1959年公務員となったが、72年英国に留学。74年キリバス代表議会議員に当選。76年国務相、78年教育相など各種閣僚ポストを歴任後、79～91年副大統領兼蔵相。独立以来大統領を務めてきたタバイの任期終了により、91年大統領に就任。94年の総選挙で大敗し辞任。

鄭 清文 テイ・セイブン **Cheng Ching-wen** 作家 [国]台湾 [没]2017年11月4日 85歳〔心筋梗塞〕 [生]1932年9月16日 [出]台湾桃園県（桃園市） [学]台湾大学商学科〔1958年〕卒 [歴]1933年満1歳の時、母方の叔父の養子となり、新荘に移り住む。少年期に日本語教育を受けた。終戦後、中国語を勉強。50年代から作品を発表し始め、58年作家デビュー。60年から華南銀行に勤務しながら創作活動を続けた。70年代後半からは童話も手がけ、80年代以降その名を広く知られるようになる。特に99年に短編「再び歌うために」が高校国語教科書に収録されたことで、若い世代の間で知名度が上がった。社会性の強い作品が多く、日本統治下の台湾を題材にした「三本足の馬」（邦訳は85年）などを発表。台湾では“戦後第二世代”に分類される。小説、童話、絵本、評論など幅広く活動した。他の小説に「丘蟻一族」「阿里山の神木」など。 [賞]台湾文学賞（第4回）〔1968年〕「門」, 呉三連文芸賞（第10回）〔1987年〕, 桐山環太平洋文学賞〔1999年〕「三本足の馬」

鄭 問 テイ・モン **Chen Uen** 漫画家 [国]台湾 [没]2017年3月26日 58歳〔心筋梗塞〕 [生]1958年 [名]本名＝鄭進文 [学]復興商工高校美術工芸科〔1977年〕卒 [歴]高校卒業後、兵役のため軍隊へ。退役後、デザイン会社、新聞社勤務を経て、25歳の時「戦士黒豹」で漫画家デビュー。以来、台湾漫画界の第一人者として活躍。香港でも圧倒的人気を博す。1990年漫画誌「週刊モーニング」で発表した「東周英雄伝」で日本に初登場し、91年外国人として初めて日本漫画家協会賞を受賞。水墨画の技法と西洋の絵画技巧を融合した特殊な画風で、台湾のアニメーション及び漫画業界に大きな影響を与えた。他の作品に「刺客列伝」「阿鼻剣」「深く美しきアジア」「始皇」「鄭問画集―Chen Uen Works in

Colour, 1990-1998」など。2001年に発売されたゲームソフト「鄭問之三国誌」ではキャラクターデザインを担当した。 [賞]日本漫画家協会賞優秀賞（第20回）〔1991年〕「東周英雄伝」, 金鼎奨（台湾）〔1998年〕「深く美しきアジア」

ティアム, ハビブ **Thiam, Habib** 政治家 セネガル首相 [国]セネガル [没]2017年6月26日 84歳 [生]1933年1月21日 [出]セネガル・ダカール [歴]1964～67年セネガル開発相、68～73年農村経済相。73年社会党から国民議会議員に当選。アブドゥ・ディウフ大統領の下、81～83年、91～98年の2度首相を務めた。83～84年には国民議会議長を務めた。

ティオテ, シェイク **Tioté, Cheik** サッカー選手 [国]コートジボワール [没]2017年6月5日 30歳 [生]1986年6月21日 [名]本名＝Tioté, Cheik Ismael [歴]2005年ベルギーのアンデルレヒト、07年オランダのローダ、08年トゥウェンテ、10年イングランドのニューカッスルを経て、17年中国2部の北京控股でプレー。コートジボワール代表としては、14年W杯ブラジル大会1次リーグの対日本戦にフル出場した。ポジションはMF。17年6月所属する北京控股の練習中に倒れ、30歳の若さで亡くなった。

テ

ディキンソン, ピーター **Dickinson, Peter** 推理作家 ファンタジー作家 児童文学作家 [国]英国 [没]2015年12月16日 88歳 [生]1927年12月16日 [出]北ローデシア・リビングストン（ザンビア） [名]本名＝Dickinson, Peter Malcolm de Brissac [学]ケンブリッジ大学キングス・カレッジ卒 [歴]英国統治下のザンビアで生まれ、幼少期を世界各地で過ごし、7歳の時に英国に帰国。イートン校を経て、ケンブリッジ大学で英文学を学ぶ。卒業後は「パンチ」誌に編集者として務める傍ら、多数の諷刺詩や児童書を書き、またミステリーの評論も手がけた。1968年退職し、創作に専念。同年処女長編「Skin Deep（ガラス箱の蟻）」で英国推理作家協会賞（CWA賞）ゴールデン・ダガーを獲得、さらに翌69年「A Pride of Heroes（英雄の誇り）」で2年連続同賞を受賞。その後も、児童文学のファンタジー「The Blue Hawk（青い鷹）」（77年）でガーディアン賞を、「Tulku（タルク）」（79年）と「City of Gold（聖書伝説物語）」（80年）で2年続けてカーネギー賞を受賞するなど、優れたファンタジー作家、推理作家としての地位を確立。作風は、華麗な凝った文体と、緊密な物語構成の背後にデカダンスな死の香りを漂わせるのを特色とした。他の作品に「封印の島」（70年）、「緑色遺伝子」（73年）、「生ける屍」（75年）、「キングとジョーカー」（76年）、「エヴァが目ざめるとき」（88年）、「AK」（90年）、「血族の物語」（98年）など。2000年には国際アンデルセン賞の候補となった。 [賞]CWA賞ゴールデン・ダガー賞〔1968年・1969年〕「ガラス箱の蟻」「英雄の誇り」, ジョン・W.キャンベル記念賞第2位タイ〔1974年〕「緑色遺伝子」, ガーディアン賞〔1977年〕「青い鷹」, カーネギー賞〔1979年・1980年〕「Tulku」「聖書伝説物語」, ウィットブレッド賞〔1979年・1990年〕「Tulku」「AK」, フェニックス賞〔2001年・2008年〕「The Seventh Raven」「エヴァが目ざめるとき」

ディケンズ, リトル・ジミー **Dickens, Little Jimmy** シンガー・ソングライター [国]米国 [没]2015年1月2日 94歳〔脳卒中〕 [生]1920年12月19日 [出]米国・ウエストバージニア州ボルト [名]本名＝ディケンズ, ジェームズ・セシル〈Dickens, James Cecil〉 [歴]13人きょうだいの末っ子。1940年代よりカントリー音楽のシンガー・ソングライターとして活躍。約150センチの身長から"リトル・ジミー"と呼ばれ、派手な衣装と独特のユーモアで人気を得た。第二次大戦前から放送されていたラジオの長寿音楽番組「グランド・オール・オプリ」にも出演。83年カントリー音楽の殿堂入り。2014年まで音楽活動を続けた。

ディスキー, ジェニー **Diski, Jenny** 作家 [国]英国 [没]2016年4月28日 68歳〔がん〕 [生]1947年7月8日 [出]英国・ロンドン [名]本名＝Simmonds, Jenny [歴]ユダヤ系移民の労働者階級の家庭に生まれる。教師として働く傍ら、1986年SMを大胆に取り上げた小説「ナッシング・ナチュラル」を発表。アラン・シリトーなどから賞賛され、センセーショナルなデビューを飾った。他の作品に「Rainforest」などがある。生涯に11の長編小説の他、2つの短編集、回想記、旅行記、エッセイなどを発表した。

ティートマイヤー, ハンス **Tietmeyer, Hans** 銀行家 エコノミスト ドイツ連邦銀行総裁 [国]ドイツ [没]2016年12月27日 85歳 [生]1931年8月18日 [出]ドイツ・ノルトライン・ウエストファーレン州メーテレン [学]ミュンスター大学卒, ボン大学卒 経済学博士（ケルン大学）〔1960年〕 [歴]ミュンスター大学、ボン大学、ケルン大学で経済学、社会科学を学ぶ。1962年西ドイツ経済省に入省。73年同省経済秩序・経済政策部長を経て、82年コール首相により財務次官に抜擢。通貨・金融問題の国際会合で首相の補佐役を務め、90年の東西ドイツ通貨統合に向け手腕を発揮した。85年に日米など5カ国がドル高の是正で一致した「プラザ合意」では、事務方として共同声明の草案作りに携わった。90年1月西ドイツ連邦銀行（現・ドイツ連邦銀行）本部理事となり、91年8月副総裁、93年10月～99年8月総裁。同国の経済と通貨マルクの安定に貢献したほか、欧州単一通貨ユーロ導入への対応にも尽力。発足当初の欧州中央銀行（ECB）でも理事として影響力を誇った。2002年国際通貨基金（IMF）通貨政策アドバイザー。キリスト教民主同盟（CDU）党員。著書に「ユーロへの挑戦」など。 [賞]旭日大綬章（日本）〔2007年〕

テイラー, グラハム **Taylor, Graham** サッカー指導者 サッカー・イングランド代表監督 [国]英国 [没]2017年1月12日 72歳〔心臓発作〕 [生]1944年9月15日 [出]英国・ノッティンガムシャー州ワークソップ [歴]1972年サッカー選手を引退し、指導者に転身。リンカーンシティ、ワトフォード、アストン・ビラ、ウォルバー・ハンプトンなどの監督を歴任し、90～93年イ

ングランド代表監督。94年のW杯米国大会で予選敗退を喫し、本大会出場を逃した。

テイラー, ケン Taylor, Ken 外交官 駐イラン・カナダ大使 [国]カナダ [没]2015年10月15日 81歳〔結腸がん〕 [生]1934年10月5日 [出]カナダ・アルバータ州カルガリー [名]本名＝Taylor, Kenneth Douglas [歴]駐イラン・カナダ大使を務めていた1979年、テヘランの在イラン米国大使館で起きた人質事件の際、大使館から逃げてきた米国人6人を自分のカナダ大使公邸などに匿う。国境警備などを担当するイラン革命防衛隊を欺くため、6人にカナダの偽造旅券や航空券を秘密裏に手配し、米中央情報局（CIA）との合同作戦で脱出させた。80年人質脱出を助けた功績により米連邦議会に表彰された。84年外務省を退職し、実業家に転身。この脱出劇はハリウッド映画「アルゴ」（2012年）で描かれ、作品はアカデミー賞を受賞した。

テイラー, ジョン Taylor, John ジャズ・ピアニスト [国]英国 [没]2015年7月18日 72歳〔心臓発作〕 [生]1942年9月25日 [出]英国・マンチェスター [歴]正規の音楽教育は受けなかったが、幼少の頃からピアノに親しむ。マンチェスターのダンスバンドでピアノを演奏した後、1964年ロンドンに移り、歌手の伴奏をしながら生計を立てた。69年プロとしての活動を開始。76年トランペット奏者のケニー・ホイーラーらと“アジマス”を結成。ピアニスト、作曲家として注目を集めた。その後、ECMレコードに所属するアーティストのレコーディングに数多く参加。ジャズ歌手のノーマ・ウィンストン、米国のサックス奏者リー・コニッツらとも協演した。2005年からはヨーク大学でジャズを教えた。12年ピアノトリオ“メドウ”のメンバーとして来日。15年フランス西部スグレで開催された音楽祭に出演中、心臓発作で倒れ亡くなった。

テイラー, タラス Taylor, Talus 児童漫画作家 人気キャラクター「バーバパパ」の作者 [国]米国 [没]2015年2月19日 82歳 [生]1933年 [出]米国・カリフォルニア州サンフランシスコ [歴]教師を経て渡仏し、パリで知り会った元建築設計士のアネット・チゾンと結婚後、児童漫画の主人公、バーバパパを生み出す。フランス語の「バルバパパ」は綿菓子のことで、旅行中のパリの公園で綿菓子をほしがる子供を見かけカフェで紙のテーブルクロスにイラストを描いたのがキャラクターのもとになったとされる。最初にフランスで絵本として出版（1970年）、日本を含めて世界各地で翻訳され、アニメとともに子供たちを魅了した。チゾンとの共作に「バーバパパ」シリーズ、「まるさんかくしかく」「三つの色のふしぎなぼうけん」「たのしい星座めぐり」「こわくない」など。 [家]妻＝チゾン, アネット（児童漫画作家）

テイラー, フィル Taylor, Phil ロック・ドラム奏者 [国]英国 [没]2015年11月11日 61歳 [生]1954年9月21日 [出]英国・チェスターフィールド近郊 [名]本名＝Taylor, Philip, グループ名＝モーターヘッド〈Motörhead〉 [歴]1975年レミー・キルミスターをフロントマンとするロックバンドのモーターヘッドにドラマーとして加入。80年5作目のアルバム「エース・オブ・スペーズ」が大ヒット。ヘビーメタルの草分けといわれ、大音量で演奏するスタイルで知られた。他にアルバム「オーバーキル」（79年）、「アイアン・フィスト」（82年）などに参加。84年脱退するが、87年再加入し、92年まで活動した。

テイラー, ロッド Taylor, Rod 俳優 [国]米国 [没]2015年1月7日 84歳〔心臓発作〕 [生]1930年1月11日 [出]オーストラリア・シドニー [名]本名＝Taylor, Robert [学]イースト・シドニー・ファイル・アーツ・カレッジ [歴]画家を目指したが、俳優に転向。舞台から映画に進み、1950年代にハリウッドに渡り、54年「海賊島」で本格デビュー。60年のSFファンタジー「タイム・マシン/80万年後の世界へ」で人気を博す。63年にはヒッチコック監督の代表作「鳥」の主演に抜擢され、都会調ダンディズムも発揮。他の出演作に「36時間」（64年）、「殺しのエージェント」（65年）、「ホテル」（66年）、「砦のガンベルト」（67年）、「大列車強盗」（73年）、「イングロリアス・バスターズ」（2009年）など。「101匹わんちゃん」（1960年）では主役ダルメシアン犬の声を吹き替えた。

テイラー, ロバート Taylor, Robert 情報工学者 インターネットの創始者 [国]米国 [没]2017年4月13日 85歳 [生]1932年2月10日 [出]米国・テキサス州ダラス [名]本名＝Taylor, Robert William [学]テキサス大学（実験心理学）卒 [歴]朝鮮戦争従軍後、テキサス大学で実験心理学の学士号を取得。高校教師、防衛産業勤務を経て、1961年米国航空宇宙局（NASA）に入局。66年国防総省先端研究計画局（ARPA, 現・DARPA）情報処理室室長に就任。4大学のコンピューターセンターを結ぶ小規模な実験から始まって、インターネットの前身となった世界初のパケット通信ネットワーク「アーパネット」の発明に貢献した。70年国防総省を去り、民間のパロアルト研究所（PARC）に転職。パーソナルコンピューターのパイオニアとされる「アルト」の設計と開発を監督した。84〜96年パロアルトのDEC社システムズ・リサーチ・センター（SRC）所長を務め、多くの技術とともに検索エンジン「アルタビスタ」を開発。99年コンピューターネットワーク、パーソナルコンピューター、グラフィカル・ユーザ・インタフェース（GUI）を含む現代コンピューティング技術の開発に先見性を持った指導力を発揮したとして、国家技術賞を受賞した。 [賞]米国国家技術賞〔1999年〕, チャールズ・スターク・ドレイパー賞（全米工学アカデミー）〔2004年〕

ディレーニー, フランク Delaney, Frank 作家 キャスター ケルト文化史家 [国]アイルランド [没]2017年2月21日 74歳 [生]1942年10月24日 [出]アイルランド・ティペラリー州トーマスタウン [名]本名＝Delaney, Francis James Joseph Raphael [歴]ダブリンでの銀行勤務ののち、アイルランド国営放送のキャスターとなり、1975年よりフリーランスの放送作家、ドキュメンタリー番組制作者として北アイルランドBBC放送で活動。BBCテレビの「フランク・ディレーニーシリーズ」を始め、ラジオ、テレビの特集、トーク、ドキュメンタリー番組を執筆・制作。ケルト文化史家としても活躍。話題のテレビシリーズ「The Celts」の企画に参加し、案内役も務めた。著書に「ケルト―生き

テ

ている神話」がある。78年以来ロンドンに住み、2002年米国・コネティカット州に移住した。

デオン, ミシェル　**Déon, Michel**　作家　[国]フランス　[没]2016年12月28日　97歳　[生]1919年8月4日　[出]フランス・パリ　[名]本名＝Michel, Édouard　[学]パリ大学法学部卒　[歴]1942〜56年「マリ・クレール」誌のジャーナリストとして活動する傍ら小説を執筆し、「Je neveux jamais loublier（忘れはしない）」（50年）、「Le trompeusesespérances（空しい希望）」（56年）などの作品を発表。50年代に文壇に登場した“軽騎兵”と呼ばれる作家達の一人として知られ、56年以降は作家活動に専念。73年にはアカデミー・フランセーズ小説大賞を受賞した。他の作品に「世界への愛」（59年）、「野性のポニー」（70年）、「緑の若者」（76年）、「Un déjeuner de soleil」（81年）などがある。68年ギリシャのスペツェス島からアイルランドに移住。　[賞]レジオン・ド・ヌール勲章コマンドール章〔2006年〕，アカデミー・フランセーズ小説大賞〔1973年〕，ジャン・ジオノ賞〔1996年〕　[資]アカデミー・フランセーズ会員〔1978年〕

テ

デクスター, コリン　**Dexter, Colin**　推理作家　[国]英国　[没]2017年3月21日　86歳　[生]1930年9月29日　[出]英国・リンカーンシャー州スタンフォード　[名]本名＝Dexter, Norman Colin　[学]ケンブリッジ大学〔1953年〕卒　[歴]ケンブリッジ大学でギリシャ語とラテン語を学び、卒業後、中等学校でギリシャ語及びラテン語の教師を務める。耳に疾患を抱えて教師を断念し、1966〜87年オックスフォード大学で地区試験委員会のメンバーとして勤務。クロスワード・パズルのカギ作りのチャンピオンのタイトルを数年間保持したこともある。75年モース主任警部を主人公とした警察小説の第1作「ウッドストック行最終バス」でデビューし、本格派推理作家の旗手として活躍。〈モース主任警部〉シリーズは99年の「悔恨の日」までシリーズ13作が発表され、87年にはテレビドラマ化もされて大好評を博した。他の作品に、「ニコラス・クインの静かな世界」（77年）、「死者たちの礼拝」（79年）、「ジェリコ街の女」（81年）、「オックスフォード運河の殺人」（89年）、「森を抜ける道」（92年）、「死はわが隣人」（96年）など。　[賞]OBE勲章〔2000年〕，CWA賞シルバー・ダガー賞〔1979年・1981年〕，CWA賞ゴールドダガー賞（2回）

デジーン・ジョーンズ, ブライス　**Dejean-Jones, Bryce**　バスケットボール選手　[国]米国　[没]2016年5月28日　23歳〔射殺〕　[生]1992年8月21日　[出]米国・カリフォルニア州ロサンゼルス　[学]アイオワ州立大学　[歴]アイオワ州立大学などでプレーし、NBAのペリカンズに入団。1年目の2015〜16年シーズンはガードとして14試合（先発11試合）に出場し、平均5.6得点、3.4リバウンドを記録。16年5月テキサス州ダラスの集合住宅を訪問した際、住人に銃で撃たれ死亡した。会いに行った女性の家を間違え、別の部屋に強引に侵入したとみられている。

デスコト, ミゲル　**D'Escoto, Miguel**　外交官　政治家　カトリック神父　ニカラグア外相　[国]ニカラグア　[没]2017年6月8日　84歳　[生]1933年2月5日　[出]米国・カリフォルニア州ロサンゼルス　[名]本名＝デスコト・ブロックマン, ミゲル〈D'Escoto Brockman, Miguel〉　[学]コロンビア大学ジャーナリズム科大学院〔1962年〕修士課程修了　[歴]幼少期をニカラグアで過ごした後、1947年留学のため渡米。53年ニューヨーク州メリノールのカトリック神学校に学び、61年メリノール宣教会司祭に任命され、世界各地を巡る。63年には労働者の権利擁護のための地域社会活動に取り組み、サンティアゴ周辺のスラム地区に暮らす人々の地位向上を目指し、チリで国家人民行動研究所（INAP）を創設。72年ニカラグアの首都マナグアを襲った地震の被災者援助のため、73年ニカラグア共同体総合開発基金（FUNDECI）を創設。79年7月〜90年4月ニカラグア外相を務め、2008年6月第63回国連総会議長に選出された。09年8月議長として広島、長崎を訪問。11年3月空席となっていたリビアの国連大使にカダフィ政権の要請で就任。強硬な反米主義者として知られた。　[賞]カルロス・フォンセカ・アマドル勲章〔1986年〕，ミゲル・オバンド・ブラボ枢機卿勲章〔2007年〕，国際レーニン賞〔1986年〕，トーマス・マートン賞〔1987年〕

デッシー, ダニエラ　**Dessi, Daniela**　ソプラノ歌手　[国]イタリア　[没]2016年8月20日　59歳　[生]1957年　[出]イタリア・ジェノバ　[歴]パルマとシエナで学ぶ。1980年イタリア国営放送（RAI）の国際声楽コンクールで優勝し、ベルゴレージ「奥様女中」でデビュー。88年ミラノ・スカラ座、90年ウィーン国立歌劇場、93年ザルツブルク音楽祭にそれぞれデビューを果たす。モーツァルトやプッチーニ、ヴェルディ、プロコフィエフなど70以上のレパートリーを誇った。晩年はヴェリズモ・オペラで多くの舞台に出演。2000年度プッチーニ賞を受賞。日本にもファンが多く、04年プッチーニの代表作「蝶々夫人」初演100周年記念公演で来日し、タイトルロールを歌った。06年のローマ歌劇場来日公演にも出演した。　[賞]プッチーニ賞（2000年度），イタリア国営放送国際声楽コンクール優勝〔1980年〕

テート, ジェフリー　**Tate, Jeffrey**　指揮者　ハンブルク交響楽団首席指揮者　[国]英国　[没]2017年6月2日　74歳〔心臓発作〕　[生]1943年4月1日　[出]英国・ソールズベリ　[名]本名＝Tate, Jeffery Philip　[学]ケンブリッジ大学卒　[歴]幼少時からピアノを学ぶが、大学では医学を専攻。間もなく指揮者を志し、ロンドンのオペラ・センターで学ぶ。1971年よりコベント・ガーデン王立歌劇場で合唱指揮者として経験を積む。80年メトロポリタン歌劇場「ルル」で好評を得、以後オペラ指揮者として活躍。85年より英国室内管弦楽団指揮者。86〜91年コベント・ガーデン王立歌劇場首席指揮者、91〜94年同首席客演指揮者、89〜98年フランス国立管弦楽団首席客演指揮者、91〜94年ロッテルダム・フィル音楽監督・首席指揮者を歴任。2005年サン・カルロ歌劇場音楽監督、08年ハンブルク交響楽団首席指揮者を務めた。1987年初来日。以後、たびたび来日公演を行う。英国室内管弦楽団、ピアニストの内田光子と録音した「モーツァルトピアノ協奏曲全集」も名盤として知られる。生まれつき脊椎に障害があり、椅子に座ったままタクトを振るスタイルで知られた。2017年ナイトの爵位を授与された。　[賞]CBE勲章〔1990年〕

テナント, エマ　**Tennant, Emma**　作家　[国]英国　[没]2017年1月21日　79歳　[生]1937年10月20日　[出]英国・ロンドン　[名]本名＝Tennant, Emma Christina, 筆

名＝エイディ, キャサリン〈Aydy, Catherine〉 ㋾St. Paul's Girl's School ㋻はじめフリーランスのジャーナリストとして活動し, 1975〜78年季刊誌「Bananas」を創刊し, 編集に携わる。82年から「In Verse」、85年から「Lives of Modern Women」編集長。処女作「雨の色」(63年)をキャサリン・エイディの筆名で発表。以後は本名エマ・テナントの名で多くの小説を書いた。幻想性, 虚構性に富み, 推理小説ないしSF的なものが多く, 映画化もされた。他の作品に「ひび割れの時」(73年)、「ホテル・ド・ドリーム」(76年)、「バッド・シスター」(78年)、「ワイルド・ナイト」(79年)、「Woman Beware Woman」(83年)、「Two Women of London(ロンドンの二人の女)」(89年)など, 児童向けに「The Ghost Child」(84年)など。

テニー, レスター　Tenney, Lester　経営学者　アリゾナ州立大学名誉教授　バターン死の行進を生き延びた元米兵捕虜　㋛金融論, 保険論　㋑米国　㋴2017年2月24日　96歳　㋕1920年7月1日　㋑米国・イリノイ州シカゴ　㋾本名＝Tenney, Lester Irwin ㋵マイアミ大学〔1949年〕卒, サンディエゴ州立大学大学院〔1967年〕修士課程修了　博士号(南カリフォルニア大学)〔1971年〕　㋻太平洋戦争中は無線技師, 戦車指揮官として従軍。1942年4月フィリピン・ルソン島のバターン半島の米軍降伏で旧日本軍の捕虜となり, 100キロ余り離れた収容所へ連行された"バターン死の行進"を体験。捕虜が詰め込まれた通称"地獄船"で福岡に移送され, 43年9月から日本の敗戦まで, 三井三池炭鉱で劣悪な環境下で強制労働をさせられた。帰国後, 博士号を取得し, アリゾナ大学教授を務め, 退任後は企業における隠匿計画セミナー・財政金融問題の法廷裁判で専門立会い人を務めた。95年戦争の体験を「バターン遠い道のりのさきに」として出版。99年には戦時中の残虐な使役への謝罪と適正な補償を求めて日本企業に対し個人起訴を起こしたが, 2003年米連邦最高裁は"請求権はサンフランシスコ平和条約で破棄された"と退けた。08年元捕虜らで作る全米バターン・コレヒドール防衛兵の会(ADBC)会長に就任。同年日本政府や関係企業が基金づくりに取り組むよう訴えるため来日。09年5月会員の高齢化のためADBCを解団。10年に来日した際, 当時の岡田克也外相が"非人道的な扱い"を謝罪した。15年4月安倍晋三首相が米議会で行った演説を傍聴し, 安倍首相と面会した。

デービス, ピーター・マクスウェル　Davies, Peter Maxwell　作曲家　㋑英国　㋴2016年3月14日　81歳〔白血病〕　㋕1934年9月8日　㋑英国・ランカシャー州サルフォード　㋵マンチェスター王立音楽院　㋻マンチェスター王立音楽院に学び, のちプリンストンでロジャー・セッションズとミルトン・バビットに師事。現代英国を代表する作曲家の一人で, ピアノ曲「さらばストロムネス」で知られるほか, 10の交響曲や室内オペラ「灯台」など約300曲の作品を残した。指揮者としても活動し, 1992年より10年間, ロイヤル・フィルハーモニー管弦楽団およびBBCフィルハーモニックの副指揮者兼作曲家を務めた。一方, 77年には自宅のあるスコットランド北部オークニー諸島で聖マグヌス国際音楽祭を設立するなど, 地域社会での文化・教育活動にも力を注いだ。87年ナイトの称号を授与される。2004〜14年には傑出した音楽家が就く名誉職"女王の音楽師範"の地位にあった。　㋟コンパニオンズ・オブ・オナー勲章〔2014年〕, ロイヤル・フィルハーモニック協会ゴールドメダル〔2016年〕

デフィリッピス, マリア・テレザ　de Filippis, Maria Teresa　F1ドライバー　㋑イタリア　㋴2016年1月9日　89歳　㋕1926年11月11日　㋑イタリア・ナポリ　㋻1958〜59年自動車レースのF1に女性初のドライバーとして参戦。58年に第3戦で決勝を走り, ベルギーGPでは完走を果たして10位に入賞した。当時のレースディレクターに"女性がヘルメットをかぶるのは美容室だけで十分だ"と拒まれるなど, 困難を乗り越えて参戦を続けた。59年引退。

デフォード, フランク　Deford, Frank　作家　コメンテーター　㋑米国　㋴2017年5月28日　78歳　㋕1938年12月16日　㋑米国・メリーランド州ボルティモア　㋵プリンストン大学卒　㋻1962〜69年雑誌「スポーツ・イラストレイテッド」スタッフ・ライター, 89〜91年スポーツ専門紙「ナショナル」編集長, 91〜93年「ニューズウィーク・マガジン」、93〜96年「バニティ・フェア」の作家・編集者として活躍。"スポーツライター・オブ・ザ・イヤー"に選ばれること6回, スポーツ・ジャーナリズムの第一人者となった。81年「スポーツ・イラストレイテッド」に長期連載した小説「Everybody's All-American」を出版, 88年にはデニス・クエイド主演で「熱き愛に時は流れて」として映画化された。一方, NBCやESPNなどでスポーツコメンテーターとしても活躍した。著書に「センターコートの女王」「我らの生涯の優良の夏〈フランク・デフォード・スポーツエッセイ集1〉」「神々の愛でしチーム〈フランク・デフォード・スポーツエッセイ集2〉」など。　㋟スポーツライター・オブ・ザ・イヤー(6回), エミー賞〔1988年〕, ピーボディ賞〔1999年〕, ナショナル・ヒューマニティ・メダル〔2012年〕

デブルム, トニー　De Brum, Tony　政治家　マーシャル諸島外相　㋑マーシャル諸島　㋴2017年8月22日　72歳　㋕1945年2月26日　㋑ツバル　㋾本名＝De Brum, Anton　㋻1954年9歳の時, 日本のマグロ漁船第五福竜丸なども被曝した, 米国によるマーシャル諸島ビキニ環礁での水爆実験ブラボーを, 約400キロ離れた別の環礁から目撃した。84年よりマーシャル諸島国会議員を務め, 健康・環境相, 財務相, 外相(79〜87年, 2008〜09年, 14〜16年)、大統領補佐相を歴任。長年に渡り, 計67回に及ぶ米国の核実験による被害や補償問題を訴え, 14年マーシャル諸島政府が国際法上の核軍縮義務違反で核兵器保有9カ国を国際司法裁判所(ICJ)に提訴した際に主導的な役割を果たした。気候変動への対策も訴え, 15年に採択された地球温暖化対策の国際枠組み"パリ協定"では, 先進国と途上国が立場を超えて連携する"野心連合"を提唱。島嶼国や欧州連合(EU)、米国など100カ国以上が連携し, 合意の道筋を作った。

デミ, ジョナサン　Demme, Jonathan　映画監督　㋑米国　㋴2017年4月26日　73歳〔食道がんに伴う合併症〕　㋕1944年2月22日　㋑米国・ニューヨーク州ボールドウィン　㋵フロリダ大学(獣医学)卒　㋻大学

在学中に映画に魅せられ、学生新聞等に映画批評を執筆。エンバシー、UAなどの映画配給会社の宣伝部を経て、英国に渡りテレビCMの製作に従事。1971年ロジャー・コーマン監督の「レッド・バロン」にスタッフとして参加。74年「女刑務所・白昼の暴動」で監督デビュー。76年「怒りの山河」でメジャーに進出。80年「メルビンとハワード」でニューヨーク批評家協会賞などを受賞し、一躍その異才が注目された。日本ではトーキング・ヘッズのコンサートを描いた「ストップ・メイキング・センス」(84年)がニューウェーブ系音楽ファンの間でカルト的人気を誇った。91年米連邦捜査局(FBI)の女性訓練生が連続殺人事件に迫る「羊たちの沈黙」がアカデミー賞の監督賞、作品賞、脚色賞、主演男優賞、主演女優賞の主要5部門を受賞した。他の監督作品に「サムシングワイルド」(86年)、「フィラデルフィア」(93年)、「クライシス・オブ・アメリカ」(2004年)、「レイチェルの結婚」(08年)など。「ニール・ヤング/ハート・オブ・ゴールド」(06年)、「ジミー・カーター/マン・フロム・プレインズ」(07年)など、ドキュメンタリー作品も精力的に手がけた。　[賞]アカデミー賞監督賞(第64回)〔1991年〕「羊たちの沈黙」,ニューヨーク映画批評家連盟賞監督賞〔1980年〕「メルビンとハワード」,D.W.グリフィス賞監督賞〔1991年〕「羊たちの沈黙」,米国映画監督協会賞(第44回)〔1992年〕,シカゴ映画批評家賞監督賞〔1992年〕「羊たちの沈黙」

デミレル, スレイマン　**Demirel, Süleyman**　政治家　トルコ大統領・首相　[国]トルコ　[没]2015年6月17日　90歳〔呼吸器感染症による心不全〕　[生]1924年11月1日　[出]トルコ・アナトリア地方ウスパルタ県　[学]イスタンブール工科大学〔1949年〕卒　[歴]土木技師、米国留学を経て、1950年アンカラ電気研究所長、55年国家水利庁長官、60年中東工業大学教授などを歴任。64年中道右派の正義党(現・正道党)党首(81年まで)となり、65年副首相を経て、同年10月40歳の若さで首相に就任。以後、80年9月まで6度首相を務めた。80年のクーデターで逮捕され、政治活動を禁じられる。87年正道党(TPP)党首として復権。91年11月7度目の首相に就任。93年5月オザル大統領の急死に伴い大統領に選出。2000年5月任期満了で退任。トルコ政界の父と呼ばれた。あだ名は“ババ(オヤジさん)”。1992年12月来日。

デーメルト, ハンス　**Dehmelt, Hans**　物理学者　ワシントン大学名誉教授　[国]米国　[没]2017年3月7日　94歳　[生]1922年9月9日　[出]ドイツ・ゲルリッツ　[名]本名＝デーメルト, ハンス・ジョージ〈Dehmelt, Hans George〉　[学]ゲッティンゲン大学〔1950年〕卒　[歴]1940年ベルリン・ギムナジウムを卒業。第二次大戦中はドイツ軍に従軍。45年ベルギーにある米軍の捕虜収容所に捕えられ、46年に解放された。戦後、ゲッティンゲン大学を卒業。52年渡米し、デューク大学研究員となる。55年ワシントン大学に移り、61年教授(同年帰化)、2002年名誉教授。イオンなどの粒子を一定の空間に閉じ込める方法を開発、さらに閉じ込められたイオンにレーザー光を当ててイオンの運動をほとんど止める「レーザー冷却」の原理を提案し実施した。これらの業績により、1989年ハーバード大学のN.ラムゼー、ドイツのW.パウルとともにノーベル物理学賞を受賞。[賞]ノーベル物理学賞〔1989年〕「精密な原子分光学の開発への重要な貢献」,フンボルト賞〔1974年〕,ランフォード賞〔1985年〕,米国国家科学賞〔1995年〕

デューク, パティ　**Duke, Patty**　女優　[国]米国　[没]2016年3月29日　69歳〔敗血症〕　[生]1946年12月14日　[出]米国・ニューヨーク市マンハッタン　[名]本名＝デューク, アナ・マリー〈Duke, Anna Marie〉　[歴]父は俳優のモーリス・デューク。父がアルコール依存症で、母がうつ病を患っていたことから、7歳の時に芸能マネージャー夫婦のもとに託され、パティ・デュークに改名。ウィリアム・メイス校で演技の訓練を受け、8歳の時「明日泣く」(1955年)で映画デビュー。59年アーサー・ペン演出のブロードウェイの舞台「奇跡の人」に抜擢され、三重苦の人ヘレン・ケラーの少女時代を熱演、無名の新人から一躍スターとなった。62年同作品の映画化でも同じ役を演じてアカデミー賞助演女優賞を受賞。63〜66年テレビ・シリーズ「パティ・デューク・ショー」に主演しお茶の間の人気者に。80年には「奇跡の人」のアニー・サリバン役でエミー賞を受賞した。他の出演作に、映画「哀愁の花びら」(67年)、「ナタリーの朝」(68年)、「スウォーム」(78年)、「キスへのプレリュード」(92年)など。85〜88年米国俳優組合委員長を務めた。私生活では4度結婚し、72年には俳優で監督のジョン・アスティンと3度目の結婚(85年離婚)。2人の間に生まれたショーン・アスティンは後に俳優となった。87年に出版した自伝「Call Me Anna」では双極性障害と診断されたことを公表し、精神疾患の理解に向けた運動にも取り組んだ。　[賞]アカデミー賞助演女優賞(第35回)〔1962年〕「奇跡の人」,エミー賞〔1970年・1977年・1980年〕「いとしのチャーリー」「Captains and the Kings」「奇跡の人」　[家]息子＝アスティン, ショーン(俳優),元夫＝アスティン, ジョン(俳優・監督)

デュペイロン, フランソワ　**Dupeyron, François**　映画監督　脚本家　[国]フランス　[没]2016年2月25日　65歳〔病気〕　[生]1950年8月14日　[出]フランス・ランド県タルタ　[学]パリ高等映画学院(IDHEC)卒　[歴]パリ高等映画学院(IDHEC)で映画を学んだ後、短編作品を撮り始める。1980年代初めからドキュメンタリー映画作家として評価を得、88年「夜のめぐり逢い」で劇場用長編映画デビュー。2001年戦時下のフランスを舞台に、人間の心の回復というテーマに取り組んだ「将校たちの部屋」を発表。カンヌ国際映画祭のコンペティション部門に選出され、セザール賞では作品賞、監督賞、脚本賞にノミネートされた。他の作品に「ザ・マシーン/私のなかの殺人者」(1994年)、「うつくしい人生」(99年)、「イブラヒムおじさんとコーランの花たち」(2003年)、「がんばればいいこともある」(08年)、「魂を治す男」(13年, 遺作)などがある。　[賞]東京国際映画祭最優秀芸術貢献賞(第21回)〔2008年〕「がんばればいいこともある」

テラサキ, ポール　**Terasaki, Paul**　臓器移植専門家　カリフォルニア大学ロサンゼルス校名誉教授　[国]米国　[没]2016年1月25日　86歳　[生]1929年9月　[出]米国・カリフォルニア州ロサンゼルス　[名]本名＝Terasaki, Paul Ichiro　[学]博士号(動物学, カリフォルニア大

テ

学ロサンゼルス校） [歴]第二次大戦中、アリゾナ州の日系人強制収容所で高校時代の3年間を過ごす。カリフォルニア大学ロサンゼルス校(UCLA)で動物学などを学び、博士号を取得。1969年UCLAに組織適合検査研究所を開設。99年までUCLA医学部外科教授。組織移植研究の第一人者で、臓器移植のためのドナーと受け手の組織タイピング(適合性検査)の方法を開発した。92年日本政府より叙勲。96年移植医療に貢献した研究者を対象とするメダワー賞を受賞。 [賞]メダワー賞〔1996年〕

テリー, クラーク Terry, Clark ジャズ・トランペット奏者 フリューゲルホーン奏者 [国]米国 [没]2015年2月21日 94歳 [生]1920年12月14日 [出]米国・ミズーリ州セントルイス [歴]1942〜45年海軍のオールスター・バンドに在籍。47〜48年チャーリー・バーネット楽団、48〜51年カウント・ベイシー楽団、51〜59年デューク・エリントン楽団、59〜60年クインシー・ジョーンズ楽団で活躍。60年黒人として初めてNBCテレビのスタッフ・ミュージシャンに。フリューゲルホーンの演奏も始め、デューク・エリントン時代にはトランペットとフリューゲルホーンを交互に吹き分けるという驚くべき芸当を披露した。63〜66年ボブ・ブルックマイヤーと双頭クインテットを結成。のちコンボ、ビッグ・バンドでも活躍。900回以上の録音を行った。後進の指導にも熱心で、クインシー・ジョーンズ、マイケル・デービスらに影響を与えた。アルバムに「オスカー・ピーターソン・トリオ+、クラーク・テリー」(64年)、「クラーク・テリー・ライブ・アット・ザ・ビレッジ・ゲイト」(90年)などがある。

デリガッティ, マイケル Delligatti, Michael ビッグマックの考案者 [国]米国 [没]2016年11月28日 98歳 [生]1918年8月2日 [出]米国・ペンシルベニア州ユニオンタウン [名]本名＝Delligatti, Michael James, 通称＝Delligatti, Jim [歴]ファストフードの世界最大手マクドナルドのフランチャイズ店を経営していた1965年、パテを2枚にするなどボリュームを増したハンバーガー「ビッグマック」を考案。67年会社の許可を得てペンシルベニア州のチェーン店で売り出すと人気を呼び、翌68年には全米で発売され、日本を含む世界中で人気メニューとなった。フランチャイズ店チェーンはペンシルベニア州西部で48店舗を運営、米国有数のフランチャイズ店経営者となった。英国の経済紙「エコノミスト」では、各国の購買力を比較する目安として、各国の「ビッグマック」価格を比較する“ビックマック指数”を編み出している。

デルーカ, フレッド DeLuca, Fred 実業家 サブウェイ共同創業者 [国]米国 [没]2015年9月14日 67歳 [生]1947年10月3日 [出]米国・ニューヨーク市ブルックリン [名]本名＝DeLuca, Frederik Adrian [学]ブリッジポート大学心理学専攻〔1965年〕卒 [歴]イタリア系米国人の両親のもと、ニューヨークのブルックリンに生まれる。1965年17歳の時、学費稼ぎのためコネティカット州の辺鄙な土地にサンドイッチショップのピーツ・サブマリン(現・サブウェイ)を開業。1号店の経営には失敗したが、マクドナルドを超える世界最大のファーストフードチェーンを目指してフランチャイズ展開を開始。客の細かな注文に応え、目の前で作るというオーダーメイドシステムを開発し、全米ナンバーワンのサンドイッチチェーンを築き上げる。92年には日本でサントリーと提携して出店を開始。95年には世界で1万店舗を達成。その後、世界中に4万店舗のフランチャイズ店を展開し、2000億ドル(約2.4兆円)の売り上げを誇る世界的企業に成長させた。資産総額は35億ドル(約4215億円)とされた。 [家]妹＝グレコ, スザンヌ(サブウェイ社長)

デルバイエ, エリク Delvalle, Eric 政治家 パナマ大統領 [国]パナマ [没]2015年10月2日 78歳 [生]1937年2月2日 [出]パナマ・パナマ市 [名]本名＝Delvalle, Eric Arturo [学]ルイジアナ州立大学中退 [歴]1968年パナマ国会副議長、84年10月第1副大統領。85年9月バルレタ大統領の辞任により昇格。88年2月米国で麻薬取引罪などで起訴された最高実力者ノリエガ将軍を国防軍司令官から解任しようとしたが、反対に将軍の支配下にあった国会で罷免され、米国に亡命した。

田 聡明 デン・ソウメイ Tian Cong-ming 政治家 新華社社長 中国共産党中央委員 [国]中国 [没]2017年12月26日 74歳〔病気〕 [生]1943年5月 [出]中国陝西省府谷県 [学]北京師範大学政治教育系〔1970年〕卒 [歴]1965年中国共産党に入党。74〜80年中国国営通信・新華社の内モンゴル支社記者。内モンゴル自治区党委員会に転出し、84年同委副書記、88年11月チベット自治区党委員会副書記、12月対外宣伝担当。90年国務院広播電影電視部副部長(放送映画テレビ省次官)を経て、98年4月総局長。2000〜08年新華社社長。02年11月〜07年10月党中央委員。

テンジン・デレク・リンポチェ Tenzin Delek Rinpoche ラマ僧 チベット仏教(ラマ教)指導者 [国]中国 [没]2015年7月12日 65歳〔獄死〕 [生]1950年 [出]中国四川省カンゼ・チベット族自治州理塘県 [名]別称＝トゥルク・テンジン・デレク [歴]7歳の時にリタン(理塘)僧院に入り、ラマ僧(チベット仏教僧)となる。1980年代インドのダラムサラに赴き、ダライ・ラマ14世の下で修行。83年ダライ・ラマによってトゥルク(転生活仏)と認められ、テンジン・デレクと命名された。87年中国に帰国し、故郷で学校や児童養護施設、老人ホームを設立するなど地域の福祉向上に尽力。2002年4月チベット独立派の農民が独立を呼び掛けるビラを配布したり、四川省成都で爆発物を爆破させた事件に関わったとして、中国政府に逮捕される。03年1月高級人民法院(高裁)で執行猶予2年の死刑判決を受けるが、05年1月国際人権団体や世界中の亡命チベット人によるキャンペーンにより終身刑に減刑。15年7月四川省の警察当局により、収監されていた刑務所で死亡したことが発表された。

テンパートン, ロッド Temperton, Rod 作詞・作曲家 音楽プロデューサー [国]英国 [没]2016年9月末 66歳〔がん〕 [生]1949年10月9日 [出]英国・リンカンシャー州マーケットラーセン [名]本名＝Temperton, Rodney Lynn [歴]学生時代からドラムスやキーボードを演奏。プロのミュージシャンを目指し、ファンクグループ“ヒートウェーブ”のオーディションに合格。1976年デビューし、77年自身が書いたシングル「ブギー・ナイツ」がヒット。音楽プロデューサーの

テ

ト　　　　　外　国　人

クインシー・ジョーンズに才能を買われ、78年にバンド脱退後は作家活動に専念。ハービー・ハンコックやジョージ・ベンソン、アレサ・フランクリン、ドナ・サマーら数多くの著名歌手の楽曲を手がけた。マイケル・ジャクソンのヒット曲「スリラー」(82年)では作詞作曲を手がけ、「スリラー」を含む3曲を提供したジャクソンの同名のアルバムは、発売後2年半近くにわたって「ビルボード」のアルバム・チャートに登場し、37週にわたって1位を獲得するという記録を樹立。"人類史上最も売れたアルバム"となった。映画音楽も手がけ、「カラー・パープル」(85年)でアカデミー賞作曲賞と歌曲賞、「シカゴ・コネクション/夢みて走れ」(86年)でゴールデン・グローブ賞歌曲賞にノミネートされた。　働アカデミー賞作曲賞・歌曲賞〔1986年〕「カラー・パープル」, グラミー賞〔1991年〕

【ト】

杜 潤生　ト・ジュンセイ　Du Run-sheng　政治家　農業・農政専門家　中国共産党中央委員会農村政策研究室主任　国中国　没2015年10月9日　102歳　生1913年8月　出中国山西省五谷　学北平師範大学(現・北京師範大学)中退　歴1936年中国共産党に入党。49年の新中国成立直後から党幹部として農村問題に携わり、53年中央農村工作部秘書長兼国務院農林弁公室副主任、56年中国科学院秘書長などを歴任。50年代の反右派闘争、文化大革命で失脚。79年に復活し、国家農業委員会副主任。趙紫陽派といわれ、82年党中央委農村対策研究室長に就任。農家の生産請負制の実施に大きな役割を果たし、"農村改革の父"といわれた。89年の天安門事件で同室は廃止されたが、その後も大臣級待遇で国務院内に事務室を持った。党内改革派の重鎮として敬愛を集め、改革派雑誌「炎黄春秋」の顧問も長年務めた。著書に「中国農村経済改革」など。

ドーア, ボビー　Doerr, Bobby　大リーグ選手　国米国　没2017年11月13日　99歳　生1918年4月7日　出米国・カリフォルニア州ロサンゼルス　名本名=Doerr, Robert Pershing　歴1937～51年(45年を除く)大リーグのレッドソックスでプレー。40年代を代表する名二塁手で、48年73試合、414守備機会連続無失策で、二塁手としてのリーグ記録を達成。打撃にも優れ、100打点以上を6回記録。44年には打率.325(2位)、出塁率.399(3位)、長打率.528(1位)をマーク。50年自己最多の27本塁打、120打点、103得点、11三塁打(1位)を記録。44年、47年にはサイクルヒットを達成した。通算成績は、実働14年、1865試合出場、7093打数2042安打、223本塁打、1247打点、打率.288。オールスター出場9回。86年米国野球殿堂入りを果たした。

トイボ, アンディンバ・トイボ・ヤ　Toivo, Andimba Toivo ya　独立運動指導者　政治家　南西アフリカ人民機構(SWAPO)書記長　ナミビア鉱物エネルギー相　国ナミビア　没2017年6月9日　92

歳　生1924年8月22日　出南西アフリカ・オバンボランド(ナミビア)　名本名=Toivo, Andimba Herman Toivo ya　学セント・メアリーズ・ミッションスクール卒　歴教員を経て、1942～43年南アフリカ軍に入隊。57年南西アフリカ人民機構(SWAPO)の前身のオバンボランド人民会議(OPC)創設に参加。60年SWAPOを結成。66年逮捕され、約20年もの間ロベン島に収監される。84年釈放。86年SWAPO書記長。南アフリカからの独立のための武装闘争を続けていたが、88年12月停戦に合意。90年3月ナミビアの独立とともに鉱物エネルギー相となり(～98年)、99年～2003年労相、03～06年刑務所・矯正施設相を歴任。1987年5月来日。

鄧 墾　トウ・コン　Deng Ken　政治家　中国の最高実力者・鄧小平の弟　国中国　没2017年10月15日　105歳〔病気〕　生1911年11月　出中国四川省　中華人民共和国を建国した毛沢東の死後、事実上の最高指導者となった鄧小平の実弟。1937年中国共産党に入党。56年重慶市副市長、66年武漢市副市長、81年湖北省副省長などを歴任した。　家兄=鄧小平(政治家)

鄧 力群　トウ・リキグン　Deng Li-qun　政治家　中国共産党中央宣伝部長　国中国　没2015年2月10日　99歳〔病気〕　生1915年11月　出中国湖南省桂東　学北京大学, 馬列学院〔1939年〕卒　歴1935年一二・九運動に参加。36年中国共産党入党。抗日戦争中は北京学生連合会執行委員など活躍。建国後、党中央新疆分局宣伝部長などを経て、63年党理論誌「紅旗」副編集長。劉少奇の政治秘書も務めたため、68年文革で失脚。75年復活し、77年10月社会科学院副院長。78年の「実践は真理を検証する唯一の基準」運動で鄧小平派の有力理論家となる。79年党中央弁公庁副主任兼中弁研究室主任。82年4月党中央宣伝部長、同9月中央書記局書記、中央委員。83年末の精神汚染排除運動で中心的役割を務めたが、85年7月同運動の行き過ぎで党中央宣伝部長解任。87年11月中央委選挙で落選、党書記解任、中央顧問委員。90年3月復活し李瑞環政治局常務委員のアドバイザー、8月党中央党史工作小組副組長、91年9月全国党史人物研究会名誉会長、92年12月中国史学会会長。

ドゥコー, アラン　Decaux, Alain　歴史家　テレビプロデューサー　国フランス　没2016年3月27日　90歳　生1925年7月23日　出フランス・リール　学パリ大学(法律)　歴パリ大学で法律を学ぶ傍ら、ソルボンヌで歴史の研究に熱中。1947年「再発見されたルイ17世」を出版。51年歴史家カストロとラジオ番組「歴史の討論」を始め、記録的な長寿番組となる。他にテレビプロデューサーとして「歴史の謎」「カメラは時代を探査する」など歴史もののルポルタージュを数多く手がけた他、「リストワール」「イストリア・マガジーヌ」などの歴史雑誌の編集にも携わった。戯曲も書いて俳優ロベール・オッセンの人気公演を支える多才な知識人だった。88～91年フランス語圏担当相を務めた。79年アカデミー・フランセーズ会員。著書に「ナポレオンの母―レティツィアの生涯」(49年)、「フランス女性の歴史」(72年)、「聖パウロ―神から生まれた月足らずの子」(2002年)などがある。1992年10月講

演で来日。　㊙レジオン・ド・ヌール勲章〔1979年〕
㊙アカデミー・フランセーズ会員〔1979年〕

トゥーサン，アラン　Toussaint, Allen　ミュージ
シャン　音楽プロデューサー　㊇米国　㊙2015年11月
9日　77歳　㊐1938年1月14日　㊙米国・ルイジアナ州
ニューオーリンズ　㊙ニューオーリンズの貧しい地域
で育つ。8歳の時から独学でピアノを弾き、10代からピ
アニストとしてニューオーリンズの音楽業界で活動。
1950年代からは作・編曲家、プロデューサーとしても
活動し、数々の名曲を世に出した。60年代プロデュー
サーとしてアーマ・トーマス、リー・ドーシー、ジェ
シー・ヒルといったニューオーリンズ・シーンの数々
のアーティストを手がけ、リズムの革命を巻き起こし
た。70年代「サザン・ナイツ」「モーション」など名
盤の誉れ高いアルバムを発表。80年代以降活動が停滞
したが、94年セッション・アルバム「クレッセント・
シティ・ゴールド」をリリース。ポール・マッカート
ニー、ジョー・コッカー、エルビス・コステロともコ
ラボレーションを行った。98年ロックの殿堂入りを果
たす。2013年にはオバマ大統領から芸術勲章を贈られ
た。06年歌手の中島美嘉のシングル「オール・ハンズ・
トゥギャザー」に参加。09年アルバム「ザ・ブライト・
ミシシッピ」を発表し来日公演。15年にも来日し、東
京、大阪で演奏した。　㊙全米芸術勲章〔2013年〕

ドゥドゥ・ニジャエ・ローズ　Doudou Ndiaye
Rose　打楽器奏者　ドゥドゥ・ニジャエ・ローズ・
パーカッション・オーケストラ団長　㊙サバール太鼓
（タム・タム）　㊇セネガル　㊙2015年8月19日　85歳
〔病気〕　㊙芸能者の家系"グリオ"出身。木をくりぬ
き、ヤギの皮をはっただけの簡素なセネガルの民族楽
器タム・タムに子供の頃から魅せられ、父の反対を押
し切って有名なタム・タム奏者エハジ・マダ・セック
に弟子入り、15歳で独立する。意思伝達手段だった太
鼓を舞台用に小型化するなど工夫も加え、1950年代の
初め伝統的なものとは異なる新しい小型のタム・タム
を制作。その後、マイルス・デービスやロックバンド
のローリング・ストーンズなどいろいろな音楽家と共
演・交流活動を続け、89年フランス革命200周年を祝う
パリ祭に参加。日本にも10度以上来日。2006年ユネス
コの無形文化遺産に登録され、07年には芸歴50周年を
祝い、セネガル初の人間国宝に認定された。　㊙旭日小
綬章（日本）〔2011年〕　㊙師＝エハジ・マダ・セック

ドゥラン・バジェン，シクスト　Durán Ballén,
Sixto　政治家　エクアドル大統領　㊇エクアドル
㊙2016年11月15日　95歳　㊐1921年7月14日　㊙米国・
マサチューセッツ州ボストン　㊙本名＝Durán Ballén
Cordovez, Sixto Alfonso　㊙コロンビア大学建築学部
卒　㊙父親は外交官で、父の赴任先の米国で生まれる。
大学卒業後、石油ブームに沸くベネズエラに長期間滞
在しビル建設に携わる。27歳で政治家へ転身、キリス
ト教社会党（PSC）創設に参画。1948～60年エクアド
ル・セントラル大学建築学部教授、学部長の傍ら、カ
ミロ・ポンセ政権で56～60年エクアドル公共事業相を
務めた。60～68年米州開発銀行勤務を経て、70～78年
キト市長。市長時代の78年、財政改善案で公共水道料

金を引き上げ、これが祟って大統領選に敗れた。84年
国会議員に当選。91年PSC党首選で敗れ離党、新党・
共和連合党を結成。92年7月3度目の大統領選で当選、
8月就任。96年8月まで務めた。"建築家"という肩書を
好み、写真は個展を開くほどの腕前だった。91年12月
訪日。

トゥルニエ，ミシェル　Tournier, Michel　作家
㊇フランス　㊙2016年1月18日　91歳　㊐1924年12月
19日　㊙フランス・パリ　㊙ソルボンヌ大学（ギリシャ
哲学）卒　㊙子供の頃からドイツ文化に親しみ、1946
～49年テュービンゲン大学に留学し、ドイツ哲学を研
究。その後、長く放送・出版関係の仕事に携わる。67
年43歳のとき初めての小説「フライデーあるいは太平
洋の冥界」を発表。70年「Le roi des Aulnes（魔王）」
が寓話的手法による味わい深い作風で高い評価を受
け、フランス最高の文学賞とされるゴンクール賞を
獲得、作家としての地位を確立した。他の邦訳書に、
小説「メテオール」（75年）、エッセイ「聖霊の風」（77
年）、物語「オリエントの星の物語」、児童・青少年向
け短編集「赤い小人」（78年）、「七つの物語」（84年）、
「イデーの鏡」（94年）などがある。20世紀のフランス
文学における主要な作家の一人で、多くの著作が日本
語に翻訳されている。　㊙レジオン・ド・ヌール勲章
オフィシエ章，フランス国家功労勲章コマンドール章，
アカデミー・フランセーズ小説大賞〔1967年〕「フラ
イデーあるいは太平洋の冥界」，ゴンクール賞〔1970
年〕「魔王」，ゲーテ賞〔1993年〕　㊙アカデミー・ゴ
ンクール名誉会員〔2011年〕

ドクトロウ，E.L.　Doctorow, Edgar Laurence
作家　㊙2015年7月21日　84歳　〔肺がんの合
併症〕　㊐1931年1月6日　㊙米国・ニューヨーク市ブ
ロンクス　㊙ケニヨン大学，コロンビア大学卒　㊙ユ
ダヤ系の両親のもとに生まれる。大学では文学を学
び、1954年まで陸軍で服務しドイツに派遣された。そ
の後編集者として活躍する。66年作家デビュー。第一
次大戦前の米国社会を描いた長編作品「ラグタイム」
（75年）がよく知られる。またローゼンバーグ事件を
扱った「ダニエル書」は71年度の全米図書賞にノミ
ネートされた。米国におけるユダヤ人問題、現代社
会の様相などを描き、作家として活躍する一方、カ
リフォルニア大学アーバイン校、サラ・ローレンス大
学の客員講師、ニューヨーク大学教授も務めた。他
の作品に「Welcome to Hard Times」（60年）、短編集
「Lives of the Poets」（84年）、「紐育万国博覧会」（85
年）、「ビリー・バスゲイト」（89年）、「ニューヨーク
市貯水場」（94年）など。　㊙全米図書賞（小説部門）
〔1986年〕「紐育万国博覧会」，全米書評家協会賞（小説
部門）〔1989年〕「ビリー・バスゲイト」，PEN／フォー
クナー賞〔1990年・2005年〕

ドチェフ，ボグダン　Dotchev, Bogdan　サッ
カー審判員　㊇ブルガリア　㊙2017年5月29日　80歳
㊐1936年6月26日　㊙ブルガリア・ヴァルナ　㊙1977
年から国際舞台でサッカー審判員を務める。86年W杯
メキシコ大会準々決勝のアルゼンチン対イングランド
戦で副審を務め、マラドーナのハンドの反則を見逃し
ゴールと判定。試合は伝説となったマラドーナの5人
抜きゴールもあり、2-1でアルゼンチンが勝利した。マ
ラドーナは試合後、この日の先制点について"神の手"

と表現した。激しい批判の中、マラドーナが手を使ったところは見ていないとの意見を変えなかった。86年引退。

トドロフ, ツヴェタン **Todorov, Tzvetan** 哲学者　詩学者　文芸批評家　[専]文学理論, 記号学　[国]フランス　[没]2017年2月7日　77歳　[生]1939年3月1日　[出]ブルガリア・ソフィア　[学]ソフィア大学〔1961年〕卒, パリ大学大学院〔1966年〕博士課程修了　Doctorat és lettres〔1970年〕　[歴]1963年フランスに移住し、73年に帰化。68年からフランス国立科学研究センター(CNRS)に所属し、83～87年芸術・言語研究センター長。パリでロラン・バルトの指導のもと「小説の記号学」(67年)を著して構造主義的文学批判の先駆となる。以後、「象徴の理論」(77年)、「象徴表現と解釈」(78年)、「言説の諸ジャンル」(78年)などで文学の記号論的研究を進める傍ら、「文学の理論」(65年)ほかで、ロシア・フォルマリスムの紹介者として重要な役割を果たす。一方、68年ジェラール・ジュネットらとともに季刊誌「ポエティック」を創刊し、記号論研究を世界的に広める原動力となった。また、記号論的見地から“他者”の問題に関心を深め、「他者の記号学―アメリカ大陸の征服」(82年)、「アステカ人の征服物語」(83年)を発表。他の著書に「デカメロンの文法」(69年)、「幻想文学論序説」(70年)、「詩学」(73年改訂版)、「批評の批評」(85年)、「われわれと他者」(89年)、「歴史のモラル」(91年)、「文学が脅かされている」(2007年)、「芸術か人生か！ レンブラントの場合」(08年)、「民主主義の内なる敵」(12年)など。　[賞]ルソー賞〔1991年〕「歴史のモラル」, アストゥリアス皇太子賞〔2008年〕　[家]妻＝ヒューストン, ナンシー(作家)

トーブマン, アルフレッド **Taubman, Alfred** 実業家　トーブマン・センターズ創業者　サザビーズ会長　[国]米国　[没]2015年4月17日　91歳〔心臓発作〕　[生]1924年1月31日　[出]米国・ミシガン州ポンティアック　[名]本名＝Taubman, Adolph Alfred　[学]ミシガン大学　[歴]1950年商業施設開発会社のトーブマン(のちのトーブマン・センターズ)を創業。百貨店や衣料、飲食など幅広い店舗が入ったショッピングモールを、ニューヨーク近郊など全米各地に展開し、近代的モール開発の先駆けとされる。83年競売大手サザビーズを買収して会長となり、2000年まで務めた。在任中、同業大手クリスティーズと競売の手数料で談合したとして独占禁止法違反で起訴され、01年実刑判決を受けた。

トフラー, アルビン **Toffler, Alvin** 未来学者　社会学者　[国]米国　[没]2016年6月27日　87歳　[生]1928年10月4日　[出]米国・ニューヨーク市　[学]ニューヨーク大学〔1949年〕卒　[歴]自動車工場で5年間働いた後、1957年からジャーナリストに転じ、新聞記者、「フォーチュン」誌副編集長を経て、ラッセル・セイジ財団客員教授、コーネル大学客員教授、ロックフェラー財団顧問、未来学研究所顧問を歴任。ワシントンの米国国防大学の教授、国連女性開発基金米国委員会の共同議長を兼任。この間、70年「未来の衝撃」を発表、加速度的な変化の中で人類の生き残る戦略を展開、ベストセラーとなり世界的な反響を呼んだ。80年に出版された「第三の波」では情報化社会が来ると予想した他、人間のクローンの登場やインターネット技術の発展を予想。“第三の波”は流行語になるなど各分野に影響を与えた。他の著書に「文化の消費者」(64年)、「明日の教育」(74年)、「大変動」(83年)、「パワーシフト(力の変身)」(90年)、「戦争と平和」(92年)、「富の未来」(2006年)など。ニューヨーク大学在学中に知り合い、結婚したハイディ夫人は共同研究者で、「パワーシフト」などの共著者でもあった。1969年に初来日し、以後数度来日。98年～2008年「読売新聞」朝刊のコラム「地球を読む」にハイディとの連名で寄稿した。　[賞]ニューヨーク大学名誉博士号, ウェスタン・オンタリオ大学名誉博士号, シンシナティ大学名誉博士号, マイアミ大学名誉博士号　[家]妻＝トフラー, ハイディ(社会学者)

トーマス, ロバート(Jr.) **Thomas, Robert (Jr.)** 軍人　真珠湾攻撃の生存者　[国]米国　[没]2015年2月10日　95歳〔老衰〕　[生]1919年7月16日　[出]米国・イリノイ州　[歴]軍人の家庭に生まれ、自身も海軍に入隊。戦艦ネバダの乗組員だった1941年12月、旧日本軍による真珠湾攻撃で負傷しながらも任務を続け、海軍殊勲十字章を受章。64年に退役し、カリフォルニア州オレンジ郡の総務責任者などを務めた。晩年は真珠湾攻撃の体験を高校などで語り継いだ。　[賞]米国海軍殊勲十字章

ドミノ, ファッツ **Domino, Fats** ロック歌手　[国]米国　[没]2017年10月24日　89歳〔自然死〕　[生]1928年2月26日　[出]米国・ルイジアナ州ニューオーリンズ　[名]本名＝Domino, Antoine Dominique　[歴]10代半ばからニューオーリンズのクラブでピアノの演奏を始める。1949年インペリアル・レコードと契約し、「デトロイト・シティ・ブルース」でデビュー。直後にリリースした「ファット・マン」のヒットで全米にその名を知られた。52年「ゴーイン・ホーム」がR&B(リズム・アンド・ブルース)チャートで初の1位を獲得。55～56年に「エイント・ザット・ア・シェイム」「ブルーベリー・ヒル」「ブルー・マンデー」などが大ヒットした。デイブ・バーソロミューなどニューオーリンズのミュージシャンをバックにした録音でR&Bの全盛期を築き、ニューオーリンズ・スタイルを広めたとされる。50年代には6500万枚のレコードを売り上げ、エルビス・プレスリーに次ぐ記録だった。ロックの殿堂が創設された86年、プレスリーらとともに選ばれた。ロックンロールの創始者の一人と称され、ビートルズら多くのミュージシャンに影響を与えた。2005年ニューオーリンズを襲った超大型ハリケーン“カトリーナ”による浸水被害で一時行方不明となったが、後日無事が確認された。

トムリンソン, チャールズ **Tomlinson, Charles** 詩人　ブリストル大学英文学教授　[国]英国　[没]2015年8月22日　88歳　[生]1927年1月8日　[出]英国・スタッフォードシャー州ストークオントレント　[名]本名＝Tomlinson, Alfred Charles　[学]ケンブリッジ大学クイーンズ・カレッジ卒　[歴]労働者階級の家庭に生まれる。1955年イタリアで生活した時の経験をもとに処女詩集「首飾り」を出版。米国で58年に発表された「百聞は一見に如かず」(英国では増補版が60年に刊行)で一躍注目を浴びた。風景や芸術作品を主題とした詩を

多く書き、63年以降3～4年に1冊の割で詩集を世に送り出した。他の作品に「人のいる風景」(63年)、「アメリカ風景」(66年) など。ロシア語、スペイン語、イタリア語の翻訳にも優れた。82～92年ブリストル大学英文学教授を務めた。

トムリンソン, レイモンド　Tomlinson, Raymond　技術者　電子メールの発明者　[国]米国　[没]2016年3月5日　74歳　[生]1941年　[出]米国・ニューヨーク州アムステルダム　[名]通称＝トムリンソン, レイ〈Tomlinson, Ray〉　[学]レンセラー工科大学〔1963年〕卒, マサチューセッツ工科大学大学院(電気工学)〔1965年〕修士課程修了　[歴]研究開発企業の技術者として働いていた1971年、限られた範囲でしか使えなかった電子メールを、個々のパソコンの間で送受信できる技術を発明。電子メールアドレスを“ユーザー名@ホスト名”とすることを考案し、インターネットの原型となった米国防総省の国防高等研究計画局(DARPA)のシステムに採用された。

ドメニチ, ピート　Domenici, Pete　政治家　米国上院議員(共和党)　[国]米国　[没]2017年9月13日　85歳　[生]1932年5月7日　[出]米国・ニューメキシコ州アルバカーキ　[名]本名＝Domenici, Pietro Vichi　[学]アルバカーキ大学卒, デンバー大学〔1958年〕卒　[歴]弁護士、1967～70年アルバカーキ市会議長(市長代行)を経て、73年よりニューメキシコ州選出の上院議員を6期務めた。81年1月上院予算委員長。2005年エネルギー政策法の成立に尽力。保守派。予算や税務問題、エネルギー政策に精通し、長年に渡って上院で影響力を持った。09年引退。

トラウト, ジャック　Trout, Jack　マーケティング・コンサルタント　トラウト&パートナーズ社長　[国]米国　[没]2017年6月4日　82歳　[生]1935年1月31日　[出]米国・ニューヨーク市マンハッタン　[名]本名＝Trout, John Francis　[学]アイオナ大学卒　[歴]世界的に知られるマーケティングの戦略家。ゼネラル・エレクトリック(GE)の宣伝部から出発し、アル・ライズとともにコネティカット州でマーケティング・コンサルタント会社を共同経営。1969年論文の中で“ポジショニング”という概念を使い始め、72年より雑誌「アドバタイジング・エイジ」でコラムを連載。81年ライズとの共著「ポジショニング戦略」はマーケティング界に大きな影響を与えた。他の著書に「大失敗！」「大魔神が教えるマーケティングの極意」「無敵のマーケティング」、ライズとの共著に「マーケティング22の法則」「勝ち馬に乗る！」「マーケティング戦争」などがある。

トラックス, ブッチ　Trucks, Butch　ロック・ドラム奏者　[国]米国　[没]2017年1月24日　69歳〔自殺〕　[生]1947年5月11日　[出]米国・フロリダ州ジャクソンビル　[名]本名＝Trucks, Claude Hudson, グループ名＝オールマン・ブラザーズ・バンド〈Allman Brothers Band〉　[歴]1968年デュアンとグレッグのオールマン兄弟、ディッキー・ベッツ、ベリー・オークリーらとオールマン・ブラザーズ・バンドを結成し、69年ジョージア州メーコンの新興レーベル・キャプリコーンからアルバム「オールマン・ブラザーズ・バンド」でデビュー。ツインドラムの一翼を担った。70年「Idlewild South」、71年「At Filmore East」が注目を浴びる。同年11月にデュアンが、72年にオークリーが相次いでバイク事故で死亡。73年のアルバム「Brothers & Sisters」は全米1位に輝き、シングルカットされた「Ramblin' Man」は全米2位を獲得した。76年に解散するが、79年、90年と再結成。バンドは95年にロックの殿堂入りし、2012年にはグラミー賞特別功労賞を受賞した。14年にバンドが活動を停止した後は別のバンドで活動した。

ドラミニ, S.　Dlamini, Sotsha　政治家　スワジランド首相　[国]スワジランド　[没]2017年2月7日　76歳　[生]1940年　[歴]1984年スワジランド王室警察本部長を経て、86年10月～89年首相。

トランストロンメル, トーマス　Tranströmer, Tomas　詩人　心理学者　[国]スウェーデン　[没]2015年3月26日　83歳〔脳卒中〕　[生]1931年4月15日　[出]スウェーデン・ストックホルム　[名]本名＝Tranströmer, Tomas Gösta　[学]ストックホルム大学　[歴]13歳で詩を書き始め、優れた詩才で注目を集める。ストックホルム大学で文学や心理学などを学び、心理学者として若者向けの更生施設で働いていたこともある。1954年第1詩集「17の詩篇」でデビュー。スウェーデンの叙情詩表現に革新をもたらし、北欧の代表的詩人として数々の賞を受賞。短い自由詩の中に、凝縮された言葉で神秘的な世界をイメージ豊かに表現し、“隠喩の巨匠”とも呼ばれる。90年に脳卒中で倒れ、右半身の自由と言葉を失うが、創作活動を続けた。96年病気の詩人の心象風景を描いた詩集「悲しみのゴンドラ」を発表。一方、20代の頃から俳句の定型表現に関心を持ち、2004年の詩集「大いなる謎」は45編の俳句詩を収める。2011年ノーベル文学賞を受賞。他の詩集に「未完成の天」(1962年)、「小径」(73年)、「バルト海」(74年)、「野生の広場」(83年)、「生者と死者のために」(88年)、全集「Dikter：Fran “17 dikter” till “Forlevande och döda”」(90年)、回想記「記憶がわたしを見る」(93年) などがある。ピアノ演奏にも優れ、ハイドン、グリーグにモチーフを得た作品も書いた。　[賞]ノーベル文学賞〔2011年〕, パイロット賞(日本)〔1988年〕, 北欧協議機関賞〔1990年〕, オクラホマ大学ノイスタッド賞〔1990年〕, スウェーデン・アカデミー賞〔1991年〕, ホルスト・ビエネク賞(ドイツ)〔1992年〕

ドリュー, デービッド　Drew, David　バレエダンサー　振付師　サドラーズ・ウェルズ・バレエ団プリンシパル　[国]英国　[没]2015年10月16日　77歳　[生]1938年3月12日　[出]英国・ロンドン　[学]サドラーズ・ウェルズ学校　[歴]1955年サドラーズ・ウェルズ・バレエ団(現・ロイヤル・バレエ団)に入団。兵役に就いた後、61年ソリスト、74年プリンシパルに昇進。マクミラン版「マノン」(74年)、「マイヤリング」(78年)、「イサドラ」(81年) などの初演に出演。69年初の振り付け作品「侵入」を発表。他の振り付け作品に「聖トーマス祭」(71年)、「アルザスの剣」(73年) など。プリンシパル役を退いた後も、シニア・キャラクター・アーティストとして舞台に立ち、またロイヤル・バレエ学校の教師として指導にあたった。

ドール, カリン　Dor, Karin　女優　[国]ドイツ　[没]2017年11月6日　79歳　[生]1938年2月22日　[出]ドイツ・ヘッセン州ヴィースバーデン　[名]本名＝Derr,

ト

Kätherose　㊫演技とバレエを習い、17歳より女優として活動。1953年より映画に端役で出演。54年ハラルト・ラインル監督と結婚(68年離婚)し、同監督の「命ある限り」(55年)、「夕陽のモヒカン族」(65年)に出演。ドイツのみならず、フランスやイタリア、英国映画にも進出。ショーン・コネリーがボンド役を務め、日本から若林映子、浜美枝、丹波哲郎も出演した「007は二度死ぬ」(67年)で敵役のヘルガ・ブラントを演じ、ドイツ人女優で唯一、ボンドガールを務めた。他の出演作品に、クリストファー・リー主演の映画「怪人フー・マンチュー」(64年)、アルフレッド・ヒッチコック監督作「トパーズ」(69年)などがある。　㊮元夫＝ラインル, ハラルト(映画監督)

ドレ, ジャン・マリー　Doré, Jean-Marie　政治家　ギニア首相　㊟ギニア　㊰2016年1月29日　76歳　㊐1939年6月12日　㊫フランスで法律を学ぶ。ギニア進歩連合(UPG)党首を務め、1993年と98年の大統領に出馬。95年国民議会議員に当選。2010年1月軍と野党勢力からなる暫定政権で首相に就任。12月に初の民主的な大統領が行われ退任した。

ドレイファス, ヒューバート　Dreyfus, Hubert　哲学者　カリフォルニア大学バークレー校名誉教授　㊥フーコー, ハイデッガー, 人工知能　㊟米国　㊰2017年4月22日　87歳　㊐1929年10月15日　㊓米国・インディアナ州テレホート　㊔本名＝Dreyfus, Hubert Lederer　㊫ハーバード大学哲学科〔1951年〕卒　Ph.D.(ハーバード大学)〔1964年〕　㊫ドイツやベルギー、パリで学んだ後、帰国してブランダイス大学やマサチューセッツ工科大学で教鞭を執る。1968年カリフォルニア大学バークレー校準教授を経て、72年教授。またフランスのコレージュ・ド・フランスやドイツのフランクフルト大学をなど多くの大学、研究機関などに客員教授として招かれた。72年の著書「コンピュータには何ができないか」において、デジタル・コンピュータによる人間知能の実現を目指す人工知能(AI)研究に手厳しい批判を行った。他の著書に「世界内存在」(91年)、「インターネットについて」(2001年)、共著に「ミシェル・フーコー―構造主義と解釈学を超えて」(1982年)、弟スチュアートとの共著に「純粋人工知能批判―コンピュータは思考を獲得できるか」(86年)などがある。㊮弟＝ドレイファス, スチュアート(カリフォルニア大学バークレー校名誉教授)

ドレッセルハウス, ミルドレッド　Dresselhaus, Mildred　物理学者　マサチューセッツ工科大学名誉教授　㊟米国　㊰2017年2月20日　86歳　㊐1930年11月11日　㊓米国・ニューヨーク市ブルックリン　㊔本名＝Dresselhaus, Mildred Spiewak　㊫　博士号(シカゴ大学)〔1958年〕　㊫1968年マサチューセッツ工科大学教授。米国物理学会会長、科学振興協会会長などを歴任し、2000〜01年エネルギー省のナノテクノロジー研究開発を指導。クリントン政権のDOE科学技術庁長官を務めた。電子材料の構造と物性の相関性の研究で国際的リーダーとして活躍、米国のエネルギー開発・研究にも深く関与した。14年オバマ大統領より自由勲章を授与される。15年にはIEEE名誉メダルを女性として初めて受賞した。1988年来日。　㊎自由勲章(米国)〔2014年〕, 米国国家科学賞〔1990年〕, バネバー・ブッシュ賞〔2009年〕, フェルミ賞〔2012年〕, カブリ賞〔2012年〕, IEEE名誉メダル〔2015年〕　㊮夫＝ドレッセルハウス, G.(物理学者)

トレバー, ウィリアム　Trevor, William　作家　劇作家　㊟アイルランド　㊰2016年11月20日　88歳　㊐1928年5月24日　㊓アイルランド・コーク州ミッチェルスタウン　㊔本名＝コックス, ウィリアム・トレバー〈Cox, Wlliam Trevor〉　㊫ダブリン大学トリニティカレッジ〔1950年〕卒　㊫アイルランドのプロテスタントの家庭に生まれる。北アイルランドを経て、大学卒業後、英国に移住。1951〜53年を歴史の教師、53〜55年を美術教師として勤め、他に教会彫刻師、コピーライターなどの職業に就いた。58年小説「A Standard of Behavior」を書いたが、広告代理店で仕事をしていた30代の終り頃から本格的に作家としての活動を開始。64年の長編「同窓」で注目され、短編集「リッツホテルの天使達」(75年)で評価を確立した。「フールズ・オブ・フォーチュン」(83年)、「フェリシアの旅」(94年)などが邦訳され、2007年には日本で独自に編んだベスト短編集「聖母の贈り物」が刊行された。長編及び短編小説、戯曲などを手がけ、巧みな心理描写と会話の上手さに定評があった。特に短編小説の評価が高く、"短編の名手"として知られた。他の作品に長編「ディンマスの子供たち」(1976年)、「庭の静寂」(88年)、「アフター・レイン」(96年)、短編集「ロマンスのダンスホール」(72年)、「アイルランド・ストーリーズ」(95年)、「密会」(2004年)など。「The Oxford Book of Irish Short Stories」(1989年)の編者でもある。2002年ナイトの爵位を授与される。　㊎CBE勲章〔1977年〕, KBE勲章〔2002年〕, ホーソーンデン賞〔1965年〕「The Old Boys」, ウィットブレッド賞〔1976年・1983年・1994年〕, ロイヤル・ソサエティ・オブ・リタラチャー賞〔1978年〕「リッツホテルの天使達」, ヨークシャー・ポスト・ブック・オブ・ザ・イヤー賞〔1988年〕「庭の静寂」, PEN賞(短編部門)〔2001年〕, 国際ノニーノ賞〔2008年〕　㊮アイルランド文学アカデミー会員

ドレーバー, ロナルド　Drever, Ronald　物理学者　LIGO共同創設者　カリフォルニア工科大学名誉教授　㊟英国　㊰2017年3月7日　85歳　㊐1931年10月26日　㊓英国・ビショップトン(スコットランド)　㊔本名＝Drever, Ronald William Prest　㊫グラスゴー大学卒　Ph.D.　㊫2002年米国の物理学者でカリフォルニア工科大学のキップ・ソーン、マサチューセッツ工科大学のライナー・ワイスとともにレーザー干渉計重力波望遠鏡"LIGO(ライゴ)"を共同開発。15年アインシュタインが予言した時空のさざ波"重力波"を世界で初めて観測した。2人とともにノーベル物理学賞の受賞が確実視されていたが、17年3月85歳で死去。同年10月ソーンとワイス、カリフォルニア工科大学のバリー・バリッシュの3人がノーベル物理学賞を受賞した。　㊎アインシュタイン賞〔2007年〕, 特別ブレイクスルー賞(基礎物理学部門, 米国)〔2016年〕, ショウ賞〔2016年〕, グルーバー賞〔2016年〕, カブリ賞

〔2016年〕, ハーベイ賞〔2016年〕 [資]米国芸術科学アカデミー特別会員

ドレル, シドニー　Drell, Sidney David 物理学者　軍備管理専門家　スタンフォード大学線形加速器センター名誉教授 [専]素粒子物理学, 量子論 [国]米国 [没]2016年12月21日 90歳 [生]1926年9月13日 [出]米国・ニュージャージー州アトランティックシティ [学]プリンストン大学卒, イリノイ大学卒 [歴]1952年マサチューセッツ工科大学、56年スタンフォード大学助教授、60年教授、63年線形加速器センター教授、98年名誉教授。素粒子物理学や量子論を専門とする一方、軍備管理の専門家としても活躍。60年代から米政府に安全保障策を助言し、クリントン政権では外国情報の分析や核不拡散の分野で顧問役を務めた。 [賞]マッカーサー・フェロー〔1984年〕, フェルミ賞〔2000年〕, ハインツ賞〔2005年〕, ランフォード賞〔2008年〕, 米国国家科学賞〔2011年〕, レイキャビック賞〔2012年〕 [資]米国科学アカデミー会員〔1969年〕, 米国芸術科学アカデミー会員〔1971年〕, ヨーロッパ・アカデミア会員〔1995年〕

トンプキンス, ダグラス　Tompkins, Douglas 実業家　ノース・フェイス創業者 [国]米国 [没]2015年12月8日 72歳〔カヤックの転覆事故死〕 [生]1943年3月20日 [出]米国・オハイオ州 [歴]ニューヨーク・マンハッタンのアンティーク商の息子としてオハイオ州に生まれる。1960年代にカリフォルニア州サンフランシスコでアウトドア製品メーカーのザ・ノース・フェイスを創業。元妻のスージー・トンプキンス・ビュエルとともにファッションブランドのエスプリも立ち上げた。環境保護主義者として知られ、チリ南部パタゴニア地方の大規模ダム建設反対運動にも携わった。2015年12月パタゴニア地方の湖でカヤックに乗っていた際、転覆して低温の湖に投げ出され、数時間後に病院で死亡が確認された。 [家]元妻＝トンプキンス・ビュエル, スージー（エスプリ共同創業者）

トンプソン, フレッド　Thompson, Fred Dalton 政治家　俳優　米国上院議員（共和党） [国]米国 [没]2015年11月1日 73歳〔リンパ腫〕 [生]1942年8月19日 [出]米国・アラバマ州シェフィールド [学]メンフィス州立大学〔1964年〕卒, バンダービルト大学法科大学院修了　法学博士（バンダービルト大学） [歴]弁護士、連邦副検事、上院議員スタッフ、ロビイストなど歴任。1973年ウォーターゲート事件の上院特別委員会に共和党の主任法律顧問として出席。85年「目撃者マーリー」で弁護士を演じ好評を得て以来、俳優としてテレビ、映画に出演。94年～2003年テネシー州選出の上院議員（共和党）。03年芸能界に復帰。俳優として「レッド・オクトーバーを追え！」（1990年）、「ダイ・ハード2」（90年）、「ザ・シークレット・サービス」（93年）など約20本の映画に出演。人気テレビドラマ「ロー＆オーダー」（2002～07年）の厳格な検事役で名を馳せた。08年の大統領選の共和党候補指名争いに名のりを上げたが、支持が広がらず撤退した。09～11年ラジオのトークショー「フレッド・トンプソンショー」のホストを務めた。 [資]弁護士

ドンリービー, J.P.　Donleavy, J.P. 作家　劇作家 [国]アイルランド [没]2017年9月11日 91歳 [生]1926年4月23日 [出]米国・ニューヨーク市ブルックリン [名]本名＝Donleavy, James Patrick [学]ダブリン大学トリニティー・カレッジ [歴]アイルランド系の両親のもと、ニューヨーク市に生まれる。第二次大戦中、米国海軍に従軍。元海軍兵士のダブリンでの放埒な生活を描いた自伝風喜劇小説「赤毛の男」（1955年）で一躍有名になり、59年劇化された。戯曲の代表作に「ニューヨークのおとぎ話」（61年）や「バルサザー・Bのいまいましい幸福」（68年）がある。アンチヒーローを描き、“怒れる若者たち”とビート作家たちの橋渡し役として評価された。他の作品に、小説「奇妙な男」（63年）、「オニオン・イーターズ」（71年）、ピカレスク小説「紳士ダーシー・ダンサー一代記」（77年）、同「リーラ」（83年）など。67年アイルランドに帰化。86年アイルランドに関する著書「J.P.ドンリービーのアイルランド」を出版した。 [賞]イブニング・スタンダード劇作賞〔1960年〕

【ナ】

ナイトリー, フィリップ　Knightley, Phillip ジャーナリスト [国]オーストラリア [没]2016年12月7日 87歳 [生]1929年1月23日 [出]オーストラリア・ニューサウスウェールズ州シドニー [名]本名＝Knightley, Phillip George [歴]シドニーの新聞社に勤務した後、1955年より英国ロンドンを拠点とし、「サンデー・タイムズ」記者を20年間務める。75年に完成したノンフィクション「The First Casualty（戦争報道の内幕）」で米国海外記者クラブ賞を受賞。ロンドン、ボンベイ、シドニーを拠点に活動した。KGBやアラビアのロレンスについての著書がある。

ナーザン, S.R.　Nathan, S.R. 政治家　シンガポール大統領 [国]シンガポール [没]2016年8月22日 92歳 [生]1924年7月3日 [出]シンガポール [名]本名＝Nathan, Sellapan Ramanathan〈ナーザン, セッラパン・ラーマナータン〉, 旧姓・名＝Sellapan, Ramanathan [学]マラヤ大学〔1954年〕卒 [歴]1955年医療社会福祉士となる。66年シンガポール外務省に入り、内務省、国防省勤務を経て、79年外務第1次官。国防省時代の74年、日本赤軍などの過激派が石油精製所を爆破しフェリーを乗っ取った事件を担当。人質に代わり、犯人とともにクウェート行きの航空機に乗るなど、事件解決に尽力した。82年「ストレイト・タイムズ」会長、88年駐マレーシア大使、90年7月～96年6月駐米大使を歴任。同年シンガポール国防戦略研究所所長及び無任所相を兼務。99年9月第6代大統領に就任。2005年8月再選。2期12年務め、11年9月退任。シンガポールで少数派のインド系出身の大統領として、多民族国家の融和

ナ

に努めた。09年には広島を訪れ、公式訪問した外国元首で初めて被爆者の証言を聞いた。

ナーゼル, ヒシャム　Nazer, Hisham　政治家　外交官　サウジアラビア石油相　国サウジアラビア　没2015年11月14日　83歳　生1932年8月31日　出サウジアラビア・ジェッダ　本名＝Nazer, Hisham Mohieddin　学カリフォルニア大学ロサンゼルス校（UCLA）大学院国際関係論専攻〔1957年〕修士課程修了　経1958年サウジアラビア石油鉱物資源省に入り、62～68年次官。この間、61年石油輸出国機構（OPEC）理事会の初代サウジアラビア代表。その後、68年中央企画庁長官、71年国務相、75年企画相を経て、86～95年石油相。2005～11年駐エジプト大使を務めた。

ナタペイ, エドワード　Natapei, Edward　政治家　バヌアツ首相　国バヌアツ　没2015年7月28日　61歳　生1954年7月17日　出バヌアツ・フツナ島　本名＝Natapei, Edward Nipake　学マラポア・カレッジ卒　経1983年バヌアツ国会議員に当選。バヌア・アク党（VP）党首となり、2001～04年、08～10年と2度首相を務めた。この間、10年10月太平洋・島サミット第1回中間閣僚会合の共同議長を務めた。13～14年副首相兼外相。

ナッシュ, ジョン（Jr.）　Nash, John Forbes（Jr.）　数学者　プリンストン大学数学科上級研究員　専ゲーム理論　国米国　没2015年5月23日　86歳〔交通事故死〕　生1928年6月13日　出米国・ウエストバージニア州ブルーフィールド　学カーネギー工科大学〔1948年〕卒、プリンストン大学　数学博士（プリンストン大学）〔1950年〕　経中流家庭に育ち、20代前半から数学に才を発揮。1950年「数学紀要」に発表した学位論文「非協力的ゲーム」が大反響を呼び、プリンストン大学で博士号を取得。51年マサチューセッツ工科大学講師を経て、53年プリンストン大学に移り助教授、57年準教授となり、ゲーム理論を究める。50年代後半に健康を害して辞任、20年に渡り入退院を繰り返し統合失調症と診断されたが、プリンストン大学の援助で回復し、客員研究員に戻る。のち上級研究員。参加者の非協力を前提とした新たな分野でゲーム理論を発展させた功績により、94年ハーサニ博士、ゼルテン博士とともにノーベル経済学賞を受賞。すべてのゲーム参加者の戦略が、他の参加者の戦略に対して最適な状態は"ナッシュ均衡"と呼ばれている。98年その半生を綴った伝記「ビューティフル・マインド」（シルビア・ナサー著）が出版され、2001年には映画化されアカデミー賞作品賞に輝く。著書に「取引の問題」（1950年）、「非協力的ゲーム」（51年）、「二人の協力的ゲーム」（53年）がある。2015年5月、オスロでの授賞式の帰りに自動車事故に遭い、妻とともに死去。　賞ノーベル経済学賞〔1994年〕、アーベル賞〔2015年〕　栄米国科学アカデミー会員〔1996年〕

ナボン, イツハク　Navon, Yitzhak　政治家　イスラエル大統領　国イスラエル　没2015年11月7日　94歳　生1921年4月9日　出イスラエル・エルサレム　学ヘブライ大学卒　経イスラエル初代首相で"建国の父"とされるダビド・ベン・グリオンの側近。1968年イスラエル労働党に入党。73～78年世界シオニスト評議会議長、78～83年第5代大統領、84年9月～90年副首相兼教育相を歴任。

【 ニ 】

ニクソン, マーニ　Nixon, Marni　歌手　国米国　没2016年7月24日　86歳〔乳がんによる合併症〕　生1930年2月2日　出米国・カリフォルニア州アルタデナ　本名＝Nixon McEathron, Margaret　学南カリフォルニア大学、スタンフォード大学、バークシャー音楽センター　経音楽一家に育ち、声楽を学び、10代から高い歌唱力で知られた。ニューヨーク・フィルハーモニックの独唱者やカーネギーホールのリサイタリストとして活動したのち、映画会社MGMに入社。1940年代後半から映画の吹き替えを担当し、「シンデレラ」（50年）などのアニメーション作品に参加。54年にはブロードウェイにもデビュー。56年「王様と私」のデボラ・カー、61年「ウエスト・サイド物語」のナタリー・ウッド、64年「マイ・フェア・レディ」のオードリー・ヘプバーンらの歌唱シーンの吹き替えを担当した。50～60年代のハリウッド・ミュージカルの黄金期を支え、"最強のゴーストシンガー"と呼ばれた。その後、子供向け番組への出演や、後進の指導にもあたった。

ニコポウラス, ジョージ　Nichopoulos, George　医師　歌手エルビス・プレスリーの主治医　国米国　没2016年2月24日　88歳　生1927年10月29日　出米国・ペンシルベニア州リッジウェイ　本名＝Nichopoulos, George Constantine　経1967年より米国の人気歌手エルビス・プレスリーの主治医を約10年間務め、ツアーにも同行、"ドクター・ニック"として知られた。77年8月プレスリーが42歳の若さで死去。不眠症だったプレスリーに鎮静剤など大量の薬を処方したとして刑事責任を問われたが、無罪となった。その後、テネシー州医療当局が過剰処方を認定、医師免許を剥奪された。

ニコル, リチャード　Nicoll, Richard　ファッションデザイナー　国オーストラリア　没2016年10月21日　39歳〔心臓発作〕　生1977年9月15日　出英国・ロンドン　学セントラル・セント・マーティンズ美術大学大学院〔2002年〕修士課程修了　経ロンドンで生まれ、幼少期をオーストラリアで過ごす。セントラル・セント・マーティンズ美術大学で学んだ後、マーク・ジェイコブス、ルイ・ヴィトン、フレッド・ペリーなどで経験を積み、2005年自身のブランド"リチャード・ニコル"をロンドンでスタート。以後、ロンドンのファッションシーンを牽引するデザイナーの一人として活躍。08年ANDAMファッション・アワードを受賞。09～11年チェルッティのウィメンズ・クリエイティブ・ディレクター、14～15年ジャック・ウィルズのクリエイティブ・ディレクターを務めた。14年リチャード・ニコルを終了し、オーストラリアに帰国。17年アディダスのクリエイティブ・ディレクターに就任する予定

だったが、16年心臓発作のため39歳の若さで亡くなった。　㊞ANDAMファッション・アワード〔2008年〕

ニコルソン, マイケル　Nicholson, Michael　作家
ジャーナリスト　㋙英国　㋜2016年12月11日　79歳　㋓1937年1月9日　㋤英国・エセックス州ロムフォード　㋔本名＝Nicholson, Michael Thomas　㋛レスター大学卒　㋞1963年非営利のニュース配信会社、ITNに入社。海外特派員としてベトナム戦争、フォークランド紛争、ユーゴスラビア紛争など世界各地の戦争や紛争を取材。一時、BBCテレビのドキュメンタリーの仕事をしたこともある。政治、犯罪、旅行などに関する記事を数多く書き、数々の賞を受賞。内戦下のボスニアでの体験と少女ナターシャの救出について書いた「Natasha's Story」(93年)はベストセラーとなり、97年「ウェルカム・トゥ・サラエボ」(マイケル・ウィンターボトム監督)として映画化された。他の著書に「伝記 世界を変えた人々9—ガンジー」など。　㊞大英勲章(四等)〔1991年〕

ニコレ, オーレル　Nicolet, Aurèle　フルート奏者
ベルリン・フィルハーモニー管弦楽団首席フルート奏者　㋙スイス　㋜2016年1月29日　90歳　㋓1926年1月22日　㋤スイス・ヌシャテル　㋛チューリヒ音楽院, パリ音楽院　㋞幼い頃からフルートを始め、チューリヒ音楽院でA.ジョネにフルートを、W.ブルクハルトに作曲を習い、さらにパリ音楽院ではマルセル・モイーズやイヴォンヌ・ドラビエに教授された。1945～47年チューリヒ・トーンハレ管弦楽団に加わり、47年パリ音楽院の1等賞を、48年ジュネーブ国際音楽コンクール第1位をそれぞれ受賞。48～50年ヴィンタートゥール市立管弦楽団の第1奏者。ヴィルヘルム・フルトヴェングラーに認められ、50年にはベルリン・フィルの首席奏者に就任。57年には初来日し、59年までその地位を占めるとともに、ソロ活動も行った。59年退団し、ソロ演奏や室内楽で世界各地において演奏。この間、50～65年ベルリン音楽大学で教え、フライブルク音楽大学フルート科教授も務めた。バッハをはじめ、バロックから現代音楽まで幅広いレパートリーを持ち、多くの作曲家が作品を献じている。日本でもモーツァルトやバッハのCDで広く愛された。西田直孝や小山裕幾ら日本人の弟子も育てた。著書に「Flöte, Cl.Debussy, Syrinx」(67年)、「Promusica. Studium zum Spielen Neuer Music」(74年, 共著)など。　㊞ドイツ音楽批評家協会賞〔1963年〕, ジュネーブ国際音楽コンクール第1位〔1948年〕　㊞妻＝ニコレ, クリスティアーヌ(フルート奏者)

ニーマン, ヤコブ　Neeman, Yaakov　政治家
イスラエル法相　㋙イスラエル　㋜2017年1月1日　77歳　㋓1939年　㋤イスラエル・テルアビブ　㋛ヘブライ大学, ニューヨーク大学ロースクール　㋞1966年イスラエル弁護士会に入会。弁護士事務所を経て、カリフォルニア大学ロサンゼルス校、テルアビブ大学、ニューヨーク大学、ヘブライ大学客員教授を務めた。79～81年財務省長官。96年ネタニヤフ政権で法相を務めたが、野党党首の疑惑にからむ捜査で虚偽の証言をした罪に

より起訴され辞任。97～98年蔵相、2009～13年法相。㊞弁護士

ニモイ, レナード　Nimoy, Leonard　俳優　映画監督
㋙米国　㋜2015年2月27日　83歳〔慢性閉塞性肺疾患〕　㋓1931年3月26日　㋤米国・マサチューセッツ州ボストン　㋛ボストン大学中退　㋕ウクライナ系ユダヤ人移民の出身。陸軍勤務を経て、パサデナ・プレイハウスで訓練後、舞台に出演。1951年「Queen for a Day」で映画デビューするが、基地の劇団で司会兼作家、タクシー運転手、ウェイターなど様々な仕事で生計を立てる。67年からスタートしたSFテレビシリーズ「宇宙大作戦」(原題・「スター・トレック」)で異星人のバルカン人と地球人の間に生まれたミスター・スポックを演じ一躍有名になり、同映画シリーズ(8作品)にも出演したほか、監督も務めた。またテレビシリーズ「スパイ大作戦」の変装の名人パリス役でも知られる。舞台では「屋根の上のヴァイオリン弾き」の主人公テヴィエを演じた。監督としては、「スリーメン＆ベビー」(87年)が大ヒットした。他の映画出演作に「マーベリックの黄金」(71年)、「SF/ボディ・スナッチャー」(78年)、「アトランティス/失われた帝国」(2001年)、監督作品に「スター・トレック3」(1984年)、「スター・トレック4」(86年)、「情熱の代償」(88年)、「ホーリー・ウェディング」(94年)、テレビ出演作に「フェアリー・テール・シアター/アラジンと魔法のランプ」(85年)、「FRINGE」(2008～12年)など。著書に「わたしはスポック」がある。

ニューハウス, サミュエル(Jr.)　Newhouse, Samuel(Jr.)　出版人　コンデナスト名誉会長
㋙米国　㋜2017年10月1日　89歳　㋓1927年11月8日　㋤米国・ニューヨーク市　㋔本名＝Newhouse, Samuel Irving(Jr.), 通称＝ニューハウス, サイ〈Newhouse, Si〉　㋛シラキュース大学中退　㋞ニューヨークでユダヤ人の家庭に生まれる。父親が経営するメディア企業を弟とともに引継ぎ、主に雑誌部門を担当。1975年出版社コンデナストの会長に就任。数タイトルの雑誌を扱うだけの小さな出版社から、「ニューヨーカー」「ヴォーグ」「バニティ・フェア」など雑誌の購読者を増やし、世界27カ国に128の出版社を所有する国際的なメディアへと成長させた。2015年引退し、名誉会長。美術品の収集家としても知られた。　㊞弟＝ニューハウス, ドナルド(実業家)

ニールセン, ドン・中矢　ニールセン, ドンナカヤ　Nielsen, Don Nakaya　キックボクサー
㋙米国　㋜2017年8月15日　58歳〔心臓発作〕　㋓1959年7月4日　㋤米国系3世。WKA世界キックボクシング王者で、プロレスや格闘技でも活躍。1986年10月新日本プロレス両国大会で前田日明との異種格闘技戦に臨み、激闘の末に一本負け。この一戦で前田は"新・格闘王"と呼ばれることとなり、新生UWFを立ち上げ一大ブームを巻き起こした。前田戦後は、山田恵一や藤原喜明らと対戦してKO勝ちを収め、一躍、格闘家として名を挙げた。佐竹雅昭とも激闘を繰り広げ、日本の総合格

闘技ブームのルーツとなったといわれる。93年に引退後はタイでカイロプラクティック院を開業した。

ニルマラ尼 ニルマラニ **Nirmala** カトリック修道女　神の愛の宣教者会総会長 [国]インド [没]2015年6月23日　81歳〔心臓疾患〕 [生]1934年 [出]インド・ビハール州ラーンチー [名]本名＝ジョシー, ニルマラ〈Joshi, Nirmala〉, 通称＝シスター・ニルマラ [学]パトナ女子大学政治学専攻卒 [歴]インド在住のネパール人のヒンズー教徒の僧侶階級（ブラーマン）の家庭に生まれる。父は英印軍グルカ部隊の憲兵、母もインド生まれのネパール人。20代前半で、マザー・テレサの洗礼によりカトリックに改宗。1956年マザー・テレサのインド・カルカッタ（現・コルカタ）のカトリック女子修道会“神の愛の宣教者会”に参加し、礼拝部門の責任者を長く務める。97年3月マザー・テレサの後継者に選出され、世界中で2000を超す医療施設、児童福祉施設などを運営する同会の総会長に就任。2009年まで務めた。

ヌ

【ヌ】

ヌシミリマナ, アドルフ **Nshimirimana, Adolphe** 軍人　ブルンジ軍参謀長・国家情報局長官 [国]ブルンジ [没]2015年8月2日　51歳〔射殺〕 [生]1964年 [出]ブルンジ・ギテガ県ギシュビ [歴]ブルンジ軍参謀長、国家情報局長官を務め、ヌクルンジザ大統領の警備を担当し、事実上の政権ナンバー2とみられていた。2015年8月首都ブジュンブラを車で移動中、ロケット弾や自動小銃による襲撃を受け、殺害された。この暗殺事件の1週間ほど前には、大統領選でヌクルンジザ大統領が憲法の規定を無視して3選を宣言。ヌクルンジザの大統領選出馬は違憲だとして数ケ月にわたって抗議行動が続き、政府側の厳しい取り締まりにより少なくとも100人が死亡。同年5月中旬にはクーデター未遂事件も発生したが、ヌシミリマナ将軍がデモ参加者の取り締まりを指揮し、クーデターを失敗させた立役者とみられていた。

【ネ】

ネイズヴェストヌイ, エルンスト **Neizvestnyi, Ernst** 彫刻家 [国]ロシア [没]2016年8月9日　91歳 [生]1925年4月9日 [出]ソ連・ウクライナ共和国スベルドロフスク（ロシア） [名]本名＝Neizvestnyi, Ernst Iosifovich [歴]1943年16歳で軍に志願、特別電撃隊長としてドイツ軍前線の彼方にパラシュート降下、重傷したが、奇跡的に生還した。戦後、55年頃から彫刻を制作。戦争、死、義足などを主題にした。その後ドストエフスキー、ダンテ「地獄編」に傾倒、巨人、半獣神、広島の原爆などを主題にした。美術家同盟に嫌われ、材料をヤミで買い、小炉を設けて鋳造。62年モスクワ市会主催の展覧会に出品、若い観客に人気となった。検閲に来たフルシチョフに“抽象芸術はロバのしっぽ”と批判され、論争して一躍有名になった。フルシチョフは退陣後彼に詫び、別荘の設計を依頼した。67年クリミアのピオニール保養所の群像が唯一の公共の仕事だが、作品はサルトルら西欧知識人に評価された。76年ジュネーブへの移住を許可され、77年ニューヨークに移住。90年ソ連市民権を回復した。 [賞]ロシア国家賞〔1996年〕 [資]ロシア芸術アカデミー会員

ネイラー, クレイグ **Naylor, Craig** 実業家　日本板硝子社長・CEO　デュポン上席副社長 [国]米国 [没]2015年6月20日　66歳〔病気〕 [生]1948年11月24日 [出]米国・ペンシルベニア州メディア [学]スティーブンス・インスティチュート・オブ・テクノロジー〔1970年〕卒 [歴]1970年米国の化学大手・デュポンに入社、96年～2000年上席副社長。06年退社。05～09年デルファイ社外取締役を経て、10年6月日本板硝子社長兼CEO（最高経営責任者）に就任。リストラを巡って日本人経営者と意見が合わず、1年10ケ月後に退任した。

ネムツォフ, ボリス **Nemtsov, Boris Yefimovich** 政治家　物理学者　ロシア下院議員　ロシア第1副首相 [国]ロシア [没]2015年2月27日　55歳〔射殺〕 [生]1959年10月9日 [出]ソ連・ロシア共和国ソチ（ロシア） [学]ゴーリキー州立大学放射線物理学部卒 [歴]1981～91年放射線物理学研究所の物理学者。一方、ソ連時代末期に原発反対運動のリーダー格として名を上げ、90年ロシア共和国の最高会議議員に選出される。91年8月のソ連保守派クーデター事件後、大統領令でニジニノブゴロド州の大統領代表、11月同州知事に任命され、企業や農場の民営化を軸とする経済改革に着手。93年12月連邦会議（上院）代議員。95年10月知事選挙で当選。97年3月エリツィン政権でロシア第1副首相兼燃料エネルギー相に就任。同年11月燃料エネルギー相を解任。98年4月キリエンコ内閣で第1副首相留任。同年8月解任。9月ロシア地方自治体評議会副議長。99年3月ユーゴスラビア連邦セルビアのコソボ紛争に際し、私的な立場で仲介にあたる。チュバイス元副首相らと連合“正義”を率い、8月キリエンコ元首相の率いる“新しい力”とともに選挙連合・右派勢力同盟を結成、12月下院議員に当選。2000年2月～6月下院副議長。00年3月右派勢力同盟下院会派代表。03年12月下院議員落選。05年2月ウクライナ政府顧問。プーチン政権では野党に転じ、14年からはロシアの対ウクライナ政策への批判を強めた。15年2月27日モスクワ中心部で銃撃され死亡した。1997年6月初来日。

【ノ】

ノ・ジンギュ **Noh Jin-kyu** スピードスケート選手（ショートトラック） [国]韓国 [没]2016年4月3日　23歳〔骨肉腫〕 [生]1992年7月20日 [出]韓国 [名]漢字名＝盧珍圭 [学]韓国体育大学 [歴]9歳でスケートを始める。2010年ショートトラックの世界ジュニア選手権

で男子3種目を制し総合優勝。10～11年シーズンW杯1000メートルで総合2位、1500メートルで総合5位。11年1～2月カザフスタン冬季アジア大会1500メートルと5000メートルリレーで2冠。3月18歳で出場した世界選手権では3種目を制し総合優勝。10月中国・上海でのW杯で1500メートル、3000メートル、5000メートルを制し、1500メートルと3000メートルで世界新記録をマーク。11～12年シーズンW杯1500メートルで総合優勝、1000メートル総合2位。12年世界選手権は1500メートルで金メダル、1000メートルと3000メートルで銀メダル、リレーで銅メダルを獲得し、総合2位。12～13年シーズンW杯1500メートルで総合2連覇、1000メートル総合3位。"第2のアン・ヒョンス"と呼ばれ、韓国ショートトラックの次世代のエースとして大きな期待を集めていたが、13年9月左肩に良性の腫瘍があると診断される。翌年のソチ五輪のために手術を延期したが、14年1月肩と肘を骨折する大怪我を負い、結局代表チームから除外された。肩と肘を治療する過程で腫瘍を取り除こうとしたが、腫瘍が悪性であると判明。その後、抗がん剤治療を受けたが、16年4月骨肉腫のため23歳の若さで亡くなった。

ノエル, マガリ　**Nöel, Magali**　女優　[国]フランス　[没]2015年6月23日　83歳　[生]1931年6月27日　[出]トルコ・スミルナ（イズミル）　[名]本名＝Guiffray, Magali Noelle　[歴]フランス人の両親のもと、トルコで生まれ、7歳でパリに戻る。少女時代からバレエと歌を習い、その後演劇の勉強を始め、15歳でキャバレーのショーに出演。18歳の時「Demain nous divorçons」で映画デビュー。個性的な魅力で売り出し、イタリア、米国、スウェーデン映画に出演。特にフェデリコ・フェリーニ監督に気に入られ、多くの作品で起用された。主な映画出演作に、「男の争い」(54年)、「鍵穴」(57年)、「殺られる」(58年)、「サテリコン」(68年)、「フェリーニのアマルコルド」(73年) などがある。　[家]元夫＝リッソ, ロベルト（俳優）

ノース, ダグラス　**North, Douglass Cecil**　経済学者　ワシントン大学名誉教授　[専]経済史　[国]米国　[没]2015年11月23日　95歳　[生]1920年11月5日　[出]米国・マサチューセッツ州ケンブリッジ　[学]カリフォルニア大学バークレー校〔1942年〕卒　博士号（カリフォルニア大学）〔1952年〕　[歴]1950年以来、ワシントン州ワシントン大学で助教授、準教授、教授を務め、83年名誉教授。同年よりミズーリ州セントルイスのワシントン大学教授。経済史学会、西洋経済学会の会長などを歴任。新古典派理論の超克を目指す"新制度派経済学"の重鎮として、制度問題を包含する新しい経済史研究を展開。61年に1860年以前の米国の経済成長を説明する理論を示したほか、70年代以降は財産権などの諸制度の確立が経済発展に果たす役割を分析した。これらの業績により、93年R.W.フォーゲルとともにノーベル経済学賞を受賞。著書に「アメリカの過去の成長と福祉—新たな経済史」(71年)、「経済史における構造と変化」(81年) などがある。　[賞]ノーベル経済学賞〔1993年〕

ノブズ, デービッド　**Nobbs, David**　作家　脚本家　[国]英国　[没]2015年8月8日　80歳　[生]1935年3月13日　[出]英国・ケント州ペッツウッド　[名]本名＝Nobbs, David Gordon　[学]ケンブリッジ大学セント・ジョンズ・カレッジ〔1958年〕卒　[歴]両親、4人の祖父母全員が数学教師という家に生まれる。王立通信隊で2年間兵役に就いた後、ケンブリッジ大学セント・ジョンズ・カレッジでラテン語や古典、英文学を学ぶ。1958年に卒業後、地方紙の記者を務めるが、その後テレビ界に入り放送作家となる。75年長編「The Fall and Rise of Reginald Perrin（レジナルド・ペリンの転落）」がテレビ化されてヒットし、脚本家として一躍名声を得た。

ノーブルズ, ラルフ　**Nobles, Ralph**　核物理学者　[国]米国　[没]2015年2月20日　94歳〔肺炎の合併症〕　[生]1920年　[出]米国・ミズーリ州デクスター　[学]博士号（物理学）　[歴]ミズーリ州の農場に生まれる。物理学の博士号を取得後、第二次大戦中に米国が極秘で原爆開発を目指した"マンハッタン計画"に参加。1945年7月ニューメキシコ州で行われた初の核実験を目撃した。カリフォルニア州に移り、サンフランシスコ湾の環境保護に尽力。地域を開発しようとした米国や日本の企業と対立した。

ノボトナ, ヤナ　**Novotna, Jana**　テニス選手　アトランタ五輪テニス女子シングルス銅メダリスト　[国]チェコ　[没]2017年11月19日　49歳〔がん〕　[生]1968年10月2日　[出]チェコスロバキア・ブルノ（チェコ）　[歴]1987年プロ入り。88年ソウル五輪テニス女子ダブルスで銀メダル。90年全仏オープンでベスト4。91年全豪オープン準優勝。92年バルセロナ五輪出場。93年全英オープン（ウィンブルドン）準優勝。93年及び94年英国のブライトン国際室内トーナメントで2連覇を達成し、"世界一のサーブアンドボレー選手"という地位を不動のものとする。94年全米オープンでベスト4。96年アトランタ五輪ダブルスで銀メダル、シングルスで銅メダルを獲得。90年全仏オープンでベスト4。97年ウィンブルドン決勝でマルチナ・ヒンギス（スイス）に敗れ準優勝。98年ウィンブルドンでナタリー・トージア（フランス）を破り初優勝（ダブルスも優勝）。99年現役を引退。シングルスでツアー通算24勝を挙げ、世界ランキングは2位（97年）が最高。ダブルスは76勝を挙げ、世界ランキング1位（90年）を記録した。四大大会での成績は、シングルスでの1勝に加え、ダブルスで12勝、ミックスダブルスで4勝。2005年国際テニス殿堂入りを果たした。

ノリエガ, マヌエル・アントニオ　**Noriega, Manuel Antonio**　政治家　軍人　パナマ最高実力者　パナマ国軍最高司令官・将軍　[国]パナマ　[没]2017年5月29日　83歳　[生]1934年2月11日　[出]パナマ・パナマ市　[名]本名＝Noriega Morena, Manuel Antonio, 別称＝ノリエガ将軍　[学]パナマ大学, ペルー陸軍士官学校　[歴]パナマ市内のスラム街に生まれ、5歳で里子に出された。精神科医をめざしてパナマ大学に入学したが進路を変更。ペルーの陸軍士官学校を経て、1962年パナマ国家警備隊に中尉で入隊、後の最高権力者オマール・トリホス将軍と出会う。68年のクーデターでトリホス将軍が権力を握ると、その後押しで参謀本部情報部長に抜擢され、70年にはクーデターを鎮圧した功績で中佐に昇進、同時に同国情報機関G2の司令官に就任。G2を率いていた68～81年の間に権力基盤を固

ノ

め、G2はもとより犯罪捜査、税関、出入国管理などを事実上支配し、国内の表裏の情報に通じた。86年頃までこの情報を米国中央情報局（CIA）や米国防総省情報局（DIA）などに提供し報酬を受けていたといわれる。81年トリホス将軍が飛行機事故で死去した後、82年参謀総長、83年国軍最高司令官・将軍に就任、総数1万5000人といわれるパナマ国家警備隊を率いて、すべての権力を掌握した。しかし、88年2月より米国は麻薬取引がらみで訴追し、"司令官退陣・国外退去"を求め圧力をかける。89年10月にはノリエガ将軍の退陣を求める国軍若手将校らのクーデターが発生したが、ノリエガ派が鎮圧。同年12月翼賛派で固めた人民議会から全権を委ねられた"政府主席"に任命されて名実ともに最高実力者となる。その直後の同20日、米軍の軍事侵攻にあい、同24日パナマ市内のバチカン大使館に政治亡命を申請したが、翌90年1月3日米軍に投降した。以後、米司法当局に身柄を拘束され、92年7月マイアミの連邦地裁により麻薬取引など8件の罪で拘禁刑40年の量刑判決を受ける。99年3月には同30年に減刑。また、93年10月パナマの地裁より懲役20年の判決を受けた。96年米国の出版社から手記を獄中出版。97年には回顧録「アメリカの囚人」を出版。2010年フランスに身柄が引き渡され、麻薬密輸関連のマネーロンダリング（資金洗浄）の罪で服役。11年パナマへ送還され、1980年代に政敵の殺害に関与した殺人罪などで服役した。

ハ

ノリス, パトリシア　**Norris, Patricia**　衣裳デザイナー　[国]米国　[没]2015年2月20日　83歳〔老衰〕　[生]1931年3月22日　[出]米国・カリフォルニア州　[学]スタンフォード大学　[歴]「エレファント・マン」(1980年)、「ブルー・ベルベット」(86年)、「ロスト・ハイウェイ」(97年) などデービッド・リンチ監督作品の衣裳デザイナーとして知られ、テレビドラマ「ツイン・ピークス」(90年) ではエミー賞を受賞。「天国の日々」(78年)、「エレファント・マン」、「ビクター/ビクトリア」(82年)、「2010年」(84年)、「キャデラック・カウボーイ」(88年)、「それでも夜は明ける」(2013年) の6作品でアカデミー賞衣裳デザイン賞にノミネートされた。他に「スカーフェース」(1983年)、「ジェシー・ジェームズの暗殺」(2007年)、「ジャッキー・コーガン」(2012年)、「エヴァの告白」(2013年) などを手がけた。1980年代後半からはプロダクション・デザイナーとしても活躍。米国衣裳デザイナー組合（CDG）と米国美術監督組合（ADG）の両方で生涯功労賞を受賞。　[賞]エミー賞衣裳デザイン賞〔1990年〕「ツイン・ピークス」, 米国衣裳デザイナー組合賞生涯功労賞〔2007年〕, 米国美術監督組合賞生涯功労賞〔2011年〕

ノルテ, エルンスト　**Nolte, Ernst**　歴史家　ベルリン自由大学歴史学教授　[専]ファシズム　[国]ドイツ　[没]2016年8月18日　93歳　[生]1923年1月11日　[出]ドイツ・ヴィッテン　[名]本名＝Nolte, Ernst Hermann　[歴]ファシズム研究の第一人者で、1963年の論文「ファシズムとその時代」によって有名になる。86年論文「過ぎ去ろうとしない過去」を発表。ナチス・ドイツによるユダヤ人絶滅政策"ホロコースト"について、"過ぎ去ろうとしない過去"と呼び、ホロコーストが他の歴史的な事実と比較可能な事柄（相対化）だとする説を展開。哲学者ユルゲン・ハーバーマスがこの論文に反論し、ナチス・ドイツの戦争責任をめぐって西ドイツで展開された"歴史家論争"が始まった。73〜91年ベルリン自由大学歴史学教授。邦訳書に「ファシズムの時代 ヨーロッパ諸国のファシズム運動 1919-1945」がある。　[賞]コンラート・アデナウアー賞〔2000年〕

【ハ】

パー, ジェリー　**Parr, Jerry**　米国大統領警護隊員　[国]米国　[没]2015年10月9日　85歳〔鬱血性心不全〕　[生]1930年9月16日　[出]米国・アラバマ州モンゴメリー　[名]本名＝Parr, Jerry Studstill　[歴]1962年米国大統領警護隊（シークレットサービス）入り。81年3月30日、ワシントンのホテル前で起きたレーガン大統領暗殺未遂事件で、銃撃されたレーガンを待機していた車に押し込み、負傷に気付くとすぐに病院に向かわせた。この時、銃弾は大統領の胸部に命中しており、後にこの迅速な行動が大統領の命を救ったと評価された。85年に退職した後は牧師になった。

ハー, マイケル　**Herr, Michael**　作家　脚本家　[国]米国　[没]2016年6月23日　76歳　[生]1940年4月13日　[出]米国・ケンタッキー州レキシントン　[名]本名＝Herr, Michael David　[学]シラキュース大学卒　[歴]両親はユダヤ人。ニューヨークで編集者、フリーライターとして活動。1967年から1年間「エスクァイア」誌の特派員としてベトナムに滞在、68年のテト攻勢などベトナム戦争の最も熾烈な戦闘を体験した。77年ベトナム戦争をテーマにした著書「ディスパッチズ」を発表、ベトナム戦争記録文学の傑作としてゆるがぬ評価を与えられた。脚本家としても、親交のあったスタンリー・キューブリック監督の「フル・メタル・ジャケット」(87年) でアカデミー賞脚色賞候補になった他、「地獄の黙示録」(79年)、「レインメーカー」(97年) などに携わった。他の著書に「ザ・ビッグ・ルーム」「ウォルター・ウィンチェル」など。

梅 葆玖　**バイ・ホウキュウ**　**Mei Bao-jiu**　京劇俳優（女形）　[国]中国　[没]2016年4月25日　82歳〔気管支けいれん〕　[生]1934年3月29日　[出]中国上海　[歴]父は著名な京劇俳優の梅蘭芳。9歳で初舞台を踏み、父の下で旦（女形）の修業を積む。1951〜62年梅蘭芳劇団演員、62年より北京京劇院演員。文化大革命中は舞台に立つことを禁じられたが、文革終息後14年を経て、80年舞台に返り咲く。父の芸風を継承し、京劇の発展に尽力した。代表作は「覇王別姫（さらば、わが愛）」「貴妃酔酒」「穆桂英掛帥」「太真外伝」「洛神」「西施」など。89年ニューヨーク・リンカーン・アートセンターおよび米華芸術協会よりアジア傑出芸人賞を受賞。91年3月全国政協委員に選出。父の生涯を描いたチェン・カイコー（陳凱歌）監督の映画「花の生涯〜梅蘭芳〜」(2008年) では撮影に協力した。1956年父の公演に同行して初来日。92年北京京劇院の公演で来日。歌舞伎俳優の坂東玉三郎らと親交が厚く、日中芸術交流にも貢献。2010年上海万博では玉三郎と「楊貴妃」を競

演した。14年梅蘭芳生誕120年の記念公演を日本各地で行った。 [賞]アジア傑出芸人賞（ニューヨーク・リンカーン・アートセンター）〔1989年〕，桜美林大学名誉文学博士号〔2012年〕 [家]父＝梅蘭芳（京劇俳優），兄＝梅葆玥（京劇俳優）

バイケル，セオドア **Bikel, Theodore** 俳優 [国]米国 [没]2015年7月21日 91歳〔老衰〕 [生]1924年5月2日 [出]オーストリア・ウィーン [名]本名＝Bikel, Theodore Meir [学]RADA [歴]ウィーン生まれのユダヤ人。13歳の時にパレスチナに移住し、テル・アビブのハービマ・シアターで初舞台を踏む。1946年ロンドンに移り、RADAで学び、48年俳優デビュー。55年ニューヨークに進出。52年「アフリカの姫」で映画デビュー、以来性格俳優として英米映画に数多く出演。58年「手錠のままの脱獄」でアカデミー賞助演男優賞にノミネートされた。他の出演作に「マイ・フェア・レディ」（69年）、「今宵限りの恋」（68年）など。舞台でも活躍し、59年ニューヨークのブロードウェイで「サウンド・オブ・ミュージック」のトラップ大佐役を演じたほか、67年からは「屋根の上のバイオリン弾き」の主役テヴィエを2000回以上演じた。テレビドラマにも多数出演し、ギタリスト、フォークシンガーとしても有名だった。61年米国籍を取得。グリニッチ・ヴィレッジ独立民主党の擁護者として政治にも関与した。

バイデン，ボー **Biden, Beau** 法律家 デラウェア州司法長官 [国]米国 [没]2015年5月30日 46歳〔脳腫瘍〕 [生]1969年2月3日 [出]米国・デラウェア州ウィルミントン [名]本名＝Biden, Joseph Robinette (III) [学] 法学博士号（シラキュース大学） [歴]父は2009年のオバマ政権発足から2期副大統領を務めたジョセフ・バイデン。1972年2歳の時、父が上院議員に選出された数週間後に母が交通事故で死亡。一緒に車に乗っていた子供たちのうち、1歳の妹も亡くなったが、自身は弟とともに助かった。シラキュース大学で法学博士号を取得後、弁護士となり、戦争で荒廃したコソボの司法制度整備に尽力。2006年から2期8年にわたってデラウェア州司法長官を務め、虐待からの子供の保護などに努めた。08年には米軍部隊とともにイラクにも赴いた。16年の州知事選に出馬する意向を示していたが、15年6月脳腫瘍のため46歳の若さで亡くなった。 [家]父＝バイデン，ジョセフ（Jr.）（元米国副大統領）

ハイト，ロバート **Hite, Robert** 軍人 太平洋戦争で日本本土を初空襲した米軍ドゥーリトル隊の搭乗員 [国]米国 [没]2015年3月29日 95歳〔心不全〕 [生]1920年3月3日 [出]米国・テキサス州オデル [名]本名＝Hite, Robert Lowell [歴]1940年米国空軍士官候補生を経て、41年空軍パイロットとなる。太平洋戦争が始まった42年4月、米軍ドゥーリトル隊の一員としてB25爆撃機に搭乗し、日本本土を初空襲、名古屋の航空機工場などを爆撃した。中国大陸の、日本が実効支配していない地域に着陸する予定だったが、日本側勢力圏で捕らえられた。拘束された8人のうち3人は市民を爆破した戦犯として処刑されたが、自身は終戦まで収監された。日本軍が拘束した隊員8人のうち最後の生存者だった。

パイパー，ロディ **Piper, Roddy** プロレスラー 俳優 [国]カナダ [没]2015年7月30日 61歳〔心不全〕 [生]1954年4月17日 [出]カナダ・サスカチュワン州サスカトゥーン [名]本名＝トゥームス，ロドリック・ジョージ〈Toombs, Roderick George〉，リングネーム＝パイパー，ラウディ・ロディ〈Piper, Rowdy Roddy〉 [歴]プロモーターのトニー・カンデーロ経営のジムに寝泊まりしながらレスリングとボクシングを習う。15歳の頃にプロレスラーとしてデビューし、1975年ロサンゼルスのマイク・ラベールのカンパニーに所属。スコットランドのグラスゴー出身、ゲール貴族の末裔というキャラクター設定で、スコットランドの民族衣装キルトをトレードマークとし、ラストネームの“パイパー”はバグパイプからとった。70年代後半は太平洋沿岸エリアをホームリングとして活躍。77年10月には新日本プロレスの“闘魂シリーズ”に参戦のため初来日。78年1月には白マスクに白タイツのマスクド・カナディアンを名のり、新日本の“ビッグ・ファイト・シリーズ”に参戦した。83年WWEと専属契約を交わし、おしゃべりキャラクターとして人気を得る。2005年WWEの殿堂入り。俳優としても活動し、1988年SFスリラー映画「ゼイリブ」に主演した。他の出演作に、映画「ハードネス」「拳 アルティメット・ファイター」、テレビドラマ「フィラデルフィアは今日も晴れ」「コールドケース」など。

ハイムリック，ヘンリー **Heimlich, Henry** 医師 ハイムリック法の考案者 [国]米国 [没]2016年12月17日 96歳〔心臓発作による合併症〕 [生]1920年2月3日 [出]米国・デラウエア州ウィルミントン [名]本名＝Heimlich, Henry Judah [学]コーネル大学〔1941年〕卒 [歴]1974年食べ物など異物を喉に詰まらせた人を助けるため、背後から抱きついて拳で腹部を圧迫し横隔膜を押し上げるように引き上げて、異物を吐き出させる応急処置“ハイムリック法”を考案。世界各地で多くの命を救ったといわれる。

バイン，バーバラ

⇒レンデル，ルース を見よ

ハインズ，バリー **Hines, Barry** 作家 [国]英国 [没]2016年3月18日 76歳 [生]1939年6月30日 [出]英国・サウスヨークシャー州バーンズリ近郊 [名]本名＝Hines, Barry Melvin [歴]21歳の時、オーウェルの「動物農場」に出合い文学に開眼。1966年「The Blinder」で作家デビュー。68年「ケス―鷹と少年」がベストセラーとなり、69年にはケン・ローチ監督により映画化された。「The Gamekeeper」（79年）、「Looks and Smiles」（81年）もローチ監督により映画化される。40年以上に渡って労働者階級の人々の生活を描いた。 [賞]ロイヤル・ソサエティ会員〔1977年〕

ハインド，ロバート **Hinde, Robert** 動物学者 ケンブリッジ大学名誉教授 [専]鳥類学，動物行動学 [国]英国 [没]2016年12月23日 93歳 [生]1923年10月26日 [出]英国・ノーウィッチ [名]本名＝Hinde, Robert Aubrey [学]ケンブリッジ大学セント・ジョンズ・カレッジ卒，オックスフォード大学大学院 Ph.D. [歴]オックスフォード大学大学院時代はエドワード・グレイ野外鳥類学研究所で過ごす。1950年以来、ケンブリッジ大学動物学教室に勤務し、鳥類の行動学や内分泌学、霊長類やヒトの社会行動や発達の研究で業績を

上げる。89～94年同大セントジョンズ・カレッジ学寮長。63年生涯研究に従事できるという名誉職のロイヤル・ソサエティ研究教授に任ぜられた。邦訳の著書に「エソロジー」。 **®**CBE勲章〔1988年〕，ロイヤル・メダル〔1996年〕**®**ロイヤル・ソサエティ会員〔1974年〕，米国芸術科学アカデミー外国人名誉会員〔1974年〕，米国科学アカデミー外国人名誉会員〔1978年〕

ハウ，ゴーディ　Howe, Gordie アイスホッケー選手 **国**カナダ **没**2016年6月10日 88歳 **生**1928年3月31日 **出**カナダ・サスカチュワン州フローラル **歴**1946～47年シーズンにNHLのレッドウイングスでデビュー。MVPとポイント王に6回ずつ輝き、NHL王者を決めるスタンレー杯でレッドウイングスの4回の優勝に貢献。史上最高の選手の一人に数えられた。72年NHLの殿堂入り。ホエーラーズ（現・ハリケーンズ）でプレーした79～80年を最後に52歳で引退。97年マイナーリーグ（IHL）のデトロイト・バイパーズ入りを表明、17年ぶり69歳での現役復帰が話題となった。98年引退。NHL通算32シーズンで最多の1767試合出場、通算801得点は、名選手ウェイン・グレツキー（894得点）に更新されるまで史上1位だった。通称ミスター・ホッケー。2人の息子もアイスホッケー選手で、WHAエアロズ、NHLホエーラーズで一緒にプレーした。

ハ　ハウ，ジェフリー　Howe, Geoffrey 政治家 英国外相 **没**2015年10月9日 88歳〔心臓発作〕 **生**1926年12月20日 **出**英国・グラモーガンシャー **本**本名＝Howe, Richard Edward Geoffrey **学**ケンブリッジ大学卒 **歴**在学中に学内の英国保守党協会議長。弁護士、検事次長を経て、1964年保守党下院議員に初当選。66年落選したが、70年政界復帰して法務次官。72～74年貿易・消費問題担当相。79年サッチャー内閣発足とともに財務相として入閣、83年6月から外相。89年7月サッチャー内閣改造で事実上の副首相として枢相兼下院院内総務に就任。サッチャー首相の信任厚い英政界の大物だったが、EC政策で対立。90年10月に行った辞任演説でサッチャーの政治姿勢を痛烈に批判し、11月の首相辞任へと引導を渡した経緯がある。92年総選挙で下院議員を引退、7月から上院議員。法律事務所ジョーンズ・デイ・リービスアンドボーグ事務所顧問も務めた。70年ナイト爵に叙せられる。92年一代貴族。84年、88年、89年来日。 **®**大分県名誉県民〔1989年〕

バウマン，ジグムント　Bauman, Zygmunt 社会学者 リーズ大学名誉教授 ワルシャワ大学名誉教授 **国**英国 **没**2017年1月9日 91歳 **生**1925年11月19日 **出**ポーランド・ポズナニ **学**ワルシャワ大学（社会学・哲学） Ph.D. **歴**ポーランドのユダヤ人家庭で生まれ育ち、ナチス・ドイツによるユダヤ人虐殺（ホロコースト）を逃れ、旧ソ連に渡った。戦後は帰国し、ワルシャワ大学で社会学と哲学を研究。世界各地で教壇に立ち、1964～68年ワルシャワ大学教授、68～71年テルアビブ大学社会学教授、71～91年リーズ大学教授を歴任した。退職後もグローバル化やホロコーストなどをテーマに研究を続け、著書は50冊を超えた。現代社会を、固定的な社会構造を持つ近代社会と対比し

て、流動的で不安定なものとした"リキッド（液状化した）・モダニティ"と特徴づけたことで知られる。著書に「アイデンティティ」「廃棄された生」「近代とホロコースト」「社会学の考え方」「グローバリゼーション 人間への影響」「新しい貧困」「リキッド・モダニティ」「コミュニティ」「幸福論」「リキッド・ライフ 現代における生の諸相」「コラテラル・ダメージ」「私たちが、すすんで監視し、監視される、この世界について」（共著）など。 **®**アマルフィ賞〔1989年〕「近代とホロコースト」，アドルノ賞〔1998年〕

バーガー，サンディ　Berger, Sandy 米国大統領補佐官（国家安全保障問題担当） **国**米国 **没**2015年12月2日 70歳 **生**1945年10月28日 **出**米国・コネティカット州シャロン **本**本名＝バーガー、サミュエル・リチャード〈Berger, Samuel Richard〉 **学**コーネル大学卒、ハーバード大学法律大学院修了 **歴**弁護士開業ののち、リンゼイ・ニューヨーク市長（当時）や上下両院議員の補佐官を経て、1977～80年カーター政権時に国務省政策企画局副局長。民主党政治に深くかかわり、92年大統領選挙中に学生時代からの友人だったクリントン候補の外交政策顧問となる。93年1月クリントン大統領副補佐官（国家安全保障問題担当）を経て、97年1月補佐官に就任。オルブライト国務長官と並んで外交政策を推進し、中国を国際社会に組み入れていく関与（エンゲージメント）政策を進めた。2001年退任し、ワシントンにコンサルティング会社ストーンブリッジを開く。08年大統領選では民主党予備選に出馬したヒラリー・クリントンの外交アドバイザーを務めた。09年オルブライト元国務長官が率いるオルブライト・グループと合併してオルブライト・ストーンブリッジグループを設立し会長。 **®**旭日大綬章（日本）〔2015年〕 **®**弁護士

バーガー，ピーター　Berger, Peter 社会学者 ボストン大学名誉教授 **門**知識社会学、宗教社会学、近代論 **国**米国 **没**2017年6月27日 88歳 **生**1929年3月17日 **出**オーストリア・ウィーン **本**本名＝Berger, Peter Ludwig **学**ニュースクール・フォア・ソーシャル・リサーチ 博士号 **歴**1946年渡米、52年帰化。54年ニュースクール・フォア・ソーシャル・リサーチでアルフレート・シュッツに師事。63年ニュースクール・フォア・ソーシャル・リサーチ教授、70年ラトガース大学教授を経て、81年ボストン大学教授。フランクフルト学派の影響を受け、世界の意味構造に注目する現象学的社会の社会学を確立。知識社会学、宗教社会学、近代論などを専門とした。主著に「社会学への招待」（63年）、「現実の社会的構成」（66年、共著）、「聖なる天蓋」（67年）、「犠牲のピラミッド」（74年）、「現代人はキリスト教を信じられるか」（2003年）など。 **®**師＝シュッツ、アルフレート（社会学者）

バガザ，ジャン・バプチスト　Bagaza, Jean Baptiste 政治家 軍人 ブルンジ大統領 **国**ブルンジ **没**2016年5月4日 69歳 **生**1946年8月29日 **出**ブルンジ・ブルリ県ルトブ **学**ミッションスクール卒 **歴**1966～70年ベルギー軍学校で社会学と軍事を専攻。71年9月ブルンジ陸軍に入隊、72年7月軍副参謀長。76年11月1日クーデターで最高革命評議会を成立、大統領に就任。79年民族進歩連合（UPRONA）党首。84年8月再選。87年9月外遊中に起きたブヨヤのクーデターで

失脚、ウガンダへ亡命。90年代に入って帰国するが、大統領となったブヨヤによる再度のクーデターで自宅軟禁状態に置かれる。その後、国外に脱出し、ウガンダのムセベニ政権の保護を受けながらツチ系の政党・民族再生党（PARENA）を率いた。

ハガード, マール　Haggard, Merle
カントリー歌手　国米国　没2016年4月6日　79歳［肺炎による合併症］　生1937年4月6日　出米国・カリフォルニア州オイルデール　名本名＝Haggard, Merle Ronald　歴9歳の時に父を亡くし、その後放浪生活を送る。強盗罪で服役していた1958年、刑務所内でカントリー音楽の大御所ジョニー・キャッシュのコンサートを見て歌手になることを決意。62年ラスベガスでウェイン・スチュアート・バンドのベース奏者兼歌手となる。60年代後半に刑務所内での境遇と母への想いを歌った「ママ・トライド」が全米1位を獲得。69年には「オーキー・フロム・マスコギー」が若者の間で大ヒット。ヒット曲は30曲を超え、伝統的なカントリーミュージックにロックを取り入れた西海岸発祥の"ベーカーズフィールド・サウンド"の代表的な歌手として知られた。

パーキンソン, セシル　Parkinson, Cecil
政治家　英国運輸相　国英国　没2016年1月22日　84歳　生1931年9月1日　出英国・ランカシャー州カーンフォース　名本名＝Parkinson, Cecil Edward　学ケンブリッジ大学卒　歴ケンブリッジ大学で学び、会計士の資格を得る。1974年英国保守党下院議員に当選。76～79年影の貿易相を経て、79年マーガレット・サッチャー首相によって通商相に任命される。81～83年保守党幹事長、82～83年ランカスター公領相兼支払総監。83年通産相となるが、愛人の妊娠が報道され、大臣職と幹事長辞任に追い込まれた。その後、非嫡出の娘が生まれる。87年エネルギー相として再入閣、89年運輸相となり、90年にジョン・メージャー新政権が発足するまで務めた。92年男爵（一代貴族）に叙せられた。

パク・ヨンオク　朴 栄玉　Park Young-ok
金鍾泌韓国首相の妻　国韓国　没2015年2月21日　85歳［病気］　生1929年9月28日　出朝鮮慶尚北道（韓国）　歴父はジャーナリストの朴相熙。朴正熙元韓国大統領は叔父で、朴槿恵大統領は従妹にあたる。朴正熙によって側近の金鍾泌を紹介され、1951年結婚。金鍾泌が金大中政権で首相を務めていた99年9月、夫婦で日本を訪れ、天皇、皇后両陛下と皇居・宮殿で会見した。夫＝金鍾泌（韓国首相）、父＝朴相熙（ジャーナリスト）

パクストン, ビル　Paxton, Bill
俳優　国米国　没2017年2月25日　61歳［手術による合併症］　生1955年5月17日　出米国・テキサス州フォートワース　学ニューヨーク大学　歴高校時代から8ミリ映画を撮り、卒業後はロサンゼルスに移住。1970年代にハリウッドの美術担当として活躍。その後、ニューヨークで演技を学び、サム・シェパード演出の舞台でデビュー。75年「クレイジー・ママ」でジョナサン・デミ監督の誘いを受けて映画初出演。その後、ニューヨーク大学で本格的に演技を学ぶ。ジェームズ・キャメロン監督との出会いをきっかけに、「エイリアン2」（86年）や「タイタニック」（97年）などキャメロン監督作品に多く出演。「タイタニック」では豪華客船タイタニック号とともに沈んだとされる宝石を探すトレジャー・ハンターを好演した。他の映画出演作に、「ターミネーター」（84年）、「プレデター2」（90年）、「トゥルーライズ」（94年）、「アポロ13」（95年）、「ツイスター」（96年）、「シンプル・プラン」「マイティ・ジョー」（98年）、「U-571」（2000年）、「サンダーバード」（04年）、「オール・ユー・ニード・イズ・キル」（14年）など。テレビドラマでは、主演を務めた「ビッグ・ラブ」でゴールデン・グローブ賞に3度ノミネートされた。01年には初長編監督作「フレイルティー/妄執」が高い評価を得た。1996年来日。

ハクスリー, フランシス　Huxley, Francis
民族学者　神話学者　国英国　没2016年10月29日　93歳　生1923年8月28日　出英国・オックスフォード　学オックスフォード大学ベリオール・カレッジ卒　歴南米アマゾンのシャーマニズムや神話、宗教儀礼に魅了され、その研究に取り組むとともに、南米原住民の文化を守ることに尽力した。著書に「聖なるものへの道」「龍とドラゴン―幻獣の図像学」などがある。家父＝ハクスリー, ジュリアン（生物学者）, 曽祖父＝ハクスリー, トマス・ヘンリー（生物学者）

バグリ, ラージ　Bagri, Raj
実業家　メトディスト・グループ創業者　ロンドン金属取引所（LME）会長　国英国　没2017年4月26日　86歳　生1930年8月24日　出インド・カルカッタ（コルカタ）　名本名＝Bagri, Raj Kumar　歴3歳で父親を亡くし、15歳で学校を辞め、カルカッタ（現・コルカタ）で金属取引業の見習いとなる。1954年初来日し、精錬所などを見学したことが非鉄取引の世界に本格的に入りこむきっかけとなり、59年ロンドンに本拠を置くメトディストを創設。同グループを英国で有数の非鉄取引業者に一代で築き上げた。90年ロンドン金属取引所（LME）副会長を経て、93年～2002年非英国人で初のLME会長を務めた。1997年男爵（一代貴族）に叙される。親日家として知られた。勲CBE勲章〔1995年〕

バークレム, ジル　Barklem, Jill
絵本作家　イラストレーター　国英国　没2017年11月15日　66歳　生1951年5月23日　出英国・ロンドン郊外エピング　学セント・セントラル・マーティンズ美術学校　歴ロンドン郊外にある自然豊かなエピングに生まれる。13歳の時に網膜剥離を患い、視力は回復したものの、激しい運動をすることが出来なくなった。美術室で絵を描いているうちに美術や生物学に関心を持つようになり、ロンドンのセントラル・セント・マーティンズ美術学校に進学、イラストレーションとグラフィックデザインを学ぶ。1977年26歳でデービッド・バークレムと結婚。夫に勧められ、それまで描きためていたスケッチを出版社ハーパーコリンズに持ち込み、80年春夏秋冬の物語を描いた4冊組の絵本として発売。〈のばらの村のものがたり〉としてシリーズ化され、「ひみつのかいだん」（83年）、「ウィルフレッドの贈り物」（86年）、「海へいった話」（90年）、「ポピーのあかちゃん」（94年）などが刊行された。賞世界絵本作家原myみずく賞（第16回, 1981年度）, ボローニャ国際児童図書展エルバ賞（1982年度）

バジェ, ホルヘ　Batlle, Jorge
政治家　ウルグアイ大統領　国ウルグアイ　没2016年10月24日　88

歳 [生]1927年10月25日 [出]ウルグアイ・モンテビデオ [名]本名＝バジェ・イバニェス, ホルヘ・ルイス〈Batlle Ibáñez, Jorge Luis〉 [学]ウルグアイ共和国大学法学部卒 [歴]曽祖父、大伯父、父が大統領というウルグアイ最高の名門バジェ一族の出身。1943年16歳の時ラジオ局のジャズ番組でDJを務める。共和国大学法学部卒業後、弁護士となる。コロラド党に入党し、59〜67年軍政下でウルグアイ下院議員。64年より日刊紙「アクシオン」編集長を務めるが、73年新聞記者の職を追われ地下で政治活動に取り組む。民政移管後、84年に上院議員に当選して政界に復帰。66年大統領選に初出馬、以来5回目の挑戦で、99年11月当選。2000年3月〜05年3月大統領を務めた。在任中は前政権の基本路線を踏襲。ブラジルやアルゼンチン経済危機の影響を受け脆弱化した経済の建て直しに取り組んだ。 [資]弁護士 [家]父＝バジェ, ルイス（ウルグアイ大統領）

バージャー, ジョン **Berger, John Peter** 作家 美術評論家 脚本家 [国]英国 [没]2017年1月2日 90歳 [生]1926年11月5日 [出]英国・ロンドン [学]中央美術学校, チェルシー美術学校 [歴]ロンドンに生まれ、1970年代からフランスで暮らす。画家、美術教師を経て、美術評論に転じ、キュービズムなどに関する評論などを書く。58年には長編「現代の画家」で小説家デビュー。脚本や翻訳なども手がけた。大作「G.」（72年）では、19世紀から第一次大戦前夜のイタリアを舞台にドンファン的に生きた人物の華麗な生涯を前衛的に描き、英文学最高峰のブッカー賞など主要な文学賞を独占して注目を集めた。BBC放送の番組と組んで出版され、“見る”ことについて論じた「イメージ―視覚とメディア」（72年）でも知られた。他の小説に、「クライヴの足」（62年）、「コーカーの自由」（64年）、舞台の脚本に「Question of Geography」（84年）、ノンフィクションに「ピカソ/その成功と失敗」（65年）、「芸術と革命」（69年）、「見るということ」（80年）、映画の脚本にアラン・タネール監督の「サラマンドル」（71年）、「ジョナスは2000年に25才になる」（76年）、テレビの脚本に「La Sramandre」「Le Milien du Monde」「Jonas」など。米国の黒人解放急進組織ブラックパンサーの支持者としても知られた。 [賞]ジョージ・オーウェル記念賞〔1977年〕, ブッカー賞〔1972年〕「G.」, ジェームズ・テイト・ブラック記念賞〔1972年〕「G.」, 金のペン賞〔2009年〕

パション, フランシス・セイビヤー **Pasion, Francis Xavier** 映画監督 [国]フィリピン [没]2016年3月6日 38歳〔心臓発作〕 [生]1978年2月8日 [出]フィリピン・マニラ [学]アテネオ・デ・マニラ大学コミュニケーション学専攻 [歴]大学在学中にロヨラ・フィルム・サークルを設立し、2008年映画「Jay」で長編映画初監督。同作品はフィリピン若手監督の登竜門であるシネマラヤ映画祭で最優秀作品を受賞したほか、ベネチア映画祭オリゾンティ部門に選ばれた。2作目となる「Sampaguita, National Flower」はシネマラヤ映画祭監督賞を受賞。10年に東京フィルメックスでスタートした若手育成プログラムの第1期生でもあり、14年には「クロコダイル」が第15回東京フィルメックスで最優秀作品賞に輝いた。テレビドラマ「Dyesbel」などの監督も務めた。フィリピン映画界期待の若手監督として世界でも注目されていたが、16年38歳の若さで亡くなった。 [賞]シネマラヤ映画祭最優秀作品賞〔2008年〕「Jay」, シネマラヤ映画祭監督賞「Sampaguita, National Flower」, シネマラヤ映画祭最優秀作品賞他〔2014年〕「クロコダイル」, 東京フィルメックス最優秀作品賞（第15回）〔2014年〕「クロコダイル」

パスクア, シャルル **Pasqua, Charles Victor** 政治家 フランス内相 フランス連合（RPF）党首 [国]フランス [没]2015年6月29日 88歳〔心臓発作〕 [生]1927年4月18日 [出]フランス・ニース近郊グラース [学]エクサン・プロバンス大学卒 [歴]第二次大戦中にドゴール将軍が率いた対ナチス・ドイツ抵抗運動に18歳で参加。戦後、実業界を経て政界入り。1968〜73年フランス下院議員。この間、72年商業コンサルタント。74〜76年下院幹事長。77年上院議員。81〜86年共和国連合（RPR）上院議員団長。86〜88年内相。93年3月〜95年5月バラデュール内閣で内務・国土開発相。保守派のシラク、サルコジ両大統領の下で、内務・治安部門を掌握する重鎮とされた。厳しい移民規制法を導入したことで知られるが、退任後は不法移民を合法化すべきなどの発言を行う。99年11月保守新党のフランス連合（RPF）を結成、党首に就任。晩年は武器輸出をめぐる不正などが発覚し、2009年に収賄罪で有罪判決を受けた。

バスケス・ラーニャ, マリオ **Vázquez Raña, Mario** 国際オリンピック委員会（IOC）理事 各国オリンピック委員会連合（ANOC）会長 [国]メキシコ [没]2015年2月8日 82歳 [生]1932年6月7日 [出]メキシコ・メキシコシティ [歴]1979年各国オリンピック委員会連合（ANOC）を創設し、初代会長に就任。国際オリンピック委員会（IOC）理事および委員も務め、国際スポーツ界に影響力を行使した。2012年80歳で定年を迎えるにあたり、任期が14年まであるANOC会長として特例でIOC理事にとどまることを画策したが、強い反発を受け、IOC理事と委員、さらにANOC会長を辞任した。

バスコンセロス, ナナ **Vasconcelos, Naná** パーカッション奏者 [国]ブラジル [没]2016年3月9日 71歳〔肺がんの合併症〕 [生]1944年8月2日 [出]ブラジル・レシフェ [名]本名＝Vasconcelos, Juvenal de Holanda [歴]ギタリストだった父親の影響で幼い頃から音楽に親しみ、ブラジルの民族楽器ビリンバウを習得。1950年代リオデジャネイロでボサノバ運動にドラマーとして参加。60年代末ニューヨークに渡る。71年ガトー・バルビエリのコンボの一員としてモントルー・ジャズ祭に出演。72年ピエール・バルーのプロデュースで初アルバム「Africadeus」をリリース。その後ヨーロッパで演奏し、ドン・チェリー、エグベルト・ジスモンチと共演。再びニューヨークに戻り、コリン・ウォルコット、チェリーとコドナを結成して活躍。80年代からパット・メセニー・グループに参加し話題を集めた。その後、ミルトン・ナシメントとともに活動。90年代には「ハート/ビート」というタイトルでパーカッションとボーカルを駆使したソロ・コンサートを各地で開催。93年ロンドン・ジャズ・フェスティバルにはスペシャル・トリオ“インクラシフィケイブル”で参加し

た。主なアルバムに「コドナ」「サウダージ」など。坂本龍一、矢野顕子、日野皓正など日本人アーティストとの共演も多数。

バスティン, アレクシス **Vastine, Alexis** ボクシング選手 北京五輪ボクシング男子ライトウエルター級銅メダリスト [国]フランス [没]2015年3月9日 28歳〔ヘリコプター墜落事故死〕 [生]1986年11月17日 [出]フランス・ウール県 [名]本名＝Vastine, Alexis Alain [歴]2004年ボクシングの世界ジュニア選手権で銅メダル。08年北京五輪男子ライトウエルター級で銅メダルを獲得。12年ロンドン五輪はウエルター級で準々決勝敗退。15年3月フランスの民放TF1が制作する番組の撮影のため、南米アルゼンチンの山岳地帯でヘリコプターに搭乗していた際、ヘリコプターが空中で衝突事故を起こして死亡。この事故により、12年ロンドン五輪競泳女子400メートル自由形金メダリストのカミーユ・ムファも死亡した。番組は厳しい自然環境の中に置き去りにされたスポーツ選手らが“サバイバル”するという内容で、夏に放送される予定だった。

ハズバンズ, クリフォード **Husbands, Clifford** 政治家 バルバドス総督 [国]バルバドス [没]2017年10月11日 91歳 [生]1926年8月5日 [名]本名＝Husbands, Clifford Straughn [学]ハリソン・カレッジ [歴]大学卒業後、ロンドンで法律を学ぶ。1952年弁護士資格を取得。その後、バルバドスやグレナダ、アンティグアなどで修業。76年バルバドス最高裁判事、91年控訴院判事を歴任。96年カリブ諸国では初の女性総督だったニタ・バローの死去に伴い、総督に就任。2011年に引退するまで務めた。 [賞]聖マイケル・聖ジョージ勲章〔1995年〕 [資]弁護士

バターロフ, アレクセイ **Batalov, Aleksei** 俳優 映画監督 [国]ロシア [没]2017年6月14日 88歳 [生]1928年11月20日 [出]ソ連・ロシア共和国ウラジーミル（ロシア） [名]本名＝Batalov, Aleksei Vladimirovich [学]モスクワ芸術座附属演劇学校卒 [歴]両親はモスクワ芸術座の俳優で、映画「人生案内」(1931年）に主演したニコライ・バターロフをおじに持つ。学校卒業後、50～53年母のニーナ・オリシェフスカヤが演出を手がけていた軍中央劇場や、53～57年モスクワ芸術座の舞台で活躍。54年「大家族」で映画デビュー。「鶴は翔んでゆく」(57年, 別題「戦争と貞操」）に出演して国際的に名を挙げ、「一年の九日」(61年）で見せた自然な演技で国際的評価を得た。59年にはゴーゴリの「外套」の映画化で監督デビュー。80年よりモスクワの国立映画大学（VGIK）俳優科教授を務めた。他の映画出演作に、「小犬を連れた貴婦人」(60年)、「七番目の道づれ」(67年)、「帰郷」(70年)、「モスクワは涙を信じない」(79年)、「Rokovyye Yaytsa」(96年）など。 [賞]レーニン賞, ソ連人民芸術家〔1976年〕, モスクワ国際映画祭映画芸術特別功労賞（第29回）〔2007年〕 [家]母＝オリシェフスカヤ, ニーナ（女優）

バックマン, チャールズ **Bachman, Charles** コンピューター科学者 [国]米国 [没]2017年7月13日 92歳 [生]1924年12月11日 [出]米国・カンザス州マンハッタン [名]本名＝Bachman, Charles William (III) [学]ミシガン州立大学卒, ペンシルベニア大学大学院修了 [歴]1950年代よりダウ・ケミカル、ゼネラル・エレクトリック（GE)、ハネウェルなどに勤務し、産業界の研究者として業績を残す。多数のCODASPLデータベースシステムの基礎となったIDS（Integrated Data Store）を創設するなど、データベース分野の発展に貢献。73年データベース技術に関する業績により、チューリング賞を受賞。博士号を持たない受賞者は当時初めてだった。83年ソフト開発会社バックマン・インフォメーション・システムを設立した。 [賞]チューリング賞（1973年度）

ハッチャーソン, ボビー **Hutcherson, Bobby** ジャズ・ビブラフォン奏者 [国]米国 [没]2016年8月15日 75歳〔肺気腫〕 [生]1941年1月17日 [出]米国・カリフォルニア州ロサンゼルス [名]本名＝Hutcherson, Robert [歴]9歳からピアノを始め、兄らの影響でジャズの道に進む。学生時代にピアノからビブラフォンに転向。カーティス・アーミー、チャールズ・ロイドのグループでプロデビュー。西海岸で活動したのち、1961年ニューヨークでバードランドに出演。その後、フリーとなり、アーチー・シェップ、ジャッキー・マクリーンらと共演した。68年ハロルド・ランドとコンボを結成。78年CBSと専属契約を経て、84年ランドマークと専属契約。86年、87年にはマウント・フジ・ジャズ祭に出演した。40枚以上のアルバムを発表し、スピード感あふれる演奏で人気を博した。代表作に「ダイアローグ」「ハプニングス」「カラー・シームス」などがある。

ハッチンス, パット **Hutchins, Pat** 絵本作家 [国]英国 [没]2017年11月8日 75歳 [生]1942年6月18日 [出]英国・ヨークシャー州 [学]ダーリントン美術学校, リーズ美術大学 [歴]ヨークシャー州の田園で育ち、子供の頃から絵を描くことを好んだ。ダーリントン美術学校を経て、リーズ美術大学でイラストレーションとデザインを学ぶ。卒業後、ロンドンの広告代理店でアートディレクターのアシスタントを務める。結婚してニューヨークに移り住み、児童書のイラストレーターとして作品を発表。編集者スーザン・ヒルシマンと出会い、1968年「ロージーのおさんぽ」でデビュー。74年「風がふいたら」でケイト・グリーナウェイ賞を受賞した。他の作品に「おたんじょうびおめでとう！」「せかい一わるいかいじゅう」「ティッチ」「ヒギンスさんととけい」など。明るい色彩のイラストとユニークでリズミカルな文章で40以上の作品を生み、世界的に高く評価された。 [賞]ケイト・グリーナウェイ賞〔1974年〕「風がふいたら」

ハーディ, ロビン **Hardy, Robin** 映画監督 作家 [国]英国 [没]2016年7月1日 86歳 [生]1929年10月2日 [出]英国・ウィンブルドン [名]本名＝Hardy, Robin St.Clair Rimington [歴]ジプシーとして、ヨーロッパ各地のホテルを転々としながら育ち、スイス、英国、フランスで教育を受ける。1960年代カナダと米国のオムニバステレビシリーズ「Esso World Theater」でそのキャリアをスタート。73年サスペンス・ホラー「ウィッカーマン」で映画監督としてデビュー。同作品はカルト的傑作として名高く、2006年にはニコラス・ケイジ主演でリメイクされた。11年には自身の小説を基にした続編「The Wicker Tree」を発表。「霧のダブリン/殺しの透視図」(1986年）と合わせ、監督作はわ

ハ

ずか3作という寡作の生涯だった。 [賞]ニューヨーク国際映画祭大賞〔1962年〕, パリ・ファンタスティック映画祭グランプリ〔1974年〕「ウィッカーマン」

ハディド, ザハ　Hadid, Zaha　建築家　[国]英国　[没]2016年3月31日　65歳〔心臓発作〕　[生]1950年10月31日　[出]イラク・バグダッド　[学]アメリカン大学（ベイルート）　[歴]イラクのバグダッドで生まれ、ベイルートで数学を学ぶ。1972〜77年ロンドンのアーキテクチュアル・アソシエーション（AA）スクールに学ぶ。78〜79年OMAに参加。80年建築事務所をロンドンに設立。以来、数々の展覧会、コンペティションに参加。83年香港プロジェクトの「ザ・ピーク」のコンペで1等入選となり、その過激な設計案は建築界に衝撃を与えた。幾何学的な曲線や直線、流動的でダイナミックな建築が特徴だが、デザインが斬新すぎるため、コンペでは勝ってもそれが実現されないこともあり“アンビルトの女王”の異名をとった。80〜87年AAスクール、94年よりハーバード大学で教鞭を執った。主な計画案に「ラ・ヴィレット公園」（82〜83年）、「トラファルガー広場計画」（85年）、「カーディフ・オペラハウス」（95年）、建築作品に「ヴィトラ社消防署」（93年, ドイツ）、「ローゼンタール現代美術センター」（2003年, 米国）、「BMWセントラル・ビルディング」（05年, ドイツ・ライプツィヒ）、「フェーノ科学センター」（05年, ドイツ・ヴォルフスブルク）、「マギーがん福祉センター」（06年, 英国・カーコーディ）、「ノルドパーク・ケーブル駅」（07年, オーストリア）、「国立21世紀美術館MAXXI」（10年, ローマ）、12年ロンドン五輪の水泳会場となった「アクアティクス・センター」（11年, ロンドン）などがある。04年“建築のノーベル賞”といわれるプリツカー賞を女性で初めて受賞。16年には女性初の王立英国建築家協会（RIBA）ゴールドメダルを受賞した。また家具や靴のデザインも手がけた。日本では「ニール・バレット青山店」（08年）の内装デザインを担当。13年には20年開催の東京五輪で主会場となる日本の新国立競技場のデザインコンペで優勝したが、巨額な建築費が掛かることから15年に白紙撤回された。 [賞]AAスクール・ディプロマ賞〔1977年〕, AD誌プロジェクト・アワード金賞, プリツカー賞〔2004年〕, 世界文化賞（建築部門, 第21回）〔2009年〕, 王立英国建築家協会（RIBA）ゴールドメダル〔2016年〕

バーデン, クリス　Burden, Chris　美術家　[国]米国　[没]2015年5月10日　69歳〔黒色腫〕　[生]1946年4月11日　[出]米国・マサチューセッツ州ボストン　[名]本名＝Burden, Christopher B.　[学]ハーバード大学, カリフォルニア大学アーバイン校　[歴]1971年自らの腕を至近距離から銃で撃たれるパフォーマンス「銃撃（シュート）」で一躍有名に。ズタ袋に収まってロスの交通の激しい大通りに身を投げ出したり、地上から飛行機目掛けて実弾を発射したりして、それぞれ作品と称した。その後、パフォーマンスを離れ、科学技術や工学を使って美術の制度を問い直す作品に移行。主な作品に「Trans-Fixed」（74年）、「美術館の基礎を曝す」（86年）、「メトロポリスII」（2011年）など。1975年〜2005年カリフォルニア大学ロサンゼルス校で教鞭を執った。

ハート, ジョン　Hurt, John　俳優　[国]英国　[没]2017年1月25日　77歳〔膵臓がん〕　[生]1940年1月22日　[出]英国・ダービーシャー州チェスタフィールド　[名]本名＝Hurt, John Vincent　[学]グリムズ・スクール・オブ・アート, ロイヤル・アカデミー・オブ・ドラマティック・アート（RADA）　[歴]9歳の時「青い鳥」で初舞台。グリムズ・スクール・オブ・アートで学び、デザイナーの資格を取得するが、演劇が忘れられず、RADAに奨学生として入学。1962年「Infanticidein the House of Fred Ginger」でロンドンの舞台にデビューし、「The Wild and the Willing」で映画デビュー。60年代後半から70年代中期にかけて映画、舞台、テレビと多数の作品に出演。66年映画「わが命つきるとも」で注目を集める。75年TVM「The Naked Civil Servant」で英国アカデミー賞（BAFTA賞）助演男優賞を受賞。78年映画「ミッドナイト・エクスプレス」で同助演男優賞、80年には奇形に生まれた青年役に特殊メイクで挑んだ「エレファント・マン」で同主演男優賞を受賞、また、米国アカデミー賞にもノミネートされた。映画〈ハリー・ポッター〉シリーズのオリバンダー老人役でも知られる。他の映画出演作に、「エイリアン」（79年）、「天国の門」（81年）、「チャンピオンズ」（83年）、「ロブ・ロイ/ロマンに生きた男」（94年）、「コンタクト」（97年）、「ラブ＆デス」（98年）、「コーンウォールの森へ」（98年）、「ロスト・ソウルズ」（2000年）、「ハリー・ポッターと賢者の石」（01年）、「ミランダ」（03年）、「ヘルボーイ」（04年）、「マンダレイ」（05年）、「シューティング・ドッグズ」（05年）、「インディ・ジョーンズ/クリスタル・スカルの王国」（08年）、「イングリッシュマン・イン・ニューヨーク」（09年）、「メランコリア」（11年）、「ジャッキー/ファーストレディ 最後の使命」（16年）などがある。15年ナイト爵に叙された。 [賞]CBE勲章〔2004年〕, BAFTA賞助演男優賞〔1975年〕「The Naked Civil Servant」, ゴールデン・グローブ賞助演男優賞（第36回, 1978年度）「ミッドナイト・エクスプレス」, BAFTA賞助演男優賞〔1978年〕「ミッドナイト・エクスプレス」, BAFTA賞主演男優賞〔1980年〕「エレファント・マン」, BAFTA賞生涯功労賞〔2012年〕

ハード, ジョン　Heard, John　俳優　[国]米国　[没]2017年7月21日　71歳　[生]1946年3月7日　[出]米国・ワシントンD.C.　[名]本名＝Heard, John Matthew　[歴]1970年代にオフ・ブロードウェイの舞台を中心に俳優としての活動を開始し、79年と80年にオビー賞を受賞。70年代後半から映画界に進出し、「プリズン・ウォー」（79年）などで主演。世界的にヒットした映画「ホーム・アローン」（90年）と「ホーム・アローン2」（92年）で主演のマコーレー・カルキンの父親を演じた。テレビドラマにも出演し、99年「ザ・ソプラノズ 哀愁のマフィア」で演じた警察官役でエミー賞にノミネートされた。他の出演作に、映画「ファースト・ラブ」（77年）、「キャット・ピープル」（82年）、「アフター・アワーズ」（85年）、「第7の予言」（88年）、「ペリカン文書」（93年）、「スネーク・アイズ」（98年）、「ポロック 2人だけのアトリエ」（2000年）、「シャークネード」（13年, テレビ映画）など。 [賞]オビー賞〔1979年・1980年〕

パトナム, ヒラリー　Putnam, Hilary　哲学者　ハーバード大学名誉教授　[国]米国　[没]2016年3月13日

ハ

89歳 [生]1926年7月31日 [出]米国・イリノイ州シカゴ [学]ペンシルベニア大学哲学部〔1948年〕卒 哲学博士(カリフォルニア大学)〔1951年〕 [歴]1953～60年プリンストン大学哲学助教授、60～61年準教授、61～65年マサチューセッツ工科大学哲学教授を経て、65年ハーバード大学哲学教授。2000年名誉教授。この間、1960～61年グッゲンハイム助成金特別研究員。米国を代表する哲学者の一人で、論理実証主義の批判的検討をはじめ、科学哲学、言語哲学、数理哲学、心の哲学など幅広い領域で活躍した。著書に「Philosophical Papers」(全3巻75～83年)、「Meaning and the Moral Sciences」(78年)、「理性・真理・歴史―内在的実在論の展開」(81年)、「表象と実在」(89年)、「プラグマティズム―限りなき探究」(95年)、「心・身体・世界―三つ撚りの綱/自然な実在論」(99年)、「事実/価値二分法の崩壊」(2002年)、「存在論抜きの倫理」(04年)などがある。 [賞]ブリティッシュ・アカデミー外国人会員

バドルディン, ムスタファ　Badreddine, Mustafa ヒズボラ幹部 [国]レバノン [没]2016年5月 55歳〔爆死〕 [生]1961年4月6日 [出]レバノン南ベイルート [学]ベイルート・アメリカン大学 [歴]1983年クウェートで爆弾テロに関与した疑いで逮捕され、死刑判決を受けたが、90年イラクのクウェート侵攻に乗じて脱獄。2005年レバノンのハリリ首相暗殺事件でも国連主導の特別法廷に訴追された。08年以降、レバノンのイスラム教シーア派武装組織ヒズボラで軍事部門のトップを務め、対外工作を担当。11年に始まったシリア内戦ではアサド政権側として参戦。16年5月シリアの首都ダマスカス郊外の国際空港近くの拠点で起きた爆発により死亡した。

バニング, ジム　Bunning, Jim 政治家 大リーグ選手 米国上院議員(共和党) [国]米国 [没]2017年5月26日 85歳〔脳卒中による合併症〕 [生]1931年10月23日 [出]米国・ケンタッキー州サウスゲート [名]本名＝Bunning, James Paul David [学]ザビエル大学卒 [歴]1955年タイガースでメジャー初昇格し、横手からの鋭いスライダーを武器に活躍。57年20勝を挙げて最多勝のタイトルを獲得して以来、67年まで11年連続で2ケタ勝利を記録。この間、58年7月対レッドソックス戦でノーヒットノーランを達成。59年、60年にはリーグ最多となる201三振を奪い、67年と合わせて3度の最多奪三振を記録した。64年フィリーズに移籍すると、同年6月対メッツ戦で完全試合を達成。68年からパイレーツ、ドジャースを経て、71年フィリーズで現役を引退。実働17年、591試合登板、224勝184敗16セーブ、2855奪三振、防御率3.27。オールスター出場7回。ナ・ア両リーグで1000奪三振、100勝を挙げた名投手で、引退時の通算2855奪三振はウォルター・ジャクソンに次ぐ歴代2位の記録だった。96年野球殿堂入り。2001年背番号14がフィリーズの永久欠番となった。引退後は共和党員として政界入りし、1979～83年ケンタッキー州上院議員、87～98年同州選出の連邦下院議員を経て、98年～2011年連邦上院議員(共和党)。

パーネル, ジェリー　Pournelle, Jerry SF作家 [国]米国 [没]2017年9月8日 84歳 [生]1933年8月7日 [出]米国・ルイジアナ州シュリーブポート [名]本名＝Pournelle, Jerry Eugene, 別名＝カーティス, ウェード〈Curtis, Wade〉 [学]ワシントン大学工学部卒 心理学博士, 政治科学博士 [歴]合衆国の宇宙プログラムで15年間働き、宇宙飛行に伴う人間的要素について研究していたが、管理職昇進の話があった際に辞退して退職、小さな大学の教授となる。学部長や学内の研究所長なども務めたが、1969年ウェード・カーティスのペンネームで「Red Heroin」を発表し、フルタイムの作家として独立。71年ジェリー・パーネル名義で「Peace with Honor」を「アナログ」誌に掲載。73年には最優秀新人SF作家として第1回ジョン・W.キャンベル賞を受賞した。その後、自身の作品やラリー・ニーブンとの共作などで急速に評価が高まる。彗星に脅かされる地球のディザスター小説「悪魔のハンマー」(77年, ニーブンとの共作)はベストセラーとなり、ヒューゴー賞にもノミネートされた。他のニーブンとの共作に、「神の目の小さな塵」(74年)、「インフェルノ―SF地獄編」(76年)、「降伏の儀式」(85年)など。また「地球から来た傭兵たち」(79年)を始めとした〈ジャニサリーズ〉シリーズ(ローランド・グリーンとの共作)などによって、ミリタリーSFの第一人者といわれた。他の作品に、「キングの宇宙船」(73年)、「新・猿の惑星」(74年)などがある。米国SF作家協会会長も務めた。コンピューターにも精通し、85年から2004年までコンピュータ雑誌「Byte」で名物コラム「混沌の館にて」を連載した。 [賞]ジョン・W.キャンベル賞(第1回)〔1973年〕

バーバー, ベンジャミン　Barber, Benjamin 政治学者 ラトガース大学名誉教授 [専]政治理論, デモクラシー理論 [国]米国 [没]2017年4月24日 77歳 [生]1939年8月2日 [出]米国・ニューヨーク市 [名]本名＝Barber, Benjamin Reynolds [学] 政治学博士(ハーバード大学) [歴]ラトガース大学教授、メリーランド大学教授を歴任。ニューヨーク市立大学大学院センター、哲学及び市民社会研究センター上級研究員も務めた。一方、グローバルな市民社会と国境を越えた民主主義の実現を目指すNGO“デモクラシー・コラボレーティブ”や市民ネットワーク“インターディペンデンス・ムーブメント”の創設にも携わる。グローバルなデモクラシーと市民社会の確立を目指す観点から政治、文化、教育に関心を寄せ、米国のみならず世界各国の政治指導者、市民運動に助言を送る一方、専門誌や一般誌に精力的に寄稿。政治関連のテレビ番組制作にも携わった他、小説や脚本も手がけた。著書に「ストロング・デモクラシー」(1984年)、「ジハード対マックワールド」(96年)、「予防戦争という論理」(2003年)、「消費が社会を滅ぼす?!」(07年)などがある。

パパ・ウェンバ　Papa Wemba ミュージシャン [国]コンゴ [没]2016年4月24日 66歳 [生]1949年6月14日 [出]ベルギー領コンゴ・カサイ州(コンゴ) [名]本名＝Jules Shungu Wembadio Pene Kikumba [歴]ベルギー領コンゴのテテラ族出身。母親の影響で宗教合唱団で歌い始める。エルビス・プレスリーやレイ・チャールズ、オーティス・レディングなど米英音楽界にも影響を受け、当初は“ジュール・プレスリー”と名のった。1965年バンド“ザイコ・ランガ・ランガ”の結成に参加、このバンドは新しいリンガラ・ミュージックを始めたと評されている。75年“ロコレ・イシフィ”を結成、77年からは自らのバンド“ヴィヴァ・ラ・ムジ

ハ

カ"を率いる。民族楽器ロコレを使用するなど伝統的な要素とポップスの要素を加えた力強い曲作りでリンガラ・ミュージック・シーンをリード。ザイールを舞台にした映画にも主演し、幅広い活動を行った。86年活動の中心をパリに移し、世界的に活躍。88年アフリカと西洋の音楽を融合したアルバムが成功し、広く名が知れ渡った。"ルンバ・ロックの帝王"と呼ばれ、ワールド・ミュージックの隆盛の起爆剤になったアフリカ現代ポピュラー音楽の雄。アルバムに「パパ・ウェンバ」「ル・ヴォイジャー」など。2003年コンゴ人のEUへの密入国に関与したとして有罪判決を受け、3年余り収監されていたが、2010年より音楽活動を再開。この間、1986年初来日し、90年代にはたびたび来日した。

パパート, シーモア　Papert, Seymour　数学者　マサチューセッツ工科大学名誉教授　[専]コンピューター言語, 人工知能　[国]米国　[没]2016年7月31日　88歳　[生]1928年2月29日　[出]南アフリカ・プレトリア　[名]本名＝Papert, Seymour Aubrey　[学]ウィットウォーターズランド大学卒　数学博士(ケンブリッジ大学)　[歴]1958年から5年間、スイスのジュネーブ大学で児童心理学者のジャン・ピアジェと共同で研究。63年渡米、マサチューセッツ工科大学(MIT)電子エンジニアリング助教授となり、68年応用数学教授。この間、67年MIT人工知能研究所設立に参画、教育用言語"LOGO(ロゴ)"を開発。ブロックメーカーのLEGOと協力し、LEGOブロックと組み合わせて実際にカメのロボットを動かせる「LEGO LOGO」の開発や普及に携わった。80年ロゴ・コンピュータ・システムを設立。83年MITメディアテクノロジー研究所教授。著書に「マインドストーム」(80年)、「The Children's Machine：Rethinking School in the Age of Computers」(93年)など。世界の貧しい国の子供たちに"100ドルPC"と呼ばれるノートパソコンを届ける活動にも尽力した。88年ロゴの国際研究機関を日本に設立するため来日。　[賞]マルコーニ・インターナショナル・フェローシップ〔1981年〕

バビット, ナタリー　Babbitt, Natalie　児童文学作家　イラストレーター　[国]米国　[没]2016年10月31日　84歳　[生]1932年7月28日　[出]米国・オハイオ州デイトン　[名]本名＝Babbitt, Natalie Zane　[学]スミス大学〔1954年〕卒　[歴]幼い頃から物語や神話の世界にひかれ、また母親の影響で絵画にも深い関心を寄せる。1954年大学卒業と同時に詩人のサムエル・バビットと結婚。3人の子供を持ってからも作家、詩人、イラストレーターとして活躍した。邦訳作品に「ニーノック・ライズ 魔物のすむ山」(70年)、「悪魔の物語」(74年)、「時をさまようタック」(75年)、「アマリリス号―待ちつづけた海辺で」(77年)、「もう一つの悪魔の物語」(87年)、「月は、ぼくの友だち」(2011年)など。「時をさまようタック」は27カ国で出版され、1981年と2002年に映画化された。　[賞]ニューベリー賞オナーブック〔1971年〕「ニーノック・ライズ 魔物のすむ山」, クリストファー賞〔1975年〕, E.B.ホワイト賞〔2013年〕　[家]夫＝バビット, サムエル(詩人)

パーフィット, デレク　Parfit, Derek　倫理学者　オックスフォード大学オール・ソウルズ・カレッジ名誉シニア・リサーチ・フェロー　[専]形而上学　[国]英国　[没]2017年1月1日　74歳　[生]1942年12月11日　[出]中国成都　[名]本名＝Parfit, Derek Antony　[学]オックスフォード大学卒, コロンビア大学卒　[歴]1967年オックスフォード大学オール・ソウルズ・カレッジ・フェロー(研究員)、74年ジュニア・リサーチ・フェロー、81年リサーチ・フェロー、84年シニア・リサーチ・フェロー、2010年名誉シニア・リサーチ・フェロー。1984年の著書「理由と人格―非人格性の倫理」で注目された。建築写真家でもあった。他の著書に「On what matters」(2011年)など。　[賞]ショック賞〔2014年〕

パーフィット, リック　Parfitt, Rick　ミュージシャン　[国]英国　[没]2016年12月24日　68歳〔感染症〕　[生]1948年10月12日　[出]英国・サリー州ウォーキング　[名]本名＝Parfitt, Richard John, グループ名＝ステイタス・クォー〈Status Quo〉　[歴]11歳でギターを始め、1962年フランシス・ロッシを中心に結成されたロックバンド"ステイタス・クォー"に、67年ギタリストとして加入。英国の国民的バンドとして「ロッキン・オール・オーバー・ザ・ワールド」などのヒット曲を飛ばし、約半世紀の活動で1億枚以上のアルバムを売り上げた。85年に開催された伝説的チャリティーコンサート「ライブエイド」では、ロンドン会場で最初の演者を務めた。また、コメディ映画「Bula Quo！」(2013年)の音楽も手がけた。

ハープレヒト, クラウス　Harpprecht, Klaus　作家　[国]ドイツ　[没]2016年9月21日　89歳　[生]1927年4月11日　[出]ドイツ・シュトゥットガルト　[名]本名＝Harpprecht, Klaus Christoph　[歴]リアス・ベルリン、西部ドイツ放送、ZDFなどの放送記者として活躍。1966〜72年フィッシャー出版社の編集局長、72年ブラント内閣の首相府文書局長を務める。82年以降フランスに居を移し、フリーの作家として活躍した。著書に「トーマス・マン物語」など。　[賞]レジオン・ド・ヌール勲章シュバリエ章

バベンコ, ヘクトール　Babenco, Héctor　映画監督　[国]ブラジル　[没]2016年7月13日　70歳〔心臓発作〕　[生]1946年2月7日　[出]アルゼンチン・ブエノスアイレス州マルデルプラタ　[歴]ユダヤ系東欧人の血統。少年時代から映画に没頭。18歳で家出、欧州を転々とし、イタリアでエキストラなどをした後、1972年ブラジル市民権を得てサンパウロに定住。グラウベル・ローシャが率いるシネマ・ノーヴォに参加し、ドキュメンタリー短編数本を撮った後、76年「O Rei Da Notte(夜の帝王)」で長編デビュー。リオデジャネイロを舞台に現代の義賊を描いた第2作「傷だらけの生涯」(77年)がヒットして一躍名が知られるようになった。浮浪児を追った第3作「ピショット」(80年)でロカルノ映画祭グランプリなどを受賞。アルゼンチン軍事独裁政権時代の恐怖を、投獄された2人の受刑者の関係を通じて描いた初の英語映画「蜘蛛女のキス」(85年)でアカデミー賞監督賞にノミネートされた。その後、ハリウッドスター出演による「黄昏に燃えて」(87年)など国際的に活躍した。　[賞]ロカルノ国際映画祭グランプリ〔1981年〕「ピショット」, ニューヨーク映画批評家連盟賞外国語映画賞〔1981年〕「ピショット」

パーマー, アーノルド　Palmer, Arnold　プロゴルファー　[国]米国　[没]2016年9月25日　87歳〔心臓

疾患による合併症〕 [生]1929年9月10日 [出]米国・ペンシルベニア州ラトローブ [名]本名＝Palmer, Arnold Daniel [学]ウェイクフォレスト大学卒 [歴]3歳の頃からゴルフ場のクラブプロ兼グランドキーパーだった父親の影響でクラブを握る。沿岸警備隊を経て、1954年全米アマ選手権で優勝し、プロに転向。翌年全米プロゴルフ協会(PGA)ツアーに初出場。持ち前の飛距離と小技の上手さで頭角を現し、その攻撃的なプレーでギャラリーを魅了。瞬く間にスター選手となり、"アーニー軍団"なる熱狂的なファンを生んだ。パーマーの出現でプロゴルフ・トーナメントは大衆化し、全米ネットのテレビ中継も増えたといわれる。主な戦績は、58年、60年、62年、64年のマスターズ優勝、60年の全米オープンと61年、62年の全英オープン優勝。58年、60年、62年、63年に賞金ランキング1位で、68年にはPGAツアー獲得賞金総額が100万ドルに達した最初のプレーヤーとなった。通算成績はPGAツアー62勝(歴代5位)、シニアツアー10勝。"ビッグ・スリー"と称されたジャック・ニクラウス(米国)、ゲーリー・プレイヤー(南アフリカ)とともに、74年世界ゴルフ殿堂入りを果たした。97年1月前立腺がんを告白し、手術を受けるためツアーから撤退するが、3月PGAツアーに復帰。2001年2月ボブ・ホープ・クラシックに出場、22年ぶりとなる自身の年齢以下のスコアで回る"エージ・シュート"を記録した。04年50年間連続出場(最多出場)していたマスターズを引退。06年77歳で現役引退後は慈善活動にも取り組んだ。事業家としても成功し、1996年に24時間ゴルフ情報を放送するザ・ゴルフ・チャンネルを開局、会長を務めた。ゴルフ場経営や世界各地のコース設計でも成功。日本では傘のマークが入ったポロシャツや靴下などの衣料品ブランド"アーノルド・パーマー"も発売され人気を博した。著書に「パーマー・ゴルフ300ポイントレッスン」などがある。 [賞]大統領自由勲章(米国)〔2004年〕, 米国議会金メダル〔2012年〕

パーマー, ベッツィ **Palmer, Betsy** 女優 [国]米国 [没]2015年5月29日 88歳〔老衰〕 [生]1926年11月1日 [出]米国・インディアナ州イーストシカゴ [学]インディアナ大学, ド・ポール大学 [歴]女優を志し、ストック・カンパニーで修業したのち、ブロードウェイにデビュー。1954年ジョン・フォード監督に認められ、タイロン・パワー主演の「長い灰色の線」で映画デビュー。「ミスタア・ロバーツ」(55年)、「胸に輝く星」(57年)などに出演したのち、第一線を退いたが、80年「13日の金曜日」の殺人鬼・ジェイソンの母親役でカムバックし、ホラー映画ファンを魅了した。テレビドラマ「新・刑事コロンボ/大当たりの死」(91年)やゲーム番組のパネリスト、ブロードウェイの舞台などで活躍。

ハマーマ, ファーティン **Hamama, Faten** 女優 [国]エジプト [没]2015年1月17日 83歳 [生]1931年5月27日 [出]エジプト・マンスーラ [歴]7歳で映画デビュー。エジプト映画黄金時代とされる1950年前後に、エジプトおよびアラブ映画のアイコン的存在として活躍し、「ナイルの息子たち」(51年)、「Moawad maal hayat」(54年)、「カラワンの叫び」(59年)、「Afwah wa araneb」(77年)など100本近い作品に出演。96年にはエジプト映画100年記念で最も重要な女優に選出された。55年俳優のオマー・シャリフと結婚するが、彼のハリウッド進出に伴い離婚した。 [家]元夫＝シャリフ, オマー(俳優)

ハーマン, ブリギッテ **Hamann, Brigitte** 歴史家 [国]ドイツ [没]2016年10月4日 76歳 [生]1940年7月26日 [出]ドイツ・エッセン [学]ミュンスター大学, ウィーン大学 [歴]大学で歴史とドイツ文学を学ぶ。新聞社勤務を経て、研究・著作活動に専念。1978年「皇太子ルードルフ マイヤーリングへの道」を発表し、著作活動に入る。著書「ヒトラーのウィーン」はベストセラーとなり、メディア及び専門家の間で高い評価を受け、多くの言語に翻訳された。世紀末ウィーン・ハプスブルク帝国研究の第一人者。著書に「ハプスブルク家伝記事典」「ひとつの心たくさんの王冠」「伝記・モーツァルト―その奇跡の生涯」「オーストリア皇女エリザベート」「ヒトラーとバイロイト音楽祭―ヴィニフレート・ワーグナーの生涯」「平和のために捧げた生涯―ベルタ・フォン・ズットナー伝」などがある。

ハミルトン, ガイ **Hamilton, Guy** 映画監督 [国]英国 [没]2016年4月20日 93歳 [生]1922年9月16日 [出]フランス・パリ [歴]父は英国の外交官。1939年ニースのヴィクトリーヌ撮影所勤務を経て、英国のブリティッシュ・パラマウント・ニューズ編集室に勤務。第二次大戦中は英国海軍に勤務。除隊後、キャロル・リード監督「第三の男」(49年)や、「アンナ・カレーニナ」(48年)、「アフリカの女王」(51年)などの助監督を経験し、52年監督デビュー。スパイ・アクション映画「007」シリーズの監督として著名で、ショーン・コネリー主演の「007/ゴールドフィンガー」(64年)、「007/ダイヤモンドは永遠に」(71年)、ロジャー・ムーア主演の「007/死ぬのは奴らだ」(73年)、「007/黄金銃を持つ男」(74年)の4作を監督した。他の作品に、「空軍大戦略」(68年)、「ナバロンの嵐」(78年)、「クリスタル殺人事件」(80年)などがある。

ハミルトン, デービッド **Hamilton, David** 写真家 映画監督 [国]英国 [没]2016年11月25日 83歳〔服毒自殺〕 [生]1933年4月15日 [出]英国・ロンドン [歴]第二次大戦後、パリに移住。女性誌「エル」のグラフィックデザイナー、百貨店プランタンの美術監督などを経て、1966年写真家としてデビュー。71年写真集「ドリーム・オブ・ア・ヤング・ガール」で世界的に脚光を浴びた。年若い少女らの裸体を幻想的に写し取った作品が特徴で、女性の同性愛を描いた映画「ビリティス」(77年)では監督を務めた。写真集に「デビッド・ハミルトン」がある。親日家で日本画や書も収集。日本では女優・風吹ジュンやタレントの渡辺美奈代らを撮った。2016年10月以降、過去にモデルを務めた複数の女性がハミルトンに性的暴行を受けたと語り、世間の注目が集まっていたが、11月パリの自宅で自殺しているのが見つかった。

ハムダニ, スマイル **Hamdani, Smail** 政治家 アルジェリア首相 [国]アルジェリア [没]2017年2月6日 86歳 [生]1930年3月11日 [出]仏領アルジェリア・ボルジブアリレジ(アルジェリア) [歴]アルジェリアの社会主義政党・民族解放戦線(FLN)に入党。1970年代に

ハ

ブーメジエン政権下で大統領顧問を務めた後、内務次官や外務次官のほか、フランス、スペイン、スウェーデン各国の大使を歴任。98年12月～99年12月首相を務めた。

バラクーダ
⇒ミラノ, マリオ を見よ

ハラデー, ロイ **Halladay, Roy** 大リーグ選手 [国]米国 [没]2017年11月7日 40歳〔小型機墜落事故死〕 [生]1977年5月14日 [出]米国・コロラド州デンバー [名]本名＝Halladay, Harry Leroy [学]アルバダ・ウエスト高 [歴]1995年ドラフト1巡目指名で大リーグのブルージェイズに入団。98年9月メジャーに初昇格。99年ローテーション入りして8勝を挙げるが、翌2000年は不調で、01年はマイナーまで陥落。精神面のカウンセリングを受けて再起し、02年に19勝を挙げる活躍を見せた。03年両リーグ最多の22勝をマーク、ア・リーグ最多の266.0投球回と9完投を記録し、サイ・ヤング賞を受賞。10年フィリーズに移籍し、5月29日の対マーリンズ戦で完全試合を達成。地区シリーズのレッズ戦でも1四球を与えただけの打者28人でノーヒットノーランを達成。プレーオフでの無得点無安打試合は1996年のドン・ラーセン（ヤンキース）以来54年ぶり史上2人目の快挙だった。この年はリーグ最多の21勝を挙げ、2度目のサイ・ヤング賞に選出される。ア・ナ両リーグでの受賞は史上5人目。13年引退。通算成績は、実働16年、416試合登板、390試合に先発し、203勝105敗1セーブ、2117奪三振、防御率3.38。現役時代は198センチ、104キロ。右投右打。最多勝2回（03年, 10年）、オールスター選出8回（02～03年, 05～06年, 08～11年）。00年代のメジャー最高投手の一人だった。03年の開幕戦でヤンキースデビューを飾った松井秀喜のメジャー初打席の相手としても知られる。17年11月自身が操縦する小型機がフロリダ州沖に墜落し、40歳の若さで死亡した。 [賞]サイ・ヤング賞（ア・リーグ）〔2003年〕, サイ・ヤング賞（ナ・リーグ）〔2010年〕

バランディエ, ジョルジュ **Balandier, Georges** 社会学者 民族学者 アフリカ社会地理学研究所創設者 国際社会学会名誉会長 [国]フランス [没]2016年10月5日 95歳 [生]1920年12月21日 [出]フランス [名]本名＝Balandier, Georges Léon Émile [歴]1948～51年コンゴのオルストムにある海外科学技術研究所研究員、次いでギニアおよびコンゴにあるフランスの研究機関のリーダーとしてアフリカ研究に従事。その後CNRSの研究員、コレージュ・ド・フランスの指導研究員として、人類学・社会学の研究を積み重ね、62年パリ第5大学教授に就任。65年フランス語国際社会学会会長に選ばれ、「国際社会学雑誌」の編集に携わった。66年アフリカ社会地理学研究所を創設。アフリカ研究の第一人者として知られ、古今東西の権力の普遍的な在り方を考察した「舞台の上の権力」（80年）など多くの著作が日本語に翻訳された。他の著書に「黒アフリカの現実的社会学」（55年）、「第三世界」（56年）、「政治人類学」（67年）、「意味と力—社会動学論」（71年）、「迂回」（85年）、「Civilisés, dit-on」（2003年）などがある。

ハリス, ジュリー **Harris, Julie** 衣裳デザイナー [国]英国 [没]2015年5月30日 94歳〔肺の感染症〕 [生]1921年3月26日 [出]英国・ロンドン [歴]ザ・ビートルズの映画「ビートルズがやって来る/ヤァ！ ヤァ！ ヤァ！」（1964年）や「HELP！ 四人はアイドル」（65年）の衣裳を手がけ、65年の映画「ダーリング」でアカデミー賞衣裳デザイン賞を獲得した。他に映画「The Wrong Box」（66年）、「007/カジノ・ロワイヤル」（67年）、「007/死ぬのは奴らだ」（73年）、「シンデレラ」（76年）、テレビ映画「ローラーボール」（75年）、「ドラキュラ」（79年）などを手がけた。 [賞]アカデミー賞衣裳デザイン賞（第38回）〔1965年〕「ダーリング」, BAFTA賞衣裳デザイン賞〔1966年〕「The Wrong Box」

ハリス, ビクター **Harris, Victor** 大英博物館日本部長 [専]日本神道 [国]英国 [没]2017年6月13日 74歳〔肝硬変〕 [歴]英国における日本刀と神道研究の第一人者で、ロンドンの大英博物館日本部長を務めた。1990年大英博物館日本ギャラリーの開幕展として「日本の刀」を開催。「鎌倉展」（91年）、「神道展」（2001年）などを通して日本文化を英国に紹介した。1980年代に日本で開かれた「大英博物館所蔵浮世絵名作展」「同日本・中国美術名品展」も手がけた。宮本武蔵の「五輪書」を英訳したことでも知られる。著書に「A Book of Five Rings：Life and Writings of the Swordsman Miyamoto Musashi」（74年）、「Japanese Art Masterpieces in the British Museum」（91年）、「Japanese Imperial Craftmen：Meiji Art from the Khalili Collection」（94年）、共著に「Kamakura Sculpture：The Renaissance of Japanese Sculputure」、「ナセル・D・ハリリ・コレクション海を渡った日本の美術〈第2巻〉金工篇」など。

パリゾー, ジャック **Parizeau, Jacques** 政治家 エコノミスト ケベック州首相 ケベック党党首 [国]カナダ [没]2015年6月1日 84歳 [生]1930年8月9日 [出]カナダ・ケベック州モントリオール [学]HECモントリオール, パリ政治学院, ロンドン・スクール・オブ・エコノミクス卒 [歴]ロンドン・スクール・オブ・エコノミクス教授、カナダ連邦政府経済顧問、ケベック党行政審議会会長を歴任。1976年ラソンプシオン選挙区よりケベック州議会議員に選出され、同年～84年ケベック州蔵相。その後一旦政界を離れるが、88年ケベック党党首として復帰。89年ラソンプシオン選挙区から再選出され、94年11月ケベック州首相に就任。95年11月連邦からの分離・独立を問う住民投票に敗れた責任をとって州首相と党首を辞任した。 [賞]ケベック州勲章グラン・オフィシエ章〔2008年〕

ハリソン, ジム **Harrison, Jim** 作家 詩人 [国]米国 [没]2016年3月26日 78歳〔心臓発作〕 [生]1937年12月11日 [出]米国・ミシガン州グレイリング [名]本名＝Harrison, James Thomas [学]ミシガン州立大学 [歴]ミシガン州立大学で文学を学び、1965年詩人として活動を開始。71年処女小説「ウルフ」を発表（94年映画化）。アウトドアライフを愛し、米国の雄大な自然を題材にした詩や小説、食に関する本などを発表した。79年出版の「レジェンド・オブ・フォール—果てしなき想い」がベストセラーになり、94年にブラッド・ピット主演で映画化された。ケビン・コスナー主演の映画「リベンジ」（90年）の脚本も手がけた。他の作品に、小説「Farmer」「突然の秋」、詩集「Plain Song」

「Walking」「Locations」「Outlyer and Ghazels」などがある。

ハリファ・ビン・ハマド・アッサーニ　Khalifa bin Hamad al-Thani, Sheikh　政治家　カタール首長　国カタール　没2016年10月23日　84歳　生1932年9月17日　他カタール・ライヤーン　学サンドハースト陸軍士官学校（英国）卒、ノース・インディアナ大学（米国）卒　歴1960年皇太子。60〜70年カタール教育相。70〜72年首相兼財政相。72年2月イラン訪問中だったいとこのアハマド首長を無血クーデターで追放、首長に就任。一時、首相、財政・石油相も兼任。在任中は天然ガスを発掘してカタールの近代化を推進し、石油富国に育て上げた。95年6月スイスに外遊中、息子ハマドによる無血クーデターが起こり失脚した。家息子＝ハマド・ビン・ハリファ・アル・サーニ（カタール首長）、孫＝タミム・ビン・ハマド・ビン・ハリファ・アル・サーニ（カタール首長）

バール，エゴン　Bahr, Egon　政治家　評論家　ジャーナリスト　ハンブルク大学平和安全保障政策研究所所長　西ドイツ経済協力相　西ドイツ社会民主党（SPD）幹事長　元安全保障問題　国ドイツ　没2015年8月20日　93歳〔心筋梗塞〕　生1922年3月18日　他ドイツ・トレプルト　歴ジャーナリストを経て、1960〜66年ベルリン市新聞広報局長。67年西ドイツ代表として駐チェコスロバキア貿易代表部設置にあたる。69年総理府次官。69年末〜70年春ブラント元首相の片腕として独ソ条約交渉にあたり、"東方外交"の陰の立役者といわれた。72〜90年西ドイツ連邦議会議員。72〜74年無任所国務相、74〜76年シュミット政権の経済協力相、のち社会民主党（SPD）幹事長を歴任。84〜94年ハンブルク大学平和安全保障政策研究所所長。安全保障問題の理論家。

バルー，ピエール　Barouh, Pierre　ミュージシャン　俳優　国フランス　没2016年12月28日　82歳〔心臓発作〕　生1934年2月19日　他フランス・パリ郊外ルヴァロワ　歴パリ郊外のユダヤ人家庭に生まれる。バレーボールのフランス代表選手、スポーツ誌記者などを経験。14歳の時に映画「夜の訪問者」を見て詩人になることを決意。ギター1本を携えて放浪の旅に出、北欧、ポルトガル、カナダ、イスラエル、ギリシャなどで土地の音楽や映像に触れる。1966年クロード・ルルーシュ監督の映画「男と女」に出演。"ダバダバダ〜"のスキャットで知られるフランシス・レイ作曲の主題歌を作詞し、男声パートを歌って世界中でヒットした。以後、映画、演劇、音楽の世界でユニークな活動を展開。他にも映画「白い恋人たち」（68年）や「愛と哀しみのボレロ」（81年）の音楽の作詞と歌で知られる。66年レコード・レーベル"サラヴァ"を設立し、無名のアーティストの発掘にも努めた。86年現実と幻想が交錯する音楽劇「ラストチャンス・キャバレー」を初演。映画監督、音楽プロデューサーなど多彩な才能を発揮して、ブラジル音楽のボサノバをフランスに広めたことでも知られる。82年初来日し、日本のミュージシャンたちとアルバム「ル・ポレン（花粉）」を制作。97年サラヴァ創立30周年を記念し所属アーティストらと来日公演を行った。日本人女性と結婚し、2002年日本に移住。東京にも拠点となるライブハウスがあり、音楽活動を行った。07年9年ぶりのアルバム「ダルトニアン」をリリース。12年来日30周年記念のスペシャルライブを行い、16年にはサラヴァの創立50周年イベントを開催。高橋幸宏ら日本のミュージシャンとの共演も残した。日本人の妻との間に生まれた娘のマイア・バルーも、ミュージシャンとして活動。受アカデミー・シャルル・クロス・グランプリ（フランス）〔1997年〕　家娘＝バルー，マイア（ミュージシャン）、元妻＝エーメ，アヌーク（女優）

バルギンバエフ，ヌルラン　Balgimbayev, Nurlan　政治家　カザフスタン首相　国カザフスタン　没2015年10月14日　67歳〔病気〕　生1947年11月20日　他ソ連・カザフスタン共和国グリエフ（カザフスタン・アティラウ）　名本名＝Balgimbayev, Nurlan Utebovich　学カザフ工科大学、マサチューセッツ大学　歴1994〜97年カザフスタン石油ガス産業相、国営石油会社カザフオイル（のちのカズムナイガス）社長を経て、97〜99年カザフスタン首相。99年〜2002年カザフオイル社長、02〜07年カザフスタン石油投資会社社長、07〜09年大統領顧問を務めた。

バルコム，フランス・ファン　Balkom, Frans van　サッカー指導者　国オランダ　没2015年9月2日　74歳〔前立腺がん〕　生1940年10月23日　他オランダ　歴1972〜75年日本リーグの読売クラブで監督を務め、93年Jリーグ開幕とともにヴェルディ川崎（現・東京ヴェルディ）ヘッドコーチに就任、優勝に貢献した。94年新潟県の外国人スポーツ指導者招請事業でアルビレックス新潟の前身となる新潟イレブンを指導。96年プロチームとなったアルビレオ新潟の初代監督に就任。アルビレックス新潟となった97年には9戦全勝で北信越リーグ優勝。98年全国地域リーグ決勝大会を2位で勝ち抜き、チームをJFL昇格に導いて勇退。その後、ベルギー、英国、オランダのクラブチームを指揮した。

バルト，フレドリック　Barth, Fredrik　社会人類学者　ボストン大学名誉教授　国ノルウェー　没2016年1月24日　87歳　生1928年12月22日　他ドイツ・ライプツィヒ　名本名＝Barth, Thomas Fredrik Weybye　学オスロ大学、シカゴ大学大学院修士課程修了　Ph.D.（ケンブリッジ大学）〔1957年〕　歴1953〜61年オスロ大学社会人類学フェローを経て、61〜72年ベルゲン大学教授となり、社会人類学部を創設。73〜86年オスロ大学教授、87年ノルウェー教育科学省リサーチ・フェロー、2008年ボストン大学教授。この間、パキスタンのスワート渓谷のパシュトゥーン人を調査。編著「エスニック集団とバウンダリー」において、複数のエスニック集団の交流・相互行為の中で自己と他者をカテゴリー化する心理的基準として、"エスニック・アイデンティティ"があることを指摘した。著書に「スワート最後の支配者―南アジア/現代への軌跡」などがある。受米国芸術科学アカデミー外国名誉会員〔1997年〕

バルトシェフスキ，ウワディスワフ　Bartoszewski, Władysław　政治家　外交官　ポーランド外相　国ポーランド　没2015年4月24日　93歳〔病気〕　生1922年　他ポーランド・ワルシャワ　学ワルシャワ大学卒　歴第二次大戦中、ナチス・ドイツに抵抗し、1940年9月〜41年4月アウシュヴィッツ収容所

一時収容された。ユダヤ人救済に身を投じ、44年のワルシャワ蜂起に参加。戦後は社会主義体制下で約7年間投獄されたが、後に名誉回復。ユダヤ人の救済、支援に尽力した。独立労組"連帯"の運動にも積極的に関与し、ポーランドの民主化に貢献。90～95年駐オーストリア大使、95年3月～12月、2000年7月～01年の2度外相を務め、ドイツとの関係修復に尽力した。

バルハウス, ミヒャエル　Ballhaus, Michael
映画撮影監督　⑪ドイツ　②2017年4月11日　81歳　⑭1935年8月5日　⑮ドイツ・ベルリン　㊗映画館を経営していた父の影響で幼い頃から映画に興味を持ち、16歳で映画の世界に進むことを決意。17歳の時「Lola Montes」の撮影現場を見学し、それがきっかけで映画撮影に惹かれた。テレビのアシスタント・カメラマンを振り出しにカメラオペレーターなどを経て、25歳で撮影監督に昇進。「ペトラ・フォン・カントの苦い涙」(1972年)、「マリア・ブラウンの結婚」(79年)などライナー・ヴェルナー・ファスビンダー監督と組み、360度から円を描くように対象を捉える斬新なカメラワークなどで脚光を浴びた。80年代初めに米国へ渡り、「ベイビー・イッツ・ユー」(83年)でハリウッドに進出。「アフター・アワーズ」(85年)から「ディパーテッド」(2006年)までおよそ20年に渡り、マーティン・スコセッシ監督作品の撮影監督として世界中にその名が知られることになった。「ブロードキャスト・ニュース」(1987年)、「恋のゆくえ/ファビュラス・ベイカー・ボーイズ」(89年)、「ギャング・オブ・ニューヨーク」(2002年)で3度アカデミー賞撮影賞にノミネートされた。他の作品に、「暴動」(1980年)、「ハスラー2」(86年)、「ガラスの動物園」(87年)、「ワーキング・ガール」(88年)、「グッドフェローズ」(90年)、「真実の瞬間」(91年)、「ドラキュラ」(92年)、「エイジ・オブ・イノセンス」(93年)、「バガー・ヴァンスの伝説」(2000年)など。07年ヨーロッパ映画賞世界の貢献賞を受賞。撮影監督での同賞受賞はイタリアのカルロ・ディ・パルマ以来の快挙となった。16年にはベルリン国際映画祭名誉金熊賞を受賞。㊤ロサンゼルス映画批評家連盟賞〔1989年・1990年〕「恋のゆくえ/ファビュラス・ベイカー・ボーイズ」「グッドフェローズ」、ヨーロッパ映画賞世界の貢献賞〔2007年〕、ベルリン国際映画祭名誉金熊賞(第66回)〔2016年〕　㊝息子=バルハウス, フロリアン(映画撮影監督)

バルビエリ, ガトー　Barbieri, Gato
ジャズ・テナーサックス奏者　⑪アルゼンチン　②2016年4月2日　83歳　〔肺炎〕　⑭1932年11月28日　⑮アルゼンチン・サンタフェ　㊙本名=バルビエリ, レアンドロ〈Barbieri, Leandro〉　㊗チャーリー・パーカーの演奏に魅了され、10代でアルトサックスを始める。1950年代後半にテナーサックスに転向。ブラジルやイタリアを経て、65年渡米。67年初リーダー作「イン・サーチ・オブ・ミステリー」を録音。ベルナルド・ベルトルッチ監督の映画「ラストタンゴ・イン・パリ」(72年)の音楽を担当し、世界的にブレイク。73年グラミー賞を獲得した。他にも「リベンジャー」(79年)や「マンハッタン・バイ・ナンバーズ」(93年)などの作曲を手

がけた。南米の民族音楽やリズムを取り入れた作風で人気を獲得し、情熱的な音色とフレージングで知られた。晩年まで音楽活動を続け、2015年11月ブルーノートでの公演が最後の舞台となった。㊤グラミー賞〔1973年〕「ラストタンゴ・イン・パリ」

バローズ, エバ　Burrows, Eva
救世軍総大将　⑪米国　②2015年3月20日　⑭オーストラリア　㊗1951年救世軍士官となり、ジンバブエ、スリランカ、スコットランド、米国などで活動し86年13代大将(万国総督)となる。女性としては2人目。88年4月初来日。

ハワード, ランス　Howard, Rance
俳優　⑪米国　②2017年11月25日　89歳　⑭1928年11月17日　⑮米国・オクラホマ州　㊗1950年代から数多くの映画やテレビ番組に出演。長男ロン・ハワードの初監督作「バニシングIN TURBO」(76年)では共同で脚本も手がけた他、「スプラッシュ」(84年)、「アポロ13」(95年)、「ビューティフル・マインド」(2001年, アカデミー賞受賞)など同監督作品に出演。他の出演作品に、「チャイナタウン」(1974年)、「ユニバーサル・ソルジャー」(92年)、「エド・ウッド」(94年)などがある。ハワード家は俳優や女優を数多く輩出しており、二男クリント・ハワード、孫のブライス・ダラス・ハワードも俳優として活躍。㊝長男=ハワード, ロン(映画監督), 二男=ハワード, クリント(俳優), 孫=ハワード, ブライス・ダラス(女優), 元妻=ハワード, ジーン・スピーグル(女優)

バン・ウヨン　方 又栄　新聞人　朝鮮日報名誉会長
⑪韓国　②2016年5月8日　88歳　〔病気〕　⑭1928年1月22日　⑮朝鮮平安北道定州(北朝鮮)　㊐延世大学商学科〔1950年〕卒　㊗祖父は日本植民地時代から解放直後にかけて朝鮮日報社長を務めた方応謨。1952年朝鮮日報に入社。社会部、経済部の記者を8年務めた後、系列会社代表を経て、63年「朝鮮日報」発行人。70年社長に就任し、月刊誌「月刊朝鮮」、スポーツ紙「スポーツ朝鮮」を相次いで創刊。社長在任中、「朝鮮日報」は79年に100万部、91年には200万部を突破するなど、発行部数を大きく伸ばした。93年社長を退き、会長、名誉会長、常任顧問を歴任。新聞経営者でありながら、"企画の名手"としても知られた。新聞協会副会長、韓国言語研究院理事長、韓国ドイツ協会会長、永信アカデミー理事長、ソウルカントリークラブ理事長も務めた。㊤韓国国民勲章牡丹章、銅塔産業勲章　㊝祖父=方応謨(朝鮮日報社長)

韓 桂玉　ハン・ケオク　評論家　朝鮮画報社編集局長
アジア動向研究会代表　大阪経済法科大学客員教授　⑪国際関係論, 朝鮮半島, 日米韓関係　②2016年6月28日　86歳　〔肺炎〕　⑭1929年9月14日　⑮大阪府大阪市　㊙筆名=伴田啓(はんだ・けい)　㊐京都大学法学部〔1953年〕卒　法学博士(朝鮮民主主義人民共和国学位学術授与委員会)〔1994年〕　㊗新聞・雑誌の記者・編集者、団体役員などを経て、アジア動向研究会代表。朝鮮大学校講師や立教大学経済学部非常勤講師も務めた。のち大阪経済法科大学アジア研究所客員研究員を経て、同大アジア太平洋研究センター客員教授。朝鮮半島を中心とした米日韓問題の執筆・講演を多く手がけた。著書に「シリーズ日韓問題・軍事一体化」「細菌戦」「韓国反共軍政と民主化」「朝鮮人民軍」「韓国軍・駐韓米軍」「東北アジア時代への提

言」(共著)「征韓論の系譜」「日本・日本軍どこへ行くのか」「在日朝鮮人の歴史と展望」「太平洋を非核の海に」(共著)などがある。 [団]国際問題研究協会, 日本ジャーナリスト同盟

万 里 バン・リ **Wan Li** 政治家 中国全国人民代表大会(全人代)常務委員長 中国共産党政治局員 [国]中国 [没]2015年7月15日 98歳〔病気〕 [生]1916年12月 [出]中国山東省東平県 [学]曲阜師範学校卒 [歴]1936年中国共産党入党。49年南京軍事管制委財政委副主任。56年〜58年2月国務院都市建設相、58年北京市党委書記、同市副市長となり、10大建設指導。文革で66年5月失脚するが、71年3月復活し、北京市党委常務委員、73年同市党委書記再任。75年1月鉄道相。76年4月第1次天安門事件で再失脚したが同年10月再復活。77年6月安徽省党委第1書記(〜80年)、同年8月党中央委員、80年2月党中央書記局書記となり、同年4月副首相、同年8月国家農業委主任兼任。82年9月党政治局員昇格。87年11月党書記を解任。この間、安徽省では生産責任制、自留地、自由市場などの農業政策を大胆に推進、また、中央では改革・開放政策を推進した。88年4月全人代常務委委員長(国会議長)に就任し、副首相離任。89年6月の天安門事件では学生運動支持とみられる発言で注目されたが、その後の新人事でも引き続き現職にとどまった。92年5月日中国交正常化20周年を記念して訪日。同年10月党政治局員解任。93年3月全人代常務委員長を退任して政界引退。鄧小平直系の指導者で中国八長老の一人。 [賞]IOCオリンピック金勲章〔1986年〕, ペルー下院タワラ大十字勲章〔1990年〕, ペルー・アンドレス・レイエス大十字勲章〔1991年〕, ジョンズ・ホプキンズ大学名誉博士号〔1994年〕

バンクス, アーニー **Banks, Ernie** 大リーグ選手 [国]米国 [没]2015年1月13日 83歳〔心臓発作〕 [生]1931年1月31日 [出]米国・テキサス州ダラス [名]本名＝Banks, Ernest [歴]高校時代はフットボールでも活躍。1950年黒人リーグのカンザスシティ・モナークスに入団。53年秋大リーグのカブスに入団、痩身ながら強烈なリストの強さで打撃と守備に存在感を発揮した。54年正遊撃手となり、デビューから424試合連続出場を果たす。58年、60年と本塁打王となり、58年から2年連続MVPを獲得。カブス一筋で19年間プレーし、強打・好守備に加え、笑顔を絶やさない明るい性格でシカゴファンから愛され、“ミスター・カブ”と親しまれた。71年現役を引退。通算成績は、2528試合出場、9421打数2583安打、512本塁打、1636打点、打率.274。ゴールドグラブ1回、オールスター出場11回。77年野球の殿堂入りを果たした。82年背番号14が球団初の永久欠番となった。

バンクス, デニス **Banks, Dennis** 米国先住民運動指導者 アメリカ・インディアン運動(AIM)創設者 [国]米国 [没]2017年10月29日 80歳〔肺炎〕 [生]1937年4月12日 [出]米国・ミネソタ州リーチレーク [名]本名＝Banks, Dennis James, インディアン名＝ナワ・カミッグ〈Nowa Cumig〉 [歴]ミネソタ州北部のインディアン居留地でオジブワ(チペア)・インディアンの子として生まれる。5歳で両親から引き離され、寄宿学校で米国の文化を強制される。地元で就職できず空軍に入隊、1954年横田基地に配属される。日本駐留時に日本人女性と結婚するが、無許可欠勤で逮捕され本国送還。その後、軍隊時代に覚えた酒で精神を病んでいたが、刑務所の中で意識の高いインディアンに出会い、インディアン解放運動に目覚める。68年先住民族の自決を目指すアメリカ・インディアン運動(AIM)を結成、そのリーダーとして活動。73年カスター市で警官隊と衝突。同年2月にはサウスダコタ州ウンデッドニーを武装占拠し、独立を宣言するなど世界の注目を集めた。78年インディアン解放を訴えるためサンフランシスコからワシントンD.C.までの北米大陸を横断した“ザ・ロンゲスト・ウオーク”を成功させる。80年インディアン自治によるDQ大学総長。84年カスター事件に対して自ら投降、85年出所。88年森田ゆりと共同執筆したインディアン解放の半生記「聖なる魂」が第4回ノンフィクション朝日ジャーナル大賞を受賞。98年からはカヌーレースやドラムを通じた若者への教育、ネイティブ・フーズの普及に尽力した。講演などで来日多数。他の著書に「死ぬには良い日だ」(共著, 2004年)があり、10年には同名のドキュメンタリー映画が公開された。 [賞]ノンフィクション朝日ジャーナル大賞(第4回)〔1988年〕「聖なる魂—現代アメリカ・インディアン運動指導者デニス・バンクスは語る」

バーンズ, コンラッド **Burns, Conrad** 政治家 米国上院議員(共和党) [国]米国 [没]2016年4月28日 81歳 [生]1935年1月25日 [出]米国・モンタナ州ギャラティン [名]本名＝Burns, Conrad Ray [学]ミズーリ大学 [歴]1989年〜2007年モンタナ州選出の米国連邦上院議員(共和党)を務めた。

バーンズ, ピート **Burns, Pete** ロック歌手 [国]英国 [没]2016年10月23日 57歳〔急性心不全〕 [生]1959年8月5日 [出]英国・チェシャー州ベビントン(マージーサイド州) [名]本名＝Burns, Peter Jozzeppi, グループ名＝デッド・オア・アライブ〈Dead Or Alive〉 [歴]1980年ロックバンドのデッド・オア・アライブを結成、リーダーとボーカルを担当。83年シングル「ミスティ・サークル」でメジャーデビュー。85年シングル「ユー・スピン・ミー・ラウンド」で初の全英No.1を獲得。さらにシングル「ラバー・カムバック・トゥ・ミー」「イン・トゥ・ディープ」が次々とヒットし、セカンドアルバム「ユース・クエイク」が驚異的なセールスを記録。“ユーロビート”と呼ばれるダンス音楽の代表格として人気を集めた。両性具有的な容姿やファッションに加え、私生活でもバイセクシュアルであることや様々な美容整形手術を経験するなどで話題を呼んだ。85年プロモーションで来日し、87年初来日公演を開催。日本でもバブル期のディスコブームに乗って人気を得た。

バーンズ, ボブ **Burns, Bob** ロック・ドラム奏者 [国]米国 [没]2015年4月3日 64歳〔自動車事故死〕 [生]1950年11月24日 [出]米国・フロリダ州ジャクソンビル [名]本名＝Burns, Robert Lewis (Jr.), グループ名＝レーナード・スキナード〈Lynyrd Skynyrd〉 [歴]1964年フロリダ州ジャクソンビルでロニー・バン・ザント、ゲイリー・ロッシントン、アレン・コリンズ、ラリー・ヤンストロムとともにロックバンドのレーナード・スキナードを結成、ドラムスを担当。73年アルバム「レーナード・スキナード」でデビューするが、74

ハ

年2作目のアルバム「セカンド・ヘルピング」を最後に脱退。77年バンドのチャーター機が飛行機事故に遭い、ロニーら3人のメンバーが死亡。事故をきっかけにバンドは解散したが、96年の再結成に参加。2006年レーナード・スキナードがロックの殿堂入りを果たした際にも生き残ったメンバーらと共演した。15年4月ジョージア州で自動車事故に遭い死亡。

ハンソン, カーティス **Hanson, Curtis** 映画監督　脚本家　[国]米国　[没]2016年9月20日　71歳　[生]1945年3月24日　[出]米国・ネバダ州リノ　[歴]ネバダ州に生まれ、その後カリフォルニア州に転居。高校を中退して映画雑誌「シネマ」の編集者となる。1970年ダニエル・ハーラ監督の映画「ダンウィッチの怪」で脚本家としてデビュー。次いで72年「ミッドナイト・ランブラー」で監督・製作・脚本を手がける。86年「Children of Times Square」でテレビ映画にも進出。97年には本格派フィルムノワールの傑作「L.A.コンフィデンシャル」(監督・製作・脚色)でアカデミー賞9部門にノミネートされ、自身は脚色賞を受賞。他の各賞も獲得し注目を集めた。他の主な監督作品に「窓/ベッドルームの女」(87年)、「バッド・インフルエンス/悪影響」(90年)、「ゆりかごを揺らす手」(92年)、「激流」(94年)、「ワンダー・ボーイズ」(2000年)、「8 Mile」(02年)、「イン・ハー・シューズ」(05年)、「ラッキー・ユー」(07年)、「マーヴェリックス/波に魅せられた男たち」(12年, 遺作)、脚本に「サイレント・パートナー」(1978年)、「ネバー・クライ・ウルフ」(83年)などがある。　[賞]全米映画批評家協会賞(作品賞・監督賞)〔1997年〕「L.A.コンフィデンシャル」, アカデミー賞脚色賞(第70回, 1997年度)〔1998年〕「L.A.コンフィデンシャル」, シカゴ映画批評家協会賞(監督賞・脚本賞)(第10回)〔1998年〕「L.A.コンフィデンシャル」, ボストン映画批評家協会賞(監督賞)〔1998年〕「L.A.コンフィデンシャル」

ハンソン, トミー **Hanson, Tommy** 大リーグ選手　[国]米国　[没]2015年11月9日　29歳〔臓器不全〕　[生]1986年8月28日　[出]米国・オクラホマ州タルサ　[名]本名＝Hanson, Thomas J.　[学]リバーサイドシティ大学　[歴]2005年ドラフト22巡目(全体677位)指名で大リーグのブレーブスに入団。09年メジャーデビューし、同年から4年連続で2ケタ勝利をマーク。13年トレードでエンゼルスに移籍。14年からはマイナーでプレーし、15年ジャイアンツ傘下3Aに所属。同年11月臓器不全のため29歳の若さで急死した。メジャー5年間での通算成績は、123試合登板、49勝35敗、防御率3.80。

パンネッラ, マルコ **Pannella, Marco** 政治家　イタリア急進党創設者　イタリア下院議員　[国]イタリア　[没]2016年5月19日　86歳　[生]1930年5月2日　[出]イタリア・テラモ　[名]本名＝Pannella, Giacinto　[歴]1955年に結成されたイタリア急進党の創設者の一人。76年下院議員に初当選。妊娠中絶禁止法や離婚禁止法に反対し、旧弊なイタリア社会に変革をもたらした。87年には現役のポルノ女優だったチチョリーナを急進党に引き入れて国会議員に当選させ、話題を呼んだ。79年～2009年には4度に渡って欧州議会議員も務めた。断食など平和的な抗議で知られ、11年には3ケ月間のハンガーストライキを行った。

バンパーズ, デール **Bumpers, Dale** 政治家　米国上院議員(民主党)　[国]米国　[没]2016年1月1日　90歳　[生]1925年8月12日　[出]米国・アーカンソー州チャールストン　[名]本名＝Bumpers, Dale Leon　[学]アーカンソー大学, ノースウエスタン・ロースクール　法学博士　[歴]1951～70年アーカンソー州チャールストンで弁護士として活動。71～74年同州知事を経て、75～99年同州選出の上院議員(民主党)。　[資]弁護士

バンハーン・シンラパアーチャ **Banharn Silpaarcha** 政治家　タイ首相　タイ国民党党首　[国]タイ　[没]2016年4月23日　83歳　[生]1932年8月19日　[出]タイ・スパンブリ県　[学]ラムカムヘン大学法学部〔1985年〕卒　[歴]中学卒業後、銀行員となる。1950年代に建設会社を設立して実業界に乗り出し、水道工事で実績を上げる。74年タイ国民党の結成に参加。75年上院議員、76年スパンブリ県から下院議員に当選。79年より党幹事長を務め、通信相、内相、農相、運輸通信相、蔵相などを歴任。94年5月国民党党首に就任。95年の総選挙で第1党に躍進し、95年7月連立政権の首相に就任。通貨不安やインフレなど経済不振のほか、汚職疑惑、利益誘導型の政治などで批判が高まり、96年に議会を解散したが総選挙で敗北。97年のアジア通貨危機につながるタイの経済不振を招いたとして批判を浴びた。金権政治体質を指摘され続けたが、少数政党の党首としてキャスティングボートを握ることで、タクシン元首相派、反タクシン派が対立する政界を渡り歩いた。

バン・モリバン **Vann Molyvann** 建築家　カンボジア文化担当国務相　[国]カンボジア　[没]2017年9月28日　90歳　[生]1926年11月23日　[出]カンボジア・カンポット州　[学]エコール・デ・ボザール(建築学)　[歴]両親は貧しい農家で、お金を稼ぐために法律を学び、公務員を目指す。1946年パリに留学し法律学を学ぶが、建築学に転向。56年帰国後は建築家として活動する傍ら、芸術・教育を振興する役割も担う。国家建築物の主任建築家と都市計画・住宅整備局長に抜擢され、新しいアイデアの建築を次々に生み出した。主な作品に、蓮の形をした「独立記念塔」(58年)、「オリンピックスタジアム」(64年)、「チャトモック国際会議場」(68年)などがあり、“ニュー・クメール建築”と呼ばれるジャンルを築いた。65年王立芸術大学学長、67年教育・芸術相を歴任。70年ロン・ノル政権が実現しシアヌーク国王が追放されると、自身も71年スイスへ亡命。国連人間居住計画(ハビタット)の上級技術顧問としてラオスやアフリカのブルンジで活動。91年ユネスココンサルタントの肩書で帰国。93年文化担当国務相に就任、内戦中に荒れたアンコールワットの遺跡保存に尽力。同年来日し、遺跡の保存と救済を訴えた。　[賞]日経アジア賞(文化部門, 第18回)〔2013年〕

【ヒ】

ビー, ボビー **Vee, Bobby** 歌手　[国]米国　[没]2016年10月24日　73歳　[生]1943年4月30日　[出]米国・ノー

スダコタ州ファーゴ [名]本名＝ベリーン, ロバート・トーマス〈Velline, Robert Thomas〉 [歴]1959年人気ロック歌手のバディ・ホリーが航空機事故で死亡したのを受け、急きょ代役として15歳でステージデビュー。結成わずか2週間のバンド、シャドウズとともに代役を務め上げた。60年代に人気歌手として活躍し、61年シングル「さよならベイビー」がキャリアで唯一の全米No.1を獲得。若き日のボブ・ディランのキャリアをスタートさせたことでも知られ、ビートルズら多くのミュージシャンにも影響を与えた。

ビアジョッティ, ラウラ **Biagiotti, Laura** ファッションデザイナー [国]イタリア [没]2017年5月26日 73歳 [生]1943年8月4日 [出]イタリア・ローマ [歴]母の服飾店を継ぎ、ファッションビジネスを拡大。1972年フィレンツェでデビューコレクションを発表。カシミヤを素材に多用し“カシミヤの女王”と呼ばれた。ファッションブランド“ラウラ・ビアジョッティ”を設立し、洋服や化粧品など幅広い分野で展開。88年発表の香水「ローマ」は日本を含め世界で人気がある。ローマ郊外のマルコ・シモーヌ城を住居兼仕事場とした。 [賞]労働騎士勲章（イタリア）〔1995年〕, イタリアファッション評議会生涯功労賞〔2002年〕, ベネチア国際映画祭金獅子賞〔2007年〕

ピアース, ビリー **Pierce, Billy** 大リーグ選手 [国]米国 [没]2015年7月31日 88歳〔胆嚢がん〕 [生]1927年4月2日 [出]米国・ミシガン州デトロイト [名]本名＝Pierce, Walter William [歴]1945年18歳の時、大リーグのタイガースに入団。49年ホワイトソックスに移籍して才能を開花させ、チームのエース左腕として活躍。50～62年の13年間は54年を除き2桁勝利を挙げた。53年は18勝を挙げ、防御率2.72で2位、186奪三振で1位を獲得。また55年の防御率1.97は50年代の両リーグ通じて唯一の1点台となった。56年20勝（2位）を挙げ、57年は2年連続の20勝で最多勝を獲得。58年まで3年連続で最多完投を記録した。62年ジャイアンツに移籍し、ワールドシリーズ第6戦で完投勝利を挙げた。メジャー通算18年、585試合登板、211勝169敗、1999奪三振、防御率3.27。オールスターには7回出場し、ホワイトソックスの背番号19は永久欠番となった。

ビアンキ, ジュール **Bianchi, Jules** F1ドライバー [国]フランス [没]2015年7月17日 25歳〔レース中の事故による頭部負傷〕 [生]1989年8月3日 [出]フランス・ニース [歴]幼少時からカートでレースを始める。2009年F3ユーロ・シリーズ・チャンピオンとなる。同年発足したフェラーリの若手ドライバー育成プログラム“フェラーリ・ドライバー・アカデミー”に所属し、11年フェラーリF1チームのテストドライバーとして契約。13年マルシャ・チームでレギュラードライバーとしてF1デビュー。14年5月モナコグランプリ（GP）で自己最高の9位を記録。10月台風の影響で雨の中行われた日本GP（鈴鹿）決勝レースで、クラッシュした他のマシンを撤去作業中のクレーン車に激突、頭部損傷により意識不明の重体となる。三重県内の病院で手術を受け、11月郷里ニースの大学附属病院に移ったが、15年7月25歳の若さで亡くなった。F1レース中のドライバーの死亡事故は、1994年サンマリノGPでのアイルトン・セナ（ブラジル）以来となった。

ビエロフラーヴェク, イルジー **Bělohlávek, Jiří** 指揮者 チェコ・フィルハーモニー管弦楽団首席指揮者 [国]チェコ [没]2017年5月31日 71歳 [生]1946年2月24日 [出]チェコスロバキア・プラハ（チェコ） [学]プラハ音楽院 [歴]4歳で児童合唱団に入団し、5歳からピアノ、11歳からチェロを学ぶ。14歳でプラハ音楽院に入学、ベドルジヒ・ヤロシュにチェロを学んだが、間もなく指揮に転向、ボフミール・レシュカとフランティシェク・ヘルトルに師事した。1969年プラハ放送交響楽団を指揮してデビュー。70年チェコ指揮者コンクールに優勝してチェコ・フィルハーモニー管弦楽団副指揮者となる。71～77年ブルノ国立フィルハーモニー管弦楽団指揮者、77～90年プラハ交響楽団音楽監督兼首席指揮者、90～92年ノイマンの後を受けてチェコ・フィルの首席指揮者兼音楽監督を務めた。94年プラハ・フィルハーモニアを設立、新生チェコを印象付けた。2006～12年BBC交響楽団首席指揮者。12年チェコ・フィルの首席指揮者に復帰。さらに、ベルリンやコベント・ガーデン、メトロポリタンほか多くの歌劇場でオペラ指揮者としての手腕を振るった。ドボルザークやチェコの作曲家の作品を得意とした。1997年プラハ芸術アカデミー教授に就任。2009年まで指揮科の学科長を務め、トマーシュ・ハヌス、ヤクブ・フルシャ、トマーシュ・ネトピルらチェコの若手指揮者を指導した。1974年以来、日本フィルに度々客演し、85年より首席客演指揮者を務めた。 [賞]チェコ1等功労メダル〔2001年〕, CBE勲章（英国）〔2012年〕, チェコ指揮者コンクール優勝〔1970年〕, カラヤン指揮者コンクール第5位〔1972年〕 [師]師＝ヤロシュ, ベドルジヒ, レシュカ, ボフミール, ヘルトル, フランティシェク

ピオレ, ウィルフリード **Piollet, Wilfried** バレリーナ パリ・オペラ座バレエ団エトワール [国]フランス [没]2015年1月20日 71歳 [生]1943年 [学]パリ・オペラ座バレエ学校卒 [歴]1960年パリ・オペラ座バレエ団に入団し、65年ランダー振り付け「エチュード」を踊り、エトワールに任命。クラシック・バレエからコンテンポラリー・ダンスまで幅広いレパートリーを持ち、60年代世代の中心を成す重要な存在だった。83年エトワールを退任後は88年までパリ・コンセルヴァトワールの教師を務め、独自のメソッドを教えた。夫ジャン・ギゼリとともに、ヌレエフがバレエ団を率いた時代に最も好んだダンサーの一人に数えられた。 [家]夫＝ギゼリ, ジャン（元パリオペラ座バレエ団エトワール）

ビゴダ, エイブ **Vigoda, Abe** 俳優 [国]米国 [没]2016年1月26日 94歳〔老衰〕 [生]1921年2月24日 [出]米国・ニューヨーク市 [名]本名＝Vigoda, Abraham [歴]両親はロシアからのユダヤ系移民。10代で舞台に立ち、ブロードウェイでシェイクスピア劇に出演するなど舞台俳優として活躍。1965年「マンハッタンの哀愁」の端役で映画デビュー。フランシス・フォード・コッポラ監督の映画「ゴッドファーザー」（72年）でマフィアの一味サル・テッシオ役に起用され、組織を裏切るシーンなどを好演し、注目を浴びた。70～80年代の人気ホームドラマ「バーニー・ミラー」では刑事役を演じ

ヒ

た。他の出演作に、映画「ベイビー・トーク」(89年)、テレビドラマ「サンタバーバラ」(84〜93年)など。

ビスタ, キルチ・ニディ　Bista, Kirti Nidhi　政治家　ネパール首相　国ネパール　⊗2017年11月11日　90歳　⊕1927年1月15日　⊕ネパール・カトマンズ　⊕ラクノウ大学(インド)、アラハバード大学卒　⊕1962年ネパール文相になったのを皮切りに、65年外相、経済計画相、副首相などを歴任。64〜66年には国連主席代表も務めた。69年4月首相兼外相に就任。70年4月議会が再任を拒否したため辞任。74年4月再度首相に任命されるが、73年7月辞任。その理由は、学生や野党の民主化要求に強硬策をとり、その批判を鎮めるため、ビレンドラ国王がとった措置のためとみられた。その後77〜79年首相、78〜79年外相兼任。2005年ギャネンドラ国王が直接統治に乗り出した際も内閣に招集された。

ビスワス, アブドル・ラーマン　Biswas, Abdul Rahman　政治家　バングラデシュ大統領　国バングラデシュ　⊗2017年11月3日　91歳　⊕1926年9月1日　⊕バングラデシュ・バリサル　⊕ダッカ大学(法律)卒　⊕1959年弁護士となり、バングラデシュ法律家協会副会長を務めた。高校や大学の創設に貢献するなど社会活動にも力を入れる。62年東パキスタン州議会議員に初当選。国連総会にパキスタン代表の一人として出席した際の活躍で外交官にならないかと誘われたこともあったという。79年ジアウル・ラーマン大統領の民族主義党(BNP)に入党、国会議員に当選し、ジュート相などを歴任。81年のラーマン大統領暗殺後はカレダ・ジア夫人に忠誠を尽くす。91年3月BNPの政権獲得後、国会議員。同年10月議院内閣制復帰後初の大統領に就任、96年まで務めた。2006年政界を引退。

ピーターズ, ハンク　Peters, Hank　実業家　ボルティモア・オリオールズGM　国米国　⊗2015年1月4日　90歳　⊕1924年9月16日　⊕米国・ミズーリ州セントルイス　⊕本名＝Peters, Henry John　⊕1965年大リーグのクリーブランド・インディアンスのゼネラルマネージャー(GM)に就任。76年にはボルティモア・オリオールズGMとなり、79年、83年とア・リーグ優勝、83年球団史上3度目のワールドシリーズ制覇を達成した。

ピチョット, コンセプシオン　Picciotto, Concepcion　平和運動家　ホワイトハウス前で活動し続けた女性平和運動家　国米国　⊗2016年1月25日　80歳　⊕スペイン　⊕愛称＝コニー〈Connie〉　⊕スペインに生まれ、1960年ニューヨークに移住。結婚し、女児を養子に迎えたが離婚。親権争いに敗れた。全ての子供が平和に暮らせる世界を目指そうと考え、81年米国大統領公邸であるホワイトハウス前で座り込みをしていた平和運動家ウィリアム・トーマスに合流。2人でホワイトハウス前にテントを張って核兵器廃絶を訴えた。2009年にトーマスが他界した後も活動を継続し、30年以上に渡って座り込みを続けた。"コニー"の愛称で親しまれ、世界中から訪れた観光客や社会見学の子供たちに核の恐ろしさを語った。

ビッカーズ, ジョン　Vickers, Jon　テノール歌手　国カナダ　⊗2015年7月10日　88歳　⊕1926年10月29日　⊕カナダ・サスカチェワン州プリンスアルバート　⊕トロント王立音楽院　⊕はじめ聖歌隊で歌っていたが、1950年より奨学金を得てトロント王立音楽院でジョージ・ランバートに師事。51年よりトロントを中心に演奏活動を開始、52年にはカナダ放送のコンクールで優勝。54年カナダ・オペラ・カンパニーでドン・ホセを歌ってデビュー。57年ロンドンのコベント・ガーデン王立歌劇場で本格的な国際デビューを果たした後、ニューヨークのメトロポリタン歌劇場をはじめ世界の主要歌劇場や音楽祭で活躍した。ドラマティック・テノールとして知られ、ワーグナーの楽劇「ワルキューレ」のジークムントや、ブリテンの歌劇「ピーター・グライムズ」の主人公が当たり役となった。79年初来日。長くアルツハイマー病を患っていた。　⊛カナダ政府勲章〔1969年〕、モルソ賞〔1975年〕　⊕師＝ランバート、ジョージ

ピート, カルビン　Peete, Calvin　プロゴルファー　国米国　⊗2015年4月29日　71歳　⊕1943年7月18日　⊕米国・ミシガン州デトロイト　⊛貧しい家庭に生まれ、子供の頃に左腕を骨折したが病院に行けず、左腕が曲がったままとなる。23歳でゴルフを始め、米国男子プロツアー(PGAツアー)に参戦。独特なスイングから放つ正確なショットを武器に、フェアウェイキープ率1位を10年間維持した。ツアー通算12勝を挙げ、後進の黒人ゴルファー活躍の土壌を確立。その後、ジュニア世代の育成などゴルフ界の発展に尽力した。

ピート, マル　Peet, Mal　児童文学作家　ヤングアダルト、児童書　国英国　⊗2015年3月2日　67歳　⊕1947年10月5日　⊕英国・ノーフォーク　⊕大学卒業後、教師など様々な職業に就き、のちイラストレーターとして活躍。2003年「キーパー」で作家デビューし、04年同作でブランフォード・ボウズ賞を受賞した。05年には「Tamar」でカーネギー賞、09年には「Exposure」でガーディアン賞を受けたが、15年67歳で病死した。　⊛ブランフォード・ボウズ賞〔2004年〕「キーパー」、カーネギー賞〔2005年〕「Tamar」、ガーディアン賞〔2009年〕「Exposure」

Ｂ・Ｂ・キング　B.B.King　ブルース・ギタリスト・歌手　国米国　⊗2015年5月14日　89歳〔糖尿病を原因とする病気〕　⊕1925年9月16日　⊕米国・ミシシッピ州イタ・バーナ　⊕本名＝キング、ライリー・B.〈King, Riley B.〉　⊛4歳の時両親が離婚。9歳の時母親が亡くなり、一人で農業労働者として働くが、5年後父親と再会し生まれ故郷に帰る。若い頃からラジオのDJをしながらブルースを歌い、ギターを弾いていたが、1946年22歳で黒人音楽の中心地・テネシー州メンフィスに行き、"Ｂ・Ｂ・キング"と名のるようになった。"Ｂ・Ｂ"はブルース・ボーイの略。49年初レコーディング、50年RPMレコードから本格デビューし、51年「スリー・オクロック・ブルース」の大ヒットでスターとなった。その後ケント・レコードに移って数多くレコーディング。62年ABCと契約。70年「ザ・スリル・イズ・ゴーン」のヒットで同年度グラミー賞男性R&Bボーカル賞受賞。黒人の大衆音楽だったブルースを、エレキギターによる革新的なサウンドで洗練し、世界中に広めた。弦を押しためて音程を変えるチョーキン

グやビブラートを駆使した演奏スタイルを生み出し、ジャンルを越えて、エリック・クラプトンやジョン・レノン、U2にも影響を与えた。60年以上にわたって第一線で活躍し、50枚以上のアルバムをリリース。グラミー賞を15回受賞し、87年ロックの殿堂入りした。主な作品に「スイート・シックスティーン」「スイート・リトル・エンジェル」「エブリデイ・アイ・ハブ・ザ・ブルース」「ホワイ・アイ・シング・ザ・ブルース」「テイク・イット・ホーム」「ミッドナイト・ビリーバー/B・B・キング・ウィズ・クルセイダーズ」「ロイヤル・ジャム」などがある。71年以降多数来日。“ブルースの王様”と呼ばれた。また、映画「愛が微笑む時」(93年)、「ブルース・ブラザーズ2000」(98年)や、ドキュメンタリー「U2/魂の叫び」(88年)、「モハメド・アリ かけがえのない日々」(96年)、「レス・ポールの伝説」(2007年)などにも出演。　[賞]米国大統領自由勲章〔2006年〕, グラミー賞(男性R&Bボーカル賞, 第13回)〔1970年〕「ザ・スリル・イズ・ゴーン」, グラミー賞(トラディショナルブルースアルバム, 第36回・第42回)〔1993年・1999年〕「Blues Summit」「Blues on the Bayou」, グラミー賞(ポップコラボレーション賞, 第43回)〔2000年〕, グラミー賞(ポップ・インストゥルメンタルアーティスト, 第45回)〔2002年〕「Auld Lang Syne」

ピュー, デレク　**Pugh, Derek**　心理学者　オープン・ユニバーシティ名誉教授　[専]組織行動学　[国]英国　[没]2015年1月29日　84歳〔がん〕　[生]1930年8月31日　[出]英国・ロンドン　[名]本名＝Pugh, Derek Salman　[学]エディンバラ大学(心理学)卒　[歴]ロンドン・ビジネス・スクールにおいて、英国で初めて組織行動学の教授に就任。1983〜95年オープン・ユニバーシティ教授。博士課程プログラムの設計と博士課程学生の指導に多くの経験を有した。共著に「現代組織学説の偉人たち」「博士号のとり方」などがある。

ビュトール, ミシェル　**Butor, Michel**　作家　評論家　[国]フランス　[没]2016年8月24日　89歳　[生]1926年9月14日　[出]フランス・ノール県モンス・アン・バルール　[学]パリ大学卒　[歴]パリ大学で哲学を学んだのち、1951年マンチェスター、54年テサロニケ、56〜57年ジュネーブ、60〜74年米国、75〜91年ジュネーブの各大学でフランス文学を講じる。その傍ら、54年「ミラノ通り」、56年「時間割」などの小説を発表し、57年「心変わり」でルノドー賞を受賞。以後、文筆活動に専念し、60年「段階」を発表。これらの実験的な小説により、アラン・ロブ・グリエやクロード・シモンらと並び、ヌーボー・ロマン(新しい小説)の代表的作家に数えられる。音楽、絵画にも造詣が深く、評論集「レペルトワール」(5巻, 60〜82年)、詩集「挿絵集」(4巻, 64〜76年)、ボードレール論、美術論、紀行や、言語表現の可能性を追求した「モビール」(62年)、「即興演奏(アンプロヴィザシオン)―ビュトール自らを語る」(94年)などの著書がある。75〜91年ジュネーブ大学教授。89年立教大学の学術交流研究員として来日し、3ケ月間滞在した。　[賞]ルノドー賞〔1957年〕「心変わり」

ヒョーツバーグ, ウィリアム　**Hjortsberg, William**　作家　[国]米国　[没]2017年4月22日　76歳〔膵臓がん〕　[生]1941年2月23日　[出]米国・ニューヨーク市　[名]本名＝Hjortsberg, William Reinhold　[学]ダートマス大学, エール大学演劇部, スタンフォード大学　[歴]ダートマス大学からエール大学演劇部、スタンフォード大学に学ぶ。1969年作家デビューし、78年「Falling Angel(堕ちる天使)」を発表。ハードボイルド+オカルトという意表をついたプロットで、従来にない作風を生み出し、多くの賞讃を得、同年度のMWA新人賞にノミネートされた。この作品はアラン・パーカー監督、ミッキー・ローク主演で「エンゼル・ハート」(87年)として映画化され大ヒット。リチャード・ブローティガンの伝記に取り組むなど、ミステリー以外の作品も数点書いた。「プレイボーイ」誌の小説部門新人賞を受賞し、いくつかの創作家連盟から褒賞金の授与もされた。他の作品に、小説「アルプ」(69年)、「灰色の出来事」(71年)、映画「ランナウェイ」(77年, 脚本)、「レジェンド/光と闇の伝説」(85年, 脚色)など。　[賞]プレイボーイ誌小説部門新人賞

ヒョン・ホンジュ　**玄 鴻柱**　**Hyun Hong-choo**　外交官　政治家　駐米韓国大使　韓国国会議員　[国]韓国　[没]2017年5月27日　76歳　[生]1940年8月19日　[出]朝鮮京城(韓国・ソウル)　[学]ソウル大学法学部〔1963年〕卒, ソウル大学司法大学院〔1964年〕修了, コロンビア大学法科大学院〔1969年〕修了　[歴]ソウル高検検事を経て、1985年韓国国会議員、87年法制処長、90年国連大使、91〜93年駐米大使を務めた。著書に「民事訴訟における処分権主義」など。　[賞]紅條勤政勲章, 黄條勤政勲章, 保国勲章天授章

ヒョン・ヨンチョル　**玄 永哲**　**Hyon Yong-chol**　軍人　北朝鮮人民武力相(国防相)　朝鮮人民軍総参謀長　[国]北朝鮮　[没]2015年4月30日　66歳〔処刑〕　[生]1949年1月11日　[出]北朝鮮咸鏡北道漁郎郡　[歴]朝鮮人民軍において、中朝国境地帯を担当する8軍団長を務めていたとみられる。2010年9月軍大将に昇格。2012年7月李英鎬総参謀長が党役職を解任された翌日、次帥に昇格。その数日後には総参謀長就任が判明した。大抜擢と話題になるが、12月大将への降格が判明。2013年3月党政治局員候補、5月総参謀長解任。2014年6月張正男の後任として人民武力相(国防相)に就任したが、2015年4月反逆罪で粛清された。

ヒラー, アーサー　**Hiller, Arthur**　映画監督　米国映画芸術科学アカデミー(AMPAS)会長　[国]米国　[没]2016年8月17日　92歳〔老衰〕　[生]1923年11月22日　[出]カナダ・アルバータ州エドモントン　[学]トロント大学卒, アルバータ大学大学院修士課程修了, ブリティッシュ・コロンビア大学大学院修士課程修了　[歴]大学で法律、心理学、文学の修士号を取り、卒業後CBSラジオに入社。1950年代半ばにハリウッドへ移り、その後テレビに転じて「プレイハウス90」「ガンスモーク」「ライフルマン」などの演出を手がける。57年「The Careless Years」で映画界に進出。62年「裸の町」のエミー賞候

補をきっかけに、ウォルト・ディズニーから注目され、「白馬奪回作戦」(62年) で本格的に映画界入り。御曹司の男子学生と貧しい移民の娘との恋愛を描いた「ある愛の詩」(70年) が世界的に大ヒット。同作品はアカデミー賞7部門にノミネートされ、監督としての地位を確立した。以後、「おかしなホテル」「ホスピタル」(71年)、「ラ・マンチャの男」(72年)、「大陸横断超特急」(76年)、「あきれたあきれた大作戦」(79年)、「メーキング・ラブ」(82年)、「りんご白書」(84年)、「うるさい女たち」(87年)、「見ざる聞かざる目撃者」(89年)、「夢を生きた男 ザ・ベーブ」(92年)、「Pucked」(2006年、遺作) など数々の作品を監督。1993〜97年アカデミー賞を主催する映画芸術科学アカデミー (AMPAS) の会長を務めた。長年に渡る映画界への貢献に加え、聴覚障害者を支援するなど様々な慈善活動への取り組みが評価され、2002年人道的活動を通して映画界に貢献した人物に贈られるアカデミー賞ジーン・ハーショルト友愛賞を受賞した。 ㊞カナダ勲章〔2006年〕、ゴールデン・グローブ賞監督賞 (第28回、1970年度)「ある愛の詩」、ベルリン国際映画祭銀熊賞 (審査員特別賞、第22回)〔1972年〕「ホスピタル」、アカデミー賞ジーン・ハーショルト友愛賞 (第74回)〔2002年〕

ヒラーマン, ジョン　Hillerman, John　俳優 ㊈

米国 ㊣2017年11月9日　84歳 ㊐1932年12月20日 ㊋米国・テキサス州デニソン ㊎テキサス大学オースティン校 (ジャーナリズム) ㊕石油探査会社を経て、米国空軍で4年間任務に就く。この間、劇団でも活動するようになり、退役時にはアメリカン・シアター・ウイングで演技の勉強をするためニューヨークに移住。1975年ニューヨーク・シェイクスピア・フェスティバルの「オセロ」でデビュー。59年と63年にはブロードウェイにも進出した。69年ハリウッドに移り、70年映画「続夜の大捜査網」に出演。80〜88年にCBSで放送されヒットしたアクションドラマ「私立探偵マグナム」で、主人公トーマス・マグナム (トム・セレック) の執事ジョナサン役を好演。82年ゴールデン・グローブ賞助演男優賞、87年エミー賞助演男優賞を受賞した。映画では「ペーパー・ムーン」(73年)、「チャイナタウン」(74年)、「オードリー・ローズ」(77年) などに出演した。口髭がトレードマーク。 ㊞ゴールデン・グローブ賞助演男優賞 (ミニシリーズ・テレビ映画部門)〔1982年〕「私立探偵マグナム」、エミー賞助演男優賞 (ドラマ部門)〔1987年〕「私立探偵マグナム」

ヒーリー, デニス　Healey, Denis　政治家　英国

国防相　英国労働党副党首 ㊈英国 ㊣2015年10月3日　98歳 ㊐1917年8月30日 ㊋英国・ケント州モッティンガム ㊎本名=ヒーリー、デニス・ウィンストン〈Healey, Denis Winston〉㊏オックスフォード大学卒 ㊕ロンドン南東部のモッティンガムで生まれ、すぐにヨークシャーに移る。第二次大戦で北アフリカとイタリアで従軍。1945〜52年英国労働党国際部書記を経て、52年下院議員に当選。58〜61年戦略研究所理事。64〜70年ウィルソン政権の国防相。この間、同盟国を歴訪し、新たな防衛計画を立案。74〜79年キャラハン政権の蔵相を務め、賃上げ抑制を内容とする社会政策を推進した。76年と80年の労働党党首争いに敗れ、80〜83年副党首。81年副党首に立候補したトニー・ベンを小差で退け、83年には影の内閣の外相に任命された。87年影の内閣から退き、89年政界引退を表明。写真家としても知られ、作品の選集を「ヒーリーの眼」(80年) として出版した。92年男爵 (一代貴族) に叙せられた。

ヒル, ジェフリー　Hill, Geoffrey　詩人　オックスフォード大学教授 ㊈英国 ㊣2016年6月30日　84歳 ㊐1932年6月18日 ㊋英国・ウースターシャー州ブロムズグローブ ㊎本名=Hill, Geoffrey William ㊏オックスフォード大学卒 ㊕1959年処女詩集「堕落せぬ者たちのために」を発表。以来、2つの賞を獲得した「丸太の王」(68年) や、ブレイクの予言書を思わせる「マーシア讃歌」(71年) を発表し、宗教的傾向を強める。他に「暗闇の朝課」(78年)、評論集「境界の主」(83年) などを発表。死、愛、神、戦争、歴史、時間などを真正面から見据え、力強い荘重な幻想詩を書いた。その詩的重量感は圧倒的である。54年リーズ大学、81年ケンブリッジ大学を経て、88年ボストン大学教授、2010〜15年オックスフォード大学教授を務めた。12年ナイトの爵位を授与された。 ㊞ウィットブレッド賞〔1971年〕、カーン賞〔1998年〕、T.S.エリオット賞〔2000年〕、トルーマン・カポーティ賞〔2009年〕

ヒルトン, デーブ　Hilton, Dave　プロ野球選手　大リーグ選手 ㊈米国 ㊣2017年9月17日　67歳 ㊐1950年9月15日 ㊋米国・テキサス州ウバルデ ㊎本名=Hilton, David John ㊏ライス大学卒 ㊕1971年ドラフト全体1位で大リーグのパドレスに入団。メジャー4年間で目立った成績は残せなかった。78年アリゾナ州ユマでキャンプを張っていた日本プロ野球ヤクルトにテスト生として参加し入団。独特の打撃フォームで、主に"1番・二塁"として活躍。オールスター戦にも出場し、打率.317、19本塁打、76打点をマーク。当時日本プロ野球タイ記録となるシーズン8本の初回先頭打者本塁打を放ち、ベストナインにも選ばれた。阪急 (現・オリックス) との日本シリーズ第4戦では9回2死から逆転2ランを放つなどヤクルトの初の日本一に貢献。80年阪神に移籍するが、わずか18試合の出場で5月退団。帰国後は米球界に復帰し、3Aポートランドでプレー。プロ野球通算成績は、実働3年、251試合出場、971打数276安打、38本塁打、128打点、7盗塁、打率.284。現役時代は185センチ、86キロ。右投右打。引退後、84年1A監督、ツインズのスカウト、99年台湾プロ野球・生活の監督も務めた。

ビンセント, フランク　Vincent, Frank　俳優 ㊈米国 ㊣2017年9月13日　80歳 ㊐1937年8月4日 ㊋米国・マサチューセッツ州ノースアダムス ㊎本名=Gattuso, Frank Vincent ㊏イタリア系。ミュージシャンとして芸能界にデビューし、ポール・アンカやデル・シャノンら人気歌手のバンドでドラムを担当した。1976年「The Death Collector」で映画界に進出。その後、マーティン・スコセッシ監督に見出され、「レイジング・ブル」(80年) で抜擢される。以後、スコセッシ監督作品の常連として「グッドフェローズ」(90年) や「カジノ」(95年) などに出演し、マフィア役を多く演じた。マフィア一家の人間模様を描いた人気テレビドラマ「ザ・ソプラノズ/哀愁のマフィア」(2004年〜)

にも出演した。他の映画出演作に、「ドゥ・ザ・ライト・シング」(1989年)、「コップランド」(97年) など。

【フ】

布 赫　フ・カク　Bu He　政治家　作家　中国全国人民代表大会(全人代)常務委員会副委員長　[国]中国　[没]2017年5月5日　91歳　[生]1926年3月24日　[出]中国内蒙古・土黙特左旗　[名]中国名＝雲曙光〈YunShuguang〉　[学]延安民族学院卒　[歴]モンゴル族。父親は中国国家副主席を担当した烏蘭夫で、内蒙古では絶大の影響力を持った。1939年延安入りし、42年中国共産党に入党。若い頃は延安陝北公学、延安民族学院に学ぶ。54年内蒙古文化局副局長、78年内蒙古自治区党委常任委員兼宣伝部長、81年フホホト市長、82年第12期党中央委員、内蒙古自治区代理主席、83～93年同主席、87年第13期党中央委員、88年全国人民代表大会(全人代)内蒙古自治区代表、93年～2003年第8期・第9期全人代常務委員会副委員長を歴任。詩人、劇作家としても知られ、歌劇に「送糧」「翻身靠労働」「幸福的孩子」「慰問袋」、話劇に「王文煥」「紅頭巾」「海棠」、著書に「布赫詩文集」などがある。1984年省長代表団団長として来日した。　[家]父＝烏蘭夫(政治家)

符 浩　フ・コウ　Fu Hao　外交官　駐日中国大使　[国]中国　[没]2016年6月17日　100歳〔病気〕　[生]1916年4月　[出]中国陝西省礼泉県　[学]延安抗日軍政大学〔1937年〕　[歴]1938年中国共産党に入党。八路軍に入り、軍政治委員等を経て、50年中国外務省に入省し駐モンゴル大使館参事官、70年外交部弁交庁主任、72年外務次官、74年駐北ベトナム大使を歴任。77～82年第2代駐日大使を務め、78年の日中平和友好条約調印や調印直後の鄧小平の訪日に携わった。帰国後は、83年全国人民代表大会(全人代)外事委副主任委員に就任。88年全人代常務委員会委員。90年代には日中の有識者らで作る日中友好21世紀委員会の中国側座長を務めた。　[賞]勲一等瑞宝章(日本)〔1992年〕

ファーザー・エディ
⇒エディ, アブドゥル・サッタル を見よ

ファン・デル・ヴェストハイゼン, ユースト　Van Der Westhuizen, Joost　ラグビー選手　[国]南アフリカ　[没]2017年2月6日　45歳〔運動ニューロン疾患〕　[生]1971年2月20日　[出]南アフリカ・プレトリア　[歴]身長188センチ、体重90キロの大型スクラムハーフ(SH)で、出身地のプレトリアを本拠地とするブルーブルズで看板選手として活躍。1993年からラグビー南アフリカ代表に選ばれ、自国で開催された95年のW杯南アフリカ大会では優勝に貢献。99年のW杯では主将を務めた。2003年W杯を最後に現役を引退。通算キャップ数は89で、南アフリカ代表史上最多の38トライを記録した。15年世界ラグビーの殿堂入りを果たす。11年運動神経の一部が損傷する不治の病 "運動ニューロン疾患" と診断され、長い闘病生活を送っていたが、17年45歳の若さで亡くなった。

フィーヴェ, カーシ・クルマン　Five, Kaci Kullmann　政治家　ノーベル委員会委員長　ノルウェー貿易・海運相　[国]ノルウェー　[没]2017年2月19日　65歳〔乳がん〕　[生]1951年4月13日　[出]ノルウェー・オスロ　[名]本名＝Five, Karin Cecilie Kullmann　[学]オスロ大学卒　[歴]1981年ノルウェー保守党から国会議員に当選。89～90年貿易・海運相を務めたほか、91～94年保守党初の女性党首を務めた。2003年ノーベル平和賞を選定するノーベル委員会委員に任命され、09年副委員長、15年委員長に就任。同年チュニジアの "国民対話カルテット"、16年コロンビアのサントス大統領への平和賞授与を決めた。

フィオルッチ, エリオ　Fiorucci, Elio　ファッションデザイナー　[国]イタリア　[没]2015年7月20日　80歳〔病気〕　[生]1935年6月10日　[出]イタリア・ミラノ　[歴]ミラノの靴屋に生まれる。ロンドンのモッズ・ファッションを見てストリート文化に開眼し、1967年ミラノに安価でポップなフィオルッチ・ブランドを立ち上げる。脚線美を際立たせた細身のストレッチデニムが大ヒットし、海外にも進出。米ニューヨークの59丁目にもブティックをオープンした。70～80年代の若者文化とモード界をリードし、アンディ・ウォーホルやキース・ヘリング、マドンナらと親交があった。90年フィオルッチを日本のエドウィン・インターナショナル・グループに売却。2003年にはミラノの旗艦店が閉店した。

フィーク, ジョーイ　Feek, Joey　カントリー歌手　[国]米国　[没]2016年3月4日　40歳〔子宮頸がん〕　[生]1975年9月9日　[出]米国・インディアナ州アレクサンドリア　[名]本名＝Feek, Joey Martin, グループ名＝ジョーイ・アンド・ローリー〈Joey+Rory〉　[歴]2002年ローリー・フィークと結婚し、夫婦でカントリーデュオ "ジョーイ・アンド・ローリー" を結成。08年に出場したデュオコンテストでファイナリストとなって一躍脚光を浴び、デビューアルバム「ライフ・オブ・ア・ソング」をリリース。14年子宮頸がんと診断された後も活動を続け、16年2月に発売されたアルバムは「ビルボード」誌のアルバムチャートで1位を獲得したが、3月40歳の若さで亡くなった。　[家]夫＝フィーク, ローリー(ミュージシャン)

フィスク, ポーリン　Fisk, Pauline　児童文学作家　[国]英国　[没]2015年1月25日　66歳〔がん〕　[生]1948年9月27日　[名]本名＝Fisk, Pauline Millicent　[歴]1990年「ミッドナイト・ブルー」でスマーティーズ賞を受賞。ウィットブレッド賞の候補にもなった。「フライ・ハイ」などファンタジー小説を中心に数多くの作品を遺した。　[賞]スマーティーズ賞〔1990年〕「ミッドナイト・ブルー」

フィッシャー, キャリー　Fisher, Carrie　女優　作家　[国]米国　[没]2016年12月27日　60歳　[生]1956年10月21日　[出]米国・カリフォルニア州ビバリーヒルズ　[学]ビバリーヒルズ高卒　[歴]父は歌手のエディ・フィッシャー、母は女優のデビー・レイノルズ。13歳で母と共演して舞台デビュー。1975年ウォーレン・ビーティに認められ「シャンプー」の端役で映画デビュー。その後、ロンドンのセントラル・スクール・オブ・スピー

チ・アンド・ドラマで演技を学ぶ。77年映画「スター・ウォーズ」で主人公の双子の妹レイア姫を演じ、一躍人気スターとなった。続く〈スター・ウォーズ〉シリーズや「ブルース・ブラザース」（80年）、「ガルボトーク/夢のつづきは夢…」（84年）などに出演。その後、薬物依存と精神疾患に苦しみ、この体験を赤裸々に綴った小説「崖っぷちからのはがき」（87年）で作家デビュー。同作品を映画化した「ハリウッドにくちづけ」（90年）では自ら脚本も手がけた。2015年「スター・ウォーズ/フォースの覚醒」で32年ぶりにレイア姫を演じ、話題となった。17年公開の「スター・ウォーズ/エピソード8（仮題）」が遺作となった。他の出演作に「ハンナとその姉妹」（1986年）、「恋人たちの予感」（89年）、「ソープディッシュ」（91年）、「ディス・イズ・マイ・ライフ」（92年）、「オースティン・パワーズ」（97年）、「スクリーム3」（2000年）、「チャーリーズ・エンジェル フルスロットル」（03年）など。他の小説に「ピンクにお手あげ」（1990年）、「Delusions of Grandma」（94年）など。私生活では、83年歌手のポール・サイモンと結婚したが、84年離婚。　Ⓕ父＝フィッシャー、エディ（歌手）、母＝レイノルズ、デビー（女優）、元夫＝サイモン、ポール（歌手）

フィッチ, バル　Fitch, Val Logsdon　物理学者　Ⓝ米国　Ⓓ2015年2月5日　91歳　Ⓑ1923年3月10日　米国・ネブラスカ州メリマン　Ⓔマッギル大学〔1948年〕卒　物理学博士（コロンビア大学）〔1954年〕　Ⓗ第二次大戦中は米陸軍の一員としてロス・アラモス研究所でマンハッタン計画に参加。学位を取得後、プリンストン大学助教授を経て1960年より同大教授。J.W.クローニンとともに64年粒子と反粒子の性質が異なる"CP対称性の破れ"を発見。その後の素粒子論、宇宙論の展開に貢献した。80年クローニンとともにノーベル物理学賞を受賞。　Ⓦノーベル物理学賞〔1980年〕

フィリップス, トニー　Phillips, Tony　大リーグ選手　Ⓝ米国　Ⓓ2016年2月17日　56歳〔心臓発作〕　Ⓑ1959年4月25日　米国・ジョージア州アトランタ　Ⓘ本名＝Phillips, Keith Anthony　Ⓗ1978年ドラフト1巡目（全体10位）指名で大リーグのエクスポズ（現・ナショナルズ）に入団。82年アスレチックスに移籍し、83年レギュラーの座を獲得。89年にはチームのワールドシリーズ制覇に貢献。90年タイガースに移籍。92年には114四球を選び、リーグ最多の114得点をマーク。93年には打率3割を超えた（.313）。95年エンゼルスに移り、27本塁打を放った。96年ホワイトソックス、97年エンゼルス、98年ブルージェイズ、98年メッツでプレー。99年アスレチックスで2000本安打を達成し、現役を引退。内外野すべてのポジションをこなせるユーティリティー選手として、計18年間プレーした。通算成績は、実働18年、2161試合出場、7617打数2023安打、160本塁打、819打点、打率.266。選球眼に優れ、シーズン100四球以上が5回と通算出塁率.374を記録し、"出塁マシン"と呼ばれた。

フィングルトン, ニール　Fingleton, Neil　俳優　バスケットボール選手　Ⓝ英国　Ⓓ2017年2月25日　36歳〔心不全〕　Ⓑ1980年　Ⓑ英国・ダラム州　Ⓔノース

カロライナ大学（米国），ホーリー・クロス大学（米国）　Ⓗバスケットボール選手として米国のノースカロライナ大学とホーリー・クロス大学で活躍。プロ選手としてもスペインや中国、イタリア、ギリシャ、英国でプレー。その後、俳優に転身し、人気ドラマ「ゲーム・オブ・スローンズ」（2011年〜）で巨人マグ・ザ・マイティ役を演じた。他の出演作品に、映画「X-MEN：ファースト・ジェネレーション」（11年）、「47RONIN」（13年）、「アベンジャーズ エイジ・オブ・ウルトロン」（15年）など。232センチの身長は、07年"英国で最も背の高い人"としてギネスブックに登録された。

フェルディン, トルビョルン　Fälldin, Thorbjörn　政治家　スウェーデン首相　Ⓝスウェーデン　Ⓓ2016年7月23日　90歳　Ⓑ1926年4月24日　Ⓑスウェーデン　Ⓘ本名＝Fälldin, Nils Olof Thorbjörn　Ⓗスウェーデン第二院議員を経て、1967年第一院議員。66年中央党執行委員、69年第1副党首、71年党首。76年保守連合が総選挙で44年ぶりに勝利し、首相に就任（78年辞任）。79年再び首相となるが、82年総選挙で革新連合に敗れ辞任。

フェルナンデス, ホセ　Fernández, José　大リーグ選手　Ⓝ米国　Ⓓ2016年9月25日　24歳〔ボート事故死〕　Ⓑ1992年7月31日　Ⓑキューバ　Ⓗキューバから4度亡命を試み、3度失敗。1回は刑務所に入れられたという経験を持つ。2008年4度目の試みで米国への亡命に成功し、タンパの高校に入学。11年ドラフト1巡目（全体14位）指名でマーリンズに入団。13年4月大リーグにデビューし、150キロ中盤のストレート、大きく縦に割れるカーブ、スライダーを武器に活躍。1年目は12勝6敗、防御率2.19でナ・リーグの新人王に輝いた。14年は開幕投手を務めたが、5月に右肘の手術を行ってシーズンを棒に振った。15年シーズン途中に復帰するも、11試合の登板に留まる。16年はチーム最多の16勝（8敗）、防御率2.86でサイヤング賞候補にも挙げられていたが、9月ボート事故で亡くなった。24歳の若さだった。生前は191センチ、109キロ。右投右打。オールスターには2度出場。イチロー選手とは2シーズンともにプレーした。

フェレ, ルネ　Féret, René　映画監督　俳優　Ⓝフランス　Ⓓ2015年4月28日　69歳〔肺がん〕　Ⓑ1945年5月26日　Ⓑフランス・ノール地方ラ・バセ　Ⓔストラスブール国立演劇学校　Ⓗ俳優を志し、ストラスブール国立演劇学校に入学。1975年初監督作「Histoire de Paul」でジャン・ヴィゴ賞を受賞。77年「La Communion Solennelle」がカンヌ国際映画祭コンペティション部門に正式出品され注目を浴びる。その後、「哀しみのアレクシーナ」（85年）、「夕映えの道」（2000年）、「ナンネル・モーツァルト 哀しみの旅路」（2010年）、「Anton Tchékhov 1890」（2015年）など生涯17本の作品を監督。1990年代末にJLMプロダクションを設立。俳優としてはジャック・ドワイヨン「放蕩娘」（81年）、レジス・ヴァルニエ「イースト/ウエスト 遥かなる祖国」（98年）などに出演。　Ⓦジャン・ヴィゴ賞〔1975年〕「Histoire de Paul」

フェレロ, ミケーレ　Ferrero, Michele　実業家　フェレロ社長　Ⓝイタリア　Ⓓ2015年2月14日　89歳　Ⓑ1925年4月26日　Ⓑイタリア・ピエモンテ州ドリアーニ　Ⓗフェレロは母が営んでいた菓子店に由来する。

第二次大戦中、カカオが割当制になった際、父ピエトロが代用品としてチョコレート風味のヘーゼルナッツペーストを開発。1950年チョコレート製造会社フェレロを父から引き継ぎ、海外での販売を開始。64年ヘーゼルナッツペーストの「ヌテラ」を発売すると、世界的ヒット商品となった。米誌「フォーブス」の世界長者番付で、フェレロ一族は常連となっている。2011年後継者と目されていた長男ピエトロを事故で亡くした。 ㊥父＝フェレロ、ピエトロ（フェレロ創業者）、長男＝フェレロ、ピエトロ（フェレロ・インターナショナルCEO）

フェンディ、カルラ　Fendi, Carla　実業家　フェンディ名誉会長　㊨イタリア　㊥2017年6月19日　79歳　㊤1937年7月12日　㊦イタリア・ローマ　㊥両親がローマで創業した小さな毛皮店を引き継いだ"フェンディ5姉妹"の4女。1950年代後半、フェンディに入社し、販売戦略や宣伝などを担当。やがて、その社交性を生かしてブランドの顔として経営全体を指揮。世界最大の米国市場の開拓に成功し、フェンディを国際的な有力ブランドに育て上げた。2007年イタリア文化遺産保護のため"カルラ・フェンディ財団"を創設し、ローマの"トレビの泉"の修復費を支援した。

フォ、ダリオ　Fo, Dario　劇作家　俳優　演出家　㊨イタリア　㊥2016年10月13日　90歳　㊤1926年3月24日　㊦イタリア・バレーゼ県サンジャーノ　㊥ミラノ美術アカデミー　㊥ミラノで舞台美術を学び、喜劇役者としてデビュー。脚本も始め、寄席芸の寸劇も吸収する中、1954年女優のフランカ・ラーメと結婚し、民衆コメディの流れをくむ妻と、59年全国的な上演組織ラ・コムーネを結成。ミラノを本拠地に自作自演のギャグあふれる喜劇、笑劇を巡演した。68年には共産党と組んで劇団ヌーバ・セナを主宰。70年代半ばから麻薬、テロ、女性問題、宗教を扱った喜劇を発表。その舞台は、民衆劇から多くのものを消化して、パロディー、アクロバット、歌、パントマイム、道化、仮面、人形などが登場し、政治諷刺や観客との議論など即興性が強く、イタリア演劇において常に"反体制""異端"の姿勢を貫いた。笑いと厳粛さを調和させた作品により、社会の悪弊と不公正に目を開かせたと評価され、97年ノーベル文学賞を受賞。2003年には当時のベルルスコーニ首相を題材とした作品が人気を博した。戯曲作品に「泥棒とマネキン人形と裸婦」（1958年）、「神聖喜劇」（68年）、「旗と人形による大パントマイム」（69年）、「ミステーロ・ブッフォ」（69年）、「アナーキストの事故死」（70年）、「第7戒律－少し盗め」（71年）、「払えない、払わない」（74年）、「誘拐されたファンファーニ」（75年）、「クラクションを吹き鳴らせ」（80年）、「ジョアン・パダンのアメリカ発見」（91年）など。　㊦ノーベル文学賞〔1997年〕、アグロ・ドルチェ賞〔1987年〕　㊨妻＝ラーメ、フランカ（女優）

フォースター、マーガレット　Forster, Margaret　作家　㊨英国　㊥2016年2月8日　77歳〔がん〕　㊤1938年5月25日　㊦英国・カンブリア州カーライル　㊥オックスフォード大学サマビル・カレッジ〔1960年〕卒　㊥北イングランドのカーライルに生まれる。州立女子高校を経て、奨学金を得てオックスフォード大学サマビル・カレッジで歴史学を学ぶ。1960年卒業と同時に作家でブロードキャスターのハンター・デービスと結婚、3児をもうける。ロンドンの学校で教師を務める傍ら、小説や伝記の執筆も行う。65年「Georgy Girl（ジョージー・ガール）」を出版、66年に映画化されて大好評を博した。新作発表のたびに「タイムズ文芸付録」に詳しく取り上げられるなど、マーガレット・ドラブルと並んで現代英国で最も人気のある女流作家のひとりだった。主な作品に小説「フェネラ・フィザカーリー」（70年）、「The Seduction of Mrs. Pendlebury」（74年）、「Mother Can You Hear Me？」（79年）、「マッカイ家のおばあちゃん」、「クリスタベルのための戦い」（91年）、伝記「William Maltepeace Thackeray; Memories of a Victorian Gentleman」（78年）など。伝記作家としても知られ、王立文学協会のハイネマン賞を受賞した。BBCのテレビの社会的影響に関する諮問委員会、芸術審議会文学委員会メンバーも務めた。　㊦ハイネマン賞（英国王立文学協会）〔1988年〕　㊨夫＝ハンター、デービス（作家）

フォックス、ポーラ　Fox, Paula　児童文学作家　㊨米国　㊥2017年3月1日　93歳　㊤1923年4月22日　㊦米国・ニューヨーク市　㊥子供時代にキューバをはじめ各地を転々とするうち本を読み、物語を書くことを身につける。子育てを終えたのち文筆生活に入り、初めはテレビドラマ「裸の町」（1958〜63年）の脚本や大人向けの短編を執筆。66年「モーリスの部屋」を出版してからは児童文学を中心に発表した。74年の「どれい船にのって」で米国の最も優れた児童文学の著者に与えられるニューベリー賞を受賞。同作では大西洋をまたいで行われた19世紀半ばの奴隷貿易を題材とし議論を呼んだ。他の作品に、「きのうのぼくにさようなら」「バビロンまでは何マイル」「片足のネコ」「西風がふくとき」など。生涯で20作余りの児童文学作品を執筆した他、大人向けにも6作品を発表した。87年児童文学に対する長年の貢献から国際アンデルセン賞を受賞した。　㊦ニューベリー賞「どれい船にのって」〔1974年〕、国際アンデルセン賞〔1978年〕、全米図書賞〔1983年〕、ドイツ児童文学賞〔2008年〕

フォード、ウェンデル・ハンプトン　Ford, Wendel Hampton　政治家　米国上院議員（民主党）　㊨米国　㊥2015年1月22日　90歳　㊤1924年9月8日　㊦米国・ケンタッキー州オーエンズボロ　㊥ケンタッキー大学卒　㊥1966〜67年ケンタッキー州上院議員、67〜71年同州副知事、71〜74年同州知事を経て、75〜97年連邦上院議員。商業、エネルギー、議事運営の各委員を務め、実業界とも密接なつながりを持った。91年より上院民主党ナンバー2の院内幹事（副総務）を務め、98年引退。

フォード、ロブ　Ford, Rob　政治家　トロント市長　㊨カナダ　㊥2016年3月22日　46歳〔がん〕　㊤1969年5月28日　㊦カナダ・オンタリオ州トロント　㊥本名＝Ford, Robert　㊥2000年カナダの最大都市トロント市議（エトビコー・ノース選挙区）に当選。財政支出の削減などを公約に掲げ、10年にトロント市長に当選したが、様々な問題発言や、コカインの一種であるクラックの吸引が発覚するなど、世界的に話題となった。クラックの使用を認めながらも市長辞任を拒否し、市

議会によって不品行を理由に権限を剥奪された。14年再び市議に転じたが、16年がんのため46歳の若さで亡くなった。

フォートナム, ペギー **Fortnum, Peggy** イラストレーター [国]英国 [没]2016年3月28日 96歳 [生]1919年12月23日 [出]英国・ハローオンザヒル [名]本名＝Fortnum, Margaret Emily Noel [学]タンブリッジウェルズ美術工芸学校卒, 美術工芸中央学校 [歴]ケント州のタンブリッジウェルズ美術工芸学校で学ぶ。第二次大戦当初、美術工芸の専任教授をしていたが、やがて女子国防軍に入隊、モールス信号のオペレーターとして勤務。事故のため除隊後、2年間の奨学金を受け、ロンドンの美術工芸中央学校で学ぶ。在学中にハンガリーの出版社からの依頼で子供の本に描いた挿絵が好評で、卒業後も本の挿絵や宣伝用ポスターなどを手がける。スウェーデンから頼まれたポスターが大成功したことから、以後イラストレーターとして本格的に活動。愛らしいクマのパディントンが活躍するマイケル・ボンドの児童文学「くまのパディントン」シリーズ（1958年〜）で挿絵を担当し、同シリーズは世界40カ国以上で翻訳される大ベストセラーとなった。

フ

フォレスター, ジェイ **Forrester, Jay** システム工学者 マサチューセッツ工科大学名誉教授 システム・ダイナミックスの創案者 [国]米国 [没]2016年11月16日 98歳 [生]1918年7月14日 [出]米国・ネブラスカ州アンセルモ [名]本名＝フォレスター, ジェイ・ライト〈Forrester, Jay Wright〉 [学]ネブラスカ大学（電気工学）〔1939年〕卒, マサチューセッツ工科大学大学院 [歴]1939年にマサチューセッツ工科大学（MIT）大学院へ進む一方、同大X線装置研究所に在籍し、同研究所で教えるとともに、MITのサーボ機構研究所（後のエレクトロニクス研究所）の創設に関与。第二次大戦中は兵器の中でも大砲やレーダーの自動制御を研究し、MITエレクトロニクス研究所では44〜52年の間コンピューターの開発に尽力。工作機械の数値制御の自動プログラミングを研究し、そのシステム化を図った。52〜56年にかけてはリンカーン防空研究所計算機部長を務め、システム論を深化させ、56年母校MITスローン・スクール教授に就任。この間、N.ウィーナーのサイバネティックス理論の社会システムへの適用を考究し、61年に「Industrial Dynamics」として発表、企業行動を工学的に解明して一躍有名になった。69年の都市問題に適用した「Urban Dynamics」や、71年の世界をシステムとして扱った「World Dynamics」も世界的に反響を呼んだ。これらの理論・手法は、現在では“システム・ダイナミックス”と総称される。72年には弟子のD.メドーズのチームがローマ・クラブより委託され、報告書「成長の限界」にこの手法を生かした。[賞]IEEE（米国電気電子工学会）コンピューター・パイオニア賞〔1982年〕, 米国国家技術賞〔1989年〕

フォンターナ, ミコル **Fontana, Micol** スタイリスト [国]イタリア [没]2015年6月12日 101歳 [生]1913年 [出]イタリア・パルマ近郊 [歴]イタリア北部パルマ近郊で3人姉妹の二女として生まれた。子供の頃から母の洋裁店を手伝い、1936年からローマでスタイリストの実績を積んだ後、3姉妹でアトリエを開業。49年米女優リンダ・クリスチャンの結婚式のウエディングドレスを手がけて世界的に有名になった。米女優からモナコ公妃となったグレース・ケリーのほか、イタリアのフェデリコ・フェリーニ監督の映画「甘い生活」で女優アニタ・エクバーグが着用したドレスも制作した。

フクハラ, ハリー・カツジ **Fukuhara, Harry Katsuji** 軍人 米国陸軍情報将校 全米日系人博物館顧問 [国]米国 [没]2015年4月8日 95歳 [生]1920年1月1日 [出]米国・ワシントン州シアトル [名]日本名＝福原克治（ふくはら・かつじ） [歴]広島出身の両親のもと、日系2世としてワシントン州シアトルに生まれる。1933年父が病死し、一家で広島へ引き揚げる。38年一人で米国に帰国。働きながらロサンゼルスのジュニア・カレッジで学ぶ。41年太平洋戦争が始まり、強制収容所へ入れられる。語学兵の募集に応募し、陸軍情報部語学校を経て、ニューギニア戦線を転戦。45年日本に駐留軍として滞在、広島で母や兄弟と再会した。46年帰国。47〜52年富山の米国陸軍防諜部隊（CIC）支部副隊長として勤務。54年帰国し、57年再び在日CIC本部の連絡将校として来日、治安維持活動に従事し、警察予備隊から自衛隊創設に至る日本の防衛・安全保障の母体作りに奔走した。69年大佐に昇進。その後も在日情報活動に力を注ぎ、88年米国のホール・オブ・フェイム（栄誉殿堂）入りを果たし、90年軍情報機関を退いて帰国。山崎豊子の小説「二つの祖国」のモデルの一人でもある。 [賞]勲三等旭日章（日本）〔1990年〕

フサ, カレル **Husa, Karel** 作曲家 指揮者 [国]米国 [没]2016年12月14日 95歳 [生]1921年8月7日 [出]チェコスロバキア・プラハ（チェコ） [名]本名＝Husa, Karel Jaroslav [学]プラハ音楽院（作曲・指揮） [歴]プラハ音楽院で作曲と指揮を学び、フランス政府の奨学金を得て1946〜51年フランスに留学。45年プラハ交響楽団を指揮してデビュー。45〜46年チェコスロバキア放送交響楽団指揮者、52〜53年パリ音楽院審査委員、53年フォンテンブローのアメリカ音楽院の審査委員を歴任。54年渡米し、コーネル大学で教鞭を執る。61年教授となり、同時にコーネル大学管弦楽団音楽監督に就任。59年米国の市民権を取得。作品に交響曲、室内楽曲、合唱曲があり、51年ガウデアムス音楽祭で「弦楽四重奏曲第1番」が1等賞を受賞。68年のチェコの変革運動“プラハの春”を受けて書いた吹奏楽のための「プラハのための音楽1968」で世界的に著名になった。[賞]ピュリッツァー賞〔1969年〕「弦楽四重奏曲第3番」, リリー・ブーランジェ賞〔1950年〕, サドラー賞〔1984年〕, フリードハイム賞〔1985年〕, グロマイヤー賞〔1993年〕

フジワラ, ハリー **Fujiwara, Harry** プロレスラー [国]米国 [没]2016年8月28日 82歳 [生]1934年5月4日 [出]米国・ハワイ州ホノルル [名]本名＝Fujiwara, Harry Masayoshi, リングネーム＝ミスター・フジ〈Mr. Fuji〉 [学]マッキンリー高校 [歴]ハワイ生まれの日系米国人。1962年ハワイでプロレスラーとしてデビュー。ミスター・フジのリングネームで知られ、米国内外で活躍。反則の塩攻撃などを駆使する悪役として、マサ斎藤らをパートナーに、WWF（現・WWE）世界タッグ王座を5回獲得した。85年燕尾服に山高帽姿の悪徳マネジャー役に転身し、ドン・ムラコやキラー・カー

外　国　人　　　　　　　　　　フミホンア

ン、ヨコヅナら数多くの強豪レスラーを担当。96年引退。2007年WWEの殿堂入りを果たした。

ブース, パワーズ　Boothe, Powers　俳優　国米国　殁2017年5月14日　68歳　因〔自然死〕　生1948年6月1日　出米国・テキサス州スナイダー　本本名＝Boothe, Powers Allen　学サウスウエスタン・テキサス州立大学(現・テキサス州立大学)卒、サザン・メソジスト大学大学院修士課程修了　経1972年オレゴン・シェイクスピア・フェスティバルで初舞台を踏む。その後、ニューヨークを経て、79年ロサンゼルスに移り、「Skag」(80年)、「The Plutonium Incident」(80年)など多くのテレビ映画に助演。中でもカルト教団の教祖役を怪演した「ガイアナ人民寺院の惨劇」(80年)での演技が注目され、エミー賞主演男優賞を受賞。その後、テレビドラマ「私立探偵フィリップ・マーロウ」(83～86年)で主演を務めた。映画では「エメラルド・フォレスト」(84年)、「ダブルボーダー」(87年)などのサバイバル冒険ジャンルに多く出演。他の出演作に、映画「グッバイガール」(77年)、「ラピッド・ファイアー」(92年)、「トゥームストーン」(93年)、「ニクソン」(95年)、「シン・シティ 復讐の女神」(2005年)、「アベンジャーズ」(12年)、テレビドラマ「24 TWENTY FOUR」「デッドウッド～銃とSEXとワイルドタウン」「エージェント・オブ・シールド」など。　賞エミー賞主演男優賞〔1980年〕「ガイアナ人民寺院の惨劇」

フックス, エルンスト　Fuchs, Ernst　画家　国オーストリア　殁2015年11月9日　85歳〔老衰〕　生1930年2月13日　出オーストリア・ウィーン　学聖アンナ美術学校、ウィーン美術学校　経ユダヤ教徒の父とカトリック教徒の母の間に生まれ、ナチスの迫害を逃れるため、カトリックの洗礼を受けた。少年時代から細密描写に天才的才能を示し、13歳で彫刻、14歳の時から絵画を学ぶ。1940年代半ば15歳でウィーン美術学校に入学し、ギューターズロー教授に師事。在学中から作品を発表し始める。48年アート・クラブに加わり、ウィーンと外国の展覧会に出品。51年ウィーンでファンタズグルッペを創設。58年ギャラリー・フックスを創設し、ウィーン幻想派の拠点とする。59年フンデルト・ワッサーらとともに「ピントラリウム宣言」を出版。69年サンパウロ・ビエンナーレの7大賞の一つを受賞。74年「一角獣の凱旋」で注目される。旧約聖書や古代神話から題材を採り、緻密な細密描写を積み重ねた幻想的リアリズムで描き、"ウィーン幻想派"あるいは"ウィーン幻想的リアリズム派"などと呼ばれ、R.ハウズナー、E.ブラウアー、W.フッターなどもこの派の画家として知られる。代表作は「スフィンクス」連作(69～71年)。銅版画も多く制作したほか、オペラの舞台芸術など多方面で活躍した。イスラエル、米国を度々訪れ、日本での展覧も何度か行った。

フドイナザーロフ, バフティヤル　Khudoinazarov, Bakhtijar　映画監督　国タジキスタン　殁2015年4月21日　49歳　生1965年　出ソ連・タジク共和国ドゥシャンベ(タジキスタン)　学モスクワ国立映画大学卒　経母が大学で医学を教えるインテリ家庭で育つ。20歳でモスクワ国立映画大学に入学し

て演出を学び、のちベルリンで編集を勉強。1991年26歳で撮った第1作目「少年、機関車に乗る」で長編デビュー、マンハイムとトリノの国際映画祭でグランプリを受賞。93年第2作「コシュ・バ・コシュ/恋はロープウェイに乗って」でベネチア国際映画祭銀獅子賞を受賞。他の作品に「ルナ・パパ」(99年)、「スーツ」(2002年)などがある。　賞マンハイム国際映画祭グランプリ〔1991年〕「少年、機関車に乗る」、トリノ国際映画祭グランプリ〔1991年〕「少年、機関車に乗る」、ベネチア国際映画祭銀獅子賞(第50回)〔1993年〕「コシュ・バ・コシュ」、東京国際映画祭最優秀芸術貢献賞(第12回)〔1999年〕「ルナ・パパ」、ナント3大陸映画祭グランプリ「ルナ・パパ」、東京国際映画祭審査員特別賞最優秀芸術貢献賞(第16回)〔2003年〕「スーツ」

フーパー, トビー　Hooper, Tobe　映画監督　国米国　殁2017年8月26日　74歳　生1943年　出米国・テキサス州オースティン　学テキサス大学　経映画好きの両親の影響で子供の頃から映画ファンとなり、16歳で短編映画を撮り始める。大学時代も短編を数本製作。ピーター・ポール・アンド・マリーの記録フィルムをPBSのために製作したのち、1969年から「Eggshells」を撮り始め、70年アトランタ映画祭金賞を受賞したが興行上は失敗。72年ウィスコンシン州プレインフィールドで起こった殺人事件をもとにした「悪魔のいけにえ」を低予算で製作。圧倒的な描写力と臨場感で大反響を呼び、一躍スターダムに躍り出た。スティーブン・スピルバーグに異色の才能を認められ、「ポルターガイスト」(82年)の監督に抜擢される。SFXを駆使した本作は興行的にも大ヒットした。SF分野にも進出し、ダン・オバノン脚本のSFホラー「スペースバンパイア」(85年)もヒットした。

フーブリヒト, マンフレッド　Hubricht, Manfred　京都産業大学名誉教授　専ドイツ社会文化史、法社会学　国ドイツ　殁2015年10月17日　85歳　生1930年3月21日　出ドイツ・ザクセン州ドレスデン　学ベルリン大学卒、ハンブルク大学大学院修了　哲学博士　経1972年来日。岡山大学、京都大学、同志社大学を経て、86年から京都産業大学教授。ワイン好きなことから本格的にワインの研究を始め、89年京大の教師ベント・ノイマンとワイン研究会を結成した。　他日本独文学会、ドイツ文化・社会史学会、日本ドイツ学会

ブミボン・アドゥンヤデート　Bhumibol Adulyadej　タイ国王　国タイ　殁2016年10月13日　88歳　生1927年12月5日　出米国・マサチューセッツ州ケンブリッジ　別別称＝ラーマ9世〈ラマきゅうせい〉〈Rama IX〉　学ローザンヌ大学理学部　経マヒドン親王の第3子として、父が留学中の米国で生まれる。1934年からスイス留学。46年6月兄王アーナンタマヒドン(ラーマ8世)急死により18歳で王位継承、チャクリ王朝ラーマ9世となる。50年シリキット王女と結婚し、1男3女をもうける。51年欧州生活を終え帰国。56年10月出家。73年タノム軍事政権追放を決断、74年10月立憲君主制を明記した新民主憲法を公布。81年4月軍事クーデターでプレム支持。82年「大王」の称号得た。92年5月スチンダ首相に対する民主化運動で起きた騒乱を調停。2006年4月総選挙をめぐる政局混乱の収拾に助言し、裁判所が選挙を無効にした。同年5月国の発展に対する功績に対し国連開発計画(UNDP)

より表彰された。07年脳血管障害で入院。09年に体調を崩して以降は公の場に出る機会が減った。14年10月発熱などで入院、胆のう摘出手術を受けた。16年6月現君主としては世界最長の即位70年を迎えた。"王室プロジェクト"と呼ばれる社会活動で地方農民の生活改善運動などに取り組み、タイを東南アジアでも有数の近代国家へと導いた。また立憲君主制のタイにおいて、政治対立の調停役として絶大な影響力を有し、国民から敬愛された。多趣味でも知られ、写真や絵画の他、自ら曲を作り、サックスを演奏。ヨットの愛好家でもあった。日本の皇室と関係が深く、1963年国賓として来日した。　⊛科学技術賞（タイ科学振興財団）（第1回）〔1995年〕、UNDP賞〔2006年〕　⊛父＝マヒドン親王、母＝シ・サンワーン王母、兄＝アーナンタマヒドン（ラーマ8世）、妻＝シリキット王妃、長男＝ワチラロンコン（ラーマ10世）、二女＝シリントン王女、三女＝チュラポーン王女

フライ, グレン　Frey, Glenn　ロック歌手　⊕米国
⊘2016年1月18日　67歳〔リウマチ性関節炎や大腸炎などの合併症〕　⊕1948年11月6日　⊕米国・ミシガン州デトロイト　⊛グループ名＝イーグルス〈Eagles〉
⊕歌手リンダ・ロンシュタットのバックバンドを経て、1971年ロサンゼルスでドン・ヘンリーらと4人組ロックバンドのイーグルスを結成。ギターとボーカルを担当。72年アルバム「イーグルス・ファースト」でデビュー、そこからシングルカットされた「テイク・イット・イージー」のヒットでウエスト・コースト・ロックの代表的存在になる。74年から5人組。暗喩に富んだ歌詞が特徴的な「ホテル・カリフォルニア」や「デスペラード」など、ロックにカントリーミュージックの要素を加えた楽曲をヘンリーとともに制作。70年代の米音楽界を代表するバンドとして活躍し、数多くのシングルヒットを放った。アルバム「ホテル・カリフォルニア」（76年）は全米アルバムチャート9週連続1位となり、アルバム「グレイテスト・ヒッツ1971-1975」は全米歴代1位の2800万枚を売り上げた。他に「呪われた夜」（75年）などのヒット作品を生み出したが、82年グループは解散。ソロ活動に移り、84年映画「ビバリーヒルズ・コップ」の挿入歌「ザ・ヒート・イズ・オン」などがヒット。アルバム「ノー・ファン・アラウド」（82年）、「オールナイター」（84年）、「ソウル・サーチン」（88年）、「ストレンジ・ウェザー」（92年）などをリリースした。86年ソロとして初来日。94年グループを再結成。98年ロックの殿堂入り。2004年9年ぶりに来日し5大ドームで公演を行った。　⊛グラミー賞〔1977年〕「ホテル・カリフォルニア」

プライアー, アーロン　Pryor, Aaron　プロボクサー　WBA世界スーパーライト級チャンピオン　⊕米国　⊘2016年10月9日　60歳　⊕1955年10月20日　⊕米国・オハイオ州シンシナティ　⊕1975年アマチュアボクシングの大会であるナショナル・ゴールデン・グローブのライト級で優勝。76年の同大会ではトーマス・ハーンズ（米国）に大差の判定勝ちを収め優勝した。プロに転向後、80年8月WBA世界スーパーライト級王座を獲得。82年11月フロリダ州オレンジ・ボウル

で史上初の4階級制覇に挑んだアレクシス・アルゲリョ（ニカラグア）に14回TKO勝ちを収め、タイトルを防衛。この試合の報酬は両者合わせて300万ドルを超え、当時この階級では最も高額で、両者にとってキャリア最大の試合となった。83年9月アルゲリョと再び拳を交え、10回KO勝ちを収める。この試合後に引退を表明したが、約9ヶ月後に現役復帰。84年5月ニック・フラーノ（カナダ）に15回判定で勝利を収め、IBF世界スーパーライト級王座を獲得。85年3月ゲイリー・ヒントン（米国）戦まで王座を防衛した。しかし、この頃、薬物中毒に苦しみ、同年12月IBFから王座を剥奪される。87年8月再び現役に復帰したものの、無名のボビー・ジョー・ヤング（米国）相手に7回TKO負けを喫し、90年完全に現役のリングを離れた。麻薬の使用でたびたびキャリアの危機に陥りながらも、40戦39勝（35KO）1敗の戦績を残した。"The Hawk（荒鷲）"の愛称で知られ、96年には国際ボクシング殿堂入りを果たした。

プライアー, ジェームズ　Prior, James Michael
Leathes　政治家　英国北アイルランド相　⊕英国
⊘2016年12月12日　89歳　⊕1927年10月11日　⊕英国・ノーフォーク州ノリッチ　⊕ケンブリッジ大学ペンブルック・カレッジ卒　⊕1959～83年英国下院議員。65年、72～74年保守党副委員長。70～72年農漁業食糧相。79年雇用相。81年9月～84年9月北アイルランド担当相を務めた。87年男爵（一代貴族）に叙せられた。

ブラウン, エロール　Brown, Errol　ソウル歌手
⊕英国　⊘2015年5月6日　71歳〔肝臓がん〕　⊕1943年11月12日　⊕ジャマイカ・キングストン　⊛本名＝Brown, Lester Errol、グループ名＝ホット・チョコレート〈Hot Chocolate〉　⊕ジャマイカに生まれ、12歳で英国に移住。友人のトニー・ウィルソンとともにソウル・ファンクバンドのホット・チョコレートを結成、リードボーカルを務める。1960年代後半ジョン・レノンの「平和を我等に」のレゲエバージョンを録音。レノンの助力により、ビートルズが設立したレコード会社アップル・レコーズと契約し、カバーソングとして発売された。自身が作ったグループ最大のヒット曲「ユー・セクシー・シング」（76年）は、全米シングルチャートで3位を記録したほか、「フル・モンティ」「キューティ・ブロンド」「キミに逢えたら！」などの映画で使用されるなど不朽の名曲として知られる。他に「嘆きのエマ」「イット・スターテッド・ウィズ・ア・キス」など数多くのヒット曲を生み出し、70年代の英国で商業的に成功を収めた数少ない黒人グループとされる。2003年文化的貢献により大英帝国勲章第5位（MBE）を授与された。　⊛MBE勲章〔2003年〕

ブラウン, トリシャ　Brown, Trisha　舞踊家　振付師　トリシャ・ブラウン・ダンス・カンパニー主宰　⊛モダンダンス　⊕米国　⊘2017年3月18日　80歳　⊕1936年11月25日　⊕米国・ワシントン州アバディーン　⊕ミルズ・カレッジ（ダンス専攻）卒　⊕10歳の時ダンサーを志し、大学ではダンスを専攻。ハルプリンのサマー・ワークショップや夏期ダンス学校を経て、1962年モダンダンスの先駆といわれるジャドソン・ダンス・シアターの結成に参加。70年に自身のカンパニーを設立。以後、一貫してコンテンポラリーダンスの先頭を走るコリオグラファー（振付師）として活躍。従来の手法を覆し、縄などを駆使して重力の概念

に逆らった振り付けで知られ、安全ベルトを着用して壁を垂直に歩く「建物の側面を歩いて降りる人」や、ビルの屋上を舞台に踊る「ルーフ・ピース」など100を超す作品を手がけた。また、パリ・オペラ座バレエ団の振り付けを手がけるなど世界的に活躍した。他の代表作に「ローカス」「セット・アンド・リセット」など。 [賞]米国国家芸術賞〔2003年〕, ベッシー賞生涯功労賞〔2011年〕, ドロシー&リリアン・ギッシュ賞〔2011年〕, ロバート・ラウシェンバーグ賞〔2012年〕 [資]米国芸術文学アカデミー名誉会員, 米国芸術アカデミーフェロー〔2009年〕

ブラウン, バイオレット　Brown, Violet　世界最高齢者（117歳） [国]ジャマイカ [没]2017年9月15日 117歳 [生]1900年3月10日 [出]ジャマイカ [歴]英国統治下のジャマイカで砂糖精製業を営む家庭に生まれる。2017年世界最高齢（117歳）としてギネス世界記録に認定された。

ブラウン, ブルース　Brown, Bruce　映画監督 [国]米国 [没]2017年12月10日 80歳〔老衰〕 [生]1937年12月1日 [出]米国・カリフォルニア州サンフランシスコ [名]本名＝Brown, Bruce Alan [歴]カリフォルニア州サンフランシスコで生まれ、ロングビーチで育つ。15歳から映画作りを始め、1950年サーフィン映画という新しいジャンルの映画作りを着想。60年代からサーフィンやビーチの若者らを題材にしたドキュメンタリー映画を製作。世界各地のサーフポイントを求めて旅をする「エンドレス・サマー」（66年, 製作・監督・脚本・編集）が世界的に大ヒットした。オートバイ選手の日常を追った「栄光のライダー」（70年）なども製作した。他の監督作品に「エンドレスサマー2」（94年）などがある。95年30年ぶりに来日。

ブラウン, マイケル・バラット　Brown, Michael Barratt　エコノミスト　第三世界情報ネットワーク（TWIN）代表　TWINTRADE代表 [国]英国 [没]2015年5月7日 97歳 [生]1918年3月15日 [学]オックスフォード大学卒 [歴]1950年代から60年代にかけて生まれたニュー・レフト（左翼新潮流）の立役者で、世界におけるフェア・トレード（公平貿易）運動を牽引した。シェフィールド大学成人教育学部教授を経て、ロンドンの第三世界情報ネットワーク（TWIN）代表、市民貿易団体TWINTRADE代表を務めた。著書に「フェア・トレード―公正なる貿易を求めて」がある。

ブラウン, マーシャ　Brown, Marcia　絵本作家 [国]米国 [没]2015年4月28日 96歳 [生]1918年7月13日 [出]米国・ニューヨーク州ロチェスター [名]本名＝ブラウン, マーシャ・ジョーン〈Brown, Marcia Joan〉 [学]ニューヨーク州立大学卒, アート・ステューデント・リーグ [歴]牧師の家に生まれる。高校教師を務めるが、小さい頃から絵を描くのが好きで、ニューヨーク公共図書館で5年間子供たちにお話を聞かせる仕事に就く。1946年から絵本作家活動を開始。世界各地の民話や古い話をもとにした作品が多く、違った技法、違ったタッチで描かれているのが特徴。54年「シンデレラ」、61年「もとはねずみ…」、83年「影ぼっこ」でコールデコット賞を3度受賞した。他の代表作に「せかいいちおいしいスープ」（47年）、「三びきのやぎのがらがらどん」（57年）、「ちいさなヒッポ」（69年）などがある。90年、94年講演と原画展開催のため来日。 [賞]コールデコット賞〔1954年・1961年・1983年〕「シンデレラ」「もとはねずみ…」「影ぼっこ」

ブラシウ, アレクサンダー　Vraciu, Alexander　軍人　第二次大戦の米国海軍パイロット [国]米国 [没]2015年1月29日 96歳 [生]1918年11月2日 [出]米国・インディアナ州イーストシカゴ [名]通称＝Vraciu, Alex [学]デポー大学〔1941年〕卒 [歴]ルーマニア系移民の家庭に生まれる。1941年大学卒業後、米国海軍に入隊。43年から第二次大戦に参加し、旧日本軍の戦闘機を19機撃墜するなど“エース・パイロット”と呼ばれた。64年退役し、銀行に勤務した。

ブラス, ロアラ　Braz, Loalwa　歌手 [国]ブラジル [没]2017年1月19日 63歳〔殺害〕 [出]ブラジル・リオデジャネイロ [名]グループ名＝カオマ〈Kaoma〉 [歴]音楽家の家庭に生まれ、13歳でプロ歌手として活動を開始。1989年フランスで多国籍バンド“カオマ”を結成し、ボーカルを担当。ダンス音楽「ランバダ」が大ヒットし、世界中で多くのアーティストがカバーした。2017年1月リオデジャネイロ近郊で焼けた車内から遺体で発見された。

プラチェット, テリー　Prachett, Terry　SF作家 [国]英国 [没]2015年3月12日 66歳 [生]1948年 [出]英国・バッキンガムシャー州 [歴]ジャーナリストから静かな生活を求めて中央電力発電委員会の広報担当となる。その後、1970年代に児童向けファンタジーやSFの作品を何冊か出版した後、83年巨大な宇宙亀の背中に乗る四頭の象が支える円盤世界を舞台としたファンタジー〈ディスクワールド騒動記〉シリーズで一躍人気を獲得。同シリーズは日本を含む35ケ国で翻訳され、5500万冊以上を売り上げるベストセラーとなる。著作は70冊を超え、主な作品に同シリーズ「三人の魔女」「魔道士エスカリナ」「死神の館」「ピラミッド」など。一方、2007年にホームページで若年性アルツハイマー病を公表。以後、病気への理解を深める運動や終末期の患者に対する自殺幇助の合法化を求める活動でも知られた。また趣味として食虫植物を育てていた。

ブラック　Black　シンガー・ソングライター [国]英国 [没]2016年1月26日 53歳〔交通事故死〕 [生]1962年5月26日 [出]英国・マージーサイド州リバプール [名]本名＝バーンコム, コリン〈Vearncombe, Colin〉 [歴]1960年3人編成のバンド・ブラックを結成。インディペンデント・レーベルからシングルを発表するが、トリオは1年半で解散。82年デイブ・ビッキーとともに2人で新生ブラックとして活動を開始、別のインディ・レーベルからシングルをリリース、84年と85年にはWEAからシングルを1枚ずつリリースしたがヒットしなかった。86年ソロとなり別のインディ・レーベルからシングル「ワンダフル・ライフ」をリリース。この曲は86年のインディの代表作となり、全英チャートでは75位を記録。同年A&Mレコードと契約、2枚目のシングル「スウィーテスト・スマイル」は全英8位まで上昇。87年初アルバム「ワンダフル・ライフ」は全英チャート初

フ

フラツテイ　　　　　　　　　　外　国　人

登場3位を記録した。88年4月来日。代表曲「ワンダフル・ライフ」は日本ではウイスキーのCMに使われた。

ブラッティ, ウィリアム・ピーター　Blatty, William Peter　作家　脚本家　国米国　没2017年1月12日　89歳　〔多発性骨髄腫〕　生1928年1月7日　出米国・ニューヨーク市マンハッタン　学ジョージ・ワシントン大学卒　他レバノンからの移民だった両親のもと、ニューヨークに生まれる。熱心なカトリック信者だった母親の影響を受け、イエズス会の神学校からジョージタウン大学に進学。さらにジョージ・ワシントン大学に移って英文学の学位を取得。情報文化センター、空軍の心理戦争班勤務を経て映画界に入り、1950年代後半より執筆業に入る。「暗闇でドッキリ」(64年)、「地上最大の脱出作戦」(66年)などブレイク・エドワーズ監督作品の脚本でコメディに才能を発揮するも、71年ホラー小説「エクソシスト」がベストセラーに。悪魔に取りつかれた12歳の少女を描いた本作は、神秘主義、怪奇趣味、悪魔学などの分野では最右翼に位置する作品との評を得た。73年の映画化では脚本を担当して記録的ヒットとなり、アカデミー賞脚色賞を受賞。90年の映画「エクソシスト3」では監督や脚本も手がけ、オカルトブームの火つけ役になった。賞アカデミー賞最優秀脚色賞(第46回)〔1974年〕「エクソシスト」、ゴールデン・グローブ賞最優秀脚本賞(第31回)〔1974年〕「エクソシスト」

ブラッドベリー, ジョン　Bradbury, John　ドラム奏者　国英国　没2015年12月28日　62歳　生1953年2月16日　出英国・コベントリー　学グループ名=スペシャルズ〈Specials〉　他1979年ジェリー・ダマーズとテリー・ホールを中心に結成されたスペシャルズに参加、ドラムスを担当。80年代にかけて2トーン・スカで人気を博し、多くのミュージシャンに影響を与えたといわれる。代表曲に「かわいい悪魔」「ゴースト・タウン」などがある。81年バンドが解散し、ダマーズ率いるスペシャルAKAに加入。その後、自身のバンドJB's Allstersやセレクターなどで活動。2009年より再結成したスペシャルズに参加。日本でも度々公演を開催した。

ブラッハー, カール・ディートリッヒ　Bracher, Karl Dietrich　政治学者　歴史家　ボン大学名誉教授　学政治学、現代史、ナチズム研究　国ドイツ　没2016年9月19日　94歳　生1922年3月13日　出ドイツ・シュトゥットガルト　学テュービンゲン大学卒　哲学博士、人文学博士、法学博士　他1955～58年ベルリン自由大学を経て、59年ボン大学政治学・現代史教授。この間、英国、米国、イスラエル、日本などの大学で客員教授を務める。65～67年ドイツ政治学会会長。ミュンヘン現代史研究所顧問団長も務め、ナチズム研究の世界的権威で、ボン大学政治学部の創設者。主な著書に「ドイツの独裁」「ワイマール共和国の分析」「アドルフ・ヒトラー」「イデオロギーの時代」「ヨーロッパの興亡1917～1975」など。

プラリャク, スロボダン　Praljak, Slobodan　クロアチア防衛評議会(HVO)司令官　国ボスニア・ヘルツェゴビナ　没2017年11月29日　72歳　〔服毒自殺〕　生1945年1月2日　出ユーゴスラビア王国・チャプリナ(ボスニア・ヘルツェゴビナ)　他1970～80年代にかけて哲学や社会学の教師、演劇の演出家、テレビ・ドキュメンタリーのプロデューサーなどを務めた。冷戦終結によってユーゴスラビア紛争が起きると、クロアチア軍に参加。93年クロアチア防衛評議会(HVO)司令官となる。紛争終結後は実業家になるものの、紛争中の人道に対する罪を問われ、2004年オランダ・ハーグの国連旧ユーゴスラビア国際刑事法廷(ICTY)に出頭。この時は仮釈放されたが、12年再び収監された。ICTYは、1993年夏にHVOの兵士たちがクロアチア・プロゾールのイスラム教徒を次々と拘束していると知りながら、やめさせる措置を取らなかったと認定し、禁錮20年の有罪判決を言い渡す。17年11月の上訴審判決でも禁錮20年の量刑が維持されたことを告げられると、"私は戦争犯罪人ではない"と叫び、容器に入っていた液体を飲み間もなく死亡した。

ブランカ, ラルフ　Branca, Ralph　大リーグ選手　国米国　没2016年11月23日　90歳　生1926年1月6日　出米国・ニューヨーク州マウントバーノン　本名=Branca, Ralph Theodore Joseph　他1944年18歳で大リーグのドジャースに入団。46年カーディナルスとの優勝決定戦で先発するも敗戦投手となる。47年21勝をマーク。51年ジャイアンツとの優勝決定戦では第1戦で負け投手、第3戦でリリーフ登板し、劇的なサヨナラ3ランを浴びる。53年タイガース、54年ヤンキースを経て、56年ドジャースに復帰。通算成績は、実働12年、322試合登板、88勝68敗、防御率3.79。オールスター出場3回。引退後はメッツの実況アナウンサーとなった。日本プロ野球のロッテ監督を務めたボビー・バレンタインは女婿。

フランクス, フェリックス　Franks, Felix　生物学者　バフラ社生物保存部門長　ケンブリッジ大学植物学科主任研究員　国英国　没2016年9月5日　90歳　生1926年3月21日　出ドイツ・ベルリン　本名=Frankfurther, Felix　学ロンドン大学　Ph.D.(ロンドン大学バークベック・カレッジ)　他ブラッドフォード大学、ノッティンガム大学、ケンブリッジ大学などを経て、バフラ社生物保存部門(ケンブリッジ)部門長、ケンブリッジ大学植物学科主任研究員。「Water—A Comprehensive Treatise」「Plenum Press：Water Science Review」「低温の生物物理と生化学」ほか編著書多数。

プリ, オーム　Puri, Om　俳優　国インド　没2017年1月6日　66歳　〔心不全〕　生1950年10月18日　出インド・パンジャブ州アンバーラー(ハリヤーナー州)　本名=Puri, Om Prakash　他インド北部パンジャブ州(現・ハリヤーナー州)アンバーラーのパンジャブ人家庭に生まれる。デリーの国立演劇学校およびプネーの国立映画研究所フィルム＆テレビジョン・インスティテュート・オブ・インディアを修了し、1970年代にデビュー。映画「傷つける者の叫び」(80年)、「ガンジー」(82年)などで認められ、「ぼくの国、パパの国」(99年)では英国アカデミー賞主演男優賞にノミネートされるなど、ボリウッド映画、英国映画で国際

的に活躍した。 [賞]パドマ・シュリ〔1990年〕, OBE勲章(英国)〔2004年〕

プリセツカヤ, マイヤ **Plisetskaya, Maiya** バレリーナ 振付師 ボリショイ・バレエ団プリマ スペイン国立バレエ団芸術監督 [国]ロシア [没]2015年5月2日 89歳〔心臓発作〕 [生]1925年11月20日 [出]ソ連・ロシア共和国モスクワ(ロシア) [名]本名＝プリセツカヤ, マイヤ・ミハイロヴナ〈Plisetskaya, Maiya Mikhailovna〉 [学]ボリショイ・バレエ学校〔1943年〕卒 [歴]父はスターリン時代に粛清で銃殺、母も流刑に。バレエダンサーのおばやおじの元で育ち、8歳の時バレエ学校に入学し、1943年ボリショイ・バレエ団にソリストとして入団。47年に初めて「白鳥の湖」で主役を務め、世界的に称賛を浴びた。その美貌と高度の技巧、芸術性を買われて、60年以来プリマ・バレリーナとして活躍。「瀕死の白鳥」、オデッタ(チャイコフスキー「白鳥の湖」)、オーロラ(「眠れる森の美女」)、ジュリエット(プロコフィエフ「ロミオとジュリエット」)、ライモンダ(グラズノフ「ライモンダ」)、カルメン(「カルメン組曲」)等が当り役。大胆に新作にも取り組み、夫(ロディオン・シチェドリン)の作曲で「アンナ・カレーニナ」「かもめ」「子犬を連れた貴婦人」のような文芸作品のバレエ化を試みた。また、ローラン・プティ・バレエ団と「薔薇の死」(73年)を踊り、79年にはモーリス・ベジャールバレエ団とも「イサドラ」「レダ」を共演。しかし、新作「カルメン組曲」が"反ソ連的"と上演を禁じられ、当局から24時間身辺を監視され、長く外国公演を許されなかった。87年10月〜89年スペイン国立クラシック・バレエ団芸術監督。90年65歳でボリショイバレエ団のソリストを退く。93年モスクワで舞台生活50周年を祝うガラ公演を開催。96年〜2005年インペリアル・ロシアバレエ総裁。1994年にはマイヤ国際バレエコンクールも主宰し、後進の指導にも力を注いだ。2008年能楽師・梅若六郎らとラヴェル作曲「ボレロ」をコラボレートする。大の親日家で、1969年初来日、以来多数来日。著書に「闘う白鳥」がある。20世紀最高のバレエダンサーと称された。 [賞]レジオン・ド・ヌール勲章〔1986年〕, 旭日中綬章(日本)〔2011年〕, ソ連人民芸術家〔1959年〕, アンナ・パヴロワ記念国際舞踊賞〔1962年〕, レーニン賞〔1964年〕, 社会主義労働英雄〔1985年〕, Triumph賞〔2000年〕, 世界文化賞(演劇・映像部門, 第18回)〔2006年〕 [家]夫＝シチェドリン, ロディオン(作曲家)

ブリタン, レオン **Brittan, Leon** 政治家 銀行家 EU欧州委員会副委員長 英国下院議員(保守党) UBSインベストメント・バンク副会長 [国]英国 [没]2015年1月21日 75歳 [生]1939年9月25日 [出]英国・ロンドン [名]別名＝Brittan of Spennithorne [学]ケンブリッジ大学トリニティ・カレッジ卒, エール大学卒 [歴]1962年弁護士資格取得。74〜89年保守党下院議員。76〜79年影の自治権付与問題担当相、78〜79年影の雇用問題担当相。79〜81年サッチャー政権内務担当国務相、81〜83年第2財務相、83年6月〜85年9月内相、85年9月〜86年1月貿易産業相を歴任。89年1月EC副委員長(競争政策担当)に就任(下院議員辞任)。93年1月EC対外経済・通商政策担当委員、同年7月再び副委員長。同年11月EU移行に伴い欧州委員会委員となり、95年1月先進国・中国・韓国・通商政策担当委員、2月副委員長。主に通商政策を担当。99年8月予算をめぐる不祥事の責任を取り辞職。サッチャー元首相の懐刀といわれた。2000年よりUBSインベストメント・バンク副会長。10年9月〜11年2月キャメロン首相の政策顧問を務めた。00年男爵(1代貴族)を授けられる。著書に「変化の時代の防衛・軍備管理」など。1989年10月来日。

フリードマン, ドン **Friedman, Don** ジャズ・ピアニスト [国]米国 [没]2016年6月30日 81歳〔膵臓がん〕 [生]1935年5月4日 [出]米国・カリフォルニア州サンフランシスコ [名]本名＝Friedman, Donald Ernest [歴]音楽好きの両親の影響で4歳からピアノを始め、ロサンゼルスに移った17歳の頃からジャズに親しむ。1956年クラリネット奏者のバディ・デフランコのバンドに参加。58年ニューヨークに移り、59年ディック・ヘイムズの伴奏者を経て、61年デビューアルバム「ア・デイ・イン・ザ・シティ」をリリース。62年自己のトリオで代表的アルバム「サークル・ワルツ」を録音。またハービー・マンやクラーク・テリー楽団にも参加。75年10年ぶりのリーダー作「ホープ・フォー・トゥモロウ」をリリース。知的で上品な演奏スタイルと評され、日本でも高い人気を博した。2013年には日本ツアーを行った。

プリマコフ, エフゲニー **Primakov, Evgenii Maksimovich** 政治家 経済学者 ロシア首相・外相 [専]エジプト, 中東問題 [国]ロシア [没]2015年6月26日 85歳 [生]1929年10月29日 [出]ソ連・ウクライナ共和国キエフ(ウクライナ) [学]モスクワ東洋学大学〔1953年〕卒, モスクワ大学大学院経済学専攻〔1956年〕修了 経済学博士〔1969年〕 [歴]グルジア(現・ジョージア)のトビリシで少年時代を過ごす。1956〜62年ソ連閣僚会議附属テレビ・ラジオ国家委員会に勤務。その間59年ソ連共産党入党。62年「プラウダ」記者となり、66年同紙中東特派員、のち評議員、編集次長などを歴任。70年ソ連科学アカデミー(現・ロシア科学アカデミー)世界経済国際関係研究所(IMEMO)副所長、77年同アカデミー東洋学研究所所長を経て、85年11月IMEMO所長に就任。86年党中央委員。89年6月〜90年3月ソ連最高会議連邦会議議長。89年9月〜90年7月党政治局員候補。90年3〜12月大統領会議メンバー。91年1月ゴルバチョフ大統領の外交ブレーンとして大統領補佐官に。同年2月には湾岸戦争和平のため大統領特使としてイラクに飛び"撤退"表明を引き出した。3月新設の国家安全保障会議メンバーに選出。9月国家保安委員会(KGB)第1副議長兼第1管理本部長、11月連邦中央情報機関議長。KGBの解体、再編に取り組んだ。12月ソ連邦崩壊に伴い、ロシア対外情報局長となる。エリツィン政権下で96年1月〜98年8月ロシア外相を務め、欧米から距離を置いたユーラシア外交を推進。98年8月首相代行、98年9月〜99年5月首相を務め、経済危機に対処した。99年8月〜2001年9月中道勢力の選挙連合、祖国・全ロシアの調整評議会議長。この間、1999年12月〜2003年12月下院議員。01年12月ロシア商工会議所会頭。日本にも度々訪れ、ロシア政界でも有数の知日派として知られた。著書に「Egypt under Nasser」など。英語とアラビア語に堪

能だった。 [賞]ナセル賞〔1975年〕 [資]ロシア科学アカデミー会員〔1979年〕

フリーマン, ボビー **Freeman, Bobby** シンガー・ソングライター [国]米国 [没]2017年1月23日 76歳〔心臓発作〕 [生]1940年6月13日 [出]米国・カリフォルニア州サンフランシスコ [名]本名＝Freeman, Robert Thomas [歴]10代後半だった1958年に作曲して発表した「踊ろうよベイビー」がヒット。青春映画「アメリカン・グラフィティ」(73年)の挿入歌になったほか、ビーチ・ボーイズやジョン・レノンら多数のアーティストがカバーした。他のヒット曲に「カモン・アンド・スイム」(64年)など。

フリール, ブライアン **Friel, Brian** 劇作家 作家 [国]アイルランド [没]2015年10月2日 86歳 [生]1929年1月9日 [出]英国・ティローン州オマー [学]聖コロンボ大学卒, 聖パトリック大学〔1948年〕卒, 聖ヨセフ教員養成大学(英国)〔1950年〕卒 [歴]1950〜60年北アイルランド・デリー市で教職に就く。60年以降執筆に専念。雑誌「ニューヨーカー」に掲載された作品により短編作家として国外で認められ、62年短編集「雲雀の受け皿」を出版。63年ダブリンで「盲のネズミ達」が上演される。64年「フィラデルフィアへやって来た」で劇作家として有名に。以後、主にダブリンで作品を発表。90年「ルーナサの踊り」が上演され、ロンドンではオリバープレイ賞、ニューヨークでは演劇大賞を含め3つのトニー賞など数々の賞を受賞。アイルランドを代表する劇作家として最も有名な存在となった。他に戯曲「デリーの名誉市民たち」(73年)、「トランスレイションズ」(80年)、「歴史を書くこと」(88年)などがある。 [賞]アイルランド国立大学名誉文学博士号〔1983年〕, オリバープレイ賞「ルーナサの踊り」, トニー賞〔1992年〕「ルーナサの踊り」 [資]米国芸術文学アカデミー会員 [団]アイルランド文芸家協会

ブリンク, アンドレ **Brink, André Philippus** 作家 詩人 評論家 ケープタウン大学名誉教授 [専]英文学(現代文学) [国]南アフリカ [没]2015年2月6日 79歳 [生]1935年5月29日 [出]南アフリカ・フレーデ [学]ポチェフストローム大学卒 文学博士(ローズ大学)〔1975年〕, ソルボンヌ大学(比較文学) [歴]2年間のソルボンヌ大学留学を経て、1961年からローズ大学で現代文学を教え77年同大準教授を経て、80〜90年教授。90年〜2000年ケープタウン大学教授。その間、一時パリに亡命したが1968年パリの五月革命を見聞して大きな衝撃を受け、帰国後、作家活動を開始。英語とアフリカーンス語両方で作品を発表するのが特徴で、南アフリカ最高の文学賞CNA賞を両方の言語で受賞したほか、ブッカー賞にも2度ノミネートされた。小説「Looking on Darkness(闇を見つめて)」(邦題「アフリカの悲劇」)(74年)などでアフリカーナの立場から人種差別を告発し、反体制作家と目された。他に小説「風の中の瞬時」(76年)、「雨の噂」(78年)、「白く渇いた季節」(79年, 映画化89年)、「疫病の城壁」(84年)、「The Ambassador」(85年)、「An Act of Terror」(91年)、「On the Contrary」(93年)、「Imagining of Sand」(96年)、「Desire」(2000年)、「Before I Forget」(04年)、文芸論「地図製作者たち」(1983年)など。 [賞]レジオン・ド・ヌール勲章シュバリエ章〔1983年〕, CNA賞〔1965年・1978年・1982年〕, マーチン・ルーサー・キング記念賞〔1979年〕「白く渇いた季節」, メディシス賞(外国人部門)〔1979年〕

プリンス **Prince** ミュージシャン 俳優 [国]米国 [没]2016年4月21日 57歳〔薬物の過剰摂取事故死〕 [生]1958年6月7日 [出]米国・ミネソタ州ミネアポリス [名]本名＝ネルソン, プリンス・ロジャーズ〈Nelson, Prince Rogers〉 [歴]父はジャズ・ピアニスト、母はジャズ・シンガー。“プリンス”の名は、父のトリオ“ザ・プリンス・ロジャーズ・バンド”にちなんで命名された。7歳の時に独学でピアノを始める。音楽センスに優れ、12歳ですでに20以上の楽器をマスター。その頃、後のマッド・ハウス・サウンドの元となった“シャンペン”を結成。18歳の時、自分でレコード製作を主張、それができないレコーディング契約をすべて断ったといわれている。1978年「フォー・ユー」でアルバムデビューし、主にセックスを主題にした歌詞と派手なコスチュームで注目される。82年「1999」がプラチナ・アルバムに輝く大ヒットを記録し、84年自伝的映画と連動して発表されたアルバム「パープル・レイン」でスーパースターの座に駆け上がった。ポップスとロック、ファンクを高度に融合させた独創的な作品を作り出し、その後も「パレード」(86年)や「ラブセクシー」(88年)など完成度の高いアルバムを発表。また自身のレーベル“ペイズリー・パーク”を立ち上げ、ミネアポリスに音楽ファミリーを形成した。80年代を通じてカルト的なマイナーアーティストから影響力のあるアーティストへと進化を遂げ、マイケル・ジャクソンとともに黒人シンガーとして一時代を築いた。90年6月「ヌード・ツアー」で世界ツアーを開始、8月アルバム「グラフィティ・ブリッジ」をリリースし、「パープル・レイン」の続編となる映画「グラフィティ・ブリッジ」を公開。92年ワーナー・ブラザーズと総額1億ドルで契約を結び、同社の副社長にも就任。93年4月レコーディング休止宣言、6月改名宣言し、発音不能な記号の“シンボル”(元プリンス)として活動を開始。94年“シンボル”名義でシングルを発表、8月プリンス名義の最後のアルバム「Come」を発表。96年11月アルバム「イマンシペイション(解放)」を発売、宣伝のため来日。99年“ジ・アーティスト”と改名。2000年再び“プリンス”名に戻す。07年24作目となるアルバム「プラネット・アース」を英国の日曜紙「メール・オン・サンデー」の付録として発売。レコードやCDの売上げ枚数は全世界で1億枚以上。04年ロックの殿堂入り。グラミー賞を7回、アカデミー賞も1回受賞した。来日ツアーは5回開催。02年が最後の来日となった。 [賞]アカデミー賞歌曲編曲賞(第57回)〔1984年〕「パープル・レイン」, グラミー賞(7回)

ブルガー, アドルフ **Burger, Adolf** ジャーナリスト 印刷工 「ヒトラーの贋札」の著者 [国]スロバキア [没]2016年12月6日 99歳 [生]1917年8月12日 [出]オーストリア・ハンガリー帝国・ヴェルカ・ロムニツァ(スロバキア) [歴]ユダヤ系。14歳で印刷の仕事を習い、印刷工として働く。第二次大戦中、ナチス・ドイツの影響下で強制収容所送りを逃れようとしたユダヤ人のために、キリスト教の洗礼の証明書を偽造。1942

フ

年ゲシュタポに逮捕され、妻とともにアウシュビッツ強制収容所に移送された。43年ビルケナウ強制収容所に送られるため進めた偽札作り作戦"ベルンハルト作戦"に従事するため、ユダヤ人大量虐殺（ホロコースト）が行われた両強制収容所から奇跡的に脱出。44年ザクセンハウゼン強制収容所に移され、英国経済の破壊を目的とした偽ポンド札作りに携わった。45年5月エーベンゼーで解放。戦後はプラハに在住。72年以降は作家、ジャーナリストとして自らの収容所体験を語り始め、国際ザクセンハウゼン委員会（ザクセンハウゼン強制収容所の元収容者で作る委員会）のメンバーとして活動。83年自伝『ヒトラーの贋札 悪魔の工房』を刊行。2006年には同名の映画が製作され、08年アカデミー賞外国語映画賞を獲得した。

ブルケルト, ヴァルター Burkert, Walter 古代宗教史学者 チューリヒ大学名誉教授 ㋗ギリシャ神話, 西洋古典学 ㋖ドイツ ㋔2015年3月11日 84歳 ㋐1931年2月2日 ㋕ドイツ・バイエルン州ノイエンデッテルザウ ㋒ Ph.D.（エアランゲン大学）〔1955年〕 ㋘エアランゲン大学とミュンヘン大学で古典学を学ぶ。古代ギリシャを中心に研究。エアランゲン大学助手、講師を経て、1966〜69年ベルリン工科大学教授、91〜96年チューリヒ大学教授を務めた。著書に『ギリシャの神話と儀礼』『人はなぜ神を創りだすのか』（96年）などがある。 ㋘ブリティッシュ・アカデミー会員、米国芸術科学アカデミー会員

ブルック, エドワード Brooke, Edward William 政治家 米国上院議員（共和党） ㋖米国 ㋔2015年1月3日 95歳〔老衰〕㋐1919年10月26日 ㋕米国・ワシントンD.C. ㋒ハワード大学卒、ボストン大学大学院（法律）㋘第二次大戦に従軍、黒人歩兵部隊に属して情報活動、青銅星章を受け陸軍大尉。戦後ボストン大学大学院で法律を学び、1948年マサチューセッツ州で弁護士資格を取得。ボストン財務委員会を経て、62年黒人初の同州法務長官となった。66年共和党から同州選出上院議員に。連邦上院議員が州議会でなく各州有権者の投票で選出（直接選挙）されるようになった14年以降で黒人初の上院議員となった。72年再選、ニクソン政権に入閣を求められたが拒否、ウォーターゲート事件を批判するなど、共和党リベラル派として活躍。離婚や自身の金銭関係のスキャンダルが影響し、78年の選挙では落選。67〜79年2期12年の上院議員を務めた。㋘弁護士

ブルック, クリストファー Brooke, Christopher 歴史学者 ケンブリッジ大学名誉教授 ㋗中世史, 教会史 ㋖英国 ㋔2015年12月27日 88歳 ㋐1927年6月23日 ㋕英国・ケンブリッジ ㋑本名＝Brooke, Christopher Nugent Lawrence ㋒ケンブリッジ大学ゴンビル・アンド・キーズ・カレッジ〔1945年〕卒 文学博士〔1973年〕㋘リバプール大学中世史教授、ロンドン大学歴史学教授を経て、1977〜94年ケンブリッジ大学教会史教授。71〜74年王立歴史学会副会長、81〜84年古文書学会会長を歴任。70年ブリティッシュ・アカデミー（大英学士院）会員。著書に『中世中期のヨーロッパ』（64年）、『12世紀ルネサンス』（69年）、『キリスト教社会における結婚』（77年）、『中世の結婚観』（89年）など。 ㋘CBE勲章 ㋘ブリティッシュ・アカデミー会員〔1970年〕

ブルックナー, アニータ Brookner, Anita 作家 美術史家 コートールド美術研究所教授 ㋗18・19世紀美術 ㋖英国 ㋔2016年3月10日 87歳 ㋐1928年7月16日 ㋕英国・ロンドン ㋒キングス・カレッジ・ロンドン、コートールド美術研究所 Ph.D. ㋘ポーランド系ユダヤ人の両親のもとにロンドンで生まれる。1968年女性として初めてケンブリッジ大学のスレイド・プロフェッサーに就任。88年までコートールド美術研究所教授を務めた。この間、81年『門出』で作家デビュー。84年『秋のホテル』でブッカー賞を受賞。現代英国最高の作家として名声を不動のものとした。他の作品に『結婚式の写真』（85年）、『英国の友人』（87年）、『異国の秋』（88年）など。 ㋘CBE勲章〔1990年〕、ブッカー賞〔1984年〕『秋のホテル』

フルトン, チャーリー Fulton, Charlie プロレスラー ㋖米国 ㋔2016年3月11日 67歳 ㋐1949年 ㋕米国・オハイオ州マリオン ㋘アマチュアレスリングと重量挙げで鍛え、プロレスラーに転身。"アラビアの怪人"として知られたザ・シークのスカウトによりデトロイトでデビュー。マイティー・ヤンキース、ザ・ブラック・デモなど、覆面レスラーとして活躍。1973年2月日本プロレスに初来日し、76年5月新日本に参戦。80年9月には国際プロレスで覆面のザ・USSRとして戦った。84年7月ニューヨークのマディソンスクエアガーデンでアントニオ猪木と対戦した。85年引退。

ブルーナー, ジェローム Bruner, Jerome 心理学者 ニューヨーク大学教授 ㋗認知科学 ㋖米国 ㋔2016年6月5日 100歳 ㋐1915年10月1日 ㋕米国・ニューヨーク市 ㋑本名＝Bruner, Jerome Seymour ㋒デューク大学〔1937年〕卒 博士号（ハーバード大学）〔1941年〕㋘ポーランド移民の両親のもと、ニューヨークに生まれる。1952年ハーバード大学教授、61年同認知研究所所長、72年オックスフォード大学教授、81年ニューヨークのニュー・スクール・フォー・ソーシャル・リサーチ教授を経て、88年ニューヨーク大学教授。65年米国心理学会会長。56年の共著『A Study of Thinking（思考の研究）』によって認知科学の先駆者となり、その後、発見学習法など教育分野においても多くの業績を上げた。主な著書に『教育の過程』（60年）、『On Knowing : Essays for the Left Hand』（62年）、『Child's Talk : Learning to Use Language』（邦題『乳幼児の話しことば』、83年）、『可能世界の心理』（86年）、『Acts of Meaning』（90年）、『Minding the law』（2000年）、『ストーリーの心理学』（03年）、自伝『心を探して』（1983年）など。

ブルーナ, ディック Bruna, Dick 絵本作家 グラフィックデザイナー ㋖オランダ ㋔2017年2月16日 89歳〔老衰〕㋐1927年8月23日 ㋕オランダ・ユトレヒト ㋑本名＝ブルーナ, ヘンドリック・マフダレヌス〈Bruna, Hendrikus Magdalenus〉 ㋕ユトレヒトの名門出版社A.W.ブルーナ社長の息子として生まれる。フランスの画家アンリ・マティスの絵画などに影響を受け、1943年頃からアートのレッスンを受ける。51年父親の経営する出版社でデザイナーとして働き始め、ハードカバーの表紙のデザインを手がけ

る。絵本の制作にも取り組み、53年最初の絵本「りんごちゃん」を発表。以後、うさぎのミッフィーを主人公とした絵本シリーズ（55年〜）をはじめ、120冊以上の作品を発表し、世界中の子供たちの人気を得た。単純な線と赤や青など鮮やかな色で表現する作風で知られ、絵本は世界50カ国以上で翻訳された。オランダでは"ナインチェ"と呼ばれるミッフィーはアニメ化もされるなど人気キャラクターとなった。絵本のほか、ポスター、ステッカー、小児病棟の壁画など常に子供の世界を中心に活躍。85年フェルトホーヴェンでディック・ブルーナ学校を開校。87年60歳の誕生日を祝し、ユトレヒト市からメダルが授与された。89年オランダ書籍大衆賞にノミネートされる。主な絵本作品に「ちいさなうさこちゃん」（55年）、「うさこちゃんとどうぶつえん」（55年）、「ちいさなさかな」（63年）、「ABCってなあに」（67年）、「お誕生日ブック」（79年）、「ぼくのだいじなあおいふね」（82年）、「うさこちゃんのだいすきなおばあちゃん」（96年）、「ケムエルとノアのはこぶね」（98年）など。78年初来日以来、度々来日。2011年の東日本大震災の際には、震災救済コンサートのポスターのイラストなどを手がけた。　🏅オランダ王国オレンジ・ナッソー勲章〔1983年〕，ベネルクス賞〔1960年〕

フ

ブルームバーゲン, ニコラス　Bloembergen, Nicolaas　物理学者　ハーバード大学教授　🎓レーザー分光学　🏳米国　🗓2017年9月5日　97歳　🎂1920年3月11日　🏠オランダ・ゾイト・ホラント州ドルドレヒト　🎓ユトレヒト大学（物理学）〔1941年〕卒　Ph.D.（ライデン大学）〔1948年〕　🏅第二次大戦後、渡米し、ハーバード大学のE.M.パーセルのもとで研究を行う。1949年同大研究生、51年準教授を経て、57年応用物理学教授。58年帰化。始めはパーセルの核磁気共鳴による分光分析を押し広げる研究に従事。54年C.H.タウンズ、N.G.バーソフによって発見されたメーザー（分子増幅器）に刺激を受け、56年に連続メーザーを発明。60年レーザーを実現、それによる分光分析の手法を打ち立てた。81年レーザー分光学への寄与により、A.L.ショーローとともにノーベル物理学賞を受賞。2001年よりアリゾナ大学教授を務めた。著書に「核磁気緩和」（1948年）、「非線形光学」（65年）がある。　🏅ノーベル物理学賞〔1981年〕，ローレンツメダル〔1978年〕，IEEE栄誉賞〔1983年〕　🏅米国科学アカデミー会員

ブレイ, ポール　Bley, Paul　ジャズ・ピアニスト　🏳カナダ　🗓2016年1月3日　83歳〔老衰〕　🎂1932年11月10日　🏠カナダ・ケベック州モントリオール　🎓マッギル音楽院卒, ジュリアード音楽学校　🏅11歳でマッギル音楽院を卒業。1950年ニューヨークのジュリアード音楽学校で作曲と指揮法を学ぶ。53年ベーシストのチャールズ・ミンガスらと録音したデビューアルバムを発表。同郷で同世代のグレン・グールドを意識したスタイリストとして50年代末オーネット・コールマンをサイドメンとして革新的フリー・ジャズを先行したが、自らは孤高の位置を選び、脇役の評価に甘んじた。64〜75年ザ・ジャズ・コンポーザーズ・ギルドの一員のほか、スティーブ・スワロー、ピート・ラロカ

ジャセッピ・ローガンらを率いたグループでも活躍。70年代は電化サウンドのパイオニアとしてシンセサイザーを駆使。アーネスト・ピーコックと前衛音楽の創作活動を行い、ソロ・ピアノにも新境地を築いた。75年プロダクション、インプロビゼーション・アーチスツ・インク（IAI）を創設。代表作に「ブラッド」「オープン・トゥ・ラブ」「デュオ」など。晩年はソロピアノでの活動が多く、2000年から5枚のソロアルバムを発表した。　🏅元妻＝ブレイ，カーラ（作曲家）

ブレイスウェイト, E.R.　Braithwaite, E.R.　作家　🏳ガイアナ　🗓2016年12月12日　104歳　🎂1912年6月27日　🏠英領ギアナ（ガイアナ）　🎓本名＝Braithwaite, Eustace Edward Ricardo　🏅英国統治下の南米ギアナ（現・ガイアナ）に生まれる。第二次大戦中は英国空軍に従事。ロンドンで中学校教師として勤務したのち、1966年に独立したガイアナの外交官も務めた。59年大半が白人のクラスの生徒たちを教える黒人教師を描いた自伝的小説「先生へ、愛情をこめて」を発表。67年にはシドニー・ポワチエの主演で「いつも心に太陽を」のタイトルで映画化された。晩年はニューヨーク大学、フロリダ州立大学、ハワード大学などで教鞭を執った。

ブレーク, マイケル　Blake, Michael　作家　脚本家　🏳米国　🗓2015年5月2日　69歳〔がん〕　🎂1964年18歳で空軍に志願。4年間の軍在籍中に執筆活動を始める。その後製薬工場、新聞社、ラジオ局、厨房の流し場など、さまざまな職場を転々としながら、映画のシナリオなどを執筆。脚本を手がけた「ギャンブラーズ/最後の賭け」（83年）でケビン・コスナーと出逢い、88年発表の小説第1作「ダンス・ウィズ・ウルブズ」が、90年コスナー監督主演で映画化され、自ら脚色。アカデミー賞作品賞・脚色賞を含む7部門を制覇したため、一躍名を挙げる。自身も他にゴールデン・グローブ賞など多くの賞を受賞。他に自伝的作品「Airman Mortensen（グッパイ、モーテンセン）」（91年）、「天国への疾走ーカスター将軍最後の日々」がある。　🏅アカデミー賞脚色賞（第63回, 1990年度）〔1991年〕「ダンス・ウィズ・ウルブズ」, ゴールデン・グローブ賞脚本賞（映画部門, 第48回, 1990年度）「ダンス・ウィズ・ウルブズ」, 全米脚本家協会賞（1990年度）「ダンス・ウィズ・ウルブズ」

フレーザー, アンディ　Fraser, Andy　ロック・ベース奏者　作曲家　🏳英国　🗓2015年3月16日　62歳　🎂1952年7月3日　🏠英国・ロンドン　🎓本名＝Fraser, Andrew McLan, グループ名＝フリー（Free）　🏅15歳の時にエリック・クラプトンやミック・テイラーも在籍した、ジョン・メイオール率いるブルースブレイカーズにベーシストとして参加。1968年ボーカルのポール・ロジャース、ドラムスのサイモン・カーク、ギターのポール・コゾフとともにロックバンドのフリーを結成。70年ロジャースと共作した「オール・ライト・ナウ」が世界的に大ヒット。ブルースをベースとしたラフなハードロックで人気を得た。72〜73年クリス・スペディングとシャークスを結成し、後にアルバム「ファースト・ウォーター」をリリース。いくつかのセッションに参加したのち、77年アンディ・フレーザー・バンドを結成。アルバム「アンディ・フレーザー・バンド」「イン・ユア・アイズ」を発表した。渡米後は、ロバー

ト・パーマー、ジョー・コッカー、ロッド・スチュワートらに楽曲を提供した。晩年はHIVやがんを患い闘病した。

ブレーザー, チャールズ **Blazer, Charles** 国際サッカー連盟（FIFA）理事 [国]米国 [没]2017年7月12日 72歳 [生]1945年4月26日 [出]米国・ニューヨーク市 [名]本名＝Blazer, Charles Gordon, 通称＝ブレーザー, チャック〈Blazer, Chuck〉 [学]ニューヨーク大学（会計学）〔1965年〕卒 [歴]1984～86年米国サッカー連盟副会長、90年～2011年北中米カリブ海サッカー連盟（CONCACAF）事務局長、1996年～2013年国際サッカー連盟（FIFA）理事を歴任。この間、スポーツ関連業者に契約額の1割を見返りに要求し、05～10年の間に1100万ドル（約13億円）の不正利益を上げながら脱税していたとされ、1998年と2010年のW杯開催国決定を巡る賄賂授受でも関与を認めた。11年連邦捜査局（FBI）と国税庁（IRS）から司法取引を持ちかけられ、捜査に協力。小型マイクを忍ばせてFIFA幹部らとの会話を録音するなど汚職事件の全容解明に貢献し、15年ブラッター会長の辞任につながった。

フレーザー, マルコム **Fraser, Malcolm** 政治家 オーストラリア首相 [国]オーストラリア [没]2015年3月20日 84歳 [生]1930年5月21日 [出]オーストラリア・メルボルン [名]本名＝フレーザー, ジョン・マルコム〈Fraser, John Malcolm〉 [学]オックスフォード大学〔1952年〕卒 [歴]1955年以来オーストラリア下院議員。66年陸相、68年教育科学相、69～71年国防相、71～72年教育相を歴任。75年オーストラリア自由党党首となり、同年11月両院同時選挙に勝利して首相に就任。連続3期を務め、83年総選挙での保守連合の敗北で退任。党首も辞任。93年党首選に出馬し10年ぶりに政界復帰。保守系政治家として自由主義的経済政策を指向する一方、南アフリカのアパルトヘイト政策に反対、国内では多文化主義を推進し、アジアからの移民を拡大した。この間、90年より国際ケア機構会長。76年以来、首相時代を含めて来日回数は30回を超える。[賞]旭日大綬章（日本）〔2006年〕

ブレジンスキー, ズビグニュー **Brzezinski, Zbigniew Kazimierz** 政治学者 政治家 米国大統領補佐官 [専]国際問題（ロシア・東欧・中国問題）[国]米国 [没]2017年5月26日 89歳 [生]1928年3月28日 [出]ポーランド・ワルシャワ [学]マッギル大学〔1949年〕卒, ハーバード大学大学院〔1953年〕修了 政治学博士（ハーバード大学）〔1953年〕 [歴]1938年カナダへ移住。58年米国籍取得。ハーバード大学ソ連問題研究所員を経て、53年スタンフォード大学ロシア研究センター講師、62年コロンビア大学教授兼共産主義問題研究所長、傍ら国務省顧問。73年日米欧三極委員会事務局長を経て、77～81年民主党のカーター政権下の国家安全保障担当大統領特別補佐官を務めた。民主党の中では珍しいタカ派として知られ、対ソ強硬政策を主張。79年のソ連によるアフガニスタン侵攻やイランの米大使館占拠人質事件の対応にあたった。81～89年再びコロンビア大学教授。88年の大統領選では共和党のブッシュ（Sr.）候補を支持、89年1月ブッシュ政権誕生とともに、外交政策に関するブレーンの中心的役割を担った。また、81年よりワシントンD.C.に本拠を置くシンクタンク戦略国際問題研究所（CSIS）の顧問を務め、89年よりジョンズ・ホプキンズ大学アメリカ外交政策大学院教授。2003年のイラク戦争の際は強く反対。08年オバマ大統領が初当選した際には、陣営の外交政策顧問を務めた。14年のロシアによるウクライナ軍事介入を受け、ウクライナの北大西洋条約機構（NATO）加盟にも反対した。1971年日本に半年間滞在。日本の閉鎖性や変革能力の乏しさなどを“ひよわな花”と表現した。著書に「ソビエト全体主義と粛清」（56年）、「ソビエト・ブロック」（60年）、「テクネトロニック・エージ」（70年）、「ひよわな花・日本」（72年）、「ゲーム・プラン」（86年）、「大いなる失敗―20世紀における共産主義の誕生と終焉」（89年）、「アウト・オブ・コントロール」（93年）、「ブレジンスキーの世界はこう動く」（96年）、「ブッシュが壊したアメリカ」（2007年）などがある。

ブーレーズ, ピエール **Boulez, Pierre** 作曲家 指揮者 IRCAM名誉所長 シカゴ交響楽団名誉指揮者 [専]現代音楽 [国]フランス [没]2016年1月5日 90歳 [生]1925年3月26日 [出]フランス・ロワール県モンブリゾン [学]パリ音楽院〔1945年〕卒 [歴]パリ音楽院で学び和声、作曲をオリヴィエ・メシアン、対位法をオネゲルの夫人ヴァラブールに師事。卒業後ルネ・レイボヴィッツに師事して12音技法を修得、それをさらに発展させ、リズムおよびダイナミクスの領域にもセリエルな技法を導入し、第二次大戦後の前衛音楽（セリー音楽）の中心人物となる。1946年「フルートとピアノのためのソナチネ」などを次々と発表、新鋭作曲家として注目を集める。早くから指揮者としても活躍し、48年ジャン・ルイ・バロー劇団の音楽監督、58年南西ドイツ放送交響楽団の客演、67年クリーブランド管弦楽団の客演、のち総監督。71年からはBBC交響楽団の首席指揮者（75年まで）およびニューヨーク・フィルの音楽監督（77年まで）を務め、特にストラヴィンスキー「春の祭典」の名演は有名。75年パリでIRCAM（フランス国立音響音楽研究所）を創設し、91年末まで所長を務めた。コンピューターを用いた音響技術の開発も進めた。また、70年代半ばからバイロイト音楽祭でたびたびワーグナーの楽劇を指揮。87年以降フランス国立管弦楽団を指揮。92年以降は世界の主要なオーケストラを指揮して20世紀音楽を主体とした演奏・録音活動を展開。95年からシカゴ交響楽団客演指揮者、のち名誉指揮者。厳格な音楽理論と緻密な作曲技法に基づく斬新な作風で、ノーノやシュトックハウゼンらとともに20世紀後半の音楽界に大きな影響を与えた。主な作品に、ピアノ曲「ストルクチュール」、声楽曲「ル・マルトー・サン・メートル（主のない槌）」、楽器アンサンブル「エクスプロザント・フィクス」などがあり、著書に「徒弟の覚書」「意志により、偶然により」「参照点」など。来日公演も多く、67年バイロイト祝祭劇場初の日本公演のため初来日。95年自ら企画した「ピエール・ブーレーズ・フェスティバル」が東京で開かれ、自作曲などを指揮した。89年世界文化賞、2009年京都賞を受賞。 [賞]グラミー賞（多数）, 世界文化賞（第1回）〔1989年〕, ウォルフ美術賞〔2000年〕,

フ

京都賞(思想・芸術部門, 第25回)〔2009年〕 [師]師＝メシアン, オリヴィエ, レイボヴィッツ, ルネ

ブレースウェイト, ニコラス　Brathwaite, Nicolas　政治家　グレナダ首相　[国]グレナダ　[没]2016年10月28日　91歳　[生]1925年7月8日　[出]英領グレナディーン諸島・カリアク島(グレナダ)　[名]本名＝Brathwaite, Nicolas Alexander　[学]トリニダードトバゴ教員養成大学卒, ウエストインディーズ大学(ジャマイカ)卒　[歴]小学校長、教員養成大学学長を経て、1983年グレナダ臨時政府首相代行、85年首相特別顧問、90〜95年首相。89〜94年国民民主会議(NDC)党首。95年英国のエリザベス女王よりナイトの爵位を授与された。　[賞]OBE勲章(英国)〔1975年〕

ブレズリン, ジミー　Breslin, Jimmy　ジャーナリスト　「ニューヨーク・ニューズデー」コラムニスト　[国]米国　[没]2017年3月19日　88歳　[生]1928年10月17日　[出]米国・ニューヨーク市クィーンズ　[名]本名＝Breslin, James Earle　[学]ロングアイランド大学　[歴]学生時代から新聞記者として「ボストン・グローブ」「NEAシンディケート」「ニューヨーク・ジャーナル・アメリカン」「ニューヨーク・ヘラルド・トリビューン」「ニューヨーク・ポスト」などを転々とし、1976年タブロイドの大衆紙「ニューヨーク・デーリー・ニューズ」を経て、88年「ニューヨーク・ニューズデー」に移る。酒と市井の人々を愛し、庶民の喜怒哀楽を綴って共感を得、"最も重要なニューヨーカー20人"にも選ばれた。86年バーナード・ゲッツ事件とエイズ問題に関するコラムで、ピュリッツァー賞を受賞。著書に評論集「ジミー・ブレズリンの世界」(69年)、「まともに撃てなかったギャング」(69年)、小説「リーキー・ルーフの女王」(88年)など。　[賞]ピュリッツァー賞(第70回)〔1986年〕

フレッシュ, バンクロール　Fresh, Bankroll　ラップ歌手　[国]米国　[没]2016年3月4日　28歳〔射殺〕　[名]本名＝ホワイト, トレンテイビアス〈White, Trentavious〉　[歴]ジョージア州アトランタを拠点に、"バンクロール・フレッシュ"のMC名でラッパーとして活動。2014年ミックステープ「ライフ・オブ・ア・ホット・ボーイ」からのシングル「ホット・ボーイ」がヒット。16年アトランタの音楽収録スタジオで銃撃され、28歳の若さで死亡した。

フレディンバーグ, ダン　Fredinburg, Dan　冒険家　グーグル幹部　[国]米国　[没]2015年4月25日　33歳〔雪崩事故死〕　[生]1981年　[名]本名＝Fredinburg, Daniel Paul　[歴]2007年米国IT大手グーグルに入社。自動運転や気球を使ったインターネット接続など次世代技術の研究部門、グーグルXの指揮を執った。一方、グーグル・アドベンチャーを企画して世界中を旅する冒険家としても活動。15年4月他のグーグル社員とともに世界最高峰エベレストのベースキャンプを訪れた際、ネパール大地震後に発生した雪崩に巻き込まれ、33歳の若さで死亡した。13〜14年に女優のソフィア・ブッシュと交際していたことでも知られた。

プレートル, ジョルジュ　Prêtre, Georges　指揮者　パリ・オペラ座音楽監督　[国]フランス　[没]2017年1月4日　92歳　[生]1924年8月14日　[出]フランス・ワジエ　[学]パリ音楽院(トランペット・作曲・指揮)　[歴]8歳でパリ音楽院に入る。1946年マルセイユ歌劇場で指揮デビュー、同劇場の第2指揮者となる。フランス地方の歌劇場で経験を積み、55年パリ・オペラ・コミーク座で指揮をして脚光を浴びる。59年パリ・オペラ座音楽監督、66年芸術監督、70〜71年音楽総監督。この間、62年ウィーン国立歌劇場にデビュー、65年メトロポリタン歌劇場にデビュー。86年ウィーン交響楽団首席指揮者、91年名誉指揮者。96年シュトゥットガルト放送響首席指揮者、98年名誉指揮者。マリア・カラスに信頼され多くの録音で指揮を任された。2008年、10年ウィーン・フィルとともにニューイヤー・コンサートに登場。1967年初来日し、読売日本交響楽団を指揮した。98年公演で来日。　[賞]レジオン・ド・ヌール勲章〔2011年〕

プレバル, ルネ・ガルシア　Préval, René Garcia　政治家　農業学者　ハイチ大統領　[国]ハイチ　[没]2017年3月3日　74歳〔心不全〕　[生]1943年1月17日　[出]ハイチ・ポルトープランス　[学]ジェンブル大学(ベルギー)農学専攻卒　[歴]父は政治家。1963年デュバリエ軍事政権の圧政を逃れて家族とともにベルギーへ亡命。のち米国に5年間滞在し、75年帰国。一時国立鉱物資源研究所に勤務した後、実業家に転じ、80年代初めパン製造業を始める。86年デュバリエ政権が倒れると、民主化に向けて民衆組織などを通して積極的に活動。91年2月アリスティド政権発足とともに内相、国防相兼務の首相に就任。同年9月クーデターにより亡命するが、94年10月アリスティド大統領とともに帰国。96年2月〜2001年2月大統領。アリスティドが再び大統領に就任するが、04年2月反政府武装勢力の隆起をきっかけに政権は崩壊。06年5月〜11年5月再び大統領。クーデターなどで政治混乱が続く中、国営企業民営化などの改革を推進。1988年の民政復帰以降初めて、2度の任期を全うした大統領となった。2010年のハイチ大地震では30万人以上が死亡したとされたが、国際社会の協力を得て、復興支援に尽くした。

フレモー, ルイ　Frémaux, Louis　指揮者　バーミンガム市立交響楽団首席指揮者　[国]フランス　[没]2017年3月20日　95歳　[生]1921年8月13日　[出]フランス・エール・シュル・リス　[学]パリ音楽院(指揮法)〔1952年〕卒　[歴]父は画家、母は音楽教師。ヴァラシエンヌの音楽院で学ぶが、第二次大戦のため中断。フランスの反ナチ抵抗運動に加わり、1945〜46年ベトナムで兵役に就いた。47年再度パリ音楽院に入り、指揮法をルイ・フレスティエに学ぶ。53年パリ音楽院管弦楽団を指揮してデビュー。その後、フランス各地のオーケストラや音楽祭に迎えられた。56〜65年モンテ・カルロ歌劇場管弦楽団音楽監督、68〜71年ローヌ・アルプ・フィルハーモニー管弦楽団(現・リヨン国立管弦楽団)音楽監督、69〜78年バーミンガム市立交響楽団音楽監督及び首席指揮者。フランス物を得意とし、同交響楽団ではフランス音楽を積極的に演奏した。79〜82年シドニー交響楽団首席指揮者。ベルリオーズなど近代作品の演奏に定評があり、数多くの録音も残した。67年初来日し、日本フィルハーモニー交響楽団を指揮。以

フ

後、たびたび日本を訪れた。　師＝フレスティエ、ルイ

フレンチ, フィリップ　French, Philip　映画批評家　国英国　没2015年10月27日　82歳〔心臓発作〕　生1933年8月28日　出英国・マージーサイド州リバプール　他本名＝French, Philip Neville　学オックスフォード大学エクセター・カレッジ（法律）、インディアナ大学（ジャーナリズム）　中近東でパラシュート部隊に参加した後、大学で学ぶ。1958〜69年「ブリストル・イブニング・ポスト」紙記者を経て、BBCに入社。30年以上にわたってBBCラジオのトーク・アンド・ドキュメンタリー・デパートメントでプロデュースと脚本を担当し、「The Arts This Week（今週のアート）」「Critics Forum（批評家のフォーラム）」を製作、編集した。この間、様々な新聞、雑誌などに演劇、本、映画に関する記事を執筆。63年「オブザーバー」紙上で映画批評を書き始め、2013年に引退するまで定期的に寄稿を続けた。一方、1972年テキサス州立大学特別講師、86年カンヌ映画祭審査員を務めた。著書に「The Movie Moguls」(69年)、「Westerns」(73年)、共著に「Age of Austerity 1945-51」、編著に「マル・オン・マル――ルイ・マル、自作を語る」などがある。　OBE勲章〔2013年〕、ブリティッシュ・プレス賞クリティック・オブ・ザ・イヤー〔2009年〕　ブリティッシュ・アカデミー・オブ・フィルム・アンド・テレビジョン・アーツ会員〔2008年〕　息子＝フレンチ、カール（映画ライター）

ブロキャビチュス, ミコラス　Burokevičius, Mykolas　政治家　リトアニア共産党第1書記　国リトアニア　没2016年1月20日　88歳　生1927年10月7日　出ソ連・リトアニアアリトゥス（リトアニア）　他本名＝Burokevičius, Mykolas Martinovich　学ビリニュス教育大学卒、ソ連共産党中央委付属社会科学アカデミー卒　歴史学博士　1946年ソ連共産党に入党。63年よりリトアニア共和国党史研究所上級研究員、ビリニュス教育大学教授などを歴任。89年同共和国党書記。同共和国党がソ連党からの分離派と残留派に分裂した後、90年4月から同共和国党（ソ連共産党綱領派）第1書記。同年7月ソ連党の政治局員。91年8月の政変後、ソ連共産党解体、9月同共和国独立。

フローゼ, エドガー　Froese, Edgar　作曲家　ミュージシャン　電子音楽、映画音楽　国ドイツ　没2015年1月20日　70歳〔肺塞栓症〕　生1944年　グループ名＝タンジェリン・ドリーム　1967年電子音楽グループ"タンジェリン・ドリーム"を結成。初めジャーマン・プログレッシブ・ロックの先駆者として注目され、70年代以降は電子楽器を駆使する傾向が顕著になり、やがてロック畑を越えてアンビエント・ミュージックやニュー・エイジ、エレクトロニカの分野にまで広げていった。77年ウィリアム・フリードキン監督の「恐怖の報酬」で映画音楽を手がけ、一躍その名を国際的に知られる。以降20本の映画作品を手がけ、主なものに「レジェンド 光と闇の伝説」（リドリー・スコット監督、85年）、「或る人々」（アンドレイ・コンチャロフスキー監督、87年）、「ザ・キープ」（マイケル・マン監督、97年）、フローゼ単独作品「未来世紀カミカゼ」(82年)などがある。映画作品以外では、〈ファイブ・アトミック・シーズンズ〉と題したシリーズ・アルバム5部作「長崎〜春/長崎〜夏/広島〜秋/広島〜冬/永遠の季節」を発表した。

ブロットマン, ジェフ　Brotman, Jeff　実業家　コストコホールセール会長・共同創業者　国米国　没2017年8月1日　74歳　生1942年9月27日　出米国・ワシントン州タコマ　他本名＝Brotman, Jeffery Hart　学ワシントン大学（政治学）〔1964年〕卒、ワシントン大学ロースクール〔1967年〕卒　祖父はルーマニアから米国に移住したユダヤ人。ジーンズや洋服の店を経営した後、1983年ジム・シネガルとともに、ワシントン州シアトルに会員制量販店コストコの1号店を開店。以後、世界で700以上の店舗を展開し、日本には99年に進出した。設立当初から93年まで会長を務めた後、同年に副会長に退いたが、94年会長に復帰した。

プロベンツァーノ, ベルナルド　Provenzano, Bernardo　シチリア島のマフィアの大物　国イタリア　没2016年7月13日　83歳　生1933年1月31日　出イタリア・シチリア島コルレオーネ　他イタリア南部シチリア島のコルレオーネで生まれる。貧しい家庭で育ち、1950年代半ばからマフィアの活動に手を染めた。映画「ゴッドファーザー」のモデルとなったルチアーノ・リッジォの子分だったとされる。40年以上の逃亡の末、2006年に逮捕され服役していたが、16年獄中で亡くなった。

フローレス, ダニエル　Flores, Daniel　野球選手　国ベネズエラ　没2017年11月8日　17歳〔がん治療による合併症〕　生2000年10月21日　出ベネズエラ・ポルラマル　他本名＝Flores, Daniel Jose　米大リーグのレッドソックスに将来の球団No.1捕手となることを期待され、2017年7月310万ドル（約3億5000万円）の契約を交わす。米国出身の捕手でドミニカ共和国出身のゲイリー・サンチェス以来の逸材と評されたが、11月がん治療による合併症のため、17歳の若さで死去した。

フローレス, フランシスコ　Flores, Francisco　政治家　エルサルバドル大統領　国エルサルバドル　没2016年1月30日　56歳〔脳卒中〕　生1959年10月17日　出エルサルバドル・サンタアナ　他本名＝フローレス・ペレス, フランシスコ〈Flores Pérez, Francisco〉　学オックスフォード大学、ハーバード大学　出英国、米国の大学で政治学や哲学を専攻したのち、インドで3年間東洋思想の研究に没頭。1989年帰国、エルサルバドルの大学で教壇に立った経験を持つ。大統領府次官など政権の重要ポストを歴任。94〜97年エルサルバドル国会議員、97〜98年国会議長を経て、99年3月大統領選に当選、6月就任。2004年退任。在任中の01年に自国で起きた大地震の際、台湾から送られた義援金1500万ドル（約18億1000万円）を着服したとして、14年5月に逮捕状が出て、9月司法当局に出頭。自宅軟禁となった。民族主義共和同盟（ARENA）所属。

ブロンゼッティ, エルネスト　Bronzetti, Ernesto　サッカー代理人　国イタリア　没2016年　68歳〔病気〕　生1947年2月13日　他国際サッカー連盟（FIFA）の公式代理人として活躍し、長年にわたりスター選手の移籍に手腕を発揮。特にセリエAのACミランとは深い

関係を築き、ミラノを拠点に活動。ブラジル代表ロナウド、ロナウジーニョ、リバウド、カカ、クリスチャン・ヴィエリ、アルゼンチン代表ワルテル・サムエル、ポルトガル代表ルイス・フィーゴら超大物選手の獲得や、カルロ・アンチェロッティ、アッリーゴ・サッキといった名将の監督就任にも携わった。2014年日本代表MF本田圭佑のACミラン移籍でも仲介役を担った。

【へ】

ヘイ, ルイーズ　**Hay, Louise L.**　作家　出版人　ヘイハウス創業者　[国]米国　[没]2017年8月30日　90歳　[生]1926年10月8日　[出]米国・カリフォルニア州ロサンゼルス　[歴]幼い時に両親が離婚。貧困により5歳まで孤児院で過ごし、その後実母に引き取られたものの、母の虐待、義理父や隣人からの性的虐待に耐えられず、15歳の時に家出。その後ニューヨークでファッションモデルとして活躍。結婚もしたが、離婚、がん闘病など多くの困難を経験したことでスピリチュアルの世界に入った。1984年著書「ライフ・ヒーリング」は全世界で5000万部の大ベストセラーを記録。60歳になって、自己啓発や代替療法、精神世界についての出版物やイベントを手がけるヘイハウスを創設。"ミラーワーク"と"アファメーション"という手法の第一人者としても知られた。

ベイカー, ケニー　**Baker, Kenny**　俳優　[国]英国　[没]2016年8月13日　81歳　[生]1934年8月24日　[出]英国・バーミンガム　[名]本名＝Baker, Kenneth George　[歴]身長約112センチの小人症で、16歳からサーカスの道化師やパントマイムの演者として活動。1977年に第1作が発表された人気SF映画「スター・ウォーズ」に登場するロボットR2-D2の中に入って操縦し、世界的な名声を得た。愛らしい動きを見せるR2-D2は「スター・ウォーズ」を代表する人気キャラクターとなった。他の映画出演作に、「エレファント・マン」「フラッシュ・ゴードン」(80年)、「バンデットQ」(81年)、「ラビリンス/魔王の迷宮」(86年)、「ウィロー」(88年)など。

ヘイカル, モハメド・ハサネイン　**Heikal, Mohamed Hassanein**　ジャーナリスト　「アル・アハラム」編集長　[国]エジプト　[没]2016年2月17日　92歳〔腎臓疾患〕　[生]1923年9月23日　[出]エジプト・ダカリア県　[学]カイロ・アメリカン大学卒　[歴]1942年エジプトの英字紙「エジプト・ガゼット」の事件担当を振り出しに、第1次中東戦争、朝鮮戦争などを取材。45年「アヘルサー」記者を経て、56年「アル・アクバル」編集局長、57〜74年エジプトの政府系主要紙「アル・アハラム」編集長、61年同会長。ナセル大統領の信頼が厚く、70年4〜10月情報相を務め、ナセルのスポークスマンといわれた。74年2月サダム大統領により「アル・アハラム」会長兼編集長を解任。81年9月サダト大統領の反対派弾圧で投獄されたが、11月サダト暗殺、ムバラク政権成立に伴い釈放。アラブ民族主義の論陣を張り、アラブの代表的ジャーナリストとして知られた。著書に「ナセル」(72年)、「ラマダンへの道」(75年)、「アラブの戦い」(79年)、「イラン革命の内幕」(81年)、「サダト暗殺」(83年)など。91年〜2001年には「読売新聞」のコラム「地球を読む」の執筆を担当した。

ヘイデン, ニッキー　**Hayden, Nicky**　オートバイライダー　[国]米国　[没]2017年5月22日　35歳〔交通事故死〕　[生]1981年7月30日　[出]米国・ケンタッキー州オーエンズボロ　[歴]父はダートトラックのレーサーで、兄のトミー・ヘイデン、弟のロジャー・リー・ヘイデンもオートバイライダーというレーサー一家に生まれる。3歳の頃からオートバイに乗り始め、少年時代からレースに出場。1998年からロードレース全米選手権(AMA)で活動し、99年スーパースポーツクラス(600cc)でチャンピオンを獲得。2002年AMAスーパーバイククラスで史上最年少チャンピオンとなる。03年レプソル・ホンダと契約してロードレース世界選手権(WGP)の最高峰MotoGPクラスに挑戦、同年総合5位、06年にはオランダGP、米国GP優勝を含む10回表彰台に立ち、初めて同クラスの年間総合チャンピオンとなった。07年は総合8位。09年ドゥカティに移籍して総合13位。10年総合7位、11年総合8位、12年総合9位。13年契約満期で退団。14年プライベートチームのアスパーへ移籍し、15年まで最高峰クラスで戦う。16年戦いの舞台をスーパーバイク世界選手権(SBK)に移し、年間総合5位を獲得。17年5月イタリアのリミニでサイクリングをしている最中、交通事故に遭い、35歳の若さで亡くなった。　[家]兄＝ヘイデン, トミー(オートバイライダー), 弟＝ヘイデン, ロジャー・リー(オートバイライダー)

ヘイドン, トム　**Hayden, Tom**　反戦活動家　政治家　カリフォルニア州上院議員(民主党)　[国]米国　[没]2016年10月23日　76歳　[生]1939年12月11日　[出]米国・ミシガン州デトロイト　[名]本名＝ヘイドン, トーマス〈Hayden, Thomas Emmet〉　[学]ミシガン大学〔1961年〕卒　[歴]ミシガン大学在学中の1960年に"民主社会をめざす学生"組織SDSを結成、新左翼学生運動の理論的イデオローグとして活動。65年、66年には国禁を犯して北ベトナムを訪問、米軍の実態の告発は、その後の反戦運動の盛り上がりに拍車をかけた。68年には民主党全国大会に異議申し立てを行おうとして逮捕され、"シカゴ7被告(シカゴ・セブン)"の一人となる。その後も"インドシナ平和キャンペーン"の全国世話人(72〜73年)となるなど、反戦・反体制運動の第一線に立ったが、75年以降は従来の体制外激突路線から体制内改革路線に方向転換し、草の根次元での市民運動を指導した。82〜92年民主党のカリフォルニア州下院議員、92年〜2000年同州上院議員。環境問題、受刑者の人権、最低賃金、政治資金規制などでリベラルな姿勢に徹した。また第二次大戦中の日本による強制労働の補償問題に取り組んだ。著書は「ニューアークの反乱」(1966年)「叛裁判」(69年)の他、89年に出版された回想録「再会」で大きな反響を呼んだ。73年女優のジェーン・フォンダと知り合い、結婚。ともに反戦運動に取り組み、1男をもうけたが、89年離婚した。[家]元妻＝フォンダ, ジェーン(女優・反戦運動家)

ヘイマン, ジョン　**Heyman, John**　映画プロデューサー　実業家　[国]英国　[没]2017年6月9日　84

歳 [生]1933年 [出]ドイツ・ライプツィヒ [名]本名＝Heyman, John Bertjoachim [学]オックスフォード大学卒 [歴]ライプツィヒのユダヤ人家庭に生まれ、ナチス・ドイツの迫害を逃れて英国に渡る。1959年エリザベス・テイラー、リチャード・バートンらが所属するエージェント会社を設立。63年英国にワールド・フィルム・サービスを設立。以後、同社を中心とするワールドグループを率い、多数の劇場用映画を製作。150本以上のハリウッド映画にもファイナンスを実施。同グループが関わった作品は全世界で70億ドル以上を売り上げ、70以上の米国アカデミー賞を受賞した。プロデュース作品に、「夕なぎ」(68年)や「恋」(71年)などジョセフ・ロージー監督作品をはじめ、「おませなツインキー」(70年)、「インドへの道」(84年)、「D.A.L.Y.L」(85年)、「ホーム・アローン」(90年)などがある。[家]息子＝ヘイマン, デービッド(映画プロデューサー)

ベイラー, ドン **Baylor, Don** 大リーグ選手 大リーグ監督 [国]米国 [没]2017年8月6日 68歳〔がん〕[生]1949年6月28日 [出]米国・テキサス州オースティン [名]本名＝Baylor, Don Edward [歴]1967年ドラフト2位でオリオールズに入団。70年大リーグにデビュー。88年までアスレティックス、エンゼルス、ヤンキースなどで外野手、一塁手、指名打者として活躍。パワーとスピードを兼ね備え、72年から8年連続20盗塁以上を記録。エンゼルス時代の79年、ア・リーグ打点王(139打点)と最多安打を評価され、MVPに輝いた。87年にはシーズン終盤に移籍したツインズでワールドシリーズ制覇に貢献。通算成績は、実働19年、2292試合出場、8198打数2135安打、338本塁打、1276打点、打率.260。引退後、ブリュワースやカージナルスの打撃コーチを務めた。92年ロッキーズの初代監督に就任。95年チームをプレーオフに導き、ナ・リーグ最優秀監督に選ばれた。2000～02年カブス監督。監督としての通算成績は、9年、1316試合、627勝689敗、勝率.476。1990年藤田元司監督率いる巨人の春季キャンプで臨時コーチとして原辰徳らを指導。91年はダイエー(現・ソフトバンク)で臨時コーチ、2005年はイチローが所属したマリナーズで打撃コーチを務めた。 [賞]ア・リーグMVP〔1979年〕, ナ・リーグ最優秀監督〔1995年〕

ベイリー, クリストファー **Bayly, Christopher** 歴史学者 ケンブリッジ大学教授 [専]近代インド史, 大英帝国史 [国]英国 [没]2015年4月18日 69歳 [生]1945年5月18日 [出]英国・ケント州タンブリッジウェルズ [名]本名＝Bayly, Christopher Alan [学]オックスフォード大学 Ph.D.(オックスフォード大学)〔1970年〕 [歴]1970年ケンブリッジ大学セント・キャサリンズ・カレッジ特別研究員、81～87年イギリス連邦研究講師、88～91年同大近代インド史講師を経て、91年近代インド史教授。著書に「インドの政治の地方的ルーツ：アラハバード1880～1920年」(75年)、「支配者、町民および市場：イギリス進出の時代の北インド社会1770～1870」(83年)、「インド社会とイギリス帝国の形成」(88年)、「帝国の壮年期：イギリス帝国と世界1780～1830年」(89年)、編著に「イギリスのインド支配1600～1947年」(90年)、「イギリス帝国歴史地図」などがある。2007年ナイトの爵位を授与された。 [賞]ウルフソン歴史学賞〔2005年〕, 王立アジア協会メダル〔2009年〕 [資]ブリティッシュ・アカデミー会員〔1990年〕, 英国王立文学協会会員, ヨーロッパ・アカデミー会員

ベイリー, ジョン **Bayley, John Oliver** 批評家 作家 オックスフォード大学セント・キャサリン・カレッジ英文学教授 [国]英国 [没]2015年1月12日 89歳 [生]1925年3月27日 [出]英領インド・パンジャブ州ラホール(パキスタン) [学]イートン校, オックスフォード大学ニュー・カレッジ卒 M.A. [歴]1943～47年軍役につき、51～55年オックスフォード大学聖アントニー校とマグダーレン校のメンバー、55～74年オックスフォード大学ニュー・カレッジの英語の研究員兼教師、74～92年オックスフォード大学セント・キャサリンズ・カレッジの英文学教授兼研究員を務める。一時作家を目指したが批評家に転向し、56年の「ロマン派の生き残り」以後伝統的なリベラルな個人主義に基づく批評を展開する。「ロンドン・レビュー・オブ・ブックス」「サンデー・タイムズ」などで旺盛な批評活動を続けた。ロシア文学への造詣も深く、「トルストイと小説」(66年)、「プーシキン」(71年)など発表。98年妻アイリス・マードックとの結婚生活を振り返る回想録「作家が過去を失うとき」を出版、アルツハイマー病だった妻への献身的介護を公表し話題となった。99年続編「愛がためされるとき」を出版。他の著書にハーディ論「An Essay on Hardy」(78年)やシェイクスピア論「Shakespeare and Tragedy」(81年)、「愛しい登場人物」(60年)、「The Order of Battle at Trafalgar」(87年)、「The Short Story：Henry James to Elizabeth Bowen」(88年)、「Housman's Poems」(92年)、「批評選集」(84年)、小説「Alice」(94年)、「The Red Hat」(97年)など。 [賞]CBE勲章 [資]ブリティッシュ・アカデミー会員 [家]妻＝マードック, アイリス(作家)

ベイリー, ビクター **Bailey, Victor** ジャズ・ベース奏者 [国]米国 [没]2016年11月11日 56歳 [生]1960年3月27日 [出]米国・ペンシルベニア州フィラデルフィア [名]グループ名＝ウェザー・リポート〈Weather Report〉 [学]バークレー音楽院卒 [歴]父はR&Bのミュージシャンで、小さい頃からピアノに親しむ。ドラムは11歳、ベースは16歳で始めた。バークレー音楽院で学び、1970年代終わり頃からロイ・ヘインズ、渡辺貞夫らとニューヨークで活躍。83～86年ジャコ・パストリアスの後任としてウェザー・リポートに参加。89年には「ボトムズ・アップ」でソロデビュー。マドンナやレディ・ガガなどのサポートにも携わるなど幅広く活躍した。手や足の筋力が徐々に低下する難病、シャルコー・マリー・トゥース病を患いながらも音楽活動を続けたが、2015年に病気が進行したため、音楽活動から退いた。1979年初来日。86年、87年と自己のプロジェクトで来日した。

ベイリー, ヒラリー **Bailey, Hilary** 作家 [国]英国 [没]2017年1月19日 80歳 [生]1936年9月19日 [出]英国・ケント州ヘイズ [名]本名＝Moorcock, Hilary Bailey [歴]ペーパーバック版、季刊誌「ニューワールズ」の編集に携わる。知的かつ繊細なスタイリストとして知られる。1962年作家のマイケル・ムアコックと結婚(のち離婚)。夫と共著で「暗黒の回廊」(69年)を発表。「ポーリーはヤカンをかけた」(75年)は、英国に

へ

おけるニューウェーブ全盛時から親しかった多くの人物を、ユーモラスに愛情を込めて描いた作品。他の作品に短編「フレンチー・シュナイターの堕落」(64年)、「ジュラビアス博士」(68年)、「イズリントンの犬」(71年)などがある。　[家]元夫＝ムアコック, マイケル(作家)

ペイン, フレデリック　**Payne, Frederick**　軍人　第二次大戦で日本軍機を撃墜した米海兵隊エースパイロット　[国]米国　[没]2015年8月6日　104歳〔老衰〕　[生]1911年7月31日　[出]米国・ニューヨーク州エルマイラ　[名]本名＝Payne, Frederick Rounsville (Jr.)　[学]アリゾナ大学〔1935年〕卒　[歴]父は米国海軍士官。自身も海軍兵学校などで学び、1935年にアリゾナ大学を卒業後、海兵隊に入隊。42年第二次大戦で激戦となったガダルカナル島での戦闘で、日本軍の爆撃機や戦闘機を少なくとも5機撃墜し、米国有利に戦況が変わるのに貢献したとされる。

ベーカー, ギルバート　**Baker, Gilbert**　デザイナー　人権活動家　レインボーフラッグの考案者　[国]米国　[没]2017年3月30日　65歳　[生]1951年6月2日　[出]米国・カンザス州シャヌート　[歴]同性愛者への偏見と嫌がらせから逃れるため、カンザス州から性的少数者(LGBT)の拠点サンフランシスコへと向かい、米国史上初めてゲイであることを公言して市会議員に当選したハーベイ・ミルクとともにLGBTの権利を求める活動を開始。ミルクからLGBTコミュニティのシンボルとなる旗を作るように依頼され、虹をモチーフに多様性を象徴する「レインボーフラッグ」をデザイン。1978年のパレードで使われ、注目を集めた。これを機に旗の製造会社に就職し、有名イベントの旗を手がけるなど長年デザイナーとして活躍。レインボーフラッグはその後、LGBTの権利を求めるシンボルとして世界中ではためくようになった。2015年にはオリジナルフラッグがニューヨーク近代美術館(MoMA)のデザイン・コレクションに加えられた。

ペコリック, アラン　**Peckolick, Alan**　グラフィックデザイナー　[専]活字書体　[国]米国　[没]2017年8月3日　76歳〔脳の損傷〕　[生]1940年10月3日　[出]米国・ニューヨーク市ブロンクス　[名]本名＝Peckolick, Alan Jay　[学]プラット・インスティテュート〔1964年〕卒　[歴]プラット・インスティテュート卒業後、自身のオフィスを開設。1972年より米国のタイポグラフィ界を代表するハーブ・ルバーリンに師事。活字書体のデザインを得意とし、米自動車最大手ゼネラル・モーターズ(GM)のロゴを手がけた。日本では、アシックスが2016年9月に発表したブランド“アシックスタイガー”のロゴを制作した。　[師]師＝ルバーリン, ハーブ

ペシッチ, ドラギシャ　**Pešić, Dragiša**　政治家　セルビア・モンテネグロ首相　モンテネグロ社会人民党副党首　[国]モンテネグロ　[没]2016年9月8日　62歳　[生]1954年8月8日　[出]ユーゴスラビア・モンテネグロ共和国ダニロブグラード(モンテネグロ)　[学]サラエボ大学経済学部〔1977年〕卒　[歴]モンテネグロ人。大学卒業後、モンテネグロの国営輸入会社の財務専門家となる。ポドゴリツァ市長を経て、1989年ユーゴスラビア連邦議会議員に当選。連邦議会予算委員長、98年蔵相を経て、2001年7月首相に就任。03年2月ユーゴスラビア連邦が消滅し、連合国家のセルビア・モンテネグロが発足。06年6月モンテネグロが独立した。

ヘスバーグ, テオドール・マーティン　**Hesburgh, Theodore Martin**　カトリック神学者　教育学者　ノートルダム大学名誉学長　[国]米国　[没]2015年2月26日　97歳　[生]1917年5月25日　[出]米国・ニューヨーク州シラキュース　[学]ノートルダム大学, グレゴリアーナ大学(ローマ), アメリカ・カトリック大学　[歴]1943年司祭に叙階。司教活動に従事したのち、45～47年ノートルダム大学付司祭を務め、48～49年同大宗教学助教授、49～52年副学長、52～87年学長、87年より名誉学長。著書に「God and the World of Man」(50年)、「Patterns for Educational Growth」(58年)、「Thoughts for Our Times」(62年)、「Thoughts IV, V」(68年, 69年)、「The Human Imperative : A Challenge for the Year 2000」(74年)、「God, Country, Notre Dame」(90年)など。　[賞]米国大統領自由勲章〔1964年〕, ジェファーソン賞〔1976年〕

ベゾロフスキ, ヨゼフ　**Wesołowski, Józef**　カトリック大司教　外交官　駐ドミニカ共和国バチカン大使　[国]ポーランド　[没]2015年8月28日　67歳　[生]1948年　[出]ポーランド・ノヴィタルク　[歴]バチカン(ローマ法王庁)大司教で、1990年代から2000年代にかけて外交官として世界各国に駐在。08年より駐ドミニカ共和国大使も務めたが、12年未成年者に金銭を与えて性的行為に及んでいたとして解任され帰国。14年6月教会内法廷で聖職者資格を剝奪され、9月自宅軟禁処分となる。15年6月性的虐待罪で起訴されたが、8月バチカン内で死亡しているのが発見された。

ベタンクール, リリアン　**Bettencourt, Liliane**　実業家　[国]フランス　[没]2017年9月20日　94歳　[生]1922年10月21日　[出]フランス・パリ　[名]本名＝Bettencourt, Liliane Henriette Charlotte　[歴]父ウージェンヌ・シュエレールは化粧品大手ロレアルの創業者で、母はピアニスト。若い頃から父の仕事を手伝い、1957年父の死去に伴って巨額の財産を相続。ロレアルの株式も相続し、経営にも関与した。大富豪として政財界に影響力を持ち、サルコジ大統領が当選した2007年のフランス大統領選をめぐり、サルコジ陣営に対する不正献金疑惑も取り沙汰された。晩年は認知症を患い、会社の役員を退いた12年以降、公の場に姿を見せることはほとんどなかった。17年の資産総額は約400億ドル(約4兆5000億円)に達し、女性では最上位だった。　[家]父＝シュエレール, ウージェンヌ(ロレアル創業者)

ベッカー, ウォルター　**Becker, Walter**　ギタリスト　[国]米国　[没]2017年9月3日　67歳　[生]1950年2月20日　[出]米国・ニューヨーク市　[名]グループ名＝スティーリー・ダン〈Steely Dan〉　[学]バード大学　[歴]1967年ニューヨーク郊外のバード大学でドナルド・フェーゲンと知り合い、ともにいくつかのバンドに参加しながら作曲を行う。大学卒業後もフェーゲンとのコンビで映画音楽やダンスビデオの曲作りに携わる傍ら、ジェイ＆アメリカンズのバックミュージシャンとして活動。71年フェーゲン、デニー・ダイアス、ジェフ・バクスター、デビッド・パーマーらとスティーリー・ダンを結

へ

成。ギターを担当。72年アルバム「キャント・バイ・ア・スリル」でデビューし、シングル「ドゥ・イット・アゲイン」が全米6位のヒットを記録。ジャズとロックを融合した音楽が人気を集めた。73年「カウントダウン・トゥー・エクスタシー」、74年「プレッツェル・ロジック」と立て続けに傑作アルバムをリリースし、トップグループの仲間入りを果たしたが、より高い音楽性を追求するためフェーゲン以外のメンバーを脱退させて2人組となる。また、ロック界だけでなくジャズやフュージョンから多くのセッションミュージシャンを起用して音楽を洗練させ、77年大ヒットアルバム「エイジャ」でグラミー賞最優秀録音賞を受賞。80年アルバム「ガウチョ」を最後にコンビを解消してからは音楽プロデューサーとして活動。90年久々にフェーゲンとコンサートで共演したのを機にコンビを復活、93年フェーゲンのセカンドアルバム「カマキリアド」をプロデュース。94年にはスティーリー・ダンを再結成して初の来日公演を行う。2000年には同バンド名義では20年ぶりとなるアルバム「トゥ・アゲインスト・ネイチャー」を発表、グラミー賞で最優秀アルバム、最優秀ポップ・ボーカル・アルバムなど4部門を受賞。01年スティーリー・ダンとしてロックの殿堂入りを果たした。07年スティーリー・ダン名義で7年ぶり4度目となる来日公演を行った。　🏅グラミー賞最優秀録音賞〔1977年〕「エイジャ」、グラミー賞（4部門）〔2001年〕「トゥ・アゲインスト・ネイチャー」

ベック，ウルリッヒ　Beck, Ulrich　社会学者　ミュンヘン大学教授　🎓労働社会学，教育社会学，階層社会学　🏳ドイツ　⚰2015年1月1日　70歳〔心臓発作〕　🎂1944年5月15日　🏠ドイツ・ストルプ（ポーランド・スープスク）　🎓フライブルク大学，ミュンヘン大学（社会学，哲学，心理学，政治学），ミュンヘン大学大学院社会学専攻　💼1979年ミュンヘン大学で社会学教授資格を取得後、ミュンスター大学、バンベルク大学を経て、92年〜2009年ミュンヘン大学教授・社会学研究所所長。1997年よりロンドン・スクール・オブ・エコノミクス（LSE）教授兼任。'86年に出版した「危険社会―もう一つの近現代への途」を皮切りに、リスクがグローバル化していく今日の時代状況のもとでの政治や人の生等の問題をめぐって独創的な考察と積極的な発言を続け、注目された。リスク社会論の第一人者として大きな影響力を持ち、シュレーダー元首相の相談役的存在だった。東京電力福島第1原発事故を受け、脱原発を提言したドイツ政府の諮問機関"倫理委員会"のメンバーも務めた。他の著書に「再帰的近代化」（共著）「グローバル化とは何か」「世界リスク社会論」「〈私〉だけの神」「リスク化する日本社会」（共著）などがある。

ヘック，リチャード　Heck, Richard Fred　有機化学者　デラウェア大学名誉教授　🎓有機合成化学　🏳米国　⚰2015年10月10日　84歳　🎂1931年8月15日　🏠米国・マサチューセッツ州スプリングフィールド　🎓カリフォルニア大学ロサンゼルス校　博士号（カリフォルニア大学ロサンゼルス校）〔1954年〕　💼化学メーカー・ヘラクレスを経て、1971年デラウェア大

学に転出し、教授。89年退任。70年代、金属のパラジウムなどを触媒として炭素同士を結合させる手法"クロスカップリング"を発見。これにより、異なる2種類の有機化合物の結合が可能になった。71年に東工大の溝呂木勉により同じ反応が報告されており、"溝呂木・ヘック反応"とも呼ばれる。この技術は抗がん剤やエイズ治療薬、液晶の製造に活用されるなど、有機合成化学や材料科学など幅広い分野に大きな影響を与えている。2010年同分野の研究で業績を上げた根岸英一・パデュー大学特別教授、鈴木章・北海道大学名誉教授とともにノーベル化学賞を受賞した。　🏅ノーベル化学賞〔2010年〕、ウォーレス・H.カロザース賞〔2005年〕，米国化学会ハーバート・C.ブラウン賞〔2006年〕

ベッシー，ジョン（Jr.）　Vessey, John (Jr.)　軍人　米国統合参謀本部議長・陸軍大将　🏳米国　⚰2016年8月18日　94歳　🎂1922年6月29日　🏠米国・ミネソタ州ミネアポリス　🏷本名＝Vessey, John William (Jr.)　🎓ジョージ・ワシントン大学〔1967年〕卒　💼1939年ミネソタ州兵に入隊。44年米国陸軍少尉。第二次大戦で北アフリカ、イタリア両戦線に従事。67年西ドイツ駐留第3戦車師団砲兵隊司令官、69年同師団参謀長、72年米・タイ同軍事顧問団団長、73年陸軍参謀本部作戦部長、76年在韓米軍司令官、79年陸軍参謀次長を歴任。この間、78年に議会で在韓米軍撤退に反対する証言を行った。82年7月〜85年9月統合参謀本部議長。87〜93年ベトナムの行方不明米兵問題への大統領特使を務めた。　🏅自由勲章（米国大統領）〔1992年〕

ヘップ・ティー・リー　Hiep Thi Le　女優　🏳米国　⚰2017年12月19日　46歳〔胃がん〕　🎂1971年2月18日　🏠ベトナム・ダナン　🎓カリフォルニア大学デービス校（生理学）　💼ベトナムのダナンで7人きょうだいの大家族に生まれる。8歳のとき、母の手でボートに乗せられ祖国を脱出、父と兄のいる香港に上陸。難民キャンプで3ケ月過ごした後渡米し、1981年母と再会した。医師を目指してカリフォルニア大学デービス校に進学。在学中の93年、ベトナム人女性の一代を描いたオリバー・ストーン監督の映画「天と地」のオーディションに応募。演技の経験はなかったがヒロインに抜擢され、アジア系米国人がハリウッド映画に出演する先駆けとなった。2002年からはレストラン業にも進出した。

ペティ，トム　Petty, Tom　ミュージシャン　🏳米国　⚰2017年10月2日　66歳　🎂1950年10月20日　🏠米国・フロリダ州ゲインズビル　🏷本名＝Petty, Thomas Earl、グループ名＝トム・ペティ＆ハートブレーカーズ〈Tom Petty & Heartbreakers〉，トラベリング・ウィルベリーズ〈Traveling Wilburys〉　💼エルビス・プレスリーの映画に影響を受け、10代からバンドを組む。17歳で高校を中退、数々のバンドを経て、1975年ロサンゼルスでトム・ペティ＆ハートブレーカーズを結成。76年アルバム「アメリカン・ガール」でデビュー。60年代を継承するサウンドが高い評価を得、79年アルバム「破壊」は全米第2位の大ヒットを記録。81年「ハード・プロミス」はプラチナ・ディスクを獲得した。85〜86年にはボブ・ディランとの共演で話題を呼ぶ。一方、88年ビートルズのジョージ・ハリソンやディランらと覆面バンド"トラベリング・ウィルベリーズ"を結成し、アルバム「ボリューム・ワン」を発表、全米

第3位に入るヒットを記録した。ソロとしても活動し、89年アルバム「フル・ムーン・フィーバー」、2006年ELOのジェフ・リンのプロデュースよる「ハイウェイ・コンパニオン」を発表。トム・ペティ&ハートブレーカーズとしてのアルバムは他に、「ロング・アフター・ダーク」(1982年)、「サザン・アクセンツ」(85年)、「イントゥ・ザ・グレイト・ワイド・オープン」(91年)、「エコー」(99年)、「ラスト・DJ」(2002年)などがある。02年トム・ペティ&ハートブレーカーズとしてロックの殿堂入りを果たした。　[賞]MTV大賞最優秀男性ビデオ賞(第11回)〔1994年〕「メアリ・ジェーンのラストダンス」

ペトロフ, スタニスラフ　**Petrov, Stanislav**　軍人　[国]ロシア　[没]2017年5月19日　77歳　[生]1939年9月7日　[出]ソ連・ロシア共和国ウラジオストック郊外(ロシア)　[名]本名＝Petrov, Stanislav Yevgrafovich　[歴]ソ連軍中佐として米軍の核攻撃への警戒にあたっていた1983年9月26日夜、計5発のミサイル警報を受診。しかし、衛星監視システムの誤作動の可能性があると判断し、上官に報告しなかった。実際にミサイルは発射されておらず、"報復攻撃"は回避されたが、軍紀違反に問われ、冷遇された。米ソ間で核戦争が勃発する危機を未然に防ぎ、"世界を救った男"として欧米で高く評価される一方、ロシアでは無名だった。2014年には自身がモデルのドキュメンタリー映画がデンマーク人監督により制作された。

ペトロワ, ガリーナ　**Petrova, Galina**　バレリーナ　バレエ教師　ボリショイ劇場バレリーナ　[国]ロシア　[没]2015年3月18日　101歳　[生]1913年　[出]ロシア・クリミア半島　[歴]モスクワのバレエ学校在学中からボリショイ劇場の舞台に立つ。第二次大戦のため同劇場が中部クイブイシェフ(現・サマーラ)に疎開中の1942年、「白鳥の湖」で主演した。引退後は指導者となり、57年までモスクワ・バレエ学校で教え、53〜89年にはボリショイ劇場で教えた。教え子には名プリマのエカテリーナ・マクシモワらがいる。

ベニテズ, ホアキン　**Benitez, M.Joaguim**　カトリック司祭　エリザベト音楽大学学長　[専]音楽学　[国]スペイン　[没]2015年6月10日　75歳〔肺炎〕　[生]1940年6月6日　[出]スペイン・バルセロナ　[学]Collegium S. Francisci Borgiae哲学部卒, 東京大学大学院人文研究科〔1974年〕博士課程修了　[歴]イエズス会信徒。1974年エリザベト音楽大学講師、78年助教授を経て、85年教授。この間、86〜96年第3代学長を務めた。著書に「現代音楽を読む―エクリチュールを超えて」、共訳にデイヴィッド・G.ヒューズ「ヨーロッパ音楽の歴史」などがある。　[団]日本音楽学会, 美学会

ベニントン, チェスター　**Bennington, Chester**　ロック歌手　[国]米国　[没]2017年7月20日　41歳〔縊死〕　[生]1976年3月20日　[出]米国・アリゾナ州フェニックス　[名]本名＝Bennington, Chester Charles, グループ名＝リンキン・パーク〈Linkin Park〉　[歴]1999年マイク・シノダ(ボーカル, ギター, キーボード)、ブラッド・デルソン(ギター)、フェニックス(ベース)、ロブ・ボードン(ドラムス)、ジョー・ハーン(DJ)らのロックバンド、ゼロにボーカリストとして加入。同年バンド名をハイブリッド・セオリーに変更。ヒップホップ、パンク、インダストリアルなどを融合した攻撃的な音を目指し、曲作りを行う。その後、バンド名をリンキン・パークに改め、2000年ファーストアルバム「ハイブリッド・セオリー」を発表。全米第2位の大ヒットとなり、瞬く間に世界中で約1500万枚を売り上げ、一躍ロック界の新星として注目を集める存在となった。02年グラミー賞では同作が3部門にノミネートされ、ベスト・ハードロック・パフォーマンス部門を受賞。03年セカンドアルバム「メテオラ」を発表し、全米チャート初登場で第1位を獲得。06年にはジェイZとのコラボレーションによる「ナム/アンコール」がグラミー賞のベスト・ラップ/ソング・コラボレーション部門を受賞。07年3枚目のアルバムとなる「ミニッツ・トゥ・ミッドナイト」も世界中で大ヒットし、同作からのシングル「ワット・アイブ・ダン」はマイケル・ベイ監督の映画「トランスフォーマー」の主題歌に選ばれた。リンキン・パークは"ニューメタル"の代表格として若者に人気を博し、17年時点でのアルバムセールスは計7000万枚に上る。他のアルバムに「ア・サウザンド・サンズ」(10年)、「リヴィング・シングス」(12年)、「ザ・ハンティング・パーティー」(14年)、「ワン・モア・ライト」(17年)などがある。日本にもファンは多く、01年公演で初来日。07年7月幕張メッセで開催されたライブアースに出演、11月には単独での日本ツアーを行った。その後もサマーソニックやプロモーションでたびたび来日。11年にはロサンゼルスで東日本大震災のチャリティー公演を開催。被災地の学校などを訪問した。私生活では長年に渡ってアルコールや薬物の乱用で苦しんだ。17年ロサンゼルスの自宅で自殺しているのが発見された。　[賞]グラミー賞(ベスト・ハード・ロック・パフォーマンス部門, 第44回)〔2002年〕, グラミー賞(ベスト・ラップ/ソング・コラボレーション部門, 第48回)〔2006年〕

ベネット, ハーブ　**Bennett, Harve**　映画プロデューサー　[国]米国　[没]2015年2月25日　84歳　[生]1930年8月17日　[出]米国・イリノイ州シカゴ　[学]UCLAフィルムスクール　[歴]1941〜45年ラジオのクイズ番組の天才解答者として活躍。UCLAフィルムスクールで学び、62年ABCテレビ番組製作部に入社、「モッズ特捜隊」などを製作。のちユニバーサルに移り、テレビドラマ「600万ドルの男」(74〜78年)、「バイオニック・ウーマン」などのシリーズを手がける。77年独立し、「地上より永遠に」(79年)を製作。80年パラマウントに移り、「A Woman Called Golda」(82年)他のテレビ映画を製作した。映画は脚本・原案も手がけた「スター・トレック2〜5」シリーズ(82〜89年)や「空中大脱走」(71年)などがある。　[賞]エミー賞〔1982年〕「A Woman Called Golda」

ベノー, リッチー　**Benaud, Richie**　クリケット選手　スポーツコメンテーター　[国]オーストラリア　[没]2015年4月10日　84歳　[生]1930年10月6日　[出]オーストラリア・ニュー・サウス・ウェールズ州ペンリス　[名]本名＝ベノー, リチャード〈Benaud, Richard〉　[歴]クリケット選手のオーストラリア代表として国際大会出場63回(1951/52年〜63/64年)、内主将として28回、イングランド遠征で優勝3回、(53年, 56年, 61年)。

オールラウンド・プレーヤーで、国際大会累計2201ランを記録。内センチュリー（1試合100ラン以上）が3回で、絶妙なレッグ・スピン技法で248ウィケットを奪取した。その後、国際スポーツコンサルトとなり、60～99年BBC、77年よりチャンネル9、99年～2005年チャンネル4のテレビコメンテーターを務めた。著書に「Way of Cricket」（1960年）、「Willow Patterns」（72年）、「Anything But…An Autobiography」（98年）、「Over But Not Out」（2010年）などがある。 [賞]OBE勲章

ヘフナー, ヒュー　**Hefner, Hugh**　出版人　「プレイボーイ」創刊者　[国]米国　[没]2017年9月27日　91歳〔老衰〕　[生]1926年4月9日　[出]米国・イリノイ州シカゴ　[名]本名＝Hefner, Hugh Marston　[学]イリノイ大学〔1949年〕卒　[歴]厳格なメソジスト派の家庭に育つ。「エスクァイア」宣伝部員を経て、1953年HMH社（現・プレイボーイエンタープライズ社）を創設。保守的な風潮が強かった時代に、男性雑誌「プレイボーイ」を創刊。マリリン・モンローのヌード写真を呼びものにした創刊号は5万5000部売れた。以来、美しいヌード写真と硬派な読み物を組み合わせ、米国を代表する雑誌に育て上げた。性の解放や言論の自由など、米国の若者の文化にも大きな影響を与え、72年には全米720万部を誇る巨大な媒体の地位を確立。日本を含む世界各地で発行され、20世紀後半の新たなジャンルを切り開いた。この間、59年にはバニーガールを集めたプレイボーイ・クラブを開店し、カジノを経営するなど経営多角化も推進。72～81年雑誌「ウイ」を出版。88年娘クリスティを会長兼CEO（最高経営責任者）に任命し、自らは名誉会長に退いた。98年優れたベテラン編集者をたたえる栄誉の殿堂に選ばれた。多くの女性遍歴を持つなど派手な生活でも知られ、86歳で60歳年下のモデルと結婚して話題になった。 [家]娘＝ヘフナー, クリスティ（元プレイボーイエンタープライズ会長・CEO）

ベラ, ヨギ　**Berra, Yogi**　大リーグ選手　大リーグ監督　[国]米国　[没]2015年9月22日　90歳〔老衰〕　[生]1925年5月12日　[出]米国・ミズーリ州セントルイス　[名]本名＝ベラ, ローレンス・ピーター〈Berra, Lawrence Peter〉　[歴]1946年大リーグのヤンキースに入団。172センチの小柄な体格ながら、49年から10年連続で20本塁打以上を放ち、53年から4年間は100打点以上を記録するなど、40年代後半から60年代にかけて圧倒的な強さを誇ったヤンキースで中心選手として活躍。“悪球打ち”の名手としても知られた。ワールドシリーズには14回出場し、史上最多の10度のシリーズ制覇を経験。51年、54年と55年にはア・リーグのMVPを獲得した。63年引退。通算成績は、実働19年、2120試合出場、7555打数2150安打、358本塁打、1430打点、30盗塁、打率.285。オールスターには48年から15回連続で出場した。64年ヤンキースの監督に就任、いきなりリーグ優勝を果たすが、ワールドシリーズ敗退のため解任される。65年メッツで4試合だけ現役選手としてプレー。72年ホッジス監督の急逝を受けてメッツ監督に就任、73年リーグ優勝に導き、ジョー・マッカーシー以来2人目の両リーグで優勝した監督となった。75年解任。84～85年再びヤンキース監督。86～89年アストロズコーチ。監督通算成績は、930試合、484勝444敗、勝率.522。リーグ優勝2回。72年米国野球殿堂入り。背番号8はヤンキースの永久欠番となった。独特のユーモアセンスの持ち主で、その語録は“ヨギイズム”と呼ばれ人気を集めた。 [家]息子＝ベラ, デール（大リーグ選手）

ベリー, チャック　**Berry, Chuck**　ロック歌手　[国]米国　[没]2017年3月18日　90歳　[生]1926年10月18日　[出]米国・ミズーリ州セントルイス　[名]本名＝ベリー, チャールズ・エドワード・アンダーソン〈Berry, Charles Edward Anderson〉　[歴]幼少から聖歌隊に入るなど音楽に親しみ、ゴスペルやブルース、R&B、カントリーなどを聞いて育った。高校でギターを習得。強盗を働いて3年間少年院に入り、出院後は工場に勤めたり、美容師見習いとして働いた。1955年シカゴに移り、マディ・ウォーターズの紹介でチェス・レコードと契約してシングル「メイベリーン」でデビュー。以後、「スクール・デイズ」「ロックンロール・ミュージック」「スイート・リトル・シックスティーン」「ジョニー・B.グッド」など馴染みのナンバーを独自のギター・プレイで味付けしてヒットさせ人気者となった。青春を歌う歌詞やギター・スタイルなど、ロックン・ロール・ミュージックを作り上げたといわれ、ギターを腰のあたりで抱えながら片足ではねる“ダック・ウォーク（あひる歩き）”のパフォーマンスでも一世を風靡した。62年より2年間監獄に入ったが、64年にカムバックし、72年のシングル「マイ・ディンガリン」をはじめ70年代のリバイバル・ブームでも活躍。75年第1回ロック・ミュージック祭で殿堂入りを果たし、84年“生涯の功績”に対してグラミー賞を授与された。86年ロック殿堂入り。87年ローリング・ストーンズのキース・リチャーズらの協力で自伝映画「ヘイル！ ヘイル！ ロックンロール」が公開された。89年自伝「チャック・ベリー」を刊行。“ロックン・ロールの父”と呼ばれ、ビートルズやローリング・ストーンズなどの音楽に影響を及ぼした。他のヒット曲に「ロール・オーバー・ベートーベン」（56年）、「キャロル」（58年）、「メンフィス・テネシー」（59年）などがあり、主なアルバムに「アフター・スクール・セッションズ」（58年）、「ユー・キャン・ネバー・テル」（64年）、「ゴールデン・ディケード」（72年）、「チェス・マスターズ」（83年）などがある。81年初の来日公演を開催。没後の2017年、38年ぶりのスタジオアルバム「チャック」がリリースされた。 [賞]グラミー賞特別功労賞〔1984年〕

ペリー, ルース　**Perry, Ruth**　政治家　リベリア暫定国家評議会議長　[国]リベリア　[没]2017年1月8日　77歳　[生]1939年7月16日　[出]リベリア・グランド・ケープ・マウント　[名]本名＝Perry, Ruth Sando Fahnbulleh　[学]リベリア大学　[歴]小学校の教師を経て、リベリアのチェース・マンハッタン銀行に勤務。1985年下院議員だった夫マクドナルド・ペリーの後を継ぎ、上院議員に立候補して当選、90年まで務めた。この間、女性開発協会を設立、特に武器撤廃に積極的に取り組む。内戦中、約200人の国内避難民を自宅の敷地に引き取り世話する内に、“お母さん”と呼ばれるようになった。96年8月13回目の和平協定が崩壊した際、リベリアの各武装勢力の指導者から懇願され、9月暫定国家評議

へ

会議長(元首)に就任。97年7月大統領と議員の選挙が行われ、チャールズ・テイラー新大統領就任に伴い退任した。 [家]夫＝ペリー, マクドナルド(リベリア下院議員)

ベリガン, ダニエル **Berrigan, Daniel** 反戦活動家 神学者 ウッドストック・カレッジ教授 [国]米国 [没]2016年4月30日 94歳 [生]1921年5月9日 [出]米国・ミネソタ州バージニア [名]本名＝ベリガン, ダニエル・ジョゼフ〈Berrigan, Daniel Joseph〉 [歴]1952年イエズス会の司祭に叙階される。フランスで学び、同地の労働司祭運動に影響を受ける。高校教師を経て、57年より6年間シラキュースのル・モワン大学の新約学教授を務め、学生に社会労働と政治活動を奨励。カトリック・ピース・フェローシップを創立し、67年からウッドストック・カレッジの神学教授を務めた。一方、60年代に弟のフィリップとともにベトナム反戦運動を開始。68年メリーランド州の徴兵委員会事務所に乗り込み、徴兵名簿を破損して有罪判決を受けた。80年には核ミサイルを製造していたペンシルベニア州の工場に侵入、抗議行動をして逮捕された。詩人としても知られた。 [家]弟＝ベリガン, フィリップ(反戦活動家)

ベル, オニール **Bell, O'Neil** プロボクサー WBA・WBC・IBF世界クルーザー級チャンピオン [国]ジャマイカ [没]2015年11月25日 40歳〔射殺〕 [生]1974年12月29日 [出]ジャマイカ [歴]1998年2月米国でプロデビュー。2000年10月NBA全米クルーザー級王座、01年1月NABF北米クルーザー級王座、02年11月USBA全米クルーザー級王座を獲得。05年5月IBF世界クルーザー級王座決定戦でデール・ブラウン(カナダ)に判定勝ちして王座を獲得。06年1月WBA・WBC世界クルーザー級スーパー王者ジャン・マルク・モルメク(フランス)に挑み10回KO勝ちで主要3団体の王座統一に成功した。その後、IBF王座を剝奪され、07年3月モルメクとの再戦で判定負けし、WBA・WBC両王座から陥落した。11年を最後にリングに立つことはなかった。通算戦績は32戦27勝(25KO)4敗1分。183センチの右ボクサーファイター。15年11月米国のアトランタで窃盗目的の2人組に射殺された。

ベルジェ, ピエール **Bergé, Pierre** 実業家 イヴ・サン・ローラン共同創設者 パリ・オペラ座名誉総裁 [国]フランス [没]2017年9月8日 86歳 [生]1930年11月14日 [出]フランス・オレロン島 [名]本名＝Bergé, Pierre Vital Georges [歴]大西洋に面したフランスのオレロン島に生まれる。父親は税務調査官、母親は教師という家庭に育つ。17歳でパリに出て画家、作家を目指す。1949年左翼の政治新聞「La Patrie Mondiale」を創立し、アルベール・カミュ、ジャン・コクトー、アンドレ・ブルトン、ジャン・ジオノらが寄稿。50年画家のベルナール・ビュッフェと出会い、その後パートナーとして彼のキャリアをサポートした。58年ファッションデザイナーのイヴ・サン・ローランと出会い、同性愛の恋人関係となる。61年イヴ・サン・ローラン社を共同創設。71年から会長としてブランドの成長を支え、世界的な企業に育て上げた。76年サン・ローランとは破局したが、ビジネスと私生活の両面に渡るパートナーとして知られた。86年には服飾学校IFMを設立。一方、プラシド・ドミンゴ、キリ・テ・カナワなどのオペラ歌手の育成に取り組み、88年よりパリ・オペラ座の総裁も務めた。2001年にはピエール・ベルジェ-イヴ・サン・ローラン財団を立ち上げ、事業経営や慈善事業に注力。08年サン・ローラン死去後もフランスのファッション振興に寄与した。10年経営危機に陥った大手紙「ル・モンド」を他の実業家とともに買収し救済した。 [賞]レジオン・ド・ヌール勲章コマンドール章〔1999年〕, レジオン・ド・ヌール勲章グラン・オフィシエ章〔2015年〕, モロッコ栄誉勲章〔2016年〕 [家]元パートナー＝サン・ローラン, イヴ(ファッションデザイナー)

ヘルストレム, ベリエ **Hellström, Börge** 作家 刑事施設・更正施設評論家 [国]スウェーデン [没]2017年2月17日 59歳〔がん〕 [生]1957年 [歴]自らも犯罪者として刑務所で服役した経験から、犯罪の防止を目指す団体KRIS(Kriminellas Revansch I Samhället—犯罪者による社会への返礼)の発起人となり、犯罪や暴力に走る少年たちに対するケアを行う。KRISの取材に訪れた作家アンデシュ・ルースルンドと出会い、2004年「制裁」で作家デビュー。北欧ミステリの最高峰であるガラスの鍵賞(最優秀北欧犯罪小説賞)を受賞した。11年には「三秒間の死角」(09年)で英国推理作家協会(CWA)賞インターナショナル・ダガー賞を受賞。ルースルンドと共作した他の作品に、「ボックス21」(05年)、「死刑囚」(06年)などがある。 [賞]ガラスの鍵賞〔2005年〕「制裁」, CWA賞インターナショナル・ダガー賞〔2011年〕「三秒間の死角」

ベルソワ, リュドミラ **Belousova, Ludmila** フィギュアスケート選手 インスブルック五輪・グルノーブル五輪フィギュアスケート・ペア金メダリスト [国]スイス [没]2017年9月26日 81歳 [生]1935年11月22日 [出]ソ連・ロシア共和国ウリヤノフスク(ロシア) [名]本名＝Belousova, Ludmila Yevgenyevna [歴]フィギュアスケートのペアで夫オレグ・プロトポポフとともにソ連代表に選ばれ、1964年インスブルック五輪、68年グルノーブル五輪に出場。両五輪で連覇を達成し、ソ連にペア初の金メダルをもたらした。世界選手権では4つの金メダルを獲得(65年, 66年, 67年, 68年)。79年夫婦でスイスに亡命した。95年スイス国籍を取得。 [家]夫＝プロトポポフ, オレグ(フィギュアスケート選手)

ヘルツォーク, ローマン **Herzog, Roman** 政治家 法律家 ドイツ大統領 [国]ドイツ [没]2017年1月10日 82歳 [生]1934年4月5日 [出]ドイツ・バイエルン州ランツフート [学]ミュンヘン大学卒, ベルリン自由大学, シュパイヤー行政大学院 法学博士(ミュンヘン大学)〔1958年〕 [歴]1964年法学教授の資格を取得。65年ベルリン自由大学、69年シュパイアー行政大学院などで教える。当時ラインラント・ファルツ州首相だったヘルムート・コール首相と知り合い、70年キリスト教民主同盟(CDU)に入党。73〜78年同州ボン駐在代表、78〜80年バーデン・ビュルテンベルク州文化相、80〜83年同州内相、同州議会議員。83年副長官として連邦憲法裁判所に入り、87〜94年長官。“右寄り”との評価を覆し、時折リベラルな憲法解釈を示した。94年7月〜99年6月第7代大統領。90年の東西ドイツ統一に

による財政負担や失業問題が深刻化した困難な時期に、精神的支柱として国民を率いた。退任後、2000年欧州連合(EU)基本権憲章の諮問会議議長、03年政治改革を推進する"ドイツのための会議"議長を務めた。 [賞]ベルリン名誉市民〔1999年〕, ボン名誉市民〔1999年〕

ベルデン, ボブ **Belden, Bob** テナーサックス奏者 音楽プロデューサー [国]米国 [没]2015年5月20日 58歳〔心臓発作〕 [生]1956年10月31日 [出]米国・イリノイ州エバンストン [名]本名=Belden, James Robert [学]ノーステキサス大学卒 [歴]10代の頃からルー・マリーニ・サーに付きサックスを習った。ノーステキサス大学でワン・オクロック・ラブ・バンドに参加。この頃から、ブルーノート・レーベルのアルバムを多数買い集め、膨大な知識を得るようになった。卒業後、ウディ・ハーマン楽団に入団。1991年ブルーノートとアーティスト契約。スティングのカバー集「パフォームス・ザ・ミュージック・オブ・スティング」(91年)を発表して注目される。さらにスティングやプリンスのロックをホリー・コールらの歌でジャズ化しヒットさせた後、ブルーノート・レーベルの名曲を現代の演奏家で甦らせるプロジェクトに取り組んだ。2001年「ブラック・ダリア」でグラミー賞ジャズ部門を獲得。ブルーノート研究者としても知られ、ジャズ系のライナーノーツも多数執筆した。1995年来日。 [賞]グラミー賞

ヘルトリング, ペーター **Härtling, Peter** 作家 児童文学作家 詩人 [国]ドイツ [没]2017年7月10日 83歳 [生]1933年11月13日 [出]ドイツ・ケムニッツ [歴]高校中退後、新聞や雑誌の編集者などを経て、作家に転身。小説「ニーンプシュあるいは休止」(1964年)、「ある女」(74年)、「ヘルダーリン」(76年)で作家としての地位を確立。児童文学では困難に立ち向かう子供たちを取り上げ、「おばあちゃん」(75年)、「ヨーンじいちゃん」(81年)などを執筆。様々な社会問題をテーマにした小説や詩、児童書を幅広く手がけた。他の作品に、「ヒルベルという子がいた」(73年)、「ベンはアンナが好き」(79年)、「遅ればせの愛」(80年)、詩集に「Anreden」(77年)など。 [賞]ハウプトマン賞〔1971年〕, ドイツ児童文学賞〔1976年〕「おばあちゃん」, ヘルダーリン賞〔1987年〕

ベルトワーズ, ジャン・ピエール **Beltoise, Jean-Pierre** F1ドライバー [国]フランス [没]2015年1月5日 77歳 [生]1937年4月26日 [出]フランス・オー・ド・セーヌ県ブローニュ・ビヤンクール [名]本名=ベルトワーズ, ジャン・ピエール・モーリス・ジョルジュ〈Beltoise, Jean-Pierre Maurice Georges〉 [歴]1963年26歳の時に2輪レースから4輪に転向。64年スポーツカー・レースの大事故で選手生命を断たれるような状況になったが乗り越え、シングル・シーターのレースに固執した。65年フランスF3にマトラのマシンで出走、予想以上の好成績を上げ、66年ドイツGPでF2初出場。67年マトラ・フォードで正式にF1デビューを果たす。68年F2選手権で上位入賞を繰り返し、同年オランダGPでF1で初めて上位入賞。72年BRMに移籍し、モナコGPで念願のF1初優勝を飾った。F1レースを引退後もスポーツカーやツーリングカー、ラリークロスなどの競技に参戦した。

ペレス, シモン **Peres, Shimon** 政治家 イスラエル大統領・首相 イスラエル労働党党首 [国]イスラエル [没]2016年9月28日 93歳 [生]1923年8月2日 [出]ポーランド・ヴォウォズィン(ベラルーシ) [名]本名=ペルスキ, シモン〈Perski, Shimon〉 [学]ニューヨーク大学卒, ハーバード大学卒 [歴]1934年当時の英国委任統治領パレスチナへ移住、テルアビブで育つ。47年ハガナ(イスラエル軍の前身)に徴用され、独立闘争に参加。48年のイスラエル建国に伴う第1次中東戦争では海軍司令官を務めた。53年29歳で国防次官に抜擢され、イスラエルの核開発で重要な役割を担う。59年国会議員に当選。59〜65年国防次官、69〜70年経済担当国務相兼移民吸収相、70〜74年運輸・通信相、74年3〜6月情報相、74年6月〜77年5月国防相を歴任。68年以降も労働党メンバー。77年4月ラビン首相辞任をうけ首相代行・労働党党首。同年5月の総選挙でリクード(右翼連合)に惨敗。84年9月リクードとの挙国一致内閣で首相に就任。86年10月首相代行兼外相。88年12月〜90年4月首相代行兼財務相。92年2月党首辞任。同年7月天敵といわれたラビン首相の下で外相に就任。93年パレスチナ国家の樹立を目指すパレスチナ暫定自治合意(オスロ合意)の成立に主導的な役割を果たし、イスラエルとパレスチナ解放機構(PLO)の歴史的な和解を実現させた。94年ラビン首相、PLOのアラファト議長とともにノーベル平和賞を受賞。95年11月ラビン首相の暗殺で首相となる。国防相を兼任。96年5月中東和平の路線の是非を問うイスラエル初の首相公選で、占領地返還に反対するネタニヤフ候補に大接戦の末敗北した。97年イスラエルとパレスチナの経済・文化の交流を通じて和平促進を目指す"ペレス平和センター"を開設。98年ユダヤ人補償基金評議会会長に就任。99年7月〜2001年バラク政権で新設された地域開発相。00年7月大統領選に立候補。01年3月シャロン政権の外相に就任、02年11月労働党の政権離脱に伴い外相辞任。03年6月労働党党首。左右両派連立で05年1月特別副首相に就任。同年11月労働党党首選で敗北、特別副首相辞任。同月同党離党とシャロン首相支持を表明。06年3月総選挙でシャロンの新党カディマから当選、5月オルメルト内閣で政権ナンバー3の特別副首相。07年7月大統領に選出され、第9代大統領に就任。同年イスラエルの大統領として初めて、イスラム国家トルコの議会で演説。11年にはパレスチナとの和平交渉を呼びかける一方、国連に対しては和平交渉から離れてパレスチナを独立国家として承認することに反対を表明した。14年7月退任。 [賞]ノーベル平和賞〔1994年〕, 大統領自由勲章(米国)〔2012年〕, フェリクス・ウフエボワニ賞(ユネスコ)〔1994年〕

ベンエリエゼル, ベンヤミン **Ben-Eliezer, Benjamin** 政治家 軍人 イスラエル副首相 イスラエル国防相 イスラエル労働党党首 [国]イスラエル [没]2016年8月28日 80歳 [生]1936年2月12日 [出]イラク・バスラ [名]本名=ベンエリエゼル, ベンヤミン・フアード〈Ben-Eliezer, Benjamin Fuad〉 [学]イスラエル国立防衛大学卒 [歴]イラク南部のバスラで生まれ、1949年13歳の時、単身イラン経由で独立直後のイスラエルに入る。18歳でイスラエル軍に入り、レバノン南部司令官、ヨルダン川西海岸地区司令官、軍政調整官

ヘ

などを歴任。28年間の軍生活を経て、84年国会議員に初当選。92年ラビン首相の下で選挙参謀を務め、労働党の政権奪回に貢献、住宅相に就任。93年のパレスチナ解放戦線とのオスロ合意調印直前、イスラエル閣僚としては初めてチュニスを訪問。2001年2月までバラク政権下で副首相を務め、首相の右腕として活躍した。同年3月右派主体のシャロン政権で国防相に就任。12月労働党の党首選で和平派を破り、中東系ユダヤ人として初の党首に選出。02年11月国防相を退任。同月党首選ではアムラム・ミツナに敗北。政治的立場は治安を優先するシャロンに近く、パレスチナに対する様々な軍事強硬策を実践したタカ派として知られた。

ペン・ソバン Pen Sovan 政治家 カンボジア首相 国カンボジア 図2016年10月29日 80歳 誕1936年4月15日 田カンボジア・タケオ州トラムコック郡 職貧農の家に生まれる。14歳の時、フランス植民地支配に反対する運動に参加。1954年ジュネーブ会議後、インドシナ休戦協定が結ばれると北ベトナムに亡命、政治的訓練を受ける。70年代前半カンボジア人民革命党（共産党）内で急速に勢力を伸ばしていったポル・ポト派に強く反発、ハノイに脱出してカンボジア内の反ポル・ポト運動を指導。79年ベトナム軍がカンボジア全土を制圧した新政権で国防相に。81年5月人民革命党書記長、同年6月首相に就任したが、ハノイ官僚との路線対立の理由により同年12月解任された。10年間ハノイで幽閉生活を強いられたが、92年1月突然帰国の許可が下り健在が確認された。97年4月新党を結成して政界復帰を図るが、7月に一旦消息を断つ。9月になって姿を見せ、タイのバンコクに出国した。2007年クム・ソカー率いる人権党に合流し、副党首に就任。14年国民議会選で当選し、政界に復帰した。

ヘンダーソン, デニス・ハートレー Henderson, Denys Hartley 実業家 ICI会長 国英国 図2016年5月21日 83歳 誕1932年10月11日 田スリランカ・コロンボ 学アバディーン大学（法律）卒 職スコットランド出身の両親のもと、スリランカに生まれる。1952～55年法律事務所法律見習い、55～57年英国陸軍法務部（大尉）勤務を経て、57年ICI（インペリアル・ケミカル・インダストリーズ、ロンドン）に弁護士として入社。72年農薬事業部取締役、74年本社コマーシャル担当本部長、77年ペイント事業部門会長、80年本社取締役、86年会長代理、87～95年会長。89年ナイトの爵位を授与された。職弁護士

ヘンダーソン, デーブ Henderson, Dave 大リーグ選手 国米国 図2015年12月27日 57歳〔心臓発作〕 誕1958年7月21日 田米国・カリフォルニア州マーセッド 名本名＝Henderson, David Lee 職1977年ドラフト1巡目（全体26位）指名で大リーグのマリナーズに入団。81年メジャーデビュー。86年シーズン途中でレッドソックスに移籍。同年プレーオフ第5戦では9回2死から同点2ランを放ち、逆転優勝のきっかけを作った。88年アスレチックスへ移籍し、自己最高の打率.304、94打点を記録。89年のワールドシリーズ第3戦では2打席連続本塁打を放った。91年25本塁打を放ち、オールスターに出場。アスレチックスではシーズン20本塁打を4回記録し、カンセコ、マグワイアらとともに球団の黄金期を支えた。94年引退。通算成績は、実働14年、1538試合出場、5130打数1324安打、197本塁打、708打点、打率.258。オールスター出場1回。引退後はマリナーズ戦の解説者となった。

ヘンダーソン, ドナルド Henderson, Donald Ainslie 公衆衛生学者 ジョンズ・ホプキンズ大学名誉教授 世界保健機構（WHO）世界天然痘根絶対策本部長 国米国 図2016年8月19日 87歳〔骨折による合併症〕 誕1928年9月7日 田米国・オハイオ州クリーブランド 学オバーリン大学〔1950年〕卒、ロチェスター大学大学院〔1954年〕修了、ジョンズ・ホプキンズ大学大学院修了 Ph.D.（ジョンズ・ホプキンズ大学）〔1960年〕 職1954～59年ニューヨーク州クーパーズタウンの病院でインターンののち、研修医。55年米国厚生省公衆衛生局に入り、予防医学専門医として疾病対策センター（CDC）疾病監視局部長などを歴任。60～66年エモリー大学医学部予防医学・公衆衛生学助教授を兼任。65年世界保健機構（WHO）の天然痘根絶プログラムに携わり、66年WHO世界天然痘根絶対策本部の初代本部長に就任。感染が深刻だったインドやアフリカなどでワクチン接種を進め、77年を最後に天然痘の流行を地球上から消滅させた。また天然痘常在国の集団予防プログラム開発および従事者の教育・訓練にも力を注いだ。77年～2003年ジョンズ・ホプキンズ大学疫学・衛生学教授、1977～90年公衆衛生学部長、98年～2001年同大市民バイオ防衛研究センター長。03年ピッツバーグ大学医学センター教授。エール大学ほか多数の大学から名誉医学博士号を授与され、またアルバート・シュヴァイツァー国際医学賞など各国および各学協会の賞を多数受賞。バイオテロ対策の第一人者としても知られた。1988年天然痘根絶の貢献により日本国際賞を受賞。賞米国公衆衛生局殊勲賞〔1976年〕、自由勲章（米国大統領）〔2002年〕、インド政府及びインド・マラリア伝染病学会賞〔1975年〕、エルンスト・ユング賞〔1976年〕、アフガニスタン政府保健功労賞〔1976年〕、英国王立熱帯医学衛生学会ジョージ・マクドナルド賞〔1976年〕、WHOアルバート・ラスカー公衆衛生学特別賞〔1976年〕、米国科学アカデミー公共福祉賞〔1978年〕、ジョセフ・C.ウィルソン国際賞〔1978年〕、エチオピア政府公衆衛生貢献賞〔1979年〕、ゲルドナー財団国際貢献賞〔1983年〕、アルバート・シュヴァイツァー国際医学賞〔1985年〕、日本国際賞（第4回・予防医学分野）〔1988年〕 職米国科学アカデミー名誉会員

ヘンダーソン, フローレンス Henderson, Florence 女優 国米国 図2016年11月24日 82歳〔心不全〕 誕1934年2月14日 田米国・インディアナ州デール 名本名＝Henderson, Florence Agnes 職1952年ブロードウェイにデビューし、「サウンド・オブ・ミュージック」などの舞台に出演。70年代全米で人気となったホームコメディ「ゆかいなブレディ家」（69～74年）で3男3女の子育てに奮闘する母親キャロル役を演じ、"米国の理想のママ"と評された。のちに制作された続編となるテレビ映画や劇場版映画にも出演。他の出演に、映画「ソング・オブ・ノルウェー」（70年）など。2010年プロダンサーとペアを組んだセレブたちが社交

ダンスで対決する人気リアリティ番組「ダンシング・ウィズ・スターズ」に出演し再び注目を集めた。

ベンチュラ, ヨルダノ **Ventura, Yordano** 大リーグ選手 [国]ドミニカ共和国 [没]2017年1月22日 25歳〔自動車事故死〕 [生]1991年6月3日 [出]ドミニカ共和国・サマナ [歴]2008年米国大リーグのロイヤルズと契約し、13年メジャーデビュー。100.6マイル(約162キロ)の速球を投げる本格右腕で、14年に14勝をマークしてワールドシリーズに進出。15年にも13勝を挙げ、チームの30年ぶりの世界一に貢献した。16年も11勝を挙げ、3年連続の2桁勝利をマーク。大リーグ通算成績は、94試合登板、38勝31敗、防御率3.89。14年には青木宣親外野手とプレーした。17年1月母国・ドミニカ共和国で自動車事故に遭い、25歳の若さで死去した。

ヘンツェ, シュテファン **Henze, Stefan** カヌー選手 アテネ五輪カヌー男子カナディアンペア銀メダリスト [国]ドイツ [没]2016年8月15日 35歳〔交通事故死〕 [生]1981年5月3日 [出]東ドイツ・ザクセン・アンハルト州ハレ(ドイツ) [歴]2003年カヌーの世界選手権スラローム男子カナディアンペアで優勝。04年アテネ五輪の同種目で銀メダルを獲得。引退後はドイツ代表のコーチとなる。16年ドイツ選手団の一員としてリオデジャネイロ五輪に参加したが、メイン会場近くで乗っていたタクシーが事故を起こし、35歳の若さで亡くなった。

ヘントフ, ナット **Hentoff, Nat** ジャーナリスト 作家 ジャズ評論家 [国]米国 [没]2017年1月7日 91歳 [生]1925年6月10日 [出]米国・マサチューセッツ州ボストン [名]本名=Hentoff, Nathan Irving [学]ボストン・ラテン・スクール卒, ハーバード大学〔1946年〕卒, ソルボンヌ大学大学院〔1950年〕修了 [歴]ボストンのユダヤ人家庭に生まれ、学生時代にはジャズマンやジャーナリストたちと交流、独自のリベラリズムを獲得する。大学卒業後、WMEX局のアナウンサーとして出発し、1945年から8年間に渡って自身のジャズ番組を担当。53〜57年音楽雑誌「ダウンビート」のニューヨークにおける副編集長を務め、他にも「メトロノーム」「ハイファイ&ミュージック・レビュー」などにジャズに関するコラムを寄稿。58年より約50年間の長きに渡ってニューヨークのコミュニティー週刊紙「ビレッジ・ボイス」でベトナム戦争、人種差別やメディアへの批評を展開。公民権運動やベトナム反戦運動の行動的理論家としても活躍した。65年には初の小説「ジャズ・カントリー」を発表。他にも小説「ペシャンコにされてもへこたれないぞ」などを通じて、少年文学の新しい領域を創り出した。自伝に「ボストン・ボーイ」(86年)がある。 [賞]全米図書週間賞〔1964年〕「ジャズ・カントリー」 [団]アメリカ作家リーグ, アメリカテレビ・ラジオアーティスト連合, 報道の自由のための委員会, 国際ペンクラブ

ヘンドリックス, ジョン **Hendricks, Jon** ジャズ歌手 [国]米国 [没]2017年11月22日 96歳 [生]1921年9月16日 [出]米国・オハイオ州ニューアーク [名]本名=Hendricks, John Carl [歴]1940年代はデトロイトで歌手として活動。第二次大戦に従軍後ニューヨークに移り、52年ルイ・ジョーダンに提供した「恋人になっておくれ」で注目を集める。57年結成のジャズ・ボーカルトリオ"ランバート, ヘンドリックス&ロス"の一員として活動。アルバム「ハイ・フライング」(61年)でグラミー賞を受賞。70年代後半にはヘンドリックス・ファミリーを結成。79年マンハッタン・トランスファー、82年ラリー・ブコビッチ4と共演。ジャズの器楽曲に詞を付けて歌う"ボーカリーズ"と呼ばれる歌唱スタイルを普及させ、86年ボビー・マクファーリンと共演したアルバム「ボーカリーズ」でグラミー賞を受賞した。 [賞]グラミー賞〔1962年・1986年〕「ハイ・フライング」「ボーカリーズ」 [家]娘=ヘンドリックス, ミシェル(歌手)

ベンモシェ, ロバート **Benmosche, Robert H.** 実業家 メットライフCEO アメリカン・インターナショナル・グループ(AIG)CEO [国]米国 [没]2015年2月27日 70歳〔肺がん〕 [出]米国・ニューヨーク市ブルックリン [名]通称=Benmosche, Bob [学]アルフレッド大学 [歴]ニューヨークのユダヤ系の家庭に生まれる。親の事業の失敗で生活は苦しく、190センチ超の巨漢で陸軍に入隊。除隊後、証券会社を経て、1995年保険会社メットライフに招かれると、98年CEO(最高経営責任者)に昇格。同社を相互会社から株式会社化し、上場を実現させ、業界最大手に導いた。2006年引退し、悠々の生活を送っていたが、世界金融危機を引き起こしたと批判を浴びていたアメリカン・インターナショナル・グループ(AIG)の再建役としてオバマ政権に招かれ、09年社長兼CEOとしてかつてのライバル会社に入社。巧みな経営手腕とリストラでAIGを復活させた。14年退任。米保険会社の新旧最大手のCEOを務めたのは異例。

ヘンリー, アラン **Henry, Alan** モータージャーナリスト [国]英国 [没]2016年3月3日 68歳 [生]1947年6月9日 [出]英国・エセックス州ウエストクリフオンシー [歴]1968年フリーのモータースポーツ記者として週刊誌「オートスポーツ」に寄稿。「モータリング・ニューズ」誌に移り、F1グランプリ担当記者として活躍後、「オートコース」誌専任記者となる。アラン・プロストやアイルトン・セナなど伝説のF1ドライバーと交流が深く、650に上るF1レースを取材、歴史的出来事を数多く目撃した。著書に「アラン・プロスト」「アイルトン・セナ 王者の肖像」「チーム・フェラーリの全て」「世界の有名な50レース」「ニキ・ラウダ 不屈のチャンピオン」「フランク・ウィリアムズ F1こそ我が命」など。

【ホ】

歩 平 ホ・ヘイ **Bu Ping** 歴史学者 中国社会科学院近代史研究所所長 [専]日中関係史, 北東アジアの国際関係史 [国]中国 [没]2016年8月14日 68歳〔前立腺がん〕 [生]1948年7月 [出]中国北京 [学]ハルビン師範大学歴史学部〔1976年〕卒 [歴]黒龍江省社会科学院歴史研究所所長を経て、1992年同科学院副院長・日本問題研究センター主任。黒龍江省歴史学会副会長も務

めた。旧日本軍の遺棄兵器を追跡調査、被害実態を明らかにし、日本政府による早期処理を訴えた。2002年より日中韓三国学者教師共同編集東アジア近現代史主宰、日中韓三国“歴史認識と東アジアの平和論壇”主宰。04～11年中国社会科学院近代史研究所所長。06～10年にかけて日中歴史共同研究委員会の中国側座長を務めた。民間の歴史共通副教材作りにも参加。頻繁に訪日し、日本側研究者と交流を深めたほか、横浜市立大学、新潟大学、慶応義塾大学、早稲田大学客員教授も務めた。日中間の歴史認識共有の重要性を国内外で訴え、政府の対日政策の立案に影響力があったとされる。16年に日中の有識者が発足させた“歴史認識と未来の日中関係に係る有識者対話”にも参加した。著書に「東北抗日救亡運動の人物伝」「東北国際約章集釋」「日本の中国侵略と毒ガス兵器」、共著に「『日中歴史共同研究』報告書」(全2巻)「日本の右翼」、編書に「中日関係史 1978-2008」など。　[賞]ロシア科学院名誉博士　[団]中国中日関係史学会, 黒龍江省歴史学会

ホ・ムンド　許 文道　Huh Moon-doh　韓国国土統一院長官　[国]韓国　[没]2016年3月5日　76歳　[生]1940年2月26日　[出]韓国慶尚南道固城　[学]ソウル大学農学部〔1964年〕卒, 東京大学大学院社会学研究科〔1971年〕博士課程修了　博士号(東京大学)〔1971年〕　[歴]1964年朝鮮日報社に入社。68～71年東京大学に留学、同大学院博士課程を修了。74～78年「朝鮮日報」東京特派員。79年在日大使館公報官、82年文化公報部次官、84年大統領府政務担当首席秘書官、86～88年国土統一院(現・統一省)長官を歴任。全斗煥大統領の側近としてメディア対策を担当し、新聞やテレビの統廃合を主導した。のち、韓国東北亜文化研究所所長。東アジアの戦略、国際問題においては韓国きっての論客として知られた。また韓国屈指の知日派で、西郷隆盛は征韓論者ではないと主張した。　[賞]保国勲章天授章

ボイノビッチ, ジョージ　Voinovich, George　政治家　米国上院議員(共和党)　オハイオ州知事　[国]米国　[没]2016年6月12日　79歳　[生]1936年7月15日　[出]米国・オハイオ州クリーブランド　[名]本名＝Voinovich, George Victor　[学]オハイオ大学〔1958年〕卒, オハイオ州立大学ロー・スクール〔1961年〕修了　[歴]1967～71年オハイオ州下院議員、79年同州副知事、79～89年クリーブランド市長、91～98年オハイオ州知事を経て、99年～2011年同州選出の連邦上院議員(共和党)。[資]弁護士

方 素栄　ホウ・ソエイ　Fang Su-rong　平頂山事件の原告　[国]中国　[没]2015年7月3日　87歳　[歴]4歳だった1932年、中国・遼寧省撫順近郊の平頂山村で、旧日本軍が村民を虐殺したとされる“平頂山事件”の被害に遭い、祖父母や両親、弟たちを亡くす。その後は平頂山事件の生き残りであることを隠しながら生きていたが、次第に自身の体験を語り始め、90年代に入ってから日本で損害賠償請求訴訟(敗訴確定)を争った。

ボウイ, デビッド　Bowie, David　ロック歌手　俳優　[国]英国　[没]2016年1月10日　69歳　[生]1947年1月8日　[出]英国・ロンドン・ブリックストン　[名]本名＝ジョーンズ, デビッド・ロバート〈Jones, David Robert〉, グループ名＝ティン・マシーン〈Tin Machine〉　[歴]10代の頃にサックス奏者として音楽活動を始める。1964年デビッド・ジョーンズ&ローアー・サンドを結成。のちボウイに改名、66年ソロとなり、67年アルバム「デビッド・ボウイ」でデビュー。派手な化粧と華やかな衣装で中性的なイメージを強調した“グラム・ロック”の旗手として頭角を現す。69年「スペース・オディティ」がヒット。71年RCAと契約し、架空のスターの物語という設定で制作されたアルバム「ジギー・スターダスト」(72年)は高い評価を得る。70年代後半にはシンセサイザーを使った実験的な作品を発表。80年代には親しみやすい作風に転じ、「レッツ・ダンス」(83年)は世界中で大ヒットした。代表曲に「ダイアモンドの犬」(74年)「ヤング・アメリカンズ」(75年)「ヒーローズ」(77年)など。89年4人組ロックバンド、ティン・マシーンを結成、アルバム「ティン・マシーン」を発表。96年ロックの殿堂入り。97年には90年以前に出したアルバムの印税で高額の金利を支払うというボウイ債を発行し、金融市場に参加。99年アルバム「アワーズ」発売前にインターネット上だけで発表し話題となる。2000年英国の音楽雑誌で“20世紀で最も影響のあるアーティスト”に選ばれた。00年代半ばから表立った活動は少なくなったが、13年には10年ぶりのアルバム「ザ・ネクスト・デイ」をリリース。16年のアルバム「★(ブラックスター)」が遺作となった。デビュー以来、全世界で1億枚を超えるレコードやCDを売り上げた。俳優としても舞台、テレビ、映画に出演し、1976年映画「地球に落ちてきた男」に主演。78年には映画「ジャスト・ア・ジゴロ」でマレーネ・ディートリヒと共演。大島渚監督の映画「戦場のメリークリスマス」(83年)では英軍の将校役を演じ、ビートたけし、坂本龍一と共演した。他の出演作に、映画「ラビリンス」(86年)「バスキア」(96年)、舞台「エレファントマン」(80年)など。1973年の初来日以降、たびたび日本公演を行った。　[賞]フランス芸術文化勲章コマンドール章〔1999年〕, グラミー賞(最優秀短編ビデオ, 第27回)〔1984年〕「デビッド・ボウイ」, バークレー音楽院名誉博士号〔1999年〕　[家]息子＝ジョーンズ, ダンカン(映画監督)

ボウマン, サリー　Beauman, Sally　作家　ジャーナリスト　[国]英国　[没]2016年7月7日　71歳　[生]1944年7月25日　[出]英国・デボン州　[名]旧姓・名=Kinsey-Miles, Sally Vanessa　[学]ケンブリッジ大学ガートン・カレッジ卒　[歴]大学卒業後、渡米し、ジャーナリストとなり、「ニューヨーク・マガジン」のスタッフとして働く。1970年英国に帰国。雑誌「ヴォーグ」「デイリー・テレグラフ」「サンデー・タイムズ」「オブザーバー」などに執筆。87年「Destiny」で小説家としてデビューし、英国文壇の話題を呼ぶ。続いて歴史小説「Dark Angel」を発表。両作品とも世界各国で翻訳され、3作目の「Lovers and Liars(大使の嘘)」(94年)はミステリー作品で1作ごとに新たなジャンルに挑戦し、すべて高い評価を受けた。　[賞]キャサリン・パケナム賞〔1970年〕　[家]夫＝ハワード, アラン(俳優), 元夫＝ボウマン, クリストファー(エコノミスト)

ボウルトン, マージョリー　Boulton, Marjorie　詩人　作家　[専]エスペラント　[国]英国　[没]2017年8月30日　93歳　[生]1924年5月7日　[出]英国・テディントン

㋻オックスフォード大学英語・英文学部〔1944年〕卒、オックスフォード大学大学院文学研究科専攻修了　文学博士〔1976年〕　㋕1949年エスペラントの学習を始め、英国エスペラント協会教授資格を取得。「Fonto」「Monato」などのエスペラント雑誌に多数寄稿し、55年エスペラントによる初の詩集「Kontralte」を発表。67年エスペラント・アカデミー会員に選任。世界エスペラント協会名誉会員、エスペラント作家協会副会長、オックスフォード・エスペラント協会会長兼事務局長を務めた。エスペラントによる著作に「Eroj」「Okuloj」「PoetoFajrakora (pri Julio Baghy)」、英語による著書に「The Anatomy of Novel」「The Anatomy of Poetry」「ザメンホフーエスペラントの創始者」などがある。2008年ノーベル文学賞にノミネートされた。㋰エスペラント・アカデミー, 世界エスペラント協会 (UEA), 全世界無国籍者協会 (SAT), 女性エスペランチスト協会 (EVA), 全世界エスペラント・ジャーナリスト協会 (TEJA), 英国エスペラント協会 (EAB), 国際エスペラント教員連盟

ポーカロ, マイク　Porcaro, Mike　ベース奏者　㋕米国　㋵2015年3月15日　59歳　㋑1955年5月29日　㋩米国・コネティカット州サウスウィンザー　㋾本名＝Porcaro, Michael Joseph、グループ名＝トト〈TOTO〉　㋕1982年6人編成のロックバンド・TOTOに2代目ベーシストとして参加。ジャズやソウルなどにも及ぶ幅広さを持つ同グループは、「アフリカ」「ロザーナ」などの曲を大ヒットさせ、アルバム「TOTO4―聖なる剣」で83年のグラミー賞7部門を獲得。兄ジェフ、弟スティーブと合わせ、"ポーカロ3兄弟"として人気を博し、TOTOは80年代の米国を代表するバンドとして一時代を築き上げた。他のアルバムに「アイソレーション」(84年)、「ファーレンハイト」(86年)、「ザ・セブンス・ワン」(88年)など。2007年ALS (筋萎縮性側索硬化症)のため引退。　㋭兄＝ポーカロ, ジェフ (ドラム奏者)、弟＝ポーカロ, スティーブ (キーボード奏者)

ボー・クイー　Vo Quy　鳥類学者　ベトナム国家大学ハノイ校教授　㋕ベトナム　㋵2017年1月10日　87歳　㋑1929年12月31日　㋩ベトナム・ハティン省　㋕ベトナム高等師範学校〔1954年〕卒、モスクワ大学大学院　鳥類学博士(モスクワ大学)〔1966年〕　㋕幼少時から鳥類に興味を持ち、独立戦争の際には政府が中国広西省に設立した高等師範学校で生物学を学ぶ。1956年ハノイ大学講師を経て、67年～2000年教授を務め、のちベトナム国家大学ハノイ校教授。この間、新種の鳥類発見や、絶滅の危機にある生物種の保護に尽力。一方、ベトナム戦争中には非武装のまま戦闘地域に入り、枯れ葉剤による影響を調査。1985年までリーダーとして調査にあたり、85～90年枯れ葉剤の影響に関する委員会の副議長も務めた。85年ベトナム初の環境資源研究センターである自然資源管理・環境研究センター (CRES) をハノイ大学に設立し、所長に就任。ベトナム戦争の枯れ葉剤、戦後の伐採などで破壊された森林を復活させる基本計画を策定し、植林に着手するが、住民の理解を得られず一時は失敗に終わる。93年住民との対話から新たな計画に着手し、稲作技術の指導や政府補助金の給付を約束、養蜂や果樹栽培による現金収入の道を開くなどして、生活向上と森林回復の両方を実現に導いた。2003年地球環境保全の国際賞であるブループラネット賞を受賞。"ベトナム環境保護活動の父"と呼ばれた。著書に「ベトナムの鳥」などがある。　㋴WWFゴールド・メダル〔1988年〕, グローバル500賞 (UNEP)〔1992年〕, ジョン・フィリップス賞〔1994年〕, ブループラネット賞 (第12回)〔2003年〕

ボグダノフ, マイケル　Bogdanov, Michael　演出家　イングリッシュ・シェイクスピア・カンパニー (ESC) 共同創立者　㋕英国　㋵2017年4月16日　78歳　㋑1938年12月15日　㋩英国・ニース (ウェールズ)　㋾本名＝Bogdin, Michael　㋕トリニティ・カレッジ (ダブリン)、ミュンヘン大学、ソルボンヌ大学　ミュンヘン, ソルボンヌ (パリ) の各大学で学び、1963年ダブリンのトリニティ・カレッジで修士号取得。69年ロイヤル・シェイクスピア・カンパニー (RSC) に入り、「真夏の夜の夢」などの演出にかかわり、以後世界各地で活動。RSCは巡業をしないため、86年ハムレット俳優のマイケル・ペニントンと、巡業を主体とするイングリッシュ・シェイクスピア・カンパニー (ESC) を創立。RSCのために演出した「じゃじゃ馬ならし」(78年ストラットフォード・アポン・エイボン／79年ロンドン) ではウエスト・エンド演劇協会年間最優秀演出家賞、87～88年のESC世界ツアー「薔薇戦争七部作」ではローレンス・オリビエ賞最優秀演出家賞を受賞した。2003年にはウェールズ・シアター・カンパニーを立ち上げ、芸術監督を務めた。この間、1988年「薔薇戦争七部作」を持って来日し、東京グローブ座こけら落とし公演を行った。日本では細川俊之、栗原小巻主演「かもめ」、野口五郎、古手川祐子主演「ロミオとジュリエット」などの演出で知られた。　㋴ウエスト・エンド演劇協会年間最優秀演出家賞「じゃじゃ馬ならし」, ローレンス・オリビエ賞最優秀演出家賞「薔薇戦争七部作」〔1990年〕

ボゴモロフ, オレグ　Bogomolov, Oleg　経済学者　ロシア科学アカデミー国際政治経済研究所所長　㋕ロシア　㋵2015年8月14日　87歳　㋑1927年8月20日　㋩ソ連・ロシア共和国モスクワ (ロシア)　㋾本名＝Bogomolov, Oleg Timofeevich　㋕ソ連貿易大学〔1949年〕卒　1949年ソ連外国貿易省に勤務。50年共産党に入党。54～56年コメコン書記局に勤務。56～62年国家計画委経済科学研究所研究員、58年同課長。62～69年党中央委に勤務。67～77年モスクワ大学教授。69年科学アカデミー附属のシンクタンク世界社会主義体制経済研究所 (のちのロシア科学アカデミー国際政治経済研究所) 所長。72年科学アカデミー準会員。89年人民代議員に当選。ペレストロイカの強力な支持者で、91年2月エリツィン・ロシア共和国最高会議議長直属のシンクタンク"最高諮問・調整評議会"メンバーを務めた。　㋴ロシア科学アカデミー会員〔1981年〕

ホジキン, ハワード　Hodgkin, Howard　画家　㋕英国　㋵2017年3月9日　84歳　㋑1932年8月6日　㋩英国・ロンドン　㋾本名＝Hodgkin, Gordon Howard Eliot　㋕バース美術学校　バース美術学校で学んだ後、1956～66年同校で教鞭を執る。62年ロンドンで初個展。色彩鮮やかな抽象画とインドをモチーフとした作品で知られ、84年ベネチア・ビエンナーレの英国館

の出展作家に選出。85年英国のターナー賞を受賞。95年ベネチアの同じ景色の4つの異なる時間を表現した版画シリーズを制作。2006年にはロンドンのテート・ブリテンで大規模な回顧展を開催。12年のロンドン五輪のポスターも描くなど、長年にわたって英国現代美術の中心人物として活躍した。㊙CBE勲章〔1977年〕、コンパニオン・オブ・オナー勲章〔2003年〕、ターナー賞〔1985年〕

ボズワース, スティーブン　Bosworth, Stephen Warren　外交官　北朝鮮政策担当米国政府特別代表　㊙米国　㊙2016年1月4日　76歳　㊙1939年12月4日　㊙米国・コネティカット州　㊙ダートマス大学、ジョージ・ワシントン大学　㊙1962年米国国務省に入省。76年国務次官補、79年駐チュニジア大使、81年政策立案部長、84年駐フィリピン大使などを歴任。88年米日財団理事長。95年北朝鮮への軽水炉提供の窓口となる朝鮮半島エネルギー開発機構（KEDO）の初代事務局長に就任。97年〜2001年駐韓国大使。09年2月〜11年10月オバマ政権の北朝鮮政策を統括する北朝鮮担当特別代表を務め、北朝鮮の核・ミサイル問題の打開を目指して対話外交に取り組んだ。退任後も専門家の立場で北朝鮮高官らと接触し、意見交換を続けた。タフツ大学フレッチャー法律外交大学院院長、ジョンズ・ホプキンズ大学高等国際問題研究所（SAIS）の米韓研究所所長も務めた。日本との関係も深く、05年旭日重光章を受章した。　㊙旭日重光章（日本）〔2005年〕

ボータ, ヨハン　Botha, Johan　テノール歌手　㊙南アフリカ　㊙2016年9月8日　51歳　㊙1965年8月19日　㊙南アフリカ・ルステンブルク　㊙南アフリカで活躍した後、1990年渡欧。91年ドイツにデビューし、「仮面舞踏会」のリッカルド役を演じる。ハーゲン、ボンの歌劇場のアンサンブルで活動するとともに、ミラノ・スカラ座、英国ロイヤル・オペラなどの主要歌劇場で活躍。96年ウィーン国立歌劇場にデビューし、以後は同歌劇場を主な活動の場とし、「オテロ」など222公演に出演。ワーグナー作品のヒーローを演じるヘルデン・テノールとしても名声を得た。日本では2009年、ミラノ・スカラ座日本公演における、ダニエル・バレンボイム指揮「アイーダ」のラダメスや、ヴェルディ「レクイエム」などに出演。11年ケント・ナガノ指揮バイエルン国立歌劇場「ローエングリン」では、東日本大震災の影響で降板した表題役の歌手の代わりに来日した。

ボックウィンクル, ニック　Bockwinkel, Nick　プロレスラー　AWA世界ヘビー級王者　㊙米国　㊙2015年11月14日　80歳　㊙1934年12月6日　㊙米国・ミズーリ州セントルイス　㊙本名＝ボックウィンクル, ニコラス・ウォーレン・フランシス〈Bockwinkel, Nicholas Warren Francis〉　㊙オクラホマ大学中退　㊙父親は1930〜50年代に活躍したプロレスラーのウォーレン・ボックウィンクル。6歳から父親にレスリングの英才教育を受ける。53年フットボール奨学金を取得してオクラホマ大学に進学したが、1年の時に膝を故障して退学。54年プロレスラーとしてデビュー。以後、全米各地で多くの王座を獲得し、不動の地位を確立。70年よりAWAに定着すると、75年11月バーン・ガニアを破りAWAヘビー級王座を獲得。同王座を通算4度戴冠し、悪党王者として同団体を盛り上げた。64年7月日本プロレスに初来日。74年11月には国際プロレスにも参戦。78年11月に初参戦した全日本プロレスではジャンボ鶴田と名勝負を繰り広げ、84年2月には保持していたAWA王座を奪われた。2007年WWE殿堂入り。1970〜80年代を代表する技巧派レスラーとして日米で人気を博した。　㊙父＝ボックウィンクル, ウォーレン（プロレスラー）

ホーナー, ジェームズ　Horner, James　作曲家　㊙映画音楽　㊙米国　㊙2015年6月22日　61歳〔小型機墜落事故死〕　㊙1953年　㊙米国・カリフォルニア州ロサンゼルス　㊙ロイヤル・カレッジ・オブ・ミュージック博士号（UCLA）〔1979年〕　㊙父は「ハスラー」などを手がけたプロダクション・デザイナーのハリー・ホーナー。米国で生まれ、10歳から20歳まで英国で育つ。ロンドンのロイヤル・カレッジ・オブ・ミュージックで作曲を学び、帰国後カリフォルニア大学ロサンゼルス校で教鞭を執る。「赤いドレスの女」（1979年）、「モンスター・パニック」（80年）などを皮切りに映画音楽の世界に入り、82年「スター・トレック2」で一躍注目を集めた。86年「エイリアン2」と「アメリカ物語」でアカデミー賞作曲賞・主題歌賞にノミネートされ、97年「タイタニック」で同賞を受賞、セリーヌ・ディオンが唄った主題歌「マイ・ハート・ウィル・ゴー・オン」は世界的ヒットとなった。他の主な作品に「ゴーリキー・パーク」「ブレインストーム」（83年）、「薔薇の名前」（86年）、「フィールド・オブ・ドリームス」（89年）、「ブレイブ・ハート」「アポロ13」（95年）、「ビューティフル・マインド」（2001年）、「砂と霧の家」（03年）、「ニュー・ワールド」（05年）、「アバター」（09年）、「アメイジング・スパイダーマン」（12年）など。　㊙グラミー賞作曲賞（映画テレビオリジナル楽曲、第30回・41回）〔1987年・1998年〕「Somewhere Out There」「My Heart Will Go On」、グラミー賞作曲賞（映画テレビオリジナル・インストゥルメンタル楽曲、第33回）〔1990年〕「グローリー」、アカデミー賞作曲賞・主題歌賞（劇映画部門、第70回）〔1997年〕「タイタニック」、ゴールデン・グローブ賞主題歌賞（第55回、1997年度）「My Heart Will Go On」（「タイタニック」）　㊙父＝ホーナー, ハリー（プロダクション・デザイナー）

ホーネッカー, マルゴット　Honecker, Margot　政治家　東ドイツ国民教育相　ホーネッカー東ドイツ国家評議会議長夫人　㊙ドイツ　㊙2016年5月6日　89歳〔がん〕　㊙1927年4月17日　㊙ドイツ・ハレ　㊙旧姓・名＝Feist, Margot　㊙22歳で最年少の県議会議員となる。1949年エーリヒ・ホーネッカーと出会い、53年結婚。63年東ドイツ国民教育相に就任。学校での軍事思想教育を強化し、国民から恐れられた。76年10月夫が国家評議会議長（元首）に就任。89年10月夫が失脚したのに伴い、11月国民教育相を解任された。政権崩壊後、夫とともに娘の住むチリに亡命し、隠遁生活を送った。晩年まで共産主義を支持する姿勢を堅持し、キューバへの渡航を繰り返した。2012年にはテレビのインタビューで東ドイツの独裁政治を擁護する発

言を行った。 [家]夫＝ホーネッカー, エーリヒ（東ドイツ国家評議会議長）

ホフマン, スタンリー　Hoffmann, Stanley　国際政治学者　ハーバード大学教授・欧州問題研究所（CES）所長 [専]20世紀フランス政治 [国]米国 [没]2015年9月13日 86歳 [生]1928年11月27日 [出]オーストリア・ウィーン [学]パリ大学〔1948年〕卒 法学博士（パリ大学）〔1953年〕 [歴]ウィーンに生まれ、1955年渡米。60年帰化。63年ハーバード大学教授となり、69〜95年同大欧州問題研究所（CES）所長。20世紀フランス政治、特にド・ゴールおよびその政治史の専門家であると同時に、米国外交政策、国際組織、国際政治理論に優れた業績を残し、国際政治構造の変動を論じる際、ハイ・ポリティックスとロー・ポリティックスという概念を導入した。著書に「国際組織と国家の政治権力」（54年）、「戦争状態」（65年）、「ガリバーの苦悩」（68年）、「国境を超える義務」（81年）など。

ホーベ, チェンジェライ　Hove, Chenjerai　作家 詩人 [国]ジンバブエ [没]2015年7月12日 59歳 [生]1956年2月9日 [出]英領南ローデシア・ズィシャバネ（ジンバブエ） [学]南アフリカ大学卒, ジンバブエ大学 [歴]英国植民地下の南ローデシア（現・ジンバブエ）に生まれる。大学卒業後、中学教師や出版社の文芸編集者を経て、通信社のコーディネーター兼地区担当編集長となり、1978年よりジンバブエの母国語ショナ語による詩や小説を発表。80年代から英語の詩も発表。84年ジンバブエ作家同盟議長。89年には70年代の民族解放闘争を背景に描いた初の英語での小説「Bones（骨たち）」（88年）により第10回野間アフリカ出版賞を受賞、初来日も果たす。他の作品に「影たち」（91年）など。文芸創作にとどまらず、ジンバブエ大学で教鞭を執り、政治的な発言力、行動力のある作家としてオピニオンリーダー的な役割を果たした。94年以降はジンバブエ大学を去り、フランス、米国、英国、ドイツなどの大学を渡り歩いたが、ムガベ政権からの嫌がらせを受け、2001年フランスに単身亡命した。 [賞]ジンバブエ文学賞年間最優秀賞〔1989年〕「骨たち」, 野間アフリカ出版賞（第10回）〔1989年〕「骨たち」

ポポフ, オレグ　Popov, Oleg　サーカス芸術家 道化師 [国]ロシア [没]2016年11月2日 86歳〔心臓発作〕 [生]1930年7月31日 [出]ソ連・ロシア共和国モスクワ（ロシア） [名]本名＝Popov, Oleg Konstantinovich [歴]1951年サーカスでピエロとして活動を始め、ヨーロッパを巡業して名声を獲得。57年にはワルシャワの国際サーカスフェスティバルで受賞。58年ブリュッセルでもオスカー賞を受賞した。芸術的な演技で、フランスのジャーナリストから“太陽のピエロ”と評され、欧米でも人気を博した。91年ソ連崩壊後はドイツに移住。66年にはツアーで来日。また、映画「青い鳥」（76年）やドキュメンタリー作品にも出演した。 [賞]労働赤旗勲章, オスカー賞〔1958年〕 [賞]ソ連人民芸術家

ポポフ, ディミタル　Popov, Dimitar　政治家 法律家 ブルガリア首相 [専]運輸関係法, 刑法 [国]ブルガリア [没]2015年12月5日 88歳 [生]1927年6月25日 [出]ブルガリア・コウラ [名]本名＝Popov, Dimitar Iliev [学]ソフィア大学法学部〔1950年〕卒 [歴]ブルガリア正教会の司祭の家に生まれる。運輸関係の国営会社で17年間法律顧問を務めた後、1972年ソフィア地裁判事、のちソフィア高裁長官となる。90年6月ブルガリア初の自由総選挙では中央選管事務局長を務めた。12月連立政権の首相に就任。91年11月退任。どの政党にも所属しなかった。

ポメランス, バーナード　Pomerance, Bernard　劇作家 [国]米国 [没]2017年8月26日 76歳〔がん〕 [生]1940年9月23日 [出]米国・ニューヨーク市ブルックリン [学]シカゴ大学 [歴]シカゴ大学で学んだ後、1968年ロンドンに移住し、劇団を設立。19世紀の英国に実在した男性を描いた代表作「エレファント・マン」（77年）は世界的に評価され、79年にトニー賞最優秀演劇作品賞を受賞。ニューヨークのブロードウェイでも上演され、80年にはデービッド・リンチ監督によって映画化された。 [賞]トニー賞最優秀演劇作品賞〔1979年〕「エレファント・マン」

ボーモル, ウィリアム・ジャック　Baumol, William Jack　経済学者 ニューヨーク大学教授 [国]米国 [没]2017年5月4日 95歳 [生]1922年2月26日 [出]米国・ニューヨーク市サウスブロンクス [学]ニューヨーク市立大学卒 Ph.D.（ロンドン・スクール・オブ・エコノミクス） [歴]ロンドン・スクール・オブ・エコノミクス（LSE）で教え始め、1952年プリンストン大学教授、71年ニューヨーク大学教授を兼任。厚生経済学の応用、コンテスタブル市場理論が有名。著書「生産性とアメリカのリーダーシップ」で米国経済没落論を多方面から論駁、日本や西ドイツも結局経済力で米国を追い抜けないと主張し、米国経済不滅論の旗手として躍り出た。他の著書に「経済動学」（51年）、共著に「コンテスタブル・マーケットと市場構造の理論」（82年）など。

ホランド, ジョン　Holland, John　科学者 ミシガン大学教授 [専]心理学, 電子工学, コンピューター科学 [国]米国 [没]2015年8月9日 86歳 [生]1929年 [出]米国・インディアナ州 [名]本名＝Holland, John Henry [学]マサチューセッツ工科大学〔1950年〕卒, ミシガン大学修士課程修了 博士号（ミシガン大学） [歴]1950〜52年IBMの最初のプログラム内臓式コンピューター（701型）の設計のために作られた論理設計グループで活躍。アルゴリズムの進化についての理論と実践を40年近く研究。ミシガン大学で心理学、電子工学、コンピューター科学の教授を務めた。87年よりサンタフェ研究所の運営委員会のメンバーを務め、客員教授も兼任した。著書に「Adaptation in Natural and Artificial Systems」（92年）などがある。

ポーリ, パオロ　Poli, Paolo　俳優 [国]イタリア [没]2016年3月25日 86歳 [生]1929年 [出]イタリア・フィレンツェ [歴]フランス文学の学位を取得後、1950年代初めより舞台俳優として活動。喜劇からシュールな演技まで幅広くこなし、晩年まで俳優活動を続けた。同性愛者であることを公表していた。

ホリマン, ジョナサン　Holliman, Jonathan　環境保護活動家 国連大学研究員 [専]地理学, 植物学 [国]英国 [没]2015年 69歳 [出]英国・ロンドン [学]ロンドン大学卒 [歴]幼い時から自然科学博物館に通い、自然の

ホ

大切さを痛感し、環境保護運動に取り組む。24歳の時に“自然との共生”を求める運動の拠点として、仲間とともに“地球の友”を創始。ロンドン中心部コベント・ガーデンの保全運動にも関わる。日本での公害の深刻さを兄から聞いたのがきっかけで、ニュージーランド移住の予定を変更、1978年に来日し、そのまま日本に住む。80〜90年代には東京・渋谷の国連大学で研究員を務め、環境問題の企画・出版を担当。同時にメディア総合研究所で翻訳校閲、および翻訳家養成講座の講師、教材開発を担当した。バードウォッチングが趣味で、羽田沖や東京・上野の不忍池に出かけた。日本人女性と結婚し、2000年ニュージーランドに移住した。

ホリングワース, クレア　Hollingworth, Clare　ジャーナリスト　[国]英国　[没]2017年1月10日　105歳　[生]1911年10月10日　[出]英国・レスター　[歴]ロンドンで学び、難民支援活動を経て、英紙「デイリー・テレグラフ」に入社。新人記者だった1939年、第二次大戦の引き金となったナチス・ドイツのポーランド侵攻を目撃し、世界に伝えた。戦後は北アフリカ・アルジェリアの武装独立闘争やベトナム戦争などを取材。63年には英国情報機関の対外情報部(MI6)に所属しながら旧ソ連の大物スパイだったキム・フィルビーのソ連亡命をスクープ。68年ベトナムで米国政府とベトナム政府の和平協議に関する特ダネをものにした。73年同紙初の中国常駐記者として北京に派遣され、81年香港に移る。97年の中国への香港返還後もそのまま残り晩年を過ごした。　[賞]ハンネン・スワッファー賞〔1962年〕

ホール, ピーター　Hall, Peter　演出家　映画監督　ロイヤル・シェイクスピア・カンパニー(RSC)創設者　[国]英国　[没]2017年9月11日　86歳　[生]1930年11月22日　[出]英国・サフォーク州ベリー・セント・エドマンズ　[名]本名＝Hall, Peter Reginald Frederick　[学]ケンブリッジ大学卒　[歴]ケンブリッジ大学在学中から20以上の劇を制作。アーツ・カウンシルを経て、1953年エリザベス朝演劇カンパニー芸術監督、54〜55年オックスフォード・プレイハウス演出家。55年「ゴドーを待ちながら」の英国初演を手がける。ストラトフォードのシェイクスピア記念劇場でいくつかの作品を制作後、60年29歳でロイヤル・シェイクスピア・カンパニー(RSC)を創設、総監督に就任。68年に退任するまでストラトフォード、ロンドンで多くの舞台を手がけ、古典から現代劇まで精力的に取り組み、英国劇壇の主力の一人となる。69〜71年コベント・ガーデン歌劇場監督。73〜88年ローレンス・オリビエの後任としてナショナル・シアター(英国立劇場)芸術監督を務め、300余の舞台を手がけた。その後も自身の劇団を立ち上げるなど幅広い制作・演出活動を続け、“英演劇界の父”と称された。演出家としての代表作に、ハロルド・ピンターの「ホームカミング」(65年)、ピーター・シェーファーの「アマデウス」(79年)、アラン・エイクボーンの「ベッドルーム・ファース」(77年)などがある。一方、67年「Work Is a Four Letter Word」で映画監督としてデビュー。舞台総監督の多忙さから解放され、89年15年ぶりに映画「おかえりなさい、リリアン」を撮った。他の映画作品に、「A Midsummer Night Dream」(68年)、「濡れている牝猫」(69年)、「Perfect Friday」(70年)、「ホームカミング」(73年)、「Akenfield」(74年)など。77年ナイトの爵位を授与された。90年初来日。　[賞]CBE勲章〔1963年〕, バス大学名誉博士号〔2006年〕　[家]息子＝ホール, エドワード(演出家), 娘＝ホール, レベッカ(女優)　[師]友人＝アシュクロフト, ペギー(女優)

ポール, ビリー　Paul, Billy　ソウル歌手　[国]米国　[没]2016年4月24日　81歳〔膵臓がん〕　[生]1934年12月1日　[出]米国・ペンシルベニア州フィラデルフィア　[名]本名＝ウィリアムズ, ポール〈Williams, Paul〉　[学]ウエスト・フィラデルフィア音楽学校, グラノフ音楽学校　[歴]11歳からラジオ局などで音楽活動を開始し、音楽学校でボーカルを学んだ。地元フィラデルフィアのクラブで歌い、チャーリー・パーカーやマイルス・デイビスらと共演。20代で徴兵され、ドイツの基地で歌手エルビス・プレスリーと出会う。除隊後の1968年、デビューアルバム「フィーリン・グッド・アット・ザ・キャディラック・クラブ」をリリース。72年シングル「ミー・アンド・ミセス・ジョーンズ」が米国ビルボードチャートで第1位を記録するなど世界的に大ヒット。翌73年同曲でグラミー賞を受賞した。生涯で15枚のアルバムをリリースし、“フィラデルフィア・ソウル”と呼ばれるスタイルの第一人者だった。　[賞]グラミー賞〔1973年〕「ミー・アンド・ミセス・ジョーンズ」

ホルコム, スティーブン　Holcomb, Steven　ボブスレー選手　バンクーバー五輪ボブスレー男子4人乗り金メダリスト　[国]米国　[没]2017年5月6日　37歳　[生]1980年4月14日　[出]米国・ユタ州パークシティ　[歴]ユタ州陸軍部隊に7年間勤務。18歳の時にプッシャーとして初めてボブスレー米国代表チームに入った。2006年トリノ五輪男子2人乗りと4人乗りの2種目に出場。09年世界選手権4人乗りで金メダル、2人乗りで銅メダル。10年バンクーバー五輪4人乗りでパイロットとして米国に同種目で1948年以来となる金メダルをもたらした。2人乗りは6位。2014年ソチ五輪では2人乗りと4人乗りで2つの銅メダルを獲得。男子2人乗りでの米国のメダル獲得も62年ぶりの快挙だった。米国男子史上最強のボブスレー選手として3つの五輪メダルを獲得し、5度の世界チャンピオンに輝いた。

ホールズワース, アラン　Holdsworth, Allan　ギタリスト　[国]英国　[没]2017年4月16日　70歳　[生]1946年8月6日　[出]英国・ウエストヨークシャー州ブラッドフォード　[歴]17歳でギターを弾き始め、20代初めでプロデビュー。テンペスト、ソフト・マシーン、ゴング、UKなどのプログレッシブ・ロックやジャズ・ロックのバンドで活動。ジャンルにとらわれず卓越した技巧を駆使する演奏スタイルで“ギタリストの中のギタリスト”などと称された。1983年に発表したアルバム「ロード・ゲームス」はグラミー賞候補に選ばれた。他のソロアルバムに「I.O.U.」(82年)、「シークレッツ」(89年)、「シックスティーン・メン・オブ・テイン」(2000年)など。日本にも根強いファンが多く、毎年のように来日した。

ホルマン, ボブ　Holman, Bob　ソーシャルワーカー　バース大学社会福祉行政学教授　[国]英国　[没]2016年6月15日　79歳　[生]1936年11月8日　[出]英国・エセックス州イルフォード　[名]本名＝Bones, Robert Holman

ホ

[学]ロンドン大学ユニバーシティ・カレッジ, ロンドン・スクール・オブ・エコノミクス(LSE)　[歴]地方自治体児童部で児童ケア主事として働いた後、バース大学社会福祉行政学教授を務めるなど10年間研究・教育生活を送る。1987年ソーシャルワーク実務に復帰し、長年に渡ってバースやグラスゴーの公営住宅団地で近隣住区ワーカーとして活動。グラスゴー大学児童社会研究所客員教授として後進の指導にもあたった。ソーシャルケアへの多大な貢献が認められ、2000年度コミュニティ・ケア読者賞を受賞した。著書に「社会的共同親と養護児童」「近代児童福祉のパイオニア」など。　[賞]コミュニティ・ケア読者賞(2000年度)

ボルン, アドルフ　Born, Adolf　イラストレーター　アニメーション作家　[国]チェコ　[没]2016年5月22日　85歳　[生]1930年6月12日　[出]チェコスロバキア・チェスキー・ヴェレニツェ(チェコ)　[学]プラハ工芸美術大学　[歴]チェコスロバキアとオーストリアの国境近くに生まれ、1935年家族とともにプラハに移住。プラハ工芸美術大学で風刺や新聞の美術を学ぶ。人物、動物を芸術的に変形し、明確な輪郭で漫画風に描く独特な画風を確立。そのユーモラスな風刺画は大手の新聞や雑誌で好評を博し、60年以降は多くの国で展覧会が開催された。74年にはカナダのモントリオールでカートゥニスト・オブ・ザ・イヤーを受賞。ボフミル・ジーハとのビーテク3部作「ビーテクのひとりたび」(73年)、「ビーテクのなかまたち」(74年)、「ビーテクだいかつやく」(75年)などの近代童話の挿絵でも活躍。アニメーション映画の制作も手がけ、ミロシュ・マツォウレクとのコンビで制作した「ふしぎなでんわ」(82年, チェコ語の原題は「マハとシェベストヴァー」)はチェコの国民的人気アニメ番組で放送され、大人気シリーズとなった。　[賞]カートゥニスト・オブ・ザ・イヤー(カナダ)〔1974年〕

ホロストフスキー, ドミトリー　Hvorostovsky, Dmitri　バリトン歌手　[国]ロシア　[没]2017年11月22日　55歳　[生]1962年10月16日　[出]ソ連・ロシア共和国クラスノヤルスク(ロシア)　[名]本名＝Hvorostovsky, Dmitri Alexandrovich　[学]クラスノヤルスク芸術院　[歴]ピアニストの父、声楽家の祖母と母を持ち、3歳から歌い始める。ヘビーメタルを歌っていたが、1985年オペラ歌手としてデビュー。85〜90年クラスノヤルスク歌劇場ソロイストを務める。87年旧ソ連のグリンカ国際コンクール、88年トゥルーズ歌唱大会で優勝。89年権威あるカーディフ国際声楽コンクールで優勝したことからヨーロッパで注目を浴びた。以後、世界の舞台で活躍。95年メトロポリタン歌劇場(MET)にデビュー。ロシア・オペラのほか、イタリア・オペラも得意とした。リリック・バリトンの高いテクニックに加え、シルバーブロンドの端麗な容姿でも人気を得た。90年札幌で開かれたパシフィック・ミュージック・フェスティバル参加のため初来日。2003年ロシアのマリインスキー歌劇場の来日公演でチャイコフスキー「エフゲニー・オネーギン」のオネーギンやプロコフィエフ「戦争と平和」のボルコンスキー公爵を歌った。11年MET日本公演ではベルディ「ドン・カルロ」のロドリーゴ役を演じた。他の当たり役に、ロッシーニ「セビリアの理髪師」のフィガロ役、モーツァルトの「ドン・ジョヴァンニ」主役、「イ・マスナディエーリ」のフランチェスコ役などがある。　[賞]ロシア国家賞〔1991年〕, ロシア人民芸術家〔1995年〕, グリンカ国際コンクール優勝〔1987年〕, トゥルーズ歌唱大会優勝〔1988年〕, カーディフ国際声楽コンクール優勝〔1989年〕

ホワイト, アンディ　White, Andy　ドラム奏者　5人目のビートルズと呼ばれたドラマー　[国]英国　[没]2015年11月9日　85歳〔脳卒中〕　[生]1930年　[出]英国・ストラスクライド州グラスゴー(スコットランド)　[歴]12歳でドラムスを始め、17歳でセッション・ミュージシャンとなる。1962年ビートルズのデビューシングル「ラヴ・ミー・ドゥ」の録音の際、加入したばかりのリンゴ・スターの演奏に不満だったプロデューサーの要請でドラムスを担当。録音は3時間で、ギャラ5ポンドを受け取ったという。同じく一時ビートルズに参加したピート・ベストらとともに“5人目のビートルズ”と呼ばれた。多くのミュージシャンと共演し、80年代に渡米、ドラム講師として活動した。

ホワイト, モーリス　White, Maurice　ミュージシャン　音楽プロデューサー　[国]米国　[没]2016年2月3日　74歳　[生]1941年12月19日　[出]米国・テネシー州メンフィス　[名]グループ名＝アース・ウィンド&ファイアー〈EW&F〉　[学]ルーズベルト大学中退, シカゴ音楽院　[歴]6歳から教会で歌い、12歳でドラムを始める。17歳でシカゴに移り、音楽を学ぶ。1964〜65年スタジオ・ミュージシャンとして活動。69年シカゴでソルティ・ペパーズを結成。その後、ロサンゼルスでグループ名をアース・ウィンド&ファイアー(EW&F)に改め、71年アルバム「アース・ウィンド&ファイアー」でデビュー。リーダーとボーカルを担当。ファンタジックな歌詞と緻密なコンセプトの上に作られたダンサブルで華麗なサウンドで80年代初めまで圧倒的な人気を博した。グラミー賞やゴールド・ディスク、プラチナ・ディスクを多数獲得するなど数々のヒットを飛ばし、黒人音楽のみならずロックなどにも大きな影響を及ぼした。EW&Fのヒット曲に「セプテンバー」「リーズンズ」「宇宙のファンタジー」「レッツ・グルーヴ」、アルバム作品に「ヘッド・トゥ・ザ・スカイ」(73年)、「スピリット」(76年)、「オールン・オール」(77年)、「アイ・アム」(79年)、「フェイセズ」(80年)、「パワーライト」(83年)、「タッチ・ザ・ワールド」(87年)など。世界でのアルバム売上げは9000万枚以上。2000年ロックの殿堂入り。一方、1985年ソロアルバムを発表。95年新レーベルのカリンバ・レコードを設立し、プロデューサーとして本格的な活動を開始。プロデュース作品に「太陽王国」(95年)などがある。日本でもディスコ・ミュージックを中心に人気を集めた。日本の人気アニメをOV化した「GATCHAMAN ガッチャマン」(94〜95年)の音楽も手がけた。95年来日。　[賞]グラミー賞(6回)　[家]弟＝ホワイト, バーディン(ミュージシャン)

ホーン, アリステア・アラン　Horne, Alistair Allan　作家　歴史家　[国]英国　[没]2017年5月25日　91歳　[生]1925年11月9日　[出]英国・ロンドン　[学]ケンブリッジ大学ジーザス・カレッジ　[歴]1939〜45年英国空軍士官として第二次大戦に従軍。戦後は英国諜報部付

ホ

士官として中東に駐在。52年「デイリー・テレグラフ」紙在外特派員に転身。55年から文筆家として著作に専念。オックスフォード大学セントアンソニーカレッジの若い歴史家の研究奨学金を設立し、後進の育成にも努めた。著書に「栄光の価格―ヴェルダン1916」(62年)、「パリ陥落―1870～1871」(65年)、「敗戦―フランス1940」(69年)、「サハラの砂、オーレスの石―アルジェリア独立革命史」(77年)、「フランスの軍隊と政治1870～1970」(84年)、「特別な関係―1945年以来の米英関係」など。2003年ナイトの爵位を授与された。 [賞]CBE勲章〔1992年〕, レジオン・ド・ヌール勲章シュバリエ章(フランス)〔1993年〕, 年間優秀図書賞(ヨークシャー・ポスト紙)〔1978年〕「サハラの砂、オーレスの石―アルジェリア独立革命史」, ウォルフソン文学賞〔1978年〕「サハラの砂、オーレスの石―アルジェリア独立革命史」 [資]英国王立文学協会特別会員〔1968年〕

ボーン, ピーター　Vaughan, Peter　俳優　[国]英国　[没]2016年12月6日　93歳　[生]1923年4月4日　[出]英国・シュロップシャー州ウェム　[名]本名＝Ohm, Peter Ewart　[歴]ウォルバーハンプトン・レパートリー劇団、マンチェスター劇団などで舞台俳優として活動したのち、1959年「三十九階段」で映画デビュー。64年映画「Smokescreen」に主演。主に英国のテレビドラマで活躍するが、米国の大ヒットファンタジー大河ドラマ「ゲーム・オブ・スローンズ」(2011～15年)のターガリエン家の盲目の長老エイモン役で知られた。他の出演に、映画「わらの犬」(1971年)、「フランス軍中尉の女」(81年)、「未来世紀ブラジル」(85年)、「日の名残り」(93年)、「フェイス」(97年)、「レ・ミゼラブル」「海の上のピアニスト」(98年)など。

ボーン, ロバート　Vaughn, Robert　俳優　[国]米国　[没]2016年11月11日　83歳〔急性白血病〕　[生]1932年11月22日　[出]米国・ニューヨーク市　[名]本名＝Vaughn, Robert Francis　[学]ミネソタ大学ジャーナリズム専攻, ロサンゼルス州立大学演劇科〔1956年〕卒　[歴]父はラジオのトップスター、母はブロードウェイ女優という家庭に生まれるが、両親は生後半年で離婚し、ミネソタ州の祖父母に育てられる。大学在学中から演劇を志し、1956年「十戒」の端役で映画初出演。黒沢明監督の「七人の侍」をもとにした西部劇映画「荒野の七人」(60年)に出演し脚光を浴びる。64～68年テレビシリーズ「0011ナポレオン・ソロ」に主演し、世界的スターとなった。76年のミニシリーズ「権力と陰謀」ではウィルソン大統領を演じ、舞台ではルーズベルト大統領やトルーマン大統領を演じ、"大統領役者"としても知られた。他の出演作に、映画「都会のジャングル」(59年)、「ブリット」(68年)、「ジュリアス・シーザー」(70年)、「タワーリング・インフェルノ」(74年)、「スーパーマンIII 電子の要塞」(83年)、「デルタ・フォース」(85年)、テレビドラマ「特攻野郎Aチーム」「刑事コロンボ」「華麗なるペテン師たち」など。「復活の日」(80年)など日本映画にも出演した。74年女優のリンダ・スターブと結婚。 [賞]エミー賞〔1978年〕「権力と陰謀」 [家]妻＝スターブ, リンダ(女優)

ポンゼル, ブリュンヒルデ　Pomsel, Brunhilde　ナチス・ドイツのゲッベルス宣伝相の秘書　[国]ドイツ　[没]2017年1月27日　106歳　[生]1911年1月11日　[出]ドイツ・ベルリン　[歴]ナチス政権時代の1942年、ドイツ宣伝省に入省。3年間に渡ってゲッベルス宣伝相の秘書を務め、45年の終戦を同省地下で迎えた。ソ連軍に捉えられたが、50年に釈放され、戦後は放送局などで勤務。晩年になってナチス時代の体験を語り始め、ベルリン陥落の際に家族と自殺したとされるゲッベルス宣伝相を批判した一方、当時はナチスのホロコースト(ユダヤ人大虐殺)を知らなかったとしていた。

ボンド, アラン　Bond, Alan　実業家　ボンド・コーポレーション・ホールディングス(BCH)会長　[国]オーストラリア　[没]2015年6月5日　77歳〔心臓病〕　[生]1938年4月22日　[出]英国・ロンドン　[歴]移住先のオーストラリアで看板屋から身を起こして、ビール会社、不動産会社、テレビ局などを経営して"ボンド帝国"と呼ばれるコングロマリットの総帥に。1969年よりボンド・コーポレーション・ホールディングス(BCH)会長を務めた。90年BCH会長を退き、取締役となる。また、世界最大のヨットレース「アメリカズ・カップ」に度々参加、83年見事優勝して132年もの米国の独占に終止符を打ち、オーストラリアの"国民的英雄"となった立志伝中の大実業家。絵画ではゴッホに執着し、87年3月に日本の安田火災が「ひまわり」を3990万ドル(当時のレートで約54億円)をセリ落とした8ケ月後には、同じゴッホの「アイリス」を史上最高の5390万ドル(同約73億円)でセリ落とした。最盛期には総資産が100億ドル(約1兆4500億円)といわれたが、89年秋ごろから主力のビール部門の不振がグループの足を引っ張って負債は45億ドル(約6500億円)に。シドニーの豪邸やゴッホの「アイリス」を手放す話も出た。

ボンド, ジュリアン　Bond, Julian　公民権運動指導者　政治家　全米黒人地位向上協会(NAACP)会長　ジョージア州上院議員　バージニア大学名誉教授　[国]米国　[没]2015年8月15日　75歳　[生]1940年1月14日　[出]米国・テネシー州ナッシュビル　[名]本名＝Bond, Horace Julian　[学]モアハウス大学　[歴]在学中、学生非暴力調整委員会(SNCC)で働き、1963年「Atlanta Inquirer」紙の編集に従事。65年ジョージア州下院議員に当選したが、ベトナム反戦者として議席を拒否された。66年再選され、また拒否されたが、最高裁に持ち込まれ、同年末の判決で議席を得た(～75年)。"黒人に職を"の実践派で、急進・穏健両派から信頼され、68年シカゴの民主党大会で、副大統領候補に指名されかけたこともある。71年には人権差別や憎悪犯罪対策に取り組む"南部貧困法律センター"(南部アラバマ州)の初代代表に就任し、79年まで務めた。75～87年ジョージア州上院議員。88～89年ドレクセル大学教授をはじめ、各地の大学で教壇に立ち、90年よりバージニア大学名誉教授。98年～2010年全米黒人地位向上協会(NAACP)会長。著書に「A Time to Speak,

「A Time to Act」「Gonna Sit at the Welcome Table」など。㊙父＝ボンド、ホーレス（黒人教育者）

ボンド、マイケル　Bond, Michael　児童文学作家　㊙英国　㊙2017年6月27日　91歳　㊙1926年1月13日　㊙バークシャー州ニューベリー　㊙本名＝Bond, Thomas Michael　㊙中学校卒業後、法律事務所、BBC（英国放送協会）勤務を経て、第二次大戦中の1942年軍隊に入り、英連邦諸国や中東に出征。エジプトで勤務中に作ったユーモア短編などを2、3の雑誌に発表。のちロンドンに移住し、47年からはBBCのモニター・サービスやテレビ・カメラマンの仕事をしていたが、楽しみに書いていたラジオ・ドラマの脚本が採用され、世界8カ国で放送された。その後、作家生活に入る。58年ペルーからロンドンにやってきた孤児のクマを主人公にした「くまのパディントン」シリーズを刊行。同シリーズは40カ国語以上に翻訳され、世界で3500万部以上を販売、アニメや映画にもなった。同シリーズ以外にも200以上の絵本を執筆し、「ねずみのサーズデー」（66年〜）、「パセリのよい行い」（69年〜）、「オルガ・デ・ポルカ物語」（71年〜）など動物ファンタジーシリーズを多数発表。他に大人向けのミステリ小説「パンプルムース氏」シリーズも発表した。

ボンヌフォワ、イヴ　Bonnefoy, Yves　詩人　評論家　コレージュ・ド・フランス名誉教授　㊙フランス　㊙2016年7月1日　93歳　㊙1923年6月24日　㊙フランス・トゥール　㊙本名＝Bonnefoy, Yves Jean　㊙パリ大学　㊙哲学や歴史を学んだ後、シュールレアリスム（超現実主義）の影響下で本格的に詩作を始める。1953年詩集「ドゥーヴの動きと不動について」を出版して注目を浴び、批評家モーリス・サイエにより激賞される。詩論集やシェイクスピアの翻訳、さらに中世壁画の研究書やイタリア・ルネッサンスの美術についての美術論なども手がけ、多才な詩人として知られた。58年発表の詩集「昨日は荒涼として支配して」はヌーベル・バーグ賞を受賞。フランスを代表する詩人の一人とされ、ノーベル文学賞の候補者としてたびたび名前が挙がった。81〜93年国立高等教育機関コレージュ・ド・フランス教授を務めた。他の著書に、詩集「文字に書かれた石」（59年）、「閾の罠のなかで」（75年）、詩論集「ありうべからざるもの」（59年）、「マントヴァで見た夢」（67年）、「赤い雲」（77年）、評伝「ランボー」（61年）、美術評論「ゴシック期フランスの壁画」（54年）、「バロックの幻惑 ローマ1630年」（70年）などがある。俳句に関する著作も多く、2000年愛媛県などが主催する第1回正岡子規国際俳句賞大賞を受賞した。㊙ヌーベル・バーグ賞「昨日は荒涼として支配して」、ゴンクール賞〔1987年〕、バルザン賞〔1995年〕、正岡子規国際俳句賞大賞（第1回）〔2000年〕、フランツ・カフカ賞〔2007年〕、マリオ・ルーツィ賞〔2010年〕、ヴィアレッジョ賞〔2011年〕、グリフィン詩賞〔2011年〕

【マ】

マ・クアンス　馬 光洙　Ma Kwang-soo　詩人　作家　延世大学国語国文学科教授　㊙韓国　㊙2017年9月5日　66歳〔縊死〕　㊙1951年4月4日　㊙韓国・ソウル　㊙延世大学国語国文学科卒、延世大学大学院博士課程修了　㊙弘益大学国語国文学科助教授を経て、1984年延世大学国語国文学科教授。77年6編の詩を「現代文学」誌に発表して詩壇にデビュー。89年長編小説「倦怠」を「文学思想」誌に連載し、小説家として活動を始める。92年8月小説「楽しいサラ」を出版し、6万部売れたが、10月ソウル地検によりわいせつ文書の制作・頒布容疑で逮捕された。大学教授がわいせつ文書で逮捕されたのは韓国史上初めてで、渦中の人となる。12月に起訴され、刑法244条違反の「淫乱文書製造」の罪で懲役8ヶ月、執行猶予2年の判決を受け、本は発禁となった。95年有罪判決が確定し、大学教授を免職。同年子弟などの支援者により「馬光洙は正しい」が出版された。98年金大中政権により赦免復権された。他の著書に、評論集「尹東柱研究」「象徴詩学」「馬光洙文学論集」、詩集「貴骨」、エッセイ集「私はみだらな女が好き」「開けゴマ」、小説「狂馬日記」「薔薇旅館」など。2016年大学を定年退職後、うつ病の症状を示し、治療を続けたが、翌17年自宅で首を吊って亡くなっているのが発見された。

マイア、アルトゥール　Maia, Arthur　サッカー選手　㊙ブラジル　㊙2016年11月28日　24歳〔飛行機墜落事故死〕　㊙1992年10月13日　㊙ブラジル・アラゴアス州　㊙本名＝Maia, Arthur Brasiliano　㊙ブラジルのサッカークラブ・ビトーリア、ジョインビーレ、アメリカ-RN、フラメンゴを経て、2015年期限付き移籍でJリーグの川崎フロンターレに加入。7月に同クラブを退団したブラジル人FWとしての代役として期待されたが、この年J1リーグで4試合無得点に終わり退団。16年よりブラジル1部シャペコエンセでプレー。ポジションはMF。16年11月コロンビアのメデジンで行われるコパ・スダメリカーナ（南米杯）決勝に向かう途中、シャペコエンセの選手ら乗客乗員計81人が乗ったボリビアのチャーター機が墜落し、死亡した。

マイオルカ、エンゾ　Maiorca, Enzo　フリーダイバー　イタリア国会議員　㊙イタリア　㊙2016年11月13日　85歳　㊙1931年6月21日　㊙イタリア・シチリア島シラクーザ　㊙ローマ大学医学部卒　㊙故郷のシラクーザで病院に勤める傍ら、酸素ボンベを背負わず呼吸を停止したまま深く潜る素潜り競技（フリーダイビング）に傾倒。1960年45メートルを潜り世界記録を達成。74年潜水中に意識を失う事故を起こし、10年間競技を離れるが、復帰。88年57歳で自己最高の101メートルに到達するまで何度も記録を塗り替えた。94〜96年にはイタリア国会議員も務めた。伝説的なダイバーであるフランスのジャック・マイヨールとのライバル関係は、リュック・ベッソン監督の映画「グラン・ブルー」（88年）で描かれた。

マイケル、ジョージ　Michael, George　シンガー・ソングライター　㊙英国　㊙2016年12月25日　53歳〔拡張型心筋症〕　㊙1963年6月25日　㊙英国・ロンドン・フィンチリー　㊙本名＝Panayiotou, Georgios Kyriacos、グループ名＝ワム！〈Wham！〉　㊙ロンドンのギリシャ系キプロス人の家庭に生まれる。1981

年幼馴染みのアンドリュー・リッジリーと男性デュオ“ワム！”を結成。82年アルバム「ワム・ラップ！」でデビュー。ダンサブルな曲と甘いマスクが受け、デビュー以来3枚のシングルが大ヒット、83年デビュー・アルバム「ファンタスティック」も全英1位となり、一挙にスターの座に。84年シングル「ウキウキ・ウェイク・ミー・アップ」「ラスト・クリスマス」が日米英で大ヒット。以後、「フリーダム」「アイム・ユア・マン」などヒット曲を連発。「ラスト・クリスマス」は日本でも累計101万枚を超えるミリオンヒットを記録し、クリスマスの定番ソングとなった。85年香港、北京、広州のチャイナ・ツアーを実現。人気絶頂期の86年解散。この間、84年初のソロ・シングル「ケアレス・ウィスパー」を発表。好セールスを記録するとともに、全世界で16種類のカバー・バージョンが生まれた。デュオ解散後の87年、アルバム「フェイス」をリリース。全世界で2000万枚を超えるセールスを記録し、4曲のシングル・ヒットを放つなど、トップ・ボーカリストとしての地位を確立した。88年ソニー・ミュージックエンタテインメントの英国法人と15年契約を結ぶが、93年移籍の自由を求め提訴。95年6月独占契約破棄に原則的に合意し和解が成立した。7月ヴァージン・レコーズ（北米以外）、ドリームワークス（北米）の2社と契約。96年6年ぶりにアルバム「オールダー」を発表。98年ベストアルバムが全英1位を獲得。2004年古巣ソニーに戻り8年ぶりのオリジナルアルバム「ペイシェンス」をリリース。他のアルバムに「トゥエンティ・ファイブ」（06年）、「シンフォニカ」（14年）などがある。デュオ、ソロを通じて、シングルとアルバムの売上枚数は1億2000万枚以上を記録した。1988年米国ロサンゼルスの公衆トイレでわいせつ行為をしたとして逮捕された際、同性愛者であることを公表。2005年英国で事実上の同性婚を認める同性市民パートナー法が施行され、パートナーの米国人男性との結婚を発表。同年自らの半生を振り返ったドキュメンタリー映画「ジョージ・マイケル～素顔の告白」のキャンペーンで17年ぶりに来日。10年マリファナ摂取状態で交通事故を起こし、禁固8週間の実刑判決を受け、刑務所に収監された。 [賞]グラミー賞アルバム・オブ・ザ・イヤー〔1989年〕「フェイス」

マイケル, ジーン **Michael, Gene** 大リーグ監督 ニューヨーク・ヤンキースGM [国]米国 [没]2017年9月7日 79歳〔心臓発作〕 [生]1938年6月2日 [出]米国・オハイオ州ケント [名]本名＝Michael, Eugene Richard [歴]1966～75年大リーグのドジャース、ヤンキースなどで遊撃手としてプレー。スリムな体形から、“スティック（棒）”と呼ばれた。76年引退。ヤンキースのコーチを経て、80～81年ゼネラルマネジャー（GM）、81～82年監督を務めた。86～87年カブス監督を経て、91年ヤンキースGMに復帰。95年からはスカウト部門の責任者を務めた。選手の才能を見抜く眼力が高く、後に“コア4”と呼ばれるデレク・ジーター、アンディ・ペティット、ホルヘ・ポサダ、マリアノ・リベラらを獲得。マイナーリーグから主力選手として育て上げ、90年代後半の黄金期を築いた。2002年オフの松井秀喜獲得にも関わった。

マイケルズ, シーラ **Michaels, Sheila** 女性問題活動家 [国]米国 [没]2017年6月22日 78歳〔急性白血病〕 [生]1939年5月8日 [出]米国・ミズーリ州セントルイス [名]本名＝Michaels, Sheila Babs [歴]ニューヨークで公民権運動に関わりながらライターや編集者として働く。男性の敬称は“Mr.（ミスター）”しかないが、女性は結婚すると“Miss（ミス）”から“Mrs.（ミセス）”に変わることが、男性に対し従属的で不当だと主張。1960年代から未婚、既婚にかかわらず女性に使われる敬称“Ms.（ミズ）”を提唱し、広く使われるようになった。

マイナ, ジョハナ **Maina, Johana Manyim** 陸上選手（長距離） [国]ケニア [没]2016年7月25日 25歳〔病気〕 [生]1990年12月24日 [歴]平成24年富士通に入社。同年、26年、27年仙台国際ハーフマラソンで3度優勝。28年2月全日本実業団ハーフマラソンで2位。同年7月、ケニアに帰国中に体調不良を訴え、25歳で病死した。

マウントカッスル, バーノン **Mountcastle, Vernon** 神経生理学者 ジョンズ・ホプキンズ大学名誉教授 [国]米国 [没]2015年1月11日 96歳 [生]1918年7月15日 [出]米国・ケンタッキー州シェルビービル [名]本名＝Mountcastle, Vernon Benjamin (Jr.) [学]ジョンズ・ホプキンズ大学医学部卒 [歴]1948年よりジョンズ・ホプキンズ大学医学部に勤務、59年生理学教授、64～80年生理学部長、80～92年神経科学教授、92年名誉教授。主な研究は感覚と知覚における神経のメカニズムに関するもので、主著に「The Mindful Brain」（G.M.エーデルマンとの共著, 78年）、「Perceptual Neuroscience：The Cerebral Cortex」（98年）、「The Sensory Hand」（2005年）などがある。 [賞]ラスカー賞〔1983年〕

マカロック, ヘンリー **McCullough, Henry** ロック・ギタリスト [国]英国 [没]2016年6月14日 72歳 [生]1943年7月21日 [出]英国・ロンドンデリー州ポートスチュワート（北アイルランド） [名]本名＝McCullough, Henry Campbell Liken, グループ名＝ウイングス〈Wings〉 [歴]1972年ビートルズの元メンバー、ポール・マッカートニーが結成したロックバンド・ウイングスにギタリストとして参加。73年のアルバム「Red Rose Speedway」に参加したほか、007シリーズの第8作目「007 死ぬのは奴らだ」のテーマソング「Live And Let Die」などのヒット曲でギターを担当。75年ソロアルバム「マインド・ユア・オウン・ビジネス」をリリースした。

マカンドレス, ブルース（2世） マカンドレス, ブルース **McCandless, Bruce (II)** 宇宙飛行士 命綱なしで宇宙を初遊泳した米宇宙飛行士 [国]米国 [没]2017年12月21日 80歳 [生]1937年6月8日 [出]米国・マサチューセッツ州ボストン [学]米国海軍兵学校〔1958年〕卒, スタンフォード大学〔1965年〕卒 [歴]海軍パイロットとして飛行時間4000時間の経験を持つ。1966年米国航空宇宙局（NASA）の宇宙飛行士試験に合格

マ

し、以来命綱なしの遊泳用操縦装置（MMU）の開発に専念。69年アポロ11号による人類初の月面着陸の際には、地上で通信担当の任務を果たした。MMU完成とともに、84年スペースシャトル・チャレンジャーに乗り込み、MMUを着用して人類で初めて命綱なしで宇宙自由遊泳に成功した。その際の青い地球を背景にした写真は、宇宙開発の発展を象徴する一枚として有名になった。90年にもスペースシャトルに搭乗し、ハッブル宇宙望遠鏡の設置に関わる。2度のミッションで宇宙滞在は300時間を超えた。

マキューアン, ジェラルディン　McEwan, Geraldine　女優　⊕英国　⊗2015年1月30日　82歳　⊕1932年5月9日　⊕英国・バークシャー州オールドウィンザー　⊘ウィンザー女学校　⊕14歳で初舞台を踏み、以来ナショナル・シアターなどで舞台女優として活躍し、1976年にオリビエ賞、98年にトニー賞候補に。テレビドラマ「アガサ・クリスティー ミス・マープル」シリーズ（2004〜07年）の12作で主演、人気を博した。他にテレビドラマ「Oranges Are Not the Only Fruit」でBAFTA賞最優秀女優賞を受賞。映画は「ロビン・フッド」（1991年）、「マグダレンの祈り」（2002年）、「ウォレスとグルミット 野菜畑で大ピンチ！」（声、05年）、「借りぐらしのアリエッティ」（声、10年）などに出演。　⊗BAFTA賞最優秀女優賞（テレビ部門）〔1991年〕「Oranges Are Not the Only Fruit」

マキューン, ロッド　McKuen, Rod　詩人　作詞・作曲家　歌手　俳優　⊕米国　⊗2015年1月29日　81歳〔肺炎〕　⊕1933年4月29日　⊕米国・カリフォルニア州オークランド　⊘本名＝McKuen, Rodney Marvin、別名＝Dor　⊕10代の頃より放浪生活を送り、木こりやロデオなどの職を経て、映画俳優、作詞・作曲家、歌手となり、活躍する。1959年ニューヨークCBSのワークショップで作詞・作曲・指揮をし、65年には多くの歌手に歌われるほど人気が出た。その後、フランスに渡り、ジャック・ブレルらと親交を結び、ブレルの「行かないで」に英語詞をつけて大ヒットし、66年には共作の「シーズン・イン・ザ・サン」でフランス・ディスク大賞受賞。一方、処女詩集「スタニャン通り」がベストセラー入りし、詩人としても脚光を浴びる。他の作品に、詩集「Listen to the Warm」（67年）、「Lonesome Cities」（68年）、作詞「The Sea」「The Earth」「The sky」（いずれもアルバム）など。映画主題歌「Jean」（「ミス・ブロディの青春」）や映画「ジョアンナ」（68年）、「スヌーピーとチャーリー」（69年）、「ナタリーの朝」（69年）、「ゾディアック」（2007年）などに携わる。　⊗フランス・ディスク大賞〔1966年〕「シーズン・イン・ザ・サン」、グラミー賞朗読最優秀作品賞（第11回）〔1968年〕「Lonesome Cities」、ゴールデン・グローブ賞主題歌賞（映画部門、第27回、1969年度）「Jean」

マーク, マリー・エレン　Mark, Mary Ellen　写真家　⊕米国　⊗2015年5月25日　75歳　⊕1940年3月20日　⊕米国・ペンシルベニア州フィラデルフィア　⊘ペンシルベニア大学〔1964年〕卒　⊕ペンシルベニア大学で絵画と美術史を学ぶ。1963年から報道写真家として活動。60年代半ばにフルブライト奨学金を得てトルコで撮影したのを皮切りにフリーカメラマンとして活躍するようになり、「ルック」「ライフ」「パリ・マッチ」「シュテルン」などの雑誌に多くの優れたドキュメンタリー・シリーズを発表。75年映画「カッコーの巣の上で」のスチール写真を担当。76〜81年報道写真家集団"マグナム"の一員として活躍。代表作は、オレゴン州立精神病院の女性病棟を撮影した「81病棟（WARD81）」（79年）、フォトエッセイ「ストリート・オブ・ザ・ロスト」（83年）のほかに、「ボンベイの娼婦」（81年）、「マザー・テレサと慈善事業」（85年）、「ツインズ」（2002年）などがある。売春から窃盗、暴力まで崩壊に直面する現代の人間生活をリアルに捉えた作品の数々は世界中で高い評価を得た。また、シアトルで撮影された家出少年少女のドキュメント「ストリートワイズ」（1988年）は、映画監督の夫マーティン・ベルのアカデミー賞候補映画「子供たちをよろしく」（83年）のもととなった。　⊗インフィニティー・アワード（国際写真センター）〔1997年〕、ジョージ・イーストマン・ハウス生涯業績賞〔2014年〕　⊕夫＝ベル, マーティン（映画監督）

マクウェール, デニス　McQuail, Denis　社会学者　アムステルダム大学名誉教授　⊘マスコミ論　⊕英国　⊗2017年6月25日　82歳　⊕1935年4月12日　⊕英国・サリー州ウォリントン　⊘オックスフォード大学〔1958年〕卒　⊕アイルランド移民の両親のもとに生まれる。サウザンプトン大学、米国のペンシルベニア大学を経て、1977〜97年オランダのアムステルダム大学教授。98年5月同志社大学に招聘され来日。現代ヨーロッパを代表するコミュニケーション研究者として知られた。著書に「マス・コミュニケーションの理論」「コミュニケーションの社会学」「ジャーナリズムと社会」、共著に「政治のなかのテレビ」など。

マクギネス, マーティン　McGuinness, Martin　政治家　北アイルランド自治政府副首相　⊕英国　⊗2017年3月21日　66歳　⊕1950年5月23日　⊕英国北アイルランド・ロンドンデリー　⊘本名＝McGuinness, James Martin Pacelli　⊕1972年からカトリック過激組織のアイルランド共和軍（IRA）に参加、政治組織シンフェイン党の指導者となる。82〜86年北アイルランド議会議員。交渉役として98年のプロテスタント系勢力との包括和平合意に貢献。99年11月プロテスタント、カトリック系両政党が参加して自治をともに担う北アイルランド自治政府の教育相に就任。2007年には約5年ぶりに復活した北アイルランド自治政府の副首相に就任し、和平の定着に尽力。11年10月アイルランド大統領選に立候補するが、与党労働党のマイケル・ヒギンズ元芸術文化相に敗れる。12年6月北アイルランドを訪れたエリザベス英女王と初会談を行った。17年1月自治政府で連立を組むプロテスタント系の民主統一党（DUP）が主導する再生可能エネルギー計画に反発し、副首相を辞任した。

マクサマック, マイケル W.　Maksimuk, Michael W.　写真家　明治大学法学部教授　⊘英語教育、写真学（特に幕末・明治時代の写真史）　⊕米国　⊗2017年5月5日　68歳〔肺がん〕　⊕1949年　⊕米国・ニューヨーク　⊘通称＝マクサマック, マイク〈Maksimuk, Mike〉　⊕上智大学大学院修了　⊕明治大学法学部助

教授を経て、教授。1982年から9年間、NHKラジオ第1放送「マイクのひとくち英会話」の制作者兼講師を務めた。一方、ネイチャーフォトグラファーとしても活躍した。著書に「新英会話教本英検2級」「マイクのひとくち英会話」などがある。 [団]日本写真芸術学会

マクニー, パトリック MacNee, Patrick 俳優 [国]英国 [没]2015年6月25日 93歳 [生]1922年2月6日 [出]英国・ロンドン [学]ウェッバー・ダグラス・アカデミー・オブ・ドラマティック・アート [歴]母はハンティントン侯爵家出身という名家に育つ。イートン校の学生の頃から舞台に立ち、ブラッドフォードのレパートリー劇団でデビュー。1940年「Sailors There」で映画デビュー、以後舞台と映画両方に出演。60年代にはテレビに進出し、「おしゃれマル秘探偵」(61〜69年)のジョン・スティード役で人気を博した。同作の劇場版リメイク「アベンジャーズ」(98年)にも声優として参加。他の出演作に、映画「ハウリング」(81年)、「007/美しき獲物たち」(85年)、テレビドラマ「宇宙空母ギャラクティカ」(78〜79年)、テレビ映画「シャーロック・ホームズ・イン・ニューヨーク」(76年)、「新シャーロック・ホームズ/ホームズとプリマドンナ」(91年)など。

マクニール, ウィリアム McNeill, William 歴史学者 シカゴ大学名誉教授 [国]カナダ [没]2016年7月8日 98歳 [生]1917年10月31日 [出]カナダ・ブリティッシュ・コロンビア州バンクーバー [名]本名＝McNeill, William Hardy [学]シカゴ大学(歴史学)〔1938年〕卒 博士号(コーネル大学)〔1947年〕 [歴]1947年〜2006年シカゴ大学で歴史学の教鞭を執った。著書「世界史」は1964年の刊行以来、世界で読み続けられている。

マ

マコービー, ノーマ McCorvey, Norma 人権活動家 [国]米国 [没]2017年2月18日 69歳〔心臓病〕 [生]1947年9月22日 [名]本名＝McCorvey, Norma Leah, 別名＝ロー, ジェーン〈Roe, Jane〉 [歴]1970年22歳の時、虐待やアルコール中毒、望まない妊娠などの問題を抱え、出産した子供は養子に出された。同年ジェーン・ローの仮名で当時のヘンリー・ウェード検事を訴え、人工妊娠中絶合法化を求めた“ロー対ウェード”訴訟の原告となった。73年の米国連邦最高裁判決で人工妊娠中絶合法化に道を開き、70年代の女性解放運動の象徴的存在となった。しかし、95年中絶の違法化を求め活動していたキリスト教団体オペレーション・レスキューのメンバーと親交を持ったことから中絶反対派に転じ、判決見直しを求めたが、申し立ては2005年最高裁に退けられた。

マーゴリス, スー Margolis, Sue 作家 [国]英国 [没]2017年11月1日 62歳〔がん〕 [生]1955年1月5日 [出]英国・ロンドン [名]本名＝Margolis, Susan Linda [学]ノッティンガム大学(政治学) [歴]BBCラジオで女性向けの番組を15年間担当。その後、作家活動に専念、レディース・ノベルを次々に発表。「ファスナーをおろしたら(Neurotica)」(1998年)で注目される。他の作品に、「Sisteria」(99年)、「Launderama」(2002年)、「Apocalipstick」(03年)などがある。夫はジャーナリストのジョナサン・マーゴリス。 [家]夫＝マーゴリス, ジョナサン(ジャーナリスト)

マサイアス, ピーター Mathias, Peter 歴史学者 オックスフォード大学名誉教授 [専]経済史 [国]英国 [没]2016年3月1日 88歳 [生]1928年1月10日 [出]英国・サマーセット州 [学]ケンブリッジ大学卒, ハーバード大学 文学博士 [歴]1955〜68年ケンブリッジ大学歴史学講師、69〜87年オックスフォード大学経済史教授を経て、87〜95年ケンブリッジ大学ダウニング・カレッジ学長。74〜78年世界経済史学会会長、75〜80年王立歴史学会副会長などを歴任。83〜85年皇太子殿下がオックスフォード大学に留学された際には指導教官を務めた。著書に「Brewing Industry in England 1700-1830」(59年)、「Retailing Revolution」(67年)、「The First Industrial Nation」(69年, 83年)など。 [賞]CBE勲章, 勲一等旭日大綬章(日本)〔2003年〕, 関西大学名誉博士号〔2006年〕 [資]ブリティッシュ・アカデミー会員〔1977年〕, ロイヤル・アカデミー会員(デンマーク)〔1982年〕, ロイヤル・アカデミー会員(ベルギー)〔1988年〕

マシスン, メリッサ Mathison, Melissa 脚本家 [国]米国 [没]2015年11月4日 65歳〔がん〕 [生]1950年6月3日 [出]米国・カリフォルニア州ロサンゼルス [学]カリフォルニア大学ロサンゼルス校卒 [歴]「タイム」通信員、「ピープル」記者などを経て、映画界に入り、フランシス・フォード・コッポラ監督「ゴッドファーザーPART2」(1974年)「地獄の黙示録」(79年)などで助手を務めた。映画「ワイルド・ブラック/少年の黒い馬」(79年)「マジック・ボーイ」(81年)で脚本を手がけ、世界的に大ヒットしたスティーブン・スピルバーグ監督「E.T.」(82年)ではアカデミー賞にもノミネートされた。チベット仏教の最高指導者ダライ・ラマを題材とした「クンドゥン」(97年)を手がけたほか、宮崎駿監督のアニメ「崖の上のポニョ」(2008年)の英語版脚本も担当した。1983年俳優のハリソン・フォードと結婚し、2児をもうけたが、2004年離婚した。 [家]元夫＝フォード, ハリソン(俳優)

マーシャル, ゲーリー Marshall, Garry 映画監督 脚本家 俳優 [国]米国 [没]2016年7月19日 81歳〔肺炎による合併症〕 [生]1934年11月13日 [出]米国・ニューヨーク市 [名]本名＝Marshall, Garry Kent [学]ノースウエスタン大学卒 [歴]ニューヨークの新聞社に勤務した後、1960年代にコメディやバラエティショーの脚本家としてテレビ界入り。エミー賞に3度ノミネートされた「おかしなカップル」(70〜75年)で評価を高め、テレビ版「アメリカン・グラフィティ」ともいえるロン・ハワード主演「ハッピー・デイズ」(74〜84年)や、妹ペニー・マーシャルの主演作「ラバーン&シャーリー」(76〜83年)など喜劇の長寿番組で一躍有名になる。68年「How Sweet It is」の製作・脚本で映画界に進出。「007/ゴールドフィンガー」(64年)や「空爆特攻隊」(69年)には俳優として出演。70年「クリスチーヌの性愛記」の脚本を手がけ、82年「病院狂時代」で監督デビュー。90年「プリティ・ウーマン」が世界的に大ヒットし、主演女優ジュリア・ロバーツの出世作となった。他の監督作品に「フラミンゴ・キッド」(84年)、「恋のじゃま者」(86年)、「潮風のいたずら」(87年)、「フォエバー・フレンズ」(88年)、「恋のためらい フランキーとジョニー」(91年)、「ゴッド・エー

ジェント」(96年)、「カーラの結婚宣言」(99年)、「プリティ・ブライド」(99年)、「プリティ・プリンセス」(2001年)、「プリティ・プリンセス2」(04年)、「バレンタインデー」(10年)、「ニューイヤーズ・イブ」(11年)、出演作品に「プリティ・リーグ」(1992年)、「25年目のキス」(99年)、「ER緊急救命室」(2009年)などがある。「プリティ・ウーマン」のミュージカル版も手がけた。02年1月来日。 [家]妹＝マーシャル, ペニー(映画監督)

マシーレ, クェット・ケトゥミレ・ジョニ **Masire, Quett Ketumile Joni** 政治家 ボツワナ大統領 ボツワナ民主党(BDP)党首 [国]ボツワナ [没]2017年6月22日 91歳 [生]1925年7月23日 [出]英領ベチュアナランド・カニエ(ボツワナ) [学]タイガークルーフ高(南アフリカ)卒 [歴]教師、記者を経て政治活動に入り、1962年英領ベチュアナランド(現・ボツワナ)でセレツェ・カーマとともに民主党(BDP)を結成し、書記長となる。65年自治政府副首相。66年の独立後、カーマ初代大統領のもと副大統領兼蔵相に就任。67年開発計画相兼任。80年7月カーマ大統領死去に伴い大統領及びBDP党首に就任。同年から南部アフリカ開発調整会議(SADCC)議長。81〜87年にかけてアフリカを襲った最悪の干魃時に、食糧供給体制の強化などの独自のプログラムを実施し、国内から餓死者を一人も出さなかった。94年10月4選。98年4月政界を引退。90年11月、92年3月来日。 [賞]アフリカ賞〔1989年〕

マズア, クルト **Masur, Kurt** 指揮者 ニューヨーク・フィルハーモニック音楽監督 [国]ドイツ [没]2015年12月19日 88歳 [生]1927年7月18日 [出]ドイツ・ブリク(ポーランド・ブジェク) [学]ブレスラウ音楽学校(ピアノ・チェロ)〔1944年〕卒, ライプツィヒ音楽院(指揮・ピアノ・作曲)〔1948年〕卒 [歴]1948年からハレ国立劇場でコレペティートアおよび指揮者として活動。その後、51〜53年エアフルト市立劇場、53〜55年ライプツィヒ市立劇場の第1指揮者、55年ドレスデン・フィルハーモニー指揮者、58年メクレンブルク国立劇場音楽総監督、60〜64年ベルリン・コーミッシェ・オーパー首席指揮者、64〜67年再びドレスデン・フィルで指揮者、67〜72年同首席指揮者。70年ライプツィヒ・ゲヴァントハウス管弦楽団常任指揮者を兼ね、72年から同音楽監督。旧東ドイツの代表的な指揮者の一人で、89年の民主化運動ではライプツィヒで先頭に立ち、東ドイツの無血革命を成功させた立役者の一人とされる。90年10月ドイツ統一記念式典で第九を指揮。91年9月〜2002年7月ニューヨーク・フィル(NYPO)音楽監督。1992年イスラエル・フィル終身名誉指揮者。97年3月ゲヴァントハウス管弦楽団音楽監督の任期を1年残し辞任。同楽団の歴史上初の名誉指揮者の称号を授与された。2000〜07年ロンドン・フィル首席指揮者、02〜08年フランス国立管弦楽団音楽監督。社会的活動にも積極的で、東西ドイツ対立の平和的解決を目指して奔走。ベルリンの壁崩壊後も東ドイツ子供基金を創設したほか、日本にも支部があるフェリックス・メンデルスゾーン・バルトルディ基金名誉会長を務めた。1971年初来日。読売日本交響楽団などにたびたび客演し、79年同楽団名誉指揮者の称号を受けた。妻はソプラノ歌手のマズア偕子。息子のケン・マズアも指揮者として活躍。 [賞]レジオン・ド・ヌール勲章〔1997年〕, ライプツィヒ名誉市民〔1996年〕 [資]ドイツ芸術院会員〔1970年〕 [家]妻＝マズア偕子(ソプラノ歌手), 息子＝マズア, ケン(指揮者)

マソプスト, ヨゼフ **Masopust, Josef** サッカー選手 サッカー指導者 サッカー・チェコスロバキア代表監督 [国]チェコ [没]2015年6月29日 84歳 [生]1931年2月9日 [出]チェコスロバキア・ストリミス(チェコ) [歴]1945年チェコスロバキアのバニク・モスト、50年ボドテチナ・テプリチェ、52年デュクラ・プラハ、68年ベルギーのモレンビークに在籍。ポジションはMF。ドリブラーとして類稀な才能を持ち、デュクラ・プハラ時代は8回のリーグ優勝、3回のカップ優勝を果たした。54年10月チェコスロバキア代表デビュー。60年UEFA欧州選手権でチームの3位入賞の原動力となる。62年W杯チリ大会では中盤の指揮官としてチームを準優勝に導き、同年バロンドール(欧州年間最優秀選手)に選ばれた。70年引退。70〜76年デュクラ・プラハ監督、84〜88年チェコスロバキア代表監督、88〜91年インドネシア五輪代表監督などを歴任。96年監督業からも引退し、チェコ代表のスカウトを務めた。 [賞]バロンドール〔1962年〕, UEFA会長賞〔2014年〕

マーチン, フレンチ **Martin, Frenchy** プロレスラー [国]カナダ [没]2016年10月21日 69歳 [生]1947年7月19日 [出]カナダ・ケベック州ケベックシティ [名]本名＝ガニエ, ジャン〈Gagné, Jean〉, リングネーム＝マッドドッグ・マーチン〈Mad Dog Martin〉, マーテル, フレンチ〈Martel, Frenchy〉, マーチン, ピエール〈Martin, Pierre〉 [歴]フランス系カナダ人。1971年地元ケベックでプロレス・デビュー。ヒゲ面の悪役としてカナダ各地で活躍後、75年11月国際プロレスに初来日。IWA世界タッグ王座を獲得し、79年4月にはマッドドッグ・マーチンの名で全日本にも参戦した。その後、第1次UWFにも出場し、前田日明とも対戦。86年WWEに参戦。88年人気のディノ・ブラボーのマネジャーを務め、90年に引退した。

マッカラ, コリーン **McCullough, Colleen** 作家 [国]オーストラリア [没]2015年1月29日 77歳 [生]1937年6月1日 [出]ニュージーランド・ウェリントン [学]シドニー大学, ロンドン大学 [歴]医学を志して、ジャーナリズム関係、図書館、“アウトバック”での教師兼スクールバス運転手などの仕事をしながら、神経生理学を学ぶ。大学卒業後は神経生理学者としてオーストラリア国内、ロンドン、バーミンガム、米国・コネティカット州のエール大学神経学研究所などで働いていたが、1974年処女小説「TIM(ただ『あなた』だけで美しい)」で作家としてデビュー。5年がかりで書き上げた第2作目「The thorn birds(ソーン・バーズ)」(77年)が全世界で翻訳され約3000万部のベストセラーとなる成功により作家として自立。ウェールズ人、英国人、スコットランド人、アイルランド人の血を4分の1ずつ受けつぎ、マオリ族の血もひいているという。他

マ

の作品に〈The Masters of Rome〉シリーズ、「トロイアの歌」(98年)などがある。

マッキルバニー, ウィリアム McIlvanney, William 作家 詩人 [国]英国 [没]2015年12月5日 79歳 [生]1936年11月25日 [出]英国・スコットランド [名]本名＝McIlvanney, William Angus [学]グラスゴー大学卒 [歴]1966年現代小説「Remedy Is None」を発表して文壇にデビュー。以後、70年に詩集「Longships in Harbour(港の長船)」、75年にウィットブレッド賞を獲得した「Docherty(ドハーティ)」などの純文学作品を発表。ミステリの分野でも活躍し、グラスゴー警察の一匹狼警部を描いた〈レイドロウ警部〉シリーズの第1弾「Laidlaw(夜を深く葬れ)」で77年度英国推理作家協会シルバー・ダガー賞を受賞。同シリーズ第2弾「The Papers of Tony Veitch(レイドロウの怒り)」で83年度シルバー・ダガー賞を再び受賞。“タータン・ノワールのゴッドファーザー”と呼ばれた。詩集に「In Through the Head」(88年)などがある。 [賞]ウィットブレッド賞〔1975年〕「Docherty(ドハーティー)」, CWA賞シルバー・ダガー賞(1977年度, 1983年度)「Laidlaw(夜を深く葬れ)」「The Papers of Tony Veitch(レイドロウの怒り)」

マッケーブ, ジョン McCabe, John ピアニスト 作曲家 [国]英国 [没]2015年2月13日 75歳 [生]1939年4月21日 [出]英国・ランカシャー州ハイトン [学]マンチェスター大学, マンチェスター王立音楽大学, ミュンヘン音楽大学 [歴]少年期に作曲を独習し、11歳でリバプール音楽学校に入学するまでに13曲の交響曲を習作。マンチェスター大学で作曲をプロクター・グレッグに、次いでマンチェスター王立音楽大学で作曲をピットフィールド、ピアノをグリーンに師事した。1964年ミュンヘン音楽大学に留学。作曲をハラルド・ゲンツマーに学ぶ。帰国後の65〜68年ピアニストとしてカーディフ大学アーティスト・イン・レジデンス、83〜90年ロンドン音楽大学教師を務め、その後、ロンドンで演奏活動を続けた。作曲作品に「The Chagall Windows」「Variations on theme of Hartmann」「Notturni ed Alba」「Cloudcatcher Fells」「Fire at Durilgai」「Canyons」、バレエ曲「Edward II」「Arthur Part1, Part2」など。 [賞]CBE勲章 [師]師＝グレッグ, プロクター, ゲンツマー, ハラルド

マーティン, ジョージ Martin, George Henry 音楽プロデューサー [国]英国 [没]2016年3月8日 90歳 [生]1926年1月3日 [出]英国・ロンドン [学]ギルドホール音楽学校卒 [歴]オーボエ奏者として活動後、1950年EMIレコードに入社。パーロフォン・レーベルでレコーディングプロデューサーとなり、以後、ジュディ・ガーランド、スタン・ゲッツ、エラ・フィッツジェラルド、ニール・セダカ、ピーター・セラーズなど多くのアーティストのプロデュースを手がける。62年にはビートルズを見いだし、デビューシングル「ラブ・ミー・ドゥ」を収録。以後、ビートルズのほぼ全ての作品を手がけ、“5人目のメンバー”といわれるほど密接な仕事ぶりを展開、ビートルズ・サウンドの進歩・発展に欠かせない重要な存在となった。世界的ギタリストのジェフ・ベックやカナダの歌手セリーヌ・ディオンのプロデューサーも務めた。レコード・プロデューサーの地位をミュージシャンと同等にまで高め、その仕事を一般に認知させた最初の英国人。65年プロダクション・カンパニーを設立、69年AIRスタジオを開設。レコーディング・スタジオやエンジニアの派遣会社を傘下に持つAIRグループの会長を務める。98年ビートルズのカバー曲集「イン・マイ・ライフ」を最後に引退。映画音楽も多く手がけ、5回グラミー賞を受賞した。著書に「耳こそはすべて―ビートルズ・サウンドを創った男」(79年)、「Making Music」(83年)、「Summer of Love」(94年)がある。96年ナイトの称号を受け、2002年にはポール・マッカートニーらが出演したエリザベス女王即位50周年の記念コンサートで総監督を務めるなど、英王室との関係も深かった。 [賞]CBE勲章〔1988年〕, バークレー音楽大学名誉博士号, グラミー賞〔1964年・1967年・1973年・1993年・1996年〕 [家]三男＝マーティン, ジャイルズ(音楽プロデューサー)

マニング, パトリック Manning, Patrick 政治家 トリニダードトバゴ首相 [国]トリニダードトバゴ [没]2016年7月2日 69歳 [生]1946年8月17日 [出]トリニダードトバゴ・トリニダード島サンフェルナンド [名]本名＝Manning, Patrick Augustus Mervyn [学]西インド大学(ジャマイカ, 地質学)卒 [歴]1965〜66年トリニダード島のテキサコ石油会社の製油所オペレーター、のち議員秘書などを経て、71〜78年トリニダードトバゴ下院議員。財政、経済関係の各省次官、閣外相を歴任。81〜86年動力天然資源相。86年下野し、87年アフリカ黒人系の中道左派・人民国家運動(PNM)党首となる。91年12月の総選挙でPNMが勝利し、首相に就任。95年11月退任。2001年12月〜10年5月再び首相を務めた。

マハルーフ, アニーサ Makhlouf, Anisa シリアのバッシャール・アサド大統領の母 [国]シリア [没]2016年2月6日 86歳 [生]1930年 [出]シリア・ラタキア [歴]裕福な家庭に生まれる。1957年シリア軍中尉のハフェズ・アサドと結婚。71年に夫が大統領に就任してからも、公の前に姿を見せることは少なかった。5人の子をもうけ、二男のバッシャールは2000年大統領に就任した。 [家]夫＝アサド, ハフェズ・アル(シリア大統領), 二男＝アサド, バッシャール・アル(シリア大統領)

マーフィ, ウォーレン Murphy, Warren 作家 [国]米国 [没]2015年9月4日 81歳 [生]1933年9月13日 [出]米国・ニュージャージー州ジャージーシティ [名]本名＝Murphy, Warren Burton, 共同筆名＝ストライカー, デブ〈Stryker, Dev〉 [歴]1952〜56年アラスカ空軍司令部に所属。56年軍籍を離れ、ジャーナリストとして活動。71年故郷ジャージーシティ市役所の地域問題部長代理、ハッケンサック・メドウランド開発委員会会員を務めたこともある。趣味の格闘技に材を得て、記者時代に知り合ったリチャード・サピアと合作で、71年病める米国を治療する秘密組織〈CURE〉の殺人機械“デストロイヤー”シリーズを開始、ベストセラーとなる。80年代にはアル中保険調査員を主人公にしたユーモア・ミステリー〈トレース〉シリーズで新境地を開いた。同シリーズの「豚は太るか死ぬしかない」は85年度のエドガー賞ペーパーバック部門を受賞。このほか、フランク・スティーブンスとの共著「Atlantic

マ

City」(79年)や、妻だったモリー・コクランとの合作「The Grandmaster（グランドマスター）」(84年、86年度エドガー賞ペーパーバック部門受賞)、「アメリカを狙え」などがある。映画「アイガー・サンクション」(75年)の脚本や、「リーサル・ウェポン2/炎の約束」(89年)の原案を手がけた。 ㊥自由財団賞「1955年」、全国市政リーグ広報賞「1963年」、MWA賞最優秀ペーパーバック賞「1985年・1986年」「豚は太るか死ぬしかない」「グランドマスター」 ㊥元妻＝コクラン、モリー（作家）

マフカモフ、カハル Makhkamov, Kakhar 政治家 タジキスタン大統領 ㊥タジキスタン ㊦2016年6月8日 84歳 ㊤1932年4月16日 ㊦ソ連・タジキスタン共和国レニナバード（タジキスタン・ホジェンド) ㊥本名＝Makhkamov, Kakhar Makhkamovich ㊥レニングラード鉱山大学卒 ㊥タジク人。1957年ソ連共産党に入党。タジキスタン共和国で地方行政に従事し、同共和国国家計画委員会議長となり、85年副首相、82年首相を経て、85年党第1書記、90年4〜12月最高会議議長兼任。90年11月初代大統領に就任。86年ソ連共産党中央委員、90年7月党政治局員。91年8月の政変後、大統領及び第1書記を辞任した。保守派。

マランヴォー、エドモン Malinvaud, Edmond 経済学者 コレージュ・ド・フランス名誉教授 フランス国立統計経済研究所長 ㊥統計経済学、マクロ経済学 ㊥フランス ㊦2015年3月7日 ㊤1923年4月25日 ㊦フランス・リモージュ ㊥パリ大学、国立工科大学校卒、国立統計経済研究所附設応用学院 経済学博士 ㊥1950年シカゴ大学に留学。60年代にフランス国立統計行政学院で教鞭を執り、72年財務省予測局長、74〜87年国立統計経済研究所所長を歴任。また57〜87年社会科学高等研究院研究部長として経済学の教育研究にあたり、87〜93年コレージュ・ド・フランスの教授を務め、93年名誉教授。63年数理経済学会会長、74〜77年国際経済学会会長、80〜81年国際統計研究所所長、88年欧州経済学会会長の要職を務めた。著書に「ミクロ経済理論講義」(55年)、「失業理論の再検討」(77年)、「マクロ経済学理論」(81年)、「数理経済学の統計学的方法」などがある。 ㊥レジオン・ド・ヌール勲章コマンドール章

マリガン、ブラックジャック Mulligan, Blackjack プロレスラー ㊥米国 ㊦2016年4月7日 73歳 ㊤1942年11月26日 ㊦米国・テキサス州ロスコー ㊥本名＝ウィンダム、ロバート・デロイ〈Windham, Robert Deroy〉 ㊥アメリカンフットボール選手を経て、1967年プロレスラーに転向。NWA、AWA、WWWF（現・WWE）で活躍。2メートルの長身に、黒いカウボーイハットと口ヒゲをたくわえた西部劇のスタイルで人気を得る。70年12月初来日し、ビッグ・ボブ・ウィンダムのリングネームで国際プロレスに参戦。ブラックジャック・マリガンに改名後、全日本プロレス、新日本プロレスでジャイアント馬場、アントニオ猪木とも対戦した。2006年WWE殿堂入り。長男のバリー・ウィンダム、二男のケンドール・ウィンダムもプロレスラーで、12年には長男のバリーが殿堂入りし、親子2代で顕彰を受けた。孫のブレイ・ワイアット、ボー・ダラスもWWEで活躍。 ㊥長男＝ウィンダム、バリー（プロレスラー）、二男＝ウィンダム、ケンドール（プロレスラー）、孫＝ワイアット、ブレイ（プロレスラー）、ダラス、ボー（プロレスラー）

マリナー、ネビル Marriner, Neville 指揮者 バイオリニスト セント・マーティン・アカデミー室内管弦楽団創設者 ㊥英国 ㊦2016年10月2日 92歳 ㊤1924年4月15日 ㊦英国・リンカーン ㊥英国王立音楽院、パリ音楽院 ㊥優秀なアマチュア音楽家の家庭に育つ。パリ音楽院でルネ・ベネデッティに師事。1947〜48年イートン・カレッジで教職に就いた後、52年マーティン弦楽四重奏団の第2バイオリン奏者に。54年ジャコビアン合奏団を組織して17、8世紀の音楽を演奏。49〜59年英国王立音楽大学でバイオリンの指導にあたった。その後、米国メーン州の夏期学校でピエール・モントゥーについて指揮を学ぶ。56〜68年ロンドン交響楽団第2バイオリン首席。56年セント・マーティン・アカデミー室内管弦楽団（Academy of St.Martin-in-the-Fields）を創立、音楽監督を務め、指揮活動を開始。78年から同弦楽団の監督をアイオナ・ブラウンに任せ、68〜77年ロサンゼルス室内管弦楽団、79〜86年ミネソタ管弦楽団、84〜89年シュトゥットガルト放送交響楽団の音楽監督を務めた。バロック音楽から現代音楽まで幅広いレパートリーを誇り、数多くの名作曲家の全集を手がけ、再評価に貢献。84年モーツァルトを描いた米映画「アマデウス」の音楽を担当した。85年ナイト爵に叙された。72年の初来日以来、数回来日。2007年札幌交響楽団定期演奏会で指揮。16年4月東京などでアカデミー室内管弦楽団と28年ぶりの来日公演を行った。 ㊥CBE勲章、グラミー賞最優秀合唱賞（第24回）「1981年」「ハイドン」、グラミー賞最優秀アルバム賞（第27回）「1984年」「アマデウス」 ㊥師＝ベネデッティ、ルネ、モントゥー、ピエール

マリン・ゴンサレス、マヌエル Marín González, Manuel 政治家 欧州連合（EU）欧州委員会委員長代行 ㊥スペイン ㊦2017年12月4日 68歳 ㊤1949年10月21日 ㊦スペイン・シウダ・レアル ㊥コレージュ・ド・ヨーロップ（ベルギー）卒 法学博士（マドリード大学）、共同体法学博士（ナンシー大学、フランス） ㊥1974年スペイン社会労働党に入党。77年下院議員に当選。78年欧州評議会評議員、欧州議会社会主義政党グループ事務局長補佐、82〜85年欧州共同体（EC）関係担当相などを歴任。86年スペインがECに加入、自身はスペイン出身として初の欧州委員会委員に任命され、ジャック・ドロール委員長の下で副委員長に就任。89年1月副委員長再任、93年1月開発協力担当委員、11月欧州連合（EU）へ移行、95年1月地中海諸国・中東・南米・ASEAN担当、2月副委員長・サンテール委員長の下で副委員長に就任。99年3月予算をめぐる不祥事の責任を取り総辞職。9月の新委員会任命まで委員長代行を務めた。2004〜08年下院議長を務め、その後はスペインに戻って教壇に立った。ヨーロッパの学生が国境の隔たりなく自由に学べる交流の場とした"エラスムス計画"を実現させるために奔走し、その功績が称えられ、EUでは"エラスムスの父"と呼ばれた。

マルシャン、コレット Marchand, Colette バレリーナ 女優 ㊥フランス ㊦2015年6月5日 90歳

㋕1925年4月29日 ㋓フランス ㋚パリ・オペラ座出身。1947年メトロポリタン・バレエ団で踊り、48年よりローラン・プティのパリ・バレエ団のバレリーナとして活躍。49年の「半熟卵」、53年の「24時間の愛」は評判となった。52年映画「赤い風車（ムーラン・ルージュ）」に出演、アカデミー賞助演女優賞にノミネートされ、ゴールデン・グローブ賞新人賞を受賞。映画「ウィーンの別離」（54年）にも出演した。 ㋞ゴールデン・グローブ賞新人賞（第10回, 1952年度）「赤い風車」

マルゾーン, フランク　Malzone, Frank　大リーグ選手 ㋓米国 ㋛2015年12月29日　85歳 ㋕1930年2月28日 ㋓米国・ニューヨーク市ブロンクス ㋔本名＝Malzone, Frank James ㋟1955年大リーグのレッドソックスに入団。マイナー生活を経て、57年正三塁手となり、185安打, 31二塁打, 103打点の好成績を残したが、前年123打数あったとして新人として扱われず新人賞を逃した。58年185安打で自己最高の打率.295をマーク。59年34二塁打、92打点と活躍。57年から3年連続でゴールドグラブを獲得。また、57〜60年には球団記録となる475試合連続出場を達成した。66年エンゼルスに移籍後、引退。通算成績は、実働12年、1441試合出場、5428打数1486安打、133本塁打、728打点、打率.274。オールスター出場6回。引退後は長くスカウトを務めた。95年レッドソックスの殿堂入りを果たす。

マルタン, マルセル　Martin, Marcel　映画評論家　国際映画評論家連盟名誉会長 ㋓フランス ㋛2016年6月4日　89歳 ㋕1926年10月12日 ㋓フランス・ナンシー ㋐ソルボンヌ大学（哲学, 文学） ㋛ソルボンヌ大学で哲学と文学を専攻したのち、同大映画研究所で学ぶ。卒業論文「映画言語」は日本語にも翻訳。フランスのシネマ誌「エクラン」などで映画に関する講義を受け持った。著書に「チャールズ・チャップリン」「フランス映画1943‐現代」などがある。1992年東京国際映画祭審査委員を務めた。 ㋞妻＝今泉幸子（映画評論家）

マルディーニ, チェザーレ　Maldini, Cesare　サッカー選手・指導者　サッカー・イタリア代表監督 ㋓イタリア ㋛2016年4月3日　84歳 ㋕1932年2月5日 ㋓イタリア・トリエステ ㋟1954年サッカー選手としてプロデビュー。ACミラン、トリノでプレーし、セリエAで4回（55年, 57年, 59年, 62年）優勝。63年には主将としてACミランを初の欧州制覇に導いた。一方、60年イタリア代表入りし、62年W杯に出場。セリエAでは通算412試合に出場し、代表では14キャップを保持した。71年ACミランで指導者としてスタートし、パルマ、ACミランなどの監督を務める。80年イタリア代表コーチとなり、82年のW杯スペイン大会ではベアルツォット監督の下でコーチとして優勝に貢献。86〜96年U-21代表監督を務め、欧州3連覇を達成。96年よりA代表を率い、98年W杯フランス大会は準々決勝でPK戦の末に開催国フランスに敗戦。2002年W杯日韓共催大会はパラグアイ代表監督としてベスト16。

息子のパオロもACミランとイタリア代表で活躍した。 ㋞息子＝マルディーニ, パオロ（サッカー選手）

マルティネッリ, エルザ　Martinelli, Elsa　女優 ㋓イタリア ㋛2017年7月8日　82歳 ㋕1935年1月30日 ㋓イタリア・グロッセート ㋔本名＝Tia, Elisa ㋚家が貧しく、ローマの下町トラステヴェレで配達人として働きながら通学した。16歳の時、デザイナーにスカウトされてファッションモデルとしてデビュー。「ヴォーグ」「ライフ」などの表紙を飾る人気モデルとなる。1953年ニューヨークでのショーに出演中、俳優カーク・ダグラスに見出され、55年ダグラス主演の「赤い砦」で映画デビュー。以後、イタリア、米国、フランス、英国、西ドイツで数多くの作品に出演。61年ジョン・ウェインとの共演作「ハタリ！」が話題を呼んだ。70年代以降はファッションデザイナーとして活躍した。他の映画出演作に、「ドナテラ」（55年）、「水田地帯」（56年）、「血とバラ」（60年）、「予期せぬ出来事」（63年）、「スタンダールの恋愛論」（64年）、「カトマンズの恋人」（70年）など。 ㋞ベルリン国際映画祭女優賞（1956年）「ドナテラ」

マレー, ロビン　Murray, Robin　経済学者　ロンドン・スクール・オブ・エコノミクス（LSE）グローバル・ガバナンス研究センター客員研究員 ㋒産業経済学, 環境経済学 ㋓英国 ㋛2017年5月29日　76歳 ㋕1940年9月14日 ㋓英国・ウエストモーランド州（カンブリア州） ㋐オックスフォード大学ベリオール・カレッジ ㋚1972〜93年サセックス大学やロンドン・スクール・オブ・エコノミクス（LSE）に勤務。英国下院議院、廃棄物特別委員会の専門アドバイザーを務め、欧米の先進事例をもとに低コストで安全な廃棄物政策を提言。ジャマイカやエチオピア、ホンジュラス政府などへの助言も行った。邦訳書に、英国政府にごみ政策の転換を迫ったリポート「ゴミポリシー 燃やさないごみ政策『ゼロ・ウェイスト』ハンドブック」（2002年）がある。

マレク, レドハ　Malek, Redha　政治家　外交官　アルジェリア首相 ㋓アルジェリア ㋛2017年7月29日　85歳 ㋕1931年12月21日 ㋓フランス領アルジェリア・バトナ（アルジェリア） ㋚1955年アルジェリア・イスラム教徒学生総連合会（UGEMA）の創設メンバーで、57年運営委員。57〜62年アルジェリア民族解放戦線（FLN）の週刊紙「El Moudjahid」編集長。アルジェリアの旧宗主国フランスからの独立を実現させた62年の和平合意の交渉団メンバーの一人として活躍。62〜64年ユーゴスラビア、65〜70年フランス、70〜77年ソ連、79〜82年米国、82〜84年英国各大使、78〜79年情報・文化相、92〜93年外相を経て、93〜94年首相。95年国民和同盟（ANR）党首。アルジェリア外交の基礎を築いたと評される。

マレ・ジョリス, フランソワーズ　Mallet-Joris, Françoise　作家 ㋓ベルギー ㋛2016年8月13日　86歳 ㋕1930年7月6日 ㋓ベルギー・アントワープ ㋚法相の経歴を持つ政治家を父とし、王室アカデミー会員の作家を母として生まれ、米国とフランスで教育を受ける。23歳の時、孤独な女子高生が父親の情婦と同

性愛に陥るという衝撃的な内容の小説「Le Rempart des Béguines（えせ信心女の城塞）」（1953年）を発表し、文壇にデビュー。以後、61年頃まで自然主義の系列に入る作品を次々に世に送り、58年には「L'Empire Celeste（天上の帝国）」でフェミナ賞を獲得するなど高い評価を受けた。この間に結婚、4児の母となったが、ブルジョワ生活の安逸さを嫌いカトリックに改宗。こうした内面の変化は作風にも投影され、61年発表の「登場人物たち」の頃から安定と深みの増した作品を発表。65年にはそれまでに書かれた全作品に対してモナコ公賞が贈られ、70年執筆のエッセイ「La maison de papier（神の家）」はベストセラーを記録、モーリヤックのフランドル女性版とも評された。同年ゴンクール賞選考委員に選出され、のちフェミナ賞審査委員も務めた。　[賞]フェミナ賞〔1958年〕「天上の帝国」，モナコ公賞〔1965年〕　[団]アカデミー・ゴンクール

マンクーゾ, デービッド　**Mancuso, David**　DJ　[国]米国　[没]2016年11月14日　72歳　[生]1944年10月20日　[出]米国・ニューヨーク州ユーティカ　[名]本名＝Mancuso, David Paul　[歴]高校を中退してニューヨークに渡り、様々な職業を転々とする。古物商から転じ、1970年よりニューヨークのダウンタウンで招待客相手のダンスパーティーを主催。ディスコ音楽におけるDJが主流となる前から、ロックやソウルなど様々なジャンルのレコードを朝まで回し、客を楽しませた。後年、大規模になったパーティーは“ザ・ロフト”の名で知られ、今のダンスシーンの原型となった。

マンケル, ヘニング　**Mankell, Henning**　推理作家　舞台演出家　[国]スウェーデン　[没]2015年10月5日　67歳〔がん〕　[生]1948年2月3日　[出]スウェーデン・ストックホルム　[歴]児童向けから大人ものの推理小説まで幅広い作品を手がけ、スウェーデンを代表する人気作家となる。1991年スウェーデンの警察小説〈刑事ヴァランダー〉シリーズの第1作「殺人者の顔」を発表。スウェーデン社会をもっともよく描写したと評され、英国BBCで「刑事ヴァランダー」としてテレビドラマ化もされた。2001年同シリーズの「目くらましの道」でCWA賞ゴールドダガー賞を受賞。小説「少年のはるかな海」ではスウェーデンのニルス・ホルゲション賞とドイツ児童文学賞を受け、1996年児童文学における活動全般に対してアストリッド・リンドグレーン賞を受賞。モザンビークで劇場建設にも貢献した。　[賞]ニルス・ホルゲション賞〔1991年〕「少年のはるかな海」，ガラスの鍵賞〔1992年〕「殺人者の顔」，ドイツ児童文学賞〔1993年〕「少年のはるかな海」，アストリッド・リンドグレーン賞〔1996年〕，CWA賞ゴールドダガー賞〔2001年〕「目くらましの道」，ガムシュー賞〔2005年〕

マンスフィールド, ピーター　**Mansfield, Peter**　物理学者　ノッティンガム大学名誉教授　[国]英国　[没]2017年2月8日　83歳　[生]1933年10月9日　[出]英国・ロンドン　[学]ロンドン大学クイーン・メアリー・カレッジ〔1959年〕卒　物理学博士（ロンドン大学）〔1962年〕　[歴]1962～64年イリノイ大学研究員、64年ノッティンガム大学物理学部講師、67年上級講師などを経て、79年教授に就任。95年名誉教授。72～73年にはマックス・プランク医学研究所で研究。この間、物理学研究で使うNMR（核磁気共鳴）を応用し、医療の画像診断に使うMRI（磁気共鳴診断装置）の開発に従事。高速かつ高精度で画像化する方法を考案して医療現場での実用化への道を開いた。2003年MRI開発の功績により、イリノイ大学のポール・ラウターバー教授とともにノーベル医学生理学賞を受賞。ナイト爵を持つ。　[賞]ノーベル医学生理学賞〔2003年〕，ムラード・メダル〔1990年〕，ガルミッシュ・パルテンキルヘン賞〔1995年〕，ランク賞〔1997年〕，オーストラリア生涯功労賞〔2009年〕　[資]ロイヤル・ソサエティ会員

マンスール, アフタル・ムハンマド　**Mansour, Akhtar Mohammad**　タリバン最高指導者　[没]2016年5月21日〔米軍の無人機攻撃による空爆死〕　[出]アフガニスタン・カンダハル州マイワンド郡バンディティムール村　[歴]1965年頃生まれ。アフガニスタンのイシャクザイ族出身。1979年ソ連のアフガニスタン侵略が始まり、10代半ばで聖戦に参加。96年イスラム教スンニ派過激組織タリバン政権下で航空観光相に就任。2001年12月タリバン政権崩壊後はパキスタンに逃れ、タリバンは新しく樹立したアフガニスタン政府に抵抗する武装集団に変貌。10年副指導者となり、指導者評議会を主導した。13年4月タリバン最高指導者であるムハマド・オマルが死亡するが、タリバンはその事実を隠蔽。15年7月オマルの死亡を認め、正式に最高指導者に就任した。アフガニスタン政府との和平協議を推進する一方、タリバン内部では主要人事を縁故主義で決めるなど批判も多かった。16年5月パキスタン南西部バロチスタン州ダルバンディで米軍の無人機攻撃により死亡した。

マンソン, チャールズ　**Manson, Charles**　カルト集団指導者　[国]米国　[没]2017年11月19日　83歳〔病気〕　[生]1934年11月12日　[出]米国・オハイオ州シンシナティ　[歴]子供の頃から犯罪に手を染め、矯正施設などへの出入りを繰り返す。1960年代カリフォルニア州で家出少女らと自由恋愛と自分への個人崇拝に基づくコミューンを設立。69年8月映画監督ロマン・ポランスキーの邸宅で、監督の妻で当時妊娠8ケ月だった女優のシャロン・テートらを殺害させた。他にも別の夫婦など男女計7人を殺害させ、現場に血でビートルズの歌のタイトル「ヘルター・スケルター」の文字を残すなど、欧米に大きな衝撃を与えた。ヒッピー風の容姿とともに“悪の象徴”“狂気のシンボル”とされ、その半生は書籍や映画の題材にもなった。71年に自身と“マンソン・ファミリー”と呼ばれた信者に死刑判決が言い渡されたが、カリフォルニア州が死刑を一時廃止したため、同州刑務所で服役。2017年に亡くなるまで40年以上を獄中で過ごした。

マンチャム, ジェームズ　**Mancham, James Richard Marie**　政治家　法律家　セーシェル大統領（初代）　[国]英国　[没]2017年1月8日　77歳　[生]1939年8月11日　[出]英領セーシェル・ビクトリア（セーシェル）　[学]ロンドン大学，パリ大学　[歴]1963年セーシェル民主党（SDP）の結党に参加し、指導的立場に就く。英国からのセーシェル独立により76年初代大統領となるが、翌77年ルネ首相による無血クーデターで大統領

マ

の座を追われた。英国に渡り、国際貿易コンサルタント、実業家として活動。

マンデリ, マリウッチャ　Mandelli, Mariuccia
ファッションデザイナー　クリツィア創業者　[国]イタリア　[没]2015年12月6日　90歳〔病気〕　[生]1925年1月31日　[出]イタリア・ベルガモ　[名]旧姓・名＝マンデリ, マリア〈Mandelli, Maria〉　[歴]1954年小学校教師からファッションの仕事に転身し、ミラノでクリツィアを設立。66年動物柄のニットが世界的にヒット。ミラノファッションの特徴とされる無駄な装飾を極力省いたミニマリズムの先駆けとなる服をデザインし、モードの最前線で活躍。大胆なデザインが特徴で、従来のショートパンツよりさらに短いホットパンツの生みの親でもある。洋服のほか香水などの販売も手がけ事業を拡大、90年代をピークに世界的なブランドに成長したが、2014年中国企業に買収された。00年東京での秋冬コレクションの発表に合わせ来日。02年東京都現代美術館「クリツィア・ムービング・シェープス展」開催のため来日した。　[賞]モード批評大賞〔1964年〕

【ミ】

ミシュラン, フランソワ　Michelin, François
実業家　ミシュラン会長　[国]フランス　[没]2015年4月29日　88歳　[生]1926年7月15日　[出]フランス・クレルモン・フェラン　[歴]1852年以来ミシュラン・ゴムで欧州自動車タイヤ業界をリードしてきた"200家族"と呼ばれるフランス資本家グループの一つ、ミシュラン・グループの後継者として12歳から教育され、1955年持ち株会社ミシュランの社長に就任。34年には自動車会社シトロエンの大株主となるが、74年末から同社が経営危機となり、76年にはプジョーに経営権を譲渡。この間60年スイスにミシュラン金融会社を設立。66年これまでのアングロサクソン資本抵抗の姿勢を転換し、世界最大のタイヤ会社米国のグッドイヤーとの合弁で、ルアーブルに合成ゴム工場を設立。同年ミシュラン会長に就任。同社を世界的企業に育てた。99年6月四男のエドゥアールに会長職を譲ったが、同氏は2006年に事故死した。ミシュランはレストランのガイドブックの発行でも有名。　[賞]レジオン・ド・ヌール勲章シュバリエ章〔2009年〕　[家]四男＝ミシュラン, エドゥアール（ミシュラン社主）, 祖父＝ミシュラン, エドゥアール（ミシュラン・グループ創設者）

ミスター・フジ
⇒フジワラ, ハリー を見よ

ミツォタキス, コンスタンティノス　Mitsotakis, Konstantinos
政治家　ギリシャ首相　新民主主義党（ND）名誉議長　[国]ギリシャ　[没]2017年5月29日　98歳　[生]1918年10月18日　[出]ギリシャ・クレタ島ハニャ　[学]アテネ大学（政治・経済）卒　[歴]政治家一家に育つ。第二次大戦中、対独ギリシャ・レジスタンス運動のリーダーとしてナチスに2度捕らえられ、死刑を宣告されたが、その都度逃亡した。1946年28歳の最年少議員として国会に登場。63年運輸・公共事業相、64年蔵相、65年経済調整相を歴任。67年軍事クーデターで逮捕され、のちフランスに亡命。74年民政復帰で帰国。78年保守政党の新民主主義党（ND）を結成。82年NDスポークスマンとなり、84年4月ND党首。この間、78～81年経済調整相、外相を務める。89年6月、7年半続いた全ギリシャ社会主義運動政権を倒してNDを第1党に躍進させ、90年4月の総選挙で過半数を獲得、首相に就任、9年ぶりに保守政権を発足させた。93年10月総辞職。この間、財政再建や国有企業民営化などの経済改革と欧米との関係改善に努めた。94年不法な電話盗聴を命じたとして特別法廷にかけられることが決定、国会議員の免責特権を剝奪された。2004年政界を引退。女婿をテロで失い、自らも暗殺未遂に遭った経験も持つ。英国首相をもじり、"バルカン・サッチャー"との異名をとった。カリスマ性はないが、180センチを超える長身で、党内では右派と一線を画する穏健改革派として知られた。　[家]長女＝バコヤンニ, ドーラ（政治家）, 長男＝ミツォタキス, キリアコス（政治家）

ミッチェル, エドガー　Mitchell, Edgar D.
宇宙飛行士　[国]米国　[没]2016年2月4日　85歳　[生]1930年9月17日　[出]米国・テキサス州ハーフォード　[学]カーネギー工科大学卒　博士号（航空航法学・宇宙航法学, マサチューセッツ工科大学）　[歴]1953年米国海軍に入隊、空母戦艦機のパイロットを務める。66年航空宇宙局（NASA）入り。71年アポロ14号に宇宙飛行士として乗船して月面に到着。33時間滞在し、9時間の船外活動を行った。持ち帰った月の岩石などのサンプルは、米国内外の研究に貢献した。72年NASAと海軍を退職し、ライス大学で科学研究に従事。超能力や超常現象、地球外生命体の研究にも意欲的だった。

ミニョソ, ミニー　Miñoso, Minnie
大リーグ選手　[国]米国　[没]2015年3月1日　92歳　[生]1922年11月29日　[出]キューバ・ハバナ　[名]本名＝Miñoso, Saturnino Orestes Armas Arrieta　[歴]1949年大リーグ入りし、インディアンスでメジャー初のラテン系黒人選手としてデビュー。51年途中からホワイトソックスに移籍し、この年は打率.326、10本塁打、76打点を記録。31盗塁と14三塁打はリーグ1位をマークし、頭角を現す。同年より3年連続盗塁王、11年連続二桁本塁打をマーク。58年インディアンス、60年ホワイトソックス、62年カージナルス、64年ホワイトソックスを経て、65年よりメキシカンリーグでプレー。73年には47歳で12本塁打を記録し、同年限りで引退した。50歳となった76年、コーチとしてホワイトソックスに復帰。この年、3試合に指名打者として出場し、1安打を記録。80年野手では史上3番目の高齢となる54歳で2試合に出場した。93年独立リーグのノーザンリーグで70歳にして出場。はつらつとしたプレーと明朗な性格で人気を博し"ミスター・ホワイトソックス"と呼ばれた。通算成績は、1835試合出場、6579打数1963安打、186本塁打、1023打点、1136得点、205盗塁、打率.298。盗塁王3回、ゴールドグラブ賞3回、オールスター出場7回。

ミハイ1世　ミハイ1セイ　Mihai I
ルーマニア国王　[国]ルーマニア　[没]2017年12月5日　96歳　[生]1921年10月25日　[出]ルーマニア・シナヤ　[歴]ホーエンツォレルン

ン家。ルーマニア国王カロル2世とヘレネ王妃との長男で、英ビクトリア女王の玄孫にあたる。ルーマニア中部シナヤのペレシュ城で生まれる。カロル2世がルペスク夫人との恋愛事件で王位継承権を放棄したため、1925年皇太子となる。27年祖父のフェルディナント1世の死去により、6歳で国王に即位。その後30年にカロル2世が復位した際皇太子となり、40年父の退位で再び即位。しかし第二次大戦後共産党が政権を握ったため47年12月退位、48年1月スイスのジュネーブに亡命。廃位後は航空機のパイロットなどとして働いた。89年12月テレビを通じ国民にチャウシェスク政権打倒を呼びかけ、王制復活へ待望論も出たが、本格的な運動には発展しなかった。90年12月43年ぶりに一時帰国。91年1月ルーマニア政府より国籍が与えられ、92年4月再度帰国した。同国の人権団体より市民権回復の申請が行われていたが、95年却下された。97年2月ルーマニア政府は市民権を50年ぶりに回復し、3月帰国。その後もスイスに住み続けた。在位は26歳までの一時期だけだが、国民統合の象徴として親しむ人も多く、人気は高かった。 [家]父＝カロル2世（ルーマニア国王），祖父＝フェルディナント1世（ルーマニア国王）

ミヨー, クリスチャン Millau, Christian ジャーナリスト 料理評論家 [国]フランス [没]2017年8月5日 88歳 [生]1928年12月30日 [出]フランス・パリ [名]本名＝Dubois-Millot, Christian [学]パリ政治学院卒 [歴]ロシア移民の子。フランスの夕刊紙「ルモンド」や週刊誌「レクスプレス」などで記者、編集者として活躍。1969年同じく記者で友人のアンリ・ゴーとレストランガイド「ゴー・ミヨー」を創刊。なるべく簡素な方法で素材の良さを引き出し、健康に配慮した“ヌーベル・キュイジーヌ（新しい料理）”を提唱した。「ゴー・ミヨー」は先発のガイドブック「ミシュラン」と並ぶ代表的なガイドとなり、日本を含む10カ国以上で出版された。ジョエル・ロブションやミシェル・ゲラールら若きシェフを支援することにより、美食界に革新をもたらしたといわれる。

ミラー, ダン Miller, Dan プロレスラー [国]米国 [没]2016年6月6日 84歳 [生]1932年6月5日 [出]米国・オハイオ州フリーモント [名]本名＝Miller, Daniel Dean, 通称＝Miller, Danny [歴]1950年プロレスラーとしてデビュー。ハンサムで正統派のレスリングで人気を博した。兄のビルとエドもプロレスラーで、ミラー兄弟の末弟として知られる。60年4月日本プロレスに初来日し、フランク・バロワと組んで力道山、吉村道明組を破り、アジアタッグ王座を獲得。その後、日本プロレスに4回、73年8月と76年2月に全日本プロレスにも参戦。ジャイアント馬場らと対戦した。

ミラノ, マリオ Milano, Mario プロレスラー [没]2016年12月10日 81歳 [生]1935年5月15日 [出]イタリア・ウーディネ [名]本名＝Bulfone, Mario, リングネーム＝バラクーダ〈Barracuda〉 [歴]イタリアで生まれ、戦後、家族でベネズエラに移住。1953年カラカスでプロレスラーとしてデビュー。米国で活躍したのち、67年よりオーストラリアのトップ選手として人気を博した。58年日本プロレスで初来日。その後、国際プロレス、全日本プロレスで覆面レスラー“ザ・バラクーダ”として活躍。85年素顔で全日本プロレスのリングに登場した。ジャイアント馬場、アントニオ猪木らとも対戦した。必殺技はジャンピングパイルドライバー。

ミルザハニ, マリアム Mirzakhani, Maryam 数学者 スタンフォード大学教授 [専]タイヒミューラー理論, 双曲幾何学, エルゴード理論, シンプレクティック幾何学 [国]イラン [没]2017年7月14日 40歳〔がん〕 [生]1977年5月3日 [出]イラン・テヘラン [学]シャリフ工科大学〔1999年〕卒, ハーバード大学大学院 Ph.D.（ハーバード大学）〔2004年〕 [歴]高校時代からその数学的センスを発揮し、世界の高校生が実力を競う国際数学オリンピックで、1994年、95年と連続で金メダルを獲得、“イランの天才少女”と注目される。2004年クレイ数学研究所研究員、プリンストン大学准教授を経て、08年スタンフォード大学教授。力学系、リーマン面とそのモジュライ空間の幾何学への貢献に対し、14年数学のノーベル賞と呼ばれるフィールズ賞を受賞した。史上初の女性の受賞で、イラン人の受賞も初めてだった。 [賞]フィールズ賞〔2014年〕, 国際数学オリンピック金賞〔1994年・1995年〕 [資]米国科学アカデミー会員〔2016年〕, 米国芸術科学アカデミー会員〔2017年〕

ミルナー, マーティン Milner, Martin 俳優 [国]米国 [没]2015年9月6日 83歳 [生]1931年12月28日 [出]米国・ミシガン州デトロイト [名]本名＝Milner, Martin Sam [歴]10歳から児童劇団の舞台に立ち、のち一家でハリウッドに移る。演技指導を受けたのち、1947年「ライフ・ウィズ・ファーザー」で映画デビュー。52年陸軍に応召、54年除隊。60〜64年日本でも放送された人気ドラマ「ルート66」では、旧国道を名車コルベットで旅する主演2人組の1人を演じ、人気を得た。テレビドラマ「特捜隊アダム12」（68〜75年）でも主演。他の出演映画に、「硫黄島の砂」（49年）、「地獄の戦場」（50年）、「成功の甘き香り」（57年）、「OK牧場の決斗」（57年）、「初恋」（58年）、「13ゴースト」（60年）、「哀愁の花びら」（67年）など。

ミルワード, ピーター Milward, Peter カトリック神父 上智大学名誉教授 ルネッサンス研究所所長 [専]古典文学, 英文学 [国]英国 [没]2017年8月16日 91歳〔多臓器不全〕 [生]1925年10月12日 [出]英国・ロンドン [学]オックスフォード大学〔1954年〕卒, 上智大学大学院修了 文学博士 [歴]1943年イエズス会入会。54年来日、上智大学で神学を学ぶ。60年叙階式を受け、カトリック神父になる。62〜95年上智大学教授。同大ルネサンス研究所所長も務めた。96〜2002年東京純心女子大学現代文化学部教授兼学部長。シェイクスピア研究者としても知られた。著書に「イギリス人と日本人」「イギリスの心」「イギリスの学校生活」「英文学のための動物植物事典」「うっかり先生回想録」「信ずる心のすすめ」「ミルワード氏の昆虫記」「ミルワード先生のユーモア日記」「ネコの哲学」「ザビエルの見た日本」他多数。 [賞]ヨゼフ・ロゲンドルフ賞（第15回）〔1999年〕「ザビエルの見た日本」 [団]Renaissance Institute, Hopkins Society of Japan, Newman Society of Japan

ミレット, ケイト Millett, Kate 女性解放運動家 作家 彫刻家 [国]米国 [没]2017年9月6日 82歳〔心臓

ミ

発作〕 [生]1934年9月14日 [出]米国・ミネソタ州セントポール [名]本名＝Millett, Katherine Murray [学]ミネソタ大学〔1956年〕卒 博士号（コロンビア大学）〔1970年〕 [歴]米英の大学で英文学を勉強した後、1961年から2年間日本に滞在。早稲田大学で英語講師などをしながら彫刻を学び、60～80年代には彫刻家の吉村二三生と結婚していた。70年にはコロンビア大学で博士号を取得。その時の学位論文「性の政治学」で権力構造における性差別を明らかにし、米国はじめ世界各地の女性解放運動に大きなインパクトを与えた。バーナード大学教授などを経て芸術活動に入った。晩年はニューヨーク市に住み、毎年9月にパリに滞在する生活を送った。 [家]元夫＝吉村二三生（彫刻家）

ミンスキー, マービン **Minsky, Marvin Lee** コンピューター科学者 マサチューセッツ工科大学名誉教授 [専]人工知能（AI），ロボット [国]米国 [没]2016年1月24日 88歳〔脳出血〕 [生]1927年8月9日 [出]米国・ニューヨーク市 [学]ハーバード大学〔1950年〕卒 Ph.D.（プリンストン大学）〔1954年〕 [歴]第二次大戦に従軍後、1950年にハーバード大学を卒業。57年よりマサチューセッツ工科大学（MIT）で教育と研究に従事。56年ダートマス大学で開かれた研究発表会で、人工知能（AI）という研究分野を提唱。59年MITにAI研究所（現・CSAIL）を共同で設立した。85年にはMITメディアラボの創設にも関わった。またロゴ・コンピュータ・システムズ社、シンキング・マシンズ社の創設者でもあり、米国航空宇宙局（NASA）から米国舞踏協会まで広範なプロジェクトやアドバイザーの仕事にも携わった。“人工知能の父”と称される。「心の社会」（85年）のほか、コンピュータ関係の著書多数。優れたピアニストとしても知られた。 [賞]チューリング賞（1969年度）〔1970年〕，日本国際賞〔1990年〕 [資]米国科学アカデミー会員，米国芸術科学アカデミー会員

ム

【ム】

ムーア, スコッティ **Moore, Scotty** ギタリスト [国]米国 [没]2016年6月28日 84歳 [生]1931年12月27日 [出]米国・テネシー州 [名]本名＝Moore, Winfield Scott [歴]8歳からギターを弾き始め、第二次大戦中は海軍で兵役を務めた。1954年からギタリストとして歌手エルビス・プレスリーとともにバンド活動を開始。プレスリーのヒット曲「ハートブレイク・ホテル」（56年）などでギターを担当。プレスリーとともに“ロックンロール”というジャンルの確立に貢献し、ジョージ・ハリスンやキース・リチャーズら後世のギタリストに大きな影響を与えた。2000年ロックの殿堂入り、15年にはメンフィス音楽殿堂入りを果たした。

ムーア, ハロルド **Moore, Harold** 作家 軍人 [国]米国 [没]2017年2月10日 94歳 [生]1922年2月13日 [出]米国・ケンタッキー州バーズタウン [名]本名＝Moore, Harold Gregory（Jr.），通称＝Moore, Hal [学]米国陸軍士官学校〔1945年〕卒 [歴]朝鮮戦争で2つの歩兵中隊を指揮した後、ベトナム戦争に従軍。1977年退役後、執筆活動やビジネス団体向けに行うリーダーシップに関する講演活動を精力的に展開。一方、ベトナム戦争中に現地で知り合ったジャーナリストのジョセフ・ギャロウェイと、当時の過酷な地上戦を描いたノンフィクション「ワンス・アンド・フォーエバー」を共同執筆。10年以上をかけて92年に発表し、ベストセラーとなった。同作は2002年ランダル・ウォレス監督、メル・ギブソン主演で映画化された。

ムーア, メアリー・タイラー **Moore, Mary Tyler** 女優 [国]米国 [没]2017年1月25日 80歳〔肺炎による心肺停止〕 [生]1936年12月29日 [出]米国・ニューヨーク市ブルックリン [歴]ニューヨークに生まれ、10歳の時に家族とともにカリフォルニアに移住。ダンサーを志し、17歳の時テレビCMに出演。カール・ライナー監督に見出され、テレビシリーズ「ディック・バン・ダイク・ショー」（1961～66年）に出演し、一躍国民的人気を博した。70～77年放送の「メアリー・タイラー・ムーア・ショー」ではミネアポリスのテレビ局でプロデューサーを務めるメアリーを演じ、当時のフェミニスト運動家の象徴的な存在となった。80年ロバート・レッドフォード監督の映画「普通の人々」ではアカデミー賞主演女優賞にノミネートされた。エミー賞は「ディック・バン・ダイク・ショー」などで7回受賞した。他の出演作に、映画「モダン・ミリー」（66年）、「オータム・ストーリー」（82年）、「アメリカの災難」（96年）など。 [賞]エミー賞（7回）「ディック・バン・ダイク・ショー」など，トニー賞〔1980年〕「この生命誰のもの」，ゴールデン・グローブ賞女優賞〔1980年〕「普通の人々」，全米映画俳優組合生涯功労賞〔2012年〕

ムーア, ロジャー **Moore, Roger** 俳優 国連児童基金（ユニセフ）親善大使 [国]英国 [没]2017年5月23日 89歳 [生]1927年10月14日 [出]英国・ロンドン [学]王立演劇学校（RADA）卒 [歴]ソーホーのアニメ会社でトレーサーとして働く。1940年代から俳優として活動し、「シーザーとクレオパトラ」にエキストラ出演したのが映画監督の目にとまり、王立演劇学校（RADA）に入学。ケンブリッジの舞台に立つ。53年渡米、MGMの契約俳優となる。「雨の朝パリに死す」（54年）などに出演。その後、テレビシリーズ「アラスカ人」（59～60年）、「マーベリック」（60～62年）、「セイント天国野郎」（62～69年）などに出演し、スターの仲間入りを果たす。73年映画「007/死ぬのは奴らだ」で3代目ジェームズ・ボンド役に抜擢され、国際的スターとしての地位を確立。70～80年代にかけて「私を愛したスパイ」「死ぬのは奴らだ」「黄金銃を持つ男」「ムーンレイカー」「ユア・アイズ・オンリー」など、歴代ボンド役俳優の中で最多となる7作品に出演した。他の映画出演作に、「大逆転」（69年）、「ロジャー・ムーア/冒険野郎」（76年）、「ピンク・パンサー5 クルーゾーは二度死ぬ」（83年）、「クエスト」（96年）など。俳優として活躍する傍ら、91年より国連児童基金（ユニセフ）親善大使としても活動。2000年アフリカで小児マヒ撲滅キャンペーンを行う。02年にはサッカーW杯日韓大会で来日し、貧困に苦しむ子供たちへの支援を呼びかけた。03年エリザベス女王からナイトの爵位を授与される。07年にはハリウッドの殿堂入りを果たした。私生

活では4度結婚した。 ㊼CBE勲章〔1999年〕, フランス芸術文化勲章コマンドール章〔2008年〕, ダグ・ハマーショルド賞（ユニセフ）〔2007年〕

ムーディ, ロン Moody, Ron 俳優 ㊥英国 ㊼2015年6月11日 91歳 ㊐1924年1月8日 ㊥英国・ロンドン郊外トテナム ㊐本名＝Moodnick, Ronald ㊎ロンドン・スクール・オブ・エコノミクス（LSE） ㊐ユダヤ系。LSEで経営学を修めたが、芸人に転向。1952年初舞台を踏み、レビュー、キャバレー、ミュージカルなどで注目を浴びる。62年ロンドンのニュー・シアターで初演されたミュージカル「オリバー！」で窃盗団のボス、フェイギン役を好演、英米のロングランで人気を博した。68年の映画版でも同役を演じ、ゴールデン・グローブ賞主演男優賞を受賞。84年の舞台でもトニー賞候補に。他の出演作に映画「ミス・マープル／最も卑劣な殺人」（64年）、「メル・ブルックスの命がけ！イス取り大合戦」（70年）、「ベンジーのクリスマス」（78年）、「クライム・エース」（2005年）、テレビ映画「さすらいの旅路」（1970年）など。 ㊼ゴールデン・グローブ賞主演男優賞（ミュージカル・コメディ部門、第26回, 1968年度）「オリバー」, モスクワ国際映画祭俳優賞（第6回）〔1969年〕「オリバー」

ムファ, カミーユ Muffat, Camille 水泳選手（自由形） ロンドン五輪競泳女子400メートル自由形金メダリスト ㊼2015年3月9日 25歳〔ヘリコプター墜落事故死〕 ㊐1989年10月28日 ㊥フランス・ニース ㊼2008年北京五輪競泳女子4×200メートルリレーで5位、200メートル個人メドレーは準決勝敗退、400メートル個人メドレーは予選敗退。09年世界選手権ローマ大会4×200メートルリレー7位、200メートル個人メドレー8位。11年世界選手権上海大会は200メートル自由形と400メートル自由形で銅メダル、4×200メートルリレー4位。12年ロンドン五輪の400メートル自由形で五輪記録となる4分1秒45をマークし金メダルを獲得。200メートル自由形は銀メダル、4×200メートルリレーは銅メダル。13年世界選手権バルセロナ大会の200メートル自由形で銅メダル。183センチ、71キロ。15年3月スポーツ選手らが出演するフランス民放TF1のサバイバル番組に参加。アルゼンチンで撮影中、乗っていた2機のヘリコプターが接触して墜落、北京五輪ボクシング銅メダリストら10人全員とともに死亡した。

【メ】

メイズルス, アルバート Maysles, Albert ドキュメンタリー監督 ㊥米国 ㊼2015年3月5日 88歳〔膵臓がん〕 ㊐1926年11月26日 ㊥米国・マサチューセッツ州ボストン ㊎シラキュース大学、ボストン大学 ㊼弟のデービッドとともに、ドキュメンタリー映画の製作会社"メイズルス・フィルム"を設立。1963年に映画製作者ジョセフ・E.レビンを描いた「ショーマン」を発表してから、携帯用の軽いカメラを使ったシネマベリテの手法を駆使してドキュメンタリー映画に新生面を開拓。以降、「ビートルズ・イン・ニューヨーク」（64年）、「セールスマン」（68年）、「ローリング・ストーンズ・イン・ギミー・シェルター」（70年）、「クリストのヴァレー・カーテン」（73年）、「グレイ・ガーデンズ」（75年）、「パリのクリスト」（90年）、「ポール・マッカートニー THE LOVE WE MAKE」（2011年）、「Iris」（2015年）などを発表。1987年、91年にエミー賞を受賞するなどテレビ番組も手がけた。2005年にはメイズルス・ドキュメンタリー・センターを設立し、ニューヨークのハーレムで劇場メイズルス・シネマを運営した。 ㊼全米映画批評家協会賞〔1969年〕「セールスマン」、エミー賞〔1987年・1991年〕 ㊐弟＝メイズルス、デービッド（ドキュメンタリー監督）

メーソン, ジャーメイン Mason, Germaine 陸上選手（走り高跳び） 北京五輪陸上男子走り高跳びの銀メダリスト ㊥英国 ㊼2017年4月20日 34歳〔オートバイ事故死〕 ㊐1983年1月20日 ㊥ジャマイカ・キングストン ㊐父はロンドン生まれの英国人で、母はジャマイカ人。自身はジャマイカで生まれる。194センチの長身を生かし、走り高跳び選手として活躍。陸上の世界ジュニア選手権男子走り高跳びで、2000年銀メダル、02年銅メダルを獲得。06年英国籍を取得し、08年北京五輪で銀メダルを獲得した。17年4月ジャマイカでオートバイ事故を起こし、34歳の若さで死亡した。

メーソン, ロイ Mason, Roy 政治家 英国北アイルランド相 ㊥英国 ㊼2015年4月20日 91歳 ㊐1924年4月18日 ㊥英国・ヨークシャー州バーンズリー ㊐別名＝Mason of Barnsley ㊎ロンドン経済学校（LSE） ㊼1953～87年英国下院議員を務め、64～67年商務担当国務相、67～68年国防担当国務相、68～69年動力相、69～70年商務相、74～76年国防相、76～79年北アイルランド相を歴任。87年一代貴族の男爵に叙された。著書に「Paying the Price」がある。

メトル, ハビエル Methol, Javier "アンデスの奇跡"の生還者 ㊥ウルグアイ ㊼2015年6月4日 79歳〔がん〕 ㊐1935年12月11日 ㊥ウルグアイ・モンテビデオ ㊐本名＝Methol Abal, Javier Alfredo ㊼ビジネスマンだった1972年10月、妻のリリアナとともにモンテビデオからチリのサンティアゴへウルグアイ空軍機で向かう途中、45人を乗せた同機がアンデス山中に墜落。妻とともに助かったが、妻はその後、大規模な雪崩に襲われ亡くなった。12月に救出されるまでの70日余りに渡り、死んだ仲間の肉を食べて生き延び、16人が生還。この出来事はのちに"アンデスの奇跡"といわれ、「生きてこそ」（93年）など映画化もされた。

メノン, M.G.K. Menon, M.G.K. 物理学者 国際学術連合会議（ICSU）会長 ㊥インド ㊼2016年11月22日 88歳 ㊐1928年8月28日 ㊥インド・カルナタカ州マンガロール ㊐本名＝Menon, Mambillikalathil Govind Kumar ㊎パンジャブ大学 Ph.D.（ブリストル大学） ㊼素粒子、宇宙線などの研究で数多くの論文を発表した世界的な科学者、物理学者として知られ、インド電子工学庁長官、国防省科学顧問、科学技術省長官、環境省長官、首席科学顧問、計画委員会委員を歴任。1987～88年科学アカデミー会長、88～93年国際学術連合会議（ICSU）会長を務めた。 ㊥インド

国家勲章パドマ・シュリ〔1961年〕, インド国家勲章パドマ・ブーシャン〔1968年〕, インド国家勲章パドマ・ヴィブーシャン〔1985年〕 [資]インド科学アカデミー特別会員, ロイヤル・ソサエティ特別会員〔1970年〕, 米国芸術科学アカデミー外国人名誉会員, ロシア科学アカデミー外国人名誉会員

メヒア, オスカル **Mejía, Óscar** 政治家 軍人 グアテマラ軍事評議会議長（元首） [国]グアテマラ [没]2016年2月1日 85歳 [生]1930年12月9日 [出]グアテマラ・グアテマラ市 [名]本名＝メヒア・ビクトレス, オスカル・ウンベルト〈Mejía Victores, Óscar Humberto〉 [学]グアテマラ陸軍士官学校〔1953年〕卒 [歴]パナマ米軍基地の米州軍事訓練所、メキシコ陸軍大学に留学。1980年准将。82年首都警備司令官、同年6月リオス・モント政権下で国防相。83年8月のクーデターで軍事評議会議長（元首）。84年制憲議会選挙を行う。86年1月民政移管で元首退任。

メーラ, アン **Meara, Anne** 喜劇女優 [国]米国 [没]2015年5月23日 85歳〔老衰〕 [生]1929年9月20日 [出]米国・ニューヨーク市ブルックリン [歴]1954年即興劇チームの仲間だったジェリー・スティラーと結婚、コメディコンビ“スティラー・アンド・メーラ”を組んで60年代に人気を博し、テレビ番組「エド・サリバン・ショー」にレギュラー出演した。女優としても活躍し、テレビドラマ「アルフ」の宇宙人アルフが居候するタナー家のおばあちゃん役で知られる。またドラマ「Rhoda」(76～77年)、「オール・マイ・チルドレン」(92～99年)などに出演、ゴールデン・グローブ賞やエミー賞にノミネートされた。映画も、息子ベン・スティラーと共演した「ナイト・ミュージアム」(2006年)のほか、「おかしな夫婦」(1970年)、「フェーム」(80年)、「マイ・リトル・ガール」(86年)、「レナードの朝」(90年)などに出演。2007年に夫とともにハリウッドの殿堂入りを果たした。 [家]夫＝スティラー, ジェリー（喜劇俳優）, 息子＝スティラー, ベン（俳優・映画監督）

モ

メリ, ヴェイヨ **Meri, Veijo** 作家 [国]フィンランド [没]2015年6月21日 86歳 [生]1928年12月31日 [出]フィンランド・ビープリ（ロシア・ビボルグ） [名]本名＝Meri, Veijo Väinö Valvo [歴]フィンランド軍将校を父に持ち、祖国の3度の戦争について若い頃に聞いたことが、戦争をテーマとした小説執筆の契機となった。1954年作家としてデビューし、57年の代表作「Manillaköysi（マニラ麻ロープ）」が国際的に評価される。戦争における極限状況の兵士を描く手法は、前衛的とも、“ヌーヴォー・ロマン（新小説）”ともいわれた。73年「軍曹の息子」(71年)で北欧文学賞を受賞。他の戦争小説に、17年の独立後の内戦を描いた「1918年のできごと」(60年)、「基地」(64年)など。戦争をテーマにしない短編小説「殺人者」(56年)、「鏡に描かれた女」(63年)などもある。大岡昇平の「野火」を高く評価した。 [賞]フィンランド文学国家賞「マニラ麻ロープ」, 北欧文学賞〔1973年〕「軍曹の息子」

メリック, モンテ **Merrick, Monte** 脚本家 作家 [国]米国 [没]2015年3月24日 65歳〔がん〕 [出]米国・オレゴン州ポートランド [学]コロラド大学卒 [歴]大学卒業後、2編の戯曲を発表して脚光を浴びる。1986年以降はロサンゼルスで映画脚本家を目ざし、プロデューサーのデビッド・パトナムに認められて映画「メンフィス・ベル」(90年)のシナリオを手がけた。他の映画脚本に「ミスター・ベースボール」(92年)、テレビ映画脚本に「オリバー・ツイスト」(97年)、「奇跡の人ヘレン・ケラー物語」(2000年)など。小説に「シェルター」がある。

メルツァー, アラン **Meltzer, Allan** 経済学者 カーネギー・メロン大学教授 [国]米国 [没]2017年5月8日 89歳 [生]1928年2月6日 [出]米国・マサチューセッツ州ボストン [名]本名＝Meltzer, Allan Harold [学]デューク大学卒, カリフォルニア大学ロサンゼルス校（UCLA）大学院博士課程修了 経済学博士（UCLA） [歴]1957年カーネギー工科大学（現・カーネギー・メロン大学）助教授、61年准教授を経て、64年教授。カーネギー・ロチェスター・カンファレンス、シャドー・オープン・マーケット・コミュニティを主宰。米国シンクタンクのアメリカン・エンタープライズ・インスティテュート（AEI）客員研究員。金融政策、国際金融研究の重鎮で、連邦準備銀行（FRB）や大統領経済諮問委員会（CEA）のコンサルタントとしても活躍。2000年には米議会の国際金融制度諮問委員会座長を務め、国際通貨基金（IMF）と世界銀行の改革案「メルツァー報告書」をまとめた。理論と政策の両面に渡り、米国国内のみならず世界各国において精力的に活動。長年、日本銀行金融研究所名誉顧問を務め、バブル崩壊後の日本のデフレ脱却政策に関する提言も行った。著書に「ケインズ貨幣経済論―マネタリストの異なる解釈」「マネタリー・エコノミクス」などがある。

メンザ, ニック **Menza, Nick** ロック・ドラム奏者 [国]米国 [没]2016年5月21日 51歳〔心臓麻痺〕 [生]1964年7月23日 [出]西ドイツ・バイエルン州ミュンヘン（ドイツ） [名]グループ名＝メガデス〈MEGADETH〉 [歴]2歳でドラムを叩き始め、18歳でプロに転向。1989年ヘビーメタルバンドのメガデスにドラマーとして加入。90年アルバム「ラスト・イン・ピース」がグラミー賞にノミネートされ、92年のアルバム「破滅へのカウントダウン」は全米チャート2位のヒットを記録し、人気を確立。メガデスはメタリカ、スレイヤー、アンスラックスと並び“スラッシュメタル四天王”と呼ばれた。98年グループを脱退。また「ラスト・アクション・ヒーロー」「スーパーマリオ 魔界帝国の女神」など映画のサントラにも楽曲を提供した。2016年ロサンゼルスで自身のバンドOHMのライブ中に心臓発作を起こし亡くなった。

【モ】

モーガン, ロドリー **Morgan, Rhodri** 政治家 ウェールズ主席相 英国下院議員（労働党） [国]英国 [没]2017年5月17日 77歳 [生]1939年9月29日 [出]英国・カーディフ（ウェールズ） [名]本名＝Morgan, Hywel Rhodri [学]オックスフォード大学卒, ハーバード大学卒 [歴]ウェールズ地域の官僚を経て、1987年労働党か

モース, ジェレミー　Morse, Jeremy
銀行家　ロイズ銀行会長　ブリストル大学総長　⑮英国　㉓2016年2月4日　87歳　㉔1928年12月10日　⑯英国・ロンドン　㉕本名＝モース, クリストファー・ジェレミー〈Morse, Christopher Jeremy〉　㉖オックスフォード大学卒　㉗1965～72年イングランド銀行理事、72～74年国際通貨基金（IMF）20カ国委員会代理会議議長となり、73年9月「国際通貨改革に関する第1次概要案」を発表、いわゆる"モース報告"といわれ、後の多国間協議の基礎となった。75～77年ロイズ銀行副会長、77～93年会長。84年英国銀行家協会総裁、88～90年EC銀行連合総裁、89年～2003年ブリストル大学総長も務めた。らに英国下院議員に当選。99年5月ブレア政権の地方分権の一環として600年ぶりにウェールズに行政府が誕生、ウェールズ議会の発足に伴い、同議会議員となる。2000年2月～09年12月ウェールズ主席相を務めた。

モタ, ギセラ　Mota, Gisela
政治家　テミスコ市長　メキシコ国会議員　⑮メキシコ　㉓2016年1月2日　33歳〔射殺〕　㉔1982年　⑯メキシコ・モレロス州テミスコ　㉕本名＝Mota Ocampo, Gisela　㉗2012年よりメキシコ国会議員を務める。犯罪組織による麻薬取引や凶悪犯罪の撲滅を公約に掲げ、15年6月テミスコ市長に初当選。地元では最年少の女性市長となった。16年1月1日就任宣誓を行った2日、市内の自宅で武装集団に襲撃され、死亡した。

モック, アロイス　Mock, Alois
政治家　オーストリア外相　オーストリア国民党名誉党首　⑮オーストリア　㉓2017年6月1日　82歳　㉔1934年6月10日　⑯オーストリア・オイラーツフェルド　㉗ウィーン大学卒、ボローニャ大学大学院〔1958年〕修了、ブリュッセル大学大学院〔1961年〕修了　法学博士（ウィーン大学）〔1957年〕　1958年オーストリア教育省に入り、61年連邦首相府、62～66年パリの経済協力開発機構（OECD）オーストリア代表部勤務、66年クラウス首相秘書官を経て、69年35歳の若さで教育相として入閣。70年以来下院議員に選出。79～87年国民党党首、79年欧州民主同盟（EDU）議長、83～87年国際民主同盟（IDU）議長、87～89年副首相兼外相、89年4月～95年4月外相。この間、オーストリアの欧州連合（EU）加盟交渉の最前線で活躍し、95年1月に加盟を実現。国民から敬意を込めて"ミスター・ヨーロッパ"と呼ばれた。99年政界を引退。　㉘勲一等旭日大綬章〔1996年〕

モラヴェッツ, イヴァン　Moravec, Ivan
ピアニスト　プラハ芸術アカデミー教授　⑮チェコ　㉓2015年7月27日　84歳　㉔1930年11月9日　⑯チェコスロバキア・プラハ（チェコ）　㉗プラハ音楽院、プラハ芸術アカデミー　㉗プラハ音楽院でエルナ・グリュンフェルトに、プラハ芸術アカデミーでイロナ・シュチェパーノヴァーらに師事。1946年プラハでデビューして演奏活動を開始。腕の故障から一時活動を中断したが、57年に再起。59年英国、64年米国にデビューし、以来各地で国際的に活躍した。魔術のようなペダリングが絶賛された。一方、69年プラハ芸術アカデミー講師となり、2000年より教授として後進の指導にあたっ

た。1971年初来日。　㉘師＝グリュンフェルト, エルナ, シュチェパーノヴァー, イロナ

モラノ, エマ　Morano, Emma
世界最高齢者（117歳）　⑮イタリア　㉓2017年4月15日　117歳〔自然死〕　㉔1899年11月29日　⑯イタリア・ピエモンテ州チビアスコ　㉗1938年夫と別れ、以降1人で暮らした。1800年代に生まれた最後の一人とされ、2016年5月にギネス社が世界最高齢と認定。17年4月117歳で亡くなった。

モラハン, クリストファー　Morahan, Christopher
演出家　映画監督　⑮英国　㉓2017年4月7日　87歳　㉔1929年7月9日　⑯英国・ロンドン　㉗レパートリー劇場で演劇を学んだ後、テレビ界に進出。ジョン・クリーズ主演「クロック・ワイズ」の演出で頭角を現し、「ザ・ジュエル・イン・ザ・クラウン」(1984年)でエミー賞とBAFTAテレビ賞を受賞。演劇分野でもロイヤル・シェイクスピア・カンパニー公演の「ワイルド・ハニー」などを手がけ、84年ローレンス・オリビエ賞を受賞。劇場映画では「時計じかけの校長先生」(86年)、「背徳の仮面」(91年)などを監督した。他の演出作品にテレビ「アフター・ピキントン」など。㉘CBE勲章〔2011年〕、ローレンス・オリビエ賞〔1984年〕、エミー賞〔1985年〕「ザ・ジュエル・イン・ザ・クラウン」、BAFTAテレビ賞〔1985年〕「ザ・ジュエル・イン・ザ・クラウン」、プリ・イタリア賞「アフター・ピキントン」

モリス, オーブリー　Morris, Aubrey
俳優　⑮英国　㉓2015年7月15日　89歳　㉔1926年6月1日　⑯英国・ポーツマス　㉕本名＝Steinberg, Aubrey Jack　㉗ロイヤル・アカデミー・オブ・ドラマティック・アート（RADA）奨学金を得て、ロンドンのロイヤル・アカデミー・オブ・ドラマティック・アート（RADA）に学ぶ。1944年ロンドンのウエストエンドで舞台俳優としてデビューし、ブロードウェイの舞台にも何度も立った。映画の代表作は、スタンリー・キューブリック監督の「時計じかけのオレンジ」(71年)で演じた保護観察官役。他の映画出演作品に、「ウィッカーマン」(73年)、「ウディ・アレンの愛と死」(75年)、「オックスフォード・ブルース」(84年)、「スペースバンパイア」(85年) など。

モリス, ジョン　Morris, John
フォトジャーナリスト　「ライフ」編集者　⑮米国　㉓2017年7月28日　100歳　㉔1916年12月7日　⑯米国・ニュージャージー州メープルシェード　㉕本名＝Morris, John Godfrey　㉖シカゴ大学卒　㉗大学卒業後、グラフ雑誌「ライフ」に入社。ハリウッド通信員を経て、第二次大戦中は同誌のロンドン支局に写真編集者として勤務。ロバート・キャパが撮影した連合国軍のノルマンディー上陸作戦の写真編集などに関わった。戦後、「レディース・ホーム・ジャーナル」写真編集者、「マグナム・フォト」初代編集部長、「ワシントン・ポスト」「ニューヨーク・タイムズ」写真編集者、「ナショナル・ジオグラフィック」通信員兼編集者を歴任。のち写真家の妻タナ・ホーパンとともにパリに移住。フォトジャーナリズムの歴史をテーマに講演活動も行った。著書に「20世紀の瞬間―報道写真家―時代の目撃者たち」がある。　㉘レジオン・ド・ヌール勲章シュバリエ章（フランス）〔2009年〕、国際写真センターインフィニティ

賞(生涯功績部門)〔2010年〕 [家]妻＝ホーバン, タナ(写真家)

モル, クルト Moll, Kurt バス歌手 [国]ドイツ [没]2017年3月5日 78歳 [生]1938年4月11日 [出]ドイツ・ケルン近郊 [学]ケルン音楽大学(声楽) [歴]子供の頃はチェロとギターを学ぶが、学校の合唱団で歌唱力を認められ、ケルン音楽大学では声楽を学んだ。1961年アーヘンの歌劇場でデビューし、68年バイロイト音楽祭、72年ミラノ・スカラ座とパリ・オペラ座、73年ザルツブルク音楽祭、78年メトロポリタン歌劇場にそれぞれデビュー。以後、世界の主要歌劇場で活躍。重厚な歌唱と演技で知られ、特にワーグナー作品に定評があった。当たり役に「パルジファル」の長老グルネマンツ役があり、多くの名盤を録音。バイエルン州立歌劇場から宮廷歌手の称号を贈られた。84年初来日し、94年ウィーン国立歌劇場「ばらの騎士」、デュッセルドルフ歌劇場「魔笛」、2001年バイエルン州立歌劇場「トリスタンとイゾルデ」「フィデリオ」、02年読売日響「パルジファル」などの公演に出演した。

モルガン, ミシェル Morgan, Michèle 女優 [国]フランス [没]2016年12月20日 96歳 [生]1920年2月29日 [出]フランス・ヌイイ・シュル・セーヌ [名]本名＝ルッセル, シモーヌ〈Roussel, Simone〉 [歴]ノルマン系。15歳の時から撮影所のエキストラになり、1936年レオニード・モギ監督の「赤ちゃん」に端役で出演。37年マルク・アレグレ監督の「Gribouille」で主演。38年ジャン・ギャバンと共演したマルセル・カルネ監督の「霧の波止場」で世界的大スターに。以後、ジャン・ギャバンとのコンビは“フランス映画の最も美しいカップル”といわれた。第二次大戦中はハリウッドに滞在し、数本の映画に出演。46年帰国。ジャン・ドラノワ監督「田園交響楽」(46年)で第1回カンヌ国際映画祭最優秀女優賞を受賞。これが最大の当り役となり、“フランスのガルボ”とうたわれ、強烈な個性と存在感を持ったトップ女優になった。他の出演作に「珊瑚礁」(39年)、「曳船」(39年)、「七つの大罪」(51年)、「愛情の瞬間」(52年)、「熱狂の孤独」(53年)、「ナポレオン」(54年)、「名誉と栄光のためでなく」(66年)、「めざめ」(67年)、「みんな元気」(90年)など。“世界で最も美しい瞳を持つ女優”と評され、20世紀のフランス映画界を代表する女優の一人だった。 [賞]カンヌ国際映画祭最優秀女優賞(第1回)〔1946年〕「田園交響楽」, セザール賞名誉賞(第17回)〔1992年〕, ベネチア国際映画祭特別賞(第53回, 1996年度) [家]元夫＝マーシャル, ウィリアム(映画監督), ヴィダル, アンリ(俳優)

モルティエ, ロラン Mortier, Roland F.J. 文学者 ベルギー自由大学名誉教授 [専]フランス文学, 比較文学 [国]ベルギー [没]2015年3月31日 94歳 [生]1920年12月21日 [出]ベルギー・ヘント [学]ベルギー自由大学, ヘント大学 哲学博士 [歴]1955〜85年ベルギー自由大学(ブリュッセル自由大学)教授、90年から同大学名誉教授。トロント大学、スタンフォード大学、エール大学などの各客員教授も務めた。著書に「Diderot en Allemagne」(54年)、「Le coeur et la raison」(90年)など。 [賞]レジオン・ド・ヌール勲章シュバリエ章〔2001年〕 [資]アカデミー・フランセーズ会員, ハンガリー科学アカデミー会員, ドイツ科学アカデミー会員, ブリティッシュ・アカデミー会員

モロー, ジャンヌ Moreau, Jeanne 女優 映画監督 [国]フランス [没]2017年7月31日 89歳 [生]1928年1月23日 [出]フランス・パリ [学]パリ・コンセルヴァトワール卒 [歴]レストランを営む父と英国人ダンサーの母との間に生まれる。第二次大戦後、パリ国立高等演劇学校(コンセルヴァトワール)に学ぶ。1947年国際演劇芸術祭アヴィニヨン・フェスティバルで舞台女優としてデビュー。48年からコメディ・フランセーズの舞台に立ち、最年少女優として注目され、同年「Dernier Amour」で映画デビュー。「現金に手を出すな」(53年)などから売り出し、ルイ・マル監督の「死刑台のエレベーター」(57年)でスターとして脚光を浴びる。以後、フランソワ・トリュフォー監督の「突然炎のごとく」(61年)や、ジョセフ・ロージー監督の「エヴァの匂い」(62年)など、批評家の絶賛を浴びた20世紀映画に数多く出演。新しい時代の自由な女性像を演じ、知性と品格を兼ね備えたヌーベル・バーグ(新しい波)を代表する女優の一人に数えられた。70年代には監督業にも進出し、「リュミエール」(76年)、「ジャンヌ・モローの思春期」(79年)などを撮った。2003年長年の功績が評価され、カンヌ国際映画祭パルムドール名誉賞を受賞。生涯で130本以上の映画に出演し、80歳を超えても現役として活躍した。他の出演作に、「恋人たち」(1958年)、「危険な関係」(59年)、「雨のしのび逢い」(60年)、「小間使いの日記」(63年)、「黄色いロールス・ロイス」(64年)、「黒衣の花嫁」(67年)、「個人生活」(74年)、「ファスビンダーのケレル」(82年)、「ニキータ」(90年)、「海を渡るジャンヌ」(91年)、「心の地図」(93年)、「百一夜」(95年)、「エバー・アフター」(98年)、「デュラス 愛の最終章」(2001年)、「僕を葬る」(05年)、「それぞれのシネマ」(07年)、「クロワッサンで朝食を」(12年)などがある。2000年フランス学士院5大アカデミーのひとつ、芸術アカデミーの正会員に女性として初めて選出される。私生活では俳優のジャン・ルイ・リシャール、映画監督のウィリアム・フリードキンと結婚、離婚。ジャン・コクトーやジャン・ジュネらフランス文学界の偉大な作家との親交も深かった。1990年2月告白劇「ゼルリンヌの物語」で来日公演。93年フランス映画祭横浜の準備で来日。2002年来日。 [賞]フランス芸術文芸勲章コマンドール章〔2007年〕, カンヌ国際映画祭主演女優賞(第13回)〔1960年〕「雨のしのび逢い」, ベネチア国際映画祭特別功労賞(第49回)〔1992年〕, セザール賞主演女優賞(第17回, 1992年度)「海を渡るジャンヌ」, セザール賞名誉賞(第20回, 1995年度), ベルリン国際映画祭金熊名誉賞(第50回)〔2000年〕, カンヌ国際映画祭パルムドール名誉賞(第56回)〔2003年〕 [資]フランス学士院芸術アカデミー会員〔2000年〕 [家]元夫＝リシャール, ジャン・ルイ(俳優), フリードキン, ウィリアム(映画監督)

モンゴリアン・ストンパー Mongolian Stomper プロレスラー [国]カナダ [没]2016年1月23日 79歳 [生]1936年11月22日 [出]カナダ・アルバータ州 [名]本名＝ゴルディー, アーチボルド・エドワード〈Gouldie, Archibald Edward〉 [歴]1965年出身地のカナダでデ

モ

ビューした後、米国各地で悪役レスラーとして活躍。蹴りとストンピング（踏みつけ）を得意とするモンゴリアンスタイルで、多くの王座を獲得した。米国修行時代のアントニオ猪木のタッグパートナーも務めた。71年1月日本プロレスに初来日し、ジャイアント馬場のインター王座、馬場＆猪木組のインタータッグ王座にも挑戦。全日本プロレス、国際プロレスにも参戦した。

モンタルバン，ルイス・カルロス　Montalván, Luis Carlos　作家　国米国　没2016年12月2日　43歳　生1973年4月13日　出米国・ワシントンD.C.

メリーランド大学卒、コロンビア大学大学院（新聞学）修士課程修了　他17歳で米国陸軍に入隊し、数回にわたりイラクでの戦闘に参加。17年間在籍したが、負傷して2007年退役。退役後はイラク戦争を批判する活動に転じた。心的外傷後ストレス障害（PTSD）に苦しみながら、介助犬の"チューズデー"と暮らす生活を綴った「チューズデーに逢うまで」「ぼくは、チューズデー」などの著作が人気となり、日本でも出版された。

モンテイロ，アントニオ　Monteiro, António　政治家　法律家　カボベルデ大統領　国カボベルデ　没2016年9月16日　72歳　生1944年2月16日　出ポルトガル領・サンティアゴ島リベイラ・デ・バルカ（カボベルデ）　他本名＝Monteiro, António Manuel Mascarenhas Gomes　ルーバン・カトリック大学（法学、ベルギー）　1967年ベルギーのルーバン・カトリック大学で法学を研究。69〜71年ギニアビサウ・カボベルデ・アフリカ独立党（TAIGC）の運動に参加。77年国民議会書記長、80〜90年最高裁判事。91年4月複数政党制導入後初の大統領に就任。96年2月再選。2001年3月まで務めた。

モンブケット，ビル　Monbouquette, Bill　大リーグ選手　国米国　没2015年1月25日　78歳〔白血病による合併症〕　生1936年8月11日　出米国・マサチューセッツ州メドフォード　他本名＝Monbouquette, William Charles　1955年レッドソックスと契約し、58年メジャーデビュー。緩急自在の投球で、60年14勝を挙げる。61年対セネタース戦では17奪三振を記録。62年8月対ホワイトソックス戦でノーヒットノーランを達成した。60〜65年6年連続200投球回以上、2桁勝利をマーク。オールスターには60年、62年、63年の3回出場。66年タイガース、67年ヤンキースでプレーし、68年ジャイアンツを最後に引退した。メジャー通算11年、343試合登板、114勝112敗、1122奪三振、防御率3.68。"モンボ"のニックネームで親しまれた。2000年レッドソックスの球団殿堂入り。

モンヘ，アルベルト　Monge, Alberto　政治家　コスタリカ大統領　国コスタリカ　没2016年11月29日　90歳　生1925年12月29日　出コスタリカ・パルマレス　他本名＝Monge Álvarez, Luis Alberto　ジュネーブ大学（スイス）　1949年コスタリカ制憲議会議員に当選。51年国民解放党結成に参画。55年ホセ・フィゲーレス政府官房長官。58〜62年、70〜74年国会議員。63〜64年駐イスラエル大使。82年2月国民解放党から大統領選に当選。同年5月〜86年5月大統領を務めた。この間、83年積極的永世・非武装中立宣言を出した。

【ヤ】

ヤイター，クレイトン　Yeutter, Clayton Keith　弁護士　米国通商代表部（USTR）代表　米国農務長官　国米国　没2017年3月4日　86歳　生1930年12月10日　出米国・ネブラスカ州ユスチス　他ネブラスカ大学大学院修了　農業経済学博士（ネブラスカ大学）　他1960年代はネブラスカ大学助教授。その後農務省に入り、68〜70年コロンビアの農業援助計画責任者、74〜75年市場・消費者サービス・国際問題担当などの農務次官補、75〜77年通商代表部（USTR）の前身である特別代表部の次席代表などを務めた。78〜85年シカゴ商品取引所理事長。この間、シカゴ日米協会会長、シカゴ商業会議所会頭なども歴任。85年6月レーガン政権下でUSTR代表に就任。日本との牛肉やオレンジ、砂糖、半導体の貿易協議などを進めた。88年にはカナダとの自由貿易協定（FTA）を締結。後の北米自由貿易協定（NAFTA）の基礎を作った。89年1月〜92年3月ブッシュSr.政権下で農務長官を務め、日本との関係ではコメ問題で辣腕を振るった。91年1月〜92年1月共和党全国委員長。知日派。　娘＝ボティモア，キム・ヤイター（日本研究家）

ヤシャル・ケマル　Yaşar Kemal　作家　ジャーナリスト　国トルコ　没2015年2月28日　91歳　生1923年10月6日　出トルコ・アダナ県ギョクチェリ（アナトリア地方）　他本名＝ケマル・サドク・ギョクチェリ〈Kemal Sadik Gökçeli〉　貧困のため中学校を中退後、農業労働者など多種の職業を遍歴。1951年イスタンブールに出て、新聞社ジュムフリエトで記者として多くのルポルタージュを書いた。題材の多くをアダナ地方の古い民間伝承にとり、村人の貧しい生活に目を向け、後進的社会状況を独特の文体で描いた。50年にはルポルタージュ「世界最大の農場での7日間」で新聞協会賞を受賞。55年発表の処女小説「やせたメメッド」は26カ国語に翻訳され、ノーベル文学賞候補にも挙げられた。63年新聞社を辞し、執筆活動に専念。他の作品には58年ユルマズ・ギュネイの脚本・出演で映画化された「ダマジカ」を収める「3つのアナトリアの伝説」（67年）、舞台化され67年のナンシー演劇祭で第1位を獲得した小説「土地は鉄・空は銅」（63年）、「支柱」（60年）、「不死の草」（68年）、続編「やせたメメッドII〜III」（69年、84年、87年）、「アララト山脈」（70年）、「千頭の雄牛の伝説」（76年）、「鳥たちも去った」（78年）など。74〜75年トルコ作家協会会長も務めた。　レジオン・ド・ヌール勲章コマンドール章〔1984年〕、新聞協会賞〔1950年〕「世界最大の農場での7日間」

ヤーブロー，エマニュエル　Yarborough, Emmanuel　格闘家　相撲選手　国米国　没2015年12月21日　51歳　生1964年9月5日　出米国・ニュージャー

ジー州 [歴]6歳の時すでに体重50キロ、11歳で118キロと幼少の頃から巨漢。1991年格闘家としてUFCに参戦。92年世界相撲選手権が開始されたのをきっかけに米国で通っていた柔道道場で相撲を始め、95年個人無差別級で悲願の初優勝を果たした。98年6月にはPRIDEにも参戦し、日本でも人気を集めた。204センチの身長に、体重が400キロあった時期もあるといわれ、世界最重量級のアスリートとしてギネスブックに紹介された。引退後は俳優としても活躍した。

ヤブロコフ, アレクセイ **Yablokov, Alexey Vladimirovich** 生物学者 ロシア大統領顧問（生態・公衆衛生担当） [専]動物学, 生態学 [国]ロシア [没]2017年1月10日 83歳 [生]1933年10月3日 [出]ソ連・ロシア共和国モスクワ（ロシア） [学]モスクワ大学〔1957年〕卒 生物学博士（ノボシビルスク大学） [歴]海洋哺乳類の専門家で、自然保護の普及に努め、ソ連時代にグリーンピースを組織した。1986年に起きたチェルノブイリ原発事故について、人体や環境への被害を調べ上げ、「調査報告 チェルノブイリ被害の全貌」を出版。エリツィン政権の発足とともに、92～93年ロシア大統領顧問（生態・公衆衛生担当）を務め、旧ソ連による日本海への原潜原子炉投棄問題を調査。その後、ロシア領周辺海域への放射性廃棄物処理問題に関する国家委員会議長、ロシア国家安全評議会省庁間生態安全委員会議長、ロシア環境政策センター代表、ロシア科学アカデミー生態緊急問題に関する科学評議会副議長、モスクワ動物保護協会名誉代表を務めた。エコロジー問題の代表的な論客の一人。原発に反対する姿勢が讃えられ、2002年には国際的な賞“核のない世界をめざして”が授与された。ロシアのリベラル系政党ヤブロコの幹部も務めた。 [賞]核のない世界をめざして〔2002年〕 [資]ロシア科学アカデミー会員〔1984年〕, 米国芸術科学アカデミー外国人名誉会員〔1996年〕

ヤホダ, グスタフ **Jahoda, Gustav** 心理学者 社会心理学者 ストラスクライド大学名誉教授 [専]異文化間心理学 [国]英国 [没]2016年12月12日 96歳 [生]1920年10月11日 [出]オーストリア・ウィーン [学]ウィーン大学, パリ大学, ロンドン大学 Ph.D.（ロンドン大学）〔1952年〕 [歴]1946年オックスフォード大学チューター、48年マンチェスター大学講師、52年ガーナ大学講師、56年グラスゴー大学上級講師を経て、64年グラスゴーのストラスクライド大学心理学教授。85年定年退職し名誉教授。この間、68年以降ガーナ大学、ティルビュルヒ大学（オランダ）、関西大学（大阪）、パリ高等専門学校、ザールブリュッケン大学（ドイツ）、ニューヨーク大学（米国）などの客員教授を歴任。西アフリカ、中央アフリカ、インド、香港など世界各地において広範な比較文化研究に従事した。72～74年国際異文化間心理学会会長。邦訳書に「迷信の心理学」「心理学と人類学—心理学の立場から」がある。 [資]ブリティッシュ・アカデミー特別会員〔1988年〕, ロイヤル・ソサエティ・オブ・エディンバラ特別会員〔1993年〕 [団]国際異文化間心理学会（名誉会員）

ヤング, アンソニー **Young, Anthony** 大リーグ選手 [国]米国 [没]2017年6月27日 51歳〔脳腫瘍〕 [生]1966年1月19日 [出]米国・テキサス州ヒューストン [歴]1991年大リーグのメッツに入団。92～93年の間は勝ち星に恵まれず、27連敗の大リーグ記録を樹立（先発14, 救援13）。11年にブレーブスのクリフ・カーティス投手がマークした23連敗の最多記録を塗り替えた。94～95年カブス、96年アストロズでプレー。メジャー通算成績は、実働6年、181試合登板、15勝48敗20セーブ、防御率3.89。引退後は地元ヒューストンで少年野球のコーチを務めた。

ヤング, ジョージ **Young, George** ミュージシャン 音楽プロデューサー [国]オーストラリア [没]2017年10月22日 70歳 [生]1946年11月6日 [出]英国・ストラスクライド州グラスゴー [名]本名＝Young, George Redburn, グループ名＝イージービーツ〈Easybeats〉 [歴]スコットランドで生まれ、10代の時、家族とともにオーストラリアに移住。1960年代に“オーストラリアのビートルズ”とも呼ばれたバンド“イージービーツ”のギタリストとして活躍。楽曲制作も手がけ、「フライデー・オン・マイ・マインド」などのヒットを飛ばした。解散後、多くのミュージシャンに曲を提供。弟のマルコムとアンガスを中心に結成されたハードロックバンド“AC/DC”のプロデューサーも務め、デビューアルバム「High Voltage」（75年）をプロデュース。その後も「T.N.T.」（75年）、「Dirty Deeds Done Dirt Cheap」（76年）、「Let There Be Rock」（77年）、「Powerage」（78年）などを共同プロデュースした。 [家]弟＝ヤング, マルコム（ロック・ギタリスト）, ヤング, アンガス（ロック・ギタリスト）

ヤング, マルコム **Young, Malcolm** ロック・ギタリスト [国]オーストラリア [没]2017年11月18日 64歳 [生]1953年1月6日 [出]英国・グラスゴー [名]グループ名＝ACDC [歴]英国スコットランドで生まれ、家族でオーストラリアに移住。1974年弟のアンガスらとともにハードロックバンド、AC/DCを結成し、リズムギターを担当。75年アルバム「ハイ・ヴォルテージ」でデビュー、オーストラリアのヒットチャート1位を獲得。76年には米国アトランティックレコードと契約を交わしてアルバム「悪事と地獄」を発表した後、77年初の米国ツアーを敢行。78年にはワールドツアーで成功を収め、世界規模のバンドへと成長。79年アルバム「地獄のハイウェイ」が米国でもヒットするが、80年カリスマ的な人気を誇ったボーカリストのボン・スコットが急死。同年ボンの後任としてブライアン・ジョンソンを迎えて制作したアルバム「バック・イン・ブラック」が爆発的な人気を呼び、全世界で4000万枚以上を売り上げる大ヒットとなった。以後もメンバーチェンジを繰り返しながらもコンスタントに作品を発表し、90年の「レイザーズ・エッジ」が全英4位、全米2位にランクインするなど名実ともにナンバーワンのハードロックバンドの座に君臨し、多くのハードロック、ヘビーメタル、ガレージロック系のアーティストに多大な影響を与える。2000年アルバム「スティッフ・アッパー・リフ」を発表。04年彼らの功績を称え、地元オーストラリア・メルボルンのプロビデンス通りがAC/DC通りに改名された。アルバム・セールスは全世界で2億枚を超える。他のアルバムに「征服者」「悪魔の招待状」「ボールブレイカー」「悪魔の氷」などがある。1981年初来日。2001年には約20年ぶりとなる来日公演を開催。10年には9年ぶりの来日公演を行った。

ヤ

㊁兄＝ヤング, ジョージ（ミュージシャン）, 弟＝ヤング, アンガス（ロック・ギタリスト）

【ユ】

ユ・ドゥヨル 柳斗烈 **Yu Du-yeol** プロ野球選手 ㊂韓国 ㊃2016年9月1日 59歳 ㊄1956年10月29日 ㊅韓国慶尚南道馬山 ㊆馬山商業高卒 ㊇1983〜91年韓国プロ野球のロッテ・ジャイアンツでプレー。右投右打の外野手として活躍した。84年韓国シリーズMVP。92年からコーチ兼任。

ユソフ, ペンギラン **Yusof, Pengiran** 政治家 ブルネイ首相 駐日ブルネイ大使 ㊂ブルネイ ㊃2016年4月11日 92歳 ㊄1923年5月2日 ㊅英領ボルネオ・ツトン（ブルネイ） ㊈本名＝ペンギラン・セティア・ネガラ・ペンギラン・ハジ・モハメド・ユソフ・ビン・ペンギラン・ハジ・アブドル・ラヒム〈Pengiran Setia Negara Pengiran Haji Mohd Yusof bin Pengiran Haji Abdul Rahim〉, 別名＝ハリム, ユラ〈Halim, Yura〉 ㊆広島文理科大学（現・広島大学） ㊇日本が戦時中、東南アジアの占領地から国費で招いた南方特別留学生として、1944年来日。45年広島大学の前身である広島文理科大学に進学。広島に原爆が投下された8月6日、爆心地から約1.5キロにある同大の教室で授業中に被爆。直後には大学の校庭で野宿をしながら日本人の救護にあたった。帰国後、バリサ・パムダ党の結党に参加し、同党幹事長を務める。一方、ユラ・ハリムのペンネームで国王賛歌を書き、正式に国歌として採用された。66年英国統治下のブルネイで首相に就任。2001〜02年には日本とのつながりを買われて駐日大使を務めた。また自らの被爆体験や広島での経験を母国で伝え、平和活動の推進に尽力。13年日本とブルネイの友好や平和活動の功績をたたえ、広島大学より名誉博士号を授与された。原爆投下時に広島で学んでいた9人の南方特別留学生で最後の生存者だった。 ㊉勲一等旭日大綬章（日本）〔1985年〕, 広島大学名誉博士号〔2013年〕

ユハース, フェレンツ **Juhász, Ferenc** 言語学者 詩人 ㊂ハンガリー ㊃2015年12月2日 87歳 ㊄1928年8月16日 ㊅ハンガリー・ブダペスト近郊ビア ㊇煉瓦職人の息子に生まれる。言語学者、出版社の原稿審査担当、ジャーナリストとして活動する傍ら詩も書き、1949年詩集「翼ある小馬」でデビュー。76年にはノーベル文学賞候補に挙げられた。他に「花の威力」（55年）、「白い小羊との闘い」（65年）、「僕の母, 叙事詩」（70年）、「詩と叙事詩—叙事法と詩」（78年）、「詩と散文」（80年）など。 ㊉コスウト記念国家賞〔1951年・1973年〕

【ヨ】

楊絳 ヨウ・コウ **Yang Jiang** 作家 翻訳家 ㊂中国 ㊃2016年5月25日 104歳 ㊄1911年7月17日 ㊅中国北京 ㊆東呉大学（法科）卒, 清華大学研究院（外国文学） ㊇1935年同郷の作家、銭鍾書と結婚し、38年まで夫とともにオックスフォード大学、パリ大学に留学。帰国後、上海で英語、英文学を教え、解放後は清華大学の外国語学部の教授の職に就いた。53年以降、大学研究所（後の中国社会科学院外国文学研究所）で研究と翻訳に従事。専攻は英、仏、スペインの文学、特に小説、中国文学など。作家としては解放前に短編小説、散文、喜劇台本などを書き、70年代から創作を開始。81年文革期の知識人の強制労働改造体験を書いた散文「幹校六記」は内外で高い評価を得、以後、散文、小説、評論などを発表した。スペインの古典小説「ドン・キホーテ」の中国語訳も手がけた。他の作品に、短編小説「倒影集」、評論散文集「春泥集」「回憶両篇」「記銭鍾書与囲城」「関于小説」「将飲茶」、長編小説「風呂」、翻訳「ラサリーリョ・デ・トルメス」「ジル・ブラームス」など。 ㊁夫＝銭鍾書（作家）

ヨーキン, バッド **Yorkin, Bud** 映画監督・プロデューサー ㊂米国 ㊃2015年8月18日 89歳 ㊄1926年2月22日 ㊅米国・ペンシルベニア州ワシントン ㊈本名＝Yorkin, Alan David ㊆カーネギー工科大学, コロンビア大学 ㊇1949年NBCテレビにエンジニア・スタッフとして入社。50年代にバラエティ・ショーのプロデューサー・監督となり、ディーン・マーティン&ジェリー・ルイス、アボット&コステロなどを演出した。63年「ナイスガイ・ニューヨーク」で映画監督デビュー。「クルーゾー警部」（68年）、「おかしなおかしな大泥棒」（73年）などの監督を務めた他、「ブレードランナー」（82年）、「わかれ路」（94年）などの製作に携わった。テレビは、エミー賞受賞の「An Evening with Fred Astaire」（58年）など特別番組や、エミー賞に2度ノミネートされた「Sanford and Son」（72〜77年）など人気ドラマの演出や製作を手がけた。 ㊉エミー賞〔1958年〕

ヨシナガ, ジョージ **Yoshinaga, George** 新聞記者 コラムニスト ㊂米国 ㊃2015年8月17日 90歳 ㊄1925年7月19日 ㊅米国・カリフォルニア州サンマテオ郡レッドウッドシティ ㊇熊本県から移住した移民1世の両親のもと、カリフォルニア州の農家に生まれる。1942年ワイオミング州の砂漠に設置されたハートマウンテン収容所に移住させられた。収容所の日系人が政府機関と交渉し、収容者向けの新聞「ハートマウンテン・センチネル」が発刊されると、編集に参加。その後、米国陸軍に入隊し、終戦直後は日本にも駐留。戦後は日本人向けの新聞「羅府新報」などに、

ヨ

政治から競馬まで幅広い分野の記事を寄稿。2015年に90歳で亡くなるまで執筆活動を続けた。

ヨルゲンセン, アンカー **Jørgensen, Anker Henrik** 政治家 デンマーク首相 デンマーク社民党(SDP)党首 [国]デンマーク [没]2016年3月20日 93歳 [生]1922年7月13日 [出]デンマーク・コペンハーゲン [歴]孤児学校などで学ぶ。第二次大戦中は夜学に通い、抵抗運動に参加。造船、倉庫労働者を経て、1947年より労働組合運動に従事し、58年倉庫労働組合委員長。61〜64年コペンハーゲン市会議員。64年デンマーク社会民主党(SDP)から国会議員に当選。68年交通一般労組委員長。72〜73年、75〜82年首相。72〜87年SDP党首を務めた。首相在任中も公邸でなくコペンハーゲンの労働者居住地区にあるアパートに家族と住むなど庶民的な姿勢で知られた。

【ラ】

ライ, ドナルド **Wrye, Donald** 映画監督 脚本家 [国]米国 [没]2015年5月15日 80歳 [生]1934年9月24日 [出]米国・カリフォルニア州リバーサイド [歴]ドキュメンタリー作家として、「An Impression of John Steinbeck：Writer」(1969年)、「The Numbers Start with the River」(71年)で2度アカデミー賞ドキュメンタリー短編部門にノミネートされた。その後、「汚れた青春/非行少女クリス」(74年)、「The Entertainer」(75年)などテレビ映画を監督。78年「アイス・キャッスル」で映画監督デビュー。他の作品に「家族崩壊/隠されたレイプ事件」(95年)、「バーニング・モンタナ」(テレビ映画, 97年)など。

ライト, ジェームズ(Jr.) **Wright, James Claude (Jr.)** 政治家 米国下院議長(民主党) [国]米国 [没]2015年5月6日 92歳 [生]1922年12月22日 [出]米国・テキサス州フォートワース [名]通称＝ライト, ジム〈Wrignt, Jim〉 [学]ウェザーフォード大学卒, テキサス大学〔1941年〕卒 [歴]陸軍生活を送った後、1947年テキサス州議会下院議員、50年ウェザーフォード市長などを経て、54年から米国連邦下院議員(テキサス州選出, 民主党)に連続17期当選。61年には上院に挑戦したが共和党のジョン・タワーに敗れた。76年民主党下院院内総務などを経て、87年下院議長に就任するが、89年5月不正献金などの疑惑の責任を取って辞任、同時に議員も辞職した。

ライト, ジョゼフ **Wright, Joseph** イラストレーター [国]英国 [没]2017年10月6日 70歳 [生]1947年7月17日 [出]英国・カンブリア州ウルバーストン [学]ランカスター・カレッジ・オブ・アート卒, ロイヤル・カレッジ・オブ・アート卒 [歴]雑誌、書籍のイラストレーターとして活躍。挿絵に「やったぜ、ドラキュラくん！」「ぼくはめちゃ犬」などがある。

ラウタヴァーラ, エイノユハニ **Rautavaara, Einojuhani** 作曲家 シベリウス音楽アカデミー教授 [国]フィンランド [没]2016年7月27日 87歳〔手術後の合併症〕 [生]1928年10月9日 [出]フィンランド・ヘルシンキ [学]シベリウス音楽アカデミー, ジュリアード音楽学校, ケルン大学 [歴]1948〜52年シベリウス音楽アカデミーでアーレー・メリカントに、55〜56年ニューヨークのジュリアード音楽学校でヴィンセント・パーシケッティにそれぞれ師事、55年タングルウッド音楽祭でロジャー・セッションズとアーロン・コープランドに学んだ。53年ストラヴィンスキーの影響が見られる新古典主義的傾向の秀作「我等の時のレクイエム」を発表、54年米国でのジョンソン国際作曲コンクールで優勝。これを契機に、以後14の作曲コンクールで優勝。57〜58年ケルン大学に学ぶ。66年よりシベリウス音楽アカデミーで教鞭を執り、71年芸術教授、76年作曲教授。交響曲第7番「光の天使」(94年)は米国グラミー賞にもノミネートされた。多彩な表現で知られ、シベリウス以降、フィンランドで最も有名な作曲家といわれた。主な作品に、8つの交響曲のほか、オペラ「アポロ対マルシアス」(70年)、「マリヤッター下賤な処女」(75年)、「ヴィンセント」(88年)、ピアノ組曲「村の音楽師」(52年)、「イコン」(56年)、管弦楽曲「真と偽のユニコーン」(71年)、「大角星の聖歌」(72年)など。[賞]ジョンソン国際作曲コンクール第1位〔1954年〕「我等の時のレクイエム」 [家]妻＝ラウタヴァーラ, シニ(歌手) [師]師＝メリカント, アーレー, コープランド, アーロン, パーシケッティ, ヴィンセント

ラヴョーロフ, ニコライ **Laverov, Nikolai** 地質学者 ソ連副首相 ロシア科学アカデミー副総裁 [国]ロシア [没]2016年11月27日 86歳 [生]1930年1月12日 [出]ソ連・ロシア共和国アルハンゲリスク州(ロシア) [名]本名＝Laverov, Nikolai Pavlovich [学]モスクワ非鉄冶金大学〔1954年〕卒 地質鉱物学博士 [歴]ソ連地質省参与、閣僚会議附属国民経済アカデミー副学長を経て、1987〜89年キルギス科学アカデミー総裁、88年ソ連科学アカデミー(現・ロシア科学アカデミー)副総裁。89〜91年副首相、科学技術国家委員会議長を務めた。 [資]ロシア科学アカデミー会員

ラスプーチン, ワレンチン **Rasputin, Valentin Grigorievich** 作家 環境保護運動家 [国]ロシア [没]2015年3月14日 77歳 [生]1937年3月15日 [出]ソ連・ロシア共和国イルクーツク州ウスチウダ村(ロシア) [学]イルクーツク大学歴史文学学部〔1959年〕卒 [歴]農民の子として生まれる。イルクーツクやクラスノヤールスクの青少年向け新聞社に勤め、建設現場や農村を多く取材する。仕事のかたわら短編やルポルタージュを執筆。1961年短編「レーシカにきくのを忘れた…」を文集「アンカラ」に初めて発表し、65年のシベリア・極東青年作家会議で評価され、67年処女短編集「この世の人」にまとめられた。同年発表の中編「マリヤのための金」の成功で中央でも注目を浴び、その後の数編で現代ロシア文壇にその地位を確立する。77年に中編「生きよ、そして記憶せよ」(74年)がソ連文学最高の栄誉といわれる国家賞(レーニン文学賞)を受賞し、ベストセラーとなり、世界数十ケ国語に翻訳された。19世紀ロシア文学の伝統を忠実に受け継いだ“農村文学”の代表的作家といわれた。また、故郷シベリアにとどまり、70年からパルプコンビナートの排水によるバイカル湖の汚染を告発するなど環境保護運動にも力

を入れる。87年環境破壊や機械文明が現代人にもたらした精神的危機を訴えた「火事」(85年)で2度目の国家賞受賞。他の作品に「アンナ婆さんの末期」(70年)、「マチョーラとの別れ」(76年)、「Live and Love」(82年)、「Siberia, Siberia」(91年)など。89年環境問題と文学を考える「琵琶湖フォーラム」に出席のため来日。同年3月ソ連人民代議員、90年3月～12月大統領評議会メンバー。非共産党員。 [賞]レーニン文学賞〔1977年〕「生きよ、そして記憶せよ」, レーニン文学賞〔1987年〕「火事」, 社会主義労働英雄〔1987年〕

ラーセン, ラルフ **Larsen, Ralph** 実業家 ジョンソン・エンド・ジョンソン会長・CEO [国]米国 [没]2016年3月9日 77歳〔心不全〕 [生]1938年11月19日 [出]米国・ニューヨーク市ブルックリン [名]本名＝Larsen, Ralph Stanley [学]オフストラ大学卒 [歴]両親はノルウェーからの移民。1962年世界最大のヘルスケア企業ジョンソン・エンド・ジョンソンに入社。製造、物流畑を歩み、77年大衆薬子会社マーケティング担当副社長。その後2年間同社を離れ、83年に復帰。86年取締役を経て、89年会長兼CEO(最高経営責任者)。2002年退任。AT&T、ゼロックス社外取締役も務めた。

ラダーマン, エズラ **Laderman, Ezra** 作曲家 [国]米国 [没]2015年2月28日 90歳 [生]1924年6月29日 [出]米国・ニューヨーク市ブルックリン [学]ニューヨーク市立大学ブルックリン校, コロンビア大学(作曲) [歴]4歳頃から即興でピアノを弾き始め、数年後には作曲を始める。第二次大戦従軍後、コロンビア大学で作曲を学ぶ。その後、クラシック音楽の作曲家として活動を開始し、オペラや交響曲のほか、アカデミー賞受賞作の映画などにも多数の曲を提供した。一方、エール大学やサラ・ローレンス大学などで教鞭を執り、後進の育成にもあたった。

ラッセル, レオン **Russell, Leon** ミュージシャン [国]米国 [没]2016年11月13日 74歳 [生]1942年4月2日 [出]米国・オクラホマ州 [名]本名＝Bridges, Claude Russell [歴]幼少時からピアノ、ギター、トランペットを学び、14歳からオクラホマのナイトクラブでピアノを演奏。17歳で高校を退学してカリフォルニア州ロサンゼルスに移り住み、フィル・スペクターのもとでセッション・ミュージシャンとして活動を開始。1960年代に多くの録音に参加し、ディレニー&ボニーの編曲を手がけて注目を集めた。60年代末にはローリング・ストーンズのレコーディングにも招かれる売れっ子となる。70年デニー・コーデルと出会い、自己のレーベル“シェルター”を設立、アルバム「レオン・ラッセル」でソロデビュー。続いてアルバム「レオン・ラッセル・アンド・ザ・シェルター・ピープル」(71年)、「カーニー」(72年)などを発表。以後、プロデューサー兼ソングライターとして自宅のスタジオで曲作りを続け、コンサート活動も行った。南部独特のロックを得意とし、代表曲「ソング・フォー・ユー」(70年)はレイ・チャールズやカーペンターズらに広くカバーされた。2010年エルトン・ジョンとの共演でアルバム「ザ・ユニオン」を発表。他のヒット曲に「タイトロープ」「レディー・ブルー」など。またカーペンターズのヒット曲「マスカレード」「スーパースター」の作者としても知られる。11年ロックの殿堂入りを果たす。長い髪と髭がトレードマークだった。

ラテック, ウド **Lattek, Udo** サッカー指導者 [国]ドイツ [没]2015年2月1日 80歳 [生]1935年1月16日 [出]東プロイセン(ポーランド) [歴]サッカー選手としては大成しなかったが、指導者としてその才能を開花させ、主に1970年代に監督として活躍。西ドイツ1部リーグ(当時)のバイエルン・ミュンヘンを3連覇を含めた6度、ボルシアMGを2度のリーグ優勝に導き、ブンデスリーガのタイトルを監督として史上最多の8回手にした。バイエルンでは、74年にドイツ勢初の欧州チャンピオンズカップ(現・欧州チャンピオンズリーグ)優勝に導き、チームを欧州随一の強豪に変貌させた。バルセロナ(スペイン)でも指揮を執り、82年には欧州カップウィナーズカップを獲得した。その後、ボルシア・ドルトムント、1FCケルン(スポーツディレクター)、シャルケ04を渡り歩いた。

ラトゥシンスカヤ, イリーナ **Ratushinskaya, Irina** 詩人 人権活動家 [国]ロシア [没]2017年7月5日 63歳〔がん〕 [生]1954年3月4日 [出]ソ連・ウクライナ共和国オデッサ(ウクライナ) [名]本名＝Ratushinskaya, Irina Borisovna [学]オデッサ大学理学部〔1976年〕卒 [歴]物理と数学の教師を務める傍ら詩作に従事。1982年作品が反ソ的だとの理由で逮捕され、7年間の収容所生活と5年の流刑の判決を言い渡された。86年米ソ会談の前日に釈放されるまで、4年間をモルドヴィア強制労働収容所で政治犯として過ごした。その後、米国を経て、英国に亡命。98年ロシアに帰国し、市民権を回復した。詩集に「No, I'm not Afraid」「Pencil Letter」、著書に「In the Beginning」「強制収容所へようこそ」がある。

ラーナー, マレー **Lerner, Murray** 映画監督 [国]米国 [没]2017年9月2日 90歳〔腎不全〕 [生]1927年5月8日 [出]米国・ペンシルベニア州フィラデルフィア [学]ハーバード大学〔1948年〕卒 [歴]1963～65年にかけてボブ・ディランが出演した「ニューポート・フォーク・フェスティバル」に密着した音楽ドキュメンタリー「Festival」(67年)を監督。「毛沢東からモーツァルトへ/中国のアイザック・スターン」(81年)でアカデミー賞長編ドキュメンタリー部門賞を受賞。ジミ・ヘンドリックス、ザ・フー、マイルス・デービスなどの未発表映像を満載した「ワイト島1970/輝かしきロックの残像」(95年)は、25年の歳月をかけて完成した。他の作品に、「ザ・フー アメージング・ジャーニー」(2007年)など。 [賞]アカデミー賞長編ドキュメンタリー部門賞〔1981年〕「毛沢東からモーツァルトへ/中国のアイザック・スターン」

ラフサンジャニ, アリ・アクバル・ハシェミ **Rafsanjani, Ali Akbar Hashemi** 政治家 イスラム神学者 イラン大統領 [国]イラン [没]2017年1月8日 82歳〔心臓発作〕 [生]1934年8月25日 [出]イラン・ケルマン州ラフサンジャン近郊バフラマン村 [歴]14歳の時からシーア派の聖地コムの神学校で学び、ホメイニ師の弟子になる。ホメイニ師が追放された後、彼を支援し、1970年代に不動産投機を行って富を築いた。イスラム革命運動(パーレビ王制打倒運動)に加わり何度も投獄される。イラン革命後の79年イスラム政権誕

ラ

生で革命評議会メンバーとなり、同年11月〜80年5月内相を務めた。イスラム共和党創設に参加し、80年5月国会議員当選、7月初代国会議長となり、以来、10期議長職を務め、政界の最高実力者と目された。88年6月ホメイニ師より軍最高司令官代理に任命される。89年ホメイニ師が死去し、後継の最高指導者にハメネイ師が就き、自身は第4代大統領に就任。90年9月にはイラクと国交回復するなど、イラン・イラク戦争（80〜88年）で混乱した経済の立て直しや悪化したアラブ諸国との関係改善に尽力した。91年の湾岸戦争では中立を強調。97年8月大統領退任。この間、89年より国会と護憲評議会の調停機関・最高評議会議長も務め、97年8月、2002年、07年、12年再任。00年2月の総選挙で辛うじて当選したが、開票時の疑惑を指摘されて5月に当選を辞退。05年6月の大統領選に立候補したが保守強硬派のアハマディネジャドに敗北。07〜11年最高指導者の任免権を持つ専門家会議議長を務めた。ハメネイ師に次ぐナンバー2の地位にあったが、09年反政府デモを支持してハメネイ師と対立を深める。13年の大統領選では立候補を許されなかったが、ロウハニ大統領の誕生に力を発揮。16年2月の専門家会議選ではトップ当選した。教条主義に向かいがちな指導部内で保守穏健派の重鎮として、バランスを取る役目を果たし続けた。Hojatoleslamの称号を持つ。1985年7月来日。　[家]二女＝ラフサンジャニ, ファエゼ・ハシェミ

ラヘイ, ティム　**LaHaye, Tim**　作家　牧師　教育家　[国]米国　[没]2016年7月25日　90歳〔脳卒中〕　[生]1926年4月27日　[出]米国・ミシガン州デトロイト　[名]本名＝LaHaye, Timothy　[学]ボブ・ジョーンズ大学　[歴]牧師を務め、聖書の預言の研究家として定評がある。小説家としても活躍し、1995年より聖書のなかの終末思想をベースにした〈レフト・ビハインド〉シリーズ（ジェリー・ジェンキンズとの共著, 全16巻）を刊行。300週間もの長きにわたって「ニューヨーク・タイムズ」紙のベストセラーリストに載り、米国内でシリーズ累計6500万部を超えるベストセラーを記録。2014年にはニコラス・ケイジ主演で映画化された。中絶反対の立場のノンフィクション作家でもあり、セックスや結婚、同性愛、聖書の預言、死後の生活、十字架の力を含む幅広い問題に関する著作を出版した。著書に「死後、何が起こるか」「御霊に満たされた家庭生活」、共著に「秘宝・青銅の蛇を探せ」「ノアの箱舟の秘密」など。サンディエゴ・クリスチャン大学を創設したことでも知られる。

ラマエマ, エライアス　**Ramaema, Elias**　政治家　軍人　レソト軍事評議会議長　[国]レソト　[没]2015年12月11日　82歳　[生]1933年11月10日　[出]レソト・マポテング　[名]本名＝Ramaema, Elias Phisoana　[学]ローマ大学卒　[歴]1957〜58年南アフリカの鉱山で働く。59年レソト警察隊に参加。68年警察機動隊（現・レソト王立国防隊）に転出し、大佐に昇進。78年、84年海外で特別研修。86年ジャスティン・レハンヤ政権で軍事評議会委員（公共, 運輸, 通信, 雇用, 社会福祉, 外務, 情報, 放送各省担当）。しかし、レハンヤが独裁傾向を強めたため、91年4月無血クーデターでレハンヤを失脚させ、5月同議長（首相）に就任。86年以来の政党活動禁止を解除した。93年3月23年ぶりとなる複数政党制による総選挙を国連監視下で実施。バソト会議党のヌツ・モヘレが勝利したため、政権を譲った。90年来日。

ラミニ, S.
⇒ドラミニ, S. を見よ

ラムファルシー, アレクサンドル　**Lamfalussy, Alexandre**　銀行家　エコノミスト　欧州通貨機構（EMI）総裁　[国]ベルギー　[没]2015年5月9日　86歳　[生]1929年4月26日　[出]ハンガリー・カプバール　[学]ルーベン・カソリック大学卒, オックスフォード大学ナフィールド・カレッジ卒　経済学博士（オックスフォード大学）　[歴]第二次大戦後にベルギーに移り住む。1955年ブリュッセル銀行（現・バンク・ブリュッセル・ランベール）に入り、65年頭取を経て、76年国際決済銀行（BIS）入り。85〜93年BIS事務局長。94年1月〜97年欧州中央銀行（ECB）の前身となった欧州通貨機構（EMI）初代総裁。その後、欧州連合（EU）の金融関連業規制の整備を目指す「ラムファルシー・プロセス」の策定を主導した。"ユーロ"創設の父の一人といわれる。

ラモー, サイモン　**Ramo, Simon**　物理学者　実業家　大陸間弾道ミサイル（ICBM）の父　[国]米国　[没]2016年6月27日　103歳　[生]1913年5月7日　[出]米国・ユタ州ソルトレークシティ　[学]ユタ大学卒, カリフォルニア工科大学卒　博士号（カリフォルニア工科大学）　[歴]1936年ゼネラル・モーターズ（GM）に入社し、マイクロ波レーダーを開発。46年ヒューズ・エアクラフトに転じ、ミサイル誘導装置、電子兵器システムの開発に従事。53年ディーン・ウッドリッジとともにラモー・ウッドリッジ社（のちにトンプソン・プロダクツ社と合併してTRW社となる）を創設、54年より社長。また米空軍で大陸間弾道ミサイル（ICBM）開発計画責任者（54〜58年）をはじめ、政府閣僚の諮問委員としてホワイトハウスの4つの政権下で活躍した。80〜83年TRW－富士通社会長。米国の科学教育の不信などについてしばしば発言した。著書に「ビジネスオブサイエンス―アメリカハイテク時代の栄光と敗北」（88年）がある。[賞]大統領自由勲章（米国）〔1983年〕, 米国国家科学賞〔1979年〕, IEEEファウンダーズ・メダル〔1982年〕, 米国宇宙財団生涯功労賞〔2007年〕

ラモッタ, ジェイク　**LaMotta, Jake**　プロボクサー　WBA世界ミドル級チャンピオン　[国]米国　[没]2017年9月19日　95歳〔肺炎の合併症〕　[生]1922年7月10日　[出]米国・ニューヨーク市ブロンクス　[名]本名＝LaMotta, Giacobbe　[歴]父の手ほどきでボクシングを始める。1941年プロデビュー。"拳聖"と称されたシュガー・レイ・ロビンソン（米国）のライバルとして知られ、43年デビュー以来40連勝中だったロビンソンに初黒星をつけて注目された。49年WBA世界ミドル級王者のマルセル・セルダン（フランス）に10回TKO勝ちを収め王座を奪取。3度目の防衛戦でロビンソンの挑戦を受け、13回TKO負けで王座を失った。戦績は83勝（30KO）19敗4分け。54年に引退した後はマイアミでナイトクラブのオーナーなどを務めた。ニューヨークのスラム街から這い上がった不屈の闘志から、"レイジング・ブル（怒れる雄牛）"の異名を取り、マーティン・スコセッシ監督の映画「レイジング・ブル」

ラ

(80年)でロバート・デ・ニーロが演じた主人公のモデルにもなった。90年国際ボクシング殿堂入り。

ラングデル, ジョセフ **Langdell, Joseph** 軍人 真珠湾攻撃で撃沈した戦艦アリゾナの生存者 [国]米国 [没]2015年2月4日 100歳 [生]1914年10月12日 [出]米国・ニューハンプシャー州ウィルトン [名]本名＝Langdell, Joseph Kopcho, 通称＝Langdell, Joe [学]ボストン大学〔1938年〕卒 [歴]会計士を経て、米国海軍に入隊し、戦艦アリゾナの乗組員となる。1941年12月旧日本軍による真珠湾攻撃に遭いアリゾナは沈没。1177人が死亡したが、非番で下船していたため、334人の乗組員とともに生還した。戦後はカリフォルニア州ユバシティーで家具店を経営する傍ら、真珠湾攻撃の体験を語り継いだ。

ランデルマン, ケビン **Randleman, Kevin** 格闘家 [国]米国 [没]2016年2月11日 44歳〔肺炎による心不全〕 [生]1971年8月10日 [出]米国・オハイオ州サンダスキー [学]オハイオ州立大学 [歴]マーク・コールマンに師事。オハイオ州立大学時代にレスリング・フリースタイルの全米選手権で優勝。そのレスリングテクニックを武器にUFCを中心に活躍し、1999年には第5代ヘビー級王座を獲得。2002年から総合格闘技のPRIDEに参戦。04年PRIDE-GP開幕戦では、優勝候補筆頭のミルコ・クロコップを左フックで沈め失神KOを奪い話題となった。現役時代は178センチ、93キロ。筋肉隆々の体格と入場時に飛び跳ねるパフォーマンスから“リアル・ドンキーコング”と呼ばれ、人気を博した。総合格闘技での戦績は17勝16敗。プロレスラーとしてレッスルワンやハッスルにも登場した。05年12月真菌感染症で左肺を取り出して洗浄する手術を受ける。11年5月に1本負けしたロシアでの総合格闘技の試合が最後の出場となった。

ランドー, マーティン **Landau, Martin** 俳優 [国]米国 [没]2017年7月15日 89歳〔合併症〕 [生]1928年6月20日 [出]米国・ニューヨーク市ブルックリン [学]ジェームズ・マディソン高卒 [歴]「ニューヨーク・デイリー・ニューズ」紙の風刺漫画家を経て、アクターズ・スタジオでリー・ストラスバーグに師事、俳優に転じた。1951年ブロードウェイの舞台に立ち、テレビにも出演。59年「勝利なき戦い」に脇役出演して映画デビュー。次いでアルフレッド・ヒッチコック監督の「北北西に進路を取れ」(59年)の悪役で知られた。61年よりテレビ「スパイ大作戦」シリーズで変装の名人ロリン・ハンド役で人気者に。70年以降は気難しい男役などで準主役として活躍。95年ティム・バートン監督の「エド・ウッド」(94年)では、落ちぶれた元有名男優を演じてアカデミー賞助演男優賞を受賞した。他の出演作に、映画「クレオパトラ」(63年)、「ネバダ・スミス」(66年)、「続・夜の大捜査線」(70年)、「殺人プレイバック」(87年)、「タッカー」(88年)、「ウッディ・アレンの重罪と軽罪」(89年)、「X－ファイル ザ・ムービー」(98年)、「ハリウッド的殺人事件」(2003年)など。 [賞]アカデミー賞助演男優賞(第67回, 1994年度)〔1995年〕「エド・ウッド」, ゴールデン・グローブ賞助演男優賞(第46回・52回, 1988年度・1994年度)「タッカー」「エド・ウッド」, ベルリン国際映画祭ベルリナーレ・カメラ賞(第40回)〔1990年〕, ニューヨーク映画批評家協会賞助演男優賞(第60回)〔1994年〕「エド・ウッド」, ロサンゼルス映画批評家協会賞助演男優賞〔1994年〕「エド・ウッド」, 全米映画批評家協会賞助演男優賞(第29回)〔1994年〕「エド・ウッド」, 米国映画俳優組合賞助演男優賞(1994年度)「エド・ウッド」 [家]元妻＝ベーン, バーバラ(女優)

【リ】

リ・ウルソル **李 乙雪** 軍人 朝鮮労働党中央委員 北朝鮮国防委員会委員 [国]北朝鮮 [没]2015年11月7日 94歳〔肺がん〕 [生]1921年 [出]朝鮮咸鏡北道茂山(北朝鮮) [学]ソ連軍事アカデミー [歴]1937年金日成主席率いる朝鮮人民革命軍に入り、伝令兵として抗日武装闘争に参加。45年平壌に戻る。50年人民軍連隊長、53年師団長、62年軍団長、67年第1軍司令官、70年党中央委員、76年第1副総参謀長、80年党中央軍事委員、85年大将、首道防衛司令官、90年国防委員、第9期代議員、のち護衛総局長、95年元帥、96年護衛司令官。98年第10期代議員。革命第1世代を象徴する人物で、2012年には金正日総書記の生誕70年に際し“金正日勲章”を受章した。 [賞]金正日勲章〔2012年〕

李 永泰 **リ・エイタイ** **Li Yong-tai** 軍人 パイロット 中国人民解放軍空軍副司令官 空軍中将 [国]中国 [没]2015年10月5日 87歳 [生]1928年 [出]中国吉林省通化県 [学]中国空軍航空学校〔1950年〕卒 [歴]朝鮮族。1945年八路軍に入隊。中国人民解放軍空軍連隊長、師団長、副軍長、76年武漢軍区空軍司令官、83年空軍副司令官、88年中将。この間、78年第5期、88年第7期、93年第8期全人代(全国人民代表大会)大解放軍代表。

リー, エドウィン **Lee, Edwin** 政治家 サンフランシスコ市長 [国]米国 [没]2017年12月12日 65歳〔心臓発作〕 [生]1952年5月5日 [出]米国・ワシントン州シアトル近郊 [名]本名＝Lee, Edwin Mah, 通称＝Lee, Ed [学]ボウディン大学〔1974年〕卒, カリフォルニア大学バークレー校ボールト・ホール・スクール・オブ・ロー〔1978年〕卒 [歴]中国系移民の家庭に生まれる。人権派の弁護士を経て、2011年アジア系で初めてサンフランシスコ市長に当選。15年再選。在任中は市内のホームレス問題などに尽力。17年11月中国や韓国系の民間団体が市内に設置した慰安婦像の寄贈の受け入れを承認。これに反発した大阪市が姉妹都市の解消を表明した。 [賞]ソウル市名誉市民〔2016年〕 [資]弁護士

リー・クアンユー **Lee Kuan Yew** 政治家 シンガポール首相 [国]シンガポール [没]2015年3月23日 91歳〔肺炎〕 [生]1923年9月16日 [出]英領シンガポール [名]中国名＝李光耀 [学]ラッフルズ・カレッジ(現・シンガポール大学)卒, ロンドン大学, ケンブリッジ大学フィッツウィリアム・カレッジ〔1949年〕卒 [歴]英領マラヤのシンガポールで中国系移民の家に生まれる。第二次大戦中、日本軍報道部に勤務。ケンブリッジ大学卒業後、1950年ロンドンで法廷弁護士の資格を取得、

51年帰国後法律事務所に勤務。54年中国人や労働者を中心とした反共産主義の人民行動党（PAP）を創設し、書記長。55年シンガポール立法議会議員、対英独立交渉に参加。英連邦内自治独立後の59年立法議会選挙で圧勝し、6月シンガポール自治国初代首相。63年9月マレーシア連邦発足でシンガポール州政府首相。65年8月マレーシアから分離独立後シンガポール共和国首相。以来31年間政権を握り続け、90年11月首相辞任、総理府上級相。92年PAP書記長辞任。2004年8月顧問相（序列3位、実質的な最高指導者）。11年5月顧問も辞任。シンガポールの初代首相として、資源小国の同国を東南アジア随一の経済先進国に発展させた。70年代末から「日本に学べ」運動を展開し企業経営方法などの吸収にも努めた。外交では中国と一定の関係を保ちつつ、米国の東南アジア戦略にも協力。67年には東南アジア諸国連合（ASEAN）を創設した。また、多民族国家をまとめるため、各民族の母語を公用語として認める一方、共通語として学校教育をすべて英語で行う言語政策を進めた。"建国の父"と呼ばれ、戦後のアジアを代表する政治家の一人だった。著書に「シンガポール物語――リー・クアンユーの回顧録」、伝記に「リー・クアンユー 人物と思想」がある。　㊎香港中文大学名誉博士号〔2000年〕　㊎長男＝リーシェンロン（シンガポール首相）、二男＝リーシェンヤン（シンガポールテレコム社長・CEO）

リー, クリストファー　Lee, Christopher　俳優　⦿英国　⊕2015年6月7日　93歳〔呼吸器系疾患〕⊕1922年5月27日　⊕英国・ロンドン・ベルグラビア　㊎本名＝リー、クリストファー・フランク・カランディニ〈Lee, Christopher Frank Carandini〉　㊎ウェリントン・カレッジ中退　㊎6歳の時両親が離婚。大学を中退後海運会社のメッセンジャーボーイとなり、7カ国語を操るようになる。第二次大戦中は空軍パイロットとして参戦。戦後映画俳優を志望、1947年「Corridor of Mirrors」でデビュー。スタントマンなどを経て、53年「赤い風車」、55年「覆面の騎士」などに脇役として出演。56年ハマー・プロが怪奇映画の製作を開始、長身に目をつけられ57年「フランケンシュタインの逆襲」に怪物役で出演、大ヒットする。58年「吸血鬼ドラキュラ」のドラキュラ伯爵役が決定打となり看板スターとなる。以後70年代前半まで英国、ドイツ、イタリアで数々の怪奇映画に出演、特にドラキュラ役は有名で世界一のホラー・スターとして君臨した。その後、ハリウッドに進出、個性的な悪役、名脇役として活躍。250本以上の映画・テレビに出演し、出演作の多さでギネス・ブックに載る。他の出演作に「怪人フー・マンチュー」「凶人ドラキュラ」（65年）、「シャーロック・ホームズの冒険」（70年）、「悪魔のチャイルド」（72年）、「三銃士」（73年）、「007／黄金銃を持つ男」（74年）、「四銃士」（75年）、「ジャガーNo.1」（79年）、「グレムリン2」（90年）、「スリーピー・ホロウ」（99年）、「ロード・オブ・ザ・リング」シリーズ（2000～03年）、「スター・ウォーズ エピソード2／クローンの逆襲」（00年）、「スター・ウォーズ エピソード3」「チャーリーとチョコレート工場」（05年）、「ホビット」シリーズなど。09年演劇界に貢献したとしてナイトの爵位（Sir）

を授与された。1992年東京国際映画祭副審査委員長として来日。　㊎CBE勲章、BAFTA賞アカデミー友愛賞〔2010年〕　㊎妻＝クレネック、ビルギット（女優）

李 元簇　リ・ゲンソウ　Li Yuan-tsu　政治家 法律家 台湾副総統　⦿台湾　⊕2017年3月8日　93歳〔病気〕⊕1923年9月24日　⊕中国湖南省平江県　㊎字＝肇東　㊎台湾中央政治学校大学部卒、台湾政治大学高等科卒 法学博士（ボン大学）〔1963年〕　㊎1947年高等試験司法官首席合格。高等法院判事、台湾省保安司令部軍法処長、中央日報主筆、台湾政治大学教授、法律研究所主任、72年行政法規委主任、73～77年台湾政治大学校長などを歴任。77年行政院に入り、教育部長、78年6月司法行政部長を経て、88年10月総統府秘書長、90～96年国民党の李登輝総統の下で副総統を務めた。93年8月国民党副主席。97年8月再任。

李 昭　リ・ショウ　Li Zhao　胡耀邦中国共産党総書記夫人　⦿中国　⊕2017年3月11日　95歳〔病気〕⊕1921年　⊕中国安徽省　㊎1982年に中国共産党総書記となった胡耀邦の妻。改革派指導者だった夫は、学生らによる民主化要求デモの対応を批判され、87年に失脚。89年4月夫の死去をきっかけに民主化運動が拡大し、6月共産党政権が学生らを武力弾圧した天安門事件につながった。多くの改革派指導者と交流があった。　㊎夫＝胡耀邦（中国共産党総書記）

リ・ジョンオ　Ri Jong-o　作曲家　⦿北朝鮮　⊕2016年11月8日　73歳〔急性心筋梗塞〕⊕1943年11月　⊕朝鮮平安北道亀城（北朝鮮）　㊎金正日総書記の肝いりで1985年に創設されたポチョンボ電子楽団の作曲家兼指揮者として、「パンガプスムニダ（うれしいです）」や「フィパラム（口笛）」など韓国でも広く知られる歌謡曲を作曲した。最高指導者となる前の金正恩をたたえた歌「バルコルム（足取り）」の作詞作曲も手がけ、北朝鮮を代表する作曲家として知られた。

リー, タニス　Lee, Tanith　ファンタジー作家 児童文学作家　⦿英国　⊕2015年5月24日　67歳　⊕1947年9月19日　⊕英国・ロンドン　㊎ダンサーの両親の間に生まれ、9歳の頃から創作を始める。キャトフォードのグラマー・スクールで美術を学んだあと図書館司書の助手をはじめ、様々な事務職に就き、1971年児童向けファンタジー「ドラゴン探索号の冒険」をマクミラン社から発表。米国のDAWブックス編集者ドナルド・A.ウォルハイムに見出され、75年初の成人向けファンタジー「Birthgrave（誕生の墓）」を刊行して脚光を浴びる。同年英国でも児童向けファンタジー「Companions on the Road（アヴィリスの妖杯）」が大好評を博し、児童文学の分野でも地位を確立。DAWブックスの専属ライターとして年2、3作の作品を執筆。79年の作品「死の王」が英国幻想文学大賞を受賞するなど、成人・児童両分野で高い評価を受ける。ホラー、ファンタジー、SFの全領域に渡って作品を発表した。他に「幻獣の書」「堕ちたる者の書」「ヴェヌスの秘탐〈1～4〉」などがある。"ダークファンタジーの女王"と呼ばれる。　㊎英国幻想文学大賞〔1979年〕「死の王」、世界幻想文学大賞（短編）〔1983年・1984年〕「The Gorgon」「Elle Est Trois (La Mort)」

リー, ハーパー　Lee, Harper　作家　⦿米国　⊕2016年2月19日　89歳　⊕1926年4月28日　⊕米国・アラバ

マ州モンロービル　[名]本名＝Lee, Nell Harper　[学]アラバマ大学卒　[歴]ノンフィクション・ノベルの代表作とされる「冷血」の作者トルーマン・カポーティの従妹。黒人への差別が強い米国南部で育ち、アラバマ大学で法律を学ぶ。卒業後の1949年、ニューヨークに移り、航空会社の予約係として勤務しながら執筆活動を開始。60年に発表した「物真似鳥を殺すのは」(邦訳名「アラバマ物語」)は、アラバマ州の小さな町を舞台に、白人女性強姦の罪を着せられた黒人を弁護する白人弁護士を、その娘の視点を通して描き、公民権運動が高まる中で大きな反響を呼んだ。同作品は61年にピューリッツァー賞を受賞したほか、俳優グレゴリー・ペックが弁護士役を演じた62年の映画では、アカデミー賞主演男優賞などを獲得。世界各国で4000万部以上を売上げたが、ほかの作品は発表しなかった。その後、「アラバマ物語」につながる50年代の草稿が見つかり、2015年に続編として「ゴー・セット・ア・ウォッチマン」が発売され、話題となった。　[賞]ピュリッツァー賞〔1961年〕「物真似鳥を殺すのは」(邦訳名「アラバマ物語」)　[勲]自由勲章(米国大統領)〔2007年〕

リヴァ, エマニュエル　**Riva, Emmanuelle**　女優　[国]フランス　[没]2017年1月27日　89歳〔がん〕　[生]1927年2月24日　[出]フランス・ヴォージュ県レミルモン　[名]本名＝Rivat, Paulette Germaine　[歴]幼い頃から憧れていた演劇の道に進むため、家族の反対を押し切ってパリに出て演劇センターで学ぶ。1953年「英雄と兵士」で初舞台、以後舞台を中心に活躍。58年アラン・レネ監督に認められ、マルグリット・デュラス原作の日仏合作映画「二十四時間の情事」(原題・「ヒロシマ・わが愛」)に岡田英次の恋人役で主演、この作品はヨーロッパでは高く評価された。2012年ミヒャエル・ハネケ監督の「愛、アムール」でジャン・ルイ・トランティニャンと共演、ヨーロッパ映画賞などを受賞し、85歳の史上最年長でアカデミー賞主演女優賞にノミネートされた。他の出演作に「ゼロ地帯」(1960年)、「テレーズ・デスケルウ」(62年)、「恐喝」(64年)、「山師トマ」(65年)、「先生」(67年)、「栄光への5000キロ」(日本映画, 70年)、「自由、夜」(83年)、「熱砂に抱かれて」(91年)、「トリコロール/青の愛」(93年)、「華麗なるアリバイ」(2007年)、「スカイラブ」(11年)などがある。「二十四時間の情事」の撮影で来日した際に自身が広島で撮った写真約500枚が発掘され、その腕前と資料性が高く評価されてネガは映画保存機関シネマテーク・フランセーズでデジタル化された。2008年には「HIROSIMA 1958」の展覧会に伴い半世紀ぶりに来日した。　[賞]ベネチア国際映画祭最優秀女優賞(第23回)〔1962年〕「テレーズ・デスケルウ」, ヨーロッパ映画賞女優賞(第25回)〔2012年〕「愛、アムール」, 全米映画批評家協会賞主演女優賞(第47回)〔2012年〕「愛、アムール」, ロサンゼルス映画批評家協会賞(第38回)〔2012年〕「愛、アムール」, セザール賞最優秀主演女優賞(第38回, 2012年度)「愛、アムール」

リヴェット, ジャック　**Rivette, Jacques**　映画監督　[国]フランス　[没]2016年1月29日　87歳　[生]1928年3月1日　[出]フランス・ルーアン　[名]本名＝Rivette, Pierre Louis　[歴]1949年パリに出て、シネマテーク通いをする。50年エリック・ロメール、ジャン・リュック・ゴダールらとともにシネクラブ・デュ・カルチェ・ラタンの機関誌「ガゼット・デュ・シネマ」を創刊、批評家としてデビュー。52年「カイエ・デュ・シネマ」の同人となり、63～65年同誌編集長。16ミリの短編作品を撮った後、60年長編第1作「パリはわれらのもの」で監督デビュー。以来、フランス映画の刷新運動“ヌーヴェルヴァーグ(新しい波)”の先頭に立つ存在として独自のスタイルを保ちながら製作活動を続ける。91年「彼女たちの舞台」(89年)が日本で初公開され、続く「美しき諍い女」(91年)で日本でも一躍有名になった。他の作品に「修道女」(65年)、「狂気の愛」(68年)、「セリーヌとジュリーは舟で行く」(74年)、「デュエル」(76年)、「北の橋」(81年)、「地に堕ちた愛」(84年)、「ジャンヌ・愛と自由の天使」「ジャンヌ・薔薇の十字架」(94年)、「恋ごころ」(2001年)、「Mの物語」(03年)、「ランジェ公爵夫人」(07年)、「ジェーン・バーキンのサーカス・ストーリー」(09年)など。　[賞]ベルリン国際映画祭名誉賞(第39回)〔1989年〕「彼女たちの舞台」, カンヌ国際映画祭グランプリ(第44回)〔1991年〕「美しき諍い女」

リウス　**Rius**　漫画家　[国]メキシコ　[没]2017年8月8日　83歳　[生]1934年6月20日　[出]メキシコ・ミチョアカン州サモラ　[名]本名＝Eduardo Humberto del Río García　[歴]小学校卒業後、様々な職業に就く。個人雑誌「スペルマッチョ」「アガチャードス」に風刺漫画を発表し、1968年メキシコ五輪直前の大弾圧の際に逮捕、投獄される。出獄後、73～80年妻とともに自由学校・トラウィカ学園を運営。学校教育をほとんど受けていないにもかかわらず、独学で様々な社会的主張をはらんだ漫画を描き続けた。作品に「初心者のためのマルクス」「フェミニズム」「エコロジー」「資本主義って何だろうか」「薬草入門」「チェ・ゲバラ―リウスの現代思想学校」「リウスのパレスチナ問題入門」など。83年来日。

リキエル, ソニア　**Rykiel, Sonia**　ファッションデザイナー　[国]フランス　[没]2016年8月25日　86歳　[生]1930年5月25日　[出]フランス・パリ　[名]旧姓・名＝Flis, Sonia　[歴]ルーマニア人の父とロシア人の母のもと、パリで生まれる。1948年小売店の売り場係として働き始める。53年婦人服店を営むサム・リキエルと結婚。マタニティドレスを求めて街を歩いたが気に入ったものがなく、自分のために着心地のいい妊婦用セーターを作ったことがきっかけでファッション界に入った。62年夫が経営する婦人服店“ローラの店”でマタニティドレスとニットドレスを発売。68年オリジナルブランド、ソニア・リキエルを設立。黒を基調としたボーダー柄の色使いや、前後を逆にしたようなデザインのニットなどの代表作で人気を獲得。機能一点ばりだったニットにおしゃれ着としての市民権を得させ、“ニットの女王”“最もパリジェンヌらしいブランド”と評された。69年離婚し、パリのグルネル通りに自身のブティックをオープン。斬新で女性にとって着やすいデザインは“デ・モード(脱流行)”と呼ばれ、ソニア・リキエルのブランドは世界各国で販売されている。2009年デビュー40周年を記念してパリで「ソニア・リキエル展」を開催。著書にエッセイ集「裸で生きたい」(1979年)、小説に「赤い唇」(96年)などがあ

る。ロバート・アルトマン監督の米映画「プレタポルテ」(94年)に出演するなど、多彩な活動を展開した。[賞]レジオン・ド・ヌール勲章シュバリエ章〔1985年〕,フランス芸術文化勲章オフィシエ章〔1993年〕,レジオン・ド・ヌール勲章オフィシエ章〔1996年〕,レジオン・ド・ヌール勲章コマンドール章〔2009年〕,フランス芸術文化勲章コマンドール章〔2012年〕,パリ市ベルメイユ勲章〔2012年〕　[家]長女＝リキエル,ナタリー(ファッションデザイナー)

リジェ,ギー　Ligier, Guy　F1ドライバー　実業家　リジェ・チーム・オーナー　[国]フランス　[没]2015年8月23日　85歳　[生]1930年7月12日　[出]フランス・ヴィシー　[名]本名＝Ligier, Guy Camille　[歴]1940年代後半に地元ヴィシーの肉屋で手伝いとして働いていた頃、ラグビー選手として名を挙げ、フランス代表にも選ばれた。その後、政界と様々なコネクションを作りながら建設業の世界で成功し、一代で巨万の富を築き上げた。一方、モーター・レーシングに並々ならぬ興味を抱き、アマチュア・レーサーとして楽しんだ後、66年35歳の時にモナコGPでF1デビュー。67年ドイツGPで6位に入賞、生涯唯一のグランプリ・ポイント1点を獲得、ランキング19位。68年ビジネス・パートナーでもあった友人のドライバー、ジョー・シュレッサーの事故死を機に現役引退。レーシング・コンストラクターに転じ、シュレッサーのイニシャルからとった“JS”を型式名に持つマシンの製作とレース活動を始める。76年ブラジルGPでF1コンストラクターとしてデビュー。翌年のスウェーデンで初優勝。79年コンストラクターズ・ランキング3位、80年は2位。82年頃からリジェ・チーム運営のまずさが表面化し始め成績が低下。フランス政府筋の密接な関係からスポンサーを失わずにいたが、92年同郷のシリル・ド・ルーブルへチームを売却。96年チームはアラン・プロストに売られてプロスト・グランプリとして生まれ変わり、2001年までF1に参戦した。　[師]友人＝シュレッサー,ジョン(F1ドライバー)

リ

リース,ロジャー　Rees, Roger　俳優　[国]英国　[没]2015年7月10日　71歳〔がん〕　[生]1944年5月5日　[出]英国・ウェールズ・アベリストウィス　[歴]1967年ロイヤル・シェイクスピア・カンパニー(RSC)に入団。舞台、映画、テレビに俳優として活躍。82年の舞台「The Life and Adventures of Nicholas Nickleby」でトニー賞主演男優賞を受賞。83年テレビドラマ版でエミー賞候補に。2012年共同演出を務めた「Peter and the Starcatcher」がトニー賞9部門の候補となった。他の出演作に、映画「ロビンフッド/キング・オブ・タイツ」(1993年)、「フリーダ」(2002年)、「プレステージ」(06年)、「インベージョン」(07年)、ドラマ「ザ・ホワイトハウス」(00〜05年)、「ウェアハウス」(09〜13年)など。　[賞]ローレンス・オリビエ賞男優賞(新作プレイ部門,第5回)〔1980年〕「The Life and Adventures of Nicholas Nickleby」,トニー賞主演男優賞(第36回)〔1982年〕「The Life and Adventures of Nicholas Nickleby」

リーチ,ケネス　Leech, Kenneth　聖職者　神学者　英国聖公会司祭　聖ボトルフ教会名誉牧師　[国]英国　[没]2015年9月12日　76歳〔がん〕　[生]1939年6月15日　[出]英国・グレーターマンチェスター州アシュトンアンダーライン　[名]通称＝リーチ,ケン〈Leech, Ken〉　[学]ロンドン大学キングス・カレッジ卒　[歴]労働者階級の家庭に生まれる。大学卒業後、オックスフォードのセント・スティーブンス・ハウスに学び、1965年英国聖公会司祭に叙任。その後、聖ボトルフ教会名誉牧師、地域共同体の神学者として活動。長くロンドンのイーストエンド地区で青少年問題、特に移住労働者の生活支援、貧困問題などに取り組む。また英国内のみならず米国、カナダなどの大学や神学校で講義を行った。著書に「牧者の務めとスピリチュアリティ」「説教 十字架が語りかけるもの」「魂の同伴者」がある。

リチャードソン,ブラッドリー　Richardson, Bradley M.　政治学者　日本研究家　オハイオ州立大学教授・日本研究所所長　[専]日本政治　[国]米国　[没]2015年1月16日　86歳　[生]1928年　[学]ハーバード大学〔1951年〕卒,コロラド大学大学院〔1962年〕修士課程修了　博士号(カリフォルニア大学バークレー校)〔1966年〕　[歴]1962年東京大学留学などを経て、オハイオ州立大学政治学科教授となる。85年〜2002年同大学日本研究所所長。また、1977〜80年、99年〜2002年同大学東アジア研究センター所長も務めた。国際交流基金などの奨学金で数度来日。米国で著名な日本政治の専門家。著書に「日本の政治文化」(1973年)、「現代日本の政治」(共著,80年)、「日本の有権者」(91年)、「Japanese Democracy：Conflict, Power, and Performance」(97年)など多数。　[賞]旭日中綬章(日本)〔2008年〕

リッカルド,ジョン　Riccardo, John J.　実業家　クライスラー会長・CEO　[国]米国　[没]2016年2月13日　91歳　[生]1924年7月2日　[出]米国・ニューヨーク州リトルフォールズ　[学]ミシガン大学卒　[歴]イタリア移民の家庭に生まれる。1959年米国自動車大手クライスラー(現・FCA US)に入社。70年社長、75年会長兼CEO(最高経営責任者)に就任。石油危機などによる経営難に直面し、米連邦政府に支援を要請したが拒否され、79年退任。前年にスカウトしていたリー・アイアコッカが後任の会長として再建に手腕を振るった。

リックマン,アラン　Rickman, Alan　俳優　[国]英国　[没]2016年1月14日　69歳〔がん〕　[生]1946年2月21日　[出]英国・ロンドン　[学]ロイヤル・カレッジ・オブ・アート卒,ロイヤル・アカデミー・オブ・ドラマティック・アート(RADA)　[歴]4人兄妹の二男としてロンドン西部ハマースミスの労働者階級の家庭に生まれる。グラフィック・デザインの勉強をした後、26歳でロイヤル・アカデミー・オブ・ドラマティック・アート(RADA)で演劇を学び俳優としてスタート。1985年ロイヤル・シェイクスピア・カンパニー(RSC)で「お気に召すまま」「危険な関係」などの舞台に出演。「危険な関係」のブロードウェイ公演では87年のトニー賞候補となる。88年には「ダイハード」で映画デビュー、冷血なテロ集団のリーダー役を演じて一躍注目された。以降、演劇と映画で活躍し、国際的な俳優としての評価を確立。97年には映画「ウィンター・ゲスト」で初監督。2001〜11年「ハリー・ポッター」シリーズで主人公ハリーに嫌悪感を抱くスネイプ先生役を演じた。他の映画出演作に「愛しい人が眠るまで」(1990年)、「ロビン・フッド」(91年)、「ボブ・ロバーツ」(94年)、

「いつか晴れた日に」(95年)、「ラスプーチン」(96年)、「ラブ・アクチュアリー」(2003年)、「スウィーニー・トッド」(07年)、「モネ・ゲーム」(12年)、「大統領の執事の涙」(13年)、「ヴェルサイユの宮廷庭師」(14年,監督も)など。日本の演出家、蜷川幸雄が手がけた舞台では主役を演じた。 [賞]英国アカデミー賞助演男優賞〔1992年〕「ロビン・フッド」,ゴールデングローブ賞男優賞(ミニシリーズ・テレビ映画部門)〔1996年〕「ラスプーチン」,エミー賞主演男優賞(ミニシリーズ・テレビ映画部門)〔1996年〕「ラスプーチン」

リックルズ, ドン **Rickles, Don** コメディアン 俳優 [国]米国 [没]2017年4月6日 90歳〔腎機能障害〕 [生]1926年5月8日 [出]米国・ニューヨーク市 [名]本名＝Rickles, Donald Jay [学]アメリカン・アカデミー・オブ・ドラマティック・アーツ卒 [歴]1950年代から皮肉とユーモアを交えたスタンダップコメディアンとしてカジノやナイトクラブで活動。ロナルド・レーガン大統領から俳優のカーク・ダグラスまで様々な有名人を愛情込めてこき下ろす芸風で人気を博した。一方、俳優として「深く静かに潜航せよ」(58年)、「ねずみの競争」(60年)、「戦略大作戦」(70年)、「カジノ」(95年)などの映画やテレビドラマにも多数出演。全世界で大ヒットしたディズニーのアニメ映画「トイ・ストーリー」シリーズ(95年〜)のミスター・ポテトヘッドの声でも知られた。

リッター, ゲアハルト **Ritter, Gerhard A.** 歴史家 ミュンヘン大学名誉教授 [専]ドイツ史 [国]ドイツ [没]2015年6月20日 86歳 [生]1929年3月29日 [出]ドイツ・ベルリン [学]テュービンゲン大学,ベルリン自由大学 Ph.D.(ベルリン自由大学)〔1952年〕 [歴]1954〜61年ベルリン自由大学助教授、62〜65年政治学教授、65〜74年ミュンスター大学近世史教授、74〜94年ミュンヘン大学近世史教授を経て、94年名誉教授。76〜80年ドイツ歴史家協会会長を務めた。著書に「巨大科学と国家—ドイツの場合」などがある。

リッチ, アレクサンダー **Rich, Alexander** 分子生物学者 マサチューセッツ工科大学生物物理学教授 [国]米国 [没]2015年4月27日 90歳 [生]1924年11月15日 [出]米国・コネティカット州ハートフォード [学]ハーバード大学医学部〔1947年〕卒 [歴]カリフォルニア工科大学研究員、米国国立衛生研究所物理化学室長、ケンブリッジ大学キャベンディッシュ研究所客員研究員を経て、1958年マサチューセッツ工科大学(MIT)生物物理学准教授となり、61年より教授。この間、79年に化学合成した塩基配列のシトシン、グアニンのくりかえし構造を持つDNA鎖がワトソン・クリックのモデルと異なる左巻らせんをとることを発見したほか、mRNAがたんぱく質生合成の際にポリソーム状態をとることを証明した。 [賞]ライナス・ポーリング賞(ACS)〔1995年〕 [資]米国科学アカデミー会員〔1970年〕

リード, アンソニー **Read, Anthony** 作家 テレビプロデューサー [国]英国 [没]2015年11月21日 80歳 [生]1935年4月21日 [出]英国・スタッフォードシャー州チェスリンヘイ [学]ロンドン朗読演劇学校 [歴]劇団活動の後、1963年BBCに入社。ドラマ部門責任者だったシドニー・ニューマンのもと、「ディテクティブ」(64年)、「シャーロック・ホームズ」(65年)などのドラマシリーズを手がける。その後、プロデューサーとして200を超えるテレビ映画やドラマ、連続番組を製作。BBCのSF長寿番組「ドクター・フー」の他、「ロータス・イーターズ」(76年)、「Zカーズ」(76〜77年)、「プロフェッショナルズ」(77〜80年)、「オメガ・ファクター」(79年)、「サファイヤ・アンド・スチール」(81年)、「トライブ」(99年)などを手がけた。作家としても活動し、著書に〈ベイカー少年探偵団〉シリーズや「ヒトラーとスターリン」などがある。

リード, ジョセフ **Reed, Joseph** 外交官 国連事務総長特別代表 [国]米国 [没]2016年9月29日 78歳 [生]1937年12月17日 [出]米国・ニューヨーク市マンハッタン [名]本名＝Reed, Joseph Verner [学]エール大学卒 [歴]1961〜63年世界銀行総裁秘書を経て、チェース・マンハッタン銀行に転じ、69〜81年副頭取。81〜85年駐モロッコ大使、85〜87年国連経済社会理事会代表などを務めたほか、ブッシュ(Sr.)政権ではホワイトハウス入りした。95年広島平和記念式典に国連代表として参列。

リーナ, サルバトーレ **Riina, Salvatore** シチリア島のマフィアの大物 [国]イタリア [没]2017年11月17日 87歳〔がん〕 [生]1930年11月16日 [出]イタリア・シチリア島コルレオーネ [名]通称＝トト・リーナ〈Totò Riina〉 [歴]イタリア南部シチリア島コルレオーネの貧しい農民の家に生まれる。19歳でマフィアの世界に入り、1960年代から指名手配される。70年代にはシチリア島を拠点とする秘密結社的犯罪組織"コーザ・ノストラ"の実権を掌握。マフィア史上最も長く頂点に君臨し、マフィアの中で最も恐れられ"ボス中のボス"と呼ばれた。およそ40人の殺害と数百人の依頼殺人に関与した罪で93年に逮捕され、26回の終身刑を言い渡された。マフィアの摘発に力を入れた判事2人の爆殺を指示したことでも知られ、その残虐さから"野獣"の異名を取った。

リノ, ジャネット **Reno, Janet** 法律家 米国司法長官 [国]米国 [没]2016年11月7日 78歳〔パーキンソン病の合併症〕 [生]1938年7月21日 [出]米国・フロリダ州マイアミ [学]コーネル大学(化学)卒,ハーバード大学ロースクール〔1963年〕修了 [歴]デンマーク移民の子。弁護士活動などをした後、1978年からフロリダ州デード郡(現・マイアミ・デード郡)で首席検事を15年間務め、警官の不正摘発などのほか、公民権運動への理解の深さでも知られた。93年3月クリントン政権で、女性としては米国史上初の司法長官に就任。97年第2期クリントン政権でも留任。厳格な法適用で知られ、クリントン大統領夫妻の"ホワイトウォーター疑惑"などで独立検察官の任命を次々と要請。95年に起きたオクラホマシティー連邦ビル爆破事件などで捜査指揮を執った。同年パーキンソン病であることを告白。クリントン大統領の不倫もみ消し疑惑が持ち上がった際には、捜査を妨害せず協力姿勢を示した。2001年1月退任。02年には民主党からフロリダ州知事選に立候補したが、予備選段階で敗れた。 [賞]ウーマン・オブ・ザ・イヤー(グラマー誌)〔1993年〕

リバプール, ニコラス **Liverpool, Nicholas** 政治家 ドミニカ大統領 [国]ドミニカ [没]2015年6月1

リ

日 80歳 ⊕1934年9月9日 ⊛英領ドミニカ・グランドベイ（ドミニカ） ⊛本名＝Liverpool, Nicholas Joseph Orville ⊕シェフィールド大学（英国）卒 博士号（シェフィールド大学） ⊕1965～67年ガーナ大学法学部で教鞭を執り、70～71年バハマで法律の個人教授。2003年10月～12年9月ドミニカ大統領を務めた。

リピューマ，トミー LiPuma, Tommy 音楽プロデューサー バーブ・ミュージック・グループ社長・CEO ⊛米国 ⊛2017年3月13日 80歳 ⊕1936年7月5日 ⊛米国・オハイオ州クリーブランド ⊛本名＝LiPuma, Thomas 両親はイタリアからの移民。10代でサックスを演奏し始める。1961年リバティ・レコードのプロモーターとして入社、わずか1年でパブリッシャーに転向。64年A&Mレコードとプロデューサーとして契約。68年ボブ・プレズナーとともにブルー・サム・レコードを設立、デイブ・メイソンのデビューアルバムをはじめ、ポインター・シスターズやニック・デカロらを手がける。73年バーバラ・ストライサンドのレコードをプロデュース。74～90年ワーナー・ブラザーズと契約。76年ジョージ・ベンソンの「ブリージン」はポップス、R&B、ジャズの各チャートで同時1位を獲得するという快挙を達成し、翌年シングルカットの「マスカレード」と合わせてグラミー賞2冠に輝いた。以来、A&R界のプロデューサーとして次々に成功を収め、多数のゴールドアルバム及びプラチナアルバムを世に送り出した。代表作にストライサンドの「追憶」やナタリー・コールの「アンフォゲッタブル」などがある。90年エレクトラ・レコード社長、94年GRPインパルス重役、のちバーブ・ミュージック・グループ社長兼CEO（最高経営責任者）に就任。この頃にダイアナ・クラールを発掘し、95年セカンドアルバム「オンリー・トラスト・ユア・ハート」をプロデュース。2002年にはライブアルバム「ライブ・イン・パリ」で自身3度目のグラミー賞を獲得。グラミー賞には33度ノミネートされ、5度受賞した。 ⊛グラミー賞（5回）

リブー，マルク Riboud, Marc 写真家 マグナム会長 ⊛フランス ⊛2016年8月30日 93歳〔病気〕 ⊕1923年6月24日 ⊛フランス・リヨン ⊛第二次大戦中、対ナチス・ドイツ抵抗運動（レジスタンス）に参加。戦後は技師として就職する傍ら、カルティエ・ブレッソンに師事し、1950年フリーランスの写真家となる。52年パリに移り、53年「ライフ」誌に作品が掲載されたのを機に本格的な活動を始める。55年国際的な写真家集団マグナムの正会員となり、75～76年会長を務める。80年マグナムの寄稿家に転向。この間、取材は世界各地に及び、戦時下のベトナムや中国、アルジェリアの長期取材で高い評価を得た。代表作には、米国でベトナム戦争に反対する少女を撮影した「銃剣に花をささげる少女」（67年）の他、パリの労働者を写した「エッフェル塔のペンキ工」（58年）など。他に「保守党大会のチャーチル」「ドック・スト」「パリ・カルカッタ自動車横断旅行」「スイス・エヴェレスト隊紀行」「中国」などの作品がある。カルティエ・ブレッソンとともにフランスを代表する写真家の一人だった。91年写

真展「終わりなき瞬間」開催のため来日。自身初の作品集は日本で取材した「日本の女たち」だった。

リフビエア，クラウス Rifbjerg, Klaus 作家 詩人 ⊛デンマーク ⊛2015年4月4日 83歳 ⊕1931年12月15日 ⊛デンマーク・コペンハーゲン ⊕プリンストン大学，コペンハーゲン大学 ⊕1959～63年センセーレンと「ウインド・ローズ」誌を主宰し、59～65年まで日刊紙「Politiken」の文芸欄の批評などを務め、小説や詩作にとどまらず、多方面に精力的に活動。詩人としては56年の自伝的な「自己の風上に立って」でデビューし、小説では58年の「Den Kroniske Uskyld（慢性病の無邪気）」で、少年の目覚めを描き、成人後の社会との対立を取り上げた「Operaelsken（オペラ・ファン）」（66年）、50年代を描いた「Arkivet（古文書館）」（67年）などを次々と世に問うた。また、71年の旅行記「Til Spaninen（スペインにて）」などのほか、戯曲やラジオ・テレビ・映画の脚本も数多く執筆。84年よりギルデンダル出版社の文芸顧問を務めた。デンマーク文壇を代表する作家の一人として活躍した。他の作品に、詩集「戦後」（57年）、記念碑的な「対決」（60年）、「25編の絶望的な詩」（74年）、長編「ロンとカール」（68年）、「アンナ（私）アンナ」（70年）など。 ⊛デンマーク批評家賞〔1965年〕、デンマーク・アカデミー賞〔1966年〕、セーレン・ギルデンダール賞〔1969年〕、PH賞〔1979年〕、アンデルセン賞〔1988年〕 ⊛デンマーク・アカデミー会員〔1967年〕

リーマー，サンドラ Reemer, Sandra 歌手 ⊛オランダ ⊛2017年6月6日 66歳〔乳がん〕 ⊕1950年 ⊛インドネシア・バンドン ⊛本名＝Reemer, Barbara Alexandra ⊛インドネシア系。7歳までインドネシアで育つ。10歳の時、児童ソング・コンテストに優勝して歌手としてデビュー。12歳から7年間"サンドラ&アンドレス"というデュオを組み、世界中で公演した。1972年より欧州放送連合の加盟放送局を持つ国々から選ばれたミュージシャンたちが競い合う、毎年恒例の音楽祭"ユーロビジョン"に4度に渡って出場し、海外で最も知られたオランダ人女性ボーカリストとして活躍。また知性と美貌を兼ね備え、かつ親しみやすいパーソナリティーとして数々のテレビ番組に出演し人気を得た。

リュ・ミヨン 柳 美英 Ryu Mi-yong 政治活動家 天道教青友党委員長 ⊛北朝鮮 ⊛2016年11月23日 95歳〔肺がん〕 ⊕1921年2月 ⊛韓国在住だったが、朴正熙政権時代に夫の崔徳新元外相とともに米国に亡命した後、1986年夫婦で北朝鮮に渡った。93年より北朝鮮の政党の一つである天道教青友党の委員長を務めた。2000年南北離散家族再会の北朝鮮側訪問団長としてソウルを訪問し、子供らと再会。01年には在日本朝鮮人総連合会（朝鮮総連）の韓徳銖議長の葬儀のため来日した。 ⊛夫＝崔徳新（韓国外相）

劉 暁波 リュウ・ギョウハ Liu Xiao-bo 民主活動家 作家 北京師範大学中国文学系講師 ⊛中国 ⊛2017年7月13日 61歳〔肝臓がん〕 ⊕1955年12月28日 ⊛中国吉林省長春 ⊕吉林大学中系〔1982年〕卒、北京師範大学大学院中文系修了 文学博士（北京師範大学）〔1988年〕 ⊛10代の頃は文革の影響を受け、家族とともに辺境の農村で過ごした。大学院生だった1986年に文壇に突如デビュー、沈滞しきっていた当時

の中国評論界に衝撃を与え、"黒馬(ダークホース)"と呼ばれた。大学院修了後、北京師範大学中国文学系の講師となり、80年代の"反逆する中国知識人"を代表するイデオローグとして全面西欧化を唱え、伝統への回帰を厳しく批判して学生たちの間に絶大な思想的影響力を持つ。米国コロンビア大学にビジターとして滞在中の89年4月、民主化運動を知り帰国。5月から広場に出て、知識人として運動の中心に参画。天安門広場でのハンストに加わり、6月4日天安門事件で逮捕、反革命宣伝扇動罪で起訴、秦城監獄に投獄され、公職から除籍された。91年1月刑事罰免除の判決を受け釈放。釈放後、北京で地下に潜り天安門事件の"英雄"から"裏切者"と指弾される中、事件の詳細な回想録「末日に生き残りし者の独白」をひそかに執筆し発表。95年5月〜96年1月容疑が明らかにされないまま身柄を拘束される。同年政府批判の公開書簡を発表し、3年間の労働強制処分を受けた。同年獄中で詩人の劉霞と結婚。2008年12月中国共産党による一党独裁の見直しや言論・宗教の自由などを求めた「08憲章」を、中国の学者ら303人の署名を添えてインターネット上に発表。09年12月国家政権転覆扇動罪で起訴され、10年2月懲役11年、政治的権利剥奪2年の判決が確定し、遼寧省錦州市の刑務所に服役。同年12月ノーベル平和賞を受賞。中国反体制派の受賞はチベット仏教最高指導者ダライ・ラマ14世(1989年)以来で、中国国内在住の中国人がノーベル賞を受賞したのは初めて。服役中のため本人不在のまま授賞式が行われた。2017年5月服役していた刑務所で腹部に異常が見つかり、精密検査の結果、肝臓がんと判明。自身は国外での治療を望んでいたが、中国当局が認めず、7月瀋陽の病院で死去した。[賞]ノーベル平和賞〔2010年〕 [家]妻=劉霞(詩人)

【ル】

ルイス, ジェフリー Lewis, Geoffrey 俳優 [国]米国 [没]2015年4月7日 79歳〔心臓発作〕 [生]1935年7月31日 [出]米国・カリフォルニア州サンディエゴ [歴]1970年代にアクション映画を中心に脇役俳優として活躍。クリント・イーストウッドと親交が深く、「荒野のストレンジャー」(73年)、「ブロンコ・ビリー」(80年)などの監督作や、「サンダーボルト」(74年)、「ダーティファイター」(78年)、「ピンク・キャデラック」(89年)などの主演作に出演。他の主な出演作に「デリンジャー」(73年)、「ミスター・ノーボディ」(74年)、「華麗なるヒコーキ野郎」「風とライオン」(75年)、「ダブル・インパクト」(91年)、「マーヴェリック」(94年)など。81年のゴールデン・グローブ賞候補「Flo」(80〜81年)などテレビドラマでも活躍した。 [家]娘=ルイス, ジュリエット(女優)

ルイス, ジェリー Lewis, Jerry 俳優 コメディアン 映画監督 [国]米国 [没]2017年8月20日 91歳〔老衰〕 [生]1926年3月16日 [出]米国・ニュージャージー州ニューアーク [名]本名=レビッチ, ジョゼフ〈Levitch, Joseph〉 [学]アービントンハイスクール中退 [歴]ユダヤ移民の子。ボードビリアンの両親とともに5歳から舞台に立つ。高校で学生演劇に加わり、14歳のとき米国赤十字主催のアマチュア・ショーのコンクールに入賞。翌年高校を中退し、ボードビリアンとして自立。1946年20歳でアトランティックシティのナイトクラブのショーに出ていた時、9歳年上のディーン・マーティンと知り合い、急場しのぎでコンビを結成、フィラデルフィアのラテン・カジノでデビュー。二枚目(マーティン)と間抜け(ルイス)の絶妙なコンビで、各地のナイトクラブで爆発的な人気を得、ニューヨークやハリウッドに進出。パラマウントのプロデューサー、ハル・B.ウォリスと契約し、49年の「My Friend Irma」で映画初出演。以後、「底抜け右向け! 左」(50年)、「底抜けふんだりけったり」(53年)、「画家とモデル」(55年)、「底抜け西部へ行く」(56年)、「底抜けのるかそるか」(56年)など7年間に15本の"底抜けコンビ"のコメディ映画に出演、パラマウントのドル箱となった。コンビ解消後も単独出演を続け、60年ウォリスから独立、「底抜けてんやわんや」(60年)では製作・脚本・演出にも進出。自作を製作・監督し、代表作「底抜け大学教授」(63年)は「ナッティ・プロフェッサー クランプ教授の場合」(96年)としてリメイクされた。米国の自作自演コメディアンの最後の一人。一時映画から遠ざかったが、80年代再び映画に出演。95年ブロードウェイの「くたばれヤンキース」で主演。66年より筋ジストロフィー患者を支援する長時間チャリティー番組の司会を務め、多額の寄付金を集めるなど慈善活動にも積極的に参加。この功績により、2009年アカデミー賞ジーン・ハーショルト友愛賞を受賞した。 [賞]レジオン・ド・ヌール勲章シュバリエ章〔1984年〕, ベネチア国際映画祭特別功労賞(第56回)〔1999年〕, アカデミー賞ジーン・ハーショルト友愛賞(第81回, 2008年度)〔2009年〕

ルージチコヴァー, ズザナ Růžičková, Zuzana チェンバロ奏者 [国]チェコ [没]2017年9月27日 90歳 [生]1927年1月14日 [出]チェコスロバキア・ピルゼン(チェコ・プルゼニ) [学]プラハ音楽院 [歴]西ボヘミア地方のピルゼン(現在のチェコ・プルゼニ)でユダヤ系の家庭に生まれ、幼少期にピアノを始める。第二次大戦中はナチス・ドイツによって複数の強制収容所に送られた。戦後、プラハ音楽院でチェンバロをオルドリッチ・クレドバに、ピアノをフランティシェク・ラウフに学ぶ。1956年西ドイツ放送局主催のミュンヘン国際音楽コンクールで優勝。以来、チェンバロの独奏家として欧州各国をはじめ世界中で演奏。またバッハのチェンバロ作品全曲録音を成し遂げるなど、世界的評価を獲得した。62年よりプラハ音楽院で教壇に立ち、70年教授。国際バッハ・コンクール、ミュンヘン国際音楽コンクールの審査員も務めた。69年初来日。 [賞]チェコスロバキア功労芸術家賞〔1969年〕, ミュンヘン国際音楽コンクール優勝〔1956年〕 [家]夫=カラビス, ヴィクトル(作曲家) [師]師=クレドバ, オルドリッチ(チェンバロ), ラウフ, フランティシェク(ピアノ)

ルスカ, ビレム Ruska, Willem 柔道家 [国]オランダ [没]2015年2月14日 74歳 [生]1940年8月29日 [出]オランダ・アムステルダム [名]別名=ルスカ, ウィリエム [歴]1967年、71年柔道の世界選手権重量級で優

勝。72年のミュンヘン五輪では重量級と無差別級の2階級で金メダルを獲得した。五輪柔道の同一大会2階級制覇は史上唯一。五輪前には東京五輪の金メダリスト岡野功の私塾"正気塾"で半年間修行を重ね、五輪の表彰式では正気塾の名の入ったジャージーを着用したという。顔を真っ赤にしての激しい戦いぶりから"赤鬼"と呼ばれた。五輪後、現役を引退し、プロ格闘家に転身。日本では"ウィリエム・ルスカ"などの名前で活動。76年日本武道館でアントニオ猪木と柔道対プロレスの異種格闘技戦を戦い、猪木に敗れはしたものの実力を存分に発揮した。また坂口征二との柔道着対決、新日本プロレス参戦など格闘界に話題を提供した。2013年国際柔道連盟(IJF)の殿堂入り。

ルービン, ベラ　**Rubin, Vera**　天文学者　[国]米国　[没]2016年12月25日　88歳〔老衰〕　[生]1928年7月23日　[出]米国・ペンシルベニア州フィラデルフィア　[名]本名＝Rubin, Vera Cooper, 旧姓・名＝Cooper, Vera Florence　[学]バッサー大学, コーネル大学, ジョージタウン大学大学院　博士号(ジョージタウン大学)〔1954年〕　[歴]1965年からワシンドンD.C.のカーネギー研究所に勤務する傍ら、ウィルソン山天文台、ラスカンパナス天文台非常勤研究員を務める。70年代に銀河の周辺部にある星の観測により、星は銀河の中心からの距離に関わりなくほぼ同じ速度で回転していることを突き止めた。宇宙には光や電波では観測できない暗黒物質が存在することを示す有力な証拠となった。この業績により、ノーベル物理学賞の有力候補として毎年注目された。　[賞]米国国家科学賞〔1993年〕, ディクソン賞〔1993年〕, ヘレン・ホッグ賞〔1997年〕, グルーバー賞〔2002年〕, ブルース・メダル〔2003年〕, ワトソン・メダル(NAS)〔2004年〕　[資]米国科学アカデミー会員, 米国芸術科学アカデミー会員

レ

ルボワイエ, フレデリック　**Leboyer, Frédérick**　医師　[専]産婦人科　[国]フランス　[没]2017年5月25日　98歳　[生]1918年11月1日　[出]フランス・パリ　[学]パリ大学　[歴]ユダヤ人の両親のもとパリに生まれる。産婦人科医として勤務するうち、精神分析の立場から従来の出産方法に疑問を抱き、インドに渡ってその地の伝統的な出産方法を知り、決定的な影響を受ける。フランスに帰国後は、その古くて新しい方法を採用し、著書「暴力なき出産―子どもは誕生をおぼえている」(1974年)で紹介。同書はその驚異的な内容から世界各国でベストセラーとなり、「暴力なき出産」という言葉は、苦痛や恐怖を伴わない出産方法の代名詞となった。その後も出産全般の改革に尽力した。他の著書に「シャンターラ」「子どもからの光」「愛と理性」「誕生の祭典」「呼吸の方法」などがある。

【レ】

レアード, メルビン　**Laird, Melvin Robert**　政治家　米国国防長官　米国下院議員(共和党)　[国]米国　[没]2016年11月16日　94歳　[生]1922年9月1日　[出]米国・ネブラスカ州オマハ　[学]ミネソタ州立カールトン大学〔1942年〕卒　[歴]1946年父を継いでウィスコンシン州上院議員。52年11月の選挙で同州共和党下院議員に当選、69年まで務めた。60年共和党全国委員会政策綱領副委員長となり、ニクソンを選んだ党大会で共和党の政策をまとめた。64年下院共和党議員会長。68年の大統領選ではロックフェラー・ニューヨーク州知事らを支持。69年ニクソン政権で初の議員出身国防長官に就任。米軍をベトナムから撤退させるため、南ベトナム軍に戦闘を肩代わりさせる"ベトナム化政策"を推進した。73年6月ウォーターゲート事件後のニクソン政権内政担当大統領顧問となったが、期待に反しニクソンと対立、74年2月辞任した。71年、75年来日。　[賞]大統領自由勲章(米国)

レイ, ケム　**Ley, Kem**　政治評論家　政治活動家　[国]カンボジア　[没]2016年7月10日　45歳〔射殺〕　[歴]長期にわたって政権を握るカンボジアのフン・セン首相とその政権に対し臆せず評論をすることで知られ、野党カンボジア救国党が躍進した2013年の国民議会選後には新党・草の根党の創設に携わった。メディアを通じて国民の人気も高かったが、16年7月プノンペン中心部のコンビニエンスストア内で何者かに射殺された。

レイノルズ, デビー　**Reynolds, Debbie**　女優　歌手　[国]米国　[没]2016年12月28日　84歳　[生]1932年4月1日　[出]米国・テキサス州エルパソ　[名]本名＝レイノルズ, デビー・マリー・フランシス〈Reynolds, Debbie Mary Frances〉　[歴]高校在学中からバーバンク・ユース・シンフォニーに歌手として所属。1948年ミス・バーバンクに選ばれ、同年「花嫁の季節」で映画デビュー。50年「土曜は貴方に」のヘレン・ケイン役でゴールデン・グローブ賞にノミネートされる。52年ジーン・ケリー主演のミュージカル「雨に唄えば」では歌って踊れるスターとしての魅力を発揮し、ハリウッドでの名声を確立した。57年主演映画の主題歌「タミー」を歌い大ヒット。その後はミュージカルばかりでなく、陽気な役柄で多くのコメディにも出演。64年の「不沈のモリー・ブラウン」ではアカデミー賞主演女優賞にノミネートされた。72年ブロードウェイ・ミュージカルにも挑戦。他の映画出演作に、「土曜は貴方に」(50年)、「奥様は芳紀十七才」(54年)、「歓びの街角」(56年)、「年頃ですもの！」(58年)、「西部開拓史」(62年)、「歌え！ドミニク」(66年)、「ザッツ・エンターテインメント」(74年)、「ボディガード」(92年)、「ザッツ・エンタテインメントPART3」(94年)、「イン＆アウト」(97年)、「ラスベガスをやっつけろ」(98年)、「恋するリベラーチェ」(2013年)などがある。一方、1979年ハリウッド北部にデビー・レイノルズ・ダンス・スタジオを設立。92年ラスベガスで自分自身のホテルを開業。93年にはラスベガスにハリウッド映画博物館をオープンした。55年歌手のエディ・フィッシャーと結婚するが、親友の女優エリザベス・テイラーとエディが不倫した後、59年に離婚。60年実業家と、85年には不動産業者と再婚した。エディとの間に生まれた長女キャリーも女優となり、映画「スター・ウォーズ」のレイア姫役などで活躍。2人は騒動の絶えない関係で、10年間に渡って疎遠な時期があった。2016年12月キャリーが60歳で急逝した翌日、葬儀の打ち合わせ中に脳卒中で

倒れ、娘の後を追うように亡くなった。 [賞]全米映画俳優組合賞生涯功労賞〔2014年〕, アカデミー賞ジーン・ハーショルト友愛賞〔2016年〕 [家]長女＝フィッシャー, キャリー（女優）, 長男＝フィッシャー, トッド（俳優）, 元夫＝フィッシャー, エディ（歌手）

レヴァンドフスキ, サシャ **Lewandowski, Sascha** サッカー指導者 [国]ドイツ [没]2016年6月8日 44歳 [生]1971年10月5日 [出]西ドイツ・ドルトムント（ドイツ） [歴]ドイツのプロサッカーリーグ、ブンデスリーガのボーフムやレバークーゼンの下部組織でコーチを務めた後、2012～13シーズンよりサミ・ヒーピアとともにレバークーゼンのトップチームで二頭体制を敷いた。14年4月ヒーピアの解任を受け、シーズン終了まで暫定監督を務めた。この間、MF細貝萌を指導。15～16年シーズンは2部ウニオン・ベルリンを率いたが、燃え尽き症候群と心疾患のため、16年3月に辞任。6月自宅で死去しているのが発見された。死の直前には児童への性的虐待疑惑で捜査を受けていた。

レーガン, ナンシー **Reagan, Nancy Davis** 女優 ナンシー・レーガン財団名誉会長 レーガン第40代米国大統領夫人 [国]米国 [没]2016年3月6日 94歳〔鬱血性心不全〕 [生]1921年7月6日 [出]米国・ニューヨーク市 [名]旧姓・名＝デービス, ナンシー〈Davis, Nancy〉 [学]スミス・カレッジ卒 [歴]母は女優。大学卒業後、ニューヨークのブロードウェイの舞台を経て、ハリウッドで女優になる。ナンシー・デービスの名前で活動し、「ジェニイの肖像」（1948年）、「傷心の愛」（49年）など11本の映画に出演。映画俳優組合の委員長だったロナルド・レーガンと知り合い、54年に結婚。レーガンの先妻の1女、養子を含めて2男2女を育て上げ、傍ら国際的な里親運動など社会奉仕活動に積極的に取り組む。81年1月夫が第40代米国大統領に就任。以来ファーストレディーとして夫を献身的に支える姿が共感を呼び、麻薬撲滅など社会問題にも尽力。一方、“大統領に迷惑をかけた”という理由でアレン大統領補佐官、リーガン首席補佐官の更迭に動いたといわれ、また中距離核戦力（INF）全廃条件調印の実現についても、陰の主役といわれた。不況下にもかかわらずホワイトハウスの改装に多額の資金を投じたり、高価な食器を買い揃えたりしたことでも物議を醸した。89年1月夫の大統領退任後はロサンゼルス近郊の高級住宅地で暮らし、自伝の執筆にあたったほか、青少年の麻薬悪用反対運動（ジャスト・セイ・ノー運動）で活躍。米国大手化粧品会社レブロン社の取締役も務めた。94年夫がアルツハイマー病にかかっていることが判明。以来、2004年に夫が死去するまで献身的に看病にあたり、アルツハイマー病の治療に役立つとしてES細胞（胚性幹細胞）の研究拡大を求めた。著書に「マイ・ターン―ナンシー・レーガン回想録」がある。 [賞]米国ファッション大賞（第8回）〔1989年〕, デービッド・マーニ賞（ハーバード大学医学部）〔1995年〕 [家]夫＝レーガン, ロナルド（第40代米国大統領）

レーク, グレッグ **Lake, Greg** ミュージシャン [国]英国 [没]2016年12月7日 69歳〔がん〕 [生]1947年11月10日 [出]英国・ドーセットシャー州プール [名]本名＝Lake, Gregory Stewart, グループ名＝エマーソン・レーク＆パーマー〈Emerson Lake&Palmer〉, キング・クリムゾン〈King Crimson〉 [歴]12歳の時、母にギターを買ってもらい、音楽の道を歩き始める。その後、ゴッズに参加し、ギターからベースに転向。1969年かつて同じギターの先生についていたロバート・フリップの誘いでキング・クリムゾンの結成に参加し、デビューアルバム「クリムゾン・キングの宮殿」とセカンドアルバム「ポセイドンのめざめ」でベースとボーカルを担当。プログレッシブ・ロックの代表的バンドとして人気を集めた。70年キース・エマーソン、カール・パーマーとともにギターなしのロック・トリオ、エマーソン・レーク＆パーマー（EL&P）を結成。以後、ジャズやクラシックの要素を持たせつつハモンド・オルガンやシンセサイザーなど最新の機器を導入した革新的なサウンドに人気が集まり、72年初来日、73年からは大規模なワールド・ツアーを始めるなど、ブリティッシュ・ロック・シーンを代表するグループとなった。自主レーベル・マンティコアを設立し、74年アルバム「恐怖の頭脳改革」を発表するが、同年から4年間活動を中止。77年活動を再開したが、78年解散した。バンドでは8絃ベースを弾くなどギターの代わりの役割を担うこともあり、実際にギターを演奏することもあった。その変幻自在のボーカルにも定評があった。その後はソロや他のミュージシャンとのセッションで活躍し、83年カール・パーマーらのエイジアに一時的に参加。86年ドラムにコージー・パウエルを迎えてエマーソン・レーク＆パウエルを結成したのを経て、92年エマーソン・レーク＆パーマーを再結成した。2001年よりリンゴ・スターのバックバンドに参加。05年からは自身のバンドを率いて英国や米国でツアーを行う。13年単身で来日公演を行った。エマーソン・レーク＆パーマーとしての他のアルバムに「タルカス」「展覧会の絵」「ブラック・ムーン」、ソロアルバムに「グレッグ・レーク」などがある。

レスニー, アンドリュー **Lesnie, Andrew** 映画撮影監督 [国]オーストラリア [没]2015年4月27日 59歳〔心臓発作〕 [生]1956年 [出]オーストラリア・シドニー [学]オーストラリアン・フィルム・テレビジョン・アンド・ラジオ・スクール [歴]テレビ番組のカメラマンを経て、撮影監督として映画にも関わり、「ベイブ」「アイ・アム・レジェンド」「猿の惑星：創世記（ジェネシス）」などのヒット作を手がける。ピーター・ジャクソン監督とのタッグでも知られ、2002年アカデミー賞撮影賞を受けたファンタジー映画「ロード・オブ・ザ・リング」3部作や、続編の「ホビット」3部作を撮影。「キング・コング」（05年）、「ラブリーボーン」（09年）の撮影も手がけた。 [賞]アカデミー賞撮影賞〔2002年〕「ロード・オブ・ザ・リング」, BAFTA賞撮影賞（第57回）〔2004年〕「ロード・オブ・ザ・リング/王の帰還」

レニソン, ルイーズ **Rennison, Louise** 作家 [専]ヤングアダルト, 文学, フィクション [国]英国 [没]2016年2月29日 64歳 [生]1951年10月11日 [出]英国・ヨークシャー州リーズ [歴]15歳の時に一家でニュージーランドへ移住するが、ホームシックのため6週間後に一人で帰国して祖父母と同居。2年後にまたニュージーランドへ渡り、3年間滞在。芝居の脚本で成功した後、コメディの脚本家や新聞のコラムニスト、テレビリポー

ターなどとして活躍しながら、執筆活動に入る。1999年「ジョージアの青春日記」シリーズの第1作「ジョージアの青春日記 キスはいかが？」(のち「ゴーゴー・ジョージア 運命の恋のはじまり!?」と改題・改訳)を発表、2001年にはマイケル・L.プリンツ賞オナーブックに選ばれた。同シリーズは10代の女の子に絶大な人気を誇り、08年には「ジョージアの日記 ゆーうつでキラキラな毎日」として映画化もされた。

レノン, シンシア　Lennon, Cynthia　ジョン・レノン最初の妻　[国]英国　[没]2015年4月1日　75歳〔がん〕　[生]1939年9月10日　[出]英国・マージーサイド州リバプール近郊　[名]旧姓・名＝Powell, Cynthia Lilian　[学]リバプール・カレッジ・オブ・アート　[歴]1957年リバプールの美術学校で出会ったジョン・レノンと62年に結婚。63年長男ジュリアンをもうけたが、68年に離婚した。ジョンは69年、オノ・ヨーコと再婚。ビートルズの名曲「ヘイ・ジュード」(68年)は、両親の離婚という状況に立ち向かうジュリアンのために、ポール・マッカートニーが作ったとされる。著書に「素顔のジョン・レノン」(78年)、「ジョン・レノンに恋して」(2006年)がある。　[家]長男＝レノン, ジュリアン(ミュージシャン), 元夫＝レノン, ジョン(ミュージシャン)

レモン, ジャン・ベルナール　Raimond, Jean Bernard　政治家　フランス外相　[国]フランス　[没]2016年3月7日　90歳　[生]1926年2月6日　[出]フランス・パリ　[学]国立行政学院卒　[歴]フランス高等師範学校、国立行政学院(ENA)を経て、1956年フランス外務省へ。67〜68年欧州局次長、69〜73年エリゼ宮秘書官、73〜77年モロッコ大使、80〜85年ポーランド大使、85〜86年ソ連大使。86年3月〜88年5月ジャック・シラク内閣の外相を務めた。93年〜2002年ブーシュ・デュ・ローヌ県選出の下院議員(共和国連合所属)。

レ

レーン, マーク　Lane, Mark　弁護士　作家　[国]米国　[没]2016年5月10日　89歳　[生]1927年2月24日　[出]米国・ニューヨーク市ブルックリン　[学]ロングアイランド大学, ブルックリン法科大学院　[歴]ニューヨーク州議会に勤務し、1960年ジョン・F.ケネディの大統領選挙運動でニューヨーク市キャンペーンマネジャーとして尽力。ケネディは大統領に当選し、自身はニューヨーク州議員に当選。しかし、61年人種差別階層の"自由の騎手"に加わってミシシッピ州で逮捕され、62年州議会から超党派で追放された。その後、ワシントンD.C.のカトリック大学で法律を教え、米国と欧州の各地で講演。66年ケネディ暗殺への政府の関与疑いを主張する「ケネディ暗殺の謎」が全米でベストセラーとなった。他の著書に「大がかりな嘘—だれがケネディを殺ったのか」(91年)など。

レンヴォール, ヨハン　Renvall, Johan　バレエダンサー　アメリカン・バレエ・シアター(ABT)プリンシパル　[没]2015年8月24日　55歳〔肝不全〕　[生]1959年　[出]スウェーデン・ストックホルム　[歴]1977年スウェーデン王立バレエ団に入団。78年ヴァルナ・バレエコンクールで銀賞を受賞し、アメリカン・バレエ・シアター(ABT)に入団。80年マカロワ版「ラ・バヤデール」初演でブロンズ・アイドルを踊る。87年プリンシパルに昇進。96年に引退した。　[賞]ヴァルナ・バレエコンクール銀賞〔1978年〕

レンジャー, テレンス　Ranger, Terence　歴史家　オックスフォード大学教授　[専]アフリカ宗教史, アフリカ文化史　[国]英国　[没]2015年1月3日　85歳　[生]1929年11月29日　[出]英国・サウスノーウッド　[名]本名＝Ranger, Terence Osborn　[学]オックスフォード大学卒 Ph.D.(オックスフォード大学)〔1960年〕　[歴]1957年英領植民地だった南ローデシア(現・ジンバブエ)に赴任し、アフリカ史の研究に取り組み始める。63年帰国。69〜74年カリフォルニア大学ロサンゼルス校アフリカ史教授、74〜87年マンチェスター大学近代史教授を経て、87年オックスフォード大学教授。97年に教授を退いた後、ジンバブエ大学でも教鞭を執った。著書に「The Historical Study of African Religion」(72年)、「Dance and Society in Eastern Africa」(75年)、「Peasant Consciousness and Guerilla War in Zimbabwe」(85年)、「創られた伝統」(共編)など。　[資]ブリティッシュ・アカデミー会員〔1988年〕

レンシュニック, ピエール　Rentchnick, Pierre　医師　ジュネーブ大学医学部講師　「医学と衛生」誌主筆　[専]内科　[国]スイス　[没]2016年6月1日　92歳　[生]1923年7月17日　[出]スイス・ジュネーブ　[学]ジュネーブ大学卒, パリ大学卒　[歴]ジュネーブ大学医学部講師を務めたほか、1956〜93年雑誌「医学と衛生」主筆を務めた。EMH内科医。邦訳書に「現代史を支配する病人たち」(共著)がある。　[資]ニューヨーク科学アカデミー特別会員

レンデル, ルース　Rendell, Ruth　ミステリー作家　[国]英国　[没]2015年5月2日　85歳　[生]1930年2月17日　[出]英国・ロンドン　[名]本名＝グレイスマン, ルース・バーバラ〈Grasemann, Ruth Barbara〉, 別筆名＝バイン, バーバラ〈Vine, Barbara〉　[歴]高校卒業後ウエスト・エセックスの新聞社に入り、4年間記者や編集者を務めた後、20歳で結婚、男の子をもうける。一度離婚するが、1977年復縁。この間、64年34歳の時に1年がかりで書き上げた〈ウェクスフォード警部〉シリーズの第1作「薔薇の殺意」を発表、作家としてデビュー。同シリーズの他、「ロウフィールド館の惨劇」など心理サスペンスものも並行して発表、多数のミステリー作品を世に送り続け、英国本国のみならず、米国、フランスなどでも多くの読者を持ち、世界15カ国語以上に翻訳された。76年「わが目の悪魔」、86年「引き攣る肉」、87年「運命の倒置法」(バーバラ・バイン名義)、91年「ソロモン王の絨毯」(バーバラ・バイン名義)でCWA賞(英国推理作家協会賞)ゴールド・ダガー賞を4回、84年「身代りの樹」でシルバー・ダガー賞を1回受賞し、英国女流ミステリを代表する作家として高い評価を得る。米国ミステリー界で最も権威あるMWA賞(エドガー賞)にも輝いた。他の邦訳作品に「アスタの日記」「長い夜の果てに」「ステラの遺産」「殺意を呼ぶ館」「聖なる森」「シミソラ」「煙突掃除の少年」「悪意の傷跡」「心地よい眺め」など。「ロウフィールド館の惨劇」(77年)を基にした「沈黙の女」(95年)など、映画化された作品も多い。　[賞]CWA賞ゴールド・ダガー賞〔1976年・1986年・1987年・1991年〕「わが目の悪魔」「引き攣る肉」「運命の倒置法」「ソロモン王

の絨毯」, 英国芸術協会賞(フィクション部門)〔1981年〕, MWA賞(エドガー賞)最優秀短編賞〔1975年・1984年〕「カーテンが降りて」「女ともだち」, CWA賞シルバー・ダガー賞〔1984年〕「身代りの樹」, MWA賞最優秀長編賞〔1987年〕「死との抱擁」(バーバラ・バイン名義), CWA賞ダイヤモンド・ダガー賞〔1991年〕, MWA賞グランド・マスター巨匠賞〔1997年〕

【ロ】

魯 冠球　ロ・カンキュウ　Lu Guan-qiu　実業家　万向集団創業者　[国]中国　[没]2017年10月25日　72歳〔病気〕　[生]1945年　[出]中国浙江省蕭山県　[歴]文革中の1969年より人民公社の枠内で農具作りの事業を始める。改革・開放転換後の79年、輸出用の自動車部品販売に参入。83年同社の経営権を取得。以後、順調に業績を伸ばし、中核企業の万向銭潮は深圳証券取引所に上場。万向集団を世界10カ国に拠点を持つ中国の一大企業に育て上げた。2003年万向集団董事長(会長)。中国農民企業家連誼会長も務めた。　[賞]全国優秀企業家(第2回)〔1989年〕, 中国経済改革人才金杯賞(第1回), 全国優秀共産党員, 全国“五・一”労働賞　[団]中国企業家協会

ロー, ジェーン
⇒マコービー, ノーマ を見よ

ロー, バーナード　Law, Bernard　カトリック枢機卿　ボストン大司教　[国]米国　[没]2017年12月20日　86歳　[生]1931年11月4日　[出]メキシコ・トレオン　[名]本名=Law, Bernard Francis　[学]ハーバード大学〔1953年〕卒　[歴]ハーバード大学卒業後、ルイジアナ州の神学校などを経て、1961年ミシシッピ州で聖職者の道に入る。84年ローマ法王からボストン教区の大司教に任命され、85年枢機卿。政界にも人脈を持つ米国カトリック会の重鎮となった。しかし、同教区の神父が30年に渡って130人の少年に性的虐待を行っていた事件などを隠蔽していたとして批判を浴び、2002年ボストン大司教を引責辞任した。事件を暴いた地元紙「ボストン・グローブ」の調査報道は03年のピュリッツァー賞を受賞。同紙の取材活動を描いた映画「スポットライト 世紀のスクープ」(15年)はアカデミー賞作品賞と脚本賞を受賞した。

ロイド, アール　Lloyd, Earl　バスケットボール選手　[国]米国　[没]2015年2月26日　86歳　[生]1928年4月3日　[出]米国・バージニア州アレクサンドリア　[名]本名=Lloyd, Earl Francis　[学]ウエストバージニア州立大学卒　[歴]ウエストバージニア州立大学を経て、1950年全米プロバスケットボール協会(NBA)のドラフトでキャピトルズに指名を受け、NBA初の黒人選手としてデビュー。51年キャピトルズが解散したためナショナルズに加入。54～55年シーズンには優勝に貢献。58年ピストンズに移籍し、60年現役を引退。通算9シーズンプレーし、4682点を記録した。71～72年シーズンにはピストンズ監督を務めた。2003年バスケットボール殿堂入り。

ロカール, ミシェル　Rocard, Michel Louis Léon　政治家　フランス首相　フランス社会党第1書記　[国]フランス　[没]2016年7月2日　85歳　[生]1930年8月23日　[出]フランス・オードセーヌ県クールブボア(パリ郊外)　[学]パリ大学卒, 国立行政学院(ENA)卒　[歴]学生時代から政治運動に参加。1958年フランス大蔵省入り。60年統一社会党(PSU)の結党に参加、67～73年全国書記(党首)。68年の反政府運動“5月革命”で指導的な役割を担う。69年大統領選に出馬するが、落選。同年国民議会(下院)議員。74年PSUを離れ社会党入り。81年大統領選挙では党内でミッテランと大統領候補指名を争って敗退。81年5月～83年3月計画・国土整備相、83年3月～85年4月農相。88年5月～91年5月首相を務め、低所得者への社会保障制度改革や、ニューカレドニア問題の解決に尽力。93年3月総選挙で落選、4月党暫定執行部議長、10月党第1書記。非暴力の現実主義に根差した“第2の社会主義”を提唱し、社会党を国民的政党に脱皮させた。右派支持者からも人気が高く、ポスト・ミッテランの最有力候補だったが、94年6月党の信任投票に破れて辞任。94年～2009年まで15年間、欧州議会議員を務めた。著書に「真実を語る」「事実に照らして」「我が国のような国」などがある。1990年来日。　[賞]レジオン・ド・ヌール勲章グランクロワ章〔2015年〕　[家]父=ロカール, イヴ(原子物理学者), 祖父=ロカール, ルイ(空軍将校)

ログノフ, アナトリー　Logunov, Anatoly　物理学者　モスクワ大学総長　[専]量子論　[国]ロシア　[没]2015年3月1日　88歳　[生]1926年12月30日　[出]ソ連・ロシア共和国クイブイシェフ(ロシア・サマラ)　[名]本名=Logunov, Anatoly Alekseyevich　[学]モスクワ大学物理学科〔1951年〕卒　理論物理学博士〔1960年〕　[歴]航空大学在学中、理論物理学に興味を抱き独学し、後にモスクワ大学で学ぶ。1953年より科学研究に従事、67年世界最大の陽子シンクロトロンを完成させ、功績を不動にした。ソ連核合同研究所理論物理学研究室副室長、63～74年プロトビノ高エネルギー物理学研究所所長を歴任。74～91年ソ連科学アカデミー(現・ロシア科学アカデミー)副総裁、77～92年モスクワ大学総長を務めた。60年ソ連共産党に入党、第9期～第11期召集ソ連最高会議代議員。84年同連邦会議青年問題委員長。91年日本の私立大学との文化交流のため来日。[賞]レーニン勲章(4回), レーニン賞〔1970年〕, ソ連国家賞〔1973年・1984年〕, 社会主義労働英雄〔1980年〕, 早稲田大学名誉博士号〔1982年〕, 創価大学名誉博士号, ベルリン大学名誉博士号, ボゴリューボフ賞〔1996年〕, チェコ科学アカデミー金メダル　[資]ロシア科学アカデミー会員〔1972年〕

ロゴンベ, ローズ・フランシーヌ　Rogombé, Rose Francine　政治家　ガボン暫定大統領　ガボン上院議長　[国]ガボン　[没]2015年4月10日　72歳　[生]1942年9月20日　[出]フランス領赤道アフリカ・ランバレネ(ガボン)　[歴]2009年2月ガボン上院議長に指名され、7月オマール・ボンゴ大統領の死後、暫定大統領に就

任。同国史上初の女性国家元首となった。10月ボンゴ大統領の長男アリが大統領に就任した。

ロージ, フランチェスコ Rosi, Francesco 映画監督 国イタリア 没2015年1月10日 92歳〔気管支炎〕 生1922年11月15日 出イタリア・ナポリ 経ナポリ大学法学部中退 1946年ローマに出て、舞台の仕事を手伝い、48年「揺れる大地」の助監督を務めた。10年に及ぶ助監督修業でルキノ・ヴィスコンティ、ミケランジェロ・アントニオーニなどの巨匠から学んだ。57年ヴィットリオ・ガスマンと「Kean」を共同監督、58年「挑戦」で監督デビュー。ネオレアリズモの正統的な後継者として不正を告発し続ける社会派として知られ、世界三大映画祭の全てで受賞歴がある。他の代表的な作品に「シシリーの黒い霧」(62年)、「都会を動かす手」(63年)、「真実の瞬間」(65年)、「黒い砂漠」(72年)、「コーザ・ノストラ」(73年)、「ローマに散る」(76年)、「エボリ」(79年)、「カルメン」(84年)、「予告された殺人の記録」(87年)、「パレルモ」(90年)、「遙かなる帰郷」(97年)などがある。97年のベネチア国際映画祭では審査員を務めた。 賞ベネチア国際映画祭審査員特別賞・サン・ジョルジョ賞(第19回)〔1958年〕「挑戦」,ベルリン国際映画祭銀熊賞(監督賞 第12回)〔1962年〕「シシリーの黒い霧」,ベネチア国際映画祭サン・マルコ金獅子賞(第24回)〔1963年〕「都会を動かす手」,カンヌ国際映画祭グランプリ(第25回)〔1972年〕「黒い砂漠」,モスクワ国際映画祭金賞(第11回)〔1979年〕「エボリ」,ベルリン国際映画祭金熊名誉賞〔2008年〕,ベネチア国際映画祭名誉金獅子賞(第69回)〔2012年〕

ローシャ, ルイス・ミゲル Rocha, Luís Miguel 作家 専ミステリー、スリラー 国ポルトガル 没2015年3月26日 39歳〔病気〕 生1976年 出ポルトガル・ポルト 経ポルトガルのポルトで生まれ、同地で幼少期を過ごす。同国のテレビ局TV1で番組制作に関わった後、渡英。脚本家、プロデューサーとしてテレビ番組制作に携わる。2005年「Um País Encantado」で作家デビュー。06年に発表した「P2」は30カ国以上で翻訳され、09年には「ニューヨーク・タイムズ」でベストセラーリストにランクインした。15年3月、病気のため39歳の若さで他界。

ロジャース, トミー Rogers, Tommy プロレスラー 国米国 没2015年6月1日 54歳 生1961年5月14日 出米国・フロリダ州ブラデントン 本本名＝Couch, Tommy 経1982年プロレスラーとしてデビュー。84年ボビー・フルトンと名コンビ"ザ・ファンタスティック"を結成し、全米各地でタッグ王座を獲得した。87年から全日本プロレスに14回参戦、アジアタッグに6度挑戦した。97年からWWEに参戦し、2007年現役を引退。そのルックスで女性ファンを多く獲得した。

ロシュフォール, ジャン Rochefort, Jean 俳優 国フランス 没2017年10月9日 87歳 生1930年4月29日 出フランス・パリ 経少年時代をルーアンなどで過ごし、19歳でパリのコンセルヴァトワールに入る。コメディ・フランセーズで研修を受けた後、グルニエ・ユスノの劇団で舞台俳優として7年間を送った。

劇団解散後、1950年代後半から多くの映画に脇役として出演したが、演劇に強い愛着があり、デルフィーヌ・セイリグとともにロンドンへ渡りハロルド・ピンターと会見、ピンターの戯曲をフランスで上演するなど舞台に情熱を注いだ。70年代にイヴ・ロベール監督、ベルトラン・タヴェルニエ監督と出会ったのがきっかけで映画へ戻り、「Que la fête commence」(75年)でセザール賞助演男優賞、「Les crabes-tambour」(77年)で同演男優賞を受賞。英国風コメディ的な個性で、ロベールやフィリップ・ド・ブロカ作品に欠かせぬ存在として名演を披露した。80年代からはパトリス・ルコント監督の「タンデム」(87年)、「髪結いの亭主」(90年)、「リディキュール」(96年)などに出演し、さらに脚光を浴びるようになった。他の映画出演作に、「相続人」(73年)、「料理長殿、ご用心」(78年)、「メルシィ！人生」(2001年)、「列車に乗った男」(02年)、ドキュメンタリー「ロスト・イン・ラ・マンチャ」(02年)、「ふたりのアトリエ～ある彫刻家とモデル～」(12年)など。短編映画でメガホンも取った。 賞セザール賞助演男優賞〔1976年〕「Que la fête commence」,セザール賞主演男優賞〔1978年〕「Les crabes-tambour」,おおさか映画祭主演男優賞(第18回)〔1993年〕「髪結いの亭主」,セザール賞名誉賞(第24回)〔1999年〕

ローズ, アーウィン Rose, Irwin 分子生物学者 カリフォルニア大学アーバイン校医学部スペシャリスト 専たんぱく質分解 国米国 没2015年6月2日 88歳 生1926年7月16日 出米国・ニューヨーク市ブルックリン 本本名＝Rose, Irwin Ernie 経シカゴ大学 博士号(シカゴ大学) 略第二次大戦中は米国海軍に通信技術者として従事。戦後、シカゴ大学に進み、博士号を取得。1963～95年フォックス・チェースがんセンター(フィラデルフィア)上級研究員を経て、95年カリフォルニア大学アーバイン校医学部スペシャリスト。この間、70年代後半から80年代前半、細胞の中で不要になったたんぱく質に"ユビキチン"が結合し、必要なものと区別する目印として働くことを発見。パーキンソン病、がんなどの治療や予防に道を拓いた。2004年これらの業績により、イスラエル工科大学のアーロン・チカノバー教授、アブラム・ハーシュコ教授とともにノーベル化学賞を受賞。 賞ノーベル化学賞〔2004年〕 役米国科学アカデミー会員

ロス, クラウス・フリードリッヒ Roth, Klaus Friedrich 数学者 ロンドン大学インペリアル・カレッジ学長 専数論 国英国 没2015年11月10日 90歳 生1925年10月29日 出ドイツ・ブレスラウ(ポーランド・ブロツワフ) 経ケンブリッジ大学〔1945年〕卒 Ph.D.(ロンドン大学)〔1950年〕 略若い頃、英国に移住。1948～66年ロンドン大学ユニバーシティ・カレッジ数学科メンバーを経て、56年助教授、61年教授。66～88年同大インペリアル・カレッジ学長。96年引退してスコットランドに移る。ディオファントス近似に関する業績により、58年英国人として初めてフィールズ賞を受賞した。他に加法的整数論などで業績を残した。 賞フィールズ賞〔1958年〕,ド・モルガン賞〔1983年〕 役ロイヤル・ソサイエティ特別会員〔1960年〕,米国芸術科学アカデミー外国名誉会員〔1966年〕

ロス, リリアン Ross, Lillian ジャーナリスト 国米国 没2017年9月20日 99歳 生1918年6月8日 出

米国・ニューヨーク州シラキュース　[名]旧姓・名＝Rosovsky, Lillian　[歴]1945〜87年高級週刊誌「ニューヨーカー」にスタッフ・ライターとして所属。6年間の活動休止期間を経て、93年同誌に復帰。60年代の米国で生まれた"ニュー・ジャーナリズム"の先駆者として知られた。98年ノンフィクション「『ニューヨーカー』とわたし―編集長を愛した四十年」では、「ニューヨーカー」の名編集長だったウィリアム・ショーンとの不倫の日々を描いて全米の話題を呼んだ。他の著書に「Picture」「パパがニューヨークにやってきた」「Moments with Chaplin」など多数。

ロストウォロフスキ・デ・ディエス・カンセコ, マリア　Rostworowski de Diez Canseco, María　歴史学者　[専]アンデス文明　[国]ペルー　[没]2016年3月6日　100歳　[生]1915年8月8日　[出]ペルー・リマ　[歴]ポーランド人を父に、ペルーの首都リマのパランコに生まれる。幼い頃に家族とともにヨーロッパへ渡り、ポーランド、フランス、英国やベルギーなどで教育を受けた後、20歳の頃にペルーに帰国。1953年「パチャクテック・インカ・ユパンキ」を執筆、歴史学者として出発。以後、多くの著書、論文を発表。その研究対象はインカ期から植民地時代初期に及び、古文書館に収蔵された古文書、地方史料を積極的に利用し、従来主として古典的な記録者（クロニスタ）に依存してきたこの時期の歴史研究に新生面を開いた。ペルー研究所（IEP）の創立にも尽力。著書に「インカ国家の形成と崩壊」「ドーニャ・フランシスカ・ピサロの生涯」など。　[資]ペルー歴史アカデミー会員

ロスリング, ハンス　Rosling, Hans　統計学者　公衆衛生学者　カロリンスカ研究所国際保健学部教授　[国]スウェーデン　[没]2017年2月7日　68歳〔膵臓がん〕　[生]1948年7月27日　[出]スウェーデン・ウプサラ　[名]本名＝Rosling, Hans Gosta　[歴]1970年代にアフリカ・モザンビークで医師として飢餓や貧困撲滅に関する活動に従事。その後、ノーベル医学生理学賞を選ぶスウェーデンのカロリンスカ研究所で国際保健学部教授を務めた。自らが創設したNPO（非営利組織）ギャップマインダー財団で統計に関する革新的なグラフィックスソフトを開発し、"事実に基づいた世界観"を提唱。各地のトークイベントにも参加し、ユーモアあふれる語り口と鋭い視点が人気を集めた。

ローゼンクイスト, ジェームズ　Rosenquist, James　画家　[国]米国　[没]2017年3月31日　83歳　[生]1933年11月29日　[出]米国・ノースダコタ州グランドフォークス　[学]ミネアポリス美術学校, ミネソタ大学, アート・スチューデンツ・リーグ　[歴]ミネアポリス美術学校、ミネソタ大学で美術を学んだ後、1955年ニューヨークに移り、看板描きを仕事とする。60年から作品制作に専念し、62年ニュー・リアリズム展に出品、同年ニューヨークのグリーン・ギャラリーで初個展を開く。63年"6人の画家の物体"展に出品。65年レオ・キャステリ・ギャラリーの壁4面を埋めつくした巨大な作品「F-111」を描き、ベトナム戦争反対を訴えたとされ、代表作になった。その後、自動車やファストフード、家電製品など、米国的流通物資群をリアリズムの手法で巨大なキャンバスに描き出した。一時期、タイムズ・スクエアの超巨大な看板描きを手がけたこともあり、商業広告の技法をファインアートの領域に直接転用することの発案者といわれる。他の代表作に「当選大統領」（60〜61年）、「水のゆくえ」（89年）など。

ローゼンタール, エイミー・クラウス　Rosenthal, Amy Krouse　作家　[国]米国　[没]2017年3月13日　51歳〔卵巣がん〕　[生]1965年4月29日　[出]米国・イリノイ州シカゴ　[学]タフツ大学卒, ソルボンヌ大学（パリ）卒　[歴]子供向けから大人向けまで幅広いジャンルで30冊以上の本を出版。代表作に「The Same Phrase Describes My Marriage and My Breasts」（1999年）、「Encyclopedia of an Ordinary Life」（2005年）など。邦訳された絵本作品に「スプーンくん」「アヒルだってば！ ウサギでしょ！」などがある。自らの著作を基にした短編映画も手がけた。15年卵巣がんで余命わずかと宣告され、闘病生活を送る。17年米紙「ニューヨーク・タイムズ」に「私の夫と結婚しませんか」というコラムを寄稿。間もなく妻を亡くす夫のために、結婚相手募集のコラムを執筆し話題となった。

ロゾフ, ワレリー　Rozov, Valery　ベースジャンパー　ベースジャンピング世界記録保持者　[国]ロシア　[没]2017年11月11日　52歳〔転落死〕　[生]1964年12月26日　[出]ソ連・ロシア共和国ニジニ・ノヴゴロド（ロシア）　[歴]1998年より建造物や断崖などからジャンプしてパラシュートで着地する危険度の高いスポーツ"ベースジャンピング"を始め、第一人者として活躍。2013年5月48歳でエベレスト・マシフにあるチャングトスの標高約7220メートル地点からジャンプし、当時の世界記録を樹立。16年10月にはヒマラヤ山脈のチョーオユー（標高8201メートル）の7700メートル地点からジャンプを成功させ、最も高い地点からの降下で自身の世界記録を更新した。7大陸最高峰からのジャンプ達成を目指していたが、17年11月アマ・ダブラム山（標高6812メートル）からの降下に失敗し死亡した。

ロックフェラー, デービッド　Rockefeller, David　銀行家　慈善事業家　チェース・マンハッタン銀行会長・CEO　ジャパン・ソサエティ名誉会長　[国]米国　[没]2017年3月20日　101歳〔心不全〕　[生]1915年6月12日　[出]米国・ニューヨーク市マンハッタン　[学]ハーバード大学〔1936年〕卒, シカゴ大学卒　経済学博士（シカゴ大学）〔1940年〕　[歴]石油王ジョン・ロックフェラーの孫。6人兄弟の末っ子としてニューヨーク市に生まれる。ラガーディア・ニューヨーク市長の秘書を経て、1946年チェース・ナショナル銀行に入行。55年マンハッタン銀行と合併してチェース・マンハッタン銀行（のちのJPモルガン・チェース）となり、副頭取、57年副会長、61〜69年頭取・会長、69〜80年はCEO（最高経営責任者）を務めた。81年以降はロックフェラー家全体の責任者としての活動に専念。81〜95年三菱地所と共同運営のロックフェラーセンターの運営会社、ロックフェラー・グループ（RGI）会長。96年よりロックフェラー・センター地所会長。この間、74年日米欧3極委員会の発足に指導的役割を果たし、77年から同委員会北米委員長。76年の米大統領選挙ではJ.カーター大統領誕生に大きな役割を果した。しばしば米財閥の代弁者といわれ、ロックフェラー・ファミリーの中核となる。芸術や文化などを通じた慈善事業

にも力を入れ、母親が設立に関わったニューヨーク近代美術館（MoMA）の理事として長く運営に関与した。2002年自叙伝「ロックフェラー回顧録」を出版、約50カ国で翻訳され、07年には邦訳も出版された。親日家としても知られ、1978年から8年間にわたりニューヨークの日本協会（ジャパン・ソサエティ）名誉会長を務め、日米友好親善に尽力。94年天皇陛下のニューヨーク訪問時にはロックフェラー家の邸宅に招いた。　圏　自由勲章〔1998年〕，日米特別功労賞〔1993年〕　圏　祖父＝ロックフェラー，ジョン（石油王・ロックフェラー財団創始者），父＝ロックフェラー，ジョン（2世），息子＝ロックフェラー，デービッド（2世），ロックフェラー，リチャード（医師），兄＝ロックフェラー，ジョン（3世），ロックフェラー，ネルソン（政治家），ロックフェラー，ローランス（実業家），ロックフェラー，ウィンスロップ（政治家）

ロッコ，アレックス　Rocco, Alex　俳優　圏米国　圏2015年7月18日　79歳〔肝臓がん〕　圏1936年2月29日　圏米国・マサチューセッツ州ケンブリッジ　圏イタリア系。レナード・ニモイに師事し、1965年「モーター・サイコ」で俳優デビュー。「ゴッドファーザー」（72年）のカジノ・オーナー役で注目され、以後、多くの映画に出演。主な出演作品は「スモーキン・エース／暗殺者がいっぱい」「コネクション・マフィアたちの法廷」（2006年）など。テレビドラマにも多数出演し、1990年「The Famous Teddy Z」でエミー賞助演男優賞を受賞。「バグズ・ライフ」（98年）や「ザ・シンプソンズ」（90〜97年）などでは声優として活躍した。　圏エミー賞助演男優賞〔コメディ・シリーズ部門〕〔1990年〕「The Famous Teddy Z」

ローデス，ダスティ　Rhodes, Dusty　プロレスラー　圏米国　圏2015年3月11日　69歳　圏1945年10月12日　圏米国・テキサス州オースティン　圏本名＝Runnels, Virgil Riley（Jr.）　圏ウエスト・テキサス州立大学　圏ウエスト・テキサス州立大学時代はアメフトの選手。1968年プロレスラーとしてデビュー。ディック・マードックとのコンビ "テキサス・アウトローズ" で活躍。NWA、AWAを主戦場とし、79年にはNWA世界ヘビー級王座を獲得。以後、同王座を計3度戴冠した。89年WWFと契約。現役時代は187センチ、137キロ。得意技はバイオニック・エルボードロップ、パイルドライバー。金髪のアフロヘアに派手な白のコスチューム、白いブーツ姿で人気を博した。"オレは配管工の息子から成り上がった" の決め台詞で、"アメリカンドリーム" の異名を取った。2007年WWE殿堂入り。日本には、1971年11月国際プロレスに初来日。75年11月には全日本プロレスに参戦し、ジャイアント馬場、ジャンボ鶴田のインターコンチネンタルタッグに挑戦した。79年10月には新日本プロレスに参戦してアントニオ猪木とタッグを組み、スタン・ハンセン、ハルク・ホーガンらと激闘を繰り広げた。

ロード・ブレアース　Lord Blears　プロレスラー　PWF初代会長　圏英国　圏2016年3月6日　92歳　圏1924年　圏英国・マンチェスター　圏本名＝Blears, James　圏17歳でプロレスデビューし、米国、カナダ、ハワイなどで技巧派として活躍。タッグの名手で、1955年にはジン・キニスキーと組み、シャープ兄弟から世界タッグ王座を獲得した。引退後の73年、プロレスのタイトル管理組織であるPWFの初代会長に就任。タイトル戦の立会人として、全日本プロレスにたびたび来日した。

ロバーツ，グリン　Roberts, Glyn　社会運動家　自立のための道具の会（TFSR）設立者　圏英国　圏2016年　78歳　圏1937年　圏英国・マンチェスター　圏ロンドン大学、ストックホルム大学　圏両親とも平和主義者でエスペラントという家庭に育つ。大学で地理学を学び、社会学の修士号を取得。兵役拒否の登録をし、スウェーデン、英国のウェールズ、オーストラリアでボランティア活動に励んだ後、1961〜64年パリのユネスコ国際ボランティア活動調整委員会で長期ボランティアとして働く。65年「飢餓からの解放—世界青年宣言」の起草に参加。60年代後半はエチオピアでスウェーデンのボランティア・サービス駐在員代理として活動するが、その後この活動に批判的になり辞職。3年間スウェーデンのイェーテボリ大学で開発社会学講師を務めた後、英国に戻り、ポーツマスで調査グループを率いて10年間に渡り "社会的収奪" の研究を行った。79年身近に眠っている道具を発展途上国の人々に送る、リサイクルと海外協力を目的とした活動 "自立のための道具の会（TFSR）" を設立。84年アカデミズムの世界を離れ、TFSRを活動の拠点とした。著書に「開発援助の見方・考え方」（74年）など。

ロフグレン，エドワード　Lofgren, Edward　物理学者　圏米国　圏2016年9月6日　102歳　圏1914年1月18日　圏米国・イリノイ州シカゴ　圏本名＝Lofgren, Edward Joseph　圏カリフォルニア大学バークレー校卒　博士号（カリフォルニア大学バークレー校）〔1946年〕　圏スウェーデンの移民一家のもと、シカゴに生まれる。13歳の時にロサンゼルスに移住。大学卒業後、ニューメキシコ州のロスアラモス研究所などで原爆を開発する "マンハッタン計画" に参加。ウラン濃縮や起爆装置の研究を担当した。1945年7月同州の原爆実験場 "トリニティ・サイト" で行われた人類初の核実験にも立ち会った。

ロムー，ジョナ　Lomu, Jonah　ラグビー選手　圏ニュージーランド　圏2015年11月18日　40歳　圏1975年5月12日　圏ニュージーランド・オークランド　圏本名＝Lomu, Jonah Tali　圏両親はトンガ人。1994年ラグビーのニュージーランド代表（オールブラックス）として対フランス戦で史上最年少記録の19歳1ヶ月でデビュー。95年南アフリカで開催されたW杯で最多タイの7トライをマークして世界中の注目を集めた。99年W杯ウェールズ大会でも最多の8トライをマークし2大会連続のトライ王を獲得。2002年代表を引退。04年持病の腎臓疾患が悪化し、腎臓移植手術を受ける。翌年競技に復帰したが、06年現役を退いた。196センチ、125キロの体格を生かした突破力、100メートルを10秒8で走る俊足から、"ラグビー史上最高のWTB（ウイング）" と称された。W杯通算15トライは歴代1位で、ニュージーランド代表として63キャップを獲得した。

19年に開催されるW杯日本大会のアンバサダーの一人に任命されていたが、15年40歳の若さで亡くなった。

ロメロ、ジョージ・A. Romero, George A. 映画監督 脚本家 ㋺米国 ㋔2017年7月16日 77歳 ㋐1940年2月4日 ㋩米国・ニューヨーク市 ㋒カーネギー工科大学(現・カーネギー・メロン大学)美術学科〔1960年〕卒 ㋭学業優秀なため高校卒業までに2度飛び級し、そのために友達ができず映画にのめり込んだ。1954年8ミリでSFを撮り、カーネギー工科大学に入学してハリウッド映画の製作に触れる。大学卒業後、63年ラテント・イメージ社を設立し、CMと産業映画を製作。68年自己資金による低予算映画「ナイト・オブ・ザ・リビング・デッド/ゾンビの誕生」で監督デビュー。同作は「ゾンビ」(78年)、「死霊のえじき」(85年)とともにゾンビ3部作といわれ、熱狂的ファンを獲得。後の映画、漫画など世界中のサブカルチャーに大きな影響を与え、"ゾンビ映画の父"と呼ばれる。73～85年ローレル・エンターテインメントに参画しテレビ・シリーズ「フロム・ザ・ダークサイド」などを手がけた。他の作品に、映画「クリープショー」(82年)、「モンキー・シャイン」(88年)、「ダーク・ハーフ」(93年)、「URAMI〜怨み〜」(2000年)、「ランド・オブ・ザ・デッド」(05年)、「ダイアリー・オブ・ザ・デッド」(07年)、「サバイバル・オブ・ザ・デッド」(10年)などがある。

ローラー、ジョーニー Laurer, Joanie 女子プロレスラー ㋺米国 ㋔2016年4月20日 46歳〔薬物の過剰摂取事故死〕 ㋐1969年12月27日 ㋩米国・マサチューセッツ州ボストン ㋔別名=チャイナ〈Chyna〉 ㋭チアリーダー、ボディビルダーを経験した後、地元のキラー・コワルスキー・ジムに入門。1995年ジョニー・リーの名前で女子プロレスラーとしてデビュー。97年トリプルHのマネジャー"チャイナ"としてWWF(現・WWE)入り。その後、DX軍の一員として男子レスラーを相手に試合に参加。99年女子選手で初めてジェフ・ジャレットからWWFインターコンチネンタル王座を奪取。クリス・ジェリコとも抗争した。2000年男性誌「プレーボーイ」のグラビアでヌードを披露。01年WWF女子王座を獲得。その後、WWFを離脱。02年4月新日本プロレスのロサンゼルス道場開きに参加、同団初の女子選手となる。9月金沢大会でデビュー。10月の東京ドーム大会で蝶野正洋とシングル戦を行い、その後タッグも結成した。180センチ、90キロという男性レスラー並みの体格の持ち主で、筋肉美とパワフルなファイトで人気を博した。引退後は女優やタレント、モデルとして活動。日本で英会話を教えていたこともあった。

ローラン、ジル Laurent, Gilles 映画監督 録音技術者 ㋺ベルギー ㋔2016年3月22日 46歳〔連続爆破テロ事件〕 ㋐1969年 ㋩ベルギー・バストニュ ㋒ブリュッセル芸術学校 ㋭サウンドエンジニアとしてベルギーを拠点に多くのドキュメンタリーやフィクション映画の製作に参加。2005年映画「The Roof」でマルセイユ国際ドキュメンタリー映画祭最優秀レコーディング賞を受賞。他の日本公開作品に、「チキンとプラム煮〜あるバイオリン弾き、最後の夢」(11年、マルジャン・サトラピ監督)、「闇のあとの光」(12年、カルロス・レイガダス監督)など。10年日本人女性と結婚。13年妻の母国である日本に家族とともに来日。原発事故後の福島の自然や人々の暮しを調べていく中で、福島を題材に自らメガホンを取る事を決意する。日本での撮影を終え、15年12月からベルギーで編集作業をしていたが、16年3月22日ブリュッセルの地下鉄で発生した連続爆破テロ事件によって、31名の犠牲者とともに亡くなった。没後、妻や同僚らの手によって初監督作「残されし大地」が完成し、17年日本で公開された。 ㋕マルセイユ国際ドキュメンタリー映画祭最優秀レコーディング賞〔2005年〕「The Roof」、マルチメディア著作権者協会(SCAM)最優秀賞〔2016年〕 ㋻妻=鵜戸玲子(編集者)

ロワーチ、マーティン Llowarch, Martin 実業家 ブリティッシュ・スチール(BS)社長 ㋺英国 ㋔2016年7月28日 80歳 ㋐1935年12月28日 ㋭本名=Llowarch, Martin Edge 1968年ブリティッシュ・スチール(BS)に入社。86年社長。88年12月BS民営化後は積極的に国際展開を進めた。91年5月スコーリー会長と対立し、社長退任。

ロンコーニ、ルカ Ronconi, Luca 演出家 ㋺イタリア ㋔2015年2月21日 81歳 ㋐1933年3月8日 ㋩チュニジア・スース ㋒ローマの演劇アカデミーで学び、数年間は俳優として映画を中心に活動した後、演出家に転身。1964年ゴルドーニの「The Virtuous Wife」を振り出しに、66年に演出したトマス・ドルトンのエリザベス朝の戯曲「取り替えっ子」で一躍脚光を浴び、その後も「尺には尺を」「リチャード3世」「フェードラ」と成功が続いた。スポレト・フェスティバルで上演したアリオストの「狂えるオルランド」により国際的にも大きな成功を収める。また自身の劇団でターナーの「復讐の悲劇」を女性だけのキャストで上演したことも話題となった。代表作にウィルコックス作「XX」「ハイルブロイのケートヘン」など。一方、67年にトリノのテアトロ・レッジョでオネゲルの歌劇「火刑台上のジャンヌ・ダルク」などを手がけてオペラの世界にも進出。その後、ヨーロッパ各地で活躍、74〜76年ベネチア・ビエンナーレの演劇部門監督、ミラノピッコロ座(ピッコロ・テアトロ)芸術監督などを歴任。77年アバド指揮によるミラノ・スカラ座「ドン・カルロ」でその名声を確立した。88年にはムーティ指揮による同「ウィリアム・テル」が話題に。ルキノ・ヴィスコンティらの後を受けた第二世代として独自の世界観を築き上げた。2006年日本でヴェルディの喜劇「ファルスタッフ」が上演された。

ロンズデール、ボールドウィン Lonsdale, Baldwin 政治家 バヌアツ大統領 ㋺バヌアツ ㋔2017年6月17日 68歳〔心臓発作〕 ㋐1948年8月5日 ㋩英仏共同統治領ニューヘブリディーズ・モタラバ島(バヌアツ) ㋭本名=Lonsdale, Baldwin Jacobson ㋒ビショップ・パターソン・カレッジ(ソロモン諸島)、セント・ジョンズ・カレッジ(オークランド) ㋭キリスト教の聖職者を経て、2014年9月バヌアツ大統領に就任。15年3月国連防災世界会議に出席するため宮城県仙台市を訪問中、大型サイクロン"パム"がバヌアツを直撃。仙台市から被災した同国への緊急支援を世界

に向けて呼びかけた。また15年の外遊中、大統領代行を務めた国会議員が自身を含む議員14人の贈収賄罪を無断で恩赦。これを“不当行為”として恩赦を撤回し、11月議会解散に踏み切った。17年6月大統領在任中に心臓発作で死去した。

【ワ】

ワイダ, アンジェイ　Wajda, Andrzej　映画監督　演出家　[国]ポーランド　[没]2016年10月9日　90歳〔肺不全〕　[生]1926年3月6日　[出]ポーランド・スヴァウキ　[学]クラクフ美術学校卒, ウージ国立映画高等学校演出科〔1952年〕卒　[歴]父は陸軍将校、母は教師で、父は第二次大戦中に“カティンの森事件”で殺害された。1942年から対ドイツ・レジスタンス運動に参加。大学在学中に短編映画を撮る。その後、助監督を経て、ナチス占領下のポーランドでの実体験に基づく「世代」(54年)で監督デビュー。この作品と「地下水道」(57年)、「灰とダイヤモンド」(58年)の“抵抗三部作”で、ポーリッシュ・リアリズムの先駆となった。78年ポーランド映画製作者同盟議長に就任。ポーランド民主化を牽引したレフ・ワレサの“連帯”に同調し、民衆の側に立った力強い映像を生み出したが、81年ポーランドに戒厳令が発せられ、83年同議長の職を追われる。祖国での映画製作が不可能になり、フランスやドイツの協力で新作を手がけた。フランスとの合作「ダントン」(82年)などを経て、「愛の記録」(86年)でポーランド映画界に復帰。2007年には“カティンの森事件”を題材にした映画「カティンの森」を発表。ワレサの半生を描いた「ワレサ 連帯の男」(13年)など、祖国の近現代史に様々な角度から光を当てる意欲作を発表。ポーランド映画界の巨匠として数々の名作を世に送り出した。他の代表作に「約束の土地」(1975年)、「大理石の男」(77年)、「鉄の男」(81年)、「ドイツの恋」(83年)、「悪霊」(87年)、「コルチャック先生」(90年)、「聖週間」(95年)、「パン・タデウシュ物語」(99年)、「残像」(2016年, 遺作)などがある。舞台演出活動も盛んで、ドストエフスキーの演出家としても名高い。1989年2月には坂東玉三郎主演の舞台「ナスターシャ」(「白痴」の舞台化)の演出を手がけた。89年6月～91年10月上院議員。90年反ワレサ議長派による新党“市民運動・民主行動”(ROAD)に参加。92～94年大統領諮問機関・文化評論議会議長。2002年ワルシャワに映画学校を設立するなど、後進の育成にも尽力した。知日家としても知られ、1994年ポーランドの古都クラクフに、浮世絵など日本の美術品を展示する日本美術・技術センター“マンガ”を開館させ、日本文化の紹介にも力を入れた。　[賞]アカデミー賞名誉賞(第72回, 1999年度)〔2000年〕, 勲三等旭日中綬章(日本)〔1995年〕, ロシア友好勲章〔2010年〕, カンヌ国際映画祭国際審査員賞(第10回)〔1957年〕「地下水道」, ベネチア国際映画祭国際映画批評家連盟賞(第20回)〔1959年〕「灰とダイヤモンド」, モスクワ国際映画祭監督賞(第7回)〔1971年〕「白樺の林」, モスクワ国際映画祭金賞(第9回)〔1975年〕「約束の土地」, カンヌ国際映画祭国際映画批評家連盟賞(第31回)〔1978年〕「大理石の男」, カンヌ国際映画祭パルムドール(第34回)〔1981年〕「鉄の男」, セザール賞監督賞〔1983年〕「ダントン」, BAFTA賞外国語作品賞〔1983年〕「ダントン」, 京都賞(表現芸術部門賞)〔1987年〕, ベルリン国際映画祭銀熊賞(貢献賞, 第46回)〔1996年〕「聖週間」, 世界文化賞(演劇・映像部門, 第8回)〔1996年〕, ベネチア国際映画祭特別功労賞(第55回)〔1998年〕, ベルリン国際映画祭名誉金熊賞(第56回)〔2006年〕, ベルリン国際映画祭アルフレッド・バウアー賞(第59回)〔2009年〕「タタラーク」　[家]妻＝ザファトヴィッチ, クリスティーナ(女優)

ワイツ, ポール　Weitz, Paul　宇宙飛行士　[国]米国　[没]2017年10月22日　85歳　[生]1932年7月25日　[出]米国・ペンシルベニア州エリー　[名]本名＝Weitz, Paul Joseph　[学]ペンシルベニア州立大学〔1954年〕卒　[歴]米海軍に入隊した後、1966年航空宇宙局(NASA)の宇宙飛行士となり、73年米国初の宇宙ステーション“スカイラブ”に搭乗。83年スペースシャトル・チャレンジャーの打ち上げを指揮した。宇宙では33日間を過ごし、94年にNASAを退職するまで28年間勤め上げた。

ワイツゼッカー, リヒャルト・フォン　Weizsäcker, Richard von　政治家　ドイツ大統領　西ベルリン市長　[国]ドイツ　[没]2015年1月31日　94歳　[生]1920年4月15日　[出]ドイツ・シュトゥットガルト　[学]ベルリン大学卒, オックスフォード大学卒, グルノーブル大学卒, ゲッティンゲン大学(法学・歴史学)　法学博士(ゲッティンゲン大学)〔1954年〕　[歴]祖父はビュルテンブルク王国最後の宰相、父は外務次官を務めた男爵家の名門。1938～45年第二次大戦中は国防軍に従軍。54年キリスト教民主同盟(CDU)に入党。法律家を経て、64年旧西ドイツプロテスタント教会会議議長(～70年, 77～83年)に選ばれて政界入り。69～84年旧西ドイツ連邦議会議員、72～79年CDU副議長、79～81年連邦議会副議長。81年6月～84年6月ベルリン州首相兼旧西ベルリン市長を務め、西ベルリン市長として名を上げた。83年現職市長として初めて旧東ドイツを訪問し、ホーネッカー書記長と会見。84年7月旧西ドイツ大統領に就任。ドイツの敗戦40周年にあたる85年5月8日連邦議会の演説で「過去に目を閉ざす者は、現在も見えなくなる」と歴史を直視する重要性を説き、世界各地で大きな反響を呼んだ。89年5月再選。東欧諸国との和解や東西ドイツ統一に貢献し、90年10月初代統一ドイツ大統領に就任。94年1月、首都ベルリンへの政府・議会移転決議に基き、私邸をボンからベルリンに移した(有力政治家では初めて)。同年6月退任。98年11月ユダヤ人補償基金評議会評議員を務める。大統領退任後も、“核兵器のない世界”に賛同する論文を執筆するなど精力的に活動した。　[賞]ハインリッヒ・ハイネ賞〔1991年〕　[家]兄＝ワイツゼッカー, カール・フリードリヒ・フォン(物理学者・哲学者)

ワイルダー, ジーン　Wilder, Gene　俳優　映画監督　脚本家　[国]米国　[没]2016年8月28日　83歳〔アルツハイマー病の合併症〕　[生]1933年6月11日　[出]米国・ウィスコンシン州ミルウォーキー　[名]本名＝シルバーマン, ジェローム〈Silverman, Jerome〉　[学]アイ

オワ大学卒 [歴]大学卒業後、渡英し、ブリストルのオールド・ヴィク座の演劇学校に学ぶ。帰国後、アクターズ・スタジオで演技を学び、1961年ニューヨークのオフ・ブロードウェイから舞台俳優として活躍。63年には「カッコーの巣の上で」の演技で注目された。67年「俺たちに明日はない」の葬儀屋役で映画デビュー。68年メル・ブルックス監督の「プロデューサーズ」でアカデミー賞助演男優賞にノミネートされ、以後、同監督の作品に複数出演。74年には西部劇パロディ「ブレージングサドル」、ホラーパロディ「ヤング・フランケンシュタイン」と相次ぐコメディ映画で人気を博し、共同で脚本も手がけた「ヤング・フランケンシュタイン」ではアカデミー賞脚色賞にノミネートされた。71年の映画「夢のチョコレート工場」では主人公のウィリー・ウォンカ役を演じ、子供たちの人気も獲得。「大陸横断超特急」(76年)や「スター・クレイジー」(80年)など、コメディアンのリチャード・プライヤーと共演した映画もヒットした。75年以降は自身の出演作の監督も務めた。他の出演作に、「星の王子さま」(74年)、「新シャーロックホームズ/おかしな弟の大冒険」(75年, 監督・脚本も)、「爆笑! 世紀のスター登場」(77年, 製作・監督・脚本も)、「ウーマン・イン・レッド」(84年, 監督・脚本も)、「見ざる聞かざる目撃者」(89年, 脚本も)など。 [家]妻＝ラドナー, ギルダ(女優)

ワイルドスミス, ブライアン　Wildsmith, Brian
画家 絵本作家 [国]英国 [没]2016年8月31日 86歳 [生]1930年1月22日 [出]英国・ヨークシャー州ペニストン [名]本名＝Wildsmith, Brian Lawrence [学]バーンズリー美術学校卒, スレイド美術学校 [歴]少年時代は化学者に憧れ、学生時代は美術を勉強。数学を教えたこともあり、ピアノを愛するなど、多彩な才能の持ち主だった。1960年オックスフォード大学出版局と専属契約を結び、「オックスフォード版児童詩集」の挿絵を担当。ラ・フォンテーヌの寓話など既存作品を絵本化したり、「とり」(67年)など動物をテーマにした絵本を発表。63年「ワイルドスミスのABC」(62年)が英国の絵本賞で最も権威のあるケイト・グリーナウェイ賞を受賞した。生涯に80作以上の絵本を発表。美しい色彩を特徴とし、“色彩の魔術師”の異名を取った。他の絵本作品に「マザーグース」「ポールとペリカン」「モシャモシャのろくん ほねはどこ?」「わたしのメリーゴーランド」など。米ソ共同制作映画「青い鳥」でもデザイン、イラストを担当した。71年フランスに移住した。94年静岡・伊豆高原にワイルドスミス絵本美術館が開館。 [賞]ケイト・グリーナウェイ賞〔1963年〕「ワイルドスミスのABC」 [家]娘＝ワイルドスミス, レベッカ(グラフィックデザイナー)

ワイントローブ, ジェリー　Weintraub, Jerry
映画プロデューサー [国]米国 [没]2015年7月6日 77歳〔心臓発作〕 [生]1937年9月26日 [出]米国・ニューヨーク市 [歴]エルビス・プレスリー、フランク・シナトラ、ボブ・ディランのプロモーターとして成功した後、1975年「ナッシュビル」の製作を機に映画界に進出。「ベスト・キッド」シリーズ(84年～2010年)、「オーシャンズ」シリーズ、「ダイナー」(1982年)、「スペシャリスト」(94年)、「アベンジャーズ」(98年)、「恋するリベラーチェ」(2013年)などを製作した。また、1975年以来3度エミー賞に輝くなどテレビ界でも活躍。85年にUA会長に就任するが、86年に解雇されワイントローブエンターテインメント・グループを設立し、配給も手がけた。 [賞]エミー賞(3回)

ワディントン, デービッド　Waddington, David
政治家 英国王璽尚書 英国上院院内総務 [国]英国 [没]2017年2月23日 87歳 [生]1929年8月2日 [出]英国・ランカシャー州バーンリー [名]本名＝Waddington of Read, David Charles Waddington [学]オックスフォード大学卒 [歴]弁護士、判事を経て、1968年英国保守党より下院議員に初当選。79年以来上院議員。国家財務委員会委員、雇用担当国務次官補を経て、83年内務担当国務相。87年保守党院内幹事長、89年内相。90年男爵となり、王璽尚書に任ぜられ、上院院内総務も務めた。92年退任。

ワトソン, アルバータ　Watson, Alberta　女優
[国]カナダ [没]2015年3月21日 60歳〔がんによる合併症〕 [生]1955年3月6日 [出]カナダ・オンタリオ州トロント [歴]高校時代は演劇部に所属し、ミュージカル「ヘアー」に出演。CMモデル、テレビ出演を経て、1972年テレビ映画「マフィア」でドラマデビュー。78年米・カナダ合作「ブルー・エクスタシー/官能の夜」で映画デビュー、カナダ映画賞候補となる。主な出演作に「ザ・ソルジャー」(82年)、「ザ・キープ」(83年)、「ベッドルーム・アイズ」(89年)、「Spanking the Monkey」(94年)、「スウィート・ヒア・アフター」(97年)、「ヘドウィグ・アンド・アングリーインチ」(2007年)など。カナダ版「ニキータ」(1997年～2001年)に続き、米国版「NIKITA/ニキータ」(10～13年)にもゲスト出演した。

ワームビア, オットー　Warmbier, Otto　北朝鮮に拘束され解放後死亡した米学生 [国]米国 [没]2017年6月19日 22歳 [生]1994年 [出]米国・オハイオ州シンシナティ [学]バージニア大学(経済学) [歴]バージニア大学の学生だった2016年1月、中国の旅行会社の北朝鮮観光ツアーに参加。米国の教会などの依頼を受け、平壌のホテルから政治スローガンが書かれたポスターを持ち帰ろうとしたことが“敵対行為”と見なされ、平壌国際空港で北朝鮮当局に拘束された。同年3月北朝鮮の最高裁は国家転覆陰謀罪で15年の労働教化刑(懲役刑に相当)の判決を言い渡した。その後、昏睡状態に陥り、17年6月13日に解放されて米国に帰国したが、6日後に死亡した。

ワリ, シマ　Wali, Sima　女性支援活動家 [国]アフガニスタン [没]2017年9月22日 66歳〔脳神経疾患の多系統萎縮症〕 [生]1951年4月7日 [出]アフガニスタン・カンダハル [学]カブール大学(経営学)卒, アメリカン大学大学院国際関係学修士課程修了 [歴]父はアマヌラ・カーン王のいとこ。幼少時代はインドで過ごし、英語を習得。女性にも大幅な自由が認められた王政時代、カブール大学で経営学を学び、1978年のクーデターを機に米国へ移住。ワシントンD.C.のアメリカン大学で国際関係学の修士学位を取得。その後、戦争で虐げら

ワリ　　　　　　　　　外　国　人

れた女性を支援する団体を組織した。2001年のタリバン政権崩壊後にドイツで開かれた暫定政権協議にザヒル・シャー元国王派として参加。注目を集めた指導者の一人だった。

ワ

補 遺
(2012～2014)

日 本 人

青山 正義　あおやま・まさよし　大阪府議（躍進）　[没]平成24年（2012）2月14日　83歳〔急性虚血性心疾患〕　[生]昭和4年（1929）2月4日　[出]岡山県　[学]関西大学法学部〔昭和29年〕中退　[歴]昭和32年千代田工業に入社。40年山陽商事、47年アオヤマ各代表就任。50年豊中市議を経て、58年以来大阪府議に4選。平成6年民社党の解党にともない、新進党に参加。11年落選。大阪民社協会会長を務めた。　[賞]勲四等瑞宝章〔平成12年〕

赤石 憲彦　あかいし・のりひこ　俳人　東京タイムズ常務　「俳句未来同人」代表　[没]平成25年（2013）1月26日　81歳　[生]昭和6年（1931）8月16日　[出]北海道函館市　[歴]昭和42年広告代理業及び調査業務を目的としたアドエージを設立。機関誌「広告人連邦」、「日本の出版人」「東京アドエージ」など刊行。56年東京タイムズに入社、総合促進室長、営業本部長を経て、57年常務。俳人としては、「夜明け」「四季」「風濤」などを経て、「俳句未来同人」を創刊、代表を務めた。句集に「鬼臆」がある。

赤木 昭三　あかぎ・しょうぞう　大阪大学名誉教授　[専]フランス文学・思想（17・18世紀, とくにパスカル, デカルト, リベルタン）　[没]平成25年（2013）10月26日　85歳　[生]昭和3年（1928）2月23日　[出]大阪府大阪市　[学]大阪外事専フランス語科〔昭和24年〕卒, 京都大学法学部〔昭和27年〕卒, 大阪大学文学部仏文学科〔昭和31年〕卒, 大阪大学大学院文学研究科仏文学専攻〔昭和34年〕修士課程修了　博士号（パリ大学）〔昭和37年〕　[歴]昭和34年4月大阪大学文学部助手となり、同年10月から2年半エコール・ノルマル・シュペリウールとパリ大学人文学部に留学。41年大阪大学助教授、57年教授。平成3年定年退官し、名誉教授。著書に「フランス近代の反宗教思想」、共編に「ユートピア旅行記叢書」など。妻で大阪外国語大学名誉教授の赤木富美子との共著に「サロンの思想史」がある。　[賞]フランス教育功労章〔昭和60年〕　[団]日本フランス語フランス文学会, Société d'Etude du 17e Siècle　[家]妻＝赤木富美子（大阪外国語大学名誉教授）

朝倉 治彦　あさくら・はるひこ　古書研究家　国立国会図書館司書　[専]国文学, 書誌学, 思想史, 民俗学　[没]平成25年（2013）9月15日　89歳　[生]大正13年（1924）3月30日　[出]東京都台東区　[学]国学院大学国文科〔昭和23年〕卒, 国学院大学国文科特別研究生〔昭和25年〕修了　[歴]昭和24年国立国会図書館司書。63年四日市大学教授・附属図書館長。四日市市文化振興財団理事長を経て、四日市市史編纂委員。江戸、明治時代の出版物を中心に古書の調査、研究のため全国を訪ね歩き、とくに「仮名草子」の研究に力を入れた。著書に「貸本屋大惣」「書庫縦横」「図書館屋の書物捜索」「名所図会覚え書」、編著書に「仮名草子集成」「随筆辞典」「事物起源辞典」「明治世相編年辞典」「太政官記事」「幕末明治日誌集成」などがある。　[賞]勲四等瑞宝章〔平成6年〕

朝田 晃年　あさだ・てるとし　コーテック社長　岐阜県経済同友会筆頭代表幹事　[没]平成24年（2012）10月27日　84歳　[生]昭和3年（1928）2月3日　[出]岐阜県大垣市　[学]慶応義塾大学経済学部〔昭和25年〕卒　[歴]新興産業輸出部勤務を経て、昭和27年晃和整染（現・コーテック）設立に参画。29年取締役、30年常務を経て、34年社長。平成4年岐阜県経済同友会筆頭代表幹事に就任。大垣市公平委員長、同市体操協会会長も務めた。　[賞]紺綬褒章〔昭和53年〕, 大垣市功労章〔平成1年〕

浅沼 強　あさぬま・つよし　東京大学名誉教授　東海大学工学部教授　[専]流体工学　[没]平成25年（2013）4月7日　96歳　[生]大正5年（1916）10月30日　[出]岡山県　[学]東京帝国大学工学部機械工学科〔昭和15年〕卒　工学博士　[歴]京城帝国大学、東芝研究所、桐生高等専門学校（現・群馬大学）を経て、東京大学教授、同大宇宙航空研究所所長。昭和52年東海大学教授。56年に設立された流れの可視化学会の初代会長を務めた。編著書に「流れの可視化ハンドブック」、共編に「内燃機関ハンドブック」、共著に「機械工学基礎講座〈5〉原動機各論」など。　[賞]日本機械学会論文賞（昭和38年度）「翼列のフラッタに関する研究」, 日本機械学会論文賞（昭和42年度）「圧縮性せん断流中の揚力線理論」, 日本機械学会論文賞（昭和47年度）「振動する物体まわりの非定常粘性流れ」, SAE米国自動車技術会論文賞〔昭和46年〕, 流れの可視化国際シンポジウムO.Reynolds賞〔昭和58年〕, 可視化情報学会論文賞（平成5年度）「画像処理法を用いた火花点火機関における火災伝播の解析」　[団]流れの可視化学会

浅野 芳正　あさの・よしまさ
⇒山階 芳正（やましな・よしまさ）を見よ

芦田 行雄　あしだ・ゆきお　郷土史家　あかごめ学校主宰　[専]京都府　[没]平成24年（2012）8月12日　87歳〔肺がん〕　[生]大正14年（1925）　[出]京都府竹野郡弥栄町（京丹後市）　[歴]昭和50年奈良・平城宮跡から出土した木簡に自分の住む地の古名と“赤米”の字があるのを読み、赤米を再現するのが夢となる。新聞記事をたよりに、古くから赤米が作られている岡山県総社市の神社から種モミをもらい、56年赤米を収穫して万葉の食文化を再現。その後、赤米の普及や研究を目的とした“あかごめ学校”を主宰した。著書に「吉津の穴地蔵」、編著書に「味土野讃歌―細川忠興夫人資料集」などがある。

阿部 実　あべ・みのる　日本社会事業大学社会福祉学部教授　[専]社会福祉, 福祉改革, 社会調査史　[没]平成25年（2013）3月19日　62歳　[生]昭和25年（1950）6月24日　[出]栃木県那須郡烏山町（那須烏山市）　[学]日本社会事業大学社会福祉学部社会事業学科〔昭和48年〕卒, 法政大学大学院社会科学研究科社会学専攻〔昭和51年〕修士課程修了　博士（社会学）（名古屋大学）〔平成6年〕　[歴]昭和51年熊本短期大学助手、53年専任講師、56年日本社会事業大学専任講師、59年助教授。62年厚生省（現・厚生労働省）社会局に転じ、社会福祉専門官としてソーシャルワーカー国家資格制度に関わる法律「社会福祉法及び介護福祉法」制定に尽くし、63年の同法実現に貢献。平成2年日本社会事業大学助教授復職、5年教授。9～10年社会福祉学部長・教学部長、

10～12年図書館長、12～16年大学院研究科長、20～22年社会福祉学部長、22～25年大学常務理事、24～25年社会福祉学部長、24年学長代行。一方、3年東京都保谷市社会福祉審議会委員、4年埼玉県新座市・新座市福祉と保健の総合プラン審議会副会長、5年埼玉県・21世紀さいたまづくり懇話会21世紀部会委員、9年埼玉県所沢市福祉総合センター建設懇話会会長、10年埼玉県浦和市介護保険事業計画等作成委員会委員長、15年さいたま市社会福祉審議会会長なども務めた。著書に「チャールズ・ブース研究」「福祉改革研究」「公的扶助論」「福祉政策の現代的潮流：福祉政策学序説」などがある。　[団]日本社会福祉学会, 日本社会学会

阿部 祥人　あべ・よしと　慶応義塾大学文学部教授　[専]考古学, 石器, 民族学　[没]平成25年（2013）1月1日　65歳　[生]昭和23年（1948）　[出]山形県寒河江市　[学]寒河江高卒, 慶応義塾大学文学部史学科卒, 慶応義塾大学大学院〔昭和55年〕博士課程単位取得退学　[歴]慶応義塾大学大学院在学中に英国ケンブリッジ大学に留学。東京都埋蔵文化財センターで旧石器時代を中心とする発掘調査に携わったのち、昭和60年慶応義塾大学文学部専任講師、63年助教授を経て、平成9年教授。とくに自然環境と石器文化を研究した。　[家]父＝阿部西喜夫（寒河江市文化財保護委員長）

阿部 龍蔵　あべ・りゅうぞう　東京大学名誉教授　[専]物性物理学, 物性基礎論, 統計力学, 物理教育　[没]平成25年（2013）11月1日　83歳〔肺炎〕　[生]昭和5年（1930）7月11日　[出]東京都　[学]一高卒, 東京大学理学部物理学科〔昭和28年〕卒　理学博士（東京教育大学）〔昭和34年〕　[歴]昭和32年東京工業大学助手となり、34～36年米国ノースウエスタン大学に研究員として留学。36年東京大学物性研究所助教授、41年教養学部基礎科学科教授。平成3年退官し、名誉教授。同年から放送大学教授、7～10年副学長を務め、13年定年退職。この間、昭和62～63年日本物理学会副会長。著書に「統計力学」「現象の数学」「現代物理学の基礎」「量子力学入門」「物理を楽しもう」「物理のトビラをたたこう」などがある。　[賞]文部大臣賞〔昭和15年〕　[団]日本物理学会

アヤタ・クニオ　漫画家　[没]平成26年（2014）4月16日　83歳　[生]昭和6年（1931）1月20日　[出]東京都台東区　[学]正則工中退　[歴]昭和26年国立上田療養所で療養中に漫画を描き始め、「アサヒグラフ」などに投稿。29年漫画集団に入る。のち上京し、ペン、筆などで一枚ものを数多く描いた。　[賞]イタリア国際漫画サロン外国漫画家賞〔昭和49年〕, イタリア国際漫画サロンインペリヤ賞〔昭和50年〕, イタリア国際漫画展グランプリ〔昭和51年〕, ドイツ世界漫画展特別賞〔昭和53年〕

荒井 俊次　あらい・としつぐ　牧師　アジアキリスト教協議会副総幹事　日本クリスチャンアカデミー東京事務所所長　[没]平成25年（2013）1月16日　80歳　[生]昭和8年（1933）1月7日　[出]東京都　[学]青山学院大学英文科〔昭和26年〕卒　[歴]青山学院大学卒業後、米国のタフツ大学神学部大学院とハートフォード神学院で学ぶ。昭和33年日本基督教団正教師。45年日本キリスト教協議会青年委員長となりアジア問題に取り組む。同年国際基督教大学宗務副部長、51年アジアキリスト教協議会教育担当幹事（在シンガポール）。ラオスの国定教科書作りなど教育福祉活動に従事。56年日本クリスチャンアカデミー総主事、59年世界教会協議会（WCC）教育と改革部幹事。アジアキリスト教協議会副総幹事、日本クリスチャンアカデミー東京事務所所長も務めた。　[師]師＝ティリッヒ, パウル

安藤 浩　あんどう・ひろし　在タイ大使館参事官・広報文化センター所長　[専]タイ, タイ語　[没]平成25年（2013）10月18日　92歳　[生]大正10年（1921）3月9日　[出]岐阜県岐阜市　[学]東京外国語学校（現・東京外国語大学）仏語部〔昭和16年〕中退, ワチラヴット・カレッジ, タマサート大学　[歴]昭和16年外務省の留学試験に合格したため東京外国語学校（現・東京外国語大学）仏語部を中退してタイ・バンコクへ渡り、ワチラヴット・カレッジ、タマサート大学に学ぶ。26年在バンコク在外事務所に入り、52年在タイ大使館参事官兼広報文化センター所長。56年ニュージーランド・在オークランド総領事、59年在釜山総領事を経て、61年定年退官。タイ専門官としてタイでの在勤は5回（17年6ケ月）、外務省タイ関係課には3回（12年）勤務した。退職後は外務省研修所タイ語講師（平成3年まで）、NHK国際放送タイ語番組編成モニター（7年まで）、JICAタイ語試験委員（6年まで）、杏林大学外国語学部非常勤講師（4年まで）を務め、タイ関係NGOにも協力した。著書に「世界大百科事典」（初版）の「タイの項」、「タイ語その発音と用法」「タイの年中行事、タイの民話」「王様と僧侶と民族の血」などがある。　[賞]タイ王国勲二等王冠章〔昭和57年〕, 勲三等瑞宝章〔平成3年〕

安藤 雄三　あんどう・ゆうぞう　小西六写真工業常務　[没]平成26年（2014）12月16日　90歳〔肺炎〕　[生]大正13年（1924）11月6日　[出]東京都　[学]東京工業大学応用化学科〔昭和23年〕卒　[歴]小西六写真工業（現・コニカミノルタ）に入社。52年取締役を経て、53年常務。

飯塚 将光　いいずか・まさみつ　オートレーサー　[没]平成26年（2014）10月11日　64歳　[生]昭和25年（1950）2月7日　[出]千葉県鎌ケ谷市　[歴]中学卒業後、働きながらオートレーサーを目指し、昭和46年第9期生として船橋オートでデビュー、3級車・ハーデーマン号で初勝利。52年SG日本選手権で初優勝。以来、53年、58年、61年、62年、平成元年と史上最多の6度の優勝を飾った他、G1最多の28勝、賞金王9回、最優秀選手賞4回など数々の記録を樹立し、平成元年史上2人目となる通算1000勝、4年にはオート界初のSG全冠制覇（当時は3冠, 現在は5冠）を達成した。オートレースの第一人者で“ミスターオート”と呼ばれた。　[賞]日本プロスポーツ大賞功労賞〔昭和53年・58年・61年・62年・平成1年〕

飯田 正人　いいだ・まさと　麻雀士　永世最高位　[没]平成24年（2012）5月18日　63歳〔大腸がん〕　[生]昭和24年（1949）4月5日　[出]富山県　[学]早稲田大学卒　[歴]昭和54年麻雀士としてプロデビュー以来、最高位、八翔位、麻雀グランプリ、王位など数多くのタイトルを獲得。最高位戦では14～17期と4連覇、20期、23期、25期、28期、33期、34期も最高位に就き、永世最高位を得た。重厚で破壊力に満ちた打法から“麻雀の白鯨”“大

魔神"と称された。著書に「麻雀・必勝の戦術」「麻雀攻めの法則」がある。

飯山 敏道　いいやま・としみち　東京大学名誉教授　[専]地質学　[没]平成24年(2012)9月15日　84歳　[生]昭和2年(1927)10月25日　[出]東京都港区高輪　[学]東京大学理学部地質学科〔昭和26年〕卒, 東京大学大学院〔昭和28年〕修了, パリ大学大学院鉱物学専攻博士課程修了　D.S.(パリ大学)〔昭和35年〕　[歴]昭和32年東京大学助教授となりフランス政府給費留学生として渡仏、パリ大学で実験地球化学の研究に従事。33年フランス国立科学研究院(CNRS)研究員となり、実験鉱物学を研究、45年CNRS教授。51年帰国して東大理学部教授、62年千葉大学理学部教授、平成5年東大名誉教授。6～14年国士舘大学教授。この間、昭和55年日仏共同深海調査に参加。61～63年資源地質学会会長、平成15～20年カトリック社会問題研究所代表理事を務めた。著書に「鉱床学概論」「地球鉱物資源入門」、訳書にロベール・カンデル「気候の未来」などがある。　[賞]フランス国家功労勲章シュバリエ章〔昭和60年〕, フランス国家功労勲章オフィシェ章〔平成10年〕, 日本岩石鉱物鉱床学会渡辺萬次郎賞(第20回)〔平成16年〕　[団]日本鉱山地質学会, Societé Francaise de Minéralogie et de Cristallo Graphie, Mineralogical Society(ロンドン)

井川 邦子　いがわ・くにこ　女優　[没]平成24年(2012)10月4日　88歳　[生]大正12年(1923)10月15日　[出]東京市神田区(東京都千代田区)　[名]本名＝野中敏子, 旧芸名＝河野敏子　[学]一ツ橋家政女学校卒　[歴]昭和15年松竹大船に入り、河野敏子の名で「絹代の初恋」でデビュー。16年小津安二郎監督「戸田家の兄妹」、18年木下恵介監督「生きてゐる孫六」、19年「歓呼の町」に助演。戦後は井川邦子と改名、21年木下監督の「わが恋せし乙女」に出演。22年同監督の「結婚」、23年黒沢明脚本「肖像」で主役。26年「カルメン故郷に帰る」、29年「二十四の瞳」、32年「喜びも悲しみも幾歳月」、34年「風花」、35年「笛吹川」と木下監督作品に出演を続け、同年松竹退社。以後テレビに出演した。45年引退し、鎌倉・辻説法通りで喫茶店"珈琲 井川"を経営した。

生田 芳規　いくた・よしのり　フジキカイ社長　[没]平成25年(2013)11月10日　64歳〔心不全〕　[生]昭和23年(1948)12月17日　[出]愛知県　[学]慶応義塾大学法学部〔昭和46年〕卒　[歴]富士機械製作所(現・フジキカイ)創業者である生田幾也の孫で、社長を務めた生田武士の長男。昭和49年同社に入社。57年取締役、59年専務を経て、平成6年社長。日本包装機械工業会会長も務めた。　[家]父＝生田武士(フジキカイ社長), 祖父＝生田幾也(フジキカイ創業者)

石井 晶　いしい・あきら　プロ野球選手　[没]平成25年(2013)7月15日　73歳　[生]昭和14年(1939)11月21日　[出]東京都足立区　[学]足立高卒　[歴]足立高から東京鉄道管理局に進み、全国鉄道大会で優勝して首位打者を獲得。昭和35年阪急に入団、一塁、三塁を守り、39年には4番を打つ。42年の阪急初優勝にも貢献した。46年引退。実働12年、1262試合出場、3117打数780安打、51本塁打、316打点、29盗塁、打率.250。その後、ヤクルトコーチ、阪神二軍監督を経て、平成3～6年チーフコーチ、9～10年再び二軍コーチ。12年社会人野球の田村コピーコーチなどを務めた。

石川 フミヤス　いしかわ・ふみやす　漫画家　[没]平成26年(2014)11月24日　77歳〔器質化肺炎〕　[生]昭和12年(1937)4月24日　[出]京都府　[名]本名＝石川文康　[歴]高校卒業後、病弱のため就職を断念。19歳の昭和31年、日の丸文庫の「復讐の鬼」で漫画家デビュー。「関西漫画同人」に参加し、34年「劇画工房」に参加、同年上京。35年「劇画工房」を脱退するまで機関紙の編集に携わった。37年「劇画集団」に参加。39年さいとう・たかをらと、さいとうプロダクションを設立。以後「ゴルゴ13」「鬼平犯科帳」など、ほとんどの作品で作画や制作企画に携わった。個人での代表作に「かまり弁天」「いくさ餓飢」などがある。

石毛 善衛　いしげ・ぜんえい　調教師　騎手　[没]平成26年(2014)10月24日　91歳〔脳出血〕　[生]大正12年(1923)5月26日　[出]群馬県　[歴]昭和17年騎手となり、22年と33年に秋の天皇賞を制した。中央競馬以降の騎手成績は1005戦91勝。39年調教師となり、53年キクキミコでクイーンCを制し、重賞初勝利。平成4年G3のフラワーCをブランドアートで制し重賞2勝目。10年引退。調教師としての通算成績は4446戦297勝。　[家]二男＝石毛善彦(調教師)

石飛 卓美　いしとび・たくみ　小説家　[没]平成26年(2014)5月26日　62歳　[生]昭和26年(1951)6月14日　[出]島根県飯石郡三刀屋町(雲南市)　[学]大阪経済大学卒　[歴]椎茸の栽培をする傍ら、26歳で島根県三刀屋町議に当選(1期)。この頃、同人誌「星群」に参加し、SF小説を書く。昭和62年豊田有恒に認められて「人狐伝」で長編デビュー。少女小説からアダルト、ホラー・サスペンス、歴史物と幅広く手がけた。著書に「ふたりの森のラビリンス」「霊風記」「惟神伝」「滅びの時間流」「戦国疾風録」などがある。　[賞]SFファンジン大賞〔昭和60年〕

伊勢 道子　いせ・みちこ　テニス選手　[没]平成26年(2014)10月29日　88歳〔心不全〕　[生]大正14年(1925)12月　[出]大阪府池田市　[名]旧姓・名＝山川道子(やまかわ・みちこ)　[歴]3人の兄は全日本ジュニアチャンピオン、姉も全日本プレーヤーというテニス一家に育ち、6年生からテニスを始める。昭和17年戦前最後となった全日本選手権女子シングルスで優勝。21年再開された全日本選手権に出場、女子シングルスは準優勝、清水弥次郎と組んだ混合ダブルスでは優勝。22年井上早苗とのペアで全日本選手権女子ダブルス優勝、23年も清水とのペアで全日本選手権混合ダブルスを制した。関西女子テニス界の草分けの一人。　[家]兄＝山川恵三郎(テニス選手)

市川 邦彦　いちかわ・くにひこ　上智大学名誉教授　[専]制御工学　[没]平成24年(2012)6月4日　91歳　[生]大正10年(1921)3月18日　[出]東京都大田区　[学]東京帝国大学工学部機械工学科〔昭和18年〕卒　工學博士(東京大学)〔昭和36年〕　[歴]昭和21年国鉄に入る。35年名古屋大学助教授、36年教授、45年上智大学教授。平成3年退職、名誉教授。昭和41年より1年間、スタンフォード大学で研究に携わった。　[賞]勲三等瑞宝章〔平成7

年〕, 電気学会進歩賞, 計測自動制御学会学術論文賞, 電気学術振興賞（第21回）〔昭和40年〕, 計測自動制御学会学会賞（昭和45年度）　[団]日本機械学会, 計測自動制御学会

井坪 圭佑　いつぼ・けいすけ　柔道家　ボツワナ柔道代表監督　[没]平成26年（2014）10月9日　23歳〔滑落死〕　[生]平成3年（1991）1月15日　[学]東海大山形高〔平成21年〕卒, 東海大学体育学部武道学科〔平成25年〕卒　[歴]東海大柔道部ではリオデジャネイロ五輪金メダリストの田知本遥と同級生で、世界での活躍を目指して英語の教材を貸し借りする仲だった。平成25年青年海外協力隊柔道隊員としてボツワナへ派遣され、小学校で柔道の巡回指導を行う傍ら、ボツワナの柔道代表監督も務めた。26年柔道指導で隣国の南アフリカ共和国を訪れた際、登山中に滑落死した。没後、講道館より5段を追贈される。29年日本政府の開発援助や遺族の寄付などをもとに、ボツワナの首都ハボローネにその名前を冠した「Sensei Itsubo Memorial Dojo（井坪先生記念道場）」が開設された。

伊藤 英治　いとう・えいじ　北海道大学名誉教授　函館工業高等専門学校名誉教授　[専]物質生物化学　[没]平成26年（2014）1月15日　88歳〔膵臓がん〕　[生]大正14年（1925）9月9日　[出]北海道札幌市　[学]北海道帝国大学理学部〔昭和22年〕卒　理学博士　[歴]昭和24年北海道大学理学部助手、28年講師、37年助教授を経て、39年教授。56年理学部長。のち函館工業高等専門学校長を務めた。　[賞]勲二等旭日重光章〔平成10年〕, 北海道科学技術賞（第29回, 昭和63年度）「微生物に特有の細胞壁骨格の生成と分解に関係する酵素群の研究を通じて, ペニシリンの作用が細菌の細胞壁骨格形成を阻止することを世界で初めて立証した」　[団]日本化学会, 日本生化学会

伊東 弘文　いとう・こうぶん　九州大学名誉教授　[専]ドイツ財政学, 地域政策　[没]平成26年（2014）10月5日　71歳〔パーキンソン病〕　[生]昭和18年（1943）8月2日　[出]大分県杵築市　[学]九州大学経済学部〔昭和41年〕卒, 九州大学大学院経済学研究科財政学専攻〔昭和43年〕修士課程修了　経済学博士（東京大学）　[歴]昭和43年北九州大学商学部助手、講師、助教授を経て、60年教授。61年九州大学経済学部経済学科教授。平成7〜8年学科長、10年学部長。定年前に退職し、総務省地方財政審議会会長を務めた。専門のドイツ財政学のほか、福岡県内の農民運動や部落の実態調査などにも携わった。著書に「現代西ドイツ地方財政論」「入門地方財政」、共著に「現代日本地方財政論」「入門租税論」「政府間財政関係論」など。　[賞]東京市政調査会藤田賞（第13回）〔昭和62年〕「現代西ドイツ地方財政論」　[団]福岡部落史研究会

伊藤 久男　いとう・ひさお　青山学院大学理工学部教授　[専]宗教学　[没]平成26年（2014）8月8日　86歳　[生]昭和2年（1927）10月23日　[出]東京都　[学]青山学院大学第二部文学部基督教学科卒, 東京神学大学大学院博士課程前期修了　[歴]昭和51年受按。日本基督教団正教師。日本基督教団ベテル教会副牧師を経て、青山学院大学宗教主任、同大理工学部教授。著書に「ジョン・ウェスレーの聖霊論」「国木田独歩—その求道の軌跡」などがある。　[団]フォーサイス・バルト学会, 学校伝道研究会

伊藤 雄一郎　いとう・ゆういちろう　詩人　ポスト・ポエムの会主宰　[没]平成24年（2012）5月24日　[生]昭和12年（1937）　[出]長野県南安曇郡穂高町（安曇野市）　[学]日本大学卒　[歴]10代から誌を書き始める。昭和47年ポスト・ポエムの会を創立して「ハガキ詩集」を創刊、以後1枚のハガキによる詩のコミュニケーション活動を続ける。50歳からは小説も執筆、「所沢文芸」の公募小説でデビュー。平成2年小説同人誌「獣神」に参加、のち編集発行人。著書に詩集「聖家族」「いのちの輝き」、小説「ゼロの系譜」「幸福の選択」などがある。　[賞]シニア文学新人賞（第8回）〔平成20年〕「幸福の選択」　[団]日本詩人クラブ

伊藤 芳樹　いとう・よしき　アジア航測専務　[没]平成26年（2014）12月29日　61歳〔心不全〕　[生]昭和28年（1953）2月25日　[歴]昭和52年アジア航測に入社。平成21年取締役を経て、22年専務。

稲垣 寛　いながき・ひろし　神戸女子大学名誉教授　機能紙研究会名誉会長　[専]材料科学, 高分子合成, 合成繊維紙, 機能紙　[没]平成26年（2014）3月4日　92歳　[生]大正10年（1921）3月31日　[学]ハルビン工業大学物質工学部応用化学科卒　工学博士　[歴]京都大学化学研究所に在籍し、昭和32年日本で初めてビニロン紙・ナイロン紙などの合成繊維の紙を研究開発する。のち、神戸女子大学家政学部教授。この間、43年に化繊紙研究会（現・機能紙研究会）顧問となり、51年会長に就任、機能紙製造発展の礎を築いた。平成24年には米国シカゴで開催された機能紙の会議で招待講演し、米国紙パルプ協会会長からDistinguished Guest Speker賞を受けた。監修に「紙薬品と紙用機能材料の開発」「高機能紙の開発」がある。

井上 忠　いのうえ・ただし　東京大学名誉教授　[専]ギリシャ哲学, 現代哲学　[没]平成26年（2014）9月20日　88歳〔肺炎〕　[生]大正15年（1926）3月25日　[出]広島県呉市　[学]東京帝国大学法学部政治学科〔昭和23年〕卒, 東京大学文学部哲学科〔昭和26年〕卒, 東京大学大学院修了　学術博士（東京大学）〔平成9年〕　[歴]東京大学教養学部講師、助教授を経て、昭和46年教授。62年退官し名誉教授。同年日本大学医学部教授、のち聖徳大学教授、同大学総合文化研究所所長、平成13年退職。この間、昭和42〜43年米国ハーバード大学に留学。著書に「根拠よりの挑戦」「哲学の現場」「哲学の刻み」（全4巻）「モイラ言語」「超＝言語の探求」「パルメニデス」、訳書に「アリストテレス全集1」、ケン・ウィルバー編「実像としての世界」、ロ・ボーム「全体性と内臓秩序」などがある。　[賞]瑞宝中綬章〔平成18年〕　[団]哲学会, 日本哲学会, 古典学会

井之口 章次　いのくち・しょうじ　国学院大学教授　民俗学研究所所員　[専]民俗学　[没]平成24年（2012）11月1日　87歳　[生]大正13年（1924）11月30日　[出]兵庫県神戸市　[学]国学院大学国文科卒　文学博士　[歴]学生時代には折口信夫に、財団法人民俗学研究所在籍中は柳田国男に薫陶を受け、全国各地の民俗調査に従事。国学院大学教授、跡見学園女子大学教授、杏林大学教授を歴任。長年、国学院大学の民俗学研究会を指導し、

多くの後進を育成した。三鷹市文化財専門委員会会長も務めた。著書に「仏教以前」「民俗学の方法」「日本の葬式」「歩く・見る・書く―民俗研究六十年」など。[団]日本民俗学会（名誉会員）

今道 仙次　いまみち・せんじ　城陽市長　京都府議　[没]平成26年（2014）3月26日　82歳〔胃がん〕　[生]昭和6年（1931）3月28日　[出]京都府久世郡富野荘村（城陽市）　[学]日本大学法学部〔昭和28年〕卒　[歴]農家に生まれる。京都府連合青年団団長を経て、昭和38年京都府議に立候補。42年から京都府議3期、52年以来城陽市長に5選。平成8年全国市長会副会長。9年落選。玉置一徳民社党衆院議員秘書も務めた。　[賞]藍綬褒章〔平成2年〕，城陽市名誉市民〔平成24年〕

入江 種友　いりえ・たねとも　スキー指導者　秋田県スキー連盟副会長　[没]平成24年（2012）5月27日　92歳　[生]大正8年（1919）10月7日　[出]秋田県湯沢市　[学]日本大学法文学部法律学科〔昭和17年〕卒　[歴]昭和28年湯沢北高校教諭となり、スキー部を指導。クロスカントリースキーで札幌五輪に出場した高橋弘子、インスブルック五輪に出場した照井美喜子らを育て、同校スキー部の黄金時代を築いた。51年羽後高、53〜55年湯沢北高の各校長。秋田県スキー連盟副会長、湯沢市体育協会会長などを歴任した。　[賞]秋田県体育協会功労賞〔昭和38年〕，秋田県教育功労章〔昭和55年〕

入野 忠芳　いりの・ただよし　洋画家　[没]平成25年（2013）10月24日　73歳〔胆管がん〕　[生]昭和14年（1939）11月14日　[出]広島県広島市　[学]基町高卒，武蔵野美術学校（現・武蔵野美術大学）油絵科〔昭和36年〕卒　[歴]5歳の時に路面電車との接触事故で左腕を切断、また広島市の自宅で被爆。自身の被爆体験は絵本「もえたじゃがいも」に昇華された。基町高の美術部で活動し、武蔵野美術学校（現・武蔵野美術大学）を卒業。昭和38年帰郷後は自宅に美術研究所を開く。優れた造形力で生命の誕生や死をテーマとするシリーズを展開、50年「裂罅」で現代日本美術展大賞、60年ヒロシマ・アートグラントを受賞。平成元年広島城の築城400年を記念し、広島拘置所の外壁画（縦2メートル，全長200メートル）を手がける。21年より修復に着手、25年春に完成させたが、同年秋に亡くなった。インド、ネパールにひかれて旅を重ね、墨彩による旅の紀行画も多い。　[賞]広島文化賞〔平成18年〕，日本旅行記賞佳作賞（第15回）「エベレスト街道ひとり」，現代日本美術展大賞（第11回）〔昭和50年〕「裂罅」，広島国際文化財団ヒロシマ・アートグラント（第3回）〔昭和60年〕

岩津 洋二　いわつ・ようじ　桃山学院大学名誉教授　[専]哲学　[没]平成24年（2012）5月　68歳　[生]昭和18年（1943）8月10日　[出]鳥取県　[学]米子東高〔昭和37年〕卒，大阪大学文学部哲学科〔昭和43年〕卒，大阪大学大学院文学研究科哲学史専攻〔昭和45年〕修士課程修了　[歴]昭和46年桃山学院大学社会学部助手、49年助教授、62年教授、平成元年文学部教授。同年〜2年大学評議員、5〜7年一般教育部長・大学評議員、7〜9年理事・文学部長、17〜19年副学長、20年国際教養学部教授。24年死去後、名誉教授。著書に「錯乱の人間学」、共著に「人間―その生死の位相」など。

岩永 久　いわなが・ひさし　長崎新聞専務　[没]平成24年（2012）9月3日　82歳　[生]昭和4年（1929）12月23日　[出]長崎県　[学]茨城大学農学部〔昭和28年〕卒　[歴]昭和32年長崎新聞社に入社。報道部長、編集委員、編集局次長、佐世保支局長を経て、57年取締役、63年常務、平成2年専務。5年退任。

上田 宗良　うえだ・むねよし　日本ホッケー協会会長　JOC副会長　昭和海運専務　[没]平成26年（2014）11月22日　84歳〔肺炎〕　[生]昭和5年（1930）1月15日　[出]東京都　[学]学習院大学政経学部政治学科〔昭和28年〕卒，ジョージア大学（米国）大学院経済学科〔昭和31年〕修了　[歴]昭和28年日本開発銀行（現・日本政策投資銀行）に入行、福岡支店長。59年古河アルミ工業に転じて顧問、同年取締役。60年昭和海運顧問、のち取締役、61年常務、平成2年専務、4年退任。また、学習院大学ホッケー部の出身で、9〜14年日本ホッケー協会会長を務めた。日本オリンピック委員会（JOC）総務委員長を経て、11年副会長。国際ホッケー連盟理事、アジアホッケー連盟副会長、日本スポーツ仲裁機構事務総長も歴任した。　[賞]藍綬褒章，勲三等瑞宝章〔平成13年〕

上野 衣子　うえの・きぬこ　フィギュアスケート選手　神戸薬科大学教授　[専]体育学　[没]平成25年（2013）12月5日　94歳　[生]大正8年（1919）7月23日　[学]神戸女学院大学理学部生活研究科〔昭和15年〕卒　[歴]フィギュアスケート選手として、昭和10年全日本ジュニア選手権、11年全関西選手権で優勝。14年全日本選手権で2位となり次期札幌五輪の候補となったが、戦争のため五輪開催は中止となった。戦後は指導者の傍ら、45年国際審判員となり、47年札幌五輪では女性初のアシスタントレフェリーを務めた。日本スケート連盟フィギュア委員、国際スケート連盟審判長、兵庫県スケート連盟副会長、神戸市スケート協会副会長などを歴任した。フィギュアスケート選手の平松純子は娘。　[賞]勲五等瑞宝章〔平成10年〕　[資]日本体育協会公認スポーツ指導者　[家]娘＝平松純子（フィギュアスケート選手）

上野 賢一　うえの・けんいち　筑波大学名誉教授　[専]皮膚科学　[没]平成24年（2012）4月4日　84歳　[生]昭和2年（1927）8月10日　[出]石川県金沢市　[学]東京大学医学部医学科〔昭和26年〕卒　医学博士　[歴]昭和27年東京大学助手、36年西ドイツのキール大学へ留学。41年東大講師、42年東京医科大学助教授を経て、51年筑波大学教授。平成3年退官。著書に「皮膚科学」「老年者の皮膚科診療」「深海魚」「ウェッツラーの坂道から」などがある。　[賞]ヒポクラテス賞〔昭和47年〕　[資]皮膚科専門医　[団]日本皮膚科学会，日本医学放射線学会，日本癌治療学会

上野 幹夫　うえの・みきお　東京布井出版創業者　[没]平成26年（2014）1月26日　81歳　[生]昭和8年（1933）1月11日　[出]大阪府　[学]大阪大学法学部〔昭和35年〕卒　[歴]昭和35年岩井産業（のち日商岩井，現・双日）に入社。43年日商岩井東京審査部課長代理。45年布井書房専務に転じ、49年東京布井出版を設立して社長。平成10〜

16年日本書籍出版協会理事、常任理事を務め、著作権や出版者の権利、再販問題などに造詣が深かった。共著に「契約意識と文章表現―契約書にみる和魂洋才」「新版・倒産法入門」「契約文章読本」などがある。

宇佐見 憲治　うさみ・けんじ　協栄生命取締役　[専]生命保険業史　[没]平成25年(2013)3月11日　103歳　[生]明治42年(1909)12月4日　[出]東京都　[名]筆名＝山岸勇夫　[学]東京帝国大学経済学部〔昭和8年〕卒　[歴]昭和9年生命保険会社協会、17年改組により生命保険統制会、20年生命保険中央会企画課長。22年同会から再保険業務を受け継いで設立された協栄生命取締役に転じ、39年常任監査役。43年から生命保険協会昭和保険資料編纂室長を務めた。著書に「生命保険業100年史論」がある。　[団]生命保険経営学会(名誉会員)

内池 慶四郎　うちいけ・けいしろう　慶応義塾大学名誉教授　[専]民法　[没]平成24年(2012)2月18日　79歳　[生]昭和7年(1932)7月14日　[出]福島県福島市　[学]慶応義塾大学法学部法律学科〔昭和30年〕卒, 慶応義塾大学大学院法学研究科民事法専攻〔昭和32年〕修士課程修了　法学博士　[歴]昭和32年慶応義塾大学法学部助手、のち教授を経て、帝京大学法学部教授、十文字学園女子大学理事。著書に「出訴期限規則略史」「不法行為責任の消滅時効」などがある。　[団]日本私法学会

内田 悟　うちだ・さとる　内田老鶴圃社長　[没]平成26年(2014)2月22日　78歳　[生]昭和10年(1935)12月17日　[学]慶応義塾大学法学部政治学科〔昭和34年〕卒　[歴]昭和34年米国ロサンゼルス、ニューヨークで洋書セールスに従事、36年帰国して洋書の輸入販売を手がける。38年内田老鶴圃に入り、43年5代目社長に就任した。平成18年会長。　[家]息子＝内田学(内田老鶴圃社長)

内村 幹子　うちむら・みきこ　小説家　[没]平成26年(2014)12月5日　90歳　[生]大正12年(1923)12月9日　[出]福岡県北九州市小倉　[名]本名＝宇山翠(うやま・みどり)　[学]小倉高女卒　[歴]大学職員、占領軍の通訳を経て、昭和36年小倉市役所に入る。2年後の5市合併後は、北九州市の広報課、消費生活センター、市立大学附属図書館と20年ほど公務員生活を送る。退職の前後から創作活動に入り、門司市在住の文芸評論家・星加輝光の勧めで北九州市の同人誌「九州作家」同人となる。50年「朝日ジャーナル」で記録文学「基地の中の青春」が入選した。著書に「もうひとつの小倉」「いちじく」「富子繚乱」「時宗立つ」「左遷鷗外」「武蔵彷徨」「海は哀し」「炎いくたび」などがある。　[賞]神戸女流文学賞(第19回)〔昭和60年〕「いちじく」, 歴史文学賞(第10回)〔昭和60年〕「今様ごよみ」, 北九州市民文化賞〔平成6年〕　[団]日本文芸家協会, 北九州森鷗外記念会

莵原 明　うばら・あきら　大東文化大学法学部教授　[専]憲法学　[没]平成24年(2012)8月11日　64歳　[生]昭和23年(1948)3月17日　[出]広島県　[学]中央大学法学部〔昭和46年〕卒, 早稲田大学大学院法学研究科憲法学専攻〔昭和49年〕修士課程修了, 早稲田大学大学院法学研究科〔昭和52年〕博士課程単位取得退学　[歴]昭和52年山梨学院大学法学部専任講師、57年助教授、63年大東文化大学法学部助教授、平成3年教授。4～5年ドイツのゲッティンゲン大学法学部で在外研究。13～14年大東文化大学法学部長。著書に「変革期の基本権論―E.R.フーバー研究」「Ch.シュタルクの憲法構想」、分担執筆に「憲法」「憲法詳論」など。　[団]日本公法学会

梅沢 裕　うめざわ・ゆたか　陸軍少佐　[没]平成26年(2014)8月6日　97歳〔老衰〕　[生]大正5年(1916)　[出]大阪府　[学]陸士〔昭和14年〕卒　[歴]太平洋戦争末期の沖縄戦で座間味島守備隊長を務める。戦後、大江健三郎「沖縄ノート」などで、軍が住民に集団自決を命じたと記述されたことに反発し、名誉を傷つけられたとして提訴。自決命令を出していないと法廷で訴えたが、一・二審とも自決命令について「証拠上断定できない」としながらも軍の関与は否定できないとし、名誉毀損の成立が認められず敗訴。平成23年4月最高裁は上告を退け、判決が確定した。

梅田 善彦　うめだ・よしひこ　和歌山県副知事　[没]平成26年(2014)6月16日　86歳〔心不全〕　[生]昭和3年(1928)1月2日　[出]和歌山県　[学]京都大学農学部卒　[歴]昭和28年和歌山県庁に入る。55年知事公室長、59年出納長を経て、平成6年副知事に就任。8年退任。同年日本マスターズ陸上競技連合会会長に就任した。　[賞]勲三等瑞宝章〔平成12年〕　[家]妻＝梅田恵以子(詩人)

梅津 睦郎　うめつ・むつろう　富士通専務　富士通ビジネスシステム社長　[没]平成26年(2014)10月30日　82歳〔心不全〕　[生]昭和7年(1932)1月22日　[出]岩手県花巻市　[学]慶応義塾大学経済学部〔昭和29年〕卒　[歴]昭和29年富士通信機製造(現・富士通)に入社。59年取締役、62年常務を経て、平成3年専務。6年富士通ビジネスシステム社長に転じ、8年取締役相談役、10年相談役。

浦上 靖夫　うらかみ・やすお　アニメーション音響監督　オーディオ・プランニング・ユー主宰　[没]平成26年(2014)12月18日　71歳　[生]昭和18年(1943)10月23日　[出]東京都　[学]日本大学芸術学部卒　[歴]虫プロダクションを経て、昭和47年録音企画・制作・演出を行うオーディオ・プランニング・ユーを設立。音響監督として「アルプスの少女ハイジ」「母をたずねて三千里」「怪物くん」「シティーハンター」「美味しんぼ」「YAWARA！」「名探偵コナン」や劇場版「ドラえもん」など数多くのアニメ作品を手がけた。

江崎 勝　えざき・まさる　川崎地質創業者　[没]平成25年(2013)11月13日　96歳〔急性肺炎〕　[生]大正6年(1917)2月25日　[出]福岡県　[学]八女工〔昭和10年〕卒　[歴]川崎試錘機製作所勤務を経て、昭和26年川崎ボーリング(現・川崎地質)を設立、取締役。32年社長、会長を経て、平成10年相談役に退く。著書に「七十七歳の実感」がある。　[賞]黄綬褒章〔昭和54年〕, 勲五等瑞宝章〔昭和62年〕

江波戸 昭　えばと・あきら　明治大学名誉教授　[専]経済地理学, 民族音楽　[没]平成24年(2012)10月23日　80歳〔胃がん〕　[生]昭和7年(1932)1月6日　[出]東京府荏原郡入新井町(東京都大田区)　[学]東京大学理学部地理学科〔昭和30年〕卒, 東京大学大学院地理学専攻〔昭和35年〕博士課程修了　理学博士(東京大学)〔昭和35年〕　[歴]東京都立大学助手を経て、昭和40年明治大学商学部専任講師、47年教授。平成14年定年退職。専門の経済地理学に加えて、民族音楽の研究も続けた。著

補 遺（2012〜2014）　　おおはた

書に「世界の民謡をたずねて」「民衆のいる音楽―太鼓と合唱」「民族音楽・出会いの旅」「日本農業の地域分析」「東京の地域研究」「戦時生活と隣組回覧板」などがある。　㉚自費出版文化賞特別賞（第4回）〔平成13年〕「郷土誌田園調布」、風土研究賞（第20回）〔平成13年〕「郷土誌田園調布」、自費出版文化賞（地域文化部門、第5回）〔平成14年〕「戦時生活と隣組回覧板」、日本地理学会賞（第1回）〔平成15年〕「郷土誌田園調布」　㉚日本地理学会、経済地理学会、日本地名研究所

江本 勝　えもと・まさる　I.H.M.代表取締役　㉚平成26年（2014）10月17日　71歳〔肺炎〕　㉘昭和18年（1943）7月22日　㉚神奈川県横浜市　㉚横浜市立大学文理学部国際関係論学科卒　㉚読売新聞中部本社勤務を経て、昭和61年I.H.M.を設立。米国で共鳴磁場分析器・MRAやマイクロクラスター水に出合い、特異な視点から水の研究に取り組む。水が情報を記憶することを視覚的に表現した水の結晶写真集「水からの伝言」を出版、話題を呼んだ。他の著書に「波動時代への序幕」「波動の人間学」「波動の真理」「水は答えを知っている」「水は語る」「水の「真」力」などがある。

江本 嘉幸　えもと・よしゆき　ジャーナリスト　サンケイ新聞論説副委員長　㉚労使関係、労働問題　㉚平成25年（2013）9月15日　82歳〔くも膜下出血〕　㉘昭和6年（1931）2月12日　㉚福岡県田川郡　㉚早稲田大学仏文科卒　㉚昭和28年サンケイ新聞社に入社、サイゴン支局長、論説副委員長を歴任。日本労働協会理事、東京都地方労働委員会公益委員、雇用審議会委員なども務めた。昭和の労働運動を鋭い視点で評論し、民主的な労働運動の発展・統一に影響を与えた。著書に「戦後史の証言」がある。　㉚日本労働ペンクラブ賞（第20回）〔平成16年〕「戦後史の証言」　㉚日本労働ペンクラブ

大内 幸夫　おおうち・ゆきお　経済評論家　NHK解説委員　㉚平成26年（2014）1月4日　88歳　㉘大正14年（1925）　㉚茨城県水戸市　㉚慶応義塾大学経済学部〔昭和25年〕卒　㉚昭和26年NHKに入局。政治・経済記者、ニューヨーク特派員、44年解説委員を経て、平成2年経済評論家として独立。著書に「石油解説」「ペルシャ湾と石油」などがある。

大木 舜二　おおき・しゅんじ　映画・テレビプロデューサー　㉚平成26年（2014）7月24日　81歳　㉘昭和7年（1932）11月17日　㉚東京都　㉚明治大学法学部〔昭和30年〕卒　㉚昭和32年東京映画社に入社。45年東宝とプロデューサー契約。50年頃より映画製作の傍ら、シナリオセンターで脚本家の育成に協力。55年よりフリー。主な製作作品に「栄光への反逆」「真剣勝負」「起きて転んでまた起きて」「蔵王絶唱」「変奏曲」「漂流」などがある。　㉚日本映画テレビプロデューサー協会

大島 襄二　おおしま・じょうじ　関西学院大学名誉教授　㉚文化地理学、水産地理学　㉚平成26年（2014）3月11日　94歳　㉘大正9年（1920）2月15日　㉚石川県　㉚京都帝国大学文学部史学科〔昭和19年〕卒、京都大学大学院修了　文学博士　㉚昭和26年同志社高校教諭に。のち、同志社大学、京都大学、関西学院大学各講師を

経て、38年関西学院大学助教授、44年教授、61年文学部長、帝塚山学院大学教授を歴任。著書に「幻のケン・エイ族」「水産養殖業の地理学的研究」「文化地理学序説」「魚と人と海」「トレス海峡の人々」「野外共同調査論」「五年目の霧」などがある。　㉚漁業経済学会賞（第12回）〔昭和49年〕「水産養殖業の地理学的研究」　㉚日本地理学会、日本民族学会、地域文化学会、太平洋学会

大田 肇雄　おおた・としお　ジュンテンドー副社長　島根県西部山村振興財団理事長　㉚平成24年（2012）12月27日　84歳〔内臓疾患〕　㉘昭和3年（1928）3月12日　㉚島根県浜田市　㉚浜田中学〔昭和22年〕卒　昭和43年順天堂（現・ジュンテンドー）に入社、専務や副社長を歴任。日本で初めてとされるホームセンターの開設やチェーンストア展開に携わり、経営基盤確立に貢献した。退任後の平成7年、島根県西部山村振興財団を設立して理事長に就任。地元山林の荒廃を防ぎ産業振興も図ろうと、地場産材を使った製品開発に尽くした。20年には石見地方の官民で設立した台湾貿易石見実行委員会の委員長となり、訪台を重ねて台湾貿易拡大に力を注いだ。　㉚山陰中央新報社地域開発賞〔平成19年〕

大塚 桂　おおつか・かつら　駒沢大学法学部教授　㉚政治学原論、政治思想史（西欧ならびに日本）、国家論　㉚平成26年（2014）11月30日　54歳　㉘昭和35年（1960）11月5日　㉚神奈川県茅ヶ崎市　㉚日本大学法学部〔昭和59年〕卒、日本大学大学院法学研究科博士課程〔平成1年〕単位取得退学　㉚平成元年日本大学法学部助手、5年駒沢大学法学部専任講師、9年助教授を経て、17年教授。著書に「政治学原論序説―政治における制度と行動」、編著に「政治学へのいざない」「法の架橋」などがある。　㉚日本政治学会、日本法哲学会、政治思想学会、日本社会学史学会、日本イギリス哲学会、日仏社会学会、新保守主義研究会、イギリス理想主義研究会

大月 健　おおつき・けん　京都大学農学部図書室職員　㉚平成24年（2012）　63歳　㉘昭和24年（1949）　㉚岡山県　㉚昭和43年より京都大学農学部職員を務め、56年から京都の5人のメンバーで「虚無思想研究」を発行。平成21年京大俳句会により第三次「京大俳句」が復刊されるとその編集を手がけた。没後、著書「イメージとしての唯一者」が刊行された。

大坪 善男　おおつぼ・よしお　レーシングドライバー　ユニオンプロジェクト社長　㉚平成25年（2013）6月8日　73歳　㉘昭和15年（1940）6月1日　㉚東京都　昭和39年第2回日本GPでレーシングドライバーとしてデビュー。その後もトヨタワークス四方一の一員としてS800や2000GTで活躍。細谷四方洋、福沢幸雄、鮒子田喜らと"トヨタ7の四天王"と呼ばれ、42年、43年の富士24時間レース、富士100キロレースを制した。45年引退後、レース映像の制作会社ユニオンプロジェクトを設立。以来、世界GP、F1、ルマン24時間レース、世界ラリー選手権（WRC）などを撮影。傍ら、1900年代初期の欧米のレースフィルムや、昭和9年日本で初めて行われた自動車レースのフィルムなど貴重な記録の収集、保存にも取り組んだ。

大畑 篤四郎　おおはた・とくしろう　早稲田大学名誉教授　東アジア近代史学会名誉会長　㉚東アジア近代

外交史　[没]平成25年（2013）12月6日　84歳　[生]昭和4年（1929）2月26日　[出]東京　[学]早稲田大学文学部史学科〔昭和26年〕卒，早稲田大学大学院修了　[歴]昭和31年早稲田大学法学部助手、35年講師、37年専任講師、40年助教授を経て、45年教授に就任。平成7年東アジア近代史学会の創設に際し、初代会長となった。著書に「外交史提要」「国際環境と日本外交」「日本外交史」「日本外交史研究」「日本外交政策の史的展開」など。[団]東アジア近代史学会

太藤 重夫　おおふじ・しげお　京都大学名誉教授　[専]皮膚科学　[没]平成24年（2012）10月18日　95歳　[生]大正6年（1917）9月9日　[出]東京市本郷区（東京都文京区）[学]東京高理科乙類〔昭和12年〕卒，京都帝国大学医学部医学科〔昭和16年〕卒　医学博士　[歴]昭和16年大学を卒業後、軍医として南太平洋へ従軍。22年京都大学医学部副手、24年助手、26年講師、31年助教授を経て、37年教授。46年附属病院長、48年医学部長を務め、54年退官して京都通信病院院長。60年～平成4年関西電力病院院長を務めた。　[賞]勲二等瑞宝章〔平成3年〕[団]日本皮膚科学会，日本アレルギー学会，日本臨床免疫学会

大松 明則　おおまつ・あきのり　富士社会教育センター理事長　[没]平成26年（2014）4月25日　73歳〔膵臓がん〕　[生]昭和15年（1940）8月15日　[出]東京都品川区[学]早稲田大学政経学部政治学科〔昭和39年〕卒　[歴]昭和37年より民社党委員長西村栄一に秘書として仕える。44年富士社会教育センター設立に参画、常務理事、理事長を歴任。平成2年衆院選に立候補。民社党本部統制委員も務めた。民主的労働運動の理論的指導者で、一貫して勤労者の教育に取り組んだ。著書に「生きるとは」「今、ここにある危機」「歴史は鑑なり」などがある。

大山 雅由　おおやま・まさゆき　俳人　「隗」主宰　[没]平成25年（2013）11月20日　66歳　[生]昭和22年（1947）1月12日　[出]茨城県　[名]本名＝大山任光　[学]早稲田大学国語国文学科卒　[歴]平成2年「河」に入会、角川照子に師事。17年「隗」を創刊・主宰。きもの文化研究会代表も務めた。句集に「快楽」がある。　[賞]河新人賞〔平成7年〕，角川源義20年祭記念評論入選1位〔平成7年〕　[師]師＝角川照子

大山 安太郎　おおやま・やすたろう　俳人　文化堂社長　[没]平成26年（2014）1月24日　97歳　[生]大正5年（1916）3月29日　[出]福岡県福岡市　[学]大分高商〔昭和13年〕卒　[歴]昭和22年古書店・三余堂、26年レコード楽器店・文化堂を経営。胸部疾患で療養中に俳句と出合い、25年「自鳴鐘」に入会して横山白虹に師事。26年「自鳴鐘」福岡支部を設立、長くチクタク句会を指導した。27年「天狼」に入会して山口誓子、平成10年「花曜」主宰の鈴木六林男にも師事。昭和41年現代俳句協会に入会、平成21年名誉会員。句集に「白光」「大山安太郎全句集」などがある。　[賞]自鳴鐘賞〔昭和28年〕，福岡市長賞，福岡市文化賞，地域文化功労者文部科学大臣賞〔平成22年〕　[団]現代俳句協会（名誉会員）[師]師＝横山白虹，山口誓子，鈴木六林男

岡本 健　おかもと・けん　産業医科大学名誉教授　中部学院大学学長　[専]耳鼻咽喉科学，音声言語医学　[没]平成26年（2014）12月30日　84歳〔肺炎〕　[生]昭和5年（1930）3月11日　[出]東京都中央区　[学]慶応義塾大学医学部〔昭和28年〕卒　医学博士（慶応義塾大学）〔昭和34年〕　[歴]昭和29年慶応義塾大学医学部助手、30年国立東京第二病院勤務、37年西ドイツのミュンヘン大学へ留学、39年国立東京第二病院医長、44年桐朋学園大学音楽学部講師を経て、53年産業医科大学医学部教授。平成9年岐阜県関市に開学した中部学院大学の初代学長に就任、25年まで16年間務めた。「ふるさと福祉村」連絡協議会委員長なども歴任した。　[賞]瑞宝中綬章〔平成18年〕　[団]日本耳鼻咽喉科学会，日本音声言語医学会，日本気管食道科学会，日本形成外科学会，日本オージオロジー学会　[師]師＝林義雄

岡本 常男　おかもと・つねお　メンタルヘルス岡本記念財団創設者　ニチイ副社長　[没]平成24年（2012）12月4日　87歳　[生]大正13年（1924）12月13日　[出]広島県呉市上長迫町　[学]呉市東尋常高小〔昭和12年〕卒　[歴]満蒙開拓義勇団で満州へ。4年間のシベリア抑留生活を送り帰国。昭和25年共栄綿布商店に入社。33年岡本商店を設立、社長。38年11月4社合併に伴いニチイ副社長兼営業本部長に就任。平成元年取締役相談役に退く。同年5月衣料品専門店・エルメ会長。一方、森田療法によって神経症を克服した経験から、昭和63年私財40億円を投じてメンタルヘルス岡本記念財団を創設、神経症の研究助成や森田療法の普及に努める。1980年代後半から中国を何度も訪れ、中国での森田療法の展開と発展に貢献した。著書に「自分に克つ生き方」「ビジネスマンのための『心の危機管理術』」「私は森田療法に救われた」がある。　[賞]森田正馬賞（第13回）〔平成14年〕，保健文化賞（第54回）〔平成14年〕

小川 恵三　おがわ・けいぞう　三井住友銀行専務　神戸経済同友会代表幹事　[没]平成26年（2014）4月27日　69歳〔転落死〕　[生]昭和19年（1944）8月18日　[出]岡山県　[学]東京大学経済学部〔昭和43年〕卒　[歴]昭和43年神戸銀行（現・三井住友銀行）に入行。平成13年専務を経て、14年さくらケーシーエス社長に就任。18年会長。同年～20年神戸経済同友会代表幹事を務めた。26年高速道路上の陸橋から転落死した。

小川 秀石　おがわ・しゅうせき　書家　玄潮会副会長　[没]平成26年（2014）11月29日　77歳〔エスカレーター事故による後頭部強打〕　[生]昭和12年（1937）　[出]東京市浅草区（東京都台東区）　[名]本名＝小川義雄（おがわ・よしお）　[歴]昭和39年より西島東観に師事。繊細で豪快な筆遣い、造形性を駆使した作風で知られる。61年毎日書道展審査会員、平成9年玄潮会副会長。　[師]師＝西島東観

奥居 徳昌　おくい・のりまさ　東京工業大学名誉教授　[専]高分子物性　[没]平成25年（2013）10月23日　69歳　[生]昭和19年（1944）4月23日　[出]東京都　[学]東京理科大学理学部応用化学科卒，東京工業大学大学院理工学研究科高分子工学専攻〔昭和48年〕博士課程修了　工学博士　[歴]東京工業大学工学部助教授を経て、教授。著書に「高分子の結晶」などがある。　[賞]繊維学会賞祖父江賞（第8回，昭和57年度）「溶融紡系繊維の構造と物性」，繊維学会賞学会賞（第20回，平成6年度）「繊維

の高次構造発現と力学的性質に関する研究」　[団]米国化学会, 高分子学会, 繊維学会

奥田 章三　おくだ・しょうぞう　ジャズ・トランペット奏者　[没]平成25年（2013）1月8日　64歳　[生]昭和23年（1948）2月5日　[出]大阪府大阪市　[歴]13歳でトランペットを始め、18歳でプロ入り。アロー・ジャズ・オーケストラやスター・ダスターズなどのビッグ・バンドを経て、昭和46年頃からソロトランペッターとしてスタジオ・ワークで活動。平成8年音楽生活30周年を集大成したアルバム「just be you」をリリースした。

奥村 祐治　おくむら・ゆうじ　映画撮影監督　[専]記録映画, 劇映画, 人間ドキュメンタリー, 音楽ドキュメンタリー　[没]平成24年（2012）5月1日　77歳　[生]昭和10年（1935）4月4日　[出]北海道小樽市花園町　[名]別名＝オクムラユウジ　[学]東京写真短期大学（現・東京工芸大学）〔昭和32年〕卒　[歴]学生時代、羽仁進のドキュメンタリー映画に影響を受け、昭和32年岩波映画製作所撮影部に入社。34年〈たのしい科学〉シリーズの榛葉豊彦監督「遠心力」でカメラマンとなった。この間も企業PR映画や「日本発見」などのドキュメンタリーを多く手がけるが、劇映画をやりたいという希望から39年フリーとなり、42年岩波映画にいた黒木和雄監督の「とべない沈黙」にセカンドユニットカメラマンとして参加。同年小川紳介監督「青年の海」を自主製作し、吉田喜重監督「炎と女」で劇映画における撮影監督デビューを果たす。その後、吉田監督の「樹氷のよろめき」「さらば夏の光」や羽仁進監督「初恋・地獄篇」、小林正樹監督「東京裁判」、後藤俊夫監督「オーロラの下で」（日ソ合作）などでも撮影監督を務めた。[賞]日本映画技術賞〔昭和41年・48年〕「しょう油」「世阿弥」, アジア太平洋映画祭撮影賞（第35回）「オーロラの下で」, 日本アカデミー賞優秀撮影賞〔平成3年〕「オーロラの下で」, JSC賞（第5回）「おばんざい歳時記」　[団]日本映画撮影監督協会（「映画撮影」編集委員）

小倉 貞男　おぐら・さだお　読売新聞編集委員　都留文科大学教授　[専]インドシナ近現代史　[没]平成26年（2014）7月2日　81歳〔肺炎〕　[生]昭和8年（1933）1月5日　[出]東京都豊島区雑司谷　[学]慶応義塾大学経済学部〔昭和30年〕卒　[歴]昭和30年読売新聞社に入社。42〜44年サイゴン特派員、社会部次長、外報部次長、57年調査研究本部主任研究員などを経て、編集委員。のち都留文科大学教授、上智大学アジア文化研究所客員研究員、中部大学教授を歴任。著書に「朱印船時代の日本人」「ドキュメントヴェトナム戦争全史」「ポル・ポト派とは？」「物語ヴェトナムの歴史」「ヴェトナム歴史の旅」などがある。　[賞]日本文芸大賞ルポルタージュ賞（第5回）〔昭和60年〕「カンボジアの悲劇・虐殺はなぜ起きたか」

尾崎 富夫　おざき・とみお　徳島県議　[没]平成26年（2014）10月26日　92歳　[生]大正11年（1922）9月14日　[出]徳島県　[学]徳島県立工〔昭和14年〕卒　[歴]昭和30年から徳島県議を3期務めた。

尾崎 信雄　おざき・のぶお
⇒式守 伊之助（24代目）（しきもり・いのすけ）を見よ

小野 才八郎　おの・さいはちろう　小説家　[没]平成26年（2014）8月11日　94歳　[生]大正9年（1920）3月　[出]青森県北津軽郡嘉瀬村（五所川原市）　[学]青森師範学校本科一部〔昭和14年〕卒　[歴]青森県下の小学校に勤務。この間、2度応召。昭和20年11月青森県金木町の生家に疎開中の小説家・太宰治を訪ねて師事。25年上京し、東京都職員となる。のち亀井勝一郎の知遇を得、同人誌「詩と真実」同人。太宰の命日に営まれる桜桃忌の世話人会（平成4年解散）の最後の代表も務めた。著書に「冬の蛇」「イタコ無明」「コスタ・リカ日記」「太宰治語録」「一銭五厘の死」「太宰治再読〈正・続〉」などがある。　[師]師＝太宰治

小原 毅　おばら・たけし　岩手県議（社会党）　全専売副中央執行委員長　[没]平成24年（2012）6月29日　79歳〔肺炎〕　[生]昭和7年（1932）10月10日　[出]岩手県盛岡市高松　[学]高小〔昭和22年〕卒　[歴]昭和22年大蔵省専売局に入る。27年全専売盛岡支部執行委員、29年盛岡支部書記長、44年仙台地方部書記長、46年仙台地方部副委員長、47年盛岡支部副支部長、48年盛岡支部支部長、51年仙台地方部委員長、55年副中央執行委員長を歴任。62年岩手県議に当選。平成3年落選、1期。社会党岩手県本部副委員長も務めた。

小尾 信彌　おび・しんや　天文学者　東京大学名誉教授　放送大学学長　[没]平成26年（2015）9月28日　90歳〔老衰〕　[生]大正14年（1925）3月17日　[出]東京都文京区　[学]東京帝国大学理学部天文学科〔昭和21年〕卒　理学博士（東京大学）〔昭和31年〕　[歴]昭和22年東京大学理学部助手、25年東京天文台技官、28年教養学部助教授、33年米空軍ケンブリッジ研究所員、43年東京大学教養学部教授、57年ウッドロウ・ウィルソン国際学術センター（ワシントン）客員研究員、60年放送大学教授、平成元年放送大学副学長、4〜10年学長を務めた。天文学の啓蒙活動に努めた。著書に「銀河の科学」、訳書に「宇宙創成はじめの三分間」などがある。　[賞]勲二等瑞宝章〔平成12年〕, アジア公開大学連合貢献賞〔平成10年〕　[団]日本天文学会, 国際天文学連合　[家]兄＝小尾知愛（大分銀行頭取）

小尾 知愛　おび・ともちか　日本銀行考査局長　大分銀行頭取　[没]平成26年（2014）12月31日　96歳〔老衰〕　[生]大正7年（1918）7月5日　[出]山梨県　[学]武蔵高〔昭和13年〕卒, 東京帝国大学法学部〔昭和16年〕卒　[歴]昭和16年日本銀行に入行。43年国債局長、44年人事部長を経て、45年考査局長。46年大分銀行に転じて専務、48年頭取、59年会長を歴任。63年〜平成4年日銀政策委員。大分県公安委員長も務めた。　[賞]藍綬褒章〔昭和56年〕, 勲三等旭日中綬章〔平成4年〕, 大分合同新聞文化賞〔昭和60年〕　[家]弟＝小尾信弥（天文学者）

甲斐 幸　かい・みゆき　ヨット選手　ウルマンセールズ主宰　[没]平成26年（2014）7月12日　61歳〔事故死〕　[生]昭和28年（1953）　[出]新潟県　[学]両津高卒　[歴]両津高3年生の時に和歌山国体のフィン級で優勝して以来、日本ヨット界のトップ選手として活躍。昭和54年470級世界選手権で小宮亮と組んで優勝、初の世界制覇を達成した。日本ヨット界の第一人者として活躍し、レーザー級全日本選手権、スナイプ級全日本選手権、505級全日本選手権などでタイトルを獲得。本田技研勤務を経て、53年甲斐セイルを開業。のちウルマンセールズを主宰。平成26年7月、ヨットレース参加中に海へ

かえて　　　　　補　遺（2012〜2014）

転落して亡くなった。　鬱朝日体育賞（第5回, 昭和54年度）「1979年470級ヨット世界選手権大会優勝」

楓 元夫　かえで・もとお　評論家　東京新聞論説室主幹　国士舘大学政治学部教授　鬱政治学, メディア論, 社会学　鬱平成24年（2012）8月23日　90歳　鬱大正11年（1922）4月23日　鬱岐阜県土岐市肥田町　鬱筆名＝楓曽南（かえで・そなん）　鬱建国大学経済学科卒, 早稲田大学政経学部政治学科〔昭和24年〕卒　鬱昭和21年中日新聞社に入社。以来37年間一貫して中央政界を取材, 日本政治の"定点観測"を続けた。東京新聞論説室主幹など歴任。のち関東学院女子短期大学教授, 共同テレビ取締役を経て, 国士舘大学教授。TBS系の朝のワイドショー「モーニングジャンボ奥さま8時半です」に準レギュラーとして出演した。著書に「震撼の昭和政治50年」「マスコミ職業ガイド」「梟は見ていた」「マスコミと政治」「小説 記者の遠吠え」などがある。　鬱文化放送賞（第1回）〔昭和47年〕　鬱日本政治学会, 日本選挙学会, 日本マス・コミュニケーション, 日本記者クラブ

柿本 典昭　かきもと・のりあき　関西大学文学部教授　鬱地理学　鬱平成24年（2012）8月3日　83歳　鬱昭和3年（1928）9月21日　鬱北海道　鬱京都大学文学部地理学科〔昭和27年〕卒　鬱金沢大学教養部教授を経て, 昭和56年関西大学文学部教授。平成11年退職。地域漁業学会初代会長を務め, その創設に尽力したとして, 地域漁業学会功労賞には柿本賞の名が冠されている。著書に「漁村の地域的研究」「漁村研究」。　鬱漁業経済学会賞（第15回）〔昭和52年〕「漁村の地域的研究」　鬱地域漁業学会（名誉会員）

角張 淳一　かくばり・じゅんいち　アルカ代表取締役　鬱平成24年（2012）5月25日　52歳　鬱昭和35年（1960）　鬱長野県小諸市　鬱国学院大学大学院博士課程修了　鬱石器整理・分析会社アルカ代表取締役を務め, 全国の都道府県, 市町村より遺物を預かり, 約1000遺跡の遺物を手がける。石器図化分析数は推定10万点余にのぼる。著書に「旧石器捏造事件の研究」がある。　鬱日本考古学協会, 長野県考古学会, 佐久考古学会

梯 実円　かけはし・じつえん　僧侶　浄土真宗本願寺派勧学　鬱真宗学　鬱平成26年（2014）5月7日　86歳　鬱昭和2年（1927）10月3日　鬱兵庫県飾磨郡夢前町町之庄立延（姫路市）　鬱旧姓・名＝北（きた）　鬱行信教校卒, 本願寺派宗学院〔昭和41年〕卒　鬱浄土真宗教学研究所副所長, 平成7年所長を歴任。浄土真宗本願寺派勧学, 行信教校教授。広台寺住職も務めた。著書に「法然教学の研究」「西方指南抄序説」「白道をゆく」「聖典セミナー歎異抄」「妙好人のことば」, 共著に「ゆたかな老いと死」など。

掛谷 誠　かけや・まこと　京都大学名誉教授　鬱民族学, 生態人類学, アフリカ地域研究　鬱平成25年（2013）12月22日　68歳　鬱昭和20年（1945）2月11日　鬱大阪府　鬱京都大学理学部〔昭和43年〕卒, 京都大学大学院理学研究科自然人類学専攻〔昭和48年〕博士課程修了　理学博士　鬱昭和49年福井大学教育学部助教授, 54年筑

波大学歴史・人類学系助教授, 62年弘前大学人文学部教授, 専攻2年京都大学アフリカ地域研究センター教授。10年から同大大学院アジア・アフリカ地域研究研究科教授を兼任, 12年アフリカ地域研究資料センター長, 同大評議員。20年退職。日本における生態人類学の創始者のひとりであり, 東アフリカ乾燥疎開林帯の農耕民社会に関する研究によって優れた業績を残した。生態人類学会会長, 日本アフリカ学会理事などを歴任。共著に「タンガニイカ湖畔」「人類の自然誌」「アフリカ文化の研究」, 共同執筆に「象徴と社会の民族学—筑波大学創立十周年記念民族学論集」など。　鬱武見記念賞武見奨励賞（平成2年度）, 大同生命地球研究奨励賞〔平成10年〕　鬱日本民族学会, 日本アフリカ学会, 歴史人類学会

景山 正夫　かげやま・まさお　写真家　鬱平成26年（2014）7月　67歳〔がん〕　鬱昭和22年（1947）　鬱千葉県勝浦市　鬱桑沢デザイン研究所写真科卒　桑沢デザイン研究所でグラフィックデザインと写真を学び, グラフィックデザイナーを志すが, その後写真に転じる。写真家・高橋豊のアシスタントを経てフリーとなり, 主に雑誌などドキュメンタリー写真の分野で活躍。海外取材を多く手がけ, 作家丸山健二, 村上春樹らとの海外取材の撮影を担当。平成4年パリに拠点を移す。18年から日本で桜の撮影を始め, 22年パリで桜の写真展を開催した。丸山健二と手がけた写真集・著書に「AZUMINO・1977」「爆走オデッセイ—1980サファリ・ラリー」「ミッドナイト・サン—新北欧紀行」, 写真を担当した他の著書に「リトル・トウキョー100年」「パリ 魅惑のアンティーク」「南仏プロヴァンスの12か月」20周年オフィシャルアニバーサリーブック」など。　鬱師＝高梨豊

樫木 実　かしき・みのる　士別市長　鬱平成26年（2014）1月　95歳　鬱大正7年（1918）1月14日　鬱北海道士別市　鬱多寄尋常高小高等科卒　鬱農業に従事する傍ら, 澱粉工場を経営。昭和26年北海道多寄村議に当選。29年合併により士別市議となる。41年同市議に返り咲き, 6期連続当選, 49年市議会副議長, 61年議長を歴任。平成2年市長に当選, 2期務めた。10年引退。　鬱勲三等瑞宝章〔平成11年〕, 北海道社会貢献賞〔昭和63年〕

梶山 千鶴子　かじやま・ちずこ　俳人　「きりん」主宰　鬱平成25年（2013）4月24日　88歳　鬱大正14年（1925）2月12日　鬱京都府京都市西陣　鬱京都府立第二高女高等科卒　鬱昭和36年「京鹿子」に投句。40年「れもん」に入会して多田裕計に師事。42年「れもん」同人。56年「青」参加, 波多野爽波に師事し, 同人。63年「きりん」を創刊・主宰。句集に「国境」「濤の花」「一の矢」「鬼は外」「一人芝居」「結」「墨流し」「梶山千鶴子全句集」などがある。　鬱京都俳句作家協会年度賞〔昭和53年〕　鬱俳人協会, 現代俳句協会, 日本ペンクラブ　鬱師＝多田裕計, 波多野爽波

梶原 一明　かじわら・かずあき　経営評論家　梶原一明マスコミ事務所主宰　鬱経営史, 産業構造, 経営者人物論　鬱平成24年（2012）3月25日　76歳〔心不全〕　鬱昭和10年（1935）6月1日　鬱東京都中央区　鬱東京都立大学人文学部中退　鬱昭和32年財界研究所に入社。雑誌「財界」記者として繊維, 自動車, 金融を担当。48年梶原一明マスコミ事務所を設立し独立。月刊誌,

週刊誌を中心に活躍した。著書に「銀行の苦悩」「ドキュメント 日産自動車の決断」「トヨタ―高収益構造の解明」「自動車大戦争」「浜松商法の秘密」「新・企業論」「いま『住友』の活性化が面白い」「メインバンクの落日」などがある。

片桐 一正　かたぎり・かずまさ　東京大学農学部林学科教授　林業試験場調査部長　[専]森林動物学, 森林害虫, 天敵微生物研究　[没]平成26年（2014）1月14日　81歳〔大腸がん〕　[生]昭和7年（1932）6月25日　[出]長野県南佐久郡臼田町（佐久市）　[学]東京大学農学部林学科〔昭和30年〕卒, 東京大学大学院生物系研究科〔昭和34年〕修士課程修了　農学博士　[歴]昭和35年林業試験場四国支場保護研究室に入る。40年同浅川実験林に移動となり、42年浅川実験林天敵微生物研究室長、53年筑波移転に伴う組織替えで保護部昆虫科天敵微生物研究室長、59年調査部企画科長、63年調査部長。同年東京大学農学部林学科教授に転じ、平成5年退官。林業試験場から組織改変された森林総合研究所の監事も務めた。著書に「世界の森とくらし」「森の敵森の味方―ウイルスが森林を救う」など。　[賞]日本応用動物昆虫学会賞（第27回）〔昭和58年〕「森林害虫の微生物的防除に関する研究」

片桐 正夫　かたぎり・まさお　日本大学名誉教授　[専]東洋建築史, 朝鮮李朝時代木造建築史, アンコール遺跡の修復, 文化財保存のあり方　[没]平成24年（2012）11月22日　73歳〔間質性肺炎〕　[生]昭和14年（1939）7月1日　[出]長野県　[学]日本大学第二工学部建築学科〔昭和38年〕卒, 日本大学大学院理工学研究科建築工学専攻〔昭和42年〕修士課程修了　博士（工学）（日本大学）〔平成7年〕　[歴]昭和42年日本大学理工学部副手となり、43年助手、49年専任講師、58年助教授、平成8年教授。21年定年退職し、名誉教授。朝鮮半島の寺院様式を編年的に研究したほか、アンコール遺跡の修復と研究に取り組む。5年にはアンコール遺跡国際調査団の現地調査に参加、主にアンコール・ワットの北東にある仏教寺院バンテアイ・クデイ（僧房の砦）の調査にあたり、石造りの建て物の中に柱や梁など木造の痕跡を確認した。また、世田谷区や大田区を中心に文化財審議委員として調査・研究・保存活動に従事した。編著に「アンコール遺跡の建築学」、著書に「朝鮮木造建築の研究」など。　[賞]カンボジア王国文化功労勲章〔平成19年〕, 日本建築学会賞（業績）〔平成7年〕「民家語彙の収録とその解説に関する一連の業績」（共同受賞）, 東京都文化功労者表彰〔平成9年〕, 千代田区街づくり功労者表彰〔平成19年〕　[団]日本建築学会, 建築史学会

加藤 一夫　かとう・かずお　静岡大学学長・名誉教授　[専]経済学　[没]平成24年（2012）10月7日　87歳　[生]大正14年（1925）2月18日　[出]秋田県秋田市土崎港北　[学]福島高商〔昭和19年〕卒, 東京商科大学（現・一橋大学）〔昭和24年〕卒　[歴]秋田大学助教授を経て、昭和46年静岡大学助教授となり、47年教授、52年教養部長、57年学長を歴任。62年退官。著書に「テューダー前期の社会経済思想」「プラトンの国の先住者たち」などがある。

加藤 清　かとう・きよし　医師　国立京都病院精神科医長　京都大学医学部助教授　[専]精神医学　[没]平成25年（2013）6月27日　92歳　[生]大正10年（1921）3月　[出]兵庫県神戸市　[学]六高卒, 京都帝国大学医学部〔昭和19年〕卒　[歴]敗戦時は海軍軍医中尉。昭和20年京都帝国大学医学部精神神経科助手、33年精神科助教授、47年国立京都病院に精神科を設立、医長、61年退官、京都博愛会病院精神科顧問を経て、隈病院顧問医師。精神病理・精神療法学会、芸術療学会などの設立に貢献、精神医学分野の指導者として多くの臨床心理療法家を育てた。共著に「分裂病者と生きる」「異常心理学講座第3巻」、監修に「癒しの森―心理療法と宗教」などがある。

金川 正盛　かながわ・まさもり　北日本新聞論説委員長　[没]平成26年（2014）11月6日　84歳〔心不全〕　[生]昭和4年（1929）12月3日　[出]富山県　[学]高卒　[歴]昭和30年北日本新聞社に入社。編整本部長デスク、政治部長を経て、60年論説副委員長、61年論説委員長。

金沢 進　かなざわ・すすむ　群馬銀行副頭取　[没]平成24年（2012）5月15日　72歳　[生]昭和14年（1939）8月20日　[出]群馬県　[学]前橋商〔昭和33年〕卒　[歴]昭和33年群馬銀行に入行。平成7年取締役、9年常務、12年専務を経て、副頭取。

金森 柑子　かなもり・こうじ　俳人　「城」主幹　[没]平成24年（2012）9月23日　99歳〔老衰〕　[生]大正2年（1913）2月2日　[出]島根県平田市（出雲市）　[名]本名＝金森栄一（かなもり・えいいち）　[学]松江商工専修了　[歴]昭和6年頃より「城」「ホトトギス」に投句、13年「城」同人。21年より佐川雨人の十梅会（高浜虚子選句）の指導を受ける。47年島根県俳句協会常任幹事。55年「ホトトギス」同人。句集に「国引」などがある。　[賞]城雨人賞〔昭和53年〕　[団]俳人協会

瓜南 直子　かなん・なおこ　日本画家　[没]平成24年（2012）6月4日　56歳〔肝硬変〕　[生]昭和30年（1955）　[出]石川県　[学]東京芸術大学工芸科鍛金専攻〔昭和56年〕卒　[歴]東京芸術大学では鍛金を専攻したが、卒業後日本画を志す。昭和57年より神奈川県鎌倉市に在住。女性ファッション誌のスタイリストの傍ら創作を続け、平成2年35歳で初の個展を開催。以来、個展、グループ展など多数開催。作品集に「兎神国物語」、著書に「絵画を生きて」、挿絵担当に「ねこが見た話」「ぽっこ」など。

金子 佐一郎　かねこ・さいちろう　調布市長　[没]平成26年（2014）8月9日　87歳　[生]昭和2年（1927）8月6日　[出]東京都　[学]日本大学農獣医学部〔昭和26年〕卒　[歴]昭和53年から調布市長を2期務めた。　[賞]勲五等双光旭日章〔平成9年〕

樺島 弘文　かばしま・ひろふみ　フリーライター　編集者　プレジデント社出版部長　[没]平成24年（2012）3月20日　56歳　[生]昭和31年（1956）　[出]北海道札幌市　[学]東京農工大学農学部農業工学科卒　[歴]専門紙記者、週刊誌記者、フリーライターなどを経て、昭和63年プレジデント社に入社。ビジネス誌「プレジデント」の編集に10年以上に携わり、同誌編集長、同社出版部長を歴任。平成14年退社して栃木県馬頭町（現・那珂川町）に移り住んで田舎暮らしを始め、16年著書「会社を辞めて田舎へGO！」を出版。他の著書に「馬頭の

カバちゃん―田舎暮らし奮闘記」「小林陽太郎―『性善説』の経営者」がある。

鎌田 博夫　かまた・ひろお　東北大学名誉教授　[専]フランス文学　[没]平成25年（2013）8月6日　89歳〔脳梗塞〕　[生]大正13年（1924）6月19日　[出]東京都　[学]大阪外国語学校フランス語部卒，京都大学文学部文学科フランス文学専攻〔昭和24年〕卒，京都大学大学院　[歴]昭和24年関西大学講師、27年大阪市立大学文学部講師を経て、33年東北大学文学部助教授、45年教授。63年定年退官後、弘前大学人文学部教授、石巻専修大学理工学部教授を務めた。著書に「スタンダール―夢想と現実」、訳書にポール・ヴェーヌ「古代ローマの恋愛詩」「パンと競技場」「歴史と日常―ポール・ヴェーヌ自伝」、ジャック・ジェルネ「中国とキリスト教」、ルイ・マラン「語りは罠」、ポール・ズムトール「世界の尺度」などがある。　[賞]フランス教育功労章〔昭和50年〕，勲三等旭日中綬章〔平成14年〕　[団]日本フランス語フランス文学会

釜屋 修　かまや・おさむ　駒沢大学外国語部教授　[専]中国現代文学　[没]平成25年（2013）2月2日　76歳　[生]昭和11年（1936）3月18日　[出]大阪府堺市　[学]大阪外国語大学中国語学科〔昭和35年〕卒，大阪外国語大学大学院中国語・中国文学専攻〔昭和47年〕修士課程修了　[歴]日中貿易促進会に勤務の後、大学院修了。静岡大学、和光大学を経て、駒沢大学教授。日本中国当代文学研究会初代会長を務めた。著書に「中国の栄光と悲惨―評伝趙樹理」、訳書に「同時代の中国文学」、陸文夫「消えた万元戸」などがある。　[団]日本中国語学会，現代中国語学会，中国文芸研究会

神谷 力　かみや・ちから　トリカブト保険金殺人事件の受刑者　[没]平成24年（2012）11月　73歳〔病気〕　[生]昭和14年（1939）　[出]宮城県仙台市　[学]仙台高〔昭和34年〕卒　[歴]昭和34年東京に転居、36年音響機器製造会社に入社。39年倒産により退社。25歳のとき最初の妻と結婚。48年空調機器製造販売会社に入り、52年経理部副部長。56年食品会社の株式会社ヘルシー設立準備。61年自転車部品製造販売会社に入社、63年経理部長。平成2年依願退社。この間、昭和61年5月3番目の妻と沖縄に旅行、途中から別行動で友人3人と石垣島に渡った妻が急死。妻には旅行直前に夫を受取人とする計1億8500万円の生命保険がかけられており、3人の妻が連続変死したことから世間の注目を浴びる。平成2年から偽名を使って札幌に潜伏。3年6月羽田空港で、元勤務先の自転車部品製造販売会社から約3億4000万円相当を横領した容疑で逮捕された。7月殺人容疑で逮捕。死亡した3人目の妻の遺体から猛毒のトリカブトとフグ毒テトロドトキシンが発見されており、2つの毒を同時に服用すると一定時間後に毒殺が可能なことがのちに判明。一貫して無罪を主張し続けたが、6年9月直接証拠や自白もないまま、東京地裁は無期懲役の判決を下した。10年4月東京高裁も一審判決を支持。14年2月最高裁も一・二審判決を支持し無期懲役が確定。24年大阪医療刑務所で病死した。著書に「被疑者―トリカブト殺人事件」「仕組まれた無期懲役―トリカブト殺人事件の真実」がある。

河上 道生　かわかみ・みちお　広島女子大学名誉教授　[専]英語学　[没]平成24年（2012）6月3日　87歳〔老衰〕　[生]大正14年（1925）2月26日　[出]山口県下関市勝谷町　[学]広島文理科大学英語英文学専攻科〔昭和23年〕卒　[歴]小倉外事専門学校助教授、北九州外国語大学講師、北九州大学助教授、九州歯科大学、川崎医科大学、愛知医科大学各教授を経て、昭和52年から広島女子大学教授、54年文学部長、62年学長を歴任。著書に「英語参考書の誤りを正す」などがある。　[賞]勲二等瑞宝章〔平成12年〕　[団]日本英文学会，大学英語教育学会，全国英語学会

川口 文章　かわぐち・ふみあき　和歌山県議（自民党）　[没]平成24年（2012）6月7日　70歳〔骨髄異形成症候群〕　[生]昭和16年（1941）10月25日　[学]那賀高卒　[歴]岩出市助役を経て、平成19年無所属で和歌山県議に当選。のち自民党入り。2期目途中の24年に病死した。

河越 庄市　かわごえ・しょういち　寿製菓創業者　[没]平成24年（2012）9月3日　90歳〔病気〕　[生]大正11年（1922）2月1日　[出]兵庫県美方郡新温泉町　[学]温泉尋常高小卒　[歴]三菱重工業勤務を経て、昭和27年鳥取県米子市で寿製菓を設立して専務、31年社長、平成6年会長。昭和43年銘菓「因幡の白うさぎ」を売り出し、山陰を代表する銘菓として定着した。平成5年には米子市内に製造工程を見学できる大型販売施設・お菓子の寿城を開設。6年ジャスダックに上場。18年寿スピリッツに社名変更。一代で北海道や九州など全国の菓子メーカーを傘下に置く同社を築き上げた。協同組合米子食品工業団地理事長、全国菓子工業組合連合会理事なども歴任。没後の25年、同社は東証第2部に上場、26年第一部に指定替えとなった。　[賞]紺綬褒章〔昭和35年〕，勲五等瑞宝章〔平成5年〕，農林水産大臣賞〔昭和56年〕　[家]長男＝河越誠剛（寿スピリッツ社長）

川路 ヨウセイ　かわじ・ようせい　グラフィックデザイナー　川路ヨウセイデザインオフィス主宰　日本パッケージデザイン協会理事長　[没]平成26年（2014）6月5日　73歳　[生]昭和15年（1940）　[出]東京都　[学]開成学園高〔昭和33年〕卒，東京芸術大学美術学部工芸科図案計画専攻グラフィックコース〔昭和37年〕卒　[歴]大学在学中からグラフィックデザイナー河野鷹思に師事し、パッケージデザインを指向するようになる。昭和37年ポーラ化粧品意匠研究所に入社。化粧品のパッケージデザインに携わりながら公募展への出展を続ける。45年伊東デザイン研究所に入社、大阪万博、京王プラザのグラフィックなどに携わる。60年独立して川路ヨウセイデザインオフィスを設立。平成12～18年日本パッケージデザイン協会理事長を務めた。　[賞]クリオ賞，日本パッケージデザイン大賞特賞・奨励賞（第4回）〔平成3年〕「C4'S カーウェットティシュ」，日本パッケージデザイン功績賞〔平成20年〕，ジャパンパッケージングコンペティション展経済産業省製造産業局長賞（第41回）〔平成14年〕「コンビマグ ステップ1・2・3・4」　[師]師＝河野鷹思

川田 善朗　かわだ・よしろう　トーホー加工会長・社長　全国グラビア協同組合連合会会長　[没]平成25

年（2013）6月12日　75歳　[生]昭和13年（1938）2月25日　[出]東京市麻布区（東京都港区）　[学]慶応義塾大学法学部政治学科〔昭和35年〕卒　[歴]昭和35年国策パルプ工業（現・日本製紙）に入社。37年産経新聞社へ出向、水野成夫社長（当時）の専任秘書となり、多くの政財界人の知遇を得る。39年父・喜十の事業を継承してトーホー加工取締役、48年社長、60年会長、平成12年会長兼社長。全国グラビア協同組合連合会会長、関東グラビア協同組合理事長、日本印刷産業連合会常任理事などを歴任。また、慶応義塾大学時代の同級生だった衆院議員・橋本龍太郎の後援組織"慶龍会"会長を長年にわたって務めた。著書に「歳を重ねるだけでは人は老いない」、編著に「橋本龍太郎とわたし」。　[賞]黄綬褒章〔平成13年〕，旭日小綬章〔平成20年〕，全国中小企業団体中央会会長表彰，東京都功労者　[家]父＝川田喜十（トーホー加工社長）

川西 祐三郎　かわにし・ゆうざぶろう　版画家　[没]平成26年（2014）12月5日　90歳〔敗血症〕　[生]大正12年（1923）12月22日　[出]兵庫県神戸市　[学]関西学院大学商経学部〔昭和22年〕卒　[歴]版画家・川西英の三男。8歳から父の指導を受けて版画を始める。昭和17年日本版画協会展に初入選、18年会員に推挙される。戦後は国画会を中心に活動し、23年国展国画奨学賞を受賞。父の作風を継承し、都会的なセンスで神戸や兵庫県の風景をモダンに表現。平成22年自作など900点以上を神戸市立博物館に寄贈した。　[賞]紺綬褒章，兵庫県文化賞，神戸市文化賞，神戸新聞平和賞，国展国画奨学賞（第22回）〔昭和23年〕　[団]国画会，日本版画協会　[家]父＝川西英（版画家）

河野 頼人　かわの・よりと　俳人　国文学者　北九州市立大学名誉教授　[専]日本上代文学　[没]平成25年（2013）6月20日　80歳　[生]昭和7年（1932）9月25日　[出]山口県防府市　[名]本名＝河野よりと，俳号＝河野頼人（かわの・らいじん），濃龍膽（こりんどう）　[学]広島大学文学部〔昭和30年〕卒，広島大学大学院文学研究科国語国文学専攻〔昭和35年〕博士課程修了　[歴]昭和35年宇部短期大学専任講師を経て、41年北九州大学（現・北九州市立大学）に転じ、49年教授。平成10年名誉教授。一方、昭和27年俳句を田中菊坡に師事、「をがたま」創刊に参加。「雪解」「夏爐」同人。54年より「木の実」編集担当、平成6年より主宰。19年終刊。著書に「万葉学研究・近世」「上代文学研究史の研究」「万葉研究史の周辺」「言葉を読む―爽雨・蕪城俳句研究」、句集に「紙魚の宿」「アカシヤの大連」などがある。　[賞]瑞宝中綬章〔平成24年〕，雪解新人賞〔昭和53年〕，夏爐佳日賞〔昭和57年〕，夏爐彩雲賞〔平成15年〕　[団]古事記学会，万葉学会，鈴屋学会，俳人協会

河辺 浩市　かわべ・こういち　ジャズ・トロンボーン奏者　[没]平成26年（2014）9月3日　87歳　[生]昭和2年（1927）5月3日　[出]東京都　[名]本名＝石辻桂一，前名＝河辺公一　[学]東京音楽学校（現・東京芸術大学）〔昭和24年〕卒　[歴]NHK交響楽団を経て、昭和24年ジャズのプロになり、トロンボーン奏者として活躍。27年アーニーパイルオーケストラに入団。作曲家の紙恭輔に師事、作・編曲を学ぶ。河辺公一名義で映画「銀座の砂漠」「嵐を呼ぶ友情」「三人の顔役」「白昼の無頼漢」「誇り高き挑戦」「ギャング対Gメン」などの音楽を手がけた他、演奏者としても「七人の侍」「幕末太陽伝」などで演奏している。また、競輪を好み、「スーパーNC抜け目車券戦法」「儲かる抜け目車券戦術」「競輪3連単抜け目車券」「競艇出目王ターゲット6」などの著書もある。　[賞]日本吹奏楽指導者協会下谷賞〔昭和48年〕「行進曲『青空に希望して』」，日本吹奏楽指導者協会佳作賞〔昭和50年〕　[師]師＝山本正人，紙恭輔

河村 晴夫　かわむら・はるお　能楽師（観世流シテ方）　[没]平成26年（2014）3月19日　88歳〔腎不全〕　[生]大正14年（1925）6月18日　[出]京都府京都市　[歴]能楽師・河村北星の三男で、兄の河村道也と河村禎二、弟の河村隆司も能楽師。12代目林喜右衛門に師事し、篤実な芸風で知られた。昭和50年から日本能楽会会員。　[家]父＝河村北星（能楽師），兄＝河村道也（能楽師），河村禎二（能楽師），弟＝河村隆司（能楽師）

神田 隆夫　かんだ・たかお　カブトデコム社長　[没]平成24年（2012）5月5日　67歳　[生]昭和19年（1944）6月16日　[出]北海道　[学]北海道大学法学部〔昭和44年〕卒　[歴]昭和44年北洋相互銀行（現・北洋銀行）に入行。46年クワザワに入社。59年兜建設（現・カブトデコム）に入社。61年取締役、62年常務、平成5年専務、同年副社長を経て、6年社長。

神戸 和麿　かんべ・かずまろ　僧侶　大谷大学教授　同朋大学大学院特任教授　西照寺（真宗大谷派）住職　[専]真宗学　[没]平成25年（2013）3月2日　73歳　[生]昭和14年（1939）11月19日　[出]愛知県名古屋市　[学]同朋大学文学部仏教学科〔昭和37年〕卒，大谷大学大学院文学研究科真宗学専攻〔昭和42年〕博士課程満期退学　文学博士　[歴]名古屋市の真宗大谷派西照寺に生まれる。昭和42年同朋大学助手、45年専任講師、51年助教授、56年大谷大学短期大学部助教授、59年教授、平成5年同大文学部教授。17年定年退職し、同年～24年同朋大学大学院特任教授。著書に「清沢満之の生と死」「無量寿経優婆提舎願生偈講読」「歎異抄に聴く」「闇のなかの光―神戸和麿講説集」、編著に「傍訳 教行信証全書」「清沢満之」（全9巻）「傍訳 十住毘婆沙論・浄土論」、共編に「真宗勤行聖典講座―簡訳 真宗大谷派準拠版」、共監修に親鸞著「教行信証全書―傍訳」「文類集成篇―傍訳」、「傍訳浄土思想系譜全書」、共著に「親鸞の教え」「大乗仏典〈5〉『浄土論註』現代言訳」「現代人の死生観」ほか。　[団]真宗連合学会，日本印度学会，日本宗教学会

菊地 山芋　きくち・やまいも　俳人　群馬県平和委員会会長　核兵器廃絶署名群馬県推進委員長　[没]平成26年（2014）4月17日　91歳　[生]大正11年（1922）8月2日　[出]山形県　[名]本名＝菊地定則　[学]寒河江中卒，東京高師特設中等教育養成所国語漢文科卒　[歴]南満州鉄道（満鉄）社員となり大陸へ渡る。現役入隊後、傷痍軍人となり帰国。群馬県内中学、高校教師、高校教頭、校長を歴任、退職。この間、群馬高教組書記長、執行委員長、日高教副委員長、書記長歴任。のち群馬県平和委員会会長、核兵器廃絶署名群馬県推進委員長、民主市政の会代表委員、群馬民主文学会副会長などを歴任。俳誌「高原」同人。句集に「とかげの尻尾」「風」など

がある。[団]現代俳句協会, 口語俳句協会, 日本平和委員会, 原水爆禁止日本協議会

岸田 英明　きしだ・ひであき　東京工業大学名誉教授　[専]建築構造　[没]平成26年(2014)11月16日　81歳〔腎盂がん〕　[生]昭和8年(1933)2月14日　[学]東京大学工学部建築学科〔昭和31年〕卒, 東京大学大学院工学系研究科建築学専攻博士課程修了　工学博士　[歴]平成5年東京工業大学教授を退官後、東京理科大学工学部教授を務めた。訳書にトーマス・ホイテカー「杭基礎の設計」がある。　[賞]地盤工学会賞奨励賞(昭和41年度)「Bearing Capacity of pile Groups under Eccentric Loads in Sand」, 日本建築学会賞(論文, 昭和55年度)「砂質地盤における杭の支持力」, 地盤工学会賞研究業績賞(平成5年度)「杭基礎の鉛直支持力に関する研究」, 経済産業大臣表彰原子力安全功労者表彰(第14回, 平成6年度)　[団]土質工学会, 日本建築学会

岸野 佑次　きしの・ゆうじ　東北大学名誉教授　[専]土木工学　[没]平成26年(2014)7月29日　70歳〔胆嚢がん〕　[生]昭和18年(1943)11月14日　[出]大阪府　[学]東北大学工学部土木工学科卒, 東北大学大学院工学研究科土木工学専攻博士課程修了　工学博士　[歴]東北大学工学部教授を務めた。

岸本 才三　きしもと・さいぞう　山口組最高顧問　[没]平成26年(2014)1月17日　85歳　[歴]元神戸市職員。平成9年8月山口組の最高幹部だった宅見勝・宅見勝組長ら2人が神戸市内のホテルで射殺された際に、同席していたが難を逃れた。6代目体制では最高顧問を務め、19年引退した。

岸本 兆方　きしもと・よしみち　京都大学名誉教授　[専]地球物理学　[没]平成26年(2014)11月7日　87歳〔胃がん〕　[生]昭和2年(1927)5月11日　[出]大阪府　[学]京都大学理学部地球物理学科〔昭和26年〕卒, 京都大学大学院理学研究科地球物理学専攻修士課程修了　理学博士　[歴]京都大学防災研究所教授を務め、平成3年退官。[団]地震学会, 日本測地学会

喜舎場 一隆　きしゃば・かずたか　琉球大学法文学部教授　[専]海事史(薩琉関係)　[没]平成24年(2012)3月21日　76歳〔胃がん〕　[生]昭和10年(1935)10月2日　[出]沖縄県石垣市　[学]国学院大学文学部史学科〔昭和34年〕卒, 国学院大学大学院文学研究科日本史学専攻〔昭和43年〕博士課程単位取得満期退学　文学博士　[歴]沖縄県八重山の郷土史家・喜舎場永珣の孫。昭和45年琉球大学法文学部講師、46年助教授を経て、52年教授。平成11年定年を待たずに久留米工業大学教授に転じ、14年まで務めた。南島史学会会長なども歴任した。著書に「近世薩琉関係史の研究」、編著に「南島地域史研究」「琉球・尚氏のすべて」などがある。　[団]日本海事史学会, 南島史学会, 国史学会　[家]祖父＝喜舎場永珣(郷土史家・民俗学者)

北 一明　きた・かずあき　造形作家　思想表現作家　[没]平成24年(2012)10月19日　77歳　[生]昭和9年(1934)11月14日　[出]長野県飯田市　[学]法政大学社会学部卒, 法政大学大学院中退　[歴]中学・高校時代に社会運動に参加、'60年安保時代に大学生活を送る。その後、政治に失望し、料理と焼物に関心を深める。工芸評論家を経て、昭和47年より独学で焼物を始め、南宋時代の「曜変天目」技法を解明。アウシュヴィッツや広島・長崎の土で戦死者や原爆死者のデスマスク、デスヘッドを作り、個展などを通じて反戦反核を訴える。57年スリーマイル島近郊の米国ハリスバーグ市で個展を開き、平成5年同市名誉市民の称号が贈られた。また、米国知識人らにより昭和62年度、63年度ノーベル平和賞候補に推挙された。作品に「ノーモア・ヒロシマ・ナガサキ」などがあり、海外の著名美術館・博物館に多く収蔵されている。著書に「ある伝統美への反逆—焼きもの伝説訣別の美学」「新焼きもの入門」「北一明芸術の世界—炎道夢幻」などがある。　[賞]ハリスバーグ市名誉市民(米国)〔平成5年〕

北川 邦陽　きたがわ・ほうよう　俳人　「卵の会」代表　[没]平成24年(2012)3月19日　79歳　[生]昭和7年(1932)12月11日　[出]愛知県　[名]本名＝北川博邦　[歴]昭和25年「林苑」に入会。「営」「つばき」「青玄」「日時計」などを経て、「卵の会」代表。「海程」「木の会」同人。句集に「大田川」「曇空港」「花夢中」「花大凧」「虚蟬笛」などがある。

北嶋 政次　きたじま・まさじ　伊丹産業創業者　[没]平成26年(2014)3月23日　101歳　[生]大正2年(1913)1月14日　[出]兵庫県　[学]福島商〔昭和4年〕卒　[歴]父業の米穀商を継承。米穀統制令により配給統制組合に入る。昭和23年伊丹産業を設立し、社長に就任。平成9年会長。米穀商から、昭和33年にLPガス、39年には石油製品の販売に着手、有力企業に成長させた。　[賞]黄綬褒章〔昭和50年〕, 勲三等旭日中綬章〔昭和58年〕, 保安功労者通産大臣表彰〔昭和47年〕, 地域社会貢献者賞(第4回)〔昭和61年〕　[家]長男＝北嶋一郎(伊丹産業社長)

北野 禎三　きたの・ていぞう　大阪市議(自民党)　[没]平成26年(2014)12月4日　78歳　[生]昭和11年(1936)1月29日　[出]大阪府　[学]同志社大学工学部工業化学科〔昭和33年〕卒　[歴]昭和50年以来大阪市議に8選。平成2年市議会議長。19年引退。　[賞]藍綬褒章〔平成7年〕, 旭日中綬章〔平成22年〕　[家]娘＝北野妙子(大阪市議)

金城 裕　きんじょう・ひろし　空手家　空手評論家　日本空手道研修会創始者　[没]平成25年(2013)10月10日　94歳〔肺炎〕　[生]大正8年(1919)　[出]沖縄県　[学]日本大学　[歴]昭和4年奥里将現、知念三良に空手を学び、7年大城朝恕に入門。10年師の死去で高弟・真栄城朝徳につくが、13年花城長茂に入門。17年出征、21年復員。韓武館を経て、22年有倫館で指導、25年会名を日本空手道研修会と改称。31年東京に道場開設、「月刊空手道」を刊行。芝浦工業大学などで指導。平成5年会長を篠田剛に譲り、日本空手道研修会宗師範。

久木田 淳　くきた・あつし　東京大学名誉教授　[専]皮膚科学　[没]平成24年(2012)　87歳　[生]大正13年(1924)9月18日　[出]東京都　[学]東京大学医学部医学科〔昭和23年〕卒　医学博士　[歴]昭和24年東京大学医学部皮膚科教室に入局。28年米国オレゴン州立大学へ留学。32年帰国して東大助手、39年札幌医科大学教授を経て、48年東大医学部教授。60年定年退官、同年〜平成2年防衛医科大学校教授。昭和54年日本皮膚科学会理事長を務めた。　[賞]勲三等旭日中綬章〔平成15年〕, 北海

道医師会賞（第20回, 昭和44年度）「皮膚吸収に関する研究 特にコルチコステロイドの皮膚吸収について」, 日本皮膚科学会皆見省吾記念賞（昭和56年度）「悪性黒色腫のPhase‐Synchronizationに関する基礎的研究I, II, III」

草野 靄田　くさの・あいでん　書家　読売書法会董事　㊕漢字　㊣平成26年（2014）9月25日　89歳〔心不全〕　㊝大正14年（1925）3月10日　㊞栃木県　㊔本名＝草野敏博（くさの・としひろ）　㊧昭和37年「李賀の詩」で日展特選・苞竹賞を受賞。日展会員で、読売書法会董事を務めた。　㊫日展特選・苞竹賞（昭和37年度）「李賀の詩」　㊐読売書法会　㊙師＝殿村藍田

楠田 芳子　くすだ・よしこ　脚本家　㊣平成25年（2013）12月3日　89歳　㊝大正13年（1924）3月12日　㊞静岡県浜松市千歳町　㊔本名＝楠田芳子（くすだ・よしこ）　㊫実践女子専門学校家政研究科〔昭和17年〕卒　㊧兄は映画監督の木下恵介、作曲家の木下忠司。昭和19年木下監督作品の撮影を手がけていた楠田浩之と結婚。29年「この広い空のどこかに」が小林正樹監督により映画化され、脚本家デビュー。40年木下恵介プロダクションに参加し、45年フリー。主な参加作品に、映画「夕焼け雲」「故郷は緑なりき」「風の視線」、テレビ「氷点」「北の家族」などがある。　㊫シナリオ功労賞（第17回）〔平成5年〕, 日本映画批評家大賞（第8回）〔平成10年〕　㊐日本シナリオ作家協会　㊈夫＝楠田浩之（映画撮影監督）, 兄＝木下恵介（映画監督）, 木下忠司（作曲家）, 息子＝楠田泰之（テレビディレクター）

久玉 清人　くだま・きよと　社会人野球選手　コスモ石油取締役　㊣平成26年（2014）6月11日　67歳〔前立腺がん〕　㊝昭和22年（1947）1月6日　㊞鹿児島県　㊫加世田高卒, 防衛大学校〔昭和44年〕卒　㊧中学で野球を始め、加世田高校、防衛大学校で投手として注目を浴びる。昭和44年丸善石油（現・コスモ石油）に入社。野球部の柱となって46年の都市対抗野球で準優勝、久慈賞を受賞し、ベストナインに選ばれた。48年にはイタリアで開かれた第1回インターコンチネンタル大会に日本代表として出場し優勝。同年野球を引退した。平成11～14年コスモ石油取締役を務めた。

窪田 暁子　くぼた・きょうこ　中部学院大学名誉教授　㊕社会福祉　㊣平成26年（2014）4月24日　86歳　㊝昭和3年（1928）4月1日　㊞大阪府　㊫東京女高師（現・お茶の水女子大学）卒　㊧日本YMCA勤務を経て、昭和27～29年渡米。ラトガース大学およびミネソタ州立大学大学院社会事業学校で学んだ。社会福祉援助技術論・グループワーク・精神障害者福祉を中心に研究。日本福祉大学、東京都立大学、東洋大学、中部学院大学で教鞭を執った。著書に「グループワーク」「小春日和の午後に」「福祉援助の臨床」などがある。

熊坂 敦子　くまさか・あつこ　日本女子大学名誉教授　㊕近代日本文学（夏目漱石, 近代女流文学, 俳文学）　㊣平成25年（2013）4月2日　86歳　㊝昭和2年（1927）3月24日　㊞兵庫県芦屋　㊔俳号＝熊坂弥生子　㊫日本女子大学校文科国語科〔昭和22年〕卒, 早稲田大学文学部国文学専攻〔昭和25年〕卒, 早稲田大学文学部大学院国文学専攻〔昭和27年〕博士課程修了　㊧昭和30年日本女子大学文学部助手、34年専任講師、42年助教授、49年教授。57～59年国文科主任、59～61年大学院文学研究科日本文学専攻主任などを歴任。平成7年退職し、名誉教授。著書に「夏目漱石の研究」「夏目漱石の世界」、編著に「岡本かの子の世界」「迷羊のゆくえ—漱石と近代」などがある。　㊐日本近代文学会

倉本 初夫　くらもと・はつお　商業界代表取締役主幹　㊕流通, 販売, 商業経営　㊣平成25年（2013）12月15日　90歳　㊝大正12年（1923）5月29日　㊞東京都　㊫東京帝国大学文学部〔昭和19年〕卒　㊧商業界創立者・倉本長治の長男で、昭和26年父が経営する商業界に入社。月刊誌「商業界」「販売革新」編集長を経て、47年社長、63年代表取締役主幹。二世経営者の研鑽会・商業界スパークルを主宰した他、"農商一如"を唱え財団法人食料農商交流協会理事長として農業者と商業者の連帯活動にも取り組んだ。著書に「商売十訓」「あきないの心」、伝記「宗良流転」「探訪・蔦屋重三郎」「倉本長治」などがある。　㊈父＝倉本長治（商業評論家）

栗木 達介　くりき・たつすけ　陶芸家　京都市立芸術大学美術学部教授　㊣平成25年（2013）　69歳　㊝昭和18年（1943）11月20日　㊞愛知県瀬戸市　㊫京都市立美術大学〔昭和41年〕卒　㊧陶芸家・栗木伎茶夫の長男。京都市立美術大学で富本憲吉、近藤悠三、藤本能道らに師事、特に富本に大きな影響を受ける。卒業後は郷里の愛知県瀬戸で作陶活動を始め、主に手捻りによる作品を制作。朝日陶芸展、中日国際陶芸展、日展などの公募展に出品して受賞を重ね、高い評価を得た。58年より母校で指導を行い、助教授を経て、平成5年教授。一つのスタイルに安住せず次々と別人のような作品を手がけて"現代陶芸の鬼才"と評され、晩年は神奈川県湯河原に工房を構えた。25年展覧会の準備中に69歳で亡くなった。　㊫日本陶磁器協会賞（第22回）〔昭和52年〕, 愛知県芸術文化選奨〔昭和54年〕, MOA岡田茂吉賞大賞（第12回）〔平成12年〕, 京都美術文化賞（第15回）〔平成14年〕「新しい様式の加飾と造形性を確立した」, 朝日陶芸展秀作賞（第6回）〔昭和43年〕, 朝日陶芸展朝日陶芸賞（第7回・第9回）〔昭和44年・46年〕, 朝日陶芸展三重県知事賞（第10回）〔昭和47年〕, 朝日陶芸展朝日陶芸'73賞（第11回）〔昭和48年〕, 日本現代工芸美術展現代工芸大賞（第13回）〔昭和49年〕, 中日国際陶芸展中日新聞大賞（第2回）〔昭和49年〕, 朝日陶芸展特別賞（第13回）〔昭和50年〕, 中日国際陶芸展東海テレビ準大賞（第4回）〔昭和51年〕, 日本現代工芸美術展現代工芸会員賞（第15回）〔昭和51年〕, 日展特選〔昭和52年・59年〕「くろとぎんの作品」「三つの面からなる角皿」, 朝日陶芸展朝日陶芸大賞（第15回）〔昭和52年〕, 日本新工芸展楠部賞（第4回）〔昭和57年〕　㊈父＝栗木伎茶夫（陶芸家）, 弟＝栗木義夫（彫刻家）

栗原 弘行　くりはら・ひろゆき　温冷熱医療研究家　尖閣諸島元地権者の弟　㊣平成26年（2014）5月23日　67歳〔肺がん〕　㊝昭和22年（1947）　㊞埼玉県さいたま市　㊧平成22年の中国漁船衝突事件などによる日中関係悪化を機に、24年東京都が私有地だった尖閣諸島の買収に名のりを挙げ、政府により国有化された際、地権者の弟として兄に代わってマスコミに登場しスポー

クスマン役を務めた。著書に「尖閣諸島売ります」がある。

黒川 ツルエ　くろかわ・つるえ　アナウンサー　87歳で地元インターネット局の女子アナウンサーとなる　[没]平成24年（2012）7月6日　95歳　[生]大正15年（1926）10月28日　[出]熊本県天草市下浦町　[歴]6人兄弟の長女で、昭和13年結婚。平成5年夫と死別。16年87歳の時に地元のインターネット放送局・天草テレビの女子アナウンサーに採用され、話題となる。レギュラー番組「ツルの一声！」を持った他、20年には天草市を訪れた麻生太郎首相にもインタビューした。22年香港のメディアから取材を受けたのが最後の出演となった。

黒柳 恒男　くろやなぎ・つねお　東京外国語大学名誉教授　[専]ペルシャ語，ペルシャ文学　[没]平成26年（2014）8月30日　89歳〔肺がん〕　[生]大正14年（1925）6月2日　[出]愛知県豊橋市　[学]東京外事専門学校卒　[歴]東京外国語大学教授、大東文化大学教授を歴任。アラビア語、ペルシア語、ウルドゥー語の辞典を編纂した他、著書に「ペルシア文芸思潮」「ペルシアの詩人たち」「ペルシア語入門」「ペルシアの神話」「現代ペルシア語辞典」、訳書にフィルドゥスィー「王書―ペルシア英雄叙事詩」、ニザーミー「七王妃物語」、サアディー「果樹園―中世イランの実践道徳詩集」、アッタール「鳥の言葉―ペルシア神秘主義比喩物語詩」などがある。[賞]瑞宝中綬章〔平成17年〕　[団]日本オリエント学会，日本中東学会

桑原 立生　くわはら・たつお　俳人　[没]平成26年（2014）2月16日　67歳　[生]昭和21年（1946）12月6日　[出]静岡県　[名]本名＝桑原龍雄　[歴]中学3年から富安風生に師事。その後、住宅産業の営業マンとなり俳句から離れるが、平成9年父を亡くし、追慕の句を詠んだことから作句を再開。「春野」に入会し、13年角川俳句賞を受賞。14年「椎」を経て、15年「若葉」に復帰。16年「あかとき」俳句会代表。19年「十七音樹」に入会。句集に「寒の水」がある。　[賞]角川俳句賞（第47回）〔平成13年〕　[師]師＝富安風生，黛執

桑原 啓善　くわはら・ひろよし　心霊研究家　詩人　作詞家　自然音楽療法研究家　生命の樹主宰　[没]平成25年（2013）7月22日　92歳　[生]大正10年（1921）1月1日　[出]長崎県　[名]別名＝山波言太郎（やまなみ・げんたろう）　[学]慶応義塾大学経済学部卒，慶応義塾大学大学院経済史専攻修了　[歴]昭和18年学徒出陣で海軍に入り、特攻基地に配属される。学生時代から心霊研究に入り、のち浅野和三郎の創立した心霊科学研究会の後継者として「心霊と人生」誌主幹の脇長生の下で心霊研究と霊的研究を行う。60年シルバー・バーチの会（生命の樹）を設立。デクノボー革命を実践（平成11年まで）。10年リラ自然音楽研究所を設立、主宰の青木由起子らとヒーリング指導、自然音楽朗読法の指導を行い、山波言太郎の名で自然音楽の作詞を多数手がける。その後、全ての活動を集約し、24年山波言太郎総合文化財団を設立した。詩人としては、昭和17年より前田鉄之助の「詩洋」同人。日本詩人クラブには創立年の25年から所属した。著書に「心霊入門」「神の発見」「人は神」「でくのぼう革命」「宮沢賢治の霊の世界」「変革の風と宮沢賢治」、訳書にアラン・カーデック編「霊の書」、グレース・クック「霊性進化の道」「天使と妖精」、詩集に「同年の兵士達へ」「一九九九年のために」「軍靴の歌」などがある。　[団]日本詩人クラブ　[師]師＝脇長生

見目 誠　けんもく・まこと　評論家　俳人　翻訳家　[没]平成25年（2013）7月14日　60歳　[生]昭和27年（1952）8月27日　[出]埼玉県　[名]本名＝見目誠（けんもく・まこと）　[学]学習院大学文学部〔昭和51年〕卒，学習院大学大学院仏文専攻博士課程修了　[歴]大学院でフランス象徴詩を学ぶ。一方、「馬酔木」「関西文学」同人。フランスの研究者アラン・ケルベルヌと共同で、正岡子規、種田山頭火らの俳句534句をフランス語に訳した。平成16年よりフランス人詩人のパトリック・ブランシュと共同で広島・長崎の原爆詩歌の英・仏訳に取り組み、18年完成した。著書に「呪われた詩人 尾崎放哉」、共著に「中島みゆきの場所」、訳書に「尼崎放哉句集」（フランス語版）、「薔薇物語」「フラメンカ物語」「柳軽やかなり」などがある。　[賞]俳人協会評論新人賞〔平成10年〕「呪われた詩人 尾崎放哉」，日本翻訳出版文化賞〔平成7年〕「薔薇物語」　[団]フランス語フランス文学会，日本比較文学会，日本翻訳家協会，俳人協会，国際俳句交流協会

小池 久雄　こいけ・ひさお　共立織物社長　[没]平成25年（2013）7月22日　89歳　[生]大正13年（1924）1月1日　[出]群馬県　[学]早稲田大学政経学部卒　[歴]小池家の養子となり、家業の共立織物に入社、昭和45年社長に就任。群馬県教育委員長も務めた。

小池 勇二郎　こいけ・ゆうじろう　実業家　[没]平成25年（2013）5月24日　90歳　[生]大正11年（1922）8月6日　[出]兵庫県　[学]中央大学商学部〔昭和19年〕卒　[歴]衆院議員、東京都知事を務めた小池百合子の父。戦前は南満州鉄道（満鉄）経理部に所属、ノンプロの野球選手として満鉄クラブで遊撃手としてプレー。戦後はペニシリンで財をなす一方、アラブに注目して石油事業に乗り出す。昭和44年衆院選兵庫2区に立候補したが落選。その後、エジプトの首都カイロで日本料理店なにわを経営した。　[家]娘＝小池百合子（東京都知事・衆院議員）

河野 旭輝　こうの・あきてる　プロ野球選手　[没]平成26年（2014）1月25日　79歳　[生]昭和10年（1935）1月1日　[出]和歌山県和歌山市　[学]和歌山工卒　[歴]松下電器産業（現・パナソニック）を経て、昭和29年阪急（現・オリックス）に入団。俊足の遊撃手としてならし、31年85盗塁で盗塁王を獲得、これは47年に福本豊が106盗塁するまで日本記録だった。32年、37年にも盗塁王を獲得。36年中日、39年阪急と移り、42年西鉄（現・西武）に転じ、同年退団。実働14年、1491試合出場、4783打数1213安打、93本塁打、480打点、293盗塁、818三振、打率.254。引退後は各チームでコーチ、二軍監督などを務め、平成2年阪神チーフコーチとなる。6年まで阪神二軍監督を務めた。

古賀 登　こが・のぼる　早稲田大学名誉教授　[専]中国社会経済史，日本上代史　[没]平成26年（2014）7月17日　88歳〔肺炎〕　[生]大正15年（1926）5月6日　[出]神奈川県　[学]早稲田大学文学部〔昭和27年〕卒，早稲田大学大学院文学研究科史学〔昭和33年〕博士課程修了　文

学博士　[歴]昭和33年早稲田大学助手、38年講師、40年助教授を経て、45年教授。四川大学文学院歴史系文化芸術史研究センター顧問も務めた。著書に「漢長安城と阡陌・県郷亭里制度」「四川と長江文明」「神話と古代文化」「猿田彦と椿」「両税法成立史の研究」「周易の研究」などがある。　[賞]瑞宝中綬章〔平成18年〕

小賀坂 昇　こがさか・のぼる　明治生命保険常務　[没]平成26年(2014)12月13日　97歳〔老衰〕　[生]大正6年(1917)2月28日　[出]宮城県　[学]早稲田大学専門部商科〔昭和14年〕卒　[歴]明治生命保険(現・明治安田生命保険)に入社。昭和44年取締役を経て、49年常務。52年再び取締役。同年青山ダイヤモンドホール社長。

小島 貞男　こじま・さだお　日水コン中央研究所所長　[専]水処理生物学, 水道の水質管理, 水環境の改善　[没]平成24年(2012)3月31日　95歳　[生]大正5年(1916)6月1日　[出]埼玉県大里郡久下村(熊谷市)　[学]東京高師理科三部〔昭和14年〕卒　農学博士　[歴]昭和19年東京高等師範学校講師、21年厚生省公衆衛生院技官を経て、23年東京都水道局に入り、38年同局長沢浄水場長、45年玉川浄水管理事務所長、47年日水コン中央研究所所長。62年顧問、平成9年技術顧問、20年名誉顧問。中国から復員後、水中微生物の研究に取り組んだのが水とかかわる発端。水づくりの相談に国内はもとより、中国、エチオピアなどにも赴いた。著書に「おいしい水の探求」「日本の水道はよくなりますか」「水道水」などがある。　[賞]日本水道協会有効賞〔昭和24年〕「貯水池の湖沼学的研究」, 空気調和衛生工学会賞〔昭和49年〕「水質汚濁と給水」, 産業公害防止協会賞〔昭和58年〕「富栄養化対策としての湖水循環法」　[資]技術士(衛生工学)　[団]日本陸水学会(名誉会員), 日本水処理生物学会(名誉会員), 日本水環境学会(名誉会員), 日本水道協会(特別会員)

小島 茂　こじま・しげる　静岡県立大学経営情報学部教授　[専]経営社会学, 国際問題, 教育問題　[没]平成26年(2014)8月22日　61歳　[生]昭和27年(1952)11月22日　[出]東京都　[学]一橋大学社会学部社会学科卒, カリフォルニア大学バークレー校(米国)大学院社会学研究科社会学専攻〔昭和57年〕博士課程修了　Ph.D.　[歴]昭和52〜60年在米。のち静岡県立大学助教授を経て、教授。“学位商法”と呼ばれる海外のディプロマミル(ディグリーミル)問題の専門家で、同問題を追及した。著書に「心のコミュニケーション」「学歴汚染—日本型学位商法(ディプロマミル)の衝撃」「学位商法—ディプロマミルによる教育汚染」「大学偽装—米国大学を騙る学位商法(ビジネス)」、共著に「ライフコースの社会学」、共訳にJ.L.セグリン「36時間マーケティング講座」などがある。　[団]日本社会学会, 日本広告学会, JALT

古庄 正　こしょう・ただし　駒沢大学名誉教授　[専]日本経済史　[没]平成24年(2012)6月18日　78歳〔原発性マクログロブリン血症〕　[生]昭和8年(1933)11月20日　[出]大分県東国東郡安岐町(国東市)　[学]杵築高〔昭和27年〕卒, 早稲田大学大学院商学研究科〔昭和37年〕博士課程修了　[歴]昭和37年駒沢大学経済学部非常勤講師、38年講師、41年助教授を経て、46年教授。60〜62年学部長。平成11年定年退職。日本経済史を専門とし、1980年代後半以降は朝鮮人戦時労働動員や、その企業責任の実証的解明に尽くした。著書に「足尾銅山・朝鮮人強制連行と戦後処理」、編著に「強制連行の企業責任—徴用された朝鮮人は訴える」などがある。

児玉 福三　こだま・ふくぞう　岐阜県議(公明党)　[没]平成24年(2012)1月13日　90歳〔腎臓がん〕　[生]大正10年(1921)12月7日　[出]岐阜県不破郡垂井町　[学]大垣商〔昭和14年〕卒　[歴]昭和14年大阪商船、24年西濃印刷に入社。38年以来岐阜市議3期を経て、50年から岐阜県議に3選。62年引退。　[賞]藍綬褒章〔昭和61年〕, 勲四等瑞宝章〔平成4年〕

小林 一弘　こばやし・かずひろ　文京盲学校校長　[専]障害児教育　[没]平成24年(2012)12月10日　77歳　[生]昭和10年(1935)3月11日　[出]東京都　[学]東京教育大学教育学部〔昭和32年〕卒　[歴]昭和33年東京都立八王子盲学校講師、のち教諭。39年葛飾盲学校教諭、47年東京教育大学教育学部附属盲学校教諭、53年筑波大学附属盲学校教諭、61年久我山盲学校教頭、平成元年葛飾盲学校校長、4年文京盲学校校長、同年6月全国盲学校長会長、5年全国特殊学校長会長、7年東京都教育庁学務部就学相談室就学相談員を経て、8年より淑徳短期大学、日本社会事業大学、武蔵野女子大学等で非常勤講師を務めた。　[賞]瑞宝小綬章〔平成17年〕, 博報賞(視覚障害教育部門, 第9回)〔昭和53年〕, 文部大臣教育者表彰〔平成6年〕, 鳥居賞〔平成7年〕「東京都内の全盲学校長を歴任し, 聴覚障害者福祉・盲教育の啓発・充実・発展に尽力」, 文部大臣教育功労者表彰〔平成10年〕, 内閣総理大臣障害者関係功労者表彰〔平成14年〕, 点字毎日文化賞(第43回, 平成18年度)「学校現場で長年, 視覚障害児・者教育に貢献した」

小林 英文　こばやし・ひでふみ　小説家　[没]平成26年(2014)6月13日　86歳〔肺炎〕　[生]昭和3年(1928)2月　[学]長野県立農林専(現・信州大学農学部)卒　[歴]高校、中学教師を経て、昭和27年から農業に従事する傍ら、農民文学を執筆。50年「別れ作」で農民文学賞、平成元年「コスモスの村」で佐久文化賞を受賞。著書に「コスモスの村」「鎌」がある。　[賞]農民文学賞(第19回)〔昭和50年〕「別れ作」, 佐久文化賞(第7回)〔平成1年〕「コスモスの村」　[団]日本農民文学会

小林 弘明　こばやし・ひろあき　京都府議(自民党)　[没]平成26年(2014)11月24日　79歳〔肝臓がん〕　[生]昭和10年(1935)5月1日　[出]京都府京都市　[学]早稲田大学文学部〔昭和34年〕卒　[歴]教員を経て、前尾繁三郎衆院議員秘書を務め、政界入り。昭和49年から京都府議に10選。平成7年議長。23年引退。自民党京都府連幹事長も務めた。　[賞]藍綬褒章〔平成6年〕, 旭日中綬章〔平成23年〕

小松 光三　こまつ・こうぞう　愛媛大学名誉教授　[専]国語学, 文法論, 表現論　[没]平成24年(2012)6月3日　75歳　[生]昭和11年(1936)11月22日　[出]茨城県　[学]大阪市立大学文学部国語・国文学科〔昭和34年〕卒, 大阪市立大学大学院文学研究科国文学専攻〔昭和52年〕後期博士課程単位取得退学　[歴]昭和37年京都府立園部高校教諭、39年大阪府立春日丘高校教諭、42年大阪工業大学講師、56年教授を経て、57年愛媛大学法文学部助教授、59年教授。平成9〜11年学部長。14年定年退官して名誉教授。著書に「国語助動詞意味論」「日本表

現文法論」「日本語文法―言葉は川の流れのように〈基礎編・応用編〉」がある。 [団]国語学会, 表現学会, 中古文学会

五味 龍太郎 ごみ・りゅうたろう 俳優 [没]平成25年(2013)8月31日 80歳 [生]昭和8年(1933)7月7日 [出]長野県諏訪市 [名]本名＝山本勝雄, 旧姓・名＝五味, 旧芸名＝五味勝之介 [学]日本大学芸術学部映画学科〔昭和29年〕中退 [歴]松竹音楽学校附属研究所を卒業後、昭和30年東映ニューフェイス第2期として入社。32年「ふり袖捕物帖・ちりめん駕籠」でデビュー、以後、主に時代劇の悪役として活躍。36年松竹京都、38年大映京都に転じ、44年よりフリー。主な出演作に映画「切腹」や〈大魔神〉〈座頭市〉シリーズ、テレビドラマ「桃太郎侍」「銭形平次」「水戸黄門」などがある。 [家]娘＝山本真奈美(放送作家)

小山 栄雅 こやま・えいが 僧侶 作家 宝生院(真言宗智山派)住職 [没]平成26年(2014)2月26日 76歳〔肝炎〕 [生]昭和12年(1937)12月9日 [出]東京都 [学]大正大学文学部国文学科〔昭和34年〕卒 [歴]大正大学常任理事、真言宗智山派宝生院住職を務めた。「新現実」「虚空」同人。著書に「山頭火の漂泊」「梶井基次郎」「ウルトラマリンノ底ノ方へ」「梶井基次郎の肖像」「旅の終り―小説・梶井基次郎と三好達治」などがある。 [団]日本文芸家協会

近藤 千雄 こんどう・かずお 翻訳家 [没]平成24年(2012)12月 77歳 [生]昭和10年(1935)11月29日 [出]台湾台北 [学]明治学院大学文学部英文学科〔昭和33年〕卒 [歴]昭和33年福山市で福英塾を開設以来、一貫して大学受験生相手の英語教師を務め、56年と59年に英国の語学学校へ留学研修。一方、18歳の時にスピリチュアリズムと出会い、在学中より米英の原典の研究と翻訳に従事。平成10年上京し、執筆活動に専念。著書に「おもしろ日本語――口ほんやく塾」、訳書にM.バーバネル「霊力を呼ぶ本」、S.モーゼス「霊訓」、A.W.オースティン「シルバー・バーチの霊訓」、H.エドワーズ「ジャック・ウェバーの霊現象」、G.V.オーエン「霊界通信 ベールの彼方の生活」などがある。

斎田 鳳子 さいた・ほうし 俳人 「かいつぶり」主宰 [没]平成25年(2013)4月 89歳 [生]大正12年(1923)12月15日 [出]茨城県笠間市 [名]本名＝斎田友二郎(さいた・ともじろう) [学]自治大学校卒 [歴]昭和18年「しほさゐ」に入会して吉田高浪に師事。24年「みそさざい」創刊とともに入会し、上村占魚に師事、のち同人となる。40年木村蕪城主宰の「夏炉」に入会、同人。平成8年「かいつぶり」を創刊・主宰した。句集に「笠間」「天の蔵」「まほらま」「風狂」がある。 [賞]茨城文学賞(第12回)〔昭和62年〕「天の蔵」 [団]俳人協会 [師]師＝吉田高浪, 上村占魚, 木村蕪城

酒井 克治 さかい・かつじ 大阪市立大学名誉教授 藤井寺市民病院名誉院長 [専]外科学 [没]平成24年(2012)2月19日 88歳〔心不全〕 [生]大正12年(1923)4月24日 [出]和歌山県 [学]京都帝国大学医学部〔昭和22年〕卒 医学博士 [歴]昭和53年～平成元年大阪市立大学医学部教授として、抗菌やがんの化学療法、乳がん治療などを手がける。退職後、藤井寺市民病院や田辺中央病院の院長を務めた。 [賞]勲三等瑞宝章〔平成12年〕 [団]日本感染症学会, 日本外科学会, 日本化学療法学会, 日本癌治療学会

酒井 敏夫 さかい・としお 東京慈恵会医科大学名誉教授 [専]筋生理学, 運動生理学 [没]平成24年(2012)5月23日 91歳 [生]大正9年(1920)6月21日 [出]神奈川県茅ケ崎市 [学]東京慈恵会医科大学〔昭和21年〕卒 医学博士 [歴]昭和23年東京慈恵会医科大学助手、26年横浜国立大学学芸学部助教授、33年米国ロックフェラー大学留学を経て、35年教授に昇任。40年母校の東京慈恵会医科大学教授に転じ、51年名誉教授。 [賞]勲三等瑞宝章〔平成6年〕 [団]日本体力医学会(名誉会員), 日本生理学会, 宇宙航空環境医学会(名誉会員)

堺 雄一 さかい・ゆういち 明治生命保険常務 [没]平成26年(2014)5月15日 80歳 [生]昭和8年(1933)5月25日 [出]滋賀県 [学]慶応義塾大学経済学部〔昭和32年〕卒 商学博士(中央大学) [歴]昭和32年明治生命保険に入社。国際投資部長、財務業務部長を経て、63年常務。のち明生投資顧問社長。生命保険経営学会理事、常務理事を歴任、機関誌「生命保険経営」の初代編集委員長を務めた。また、成蹊大学、東京経済大学で保健論を講じた。著書に「生命保険会社投資論〈1・2〉」「アメリカ私募証券市場の発展と構造」などがある。

阪口 要 さかぐち・かなめ 広島大学大学院社会科学研究科教授 [専]会計学 [没]平成24年(2012)3月21日 63歳 [生]昭和23年(1948)11月9日 [出]兵庫県豊岡市 [学]神戸大学経営学部経営学科〔昭和46年〕卒, 神戸大学大学院経営学研究科会計学専攻〔昭和49年〕博士課程中退 博士(経営学, 神戸大学)〔平成5年〕 [歴]昭和49年広島大学政経学部助手、51年講師、52年経済学部助教授を経て、平成元年教授。14～16年学部長。この間、昭和52年日本学術振興会国際共同研究員(ゲッティンゲン大学)、60年アレクサンダー・フォン・フンボルト財団奨学研究員、平成元年文部省在外研究員(テュービンゲン大学)。著書に「部分原価計算論序説―西ドイツ部分原価計算論の基礎的研究」「ドイツ原価計算システム」、編著に「原価計算の基礎」などがある。 [団]日本会計研究学会, 日本管理会計学会, 原価計算研究学会, 中四国商経学会

逆井 孝仁 さかさい・たかひと 立教大学名誉教授 [専]経済史 [没]平成25年(2013)3月14日 87歳 [生]大正14年(1925)7月6日 [学]東京帝国大学経済学部卒 [歴]同志社大学を経て、立教大学経済学部教授を務めた。著書に「日本経済史論」「日本近代化の思想と展開」などがある。 [団]日本経済思想史研究会 [家]妻＝逆井尚子(文芸評論家)

坂下 広吉 さかした・こうきち 洋画家 [没]平成26年(2014)8月8日 69歳〔心筋梗塞〕 [生]昭和20年(1945)7月12日 [出]山口県下関市 [名]後名＝坂下昿吉(さかした・こうきち) [学]多摩美術大学油絵科〔昭和42年〕卒 [歴]昭和51年以来個展、洲之内コレクション展、ポストコレクション展、安井賞展などに出品。54～56年ウィーン美術アカデミーに留学、R.ハウズナーに学ぶ。バビロニアの最長編英雄詩「ギルガメシュ」

補 遺（2012〜2014）　　さねかた

の王の一代記を何百枚もの絵に描き続けた。晩年に広吉から眛吉に改名した。

酒田 英夫　さかた・ひでお　日本大学医学部教授　⑭大脳生理学　㉓平成25年（2013）10月4日　78歳　⑪昭和9年（1934）12月10日　⑱北海道札幌市　⑱北海道釧路湖陵高〔昭和28年〕卒、東京大学医学部医学科〔昭和34年〕卒、東京大学大学院医学研究科〔昭和39年〕博士課程修了　医学博士〔昭和39年〕　⑯昭和34年東京大学医学部附属病院で医師訓練、39年大阪市立大学医学部助手となり、42年米国ジョンズ・ホプキンズ大学に留学、触覚刺激に反応する細胞の研究に取り組む。43年帰国後、頭頂連合野の研究を本格的に開始。47年東京都神経科学総合研究所副参事研究員、59年生理学研究部長、62年日本大学医学部教授。平成12年退職後は、同大非常勤講師、13年聖徳栄養短期大学教授、17年東京聖栄大学教授を務めた。著書に「記憶は脳のどこにあるか」「頭頂葉」など。　⑯日本生理学会、日本神経心理学会、日本神経科学協会

坂本 勉　さかもと・つとむ　九州大学大学院人文科学研究院教授　⑭言語学　㉓平成26年（2014）7月23日　60歳　⑪昭和29年（1954）2月26日　⑱京都大学文学部言語学専攻〔昭和53年〕卒、京都大学大学院文学研究科言語学専攻〔昭和59年〕博士課程単位取得満期退学、ニューヨーク市立大学（米国）大学院言語学専攻〔平成1年〕博士課程単位取得満期退学　Ph.D.（ニューヨーク市立大学）〔平成3年〕　⑯平成元年松蔭女子学院大学専任講師を経て、4年九州大学助教授、13年教授。

坂本 幸哉　さかもと・ゆきや　大阪大学名誉教授　滋慶医療科学大学院大学学長　⑭医化学　㉓平成25年（2013）7月22日　86歳　⑪大正15年（1926）10月7日　⑱大阪大学医学部医学科卒　医学博士　⑯昭和36年大阪大学医学部教授、56〜60年学部長、62年〜平成元年医学部附属バイオメディカル教育センター長、2年名誉教授。10年大阪医療技術学園専門学校校長、14年大阪医療福祉専門学校校長、15年大阪医療技術学園理事、20年3月大阪滋慶学園理事、22年大阪医療看護専門学校校長、23年滋慶医療科学大学院大学学長を歴任。　⑯瑞宝中綬章〔平成17年〕、日本ビタミン学会賞（昭和36年度）「ピリドキサール燐酸の定量と生合成に関する研究」　⑯日本癌学会、日本生化学会、日本医学図書館協会、日本ビタミン学会、大阪府医師会

佐久間 章　さくま・あきら　九州大学名誉教授　⑭言語心理学　㉓平成26年（2014）3月15日　91歳　⑪大正11年（1922）12月10日　⑱東京都　⑱中学修猷館〔昭和15年〕卒、福岡高〔昭和19年〕卒、九州大学法文学部心理学科〔昭和23年〕卒　⑯昭和23年九州大学助手、26年福岡学芸大学講師、39年九州大学助教授を経て、43年教授。61年退官後、熊本工業大学教授、駒沢大学教授を務めた。　⑳勲三等旭日中綬章〔平成11年〕

佐久間 彪　さくま・たけし　カトリック司祭　児童文学作家　翻訳家　カトリック世田谷教会司祭　白百合女子大学名誉教授　⑭宗教学、児童文学、ドイツ語　㉓平成26年（2014）7月25日　86歳　⑪昭和3年（1928）2月25日　⑱東京都　⑱上智大学大学院哲学研究科卒、

ザンクト・ゲオルゲン大学（フランクフルト）神学部卒　⑯昭和31年受按。カトリック世田谷教会司祭、白百合女子大学教授、同宗教主任を務め、児童文学作家としても活躍した。著書に「ほえるらいおん」「たびでのうた」「のあのはこぶね」「ちいさなもみの木」「神への憧れ」、訳書にリュディガー・シュトイー「きゅうすいとうのくじら」、カリール・ジブラン「預言者」などがある。

桜井 正信　さくらい・まさのぶ　駒沢大学名誉教授　⑭歴史地理学　㉓平成24年（2012）10月17日　91歳　⑪大正10年（1921）8月5日　⑱東京都世田谷区　⑱駒沢大学文学部人文学科卒　⑯駒沢大学文学部教授を務めた。著書に「歴史と風土 武蔵野」「文学と風土 武蔵野」「日本の野人たち」「東京に活きる江戸」などがある。　⑳サンケイ児童出版文化賞〔昭和58年〕、世田谷区名誉区民〔平成12年〕　⑯歴史地理学会、日本地理学会、地方史協議会

桜井 ユタカ　さくらい・ゆたか　音楽評論家　㉓平成25年（2013）6月11日　71歳〔肺炎〕　⑪昭和16年（1941）7月25日　⑱東京都　⑱法政大学〔昭和39年〕卒　⑯ソウル、R&Bといったブラック・ミュージックの音楽評論で活躍した。

佐々木 正　ささき・ただし　棋士　囲碁9段　㉓平成26年（2014）7月20日　51歳　⑪昭和38年（1963）5月28日　⑱東京都　⑯23世本因坊坂田栄男門下となり、昭和55年入段。56年2段、57年3段、58年4段、63年5段、平成5年6段、10年7段を経て、13年8段。この間、8年棋聖戦決勝まで進むが星野正樹に敗れた。東京の下町で地元に根付いた囲碁の普及活動を行った。没後、9段追贈。　⑯師＝坂田栄男

佐藤 雄一　さとう・ゆういち　東京新聞論説委員　㉓平成26年（2014）8月6日　82歳〔胆管がん〕　⑪昭和6年（1931）10月28日　⑱宮城県　⑱早稲田大学政治経済学部卒　⑯昭和32年東京新聞社に入社。政治部次長を経て、56年論説委員。日露医学医療交流財団常務理事も務めた。

佐藤 嘉男　さとう・よしお　日本新聞協会事務局次長　㉓平成24年（2012）10月27日　72歳　⑪昭和15年（1940）2月20日　⑱宮城県　⑱東京外国語大学独語科卒　⑯昭和38年日本新聞協会に入り、編集・開発各部副主管、編集部主管、61年日本記者クラブ事務局総務部長に出向。日本新聞協会広告部長、3年米国駐在代表、7年国際部長、8年事務局長兼国際部長、10年事務局次長。12年日本プレスセンター専務。

実方 謙二　さねかた・けんじ　北海道大学名誉教授　神戸学院大学名誉教授　⑭独占禁止法　㉓平成26年（2014）1月23日　81歳　⑪昭和7年（1932）11月20日　⑱宮城県仙台市　⑱東京大学法学部第一類〔昭和30年〕卒、東京大学大学院法学政治学研究科〔昭和37年〕博士課程単位取得退学　法学博士　⑯昭和44年法政大学法学部教授を経て、50年北海道大学法学部教授。平成8年名誉教授。同年神戸学院大学法学部教授、18年退職、名誉教授となる。著書に「独占禁止法と現代経済」「独占禁止法入門」「寡占体制と独禁法」「独占禁止法」などがある。　⑳瑞宝中綬章〔平成25年〕、石油学会論文賞〔昭和50年〕、燃料協会賞〔昭和52年〕、日加研究賞（第2回）〔昭和61年〕「対外貿易に関するカナダの法

制度および政策の総合的研究」, 石油学会賞〔平成2年〕 [資]弁護士 [団]日本公法学会, 日本私法学会, 日米法学会

三瓶 正弘 さんぺい・まさひろ 福島県議 福島県畜産農協連合会会長理事 [没]平成24年（2012）9月15日 96歳〔心筋梗塞〕 [生]大正4年（1915）10月27日 [学]田村中卒 [歴]昭和36年から福島県議を連続6期22年務める。また、福島県畜産農協連合会会長理事、全国畜産農協連副会長、全国和牛登録協会副会長、全国肉用牛協会副会長などを歴任した。 [賞]勲三等瑞宝章〔昭和61年〕 [家]長男＝三瓶喜光（福島県白沢村議）

塩崎 正人 しおざき・まさと プロ野球選手 [没]平成26年（2014）7月31日 84歳〔誤嚥性肺炎〕 [生]昭和4年（1929） [出]長野県 [学]赤穂中（現・赤穂高） [歴]昭和23年巨人に入団、26年まで在籍した。

塩見 哲 しおみ・さとし 演出家 ステージワンダー代表取締役 ワンダー・プロダクション取締役 [没]平成26年（2014）4月21日 80歳〔肺炎〕 [生]昭和9年（1934）1月1日 [出]京都府 [学]同志社大学中退, 俳優座養成所（第6期）〔昭和32年〕卒 [歴]同志社大学を中退して俳優を志し、昭和29年俳優座養成所に第6期生として入る。2年目に演出家に転じ、千田是也の下で修行を積む。36年同期の女優・市原悦子と結婚。46年俳優座を退団して独立。舞台製作会社ステージワンダー代表取締役を務め、「市原悦子オンステージ」などの演出を手がけた。 [家]妻＝市原悦子（女優）

鹿内 英子 しかない・えいこ フジランド社長 [没]平成25年（2013）12月31日 91歳〔老衰〕 [生]大正11年（1922）4月21日 [学]松藤高女卒 [歴]フジランド社長、彫刻の森美術館理事などを務めた。 [家]夫＝鹿内信隆（フジサンケイグループ議長）, 長男＝鹿内春雄（フジサンケイグループ議長）

式守 伊之助（24代目） しきもり・いのすけ 大相撲行司 立行司 [没]平成25年（2013）2月1日 93歳 [生]大正8年（1919）4月15日 [出]香川県大川郡志度町（さぬき市） [名]本名＝尾崎信雄（おざき・のぶお）, 前名＝木村正義, 木村正信, 木村正直（3代目） [歴]父は元三段目力士。幼少時から四国の素人相撲で豆行司を務める。木村正直（のち第23代木村庄之助）の勧めにより昭和9年15歳で行司として朝日山部屋に入り、10年1月初土俵。木村正義、正信と名のり、29年9月幕内格、36年三役格となり、37年1月師匠の名を継いで第3代正直に改めた。52年11月第24代式守伊之助を襲名。素早い動きと天才的な勝負勘で名行司といわれた。59年春場所を最後に引退。以後講演活動に活躍した。若い頃から老けて見えたため、あだ名は"隠居"だった。 [師]師＝木村庄之助（23代目）

信太 隆夫 しだ・たかお 医師 国立相模原病院臨床研究部長 [専]アレルギー学, 呼吸器学, 血液学 [没]平成24年（2012）1月5日 83歳 [生]昭和3年（1928）6月18日 [出]北海道札幌市 [学]北海道大学医学部〔昭和28年〕卒 医学博士（北海道大学）〔昭和34年〕 [歴]昭和29年北海道大学結核研究所助手を経て、32年市立札幌病院医師として一般内科を学ぶ。43年国立相模原病院第三内科医長、55年同臨床研究部長。平成6年退官、同年日本臨床アレルギー研究所副所長。20年退職。 [賞]国立病院療養所学会塩田賞〔昭和45年〕「日本における花粉症」 [団]日本アレルギー学会（名誉会員）, 日本免疫学会, 日本胸部疾患学会

設楽 寛 したら・ひろし 東北大学名誉教授 [専]気候学 [没]平成24年（2012）10月11日 86歳〔肺がん〕 [生]大正15年（1926）2月19日 [出]山形県山形市 [学]東北帝国大学理学部〔昭和24年〕卒, 東北大学大学院理学研究科地理学専攻修了 理学博士〔昭和37年〕 [歴]昭和28年広島大学教養部講師、31年助教授を経て、37年東北大学理学部助教授、55年教授。退官後、平成2年より富士大学経済学部教授。 [団]日本地理学会, 日本気象学会, 東北地理学会

柴田 彰 しばた・あきら 函館市長 [没]平成26年（2014）1月 81歳 [生]昭和7年（1932）11月13日 [出]北海道函館市 [学]函館中部高卒 [歴]高校卒業後、函館市役所に入る。高校時代から始めたハンドボールでは日本代表にも選ばれた。昭和58年函館市長に当選、61年辞任。

柴田 叡弌 しばた・えいいち 名古屋大学名誉教授 [専]森林昆虫学, 森林生態学 [没]平成25年（2013）5月9日 67歳〔間質性肺炎〕 [生]昭和21年（1946）1月17日 [出]京都府京都市左京区 [学]京都府立大学農学部農学科卒, 三重大学大学院農学研究科〔昭和46年〕修士課程修了 農学博士（京都大学）〔平成2年〕 [歴]昭和46年農林省林業試験場関西支場、48年奈良県農林部治山課、49年奈良県林業指導所を経て、平成4年名古屋大学農学部附属演習林教授。21年定年退官。カミキリムシの生態学的研究に取り組んだ。 [賞]林業技術賞〔昭和61年〕

柴田 東子 しばた・とうこ 俳人 「環礁」代表 [没]平成25年（2013）1月24日 83歳 [生]昭和4年（1929）8月10日 [出]東京都 [名]本名＝柴田東（しばた・あずま） [学]日本女子大学国文科卒 [歴]昭和27年より「三河」に投句、同人となったが退会。のち加藤かけいに師事して「環礁」同人。58年主宰没後、60年まで「環礁」代表。のち無所属。中部女流俳句会長を務めた。 [賞]環礁賞〔昭和44年〕, 荒星賞〔昭和48年〕 [団]俳人協会 [師]師＝加藤かけい

柴田 久寛 しばた・ひさひろ 佐賀県議（社会党） [没]平成26年（2014）8月11日 71歳〔胃がん〕 [生]昭和17年（1942）10月14日 [学]佐賀大学文理学部卒 [歴]佐賀教組書記、地区労事務局長を経て、社会党佐賀県書記長。平成3年佐賀県議に当選、1期。7年落選。同年11月参院佐賀県選挙区補選に、12年衆院選佐賀2区、15年衆院選佐賀1区に社民党から立候補。社民党佐賀県連代表を務めた。

渋谷 達紀 しぶや・たつき 東京都立大学名誉教授 [専]商法, 経済法 [没]平成26年（2014）8月29日 74歳〔病気〕 [生]昭和15年（1940）5月1日 [学]東京大学法学部〔昭和39年〕卒, 東京大学大学院法学政治学研究科〔昭和42年〕修士課程修了 [歴]昭和42年東京大学法学部助手、45年東京都立大学法学部助教授を経て、54年教授。平成15年退職し、23年まで早稲田大学法学部特任教授を務めた。第19期日本学術会議会員。著書に「商標法の理論」「特許と経済社会」「知的財産法講義〈1〜3〉」「特許法」「著作権法」「不正競争防止法」などがある。

補　遺（2012〜2014）　　　　　　　　　すきや

㉕全国発明表彰発明奨励功労賞（平成17年度）　㉞日本私法学会，経済法学会

渋谷 晴雄 しぶや・はるお　詩人　生長の家長老　㉓平成24年（2012）6月19日　88歳　㉔大正13年（1924）㉕宮城県　㉖東北大学経済学部〔昭和24年〕卒　㉗宗教法人・生長の家の文化局長，本部理事，講師部長，ハワイ州駐在本部講師，ラテン・アメリカ教化総長などを歴任。詩人でもあり，著書に「光と風を聴く」「光の国から」，詩集「光の楽譜」「光の四季」などがある。㉞現代詩人会

清水 元 しみず・げん　中央大学法科大学院教授　㉓民法　㉓平成26年（2014）12月13日　65歳　㉔昭和24年（1949）9月18日　㉕東京都　㉖中央大学法学部法律学科〔昭和47年〕卒，立教大学大学院法学研究科修士課程修了，早稲田大学大学院法学研究科民事法学専攻〔昭和54年〕博士課程満期退学　法学博士　㉗東北学院大学法学部専任講師，助教授，教授を経て，平成16年中央大学教授。　㉞日本私法学会，金融法学会

下村 和子 しもむら・かずこ　詩人　㉓平成26年（2014）5月14日　82歳　㉔昭和7年（1932）3月5日　㉕兵庫県西宮市　㉖神戸市外国語大学卒　㉗詩集に「海の夜」「鳥になる」「鄙道」「耳石」「縄文の森へ」「弱さという特性」，エッセイに「神はお急ぎにならない」などがある。　㉞現代詩人会，日本文芸家協会，日本詩人クラブ，日本ペンクラブ

杓谷 多見夫 しゃくや・たみお　俳人　「小鹿」主宰　㉓平成24年（2012）1月10日　82歳　㉔昭和4年（1929）8月8日　㉕静岡県　㉖中央大学法学部卒　㉗法務省保護観察所勤務。昭和41年高橋沐石主宰「小鹿」創刊に編集同人として参加。平成10年同誌主宰を継承。俳人協会静岡県支部幹事長，静岡県俳句協会常任理事などを務めた。句集に「自然」「一冬木」などがある。　㉞俳人協会　㉟師＝高橋沐石

春風亭 柳桜（4代目） しゅんぷうてい・りゅうおう　落語家　㉓平成26年（2014）5月19日　61歳〔糖尿病による多臓器不全〕　㉔昭和27年（1952）10月22日　㉕東京都港区　㉘本名＝吉沢正雄（よしざわ・まさお），前名＝春風亭柳太郎（しゅんぷうてい・りゅうたろう）㉗高校中退後，電気プラグ製造工場勤務や，陸上自衛隊，パチンコ店，焼き鳥屋など様々な職業を経験。昭和54年落語界入りを決意して春風亭柳昇に入門，柳太郎。59年二ツ目。平成5年真打ちに昇進し4代目柳桜を襲名。「羽織の遊び」「素人鰻」「初天神」「居酒屋」「たぬき」「雑俳」「たらちね」「桃太郎」などを得意とした。一方，20歳の頃から原因不明の難病，ビュルガー病を患って入退院を繰り返し，4年右足，6年左足を切断。義足を装着してリハビリに励み，7年高座に復帰した。14年より2代目神田愛山と組み，「起死回生の会」を開催。17年半生記「不死身の落語家」を出版した。㉟師＝春風亭柳昇

正部家 一夫 しょうぶけ・いっぷ　俳人　「葦牙」主宰　㉓平成24年（2012）10月2日　93歳　㉔大正8年（1919）6月2日　㉕北海道小樽市　㉖昭和19年千島従軍中に俳句を学ぶ。22年「蝦夷野」，24年「葦牙」に入会。その後，「雲母」「氷下魚」「白燕」などに拠る。平成9年「葦牙」主宰。句集に「返り花」がある。　㉕小樽市文化団体協議会文化貢献賞

白井 孝市 しらい・こういち　田原市長　㉓平成25年（2013）12月22日　82歳　㉔昭和6年（1931）12月21日　㉕愛知県渥美郡田原町（田原市）　㉖愛知大学短期大学部卒　㉗昭和25年愛知県田原町役場に入る。58年より助役職を経て，平成7年より町長に無投票で3選。15年合併により誕生した田原市の初代市長に当選。19年引退，1期。助役時代の昭和62年，全国自治体に先駆けて一般廃棄物の固形燃料（RDF）化施設を導入するなど，“エコ・ガーデンシティ構想”を軸に一貫して環境施策に力を注いだ。　㉕旭日双光章〔平成23年〕，田原市政功労表彰〔平成20年〕，田原市名誉市民〔平成23年〕，愛知県知事表彰〔平成25年〕

白倉 敬彦 しらくら・よしひこ　浮世絵研究家　編集者　㉓春画　㉓平成26年（2014）10月4日　74歳　㉔昭和15年（1940）　㉕北海道　㉖早稲田大学文学部中退　㉗フリーの編集者として，長年にわたり現代美術から浮世絵にいたる美術書を企画編集。また，浮世絵・春画の研究に携わった。著書に「江戸の春画」「江戸の吉原」「春画で読む江戸の色恋」「江戸の男色」「夢の漂流物」「絵入春画艶本目録」「春画と人びと」などがある。

陣内 正敬 じんのうち・まさたか　関西学院大学総合政策学部教授　㉓社会言語学，日本語教育　㉓平成24年（2012）10月6日　58歳　㉔昭和29年（1954）3月8日　㉕佐賀県杵島郡北方町（武雄市）　㉖九州大学理学部生物学科〔昭和52年〕卒，九州大学大学院文学研究科言語学専攻〔昭和57年〕博士課程中退　博士（文学，大阪大学）〔平成17年〕　㉗昭和57年九州大学文学部助手，60年教養部助教授を経て，平成7年関西学院大学総合政策学部助教授，9年教授。著書に「日本語の現在」「北部九州における方言新語研究」，共著に「カタカナ語・略語に強くなる本」「社会言語学」などがある。　㉞国語学会，日本語教育学会

杉藤 美代子 すぎとう・みよこ　大阪樟蔭女子大学名誉教授　日本音声学会会長　㉓音声言語学，国語学（アクセント）　㉓平成24年（2012）2月1日　92歳　㉔大正8年（1919）3月20日　㉕東京都　㉖東京女子高等師範学校（現・お茶の水女子大学）国文国語学科卒，京都大学大学院文学研究科言語学専攻修了　文学博士（東京大学）　㉗昭和25年より松蔭中学の教壇に立ち，32〜34年京都大学文学部言語学科研修生として泉井久之助教授の指導を受ける。42年松蔭高校を経て，46年大阪樟蔭女子大学に転じ，学芸学部国文学科教授を務めた。退職後の平成5年自宅の自宅に音声言語研究所を設立して研究を続けた。この間，4〜7年日本音声学会会長。11年30数年間の研究を集大成する「日本音声の研究」（全7巻）が完成した。　㉞日本言語学会，日本音声学会，国語学会

杉谷 徳蔵 すぎや・とくぞう　作家　詩人　㉓平成24年（2012）7月30日　88歳　㉔大正13年（1924）　㉕千葉県印鑑郡八街町（八街市）　㉗千葉市企画部企画等第四係長，監査室主査，千葉市企画調整局次長，千葉市宅地指導課長，千葉県企業庁職員課主幹，千葉県保育専門学院長，千葉県市川児童相談所主任児童福祉司を歴任した。著書に「房総女性群像」「小林一茶と房総

の俳人たち」「房総女性史談」「房総の伝承奇談」、詩集「生活祭」などがある。 [団]日本詩人クラブ, 千葉県詩人クラブ

杉山 晃一 すぎやま・こういち 東北大学名誉教授 [専]文化人類学 [没]平成26年（2014）6月22日 82歳 [生]昭和7年（1932）6月9日 [出]神奈川県足柄上郡山北町 [学]国学院大学文学部史学科〔昭和31年〕卒, 東京大学大学院生物系研究科人類学専攻〔昭和39年〕博士課程単位取得退学 社会学博士（東京大学）〔昭和45年〕 [歴]東北大学文学部附属日本文化研究施設助教授を経て、教授。平成8年定年退官後は東北学院大学教授となり、12年まで務めた。著書に「稲のまつり」などがある。 [賞]渋沢賞（第4回）〔昭和43年〕「稲作儀礼の対比研究の試み」 [団]日本民族学会, 日本宗教学会, 東北印度学宗教学会

杉山 とく子 すぎやま・とくこ 女優 [没]平成26年（2014）8月28日 88歳 [生]大正15年（1926）8月16日 [出]東京府荏原郡世田谷町太子堂（東京都世田谷区） [名]旧芸名＝杉山徳子 [学]実践第二高女卒 [歴]保育園、新聞社勤務を経て、昭和21年千田是也主宰の舞台芸術アカデミーで演劇を学ぶ。23年山岡久乃、初井言栄らとともに俳優座へ入る。舞台「遠くの羊飼い」でデビュー。24年豊田四郎監督「白鳥は悲しからずや」で映画デビュー。以後「女の園」「キューポラのある街」などに出演、存在感ある脇役として活躍。他の出演作に、舞台「アンナ・カレーニナ」「見知らぬ人」「地獄のオルフェ」「国語元年」「貴族の階段」、映画「男はつらいよ・望郷篇」「遊び」「遙かなる山の呼び声」「嵐が丘」、テレビ「若者たち」「なっちゃんの写真館」「絹の家」「渡る世間は鬼ばかり」など。平成11年「老いるとはどういうことですか」を出版した。

鈴木 生朗 すずき・いくろう 脚本家 [没]平成26年（2014）12月28日 88歳〔腎盂がん〕 [生]大正15年（1926）11月25日 [出]東京都 [学]早稲田大学商学部卒 [歴]「水戸黄門」「影の軍団・幕末篇」「長七郎江戸日記」「銭形平次」「暴れん坊将軍」「仮面ライダー」など数多くのテレビドラマや映画で脚本を手がけた。 [賞]日本シナリオ作家協会功労賞〔平成3年〕 [団]日本シナリオ作家協会, 日本放送作家協会

鈴木 茂 すずき・しげる 医師 県西部浜松医療センター精神科科長 楽メンタルクリニック院長 [専]精神医学, 境界性人格障害 [没]平成25年（2013）7月18日 65歳〔心不全〕 [生]昭和23年（1948）5月27日 [出]東京都品川区 [学]麻布学園高〔昭和42年〕卒, 東北大学医学部〔昭和48年〕卒 医学博士 [歴]昭和48年岩手県立南光病院勤務、50年名古屋市立大学医学部精神科臨床研修医、52年資生会八事病院勤務、55年名古屋市立大学医学部精神科助手、58年八事病院勤務（医局長）、60年西ドイツ・マールブルク大学精神科客員研究員、61年県西部浜松医療センター精神科科長。平成19年浜松市に楽メンタルクリニックを開業し、24年まで院長を務めた。著書に「境界事象と精神医学」「境界例vs分裂病」、共訳書に「分裂病の人間学」など。

鈴木 哲雄 すずき・てつお 詩人 [没]平成25年（2013）4月6日 78歳 [生]昭和10年（1935）3月19日 [出]愛知県名古屋市 [学]旭丘高〔昭和28年〕卒 [歴]昭和28年中部電力に入社、平成7年定年退職。この間、会社の俳句同好会に所属して「職場文芸」の編集に従事。また、20代から詩作を始め、昭和46年第一詩集「白い風化」を刊行。平成5年詩集「蟬の松明」で中日詩賞を受賞。「環」「檸檬」同人。他の詩集に「あかさたな万華」「太陽はまだ高いのに」「やさしさ依存症」「途中橋」「神様だって」などがある。 [賞]中日詩賞（第33回）〔平成5年〕「蟬の松明」, 名古屋市芸術特賞〔平成15年〕

鈴木 政夫 すずき・まさお 鴨川グランドホテル創業者 [没]平成26年（2014）11月6日 89歳〔老衰〕 [生]大正14年（1925）10月10日 [出]千葉県鴨川市 [学]中央大学専門部経済科〔昭和22年〕卒 [歴]千葉・鴨川の吉田屋旅館の息子として生まれる。昭和22年大学卒業後、家業を継いだが、30年4月全焼。31年から再建に取りかかり、40年吉田屋旅館を売却し、海岸の県保有林の払い下げを得て鴨川グランドホテルを設立、社長に就任。料亭鴨川やレストラン経営など手広く事業を展開、鴨川市の観光産業の礎を築く。平成6年会長、8年取締役相談役。12年社長に復帰、18年取締役相談役。 [賞]藍綬褒章〔昭和61年〕, 鴨川市名誉市民〔平成8年〕 [家]長男＝鈴木健史（鴨川グランドホテル社長）

鈴木 頼恭 すずき・らいきょう 「コボたち」編集室長 [没]平成24年（2012）8月1日 87歳〔肝臓がん〕 [生]大正13年（1924）8月17日 [出]岐阜県中津川市 [名]本名＝鈴木頼恭（すずき・よりやす） [学]中津商〔昭和16年〕卒, 岐阜師範〔昭和19年〕卒 [歴]太平洋戦争中は見習士官として姫路の部隊に配属される。戦後、昭和22年岐阜市の長良小、29年岐阜大附属小に勤め、48年山県郡の富岡小、52年羽島市の小熊小、55年同市の足近小、58年岐阜市の岩野田北小の各校長を歴任。また、47年児童文学作家の岸武雄、赤座憲久らと月刊の児童文学雑誌「コボたち」を創刊、63年から編集室長を務めた。平和活動にも力を注ぎ、岐阜県における平和活動の中心的なメンバーとしても活動した。著書に「公害教育の実践」「汚れ川にいどむ子ら」「子どもはぼくの先生だ」などがある。 [賞]中日教育賞〔昭和50年〕「公害教育への功績」

寿永 欣三郎 すなが・きんさぶろう 国学院大学経済学部教授 [専]経営管理論, 経営学史, 米国経営学・経営史 [没]平成24年（2012）2月22日 69歳 [生]昭和18年（1943）1月3日 [出]東京都 [学]都立第四商〔昭和36年〕卒, 中央大学商学部会計学科〔昭和43年〕卒, 中央大学大学院商学研究科商学（経営学）専攻〔昭和46年〕修士課程修了, 中央大学大学院商学研究科〔昭和50年〕博士課程単位取得退学 [歴]昭和36年三菱電機に入社。50年国学院大学経済学部専任講師、53年助教授、59年教授。61年9月～62年8月国外派遣研究員として米国に滞在。平成24年退職。共著に「人事管理論」「経営史―欧米」「商業史」「現代の経営思想」「現代経営学の基礎」（共編）、共訳に「ベル・システムの崩壊―20世紀最大の企業分割」、L.ガランボス「アメリカ経営史学の新潮流」など。 [団]日本経営学会, 経営史学会, 組織学会

角南 攻 すなみ・おさむ 編集者 出版プロデューサー 「週刊ヤングジャンプ」編集長 [没]平成26年（2014）8月7日 70歳〔肺がん〕 [生]昭和19年（1944）1月1日 [出]愛知県名古屋市 [学]早稲田大学〔昭和43年〕

卒　[歴]昭和43年「少年ジャンプ」創刊時に集英社に入社。「ハレンチ学園」「トイレット博士」「侍ジャイアンツ」「リングにかけろ」などの人気漫画を担当、「トイレット博士」の主人公スナミ先生のモデルとなった。54年「週刊ヤングジャンプ」副編集長、59年編集長を務め、青年誌最大発行部数256万部を樹立。60年からは「ビジネスジャンプ」創刊編集長を兼任。平成3年第四編集部部長代理を経て、部長、4年「Bart」編集長。5年ニューメディア部長。その後、白泉社常務・顧問を経て、フリーの出版プロデューサーとなる。著書に自伝「メタクソ編集王『少年ジャンプ』と名づけた男」と「スナミちゃんの超能力研究室」がある。

関口 尚　せきぐち・たかし　漫画家　東京工芸大学芸術学部教授　[没]平成25年（2013）7月12日　52歳〔悪性リンパ腫〕　[生]昭和36年（1961）　[出]東京都　[学]多摩美術大学グラフィックデザイン科〔昭和59年〕卒　[歴]平成3年ユーモア広告大賞ビジュアル部門最優秀賞以来、次々に受賞。4年個展も開く。東京工芸大学マンガ学科准教授、教授として教鞭も執った。風刺漫画集「Freeze！」、イラスト集に「BLACK&WHITE HUMOR」「underground」がある。　[賞]ユーモア広告大賞ビジュアル部門最優秀賞（第5回）〔平成3年〕，メキシコ国際ポスタービエンナーレ社会部門第3位（第2回）〔平成4年〕，読売国際漫画大賞優秀賞（第13回）〔平成4年〕　[団]日本漫画家協会

関口 徳高　せきぐち・のりたか　仏所護念会教団会長　[没]平成26年（2014）10月19日　79歳〔肺炎〕　[生]昭和10年（1935）　[出]東京都　[学]慶応義塾大学〔昭和33年〕卒　[歴]昭和35年仏所護念会教団本部に勤務。同年初代青年部長。39年教団理事、55年教団責任役員（常務理事）、60年副会長、平成2年3代目会長に就任。

瀬尾 脩　せのお・すすむ　映画撮影監督　[没]平成26年（2014）5月15日　82歳　[生]昭和7年（1932）4月20日　[出]茨城県　[学]日本大学芸術学部〔昭和28年〕中退　[歴]日本大学芸術大学を中退後、東映東京撮影所に入社。撮影助手を経て、劇映画のBカメラを多く担当。昭和41年撮影者となる。49年東映企画プロモーションに移る。東映のテレビ特撮番組〈宇宙刑事〉〈メタルヒーロー〉シリーズや、テレビ「ジャイアントロボ」「柔道一直線」「キイハンター」などを手がけた。　[団]日本映画撮影監督協会

宗 正彦　そう・まさひこ　和歌山県議（自民党）　[没]平成26年（2014）9月2日　88歳〔心不全〕　[生]大正15年（1926）5月15日　[出]和歌山県　[学]海南中卒　[歴]和歌山県野上町議を経て、昭和54年から海草郡選挙区選出の和歌山県議に6選。平成元年副議長、5年議長を務めた。15年引退。　[賞]旭日中綬章〔平成15年〕

園田 凌士　そのだ・りょうじ　作詞家　ミュージシャン　[没]平成26年（2014）3月27日　38歳〔急性心筋梗塞〕　[生]昭和50年（1975）9月23日　[出]鹿児島県　[名]本名＝園田利隆，ユニット名＝Love Lights Fields（らヴらいつふぃーるず）　[歴]平成4年第1回駅から始まるオーディションでグランプリを受賞。7年島野聡との2人組ユニット・Love Lights Fieldsでデビュー、10年解散。同年Misiaの「恋する季節」で作詞家に転向。他、俳優、歌手としても活躍。SMAP「君を好きになって」、BoA「Sweet Impact」、東方神起「呪文—MIROTIC」などの作詞を担当し、数多くのアーティストに歌詞を提供した。21年覚醒剤取締法違反の疑いで逮捕された後は目立った活動はなかった。

大工原 章　だいくはら・あきら　アニメーション作家　イラストレーター　[没]平成24年（2012）6月17日　94歳〔肺炎と老衰〕　[生]大正6年（1917）11月23日　[出]長野県南佐久郡栄村（佐久穂町）　[学]中卒　[歴]中学を卒業ののちペンキ屋に就職するが、職場の雰囲気になじめず退職し上京。昭和11年頃芦田巌の主宰する鈴木宏昌漫画映画製作所（芦田漫画映画製作所とも）に入り、アニメーション映画を修業。芦田が兵役にとられた後は山本早苗に招かれて海軍省委託のアニメ映画製作に従事した。戦後は新日本動画社を経て、日動映画に勤務し、28年製作の「トラちゃんの冒険」ではじめて作画監督となる。30年には東映の依頼で藪下泰司、森やすじとともに「うかれバイオリン」を製作。同社が東映に合併され、32年に東映動画スタジオが設立された後も引き続きアニメーターとして活躍し、同社による初の長編カラーアニメ映画「白蛇伝」（33年）の原画のほか、「少年猿飛佐助」（34年）で原画・演出、「安寿と厨子王丸」（36年）で原画、「わんわん忠臣蔵」（38年）・「少年ジャックと魔法使い」（42年）・「アンデルセン物語」（43年）・「アリババと四十匹の盗賊」（46年）・「きかんしゃやえもんD51の大冒険」（49年）などのアニメ映画で作画監督を担当。また、「狼少年ケン」や「少年忍者風のフジ丸」「ジェッターマルス」などのテレビアニメでも原画や作画監督を務めた。54年東映動画のアニメーター養成講座昼間部の主任指導員に就任し、半年に渡って研修生を指導。50年にはその受講生の中から25人を選抜して有限会社スタジオカーペンターを設立し、主に東映動画作品を手がけた。57年に定年退社。以後は画家として「ベーブルース」「とびだせピンケロ」など絵本や小説の挿絵を主に描いた。　[賞]文化庁メディア芸術祭功労賞〔平成19年〕

田岡 満　たおか・みつる　甲陽運輸社長　セルフィール社長　[没]平成24年（2012）10月8日　68歳　[生]昭和19年（1944）5月26日　[出]兵庫県神戸市　[学]慶応義塾大学経済学部〔昭和44年〕卒　[歴]山口組3代目組長の田岡一雄の長男。実業の世界に進み、甲陽運輸、セルフィール社長を務めた。また、昭和50年心霊の世界に開眼。神界からの啓示を得て、古今未発の多次元空間宇宙および魂の実相を体得。平成元年著書「魂世紀」を著した。

高倉 淳　たかくら・きよし　郷土史家　宮城県図書館資料課長　宮城歴史教育研究会会長　[専]近世郷土史（宮城県，仙台市）　[没]平成25年（2013）6月29日　87歳　[生]大正15年（1926）　[出]宮崎県　[学]東北大学教育学部卒　[歴]農林省に勤めた父の勤務地宮崎県で生まれ、高知市の小学校を経て、鹿児島師範附属小学校を卒業。昭和16年仙台地方陸軍幼年学校に入学したが、陸軍本科士官学校在学中に終戦を迎える。岩手県二戸郡中山の山村で開拓に従事しながら中学校の助教諭を務めたのち、東北大学教育学部に入学して歴史を学ぶ。卒業後は宮城県下の角田女子高校、白石高校などで日本史の教員生活を送りながら、歴史資料を研究。宮城県図書館に7年間資料課長として勤務し、「宮城県郷土資料総合目録」を刊行、図書館内に古文書を読む会を誕生させた。

宮城歴史教育研究会会長、仙台郷土研究会副会長なども務めた。郷土史家仲間と、陸奥仙台藩にまつわる話題や全国の事件などを綴った記録「源貞氏耳袋」の解読・筆写に取り組んだほか、インタネット上にホームページ「高倉淳の宮城郷土史」を開設し、郷土史研究の普及に努めた。著書に「仙台藩刑罰記」「仙台藩犯科帳」「仙台藩道中物語」「仙台領の街道」などがある。

高田 勇　たかだ・いさむ　明治大学名誉教授　[専]フランス文学, ルネサンス期フランス詩　[没]平成24年(2012) 81歳　[生]昭和6年(1931)7月17日　[出]兵庫県　[学]明治大学〔昭和28年〕卒, 明治大学大学院文学研究科仏文学専攻〔昭和30年〕修士課程修了　[歴]明治大学教授を務めた。昭和35年より2年間、パリ大学留学(フランス政府招聘給費留学生)。訳書に「ロンサール詩集」、J.C.ド・フォンブリュヌ「新釈ノストラダムス」、S.ドレスデン「ルネサンス精神史」、イヴォンヌ・ベランジェ「モンテーニュ 精神のための祝祭」、F.A.イェイツ「十六世紀フランスのアカデミー」などがある。　[賞]瑞宝中綬章〔平成22年〕, 日本翻訳文化賞(第23回)〔昭和61年〕「ロンサール詩集」

高橋 叡子　たかはし・えいこ　生活文化評論家　大阪国際文化協会理事長　[専]ボランティア・NPO等の研究, 活動その他国際交流, 教育・女性問題, 少子・高齢社会問題　[没]平成26年(2014)6月21日　72歳〔急性くも膜下出血〕　[生]昭和16年(1941)6月25日　[出]大阪府大阪市　[名]旧姓・名＝南部叡子(なんぶ・えいこ)　[学]神戸大学文学部英米文学科〔昭和39年〕卒　[歴]物理学者の夫と昭和45～47年西ドイツ・ボンに滞在、55～56年ハイデルベルク大学に学ぶ。帰国後、58年日本語による心の国際交流を合言葉に大阪国際婦人協会を設立。以来、滞日外国人のための俳句などの日本文化教室や料理などを学び合う異文化セミナー、留学生のためのリサイクル運動、カラオケ教室、各国の英語に慣れる会など活動を展開。平成2年花と緑の博覧会で世界のお母さんコーラス大集合企画は「クラシック」と都市景観を結びつけた「シューズポートプログラム」として発展。4年大阪国際文化協会と改称、会長に就任。5年より少子高齢社会支援活動をはじめ、「エルダーライン」「子育て支援センター」を運営。大阪府教育委員、大阪府国際交流財団理事を務める傍ら、翻訳や評論活動にも携わった。著書に「娘と母のハイデルベルク」「海外暮らしのマナー」などがある。　[賞]大阪府知事賞〔平成11年〕, 大阪府プリムラ奨励賞〔平成12年〕「大阪国際文化協会として受賞」, 留学生受入れ制度100年記念留学生交流功労者表彰〔平成13年〕「大阪国際文化協会として受賞」

高橋 崇　たかはし・たかし　岩手大学人文社会科学部教授　[専]東北古代史　[没]平成26年(2014)7月29日　84歳〔肺炎〕　[生]昭和4年(1929)8月13日　[出]静岡県　[学]東北大学文学部国史学科〔昭和28年〕卒, 東北大学大学院文学研究科国史学専攻博士課程修了　文学博士　[歴]岩手大学教授を務めた。著書に「坂上田村麻呂」「藤原秀衡」「律令官人給与制の研究」「蝦夷(えみし)」「律令国家東北史の研究」「蝦夷の末裔―前九年・後三年の役の実像」「古代東北と柵戸」「奥州藤原氏」などがある。

高橋 俊三　たかはし・としぞう　沖縄国際大学名誉教授　[専]国語学, 琉球方言　[没]平成24年(2012)5月14日　70歳　[生]昭和17年(1942)5月13日　[出]広島県　[学]修道高〔昭和36年〕卒, 広島大学教育学部高等学校教育国語科〔昭和40年〕卒, 広島大学大学院文学研究科〔昭和42年〕修士課程修了, 琉球大学法文学部研究科〔昭和43年〕修了　博士(文学, 法政大学)〔平成4年〕　[歴]昭和43年国際大学講師、47年沖縄国際大学講師、48年助教授を経て、56年教授。平成5年文学部長。23年名誉教授。10～12年、16～18年南島文化研究所所長も務めた。著書に「おもろさうしの動詞の研究」「おもろさうしの国語学的研究」「琉球王国時代の初等教育」、共編著に「沖縄古語大辞典」などがある。　[賞]瑞宝中綬章〔平成24年〕, 沖縄文化協会賞(金城朝永賞)〔昭和58年〕, 財団法人沖縄協会沖縄研究奨励賞〔平成4年〕, 伊波普猷賞〔平成8年・25年〕

高橋 伸夫　たかはし・のぶお　筑波大学名誉教授　[専]都市地理学, 経済地理学, 海外地域研究, 地理教育　[没]平成25年(2013)7月14日　73歳　[生]昭和14年(1939)9月24日　[出]東京都台東区　[学]東京教育大附属高卒, 東京教育大学理学部地理学専攻卒, 東京教育大学大学院理学研究科地理学専攻〔昭和44年〕博士課程修了, パリ第一大学地理学研究所〔昭和47年〕博士課程修了　地理学博士(パリ第1大学)〔昭和47年〕, 理学博士(東京教育大学)〔昭和50年〕　[歴]昭和44年東京教育大学理学部助手となり、45年から2年間フランス政府奨学金を得てパリ第一大学地理学研究所博士課程に留学。47年「日本における工業化に伴う都市化の進展」(邦題)で同大学院から博士号を受ける。49年筑波大学地球科学系講師、53年パリ大学客員教授、54年筑波大学助教授、平成2年教授。15年退職後、聖徳大学教授を務めた。著書に「金融の地域構造」「フランスの都市」「ラテンアメリカの巨大都市」(共著)「パリ大都市圏」(共著)「日本の生活空間」(編著)「都市地理学入門」(共編)などがある。　[賞]フランス地理学会銀メダル　[団]日本地理学会, 人文地理学会, 日仏地理学会(会長), 経済地理学会, 歴史地理学会, 東北地理学会, 地理科学会, 国際地図学会

高橋 成人　たかはし・のりんど　東北大学名誉教授　[専]育種学　[没]平成26年(2014)3月16日　90歳　[生]大正12年(1923)11月14日　[出]神奈川県藤沢市　[学]東北大学農学部農学科〔昭和25年〕卒　農学博士　[歴]昭和25年東北大学農学研究所助手、33年国立遺伝学研究所研究員(内地留学)、39年国際イネ研究所(在フィリピン)外国出張、43年東北大学講師、46年助教授、52年教授を歴任。62年退官。栽培植物の生理遺伝と環境適応性を研究した。著書に「イネの生物学」などがある。　[賞]日本育種学会賞(第21回, 昭和46年度)〔昭和47年〕「イネ種子の発芽性に関する生理遺伝学的研究」　[団]日本育種学会, 日本植物生理学会

高橋 英夫　たかはし・ひでお　騎手　調教師　[没]平成25年(2013)8月9日　94歳　[生]大正8年(1919)1月3日　[出]北海道　[歴]昭和10年中山の函館孫作調教師に入門、12年騎手免許を取得。24年中山記念(春)で重賞

補　遺（2012〜2014）　　　　たけた

を初制覇、同年キングナイトに騎乗してオークスも制した。30〜31年、2年連続でリーディングに輝く。逃げ馬を得意として"逃げの高橋英"の異名を取った。37年フエアーウインに騎乗して日本ダービーで優勝。43年騎手を引退。通算5880戦937勝（重賞24勝）。調教師としては520勝を挙げ、天皇賞（カミノテシオ）、オークス（ダイナカール）も制覇した。平成2年調教師引退後は日刊スポーツの予想コラム「競馬クリニック」を担当した。

高原 亮治　たかはら・りょうじ　厚生労働省健康局長　㉘平成25年（2013）7月18日　66歳〔急性心筋梗塞〕　㉑昭和22年（1947）5月16日　㉕岡山県玉野市　㉗岡山大学医学部〔昭和47年〕卒　㉖大学時代は学生運動に身を投じる。昭和47年東京都庁に入府。51年厚生省（現・厚生労働省）に入省。平成3〜5年岡山県環境保健部長、厚生省厚生科学課長、防衛庁防衛参事官、9年厚生省地域保健・健康増進栄養課長、13年厚生労働省社会・援護局障害保健福祉部長を経て、14年8月健康局長。15年8月退任。医系技官退官後は上智大学社会福祉学科で教鞭を執り、25年からは高知市にある医療法人防治会の老健施設長を務めた。

高山 一夫　たかやま・かずお　プロボクサー　日本フェザー級チャンピオン　㉘平成25年（2013）9月29日　76歳〔心不全〕　㉑昭和11年（1936）11月11日　㉕兵庫県神戸市　㉖上京して帝拳ジムに入り、4年後の昭和33年6月、日本フェザー級のタイトルを獲得した。ハードパンチャーで、強打のあまり挑戦者に敬遠されながら8回の防衛に成功。35年8月には同じく強打で知られた世界フェザー級王者デビー・ムーア（米国）に挑戦、ムーアを苦しめたものの判定で敗れ、王座獲得はならなかった。36年ムーアと再戦したが、再び敗れた。通算戦績は85戦60勝（24KO）17敗9分。

滝口 亘　たきぐち・わたる　萱野茂参院議員秘書　㉘平成26年（2014）12月25日　77歳　㉕北海道斜里郡小清水町　㉖農家に生まれる。農協や農民運動などを経て、昭和63年社会党北海道本部国民運動局長となる。平成元年の党中央本部定期大会で参院選比例名簿にアイヌ民族の代表を載せて議席を保証すべきと説き、6年に萱野茂がアイヌ初の国会議員となる端緒を作った。萱野の秘書を4年間務め、アイヌ文化振興法の成立に尽くした。また、安倍晋三首相が32年の東京五輪に合わせて北海道白老町に整備を決めた"民族共生の象徴となる空間"（象徴空間）のアイデアを最初に提案した。

滝沢 博夫　たきざわ・ひろお　歌人　「芸林」編集・発行人　㉘平成26年（2014）10月13日　92歳　㉑大正10年（1921）11月6日　㉕東京都北区赤羽　㉗新潟高率、東京帝国大学文学部〔昭和22年〕卒　㉖新潟高校時代に作歌を始める。昭和17年東京帝国大学在学中、尾山篤二郎に師事して「芸林」に入会、57年より編集を行い、平成10年編集発行人となる。「尾山篤二郎全歌集」を編集し、解説を執筆。また、「短歌」に「評伝尾山篤二郎」を連載、平成元年に出版した。歌集に「無明」がある。　㉙日本文芸家協会　㉚師＝尾山篤二郎

滝戸 道夫　たきど・みちお　日本大学名誉教授　㉟化学系薬学,生薬学（生薬化学,生薬材料学）　㉘平成26年

（2014）8月25日　89歳〔老衰〕　㉑大正14年（1925）6月20日　㉕静岡県清水市村松原（静岡市）　㉗星薬科専門学校〔昭和22年〕卒、東京大学医学部薬学科選科〔昭和24年〕修了　薬学博士（東京大学）〔昭和36年〕　㉖東京大学薬学部研究生を経て、昭和30年日本大学理工学部専任講師、36年助教授、42年教授。同年9月から1年間、米国ミシガン大学に留学。57年から10年間、日本植物園協会会長を務めた。　㉓瑞宝中綬章〔平成17年〕　㉙日本薬学会,日本生薬学会,日本薬史学会,米国生薬学会,和漢医薬学会,日本植物園協会

竹内 晟　たけうち・あきら　洋画家　㉘平成25年（2013）6月19日　77歳　㉑昭和10年（1935）11月10日　㉕東京都　㉗東京芸術大学美術学部〔昭和35年〕卒、東京芸術大学大学院美術研究科〔昭和40年〕修了　㉖昭和36年「セロをひく女」で独立展に初入選、奨励賞。40年独立美術協会会員。平成15年、8年ぶりに個展を開催した。　㉓独立展独立賞〔昭和39年〕, 独立展須田賞〔昭和39年〕　㉙独立美術協会

竹内 宏介　たけうち・こうすけ　プロレス評論家　日本スポーツ出版社社長　㉘平成24年（2012）5月3日　65歳〔腸閉塞〕　㉑昭和22年（1947）1月6日　㉕静岡県熱海市　㉖昭和40年ベースボール・マガジン社に入社。「プロレス＆ボクシング」「ボディビル・マガジン」の編集長を兼任。43年日本スポーツ出版社に入社。「月刊ゴング」の編集長に。傍ら、52年からプロレスのテレビ解説者としても活躍した。平成18年に脳梗塞で倒れてからは闘病生活を送った。著書に「強くて悪くて凄いヤツープロレス悪党列伝」「プロレス醜聞100連発!!」「プロレス最強神話は終わった」「昭和プロレス浪漫」などがある。

竹岡 成　たけおか・おさむ　滋賀医科大学名誉教授　㉟人体病理学　㉘平成26年（2014）3月23日　91歳〔老衰〕　㉑大正11年（1922）10月18日　㉕岡山県岡山市　㉗京都府立医科大学医学部医学科卒　医学博士　㉖京都府立医科大学助教授を経て、昭和50年滋賀医科大学教授。同大附属図書館長を務めた。著書に「小病理学書」がある。　㉓勲三等瑞宝章〔平成10年〕　㉙日本病理学会,日本癌学会,日本組織細胞化学会

武田 専　たけだ・まこと　医師　武田病院院長・理事長　精神分析武田こころの健康財団初代理事長　㉟精神医学　㉘平成25年（2013）6月10日　89歳〔肺炎〕　㉑大正12年（1923）11月　㉕東京　㉗東京府立第五中卒、早稲田大学政経学部〔昭和20年〕中退、慶応義塾大学医学部〔昭和28年〕卒　医学博士（慶応義塾大学）〔昭和34年〕　㉖昭和18年早稲田大学政経学部に入学するも学徒動員で入営。20年早大を中退し、28年慶応義塾大学医学部を卒業。29年同大医学部精神科医局に入局、精神分析学者古沢平作の指導を受ける。32年大崎電機通信工業（現・大崎コンピュータエンヂニアリング）代表取締役に就任。35年川崎市多摩区登戸に武田診療所を開設。38年武田病院を開設。56年医療法人社団慶神会武田病院に改組し、初代理事長、院長となる。58年精神分析学振興財団を設立し理事長に就任。平成5年大崎社長、16年会長。24年精神分析学振興財団から改組された公益財団法人精神分析武田こころの健康財団初代理事長となる。同年武田病院名誉会長。著書に「病気ノイローゼ」「境界線例」「精神分析と仏

教」「現代人の『こころの病い』」「分裂病という名の幻想」「老人の死と品格」、共著に「病院精神療法」「日本・アジア・北アメリカの精神療法」など。また、自伝的小説「学徒兵らくだ君」(たけだまこと名義)「わんぱくらくだ君」「じーちゃんの思春記—らくだ君物語」も出版。　[賞]勲五等瑞宝章〔平成13年〕, 日本精神分析学会古沢賞〔平成5年〕, 神奈川県精神保健文化賞〔平成13年〕　[団]日本精神分析学会（名誉会員）　[家]父＝武田悳三（大崎創業者）

竹中 碧水史　たけなか・へきすいし　俳人　俳画家「砂丘」主宰　[没]平成24年（2012）12月18日　83歳　[生]昭和4年（1929）4月11日　[出]大阪府大阪市　[名]本名＝竹中俊雄（たけなか・としお）　[学]大阪工業大学建築科卒　[歴]昭和23年赤松柳史創刊の俳句俳画誌「砂丘」に参加。24年阿波野青畝主宰の「かつらぎ」に参加。29年「砂丘」同人、34年編集長となり、「かつらぎ」を辞す。43年関西俳誌連盟「関西俳句」編集長。48年小豆島に句碑。49年「砂丘」代表同人、平成11年主宰。昭和61年俳画竹冠会主宰。句集に「若駒」「父祖の国」「基壇」「自転」「無重力」、他の著書に「ひとりで学べる俳画の描き方」「碧水史俳画集」などがある。　[賞]砂丘賞〔昭和35年〕, 全国砂丘俳画展朝日賞〔昭和40年〕　[団]俳人協会, 日本現代詩歌文学館振興会, 大阪俳人クラブ

田島 信之　たじま・のぶゆき　青山学院大学名誉教授　弘前学院院長　東洋英和女学院院長　[専]新約学　[没]平成24年（2012）1月31日　96歳　[生]大正4年（1915）9月17日　[出]群馬県　[学]青山学院中等部〔昭和8年〕卒, 成蹊高文科乙類〔昭和11年〕卒, 東京帝国大学文学部宗教学宗教史学科〔昭和14年〕卒, ユニオン・セオロジカル・セミナリー（米国ニューヨーク市）〔昭和17年〕修了　[歴]昭和14年米国ニューヨーク市のユニオン・セオロジカル・セミナリーへ留学、17年マスター・オブ・セオロジーの学位を得る。同年日本基督教団牛込払方町教会副牧師、青山学院高等商学部・中等部講師、21年青山学院高等女学部講師、24年青山学院大学文学部助教授。29年から1年間再びマスター・オブ・セオロジーへ留学。33年青山学院大学教授。34〜44年文学部第一部長、43〜44年学長代理。50年退職し、名誉教授。同年〜54年弘前学院院長・大学長・短期大学長、55年東洋英和女学院短期大学長・教授、60年〜平成元年東洋英和女学院院長を歴任。　[賞]勲三等瑞宝章〔昭和63年〕

田代 国次郎　たしろ・くにじろう　福島大学行政社会学部教授　[専]社会福祉理論, 高齢者福祉, 社会福祉史　[没]平成26年（2014）1月29日　77歳　[生]昭和11年（1936）3月20日　[出]栃木県　[学]立正大学文学部社会学科卒, 立正大学大学院文学研究科社会福祉学専攻〔昭和38年〕修士課程修了　[歴]東北福祉大学、広島女子大学各教授を経て、平成2年福島大学行政社会学部教授。県や福島市の高齢者保健福祉計画の策定に助言。社会福祉研究センター代表。立正大学大学院教授、岡山県立大学非常勤講師などを歴任。著書に「日本社会事業成立史研究」「日本の貧困階層」「老人福祉の諸問題」などがある。　[団]日本社会福祉学会, 社会事業史学会, 日本老年社会科学会

田中 功　たなか・いさお　日本女子大学文学部教授・図書館長　[専]図書館情報学　[没]平成25年（2013）2月25日　71歳　[生]昭和17年（1942）1月20日　[出]東京都港区　[学]玉川高〔昭和35年〕卒, 慶応義塾大学文学部図書館学科〔昭和39年〕卒　[歴]昭和39年日本科学技術情報センター（現・独立行政法人科学技術振興機構）に入る。62年産能短期大学助教授に転じ、平成6年教授、9年日本女子大学文学部教授。10〜13年附属図書館事務部長、14〜18年コンピュータセンター所長、20〜22年図書館長。22年定年退職し、名誉教授。日本科学協会評議員・教育研究図書活用プロジェクト委員長、パーソナルコンピュータ利用技術学会常任理事、情報科学技術協会評議員、専門図書館協議会機関誌編集委員長、情報検索基礎能力試験委員長などを務めた。著書に「情報管理の基礎知識」、共著に「情報管理」「やさしい情報検索とリレーショナル・データベース」、共編著に「CD-ROMで学ぶ 情報検索の演習」など。　[賞]情報科学技術協会賞教育・訓練功労賞（第27回）〔平成14年〕　[団]パーソナルコンピュータ利用技術学会, 日本科学協会, 情報科学技術協会, 専門図書館協議会

田中 健介　たなか・けんすけ　ケン・コーポレーション創業者　[没]平成25年（2013）12月25日　74歳　[生]昭和14年（1939）4月22日　[出]愛媛県八幡浜市　[学]早稲田大学政経学部〔昭和38年〕卒　[歴]昭和38年マルマン、40年イースタン・リアルエステート各勤務を経て、42年スターコーポレーション入社。営業部長を最後に退社し、47年高級住宅専門の不動産会社ケン・コーポレーションを設立し、社長。平成25年会長。

田中 武久　たなか・たけひさ　ジャズ・ピアニスト　[没]平成26年（2014）12月28日　80歳〔肺炎〕　[生]昭和9年（1934）3月15日　[出]大阪府豊中市　[学]関西大学卒　[歴]大学在学中から潮先郁男とライブ活動を行う。以後、北野タダオとアロージャズオーケストラとともにクラブ・アローでクインテットを結成。その後、自己のトリオを率いて活躍。大阪市のジャズクラブ、セント・ジェームスのオーナーでもあり、同店を拠点に全国で演奏活動を行った。昭和54年ファーストアルバム「I Have Been Born」をリリース。平成5年にはエルビン・ジョーンズとのデュオ作「WHEN I WAS AT ASO MOUNTAIN」を発表した。他のアルバムに「残月 ア・モーニング・ムーン」「Too Yonug」などがある。

田中 則夫　たなか・のりお　龍谷大学大学院法務研究科教授　[専]国際法　[没]平成26年（2014）11月12日　65歳〔食道がん〕　[生]昭和24年（1949）9月13日　[出]高知県高知市　[学]龍谷大学法学部〔昭和49年〕卒, 龍谷大学大学院法学研究科〔昭和56年〕博士後期課程退学　[歴]昭和56年龍谷大学法学部助教授を経て、平成2年教授。17年大学院法務研究科教授となり、19年同研究科長、23年副学長を務めた。　[団]国際法学会, 世界法学会, 民主主義科学者協会法律部会

田中 秀男　たなか・ひでお　フリーライター　読売新聞事業本部・局次長待遇　[没]平成25年（2013）11月16

日　85歳〔老衰〕　[生]昭和3年（1928）9月15日　[出]東京都　[学]早稲田大学文学部英文学科〔昭和26年〕卒　[歴]昭和26年読売新聞社に入社。内信部次長、社会部次長、北海道支社編集部長、資料部長、53年写真部長を歴任。退社後はフリーライターとして活動。著書に「俚諺小辞典」「魚偏に遊ぶ—日本海遊博物誌」などがある。

田中 英夫　たなか・ひでお　大阪府立大学名誉教授　[専]計測・制御工学　[没]平成24年（2012）5月16日　73歳　[生]昭和13年（1938）9月28日　[出]大阪府大阪市　[学]神戸大学工学部計測工学科〔昭和37年〕卒, 大阪市立大学大学院工学研究科電気工学専攻〔昭和44年〕博士課程修了　工学博士　[歴]昭和37年ダイキン工業総合研究所に入社。44年大阪府立大学工学部助手、助教授を経て、62年教授。この間、46〜47年米国カリフォルニア大学電気・計算機学科客員研究員、50〜52年西ドイツのアーヘン工科大学OR学科客員研究員、56〜57年米国カンザス州立大学化学工学科研究員。主著に「ファジィモデリングとその応用」「ファジィ・システム理論入門」などがある。　[賞]日本知能情報ファジィ学会賞著述賞（第2回, 平成4年度）「ファジィモデリングとその応用」, IEレビュー貢献賞　[団]計測自動制御学会, 日本オペレーションズ・リサーチ学会, 日本ファジイ学会, IEEE

田中 正雄　たなか・まさお　漫画家　[没]平成26年（2014）3月25日　87歳　[生]昭和2年（1927）2月8日　[出]和歌山県和歌山市　[歴]昭和21年大阪で漫画家デビュー、大正日日新聞に「蛸八先生」、「新少年」に「ニャンチャン」などを連載。のち上京。1970年代からは〈学研まんが人物日本史〉〈学研まんが日本の歴史〉シリーズなどで学習漫画を数多く手がけた。代表作に「補欠の正ちゃん」「鉄ちゃん物語」「ほがらか健ちゃん」「ダルマくん」「ライナーくん」「スーパーケンちゃん」や「源頼朝」「伊藤博文」「平清盛」「徳川家光」などがある。居合道、柔道、武道医学の有段者で、柔道整復師、鍼灸師でもあった。　[賞]東久邇宮記念賞（平成15年度）　[団]日本漫画家協会（名誉会員）

谷 有二　たに・ゆうじ　文化史研究家　[専]日本歴史, 日・朝関係史, 登山・地名文化史　[没]平成25年（2013）11月25日　74歳〔胃がん〕　[生]昭和14年（1939）8月11日　[出]愛媛県宇和島市　[学]東京高等電気専門学校〔昭和35年〕卒　[歴]高校時代から歴史に関心を寄せ、また石槌山など近隣の山に登る。東京で理化学機器のメーカーへ入社。平成2年退職し、文化史研究家、ノンフィクションライターとなる。昭和61年「悪魔のため息」を出版、山男以外のための山にまつわる歴史を著す。東アジア的に見た山岳名称考をはじめ、金属伝承の解明、日朝登山文化史など特異な文化論を展開した。他の著書に「日本山岳伝承の謎」「富士山はなぜフジサンか」「うわじま物語」などがある。　[団]産業考古学会, 日本山書会, タタラ研究会

田丸 徳善　たまる・のりよし　東京大学名誉教授　大正大学名誉教授　[専]宗教学, 哲学, 文化論　[没]平成26年（2014）12月12日　83歳　[生]昭和6年（1931）2月26日　[出]東京府荏原郡　[学]東京大学文学部宗教学宗教史学科〔昭和28年〕卒　[歴]昭和30〜34年西ドイツのボン大学へ留学、34〜35年ロックフェラー財団研究員、37〜39年東京大学助手を経て、立教大学助教授、東京大学教授、大正大学教授などを歴任。日本宗教学会会長、比較思想学会会長も務めた。著書に「宗教学の歴史と課題」などがある。　[団]日本宗教学会, 比較思想学会, International Association for the History of Religions（終身名誉会員）

田宮 規雄　たみや・のりお　占術研究家　田宮規雄運命相談室主宰　[没]平成24年（2012）8月27日　61歳　[生]昭和26年（1951）　[出]広島県　[名]本名＝田上和素　[学]国学院大学文学部史学科中退　[歴]占術家の長男として生まれ、父親の薫陶を受けて育つ。昭和50年佐藤六龍に師事、中国五術運命学の免許皆伝を受ける。パソコンを駆使して膨大な姓と名前の組合せを研究、西洋占術にも通じた。著書に「新しい赤ちゃんの名前事典」「21世紀にはばたく赤ちゃんの名前」「奇門遁甲術」などがある。　[団]日本占術協会　[師]師＝佐藤六龍

丹宗 昭信　たんそう・あきのぶ　弁護士　北海道大学教授　[専]経済法（独禁法その他周辺諸法）, 国際経済法（国際取引法）　[没]平成26年（2014）1月31日　86歳　[生]昭和2年（1927）6月3日　[出]佐賀県　[名]筆名＝丹宗丈（たんそう・じょう）, 丹宗暁信（たんそう・あきのぶ）　[学]東京大学法律学科〔昭和27年〕卒　法学博士　[歴]昭和33年九州大学助教授、42年北海道大学教授、54年立命館大学法学部教授、のち学部長兼理事を経て、62年千葉大学教授。平成3年大東文化大学教授。この間、コロンビア大学、ミュンヘン大学で反トラスト法などを研究。また、昭和54年弁護士登録、61年登録抹消。平成3年再登録。著書に「独占および寡占市場構造規制の法理」などがある。　[団]日本経済法学会, 日本公法学会, 日米法学会, 比較法学会, 第二東京弁護士会

千頭 剛　ちかみ・ごう　文芸評論家　日本民主主義文学会幹事　[専]英文学（D.H.ローレンス, ジェムズ・ジョイス）, 日本近・現代文学　[没]平成24年（2012）12月12日　82歳　[生]昭和5年（1930）2月8日　[出]大阪府　[名]本名＝山本純（やまもと・じゅん）　[学]早稲田大学文学部英文学科〔昭和26年〕卒, 早稲田大学法学部卒　[歴]昭和37年リアリズム研究会泉州支部を結成。40年日本民主主義文学同盟（現・日本民主主義文学会）が創立されると、42年これに参加し、48年〜平成7年幹事を務めた。「関西文学」編集同人。著書に「有吉佐和子」「千頭剛 文芸評論集」「戦後文学の作家たち」など。　[賞]関西文学選奨（第26回, 平成6年度）〔平成7年〕「戦後文学の作家たち」　[団]日本民主主義文学会

チープ広石　ちーぷひろいし　サックス奏者　[没]平成26年（2014）3月9日　52歳　[生]昭和36年（1961）　[出]東京都　[名]本名＝広石正宏, グループ名=LOOK, ユニット名＝グルニオン, Junco&Cheep　[歴]昭和60年千沢仁（ボーカル, ピアノ）、鈴木トオル（ギター, ボーカル）、山本はるきち（キーボード, ボーカル）の4人でポップスグループ・LOOKを結成、サックスを担当。デビュー曲「シャイニンオン・君が哀しい」がヒット。解散後は幅広いライブツアー、レコーディングを展開。平成13年作曲家の林哲司、シンガー・ソングライターの吉田朋代と3人組ユニットのグルニオンを結成。20年その半生を追ったドキュメンタリー映画「セイム・オールド・ストーリー〜20年目の訪問者」がニューヨーク

国際インディペンデント映画祭で最優秀国際音楽ドキュメンタリー賞を受賞した。21年歌手のJUNCOとのユニット、Junco&Cheep（のち北海道歌旅座）でアルバムをリリース。同年多発性腎臓がんを発症、闘病の傍らで北海道歌旅座の活動を続けた。ソロアルバムに「Birth」などがある。

つじ 加代子　つじ・かよこ　俳人　「水韻」主宰　[没]平成26年（2014）10月28日　85歳　[生]昭和4年（1929）8月12日　[出]和歌山県　[名]本名＝辻賀代子　[学]教員養成所卒　[歴]昭和45年飯田龍太の句に魅かれて作句を始める。46年「河」、47年「蘭」に入会、角川源義と野沢節子に師事、49年「蘭」同人。50年「河」「晨」同人。54年「人」創刊とともに同人参加。平成19年季刊誌「水韻」を創刊・主宰。句集に「紀の川」「紀伊之国」「水韻」がある。　[賞]蘭同人賞〔昭和62年〕, 和歌山市文化功労賞〔平成17年〕　[団]俳人協会　[師]師＝角川源義, 野沢節子

津田 重憲　つだ・しげのり　明治大学法科大学院教授　[専]刑法　[没]平成24年（2012）8月13日　67歳　[生]昭和20年（1945）4月　[出]佐賀県鳥栖市　[学]明治大学法学部〔昭和44年〕卒, 明治大学大学院法学研究科公法学専攻〔昭和47年〕修士課程修了, 専修大学大学院法学研究科公法学専攻〔昭和55年〕博士課程単位取得満期退学, 東北大学大学院法学研究科〔昭和59年〕研究生課程退学　[歴]昭和61年東京理科大学理工学部非常勤講師、平成元年東亜大学専任講師、同大学術研究所専任講師、4年東筑紫短期大学兼任講師、7年東亜大学法学部助教授、14年明治大学法学部助教授、15年教授、16年同大法科大学院法務研究科教授。19〜20年同大在学研究員としてドイツのフライブルク大学法学部、マックスプランク外国・国際刑法研究所に在籍した。著書に「法律文読みこなし自由自在」「正当防衛の研究」「緊急救助の研究」「緊急救助の基本構造」、共著に「基本刑法」「法学」「刑法総論講義」「ゼミナール刑法（総論）」「ゼミナール刑法（各論）」などがある。

土山 牧羔　つちやま・ぼっこう　牧師　地球の園・こひつじ保育園園長　世界幼児教育保育機構（OMEP）世界副総裁　[没]平成25年（2013）1月28日　93歳　[生]大正8年（1919）8月10日　[出]大阪府大阪市　[学]グリンビル大学卒, プリンストン大学大学院修了　Ph.D.　[歴]米国でキリスト教教育学を修め、昭和21年受按。保母教育に長年従事。48年頃地球の園・こひつじ保育園を開設、園長に就任。異年齢の子供たちが遊ぶ小集団保育や、老人や障害者との園児交流などユニークな保育実践で注目を集める。また、国連のNGO（非政府組織）である世界幼児教育保育機構（OMEP）の世界副総裁を務め、平成5年にはアジア太平洋地域の幼児教育・保育の向上のための国際協力をテーマに大阪でアジア太平洋幼児教育会議を実現させた。

恒岡 美和　つねおか・よしかず　名古屋工業大学名誉教授　[専]物理学　[没]平成25年（2013）12月8日　86歳　[生]昭和2年（1927）3月11日　[出]兵庫県姫路市　[学]名古屋工専機械科〔昭和26年〕卒, 京都大学理学部物理学科〔昭和30年〕卒, 京都大学大学院理学研究科物理学専攻〔昭和35年〕博士課程修了　理学博士　[歴]昭和21年姫路高校を中退して田上天文台（現・山本天文台）の志願助手となり、山本一清の指導を受ける。36年関西学院大学理学部専任講師、40年助教授を経て、43年名古屋工業大学工学部助教授、45年教授、平成2年名誉教授。著書に「時間と空間の物理学」「明解 相対性理論入門」などがある。　[団]日本物理学会, 日本物理教育学会, 日本天文学会

津山 晋一　つやま・しんいち　小説家　[没]平成25年（2013）11月29日　92歳　[生]大正10年（1921）3月27日　[出]福島県　[名]本名＝松井吾郎（まつい・ごろう）　[学]法政大学政治経済学部卒　[歴]「新人」「星座」「全作家」同人として活動。著書に「奥会津南山領」「無聊庵兼好」「会津風土記」がある。　[団]日本文芸家協会

寺崎 央　てらさき・ひさし　編集者　フリーライター　[没]平成24年（2012）12月　69歳　[生]昭和18年（1943）　[出]北海道　[名]別名＝H・テラサキ　[学]日本大学芸術学部卒　[歴]婦人画報社で月刊男性ファッション誌「メンズクラブ」などの編集に携わり、4年間の社員編集者の後、昭和44年フリーの編集者兼ライターとなる。70年安保時代に平凡出版（現・マガジンハウス）の週刊誌「平凡パンチ」などのページ構成と雑文の仕事を始め、同社の男性向け情報誌「ポパイ」「ブルータス」の創刊に際しても中心的な役割を果たした。アウトドア、カメラ、バイク、スポーツなどを得意とし、ライターとしてアウトドア誌「山と渓谷」「Outdoor」（ともに山と渓谷社）やライフスタイル誌「ターザン」（マガジンハウス）「ソトコト」（木楽舎）、ANAの機内誌「翼の王国」などにも執筆した。著書に「ワーズワースの冒険」「癌一髪！—悦楽的闘癌記」があり、没後に「史上最強の助っ人エディター—H・テラサキ傑作選」「伝説の編集者H・テラサキのショーワの常識」が編まれた。

土井 大助　どい・だいすけ　詩人　文芸評論家　劇作家　ルポライター　[専]評論, 劇作, プロレタリア文学研究　[没]平成26年（2014）7月30日　87歳〔肺がん〕　[生]昭和2年（1927）2月20日　[出]山形県鶴岡市十日町　[名]本名＝吉沢四郎（よしざわ・しろう）, 旧姓・名＝堀井四郎　[学]東京大学法学部政治学科〔昭和27年〕卒　[歴]東京大学在学中に日本共産党入党。昭和27年保険会社に入ったが組合活動で解雇され、組合専従書記となった。37年から詩作を始め、「アカハタ」に「十年たったら」を投稿、選者の壺井繁治に認められ、政治的な立場から詩作を続け注目された。同年詩誌「詩人会議」結成に参加。39〜43年中国で日本語教師を務め、帰国後、「赤旗」記者、「民主文学」編集者などを経て、46年から著述と文化活動に専念した。演劇にも造詣が深く、「荒野の落日—悪魔の飽食より」などの作品がある。詩集「十年たったら」「個人的な声明」「土井大助詩集」「朝のひかりが」、詩論集「私の検討ノート」、エッセイ集「詩と人生について」、評伝「小林多喜二」、ルポルタージュ「八鹿の夜明け」「ここに生きる」などがある。　[賞]多喜二百合子賞〔平成3年〕「朝のひかりが」　[団]日本民主主義文学同盟, 日本現代詩人会, 詩人会議

土岐 恒二　とき・こうじ　翻訳家　東京都立大学名誉教授　[専]英文学, 比較文学, 近代日本文学　[没]平成26年（2014）10月14日　79歳　[生]昭和10年（1935）1月2日　[出]東京都　[学]東京都立大学人文学部英文学専攻〔昭和35年〕卒, 東京都立大学大学院人文科学研究科英

文学専攻〔昭和38年〕修士課程修了　[歴]東京都立大学教授を経て、文化女子大学教授。訳書にエドマンド・ウィルソン「アクセルの城」、ホルヘ・ルイス・ボルヘス「不死の人」、ジョゼフ・コンラッド「密偵」などがある。　[団]日本英文学会, 日本エズラ・パウンド協会

戸木田 嘉久　ときた・よしひさ　立命館大学名誉教授　[専]経済学, 労働運動論, 九州炭鉱労働史　[没]平成25年（2013）2月26日　88歳　[生]大正13年（1924）3月30日　[出]福岡県福岡市　[学]九州帝国大学法文学部経済学科〔昭和22年〕卒　経済学博士　[歴]昭和23年より九州産業労働科学研究所事務局長を務め、40年立命館大学教授。47年人文科学研究所長、51年経済学部長、60年副学長を歴任し、平成元年名誉教授。その後、流通経済大学教授、同年〜12年労働運動総合研究所代表理事を務めた。著書に「労働組合はどう変わるか―三池闘争をへて」「現代資本主義と労働者階級」「九州炭鉱労働調査集成」「現代資本主義とME化」「古典から学ぶ労働組合論」「労働組合の原点」「労働運動の理論発展史」、「戸木田嘉久著作集」（全5巻）など。

徳山 博于　とくやま・ひろゆき　静岡大学名誉教授　[専]情報社会システム　[没]平成25年（2013）11月6日　73歳　[生]昭和15年（1940）　[出]岡山県　[学]京都大学大学院工学研究科〔昭和41年〕修士課程修了　工学博士　[歴]昭和42年住友金属工業に入社。中央技術研究所主任研究員、和歌山製鉄所システム部長、情報システム部長、上席専門部長などを経て、静岡大学情報学部教授。のち同学部長を務めた。　[賞]日本オペレーションズ・リサーチ学会賞OR学会事例研究奨励賞（第19回）〔平成3年〕「『鉄鋼製造プロセスにおけるトライ選択問題への多目的計画法の応用』〔OR Vol.35 No.12〕」

戸嶋 秀夫　としま・ひでお　ラグビー選手　[没]平成26年（2014）6月28日　59歳　[生]昭和29年（1954）8月11日　[出]秋田県秋田市　[学]金足農卒, 日本大学卒　[歴]金足農ラグビー部ではSOで、日大では1年生からレギュラー。秋田市役所に就職し、昭和54年には対ケンブリッジ大学戦の日本代表で初キャップを得る。56年東芝府中へ転職、同チームでWTBとして活躍。62年シーズン終了後に引退してコーチ業に就いたが、翌シーズン中にカムバック、63年全国社会人ラグビーで悲願の初優勝達成に貢献した。キャップ数14。激しいタックルで知られた。

富岡 興永　とみおか・おきなが　神官　富岡八幡宮宮司　[没]平成24年（2012）7月20日　84歳　[生]昭和3年（1928）6月26日　[出]東京都　[学]国学院大学文学部哲学科〔昭和25年〕卒　[歴]父は鹿島神宮、富岡八幡宮の宮司を務めた富岡盛彦。昭和26年電通に入社。34年京都の籠神社禰宜。35年帰京して富岡八幡宮禰宜、49年権宮司を経て、同年宮司に就任。平成7年長男の茂永に宮司を譲るが、13年長男の退任を受け宮司に復帰した。没後の27年、長男夫婦が宮司を継いだ姉を刺殺して自殺する事件を起こし、大きな話題となった。　[賞]ブラジル連邦最高文化功労章〔昭和57年〕　[家]父＝富岡盛彦（富岡八幡宮宮司）, 長女＝富岡長子（富岡八幡宮宮司）, 長男＝富岡茂永（富岡八幡宮宮司）, 祖父＝富岡宣永（富岡八幡宮宮司）

富永 英輔　とみなが・えいすけ　名張市長　三重県議　[没]平成26年（2014）7月　78歳　[生]昭和10年（1935）11月19日　[出]三重県名張市　[学]三重大学学芸学部〔昭和36年〕卒　[歴]中学校教師、昭和54年名張新聞社代表を経て、58年三重県議に当選。62年落選。平成2年より名張市長に3選。14年、18年落選。

内藤 繁春　ないとう・しげはる　調教師　騎手　[没]平成25年（2013）8月12日　82歳〔病気〕　[生]昭和6年（1931）1月2日　[出]愛知県碧海郡　[歴]昭和27年騎手デビュー。41年、42年宝塚記念を連覇。通算2895戦307勝（重賞7勝）。43年急逝した義兄の後を継いで調教師に転身。54年ハシハーミットで菊花賞、平成3年ダイユウサクで有馬記念を制するなど、13年に調教師を引退するまで892勝（重賞25勝）を挙げ、出走回数1万1213回は中央競馬の史上最多記録となった。12年騎手復帰を目指し、69歳の最高齢で騎手試験に挑戦するが、不合格となった。

中 正敏　なか・まさとし　詩人　[没]平成26年（2014）6月8日　98歳　[生]大正4年（1915）9月27日　[出]大阪府大阪市　[名]本名＝中太郎兵衛（12代目）, 幼名＝正敏, 前名＝辰之助（11代目）　[学]大阪市立商科大学〔昭和13年〕卒　[歴]5歳で江戸時代から続く鮮魚問屋・野田庄の家督を継ぐが、昭和4年廃業。13年寿重工業に入社、同年12月現役入隊し、朝鮮へ。15年除隊。18年住友合資会社へ入り、住友鉱業へ配属。21年団体交渉中、労組員に撲られて目を負傷。33〜34年水晶体摘出の手術を受け失明を免がれる。この頃、詩作を開始。38年住友建設に移る。39年第一詩集「雪虫」を出版。同年12月退社。以後、詩人として活動。誌詩「にゅくす」「舟」「P」などの創刊編集同人。平成11年詩人会議特別会友となる。他の詩集に「使者」「空は大きな貌」「隣の人」「小さな悲願」、書簡集に「X社への手紙」などがある。　[賞]壺井繁治賞（第10回）〔昭和57年〕「ザウルスの車」　[団]戦争に反対する詩人の会, 沖縄に基地をなくす会, 無辺の会

永井 博　ながい・ひろし　筑波大学名誉教授　[専]哲学, 科学基礎論　[没]平成24年（2012）11月7日　91歳　[生]大正10年（1921）1月1日　[出]愛知県蒲郡市　[学]東京高等師範学校文科第4部（歴史・地理）〔昭和16年〕卒, 東京文理科大学文理学部哲学科〔昭和19年〕卒　文学博士（東京文理科大学）〔昭和34年〕　[歴]兵役を経て、昭和20年12月東京文理科大学文理学部副手となり、22年助手、25年助教授、28年東京教育大学文学部助教授、50年筑波大学哲学・思想学系教授（53年まで東京教育大学教授を併任）。54〜57年筑波大学第二学群長。59年筑波大学を定年退官し、同年〜平成6年東海大学文学部教授を務めた。基礎科学の理論的成果をもとに、新しい形而上学を提唱した。著書に「ライプニッツ哲学研究」「近代科学哲学の形成」「数理の存在論的基礎」「科学概論」「生命論の哲学的基礎」「人間と世界の形而上学」など。　[賞]勲三等旭日中綬章〔平成7年〕, 田辺元賞（第1回）〔昭和39年〕「現代自然哲学の研究」　[資]

日本学士院会員〔平成8年〕　[団]日本哲学会, 科学基礎論学会

中尾 健次　なかお・けんじ　大阪教育大学教職教育研究センター教授　[専]近世賤民史, 同和教育史　[没]平成24年（2012）6月19日　62歳〔脳出血〕　[生]昭和25年（1950）2月18日　[出]大阪府　[学]大阪教育大学教育学部社会科学科〔昭和47年〕卒, 大阪教育大学大学院教育学研究科社会科教育専攻〔昭和49年〕修士課程修了　[歴]昭和49年大阪市立鶴見橋中学教諭、54年大阪市教育研究所同和教育研究室所員、59年大阪市教育センター教育研究室所員を経て、同年母校である大阪教育大学に転じ、63年附属教育実践研究指導センター助教授、平成5年教授。著書に「江戸社会と弾左衛門」「江戸の弾左衛門」「江戸時代の差別観念」「『カムイ伝』のすゝめ—部落史の視点から」「江戸の大道芸人」「映画で学ぶ被差別の歴史」などがある。　[団]大阪歴史学会

中釜 洋子　なかがま・ひろこ　東京大学大学院教育学研究科教授　[専]臨床心理学, 家族心理学　[没]平成24年（2012）9月28日　55歳　[生]昭和32年（1957）　[出]東京都　[学]東京大学教育学部教育心理学科〔昭和55年〕卒, 東京大学大学院教育学研究科教育心理学専攻〔昭和63年〕博士課程満期退学　教育学博士（東京大学）　[歴]東京大学学生相談所カウンセラー、ハーバード大学精神科附属ケンブリッジホスピタル研修、東京大学大学院教育学研究科助手、平成10年東京都立大学人文学部助教授、上智大学文学部助教授を経て、東京大学大学院教育学研究科教授。著書に「家族のための心理援助」「いま家族援助が求められるとき」、共著に「心理援助のネットワークづくり」「家族心理学」「子どものためのアサーション（自己表現）グループワーク」、訳書にH.G.レーナー「親密さのダンス」などがある。　[資]臨床心理士　[団]日本家族心理学会, 日本教育心理学会, 日本家族研究・家族療法学会, 日本心理臨床学会, 家族相談士・心理士認定機構

中里 博昭　なかざと・ひろあき　医師　愛知県がんセンター消化器外科部長　[専]外科腫瘍学, 生物統計学, 癌リハビリテーション学　[没]平成25年（2013）10月6日　85歳　[生]昭和2年（1927）11月14日　[出]愛知県名古屋市　[学]名古屋大学医学部〔昭和28年〕卒　医学博士（名古屋大学）〔昭和34年〕　[歴]昭和29年名古屋大学医学部第二外科に入局。35年米国ニューヨーク州立ロズエル・パーク記念研究所へ留学し、臨床比較対照試験を実地に学ぶ。38年名古屋大学医学部医局長となり、40年講師を経て、同年愛知県がんセンター医長、47年病棟部長、60年外科第三部（現・消化器外科部）部長。平成5年からは横山胃腸科病院に勤務した。日本ストーマリハビリテーション学会（現・日本ストーマ・排泄リハビリテーション学会）の初代理事長を務めた。　[団]日本癌学会, 日本外科学会, 日本癌治療学会

中條 高徳　なかじょう・たかのり　アサヒビール副社長　[専]経営全般, 兵法, 歴史　[没]平成26年（2014）12月24日　87歳〔呼吸不全〕　[生]昭和2年（1927）5月3日　[出]長野県更埴市　[名]号＝中条杏村（なかじょう・きょうそん）　[学]陸士（第60期）卒, 学習院大学文政学部政治学科〔昭和27年〕卒　[歴]昭和27年朝日麦酒（現・アサヒビール）に入社。50年取締役東京支店長、51年大阪支店長、55年常務、62年専務を経て、63年副社長。営業畑を歩き、専務営業本部長として62年に発売した「スーパードライ」販売の陣頭指揮を執った。平成2年アサヒビール飲料会長。8年アサヒビール特別顧問、10年名誉顧問。日本青少年研究所理事、民間放送教育協会理事を歴任、21年より英霊にこたえる会の4代目会長を務めた。著書に「立志の経営—アサヒビール復活の原点とわがビジネス人生」「小が大に勝つ 兵法の実践」の他、14年出版の「おじいちゃん戦争のこと教えて」はロングセラーとなった。　[賞]JLNAブロンズ賞審査員特別賞〔平成11年〕「おじいちゃん戦争のこと教えて」

永瀬 洋治　ながせ・ようじ　川口市長　[没]平成24年（2012）2月11日　80歳〔肺炎〕　[生]昭和6年（1931）9月10日　[出]埼玉県川口市　[学]立教大学文学部英文科〔昭和29年〕卒　[歴]川口市役所に入り、川口市議、昭和46年埼玉県議（3期）を経て、56年市長に当選、4期務めた。平成9年引退。　[賞]藍綬褒章〔平成4年〕, 勲三等旭日中綬章〔平成14年〕, 川口市名誉市民〔平成20年〕　[家]養子＝永瀬秀樹（埼玉県議）

永田 豊　ながた・ゆたか　東京大学名誉教授　[専]海洋物理学　[没]平成25年（2013）8月28日　79歳　[生]昭和8年（1933）11月6日　[出]大阪府大阪市　[学]東京大学理学部物理学科〔昭和31年〕卒, 東京大学大学院数学物理学系研究科海洋物理学専攻〔昭和36年〕博士課程修了　理学博士（東京大学）　[歴]昭和36年東京大学理学部助手、40年講師、45年助教授を経て、55年教授。のち、三重大学生物資源学部教授、日本水路協会海洋情報研究センター所長。この間、42〜44年米国カリフォルニア大学スクリップス海洋研究所へ留学。著書に「海流の物理」「ハワイの波は南極から」などがある。　[団]日本海洋学会, 海洋気象学会, 日仏海洋学会, 海岸調査技術学会, 流体力学懇談会

中西 五洲　なかにし・ごしゅう　労働運動家　全日自労建設一般労組委員長　日本労働者協同組合連合会名誉理事　[専]大衆運動における法則性　[没]平成25年（2013）11月16日　91歳　[生]大正11年（1922）8月12日　[出]三重県多気郡多気町　[学]法政大学専門部〔昭和18年〕中退　[歴]旋盤工。戦前は治安維持法違反で投獄される。戦後、郷里で農民運動に参加。昭和25年8月失対事業就労者となり以後労働運動一筋。27年全日本土建一般労組委員長、33年全日自労委員長を経て、52年全日自労建設一般委員長に就任。統一労組懇代表委員、世界労働組合連盟執行局員、世界労連東京事務所所長なども務め、日本の労働組合運動の再生のために尽力した。のち中高年雇用福祉事業団全国協議会理事長、61年同全国連合会理事長。平成7年2月設立された高齢者生協専務理事、三重県高齢者生活協同組合代表理事を務める。三重県民生協を設立、運営した経験を持つ。

永沼 重己　ながぬま・しげみ　理容師　永沼理容店主　パンチパーマの考案者　[没]平成24年（2012）4月3日　75歳　[歴]昭和38年26歳の時に福岡県北九州市で理容店を開業。45年頃、電気で熱して髪の毛をプレスする鋏状のヘアアイロンを改良、表面を削り断面を星形にして伝熱性を高め、髪の毛を縮れたようにセットする髪型“チャンピオンプレス”を考案。のち“パンチ

パーマ”として大評判となり、全国に広まった。55年“パンチパーマ”用のヘアアイロンの特許を取得。その後もヘアアイロンやパーマ溶剤の改良を重ねた。

中沼 寿　なかぬま・ひさし　中沼アートスクリーン創業者　京都中小企業家同友会代表理事　[没]平成26年(2014)3月16日　81歳　[生]昭和8年(1933)1月1日　[出]京都府京都市　[名]号＝中沼青畊（なかぬま・せいこう）　[歴]昭和29年中沼写真研究所を開業。35年有限会社に改組して社長。38年中沼アートスクリーンに社名変更。平成3年京都中小企業家同友会代表理事、21〜23年同会長を務めた。　[家]長男＝中沼督（中沼アートスクリーン社長），二男＝中沼崇（中沼アートスクリーン社長）

永町 敏昭　ながまち・としてる　日本プレスセンター専務　[没]平成25年(2013)9月12日　86歳　[生]昭和2年(1927)1月1日　[出]広島県　[学]広島工専卒　[歴]昭和23年中国新聞社に入社、社会部記者となる。33年日本新聞協会に転じ、出版課長、審査室主管、審査室長、事務局次長兼総務部長、編集部長を歴任。59年日本プレスセンター取締役、63年常務を経て、平成元年専務。9年、40年以上にわたって集めた原爆関連の書籍や写真など約400点を展示する八王子市平和・原爆資料館を開館した。

長嶺 高文　ながみね・たかふみ　映画監督　テレビディレクター　[没]平成26年(2014)10月7日　60歳　[生]昭和18年(1943)12月29日　[出]東京都台東区谷中　[学]武蔵大学経済学部経済学科〔昭和51年〕卒　[歴]武蔵大学在学中から自主製作映画を手がける。昭和51年獅子プロダクションに入社、山本晋也、渡辺護らの助監督を務める。52年独立して自主製作集団パノラマフィルムを旗揚げ。53年「喜談・南海変化玉」で映画監督デビュー。55年「歌姫魔界をゆく」を撮った後、57年シネマプラセットで初の35ミリのSF喜劇「ヘリウッド」を監督。以後、ラジオドラマやテレビアニメ「オズの魔法使い」のシナリオ、イベントの演出など幅広く活動。平成15年〈けっこう仮面〉シリーズで映画界に復帰した。

中村 俊亀智　なかむら・しゅんきち　国立民族学博物館名誉教授　明海大学名誉教授　[専]文化人類学，民俗建築　[没]平成24年(2012)10月2日　81歳　[生]昭和6年(1931)4月26日　[出]東京都　[名]筆名＝中村たかを（なかむら・たかお）　[学]武蔵大学経済学部〔昭和29年〕卒，東京都立大学大学院社会科学研究科経済政策専攻〔昭和32年〕修了　[歴]文部省史料館研究員を経て、国立民族学博物館創設に関わり、同館助教授、教授を務めた。退官後、明海大学教授。中村たかをの筆名で「日本の民具」「図説 生活文化論」「文化人類学」「文化人類学史序説」などの著書がある。　[家]妻＝中村孚美（慶応義塾大学文学部教授）

中村 日出夫　なかむら・ひでお　空手家　空手道拳道会総師　[没]平成25年(2013)1月8日　99歳　[生]大正2年(1913)6月16日　[学]三高卒，京都帝国大学卒，武道専門学校卒　[歴]9歳より武道の修行を始め、14歳で空手の本格的修行に入る。昭和5年三高在学中に勉学の傍ら武道専門学校（武専）に入学、京都帝大1年の時に武専指導員となる。18年大日本武徳会より6段錬士を授与。22年山梨県甲府市で空手道修得館を開設。31年大日本武徳会8段教士。32年山梨県空手道連盟結成に尽力。結成後、初代会長及び専任師範に就任。36年大日本武徳会空手部部長に就任。41年大日本武徳会10段範士。43年自己の空手道を“拳道”と命名し、内弟子の養成に努めた。58年高弟たちが拳道会設立、会長に就任。平成9年同会総師となり拳道会全体の指導にあたった。

七尾 純　ななお・じゅん　編集者　児童文学作家　七尾企画主宰　[没]平成24年(2012)　76歳　[生]昭和11年(1936)8月28日　[出]秋田県　[名]本名＝伊藤喜郎　[学]玉川大学教育学科中退　[歴]児童施設指導員、学習雑誌の編集長を経て、昭和48年七尾企画を設立。以後、一貫して児童図書、児童雑誌の企画・執筆・編集に従事した。

成瀬 武史　なるせ・たけし　明治学院大学名誉教授　[専]英語学，言語学（認知意味論），翻訳論　[没]平成24年(2012)11月20日　76歳　[生]昭和11年(1936)8月15日　[出]宮崎県宮崎市　[学]宮崎大学卒，明治学院大学大学院英米文学専攻修了，The Institute of Children'sLiterature（通信制）卒　[歴]米国スタンフォード大学などに留学。明治学院大学文学部教授、慶応義塾大学大学院非常勤講師を歴任。昭和62年〜平成7年日本英語検定1級面接委員、昭和63年〜平成8年同出題委員を務めた。著書に「ことばの磁界」「翻訳の諸相」「対話への旅路」「意味の文脈」、童話「ホライチのがま口」、訳書にナイダ「翻訳学序説」、ライオンズ「構造的意味論」、編集英訳に「銀河鉄道の夜」「坊っちゃん」「杜子春」「一房葡萄」などがある。　[賞]新美南吉童話賞最優秀・文部大臣奨励賞（第9回）〔平成9年〕「ホライチのがま口」　[団]日本英文学会，日本大学英語教育学会（JACET），日本プラグマティクス学会（PAJ）

難波 靖治　なんば・やすはる　レーシングドライバー　ニッサン・モータースポーツ・インターナショナル社長　[没]平成25年(2013)11月27日　84歳　[生]昭和4年(1929)7月16日　[出]茨城県水戸市　[学]多賀工専機械科〔昭和23年〕卒　[歴]昭和23年日産重工業（現・日産自動車）に入社。設計部実験課、商品開発室車輌開発統括部長を経て、59年日産のレース活動を担うニッサン・モータースポーツ・インターナショナル（NISMO）が設立されると初代社長に就任。平成6年退任。この間、国際B級ライセンスを取得して海外ラリーに多数出場、昭和33年にはオーストラリア一周ラリーでダットサン「フジ号」を駆って優勝。モータースポーツ日産チーム総監督としてチームの指揮にもあたった。また、24年には神奈川県の陸上100メートル代表として石川国体に出場した。　[資]国際B級ライセンス

仁木 ふみ子　にき・ふみこ　日教組中央執行委員・婦人部長　[専]読書指導，女子教育　[没]平成24年(2012)8月9日　85歳〔肺炎〕　[生]大正15年(1926)10月30日　[出]中国山東省済南　[学]実践女専〔昭和23年〕卒　[歴]大分県で高校教師を務め、昭和44年大分県高等学校教職員組合婦人部長、48年執行委員。58年日本教職員組合（日教組）中央執行委員兼婦人部長となり、平成元年退職。昭和63年5月に開かれた反核・軍縮・地球をまもる女たちの集会事務局長を務めた。著書に「読書感想文指導の基底」「女性は天の半分を支える」「ある戦後」などの他、関東大震災後、中国人が集団虐殺された「大島

町事件」を調査した「関東大震災 中国人大虐殺」「震災下の中国人虐殺」、訳書に「宋慶齢選集」などがある。

西 恵三 にし・けいぞう　東京大学名誉教授　広島女学院大学学長・名誉教授　東京女子大学理事長　⑨宇宙科学、太陽物理学　㉓平成25年（2013）1月22日　87歳　大正15年（1926）1月1日　⑯福井県大野市　㉘大阪帝国大学工学部通信工学科中退、東京大学理学部天文学科卒、東京大学大学院　理学博士（東京大学）〔昭和38年〕　㉚昭和28年東京大学東京天文台助手となり、34年から2年間、旧西ドイツのミュンヘン大学、マックスプランク研究所、フラウンホーファー研究所（現・キーペンホイヤー研究所）で研究。38年「太陽黒点の磁場構造の観測」に関する研究で理学博士の学位を取得した。49年東京大学教授。61年退官後は、同年〜平成3年防衛大学校教授、8〜12年広島女学院大学学長、14〜17年東京女子大学理事長を歴任した。　⑯瑞宝中綬章〔平成18年〕

西垣内 堅佑 にしがいと・けんすけ　弁護士　⑨法社会学　㉓平成26年（2014）2月25日　72歳　⑮昭和17年（1942）2月13日　⑯栃木県足利市　㉘中央大学法学部法律学科〔昭和41年〕卒　㉚昭和42年司法試験に合格、45年弁護士登録。警視総監公舎爆破未遂事件、よど号ハイジャック事件、橋根直彦アイヌ裁判などの公安事件を手がける一方、「朝日ジャーナル」などで司法反動を鋭く告発する論客としても活躍。著書に「六法全書をひっさげて縄文人が来た」「70年・光と影」などがある。　⑯東京弁護士会

西川 隆範 にしかわ・りゅうはん　精神史家　⑨宗教学（仏教学）、神秘学（人智学）　㉓平成25年（2013）7月17日　60歳　⑮昭和28年（1953）2月4日　⑯京都府京都市下京区　㉔本名＝西川隆造（にしかわ・りゅうぞう）　㉘青山学院大学仏文科〔昭和51年〕卒、大正大学大学院〔昭和55年〕修士課程修了　㉚4〜7年シュタイナー幼稚園教員養成所（スイス）客員講師、4〜7年シュタイナー・カレッジ（米国）客員講師。著書・訳書に「神智学の門前にて」「薔薇十字会の神智学」「神秘学概論」「自然と人間の生活」「人体と宇宙のリズム」「星と人間」「天使たち・妖精たち」「精神科学から見た死後の生」「人間の四つの気質」「こころの不思議」「魂の隠れた深み」「四季の宇宙的イマジネーション」「人間理解からの教育」「子どもの体と心の成長」「子どもの健全な成長」「教育の方法」「色と形と音の瞑想」「音楽の本質と人間の音体験」「シュタイナー芸術と美学」「身体と心が求める栄養学」「人智学から見た家庭の医学」「健康と食事」「世界史の秘密」「西洋の光のなかの東洋」「民俗魂の使命」「神秘的事実としてのキリスト教と古代の密儀」「神秘主義と現代の世界観」「イエスからキリストへ」「シュタイナー仏教論集」「ルカ福音書講義」「創世記の秘密」「黙示録の秘密」「第五福音書」「秘儀の歴史」「秘儀参入の道」「インドの叡智とキリスト教」「釈迦・観音・弥勒とは誰か」「輪廻転生とカルマ」「カルマの開示」「いかにして前世を認識するか」「瞑想と祈りの言葉」「シュタイナー経済学講義」「性愛の神秘哲学」ほか多数。　⑯日本アントロポゾフィー協会

西田 堯 にしだ・たかし　舞踊家　振付師　演出家　西田堯舞踊団主宰　⑨モダンダンス　㉓平成26年（2014）4月4日　88歳〔心筋梗塞〕　⑮大正15年（1926）2月20日　⑯長崎県長崎市　㉘青山学院大学〔昭和28年〕中退　㉚大学在学中の昭和26年、帝劇で江口隆哉の「プロメテの火」を見たのがきっかけとなり踊りの世界へ。32年初の作品「喪失」「転落」を上演、33年舞踊グループ・北斗の会を結成し、38年に「鬼界ケ島」で第1回発表公演を開く。39年同門の小野薫子（のち夫人）と西田・小野舞踊研究所を設立、41年には西田堯舞踊団を結成して第1回公演を行う。敗戦の年、長崎県の大村で原爆の爆風を受けた体験を作品「ドライ・ボーンズ」に反映させ、「亡者どもの円舞曲」ではヒトラーの出現から壊滅までを描く。他の作品に「若者たち」「春の祭典」「鬼哭」「曠野」「祖国」「朱夏の黙示録」「神曲」など。また、多くの海外公演を行う一方、オペラの演出・振り付けにも取り組んだ。　⑯紫綬褒章〔昭和63年〕、勲四等旭日小綬章〔平成8年〕、芸術祭賞奨励賞（第21回・23回）〔昭和41年・43年〕「鬼界ケ島」「山壁の巫祭」、江口隆哉賞（第1回、昭和58年度）〔昭和59年〕「前進座における'83西田堯舞踊団公演の成果」、舞踊批評家協会賞（第21回、平成1年度）〔平成2年〕、舞踊芸術賞（第38回）〔平成2年〕、ニムラ舞踊賞（第13回）〔平成3年〕「西田堯ダンス作品集『愛の詩』の公演における『風の盆』の振り付け、演出、演技の成果に対して」、日本舞台芸術家組合賞（第21回、平成17年度）「永年にわたる舞踊と演劇の振付における実績」　⑯現代舞踊協会　⑰師＝江口隆哉、宮操子

西谷 英雄 にしたに・ひでお　光の村養護学校土佐自然学園創立者　㉓平成25年（2013）11月13日　87歳〔急性心不全〕　⑮大正15年（1926）1月1日　⑯高知県長岡郡大豊町　㉚昭和23年郷里・高知の山村の小学校教師時代に知的障害を持つ少年に出会って以来、精神薄弱者とともに歩む。安定した生活が営める施設を求め、41年教職を辞し高知市に精薄児施設・光の村を設立。その後、埼玉、京都、東京、千葉などにも光の村を開き、障害者支援に尽くした。著書に「もうひとつの教育―土佐・光の村からの挑戦」がある。　⑯吉川英治文化賞（第17回、昭和58年度）「精神薄弱児のために、私財を投じ『光の村養護学校』を設立。精神薄弱児の生涯教育を旗印に技術教育、更生自立に優れた成果をあげている」、毎日社会福祉顕彰（第19回、平成1年度）、ペスタロッチー教育賞（第18回）〔平成21年〕「1969年に『光の村養護学校』を開校し、知的障害者が、社会に巣立っていくための教育活動を献身的に続けてきたことに対するもの」

丹羽 義次 にわ・よしじ　京都大学名誉教授　⑨土木構造　㉓平成26年（2014）9月6日　90歳　⑮大正12年（1923）12月21日　⑯京都府京都市　㉘京都帝国大学工学部土木工学科〔昭和21年〕卒、京都帝国大学大学院〔昭和23年〕特別研究生修了　工学博士〔昭和29年〕　㉚昭和26年京都大学助教授、38年教授、53年大型計算機センター長。61年退官、福井工業高等専門学校長。

補 遺（2012〜2014）　　　はまた

62年京大名誉教授。　🎖勲二等瑞宝章〔平成7年〕，土木学会賞論文賞〔昭和58年〕「積分方程式法の動弾性問題への適用に関する研究」，日本光弾性学会西田賞（第8回）〔平成7年〕　🏛土木学会，日本材料学会

野北 通夫 のぎた・みちお　長崎大学医学部教授　長崎労災病院名誉院長　📖皮膚科学　⚰平成25年（2013）6月23日　101歳　🎂明治45年（1912）1月16日　🏫長崎医科大学〔昭和16年〕卒　医学博士〔昭和31年〕　🏅昭和16年長崎医科大学副手，17年助手を経て，19年市立尾道厚生病院皮膚科泌尿器科医長となるが，20年応召して陸軍軍医少尉。25年長崎医大講師，同年助教授となり，36年長崎大学教授。49〜51年医学部長。52年定年退官し，同年〜62年長崎労災病院院長を務めた。　🎖勲三等旭日中綬章〔昭和59年〕

野中 のばら のなか・のばら　漫画家　⚰平成24年（2012）11月16日〔病気〕　🎂10月31日　🏠東京都　🏅札幌の高校を卒業，地質調査会社に勤めたが，マンガを描くために退職。平成元年東京の出版社のコンクールで入賞，「まんがタイムスペシャル」掲載の「ちびっこパフェ」で漫画家デビュー。以後，4コマ雑誌を中心に，「Kiss」「猫の手帖」「まんがライフオリジナル」など数多くの雑誌で活躍。代表作に「ガテンのカコちゃん」「ネコがスキ」「ネコ様の言うなり」などがある。

野村 多賀子 のむら・たかこ　俳人　「ざぼん」主宰　鹿児島県俳人協会会長　⚰平成25年（2013）7月26日　89歳　🎂大正13年（1924）1月28日　🏠鹿児島県　🏫鹿児島県立第二高女卒　🏅昭和44年米谷静二主宰の「ざぼん」に入会。59年「橡」に入会，堀口星眠に師事。「橡」同人で，のち「ざぼん」を主宰。鹿児島県俳人協会会長も務めた。句集に「翁椰子」がある。　🏆九州俳句大会大会賞〔昭和52年〕，青蘆賞〔昭和60年・平成6年〕　🏛俳人協会　🎓師＝米谷静二，堀口星眠

橋上 義孝 はしがみ・よしたか　河内長野市長　⚰平成24年（2012）11月17日　82歳〔急性心不全〕　🎂昭和5年（1930）3月30日　🏠大阪府　🏫近畿大学法学部卒　🏅河内長野市議会議長を経て，平成8年より市長に3選。20年引退。

橋本 潤 はしもと・じゅん　ミュージシャン　⚰平成26年（2014）4月14日　55歳〔病気〕　🎂昭和34年（1959）4月8日　🏠兵庫県神戸市　🏅グループ名＝横道坊主（おうどうぼうず），ザ・ロッカーズ　🏅昭和57年陣内孝則がボーカルを務めたロックバンド，ザ・ロッカーズに加入したが，同年バンドは解散。平成9年ロックバンド・横道坊主に加入，ベースを担当。横道坊主のアルバムに「がむしゃら」「紅蓮」「叫拳」などがある。

橋本 裕臣 はしもと・やすおみ　彫刻家　和光大学名誉教授　⚰平成26年（2014）5月28日　71歳〔スキルス胃がん〕　🎂昭和17年（1942）7月4日　🏠東京市滝野川区（東京都北区）　🏫中央大学法学部〔昭和41年〕中退，東京芸術大学彫刻科〔昭和45年〕卒，東京芸術大学大学院〔昭和47年〕修了　🏅中央大学在学中から夜間の美術教室に通い，昭和41年中退して東京芸術大学彫刻科に移る。46年新制作展に初入選，50年同会員。63年「断層―時」でロダン大賞展彫刻の森美術館賞，平

成3年「丘の上のかたち」で中原悌二郎賞優秀賞，7年「花の舞い'96-II」で長野市野外彫刻賞を受賞。和光大学教授も務めた。著書に「テラコッタの技法」がある。　🏆中原悌二郎賞優秀賞（第22回）〔平成3年〕「丘の上のかたち」，新制作展新作家賞（第36回・37回）〔昭和47年・48年〕「カアのヒエログリフ」「アルフの首」，新制作展新制作賞（第38回）〔昭和49年〕「カアのピクトグリフ」，高村光太郎大賞展佳作賞（第1回）〔昭和56年〕「正と負のヒエログリフ'81」，ロダン大賞展彫刻の森美術館賞（第2回）〔昭和63年〕「断層―時」，長野市野外彫刻賞（第23回，平成7年度）「花の舞い'96-II」　🏛新制作協会

波瀬 満子 はせ・みつこ　女優　パフォーミング・アーティスト　ウリポ・はせ・カンパニー主宰　⚰平成24年（2012）4月19日　81歳〔急性腎不全〕　🏠京都府　🏅本名＝白波瀬智子（しらはせ・ともこ）　🏫東京女子大学日本文学科卒　🏅劇団四季を経て，詩の朗読グループ"仮面座""ソネット"を結成し，詩を声と体で表現する運動を続ける。昭和52年詩人・谷川俊太郎らとことばあそびの会を設立。のちウリポ・はせ・カンパニー主宰。56年よりポエムリサイタルを開催，57年からは超早口パフォーマンス「やってきたアラマせんせい」の全国巡演を行う。平成2年日本語ショー「YOU&I&AIUEO」を米国で初演。NHK教育テレビ「あいうえお」などに出演した他，障害児の言語指導，「新宿を彼女は歩いて行く」「萩原朔太郎詩集」などのレコーディングも手がける。ことばパフォーマンスの第一人者として知られた。著書に「ことばじゃことばじゃことばじゃ」「ことばまるかじり」などがある。　🏆久留島武彦文化賞（第22回）〔昭和57年〕

畑中 信一 はたなか・しんいち　東京大学名誉教授　📖植物生化学　⚰平成26年（2014）5月14日　83歳〔肺炎〕　🎂昭和6年（1931）4月14日　🏫東京大学理学部植物学科〔昭和29年〕卒，東京大学大学院生物学研究科植物学専攻博士課程修了　東京大学教授を務めた。共訳にヘス「植物生理学」がある。　🏛日本植物学会，日本植物生理学会，日本菌学会

馬場 実 ばば・みのる　医師　同愛記念病院副院長　📖小児科学（小児アレルギー学）　⚰平成24年（2012）5月22日　82歳　🎂昭和4年（1929）8月25日　🏠長野県　🏫信州大学医学部〔昭和30年〕卒　医学博士　🏅昭和31年信州大学医学部小児科学教室に入局。33年米国テンプル大学，34年イリノイ大学へ留学。38年より同愛記念病院小児科に勤め，49年小児科医長，平成元年副院長，9年顧問。昭和56年から17年間にわたって日本小児アレルギー学会理事長を務め，小児アレルギーの権威として知られた。著書に「小児ぜんそく」「子どもアレルギー」「小児気管支喘息」などがある。　🏛日本小児アレルギー学会，日本アレルギー学会（名誉会員）

浜田 ゆう子 はまだ・ゆうこ　女優　⚰平成26年（2014）　75歳　🎂昭和14年（1939）3月20日　🏠大阪府大阪市　🏅本名＝山口富久子，旧姓・名＝浜田　🏅清友高〔昭和32年〕卒　🏅昭和33年大映に第12期ニューフェイスとして入社，34年「薔薇の木にバラの花咲く」でデビュー。以後，36年「女の勲章」，37年「しとやかな獣」など，ブルジョワ令嬢から悪女タイプまで幅の広い役柄を演じる美貌女優として人気を得た。47年

俳優の葉山良二と結婚、映画界から離れた。 [家]夫＝葉山良二（俳優），娘＝葉山知穂（女優）

林 利孝　はやし・としたか　大阪府立大学名誉教授　[専]英文学　[没]平成25年（2013）9月18日　84歳〔急性心不全〕　[生]昭和4年（1929）8月17日　[出]大阪府　[学]京都大学文学部英語・英文学科〔昭和29年〕卒，京都大学大学院文学研究科英語・英米文学専攻〔昭和31年〕修士課程修了　[歴]大阪府立大学教授を経て、大阪学院大学教授。著書に「ヴァージニア・ウルフの小説」がある。　[団]日本英文学会，京都大学英文学会

林 敏弘　はやし・としひろ　ソフトテニス指導者　早稲田大学名誉教授　[没]平成26年（2014）8月14日　80歳　[生]昭和8年（1933）9月16日　[出]東京都　[学]早稲田大学卒　[歴]早稲田大学人間科学部教授、同大軟式テニス・クラブ監督、世界選手権日本代表選手団監督、日本ソフトテニス連盟名誉副会長などを歴任した。著書に「軟式テニス入門」「わかりやすい軟式テニスのルール」などがある。　[賞]瑞宝中綬章〔平成22年〕　[資]1級審判員（テニス）　[団]日本体育学会

林 信明　はやし・のぶあき　花園大学社会福祉学部教授　[専]社会福祉史，フランス社会事業の歴史と思想　[没]平成25年（2013）10月8日　69歳　[生]昭和19年（1944）2月26日　[出]岐阜県　[学]大阪市立大学文学部社会学科〔昭和41年〕卒，大阪市立大学大学院文学研究科社会学専攻〔昭和49年〕博士課程満期退学　博士（経済学）（大阪市立大学）〔平成24年〕　[歴]昭和49年花園大学文学部専任講師、54年助教授、平成元年教授、4年社会福祉学部教授。同大人権教育研究センター研究員も務めた。著書に「フランス社会事業史研究」、訳書に「現代フランス社会福祉」「保健医療と福祉の制度」、訳編に「ポール・ドヨエヴィル禅学論集」がある。　[賞]社会事業史文献賞（第12回）〔平成5年〕　[団]日本社会福祉学会，日本仏教社会福祉学会，社会事業史学会

林家 染三　はやしや・そめぞう　落語家　落語文芸協会主宰　[没]平成24年（2012）6月12日　85歳〔肺炎〕　[生]大正15年（1926）10月8日　[出]大阪府　[名]本名＝秋山三郎（あきやま・さぶろう）　[歴]昭和33年3代目林家染丸に入門。落語文芸協会を主宰。古典落語の研究家としても知られ、江戸時代の落語のネタ本を復刻、その現代語訳と解説に情熱を注いだ。また、アマチュアの指導も行い、漫才でデビューする前のオール阪神・巨人らが師事していたことでも知られる。

原 嘉壽子　はら・かずこ　作曲家　大阪芸術大学教授　同志社女子大学教授　[専]オペラ創作　[没]平成26年（2014）11月30日　79歳〔心不全〕　[生]昭和10年（1935）2月10日　[出]東京都台東区　[名]本名＝原和子（はら・かずこ），旧姓・名＝石井和子　[学]東京芸術大学音楽学部卒，東京芸術大学音楽学部作曲専攻科〔昭和33年〕修了，ベネチア音楽院声楽科〔昭和38年〕卒　[歴]東京芸術大学では池内友次郎に師事し、在学中の昭和30年に池内率いる作曲家集団・深新会結成に参与。同年「8楽器のための室内協奏曲」で音楽コンクール作曲部門第2位に入賞。卒業とともに同級の作曲家・原博と結婚。37年フランスへ留学。同年夏のニース国際夏期アカデミーでI.A.コラデッティから声楽を学び、その勧めでイタリアへ移る。以来、39年までヴェネチアのベネデット・マルチェルロ音楽院声楽科で修行。帰国後は、42～55年ヤマハ音楽振興会嘱託、43～61年大阪芸術大学教授を経て、同志社女子大学教授。声楽の素養を生かした作曲に、女性と社会の問題を取り扱った重厚なテーマが合わさったオペラ作家として活躍、女優・藤村志保によるドキュメンタリーを原作とした社会派作品「脳死をこえて」で芸術選奨文部大臣賞を受けた。また、「額田女王」「青の洞門」など地方からの委嘱によりその地方の伝承・著名人を題材にとって民謡や方言を織り交ぜたオペラを多く製作した。　[賞]芸術選奨文部大臣賞（第39回，昭和63年度）〔平成1年〕「脳死を越えて」，紫綬褒章〔平成13年〕，旭日小綬章〔平成18年〕，武井賞〔昭和49年〕「ギターのための〈プレリュード，アリアとトッカータ〉」，舞台芸術創作奨励特別賞（オペラ部門，第5回）〔昭和57年〕「祝い歌が流れる夜に」，日本オペラ振興会創立記念オペラ台本募集第1席〔昭和59年〕，ジロー・オペラ賞（第13回・14回）〔昭和60年・61年〕，音楽コンクール作曲部門室内楽曲第2位（第24回）〔昭和30年〕　[団]日本現代音楽協会，日本作曲家協議会　[家]夫＝原博（作曲家），長男＝原久貴（作曲家）　[師]師＝池内友次郎，コラデッティ，イリス・アダミ

原口 庄輔　はらぐち・しょうすけ　筑波大学名誉教授　[専]英語学，言語学　[没]平成24年（2012）6月　68歳　[生]昭和18年（1943）8月26日　[出]旧朝鮮全羅南道　[名]筆名＝原口愚常（はらぐち・ぐじょう）　[学]東北大学大学院博士課程中退，マサチューセッツ工科大学大学院〔昭和50年〕修了　Ph.D.　[歴]筑波大学助教授を経て、教授。のち明海大学外国語学部教授。著書に「変形文法の視点」「多元的文法理論」「ことばの文化」「プラス思考のすすめ」などがある。　[賞]言語学懸賞論文1等入選〔昭和53年〕，市河賞（第15回）〔昭和56年〕「変形文法の視点」

原野 喜一郎　はらの・きいちろう　読売新聞東京本社英字新聞部長　[没]平成26年（2014）5月7日　63歳〔肺がん〕　[生]昭和26年（1951）2月24日　[出]東京都　[学]東京大学文学部卒　[歴]昭和50年読売新聞社に入社。欧州総局長、「THE DAILY YOMIURI」編集長を経て、平成14年東京本社英字新聞部長。読売理工学院理事長も務めた。

稗田 菫平　ひえだ・きんぺい　詩人　児童文学作家　「牧人」主宰　富山現代詩人会会長　[没]平成26年（2014）12月18日　88歳　[生]大正15年（1926）4月8日　[出]富山県西礪波郡子撫村（小矢部市）　[名]本名＝稗田金治　[学]氷見中卒　[歴]農家の長男。昭和18年虹の会を結成して詩歌集「初笛」を発行。20年秋に小学校の教職に就いて創作活動を再開、22年「野薔薇」を創刊、23年処女詩集「花」を出版。郷土文芸誌「牧人」を主宰。富山近代文学研究会代表、富山現代詩人会会長、富山県児童文学協会会長を歴任、「富山県文学事典」の編集委員代表を務めるなど、富山県の文芸界に大きな足跡を残した。詩集「白鳥」「氷河の爪」「泉の嵐」などの他、著書多数。　[賞]富山県教育団体表彰〔昭和53年〕，富山新聞文化賞〔昭和58年〕，高志奨学財団翁久允賞〔平成4年〕，小矢部市文化功労表彰〔平成4年〕，富山県文化功労表彰〔平成5年〕　[団]日本児童文学者協会，

補 遺（2012〜2014）　　　　　　　　　　　　　ふかざわ

富山県児童文学協会，日本詩人クラブ，富山現代詩人会，富山近代文学研究会

久末 聖治 ひさすえ・せいじ　北海道振興社長　㉘平成26年（2014）11月3日　67歳〔肺がん〕　㉑昭和22年（1947）6月23日　㉘北海道札幌市　㉓日本大学商学部〔昭和45年〕卒　㉖昭和45年父が創業した北海道振興に入社。50年取締役、58年専務を経て、59年社長。札幌市のススキノで飲食店ビル・グリーンビルを多数展開した他、ホテル業にも進出したが、バブル期の巨額投資が裏目に出、平成15年同社は民事再生法の適用を申請。同年社長を退任。その後、宗教法人札幌宇光院札幌霊堂代表役員や札幌斎場理事長を務めた。㉞　父＝久末鉄男（北海道振興創業者）

久山 辰治 ひさやま・たつはる　陸将　陸上自衛隊幕僚副長　㉘平成26年（2014）2月6日　86歳〔急性心筋梗塞〕　㉑昭和3年（1928）2月3日　㉘鹿児島県　㉓陸士〔第61期〕　㉖陸上自衛隊に入隊。第十一師団長を経て、昭和59年幕僚副長。㉟勲三等瑞宝章〔平成10年〕

平井 直房 ひらい・なおふさ　国学院大学名誉教授　㉔宗教学，神道学　㉘平成25年（2013）3月26日　90歳〔肺炎〕　㉑大正11年（1922）11月2日　㉘神奈川県　㉓国学院大学文学部国史学科卒、シカゴ大学大学院神学部〔昭和29年〕修士課程修了　㉖国学院大学文学部教授を務めた。著書に「出雲国造火継ぎ神事の研究」「神道と神道教化」などがある。　㊿日本宗教学会，神道宗教学会，日本民俗学会

平石 三千夫 ひらいし・みちお　詩人　㉘平成25年（2013）2月26日　83歳　㉑昭和5年（1930）㉖詩集に「孤独の赤い手の上で」「意識のどこかに」「傾きかけた午後の日差し」「感傷シネマ」などがある。

平田 敏夫 ひらた・としお　アニメーション作家　㉘平成26年（2014）8月25日　76歳　㉑昭和13年（1938）2月16日　㉘山形県天童市東本町　㉓武蔵野美術大学西洋画科〔昭和36年〕卒　㉖昭和36年東映動画に入社。「安寿と厨子王丸」「わんぱく王子の大蛇退治」などの作画担当。以後、虫プロ、ズイヨー映像、グループ・タック、サンリオで腕を振るう。55年「ユニコ」で長編アニメ映画デビュー。以後「金の鳥」「ボビーに首ったけ」「はだしのゲン2」（国際平和記念作）「火の鳥・ヤマト篇」「はれときどきぶた」「カッパの三平」など幅広く監督した。　㊿日本映画監督協会

平田 幸正 ひらた・ゆきまさ　医師　東京女子医科大学名誉教授　㉔内分泌学，代謝学，糖尿病　㉘平成26年（2014）2月15日　88歳　㉑大正14年（1925）5月5日　㉘山口県山口市　㉓九州帝国大学医学部医学科〔昭和23年〕卒、九州大学大学院修了　医学博士　㉖昭和29年九州大学助手、31年講師、44年鳥取大学教授を経て、50年東京女子医大糖尿病センター教授兼初代所長に就任。平成3年名誉所長。この間、昭和35年米国ワシントン大学へ留学。49年第17回日本糖尿病学会会長。著書に「糖尿病教室」「糖尿病と上手につきあう」「糖尿病の治療」「糖尿病の正しい知識」などがある。　㉞

日本糖尿病学会Hagedorn賞（第1回）　㊿日本糖尿病学会，日本内科学会，日本内分泌学会

平松 令三 ひらまつ・れいぞう　龍谷大学教授　㉔仏教文化史　㉘平成25年（2013）5月14日　93歳　㉑大正8年（1919）12月5日　㉘三重県　㉓京都帝国大学文学部史学科国史学専攻〔昭和16年〕卒、京都帝国大学大学院文学部　博士（文学）（龍谷大学）〔平成21年〕　㉖昭和17〜21年京都府の寺院重宝調査事務嘱託、国宝防護事務嘱託、重要美術品等調査事務嘱託。21年故郷三重県の一身田郵便局に入り、同年〜53年郵便局長を務める。46年には親子3代郵政事業功績により、51年には永年勤続によりそれぞれ郵政大臣表彰を受ける。一方、25年三重県文化財調査会委員、28年高田学会委員、34年真宗連合学会理事、54年三重歴史学会代表幹事などを務めるなど、仏教学者として活動、非常勤で高田短期大学や三重大学の教壇に立つ。郵便局長退職後の55年龍谷大学文学部特任教授となり、59〜63年専任教授。退任後も特任教授や非常勤講師を務めた。ほかに三重県史編纂専門委員、三重県文化財保護審議会副会長。平成12年高田派准師，25年講師。著書に「親鸞聖人」「親鸞の生涯と思想」「真宗史論攷」「高田本山の法義と歴史」、編著に「郷土史事典三重県」などがある。　㉞法王褒賞〔平成3年〕，郵政大臣表彰〔昭和46年・51年〕，三重県教育委員会教育功労者表彰〔昭和53年〕，津市市政功労者表彰〔平成1年〕，三重県県民功労者表彰〔平成6年〕，文部大臣表彰〔平成12年〕

平山 正実 ひらやま・まさみ　医師　東洋英和女学院大学教授　北千住旭クリニック院長　㉔精神医学，医療哲学　㉘平成25年（2013）12月18日　75歳　㉑昭和13年（1938）9月9日　㉘東京都　㉓横浜市立大学医学部〔昭和40年〕卒　医学博士　㉖三楽病院精神科医長、自治医科大学助教授を経て、東洋英和女学院大学教授、聖学院大学教授。北千住旭クリニック院長も務めた。医院の一角に子供を失った親たちの交流の場「プラーザ・ピエタ」を開設。平成13年には自死家族のためのグリーフケア・サポートプラザを、17年自死家族ケア団体全国ネットを開設した。著書に「働く人のメンタルヘルス」「死生学とはなにか」「はじまりの死生学」「精神科医の見た聖書の人間像」などがある。　㊿日本臨床死生学会，日本医学哲学倫理学会（名誉会員）

深沢 道子 ふかざわ・みちこ　早稲田大学名誉教授　㉔精神療法　㉘平成25年（2013）5月12日　78歳　㉑昭和10年（1935）2月9日　㉘東京都　㉓早稲田大学文学部心理学科〔昭和32年〕卒、イリノイ大学（米国）大学院（社会福祉）〔昭和34年〕修士課程修了　M.S.W.　㉖フルブライト留学生として渡米。イリノイ州立大学の福祉大学院で3年間学んだのち、昭和34年からイリノイ州立精神衛生研究所、ノースウエスタン大学医学部に勤務して家族療法、精神療法の臨床経験を積み、44年帰国。聖マリアンナ医科大学医療相談室長、助教授を経て、50年から米国の精神科医グールディング夫妻のもとで交流分析（TA）とゲシュタルト療法を学ぶ。平成元年早稲田大学文学部教授。日本TA協会初代会長のほか、昭和51年の日本交流分析学会発足にも尽力し、長年理事を務めた。著書に「子どもをダメにした

親たち」「エリートたちの厄年」「家族関係の心理学」「素敵な自分に育てる本」「拒む心求める心への接近」（共著）、訳書にM.M.グールディング「悪漢退治の本」、ゲイル・シーヒィ「パッセージ」、R.M.グーテルディング「自己実現への再決断」、M.ジェイムス「突破への道」など。　[資]臨床心理士　[団]日本交流分析学会, International Transactional Analysis Association

福井 惇　ふくい・あつし　産経新聞総務局長　帝京大学名誉教授　[専]社会学, マスコミ論, ジャーナリズム論　[没]平成26年（2014）10月5日　84歳〔肺がん〕　[生]昭和5年（1930）4月3日　[出]三重県桑名市　[学]早稲田大学文学部仏文科〔昭和29年〕卒　[歴]昭和30年産経新聞社に入社。51年社会部長、56年編集局次長を経て、58年総務局長。60年退社し、エフシージー総合研究所（のちサンケイ総合研究所）常務。63年より帝京大学兼任教授を務め、平成5年教授、13年名誉教授。この間、昭和50年に連続企業爆破事件の犯人逮捕のスクープで日本新聞協会賞を代表者として受賞。このスクープで菊池寛賞も受けた。著書に「一九七〇年の狂気—滝田修と菊井良治」「狼・さそり・大地の牙—『連続企業爆破』35年目の真実」がある。　[賞]日本新聞協会賞〔昭和50年〕「『連続企業爆破事件の犯人グループ, きょういっせい逮捕』のスクープ」, 菊地寛賞（第23回）〔昭和50年〕　[団]日本マスコミュニケーション学会, 多摩学会

福富 茂直　ふくとみ・しげなお　歌人　「泉のほとり」代表　[没]平成26年（2014）12月25日　89歳　[生]大正14年（1925）12月9日　[出]岐阜県　[歴]小学校校長を務めた。「泉のほとり」代表。作歌の傍ら、「古事記講座」にも携わる。歌集「ダムの村にて〈1～4〉」「大和古京」「孔雀の雛」「翡翠海岸」などがある。

冨家 素子　ふけ・もとこ　作家　[没]平成26年（2014）1月18日　81歳　[生]昭和7年（1932）9月12日　[出]東京都　[学]学習院女子教養部卒　[歴]母は小説家の円地文子。著書に「母・円地文子」「童女のごとく—母円地文子のあしあと」がある。　[団]女流文学者会, 日本文芸家協会　[家]夫＝冨家和雄（高エネルギー物理学研究所名誉教授）, 母＝円地文子（小説家）, 祖父＝上田万年（国語学者）

藤井 昭一　ふじい・しょういち　大阪府立大学名誉教授　[専]航空宇宙工学　[没]平成26年（2014）5月4日　77歳〔心不全〕　[生]昭和12年（1937）1月8日　[出]京都府　[学]大阪市立大学工学部航空工学科〔昭和35年〕卒　工学博士　[歴]昭和35年科学技術庁航空宇宙技術研究所（現・宇宙航空研究開発機構）に入所。革新高速プロペラ機の研究開発グループリーダーとして活躍。平成2年大阪府立大学教授に就任。この間、昭和44年米国アイオワ州立大学ターボ機械研究所研究員、54年NASAルイス研究センター研究員、62年NASAラングレー研究センター研究員。著書に「熱流体力学」「エンジン・システム」などがある。　[団]日本航空宇宙学会

藤田 久一　ふじた・ひさかず　関西大学名誉教授　[専]国際法　[没]平成24年（2012）11月7日　75歳〔急性肺炎〕　[生]昭和12年（1937）8月23日　[出]京都府京都市　[学]京都大学法学部〔昭和36年〕卒, 京都大学大学院公法学専攻〔昭和38年〕修士課程修了　法学博士（京都大学）〔昭和60年〕　[歴]昭和39～41年パリ大学留学、44～45年ジュネーブ大学国際高等研究所に留学。金沢大学助教授、関西大学教授を経て、東京大学教授。平成10年神戸大学教授、のち関西大学教授。著書に「国際人道法」「軍縮の国際法」「戦争犯罪とは何か」「国連法」などがある。　[団]国際法学会, 世界法学会

藤村 健次郎　ふじむら・けんじろう
⇒芳野 昌之（よしの・まさゆき）を見よ

藤本 篤　ふじもと・あつし　大阪市史編纂所所長　大阪市史料調査会常務理事　[専]地方史, 大阪市史　[没]平成25年（2013）5月19日　85歳　[生]昭和3年（1928）4月1日　[出]米国・ワシントン州シアトル市　[学]山口大学文理学部文学科日本史学専攻〔昭和28年〕卒　[歴]米国シアトルに生まれ、山口県で育つ。大学卒業後、大阪府民家集落博物館に勤務し、貝塚市史・柏原市史・豊中市史・箕面市史などの編纂に参画。昭和37年大阪市行政局大阪市史編集室に入り、「昭和大阪市史続編」「大阪編年史」の編集・発行に携わる。大阪市立中央図書館市史編集室長、54年大阪市史編纂所長などを歴任。61年定年退職後も、平成9年まで非常勤嘱託所長を務めた。主な著書に「大阪府の歴史」「古文書への招待」「大阪の町名」「なにわ人物譜」「大阪市史物語」、共著に「地方史の研究と編集」、共編に「古文書大字典」など多数。

藤本 光昭　ふじもと・みつあき　名古屋大学名誉教授　[専]天文学, 天体物理学, 銀河物理学　[没]平成25年（2013）10月22日　81歳〔病気〕　[生]昭和7年（1932）7月27日　[出]東京都武蔵野市　[学]東北大学理学部天文学科〔昭和34年〕卒, 東北大学大学院理学研究科天文学専攻〔昭和39年〕博士課程修了　理学博士（東北大学）〔昭和39年〕　[歴]昭和39年名古屋大学理学部助手となり、40～43年米国コロンビア大学Research Associate、46年名古屋大学理学部助教授、56年教授。平成8年定年退職。この間、昭和62年～平成元年日本天文学会副理事長を務めた。　[賞]朝日学術奨励金〔昭和60年〕, 環境賞優良賞（第20回, 平成5年度）「超伝導ミクサを用いたオゾン高度分布測定装置の開発」　[団]日本天文学会, American Astronomical Society, 国際天文連合

藤芳 誠一　ふじよし・せいいち　明治大学名誉教授　[専]経営管理論　[没]平成24年（2012）2月19日　86歳〔肺炎〕　[生]大正14年（1925）5月26日　[出]山口県　[学]東京府立一中〔昭和18年〕卒, 海兵〔昭和20年〕卒, 明治大学商学部〔昭和24年〕卒　経営学博士　[歴]昭和24年明治大学商学部助手、28年経営学部専任講師、31年助教授、37年教授、41年大学院研究科教授、47～54年経営学部長、54～59年常勤理事（教務担当）を務める。平成7年退職。この間、昭和41年千葉経済短期大学兼任教授。平成7～11年東亜大学副学長。欧米外遊・視察数度、中国の経営近代化などに携わる。フジヨシ・マネジメント・オフィス所長、のち会長。主著に「経営学」「経営管理論」「近代経営と経営者」「蛻変の経営」「日本のミドル・マネジメント」「経営管理学事典」「日本の経営革命」などがある。　[賞]勲三等旭日中綬章〔平成15年〕　[資]JSTリーダー　[団]日本経営学会, 組織学会, 日本経営診断学会, 日本経営教育学会（名誉会長）, 日本経営哲学学会, 日本経営システム学会

藤善 真澄　ふじよし・ますみ　関西大学名誉教授　[専]東洋史, 中国仏教史, 隋唐仏教・文化史, 日中関係史

[没]平成24年（2012）2月8日　77歳　[生]昭和9年（1934）9月6日　[出]鹿児島県鹿児島市東桜島町　[学]鹿児島大学文理学部東洋史学科卒, 京都大学大学院文学研究科東洋史専攻〔昭和39年〕博士課程単位取得　文学博士（京都大学）〔平成5年〕　[歴]神戸女子大学助教授を経て、昭和46年関西大学助教授、51年教授。平成9～11年同大大学院部長、13～17年東西学術研究所所長も務めた。著書に「安禄山」「安禄山と楊貴妃」「諸蕃志—訳注と研究」「道宣伝の研究」「参天台五臺山記の研究」「中国史逍遥」「中国仏教史研究」、編著に「アジアの歴史と文化〈11〉—中国中世史」「浙江と日本」「福建と日本」「中国華東・華南地区と日本の文化交流」「東と西の文化交流」などがある。　[団]史学会, 東洋史学会, 仏教史学会（会長）, 東方学会, 道教学会

藤原 星人　ふじわら・せいじん　俳人　「俳星」発行人　[没]平成25年（2013）12月4日　88歳　[生]大正14年（1925）2月27日　[出]秋田県横手市　[名]本名＝藤原清治（ふじわら・せいじ）　[歴]昭和23年新潟鉄道局に勤務。25年秋田県鉄道管理局に転じ、定年退職まで国鉄に勤めた。19年作句を始め、若林美入野指導のかまくら吟社に参加。また、地元秋田の小笠原洋々主宰「俳星」に入会。赴任地の新潟では高野素十の紹介により中田みづほ主宰の「まはぎ」に入会。26年「若葉」入会、富安風生に師事。63年「若葉」同人。平成9年「俳星」に復帰、16年発行人、22年顧問。平成元年俳人協会秋田県支部設立にも参画し、幹事、事務局長、支部長を歴任した。　[賞]秋田県文化功労者〔平成21年〕　[団]俳人協会　[師]師＝高野素十, 富安風生, 清崎敏郎

布留川 洋子　ふるかわ・ようこ　詩人　[没]平成25年（2013）6月10日　76歳　[生]昭和11年（1936）7月5日　[出]千葉県　[学]千葉大学教育学部〔昭和34年〕卒　[歴]昭和35～63年中学校の音楽教師として勤務。48年から「千葉県詩人クラブ」及び詩誌「玄」に参加。詩集に「麦稈帽子」がある。　[団]日本詩人クラブ

古家 武夫　ふるや・たけお　プロ野球選手　高校野球監督　[没]平成26年（2015）7月14日　94歳〔急性腎肝不全〕　[生]大正10年（1921）3月9日　[出]京都府　[学]平安中（現・平安高）卒, 立命館大学　[歴]平安中学時代、昭和13年から3年連続で選抜に出場。立命館大を経て、21～22年巨人で内野手としてプレー。実働2年、57試合出場、133打数26安打、1本塁打、11打点、打率.195。引退後は芦屋高校監督となり甲子園出場にも導いたが、元プロ野球選手であることが非難され、辞任した。

堀 原一　ほり・もとかず　筑波大学名誉教授　[専]外科学, 医学教育学, 心臓血管外科学, 人工臓器　[没]平成25年（2013）　84歳　[生]昭和4年（1929）7月30日　[出]三重県伊勢市　[学]東京大学医学部医学科〔昭和29年〕卒, 東京大学大学院生物系研究科臨床医学（外科）専攻〔昭和35年〕博士課程修了　医学博士（東京大学）　[歴]昭和36年東京大学助手となり、37年米国国務省フルブライト研究員としてハーバード大学、マサチューセッツ総合病院外科へ留学。帰国後、44年東京女子医科大学助教授、45年教授。48年筑波大学創設に際し、初代臨床医学系教授・副学群長。平成4年副学長。6年退官。9年日本医学教育学会会長。医学教育関係著書・論文多数。　[団]日本外科学会（特別会員）, 日本胸部外科学会（特別会員）, 日本医学教育学会（名誉会員）, 日本心臓血管外科学会（特別会員・国際会員）, 日本脈管学会（名誉会員）, 日本人工臓器学会（名誉会長）, 米国胸部外科学会（シニア会員）

堀内 守　ほりうち・まもる　名古屋大学名誉教授　愛知地方自治研究センター理事長　[専]哲学, 教育学（教育哲学, 教育思想史, 多元数理）　[没]平成25年（2013）7月　81歳　[生]昭和7年（1932）4月10日　[出]長野県　[学]東京大学教育学部卒, 東京大学大学院教育学研究科博士課程修了　教育学博士　[歴]東京都立大学講師を経て、昭和43年名古屋大学助教授、55年教授。この間、47～48年チェコで研究。平成8年退官し、9～20年日本福祉大学知多半島総合研究所長。専門書から小説、文明論まで幅広く執筆。著書に「コメニウス研究」「文明の岐路に立つ教育」「手の宇宙誌」「知の喚気力」「叱り効果とおだて効果」「なごや深層ウォッチング」、SF「数奇なる試練」など。　[団]日本教育学会, 教育哲学会, 科学基礎論学会

本間 明　ほんま・あきら　音響効果デザイナー　[没]平成24年（2012）4月4日　77歳　[生]昭和9年（1934）11月18日　[出]東京　[学]都立芝商卒　[歴]昭和28年日本放送協会（NHK）入局。ラジオ・テレビの音響効果を担当し、電子音楽初期の技術スタッフとして番組に参加。39年東京五輪開会式・閉会式での昭和天皇御入場、御退場時の黛敏郎作曲「カンパノロジー」の技術スタッフを務める。NHK在局中、小林正樹監督の映画「怪談」の作曲者武満徹の音楽スタッフを務める。40年NHKが招聘した電子音楽の創始者シュトックハウゼンの技術スタッフを務める。41年NHKを退局し、株式会社フリックプロを設立して代表取締役に就任。東宝の菊田一夫の招きで新帝国劇場開場と同時に東宝を中心に音響効果デザイナーとして演劇作品に携わる。58年蜷川幸雄演出「王女メディア」の海外公演に参加。以後、「NINAGAWA マクベス」「テンペスト」「近松心中物語」の蜷川作品に参加。62年東宝ミュージカル「レ・ミゼラブル」で世界に先駆け30チャンネルのワイヤレスマイクを使用、ブロードウェイ、ウエストエンドのミュージカル作品に影響を与えた。他の音響効果担当作品に、舞台「風と共に去りぬ」「屋根の上のヴァイオリン弾き」「ラ・マンチャの男」「マイフェアレディ」「王様と私」、映画「札幌オリンピック」（市川崑監督）「泥の河」「死の棘」（小栗康平監督）「東京裁判」（小林正樹監督）「戦場のメリークリスマス」（大島渚監督）「利休」（勅使河原宏監督）など。　[賞]長谷川伸賞（第25回）〔平成2年〕

前川 朋久　まえかわ・ともひさ　松下電器産業労働組合中央執行委員長　連合大阪会長　[没]平成26年（2014）2月13日　75歳〔病気〕　[生]昭和13年（1938）10月7日　[出]熊本県荒尾市　[学]三池工電気科〔昭和32年〕卒　[歴]昭和32年松下電器産業（現・パナソニック）入社。39年松下電器産業労働組合中央執行委員（賃金部長）、45年同書記長、49年同副中央執行委員長、57年中央執行委員長に就任。平成8年退任し顧問。この間、昭和57年大阪中立労協議長、電機連合大阪地協議長、平成元年～8年全松下労働組合連合会会長、7～11年連合大阪会長、8～12年関西生産性本部副会長、12年国際経済労働研究所理事長などを歴任。一方、組合活動の一環と

して国際ボランティア活動に取り組み、昭和55年からインドに井戸を贈る運動を始め、61年には国際連帯・文化振興基金を設立した。著書に「『時代』から『次代』へ 松下労使列伝」など。 [賞]セネガル国家功労勲章〔平成2年〕, 大阪府知事功労賞〔平成2年〕

前田 進郎 まえだ・しんろう 大阪府議 [没]平成24年(2012)12月11日 88歳〔大動脈弁閉鎖不全〕 [生]大正13年(1924)8月10日 [学]関西学院大学法学部卒 [歴]大阪府議、大阪府選挙管理委員長などを務めた。

正井 泰夫 まさい・やすお 立正大学名誉教授 [専]地理学 [没]平成24年(2012)11月20日 83歳 [生]昭和4年(1929)6月1日 [出]東京市小石川区(東京都文京区) [学]東京文理科大学地理学科〔昭和28年〕卒, ミシガン州立大学大学院地理学専攻〔昭和35年〕博士課程修了 理学博士(東京文理科大学)〔昭和37年〕, Ph.D.(ミシガン州立大学)〔昭和35年〕 [歴]昭和38年立正大学講師、39年お茶の水女子大学講師、助教授、教授、50年筑波大学教授、59年立正大学文学部教授、平成10年地球環境科学部教授に就任。著書に「東京の生活地図」「都市地図の旅」などがある。 [団]日本地理学会, 日本国際地図学会, 人文地理学会, 日本地理教育学会, 立正地理学会, 国際地図学協会

増尾 伸一郎 ますお・しんいちろう 東京成徳大学人文学部教授 [専]古代宗教思想, 東アジア文化史 [没]平成26年(2014)7月25日 57歳 [生]昭和31年(1956)12月23日 [出]山梨県 [学]筑波大学史学科卒, 筑波大学大学院歴史人類学研究科日本史専攻〔昭和61年〕博士課程修了 [歴]大阪女子短期大学専任講師、豊田短期大学講師などを経て、東京成徳大学人文学部助教授、教授。著書に「万葉歌人と中国思想」、共編に「道教の経典を読む」「アジア諸地域と道教」などがある。 [団]日本道教学会, 歴史人類学会, 仏教史学会, 古代文学会, 上代文学会, 和漢比較文学会, 朝鮮学会, 木簡学会

間瀬 昇 ませ・のぼる 作家 医師 「海」主宰 [専]内科学 [没]平成26年(2014)12月8日 89歳〔肺炎〕 [生]大正14年(1925)1月11日 [出]旧朝鮮京城(韓国・ソウル) [学]京城医専〔昭和20年〕卒 医学博士 [歴]昭和41年文芸同人誌「海」を創刊・主宰。著書に「作家と作品」「上田三四二」「友垣寂び」などがある。 [賞]三重県文化奨励賞(昭和51年度), 三銀ふるさと文化賞(平成3年度), 四日市市文化功労者賞(平成9年度), 小島信夫文学賞特別賞(第4回)〔平成18年〕「友垣寂び」 [団]日本文芸家協会

松田 隆智 まつだ・りゅうち 武術研究家 [専]中国武術史, 世界各地に伝承される瞑想法の研究, 米国における中国人社会の伝承文化 [没]平成25年(2013)7月24日 75歳〔急性心筋梗塞〕 [生]昭和13年(1938)6月6日 [出]愛知県岡崎市 [学]岡崎北高卒 [歴]幼い頃より空手道や古武道(示現流剣術, 大東流合気柔術, 諸賞流和術など)を修行。洪懿祥師範より形意拳を学ぶ。台湾の劉雲樵、徐紀、蘇昱彰の各師範より八極拳、陳氏太極拳、八卦掌、蟷螂拳、形意拳などを学ぶ。昭和53年より数回中国を訪れ、馬賢達、徐永祥、呂瑞芳各師範より八極拳、翻子拳、心意六合拳を学ぶ。我が国における中国武術界の草分け的存在で、「図説・中国武術史」「写真でみる中国拳法入門」「魂の芸術」「松田隆智の拳遊記」など多数の著書があり、「週刊少年サンデー」に連載された拳法漫画「拳児」(画・藤原芳秀)の原作も担当した。また、1980年代初頭にフジテレビ系の子供向け番組「ひらけ！ ポンキッキ」で人気を呼んだ楽曲「カンフーレディー」では演武を披露している。 [師]師＝洪懿祥, 劉雲樵, 徐紀, 蘇昱彰, 馬賢達, 徐永祥, 呂瑞芳

松村 祝男 まつむら・のりお 日本大学経済学部教授 [専]地理学 [没]平成24年(2012)3月29日 69歳 [生]昭和18年(1943)1月2日 [出]静岡県静岡市 [学]日本大学文理学部地理学科〔昭和40年〕卒, 日本大学大学院理工学研究科地理学専攻〔昭和46年〕博士課程退学 理学博士(日本大学)〔昭和54年〕 [歴]昭和48年千葉商科大学商経学部専任講師、50年助教授、56年熊本大学助教授、62年日本大学経済学部助教授を経て、63年教授。平成24年退職。著書に「みかん栽培地域」「果樹作と庶民と地域の近代化―河内みかん発達史」などがある。

的場 保望 まとば・やすもち 秋田大学名誉教授 [専]地質学, 古生物学 [没]平成25年(2013)9月18日 74歳 [生]昭和13年(1938)11月6日 [出]東京都豊島区巣鴨 [学]東北大学理学部地学科第一〔昭和37年〕卒, 東北大学大学院理学研究科地学専攻〔昭和43年〕博士課程修了 理学博士(東北大学)〔昭和43年〕 [歴]昭和43年秋田大学助手、46年講師、51年助教授を経て、59年教授。平成16年退官。この間、昭和53年米国スタンフォード大学へ留学。48～58年文部省海外学術調査、学術振興会国際共同研究により、イタリア、スペインその他ヨーロッパの新生代の標準地域の地質調査を行った。 [賞]日本古生物学会学術賞〔昭和59年〕「新生代底生有孔虫の分類および生態に関する研究」 [団]日本地質学会, 日本古生物学会, 石油技術協会

丸島 日出夫 まるしま・ひでお 新文化通信社社長 [没]平成26年(2014)11月21日 77歳〔心不全〕 [生]昭和12年(1937)7月3日 [出]千葉県 [歴]父が昭和25年に創業した新文化通信社を10代から手伝い、49年社長に就任。52年「新文化」の編集方針を一新して出版業界専門紙に特化し、現在の紙面構成の基礎を築いた。平成17年会長。相談役を経て、25年退任。 [家]父＝丸島誠(新文化通信社創業者), 長男＝丸島基和(新文化通信社社長)

丸山 昭 まるやま・あきら 編集者 コラムニスト 講談社「少女クラブ」編集長 [専]戦後マンガ史 [没]平成26年(2016)12月15日 86歳〔大腸がん〕 [生]昭和5年(1930)11月14日 [出]山梨県甲府市 [学]学習院大学哲学科〔昭和28年〕卒 [歴]昭和28年講談社に入社。「少年クラブ」、「ぼくら」、「少女クラブ」(編集長)、「週刊少女フレンド」(副編集長)を経て、42年講談社フェーマススクールズの設立に参加し、専務。講談社社友会会長も務めた。編集者として手塚治虫作品を手がけたほか、石ノ森章太郎、赤塚不二夫ら東京都豊島区にあったトキワ荘に集った多くの漫画家を育て、戦後の初期漫画ブームを支えた。著書に「まんがのカンヅメ―手塚治虫とトキワ荘の仲間たち」「トキワ荘実録」、共著

に「トキワ荘青春物語」がある。 [賞]手塚治虫文化賞特別賞(第5回)〔平成13年〕

三浦 玲一　みうら・れいいち　一橋大学大学院言語社会研究科教授　[専]アメリカ文学, ポストモダニズム　[没]平成25年(2013)10月9日　47歳　[生]昭和40年(1965)10月22日　[出]埼玉県草加市　[学]東京大学大学院人文社会研究科英語英米文学専攻〔平成6年〕博士課程単位取得満期退学　[歴]平成6年名古屋大学言語文化部講師、8年助教授を経て、13年一橋大学大学院言語社会研究科助教授(准教授)、22年教授。著書に「ポストモダン・バーセルミ」「文学研究のマニフェスト」「村上春樹とポストモダン・ジャパン」、訳書にドナルド・バーセルミ「パラダイス」などがある。

三沢 了　みさわ・さとる　障害者インターナショナル(DPI)日本会議議長　[没]平成25年(2013)9月30日　71歳　[生]昭和17年(1942)4月1日　[出]兵庫県伊丹市　[学]中央大学法学部中退　[歴]幼い頃からスポーツ好きで、中学時代はバレーボールの東京大会で優勝した経験を持つ。大学2年の時に同乗していた友人の車が事故に遭い、首から下が完全にマヒしたが、やがて電動車椅子に乗れるまでに回復。のち障害者インターナショナル(DPI)日本会議議長を務め、障害者の自立生活と権利擁護のために尽力した。また、昭和59年電動車椅子によるサッカーのルールからボールまで全て考案した。[賞]ヘレン・ケラー賞(平成19年度)「障害者の福祉の向上をめざし運動を積み重ねている」

水野 恭子　みずの・やすこ　洋画家　[没]平成25年(2013)4月5日　92歳〔肝臓がん〕　[生]大正10年(1921)　[出]岡山県勝田郡勝央町　[学]東京女子美術専〔昭和16年〕卒　[歴]昭和17年二科展、22年日展に入選。25年独立展に入選後は同展を中心に活躍。33年、38年同展奨励賞、42年同展独立賞を受賞。43年独立美術協会会員。また、女流美術家協会展にも出品した。 [賞]女流画家協会展丸万賞〔昭和26年〕, 独立協会展奨励賞〔昭和33年〕, 女流画家協会展昭和画廊賞〔昭和38年〕, 独立美術協会展奨励賞〔昭和38年〕, 女流画家協会展昭和画廊賞〔昭和39年〕, 女流画家協会展日航賞〔昭和41年〕, 独立美術協会展独立賞〔昭和42年〕

水山 高幸　みずやま・たかゆき　京都教育大学名誉教授　[専]自然地理学, 地形学　[没]平成25年(2013)11月17日　90歳　[生]大正12年(1923)7月8日　[出]京都府乙訓郡大山崎町　[学]東京文理科大学地学科〔昭和22年〕卒　理学博士(東京教育大学・東京文理科大学)〔昭和34年〕　[歴]昭和22年文部教官(京都師範学校)。26年京都学芸大学講師、29年助教授、42年米国ルイジアナ州立大学文部省在外研究員、44年京都教育大学教授。 [賞]勲三等旭日中綬章〔平成11年〕 [団]日本地理学会, 人文地理学会, 日本国際地図学会, Society of Economic Paleontologists and Mineralogists, British Geomorphological Research Group, 日本地形学連合

溝口 正　みぞぐち・ただし　学習院大学名誉教授　[専]物性物理学　[没]平成26年(2014)7月23日　76歳〔慢性呼吸不全〕　[生]昭和12年(1937)12月5日　[出]東京都　[学]東京大学理学部物理学科〔昭和36年〕卒, 東京大学大学院物理学専攻〔昭和41年〕博士課程修了　理学博士　[歴]東京大学物性研究所助手、昭和46年学習院大学理学部助教授を経て、教授。著書に「物質科学の基礎 物性物理学」「磁気と磁性〈1〉」「電磁気学」「熱学の基礎」などがある。 [賞]日本応用磁気学会賞出版賞(平成13年度)「磁気と磁性〈1〉」 [団]日本物理学会, 日本金属学会, 応用物理学会

三橋 正　みつはし・ただし　明星大学日本文化学部教授　[専]宗教史, 日本古代史, 古記録文化論　[没]平成26年(2014)11月7日　54歳　[生]昭和35年(1960)3月1日　[出]千葉県千葉市　[学]大正大学大学院文学研究科史学専攻〔平成1年〕博士課程単位取得　博士(文学, 大正大学)〔平成13年〕　[歴]大倉山精神文化研究所研究員を経て、平成16年明星大学日本文化学部助教授(准教授)、23年教授。藤原実資の日記「小右記」の講読会代表を務めた。著書に「平安時代の信仰と宗教儀礼」「日本古代神祇制度の形成と展開」などがある。 [賞]神道宗教学会賞(第1回)〔平成12年〕, 中村元賞(第9回)〔平成13年〕「平安時代の信仰と宗教儀礼」

蓑輪 喜作　みのわ・きさく　平和運動家　歌人　「憲法9条を守ろう」と署名を集める　[没]平成26年(2014)8月5日　85歳　[生]昭和4年(1929)6月11日　[出]新潟県東頸城郡松代町犬伏(十日町市)　[歴]太平洋戦争中は通信兵として硫黄島に向かう予定だったが、赴任前に敗戦を迎えた。昭和21年村の小学校の用務員となり、平成2年まで44年にわたって勤める。7年村の過疎化と老齢のため、東京都小金井市の二男宅に移り住んだ。17年9条の会・こがねいが発足したことをきっかけに憲法9条を守るための署名集め開始。近くの野川公園や武蔵野公園、自動車運転免許試験場前のバス停などで署名を呼びかけ、27年85歳で亡くなるまでに集めた署名は計5万9470筆にのぼった。歌人としては「日本海」同人で、歌集「学校用務員のうた」「母のうた」「春を待つ」「明日に向えり」「新しき街へ」「小金井の春」「足跡」、歌文集「九条署名の一年」がある。他の著書に「山間豪雪地帯に生きる—1960年代新潟県松代町農村労働組合のたたかい」「“九条おじさん”がゆく」。 [団]新日本歌人協会, 新潟県歌人クラブ

美馬 大道　みま・だいどう　ペガサスミシン製造社長　[没]平成25年(2015)11月7日　80歳〔肺がん〕　[生]昭和10年(1935)9月20日　[出]大阪府大阪市　[学]関西学院大学法学部〔昭和32年〕卒　[歴]米国に留学後、1年間大阪能率開発事務所に勤務。のち美馬精機社長を経て、会長。この間、昭和44年ペガサスミシン製造取締役、51年社長、平成13年会長。18年東証第1部に上場。[家]長男＝美馬成望(ペガサスミシン製造社長)

宮坂 忠夫　みやさか・ただお　東京大学名誉教授　女子栄養大学副学長　[専]健康教育学, 保健社会学　[没]平成25年(2013)7月11日　90歳　[生]大正11年(1922)9月10日　[出]東京都　[学]府立高〔昭和17年〕卒, 東京帝国大学医学部医学科〔昭和21年〕卒, ハーバード大学公衆衛生大学院〔昭和28年〕修士課程修了　医学博士〔昭和42年〕　[歴]昭和22年医師免許を取得し、厚生省(現・厚生労働省)公衆衛生局技官(衛生教育担当)となる。28年米国ハーバード大学公衆衛生大学院を修了し、31年WHO健康教育専門諮問部会委員を委嘱される。33年国立公衆衛生院衛生行政学部衛生教育室長、42年東京大学医学部保健学科教授。58年退官し名誉教授。同

年〜平成5年女子栄養大学教授、3〜16年副学長を務めた。著書に「衛生教育」、編著に「地域保健と住民参加」、共編に「健康農村活動と地域社会―羽生市千代田地区」「健康教育論」など。 [賞]勲三等旭日中綬章〔平成11年〕, 日本医師会最高優功賞 [団]日本健康教育学会（名誉理事長）

宮崎 勇 みやざき・いさむ 海軍少尉 [没]平成24年（2012）4月10日 92歳 [生]大正8年（1919）10月 [出]広島県呉市 [学]丸亀中〔昭和11年〕中退 [歴]昭和11年中学を中退して佐世保海兵団に入る。軍艦「磐手」「千歳」「長良」「熱海」乗組を経て、15年第2期丙種飛行予科練習生となり、17年10月第二五二海軍航空隊に配属され、11月空母「大鷹」でラバウルに進出。18年内地帰還、19年第三四三海軍航空隊に転属。20年海軍少尉。平成5年「還って来た紫電改―紫電改戦闘機隊物語」を出版した。

宮野 悦義 みやの・えつぎ 一橋大学名誉教授 [専]ドイツ文学 [没]平成25年（2013）11月9日 82歳〔腎不全〕 [生]昭和6年（1931）5月9日 [出]福岡県北九州市 [学]一橋大学社会学部社会学科卒, 一橋大学大学院社会学研究科独文学専攻〔昭和32年〕修士課程修了 [歴]一橋大学法学部助教授を経て、教授。平成7年名誉教授。共訳にゴーロ・マン「歴史論〈1・2〉」、ペーター・プシビルスキ「裁かれざるナチス」などがある。 [団]日本独文学会, 社会思想史学会

宮林 昭彦 みやばやし・しょうげん 僧侶 光明寺（浄土宗）第112世法主 大正大学教授 [没]平成26年（2014）7月10日 82歳〔肺炎〕 [生]昭和7年（1932）3月27日 [出]長野県 [学]大正大学大学院文学研究科仏教学専攻〔昭和30年〕修士課程修了 [歴]昭和53年大正大学教授。60年南方上座部仏教の戒律実態調査のため、タイ・バンコクのワット・パクナム・パーシーチャロアンで出家・得度。平成9大正大学人間学部長を経て、13年浄土宗大本山光明寺第112世法主に就任した。 [賞]日本印度学仏教学会鈴木学術財団特別賞（第17回）〔平成18年〕「南海寄帰内法伝―7世紀インドの仏教僧伽の日常生活」（訳注）

宮前 ユキ みやまえ・ゆき カントリー歌手 [没]平成26年（2014）6月23日 66歳 [生]昭和22年（1947）10月5日 [出]熊本県熊本市中央区水前寺 [名]本名＝宮前幸子 [歴]高校を中退し、長崎県佐世保基地の米軍キャンプなどでカントリー歌手として修行。昭和49年ポリドールから「私の涙は静かです」でデビュー。同年来日したグレン・キャンベルの日本公演に出演して実力を認められ、50年には「WSM Grand Ole Opry」に日本代表として出演、好評を博す。同年ファーストアルバム「ユキ・愛を知りし時」、シングル「お前とナッシュビル」をリリースした。51年オリビア・ニュートン・ジョンとの競作シングル「ジョリーン」を発表。我が国のカントリーミュージック界を代表する歌手の一人として活躍した。他のアルバムに「Yuki On West Coast」「Love Song」「Love Could Never Die」などがある。 [家]夫＝原沢智彦（ハワイアンギタリスト）

宮本 幸夫 みやもと・ゆきお 東京慈恵会医科大学教授 [専]放射線医学 [没]平成26年（2014）7月19日 60歳〔肝不全〕 [生]昭和29年（1954）7月1日 [出]茨城県水戸市 [学]東京慈恵会医科大学医学部〔昭和57年〕卒 医学博士 [歴]昭和59年東京慈恵会医科大学放射線医学教室に入局、60年助手。平成22年教授。 [資]日本医学放射線学会認定専門医, 日本超音波医学会認定専門医 [団]日本医学放射線学会, 日本超音波医学会, 日本磁気共鳴医学会

牟田 勝輔 むた・かつすけ 武雄市長 [没]平成26年（2014）6月7日 91歳〔心不全〕 [生]大正12年（1923）1月3日 [出]佐賀県 [学]伊万里商〔昭和15年〕卒 [歴]武雄市議、市議会議長を経て、昭和53年市長に当選。61年落選、2期。牟田酒造場社長も務めた。 [賞]勲三等瑞宝章〔平成5年〕

村上 多喜雄 むらかみ・たきお 気象学者 ハワイ大学名誉教授 [専]モンスーン気象学 [没]平成25年（2013）7月16日 92歳〔胆管がん〕 [生]大正10年（1921）3月17日 [出]石川県金沢市 [学]気象大学校研究科〔昭和24年〕卒 理学博士（東京大学） [歴]昭和15年陸軍気象部に入る。戦後は中央気象台測候課に入り、モンスーンの研究に従事。気象庁測候課技術係長、気象研究所予報部第三研究室長を務め、35年米国マサチューセッツ工科大学研究員、43年インド熱帯気象研究所WMO派遣研究指導員、米国立気象局（NOAA）人工衛星研究所研究員など長く海外で研究生活を送った。44年ハワイ大学に赴任、気象学教授を務め、平成2年引退した。大気大循環論を背景にした梅雨論の研究で知られる。著書に「モンスーン」がある。 [賞]日本気象学会賞（昭和30年度）「梅雨あけの機構に関する研究」, 日本気象学会藤原賞（昭和61年度）「モンスーンの研究及びその発展に尽した功績」

村崎 憲雄 むらさき・のりお 東京農工大学名誉教授 [専]電子機器工学 [没]平成26年（2014）1月27日 90歳〔肺炎〕 [生]大正12年（1923）7月20日 [出]大阪府 [学]東京工業大学電子科学部電気工学科〔昭和23年〕卒 工学博士〔昭和37年〕 [歴]東京農工大学教授、帝京大学理工学部教授を務めた。著書に「静電気応用装置」「静電気入門」「静電気障災害対策ハンドブック〈上〉」などがある。 [賞]勲三等旭日中綬章〔平成12年〕, 静電気学会学会賞著作賞（昭和53年度）「静電気障災害対策ハンドブック〈上〉」, 静電気学会学会賞論文賞（昭和60年度）「擬似帯電環現象の応用」

目黒 吉明 めぐろ・よしあき 考古学研究家 福島県考古学会会長 [没]平成24年（2012）6月28日 81歳〔老衰〕 [生]昭和6年（1931）2月21日 [出]福島県福島市 [学]福島商卒 [歴]福島県文化振興事業団遺跡調査課長、福島県考古学会会長、しのぶ考古学会会長などを歴任。昭和27年に福島市の上岡遺跡から出土した土偶をほぼ完全に復元、平成23年に土偶が国重要文化財に指定された。また、宮畑遺跡の学術的価値をいち早く判断して調査を先導、国史跡指定に貢献した。 [賞]文化庁長官表彰〔平成17年〕

本杉 日野 もとすぎ・ひの 京都府立大学大学院生命環境科学研究科教授 [専]果樹園芸学, 資源作物学 [没]平成26年（2014）11月15日 54歳〔交通事故死〕 [生]昭和34年（1959）12月4日 [学]京都大学農学部果樹園芸学科卒, 京都大学大学院農学研究科果樹園芸学専攻修士課程修了 農学博士（京都大学） [歴]京都大学助手、京都

府立大学助教授を経て、教授。平成26年交通事故により急逝した。　[賞]園芸学会賞年間優秀論文賞（平成16年度）「Production of Triploid Grape Rootstocks by Embryo Culture and Their Growth Characteristics.〔72（2）：107-115〕」

森 康夫　もり・やすお　熱工学者　東京工業大学名誉教授　[没]平成24年（2012）3月20日　89歳　[生]大正12年（1923）2月24日　[出]東京都　[学]東京帝国大学第二工学部航空機体学科〔昭和20年〕卒　工学博士　[歴]理化学研究所助手を経て、昭和28年東京工業大学助教授、36年教授。57年東京大学生産技術研究所教授を併任。58年東工大名誉教授となり、同年より電気通信大学教授を務めた。共著に「熱力学概論」「エネルギ変換工学」「流れと熱の工学〈1・2〉」などがある。　[賞]勲三等旭日中綬章〔平成11年〕，日本機械学会論文賞〔昭和39年・47年・54年・58年〕「曲円管内強制対流熱伝達に関する研究（第1報，層流域）」「燃焼ガスおよびそのプラズマの熱力学的および電気的性質に関する研究（第3報）」「膜状凝縮に及ぼす表面張力の影響（微小なみぞにおける液膜の研究）」「電場による凝縮伝熱の促進に関する基礎的研究」，東京都科学技術功労者表彰〔昭和57年〕「熱エネルギーの有効利用及び省エネルギー技術の普及啓発に尽力」，工業技術院大型工業技術開発貢献賞〔昭和61年〕，日本地熱学会賞功績賞（昭和62年度），日本機械学会熱工学部門賞〔平成1年〕　[資]米国工学アカデミー外国人会員〔昭和61年〕　[団]日本機械学会，日本物理学会，流体力学懇談会

森川 絹枝　もりかわ・きぬえ　愛川町（神奈川県）町長　[没]平成26年（2014）6月19日　62歳〔卵巣がん〕　[生]昭和26年（1951）10月14日　[学]産能短期大学　[歴]神奈川県愛川町議を経て、平成25年10月町長に初当選。国会議員、地方議員を含め、公明党の議員経験者で全国初の首長となったが、26年5月病気療養を理由に辞職、6月に亡くなった。

森崎 秋雄　もりさき・あきお　画商　エッセイスト　森画廊代表　[没]平成25年（2013）3月12日　67歳〔肺炎〕　[生]昭和21年（1946）　[出]兵庫県　[歴]16歳の時に倉敷の大原美術館でエル・グレコ「受胎告知」モネ、マチスなど、美の光景に初めて出合い感動。昭和48年神戸で洋画家の鴨居玲、中西勝、西村功に出会って衝撃を受け、電機メーカーのシャープを退社、49年姫路市で森画廊を開いた。著書に「美の鼓動」がある。

森田 堯丸　もりた・たかまる　日本国際貿易促進協会理事長　[没]平成26年（2014）4月6日　88歳〔老衰〕　[生]大正14年（1925）6月4日　[出]東京都練馬区　[学]東京大学経済学科〔昭和26年〕卒　[歴]小説家・森田草平の五男。東京大学経済学部助手を経て、昭和30年日本国際貿易促進協会の発足と同時に事務局に入る。51年専務理事、55年理事長、平成6年副会長。日中貿易一筋に歩み、日中問題の生き字引として知られた。　[家]父＝森田草平（小説家）

柳沼 晃　やぎぬま・あきら　日本工業新聞常務　[没]平成25年（2013）11月28日　79歳　[生]昭和9年（1934）1月4日　[出]福島県　[学]明治大学商学部卒　[歴]昭和33年日本工業新聞社に入社。第二工業部長、第一工業部長、56年編集局次長、62年販売局販売総務、平成2年取締役を経て、4年常務。9年常勤監査役、12年退任。

安田 和人　やすだ・かずと　帝京大学名誉教授　[専]ビタミン学　[没]平成25年（2013）11月23日　84歳　[生]昭和4年（1929）11月10日　[出]東京都　[学]東京大学医学部〔昭和30年〕卒　医学博士〔昭和34年〕　[歴]昭和30年東京大学附属病院第一内科に入局。49年帝京大学医学部に招かれ、55年同大学臨床病理学・内科教授及び附属病院中央検査部長を兼任。平成7年女子栄養大学大学院教授。厚生省栄養審議会委員。ビタミン研究の第一人者で、著書に「ビタミンはこんなに効く」「早死にする食品長生きする食べ方」「病院でもらった検査結果なんでも早わかり」「サプリメント（栄養補助剤）活用事典」「認知症 治った！ 助かった！ この方法」などがある。

矢田 洋　やだ・ひろし
⇒山口 昌伴（やまぐち・まさとも）を見よ

山岡 勲　やまおか・いさお　北海道大学名誉教授　[専]水工学，防災工学　[没]平成25年（2013）1月18日　92歳　[生]大正9年（1920）9月29日　[出]北海道札幌市　[学]北海道帝国大学工学部土木学科〔昭和19年〕卒，北海道帝国大学大学院特別研究生〔昭和21年〕修了　工学博士（北海道大学）〔昭和37年〕　[歴]北海道庁、北海道開発局に勤め、同局土木試験所水工研究室長を務める。昭和39年北海道大学工学部教授に転じ、59年名誉教授。同年〜62年北海学園大学教授を務めた。　[賞]勲三等旭日中綬章〔平成7年〕，北海道科学技術賞〔昭和59年〕「洪水，土石流，泥流の自然災害に対する防災研究」，ダム建設功労者表彰〔昭和60年〕　[団]土木学会，砂防学会，土質工学会

山口 進一郎　やまぐち・しんいちろう　トランペット奏者　読売日本交響楽団首席トランペット奏者　日本トランペット協会副会長　[没]平成26年（2014）11月12日　76歳　[生]昭和13年（1938）3月17日　[出]東京都　[学]東京芸術大学〔昭和37年〕卒　[歴]昭和37年読響（現・読売日本交響楽団）に入り、首席トランペット奏者を務める。48年より尚美高等音楽学院、56年より尚美音楽短期大学の各講師を兼務。この間、50〜51年文化庁派遣芸術家在外研修員として米国、ヨーロッパに渡り、W.ヴァッキアーノに師事。日本トランペット協会副会長も務めた。　[賞]日本音楽コンクール管楽器部門第1位（第31回）〔昭和37年〕　[師]師＝中山冨士雄，デルバード，デール，A.

山口 政志　やまぐち・まさし
⇒芳野嶺 元志（よしのみね・もとし）を見よ

山口 昌伴　やまぐち・まさとも　建築家　生活・道具生態調査研究家　起業コンサルタント　オピニオンブック（企業提言図書）ライター　GK道具学研究所所長　道具学会会長　[専]住居学，生活学，道具学　[没]平成25年（2013）8月17日　76歳　[生]昭和12年（1937）6月5日　[出]大阪府八尾市　[名]別名＝矢田洋（やだ・ひろし）　[学]早稲田大学第二理工学部建築科〔昭和38年〕卒　[歴]在学中より10余年間建築設計監理の実務に従事。のちGKインダストリアルデザイン研究所基礎研究部門を経て、昭和60年GK道具学研究所を設立、平成3年所長。8年FORUM DOUGUOLOGY道具学会設立に参

画、事務局担当理事を経て、会長。著書に「図説台所道具の歴史」「台所空間学」「ガス灯からオーブンまで」「地球・道具・考」「台所の一万年」「仕舞える住まいの収納学」「ちょっと昔の道具から見なおす住まい方」などがある。 [賞]国井喜太郎産業工芸賞（第7回）「図説台所道具の歴史」, 日本生活学会・今和次郎賞（第9回）「台所空間学—その原型と未来」, 日本産業技術史学会賞（第2回）「台所空間学—その原型と未来」, 美術教育佐武賞・論文賞（第4回）「美術教育における技術」, 日本インダストリアルデザイナー協会・JIDA論文賞（第1回）「インダストリアルデザインと伝統」, 日本生活学会研究奨励賞（共同受賞）「店構えと道具だてに見る文化変容」「ロスアンジェルスの日本料理店」, 神戸市・神戸消費者協会神戸賞（第21回）（代表受賞）「台所の100年」 [団]道具学会, 日本産業技術史学会, 日本生活学会, 日本建築学会, 日本インダストリアルデザイナー協会

山崎 真行　やまざき・まさゆき　1950カンパニー社長　クリームソーダオーナー　[没]平成25年（2013）3月24日　68歳　[生]昭和20年（1945）　[出]北海道赤平市　[学]赤平高卒, 大東文化大学卒　[歴]炭坑夫の子として生まれる。昭和38年高校を卒業後に上京。43年東京・新宿にロックンロールバー「怪人二十面相」を開店。48年原宿に「キングコング」、49年「シンガポールナイト」をオープン。51年にはドクロマーク・ブランドの衣料品店「クリームソーダ」を開き、1950年代（フィフティーズ）のファッションを盛り込んだ洋服や古着、生活雑貨を扱って、10代の有名店に育てた。1970年代から1980年代にかけてのロックファッションの担い手となり、「ピンクドラゴン」「ガレージパラダイス」などの店舗を展開して全国から修学旅行生たちが集まる原宿の新名所を演出した。ブラックキャッツ、ビビアンのレコード・プロデュースなども手がけた。平成21年自伝「宝はいつも足元に」を出版。他の著書に「クリームソーダ物語」がある。

山下 一也　やました・かずや　川崎医療短期大学教授　大阪大学医学部附属病院中央放射線部技師長　[専]放射線科学　[没]平成24年（2012）11月10日　82歳　[生]昭和5年（1930）10月31日　[学]大阪大学医学部附属診療エックス線技師学校〔昭和30年〕卒　工学博士〔昭和61年〕　[歴]昭和30年大阪大学医学部附属病院中央放射線部診療（X線）放射線技師。35年同大医療技術短期大学講師。45年大阪大学医学部附属病院中央放射線部技師長、53年大阪大学医療技術短期大学助教授。55年文部省（現・文部科学省）在外研究員として米国シカゴ大学ロスマン放射線像研究所に留学。58年立命館大学理工学部委託研修生。平成5年大阪大学助教授。6年定年退職、同年川崎医療短期大学教授。13年退職。この間、昭和57年日本放射線技術学会会長。著書に「医療放射線技術学概論講義—放射線医療を学ぶ道標」「診療放射線技術」（共編）は改訂しながら版を重ねる。 [賞]日本放射線技術学会賞瀬木賞（昭和53年度）, 日本放射線技術学会賞奨励賞（昭和55年度）, 日本放射線技術学会賞梅谷賞（昭和62年度）, 日本放射線技術学会賞学会賞（平成1年度）, 日本放射線技術学会賞瀬木賞（平成4年度）「ファジィ測度論による胸部画像の総合評価」, 医用画像情報学会賞内田論文賞〔平成6年〕「ニューラルネットワークによる骨粗鬆症診断のためのX線骨梁像の解析」（共同受賞） [団]日本放射線技術学会（名誉会員）, 医用画像情報学会（名誉会員）

山下 英雄　やました・ひでお　鳥栖市長　佐賀県議（無所属）　[没]平成25年（2013）12月27日　85歳〔肺がん〕　[生]昭和3年（1928）6月20日　[出]佐賀県鳥栖市　[学]明治工専〔昭和23年〕卒　[歴]昭和23年九州電力に入社。佐賀地方同盟会長、九電労組委員長、九州地方電力総連会長、九州・沖縄民労連代表などを歴任。58年佐賀県議を経て、62年鳥栖市長に当選。3期。平成11年引退。[賞]藍綬褒章〔昭和59年〕, 勲四等瑞宝章〔平成11年〕

山階 芳正　やましな・よしまさ　防衛大学校教授　[専]地理学　[没]平成24年（2012）9月3日　85歳　[生]昭和2年（1927）1月13日　[出]東京都文京区本郷弥生町　[名]旧姓・名＝浅野芳正（あさの・よしまさ）　[学]東京大学大学院理学研究科地理学専攻博士課程　[歴]旧安芸広島藩主第16代当主の侯爵で、東京国立博物館長を務めた浅野長武の二男。母は山階宮家の出身で、昭和22年伯父の山階公爵家に入る。36年浅野姓に復したが、平成元年山階家に再入籍。防衛大学校教授、創価大学教授を務め、島嶼研究、離島振興に取り組む。平成10年日本島嶼学会設立に際して初代会長に就任した。13年退任。[賞]イタリア・メッシナ大学学術褒賞〔平成4年〕　[家]父＝浅野長武（美術史家・侯爵）, 兄＝浅野長愛（山階鳥類研究所理事長）, 祖父＝山階宮菊麿（山階宮第2代）

山田 雲洞　やまだ・うんどう　俳人　「風鈴」代表　[没]平成24年（2012）5月31日　86歳　[生]大正14年（1925）6月24日　[出]新潟県　[名]本名＝山田恒一　[歴]昭和26年「風鈴」に入会、36年同人、39年運営委員。平成19年主宰誌から同人誌に変更後は、代表として会員の指導にあたった。

山田 震太郎　やまだ・しんたろう　歌人　静岡県歌人協会会長　[没]平成25年（2013）8月7日　89歳　[生]大正13年（1924）1月25日　[出]静岡県磐田市　[学]中央大学法学部〔昭和24年〕中退　[歴]昭和32年司法書士を開業。浜松市で短歌同人誌「翔る」を主宰した。歌集に「神の目の藍」「ユウアンゲリオン」「沙漠の星より」などがある。 [賞]静岡県歌人協会賞〔昭和61年〕　[資]司法書士

山田 卓生　やまだ・たかお　民法学者　横浜国立大学名誉教授　[専]財産法, 法社会学　[没]平成25年（2013）10月25日　76歳　[生]昭和12年（1937）4月12日　[出]愛知県名古屋市　[学]東京大学法学部〔昭和35年〕卒, 東京大学大学院法学研究科民刑事法専攻〔昭和37年〕修了, ハーバードロースクール大学院〔昭和48年〕修了　[歴]昭和37年東京大学社会科学研究所助手となり、のち中央大学助教授、教授を歴任し、55年から横浜国立大学経済学部教授。退官後、日本大学法学部教授。平成11年弁護士登録。自由人権協会代表理事、関東船員地方労働委員会会長、日本交通法学会理事長も務めた。民法財産法、特に賃貸借法、物権変動論を研究。その後、交通事故法、不法行為法、医事法、メディア法などを法社会学的な視点から研究した。著書に「私事と自己決定」「日常生活のなかの法〈正・続〉」「歩いて来た道」などがある。 [賞]旭日中綬章〔平成19年〕　[資]弁護士　[団]日本私法学会, 日本法社会学会, 比較法学会, 日本医

事法学会, 日本生命倫理学会, 日米法学会, 第二東京弁護士会

山田 高生　やまだ・たかお　成城大学名誉教授　[専]経済事情, 経済政策　[没]平成26年（2014）10月10日　81歳〔急性硬膜下血腫〕　[生]昭和7年（1932）11月15日　[出]東京都新宿区　[学]一橋大学社会学部〔昭和34年〕卒, 一橋大学大学院社会学研究科〔昭和39年〕博士課程修了　[歴]昭和40年成城大学講師を経て、50年教授。経済学部長も務めた。　[賞]瑞宝中綬章〔平成23年〕　[団]日本社会政策学会

山田 諒子　やまだ・りょうこ　俳人　「春塘」代表　[没]平成24年（2012）10月23日　80歳　[生]昭和6年（1931）12月6日　[出]山形県山形市　[学]山形高女卒　[歴]昭和44年「氷海」に入門し、秋元不死男、上田五千石に師事。48年「畦」創刊に参加。平成14年「春塘」創刊代表となったが、19年退任した。句集に「屈折率」「私のマリア月」「無響音」などがある。　[賞]畦新人賞（第1回）〔昭和54年〕, 畦賞（第3回）〔昭和56年〕　[団]俳人協会　[師]師＝秋元不死男, 上田五千石

山田 緑光　やまだ・りょくこう　俳人　[没]平成24年（2012）2月7日　94歳　[生]大正6年（1917）7月25日　[出]北海道斜里郡斜里町　[名]本名＝山田正之　[歴]昭和8年から俳句を始め、有坂赤光車に師事。「暁雲」「石鳥」「石楠」を経て、戦後は細谷源二を知り、23年「北方俳句人」創刊に参画、編集同人。24年「東圧俳句」を改題した「氷原帯」の創刊同人となり編集・発行の責任者を務める。36年まで同誌草創期を中心で担った。「俳句評論」同人を経て、40年同人誌「粒」を創刊して代表同人、平成22年病のため終刊。昭和45年「海程」幹事同人。北海道の戦後俳句に貢献、北海道地区現代俳句協会議長、中北海道現代俳句協会顧問を務めた。句集「忍冬」「千の石」などがある。　[賞]砂川市文化功労賞〔昭和53年〕, 北海道現代俳句賞, 札幌市民文化奨励賞　[団]現代俳句協会（名誉会員）　[師]師＝有坂赤光車

大和 智　やまと・さとし　文化庁文化財部文化財鑑査官　筑波大学大学院人間総合科学研究科教授　[専]文化財保存　[没]平成26年（2014）3月21日　60歳〔鉄道事故死〕　[生]昭和28年（1953）11月18日　[学]東京工業大学工学部建築学科〔昭和52年〕卒, 東京工業大学大学院理工学研究科建築学専攻〔昭和54年〕修士課程修了　[歴]昭和61年東京工業大学工学部助手、62年文化庁文化財保護部建造物課文部技官、平成2年同文化財調査官、10年主任文化財調査官、17年参事官付主任文化財調査官、18年筑波大学大学院人間総合科学研究科教授を経て、20年文化庁文化財部参事官、23年同部文化財鑑査官。26年JR新橋駅の山手線ホームから転落、鉄道事故死した。

山中 正剛　やまなか・せいごう　成城大学名誉教授　[専]社会学（マス・コミュニケーション）　[没]平成25年（2013）12月31日　86歳〔仙骨部腫瘍〕　[生]昭和2年（1927）4月10日　[出]京都府京都市　[学]京都大学農学部農村工学科〔昭和28年〕卒, 立教大学大学院社会学研究科博士課程修了　[歴]成城大学教授を務めた。著書に「現代のPR誌」「広告業界」、訳書にデニス・マクウェール「コミュニケーションの社会学」などがある。　[賞]瑞宝中綬章〔平成21年〕　[団]日本新聞学会, 日本社会心理学会

山西 伸彦　やまにし・のぶひこ　放送作家　日本放送作家協会理事　[没]平成26年（2014）1月10日　61歳〔低酸素脳症〕　[生]昭和27年（1952）8月2日　[出]鳥取県鳥取市　[学]青山学院大学中退　[歴]フリーの放送作家として、「笑点」「ごちそうさま」「プロ野球ニュース」「噂の！東京マガジン」などの番組構成を手がけた。昭和62年にはフジテレビ系の「F-1グランプリ」の構成を担当。著書に「F1ワールド」がある。　[団]日本放送作家協会

山本 柊花　やまもと・しゅうか　俳人　医師　[専]放射線科　[没]平成25年（2013）6月　91歳　[生]大正10年（1921）12月25日　[出]東京都　[名]本名＝山本野実（やまもと・さとみ）　[学]千葉医科大学卒　[歴]中央鉄道病院勤務を経て、開業医。昭和16年加賀谷凡秋、中田みづほ、高野素十の「まはぎ」に拠る。17年より高浜虚子、星野立子に学び、「ホトトギス」「玉藻」に投句、のち両誌同人。遠藤梧逸にも師事。29年「鉄線花」、45年「万年青」、54年「みちのく」各同人。58年「晴居」創刊より参加。また、60年「風の道」に参加。句集に「翁の里」「喫茶去」「穏坐」などがある。　[団]俳人協会, 日本伝統俳句協会, 国際俳句交流協会　[師]師＝加賀谷凡秋, 遠藤梧逸

山本 透　やまもと・とおる　上智大学教授　[専]放送論, 映画論, 美学　[没]平成24年（2012）3月30日　88歳　[生]大正12年（1923）8月14日　[出]滋賀県　[学]東京大学文学部〔昭和25年〕卒　[歴]昭和26年東京大学厚生部学生課勤務、29年同大新聞研究所助手。35年日本放送協会放送文化研究所に移り、のち放送学研究室主任研究員、52年上智大学教授を経て、江戸川大学教授。　[団]美学会, 情報通信学会

山本 容朗　やまもと・ようろう　文芸評論家　[没]平成24年（2012）12月4日　82歳　[生]昭和5年（1930）4月20日　[出]埼玉県本庄市　[学]国学院大学文学部国文学科〔昭和29年〕卒　[歴]角川書店編集部に勤務したのち、昭和50年からフリー、文筆活動に専念した。著書に「作家の食談」「文壇百話・ここだけの話」「現代作家とその世界」「作家の人名簿」「作家の生態学」「人間・吉行淳之介」「日本文学の散歩みち」「文人に食あり」「ちゃんばら狂ブック」などがある。　[団]日本文芸家協会

山本 龍生　やまもと・りゅうせい　詩人　全国公立学校教頭会長　[没]平成26年（2014）4月29日　83歳　[生]昭和6年（1931）　[出]東京都　[名]本名＝山本隆也（やまもと・りゅうや）　[学]東京学芸大学教育学部〔昭和28年〕卒　[歴]東京都公立中学校に勤務の傍ら、全国公立学校教頭会長、日本教育会理事、国立教育会館評議員などを兼任。平成3年退任。また、詩人としては詩誌「獏」を経て、「閃」同人。著書に「教育人物史話」「文学に描かれた教師たち」、詩集に「はじめての少女に」「春行き一番列車」「花を枕に」などがある。　[団]全国公立学校教頭会, 日本教育会, 日本詩人クラブ, 日本児童文学者協会, 千葉県詩人クラブ

湯浅 叡子　ゆあさ・えいこ　千里文化財団専務理事　ソロプチミスト日本財団理事長　[没]平成26年（2014）2月28日　87歳〔腹部大動脈瘤破裂〕　[生]大正15年（1926）10月11日　[出]京都府　[学]同志社大学文学部英文学科〔昭

和25年〕卒　㊞昭和27年国連協会京都本部設立に参画。京都市観光局勤務などを経て、36年渡米し、ハウジング専門誌「ハウス・ビューティフル」の編集に参加。41年招かれて、国立京都国際会館館長秘書課長、業務部長となる。10年間国際会議の通訳、コーディネートに携わり、58年国立民族学博物館の協力団体である千里文化財団の専務理事に就任。平成25年に退任するまで30年間務める。また、ソロプチミスト日本財団理事長、大阪証券取引所公益代表理事なども歴任。一貫して国際文化交流活動に関わった。　㊞京都市国際交流賞〔平成6年〕

幸 日出男　ゆき・ひでお　同志社大学名誉教授　日本キリスト教協議会（NCC）宗教研究所長　㊞キリスト教学　㊞平成24年（2012）11月26日　86歳　㊞大正15年（1926）4月28日　㊞東京都　㊞京都大学文学部哲学科宗教学卒　少年時代、家族と住んだ旧朝鮮・釜山でキリスト教に出会う。同志社大学名誉教授。昭和60年〜平成16年日本基督教協議会（NCC）宗教研究所長を務めた。著書に「キリスト教と日本」、共著に「キリスト教と日本の諸宗教」「宗教の歴史」などがある。　㊞日本宗教学会、日本キリスト教学会、比較思想学会

湯地 朝雄　ゆち・あさお　文芸評論家　㊞日本現代文学　㊞平成26年（2014）2月9日　88歳　㊞大正14年（1925）11月21日　㊞神奈川県　㊞東京大学国文学科卒　㊞著書に「芸術運動の条件」「プロレタリア文学運動―その思想と現実」「戦後文学の出発」「政治的芸術」などがある。　㊞新日本文学会、日本文芸家協会

横尾 広光　よこお・ひろみつ　杏林大学講師　㊞天文学　㊞平成25年（2013）10月30日　70歳　㊞昭和18年（1943）10月4日　㊞大阪府　㊞池田高卒、大阪大学理学部物理学科卒、東京大学大学院理学研究科天文学専攻博士課程修了　㊞昭和49年から杏林大学医学部物理学教室に勤務し、助手、講師を務める。研究の傍ら科学史に基づく文明論に独特の世界を展開。平成13年米国の天文学者パーシバル・ローエルを研究する日本ローエル協会創設に際し中心的役割を果たした。著書に「地球外文明の思想史」、共著に「科学者たちのまじめな宇宙人（ET）探し」など。　㊞日本天文学会、生命の起源及び進化学会、日本科学史学会、日本ローエル協会　㊞兄＝横尾武夫（天文学者）

横塚 繁　よこつか・しげる　洋画家　挿絵画家　一創会代表　㊞平成26年（2014）1月13日　86歳　㊞昭和2年（1927）11月27日　㊞兵庫県神戸市　㊞本名＝横塚茂（よこづか・しげる）　㊞東京美術学校（現・東京芸術大学）油絵科〔昭和24年〕卒　㊞中学から田村孝之介、のち安井曽太郎に師事する。二紀会を中心に活動し、昭和53年一創会設立に参加。毎日新聞の連載小説「蒙古襲来」の挿絵を担当。　㊞師＝安井曽太郎、田村孝之介

吉住 侑子　よしずみ・ゆうこ　小説家　㊞平成26年（2014）7月20日　86歳〔肺線維症〕　㊞昭和3年（1928）6月16日　㊞千葉県佐原市　㊞本名＝根本美代　㊞千葉大学教員養成所修了、早稲田大学国語国文学専攻科修了　㊞千葉大学教員養成所を修了して、千葉県の小学校教員となる。その後、上京して教員をしながら早稲田大学国語国文学専攻科を修了。東京都の高校教諭の傍ら、昭和38年から49年まで「文学者」、その後「きゃらばん」「三田文学」「季刊文科」などに作品を発表。太宰治賞、新潮同人雑誌賞の各最終候補になった。60年北日本文学賞、平成14年小島信夫文学賞を受賞。　㊞北日本文学賞（第20回）〔昭和60年〕「遊ぶ子どもの声きけば」、小島信夫文学賞（第2回）〔平成14年〕「真葛が原」　㊞日本文芸家協会、三田文学会

吉田 あつし　よしだ・あつし　筑波大学大学院システム情報工学研究科教授　㊞都市経済学　㊞平成24年（2012）3月19日　53歳　㊞昭和33年（1958）8月30日　㊞京都大学経済学部卒、大阪大学大学院経済学研究科博士課程修了　博士（経済学、大阪大学）　㊞大阪府庁、大阪大学助手、大阪府立大学助教授、教授を経て、平成13年より筑波大学大学院システム情報工学研究科教授。医療や教育などの計量経済分析を専門とし、21〜23年内閣府の行政刷新会議の評価者などを務め、事業仕分けを担当した。著書に「日本の医療のなにが問題か」、共著に「患者様とお医者様」などがある。

吉田 寅　よしだ・とら　立正大学文学部教授　㊞東洋史　㊞平成26年（2014）5月14日　87歳　㊞大正15年（1926）8月26日　㊞東京都　㊞東京文理科大学文学部東洋史学科〔昭和25年〕卒、東京文理科大学東洋史学専攻科修了　㊞明治学院中教諭、東京学芸大学附属高教諭、筑波大学助教授を経て、立正大学文学部教授。著書に「元代製塩技術資料『熬波図』の研究」「中国プロテスタント伝道史研究」、共著に「宋代社会経済史研究」などがある。　㊞東京文理科大学賞（第2回、昭和29年度）「五代史研究」　㊞立正史学会、キリスト教史学会、総合歴史教育研究会

吉野 達治　よしの・たつじ　裳華房社長　㊞平成24年（2012）8月14日　71歳　㊞昭和16年（1941）4月5日　㊞神奈川県三浦郡葉山町　㊞立教高〔昭和34年〕中退　裳華房は享保年間に伊達藩の御用板所として仙台書林裳華房として創業、明治28年に合名会社となる。昭和35年同社に入社。45年取締役を経て、50年社長。創業者から直系で15代目にあたる。

芳野 昌之　よしの・まさゆき　作家　読売新聞東京本社編集委員　㊞平成26年（2014）12月3日　84歳〔腹部大動脈瘤破裂〕　㊞昭和5年（1930）8月26日　㊞兵庫県神戸市　㊞本名＝藤村健次郎（ふじむら・けんじろう）　㊞同志社大学文学部卒　㊞昭和31年読売新聞社に入社。文化部次長（部長待遇）を経て、61年編集委員。一方、「ミステリマガジン」に翻訳ミステリ時評「What is your poison？」を4年間連載。著書に「アガサ・スリスティーの誘惑」「夢を盗む女」「マルコ・ポーロ殿の探偵」などがある。　㊞日本文芸家協会

芳野嶺 元志　よしのみね・もとし　力士（幕内）　㊞平成24年（2012）2月17日　80歳〔脳梗塞〕　㊞昭和6年（1931）7月7日　㊞青森県青森市　㊞本名＝山口政志（やまぐち・まさし）、旧四股名＝八潟錦、芳野山、年寄名＝熊ケ谷　㊞同郷の神錦を頼って高島部屋に入門、昭和22年11月場所で八潟錦の四股名で初土俵。29年初場所に十両に昇進、芳野嶺に改名。30年夏場所で新入幕。正攻法の押し相撲が持ち味で、右四つ、寄り切り、押し出しを得意とした。最高位は前頭8枚目で、幕内在位26場所、幕内通算157勝215敗18休。39年引退して

年寄・熊ケ谷を襲名、53年独立して熊ケ谷部屋を興した。長男は幕下の太勝で、当初は親1人子1人の相撲部屋として話題を呼んだ。その後、元大関三根山の高島親方が部屋をたたむ際に幕内の高望山、行司の木村玉治郎（37代目木村庄之助）らを預かり、直弟子では十両の芳昇らを育てた。平成8年定年退職。　[家]長男＝太勝（力士）

吉山 登　よしやま・のぼる　カトリック司祭　レデンプトール会管区長　上智大学神学部教授　[専]神学　[没]平成25年（2013）12月8日　86歳　[生]昭和2年（1927）11月4日　[出]神奈川県横浜市　[学]上智大学哲学科〔昭和30年〕卒，レデンプトール会神学院（カナダ・ケベック州）神学修了，ラテラノ大学大学院（ローマ・アカデミア・アルフォンシアーナ）倫理神学専攻〔昭和40年〕修了　[歴]昭和40年司祭叙階。鎌倉雪の下カトリック教会主任司祭を経て、レデンプトール会管区長。また、上智大学で神学を講じた。著書に「性と人間教育」「希望のもてないとき」「老いは恵み」などがある。

米塚 義定　よねずか・よしさだ　柔道家　ソウル五輪・バルセロナ五輪柔道米国代表総監督　全米柔道連盟会長　全米相撲連盟会長　[没]平成26年（2014）10月18日　77歳〔骨髄異形成症候群〕　[生]昭和12年（1937）5月19日　[出]青森県北津軽郡武田村福浦（中泊町）　[学]五所川原高卒，日本大学経済学部〔昭和35年〕卒　[歴]五所川原高時代から柔道選手として活躍。昭和35年日大を卒業すると同時に柔道の指導者として渡米、ニューヨーク市のマケー道場、ウエストポイント陸軍士官学校、米空軍チーム、ニュージャージー工業大学、柔道空手センターで指導。63年ソウル五輪、平成4年バルセロナ五輪では米国代表柔道選手団総監督兼男子選手団コーチを務めた。柔道のみならず相撲の普及にも力を注ぎ、世界相撲選手権の米国代表監督にも就任。全米柔道連盟会長、全米相撲連盟会長、ニュージャージー州柔道協会会長、米国講道館段位審議委員会委員長を歴任。柔道・講道館9段、空手・拳行館8段、相撲・国際相撲連盟5段。24年から郷里の青森県中泊町の中学生らを招待し、ニュージャージー州クランフォードと同町の交流の懸け橋ともなった。著書に「武士道アメリカを征く—全米柔道の父と呼ばれて40年」がある。[賞]旭日小綬章〔平成21年〕，中里町特別表彰〔昭和60年〕，全日本柔道連盟特別表彰〔平成2年〕，全米柔道栄誉殿堂〔平成5年〕，青森県褒賞〔平成10年〕　[団]全米柔道連盟，全米相撲連盟

六角 弘　ろっかく・ひろし　ジャーナリスト　六角マスコミ塾主宰　[没]平成25年（2013）10月2日　77歳〔食道がん〕　[生]昭和11年（1936）9月24日　[出]東京都　[名]本名＝佐々木弘（ささき・ひろし）　[学]新宿高卒　[歴]新聞記者から「週刊文春」記者に転じる。主にグリコ森永事件や東京佐川急便事件などの経済事件、社会問題、企業犯罪・凶悪犯罪などの追跡ルポルタージュを手がけた。平成10年定年退職。同年六角マスコミ塾を主宰し、怪文書などを集めた六角文庫を公開。著書に「怪文書の研究〈1～3〉」「絵はがきが語る明治・大正・昭和史」「刺身党がうなる本」「ドキュメント・企業犯罪」「怪文書の研究」「内部告発の研究」、「北方領土」（編著）などがある。

若尾 隆子　わかお・たかこ　女優　[没]平成26年（2014）10月19日　96歳〔老衰〕　[生]大正7年（1918）4月4日　[出]埼玉県川越市　[名]旧姓・名＝鮫島　[学]東京府立第八高女卒　[歴]東京宝塚劇場電気部照明課、東横百貨店文書課勤務を経て、若尾綜合舞台創業者である若尾正也と結婚。劇団演集の女優として演劇活動を続け、舞台やテレビドラマで活躍した。主な出演作品に「夕鶴」「やっとかめ探偵団」など。　[家]夫＝若尾正也（若尾綜合舞台創業者）

和栗 雄太郎　わくり・ゆうたろう　九州大学名誉教授　[専]機械工学　[没]平成26年（2014）4月1日　85歳　[生]昭和3年（1928）7月7日　[出]福岡県福岡市　[学]九州大学工学部機械工学科〔昭和27年〕卒　工学博士（九州大学）〔昭和37年〕　[歴]機械工学者・和栗明の長男。昭和27年西日本重工業（現・三菱重工業）に入社。研究部内燃機研究課第一係長を経て、38年九州大学助教授、45年教授。平成4年退官、福岡大学教授、11年退職。この間、昭和46年英国ロンドン大学で在外研究。第13～15期日本学術会議会員。　[賞]日本機械学会論文賞（昭和58年度）〔昭和59年〕「内燃機関のシリンダ内乱流の構造に関して」，日本機械学会功労賞〔昭和62年〕，日本舶用機関学会創立5周年記念賞（土光賞）〔平成1年〕，日本機械学会第72期エンジンシステム部門功績賞〔平成7年〕，ISME学術貢献賞〔平成7年〕，日本トライボロジー学会功績賞〔平成12年〕，日本マリンエンジニアリング学会賞〔平成13年〕，自動車技術会賞秋季賞学術貢献賞（第43回）〔平成5年〕「ディーゼル機関の噴霧燃焼と内燃機関における潤滑の体系的研究」　[団]日本機械学会，日本トライボロジー学会，日本航空宇宙学会，エネルギー・資源学会，日本マリンエンジニアリング学会，自動車技術会　[家]父＝和栗明（機械工学者）

渡辺 うめ　わたなべ・うめ　農民人形作家　[没]平成26年（2014）9月16日　107歳〔老衰〕　[生]明治40年（1907）3月23日　[出]青森県青森市　[学]北海道帝国大学附属病院看護法講習科〔昭和2年〕卒　[歴]昭和10年東京市麻布区の南山小学校看護婦となる。銀座・伊東屋で開催された全国公募展・第1回フランス人形展で故郷・青森県の農村地帯を題材にした「凶作地から」が1等賞を受賞。19年夫の郷里である兵庫県八鹿町（現・養父市）に移った後は、結婚や子育てなど普通の主婦として過ごす。夫を亡くした70代の58年以降、本格的に人形作りを始め、60年に豊岡市などで開いた個展と写真集「あぜみちの詩」第1集を機に一躍注目を集めた。平成6年東京の暮しの手帖社別館ギャラリーで作品展「あぜみちのうた・人形展」を開催。9年初の里帰り個展「あぜみちのうた」を弘前市で開催。農村風景をモチーフに、ぬくもりと写実性を併せ持った作風で熱心なファンを持ち、90歳を超えても制作を続けた。作品は約200点あるとされ、生前から寄贈してきた養父市が76点を所有している。　[賞]半どんの会文化賞〔昭和62年〕，兵庫県ともしびの賞〔平成2年〕，兵教組教育文化賞〔平成4年〕，兵庫県文化功労賞〔平成7年〕，神戸新聞文化賞（第51回）〔平成9年〕，青森県文化功労賞〔平成9年〕，兵庫県高齢者特別賞〔平成11年〕，コープこうべ生活文化・福祉賞（第8回）〔平成11年〕，フランス人形展1等賞（第1回）「凶作地から」，童宝美術院展

優秀賞（第10回）〔昭和15年〕「女中にきた子」, 兵庫県婦人手工芸展知事賞〔昭和59年〕

渡辺 一雄　わたなべ・かずお　小説家　㉆平成26年（2014）12月8日　86歳〔急性腎不全〕　㊐昭和3年（1928）7月3日　㊞京都府京都市　㊔本名＝小川一雄（おがわ・かずお）　㊫大阪市立商科大学〔昭和27年〕卒　㊧昭和27年大丸に入社。宣伝、営業、外商部などを経て、56年退社。49年最初の小説「おへこ」を「小説宝石」に発表。51年デパートの内幕小説として話題を呼んだ「野望の椅子」でデビュー。企業物小説、とりわけデパートを舞台とした複雑な人間関係を書く作家としてサラリーマン層に支持された。推理小説の分野でも多彩な筆を振るった。著書に「出社に及ばず」「黒い遺産」「復讐の椅子」「銀座デパート戦争」「秀和は西武を見限り、なぜダイエーに走るのか!?」「残酷な昇格」などがある。　㊫日本作家クラブ賞〔昭和51年〕「野望の椅子」　㊟日本広報学会, 日本作家クラブ, 日本ペンクラブ, サラリーマン問題研究会, 日本文芸家協会

渡辺 三郎　わたなべ・さぶろう　洋画家　㉆平成25年（2013）8月1日　100歳　㊐大正2年（1913）1月19日　㊞福島県　㊧瑞々しい色彩による暖かな画風で、多くの絵本・幼年童話の挿絵を手がけた。昭和32年「くもさん」で小学館絵画賞を受けた。主な作品に「フライパンが空をとんだら」「まめたろう」「おむすびころりん」などがある。　㊫小学館絵画賞（第6回）〔昭和32年〕「くもさん」, 日本児童文芸家協会児童文化功労者賞（第26回）〔昭和59年〕　㊟日本美術家連盟

渡部 誠一郎　わたなべ・せいいちろう　秋田魁新報常務　㉆平成24年（2012）6月24日　81歳　㊐昭和6年（1931）6月5日　㊞秋田県南秋田郡飯田川町（潟上市）　㊫秋田南高〔昭和25年〕卒　㊧昭和28年秋田魁新報社に入社。44年社会部長、50年編集委員、52年地方部長、54年編集局総務・論説委員・編集委員、57年論説副委員長、58年取締役、平成元年論説委員長を経て、2年常務。7年秋田市立千秋美術館長。著書に「海外にはばたいた秋田の先覚」「俊秀・沢木四方吉」「秋田市長列伝」「野を駆ける夢―自然保護の先覚 小野進・伝」「中川重春・伝―男鹿が生んだ英傑」「雪原に挑む白瀬中尉」などがある。

渡 久兵衛（11代目）　わたり・きゅうべえ　陶芸家　㊕上野焼　㉆平成26年（2014）9月16日　84歳〔多発性骨髄腫〕　㊐昭和4年（1929）10月16日　㊞福岡県田川郡赤池町（福智町）　㊔本名＝渡正之（わたり・まさゆき）, 別名＝渡高久　㊫明治大学商学部〔昭和29年〕中退　㊧豊臣秀吉の朝鮮出兵の際に連れてこられた上野焼の開祖、尊楷の女婿である渡久兵衛の子孫。萩焼の14代坂倉新兵衛に師事。昭和39年父が復興した渡窯を継承。49年日本伝統工芸展に初入選。52年日本工芸会会員。上野焼協同組合理事長、福岡県陶芸作家協会理事などを歴任。平成14年尊楷の故郷である韓国・泗川市花田里で焼物再興の機運が高まっていることから、技術指導のため訪韓した。　㊟日本工芸会　㊗師＝坂倉新兵衛（14代目）

和波 その子　わなみ・そのこ　ア・カンパニー・グループ代表　盲目のバイオリニスト・和波孝禧の母　㉆平成26年（2014）2月　95歳　㊐大正8年（1919）1月17日　㊞宮城県仙台市　㊧盲目のバイオリニスト和波孝禧の母。知人で全盲のハンガリー人ピアニストが来日した際に、介助役が見つからなかったことがきっかけで、昭和60年視覚障害者をボランティアで支援するア・カンパニー・グループを結成。上京してきた視覚障害者の希望に応じて滞在中の介助を引き受ける活動を続けた。著書に「母と子のシンフォニー」がある。　㊫ヘレンケラー・サリバン賞〔平成17年〕　㊎長男＝和波孝禧（バイオリニスト）

補遺（2012〜2014）　イントリリ

外 国 人

アダムス, ジェイ　Adams, Jay　スケートボーダー　⑥米国　②2014年8月15日　53歳〔心臓発作〕　④1961年2月3日　⑯米国・カリフォルニア州サンタモニカ　⑤チーム名=Z-BOYS　⑰5歳の頃からサーフィンとスケートボードを始めた。1970年代の伝説的スケートチーム "Z-BOYS" の最初のメンバーで、無鉄砲な滑り方と、危険な空中技に最初に挑戦したスケーターとして名高い。その秘話はサンダンス国際映画祭ドキュメンタリー部門で観客賞・最優秀監督賞を受賞した「DOGTOWN & Z-BOYS」（2002年）で明かされたほか、「ロード・オブ・ドッグタウン」（05年）の中でも描かれ、自身もカメオ出演した。

アダムス, トム　Adams, Tom　俳優　⑥英国　②2014年12月11日　76歳〔前立腺がん〕　④1938年3月9日　⑯英国・ロンドン　⑤本名=Adams, Anthony Frederick Charles　⑰夜学へ通い演劇を学ぶ。1963年「大脱走」に英国軍の捕虜役で出演、端役ながら異彩を放つ。BBCの「第10救急病棟」の医師役で人気を得、65年スパイ映画「殺しの免許証」で主演。他の出演作に映画「反逆の戦士」（66年）、「空から赤いバラ」（67年）、「レッド・バロン」（71年）、テレビドラマ「おしゃれマル秘探偵」（61〜69年）、「ドクター・フー」（84年）など。

アノーソフ, ドミトリー　Anosov, Dmitrii Viktorovich　数学者　モスクワ大学名誉教授　⑳微分方程式, 微分幾何学, トポロジー　⑥ロシア　②2014年8月5日　77歳　④1936年11月30日　⑯ソ連・ロシア共和国モスクワ（ロシア）　⑰モスクワ大学〔1958年〕卒　物理・数学博士〔1966年〕　⑱1961年よりソ連科学アカデミー（現・ロシア科学アカデミー）数学研究所研究員、68年モスクワ大学数学部教授、99年同大名誉教授。この間、90年科学アカデミー準会員、92年会員となる。主な業績は、力学系の双曲線理論に於いて、軌道の連続した集まりの不安定性に関連する定性的効果を求めた。　⑲ソ連国家賞〔1976年〕「負の曲率の閉じたリーマン多様体上の測地線束」（報告）、フンボルト賞〔1999年〕、リヤプノーフ賞〔2001年〕　⑳ロシア科学アカデミー会員〔1992年〕

アブジ, ダニー　Abse, Dannie　詩人　作家　劇作家　医師　⑥英国　②2014年9月28日　91歳　④1923年9月22日　⑯英国・ウェールズ・カーディフ　⑤本名=Abse, Daniel　⑰ウェールズ国立医学校, ロンドン大学キングス・カレッジ　⑱ユダヤ系ウェールズ人。大学卒業後、ウエストミンスター病院で学び、1954年ロンドンのセントラル病院胸郭科の上級専門医となる。この間、48年に第1詩集「緑のものを求めて」を刊行。以後、詩集「下宿人、詩集1951-1956」（57年）、「小さな絶望」（68年）、「中央出口」（81年）、「全詩集 1948-1988」（89年）、「New Selected Poems 1949-2009」（2010年）などを発表。他に戯曲「天国の火」（1948年）、「パブロフの犬」（69年）、「ピタゴラス」（76年初演, 79年刊）や小説「若い男の袖の灰」（54年）、「O.ジョーンズ, O.ジョーンズ」（70年）、自伝的作品「家の詩人」（74年）、「私自身の強烈な一服」（82年）などがある。79〜92年英国詩人協会会長を務めた。　⑳CBE勲章

アブシャイア, デービッド　Abshire, David Manker　国際政治学者　外交官　戦略国際問題研究所（CSIS）所長　⑥米国　②2014年10月31日　88歳　④1926年4月11日　⑯米国・テネシー州チャタヌーガ　⑰米国陸軍士官学校〔1951年〕卒　Ph.D.（ジョージタウン大学）〔1959年〕　⑱1970〜73年ニクソン政権下で米国国務次官補、83〜87年レーガン政権下で北大西洋条約機構（NATO）大使、87年1月〜4月イラン・コントラ問題に関する大統領特別補佐官を歴任。この間62年に米国で最も権威あるシンクタンクの一つ戦略国際問題研究所（CSIS）を共同創設し、73〜82年所長、99年より副所長を務めた。99年より大統領・議会研究センター会長・CEO（最高経営責任者）。　⑳勲二等瑞宝章（日本）〔2001年〕

アームストロング, デービッド　Armstrong, David Malet　哲学者　シドニー大学名誉教授　⑥オーストラリア　②2014年5月13日　87歳　④1926年7月8日　⑯オーストラリア・メルボルン　⑰シドニー大学、オックスフォード大学、メルボルン大学　Ph.D.　⑱1956〜63年メルボルン大学教授を経て、64〜91年シドニー大学哲学教授。92年より同大名誉教授。心身問題を初めとする哲学の古典的なテーマに対して、現代の英語圏の哲学者には珍しいほど古典的な手法で取り組み、近年再評価を受けた。著書に「心の唯物論」（68年）、「Belief, Truth and Knowledge」（73年）、「Universals and scientific realism」（78年）、「What ia a Law of Nature ?」（83年）など。

イーストン, ロジャー　Easton, Roger　科学者　発明家　⑥米国　②2014年5月8日　93歳　④1921年4月30日　⑯米国・バーモント州ノースクラフツベリー　⑤本名=Easton, Roger Lee (Sr.)　⑰ミドルベリー大学、ミシガン大学　⑱1943年ワシントンD.C.にある米国海軍研究所（NRL）の物理学者となり、以来37年間に渡って勤務。55年には57年スタートの国際的科学研究プロジェクト"国際地球観測年"で使用される観測用人工衛星の打ち上げに向け、米軍主導で開発されたバンガード計画の提案書の一部を担当、衛星の設計チームの一員としても従事。その後、携帯電話からミサイルの誘導にまで利用される衛星利用測位システム（GPS）の開発に大きく貢献し、"GPSの父"と呼ばれた。

イントリリゲーター, マイケル　Intriligator, Michael David　経済学者　カリフォルニア大学ロサンゼルス校名誉教授　⑳計量経済学, 軍縮・軍備管理論, 安全保障の経済学　⑥米国　②2014年6月23日　76歳　④1938年2月5日　⑯米国・ニューヨーク市　⑰マサチューセッツ工科大学卒, エール大学卒　Ph.D.（マサチューセッツ工科大学）〔1963年〕　⑱1963〜66年カリフォルニア大学ロサンゼルス校経済学助教授、66〜72年準教授を経て、72年政治経済学教授、77年政治学教授。のち名誉教授。92年4月エストニアにおいて同国科学アカデミーとの共催で偶発核戦争防止に関する国際会議を開いた。著書に「Mathematical Optimization and Economic Theory」(71年)、「Economic Models, Techniques and Applications」(78年)、「A Forecasting and Policy Simulation Model of the Health Care Sector」(79年)など。 [団]ECAAR

ウィリアムズ, ポール　Williams, Paul S.　音楽評論家　ジャーナリスト　[専]ボブ・ディラン, フィリップ・K.ディック　[国]米国　[没]2013年3月28日　64歳　[生]1948年5月19日　[出]米国・マサチューセッツ州ボストン　[学]スワースモア大学　[歴]スワースモア大学の学生だった1966年、わずか17歳で米国初の本格的ロック雑誌「Crawdaddy(クロウダディ)!」を創刊。79年ボーンアゲイン・クリスチャンに入信したボブ・ディランを描いた「ひと粒の砂のように」を出版し、高く評価される。90年ディラン研究の集大成「Performing Artist：The Music of Bob Dylan, Vol 1 1960-1973(ボブ・ディラン瞬間の轍 1 1960-1973)」を発表。SFファンとしても知られ、フィリップ・K.ディックの親しい友人となる。83年にはディック協会を創設し、彼の死後著作権管理を任された。95年自転車事故で脳に後遺症を負い、若年性認知症を併発。長い介護生活が続いた後、2013年に亡くなった。他の著書に「ニューヨーク・ブルース」「アウトロー・ブルース」「ボブ・ディラン瞬間の轍 2 1974-1986」「ブライアン・ウィルスンそしてビーチ・ボーイズ」「フィリップ・K.ディックの世界」などがある。 [家]妻＝ベリーヒル, シンディ・リー(歌手)

ウィルソン, サンディ　Wilson, Sandy　作曲家　作詞家　脚本家　[国]英国　[没]2014年8月27日　90歳　[生]1924年5月19日　[出]英国・チェシャー州セイル　[名]本名＝Wilson, Alexander Galbraith　[学]オックスフォード大学オーリアル・カレッジ卒　[歴]大学卒業後、ロンドンのオールド・ビック劇場学校で演劇を学ぶ傍ら、レビューやミュージカルの曲を書く。1953年、1920年代ミュージカルの模作「ボーイフレンド」の作詞、作曲、台本をすべて担当して一躍有名になる。ブロードウェイでもヒットした。他の作品に「See You Later」(51年)、「ヴァルマス」(58年)、「離婚して頂戴！」(64年)、「彼の猿女房」「Sandy Wilson Thanks the Ladies」(71年)、「アラディン」(79年)など。自伝に「私は幸せになれる」(75年)がある。

ウォロトニコフ, ヴィタリー　Vorotnikov, Vitalii　政治家　ロシア共和国首相　[国]ロシア　[没]2012年2月20日　86歳　[生]1926年1月20日　[出]ソ連・ロシア共和国ボロネジ(ロシア)　[名]本名＝Vorotnikov, Vitalii Ivanovich　[学]クイビシェフ航空大学〔1954年〕卒　[歴]1947年ソ連共産党に入党。47～60年工場勤務。61年クイビシェフ州委員会書記、65～67年同第2書記、67～71年ソビエト執行委員会議長など地方の党関係の要職を務める。71～75年ボロネジ州第1書記、71年党中央委員、75～79年ロシア共和国第1副首相、79～82年駐キューバ大使、82～83年クラスノダール地方委員会第1書記。83年6月党政治局員候補、ロシア共和国首相、同年12月党政治局員。88年10月ロシア共和国最高会議幹部会議長就任に伴い、ソ連最高会議幹部会副議長。90年7月党中央委員を引退した。

ウッズ, レベウス　Woods, Lebbeus　建築家　[国]米国　[没]2012年10月30日　72歳　[生]1940年5月31日　[出]米国・ミシガン州ランシング　[学]パデュー大学理工学部〔1961年〕卒, イリノイ大学建築学大学院〔1964年〕修了　[歴]1964年ケビン・ローチ・ジョン・ディンケルー事務所に入所。70年よりレベウス・ウッズ事務所主宰。76年以後はニューヨークに住み、プロジェクトと教職に専念。建築と都市を表現した幻想的なドローイングは世界の美術館に所蔵されるなど、その活動は現代建築界に大きな影響を与えた。88年RIEA(実験建築研究所)を創設。個展に「オリジンズ」(85年)、「テラ・ノバ」(89年)、「ベルリン・フリー・ゾーン」(90年)などがあり、主なドローイングに「アンダーグラウンド・ベルリン」(88年)、「エアリアル・パリ」(89年)、「ザグレブ・フリー・ゾーン」(91年)、作品集に「オリジンズ」(85年)、「セントリシティ」(87年)、「ワンファイブ・フォー」(89年)などがある。クーパー・ユニオン建築科教授、ヒューストン大学客員教授、コロンビア大学客員教授も務めた。

ウラジーミル　Vladimir　聖職者　モスクワ総主教庁系ウクライナ正教会府主教　[国]ウクライナ　[没]2014年7月5日　78歳〔病気〕　[生]1935年11月23日　[出]ソ連・ウクライナ共和国フメリニツキー(ウクライナ)　[名]本名＝サボダン, ビクトル〈Sabodan, Viktor Markianovich〉　[歴]1954年オデッサの神学校に入学。62～66年助祭、司祭、66～82年司教、大主教。モスクワ総主教庁からエルサレムなどに派遣後、92年ウクライナ正教会トップの府主教に就任。新生ウクライナで正教会の発展に尽力した。

ウルスレアサ, ミハエラ　Ursuleasa, Mihaela　ピアニスト　[国]ルーマニア　[没]2012年8月2日　33歳　[生]1978年9月27日　[出]ルーマニア・ブラショフ　[学]ウィーン音楽院　[歴]父はジャズ・ピアニストで、母は歌手。5歳でピアノを始め、8歳でオーケストラと共演し、話題を呼ぶ。12歳の時にクラウディオ・アバドからアドバイスを受け、ウィーン音楽院のハインツ・メジモレク教授に師事。1995年16歳でクララ・ハスキル国際ピアノコンクール優勝。以後、国際的な活動を展開し、フランス国立管弦楽団、ロンドン・フィルハーモニア管弦楽団、ベルリン放送交響楽団など世界の有名オーケストラと共演。91年初来日し、天才少女として注目を集めた。 [賞]クララ・ハスキル国際ピアノコンクール第1位〔1995年〕 [師]師＝メジモレク, ハインツ

エーデルマン, ジェラルド　Edelman, Gerald Maurice　生化学者　ロックフェラー大学教授　[国]米国　[没]2014年5月17日　84歳　[生]1929年7月1日　[出]米国・ニューヨーク　[学]ペンシルベニア大学医学部〔1954年〕卒, ロックフェラー大学卒　博士号(ロックフェラー大学)〔1960年〕　[歴]1960年ロックフェラー大学助教授となり、63年准教授、66～92年教授。92年よりスクリップス研究所教授・神経科学部長。抗体蛋白質の主成分である血清中のガンマ・グロブリンの中から1種類のみを精製し、その化学的構造を決定、72年これらの業績により、英国のR.ポーターとともにノーベル医学生理学賞を受賞した。一般向けの著書に

「Neural Darwinism」「Topobiology」「Remembered Present」など。 [賞]ノーベル医学生理学賞〔1972年〕

エベイド, アテフ **Ebeid, Atef** 政治家 エジプト首相 [国]エジプト [没]2014年9月12日 82歳 [生]1932年 [出]エジプト・タンタ [歴]1999年～2004年ムバラク大統領の下で首相を務めた。その後、ムバラクによりアラブ国際銀行頭取に指名されるが、在任中の汚職疑惑により、11年シャラフ首相によって解任された。

エル・ゴハリ, マフムード **El-Gohary, Mahmoud** サッカー選手 サッカー指導者 サッカー・エジプト代表監督 [国]エジプト [没]2012年9月3日 74歳 [生]1938年2月20日 [出]エジプト・カイロ [歴]1955～61年エジプトのトップチームであるアル・アハリでプレー。57～65年エジプト代表として活躍。58年アフリカネイションズカップで得点王に輝き、母国の2度目の優勝に貢献。怪我で引退後、クラブチームのコーチを経て、88年エジプト代表監督に就任。90年同国を56年ぶりのW杯出場に導く。97年2度目のエジプト代表監督に就任し、98年アフリカネイションズカップで12年振りの優勝に導いた。2002年にはヨルダン代表監督に就任し、04年アジア杯準々決勝に導いた。09～12年ヨルダンサッカー協会技術顧問を務めた。

エルスナー, ブランコ **Elsner, Branko** サッカー指導者 サッカー・オーストリア代表監督 [国]スロベニア [没]2012年11月17日 82歳 [生]1929年11月23日 [出]ユーゴスラビア・スロベニア共和国リュブリャナ（スロベニア） [歴]1962年サッカーのユーゴスラビア1部オリンピア・リュブリャナでプロ監督契約を結ぶ。68～77年オーストリア1部リーグの2チームで監督を務め、カップ戦優勝2回、リーグ戦優勝2回。75年及び85～87年オーストリア代表監督を務め、その後もオーストリア1部リーグ2チームの監督を歴任。スロベニアサッカー協会ナショナルチームチーフディレクター、欧州サッカー指導者協会特別アドバイザーなどを経て、97年JFLのブランメル仙台（現・ベガルタ仙台）監督に就任したが、7月シーズン途中で辞任した。

エルナンデス, メルバ **Hernandez, Melba** 政治家 キューバ国会議員 キューバ革命の女性闘士 [国]キューバ [没]2014年3月9日 92歳〔糖尿病の合併症〕 [生]1921年7月28日 [出]キューバ・クルセス [学]ハバナ大学法学部〔1943年〕卒 [歴]1953年フィデル・カストロ国家評議会議長らとともにキューバ革命の端緒となったサンティアゴデクーバのモンカダ兵舎襲撃に加わり、59年のキューバ革命までゲリラ戦などに関わった。キューバ革命の立役者の一人で、“革命のヒロイン”と呼ばれた。革命後は、駐ベトナム、駐カンボジア大使などを歴任。キューバ共産党の創設メンバーの一人で、同党中央委員会委員。76～86年及び93年より国会議員を務めた。

エルマンジャ, マフディ **Elmandjra, Mahdi** 国際政治経済学者 世界未来研究連合会長 モハマンド5世大学教授 [専]未来研究 [国]モロッコ [没]2014年6月13日 81歳 [生]1933年3月13日 [出]モロッコ・ラバト [学]コーネル大学卒 経済学博士（ロンドン・スクール・オブ・エコノミクス） [歴]1960年初めから70年代半ばにかけて国連・ユネスコ本部の文化・科学局長、事務次長などを歴任。この間、ローマクラブの調査研究活動を推進。現在の欧米優位の国際秩序に対し、文化の多様性を擁護、南北対話を推進する立場から批判的姿勢を示した。著書に「Premiere Guerre Civilisationnelle」「La Decolonisation Culturelle」「南の声～21世紀の声」「第二次文明戦争としてのアフガン戦争」、共著に「地球村の行方」などがある。68年以来、度々来日。 [賞]アフリカ科学アカデミー会員

オッペンレンダー, カール・ハインリッヒ **Oppenländer, Karl Heinrich** 経済学者 IFO経済研究所理事長 [国]ドイツ [没]2014年8月29日 82歳 [生]1932年1月17日 [出]ドイツ・バーデン・ビュルテンベルク州デルツバッハ [学]ミュンヘン大学大学院修了 経済学博士 [歴]1958年ドイツの経済・社会調査・政策研究を行う非営利の公的研究機関、IFO経済研究所に入所。76～99年理事長。76年よりミュンヘン大学経済学部教授も兼務。著書に「Die moderne Wachstumstheorie」（63年）などがある。

オベイド, アテフ **Obeid, Atef** 政治家 エジプト首相 [国]エジプト [没]2014年9月12日 82歳 [生]1932年4月14日 [出]エジプト・ガルビヤ県タンタ [名]本名＝Obeid, Atef Muhammad [学]カイロ大学卒 経済学博士（イリノイ大学） [歴]1982年よりカイロ大学経営学教授を務める傍ら、エジプト政府各省の顧問として電気、工業、住宅分野の整備に貢献。85～93年行政開発担当国務相、93～99年公営企業相を経て、99年10月～2004年7月首相を務めた。

オマル, ムハマド **Omar, Muhammad** タリバン最高指揮者 [国]アフガニスタン [没]2013年4月 54歳〔病気〕 [生]1959年 [出]アフガニスタン・ウルズガン州 [歴]パシュトゥン人。イスラム党ハリス派に属し、ソ連軍進攻中の1980年代はイスラム革命運動のムジャヒディン（イスラム聖戦戦士）として抗戦。ソ連軍撤退後の90年代初めはイスラム神学校で学んでいたが、94年7月イスラム原理主義武装勢力“タリバン”を創設。95年2月反ラバニ大統領派イスラム党本部を制圧、9月には大統領派軍を破る。96年4月宗教上の最高指導者“アミル・モミニーン”に選出。9月カブールを制圧、以来破竹の勢いでほぼ全土を掌握。以後、イスラム原理主義に基づく独裁政治をしいた。2001年9月11日に米国で起きた同時多発テロ事件（9.11事件）の容疑者とされるオサマ・ビンラディンを匿っているとして米国からの空爆を受け、12月タリバン政権が崩壊。以後、所在不明であったが、15年7月アフガニスタン国家保安局が、13年にパキスタンの病院で死亡していたとの声明を発表した。旧ソ連軍との戦闘で右目を失明した。

カイエターナ **Cayetana** 世界で最も多い称号を持つ貴族 [国]スペイン [没]2014年11月20日 88歳〔肺炎〕 [生]1926年3月28日 [出]スペイン・マドリード [名]本名=Fitz-James Stuart y Silva, María del Rosario Cayetana Alfonsa Victoria Eugenia Francisca, 称号＝アルバ公爵夫人〈Duchess of Alba〉 [歴]父は駐英スペイン大使だったため、少女時代はロンドンで過ごす。祖先の複雑な婚姻関係から40以上の称号を持ち、「ギネスブック」に“世界で最も多くの称号を持つ貴族”として認定された。また保有財産は35億

ユーロ(約5180億円)とされ、スペインで最も裕福な女性として知られた。1947年ソトマヨール公爵の子息と結婚。72年に死別し、78年には11歳年下のイエズス会元司祭と再婚。その後死別し、2011年25歳年下の公務員と3度目の結婚。スペイン王室や6人の子供たちに結婚を承認させるため、全財産を子供たちに生前贈与した。11年に出版した回顧録はベストセラーとなった。縮れた髪と色鮮やかなファッションセンスで知られた。

カイル, クリス　Kyle, Chris　軍人　映画「アメリカン・スナイパー」のモデル　[国]米国　[没]2013年2月2日　38歳〔射殺〕　[生]1974年　[出]米国・テキサス州オデッサ　[名]本名＝Kyle, Christopher Scott　[歴]幼い頃から父とともに狩猟に出かけ、ライフルやショットガンを扱った。大学を中退し、米国海軍に入隊。特殊部隊シールズ(SEALS)の狙撃手として、イラク戦争で150人以上の敵を射殺した。戦争の影響で心的外傷後ストレス障害(PTSD)を発症。2009年に退役後、民間軍事会社を経営する傍ら、PTSDに悩む帰還兵らを支援する非営利組織(NPO)を設立。12年に刊行した回想録「ネイビー・シールズ最強の狙撃手」はベストセラーとなり、14年にはクリント・イーストウッド監督により「アメリカン・スナイパー」として映画化された。13年2月支援活動の一環としてPTSDを患う元海軍隊員を射撃場に連れ出していた際、元隊員に射殺された。

郭 芝苑　カク・シエン　Kuo Chih-yuan　作曲家　[国]台湾　[没]2013年4月12日　92歳　[生]1921年　[出]台湾苗栗県苑裡鎮　[学]東京東洋音楽学校, 日本大学芸術学院音楽科, 東京芸術大学音楽部作曲科　[歴]1936年15歳で日本に留学。41年東京東洋音楽学校(現・東京音楽大学)に入学。翌42年日本大学芸術学院音楽科に入り、作曲を学ぶ。第二次大戦後、台湾に帰国。古典名曲の研究や作曲活動に取り組んだ。66年東京芸術大学で作曲を学ぶため再び来日。69年台湾に戻り、台湾テレビに招聘されて音楽活動を再開、管弦楽曲「迎神」「台湾旋律二楽章」などを作曲。73〜86年台湾省交響楽団研究部に所属し、作曲活動を続けた。“台湾民族音楽の父”と呼ばれ、オペラや管弦楽曲、歌曲など200以上の作品を世に送り出し、その多くが後世でも歌われ続けている。代表作に交響組曲「天人師・釈迦伝上、下集」、管弦楽曲「交響曲A調—唐山過台湾」、青少年歌劇「牛郎織女」など。　[賞]呉三連文芸賞〔1993年〕, 台湾国家文芸賞(音楽部門)〔1994年・2006年〕, 台湾行政院文化賞〔2005年〕, 台美基金会人材成就奨〔2009年〕

カサブランカス, ジョン　Casablancas, John　実業家　エリート・モデル・マネージメント創設者　[国]米国　[没]2013年7月20日　70歳〔がん〕　[生]1942年12月12日　[出]米国・ニューヨーク市マンハッタン　[歴]父はバルセロナの銀行家でフランス、英国、インド、スペインなどにあった一族の繊維工場を引き継ぎ、世界中をまわっていた。スイスで学校を卒業。22歳の時ブラジルのコカコーラ・ボトリング工業で管理職のポストに就くが、3年後にはパリに渡る。1967年モデルのジャネット・クリスチャンセンと出会い、69年彼女を含めエージェシーとの間がうまくいっていないモデルを15人集めて“エリゼ3”というエージェンシーを始める。同時にカメラマンのエージェントの仕事も始めるが、やがて写真エージェント事業はパートナーに売り、経営が危うくなっていたエリゼ3を兄とともに共同経営。72年エリゼ3の中で最も優秀なモデルだけを連れてトップスターだけを扱う特別なエージェンシー“エリート・モデル・マネージメント”を、アラン・キットラーとともに創設。世界中から優れたモデルを発掘する本能的嗅覚に優れ、70年代半ばには米国のエージェンシーとのモデルの交換システムに参加。77年米国に進出して大成功を収め、“アメリカン・ドリームを実現した男”“モデル帝国の帝王”として話題を呼んだ。ナオミ・キャンベルやリンダ・エバンジェリスタ、シンディ・クロフォード、ジゼル・ブンチェン、ハイディ・クルムなど世界中のトップモデルたちの早期キャリアを作り、80〜90年代の“スーパーモデル時代”を築き上げた立役者として知られる。一方、パジャマ・パーティーやモデルとのゴシップなど、その華やかなライフスタイルでも注目された。2000年に引退して以降はマイアミとリオデジャネイロで晩年を過ごした。　[家]息子＝カサブランカス, ジュリアン(ミュージシャン), 元妻＝クリスチャンセン, ジャネット(モデル)

カーソン, テッド　Curson, Ted　ジャズ・トランペット奏者　[国]米国　[没]2012年11月4日　77歳　[生]1935年6月3日　[出]米国・ペンシルベニア州フィラデルフィア　[名]本名＝Curson, Theodore　[学]グラノフ音楽院　[歴]グラノフ音楽院で作曲や楽理を学んだ後、ジミー・ヒースに師事。1956年ニューヨークに出てマル・ウォルドロン、レッド・ガーランドらと共演。59年セシル・テイラーのコンボに、60年チャールズ・ミンガス・グループに参加。65年までビル・バロンとの双頭コンボで活動し、欧州にも進出。自己のグループを結成し、70年代にかけ欧州などでコンサート、フェスティバルを開いた。パリ、ニューヨークのクラブでクリス・ウッズ、アンドリュー・ヒルらと共演。欧州では特にフィンランドで活躍し、ポリ・ジャズ・フェスティバルに長年に渡って出演した。代表作に「ミンガス・プレゼンツ・ミンガス」(60年)、「プレンティ・オブ・ホーン」(61年)、「ドルフィーに捧ぐ涙」(64年)、「ブルー・ピッコロ」(76年)などがある。80年以降はニューヨークでラジオ番組を担当。カリフォルニア大学などで教鞭も執った。　[師]師＝ヒース, ジミー

カラオスマンオル, アッティラ　Karaosmanoğlu, Attila　エコノミスト　世界銀行アジア担当副総裁　[国]トルコ　[没]2013年11月10日　81歳　[生]1932年9月20日　[出]トルコ・マニサ　[学]アンカラ大学, イスタンブール大学, ハーバード大学, ニューヨーク大学　経済学博士(イスタンブール大学)　[歴]トルコ副首相などを経て、1983〜87年世界銀行(国際復興開発銀行)アジア・太平洋担当副総裁、87〜91年アジア担当副総裁、91〜95年世界銀行事務局長。

カルドナ, マニュエル　Cardona, Manuel　物理学者　マックス・プランク固体研究所名誉所長　[国]スペイン　[没]2014年7月2日　79歳　[生]1934年9月7日　[出]スペイン・バルセロナ　[名]本名＝Cardona Castro, Manuel　[学]バルセロナ大学卒, マドリード大学　Ph.D.(ハーバード大学)〔1959年〕　[歴]1956〜59年ハーバード大学研究員、59〜61年チューリヒのRCA研究所研究

員。64〜66年ブラウン大学助教授、66〜71年教授を経て、71年マックス・プランク固体研究所教授。共著に「半導体の基礎」（96年）がある。　[賞]F.Isakson賞（米国物理学会）〔1984年〕, J.Wheatley賞〔1997年〕, アストリアス皇太子賞（科学技術部門）〔1998年〕　[資]米国科学アカデミー会員〔1987年〕

カン・クァンジュ　姜 寛周　政治家　朝鮮労働党対外連絡部長　[国]北朝鮮　[没]2014年10月3日　78歳〔がん〕　[出]朝鮮平安南道（北朝鮮）　[名]通名＝姜周一（かん・じゅいる）　[学]金日成総合大学卒　[歴]1975年北朝鮮対外文化連絡委員会局長、88年朝鮮労働党中央委員、90年祖国平和統一委員会副委員長、93年海外同胞援護委員会委員長、94年党統一戦線部第1副部長を経て、97年北朝鮮の工作機関である対外連絡部（のちの第225局）部長。同部は80年代、欧州での有本恵子さん（拉致当時23歳）の拉致事件などにも関与。225局に移ってからも朝鮮総連を使った民主党政権などへの政界工作を仕掛けた。90年より最高人民会議代議員。貨客船・万景峰号で度々来日した。

寒 梅人　カン・バイニン　水墨画家　九州華芸林書画芸術会主宰　[国]中国　[没]2013年11月29日　54歳〔膵臓がん〕　[生]1959年7月　[出]中国上海　[名]本名＝木子徳昭（きご・のりあき）　[学]上海大学美術学院絵画専攻〔1984年〕修了　[歴]幼い頃から水墨画、書道、篆刻を学ぶ。その後、上海大学美術学院に入学し、陳家冷に師事。山水、花鳥、人物画に取り組み、唐、宋、元、明、清各時代の絵画を研究。水墨、墨彩など独特な画風を創り、江南美術界に高い評価を得る。1988年来日。90年九州華芸林書画芸術会を創立。2003年全国水墨画秀作展外務大臣賞、05年日中水墨画交流展最高賞大賞を受賞。その他公募展NHK賞、優秀賞、特別賞、奨励賞など受賞多数。　[賞]全国水墨画秀作展最高賞外務大臣賞（第22回）〔2003年〕, 日中水墨画交流展最高賞大賞〔2005年〕　[師]師＝陳家冷

カンポス, エドゥアルド　Campos, Eduardo　政治家　ペルナンブコ州知事　ブラジル社会党（PSB）党首　[国]ブラジル　[没]2014年8月13日　49歳〔小型機墜落事故死〕　[生]1965年8月10日　[出]ブラジル・ペルナンブコ州レシフェ　[名]本名＝Campos, Eduardo Henrique Accioly　[歴]祖父はペルナンブコ州で強い影響力を誇る知事だったミゲル・アラエス。自身も2007年ペルナンブコ州知事となり、ブラジル社会党（PSB）党首を務める。労働者党と民主社会党の2大政党が続くブラジルにおいて第三の勢力を目指し、14年10月のブラジル大統領選に立候補。“ブラジルの将来を担う有力政治家”として大きな注目を浴びる。世論調査では全候補者中3位の支持率を得ていたが、選挙キャンペーン中の8月、リオデジャネイロからサンパウロに向かう途中で小型機が墜落し、搭乗していた7人全員が死亡した。　[家]祖父＝アラエス, ミゲル（ペルナンブコ州知事）

キネル, ゴールウェイ　Kinnell, Galway　詩人　[国]米国　[没]2014年10月28日　87歳　[生]1927年2月1日　[出]米国・ロードアイランド州プロビデンス　[学]プリンストン大学, ロチェスター大学　[歴]フランスとイランで教師を務めた他、全米各地の大学で教鞭を執った。1985年〜2005年ニューヨーク大学教授。一方、ビート派の活動の圏外で詩作活動を行う。荒々しく、飾り気の無い口語体で、自然の事物、生物、風景を描き、文化の表層下に潜む原始的、根源的なものを探求した。主な詩集に「いかなるものであったか、王国は」（1960年）、「モナドノック山の花」（63年）、「肉体の襤褸」（66年）、「夜のうた」（68年）、「悪夢の書」（71年）、「新世界にキリストのイニシャルを冠した商店街」（74年）、「Mortal Acts, Mortal Words」（80年）、「Selected Poems」（82年）がある。他に、小説「黒い光」（66年）やフランス詩の翻訳もある。　[賞]ピュリッツァー賞（詩部門）〔1983年〕「Selected Poems」, 全米図書賞（詩部門）〔1983年〕, フロスト賞〔2001年〕, ウォーレス・スティーブンス賞〔2010年〕

キノシタ, ロバート　Kinoshita, Robert　ロボットデザイナー　美術監督　[国]米国　[没]2014年12月9日　100歳　[生]1914年2月24日　[出]米国・カリフォルニア州ロサンゼルス　[学]南カリフォルニア大学卒　[歴]第二次大戦中、妻とともにアリゾナ州の日系人強制収容所に送られる。195R0年代初めにカリフォルニア州に戻り、映画やテレビドラマのロボットデザイナーとして活動。SF映画「禁断の惑星」（56年）に登場するロボット、ロビーをデザインした。60年代からはFOXの美術部門に所属し、テレビドラマ「宇宙家族ロビンソン」（65〜68年）の美術監督を務めた。

キム・グクテ　金 国泰　Kim Guk-tae　政治家　朝鮮労働党政治局員・中央委員会検閲委員長　[国]北朝鮮　[没]2013年12月13日　89歳〔急性心不全〕　[生]1924年8月27日　[出]朝鮮咸鏡北道城津（北朝鮮金策）　[学]万景台革命学院, 金日成大学卒, モスクワ大学留学　[歴]1963年朝鮮人民軍総政治局副総局長（中将）、66年党中央委員、67年より最高人民会議代議員、党宣伝扇動部長、70年党中央委員、74年党最高級党学校長、77年咸鏡南道人民委員長、駐エチオピア大使、83年党中央委部長、90年金日成高級党学校長、92年党書記。2010年党代表者会で党書記及び幹部部長を解任。その後、党中央委員会検閲委員長、党政治局委員、党中央委員を歴任。

キム・ジャオク　Kim Ja-ok　女優　[国]韓国　[没]2014年11月16日　63歳〔肺がんの合併症〕　[生]1951年10月11日　[出]韓国・ソウル　[名]漢字名＝金慈玉　[学]漢陽大学演劇映画科　[歴]1969年MBCテレビよりデビュー。70年代は美人女優として活躍。2000年代以降は人気ドラマで母親役を演じることが多かった。主な出演作にテレビドラマ「がんばれ！ クムスン」「私の名前はキム・サムスン」（05年）、「コーヒープリンス1号店」（07年）、映画「ジェニ、ジュノ」（05年）、「ヘウォンの恋愛日記」（12年）など。

キャメロン・ワット, ドナルド　Cameron Watt, Donald　歴史家　ロンドン・スクール・オブ・エコノミクス（LSE）名誉教授　[国]英国　[没]2014年10月30日　86歳　[生]1928年5月17日　[出]英国・ラグビー　[学]オックスフォード大学オリエルカレッジ卒　[歴]1947年英国陸軍に軍曹として勤務し、オーストリアで非ナチ化の政治工作に従事。復員してオックスフォード大学を卒業した後、51年英国、フランス、米国の歴史家調査チームに加わり、押収したナチス・ドイツの外交文書の編集および出版に携わる。54年ロンドン・ス

キルシュ 補遺（2012〜2014）

クール・オブ・エコノミクス（LSE）のスタッフとなる。60〜61年ロックフェラー財団の調査研究員として米国の公文書および私文書の調査にあたる。72年よりLSE教授を務める傍ら、内閣事務局歴史部のために英国の防衛政策の正史編纂に携わった。93年よりLSE名誉教授。著書に「第二次世界大戦はこうして始まった」（89年）、「Personalities and Policies」（65年）、編著に「ヒトラー『わが闘争』」（69年、92年）などがある。

キルシュ，ザーラ　Kirsch, Sarah　詩人　国ドイツ　没2013年5月5日　78歳　生1935年4月16日　田東ドイツ・ハルツ地方（ドイツ）　③旧姓・名＝Bernstein, Ingrid　学ハレ大学卒　経大学で生物学を学びながらライプツィヒの文学学校に通い、児童文学や詩集を発表。自然や愛をテーマに、「しばらく田舎に暮らす」（1967年）、「魔法のことば」（73年）などの作品で独自の詩境を開拓した。76年にビーアマンの国籍剥奪に抗議したことから、77年西ドイツへ移住。その後、シュレスウィヒ・ホルシュタイン州に住んだ。84年ヘルダーリン賞、97年ビュヒナー賞を受賞。他の作品に「水滴の中のカロリーネ」（75年）、「追い風、詩」（76年）、「土壌」（82年）、「猫の生活」（84年）、「魔王の娘」（92年）、「底なし」（96年）など。賞ペトラルカ賞〔1976年〕、オーストリア批評家賞〔1981年〕、ヘルダーリン賞〔1984年〕、ビュヒナー賞〔1996年〕「底なし」、アンネッテ・フォン・ドロステ・ヒュルスホフ賞〔1997年〕　所ドイツ・ペンクラブ

ギルマン，ドロシー　Gilman, Dorothy　児童文学作家　ミステリー作家　国米国　没2012年2月2日　88歳　生1923年6月25日　田米国・ニュージャージー州ニューブランズウィック　③本名＝Gilman, Dorothy Edith　経9歳から小説を書き始める。児童小説から転向し、1966年ミセス・ポリファックスを主人公にした〈おばちゃま〉シリーズの第1作「おばちゃまは飛び入りスパイ」を発表。同シリーズの他、マダム・カリツカを主人公にした〈伯爵夫人〉シリーズや、「クローゼットの中の修道女」「人形は見ていた」など数々のミステリー作品を発表した。他の著書に短編集「悲しみは早馬に乗って」、児童書「カーニバルの少女」「キャノン姉妹の一年」、ノンフィクション「一人で生きる勇気」などがある。2010年MWA賞巨匠賞を受賞した。　賞MWA賞巨匠賞〔2010年〕

クィントン，ジョン・グランド　Quinton, John Grand　銀行家　バークレイズ会長　国英国　没2012年4月28日　82歳　生1929年12月21日　田英国・ノーフォーク州ノリッチ　学ケンブリッジ大学セント・ジョンズ・カレッジ卒　芸術学修士　経バークレイズ銀行に入り、1975年総支配人、82年バークレイズ（Barclays PLC）取締役、85年副会長、87〜92年会長を務めた。90年ナイトの爵位を受けた。　所ロイヤル・ソサエティ会員

グッドラッド，ジョン　Goodlad, John I.　教育学者　ワシントン大学教育学大学院名誉教授　国米国　没2014年11月29日　94歳　生1920年　田カナダ・ブリティッシュ・コロンビア州バンクーバー　学ブリティッシュ・コロンビア大学、シカゴ大学　経一教室

しかない田舎の学校から教育経験を始め、幼稚園から大学院までの全てのレベルでの教育経験を持つ。1960〜85年カリフォルニア大学ロサンゼルス校教育学大学院教授、67〜83年同部長を16年間務めた後、85年よりワシントン大学教育学大学院教授。のち同名誉教授。92年より教育調査研究所所長。研究業績は教育政策と実践に主に焦点が当てられ、著書の半数は賞を受けている。編著に「学校と大学のパートナーシップ」、著書に「A Place Called School」など。　賞米国教育学会（AERA）優秀著作賞〔1985年〕「A Place Called School」

クラウゼ，クシシュトフ　Krauze, Krzysztof　映画監督　国ポーランド　没2014年12月24日　61歳〔前立腺がん〕　生1953年4月2日　田ポーランド・ワルシャワ　学ウッチ映画大学撮影科〔1976年〕卒　経1979年短編映画「Deklinacja（語形変化）」が高く評価され、88年「Nowy Jork, czwarta rano（ニューヨーク、朝4時）」で長編映画デビュー。グディニャ・ポーランド映画祭新人監督賞を受賞。以降、寡作ながらすべての監督作品が国際的な映画祭で受賞を重ね、ポーランドを代表する監督の一人として知られた。他の作品に「借金」（99年）、「ニキフォル 知られざる天才画家の肖像」（2004年）、「救世主広場」（06年）、「パプーシャの黒い瞳」（13年、遺作）がある。妻で脚本家のヨアンナ・コス・クラウゼとは「借金」の脚本家として知り合い、「救世主広場」からは共同監督となる。　賞グディニア・ポーランド映画祭新人監督賞〔1988年〕「Nowy Jork, czwarta rano」、グディニア・ポーランド映画祭グランプリ〔1999年・2006年〕「借金」「救世主広場」、ポーランド映画祭最優秀作品賞・監督賞〔1999年・2006年〕「借金」「救世主広場」、シカゴ国際映画祭グランプリ〔2004年〕「ニキフォル 知られざる天才画家の肖像」、カルロヴィ・ヴァリ国際映画祭グランプリ・監督賞〔2004年〕「ニキフォル 知られざる天才画家の肖像」、カルロヴィ・ヴァリ国際映画祭スペシャル・メンション〔2013年〕「パプーシャの黒い瞳」、テッサロニキ国際映画祭観客賞〔2013年〕「パプーシャの黒い瞳」　家妻＝コス・クラウゼ，ヨアンナ（脚本家）

クリダ，フランス　Clidat, France　ピアニスト　国フランス　没2012年5月17日　79歳　生1932年11月29日　田フランス・パリ　学パリ音楽院卒　経リセ在学中にラザール・レヴィにピアノを師事。12歳でパリ音楽院に入学、14歳で一等賞獲得。音楽史や音楽美学も学ぶ。早熟の天才として知られ、15歳の時にアンセルメの指揮でコンチェルト・デビュー。1956年18歳でフランツ・リスト国際コンクール（後のブダペスト国際音楽コンクール）で優勝。リストの権威だったシフラから高く評価され、20年ぶりとなるフランツ・リスト賞を獲得した。以後、リスト弾きとして世界的に注目され、"マダム・リスト"の名が定着。また女性による世界初の「リスト全集」を録音し、フランス・ディスク大賞を獲得。73年初来日。　賞フランス・ディスク大賞（2回）「リスト全集」「サティ全曲集」、ブダペスト国際音楽コンクール・ピアノ部門第1位〔1956年〕　師師＝レヴィ，ラザール

グリフィス，エミール　Griffith, Emile　プロボクサー　WBA世界ウエルター級・ミドル級チャンピ

オン　[国]米国　[没]2013年7月23日　75歳　[生]1938年2月3日　[出]米国・バージン諸島セント・トーマス島　[名]本名＝Griffith, Emile Alphonse　[歴]米国領バージン諸島に生まれる。19歳の時にニューヨークに出て、帽子職人の見習いをしながらボクシングを習い始める。1958年プロボクサーとしてデビュー。以後、ニューヨークのマディソン・スクエア・ガーデンの看板スターとして活躍。61年ベニー・パレット（キューバ）から世界ウエルター級王座を奪取。半年後にパレットとの再戦で15回判定負けを喫し王座から陥落した。62年パレットに再挑戦し、12回TKO勝ちで王座奪回に成功。しかし、リング上で昏睡状態となったパレットは10日後に死亡した（パレット事件）。66年ディック・タイガー（ナイジェリア）に判定勝ちで世界ミドル級王座を獲得し2階級制覇に成功。77年アラン・ミンター（英国）に敗れるまで現役で戦い続けた。生涯戦績は85勝（23KO）24敗2分1無効試合。90年国際ボクシング殿堂入りを果たした。晩年バイセクシャルであることを告白した。

ケネン, ピーター　**Kenen, Peter B.**　経済学者　プリンストン大学名誉教授　[専]国際通貨制度, 国際金融　[国]米国　[没]2012年12月17日　80歳　[生]1932年11月30日　[出]米国・オハイオ州クリーブランド　[学]コロンビア大学, ロンドン・スクール・オブ・エコノミクス（LSE）　Ph.D.（ハーバード大学）〔1958年〕　[歴]1956～57年英国のロンドン・スクール・オブ・エコノミクス（LSE）で学ぶ。57年よりコロンビア大学で教鞭を執り、64～71年教授、67～69年経済学部長、69～71年同大事務長。71年よりプリンストン大学教授を務め、2004年名誉教授。国際通貨制度の理論的研究が専門で、為替相場の管理や為替相場と政策協調の問題に関して優れた研究成果を発表した。著書に「国際経済学」「現代国際金融システムとIMF」、共著に「現代金融論」など。

ゲーリング, ヴァルター・ヤコブ　**Gehring, Walter Jakob**　遺伝学者　バーゼル大学教授　[専]発生生物学, 分子生物学　[国]スイス　[没]2014年5月29日　75歳　[生]1939年3月20日　[出]スイス・チューリヒ　[学]チューリヒ大学（動物学）〔1963年〕卒　博士号（チューリヒ大学）〔1965年〕　[歴]1963年チューリヒ大学助手、69年エール大学助教授などを経て、72年バーゼル大学教授。83年ショウジョウバエの頭の触角が突然変異で足になる遺伝子を発見。これを突破口に体の形を作る役割をするホメオティック遺伝子が次々と見つかる。ショウジョウバエを使った研究で、一つの遺伝子が昆虫の複眼と脊椎動物のカメラ型の目の両方を制御していることなどを解明し、再生医学への道を拓く。これらの功績により、2000年京都賞受賞で来日。　[賞]オットー賞〔1982年〕, アルバート・ワンダー賞〔1986年〕, ダイムス・マーチ賞〔1997年〕, 京都賞（基礎科学部門, 第16回）〔2000年〕　[資]米国科学アカデミー会員〔1997年〕, スウェーデン王立科学アカデミー会員〔1997年〕, ロイヤル・ソサエティ外国人会員〔1997年〕, フランス科学アカデミー会員〔1997年〕

紅 線女　**コウ・センジョ**　**Hung Sin-nui**　粤劇女優　[国]中国　[没]2013年12月8日　88歳　[生]1924年12月27日　[出]中国広東省開平県　[名]旧姓・名＝鄺健廉　[歴]1938年おばの何芙蓮に粤劇を学び、馬師曽劇団に参加。香港で京劇や声楽、映画の表現などを学び、東南アジア各地で公演。52年真善美劇団を結成し、「清宮秘史」「胡蝶夫人」などを演じた。55年広州に戻り広東省粤劇団に入団。文革中は下放されるが、80年舞台に復帰。91年広州紅豆粤劇団、96年紅線女芸術センターを設立。粤劇名優の董華の節回しをもとに、京劇や昆曲、歌劇のテクニックをとり入れ、独自の女役の歌唱“紅腔”を形成した。代表劇に「関漢卿」「昭君公主」など。　[賞]傑出芸人賞（米国アジア協会）（国連交響楽協会）〔1985年〕, モスクワ世界青年交歓祭古典音楽金賞〔1957年〕「昭君出塞」

コッブ, ジェームズ　**Cobb, James Henry**　作家　[専]ミステリー, スリラー　[国]米国　[没]2014年7月8日　61歳　[生]1953年　[出]米国　[歴]海軍の家系に育ち、自らも軍事史と軍事テクノロジーを研究。現存のテクノロジーを応用したステルス駆逐艦の軍事行動を描いた処女長編「ステルス艦カニンガム出撃」（1996年）は、緻密なハイテク描写に加え、巧みな語り口と人物造形を持った斬新な作品で評判を呼んだ。同じ女艦長アマンダ・ギャレットが活躍する「アマンダ・ギャレット」シリーズに「ストームドラゴン作戦」（97年）、「シーファイター全艇発進」（2000年）、「攻撃目標を殲滅せよ」（02年）、「隠密部隊ファントム・フォース」（05年）などがある。

コビー, スティーブン　**Covey, Stephen**　作家　経営コンサルタント　フランクリン・コビー共同創設者　[専]リーダーシップ　[国]米国　[没]2012年7月16日　79歳　[生]1932年10月24日　[出]米国・ユタ州ソルトレークシティ　[名]本名＝Covey, Stephen Richards　[学]ユタ大学卒　M.B.A.（ハーバード大学）, 経済学博士（ブリンガム・ヤング大学）　[歴]大学で教鞭を執る傍ら、一流企業、政府関係団体などでリーダーシップに関するコンサルティングを行う。1983年コンサルティング会社コビー・リーダーシップセンターを設立。97年フランクリン・コビーを共同で創設し、副会長。リーダーシップ論の権威、家族問題のエキスパート、教育者、組織コンサルタントとして国際的な評価を得、96年雑誌「タイム」が選ぶ“世界で最も影響力のある米国人25人”の一人に選ばれた。また、ユタ州立大学商経学部終身教授、リーダーシップ学において同大の名誉職ジョン・M.ハンツマン・プレジデンシャル・チェアに就任。著書「7つの習慣―成功には原則があった！」（89年）は全世界で3000万部を売り上げ、20世紀で最も影響力のあるビジネス書といわれる。他の著書に「人生を成功させる7つの秘訣」「7つの習慣 ファミリー」「スピード・オブ・トラスト」など。

ゴーマン, ジョセフ　**Gorman, Joseph Tolle**　実業家　TRW会長・CEO　米日経済協議会会長　[国]米国　[没]2013年1月20日　75歳　[生]1937年10月　[出]米国・インディアナ州ライジングサン　[学]ケント州立大学卒, エール大学ロースクール修士課程修了　[歴]法律事務所に籍を置いた後、1968年クリーブランドのTRW法対部に入社。秘書、経営会議の副議長などを歴任し、80年工業・エネルギー部門執行副社長、85～91年社長兼COO（最高執行責任者）、88年1月～2000年会長兼CEO（最高経営責任者）。小さなネジメーカーか

ら出発し、従業員7万5000人の会社にまで成長させた。TRWは自動車、宇宙開発・防衛、情報サービスを三つの柱とし、欧米市場から日本市場への展開に意欲を燃やした。1992年1月ブッシュ米大統領の訪日に同行した経済ミッションの一人として来日。同年7月日米財界人会議米国側議長、94年3月米日経済協議会会長を務めた。　[賞]日本政府貿易表彰〔1994年〕

ゴーラン, メナヘム　**Golan, Menahem**　映画監督　映画プロデューサー　[国]イスラエル　[没]2014年8月8日　85歳　[生]1929年5月31日　[出]英領パレスチナ・ティベリアス（イスラエル）　[名]本名＝Globus, Menahem　[学]ニューヨーク市立大学フィルム・インスティテュート　[歴]両親はポーランド移民。10代の初め、米国映画に熱中。1948年の独立戦争ではイスラエル軍の最初のパイロットの一人となる。51年渡英し、ロンドンで演出を学ぶ。2年後帰国し、「欲望という名の電車」などを演出し、60年まで舞台演出家として活躍。イスラエル政府の給費留学生としてニューヨーク市立大学フィルム・インスティテュートに入学。その後、ノア・フィルムズを設立、「El Dorado」（63年）、「Sallah」を製作。73年「Kazablan」を製作・監督、米国内で公開される。以後、アメリカナイズされたアップテンポのアクションシーンに本領を発揮。代表作に「サンダーボルト救出作戦」（77年）、「デルタ・フォース」（86年）、「オーバー・ザ・トップ」（87年）、「三文オペラ」（89年）など。プロデューサーとして「グローイング・アップ」（78年）、「ラヴ・ストリームス」「サハラ」（83年）、「スーパー・マグナム」（85年）、「コブラ」（86年）、「死海殺人事件」（88年）などを手がけた。

ゴールドシュタイン, バルバラ　**Goldstein, Barbara**　作家　[専]歴史　[国]ドイツ　[没]2014年　48歳　[生]1966年　[出]西ドイツ・シュレスビヒホルシュタイン州ノイミュンスター（ドイツ）　[歴]銀行をはじめいくつかの企業でキャリアを積み、ビジネス関係の著作を上梓。2003年より作家活動に専念する。歴史小説を得意とし、その作品は各国で翻訳出版された。

ゴールドバーガー, マービン　**Goldberger, Marvin Leonard**　理論物理学者　カリフォルニア大学サンディエゴ校名誉教授　[国]米国　[没]2014年11月26日　92歳　[生]1922年10月22日　[出]米国・イリノイ州シカゴ　[学]カーネギー工科大学（物理学）　Ph.D.（シカゴ大学）〔1948年〕　[歴]カリフォルニア大学バークレー校、マサチューセッツ工科大学を経て、1950～57年シカゴ大学助教授、教授、57～78年プリンストン大学物理学教授、70～76年同大物理学部長、78～87年カリフォルニア工科大学学長、91～93年カリフォルニア大学ロサンゼルス校教授、93年～2000年カリフォルニア大学サンディエゴ校教授、00年より同大名誉教授。H.クラマースやR.クローニッヒの研究を一般化し、分散理論の発展（1963年）の業績で知られる。著書に「Collision Theory」（K.M.Watsonと共著, 64年）がある。

ゴンチャール, アンドレイ　**Gonchar, Andrei Aleksandrovich**　数学者　モスクワ大学上級研究員・数学部長　[専]関数論　[国]ロシア　[没]2012年10月10日　80歳　[生]1931年11月21日　[出]ソ連・ロシア共和国モスクワ（ロシア）　[学]モスクワ大学〔1954年〕卒　物理・数学博士〔1964年〕　[歴]1957年よりモスクワ大学及びソ連科学アカデミー（現・ロシア科学アカデミー）数学研究所で研究を行った。87年ソ連科学アカデミー会員。主な業績は近似関数論に関するもので、関数の構造的性質と有理関数によるそれらの近似の速さとの関連を研究した。　[賞]ロシア科学アカデミー会員〔1987年〕

サージェント, ジョセフ　**Sargent, Joseph**　映画監督　[国]米国　[没]2014年12月22日　89歳　[生]1925年7月25日　[出]米国・ニュージャージー州ジャージーシティ　[名]本名＝Sorgente, Giuseppe Danielle　[歴]高校・大学時代は演劇部に所属し、卒業後、俳優としてキャリアをスタート。のち監督に転向し、1966年「0011ナポレオン・ソロ/地獄へ道づれ」で劇場用映画監督デビュー。以降、「サブウェイ・パニック」（74年）、「マッカーサー」（77年）、「ジョーズ'87/復讐編」（87年）や、テレビ映画「アメリカを震撼させた夜」（75年）、「ミス・エバーズ・ボーイズ 黒人看護婦の苦悩」（96年）、「さらば 愛しのキューバ」（2000年）などを手がけた。　[賞]エミー賞〔1975年〕「アメリカを震撼させた夜」

サーストン, ウィリアム　**Thurston, William**　数学者　コーネル大学教授　[国]米国　[没]2012年8月21日　65歳〔黒色素細胞腫（メラノーマ）〕　[生]1946年10月30日　[出]米国・ワシントンD.C.　[名]本名＝サーストン, ウィリアム・ポール〈Thurston, William Paul〉　[学]フロリダ州ニュー・カレッジ卒　Ph.D.　[歴]1967年カリフォルニア大学バークレー校スティーブン・スメイル教授の下で研究に着手し、72年「円束である3次元多様体の葉層」により学位を取得。マサチューセッツ工科大学助手を経て、74年プリンストン大学教授。2003年コーネル大学教授。この間、葉層構造論および3次元多様体の研究により1982年フィールズ賞を受賞した。　[賞]フィールズ賞〔1982年〕, ウォーターマン賞〔1979年〕

サスマン, ポール　**Sussman, Paul**　作家　コラムニスト　[専]ミステリー, スリラー　[国]英国　[没]2012年5月31日　45歳〔動脈瘤破裂〕　[生]1966年7月11日　[学]ケンブリッジ大学セント・ジョンズ・カレッジ歴史学専攻卒　[歴]ケンブリッジ大学セント・ジョンズ・カレッジで歴史学を専攻。卒業後、主にエジプトでフィールドの考古学者として勤務。1991年帰国。雑誌の創刊に関わるなど、ジャーナリストとして活動を始め、新聞・雑誌でコラムを担当。97年"ブリティッシュ・コラムニスト・オブ・ザ・イヤー"にノミネートされる。2002年「カンビュセス王の秘宝」で小説家デビュー。著書は30言語以上に翻訳されている。執筆活動の傍ら、いくつかの発掘調査チームに公式に参加。12年動脈瘤破裂のため妻と2人の子供を残し45歳で突然死した。他の著書に「聖教会最古の秘宝」などがある。

サックス, ジョセフ　**Sax, Joseph Lawrence**　環境法学者　カリフォルニア大学バークレー校名誉教授　[国]米国　[没]2014年3月9日　78歳　[生]1936年2月3日　[出]米国・イリノイ州　[学]ハーバード大学〔1957年〕卒, シカゴ大学法科大学院〔1959年〕修了　J.D.（シカゴ大学）〔1959年〕　[歴]1966年ミシガン大学法学部教授を

経て、86年カリフォルニア大学バークレー校法科大学院教授、2003年より名誉教授。1994～96年米国クリントン政権で内務長官顧問兼内務次官補代理を務めた。60年代半ばに殺虫剤散布の差し止め裁判に加わったのを機に、どの法律にも環境保護に関する条項がないことに気づき、自然の大気や水、土地など公共信託財産に対する汚染や破壊について市民や団体が訴えを起こせるという世界最初の市民環境法・ミシガン州環境保護法（サックス法）を起草、70年州議会で採択された。70～72年連邦政府の環境の質委員会委員の他環境行政関連の各種委員を務める。以後、国際的な環境法学者として活躍した。著書に「環境の保護」（70年）、「『レンブラント』でダーツ遊びとは」（99年）、「ケースブック」（共著, 2006年）など。　[賞]ブループラネット賞（第16回, 日本）〔2007年〕

サバティエ, ロベール　Sabatier, Robert　作家　詩人　[国]フランス　[没]2012年6月28日　88歳　[生]1923年8月17日　[出]フランス・パリ　[歴]幼くして両親を失い、労働の傍ら勉学に励む青春期を送る。第二次大戦中、対独レジスタンス運動に参加。戦後いくつかの職業を経て、1953年小説「Alain et le nègre（アランと黒人）」、55年「Les fêtes solaires（太陽の祭）」を発表。以後詩集、小説のほか9巻に及ぶ「フランス詩史」を刊行。日本では「ラバ通りの人びと―オリヴィエ少年の物語I」（69年）、「三つのミント・キャンディー―オリヴィエ少年の物語II」（72年）、「ソーグのひと夏―オリヴィエ少年の物語III」（74年）が翻訳されている。他の主な作品に詩集「Les poisons délectables」（65年）、「Les châteaux de millions d'années」（69年）、「Ecriture」（93年）、小説「Canard au sang」（58年）、「Dictionnaire de la mort（死の辞典）」（67年）、「L'oiseau de demain」（81年）などがある。　[賞]レジオン・ド・ヌール勲章コマンドール章　[団]アカデミー・ゴンクール

サバハ　Sabah　歌手　女優　[国]レバノン　[没]2014年11月26日　87歳　[生]1927年11月10日　[出]レバノン・ベイルート近郊　[名]本名=Al-Feghali, Jeanette Gergis　[歴]ベイルート近くのキリスト教徒の家庭に生まれた。1940年代に歌手デビューし、約3000曲を発表したほか、エジプトでは女優として活躍し、「ミス・マム」「ラブ・ストリート」など約90本の映画に出演した。60年の長きに渡ってレバノンの歌姫として親しまれ、アラブ世界を代表する歌手だった。サバハはニックネームで、アラビア語で“朝”を意味する。私生活では9度結婚した。

サボダン, ボロジミル
⇒ウラジーミル を見よ

シェバルシン, レオニード　Shebarshin, Leonid　ソ連国家保安委員会（KGB）第1総局長・副議長　[国]ロシア　[没]2012年3月30日　77歳〔自殺〕　[生]1935年3月24日　[出]ソ連・ロシア共和国モスクワ（ロシア）　[名]本名＝Shebarshin, Leonid Vladimirovich　[歴]1956年ソ連外務省に入省。60年より国家保安委員会（KGB）情報員として活動。ウルドゥー語に堪能で、パキスタンやインド、イランで諜報活動にあたった。89～91年KGB第1総局長兼副議長。91年9月退職し、警備保障会社のロシア経済安全会社を設立。同社理事会メンバーの大半が元KGBで、その特技を生かし信用情報のデータバンク作りとネットワーク化に取り組んだ。

ジェフォーズ, ジェームズ　Jeffords, James　政治家　米国上院議員（無所属）　[国]米国　[没]2014年8月18日　80歳　[生]1934年5月11日　[出]米国・バーモント州ラトランド　[名]本名＝Jeffords, James Merrill, 通称＝Jeffords, Jim　[学]エール大学卒, ハーバード大学卒　[歴]1962年弁護士を経て、67～68年バーモント州上院議員。69～73年同州検事総長、のち同州選出の連邦下院議員、1989年～2007年同州選出の連邦上院議員。01～07年環境問題委員会委員長。共和党に所属していたが、01年離党して無所属となった。　[資]弁護士

シェフラー, イズラエル　Scheffler, Israel　教育哲学者　ハーバード大学名誉教授　[国]米国　[没]2014年2月16日　90歳　[生]1923年11月25日　[出]米国・ニューヨーク市　[学]ブルックリン大学, ペンシルベニア大学卒　Ph.D.　[歴]1952年ハーバード大学教員となり、61年教育学教授、92年名誉教授。著書に「The Language of Education」（60年）、「Conditions of knowledge」（65年）、「Reason and Teaching」（73年）、「ヒューマン・ポテンシャル―教育哲学からの考察」（85年）、「Teachers of My Youth」（95年）などがある。

ジジッチ, ゾラン　Zižić, Zoran　政治家　ユーゴスラビア連邦首相　モンテネグロ社会人民党（SNP）副党首　[国]モンテネグロ　[没]2013年1月4日　61歳　[生]1951年3月4日　[出]ユーゴスラビア・モンテネグロ共和国ポドゴリツァ（モンテネグロ）　[学]ベオグラード大学法学部卒　[歴]1968年ユーゴスラビア共産主義者同盟に入党。ポドゴリツァ大学法学部講師を経て、90～97年モンテネグロ共和国副首相。97～98年モンテネグロ議会副議長。共和国議会議員兼ユーゴスラビア連邦上院議員を務め、2000年9月上院議員選で再選。同年11月ユーゴスラビア連邦首相に就任。01年6月ミロシェヴィッチ元大統領の国連旧ユーゴ戦犯法廷への移送に抗議して辞任した。

シゾーワ, アラ　Sizova, Alla　バレリーナ　キーロフ・バレエ団プリンシパル　[国]ロシア　[没]2014年11月23日　75歳〔がん〕　[生]1939年9月22日　[出]ソ連・ロシア共和国モスクワ（ロシア）　[学]レニングラード・バレエ学校〔1958年〕卒　[歴]1958年キーロフ・バレエ団（現・マリインスキー・バレエ団）に入団、88年まで活躍。高い跳躍により“空飛ぶシゾーワ”というニックネームを得、古典的な優雅さは、セルゲエフの映画「眠れる森の美女」のオーロラ姫に結実した。他にベリスキーの「レニングラード物語」（61年）やセルゲエフの「ハムレット」（70年）の初演に主演。引退後はレニングラード・バレエ学校（現・ワガノワ・バレエ学校）で教師を務めた。ソ連時代のルドルフ・ヌレエフのパートナーとしても知られる。83年ソ連人民芸術家。　[資]ソ連人民芸術家〔1983年〕

シーファー　Sifa　作家　[国]タイ　[没]2013年4月16日　82歳　[生]1931年1月26日　[出]タイ・バンコク　[名]本名＝Ladawan Mahawan, 筆名＝チュラダー・パックディープミン, シーファー〈SRIFA〉・ラダーワン　[学]セント・ジョセフ・コンベント校, チュラロンコン大学商学部中退　[歴]父は王族の出身で、自身も王族の5

代目の称号、モーム・ルアンを有する。大学卒業後、一時バンコクで教員をするが、やがて職業作家として独立。以来、3つのペンネームを使い分けて執筆にあたる。出世作となった「暗黒の塔」など、初期の児童向け作品ではチュラダー・パックディープミン、「誰が決めた」など家族、特に恋愛を主題にした気楽な読み物ではシーファー（SRIFA）・ラダーワンを用いる。シーファー（SIFA）名義の作品が多く、1972年「人生のロータリー」、73年「生みすてられた子供たち」と2年連続でタイ国出版協会の最高賞を受賞した。現代のタイ女流文学において代表的作家の一人だった。他の作品に「青い空の下で」（77年）など。 [賞]タイ国出版協会最高賞〔1972年・1973年〕「人生のロータリー」「生みすてられた子供たち」, タイ国民芸術家賞〔1996年〕

シメリョーフ, ニコライ　**Shmelyov, Nikolai Petrovich**　経済学者　作家　ロシア科学アカデミーヨーロッパ研究所所長　[国]ロシア　[没]2014年1月6日　77歳　[生]1936年6月18日　[出]ソ連・ロシア共和国モスクワ（ロシア）　[学]モスクワ大学経済学部卒　[歴]ソ連科学アカデミー（現・ロシア科学アカデミー）附属のいくつかの経済研究所に勤務ののち、1992年より同アカデミーヨーロッパ研究所上級研究員、2000年より同研究所長を務めた。“ペレストロイカ推進派”の経済学者として有名。一方、作家としては、1961年に処女作を発表後、中編「パシコフ館」（87年）まで発表の機会がなかったが、ソ連社会に適応できないインテリの苦悩を描いたこの作品で注目されるようになった。他の著書に中編小説「内閣首席閣下のための芝居」（88年）、社会評論「前渡しと負債」（87年）などがある。 [賞]ロシア科学アカデミー会員〔2000年〕

ジャマルル・キラム3世　**ジャマルルキラムサンセイ**　**Jamalul Kiram III**　スールー王国スルタンの末裔を自称するフィリピン人　[国]フィリピン　[没]2013年10月20日　75歳〔臓器疾患〕　[生]1938年7月16日　[出]フィリピン・マインブン　[学]マニュエル・L.ケソン大学（法学）卒　[歴]15世紀半ばに成立したとされるイスラム教国、スールー王国のスルタン（君主）の末裔を自称。王国はフィリピン南部の一部とマレーシアのボルネオ島の一角を支配し、20世紀の初め頃に衰退。その後も欧州列強による植民地時代に交わされた租借地契約を引き継いだマレーシア政府から、ボルネオ島サバ州について名目上の租借料が支払われていた。2013年2月フィリピンからイスラム武装集団235名をサバ州に不法上陸させ、マレーシア、フィリピン両政府に対し、租借料引上げや権利の確保を求め立てこもり、マレーシア治安当局との銃撃戦にまで発展した。

周 干峙　**シュウ・カンジ**　**Zhou Gan-zhi**　高級建築師　中国科学院技術科学部学部委員　中国建設省次官　[国]中国　[没]2014年3月14日　83歳　[生]1930年6月　[出]中国江蘇省蘇州　[学]清華大学建築系〔1952年〕卒　[歴]1952年中国共産党入党。66年国家建設委副処長。82年中国城市規画設計研究院長。86年中国城市経済学会副会長。88年建設部副部長（建設省次官）。92年科学院技術科学部委員、建設部高級建築師。93年全国政協副秘書長。 [賞]中国科学アカデミー会員〔1991年〕, 中国工学アカデミー会員〔1994年〕

周 巍峙　**シュウ・ギジ**　**Zhou Wei-zhi**　作曲家　中国文学芸術界連合会主席　中国全国政協常務委員　[国]中国　[没]2014年9月12日　98歳　[生]1916年　[出]中国江蘇省東台県　[名]旧姓・名＝周良驥〈ZhouLiang-ji〉, 筆名＝駿伯　[歴]1937年八路軍に入隊。38年中国共産党入党。延安魯迅芸術文工団副団長、59年中国文化省芸術局局長、79年中国音楽家協会副主席、81年文化相代理、82～86年文化省次官などを歴任。88年中国人民政治協商会議全国委員会（全国政協）常務委員。96年中国文学芸術界連合会（中国文連）主席に就任。

周 汝昌　**シュウ・ジョショウ**　**Zhou Ru-chang**　古典文学者　中国芸術研究院研究員　中国曹雪芹学会栄誉会長　[専]「紅楼夢」の研究　[国]中国　[没]2012年5月31日　94歳　[生]1918年4月14日　[出]中国天津　[学]燕京大学西語系卒　[歴]清朝中期（18世紀中頃）に書かれた長編小説「紅楼夢」を専門に研究（紅学と呼ばれる）。中華民国の時代に「紅楼夢」の作者が曹雪芹であることを証明する「紅楼夢考証」を著し、紅学の分野で実績を残した胡適などの後を継ぎ、1921年に中華人民共和国が建国されて以降、同研究の第一人者として活躍。代表的な著作に「紅楼夢新証」（53年）があり、考証派（紅楼夢は曹雪芹の自叙伝であるとする自伝説）として多くの実績を残した。他に曹雪芹の生涯を記した「曹雪芹小伝」や「紅楼夢と中華文化」、「献芹集」「石頭記（紅楼夢の別名）会真」など、紅学分野の各方面に関する多数の著作を残した。

シュトラノヴィッチ, ジェリコ　**Šturanović, Željko**　政治家　モンテネグロ首相　[国]モンテネグロ　[没]2014年6月30日　54歳　[生]1960年1月31日　[出]ユーゴスラビア・モンテネグロ共和国ニクシッチ（モンテネグロ）　[歴]旧ユーゴスラビア時代にベオグラードで医学を目指したが、その後ポドゴリツァに戻って法律を学び、弁護士資格を取得。ニクシッチの鉄鋼会社勤務を経て、1993年ユーゴ連邦議員となり2期務める。2001年の選挙でモンテネグロ共和国議会議員。01～06年同共和国の法相。独立後初めての06年9月の議会選で第1党となった民主社会党がジュカノヴィッチ首相の後任として指名することを決定、11月首相に就任。08年2月退任。 [資]弁護士

シュワルツ, ジェフリー　**Schwartz, Jeffrey H.**　実業家　グローバル・ロジスティック・プロパティーズ共同創業者　[国]米国　[没]2014年11月20日　55歳　[生]1959年　[学]エモリー大学卒　M.B.A.（ハーバード大学）　[歴]商業用不動産開発会社のクラウス・シュワルツを創業し、1994年物流施設業のプロロジス（現・グローバル・ロジスティック・プロパティーズ）に入社。96年副会長を経て、2002年社長に就任。同年日本市場への本格参入に伴い、プロロジスジャパン社長を兼務。のちプロロジスCEO（最高経営責任者）。08年退任。

ショー, バーノン　**Shaw, Vernon**　政治家　ドミニカ大統領　[国]ドミニカ　[没]2013年12月2日　83歳　[生]1930年5月13日　[名]本名＝Shaw, Vernon Lorden　[学]

オックスフォード大学トリニティカレッジ [歴]ドミニカ放送会社会長などを経て、1998年ドミニカ大統領に就任。2003年退任。

シン, カーパル **Singh, Karpal** 政治家 マレーシア民主行動党(DAP)党首 [国]マレーシア [没]2014年4月17日 73歳〔交通事故死〕 [生]1940年6月28日 [出]英領マラヤ・ペナン(マレーシア) [学]シンガポール大学卒 [歴]パンジャブ系インド人。人権派弁護士として活動後、1970年マレーシア民主行動党(DAP)に入党。78年下院議員に初当選。87年、2000年国内治安法(ISA)により逮捕される。1998年にはアンワル・イブラヒム元副首相の弁護人を務めた。2004年DAP党首に就任。09年に起きたペラ州議会の混乱の際、与党連合・国民戦線(BN)の肩をもったスルタン、アズラン・シャー殿下を批判。14年2月差し戻し高裁判決で扇動罪による有罪判決を受け、党首を退任した。同年4月自動車事故により亡くなった。 [資]弁護士

シンデン, ドナルド **Sinden, Donald** 俳優 [国]英国 [没]2014年9月11日 90歳 [生]1923年10月9日 [出]英国・プリマス [名]本名=シンデン, ドナルド・アルフレッド〈Sinden, Donald Alfred〉 [歴]1942年軍隊に喜劇を披露する巡回劇団で初舞台を踏む。戦後はストラトフォードのシェイクスピア記念劇場劇団やオールド・ビック劇場に参加。50〜60年「怒りの海」「ドクター・イン・ザ・ハウス」を含む23作品の映画に出演。67年よりロイヤル・シェイクスピア・カンパニー(RSC)準会員として喜劇や古典劇に卓越した演技をみせ、代表作に「ヘンリー6世」「リア王」「オセロ」などがある。Sirの称号を持つ。 [賞]CBE勲章

スカイフ, リチャード・メロン **Scaife, Richard Mellon** 実業家 出版人 [国]米国 [没]2014年7月4日 82歳 [生]1932年7月3日 [出]米国・ペンシルベニア州ピッツバーグ [歴]金融業で富を築いたメロン財閥の家系に生まれ、巨万の財産を相続。保守派として知られ、1964年の米国大統領選に共和党から出馬したゴールドウォーターやニクソン元大統領を支援したほか、保守系シンクタンク、ヘリテージ財団の活動などを支援。新聞経営も手がけた。一方、民主党のクリントン政権下で起こった土地開発・不正融資に絡むホワイトウォーター疑惑の調査に多額の資金を投じた。

スカルソープ, ピーター **Sculthorpe, Peter Joshua** 作曲家 [国]オーストラリア [没]2014年8月8日 85歳 [生]1929年4月29日 [出]オーストラリア・タスマニア州ローンセストン [学]メルボルン大学, オックスフォード大学ウォーダムカレッジ [歴]オーストラリア独自の音楽を目指した最初の世代の作曲家。前衛音楽の手法を取り入れながら、オーストラリアの自然や先住民族アボリジニー、日本、バリ島などの伝統音楽からインスピレーションを得た作品を発表し続けた。代表作に「ブンジルの孤独」(1954年)、「イルカンダI〜IV」(55〜61年)、「Sun Music I〜IV」(65〜67年)、「日本のための音楽」(70年)、「通過儀礼」(74年)、「キロス」(82年)、「オーストラリアの子供」(87年)、「カカドゥ」(88年)、「グレート・サンディ・アイランド」などがある。63〜91年シドニー大学音楽講師、のちクイーンズランド大学音楽部教授も務めた。98年来日。 [賞]OBE勲章

スギ, アルベルト **Sughi, Alberto** 画家 [国]イタリア [没]2012年3月31日 83歳 [生]1928年10月5日 [出]イタリア・チェゼーナ [歴]独学で絵画を学び、1950年代初めに創作活動を始める。現代イタリアの著名な画家の一人として活躍し、2005年ヴィットリオ・デ・シーカ賞をイタリア政府から授与された。一方、日本の洋画家・和田義彦と交流。06年和田が芸術選奨文部科学大臣賞(美術部門)を受けたが、主な受賞理由だった05年の展覧会に、スギの絵と酷似した作品が多数出展されていたことが発覚。スギは盗作であると訴え、文部科学省は和田の芸術選奨文部科学大臣賞を取り消した。 [賞]ヴィットリオ・デ・シーカ賞〔2005年〕

スコット, ラリー **Scott, Larry** ボディービルダー [国]米国 [没]2014年3月8日 75歳〔アルツハイマー病の関連症状〕 [生]1938年10月12日 [出]米国・アイダホ州ブラックフット [歴]16歳でトレーニングを始める。1960年代に世界のトップボディビルダーとして活躍し、ミスターカリフォルニア、ミスターパシフィックコースト、ミスターユニバースで優勝。65年ボディービルの世界最高峰の大会"ミスターオリンピア"第1回大会に優勝し、66年の第2回大会でも優勝を果たした。

ストレンジ, マーク **Strange, Marc** 作家 [専]ミステリー [国]カナダ [没]2012年5月19日 70歳 [生]1941年7月24日 [出]カナダ・オンタリオ州バンクリークヒル [歴]カナダで俳優、テレビ番組の共同制作者などとして活躍した後、2007年元ボクサーのホテル警備責任者ジョー・グランディを主人公としたスタイリッシュ・ハードボイルド「Sucker Punch」で作家デビュー。同作は08年のアーサー・エリス賞最優秀新人賞にノミネートされる。シリーズ第2作「ボディブロー」では、10年のMWA賞最優秀ペーパーバック賞を受賞した。 [賞]MWA賞最優秀ペーパーバック賞〔2010年〕「ボディブロー」

スノウ, クライド **Snow, Clyde** 法医学者 人類学者 [国]米国 [没]2014年5月16日 86歳〔肺がん〕 [生]1928年1月7日 [出]米国・テキサス州フォートワース [名]本名=Snow, Clyde Collins [学]イースタン・ニューメキシコ大学, ベイラー大学, テキサス工科大学, アリゾナ大学 Ph.D.(人類学)〔1967年〕 [歴]1960年米国連邦航空局(FAA)に入る。63年ジョン・F.ケネディ大統領暗殺の際には死因調査などに関わった。またナチス・ドイツのアウシュビッツ強制収容所の調査にも携わった。

スピア, モニカ **Spear, Mónica** 女優 [国]ベネズエラ [没]2014年1月6日 29歳〔射殺〕 [生]1984年10月1日 [学]セントラル・フロリダ大学(米国)卒 [歴]2004年のミス・ベネズエラで、テレビドラマの人気女優として中南米で活躍。14年1月元夫と5歳の娘とともに休暇で米国からベネズエラに一時帰国していた際、ベネズエラ中部の高速道路で何者かに射殺された。

スプラット, グレビル **Spratt, Greville Douglas** 実業家 シティー市長 [国]英国 [没]2012年12月13日 85歳 [生]1927年5月1日 [出]英国・エセックス州 [歴]1951年から10年間ロイズの保険引受人。その後

電気製品販売会社に転じて、76年に引退。以来ロンドン金融街、シティーの役職を歴任し、88年11月までシティー市長を務める。Sirの称号を持つ。

セムコフ, イェジー **Semkov, Jerzy** 指揮者　ロチェスター交響楽団芸術監督・首席指揮者　[国]ポーランド　[没]2014年12月23日　86歳　[生]1928年10月12日　[出]ポーランド・ラドムスコ　[学]クラクフ音楽大学, レニングラード音楽院　[歴]1948～51年クラクフ音楽大学でアルトゥール・マラフスキに、51～53年レニングラード音楽院でボリス・ハイキンに師事。54～56年レニングラード交響楽団でエフゲニー・ムラヴィンスキーの助手、56～58年モスクワのボリショイ劇場の指揮者、60～62年ワルシャワ国立歌劇場芸術監督兼首席指揮者、65～68年デンマーク王立歌劇場首席指揮者、69～73年ローマのイタリア・ラジオ・テレビ（RAI）管弦楽団首席指揮者を経て、75年よりセント・ルイス交響楽団音楽監督兼首席指揮者、86年よりニューヨークのロチェスター交響楽団芸術監督兼首席指揮者を務めた。他にヨーロッパの主要歌劇場、英米の管弦楽団にも度々客演した。主に後期ロマン派および現代デンマークの作品を得意とした。69年ロンドン・フィルとともに初来日。　[師]師＝マラフスキ, アルトゥール, ハイキン, ボリス

セルデス, マリアン **Seldes, Marian** 女優　[国]米国　[没]2014年10月6日　86歳　[生]1928年8月23日　[出]米国・ニューヨーク市マンハッタン　[名]本名＝Seldes, Marian Hall　[歴]1947年ブロードウェイに女優デビュー。トニー賞に5度ノミネートされ、67年の「ア・デリケート・バランス」で同賞を獲得、2010年には同賞生涯功労賞を受賞したブロードウェイの伝説的女優。1978～82年に上演された「デストラップ」では全1809公演に出演し、当時最も耐久性のある女優としてギネスに認定された。2008年出演のオペラ「連隊の娘」はMETライブビューイングで上映された。また、映画やテレビドラマにも多数出演し、主な映画出演作に「マッド・フィンガーズ」（1978年）、「ウィズ・ユー」（97年）、「デュエット」（2000年）、「モナリザ・スマイル」（03年）、「扉をたたく人」「奇跡のシンフォニー」（07年）などがある。　[賞]トニー賞助演女優賞（第21回）〔1967年〕「A Delicate Balance」, トニー賞生涯功労賞〔2010年〕

曹 永和 ソウ・エイワ　**Tsao Yung-ho**　歴史学者　台湾大学歴史学部兼任教授　[専]台湾史　[国]台湾　[没]2014年9月12日　93歳〔多臓器不全〕　[生]1920年10月　[出]台湾　[学]台北州立第二中（現・成功高）〔1939年〕卒　[歴]1947年台湾大学図書館に勤務。以来、定年までの38年間、図書館員としての仕事の傍ら、文献資料の整理・調査を行い、独自に日本人研究者の資料やオランダ統治時代の資料などを研究し続けた。習得した外国語は、オランダ語、英語、仏語、ドイツ語、スペイン語、ポルトガル語、ラテン語と多岐にわたる。台湾では“独学の模範”“生きる百科全書”と呼ばれた。2002年研究成果が認められ、オランダ政府から勲章を贈られた。12年秋には日台学術交流に貢献した功績が認められ旭日中綬章を受章。　[賞]オレンジ・ナッソー勲章（オランダ）〔2002年〕, 台湾大学名誉博士号〔2009年〕, 旭日中綬章（日本）〔2012年〕　[資]台湾中央研究院院士〔1998年〕

曹 順利 ソウ・ジュンリ　**Cao Shun-li**　人権活動家　[国]中国　[没]2014年3月14日　52歳〔病気〕　[生]1961年　[歴]中国で人権活動家として活動し、2013年国連人権理事会の中国に関する普遍的定期的審査（UPR）に中国政府が提出する報告書について市民の意見を反映するよう求め、複数の公開書簡を発表。また中国外務省前での座り込みや報告書起草作業の透明性と市民参加などを求めた。同年9月国連の人権研修プログラムに参加するため、北京首都空港からジュネーブ行きの飛行機に乗ろうとしたところ、警察に逮捕され、公の場から姿を消す。数週間たっても中国当局は曹の消息を明らかにしなかったが、10月非合法集会罪で起訴、のち容疑を挑発混乱引起罪に変更。11月刑務所の医師より肺炎などの病気を患っていると診断されるが、昏睡状態になった14年2月になってから北京市内の病院に移送され、3月死亡した。弁護士や活動家からは“迫害による死”として当局を非難する声が上がった。

ソコロフ, セルゲイ **Sokolov, Sergei** 政治家　軍人　ソ連国防相　[国]ロシア　[没]2012年8月31日　101歳　[生]1911年7月1日　[出]ソ連・ウクライナ共和国イェウパトーリヤ（ロシア）　[名]本名＝Sokolov, Sergei Leonidovich　[学]機甲・機械化軍士官学校〔1947年〕卒, 参謀本部大学〔1951年〕卒　[歴]1932年赤軍に入隊し、37年ソ連共産党に入党。第二次大戦後、司令部、参謀本部の要職を歴任し、軍管区参謀長。64年大将、65～67年レニングラード軍管区司令官、66年党中央委員候補、67年4月第1国防次官、68年党中央委員、陸軍元帥、78年2月ソ連邦元帥。ゴルバチョフ党書記長の下、84年11月～87年5月国防相を務めた。85年4月～87年6月党政治局員候補。89年4月党中央委員を解任された。7～11期招集ソ連最高会議代議員。

ダーウィンスキー, エドワード **Derwinski, Edward** 政治家　米国退役軍人長官　[国]米国　[没]2012年1月15日　85歳　[生]1926年9月15日　[出]米国・イリノイ州シカゴ　[名]本名＝Derwinski, Edward Joseph, 通称＝ダーウィンスキー, エド〈Derwinski, Ed〉　[学]ロヨラ大学卒　[歴]太平洋戦争に従軍。1959年イリノイ州選出の米国下院議員（共和党）に初当選。以来24年間議席を保ち、議員引退後、83年国務省顧問。87年3月国務次官（安全保障・援助・科学・技術担当）を経て、89年1月退役軍人省の初代長官に就任。92年9月ブッシュ大統領再選委員会入りのため長官を辞任した。

タウブ, ハーマン **Taube, Herman** 作家　詩人　[国]米国　[没]2014年3月25日　96歳　[生]1918年2月2日　[出]ポーランド・ウーチ　[歴]ナチス・ドイツの迫害を逃れてウズベキスタンに移り、ポーランド解放軍の軍医として、ユダヤ人生存者の帰国に尽力。1947年妻とともに米国に移住。詩集を含め20冊ほどの著書がある。

ダン, ペニー **Dann, Penny** 絵本作家　イラストレーター　[国]英国　[没]2014年12月20日　50歳〔がん〕　[生]1964年6月30日　[出]英国　[学]ブライトン大学（ビジュアルコミュニケーション）卒　[歴]ブライトン大学でビジュアルコミュニケーションの学位を取得。卒業後、絵本作家、イラストレーターとして数多くの児童書を手がける。1990年代から2000年代初めにかけて発表し

た「シークレット・フェアリー」シリーズ（絵と文担当）は世界で200万部を超えるベストセラーになった。絵を担当した絵本に「つくってあそぼうよ！」「やっとあえたね」「こちょこちょがいっぱい！」などがある。

タンジュン, フェイサル **Tanjung, Feisal** 政治家　軍人　インドネシア政治治安担当調整相　インドネシア国軍司令官　[国]インドネシア　[没]2013年2月18日　73歳　[生]1939年6月17日　[出]北スマトラ　[学]インドネシア陸軍士官学校〔1961年〕卒　[歴]カリマンタン、イリアン・ジャヤ、東ティモールで作戦指揮を執り、インドネシア陸軍第6管区（カリマンタン）司令官、陸軍参謀長を経て、1993年5月〜98年2月国軍司令官。98年3月〜99年スハルト政権最後の内閣及びハビビ政権で政治・治安担当調整相を務めた。99年6月検事総長代行を兼任。

チホノフ, ビクトル **Tikhonov, Viktor** アイスホッケー指導者　アイスホッケー・ソ連代表監督　[国]ロシア　[没]2014年11月23日　84歳　[生]1930年　[出]ソ連・ロシア共和国モスクワ（ロシア）　[名]本名＝Tikhonov, Viktor Vasilyevich　[歴]1970〜90年代にかけて、アイスホッケー男子のソ連、ソ連合同チーム（EUN）を率いた伝説的な名将。DFのスター選手を経て、64年指導者に転身。80年レークプラシッド五輪は惜しくも銀メダルに終わったが、学生主体の米国に当時無敗を誇ったソ連が3-4で敗れた波乱は“ミラクル・オン・アイス（氷上の奇跡）”と呼ばれた。84年サラエボ五輪、88年カルガリー五輪、92年アルベールビル五輪で3連覇を達成。88年国際アイスホッケー連盟（IIHF）のアイスホッケー殿堂入りを果たす。

チュラダー・パックディープミン
⇒シーファー を見よ

張 万欣 **チョウ・バンキン** **Zhang Wan-xin** 実業家　石油化学技術者　Creatグループ総経理（社長）　中国国務院経済技術社会発展研究センター副総幹事　[国]中国　[没]2014年6月11日　84歳　[生]1930年5月5日　[出]中国山東省掖県（原籍）　[学]清華大学化工系〔1952年〕卒　[歴]1952年中国共産党入党。56〜60年ソ連に留学。60年北京燕山石油化学総公司副総経理、副技師長。81年北京市計画委員会副主任。83年中国石油化工総公司副総経理。88〜93年国務院経済技術社会発展研究センター副総幹事。95年よりCreatグループ総経理（社長）。88年以降中国化工学会、中国石油化工学会副理事長歴任。91年より全国台湾研究会副会長。82〜92年党中央候補委員。

ディアス, シモン **Díaz, Simón** 歌手　作曲家　[国]ベネズエラ　[没]2014年2月19日　85歳　[生]1928年8月8日　[出]ベネズエラ・バルバコアス　[名]本名＝Márquez, Simón Díaz　[歴]ベネズエラのテレビ草創期から歌や演技、司会もできるお茶の間の人気者として活躍。子供向け番組に10年間に渡って出演し“シモンおじさん”として親しまれた。またベネズエラの文化に根ざした民謡も多数発表。1980年の代表曲「カバージョ・ビエホ（老馬）」はジプシー・キングスの楽曲に取り入れられ、「バンボレオ」（87年）としてヒット、プラシド・ドミンゴやフリオ・イグレシアスら多くの歌手に歌われた。ベネズエラ音楽界の巨匠として知られ、スペイン語圏の音楽家に大きな影響を与えた。2008年ラテン・グラミー賞功労賞を受賞。　[賞]ラテン・グラミー賞功労賞〔2008年〕

ティヒッチ, スレイマン **Tihić, Sulejman** 政治家　ボスニア・ヘルツェゴビナ幹部会員　[国]ボスニア・ヘルツェゴビナ　[没]2014年9月25日　62歳　[生]1951年11月26日　[出]ユーゴスラビア・ボスニア・ヘルツェゴビナ共和国ボサンスキシャマツ（ボスニア・ヘルツェゴビナ）　[学]サラエボ大学　[歴]検事、弁護士などを経て、1996〜99年ボスニア外相補佐官。2002年10月〜06年10月ボスニア・ヘルツェゴビナ幹部会員（イスラム教徒民族代表）。11年より下院議員を務めた。

デュボア, マリー **Dubois, Marie** 女優　[国]フランス　[没]2014年10月15日　77歳　[生]1937年1月12日　[出]フランス・パリ　[名]本名＝Huzé, Claudine　[学]パリ・コンセルヴァトワール　[歴]パリ・コンセルヴァトワールでアンリ・ロランに学び、コメディ・フランセーズの舞台に立つ。「サレムの魔女」などの舞台で注目された後、1959年「獅子座」で映画デビュー。60年フランソワ・トリュフォーの「ピアニストを撃て」で本格デビュー。以後、ヌーヴェル・ヴァーグの作品「女は女である」（61年）、「突然炎のごとく」（62年）、「輪舞」（64年）に次々と出演。一方、大衆的な大ヒット作「大進撃」（66年）や「ダンケルク」（65年）にも出演し幅広い人気を得た。他の主な出演作に「パリ大泥棒」（67年）、「友情」（74年）、「イノセント」（76年）、「アメリカの伯父さん」（80年）、「ギャルソン」（83年）など。しかしデビュー直後に発病した多発性硬化症で長く闘病生活を送っていた。

デュル, ハンス・ペーター **Dürr, Hans-Peter** 物理学者　マックス・プランク物理学研究所名誉教授　ミュンヘン大学名誉教授　[専]核物理学, 素粒子工学, 素粒子重力学, 認識論, 哲学　[国]ドイツ　[没]2014年5月18日　84歳　[生]1929年10月7日　[出]ドイツ・シュトゥットガルト　[名]本名＝Dürr, Hans-Peter Emil　[学]シュトゥットガルト大学〔1953年〕修士課程修了　物理学博士（カリフォルニア大学バークレー校）〔1956年〕　[歴]カリフォルニア大学バークレー校客員教授を経て、1969年ミュンヘン大学教授。72〜77年、81〜86年、93〜95年マックス・プランク物理学研究所（ミュンヘン）副所長、71〜72年、77〜80年、87〜92年同研究所所長を歴任し、97年より名誉教授。また、78〜80年マックス・プランク物理学・宇宙物理学研究所所長、69〜97年ルートヴィヒ・マクシミリアン大学（ミュンヘン）物理学教授も務めた。一方、80年パグウォッシュ会議のメンバーとなり、世界平和のために活動。86年には世界平和イニシアティブを提唱。邦訳書に「精神と自然―自然科学的認識と哲学的世界経験の間の対話」（共著）がある。　[賞]ドイツ連邦共和国功労勲章〔2004年〕, ライト・ライブリフット賞（ストックホルム）〔1987年〕, エコロジー賞（ドイツ）〔1990年〕

ドゥアンチャイ・ピチット **Douangchay Phichit** 政治家　軍人　ラオス副首相・国防相　[国]ラオス　[没]2014年5月17日　70歳〔飛行機墜落事故死〕　[生]1944年　[歴]2001年ラオス国防相となり、06年副首相

兼務。14年5月行事出席のため搭乗していた軍用機がラオス北東部のシエンクアン県で墜落し、死亡した。

ド・ヴィリエ, ジェラール　De Villiers, Gérard　スパイ小説家　[国]フランス　[没]2013年10月31日　83歳　[生]1929年12月8日　[出]フランス・パリ　[歴]大学で政治学を専攻し、卒業後の1956年、ルポ・ライターとしてジャーナリズムの世界に入る。週刊誌「フランス・ディマンシュ」の記者などを務め、取材のため世界各地を飛び回った。記者時代に得た諜報活動に関する知識や情報を生かし、65年「SAS/イスタンブール潜水艦消失(S.A.S.à Istanbul)」を皮切りに〈プリンス・マルコ〉シリーズを書き始める。以来、多くの資料・情報を収集、精力的な原地取材に基き、3ケ月に1冊という驚異的なペースで作品を発表し続けた。同シリーズは200点が刊行され、総売上げ部数1億6000万部を誇る世界的大ベストセラーとなっている。

トー・ホアイ　Tô Hoài　作家　[国]ベトナム　[没]2014年7月6日　94歳〔病気〕　[生]1920年　[出]ベトナム・ハドン省懐徳府(ハノイ)　[名]本名＝グエン・セン〈Nguyen Sen〉, 漢字名＝蘇壊, 別筆名＝Mai Trang　[歴]フランス領期のハドン省懐徳府の蘇瀝川に沿う機織職人の村で育つ。筆名のトー・ホアイ(蘇懐)はこの地名に由来する。早くから抗仏独立運動に加わり、教師や職人などをしながら文学を志す。1938年民主戦線運動に参加し機織職人愛友会の書記となる。41年童話「コオロギ少年大ぼうけん」で文壇に登場し、42年貧困のため故郷を捨て放浪する機織職人や農民の姿を描いた「他郷」で作家としての地位を確立。43年以後、ベトナム共産党の救国文化会で活動し、45年の8月革命を経て、46年共産党員となった。54年にはインドシナ戦争中の西北少数民族地区での抗戦体験に基いて書いた「西北地方物語」3部作でタイ族などの抵抗を描き、文芸大賞を受賞した。現代ベトナム文学を代表する作家で、ベトナム作家協会創立メンバー。またビエトバック救国新聞主席、ベトナム作家協会総書記、ハノイ文芸協会主席を歴任。他の作品に小説「昔の井戸のある村」(44年)、「十年」(58年)、「自伝」(78年)、「故郷」(81年)、短編集「貧しい人」(44年)、「城外の老人」(72年)などがある。　[賞]ベトナム文芸大賞〔1954年・1956年〕「西北地方物語」, ホーチミン賞〔1996年〕

ドマルジュリ, クリストフ　De Margerie, Christophe　実業家　トタルCEO　[国]フランス　[没]2014年10月20日　63歳〔航空機事故死〕　[生]1951年8月6日　[出]フランス　[名]本名＝De Margerie, Christophe Gabriel Jean Marie　[学]グランゼコール卒　[歴]1974年欧州4大資源メジャーの一角をしめるフランスの石油大手トタルに入社。2007年CEO(最高経営責任者)に就任。以後、中東で相次いで権益を獲得。ロシア事業でも成果を上げ、同社をフランス主要株価指数CAC40の筆頭企業に押し上げた。14年12月ロシア政府との会合に出席するため訪れていたモスクワ郊外のブヌコボ国際空港で、自身が乗ったプライベートジェットが離陸時に除雪機と衝突。搭乗員3人を含む4人が死亡した。白い口髭と突き出た腹がトレードマークだった。

ドメニク, ギュンター　Domenig, Günther　建築家　[国]オーストリア　[没]2012年6月15日　78歳　[生]1934年6月6日　[出]オーストリア・クラーゲンフルト　[学]グラーツ工科大学建築学科〔1959年〕卒　[歴]1960年よりウィーンやリンツ、ヴッパータールの建築事務所で働き、63年アイルフリート・フスと共同で事務所を開設。73年フスと別れ、グラーツとクラーゲンフルト、ウィーンで事務所を設立。代表作に「多目的センター」(73年)、「ウィーン中央銀行」(79年)、「ストーンハウス」(80年)など。　[賞]オーストリア国家賞〔2006年〕

ドレイゴ, カレリア　広島で被爆した白系ロシア人　[没]2014年12月30日　93歳〔心不全〕　[名]旧姓・名＝パルチコフ, カレリア　[歴]両親はロシア革命後に日本に亡命した白系ロシア人で、1926年父のセルゲイ・パルチコフが広島女学院の音楽教師となったことから広島で育つ。45年8月6日、現在の広島市東区牛田旭にあった自宅で両親、弟と一緒に被爆。同年11月米戦略爆撃調査団が行った被爆者面接調査で当時の様子を証言した。戦後は連合国軍総司令部(GHQ)に勤め、知り合った米国人男性と結婚して米国へ移住した。86年広島女学院の創立100周年式典に招かれて広島を再訪、69年に76歳で亡くなった父と、85年に87歳で亡くなった母アレキクサンドラ・パルチコフを市の原爆死没者名簿に登載した他、父が愛用したバイオリンを同校に寄贈した。白系ロシア人の被爆者は6家族13人が知られ、2009年の段階でうち5人が1945年秋までに亡くなっていることが判明しており、2014年に93歳で亡くなったカレリアさんが最後の生存者とされている。　[家]父＝パルチコフ, セルゲイ(音楽教師)

トンプソン, ジェイムズ　Thompson, James　作家　[専]ミステリー, スリラー　[国]米国　[没]2014年8月1日　49歳　[生]1964年　[出]米国　[学]ヘルシンキ大学大学院(英語文献学)修士課程修了　[歴]バーテンダー、クラブのガードマン、建設作業員、兵士など様々な職業を経験した後、作家に転向。フィンランド人の妻とともにヘルシンキに居住し、執筆活動を行う。2009年に発表した「極夜」ではMWA賞やアンソニー賞などの新人賞にノミネートされ、注目を浴びる。また、ヘルシンキ大学で学び、英語文献学の修士号を取得。英語はもちろん、フィンランド語も流暢に操った。14年49歳の若さでフィンランドで亡くなった。

ニシ, セツコ・マツナガ　Nishi, Setsuko Matsunaga　社会学者　社会運動家　ニューヨーク市立大学名誉教授　ニューヨーク・アジア系米国人連盟初代会長　[国]米国　[没]2012年11月18日　91歳　[生]1921年10月17日　[出]米国・カリフォルニア州ロサンゼルス　[学]博士号〔1963年〕　[歴]両親が熊本県出身の日系2世。第二次大戦中は強制収容所での生活を経験。1965〜99年ニューヨーク市立大学ブルックリン・カレッジ社会学部及び同大学院センターで教鞭を執り、99年名誉教授。日系人社会の社会学的研究に取り組んだ。また、長く日系人やアジア系住民の人権擁護や福祉向上などに携わり、90年ニューヨーク・アジア系米国人連盟を創設し、95年まで初代会長を務めた。74年〜2006年連邦公民権委員会ニューヨーク州諮問委員を務め、1990〜96年同会長。　[賞]旭日中綬章(日本)〔2009年〕

ネズ, チェスター　Nez, Chester　軍人　先住民族の言葉を基に暗号を開発した海兵隊兵士　[国]米国

㋐2014年6月4日　93歳　㋑1921年1月23日　㋩米国・ニューメキシコ州　㋭米国南部の先住民ナバホ族出身。10代で米国海兵隊に入隊。ナバホ族の言語は文字が存在せず、特殊な発音で習得が極めて困難とされることから、第二次大戦中の1942年、海兵隊は通信内容を日本軍に知られないようナバホ族の言葉を基に暗号を開発し、情報戦で日本軍を圧倒したとされる。暗号開発に携わったナバホ族29人のうちの一人で、激戦地のガダルカナル島のほか、グアム島など南太平洋の戦場で暗号での通信業務に従事した。暗号通信兵は"コードトーカー"と呼ばれ、2002年公開の映画「ウインドトーカーズ」のモデルにもなった。

ネルソン, エド　Nelson, Ed　俳優　㋩米国　㋐2014年8月9日　85歳　㋑1928年12月21日　㋩米国・ルイジアナ州ニューオーリンズ　㋭テレビのADなどを経て、俳優に。主な出演作に映画「テキサス保安官」（1963年）、「逃走」「エアポート'75」（74年）、「ポリスアカデミー3/全員再訓練！」（86年）、「WHO AM I？」（99年）、テレビドラマ「アンタッチャブル」（61～63年）、「ペイトン・プレイス物語」（64～69年）など。

パーキンス, エディ　Perkins, Eddie　プロボクサー　WBA・WBC世界ジュニアウエルター級チャンピオン　㋩米国　㋐2012年5月10日　75歳　㋑1937年3月3日　㋩米国・ミシシッピ州クラークデール　㋭アマチュアボクシングで26勝10敗の成績を残し、1956年プロに転向。ジョニー・クーロンの指導の下で技巧派スタイルに磨きをかけ、小柄で非力というハンディを背負いながら敵のパンチを殺す絶妙のディフェンス・ワークを武器とし、"リングの職人"と呼ばれた。62年WBA世界ジュニアウエルター級（現・スーパーライト級）王者ドゥイリオ・ロイ（イタリア）に判定勝ちし王座獲得。再戦で敗れ無冠になったが、翌63年ロベルト・クルス（フィリピン）を判定で下し、WBA王座返り咲きとWBC王座獲得に成功。初防衛戦で日本の高橋美徳を13回KOで破った。3度目の防衛戦でカルロス・エルナンデス（ベネズエラ）に敗れ王座陥落。38歳で引退するまでに試合で訪れた国の総数が20カ国を超え、世界5大陸を股にかけて戦う姿から、"リングの親善大使"の異名を取った。日本人ではライオン古山、辻本英士、辻本章次らと戦った。プロ通算戦績は74勝21KO20敗2分1NC。2008年国際ボクシング殿堂入りを果たした。

ハットン, ブライアン・G.　Hutton, Brian G.　映画監督　俳優　㋩米国　㋐2014年8月19日　79歳〔心臓発作〕　㋑1935年1月1日　㋩米国・ニューヨーク市ノース・ハーレム　㋓本名＝Hutton, Brian Geoffrey　㋭高校卒業後、様々な職を転々としたが、友人の誘いで演技を学び、その後、オフ・ブロードウェイの作品に出演。ハリウッドのプロデューサー、ハル・B.ウォリスに認められ、1957年「OK牧場の決闘」で映画デビュー。「栄光への旅路」「闇に響く声」「聖なる漁夫」「ローハイド」などの映画やテレビドラマに出演。65年監督に転向し、「荒鷲の要塞」（68年）、「戦略大作戦」（70年）、「ある愛のすべて」（72年）、「ハイ・ロード」（83年）などを手がけた。

ハーツフィールド, ヘンリー・W.（Jr.）　Hartsfield, Henry W.（Jr.）　宇宙飛行士　スペースシャトル・ディスカバリー号初代船長　㋩米国　㋐2014年7月17日　80歳〔病気〕　㋑1933年11月21日　㋩米国・アラバマ州バーミンガム　㋒オーバーン大学、デューク大学, テネシー大学　㋭米国空軍パイロットを経て、航空宇宙局（NASA）の宇宙飛行士となる。1984年8～9月スペースシャトル・ディスカバリー号初飛行時の船長、85年10～11月にはチャレンジャーの船長を務めた。宇宙滞在は通算約483時間に上った。

パネンベルク, ヴォルフハルト　Pannenberg, Wolfhart Ulrich　神学者　ミュンヘン大学名誉教授　㋒組織神学　㋩ドイツ　㋐2014年9月4日　85歳　㋑1928年10月2日　㋩ドイツ・シュテッティン（ポーランド）　㋒ハイデルベルク大学　神学博士（ハイデルベルク大学）〔1953年〕　㋭現代ドイツ神学界における代表的人物。ベルリン、ゲッティンゲン、バーゼル、ハイデルベルクの各大学で神学と哲学を修める。1955年以降教壇に立ち、ヴッパータール神学大学、マインツ大学の各教授を経て、67～94年ミュンヘン大学教授を務めた。著書に「形而上学と神の思想」「人間とは何か」「キリスト論要綱」「神の思想と人間の自由」「なぜ人間に倫理が必要か」など。

バブス, アリス　Babs, Alice　歌手　㋩スウェーデン　㋐2014年2月11日　90歳　㋑1924年1月26日　㋩スウェーデン・カルマール　㋓本名＝Nilsson, Hildur Alice　㋭父は著名なピアニスト兼作曲家。1956年ロイヤル・スウェーデン音楽院でラグナー・ハルセン教授のもとで学ぶ。63年パリでエリントン楽団とのレコーディングに参加。その後、スペンド・アスムッセンと楽旅、エリントン楽団と各種のジャズ祭に参加し、スウェーデンで各種の賞を受賞。スウェーデン屈指の人気歌手となり、テレビや映画にも出演した。代表作に「アリス・バブス・セレネイディング・デューク・エリントン」など。

ハーマン, エドワード　Herrmann, Edward　俳優　㋩米国　㋐2014年12月31日　71歳〔脳腫瘍〕　㋑1943年7月21日　㋩米国・ワシントンD.C.　㋒バックネル大学卒　㋭ロンドンのLAMDAで演技を学び、1970年オフ・ブロードウェイで初舞台。76年にトニー賞を受賞した「Mrs.Warren's Profession」など数多くの舞台に立つ。73年「ペーパー・チェイス」で映画デビュー。以降「我が生涯の大統領」（76年、テレビ映画）、「レッズ」（81年）、「アニー」（82年）、「ロストボーイ」（87年）、「潮風のいたずら」（88年）、「ブロンドと棺の謎」（2001年）、「卒業の朝」（02年）、「ディボース・ショウ」（03年）、「アビエイター」（04年）、「ウルフ・オブ・ウォールストリート」（13年）などに出演。テレビドラマでは「ギルモア・ガールズ」（00～07年）、「グッド・ワイフ」（09年～）などで知られ、1999年「ザ・プラクティス/ボストン弁護士ファイル」でエミー賞を受賞したほか、「我が生涯の大統領/ルーズベルト夫人風雪の60年」（76年）などで候補になった。㋱トニー賞助演男優賞（第30回）［1976年］「Mrs.Warren's Profession」、エミー賞〔1999年〕「ザ・プラクティス/ボストン弁護士ファイル」

ハリスン, A.S.A.　Harrison, A.S.A.　作家　㋒スリラー　㋩カナダ　㋐2013年4月　65歳　㋑1948年　㋭ノンフィクション3作を発表後、2013年6月初のフィ

クション「妻の沈黙」を刊行。しかしながら、同書刊行直前の4月、がんにより65歳で死去。第2長編の執筆中だった。生前はカナダ・トロントに夫のビジュアル・アーティスト、ジョン・マッシーと暮らしていた。 [家]夫＝マッシー, ジョン（ビジュアル・アーティスト）

ヒューズ, トーマス　Hughes, Thomas　技術史家　ペンシルベニア大学名誉教授　[国]米国　[没]2014年2月　90歳　[生]1923年　[出]米国・バージニア州リッチモンド　[名]本名＝Hughes, Thomas Parke　[学]バージニア大学工学部卒　Ph.D.（バージニア大学）〔1953年〕　[歴]第二次大戦中は海軍に所属。ワシントン大学、マサチューセッツ工科大学などで教鞭を執ったのち、1973年ペンシルベニア大学教授、94年名誉教授。技術史分野の専門化と技術史学会（SHOT）の設立（58年）に尽力。同学会最高の栄誉であるレオナルド・ダ・ヴィンチ・メダルを受賞した。著書に「電力の歴史」（83年）がある。　[賞]レオナルド・ダ・ヴィンチ・メダル　[賞]スウェーデン王立工学アカデミー会員

ビルク, アッカー　Bilk, Acker　ジャズ・クラリネット奏者　[国]英国　[没]2014年11月2日　85歳　[生]1929年1月28日　[出]英国・サマーセット州ペンスフォード　[名]本名＝Bilk, Bernard Stanley　[歴]子供の時にそり遊びで負傷して指の一部を失った。第二次大戦後の1948年、兵役でスエズ運河に派遣されていた際、クラリネットを借りて演奏を開始。指のハンディを練習によって克服し、柔らかな音色を出す演奏法で人々を魅了、50年代に英国ジャズ界でスターとなった。61年に録音した「白い渚のブルース」は全米、全英のヒットチャートで1位を記録するなど世界で大ヒットした。

ファヴィエ, ジャン　Favier, Jean　歴史家　図書館員　ソルボンヌ大学教授　フランス国立図書館館長　[専]中世経済史　[国]フランス　[没]2014年8月12日　82歳　[生]1932年4月2日　[出]フランス・パリ　[学]ソルボンヌ大学文学部〔1967年〕卒, 国立古文書学院卒　文学博士（中世フランス史）　[歴]1969〜97年ソルボンヌ大学教授。73〜97年雑誌「Revue Historique（歴史評論）」主幹。75〜94年フランス公文書館館長を経て、94〜96年フランス国立図書館館長を務める。著書に「森のなかのコンピエーニュ」「マルコ・ポーロからクリストーフォロ・コロンボまで」「フランス中世事典」「フランソワ・ヴィヨン」「大公国の時代」「シャルトゥルの世界」「中世フランス」「百年戦争」「文書館」（邦訳, 70年）「大発見―アレクサンドロスからマガリャンイスまで」「フィリップ美王」「14-15世紀―危機と創生」「金の香辛料」（邦訳, 97年）など多数。　[賞]レジオン・ド・ヌール勲章グラン・オフィシエ章　[賞]フランス学士院会員

ファビオラ王妃　ファビオラオウヒ　Fabiola　ベルギー王妃　[国]ベルギー　[没]2014年12月5日　86歳　[生]1928年6月11日　[出]スペイン・マドリード　[名]本名＝Fabiola Fernanda Maria-de-las-Victorias Antonia Adelaida, 旧姓・名＝Fabiola de Mora y Aragón　[歴]スペインの貴族の家に生まれる。看護師としてマドリードの病院に勤めたのち、1960年ベルギー国王のボードワン1世と結婚。敬虔なカトリック教徒として知られ、積極的に福祉活動を行った。93年ボードワン1世が死去。日本の皇室と親交があった。　[家]夫＝ボードワン1世（ベルギー国王）

フィッツジェラルド, エドモンド　Fitzgerald, Edmund Bacon　実業家　ノーザン・テレコム会長・CEO　ミルウォーキー・ブルワーズ会長　[国]米国　[没]2013年8月28日　87歳　[生]1926年2月5日　[出]米国・ウィスコンシン州ミルウォーキー　[学]ミシガン大学卒　[歴]大リーグのミルウォーキー・ブルワーズの共同創立者の一人として会長を務めた。1980〜82年ノーテル・ネットワークスの前身、ノーザン・テレコム社長、84〜89年CEO（最高経営責任者）、85〜90年会長を歴任。85年CEO在任中に外資メーカーとして初めて、NTTに局用交換機を納入するなど、積極的な海外展開で同社の飛躍の礎を築いた。90年からコンサルタント会社、ウッドモント・アソシエーツを経営。

フェッチャー, イーリング　Fetscher, Iring　政治学者　哲学者　フランクフルト大学教授　[専]マルクス主義研究　[国]ドイツ　[没]2014年7月19日　92歳　[生]1922年3月4日　[出]ドイツ・マールバッハ　[学]テュービンゲン大学卒　[歴]1960〜63年テュービンゲン大学講師、63〜88年フランクフルト大学教授、88年より名誉教授。ドイツを代表するマルクス主義研究者。著書に「階級的自覚の論理」（67年）、「ヘーゲル―その偉大さと限界」（71年）、「ルソーの政治哲学」「福祉国家から新しいライフ・クオリティへ」などがある。ほかに「だれが、いばら姫を起こしたのか―グリム童話をひっかきまわす」の作者としても知られる。

フェルナンドン　Fernandão　サッカー選手　[国]ブラジル　[没]2014年6月7日　36歳〔ヘリコプター墜落事故死〕　[生]1978年3月18日　[出]ブラジル・ゴイアス州ゴイアニア　[名]本名＝ルッシオ・ダ・コスタ, フェルナンド〈Lúcio da Costa, Fernando〉　[歴]地元の名門サッカークラブのゴイアスでデビュー。マルセイユ、トゥールーズなどフランスで3年間プレーし、2004年ブラジルのインテルナシオナルに移籍、主将を務めた。190センチの長身を武器に、空中戦に強いセンターフォワードとしてゴールを量産。06年リベルタドーレス杯で5ゴールを挙げて得点王となり、クラブの初優勝に貢献。トヨタ・クラブW杯でもヨーロッパ王者・バルセロナを決勝で破り、同タイトルを獲得した。ブラジル代表としては、05年に1試合だけ出場。足元の技術も高く、“1メートル90センチのジーコ”と呼ばれた。11年現役を引退。12年に4ケ月間だけインテルナシオナルで監督を務めた。14年6月ヘリコプターの墜落事故により36歳の若さで死亡した。

フックスベルガー, ヨアヒム　Fuchsberger, Joachim　俳優　[国]ドイツ　[没]2014年9月11日　87歳　[生]1927年3月11日　[出]ドイツ・シュトゥットガルト　[歴]鉱山技師、出版社員、アナウンサーなど様々な職業を経て、1954年「08/15」で映画俳優デビュー。軽快な二枚目として期待され、その後も多くの作品に出演。エドガー・ウォーレス原作の作品で探偵役を演じたほか、「08/15」（3部作, 54〜55年）、「銀盤のリズム」（56年）、「U-47出撃せよ」（58年）、「怪人フー・マンチュー」（64年）、「夕陽のモヒカン族」（65年）、「バイブル・コード」（2008年）やテレビドラマに出演。トーク番組の司

会やドイツ人初のユニセフ親善大使を務めるなど多彩な活動で知られた。

ブライアン, ドーラ **Bryan, Dora** 女優 [国]英国 [没]2014年7月23日 91歳 [生]1923年2月7日 [出]英国・ランカシャー州 [名]本名＝Broadbent, Dora May [歴]12歳で舞台デビューし、1947年～2006年の長きに亘って舞台・映画・テレビに女優として活躍。1996年には大英帝国勲章（OBE）を受章した。主な出演作に舞台「バースディ・パーティ」（95年, ローレンス・オリビエ賞受賞）、映画「黒い傷」（51年）、「封鎖作戦」（52年）、「生き残った二人」（55年）、「蜜の味」（61年, BAFTA賞受賞）、「アパートメント・ゼロ」（88年）、「ミラーマスク」（2005年）、テレビ「Absolutely」（1996年～2001年）、「Last of the Summer Wine」（00～05年）などがある。 [賞]OBE勲章〔1996年〕, BAFTA賞英国女優賞（第15回）〔1961年〕「蜜の味」, ローレンス・オリビエ賞助演女優賞（第19回）〔1995年〕「バースディ・パーティ」

プラダン, シャハナ **Pradhan, Sahana Devi** 政治家 弁護士 婦人問題活動家 ネパール外相・通産相 [国]ネパール [没]2014年9月22日 82歳 [生]1932年7月15日 [出]ビルマ（ミャンマー） [学]パトナ大学, デリー大学 [歴]第二次大戦後ネパールに帰国。1948年17歳のとき反政府運動に参加して逮捕され、3年後ネパール共産党に入党、そこで党の創立メンバーの一人だったプスパラル・プラダンと結ばれる。その後、インドで経済学の修士号を取得、56年に党活動を離れ、以後19年余、カトマンズの国立トリブバン大学の講師、女子学生寮寮監などを務めた。75年夫の病気により党活動に復帰、78年夫が死去してからは義兄であるアディアリ書記長に次ぐ党内No.2として中道派共産党を支えた。民主化運動の高まった90年2月新たに結成された統一左翼戦線（ULF）の議長に就任、同年4月通産相。2007～08年外相を務めた。 [家]夫＝プラダン, プスパラル

ブーランジェ, ダニエル **Boulanger, Daniel** 作家 [国]フランス [没]2014年10月27日 92歳 [生]1922年1月24日 [出]フランス・コンピエーニュ [歴]ブラジルでは羊飼、チャドでは役所勤務など、世界中を旅行して多くの職業に従事した。1958年長編小説「寒い街」を発表し、文筆生活に入る。さまざまな階層の人間の平凡な日常生活を描いて、個人のひそかな情動、宿命を切りとる作風から、短編で本領を発揮した。他の作品に「つぐみの婚礼」（64年）、「看板と堤灯」（71年）、「駅者よ、鞭を鳴らせ」（74年）、「バビロンの木」（78年）、詩集「貯金箱」（76年）など。また、ゴダール、トリュフォーらの映画の脚本でも知られる。 [賞]レジオン・ド・ヌール勲章オフィシエ章, メリット国家勲章, フランス芸術文化勲章コマンドール章, アカデミー・フランセーズ小説大賞短編賞〔1971年〕「看板と堤灯」, ゴンクール賞短編賞〔1974年〕「駅者よ、鞭を鳴らせ」

ブリスヴィル, ジャン・クロード **Brisville, Jean-Claude Gabriel** 劇作家 作家 評論家 [国]フランス [没]2014年8月11日 92歳 [生]1922年5月28日 [出]フランス・ボワ・コロンブ [歴]ジャーナリストを経て、20歳代の半ばから劇作の道に入る。「サン・ジュスト」（1957年）、「浮浪者」（70年）など数多くの作品が上演・テレビ放映され、好評を博した。小説家、評論家としても精力的に活躍し、小説「声と名の啓示」（82年）、評論「カミュ」（59年）などがある。フランス国営放送（O.L.T.F.）のドラマ制作部門を主宰、また「リーヴル・ド・ポシュ」叢書の編集にも携わった。サシャ・ギトリィが未完成のまま残した「ボーマルシェ」を映画監督E.モリナロと完成させる。F.ルキーニが主演したこの映画は96年に封切られ200万人を動員する大ヒットとなる。他の劇作品に「ノラ」（70年）、「リサイタル」（70年）、「ロッキングチェア」（82年）、「デカルトさんとパスカル君」（85年）、「青い館」（86年）、「危険な関係」（88年）など。 [師]友人＝カミュ, アルベール（小説家）, シャール, ルネ（詩人）

ブリュックナー, キース・アラン **Brueckner, Keith Allan** 物理学者 カリフォルニア大学サンディエゴ校物理学科主任 [国]米国 [没]2014年9月19日 90歳 [生]1924年3月19日 [出]米国・ミネソタ州ミネアポリス [学]ミネソタ大学（数学）卒, カリフォルニア大学バークレー校（物理学）卒 Ph.D. [歴]ミネソタ大学で数学を学び、1950年カリフォルニア大学物理学科で学位を取得する。インディアナ大学やペンシルベニア大学を経て、59年カリフォルニア大学サンディエゴ校物理学科主任となる。54年多体問題の近似法の一つであるブリュックナー理論を発展させた。

プリンツ, アルフレート **Prinz, Alfred** クラリネット奏者 ウィーン・フィルハーモニー管弦楽団クラリネット第1奏者 [国]オーストリア [没]2014年9月20日 84歳 [生]1930年6月4日 [出]オーストリア・ウィーン [学]ウィーン音楽アカデミー [歴]ウィーン音楽アカデミーでクラリネットをレオポルト・ウラッハに、ピアノをブルーノ・ザイテルホーファーに、指揮をハンス・スワロフスキーに学ぶ。1945年15歳の若さでウィーン国立歌劇場管弦楽団に入団。55年ウィーン・フィルのクラリネット第1奏者に就任。同管弦楽団のメンバーによる室内合奏団などソリストとしても活動。71年にはウィーン音楽アカデミー教授となる。また作曲家として、5曲の交響曲、チェロ協奏曲などがある。59年初来日。 [師]師＝ウラッハ, レオポルト, ザイテルホーファー, ブルーノ, スワロフスキー, ハンス

ベーカー, ジョン・オースティン **Baker, John Austin** 神学者 聖書学者 教父学者 コーパス・クリスティ・カレッジ名誉フェロー ソールズベリー司教 [国]英国 [没]2014年6月4日 86歳 [生]1928年1月11日 [出]英国・バーミンガム [学]オウリエル・カレッジ（オックスフォード）卒 [歴]1955年英国国教会司祭となる。57～59年ロンドン大学キングス・カレッジ新約ギリシャ語講師、59～73年オックスフォードのコーパス・クリスティ・カレッジ付司祭、フェロー・講師を歴任。77年より名誉フェロー。73年ウエストミンスター主教座聖堂参事会員となり、78～82年ウエストミンスターのセント・マーガレッツ学院長。82～93年ソールズベリー司教を務めた。W.アイヒロット、J.ダニエルーなどの代表的著作を英訳した人物として知られる。著書に「The Foolishness of God」（70年）、「Travels in

Oudamovia」(76年)、「The Whole Family of God」(81年)、「The Faith of a Christian」(96年) など。

ペゲラー, オットー **Pöggeler, Otto** 哲学者 ボーフム大学名誉教授 [専]ヘーゲル, ハイデッガー [国]ドイツ [没]2014年12月10日 85歳 [生]1928年12月12日 [出]ドイツ・アッテンドルフ [学]ボン大学(ドイツ文学・哲学) 哲学博士号(ボン大学)〔1955年〕 [歴]1955年ボン大学で哲学博士号、65年教授資格を取得。66～68年ハイデルベルク大学で教え、68～94年ボーフム大学教授、68～97年同大ヘーゲル研究所(ヘーゲル・アルヒーフ)所長を歴任。78～83年ドイツ現象学会会長も務めた。著書に「ハイデッガーの根本問題」(63年)など。

ヘスター, ジェームズ **Hester, James** 教育家 国連大学初代学長 ニューヨーク大学学長 [国]米国 [没]2014年12月31日 90歳 [生]1924年4月19日 [出]米国・ペンシルベニア州チェスター [名]本名＝ヘスター, ジェームズ・マクノートン〈Hester, James McNaughton〉 [学]プリンストン大学, オックスフォード大学ペンブルック・カレッジ 博士号〔1955年〕(オックスフォード大学) [歴]米国海軍の従軍牧師だった父の異動に伴い、幼少時は世界各地で過ごした。海兵隊の幹部候補生プログラムに入り、米軍占領下にあった福岡軍政部の民間情報教育担当将校として日本に赴任。除隊後、経営コンサルティング、消費者調査の分野で実務経験を積み、1957年ロングアイランド大学ブルックリンセンターの教務局長に就任。60年ニューヨーク大学人文学部長兼大学院人文社会研究科長を経て、62年38歳の若さでニューヨーク大学学長に就任。14年間の在任中、教育水準を上げる改革を進め、米国を代表する大学の一つにまで育て上げた。75～80年には東京・渋谷区の国連大学初代学長を務めた。米国大統領タスクフォース議長、ニューヨーク州大学協会執行委員会議長なども歴任。晩年は肖像画家として展覧会を開催した。 [賞]勲一等瑞宝章(日本)〔1981年〕, レジオン・ド・ヌール勲章シュバリエ章(フランス)

ペトラコフ, ニコライ **Petrakov, Nikolai** 経済学者 政治家 ロシア科学アカデミー市場問題研究所所長 ロシア議会代議員 [国]ロシア [没]2014年1月9日 76歳 [生]1937年3月1日 [出]ソ連・ロシア共和国モスクワ(ロシア) [名]本名＝Petrakov, Nikolai Yakovlevich [学]モスクワ大学経済学部〔1959年〕卒 経済学博士〔1971年〕 [歴]ソ連国家計画委員会(ゴスプラン)勤務を経て、1965年ソ連科学アカデミー附属中央数理経済研究所に入り、69～90年副所長。90年1月ゴルバチョフ大統領の懇請で共産党書記長補佐官(経済担当)、4月大統領特別補佐官。経済改革、特に市場理論に関する著書・論文を数多く発表し、市場経済化推進の「500日計画」起草に携わった。ソ連人民代議員、最高会議予算委副議長。91年1月大統領補佐官辞任、2月ソ連科学アカデミー(現・ロシア科学アカデミー)附属市場問題研究所長に就任。8月の政変後、新設の政治諮問評議会メンバー。 [賞]ロシア科学アカデミー会員〔1990年〕

ペーニャ, エリザベス **Peña, Elizabeth** 女優 [国]米国 [没]2014年10月14日 55歳〔肝硬変〕 [生]1959年9月23日 [出]米国・ニュージャージー州エリザベス [歴]両親はキューバ移民。子供時代キューバで過した。1969年家族とともにニューヨーク・マンハッタンに移住。10歳から舞台に立ち、ハイスクール・フォー・ザ・パフォーミング・アーツで学ぶ。79年マンハッタンのキューバ人社会を舞台にした「El Super」で映画デビュー。テレビの弁護士ドラマ「Shanon's Deal」(弁護士シャノン)(90～91年)での有能な秘書役で広く親しまれた。主な出演作に、映画「ラ★バンバ」「ニューヨーク東八番街の奇跡」(87年)、「ブルースチール」「ジェイコブス・ラダー」(90年)、「ウォーターダンス」(92年)、「真実の囁き(Lone Star)」(96年)、「ラッシュアワー」(98年)、「Mr.インクレディブル」(2004年, 声)、「トランスアメリカ」(05年)、テレビドラマ「ボストン・パブリック」(02～03年)など。 [賞]インディペンデント・スピリット大賞助演女優賞(第12回)〔1997年〕「真実の囁き」

ベラスケス, ラモン・ホセ **Velásquez, Ramón José** 政治家 ベネズエラ大統領 [国]ベネズエラ [没]2014年6月24日 97歳 [生]1916年11月28日 [出]ベネズエラ・タチラ州サンフアンデコロン [歴]法律家、ジャーナリスト、歴史家として活動後、政治家に転身し、ベネズエラ上院議員に当選。1993年5月ペレス大統領が公金不正流用疑惑で職務停止となり、レパヘ国会議長(上院議員)が大統領代行を務めた後、同年6月からペレス前大統領の残り任期の94年2月まで暫定大統領を務めた。

ヘルンドルフ, ヴォルフガング **Herrndorf, Wolfgang** 作家 [専]ヤングアダルト [国]ドイツ [没]2013年8月26日 48歳 [生]1965年6月12日 [出]西ドイツ・ハンブルク(ドイツ) [学]ニュルンベルク美術大学(絵画) [歴]ニュルンベルク美術大学で絵画を学び、イラストレーターとして風刺雑誌「Titanic」などに寄稿。2002年「In Plüschgewittern」で作家デビューし、10年に発表されたヤングアダルト小説「14歳、ぼくらの疾走」はドイツ児童文学賞、クレメンス・ブレンターノ賞、ハンス・ファラダ賞を受賞。11年の長編小説「砂」は、12年ライプツィヒ書籍賞を受賞。長い闘病の末、13年8月ベルリンで亡くなった。 [賞]ドイツ児童文学賞「14歳、ぼくらの疾走」, クレメンス・ブレンターノ賞「14歳、ぼくらの疾走」, ハンス・ファラダ賞「14歳、ぼくらの疾走」, ライプツィヒ書籍賞〔2012年〕「砂」

ヘンリー, ジェフリー **Henry, Geoffrey** 政治家 クック諸島首相 クック諸島党(CIP)党首 [国]クック諸島 [没]2012年5月9日 71歳 [生]1940年11月16日 [出]ニュージーランド領クック諸島・アイツタキ(クック諸島) [名]本名＝Henry, Geoffrey Arama [学]ビクトリア大学(ニュージーランド・ウェリントン) [歴]1965～67年教師を経て、政界に進出。クック諸島初代首相で従兄のアルバート・ヘンリーの後継として、79年クック諸島党(CIP)党首に就任。83年4月～11月首相。89年2月～99年7月にも首相を務めた。2002～05年副首相兼財務相。06年CIP党首を退任し、政界を引退。 [賞]KBE勲章〔1992年〕, シルバー・ジュビリー・メダル〔1977年〕, ニュージーランド記念メダル〔1990年〕

ヘンリー, ラリー **Henry, Larry** シンガー・ソングライター [国]米国 [没]2014年12月18日 77歳〔パー

キンソン病〕　[生]1937年6月30日　[出]米国・テキサス州　[歴]俳優を志すが、のちシンガー・ソングライターとなる。1964年「Bread and Butter」がベストテン入り。89年映画「フォエバー・フレンズ」で主演のベット・ミドラーが主題歌として唄った「愛は翼にのって」が大ヒット、グラミー賞2部門に輝く。他に、手がけた楽曲が映画「ナショナル・トレジャー/リンカーン暗殺者の日記」「告発のとき」（2007年）やテレビドラマのサントラに用いられた。

ポゴシャン, ステパン　**Pogosyan, Stepan K.**　政治家　アルメニア共和国党第1書記　ソ連共産党政治局員　[国]アルメニア　[没]2012年5月17日　80歳　[生]1932年　[出]ソ連・アルメニア共和国タリン地区（アルメニア）　[学]エレバン大学卒　[歴]アルメニア人。1956年ソ連共産党に入党。アルメニア共和国共産青年同盟第1書記などを経て、70年共和国国家ラジオ・テレビ・出版委員会議長。90年8月共和国党書記、エレバン市党第1書記、11月共和国党第1書記、12月ソ連党政治局員。91年退任。　[家]娘＝ポゴシャン, ハスミク（政治家）

ポスター, マーク　**Poster, Mark**　歴史学者　カリフォルニア大学アーバイン校歴史学教授　[専]思想史　[国]米国　[没]2012年10月11日　71歳　[生]1941年7月6日　[学]Ph.D.（ニューヨーク大学）〔1968年〕　[歴]1968年から40年間に渡ってカリフォルニア大学アーバイン校で教鞭を執った。インターネットなどの電子メディアが生み出した社会環境を、批判理論とポスト構造主義の成果から具体的に考察した著書「情報様式論」（90年）を刊行。他の著書に「フーコー, マルクス主義と歴史」（84年）、「家族の批判理論」「批判理論とポスト構造主義」などがある。96年来日。

ホルダー, ジョフリー　**Holder, Geoffrey**　ダンサー　振付師　演出家　デザイナー　俳優　[国]米国　[没]2014年10月5日　84歳〔肺炎による合併症〕　[生]1930年8月1日　[出]英領トリニダード島・ポート・オブ・スペイン（トリニダード・トバゴ）　[歴]伝統舞踊を西インド諸島で学び、画家で振付師の兄ボスコウ・ホルダー率いるカンパニーで初舞台。1940年代後半より引き継ぐ。53年ニューヨークに行き、様々なブロードウェイ・ショーや、メトロポリタン歌劇場、ジョン・バトラー舞踊団、自身のグループで踊った。71年エイリー舞踊団で「放蕩息子」の振り付け、作曲、美術を担当。75年ミュージカル「ウィズ」の演出と美術を担当し、トニー賞の演出家賞と衣裳デザイン賞を受賞、78年には映画化もされた。俳優として映画「007/死ぬのは奴らだ」「アニー」などにも出演した。他の振り付け作品に「ダグラ」（74年）、「バンダ」（82年）など。　[賞]トニー賞演出家賞・衣裳デザイン賞（ミュージカル部門, 第29回）〔1975年〕「The Wiz」

ホルト, ジェームズ　**Holt, James Clarke**　歴史学者　ケンブリッジ大学教授　[専]中世史　[国]英国　[没]2014年4月9日　91歳　[生]1922年4月26日　[出]英国・ウエストヨークシャー州ブラッドフォード　[学]オックスフォード大学クィーンズ・カレッジ（近代史）　博士号（オックスフォード大学）〔1952年〕　[歴]1942〜45年軍務に就く。49〜62年ノッティンガム大学講師、62〜66年同大学中世史教授、66〜67年レディング大学歴史学教授、78〜88年ケンブリッジ大学中世史教授、81〜88年ケンブリッジ大学フィッツウィリアム・カレッジ学長を経て、88年から同大学フェロー。80〜84年王立歴史学協会会長、87〜89年英国アカデミー副会長を歴任。著書に「The Northerners：a Study in the Reign of King John」（61年）、「マグナ・カルタ」（65年）、「ロビン・フッド」（82年）、「Magna Carta and Medieval Government」（85年）などがある。90年ナイトの爵に叙せられる。

マオアテ, テレパイ　**Maoate, Terepai**　政治家　クック諸島首相　[国]クック諸島　[没]2012年7月9日　77歳　[生]1934年9月1日　[出]ニュージーランド領クック諸島・ラロトンガ島（クック諸島）　[学]オークランド大学, アムステルダム大学　Ph.D.　[歴]1983年クック諸島国会議員（民主党）に当選。同年〜89年健康・農業相、85〜89年副首相を経て、99年〜2002年首相。03年、05年、06〜09年副首相。07年ナイトの爵位（Sir）を授与された。　[賞]KBE勲章

マクファーソン, イアン　**MacPherson, Ian**　歴史家　ビクトリア大学ブリティッシュ・コロンビア協同組合研究所所長　カナダ協同組合連合会（CCA）会長　[専]協同組合　[国]カナダ　[没]2013年11月16日　74歳　[生]1939年　[出]カナダ・オンタリオ州トロント　[歴]カナダのウィニペグ大学やビクトリア大学で教鞭を執る一方、1989〜93年カナダ協同組合連合会（CCA）初代会長を務めるなど、各種協同組合の理事を歴任、92〜95年国際協同組合同盟（ICA）から新協同組合原則の起案を委託される。99年ICAケベック大会、2000年ICAアジア太平洋協同組合フォーラムなど世界各地での国際協同組合運動のイベントで理論的指導者として報告を行った。また、1992〜99年ビクトリア大学人文学部長を務め、2000年1月より同大学内のブリティッシュ・コロンビア協同組合研究所を立ち上げ、所長に就任。日本協同組合連絡協議会や日本生協連などの招きで度々来日、日本協同組合学会で特別報告を行った。

マクラグレン, アンドルー・V.　**McLaglen, Andrew V.**　映画監督　[国]米国　[没]2014年8月30日　94歳　[生]1920年7月28日　[出]英国・ロンドン　[学]バージニア大学卒　[歴]父はジョン・フォード一家の俳優ビクター・マクラグレン。1924年一家でカリフォルニア州に移住。早くから映画づくりに興味を持ち、高校時代に16ミリを制作。バージニア大学ではボクシング部で活躍。40年からロッキード社製作部に勤務。44年助監督として撮影所に入り、56年「Gun the Man Down」で監督デビュー。代表作に「マクリントック」（63年）、「シェナンドー河」（65年）、「スタンピード」（65年）、「大西部への道」（66年）がある。劇場用長編を監督する一方、「ガンスモーク」「西部のパラディン」「ローハイド」「バージニアン」「ペリー・メースン」などのテレビ映画を約300本監督した。　[家]父＝マクラグレン, ビクター（俳優）

マコーイ, ジュディ　**McCoy, Judi**　作家　[専]ミステリー, ロマンス　[国]米国　[没]2012年2月18日　63歳　[生]1949年　[出]米国・イリノイ州ジョリエット　[名]本名＝McCoy, Judith Ann Karol　[歴]2001年デビュー作「I Dream of You」でウォルデンブックス新人賞を

受賞。ロマンティック・サスペンスを多数発表した後、〈ドッグウォーカー・ミステリ〉シリーズで人気を博した。熱心なランの栽培家でもあった。 [賞]ウォルデンブックス新人賞〔2001年〕「I Dream of You」

マズルイ, アリ　Mazrui, Ali A. 政治学者　ニューヨーク州立大学教授　[専]アフリカ・イスラーム研究, 新世界秩序の構築　[国]米国　[没]2014年10月13日　81歳　[生]1933年2月24日　[出]ケニア・モンバサ　[学]コロンビア大学, マンチェスター大学, オックスフォード大学　博士号（オックスフォード大学）　[歴]1963年ウガンダのマケレレ大学政治学講師、65～73年同教授。73年大統領アミン・ダダに追われて米国へ亡命。73～91年ミシガン大学政治学教授、86～92年コーネル大学教授、89年からニューヨーク州立大学人文科学教授を歴任。この間、「Transition」誌、「Mawazo」誌の編集に携わるとともに、数多くの英米大学の客員教授を務めた。70～73年国際政治学会（IPSA）副会長も務めた。主著に「Towards a Pax Africana」(67年)、「Violence and thought」(69年)、「Africa in world affairs」(73年)、「Africas international relations」(77年)、「The Power of Babel」(98年)など。

マルチューク, グーリー　Marchuk, Guri Ivanovich 数学者　政治家　ソ連科学アカデミー総裁　ソ連副首相　[専]コンピューター, 応用数学　[国]ロシア　[没]2013年3月24日　87歳　[生]1925年6月8日　[出]ソ連・ロシア共和国オレンブルグ州（ロシア）　[学]レニングラード大学大学院〔1953年〕修了　物理学博士〔1956年〕　[歴]1947年ソ連共産党入党。62～80年ノボシビルスク大学教授。68年ソ連科学アカデミー（現・ロシア科学アカデミー）会員となり、75～80年3月同アカデミー副総裁、同アカデミー・シベリア分院総裁、86～91年同アカデミー総裁。一方、80年1月副首相兼国家科学技術委議長。81年党中央委員。86年10月副首相退任。90年党中央委員復帰。　[賞]レーニン賞〔1961年〕　[賞]ソ連科学アカデミー会員〔1968年〕

マルロー, マドレーヌ　Malraux, Madeleine ピアニスト　[国]フランス　[没]2014年1月10日　99歳　[生]1914年4月7日　[出]フランス・トゥールーズ　[学]パリ音楽院ピアノ科卒　[歴]7歳からピアノを始め、14歳でパリ国立音楽院に入学、首席で卒業。母校トゥルーズ音楽院で教師、ピアニストとして活動。第二次大戦中、ロラン・マルローと結婚。夫はレジスタンスの闘士として活躍したが、ゲシュタポに処刑された。1948年義兄で作家のアンドレと再婚。48年、53年夫妻で来日。63年からピアノのリサイタルを欧米各地で開催。76年夫が死去し、78年のマルロー追悼展では東京でも演奏した。98年絵画展「アンドレ・マルローとフランス画壇の12人の巨匠たち」開催のため来日。2007年、08年、09年日本でチャリティー・コンサートを開く。バッハ、ショパン、サティ、ドビュッシーほかCDを多数リリースした。10年レジオン・ド・ヌール勲章オフィシエ章を受章。　[賞]レジオン・ド・ヌール勲章オフィシエ章〔2010年〕　[家]夫＝マルロー, アンドレ（作家）, 息子＝マルロー, アラン（劇作家・作家）

マンジャロッティ, アンジェロ　Mangiarotti, Angelo 建築家　[国]イタリア　[没]2012年6月30日　91歳　[生]1921年2月26日　[出]イタリア・ミラノ　[学]ミラノ工科大学建築学科〔1948年〕卒　[歴]1953～54年米国のシカゴ、イリノイ工科大学客員教授を務める。この間、フランク・ロイド・ライト、ウォルター・グロピウス、ミース・ファン・デル・ローエ、コンラド・ウォッシュマンと親交を結ぶ。55年帰国し、ミラノにブルーノ・モラスッティと共同で建築事務所を開設。以後、素材の特性を最大限に生かしたデザインで、半世紀以上に渡って建築や彫刻、工業デザインなどの幅広いプロジェクトに関わった。主な作品に、「バランツァーテ聖堂」（ミラノ, 56年）、「クラドロンノ通りの集合住宅」（ミラノ, 58年）、「海洋博覧会パビリオン」（ジェノバ, 63年）、「工業パビリオン」（モンツァ, 64年）、「ズナイデロ社事務所・ショールーム」（マイアーノ・デル・フリウーリ, 78年）などがある。また「インカス・シリーズ」（78年）などの家具・照明器具、陶器・ガラス器のデザインにおいても独自の作風を確立した。教育活動にも携わり、63～64年ベネチア建築大学、70年ハワイ大学、74年ローザンヌ工科大学、76年アデレード大学の客員教授などを経て、82年パレルモ大学建築学部教授、97年ミラノ工科大学建築学部教授。　[賞]ドムス・フォルミカ賞〔1956年〕, ロンバルディアIn/Arch建築賞〔1962年〕, ラ・スペツィアN.G1等賞〔1963年〕, AIP賞（イタリア・プレファブ工業会）〔1972年〕, メタリック構造ヨーロッパ賞〔1979年〕, ソフィア国際ビエンナーレ名誉賞（第3回）〔1986年〕, タルガ・アルガン賞1等〔1989年〕, In/Arch選外特別賞〔1989年〕, デザイン・プラス賞〔1991年〕「エルゴノミカ」, マーブル建築賞〔1994年〕, ADIゴールデン・コンパス賞〔1994年〕, ミュンヘン工科大学名誉工学博士号〔1998年〕, トッレ・カラーラ・アカデミー金賞（建築部門）〔1998年〕, ミラノ工科大学建築学部名誉学位〔2002年〕, Apostolo del Design金賞〔2006年〕, マーブル建築賞選外特別賞〔2007年〕

ミード, ブラドカ　Meed, Vladka ホロコースト教育活動家　ユダヤ人救援活動家　[国]米国　[没]2012年11月21日　90歳　[生]1921年12月29日　[出]ポーランド・ワルシャワ　[名]本名＝ペルテル・ミェジジェツキ, ファイゲル〈Peltel-Miedzyrzecki, Feigele〉　[歴]ナチス・ドイツのポーランド占領直後からユダヤ人地下組織のメンバーとして抵抗運動に参加。ユダヤ避難民の救援活動を行い、さらにゲットー蜂起時は、身を挺して武器の調達や搬入にあたった。戦後、米国に移住し、ホロコースト（ユダヤ人大量虐殺）で失われたユダヤ文化の復興に奔走。特に教育に力を注ぎ、講演活動、ラジオ番組・映画製作などに取り組んだ。製作した映画「ワルシャワゲットー・ホロコーストと抵抗」はホロコースト教育の重要教材として使われ、自らの提唱で生まれたホロコーストとユダヤ人の抵抗に関する米国教師ゼミナールは、1985年以来米国の公立高校で毎年実施されている。多年におよぶ活動により、数々の賞を受賞。夫ベンジャミンもワルシャワ・ゲットー抵抗組織、ユダヤ・ホロコースト生存者会議の各会長として活躍した。著書に「壁の両側―ホロコースト！ その恐怖と苦闘のはざまで」など。　[賞]ワルシャワ・ゲットー抵抗組織の賞〔1973年〕, ユダヤ労働会議教育賞〔1988年〕, ADL（反誹謗同盟）女性部門賞〔1989年〕, モリ

ム賞（ユダヤ教育者会議）〔1989年〕，エリー・ヴィーゼル記念賞〔1995年〕　[家]夫＝ミード，ベンジャミン（社会活動家）

メスネル，ズビグニェフ　**Messner, Zbiqniew**　政治家　経済学者　ポーランド首相　[国]ポーランド　[没]2014年1月10日　84歳　[生]1929年3月13日　[学]カトビツェ経済高等専門学校卒　[歴]カトビツェ経済大学教授を経て、1975〜82年同大学学長。53年ポーランド統一労働者党入党。73〜80年カトビツェ州国民評議会議員、80年同議長、81年党中央委員、政治局員、82〜83年カトビツェ州党第1書記を経て、83年副首相、85〜88年首相。

メヘラーン，マーシャ　**Mehran, Marsha**　作家　[専]文学，フィクション　[国]イラン　[没]2014年4月30日　36歳　[生]1977年11月11日　[出]イラン・テヘラン　[歴]1980年代家族とともに動乱から逃れてアルゼンチンへ渡り、同地のスコットランド系の学校で教育を受ける。米国、オーストラリア、アイルランドで暮らし、ニューヨークへ移る。2005年テヘランから逃れてアイルランドの田舎町で料理店を営む3姉妹を描いた「柘榴のスープ」で作家デビュー。他の著書に「Rosewater and Soda Bread」（08年）、「The Saturday Night School of Beauty」（13年）などがある。

モーブリー，メアリー・アン　**Mobley, Mary Ann**　女優　[国]米国　[没]2014年12月9日　77歳〔乳がん〕　[生]1937年2月17日　[出]米国・ミシシッピ州ビロキシ　[学]ミシシッピ大学ジュニアコース　[歴]1950年ミス・ミシシッピからミス米国に選出、1年間、国内を回る。ニューヨークの演劇学校で学び、テレビや舞台を経て、64年「フロリダ万歳」で映画デビューし、ゴールデン・グローブ賞新人賞を受賞。以後、「クレイジー・ジャンボリー」（64年）、「ギャング王デリンジャー」「ハレム万歳」（65年）、「底抜け替え玉戦術」（66年）などに出演、健康的な米国娘のイメージで活躍した。テレビドラマ「弁護士ペリー・メイスン」（64〜66年）シリーズにも出演した。　[賞]ゴールデン・グローブ賞新人賞（第22回，1964年度）「フロリダ万歳」

梁 民基　**ヤン・ミンギ**　韓国民衆文化研究家　ウリ文化研究所代表　[没]2013年7月29日　78歳〔敗血症性ショック〕　[生]1935年　[出]愛知県名古屋市　[歴]「民濤」編集委員を経て、1989年ウリ文化研究所代表。日本にマダン劇を紹介し、生野民族文化祭や東九条マダンの基礎を築いた。編訳に「緑豆の花―韓国マダン劇集」、共編訳に「仮面劇とマダン劇」、共訳に「韓国人と諧謔」などがある。

ユン・ダルセ　**尹 達世**　朝鮮通信使研究家　兵庫津・朝鮮通信使を知る会代表幹事　[国]韓国　[没]2014年9月19日　69歳〔肺がん〕　[生]1945年9月　[出]愛媛県喜多郡内子町　[学]同志社大学文学部社会学科〔1968年〕卒　[歴]在日韓国人2世。1947年から神戸市に居住。兵庫県韓国青年会初代会長、統一日報社神戸支局長などを経て、94年在日韓国商工会議所常任副会長。在日本大韓民国民団兵庫県地方本部事務局長も務めた。一方、在野で歴史を研究し、2001年兵庫津・朝鮮通信使を知る会を設立。著書に「四百年の長い道―朝鮮出兵の痕跡を訪ねて」「四百年の長い道 続編―朝鮮侵略の痕跡を訪ねて」がある。　[賞]日本自費出版文化賞地域文化部門賞（第8回，平成17年度）「四百年の長い道―朝鮮出兵の痕跡を訪ねて」

楊 桓　**ヨウ・カン**　**Yang Huan**　軍人　中国人民解放軍第二炮兵部隊副司令官・中将　[国]中国　[没]2014年3月10日　86歳〔病気〕　[生]1927年　[出]中国寧夏回族自治区賀蘭　[学]北洋大学中退，ハルビン軍事工程学院〔1957年〕卒　[歴]1949年中国共産党入党、人民解放軍に参加。国防科学技術工業委員会基地副参謀長、副司令官、戦略ミサイル部隊第二炮兵部隊技術装備部部長などを経て、85年同部隊副司令官に就任。中国初の人工衛星打ち上げなどを指揮した。88年少将、90年中将。

ライター，ソール　**Leiter, Saul**　写真家　[国]米国　[没]2013年11月26日　89歳　[生]1923年12月3日　[出]米国・ペンシルベニア州ピッツバーグ　[歴]10代の頃に母親に買ってもらったカメラで写真を撮り始める。神学校を中退し、画家になるためニューヨークに移住。1950年代より「エスクァイア」「ハーパーズ・バザー」「エル」「ヴォーグ」などのファッション誌でカメラマンとして活躍。80年代に入ると商業写真から退き、世間から姿を消した。2006年ドイツのシュタイデル社によって出版された初の写真集「アーリー・カラー」がきっかけで再び脚光を浴び、その後、展覧会開催や出版が相次いだ。12年ドキュメンタリー映画「写真家ソール・ライター 急がない人生で見つけた13のこと」（トーマス・リーチ監督）が公開された。

ラウジ，アハメド　**Lawzi, Ahmed**　政治家　ヨルダン首相　[国]ヨルダン　[没]2014年11月18日　89歳　[生]1925年　[出]ヨルダン・アンマン近郊　[名]本名＝Lawzi, Ahmed Abdel Kareem al－　[学]バクダッド教師養成カレッジ　[歴]教師などを経て、1957年ヨルダン外務省に入省。61年国会議員、64〜65年国務相。65年上院議員となり、67年内相、70〜71年財務相を経て、71〜73年首相を務めた。

ラウリー，ジャネット　**Rowly, Janet Davison**　医師　医学者　シカゴ大学人類遺伝学部ブラム・リース特別教授　[専]遺伝学，がん研究　[国]米国　[没]2013年12月17日　88歳　[生]1925年4月5日　[出]米国・ニューヨーク市　[名]旧姓・名＝Davison, Janet Ballantyne　[学]シカゴ大学〔1946年〕卒，シカゴ大学大学院　医学博士（シカゴ大学）〔1948年〕　[歴]1969年シカゴ大学医学部血液学・腫瘍学科研究員となり、同大准教授を経て、77年医学部教授、84年より医学部ブラム・リース特別教授、97年より人類遺伝学部ブラム・リース特別教授。この間、73年に新しく開発された染色体分析法により、さまざまな白血病患者の染色体を解析した結果、慢性骨髄性白血病（CML）患者ほぼ全例の白血球で9番染色体と22番染色体が組換えを起こしていることを発見。この発見により、疾患特異的な融合型がん特異分子を同定する道を開拓した。　[賞]ラスカー賞〔1998年〕，ベンジャミン・フランクリン・メダル〔2003年〕，米国大統領自由メダル〔2009年〕，がん研究生涯功績賞（AACR）〔2010年〕，日本国際賞（健康・医療技術分野，第28回）〔2012年〕「がん特異的分子を

標的とした新しい治療薬の開発」 [賞]米国科学アカデミー会員〔1984年〕

ラーザール, ジェルジ　Lázár, György　政治家　ハンガリー首相　[国]ハンガリー　[没]2014年10月2日　90歳　[生]1924年9月15日　[歴]製図工を経て、1945年ハンガリー共産党(のちの社会主義労働者党)に入党。53年国家計画委局長、58年同委副議長。70年労相、党中央委員、73年副首相兼国家計画委議長、75年3月党政治局員、87年党副書記長。75年5月～87年6月首相を務めた。88年政界を引退。

ラブ, ジョン　Love, John E.　バターン死の行進の生存者　[国]米国　[没]2014年3月17日　91歳　[歴]第二次大戦中の1942年4月、フィリピン・ルソン島で旧日本軍が捕虜の米兵を約100キロ離れた収容所に連行する際、飢えなどで多くの死者を出したとされる“バターン死の行進”を捕虜として経験。戦後、通信社が“死の行進”の証拠写真として配信した写真が、行進後に撮影されたものと指摘した。2009年地元紙の取材に対し、行進の犠牲者の遺体1000体以上を墓地に運んだと証言した。

ラプランシュ, ジャン　Laplanche, Jean　哲学者　精神分析医　ソルボンヌ大学教授　[専]精神分析学　[国]フランス　[没]2012年5月6日　87歳　[生]1924年6月21日　[出]フランス・パリ　[学]文学博士, 人文科学博士　[歴]ソルボンヌ大学で教鞭を執り、医師として精神分析の実践にもあたった。1967～71年フランス精神分析学会会長。著書に「ヘルダーリンと父の問題」(61年)、「精神分析における生と死」(67年)、「精神分析の新しい基礎」(87年)、共著に「精神分析用語辞典」(67年)、「幻想の起源」(85年)などがある。

ラムゼイ, ジャック　Ramsay, Jack　バスケットボール指導者　[国]米国　[没]2014年4月27日　89歳〔がん〕　[生]1925年2月21日　[出]米国・ペンシルベニア州フィラデルフィア　[名]本名＝Ramsay, John Travilla　[学]セント・ジョセフ大学　[歴]大学卒業後、米国海軍に所属し第二次大戦に従事。除隊後、高校のヘッドコーチ(HC)を経て、1955年母校セント・ジョセフ大のHCに就任。61年にはチームをNCAAトーナメントファイナル4に導く。66年プロバスケットボールNBAの76ersゼネラルマネジャー(GM)に就任し、1年目からチャンピオンシップを勝ち取る。68年76ersのHCに就任。72年ブレーブスHCを経て、76年トレイルブレイザーズHC。76～77年シーズンはビル・ウォルトンやライオネル・ホリンズ、モーリス・ルーカスらスター選手を擁して一大旋風を巻き起こし、NBAチャンピオンに輝いた。トレイルブレイザーズで10シーズン過ごした後、86年よりペイサーズHCを2年務め、88年引退。NBAでの通算成績は864勝783敗。92年バスケットボール殿堂入りを果たし、96年にはNBA50周年記念セレモニーの一環として発表された“10人の偉大なヘッドコーチ”に選ばれた。その後、テレビやラジオで20年以上に渡って解説を務め、最もポピュラーな解説者の1人として活躍した。著書に「プレッシャー・バスケットボール」がある。

李 伍峰　リ・ゴホウ　Li Wu-feng　中国国務院新聞弁公室副主任　[国]中国　[没]2014年3月24日　57歳〔飛び降り自殺〕　[歴]長年に渡って中国共産党中央・政府の宣伝部門に勤務。2007～08年には長江の三峡ダムを管轄する国有企業幹部を務めた。国務院新聞弁公室副主任(次官級)を務めていた14年3月、北京市内の勤務先ビルから飛び降り自殺した。私生活での悩みがあったとされるが、不正疑惑があったとの説もある。

力 群　リキ・グン　Li Qun　版画家　[専]木版画　[国]中国　[没]2012年2月10日　99歳　[生]1912年12月25日　[出]中国山西省霊石県　[名]本名＝郝麗春　[学]国立杭州芸術専門学校　[歴]1931年国立杭州芸術専門学校に入学。35年在学中に曹白らと木刻運動の先駆となった木鈴木刻研究会を組織して弾圧を受け、上海で木刻運動を継続。37年7.7事変後、抗日宣伝部隊、武漢政治部工作などに参加。40年延安の魯迅芸術学院教員。解放後、中国美術協会書記となる。また、月刊誌「美術」副編集長、「版画」編集長を務めた。さらに、中国文化連盟全国委員、中国美術家協会常務理事、中国版画家協会副主席などを歴任。作品は北方風技法の要素を持ち、素朴な情感を柔軟な刻線によって表現する特徴を持つ。魯迅の肖像画(36年)で知られた。著書に「中国木刻選集」「力群木刻集」(以上38年)、「力群美術論文選集」(58年)、編書に「斉白石研究」(59年)、「十年来版画選集」(49～59年)がある。ほかに「木刻講座」「訪問蘇聯画家」「蘇聯名画欣賞」など。

リクマンス, ピエール
⇒レイス, シモン を見よ

リビア, ポール　Revere, Paul　オルガン奏者　[国]米国　[没]2014年10月4日　76歳〔がん〕　[生]1938年1月7日　[出]米国・ネブラスカ州ハーバード　[名]本名＝Dick, Paul Revere, グループ名＝ポール・リビア・アンド・ザ・レイダーズ〈Paul Revere & The Raiders〉　[歴]10代でピアノを学ぶ。1958年アイダホ州でポール・リビア・アンド・ザ・レイダーズを結成、リーダー兼オルガン奏者を務めた。63年リチャード・ベリーの「ルイ・ルイ」のカバー・シングルでデビュー。以後、60年代を通して「キックス」「ハングリー」「グッド・シング」「ヒム・オア・ミー」と4枚のシングルがトップ10入りを果たす。71年バンド名をレイダーズに変更してからは「嘆きのインディアン」でグループ初の全米1位を獲得。自身の名前が米国独立戦争で活躍した実在の人物ポール・リビアと同じだったため、18世紀の軍服風の服やロングコートをトレードマークとした。

リフシツ, アレクサンドル　Livshits, Aleksandr Yakovlevich　政治家　経済学者　ロシア副首相　[国]ロシア　[没]2013年4月25日　66歳　[生]1946年9月6日　[出]ドイツ・ベルリン　[学]モスクワ国民経済大学卒　経済学博士　[歴]モスクワ国民経済大学教授、学部長を歴任。1992年ロシア大統領府分析局副局長、94年11月大統領補佐官(経済担当)、96年8月副首相兼蔵相、97年3月大統領府副長官。98年8月金融危機の責任を取り辞任。99年6月無任所相に任命されるとともに主要8ケ国(G8)問題に関する大統領特使に指名された。2000年5月無任所相を退任。01～07年ロシアの世界的なアルミニウム製造メーカー・ルサール副会長。

梁 伯琪　リョウ・ハクキ　Liang Bo-qi　趙紫陽中国共産党総書記の妻　[国]中国　[没]2013年12月25日　95

歳　[生]1918年　[出]中国河南省　[歴]1930年代に中国共産党に入党。44年のちに共産党総書記となる趙紫陽と結婚。民主化要求デモが中国当局により弾圧された89年の天安門事件の際、夫が失脚。その後、自身も当局の管理下に置かれ、自由な行動が制限された。　[家]夫＝趙紫陽（中国共産党総書記）

リンゼイ, レイチェル
⇒レイ, ロバータ を見よ

ルノー, セルジュ　**Renaud, Serge**　科学者　フランス国立健康医学研究所所長　[専]健康医学　[国]フランス　[没]2012年10月28日　84歳　[生]1927年11月21日　[出]フランス・ジロンド県カルトゥレーグ　[学]ボルドー大学　[歴]ボルドー近くのブドウ畑のある家に祖父母、曽祖父母と暮らす。カナダのモントリオールで心血管疾患に関する研究で博士号を取得後、米国ボストンで学ぶ。1973年フランスに帰国し、国立健康医学研究所で食習慣と疾患の研究に従事。“フランス人は他のヨーロッパ諸国の人々よりも乳脂肪や動物性脂肪の摂取量が多いにもかかわらず、動脈硬化の患者が少なく、心臓病の死亡率も低い”といういわゆる“フレンチ・パラドックス”に着目。その理由は、ポリフェノールを多く含む赤ワインの消費量が多いため、ポリフェノールが動脈硬化を防ぎ、心臓病予防に効果があると提唱。91年米国のテレビ番組「60ミニッツ」でこの説が紹介されると、世界的な赤ワインブームが巻き起こった。98年講演で来日。　[賞]レジオン・ド・ヌール勲章〔2005年〕

レイ, ロバータ　**Leigh, Roberta**　ロマンス作家　[国]英国　[没]2014年12月19日　87歳　[生]1926年12月22日　[出]英国・ロンドン　[名]本名＝Shulman, Rita, 筆名＝リンゼイ, レイチェル〈Lindsay, Rachel〉　[歴]ロシア移民のユダヤ人家庭に生まれる。14歳で小説の執筆を開始。22歳で結婚し、2人の子供を育てる傍ら、1950年代から90年代にかけて、ロバータ・レイやレイチェル・リンゼイをはじめ多くの筆名を使い分けてロマンス小説を発表。一方、子供向けの物語やテレビシリーズを手がけて脚光を浴びた。画家としても活躍。著書に「恋は料理から」「優しいライオン」「かりそめの妻」「恋するバレリーナ」「ぶどうが実るとき」などがある。

レイエ, ジャン・マリー　**Leye, Jean-Marie**　政治家　バヌアツ大統領　[国]バヌアツ　[没]2014年12月9日　81歳　[生]1933年5月5日　[名]本名＝Leye Lenelgau Manatawai, Jean-Marie　[歴]1983〜87年バヌアツ国会議員。94年3月大統領に就任。99年3月退任。

レイス, シモン　**Leys, Simon**　中国古典学者　作家　シドニー大学教授　[専]古代中国文学・美術　[国]オーストラリア　[没]2014年8月11日　78歳　[生]1935年9月28日　[出]ベルギー・ブリュッセル　[名]本名＝リクマンス, ピエール〈Ryckmans, Pierre〉　[学]ルーベン大学卒 Ph.D.　[歴]1970〜86年オーストラリア国立大学講師、87〜93年シドニー大学教授を務めた。古代中国の文学と美術専門の学者として知られる。本名ピエール・リクマンス名義での「論語」のフランス語訳は名高い。シモン・レイス名義では、中国の文化大革命を批判した著作など政治的エッセイを発表。ほかにジョージ・オーウェル論等もある。小説に「ナポレオンの死」（86年, 共訳91年）がある。　[賞]The Independent Foreign Fiction Award〔1992年〕, Christina Stead Prize for Fiction〔1992年〕

レイン, キャトリー　作家　[国]米国　[没]2013年12月　66歳〔飛び降り自殺〕　[学]カリフォルニア大学卒　博士号（オレゴン大学）　[歴]40年余りの作家生活の中で、愛や死、宗教などをテーマに小説5冊、哲学書3冊を執筆。しかし、出版社の反応は冷たく、刊行本1冊以外、残りは全てウェブサイトでの自己出版だった。遺作は「作家としてのわが人生」。英語教師として来日し、日本人女性との結婚・離婚も経験。その後も一人で何度か日本を旅したという親日家だった。2013年12月福岡市のホテル屋上から飛び降り自殺し、遺体は遺言通り福岡市当局によって火葬された。

レット, アリシア　**Rhett, Alicia**　女優　[国]米国　[没]2014年1月3日　98歳〔老衰〕　[生]1915年2月1日　[出]米国・ジョージア州サバンナ　[歴]地元チャールストンの劇団で舞台女優として活動していた時、超大作映画「風と共に去りぬ」（1939年）にキャスティングされる。劇中では、ビビアン・リー演じる主人公のスカーレット・オハラが思いを寄せる名家出身のアシュレイの妹役で出演した。映画の撮影終了後はチャールストンに戻り、女優活動はほとんど行わなかった。

ロジオノフ, イーゴリ・ニコラエヴィチ　**Rodionov, Igor Nikolayevich**　政治家　軍人　ロシア国防相　[国]ロシア　[没]2014年12月19日　78歳　[生]1936年12月1日　[出]ソ連・ロシア共和国ペンザ州セルドフスク区クラキノ村（ロシア）　[学]ソ連軍参謀本部軍事アカデミー〔1980年〕卒　[歴]1980〜83年ソ連中央軍集団軍団長。83〜85年極東軍管区一般兵科軍軍司令官、中将。85〜86年アフガニスタン駐留第40軍司令官。86〜88年モスクワ軍管区第1副司令官。88年ザカフカス軍管区司令官。89年2月大将。同年8月管区内のトビリシ事件の責任を負って解任。同年11月参謀本部軍事アカデミー校長。96年7月ロシア国防相に任命される。同年12月上級大将を退役し、ロシア連邦初の文民国防相となるが、97年5月解任。99年〜2003年ロシア下院議員。

ロックウッド, デービッド　**Lockwood, David**　産業社会学者　エセックス大学名誉教授　[国]英国　[没]2014年6月6日　85歳　[生]1929年4月9日　[出]英国・ヨークシャー州ホルムファース　[学]ロンドン経済学校（LSE）Ph.D.　[歴]LSE講師、ケンブリッジ大学セント・ジョンズカレッジ経済学講師・研究員などを経て、1968年〜2001年エセックス大学社会学教授、01年より名誉教授。第二次大戦後の“豊かな社会”における労働者階級の状況変化を初めて体系的に取り上げ、パーソンズの社会体系論に対して問題提起を行った。著書に「現代の新中間論」（1958年）、「Solidarity and Schism」（92年）などがある。　[賞]CBE勲章

ロロ・ピアーナ, セルジオ　**Loro Piana, Sergio**　実業家　ロロ・ピアーナ会長・共同CEO　[国]イタリア　[没]2013年12月20日　65歳　[生]1948年　[出]イタリア・ミラノ　[歴]世界的な生地メーカー、ロロ・ピアーナの創業者一族に生まれる。5代目の父フランコの跡を継ぎ、同社を服地メーカーからウエアコレクションを擁するラグジュアリーブランドへと発展させた。会

長職は弟と3年交代で、CEO（最高経営責任者）は共同で務める。2001年東京・銀座に初の路面店、ロロ・ピアーナ銀座並木通店をオープンし、来日。13年高級ブランドを傘下に持つLVMH（モエ・ヘネシー・ルイ・ヴィトン）が同社の株式80%を取得。LVMHグループの傘下に入った後も現職に留まった。　[家]父＝ロロ・ピアーナ, フランコ（ロロ・ピアーナ会長）, 弟＝ロロ・ピアーナ, ピエール・ルイジ（ロロ・ピアーナCEO）

ワトキンス, シドニー　Watkins, Sidney　医師　国際自動車連盟（FIA）救急医療委員長　[専]神経外科　[国]英国　[没]2012年9月12日　84歳〔がん〕　[生]1928年9月6日　[出]英国・マージーサイド州リバプール　[名]本名＝Watkins, Eric Sidney, 通称＝ワトキンス, シド〈Watkins, Sid〉　[学]リバプール大学医学部〔1956年〕卒　医学博士　[歴]家業は自動車修理工場で、子供の頃から車が好きだった。リバプール大学医学部で学んだ後、オックスフォード大学神経外科訓練センターで外科医としての訓練を積む。1962年ニューヨーク州立大学神経外科教授を経て、72年よりロンドン大学附属病院で働きながら王立自動車クラブ（RAC）の主任外科医を務める。78年バーニー・エクレストンからのオファーでフォーミュラワン（F1）レースドクターの職に就いた。F1医療チームの責任者として安全・医療部門を率い、F1の統括団体である国際自動車連盟（FIA）と協力しながらレースやマシンの安全性向上のために尽力。ゲルハルト・ベルガーやマーティン・ドネリー、ミカ・ハッキネン、ルーベンス・バリチェロなど数多くのドライバーたちの命を救った。3度のワールドチャンピオンに輝き、94年サンマリノGPのタンブレロで亡くなったアイルトン・セナの親友としても知られた。2004年F1の現場から引退し、モータースポーツ・インスティテュート初代会長に就任。著書に「F1 一瞬の死」がある。モータースポーツ界では“博士”というニックネームで知られた。　[賞]OBE勲章〔2002年〕, マリオ・アンドレッティ医学貢献賞〔1996年〕

現代物故者事典 2015〜2017

2018 年 3 月 25 日　第 1 刷発行

発 行 者／大高利夫
編集・発行／日外アソシエーツ株式会社
　　　　　　〒140-0013 東京都品川区南大井 6-16-16 鈴中ビル大森アネックス
　　　　　　電話 (03)3763-5241（代表）FAX(03)3764-0845
　　　　　　URL http://www.nichigai.co.jp/
発 売 元／株式会社紀伊國屋書店
　　　　　　〒163-8636 東京都新宿区新宿 3-17-7
　　　　　　電話 (03)3354-0131（代表）
　　　　　　ホールセール部（営業）電話 (03)6910-0519

電算漢字処理／日外アソシエーツ株式会社
印刷・製本／株式会社平河工業社

不許複製・禁無断転載　　　　　　《中性紙三菱クリームエレガ使用》
＜落丁・乱丁本はお取り替えいたします＞
ISBN978-4-8169-2709-6　　　**Printed in Japan, 2018**

本書はディジタルデータでご利用いただくことが
できます。詳細はお問い合わせください。

現代物故者事典

新聞・雑誌で報じられた訃報を徹底調査し、あらゆる分野の人物を収録。さかのぼって調査することが難しい物故者の没年月日、享年、死因と経歴がわかる。

2012～2014
A5・890頁　定価（本体19,000円＋税）　2015.3刊

2009～2011
A5・890頁　定価（本体19,000円＋税）　2012.3刊

2006～2008
A5・920頁　定価（本体19,000円＋税）　2009.3刊

「現代物故者事典」総索引（昭和元年～平成23年）

昭和以降の物故者を網羅した「物故者事典」シリーズ11冊の日本人総索引。全国的な著名人だけでなく、地方で活躍した人物まで幅広く収録。

Ⅰ 政治・経済・社会篇
A5・1,410頁　定価（本体19,000円＋税）　2012.10刊

Ⅱ 学術・文芸・芸術篇
A5・1,230頁　定価（本体19,000円＋税）　2012.11刊

「知」のナビ事典 全国霊場・観音めぐり

A5・520頁　定価（本体9,250円＋税）　2017.3刊

四国八十八ヶ所、西国三十三所など、全国432の著名な霊場・観音めぐりについての概要と参考図書2,200点を紹介。参考図書は郷土史、案内記から観光情報まで幅広く、事前の下調べなどにも役立つ。寺名・観音名等から引ける「札所索引」付き。

「知」のナビ事典 日本の伝統芸能

A5・410頁　定価（本体9,250円＋税）　2017.6刊

国立劇場で演じられる伝統芸能から地域の郷土芸能まで、解説と参考図書で案内する事典。邦楽、雅楽、声明、琵琶、幸若舞、常磐津節、地唄舞、能・狂言、薪能、人形浄瑠璃、歌舞伎、落語、アイヌ古式舞踊、鬼剣舞、チャッキラコ、京都の六斎念仏、壬生の花田、椎葉神楽、エイサーなど394の伝統芸能を収録。各伝統芸能の歴史的背景、地域、演目等の解説と理解を深めるための図書4,700点を併載。

データベースカンパニー
日外アソシエーツ
〒140-0013　東京都品川区南大井6-16-16
TEL.(03)3763-5241　FAX.(03)3764-0845　http://www.nichigai.co.jp/